百衲本二十四史影印出版説明

『二十四史』是中國古代各朝被政府納爲正統的二十四部史書的總稱，其上起《史記》，下迄《明史》，記載了從傳説中的五帝時代到清朝初年約四千餘年中政治、經濟、文化等諸多方面的歷史，是我國古代最權威、最詳細的史學著作。

清代最通行的『二十四史』，是乾隆年間刊行的『欽定武英殿本二十四史』，即『殿本』。殿本版式疏朗，刻印精良，但是校勘不夠審慎，存在誤字、衍字、缺字甚至整段文字脱失的情況。而且，由於殿本的編纂官皆屬御用史官，不得不爲帝王所左右，史實記録上存在竄改等原因造成的缺憾。晚清時，又出現了由各省官書局刊刻的局本，廣爲流傳，但仍以殿本爲依據，存在不少問題。

二十世紀二十年代起，張元濟先生耗費巨資搜訪宋元善本，通過採用當時最先進的攝影製版技術，歷經多年努力，至一九三六年，終於出齊了整套影印版的『二十四史』。因各書底本多殘缺不全，不得不通過許多版本相互參校、補綴而成，猶如僧侶之『百衲衣』，故名之曰『百衲本二十四史』。其中除《舊五代史》《元史》《明史》以明清時的版本作爲底本外，均以宋元版爲主要底本。百衲本對殿本、局本中的謬誤多有匡正，其對歷史研究的功績有目共睹，影響深巨，被史學界一致公認爲『中國最佳全本正史』，是中國史學史上的一座豐碑，具有極高的版本價值、研究價值和收藏價值。

百衲本二十四史自問世以來，曾數次被影印出版，其中的宣紙綫裝本，因價格不菲，不便學者購藏利用。而縮印本則多存在質量問題，其中質量較好的，當數二十世紀五十年代北京商務印書館的精裝二十四冊本。但年代既久，流傳亦少，已屬罕見。爲滿足文史工作者的研究需求，也讓更多的文史愛好者接觸到百衲本二十四史，我社決定將之再度影印出版。

本次影印，將每部正史單獨製作，採取每頁分上下雙欄的形式印製，並爲每部正史編製了分卷目録。需要説明的是，此次我社在編製目録時，爲更好地反映百衲本原貌，充分體現其與殿本、局本等其他系統傳本的差異，原則上均依原書卷端著録，部分保留了原書中使用的簡體字、俗體字及異體字等。對原書中有目無傳或有傳無目等情況，不予變動，僅對極個別處出現的明顯衍、漏、誤字等情況進行了修改。不當之處，請讀者批評指正。

國家圖書館出版社

二〇一四年七月

百衲本元史目録

圖書在版編目（CIP）數據

百衲本元史：全四册／（明）宋濂等撰．—北京：國家圖書館出版社，2014.9（2020.11 重印）

ISBN 978－7－5013－5417－7

Ⅰ.①百…　Ⅱ.①宋…　Ⅲ.①中國歷史—元代—紀傳體　Ⅳ.①K247.042

中國版本圖書館 CIP 數據核字（2014）第 148368 號

書　　名　百衲本元史（全四册）
著　　者　（明）宋濂等撰
責任編輯　陳　卓
重印編輯　張珂卿
叢 書 名　百衲本二十四史

出版發行　國家圖書館出版社（北京市西城區文津街 7 號　100034）
（原書目文獻出版社　北京圖書館出版社）
010－66114536　63802249　nlcpress@nlc.cn（郵購）
網　　址　http://www.nlcpress.com
印　　裝　北京華藝齋古籍印務有限公司
版次印次　2014 年 9 月第 1 版　2020 年 11 月第 2 次印刷

開　　本　710×1000 毫米　1/16
印　　張　143.75
書　　號　ISBN 978－7－5013－5417－7
定　　價　480.00 圓

百衲本

元史

明·宋濂等撰

1

國家圖書館出版社

進元史表

錄青榮祿大夫上柱國錄軍國重事中書左丞相
兼太子少師宣國公臣李善長等言伏以紀一代
以爲書史法相沿於遷固考前王之成憲周家有
監於夏殷蓋因已往之廢興用作將來之法戒惟
元氏之有國本朔漠以造家事兵戈而爭強并部
落者十世逐水草而爲食擅雄長於一隅逮至成
吉思之時聚會斡難河之上方尊位號始定教條
既近取於乃蠻復遠攻於回紇渡黃河以蹴西夏
踰居庸以瞰中原太宗繼之而金源爲墟世祖承

之而宋籙遂訖立經陳紀用夏變夷肆宏遠之規
模成混一之基業爰及成仁之主見稱願治之君
唯祖訓之式遵思孫謀之是遺自茲以降亦號隆
平豐亨豫大之言壹倡於天曆之世離析渙奔之
禍馴致於至正之朝徒玩細娛浸忘遠慮權姦蒙
蔽於外嬖倖蠱惑於中周綱遽致於陵遲漢網實
因於疏闊由是羣雄角逐九域瓜分風波徒沸於
重溟海岳竟歸於
真主臣善長等誠惶誠恐頓首頓首欽惟
皇帝陛下奉

天承運濟世安民建萬世之丕圖紹百王之正統
大明出而爝火息率土生輝迅雷鳴而衆響銷鴻
音斯播載念盛衰之故乃推忠厚之仁僉言實既
亡而名亦隨亡獨謂國可滅而史不當滅特
詔遺逸之士欲求論議之公文辭勿致於艱深事
跡務令於明白苟善惡瞭然在目庶勸懲有益於
人此皆
天語之丁寧足見
聖心之廣大於是命翰林學士臣宋濂待制臣王
褘協恭刊裁儒士臣汪克寬臣胡翰臣宋僖臣陶

凱臣陳基臣趙壎臣曾魯臣趙汸臣張文海臣徐
尊生臣黃篪臣傅恕臣王錡臣傅著臣謝徽臣高
啓分科修纂上自太祖下迄寧宗據十三朝實錄
之文成百餘卷粗完之史若自元統以後則其載
籍靡存已遣使而旁求俟續編而上送愧其才識
之有限弗稱三長兼以紀述之未周殊無寸補臣
善長忝司鈞軸幸覩成書信傳信而疑傳疑僅克
編摩於歲月筆則筆而削則削敢言襃貶於春秋
仰塵
乙夜之觀期作

千秋之鑑所譔元史本紀三十七卷志五十三卷表六卷傳六十三卷目録二卷通計一百六十一卷凡一百三十萬六千餘字謹繕寫裝潢成一百二十冊隨表

上進以

聞臣善長下情無任激切屏營之至臣善長等誠惶誠恐頓首頓首謹言

洪武二年八月十一日銀青榮祿大夫上柱國録軍國重事中書左丞相兼太子少師宣國公臣李善長上表

進元史表卷一

纂脩元史凡例

一本紀

按兩漢本紀事實與言辭並載兼有書春秋之義及唐本紀則書法嚴謹全做乎春秋今修元史本紀準兩漢史

一志

按歷代史志爲法間有不同至唐志則悉以事實組織成篇考覈之際學者憚之惟近代宋史所志條分件列覽者易見今脩元史志準宋史

一表

按漢唐史表所載爲詳而三國志五代史則無之唯遼金史據所可考者作表不計詳略今脩元史表準遼金史

一列傳

按史傳之目冠以后妃尊也次以宗室諸王親也次以一代諸臣善惡之總也次以叛逆成敗之歸也次以四裔王化之及也然諸臣之傳歷代名目又自增減不同今脩元史傳準歷代史而叅酌之

一歷代史書紀志表傳之末各有論贊之辭今脩

元史不作論贊但據事直書具文見意使其善惡自見準春秋及欽奉

聖旨事意

元史凡例

元史目録上

本紀四十七卷

第一　太祖　元史一

第二　太宗　定宗　元史二

第三　憲宗　元史三

第四　世祖一　元史四

第五　世祖二　元史五

第六　世祖三　元史六

第七　世祖四　元史七

第八　世祖五　元史八

第九　元史九

表六卷

諸王

第四　元史一百九

公主

第五上　元史一百十

三公一

第五下　元史一百十一

三公二

第六上　元史一百十二

宰相一

第六下　元史一百十三

宰相二

元史目録上

元史目録下

列傳九十六卷

第一　元史一百十四

太祖光獻翼聖皇后

太宗昭慈皇后

定宗欽淑皇后

憲宗貞節皇后

世祖昭睿順聖皇后　南必皇后

成宗貞慈靜懿皇后　卜魯罕皇后

武宗宣慈惠聖皇后　速哥失里皇后

仁宗莊懿慈聖皇后

英宗莊靖懿聖皇后

泰定帝八不罕皇后

明宗貞裕徽聖皇后　八不沙皇后

文宗卜答失里皇后

寧宗答里也忒迷失皇后

順帝答納失里皇后　伯顏忽都皇后　完者忽都皇后

第二　元史一百十五

睿宗　裕宗

顯宗　順宗

第三　元史一百十六

睿宗顯懿莊聖皇后　裕宗徽仁裕聖皇后
顯宗宣懿淑聖皇后　順宗昭獻元聖皇后
第四　元史一百十七
別里古台　朮赤
禿剌　牙忽都
寬徹普化　帖木兒不花
第五　元史一百十八
特薛禪　孛禿
阿剌兀思剔吉忽里　闊里吉思
第六　元史一百十九
木華黎　孛魯　塔思　速渾察　脫脫　乃燕　霸突魯　塔塔兒台
博爾朮　玉昔帖木兒
博爾忽　塔察兒
第七　元史一百二十
察罕　亦力撒合　立智理威
札八兒火者　朮赤台
鎮海　肖乃台　抹兀荅兒　兀魯台
吾也而　曷思麥里
第八　元史一百二十一
速不台　兀良合台　按竺邇

畏答兒　博羅歡　伯都　抄思　別的因
第九　元史一百二十二
巴而朮阿而忒的斤　鐵邁赤　忽都鐵木祿　塔海
按扎兒　雪不台
唵木海　昔里鈐部
槊直腯魯華　昔里吉思
哈散納
第十　元史一百二十三
布智兒　召烈台抄兀兒
闊闊不花　拜延八都魯
阿朮魯　紹古兒
阿剌瓦而思　抄兒
也蒲甘卜　趙阿哥潘
純只海　苫徹拔都兒
怯怯里　塔不已兒
直脫兒　月里麻思
捏古剌　阿兒思蘭
哈八兒禿　艾兒
第十一　元史一百二十四
塔本　阿里乞失帖木兒　迷里忒失　阿台　鎖咬兒哈的迷失

哈剌亦哈赤北魯　阿隣帖木兒
塔塔統阿　岳璘帖木兒
李楨　速哥
忙哥撒兒　伯答沙　孟速思
第十二　元史一百二十五
賽典赤贍思丁　納速剌丁　忽辛
布魯海牙　高智耀　睿
鐵哥
第十三　元史一百二十六
安童　兀都帶　廉希憲　希賢

第十四　元史一百二十七
伯顏
第十五　元史一百二十八
阿术　阿里海牙
相威　土土哈　牀兀兒
第十六　元史一百二十九
來阿八赤　紐璘　也速答兒
阿剌罕　阿塔海
唆都　百家奴　李恒
第十七　元史一百三十

徹里　不忽木
完澤　阿魯渾薩理　岳柱
第十八　元史一百三十一
速哥　囊加歹
忙兀台　奥魯赤
完者都　伯帖木兒
懷都　亦黑迷失
拜降
第十九　元史一百三十二
杭忽思　步魯合答

玉哇失　麥里
探馬赤　拔都兒
昻吉兒　哈剌䚟
沙全　帖木兒不花
第二十　元史一百三十三
塔出　拜延
也罕的斤　葉仙鼐
脫力世官　忽剌出
重喜　旦只兒
脫歡　完者拔都

失里伯　孛羅奚
怯烈　暗伯
也速䚟兒　昔都兒
第二十一　元史一百三十四
撒吉思　月乃合
昔班　鐵連
愛薛　闊闊
禿忽魯　唐仁祖
朶兒赤　和尚　千奴
劉容　迦魯納答思

元史目錄下　六

闊里吉思　小雲石脫忽憐　八丹
斡羅思　朶羅台
也先不花
第二十二　元史一百三十五
鐵哥术　塔出
塔里赤　塔海帖木兒
口兒吉　忽都
孛兒速　月舉連赤海牙
阿答赤　明安
忽林失　失剌拔都兒

徹里　曷剌
乞台　脫因納
和尚
第二十三　元史一百三十六
哈剌哈孫　阿沙不花
拜住
第二十四　元史一百三十七
察罕　曲樞
阿禮海牙　奕赫抵雅爾丁
脫烈海牙

元史目錄下　七

第二十五　元史一百三十八
康里脫脫　燕鐵木兒　撒敦　唐其勢
伯顏　馬札兒台
脫脫
第二十六　元史一百三十九
乃蠻台　朶兒只
朶爾直班　阿魯圖
紐的該
第二十七　元史一百四十
別兒怯不花　太平

鐵木兒塔識　達識帖睦邇
第二十八　元史一百四十一
太不花　察罕帖木兒
第二十九　元史一百四十二
答失八都魯　慶童
也速　徹里帖木兒
納麟
第三十　元史一百四十三
馬祖常　巙巙　回回
自當　阿榮

元史目錄下　八

小雲石海涯　泰不華
余闕
第三十一　元史一百四十四
答里麻　月魯帖木兒
卜顏帖木兒　星吉
福壽　道童
第三十二　元史一百四十五
亦憐真班　廉惠山海牙
月魯不花　達理麻識里
第三十三　元史一百四十六

耶律楚材　鑄　粘合重山
楊惟中
第三十四　元史一百四十七
張柔　弘畧　史天倪　天祥　楫　權　樞
第三十五　元史一百四十八
董俊　文蔚　文直　文用　文忠　嚴實　忠濟　忠嗣
第三十六　元史一百四十九
耶律留哥　劉伯林　黑馬　元禮　元振
郭寶玉　德海　侃　石天應
移剌捏兒　買奴　元臣　耶律禿花　禿滿答兒　忙古帶

元史目錄下　九

王珣　榮祖
第三十七　元史一百五十
石抹也先　何伯祥　瑋
李守賢　耶律阿海
何實　郝和尚拔都
趙瑨　秉溫　石抹明安
張榮　劉亨安
第三十八　元史一百五十一
薛塔剌海　高鬫兒
王義　王玉　忱

趙宏偉
第五十四　元史一百六十七
張立道　張庭珎　庭瑞
張惠　劉好禮
王國昌　通　姜彧
張礎　呂壑
譚資榮　王惲
第五十五　元史一百六十八
陳祐　天祥　劉宣
何榮祖　陳思濟

元史目錄下　十四

秦長卿　趙與票
姚天福　許國禎
第五十六　元史一百六十九
賀仁傑　賈昔剌
劉哈剌八都魯　石抹明里
謝仲溫　高觿
張九思　王伯勝
第五十七　元史一百七十
尚文　申屠致遠
雷膺　胡祗遹

王利用　暢師文
張炤　袁裕
張昉　郝彬
高源　楊湜
吳鼎　梁德珪
第五十八　元史一百七十一
劉因　吳澄
第五十九　元史一百七十二
程鉅夫　趙孟頫
鄧文原　袁桷

元史目錄下　十五

曹元用　齊履謙
第六十　元史一百七十三
崔斌　崔彧
葉李　燕公楠
馬紹
第六十一　元史一百七十四
姚燧　郭貫
夾谷之奇　劉賡
耶律有尚　郝天挺
張孔孫

第六十二 元史一百七十五
張珪 李孟
張養浩 敬儼
第六十三 元史一百七十六
曹伯啓 李元禮
王壽 王倚
劉正 謝讓
韓若愚 趙師魯
劉德温 尉遲德誠
秦起宗

第六十四 元史一百七十七
張思明 吴元珪
張昇 臧夢解 陸垕
陳顥
第六十五 元史一百七十八
梁曾 劉敏中
王約 王結
宋衜 張伯淳
第六十六 元史一百七十九
賀勝 楊朶兒只 不花

第六十七 元史一百八十
蕭拜住
耶律希亮 趙世延
孔思晦
第六十八 元史一百八十一
元明善 虞集 槃 范梈
揭傒斯 黄溍 柳貫
第六十九 元史一百八十二
張起巖 歐陽玄
許有壬 宋本

第七十 元史一百八十三
謝端
王守誠 王思誠
李好文 孛术魯翀 子遠
李泂 蘇天爵
第七十一 元史一百八十四
王都中 王克敬
任速哥 陳思謙
韓元善 崔敬
第七十二 元史一百八十五

諳都剌　楊景行
林興祖　觀音奴
周自強　白景亮
王艮　盧琦
鄒伯顏　劉秉直
許義夫

第八十　元史一百九十三

忠義一

李伯溫　石珪
攸哈剌拔都　任志

耶律忒末　伯八
合剌普華　劉天孚
蕭景茂

第八十一　元史一百九十四

忠義二

張桓　李黼
李齊　褚不華
郭嘉　喜同
韓因　卞琛
喬彝　顏瑜

王士元　楊樸
趙璉 弟琬　孫撝
石普　盛昭
楊乘　納速剌丁

第八十二卷　元史一百九十五

忠義三

伯顏不花的斤　樊執敬
全普庵撒里　周鏜 謝一魯
聶炳　劉耕孫
俞述祖　桂完澤

丑閭 馮三　孛羅帖木兒
彭庭堅　王伯顏
劉濬　朶里不花
野峻台　陳君用
卜里牙敦　潮海
魏中立

第八十三　元史一百九十六

忠義四

普顏不花　閔本
趙弘毅　鄭玉
黃哻　栢鐵穆爾

迭里弥實　朴賽因不花　張庸
丁好禮　郭嘉

第八十四　元史一百九十七

孝友一

王閏　郭道卿　廷煒
蕭道壽　郭狗狗
張閏　田改住　三住兒
寗猪狗　李家奴　畢也速答立　尹夢龍
樊淵　賴祿孫　劉德泉　朱顯　朱汝諧　吳思達
郭回　孔全　張子夔　陳乞兒
楊一　張本　張慶　元善　趙毓
胡光遠　龐遵　陳韶孫
李忠　吳國寶　李茂
羊仁　黃覺經　俞全　章卿孫　李鵬飛　趙一德
王思聰　徹徹
王初應　施合德　鄭文嗣
王薦　郭全　劉德　劉居敬　馬押忽
楊皡　丁文忠
邵敬祖　李彥忠　郭成　譚景星
皀鐸　孫秀實　賈進　李子敬

宗杞　趙榮
吳好直　余丙
徐鈺　尹莘　孫希賢　卜勝榮
劉廷讓　劉通
張旺易　張思孝
杜佑　長壽　梁外僧
孫瑾　吳希曾　張恭
訾汝道

第八十五　元史一百九十八

孝友二

王庸　黃斌
石明三　劉琦
劉源　祝公榮
陸思孝　姜兼
胡伴侶　王士弘
何從義　哈都赤
高必達　曾德
靳昺　黃道賢
史彥斌　張紹祖
李明德　張緝

魏敬益　湯霖
孫抑　石永
王克已　劉思敬
呂祐　周樂

第八十六　元史一百九十九

隱逸

杜瑛　張特立
杜本　孫轍
何中　武恪

第八十七　元史二百

列女

崔氏　周氏
楊氏　胡烈婦
闞文興妻　郎氏
秦氏二女 孫氏女 張氏女　許氏女
焦氏 闞氏　趙孝婦
霍氏二婦　王德政妻
只魯花真　段氏
朱虎妻 趙玉兒　闞氏 劉氏
馬英　馮氏

李君進妻 移剌氏 趙哇兒　朱淑信
葛妙真 畏吾氏三女　王氏
張義婦　丁氏 白氏
趙美妻 李冬兒 李氏　脫脫尼 王氏
趙彬妻 王安哥　貴哥
臺叔齡妻　李智貞
蔡三玉

第八十八　元史二百一

列女

武用妻蘇氏　任文仲妻林氏
江文鑄妻范氏 姚氏 衣氏

湯煇妻張氏　俞士淵妻童氏
張氏女　惠士玄妻王氏
李景文妻徐氏　周婦毛氏
丁尚賢妻李氏　李順兒
吳守正妻禹氏　黃仲起妻朱氏
焦士廉妻王氏　陳淑真 李順宗妻夏氏
秦閏夫妻柴氏　也先忽都
呂彥能妻　劉公翼妻蕭氏
袁氏孤女　徐允讓妻潘氏
趙洙妻許氏　張正蒙妻韓氏

劉氏二女　于同祖妻曹氏
李仲義妻劉氏　李弘益妻申氏
鄭琪妻羅氏　周如砥女
狄恒妻徐氏　柯節婦陳氏
李馬兒妻袁氏　王士明妻李氏
陶宗媛 王氏淑　高麗氏
張訥妻劉氏　觀音奴妻卜顏的斤
安志道妻劉氏　宋謙妻趙氏
齊閔妻劉氏　王宗仁妻宋氏
王履謙妻齊氏　王時妻安氏

徐猱頭妻岳氏　金氏
汪琰妻潘氏

第八十九　元史二百二

釋老

八思巴 膽巴 必蘭納識理　丘處機
張宗演 張留孫 吳全節　酈希誠

第九十　元史二百三

方技

田忠良　靳德進
張康　李杲
孫威　阿老瓦丁

亦思馬因　阿尼哥 劉元

第九十一　元史二百四

宦者

李邦寧　朴不花

第九十二　元史二百五

姦臣

阿合馬　盧世榮
桑哥　鐵木迭兒
哈麻　搠思監

第九十三　元史二百六

叛臣

李璮　王文統
阿魯輝帖木兒

第九十四　元史二百七

逆臣

鐵失　孛羅帖木兒

第九十五　元史二百八

外國

高麗　耽羅
日本

第九十六　元史二百九
安南
第九十七　元史二百十
緬　占城
暹　爪哇
瑠求　三嶼
馬八兒等國

目錄下
洪武元年秋八月
上既平定朔方九州攸同而金匱之書悉入於秘府
冬十有二月乃　詔儒臣發其所藏纂脩元史以
成一代之典而臣濂臣禕實為之總裁明年春二
月丙寅開局至秋八月癸酉書成紀凡三十有七
卷志五十有三卷表六卷傳六十有三卷丞相宣
國公臣善長率同列表上已經
御覽至若順帝之時史官職廢皆無實錄可徵因
未得為完書
上復詔儀曹遣使行天下其涉於史事者令郡縣上

之又明年春二月乙丑開局至秋七月丁亥書成
又復上進以卷計者紀十志五表二傳三十又六
凡前書有所未備頗補完之其時與編摩者則臣
趙壎臣朱右臣貝瓊臣朱世濂臣王廉臣王彝臣
張孟兼臣高遜志臣李懋臣李汶臣張宣臣張簡
臣杜寅臣俞寅臣殷弼而總其事者仍臣濂與臣
禕焉合前後二書復釐分而附麗之共成二百一
十卷舊所纂錄之士其名見於表中者或仕或隱
皆散之四方獨壎能終始其事云昔者唐太宗以
開基之主干戈甫定即留神於晉書勅房玄齡等

撰次成編人至今傳之欽惟
皇上龍飛江左取天下於羣雄之手大統既正亦
詔脩前代之史以為世鑑古今
帝王能成大業者其英見卓識若合符節蓋如是
於戲盛哉第臣濂等以荒唐繆悠之學義例不明
文辭過陋無以稱塞　詔旨之萬一夙夜揣分無
任戰兢今鏤板訖功謹繫歲月次第於目錄之左
庶幾博雅君子相與刊定焉洪武三年十月十三
日史臣金華宋濂謹記

本紀卷第一　　　　　　　　　　元史一

翰林學士亞中大夫知制誥兼修國史臣宋濂　翰林待制承直郎同知制誥兼國史院編修官臣王褘等奉

勑修

太祖

太祖法天啓運聖武皇帝諱鐵木真姓奇渥温氏蒙古部人其十世祖孛端义兒母曰阿蘭果火嫁脫奔咩哩犍生二子長曰博寒葛荅黒次曰博合覩撒里直既而夫亡阿蘭寡居夜寢帳中夢白光自天窻中入化為金色神人來趨卧榻阿蘭驚覺遂有娠產一子即孛端义兒也孛端义兒狀貌奇異沉黙寡言家

人謂之癡獨阿蘭語人曰此兒非癡後世子孫必有大貴者阿蘭沒諸兄分家貲不及之孛端义兒曰貧賤富貴命也貲財何足道獨乘青白馬至八里屯阿懶之地居焉食飲無所得適有蒼鷹搏野獸而食孛端义兒以緡設機取之鷹即馴狎乃臂鷹獵兎禽以為膳或闕即繼似有天相之居數月有民數十家自統急里忽魯之野逐水草來遷孛端义兒結茅與之居出入相資自此生理稍足一日仲兄忽思之曰孛端义兒獨出而無賚近者得無凍餒乎即自來訪邀與俱歸孛端义兒中路謂其兄曰統急里忽魯之民

無所屬附若臨之以兵可服也兄以為然至家即選壯士令孛端义兒帥之前行果盡降之孛端义兒歿子八林昔黒刺禿合必畜嗣生子曰咩撚篤敦咩撚篤敦妻曰莫拏倫生七子而寡莫拏倫性剛急時押刺伊而部有群小兒掘田間草根以為食莫拏倫乘車出適見之怒曰此田乃我子馳馬之所群兒輒敢壞之邪驅車徑出輾傷諸兒有至死者押刺伊而忿怨盡驅莫拏倫馬羣以去莫拏倫諸子聞之不及被甲往追之莫拏倫私憂曰吾兒不甲以往恐不能勝敵令子婦載甲赴之已無及矣既而果為所敗六子

皆死押刺伊而乘勝殺莫拏倫滅其家唯一長孫海都尚幼乳母匿諸積木中得免先是莫拏倫第七子納真於八刺忽民家為贅壻故不及難聞其家被禍來視之見病嫗十數與海都尚在其計無所出幸驅馬時兄之黄馬三次掣套竿逸歸納真至是得乘之乃僞為牧馬者詣押刺伊而路逢父子二騎先後行臂鷹而獵納真識其鷹曰此吾兄所擎者也趨前紿其少者曰有赤馬引羣馬而東汝見之乎曰否少者乃問曰爾所經過有鳧鴈乎曰有曰汝可為吾前導乎曰可遂同行轉一河隈度後騎相去稍遠刺殺之

繫馬與鷹趨迎後騎紿之如初後騎問曰前射兔鷹者吾子也何為久卧不起耶納真以鼻衄對騎者方怒納真乘隙刺殺之復前行至一山下有馬數百牧者唯童子數人方擊髀石為戲納真熟視之亦兄家物也紿問童子亦如之於是登山四顧悄無來人盡殺童子驅馬臂鷹而還取海都并病嫗歸八剌忽之地止焉海都稍長納真率八剌忽怯谷諸民共立為君海都既立以兵攻押刺伊而臣屬之形勢寖大列營帳於八剌合黑河上跨河為梁以便往來由是四傍部族歸之者漸衆海都殁子拜姓忽兒嗣拜姓忽

兒殁子敦必乃嗣敦必乃殁子葛不律寒嗣葛不律寒殁子八哩丹嗣八哩丹殁子也速該嗣并吞諸部落勢愈盛大也速該崩至元三年十月追謚烈祖神元皇帝初烈祖征塔塔兒部獲其部長鐵木真宣懿太后月倫適生帝手握凝血如赤石烈祖異之因以所獲鐵木真名之志武功也族人泰赤烏部舊與烈祖相善後因塔兒不台用事遂生嫌隙絶不與通及烈祖崩帝方幼冲部衆多歸泰赤烏近侍有脱端火兒真者亦將叛帝自泣留之脱端曰深池已乾矣堅石已碎矣留復何為竟帥衆馳去宣懿太后怒其弱

己也麾旗將兵躬自追叛者驅其太半而還時帝麾下搠只別居薩里河札木合部人禿台察兒居玉律哥泉時欲相侵凌掠薩里河牧馬以去搠只麾左右匿羣馬中射殺之札木合以為怨遂與泰赤烏諸部合謀以衆三萬來戰帝時駐軍荅闌版朱思之野聞變大集諸部兵分十有三翼以俟已而札木合至帝與大戰破走之當是時諸部之中唯泰赤烏地廣民衆號為最强其族照烈部與帝所居相近帝嘗出獵偶與照烈獵騎相屬帝謂之曰今夕可同宿乎照烈曰同宿固所願但從者四百因糗糧不具已遣半還

矣今將柰何帝固邀與宿凡其留者悉飲食之明日再合圍帝使左右驅獸向照烈照烈得多獲以歸其衆感之私相語曰泰赤烏與我雖兄弟常攘我車馬奪我飲食無人君之度有人君之度者其惟鐵木真太子乎照烈之長玉律時為泰赤烏所虐不能堪遂與塔海荅魯領所部來歸將殺泰赤烏以自效帝曰我方熟寐幸汝覺我自今車轍人跡之塗當盡奪以與汝矣已而二人不能踐其言復叛去塔海荅魯至中路為泰赤烏部人所殺照烈部遂亡時帝功德日盛泰赤烏諸部多苦其主非法見帝寬仁時賜人以

裒馬心悅之若赤老溫若哲別若失力哥也不干諸
人若朶郎吉若札剌兒若忙兀諸部皆慕義來降帝
會諸族薛徹大丑及薛徹別吉等各以旄車載湩酪
宴于斡難河上帝與諸族及薛徹別吉之母忽兒真
之前共置馬湩一革囊薛徹別吉次母野別該之前
獨寘一革囊忽兒真怒曰今不尊我而貴野別該乎
疑帝之主膳者失丘兒所為遂笞之於是頗有隙時
皇弟別里古台掌帝乞列思事（乞列思華言禁外繫馬所也）播里
掌薛徹別吉乞列思事播里從者因盜去馬靷別里
古台執之播里怒斫別里古台傷其背左右欲鬬別
里古台止之曰汝等欲即復讎乎我傷幸未甚姑待
之不聽各持馬乳橦疾鬬奪忽兒真火里真二哈敦
以歸薛徹別吉遣使請和因令二哈敦還會塔塔兒
部長蔑兀真笑里徒背金約金主遣丞相完顏襄帥
兵逐之北走帝聞之發近兵自斡難河迎擊仍諭薛
徹別吉帥部人來助候六日不至帝自與戰殺蔑兀
真笑里徒盡虜其輜重帝之麾下有為乃蠻部人所
掠者帝欲討之復遣六十人徵兵於薛徹別吉薛徹
別吉以舊怨之故殺其十人去五十人衣而歸之帝
怒曰薛徹別吉曩笞我失丘兒斫傷我別里古台今

又敢乘敵勢以陵我耶因帥兵踰沙磧攻之殺虜其
部衆唯薛徹大丑僅以妻孥免越數月帝復伐薛徹
大丑追至帖烈徒之隘滅之克烈部札阿紺孛來歸
札阿紺孛者部長汪罕之弟也汪罕名脫里受金封
爵為王番言音重故稱王為汪罕初汪罕之父忽兒
札胡思盃祿既卒汪罕嗣位多殺戮昆弟其叔父菊
兒帥兵與汪罕戰逼於哈剌溫隘敗之僅以百餘騎
脫走奔于烈祖烈祖親將兵逐菊兒走西夏復奪部
衆歸汪罕汪罕德之遂相與盟稱為按荅（按荅華言交物之友也）
烈祖崩汪罕之弟也力可哈剌怨汪罕多殺之故
復叛歸乃蠻部乃蠻部長亦難赤為發兵伐汪罕盡
奪其部衆與之汪罕走河西回鶻回回三國奔契丹
既而復叛歸中道糧絕捋羊乳為飲剌橐駝血為食
困乏之甚帝以其與烈祖交好遣近侍往招之帝親
迎撫勞安置軍中振給之遂會于土兀剌河上尊汪
罕為父未幾帝伐蔑里乞部與其部長脫脫戰于莫
那察山遂掠其資財田禾以遺汪罕汪罕因此部衆
稍集居亡何汪罕自以其勢足以有為不告於帝獨
率兵復攻蔑里乞部部人敗走脫脫奔八兒忽真之
隘汪罕大掠而還於帝一無所遺帝不以屑意會乃

蠻部長不魯欲罕不服帝復與汪罕征之至黑辛八石之野遇其前鋒也的脫孛魯者領百騎來戰見軍勢漸逼走據高山其馬鞍轉墜擒之曾未幾何帝復與乃蠻驍將曲薛吾撒八剌二人遇會日暮各還營壘約明日戰是夜汪罕多燃火營中示人不疑潛移部衆於別所及旦帝始知之因頗疑其有異志退師薩里河既而汪罕亦還至土兀剌河汪罕子亦剌合及札阿紺孛來會曲薛吾等察知之乘其不備襲虜其部衆于道亦剌合奔告汪罕汪罕命亦剌合與卜魯忽解共追之且遣使來曰乃蠻不道掠我人民太

子有四良將能假我以雪恥乎帝頓釋前憾遂遣博爾术木華黎博羅渾赤老温四人帥師以往師未至亦剌合已追及曲薛吾與之戰大敗卜魯忽解成擒流矢中亦剌合馬胯幾爲所獲須臾四將至擊乃蠻走盡奪所掠歸汪罕已而與皇弟哈撒兒再伐乃蠻拒鬪於忽蘭盞側山大敗之盡殺其諸將族衆積屍以爲京觀乃蠻之勢遂弱時泰赤烏猶强帝會汪罕於薩里河與泰赤烏部長沆忽等大戰斡難河上敗走之斬獲無筭哈荅斤部散只兀部朶魯班部塔塔兒部弘吉剌部聞乃蠻泰赤烏敗皆畏威不自安會

於阿雷泉斬白馬爲誓欲襲帝及汪罕弘吉剌部長迭夷恐事不成潛遣人告變帝與汪罕自虎圖澤逆戰於盃亦烈川又大敗之汪罕遂分兵自由綠憐河而行札阿紺孛謀於按敦阿述燕火脫兒等曰我兄性行不常既屠絶我昆弟我輩又豈得獨全乎按敦阿述泄其言汪罕令執燕火脫兒等至帳下解其縛且謂燕火脫兒曰吾輩由西夏而來道路饑困其相誓之語遽忘之乎因唾其面坐上之人皆起而唾之汪罕又屢責札阿紺孛至於不能堪札阿紺孛與燕火脫兒等俱奔乃蠻帝駐軍於徹徹兒山起兵伐塔

塔兒部部長阿剌兀都兒等來逆戰大敗之時弘吉剌部欲來附哈撒兒不知其意往掠之於是弘吉剌歸札木合部與朶魯班亦乞剌思哈荅斤火魯剌思塔塔兒散只兀諸部會于犍河共立札木合爲局兒罕盟于秃律別兒河岸爲誓曰凡我同盟有洩此謀者如岸之摧如林之伐誓畢共舉足蹋岸揮刀斫林驅士卒來侵塔海哈時在衆中與帝麾下抄吾兒連姻抄吾兒偶往視之具知其謀即還至帝所悉以其謀告之帝即起兵逆戰於海剌兒帖尼火魯罕之地破之札木合脫走弘吉剌部來降歲壬戌帝發兵於

兀魯回失連真河伐按赤塔塔兒察罕塔塔兒二部先誓師曰苟破敵逐北見棄遺物愼無獲俟軍事畢散之既而果勝族人按彈火察兒荅力台三人背約帝怒盡奪其所獲分之軍中初脫脫敗走八兒忽真隘既而復出為患帝帥兵討走之至是又會乃蠻部不魯欲罕約朶魯班塔塔兒哈荅斤散只兀諸部來侵帝遣騎乘高四望知乃蠻兵漸至帝與汪罕移軍入塞亦剌合自北邊來據高山結營乃蠻軍衝之不動遂還亦剌合尋亦入塞將戰帝遷輜重於他所與汪罕倚阿蘭塞為壁大戰于闕奕壇之野乃蠻使神

巫祭風雪欲因其勢進攻既而反風逆擊其陣乃蠻軍不能戰欲引還雪滿溝澗帝勒兵乘之乃蠻大敗是時札木合部起兵援乃蠻見其敗即還道經諸部之立己者大縱掠而去帝欲為長子朮赤求昏於汪罕女抄兒伯姬汪罕之子禿撒合亦欲尚帝女火阿真伯姬俱不諧自是頗有違言初帝與汪罕合軍攻乃蠻約明日戰札木合言於汪罕曰我於君是白翎雀他人是鴻鴈耳白翎雀寒暑常在北方鴻鴈遇寒則南飛就暖耳意謂帝心不可保也汪罕聞之疑遂移部衆於別所及議昏不成札木合復乘隙謂亦剌

合曰太子雖言是汪罕之子嘗通信於乃蠻將不利於君父子君若能加兵我當從傍助君也亦剌合信之會荅力台火察兒按彈等叛歸亦剌合亦說之曰我等願佐君討宣懿太后諸子也亦剌合大喜遣使言於汪罕汪罕曰札木合巧言寡信人也不足聽亦剌合力言之使者往返者數四汪罕曰吾身之存實太子是賴髭鬚已白遺骸冀得安寢汝乃喋喋不已耶汝善自為之毋貽吾憂可也札木合遂縱火焚帝牧地而去歲癸亥汪罕父子謀欲害帝乃遣使者來曰向者所議婣事今當相從請來飲布渾察兒（布渾察兒華言許親酒也）

帝以為然率十騎赴之至中道心有所疑命一騎往謝帝遂還汪罕謀既不成即議舉兵來侵圉人乞力失聞其事密與弟把帶告帝帝即馳軍阿蘭塞悉移輜重於他所遣折里麥為前鋒俟汪罕至即整兵出戰先與朱力斤部遇次與董哀部遇又次與火力失烈門部遇皆敗之最後與汪罕親兵遇又敗之亦剌合見勢急突來衝陣射之中頰即斂兵而退怯里亦部人遂棄汪罕來降汪罕既敗而歸帝亦將兵還至董哥澤駐軍遣阿里海致責於汪罕曰君為叔父菊兒所逐困迫來歸我父即攻菊兒敗之於河

西其土地人民盡收與君此大有功於君一也君爲
乃蠻所攻西奔日沒處君弟札阿紺孛在金境我亟
遣人召還比至又爲蔑里乞部人所逼我請我兄薛
徹別及及我弟大丑往殺之此大有功於君二也君
困迫來歸時我過哈丁里歷掠諸部羊馬資財盡以
奉君不半月間令君饑者飽瘠者肥此大有功於君
三也君不告我往掠蔑里乞部大獲而還未嘗以毫
髮分我我不以爲意及君爲乃蠻所傾覆我遣四將
奪還爾民人重立爾國家此大有功於君四也我征
朶魯班塔塔兒哈荅斤散只兀弘吉剌五部如海東

鷙禽之於鵝鴈見無不獲獲則必致於君此大有功
於君五也是五者皆有明驗君不報我則已今乃易
恩爲讐而遽加兵於我哉汪罕聞之語亦剌合曰我
向者之言何如吾兒宜識之亦剌合曰事勢至今日
必不可已唯有竭力戰鬬我勝則幷彼彼勝則幷我
耳多言何爲時帝諸族按彈火察兒皆在汪罕左右
帝因遣阿里海誚責汪罕就令告之曰昔者吾國無
主以薛徹太丑二人實我伯祖八剌哈之裔欲立之
二人旣已固辭乃以汝火察兒爲伯父聶坤之子又
欲立之汝又固辭然事不可中輟復以汝按彈爲我

祖忽都剌之子又欲立之汝又固辭於是汝等推戴
吾爲之主初豈我之本心哉不自意相迫至於如此
也三河祖宗肇基之地毋爲他人所有汝善事汪罕
汪罕性無常遇我尚如此況汝輩乎我今去矣我今
去矣按彈等無一言帝旣遣使於汪罕遂進兵虜弘
吉剌別部溺兒斤以行至班朱尼河河水方渾帝飲
之以誓衆有亦乞烈部人孛徒者爲火魯剌部所敗
因遇帝與之同盟哈撒兒別居哈剌渾山妻子爲汪
罕所虜挾幼子脫虎走糧絕探鳥卵爲食來會于河
上時汪罕形勢盛強帝微弱勝敗未可知衆頗危懼

凡與飲河水者謂之飲渾水言其曾同艱難也汪罕
兵至帝與戰于哈蘭真沙陀之地汪罕大敗其臣按
彈火察兒札木合等謀弒汪罕弗克往奔乃蠻荅力
台把憐等部稽顙來降帝移軍斡難河源謀攻汪罕
復遣二使往汪罕僞爲哈撒兒之言曰我兄太子今
旣不知所在我之妻孥又在王所縱我欲往將安所
之耶王儻棄我前愆念我舊好即束手來歸矣汪罕
信之因遣人隨二使來以皮囊盛血與之盟及至即
以二使爲向導令軍士銜枚夜趨折折運都山出其
不意襲汪罕敗之盡降克烈部衆汪罕與亦剌合挺

身遁去汪罕嘆曰我爲吾兒所誤今日之禍悔將何及汪罕出走路逢乃蠻部將遂爲其所殺亦剌哈走西夏日剽掠以自資既而亦爲西夏所攻走至龜茲國龜茲國主以兵討殺之帝既滅汪罕大獵於帖麥該川宣布號令振凱而歸時乃蠻部長太陽罕心忌帝能遣使謀於白達達部主阿剌忽思曰吾聞東方有稱帝者天無二日民豈有二王邪君能益吾右翼吾將奪其弧矢也阿剌忽思即以是謀報帝居無何舉部來歸歲甲子帝大會於帖麥該川議伐乃蠻羣臣以方春馬瘦宜俟秋高爲言皇弟斡赤斤曰事所當爲斷之在早何可以馬瘦爲辭別里古台亦曰乃蠻欲奪我弧矢是小我也我輩義當同死彼恃其國大而言誇苟乘其不備而攻之功當可成也帝悅曰以此衆戰何憂不勝遂進兵伐乃蠻駐兵於建忒該山先遣虎必來哲別二人爲前鋒太陽罕至自按臺營於沆海山與蔑里乞部長脫脫克烈部長阿憐太石猥剌部長忽都花別吉暨禿魯班塔塔兒哈荅斤散只兀諸部合兵勢頗盛時我隊中羸馬有驚入乃蠻營中者太陽罕見之與衆謀曰蒙古之馬瘦弱如此今當誘其深入然後戰而擒之其將火力速八赤

對曰先王戰伐勇進不回馬尾人背不使敵人見之今爲此遷延之計得非心中有所懼乎苟懼之何不令后妃來統軍也太陽罕怒即躍馬索戰帝以哈撒兒主中軍時札木合從太陽罕來見帝軍容整肅謂左右曰乃蠻初舉兵視蒙古軍若羖䍽羔兒意謂蹄皮亦不留今吾觀其氣勢殆非往時矣遂引所部兵遁去是日帝與乃蠻軍大戰至晡禽殺太陽罕諸部軍一時皆潰夜走絕險墜崖死者不可勝計明日餘衆悉降於是朶魯班塔塔兒哈荅斤散只兀四部亦來降已而復征蔑里乞部其長脫脫奔太陽罕之兄卜魯欲罕其屬帶兒兀孫獻女迎降俄復叛去帝至泰寒寨遣孛羅歡沈白二人領右軍往平之歲乙丑帝征西夏拔力吉里寨經落思城大掠人民及其橐駝而還

元年丙寅帝大會諸王羣臣建九游白旗即皇帝位於斡難河之源諸王羣臣共上尊號曰成吉思皇帝是歲實金泰和之六年也帝既即位遂發兵復征乃蠻時卜魯欲罕獵於兀魯塔山擒之以歸太陽罕子屈出律罕與脫脫奔也兒的石河上帝始議伐金初金殺帝宗親咸補海罕帝欲復讎會金降俘等具言

金主璟肆行暴虐帝乃定議致討然未敢輕動也

二年丁卯秋再征西夏克斡羅孩城是歲遣按彈不兀剌二人使乞力吉思既而野牒亦納里部阿里替也兒部皆遣使來獻名鷹

三年戊辰春帝至自西夏夏避暑龍庭冬再征脫脫及屈出律罕時斡亦剌部等遇我前鋒不戰而降因用爲向導至也兒的石河討蔑里乞部滅之脫脫中流矢死屈出律奔契丹

四年己巳春畏吾兒國來歸帝入河西夏主李安全遣其世子率師來戰敗之獲其副元帥高令公克兀

剌海城俘其太傅西壁氏進至克夷門復敗夏師獲其將嵬名令公薄中興府引河水灌之堤決水外潰遂撤圍還遣太傅訛荅入中興招諭夏主夏主納女請和

五年庚午春金謀來伐築烏沙堡帝命遮別襲殺其衆遂畧地而東初帝貢歲幣于金金主使衛王允濟受貢於靜州帝見允濟不爲禮允濟歸欲請兵攻之會金主璟殂允濟嗣位有詔至國傳言當拜受帝問金使曰新君爲誰金使曰衛王也帝遽南面唾曰我謂中原皇帝是天上人做此等庸懦亦爲之耶何以拜爲即乘馬北去金使還言允濟益怒欲俟帝再入貢就進場害之帝知之遂與金絕益嚴兵爲備

六年辛未春帝居怯緑連河西域哈剌魯部主阿昔蘭罕來降畏吾兒國主亦都護來覲二月帝自將南伐敗金將定薛於野狐嶺取大水濼豐利等縣金復築烏沙堡秋七月命遮別攻烏沙堡及烏月營拔之八月帝及金師戰于宣平之會河川敗之九月拔德興府居庸關守將遁去遮別遂入關抵中都冬十月襲金群牧監驅其馬而還耶律阿海降入見帝于行在所皇子朮赤察合台窩闊台分徇雲內東勝武朔等州下之是冬駐蹕金之北境劉伯林夾谷長哥等

來降

七年壬申春正月耶律留哥聚衆于隆安自爲都元帥遣使來附帝破昌桓撫等州金將紇石烈九斤等率兵三十萬來援帝與戰于獾兒觜大敗之秋圍西京金元帥左都監奥屯襄率師來援帝遣兵誘至密谷口逆擊之盡殪復攻西京帝中流矢遂撤圍九月察罕克奉聖州冬十二月甲申遮別攻東京不拔即引去夜馳還襲克之

八年癸酉春耶律留哥自立爲遼王改元元統秋七月克宣德府遂攻德興府皇子拖雷駙馬赤駒先登

拔之帝進至懷來及金行省完顏綱元帥高琪戰敗之追至北口金兵保居庸詔可忒薄刹守之遂趨涿鹿金西京留守忽沙虎遁去帝出紫荆關敗金師于五回嶺拔涿易二州契丹訛魯不兒等獻北口遮别遂取居庸與可忒薄刹會八月金忽沙虎弑其主允濟迎豐王珣立之是秋分兵三道命皇子术赤察合台窩闊台爲右軍循太行而南取保遂安肅安定邢洺磁相衛輝懷孟掠澤潞遼沁平陽太原吉隰拔汾石嵐忻代武等州而還皇弟哈撒兒及斡陳那顏拙赤䚟薄刹爲左軍遵海而東取薊州平灤遼西諸郡

而還帝與皇子拖雷爲中軍取雄霸莫安河間滄景獻深祁蠡冀恩濮開滑博濟泰安濟南濱棣益都淄濰登萊沂等郡復命木華黎攻密州屠之史天倪蕭勃迭率衆來降木華黎承制並以爲萬户帝至中都三道兵還合屯大口是歲河北郡縣盡拔唯中都通順真定清沃大名東平德邳海州十一城不下

九年甲戌春三月駐蹕中都北郊諸將請乘勝破燕帝不從乃遣使諭金主曰汝山東河北郡縣悉爲我有汝所守惟燕京耳天既弱汝我復迫汝於險天其謂我何我今還軍汝不能犒師以弭我諸將之怒耶金主遂遣使求和奉衛紹王女岐國公主及金帛童男女五百馬三千以獻仍遣其丞相完顏福興送帝出居庸夏五月金主遷汴以完顏福興及叅政抹撚盡忠輔其太子守忠留守中都六月金乣軍斫荅等殺其主帥率衆來降詔三摸合石抹明安與斫荅等圍中都帝避暑魚兒濼秋七月金太子守忠走汴冬十月木華黎征遼東高州盧琮金扑等降錦州張鯨殺其節度使自立爲臨海王遣使來降

十年乙亥春正月金右副元帥蒲察七斤以通州降以七斤爲元帥二月木華黎攻北京金元帥寅荅虎

烏古倫以城降以寅荅虎爲留守吾也而權兵馬都元帥鎮之興中府元帥石天應來降以天應爲興中府尹三月金御史中丞李英等率師援中都戰于霸州敗之夏四月克清順二州詔張鯨總北京十提控兵從南征鯨謀叛伏誅鯨弟致遂據錦州僭號漢興皇帝改元興龍五月庚申金中都留守完顏福興仰藥死抹撚盡忠棄城走明安入守之是月避暑桓州涼涇遣忽都忽等籍中都帑藏秋七月紅羅山寨主杜秀降以秀爲錦州節度使遣乙職里往諭金主以河北山東未下諸城來獻及去帝號爲河南王當爲

麗兵不從詔史天倪南征授右副都元帥賜金虎符八月天倪取平州金經畧使乞住降木華黎遣史進道等攻廣寧府降之是秋取城邑凡八百六十有二冬十月金宣撫蒲鮮萬奴據遼東僭稱天王國號大真改元天泰十一月耶律留哥來朝以其子斜闍入侍史天祥討興州擒其節度使趙守玉

十一年丙子春還廬朐河行宮張致陷興中府木華黎討平之秋撒里知兀䚟三摸合拔都魯率師由西夏趨關中遂越潼關獲金西安軍節度使尼龐古蒲魯虎拔汝州等郡抵汴京而還冬十月蒲鮮萬奴降

以其子帖哥入侍既而復叛僭稱東夏

十二年丁丑夏盜祁和尚據武平史天祥討平之遂擒金將巢元帥以獻察罕破金監軍夾谷於霸州金求和察罕乃還秋八月以木華黎爲太師封國王將蒙古糺漢諸軍南征拔遂城蠡州冬克大名府遂東定益都淄登萊濰密等州是歲禿滿部民叛命鉢魯完朶魯伯討平之

十三年戊寅秋八月兵出紫荆口獲金行元帥事張柔命還其舊職木華黎自西京入河東克太原平陽及忻代澤潞汾霍等州金將武仙攻滿城張柔擊敗之是年伐西夏圍其王城夏主李遵頊出走西凉契丹六哥據高麗江東城命哈真札剌率師平之高麗王瞰遂降請歲貢方物

十四年己卯春張柔敗武仙降祁陽曲陽中山等城夏六月西域殺使者帝率師親征取訛荅剌城擒其酋哈只兒只蘭禿秋木華黎克岢嵐吉隰等州進攻絳州拔其城屠之

十五年庚辰春三月帝克蒲華城夏五月克尋思干城駐蹕也石的石河秋攻斡脫羅兒城克之木華黎徇地至真定武仙出降以史天倪爲河北西路兵馬

都元帥行府事仙副之東平嚴實籍彰德大名磁洺恩博滑濬等州户三十萬來歸木華黎承制授實金紫光禄大夫行尚書省事冬金邢州節度使武貴降木華黎攻東平不克留嚴實守之撤圍趨洺州分兵徇河北諸郡是歲授董俊龍虎衛上將軍右副都元帥

十六年辛巳春帝攻卜哈兒薛迷思干等城皇子术赤攻養吉干八兒真等城並下之夏四月駐蹕鐵門關金主遣烏古孫仲端奉國書請和稱帝爲兄不允金東平行省事忙古棄城遁嚴實入守之宋遣苟夢

王來請和夏六月宋連水忠義統轄石珪率衆來降以珪爲濟兗單三州總管秋帝攻班勒紇等城皇子术赤察合台窩闊台分攻玉龍傑赤等城下之冬十月皇子拖雷克馬魯察葉可馬魯昔剌思等城木華黎出河西克葭綏德保安鄜坊丹等州進攻延安不下十一月宋京東安撫使張琳以京東諸郡來降以琳爲滄景濱棣等州行都元帥是歲詔諭德順州

十七年壬午春皇子拖雷克徒思匿察兀兒等城還經木剌夷國大掠之渡搠搠闌河克也里等城遂與帝會合兵攻塔里寒寨拔之木華黎軍克乾涇邠原

等州攻鳳翔不下夏避暑塔里寒寨西域主札闌丁出奔與滅里可汗合忽都忽與戰不利帝自將擊之擒滅里可汗札闌丁遁去遣八剌追之不獲秋金復遣烏古孫仲端來請和見帝于回鶻國帝謂曰我向欲汝主授我河朔地令汝主爲河南王彼此罷兵汝主不從今木華黎已盡取之乃始來請耶仲端乞哀帝曰念汝遠來河朔既爲我有關西數城未下者其割付我令汝主爲河南王勿復違也仲端乃歸金平陽公胡天祚以青龍堡降冬十月金河中府來附以石天應爲兵馬都元帥守之

十八年癸未春三月太師國王木華黎薨夏避暑八魯灣川皇子术赤察合台窩闊台及八剌之兵來會遂定西域諸城置達魯花赤監治之冬十月金主珣殂子守緒立是歲宋復遣苟夢玉來

十九年甲申夏宋大名總管彭義斌侵河北史天倪與戰於恩州敗之是歲帝至東印度國角端見班師

二十年乙酉春正月還行宮二月武仙以真定叛殺史天倪董俊判官李全亦以中山叛三月史天澤擊仙走之復真定夏六月彭義斌以兵應仙天澤禦於贊皇擒斬之

二十一年春正月帝以西夏納仇人赤臘喝翔昆及不遣質子自將伐之二月取黑水等城夏避暑於渾垂山取甘肅等州秋取西涼府搠羅河羅等縣遂踰沙陀至黃河九渡取應里等縣九月李全執張琳郡王帶孫進兵圍全於益都冬十一月庚申帝攻靈州夏遣嵬名令公來援丙寅帝渡河擊夏師敗之丁丑五星聚見於西南駐蹕鹽州川十二月李全降授張柔行軍千戶保州等處都元帥是歲皇子窩闊台及察罕之師圍金南京遣唐慶責歲幣于金

二十二年丁亥春帝留兵攻夏王城自率師渡河攻

積石州二月破臨洮府三月破洮河西寧二州遣斡陳那顏攻信都府拔之夏四月帝次龍德拔德順等州德順節度使愛申進士馬肩龍死焉五月遣唐慶等使金閏月避暑六盤山六月金遣完顏合周奥屯阿虎來請和帝謂群臣曰朕自去冬五星聚時已嘗許不殺掠遽忘下詔耶令可布告中外令彼行人亦知朕意是月夏主李晛降帝次清水縣西江秋七月壬午不豫己丑崩于薩里川哈老徒之行宮臨崩謂左右曰金精兵在潼關南據連山北限大河難以遽破若假道于宋宋金世讎必能許我則下兵唐鄧直

擣大梁金急必徵兵潼關然以數萬之衆千里赴援人馬疲弊雖至弗能戰破之必矣言訖而崩壽六十六葬起輦谷至元三年冬十月追謚聖武皇帝至大二年冬十一月庚辰加謚法天啓運聖武皇帝廟號太祖在位二十二年帝深沉有大略用兵如神故能滅國四十遂平西夏其奇勳偉跡甚衆惜乎當時史官不備或多失於紀載云

戊子年是歲皇子拖雷監國

本紀卷第一

本紀卷第二　　元史二

翰林學士亞中大夫知制誥兼修國史臣宋濂　翰林待制承直郎同知制誥兼國史院編修官臣王褘等奉

勅修

太宗

太宗英文皇帝諱窩闊台太祖第三子母曰光獻皇后弘吉剌氏太祖伐金定西域帝攻城畧地之功居多太祖崩自霍博之地來會喪

元年己丑夏至忽魯班雪不只之地皇弟拖雷來見秋八月己未諸王百官大會于怯綠連河曲雕阿蘭之地以太祖遺詔即皇帝位于庫鐵烏阿剌里始立

朝儀皇族尊屬皆拜頒大札撒（華言大法令也）金遣阿虎帶來歸太祖之賵帝曰汝主久不降使先帝老于兵間吾豈能忘也賵何爲哉却之遂議伐金敕蒙古民有馬百者輸牝馬一牛百者輸牸牛一羊百者輸粉羊一爲永制始置倉廩立驛傳命河北漢民以戶計出賦調耶律楚材主之西域人以丁計出賦調麻合沒的滑剌西迷主之印度國主木羅夷國主來朝西域伊思八剌納城酋長來降是歲金復遣使來聘不受

二年庚寅春正月詔自今以前事勿問定諸路課稅酒課驗實息十取一雜稅三十取一是春帝與拖雷

獵于斡兒寒河遂遣兵圍京兆金主率師來援敗之
尋拔其城夏避暑于塔密兒河朶忽魯及金兵戰敗
績命速不台援之秋七月帝自將南伐皇弟拖雷皇
姪蒙哥率師從拔天成等堡遂渡河攻鳳翔冬十一
月始置十路徵收課稅使以陳時可趙昉使燕京劉
中劉桓使宣德周立和王貞使西京呂振劉子振使
太原楊簡高廷英使平陽王晉賈從使真定張瑜王
銳使東平王德亨侯顯使北京夾谷永程泰使平州
田木西李天翼使濟南是月師攻潼關藍關不克十
二月拔天勝寨及韓城蒲城

三年辛卯春二月克鳳翔攻洛陽河中諸城下之夏
五月避暑于九十九泉命拖雷出師寶鷄遣搠不罕
使宋假道宋殺之復遣李國昌使宋需糧秋八月幸
雲中始立中書省改侍從官名以耶律楚材為中書
令粘合重山為左丞相鎮海為右丞相是月以高麗
殺使者命撒禮塔率師討之取四十餘城高麗王瞮
遣其弟懷安公請降撒禮塔承制設官分鎮其地乃
還冬十月乙酉帝圍河中十二月己未拔之

四年壬辰春正月戊子帝由白坡渡河庚寅拖雷渡
漢江遣使來報即詔諸軍進發甲午次鄭州金防城
提控馬伯堅降授伯堅金符使守之丙申大雪丁酉
又雪次新鄭是日拖雷及金師戰于鈞州之三峯大
敗之獲金將蒲阿戊戌帝至三峯壬寅攻鈞州克之
獲金將合達遂下商虢嵩汝陜洛許鄭陳亳潁壽睢
永等州三月命速不台等圍南京金主遣其弟曹王
訛可入質帝還留速不台守河南夏四月出居庸避
暑官山高麗叛殺所置官吏徙居江華島秋七月遣
唐慶使金諭降金殺之八月撒禮塔復征高麗中矢
卒金參政完顏思烈恒山公武仙救南京諸軍與戰
敗之九月拖雷薨帝還龍庭冬十一月獵于納蘭赤

剌温之野十二月如太祖行宮

五年癸巳春正月庚申金主奔歸德戊辰金西面元
帥崔立殺留守完顏奴申完顏習捏阿不以南京降
二月幸鐵列都之地詔諸王議伐萬奴遂命皇子貴
由及諸王按赤帶將左翼軍討之夏四月速不台進
至青城崔立以金太后王氏后徒單氏及荆王從恪
梁王守純等至軍中速不台遣送行在遂入南京六
月金主奔蔡塔察兒率師圍之詔以孔子五十一世
孫元措襲封衍聖公秋八月獵于兀必思地以阿同
葛等充宣差勘事官括中州户得户七十三萬餘九月

擒萬奴冬十一月宋遣荆鄂都統孟珙以兵糧來助十二月諸軍與宋兵合攻蔡敗武仙于息州金人以海沂萊濰等州降是冬帝至阿魯兀忽可吾行宫大風霾七晝夜敕修孔子廟及渾天儀

六年甲午春正月金主傳位于宗室子承麟遂自經而焚城拔獲承麟殺之宋兵取金主餘骨以歸金亡是春會諸王宴射于斡兒寒河夏五月帝在達蘭達葩之地大會諸王百僚諭條令曰凡當會不赴而私宴者斬諸出入宫禁各有從者男女止以十人爲朋出入毋得相雜軍中凡十人置甲長聽其指揮專擅

者論罪其甲長以事來宫中即置權攝一人甲外一人二人不得擅自往來違者罪之諸公事非當言而言者拳其耳再犯笞三犯杖四犯論死諸千户越萬户前行者隨以木鏃射之百户甲長諸軍有犯其罪同不遵此法者斥罷今後來會諸軍甲内數不足於近翼抽補足之諸人或居室或在軍毋敢喧呼凡來會用善馬五十疋爲一羈守者五人飼羸馬三人守乞烈思三人但盜馬一二者即論死諸人馬不應絆於乞烈思内者輒没與畜虎豹人諸婦人製質孫燕服不如法者及妬者乘以騂牛徇部中論罪即聚財爲更娶秋七月以胡土虎那顔爲中州斷事官遣達海紺卜征蜀是秋帝在八里里荅闌荅八思之地議自將伐宋國王查老温請行遂遣之冬獵于脱卜寒地

七年乙未春城和林作萬安宫遣諸王拔都及皇子貴由皇姪蒙哥征西域皇子闊端征秦鞏皇子曲出及胡土虎伐宋唐古征高麗秋九月諸王口温不花獲宋何太尉冬十月曲出圍棗陽拔之遂徇襄鄧入郢虜人民牛馬數萬而還十一月闊端攻石門金便宜都總帥汪世顯降中書省臣請契勘大明曆從之

八年丙申春正月諸王各治具來會宴萬安宫落成詔印造交鈔行之二月命應州郭勝鈞州孛朮魯九住鄧州趙祥從曲出充先鋒伐宋三月復修孔子廟及司天臺夏六月復括中州户口得續户一百一十餘萬耶律楚材請立編修所於燕京經籍所於平陽編集經史召儒士梁陟充長官以王萬慶趙著副之秋七月命陳時可閱刑名科差課税等案赴闕磨照詔以真定民户奉太后湯沐中原諸州民户分賜諸王貴戚斡魯朶拔都平陽府茶合帶太原府古與大名府孛魯帶邢州果魯干河間府孛魯古帶廣寧府

野苦叅都濟南二府户内撥賜按 赤帶濱棣州斡陳那顏平灤州皇子闊端駙馬赤苦公主阿剌海公主果真國王查剌温茶合帶鍛真蒙古寒札按赤那顏圻那顏火斜术思並於東平府户内撥賜有差耶律楚材言非便遂命各位止設達魯花赤朝廷置官吏收其租頒之非奉詔不得徵兵賦闊端率汪世顯等入蜀取宋關外數州斬蜀将曺友聞冬十月闊端入成都詔招諭秦鞏等二十餘州皆降皇子曲出薨張柔等攻郢州拔之襄陽府來附以游顯領襄陽樊城事

九年丁酉春獵于揭揭察哈之澤蒙哥征欽察部破之擒其酋八赤蠻夏四月築掃憐城作迦堅茶寒殿六月左翼諸部訛言括民女帝怒因括以賜麾下秋八月命术虎乃劉中試諸路儒士中選者除本貫議事官得四千三十人冬十月獵于野馬川幸龍庭遂至行宫是冬口温不花等圍光州命張柔鞏彦暉史天澤攻下之遂別攻蘄州降隨州畧地至黄州宋懼請和乃還

十年戊戌春塔思軍至北峽關宋将汪統制降夏襄陽別将劉義叛執游顯等降宋宋 兵復取襄樊帝獵于揭揭察哈之澤築圖蘇湖城作迎 駕殿秋八月陳時可高慶民等言諸路旱蝗詔免今 年田租仍停舊未輸納者俟豐歲議之

十一年己亥春復獵于揭揭察哈之澤皇子闊端軍至自西川秋七月游顯自宋逃歸以山東諸路災免其稅粮冬十一月蒙哥率師圍阿速蔑怯思城閲三月拔之十二月商人奥都剌合蠻買撲中原銀課二萬二千錠以四萬四千錠爲額從之

十二年庚子春正月以奥都剌合蠻充提領諸路課稅所官皇子貴由克西域未下諸部遣使奏捷命張

柔等八萬户伐宋冬十二月詔貴由班師敕州郡失盗不獲者以官物償之國初令民代償民多亡命至是罷之是歲以官民貸回鶻金償官者歲加倍名羊羔息其害爲甚詔以官物代還凡七萬六千錠仍命凡假貸歲久惟子本相侔而止著爲令籍諸王大臣所俘男女爲民

十三年辛丑春二月獵于揭揭察哈之澤帝有疾詔赦天下囚徒帝瘳秋高麗國王王暾以族子綧入質冬十月命牙老瓦赤主管漢民公事十一月丁亥大獵庚寅還至鈋鐵鍏胡蘭山奥都剌合蠻進酒帝歡

歆極夜乃罷辛卯遲明帝崩于行殿在位十三年壽五十有六葬起輦谷追謚英文皇帝廟號太宗帝有寬弘之量忠恕之心量時度力舉無過事華夏富庶羊馬成群旅不齎粮時稱治平

壬寅年春六皇后乃馬真氏始稱制秋七月張柔自五河口渡淮攻宋揚滁和等州

癸卯年春正月張柔分兵屯田于襄城夏五月熒惑犯房星秋后命張柔總兵戍杞

甲辰年夏五月中書令耶律楚材薨

乙巳年秋后命馬步軍都元帥察罕等率騎三萬與張柔掠淮西攻壽州拔之遂攻泗州盱眙及揚州宋制置趙蔡請和乃還

定宗

定宗簡平皇帝諱貴由太宗長子也母曰六皇后乃馬真氏以丙寅年生帝太宗嘗命諸王按只帶伐金帝以皇子從虜其親王而歸又從諸王拔都西征次阿速境攻圍木柵山寨以三十餘人與戰帝及憲宗與焉太宗嘗有旨以皇孫失烈門爲嗣太宗崩皇后臨朝會諸王百官於答蘭答八思之地遂議立帝

元年丙午春正月張柔入覲於和林秋七月即皇帝位于汪吉宿滅秃里之地帝雖御極而朝政猶出於六皇后云冬獵黃羊于野馬川權萬户史權等耀兵淮南攻虎頭關寨拔之進圍黃州

二年丁未春張柔攻泗州夏避暑于曲律淮黑哈速之地秋西巡八月命野里知吉帶率搠思蠻部兵征西是月詔蒙古人户每百以一名充拔都魯九月取太宗宿衛之半以也曲門答兒領之冬十月括人户

三年戊申春三月帝崩于橫相乙兒之地在位三年壽四十有三葬起輦谷追謚簡平皇帝廟號定宗是歲大旱河水盡涸野草自焚牛馬十死八九人不聊生諸王及各部又遣使於燕京迤南諸郡徵求貨財弓矢鞍轡之物或於西域回鶻索取珠璣或於海東樓取鷹鶻駎騎絡繹晝夜不絕民力益困然自壬寅以來法度不一内外離心而太宗之政衰矣

己酉年

庚戌年定宗崩後議所立未決當是時已三歲無君其行事之詳簡策失書無從考也

本紀卷第二

翰林學士亞中大夫知制誥兼修國史臣宋濂　翰林待制承直郎兼國史院編修官臣王禕等奉
勅修

憲宗

憲宗桓肅皇帝諱蒙哥睿宗拖雷之長子也母曰莊獻太后怯烈氏諱唆魯禾帖尼歲戊辰十二月三日生帝時有黃忽荅部知天象者言帝後必大貴故以蒙哥為名蒙哥華言長生也 太宗在潛邸養以為子屬昂灰皇后撫育之既長為娶火魯剌部女火里差為妃分之部民及睿宗薨乃命歸藩邸從征伐屢立奇功嘗

攻欽察部其酋八赤蠻逃于海島帝聞亟進師至其地適大風刮海水去其淺可渡帝喜曰此天開道與我也遂進屠其衆擒八赤蠻命之跪八赤蠻曰我為一國主豈苟求生且身非駝何以跪人為乃命囚之八赤蠻謂守者曰我之竄入于海與魚何異然終見擒天也今水廻期且至軍宜早還帝聞之即班師而水已至後軍有浮渡者復與諸王拔都征斡羅思部至也烈贊城躬自摶戰破之歲戊申定宗崩朝廷久未立君中外恟恟咸屬意於帝而覬覦者衆議未決諸王拔都木哥阿里不哥唆亦哥禿塔察兒大將兀良合台速你帶帖木迭兒也速不花咸會于阿剌脫忽剌兀之地拔都首建議推戴時定宗皇后海迷失所遣使者八剌在坐曰昔太宗命以皇孫失烈門為嗣諸王百官皆與聞之今失烈門故在而議欲他屬將寘之何地耶木哥曰太宗有命誰敢違之然前議立定宗由皇后脫忽列乃與汝輩為之是則違太宗之命者汝等也今尚誰咎耶八剌語塞兀良合台曰蒙哥聰明睿知人咸知之拔都之議良是拔都即申令於衆衆悉應之議遂定

元年辛亥夏六月西方諸王別兒哥脫哈帖木兒東

方諸王也古脫忽亦孫哥按只帶塔察兒別里古帶西方諸大將班里赤等東方諸大將也速不花等復大會于闊帖兀阿闌之地共推帝即皇帝位於斡難河失烈門及諸弟腦忽等心不能平有後言帝遣諸王旭烈與忙可撒兒帥兵覘之諸王也速忙可不里火者等後期不至遣不憐吉解率兵備之遂改更庶政命皇弟忽必烈領治蒙古漢地民户遣塔兒斡魯不察乞剌賽典赤趙壁等詣燕京撫諭軍民以忙哥撒兒為斷事官以孛魯合掌宣發號令朝覲貢獻及内外聞奏諸事以晃兀兒留守和林宮闕帑藏阿藍

荅兒副之以牙剌瓦赤不只兒斡魯不覩荅兒等充
燕京等處行尚書省事賽典赤匿咎馬丁佐之以訥
懷塔剌海麻速忽等充別失八里等處行尚書省事
暗都剌兀尊阿合馬也的沙佐之以阿兒渾充阿母
河等處行尚書省事法合魯丁匿只馬丁佐之以茶
寒葉了干統兩淮等處蒙古漢軍以帶荅兒統四川
等處蒙古漢軍以和里䚟統土蕃等處蒙古漢軍皆
仍前征進以僧海雲掌釋教事以道士李真常掌道
教事葉孫脫按只䚟暢吉爪難合荅曲憐阿里出及
剛疙疸阿散忽都魯等務持兩端坐誘諸王為亂並

伏誅遂頒便益事宜於國中凡朝廷及諸王濫發牌
印詔旨宣命盡收之諸王馳驛許乘三馬遠行亦不
過四諸王不得擅招民戶諸官屬不得以朝覲為名
賦斂民財民粮遠輸者許於近倉輸之罷築和林城
役千五百人冬以宴只吉帶違命遣合丹誅之仍籍
其家

二年壬子春正月幸失灰之地遣乞都不花攻未來
吉兒都怯寨皇太后崩夏駐蹕和林分遷諸王於各
所合丹於別石八里地蔑里於于葉兒的石河海都
於海押立地別兒哥於曲兒只地脫脫於葉密立地
蒙哥都及太宗皇后乞里吉忽帖尼於擴端所居地
之西仍以太宗諸后妃家貲分賜親王定宗后及失
烈門母以厭禳事覺並賜死謫失烈門也速孛里等
於沒脫赤之地禁錮和只納忽孫脫等於軍營秋七
月命忽必烈征大理諸王禿兒花撒丘征身毒怯的
不花征沒里奚旭烈征西域素丹諸國詔諭宋荊南
襄陽樊城均州諸守將使來附八月忽必烈次臨洮
命總帥汪田哥以城利州聞欲為取蜀之計冬十月
命諸王也古征高麗帝駐蹕月帖古忽闌之地時帝
因獵墮馬傷臂不視朝百餘日十二月戊午大赦天

下以帖哥紬闊闊术等掌帑藏孛闌合剌孫掌斡脫
阿忽察掌祭祀醫巫卜筮阿剌不花副之諸王合剌
薨以只兒斡帶掌傳驛所需孛魯合掌必闍赤寫發
宣詔及諸色目官職徙諸匠五百戶脩行宮是歲籍
漢地民戶諸王旭烈薨

三年癸丑春正月汪田哥修治利州且屯田蜀人莫
敢侵軼帝獵于怯蹇义罕之地諸王也古以怨襲諸
王塔剌兒營帝遂會諸王于斡難河北賜予甚厚罷
也古征高麗兵以札剌兒帶為征東元帥遣必闍別
兒哥括斡羅思戶口三月大兵攻海州戍將王國昌

逆戰于城下敗之獲都統一人夏六月命諸王旭烈兀及兀良合台等帥師征西域哈里發八哈塔等國又命塔塔兒帶撒里土魯花等征欣都思怯失迷兒等國帝幸火兒忽納要不花之地諸王拔都遣脫必察詣行在乞買珠銀萬錠以千錠授之仍詔諭之曰太祖太宗之財若此費用何以給諸王之賜王宜詳審之此銀就充今後歲賜之數秋幸軍腦兒以忙可撒兒爲萬户哈丹爲札魯花赤九月忽必烈次忒剌地分兵三道以進冬十二月大理平帝駐蹕汪吉地命宗王耶虎與洪福源同領軍征高麗攻拔禾山東

州春州三角山楊根天龍等城是歲斷事官忙哥撒兒卒

四年甲寅春帝獵于怯蹇叉罕夏幸月兒滅怯之地遣札剌亦兒部人火兒赤征高麗秋七月詔官吏之赴朝理筭錢糧者許自首不公仍禁以後浮費冬大獵于也滅干哈里叉海之地忽必烈還自大理留兀良合台攻諸夷之未附者入覲於獵所是歲會諸王于顆顆腦兒之西乃祭天于日月山祔籍新軍帝謂大臣求可以慎固封守閫於將畧者擢史樞征行萬户配以真定相衞懷孟諸軍駐唐鄧張柔移鎮亳州權萬户史權屯鄧州張柔遣張信將八漢軍戍潁州王安國將四千戶渡漢南深入而還張柔以連歲勤兵兩淮艱於糧運奏據亳之利詔柔率山前八軍城而戍之柔又以渦水北隘淺不可舟軍既病涉曹濮魏博粟皆不至乃築甬路自亳抵汴堤百二十里流深而不能築復爲橋十五或廣八十尺橫以二堡戍之均州總管孫嗣遣人賫蠟書降且乞援史權以精甲備宋人之要遂援嗣而來其後驍將鍾顯王梅杜柔表師信各帥所部來降

五年乙卯春詔徵逋欠錢穀夏帝幸月兒滅怯土秋

嘉靖九年補刊

九月張柔會大帥于符離以百丈口爲宋往來之道可容萬艘遂築甬路自亳而南六十餘里中爲橫江堡又以路東六十里皆水可致宋舟乃立柵水中惟密置偵邏於所達之路由是鹿邑寧陵考柘楚丘南頓無宋患陳蔡潁息皆通矣是歲攺命劄剌䚟與洪福源同征高麗後此又連三歲攻拔其光州安城中州玄鳳珍原甲向玉果等城

六年丙辰春大風起北方砂礫飛揚白日晦冥帝會諸王百官于欲兒陌哥都之地設宴六十餘日賜金帛有差仍定擬諸王歲賜錢穀忽必烈遣没兒合石

詣行在所奏請續簽內郡漢軍從之夏四月駐蹕于荅密兒五月幸昔剌兀魯朶六月太白晝見幸解亦兒阿塔諸王亦孫哥駙馬也速兒等請伐宋帝亦以宋人違命囚使會議伐之秋七月命諸王各還所部以居諸王塔察兒駙馬帖里垓軍過東平諸處掠民羊豕帝聞遣使問罪由是諸軍無犯者是歲高麗國王細嵯甫雲南酋長摩合羅嵯及素丹諸國來覲兀良合台討白蠻等克之遂自昔八兒地還至重慶府敗宋將張都統賜金縷織文衣一襲銀五十兩綵帛萬二百匹以賚軍士冬帝駐蹕阿塔哈帖乞兒蠻以

阿木河回回降民分賜諸王百官

七年丁巳春幸忽闌也兒吉詔諸王出師征宋乞都不花等討末來吉兒都怯寨平之夏六月謁太祖行宮祭旗鼓復會于怯魯連之地還幸月兒滅怯土秋駐蹕于軍腦兒釃馬乳祭天九月出師南征以駙馬剌真之子乞解爲達魯花赤鎮守斡羅思仍賜馬三百羊五千回鶻獻水精盆珍珠傘等物可直銀三萬餘錠帝曰方今百姓疲弊所急者錢爾朕獨有此何爲却之賽典赤以爲言帝稍償其直且禁其勿復有所獻宗王塔察兒率諸軍南征圍樊城霖雨連月乃

班師元帥卜憐吉解軍自鄧州略地遂渡漢江冬十一月兀良合台伐交趾敗之入其國安南主陳日煚竄海島遂班師遣阿藍荅兒脫因囊加台等詣陝西等處理筭錢穀冬帝度漠南至於玉龍棧忽必烈及諸王阿里不哥八里土出木哈兒玉龍塔失昔烈吉公主脫滅干等來迎大燕既而各遣歸所部

八年戊午春正月朔幸也里本朶哈之地受朝賀二月陳日煚傳國于長子光昺光昺遣壻與其國人以方物來見兀良合台送詣行在所諸王旭烈兀討回回哈里發平之禽其王遣使來獻捷帝獵于也里海

牙之地師南征次于河適冰合以土覆之而渡帝自將伐宋由西蜀以入命張柔從忽必烈征鄂趍杭州命塔察攻荊山分宋兵力宋四川制置使蒲澤之攻成都紐璘率師與戰敗之進攻雲頂山守將姚某等以衆相繼來降詔以紐璘爲都元帥帝由東勝河度遣參知政事劉太平括興元户口三月命洪茶丘率師從劄剌解同征高麗夏四月駐蹕六盤山諸郡縣守令來覲豐州千户郭燧奏請續簽軍千人脩治金州從之是時軍四萬號十萬分三道而進帝由隴州入散關諸王莫哥由祥州入米倉關孛里乂萬户由

漁關入沔州以明安荅兒爲太傅守京兆詔徵益都行省李壇兵壇來言益都南北要衝兵不可撤從之壇還擊海州漣水等處五月皇子阿速帶因獵獨騎傷民稼帝見讓之遂撻近侍數人士卒有拔民葱者即斬以徇由是秋毫莫敢犯仍賜所經郡守各有差秋七月留輜重於六盤山率兵由寶雞攻重貴山所至輙平八月辛丑壇與宋人戰殺宋師殆盡九月駐蹕漢中都元帥紐璘留密里火者劉黑馬等守成都悉率餘兵渡馬湖禽宋制置使張實遂遣實招諭苦竹隘實適冬十月壬午帝次寶峯癸未如利州觀其

城池益非深固以汪田哥能守蜀不敢犯賜卮酒獎諭之帝渡嘉陵江至白水江命田哥造浮梁以濟梁成賜田哥等金帛有差帝駐蹕劍門戊子攻苦竹隘裨將趙仲竊獻東南門師入與其守將楊立戰敗之殺立衆皆奔潰詔毋犯趙仲家屬仍賜仲衣帽徙于隆慶己亥獲張實支解之賜田哥玉帶及犒賞士卒留精兵五百守之遣使招諭龍州帝至高峯庚子圍長寧山守將王佐裨將徐昕等率兵出戰敗之十一月己酉帝督軍先攻鵝頂堡壬子力戰于望喜門簿暮宋知縣王仲由鵝頂堡出降是夜破其城王佐死焉癸丑誅佐之子及徐昕等四十餘人以彭天祥爲達魯花赤治其事王仲副之丙辰進攻長獲山守將大淵降命大淵爲四川侍郎仍以其兵從庚午次和溪口遣驍騎略青居山是月龍州王知府降諸王莫哥都攻禮義山不克諸王塔察兒略地至江而還並會于行在所命忽必烈統諸路蒙古漢軍伐宋十二月壬午楊大淵率所部兵與汪田哥分擊相如等縣都元帥紐璘攻簡州以宋降將張威率衆爲先鋒乙酉帝次于運山大淵遣人招降其守將張大悅仍以大悅爲元帥師至青居山裨將劉淵等殺都統段元

鑒降庚寅遣使招諭未附丁酉隆州守縣降己亥大良山守將蒲元圭降詔諸軍毋俘掠癸卯攻雅州拔之石泉守將趙順降甲辰遣宋人晉國寶招諭合州守將王堅堅殺之國寶遂歸是歲皇子辨都薨于吉河之南

九年己未春正月乙巳朔駐蹕重貴山北置酒大會因問諸王駙馬百官曰今在宋境夏暑且至汝等其謂可居否乎札剌亦兒部人脫歡曰南土瘴癘上宜北還所獲人民委吏治之便阿兒剌部人八里赤曰脫歡怯臣願往居焉帝善之戊申晉國寶歸次峽口

王堅追還殺之諸王莫哥都復攻渠州禮義山曳剌禿魯雄攻巴州平梁山丁卯大淵請攻合州俘男女八萬餘二月丙子帝悉率諸兵渡鷄爪灘至石子山丁丑督諸軍戰城下辛巳攻一字城癸未攻鎮西門三月攻東新門奇勝門鎮西門小堡夏四月丙子大雷雨凡二十日乙未攻護國門丁酉夜登外城殺宋兵甚衆五月屢攻不克六月丁巳汪田哥復選兵夜登外城馬軍寨殺寨主及守城者王堅率兵來戰遇明遇雨梯折後軍不克進而止是月帝不豫秋七月辛亥留精兵三千守之餘悉攻重慶癸亥帝崩于釣

魚山壽五十有二在位九年追謚桓肅皇帝廟號憲宗帝剛明雄毅沉斷而寡言不樂燕飲不好侈靡雖后妃不許之過制初太宗朝群臣擅權政出多門至是凡有詔旨帝必親起草更易數四然後行之御群臣甚嚴嘗諭旨曰爾輩若得朕奬諭之言即志氣驕逸志氣驕逸而災禍有不隨至者乎爾輩其戒之性喜畋獵自謂遵祖宗之法不蹈襲他國所爲然酷信巫覡卜筮之術凡行事必謹叩之殆無虛日終不自厭也

本紀卷第三

本紀卷第四　元史四

翰林學士亞中大夫知制誥兼修國史臣宋濂　翰林待制承直郎同知制誥兼國史院編修官臣王褘等奉

勅修

世祖一

世祖聖德神功文武皇帝諱忽必烈睿宗皇帝第四子母莊聖太后怯烈氏以乙亥歲八月乙卯生及長仁明英睿事太后至孝尤善撫下納弘吉剌氏爲妃歲甲辰帝在潛邸思大有爲於天下延藩府舊臣及四方文學之士問以治道歲辛亥六月憲宗即位同母弟惟帝最長且賢故憲宗盡屬以漠南漢地軍國

庶事遂南駐爪忽都之地邢州有兩答剌罕言於帝曰邢吾分地也受封之初民萬餘戶今日減月削纔五七百戶耳宜選良吏撫循之帝從其言承制以脫兀脫及張耕爲邢州安撫使劉肅爲商榷使邢乃大治歲壬子帝駐桓撫間憲宗令斷事官牙魯瓦赤與不只兒等總天下財賦于燕視事一日殺二十八人其一人盜馬者杖而釋之矣偶有獻環刀者遂追還所杖者手試刀斬之帝責之曰凡死罪必詳讞而後行刑今一日殺二十八人必多非辜既杖復斬此何刑也不只兒錯愕不能對太宗朝立軍儲所于新衛

以收山東河北丁粮後惟計直取銀帛軍行則以資之帝請于憲宗設官築五倉于河上始令民入粟宋遣兵攻虢之盧氏河南之永寧衛之八柳渡帝言之憲宗立經畧司於汴以忙哥史天澤楊惟中趙璧爲使陳紀楊果爲參議俾屯田唐鄧等州授之兵牛敵至則禦敵去則耕仍置屯田萬戶於鄧完城以備之夏六月入覲憲宗於曲先惱兒之地奉命帥師征雲南秋七月丙午禡牙西行歲癸丑受京兆分地諸將皆築第京兆豪侈相尚帝卽分遣使戍興元諸州又奏割河東解州鹽池以供軍食立從宜府于京兆屯

田鳳翔募民受鹽入粟轉漕嘉陵夏遣王府尚書姚樞立京兆宣撫司以孛蘭及楊惟中爲使關隴大治又立交鈔提舉司印鈔以佐經用秋八月師次臨洮遣玉律朮王君侯王鑑諭大理不果行九月壬寅師次忒剌分三道以進大將兀良合帶率西道兵由晏當路諸王抄合也只烈帥東道兵由白蠻帝由中道乙巳至滿陀城留輜重冬十月丙午過大渡河又經行山谷二千餘里至金沙江乘革囊及栰以渡摩娑蠻主迎降其地在大理北四百餘里十一月辛卯復遣玉律朮等使大理丁酉師至白蠻打郭寨其主將

出降其姪堅壁拒守攻拔殺之不及其民庚子次三甸辛丑白蠻送款十二月丙辰軍薄大理城初大理主段氏微弱國事皆決於高祥高和兄弟是夜祥率衆遁去命大將也古及拔突兒追之帝既入大理曰城破而我使不出計必死矣己未西道兵亦至命姚樞等搜訪圖籍乃得三使尸既瘞命樞爲文祭之辛酉南出龍首城次趙瞼癸亥獲高祥斬于姚州留大將兀良合帶戍守以劉時中爲宣撫使與段氏同安輯大理遂班師歲甲寅夏五月庚子駐六盤山六月以廉希憲爲關西道宣撫使姚樞爲勸農使秋八月

至自大理駐桓撫間復立撫州冬駐爪忽都之地歲乙卯春復駐桓撫間冬駐奉聖州北歲丙辰春三月命僧子聰卜地于桓州東灤水北城開平府經營宮室冬駐于合剌八剌合孫之地憲宗命益懷州爲分地歲丁巳春憲宗命阿藍荅兒劉太平會計京兆河南財賦大加鉤考其貧不能輸者帝爲代償之冬十二月入覲于也可迭烈孫之地議分道攻宋以明年爲期歲戊午冬十一月戊申禡牙于開平東北是日啓行歲己未春二月會諸王于邢州夏五月駐小濮州徵東平宋子貞李昶訪問得失秋七月甲寅次汝

南命大將抜都兒等前行備粮漢上戒諸將毋妄殺
命楊惟中郝經宣撫江淮必闍赤孫貞督軍須蔡州
有軍士犯法者貞縛致有司白于帝命戮以徇諸軍
凜然無敢犯令者八月丙戌渡淮辛卯入大勝關宋
戍兵皆遁壬辰次黃陂甲午遣廉希憲招臺山寨比
至千戶董文炳等已破之時淮民被俘者衆悉縱之
庚子先鋒茶忽得宋沿江制置司榜來上有云今夏
諜者聞北兵會議取黃陂民船繫栰由陽邏堡以渡
會于鄂州帝曰此事前所未有願如其言辛丑師次
江北九月壬寅朔親王穆哥自合州釣魚山遣使以

憲宗凶問來告且請北歸以繫天下之望帝曰吾奉
命南來豈可無功遽還甲辰登香爐山俯瞰大江江
北曰武湖湖之東曰陽邏堡其南岸即滸黃洲宋以
大舟扼江渡帝遣兵奪二大舟是夜遣木魯花赤張
文謙等具舟楫乙巳遲明至江岸風雨晦冥諸將皆
以爲未可渡帝不從遂申敕將帥揚旗伐鼓三道並
進天爲開霽與宋師接戰者三殺獲甚衆逕達南岸
軍士有擅入民家者以軍法從事凡所俘獲悉縱之
丁未遣王冲道李宗傑訾郊招諭鄂城比至東門矢
下如雨冲道墜馬爲敵所獲宗傑郊奔還帝駐滸黃

洲己酉抵鄂屯兵教場庚戌圍鄂壬子登城東北壓
雲亭立望樓高可五丈望見城中出兵趣兵迎擊生
擒二人云賈似道率兵救鄂事起倉卒皆非精鋭遂
命官取逃民棄粮聚之軍中爲攻取計戊午順天萬
戶張柔兵至大將抜突兒等以舟師趨岳州遇宋將
呂文德自重慶來抜都兒等迎戰文德乘夜入鄂城
守愈堅冬十月辛未朔移駐烏龜山甲戌抜突兒還
自岳十一月丙辰移駐牛頭山兀良合帶略地諸蠻
由交趾歷邕桂抵潭州聞帝在鄂遣使來告時先朝
諸臣阿藍荅兒渾都海脫火思脫里赤等謀立阿里

不哥阿里不哥者睿宗第七子帝之弟也於是阿藍
荅兒發兵於漠北諸部脫里赤括兵於漠南諸州而
阿藍荅兒乘傳調兵去開平僅百餘里皇后聞之使
人謂之曰發兵大事太祖皇帝曾孫真金在此何故
不令知之阿藍荅兒不能荅繼又聞脫里赤亦至燕
后即遣脫歡愛莫干馳至軍前密報請速還丁卯發
牛頭山聲言趨臨安留大將抜突兒等帥諸軍圍鄂
閏月庚午朔還駐青山磯辛未臨江岸遣張文謙還
諭諸將曰遲六日當去鄂退保滸黃洲命文謙發降
民二萬北歸宋賈似道遣宋京請和命趙璧等語之

曰汝以生靈之故來請和好其意甚善然我奉命南征豈能中止果有事大之心當請於朝是日大軍北還己丑至燕脫里赤方括民兵民甚苦之帝詰其由托以憲宗臨終之命帝察其包藏禍心所集兵皆縱之人心大悅是冬駐燕京近郊

中統元年春三月戊辰朔車駕至開平親王合丹阿只吉率西道諸王塔察兒也先哥忽剌忽兒爪都率東道諸王皆來會與諸大臣勸進帝三讓諸王大臣固請辛卯帝即皇帝位以禡禡趙璧董文炳爲燕京路宣慰使陝西宣撫使廉希憲言高麗國王嘗遣其

世子倎入覲會憲宗將兵攻宋倎留三年不遣今聞其父已死若立倎遣歸國彼必懷德於我是不煩兵而得一國也帝是其言改館倎以兵衛送之仍赦其境内夏四月戊戌朔立中書省以王文統爲平章政事張文謙爲左丞以八春廉希憲商挺爲陝西四川等路宣撫使趙良弼參議司事粘合南合張啓元爲西京等處宣撫使己亥詔諭高麗國王王倎仍歸所俘民及其逃戶禁邊將勿擅掠辛丑以即位詔天下詔曰朕惟祖宗肇造區宇奄有四方武功迭興文治多缺五十餘年於此矣蓋時有先後事有緩急天下大業非一聖一朝所能兼備也先皇帝即位之初風飛雷厲將大有爲憂國愛民之心雖切於己尊賢使能之道未得其人方董夔門之師遽遺鼎湖之泣豈期遺恨竟勿克終肆予冲人渡江之後蓋將深入焉乃聞國中重以僉軍之擾黎民驚駭若不能一朝居者予爲此懼馹騎馳歸目前之急雖紓境外之兵未戢乃會群議以集良規不意宗盟輒先推戴左右萬里名王巨臣不召而來者有之不謀而同者皆是咸謂國家之大統不可久曠神人之重寄不可暫虛求之今日太祖嫡孫之中先皇母弟之列以賢以長止

予一人雖在征伐之間每存仁愛之念博施濟衆實可爲天下主天道助順人謨與能祖訓傳國大典於是乎在孰敢不從朕峻辭固讓至於再三祈懇益堅誓以死請於是俯徇輿情勉登大寶自惟寡昧屬時多艱若涉淵水罔知攸濟爰當臨御之始宜新弘遠之規祖述變通正在今日務施實德不尚虛文雖承平未易遽臻而飢渴所當先務嗚呼曆數攸歸欽應上天之命勳親斯託敢忘烈祖之規體極建元與民更始朕所不逮更賴我遠近宗族中外文武同心協力獻可替否之助也誕告多方體予至意丁未以翰

林侍讀學士郝經為國信使翰林待制何源禮部郎
中劉人傑副之使于宋丙辰叔輯中外官吏宣劄牌
面遣帖木兒李舜欽等行部考課各路諸色工匠置
急遞鋪乙丑徵諸道兵六千五百人赴京師宿衛置
互市于漣水軍禁私商不得越境犯者死是月阿里
不哥僭號于和林城西按坦河召賈居貞張儆王煥
完顏愈乘傳赴闕五月戊辰朔詔燕帖木兒忙古帶
節度黃河以西諸軍丙戌建元中統詔曰祖宗以神
武定四方淳德御群下朝廷草創未遑潤色之文政
事變通漸有綱維之目朕獲纘舊服載擴丕圖稽列

聖之洪規講前代之定制建元表歲示人君萬世之
傳紀時書王見天下一家之義法春秋之正始體大
易之乾元炳煥皇猷權輿治道可自庚申年五月十
九日建元為中統元年惟即位體元之始必立經陳
紀為先故內立都省以總宏綱外設總司以平庶政
仍以興利除害之事補偏救弊之方隨詔以頒於戲
秉籙握樞必因時而建號施仁發政期與物以更新
敷宣懇惻之辭表著憂勞之意凡在臣庶體予至懷
詔安撫壽春府軍民甲午以阿里不哥反詔赦天下
乙未立十路宣撫司以賽典赤李德輝為燕京路宣

撫使徐世隆副之宋子貞為益都濟南等路宣撫使
王磐副之河南路經略使史天澤為河南宣撫使楊
果為北京等路宣撫使趙昞副之張德輝為平陽太
原路宣撫使謝瑄副之孛魯海牙劉肅並為真定路
宣撫使姚樞為東平路宣撫使張肅副之中書左丞
張文謙為大名彰德等路宣撫使游顯副之粘合南
合為西京路宣撫使崔巨濟副之廉希憲為京兆等
路宣撫使以汪惟正為鞏昌等處便宜都總帥虎闌
箕為鞏昌路元帥詔諭成都路侍郎張威安撫元忠
綿資邛彭等州西川潼川隆慶順慶等府及各處山

砦歸附官吏皆給宣命金符有差詔平陽京兆兩路
宣撫司僉兵七千人於延安等處守隘以萬戶鄭鼎
昔剌忙古帶領之貧不能應役者官為資給徵諸路
兵三萬駐燕京近地命諸路市馬萬匹送開平府以
總帥汪良臣統陝西漢軍於沿河守隘立望雲驛非
軍事毋得輒入熒惑入南斗留五十餘日六月戊戌
詔燕京西京北京三路宣撫司運米十萬石輸開平
府及撫州沙井靖州魚兒濼以備軍儲以李璮為江
淮大都督劉太平等謀反事覺伏誅并誅乞帶不花
於東川明里火者於西川渾都海反乙巳李璮言獲

宋諜者言賈似道調兵聲言攻漣州遣人覘之見許浦江口及射陽湖兵船二千艘冝繕理城塹以備罷阿藍帶兒所簽解鹽戶軍百人壬子詔陝西四川宣撫司八春節制諸軍乙卯詔東平路萬戶嚴忠濟等發精兵一萬五千人赴開平乙丑以石長不爲大理國總管佩虎符詔十路宣撫司造戰襖裘帽各以萬計輸開平是月召真定劉郁邢州郝子明彰德胡祗遹燕京馮渭王光益楊恕李彥通趙和之東平韓文獻張昉等乘傳赴闕高麗國王王倎遣其子永安公僖判司宰事韓即來賀即位以國王封冊王印及虎

符賜之秋七月戊辰敕燕京北京西京真定平陽大名東平益都等路宣撫司造羊裘皮帽袴靴皆以萬計輸開平己巳以萬戶史天澤扈從先帝有功賜銀萬五千兩遣靈州種田民還京兆庚午賜山東行省大都督李璮金符二十銀符五俾給所部有功將士癸酉以燕京路宣慰使禡禡行中書省事燕京路宣慰使趙璧平章政事張啟元參知政事王鶚翰林學士承旨兼修國史河南路宣撫使史天澤兼江淮諸翼軍馬經畧使丙子詔中書省給諸王塔察兒益都平州封邑歲賦金帛并以諸王白虎韈剌門所屬民

戶人匠歲賦給之詔造中統元寶交鈔立互市于潁州漣水光化軍北京路都元帥阿海乞免所部軍士征徭從之宋兵攻邊城詔遣太丑怯列灶古帶率所部合兵擊之下詔褒賞行省大都督李璮帝自將討阿里不哥敕劉天麟規措中都析津驛傳馬八月丙午授中書左丞行大名等路宣撫使張文謙虎符丁未詔都元帥紐璘所過毋擅捶掠官吏己酉立秦蜀行中書省以京兆等路宣撫使廉希憲爲中書省右丞行省事宋兵臨漣州李璮乞諸道援兵癸丑賜必闍赤塔剌渾銀二千五百兩李璮乞遣將益兵渡淮

攻宋以方遣使脩好不從癸亥澤州潞州旱民饑敕賑之九月丁卯帝在轉都兒哥之地以阿里不哥遣命下詔諭中外乙亥李璮復請攻宋復諭止之壬午初置拱衛儀仗是月阿藍荅兒率兵至西京府與渾都海軍合詔諸王合丹合必赤與總帥汪良臣等率師討之丙戌大敗其軍于姑臧斬阿藍荅兒及渾都海西土悉平冬十月丁未李璮言宋兵復軍于漣州癸丑初行中統寶鈔戊午車駕駐昔光之地命給官錢雇在京橐駝運米萬石輸行在所十一月戊子發常平倉賑益都濟南濱棣饑民十二月丙申以禮部

郎中孟甲禮部員外郎李文俊使安南大理乙巳李
璮上將士功命璮以益都官銀賞之帝至自和林駐
蹕燕京近郊始制祭享太廟祭器法服以梵僧八合
思八爲帝師授以玉印統釋教立仙音院復改爲玉
宸院括樂工立儀鳳司又立符寶局及御酒庫群牧
所升衛輝爲總管府賜親王穆哥銀二千五百兩諸
王按只帶忽剌忽兒合丹忽剌出勝納合兒銀各五
千兩文綺帛各三百匹金素半之諸王塔察阿朮魯
鈔各五十九錠有奇綿五千九十八斤絹五千九十
八匹文綺三百匹金素半之海都銀八百三十三兩

文綺五十四金素半之覩兒赤也不干銀八百五十
兩兀魯忽帶銀五千兩文綺三百匹金素半之只必
帖木兒銀八百三十三兩爪都伯木兒銀五千兩文
綺三百匹金素半之都魯牙忽銀八百三十三兩特
賜綿五十斤阿只吉銀五千兩文綺三百金素半之
先朝皇后帖古倫銀二千五百兩羅絨等折寶鈔二
十三錠有奇皇后斡者思銀二千五百兩兀魯忽乃
妃子銀五千兩自是歲以爲常

二年春正月辛未夜東北赤氣照人大如席乙酉宋
兵圍漣州己丑李璮率將士迎戰敗之賜詔奬諭給
金銀符以賞將士庚寅璮擅發兵修益都城塹二月
丁酉太陰掩昴己亥宋兵攻漣水命阿朮等帥兵赴之
丙午車駕幸開平詔減免民間差發罷守隘諸軍秦
蜀行省借民錢給軍以今年稅賦償之免平陽太原
軍站戶重科租稅丁未詔行中書省平章禡禡及王
文統等率各路宣撫使赴闕丁巳李璮破宋兵于沙
湖堰三月壬戌朔日有食之夏四月丙午詔軍中所
俘儒士聽贖爲民辛亥遣弓工往教鄯闡人爲弓乙
卯詔十路宣撫使量免民間課程命宣撫司官勸農
桑抑游惰禮高年問民疾苦舉文學才識可以從政

及茂才異等列名上聞以聽擢用其職官汚濫及民
不孝悌者量輕重議罰辛酉詔太康弩軍二千八百
人戍蔡州以禮部郎中劉芳使大理等國五月乙丑
禁使臣毋入民家令止頓析津驛道崔明道李全義
爲詳問官詣宋淮東制司訪問國信使郝經等所在
仍以稽留信使侵擾疆場詰之庚辰敕使臣及軍士
所過城邑官給廩餼毋擾于民丁亥申嚴沿邊軍民
越境私商之禁唐慶子政臣入見詔復其家馳諸路
山澤之禁禁私殺馬牛申嚴越境私商販馬疋者罪
死以河南經畧宣撫使史天澤爲中書右丞相河南

軍民並聽節制詔成都路置惠民藥局遣王祐於西川等路採訪醫儒僧道六月癸巳括漏籍老幼等戶協濟編戶賦稅丙申賜新附人王顯忠王誼等衣物有差李璮遣人獻漣水捷罷諸路拘收孛蘭奚禁諸王擅遣使招民及徵私錢戊戌太陰犯角詔諭十路宣撫司并管民官定鹽酒稅課等法癸卯以嚴忠範爲東平路行軍萬戶兼管民總管仍諭東平路達魯花赤等官並聽節制詔定中外官所乘馬數各有差乙巳賑火少里驛戶之乏食者賞欽察所部將校有功者銀二千五百兩及幣帛有差己酉命竇默仍翰林

侍講學士默與王鶚面論王文統不宜在相位薦許衡代之帝不懌而罷辛亥轉懿州米萬石賑親王塔察兒所部饑民賜親王合丹所部軍幣帛九百匹布千九百匹乙卯敕平陽路安邑縣蒲萄酒自今毋貢詔宣聖廟及管內書院有司歲時致祭月朔釋奠禁諸官員使臣軍馬毋得侵擾褻瀆違者加罪丙辰以汪良臣同簽鞏昌路便宜都總帥凡軍民官並聽良臣節制丁巳敕諸路造人馬甲及鐵裝具萬二千輸開平戊午詔毋收衛輝懷孟賦稅以償其所借芻粟庚申宋瀘州安撫使劉整舉城降以整行夔府路中

書省兼安撫使佩虎符仍諭都元帥紐璘等使存恤其民賜故金翰林修撰魏璠謚靖肅秦蜀行省言青居山都元帥欽察等所部將校有功詔降虎符一金符五銀符五十七令行省銓定職名給之城臨洮陸真定鼓城縣爲晉州以鼓城安平武強饒陽隸焉賜僧子聰懷孟邢州田各五十頃罷金銀銅鐵丹粉錫碌坑冶所役民夫及河南舞陽薑戶藤花戶還之州縣賜大理國主段實虎符優詔撫諭之命李璮領益都路鹽課出工局繡女聽其婚嫁懷孟廣濟渠提舉王允中大使楊端仁鑿沁河渠成溉田四百六十餘

所高麗國王倎更名禃遣其世子愖奉表來朝命宿衛將軍孛里察禮部郎中高逸民持詔往諭仍以玉帶賜之以不花爲中書右丞相耶律鑄爲中書左丞相張啓元爲中書右丞授管領崇慶府黎雅威茂邛灌七處軍民小太尉虎符秋七月辛酉朔立軍儲都轉運使司以馮月合乃爲使周鍇爲副使癸亥初立翰林國史院王鶚請修遼金二史又言唐太宗置弘文館宋太宗設內外學士院今宜除拜學士院官作養人才乞以右丞相史天澤監修國史左丞相耶律鑄平章政事王文統監修遼金史仍採訪遺事並從

之賑和林饑民賞輦昌路總帥汪惟正將校斬渾都
海功銀二千五百兩馬價銀四千九百兩諸王昌童
招河南漏籍户五百命付之有司命總管王青製神
臂弓柱子弓諭河南管軍官於近城地量存牧場餘
聽民耕巴思荅兒乞於高麗鴨緑江西立互市從之
乙丑遣使持香幣祀嶽瀆丁丑渡江新附民留屯蔡
州者徙居懷孟貸其種食以萬家奴爲安撫高麗軍
民達魯花赤賜虎符庚辰西京宣德隕霜殺稼辛巳
詔許衡即其家教懷孟生徒命西京宣撫司造船備
西夏漕運壬午遣納速剌丁孟甲等使安南乙酉以

牛驛雨雪道途泥濘改立水驛己丑命鍊師王道歸
於真定築道觀賜名玉華諭將士舉兵攻宋詔曰朕
即位之後深以戢兵爲念故年前遣使於宋以通和
好宋人不務遠圖伺我小隙反啓邊釁東剽西掠曾
無寧日朕今春還宮諸大臣皆以舉兵南伐爲請朕
重以兩國生靈之故猶待信使還歸庶有悛心以成
和議留而不至者今又半載矣往來之禮遽絶侵擾
之暴不已彼嘗以衣冠禮樂之國自居理當如是乎
曲直之分灼然可見今遣王道貞往諭卿等當整爾
士卒礪爾戈矛矯爾弓矢約會諸將秋高馬肥水陸

分道而進以爲問罪之舉尚賴宗廟社稷之靈其克
有勲卿等當宣布朕心明諭將士各當自勉毋替朕
命鄂州青山磯潪黄洲所招新民遷至江北者設官
領之敕懷孟牧地聽民耕墾八月壬辰賜故金補闕
李大節謚貞肅丁酉命開平守臣釋奠于宣聖廟戊
戌以燕京等路宣撫使賽典赤爲平章政事勑以賀
天爵爲金齒等國安撫使忽林伯副之仍招諭使安
其民己亥諭武衛軍都指揮使李伯祐汰本軍疲老
者選精鋭代之給海青銀符一有奏馳驛以聞辛丑
以宣撫使粘合南合爲中書右丞闊闊爲中書左丞

賈文備爲開元女直水達達等處宣撫使賜虎符以
宋降將王青爲總管教武衛軍習射乙巳禁以俘掠
婦女爲娼丙午太白犯歲星以許衡爲國子祭酒丁未以
姚樞爲大司農竇默仍翰林侍講學士先是以樞爲
太子太師衡爲太子太傅默爲太子太保樞等以不
敢當師傅禮皆辭不拜故復有是命初立勸農司以
陳邃崔斌成仲寬粘合從中爲濱棣平陽濟南河間
勸農使李士勉陳天錫陳膺武忙古帶爲邢洺河南
東平涿州勸農使己酉命大名等路宣撫使歲給翰
林侍講學士竇默太醫副使王安仁衣糧賜田以爲

永業甲寅賞董文炳所將渡江及北征有功者二十二人銀各五十兩封順天等路萬戶張柔爲安肅公濟南路萬戶張榮爲濟南公陝西四川行省乞就決邊方重刑不允詔陝西四川行省存恤歸附軍民詔自今使臣有矯稱上命者有司不得聽受諸王后妃公主駙馬非聞奏不許擅取官物賜慶壽寺海雲寺陸地五百頃勅西京運粮于沙井北京運粮于魚兒泊立檀州驛頒斗斛權衡賑桓州饑民賜諸王塔察兒金千兩銀五千兩幣三百匹給阿石寒甲價銀千二百兩核實新增戶口措置諸路轉輸法命劉整招

懷夔府嘉定等處民戶宋私商七十五人入宿州議置于法詔宥之還其貨聽榷場貿易仍檄宋邊將還北人之留南者九月庚申朔詔以忽突花宅爲中書省署奉遷祖宗神主于聖安寺癸亥邢州安撫使張耕告老詔以其子鵬翼代之武衛親軍都指揮使李伯祐董文炳言武衛軍疲老者乞補換仍存恤其家從之丙寅詔以粘合南合行中興府中書省戊辰大司農姚樞請以儒人楊庸教孔顏孟三氏子孫東平府詳議官王鏞兼充禮樂提舉詔以庸爲教授以鏞特兼太常少卿辛未以清滄鹽課銀償往歲所貸民

錢給公費者置和糴所于開平以戶部郎中宋紹祖爲提舉和糴官丙子諭諸王駙馬凡民間詞訟無得私自斷決皆聽朝廷處置河南民王四妻靳氏一產三男命有司量給贍養勅今歲田租輸沿河近倉官爲轉漕不可勞民癸未以甘肅等處新罹兵革民務農安業者爲戍兵所擾遣阿沙焦端義往撫治之以海青銀符二金符十給中書省量軍國事情緩急付乘驛者佩之以開元路隸北京宣撫司真定路官民所貸官錢貧不能償詔免之王鶚請於各路選委博學老儒一人提舉本路學校特詔立諸路提舉學校

官以王萬慶敬鉉等三十人充之勅燕京順天等路續製人甲五千馬甲及鐵裝具各二千冬十月庚寅朔詔鳳翔府種田戶隸平陽兵籍毋令出征務耕屯以給軍餉辛卯陝西四川行省上言軍務急速若待奏報恐失事機詔與都元帥紐璘會議行之遣道士訾洞春代祀東海廣德王廟壬辰勅火兒赤奴懷率所部畧地淮西丁酉勅愛亦伯等及陝西宣撫司檢覈不魯歡阿藍答兒所貸官銀庚子以右丞張啓元行中書省於平陽太原等路括西京兩路官民有壯馬皆從軍令宣德州楊庭訓統之有力者自備甲仗

無力者官與供給兩路與魯官并在家軍人凡有馬者並付新軍劉總管統領昂吉所管西夏軍并豐州募麻林夏水阿剌渾皆備鞍馬甲仗及孛魯歡所管兵凡徒行者市馬給之並令從軍違者以失悞軍期論修燕京舊城命平章政事趙璧左三部尚書怯烈門率蒙古漢軍駐燕京近郊太行一帶東至平灤西控關陝應有險阻於附近民內選諳武事者修立堡寨守禦以河南屯田萬戶史權為江漢大都督依舊戍守又選銳卒三千付史樞管領於燕京近郊屯駐壬寅命亳州張柔歸德邸浹睢州王文榦水軍解成

張榮實東平嚴忠嗣濟南張宏七萬戶以所部兵來會罷東平會計前任官侵用財賦甲辰宋兵攻瀘州劉整擊敗之詔賞整銀五千兩幣帛二千匹失里荅劉元振守禦有功各賞銀五百兩將士銀萬兩幣帛千匹乙巳詔指揮副使鄭江將千人赴開平指揮使董文炳率善射者千人由魚兒泊赴行在所指揮使李伯祐率餘兵屯潮河川壬子詔霍木海乞帶等自得勝口至中都預備粮餉芻粟丙辰詔平章政事塔察兒率軍士萬人由古北口西便道赴行在所十一月壬戌大兵與阿里不哥遇於昔木土腦兒之地諸

王合丹等斬其將合丹火兒赤及其兵三千人塔察兒與合必赤等復分兵奮擊大破之追北五十餘里帝親率諸軍以躡其後其部將阿脫等降阿里不哥北遁庚午太陰犯昴壬申詔免今年賦稅癸酉駐蹕帖買和來之地以尚書怯烈門平章趙璧兼大都督率諸軍從塔察兒北上分蒙古軍為二怯烈門從麥肖出居庸口駐宣德德興府訥懷從阿忽帶出古北口駐興州帝親將諸萬戶漢軍及武衛軍由檀順州駐潮河川敕官給芻粮毋擾居民罷十路宣撫司止存開元路命諸路市馬二萬五千餘匹授蒙古軍之無

馬者丁丑徵諸路宣撫司官赴中都移蹕於速木合打之地詔漢軍屯懷來晉山鷹坊阿里沙及阿散兒弟二人以擅離扈從伏誅十二月庚寅詔封皇子真金為燕王領中書省事辛卯熒惑犯房壬辰熒惑犯鈎鈐癸巳以昌撫蓋利泊等處荐罹兵革免今歲租賦甲午師還詔撤所在戍兵放民間新簽軍命太常少卿王鏞教習大樂壬寅以隆寒命諸王合必赤所部軍士無行帳者聽舍民居命陝蜀行中書省給綏德州等處屯田牛種農具初立宮殿府秩正四品專職營繕立尚食局尚藥局初設控鶴五百四人以劉

德爲軍使領之立異樣局達魯花赤掌御用織造秩正三品給銀印賜諸王金銀幣帛如歲例是歲天下戶一百四十一萬八千四百九十有九斷死罪四十六人

本紀卷第四

本紀卷第五　　　　元史五

翰林學士亞中大夫知制誥兼修國史臣宋濂翰林待制承直郎同知制誥兼國史院編修官臣王禕等奉
勑修

世祖二

三年春正月癸亥修宣聖廟成庚午罷高麗互市諸王塔察兒請置鐵冶從之請立互市不從忽剌忽兒所部民饑罷上供羊命銀冶戶七百河南屯田戶百四十賦稅輸之州縣命匠戶爲軍者仍爲軍其軍官當考第富貧存恤無力者耶律鑄詣北京餉諸王軍仍遣宣撫使柴楨等增價糴米三萬石益之賜高麗

國曆辛未禁諸道戍兵及勢家縱畜牧犯桑棗禾稼者癸酉以軍興人民勞苦敕停公私逋負毋徵癸未賜廣寧王爪都駝鈕金鍍銀印及諸王合必赤行軍印宋制置使賈似道以書誘總管張元等李璮獲其書上之丙戌命江漢大都督史權亳州萬戶張弘彥將兵八千赴燕脩宮懸鐘磬樂舞籥翟凡用三百六十二人高麗遣使奉表來謝優詔荅之李璮質子彥簡逃歸二月丁亥朔元籍軍寬名爲民者命有司還正之括諸道逃亡軍己丑李璮反以漣海三城獻于宋盡殺蒙古戍軍引麾下趨益都前宣撫副使王磐

脫身走至濟南驛召磐令姚樞問計磐對豎子狂妄即成擒耳帝然之庚寅宋兵攻新蔡辛卯始定中外官俸命大司農姚樞講定條格甲午李璮入益都發府庫犒其將校乙未詔諸道以今歲民賦市馬丙申郭守敬造寶山漏成徙至燕京以興松雲三州隸上都辛丑李璮遣騎寇蒲臺癸卯詔發兵討之以趙璧爲平章政事修深冀南宮棗強四城甲辰發諸蒙古漢軍討李璮命水軍萬戶解成張榮實大名萬戶王文幹及萬戶嚴忠範會東平濟南萬戶張宏歸德萬戶邸浹武衛軍礮手元帥薛軍勝等會濱棣詔濟南路軍民萬戶張宏濱棣路安撫使韓世安各修城塹盡發管內民爲兵以備召張柔及其子弘範率兵二千詣京師丙午命諸王合必赤總督諸軍以不只愛不干及趙璧行中書省事於山東宋子貞參議行中書省事以董源高逸民爲左右司郎中許[illegible]從事真定順天河間平灤大名邢州河南諸路兵皆會濟南以中書左丞闊闊尚書怯烈門宣撫游顯行宣慰司於大名洺磁懷孟彰德衛輝河南東西兩路皆隸焉己酉王文統坐與李璮同謀伏誅仍詔諭中外王演等以妖言誅辛亥勅元帥阿海分兵戍平灤海口

及東京廣寧懿州以餘兵詣京師詔諸道括逃軍還屯田嚴其禁壬子李璮據濟南癸丑詔大名洺磁彰德衛輝懷孟河南真定邢州順天河間平灤諸路皆籍兵守城宋兵攻滕州丙辰詔拔都抹台將息州戍兵詣濟南移其民於蔡州東平萬戶嚴忠範留兵戍宿州及蘄縣以餘兵自隨三月戊午有旨非中書省文移及兵民官申省者不許入遞己未括木速蠻畏吾兒也里可溫答失蠻等戶丁爲兵庚申括北京鷹坊等戶丁爲兵蠲其賦令趙炳將之辛酉宗拔突言河南有自願從軍者命即令將之遣鄭鼎贍思丁答里帶三島行宣慰司事于平陽太原簽見任民官及捕鷹坊人匠等軍徙弘州錦工繡女于京師勅河東兩路元括金州兵付鄭鼎將之詔以平章政事禡禡廉希憲參政商挺斷事官麥肖行中書省于陝西四川獲私商南界者四十餘人命釋之勅燕京至濟南置海青驛凡八所壬申命戶部尚書劉肅專職鈔法平章政事賽典赤兼領之以撒吉思柴楨行宣慰司事于北京免今歲絲銀止輸田租癸酉命史樞阿朮各將兵赴濟南遇李璮軍邀擊大破之斬首四千璮退保濟南乙亥宋將夏貴攻符離戊寅萬戶韓世安

率鎮撫馬興千户張濟民大破李璮兵於高苑獲其權府傳珪賜濟民興金符詔以李璮兵敗諭諸路禁民間私藏軍器壬午始以畏吾字書給驛璽書免西京今年絲銀稅甲申免高麗酒課乙酉宋夏貴攻蘄縣諭諸路管民官毋令軍馬使臣入州城村居鎮市擾及良民夏四月丙戌朔大軍樹柵鑿塹圍璮于濟南丁亥詔博興高苑等處軍民嘗為李璮脅從者並釋其罪庚寅命怯烈門安撫張耕分邢州户隸兩答剌罕辛卯修河中禹廟賜名建極宮壬辰以大梁府渠州路軍民總帥蒲元圭為東夔路經畧使丙申宋

華路分湯太尉攻徐邳二州詔分張柔軍千人還戍亳州庚子江漢大都督史權以趙百户挈衆逃歸斬之詔自今部曲犯重罪鞫問得實必先奏聞然後寘諸法詔安輯徐邳民禁征戍軍士及勢官毋縱畜牧傷其禾稼桑棗以米千石牛三百給西京蒙古户癸卯宋兵攻亳州甲辰命行中書省宣慰司諸路達魯花赤管民官勸誘百姓開墾田土種植桑棗不得擅興不急之役妨奪農時乙巳以北京廣寧豪懿州軍興勞弊免今歲稅賦命諸路詳讞冤獄詔河東兩路并平陽太原路達魯花赤及兵民官撫安軍民各安

生業毋失歲計丁未李璮遣柴牛兒招諭部民盧廣廣縛以獻殺之以廣權威州軍判兼捕盜官戊申賜諸王也相哥金印庚戌賜諸王合必赤金銀海青符各二免松州興州望雲州新舊差賦以望雲松山興州課程隸開平府壬子勅非軍情毋行望雲驛乙卯河南路王谿子張無僧杜信等謀為不軌並伏誅詔右丞相史天澤專征諸將皆受節度五月戊午蘄縣陷權萬户李義千户張好古死之庚申築環城圍濟南璮不復得出詔撤吉思安撫益都路百姓各務農功仍禁蒙古漢軍剽掠癸亥史權妄奏徐邳總管李

杲哥完復邳州城詔由杲哥以下並原其罪時宋將夏貴攻邳州杲哥出降貴既去杲哥自陳能保全州城史權以聞故有是命甲子宋兵攻利津縣蠲濱棣今歲田租之半東平蠲十之三自燕至開平立牛驛給鈔市車牛戊辰以右丞相忽魯不花兼中書省都斷事官賜虎符真定順天邢州蝗以平章政事賽典赤兼領工部及諸路工作以孟烈所獻蹤張弩蔵于中都丙子晉山至望雲立海青驛丁丑李杲哥等伏誅命史天澤選考徐邳總管甲申真定路不眠里海牙擅殺造偽鈔者三人詔詰其違制之罪西京宣德

咸寧龍門霜天順平陽河南真定雨雹東平濱棣旱詔覈實逃戶輸納絲銀稅租戶口增者賞之隱匿者罪之逃民苟免差稅重加之罪大司農姚樞辭赴省議事帝勉留之命樞與左三部尚書劉肅依前商議中書省事六月乙酉朔宋兵攻滄州雅州瀘山民既降復叛命誅其首亂者七人餘令安業割遼河以東隸開元路戊子濱棣安撫使韓安世敗宋兵于濱州丁河口己丑遣塔察兒帥兵擊宋軍仍安諭瀕海軍民乙未禁女直侵軼高麗國民其使臣往還官爲護送命婆娑府屯田軍移駐鴨綠江之西以防海道丙

申高麗國王王禃遣使來貢壬寅陝西行省言西京宣德太原匠軍困乏乞以民代之有旨軍籍已定不宜動摧宜令貧富相資果甚貧者令休息一歲癸卯太原摠管李毅奴哥達魯花赤戴曲薛等領李璮僞檄傳行旁郡事覺誅之敕武寧軍歲輸所產鐵河西民及諸王忽撒吉所部軍士乏食給鈔賑之壬子申嚴軍官及兵伍擾民之禁癸丑立小峪蘆子寧武軍赤泥泉鐵冶四所東平嚴忠濟向爲民貸錢輸賦四十三萬七千四百定借用課程鈔本鹽課銀萬五千餘兩詔勿徵秋七月戊午復蒙古軍站戶差賦農民

包銀徵其半停戶止令輸絲民當輸賦之月毋徵私債敕私市金銀應支錢物止以鈔爲准丙寅賜夔州路行省楊大淵金符十銀符十九賞麾下將士別給海青符二事有急速馳以上聞立檜杆嶺驛以便轉輸癸酉甘州饑給銀以賑之甲戌李璮窮蹙入大明湖投水中不即死獲之并蒙古軍囊家伏誅體解以徇戊寅以夔府行省劉整行中書省於成都潼川兩路仍賜銀萬兩分給軍士之失業者八月己丑郭守敬請開玉泉水以通漕運廣濟河渠司王允中請開邢洺等處漳滏澧河達泉以溉民田並從之甲午博

都歡等奏請以宣德州德興府等處銀冶付其匠戶歲取銀及石綠丹粉輸官從之丙午立諸路醫學教授戊申敕王鶚集廷臣商榷史事鶚等乞以先朝事蹟錄付史館河間平灤廣寧西京宣德北京隕霜害稼九月戊午亳州萬戶張弘略破宋兵于蘄縣復宿蘄二城以侍衛親軍都指揮使董文炳兼山東路經畧使收集益都舊軍充武衛軍戍南邊詔益都行省大都督撒吉思與董文炳會議兵民籍每十戶惟取其二充武衛軍其海州東海漣水移入益都者亦隸本衛己未罷霸州海青驛安南國陳光昞遣使貢方

物壬戌改邢州爲順德府立安撫司洺磁威三州隸
焉聽太原民食小鹽歲輸銀七千五百兩己巳以馬
月合乃餉軍功授禮部尚書賜金符壬申授安南國
王陳光昞及達魯花赤訥剌丁虎符勑濟南官吏凡
軍民公私逋負權閣毋徵癸酉都元帥闊闊帶卒于
軍以其兄阿朮代之授虎符將南邊蒙古漢軍閏月
甲申朔沙肅二州乏食給米鈔賑之丁亥立古北口
驛己丑濟南民饑免其賦稅免諸路軍戶他徭庚寅
勑京師順州至開平置六驛辛卯嚴忠範奏請補東
平路廟學太常樂工從之勑武衛軍及黑軍會于京

師庚子中翼千戶九住破宋兵于虎腦山庚戌發粟
三十萬賑濟南饑民冬十月丙辰放金州所屯軍士
二千人及大明河南新簽防城軍爲民庚申分益都
軍民爲二董文炳領軍撒吉思治民禁諸王使臣師
旅敢有恃勢擾民者所在執以聞詔以李璮所掠民
馬還其主以郝經劉人傑使宋未還廩其家中書省
奏與宋互市庶止私商及復逋民之陷于宋者且覘
漣海二州不允以劉仁傑不附李璮擢益都路總管
仍以金帛賜之壬戌授益都行中書省都督府所統
州郡官金符十七銀符十一乙丑詔禁京畿畋獵丙

寅分東西兩川都元帥府爲二以帖的及劉整等爲
都元帥及左右副都元帥詔責高麗欺慢之罪又詔
賜高麗王禃曆以戰功賞渠州達魯花赤王瑋等金
五十兩銀一千五百五十兩賞閬蓬等路都元帥合
州戰功銀五千兩丁卯詔鳳翔府屯田軍隸兵籍仍
屯田鳳翔放刁國器所簽平陽軍九百一十五人爲
民閬蓬廣安順慶夔府等路都元帥欽察戍青居山
請益兵詔陝西行省及鞏昌總帥汪惟正以兵益之
戊辰楊大淵乞於利州大安軍以鹽易軍糧從之庚
午敕鞏昌總帥汪惟正將戍青居軍還屯田利州乙

亥分中書左右部丁丑敕宿州百戶王達等所擒宋
王用夏珍等八人赴京師命百家奴所將質子軍入
侍戊寅命不里剌所統固安平灤質子軍自益都從
還故地詔益都府路官吏軍民爲李璮脅從者並赦
其罪敕萬戶嚴忠範修復宿州蘄縣萬戶忽都虎懷
都何總管修完邳州城郭十一月乙酉太白犯鉤鈐
丁亥敕聖安寺作佛頂金輪會長春宮設金籙周天
醮辛丑日有背氣重暈三珥敕濟南人民爲李璮裨
校掠取財物者詣都督撒吉思所訟之真定民郝興
讎殺馬忠忠子榮受興銀令興代其軍役中書省以

槃納賂忘讎無人子之道杖之沒其銀事聞詔論如
法有司失出之罪俾中書省議之三乂沽竈户經宋
兵焚掠免今年租賦汰少府監工匠存其良者千二
百户遣官審理陝西重刑敕河西民徙居應州其不
能自贍者百六十户給牛具及粟麥種仍賜布人二
匹乙巳詔都元帥阿朮分兵三千人同阿鮮不花懷
都兵馬復立宿州蘄縣邳州有旨諭史天澤朕或乘
怒欲有所誅殺卿等宜遲留一二日覆奏行之丙午
詔特徵人員宜令乘傳戊申陞撫州爲隆興府以昔
剌斡脫爲總管割宣德之懷安天成及威寧高原隸

焉十二月甲寅封皇子真金爲燕王守中書令丙辰
敕諸王塔察兒等所部獵户止収包銀其絲稅輸之
有司立河南山東統軍司以塔剌渾火兒赤爲河南
路統軍使盧昇副之東距亳州西至均州諸萬户隸
焉茶不花爲山東路統軍使武秀副之西自宿州東
至寧海州諸萬户隸焉罷各路急遞鋪丁巳立十路
宣慰司以真定路達魯花赤趙瑨等爲之己未犯罪
應死者五十三人詔重加詳讞辛酉詔給懷州新民
耕牛二百俾種水田立諸路轉運司以燕京路監榷
官曹澤等爲之使癸亥享太廟詔各路總管兼萬户

者止理民事軍政勿預其州縣官兼千户百户者仍
其舊乙丑復立息州城以安其民召真定順德等路
宣慰使王盤乘傳赴京師丙寅申嚴屠殺牛馬之禁
己巳詔諸路管民總管子弟有分管州府司縣及鷹
坊人匠諸色事務者罷之壬申遣使收輯諸路軍民
官海青牌及驛券戊寅詔諸路管民官理民事管軍
官掌兵戎各有所司不相統攝作佛事於昊天寺七
晝夜賜銀萬五千兩割北京興州隸開平府建行宮
于興隆路陞太原臨泉縣爲臨州降寧陵爲下縣仍
隸歸德賜諸王金銀幣帛如歲例是歲天下户一百

四十七萬六千一百四十六斷死罪六十六人
四年春正月乙酉禁蒙古軍馬擾民宋賈似道遣楊琳
賫空名告身及蠟書金幣誘大獲山楊大淵南歸大
淵部將執琳詔誅之以宋忽兒臧里及沙只回回鷹坊
等兵戍商州藍田諸隘軍民官各從統軍司及宣慰
司選舉岳天輔乞復立息州不允丙戌以姚樞爲中
書左丞改諸路監榷課稅所爲轉運司甲午給公主
拜忽符印其所屬設達魯花赤給鈔賑益都路貧民
之無牛者立十路奧魯總管丁酉益都路行省大都
督撒吉思上李璮所傷漣水軍民及陷宋蒙古女直

探馬赤軍數男女九七千九百二十二人癸卯領部阿合馬請與河南等處鐵冶及設東平等路巡禁私鹽軍從之召商挺趙良弼赴闕乙巳敕李平陽以所部西川出征軍士戍青居山其各翼軍在青居山者悉還成都詔陝西行省塔剌海等存恤離散軍戶詔以諸路漢軍奧魯毋隷各萬戶管領其科徵差稅山東河南隷統軍司東西兩川隷征東元帥府陝西隷行戶部凡奧魯官內有各萬戶弟男及私人皆罷之敕揔帥汪忠臣都元帥帖的及劉整等益兵付都元帥欽察戍青居山仍以解州鹽課給軍糧丙午詔諸

翼萬戶簡精兵四千充武衛軍罷古北口新置驛增萬戶府監戰一員參議一員以馬合麻所俘濟南老僧口之民文面爲奴者付元籍爲民汪忠臣史權械繫宋諜者六人至京師有旨釋之辛亥申禁民家兵器及蒙古軍擾民者陵州達魯花赤蒙哥戰死濟南以其子忙兀帶襲職召雲頂山侍郎張威赴闕二月壬子朔命河東宣慰司市馬百二十九匹賜諸王八剌軍士之無馬者甲寅詔諸路官員子弟入質以高麗不吝詔書詰其使者以民杜了翁先朝舊功復其家庚申賞萬戶怯來所部將士討李璮有功者銀二

千七百五十兩甲子車駕幸開平以王德素充國信使劉公諒副之使于宋致書宋主詰其稽留郝經之故詔諸路置局造軍器私造者處死民間所有不輸官者與私造同三月戊子沂州胡節使范同知陷于宋命存恤其家或言其嘗爲宋兵鄉導乃分其妻孥資產賜有功將士辛卯敕撒吉思招集益都逃民命董文炳以所獲宋諜及俘八十一人赴隆興府聽諸路獵戶及捕盜巡鹽者執弓矢壬辰遣扎馬剌丁和糴東京己亥諸路包銀以鈔輸納其絲料入本色非產絲之地亦聽以鈔輸入凡當差戶包銀鈔四兩每

十戶輸絲十四斤漏籍老幼鈔三兩絲一斤庚子亦黑迭兒丁請修瓊華島不從壬寅關東蒙古漢軍官未經訓敕者令各乘傳赴開平癸卯初建太廟乙巳賜迭怯那延等銀七千九十兩命北京元帥阿海發漢軍二千人赴開平己酉高麗國王王植遣其臣朱英亮入貢上表謝恩復立宿州夏四月庚戌朔以漏籍戶一萬一千八百附籍戶四千三百於各處起冶歲課鐵四百八十萬七千斤癸丑選益都兵千人充武衛軍甲寅償河西阿沙賑贍所部貧民銀三千七百兩己未以完顏端田宅賜益都千戶傳國忠國忠

父天祐爲端所殺故命以其田宅賜之宣德至開平置驛罷開元路宣慰司丙寅西京武州隕霜殺稼戊寅包寶默許衡乘馹赴開平諸王阿只吉所部貧民遠徙者賜以馬牛車帑以東平爲軍行蹂踐賑給之改滄清深鹽提領所爲轉運司王鶚請延訪太祖事蹟付史館五月癸未詔北京運米五千石赴開平其車牛之費並從官給乙酉初立樞密院以皇子燕王守中書令兼判樞密院事戊子陞開平府爲上都其達魯花赤兀良吉爲上都路達魯花赤總管董銓爲上都路總管兼開平府尹辛卯詔立燕京平準庫以

均平物價通利鈔法乙未敕商州民就戍本州毋禁弓矢丙申立上都馬步驛丁酉以元帥楊大淵張大悅復神山有功降詔獎諭戊戌以禮部尚書馬月合乃兼領潁州光化互市及領已括户三千興煽鐵冶歲輸鐵一百三萬七千斤就鑄農器二十萬事易粟四萬石輸官河南隨處城邑市鐵之家令仍舊鼓鑄庚子河南路總管劉克興矯制括户罷其職籍家資之半陞上都路望雲縣爲雲州松山縣爲松州賞前討渾都海戰功撒里都闊闊出等鈔二千一百七十四錠幣帛一千四百二十匹六月壬子河間益都燕

京真定東平諸路蝗乙卯以管民官兼統懷孟等軍俺撒戰殁汴梁命其子忙兀帶爲萬户佩金符戊午賜線真田户六百己未賜高麗國王王禃羊五百癸酉賜拜忽公主所部鈔千錠立上都惠民藥局建帝堯廟於平陽仍賜田十五頃以線真爲中書右丞相塔察兒爲中書左丞相秋七月癸未詔諸投下毋擅勾攝燕京路州縣官吏乙酉禁野狐嶺行營民毋入南北口縱畜牧損踐桑稼給公主拜忽銀五萬兩合剌合納銀千兩乙未以故東平權萬户呂義死王事賜諡貞節戊戌詔弛河南沿邊軍器之禁陞燕京屬

縣安次爲東安州固安爲固安州河南統軍司言屯田民爲保甲丁壯射生軍凡三千四百人分戍沿邊州郡乞蠲他徭從之庚子詔賜諸王爪都牛馬價銀六萬三千一百兩壬寅詔禁益都路探馬赤擾民以成都經畧司隸西川行院禁蒙古漢軍諸人煎販私鹽詔山東經畧司徙膠萊莒密之民及竈户居内地中書省臣以妨煮鹽爲言遂令統軍司完復邊戍居民竈户毋徙詔阿术戒蒙古軍不得以民田爲牧地燕京河間開平隆興四路屬縣雨雹害稼八月戊申朔詔霍木海總管諸路驛佩金符辛亥置元帥府于

大理詔東平大名河南宣慰司市馬千五百五十匹給阿术等軍陞宣德州爲宣德府隸上都以淄萊登三州爲總管府治淄州命昔撒昔總制鬼國大理兩路兵部郎中劉秀前使大理至吐蕃遇害命恤其家壬子命中書省給北京西京轉運司車牛價鈔彰德路及洛磁二州旱免彰德今歲田租之半洛磁十之六冀州蒙古百户阿昔等犯鹽禁没入馬百二十餘匹以給軍士之無馬者甲寅命成都路運米萬石餉潼川給鈔付劉整市牛屯田分劉元禮等軍戍潼川命按敦將之丙辰詔以成都路綿州隸潼川戊午以

阿脫商挺行樞密院於成都凡成都順慶潼川都元帥府並聽節制庚申以史天倪前爲武僊所殺以武僊第賜其子楫癸亥敕京兆路給賜劉整第一區田二十頃以夢八剌所部貧乏賜銀七千五百兩給之甲子以西凉經兵居民困弊給鈔賑之仍免租賦三年敕諸臣傳旨有疑者須覆奏丙寅以諸王只必帖木兒部民困乏賜銀二萬兩給之壬申復置急遞鋪濵棣二州蝗真定路旱詔西凉流民復業者復其家三年車駕至自上都九月壬午河南大名兩道宣慰司所獲宋諜王立張達刁俊等十八人遇赦釋免給

衣服遣還乙酉立漕運河渠司己丑賜諸王阿只吉所部種食牛具庚寅諭高麗上京等處毋重科歛民招諭濟南濵棣流民遣使徵諸路賦稅錢帛民間所賣布帛有踈薄狹短者禁之冬十月戊午初置隆興路驛十一月甲申詔以歲不登量減阿述怯烈各軍行餉東平大名等路旱量減今歲田租丙戌享于太廟以合丹塔察兒王盤張文謙行事高麗國王王禃以免置驛籍民等事遣其臣韓就奉表來謝賜中統五年曆并蜀錦一仍命禃入朝立御衣尚食二局十二月丁未朔以鳳翔屯軍汪惟正青居等軍刁國器

平陽軍令並都元帥欽察統之戍虎嘯寨甲戌敕駙馬愛不花蒲萄户依民例輸賦也里可温荅失蠻僧道種田入租貿易輸稅丙子賜諸王金銀幣帛如歲例是歲天下户一百五十七萬九千一百一十賦絲七十萬六千四百一斤鈔四萬九千四百八十七錠斷死罪七人

至元元年春正月丁丑朔高麗國王王禃遣使奉表來賀壬午敕諸路宣慰司非奉旨無輒入覲以千户張好古歿王事命其弟好義好禮並襲職爲千户癸巳以並都武衞軍千人屯田燕京官給牛具以鄧州

保甲軍二千三百二十九户隸統軍司戊戌楊大淵進花羅紅邊絹各百五十段優詔諭之己亥立諸路平準庫癸卯命諸王位下工匠已籍爲民者並徵差賦儒釋道也里可温達失蠻等户舊免租稅今並徵之其蒙古漢軍站户所輸租減半西北諸王率部民來歸敕北京西京宣慰司隆興總管府和糴以備糧餉築冷水河城命千户土虎等戍之罷南邊互市申嚴持軍器販馬越境私商之禁二月辛亥賀福等六人告平陽太原漏籍户詔賞以官廷臣以非材對給鈔與之敕選儒士編修國史譯寫經書起館舍給俸

以贍之壬子修瓊花島發北京都元帥阿海所領軍疏雙塔漕渠甲寅以故亳州千户邸閏陷于宋命其子榮祖襲職丙辰罷陝西行户部丁卯太陰犯南斗癸酉車駕幸上都詔諸路總管史權等二十三人赴上都大朝會弛邊城軍器之禁三月庚辰設周天醮于長春宮己亥命尚書宋子貞陳時事子貞條具以聞詔獎諭命中書省議行之辛丑詔四川行院命阿脫專掌軍政其刑名錢穀商椎任之立漕運司以王光益爲使夏四月戊申以彰德洺磁路引漳滏洹水灌田致御河淺澁鹽運不通塞涯分渠以復水勢辛亥太陰

犯軒轅御女星壬子東平太原平陽旱分遣西僧祈雨己卯詔高麗國王王禃來朝上都修世見之禮辛酉以四川茶鹽商酒竹課充軍糧楊大淵以部將王仲得宋將昝萬壽書殺之詔以其事未經鞫問或墮宋人行間之計豈宜輒施刑戮詰責大淵仍存恤仲家御苑官南家帶請修駐蹕涼樓并廣牧地詔涼樓俟農隙牧地分給農之無田者丁卯追治李璮逆黨萬户張邦直兄弟及姜郁李在等二十七人罪戊辰給新附戍軍糧餉高麗國王王禃遣其臣金禄來貢五月乙亥詔遣唆脫顔郭守敬行視西夏河渠俾具

圖來上庚辰敕劒州守將分軍守劒門置驛於人頭山丙戌太陰犯房丁亥釋宋私商五十七人給糧遣歸其國己丑以平陰縣尹馬欽發私粟六百碩贍饑民又給民粟種四百餘石詔獎諭特賜西錦一端以旌其義乙未初置四川急遞鋪丙申賜諸王欽察銀萬兩濟其所部貧乏者己亥太陰犯昴以中書右丞相合南合爲平章政事邛部川六番安撫招討使都王明亞爲隣國莚都所殺敕其子伯佗襲職賜金符六月乙巳名王鶚姚樞赴上都宋制置夏貴率兵欲攻虎嘯山敕以萬户石抹紇札剌一軍益欽察戍之戊申

高麗國王王禃來朝秋七月甲戌彗星出輿鬼昏見西北貫上台掃紫微文昌及北斗旦見東北凡四十餘日以阿合馬言並解州鹽課均賦諸色僧道軍匠等戶其太原小鹽聽從民便癸未改新鳳州爲徽州以西番十八族部立安西州行安撫司事丁亥諸王算吉所部營帳軍民被火發粟賑之庚寅給諸王也速不花印壬辰特詔諭鞏昌路揔帥汪惟正勞勉之賜元寶交鈔三萬貫仍戍青居賜諸王玉龍荅失印仍以先朝獵戶賜之丁酉龍門禹廟成命侍臣阿合脫因代祀己亥定用御寶制凡宣命一品二品用玉

三品至五品用金其文曰皇帝行寶者即位時所鑄惟用之誥詔別鑄宣命金寶行之庚子阿里不哥自昔木土之敗不復能軍至是與諸王玉龍荅失阿速帶昔里給其所謀臣不魯花忽察禿滿阿里察脫忽思等來歸詔諸王皆太祖之裔並釋不問其謀臣不魯花等皆伏誅八月壬寅朔陝西行省臣上言川蜀戍兵軍需請令輿魯官徵入官庫移文於近戍官司依數取之宋新附民宜撥地土衣糧給其牛種仍禁邊將分匿人口商州險要乞增戍兵陝西獵戶移獵商州河西鳳翔屯田軍還戍興元四川各翼軍有地

者徵其稅給無田者糧皆從之甲辰詔秦蜀行省發銀二十五萬兩給沿邊歲用乙巳立諸路行中書省以中書左丞相耶律鑄參知政事張惠等行省事詔新立條格省併州縣定官吏員數分品從官職給俸祿頒公田計月日以考殿最均賦役招流移禁勿擅用官物勿以官物進獻勿借易官錢勿擅科差役凡軍馬不得停泊村坊詞訟不得隔越陳訴恤鰥寡勸農桑驗雨澤平物價具盜賊囚徒起數月申省部又頒陝西四川西夏中興北京三處行中書條格定立諸王使臣驛傳稅賦差發不許擅招民戶不得以銀

與非投下人爲斡脫禁口傳敕旨及追呼省臣官屬詔蒙古戶種田有馬牛羊之家其糧住支無田者仍給之庚戌命燕王署敕諸王設僚屬及說書官諸站戶限田四頃免稅供驛馬及祗應命各路總管府兼領其事癸丑命僧子聰同議樞密院事詔子聰復其姓劉氏易名秉忠拜太保參領中書省事乙卯詔改燕京爲中都其大興府仍舊增都省參佐掾史月俸丙辰劉秉忠王鶚張文謙商挺言燕王既署相銜宜於省中別置幕位每月一再至判署朝政其說書官皇子忙安以李槃爲之南木合以高道爲之丁巳以

改元大赦天下詔曰應天者惟以至誠拯民者莫如實惠朕以菲德獲承慶基內難未戢外兵未戢夫豈一日于今五年賴天地之畀矜暨祖宗之垂裕凡我同氣會於上都雖此日之小康敢朕心之少肆比者星芒示儆雨澤愆常皆闕政之所繇顧斯民之何罪宜布惟新之令溥施在宥之仁據不魯花忽察禿滿阿里察脫火思輩構禍我家照依太祖皇帝扎撒正典刑訖可大赦天下改中統五年爲至元元年於戲否往泰來迓續亨嘉之會鼎新革故正資輔弼之良咨爾臣民體予至意戊午給益都武衛軍千人冬衣

己未鳳翔府龍泉寺僧超過等謀亂遇赦沒其財羈管京兆僧司同謀蘇德責令從軍自効發萬戶石抹糺札剌所部千人赴商州屯田亳州軍六百八人及河南府軍六十人助欽察戍青居敕山東經畧副使武秀選益都新軍千人克武衛軍赴中都城郭以沂州監戰塔思萬戶孟義所部兵戍之太原路總管攸忙兀帶坐藏甲匿戶罷職爲民九月壬申朔立翰林國史院以改元詔諭高麗國幷赦其境內辛巳車駕至自上都庚寅益都毛璋謀逆二子及其黨崔成並伏誅籍其家貲賜行省撒吉思冬十月壬寅朔高麗國王王禃來朝乙巳禁上都畿內捕獵庚戌有事于太廟壬子思州歷亭縣進嘉禾一莖五穗戊辰改武衛軍爲侍衛親軍十一月丙子詔宋人歸順及北人陷沒來歸者皆月給糧食辛巳征骨嵬先是吉里迷內附言其國東有骨嵬亦里于兩部歲來侵疆故往征之乙丑以至元二年曆日賜高麗國王王禃禁登州和州等處幷女直人入高麗界剽掠辛卯名衛州太一五代度師李居壽赴闕壬辰罷領中書左右部併入中書省以領中書省左右部兼諸路都轉運使知太府監事阿合馬爲平章政事領中書省左右部

兼諸路都轉運使阿里爲中書右丞丁酉太原路臨州進嘉禾二莖以元帥按敦劉整劉元禮欽察等將士獲功賞賚有差十二月乙巳罷各投下達魯花赤定中外百官儀從丁未敕遣宋諜者四人還其國戊午賞拔都軍人銀五十萬兩甲子太陰犯房乙丑以王鑑昔使大理沒於王事其子天赦不能自存優恤之丁卯敕鄧州沿邊增立茱萸常平建陵季陽四堡戊辰命選善水者一人沿黃河計水程達東勝可通漕運驛以聞庚午詔罷樞密院斷事官及各路奧魯官令總管府兼總押所始罷諸侯世守立遷轉法是

歲真定順天洺磁順德大名東平曹濮州泰安高唐濟州博州德州濟南濱棣淄萊河間大水賜諸王金銀幣帛如歲例户一百五十八萬八千一百九十五斷死罪七十三人

本紀卷第五

本紀卷第六　元史六

翰林學士亞中大夫知制誥兼修國史臣宋濂　翰林待制承直郎同知制誥兼國史院編修官臣王禕等奉
勅撰

世祖三

二年春正月辛未朔日有食之癸酉山東廉訪使言真定路總管張宏前在濟南乘變盜用官物詔以宏嘗告李壇反免宏死罪罷其職徵贓物償官邳州萬户張邦直等違制販馬並處死敕徙鎮海百里八謙謙州諸色匠户於中都給銀萬五千兩爲行費又徙奴懷忒木帶兒礮手人匠八百名赴中都造船運粮己卯北京路行省給札剌赤户東徙行糧萬石以鄧州監戰訥懷新舊軍萬户董文炳並爲河南副統軍甲申詔申嚴越界販馬之禁違者處死乙酉以河南北荒田分給蒙古軍耕種戊子諸王塔察兒使臣闊闊出至北京花道驛手殺驛吏郝用郭和尚有旨徵鈔十定給其主贖死庚寅城西番匣答路癸巳八東乞兒部牙西來朝貢銀鼠皮二千賜金素幣各九帛十有八武城縣王氏妻崔一產三男丁酉給親王王龍答失部民糧二千石高麗國王王禃遣其弟公珣奉表來貢二月辛丑朔元帥按東與宋兵戰于釣魚

山敗之獲戰艦百四十六艘甲辰初立宮闈局戊申賜親王兀魯帶河間王印給所部米千石丁巳車駕幸上都癸亥并六部爲四以麥术丁爲吏禮部尚書馬亨户部尚書嚴忠範兵刑部尚書別魯丁工部尚書禁山東東路私煎硝鹻甲子以蒙古人充各路達魯花赤漢人充總管回回人充同知永爲定制以同知東平路宣慰使寶合丁爲平章政事山東廉訪使王晉爲參知政事廉希憲商挺罷詔併諸王只必帖木兒所設管民官屬詔諭總統所僧人通五大部經者爲中選以有德業者爲州郡僧録判正副都綱等

官仍於各路設三學講三禪會三月癸酉骨嵬國人襲殺吉里迷部兵敕以官粟及弓甲給之丁亥敕邊軍習水戰屯田誅宋諜李富任乙未罷南北互市括民間南貨官給其直遼東饑發粟萬石鈔百定賑之夏四月戊午賜諸王合必赤亦怯烈金素幣各四拜行金幣一五月壬午賞萬户晃里荅兒所部征吐蕃功銀四百五十兩戊子禁北京平灤等處人捕獵庚寅令軍中犯法不得擅自誅戮罪輕斷遣重者聞奏敕上都商税酒醋諸課毋徵其榷鹽仍舊諸人自願徙居永業者復其家詔西川山東南京等路戍邊軍

屯田閏五月癸卯升蓨縣爲景州辛亥檢覈諸王兀魯帶部民貧無孳畜者三萬七百二十四人人月給米二斗五升四閱月而止丙辰雅州碉門宣撫使請復碉門城邑詔相度之癸亥移秦蜀行省於興元丙寅命四川行院分兵屯田丁卯分四親王南京屬州鄭州隸合丹鈞州隸明里睢州隸孛羅赤蔡州隸海都他屬縣復還朝廷以平章政事趙璧行省于南京河南府大名順德洺磁彰德懷孟等路平章政事廉希憲行省事于東平濟南益都淄萊等路中書左丞姚樞行省事于西京平陽太原等路詔諸路州府若

自古名郡户數繁庶且當衝要者不須改併其户不滿千者可併則併之各投下者併入所隸州城其散府州郡户少者不須更設録事司及司候司附郭縣止令州府官兼領括諸路未占籍户任差職者以聞六月戊申朔新得州安撫向良言頃以全城内附元領軍民流散南界者多欲歸順並乞招徠從之又敕良以所領新降軍民移戍通江縣行新得州事辛未賜阿术所部馬價鈔一千二十三錠有奇丙子太陰犯心大星戊寅移山東統軍司於沂州萬户重喜立十字路復正陽命秃剌戍之己卯以淇州隸懷孟路高

麗國王王禃遣其臣榮儒伯奉表來賀聖誕節千戶闊闊出部民乏食賜鈔賑之王晉罷樞密院臣言各路出征逃亡漢軍及貧難未起戶并投下隱匿事故者宜一槩發遣應役從之敕行院及諸軍將校卒伍須正身應役違者罪之秋七月辛酉益都大蝗饑命減價糶官粟以賑癸亥安南國王陳光昞遣使奉表來貢甲子詔賜光昞至元三年曆八月丙子濟南路鄒平縣進芝草一本戊寅高麗國王王禃遣使來貢方物己卯諸宰職皆罷以安童爲中書右丞相伯顏爲中書左丞相戊子召許衡於懷孟楊誠於益都車

駕至自上都九月戊戌以將有事太廟取大樂工於東平預習儀禮敕江淮沿邊樹柵徐宿邳三州助役徒庚子皇孫鐵穆爾生丁巳賞諸王只必帖木兒麾下河西戰功銀二百五十兩冬十月己卯享于太廟癸未敕順天張柔東平嚴忠濟河間馬總管濟南張林太原石抹總管等戶改隸民籍統軍抄不花萬戶懷都麾下軍士所俘宋人九十三口官贖爲民其私越禁界掠獲者四十五人許令親屬完聚並種田內地戊子詔隨路私商曾入南界者首實免罪充軍十一月丙申召李昶於東平辛丑賜諸王只必帖木兒

銀二萬五千兩鈔千錠癸丑賞楊文安戰功金五十兩所部軍銀六百兩及幣帛有差甲子詔事故貧難軍不堪應役者以兩戶或三戶合併正軍一名其丁單力備者許顧人應役十二月己巳省併州縣凡二百二十餘所庚午宋子貞言朝省之政不宜數行數改又刑部所掌事干人命尚書嚴忠範年少宜選老於刑名者爲之又請罷北京行中書省別立宣慰司以控制東北州郡並從之禁朝省告訐以息爭訟辛未以諸王也速不花所部戍西番軍屢有戰功賞銀三百兩癸酉召張德輝於真定徒單公履於衛州丁

丑詔諭高麗賜至元三年曆日癸未賜劉秉忠金五十兩甲申賜伯顏宋子貞楊誠銀千兩鈔六十錠丁亥敕選諸翼軍富強才勇者萬人充侍衛親軍己丑瀆山大玉海成敕置廣寒殿是歲戶一百五十九萬七千六百一絲九十八萬六千二百八十八斤包銀鈔五萬七千六百八十二錠賜諸王金銀幣帛如歲例彰德大名南京河南府濟南淄萊太原弘州雹西京北京益都真定東平順德河間徐宿邳蝗旱太原霜災斷死罪四十二人

三年春正月乙未高麗國王王禃遣使來賀丙午遣

朶端趙璧持詔撫諭四川将吏軍民壬子立制國用使司以阿合馬爲使癸丑選女直軍二千爲侍衛軍四川行樞密院謀取嘉定請益兵命朶端趙璧摘諸翼蒙古漢軍六千人付之二月丙寅廉希憲宋子貞爲平章政事張文謙復爲中書左丞史天澤爲樞密副使癸酉立瀋州以處高麗降民壬午平陽路僧官以妖言惑衆伏誅以中書右丞張易同知制國用使司事參知政事張惠爲制國用副使癸未車駕幸上都甲申罷西夏行省立宣慰司初製太常禮樂工冠服立東京廣寧懿州開元恤品合懶婆娑等路宣撫

司乙酉蠲中都今年包銀四分之一詔理斷阿术部下所俘人口畜牧及其草地爲民侵種者以制國用使司條畫諭中外官吏三月辛巳分衛輝路爲親王玉龍荅失分地戊戌賑水達達民戶饑己未王晉及侍中和哲斯濟南益都轉運使王明以隱匿塩課皆伏誅夏四月丁卯五山珎御榻成置瓊華島廣寒殿亳州水軍千戶胡進等領騎兵渡淝水逾荆山與宋兵戰殺獲甚衆賞鈔幣有差庚午敕僧道祈福於中都寺觀詔以僧機爲總統居慶壽寺己卯申嚴瀕海私塩之禁敕宮燭毋彩繪五月乙未遣使諸路慮囚

庚子敕太醫院領諸路醫戶惠民藥局辛丑以黄金飾渾天儀丙午浚西夏中興漢延唐來等渠凡良田爲僧所據者聽蒙古人分墾丙辰罷益都行省蠲平灤益都質子戶賦稅之半六月丁卯封皇子南木合爲北平王以印給之辛未徙歸化民於清州興濟縣屯田官給牛具壬申賜劉整畿內地五十頃癸酉以千户札剌兒没于王事賜其妻銀二百五十兩丙子立漕運司戊寅以陝西行省平章賽典赤等政事修治賜銀五千兩命山東統軍副使王仲仁督造戰船于汴申嚴陝西河南竹禁立拱衛司秋七月丙申罷

息州安撫司壬寅詔上都路總管府遇車駕巡幸行留守司事車駕還即復舊丙午遣使祠五嶽四瀆甲寅添内外巡兵外路每百户選中産者一人充之其賦令餘户代輸在都增武衛軍四百己未以崞代堅臺四州隸忻州詔令西夏避亂之民還本籍成都新民爲豪家所庇者皆歸之州縣詔招集逃亡軍限百日詣所屬陳首原其罪貧者併户應役八月癸亥賜丞相伯顔第一區丁卯以兵部侍郎黒的禮部侍郎殷弘使日本賜書曰皇帝奉書日本國王朕惟自古小國之君境土相接尚務講信修睦况我祖宗受天

明命奄有區夏遐方異域畏威懷德者不可悉數朕即位之初以高麗無辜之民久瘁鋒鏑即令罷兵還其疆場反其旄倪高麗君臣感戴來朝義雖君臣而歡若父子計王之君臣亦已知之高麗朕之東藩也日本密邇高麗開國以來時通中國至於朕躬而無一乘之使以通和好尚恐王國知之未審故特遣使持書布告朕心冀自今以往通問結好以相親睦且聖人以四海為家不相通好豈一家之理哉以至用兵夫孰所好王其圖之又詔高麗遣去使至其國戊子高麗國王王植遣其大將軍朴琪來賀聖誕節阿

朮略地蘄黃俘獲以萬計九月戊午車駕至自上都冬十月庚申朔降德興府為奉聖州癸亥高麗使還以王植病詔和藥賜之丁丑徙平陽經籍所于京師更敕牒舊式太廟成丞相安童伯顏言祖宗世數尊謚廟號增祀四世各廟神主配享功臣法服祭器等事皆宜定議命平章政事趙璧等集群臣議定為八室申禁京畿畋獵壬午命制國用使司造神臂弓千張矢六萬十一月辛卯初給京府州縣司官吏俸及職田戊戌頒御河立漕倉丁未申嚴殺牛馬之禁宋子貞致仕辛亥以忽都答兒為中書左丞相詔禁天

文圖讖等書丙辰千戶散竹帶以嗜酒失所守大良平罪當死録其前功免死令往東川軍前自效詔建都使復歸朝又詔嘉定等府沿江一帶城堡早降又詔四川行樞密院遣人告諭江漢庸蜀等效順具官吏姓名對階換授有功者遷有才者用民無生理者以衣糧賑之願遷內地者給以田廬毋令失所十二月庚申給諸王合必赤行軍印辛酉詔改四川行樞密院為行中書省以賽典赤也速帶兒等僉行中書省事甲子立諸路洞冶所以梁成生擒宋總轄官授同知開州事佩金符減輝州竹課先是官取十之六

至是減其二丁亥詔安肅公張柔行工部尚書段天祐等同行工部事修築宮城併太府監入宣徽院仍以宣徽使專領監事詔賜高麗以至元四年曆日仍慰諭之建大安閣于上都鑿金口導盧溝水以漕西山木石敕諸越界私商及諜人與偽造鈔者送京師審覈是歲天下户一百六十萬九千九百三東平濟南益都平灤真定洺磁順天中都河間北京蝗京兆鳳翔旱斷死罪九十六人賜諸王金銀幣帛如歲例四年春正月甲午陝西行省以開州新得復失請益兵敕平陽延安等處簽民兵三千人山東河南懷孟

潼川調兵七千人益之丁酉申嚴平陽等處私鹽之禁壬寅立荼速秃水十四驛癸卯勅修曲阜宣聖廟乙巳百濟遣其臣梁浩來朝賜以錦繡有差禁僧官侵理民訟辛亥封安肅公張柔爲蔡國公以趙璧爲樞密副使立諸路洞冶都總管府癸丑敕封昔木土山爲武定山其神曰武定公泉爲靈淵其神曰靈淵侯僉蒙古軍户二丁三丁者出一人爲軍四丁五丁者二人六丁七丁者三人乙卯高麗國王王禃遣使來朝詔撫慰之戊午立提點宫城所析上都隆興府自爲一路行總管府事立開元等路轉運司城大都

二月庚申粘合南合復平章事阿里復爲中書右丞丁卯改經籍所爲弘文院以馬天昭知院事丁亥括西夏民田徵其租車駕幸上都詔陝西行省招諭宋人又詔嘉定瀘州重慶夔府涪達忠萬及釣魚禮義大良等處官吏軍民有能率衆來降者優加賞擢三月己丑復以耶律鑄爲中書左丞相辛卯自潼關至蘄縣立河渡官八員以察姦僞乙未敕中都路建習樂堂使樂工肄業其中己亥賜皇子燕王忙阿剌那没罕忽哥赤銀三萬兩辛丑夏津縣大雨雹壬寅安童言比者省官員數平章左丞各一員今丞相五人

素無此例臣等議擬設二丞相臣等蒙古人三員惟陛下所命詔以安童爲長史天澤次之其餘蒙古漢人參用勿令員數過多又詔宜用老成人如姚樞等一二員同議省事丁巳耶律鑄制宫縣樂成詔賜名大成夏四月甲子新築宫城辛未遣使祀岳瀆五月丁亥朔日有食之敕上都重建孔子廟乙未應州大水丙申威州山後大畬弄麻等十一族來附賜以璽書金銀符己酉以捕獵户達魯花赤爲造銀符處死壬子敕諸路官吏俸令包銀民户每四兩增納一兩以給之丙辰析東平之博州五城別爲一路六月壬

戌以中都順天東平等處蠶災免民户絲料輕重有差乙丑復以史天澤爲中書左丞相忽都答兒耶律鑄並降平章政事伯顏降中書右丞廉希憲降中書左丞阿里張文謙並降參知政事乙酉賜諸王玉龍荅失銀五千兩幣三百歲以爲常罷宣徽院黒的殷弘以高麗使者宋君斐金贊不能導達至日本來奏降詔責高麗王王禃仍令其遣官至彼宣布以必得要領爲期秋七月丙戌朔敕自中興路至西京之東勝立水驛十戊戌罷息州安撫岳林以其民隸南京路罷懷孟路安撫李宗傑以其民隸本路發肇昌鳳

翔京兆等處未占籍户一千修治四川山路橋梁棧道大名路達魯花赤愛魯總管張弘範等盜用官錢罷之壬寅申嚴京畿牧地之禁甲寅詔亦即納新附貧民從人借貸因不能償者官爲償之仍給牛具種實及糧食簽東京軍千八百人充侍衛軍八月庚申填星犯天罇辛酉申嚴平灤路私鹽酒醋之禁丙寅復立宣徽院以前中書右丞相線真爲使丁丑封皇子忽哥赤爲雲南王賜駝鈕金鍍銀印壬午太白犯軒轅大星命怯綿征建都高麗國王王禃遣其秘書監郭汝弼來賀聖誕節阿朮畧地至襄陽俘生口五

萬馬牛五千宋人遣步騎來拒阿朮率騎兵敗之九月壬辰作玉殿于廣寒殿中乙未總帥汪良臣請立寨於母章德山控扼江南以當釣魚之衝從之戊申以許衡爲國子祭酒安南國王陳光昞遣使來貢優詔答之立大理等處行六部以闊闊帶爲尚書兼雲南王傅柴禎尚書兼府尉寗源侍郎兼司馬庚戌遣雲南王忽哥赤鎮大理鄯闡茶罕章赤禿哥兒金齒等處詔撫諭吏民又詔諭安南國俾其君長來朝子弟入質編民出軍役納賦稅置達魯花赤統治之癸丑申嚴西夏中興等路僧尼道士商稅酒醋之禁壬申

駕至自上都王鶚請立選舉法有旨令議舉行有司難之事遂寢冬十月辛酉制國用司言別怯赤山石絨織爲布火不能然詔采之壬戌賜駙馬不花銀印魚通嵓州等處達魯花赤李福招諭西番諸族酋長以其民入附以阿奴版的哥等爲喝吾等處總管並授璽書及金銀符鐵旗城後番官官折蘭遣其子天郎持先受憲宗璽書金符乞改授新命從之甲子歲星犯軒轅大星辛未太原進嘉禾二本異畝同穎甲戌賑新附民陳忠等鈔丁丑制國用使司請量節經用從之庚辰定品官子孫廕叙格十一月乙酉享于

太廟戊戌立新蔡縣以忽察李家奴統所部兵戍之甲辰立夔府路總帥府戍開州乙巳填星犯天罇距星申嚴京畿畋獵之禁南京宣慰劉整赴闕奏攻宋方畧宜先從事襄陽十二月甲戌賞河南路統軍使訥懷所部將士戰功銀九千六百五十兩鈔幣鞍勒有差丙子賑親王移相哥所部饑民丁丑給遼東新簽軍布六萬匹己卯立遼東路水驛七賞元帥阿朮部下有功將士二千二十五人銀五萬五千三百兩金五十兩及錦絲鞍勒有差庚辰簽女直水達達軍三千人立諸位斡脫總管府省平陽路岳陽和州二

縣入冀氏復置覇州益津縣省安西路櫟陽縣入臨
潼是歲天下户口一百六十四萬四千三十山東河
南北諸路蝗順天東鹿縣旱免其租斷死罪一百十
四人賜諸王金銀幣帛如歲例
五年春正月甲午太陰犯井庚子上都建城隍廟辛丑
敕陝西五路四川行省造戰艦五百艘付劉整高麗
國王王禃遣其弟淐來朝詔以禃飾辭見欺面數其
事於淐切責之復遣北京路總管于也孫脫禮部郎
中孟甲持詔往諭令具表遣海陽公金俊侍郎李藏
用與去使同來以閏庚戌賜高麗國新曆閏月戊午

以陳亳潁蔡等處屯田户充軍令益都漏籍户四千
淘金登州栖霞縣每户輸金歲四錢二月戊子太陰犯
天關己丑太陰犯井給河南山東貧乏軍士鈔戊戌改
軍器局爲軍器監辛丑百户渾都速駐營濟南路屬
縣三年脅取民飲食糧料當粟五千石敕杖決之仍
償粟千石析甘州路之肅州自爲一路三月丙寅罷
諸路四品以下子孫入質者田禹妖言敕減死流之
遠方禁民間兵器犯者驗多寡定罪甲子敕怯綿率
兵二千招諭建都壬申改毋章德山爲定遠城武群
山爲武勝軍丁丑敕阿里等詣軍前閱視軍籍罷諸

路女直契丹漢人爲達魯花赤者回回畏兀乃蠻唐
兀人仍舊夏四月壬寅遣使祀嶽瀆五月辛亥朔以
太醫院拱衛司教坊司及尚食尚果尚醞三局隸宣
徽院癸亥都元帥百家奴拔宋嘉定五花石城白馬
三砦癸酉賜諸王禾忽及八剌合幣帛六萬匹六月
辛巳朔濟南王保和以妖言惑衆謀作亂敕誅首惡
五人餘勿論甲申中山大雨雹阿术言所領者蒙古
軍若遇山水砦柵非漢軍不可宜令史樞率漢軍協
力征進從之戊申東平等處蝗己酉封諸王昔怯吉
爲河平王賜駞鈕金印秋七月辛亥召翰林直學士

高鳴順州知州劉瑜中都郝謙李天輔韓彦文李祐
赴上都以山東統軍副使王仲仁戍眉州壬子詔陝
西統軍司兼領軍民錢穀罷各路奥魯官令管民官
兼領癸丑立御史臺以右丞相塔察兒爲御史大夫
詔諭之曰臺官職在直言朕或有未當其極言無隱
毋憚他人朕當爾主仍以詔諭天下立高州北二驛
戊辰罷西夏宣撫司庚午省諸路打捕鷹坊工匠洞
冶總管府令轉運司兼領之丙子立西夏惠民局高
麗國王王禃遣其臣崔東秀來言備兵一萬造船千
隻詔遣都統領脫朶兒往閱之就相視黑山日本道

路仍命鯱羅別造船百艘以伺調用詔四川行省賽
典赤自利州還京兆立東西二川統軍司以劉整爲
都元帥與都元帥阿朮同議軍事整至軍中議築白
河口鹿門山遣使以聞許之罷軍中諸司參議八月
乙酉程思彬以投匿名書言斥乘輿伏誅己丑亳州
大水庚子敕京師瀕河立十倉命忙古帶率兵六千
征西番建都九月癸丑中都路水免今年田租罷中
都路和顧所丁巳阿朮統兵圍樊城敕長春宮修設
金籙周天大醮七晝夜建堯廟及后土太寧宮庚申
賜安南國王陳光昞錦綉及其諸臣有差己丑立河

南屯田命兵部侍郎黒的禮部侍郎殷弘齎國書復
使日本仍詔高麗國遣人導送期於必達毋致如前
稽阻詔諭安南國陳光昞來奏稱占城真臘二寇侵
擾已命卿調兵與不干併力征討今復命雲南王忽
哥赤統兵南下卿可遵前詔遇有叛亂不庭爲邊寇
者發兵一同進討降服者善爲撫綏車駕至自上都
益都路饑以米三十一萬八千石賑之復以史天澤
爲樞密副使冬十月戊寅朔日有食之己卯敕中書
省樞密院凡有事與御史臺官同奏立河南等路行
中書省以參知政事阿里行中書省事庚辰以御史

中丞阿里爲參知政事壬午詔恤沿邊諸軍其橫科
差賦責奧魯官償之庚寅敕從臣秃忽思等録毛詩
孟子論語乙未享于太廟中書省臣言前代朝廷必
有起居注故善政嘉謨不致遺失即以和禮霍孫獨
胡剌充翰林待制兼起居注敕給黎雅嘉定新附民
田戊戌宮城成劉秉忠辭領中書省事許之爲太保
如故十一月己酉簽河南山東邊城附籍諸色户充
軍庚申宋兵自襄陽來攻沿山諸寨阿朮分諸軍禦
之斬獲甚衆立功將士千三百四人詔首立戰功生
擒敵軍者各賞銀五十兩其餘賞賚有差癸酉御史

臺臣言立臺數月發擿甚多追理侵欺糧粟近二十
萬石錢物稱是有詔褒諭免南京河南兩路來歲修
築都城役夫十二月戊寅以中都濟南益都淄萊河
間東平南京順天順德真定恩州高唐濟州北京等
處大水免今年田租敕二分二至及聖誕節日祭星
于司天臺詔諭四川行省沿邊屯戍軍士逃役者處
死復置乾州奉天縣省好畤永壽入焉以鳳州隸興
元路德興府改奉聖州隸宣德是歲京兆大旱天下
户一百六十五萬二百八十六斷死罪六十九人賜
諸王金銀幣帛如歲例

六年春正月癸丑高麗國王王禃遣使以誅權臣金
俊來告賜曆日酉錦立四道按察司戊午阿朮軍入
宋境至復州德安府荊山等處俘萬人而還庚申以
參知政事楊果爲懷孟路總管甲戌益都淄萊大水
恩州饑命賑之敕史天澤與樞密副使駙馬忽剌出
董師襄陽二月壬午以立四道提刑按察司詔諭諸
道己丑詔以新製蒙古字頒行天下丙申罷宣德府
稅課所以上都轉運司兼領改河南懷孟順德三路
稅課所爲轉運司丁酉簽民兵二萬赴襄陽賑欠州
人匠貧乏者米五千九百九十九石敕鞍靴箭鏃等

物自今不得以黃金爲飾開元等路饑減戶賦布二
疋秋稅減其半水達達戶減青鼠二其租稅被災者
免徵免單丁貧乏軍士一千九百餘戶爲民癸卯給
河南行省鈔千錠犒軍三月甲寅詔益都路簽軍萬
人人給鈔二十五貫戊午賑曹州饑築堡鹿門山夏
四月辛巳製玉璽大小十紐甲午遣使祀岳瀆大名
等路饑賑米十萬石五月丙午東平路饑賑米四萬
一千三百餘石辛酉詔禁戍邊軍士牧踐屯田禾稼
六月辛巳以招討怯綿征建都敗績又擅追咬火兒
璽書金符處死壬午免益都新簽軍單丁者千六百

二十一人爲民丁亥河南河北山東諸郡蝗癸巳敕
真定等路旱蝗其代輸築城役夫戶賦悉免之丙申
高麗國王王禃遣其世子愖來朝賜禃玉帶一愖金
五十兩從官銀幣有差壬寅阿朮率兵萬五千人略
宋萬山射垜岡鬼門關樵蘇之路癸卯詔董文炳等
率兵二萬二千人南征東昌路饑賑米二萬七千五
百九十石秋七月丁巳遣宋私商四十五人還其國
庚申水軍千戶邢德立張志等生擒宋荊鄂都統唐
永堅賞銀幣有差辛酉製太常寺祭服壬戌西京大
雨雹己巳立諸路蒙古字學癸酉立國子學詔遣官

審理諸路冤滯正犯死罪明白者各正典刑其雜犯
死罪以下量斷遣之又詔諭宋國官吏軍民示以不
欲用兵之意復遣都統領脫朵兒統領王昌國等往
高麗點閱所備兵船及相視躭羅等處道路立西蜀
四川監榷茶場使司宋將夏貴率兵船三千至鹿門
山萬戶解汝楫李庭率舟師敗之俘殺二千餘人獲
戰艦五十艘八月己卯立金州招討司丙申以沙肅
州鈔法未行降詔諭之詔諸路勸課農桑命中書省
采農桑事列爲條目仍令提刑按察司與州縣官相
風土之所宜講究可否別頒行之高麗國世子愖奏

其國臣僚擅廢國王王禃立其弟安慶公淐詔遣斡朶思不花李諤等往其國詳問條具以聞九月癸丑恩州進嘉禾一莖三穗戊午敕民間貸錢取息雖踰限止償一本息己未授高麗世子王愖特進上柱國東安公壬戌豐州雲內東勝旱免其租賦戊辰敕高麗世子愖率兵三千赴其國難愖辭東安公乃授特進上柱國辛未敕管軍萬戶宋仲義征高麗以忽剌出史天澤並平章政事阿里中書右丞行河南等路中書省事賽典赤行陝西五路西蜀四川中書省事車駕至自上都斡朶思不花李諤以高麗刑部尚書

金方慶至奉權國王淐表訴國王禃遘疾令弟淐權國事冬十月己卯定朝儀服色壬午陞高唐冠氏並爲州丁亥廣平路旱免租賦詔遣兵部侍郎黑的淄萊路總管府判官徐世雄召高麗國王王禃王弟淐及權臣林衍俱赴闕命國王頭輦哥以兵壓其境趙璧行中書省于東京仍降詔諭高麗國軍民庚子太陰犯辰星宋遣人餽塩粮入襄陽我軍獲之賜諸王奥魯赤駞鈕金鍍銀印十一月癸卯高麗都統領崔坦等以林衍作亂挈西京五十餘城來附丁未叅王綧洪茶丘軍三千人往定高麗高麗西京都統李延齡乞益兵遣忙哥都率兵二千赴之庚午敕諸路鰥寡廢疾之人月給米二斗安南國王陳光昞遣使來貢濟南饑以米十二萬八千九百石賑之高麗國王王禃遣其尚書禮部侍郎朴烋從黑的入朝表稱受詔已復位尋當入覲築新城于漢江西十二月戊子築東安渾河堤己丑作佛事于太廟七晝夜高唐固安二州饑以米二萬六百石賑之析彰德懷孟衛輝爲三路陞林慮縣爲林州改楨州復爲韓城縣併省馮翊等州縣十所以懿州廣寧等府隸東京是歲天下戶一百六十八萬四千一百五十七賜諸王金銀幣

帛如歲例斷死罪四十二人

本紀卷第六

本紀卷第七　　元史七

翰林學士亞中大夫知制誥兼修國史宋濂　翰林待制承直郎同知制誥兼國史院編修官臣王褘等奉

勅修

世祖四

七年春正月辛丑朔高麗國王王禃遣使來賀丙午耶律鑄廉希憲罷立尚書省罷制國用使司以平章政事忽都荅兒爲中書左丞相國子祭酒許衡爲中書左丞制國用使阿合馬平章尚書省事同知制國用使司事張易同平章尚書省事制國用使司副使張惠參制國用使司事李堯咨麥朮丁並參知尚書

省事己酉太陰犯畢敕諸投下官隸中書省壬子敕驛券無印者不許乘傳甲寅高麗國王王禃遣使來言比奉詔臣已復位今從七百人入覲詔令從四百人來餘留之西京詔高麗西京內屬改東寧府畫慈悲嶺爲界丁巳以蒙哥爲安撫高麗使佩虎符率兵戍其西境戊午均房州總管孫嗣擒宋統制朱興祖等丙寅賑兀魯吾民戶鈔丁卯定省院臺文移體式二月辛未朔以前中書右丞相伯顏爲樞密副使甲戌築昭應宮于高梁河丙子帝御行宮觀劉秉忠孛羅許衡及太常卿徐世隆所起朝儀大悅舉酒賜之

丁丑以歲饑罷修築宮城役夫甲申置尚書省署乙酉立紙甲局申嚴畜牧損壞禾稼桑果之禁壬辰立司農司以參知政事張文謙爲卿設四道巡行勸農司乙未宋襄陽出步騎萬餘人兵船百餘艘來趍萬山堡萬戶張弘範千戶脫脫擊却敗之事聞各賜金紋綾有差高麗國王王禃來朝求見皇子燕王詔曰汝一國主也見朕足矣禃請以子愖見從之詔諭禃曰汝內附在後故班諸王下我太祖時亦都護先附即令齒諸王上阿思蘭後附故班其下卿宜知之又詔令國王頭輦哥等舉軍入高麗舊京以脫脫朶兒

焦天翼爲其國達魯花赤護送禃還國仍下詔林衍廢立罪不可赦安慶公淐本非得已在所寬宥有能執送衍者雖舊在其黨亦必重增官秩世子愖奏乞隨朝及尚主不許命隨其父還國三月庚子朔日有食之改河南等路及陝西五路西蜀四川東京等路行中書省爲行尚書省尚書省臣言河西和糴應僧人豪官富民一例行之制可甲寅車駕幸上都丙辰浚武縣御河丁巳定醫官品從戊午益都登萊蝗旱詔減其今年包銀之半阿朮與劉整言圍守襄陽必當以教水軍造戰艦爲先務詔許之教水軍七萬餘

人造戰艦五千艘夏四月壬午檀州隕黑霜三夕設諸路蒙古字學教授敕諸路達魯花赤子弟蔭叙充散府諸州達魯花赤其散府諸州子弟充諸縣達魯花赤諸縣子弟充巡檢改御史臺典事爲都事癸未定軍官等級萬戶總管千戶百戶總把以軍士爲差巳丑省終南縣入盩厔復真定贊皇縣太原樂平縣高麗行省遣使來言權臣林衍死其子惟茂擅襲令公位爲尚書宋宗禮所殺島中民皆出降巳遷之舊京衍黨裴仲孫等復集餘衆立禃庶族承化侯爲王竄入珍島五月辛丑懷州河內縣大雨雹癸卯陝西

簽省也速帶兒嚴忠範與東西川統軍司率兵及宋兵戰于嘉定重慶釣魚山馬湖江皆敗之拔三寨擒都統牛宣俘獲人民及馬牛戰艦無筭甲辰威州汝鳳川番族八千戶内附其酋長來朝授宣命賜金符丁未東京路饑兼運粮造船勞役免今年絲銀十之三以同知樞密院事合答爲平章政事乙卯復平灤路撫寧縣以海山昌黎入之丙辰括天下戶尚書省臣言諸路課程歲銀五萬錠恐疲民力宜減十分之一運司官吏俸祿宜與民官同其院務官量給工食仍禁所司多取於民歲終較其增損而加黜陟上都

地里遥遠商旅往來不易特免收稅以優之惟市易莊宅奴婢孳畜例收契本工墨之費管民官遷轉以三十月爲一考數於變易人心苟且自今請以六十月遷轉諸王遣使取索諸物及鋪馬等事自今並以文移毋得口傳教令並從之改宣徽院爲光祿司秩正三品以宣徽使線真爲光祿使庚申命樞密院閱實軍數壬戌東平府進瑞麥一莖二穗三穗五穗者各一本省中都打捕鷹坊總管府入工部大名東平等路桑蠶皆災南京河南等路蝗減今年銀絲十之三六月丙子敕西夏中興市馬五百疋庚辰敕戍軍

還有乏食及病者令所過州城村坊主者給飲食醫藥丁亥罷各路洞冶總管府以轉運司兼領徙謙州甲匠于松山給牛具賜皇子南木合馬六千牛三千羊一萬賜北邊戍軍馬二萬牛一千羊五萬丙申立籍田大都東南郊禁民擅入宋境剽掠秋七月辛丑設上林署乙卯賜諸王拜荅寒印及海青金符二庚申初給軍官俸壬戌僉諸道回回軍乙丑閱實諸路礮手戶都元帥也速帶兒等畧地光州敗宋兵于金剛臺以遼東開元等路總管府兼本路轉運司事山東諸路旱蝗免軍戶田租戍邊者給粮命達魯花赤

兀良吉帶給上都扈從畋獵糧八月戊辰朔築環城以逼襄陽己巳賑應昌府饑諸王拜荅寒部曲告饑命有車馬者徙居黃忽兒王良之地計口給糧無車馬者就食肅沙甘州戊寅隆興府總管昔剌斡脫以盜用官錢罷庚辰以御史大夫塔察兒同知樞密院事御史中丞帖只爲御史大夫高麗世子王愖來賀聖誕節辛巳設應昌府官吏辛卯保定路霖雨傷禾稼九月庚子敕僧道也里可溫有家室不持戒律者占籍爲民丁巳太陰犯井丙寅括河西戶口定田稅宋將范文虎以兵船二千艘來援襄陽阿朮合荅劉整

率兵逆戰于灌子灘殺掠千餘人獲船三十艘文虎引退西京饑敕諸王阿只吉所部就食太原山東饑敕益都濟南酒稅以十之二收糧冬十月戊辰朔敕兩省以己奏事與御史臺庚午太白犯右執法癸酉敕宗廟祭祀祝文書以國字乙亥宋人攻莒州乙酉享于太廟丁亥以南京河南兩路旱蝗減今年差賦十之六發清滄鹽二十四萬斤轉南京米十萬石並給襄陽軍己丑敕來年太廟牲牢勿用豢豕以野豕代之時果勿市取之內園車駕至自上都降興中府爲州賑山東淄萊路饑十一月壬寅熒惑犯太微西

垣上將壬子河西諸郡諸王頭舍僧民協力供給丁巳敕益兵二千合前所發軍爲六千屯田高麗以忻都及前左壁總帥史樞並爲高麗金州等處經畧使佩虎符領屯田事仍詔諭高麗國王立侍儀司安南國王陳光昞遣使來貢優詔荅之復賑淄萊路饑閏月丁卯朔高麗世子王愖還賜王禃至元八年曆戊辰禁繒段織日月龍虎及以龍犀飾馬鞍者己巳給河西行省鈔萬錠以充歲費以義州隸婆娑府癸未詔諭西夏提刑按察司管民官禁僧徒冒據民田壬辰申明勸課農桑賞罰之法詔設諸路脫脫禾孫十

二月丙申朔改司農司爲大司農司添設巡行勸農使副各四員以御史中丞孛羅兼大司農卿安童言孛羅以臺臣兼領前無此例有旨司農非細事朕深諭此其令孛羅總之命陝西等路宣撫使趙良弼爲祕書監充國信使使日本敕歲祀太社太稷風師雨師雷師戊戌徙懷孟新民千八百餘戶居河西壬寅陞御史大夫秩正二品降河南韶州爲澠池縣宋重慶制置朱禩孫遣諜者持書榜來誘安撫張大悅等大悅不發封并諜者送致東川統軍司丁未金齒驃國三部酋長阿匿福勒丁阿匿爪來內附獻馴象三

馬十九疋巳酉魚通路知府高曳失獲宋諜者詔賞
之辛酉以都水監隷大司農司以諸王伯忽兒爲札
魯忽赤之長建大護國仁王寺于高良河敕更定僧
服色是歲天下户一百九十三萬九千四百四十九
賜先朝后妃及諸王金銀幣帛如歲例斷死刑四十
四人
八年春正月乙丑朔高麗國王王禃遣其祕書監朴
恒郎將崔有渰來賀兼奉歲貢丙寅太陰犯畢巳卯
以同僉河南等路行中書省事阿里海牙參知尚書
省事中書省臣言前有旨令臣與樞密院御史臺議

河南行省阿里伯等所置南陽等處屯田臣等以爲
凡屯田人户皆内地中產之民遠徙失業宜還之本
籍其南京南陽歸德等民賦自今悉折輸米糧貯於
便近地以給襄陽軍食前所屯田阿里伯自以無效
引伏宜令州郡募民耕佃從之史天澤告老不允敕
前築都城徙居民三百八十二户計其直償之設樞
密院斷事官遣兀都蠻率蒙古軍鎮西方當當丙戌
高麗安撫阿海畧地珎島與逆黨遇多所亡失中書
省臣言諜知珎島餘糧將竭宜乘弱攻之詔不許令
廵視險要常爲之備丁亥管如仁費正寅以國機事

爲書諜遣崔繼春賈靠山路坤入宋事覺竄治正寅
如仁繼春皆正典刑靠山坤並流遠方壬辰敕諸路
鰥寡孤獨疾病不能自存者官給廬舍薪米高麗國
王王禃遣使奉表爲世子愖請昏詔禁邊將受賂放
軍及科斂賑北京益都饑二月乙未朔定民間婚聘
禮幣貴賤有差丁酉發中都真定順天河間平灤民
二萬八千餘人築宮城巳亥罷諸路轉運司入總管
府以尚書省奏定條畫頒天下移陝蜀行中書省于
興元癸卯四川行省也速帶兒言比因饑饉盗賊滋
多宜加顯戮詔令群臣議安童以爲強竊盗賊一皆

處死恐非所宜罪至死者仍舊待命以中書左丞東
京等路行尚書省事趙璧爲中書右丞甲辰添設監
察御史六員命忽都荅兒持詔招諭高麗林衍餘黨
裴仲孫乙巳大理等處宣慰都元帥寶合丁王傅闊
闊帶等協謀毒殺雲南王火你赤曹楨發其事寶合
丁闊闊帶及阿老瓦丁亦速夫並伏誅賞楨火你赤
及證左人金銀有差以沙州瓜州鷹坊三百人充軍
戊申詔以治事日程諭中外官吏敕往畏吾兒地市
米萬石庚戌申嚴東川井鹽之禁巳未敕軍官佩金
銀符其民官工匠所佩者並拘入勿復給敕海青符

用太祖皇帝御署庚申奉御九住舊以梳櫛奉太祖奉所落鬚髮束上詔櫝之藏于太廟夾室辛酉敕凡訟而自匿及誣告人罪者以其罪罪之分歸德爲散府割宿亳邳徐等州隸之升申州爲南陽府割唐鄧裕嵩汝等隸之賑西京饑三月乙丑增治河東山西道按察司改河東陝西道爲陝西四川道山北東西道爲山北遼東道甲戌敕元正聖節朝會凡百官表章外國進獻使臣陛見朝辭禮儀皆隸侍儀司丙子改山東河間陝西三路鹽課都轉運司爲都轉運鹽使司己卯中書省臣言高麗叛臣裴仲孫乞諸軍退

屯然後內附而忻都未從其請今願得全羅道以居直隸朝廷詔以其飾詞遷延歲月不允辛巳復立夏邑縣以碭山入焉省穀熟入睢陽濱棣萬戶韓世安坐私儲糧食燒毀軍器詐乘驛馬及擅請諸王塔察兒益都四縣分地等事有司屢以爲言詔誅之仍籍其家甲申車駕幸上都乙酉許衡以老疾辭中書機務除集賢大學士國子祭酒衡納還舊俸詔別以新俸給之命設國子學增置司業博士助教各一員選隨朝百官近侍蒙古漢人子孫及俊秀者充生徒丁亥熒惑犯太微西垣上將己丑立西夏中興等路行尚書省以趙海參知行尚書省事命尚書省閱實天下戶口頒條畫諭天下賑益都等路饑敕有司毋留獄滯訟以致越訴違者官民皆罪之制封皇子燕王乳母趙氏幽國夫人夫鞏德祿追封德育公夏四月壬寅高麗鳳州經略司忻都言叛臣裴仲孫稽留使命負固不服乞與忽林赤王國昌分道進討從之平灤路昌黎縣民生子中夜有光詔加鞠養或以爲非宜帝曰何幸生一好人毋生嫉心也命高麗簽軍征珎島癸卯給河南行中書省歲用銀五十萬兩仍敕襄樊軍士自今人月給米四斗甲辰簽壯丁備宋戊

午阿朮率萬戶阿剌罕等與宋將范文虎等戰于湍灘敗之獲統制朱勝等百餘人奪其軍器賞阿朮阿剌罕等金帛有差以至元七年諸路災蠲今歲絲料輕重有差五月乙丑以東道兵圍守襄陽命賽典赤鄭鼎提兵水陸並進以趨嘉定汪良臣彭天祥出重慶札剌不花出瀘州曲立吉思出汝州以臺制之改簽省也速帶兒鄭鼎軍前行尚書事賽典赤行省事于興元轉給軍糧丙寅牢魚國來貢己巳修佛事于瓊華島辛未分大理國三十七部爲三路以大理八部蠻酋新附降詔撫諭壬申造內外儀仗丁丑賑蔚

州餞已卯命史天澤平章軍國重事陞太府監爲正三品忻都史樞表言珎島賊徒敗散餘黨竄入躭羅辛巳賜河西行省金符銀海青符各一令蒙古官子弟好學者兼習筭術癸未升濟州爲濟寧府以玉宸院隸宣徽院高麗國王王禃遣使貢方物六月甲午敕樞密院凡軍事徑奏不必經由尚書省其干錢糧者議之上都中都河間濟南淄萊真定衛輝洺磁順德大名河南南京彰德益都順天懷孟平陽歸德諸州縣蝗癸卯宋將范文虎率蘇劉義夏松等舟師十萬援襄陽阿朮率諸將迎擊奪其戰船百餘艘敵敗

走平章合荅又遣萬戶解汝楫等邀擊擒其總管朱日新鄭臯大破之辛亥敕凡管民官所領錢穀公事並俟年終考較乙卯招集河西斡端昂吉呵等處居民已未山東統軍司塔出董文炳偵知宋人欲擾五河口請築城守之既而坐失事機宋兵已樹柵其地事聞敕決罰塔出文炳等有差遂州和順縣解州聞喜縣蝗蝻生秋七月壬戌朔尚書省請增太原鹽課歲以鈔千錠爲額仍令本路兼領從之設回回司天臺官屬以札馬剌丁爲提點簽女直水達達軍以鄭元領祠祭岳瀆授司禋大夫丁卯南人李忠進言運

山侍郎張大悅嘗與宋交通以其事無實詔諭大悅宋善用間朕不輕信毋懷疑懼以國王頭輦哥行尚書省于北京遼東等路辛未置左右中三衛親軍都指揮使司乙亥鞏昌臨洮平凉府會蘭等州隕霜殺禾乙酉宋將來興國攻百丈山營阿朮擊破之追至湍灘斬首二千餘級高麗世子王愖入質珎島脅從民戶來降八月壬辰朔日有食之癸巳敕軍站戶地四頃以上依例輸租己亥詔招諭宋襄陽守臣吕文煥壬子車駕至自上都遷成都統軍司於眉州己未聖誕節初立內外仗及雲和署樂位東川統兵司引

兵攻宋銅鈸寨守寨總管李慶等降以慶知梁山軍事九月壬戌朔敕都元帥阿朮以所部兵略地漢南癸亥高麗世子王愖辭歸賜國王王禃西錦優詔諭之甲子賜劉整鈔五百錠鄧州田五百頃整辭改賜民田三百戶科調如故給河南行省歲用鈔二萬八千六百錠丙寅罷陝西五路西蜀四川行尚書省以也速荅兒行四川尚書省事于興元京兆等路直隸尚書省敗宋軍于渦河戊辰陞成都府德陽縣爲德州降虢州爲虢略縣壬申選胄子脫脫木兒等十人肄業國學癸酉益都府濟州進芝二本甲戌發西夏

回回軍太廟殿柱朽壞監察御史劾都水劉晸監造
不敬晸以憂卒張易請先期告廟然後完葺從之丙
子敕今歲享太廟毋用犧牛太陰犯畢庚辰右衛親
軍都指揮使忽都等言五河城堡已成唯廬舍未完
凡材甓皆出宋境請率精兵分道抄掠從之壬午山
東路統軍司言宋兵攻膠州千户蔣德等逆戰敗之
俘統制范廣等五十餘人獲戰船百艘癸未詔杜安
倉失陷米五千餘石特免徵仍禁諸王非理需索詔
以四川民力困弊免茶鹽等課稅以軍民田租給沿
邊軍食仍敕有司自今有言茶鹽之利者以違制論

冬十月癸巳大司農臣言高唐州達魯花赤忽都納
州尹張廷瑞同知陳思濟勸課有效河南府陝縣尹
王仔怠於勸課宜加黜陟以示勸懲從之丁酉享于
太廟已未檀順等州風潦害稼賜高麗至元九年曆
十一月辛酉朔敕品官子孫儤直勑遣阿魯忒兒等
撫治大理壬戌罷諸路交鈔都提舉司乙亥劉秉忠
及王磐徒單公履等言元正朝會聖節詔赦及百官
宣敕具公服迎拜行禮從之禁行金泰和律建國號
曰大元詔曰誕膺景命奄四海以宅尊必有美名紹
百王而紀統肇從隆古匪獨我家且唐之爲言蕩也

堯以之而著稱虞之爲言樂也舜因之而作號馭至
禹興而湯造互名夏大以殷中世降以還事殊非古
雖乘時而有國不以利而制稱爲秦爲漢者著從初
起之地名曰隋曰唐者因即所封之爵邑是皆徇百
姓見聞之狃習要一時經制之權宜槩以至公不無
少貶我太祖聖武皇帝握乾符而起朔土以神武而
膺帝圖四震天聲大恢土宇輿圖之廣歷古所無頃
者耆宿詣庭奏章申請謂既成於大業宜早定於鴻
名在古制以當然於朕心乎何有可建國號曰大元
蓋取易經乾元之義兹大冶流形于庶品孰名資始

之功予一人底寧于萬邦尤切體仁之要事從因革
道協天人於戲稱義而名固匪爲之溢美孚休惟永
尚不負於投艱嘉與敷天共隆大號丙戌置四川省
於成都上都萬安閣成十二月辛卯朔詔天下興起
國字學宣徽院請以闌遺漏籍等户淘金帝曰姑止
毋重勞吾民也乙巳減百官俸括西夏田召塔出董
文炳赴闕辛亥併太常寺入翰林院宮殿府入少府
監甲寅詔尚書省還入中書省是歲天下户一百九
十四萬六千二百七十賜先朝后妃及諸王金銀幣
帛如歲例賜囊家等羊馬價鈔萬 千一百六十七錠

斷死罪一百五人

九年春正月庚申朔高麗國王王植遣其臣禮賓卿宣文烈来賀兼奉歲貢甲子併尚書省入中書省平章尚書省事阿合馬同平章尚書省事張易並中書平章政事參知尚書省事張惠爲中書左丞參知尚書省事李堯咨麥术丁並參知中書政事罷給事中中書舍人檢正等官仍設左右司省六部爲四改稱中書丙寅詔遣不花及馬璘諭高麗具舟糧助征耽羅河南省請益兵敕諸路簽軍三萬丁丑敕皇子西平王奧魯赤阿魯帖木兒禿哥及南平王禿魯所部

與四川行省也速帶兒部下并忙古帶等十八族欲速公弄等土番軍同征建都新安州初隸雄州詔爲縣入順天庚辰改北京中興四川河南四路行尚書省爲行中書省京兆復立行省仍命諸王只必帖木兒設省斷事官給西平王奧魯赤馬價弓矢賜南平王禿魯銀印及金銀符各五辛巳移鳳州屯田於鹽白二州敕董文炳時巡掠南境毋令宋人得立城堡敕軍民訟田者民田有餘則分之軍軍田有餘亦分之民仍遣能臣聽其直其軍奴入民籍者還正之敕燕王遣使持香旛祠岳瀆后土五臺興國寺命劉整

總漢軍壬午改山東東路都元帥府統軍司爲行樞密院以也速帶兒塔出並爲行樞密院副使乙酉定受宣敕官禮儀詔元帥府統軍司總管萬户府閱實軍籍二月庚寅朔奉使日本趙良弼遣書狀官張鐸同日本二十六人至京師求見辛卯詔札魯忽赤乃太祖開創之始所置位百司右其賜銀印立左右司壬辰高麗國王王植遣其臣齊安侯王淑来賀改國號改中都爲大都甲午命阿朮典蒙古軍劉整阿里海牙典漢軍戊戌以去歲東平及西京等州縣旱蝗水潦免其租賦庚子復唐州泌陽縣建中書省署於

大都戊申始祭先農如祭社之儀詔諸路開浚水利車駕幸上都三月乙丑諭旨中書省日本使人速議遣還安童言良弼請移金州戍兵勿使日本妄生疑懼臣等以爲金州戍兵彼國所知若復移戍恐非所宜但開諭来使此戍乃爲耽羅暫設爾等不須疑畏也帝稱善甲戌括民間四教經焚之蒙古都元帥阿朮漢軍都元帥劉整阿里海牙督本軍破樊城外郛斬首二千級生擒將領十六人增築重圍守之賑濟南路饑詔免醫户差徭夏四月己丑詔於土蕃西川界立寧河驛辛卯賜皇子愛牙赤所部馬丙午給西

平王與魯赤所部米甲寅賑大都路饑五月戊午朔立和林轉運司以小云失別為使兼提舉交鈔使巳未給闊闊出海青銀符二辛酉罷簽田軍癸亥敕拔都軍於怯鹿難之地開渠耕田丙寅簽徐邳二州丁壯萬人戍邳州庚午減鐵冶戶罷西蕃禿魯干等處金銀礦戶為民禁漢人聚衆與蒙古人鬭毆詔議取耽羅及濟州辛巳敕修築都城凡費悉從官給毋取諸民并蠲伐木役夫稅賦甲申敕諸路軍戶驅丁除至元七年前從良人民籍者當差餘雖從良並令助本戶軍力乙酉太白犯畢距星宮城初建東西華

左右掖門詔安集㕘里伯所部流民六月壬辰遣高麗國西京屬城諸達魯花赤及質子金鎰等歸國減乙里吉思屯田所入租仍遣南人百名給牛具以往是夜京師大雨壞牆屋壓死者衆癸巳敕以籍田所儲糧賑民不足又發近地官倉濟之甲午高麗告饑轉東京米二萬石賑之巳亥山東路行樞密院塔出於四月十三日遣步騎趨漣州攻破射龍溝五港口鹽場白頭河四處城堡殺宋兵三百餘人虜獲人牛萬計第功賞賚有差辛亥高麗國王王禃請討耽羅餘寇秋七月丁巳朔河南省臣言往歲徙民實邊屯

耕以貧苦悉散還家今唐鄧蔡息徐邳之民愛其田廬仍守故屯願以絲銀準折輸糧而內地州縣轉粟餉軍者反厭苦之臣議今歲沿邊州郡宜仍其舊輸糧內地州郡驗其戶數俾折鈔就沿邊和糴庶幾彼此交便制曰可拘括開元東京等路諸漏籍戶禁私鬻回回曆賑水達達部饑戊寅賜諸王八八部銀鈔集都城僧誦大藏經九會壬午和禮霍孫奏蒙古字設國子學而漢官子弟未有學者及官府文移猶有畏吾字詔自今凡詔令並以蒙古字行仍遣百官子弟入學乙酉免徙大羅鎮居民令倍輸租米給鷹坊

詔分閱大都京兆等處探馬赤奴戶名籍八月丙戌朔日有食之戊子立群牧所掌牧馬及尚方鞍勒壬辰敕忙安倉及靖州預儲糧五萬石以備弘吉剌新徙部民及西人內附者稟給調兵增戍全羅州乙未禁諸人以己事輒呼至尊稱號者丁酉立斡脫所己亥諸王闊闊出請以分地寧海登萊三州自為一路與他王比歲賦惟入寧海無輸益都詔從之癸卯千戶崔松敗宋襄陽援兵斬其將張順賜松等將士有差乙巳車駕至自上都丁未改延州為延津縣與陽武同隸南京癸丑賑遼東等路饑九月甲子宋襄陽

將張貴以輪船出城順流突戰阿朮阿剌海牙等舉
烽燃火燭江如晝率舟師轉戰五十餘里至櫃門關
生獲貴及將士二千餘人丙寅敕樞密院諸路正軍
貼户及同籍親戚奴僕丁年既長依諸王權要以避
役者並還之軍惟匠藝精巧者以名聞癸酉同簽河
南省事崔斌訟右丞阿里妄奏軍數二萬敕杖而罷
之甲戌罷水軍總管府東川元帥李吉等略地開州
拔石羊寨擒宋將一人統軍使合剌等兵掠合州及
渠江口獲戰船五十艘賞銀幣有差丙子發民夫三
千人伐巨木遼東免其家徭賦戊寅太陰犯御女賑

益都路饑冬十月丙戌朔封皇子忙哥剌爲安西王
賜京兆爲分地駐兵六盤山遣使持詔諭扮卜忻都
國壬辰享于太廟癸巳趙璧爲平章政事張易爲樞
密副使乙未築渾河堤戊戌熒惑犯填星己亥敕自
七月至十一月終聽捕獵餘月禁之癸卯立文州初
立會同舘十一月乙卯朔詔以至元十年曆賜高麗
壬戌發北京民夫六千伐木乾山蠲其家徭賦諸王
只必帖木兒築新城成賜名永昌府丙寅蠲昔剌斡
脫所負官錢丁卯太陰犯畢城光州遣無籍軍掠宋
境己巳敕發屯田軍二千漢軍二千高麗軍六千仍

益武衛軍二千征躭羅辛未召高陸儒者楊恭懿不
至癸酉以前拔樊城外郛功賞千户劉深等金銀符
己卯併中書省左右司爲一宋荆湖制置李庭芝爲
書遣永寧僧賫金印牙符來授劉整盧龍軍節度使封
燕郡王僧至永寧事覺上聞敕張易姚樞雜問適整
至自軍中言宋患臣用兵襄陽欲以是殺臣臣實不
知敕令整爲書復之賞整使還軍中誅永寧僧及其
黨友參知行省政事阿里海牙言襄陽受圍久未下
宜先攻樊城斷其聲援從之回回亦思馬因創作巨
石砲來獻用力省而所擊甚遠命送襄陽軍前用之

十二月乙酉朔詔諸路府州司縣達魯花赤管民長
官兼管諸軍奧魯丁亥立肅州等處驛以東平府民
五萬餘户復爲東平路辛丑諸王忽剌出拘括逃民
高麗界中高麗達魯花赤上其事詔高麗之民猶未
安集禁罷之遣宋議互市使者南歸戊午賜北平王
南木合軍馬一萬二千九百九十一羊六萬一千五
百三十一及諸王塔察兒軍幣帛辛亥宋將昝萬壽
來攻成都僉省嚴忠範出戰失利退保子城同知王
世英等八人棄城遁詔以邊城失守罪在主將世英
雖遁與免其罪惟遣使縛忠範至京師癸丑陞拱衛

司爲拱衛直都指揮使司是歲天下户一百九十五萬五千八百八十賜先朝后妃及諸王金銀幣帛如歲例斷死罪三十九人建大聖壽萬安寺

本紀卷第七

本紀卷第八　元史八

翰林學士亞中大夫知制誥兼修國史臣宋濂 翰林待制承直郎兼國史院編修官臣王禕等奉
勅修

世祖五

十年春正月乙卯朔高麗國王王禃遣其世子愖來朝戊午敕自今並以國字書宣命命忻都鄭温洪茶丘征躭羅宿州萬户愛先不花請築堡牛頭山以阨兩淮粮運不允愛先不花因言前宋人城五河統軍司臣皆當得罪今不築恐爲宋人所先帝曰汝言雖是若坐視宋人戍之罪亦不免也安南使者還言陳光昞受詔不拜中書移文責問光昞稱從本俗改回回愛薛所立京師醫藥院名廣惠司己未禁鷹坊擾民及陰陽圖讖等書癸亥阿里海牙等大攻樊城拔之守將呂文煥懼而請降中書省驛聞遣前所俘唐永堅持詔諭之丁卯立秘書監戊辰給皇子北平王甲一千置軍器永盈二庫分典弓矢甲冑庚午簽陝西探馬赤軍己卯川蜀省言宋昝萬壽攻成都也速帶兒所部騎兵征建都未還擬於京兆等路簽新軍六千爲援從之詔遣扎木呵押失寒崔杓持金十萬兩命諸王阿不合市藥獅子國壬午賞東川統軍合

剌所部有功者合剌請於渠江之北雲門山及嘉陵
西岸虎頭山立二戍以其圖來上仍乞益兵二萬詔
給京兆新簽軍五千益之二月丙戌以皇后皇太子
受冊寶遣太常卿合丹告于太廟丙申雲南羅羽酋
長阿旭叛詔有司安集其民募能捕斬阿旭者賞之
遣斷事官麥肖勾校川陜行省錢穀詔勘馬剌失里
乞帶脫因劉源使緬國諭遣子弟近臣來朝高麗國
王王植以王師征躭羅乞下令禁俘掠聽自製兵仗
從之丁未宋京西安撫使知襄陽府呂文煥以城降
三月甲寅朔詔申諭大司農司遣使巡行勸課務要

農事有成乙丑敕樞密院以襄陽呂文煥率將吏赴
闕熟券軍并城居之民仍居襄陽給其田牛生券軍
分隸各萬戶翼文煥等發襄陽擇蒙古漢人有才力
者護視以來丙寅帝御廣寒殿遣攝太尉中書右丞
相安童授皇后弘吉剌氏玉冊玉寶遣攝太尉同知
樞密院事伯顏授皇太子真金玉冊金寶辛未以皇
后皇太子受冊寶詔告天下劉整請教練水軍五六
萬及於興元金洋州汴梁等處造船二千艘從之壬
申分金齒國爲兩路癸酉客星青白如粉絮起畢度
五車北復自文昌貫斗杓歷梗河至左攝提凡二十

一日以前中書左丞相耶律鑄平章軍國重事中書
左丞張惠爲中書右丞車駕幸上都西蜀嚴忠範以
罪罷遣察不花等撫治軍民罷中興等處行中書省
夏四月癸未朔阿里海牙以呂文煥入朝授文煥昭
勇大將軍侍衛親軍都指揮使襄漢大都督賜其將
校有差時將相大臣皆以聲罪南伐爲請驛召姚樞
許衡徒單公履等問計公履對曰乘破竹之勢席卷
三吳此其時矣帝然之詔罷河南等路行中書省以
平章軍國重事史天澤平章政事阿术參知政事阿
里海牙行荆湖等路樞密院事鎮襄陽左丞相合丹

參知行中書省事劉整山東都元帥塔出董文炳行
淮西等路樞密院事守正陽天澤等陛辭詔諭以襄
陽之南多有堡寨可乘機進取仍以鈔五千錠賜將
士及賑新附軍民甲申免隆興路權課三年丁酉敕
南儒爲人掠賣者官贖爲民辛丑罷四川行省以鞏
昌二十四處便宜總帥汪良臣行西川樞密院東川
閬蓬廣安順慶夔府利州等路統軍使合剌行東川
樞密院東川副統軍王仲仁同僉行樞密院事仍命
汪良臣就率所部軍以往五月壬子朔定內外官復
舊制三歲一遷甲寅禁無籍軍從大軍殺掠其願爲

軍者聽戊辰詔天下獄囚除殺人者待報其餘一切
疏放限以八月内自至大都如期而至者皆赦之乙
亥詔免民代輸簽軍戶絲銀及伐木夫戶賦稅負前
朝官錢不能償者毋徵主守失陷官錢者杖而釋之
陣亡軍及營繕工匠無丁產者量加廪給以雄易州
復隸大都庚辰賞襄陽有功萬戶奥魯赤等銀鈔衣
服有差六月乙酉賑諸王塔察兒部民饑丁亥以各
路弓矢甲匠並隸軍器監免大都南京兩路賦役以
紓民力賑甘州等處諸驛辛卯沃陝西貧難軍以劉
整阿里海牙不相能分軍爲二各統之癸巳敕襄陽

造戰船千艘甲午改資用庫爲利用監丁酉置光州
等處招討司戊申經畧忻都等兵至躭羅撫定其地
詔以失里伯爲躭羅國招討使尹邦寶副之陞拱衛
直爲都指揮司使日本趙良弼至太宰府而還具以
日本君臣爵號州郡名數風俗土宜來上閏月癸丑
敕諸道造甲一萬弓五千給淮西行樞密院己巳罷
東西兩川統軍司辛未以翰林院纂修國史敕采録
累朝事實以備編集丙子以平章政事賽典赤行省
雲南統合剌章鴨赤赤科金齒茶罕章諸蠻賜銀貳
萬五千兩鈔五百錠秋七月辛巳以金州軍八百人

及統軍司還成都忽朗吉軍千人隸東川壬午以修
太廟將還神主別殿遣兀魯忽奴帶張文謙祭告丙
戌敕樞密院襄陽生券軍無妻子者發至京師仍益
兵衛送其老疾者遣還家庚寅河南水發粟賑民饑
仍免今年田租省西京府入永昌路戊申高麗國王
王植遣其順安公王悰同知樞密院事宋宗禮賀皇
后皇太子受册禮成八月庚戌朔前所釋諸路罪囚
自至大都者凡二十二人並赦之甲寅鳳翔寶鷄縣
劉鐵妻一産三男復其家三年丁丑聖誕節高麗王
王植遣其上將軍金詵來賀己卯賜襄陽生熟券軍

冬衣有差九月辛巳遼東饑弛獵禁以合伯爲平章
政事壬午立河南宣慰司供給荆湖淮西軍需甲申
襄陽生券軍至大都詔伯顔諭之釋其械繫免死罪
聽自立部伍俾征日本仍敕樞密院具鎧仗人各賜
鈔娶妻於蒙古漢人内選可爲率領者丙戌劉秉忠
姚樞王磐竇默徒單公履等上言許衡疾歸若以太
子贊善王恂主國學庶幾衡之規模不致廢墜又請
增置生員並從之秉忠等又奏置東宫宫師府詹事
以次官屬三十八人戊子遣官詣荆湖行省差次有
功將士禁京畿五百里内射獵己丑敕自今秋獵鹿

豕先薦太廟壬辰中書省臣奏高麗王王植屢言小國地狹比歲荒歉其生券軍乞駐東京詔令營北京界仍敕東京路運米二萬石以賑高麗丁酉立正陽諸驛敕河南宣慰司運米三十萬石給淮西合荅軍仍給淮西京湖軍需有差壬寅敕會同館專居降附之入覲者以翰林學士承旨和禮霍孫兼會同館事以主朝廷咨訪及降臣奏請征東招討使塔匣剌請征骨嵬部不允丙午置御藥院車駕至自上都給諸王塔察兒所部布萬疋冬十月乙卯享于太廟丙辰以西川編民東川義士軍屯田餉潼川青居戍兵敕

伯顏和禮霍孫以史天澤姚樞所定新格參考行之庚申御史臺臣言没入贓罰爲鈔一千三百定詔有貧乏不能存者以此賑之有司斷死罪五十人詔加審覆其十三人因鬭毆殺人免死充軍餘令再三審覆以聞禁牧地縱火以合荅帶爲御史大夫陞襄陽府爲路罷廣寧府新僉軍初建正殿寢殿香閣周廡兩翼室西蜀都元帥也速荅兒與皇子奥魯赤合兵攻建都蠻擒酋長下濟等四人獲其民六百建都乃降詔賞將士有差十一月癸未命布只兒修起居注丁未大司農司言中書移文以畿内秋禾始収請禁

農民覆耕恐妨芻牧帝以農事有益詔勿禁十二月己酉朔安童等言昔傅赤伯都謂總管府權太重宜立運司并諸軍奥魯以分之臣以今之民官循例遷徙保無邪謀别立官府於民未便帝然之壬子賜襄樊被傷軍士鈔千錠甲寅宋夏貴攻正陽淮西行院擊走之壬戌召阿朮同呂文煥入覲大司農司請罷西夏世官括諸色戶從之安南國王陳光昞遣使來貢方物諸王薛闍禿以罪從軍累戰皆捷召赴闕己巳省陝州虢畧朱陽二縣入靈寶賜萬戶解汝楫銀萬五千兩諸王孛兀兒出率所部兵與皇子北平王

合軍討叛臣聶古伯平之賞立功將士有差賜諸王金銀幣帛如歲例是歲諸路蟲蝻災五分霖雨害稼九分賑米凡五十四萬五千五百九十石天下戶一百九十六萬二千七百九十五

十一年春正月己卯朔宮闕告成帝始御正殿受皇太子諸王百官朝賀高麗國王王禎遣其少卿李義孫等來賀兼奉歲貢乙酉以金州招討使欽察率襄陽生熟券軍千人戍鴨池庚寅初立軍官以功陞散官格免諸路軍雜賦以忙古帶等新舊軍一萬一千五百人戍建都立建都寧遠都護府兼領互市監壬

辰置西蜀四川屯田經畧司丁酉長春宮設周天金籙醮七晝夜敕荆湖行院以軍三萬水弩砲手五千隸淮西行院丙午彰德趙當道等以謀逆伏誅餘從者論罪有差立于闐鴉兒看兩城水驛十三沙州北陸驛二免于闐采玉工差役阿里海牙言荆襄自古用武之地漢水上流已爲我有順流長驅宋必可平阿朮又言臣畧地江淮備見宋兵弱於往昔今不取之時不能再帝趣召史天澤同議天澤對曰此國大事可命重臣一人如安童伯顔都督諸軍則四海混同可計日而待矣臣老矣如副將者猶足爲之帝曰

伯顔可以任吾此事矣阿朮阿里海牙因言我師南征必分爲三舊軍不足非益兵十萬不可詔中書省僉軍十萬人二月戊申朔賜阿朮所部將士及茶罕章阿吉老耆等銀鈔有差甲寅太陰犯井宿庚申新德副元帥楊堯元戰没以其子襲職初立儀鸞局掌宮門管鑰供帳燈燭壬申造戰船八百艘於汴梁以廉希憲爲中書右丞北京等處行中書省事車駕幸上都三月己卯詔以勸課農桑諭高麗國王王禃仍命安撫高麗軍民總管洪茶丘提點農事己丑呂文煥隨司千戶陳炎謀叛誅首惡二人其隨司軍併其妻

子皆令內徙庚寅敕鳳州經畧使忻都高麗軍民總管洪茶丘等將屯田軍及女直軍并水軍合萬五千人戰船大小合九百艘征日本移碉門兵戍合荅城辛卯改荆湖淮西二行樞密院爲二行中書省伯顔史天澤並爲左丞相阿朮爲平章政事阿里海牙爲右丞呂文煥爲參知政事行中書省於荆湖合荅爲左丞相劉整爲左丞塔出董文炳爲參知政事行中書省於淮西遣使代祀嶽瀆后土河南宣慰司言軍興轉輸煩重宜賦軍匠諸戶權助財用從之癸巳獲嘉縣尹常德課最諸縣詔優賞之亦乞里帶強取民

租産桑園廬舍墳墓分爲探馬赤軍牧地詔還其民萬戶阿里必嘗發李璮逆謀爲璮所殺以其子剌剌吉襲職改金州招討司爲萬戶府遣要速木咱興憨失招諭八魯國帝師八合思八歸土番國以其弟亦鄰真嚨位建大護國仁王寺成夏四月辛亥分陜西隴右諸州置提刑按察司治鞏昌癸丑初建東宮甲寅誅西京訛言惑衆者括諸路馬五萬匹辛未詔安慰斡端鴉兒看合失合兒等城賜襄樊戰死之士二百四十九人之家每家銀百兩乙亥命也速帶兒將千人同撒吉思所部五州丁壯戍益都五月丙戌汪

惟正以所部軍逃亡乞於民站戶選補從之敕北京東京等路新簽軍恐不宜暑權駐上都乙未樞密院臣言舊制蒙古軍每十人月食粮者惟拔都二人今遣怯薛丹合丹覈其數多籍二千六百七十人敕扶合丹斥無入宿衛謫往西川效死軍中餘定罪有差丙申以皇女忽都魯揭里迷失下嫁高麗世子王愖辛丑敕隨路所僉新軍其戶絲銀均配於民者並除之六月丙午朔劉整乞益甲仗及水弩手給之庚戌賜建都合馬里戰士銀鈔有差癸丑敕合荅選部下蒙古軍五千人與漢軍分戍沿江堡隘爲使傳往來

之衛仍以古不來拔都翟文彬率兵萬人掠荆南鴉山以綴宋之西兵丙辰免上都隆興兩路簽軍庚申問罪於宋詔諭行中書省及蒙古漢軍萬戶千戶軍士曰爰自太祖皇帝以來與宋使介交通憲宗之世朕以藩職奉命南伐彼賈似道復遣宋京詣我請罷兵息民朕即位之後追憶是言命郝經等奉書往聘蓋爲生靈計也而乃執之以致師出連年死傷相藉係累相屬皆彼宋自禍其民也襄陽既降之後冀宋悔禍或起令圖而乃執迷罔有悛心所以問罪之師有不能已者今遣汝等水陸並進布告遐邇使咸知之無辜之民初無預焉將士毋得妄加殺掠有去逆效順別立奇功者驗等第遷賞其或固拒不從及逆敵者俘戮何疑甲子分遣怯古帶八都百家奴率武衛軍南征丙寅以合剌合孫爲中書左丞崔斌參知政事仍行河南道宣慰司事敕有司閱覈延安新軍貧無力者免之戊辰監察御史言江淮未附將帥闕人今首用阿里海牙子忽失海牙劉整子垓素不知兵且缺人望宜依弟男例罷去從之秋七月乙亥朔敕山北遼東道提刑按察使兀魯失不花同參知政事廉希憲行省北京國王頭輦哥毋署事有大事則

希憲等就議乙酉徙生券軍八十一人屯田和林癸巳高麗國王王禃薨遣使以遺表來上且言世子愖孝謹可付後事勅同知上都留守司事張煥冊愖爲高麗國王乙未伯顏等陛辭帝諭之曰古之善取江南者唯曹彬一人汝能不殺是吾曹彬也興元鳳州民獻麥一莖四穗至七穗穀一莖三穗八月甲辰朔須諸路立社稷壇壝儀式丁未史天澤言今大師方興荆湖淮西各置行省勢位既不相下號令必不能一後當敗事帝是其言復改淮西行中書省爲行樞密院癸丑行中書省言江漢未下之州請令呂文煥

率其麾下臨城諭之令彼知我寬仁善遇降將亦策之善者也從之甲寅弛河南軍器之禁辛未高麗王椹遣其樞密使朴璆來賀聖誕節詔太原新僉軍遠戍兩川誠可憫恤諭樞密院遣使分括廩粟給其家九月丙戌行中書省以大軍發襄陽檄諭宋州郡官吏將校士民癸巳師次鹽山距郢州二十里宋兵十餘萬當郢夾漢水城萬勝堡兩岸戰艦千艘鐵絙橫江貫大艦數十遏我舟師不得下惟黃家灣有溪經鷄子山入唐港可達于江宋又爲壩築堡其處駐兵守之繫舟數百與壩相依伯顏督諸軍攻拔之鑿壩

挽舟入溪出唐港整列而進車駕至自上都冬十月己酉享于太廟庚申長河西千戶必剌沖剽掠甲仗集衆爲亂火你赤移戍未還副元帥覃澄率屬吏赴之帝曰澄不必獨往趣益兵三千付火你赤合力討之壬戌歲星犯壘壁陣乙丑伯顏督諸將破沙洋堡生擒守將串樓王翌日次新城總制黃順縋城降伯顏遣順招都統邊居義不出總管李庭破其外堡諸軍蟻附而登拔之居義自焚死辛未賜北平王南木合馬三萬羊十萬十一月庚辰斷死罪三十九人壬午勑西川行樞密院也速帶兒取嘉定府癸未荷寶

郎董文忠言比聞益都彰德妖人繼發其按察司達魯花赤及社長不能禁止宜令連坐詔行之乙酉軍次復州宋安撫使翟貴出降丁亥詔宋嘉定安撫昝萬壽及九守城將校納款來降與避罪及背主叛亡者悉從原免癸巳東川元帥楊文安與青居山蒙古萬戶怯烈乃也只里等會兵達州直趣雲安軍至馬湖江與宋兵遇大破之遂拔雲安羅拱高陽城堡賜文安等金銀有差以香河荒地千頃置中衛屯伯顏遣萬戶帖木兒譯史阿里奏沙洋新城之捷且以新城總制黃順來見賜順黃金錦衣及細甲授湖北道

宣慰使佩虎符敕京師盜詐者衆宜峻立治法召征日本忽敦忽察劉復亨三没合等赴闕壬寅安童以阿合馬擅財賦權蠹國害民凡官屬所用非人請別加選擇其營作宮殿夤緣爲姦亦宜詰問帝命窮治之起閣南直大殿及東西殿增選樂工八百人隸教坊司十二月丙午伯顏大軍次漢口宋淮西制置使夏貴都統高文明劉儀以戰船萬艘分據諸隘都統王達守陽羅堡荆湖宣撫朱禩孫以游擊軍扼中流師不得進用千戶馬福言自漢口開壩引船會淪河口徑趨沙蕪遂入大江癸丑以諸路逃奴之無主者

二千人隸行工部甲寅賞忻都等征躭羅功銀鈔幣帛有差乙卯阿里海牙督萬戶張弘範等攻武磯堡宋夏貴以兵來援阿术率萬戶晏徹兒等四翼軍對青山磯泊丙辰萬戶史格以一軍先渡爲宋荆鄂諸軍都統程鵬飛所敗總管史塔剌渾等率衆赴敵鵬飛敗走進軍沙洲抵觀音山夏貴東走遂破武磯堡斬宋都統王達始達南岸追至鄂州南門而還丁巳伯顔登武磯山宋朱禩孫遁歸江陵己未師次鄂州宋直祕閣湖北提舉張晏然權知漢陽軍王儀知德安府來興國並以城降程鵬飛以本軍降伯顔承制

以宋鄂州民兵總制王該知鄂州事王儀來興國仍舊任撤其戍兵分隸諸軍下令禁侵暴凡逃民悉縱還之以阿里海牙兵四萬鎮鄂漢伯顔阿术將大軍水陸東下以侍衛親軍都指揮使禿滿帶爲諸軍殿以襄陽路總管賈居貞爲宣撫使商議行中書省事庚申淮西正陽火廬舍甲仗焚蕩無餘杖萬戶愛先不花等有差癸亥賜太一真人李居素第一區仍賜額曰太乙廣福萬壽宮行中書省以渡江捷聞敕縱呂文煥隨司軍悉還家割南陽盧氏縣隸嵩州置歸德永城縣長武縣省入涇川良原縣省入靈臺是歲

天下戶一百九十六萬七千八百九十八諸路虸蚄等蟲災凡九所民饑發米七萬五千四百一十五石粟四萬五百九十九石以賑之

十二年春正月癸酉朔高麗國王王愖遣其判閣事李信孫來賀及奉歲幣甲戌大軍次黃州宋沿江制置副使知黃州陳奕以城降伯顔承制授奕沿江大都督其子巖知漣州奕遣人以書諭之書至巖即出降乙亥徙襄陽新民七百戶於河北東川副都元帥張德潤拔禮義城殺宋安撫使張資招降軍民千五百餘人繼遣元帥張桂孫畧地俘總管郭武及都轄

唐惠等六人以歸賜德潤金五十兩及西錦金鞍細甲弓矢部下將士鈔三百錠戊寅劉整卒安西王相府乞給鈔萬錠爲軍需勅以千錠給之癸未師次蘄州宋安撫使管景模以城降乙酉敕樞密院以納忽帶兒也速帶兒所統戍軍及再簽登萊丁壯八百人付五州經畧司其鄧城十字路亦聽經畧司節度丙戌大軍次江州宋江西安撫使知江州錢真孫及淮西路六安軍曹明以城降丁亥樞密院臣言宋邊郡如嘉定重慶江陵郢州漣海等處皆阻兵自守宜降璽書招諭從之宋知南康軍葉閶以城降敕以侍衛

親軍指揮使札的失囊加帶將蒙古軍二千百家奴唐古忙兀兒將漢軍萬人赴蔡州秃滿帶賈忙古帶復將餘兵赴闕己丑遣伯术唐永堅賫詔招諭郢州仍敕襄陽統軍司調兵三千人衛送永堅等選蒙古畏吾漢人十四人赴行中書省爲新附州郡民官庚寅遣左衛指揮副使鄭溫唐古帖木兒率衛軍萬人同札的失囊加帶戍黄州詔諭重慶府制置司并所屬州郡城寨官吏軍民舉城歸附壬辰以宣撫使賈居貞簽書行中書省事戍鄂州安南國使者還敕以舊制籍户設達魯花赤簽軍立站輸租及歲貢等事

諭之乙未遣兵部尚書廉希賢工部侍郎嚴忠範秘書監丞柴紫芝奉國書使于宋丁酉以萬家奴所募願爲軍者萬人南征己亥雲南總管信苴日石買等刺殺合刺章舍里威之爲亂者以金賞之命土魯至雲南趣阿魯帖木兒入覲以蠻夷未附者尚多命宣慰司兼行元帥府事並聽行省節度置郡縣尹長選廉能者任之置雲南諸路規措所以贍思丁爲使益衛送唐永堅兵永堅求拜都忙古帶偕行許之敕追諸王海都八刺金銀符三十四二月癸卯大軍次安慶府宋殿前都指揮使知安慶府范文虎以城降伯

顔承制授文虎兩浙大都督甲辰以中書右丞博魯歡爲淮南都元帥中書右丞阿里左右副都元帥仍命阿里撒吉思等各部蒙古漢軍會邳州又發蘄宿戍兵將河南戰船千艘赴之遣必闍赤孛羅檢覈西夏榷課命開元宣撫司賑吉里迷新附饑民敕畏吾地春夏毋獵孕字野獸立后土祠于平陽之臨汾伏羲女媧舜湯河瀆等廟于河中解州洪洞趙城丙午大軍次池州宋權州事趙卯發自經死都統制張林以城降省西夏中興都轉運司入總管府議以中統鈔易宋交會并發蔡州鹽貿易藥材丁未禁無籍自

效軍俘掠新附復業軍民戊申詔諭江黄鄂岳漢陽安慶等處歸附官吏士民軍匠僧道人等令農者就耒商者就塗士庶緇黄各安己業如或鎮守官吏妄有搔擾詣行中書省陳告史天澤卒召游顯楊庭訓赴闕賜陳言人霍昇張和鈔十錠俾從淮東元帥府南征庚戌遣禮部侍郎杜世忠兵部郎中何文著賫書使日本國辛亥遣同知濟南府事張漢英持詔諭淮東制置使李庭芝壬子洺磁路總管姜毅捕獲農民郝進等四人造祅言惑衆敕誅進餘減死流遠方宋都督賈似道遣計議宋京承宣使阮思聰詣行中

書省請還已降州郡約貢歲幣伯顏使囊加帶同阮思聰還報命留宋京以待使謂似道曰未渡江時入貢議和則可今沿江諸郡皆已内屬欲和則當來面議也囊加帶還乃釋宋京以同簽樞密院事倪德政赴鄂州省治財賦癸丑御史臺臣劾前南京路總管田大成以其弟婦趙氏為妻廢絶人倫敕杖八十三年不啻時大成已死惟市杖趙氏八十丙辰賞征東元帥府日本戰功錦絹弓矢鞍勒庚申遣塔不帶斡魯召鄂漢降臣張晏然等赴闕仍諭之曰朕省卿所奏云宋之權臣不踐舊約拘留使者實非宋主之罪儻蒙聖慈止罪擅命之臣不令趙氏乏祀者卿言良是卿既不忘舊主必能輔弼我家比卿奏上已遣伯顔按兵不進仍遣兵部尚書廉希賢等持書往使果能悔過來附既往之愆朕復何究至於權臣賈似道尚無罪之之心况肯令趙氏乏祀乎若其執迷罔悛未然之事朕將何言天其鑒之辛酉以闊闊出率其部下軍千人及親附軍五百聽阿剌海牙節制凡湖南州縣及瀕水之民有來附者俾闊闊出統之拒敵不降者就為招集詔令大洪山避兵民還歸漢陽復業農畝命阿剌海牙鎮守之又命阿失罕唐永堅棊

公直等與脫烈將甲騎千人持詔招諭郢州大軍次丁家洲戰船蔽江而下宋賈似道分遣步帥孫虎臣及督府節制軍馬蘇劉義集兵船于江之南北岸似道與淮西制置使夏貴將後軍戰船二千五百餘艘横亘江中翌日伯顏命左右翼萬戶率騎兵夾岸而進繼命舉巨砲擊之宋兵陣動夏貴先遁似道錯愕失錯鳴鉦斥諸軍散宋兵遂大潰阿朮與鎮撫何瑋李庭等舟師及步騎追殺百五十里得船二千餘艘及軍資器仗督府圖籍符印似道東走揚州阿先不花言夏貴縱北軍岳全還稱欲内附宜降璽書招諭遂遣其甥胡應雷持詔往諭之甲子大軍次蕪湖縣宋江東運判知太平州孟之縉以城降都元帥博魯歡次海州知州丁順以城降乙丑阿里海牙言江陵宋巨鎮地居大江上流屯精兵不啻數十萬若非乘此破竹之勢取之江水泛溢鄂漢之城亦恐難守從其請仍降璽書遣使諭江陵府制置司及高達已下官吏軍民宋福州團練使知特磨道事農士貴率知那寡州農天或知阿吉州農昌成知上林州農道賢州縣三十有七戶十萬詣雲南行中書省請降丙寅樞密院言渡江初亳州萬戶史格毗陽萬戶石抹紹

祖以輕進致敗乞罪之有旨或決罰降官或以戰功自贖其從行省裁處禁民間賭博犯者流之北地戊辰師次采石鎮知和州王善以城降都元帥博魯歡次漣州宋知州孫嗣武以城降己巳復遣伯木唐永堅等宣諭郢州官吏士庶庚午大軍次建康府宋沿江制置使趙溍南走都統權兵馬司事徐王榮翁福茅世雄等及鎮軍曹旺以城降宋賈似道至揚州始遣總管段佑送國信使郝經劉人傑等來歸敕樞密院迎經等由水路赴闕詔安南國王陳光昞仍以舊制六事諭之趣其來朝命怯薛丹察罕不花侍儀副

使關思義真人李德和代祀嶽瀆后土車駕幸上都三月壬申朔宋鎮江府馬軍總管石祖忠以城降行中書省分遣淮西行樞密院阿塔海駐京口宋誅殿帥韓震其部將李大明等二百人携震母妻并諸子文熇文炳自臨安來奔甲戌宋江陰軍僉判李世脩以城降乙亥諭樞密院比遣建都都元帥火你赤征長河西以副都元帥覃澄鎮守建都付以璽書安集其民仍敕安西王忙兀剌諸王只必帖木兒駙馬長吉分遣所部蒙古軍從西平王奥魯赤征吐蕃命萬執中唐永堅同前所遣阿失罕等將鈔兵千人同往

招諭郢州已降則鎮之不降則從陸路與阿里海牙忽不來會於荆南丙子國信使廉希賢等至建康傳旨令諸將各守營壘毋得妄有侵掠宋知滁州王文虎以城降戊寅賜皇子安西王幣帛八千匹絲萬斤乙卯改平陰縣新鎮寨爲肥城縣隷濟寧府庚辰宋知寧國府顔紹卿以城降江東路得府二州五軍二縣四十三戸八十三萬一千八百五十二口一百九十一萬九千一百六甲申於中興路置懷遠靈武二縣分處新民四千八百餘戸丙戌宋常州安撫戴之泰通判王虎臣以城降國信使廉希賢嚴忠範等至

宋廣德軍獨松關爲宋人所殺丁亥免諸路軍雜賦辛卯宋將高世傑復據岳州質知州孟之紹妻子又取復州降將翟貴妻子送之江陵世傑會郢復岳三州及上流諸軍戰船數千艘兵數萬人扼荆江口壬辰阿里海牙以軍屯于東岸世傑夜半遁去黎明至洞庭湖口兵船成列而陣阿里海牙督諸翼萬户及水軍張榮實解汝楫等逐世傑于湖口之夾灘遣郎中張鼎召世傑世傑降阿里海牙以世傑招岳州孟之紹亦以城降以世傑力屈而降誅之賜北平王南木合所部馬二千一百八十羊三百癸巳敕郯城沂

州十字路戍兵從愽魯歡征淮南丙申側布畨官稅
昔礶州畨官莊寮男車甲等率四十三族戶五千一
百六十詣四川行樞密院來附戊戌遣山東路經畧
使王儼戍岳州庚子從王磐竇默等請分置翰林院
專掌蒙古文字以翰林學士承旨撒的迷底里主之
其翰林兼國史院仍舊纂修國史典制誥備顧問以
翰林學士承旨兼修起居注和禮霍孫主之辛丑敕
阿朮分兵取揚州夏四月壬寅朔賞討長河西必剌
充有功者及陣亡者金銀鈔幣帛各有差乙巳改西
夏中興道按察司爲隴右河西道丙午立漣州新城

清河三驛阿里海牙駐軍江陵城南沙市攻其柵破
之知荊門軍劉懋降丁未阿里海牙遣郎中張鼎齎
詔入江陵宋荊湖制置朱禩孫湖北制置副使高達
京西湖北提刑青陽夢炎李湜始出降阿里海牙入
江陵分道遣使招諭未下州郡知峽州趙真知歸州
趙仔權澧州安撫毛浚常德府新城總制魯希文舊
城權知府事周公明等悉以城降辛亥遣使招諭宋
五郡鎮撫使呂文福使降甲寅諭中書省議立登聞
鼓如爲人殺其父母兄弟夫婦冤無所訴聽其來擊
其或以細事唐突者論如法辛酉宋郢州安撫趙孟

復州安撫翟貴以城降宋度支尚書吳浚移書建康
徐王榮等述其丞相陳宜中語請罷兵通好伯顏遣
中書議事官張羽淮西行院令史王章同宋來使馬
馭持徐王榮復書至平江府驛亭悉爲宋所殺癸亥
阿朮師駐瓜洲距揚州四十五里宋淮東制置司盡
焚城中廬舍遷其居民而去阿朮創立樓櫓戰具以
守之丙寅立尚牧監賜降臣丁順等衣服免京畿百
姓今歲絲銀丁卯以大司農御史中丞孛羅爲御史
大夫罷隨路巡行勸農官以其事入提刑按察司括
諸寺闌遺人口庚午以高達爲參知政事仍詔慰諭

之遣兵部郎中王世英刑部郎中蕭郁持詔召嗣漢
四十代天師張宗演赴闕五月辛未朔阿里海牙以
所俘童男女千人牛萬頭來獻樞密院言峽州宜以
戰船扼其津要又郢復二州戍兵不足今擬襄陽等
處選五千七百人隸行中書省聽阿里海牙調遣從
之詔中書右丞廉希憲參知政事脫愽忽魯禿花行
中書省于江陵府阿里海牙還鄂州立襄陽至荊南
三驛丁丑阿朮立木柵于揚子橋斷淮東糧道且爲
瓜州藩蔽庚辰詔諭參知政事高達曰昔我國家出
征所獲城邑即委而去之未嘗置兵戍守以此連年

征伐不息夫爭國家者取其土地人民而已雖得其地而無民其誰與居今欲保守新附城壁使百姓安業力農蒙古人未之知也爾熟知其事宜加勉旃湖南州郡皆汝舊部曲未歸附者何以招懷生民何以安業聽汝爲之宋嘉定安撫昝萬壽遣部將李立奉書請降言累負罪愆乞加赦免詔遣使招諭之辛巳宋知辰州吕文興黄仙洞行隋州事傅安國仙人寨行均州事徐鼎知沅州文用圭知靖州康玉知房州李鑑等皆以城降荆南湖北路凡得府三州十一軍四縣五十七戶八十萬三千四百一十五口一百九

十四萬三千八百六十丙戌以三衛新附生券軍赴八達山屯田丁亥召伯顔赴闕以蒙古萬戶阿剌罕權行中書省事遣肅州達魯花赤阿沙簽河西軍萬戶愛先不花違伯顔節制擅撤戍兵詔追奪符印使從軍自效淮東宣撫陳巖乞解官終喪三年不許申嚴屠牛馬之禁庚寅宋五郡鎮撫使吕文福來降壬辰宋都統制劉師勇殿帥張彦擾常州癸巳諭高麗國王王愖招珍島餘黨之在耽羅者六月庚子朔日有食之宋嘉定安撫使昝萬壽以城降賜名順癸卯遣兩浙大都督范文虎持詔往諭安豐壽州招信五

河等處鎮戍官吏軍民遣刑部侍郎伯术諭朱祺孫以年老多病不任朝謁權留大都無自疑懼諭廉希憲等元没青陽夢炎李湜家貲如籍還之併徙其家赴都甲辰以萬戶阿剌罕爲行中書省參知政事獲知開州張章赦其罪章二子柱楫先來降以其子故免死赦失里伯史樞率襄陽熟券軍二千獵戶丁壯二千同范文虎招安豐軍各賜馬十匹其故嘗從丞相史天澤者十九人願宣勞軍中令從樞以行戊申簽平陽西京延安等路達魯花赤弟男爲軍辛亥賞諸王兀魯所部獲功建都者三十五人銀鈔有差定

兀魯衛士人各馬二疋從者一匹敕淮東元帥府發兵及鄂州戍兵與李璮舊部曲并前河南巳簽軍萬人後免爲民者復籍爲兵並付行中書省戊午詔遣使招諭宋四川制置趙定應比者畢再興青陽夢炎赴闕面陳蜀閫事宜奏請緩師令自納欵姑從所請今遣再興宣布大信若能順時達變可保富貴毋爲塗炭生靈自貽後悔庚申遣重慶府招討使畢再興持詔招諭宋合州節使張珏江安潼川安撫張朝宗涪州觀察陽立梁山軍防禦馬塈辛酉宋潼川安撫使知江安州梅應春以城降乙丑以漣海新附丁順

等括船千艘送淮東都元帥府丙寅宋揚州都統姜才副將張林步騎二萬人乘夜攻揚子橋木柵守柵萬戶史弼來告急阿朮自瓜洲以兵赴之詰旦至柵下才軍夾水爲陣阿朮麾騎兵渡水擊之陣堅不動阿朮軍引却才軍來逼我軍與力戰才軍遂走阿朮麾步騎並進大敗之才僅以身免生擒張林斬首萬八千級戊辰敕塔出率阿塔海也速帶兒兩軍赴漣水以遏攤爲鮀羅國達魯花赤罷山東經畧司秋七月庚午朔阿朮集行省諸翼萬戶兵船于瓜洲阿塔海董文炳集行院諸翼萬戶兵船于西津渡宋沿江

制置使趙溍樞密都承旨張世傑知泰州孫虎臣等陳舟師于焦山南北阿朮分遣萬戶張弘範等以拔都兵船千艘西掠珠金沙辛未阿朮阿塔海登南岸石公山指授諸軍水軍萬戶劉琛循江南岸東趍夾灘繞出敵後董文炳直抵焦山南麓以掎其右招討使劉國傑趍其左萬戶忽剌出擣其中張弘範自上流繼至趍焦山之北大戰自辰至午呼聲震天地乘風以火箭射其篛蓬宋師大敗世傑虎臣等皆遁走追至圌山獲黃鵠白鷂船數百艘宋人自是不復能軍翌日宋平江都統劉師勇殿帥張彥以兩浙制司

軍至呂城復爲阿塔海行院兵所敗壬申簽雲南落落蒲納烘等處軍萬人隸行中書省癸酉太白犯井詔取茶罕章未附種落丁丑立衛州至楊村水驛五己卯增置燕南河北道提刑按察司以蔡州驛蒙古軍四百隸阿里海牙漢軍六百從萬戶宋都帶赴江西壬午遣使招宋淮安安撫使朱煥癸未詔遣使江南搜訪儒醫僧道陰陽人等敕左丞相伯顏率諸將直趍臨安右丞阿里海牙取湖南蒙古萬戶宋都帶漢軍萬戶武秀張榮實李恒兵部尚書呂師夔行都元帥府取江西罷淮西行樞密院以右丞阿塔海參

政董文炳同署行中書省事辛卯太陰犯畢甲午遣使持詔招諭宋李庭芝及夏貴以伯顏爲中書右丞相阿朮爲中書左丞相八月己亥免北京西京陝西等路今歲絲銀癸卯伯顏陛辭南行奉詔諭宋君臣相率來附則趙氏族屬可保無虞宗廟悉許如故授故奉使大理王君侯子如珪正八品官己未升任城縣爲濟州辛酉車駕至自上都丙寅高麗王王愖遣其樞密副使許珙將軍趙珪來賀聖誕節九月己巳太白犯少民庚午阿合馬等以軍興國用不足請復立都轉運司九量增課程元額鼓鑄鐵器官爲局賣

禁私造銅器乙亥賞清河新城戰士及死事者銀千兩鈔百錠賜西平王所部鴨城戍兵人馬三匹丁丑以襄陽官牛五千八百賜貧民弛河南鬻馬之禁賜東西川屯戍蒙古軍糧鈔有差戊寅諭太常卿合丹去冬享太宮牧牲無用牛令其復之己卯太白犯太微西垣上將壬午阿朮築灣頭堡乙酉罷襄陽統軍司甲午宋揚州都統姜才將步騎萬五千人攻灣頭堡阿朮阿塔海擊敗之賞淮安招討使乞里迷失及有功將士錦衣銀鈔有差丙申以王昔帖木兒爲御史大夫括江南諸郡書版及臨安秘書省乾坤寶典

等書冬十月戊戌朔享于太廟辛丑弛北京義錦等處獵禁癸丑太陰犯畢十一月丁卯阿里海牙以軍攻潭州乙亥伯顏分軍爲三趍臨安阿剌罕率步騎自建康四安廣德以出獨松嶺董文炳率舟師循海趍許浦澉浦以至浙江伯顏阿塔海由中道節度諸軍期並會于臨安丙子宋權融宜欽三州總管岑從毅沿邊巡檢使廣西節制軍馬李維屏等詣雲南行中書省降丁丑阿合馬奏立諸路轉運司凡十一所己卯宋都帶等軍次隆興府宋江西轉運使知府劉槃以城降都元帥府檄諭江西諸郡相繼歸附得府州六軍四縣五十六戶一百五萬一千八百二十九口二百七萬六千四百壬午伯顏大軍至常州督諸軍登城四面並進拔其城劉師勇變服單騎南走改順天府爲保定府樞密院言兩都平灤獵戶新簽軍二千皆貧無力者宜存恤其家又新附郡縣有既降復叛及糾衆爲盜犯罪至死者既已款伏乞聽權宜處決皆從之中書省臣議斷死罪詔今後殺人者死問罪狀已白不必待時宜即行刑其奴婢殺主者具五刑論乙酉阿剌罕克廣德趍獨松關丙戌太陰犯軒轅大星己丑遣太常卿合丹以所獲塗金爵三獻

于太廟庚寅伯顏遣降人游介實奉璽書副本使于宋仍以書諭宋大臣甲午以高麗國官制僭濫遣使諭旨凡省院臺部官名爵號與朝廷相類者改正之十二月戊戌塡星犯亢己亥僉書四川行樞密院事咎順言紹慶府施州南平及諸蠻呂告馬蒙阿永等有嚮化之心又播州安撫楊邦憲思州安撫田景賢未知逆順乞降詔使之自新並許世紹封爵從之辛丑董文炳軍次許浦宋都統制祁安以本軍降宋主爲書介國信副使嚴忠範姪煥請和甲辰伯顏次平江府宋都統王邦傑以城降乙巳免江陵等處今歲

田租丁未改諸站提領司爲通政院戊申中書左丞相忽都帶兒與内外文武百寮及緇黄耆庶請上皇帝尊號曰憲天述道仁文義武大光孝皇帝皇后曰貞懿順聖昭天睿文光應皇后不許太陰犯畢庚子宋主復遣尚書夏士林右史陸秀夫奉書稱姪乞和西川滄溪知縣趙龍遣間使入宋敕流遠方籍其家癸亥敕樞密院靖州既降復叛今已平定其遣張通判李信家屬并同叛者赴都甲子荅宋國主書令其來降丙寅阿剌罕軍次安吉州宋安撫使趙與可以城降升高麗東寧府爲路割江東南康路隸江西省置馬湖路總管府省重慶路隆化縣入南川瀘州海山縣入昌黎縣復華州鄭縣是歲衛輝太原等路旱河間霖雨傷稼凡賑米三千七百四十八石粟二萬四千二百六石天下戶四百七十六萬四千七十七斷死罪六十八人

本紀卷第八

本紀卷第九　元史九

翰林學士亞中大夫知制誥兼修國史臣宋濂 翰林待制承直郎同知制誥兼國史院編修官臣王禕等奉
勅修

世祖六

十三年春正月丁卯朔克潭州宋安撫使李芾盡室自焚死阿里海牙分遣官屬招徠未附者旬日間湖南州郡相繼悉降得府一州六軍二縣四十戶五十六萬一千一百一十二口百五十三萬七千七百四十伯顏軍次嘉興府安撫劉漢傑以城降董文炳軍至乍浦宋統制官劉英以本軍降辛未董文炳軍至海鹽知縣事王與賢及澉浦鎮統制胡全福建路馬步軍總管沈世隆皆降壬申改都統領司爲通政院以元良合帶等領之立回易庫于諸路凡十有一掌市易幣帛諸物敕大都路總管府和顧和買權豪與民均輸癸酉宋相陳宜中遣軍器監劉庭瑞賫宋主稱藩表章詣軍前稟議又致宜中等書于伯顏伯顏以書荅之乙亥詔諭四川制置使趙定應來朝徙大都等路獵户戍大洪山之東符寶郎董文忠請負病者勿徙從之宋復遣監察御史劉岊賫宋主稱藩表至軍前且致書伯顏爲宗社生靈請命丙子賞合兒

會帶所部將士征建都功銀鈔錦衣丁丑宋遣都統
洪模賫陳宜中吳堅等書請俟宗長福王至同詣軍
前戊寅伯顔以軍出嘉興府留萬户忽都虎千户王
禿林察戍之劉漢傑仍爲其府安撫使辛巳命雲南
行省給建都屯軍弓矢軍次崇德縣宋遣侍郎劉庭
瑞都統洪模來迓行都元帥府宋都帶言江西隆興
建昌撫州等郡雖附而閩廣諸州尚阻兵乞增兵進
討敕以襄漢軍四千俾將之壬午軍次長安鎮董文炳
以兵來會宋陳宜中吳堅等違約不至癸未軍次臨平
鎮甲申次高亭山阿剌罕以兵來會宋主遣其保康

軍承宣使尹甫和州防禦使吉甫等賫傳國玉璽及
降表詣軍前其辭曰大宋國主㬎謹百拜奉表于大
元仁明神武皇帝陛下臣昨嘗遣侍郎柳岳正言洪
雷震捧表馳詣闕庭敬伸卑悃伏計已徹聖聽臣眇
焉幼冲遭家多難權奸似道背盟誤國臣不及知至
勤興師問罪宗社阽危生靈可念臣與太皇日夕憂
懼非不欲遷辟以求兩全實以百萬生民之命寄臣
一身今天命有歸臣將焉往惟是世傳之鎮寶不敢
愛惜謹奉太皇命戒痛自貶損削帝號以兩淛福建
江東西湖南北二廣四川見在州郡謹悉奉上聖朝

爲宗社生靈祈哀請命欲望聖慈垂哀祖母太后耄
及卧病數載臣煢煢在疚情有足矜不忍臣祖宗三
百年宗社遽至殞絶曲賜裁處特與存全大元皇帝
再生之德則趙氏子孫世世有頼不敢弭忘臣無任
感天望聖激切屏營之至伯顔既受降表玉璽復遣
囊加帶以趙尹甫賈餘慶等還臨安召宰相出議降
事乙酉師次臨安北十五里囊加帶洪模以總管殷
俊來報宋陳宜中張世傑蘇劉義劉師勇等挾益廣
二王出嘉會門渡淛江遁去惟太皇太后嗣君在宮
伯顔亟使諭阿剌罕董文炳范文虎率諸軍先據守

錢塘口以勁兵五千人追陳宜中等過淛江不及而
還丙戌伯顔下令禁軍士入城違者以軍法從事遣
呂文煥賫黄榜安諭臨安中外軍民俾按堵如故時
宋三司衛兵白晝殺人張世傑部曲尤横閭里小民
乘時剽殺令下民大悦伯顔又遣宣撫程鵬飛計議
孫鼎亨囊加帶洪君祥入宮安諭太皇謝氏丁亥雲
南行省賽典赤以改定雲南諸路名號來上又言雲
南貿易與中州不同鈔法實所未諳莫若以交會貝
子公私通行庶爲民便並從之戊子中書省臣言王
孝忠等以罪命往八答山採寶玉自効道經沙州值

火忽叛孝忠等自拔來歸令於瓜沙等處屯田從之大名路達魯花赤小鈐部坐姦贓伏誅沒其家宋主祖母謝氏遣其丞相吳堅文天祥樞密謝堂安撫賈餘慶中貴鄧惟善來見伯顏於明因寺伯顏顧文天祥舉動不常疑有異志遂令萬戶忙古帶宣撫唆都羈留軍中且以其降表不稱臣仍書宋號遣程鵬飛洪君祥偕來使賈餘慶復往易之己丑軍次湖州市遣千戶囊加帶省掾王祐賫傳國玉璽赴闕敕高麗國以有官子弟爲質中書省臣言賦民舊籍已有定額至元七年新括協濟合併戶爲數凡二十萬五

千一百八十敕減今歲絲賦之半庚寅伯顏建大將旗鼓率左右翼萬戶巡臨安城觀潮浙江於是宋宗室大臣以次來見暮還湖州市辛卯張弘範孟祺程鵬飛賫所易宋主稱臣降表至軍前甲午復蘄州平谷縣立隨路都轉運司仍詔諭諸處管民官以羌吉剌帶丑漢所部軍五百戍哈荅城不吉帶所部軍六百移戍建都其兀兒禿唐忽軍前在建都者並遣還翼穿濟州漕渠以真定總管昔班爲中書右丞二月丁酉詔劉頡程德輝招淮西制置使夏貴己亥克臨江軍庚子宋主㬎率文武百僚詣祥曦殿望闕上表

乞爲藩輔遣右丞相兼樞密使賈餘慶樞密使謝堂端明殿學士簽樞密院事家鉉翁端明殿學士同簽樞密院事劉岊奉表以聞宋主祖母太皇太后亦奉表及牋是日宋文武百司出臨安府詣行中書省各以其職來見行省承制以臨安爲兩浙大都督府都督忙古帶范文虎入城視事辛丑伯顏令張惠阿剌罕董文炳左右司官石天麟楊晦等入城取軍民錢穀之數閱實倉庫收百官誥命符印悉罷宋官府散免侍衛禁軍宋主㬎遣其右丞相賈餘慶等充祈請使詣闕請命右丞相命吳堅文天祥同行行中書省

右丞相伯顏等以宋主㬎舉國內附具表稱賀兩浙路得府八州六軍一縣八十一戶二百九十八萬三千六百七十二口五百六十九萬二千六百五十丁未詔諭臨安新附府州司縣官吏士民軍卒人等曰間者行中書省右丞相伯顏遣使來奏宋母后幼主暨諸大臣百官已於正月十八日賫璽綬奉表降附朕惟自古降王必有朝覲之禮已遣使特往迎致爾等各守職業其勿妄生疑畏凡歸附前犯罪悉從原免公私逋欠不得徵理應抗拒王師及逃亡嘯聚者並赦其罪百官有司諸王邸第三學寺監祕省史館

及禁衛諸司各宜安居所在山林河泊除巨木花果外餘物權免徵稅祕書省圖書太常寺祭器樂器法服樂工鹵簿儀衛宗正譜牒天文地理圖冊凡典故文字并戶口版籍盡仰收拾前代聖賢之後高尚儒醫僧道卜筮通曉天文曆數并山林隱逸名士仰所在官司具以名聞名山大川寺觀廟宇并前代名人遺迹不許拆毀鰥寡孤獨不能自存之人量加贍給伯顏就遣宋內侍王埜入宮收宋國衮冕圭璧符璽及宮中圖籍寶玩車輅輦乘鹵簿麾仗等物戊申立淛東西宣慰司於臨安以戶部尚書麥歸祕書監焦

友直爲宣慰使吏部侍郎楊居寬同知宣慰司事並兼知臨安府事乙卯詔諭淮東制置使李庭芝淮西制置使夏貴及所轄州軍縣鎮官吏軍民丁巳命焦友直括宋祕書省禁書圖籍戊午祀先農東郊淮西制置夏貴以淮西諸郡來降唯鎮巢軍復叛貴遣使招之守將洪福殺其使貴親至城下福始降阿朮斬之軍中淮西路得府二州六軍四縣三十四戶五十一萬三千八百二十七口一百二萬一千三百四十九庚申召伯顏偕宋君臣入朝辛酉車駕幸上都設資戒大會于順德府開元寺伯顏遣不伯周青招泉

州蒲壽庚壽晟兄弟甲子董文炳唆都發宋隨朝文士劉褒然及三學諸生赴京師太學生徐應鑣父子四人同赴井死帝既平宋召宋諸將問曰爾等何降之易耶對曰宋有強臣賈似道擅國柄每優禮文士而獨輕武官臣等久積不平心離體解所以望風而送款也帝命董文忠荅之曰借使似道實輕汝曹特似道一人之過耳且汝主何負焉正如所言則似道之輕汝也固宜三月丁卯命樞密副使張易兼知祕書監事伯顏入臨安遣郎中孟祺籍宋太廟四祖殿景靈宮禮樂器冊寶曁郊天儀仗及祕書省國子監

國史院學士院太常寺圖書祭器樂器等物戊辰括江南已附州郡軍器甲戌阿朮遣使報廬州夏貴已降文天祥自鎮江遁去追之弗獲荊湖南路行中書省言潭州既定湖南州郡降者相繼即分命諸將鎮守其地從之宋福王與芮自淛東至伯顏軍中以獨松關守將張濡嘗殺奉使廉希賢斬之籍其家乙亥伯顏等發臨安丁丑阿塔海阿剌罕董文炳詣宋主宮趣宋主㬎同太后入覲郎中孟祺奉詔宣讀至免繫頸牽羊之語太后全氏聞之泣謂宋主㬎曰荷天子聖慈活汝當望闕拜謝宋主㬎拜畢子母皆肩輿

出宫唯太皇太后謝氏以疾留戊寅敕諸路儒户通文學者三千八百九十並免其徭役其富實以儒户避役者爲民貧乏者五百户隷太常寺敕淮西廬州置總管萬户府以中書右丞河南等路宣慰使合剌合孫襄陽管軍萬户邸浹並行府事庚辰囊加帶以宋玉璽來上乙酉贑吉袁南安四郡内附庚寅賜郡王瓜都銀印敕上都和顧和買並依大都例以中書右丞昔班爲户部尚書閏月丙申置宣慰司於濟寧路掌印造交鈔供給江南軍儲以前西夏中興簽行中書省事暗都剌即思大都路總管張守智並爲宣

慰使東川行樞密院總帥汪惟正略地涪州克山寨谿洞凡二十有三所丁酉召湖廣阿里海牙忽都帖木兒赴闕令脫攤忽魯禿花崔斌並留後鄂州辛亥命副樞張易遣宋降臣吳堅夏貴等赴上都戊午淮西萬户府招降方山等六寨甲子禁西番僧持軍器以中書省左右司郎中郝禎參知政事夏四月乙丑朔阿术以宋高郵寶應嘗餽餉揚州遣蒙古軍將苫徹及史弼等守之別遣都元帥孛魯歡等攻泰州之新城丁卯賜諸王都魯金印戊辰以河南兵事未息開元路民饑並弛正月五月屠殺之禁庚午敕南商

貿易京師者毋禁辛未行江西都元帥宋都帶以應詔儒生醫卜士鄭夢得等六人進敕隷祕書監丙子省東川行樞密院及成都經略司以其事入西川行院復石人山寨居民于信陽軍免大都醫户至元十二年絲銀己卯以侍衛親軍征戍歲久放令還家期六月各歸其軍庚辰以水達達分地歲輸皮革自今並入上都壬午召嗣漢天師張宗演赴闕乙酉召昭文館大學士姚樞翰林學士王磐翰林侍講學士徒單公履赴上都庚寅修太廟以北京行中書省廉希憲爲中書右丞行中書省事于荆南府五月乙未朔

伯顏以宋主㬎至上都制授㬎開府儀同三司檢校大司徒封瀛國公以平宋遣官告天地祖宗於上都之近郊遣使代祀嶽瀆己亥伯顏請罷兩浙宣慰司以忙古帶范文虎仍行兩浙大都督府事從之庚子定度量壬寅宋三學生四十六人至京師癸卯復沂莒膠密寧海五州所括民爲防城軍者爲民免其租徭二年乙巳賜伯顏所部有功將校銀二萬四千六百兩阿术遣總管陳傑攻援泰州之新城遣萬户烏馬兒守之以偪泰州丁未宋揚州都統姜才攻灣頭堡阿里別擊走之殺其步騎四百人右衛親軍千户

董士元戰死戊申宋馮都統等自真州率兵二千戰船百艘襲瓜州阿朮遣萬戶昔里罕阿塔赤等出戰大敗之追至珠金沙得船七十七艘馮都統等赴水死改博州爲東昌路己酉括獵戶鷹坊戶爲兵乙卯靖州張州判及李信李發焚其城退保飛山新城行中書省發兵攻殺之徙其黨及家屬于大都宋江西制置黃萬石率其軍來附敕令入覲辛酉安西王相府請頒詔招合州張珏不從癸亥陞異樣局爲總管府秩三品六月甲子朔敕新附三衛兵之老弱者放還其家己巳以孔子五十三世孫曲阜縣尹孔治兼

權主祀事命東征元帥府選襄陽生券軍五百充侍衛軍置行戶部于大名府掌印造交鈔通江南貿易庚午敕西京僧道也里可溫荅失蠻等有室家者與民一體輸賦辛未命阿里海牙出征廣西請益兵選軍三萬俾將之壬申罷兩浙大都督府立行尚書省於鄂州臨安設諸路宣慰司以行省官爲之並帶相銜其立行省者不立宣慰司甲戌以大明曆浸差命太子贊善王恂與江南日官置局更造新曆以樞密副使張易董其事易恂奏今之曆家徒知曆術罕明曆理宜得耆儒如許衡者商訂詔衡赴京師宋揚州

姜才夜率步騎數千趨丁村堡守將史弼苦徹出戰斬首百餘級獲馬四十匹詰旦阿里都督陳巖以灣頭堡兵邀其後伯顏察兒踵至所將皆阿朮麾下兵姜才軍遙望旗幟亟走遂大破之獲米五千餘石阿朮又以宋人高郵水路不通必由陸路餽運千戶也先忽都以千騎邀之數日米運果來殺負米卒數千獲米三千石戊寅詔作平金平宋錄及諸國臣服傳記仍命平章軍國重事耶律鑄監修國史戊子樞密院上言陳宜中張世傑聚兵福建以攻我師江西都元帥宋都帶求援命以安慶蘄黃等郡宿兵付宋都

帶將之己丑宋都帶言福建魏天祐游義榮棄家來附以天祐爲管軍總管兼知邵武軍事義榮遷授建寧路同知克管軍千戶壬辰下詔招諭宋揚州制置李庭芝以次軍官及通泰真滁高郵大小官員又詔諭陳宜中張世傑蘇劉義劉師勇等使降李庭芝留朱煥守揚州與姜才率步騎五千東走阿朮親率百餘騎馳去督右丞阿里萬戶劉國傑分道追及泰州西殺步卒千人庭芝等僅得入遂築長圍塹而守之阿朮獨當東南面斷其走路以戶部尚書張澍參知政事行中書省事于北京秋七月乙未行中書省左

右司郎中孟祺以亡宋金玉寶及牌印來上命太府監收之丙申淮安寶應民流寓邳州者萬餘口聽還其家丁酉宋涪州觀察陽立子嗣榮請降詔招諭其父從之戊戌陞閬州爲保寧府敕山丹城直隸省部以達魯花赤行者仍領之壬寅以李庭出征賞其部将李承慶等鈔馬衣服甲仗有差乙巳朱煥以揚州降丁未詔諭廣西路静江府等大小州城官吏使降甲寅賜諸王孛羅印以揚村至浮鷄泊漕渠洄遠改從孫家務乙卯宋泰州守将孫良臣與李庭芝帳下卒劉發鄭俊開北門以降執李庭芝姜才繫揚州獄

丙辰阿朮以總管烏馬兒等守泰州其通滁高郵等處相繼來附淮東路得州十六縣三十三户五十四萬二千六百二十四口一百八萬三千二百一十七遣使持香幣祠嶽瀆后土以中書右丞阿里海牙爲平章政事簽書樞密院事淮東行樞密院別乞里迷失爲中書右丞叅知政事董文炳爲中書左丞淮東左副都元帥塔出兩淛大都督范文虎江東江西大都督知江州吕師夔淮東淮西左副都元帥陳巖並叅知政事八月己巳穿武清蒙村漕渠敕漢軍都元帥闊闊帶李庭将侍衛軍二千人西征陞滁陰縣爲滁州乙亥斬宋淮東制置使李庭芝都統姜才于揚州市庚辰罷襄陽統軍司車駕至自上都遣太常卿脫忽思以銅爵一豆二獻于太廟以四萬户總管奥魯赤叅知政事九月壬辰朔命國師益憐真作佛事于太廟己亥享于太廟常饌外益野豕鹿羊蒲萄酒庚子命姚樞王磐選宋三學生之有實學者留京師餘聽還家辛丑遣瀘州屯田軍四千轉漕重慶癸卯以平宋赦天下乙巳高麗國王王諶上叅議中讚金方慶功授虎符丙午敕常德府歲貢包茅丁未諭西川行樞密院移檄重慶俾内附命有司隳沿淮城壘

辛亥太白犯南斗甲寅太白入南斗乙卯以吐蕃合答城爲寧遠府辛酉召宋宗臣鄂州教授趙與票赴闕設資戒會于京師阿朮入覲江淮及淛東西湖南北等路得府三十七州一百二十八關一監一縣七百三十三户九百三十七萬四百七十二口千九百七十二萬一千一十五冬十月甲子以陳巖接新城丁村功賜金五十两部将劉忠等賜銀有差乙亥賜皇子北平王出征軍士貧乏者羊馬幣帛有差申明以良爲娼之禁丁亥两淛宣撫使焦友直以臨安經籍圖畫陰陽秘書來上戊子淮西安撫使夏貴請入

覲乞令其孫貽孫權領宣撫司事從之以淮東左副都元帥阿里爲平章政事河南等路宣慰使合剌合孫爲中書右丞兵部尚書王儀吏部尚書兼臨安府安撫使楊鎮河南河北道提刑按察使迷里忽辛並參知政事參知政事陳巖行中書省事于淮東十一月癸巳安西王所部軍克萬州丙午賜阿朮所部有功將士二百三十九人各銀二百五十兩西川行院忽敦言所部軍士久圍重慶逃亡者衆乞益軍一萬并降詔招誘逋民之在大良平者並從之壬子賜龍答溫軍有功及死事者銀鈔有差癸丑併省内外諸

司丁卯太陰犯填星庚申敕管民及理財之官由中書銓調軍官由樞密院定議隆襄漢荆湖諸城南平招撫使兼知峽州事趙真請降詔招諭夔州安撫張起巖從之高麗國王王愖遣其臣判祕書寺朱悅來告更名賰十二月辛卯朔熒惑掩鉤鈐以十四年曆日賜高麗丁卯改雲南羅葡甸爲元江府路辛未賜塔海所部戰士及死事者銀鈔有差賜忽不來等戰功十九人銀千二百兩壬申李思敬告運使姜毅所言悖妄指毅妻子爲證帝曰妻子豈爲證者耶詔勿問乙亥定江南所設官府辛巳以軍士圍守崇慶勞苦

賜鈔六千錠庚寅詔諭浙東西江東西淮東西湖南北府州軍縣官吏軍民昔以萬户千户漁奪其民致令逃散今悉以人民歸之元籍州縣凡管軍將校及宋官吏有以勢力奪民田廬産業者俾各歸其主無主則以給附近人民之無生産者其田租商稅茶鹽酒醋金銀鐵冶竹貨湖泊課程從實辦之凡故宋繁冗科差聖節上供經總制錢等百有餘件悉除免之伯顏言張惠守宋府庫不俟命擅啓管鑰詔阿朮詰其事仍諭江之東西浙之東西淮之東西官吏等撿覈新舊錢穀除浙西浙東江西江東湖北五道宣慰

使陞江陵爲上路瑞安府仍爲溫州隴州爲散府蘭州復置豐閏縣陞臨洮渭源堡爲縣賜諸王金銀幣帛如歲例賜諸王乃蠻帶等羊馬價賞阿朮等戰功及賜降臣吴堅夏貴等銀鈔幣帛各有差賜伯顏阿朮等青鼠銀鼠黄鼬只孫衣餘功臣賜豹裘獐裘及皮衣帽各有差是歲東平濟南泰安德州漣海清河平灤西京西三州以水旱缺食賑軍民站户米二十二萬五千五百六十石粟四萬七千七百十二石鈔四千二百八十二錠有奇平陽路旱濟寧路及高麗瀋州水並免今年田租斷死罪三十四人

十四年春正月癸巳行都元帥府軍次廣東知循州
劉興以城降丙申以江南平百姓疲於供軍免諸路
今歲所納絲銀賜嗣漢天師張宗演演道靈應冲和
真人領江南諸路道教戊戌高麗金方慶等爲亂命
高麗王治之仍命忻都洪茶丘飭兵禦備癸卯復立
諸道提刑按察司甲辰命阿术選鋭軍萬人赴闕丁
未知梅州錢榮之以城降戊申賜三衛軍士之貧乏
者八千三百五十二人各鈔二錠幣十匹己酉賜耶
律鑄鈔千錠甲寅敕宋福王趙與芮家貲之在杭越
者有司輦至京師付其家丙辰立建都羅羅斯四路

守戍烏木等處並置官屬己未以白玉碧玉水晶爵
六獻于太廟括上都隆興北京西京四路獵户二千
爲兵置江淮等路都轉運鹽使司及江淮榷茶都轉
運使司命嗣漢天師張宗演修周天醮于長春宫宗
演還江南以其弟子張留孫留京師二月辛酉命征
東都元帥洪茶丘將兵二千赴上都壬戌瑞州安撫
姚文龍率張文顯來降其家屬爲宋人所害賜文龍
文顯等鈔有差癸亥彗星出東北長四尺餘甲子遣
使代祀嶽瀆后土丙寅改安西王傅銅印爲銀印立
永昌路山丹城等驛仍給鈔千錠爲本俾取息以給

驛傳之須諸王只必鐵木兒言永昌路驛百二十户
疲於供給質妻孥以應役詔賜鈔百八十錠贖還之
丁卯荆湖北道宣慰使塔海拔歸州山寨四十七所
戊辰祀先農東郊甲戌西川行院不花率衆數萬至
重慶營浮屠關造梯衝將攻之其夜都統趙安以城
降張珏艤船江中與其妻妾順流走涪州元帥張德
潤以舟師邀之珏遂降車駕幸上都辛巳命北京選
福住所統軍三百赴上都壬午廉吉撫二州城隆興
濱西江姑存之仍選汀州軍馬守禦瑞金縣丙戌連
州守過元龍已降復叛塔海將兵討之元龍棄城遁

丁亥知南恩州陳堯道僉判林叔虎以城降詔以僧
亢吉祥怜真加加瓦並爲江南總攝掌釋教除僧租
賦禁擾寺宇者以大司農御史大夫宣徽使兼領侍
儀司事孛羅爲樞密副使兼宣徽使領侍儀司事三
月庚寅朔以冬無雨雪春澤未繼遣使問便民之事
於翰林國史院耶律鑄姚樞王磐竇默等對曰足食
之道唯節浮費靡穀之多無踰醪醴麴蘖況自周漢
以來甞有明禁祈賽神社費亦不貲宜一切禁止從
之辛卯湖廣行中書省言廣西二十四郡並已内附
議復行中書省于潭州置廣南西路宣撫司於靜江

詔鄭鼎所將侍衛軍萬人還京師崔斌阿里海牙同駐靜江忽都鐵木兒鄭鼎同駐鄂漢賈居貞脫博忽魯禿花同駐潭州癸巳以行都水監兼行漕運司事甲午以鄭鼎所部軍士撫定靜江之勞命還家少休期六月赴上都乙未福建漳泉二郡蒲壽庚印德傳李珏李公度皆以城降丁酉括馬三萬二千二百六匹孕駒者還其主壬寅廣東肇慶府新封等州皆來降癸卯壽昌府張之綱以從叛棄市乙巳命中外軍民官所佩金銀符以色組繫于肩腋庶無褻瀆具爲令庚戌建寧府通判郭纘以城降黃州歸附官史勝

入覲以所部將校于躍等三十一人戰功聞命官之僉書東西川行樞密院事昝順言比遣同知隆州事趙孟烯賫詔招諭南平軍都掌蠻羅計蠻及鳳凰中壠羅韋高崖等四砦皆降田楊二家豕豨夷民亦各遣使納款壬子寶應軍人施福殺其守將降于淮東都元帥府詔以福爲千戶佩金符癸丑命汪惟正自東川移鎮鞏昌行中書省承制以閩浙溫處台福泉汀漳劍建寧邵武興化等郡降官各治其郡潭州行省遣使上言廣南西路慶遠鬱林昭賀藤梧融賓柳象邕廉容貴潯皆降得府一州十四復立襄陽府襄陽縣平章政事浙西道宣慰使阿塔海爲平章政事行中書省事於江淮郡王合荅爲平章政事行中書省事於北京夏四月甲子宋特磨道將軍農士貴知安平州李惟屏知來安州岑從毅等以所屬州縣溪洞百四十七戶二十五萬六千來附癸酉省各路轉運司事入總管府設鹽轉運司四置榷場於碉門黎州與吐蕃貿易丙子召安撫趙與可宣撫陳巖入覲丙戌禁江南行用銅錢均州復立南漳縣五月癸巳申嚴大都酒禁犯者籍其家貲散之貧民辛丑千戶合剌合孫死於渾都海之戰命其子忽都帶兒襲職

癸卯改廣南西路宣撫司爲宣慰司廣西欽橫二州改立安撫司各道提刑按察司兼勸農事敕江南歸附官三品以上者遣質子一人入侍西番長阿立丁甯占等三十一族來附得戶四萬七百丙子融州安撫使譚昌謀爲不軌伏誅辛亥以河南山東水旱除河泊課聽民自漁乙卯選蒙古漢軍相參宿衛詔諭思州安撫使田景賢又詔諭瀘州西南番蠻王阿永筠連騰串等處諸族蠻夷使其來附命眞人李德和代祀濟瀆六月丙寅涪州安撫陽立及其子嗣榮相繼來附命立爲夔路安撫使嗣榮爲管軍總管並佩

虎符仍賜鈔百錠壬寅賞征廣戰死之家銀各五十兩丁丑置尚膳院秩三品以提點尚食尚藥局忽林失爲尚膳使其屬司有七庚辰賞陽立所部戰士鈔千錠甲申荆湖北道宣慰使黑的得諜者言夔府將出兵攻荆南諭陽立等與塔海會兵禦之丁亥陞崇明沙爲崇明州以行省參政行江東道宣慰使阿剌罕爲中書左丞行江東道宣慰使湖北道宣慰使奥魯赤參知政事行湖北道宣慰使秋七月戊子朔罷大名濟寧印鈔局壬辰敕犯盜者皆棄市符寶郎董文忠言盜有強竊贓有多寡似難悉寘于法帝然其言

遽命止之丁酉敕自今非佩符使臣及軍情急速不聽乘傳戊戌申禁羊馬羣之在北者八月內毋縱出北口諸隘踐食京畿之禾犯者没其畜癸卯諸王昔里吉刼北平王于阿力麻里之地械繫右丞相安童誘脅諸王以叛使通好于海都海都弗納東道諸王亦弗從遂率西道諸王至和林城北詔右丞相伯顏帥軍往禦之諸王忽魯帶率其屬來歸與右丞相伯顏等軍合丙午置行御史臺于揚州以都元帥相威爲御史大夫置八道提刑按察司戊申東川都元帥張德潤等攻取涪州大敗之擒安撫程聰陳廣置行

中書省于江西以參知政事行江西宣慰使塔出爲右丞參知政事行江西宣慰使麥朮丁爲左丞淮東宣慰使徹里帖木兒江東宣慰使張榮實江西宣慰使李恒招討使也的迷失萬户昔里門荆湖路宣撫使程鵬飛閩廣大都督兵馬招討使蒲壽庚並參知政事行江西省事壬子榷大都商稅丁巳湖北宣慰司調兵攻司空山復壽昌黄州二郡賜平宋將帥軍士及簡州軍士廣西死事者銀鈔各有差回水窩淵聖廣源王加封善佑常山靈濟昭應王加封廣惠安立黿泉靈霈侯追封靈霈公以參知政事行江東道

宣慰使呂文煥爲中書左丞八月戊午朔詔不花行院西川丁卯成都路倉收羨餘五千石按察司已治其罪命以其米就給西川兵辛未常德府總管魯希文與李三俊結構爲亂事覺命行省誅之車駕畋于上都之北九月壬辰製鑌鐵海青圓符丙申廣南東路廣連韶德慶惠潮南雄英德等郡皆内附甲辰福建行省以宋二王在其疆境調都督忻兀帶招討高興領兵討之昂吉兒忻都唐兀帶等引兵攻司空山寨破之殺張德興執其三子以歸壬子福建路宣慰使行征南都元帥唆都遣招討使百家奴丁廣取建

寧之崇安等縣及南劍州冬十月丙辰朔日有食之己未享于太廟庚申湖北宣慰使塔海略地至夔府之太原坪禽其將誅之辛酉弛蓋州獵禁乙亥以宋張世傑文天祥猶未降命阿塔海選銳兵防遏隆興諸城禁無籍軍隨大軍剽掠者勿過關渡己卯降臣郭曉魏象祖入覲賜幣帛有差壬午置宣慰司于黃州甲申播州安撫使楊邦憲言本族自唐至宋世守此土將五百年昨奉旨許令仍舊乞降璽書從之以行省參政忽都帖木兒脫博忽魯禿花崔斌並爲中書左丞鄂州總管府達魯花赤張鼎湖北道宣慰使

賈居貞並參知政事十一月戊子樞密院臣言宋文天祥與其徒趙孟濚同起兵行中書發兵攻之殺孟濚天祥僅以身免詔以其妻孥赴京師右副都元帥張德潤上涪州功賜鈔千錠乙未凡僞造寶鈔同情者並處死分用者減死杖之具爲令庚子命中書省檄諭中外江南既平宋宜曰亡宋行在宜曰杭州以吏部尚書別都魯丁參知政事十二月丙辰置中灤唐村淇門驛丁卯以大都物價翔踴發官廩萬石賑糶貧民庚午梁山軍袁世安以其城及金石城軍民來降壬申潭州行省復祈陽縣斬首賊羅飛餘黨悉平乙亥都元帥楊文安攻咸淳府克之以十五年曆日賜高麗國以參議中書省事耿仁參知政事冠州及永年縣水免今年田租導任河復民田三千餘頃賜諸王金銀幣帛等物如歲例賜諸王也不干燕帖木兒等五百二十九人羊馬價鈔八千四百五十二錠賞拜荅兒等千三百五十五人戰功金百兩銀萬五千一百兩鈔百三十錠及納失失金素幣帛貂鼠豹裘衣帽有差是歲賑東平濟南等郡饑民米二萬一千六百十七石粟二萬八千六百十三石鈔萬一百十二錠斷死罪三十二人

本紀卷第九

翰林學士亞中大夫知制誥兼修國史臣宋濂　翰林待制承直郎同知制誥兼國史院編修官臣王禕等奉
勅修

世祖七

十五年春正月辛卯阿老瓦丁將兵戍斡端給米三
千石鈔三十錠以千户鄭鄩有戰功陞萬户佩虎符
癸巳西京饑發粟一萬石賑之仍諭阿合馬廣貯積
以備闕乏順德府總管張文煥太原府達魯花赤太
不花以按察司發其姦贓遣人諭省自首反以罪誣
按察司御史臺臣奏按察司設果有罪不應因事而

告宜待文煥等事決方聽其訴從之己亥收括闌遺
官也先闊闊帶等坐易官馬闌遺人畜免其罪以諸
路州縣管民官兼領其事官吏隱匿及擅易馬匹私
配婦人者没其家禁官吏軍民賣所娶江南良家子
女及爲娼者賣買者兩罪之官没其直人復爲良賜
湖州長興縣金沙泉名爲瑞應泉金沙泉不常出唐
時用此水造紫筍茶進貢有司具牲幣祭之始得水
事訖輒涸宋末屢加浚治泉迄不出至是中書省遣
官致祭一夕水溢可溉田千畝安撫司以事聞故賜
今名封磁州神崔府君爲齊聖廣佑王壬寅弛女直

水達達酒禁丙午安西王相府言萬户禿滿答兒郝
札剌不花等攻克瀘州斬其主將王世昌李都統戊
申從阿合馬請自今御史臺非白于省毋擅召倉庫
吏亦毋究錢穀數及集議中書不至者罪之授宋福
王趙與芮金紫光禄大夫檢校大司農平原郡公庚
戌東川副都元帥張德閏大敗涪州兵斬州將王明
及其子忠訓總轄韓文廣張遇春詔軍官不能撫治
軍士及役擾致逃亡者没其家貲之半以阿你哥爲
大司徒兼領將作院二月戊午祀先農蒙古胄子代
耕藉田癸亥咸淳府等郡及良平民户饑以鈔千錠

賑之命平章政事阿塔海阿里選擇江南廉能之官
去其冗員與不勝任者復立河中府萬泉縣辛未以
川蜀地多嵐瘴弛酒禁丁丑熒惑犯天街庚辰征別
十八里軍士免其徭役壬午參知政事福建路宣慰
使唆都率師攻潮州破之置太史院命太子贊善王
恂掌院事工部郎中郭守敬副之集賢大學士兼國
子祭酒許衡領焉改華亭縣爲松江府遣使代祀嶽
瀆以參知政事夏貴范文虎陳巖並爲中書左丞黄
州路宣慰使唐兀帶史弼並參知政事三月乙酉詔
蒙古帶唆都蒲壽庚行中書省事于福州鎮撫瀕海

諸郡以沿海經畧副使合剌帶領舟師南征陞經畧使兼左副都元帥佩虎符丁亥太陰犯太白戊子太陰犯熒惑己丑行中書省請考覈行御史臺文卷不從甲午西川行樞密院招降西蜀重慶等處得府三州六軍一監一縣二十柵四十蠻夷一乙未宋廣王昺遣倪堅以表來上令侯命大都命揚州行省選鐵木兒不花所部兵助隆興進討丁酉命塔海毀夔府城壁戊戌劉宗純據德慶府梧州萬户朱國寶攻之焚其寨柵遂拔德慶詔中書左丞呂文煥遣官招宋生熟券軍堪爲軍者月給錢糧不堪者給牛屯田庚子漢

軍都元帥李庭自願將兵擊張世傑從之西川行樞密院招宜勝土恢等城及石榴寨相繼來降壬寅以諸路歲比不登免今年田租絲銀癸卯都元帥揚文安遣兵攻克紹慶執其郡守鮮龍命斬之乙巳廣南西道宣慰司遣管軍總管崔永千户劉潭王德用招降雷化高三州即以永等鎮守之宋張世傑蘇劉義挾廣王昺奔碙洲參知政事塔立忽辛張守智並行大司農司事夏四月乙卯命元帥劉國傑將萬人北征賜將士鈔二萬六百七十一錠修會川縣盤古王祠祀之丙辰詔以雲南境土曠遠未降者多簽軍萬人

進討戊午以江南土寇竊發人心未安命行中書省左丞夏貴等分道撫治軍民檢覈錢穀察郡縣被旱災甚者吏廉能者舉以聞其貪殘不勝任者劾罷之甲子命不花留鎮西川汪惟正率獲功蒙古漢軍官及降臣入覲大都巡軍之戍西川者遣還立雲南湖南二轉運司以時雨霑足稍弛酒禁民之衰疾飲藥者官爲醞釀量給之辛未置光禄寺以同知宣徽院事禿剌鐵木兒爲光禄卿廣州張鎮孫叛犯廣州守將張雄飛棄城走出兵臨之鎮孫乞降命遣鎮孫及其妻赴京師丁丑雲南行省招降臨安白衣和泥分地

城寨一百九所威楚金齒落落分地城寨軍民三萬二千二百禿老蠻高州筠連州等城寨十九所庚辰以許衡言遣使至杭州等處取在官書籍版刻至京師壬午立行中書省于建康府中書左丞崔斌言比以江南官冗委任非人命阿里等沙汰之而阿合馬溺於私愛一門子弟並爲要官詔並黜之又言阿老瓦丁臺臣劾其侵欺官錢事猶未竟今復授江淮參政不可詔止其行敕自今罷免之官宰執爲宣慰宣慰爲路官路官爲州官淮浙鹽課直隸行省宣慰司官勿預改北京行省爲宣慰司追江南工匠官虎符

五月癸未朔詔諭翰林學士和禮霍孫今後進用宰
執及主兵重臣其與儒臣老者同議乙酉行中書言
近討邵武建昌吉撫等巖洞山寨獲聶大老戴巽子
餘黨皆下獨張世傑據碉洲攻傍郡未易平擬遣宣
慰使史格進討詔以也速海牙總制之敕主兵官若
已擢授其舊職宜別授有功者勿復以子孫承襲申
嚴無籍軍虜掠及傭奴代軍之禁甲午諸職官犯罪
受宣者聞奏受敕者從行臺處之受省札者按察司
治之其宣慰司官吏姦邪非違及文移案牘從本道
提刑按察司磨刷應有死罪有司勘問明白提刑按

察司審覆無冤依例結案類奏待命自行中書以下
應行公務小事限七日中事十五日大事三十日選
江南銳軍為侍衛親軍乙未以烏蒙路隸雲南行省
仍詔諭烏蒙路總管阿牟置立站驛修治道路其一
應事務並聽行省平章賽典赤節制立川蜀水驛自
敘州達荊南府己亥江東道按察使阿八赤求江東
宣慰使呂文煥金銀器皿及宅舍子女不獲誣其私匿
兵仗詔行臺大夫相威詰之事白免阿八赤官辛亥
制授張留孫江南諸路道教都提點賜拱衛司官及
其所部四百五十人鈔二千六十錠六月乙卯改西

番李唐城為李唐州庚申敕博兒赤荅剌赤及司糧
司幣等官並勿授符已授者收之壬戌賜瀘州降臣
薛旺等鈔有差丙寅以江南防拓關隘一十三所設
官太冗選軍民官廉能者各一人分領陞濟南府為
濟南路降西涼府為西涼州丁卯置甘州和糴提舉
司以備給軍餉賑貧民甲戌詔汰江南冗官江南元
設淮東湖南隆興福建四省以隆興併入福建其宣
慰司十一道除額設員數外餘並罷去仍削去各官
舊帶相銜罷茶運司及營田司以其事隸本道宣慰
司罷漕運司以其事隸行中書省各路總管府依驗

戶數多寡以上中下三等設官宋故官應入仕者付
吏部錄用以史塔剌渾唐兀帶驟陞執政忙古帶任
無為軍達魯花赤復遷領黃州宣慰使並罷之時淮
西宣慰使昂吉兒入覲言江南官吏太冗故有是命
帝諭昂吉兒曰宰相明天道察地理盡人事能兼此
三者乃為稱職爾縱有功宰相非可覬者回回人中
阿合馬才任宰相阿里年少亦精敏南人如呂文煥
范文虎率衆來歸或可以相位處之又顧謂左右曰
汝可諭姚樞等江南官吏太冗此卿輩所知而皆未
嘗言昂吉兒乃為朕言之近侍劉鐵木兒因言阿里

海牙屬吏張鼎今亦叅知政事詔即罷去遂命平章
政事哈伯等諭中書省樞密院御史臺翰林院及諸
南儒令爲宰相宣慰及各路達魯花赤佩虎符者俱
多謬濫其議所以減汰之者凡小大政事順民之心
所欲者行之所不欲者罷之乙亥敕省院臺諸司應
聞奏事必由起居注丁丑太廟殿柱朽腐命太常少
卿伯麻思告于太室乃易之戊寅全州西延溪洞徭
蠻二十所内附己卯發蒙古軍千人從江東宣慰使
張弘範由海道討宋餘衆叅知政事蒙古帶請頒詔
招宋廣王昺及張世傑等不從庚辰處州張三八章

焱季文龍等爲亂行省遣宣慰使謁只里率兵討之
辛巳達實都收括中興等路闌遺安南國王陳光昞
遣使奉表来貢秋七月壬午朔湖南制置張烈良提
刑劉應龍與周隆賀十二起兵行省調兵往討獲周
隆賀十二斬之烈良等舉家及餘兵奔思州烏羅洞
爲官軍所襲二人皆戰死甲申賜親王愛牙赤所部
建都戍軍貧乏者鈔千二百七十七錠行御史臺增
設監察御史四員江南湖北道嶺南廣西道福建廣
東道並增設提刑按察司乙酉改江南諸路總管府
爲散府者七爲州者一散府爲州者二丙戌以江南

事繁行省官未有知書者恐於吏治非便分命崔斌
至揚州行省張守智至潭州行省丁亥詔虎符舊用
畏吾字令易以國字癸巳以塔海征夔軍旅之還戍
者及揚州江西舟師悉付水軍萬户張榮實將之守
禦江口丙申以右丞塔出呂師夔叅知政事賈居貞
行中書省事于贛州福建江西廣東皆隷焉丁酉賜
江西軍與張世傑力戰者三十人各銀五十兩以江
西叅知政事李恒爲都元帥將蒙古漢軍征廣命揚
州行中書省分軍三千付李恒復上都守戍軍二千
人爲民壬寅改鑄高麗王王愖駙馬印丙午改開元

宣撫司爲宣慰司太倉爲御廩資成庫爲尚用監皮
貨局入總管府定江南俸禄職田戊申濮州蝗己酉
禁使人經行納憐驛辛亥改京兆府爲安西府詔江
南淛西等處毋非理征科擾民建漢祖天師正一祠
於京城以叅知政事李恒爲蒙古漢軍都元帥忙古
帶爲福建路宣慰使張榮實張鼎並爲湖北道宣慰
使也的迷失爲招討使八月壬子朔追毀宋故官所受
告身以嘉定重慶夔府既平還侍衛親軍歸本司遣
禮部尚書柴椿等使安南國詔切責之仍俾其来朝
丁己沿海經畧司行左副都元帥劉深言福州安撫

使王積翁既已降附復通謀於張世傑積翁上言兵力單弱若不暫從恐爲閩郡生靈之患詔原其罪壬戌有首高興匿宋金者詔置勿問兩淮運糧五萬石賑泉州軍民乙丑濟南總管張宏以代輸民賦嘗貸阿里阿荅赤等銀五百五十錠不能償詔依例停徵辛未復給漳州安撫使沈世隆家貲世隆前守建寧府有郭贊者受張世傑檄誘世隆世隆執贊斬之蒙古帶以世隆擅殺籍其家帝曰世隆何罪其還之仍授本路管民總管中書省臣言近有旨追諸路管民官所授金虎符其江南降臣宜仍所授從之制封泉

州神女號護國明著靈惠協正善慶顯濟天妃甲戌安西王相府言川蜀悉平城邑山寨洞穴凡八十三其渠州禮義城等處凡三十三所宜以兵鎮守餘悉撤毀從之己卯初立提刑按察司于畏吾兒分地庚辰以四川平勞賞軍士鈔二萬一千三百三十九錠辛巳陞洺磁爲廣平府路監察御史韓昺劾同知大都路總管府事舍里甫丁毆部民至死詔杖之免其官仍籍沒家貲十之二詔行中書省唆都蒲壽庚等曰諸蕃國列居東南島嶼者皆有慕義之心可因蕃舶諸人宣布朕意誠能來朝朕將寵禮之其往來互市各從所欲詔諭軍前及行省以下官吏撫治百姓務農樂業軍民官毋得占據民產抑良爲奴以中書左丞董文炳僉書樞密院事參知政事唆都蒲壽庚並爲中書左丞九月壬午朔敕以總管張子良所簽軍二千二百人爲侍衛軍俾張亨陳瑾領之癸未省東西川行樞密院其成都潼川重慶利州四處皆設宣慰司詔分揀諸路所括軍驗事力乏絕者爲民其恃權豪避役者復爲兵所遣分揀官及本府州縣官能核正無枉者陞爵一級又減至元九年所括三萬軍半以爲民其商戶餘丁軍並除之戊子以征東元帥府治

東京庚寅昭信達魯花赤李海剌孫言願同張弘畧取宋二王調漢軍水軍俾將之以中書左丞行江東道宣慰呂文煥爲中書右丞冬十月己未享于太廟常設牢醴外益以羊鹿豕蒲萄酒庚申車駕至自上都辛酉賑別十八里日忽思等饑民鈔二千五百錠分夔府漢軍二千新軍一千付塔海將之賜合荅乞帶軍士馬價幣帛二千匹其軍士力戰者賞賚有差乙丑正一祠成詔張留孫居之丁卯弛山場樵採之禁己巳趣行省造海船付烏馬兒張弘範增兵四千俾將之庚午敕御史臺凡軍官私役軍士者視數多

寡定其罪詔河西西京南京西川北京等處宣慰司案牘宜依江南近例令按察司磨照移河南河北道提刑按察司治南京御史臺臣言失里伯之弟阿剌與王權府等俘掠良民失里伯縱弗問及遣御史按詰問不伏詔執而鞠之十一月庚辰朔棗陽萬户府言李均收撫大洪山寨爲宋朱統制所害命賜銀千兩賙其家丁亥以辰沅靖鎮遠等郡與蠻獠接壤民不安業命塔海程鵬飛並爲荆湖北道宣慰使置司常德路餘官屬留荆南府供給糧食軍需壬辰江東道宣慰使囊加帶言江南既平兵民宜各置官屬蒙

古軍宜分屯大河南北以餘丁編立部伍絕其虜掠之患分揀官僚本以革阿合馬濫設之弊其將校立功者例行沙汰何以勸後新附軍士宜令行省賜其衣糧無使闕乏帝嘉納之徵宋相馬廷鸞章鑑赴闕甲午開酒禁復阿合馬子忽辛阿散先等官始忽辛等以崔斌論列而免至是以張惠請故復之惠又請復其子麻速忽及其姪別都魯丁茍思丁前職帝疑惠不從敕已除官僚不之任者除名爲農丁酉召陳巖入覲己亥賞侍衛軍屯田者鈔二千錠市牛具辛丑建寧政和縣人黃華集塩夫聯絡建寧括蒼及畲民婦自稱許夫人爲亂詔調兵討之丁未行中書省自揚州移治杭州立淮東宣慰司于揚州以阿剌罕爲宣慰使詔諭沿海官司通日本國人市舶以叅知政事程鵬飛行荆湖北道宣慰使閏月庚戌朔羅氏鬼國主阿榨西南蕃主韋昌盛並內附詔阿榨韋昌盛各爲其地安撫使佩虎符辛亥太白熒惑填星聚于房甲寅幸光祿寺丙辰詔禿魯赤同潭州行省官一員察戍還病軍所過州縣不加顧恤者按之甲子發蒙古漢軍都元帥張弘範攻漳州得山寨百五十户百萬一是日諜報文天祥見屯潮陽港亟遣先鋒

張弘正總管囊加帶率輕騎五百人追及于五坡嶺麓中大敗之斬首七千餘執文天祥及其將校四人赴都十二月己卯簽書西川行樞密院昝順招誘都掌蠻夷及其屬百一十人內附以其長阿永爲西南番蠻安撫使得蘭紐爲都掌蠻安撫使賜虎符餘授宣勅金銀符有差庚辰思州安撫使田景賢播州安撫使楊邦憲請歸宋舊借鎮遠黃平二城仍徹戍卒不允景賢等請降詔禁戍卒毋擾思播之民從之鴨池等處招討使欽察所領南征新軍不能自贍者千人命屯田于京兆乙酉伯顏以渡江收撫沙陽新城

陽羅堡閬㴾等郡獲功軍士及降臣姓名來上詔授虎符者入覲千戶以下並從行省授官丙戌揚州行省上將校軍功九百三十四人授官有差丙申從播州安撫楊邦憲請以鼎山仍隸播州庚子敕長春宮修金籙大醮七晝夜丙午禁玉泉山樵採漁弋戊申以敘州等處禿老蠻殺使臣撒里蠻命發兵討之封伯夷為昭義清惠公叔齊為崇讓仁惠公以十六年曆日賜高麗海州贛榆縣雹傷稼免今年田租南寧吉崇萬安三郡內附開城路置屯田總管府廣安縣隸之臨淄臨朐清河復為縣導肥河入于鄴淤陂盡

為良田會諸王于大都以平宋所俘寶玉器幣分賜之賜諸王等金銀幣帛如歲例是歲西京奉聖州及彰德等處水旱民饑賑米八萬八百九十石粟三萬六千四十石鈔二萬四千八百八十錠有奇斷死罪五十二人

十六年春正月己酉朔高麗國王王愖遣其簽議中贊金方慶來賀兼奉歲幣壬子罷五翼探馬赤重役軍癸丑汪良臣言西川軍官父死子繼勤勞四十年乞顯加爵秩詔從其請詔以海南瓊崖儋萬諸郡俱平令阿里海牙入覲瀘州降臣趙金吳大才袁禹繩等從征重慶其家屬為叛者所殺詔賜鈔有差仍以叛者妻孥付金等敕高麗國置大灰艾州東京柳石李落四驛甲寅無籍軍侵掠平民而諸王只必帖木兒所部為暴尤甚命捕為首者寘之法敕移贛州行省還隆興高麗國來獻方物辛酉合州安撫使王立以城降先是立遣間使降安西王相李德輝東川行院與德輝爭功德輝單舸至城下呼立出降川蜀以平東川行院遂言立父抗王師嘗指斥憲宗宜殺之樞密院以其事聞而降臣李諒亦訟立前殺其妻子有其財物遂詔殺立籍其家貲償諒既而安西王具

立降附本末來上且言東川院臣懷李德輝受降之故誣奏誅立樞密院臣亦以前奏為非帝怒曰卿視人命若戲耶前遣使計殺立父矣今追悔何及卿等妄殺人其歸待罪斥出之會安西王使再至言未殺立即召立入覲命為潼川路安撫使知合州事壬戌分川蜀為四道以成都等路為四川西道廣元等路為四川北道重慶等路為四川南道順慶等路為四川東道並立宣慰司賞重慶等處從征蒙古漢軍鈔三萬九千九百五十一錠改播州鼎山縣為播川縣丁卯賜參知政事昝順田民百八十戶於江津縣戊

辰立河西屯田給畊具遣官領之甲戌張弘範將兵
追宋二王至崖山寨張世傑來拒戰敗之世傑遁去
廣王昺偕其官屬俱赴海死獲其金寶以獻丙子詔
諭又巴散毛等四洞番蠻酋長使降以中書左丞別
乞里迷失同知樞密院事禁中書省文冊奏檢用畏
吾字書賜異樣等局官吏工匠銀二千兩賜皇子奧
魯赤及諸王拜荅罕下軍士與思州田師賢所部軍
衣服及鈔有差二月戊寅朔祭先農于籍田壬午陞
溧州爲路遣使訪求通皇極數番陽祝泌子孫其甥
傅立持泌書來上撥民萬户隸明里淘金以江南漕

運舊米賑軍民之饑者癸未增置五衛指揮司詔遣
塔黑麻合兒撒兒荅帶括中興户太史令王恂等言
建司天臺于大都儀象圭表皆銅爲之宜增銅表高
至四十尺則景長而真又請上都洛陽等五處分置
儀表各選監候官從之甲申平章阿里伯乞行中書
省檢覈行御史臺文案且請行臺呈行省比御史臺
呈中書省例從之以征日本敕揚州湖南贛州泉州
四省造戰船六百艘移紹興宣慰司于處州己丑調
潭州行省軍五千戍沿海州郡庚寅張弘範以降臣
陳懿兄弟破賊有功且出戰船百艘從征宋二王請

授懿招討使兼潮州路軍民總管及其弟忠義勇三
人爲管軍總管十夫長塔剌海獲文天祥有功請授
管軍千户佩金符並從之壬辰詔諭宗師張留孫悉
主淮東淮西荆襄等處道教乙未玉速帖木兒言行
臺文卷令行省檢覈於事不便詔改之其運司文卷
聽御史臺檢覈饒州路達魯花赤玉古倫擅用羨餘
粮四千四百石杖之仍沒其家詔湖南行省於戍軍
還塗每四五十里立安樂堂疾者醫之饑者廩之死
者藁葬之官給其需遣官覈實益都淄萊濟南逃亡
民地之爲行營牧地者禁諸奧魯及漢人持弓矢其

出征所持兵仗還即輸之官庫壬寅賜太史院銀一
千七十八兩癸卯發嘉定新附軍千人屯田脫里北
之地甲辰陞大都兵馬都指揮使司秩四品詔大都
河間山東管鹽運司並無管酒醋商稅等課程中書
省臣請以真定路達魯花赤蒙古帶爲保定路達魯
花赤帝曰此正人也朕將别以大事付之賞汪良臣
所部蒙古漢軍收附四川功鈔五萬錠命嘉定以西
新附州郡及田楊二家諸貴官子俱充質子入侍車
駕幸上都乙巳命同知太史院事郭守敬訪求精天
文曆數者西蜀四川道立提刑案察司丙午遣使代

祀嶽瀆后土詔河南西京北京等路課程令各道宣慰司領之賞西川新附軍鈔三千八百五十錠以斡端境內蒙古軍耗乏并漢軍新附軍等賜馬牛羊及馬驢價鈔衣服弓矢鞍勒各有差三月戊申朔詔禁歸德亳壽臨淮等處畋獵庚戌敕郭守敬繇上都大都歷河南府抵南海測驗晷景壬子囊加帶括兩淮造回回礮新附軍匠六百及蒙古回回漢人新附人能造礮者俱至京師庚申給千户馬乃部下挨突軍及土渾川軍屯田牛具丙寅敕中書省凡掾史文移稽緩一日二日者杖三日者死甲戌潭州行省遣兩

淮招討司經歷劉繼昌招下西南諸番以龍方零等爲小龍番等處安撫使仍以兵三千戍之中書省下太常寺講究州郡社稷制度禮官折衷前代參酌儀禮定擬祭祀儀式及壇壝祭器制度圖寫成書名曰至元州縣社稷通禮上之以保定路旱減是歲租三千一百二十石夏四月己卯立江西榷茶運司及諸路轉運鹽使司宣課提舉司癸巳以給事中兼起居注掌隨朝諸司奏聞事戊戌以池州路達魯花赤阿塔赤戰功陞招討使兼本軍萬户癸卯填星犯鍵閉乙巳汪良臣言昔昝順兵犯成都掠其民以歸今嘉

定既降宜還其民成都制曰可敕以上都軍四千衛都城凡他所來戍者皆遣歸從唆都請令泉州僧依宋例輸稅以給軍餉詔諭楊州行中書省選南軍精鋭者二萬人充侍衛軍併發其家赴京師仍給行費鈔萬六千錠大都等十六路蝗五月己酉中書省請復授宣慰司官虎符不允又請各路設提舉同提舉副提舉各一員專領課程從之辛亥蕭壽庚請下詔招海外諸番不允詔諭漳泉汀邵武等處暨八十四畬官吏軍民若能舉衆來降官吏例加遷賞軍民安堵如故以泉州經張世傑兵減今年租賦之半丙辰

以五臺僧多匿逃奴及逋賦之民敕西京宣慰司案察司搜索之命畏吾界內計畝輸稅以各道案察司地廣事繁併勸農官入案察司增副使僉事各一員兼職勸農水利事甲子御史臺臣言先是省臣阿里伯言有罪者與臺臣相威同問有旨從之臣等謂行省斷罪以意出入行臺何由舉正宜從行省問訖然後體察爲宜制曰可高興侵用宋二王金三萬一千一百兩有奇銀二十五萬六百兩詔遣使追理詔漣海等州募民屯田置總管府及提舉司領之乙丑敕江陵等路挨突户一萬凡千户置達魯花赤一員直

隸省部丙寅敕江南僧司文移毋輙入遞臨洮鞏昌通安等十驛非有海青符不聽乘傳丁卯改雲南實山崀渠二縣爲州巳巳詔沿路驛店民家凡往來使臣不當乘傳者毋給人畜飲食芻料完都河南七驛民貧乏給其馬牛羊價鈔千八百錠庚午賜乃蠻帶戰功及攻圍重慶將士及宣慰使劉繼昌等鈔衣服各有差壬申以呂虎來歸授順慶府總管佩虎符仍賜鈔五十錠徙丁子峪所駐侍衛軍萬人屯田昌平癸酉兀里養合帶言賦北京西京車牛俱至可運軍糧帝曰民之艱苦汝等不問但知役民使今年盡取

之來歲禾稼何由得種其止之甲戌給要東合所領工匠牛二千就令運米二千石供軍詔諭脫兒赤等管甘州路宣課諸人毋或沮擾潭州行省上言瓊州宣慰馬旺巳招降海外四州尋有土寇黃威遠等四人爲亂今巳擒獲詔置之極刑丙子進封桑乹河洪濟公爲顯應洪濟公命宗師張留孫即行宮作醮事奏赤章于天凡五晝夜賜皇子奧魯赤撥里荅等及千户伯牙兀帶所部軍及和州站户羊馬鈔各有差六月丁丑朔阿合馬言常州路達魯花赤馬恕告簽浙西案察司事高源不法四十事源亦劾恕事聞詔

令廷辯詔發新附軍五伯人蒙古軍百人漢軍四百人戍碉門魚通黎雅詔諭王相府及四川行中書省四道宣慰司撫治播川務川西南諸蠻夷官吏軍民各從其俗無失常業壬午以浙東宣慰使陳祐没王事命其子夔爲管軍總管佩虎符甲申宋張世傑所部將校百五十八人詣瓊雷等州來降敕造戰船征日本以高麗材用所出即其地製之令高麗王議其便以聞乙酉揄林洪贇刀窩每驛益馬百五十車二百牛如車數給之丙戌左右衛屯田蝗蝻生庚寅陞濟寧府爲路壬辰以叅知政事行河南等路宣慰使

忽辛爲中書左丞行中書省事癸巳以新附軍二萬分隸六衛屯田徹里帖木兒言其部軍多爲盜刼掠貲財有司不即理斷乞遣官詰治詔兀魯帶往治之以不花行西川樞密院事總兵入川平宋諸城之未下者仍令東川行樞密院調兵守釣魚山寨西川既平復立屯田其軍官第功陞擢凡授宣敕金銀符者百六十一人詔以高州筠連州騰川縣新附户於溆州等處治道立驛雲南都元帥愛魯納速剌丁招降西南諸國愛魯將兵分定亦乞不薛納速剌丁將大理軍抵金齒蒲驃曲蠟緬國界内招忙木巨木秃等

寨三百籍户十一萬二百詔定賦租立站遞設衛送軍軍還獻馴象十二戊戌改宣德府龍門鎮復爲縣庚子拘括河西西番闌遺户辛丑以通州水路淺舟運甚艱命樞密院發軍五千仍令食禄諸官雇役千人開浚以五十日訖工癸卯以臨洮鞏昌通安等十驛歲饑供役繁重有質賣子女以供役者命選官撫治之甲辰以襄陽屯田户四百代軍當驛役賜征北諸郡蒙古軍闊闊八都等力戰有功者銀五十兩戰歿者家給銀百兩從行伍者鈔一錠其餘衣物有差禁伯顔察兒諸峪寨捕獵詔免四川差稅以参知政

事行中書省事別都魯丁爲河南等路宣慰使以阿合馬子忽辛爲潭州行省左丞忽失海牙等並復舊職占城馬八兒諸國遣使以珍物及象犀各一來獻賜諸王所部銀鈔衣服幣帛鞍勒弓矢及羊馬價鈔等各有差五臺山作佛事秋七月戊申寧國路新附軍百户詹福謀叛福論死授告者何士青總把銀符仍賜鈔十錠罷西川行省庚戌禁脫脫和孫搜取乘傳者私物乙卯應昌府依例設官置東宮侍衛軍定江南上中路置達魯花赤二員下路一員敕發西川蒙古軍七千新附軍三千付皇子安西王丁巳交趾

國遣使來貢馴象己未以朶哥麻思地之算木多城爲鎮西府敕以蒙古軍二千益都軍二千諸路軍一千新附軍五千合萬人令李庭將之壬戌賞瓮吉剌所部力戰軍人銀五十兩死事者人百兩給其家阿里海牙入覲獻金三千五百八十兩銀五萬三千一百兩罷潭州行省造征日本及交趾戰船丙寅填星犯鍵閉癸酉西南八番羅氏等國來附洞寨凡千六百二十有六户凡十萬一千一百六十有八詔遣牙納木崔彧至江南訪求藝術之人以中書左丞行四川行中書省事汪良臣爲安西王相賜諸王納里忽

所部有功將校銀鈔衣裘幣帛羊馬有差以趙州等處水旱減今年租三千一百八十一石命散都修佛事十有五日八月丁丑車駕至自上都庚辰太陰犯房距星戊子范文虎言臣奉詔征討日本比遣周福欒忠與日本僧賫詔往諭其國期以來年四月還報待其從否始宜進兵又請簡閱舊戰船以充用皆從之海賊賀文達率衆來歸文虎文虎以所得銀三千兩來獻有旨釋其前罪官其徒四十八人就以銀賜文虎己丑宋降臣王虎臣陳便宜十七事令張易等議可者行之庚寅敕沅州路蒙古軍總管乞荅合征

取桐木籠犵狫伯洞諸蠻未附者調江南新附軍五千駐太原五千駐大名五千駐衛州以每歲聖誕節及元辰日禮儀費用皆斂之民詔天下罷之丁酉以江南所獲玉爵及坫凡四十九事納于太廟己亥海賊金通精死獲其從子温有司欲論如法帝曰通精已死温何預焉特赦其罪庚子歲星犯軒轅大星甲辰詔漢軍出征逃者罪死且没其家置大護國仁王寺總管府以散札兒爲達魯花赤李光祖爲總管賜范文虎僚屬二十一人金紋綾及西錦衣賞征重慶將校幣帛有差賜諸王阿只吉粮五千石馬六百疋

羊萬口九月乙巳朔范文虎薦可爲守令者三十人詔今後所薦朕自擇之凡有官守不勤於職者勿問漢人田囬皆論誅之且没其家女直水達達軍不出征者令隸民籍輸賦己酉罷金州守舩軍千人量留監守餘皆遣還庚戌詔行中書省左丞忽辛兼領杭州等路諸色人匠以杭州稅課所入歲造繒段十萬以進杭蘇嘉興三路辦課官吏額外多取分例今後月給食錢或數外多取者罪之阿合馬言王相府官趙炳云陝西課程歲辦萬九千錠所司若果盡心措辦可得四萬錠即命炳總之同知揚州總管府事董

仲威坐贓罪行臺方按其事仲威反誣行臺官以他事詔免仲威官仍没其產十之二戊午王相府言四川宣慰司有籍無軍虛受賞者一萬七千三百八人命詰治之議罷漢人之爲達魯花赤者御史臺臣言江南三路管課官於分例外支用鈔一千九百錠命盡徵之詔遣使招諭西南諸蠻部族酋長能率所部歸附者官不失職民不失業乙丑以忽必來別速台爲都元帥將蒙古軍二千人河西軍一千人戍斡端城己巳樞密院臣言有唐兀帶者冒禁引軍千餘人於辰溪沅州等處刼掠新附人千餘口及牛馬金銀

幣帛等而麻陽縣達魯花赤武伯不花爲之鄉導敕斬唐兀帶武伯不花餘減死論以所掠者還其民給河西行省鈔萬錠以備支用冬十月己卯享于太廟辛巳叙州夔府至江陵界立水驛乙酉帝御香閣命大樂署令完顏椿等肄文武樂戊子張融許西京軍户和買和雇有司匿所給價鈔計萬八千餘錠官吏坐罪以融爲侍衛軍總把千户脫羅總把忽帶擅引軍入婺州永康縣界殺掠吏民事覺自陳扈從先帝出征有功乞貸死敕没入其家貲之半杖遣之辛卯賑和州貧民鈔乙未納碧玉爵于太廟丙申太陰犯

太微西垣上將辛丑以月直元辰命五祖真人李居壽作醮事奏赤章凡五晝夜畢事居壽請間言皇太子春秋鼎盛宜預國政帝喜曰尋將及之明日下詔皇太子燕王參決朝政凡中書省樞密院御史臺及百司之事皆先啓後聞甲辰賜高麗國王至元十七年曆日十一月戊申敕諸路所捕盜初犯贓多者死再犯贓少者從輕罪論阿合馬言有盜以舊鈔易官庫新鈔百四十錠者議者謂罪不應死且盜者之父執役臣家不論如法寧不自畏詔處死壬子遣禮部尚書柴椿偕安南國使杜中贇賫詔往諭安南國世

子陳日烜責其來朝癸丑太陰犯熒惑乙卯罷太原平陽西京延安路新簽軍還籍罷招討使劉萬奴所管無籍軍願從大軍征討者趙炳言陝西運司郭同知王相府郎中令郭叔雲盜用官錢敕尚書禿速忽侍御史郭祐檢覈之戊辰命湖北道宣慰使劉深教練鄂州漢陽新附水軍詔諭四川宣慰司括軍民户數己巳以梧州妖民吳法受扇惑藤州德慶府瀧水徭蠻為亂獲其父誅之併教坊司入拱衛司十二月戊寅發粟鈔賑鹽司竈户之貧者括甘州户庚辰安南國貢藥財甲申祀太陽丙申敕樞密翰林院官就

中書省與唆都議招收海外諸番事丁酉八里灰貢海青回回等所過供食羊非自殺者不食百姓苦之帝曰彼吾奴也飲食敢不隨我朝乎詔禁之詔諭海內海外諸番國主賜右丞張惠銀五千四百兩敕自明年正月朔日建醮于長春宮凡七日歲以為例命李居壽告祭新歲詔諭占城國主使親自來朝唆都所遣闍婆國使臣治中趙玉還改單州兗州隸濟寧路復置萬泉縣隸河中府改垣曲縣隸絳州降歸州路為州陞沔陽安陸各為府改京兆為安西路改惠州建寧梧州柳州象州邕州慶遠賓州橫州容州潯

州並為路建聖壽萬安寺于京城帝師亦憐吉卒敕諸國教師禪師百有八人即大都萬安寺設齋圜戒賜衣是歲斷死罪百三十二人保定等二十餘路水旱風雹害稼

本紀卷第十

本紀卷第十一

翰林學士亞中大夫知制誥兼修國史臣宋濂 翰林待制承直郎同知制誥兼國史院編修官臣王禕等奉

勑修

世祖八

十七年春正月癸卯朔高麗國王王賰遣其僉議中贊金方慶來賀兼奉歲貢丙午命萬户綦公直戍别失八里賜鈔一萬二千五百錠辛亥磁州永平縣水給鈔貸之丙辰立遷轉官員法凡無過者授見闕物故及過犯者選人補之滿代者令還家以俟又定諸路差税課程增益者即上報隱漏者罪之不須履畝

增税以摇百姓詔括江淮銅及銅錢銅器辛酉以海賊賀文達所掠良婦百三十餘人還其家廣西廉州海賊霍公明鄭仲龍等伏誅甲子敕泉州行省所轄州郡山寨未即歸附者率兵拔之已拔復叛者屠之以總管張瑄千户羅壁收宋二王有功陞瑄沿海招討使虎符壁管軍總管金符丁卯畋近郊詔毋以侍衛軍供工匠役戊辰敕相威檢覈阿里海牙忽都帖木兒等所俘丁三萬二千餘人並放為民置行中書省于福州改德慶路為總管府賜開濼河五衛軍鈔二月乙亥張易言高和尚有秘術能役鬼為兵遥制敵

人命和禮霍孫将兵與高和尚同赴北邊丙子立北京道二驛丁丑荅里不罕以雲南行省軍攻定昌路擒總管谷納殺之詔令荅里不罕還以阿荅代之敕非遠方歸附人毋入會同館詔納速剌丁将精兵萬人征緬國乙酉賞納速剌丁所部征金齒功銀五千三百二十两己丑命梅國賔襲其父應春瀘州安撫使職瀘州嘗叛應春為前重慶制置使張珏所殺國賔詣闕訴寃詔以珏畀國賔使復其父讎珏時在京兆聞之自經死國賔請贖還瀘州軍民之為俘者從之日本國殺國使杜世忠等征東元帥忻都洪茶丘

請自率兵往討廷議姑少緩之丙申詔諭真人祈志誠等焚毁道藏偽妄經文及板庚子阿里海牙及納速剌丁招緬國及洞蠻降臣詔就軍前定録其功以聞江淮行省左丞夏貴請老從之仍官其子孫合剌所部和州等城為叛兵所掠者賜鈔給之仍免其民差役三年發侍衛軍三千浚通州運粮河畏吾户居河西界者令其屯田辛丑以廣中民不聊生召右丞塔出左丞呂師夔廷詰壞民之由命也的迷失賈居貞行宣慰司往撫之師夔至廷辯無驗復令還省治事詔王相府於諸奥魯市馬二萬六千三百匹遣

使代祀岳瀆賜諸王阿八合那木干所部及征日本行省阿剌罕范文虎等西錦衣銀鈔幣帛各有差又賜四川貧民及兀剌帶等馬牛羊價鈔三月癸卯命福建王積翁入領省事中書省臣以爲不可改戶部尚書甲辰車駕幸上都思播州軍侵鎮遠黃平界命李德輝等往視之罷通政院官不勝任者丙午敕東西兩川發蒙古漢軍戍魚通黎雅乙卯立都功德使司從二品掌奏帝師所統僧人并吐番軍民等事巳未詔討羅氏鬼國命以蒙古軍六千哈剌章軍一萬西川藥剌海萬家奴軍萬人阿里海牙軍萬人三道

並進癸亥高郵等處饑賑粟九千四百石辛未立畏吾境內交鈔提舉司給月脫古思八部屯田牛具賜忙古帶等羊馬及皇子南木合下羊馬價夏四月壬申朔中書省臣言唆都軍士擾民故南劍等路民復叛及忙古帶往招徠之民始獲安詔以忙古帶仍行省福州癸酉南康杜可用叛命史弼討擒之定杭州宣慰司官四員以游顯管如德忽都虎劉宣充之丙子隆興路楊門站復爲懷安縣庚辰四川宣慰使也罕的斤請賜海青符命以二符給之壬午史弼入朝乙酉以宋太常樂付太常寺改泗州靈壁縣仍隸宿

州丁亥立杭州路金玉總管府甲午敕軍戶貧乏者還民籍丙申以羅佐山道梗敕阿里海牙發軍千人戍守以隆興泉州福建置三省不便命廷臣集議以聞己亥諸王只必帖木兒請各投下設官不從庚子歲星犯軒轅大星敕權停百官俸寧海益都等四郡霜真定七郡蟲皆損桑五月辛丑朔樞密院調兵六百守居庸南北口甲辰作行宮于察罕腦兒丙午陞沙州爲路癸丑括沙州戶丁定常賦其富戶餘田令所戍漢軍耕種詔雲南行省發四川軍萬人命藥剌海領之與前所遣將同征緬國高麗國王王睶以民

饑乞貸糧萬石從之福建行省移泉州甲寅汀漳叛賊廖得勝等伏誅造船三千艘敕耽羅發材木給之庚申賜諸王別乞帖木兒銀印辛酉賜國師掌教所印賞伯顏將士戰功銀二萬八千七百五十兩真定咸平忻州漣海邳宿諸州郡蝗六月辛未朔以忽都帶兒权籍闌遺人民牛畜撥荒地令屯田壬申復招諭占城國丁丑唆都部下顧摠管聚黨於海道劫奪商貨范文虎招降之復議罪于法命文虎等集議處之阿荅海等請罷江南所立稅課提舉司阿合馬力爭詔御史臺選官檢覈具實以聞阿合馬請立太宗

正府罷上都與魯官以留守司兼管與魯事西安王薨罷其王相府遣呂告蠻部安撫使王阿濟同萬戶昝坤招諭羅氏鬼國壬辰召范文虎議征日本戊戌高麗王王賰遣其將軍朴義來貢方物江淮等處頒行鈔法廢宋銅錢遣不魯合荅等檢覈江淮行省阿里伯燕帖木兒錢穀改泗州隸淮安路賜忽烈禿忽不剌等將士力戰者銀鈔及給折可察兒等軍士羊馬價鈔各有差秋七月辛丑廣東宣慰使帖木兒不花言諸軍官宜一例遷轉江淮郡縣首亂者誅沒其家官豪隱庇佃民不供徭役宜別立籍各萬戶軍交

嘉靖十年刊

參重役宜發還元翼詔中書省樞密院翰林院集議以聞敕思州安撫司還舊治戊申太陰掩房距星以高麗國初置驛站民乏食命給粮一歲仍禁使臣往來勿求索飲食己酉立行省于京兆以前安西相李德輝爲參知政事兼領錢穀事徙泉州行省于隆興以禿古滅軍刼食火拙畏吾城禾民饑命官給驛馬之費仍免其賦稅三年太陰犯南斗甲寅發衛兵八百治沙嶺橋敕毋踐民田戊午從阿合馬言以參知政事郝禎耿仁並爲中書左丞用姚演言開膠東河及收集逃民屯田漣海甲子遣安南國王子倪還括蒙

古軍成丁者敕亦來等率萬人入羅氏鬼國如其不附則入討之乙丑罷江南財賦總管府丁卯併大都鹽運司入河間爲一仍減汰冗員割建康民二萬戶種稻歲輸醸米三萬石官爲運至京師戊辰詔括前願從軍者及張世傑潰軍使征日本命范文虎等招集避罪附宋蒙古回回等軍己巳遣中使咬難歷江南名山訪求高士且命持香幣詣信州龍虎山臨江閣皂山建康三茅山皆設醮賜阿赤黑等及怯薛都等戰功銀鈔賜招收散毛等洞官吏衣段八月庚午朔蕭簡等十人歷河南五路擅招闌遺戶事覺讁其

爲首者從軍自効餘皆杖之乙亥改蒙古侍衛總管爲蒙古侍衛親軍都指揮使司丙子太陰犯心東星丁丑唆都請招三佛齊等八國不從鎮守南劒路萬戶呂宗海竊兵亡去詔追捕之戊寅占城馬八兒國皆遣使奉表稱臣貢寶物犀象以前所括願從軍者爲軍付荼忽領之征日本丁亥許衡致仕官其子師可爲懷孟路總管以便侍養納碧玉盞六白玉盞十五于太廟癸巳賜西平王所部粮戊戌高麗王王賰來朝且言將益兵三萬征日本以范文虎忻都洪荼丘爲中書右丞李庭張拔突爲參知政事並行中書省事賜闊里吉思等鈔迷

里兀合等羊馬怯魯憐等牛羊馬價及東宮位下怯
怜口等粟帛大都北京懐孟保定南京許州平陽旱
濮州東平濟寧磁州水九月壬子車駕至自上都壬
戌也罕的斤進征斡端癸亥命沿途廩食和林回軍
甲子太陰掩右執法并犯歲星乙丑守庫軍盜庫鈔
入剌合赤分其贓縱盜遁去詔誅之丁卯羅氏鬼國
主阿察及阿里降安西王相李德輝遣人偕入覲賜
八剌合赤等羊馬價二萬八千三錠及兗運下貧民
粮三月冬十月庚午塔剌不罕軍與賊力戰者命給
田賞之癸酉加高麗國王王賰開府儀同三司中書

左丞相行中書省事甲戌遣使括開元等路軍三千
征日本丙子賜雲南王忽哥赤印丁丑以湖南兵萬
人伐亦奚不薛亦奚不薛降戊寅發兵十萬命范文
虎將之賜右丞洪茶丘所將征日本新附軍鈔及甲
辛巳立營田提舉司從五品俾置司柳林割諸色戶
千三百五十五隸之官給牛種農具壬午詔立陝西
四川等處行中書省以不花為右丞李德輝汪惟正
並左丞時德輝已卒甲申詔龍虎山天師張宗演赴
闕己丑命都實窮黃河源辛卯以漢軍屯田沙甘壬
辰亦奚不薛病遣其從子入覲帝曰亦奚不薛不稟

命輙以職授其從子無人臣禮宜令亦奚不薛出乃
還軍癸巳詔諭和州諸城招集流移之民丙申命在
官者任事一月後月乃給俸或發事者斥之遣使諭
爪哇國及交趾國始製象轎給怯烈等粮賜火察家
貧乏者十一月己亥朔翰林學士承旨和禮霍孫等
言俱藍馬八闌婆交趾等國俱遣使進表乞答詔從
之仍賜交趾使人職名及弓矢鞍勒降詔招諭爪哇
國乙巳置泉府司掌領御位下及皇太子皇太后諸
王出納金銀事敕別置局院以處童匠有貧乏者給
以鈔幣詔有罪配役者量其程遠近犯罪當死者詳

加審讞戊申中書省臣議流通鈔法凡賞賜宜多給幣帛課
程宜多收鈔制曰可庚戌命和禮霍孫東汰交趾國
使除可留者餘皆放還辛亥敕緩營建工役壬子詔
諭俱藍國使来歸附甲寅太原路堅州進嘉禾六莖
壬戌詔江淮行中書省括巧匠甲子詔頒授時曆丁
卯詔以末甘孫民貧除倉站稅課外免其役三年復
遣宣慰使教化孟慶元等持詔諭占城國主令其子
弟或大臣入朝詔江南江北陝西河間山東諸塩塲
增撥竈戶賜將作院吕合剌工匠銀鈔幣帛十二月
庚午以江淮行省平章政事阿里伯左丞燕鐵木兒

擅易命官八百員自分左右司官鑄銀銅印復違命
不散防守軍敕誅之辛未以熟券軍還襄陽屯田高
麗國王王睶領兵萬人水手萬五千人戰船九百艘
糧一十萬石出征日本給右丞洪茶丘等戰具高麗
國鎧甲戰襖諭諸道征日本兵取道高麗毋擾其民
以高麗中贊金方慶爲征日本都元帥密直司副使
朴球金周鼎爲管高麗國征日本軍萬户並賜虎符
癸酉以高麗國王王睶爲中書右丞相甲戌復授征
日本軍官元佩虎符丁丑用忽辛言以民當站役十
户爲率官給一馬死則買馬補之戊寅以奉使木剌
由國速剌蠻等爲招討使佩金符己卯羅氏鬼國土
寇爲患思播道路不通發兵千人與洞蠻開道甲申
甘州增置站户詔於諸王户籍内簽之乙酉敕民避
役竄名匠户者復爲民淮西宣慰使昂吉兒請以軍
士屯田阿塔海等以發民兵非便宜募民願耕者耕
之且免其租三年從之丁亥復詔管民官兼管諸軍
奥魯戊子以征也可不薛軍千五百復還塔海戊八
番羅甸壬辰陳桂龍據漳州反唆都率兵討之桂龍
亡入畬洞甲午大都重建太廟成自舊廟奉遷神主
于祏室遂行大享之禮置鎮北庭都護府于畏吾境

以脱脱木兒等領其事丙申遼東路所益兵以妻子
易馬敕以合輸賦稅贖還之敕鏤板印造帝師八合
思八新譯戒本五百部頒降諸路僧人左丞相阿术
巡歷西邊至别十八里以疾卒敕擅據江南逃亡民
田者有罪修桐柏山淮瀆祠以三茅山上清四十三
代宗師許道杞祈禱有驗命别主道教安南國來貢
馴象賜蠻洞主銀鈔衣物有差賑鞏昌常德等路饑
民仍免其徭役改拱衛司爲都指揮司陞尚舍監秩
三品立太倉提舉司秩五品改建寧雷州封州廉州
化州高州爲路以肇慶路隸廣南西道遷峽州路于
江北舊治復置鄆縣隸鞏昌路宿州靈壁縣復隸歸
德是歲斷死罪一百二人

十八年春正月戊戌朔高麗國王王睶遣其簽議中
贊金方慶來賀兼奉歲幣辛丑名阿剌罕范文虎囊
加帶同赴闕受訓諭以拔都張珪李庭留後命忻都
洪茶丘軍陸行抵日本兵甲則舟運之所過州縣給
其糧食用范文虎言益以漢軍萬人文虎又請馬二
千給禿失忽思軍及回回砲匠帝曰戰舡安用此皆
不從癸卯發鈔及金銀付孛羅以給貧民丁未畋于
近郊敕江南州郡兼用蒙古回回人凡諸王位下合

設達魯花赤丞令赴闕仍詔諭諸王阿只吉等知之己酉改黃州陽羅堡復隸鄂州辛亥遣使代祀嶽瀆后土壬子高麗王王賰遣使言日本犯其邊境乞兵追之詔以戍金州隘口軍五百付之丙辰車駕幸漷州改符寶局爲典瑞監收天下諸司職印丁巳制以六祖李全祐嗣五祖李居壽祭斗癸亥郃武民高日新擭龍樓寨爲亂擒之賞忻都等戰功賜征日本諸軍鈔二月戊辰發侍衛軍四千完正殿賜征日本善射軍及高麗火長水軍鈔四千錠辛未車駕幸柳林高麗王王賰以尚主乞改宣命益駙馬二字制曰可

乙亥敕以耽羅新造船付洪茶丘出征詔以刑徒減死者付忻都爲軍楊州火發米七百八十三石賑被災之家詔諭范文虎等以征日本之意仍申嚴軍律立上都留守司陞敘州爲路隸安西省移潭州省治鄂州徙湖南宣慰司于潭州乙酉改畏吾斷事官爲北庭都護府陞從二品丙戌征日本國軍啓行淛東饑發粟千二百七十餘石賑之己丑發肅州等處軍民鑿渠溉田給征日本軍衣甲弓矢海青符勅通政院官渾都與郭漢傑整治水驛自叙州至荊南凡十九站增戶二千一百船二百十二艘詔諭烏瑣納空

等毋擾羅氏鬼國遣者令國主阿利具以名聞福建省左丞蒲壽庚言詔造海船二百艘今成者五十民實艱苦詔止之乙未貞懿順聖昭天睿文光應皇后弘吉剌氏崩丙申車駕還宮詔三茅山三十八代宗師蔣宗瑛赴闕遣冊八八合赤等詣東海及濟源廟修佛事以中書右丞行江東道宣慰使阿剌罕爲中書左丞相行中書省事江西道宣慰使兼招討使也的迷失參知政事行中書省事以遼陽懿蓋北京大定諸州旱免今年租稅之半三月戊戌許衡卒己亥敕黃平隸安西行省鎮遠隸潭州行省各遣兵戍守

甲辰命天師張宗演即宮中奏赤章于天七晝夜丙午車駕幸上都丙辰陞軍器監爲三品辛酉立登聞鼓院許有寃者撾鼓以聞夏四月辛未益雲南軍征合剌章癸酉復頒中外官吏俸辛巳通泰二州饑發粟二萬一千六百石賑之戊子置蒙古漢人新附軍總管甲午命太原五戶絲就輸太原自太和嶺至別十八里置新驛三十賜征日本河西軍等鈔五月癸卯禁西北邊回回諸人越境爲商甲辰遣使賑瓜沙州饑戊申罷霍州畏兀按察司己酉禁甘肅瓜沙等州爲酒壬子免耽羅國今歲入貢白紵丙辰以烏蒙

阿謀宣撫司隸雲南行省歲星犯右執法庚申嚴鬻人之禁乏食者量加賑貸壬戌詔括契丹戶勅耽羅國達魯花赤塔兒赤禁高麗全羅等處田獵擾民者六月丙寅敕賽典赤火尼赤分管烏木捋都怯兒等八處民戶譙州織工百四十二戶貧甚以粟給之其所鬻妻子官與贖還以太原新附軍五千屯田甘州丁丑以按察司所劾羨餘糧四萬八千石餉軍己卯以順慶路隸四川東道宣慰司安西等處軍站凡和顧和買與民均役增陝西營田糧十萬石以充常費壬午命耽羅戍力田以自給日本行省臣遣使來言大軍

駐巨濟島至對馬島獲島人言太宰府西六十里舊有戍軍已調出戰宜乘虛擣之詔曰軍事卿等當自權衡之癸未命中書省會計姚演所領漣海屯田官給之資與歲入之數便則行之否則罷去丁亥放乞赤所招獵戶七千爲民庚寅以阿剌罕有疾詔阿塔海統率軍馬征日本壬辰高麗國王王賰言本國置驛四十民畜凋弊敕併爲二十站仍給馬價八百錠奉使木剌由國苫思丁至占城船壞使人來言乞給舟糧及益兵詔給米一千四百餘石以中書左丞忽都帖木兒爲中書右丞行中書省事御史中丞行御

史臺事忽剌出爲中書左丞行尚書省事賜皇子南木合所部工匠羊馬價鈔秋七月甲午朔命萬戶綦公直分宣慰使劉恩所將屯肅州漢兵千人入別十八里以嘗過西川兵百人爲嚮導丁酉敕甘州置和中所以給兵糧京兆四川分置行省於河西己亥阿剌罕卒庚子括回回砲手散居他郡者悉令赴南京屯田癸卯太陰犯房距星庚戌以忻都戍大和嶺所將蒙古軍還復令漢軍戍守以松州知州僕散秃哥前後射虎萬計賜號萬虎將軍賜貴赤合八兒秃所招和真滁等戶二千八百二十俾自領之辛酉唆都

征占城賜駝蓬以辟瘴毒占城國來貢象犀命天師張宗演等即壽寧宮奏赤章于天凡五晝夜八月甲子朔招討使方文言擇守令崇祀典戢姦吏禁盜賊治軍旅獎忠義六事詔廷臣及諸老議舉行之丙寅熒惑犯諸侯西第三星庚午忻古帶爲中書右丞行中書省事辛未敕隆興行省參政劉合扳兒禿凡金穀造作專領之乙亥甘州凡諸投下戶依民例應站役申嚴大都總管府兵馬司左右巡院斂民之禁庚寅以阿剌罕既卒命阿塔海等分戍三海口令阿塔海就招海中餘寇高麗國王王賰遣其密直司使韓

廉来賀聖誕節壬辰以開元等路六驛饑命給幣帛萬二千匹其蠲妻子者官爲贖之詔征日本軍回所在官爲給糧忻都洪茶丘范文虎李庭金方慶諸軍船爲風濤所激大失利餘軍回至高麗境十存一二設醮于上都壽寧宮賜叡只兀部及斌乞里等羊馬價及衆家奴等助軍羊馬鈔賜常河部軍貧乏者給過西川軍糧海南諸國来貢象犀方物給怯薛丹糧拘其所占田爲屯田閏月癸巳朔熒惑犯司怪南第二星阿塔海乞以戍三海口軍擊福建賊陳吊眼詔以重勞不從敕守縉山道侍衛軍還京師壬辰瓜州

屯田進瑞麥一莖五穗丙午車駕至自上都庚戌太陰犯昴丁巳命播州每歲親貢方物改思州宣撫司爲宣慰司兼管内安撫使陞高麗簽議府爲從三品敕中書省減執政及諸司冗貟遣兀良合帶運沙城等糧六千石入和林括江南户口稅課庚申安南國貢方物江西行省薦舉兵官命罷之壬戌詔諭斡端等三城官民及忽都帶兒括不闌奚人口兩淮轉運使阿剌瓦丁坐盜官鈔二萬一千五百錠盜取和買馬三百四十四疋朝廷宣命格而弗頒又以官貟所佩符擅與家奴往来貿易等事伏誅賜謙州屯田軍人鈔幣衣裘等物及給農具漁具償站匠等助軍羊馬價九月癸亥朔畋于近郊甲子增大都巡兵千人給鈔賑上都饑民癸酉商賈市舶物貨已經泉州抽分者諸處貿易止令輸稅益躭羅戍兵仍命高麗國給戰具庚辰還宮辛巳大都立蒙古站屯田編户歲輸包銀者及真定等路闌遺户並令屯田其在真定者與免皮貨癸未京兆等路歲辦課額自一萬九千錠增至五萬四千錠阿合馬尚以爲未實欲覈之帝曰阿合馬何知事遂止大都新安縣民復和顧和買甲申太陰犯軒轅大星壬辰占城國来貢方物賜修

大都城侍衛軍鈔幣帛有差賞北征軍銀鈔賜怯憐口及四斡耳朶下與范文虎所部將士羊馬衣服幣帛有差冬十月乙未享于太廟貞懿順聖昭天睿文光應皇后祔丙申募民淮西屯田己亥議封安南王號易所賜安南國畏吾字虎符以國字書之仍降詔諭安南國立日烜之叔遺愛爲安南國王庚子溪洞新附官鎮安州岑從毅縱兵殺掠迫死知州李顯祖召從毅入覲壬寅賜征日本將校衣裝幣帛靴帽等物有差乙巳命安西王府協濟户及南山隘口軍於安西延安鳳翔六盤等處屯田河西置織毛段匠提

舉司丁未安南國置宣慰司以北京路達魯花赤孛顔帖木兒參知政事行安南國宣慰使都元帥佩虎符柴椿忽哥兒副之給鈔萬錠付河西行省以備經費己酉張易等言參校道書惟道德經係老子親著餘皆後人僞撰宜悉焚毀從之仍詔諭天下給隆興行省海青符命失里咱牙信合八剌麻合迭兒爲占城郡王加榮祿大夫賜虎符立行中書省占城以唆都爲右丞劉深爲左丞兵部侍郎也里迷失參知政事庚戌敕以海船百艘新舊軍及水手合萬人期以明年正月征海外諸番仍諭占城郡王給軍食以安

南國王陳遺愛入安南發新附軍千人衛送詔諭干不昔國來歸附壬子用和禮霍孫言於揚州隆興鄂州泉州四省置蒙古提舉學校官各二員以翰林學士承旨撒里蠻兼領會同館集賢院事以平章政事樞密副使張易兼領秘書監太史院司天臺事以翰林學士承旨和禮霍孫守司徒改大都南陽真定等處屯田孛蘭奚總管府爲農政院癸丑皇太子至自北邊丙辰以兀良合帶言上都南四站人畜困乏賜鈔給之庚申籍西川户辛酉邵武叛人高日新降給征日本回侍衛新附軍冬衣賜劉天錫等銀幣勝兀

剌等羊馬鈔諸王阿只吉等馬牛羊各有差十一月癸亥朔詔諭探馬禮令歸附甲子敕誅陳吊眼首惡者餘並収其兵仗繫送京師己巳敕軍器監給兵仗付高麗沿海等郡奉使占城孟慶元孫勝夫並爲廣州宣慰使兼領出征調度高麗國金州等處置鎮邊萬户府以控制日本高日新及其弟鼎新等至闕以日新爲叛首授山北路民職文慶之屬遣還泉州賜有功將校二百二十三員銀十萬兩及幣帛弓矢鞍勒有差詔安南國王給占城行省軍食高麗國王請完濵海城防日本不允辛未給諸王阿只吉粮六

千石甲戌太陰犯五車次南星乙亥召法師劉道真問祠太乙法丁丑太陰犯鬼壬午詔諭爪哇國主使親來覲昌州及蓋里泊民饑給鈔賑之丙戌給鈔二萬錠付和林貿易敕征日本回軍後至者分戍沿海丁亥太陰掩心東星給揚州行省新附軍將校鈔人二錠己酉賜安南國出征新附軍鈔賜禮部尚書留夢炎及出使馬八國俺都剌等鈔各有差十二月甲午以奚吉剌帶爲中書右丞相己亥罷日本行中書省丙午太陰犯軒轅大星丁未議選侍衛軍萬人練習以備扈從陞太常寺爲正三品辛亥命西川行省

給萬家奴所部兵仗癸丑敕免益都淄萊寧海開河夫今年租賦仍給其傭直乙卯以諸王札忽兒所占文安縣地給付屯田丙辰調新附軍屯田獲福州叛賊林天成戮于市免福州路今年稅二分十八年以前租稅並免徵以漢州德陽縣隸成都府改漳州爲路賜禮部尚書謝昌元鈔賞捏古伯戰功銀有差償阿只吉等助軍馬價賜塔剌海籍没户五十是歲保定路清苑縣水平陽路松山縣旱高唐夏津武城等縣蟊害稼並免今年租計三萬六千八百四十石斷死罪二十二人

本紀卷第十一

本紀卷第十二　元史十二

翰林學士亞中大夫知制誥兼脩國史臣宋濂　翰林待制承直郎同知制誥兼國史院編修官臣王褘等奉

敕修

世祖九

十九年春正月壬戌朔高麗國王王賰遣其大將軍金子廷來賀丙寅罷征東行中書省丁卯諸王札剌忽至自軍中時皇子北平王以軍鎮阿里麻里之地以禦海都諸王昔里吉與脱脱木兒藥木忽兒撒里蠻等謀刼皇子北平王以叛欲與札剌忽結援於海都海都不從撒里蠻悔過執昔里吉等北平王遣札剌忽以聞妖民張圓光伏誅立太僕院撥信州民四百八户隸諸王栢木兒丙子車駕畋于近郊丁丑高麗國王貢紬布四百匹丙戌賜西平王怯薛那懷等鈔一萬一千五百二十一錠二月辛卯朔車駕幸柳林饒州總管姚文龍言江南財賦歲可辦鈔五十萬錠詔以文龍爲江西道宣慰使兼措置茶法命司徒阿你哥行工部尚書納懷製飾銅輪儀表刻漏敕改給駙馬昌吉印修宫城太廟司天臺癸巳調軍一萬五千馬五千匹征也可不薛遣使代祀嶽瀆后土甲午甘州逃軍二千二百人自陳願挈家四千九百四

十口還戍敕以鈔一萬六百二十錠布四千九百四
十匹驢四千九百四十頭給之議征緬國以太卜爲
右丞也罕的斤爲參政領兵以行戍戍給别十八里
元帥綦公直軍需遣使往乾山造江南戰船千艘庚
子賜諸王塔剌海籍没五十户顧受十二户孛羅歡
理算未徵粮二十七萬石詔徵之壬寅陞軍器監秩
三品命軍官陣亡者其子襲職以疾卒者授官降一
等具爲令授溪洞招討使郭昂等九人虎符仍賞張
温顔義顯銀各千兩奴晃兀兒塔海民匠九百五十
三户入官乙巳立廣東按察司戊申車駕還宫己酉

減省部官冗員改上都宣課提領爲宣課提舉司立
鐵冶總管府罷提舉司減大都稅課官十四員爲十
員改羅羅斯宣慰司隸雲南省徙浙東宣慰司於温
州分軍戍守江南自歸州以及江陰至三海口凡二
十八所庚戌以參知政事唐兀帶等六人鎮守黄州
建康江陵池州興國壬子詔僉亦奚不薛及播思叙
三州軍征緬國癸丑大良平元帥蒲元圭遣其男世
能入覲甲寅車駕幸上都申嚴漢人軍器之禁丁巳
安州張拗驢以詐敕及僞爲丞相孛羅署印伏誅戊
午賜雲南使臣及陝西簽省八八以下銀鈔衣服有

差籍福建户數三月辛酉朔烏蒙民叛敕那懷火魯
思迷率蒙古漢人新附軍討之賞忽都荅兒等戰功
牛羊馬益都千户王著以阿合馬蠹國害民與高和
尚合謀殺之壬午誅王著張易高和尚于市皆醢之
餘黨悉伏誅甲申的斤帖林以已貲充屯田之費諸
王阿只吉以聞敕酬其直丙戌禁益都東平沿淮諸
郡軍民官捕獵戊子立塔兒八合你驛以烏蒙阿謀
歲輸驛馬給之以領北庭都護阿必失哈爲御史大
夫行御史臺事夏四月辛卯敕和禮霍孫集中書省
部御史臺樞密院翰林院等官議阿合馬所管財賦

先行封籍府庫丁酉以和禮霍孫爲中書右丞相降
右丞相覓吉剌帶爲留守仍同僉樞密院事戊戌征
蠻元帥完者都等平陳吊眼巢究班師賞其軍鈔仍
令還家休息遣揚州射士戍泉州陳吊眼父文桂及
兄弟桂龍滿安納欵命護送赴京師其黨吴滿張飛
迎敵就誅之敕以大都巡軍隸留守司壬寅立回易
庫中書左丞耿仁等言諸王公主分地所設達魯花
赤例不遷調百姓苦之依常調任滿從本位下選代
爲宜從之以留守司兼行工部敕自今歲用官車勿
賦於民可即灤河造之給其粮費甲辰以甘州中興

屯田兵逃還太原誅其拒命者四人而賞不逃者乙巳以阿合馬家奴忽都荅兒等久總兵權令博敦等代之仍隸大都留守司弛西山薪炭禁以阿合馬之子江淮行中書省平章政事忽辛罪重於父議究勘之考覈諸處平準庫汰倉庫官御史臺臣言見在贓罰鈔三萬錠金銀珠玉幣帛稱是詔留以給貧乏者丙午收諸王別帖木兒總軍銀印敕也里可溫依僧例給粮戊申寧國路太平縣饑民採竹實爲粮活者三百餘户敕出使人還不即以所給符上與上而有司不即收者皆罪之凡文書並奏可始用御寶己酉

刊行蒙古畏吾兒字所書通鑑以和禮霍孫爲右丞相詔天下庚戌行御史臺言阿里海牙占降民爲奴而以爲征討所得有旨降民還之有司征討所得籍其數量賜臣下有功者以興兵問罪海外天下供給繁重詔慰諭軍民應有逋欠錢粮及官吏侵盜並權停罷設懷孟路管河渠使副各一員拘括江南官豪隱匿逃軍壬子罷江南諸司自給驛劵丙辰敕以妻女姊妹獻阿合馬得仕者黜之籍阿合馬占據民田給還其主庇富強户輸賦其家者仍輸之官北京宣慰使阿老瓦丁濫舉非才爲管民官命選官代之議

設鹽使司賣鹽引法擇利民者行之仍令按察司磨刷運司文卷定民間貸錢取息之法以三分爲率定內外官以三年爲考滿任者遷叙未滿者不許超遷禁吐蕃僧給驛太繁擾害於民自今非奉旨勿給給控鶴人鈔一萬五錠及其官吏有差五月己未朔鈎考萬億庫及南京宣慰司沙汰省部官阿合馬黨人並黜之瀘州管軍總管李從坐受軍士賄縱其私還致萬户爪難等爲賊所殺伏誅籍阿合馬馬駝牛羊驢等三千七百五十八追治阿合馬罪剖棺戮其尸

於通玄門外罷南京宣慰司及江南財賦總管府丁卯降各省給驛璽書戊辰併江西福建行省去江南冗濫官免福建山縣鎮店宣課禁當路私人權府州司縣官招諭畲洞人免其罪禁差戍軍防送禁人匠提舉擅招匠户己巳遣浙西道宣慰司同知劉宣等理筭各鹽運司及財賦府茶場都轉運司出納之數籍阿合馬妻子親屬所營資產其奴婢縱之爲民罷宣慰使所帶相銜壬申鎖繫耿仁至大都命中書省鞫之庚辰議於平灤州造船發軍民合九千人令探馬赤伯要帶領之伐木於山及取於寺觀墳墓官酬

其直仍命桑哥遣人督之癸未給大都拔都兒正軍夏衣和禮霍孫言省部濫官七百十四員其無過者五百八十一員姑存之沿海左副都元帥石國英請以稅户贍軍軍逃死者令其補足站户苗稅貧富不均者宜均其役又請行塩法汰官吏罷捕户詔中書集議行之張惠阿里罷以甘肅行省左丞麥朮丁爲中書右丞行御史臺御史中丞張雄飛參知政事乙酉元帥綦公直言乞黥逃軍仍使從軍及設立冶場於別十八里鼓鑄農器從之丙戌別十八里城東三百餘里蝗害麥六月己丑朔日有食之芝生眉州甲

午阿合馬濫設官府二百四所詔存者三十三餘皆罷又江南宣慰司十五道内四道已立行中書省罷之乙未發六盤山屯田軍七百七十人以補劉恩之軍敕宣慰司等官毋役官軍丙申發射士百人衛丞相他人不得援例戊戌以占城既服復叛發淮浙福建湖廣軍五千海船百艘戰船二百五十命唆都爲將討之亡宋軍有手號及無手號者並聽爲民己亥命何子志爲管軍萬户使暹國辛丑籍阿合馬妻子壻奴婢財產癸卯禁濫保軍功乙巳招無籍軍給衣粮己酉賞太子府宿衛軍禦盜之功給鈔馬有差無

妻者以没官寡婦配之以阿合馬居第賜和禮霍孫壬子申敕中外百官立限决事癸丑從和禮霍孫言罷司徒府及農政院鎖繫忽辛赴楊州鞫治丁巳征亦奚不薛盡平其地立三路達魯花赤留軍鎮守命藥剌海總之以也速帶兒爲都元帥宣慰使秋七月戊午朔日有食之立行樞密院於揚州鄂州庚申命行御史臺揀汰各道按察司官辛酉割郝禎棺戮其尸壬戌命以官錢給戍軍費而以各奥魯所征還官禁諸位下營運錢貨差軍護送高麗國王請自造船一百五十艘助征日本戊辰征鴨池田軍屯田安西

以鈔給之庚午令蒙古軍守江南者更番還家壬申發察罕腦兒軍千人治晉山道立馬湖路總管府癸酉賜高麗王王賰金印癸酉宣慰孟慶元萬戸孫勝夫使爪哇囬爲忙古帶所囚詔釋之丁丑罷汪札剌兒帶總帥收其制命虎符以鞏昌路達魯花赤別速帖木兒爲鞏昌平凉等處二十四處軍前便宜都總帥府達魯花赤以蒙古人孛羅領湖北辰沅等州淘金事戊寅議築阿失答不速皇城樞密院言用木十二萬地遠難致依察罕腦兒築土爲墻便從之乙酉賜諸王塔海帖木兒忽都帖木兒等金銀幣帛有差

闍婆國貢金佛塔發米賑乞里吉思貧民八月丁亥朔給乾山造船軍匠冬衣及新附軍鈔庚寅忙古帶征羅氏鬼國還仍佩虎符爲管軍萬户辛卯以阿八赤督運粮癸巳發羅羅斯等軍助征緬國辛亥併淄萊路田索二鎮仍於驛臺立新城縣治大駕駐蹕龍虎臺江南水民饑者衆真定以南旱民多流移和禮霍孫請所在官司發廪以賑從之申嚴以金飾車馬服御之禁又禁諸監官不得令人匠私造器物甲寅聖誕節是日還宫乙卯御正殿授皇太子諸王百官朝賀丙辰謫𢮿兀迭納戍占城以贖罪九月丁巳朔

賑真定饑民其流移江南者官給之粮使還鄉里敕中書省窮治阿合馬之黨别速帶請於羅卜闍里輝立驛從之以阿合馬没官田産充屯田籍阿里家戊午誅阿合馬第三子阿散仍剥其皮以徇庚申沃兀官游顯乞罷漣海州屯田以其事隸管民官從其請仍以顯平章政事行省揚州福建宣慰司獲倭國諜者有旨留之辛酉誅耿仁撒都魯丁及阿合馬第四子忻都招討使楊庭堅招撫海外南番皆遣使來貢俱藍國主遣使奉表進寳貨黑猿一那旺國主忙昂以其國無識字者遣使四人不奉表蘇木都速國主土漢八的亦遣使二人蘇木達國相臣那里八合剌攤赤因事在俱藍國聞詔代其主打古兒遣使奉表進指環印花綺段及錦衾二十合寓俱藍國也里可温主兀咱兒撒里馬亦遣使奉表進七寳項牌一藥物二瓶又管領木速蠻馬合馬亦遣使奉表同日赴闕壬戌禁諸人不得沮撓課程敕官吏受賄及倉庫官侵盗臺察官知而不糾者驗其輕重罪之中外官吏贓罪輕者杖決重者處死言官緘默與受贓者一體論罪仍詔諭天下乙丑祭亦奚不薛等處軍丁卯安南國進貢犀兕金銀器香藥等物增給元帥綦公

直軍冬衣鈔已巳命軍站户出錢助民和顧和買籍雲南新附户自兀良合帶鎮雲南凡八籍民户四籍民田民以爲病至是令已籍者勿動新附者籍之定雲南税賦用金爲則以貝子折納每金一錢直貝子二十索罷雲南宣慰司壬申敕平灤高麗耽羅及揚州隆興泉州共造大小船三千艘亦奚不薛之北蠻洞向世雄兄弟及散毛諸洞叛命四川行省就遣亦奚不薛軍前往招撫之使與其主偕來癸酉阿合馬姪宰奴丁伏誅罷忽辛黨馬璘江淮行省参知政事丁亥遣使括雲南所産金以孛羅爲打金洞達魯花

赤戊寅給新附軍賈祐衣粮祐言爲日本國焦元帥壻知江南造船遣其來偵動靜軍馬壓境願先降附辛巳敕各行省止用印一餘者拘之及拘諸位下印發鈔三萬錠於隆興德興府宣德州和糴粮九萬石壬申賜諸王阿只吉金五千兩銀五萬兩韃正選法置黑簿以籍阿合馬黨人之名令諸路歲貢儒吏各一人各道提刑按察司舉廉能者陞等遷敘冬十月丁亥朔增兩浙鹽價詔整治鈔法己丑敕河西僧道也里可溫有妻室者同民納稅庚寅以歲事不登聽諸軍捕獵於汴梁之南辛卯以平章軍國重事監修

國史耶律鑄爲中書左丞相壬辰享于太廟罷西京宣慰司丙申初立詹事院以完澤爲右詹事賽陽爲左詹事由大都至中灤中灤至瓜州設南北兩漕運司立蘆臺越支三叉沽鹽使司河間滄清山東濱樂安及膠萊莒密鹽使司五敕籍没財物精好者及金銀幣帛入內帑餘付刑部以待給賜禁中出納分三庫御用寶玉遠方珍異隷內藏金銀只孫衣段隷右藏常課衣段綺羅縑布隷左藏設官吏掌鑰者三十二人仍以宦者二十二人董其事減大府監官癸卯命崔彧等鉤考樞密院文卷甲辰占城國納欵使四

賜以衣服乙巳遣阿躭招降法里郎阿魯乾伯等國罷屯田總管府以其事隷樞密院令管軍萬户兼之丙午以汪惟孝爲總帥丁未女直六十自請造船運粮赴鬼國贍軍從之議征乂巴洞庚戌以四川民僅十二萬户所設官府二百五十餘令四川行省議減之移成都宣慰司於碉門罷利州及順慶府宣慰司禁大都及山北州郡酒詔兩廣福建五品以下官從行省就便銓注耶律鑄言有司官吏以采室女乘時害民如令大郡歲取三人小郡二人擇其可者厚賜其父母否則遣還爲宜從之籍京畿隱漏田履畝收

稅命游顯專領江浙行省漕運乙卯命堅童專掌奏記誅阿合馬長子忽辛第二子抹速忽於揚州皆醢之十一月戊午上都建利用庫賜太常禮樂籍田等三百六十户鈔千二百錠甲子給欠州屯田軍衣服丁卯給河林戍還軍校銀鈔幣帛江南襲封衍聖公孔洙入覲以爲國子祭酒兼提舉浙東道學校事就給俸禄與護持林廟璽書詔以阿合馬罪惡頒告中外凡民間利病即與興除之壬申以勢家爲商賈者阻遏官民船立沿河巡禁軍犯者没其家癸酉分元帥綦公直軍戍曲先甲戌中書省臣言天下重囚除

謀反大逆殺祖父母父母妻殺夫奴殺主因姦殺夫
並正典刑外餘犯死罪者令充日本占城緬國軍從
之改鑄省印丙子四川行省招諭大盤洞主向臭反
等來朝戊寅耶律鑄言前奉詔殺人者死仍徵燒埋
銀五十兩後止徵鈔二錠其事太輕臣等議依蒙古
人例犯者没一女入仇家無女者徵鈔四錠從之以
袁州饒州興國軍復隸隆興省馬八兒國遣使以金
葉書及土物來貢罷都功德使脫烈其修設佛事妄
費官物皆徵還之賜貧乏者合納塔兒八只等羊馬
鈔十二月丁亥命阿剌海領范文虎等所有海船三

百艘壬寅中書左丞張文謙爲樞密副使乙未中書
省臣言平原郡公趙與芮瀛國公趙㬎翰林直學士
趙與票宜並居上都帝曰與芮老矣當留大都餘如
所言繼有旨給瀛國公衣粮發遣之唯與票勿行以
中山薛保住上匿名書告變殺宋丞相文天祥癸卯
御史中丞崔彧言臺臣於國家政事得失生民休戚
百官邪正雖王公将相亦宜糾察近唯御史有言臣
以爲臺官皆當建言庶於國家有補選用臺察官若
由中書必有偏徇之弊御史宜從本臺選擇初用漢
人十六員今用蒙古人十六員相參巡歷爲宜從之

浚濟川河降拱衛司復正四品仍收其虎符罷湖廣
行省金銀鐵冶提舉司以其事隸各路總管府以建
康淘金總管府隸建康路中書右丞札散爲平章政
事罷解鹽司及諸鹽司令運司官親行調度鹽引罷
南京屯田總管府以其事隸南陽府阿里海牙復鎮
遠軍發軍千人戍守以其地與西川行省接就以隸
焉詔立帝師荅耳麻八剌剌吉塔掌王印統領諸國
釋教造帝師八合思八舍利塔免翚昌等處積年所
欠田租稅課賜皇子北安王位下塔察兒等馬牛羊
各有差

二十年春正月丙辰朔高麗國王王賰遣其大将軍
俞洪愼來賀己未納皇后弘吉剌氏辛酉賜諸王出
伯印賞諸王必赤帖木兒駙馬昌吉軍鈔赦諸王公
主駙馬得江南分地者於一萬户田租中輸鈔百錠
准中原五户絲數癸亥敕藥剌海領軍征緬國乙丑
高麗國王王賰遣使兀剌帶貢氈布線紬等物四百
段和禮霍孫言去冬中山府奸民薛寶住爲匿名書
來上妄効東方朔書欺罔朝廷希覬官賞敕誅之又
言自今應訴事者必須實書其事赴省臺陳告其敢
以匿名書告事重者處死輕者流遠方能發其事者

給犯人妻子仍以鈔賞之又阿合馬專政時衙門太冗虛費俸祿宜依劉秉忠許衡所定併省爲便皆從之設務農司敕諸事赴省臺訴之理决不平者許詣登聞鼓院擊鼓以聞預備征日本軍粮令高麗國備二十萬石以阿塔海依舊爲征東行中書省丞相丙寅發五衛軍二萬人征日本發鈔三千錠糴粮于察罕腦兒以給軍匠以燕南河北山東諸郡去歲旱稅粮之在民者權停勿徵仍諭自今管民官凡有災傷過時不申及按察司不即行視者皆罪之刑部尚書崔彧言時政十八事詔中書省與御史大夫王速帖

木兒議行之罷上都回易庫丁卯伯要帶等伐船材于烈堝都山乾山凡十四萬二千有竒起諸軍貼户年及丁者五千人民夫三千人運之己巳太陰犯軒轅御女賜諸王也里干塔納合奴木赤金各五十兩金衣襖一庚午以平灤造船去運木所遠民疲於役徙於陽河造之壬申御史臺言燕南山東河北去年旱災按察司已嘗閲視而中書不爲奏免民何以堪請權停稅粮制曰可移鞏昌按察司治甘州命右丞闍里帖木兒及萬户三十五人蒙古軍習舟師者二千人探馬赤萬人習水戰者五百人征日本丁丑以招討楊廷璧爲宣慰使賜弓矢鞍勒使諭俱藍等國己卯命諸軍習舟楫給鈔八千錠於隆興宣德等處和糴以贍之庚辰太陰入南斗壬午車駕畋于近郊以四川歸附官楊文安爲判南道宣慰使改廣東提刑按察司爲海北廣東道廣西按察司爲廣西海北道福建按察司爲福建閩海道鞏昌按察司爲河西隴北道癸未撥忽蘭及塔剌不罕等四千户隸皇太子位下壬戌敕於秃烈秃等富户内貸牛六百頭給乞里古思之貧乏者二月戊子定兩廣四川戍軍二三年一更廩其家屬軍官給俸以贍之賜俱藍國王瓦你

金符賜駙馬阿秃江南民千户以春秋仲月上戊日祭社稷及武成王庚寅太陰掩昴癸巳敕斡脱錢仍其舊丁酉給別十八里屯田軍戰襖庚子敕權貴所占田土量給各户之外餘者悉以與怯薛帶等耕之減四川官府併西川東西北三道宣慰司及潼川等路鎮守萬户府新軍總管府威灌茂等州安撫司十四處是夜太白犯昴辛丑定軍官選格立官吏贓罪法壬寅太白犯昴乙巳令隆興行省遣軍護送占城粮船太陰犯心丁未定安洞酋長遣其兄弟入覲敕給驛馬己酉陞闌遺監秩正五品癸丑諭中書省大事奏

閙小事便宜行之毋致稽緩甲寅降太醫院爲尚醫
監改給銅印立江南等處官醫提舉司賜日本軍官
八忽帶及軍士銀鈔有差敕遣官録揚州囚徒三月
丁巳諸王勝納合兒設王府官三員以萬户不都蠻
鎮守金齒罷女直造日本出征船罷河西行御史臺立
肇昌等處行工部罷福建市舶總管府存提舉司併
泉州行省入福建行省免福建歸附後未徵苗税以
闊闊你敦治江淮行省或言其過命兀奴忽帶伯顔
佐之戊午以新附洞蠻酋長爲千户己未歲星犯鍵
閉罷京兆行省立行工部御史臺臣言平灤造船五

臺山造寺伐木及南城建新寺凡役四萬人乞罷之
詔伐木建寺卽罷之造船一事其與省臣議前後衛
軍自願征日本者命選留五衛漢軍千餘其新附軍
令悉行庚申太陰犯井辛酉賞諸王合班第忙兀帶所
部軍士戰功銀鈔幣帛衣服各有差給甘州戍軍鈔
壬戌太陰犯鬼乙丑命兀奴忽魯帶往揚州録囚遣江
北重囚謫征日本立雲南按察司照刷行省文卷罷
淮安等處淘金官惟計户取金以阿合馬綿絹絲線
給貧民工匠給王傳兀訥忽帖只印給西川福建兩
廣之任官驛馬以湖南宣慰使張鼎新行省參知政

事樊楫等嘗阿附阿里海牙敕罷之丙寅車駕幸上
都江西行省參政完顔那懷坐越例驟陞及妄舉一
百九十八人入官罷之罷河西辦課提舉司丁卯增
置蒙古監察御史六員乙巳歲星犯房癸酉歲星掩
房廣州新會縣林桂方趙良鈐等聚衆僞號羅平國
稱延康年號官軍擒之伏誅餘黨悉平乙亥罷諸處
役夫遣阿塔海戍曲先漢都魯迷失帥甘州新附軍
往斡端己卯給各衛軍出征馬價鈔辛巳立畏吾兒
四處驛及交鈔庫壬午祀太一罷福建道宣慰司復
立行中書省于漳州以中書右丞張惠爲平章政事

御史中丞也先帖木兒爲中書左丞並行中書省事
賜迷里札蠻合八失鈔賑八魯怯薛八剌合赤等貧
乏賜皇子北平王所部馬牛羊各有差夏四月丙戌
立別十八里和州等處宣慰司庚寅敕藥剌海戍守
亦奚不薛都元帥也速荅兒還自亦奚不薛駐軍成
都求入見許之仍遣人屯守險隘以侍衛親軍二萬
人助征日本辛卯樞密院臣言蒙古侍衛軍於新城
等處屯田砂礫不可種乞改撥良田從之壬辰阿塔
海求軍官習舟楫者同征日本命元帥張林招討張
瑄總管朱清等行以高麗王睶領行省規畫日本事

宜甲午減江南諸道醫學提舉司四省各存其一免京畿所括豪勢田舊稅三之二新稅三之一高麗國王王賰請以蒙古人同行省事禁近侍爲人求官齋亂選法申嚴酒禁有私造者財産女子没官犯人配役申私盐之禁許按察司糾察盐司己亥太陰犯房壬寅太陰犯南斗癸卯授高麗國王王賰征東行中書省左丞相仍駙馬高麗國王乙巳命樞密院集軍官議征日本事宜程鵬飛請明賞罰有功者軍前給憑驗俟班師日改授從之庚戌右丞也速帶兒招撫鈞連州定州阿永都掌等處蠻獨山都掌蠻不降進

軍討之生擒酋長得蘭紐遂班師發大都所造回回砲及其匠張林等付征東行省辛亥以征日本給後衛軍衣甲及大名衛輝新附軍鈔麥木丁等檢覈萬億庫以罪監繫者多請付蒙古人治有旨蒙古人爲利所汩亦異往日矣其擇可任者使之五月乙卯給甘州戍軍夏衣戊午丞相伯顏諸王相吾荅兒等言征緬國軍宜參用蒙古新附軍從之己未免五衛軍征日本發萬人赴上都縱平灤造船軍歸耕撥大都見管軍代役庚申減隆興府昌州盖里泊管盐官吏九十九人以其事隸隆興府定江南民官及轉運司

官公田甲子徙揚州淘金夫赴益都立征東行中書省以高麗國王與阿塔海共事給高麗國征日本軍衣甲御史中丞崔彧言江南盗賊相繼而起皆緣拘水手造海船民不聊生日本之役宜姑止之江南四省應辦軍需宜量民力勿強以土産所無凡給物價及民者必以實召募水手當從所欲伺民之氣稍蘇我之力粗備三二年復東征未晚不從丙寅太陰掩心東星免江南稅粮三之二敕阿里海牙調漢軍七千新附軍八千以付唆都從征辛未占城行省已破占城其國主補底遁去降璽書招徠之甲戌發征日

本重囚往占城緬國等處從征設高麗國勸農官四員丙子詔諭諸王相吾荅兒先是雲南重囚令便宜處決恐濫及無辜自今凡大辟罪仍須待報併省江淮雲南州郡以耶律老哥爲中書參知政事免戍軍差稅禁諸王與魯官科擾軍户以西南蠻夷有謀叛未附者免西川征緬軍令專守禦支錢令各驛供給戊寅諸陳言者從都省集議可行者以聞不可則明以諭言者許按察司官用弓矢監察御史阿剌渾坐擅免賦錢不糾私醸等罪罷用御史中丞崔彧言罷各路選取室女須行宋文思院小口斛敕以陝西按

察司贓罰錢輸於秦王省北京提刑按察司副使僉事各一員立海西遼東提刑按察司按治女直水達達部己卯酬諸王只必帖木兒給軍羊馬鈔十萬錠海南四州宣慰使朱國寶請益兵討占城國主詔以阿里海牙軍萬五千人應之用王積翁言詔江南運粮於阿八赤新開神山河及海道兩道運之立斡脫總管府辛巳給占城行省唆都弓矢甲仗六月丙戌申嚴私易金銀之禁以甘州行省叅政王椅爲中書叅知政事免大都及平灤路今歲絲料江南遷轉官不之任者杖之追奪所受宣勅戊子以征日本民間

騷動盜賊竊發忽都帖木兒忙古帶乞益兵禦寇詔以興國江州軍付之己丑增官吏俸給庚寅定市舶抽分例舶貨精者取十之一粗者十之五差五衛軍人修築行殿外垣命諸王忽牙都設斷事官丙申發軍修完大都城辛丑發軍修築隄堰戊申用伯顏等言所括宋手號軍八萬三千六百人立牌甲設官以統之仍給衣粮庚戌流叛賊陳吊眼叔陳桂龍於憨荅孫之地辛亥四川行省叅政曲立吉思等討平九溪十八洞以其酋長赴闕定其地立州縣聽順元路宣慰司節制以向世雄等爲义巴諸洞安撫大使及

安撫使秋七月癸丑朔蠲建寧路至元十七年前未納苗稅丙辰免徵骨嵬軍賦諭阿塔海所造征日本船宜少緩之所拘商船其悉給還阿里沙坐歷言惑衆誅太白犯井丁巳賜揑古帶等珠衣庚申調軍益戍雲南丙寅立亦奚不薛宣慰司益兵戍守開雲南驛路分亦奚不薛地爲三設官撫治之癸亥太陰犯南斗乙丑太白犯井丁卯罷淮南淘金司以其户還民籍庚午熒惑犯司怪新附官周文英入見其贄禮銀萬兩金四十錠鐵木兒不花匿爲己有詔即其家搜閱没入官帑敕捕阿合馬婦弟尚書蔡仲英徵償

所貸官鈔二十萬錠阿八赤姚演以開神山橋渠侵用官鈔二千四百錠折閱粮米七十三萬石詔徵償仍議其罪壬申亦奚不薛軍民千户宋添富及順元路軍民總管兼宣撫司阿里等來降班師以羅鬼酋長阿利及其從者入覲立亦奚不薛總管府命阿里爲總管丙子減江南十道宣慰司官一百四十負爲九十三負敕上都商稅六十分取一免大都平灤兩路今歲俸鈔立總教院秩正三品丁丑命按察司照刷吐蕃宣慰司文卷立鋪軍捕淮西盜賊淮東宣慰同知宋廷秀私役軍四十人杖而罷之庚辰給忽都

帖木兒等軍貧乏償怯兒合思等羊馬價鈔八月癸未以明理察平章軍國重事商議公事立懷來淘金所甲午敕大名真定北京衛輝四路屯駐新附軍於東京屯田安南國遣使以方物入貢丙午太白犯軒轅丁未歲星犯鈎鈐浙西道宣慰使史弼言頃以征日本船五百艘科諸民間民病之宜取阿八赤所有船修理以付阿塔海庶寬民力并給鈔於沿海募水手從之濟州新開河成立都漕運司庚戌賞還役宿衛軍賜皇子北安王所部軍鈔羊馬九月壬子太白犯軒轅少女戊午合剌帶等招降象山縣海賊尤宗

祖等九千五百九十二人海道以寧太陰犯斗壬戌調黎兵同征日本丙寅古荅奴國因商人阿剌畏等來言自願効順併占城荆湖行省爲一徙舊城市肆局院税務皆入大都減税徵四十分之一賞朱雲龍漕運功授七品揔押仍以幣帛給之已巳太白犯右執法辛未以歲登開諸路酒禁廣東盜起遣兵萬人討之壬申太陰掩井癸酉熒惑犯鬼甲戌太陰犯鬼熒惑犯積尸氣太白犯左執法戊寅史弼陳弭盜之策爲首及同謀者死餘屯田淮上帝然其言詔以其事付弼賊黨耕種內地其妻奴送京師以給鷹坊人

等冬十月庚寅給征日本新附軍鈔三萬錠壬辰車駕由古北口路至自上都癸巳斡端宣慰使劉恩進嘉禾同穎九穗七穗六穗者各一甲午以平章政事札散爲樞密副使詔五衛軍歲以冬十月聽十之五還家備資裝正月畨上代其半還四月畢入役時各衛議先遣七人而以三人自代從之乙未享于太廟丙申太陰犯昴丁酉誅占城逃囘軍忙兀帶請增蒙古漢軍戍邊從之以忽都忽總揚州行省唆都新益軍庚子許阿速帶軍以兄弟代役建寧路管軍總管黃華叛衆幾十萬號頭陀軍僞稱宋祥興五年犯崇

安浦城等縣圍建寧府詔卜憐吉帶史弼等將兵二萬二千人討平之耶律鑄罷壬寅立東阿至御河水陸驛以便遞運徙濟州潭口驛於新河魯橋鎮給甘州納硫黃貧乏户鈔癸卯諸王只必帖木兒請括閱常德府分地民户不許中書省臣言阿八赤新開河二處皆有倉宜造小船分海運從之中書省臣言押亦迷失嘗請諭江南諸郡募人種淮南田今乃徃各郡轉収民户行省官闊闊你敦言其非便宜令其於治所召募不可強民從之戊申給水達達鰥寡孤獨者絹千匹鈔三百錠立和林平準庫遣官檢覈益都

淘金欺弊罷中興管課提舉司及北京塩鐵課程提舉司己酉簽河西質子軍年及丁者充軍庚戌各道提刑按察司增設判官二員十一月壬子賞太不花脫歡等戰功銀幣癸丑總管陳義願自備海船三十艘以備征進詔授義萬户佩虎符義初名五虎起自海盜內附後其兄爲招討義爲總管敕凡盜賊必由管民官鞫問仍不許私和丁巳命各省印授時曆諸王只必帖木兒請於分地二十四城自設管課官不從又請立拘榷課稅所其長從都省所定次則王府差設從之詔大都田土並令輸稅甘州新括田土畝

輸租三升己未吏部尚書劉好禮以吉利吉思風俗事宜來上壬戌復立南京宣慰司乙丑罷開城路屯田總管府入開城路隸京兆宣慰司戊辰立司農司掌官田邸舍人民給諸王所部撒合兒兀魯等羊馬以賙其乏河西官府叅用漢人徙甘肅沙州民户復業大都城門設門尉丁丑禁雲南管課官於常額外多取餘錢戊寅禁雲南權勢多取債息仍禁沒人口爲奴及黥其面者太白歲星相犯己卯從諸王朮白蒙古帶等請賞也禿古等銀鈔以旌戰功賜皇太子鈔千錠以御史臺贓罰鈔賜怯憐口十二月庚辰賜

諸王渾都帖木兒衣物忽都兒所部軍銀鈔幣帛甲申賜別速帶所部軍衣服幣帛七千馬二千賞西番軍官愛納八斯等戰功辛卯以茶忽所管軍六千人備征日本壬辰給諸王阿只吉牛價以中書叅議溫迪罕禿魯花廉貧不阿附權勢賜鈔百錠罷女直出產金銀禁甲午給鈔四萬錠和糴于上都給司閽衛士貧者人鈔二十錠辛丑賜諸王昔烈門等銀以海道運粮招討使朱清爲中萬户賜虎符張瑄子文虎爲千户賜金符從新附官仕內郡以蠡州還隸真定府路癸卯發粟賑水達達四十九站甲辰太陰掩熒

惑丙午罷雲南造賣金箔規措所罷雲南都元帥府及重設官吏定質子令凡大官子弟遣赴京師戊申雲南施州子童與兵爲亂敕叅知政事阿合八失帥兵合羅羅斯脫兒世合討之給布萬匹賑女直飢民一千户是歲斷死罪二百七十八人

本紀卷第十二

本紀卷第十三　　元史十三

翰林學士亞中大夫知制誥兼修國史臣宋濂翰林待制承直郎同知制誥兼國史院編修官臣王禕等奉

勅修

世祖十

二十一年春正月乙卯帝御大明殿右丞相和禮霍孫率百官奉玉册玉寶上尊號曰憲天述道仁文義武大光孝皇帝諸王百官朝賀如朔旦儀赦天下丁巳勅自今凡奏事者必先語同列以所奏既奏其所奉旨云何令同列知而後書之簿不明以告而輒書簿者杖必闍赤己未罷雲南都元帥府所管軍民隸

行省甲子罷揚州等處理算官以其事付行省江浙行省平章忙忽帶進真珠百斤丙寅闊闊你敦言屯田芍陂兵二千布種二千石得粳糯二萬五千石有奇乞增新附軍二千從之丁卯建都王烏蒙及金齒一十二處俱降建都先爲緬所制欲降未能時諸王相吾荅兒及行省右丞太卜叅知政事也罕的斤分道征緬於阿昔阿禾兩江造舡二百艘順流攻之拔江頭城令都元帥袁世安戍之遂遣使招諭緬王不應建都太公城乃其巢穴遂水陸並進攻太公城拔之故至是皆降庚午立江淮荊湖江西四川行樞密院治建康鄂州撫州成都立躭羅國安撫司辛未相吾荅兒遣使進緬國所貢珍珠珊瑚異綵及七寶束帶甲戌遣蒙古官及翰林院官各一人祠岳瀆后土遣王積翁賫詔使日本賜錦衣玉環鞍轡積翁由慶元航海至日本近境爲舟人所害御史臺臣言罪黜之人久忘其名又復奏用乞戒約帝曰卿等所言固是然其間豈無罪輕可録用者御史大夫玉速帖木兒對曰以各人所犯罪狀明白數奏用否當取聖裁從之丙子建寧叛賊黃華自殺丁丑雲南諸路按察司官陛辭詔諭之曰卿至彼當宣明朕意勿求貨財

名成則貨財隨之徇財則必失其名而性命亦不可保矣己卯馬八兒國遣使貢珍珠異寶縑段二月辛巳以福建宣慰使管如德爲泉州行省叅知政事征緬浚揚州漕河罷高麗造征日本船丁亥命翰林學士承旨撒里蠻祀先農于籍田壬辰以江西叛寇妻子賜鷹坊養虎者以別速帶逃軍七百餘人付安西王屯田給以牛具邕州賓州民黃大成等叛梧州韶州衡州民相挺而起湖南宣慰使撒里蠻將兵討之甲午罷羣牧所己亥瑞州獲叛民晏順等三十二人并妻孥送京師罷阿八赤開河之役以其軍及水手

各萬人運海道粮放檀州淘金五百人還家丁未括江南樂工命阿塔海發兵萬五千人船二百艘助征占城船不足命江西省益之戊申徙江淮行省于杭州徙浙西宣慰司于平江省黄州宣慰司入淮西道立法輪竿于大內萬壽山高百尺漳州盜起命江浙行省調兵進討泰州總管劉發有罪嘗欲歸黄華事覺伏誅遷故宋宗室及其大臣之仕者於內地三月辛亥敕思播管軍民官自今勿遷丁巳皇子北平王南木合至自北邊王以至元八年建幕庭于和林北野里麻里之地留七年至是始歸右丞相安童繼至

以張弘範等將新附軍壬戌更定虎符丙寅乘輿幸上都丁卯太廟正殿成奉安神主甲戌置湖贛吉撫建昌戍兵乙亥高麗國王王賰以皇帝尊號禮成遣使來賀夏四月壬午令軍民同築堤堰以利五衛屯田乙酉省泉府司入戶部立大都留守司兼少府監立大都路總管府立西川延安鳳翔興元宣課司從迭里火者蜜剌里等言以鈔萬錠爲市於別十八里及河西上都以火者赤依舊揚州鹽運使歲市鹽八十萬石以贖過已亥涿州巨馬河决衝突三十餘里庚子湖廣行省平章阿里海牙請身至海濱收集占城散軍復使南征且趣其未行者許之壬寅江淮行省進各翼童男女百人忽都鐵木兒征緬之師爲賊衝潰戊申高麗王王賰及公主以其世子謜來朝勑發思播田楊二家軍二千從征緬籍江南鹽徒軍蔵匿者有罪火兒忽等所部民戶告飢帝曰飢民不救儲粮何爲發萬石賑之命開元等路宣慰司造船百艘付狗國戍軍雲南行省爲破緬國江頭城進童男女八十人并銀器幣帛五月己酉從禿禿合言立二千戶總欽察康里子弟願爲國宣勞者壬子拘征東省印癸丑樞密院臣言唆都潰軍已令李恒收集江

淮江西兩省潰軍別遣使招諭凡至者皆給之粮舟楫損者修之以俟阿里海牙調用從之戊午勑中書省奏目及文冊皆不許用畏吾字其宣命劄付並用蒙古書己未荆湖占城行省言忽都虎忽馬兒等將兵征占城前鋒舟師至舒眉蓮港不知所向令萬戶劉君慶進軍次新州獲占蠻始知我軍已還矣就遣占蠻向導至占城境其國主遣阿不蘭以書降且言其國經唆都軍馬虜掠國計已空俟來歲遣嫡子以方物進繼遣其孫路司理勒蟄等奉表詣闕乙丑取高麗所産鐵蠲江南今年田賦十分之二其十八年

已前逋欠未徵者盡免之阿魯忽奴言曩於江南民戶中撥匠戶三十萬其無藝業者多今已選定諸色工匠餘十九萬九百餘戶宜縱令爲民從之詔諭各道提刑按察司分司事宜庚午荆湖占城行省以兵進擣烏馬境地近安南請益兵命鄂州達魯花赤趙翥等奉璽書徃諭安南河間任丘縣民李移住謀叛事覺伏誅括天下私藏天文圖讖太乙雷公式七曜曆推背圖苗太監曆有私習及收匿者罪之丁丑忽都虎烏馬兒劉萬戶等率揚州省軍二萬赴唆都軍前遇風船散其軍皆潰勑追烏馬兒等誥命虎符及

部將所受宣勑以河西孛魯合荅兒等代之聽阿里海牙節制閏五月已卯封法里剌王爲郡王佩虎符改思播二州隷順元路宣撫司罷西南番安撫司立總管府給西川蒙古軍鈔使備鎧仗耕遂寧沿江曠土以食四頃以下者免輸地稅命總帥汪惟正括四川民戶辛已加封衛輝路小清河神曰洪濟威惠王壬午蒙古侍衛親軍都指揮使八忽帶征黃華回進人口百七十一乙酉以雲南境內洪城併察罕章隷皇太子丙戌行御史臺自揚州遷于杭州庚寅賜歸附洞蠻官十八人衣遣還癸巳賜北安王螭紐金印

羅皮貨所理筭江南諸行省造征日本船隱弊詔按察司毋得沮撓甲辰安南國王世子陳日烜遣其中大夫陳謙甫貢玉杯金瓶珠絛金領及白猿綠鳩幣帛等物丙午以侍衛親軍萬人修大都城六月壬子遣使分道尋訪測驗晷景日月交食曆法增官吏俸以十分爲率不及一錠者量增五分甲寅詔封皇子脫歡爲鎮南王賜塗金銀印駐鄂州庚申改蒙古都元帥府爲蒙古都萬戶府砲手元帥府爲砲手萬戶府砲手都元帥府爲回回砲手軍匠萬戶府甲子命也速帶兒所部軍六十人淘金雙城從憨荅孫請移

阿剌帶和林屯田軍與其所部相合屯田五河乙丑中衛屯田蝗甲戌賜皇子愛牙赤怯薛帶孛折等及兀剌海所部民戶鈔二萬一千六百四十三錠皇子南木合怯薛帶怯憐口一萬二百四十六錠以馬一萬一百九十五羊一萬六十賜朶魯朶海扎剌伊兒所部貧軍秋七月丁丑朔勑荆湖西川兩省合兵討乂巴散毛洞蠻雲南省臣言騰越永昌羅必丹民心攜貳宜令也速帶兒或汪總帥將兵討之制曰可命樞密院差軍修大都城已卯立衍福司中書省臣言宰相之名不宜輕授今占城省臣已及七人宜汰之

詔軍官勿帶相銜賜皇子北安王印復揚州管匠提舉司丁亥江淮行省以占城所遣太半達達扎赴闕及其地圖來上塔剌赤言頭輦哥國王出戍高麗調旺速等所部軍四百以往今頭輦哥已回留軍躭羅去其妻子已久宜令他軍更戍伯顏等議以高麗軍千人屯躭羅其留戍四百人縱之還家從之戊子詔鎮南王脫歡征占城遣所留安南使黎英等還其國日烜遣其中大夫阮道學等以方物來獻總帥汪惟正言一門兄弟從仕者衆乞仍於秦鞏州置便宜都總帥府仍用元帥印即其兄弟四人擇一人爲總帥總帥之下總管府令其兼之汪氏二人西川典兵者亦擇其一爲萬戸餘皆依例遷轉從之賜貧乏者阿魯渾玉龍帖木兒等鈔共七千四百八十錠八月丁未雲南行省言華帖白水江鹽井三處土老蠻叛殺諸王及行省使者調兵千人討之定擬軍官格例以河西回回畏吾兒等依各官品充萬戸府達魯花赤同蒙古人女直契丹同漢人若女直契丹生西北不通漢語者同蒙古人女直生長漢地同漢人己酉御史臺臣言無籍之軍願從軍殺掠者初假之以張渡江兵威今各持弓矢剽切平民若不分隷各翼恐生

他變詔遣之還家辛亥征東招討司聶古帶言有旨進討骨嵬而阿里海牙朵剌帶玉典三軍皆後期七月之後海風方高粮仗船重深虞不測姑宜少緩從之占城國王乞回唆都軍願以土産歲修職貢使大盤亞羅日加翳大巴南等十一人奉表詣闕獻三象甲子放福建畲軍收其軍器其部長於近處州郡民官遷轉庚午車駕至自上都甲戌擲完上言建都女子沙智治道立站有功已授虎符管領其父元收附民爲萬戸今改建昌路總管仍佩虎符從之九月甲申京師地震併市舶司入鹽運司立福建等處鹽課市舶都轉運司中書省言福建行省軍餉絶少必於揚州轉輸事多遲誤若併兩省爲一分命省臣治泉州爲便詔以中書右丞行省事忙兀台爲江淮等處行中書省平章政事其行省左丞忽剌出蒲壽庚叅政管如德分省泉州癸巳太白犯南斗丙申以江南總攝楊璉真加發宋陵冢所收金銀寶器修天衣寺甲辰海南貢白虎獅子孔雀冬十月丁未享于太廟戊申四川行省言金齒遺民尚多未附以要剌海將探馬赤軍二千人討之己酉勑管軍萬戸爲行省宣慰使者毋兼管軍事仍爲萬戸者毋兼治民政壬子

定遼海等處屯田法辛酉征東招討司以兵征骨嵬宋有手記軍死則以兄弟若子繼詔依漢軍籍之毋文其手丁夘和禮霍孫請設科舉詔中書省議會和禮霍孫罷事遂寢以招討使張萬爲征緬招討使佩三珠虎符戊辰立常平倉以五十萬石價鈔給之甲戌詔諭行中書省九征日本船及長年篙手並官給鈔增價募之賜貧乏者押失忻都察等鈔一萬四千三錠十一月甲申封南木里忙哥赤郡公戊子命北京宣慰司修灤河道己丑江西行省參知政事也的迷失禽獲海盜黎德及招降餘黨百三十三人即其

地誅黎德以徇以黎德弟黎浩及僞招討吳興等檻送京師遷轉官員薄而不就者其令歸農當役庚寅占城國王遣使大羅盤亞羅日加翳等奉表來賀聖誕節獻禮幣及象二占城舊州主寶嘉婁亦奉表入附庚子以范文虎爲左丞商量樞密院事太陰犯心辛丑和禮霍孫麥朮丁張雄飛溫迪罕皆罷前右丞相安童復爲右丞相前江西榷茶運使盧世榮爲右丞前御史中丞史樞爲左丞不魯迷失海牙撒的迷失並參知政事前戶部尚書拜降參議中書省事勑中書省整治鈔法定金銀價禁私自回易官吏奉行

不虔者罪之壬寅安童盧世榮言阿合馬專政時所用大小官員例皆奏罷其間豈無通才宜擇可用者仍用之詔依所言汰選毋徇私情癸夘福建行省遣使人入合魯思招降南巫里別里剌理倫大力等四國各遣其相奉表以方物來貢以江淮間自襄陽至于東海多荒田命司農司立屯田法募人開耕免其六年租稅并一切雜役賜蒙古貧乏者也里古薛列海察吉兒等鈔十二萬四千七百二十二錠十二月甲辰朔中書省臣言江南官田爲權豪寺觀欺隱者多宜免其積年收入限以日期聽人首實踰限爲人所

告者徵以其半給告者從之立常平鹽局乙巳崔彧言盧世榮不可爲相忤旨罷以丁壯萬人開神山河立萬戶府以總之辛亥以儀鳳司隷衛尉院癸亥盧世榮言京師富豪戶釀酒價高而味薄以致課不時輸宜一切禁罷官自酤賣向之歲課一月可辦從之甲子以高麗提舉司隷工部乙丑祀太一丙寅荊湖占城行省遣入番劉繼昌諭降龍昌寧龍延萬等赴闕奉羊馬白氈來貢各授本處安撫使立宣慰司招撫西南諸蕃等處酋長癸酉命翰林承旨撒里蠻翰林集賢大學士許國禎集諸路醫學教授增修本草

是月鎮南王軍至安南殺其守兵分六道以進安南興道王以兵拒於萬刼進擊敗之萬戶倪閏戰死於劉邨以涇州隸都總帥府賜蒙古貧乏者兀馬兒等鈔二千八百八十五錠銀四十錠

二十二年春正月戊寅以命相詔天下民間買賣金銀懷孟諸路竹貨江淮以南江河魚利皆弛其禁諸驛站赤飲食官爲支給遣官諸路慮囚罪輕者釋之徙屯衞輝新附軍六千家廪之京師以完倉廪發五衞軍及新附軍濬蒙邨漕渠庚辰立別十八里驛傳毀宋郊天臺桑哥言楊輦真加云會稽有泰寧寺宋

毀之以建寧宗等攢宮錢唐有龍華寺宋毀之以爲南郊皆勝地也宜復爲寺以爲皇上東宮祈壽時寧宗等攢宮已毀建寺敕毀郊天臺亦建寺焉壬午詔立市舶都轉運司立上都等路羣牧都轉運使司諸路常平鹽鐵坑冶都轉運司甲申遣使代祀五岳四瀆東海后土戊子闊闊你敦言先有旨遣軍二千屯田芍陂試土之肥磽去秋已收米二萬餘石請增屯士二千人從之徙江南樂工八百家于京師封駙馬唆郎哥爲寧昌郡王賜龜紐銀印西川趙和尚自稱宋福王子廣王以誑民民有信者眞定民劉驢兒有三乳自以爲異謀不軌事覺皆磔裂以徇移五條河屯田軍五百於兀失蠻扎失蠻辛卯發諸衞軍六千八百人給護國寺修造廣御史臺贓罰庫癸巳樞密臣言舊制四宿衞各選一人參决樞密院事請以脫列伯爲僉院從之詔括京師荒地令宿衞士耕種乙未中書省臣請以御史大夫玉速帖木兒爲左丞相中丞撒里蠻爲御史大夫罷行御史臺以其所屬按察司隸御史臺行御史臺大夫撥魯罕爲中書省平章政事帝曰玉速帖木兒朕當思之撥魯罕寬緩不可安童對曰阿必赤合何如帝曰此事朕自處之罷

行御史臺者當如所奏盧世榮請罷福建行中書省立宣慰司隸江西行中書省又言江南行中書省事繁恐致壅滯令隨行省立行樞密院總兵以分其務爲便帝曰行院之事前日已言由阿合馬欲其子忽辛兼兵柄而止今議行之流征占城擅還將帥二十三人於遠方丙申帝畋于近郊陞武備監爲武備寺尚醫監爲太醫院職俱三品陞六部爲二品以合必赤合爲中書平章政事命禮部領會同館初外國使至常令翰林院主之至是改正荆湖占城行省平叛蠻百六十六洞詔禁私酒己亥分江浙行省所治南

康隸江西省辛丑以揚兀魯帶爲征骨嵬招討使佩二珠虎符壬寅造大樽於殿樽以木爲質銀内而金外鏤爲雲龍高一丈七寸是月壬午烏馬兒領兵與安南興道王遇擊敗之兵次富良江北乙酉安南世子陳日烜領戰船千餘艘以拒丙戌與戰大破之日烜遁去入其城還屯富良江北唆都唐古帶等引兵與鎮南王會二月乙巳駐蹕柳林增濟州漕舟三千艘役夫萬二千人初江淮歲漕米百萬石於京師海運十萬石膠萊六十萬石而濟之所運三十萬石水淺舟大恒不能達更以百石之舟舟用四人故夫數

增多塞渾河提決役夫四千人詔改江淮江西元帥招討司爲上中下三萬戶府蒙古漢人新附諸軍相參作三十七翼上萬戶宿州蘄縣真定沂郯益都高郵沿海七翼中萬戶棗陽十字路邳州鄧州杭州懷州孟州真州八翼下萬戶常州鎮江潁州廬州亳州安慶江陰水軍益都新軍湖州淮安壽春揚州泰州弩手保甲夔州上都新軍黃州安豐松江鎮江水軍建康二十二翼翼設達魯花赤萬戶副萬戶各一人以隸所在行院江西盜黎德等餘黨悉平以應放還五衛軍穿河西務河舊例五衛軍十人爲率七人三

人分爲二番十月放七人者還正月復役正月放三人者還四月復役更休息之丙午以荊湖行省所隸八番羅甸隸西川行省分嵐管爲二州加封桑乾河神洪濟公爲顯應洪濟公己酉爲皇孫阿難答立衍福司職四品使同知副使各一員辛亥廣東宣慰使月的迷失討潮惠二州盜郭逢貴等四十五寨皆平降民萬餘戶軍三千六百一十人請將所獲渠帥入覲面陳事宜從之丙辰詔罷膠萊所鑿新河以軍萬人隸江浙行省習水戰萬人載江淮米泛海由利津達於京師辛酉御史臺臣言近中書奏罷行御史臺

改按察司爲提刑轉運司俾兼錢穀而糾彈之職廢矣請令安童與老臣議從之壬戌太陰犯心中書省臣盧世榮請立規措所經營錢穀秩五品所用官吏以善賈爲之勿限白身人帝從之參知政事不魯迷失海牙等因奏世榮姻黨有牛姓者前爲提舉今浙西運司課程頗多擬陞轉運副使亦從之詔舊城居民之遷京城者以貲高及居職者爲先仍定制以地八畝爲一分其或地過八畝及力不能作室者皆不得冒據聽民作室陞御帶庫爲章佩監從右千戶只兒海迷失分地泉州賜合剌失都兒新附民五千戶

合剌赤阿速阿塔赤昔寶赤貴由赤等嘗從征者亦皆賜之以民八十戶賜皇太子宿衛臣嘗從征者用盧世榮言田買江南民土田詔天下拘收銅錢申禁私造酒麴戊辰車駕幸上都帝問省臣行御史臺何故罷之安童曰江南盜賊屢起行御史臺鎮遏居多臣以爲不可罷然與江浙行中書省並在杭州地甚遠僻從之江州居江浙湖南江西三省之中爲便從之立眞定濟南太原甘肅江西江淮湖廣等處宣慰司兼都轉運使司以治課程仍立條制禁諸司不得擅追管課官吏有敢沮撓者具姓名以聞增濟州漕

運司軍萬二千人立江西江淮湖廣造船提舉司令江浙行省參政馮珪湖廣行省右丞要束木參政潘傑龍興行省左丞伯顏參政楊居寬簽省陳文福專領課程事以毳吉剌帶爲中書左丞相己巳復立按察司撥民二萬七千戶與駙馬唆郎哥以忽都魯爲平章政事詔各道提刑按察司能遵奉條畫蒞事有成者任滿升職贓汚不稱任者罷黜除名詔立供膳司職從五品達魯花赤令丞各一員罷騒州總管府爲州三月丙子遣太史監候張公禮彭質等往占城測候日晷癸未罷甘州行中書省立宣慰司隸寧夏

行中書省荆湖占城行省請益兵時陳日烜所逃天長長安二處兵力復集興道王船千餘艘聚萬劫阮盝在永平而官兵遠行久戰懸處其中唆都唐古帶之兵又不以時至故請益兵帝以水行爲危令遵陸以往庚子詔依舊制凡鹽一引四百斤價銀十兩以折今鈔爲二十貫商上都者六十而稅一增契本爲三錢立上都規措所回易庫增壞鈔工墨費每貫二分爲三分夏四月癸卯立行樞密院都鎮撫司置畏兀驛六所丙午以征日本船運糧江淮及敎軍水戰庚戌監察御史陳天祥劾中書右丞盧世榮罪惡詔

世榮天祥皆赴上都壬子江陵民張二妻鄧氏一產三男癸丑詔追捕宋廣王及陳宜中遣中書省樞密院御史臺官各一員決大都及諸路罪囚大都汴梁益都廬州河間濟寧歸德保定蝗辛酉以躭羅所造征日本船百艘賜高麗壬戌御史中丞阿剌帖木兒郭佑侍御史白秃剌帖木兒參知政事撒的迷失等以盧世榮所招罪狀奏阿剌帖木兒等與世榮對於帝前世榮悉款服改六部依舊爲三品詔安童與諸老臣議世榮所行當罷者罷之更者更之其所用人實無罪者朕自裁決癸亥勅以麥朮丁所行清潔與

安童治省事五月甲戌以御史中丞郭佑爲中書省參知政事丁丑減上都商稅戊寅廣平汴梁鈞鄭旱以遠方曆日取給京師不以時至荊湖等處四行省所用者隆興印之合剌章河西西川等處所用者京兆印之詔甘州每地一頃輸稅三石壬午以軍千人修阿失隘場倉以忻都爲踢里玉招討使佩虎符有旨不可興兵遠攻近地有不服者討之右巴等洞蠻平甲申立汴梁宣慰司依安西王故事汴梁以南至江以親王鎮之丁亥中書省臣言六部官冗甚可止以六十八員爲額餘悉汰去詔擇其廉潔有幹局者

存之分漢地及江南所拘弓箭兵器爲三等下等毀之中等賜近居蒙古人上等貯於庫有行省行院行臺者掌之無省院臺者達魯花赤畏兀回回居職者掌之漢人新附人雖居職無有所預戊子改昇江烏定朶里威該等府爲路雲南行省臣脫怙木兒言獨逋賦徵侵隱戍叛民明黜陟罷轉運給親王賦豪戶除重稅决盜賊增驛馬取質子定俸祿教農桑優學者卹死事捕逃亡十餘事命中書省議其可者行之庚寅真定廣平河間恩州大名濟南蠶災增大都諸門尉副各一人勅朶兒只招集甘沙速等州流徙饑

民行御史臺復徙于杭州丁酉徙行樞密院於建康戊戌汴梁懷孟濮州東昌廣平平陽彰德衛輝旱罷江南造船提舉司陳日烜走海港鎮南王命李恒追襲敗之適暑雨疫作兵欲北還思明州命唆都等還烏里安南以兵追躡唆都戰死恒爲後距以衛鎮南王藥矢中左膝至思明毒發而卒六月庚戌命女直水達達造船二百艘及造征日本迎風船辛亥揚州進芝草丙辰遣馬速忽阿里齎鈔千錠往馬八圖求奇寶賜馬速忽虎符阿里金符高麗遣使來貢方物庚午詔減商稅罷牙行省市舶司入轉運司左丞呂

師夔乞假五月省母江州帝許之因諭安童曰此事汝蒙古人不知朕左右復無漢人可否皆自朕决汝當盡心善治百姓無使重困致亂以爲朕羞參知政事張德潤獻其家人四百戶於皇太子馬湖部田鼎食稼殆盡其總管祠而祝之鼎悉赴水死秋七月壬申造溫石浴室及更衣殿癸酉詔禁捕獵甲戌勅秘書監修地理志乙亥安南降者昭國王武道文義彰憲彰懷四侯赴闕戊寅京師蝗分甘州屯田新附軍三百人田于亦集乃之地己卯以米千石稟咒吉剌貧民壬午陝西四川行中書省左丞汪惟正入見甲

申攺闊里吉思等所平大小十谿洞悉爲府州縣修汴梁城丁亥廣東宣慰使月的迷失入覲以所降渠帥郭逢貴等至京師言山寨降者百五十餘所帝問戰而後降耶招之即降耶月的迷失對曰其首拒敵者臣已磔之矣是皆招降者也因言塔术兵後未嘗撫治其民州縣官復無至者故盜賊各據土地互相攻殺人民漸耗今宜擇良吏往治之從之庚寅樞密院言鎭南王脫歡所總征交趾兵久戰力疲請於奥魯赤等三萬戶分蒙古軍千人江淮江西荊湖三行院分漢軍新附軍四千人選良將將之取鎭南王脫

歡阿里海牙節制以征交趾從之復以唐兀帶爲荊湖行省左丞唐兀帶請放征交趾軍還家休憩詔從脫歡阿里海牙處之給諸王阿只吉分地貧民農具牛種令自耕播乙未雲南行省言今年未暇征緬請收獲秋禾先伐羅北甸等部從之庚子改開達梁山三州隷夔州路八月庚子給鈔萬二千四百錠爲本取息以贍甘肅二州屯田貧軍辛丑命有司祭斗三日戊申分四川鎭守軍萬人屯田成都丙辰車駕至自上都己未詔復立泉府司秩從二品以荅失蠻領之初和禮霍孫以泉府司商販者所至官給飲食遣兵防衛民實厭苦不便奏罷之至是荅失蠻復奏立之九月丙寅遣蒙古軍三千人屯田清滄靖海戊辰罷禁海商省合剌章金齒二宣撫司爲一治永昌立臨安廣西道宣撫司中書省臣奏近奉旨括江淮水手江淮人皆能游水恐因此動揺者衆從之罷榷酤初民間酒聽自造米一石官取鈔一貫盧世榮以官鈔五萬錠立榷酤法米一石取鈔十貫增舊十倍至是罷榷酤聽民自造增課鈔一貫爲五貫敕拘銅錢餘銅器聽民仍用令福建黃華畬軍有恒產者爲民無恒產與妻子者編爲守城軍汪惟正言鞏昌軍民站

戶并諸人奴婢因饑歲流入陜西四川者彼即括爲軍站帝曰信如所言當鳩集與之如非已有而强欲得之者豈彼於法不知懼耶乙亥聽民自實兩淮荒地免稅三年中書省以江北諸城課程錢糧聽杭鄂二行省節制道途迂遠請改隷中書從之永昌騰衝二城在緬國金齒間摧圮不可禦敵敕修之勑自今貢物惟地所產非所產者毋輙上丙子眞臘占城貢樂工十人及藥材鰐魚皮諸物辛巳收集工匠之隱匿者丙戌速木都剌馬荅二國遣使來朝庚寅勑征交趾諸軍除留蒙古軍百漢軍四百爲鎭南王脫歡

宿衛餘悉遣還別以江淮行樞密院所總蒙古兵戍
江西癸巳雲南貢方物烏蒙叛命四川行院也速帶
兒將兵討之馬湖總管汝作以蠻軍三百爲助降西
崖門酋長阿者等百餘戶冬十月己亥以鈔五千錠
和糴于應昌府復分河間山東鹽課轉運司爲二遣
合撒兒海牙使安南遣雪雪的斤領畏兀兒戶一千
戍合剌章庚子享于太廟甲辰修南嶽廟乙巳樞密
院臣言脫脫木兒遣使言阿沙阿女阿則三部欲叛
宜遣人往召如不至乘隙伐之不允因勑諭之事不
議於雲南王也先帖木兒者毋輒行詔征東招討使

塔塔兒帶楊兀魯帶以萬人征骨嵬因授楊兀魯帶
三珠虎符爲征東宣慰使都元帥壬子長葛鄢城各
進芝草癸丑立征東行省以阿塔海爲左丞相劉國
傑陳巖並左丞洪茶丘右丞征日本賜脫里察安荅
即古阿散等印令考覈中書省其制如三品丙辰以
叅議帖木兒爲叅知政事位郭佑上且命之曰自今
之事皆責於汝馬法國入貢戊午以江淮行省平章
忙兀帶爲江浙省左丞相初西川止立四路阿合馬
濫用官增而爲九臺臣言其地民少留廣元成都順
慶重慶夔府五路餘悉罷去後以山谷險要蠻夷雜

處復置嘉定路叙州宣撫司以控制之陞大理寺爲
都護府職從二品都護府言合剌禾州民饑戶給牛
二頭種二石更給鈔一十一萬六千四百錠糴米六
萬四百石爲四月糧賑之癸亥以荅即古阿散理筭
積年錢穀別置司署與省部敵干擾政務併入省中
丁卯勑樞密院計膠萊諸處漕船高麗江南諸處所
造海舶括傭江淮民船備征日本仍勑習泛海者募
水工至千人者爲千戶百人爲百戶塔海弟六十言
今百姓及諸投下民俱令造船於女直而女直又復
發爲軍工後繁甚乃顏勝納合兒兩投下鷹坊採金

等戶獨不調有旨遣使發其民烏蒙蠻夷宣撫使阿
蒙叛詔止征羅必丹兵同雲南行省出兵討之郭佑
言自平江南十年之間凡錢糧事八經理筭今荅即
古阿散等又復鉤考宜即罷去帝嘉納之十一月己
巳朔廣東宣慰使月的迷失以英德循梅三路民少
請改爲州又請以管軍總管于躍爲惠州總管蔚州
知州木八剌爲潮州達魯花赤帝疑其專不允御史
臺臣言御史臺按察司以糾察百官爲職近鉤校錢
穀者恐發其奸私聚羣不逞之徒欲沮其事願陛下
依舊制諭之制曰可庚午賜皇子愛牙赤銀印壬申

以討日本遣阿八剌督江淮行省軍需遣察忽督遼
東行省軍需甲戌置合剌章四川建都等驛戊寅遣
使告高麗發兵萬人船六百五十艘助征日本仍令
於近地多造船己丑籍重慶府不花家人百二十三
戶爲民御史臺臣奏昔宋以無室家壯士爲鹽軍數
凡五千今存者一千一百二十二人性習凶暴民患
苦之宜給以衣糧使屯田自贍詔議行之癸巳敕漕
江淮米百萬石泛海貯於高麗之合浦仍令東京及
高麗各貯米十萬石備征日本諸軍期於明年三月
以次而發八月會於合浦乙未以禿魯歡爲參知政

事盧世榮伏誅丙申赦囚徒黥其面及招宋時販私
鹽軍習海道者爲水工以征日本十二月敕減天下
罪囚以占城逋還忽都虎劉九田二復舊職從征日
本增阿塔海征日本戰士萬人回回砲手五十人己
亥從樞密院請嚴立軍籍條例選壯士及有力家充
軍敕樞密院向以征日本故遣五衛軍還家治裝今
悉選壯士以正月一日到京師江淮行省以戰船千
艘習水戰江中辛丑誅答即古阿散黨人蔡仲英李
蹊丁未皇太子薨戊午以中衛軍四千人伐木五萬
八千六百給萬安寺修造己未丹太廟楹乙酉立集

賢院以扎里蠻領之戊子罷合剌章打金規運所及
都元帥敕合剌章酋長之子入質京師千戶百戶子
留質雲南王也先帖木兒所中書省臣奏納速丁言
減合剌章冗官可歲省俸金九百四十六兩又屯田
課程專人主之可歲得金五千兩皆從之遣只必哥
等考覈雲南行省庚寅詔毋遷轉工匠官辛卯敕有
司祭北斗是歲命江浙轉運司通管課程集諸路僧
四萬於西京普恩寺作資戒會七日夜併省重慶等
處州縣占城行省參政亦黑迷失等以軍還駐海外
四州遣使以聞敕放其軍還賜皇子脫歡諸王阿魯

灰只吉不花公主囊家真等鈔計七千七百三十二
錠馬六百二十九匹衣段百疋弓千矢二萬發賜諸
王阿只吉合兒魯忙兀帶宋忽兒阿沙合丹別合剌
等及官戶散居河西者羊馬價鈔三萬七千七百五
十七錠布四千匹絹二千匹以伯八剌等貧乏給鈔
七萬六千五百二錠賞諸王阿只吉小厮汪總帥別
速帶也先等所部及征緬占城等軍鈔五萬三千五
百四十一錠馬八千一百九十七匹羊一萬六千六
百三十四牛十一米二萬二千一百石絹帛八萬一
千四匹綿五百三十斤木綿二萬七千二百七十九匹

甲千披弓千張衣百七十九襲命帝師也憐八合失
甲自羅二思八等迤藏佛事于萬安興教慶壽等寺
凡一十九會斷死罪二百七十一人

本紀卷第十三

本紀卷第十四

翰林學士亞中大夫知制誥兼修國史臣宋濂　翰林待制承直郎同知制誥兼國史院編修官臣王禕等奉
敕修

世祖十一

二十三年春正月戊辰朔以皇太子故罷朝賀禁賣金銀銅錢越海互市甲戌帝以日本孤遠島夷重困民力罷征日本召阿八赤赴闕仍散所顧民船以江南廢寺土田爲人占據者悉付總統楊璉真加修寺已卯立羅不怯台闍鄽斡端等驛呂文煥以江淮行省右丞告老許之任其子爲宣慰使庚辰馬八國遣使進銅盾壬午太陰犯軒轅太民遣使代祀嶽瀆東海癸未罷肇昌二十四城拘榷所以其事入有司發鈔五千錠糴糧于沙靜隆興從桑哥請命楊璉真加遣宋宗戚謝儀孫全允堅趙沂趙太一入質甲申忽都魯言所部屯田新軍二百人鑿河渠於亦集乃之地役久功大乞以傍近民西僧餘户助其力從之愍荅孫遣使言軍士疲乏者八百餘人乞賑贍宜於朶魯朶海處驗其虛實帝曰比遣人往事已緩矣其使贈之丁亥焚陰陽僞書顯明曆辛卯命阿里海牙等議征安南事宜癸巳陞福州長溪縣爲福寧州以福安

寧德二縣隸之丙申以新附軍千人屯田合思罕關
東曠地官給農具牛種丁酉畋于近郊降叙州爲縣
隸夔夷宣撫司詔禁沮擾鹽課設諸路推官以審刑
獄上路二員中路一員陞龍興武寧縣爲寧州以分
寧隸之二月己亥勅中外凡漢民持鐵尺手撾及杖
之藏刃者悉輸于官辛丑遣使以鈔五千錠賑諸王
小薛所部饑民甲辰以雪雪的斤爲緬中行省左丞
相阿台董阿參知政事兀都迷失簽行中書省事以
阿里海牙仍安南行中書省左丞相與魯赤平章政
事都元帥烏馬兒亦里迷失阿里昝順樊楫並參知

政事遣使諭皇子也先鐵木兒調合剌章軍千人或
二三千付阿里海牙從征交趾仍具將士姓名以聞
乙巳廷議以東北諸王所部雜居其間宣慰司望輕
罷山北遼東道開元等路宣慰司立東京等處行中
書省以闊闊你敦爲左丞相遼東道宣慰使塔出右
丞同簽樞密院事楊仁風宣慰使亦而撒合並參知
政事敕中書省太府監所儲金銀循先朝例分賜諸
王復立大司農司專掌農桑陞宣徽院正二品降鎮
巢府爲巢州丁未用御史臺臣言立按察司巡行郡
縣法除使二員留司副使以下每歲二月分蒞按治

十月還司丙午太陰犯井戊申樞密院奏前遣蒙古軍
萬人屯田所獲除歲費之外可糶鈔三千錠乞分廩
諸翼軍士之貧者帝悅令從便行之調京師新附軍
二千立營屯田癸丑復置隰州大寧縣丁巳命湖廣
行省造征交趾海舩三百期以八月會欽廉州戊午
併江南行樞密院四處入行省命荆湖占城行省将
江浙湖廣江西三行省兵六萬人伐交趾荆湖行省
平章奧魯赤以征交趾事宜請入覲詔乘傳赴闕集
賢直學士程文海言省院諸司皆以南人參用惟御
史臺按察司無之江南風俗南人所諳宜參用之便

帝以語玉速鐵木兒對曰當擇賢者以聞帝曰汝漢
人用事者豈皆賢邪江南諸路學田昔皆隸官詔復給
本學以便教養封陳益稷爲安南王陳秀嵈爲輔義
公仍下詔諭安南吏民復立岳鄂常德潭州靜江榷
茶提舉司癸亥太史院上授時曆經曆議敕藏于翰
林國史院甲子復以平原郡公趙與芮江南田隸東
宮立甘州行中書省丙寅以編地里書召曲阜教授
陳儼京兆蕭㪺蜀人虞應龍唯應龍赴京師三月己
巳御史臺臣言近奉旨按察司參用南人非臣等所
知宜令侍御史行御史臺等程文海與行臺官博采

公潔知名之士具以名聞帝命賞詔以往太陰犯婁浚治中興路河渠省雲和署入教坊司辛未降梅循為下州甲戌雄霸二州及保定諸縣水泛溢冒官民田發軍民築河堤禦之乙亥以麥朮丁仍中書右丞與郭佑並領錢穀楊居寬典銓選立欽察衛親軍都指揮使司賜諸王脫忽帖木兒羊二萬丙子大駕幸上都詔行御史臺按察司以八月巡行郡縣中書省臣言阿合馬時諸王駙馬往來餉給之費悉取於萬億庫後徵百官俸入以償最非便詔在籍者除之勿徵以榷茶提舉李起南為江西榷茶轉運使起南嘗言

江南茶每引價三貫六伯文今宜增每引五貫事下中書議因令起南為運使置達魯花赤處其上丁丑徙東京行中書省于咸平府癸巳歲星犯壘壁陣以臨江路為北安王分邑夏四月庚子中書省臣請立汴梁行中書省及燕南河東山東宣慰司有旨南京戶寡盜息不必置省其宣慰司如所請濟南乃勝納合兒分地太原乃阿只吉分地其令各位委官一人同治之敕免雲南從征交趾蒙古軍屯田租立烏蒙站江南諸路財賦並隸中書省雲南省平章納速剌丁上便宜數事一曰弛道路之禁通民來往二曰禁負販之徒毋令從征三曰罷丹當站賦民金為飲食之費四曰聽民伐木貿易五曰戒使臣勿擾民居立急遞鋪以省驛騎詔議行之辛丑陝西行省言延安置屯田鷹坊總管府其火失不花軍逃散者皆入屯田今復供秦王阿難荅所部阿黑荅思飼馬及輸他賦有旨皆罷之其不悛者罪當死甲辰行御史臺自杭州徙建康以山南淮東淮西三道按察司隸內臺增置行臺色目御史員數丁未江東宣慰司進芝一本庚戌制謚法壬子樞密院納速剌丁言前所統漸丁軍五千人往征打馬國其力已疲今諸王復籍此

軍征緬宜取進止帝曰苟事力未損即遣之仍諭納速剌丁分阿剌章蒙古軍千人以能臣將之赴交趾助皇子脫歡己未遣要束木勾考荊湖行省錢穀中書擬要束木平章政事脫脫忽叅知政事有旨要束木小人事朕方五年授一理算官足矣脫脫忽人奴之奴令史宣使才也讀卿等所進擬令人恥之其以朕意諭安童以漢民就食江南者多又從官南方者秩滿多不還遣使盡徙北還仍設脫脫禾孫於黃河江淮諸津渡凡漢民非賫公文適南者止之為商者聽中書省臣言比奉旨凡為盜者毋釋今竊鈔數貫

及佩刀微物與童幼竊物者悉令配役臣等議一犯者杖釋再犯依法配役爲宜帝曰朕以漢人徇私用泰和律處事致盜賊滋衆故有是言人命至重今後非詳讞者勿輒殺人五月丁卯朔樞密院臣言臣等與玉速帖木兒議別十八里軍事凡軍行並聽伯顏節制其留務委孛欒帶及諸王阿只吉官屬統之爲宜從之己巳熒惑犯太微西垣上將荆湖行省阿里海牙上言要束木在鄂省勾考豈無貪賄臣亦請勾考之詔遣參知政事禿魯罕樞密院判李道治書侍御史陳天祥偕行甲戌汴梁旱徙江東按察司于宣

州庚辰歲星犯壘壁陣乙酉熒惑犯太微右執法勑遣就羅戍兵四百人還家庚寅廣平等路蠶災辛卯霸州漷州螟生安南國遣使來貢方物癸巳京畿旱六月丙申朔太白犯御女辛丑中書省臣言禿魯罕來奏前要束木阿里海牙互請鉤考今阿里海牙雖已死事之是非當令暴白帝曰卿言良是其連引諸人近者即彼追逮遠者宜以上聞此事自要束木所發當依其言究行之乙巳以立大司農司詔諭中外皇孫鐵木兒不花駐營亦奚不薛其糧餉仰於西川遠且不便徙駐重慶府詔以大司農司所定農桑輯

要書頒諸路命雲南陜西二行省籍定建都稅賦戊申括諸路馬凡色目人有馬者三取其二漢民悉入官敢匿與互市者罪之辛亥以亦馬剌丹忒忽里使交趾癸丑湖廣行省線哥言今用兵交趾分本省戍兵二萬八千七百人期以七月悉會靜江今已發精銳啓行餘萬七千八百人皆羸病屯田等軍不可用敕今歲姑罷之丁巳設陜西等路諸站總管府從三品庚申甘肅新招貧民百一十八户敕廩給之敕路府州縣捕盜者持弓矢各路十副府州七副縣五副以薛闍干爲中書省平章政事辛酉封楊邦憲妻田

氏爲永安郡夫人領播州安撫司事遣鎮西平緬等路招討使怯烈招諭緬國廣元路閬中麥秀兩岐高麗國遣使來貢秋七月丙寅朔遣必剌蠻等使爪哇己巳用中書省臣言以江南隸官之田多爲強豪所據立營田總管府其所據田仍履畝計之復尚醞監爲光祿寺罷遼陽等處行中書省復北京咸平等三道宣慰司給鐵古思合敦貧民幣帛各二千布千匹庚午江淮行省忙兀帶言今置省杭州兩淮江東諸路財賦軍實皆南輸又復北上不便揚州地控江海宜置省宿重兵鎮之且轉輸無往返之勞行省徙揚

州便徙之立淮南洪澤芍陂兩處屯田壬申平陽饑民就食隣郡者所在發倉賑之置中尚監右丞拜荅兒將兵討阿棠并其妻子禽之皆伏誅丁丑斡脫吉思部民饑遣就食北京其不行者發米賑之以雄易二州復隷保定給和林軍儲自京師輸米萬石發鈔即其地糴米萬石辛巳八都兒饑民六百戶駐八剌忽思之地給米千石賑之壬午總制院使桑哥具省臣姓名以上帝曰右丞相安童右丞麥朮丁參知政事郭佑楊居寬並仍前職以鐵木兒為左丞其左丞相嵬吉剌帶平章政事阿必失合忽都魯皆別議仍

諭中書選可代者以聞給金齒國使臣圓符癸巳銓定省院臺部官詔諭中外中書省除中書令外左右丞相並二員平章政事二員左右丞並一員參知政事二員行中書省平章政事二員左右丞並一員參知政事簽行省事並二員樞密院除樞密院使外同知樞密院事一員樞密院副使簽樞密院事並二員樞密院判一員御史臺御史大夫一員中丞侍御史治書侍御史並二員行臺同六部尚書侍郎郎中員外郎並二員其餘諸衙門並委中書省斟酌裁減八月丙申發鈔二萬九千錠鹽五萬引市米賑諸王阿

只吉所部饑民己亥敕樞密院遣侍衞軍千人扈從北征平陽路歲比不登免貧民稅賦罷淮東蘄黃宣慰司以黃蘄壽昌隷湖廣行省安慶六安光州隷淮西宣慰司招集宋鹽軍以市舶司隷泉府司乙卯太白犯軒轅右角辛酉婺州永康縣民陳巽四等謀反伏誅甘州饑禁酒罷德平定昌二路置德昌軍民總管府九月乙丑朔馬八兒須門那僧急里南無力馬蘭丹那旺丁呵兒來來急闌亦帶蘇木都剌十國各遣子弟上表來覲仍貢方物以太廟雨壞遣嵬吉剌帶致告奉安神主別殿甲申太陰犯天關壬辰高麗

遣使獻日本俘是月南部縣生嘉禾一莖九穗芝產于蒼溪縣冬十月甲午朔太白犯右執法以南康路隷江西行省徙淛西按察司治杭州罷諸道提刑按察司判官行御史臺監察御史及按察司官雖漢人並毋禁弓矢襄邑縣尹張玘為治有績鄒平縣達魯花赤回回能捕盜理財進秩有差丁酉享于太廟戊戌太陰犯建星己亥車駕至自上都壬寅太白犯左執法遣兵千人戍畏吾境乙巳賜合迷里貧民及合剌和州民牛種給鈔萬六千二百錠當其價合迷里民加賜幣帛並千匹己酉遣塔塔兒帶楊兀魯帶以

兵萬人船千艘征骨嵬中書省具宣徽大司農大都上都留守司存減員數以聞帝曰在禁近者朕自沙汰餘從卿等議之辛亥太陰犯東井河決開封祥符陳留杞太康通許鄢陵扶溝洧川尉氏陽武延津中牟原武睢州十五處調南京民夫二十萬四千三百二十三人分築隄防癸丑諭江南各省所統軍官教練水軍遣侍衛新附兵千人屯田別十八里置元帥府即其地總之甲寅太白犯進賢以征緬功調招討使張萬爲征緬副都元帥也先鐵木兒征緬招討司達魯花赤千户張成征緬招討使並虎符敕造戰船

將兵六千人以征緬俾禿滿帶爲都元帥總之乙卯給皇子脫歡馬四千匹部曲人三匹庚申濟寧路進芝二莖壬戌改河間鹽運司爲都轉運使司從戍甘州新附軍千人屯田中興千人屯田亦里黑高麗遣使來獻日本俘十六人馬法國進鞍勒氈甲興化路仙游縣蟲傷禾十一月乙丑中書省臣言朱清等海道運糧以四歲計之總百一萬石斗斛耗折願如數以償風浪覆舟請免其徵從之遂以昭勇大將軍沿海招討使張瑄明威將軍管軍萬户兼管海道運糧船朱清並爲海道運糧萬户仍佩虎符敕禽獸字孕

時無畋獵戊辰太白犯亢遣蒙古千户曲出等總新附軍四百人屯田別十八里己巳改思明等四州並爲路以阿八赤爲征交趾行省右丞丙子以涿易二州良鄉寶坻縣饑免今年租給糧三月平灤太原汴梁水旱爲災免民租二萬五千六百石有奇改廣東轉運市舶提舉司爲鹽課市舶提舉司丁丑命塔叉兒忽難使阿兒渾戊寅遣使閱實宣寧縣饑民周給之己卯太陰犯井辛巳歲星犯壘壁陣十二月乙未遼東開元饑賑糧三月戊戌太白犯東咸癸卯要束木藉阿里海牙家貲運致京師賜諸王朮伯所部軍

五千人銀萬五千兩鈔三千錠探馬赤二千人羊七萬口丙午置燕南河東山東三道宣慰司罷大有署丁未太陰犯井乙卯諸道宣慰司在內地者設官四員江南者六員以阿里海牙所庇逃民無主者千人屯田遣中書省斷事官禿不申復鉤考湖廣行省錢穀復置泉州市舶提舉司大都饑發官米低其價糶貧民丙辰遣蒲昌赤貧民墾甘肅閑田官給牛種農具賜安南國王陳益稷羊馬鈔百錠丁巳太陰犯氐戊午翰林承旨撒里蠻言國史院纂脩太祖累朝實録請以畏吾字繙譯俟奏讀然後纂定從之諸路分

置六道勸農司庚申置尚珍署於濟寧等路秩從五品是歲以亦攝思憐爲帝師賜皇子奧魯赤脫歡諸王朮伯也不干等羊馬鈔一十五萬一千九百二十三錠馬七千二百九十四羊三萬六千二百六十九口幣帛毳段木綿三千二百八十八匹貂裘十四又賜皇子脫歡所部憐牙思不花等及欠州諸局工匠鈔五萬六千一百三十九錠一十二兩命西僧遞作佛事于萬壽山玉塔殿萬安寺凡三十會大司農司上諸路學校凡二萬一百六十六所儲義糧九萬五百三十五石植桑棗雜菓諸樹二千三百九萬四千

六百七十二株斷死刑百一十四人

二十四年春正月乙丑復雲南石梁縣戊辰以修築柳林河堤南軍三千浚河西務漕渠皇子奧魯赤部曲饑命大同路給六十日糧免唐兀衛河西地元籍徭賦壬申御正殿受諸王百官朝賀癸酉俱藍國遣使不六溫乃等來朝甲戌太陰犯東井乙酉太陰犯房丙戌以參政程鵬飛爲中書右丞阿里爲中書左丞丁亥以不顏里海牙爲參知政事發新附軍千人從阿八赤討安南弛女直水達達地弓矢之禁復改江淅省爲江淮行省戊子以鈔萬錠賑斡端貧民西邉歲饑民困賜絹萬匹庚寅遣使代祀嶽瀆后土東海辛卯以淮東淮西山南三道按察司隷行御史臺立上林署秩從七品詔發江淮江西湖廣三省蒙古漢券軍及雲南兵及海外四州黎兵命海道運糧萬户張文虎等運糧十七萬石分道以討交趾置征交趾行尚書省奧魯赤平章政事烏馬兒樊楫參知政事總之並受鎮南王節制二月壬辰朔遣使持香幣詣龍虎閣皂三茅設醮召天師張宗演赴闕癸巳雍古部民饑發米四千石賑之不足復給六千石米價甲午畋于近郊乙未以麥木丁爲平章政事真定路

饑發沿河倉粟減價糶之以真定所牧官馬四萬餘匹分牧他郡禁畏吾地禽獸孕孳時畋獵庚子太陰犯天關辛丑太陰犯東井甲辰陞江淮行大司農司事秩二品設勸農營田司六秩四品使副各二員隷行大司農司以范文虎爲中書右丞商議樞密院事壬子封駙馬昌吉爲寧濮郡王設都總管府以總皇子北安王民匠斡端大小財賦中書省臣言自正旦至二月中旬費鈔五十萬錠臣等無總財賦自今侍臣奏請賜賚乞令臣等預議帝曰此朕所常慮仍諭王速鐵木兒月赤徹兒知之丙辰馬八兒國貢方物

戊午敕諸王闊里鐵木兒節制諸軍以趙與芮子孟桂襲平原郡公乃顔遣使徵東道兵諭闊里鐵木兒毋輒發閏二月癸亥太陰犯辰星以女直水達達部連歲飢荒移粟賑之仍盡免今年公賦及減所輸皮布之半以宋畬軍將校授管民官散之郡邑敕春秋二仲月上丙日祀堯帝祠西京等處管課官馬合謀自言歲以西京平陽太原課程額外羨錢市馬駝千輸官而實盜官錢市之按問有跡伏誅乙丑畋于近郊召麥术丁鐵木兒楊居寬等與集賢大學士阿魯渾撒里及葉李程文海趙孟頫論鈔法麥术丁言自

制國用使司改尚書省頗有成効今仍分兩省爲便詔從之各設官六員其尚書以桑哥鐵木兒平章政事阿魯渾撒里右丞葉李左丞馬紹參知政事餘一員議選回回人充中書宜設丞相二員平章政事二員參知政事二員省隴右河西道提刑按察司分置鞏昌者入甘州設官五員以鞏昌改隸京兆提刑按察司設官六員省太原提刑按察司分置西京者入太原辛未以復置尚書省詔天下除行省與中書議行餘並聽尚書省從便以聞設國子監立國學監官祭酒一員司業二員監丞一員學官博士二員助教四員生

員百二十人蒙古漢人各半官給紙劄飲食仍隸集賢院設江南各道儒學提舉司甲申太陰犯牽牛車駕還宮乙酉改淄萊路爲般陽路置錄事司大都饑免今歲銀俸鈔諸路半徵之罷江南竹木柴薪及岸例魚牙諸課停不給之務敕行省宣慰司勿濫舉官吏受除官延引歲月不即之任者追所受宣敕鎮南王脫歡徙鎮南京改福建市舶都漕運司爲都轉運鹽使司范文虎改尚書右丞商議樞密院事改行中書省爲行尚書省六部爲尚書六部以吏部尚書忻都爲尚書省參知政事庚寅大駕幸上都札魯忽赤

合剌合孫等言去歲審囚官所録囚數南京濟南兩路應死者已一百九十人若總校諸路爲數必多宜留札魯忽赤數人分道行刑帝曰囚非羣羊豈可遽殺耶宜悉配隸淘金三月甲午更造至元寶鈔頒行天下中統鈔通行如故以至元寶鈔一貫文當中統交鈔五貫文子母相權要在新者無冗舊者無廢凡歲賜周乏餉軍皆以中統鈔爲准禁無籍自効軍擾民仍籍充軍丙申太陰犯東井乙卯幸涼陘遼東饑弛太子河捕魚禁丙辰馬八兒國遣使進奇獸一類騾而巨毛黑白間錯名阿塔必即降重慶路定遠州

爲縣命都水監開汶泗水以達京師汴梁河水泛溢役夫七千修完故堤夏四月癸酉太陰犯氐甲戌太陰犯房甲申忻都奏發新鈔十一萬六百錠銀千五百九十三錠金百兩付江南各省與民互市是月諸王乃顔反五月己亥遣也先傳旨諭北京等處宣慰司凡隸乃顔所部者禁其往來毋令乘馬持弓矢庚子以不魯合罕總探馬赤軍三千人出征移濟南宣慰司治益都燕南按察司治大名南京按察司治南陽太原按察司治西京復立豐州亦剌真站壬寅以御史臺吏王良弼等誹訕尚書省政事誅良弼籍其

家餘皆斷罪用桑哥言置上海福州兩萬户府以維制沙不丁烏馬兒等海運船户工兩部各增尚書二員授高麗王睶行尚書省平章政事罷諸路站脱脱禾孫括江南諸路匠户沙不丁言江南各省南官多每省宜用一二人帝曰除陳巖呂師夔管如德范文虎四人餘從卿議帝自將征乃顔發上都括江南僧道馬匹詔范文虎將衛軍五百鎮平灤以欽察爲親軍都指揮使也速帶兒右衛僉事王通副之甲辰免北京今歲絲銀仍以軍旅經行給鈔三千錠賑之壬子高麗王睶請益兵征乃顔以五百人赴之六月庚

申朔百官以職守不得從征乃顔願獻馬以給衛士壬戌至撒兒都魯之地乃顔黨塔不帶率所部六萬逼行在而陣遣前軍敗之乙丑敕遼陽省督運軍儲壬申發諸衛軍萬人蒙古軍千人戍豪懿州諸王失都兒所部鐵哥率其黨取咸平府渡遼欲刼取豪懿州守臣以乏軍求援敕以北京戍軍千人赴之括平灤路馬北京饑免絲銀租稅乙亥霸州益津縣霖雨傷稼以陝西涇邠乾及安西屬縣閑田立屯田總管府置官屬秩三品車駕駐干大利斡魯脱之地獲乃顔輜重千餘仍禁秋毫無犯秋七月癸巳乃顔黨失都

兒犯咸平宣慰塔出從皇子愛牙赤合兵出瀋州進討宣慰亦兒撒合分兵趣懿州其黨悉平丁酉弘州匠官以犬兎毛製如西錦者以獻授匠官知弘州戊戌太陰犯南斗樞密院奏發征緬行省事合撒兒海牙言比至緬國諭其王赴闕彼言鄰番數叛未易即行擬遣阿難荅剌奉表賚土貢入覲辛丑太陰犯牽牛壬寅熒惑犯輿鬼庚戌雲南行省愛魯言金齒酋打奔等兄弟求内附且乞入覲壬子太陰犯司怪癸丑日暈連環白虹貫之罷乃顔所署益都平灤也不干河間分地達魯花赤及勝納合兒濟南分地所署官

移北京道按察司置豪州免東京等處軍民徭賦壁福建鹽運使司依兩淮等例爲都轉運使司以中興府隸甘州行省以河西管牙赤所部屯田軍同沙州居民修城河西瓜沙等處立闍鄽屯田八月癸亥太白犯亢濬州進瑞麥一莖九穗乙丑車駕還上都以李海剌孫爲征緬行省參政將新附軍五千探馬赤軍一千以行仍調四川湖廣行省軍五千赴之召能通白夷金齒道路者張成及前占城軍總管劉全並爲招討使佩虎符從征以脫滿答兒爲都元帥將四川省兵五千赴緬省仍令其省駐緬近地以俟進止

元史本紀卷第十四　十八

置江南四省交鈔提舉司己巳謫從叛諸王赴江南諸省從軍自效諭鎮南王脫歡禁戢從征諸王及省官奥魯赤等毋縱軍士焚掠毋以交趾小國而易之癸酉朶兒朶海獲叛王阿赤思赦之亦集乃路屯田總管忽都魯請疏浚管內河渠從之丙子填星南犯壘壁陣己卯太陰犯天關辛巳太陰犯東井甲申太白犯房丁亥濬州饑又經乃顏叛兵蹂踐免其今歲絲銀租賦以北京伐木三千户屯田平灤立豐贍昌國濟民三署秩五品設達魯花赤令丞直長各一員女人國貢海人置河西務馬站九月辛卯東京詛靜

麟威遠婆娑等處大霖雨江水溢沒民田大定金源高州武平興中等處霜雹傷稼丁酉熒惑犯長垣己亥湖廣省臣言海南瓊州路安撫使陳仲達南寧軍總管謝有奎延欄總管符庇成以其私船百二十艘黎兵千七百餘人助征交趾詔以仲達仍爲安撫使佩虎符有奎庇成亦仍爲沿海管軍總管佩金符庚子太白犯天江給諸王八八所部窮乏者鈔萬一千錠禁市毒藥者以西京平灤路饑禁酒乙巳太陰犯畢以米二萬石羊萬口給阿沙所統唐兀軍丁未安南國遣其中大夫阮文彥通侍大夫黎仲讒貢方物

元史本紀卷第十四　十九

戊申咸平懿州北京以乃顏叛民廢耕作又霜雹爲災告饑詔以海運糧五萬石賑之辛亥熒惑犯太微西垣上將壬子太白犯南斗禁沮撓江南茶課高麗王王賰來朝冬十月戊午朔日有食之壬戌太陰犯牽牛大星甲子享于太廟桑哥請賜葉李馬紹不忽木高翥等鈔詔賜李鈔百五十錠不忽木紹翥各百錠又言中書省舊在大內前阿合馬移置於北請仍舊爲宜從之癸酉江西行院月的迷失言廣東窮邊險遠江西福建諸冦出没之窟乞於江南諸省分軍一萬益臣詔江西忽都帖木兒以軍五千付之丙子

誅耶佑楊居寬戊寅桑哥言北安王王相府無印而安西王相獨有印實非事例乞收之諸王勝納合兒印文曰皇姪貴宗之寳寳非人臣所宜用因其分地改爲濟南王印爲宜皆從之從總帥汪惟和言分所部戍四川軍五千人屯田六盤乙酉熒惑犯左執法立陝西寶鈔提舉司羅北甸土官火者阿禾及維摩合剌孫之子並內附丙戌范文虎言豪懿東京等處人心未安宜立省以撫綏之詔立遼陽等處行尚書省以薛闍干闊里帖木兒並行尚書省平章政事洪茶丘右丞亦兒撒合左丞楊仁風阿老瓦丁並參知政

事十一月壬辰太白犯壘壁陣月暈金土二星雲南省右丞愛魯兵次交趾木兀門其將昭文王以四萬人守之愛魯擊破之獲其將黎石何英弛太原保德河魚禁以桑哥爲金紫光祿大夫尚書右丞相兼統制院使領功德使司事從桑哥請以平章帖木兒代其位右丞阿剌渾撒里陞平章政事葉李陞右丞參知政事馬紹陞左丞陞集賢院秩正二品丙申熒惑犯太微東垣上相丁酉桑哥言先是皇子忙哥剌封安西王統河西土番四川諸處置王相府後封秦王綰二金印今嗣王安難答仍襲安西王印弟按攤不花別

用秦王印其下復以王傅印行一藩而二王恐於制非宜詔以阿難答嗣爲安西王仍置王傅而上秦王印按攤不花所署王傅罷之戊戌以別十八里漢軍及新附軍五百人屯田合迷玉速曲之地己亥鎮南王次思明程鵬飛與奥魯赤等從鎮南王分道並進阿八赤以萬人爲前鋒庚子太白晝見大都路水賜今年田租十二萬九千一百八十石辛丑烏馬兒樊楫及程鵬飛等遂趨交趾所向克捷改衛尉院爲太僕寺秩三品仍隸宣徽以月赤徹兒禿禿合領之丙午鎮南王次界河交趾發兵拒守前鋒皆擊破之己

酉詔議弭盜桑哥王速帖木兒言江南歸附十年盜賊迄今未靖者宜降旨立限招捕而以安集責州縣之吏其不能者黜之葉李言臣在漳州十年詳知其事大抵軍官嗜利與賊通者尤難弭息宜令各處鎮守軍官例以三年轉徙庶革斯弊帝皆從其議詔行之封駙馬帖木兒濟寧郡王壬子以江西行省平章忽都帖木兒督捕廣東等處盜賊甲寅命京畿濟寧兩漕運司分掌漕事鎮南王次萬劫諸軍畢會獲福建首賊張治囝其黨皆平諭江南四省招捕盜賊丙辰熒惑犯進賢十二月癸亥立尚乘寺順元宣慰使

兀魯古言金竹寨主搔驢等以所部百二十五寨内附甲子皇子北安王置王傅凡軍需及本位諸事並以王傅領之丙寅太陰犯畢太白晝見丁卯減揚州省歲額米十五萬石以鹽引五十萬易糧免浙西魚課三千錠聽民自漁發河西甘肅等處富民千人往闍鄽地與漢軍新附軍雜居耕植從安西王阿難荅請設本位諸匠都總管府陞萬億庫官秩四品癸酉鎮南王次茅羅港攻浮山寨破之諸王薛徹都等所駐之地雨土七晝夜羊畜死不可勝計以鈔暨幣帛綿布雜給之其直計鈔萬四百六十七錠丁丑以朱

清張瑄海漕有勞遥授宣慰使乙酉鎮南王以諸軍渡富良江次交趾城下敗其守兵日烜與其子棄城走敢喃堡是歲命西僧監臧宛卜卜思哥等作佛事坐静于大殿寢殿萬壽山五臺山等寺凡三十三會斷天下死刑百二十一人浙西諸路水免今年田租十之二西京北京隆興平灤南陽懷孟等路風雹害稼保定太原河間般陽順德南京真定河南等路霖雨害稼太原尤甚屋壞壓死者衆平陽春旱二麥枯死秋種不入土鞏昌雨雹蝦蚄爲災分賜皇子諸王駙馬怯薛帶等羊馬鈔總二十五萬三千五百餘錠又賜諸王怯薛帶等軍人馬一萬二千二百羊二萬二千六百駞百餘賑貧乏者合剌忽荅等鈔四萬八千二百五十錠

本紀卷第十四

本紀卷第十五　　元史十五

翰林學士亞中大夫知制誥兼修國史臣宋濂　翰林待制承直郎同知制誥兼國史院編修官臣王禕等奉
勑修

世祖十二

二十五年春正月日烜復走入海鎮南王以諸軍追
之不及引兵還交趾城命烏馬兒將水兵迎張文虎等
糧船又發兵攻其諸寨破之己丑詔江淮省管内並
聽忙兀帶節制庚寅祭日于司天臺賜諸王火你赤
銀五伯兩珠一索錦衣一襲玉都銀千兩珠一索錦
衣一襲辛卯尚書省臣言初以行省置丞相與内省

無別罷之今江淮省平章政事忙兀帶所統地廣事
繁乞依前爲丞相詔以忙兀帶爲右丞相以蘄黄二
州壽昌軍隷湖廣省毀中統鈔板乙未賞征東功從
乘輿將吏陞散官二階軍士鈔人三錠從皇孫將吏
陞散官一階軍士鈔人二錠死事者給其家十錠凡
爲鈔四萬一千四百二十五錠丁酉遣使代祀岳瀆
東海后土戊戌大赦敕弛遼陽漁獵之禁惟毋殺孕
獸壬寅高麗遣使來貢方物賀州賊七百餘人焚掠
封州諸郡循州賊萬餘人掠梅州癸卯海都犯邊敕
駙馬昌吉諸王也只烈察乞兒合丹兩千戸皆發兵
從諸王朮伯北征賜諸王亦憐真部曲鈔三萬錠掌
吉舉兵叛諸王拜荅罕遣將追之至八立渾不及而
還甲辰也速不花謀叛逮捕至京師誅之乙巳太陰犯
角蠻洞十八族饑餓死者二百餘人以鈔千五百錠
有奇市米賑之丙午敺于近郊以平江葅兵屯田于
淮東西杭蘇二州連歲大水賑其尤貧者戊申太陰犯
房己酉詔中興西涼無得沮壞河渠兩淮兩淛無得
沮壞歲課發海運米十萬石賑遼陽省軍民之饑者
辛亥省器盒局入諸路金玉人匠總管府癸丑詔行
大司農司各道勸農營田司廵行勸課舉察勤惰歲

具府州縣勸農官實迹以爲殿最路經歷官縣尹以
下並聽裁決或怙勢作威侵官害農者從提刑按察
司究治募民能耕江南曠土及公田者免其差役三
年其輸租免三分之一江淮行省言兩淮土曠民寡
兼并之家皆不輸稅又管内七十餘城止屯田兩所宜
增置淮東西兩道勸農營田司督使耕之制曰可二
月丁巳改濟州漕運司爲都漕運司併領濟之南北
漕京畿都漕運司惟治京畿鎮南王引兵還萬刼烏
馬兒迎張文虎等糧船不至諸將以糧盡師老宜全
師而還鎮南王從之戊午命李庭整漢兵五千東征

賜葉李平江嘉興田四頃庚申司徒撒里蠻等進讀
祖宗實録帝曰太宗事則然睿宗少有可易者定宗
固日不暇給憲宗汝獨不能憶之耶猶當詢諸知者
徵大都南諸路所放扈從馬赴京官給芻粟價令自
糴之毋擾諸縣民遼陽武平等處饑除今年租賦及
歲課貂皮浚滄州鹽運渠辛酉忙兀帶忽都忽言其
軍三年荐饑賜米五百石壬戌省遼東海西道提刑
按察司入北京江南湖北道提刑按察司入京南敕
江淮勿捕天鵝弛魚濼禁丙寅賜雲南王塗金駝鈕
印改南京路爲汴梁路北京路爲武平路西京路爲

大同路東京路爲遼陽路中興路爲寧夏府路改江
西茶運司爲都轉運使司并榷酒醋稅改河渠提舉
司爲轉運司江淮總攝楊璉真加言以宋宮室爲塔
一爲寺五已成詔以水陸地百五十頃養之詔徵蓟
洪山隱士劉彥深甲戌蓋州旱民饑蠲其租四千七
百石己卯以高麗國王王睶復爲征東行尚書省左
丞相豪懿州饑以米十五萬石賑之禁遼陽酒京師
水發官米下其價糶貧民以江南站戶貧富不均命
有司料簡合戶稅至七十石當馬一匹並免雜徭獨
戶稅逾七十石願入站者聽合戶稅不得過十戶獨

戶稅無上百石辛巳以杭州西湖爲放生池壬午鎮
南王命烏馬兒樊楫將水兵先還程鵬飛塔出將兵
護送之以御史臺監察御史提刑按察司多不舉職
降詔申飭之命皇孫雲南王也先鐵木兒帥兵鎮大
理等處三月丙戌諸王昌童部曲饑給糧三月丁亥
熒惑犯太微東垣上相戊子太陰犯畢車駕還宮淞江
民曹夢炎願歲以米萬石輸官乞免他徭且求官職
桑哥以爲請遙授浙東道宣慰副使改曲靖路總管
府爲宣撫司庚寅大駕幸上都改蘭遺所爲蘭遺監
陞正四品敕遼陽省亦乞列思吾魯兀札剌兒探馬

赤自懿州東征李庭遙授尚書左丞食其祿將漢兵
以行江淮行省忙兀帶言宜除軍官更調法死事者
增散官病故者降一等帝曰父兄雖死事子弟不勝
任者安可用之苟賢矣則病故者亦不可降也辛卯
以六衛漢兵千二百新附軍四百屯田兵四百造尚
書省鎮南王以諸軍還張文虎糧船遇賊兵船三十
艘文虎擊之所殺略相當費拱辰徐慶以風不得進
皆至瓊州凡亡士卒二百二十人船十一艘糧萬四
千三百石有奇癸巳賜諸王朮伯銀五萬兩幣帛各
一萬匹兀魯台朮忽兒銀五千兩幣帛各一百甲午

禁捕鹿羔鎮南王次內傍關賊兵大集以遏歸師鎮南王遂由單巳縣趨盝州間道以出乙未以往歲北邊大風雪拔突古倫所部牛馬多死賜米千石丁酉駐蹕野狐嶺命阿東塔不帶總京師城守諸軍己亥太陰掩角壬寅禮部言會同館蕃夷使者時至宜令有司倣古職貢圖繪而爲圖及諭其風俗土產去國里程籍而錄之實一代之盛事從之鎮南王次思明州命愛魯引兵還雲南奥魯赤以諸軍北還日烜遣使來謝進金人代己罪乙巳詔江西管內並聽行尚書省節制戊申改山東轉運使司爲都轉運使司兼濟

南路酒稅醋課己酉徐邳屯田及靈壁睢寧二屯雨雹如雞卵害麥甲寅循州賊萬餘人寇漳浦泉州賊二千人寇長泰汀贛畬賊千餘人寇龍溪皆討平之夏四月丙辰萊縣蒲臺旱饑出米下其直賑之戊午太陰犯井庚申以武岡寶慶二路荐經寇亂免今年酒稅課及前歲逋租辛酉從行泉府司沙不丁烏馬兒請置鎮撫司海船千戶所市舶提舉司省平陽投下總管府入平陽路雜造提舉司入雜造總管府桑哥言自至元丙子置應昌和糴所其間必多盜詐宜加鉤考扈從之臣種地極多宜依軍站例除四頃之外

驗畝征租並從之癸亥渾河決發軍築堤捍之乙丑廣東賊董賢舉等七人皆稱大老聚衆反剽掠吉贛瑞撫龍興南安韶雄汀諸郡連歲擊之不能平江西行樞密院副使月的米失請益兵江西行省平章忽都鐵木兒亦以地廣兵寡爲言詔江淮省分萬戶一軍詣江西俟賊平還翼戊辰浚怯烈河以溉口溫腦兒黃土山民田庚午立弘吉剌站癸酉尚書省臣言近以江淮饑命行省賑之吏與富民因緣爲姦多不及於貧者今杭蘇湖秀四州復大水民鬻妻女易食請輟上供米二十萬石審其貧者賑之帝是其言甲

戌萬安寺成佛像及窻壁皆金飾之凡費金五百四十兩有奇水銀二百四十斤遼陽省新附軍逃還各衛者令助造尚書省仍命分道招集之增立直沽海運米倉命征交趾諸軍還家休息一歲敕緬中行省比到緬中一稟雲南王節制庚辰安南國王陳日烜遣中大夫陳克用來貢方物賜諸王小薛金百兩銀萬兩鈔千錠及幣帛有差辛巳賜諸王阿赤吉金二百兩銀二萬二千五百兩鈔九千錠及紗羅絹布有差命甘肅行省發新附軍三百人屯田亦集乃陝西省督畢昌兵五千人屯田六盤山癸未雲南省右丞

愛魯上言自發中慶經羅羅白衣入交趾往返三十八戰斬首不可勝計將士自都元帥以下獲功者四百七十四人甲申詔皇孫撫諸軍討叛王火魯火孫合丹禿魯干五月丙戌敕武平路括馬千匹戊子諸王察合子闊闊帶叛床兀兒執之以來己丑汴梁大霖雨河決襄邑漂麥禾以左右怯薛衛士及漢軍五千三百人從皇孫北征甲午發五衛漢兵五千人北征乙未桑哥言中統鈔行垂三十年省官皆不知其數今已更用至元鈔宜差官分道置局鈎考中統鈔本從之丙申賜諸王八八金百兩銀萬兩金素段五百

紗羅絹布等四千五百匹馬兒來獻璞玉丁酉平江水免所負酒課減米價賑京師改雲南烏撒宣撫司爲宣慰司兼管軍萬戶府戊戌復盧墓越支三义沽三鹽使司王家奴火魯忽帶察罕復舉兵反己亥雲南行省言金沙江西通安等五城宜依舊隸察罕章宣撫司金沙江東永寧等處五城宜廢以北勝施州爲北勝府從之壬寅渾天儀成運米十五萬石詣懿州餉軍及賑饑民乙巳罷興州採鑛提舉司營上都城內倉丁未奉安神主于太廟戊申太白犯畢賜拔都不倫金百五十兩銀萬五千兩及幣帛紗羅等萬匹

辛亥孟州烏河川雨雹五寸大者如拳癸丑詔湖廣省管內並聽平章政事禿滿要束木節制還四川省治重慶復還宣慰司於成都高麗遣使來貢方物詔四川管內並聽行尚書省節制河決汴梁太康通許杞三縣陳潁二州皆被害六月甲寅以新附軍修尚食局庚申賑諸王昔兒伯部曲之饑者及桂陽路饑民辛酉禁上都桓州應昌隆興酒壬戌賜諸王朮伯金銀皆二百五十兩幣帛紗羅萬匹乙丑詔蒙古人總漢軍閱習水戰丁卯又賜諸王朮伯銀二萬五千兩幣帛紗羅萬匹復立咸平至建州四驛以延安屯

田總管府復隸安西省戊辰海都將暗伯著暖以兵犯業里干腦兒管軍元帥阿里帶戰却之壬申睢陽霖雨河溢害稼免其租千六十石有奇命諸王怯憐口及扈從臣轉米以饋將士之從皇孫者太醫院光祿寺儀鳳寺侍儀司拱衛司皆毋隸宣徽院罷教坊司入拱衛司癸酉詔加封南海明著天妃爲廣祐明著天妃甲戌太白犯井改西南番總管府爲永寧路乙亥以考城陳留通許杞太康五縣大水及河溢沒民田蠲其租萬五千三百石丙子給兵五十人衛澉西宣慰使史弼使任治盜之責丁丑太陰犯歲星發兵

千五百人詣漢北浚井癸未處州賊柳世英寇青田麗水等縣浙東道宣慰副使史耀討平之賞國富昌等一十六屯雨水蝗害稼秋七月甲申朔復葺興靈二州倉始命昔寶赤合剌赤貴由赤左右衛士轉米輸之委省官督運以備賑給丙戌真定汴梁路蝗運大同太原諸倉米至新城爲邊地之儲以南安瑞贛三路連歲盜起民多失業免逋稅萬二千六百石有奇弛寧夏酒禁發大同路粟賑流民保定路霖雨害稼蠲今歲田租改儲偫所爲提舉司敕征交趾兵官還家休息一歲壬辰遣必闍赤以鈔五千錠往應昌

和糴軍儲改會同館爲四賓庫戊戌駐蹕許泥百牙之地同知江西行樞密院事月的迷失上言近以盜起廣東分江西江淮福建三省兵萬人令臣將之討賊臣領萬人內得蒙古軍三百并臣所籍降戶萬人置萬戶府以撒木合兒爲達路花赤佩虎符詔許之以沭川等五寨割隸嘉定者還隸馬湖蠻部總管府己亥熒惑犯氐庚子太白犯鬼膠州連歲大水民採橡而食命減價糶米以賑之霸漷二州霖雨害稼免其今年田租乙巳太陰掩畢諸王也真部曲饑分五千戶就食濟南保定路唐縣野蠶繭絲可爲帛壬子命幹端

戍兵三百一十人屯田命六衛造兵器八月癸丑諸王也真言臣近將濟寧投下蒙古軍東征其家皆乏食頗賜濟南路歲賦銀使易米而食詔遼陽省給米萬石賑之丙辰熒惑犯房袁之萍鄉縣進嘉禾詔安童以本部怯薛蒙古軍三百人北征己未太白犯軒轅大星辛酉免江州學田租癸亥尚書省成壬申安西省管內大饑蠲其田租二萬一千五百石有奇仍貸粟賑之癸酉以河間等路鹽運司兼管順德廣平綦陽三鐵冶丙子發米三千石賑滅吉兒帶所部饑民趙晉冀三州蝗丁丑嘉祥魚臺金鄉三縣霖雨害

稼蠲其租五千石庚辰車駕次孛羅海腦兒以咸平府經兵亂發瀋州倉賑之分萬億庫爲寶源賦源綺源廣源四庫九月癸未朔熒惑犯天江大駕次野狐嶺甘州旱饑免逋稅四千四百石丙戌置汀梅二州驛己丑獻莫二州霖雨害稼免田租八百餘石壬辰大駕至大都乙未罷檀州淘金戶都哇犯邊庚子太陰犯畢鬼國建都皆遣使來貢方物從桑哥請營五庫禁中以貯幣帛癸卯熒惑犯南斗命忽都忽民戶復地輸稅尚書省臣言自立尚書省凡倉庫諸司無不鉤考宜置徵理司秩正三品專治合追財穀以甘肅

等處行尚書省參政禿烈羊呵簽省吳誠並爲徵理使從之陞寶鈔總庫永盈庫並爲從五品改八作司爲提舉八作司秩正六品增元寶永豐及八作司官吏俸庚戌太醫院新編本草成冬十月己未享于太廟庚申從桑哥請以省院臺官十二人理筭江淮江西福建四川甘肅安西六省錢穀給兵使以爲衛烏思藏宣慰使軟奴汪朮當賑其管內兵站饑戶桑哥請賞之賜銀二千五百兩甲子置虎賁司復改爲武衛司丙寅賜瀛國公趙㬎鈔百錠以甘州轉運司隸都省湖廣省言左右江口溪洞蠻獠置四總管府統

州縣洞百六十而所調官畏憚瘴癘多不敢赴請以漢人爲達魯花赤軍官爲民職雜土人用之就擬夾谷三合等七十四人以聞從之大同民李伯祥蘇永福八人以謀逆伏誅庚午海都犯邊桑哥請明年海道漕運江南米須及百萬石又言安山至臨清爲渠二百六十五里若開浚之爲工三百萬當用鈔三萬錠米四萬石鹽五萬斤其陸運夫萬三千戶復罷爲民其賦入及芻粟之估爲鈔二萬八千錠費略相當然渠成亦萬世之利請以今冬備糧費來春浚之制可丙子始造鐵羅圈甲瀛國公趙㬎學佛法于土番

己卯也不干入寇不都馬失引兵奮擊之塔不帶及忽剌忽阿塔海等戰却之詔免儒戶雜徭尚書省臣請令集賢院諸司分道鉤考江南郡學田所入羨餘貯之集賢院以給多才藝者從之給倉官俸高麗遣使來貢方物十一月壬午鞏昌路荐饑免田租之半仍以鈔三千錠賑其貧者以忽撒馬丁爲管領甘肅陝西等處屯田等戶達魯花赤督斡端可失合兒工匠千五十戶屯田丁亥金齒遣使貢方物以山東東西道提刑按察使何榮祖爲中書省參知政事脩國子監以居胄子禁有分地臣私役富室爲柴米戶及賦

外雜徭柳州民黃德清叛潮州民蔡猛等拒殺官軍並伏誅庚寅床哥里合引兵犯建州殺三百餘人咸平大震辛卯兀良合饑民多殍死給三月糧壬辰罷建昌路屯田總管府癸巳賜諸王也里千金五十兩銀五千兩鈔千錠幣帛紗羅等二千匹也速帶兒牙林海剌孫執揑坤忽都荅兒兩叛王以歸甲午北兵犯邊詔福建省管內並聽行尚書省節制丙申合迷裏民饑種不入土命愛牙赤以屯田餘糧給之己亥命李思衍爲禮部侍郞充國信使以萬奴爲兵部郞中副之同使安南詔諭陳日烜親身入朝否則必再

加兵大都民史吉等請立桑哥德政碑從之辛丑馬八兒國遣使来朝帖列滅入冦甲辰以肇昌便宜都總帥府統五十餘城兵民事繁改爲宣慰使司兼便宜都總帥府改釋教總制院爲宣政院秩從一品印用三臺以尚書右丞相桑哥兼宣政使庚戌益咸平府戍兵三百十二月乙卯賜按答兒秃等金千二百五十兩銀十二萬五千兩鈔二萬五千錠幣帛布氎二萬三千六百六十六匹命上都募人運米萬石赴和林應昌府運米三萬石給弘吉剌軍丁巳海都兵犯邊拔都也孫脫迎擊死之先是安童將兵臨邊爲

失里吉所執一軍皆沒至是八鄰来歸從者凡三百九十人賜鈔萬二千五百一十三錠辛酉太陰犯畢癸亥置大都等路打捕民匠等戶總管府甲子太陰犯井辛未桑哥言有分地之臣例以貧乏爲辭希覬賜與財非天墜地出皆取於民苟不慎其出入恐國用不足帝曰自今不當給者汝即畫之當給者宜覆奏朕自處之甲戌太陰犯元熒惑犯壘壁陣安西王阿難荅来告兵士飢且闕橐駞詔給米六千石及橐駞百乙亥湖頭賊張治囝掠泉州免泉州今歲田租丙子也速不花以昔列門叛甘肅行省官約諸王八

八拜荅罕駙馬昌吉合兵討之皆自縛請罪獨昔列門以其屬西走追至朶郎不帶之地邀而獲之以歸于京師庚辰六衛屯田飢給更休三千人六十日糧高麗國王遣使来貢方物賜諸王愛牙合赤等金千兩銀一萬八千三百六十兩絲萬兩綿八萬三千二百兩金素幣一千二百匹絹五千九十八匹賜皇子愛牙赤部曲等羊馬鈔二十九萬百四十七錠馬二萬六千九百一十四羊十萬二百一十駞八牛九百賙諸王貧乏者鈔二十一萬六百錠馬六千七百二十五羊一萬二千八百五十七牛四十賜妻子家貲

沒于冦者鈔三萬二千八百八十錠馬羊百償以羊馬諸物供軍者鈔千六百七十四錠馬四千三百二十五羊三萬四千百九十九駞七十二牛三十賞自冦中拔歸者鈔四千七十八錠因兩雹河溢害稼除民租二萬二千八百石命亦思麻等七百餘人作佛事坐靜于玉塔殿寢殿萬壽山護國仁王等寺凡五十四會命天師張宗演設醮三日以光禄寺直隸都省置醴源倉分太倉之麯米蘗物隸馬以滄州之軍營城爲滄溟縣以施州之清江縣隸夔路總管府罷安和署大司農言耕曠地三千五百七十頃立學校二萬

四千四百餘所積義糧三十一萬五千五百餘石斷死罪九十五人

二十六年春正月丙戌地震詔江淮省忙兀帶與不魯迷失海牙及月的迷失合兵進討群盜之未平者己丑發兵塞沙陀間鐵烈兒河辛卯技都不倫言其民千一百五十八户貧乏賜銀十萬五千一百五十兩徙江州都轉運使司治龍興沙不丁上市舶司歲輸珠四百斤金三千四百兩詔貯之以待貧乏者合丹入寇戊戌以荆湖占城省左丞唐兀帶副投的忽都合爲蒙古都萬户統兵會江淮福建二省及月的

迷失兵討盜于江西鐍漳汀二州田租辛丑遣使代祀岳瀆后土東南海立武衞親軍都指揮使司以侍衞軍六千屯田軍三千江南鎭守軍一千合兵一萬隸焉太陰犯氐壬寅海船萬户府言山東宣慰使樂實所運江南米陸負至淮安易閘者七然後入海歲止二十萬石若由江陰入江至直沽倉民無陸負之苦且米石省運估八貫有奇乞罷膠萊海道運糧萬户府而以漕事責臣當歲運三十萬石詔許之癸卯高麗遣使來貢方物賊鍾明亮寇贛州掠寧都據秀嶺詔發江淮省及鄰郡戍兵五千還江西省參政管如德爲左丞使將兵往討畲民丘大老集衆千人寇長泰縣福州達魯花赤脱歡同漳州路總管高傑討平之甲辰復立光禄寺戊申徙廣州按察司於韶州以荆南按察司所統遼遠割三路入淮西二路入江西立咸平至聶延驛十五所廢甘州路宣課提舉司入寧夏都轉運使司遣參知政事張守智翰林直學士李天英使高麗督助征日本糧二月辛亥朔詔籍江南户口凡北方諸色人寓居者亦就籍之濬滄州御河癸丑愛牙合赤請以所部軍屯田咸平懿州以省糧餉己未發和林糧千石賑諸王火你赤部曲置

延禧司秩正三品壬戌合木里鐵命甘肅省發米千石賑之癸亥詔立崇福司爲從二品從江淮省治杭州改淛西道宣慰司爲淮東道宣慰司治楊州丙寅尚書省臣言行泉府所統海船萬五千艘以新附人駕之緩急殊不可用宜招集乃顔及勝納合兒流散户爲軍自泉州至杭州立海站十五站置船五艘水軍二百專運番夷貢物及商販奇貨且防禦海道爲便從之命福建行省拜降江西行院月的迷失江淮行省忙兀帶合兵擊賊江西大都路總管府判官蕭儀嘗爲桑哥掾坐受賕事覺帝貸其死欲徙爲淘金桑哥

以儀甞鉤考萬億庫有追錢之能足贖其死宜解職杖遣之帝曲從之丁卯幸上都以中書右丞相伯顏知樞密院事將北邊諸軍成都管軍萬戶劉德祿上言願以兵五千人招降八番蠻夷因以進取交趾樞密院請立元帥府以藥剌罕及德祿並爲都元帥分四川軍萬人隸之帝從之以伯荅兒爲中書平章政事紹興大水免未輸田租合丹兵寇胡魯口開元路治中兀顏牙兀格戰連日破之己巳立左右翼屯田萬戶府秩從三品玉呂魯奏江南盜賊凡四百餘處宜選將討之帝曰月的迷失屢以捷聞忙兀帶已往

卿無以爲慮皇孫甘不剌所部軍乏食發大同路榷場糧賑之甲戌命輩昌便宜都總帥汪惟和將所部軍萬人北征令過闕受命乙亥省屯田六署爲營田提舉司三月庚辰朔日有食之台州賊楊鎮龍聚衆寧海僭稱大興國寇東陽義烏浙東大震諸王瓮吉帶時謫婺州帥兵討平之立雲南屯田以供軍儲桑哥言省部成案皆財穀事當令監察御史即省部稽照書姓名於卷末仍命侍御史堅童視之失則連坐從之安西饑減估糶米二萬石甘州饑發鈔萬錠賑之己丑賜陝西屯田總管府農器種粒癸巳東流縣獻芝甲午太陰犯亢乙未鑄渾天儀成癸巳金齒人塞完以其民二十萬一千戶有奇來歸仍進象三夏四月己酉復立營田司于寧夏府遼陽省管內饑貸高麗米六萬石以賑之壬子孛羅帶上別十八里招集戶數令甘肅省賑之癸丑命塔海發忽都不花等所部軍屯狗站北以禦寇寶慶路饑下其估糶米萬一千石丙辰命甘肅行省給合的所部饑者粟丁巳遣官驗視諸王按灰貧民給以糧戊午禁江南民挾弓矢犯者籍而爲兵置江西福建打捕鷹坊總管府福建轉運司及管軍總管言其非宜詔罷之省江淮屯田

打捕提舉司七所存者徐邳海州揚州兩淮淮安高郵昭信安豐鎮巢蘄黃魚網石湫猶十二所甲子池州貴池縣民王勉進紫芝十二本戊辰安南國王陳日烜遣其中大夫陳克用等來貢方物己巳乞兒乞思戶居和林驗其貧者賑之庚午沙河決發民築堤以障之癸酉以高麗國多產銀遣工即其地發旁近民治以輸官以萊蕪鐵冶提舉司隸山東鹽運司甲戌以御史大夫玉呂魯爲太傅加開府儀同三司簽江西等處行尚書省事名江淮行省參知政事忻都赴闕以戶部尚書王巨濟專理筭江淮省左丞相忙兀

帶總之置淛東江東江西湖廣福建木綿提舉司責民歲輸木綿十萬匹以都提舉司總之罷皇孫按攤不花所設斷事官也先仍收其印尚書省臣言輩昌便宜都總帥府已陞爲宣慰使司乞以舊兼府事别立散府調官分治從之立諸王愛牙赤投下人匠提舉司於益都併省雲南大理中慶等路州縣丁丑陞市令司爲從五品改大都路甲匠總管府爲軍器人匠都總管府尚書省臣言乃顏以反誅其人戶月給米萬七千五百二十三石父母妻子俱在北方恐生它志請徙置江南充沙不丁所請海船水軍從之五

月庚辰發武衛親軍千人濬河西務至通州漕渠癸未移諸王小薛饑民就食汴梁發大同宣德等路民築倉於昴兀剌壬辰太白犯鬼軟奴王朮私以金銀器皿給諸王出伯合班等且供饋有勞命有司如數償之復賞銀五萬兩幣帛各二千匹丙申詔季陽益都淄萊三萬戶軍久戍廣東疫死者衆其令二年一更賊鍾明亮率衆萬八千五百七十三人來降江淮福建江西三省所抽軍各還本翼行御史臺復徙於揚州淛西提刑按察司徙蘇州以參知政事忻都爲尚書左丞中書參知政事何榮祖爲參知政事參議尚

書省事張天祐爲中書參知政事己亥設回回國子學陞利用監爲從三品遼陽路饑免往歲未輸田租尚書省臣言括大同平陽太原無籍民及人奴爲良戶略見成効益都濟南諸道亦宜如之詔以農時民不可擾俟秋冬行之罷永盈庫以所貯上供幣帛入太府監及萬億庫辛丑御河溢入會通渠漂東昌民廬舍以庄浪路去甘肅省遠改隸安西省省流江縣入渠州泰安寺屯田大水免今歲租青山猫蠻以不莫臺畢包等三十三寨相繼内附六月戊申朔發侍衛軍二千人濬口溫腦兒河渠己酉輩昌汪惟和言近括漢人兵器臣

管内已禁絶自今臣凡用兵器乞取之安西官庫帝曰汝家不與它漢人比弓矢不汝禁也任汝執之辛亥詔以雲南行省地遠州縣官多闕六品以下許本省選辟以聞桂陽路寇亂水旱下其估糶米八千七百二十石以賑之己未西番進黑豹庚申諸王乃蠻帶敗合丹兵於托吾兒河丙寅要忽兒犯邊辛巳詔遣尚書省斷事官禿烈羊呵理筭雲南復立雲南提刑按察司月的迷失請以降賊鍾明亮爲循州知州宋士賢爲梅州判官丘應祥等十八人爲縣尹巡尉帝不允令明亮應祥並赴都大都增設倒鈔庫三所

遼陽等路饑免今歲差賦移八八部曲饑者就食甘
州海都犯邊和林宣慰使怯伯同知乃滿帶副使八
黑鐵兒皆反應之合剌赤饑出粟四千三百二十八
石有奇以賑之甲戌西南夷中下爛土等處洞長忽
帶等以洞三百寨百一十來歸得戶二千餘乙亥金
剛奴寇折連怯兒立江淮等處財賦總管府掌所籍
宋謝太后貲產隸中宮丁丑汲縣民朱良進紫芝濟
寧東平汴梁濟南棣州順德平灤真定霖雨害稼免
田租十萬五千七百四十九石秋七月戊寅朔海都
兵犯邊帝親征尚珍署屯田大水從征者給其家己

卯駙馬亦忽兒部曲饑賑之辛巳兩淮屯田雨雹害
稼蠲今歲田租雨壞都城發兵民各萬人完之開安
山渠成河渠官禮部尚書張孔孫兵部郎中李處選
員外郎馬之貞言開魏博之渠通江淮之運古所未
有詔賜名會通河置提舉司職河渠事甲申四川山
齊蠻民四寨五百五十戶內附丙戌命百官市馬助
邊敕以禿魯花及侍衛兵百人爲桑哥導從丁亥發
至元鈔萬錠市馬于燕南山東河南太原平陽保定
河間平灤戊子太白經天四十五日庚寅黃兀兒月
良等驛乏食以鈔賑之辛卯太陰犯牛詔遣牙牙住

僧詣江南搜訪術藝之士發和林所屯乞兒乞思等
軍北征癸巳平灤屯田霖雨損稼甲午御河溢東平
濟寧東昌益都真定廣平歸德汴梁懷孟蝗乙未太
陰犯歲星丁酉命遼陽行省益兵戍咸平懿州戊戌
誅信州叛賊鮑惠日等三十三人右丞李庭等北征
辛丑發侍衛親軍萬人赴上都河間大水害稼壬寅
賦百官家製戰襖癸卯沙河溢鐵燈杆堤決八月壬
子霸州大水民乏食下其估糶直沽倉米五千石乙
卯郴之宜章縣爲廣東寇所掠免今歲田租辛酉大
都路霖雨害稼免今歲租賦仍減價糶諸路倉糧壬

戌潞州饑發河西務米二千石減其價賑糶之癸亥
諸王鐵失孛羅帶所部皆饑敕上都留守司遼陽省
發粟賑之甲子月的迷失以鍾明亮貢物來獻辛未
歲星晝見癸酉以八番羅甸宣慰使司隸四川省台
婺二州饑免今歲田租甲戌詔兩淮兩浙都轉運使
司及江西榷茶都轉運司諸人毋得沮辦課改四川
金竹寨爲金竹府徙浙東道提刑按察司治婺州河
東山西道提刑按察司治太原宣慰司治大同九月
戊寅歲星犯井己卯置高麗國儒學提舉司從五品
丙戌罷濟州泗汶漕運使司丁亥罷幹端宣慰使元

師府癸巳以京師糴貴禁有司拘顧商車乙未太陰
犯畢丙申熒惑犯太微西垣上將增淛東道宣慰使一
員江淮省平章沙不丁言提調錢穀積怨於衆乞如
要束木例撥戍兵三百人爲衞從之平灤昌國等屯
田霖雨害稼甲辰以保定新城定興屯田糧賑其戶
饑貧者乙巳詔福建省及諸司毋沮擾魏天祐銀課
冬十月癸丑營田提舉司水害稼太陰犯牛宿距星
甲寅熒惑犯右執法以馳運大都米五百石有奇給皇
子北安王等部曲乙卯以八番羅甸隸湖廣省丙辰
禁內外百官受人饋酒食者沒其家貲之半甲子享于

太廟己巳赤那主里合花山城置站一所癸酉尚書
省臣言沙不丁以便宜增置淛東二鹽司合淛東西
舊所立者爲七乞官知鹽法者五十六人從之平灤
水害稼以平灤河間保定等路饑弛河泊之禁閏十
月戊寅車駕還大都尚書省臣言南北鹽均以四百
斤爲引今權豪家多取至七百斤莫若先貯鹽於席
來則授之爲便從之庚辰桑哥言初改至元鈔欲盡
收中統鈔故令天下鹽課以中統至元鈔相半輸官
今中統鈔尚未可急斂宜令稅賦並輸至元鈔商販
有中統料鈔聽易至元鈔以行然後中統鈔可盡從

之月的迷失以首賊丘應祥董賢舉歸于京師癸未
命遼陽行省給諸王乃蠻帶民戶乏食者乙酉命自
今所授宣敕並付尚書省通州河西務饑民有鬻子
去之他州者發米賑之丙戌西南夷生番心樓等八
族計千二百六十戶內附廣東賊鍾明亮復反以衆
萬人寇梅州江羅等以八千人寇漳州又韶雄諸賊
二十餘處皆舉兵應之聲勢張甚詔月的迷失復與
福建江西省合兵討之且諭月的迷失鍾明亮既
降朕令汝遣之赴闕而汝玩常不發致有是變自今
降賊其即遣之丁亥安南國王陳日烜遣使來貢方物

左右衞屯田新附軍以大水傷稼乏食發米萬四百
石賑之辰星犯房己丑太陰犯畢熒惑犯進賢庚寅
江西宣慰使胡頤孫援沙不丁例請至元鈔千定爲
行泉府司歲輸珍異物爲息從之以胡頤孫遥授行
尚書省參政泉府大卿行泉府司事詔籍江南及四
川戶口丙申寶坻屯田大水害稼河南宣慰司請給
管內河間真定等路流民六十日糧遣還其土從之
婺州賊葉萬五以衆萬人寇武義縣殺千戶一人江
淮省平章不鄰吉帶將兵討之遣使鉤考大同錢穀
及區別給糧人戶庚子取石泗濱爲磬以補宮縣之

樂辛丑羅斛女人二國遣使來貢方物癸卯禁殺羔羊淛西宣慰使史弼請討淛東賊以爲淛東道宣慰使位合剌帶上甲辰武平路饑發常平倉米萬五千石賑保定等屯田戶饑給九十日糧檀州饑民劉德成犯獵禁詔釋之湖廣省臣言近招降贛州賊胡海等令將其衆屯田自給今過耕時不恤之恐生變命贛州路發米千八百九十石賑之丙午緬國遣委馬剌菩提班的等來貢方物十一月丙午朔回回昔寶赤百八十六戶居汴梁者申命宣慰司給其田丁未禁江南北權要之家毋沮鹽法戊申敕尚書省發倉

賑大都饑民壬子漳州賊陳機察等八千人寇龍巖執千戶張武義與楓林賊合福建行省兵大破之陳機察丘大老張順等以其黨降行省請斬之以警衆事下樞密院議范文虎曰賊固當斬然旣降乃殺之何以示信宜盡遣赴闕從之癸丑建寧賊黃華弟福結陸廣馬勝復謀亂事覺皆論誅甲寅瓜沙二州城壞詔發軍民修完之丙辰罷阿你哥所領采石提舉司發米五百八十七石給昔寶赤五百七十八人之乏食者丁巳平灤昌國屯戶饑賑米千六百五十六石改播州爲播南路丁卯詔山東東路毋得沮淘

金賑文安縣饑民陜西鳳翔屯田大水戊辰太陰犯亢己巳發米千石賑平灤饑民改平恩鎮爲丘縣武平路饑免今歲田租桓州等驛饑以鈔給之十二月丁丑蠡州饑發義倉糧賑之戊寅罷平州望都榛子二驛放其戶爲民辛巳詔括天下馬一品二品官許乘五匹三品三匹四品五品二匹六品以下皆一匹平灤大水傷稼免其租小薛坐與合丹禿魯干通謀叛伏誅紹興路總管府判官白絜矩言宋趙氏族人散居江南百姓敬之不衰久而非便宜悉徙京師桑哥以聞請擢絜矩爲尚書省舍人從之給玉呂魯所

招集戶五百人九十日糧從瓮吉剌民戶貧乏者就食六盤乙酉命四川蒙古都萬戶也速帶選所部軍萬人西征太白犯南斗丁亥封皇子闊闊出爲寧遠王河間保定二路饑發義倉糧賑之仍免今歲田租木鄰站經亂乏食給九十日糧命回回司天臺祭熒惑庚寅禿木合之地霜殺稼禿魯花之地饑給九十日糧甲午以官軍萬戶汪惟能爲征西都元帥將所部軍入漢其先戍漢兵無令還翼乙未蠲大名清豐通租八百四十石命甘肅行省賑千戶也先所部人戶之饑者給鈔賑黃兀兒月良站人戶庚子武平饑

以糧二萬三千六百石賑之伯顏遣使來言邊民乏
食詔賜網罟使取魚自給拔都昔剌所部阿速戶饑
出粟七千四百七十石賑之癸卯發麥賑廣濟署饑
民是歲馬八兒國進花驢二寧州民張世安進嘉禾
二本詔天下梵寺所貯藏經集僧看誦仍給所費俾
爲歲例幸大聖壽萬安寺置旃檀佛像命帝師及西
僧作佛事坐靜二十會免災傷田租真定三萬五千
石濟寧二千一百五十四石東平一百四十七石大
名九百二十二石汴梁萬三千九十七石冠州二十
七石賜諸王公主駙馬如歲例爲金二千兩銀二十

五萬二千六百三十兩鈔一十一萬二百九十錠幣
十二萬二千八百匹斷死罪五十九人

元史本紀卷第十五

本紀卷第十六　　元史十六

翰林學士亞中大夫知制誥兼修國史臣宋濂　翰林待制承直郎同知制誥兼國史院編修官臣王禕等奉

勅修

世祖十三

二十七年春正月戊申改大都路總管府爲都總管
府庚戌太白犯牛改儲偫提舉司爲軍儲所秩從三
品以河東山西道宣慰使阿里火者爲尚書右丞宣
慰使如故癸丑太陰犯井敕從臣子弟入國子學安南
國王陳日烜遣其中大夫陳克用來貢方物乙卯造
祀天幄殿高麗國王王賰遣使來貢方物丁巳遣使

代祀岳瀆海神后土戊午遼陽自乃顏之叛民甚疲
敝發鈔五千八十錠賑之己未賜鎮遠王牙忽都靖
遠王合帶塗金銀印各一章吉寇甘木里諸王术伯
拜荅寒亦憐真擊走之庚申賑馬站戶饑給縢竭兒
回回屯田三千戶牛種辛酉營懿州倉壬戌造長甲
給北征軍乙丑伸思八兒朮荅兒移剌四十石抹蠻
忒四人以謀不軌伏誅丙寅合丹餘寇未平命高麗
國發躭羅戍兵千人討之賜河西質子軍五百人馬
丁卯熒惑犯房高麗國王王賰言臣昔宿衛京師遣
林衍之叛國內大亂高麗民居大同者皆籍之臣願

復以還高麗爲民從之已巳改西南番總管府爲永
寧路辛未賜也速帶兒所部萬人鈔萬錠豐閏署田
戶饑給六十日糧無爲路大水免今年田租癸酉忻
都所部別笳兒田戶饑給九十日糧降臨淮府爲盱
眙縣隸泗州復立興文署掌經籍板及江南學田錢
穀合丹寇遼東海陽二月乙亥朔立全羅州道萬戶
府江西諸郡盜未平詔江淮行省分兵一千益之命
太僕寺毋隸宣徽院丙子新附屯田戶饑給六十日
糧順州僧道士四百九十一人饑給九十日糧戊寅
太陰犯畢開元路寧遠等縣饑民站戶逃徙發鈔二千

錠賑之播州安撫使楊漢英進雨氊千駙馬鐵別赤
進羅羅斯雨氊六十刀五十弓二十己卯興州興安
饑給九十日糧庚辰伯荅罕民戶饑給六十日糧辛
巳括河間昔寶赤戶口癸未泉州地震乙酉賑新附
民居昌平者丙戌改奉先縣爲房山縣泉州地震己
丑江西羣盜鍾明亮等復降詔徙爲首者至京師而
給其餘黨糧浙東諸郡饑給糧九十日庚寅太陰犯亢
辛卯復立南康興國榷茶提舉司秩從五品發虎賁
更休士二千人赴上都修城河間路任丘饑給九十
日糧癸巳晉陵無錫二縣霖雨害稼並免其田租江

西賊華大老黃大老等掠樂昌諸郡行樞密院討平
之閩兀所部闌遺戶饑給六十日糧常寧州民遭群
盜之亂免其田租己亥保定路定興饑發粟五千二
百六十四石賑之辛丑咬歡禾稼不登給九十日糧
三月乙巳中山畋戶饑給六十日糧戊申廣濟署饑
給粟二千二百五十石以爲種壬子熒惑犯鉤鈐薊
州漁陽等處稻戶饑給三十日糧戊午出忙安倉米
賑燕八撒兒所屬四百二十人己未改雲南蒙憐甸
爲蒙憐路軍民總管府蒙萊甸爲蒙萊路放罷福建
獵戶沙魚皮戶爲民以其事付有司總之發雲州民

夫鑿銀洞永昌站戶饑賣子及奴產者甚衆命甘肅省
贖還給米賑之併福泉二州人匠提舉司爲一仍放
無役者爲民庚申陞御史臺侍御史正四品治書侍
御史正五品增蒙古經歷一員從五品罷行司農司
及各道勸農營田司增提刑按察司僉事二員總勸
農事四川行省舊移重慶成都之民苦於供給詔復
從治成都立江南營田提舉司秩從五品掌僧寺貲
產放壽潁屯田軍千九百五十九戶爲民撤江南戍
兵代之凡工匠隸呂合剌阿㞐哥段貞無役者皆區
別爲民詔風憲之選仍歸御史臺如舊制置金竹府

大監等四十二砦蠻夷長官癸亥建昌賊丘元等稱
大老集衆千餘人掠南豊諸郡建昌副萬戶擒斬之
甲子揚震龍餘衆剽浙東總兵官討賊者多俘掠良
民敕行御史臺分揀之凡爲民者千六百九十五人
庚午以建昌路廣昌縣經鍾明亮之亂免其田租九
千四百四十七石辛未太平縣賊葉大五集衆百餘
人寇寧國皆擒斬之夏四月癸酉朔大駕幸上都婺
州螟害稼雷雨大作螟盡死丙子太陰犯井辛巳命大
都路以粟六萬二千五百六十四石賑通州河西務
等處流民考陂屯田以霖雨河溢害稼二萬二千四

元史本紀卷十六　四

百八十畝有奇免其租癸未罷海道運糧萬戶府江
淮行省言近朝廷遣白絮矩來與沙不丁議令發兼
幷戶偕宋宗族赴京人心必致動搖江南之民方患
增課料民括馬之苦宜俟它日行之從之阿速敦等
二百九十五人乏食命驗其實給糧賑之改利津海
道運糧萬戶府爲臨清御河運粮上萬戶府諸王小
薛部曲萬二千六十一戶饑給六十日糧發六衛漢
軍萬人伐木爲修城具甲申以荐饑免今歲銀俸鈔
其在上都大都保定河間平灤者萬一百八十錠在
遼陽省者千三百四十八錠有奇丙戌遣桑吉剌失

等詣馬八兒國訪求方伎士壬辰熒惑守氐十餘日
癸巳河北十七郡蝗千戶也先小闊闊所部民及喜
魯不別等民戶並饑敕河東諸郡量賑之千戶也不
干所部乏食敕發粟賑之太傅玉呂魯言招集斡者
所屬亦乞烈今已得六百二十一人令與高麗民屯
田宜給其食敕遼陽行省驗實給之平山眞定棗強
三縣旱靈壽元氏二縣大雨雹並免其租丁酉以鈔
二千五百錠賑昌平至上都站戶貧乏者定興站戶
饑給三十日糧己亥命考大都路貧病之民在籍者
二千八百三十七人發粟二百石賑之庚子合丹復

元史本紀卷十六　五

寇海陽復立安和署從六品五月乙巳罷秦王典藏
司收其印括江南闌遺人雜畜錢帛合丹寇開元戊
申江西行省管如德江西行院月的迷失合兵討反
寇鍾明亮明亮降詔縛致闕下如德等留不遣明亮
復率衆寇贛州樞密院以如德等違詔縱賊請詰之
從之詔罷江西行樞密院庚戌陝西南市屯田隕霜
殺稼免其租壬子賜諸王鐵木兒等軍一萬七百人糧二
人一從者五石二人一從者七石五斗丙辰發粟賑御河
船戶敘州等處諸部蠻夷進雨氈八百戊午移江西行省
於吉州以便捕盜尚書省遣人行視雲南銀洞獲銀四千

四十八兩奏立銀場官秩從七品出魯等千一百一
十五户饑給六十日糧癸亥敕諸王分地之民有訟
王傅與所置監郡同治無監郡者王傅聽之平灤民
萬五千四百六十五户饑賑粟五千石徽州績溪賊
胡發饒必成伏誅乙丑太陰犯填星丙寅罷奉宸庫還
江西行尚書省參政楊文璨爲左丞文璨踰歲不之
官詔以外剌帶代之外剌帶至文璨復署事桑哥乃
奏文璨陞右丞江西行省言吉贛湖南廣東福建以
禁弓矢賊益發乞依内郡例許尉兵持弓矢從之己
巳立雲南行御史臺命徹里鐵木兒所部女直高麗
契丹漢軍輸地稅外並免他徭江陰大水免田租萬
七百九十石庚午復置諸王也只里王傅秩正四品
尚珍署廣備等屯大水免其租伯要民乏食命撒的
迷失以東五百兩運米千石賑之婺州永康東陽處
州縉雲賊呂重二楊元六等反浙東宣慰使史弼禽
斬之泉州南安賊陳七師反討平之括天下陰陽户
口仍立各路教官有精于藝者歲貢各一人六月壬
申朔陞閏塩州爲柏興府降普樂州爲閏塩縣金州
爲金縣河溢太康没民田三十一萬九千八百餘畝
免其租八千九百二十八石納鄰等站户饑給九十

日粮甲戌桑州總管黄布蓬那州長羅光寨安郡州
長閉光過率蠻民萬餘户内附丙子放保定工匠楚
通等三百四十一户爲民庚辰從江淮行省請陞廣
濟庫爲提舉司秩從五品用江淮省平章沙不丁言
以參政王巨濟鉤考錢穀有能賞鈔五百錠繕寫金
字藏經凡糜金三千二百四十四兩廣州增城韶州
樂昌以遭畬賊之亂並免其田租杭州賊唐珍等伏
誅己丑熒惑犯房辛卯敕應昌府以米千二百石給
諸王亦只里部曲壬辰别給江西行省印以便分省
討賊泉州大水丙申發侍衛兵萬人完都城丁酉大
司徒撒里蠻翰林學士承旨兀魯帶進定宗實録己
亥棣州厭次濟陽大風雹害稼免其租庚子從江西
省請發各省戍兵討賊辛丑免河間保定平灤歲賦
絲之半懷孟路武陟縣汴梁路祥符縣皆大水蠲田
租八千八百二十八石秋七月終南等屯霖雨害稼
萬九千六百餘畝免其租丙午禁平地忙安倉釀酒
犯者死戊申江西霖雨贛吉袁瑞建昌撫水皆溢龍
興城幾没癸丑罷緬中行尚書省江淮省平章沙不
丁以倉庫官盜欺錢粮請依宋法黥而斷其腕帝曰
此回回法也不允免大都路歲賦絲戊午貴州猫蠻

三十餘人作亂刦順元路入其城遂攻阿牙寨殺傷官吏其衆遂盛湖廣省檄八番桒州均州二萬户府及八番羅甸宣慰司合兵討之鳳翔屯田霖雨害稼免其租建平賊王静照伏誅辛酉熒惑犯天江壬申駐蹕老鼠山西乙丑蕪湖賊徐汝安孫惟俊等伏誅丙寅雲南闍力白衣甸酋長凡十一甸内附丁卯用桑哥言詔遣慶元路揔管毛文豹搜括宋時民間金銀諸物已而罷之滄州樂陵旱免田租三萬三百五十六石江夏水溢害稼六千四百七十餘畝免其租魏縣御河溢害稼五千八百餘畝免其租百七十五

石八月辛未朔日有食之併廣東道真陽湞光二縣爲英德州沁水溢害冀氏民田免其租禁諸人毋沮平陽太原大同宣課丁丑廣州清遠大水免其租庚辰免大都平灤河間保定四路流民租賦及酒醋課丁亥復徙四川南道宣慰司于重慶府以南安贑建昌豐州嘗罹鍾明亮之亂悉免其田租癸巳地大震武平尤甚壓死按察司官及總管府官王連等及民七千二百二十人壞倉庫局四百八十間民居不可勝計已亥帝聞武平地震慮乃顔黨入寇遣平章政事鐵木兒樞密院官塔魯忽帶引兵五百人往視九

月壬寅河東山西道饑敕宣慰使阿里火者炒米賑之癸卯歲星犯鬼申嚴漢人田獵之禁乙巳禁諸王遣僧建寺擾民敕河東山西道宣慰使阿里火者發大同鈔本二十萬錠糴米賑饑民平章政事闍里鐵木兒帥師與合丹戰于危法大破之丁未御河決高唐没民田命有司塞之戊申武平地震盜賊乘隙剽刦民愈憂恐平章政事鐵木兒以便宜蠲租賦罷商税弛酒禁斬為盜者發鈔八百四十錠轉海運米萬石以賑之金竹府知府掃閭貢馬及雨氊且言金竹府雖内附蠻民多未服近與趙堅招降竹古弄古魯

花等三十餘寨乞立縣設長官總把參用土人從之己酉福建省以管内盜賊蜂起請益戍兵命江淮省調下萬户一軍赴之發蒙古都萬户府探馬赤軍五百人戍鄂州辛亥修東海廣德王廟丙辰赦天下丁卯命江淮行省鉤考行教坊司所總江南樂工租賦置四巡檢司于宿遷之北以所罷陸運夫為兵護送會通河上供之物禁發民挽舟冬十月壬申封皇孫甘麻剌為梁王賜金印出鎮雲南癸酉享于太廟甲戌立會通汶泗河道提舉司從四品丁丑尚書省臣言江陰寧國等路大水民流移者四十五萬八千四

百七十八户帝曰此亦何待上聞當速賑之凡出粟五十八萬二千八百八十九石己卯增上都留守司副留守判官各一員從甘肅行省請簽管內民千三百人為兵以戍其境辛巳太白犯斗只深所部八魯剌思等饑命寧夏路給米三千石賑之禁大同路釀酒乙酉門荅占自行御史臺入覲梁洞梁宮朝吳曲洞吳湯暖等凡二十洞以二千餘户內附丁亥賜北邊幣帛十萬匹己丑新作太廟登歌宮懸樂以昔寶赤歲取鶻鵰成都擾民罷之十一月辛丑廣濟署洪濟屯大水免租萬三千一百四十一石興松二州隕霜

殺禾免其租隆興苦鹽濼等驛饑發鈔七千錠賑之丁未大同路蒙古多冒名支粮置千户百户十員以達魯花赤總之食糧户以富為貧者籍家貲之半戍申太陰掩鎮星桑哥言向奉詔內外官受命不赴及受代官居五年不赴銓者罷不復叙臣謂苟無大故不可終棄帝復允其請江淮行省平章不憐吉帶言福建盜賊已平惟浙東一道地極邊惡賊所巢穴復還三萬户以合剌帶一軍戍沿海明台亦怯烈一軍戍溫處札忽帶一軍戍紹興婺其寧國徽初用土兵後皆與賊通今以高郵泰兩萬户漢軍易地而戍揚州

建康鎮江三城跨據大江人民繁會置七萬户府杭州行省諸司府庫所在置四萬户府水戰之法舊止十所今擇瀕海沿江要害二十二所分兵閱習伺察諸盜錢塘控扼海口舊置戰船二十艘故海賊時出奪船殺人今增置戰船百艘海船二十艘故盜賊不敢發從之庚戌罷雲南會川路采碧甸子甲寅禁上都釀酒乙卯貴赤三百三十户乏食發粟賑之己未禁山後釀酒庚申賜伯顏所將兵幣帛各萬三千四百匹綿三千四百斤辛酉太陰掩左執法隆興路隕霜殺稼免其田租五千七百二十三石壬戌大司徒撒

里蠻翰林學士承旨兀魯帶進太宗實録癸亥河決祥符義唐灣太康通許陳潁二州大被其患甲子御史臺言江南盜起討賊官利其剽掠復以生口充贈遺請給還其家帝嘉納之徙河北河南道提刑按察司治許州罷大都東西二驛脫脫禾孫以通政院總之乙丑易水溢雄莫任丘新安田廬漂沒無遺命有司築堤障之丙寅括遼陽馬六千匹擇肥者給闍里鐵木兒所部軍丁卯立新城椎場平地脫脫禾孫遣使鈎考延安屯田降南雄州為保昌縣韶州為曲江縣十二月辛未以衛尉院為太僕寺戊寅免大都平灤

保定河間自至元二十四年至二十六年逋租十三
萬五百六十二石巳夘命樞密院括江南民間兵器
及将士習武如戊子歲詔甲申遣兵部侍郎靳榮等
閱實安西鳳翔延安三道軍户元籍四千外復得三
萬三千二百八十丁樞密院欲以爲兵桑哥不可帝
從之丙戌興化路仙游賊朱三十五集衆冦青山萬
户李綱討平之京兆省上屯田所出羊價鈔六百九
錠敕以賜札散暗伯民貧乏者辛夘太陰犯亢乙未初
分萬億爲四庫以金銀輸内府至是立提舉富寗庫
秩從五品以掌之大同路民多流移免其田租二萬

一千五百八石洪賛灤陽驛饑給六十日糧不耳荅
失所部滅乞里饑給九十日糧詔諸王乃蠻帶遼陽
行省平章政事薛闍干右丞洪察忽摘蒙古軍萬人
分戍雙城及婆娑府諸城以防合丹兵巳亥省溧陽
路為縣入建康湖廣省上二年宣課珠九萬五百一
十五兩慶州青田賊劉甲乙等集衆萬餘人冦温州
平陽是歲賜諸王公主駙馬金銀鈔幣如歲例命帝
師西僧遍作佛事坐静于萬壽山厚載門茶罕腦兒
聖壽萬安寺桓州南屏庵雙泉等所凡七十二會斷
死罪七十二人

二十八年春正月壬寅太白熒惑鎮星聚奎癸夘給
諸王愛牙赤印命玄教宗師張留孫置醮祠星三日
上都民仰食于官者衆詔傭民運米十萬石致上都
官價石四十兩命留守木八剌沙總其事辛亥罷汴
梁至正陽杞縣睢州中牟鄭唐鄧十二站站户爲民
癸丑高麗國遣使來貢方物丁巳遣貴由赤四百人北
征辛酉罷江淮漕運司併於海船萬户府由海道漕
運併浙西金玉人匠提舉司入浙西道金玉人匠總
管府降無爲和州二路六安軍爲州巢州爲縣入無
爲並隷廬州路升安豊府爲路降壽春府懷遠軍爲

縣懐遠入濠州並隷安豊路升各處行省理問所爲
四品免江淮貧民至元十二年至二十五年所逋田
租二百九十七萬六千餘石及二十六年未輸田租
十三萬石鈔千一百五十錠絲五千四百斤綿千四
百三十餘斤罷淘金提舉司立江東兩浙都轉運使
司壬戌以扎散禿禿合總兵于瓮古之地命有司供
其軍需敕大同路發米賑瓮古饑民尚書省臣桑哥
等以罪罷二月辛未賜也速帶兒所部兵騾馬萬疋
徙萬億庫金銀入禁中富寗庫尚書省言大同仰食
于官者七萬人歲用米八十萬石遣使覆驗不當給

者萬三千五百人乞徵還官從之癸酉以隴西四川總攝輦真朮納思為諸路釋教都總統改福建行省為宣慰司隸江西行省詔行御史臺勿聽行省節度雲南行省言敘州烏蒙水路險惡舟多破溺宜自葉稍水站出陸經中慶又經鹽井土老必撒諸蠻至敘州慶符可治為驛路凡立五站從之也速帶兒汪總帥言近制和雇和買不及軍家今一切與民同詔自今軍勿輸丙子罷徵理司上都太原饑免至元十二年至二十六年民間所逋田租三萬八千五百餘石遣使同按察司賑大同太原饑民口給粮兩月或三

月以桑哥黨與罷揚州路達魯花赤唆羅兀思遣官覆驗水達達咸平貧民賑之丁丑以太子右詹事完澤為尚書右丞相翰林學士承旨不忽木平章政事詔告天下以列兀難粳米賑給貧民己卯遣官持香詣中嶽南海淮瀆致禱立金齒等處宣慰司都元帥府以上都虎賁士二千人屯田官給牛具農器用鈔二萬錠以雲南曲靖路宣撫司所轄地廣民心未安改立曲靖等處宣慰司管軍萬戶府以鎮之辛巳以湖廣行省八番羅甸司復隸四川省壬午以桑哥沮抑臺綱又箠監察御史命御史大夫月兒魯辨之癸

未太陰犯左執法大駕幸　上都是日次大口復名御史臺及中書尚書兩省官　辨論桑哥之罪復以闌遺監隸宣徽院詔毋沮擾山東轉運使司課程甲申太白犯昴命江淮行省鉤考沙不丁所総詹事院江南錢穀乙酉立江淮湖廣江西四川等處行樞密院詔諭中外江淮治廣德軍湖廣治岳州江西治汀州四川治嘉定丙戌詔改提刑按察司為肅政廉訪司每道仍設官八員除二使留司以總制一道餘六人分臨所部如民事錢穀官吏奸弊一切委之俟歲終省臺遣官考其功効以集賢大學士何榮祖為尚書右丞

集賢學士賀勝為尚書省參知政事詔江淮行省遣蒙古軍五百漢兵千人從皇子鎮南王鎮揚州執河間都轉運使張庸仍遣官鉤考其事丁亥營建宮城南面周廬以居宿衛之士執湖廣要束木詣京師戊子籍要束木家貲金凡四千兩辛卯封諸王鐵木兒不花為肅遠王賜之印壬辰雨壞太廟第一室奉遷神主別殿癸巳籍桑哥家貲遣行省行臺官發粟賑徽之績溪杭之臨安餘杭於潛昌化新城等縣饑民命江淮行省參政燕公楠整治鹽法之弊丁酉詔加嶽瀆四海封號各遣官詣祠致告三月己亥朔真定

河間保定平灤饑平陽太原尤甚民流移就食者六萬七千戶飢而死者三百七十一人桑哥妻弟八吉由爲燕南宣慰使以受賂積贓伏誅仆桑哥輔政碑太原饑嚴酒禁丁未太陰犯御女己酉太陰犯右執法庚戌太陰犯太微東垣上相甲寅常德路水免田租二萬三千九百石乙卯太白犯五車乃顏所屬牙兒馬兀等同女直兵五百人追殺內附民餘千人遣塔海將千人平之辛酉呂連站木赤五十戶饑賑三月糧發侍衛兵營紫檀殿壬戌以甘肅行省右丞崔彧爲中書右丞南丹州莫國麟入覲授國麟安撫使三珠虎符杭州平江等五路饑發粟賑之仍弛湖泊蒲魚之禁溧陽太平徽州廣德鎮江五路亦饑賑之如杭州武平路饑百姓困於盜賊軍旅免其去年田租凡州郡田嘗被災者悉免其租不被災者免十之五罷甘州轉運司江淮豪家多行賄權貴爲府縣卒史容庇門戶遇有差賦惟及貧民詔江淮行省嚴禁之賑遼陽武平饑民仍弛捕獵之禁夏四月己巳禁屠宰牝羊甲戌詔各路府州司縣長次官兼管諸軍奧魯以地震故免侍衛兵籍武平者今歲徭役增置欽察衛經歷一員用漢人爲之餘不得爲例庚辰弛杭

州西湖禽魚禁聽民網罟丙戌詔凡負斡脫銀者入還皆以鈔爲則乙未歲星犯輿鬼以沙不丁等米賑江南飢民召朱清張瑄詣闕庚寅併總制院入宣政院以鈔法故召葉李還京師乙未徙湖廣行樞密院治鄂州丙申以米三千石賑闊里吉思饑民五月戊戌召江西行樞密院副使阿里詣闕升章佩監秩三品遣脫脫塔剌海忽辛三人追究僧官江淮總攝楊璉真伽等盜用官物以參知政事廉希恕爲湖廣等處行省右丞行海北海南道宣慰使都元帥瓊州安撫使陳仲達海北海南道宣慰使都元帥湖廣行省左右司郎中不顏于思別十八里副元帥王信並同知海北海南道宣慰司事副元帥並佩虎符將二千二百人以征黎蠻僚屬皆從仲達辟置立左右兩江宣慰司都元帥府壬寅太陰犯少民徙江淮行樞密院治建康甲辰中書省臣麥朮丁崔彧言桑哥當國四年諸臣多以賄進親舊皆授要官唯以欺蔽九重朘削百姓爲事宜令兩省嚴加考覈並除名爲民從之要束木以桑哥妻黨爲湖廣行省平章至是坐不法者數十事詔械致湖廣省誅之辛亥以太原及杭州饑免今歲田租增河東道宣慰使一員徵太子贊

善劉因因前爲太子贊善以繼母病去至是母亡以集賢學士徵之不起罷脫脫塔剌海忽辛等理算僧官錢穀罷江南六提舉司歲輸木綿鞏昌舊惟總帥府桑哥特升爲宣慰司以其弟荅麻剌荅思爲使桑哥敗懼誅自殺至是復總帥府增置異珍御帶二庫秩從五品並設提點使副各一員減中外冗官三十七員宮城中建蒲萄酒室及女工室詔以桑哥罪惡繫獄按問誅其黨要束木八吉等發兵塞晃火兒月連地河渠修城堡令蒙古戍兵屯田川中以禦寇癸丑罷尚書省事皆入中書改尚書右丞相右詹事完

澤爲中書右丞相平章政事麥朮丁不忽木並中書平章政事尚書右丞何榮祖中書右丞尚書左丞馬紹中書左丞參知政事賀勝高翥並參知中書政事征東行尚書省左丞相駙馬高麗國王王睶爲征東行中書省左丞相罷大都燒鈔庫仍舊制各路昏鈔令行省官監燒增置户部司計工部司程正七品甲寅太陰犯牛賑上都桓州榆林昌平武平寬河宣德西站女直等站饑民乙卯以政事悉委中書仍遣使布告中外詔禁失陷錢粮者託故詣京師丁巳建白塔二各高一丈一尺以居呪師朶四的性吉等七人

何榮祖以公規治民禦盜理財等十事緝爲一書名曰至元新格命刻版頒行使百司遵守桑哥嘗以劉秉忠無子收其田土其妻竇氏言秉忠嘗鞠猶子蘭章爲嗣敕以地百頃還之己未以門荅占復爲御史大夫行御史臺事高麗國王王睶乞以其子源爲世子詔立源爲高麗王世子授特進上柱國賜銀印六月丁卯朔禁蒙古人往回回地爲商賈者湖廣饑敕以剌里海牙米七萬石賑之辛巳洞蠻鎮遠立黃平府乙酉以雲南諸路行省參知政事兀難爲梁王傅洗國王洞主市備什王弟同來朝益江淮行院兵二萬

擊郴州桂陽寶慶武岡四路盜賊以汴梁逃人男女配偶成家給農具耕種丙戌勅屯田官以三歲爲滿互於各屯內調用宣諭江淮民恃總統璉真加力不輸租者依例徵輸辛卯太陰犯畢癸巳以漣海二州隸山東宣慰司秋七月丙申朔雲南省參政怯剌言建都地多產金可置治令旁近民煉之以輸官從之己亥太白犯井詔諭尚州等處諸洞蠻夷庚子徙江西行樞密院治贛州乙巳大都饑出米二十五萬四千八百石賑之戊申揚州路學正李淦上言人皆知桑哥用羣小之罪而不知尚書右丞葉李妄舉桑哥

之罪宜斬棄李以謝天下有旨驛召塗詣京師塗至而李卒除塗江陰路教授以旌直言給還行臺監察御史周祚妻子祚嘗劾行尚書省官桑哥誣以他罪流於于憨荅孫妻子家貲入官及是還之禁屠宰馬牛敕江南重囚依舊制聞奏處決罷江南諸省買銀提舉司遣官招集宋時涅手軍可充兵者八萬三千六百人以蒙古漢人宋人參爲萬户千户百户領之遼陽諸路連歲荒加以軍旅民苦饑發米二萬石賑之己酉召交趾王弟陳益稷右丞陳巖鄭鼎子那懷並詣京師癸丑賜師壁洞安撫司師壁鎮撫所師羅

千户所印安撫司從三品餘皆五品丁巳桑哥伏誅募民耕江南曠土户不過五頃官授之券俾爲永業三年後徵租遣憨散總兵討平江南盜賊己未降江陰路爲州宜興府爲縣並隸常州路移揚子縣治新城分華亭之上海爲縣松江府隸行省罷淘金提舉司江淮人匠提舉司凡五以其事並隸有司雨壞都城發兵二萬人築之增置各衛經歷一員俾漢人爲之壬戌弛畿內秋耕禁八月乙丑朔平陽地震壞民廬舍萬有八百二十六區壓死者百五十人丙寅太白犯輿鬼己巳置中書省檢校二員秩正七品俾考

覈户工部文案踈緩者罷江西等處行泉府司大都甲匠總管府廣州人匠提舉司廣德路錄事司罷泉州至杭州海中水站十五所撫州路饑免去歲未輸田租四千五百石馬八兒國遣使進花牛二水牛土彪各一丙子太陰犯牽牛大名之清河南樂諸縣霖雨害稼免田租萬六千六百六十九石己卯詔諭思州提省溪洞官楊都要招安叛蠻悔過來歸者與免本罪罷雲南四州立東川府癸未歲星犯軒轅大星乙酉遣麻速忽阿散乘傳詣雲南捕黑虎戊子太白犯軒轅大星并犯歲星咀喃番邦遣馬不剌罕丁進

金書寶塔及黑獅子畨布藥物婺州水免田租四萬一千六百五十石辛卯命工部造飛車五兩癸巳太陰掩熒惑九月辛丑以平章政事麥朮丁商議中書省事復以咱喜魯丁平章政事代之乙巳景州河間等縣霖雨害稼免田租五萬六千五百九十五石丙午立行宣政院治杭州己酉設安西延安鳳翔三路屯田總管府庚戌太白犯右執法襄陽南障縣民李氏妻黄一產三男辛亥安南王陳日烜遣使上表貢方物且謝不朝之罪徽州績溪縣賊未平免二十七年田租禁宣德府田獵壬子酒醋課不兼隸茶塩運

司仍隷各府縣立乞里台思至外剌等六驛命海舩
副萬户楊祥合迷張文虎並爲都元帥將兵征瑠求
置左右兩萬户府官屬皆從祥選辟既又用福建吴
誌斗言祥不可信宜先招諭之乃以祥爲宣撫使佩
虎符阮監兵部員外郎誌斗禮部員外郎並銀符賫
詔往瑠求明年楊祥阮監果不能達瑠求而還誌斗
死于行時人疑爲祥所殺詔福建行省按問會赦不
治乙卯以歳荒免平灤屯田二十七年田租三萬六
千石有奇丙辰熒惑犯左執法戊午太白犯熒惑徙
四川行樞密院治成都以八忽荅兒禿魯歡唆不闌

脱兒赤四翼蒙古兵復隷蒙古都萬户府庚申以鐵
里爲禮部尚書佩虎符阿老瓦丁不剌並爲侍郎遣
使俱藍辛酉歳星犯少民免大都今歳田租保定河
間平灤三路大水被災者全免收成者半之以别鐵
木兒亦列失金爲禮部侍郎使馬八兒國陝西脱西
爲禮部侍郎佩金符使于馬都尚衣局織無縫衣冬
十月乙丑朔賜薛徹温都兒等九驛貧民三月糧已
巳修太廟在真定傾壞者壬申以前緬中行尚書省
平章政事雪雪的斤爲中書省平章政事癸酉享太
廟遣使發倉賑大同屯田兵及教化的所部軍士之

饑者江淮行省言塩課不足由私鬻者多乞付兵五
千廵捕從之塔剌海張忽辛崔同知並坐理筭錢穀
受賕論誅辛巳召高麗國王王賰公主忽都魯揭里
迷失詣闕癸未羅斛國王遣使上表以金書字仍貢
黄金象齒丹頂鶴五色鸚鵡翠毛犀角篤縟龍腦等
物高麗國饑給以米二十萬斛罷各處行樞密院事
入行省割八番洞蠻自四川隷湖廣行省丙戌太陰
犯軒轅大星并御女丁亥洞蠻爛土立定雲府改陳
蒙洞爲陳蒙州合江爲合江州嚴山後酒禁中書省
臣言洞蠻請歳進馬五十匹雨氊五十被刀五十握

丹砂雌雄黄等物率二歳一上有詔從其所爲己丑
太陰犯太微東垣上相敕没入璉真加沙不丁烏馬
兒妻並遣詣京師召行省轉運司官赴京師集議治
賦法辛卯諸王出伯部曲饑給米賑之癸巳武平路
饑免今歳田租以武平路総管張立道爲禮部尚書
使交趾免衛輝種仙茅户徭役從遼陽行省言以乃
顔合丹相繼叛詔給蒙古人内附者及開元南京水
達達等三萬人牛畜田器詔嚴益都般陽泰安寧海
東平濟寧畋獵之禁犯者没其家貲之半十一月丙
申以甘肅曠土賜昔寶赤合散等俾耕之壬寅遣左

吉奉使新合剌的音甲辰太白犯房臧太府監兀貞三十一人罷器備行内藏二庫詔回回以答納珠充獻及求售者還之留其估以濟貧者塔叉兒塔帶民饑發米賑之給按荅兒民戶四月粮罷海道運糧鎮撫司丙午熒惑犯亢丁未太陰犯畢躭羅遣使貢東紵百匹太史院靈臺上修祀事三晝夜甲寅太陰犯歲星郴州路達魯花赤曲列有罪論誅復置會同館禁沮擾益都淘金乙卯新添葛蠻宋安撫率洞官阿汾青貴來貢方物監察御史言沙不丁納速剌丁滅里烏里兒王巨濟璉真加沙的教化的皆桑哥黨與受賕肆虐使江淮之民愁怨載路今或繫獄或釋之此臣下所未能喻帝曰桑哥已誅納速剌丁滅里在獄唯沙不丁朕姑釋之耳武平平灤諸州饑弛獵禁其孕字之時勿捕諭中書議增中外官吏俸戊午金齒國遣阿腮入覲庚申熒惑犯氐辛酉升宣德龍門鎮爲望雲縣割隸雲州置望雲銀冶十二月乙丑復都水監秩從三品遣官送雲南鴨池所遣使遼陽洪寬女直部民饑借高麗粟賑給之籍探馬赤八忽帶兒等六萬戶戍丁者爲兵丁卯高麗國鴨綠江西十九驛經乃顏叛掠其馬畜給以牛各四十大都饑下其

價糴米二十萬石賑之己巳詔罷遣官招集畏兀氏改辰沅靖州轉運司爲湖北湖南道轉運司立葛蠻軍民安撫司宣政院臣言宋全太后瀛國公母子以爲僧尼有地三百六十頃乞如例免徵其租從之辛未以鐵滅爲兵部尚書佩虎符明思昔荅失爲兵部侍郎佩金符使于羅孛卜兒御史臺臣言鈎考錢穀自中統初至今餘三十年更阿合馬桑哥當國設法已極而其餘黨公取賄賂民不堪命不如罷之有旨議擬以聞壬申立河南江北行中書省治汴梁撒里蠻老壽並爲大司徒領太常寺中書省臣言江南在宋時差徭爲名七十有餘歸附後一切未徵今分隸諸王城邑歲賜之物仰給京師又中外官吏俸少似宜量添可令江南依宋時諸名征賦盡輸之何榮祖言宜召各省官任錢穀者詣京師集議科取之法以聞從之甲戌詔罷鈎考錢穀應昔年逋負錢穀文卷聚置一室非朕命而視之者有罪仍遣使布告中外庚辰太陰犯御女江北州郡割隸河南江北行中書省改江淮行省爲江浙等處行中書省治杭州賑闊闊出饑民米闍里帶言乃顏餘黨竄女直之地臣與月兒魯議乞益兵千五百人可平之從之癸未太陰

犯東垣上相廣濟署大昌等屯水免田租萬九千五百石平灤路及豐贍濟民二署饑出米萬五千石賑之別都兒丁前以桑哥專恣不肯仕命仍為中書左丞丙戌八番洞官吳金叔等以所部二百五十寨民二萬有奇內附詣闕貢方物戊子詔釋天下囚非殺人抵罪者己丑熒惑犯房庚寅熒惑犯鉤鈐升營田提舉司為規運提點所正四品辛卯濬運糧壩河築隄防授吃剌思八斡節兒為帝師統領諸國僧尼釋教事賜親王公主駙馬金銀鈔幣如歲例令僧羅藏等遞作佛事坐靜于聖壽萬安涿州寺等所凡五十度遣真人張志仙持香詣東北海嶽濟瀆致禱戶部上天下戶數內郡百九十九萬九千四百四十四江淮四川一千一百四十三萬八百七十八口五千九百八十四萬八千九百六十四游食者四十二萬九千一百一十八司農司上諸路所設學校二萬一千三百餘墾地千九百八十三頃有奇植桑棗諸樹二千二百五十二萬七千七百餘誅義糧九萬九千九百六十石宣政院上天下寺宇四萬二千三百一十八區僧尼二十一萬三千一百四十八人斷死刑五十五人

本紀卷第十六

本紀卷第十七

翰林學士亞中大夫知制誥兼修國史臣宋濂 翰林待制承直郎同知制誥兼國史院編修官臣王褘等奉

敕修

世祖十四

二十九年春正月甲午朔以日食免朝賀日食時左右有珥上有抱氣丙申雲南行中書省言羅甸歸附後改普定府隸雲南省三十餘年今叛羅甸宣慰安撫司隸湖南省不便乞罷之仍以其地隸雲南省制曰可戊戌清州饑就陵州發粟四萬七千八百石賑之己亥命太史令郭守敬兼領都水監事仍置都水監少監丞經歷知事凡八員八作司官舊制六員今分為左右二司增官二員庚子江西行省左丞高興言江西福建汀漳諸處連年盜起百姓入山以避乞降旨招諭復業福建鹽課既設運司又設四鹽使司今若設提舉司專領鹽課其酒稅課悉歸有司為便福建銀鐵又各立提舉司亦為冗濫請罷去詔皆從之禁商賈私以金銀航海壬寅以武平地震全免去年稅四千五百三十六錠今年量輸之止徵二千五百六十九錠癸卯命王典赤阿里置司邕州以便糧餉而以輕軍還思明州以漢天師張宗演男與棣嗣

其教陞利用監正三品甲辰詔江南州縣學田其歲
入聽其自掌春秋釋奠外以廩師生及士之無告者
貢士莊田則令覈數入官乙巳賜諸王失都兒金千
兩丙午河南福建行中書省臣請詔用漢語有旨以
蒙古語諭河南漢語諭福建罷河南宣慰司以汴梁
襄陽河南南陽歸德皆隷河南行省復割湖廣省之
德安漢陽信陽隷荊湖北道蘄黃隷淮西道并淮東
道三宣慰司咸隷河南省其荊湖北道宣慰司舊領
辰沅澧靖歸常德直隷湖廣省從葛蠻軍民安撫使
宋子賢請詔諭未附平伐大甕眼紫江皮陵潭溪九

堡等處諸洞貓蠻戊申太陰犯歲及軒轅左角己酉興
州之興安宜興兩縣饑賑米五千石罷南雄韶州惠
州三路錄事司壬子桓州至赤城站戶告飢給鈔計
口賑之癸丑罷四賓庫復會同館初置織造段匹提
舉司五八番都元帥劉德祿言新附洞蠻十五寨請
置官府以統之詔設陳蒙爛土軍民安撫司江西行
省伯顏阿老瓦丁言蒙山歲課銀二萬五千兩初制
鍊銀一兩免役夫田租五斗今民力日困每兩擬免
一石帝曰重困吾民民何以生從之丙辰播州洞蠻
因籍戶懷疑竄匿降詔招集之以行播州軍民安撫

使楊漢英爲紹慶珍州南平等處沿邊宣慰使行播
州軍民宣撫使播州等處管軍萬戶仍佩虎符壬戌
名嗣漢天師張與棣赴闕二月甲子朔金竹酋長騷
驢貢馬氊各二十有七從其請減所部貢馬降詔招
諭之賜新附黑蠻衣襖遣回命進所產朱砂雄黃之
精善者無則止遣使代祀嶽瀆后土四海乙丑給輝
州龍山里州和中等縣飢民粮一月丁卯畋于近郊
命宿衛受月廩及蒙古軍以艱食受粮者宣徽院仍
領之己巳太陰犯畢發通州河西務粟賑東安固安薊
州寶坻縣飢民申禁鞭背庚午斡羅思招附桑州生

貓羅甸國古州等峒酋長三十一所部民十一萬九
千三百二十六戶詣闕貢獻壬申敕遣使分行諸路
釋死罪以下輕囚澤州獻嘉禾乙亥立總管高麗女
直漢軍萬戶府頒銀印總軍六千人以泉府太卿亦
黑迷失鄧州舊軍萬戶史弼福建行省右丞高興並
爲福建行中書省平章政事將兵征爪哇用海船大
小五百艘軍士二萬人戊寅立征行左右軍都元帥
府都元帥四副都元帥二上萬戶府達魯花赤四萬
戶皆四副萬戶八鎮撫四各佩虎符詔加高麗王王
賰太保仍錫功臣之號詔從諸王阿禿作亂者朶羅

帶以付闊里吉思脫迭出以付阿里抄兒赤以付月的迷失合麥以付亦黑迷失使從軍自效又詔諸王從合丹作亂者訥答兒之鎮南王所聶怯来之合剌合孫荅剌罕所阿禿之雲南王所朶列禿之阿里所八里帶之月的迷失所斡里羅忽里帶之東海發義倉官倉粮賑德州齊河清平泰安州饑民庚辰月兒魯等言納速剌丁滅里忻都王巨濟黨比桑哥恣爲不法楮幣銓選塩課酒稅無不更張變亂之銜命江南理筭者皆嚴急輸期民至嫁妻賣女禍及親鄰維楊錢塘受害最慘無故而隕其生五百餘人其初士

民猶疑事出國家今乃知天子仁愛元元而使民至此極者實桑哥及其凶黨之爲莫不願食其肉臣等議此三人既已伏辜乞依條論坐以謝天下從之牙亦迷失招無籍民千四百三十六户請隸東宮詔命之耕田辛巳從樞密院臣暗伯等請就襄陽給曲先塔林合剌魯六百三十七户田器種粟俾耕而食丁亥以汪惟和爲鞏昌等二十四處便宜都總帥燕鞏昌府尹仍佩虎符御史臺月兒魯崔彧等言馮子振劉道元指陳桑哥同列罪惡詔令省臺臣及董文用留夢炎等議其一言翰林諸臣撰桑哥輔政碑者廉訪使閻復近

已免官餘請聖裁帝曰死者勿論其存者罰不可恕也乞台不花等使緬國詔令遥授左丞廷議以尚書行使事其副以郎中處之制曰可戊子禁杭州放鷹己丑歲星犯軒轅大星庚寅宣政院臣言授諸路釋教都總統輦真朮納思爲太中大夫土蕃等處宣慰使都元帥敕畸零拔都兒三百四十七户佃益都閑田給牛種農具官爲屋居之壬辰山東廉訪司申棣州境内春旱且霜夏復霖潦飢民啖藜藿木葉乞賑邺敕依東平例發附近官廩計口以給三月甲午詔遣脫忽思儂獨赤昔烈門至合敦奴孫界與駙馬闊里吉思議行屯

田己亥樞密院臣言出征女直納里哥議於合思罕三千新附軍内選撥千人詔先調五百人行中書省具舟給糧仍設征東招討司壬寅御史大夫月兒魯等奏比監察御史商琥舉昔任詞垣風憲時望所屬而在外者如胡祗遹姚燧王惲雷膺陳天祥楊恭懿高道程文海陳儼趙居信十人宜名寘翰林備顧問帝曰朕未深知俟名至以聞丙午中書省臣言京畿荐饑宜免今歲田租上都隆興平灤河間保定五路供億視他路爲甚宜免今歲公賦漢地河泊隸宣徽院除入太官外宜弛其禁便民取食並從之丁未

納速剌丁滅里以盜取官民鈔一十三萬餘定忻都以徵理逋負迫殺五百二十人皆伏誅王巨濟雖無贓帝以與忻都同惡并誅之中書省與御史臺共定贓罪十三等枉法者五不枉法者八罪入死者以聞制曰可戊申以威寧昌等州民饑給鈔二千錠賑之己酉以大司農同知宣徽院事兼領尚饍監事鐵哥翰林學士承旨通政院使兼知尚乘寺事剌真並爲中書平章政事兼領舊職中書省臣言右丞何榮祖以疾平章政事麥朮丁以久居其任乞令免署惟食其祿與議中書省事從之以阿里爲中書右丞梁暗都剌爲參知政事中書省臣言亦奚不薛及八番羅甸既各設宣慰司又復立都元帥府其地甚狹而官府多宜合二司帥府爲一詔從之且命奚不薛與思播州同隸湖廣省羅甸還隸雲南以八番羅甸宣慰使斡羅思等並爲八番順元等處宣慰使都元帥佩虎符以安南國王陳益稷遙授湖廣等處行中書省平章政事佩虎符居鄂州庚戌車駕幸上都賜速哥斡羅思賽因不花蠻夷之長五十六人金紋綾絹各七十九匹及弓矢鞍轡壬子樞密院臣奏延安鳳翔京兆三路籍軍三千人桑哥皆罷爲民今復其軍籍

屯田六盤從之敕都水監分視黃河堤堰罷河渡司庚申免寶慶路邵陽縣田租萬三千七百九十三斛壬戌給還楊璉真加土田人口之隸僧坊者初璉真加重賂桑哥擅發宋諸陵取其寶玉凡發冢一百有一所戕人命四攘盜詐掠諸贓爲鈔十一萬六千二百錠田二萬三千畝金銀珠玉寶器稱是省臺諸臣乞正典刑以示天下帝猶貸之死而給還其人口土田隆興府路饑給鈔二千錠復發粟以賑之夏四月丙子太陰犯氐己卯復典瑞監三品弛甘肅酒禁榷其酤辛巳弛太原酒禁仍榷酤辛卯設雲南諸路學校其教官以蜀士充五月甲午遼陽水達達女直飢詔忽都不花趣海運給之丙午敕雲南邊徼入朝非初附者不聽乘傳所進馬不給芻豆丁未中書省臣言妄人馮子振嘗爲詩譽桑哥且涉大言及桑哥敗即告詞臣撰碑引諭失當國史院編脩官陳孚發其姦狀乞免所坐遣還家帝曰詞臣何罪使以譽桑哥爲罪則在廷諸臣誰不譽之朕亦嘗譽之矣詔以揚居寬郭佑死非其罪給還其家資改思州安撫司爲軍民宣撫司隸湖廣省詔諭其民因閱户驚逃者各使安業以陝西鹽運司酒稅等課已入州縣罷諸子鹽司併罷東

平路河道提舉司事入都水監己未龍興路南昌新
建進賢三縣水免田租四千四百六十八石是月真
定之中山新樂平山獲鹿元氏靈壽河間之滄州無
棣景之阜城東光益都之濰州北海縣有蟲食桑葉
盡無蠶六月甲子平江湖州常州鎮江嘉興松江紹
興等路水免至元二十八年田租十八萬四千九百二十
八石戊辰詔聽僧食鹽不輸課己巳日本來互市風壞
三舟惟一舟達慶元路壬申江西省臣言肇慶德慶
二路封連二州宋時隷廣東今隷廣西不便請復隷
廣東從之鐵旗城後察昔折乙烈率其族類部曲三

千餘户來附甲戌設司籍庫秩從五品隷太府監儲
物之籍入者丙子太寧路惠州連年旱澇加以役繁
民饑死者五百人詔給鈔二千錠及粮一月賑之仍
遣使責遼陽省臣阿散壬午敕以海南新附四州洞
寨五百一十九民二萬餘户置會同定安二縣隷瓊
州免其田租二年癸未以征爪哇暫禁兩浙廣東福
建商賈航海者俟舟師已發後從其便丁亥湖州平
江嘉興鎮江揚州寧國太平七路大水免田租百二
十五萬七千八百八十三石己丑太白犯歲星鐵木
塔兒薛闍秃捏古帶闊闊所部民飢詔給米四千石

付鐵木塔兒薛闍秃一千石付捏古帶闊闊俾以賑
之閏六月辛卯朔陞上都兵馬司四品如大都丁酉
遼陽瀋州廣寧開元等路雹害稼免田租七萬七千
九百八十八石岳州華容縣水免田租四萬九百六
十二石東昌路蝗壬寅以東安海寧改隷淮安路詔
大都事繁課稅改隷轉運司通州造船畢罷提舉司
罷福建歲造象齒鞶帶戊申熒惑犯狗國庚戌回回
人忽不木思售大珠帝以無用却之辛亥河西務水
給米賑飢民江北河南省既立詔江北諸城悉隷其
省詔漢陽隷湖廣省左江揔管黄堅言其管内黄勝

許聚衆二萬據忠州乞調軍萬人土兵三千人命劉
國傑討之臣願調軍民萬人以從詔許之太平寧國
平江饒常湖六路民艱食發粟賑之高麗飢其王遣
使來請粟詔賜米十萬石中書省臣言今歲江南海
運粮至京師者一百五萬石至遼陽者十三萬石比
往歲無耗折不足者甲寅右江岑從毅降從毅老疾
詔以其子斗榮襲佩虎符爲鎮安路軍民揔管廣南
西路安撫副使賽甫丁等誹謗朝政沙不丁復資給
之以風聞三十餘事妄告省官帝以有傷政體捕惡
黨下吏如法乙卯濟南般陽蝗是月詔諭廉訪司巡

行勸課農桑禮部尚書張立道郎中𣏌頭使安南田
以其使臣阮代乏何維岩至闕陳日燇拜表威修歲
貢秋七月庚申朔詔以史弼代也黑迷失高興將萬
人征爪哇仍名三人者至闕遣使撿覈寬名鷹坊受
糧者辛酉河北河南道廉訪司還治汴梁癸亥完大
都城也里嵬里沙沙嘗簽僧道儒也里可溫荅赤蠻
爲軍詔令止隸軍籍甲子降詔申嚴牛馬踐稼之禁
乙丑阿里願自備船同張存從征爪哇軍往招占城
甘不察詔授阿里三珠虎符張存一珠虎符仍蠲阿
里父布伯所負斡脫鈔三千錠丙寅罷徽州路録事

司免屯田租一萬二千八百一十一石辛未太陰犯
牛壬申建社稷和義門內壇各方五丈高五尺白石
爲主飾以五方色土壇南植松一株北墉瘞坎壝垣
悉倣古制別爲齋廬門廡三十三楹戊寅黎兵百户
鄧志願謀叛伏誅庚辰敕雲南省擬所轄州縣官如
福建二廣例省臺委官銓選以姓名聞隨給授宣敕八
月己丑朔賽甫丁處死餘黨杖而徙之仍籍其家産
壬辰勅禮樂户仍與軍站民户均輸賦丁酉辰星犯
右執法己亥太白犯房辛丑寧夏府屯田成功升其
官脫兒赤壬寅括唐兀禿魯花所部闊端赤及河西

迷人入蠻地者甲辰車駕至自上都討浙東孟總把
等賊敕諸軍之駐福建者聽平章政事闊里節度乙
巳歲星犯右執法丙午用郭守敬言浚通州至大都
漕河十有四役軍匠二萬人又鑿六渠灌昌平諸水
以廣濟署屯田既蝗復水免今年田租九千二百十
八石丁未也黑迷失乞與高興等同征爪哇帝曰也
黑迷失惟熟海道海中事當付之其兵事則委之史
弼可也以史弼爲福建等處行中省平章政事統領
出征軍馬庚戌高苑縣高希允以非所宜言伏誅壬
子詔塔剌赤程鵬飛討黄聖許劉國傑駐馬軍戍守

戊午福建行省參政魏天祐獻計發民一萬鑿山鍊
銀歲得萬五千兩天祐賦民鈔市銀輸官而私其一
百七十錠臺臣請追其贓而罷鍊銀事從之改燕南
河北廉訪司還治真定高麗女直界首雙城告饑敕
高麗王於海運內以粟賑之弛平灤州酒禁詔不敢
忙兀魯迷失以軍征八百媳婦國九月己未朔治書
侍御史裴居安言月的迷失遇盜起不即加兵盜去
乃延誅平民詔臺院遣官雜問之辛酉詔諭安南國
陳日燇使親入朝選湖南道宣慰副使梁曾授吏部
尚書佩三珠虎符翰林國史院編修官陳孚授禮部

郎中佩金符同使安南山東東西道廉訪司劾宣慰使樂實盜庫鈔百二十錠買庫銀九百五十兩官局私造弓勒等物受屯田鈔百八十錠樂實宜解職從之丁卯中書省臣言茆鷄十圍安化等新附洞蠻凡八萬宜設管軍民司以其土人蒙意蒙世莫仲文爲長官以呂天佑塔不帶爲達魯花赤八番斡羅思招附光蘭州洞蠻宜置定遠府就用其所舉禿干高守文黃世曾燕只哥爲達魯花赤知府同知判官制曰可癸酉徙汚州治鐸水縣廢新得州置通江縣復漢州綿竹縣沙州瓜州民徙甘州詔於甘肅兩界畫地

使耕無力者則給以牛具農器寧夏戶口繁多而土田半藉紅花詔令盡種穀麥以補民食丁丑以平灤路大水且霜免田租二萬四千四十一石辛巳太白犯南斗罷雲南行臺徙置西川設雲南廉訪司壬午水達達女直民戶由反地驅出者押回本地分置萬夫千夫百夫內屯田甲申烏思藏宣慰司言由必里公反後站驛遂絕民貧無可供億命給烏思藏五驛各馬百牛二百羊五百皆以銀軍七百三十六戶戶銀百五十兩丁亥從宣政院言置烏思藏納里速古兒孫等三路宣慰使司都元帥冬十月戊子朔詔福

建廉訪司知事張師道赴闕師道至乞汰內外官府之冗濫者詔麥术丁何榮祖馬紀燕公楠等與師道同區別之數月授師道翰林直學士日本舟至四明求互市舟中甲仗皆具恐有異圖詔立都元帥府令哈剌帶將之以防海道詔浚浙西河道導水入海庚寅兩淮運使納速剌丁坐受商賈賄多給之鹽事覺詔嚴加鞫問癸巳弛上都酒禁燕公楠言歲終各行省臣赴闕奏事亦宜令行臺臣赴闕奏一歲舉劾之數制曰可丙申四川行省以洞蠻酋長向思聰等七人入朝壬寅從朱清張瑄請授高德誠管領海船萬

戶佩雙珠虎符復以殷實陶大明副之令將出征水手甲辰信合納帖音國遣使入覲廣東道宣慰司遣人以暹國主所上金冊詣京師乙巳太陰犯井丁未太陰犯鬼己酉樞密院臣言六衛內領漢軍萬戶見存者六千戶擬分爲三力足以備車馬者二千五百戶每甲令備馬十五匹牛車二兩力足以備車者五百戶每甲令備牛車三兩其三千戶惟習戰鬬不他役之六千戶外則供他役庶能各勤乃事而兵亦精銳詔施行之詔擇囚徒罪輕者釋之癸丑完澤等言凡賜諸人物有二十萬錠者爲數既多先賜者盡

得之及後将賜或無可給不均爲甚今計怯薛帶怯憐口昔博赤哈剌赤凡近侍人上等以二百户爲率次等半之下等又半之於下等擇尤貧者歲加賞賜則無不均之失矣一歲天下所入凡二百九十七萬八千三百五錠今歲已辦者纔一百八十九萬三千九百九十三錠其中有未至京師而在道者有就給軍旅及織造物料館傳俸禄者自春至今凡出三百六十三萬八千五百四十三錠出數已逾入數六十六萬二百三十八錠矣懷孟竹課歲辦千九十三錠尚書省分賦於民人實苦之宜停其稅帝皆嘉納其

言命趙德澤吳榮領逃奴無主者二百四十户淘銀耕田於廣寧瀋州乙卯太陰犯氐十一月庚申岳州華容縣水發米二千一百二十五石賑飢民壬戌太陰犯壘壁陣戊寅樞密院奏一衛萬人嘗調二千屯田木八剌沙上都屯田二年有成擬增軍千人從之己卯太陰犯太微東垣上相癸未禁所在私渡命閔津識察姦究丙戌提省溪錦州銅人等洞酋長楊秀朝等六人入見進方物十二月庚寅中書省臣言皇孫晉王甘麻剌昔鎮雲南給梁王印今進封晉王請給晉王印北安王府慰也里古帶司馬荒兀並爲晉

王中尉仍命不只荅魯帶狄琮並爲司馬金齒適當忙兀秃兒迷失出征軍馬之衝資其芻粮立爲木来府敕應昌府給乞荅帶糧五百石以賑飢民癸巳中書省臣言寧國路民六百户鑿山冶銀歲額二千四百兩皆市銀以輸官未嘗採之山乞罷之制曰可庚子太陰犯井甲辰太陰犯太微西垣己酉故蘄川路軍民總管達魯花赤阿散男布八同趙昇等招木忽魯甸金齒土官忽魯馬男阿魯來入見貢方物阿魯言其地東南鄰境未附者約二十萬民慕化願附請頒詔旨命布八趙昇諭之從之壬子敕中書省用烏

思藏站例給合里忽必二站馬牛羊凡爲銀九千五百兩丁巳敕都水監脩治保定府沙塘河堤堰是歲賜皇子皇孫諸王藩戚禁衛邊庭将士等鈔四十六萬六千七百十三錠給軍士畸零口糧五千五百二十三石賑其乏者爲鈔三十六萬八千四百二十八錠命國師諸僧呪師修佛事七十二會斷死獄七十四

三十年春正月壬戌詔遣使招諭溱頭金齒蠻乙丑敕福建毋進鸜戊戌和林漢軍四百留百人餘令耕屯杭海丙寅太陰犯畢命中書汰冗貧凡省内外官

府二百五十五所總六百六十九員丁卯安西王請仍舊設常侍不允罷雲南延慶司以洛波卜兒二蠻酋遥授知州各賜璽書戊辰樞密院臣奏兀渾察部兀末魯罕軍每歲運米六千四百二十六石以給之計傭直爲鈔萬二千八百五十二錠詔邊境無事令本軍屯耕以食庚午驗洞酋長楊總國等来朝捏怯烈女直二百人以漁自給有旨與其漁於水昌若力田其給牛價農具使之耕甲戌河南江北行省平章伯顏言揚州忙兀臺所立屯田爲田四萬餘頃官種外宜聽民耕墾揚州鹽轉運一司設三重官府宜削

去鹽司止留管勾襄陽舊食京兆鹽以水陸難易計之莫若改食揚州鹽蔡州去汴梁地遠宜陞散府以穎息信陽光州隸之詔皆從其議陞廣州爲上路摠管府罷納速剌丁滅里所立魚鹽局割江西興國路隸湖廣行省乙亥謚皇太子曰明孝丙子西番一甸蠻酋三人来覲各授以蠻夷軍民官仍以招諭人張道明爲達魯花赤丁丑太陰犯氐戊寅詔舊隸乃顔勝納荅兒女直户四百壚糜廩食令屯田揚州庚辰歲星犯左執法立豪懿州七驛辛巳置遼陽路慶雲至合里賓二十八驛驛給牛三十頭車七兩壬午淮

西道宣慰使昂吉兒歛軍鈔六百錠銀四百五十兩馬二匹敕省臺及扎魯火赤鞫問丁亥遣使代祀嶽瀆東海及后土二月己丑從阿老瓦丁燕公楠之請以楊璉真加子宣政院使暗普爲江浙行省左丞詔上都管倉庫者無資品俸秩故爲盜詐宜於六品七品内委用以俸給之高麗國王王賰請易名曰昛其簽議府請陞簽議司降二品印從之減河南江浙海運米四十萬石中書省添設檢校二員免大都今歲公賦盐上都屯田軍千人給農具牛價鈔五千錠以木八剌沙董之詔以只速滅里與鬼蠻之民隸詹事院壬

辰太陰犯畢丙申却江淮行樞密院官不憐吉帶進鷹仍敕自今禁戢軍官無從禽擾民違者論罪丁酉回回孛可馬合謀沙等獻大珠邀價鈔數萬錠帝曰珠何爲當留是錢以賙貧者敕海運米十萬石給遼陽戍兵仍諭其省官薛闍干令伯鐵木部欽察等耕漁自養糧不須給甲辰中書省臣言侍臣傳旨予官者先後七十人臣今欲加汰擇不可用者不敢奉詔帝曰率非朕言凡来奏者朕祗令諭卿等可用與否卿等自處之又言今歲給餉上都大都及甘州西京經費浩繁自今賞賜悉宜姑止從之乙巳熒惑犯

天街丁未車駕幸上都以新附洞蠻吳動鰲為潭溪
等處軍民官佩金符給新附軍三百人人鈔十錠屯
田真定庚戌太陰犯牛辛亥詔發總帥汪惟和所部
軍三千征土番又發陝西四川兵萬人以行樞密官
明安荅兒統之征西番敕以韶贛相去地遠分贛州
行院官一員鎮韶州復立雲南行御史臺詔沿海置
水驛自耽羅至鴨淥江口凡十一所令洪君祥董之
癸丑太白犯壘壁陣江西行院官月的迷失言江南
豪右多庇匿盜賊宜誅為首者餘徙內縣從之申嚴
江南兵器之禁三月庚申以同知樞密院事扎散知

樞密院事以平章政事范文虎董疏漕河之役平章
政事李庭率諸軍扈從上都雨壞都城詔發侍衛軍
三萬人完之仍命中書省給其傭直甲子括天下馬
十萬匹己巳立行大司農司洪澤芍陂屯田舊委四
處萬戶詔存其二立民屯二十辛未太陰犯氐夏四
月己亥行大司農燕公楠翰林學士承旨留夢炎言
杭州上海澉浦溫州慶元廣東泉州置市舶司凡七
所唯泉州物貨三十取一餘皆十五抽一乞以泉州
為定制從之仍併溫州舶司入慶元杭州舶司入稅
務江南行大司農司自平江徙揚州兼管兩淮農事

省八番重設州縣官罷徽州錄事司皇孫晉王位立
內史府詔諸二品官府自今與各部文移相關輦昌
二十四城依舊例於揔帥汪氏弟兄子姪內選用二
人壬寅樞密院臣言去年征爪哇軍二萬各給鈔二
錠其後秪以五千人往宜徵元給鈔三萬錠入官帝曰
非其人不行乃朕中止之耳勿徵癸丑太白犯填星
廣東肅政廉訪司復治廣州甲寅詔遣使招諭暹國
斡羅思請以八番見戶合思播之民兼管從宣慰司
治辰沅靖州常賦外歲輸鈔三千錠不允光州蠻人
光龍等一十二人及邦崖王文顯等二十八人金竹

府馬麟等一十六人大龍番禿盧忽等五十四人永
順路彭世疆等九十人安化州吳再榮等一十三人
師壁散毛洞勾荅什王等四人各授蠻夷官賜以璽
書遣歸敕江南毀諸道觀聖祖天尊祠五月丙辰朔
給四部西番衛士馬萬匹又給其必闍赤四百匹壬
戌定雲洞蠻酋長來附癸亥括思播等處亡宋涅手
軍丙寅詔委官與行省官閱覈蠻夷軍民官以江南
民怨楊璉真珈罷其子江浙行省左丞暗普詔以浙
西大水冒田為災令富家募佃人疏決水道辛未敕
僧寺之邸店商賈舍止其物貨依例收稅丁丑中書

省臣言上都工匠二千九百九十九户歲糜官糧萬五千二百餘石宜擇其不切於用者俾就食大都從之甲申真定路深州靜安縣大水民飢發義倉粮二千五百七十四石賑之六月丙戌敕選河西質子軍精銳者八百給以鎧仗鞍勒狐貉衣裘遣赴皇孫阿難荅所出征己丑歲星犯左執法庚寅詔雲南旦當仍屬西番宣慰司改淮西蘄黄等路隸河南江北行省丙申太陰犯斗乙巳以皇太子寶授皇孫鐵穆耳總兵北邊己酉詔濬太湖壬子大興縣蝗易州雨雹大如雞卵秋七月丁巳敕中書省官一員監修國史己

未詔皇曾孫松山出鎮雲南以皇孫梁王印賜之詔免福建歲輸皮貨及泉州織作紵絲庚申命知鶴慶府昔寶赤賫璽書招諭農順未附蠻寨甲子太陰犯建星己巳命劉國傑從諸王亦吉里䚟諸軍征交趾免雲南屯田軍逋租萬石壬申以月失察兒知樞密院事丁丑賜新開漕河名曰通惠壬申以只兒合忽所汰乞兒吉思户七百屯田合思合之地辛巳太陰犯鬼八月丙戌括所在荒田無主名者令放良漏籍等户屯田庚寅奉使安南國梁曾陳孚以安南使人陶子奇梁文藻偕來敕福建行省放爪哇出征軍歸其

家甲午辰星犯太微西垣上將戊戌給安西王府斷事官印甲辰太陰犯畢丁未湖廣行省臣言海南海北多曠土可立屯田詔設鎮守黎蠻海北海南屯田萬户府以董之戊申太陰犯鬼營田提舉司所轄屯田百七十頃爲水所沒免其租四千七百七十二石九月癸丑朔大駕至自上都戊午敕各路達魯花赤摠管董驛事己未明安荅兒率軍萬人征土蕃近遣使來言乞引茂州先附寨官赴闕不允乙丑立海北海南博易提舉司稅依市舶司例丙寅遣金齒人還歸丁卯太陰犯畢癸酉敕以御史臺贓罰鈔五萬錠

給衛士之貧者辛巳登州蝗恩州水百姓闕食賑以義倉米五千九百餘石冬十月癸未朔以侍衛親軍千户張邦瑞爲萬户佩虎符將六盤山軍千人及皇子西平王等軍共爲萬人西征賜冠城疏河董役軍官衣各一襲賜交趾陶子奇等十七人冬衣荆南安置戊子詔修汴堤己丑遣兵部侍郎忽魯禿花等使闍藍可兒納荅信合納帖音三國仍賜信合納帖音酋長三珠虎符庚寅饗于太廟彗星入紫微垣抵斗魁光芒尺許凡一月乃滅丙申熒惑犯亢己亥太陰犯天關辛丑太陰犯井壬寅敕減米直糶京師饑民

其鰥寡孤獨不能自存者給之甲辰赦天下戊申僧
官揔統以下有妻者罷之以叚貞董開河修倉之役
加平章政事庚戌造象蹄掌甲辛亥禁江南州郡以
乞養良家子轉相販鬻及強將平民略賣者平灤水
免田租萬一千九百七十七石廣濟署水損屯田百
六十五頃免田租六千二百一十三石十一月壬子
朔改德安府隸黃州路丁巳孫民獻嘗附桑哥助要
束木爲惡及同知上都留守司事又受賕減諸從臣
糧詒籍其家貲妻拏復因潭州吕澤訴其刻虐械送
民獻至湖廣如澤所訴窮治之立海北海南道肅政

廉訪司治雷州庚申敕中書省凡出征軍毋以和顧
和買煩其家乙丑太陰犯畢丁卯太陰犯井戊辰以
金齒木朶甸户口增立下路總管府給其爲長者雙
珠虎符真定路達魯花赤合散言廉訪司官檢責民
官太苛乞以民官復檢責廉訪司文卷從之庚午太
陰犯鬼免江南都作院軍匠出征丙子熒惑犯鈎鈐
戊寅歲星犯亢己卯河南江北行省平章伯顏入爲
中書省平章政事位帖哥剌真不忽木上十二月丁
亥禁漢軍更番者毋鬻軍器辛卯武平路達魯花赤
塔海言女直地至今未定賊一人入境百姓離散臣

願往安集之詔以塔海爲遼東道宣慰使壬辰中書
左丞馬紹疾以詹事丞張九思代之乙未太陰犯井
遣使督思播二州及鎮遠黃平發宋舊軍八千人從
征安南庚子平章政事亦黑迷失史弼高興等無功
而還各杖而恥之仍没其家貲三之一癸卯敕以桑
哥没入官田三百九十一頃八十餘畝給阿合兀闌
所司匠户丙午以鐵赤脱脱木兒廄住拜延四人並
安西王傅是歲天下路府州縣等二千三十八路一
百六十九府四十三州三百九十八縣千一百六十
五宣撫司十五安撫司一寨十一鎮撫所一堡一各

甸部管軍民官七十三長官司五十一録事司百三
巡院三官府大小二千七百三十三處隨朝二百二
十一貟萬六千四百二十五隨朝千六百八十四户一千四百
萬二千七百六十賜皇后親王公主如歲例賜諸臣
羊馬價鈔四十三萬四千五百錠幣五萬五千四百
一十錠周貧乏鈔三萬七千五百二十錠作佛事祈
福五十一真定寧晉等處被水旱蝗雹爲災者二十
九斷死罪四十一
三十一年春正月壬子朔帝不豫免朝賀癸亥知樞
密院事伯顏至自軍中庚午帝大漸癸酉帝崩于紫

檀殿在位三十五年壽八十親王諸大臣發使告哀于皇孫乙亥靈駕發引瘞起輦谷從諸帝陵夏四月皇孫至上都甲午即皇帝位丙午中書右丞相完澤及文武百官議上尊謚壬寅始爲壇于都城南七里甲辰遣司徒兀都帶平章政事不忽木左丞張九思率百官請謚于南郊五月戊午遣攝太尉臣兀都帶奉册上尊謚曰聖德神功文武皇帝廟號世祖國語尊稱曰薛禪皇帝是日完澤等議同上先皇后弘吉剌氏尊謚曰昭睿順聖皇后世祖度量弘廣知人善任使信用儒術用能以夏變夷立經陳紀所以爲一代之制者規模宏遠矣

元史本紀卷第十七

本紀卷第十八　　元史十八

翰林學士亞中大夫知制誥兼修國史臣宋濂 翰林待制承直郎同知制誥兼國史院編修官臣王禕等奉
勅修

成宗一

成宗欽明廣孝皇帝諱鐵穆耳世祖之孫裕宗真金第三子也母曰徽仁裕聖皇后弘吉烈氏至元二年九月庚子生二十四年諸王乃顏叛世祖自將討平之其後合丹復叛命帝往征之合丹敗亡三十年乙巳受皇太子寶撫軍於北邊三十一年春正月世祖崩親王諸大臣遣使告哀軍中夏四月壬午帝至上

都左右部諸王畢會先是御史中丞崔彧得玉璽于故臣之家其文曰受命于天既壽永昌上之徽仁裕聖皇后至是手授於帝甲午即皇帝位受諸王宗親文武百官朝於大安閣詔曰朕惟太祖聖武皇帝受天明命肇造區夏聖聖相承光熙前緒迨我先皇帝體元居正以來然後典章文物大備臨御三十五年薄海內外罔不臣屬宏規遠畧厚澤深仁有以衍皇元萬世無疆之祚我昭考早正儲位德盛功隆天不假年四海缺望顧惟眇質仰荷先皇帝殊眷往歲之夏親授皇太子寶付以撫軍之任今春宮車遠馭奄

棄臣民乃有宗藩昆弟之賢戚畹官僚之舊謂祖訓不可以違神器不可以曠體承先皇帝夙昔付託之意合辭推戴誠切意堅朕勉徇所請於四月十四日即皇帝位可大赦天下尚念先朝庶政悉有成規惟慎奉行罔敢失墜更頼祖親勲戚左右忠良各盡乃誠以輔台德布告遠邇咸使聞知詔除大都上都兩路差稅一年其餘減丁地稅糧十分之三係官逋欠一切蠲免民户逃亡者差稅皆除之追尊皇考曰皇帝尊太母元妃曰皇太后庚子遣攝太尉兀都帶等請謚于南郊遣禮部侍郎李衎兵部郎中蕭泰登賫

詔使安南中書省臣言陛下新即大位諸王駙馬賜與宜依往年大會之例賜金一者加四爲五銀一者加二爲三文江南分土之賦初止驗其版籍令户出鈔五百文今亦當有所加然不宜增賦於民請因五百文加至二貫從今歲官給之從之乙巳賜駙馬蠻子帶銀七萬六千五百兩闊里吉思一萬五千四百五十兩高麗王王昛三萬兩丁未湖廣行省所屬寇盜竊發復令劉國傑討之戊申太白晝見又犯鬼詔存恤征黎蠻八哇等軍己酉雲南行省以所定路府州縣來上上路二下路十一下州四十九中縣一下

縣五十以金齒歸附官阿魯爲孟定路總管佩虎符是月即墨縣雹五月庚戌朔太白犯輿鬼壬子始開醮祠於壽寧宫祭太陽太歲火土等星於司天臺戊午遣攝太尉兀都帶奉玉冊玉寶上大行皇帝尊謚曰聖德神功文武皇帝廟號世祖皇后尊謚曰昭睿順聖皇后皇考尊謚曰文惠明孝皇帝廟號裕宗賜國王和童金二百五十兩月兒魯百五十兩伯顔月赤察而各五十兩銀鈔錦各有差庚申祭紫微星於雲僊臺雲南部長適習四川散毛洞主覃順等來貢方物陞其洞爲府丁卯八番宣慰使斡羅思犯法爲

人所訟懼罪逃還京師賜安西王阿難荅鈔萬錠己巳改皇太后所居舊太子府爲隆福宮詹事院爲徽政院司議曰中議府正曰宮正家令曰內宰典醫署曰掌醫典寶曰掌謁典設曰掌儀典饍曰掌饍仍增控鶴至三百人詔各處轉運司官欺隱姦詐爲人所訟者聽廉訪司即時追問其案牘仍舊例於歲終檢之陞福建鹽提舉司爲鹽轉運司增捕私鹽人賞格庚午諸王亦里不花來朝以瘠馬輸官官酬其直爲鈔十有一萬五千錠賜也速帶而汪惟正兩軍將士糧五萬碩餉北征軍壬申御史臺臣言內外官府增

置愈多在京食祿者萬人在外尤衆理宜減併命與中書議之用崔彧言肅政廉訪司案牘勿令總管府檢劾詔議增官吏祿以也速帶而所統將士貧乏給鈔萬錠乙亥以扎珊知樞密院事戊寅封皇姑高麗王王昛妃忽都魯揭里迷失爲安平公主賜亦都護金五百五十兩銀七千五百兩合迷里的斤帖林金五十兩銀四百五十兩西平王奧魯赤言汪總帥之軍多庇其富實而令貧弱者應役命更易之以月兒魯爲太師伯顏爲太傅月赤察而爲太保禁諸司豪奪鹽船遞運官物僧道權勢之家私匿盜販是月容州路諸城縣大都路武清縣霍峽州路大水六月庚辰朔日有食之辛巳御史臺臣言名分之重無踰宰相惟事業顯著者可以當之不可輕授廉訪司官歲以五月分按所屬次年正月還司職官犯贓勅授者聽總司議宣授者上聞其本司聲跡不佳者代之受賂者依舊例比諸人加重帝曰其與中書同議乙酉雲南金齒路進馴象三丙戌以雲南歲貢馬二千五百疋給梁王數太多命量減之庚寅必察不里城敵木丁遣使來貢詔罷功德使司及泉府司官冗員壬辰立晉王內史府復以光祿寺隸宣徽院中書省臣

言朝會賜與之外餘鈔止有二十七萬錠凡請錢糧者乞量給之定西平王奧魯赤寧遠王闊闊出鎮南王脫歡及也先帖木而大會賞賜例金各五百兩銀五千兩鈔二千錠幣帛各二百匹諸王帖木而不花也只里不花等金各四百兩銀四千兩鈔一千六百錠幣帛各一百六十匹以帖木而復爲平章政事諸王阿只吉部王速福屢叛伏誅以甘肅等處米價踊貴詔禁釀酒命月赤察而提調群牧事乙未以世祖皇后裕宗謚號播告天下免所在本年包銀俸鈔及內郡地稅江淮以南夏稅之半乙亥以乳保勞封完顏伯顏爲冀國公妻何氏爲冀國夫人完澤貸民錢多取其息命依世祖定制辛丑浙西道提刑按察使弘吉烈帶阿魯灰受賂遇赦免復以爲河西隴北道肅政廉訪使御史臺臣言先朝決獄隨罪輕重笞杖異施今止用杖乞如舊制不允宋使家鉉翁安置河間年踰八十賜衣服遣還其家癸卯封駙馬闊里吉思爲唐王給金印甲辰詔翰林國史院修世祖實錄以完澤監修國史乙巳給困赤禿出征軍士鈔各千戶千錠丙午太陰犯井以昔寶赤從征諸軍自備馬一千一百九十餘疋命給還其直戊申詔宗藩內外

官吏人等咸聽丞相完澤約束以合剌思八斡節而爲帝師賜玉印賜雪雪的斤公主鈔千錠諸王伯荅罕末察合而部貧乏者三千錠伯牙兀真赤里由柔伯牙伯剌麻闊怯倫忙哥真各金五十兩銀鈔幣有差是月東安州蝗秋七月壬子詔御史大夫月兒魯振臺綱禁内外諸司減官吏俸爲宴飲費置隆福宮衛候司癸丑詔軍民各隸所司無相侵越乙卯以諸王出伯所部四百餘户乏食徙其家屬就食内郡仍賜以與魯軍年例鈔三千錠給瓜沙之民徙甘州屯田者牛價鈔二千六百錠以也的迷失爲東昌路達

魯花赤中書省臣言其嘗官是郡犯法五百餘欵今不宜復官帝曰姑試之己未復立平陽路之蒲武鄉保定路之博野泰安州之新泰等縣賜諸王出伯與魯軍也速帶而紅襖軍幣帛各六萬匹庚申改侍衛都指揮使司爲隆福宮左都威衛使右都威衛使以陝西道廉訪司沒入贓罰錢舊給安西王者令行省別貯之壬戌詔中外崇奉孔子癸亥罷肇州宣慰司併入遼東道戊辰减八番等處所設官二百一十六員八番稱新附九十萬户設官四百二十四員及遣官覈實止十六萬五千餘户故减之行樞密院月的

迷失程鵬飛各加平章政事中書省臣言樞密之臣不宜重與相銜帝命以軍職尊崇者授之辛未中書省臣言向御史臺劾右丞阿里嘗與阿合馬同惡論罪抵死幸得原免不當任以執政臣謂阿里得罪之後能自警省乞令執政如故從之以軍户所棄田産歲入及管軍官吏贖罪等鈔復輸樞密院癸酉以陝西行省平章不忽木爲中書平章政事甲戌立隨路民匠打捕鷹房納綿等户總管府秩正三品詔招諭暹國王敢木丁來朝或有故則令其子弟及陪臣入質扎魯花赤言諸王之下有罪者不聞于朝輒自決

遣詔禁治之詔月兒魯守北邊賜其所統軍士幣帛各萬疋及西征軍士幣三萬疋鈔三萬六千六百錠賜不魯花真公主及諸王阿只吉女弟伯禿銀鈔有差是月棣州陽信縣雹大風拔木發屋真定路之南宫新河易州之淶水等縣雹八月庚辰太白晝見癸未平灤路遷安等縣水蠲其田租戊子初祀社稷用堂上樂歲以爲常己丑以大都留守段貞平章政事范文虎監浚通惠河給二品銀印令軍士復濬浙西太湖澱山湖溝港立新河運糧千戶所詔諸路平準交鈔庫所貯銀九十三萬六千九百五十兩除留十

九萬二千四百五十兩爲鈔母餘悉運至京師復立平陽之芮城陵川等縣辛卯以忙哥撒而妻子爲敵所掠賜鈔八千錠戊戌太陰犯畢太白犯軒轅是月德州之安德縣大風雨雹九月壬子聖誕節帝駐蹕三部落受諸王百官賀癸丑詔有司存恤征爪哇軍士死事之家甲寅口授諸王傅阿黑不花爲丞相丁巳太白經天庚申以合魯剌及乃顏之黨七百餘人隸同知樞密院事不憐吉帶習水戰丙寅太陰掩填星辛未太陰犯軒轅乙亥太白犯右執法太陰犯平道遣禿古鐵木而等使闍藍是月趙州之寧晉等縣

水冬十月戊寅車駕還大都辛巳江浙行省臣言陛下即位之初詔蠲今歲田租十分之三然江南與江北異貧者佃富人之田歲輸其租今所蠲特及田主其佃民輸租如故則是恩及富室而不被於貧民也宜令佃民當輸田主者亦如所蠲之數從之遼陽行省所屬九處大水民饑或起爲盜賊命賑恤之江西行省臣言銀場歲辦萬一千兩而未嘗及數民不能堪命自今從實辦之不爲額壬午太白犯左執法有事于太廟癸巳太陰掩填星乙未太陰犯井金齒新附孟愛甸酋長遣其子來朝即其地立軍民總管府

朱清張瑄從海道歲運糧百萬碩以京畿所儲充足詔止運三十萬碩辛丑帝諭右丞阿里參政梁德珪曰中書職務卿等皆懷怠心朕在上都令還也的迷沙已沒財產任明里不花皆至今未行又不約束吏曹使選人留滯桑哥雖姦邪然僚屬憚其威政事無不立決卿等其約束曹屬有不事事者笞之仍以朕意諭右丞相完澤壬寅緬國遣使貢馴象十乙巳遣南巫里速木荅剌繼沒剌矛毯陽使者各還其國賜以三珠虎符及金銀符金幣衣服有差初也黑迷失征爪哇時嘗招其瀕海諸國於是南巫里等遣人來

附以禁商泛海留京師至是弛商禁故皆遣之十一月丁未朔帝朝皇太后于隆福宮上玉冊玉寶庚戌行樞密院臣劉國傑討辰州賊詔選州民刀弩手助其軍他不爲例京師犯贓罪者三百人帝命事無疑者准世祖所定十三等例決之己酉太陰犯亢庚戌廣西鹽先給引於民而徵其直私鹽日橫及官自鬻鹽民復不售詔先以鹽與民而後徵之辛亥中書省臣言國賦歲有常數先帝嘗曰凡賜與雖有朕命中書其斟酌之由是歲務節約常有贏餘今諸王藩戚費耗繁重餘鈔止一百十六萬二千餘錠上都隆興

西京應昌甘肅等處糴糧鈔計用二十餘萬錠諸王五户絲造作顏料鈔計用十餘萬錠而來會諸王尚多恐無以給乞俟其還部臣等酌量定擬以聞從之壬子詔以軍民不相統壹罷湖廣江西行樞密院併入行省乙卯令河西僧人依舊助役丁巳以伯顏察而參議中書省事其兄伯顏言曰臣叨平章政事兄弟宜相嫌避帝曰卿勿復言兄平章於上弟參議於下何所嫌也罷貴赤屯田總管府罷宣政院所刻河西藏經板庚申太陰犯畢甲子詔禁作姦犯科者以湖南道宣慰使何偉為中書參知政事罷海北海南市舶提舉司壬申立覆實司濟寧路立諸色户計諸總管府秩四品癸酉太白犯房詔改明年為元貞元年十二月辛巳賜諸王亦思麻殺金五十兩癸未歲星犯房丙戌罷遼河等處人匠正副達魯花赤丁亥歲星犯鉤鈐甲午以諸王晃兀而駙馬阿失等皆在軍加賜金銀鞍勒弓矢衣服各有差乙未以伯遥帶忽剌出所隸一千户饑賜鈔萬錠壬辰太陰犯鬼戊戌禁侵擾農桑者庚子太陰犯房又犯歲星選各衛精兵千人命孛羅歹答而等將之戍和林聽太師月兒魯節度三年而更用帝師奏釋京師大辟三十人

杖以下百人賜諸鰥寡貧民鈔三百錠曲靖澂江普安等路夷官各以方物來貢以東勝等處牛疫户貧乏賜鈔三千餘錠卜阿里使麻八而還都阿思民為海都所虜賜鈔三萬九千九百錠是月常德岳鄂漢陽四州水免其田租是歲斷大辟三十一人

元貞元年春正月戊申諸王阿失罕來朝賜金五十兩銀四百五十兩癸丑以太僕卿只而合朗為御史大夫甲寅以從世祖狩杭海功賜諸王忽剌出金五十兩珠一串乙卯太陰犯填星又犯畢壬戌以國忌即大聖壽萬安寺飯僧七萬癸亥安西王阿難答寧遠王闊闊出皆言所部貧乏賜安西王鈔二十萬錠寧遠王六萬錠又以隕霜殺禾復賑安西王山後民米一萬碩詔道家復行金籙科範以雲南行省左丞楊炎龍為中書左丞乙丑以亦奚不薛復隸雲南行省以行樞密院既罷賜行中書省長官虎符領其軍庚午以江浙行省平章阿老瓦丁為參知政事壬申立北庭都元帥府以平章政事合伯為都元帥江浙行省右丞撒里蠻為副都元帥皆佩虎符立曲先塔林都元帥府以畟都察為都元帥佩虎符饒州路達魯花赤阿剌紅治中趙良不法僉江東廉訪司事昔

班季讓受金縱之事覺普班自殺杖季讓除名仍沒其財產奴婢之半罷瓜沙等州屯田癸酉歲星犯東咸甲戌有飛書妄言朱清張瑄有異圖者詔中外慰勉之乙亥追封皇國舅按只那演爲濟寧王謚忠武封皇姑囊家真公主爲魯國大長公主駙馬蠻子台爲濟寧王仍賜金印詔飭諸道鹽運司二月丙子朔安西王相鐵赤等請復立王相府不許令陝西省臣給其所需仍以廉訪司沒入贓罰鈔與之丁丑翰林學士承旨留夢炎告老帝以其在先朝言無所隱厚賜遣之命昔伯撒里蠻孛來將探馬赤軍萬人出征

聽諸王出伯節度壬午罷江南茶稅以其數三千錠添入江西榷茶都轉運司歲額詔貸斡脫錢而逃隱者罪之仍以其錢賞首告者癸未熒惑犯太陰丁亥雲南行省平章也先不花言敢麻魯有兩夷未附金齒亦叛服不常乞調兵六千鎮撫金齒置驛入緬從之復以拱衛司爲正三品以濟寧王蠻子台所部弘吉烈人貧乏賜鈔一十八萬錠戊子思州田昌剌不花雲南夷卜木四川洞主查閣王金齒帶梅混冬等來見緬國阿剌扎高微班的來獻舍利寶玩甲午以探馬赤軍出征馬不足詔除軍民官吏所乘凡有馬

者盡拮之壬辰太陰犯平道丁酉車駕幸上都癸卯太陰犯歲星以諸王亦憐真部馬牛驛人貧乏賜鈔千錠以工部尚書兼諸路金玉人匠總管府達魯花赤呂天麟爲中書參知政事立雲州銀場都提舉司秩四品中書省臣言近者阿合馬桑哥怙勢賣官不別能否止憑解由遷調由是選法大壞宜令廉訪司體覆以聞省臺選官覈實定其殿最以明黜陟其廉訪司官亦令省臺同選爲宜從之罷河西軍聽各還其所屬賜駙馬那懷鈔萬五千錠以醮延春閣賜天師張與棣宗師張留孫真人張志僊等十三人玉圭

各一製寶玉五方佛冠賜帝師三月乙巳朔安南世子陳日燇遣使上表慰國哀又上書謝寬貰恩并獻方物丙午遣密剌章以鈔五萬錠授征西元帥令市馬萬疋分賜二十四城貧乏軍校庚戌太陰犯填星壬子禁來朝官斂所屬俸丙辰給月兒魯禿禿軍炒米萬石金齒夷洞蠻來見賜衣遣之戊午罷福建銀場提舉司其歲額銀以有司領之中書省臣言樞密院御史臺例應奏舉官屬其餘諸司不宜奏請今皆請之非便詔自今已後專令中書擬奏以東作方殷罷諸不急營造惟帝師塔及張法師宮不罷壬戌地

震太陰犯房丙寅國王和童隱所賜本部貧民鈔三百五十錠命臺臣遣人按問以愧之詔免醫工門徭增置蒙古學正以各道肅政廉訪司領之夏四月辛巳妖人蒙蟲僭擬及其黨十三人伏誅賜章河至苦鹽貧乏驛户鈔一萬二千九百餘錠丙戌諸王也只里以兵五千人戍兀魯思界遣使來求馬帝不允庚寅太陰犯東咸封乳母楊氏爲趙國安翼夫人癸巳以同知烏撒烏蒙等處宣慰使司事牙那木假兵部尚書佩虎符使馬答兒的陰戊戌給扈從探馬赤軍市馬鈔十二萬錠庚子立掌謁司掌皇太后寶秩四品以宦者爲之賜貴赤親軍貧乏户鈔四萬一千五百餘定癸卯以諸王出伯所統探馬赤紅襖軍各千人隷西平王奥魯赤設各路陰陽教授仍禁陰陽人不得游於諸王駙馬之門以貴赤萬户忽秃不花等所部爲敵所掠賜鈔有差是月真定路之平山靈壽等縣有蟲食桑閏四月丙午爲皇太后建佛寺于五臺山以前工部尚書涅只爲將作院使領工部事燕南河北道肅政廉訪使宋德柔爲工部尚書董其役以大都保定真定平陽太原大同河間大名順德廣平十路應其所需癸丑歲星犯房甲寅太陰犯平道

林茂卿

立梭鼇招討使司以答而忽帶爲使佩虎符乙卯太陰犯亢丁巳太陰掩房己未罷打捕鷹房總管府及司籍周用薄斂等庫及徽州路銀場各處鹽使司鹽場改設司令司丞仍免大都今歲田租弛甘州酒禁庚申河南行省廚兩淮歲辦盐十萬引鈔五千錠遣札剌而帶等徃鞫實命隨其罪之輕重治之陝西行省增羨鹽鈔一萬二千五百餘錠山東都轉運使司別思葛等增羨盐鈔四千餘錠各賜衣以旌其能南人洪幼學上封事妄言五運筶而遣之壬戌塔即古阿散以不法伏誅詔禁行省行泉府司抽分市舶船貨而同匿其珍細者戊辰遣愛牙赤覈實高麗國儲糧平陽民訴諸王小薛曲列失伯部曲恣橫遣官鞫之賜安南國王陳益稷鈔千錠是月蘭州上下三百餘里河清三日五月戊寅以魯國大長公主建佛寺于應昌給鈔千錠金五十兩命麥朮丁何榮祖等釐正選法己卯寬忙兀部別闍于江西俾從月底迷失討賊庚辰詔各省止存儒學提舉司一餘悉罷之陞江南平陽等縣爲州以户爲差户至四萬五萬者爲下州五萬至十萬者爲中州下州官五員中州六員凡爲中州者二十八下州者十五又以户不及額降

連州路爲連州增重挑補鈔人罪告捕者仍優其賞令犯人給之辛巳罷行大司農司加平章政事麥朮丁爲平章軍國重事中書左丞議中書省事何榮祖爲昭文館大學士與中書省事甲申詔自元貞元年五月以前逋欠錢糧者皆罷徵丁亥太陰犯南斗甲午以諸王阿只吉部貧乏賜鈔二十萬錠江淛行省臣鐵木而不聽詔遣官責之丙申以伯顏之子買的爲僉書樞密院事太后言其父盡心王室欲令代其父官帝以其年尚小故有是命詔以農桑水利諭中外鞏昌府金州西和州會州雨雹無麥禾饒州鎮江常州湖州平江建康太平常德澧州皆水六月戊申濟南路之歷城縣大清河水溢壞民居壬子高麗王王昛乞爲太師中書令不允以近邊役煩及水災免咸平府民八百户今年賦稅詔遼陽省進海東青鶻二十四驛每驛給牛六頭使者食米五碩鷹食羊五口又狗逅十二驛每户給鈔十錠甲寅翰林承旨董文用等進世祖實録乙卯江西行省所轄郡大水無禾民乏食令有司與廉訪司官賑之仍弛江河湖泊之禁聽民採取陞沅州爲路以靖州隸之遣使與各省官就邊調遣遠六品以下官併左右兩江宣慰司

都元帥府宣撫司爲廣西兩江道宣慰司都元帥府以靖江爲治所仍分司邕州勑九上封事者命中書省發緘視之然後以聞詔河西僧納租稅癸亥立蒙古軍都元帥府于西川徑隸樞密院以阿剌鐵木而岳樂罕並爲都元帥佩虎符河西隴北道廉訪司鞫張萬户不法西平王奧魯赤沮撓其事帝命諭之甲子以安西王所部出征軍妻孥乏食給糧二千碩詔賀蕃邕澧全衡柳吉贛南安等處蠻寇竊發以軍民官備禦不嚴撫字不至皆責而降之駙馬濟寧王蠻子台私殺罪人御史臺臣言其專擅有旨諭蠻子台令知之庚午立西域親軍都指揮使司以迷而的斤爲都指揮使是月汴梁路蝗利州蓋州蠙泰安曹州濟寧路水鞏昌環州慶陽延安安西旱秋七月乙亥徙甘凉御匠五百餘户于襄陽詔江南地稅輸鈔丁丑太陰犯亢罷追問已原逋欠普顏怯里迷失公主等俱以其部貧乏來告賜鈔計四十九萬餘錠御史臺臣言内地盗賊竊發者衆皆由國家赦宥所致乞命中書立爲條格督責所屬期至盡滅制曰可乙卯詔申飭中外有儒吏兼通者各路舉之廉訪司每道歲貢二人省臺委官立法考試中程者用之所貢

不公罪其舉者職官坐贓論斷冊犯者加二等倉庫官吏盜所守錢糧一貫以下笞之至十貫杖之二十貫加一等一百二十貫徒一年每三十貫加半年二百四十貫徒三年滿三百貫者死計贓以至元鈔爲則給江南行御史臺守護軍百人戍海南屯田軍之半還其元翼詔增給諸軍藥餌價直壬午立肇州屯田萬户府以遼陽行省左丞阿散領其事甲申歲星犯房給塞下貧民鈔二萬四千錠己丑賜劉國傑王帶錦衣旌其戰功辛卯以秃秃合所部貧乏賜鈔十萬錠戊戌朱汞福邊珍裕以妖言伏誅札魯忽赤文移舊用國語敕改從漢字壬寅詔易江南諸路天慶觀爲玄妙觀毀所奉宋太祖神主大都遼東東平常德湖州武衛屯田大水隆興路雹太原平陽安豐河間等路旱八月乙酉太陰犯牛壬子太陰犯壘壁陣辛酉緬國進馴象三癸亥賑遼陽民被水者糧兩月己巳以駙馬那懷知樞密院事金復州屯田有蟲食禾汴梁安西真定等路旱平江安豐等路大水九月甲戌帝至自上都乙亥用帝師奏釋大辟三人杖以下四十七人戊寅以八撒而治私第給鹽萬引詔輸米十萬碩于權場故廩以備北塞以探馬赤軍士所

至擾民令合伯鎮之犯者罪其主將乙卯罷四川淘金户四千還其元籍罪初獻言者庚辰罷寧夏路行中書省以其事併入甘肅行省丁亥爪哇遣使來獻方物己丑給桓州甲匠糧千石壬辰湖州司獄郭玘訴浙西廉訪司僉事張孝思多取廩餼孝思繫玘于獄行臺令監察御史楊仁往鞫而江浙行省平章鐵木而遽孝思至省訊問又令其屬官與仁同鞫玘事仁不從行臺以聞詔省臺遣官鞫問既引服皆杖之諸王小薛部衆擾民遣官按問杖其所犯重者餘聽小薛責之甲午太陰犯軒轅戊戌太陰犯平道宣德府大水軍民乏食給糧兩月武衛萬盈屯及延安路隕霜殺禾高郵府泗州賀州旱平江廬州等路大水冬十月癸卯有事于太廟中書省臣言去歲世祖皇后裕宗祔廟以綾代玉冊今玉冊玉寶成請納諸各室帝曰親享之禮祖宗未嘗行之其奉冊以來朕躬祝之命獻官迎導入廟給江浙河南巡邏私鹽南軍兵仗癸丑以西北叛王將入自土番命平章軍國重事荅失蠻往征之仍敕便宜總帥發兵千人從行聽其節度甲寅中書省御史臺臣言江浙行省平章明里不花陳臺憲非便事臣等議乞自今監察御史廉

訪司有所按覈州縣官與本路同鞫路官與宣慰司同鞫宣慰司官與行省同鞫制曰可詔諸王駙馬部民旣隸軍籍者毋奪回本部己未賜各衛士貧乏者鈔二萬九千三百餘錠辛酉辰星犯房壬戌辰星犯鍵閉癸亥賜諸王巴撒而火而忽荅孫秃剌三部鈔四萬八千五百餘錠丁卯以傅而赤荅剌赤等貧乏賜鈔二萬九千餘錠戊辰太白晝見太陰犯房遣安南朝貢使陳利用等還其國降詔諭陳日燇十一月甲戌太白經天及犯壘壁陣辛巳置江淛行省檢校官二員立江淛金銀洞冶轉運使司乙酉太陰犯井丙戌毬陽酋長之兄脫杭捧于法而剌酋長之弟察剌八都阿魯酋長之弟脫杭忽先等各奉金表來覲丁亥太陰犯鬼戊子賜阿魯酋長虎符癸巳賜安西王甲冑槍檛弓矢櫜鞬等十五萬八千二百餘事戊戌陞贛州路之寧都會昌二縣爲州以石城縣隸寧都瑞金縣隸會昌詔江淛行省括隱漏官田及檢劾富強避役之户十二月庚子朔遣集賢院使阿里渾撒里等祭星于司天臺癸卯以駙馬阿不花所部民貧賜鈔萬錠賜諸王押忽秃忽剌出阿失罕等金各二百五十兩鈔五百錠丙辰太陰犯軒轅荆南僧晋

昭等僞撰佛書有不道語伏誅己未詔大都路九和顧和買及一切差役以諸色户與民均當賜諸王不顏鐵木而阿八也不干金各五百兩銀五千兩鈔二千錠幣帛各二百疋其幼王減五分之一以各道廉訪司官八員員一印命收其三甲子太陰犯天江賜帝師雙龍紐玉印也速帶而之軍因李璮亂去山東其元駐之地爲人所墾歲久成業爭訟不已命別以境內荒田給之正軍五頃餘丁二頃已滿數者不給減海運脚價鈔一貫計每石六貫五百文著爲令徙縉山所居乞里乞思等民于山東以田與牛種給之丁卯禁諸王輒名有司官吏己巳詔免軍器匠門徭是歲斷大辟三十人

本紀卷第十八

本紀卷第十九　　元史十九

翰林學士亞中大夫知制誥兼修國史臣宋濂　翰林待制承直郎同知制誥兼國史院編修官臣王褘等奉

敕修

成宗二

二年春正月丙子詔蠲兩都站戶和雇和市己卯詔
江南毋捕天鵝以忽剌出千戶所部屯夫貧乏免其
所輸租上思州叛賊黃勝許攻剽水口思光寨湖廣
行省調兵擊破之獲其黨黃法安等賊遁入上牙六
羅壬午太陰犯輿鬼詔凡戶隸貴赤者諸人毋爭甲
申命西平王奧魯赤令夏居上都丙戌太白晝見安

西王傅鐵赤脫鐵木而等復請立王相府帝曰去歲
阿難荅已嘗面陳朕以世祖定制諭之今復奏請豈
欲以四川京兆悉爲彼有耶賦稅軍站皆朝廷所司
今姑從汝請置王相府惟行王傅事丁亥太陰犯平
道己丑御史臺臣言漢人爲同寮者嘗爲姦人捃摭
其罪由是不敢盡言請於近侍昔寶赤速古而赤中
擇人用之帝曰安用此曹其選漢人識達事體者爲
之以御史中丞禿赤爲御史大夫庚寅太陰犯鉤鈐
辛卯令月赤察而也可及合剌赤所部衛士自運軍
糧給其行費甲午授嗣漢三十八代天師張與材太

素凝神廣道真人管領江南諸路道教乙未詔諸王
公主駙馬非奉旨毋罪官吏賜諸王合班妃鈔千二
百錠雜幣帛千匹駙馬塔海鐵木而鈔三千錠四紀
不剌罕獻獅豹藥物賜鈔千三百餘錠二月己亥朔
中書省臣言陛下自御極以來所賜諸王公主駙馬
勳臣爲數不輕向之所儲散之殆盡今繼請者尚多
臣等乞甄別貧匱及赴邊者賜之其餘宜悉止從之
分江浙行省軍萬人戍湖廣給稱海屯田軍農具詔
奉使及軍官歿而子弟未襲職者其所佩金銀符歸
于官違者罪之辛丑立中御府以脫忽伯唐兀並爲

中御卿丙午禁軍將擅易侍衛軍蒙古軍以家奴代
役者罪之仍令其奴別入兵籍以其主資產之半畀
之軍將敢有縱之者罷其職括蒙古戶漸丁以充行
伍丁未太陰犯井庚戌詔軍卒擅更代及逃歸者死
給禿禿合所部屯田農器丙辰詔江南道士貿易田
者輸田商稅庚申命札剌而忽都虎所部戶居于奉
聖雲州者與民均供徭役自六盤山至黃河立屯田
置軍萬人丙寅以大都留守司達魯花赤段貞爲中
書平章政事遣使代祀嶽瀆賜安西王米三千石以
賑飢民三月壬申以中書平章政事不忽木爲昭文

館大學士平章軍國事罷太原平陽路釀進蒲萄酒其蒲萄園民恃爲業者皆還之諸王出伯言所部探馬赤軍懦弱者三千餘人乞代以強壯從之仍命出伯非奉旨毋擅徵發以怯魯剌駐夏民飢戶給糧六月郡王慶童有疾以其子也里不花代之賜八撒火而忽荅孫禿剌三人鈔各千錠治書侍御史萬僧受賕命御史臺與宣政院使荅失蠻雜治之癸酉增駐夏軍爲四萬人忻都言晉王甘麻剌朶兒帶言月兒魯皆有異圖詔樞密院鞫之無驗帝命言晉王者死言月兒魯者謫從軍自效詔雲南行臺檢劾亦乞不

薛宣慰司案牘甲戌遣諸王亦只里八不沙亦憐真也里悭甕吉剌帶並駐夏于晉王怯魯剌之地丙子車駕幸上都丁丑以完顏邦義納速丁劉季安妄議朝政杖之徒二年籍其家財之半甲申次大口乙酉太陰犯鉤鈐辛卯賜遼陽行省糧三萬石壬辰詔駙馬亦都護括流散畏吾而戶癸巳湖廣行省以叛賊黃勝許黨酋萬丑玉獻于京師賜諸王鐵木兒金二百五十兩銀二千五百兩鈔五千錠以旌其戰功以合伯及塔塔剌所部民飢賑米各千石夏四月己亥朔命撒的迷失招集其祖忙兀臺所部流散人戶賜

諸王八卜沙鈔四萬錠也真所部六萬錠平陽之絳州台州路之黃巖州饑杭州火並賑之五月戊辰朔免兩都徭役辛未安西王遣使來告貧乏帝語之曰世祖以分賚之難嘗有聖訓阿難荅亦知之矣若言貧乏豈獨汝耶去歲賜鈔二十萬錠又給以糧今與則諸王以爲不均不與則汝言人多飢死其給糧萬石擇貧者賑之甲戌詔民間馬牛羊百取其一羊不滿百者亦取之惟色目人及數乃取丁丑太陰犯平道庚辰土蕃叛殺掠階州軍民遣脫脫會諸王鐵木而不花只列等合兵討之甲申命也真薛闍罕駐夏

于合亦而之地禁諸王公主駙馬招戶己丑詔諸徒役者限一年釋之毋杖庚寅罷四川馬湖進獨本葱詔諸王駙馬及有分地功臣戶居上都大都隆興者與民均納供需丁酉命諸行省非奉旨毋擅調軍安南國遣人招誘叛賊黃勝許也黑迭失進紫檀賜鈔四千錠是月野蠶成繭河中府之猗氏黿太原之平晉獻州之交河樂壽莫州之莫亭任丘及湖南醴陵州皆水濟寧之濟州螟六月己亥給出伯軍馬七千二百餘匹詔晉王所部衣糧糧以歲給衣則三年賜之給瓜州沙州站戶牛種田具御史臺臣言官吏受

賂初既辭伏繼以審覈而有司徇情致令興辭者乞加等論罪從之乙巳太白犯天關以調兵妨農免廣西容州等處田租一年丙午叛賊黃勝許遁入交趾甲寅降官吏受賕條格凡十有三等丁巳太白犯填星癸亥太陰犯井丙寅詔行省行臺凡朱清有所陳列毋輒止之賜西平王奧魯赤銀二百五十兩鈔六千錠所部六萬錠諸王亦憐真所部二十萬錠兀魯思駐冬軍三萬錠是月大都真定保定太平常州鎮江紹興建康澧州岳州廬州汝寧龍陽州漢陽濟寧東平大名滑州德州蝗大同隆興順德太原霑海南

民饑發粟賑之秋七月庚午肇州萬戶府立屯田給以農具種食辛未以鈔十一萬八千錠治西番諸驛甘肅兩州驛戶饑給糧有差賜諸王完澤印癸酉詔茶鹽轉運司印鈔提舉司運糧漕運司官仍舊以三年爲代雲南福建官吏滿任者給驛以歸壬午填星犯井太白犯輿鬼括伯顏阿朮阿里海牙等所據江南田及權豪匿隱者令輸租河泊官歲入五百錠者敕授增江西河南省參政一員以朱清張瑄爲之授特進上柱國高麗王世子王謜爲儀同三司領都僉議司事乙酉遣雲南省逃軍戍亦乞不薛命湖廣江

西兩省撥駐夏軍牧地丙戌遣岳樂也奴等使馬八兒國己丑命行臺監察御史鉤校隨省理問所案牘以虎賁三百人戍應昌諸提調錢正官其部凡有逋欠者勿遷敘廣西賊陳飛雷通藍青謝發寇昭梧藤容等州湖廣左丞八都馬辛擊平之辛巳賜貴由赤戍軍鈔三萬九千餘錠是月平陽大名歸德真定蝗彰德真定曹州濱州水懷孟大名河間旱太原懷孟霑福建廣西兩江道饑賑粟有差八月丁酉朔禁舶商毋以金銀過海諸使海外國者不得爲商庚子太陰犯亢太白犯軒轅壬寅命江浙行省以船五十艘

水工千三百人沿海巡禁私鹽癸卯太陰犯天江乙巳詔諸人告捕盜賊者強盜一名賞鈔五十貫竊盜半之應捕者又半之皆徵諸犯人無可徵者官給乙卯太陰犯天街太白犯上將給諸王亦憐真軍糧三月是月德州彰德太原蝗咸寧縣金復州隆興路隕霜殺禾寧海州大雨大名路水九月戊辰太白犯左執法辛未聖誕節帝駐蹕安同泊受諸王百官賀壬申太陰掩南斗甲戌增鹽價鈔一引爲六十五貫鹽戶造鹽錢爲十貫獨廣西如故徵浙東福建湖廣夏稅罷民間鹽鐵爐竈給襄陽府合剌魯軍未賜田者

糧兩月罷淮西諸巡禁打捕人員丁丑太陰犯壘壁
陣戊寅元江賊捨資殺掠邊境梁王命怯薛丹等討
降之甲申雲南省臣也先不花征乞藍拔尾農開陽
兩寨其黨荅剌率諸蠻來降乞藍悉平以其地爲雲
遠路軍民總管府己丑太陰犯軒轅辛卯諸王出伯
言汪總帥等部軍貧乏帝以其久戍命留五千駐冬
餘悉遣還至明年四月赴軍甲午令廣海左右兩江
戍軍以二年三年更戍海都兀魯思不花部給出伯
所部軍米萬石是月常德之沅江縣水免其田租河
間之莫州獻州旱河決河南杞封丘祥符寧陵襄邑

五縣冬十月丁酉有事于太廟壬寅發米十萬石賑
糶京師以宣德奉聖懷來縉山等處牧宿衛馬甲辰
修大都城壬子車駕至自上都職官坐贓經斷再犯
者加本罪三等贛州賊劉六十攻掠吉州江西行省
左丞董士選討平之是月廣備屯及寧海之文登水
十一月丁卯以蠻洞將領彭安國父子討田知州有
功賜安國金符子爲蠻夷官荅馬剌一本王遣其子
進象十六戊辰以廣西戍軍悉隸兩江宣慰司都元
帥府己巳兀都帶等進所譯太宗憲宗世祖實錄帝
曰忽都魯迷失非昭睿順聖太后所生何爲亦曰公

主順聖太后崩時裕宗已還自軍中所紀月日先後
差錯又別馬里思丹砲手亦思馬因泉府司皆小事
何足書耶辛未徙江浙行省枝都軍萬人戍潭州潭
州以南軍移戍郴州以洪澤芍陂屯田軍萬人修大
都城遣樞密院官整飭江南諸鎮戍軍九將校勤怠
者列實以聞增海運明年糧爲六十萬石丁丑太陰
犯月星又犯天街庚辰太陰犯井丁亥太陰犯上相
乙酉樞密院臣言江南近邊州縣宜擇險要之地合
羣戍爲一屯卒有警急易於徵發詔行省圖地形覈
軍實以聞戊子太陰犯平道贈大都巡防漢軍壬辰太

陰犯天江緬王遣其子僧伽巴叔撒邦巴來貢方物
罷雲南柏興府入德昌路賜太常禮樂戶鈔五千餘
錠是月象食屯水免其田租十二月戊戌立徹里軍
民總管府雲南行省臣言大徹里地與八百媳婦犬
牙相錯今大徹里胡念已降小徹里復占扼地利多
相殺掠胡念遣其弟胡倫乞別置一司擇通習蠻夷
情狀者爲之帥招其來附以爲進取之地詔復立蒙
樣剛等甸軍民官癸卯定諸王朝會賜與太祖位金
千兩銀七萬五千兩世祖位金各五百兩銀二萬五
千兩餘各有差丁未太陰犯井詔諸行省徵補逃亡

軍復司天臺觀星戶乙卯太陰犯進賢癸亥釋在京
囚百人增置侍御史二員賜金齒羅斛來朝人衣是
月大都保定汴梁江陵沔陽淮安水金復州風損禾
太原開元河南芍陂旱蠲其田租是歲斷大辟二十
四人
大德元年春正月庚午增諸王要木忽而兀魯而不
花歲賜各鈔千錠辛未諸王亦憐真來朝薨于道賜
幣帛五百疋乙亥給月兒魯匠者田人百畝乙酉以
邊地乏芻給出伯征行馬粟四月丙戌以鈔十二萬
錠鹽引三萬給甘肅行省昔寶赤等爲叛寇所掠仰

食於官賜以農具牛種俾耕種自給己丑以藥木忽
而等所部貧乏摘和林漢軍置屯田於五條河以歲
入之租資之辛卯以張斯立爲中書省參知政事諸
王阿只吉駐太原河東之民困於供億詔詰問之仍
歲給鈔三萬錠糧萬石給晉王所部屯田農器千具
建五福太乙神壇時汴梁歸德水木憐等九站饑以
米六百餘石賑之給可溫種田戶耕牛二月甲午朔
賜晉王甘麻剌鈔七萬錠安西王阿難答三萬錠丙
申蒙陽甸酋長納款遣其弟阿不剌等來獻方物且
請歲貢銀千兩及置驛傳詔即其地立通西軍民府

秩正四品戊戌陞全州爲全寧府庚子詔東部諸王
分地蒙古戍軍死者補之不勝役者易之癸卯徙揚
州萬戶鄧新軍屯蘄黃以閭里台所隸新附高麗女
直漢軍居瀋州甲申諸軍民相訟者命軍民官同聽
之丁未省打捕鷹房府入東京路戊午羅羅斯酋長
來朝己未改福建省爲福建平海等處行中書省徙
治泉州平章政事高興言泉州與瑠求相近或招或
取易得其情故徙之減福建提舉司歲織段三千匹
其所織者加文綉增其歲輸衲服二百其車渠帶工
別立提舉司掌之封的立普哇拿阿迪提牙爲緬國

王且詔之曰我國家自祖宗肇造以來萬邦黎獻莫
不畏威懷德嚮先朝臨御之日爾國使人禀命入覲
詔允其請爾乃違食前言是以我帥閫之臣加兵於
彼比者爾遣子信合八的奉表來朝宜示含弘特加
恩渥今封的立普哇拿阿迪提牙爲緬國王賜之銀
印子信合八的爲緬國世子錫以虎符仍戒飭雲南
等處邊將毋擅興兵甲爾國官民各宜安業又賜緬
王弟撒邦巴一珠虎符酋領阿散三珠虎符從者金
符及金幣遣之以新附軍三千屯田漳州庚申陞寧
都會昌縣爲州並隸贛州路寧陽鎮爲縣隸濟寧路

隩州巡檢司爲河曲縣隸保德州安豐路設錄事司以行徽政院副使王慶端爲中書右丞詔改元赦天下免上都大都隆興差稅三年給也只所部六千戶糧三月三月戊辰熒惑犯井己巳完澤等奏定銓調選法庚午以陝西行省平章也先鐵木而爲中書平章政事中書省左丞梁暗都刺爲中書省右丞癸酉太陰掩軒轅大星畋于柳林免武當山新附軍徭賦甲戌西蕃冠階州陝西行省平章脫列伯以兵進討其黨悉平留軍五百人戍之詔各省合併鎮守軍福建所置者合爲五十三所江浙所置者合爲二百二

十七所丙子車駕幸上都丁丑封諸王鐵木而不花爲鎮西武靖王賜駝紐印以江西省左丞八都馬辛爲中書左丞庚辰札魯忽赤脫而速受賂爲其奴所告毒殺其奴坐棄市乙酉遣阿里以鈔八萬錠糴糧和林丁亥禁正月至七月捕獵大都八百里內亦如之庚寅立江淮等處財賦總管府及提舉司賜諸王岳木忽而及兀魯思不花金各百兩兀魯思不花母阿不察等金五百兩銀鈔有差賜稱海匠戶市農具鈔二萬二千九百餘錠及牙忽都所部貧戶萬錠別吉贍匠萬九百餘錠五臺山佛寺成皇太后將親往

祈祝監察御史李元禮上封事止之歸德徐邳汴梁諸縣水免其田租道州旱遼陽饑並發粟賑之岳木忽而及兀魯思不花所部民饑以乳牛牡馬濟之夏四月癸巳朔日有食之丙申中書省御史臺臣言阿老瓦丁及崔彧條陳臺憲諸事臣等議乞依舊例御史臺不立選其用人則於常調官選之惟監察御史首領官令御史臺自選各道廉訪司必擇蒙古人爲使或闕則以色目世臣子孫爲之其次參以色目漢人又合刺赤阿速各舉監察御史非便亦宜止於常選擇人各省文案行臺差官檢覈宿衛近侍奉特旨

令臺憲擢用者必須明奏然後任之行臺御史秩滿而有劾績者或遷內臺或呈中書省遷調廉訪司亦如之其不稱職者省臺擇人代之未歷有司者授以牧民之職經省臺同選者聽御史臺自調中書省或用臺察之人亦宜與御史臺同議各官府憲司官毋得輒入體察今擬除轉運鹽使司外其餘官府悉依舊例制曰可壬寅賜兀魯思不花圓符賜暹國羅斛來朝者衣服有差賜牙忽都部鈔萬錠給岳木忽而所部和林屯田種以米二千石賑應昌府五月丙寅河決汴梁發民三萬餘人塞之戊辰安南國遣使來

朝追収諸位下爲商者制書驛券命囬囬人在内郡輸商税給鈔千錠逮臨洮佛寺詔強盜姦傷事主者首從悉誅不傷事主止誅爲首者從者刺配再犯亦誅給葛蠻安撫司驛券一辛未遂寧州軍戶任福妻一產三男給復三歲癸酉太白犯鬼積尸氣乙亥太陰犯房丁丑禁民間捕鶻鷹鷄庚寅平伐酋領内附乞隸於亦乞不薛從之各路平準行用庫舊制選部民富有力者爲副命自今以常調官爲之隸行省者從行省署用上思州叛賊黃勝許遣其子志寶來降漳河溢損民禾稼饒州鄱陽樂平及隆興路水亦乞列等三站饑賑米一百五十石六月甲午諸王也里干遣使乘驛祀五嶽四瀆命追其驛券仍切責之以湖廣行省參政崔良知廉貧特賜鹽課鈔千錠給和林軍需鈔十萬錠乙未太白晝見戊戌平伐九寨來降立長官司己酉令各部宿衛士輸上都隆興糧各萬五千石于北地甲寅罷亦奚不薛歲貢馬及氈衣丙辰監察御史斡羅失剌言中丞崔彧兄在先朝嘗有罪還其所籍家產非宜又買僧寺水碾違制帝以其妄言咎之詔僧道犯姦盜重罪者聽有司鞫問賜諸王也里干等從者鈔二萬錠朶思麻一十三站貧

民五千餘錠是月平灤路蟲食桑歸德徐邳州蝗太原風雹河間大名路旱和州歷陽縣江漲漂沒廬舍萬八千五百餘家以糧四千餘石賑廣平路饑民萬五千石賑江西被水之家二百九十餘石賑鐵里干等四站飢戶秋七月庚午太陰犯房辛未賜諸王脫脫孛羅赤沙禿而鈔二千錠所部八萬四千餘錠撒都失里千錠所部二萬餘錠罷蒙古軍萬戶府入曲先塔林都元帥府癸未增晋王所部屯田戶甲申增中御府官一員賜馬八兒國塔喜二珠虎符詔出使招諭者授以招諭使副諸取藥物者授以會同館使副但降旨差遣不給制命丙戌以八兒思禿倉糧隸上都留守司招籍宋兩江鎮守軍丁亥免上都酒課三年賜諸王不顏鐵木而及其弟伯真孛羅鈔四千錠所部八萬四千八百餘錠仍給糧一年寧海州飢以米九千四百餘石賑之河決杞縣蒲口郴州路耒陽州衡州之酃縣大水山崩溺死三百餘人懷州武陟縣旱八月庚子詔合伯留軍五千屯守令孛來統其餘衆以歸丁未命諸王阿只吉自今出獵悉自供具毋傷民力丁巳祆星出奎揚州淮安寧海州旱真定順德河間旱疫池州南康寧國太平水九月辛酉

朔祅星復犯奎壬戌八番順元等處初隸湖廣後改
隸雲南雲南戍兵不至其屯駐舊軍逃亡者衆仍命
湖廣行省遣軍代之甲子八百媳婦叛寇徹里遣也
先不花將兵討之丙寅詔恤諸郡水旱疾疫之家罷
括兩淮民田汰諸王來大都者及宿衛士冗員丁卯
命平章伯顏專領給賜孤老衣糧壬午車駕還大都
己丑增海漕爲六十五萬石罷南丹州安撫司立慶
遠南丹溪洞等處軍民安撫司詔邊遠官已嘗優陞
品級而託他事不赴者奪其所陞官平珠六洞蠻及
十部洞蠻皆來降命以蠻夷官授之給衛士牧馬外

郡者糧令毋仰食於民以札魯忽赤所追贓物輸中
書省衛輝路旱疫澧州常德饒州臨江等路溫之平
陽瑞安二州大水鎮江之丹陽金壇旱並以糧給之
冬十月甲午詔諸遷轉官注闕二年丁酉有事于太
廟辛丑減上都商稅歲額爲三千錠溫州陳空崖等
以妖言伏誅癸丑免陝西鹽戶差稅罷其所給米乙
卯不哇遣失剌班直木達奉表來降戊午太白經天
增吏部尚書一員以朶甘思十九站貧乏賜馬牛羊
有差盧州路無爲州江潮泛溢漂沒廬舍歷陽合肥
梁縣及安豐之蒙城霍丘自春及秋不雨揚州淮安

路飢韶州南雄建德溫州皆大水並賑之十一月壬
戌禁權豪僧道及各位下擅據礦炭山場罷順德彰
德廣平等路五提舉司立都提舉司二陞正四品設
官四員直隸中書戶部衛輝路提舉司隸廣平彰德
都提舉司真定鐵冶隸順德都提舉司罷保定紫荊
關鐵冶提舉司還其戶八百爲民癸亥詔自今田獵
始自九月高麗王王昛告老乞以爵與其子謜福建
行省遣人覘瑠求國俾其傍近百人以歸戊辰增太
廟牲用馬庚午籍唐兀軍入樞密院辛未曹州禹城
進嘉禾一莖九穗丁丑詔以高麗王世子謜爲開府

儀同三司征東行中書省左丞相駙馬上柱國高麗
國王仍加授王昛爲推忠宣力定遠保節功臣開府
儀同三司太尉駙馬上柱國逸壽王增烏撒烏蒙等
處宣慰使一員以孛羅歡爲之賜諸王兀魯思不花
金千兩銀萬五千兩鈔萬錠徙大同路軍儲所于紅
城以河南行省經用不足命江浙行省運米二十萬
石給之總帥汪惟和以所部軍屯田沙州瓜州給中
統鈔二萬三千二百餘錠置種牛田具大都路總管
沙的坐贓當罷帝以故臣子特減其罪俾仍舊職崔
彧言不可復任帝曰卿等與中書省臣戒之若後復

然則置爾死地矣戊子太白經天增晉王内史一員尚乘寺卿一員賜藥木忽而金一千二百五十兩銀一萬五千兩鈔一萬二千錠常德路大水常州路及宜興州旱並賑之十二月癸巳令也速帶而藥樂罕將兵出征丙申徙襄陽屯田合刺魯軍于南陽戶受田百五十畝給種牛田具戊戌中書省臣同河南平章孛羅歡等言世祖撫定江南沿江上下置戍兵三十一翼今無一二懼有不虞外郡戍卒封樁錢軍官遷延不以時取而以己錢貸之徵其倍息逃亡者各處鎮守官及萬戶府並遣人追捕皆非所宜又富戶

規避差稅冒爲僧道且僧道作商賈有妻子與編氓無異請汰爲民宋時爲僧道者必先輸錢縣官始給度牒今不定制僥倖必多無爲礬課初歲入爲鈔止一百六錠續增至二千四百錠大率斂富民刻吏俸停竈戶工本以足之亦宜減其數帝曰礬課遣人覈實汰僧道之制卿等議擬以聞軍政與樞密院議之諸王也只里部忽刺帶於濟南商河縣侵擾居民蹂踐禾稼帝命詰之走歸其部帝曰彼宗戚也有是理耶其令也只里罪之禁諸王駙馬并權豪毋奪民田其獻田者有刑復立芍陂洪澤屯田壬寅朝洞蠻內

附立長官司二命楊漢英領之甲辰太白經天又犯東咸丙午太陰犯軒轅丁未旌表烈婦漳州招討司知事闞文興妻王氏戊申增給雲南廉訪司驛券四十二甲寅太陰犯心乙卯免上都至大都并宣德等十三站戶和雇和買賜諸王忽刺出鈔千錠所部四萬四千五百餘錠諸王阿木速哥鐵木而所部二萬八千九百餘錠閏十二月壬戌太陰犯壘壁陣命也速帶而等出征詔諸軍戶賣田者由所隸官給文券甲子福建平章高興言漳州漳浦縣大梁山產水晶乞割民百戶采之帝曰不勞民則可勞民勿取壬申徙

乃顏民戶于內地定燕禿忽思所隷戶差稅以三分之一輸官賜忽刺出所部鈔萬錠癸酉至丙子太白犯建星己卯賜不思塔伯千戶等鈔約九萬錠淮東飢遣參議中書省事于章發廩賑之弛湖泊之禁仍聽正月捕獵平伐等蠻未附播州宣撫使楊漢英請以己力討之命湖廣省杏刺罕從宜收撫瓜州屯田軍萬人貧乏命減一千以張萬戶所領兵補之甲申增兩淮屯田軍爲二萬人賜諸王阿牙赤鈔千錠所部一萬一千餘錠藥樂罕等所部七萬錠暗都刺火者所部四萬餘錠般陽路飢疫給糧兩月是歲濟南

及金復州水旱大都之檀州順州遼陽瀋陽廣寧水順德河間大名平陽旱河間之樂壽交河疫死六千五百餘人斷大辟百七十五人

二年春正月壬辰詔以水旱減郡縣田租十分之三傷甚者盡免之老病單弱者差稅並免三年禁諸王公主駙馬受諸人呈獻公私田地及擅招户者丙申遣使閱諸省兵丁酉置汀州屯田辛丑御史臺臣言諸轉運司案牘例以歲終檢覆金穀事繁稽照難盡奸偽無從知之其未終者宜聽憲司於明年檢覆從之乙巳以糧十萬石賑北邊内附貧民己酉建康龍

興臨江寧國太平廣德饒池等處水發臨江路糧三萬石以賑仍弛澤梁之禁聽民漁采遣所俘瑠求人歸諭其國使之效順併土蕃碉門安撫司運司改為碉門魚通黎雅長沙西寧遠軍民宣撫司以翰林王惲閻復王構趙與票王之綱楊文郁王德淵集賢王顒宋渤盧摯耶律有尚李泰郝采楊麟皆耆德舊臣清貧守職特賜鈔二千一百餘錠給西平王奥魯赤部民糧三月晉王秋米五百石所部鈔十二萬錠戍和林高麗女直漢軍三萬錠二月戊午朔詔樞密院合併貧難軍户辛酉歲星熒惑太白聚危熒惑犯歲星壬戌徙重慶宣慰司都元帥府於成都立軍民宣慰司都元帥府於福建乙丑立浙西都水庸田司專主水利以中書右丞徽政院副使張九思為平章政事與中書省事丁卯改泉州為泉寧府己巳畋于漷州辛未太陰犯左執法併江西省元分置軍為六十四所丙子太陰犯心帝諭中書省臣曰每歲天下金銀鈔幣所入幾何諸王駙馬賜與及一切營建所出幾何其會計以聞右丞相完澤言歲入之數金一萬九千兩銀六萬兩鈔三百六十萬錠然猶不足於用又於至元鈔本中借二十萬錠自今敢以節用為請

帝嘉納焉罷中外土木之役癸未詔諸王駙馬毋擅祀嶽鎮海瀆申禁諸路軍及豪右人等毋縱畜牧損農乙酉車駕幸上都罷建康金銀銅冶轉運司還淘金户於元籍歲辦金悉責有司詔廉訪司作成人材以備選舉禁諸王從者假控鶴佩帶擾民詔諸郡凡民播種怠惰及有司勸課不至者命各道廉訪司治之減行省平章為二員丙子以梁德珪為中書平章政事楊炎龍為中書右丞賜朮忽而所部鈔三十萬錠近侍伯顏鐵木而等三萬錠也先鐵木而等市馬價三萬四千四百餘錠鎮南王脫歡六萬錠浙西嘉

與江陰江東建康溧陽池州水旱並賑恤之湖廣省漢陽漢川水免其田租甘肅省沙州鼠傷禾稼大都檀州雨雹歸德等處蝗三月丁亥朔罷大名路故河堤堰歲入隆福宮租鈔七百五十錠申禁官吏受賂詔諸司首者不得輒受戊子詔僧人犯奸盜詐僞聽有司專決輕者與僧官約斷約不至者罪之庚寅命各萬戶出征者其印令副貳掌之不得付其子弟違法行事以兩淮閑田給蒙古軍壬子御史臺臣言道州路達魯花赤阿林不花總管周克敬虐申麥熟不賑飢民雖經赦宥宜降職一等從之壬子詔加封東

鎮沂山爲元德東安王南鎮會稽山爲昭德順應王西鎮吳山爲成德永靖王北鎮醫巫閭山爲貞德廣寧王歲時與嶽瀆同祀著爲令式夏四月戊午遣征不剌壇軍還本部庚申以也速帶而擅調甘州戍軍遣伯顏等督之賜大都守門合剌赤等鈔九萬錠織工四萬四千錠發慶元糧五萬石減其直以賑飢民江南山東江浙兩淮燕南屬縣百五十處蝗五月辛卯罷海南黎兵萬戶府及黎蠻屯田萬戶府以其事入瓊州路軍民安撫司罷蕃麻林酒稅羨餘壬辰以中書右丞何榮祖爲平章政事與中書省事湖廣左

丞八都馬辛爲中書右丞淮西諸郡飢漕江西米二十萬石以備賑貸命中書省遣使監雲南四川海北海南廣西兩江廣東福建等處六品以下選戊戌太陰犯心壬寅平灤路旱發米五百石減其直賑之已西諸王念不列妃扎忽真詐增所部貧戶冒支鈔一萬六百餘錠遣扎魯忽赤同王府官追之南輝順德旱大風損麥免其田租一年詔總帥汪惟正所轄二十四城有安西王諸王等并朶思麻來寓者與編戶均當賦役耽羅國以方物來貢撫州之崇仁星隕爲石復致用院置和林宣慰司都元帥府以忽剌出耶

律希周納鄰合剌並爲宣慰使都元帥佩虎符給兩都八剌合赤鈔各三萬錠六月庚申御史臺臣言江南宋時行兩稅法自阿里海牙改爲門攤增課錢至五萬錠今宣慰張國紀請復科夏稅與門攤併徵以圖陞進湖湘重罹其害帝命中書趣罷之禁權豪斡脫括大都漕河舟楫西臺侍御史脫歡以受賂不法罷禁諸王擅行令旨其越例開讀者并所遣使拘執以聞壬戌太陰犯角詔陝西諸色戶與民均當徭役申嚴陝西運司私鹽之禁置奉宸庫賜諸王岳木忽而金一千二百五十兩兀魯思不花并其母一千兩

銀鈔有差山東河南燕南山北五十處蝗山北遼東道大寧路金源縣蝗秋七月癸巳太陰犯心汴梁等處大雨河決壞隄防漂没歸德數縣禾稼廬舍免其田租一年遣尚書那懷御史劉賡等塞之自蒲口首事九築九十六所壬寅詔諸王駙馬及諸近侍自今奏事不經中書輒傳旨付外者罪之高麗王王謜擅命妄殺詔遣中書右丞楊炎龍僉樞密院事洪君祥召其入侍以其父昛仍統國政賜諸王亦憐真等金銀鈔有差江西江浙水賑飢民二萬四千九百有奇八月壬戌太陰犯箕癸未給四川出征蒙古軍馬萬

匹九月己丑聖誕節駐蹕阻嬀之地受諸王百官賀交趾爪哇金齒國各貢方物給和林戍軍牛車丙申車駕還大都辛丑太陰犯五車南星命廣海左右江戍軍依舊制以二年或三年更代癸卯太陰犯五諸侯樞密副使塔剌忽帶犯贓罪命御史臺鞫之己酉太陰犯左執法庚戌吉贛立屯田減中外冗員冬十月甲寅朔增海漕米為七十萬石壬戌太白犯牽牛置蒙古都萬戶府於鳳翔立平珠六洞蠻夷長官司二設土官四十四員戊寅太陰犯角距星令御史臺檢劾樞密院案牘賜諸王岳木忽而兀魯忽不花所

部糧五萬石控鶴七百人賜鈔五百錠十一月庚寅安南貢方物丙申知樞密院那懷言常例文移乞令副樞以下署行從之罷雲南行御史臺置肅政廉訪司己亥太陰犯輿鬼辛丑辰星犯牽牛罷徐邳鑪冶所進息錢壬寅太陰犯右執法以中書右丞王慶端為平章政事賜和林軍校幣六千匹衣帽等物有差十二月戊午太白經天己未填星犯輿鬼乙丑太白犯歲星太陰犯熒惑括諸路馬除牝孕携駒者齒三歲以上並拘之賜朵而朵海所部鈔八十五萬錠庚午鎮星入輿鬼太陰犯上將辛未增置各路推官專

掌刑獄上路二員下路一員詔諸逃軍復業者免役三年江浙行省平章政事答剌罕陞左丞相甲戌彗出子孫星下己卯太陰犯南斗辛巳命廉訪司歲舉所部廉幹者各二人詔和市價直隨給其主違者罪之定諸稅錢三十取一歲額之上勿增揚州淮安兩路旱蝗以糧十萬石賑之給陣亡軍妻子衣糧免內郡賦稅諸王小薛所部三百餘戶散處鳳翔以潞州田二千八百頃賜之釋在京囚二百一十九人

本紀卷第十九

翰林學士亞中大夫知制誥兼修國史臣宋濂　翰林待制承直郎兼國史院編修官臣王褘等奉

勅修

成宗三

三年春正月癸未朔暹番没剌由羅斛諸國各以方物來貢賜暹番世子虎符丙戌太陰犯太白己丑中書省臣言天變屢見大臣宜依故事引咎避位帝曰此漢人所説耳豈可一一聽從耶卿但擇可者任之庚寅詔遣使問民疾苦除本年内郡包銀俸鈔免江南夏税十分之三增給小吏俸米置各路惠民局擇

良醫主之封藥木忽而爲定遠王賜金印命中書省自今后妃諸王所需非奉旨勿給各位擅置官府紊亂選法者戒飭之辛卯詔諸行省謹視各翼病軍浙西肅政廉訪使王遇犯贓罪託權幸覬免命御史臺鞫治之壬辰安置高麗陪臣趙仁規於安西崔冲紹於鞏昌並笞而遣之以正其附王源擅命妄殺之罪復以王昛爲高麗王遣工部尚書也先鐵木而翰林待制賈汝舟齎詔往諭之追收别鐵木而脱脱合兒魯行軍印中書省臣言比年公帑所費動輒鉅萬歲入之數不支半歲自餘皆借及鈔本臣恐理財失宜

鈔法亦壞帝嘉納之仍令諭月赤察而等自今一切賜與皆勿奏癸巳以江南軍數多闕官吏因而作弊詔禁飭之以荅剌罕哈剌哈孫爲中書左丞相丁酉太陰犯西垣上將戊戌太陰犯右執法辛丑括諸路馬隸蒙古軍籍者免之乙巳太白經天二月癸丑朔車駕幸柳林丁巳完澤等奏銓定省部官以次引見帝皆允之仍諭六部官曰汝等事多稽誤朕昔未知其人爲誰今既閲視且知姓名其洗心滌慮各欽乃職復蹈前失罪不汝貸罷四川福建等處行中書省陝西行御史臺江東荆南淮西三道宣慰司置四川

福建宣慰司都元帥府及陝西漢中道肅政廉訪司廣和林甘州城詔縉山縣民户爲勢家所蔽者悉還縣定籍壬戌詔諭江浙河南北兩省軍民乙巳熒惑犯五諸侯壬申加解州塩池神惠康王曰廣濟資寶王曰永澤泉州海神曰護國庇民明著天妃浙西塩官州海神曰靈感弘祐公吳大夫伍員曰忠孝威惠顯聖王金齒國遣使來貢方物庚辰車駕幸上都三月癸巳緬國世子信合八的奉表來謝賜衣遣還命妙慈弘濟大師江浙釋教總統補陀僧一山齎詔使日本詔曰有司奏陳向者世祖皇帝嘗遣補陀禪僧

如智及王積翁等兩奉璽書通好日本咸以中途有阻而還爰自朕臨御以來綏懷諸國薄海內外靡有遐遺日本之好宜復通問今如智已老補陀寺一山道行素高可令往諭附商舶以行庶可必達朕特從其請蓋欲成先帝遺意耳至於悖好息民之事王其審圖之甲午命何榮祖等更定律令詔軍官受贓罪重者罷職輕者降其散官或決罰就職停俸期年許令自效戊戌熒惑犯輿鬼陞御史臺殿中司秩五品乙巳行御史臺劾平章教化受財三萬餘錠教化復言平章的里不花領財賦時盜鈔三十萬錠及行臺

中丞張閭受李元善鈔百錠敕俱勿問戊申減江南諸道行臺御史大夫一員賜和林軍鈔十萬錠夏四月辛亥朔駙馬蠻子台所部匱乏以糧十三萬石賑之己未太陰犯上將丙寅填星犯輿鬼太陰犯心庚午申嚴江浙兩淮私鹽之禁巡捕官驗所獲還賞辛未禁和林戍軍竄名他籍自通州至兩淮漕河置巡防捕盜司凡十九所己卯以禮部尚書月古不花爲中書左丞賜和林軍鈔五十萬錠帛四十萬匹糧二萬石仍命和林宣慰司市馬五千匹給之遼東開元咸平蒙古女直等人乏食以糧二萬五百石布三千

九百匹賑之五月壬午罷江南諸路釋教總統所丙申太陰犯南斗海南速古臺速龍探奔奚里諸番以虎象及杪羅木舟來貢己亥太白犯畢庚子免山東也速帶而牧地歲輸粟之半禁阿而剌部毋於廣平牧馬庚子復征東行中書省以福建平海省平章政事闊里吉思爲平章政事是月鄂岳漢陽興國常澧潭衡辰沅寶慶常寧桂陽荼陵旱免其酒課夏稅江陵路旱蝗弛其湖泊之禁仍並以糧賑之六月辛亥兀魯兀敦慶童擅殺所部軍之逃亡者命樞密院戒之癸丑罷大名路所獻黃河故道田輸租戊午申禁

海商以人馬兵仗往諸蕃貿易者以福建州縣官類多色目南人命自今以漢人參用禁福建民冒稱權豪佃戶規免門役庚申太陰掩房丁卯熒惑犯右執法壬申歲星晝見賜和林戍軍鈔一百四十萬錠鷹師五十萬一千餘錠秋七月己卯朔太白犯井庚辰中書省臣言江南諸寺佃戶五十餘萬本皆編民自楊總攝冒入寺籍宜加釐正從之丙申揚州淮安屬縣蝗在地者爲鶖啄食飛者以翅擊死詔禁捕鶖丁未太陰犯輿鬼八月己酉朔日有食之丁巳太陰犯箕戊辰太白犯軒轅大星己巳太陰犯五車星賜定

遠王藥木忽而所部鈔萬五千錠是月汴梁大都河間水隆興平灤大同宣德等路雨雹九月癸未聖誕節駐蹕古栅受諸王百官賀庚寅置河東山西鐵冶提舉司壬辰流星色赤尾長丈餘其光燭地起自河鼓没於牽牛之西有聲如雷癸巳罷括宋手號軍乙未太陰犯昴距星丁酉太白犯左執法己亥車駕還大都揚州淮安旱免其田租冬十月戊申朔有事于太廟壬子册伯岳吾氏爲皇后甲寅復立海北海南道肅政廉訪司山東轉運使阿里沙等增課鈔四萬一千八百錠賜錦衣人一襲丙子太陰犯房賜禿忽

魯不花等所部户鈔三萬七千餘錠槖駝户十萬二千餘錠以淮安江陵沔陽揚廬隨黃旱汴梁歸德水隴陝蝗並免其田租十一月庚辰置浙西平江河渠閘堰凡七十八所禁和林釀酒乙酉太白犯房戊子釋囚二十人丁酉浚太湖及澱山湖己亥賜隆福宫牧駝者鈔十萬二千錠諸王合帶部十萬錠雲南王也先鐵木而及所部三萬八千錠和林戍軍一百四十萬餘錠幣帛二萬九千匹杭州火江陵路蝗並發粟賑之十二月己酉徙鎮巢萬户府戍沅靖毗陽萬户府戍辰州均州萬户府戍常德澧州賜諸王岳忽

難銀印丙寅詔各省戍軍輪次放還二年供役陞宣徽院爲從一品癸酉詔中書省貨財出納自今無券記者勿與以守司徒集賢院使領太史院事阿魯渾撒里爲平章政事賜諸王六十脫脫等鈔一萬三千餘錠四怯薛衛士五萬二千餘錠千户撒而兀魯所部四萬錠淮安揚州饑甘肅亦集乃路屯田旱並賑以糧

四年春正月丙申申嚴京師惡少不法之禁犯者黥剌杖七十拘役辛丑詔蒙古都元帥也速荅而非奉旨勿擅决重刑命和林戍軍借斡脫錢者止償其本

癸卯復淮東漕渠賜諸王塔失鐵木而金印賜翰林承旨僧家鈔五百錠以養其母賜諸王木忽難所部一萬二千餘錠八魯剌思等部六萬錠二月丁未朔日有食之乙卯遣使祠東嶽丙辰皇太后崩明日祔葬先陵戊午太陰犯軒轅壬戌帝諭何榮祖曰律令良法也宜早定之榮祖對曰臣所擇者三百八十條一條有該三四事者帝曰古今異宜不必相沿但取宜於今者甲戌發粟十萬石賑湖北饑民仍弛山澤之禁罷稱海屯田改置於呵札之地以農具種實給之乙亥車駕幸上都置西京大和嶺屯田立烏撒烏

蒙等郡縣併會理泗川曰州爲二置維摩州丙子命李庭訓練各衛軍士賜晉王所部鈔四萬錠三月乙未寧國太平兩路旱以糧二萬石賑之夏四月丙午朔詔雲南行省整葺積弊壬子高郵府寶應縣民孫奕妻朱一産三男蠲復三年丙辰置五條河屯田丁巳免今年上都隆興絲銀大都差稅地租賜諸王也滅干鎏金印緬國遣使進白象戊午叅政張順孫及其弟珪等伏誅于隆興市順孫初爲新淦富人胡制機養子後制機自生子而死順孫利其貲與珪謀殺之賂郡縣吏獲免其僕胡忠訴主之冤于官乃誅之

其貲悉還胡氏以中書省斷事官不蘭奚爲平章政事賜皇姪海山所統諸王戍軍馬二萬二千九百餘匹五月癸未左丞相荅剌罕遣使來言橫費不節府庫漸虛詔自今諸位下事關錢穀者毋輒入聞帝諭集賢大學士阿魯渾撒里等曰集賢翰林乃養老之地自今諸老滿秩者陞之勿令輒去或有去者罪將及汝其諭中書知之增雲南至緬國十五驛驛給圓符四驛券二十甲午太陰犯壘壁陣辛丑太白犯輿鬼太陰犯昴復延慶司賜諸王也只里部鈔二萬錠八憐脫列思所隸户六萬五千餘錠是月同州平灤

隆興雹揚州南陽順德東昌歸德濟寧徐濠芍陂旱蝗真定保定大都通薊二州水六月己酉詔立緬國王子窟麻剌哥撒八爲緬國王賜以銀印及金銀器皿衣服等物丙辰以太傅月赤察而爲太師完澤爲太傅皆賜之印丁巳太白犯填星御史中丞不忽木卒貧無以葬賜鈔五百錠甲子置鈋羅總管府詔各省自今非奉命毋擅役軍以和林都元帥府兼行宣慰司事吊吉而爪哇暹國蘸八等國二十二人來朝賜衣遣之秋七月甲戌朔右丞相完澤請上徽仁裕聖皇后謚寶册乙酉緬國阿散哥也弟者蘇等九十

一人各奉方物來朝詔命餘人留安慶遣者蘇來上都辛卯熒惑犯井加乳母冀國夫人韓氏爲燕冀國順育夫人石抹氏爲冀國夫人杭州路貧民乏食以糧萬石減其直糶之八月癸卯朔更定蔭敘格正一品子爲正五從五品子爲從九中間正從以是爲差蒙古色目人特優一級置廣東塩課提舉司癸丑太陰犯井庚申緬國阿散吉牙等昆弟赴闕自言殺主之罪罷征緬兵甲子辰星犯靈臺上星大名之白馬縣旱閏八月庚辰熒惑犯輿鬼庚子車駕還大都以中書右丞賀仁傑爲平章政事賜晉王所部糧七萬

石九月戊午太白犯斗壬戌太陰犯輿鬼曹州探馬赤軍與民訟地百二十頃詔别以鄰近官田如數給之廣東英德州達魯花赤脱歡察而招降群盜二千餘户陞英德州爲路立三縣以脱歡察而爲達魯花赤兼萬户以鎮之甲子太白犯斗改中御府爲中政院賜諸王出伯所部鈔萬五千四百餘錠建康常州江陵飢民八十四萬九千六十餘人給糧二十二萬九千三百九十餘石冬十月癸酉朔有事于太廟十一月壬寅朔詔頒寬令免上都大都隆興大德五年絲銀税粮附近秣養馬駞之郡免税粮十分之三其

餘免十分之一徒罪各减一半杖罪以下釋之江北荒田許人耕種者元擬第三年收税今並展限一年著爲定例併遼陽省所轄狗站牛站爲一仍給鈔以賙其乏命省臺差官同昔寶赤鞠和林運糧稽遲未至者真定路平棘縣旱十二月癸酉御史臺臣言所糾官吏與有司同審所以事沮難行乞依舊制中書凡有改作輒令監察御史同往非宜自今非奉旨勿遣皆從之庚寅熒惑犯軒轅癸巳太陰犯房距星晋州達魯花赤捏古伯給稱母喪歸迎其妻事聞詔以其數傷彛倫罷職不叙遣劉深合剌帶鄭祐將兵二萬人征八百媳婦仍敕雲南省每軍十人給馬五匹不足則補之以牛賜諸王忻都部鈔五萬錠兀魯思不花等四部二十一萬九千餘錠西都守城軍二萬八千餘錠賑建康平江浙東等處飢民糧二十二萬九千三百餘石

五年春正月己酉太陰犯五車庚戌給征八百媳婦軍鈔總計九萬二千餘錠壬子太陰犯輿鬼積尸氣奉安昭睿順聖皇后御容于護國仁王寺罷檀景兩州採金鐵冶提舉司以其事入都提舉司御史臺臣言官吏犯贓及盜官錢事覺避罪逃匿者宜同獄成

雖經原免亦加降黜庶奸僞可革從之丙寅以兩淮鹽法澁滯命轉運司官兩員分司上江以整治之仍頒印及驛券辛酉太陰犯心二月己卯太陰犯輿鬼以劉深合剌帶並爲中書右丞鄭祐爲參知政事皆佩虎符分雲南諸路行中書省事仍置理問官二員郎中員外郎都事各一員給圓符四驛券二十罷福建織綉提舉司增河間轉運司鹽爲二十八萬引罷其所屬清滄深三鹽司丁亥立征八百媳婦萬户府二設萬户四員發四川雲南囚徒從軍乙未詔廉訪司官非親喪遷葬及以病給告者不得離職或以地

遠職甲受任不赴者臺憲勿復用丙申給脫脫等部馬萬匹丁酉車駕幸上都詔飭雲南行中書省減內外諸司官千五百一十四員增江浙戍兵戊戌賜昭應宮興教寺地各百頃興教仍賜鈔萬五千錠上都乾元寺地九十頃鈔皆如興教之數萬安寺地六百頃鈔萬錠南寺地百二十頃鈔如萬安之數己亥凡軍士殺人奸盜者令軍民官同鞫永寧路總管雄挫來朝獻馬三十餘匹賜幣帛有差三月甲辰收故軍官金銀符戊申太陰犯御女己酉罷陝西路拘榷課稅所壬子賜諸王也孫等鈔一萬八千五百錠戊午

馬來忽等海島遣使來朝賜金素幣有差給和林貧乏軍鈔二十萬錠諸王藥忽木而所部萬五千九百餘錠丁卯熒惑犯填星己巳熒惑填星相合詔戒飭中外官吏命遼陽行省平章沙藍將萬人駐夏山後人備馬二匹官給其直夏四月壬申太陰犯東井癸酉遣禿剌鐵木而等犒和林軍壬午以晉王甘麻剌所部貧乏賜鈔四十萬錠調雲南軍征八百媳婦癸巳禁和林釀酒其諸王駙馬許自釀飲不得沽賣是月大都彰德廣平真定順德大名濮州蟲食桑五月商州隕霜殺麥河南妖賊醜斯等伏誅己酉給月裏

可里軍駐夏山後者市馬鈔八萬八千七百餘錠辛亥遣怯列亦帶脫脫師師征四川癸丑太陰犯南斗乙卯熒惑犯右執法丙辰曲靖等路宣慰使兼管軍萬戶忽林失來朝壬戌雲南土官宋隆濟叛時劉深將兵由順元入雲南雲南右丞月忽難調民供餽隆濟因紿其衆曰官軍徵發汝等將盡剪髮黥面爲兵身死行陣妻子爲虜衆惑其言遂叛丙寅詔雲南行省自顏征八百媳婦者二千人人給貝子六十索丁卯太白犯井六月乙亥平江等十有四路大水以糧二十萬石隨各處時直賑糶開中慶路昆陽州海口

甲申歲星犯司怪丙戌宋隆濟率猫狫紫江諸蠻四千人攻楊黃寨殺掠甚衆己酉緬王遣使獻馴象九壬辰宋隆濟攻貴州知州張懷德戰死梁王遣雲南行省平章幢兀兒參政不蘭奚將兵禦之殺賊酋撒月斬首五百級癸巳太白犯輿鬼歲星犯井甲午太白犯輿鬼賜諸王念不烈妃札忽而真所部鈔二十萬錠是月汴梁南陽衛輝大名濮州旱大都路水順德懷孟蝗秋七月戊戌朔晝晦暴風起東北雨雹兼發江湖泛溢東起通泰崇明西盡真州民被災死者不可勝計以米八萬七千餘石賑之己亥增階沙二

州戍軍庚子籍安西王所侵占田站等四百餘户爲民賜寧遠王闊闊出所部鈔二萬三千餘錠乙巳遼陽省大寧路水以糧千石賑之丙午歲星犯井丁未命御史大夫禿忽赤整飭臺事詔軍官受賕者與民官同例量罪大小殿黜命監察御史審覆札魯忽赤罪囚檢照蒙古翰林院案牘戊申立耽羅軍民萬户府諸王也烕干薨以其子八八剌嗣己酉詔諸司嚴禁盜賊辛亥太陰犯壘壁陣賜諸王出伯等部鈔六萬錠又給市馬直三十八萬四千錠癸丑詔禁畏吾兒僧陰陽巫覡道人呪師自今有大祠禱必請而行

違者罪之浙西積雨泛溢大傷民田詔役民夫二千人疏導河道俾復其故命雲南省分蒙古射士征八百媳婦庚申辰星犯太白癸亥合丹之孫脫歡自北境來歸其父母妻子皆遣殺虜賜鈔一千四百錠給諸王妃札忽而真及諸王出伯軍鈔四十萬錠中書省臣言舊制京師州縣捕盜止從兵馬司有司不與遂致淹滯自今輕罪乞令有司決遣重者從宗正府聽斷庶不留獄且民不冤從之以暗伯阿忽台並知樞密院事禁富豪之家役軍詔封贈非中書省無輙奏請稱海至北境十二站大雪馬牛多死賜鈔一萬一千餘錠命御史臺檢照宣政院并僧司案牘陞太醫院爲二品以平章政事大都護提點太醫事脫因納爲太醫院使賜上都諸匠等鈔二十一萬七千四百錠大都保定河間濟寧大名水廣平真定蝗八月戊辰給軍人羊馬價及定遠王所部鈔十四萬三千錠己巳平灤路霖雨灤漆淝汝河溢民死者衆免其今年田租仍賑粟三萬石庚午禿剌鐵木而等自和林犒軍還言和林屯田宜令軍官廣其墾闢量給農具倉官宜任選人可革侵盜之弊從之甲戌遣薛超兀而等將兵征金齒諸國時征緬師還爲金齒所遮士

多戰死又接連八百媳婦諸蠻相效不輸稅賦賊殺官吏故皆征之庚辰詔遣官分道賑恤凡獄囚禁繫累年疑不能決者令廉訪司具其疑狀申呈省臺詳讞仍爲定例各路被災重者免其差稅一年貧乏之家計口賑恤尤甚者優給之小吏犯贓者並罷不叙征緬萬户曳剌福山等進馴象六壬辰太陰犯軒轅御女乙未填星犯太微上將順德路水免其田租九月癸丑放稱海守倉庫軍還令以次更代丙辰江陵常德澧州皆旱並免其門攤酒醋課乙酉自八月庚辰彗出井歷紫微垣至天市垣凡四十六日而滅冬

十月丙辰朔以畿內歲饑增明年海運糧為百二十萬石己巳緬王遣使入貢戊寅雲南武定路土官群則獻方物癸未太陰犯東井壬午車駕還大都丙戌以歲饑禁釀酒弛山澤之禁聽民捕獵湖廣行省臣言海南海北道宣慰司都元帥府不與軍務遇有盜竊惟行文移比迴已不及事今乞以其長二人領軍務又鎮守官慢功當罰者已有定例獲功當賞者乞或加散官或授金銀符皆從之撥南陽府屯田地給新籍畏吾而户俾耕以自贍仍給糧三月丁亥詔軍官既受命而不時赴者病故不行者被差事畢不即

還者准民官例違限六月選人代之被代者期年始叙改鄂州路為武昌路遣使就調雲南四川福建廣東廣西官諭百司凡事関中書省者毋得輙奏權豪勢要之家佃户貸糧者聽於來歲秋成還之癸巳分碉門黎雅軍戍蠻夷命陝西屯田萬户也不干等將之辛卯夜有流星大如杯光燭地自北起近東分為二星没於危宿十一月己亥歲星犯東井詔諭中書近因禁酒聞年老需酒之人有預市而儲之者其無釀具者勿問罷湖南轉運司弘州種田提舉司以其事入有司降容象横實路為州平灤金冊提舉司為

管勾陞昭州為平樂府省沁縣入唐州丁未遣劉國傑及也先忽都魯將兵萬人八剌及阿塔赤將兵五千人征宋隆濟減直糶米賑京師貧民設肆三十六所其老幼單弱不能自存者廪給五月選六御扈從漢軍習武事仍禁萬户以下毋令私代犯者斷罪有差戊申太陰犯昴徭人藍賴率丹陽三十六洞來降以賴等為融州懷遠縣簿尉立長信寺秩三品十二月甲戌歲星犯司怪給安西王所部軍士食令各還其家俟春調遣辛卯太陰犯南斗征東行省平章闊里吉思以不能和輯高麗罷定強竊盜條格凡盜人

孳畜者取一償九然後杖之是歲汴梁歸德南陽鄧州唐州陳州和州襄陽汝寧高郵揚州常州蝗峽州隨州安陸荊門泰州光州揚州滁州高郵安豐霖汴梁之封丘武陽蘭陽中牟延津河南澠池蘄州之蘄春廣濟蘄水旱大名宣德奉聖歸德寧海濟寧般陽登州萊州益都濰州博興東平濟南濱州保定河間真定大寧水是歲斷大辟六十一人

六年春正月癸卯詔千户百户等自軍逃歸先事而逃者罪死敗而後逃者杖而罷之没入其男女乙巳中書省臣言廣東宣慰副使朓歡察而收捕盜賊屢

有勞績近廉訪司劾其私置兵仗擅殺土寇等事遣
官鞫問實無私罪乞加獎諭命賜衣二襲晉王甘麻
剌薨命封其王印及內史府印丙午京畿二十一站
闕食賜鈔萬二千七百餘錠陝西旱禁民釀酒以雲
南站户貧乏增馬及鈔以優恤之中書省臣以朱清
張瑄屢致人言乞罷其職徙其諸子官江南者于京
丁未命江浙平章阿里專領其省財賦庚戌詔官吏
犯罪已經赦宥者仍從覈問海道漕運船令探馬赤
軍與江南水手相參教習以防海寇江南僧石祖進
告朱清張瑄不法十事命御史臺詰問之帝語臺臣

曰朕聞江南富户侵占民田以致貧者流離轉徙卿
等嘗聞之否臺臣言曰富民多乞護持璽書依倚以
欺貧民官府不能詰治宜悉追收為便命即行之毋
越三日詔自今僧官僧人犯罪御史臺與內外宣政
院同鞫宣政院官徇情不公者聽御史臺治之增諸
王塔赤鐵木而歲賜銀二百五十兩雜幣百匹乙卯
築渾河堤長八十里仍禁豪家毋侵舊河令屯田軍
及民耕種增劉國傑等軍仍令屯戍險隘俟秋進師
命札忽而帶阿里等整治江南影占稅民地土者中
書省臣言御史臺廉訪司體察體覆前後不同初立

臺時止從體察後立按察司事無大小一皆體覆由
是憲司之事積不能行請自今除水旱災傷體覆餘
依舊例體察為宜從之以大都平灤等路去年被水
其軍應赴上都駐夏者免其調遣一年詔軍官除邊
遠出征其餘遇祖父母父母喪依民官例立限奔赴
禁畜養鷹犬馬駝等人擾民乙未以諸王真童誣告
濟南王謫置劉國傑軍中自效壬戌鎮星犯太微垣
上將二月庚午太陰犯昴謫諸王孛羅於四川八剌
軍中自效癸酉增諸王出伯軍三千人人備馬二匹
官給其直丙戌遣陝西省平章也速帶而參政汪惟

勤將川陝軍湖廣平章劉國傑將湖廣軍征亦乞不
薛一切軍務並聽也速帶而劉國傑節制罷征八百媳
婦右丞劉深等官收其符印驛券以京師民乏食命
省臺委官計口驗實以鈔十一萬七千一百餘錠賑
之癸巳帝有疾釋京師重囚三十八人三月丁酉以
旱溢為災詔赦天下大都平灤被災尤甚免其差稅
三年其餘災傷之地已經賑恤者免一年今年內郡
包銀俸鈔江淮已南夏稅諸路鄉村人户散辦門攤
課程並蠲免之壬寅太陰犯輿鬼命僧設水陸大會
七晝夜癸卯歲星犯井甲寅太陰犯鉤鈐合祭昊天

上帝皇地祇于南郊遣中書左丞相答剌罕哈剌哈孫攝事夏四月乙丑朔太白犯東井丁卯詔曲赦雲南諸部蠻夷發通州倉粟三百石賑貧民釋輕重囚三十八人人給鈔五錠乙亥濬永清縣南河戊寅太陰犯心庚辰上都大水民飢減價糶糧萬石賑之戊子脩盧溝上流石徑山河隄釋重囚車駕幸上都庚寅太白犯輿鬼真定大名河間等路蝗五月乙巳給貧乏漢軍地及五丁者一頃四丁者二頃三丁者三頃其孤寡者存恤六年逃散者招諭復業戊申太廟寢殿災癸丑謫和林潰軍征雲南其戰傷而歸及嘗

奉晉王令旨諸王藥忽木而免者不遣丁巳福州路饑賑以糧一萬四千七百石濟南路大水揚州淮安路蝗歸德徐州邳州水六月癸亥朔日有食之太史院失於推筴詔中書議罪以聞填星犯太微西垣上將甲子建文宣王廟於京師辛未享于太廟乙亥太陰犯斗安南國以馴象二及朱砂來獻甲申賜諸王合答孫脫歡脫列鐵木而伯牙倫完者所部鈔四萬五千八百餘錠湖州嘉興杭州廣德饒州太平婺州慶元紹興寧國等路饑賑糧二十五萬一千餘石大同路寧海州亦饑以糧一萬六千石賑之廣平路大

水秋七月癸巳朔熒惑鎮星辰星聚井庚子太陰犯心己酉亦乞不薛土官三人棄家來歸賜金銀符衣服戊午太陰犯熒惑辛酉賜諸王八八剌脫脫灰也只里也滅干等鈔四萬三千九百餘錠以江浙行省叅知政事忽都不丁爲中書右丞建康民饑以米二萬石賑之大都諸縣及鎮江安豐濠州蝗順德水八月甲子詔御史臺凡有司婚姻土田文案遇赦依例檢覆乙丑熒惑犯歲星己巳熒惑犯輿鬼辛巳太陰犯昴壬午太白犯軒轅九月乙未遣阿牙赤撒罕禿會計稱海屯田歲入之數仍自今令宣慰司官與阿

剌台共掌之甲午賜諸王兀魯思不花所部鈔六萬錠丙午熒惑犯軒轅丁未中書省臣言羅里等擾民宜依例決遣置屯田所從之賜諸王八撒而等鈔八萬六千三百餘錠己酉龍興民謠言括童男女至有殺其子者命誅其爲首者三人癸丑太陰犯輿鬼丁巳太白犯右執法賜諸王揑苦迭而等鈔五千八百四十錠冬十月甲子改浙東宣慰司爲宣慰司都元帥府徙治慶元鎮遏海道置大同路黃花嶺屯田罷軍儲所立屯儲軍民總管萬户府設官六員仍以軍儲所宣慰使法忽魯丁掌之南人林都鄰告浙西廉

訪使張珪收藏禁書及推筭帝五行江浙運使合只亦言珪沮撓鹽法命省臺官同鞫之丙子車駕還大都壬午熒惑犯太微西垣上將濟南濱棣泰安高唐州霖雨米價騰湧民多流移發粟賑之併給鈔三萬錠十一月辛卯塡星犯左執法甲午劉國傑禆將宋光率兵大敗蛇節賜衣二襲仍授以金符乙未辰星犯房癸卯太陰犯昴己酉太陰犯軒轅庚戌禁和林軍釀酒惟安西王阿難荅諸王忽剌出脫脫不沙也只里駙馬蠻子台弘吉列帶燕里干許釀辛亥以同知樞密院事合荅知樞密院事詔江南寺觀凡續置

民田及民以施入爲名者並輸租充役戊午籍河西寧夏善射軍隸親王阿木哥甘州軍隸諸王出伯己未詔諸驛使輒枉道者罪之十二月庚申朔熒惑犯塡星辛酉御史臺臣言自大德元年以來數有星變及風水之災民間乏食陛下敬天愛民之心無所不盡理宜轉災爲福而今春霜殺麥秋雨傷稼五月太廟災尤古今重事臣等思之得非荷陛下重任者不能奉行聖意以致如此若不更新後難爲力乞今中書省與老臣識達治體者共圖之復請禁諸路釀酒減免差稅賑濟飢民帝皆嘉納命中書即議行之雲

南地震戊辰又震甲子衡州袁舜一等誘集二千餘人侵掠郴州湖南宣慰司發兵討之獲舜一及其餘黨命誅其首謀者三人餘者配洪澤芍陂屯田其脅從者招諭復業乙丑歲星犯輿鬼乙亥太陰犯輿鬼丙子劉國傑也先忽都魯來獻蛇節羅鬼等捷庚辰熒惑犯太微東垣上相命中書省更定略賣良人罪例癸未太陰犯房保定等路饑以鈔萬錠賑之是歲斷大辟三人

本紀卷第二十

翰林學士亞中大夫知制誥兼修國史臣宋濂 翰林待制承直郎同知制誥兼國史院編修官臣王禕等奉
勅修

成宗四

七年春正月戊戌太陰犯昴甲辰太陰犯軒轅丙午定諸改補鈔罪例爲首者杖一百有七從者減二等再犯從者杖與首同爲首者流己酉以歲不登禁河北甘肅陝西等郡釀酒益都諸處牧馬之地爲民所墾者畝輸租一斗太重減爲四升弛饑荒所在山澤河泊之禁一年賑那海貧乏戶米八千石壬子罷歸德府括田乙卯詔凡爲匿名書辭語重者誅之輕者流配首告人賞鈔有差皆籍沒其妻子充賞命御史臺宗正府委官遣發朱清張瑄妻子來京師仍封籍其家貲拘收其軍器海船等丁巳令樞密院選軍士習農業者十人教軍前屯田賜也梯忽而的合金五十兩銀千兩鈔千定幣帛百匹二月壬戌詔中書省汰諸有司冗員仍令諭樞密院除出征將帥外掌署院事者定其員數以聞辛未以平章政事行上都留守木八剌沙陝西行省平章阿老瓦丁並爲中書平章政事江南行臺御史中丞尚文爲中書左丞江浙

行省參知政事董士珍爲中書參知政事壬申詔樞密院宗正府等自今每事與中書共議然後奏聞諸司不得擅奏遷調官員雖經特旨用之而於例未允者亦聽覆奏甲戌減杭州稅課提舉司冗員丙子詔和林軍以六年更戍仍給鈔以周其乏命西京也速迭而軍及大都所起軍皆以四月至上都五月赴北丁丑命諸王出伯非急務者勿遣乘驛詔中書省設官自左右丞相以下平章二員左右丞各一員參知政事二員定爲八府戊寅太陰犯心己卯盡除內郡饑荒所在差稅仍令河南省賑恤流民給北師鈔三十八萬錠以安南陳益稷久居鄂州賜鈔千錠以侍御史朶台爲中書參知政事御史臺臣言江浙行省平章阿里左丞高翥安祐僉省張祐等詭名買鹽萬五千引增價轉市於人乞遣省臺官按問從之太原大同平灤路饑並減直糶粮以賑之庚辰命陝西甘肅行省賑鳳翔秦鞏甘州合迷里貧乏戶監察御史杜肯構等言太傅右丞相完澤受朱清張瑄賄賂事不報壬午帝語中書省臣曰比有以歲課增羨希求爵賞者此非掊刻於民何從而出自今除元額外勿以增羨作正數罷江南財賦總管府及提舉司禁內外

中書省户部轉運司官不得私買鹽引罷致用院禁
諸人毋以金銀絲線等物下番罷江南都水庸田司
行通政院併大都鹽運司入河間運司其所掌京師
酒稅課令户部領之禁諸人非奉旨毋得以寶貨進
獻汰諸色人冒充宿衛及諸王駙馬妃主部屬濫請
錢粮者真定路饑賑鈔五萬錠仍諭諸王小薛及鷹師
等毋於真定近地縱獵擾民丙戌詔除征邊軍士及
兩都站户外其餘人户均當徭役丁亥詔自今除樞
密院御史臺宣政院依舊奏選諸司毋得擅奏其舉
用人員並經中書省三月己丑朔保定路饑賑鈔四

萬錠庚寅詔遣奉使宣撫循行諸道以郝天挺塔出
往江南江北石珪往燕南山東耶律希逸劉賡往河
東陝西鐵里脫歡戎益往兩浙江東趙仁榮岳叔謨
往江南湖廣木八剌陳英往江西福建塔赤海牙劉
敏中往山北遼東並給二品銀印仍降詔戒飭之江浙
行省平章脫脫遣發朱清張瑄家屬其家以金珠重
賂之脫脫以聞帝諭之曰朕以江南任鄉果能爾真
男子事也其益恪勤乃事賜以黃金五十兩都城大
命中書省與樞密院議增巡防兵甘肅行省供軍錢
粮多弊詔從廉訪司于甘州壬辰定大都南北兵馬

司姦盜等罪六十七以下付本路七十七以上付也
可札魯忽赤河間路禾稼不登命罷修建僧寺工役
乙未真定路饑賑鈔六百六十餘錠中書平章伯顏
梁德珪段真阿里渾撒里右丞八都馬辛左丞月古
不花參政迷而火者張斯立等受朱清張瑄賄賂治
罪有差詔皆罷之以洪君祥為中書右丞監察御史
言其裒居宥密以貪賄罷黜乞别選賢能代之不報
甲辰詔定贓罪為十二章京朝官月俸外增給祿米
外任官無公田者亦量給之乙巳以征八百媳婦蛮
師誅劉深笞合剌帶鄭祐罷雲南征緬分省戊申小

蘭禧岳鉉等進大一統志賜賚有差己酉追收元降
除免和雇和市璽書以脫歡誣告諸王脫脫謫置湖
廣省軍前自效罷甘肅行省差調民兵及取勘軍民
站户家屬孳畜之數庚戌以鐵哥察而所收愛牙合
赤户仍隸諸王脫脫癸丑樞密院臣及監察御史言
中丞董士選貸朱清張瑄鈔非義帝曰臺臣稱貸不
必問也若言者不已後當杖之甲寅車駕幸上都丙
辰賜諸王小薛所部等鈔六萬錠賑李陵臺等五站
户鈔一千四百餘錠遼陽等路饑賑鈔萬錠夏四月
癸亥太陰犯東井詔省臺樞密院通政院九呼召大

都總管府官吏必用印帖其餘諸司不得輙召徵藩
臣陳天祥張孔孫郭筠至京師以天祥孔孫爲集賢
大學士筠爲昭文館大學士皆同議中書省事丙寅
太陰犯軒轅庚午以中書文移太繁其二品諸司當
呈省者命止關六部中書左丞相荅剌罕言僧人修
佛事畢必釋重囚有殺人及妻妾殺夫者皆指名釋
之生者苟免死者負冤於福何有帝嘉納之辛未流
朱清張瑄子孫于遠方仍給行費乙亥歲星犯輿鬼
太陰犯南斗庚辰䖍節降令海剌孫將兵五千守之
餘衆悉遣還各戍撥碉門四川軍人一千人鎮羅羅

斯其土軍修治道路者悉令放還甲申熒惑犯太微
垣右執法丁亥歲星犯輿鬼誅䖍節衛輝路辰州螟
濟南路隕霜殺麥五月己丑給和林軍鈔三十八萬
錠開上都大都酒禁其所隷兩都州縣及山後河東
山西河南嘗告饑者仍悉禁之詔雲南行省整飭錢
粮壬辰辰星犯東井以大德五年戰功賞北師銀二
十萬兩鈔二十萬錠幣帛各五萬九千匹賜皇姪海
山及安西王阿難荅諸王脫脫八不沙駙馬蠻子台
等各金五十兩銀珠錦幣等物有差丙申遣征緬回
軍萬四千人還各戍癸卯詔和林軍粮除歲支十二

萬石其餘非奉旨不得擅支丁未床兀兒来朝以戰
功賜金五十兩銀四百兩仍給其萬户所隷貧乏軍
鈔六十九萬餘錠辛亥奉使宣撫耶律希逸劉賡言
平陽僧察力威犯法非一有司憚其豪強不敢詰問聞
臣等至潛逃京師中書省臣言宜捕送其所令省臺
宣政院遣官雜治從之甲寅濬上都灤河乙卯以昌
童王五户絲分給諸王塔失鐵木而令甘州站户爲
僧人禿魯花等隱蔵者依例還役詔中外官吏無職
田者驗俸給米有差其上都甘肅和林諸處非產米
地惟給其價禁諸王八不沙部於般陽等處圍獵擾

民詔諸宿衛士除官負子弟曾經奏准者留餘悉革
去禁諸王駙馬毋輙杖州縣官吏違者罪王府官立
和林宣慰司都元帥府以忽剌出遥授中書省左丞
爲宣慰使都元帥賜諸王納忽里鈔千錠幣三十匹
濟寧東昌濟南般陽益都蟲食麥太原龍興南康袁
瑞撫等路高唐南豐等州饑減直糶粮五萬五千石
東平益都濟南等路蝗般陽路隕霜閏五月戊午朔
日有食之以也奴鐵木而闊闊出晃兀没於軍賜其
家鈔有差壬戌詔禁犯曲阜林廟者丁卯平江等十
五路民饑減直糶粮三十五萬四千石戊辰太陰犯

心己巳以諸王孛羅真童皆討賊有功徵詣京師完
澤甍庚辰雲南行省平章也速帶而入朝以所獲軍
中金五百兩為獻帝曰是金卿効死所獲者賜鈔千
錠丁丑禁諸王駙馬等征北諸軍以奴為代者罪之
辛巳詔僧人與民均當差役癸未各道奉使宣撫言
去歲被災人戶未經賑濟者宜免其差役從之命江
浙行省右丞董士選發所籍朱清張瑄貨財赴京師
其海外未還商舶至則依例籍沒甘肅行省平章合
散等侵盜官錢十六萬三千餘錠鹽引五千餘道命
省臺官徵之詔上都路應昌府亦乞列思和林等處

依內郡禁酒丙戌罷營田提舉司汴梁開封縣蟲食
麥六月己丑御史臺臣言瓜沙二州自昔為邊鎮重
地今大軍屯駐甘州使官民反居邊外非宜乞以蒙
古軍萬人分鎮險隘立屯田以供軍實為便從之罷
四川宣慰司立四川行中書省以雲南行省平章脫
脫湖廣行省議事平章程鵬飛並為平章政事壬辰
武岡路饑減價糶糧萬石以賑之給欽察千戶等貧
乏者鈔三萬七千八百餘錠癸巳叛賊雄挫來降乙
未以亦乞不薛就平留探馬赤軍二千人討阿永叛
蠻餘悉放還庚子西京道宣慰使法忽魯丁以瑟瑟

二千五百餘斤鬻于官為鈔一萬一千九百餘錠有
旨除御榻所用外餘未用者宜悉還之命阿伯阿忽
台等整飭河西軍事癸卯詔九軍官子弟年及二十
者與民官子孫同例宜一年方許襲職萬戶於樞密
院千戶於行省百戶於本萬戶乙巳罷行省僉省浙
西淫雨民饑者十四萬賑糧一月仍免今年夏稅弁
各戶酒醋課命甘肅行省修阿合潭曲尤壕以通漕
運大寧路蝗秋七月辛酉常德路饑減直糶糧萬石
以賑之壬戌御史臺臣言前河間路達魯花赤忽賽
因轉運使术甲德壽皆坐贓罷今忽賽因以獻鷹犬

復除大寧路達魯花赤术甲德壽以迭里迷失妄奏
其被誣復除福寧知州並宜改正不叙以戢姦貪從
之禁僧人以修建寺宇為名賫諸王令旨乘傳擾民
汰宿衛士丙寅沓剌罕哈剌哈孫為中書右丞相知
樞密院事戊寅歲星犯軒轅丙子給四川行省驛券
十二道詔除集賢翰林老臣預議朝政其餘三品以
下年七十者各陞散官一等致仕立和林兵馬司罷
遼東宣慰司丁丑中省臣言大同稅課比奉旨賜乳
母楊氏其家掊斂過數擾民為甚勑賜鈔五百錠其
稅課依例輸官御史臺臣言湖南輸糧百石者出驛

馬一疋廣海地狹所輸不及百石者所出亦如之故官以鹽引助其不給每馬一疋貴州以北給鹽十七引以南二十引近立榷鹽提舉司官價增五之三元給二十引者宜與鈔十七錠十七引者十五錠從之罷江南白雲宗攝所其田令依例輸租都哇察八而滅里鐵木而等遣使請息兵帝命安西王愼飭軍士安置驛傳以俟其来戊寅賜諸王奴倫伯顏也不干等鈔九萬錠罷諸王所設總管府叛賊麻你降貢金五百兩童男女二百人及馬牛羊却之己卯太陰犯井乙酉熒惑犯房賜諸王曲而魯等部鈔幣有差八

月己丑罷護國仁王寺元設江南營田提舉司給安西王所部貧民米二萬石辛卯夜地震平陽太原尤甚村堡移徙地裂成渠人民壓死不可勝計遣使分道賑濟爲鈔九萬六千五百餘錠仍免太原平陽今年差稅山場河泊聽民採捕癸巳太白犯氐月里不花将甕吉里軍赴雲南道辛以其子普而耶代之甲午熒惑犯東咸太陰犯牽牛庚子中書省臣言法忽魯丁輸運和林軍粮其負欠計二十五萬餘石近監察御史亦言其侵匿官钱十三萬餘錠臣等議遣官徵之不足則籍没其財産從之乙巳歲星犯軒轅庚

戌緬王遣使獻馴象四辛亥熒惑犯天江賜諸王朓鐵木而之子也先博怯所部等鈔六千九百餘錠九月戊午車駕還大都丙寅太白晝見以太原平陽地震禁諸王阿只吉小薛所部擾民仍減太原歲飼馬之半遣刑部尚書塔察而翰林直學士王約使高麗以其國相吴祈專權徵詣闕問罪辛未熒惑犯南斗詔諭諸司賑恤平陽太原甲戌太陰犯東井乙亥太白犯南斗丙子罷僧官有妻者壬午辰星犯氐復木八剌沙平章政事冬十月丁亥太白經天御史臺臣劾言江浙行省平章阿里不法帝曰阿里朕所信任

臺臣屢以爲言非所以勸大臣也後有言者朕當不恕戊子弛太原平陽酒禁以江浙年穀不登減海運粮四十萬石己丑詔從軍醫工止復其妻子户如故辛卯復立陝西行御史臺癸巳御史臺臣及諸道奉使言行省官久任與所隷編氓聯姻害政詔互遷之以只而合忽知樞密院事給大都文宣王廟洒掃户五乙未發雲南叛寇餘黨未革心者来京師留蛇節養子阿閼于本境以撫其民改平灤爲永平路陞甘州爲上路設刑部獄吏一員以掌囚徒安西轉運司於常課外增筭五萬七千四百錠人賜衣一襲以勸其功

詔諸司凡錢粮不經中書省議者勿奏庚子改普定府爲路隸曲靖宣慰司以故知府容苴妻適姑爲總管佩虎符以叙州宣慰司爲叙南等處諸部蠻夷宣撫司辛丑太陰犯東井庚戌翰林國史院進太祖太宗定宗睿宗憲宗五朝實録辛亥詔軍戶貧乏者存恤六年增蒙古國子生百員十一月甲寅朔賜諸王阿只吉所部鈔二十萬錠粮萬石命鷹師圍獵毋得擾民以順元隸湖廣省併海道運粮萬戶府爲海道都漕運萬戶府給印一亦乞不薛賊黨䰀傑等降人賜衣一襲遣還俾招其首亂者丁巳詔大同靜州隆

興等路運粮五萬石入和林己未太白經天辛酉木冰甲子命依十二章斷僧官罪丙寅鎮星犯進賢戊辰太陰犯井辛未陞全寧府爲路己卯太陰犯東咸遣諸王滅怯禿王龍鐵木而使察八而十二月甲申朔詔內郡比歲不登其民已免差者併蠲免其田租乙酉弛京師酒課許貧民釀酒丙戌太白經天熒惑犯壘壁陣戊子以平宋隆濟功增諸將秩賜銀鈔等物有差其軍士各賜鈔十錠放歸存恤一年丙申太陰犯東井辛丑太陰犯明堂詔撫諭順元諸司免大德七年民間逋稅命江南浙西官田奉特旨賜賚者

許中書省廻奏賜皇姑魯國大長公主鈔一萬五千錠幣帛各三百匹加封真武爲元聖仁威玄天上帝丁未太陰犯天江以轉輸軍餉勞免思播二州及潭衡辰沅等路稅粮一年常澧三分之一淘金站戶無種佃者免雜役一年七道奉使宣撫所罷贓汚官吏凡一萬八千四百七十三人贓四萬五千八百六十五錠審冤獄五千一百七十六事是歲斷大辟十人

八年春正月己未以災異故詔天下恤民隱省刑罰雜犯之罪當杖者減輕當笞者並免私鹽徒役者減一年平陽太原免差稅三年隆興延安及上都大同

懷孟衛輝彰德真定河南安西等路被災人戶免二年大都保定河間路免一年江南佃戶私租太重以十分爲率減二分永爲定例仍弛山場河泊之禁聽民採捕庚申以雲南順元同知宣撫事宋阿重生獲其叔隆濟來獻特陞其官賜衣一襲置掌薪司以供尚食令宣徽院掌其事癸亥禁錮朱清張瑄族屬乙丑復置遂平新蔡真陽太和沈丘潁上柘城城父郟舞陽十縣丙寅以御史中丞大傑卿塔思不花爲中書右丞江南行臺中丞趙仁榮爲中書參知政事陞教坊司三品庚午以輦真監藏爲帝師辛巳詔諸王

妃主及諸路有馬者十取其一諸王駙馬徃遼東捕
海東鶻者毋給驛自滎澤至睢州築河防十有八所
給其夫鈔人十貫駙馬也列千住所部民饑以粮二
千石賑之是月平陽地震不止已修民屋復壞二月
丙戌增置國子生二百員選宿衛大臣子孫充之降
荘浪路爲州併隴干縣入德順州辛卯命諸王出伯
所部軍屯田于薛出合出谷甲午詔父子兄弟有才
者許並居風憲徙江東建康道廉訪司治于寧國其
建康路簿書命監察御史鈎考丙申分軍千人戍嘉
定州甲辰翰林學士承旨撒里蠻進金書世祖實録

節文一册漢字實録八十册减宿衛繁冗者丙午車
駕幸上都勑軍人奸盗詐僞悉歸有司賜太祖位怯
憐口戸鈔萬八千二百錠布帛萬匹賜禿赤及塔剌
海以所籍朱清張瑄田人六十頃近侍鷹坊怯憐口
鈔二萬七千三百錠布帛萬二千匹賜平章政事王
慶端玉帶半俸終身三月丁巳詔軍民官已除以地
遠官卑不赴者奪其官不叙軍官擅離所部者悉遣
還營違者論如律軍人不告所部私歸者杖而還之
乙丑去歲十二月庚戌彗星見約盈尺在室十一度
入紫微垣至是滅凡七十四日戊辰中書左丞尚文

以疾辭不允詔諸王駙馬所分郡邑達魯花赤惟用
蒙古人三年依例遷代其漢人女直契丹名爲蒙古
者皆罷之勑軍民逃奴有獲者即付其主主在他所
者赴所在官司給之仍追逃奴鈔充獲者賞逃及誘
匿者論罪有差詔諸路牧羊及百至三十者官取其
一不及數者勿取中書省臣言自內降旨除官者果
爲近侍宿衛踐履年深依已除叙嘗宿衛未官者視
散官叙始歷一考準爲初階無資濫進降官二級官
高者量降各位下再任者從所隷用三任之上聽入
常調蒙古人不在此限從之雲南黎州盜刼也速而

帶家屬貲產命宣政院督其郡邑捕之給諸王出伯
所部馬萬三千五百疋庚辰詔內外使以軍務行者
至其地有司給饋十五日自餘重事八日細事三日
命凡爲衛兵者皆半隷屯田仍諭各衛屯官及屯田
者視其勤墮以爲賞罰陞分寧縣爲寧州罷廬州路
榷茶提舉司灤城濟陽等縣隕霜殺桑夏四月丙戌
置千戶所戍定海以防歲至倭船永寧路叛寇雄挫
來降命僧道爲商者輸稅凡諸王駙馬徵索有司非
奉旨輙給者罪且罷之詔諸路畏吾兒合迷里自相
訟者歸都護府與民交訟者聽有司專決甲午詔朝

廷諸王駙馬進捕鷹鷂皆有定戶自今非鷹師而乘傳冒進者罪之庚子以永平清滄柳林屯田被水其逋租及民貸食者皆勿徵丁未分教國子生於上都賜西平王奥魯赤合帶等部民鈔萬錠朶耳思等站戶鈔二千二百錠銀三百九十兩有奇益都臨朐德州齊河蝗五月癸未朔日有食之辛酉以所籍朱清張瑄江南財產隸中政院己巳以平宋隆濟功賜諸王脫脫亦吉里平章床兀而等銀鈔金幣玉帶及大理金齒曲靖烏撒烏蒙宣慰等官銀鈔各有差壬申罷福建都轉運鹽使司以其歲課併隸宣慰司中書

省臣言吳江松江實海口故道潮水久淤凡湮塞良田百有餘里況海運亦由是而出宜於租戶役萬五千人濬治歲免租人十五石仍設行都水監以董其程從之追收諸王驛劵癸酉定館陶等十七倉官品秩諸粮十萬石以上者從七品五萬石以上者正八品不及五萬者從八品庚辰以去歲平陽太原地震宮觀摧圮者千四百餘區道士死傷者千餘人命賑恤之是月蔚州之靈仙太原之陽曲隆興之天城懷安大同之白登大風雨雹傷稼人有死者大名之濬滑德州之齊河霖雨汴梁之祥符太康衛輝之獲嘉

太原之陽武河溢六月癸未開和林酒禁立酒課提舉司丁酉汝寧妖人李曹驢等妄言得天書惑衆事覺伏誅益津蝗汴梁祥符開封陳州霖雨蠲其田租扶風岐山寶鷄諸縣旱烏撒烏蒙益州忙部東川等路饑疫並賑恤之秋七月辛酉罷江淮等處財賦總管府癸亥諸王合贊自西域遣使來貢珍物賜諸王也孫鐵木而等鈔二十萬錠戍北千戶十五萬錠怯憐口等九萬餘錠西平王奥魯赤二萬錠以順德恩州去歲霖雨免其民租四千餘石八月太原之交城陽曲管州嵐州大同之懷仁雨雹隕霜殺禾杭州火

發粟賑之以大名高唐去歲霖雨免其田租二萬四千餘石九月癸丑車駕至自上都庚申伯顏梁德珪並復爲中書平章政事八都馬辛復爲中書右丞迷而火者復爲中書參知政事以江浙行省平章阿里爲中書平章政事庚午以戶部尚書張祐爲中書參知政事癸酉諸王察八而朶兎等遣使來附以幣帛六百匹給之詔諸王凡泉府規營錢非奉旨毋輒支貸給諸王出伯所部帛四百四四川雲南鎭戍軍家居太原平陽被災者給鈔有差潮州颶風起海溢漂民廬舍溺死者衆給其被災戶粮兩月以冀孟輝雲

內諸州去歲霖雨免其田租二萬二千一百石冬十月辛卯有事于太廟辛巳給諸王阿只吉所部馬料價鈔三千九百錠以宣徽使大都護長壽爲中書右丞陝西行省右丞脫歡爲中書參知政事丁亥安南遣使入貢詔諸王駙馬毋乘驛以獵庚寅封皇姪海山爲懷寧王賜金印仍割瑞州戶六萬五千隸之歲給五戶絲直鈔二千六百錠幣帛各千匹戊戌命省臺院官鞫高麗國相吳祈及千戶石天輔等以祈離間王父子天輔謀歸日本皆笞之徙安西十一月壬子詔內郡江南人凡爲盜黥三次者謫戍遼陽諸色

人及高麗三次免黥謫戍湖廣盜禁籞馬者初犯謫戍再犯者死以平陽太原去歲地大震免其稅課一年遣制用院使忽鄰翰林直學士林元撫慰高麗放遼陽民樂亦等三百九十戶爲兵者還民籍丁卯復免僧人租戊辰以武備卿鐵古迭而爲御史大夫壬申詔凡僧姦盜殺人者聽有司專決寧遠王闊闊出以馬萬五百餘疋給軍命以鈔五萬二千五百餘錠償其直增海漕米爲百七十萬石十二月庚子復立益都淘金總管府辛丑封諸王出伯爲威武西寧王賜金印賜安西王阿難荅諸王阿只吉也速不干等

鈔一萬四千錠

九年春正月丁巳太陰犯天關戊午帝師輦真監藏卒賻金五百兩銀千兩幣帛萬匹鈔三千錠仍建塔寺甲子太陰犯明堂以兗吉剌部民張道奴等舊權爲軍者復隸民籍己巳太陰犯東咸壬申弛大都酒禁甲戌賜諸王完澤撒都失里別不花等所部鈔五萬六千九百錠幣帛有差鷹師等百五十萬錠二月癸未勅軍匠等戶元隸東宮者有司毋得奪之中書省臣言近侍自內傳旨凡除授賞罰皆無文記懼有差違乞自今傳旨者悉以文記付中書從之甲午免

天下道士賦稅乙未建大天壽萬寧寺丁酉封諸王完澤爲衛安王定遠王岳木忽而爲威定王並賜金印陞翰林國史院爲正二品賜朶兒使者幣帛五百匹庚子命中書議行郊祀禮辛丑詔赦天下令御史臺翰林集賢院六部於五品以上各舉廉能識治體者三人行省行臺宣慰司廉訪司各舉五人免大都上都隆興差稅內郡包銀俸鈔一年江淮以南租稅及佃種官田者均免十分之二致仕官止有一子應承廕者其傔使並免之家貧者給半俸終其身丙午賜宿衛怯憐口鈔一百萬錠以歸德頻歲被水民饑

給粮兩月平陽太原地震站户被災給鈔一萬二千五百錠三月丁未朔車駕幸上都給還安西王積年所減歲賜金五百兩絲一萬一千九百斤仍賜其所部鈔萬錠勅遼陽行省毋專決大辟以和林所貯幣帛給懷寧王所部軍庚戌以吃剌八思斡節兒姪相加班爲帝師詔梁王勿與雲南行省事賜鈔千錠甲寅熒惑犯氐戊午歲星犯左執法以樞密副使高興爲平章政事仍樞密副使賜親王脫脫鈔二千錠奴兀倫孛羅等金五百兩銀千兩鈔二萬錠以濟寧去歲霖雨傷稼常寧州饑並賑恤之河間益都般陽屬

縣隕霜殺桑撫之宜黃興國之大冶等縣火給被災者粮一月夏四月庚辰太陰犯井雲南行省請益戍兵不許遣使詰諸路閱其當戍者遣之乙酉大同路地震有聲如雷壞官民廬舍五千餘間壓死二千餘人懷仁縣地裂二所湧水盡黑漂出松柏朽木遣使以鈔四千錠米二萬五千餘石賑之是年租賦稅課徭役一切除免戊子賜察八而朶兒所遣使者銀千四百兩鈔七千八百餘錠己丑東川路蠻官阿葵以馬二百五十疋金二百五十兩及方物來獻壬辰太白犯井中書省臣言前代郊祀以祖宗配享臣等議

今始行郊禮專祀昊天爲宜詔依所議行之以汴梁歸德安豐去歲被災潭州郴州桂陽東平等路饑並賑恤之五月丁未詔諸王駙馬部屬及各校下凡市傭徭役與民均輸遣官調雲南四川福建兩廣官大都旱遣使持香禱雨戊申徵陝西儒學提舉蕭𣂏赴闕命有司給以安車戊午改各道肅政廉訪司爲詳刑觀察使聽省臺辟人用之立衍慶司正二品癸亥歲星掩左執法以地震改平陽爲晉寧太原爲冀寧復立洪澤芍陂屯田令河西行省平章阿散領其事省鬱林縣入貴州以晉寧冀寧累歲被災給鈔三萬

五千錠寶慶路饑發粟五千石賑之以陝西渭南櫟陽諸縣去歲旱蠲其田租道州旱六月丙子朔以立皇太子遣中書右丞相答剌罕哈剌哈孫告昊天上帝御史大夫鐵古迭而告太廟庚辰立皇子德壽爲皇太子詔告天下賜高年帛八十者一匹九十者二匹孝子順孫堪從政者量才任之親年七十別無侍丁者從近遷除外任官五品以下並減一資諸處罪囚淹繫五年以上除惡逆外疑不能決者釋之流竄遠方之人量移內地甲午潼川霖雨江溢漂沒民居溺死者衆勑有司給粮一月免其田租以夔州屢經

叛寇隆興撫州臨江等路水汴梁霖雨爲災並給粮一月桓州宣德雨雹鳳翔扶風旱通泰靜海武清蝗秋七月乙巳朔禁晉寧冀寧大同釀酒蠲晉寧冀寧今年商稅之半丙午熒惑犯氐辛亥築郊壇於麗正文明門之南丙位設郊祀署令丞各一員太祝三員奉禮郎二員協律郎一員法物庫官二員癸丑以黑水新城爲靖安路陞祕書監拱衛司並正三品罷福建蒙古字提舉司及醫學提舉司賜安西王阿難荅子月魯鐵木而鈔二千錠甲寅太白經天庚申陞大府監爲大府院壬戌以金千兩銀七萬五千兩鈔十三

萬錠賜興聖太后及宿衛臣出居懷州復置懷寧王王府官賜威遠王岳木忽而鈔萬錠給大都至上都十二驛鈔一萬一千二百錠丁卯熒惑犯房以大司徒段貞中書右丞八都馬辛並爲中書平章政事參知政事合剌蠻子爲右丞參知政事迷而火者爲左丞參議中書省事也先伯爲參知政事給脫脫所部乞而吉思民粮五月汾陽之王沙江溢陳州之西華河溢澤州水賑米四千石揚州之泰興江都淮安之山陽水蠲其田租九千餘石潭郴衡雷峽滕沂寧海諸郡饑減直糶粮五萬一千六百石八月乙亥朔省

孛可孫冗員孛可孫專治芻粟初惟數人後以各位增入遂至繁冗至是存十二員餘盡革之丙子給大都車站戶粟千四百七十餘石丁丑給曲阜林廟洒掃戶以尚珍署田五十頃供歲祀己卯以冀寧歲復不登弛山澤之禁聽民採捕命太常卿丑閭聆文舘大學士靳德進祭星于司天臺辛巳太陰犯東咸丙戌商胡塔乞以寶貨來獻以鈔六萬錠給其直癸巳復立制用院乙未熒惑犯天江賜寧遠王闊闊出鈔萬錠及其所部三萬錠是月涿州東安州河間嘉興蝗象州融州柳州旱歸德陳州河溢大名大水揚州

饑九月戊申聖誕節帝駐蹕于壽寧宮受朝賀丁巳熒惑犯斗庚申車駕至自上都賜威武西寧王出伯所部鈔三萬錠冬十月丁丑朔陞都水監正三品辛巳有事于太廟丙戌太白經天己丑命兩廣以南軍與土人同戍庚寅駙馬按替不花來自朶兒賜銀五十兩鈔二百錠乙未帝諭中書省樞密院御史臺臣曰省中政事聽右丞相哈剌哈孫荅剌罕總裁自今用人非與荅剌罕共議者悉罷之戊戌詔芍陂洪澤等屯田爲豪右占據者悉令輸租辛丑復以詳刑觀察司爲廉訪司常州僧録林起祐以官田二百八十

頃胄爲已業施河西寺勑募民耕種輸其租于官御史臺臣請增官吏俸命與中書省共議以聞括兩淮地爲豪民所占者令輸租賦賜安南王陳益稷湖廣地五百頃諸王忽刺出及昔而吉思来賀立皇太子賜鈔及衣服弓矢等有差十一月丁未以鈔萬錠給雲南行省命與貝參用其貝非出本土者同僞鈔論拘收諸王妃主驛劵置大都南城警巡院黄勝許遣其屬来獻方物請復其子官帝不允曰勝許反側不足信如其悔罪自至則官可得命賜衣服遣之以去年冀寧地震站戶貧乏詔諸王駙馬毋妄遣使乘驛復立雲南屯田命伯顔察而董其事給四川征戍軍士其家居大同爲地震壓死者戶鈔五錠庚戌歲星太白鎮星聚於亢癸丑歲星犯亢丙寅歲星晝見庚午祀昊天上帝于南郊牲用馬一蒼犢一羊豕鹿各九其文舞曰崇德之舞武舞曰定功之舞以攝太尉右丞相哈剌哈孫左丞相阿忽台御史大夫鐵古迭而爲三獻官壬申太白經天十二月乙亥賜冀寧路鈔萬錠鹽引萬紙以給歲費丙子太白犯西咸地震庚寅熒惑犯壘壁陣皇太子德壽薨己亥辰星犯建星

十年春正月壬寅朔高麗王王昛遣使来獻方物甲

辰詔詢訪莊聖皇后昭睿順聖皇后徽仁裕聖皇后儀範中外之政以備紀録丙午濬吳松江等處漕河四川行省臣言所在驛傳舊制以各路達魯花赤兼督令沿江水驛迂遠宜令所隷州縣官統治之從之增置甘肅行省王渾木敦等處驛傳立福建鹽課提舉司隷宣慰司庚戌濬真揚等州漕河令鹽商每引輸鈔二貫以爲傭工之費丁巳太白犯建星戊午罷江南白雲宗都僧録司汰其民歸州縣僧歸各寺田悉輸租壬戌發河南民十萬築河防丙寅以沙都而所部貧乏給粮兩月丁卯命諸王駙馬妃主奏請錢穀者與中書議行之陞巡檢爲九品命近侍無輙驛召外郡官弛大同路酒禁封駙馬合伯爲昭武郡王營國子學於文宣王廟西偏詔各道禁沮撓鹽法以京畿雷家站戶貧乏給鈔五百錠奉聖州懷来縣民饑給鈔九百錠閏正月癸酉太白犯牽牛甲戌賑合民所部留處鳳翔者糧三月壬午給諸王也先鐵木而所部米二千石賑暗伯拔突軍屯東地者粮兩月丁亥免大都今年租賦己丑太白犯壘壁陣甲午以前中書平章政事鐵哥江浙行省平章闊里河南行省平章阿散並爲中書平章政事行宣政院使張閭

四川行省左丞杜思敬並為中書左丞參議中書省事劉源為參知政事是月以曹之禹城去歲霖雨害稼民飢發陵州粮二千餘石賑之晉寧冀寧地震不止二月壬寅賑金蘭站戶不能自贍者粮兩月賑遼陽千戶小薛干所部貧匱者粮三月辛亥中書省臣言近侍傳旨以文記至省者凡一百五十餘人令臣擢用其中犯法妄進者實多宜加遴選制曰可陞行都水監為正三品諸路提控案牘為九品駙馬濟寧王蠻子帶以所部用度不足乞預貸歲得五戶絲從之遣六衛漢軍貧乏者還家休息一年丙辰封孛羅

為鎮寧王錫以金印朶兒赤遣使來朝賜衣幣遣之戊午太陰犯氐己未江西福建道奉使宣撫塔不帶坐贓遇赦釋其罪終身不叙丁卯以月古不花為中書左丞戊辰車駕幸上都賜安西王阿難答西平王奧魯赤不里亦鈔三萬錠南哥班萬錠從者三萬二千錠鎮西武靖王搠思班所部民飢發甘肅粮賑之是月大同路暴風大雪壞民廬舍明日雨沙陰霾馬牛多斃人亦有死者三月戊寅歲星犯亢己卯嵯古王遣使來貢方物乙未慮大都囚釋上都死囚三人賜駙馬蠻子帶鈔萬錠道州營道等處暴雨江溢山裂

漂蕩民廬溺死者衆復其田租以濟州任城縣民飢賑米萬石給千家木思答伯部糧三月柳州民飢給粮一月河間民王天下奴弒父磔裂於市夏四月庚子朔詔凡匿鷹犬者沒家貲之半笞三十來獻者給之以賞甲辰樞密院臣言太和嶺屯田舊置屯儲總管府專督其程人給地五十畝歲輸粮三十石或佗役不及耕作者悉如數徵之人致重困乞令軍官統治以宣慰使王龍失不花總其事視軍民所收多寡以為賞罰從之丁未命威武西寧王出伯領甘肅等地軍站事辛酉填星犯亢壬戌雲南羅雄州軍火主

阿邦龍少結豆温匡虜普定路諸蠻為寇右丞汪惟能進討賊退據越州諭之不服遣平章也速帶而率兵萬人往捕之兵至曲靖與惟能合從諸王晉寶赤亦里吉帶等進壓賊境獲阿邦龍少斬之餘衆皆潰命也速帶而留軍二千戍之其從軍有功者皆加賞賚癸亥置崑山嘉定等處水軍上萬戶府甲子倭商有慶等抵慶元貿易以金鎧甲為獻命江浙行省平章阿老瓦丁等備之賜梁王松山鈔千錠是月以廣東諸郡吉州龍興道州柳州漢陽淮安民飢贛縣暴雨水溢賑糧有差鄭州暴風雨雹大若鷄卵麥及桑

臺皆擅踊今年田租真定河間保定河南蝗五月辛未大都旱遣使持香禱雨壬午增河間山東兩浙兩淮福建廣海鹽運司歲煮鹽二十五萬餘引癸未詔西番僧往還者不許馳驛給以舟車禁御史臺宣慰司廉訪司官毋買鹽引乙酉以同知樞密院事塔魯忽台塔剌海並知樞密院事遣高麗國王王䝉還國仍署行省以鎮撫之其國僉議密直司等官並授以宣敕封駙馬脫鐵木而爲濮陽王賜以金印公主忙哥台爲鄆國大長公主丁亥詔命右丞相哈剌哈孫答剌罕左丞相阿忽台等整飭庶務凡銓選錢穀等

事一聽中書裁決百司勤怠者各以名聞賜威武西寧王出伯鈔三萬錠遼陽益都民饑賑貸有差大都真定河間蝗平江嘉興諸郡水傷稼六月癸卯御史臺臣言江南行臺監察御史教化劾江浙行省宣使李元不法行省亦遣人摭拾教化不令檢覈按牘中書省臣復言教化等不循法度擅遣軍士守衛其門搒掠李元誣指行省等官實温省事詔省臺及也可札魯忽赤同訊之癸丑太陰犯羅堰上星己未歲星犯亢壬戌來安路總管岑雄叛湖廣行省遣宣慰副使忽都魯鐵木而招諭之雄令其子世堅來降賜衣

物遣之復淮西道廉訪司大名益都易州大水景州霖雨龍興南康諸郡蝗秋七月庚辰太陰犯牽牛辛巳釋諸路罪囚常赦所不原者不與宣德等處雨雹害稼大同之渾源隕霜殺禾平江大風海溢漂民廬舍道州之武昌永州之興國黃州沅州饑減直賑糶米七萬七千八百石八月壬寅歲星犯氐熒惑犯太微垣上將開成路地震王宮及官民廬舍皆壞壓死故秦王妃也里完等五千餘人以鈔萬三千六百餘錠糧四萬四千一百餘石賑之辛亥賜皇姪阿木哥鈔三千錠丁巳京師文宣王廟成行釋奠禮牲用太

牢樂用登歌製法服三襲命翰林院定樂名樂章成都等縣饑減直賑糶米七千餘石九月己巳熒惑犯太微垣右執法壬申以聖誕節朶兖遣歎徹等来賀壬午熒惑犯太微垣左執法冬十月甲辰太白犯斗丁未有事于太廟辛亥太陰犯畢甲寅太陰犯井丁卯安南國遣黎亢宗來貢方物青山叛蠻紅犵獠等来附仍貢方物賜金幣各一吳江州大水民乏食發米萬石賑之十一月己巳車駕還大都辛未歲星犯房壬申太陰犯壘甲戌熒惑犯亢丁亥武昌路火給被災者粮一月戊子熒惑犯氐辛卯太陰犯熒惑丙

申安西王阿難荅西平王奥魯赤所部皆乏食給米
有差益都揚州辰州歳飢減直賑糶米二萬一千餘
石十二月壬寅太白晝見乙巳歳星犯東咸壬子速
哥察而等十三站乏食給粮三月乙卯帝有疾禁天
下屠宰四十二日丙辰遣宣政院使沙的等禱于太
廟諸王合而班荅部民潰散詔諭所在敢匿者罪之
戊午太陰犯氐癸亥瓊州臨高縣那蓬洞主王文何
等作亂伏誅磁州民田雲童弑母磔裂于市是歳斷
大辟四十四人
十一年春正月丙辰朔帝大漸免朝賀癸酉崩于玉

德殿在位十有三年壽四十有二乙亥靈駕發引葬
起輦谷從諸帝陵是年九月乙丑諡曰欽明廣孝
皇帝廟號成宗國語曰完澤篤皇帝成宗承天下混
壹之後垂拱而治可謂善於守成者矣惟其末年連
歳寢疾凡國家政事內則決於宮壼外則委於宰臣
然其不致於廢墜者則以去世祖爲未遠成憲具在
故也

本紀卷第二十一

本紀卷第二十二　元史二十二

翰林學士亞中大夫知制誥同修國史臣宋濂翰林待制承直郎同知制誥兼國史院編修官臣王禕等奉
勑修

武宗一

武宗仁惠宣孝皇帝諱海山順宗荅剌麻八剌之長
子也母曰興聖皇太后弘吉剌氏至元十八年七月
十九日生成宗大德三年以寧遠王闊闊出總兵北
邊怠於備禦命帝即軍中代之四年八月與海都軍
戰于闊别列之地敗之十二月軍至按台山乃蠻帶
部落降五年八月朔與海都戰于迭怯里古之地海

都軍潰越二日海都悉合其衆以來大戰于合剌合
塔之地師失利親出陣力戰大敗之盡獲其輜重悉
援諸王駙馬衆軍以出明日復戰軍少却海都乘之
帝揮軍力戰突出敵陣後全軍而還海都不得志去
旋亦死八年十月封帝懷寧王賜金印置王傅官食
瑞州六萬五千户十年七月自脫忽思圈之地踰按
台山追叛王斡羅思獲其妻孥輜重執叛王也孫禿
阿等及駙馬伯顏八月至也里的失之地受諸降王
禿滿明里鐵木兒阿魯灰等降海都之子察八兒逃
于都瓦部盡俘獲其家屬營帳駐冬按台山降王禿

曲滅復叛與戰敗之比邊悉平十一年春聞成宗崩三月自按台山至於和林諸王勲戚畢會皆曰今阿難答明里鐵木兒等熒惑中宮潛有異議諸王也只里昔嘗與叛王通今亦預謀既辭服伏誅乃因闔辭勸進帝謝曰吾母吾弟在大都俟宗親畢會議之先是成宗違豫日久政出中宮命仁宗與皇太后出居懷州至是仁宗聞訃以二月辛亥與太后俱至京師安西王阿難答與諸王明里鐵木兒已於正月庚午先至左丞相阿忽台平章八都馬辛前中書平章伯顏中政院使怯烈道興等潛謀推成宗皇后伯要真

氏稱制阿難答輔之仁宗以右丞相哈剌哈孫之謀言于太后曰太祖世祖創業艱難今大行晏駕德壽巳薨諸王皆疎屬而懷寧王在朔方此輩潛有異圖變在朝夕俟懷寧王至恐亂生不測不若先事而發遂定計誅阿忽台怯列等而遣使迎帝五月至上都乙丑仁宗侍太后來會左右部諸王畢至會議乃廢皇后伯要真氏出居東安州賜死執安西王阿難答諸王明里鐵木兒至上都亦皆賜死甲申皇帝即位于上都受諸王文武百官朝於大安閣大赦天下詔曰昔我太祖皇帝以武功定天下世祖皇帝以文德

洽海內列聖相承丕衍無疆之祚朕自先朝肅將天威撫軍朔方殆將十年親御甲胄力戰却敵者屢矣方諸藩內附邊事以寧遽聞宮車晏駕迺有宗室諸王貴戚元勲相與定策於和林咸以朕為世祖曾孫之嫡裕宗正派之傳以功以賢宜膺大寶朕謙讓未遑至於再三還至上都宗親大臣復請於朕間者姦臣乘隙謀為不軌賴祖宗之靈母弟愛育黎拔力八達禀命太后恭行天罰內難既平神器不可久虛宗祧不可乏祀合辭勸進誠意益堅朕勉徇輿情於五月二十一日即皇帝位任大守重若涉淵水屬嗣服

之云初其與民更始可大赦天下存恤征戍軍士及供給繁重州郡免上都大都隆興差稅三年其餘路分量重輕優免雲南八番田楊地面免差發一年其積年逋欠者蠲之逃移復業者免三年被災之處山場湖泊課程權且停罷聽貧民採取站赤消乏者優之經過軍馬勿得擾民諸處鐵冶許諸人煽辦勉勵學校蠲儒戶差役存問鰥寡孤獨是日追尊皇考曰皇帝尊太母元妃曰皇太后丁亥陞通政院秩正二品陞儀鳳司為玉宸樂院秩從二品壬辰加知樞密院事朶兒朶海太傅中書右丞相哈剌哈孫荅剌罕

太保並録軍國重事知樞密院事塔剌海爲中書左丞相預樞密院宣徽院事同知徽政院事床兀兒也可扎魯忽赤阿沙不花江浙行省平章政事明里不花並爲中書平章政事江浙行省左丞劉正爲中書左丞遥授中書左丞欽察福建道宣慰使也先帖木兒並爲中書參知政事中書右丞行御史中丞塔思不花爲御史大夫平章政事床兀兒爲知樞密院事特授乞台普濟中書平章政事延慶使抄兒赤中書右丞同知和林等處宣慰司事塔海中書右丞阿里中書左丞脱脱御史大夫以大都廵北六十二驛驛

户罷乏給鈔賙之是月封皇太子乳母李氏爲壽國夫人其夫燕家奴爲壽國公以中書平章政事合散爲遼陽行省平章政事建州大雨雹真定河間順德保定等郡蝗六月癸巳朔詔立毋弟愛育黎拔力八達爲皇太子受金寶陞武備寺爲武備院秩從二品甲午建行宫于旺兀察都之地立宫闕爲中都丁酉中書右丞相哈剌哈孫答剌罕左丞相塔剌海言臣等與翰林集賢太常老臣集議皇帝嗣登寶位詔追尊皇考爲皇帝皇考大行皇帝同毋兄也大行皇帝祔廟之禮尚未舉行二帝神主依兄弟次序祔廟爲宜今擬請謚皇考昭聖衍孝皇帝廟號順宗大行皇帝曰欽明廣孝皇帝廟號成宗太祖之室居中睿宗西第一室世祖西第二室裕宗西第三室順宗東第一室成宗東第二室先元妃弘吉剌氏失憐答里宜謚曰貞慈静懿皇后祔成宗廟室制曰可又言前奉旨命臣等議諸王朝會賜與臣等議憲宗世祖登寶位時賞賜有數成宗即位承世祖府庫充富比先例賜金五十兩者增至二百五十兩銀五十兩者增至百五十兩有旨其遵成宗所賜之數賜之戊戌哈剌哈孫答剌罕言比者諸王駙馬會于和林已蒙賜與

者今不宜再賜帝曰和林之會國事方殷已賜者其再賜之已亥御史大夫脱脱翰林學士承旨三寶奴言舊制皇太子官屬省臺參用請以羅羅斯宣慰使斡羅思任之中書詔以爲中書右丞班朝諸司聽皇太子各置一人以拱衛直都指揮使馬謀沙角觝屢勝遥授平章政事壬寅塔剌海加太保録軍國重事太子太師癸卯置詹事院甲辰樞密院請以軍二千五百人繕治上都鷹坊及諸官廨有旨自今非奉旨軍勿輒役以平章政事行和林等處宣慰使都元帥憨剌合兒通政使武備卿鐵木兒不花並知樞密院

事乙巳以金二千七百五十兩銀十二萬九千二百兩鈔萬錠幣帛二萬二千二百八十匹奉興聖宮賜皇太子亦如之中書省臣言中書宰臣十四員御史大夫四員前制所無詔與翰林集賢諸老臣議擬以聞丙午太陰犯南斗杓星徽政使伈頭等言别不花以私錢建寺爲國祝釐其父爲諸王斡忽所害請賜以斡忽所得歲賜命以五年與之爲銀四千一百餘兩絲三萬一千二百九十斤織幣金百兩絹七百一十匹戊申特授尚乘卿孛蘭奚床兀兒並平章政事大同屯儲軍民總管府達魯花赤怯里木丁中書

右丞辛亥以中書平章政事脫虎脫爲江西行省平章政事壬子封皇妹祥哥剌吉爲魯國大長公主駙馬琱阿不剌爲魯王鐵木兒不花憨剌合兒等言舊制樞密院銓調軍官公議以聞比者近侍自擇名分從内降旨恐壞世祖定制且誤國事在成宗時嘗有旨輒奏樞密事者許本院再陳臣等以爲自今用人宜一遵世祖成憲帝曰其遵前制餘人勿輒有請又言軍官與民官不同父子兄弟許其相襲此世祖定制比者近侍有輒以萬户千户之職請於上者内降聖旨臣等未敢奉行帝曰其依例行之甲寅敕内郡

江南高麗四川雲南諸寺僧誦藏經爲三宮祈福乙卯遣也可扎魯忽赤馬剌赴北軍以印給之丙辰御史大夫塔思不花言殿中司所職中書而下奏事者必使隨之以入不在奏事之列者聽其引退班朝百官朝會失儀者得糾劾病故者必以告請如舊制又言舊制内外風憲官有所弾劾諸人勿預而近有受賕爲監察御史所劾者獄具實緣奏請託言事入覲以避其罪臣等以爲今後有罪者勿聽至京待其對辨事竟果有所言方許奏陳皆從之塔思不花又言皇太子有旨有司贓罪不須刑部定議受敕者從廉訪

司處決省臺遣人撿覈廉訪司文案則私意沮格非便平章阿沙不花因言此省臺同議之事臺臣不宜獨奏帝曰此御史臺事阿沙不花勿妄言臺臣言是也如所奏行之塔思不花脫脫並遥授左丞相戊午進封高麗王王璋爲瀋陽王加太子太傅駙馬都尉置皇太子家令司府正司延慶司典寶署典膳署已未封寧遠王闊闊出爲寧王賜金印庚申遥授左丞相行御史大夫塔思不花右丞相辛酉汴梁南陽歸德江西湖廣水保定屬縣蝗秋七月癸亥朔封諸王禿剌爲越王諸王出伯言瓜州沙州屯田逋户漸成

丁者乞构隸所部中書省臣言瓜州雖諸王分地其民役於驛傳出伯言宜勿從陞章佩監為章佩院秩從二品賜阿剌納八剌鈔萬錠甲子命御史臺大夫鐵古迭兒知樞密院事塔魯忽帶中書平章政事床兀兒以即位告謝南郊丙寅以禮店蒙古萬户屬土番宣慰司非便命仍舊隸脫思麻宣慰司防守陝州諸王駙馬入覲者非奉旨不許給驛以中書參知政事趙仁榮為太子詹事以阿保功授明里大司徒封其妻梅仙為順國夫人賜床兀兒軍士鈔六萬錠幣帛二萬匹遣肥兒牙兒迷的里及鐵肐胆詣西域取

佛鉢舍利肥兒牙兒迷的里遥授宣政使鐵肐胆遥授平章政事以並命太傅右丞相哈剌哈孫荅剌罕太保左丞相塔剌海綜理中書庶務詔諭中外己巳太陰犯亢置宮師府設太子太師少師太傅少傅太保少保賓客左右諭德贊善庶子洗馬率更令丞司經令丞中允文學通事舍人校書正字等官壬申命御史大夫鐵古迭兒中書平章政事床兀兒樞密副使孛蘭奚以即位祇謝太廟以安西平江吉州三路為皇太子分地越州路為越王禿剌分地賜諸王八不沙鈔萬錠癸酉罷和林宣慰司置行中書省及稱

海等處宣慰司都元帥府和林總管府以太師月赤察兒為和林行省右丞相中書右丞相哈剌哈孫荅剌罕為和林行省左丞相依前太傅録軍國重事江浙水民饑詔賑糧三月酒醋門攤課程悉免一年乙亥以永平路為皇妹魯國長公主分地租賦及土産悉賜之賜越王禿剌鈔萬錠諸王兀都思不花所部三萬五千二百二十錠丙子以江浙行省平章政事塔失海牙知樞密院事床兀兒並為中書平章政事丁丑封諸王八不沙為齊王朶列納為濟王迭里哥兒不花為北寧王太師月赤察兒為淇陽王加平章

政事脫虎脫太尉以中書左丞相塔剌海為中書右丞相監修國史御史大夫塔思不花為中書左丞相江浙行省平章政事教化河南江北行省平章政事法忽魯丁並為中書平章政事平章政事鐵木迭兒為江西行省平章政事戊寅以儀鳳司大使火失海牙鐵木兒不花教坊司達魯花赤沙的並遥授平章政事為玉宸樂院使己卯以集賢院使別不花為中書平章政事七月庚辰以御史中丞只兒合郎為御史大夫辛巳加封至聖文宣王為大成至聖文宣王右丞相塔剌海左丞相塔思不花言中書庶務同僚一二近侍

往往不俟公議即以上聞非便令後事無大小請共議而後奏帝曰卿等言是自今庶政非公議者勿奏置行工部於旺兀察都以遥授左丞相同知樞密院事也兒吉尼知樞密院事御史中丞王壽江浙行省左丞郝天挺並爲中書左丞壬午熒惑犯南斗命御史大夫鐵古迭兒知樞密院事塔魯忽帶中書平章政事床兀兒以即位告社稷癸未陞利用監爲利用院秩從二品甲申遣贈思丁使西域遥授福建道宣慰使乙酉賜壽寧公主鈔萬錠丙戌以内郡歲歉令諸王衛士還大都者東汰以入從和林省臣請乞如

甘肅省例給鈔二千錠歲收子錢以佐供給仍以網罟賜貧民御史大夫月兒魯言舊制中書省樞密院御史臺宣政院許得自選其人他司悉從中書銓擇近臣不得輙奏如此則紀綱不紊帝嘉納之以同知宣徽院事孛羅苔失爲中書左丞中書叅知政事欽察爲四川行省左丞江浙湖廣江西屬郡饑詔行省發粟賑之丁亥使完澤佮乞兒乞帶亦難往徵乞兒吉思部禿曾花驃馬鷹鶻山東河北蒙古軍告饑遣官賑之賜晋王部貧民鈔五萬錠己丑塔剌海塔思不花言前乃顔叛其繫虜之人奉世祖旨俱隷版籍

比者近臣請以歸之諸王脫脫彼即遣人拘括臣等以爲此事具有先制今已歸脫脫所部宜令遼陽省臣薛闍干等往諭之已拘之人悉還其主從之安西等郡旱饑以糧二萬八千石賑之庚寅置延福司秩正三品辛卯詔唐兀禿魯花户籍已定其入諸王駙馬各部避役之人及冒匿者皆有罪發卒二千人爲晋王也孫鐵木兒治邸舍是月江浙湖廣江西河南兩淮屬郡饑於鹽茶課鈔内折粟遣官賑之詔富家能以私粟賑貸者量授以官保定河間晋寧等郡水德州蝗八月甲午中書省臣言内降旨與官者八百

八十餘人已除三百未議者猶五百餘請自今越奏者勿與帝曰卿等言是自今不由中書奏者勿與官又言外任官帶相銜非制也請勿與制可又言以朝會應賜者爲鈔總三百五十萬錠已給者百七十萬未給猶百八十萬兩都所儲已盡自今特奏乞賞者宜暫停有旨自今凡以賞爲請者勿奏御史臺臣言中書省樞密院御史臺宣政院得自選官具有成憲今監察御史廉訪司官非本臺公選而從諸臣所請自内降旨非祖宗成法帝曰凡若此者卿等其勿行浙東浙西湖北江東郡縣饑遣官賑之賜山後驛户

鈔每驛五百錠置掌儀署秩五品設令丞各一員乙未
賜諸王按灰阿魯灰北寧王迭里哥兒不花金三百五
十兩銀三千七百兩以治書侍御史烏伯都剌爲中書
叅知政事戊戌御史大夫脫脫封秦國公辛丑遼北之
民新附者置傳輸粟以賑之癸卯改也里合牙營田司
爲屯田運糧萬戶府甲辰以納蘭不剌所儲糧萬石賑
其旁近饑民丙午建佛閣於五臺寺江南饑以十道廉
訪司所儲贓罰鈔賑之己酉從皇太子請陞詹事院從
一品置叅議斷事官如樞密院辛亥中書右丞孛羅鐵
木兒以國字譯孝經進詔曰此乃孔子之微言自王公

達於庶民皆當由是而行其命中書省刻板模印諸王
而下皆賜之癸丑唐兀禿魯花軍乏食發粟賑之丙辰
陞蘭遺監秩三品丁巳以中書左丞王壽爲御史中丞
戊午中書平章政事乞台普濟床兀兒別不花並加太
尉中書右丞塔海加太尉平章政事以中書左丞孛羅
鐵木兒爲中書右丞東昌汴梁唐州延安潭沅歸澧興
國諸郡饑發粟賑之冀寧路地震河間真定等郡鍠隆
平文水平遥祁霍邑靖海容城東鹿等縣水九月甲子
車駕至自上都乙丑請謚皇考皇帝大行皇帝于南郊
命中書右丞相塔剌海攝太尉行事庚午陞御史臺從一

品辛未加塔剌海塔思不花並太尉壬申命塔剌海
奉玉冊玉寶上皇考及大行皇帝尊謚廟號又上先
元妃弘吉烈氏尊謚祔于成宗廟室陞尚舍監秩正
三品癸酉太白犯右執法甲戌改太常寺爲太常禮
儀院秩正二品陞侍儀司秩正三品丙子置皇子位典
牧監秩正三品中書省臣言內外選法向者有旨一
遵世祖成制兩宮近侍遷叙惟上所命比有應入常
調者寅緣驟遷其已仕廢黜及未嘗入仕者亦復請
自內降旨臣等奏請禁止蒙賜允從是後所降內旨
復有百餘臣等已嘗銓擇奉行第中書政務他人又

得輙請責以整飭其效寔難自今銓選錢穀請如前
制非由中書議者毋得越奏制從之又言比怯來木
丁獻寶貨勑以鹽萬引與之仍許市引九萬臣等竊
謂所市寶貨既估其直止宜給鈔若以引給之徒壞
鹽法帝曰此朕自言非臣下所請其給之餘勿視爲
例江浙饑中書省臣言請令本省官租於九月先輸
三分之一以備賑給又兩淮漕河淤澁官議疏濬鹽
一引帶收鈔二貫爲傭費計鈔二萬八千錠今河流
已通宜移以賑饑民杭州一郡歲以酒糜米麥二十
八萬石禁之便河南益都諸郡亦宜禁之制可塔剌

海言比蒙聖恩賜臣江南田百頃今諸王公主駙馬賜田還官臣等請還所賜從之仍諭諸人賜田悉令還官命張留孫知集賢院事領諸路道教事丁丑中書省臣言比議省臣員數奉旨依舊制定為十二員右丞相塔剌海左丞相塔思不花平章床兀兒乞台普濟如故餘令臣等議臣等請以阿沙不花塔失海牙為平章政事李羅答失劉正為右丞郝天挺也先鐵木兒為左丞于璋兀伯都剌為叅知政事其班朝諸司冗員並宜束汰從之己卯太白犯左執法壬午改尚乘寺為衛尉院秩從二品甲申詔立尚書省分

理財用命塔剌海塔思不花仍領中書以脫虎脫教化法魯忽丁任尚書省仍俾其自舉官屬命鑄尚書省印敕弛江浙諸郡山澤之禁丙戌陞掌謁司秩三品皇太子建佛寺請買民地益之給鈔萬七百錠有奇戊子陞延慶司秩從二品己丑遣使録四晉王也孫鐵木兒以詔賜鈔萬錠止給八千為言中書省臣言帑藏空竭常賦歲鈔四百萬錠各省備用之外入京師者二百八十萬錠常年所支止二百七十餘萬錠自陛下即位以來已支四百二十萬錠又應求而未支者一百萬錠臣等慮財用不給敢以上聞帝曰

卿之言然自今賜予宜暫停諸人毋得奏請可給晉王鈔千錠餘移陝西省給之以中書平章政事別不花為江浙行省平章政事辛卯御史臺臣言至元中阿合馬綜理財用立尚書省三載併入中書其後桑哥用事復立尚書省事敗又併入中書粵自大德五年以來四方地震水災歲仍不登百姓重困便民之政正在今日頃又聞為總理財用立尚書省如是則必增置所司濫設官吏殆非益民之事也且綜理財用在人為之若止命中書整飭未見不可臣等隱而不言懼將獲罪帝曰卿言良是此三臣願任其事姑

聽其行焉是月襄陽霖雨民饑敕河南省發粟賑之十月乙未陞典寶署為典寶監秩正三品庚子中書省奏初置中書省時太保劉秉忠度其地宜裕宗為中書令嘗至省署敕其後桑哥遷立尚書省不四載而罷今復還中書於舊省乞涓吉徙中書令位仍請皇太子一至中書制可壬寅陞典瑞監為典瑞院秩從二品封知樞密院事床兀兒為容國公癸卯以舊制諸王駙馬事務皆內侍宰臣所領命中書右丞李羅鐵木兒領之乙巳太白犯亢敕方士日者毋游諸王駙馬之門丙午詔整飭臺綱布告中外封御史大

大鐵古迭兒爲鄆國公以中衛親軍都指揮使買奴知
樞密院事壬子從中書省臣言凡事不由中書輒遣使
泝移文者禁止之甲寅太陰犯明堂陞集賢院秩從一
品將作院秩從二品丙辰以行省平章總督軍馬得佩
虎符其左丞等所佩悉追納中書省奏常歲海漕糧百
四十五萬石今江浙歲儉不能如數請仍舊例湖廣江
西各輸五十萬石並由海道達京師從之己未塔思不
花上疏言政事且辭太尉職還所降制書及印是月杭
州平江水民饑發粟賑之十一月癸亥封諸王牙忽都
爲楚王賜金印置王傅建佛寺於五臺山乙丑中書省

臣言宿衛稟給及馬駝芻料父子兄弟世相襲者給之
不當給者請令孛可孫汰之令會是年十月終馬駝九
萬三千餘至來春二月闕芻六百萬束料十五萬石比
又增馬五萬餘匹此國重務臣等敢以上聞有旨不當給者
勿給丙寅帝朝隆福宮上皇太后玉冊玉寶丁卯太白犯
房闊兒伯牙里言更用銀鈔銅錢便命中書與樞密院
御史臺集賢翰林諸老臣集議以聞己巳中書省臣阿
沙不花孛羅鐵木兒言臣等與闊兒伯牙里面論折銀
鈔銅錢非便有旨卿等以爲不便勿行可也詔中書省
官十二員脫虎脫仍領宣政院教化留京師其餘各任以

職庚午盧龍灤河遷安昌黎撫寧等縣水民饑給鈔千
錠以賑之辛未以塔剌海領中政院事乙亥中書省臣言
大都路供億浩繁禁於屬郡取之其軍站鷹坊控鶴等
戶恃其雜徭無與冒占編氓請降璽書依祖宗舊制悉
令均當或輒奏請者亦宜禁止制可皇太子言近蒙恩
以安西吉州平江爲分地租稅悉以賜臣臣恐宗親昆
弟援例自五戶絲外餘請輸之内帑其陝西運司歲辦
鹽十萬引向給安西王以此錢斟酌與臣惟陛下裁之
中書計會三路租稅及鹽課所入鈔四十萬錠有旨皇
太子所思甚善歲以十萬錠給之不足則再賜樂工毆

人刑部捕之玉宸樂院長謂玉宸與刑部秩皆三品官
皆榮祿大夫留不遣中書以聞帝曰凡諸司視其資級
授之散官不可超越其閑冗職名官高者遵舊制降之
建康路屬州縣饑詔免今年酒醋課丙子太陰犯東井
丁丑中書省臣言前爲江南大水以茶鹽課折收米賑
饑民今商人輸米中鹽以致米價騰湧百姓雖獲小利
終爲無益臣等議茶鹽之課當如舊從之戊寅授皇太
子玉冊己卯以皇太子受冊禮成帝御大明殿受諸王
百官朝賀庚辰中書省臣言皇太子謂臣等曰吾之分
地安西平江吉州三路遵舊制自達魯花赤之外悉從掌

選其常選宜速擇才能有旨其擇人仕之乙酉太陰犯亢詔皇太后軍民人匠等戶租賦徭役有司勿與並隷徽政院陞太僕院秩從二品丁亥杭州平江等處大饑發糧五十萬一千二百石賑之庚寅賜太師月赤察兒江南田四十頃時賜田悉奪還官中書省爲言有旨月赤察兒自世祖時積有勳勞非餘人比宜以前後所賜合百頃與之仍敕行省平章別不花領其歲入辛卯辰星犯歲星從皇太子請御史臺檢覈詹事院文案十二月壬辰朔中書省臣言舊制金虎符及金銀符典瑞院掌之給則由中書事已則復

歸典瑞院今出入多不由中書下至商人結託近侍奏請以致泛濫出而無歸臣等請覈之自後除官及奉使應給者非由中書省勿給從之又言今國用甚多帑藏已乏用及鈔母非宜鹽引向從運司與民爲市今權時制宜從戶部鬻鹽引八十萬便有旨今歲姑從所請後勿復行又言太府院爲內藏世祖成宗朝遇重賜則取給中書今所賜有踰千錠至萬錠者皆取之太府比者太府取五萬錠已支二萬矣今復以乏告請自後內府所用數多者仍取之中書帝曰此朕特旨後當從所奏乙未赤塔塔兒等擾檀州民

強取米粟六百餘石遣官訊之辛丑幸大聖壽萬安寺授吏部尚書察乃平章政事領工部事癸卯以漢軍萬人屯田和林命留守司以來歲正月十五日起燈山於大明殿後延春閣前庚戌陞行泉府司爲泉府院秩正二品以蒙古萬戶禿堅鐵木兒有平內難功加鎮國上將軍陞皇太子典醫署爲典醫監秩正三品山東河南江浙饑禁民釀酒丁巳以中書省言國用浩穰民貧歲歉詔宣政院併省佛事大都上都二驛設敕授官二員餘驛一員敕諸王公主駙馬使臣給璽書驛券不許輒用圓符乘驛中書省臣言驛戶

疲乏宜量事給驛今經費浩大其收售寶貨權宜停罷又陛下即位詔書不許越職奏事比者近侍奏除官丐賞者皆自內降旨請今不經中書者勿行又刑法者譬之權衡不可偏重世祖已有定制自元貞以來以作佛事之故放釋有罪失於太寬故有司無所遵守今請凡內外犯法之人悉歸有司依法裁決又各處民饑除行宮外工役請悉停罷皆從之又言律令者治國之急務當以時損益世祖嘗有旨金泰和律勿用令老臣通法律者參酌古今從新定制至今尚未行臣等謂律令重事未可輕議請自世祖即位以

來所行條格校讎歸一遵而行之制可庚申詔曰仰惟祖宗應天撫運肇啓疆宇華夏一統罔不率從逮朕嗣服丕圖續膺景命遵承詒訓恪纂洪規祗惕畏競未知攸濟永思創業艱難之始執然軫念而守成萬事之統在予一人故自即位以來溥從寬大量能授官俾勤乃職夙夜以永康兆民爲急務間者歲比不登流民未還官吏並緣侵漁上下因循和氣乖戾是以責任股肱耳目大臣思所以盡瘁贊襄嘉猷朝夕入告朕命惟允庶事克諧樂與率土之民共享治安之化迺寧遠肅顧不躓歟可改大德十二年爲至大元年誕布惟新之令式孚永固之休存恤征戍掌古漢軍撥治站赤消乏弛山場河泊蘆蕩禁圍獵飛放毋得搔擾百姓招誘流移人户禁投屬怯薛歹鷹房避役濫請錢糧勸農桑興學校議貢舉旌賞孝弟力田懲戒游惰政令得失許諸人上書陳言僧道也里可温荅失蠻並依舊制納税九選法錢糧刑名造作一切公事近侍人員毋得隔越聞奏敕内庭作佛事毋釋重囚以輕囚釋之

至大元年春正月辛酉朔曲赦御史臺見繫犯贓官吏罪止徵贓罷職癸亥敕樞密院發六衛軍萬八千

五百人供旺兀察都建宮工役甲子授中書平章政事阿沙不花右丞相行御史大夫丙寅從江浙行省請罷行都水監以其事隸有司立皇太子位典幄署承和署秩並正五品丁卯以中書右丞也罕的斤爲平章政事議陝西省事己巳紹興台州慶元廣德建康鎮江六路饑死者甚衆饑户四十六萬有奇户月給米六斗以没入朱清張瑄物貨隸徽政院者鬻鈔三十萬錠賑之特授乳母夫壽國公楊燕家奴開府儀同三司己巳緬國進馴象六辛未樞密院臣言先奉旨以中衛親軍隸皇太子位皇太子謂臣等曰世祖立五衛以應五方去一不可宜各翼選漢軍萬人別立一衛帝以爲然敕知院事鐵木兒不花等摘漢軍萬人別立衛甲戌中書省臣言進海東青鶻者當乘驛馬五百不敷敕遣怯列應童括民間車馬兵部請以各驛馬陸續而進勿括爲便從之改徽政院人匠總管府爲繕珍司秩正三品己卯陞中尚監爲中尚院秩從二品遥王出伯進玉六百一十五斤賜金千五百兩銀二萬兩鈔萬錠從人四萬錠寬闍也先孛可等金二千三百兩銀一萬七百兩鈔三萬九千一百錠甲申勅床兀兒除登極恩例外特賜金五百

兩銀千兩鈔二千錠戊子皇太子請以阿沙不花復入中書脫脫復入御史臺己酉中書省臣言阿失鐵木兒請遣教化的詣河西地采玉駅攻玉沙需馬四十餘匹采玉人千餘臣等以爲不急之務勞民乞罷之又言近百姓艱食盜賊充斥苟不嚴治將至滋蔓宜遣使廵行遇有罪囚即行決遣與随處官吏共議弭盜方略明立賞罰或匿盜不聞或期會不至或踰期不獲者官吏連坐又言江浙行省海賊出沒殺虜軍民其已獲者例合結案待報宜從中書省也可札魯忽赤遣官同行省行臺宣慰司廉訪司審録無寃

棄之於市其未獲者督責追捕自首者原罪給粟能禽其黨者加賞有旨弭盜安民事爲至重宜即議行之封諸王也先鐵木兒爲營王以乳母夫幹耳朶爲司徒二月癸巳立鷹坊爲仁虞院秩正二品以右丞相脫脫遥授左丞相禿剌鐵木兒也可札魯忽赤月里赤並爲仁虞院使汝寧歸德二路旱蝗民饑給鈔萬錠賑之甲午增泉府院副使同僉各一員益都濟寧般陽濟南東平泰安大饑遣山東宣慰使王佐同廉訪司覈實賑濟爲鈔十萬二千二百三十七錠有奇糧萬九千三百四十八石乙未中書省臣言陛下

登極以來錫賞諸王䘏軍力賑百姓及殊恩泛賜帑藏空竭豫賣塩引今和林甘肅大同隆興兩都軍糧諸所營繕及一切供億合用鈔八百二十餘萬錠往者或遇匱急奏支鈔本臣等固知鈔法非輕曷敢輙動然計無所出今乞權支鈔本七百一十餘萬錠以周急用不急之費姑後之帝曰卿等言是泛賜者不以何人毋得蒙蔽奏請陞尚舍監爲尚舍寺秩正三品丙申立甄用監秩正三品隸徽政院淮安等處饑從河南行省言以兩浙塩引十萬貿粟賑之戊戌以上都衛軍三千人赴旺兀察都行宫工役壬寅中書

省臣言貴赤擾害檀州民敕遣人往訊其辭伏者宜加罪有旨勿問臣等以爲非宜已辭伏者先爲決遣帝曰俟其獵畢治之從皇太子請改詹事院使爲詹事副詹事爲少詹事院判爲丞立尚服院秩從二品中書省臣言陝西行省言開成路前者地震民力重困已免賦二年請再免今年從之甲辰賜國王和童金二百五十兩銀七百五十兩立皇太子衛率府發軍千五百人修五臺山佛寺命有司市邸舍一區以賜丞相赤因鐵木兒爲鈔萬九千四百錠丁未用丞相伯顔言設尚冠尚衣尚鞶尚沐尚輦尚飾六奉御

秩五品凡四十八員隷尚服院甲寅和林貧民北來者衆以鈔十萬錠濟之仍於大同隆興等處糴糧以賑就令屯田諸内侍太醫陰陽樂人毋援常選散官以網罟給和林饑民戊午遣不達達思等送爪哇使還己未以皇太子建佛寺立營繕署秩五品三月庚申朔中書省臣言𦒉王拙忽難人户散失詔有司括索臣等議昔阿只吉括索所失人户成宗慮其爲例不許今若括索未免擾民且諸王必多援例乞寢其事從之又莽聖皇后及諸王忽秃秃人户散入他郡阿都赤脱歡降璽書俾括索陜西行省及真定等路

言百姓均在國家版籍今所遣使輙奪軍驛編民等户非宜中書省臣以聞帝曰彼奏誤也卿等速追以還賜鎮南王老章金五百兩銀五千兩鈔二千錠幣帛八百匹也先不花牙兒昔金各二百五十兩銀七百五十兩鈔二千錠乙丑太陰犯井以北來貧民八十六萬八千户仰食於官非久計給鈔百五十萬錠幣帛準鈔五十萬錠命太師月赤察兒太傅哈剌哈孫分給之罷其廩給賜諸王八亦忽金百五十兩銀七百五十兩丁卯建興聖宮給鈔五萬錠絲二萬斤遣使祀五嶽四瀆名山大川諸王賜八不沙金五百

兩銀五千兩復立白雲宗攝所秩從二品設官三員戊寅車駕幸上都建佛寺於大都城南立驍用資武二庫秩正五品隷府正司陞太史院秩從二品司天臺秩正四品封中書右丞相行平章政事阿沙不花爲康國公以甘肅行省右丞脱脱木兒爲中書平章政事加大司徒賜晉王所部五百四十七人鈔五萬二千九百六十錠定王藥木忽兒金千五百兩銀三萬兩鈔萬錠衛士五十三人鈔萬六百錠己卯命翰林國史院纂脩順宗成宗實録壬午嗣漢天師張與材來朝加金紫光禄大夫封留國公夏四月戊戌中

書省臣言請依元降詔敕勿超越授官泛濫賜賚帝曰卿等言是朕累有旨止之又復蒙蔽以請自今縱有旨卿等其覆奏罷之詔以永平路鹽課賜祥哥剌吉公主中書省臣執不可從之賜諸王木南子金五十兩銀千兩鈔千錠賜皇太子位鷹坊鈔二十萬錠戊戌封三寶奴爲渤國公香山爲賓國公加鐵木迭兒右丞相都護買住中書右丞立皇太子位人匠總管府秩正三品癸卯加授平章政事教化太子太保太尉平章軍國重事魏國公甲辰陞典瑞監爲典瑞院秩從二品知樞密院事也兒吉尼遥授右丞相辛

亥樞密院臣言諸王各用其印符乘驛使臣旁午驛戶困乏宜準舊制量其馬數降以璽書奏可乙卯遣米㝵等使蘇魯國丙辰高麗國王王璋言陛下令臣還國復設官行征東行省事高麗歲數不登百姓乏食又數百人仰食其土則民不勝其困且非世祖舊制帝曰先請立者以卿言今請罷亦以卿言其準世祖舊制速遣使徃罷之五月丙寅降英德路爲州知樞密院事塔魯忽台遥授左丞相丁卯御史臺臣言成宗朝建國子監學迄今未成皇太子請畢其功制可己巳管城縣大雨雹緬國進馴象六乙亥知樞密

院事憨剌合兒遥授左丞相丙子以諸王及西番僧從駕上都途中擾民禁之禁白蓮社毁其祠宇以其人還隸民籍御史臺臣言比奉旨罷不急之役今復爲各官營私宅臣等以爲俟旺兀察都行宮及大都五臺寺畢工然後從事爲宜有旨除仏頭三寶奴所居餘悉罷之授右丞相塔思不花上柱國監修國史加左丞相乞台普濟太子太傅辛巳中書省臣言舊制樞密院御史臺宣政院得自選官諸官府必由中書省奏聞遷調宜申嚴告諭制可癸未濟南般陽雨雹甲申立大同侍衞親軍都指揮使司以丞相赤因

鐵木兒爲使摘通惠河漕卒九百餘人隸之漕事如故渭源縣旱饑給糧一月真定大名廣平有蟲食桑寧夏府水晉寧等處蝗東平東昌益都螟六月己丑渤國公三寶奴加録軍國重事中書右丞相應國公太子詹事平章軍國重事大司農曲出加太子太保左丞相脫脫加上柱國太尉遥授叅知政事行詹事丞大慈都加平章軍國重事甲午改太子位丞和署爲典樂司秩正三品丁酉鞏昌府隴西寧遠縣地震雲南烏撒烏蒙三日之中地大震者六戊戌大都饑發官廩減價糶貧民戶出印帖委官監臨以防不均之

弊中書省臣言江浙行省管内饑賑米五十三萬五千石鈔十五萬四千錠麪四萬斤又流民戶百三十三萬九百五十有奇賑米五十三萬六千石鈔十九萬七千錠鹽折直爲引五千令行省行臺遣官臨視内郡江淮大饑免今年常賦及夏税益都水民饑采草根樹皮以食免今歲差徭仍以本路税課及發朱汪利津兩倉粟賑之封藥木忽兒爲定王駙馬阿失爲昌王並賜金印以司徒平章政事領大司農李邦寧遥授左丞相辛丑以没入朱清張瑄田產隸中宮立江浙財賦總管府提舉司己酉減太常禮儀院官二

十七貟爲八貟河南山東大饑有父食其子者以兩
道没入贓鈔賑之加乞台普濟録軍國重事是月保
定真定蝗秋七月庚申流星起自勾陳南行圜若車
輪微有鋭經貫索滅敕以金銀歳入數少自今毋問
何人以金銀爲請奏及托之奏者皆抵罪又各處行
省宣慰司等官多以結托來京師今後非奉朝命毋
赴闕雲南湖廣河南四川盜賊竊發諭軍民官用心
撫治立廣武康里侍衛親軍都指揮使司以中書平
章政事阿沙不花爲都指揮使壬戌皇子和世㻋請
立總管府領提舉司四括河南歸德汝寧境内瀕河

荒地約六萬餘頃歳收其租令河南省臣高興總
其事中書省臣言瀕河之地出没無常遇有退灘
則爲之主先是有亦馬罕者妄稱省委括地蠶食其
民以有主之田俱爲荒地所至騷動民高榮等六百
人訴于都省追其驛券方議其罪遇赦獲免今乃獻
其地于皇子且河南連歳水災人方闕食若從所請
設立官府爲害不細帝曰安用多言其止勿行禁鷹
坊於大同隆興等處縱獵擾民禁呼鷹臺於漷州澤
中發軍千五百人助其役旺兀察都行宮成立中都
留守司兼開寧路都總管府丙寅復置泰安州之新

泰縣辛卯濟寧大水入城詔遣官以鈔五千錠賑之
己巳真定滛雨水溢入自南門下及槀城溺死者百
七十七人發米萬七百石賑之辛未立御香局秩正
五品壬申太白犯左執法香山加太子太傅遣塔察
兒等九人使諸王寬闍遣月魯等十二人使諸王脱
脱癸酉詔諭安南國曰惟我國家以武功定天下文
德懷遠人乃眷安南自乃祖乃父世修方貢朕甚嘉
之邇者先皇帝晏駕朕方撫軍朔方爲宗室諸王貴
戚元勳之所推戴以謂朕乃世祖嫡孫裕皇正派宗
藩效順於外臣民屬望於下人心所共神器有歸朕

俯徇輿情大德十一年五月二十一日即皇帝位於
上都今遣少中大夫禮部尚書阿里灰朝請大夫吏
部侍郎李京朝列大夫兵部侍郎高復禮諭旨尚體
同仁之視益堅事大之誠輯寧爾邦以稱朕意又以
管祝思監爲禮部侍郎朶兒只爲兵部侍郎使緬國
遣脱里不花等二十人使諸王合兒班荅弛上都酒
禁壬午置皇太子司議郎秩正五品封乃蠻帶爲壽
王癸未樞密院臣言世祖時樞密臣六貟成宗時增
至十三貟今署事者三十二貟乞省之敕罷塔思帶
等一十一人甲申太師淇陽王月赤察兒請置王傅

中書省臣謂異姓王無置傅例不許乙酉以泰虎人徹兒怯思爲監察御史是月以左丞相塔思不花爲中書右丞相太保乞台普濟爲中書左丞相內外大小事務並聽中書省區處諸王公主駙馬勢要人等毋得攙擾沮壞近侍臣員及內外諸衙門毋得隔越聞奏各處行省宣慰司及在外諸衙門等官非奉聖旨并中書省明文毋得擅自離職乘驛赴京營幹私事江南江北水旱饑荒已嘗遣使賑恤者至大元年差發官稅並行除免八月戊子大寧雨雹丙申御史臺臣言奉敕遣監察御史撒都丁赴上都世祖成宗迄

於陛下累有明旨監察御史乃朝廷耳目中外臣僚作姦犯科有不職者聽其糾劾治事之際諸人毋得與焉邇者鞫問刑部尚書烏剌沙贓罪蒙王音撥人諭諸御史皆被錫賚臺綱益振今撒都丁被逮同列皆懼所繫非小乞寢是命申明臺憲之制諸人毋得與聞制可辛丑以中都行宮成賞官吏有勞者工部尚書黑馬而下並陞二等賜塔剌兒銀二百五十兩同知察乃通政使塔利赤同知留守蕭珍工部侍郎荅失蠻金二百兩銀一千四百兩軍人金二百兩銀八百兩死於木石及病沒者給鈔有差癸卯加中書

右丞領將作院呂天麟大司徒戊申立中都萬億庫寧夏立河渠司秩五品官二員參以二僧爲之特授瓜頭太師賜諸王脫歡金三百兩銀二千五百兩鈔二千錠阿里不花金百兩銀千兩鈔千錠己酉大同隕霜殺禾甲寅李邦寧以建香殿成賜金五十兩銀四百五十兩乙卯中書省臣言外臺行省及諸人應詔言事未敢一一上煩聖聽請集朝臣議擇其切於事者小則輒行大則以聞從之揚州淮安蝗九月丙辰以內郡歲不登諸部人馬之入都城者減十之五中書省臣言夏秋之間鞏昌地震歸德暴風雨泰安濟寧真定大水廬

舍蕩析人畜俱被其災江浙饑荒之餘疫癘大作死者相枕籍父賣其子夫鬻其妻哭聲震野有不忍聞臣等不才猥當大任雖欲竭盡心力而聞見淺狹思慮不廣以致政事多舛有乖陰陽之和百姓被其災殃願退位以避賢路帝曰菑害事有由來非爾所致汝等但當慎其所行立怯憐口提舉司秩正五品設官四員高麗國王王昛卒命雪尼台鐵木察使薛迷思千部己未陞中政院秩從一品辛酉遣人使諸王察八兒寬闍所壬戌太尉脫脫奏泉州大商合只鐵即剌進異木沉檀可構宮室者敕江浙行省驛致之

癸亥萬户也列門合散來自薛迷思干等城進呈太祖時所造户口青冊賜銀鈔幣帛有差丙寅蒲縣地震癸酉陞内史府爲内史院秩正二品乙亥車駕至自上都弛諸路酒禁戊寅泉州大商馬合馬丹的進珍異及寶帶西域馬庚辰以高麗國王王章嗣高麗王諸王禿滿進所藏太宗玉璽封禿滿爲陽翟王賜金印中書省臣言奉旨連歲不登從駕四衛一衛約四百人所給芻粟自如常例給各部者減半臣等議大都去歲飼馬九萬四千疋今請減爲五萬疋外路飼馬十一萬九千餘疋今請減爲六萬疋自十月十

五日爲始又言薛迷思干塔剌思塔失玄等城三年民賦以輸縣官今因薛尼台鐵木察往彼宜令以二年之賦與寬闍給與元輸之人以一年者上進並從之癸未太陰犯熒惑立中都虎賁司特授承務郎直省舍人臧言沙資善大夫行泉府院使冬十月庚寅爲太師伙頭建第給鈔二萬錠癸巳蒲縣陵縣地震甲午以阿沙不花知樞密院事丁酉以大都艱食復糶米十萬石減其價以賑之以其鈔於江南和糴罷大都権酤賜皇太子金千兩辛丑太白犯南斗癸卯中書省臣請以湖廣米十萬石貯於揚州江西江浙海

漕三十萬石内分五萬石貯朱汪利津二倉以濟山東饑民從之敕凡持内降文記買河間鹽及以諸王駙馬之言至運司者一切禁之持内降文記不由中書者聽運司以聞禁奉符長清泗水章丘霑化利津無棣七縣民田獵甲辰從帝師請以釋教都總管朶兒只八兼領囊八地産錢物爲都總管府達魯花赤總其財賦以西番僧教兀班爲翰林承旨左丞相知樞密院事鐵木兒不花加録軍國重事中書右丞司徒禿忽魯河南江北行省右丞也速内史脫孛花並知樞密院事乙巳改護國仁王寺昭應規運總管府

爲會福院秩從二品丙午立興聖宮掌醫監秩正三品十一月己未中書省臣言世祖時省院臺及諸司皆有定員後略有增者成宗已嘗有旨併省逾者諸司遞陞四品者三品三品者二品二品者一品一司甚至二三十員事不改舊而官日增請依大德十年已定員數冗濫者從各司自與減汰衙門既陞諸吏止從舊秩出官果應例者自如選格從之庚申太白晝見以軍五千人供造寺工役增官吏俸以至元鈔依中統鈔數給之止其禄米歲該四十萬石吏員以九十月出身如舊制詔免紹興慶元台州建康廣德田租紹

興被災尤甚今歲又旱凡佃户止輸田主十分之四山場河濼商税截日免之諸路小稔審被災者免之乙丑賜諸王南木忽里金印丁卯中書省臣言今銓選錢糧之法盡壞廪蔵空虚中都建城大都建寺及爲諸貴人營私第軍民不得休息邇者用度愈廣每賜一人輙至萬定惟陛下矜察又言銓選錢糧諸司乞毋干預帝曰已降制書令諸人毋干中書之政他日或有乘朕忽忘持内降文記及傳旨至中書省其執之以來朕將加罪以也兒吉兒爲御史大夫己巳以乞台普濟爲右丞相脱脱爲左丞相既又從脱脱

言以塔思不花與乞台普濟俱爲右丞相中書省臣言國用不給請沙汰宣徽太府利用等院籍定應給人數其在上都行省者委官裁省又行泉院專以守寶貨爲任宜禁私獻寶貨者又天下屯田百二十餘所由所用者多非其人以致廢弛除四川甘州應昌府雲南爲地絶遠餘當選習農務者往與行省宣慰司親履其地可興者興可廢者廢各具籍以聞並從之詔開寧路及宣德雲州工役供億浩繁其賦税除前詔已免三年外更免一年辛巳罷益都諸處合剌赤等待獵以銀七百五十兩鈔二千二百錠幣帛三

百疋施昊天寺爲水陸大會癸未皇太后造寺五臺山摘軍六千五百人供其役閏十一月己丑以大都米貴發廪十萬石減其價以糶賑貧民比來民饑有鬻子者命有司爲贖之乙未賜故中書右丞相完澤妻金五百兩銀千五百丙申罷江南進沙糖止富民輸粟賑饑補官丁酉禁江西湖廣汴梁私捕鴑鵝己亥罷遼陽省進雕豹貴赤衛受烏江縣達魯花赤獻私户萬令隷縣官壬寅乞台普濟乞賜固安田二百餘頃從之乙巳中書省臣言回回商人持璽書佩虎符乘驛馬名求珍異既而以一豹上獻復邀回賜似

此甚衆臣等議虎符國之信器驛馬使臣所需今以畀諸商人誠非所宜乞一槩追之制可罷順德廣平鐵冶提舉司聽民自便有司税之如舊丁未復立汴梁路之項城縣以杭州紹興建康等路歲比饑饉今年酒課免十分之三敕河西僧户准先朝定制從軍輸税一與民同甲寅荅剌罕哈剌哈孫卒十二月庚申封和即撒爲罷王賜金印平江路民有隷謹的里部者依舊制差賦與民一體均當雲南畏吾兒一千人居荆襄雲南省臣言世祖有旨使歸雲南以佐征討中書省臣議發還爲是從之中都立開寧縣降隆

興爲源州陞蔚州爲蔚昌府省河東宣慰司以大同路隸中都留守司冀寧晉寧二路隸中書省甲戌以平章政事商議中書省事太子賓客王大亨行太子詹事平章軍國重事太子少詹事大慈都爲太子詹事賜御史臺官及監察御史宴服

本紀卷第二十二

本紀卷第二十三　元史二十三

翰林學士亞中大夫知制誥兼修國史臣宋濂　翰林待制承直郎同知制誥兼國史院編修官臣王禕等奉勅修

武宗二

二年春正月己丑從皇太子請罷宮師府設賓客諭德贊善如故庚寅越王禿剌有罪賜死禁日者方士出入諸王公主近侍及諸官之門辛卯皇太子諸王百官上尊號曰統天繼聖欽文英武大章孝皇帝乙未恭謝太廟丙申詔天下弛山澤之禁恤流移毋令見戶包納差稅被災百姓內郡免差稅一年江淮免

夏稅內外大小職官普覃散官一等有出身人考滿者加散官一等己亥封知樞密院事容國公床兀兒爲句容郡王乙巳塔思不花乞台普濟言諸人恃恩徑奏璽書不由中書直下翰林院給與者今覈其數自大德六年至至大元年所出凡六千三百餘道皆干田土戶口金銀鐵冶增餘課程進貢奇貨錢穀選法詞訟造作等事害及於民請盡追奪之今後有不由中書者乞勿與制可丙午定制大成至聖文宣王春秋二丁釋奠用太牢戊申迭里帖木兒不花進鷹犬命歲以幣帛千匹鈔千錠與之二月戊午鑄金印

賜句容郡王床兀兒賑真定路饑民糧萬石搭搭境
六千石癸亥皇太子幸五臺佛寺罷行泉府院以市
舶歸之行省乙丑以和林屯田去秋収九萬餘石其
宣慰司官吏部校軍士給賞有差巳巳太陰犯亢辛
未太陰犯氐調國王部及忽里合赤兀魯帶朶来等
軍九千五百人赴和林壬申令各衛董屯田官三年
一易甲戌弛中都酒禁三月己丑遼陽行省右丞洪
重喜訴高麗國王王章不奉國法恣暴等事中書省
臣請令重喜與高麗王辯對敕中書毋令辯對令高
麗王從太后之五臺山梁王在雲南有風疾以諸王

老的代梁王鎮雲南賜金二百五十两銀七百五十
两從者幣帛有差庚寅車駕幸上都摘五衛軍五十
人隷中都虎賁司封諸王也不干爲襄寧王辛卯罷
杭州白雲宗攝所立湖廣頭陀禪録司丙寅賜雲南
王老的金印戊戌太陰犯氐已亥熒惑犯歲星封公
主阿剌的納八剌爲趙國公主駙馬注安爲趙王甲
辰中書省臣言國家歲賦有常頃以歲儉所入曾不
及半而去歲所支鈔至千萬錠糧三百萬石陛下嘗
命汰其求芻粟者而宣徽院孛可孫竟不能行視去
歲反多三十萬石請用知錢穀者二三員於宣徽院

佐而理之又中書省斷事官大德十年四十三員今
皇太子位增二員諸王闊闊出剌馬甘禿剌亦各增一
員非舊制臣等以爲皇太子位所增宜存諸王者宜
罷並從之陞掌醫署爲典醫監乙巳中書省臣言中
書爲百司之首宜先汰冗員帝曰百司所汰卿等定
議省臣去留朕自思之巳酉濟陰定陶雹夏四月甲
寅中書省臣言江浙杭州驛半歲之間使人過者千
二百餘有桑兀寶合丁等進獅豹鴉鶻留二十有七
日人畜食肉千三百餘斤請自今遠方以奇獸異寶
来者依驛遞其商人因有所獻者令自備資力從之

辛酉立興聖宮江淮財賦總管府詔諭中外癸亥摘
漢軍五千給田十萬頃於直沽沿海口屯種又益以
康里軍二千立鎮守海口屯儲親軍都指揮使司壬
午詔中都創皇城角樓中書省臣言今農事正殷蝗
蝝徧野百姓艱食乞依前旨罷其役帝曰皇城若無
角樓何以壯觀先畢其功餘者緩之以建新寺鑄提
調監造三品銀印益都東平東滄濟寧河間順德廣
平大名汴梁衛輝泰安高唐曹濮德揚滁高郵等處
蝗五月丁亥以通政院使憨剌合兒知樞密院事董
建興聖宮令大都留守養安等督其工丁酉以陰陽

家言自今至聖誕節不宜興土功敕權停新寺工役
甲辰御史臺臣言乘輿北幸而京師工役正興加之
歲旱乏食民愚易惑所關甚重乞留一丞相鎮京師
後爲例制可六月癸亥選官督捕蝗從皇太子言禁
諸賜田者馳驛徵租擾民庚午中書省臣言奉旨既
停新寺工役其亭苑鷹坊諸役乞并罷又太醫院遣
使取藥材於陝西四川雲南費公帑勞驛傳臣等議
事干錢粮隔越中書省徑行乞禁止並從之以益都
濟南般陽三路寧海一州屬宣慰司餘並令直隸省
部以大都隸儒籍者四十户充文廟樂工從皇太子

請改典樂司提點大使等官爲卿少卿丞甲戌以宿
衛之士比多冗雜遵舊制存蒙古色目之有閥閱者
餘皆革去皇太子言宣政院先奉旨毆西番僧者截
其手詈之者斷其舌此法昔所未聞有乖國典且於
僧無益僧俗相犯已有明憲乞更其令又言宣政院
文案不檢覈於憲章有礙遵舊制爲宜並從之乙亥
中書省臣言河南江浙省言宣政院奏免僧道也里
可溫荅失蠻租稅臣等議田有租商有稅乃祖宗成
法今宣政院一體奏免非制有旨依舊制徵之是月
金城崞州源州雨雹延安之神木碾谷盤西神川等

處大雨雹蘄州檀州涿州良鄉舒城歷陽合肥六安
江寧句容溧水上元等處蝗秋七月癸未河決歸德
府境壬辰宣政院臣言武靖王搠思班與朶思麻宣
慰司言松潘疊宕威茂州等處安撫司管内西番禿
魯卜降胡漢民四種人雜處昨遣經歷蔡懋昭往蛇
谷隴迷招之降其八部户萬七千皆數百年負固頑
獷之人酋長令真巴等八人已嘗廷見今令真巴謂
其地隣接四川未降者尚十餘萬宣撫司官皆他郡
人不知蠻夷事宜纔至成都灌州畏懼即返何以撫
治宜改安撫司爲宣撫司遷治茂州徙松州軍千人

鎮遏爲便臣等議宜從其言詔改松潘疊宕威茂州
安撫司爲宣撫司遷治茂州汶川縣秩正三品以八
兒思的斤爲宣撫司達魯花赤蔡懋昭爲副使並佩
虎符乙未復置贛州龍南安遠二縣以河西二十驛
往來使多馬數既少民力耗竭命中書省樞密院通
政院於諸部撥户增馬以濟之樂實言鈔法大壞請
更鈔法圖新鈔式以進又與保八議立尚書省詔與
乞台普濟塔思不花赤因鐵木兒脫虎脫集議以聞
己亥河決汴梁之封丘甲辰改昔保赤八剌合孫總
管府爲奉時院乙巳保八言臣與塔思不花乞台普

濟等集議立尚書省事臣今竊自思之政事得失皆前日中書省臣所爲今欲舉正彼懼有累孰願行者臣今不言誠以大事爲懼陛下若矜憐保八樂實所議請立尚書省舊事從中書新政從尚書尚書請以乞台普濟脫虎脫爲丞相三寶奴樂實爲平章保八爲右丞王羆參知政事姓江者畫鈔式以爲印鈔庫大使並從之塔思不花言此大事遽爾更張乞與老臣更議帝不從是月濟南濟寧般陽曹濮德高唐河中解絳耀同華等州蝗八月壬子中書省臣言甘肅省僻在邊垂城中蓄金穀以給諸王軍馬世祖成宗

常修其城池近撒的迷失擅興兵甲掠豳王出伯輜重民大驚擾今撒的迷失已伏誅其城若不修慮啓寇心又沙瓜州摘軍屯田歲入糧二萬五千石撒的迷失叛不令其軍入屯遂廢今乞仍舊遣軍屯種選知屯田地利色目漢人各一員領之皆從之癸酉立尚書省以乞台普濟爲太傅右丞相脫虎脫爲左丞相三寶奴樂實爲平章政事保八爲右丞忙哥鐵木兒爲左丞王羆爲參知政事中書左丞劉楫授尚書左丞商議尚書省事詔告天下甲寅赦以海剌孫昔與伯顏阿木平江南知兵事可授平章政事商議樞

密院事以阿速衛軍五百人隸諸王怯里不花駙馬和林給鈔萬五千錠人備四馬己未立皇太子右衛率府秩正三品命尚書右丞相脫虎脫御史大夫不里牙敦並領右衛率府事尚書省臣言中書省尚有逋欠錢粮應追理者宜存斷事官十人餘皆併入尚書省又言往者大辟獄具尚書省議定令中書省裁酌以聞宜依舊制從之以江西等處行中書省參知政事郝彬爲尚書省參知政事甲戌賜太師低頭名脫兒赤顏丁丑永平路隕霜殺禾己卯三寶奴言尚書省立更新庶政變易鈔法用官六十四員其中宿衛

之士有之品秩未至者有之未歷仕者有之此皆素習於事既已任之乞勿拘例授以宣敕制可詔天下敢有沮撓尚書省事者罪之真定保定河間順德廣平彰德大名衛輝懷孟汴梁等處蝗九月庚辰朔以尚書省條畫詔天下改各行中書省爲行尚書省詔朝廷得失軍民利害臣民有上言者皆得實封上聞在外者赴所屬轉達各處人民飢荒轉徙復業者一切逋欠並行蠲免仍除差稅三年田野死亡遺骸暴露官爲收拾頒行至大銀鈔詔曰昔我世祖皇帝既登大寶始造中統交鈔以便民用歲久法壞亦既更

張印造至元寶鈔逮今又復二十三年物重鈔輕不能無弊乃循舊典改造至大銀鈔頒行天下至大銀鈔一兩準至元鈔五貫白銀一兩赤金一錢隨路立平準行用庫買賣金銀倒換昏鈔或民間絲綿布帛赴庫回易依驗時估給價隨處路府州縣設立常平倉以權物價豐年收糴粟麥米穀值青黃不接之時比附時估減價出糶以遏沸湧金銀私相買賣及海舶興販金銀銅錢綿絲布帛下海者並禁之平準行用庫常平倉設官皆於流官內銓注以二年為滿中統交鈔詔書到日限一百日盡數赴庫倒換茶鹽酒

醋商稅諸色課程如收至大銀鈔以一當五頒行至大銀鈔二兩至二釐定為一十三等以便民用壬午江南行臺劾平章政事教化詐言家貧冒受賜貨物折鈔二萬錠且其人素行無一善可稱魏國公尊爵也豈宜授之請追奪為宜制可癸未尚書省臣言古者設官分職各有攸司方今地大民眾事益繁冗若使省臣總挈綱領庶官各盡厥職其事豈有不治頃歲省務壅塞朝夕惟署押文案事皆廢弛天哉民困職此之由自今以始省部一切皆令從宜處置大事或須上請得旨即行用成至治上順天道下安民心

又言國家地廣民眾古所未有累朝格例前後不一執法之吏輕重任意請自太祖以來所行政令九千餘條刪除繁冗使歸於一編為定制並從之以大都城南建佛寺立行工部領行工部事三人行工部尚書二人仍令尚書右丞相脫虎脫兼領之丙戌車駕至大都戊子尚書省臣言翰林國史院先朝御容實錄皆在其中鄉置之南省今尚書省復立倉卒不及營建請買大第徙之制可壬辰賜高唐王注安金五千兩銀五萬兩癸巳以薪價貴禁權豪畜鷹犬之家不得占據山場聽民樵采三寶奴言冀寧大同保定

真定以五臺建寺所須皆直取於民宜免今年租稅從之丙申御史臺臣言頃年歲凶民疫陛下哀矜賑之獲濟者眾今山東大饑流民轉徙乞以本臺沒入贓鈔萬錠賑救之制可丁酉御史臺臣言比者近幸為人奏請賜江南田千二百三十頃為租五十萬石乞拘還官從之己亥尚書省臣言今國用需中統鈔五百萬錠前者嘗借支鈔本至千六十萬三千一百餘錠今乞罷中統鈔以至大銀鈔為母至元鈔為子仍撥至元鈔本百萬錠以給國用大都立資國院秩正二品山東河東遼陽江淮湖廣川漢立泉貨監六

秩正三品産銅之地立提舉司十九秩從五品尚書
省臣言三宫内降之旨曩中書省奏請勿行臣等謂
宜仍舊行之儻於大事有害則復奏請帝是其言又
言中書之務乞以盡歸臣等至元二十四年凡宣敕
亦尚書省掌之今臣等議乞從尚書省任人而以宣
敕散官委之中書從之占八國王遣其弟札剌奴等
來貢白面象伽藍木合魯納荅思禿堅鐵木兒桑加
失里等奏請遣人使海外諸國以禿堅張也先伯顔
使不憐八孫薛徹兀李唐徐伯顔使八昔察罕亦不
剌金楊忽荅兒阿里使占八以陝西行臺大夫大司

徒沙的爲左丞相行土蕃等處宣慰使都元帥甲辰
尚書省言每歲芻粟費鈔五十萬錠請廢孛可孫立
度支院秩二品設使同知僉院僉判各二員從之乙
巳以盜多從上都中都大都舊盜於水達達亦剌思
等地耕種丁未三寶奴言養豹者害民爲甚有旨禁
之有復犯者雖貴幸亦加罪冬十月庚戌朔以皇太
子爲尚書令詔天下令州縣正官以九年爲任詔天
下又以行銅錢法詔天下辛亥皇太子言舊制百官
宣敕散官皆歸中書以臣爲中書令故也自今敕牒
宜令尚書省給降宣命仍委中書制可丙辰樂實言

江南平垂四十年其民止輸地税商税餘皆無與其
富室有蔽占王民奴使之者動輒百千家有多至萬
家者其力可知乞自今有歲收糧滿五萬石以上者
令石輸二升於官仍質一子而軍之其所輸之粮移
其半入京師以養御士半留於彼以備凶年富國安
民無善於此帝曰如樂實言行之辛酉弛酒禁立酒
課提舉司尚書省以錢穀繁劇增户部侍郎員外郎
各一員又增禮部侍郎郎中各一員凡言時政者屬
之立太廟廩犧署設令丞各一員癸亥以翰林學士
承旨不里牙敦爲御史大夫乙丑以皇太后有疾詔

天下釋大辟百人丁卯以御史大夫只兒合郎及中
書左丞相脱脱尚服院使大都並知樞密院事壬申
太陰犯左執法癸酉尚書省臣言比來柬汰冗官之
故百官俸至今未給乞如大德十年所設員數給之
餘弗給從之加知樞密院事禿忽魯左丞相丁丑以
遼陽行尚書省平章政事合散爲左丞相行中書省
平章政事中書參知政事伯都爲平章政事行中書
右丞商議中書省事忽都不丁爲右丞行中書省左
丞參議中書省事鐵里脱歡賈鈞並中書參知政事
戊寅御史臺臣言常平倉本以益民然歲不登遽立

之必反害民罷之便又言至大銀鈔始行品目繁碎民猶未悟而又兼行銅錢慮有相妨又言民間抱銅器甚急弗便乞與省臣詳議又言歲凶乏食不宜遽弛酒禁有旨其與省臣議之十一月庚辰朔以徐邳連年大水百姓流離悉免今歲差稅增吏部郎中員外郎主事各一員令考功以行黜陟東平濟寧荐饑免其民差稅之半下户悉免之尚書省臣言比年衛士大濫率多無賴請充衛士者必廷見乃聽從之雲南行省言八百媳婦大徹里小徹里作亂威遠州谷保奪據木羅甸詔遣本省右丞筭只兒威往招諭之

仍令威楚道軍千五百人護送入境而筭只兒威受谷保賂金銀各三錠復進兵攻刼谷保弓弩亂發遂以敗還匪惟敗事反傷我人惟陛下裁度帝曰大事也其速擇使復齎璽書往招諭筭只兒威雖遇赦可嚴鞫之甲申賜寧肅王脫脫金印陞皇太子府正司爲從二品乙酉尚書省及太常禮儀院言郊祀者國之大禮今南郊之禮已行而未備北郊之禮尚未舉行今年冬至祀天南郊請以太祖皇帝配明年夏至祀地北郊請以世祖皇帝配制可丁亥以湖廣行省左丞散朮帶爲平章政事商議樞密院事丁酉太尉

尚書右丞相脫虎脫監修國史己亥太陰犯右執法庚子太陰犯上相辛丑尚書省臣言臣等竊計國之糧儲歲費浸廣而所入不足今歲江南頗熟欲遣使和糴恐米價暴增請以至大鈔二千錠分之江浙河南江西湖廣四省於來歲諸色應支糧者視時直予以鈔可得百萬不給則聽以各省錢足之制可丙午諸王孛蘭奚以私怨殺人當死大宗正也可扎魯忽赤議孛蘭奚貴爲國族乞杖之流北鄙從軍從之丁未擇衛士子弟充國子學生十二月乙卯親饗太廟上太祖聖武皇帝尊謚廟號及光獻皇后尊謚又上

睿宗景襄皇帝尊謚廟號及莊聖皇后尊謚執事者人陞散階一等賜太廟禮樂户鈔帛有差和林省右丞相太師月赤察兒言臣與哈剌哈孫荅剌罕共事時錢穀必與臣議自哈剌哈孫没凡出入不復關聞予奪失當而右丞曩家帶反相凌侮輙託故赴京師有旨其鎖曩家帶詣和林鞫之武昌婦人劉氏詣御史臺訴三寶奴奪其所進亡宋玉璽一金椅一夜明珠二奉旨令尚書省臣及御史中丞冀德方也可扎魯忽赤別鐵木兒中政使搠只等雜問劉氏稱故翟萬户妻三寶奴謫武昌時與留往來及三寶奴貴劉

訖以追逃婢來京師謁三寶奴於其家不荅入其西
廊見榻上有逃婢所竊寶鞍及其手縫錦帕以問三
寶奴又不荅忿恨而出即求書狀人喬瑜爲狀乃因
尹榮往見察院吏李節入訴於臺獄成以劉氏爲妄
有旨斬喬瑜笞李節杖劉氏及尹榮歸之元籍丙辰
併中書省左右司遣使往諸路分揀逋負合徵者徵
之合免者免之庚申太陰犯參尚書省臣言鹽價每
引宜增爲至大銀鈔四兩廣西者如故其煮鹽工本
請增爲至大銀鈔四錢制可辛酉申禁漢人執弓矢
兵仗壬戌陽曲縣地震有聲如雷封西僧迭不䚷子

爲寧國公賜金印丁丑詔增百官俸定流官封贈等
第應封贈者或使遠死節臨陣死事於見授散官上
加之若六品七品死節死事者驗事特贈官封贈內
外百官三品以上者許請謚凡請謚者許其家具本
官平日勳勞政績德業藝能經由所在官司保勘與
本家所供相同轉申吏部考覆呈都省都省準擬令
太常禮儀院驗事蹟定謚若勳戚大臣奉旨賜謚者
不在此例
三年春正月癸未省中書官吏自客省使而下一百
八十一員賜諸王那木忽里等鈔萬二千錠賜宣徽

院使拙忽難所隸涓人鈔萬五百八十八錠乙酉特
授李孟榮祿大夫平章政事集賢大學士同知徽政
院事丁亥白虹貫日戊子禁近侍諸人外增課額及
進他物有妨經制營五臺寺役工匠千四百人軍三
千五百人己丑以紐隣參議尚書省事庚寅立司禋
監秩正三品掌巫覡以丞相鼈日領之辛卯立皇后
弘吉列氏遣脫虎脫攝太尉持節授玉冊玉寶壬辰
陞中政院爲從一品癸巳立中瑞司秩正三品掌皇
后寶甲午太陰犯右執法乙未定稅課法諸色課程
並係大德十一年考較定舊額元增總爲正額折至

元鈔作數自至大三年爲始恢辦餘止以十分爲率
增及三分以上爲下酬五分以上爲中酬七分以上
爲上酬增及九分爲最不及三分爲殿所設資品官
員以二周歲爲滿定稅課官等第萬錠之上設正提
舉同提舉副提舉各一員一千錠之上設提領大使
副使各二員五百錠之上設提領大使副使各一員
一百錠之上設大使副使各一員丙申立資國院泉
貨監命以歷代銅錢與至大錢相參行用復立廣平
順德路鐵冶都提舉司戊戌詔湖廣行省招諭叛人
上思州知州黃勝許辛丑降詔招諭大徹里小徹里

樞密院臣言湖廣省乖西帶蠻阿馬等連結萬人入
寇已遣萬户移剌四奴領軍千人及調思播土兵併
力討捕臣等議事勢緩急地里要害四奴備知乞聽
其便宜調遣制可壬寅詔諭八百媳婦遣雲南行省
右丞算只兒威招撫之癸卯改太子少詹事爲副詹
事乙巳令中書省官吏如安童居中書時例存設其
已汰者尚書省還敘省樞密院官存知樞密院七員
同知樞密院事二員樞密副使二員僉樞密院事二
員同僉樞密院事一員增御史臺官二員御史大夫
御史中丞侍御史治書侍御史各二員省通政院官

六員存十二員汰廣武康里衛軍非其種者還之元
籍凡隸諸王阿只吉火即撒及遼南探馬赤者令樞
密院遣人即其處參定爲籍去歲朝會諸王伯鐵木
兒阿剌鐵木兒並賜金二百五十兩銀一千兩鈔四
百錠丙午詔令知樞密院事大都僉院合剌合孫復
職丁未立右衛阿速親軍都指揮使司秩正三品二
月庚戌以皇后受冊遣官告謝太廟辛亥熒惑犯月
星賜鷹坊馬速忽金百兩銀五百兩己未浚會通河
給鈔四千八百錠糧二萬一千石以募民命河南省
平章政事塔失海牙董其役遣商議尚書省事劉楫

整治鈔法增大都警巡院二分治四隅壬戌太陰犯
左執法甲子以上皇太后尊號告祀南郊乙丑復以
僉樞密院事買的爲中書參知政事尚書省臣言官
階差等已有定制近奉聖旨懿旨令旨要索官階者
率多躐等願依世祖皇帝舊制次第給之制可丁卯
尚書省臣言昔至元鈔初行即以中統鈔本供億及
銷其板今既行至大銀鈔乞以至元鈔輸萬億庫銷
毀其板止以至大鈔與銅錢相權通行爲便又言今
夏朝會上都供億請先發鈔百萬錠以往並從之楚
王牙忽都所隸户貧乏以米萬石鈔六千錠賑之己

巳寧王闊闊出謀爲不軌越王禿剌子阿剌納失里
許助力事覺闊闊出下獄賜其妻完者死竄阿剌納
失里及其祖母母妻于伯鐵木兒所以畏吾兒僧鐵
里等二十四人同謀或知謀不首並磔于市鞫其獄
者並陞秩二等賞牙忽都金千兩銀七千五百兩三
寶奴賜號荅剌罕以闊闊出食邑清州賜之自達魯
花赤而下並聽舉用辛未脫兒赤顏加録軍國重事
賜故中書右丞相塔剌海妻也里千金七百五十兩
銀一千五百兩鈔四百錠壬申樂實爲尚書左丞相
駙馬都尉封齊國公癸酉以左丞相行中書省平章

政事合散商議遼陽行省事甲戌太白犯月星以上
皇太后尊號告祀太廟三月己卯朔樞密院臣言國
家設官分職都省治金穀樞密治軍旅各有定制邇
者尚書省弗遵成憲易置本院官令依大德十年員
數聞奏臣等議以鐵木兒不花脫而赤顏床兀兒也
速脫脫也兒吉尼脫不花大都知樞密院事撒的迷
失史弼同知樞密院事吳元珪樞密副使塔海姑令
爲副樞有旨令樞密院如舊制設官十七員乙酉以
知樞密院事只兒合郎爲陝西行尚書省平章政事
遣刑部尚書馬兒往甘肅和市羊馬分賚諸王那木

忽里蒙古軍給鈔七萬錠庚寅太陰犯氐尚書省臣
言昔世祖有旨以叛王海都分地五戶絲爲幣帛俟
彼來降賜之蔵二十餘年今其子察八兒向慕德化
歸覲闕廷請以賜之帝曰世祖謀慮深遠若是待諸
王朝會頒賞既畢卿等備述其故然後與之使彼知
愧辛卯發康里軍屯田永平官給之牛壬辰車駕幸
上都立興聖宮章慶使司秩正二品丙申太陰犯南
斗丁未太白犯井夏四月己酉興聖宮鷹坊等戶四
千分處遼陽建萬戶府以統之容米洞官田墨紏合
蠻酋殺千戶及戍卒八十餘人俘掠良民改永順保

靖南渭安撫司爲永順等處軍民安撫司以安撫副
使梓材爲使往招之賜高麗國王王璋功臣號改封
瀋王改大承華普慶寺總管府爲崇祥監庚戌以鈔
九千一百五十八錠有奇市耕牛農具給直沽酸棗
林屯田軍戊辰太白晝見己巳立怯憐口諸色人匠
都總管府秩正三品提舉司二分治大都秩正五品
江浙等處財賦提舉司秩從五品瑞州等路營民都
提舉司秩從四品並隷章慶使司辛未賜角觝者阿
里銀千兩鈔四百錠丙子立管領軍匠千戶所秩正
五品割左都威衛軍匠八百隷之備興聖宮營繕增

國子生爲三百員靈壽平陰二縣雨雹鹽山寧津堂
邑茌平陽穀高唐禹城等縣蝗五月甲申封諸王完
者爲衛王癸巳東平人饑賑米五千石乙未加尚書
參知政事王羆大司徒是月合肥舒城歷陽蒙城霍
丘懷寧等縣蝗六月丁未朔詔太尉尚書右丞相脫
虎脫太保尚書左丞相三寶奴總治百司庶務並從
尚書省奏行戊申省上都留守司官七員以行中書
左丞忽都不丁爲中書右丞己酉立上都中都等處
銀冶提舉司秩正四品尚書省臣言別都魯思云雲
州朝河等處產銀令往試之得銀六百五十兩詔立

提舉司以別都忽思爲達魯花赤庚戌立規運都總
管府秩正三品領大崇恩福元寺錢糧置提舉司資
用庫大益倉隸之乙卯太陰犯氐和林省言貧民自
迤北来者四年之間靡粟六十萬石鈔四萬餘錠魚
網三千農具二萬詔尚書樞密差官與和林省臣覈
實給賜農具田種俾自耕食其續至者户以四口爲
率給之粟丁巳敕今歲諸王妃主朝會頒賚一如至
大元年例甲子以太子詹事斡赤爲中書左丞集賢
使領興醫監事戊辰遣使諸道審决重囚賜太師淇
陽王月赤察兒清州民户萬七千九百一十九安吉

王乞台普濟安吉州民户五百壬申以西北諸王察
八兒等来朝告祀太廟賜脫虎脫三寶奴珠衣封三
寶奴爲楚國公以常州路爲分地乙亥陞晉王延慶
司秩正二品是月襄陽峡州路荆門州大水山崩壞
官廨民居二萬一千八百二十九間死者三千四百
六十六人汝州大水死者九十二人六安州大水死
者五十二人沂州莒州兖州諸縣水没民田威州洺
水肥鄉鷄澤等縣旱秋七月戊寅太陰犯右執法己
卯太陰犯上相庚辰封皇伯晉王長女寶荅失憐爲
韓國長公主丙戌循州大水漂廬舍二百四十四間

死者四十三人發米賑之庚寅罷稱海也可扎魯忽
赤定王樂木忽兒乞如例設王府官六員從之癸巳
給親民長吏考功印曆令監治官歲終驗其行蹟書
而上之廉訪司御史臺尚書禮部考校以爲陞黜增
尚書省客省使副各一員直省舍人十四員立河南
打捕鷹坊魚課都提舉司秩正四品乙未中都立光
禄寺丁酉汜水長林當陽夷陵宜城遠安諸縣水令
尚書省賑恤之己亥禁權要商販挾聖旨懿旨令旨
阻礙會通河民船者壬寅詔禁近侍奏降御香及諸
王駙馬降香者磁州威州諸縣旱蝗八月丁未以江

浙行尚書省左丞相忽剌出還授中書右丞相鼈日
並爲御史大夫詔諭中外甲寅白虹貫日陞尚服院
從一品丙辰以行用銅錢詔諭中外甲子獵于昂兀
腦兒之地己巳以諸王只必鐵木兒貧仍以西涼府
田賜之尚書省臣言今歲頒賚已多凡各位下奉聖
旨懿旨令旨賜財物者請分汰有旨御等但具名以
進朕自分汰之汴梁懷孟衛輝彰德歸德汝寧南陽
河南等路蝗九月己卯平伐蠻酋不老丁遣其姪與
甥十人来降陞平伐等處蠻夷軍民安撫司同知陳
思誠爲安撫使佩金虎符御史臺臣言江浙省丞相

荅失蠻於天壽節日毆其平章政事孛蘭奚事屬不
敬詔遣使詰問之內郡饑詔尚書省如例賑恤辛巳
太陰犯建星立宣慰司都元帥府於察罕腦兒之地
丙戌車駕至大都保八遷授平章政事辛卯太陰犯
天廩壬辰皇太子言司徒劉夔乘驛省親江南大擾
平民二年不歸詔罷之庚子以潭州隸中宮上都民
饑敕遣刑部尚書撒都丁發粟萬石下其價賑糶之
壬寅敕諸司官濫設者毋給月俸詔諭三寶奴等去
歲中書省奏諸司官員遵大德十年定制濫者汰之
今聞員冗如故有不以聞而徑之任者有旨不奏而

擅令之任及之任者並逮捕之朕不輕釋冬十月甲
辰朔太白經天丙午太白犯左執法三寶奴及司徒
田忠良等言最奉旨舉行南郊配位從祀北郊方丘
朝日夕月典禮臣等議欲祀北郊必先南郊今歲冬
至祀圜丘尊太祖皇帝配享來歲夏至祀方丘尊世
祖皇帝配享春秋朝日夕月寔合祀典有旨所用儀
物其令有司速備之又言太廟祠祭故用瓦尊乞代
以銀從之戊申帝率皇太子諸王羣臣朝興聖宮上
皇太后尊號冊寶曰儀天興聖慈仁昭懿壽元皇太
后庚戌恭謝太廟癸丑熒惑犯亢甲寅敕諭中外民

戶託名諸王妃主貴近臣僚規避差徭已嘗禁止自
今違者俾充軍驛及築城中都郡縣官不覺察者罷
職封僧亦憐真乞烈思爲文國公賜金印御史臺臣
言江浙省平章烏馬兒遣人從使臣昵匝馬丁枉道
馳驛取贓吏紹興獄中釋之敕臺臣遣官往鞫毋徇
私情山東徐邳等處水旱以御史臺沒入贓鈔四千
餘錠賑之丁巳尚書省臣言宣徽院廩給日增儲偫
雖廣亦不能給宜加分減帝曰比見後宮飲膳與朕
無異有是理耶其令伯荅沙與宣徽院官覈實分減
之庚申敕尚書省事繁重諸司有才識明達者並從

尚書省選任樞密院御史臺及諸有司毋輒奏用違
者論罪其或私意請托罷之不敘辛酉以皇太后受
尊號赦天下大都上都中都比之他郡供給煩擾與
免至大三年秋稅其餘去處今歲被災人戶曾經體
覆依上蠲免內外不急之役截日停罷至大二年已
前民間負欠差稅課程並行蠲免闊闊出餘黨未發
覺者並原其罪隨處官民田土各有所屬諸人勿得
陳獻三寶奴言省部官不肯勤恪署事敕自今晨集
暮退苟或怠弛不必以聞便宜罷之其到任或一再
月辭以病者杖罷不敘又言故丞相和禮霍孫時參

議府左右司斷事官六部官日具一膳不然則抱飢而還稽誤公事今則無以為資乞各賜鈔二百錠規運取其息錢以為食制可丁卯封諸王木八剌子買住韓為兗王壬申晉王也孫鐵木兒言世祖以張鐵木兒所獻地土金銀銅冶賜臣後以成宗拘收諸王所占地土民戶例輸縣官乞回賜從之仍賜鈔三千錠賑其部貧民江浙省臣言曩者朱清張瑄海漕米歲四五十萬至百十萬時船多糧少顧直均平比歲賦歛橫出漕戶困乏逃亡者有之今歲運三百萬漕舟不足遣人於浙東福建等處和顧百姓騷動本省

左丞沙不丁言其弟合八失及馬合謀但的澉浦楊家等皆有舟且深知漕事乞以為海道運糧都漕萬戶府官各以己力輸運官糧萬戶千戶並如軍官例承襲寬恤漕戶增給顧直庶有成效尚書省以聞請以馬合謀但的為遙授右丞海外諸蕃宣慰使都元帥領海道運糧都漕運萬戶府事設千戶所十每所設達魯花赤一千戶三副千戶二百戶四制可雲南省丞相鐵木迭兒擅離職赴都有旨詰問以皇太后旨貸免令復職以丞相鐵古迭兒為陝西行御史臺御史大夫詔諭陝西四川雲南甘肅詔諭大司農司

勸課農桑十一月甲戌朔太白犯亢戊寅濟寧東平等路饑免曾經賑恤諸戶今歲差稅其未經賑恤者量減其半詔諭臺臣移文尚書省凡憲臺除官事後勿與庚辰河南水死者給槥漂廬舍者給鈔驗口賑糧兩月免今年租賦停逋責辛巳尚書省臣言今歲已印至大鈔本一百萬錠乞增二十萬錠及銅錢兼行以備侍衛及鷹坊急有所須又言上都中都銀冶提舉司達魯花赤別都魯思去歲輸銀四千二百五十兩今秋復輸三千五百兩且言復得新礦銀當增辦乞加授嘉議大夫並從之加脫虎脫為太師錄軍

國重事封義國公壬午改大崇恩福元寺規運總管府為隆禧院秩從二品丁亥太陰犯畢戊子改皇太子妃怯憐口都總管府為典內司以益都寧海等處連歲饑罷鷹坊縱獵其餘獵地並令禁約以俟秋成尚書省臣言雲南省臨安大理等處宣慰司麗江宣撫司及普定路所隸部曲連結蠻寇殺掠良民諭之不服且方調兵討八百媳婦軍力消耗今擬蒙古軍人給馬一漢軍十人給馬二計直與之乞賜鈔三萬錠又言四川行省紹慶路所隸容米洞田墨連結諸蠻攻劫麻寮等寨方調兵討捕遣千戶塔术往諭田

墨施什用等來降宜立黃沙寨以田墨施什用爲千户塔术爲河東陝西等處萬户府千户所達魯花赤廖起龍爲來寧州判官田思遠爲懷德府判官賞賚遣還皆從之以朱清子虎張瑄子文龍往治海漕以所籍宅一區田百頃給之尚書省臣言昔世祖命皇子脫歡爲鎮南王居揚州今其子老章出入導衛僭竊上儀勅遣官詰問仍以所僭儀物來上從之敕城中都以牛車運土令各部衛士助之限以來歲四月十五日畢集失期者罪其部長自願以車牛輸運者別賞之江浙省左丞相荅失蠻江西省左丞相別不

花來朝賜世祖宮人伯牙倫金七百五十兩銀二千五百兩鈔六百錠丙申有事於南郊尊太祖皇帝配享昊天上帝己亥尚書省以武衛親軍都指揮使鄭阿兒思蘭與兄鄭榮祖段叔仁等圖爲不軌置獄鞫之皆誣服詔叔仁等十七人並正典刑籍没其家十二月甲辰朔以建大崇恩福元寺乞失剌遥授左丞曲列劉良遥授參知政事並領行工部事立崇輝署隷中政院戊申冀寧路地震己未諭中外應避役占籍諸王者俾充軍驛鎮南王老章僭擬儀衛究問有驗召老章赴闕

四年春正月癸酉朔帝不豫免朝賀大赦天下庚辰帝崩于玉德殿在位五年壽三十一壬午靈駕發引葬起輦谷從諸帝陵夏五月乙未文武百官也先鐵木兒等上尊謚曰仁惠宣孝皇帝廟號武宗國語曰曲律皇帝是日請謚南郊閏七月丙午祔于太廟

武宗當富有之大業慨然欲創治改法而有爲故其封爵太盛而遥授之官衆錫賚太隆而泛賞之恩溥至元大德之政於是稍有變更云

本紀卷第二十三

本紀卷第二十四

翰林學士亞中大夫知制誥兼修國史臣宋濂 翰林待制承直郎同知制誥兼國史院編修官臣王褘等奉 勅修

仁宗一

仁宗聖文欽孝皇帝諱愛育黎拔力八達順宗次子武宗之弟也母曰興聖太后弘吉剌氏至元二十二年三月丙子生大德九年冬十月成宗不豫中宮秉政詔帝與太后出居懷州十年冬十二月至懷州所過郡縣供帳華侈悉令撤去嚴飭扈從毋擾於民且諭僉事王毅察而言之民皆感悅十一年春正月成

宗崩時武宗爲懷寧王總兵北邊戊子帝與太后聞哀奔赴庚寅至衛輝經比干墓顧左右曰紂内荒於色毒痛四海比干諫紂剖其心遂失天下令祠比干於墓爲後世勸至漳河値大風雪田叟有以盂粥進者近侍卻不受帝曰昔漢光武嘗爲寇兵所迫食豆粥大丈夫不備嘗艱阻往往不知稼穡艱難以致驕惰命取食之賜叟綾一匹慰遣之行次邯鄲諭縣官曰吾屬衛士不法胥吏科斂重爲民困乃命王傅巡行察之二月辛亥至大都與太后入内哭盡哀復出居舊邸日朝夕入哭奠左丞相阿忽台等潛謀推皇后伯要真氏稱制安西王阿難答輔之時左丞相哈剌哈孫答剌罕稱疾守宿掖門凡三月密持其機陽許之夜遣人啓帝曰懷寧王遠不能猝至恐變生不測當先事而發三月丙寅帝率衛士入内召阿忽台等責以亂祖宗家法命執之鞫問辭服戊辰伏誅諸王闊闊出牙忽都等曰今罪人斯得太子寔世祖之孫宜早正天位帝曰王何爲出此言也彼惡人潛結宮壼構亂我家故誅之豈欲作威覬望神器耶懷寧王吾兄也正位爲宜乃遣使迎武宗於北邊五月乙丑帝與太后會武宗於上都甲申武宗即位六月癸

巳詔立帝爲皇太子受金寶遣使四方旁求經籍識以玉刻印章命近侍掌之時有進大學衍義者命詹事王約等節而譯之帝曰治天下此一書足矣因命與圖象孝經列女傳並刊行賜臣下十一月戊寅受玉冊領中書省樞密院至大元年七月帝諭詹事曲出曰汝舊事吾其與同僚協議務遵法度凡世祖所未嘗行及典故所無者慎勿行二年八月立尚書省詔太子兼尚書令戒飭百官有司振紀綱重名器夙夜以赴事功詹事院臣啓金州獻瑟瑟洞請遣使采之帝曰所寶惟賢瑟瑟何用爲若此者後勿復聞先

是近侍言賈人有售美珠者帝曰吾服御雅不喜飾
以珠璣生民膏血不可輕耗汝等當廣進賢才以恭
儉愛人相規不可以奢靡蠹財相導言者慚而退淮
東宣慰使撒都獻王觀音七寶帽頂寶帶寶鞍卻之
戒諭如初詹事王約啓事二宦者侍側帝問自古宦
官懷人家國有諸約對曰宦官善惡皆有之但恐處
置失宜耳帝然之九月河間等路獻嘉禾有異畝同
潁及一莖數穗者命集賢學士趙孟頫繪圖藏諸祕
書四年春正月庚辰武宗崩壬午罷尚書省以丞相
脫虎脫三寶奴平章樂實右丞保八左丞忙哥怗木

兒參政王羆變亂舊章流毒百姓命中書右丞相塔
思不花知樞密院事鉄木兒不花等參鞫丙戌脫虎
脫三寶奴樂實保八王羆伏誅忙哥怗木兒杖流海
南壬子日赤如赭罷城中都召世祖朝諳知政務素
有聲望老臣平章程鵬飛董士選太子少傅李謙少
保張驢右丞陳天祥尚文劉正左丞郝天挺中丞董
士珎太子賓客蕭𣂏參政劉敏中王思廉韓從益侍
御趙君信廉訪使程鉅夫杭州路達魯花赤阿合馬
給傳詣闕同議庶務甲午宥阿附脫虎脫等左右司
六部官罪乙未禁百官役軍人營造及守護私第丁酉

以雲南行中書省左丞相鐵木迭兒爲中書右丞相太
子詹事完澤集賢大學士李孟並平章政事戊戌以
塔思不花及徽政院使沙沙並爲御史大夫己亥改
行尚書省爲行中書省庚子減價糶京倉米日千石
以賑貧民停各處營造罷廣武康里衛追還印符驛
券璽書及其萬户等官宣敕辛丑以塔失鉄木兒知
樞密院事壬寅禁鷹坊馳驛擾民敕中書凡傳旨非
親奉者勿行以諸王朝會普賜金三萬九千六百五
十兩銀百八十四萬九千五十兩鈔二十二萬三千
二百七十九錠幣帛四十七萬二千四百八十八匹

二月復玉宸樂院爲儀鳳司改延慶司爲都功德使
司乙巳命和林江浙行省依前設左丞相餘省唯置
平章二員遥授職事勿與戊申罷運江南所印佛經
辛亥禁諸王駙馬權豪擅據山場聽民樵採罷阿老
瓦丁買賣浙鹽供中政食羊禁宣政院違制度僧甲
寅遣使檢覈小雲石不花所獻河南荒田司徒蕭珎
以城中都徼功毒民命追奪其符印令百司禁錮之
還中都所占民田罷江南行通政院行宣政院甲子
太陰犯填星陞典内司爲典内院秩從三品命中書
平章李孟領國子監學諭之曰學校人材所自出卿

等宜敕詣國學課試諸生勉其德業敕諸王駙馬户
在緡山懷來永興縣者與民均服徭役諸司擅奏除
官者毋給宣敕御史臺臣言白雲宗總攝所統江南
爲僧之有髮者不養父母避役損民乞追收所受璽
書銀印勒還民籍從之罷福建繡匠河南魚課兩提
舉司省宣徽院參議斷事官丙寅監察御史言比者
尚書省臣壞國亂政已正典刑其餘黨附之徒布在
百司亦須次第沙汰令中書奏用字羅鐵木兒爲陝
西平章烏馬兒爲江浙平章闊里吉思爲甘肅平章
塔失帖木兒爲河南參政萬僧爲江浙參政各人前

任皆受重贓或挾勢害民咸乞罷黜制曰可丁卯命
西番僧非奉璽書驛券及無西蕃宣慰司文牒者勿
輒至京師仍戒黄河津吏驗問禁止罷總統所及各
處僧録僧正都綱司凡僧人訴訟悉歸有司罷仁虞
院復置鷹坊總管府庚子命廣西静江融州軍民官
鎮守三載無虞者民官減一資軍官陞一階著爲令
思州軍民宣撫司招諭官唐銓以洞蠻楊正思等五
人来朝賜金帛有差立淮安忠武王伯顔祠於杭州
仍給田以供祀事是月帝謂侍臣曰郡縣官有善有
惡其命臺官選正直之人爲廉訪司官而體察之果

有廉能愛民者不次擢用則小人自知激厲矣旌表
漳州長泰縣民王初應孝行三月庚辰召前樞密副使
吴元珪左丞拜降兀伯都剌至京師同諸老臣議事
丙戌太陰犯太微上相罷五臺行工部己丑命毋赦
十惡大逆等罪復典瑞院爲典瑞監庚寅即皇帝位
於大明殿受諸王百官朝賀詔曰惟昔先帝事皇太
后撫朕躬孝友天至由朕得託順考遺體重以母
弟之嫡加有削平内難之功於其踐阼曾未踰月授
以皇太子寶領中書令樞密使百揆機務聽所總裁
于今五年先帝奄棄天下勳戚元老咸謂大寶之承

既有成命非與前聖賓天而始徵集宗親議所宜立
者比當稽周漢晋唐故事正位宸極朕以國恤方新
誠有未忍是用經時今則上奉皇太后勉進之命下
徇諸王勸戴之勤三月十八日於大都大明殿即皇
帝位凡尚書省誤國之臣先已伏誅同惡之徒亦已
放殛百司庶政悉歸中書命丞相鐵木迭兒平章政
事李道復等從新拯治可大赦天下敢以赦前事相
告言者罪以其罪諸衙門及近侍人等毋隔越中書
奏事諸上書陳言者量加旌擢其僥倖獻地土并山
場窑冶及中寳之人並禁止之諸王駙馬經過州郡

不得非理需索應和顧和買隨即給價毋困吾民辛
卯禁民間製金箔銷金織金以御史中丞李士英為
中書左丞壬辰發京倉米減價以糶賑貧民丁酉命
月赤察兒依前太師宣徽使鐵哥為太傅集賢大學
士曲出為太保敕百司改陞品級者悉復至元舊制
己亥增置左翼右翼指揮各一員寧夏路地震是月
帝諭省臣曰卿等裒集中統至元以來條章擇曉法
律老臣斟酌重輕折衷歸一頒行天下俾有司遵行
則抵罪者庶無寃抑又諭太府監臣曰財用足則可
以養萬民給軍旅自今雖一繒之微不言於朕毋輒

與人以陝西行尚書省左丞元伯都剌為中書右丞
昭文館大學士察罕參知政事中書平章政事知樞
密院事床兀兒欽察親軍都指揮使脫火赤拔都兒
中書右丞相知樞密院事鐵木兒不花錄軍國重事
知樞密院事也速知樞密院事燕山東河北蒙古軍
都萬戶也先鐵木兒遙授左丞相仁虞院使也兒吉
太子詹事月魯鐵木兒並知樞密院事賜大都路民
年九十者二千三百三十一人人帛二匹八十者八
千三百三十一人人帛一匹夏四月壬寅詔分汰宿
衛士漢人高麗南人冒入者還其元籍癸卯熒星于

囬囬司天臺以即位恩賜太師太傅太保人金五十
兩銀三百五十兩衣四襲行省臣預朝會者賞銀有
差丁未以太子少保張驢為江浙平章戒之曰以汝
先朝舊人故命汝往民為邦本無民何以為國汝其
上體朕心下愛斯民戊申以即位告天地于南郊庚
戌拘收下番將校不典兵者虎符銀牌癸丑詔路府
州縣官三年為滿罷典醫監甲寅太陰犯亢熒惑犯
壘壁陣丙辰詔諭宣徽使亦列赤諸蒙古民有貧乏
者發廩濟之丁巳罷中政院戊午以即位告于太廟
辛酉敕國子監師儒之職有才德者不拘品級雖布

衣亦選用癸亥敕諸使臣非軍務急速者毋給金字
圓牌定四宿衛士歲賜鈔二十四萬二百五錠罷中
都留守司復置隆興路總管府凡創置司存悉罷之
乙丑封知樞密院事鐵木兒不花為宣寧王賜銀印
丁卯詔曰我世祖皇帝參酌古今立中統至元鈔法
天下流行公私蒙利五十年于玆矣比者尚書省不
究利病輒意變更既創至大銀鈔又鑄大元至大銅
錢鈔以倍數太多輕重失宜錢以鼓鑄弗給新舊恣用
曾未再期其弊滋甚爰咨廷議允協輿言皆願變通
以復舊制其罷資國院及各處泉貨監提舉司買賣

銅器聽民自便應尚書省已發各處至大鈔本及至
大銅錢截日封貯民間行使者赴行用庫倒換仍免
大都上都隆興差稅三年命中書省賑濟甘肅過川
軍罷僧道也里可溫答失蠻頭陀白雲宗諸司改封
親王迭里哥兒不花為湘寧王賜金印食湘鄉州寧
鄉縣六萬五千戶拘還甘肅陝西遼陽省臣所佩虎
符禁鷹坊擾民罷通政院以其事歸兵部增置尚書
員外郎各一員罷回回合的司屬帝御便殿李孟進
曰陛下御極物價頓減方知聖人神化之速敢以為
賀帝慼然曰卿等能盡力贊襄使兆民乂安庶幾天

心克享至於秋成尚未敢必今朕踐阼曾未踰月寧
有物價頓減之理朕托卿甚重茲言非所賴也孟愧
謝帝諭集賢學士忽都魯都兒迷失曰向召老臣十
人所言治政汝其詳譯以進仍諭中書悉心舉行南
陽等處風雹五月壬申以宦者鉄昔里為利用監卿
癸酉八百媳婦蠻與大小徹里蠻寇邊命雲南王及
右丞阿忽台以兵討之改封乳母夫壽國公楊德榮
為雲國公丙子命翰林國史院纂脩先帝實録及累
朝皇后功臣列傳俾百司悉上事蹟丁丑禁毋以毒
藥釀酒庚辰敕中書省裁省冗司置高昌王傅復度

支院為監罷泉府司長信院司禋監辛巳賜大長公
主祥哥剌吉鈔二萬錠壬午制定翰林國史院承旨
五員學士侍讀侍講直學士各二員拘諸王駙馬及
有司驛券自今遣使悉從中書省給降置祥和署掌
伶人金齒諸國獻馴象癸未太陰犯氐賜國師板的
答欽萬錠以建寺于舊城戊子羅鬼蠻來獻方物甲
午復太常禮儀院為太常寺是月禁民捕鴽鵝六月
癸卯敕宣政院凡西番軍務必移文樞密院同議以
聞吐蕃犯求福鎮敕宣政院與樞密院遣兵討之乙
巳命侍臣咨訪內外才堪佐國者悉以名聞仍戒敕

諸王恪恭乃職丙午以內侍楊光祖為秘書卿譚振
宗為武備卿闊居仁為尚乘卿並授弘文館學士置
湘寧王迭里哥兒不花王傅丁未太陰犯太微東垣
上相己酉詔存恤軍人庚戌太陰犯氐壬子敕甘肅
省給過川軍牛種農器令屯田癸丑復太府院為太
府監省上都兵馬指揮為五員甲寅封亦思丹為懐
仁郡王賜銀印丁巳敕翰林國史院春秋致祭太祖
太宗睿宗御容歲以為常命和林行省右丞孛里馬
速忽經理稱海屯田大同路宣寧縣民家產犢而死
頗類麒麟車載以獻左右曰古所謂瑞物也帝曰五

穀豐熟百姓安業乃為瑞也己未復置長信寺封樞密臣李羅為澤國公庚申敕自今諸司白事須殿中侍御史侍側癸亥賜晉王也孫鐵木兒鈔五千錠幣帛各二千匹太尉不花金百兩復雲州銀場提舉司置儀鸞局秩皆五品甲子請大行皇帝謚于南郊上尊謚曰仁惠宣孝皇帝廟號武宗丙寅拘收泉府司元給諸商販璽書丁卯罷只合赤八剌合孫所造上供酒戊辰敕諸王朝會後至者如例給賜己巳衛王阿木哥入見帝諭省臣曰朕與阿木哥同父而異母朕不撫育彼將誰賴其賜鈔二萬錠他勿援例帝覽

貞觀政要諭翰林侍講阿林鐵木兒曰此書有益於國家其譯以國語刊行俾蒙古色目人誦習之濟寧東平歸德高唐徐邳諸州水給鈔賑之河間陝西諸縣水旱傷稼命有司賑之仍免其今年租諸王塔剌馬的遣使進馴象秋七月辛未朔拘還遼陽省官提調諸事圓符璽書驛券裁減虎賁司職員賜上都宿衛士貧乏者鈔十三萬九千錠丁丑鞏昌寧遠縣暴雨山土流湧敕內外軍官並罷官一等癸未甘州地震大風有聲如雷以朝會恩賜諸王禿滿金百五十兩銀五千二百五十兩幣帛三千匹乙酉賜湘寧王

迭里哥兒不花所部鈔三萬二千錠癸巳太陰掩畢甲午置經正監掌蒙古軍牧地秩正三品官五員丁酉太陰犯鬼距星己亥詔諭省臣曰朕前戒近侍毋輒以文記傳旨中書自今敢有犯者不須奏聞直捕其人付刑部究治敕御史臺臣選更事老成者為監察御史超授中散大夫典內院使李叔榮祿大夫是月江陵屬縣水民死者衆太原河間真定順德彰德大名廣平等路德濮恩通等州霖雨傷稼大寧等路隕霜敕有司賑恤閏七月辛丑命國子祭酒劉賡詣曲阜以太牢祠孔子甲辰車駕將還大都太后以秋

稼方盛勿令鷹坊駝人衛士先往庶免害稼擾民敕禁止之樞密院奏居庸關古道四十有三軍吏防守之處僅十有三舊置千户位輕責重請置隆鎮萬户府俾嚴守備制曰可祭五星於司天臺以故魯王刁幹八剌適子阿禮嘉世禮襲其封爵分地乙巳以朝會恩賜月赤察兒床兀兒金二百兩銀二千八百兩幣帛有差丙午奉武宗神主祔于太廟戊申封李孟秦國公命亦憐真乞剌思為司徒己酉吐番冦禮店文州命摠帥亦憐真等討之辛亥以西僧蔵不班八為國師賜玉印戊午復置司禋監己未詔諭省臣曰

國子學世祖皇帝深所注意如平章不忽木等皆蒙古人而教以成材朕今親定國子生額為三百人仍增陪堂生二十人通一經者以次補伴讀著為定式敕軍官七十致仕始聽子弟承襲其有未老即託疾引年令幼弱子弟襲職者除名不叙其巧計求遷者以違制論壬戌命賑卹嶺北流民上都立通政院領蒙古諸驛秩正二品甲子寧夏地震乙丑魯國大長公主祥哥剌吉進號皇姊大長公主遣使招諭黑水白水等蠻十二萬餘戶來降丙寅太陰犯軒轅賜諸王阿不花等金二百兩銀七百五十兩鈔一萬三千

六百三十錠幣帛各有差丁卯完澤李孟等言方今進用儒者而老成日以凋謝四方儒士成才者請擢任國學翰林秘書太常或儒學提舉等職俾學者有所激勸帝曰卿言是也自今勿限資級果才而賢雖白身亦用之敕直省舍人以其半給事殿庭半聽中書差遣禁醫人非選試及著籍者毋行醫藥大同宣寧縣雨雹積五寸苗稼盡殞八月己巳朔栽定京朝諸司員數並依至元三十年舊額楚王牙忽都所部乏食給鈔萬錠出粟五千石賑之賜環衛圉人鈔三萬錠以近侍曲列失為戶部尚書甲戌賜皇姊大長

公主鈔萬錠丙戌安南世子陳日㷆奉表以方物來貢敕西番軍務隸宣政院九月己亥朔遥授左丞相不花進太尉丙午遥授湖廣平章安南國王陳益稷入見言臣自世祖朝來歸妻子皆為國人所害朝廷授以王爵又賜漢陽田五百頃俾自贍以終餘年今臣年幾七十而有司拘臣所受田就食無所帝謂省臣曰安南國王慕義來歸宜厚其賜以懷遠人其進勳爵受田如故戊申禁民彈射飛鳥殺馬牛羊當乳者禁衛士不得私衣侍宴服及以質於人庚戌命樞密院閱各省軍馬壬子改元皇慶詔曰朕賴天地祖

宗之靈纂承聖緒永惟治古之隆羣生咸遂國以乂寧朕夙興夜寐不敢怠遑任賢使能興滯補闕庶其臻茲欽時五福用敷錫厥庶民朕之志也踰年改元厥有彝典其以至大五年為皇慶元年都水監卿木八剌沙傳旨給驛往取杭州所造龍舟省臣諫曰陛下踐祚詔告天下凡非宣索毋得擅進誠取此舟有乖前詔詔止之復置中宮位下怯憐口諸色民匠打捕鷹坊都總管府秩正三品乙卯太陰犯畢丁巳奉太后旨以永平路歲入除經費外悉賜魯國大長公主給雲南王老的部屬馬價一萬二千錠丙寅敕省

部官勿托以宿衛廢職罷西畨茶提舉司是月江陵路水漂民居溺死十有八人冬十月戊辰朔有事于太廟己巳敕繪武宗御容奉安大崇恩福元寺月四上祭辛未賜大普慶寺金千兩銀五千兩鈔萬錠西錦綵段紗羅布帛萬端田八萬畝邸舍四百間丁丑禁諸僧寺毋得冒侵民田辛巳罷宣政院理問僧人詞訟以蘄縣萬户府鎮慶元紹興沿海萬户府鎮處州宿州萬户府兼鎮台州戊子省海道運粮萬户為六員千户為七所特授故太師月兒魯子木剌忽榮禄大夫知樞密院事辛卯罷諸王斷事官其蒙古人

犯盜詐者命所隷千户鞠問壬辰詔收至大銀鈔敕諸衛漢軍練習武事置群牧監秩正三品掌興聖宮位下畜牧癸巳詔置汴梁平江等處田賦提舉司掌大承華普慶寺貲産給雲南增戍軍鈔二萬五千錠丙申太白犯壘壁陣十一月戊戌封司徒買僧為趙國公辛丑命延安鳳翔安西軍屯田紅城者還陝西屯田敕商税官盜税課者同職官贓罪立乖西府以土官阿馬知府事佩金符李孟奏錢粮為國之本世祖朝量入為出恒務撙節故倉庫充牣今每歲支鈔六百餘萬錠又土木營繕百餘處計用数百萬錠内

降旨賞賜復用三百餘萬定北邊軍需又六七百萬錠今帑藏見貯止十一萬餘錠若此安能周給自今不急浮費宜悉停罷帝納其言凡營繕悉罷之辛亥諸王不里牙屯等誣八不沙以不法詔竄不里牙屯禿于于河南因忽乃于揚州納里于湖廣太那于江西班出兀那于雲南壬子賑欽察衛糧五千七百五十三石甲寅太陰犯輿鬼戊午禁漢人回回術者出入諸王駙馬及大臣家己未以遼陽省平章政事合散為中書平章政事甲子敕增置京城米肆十所日平糶八百石以賑貧民丙寅加徽政使羅源為大司

徒賑諸軍粮七千六十石十二月辛未增置經正監官為八員置尚牧所秩五品掌太官羊癸酉封宣政會福院使暗普為秦國公增置兵部侍郎郎中各一員庚辰太白經天復以陝西屯田軍三千隷紅城萬户府壬午詔曰今歲不登民何以堪春蒐其勿令供億癸未太白經天甲申太陰犯太微西垣上將浙西水災免漕江浙糧四分之一存留賑濟命江西湖廣補運輸京師占城遣使奉表貢方物庚寅申禁漢人持弓矢兵器田獵曲赦大都大辟囚一人并流以下罪辛卯裁宗正府官為二十八員遣官監視焚至大

鈔壬辰太白經天敕荆設邊遠官員俟到任方降敕
牒乙未命李孟整飭國子監學中書省臣言世祖定
立選法陞降以示激勸今官未及考或無故更代或
躐等進階僣受國公丞相等職諸司已裁而復置者
有之今春以内降旨除官千餘人其中欺僞豈能悉
知壞亂選法莫此爲甚帝曰凡内降旨一切勿行賜
濟王朶列納印以和林稅課建延慶寺詔諭安南國
世子陳日燇曰惟我祖宗受天明命撫有萬方威德
所加柔遠能邇乃者先皇帝龍馭上賓朕以王侯臣
民不釋之故於至大四年三月十八日即皇帝位遵

諭年改元之制以至大五年爲皇慶元年今遣禮部
尚書乃馬台等賫詔往諭仍頒皇慶元年曆日一本
卿其敬授人時益修臣職毋替爾祖事大之誠以副
朕不忘柔遠之意

皇慶元年春正月庚子帝諭御史大夫塔思不花曰
凡大臣不法卿等劾奏毋避朕自裁之癸卯敕諸僧
犯奸盜詐僞鬬訟仍令有司專治之甲辰授太師録
軍國重事知樞密院事脱兒赤顔開府儀同三司嗣
淇陽王戊申改隆鎮萬户府爲隆鎮衛庚戌封知樞
密院事醜漢爲安遠王出總北軍壬子敕軍不滿五

千者勿置萬户癸丑太陰犯太微東垣上將旌表廣
州路番禺縣孝子陳韶孫戊午制諸王設王傅六員
銀印其次設官四員改封濟王朶列納爲吴王賜衛
王阿木哥慶元路定海縣六萬五千户加崇福使也
里牙秦國公己未陞崇祥監爲崇祥院秩正二品壬
戌陞翰林國史院秩從一品帝諭省臣曰翰林集賢
儒臣朕自選用汝等毋輒擬進人言御史臺任重朕
謂國史院尤重御史臺是一時公論國史院實萬世
公論二月丁卯朔徙大都路學所置周宣王石鼓于
國子監敕稱海屯内漢軍存恤二年庚午西北諸王

也先不花遣使貢珠寶皮幣馬駝賜鈔一萬三千六
百錠辛未改安西路爲奉元路吉州路爲吉安路壬
申以霸州文安縣屯田水患遣官疏決之遣使賜西
僧金五千兩銀二萬五千兩幣帛三萬九千九百匹
甲戌制定封贈名爵等級著爲令改和林省爲嶺北
省丙子給稱海屯田牛二千賜晉王也孫鐵木兒南
康路户六萬五千世祖諸皇子也先鐵木兒福州路
福安縣脱歡之子不荅失里福州路寧德縣忽都魯
鐵木兒之子泉州路南安縣愛牙赤之子卲武路光
澤縣户並一萬三千六百有四食其歲賦己卯置衛

龍都元帥府秩正二品以古阿速衛隷之八百媳婦來
獻馴象二壬午太陰犯亢封孛羅爲永豐郡王置德
安府行用鈔庫罷莘浪州唐兀千戶所丙戌省樞密
斷事官爲八員庚寅敕嶺北省賑給闕食流民敕兩
淮民種荒田者如例輸稅遣官同江西江浙省整治
茶鹽法賜韓國公主普達實憐鈔萬錠詔勉勵學校
賑山東流民至河南境者遍濟州饑賑糧兩月三月
丁酉朔熒惑犯東井陞給事中秩正三品罷諸王大
臣私第營繕戊戌右丞相鐵木迭兒言自今左右司
六部官有不盡心初則論決不悛則黜而不敘制曰

可省女直水達達萬戶府冗員敕諸王朧脫所招戶
其未籍者俾隷有司己亥以生日爲天壽節庚子加
御史大夫火尼赤開府儀同三司罷衛龍都元帥府
壬寅太陰犯東井敕歸德亳州以憲宗所賜不憐吉
帶地一千七十三頃還其子孫丙子敕北邊使者非
軍機毋給驛丁未置內正司秩正三品卿少卿丞各
一員戊申陞典內院秩正二品以前河南行省平章
政事塔失海牙爲御史大夫改翰林國史院司直司
爲經歷司置經歷都事各一員置五臺寺濟民局秩
從五品賜安王完澤及其子金三百兩銀一千二百

五十兩鈔三千五百錠賜汴梁路上方寺地百頃遣
陽省增置灤陽寬河驛甲寅西北諸王也先不花等
遣使以橐駝方物入貢丙辰封同知徽政院事當不
闌奚爲趙國公庚申敕簡汰大明宮興聖宮宿衛甲
子給北軍幣帛二十萬匹遣戶部尚書馬兒經理河
南屯田乙丑命河南省建故丞相阿朮祠堂封諸王
塔思不花爲恩平王夏四月丁卯簡汰控鶴還本籍
以都水監隷大司農寺置察罕腦兒捕盜司秩從七
品庚午命浙東都元帥鄭祐同江浙軍官教練水軍
辛未給鈔萬錠修香山永安寺趙王汝安郡告饑賑

糧八百石陞保定路萬戶府爲上萬戶癸酉車駕幸
上都丙子太白晝見封鄆國大長公主忙哥台爲大
長公主賜金印增也可扎魯忽赤爲四十二員壬午
熒惑犯輿鬼敕皇子碩德八剌置四宿衛敕僧人田
除宋之舊有幷世祖所賜外餘悉輸租如制阿速衛
指揮那懷等冒增衛軍六百名盜支粮七千二百石
幣帛一千二百匹鈔二百八錠敕中書樞密按治封
知樞密院事木剌忽爲廣平王癸未熒惑犯積屍氣
庚寅太白經天大崇恩福元寺成置隆禧院龍興新
建縣霖雨傷禾彰德安陽縣蝗五月丙申朔以中書

平章政事合散爲中書左丞相江浙行省平章張驢爲中書平章政事知樞密院事也先鐵木兒授開府儀同三司壬寅諸王脫忽思海迷失以農時出獵擾民敕禁止之自今十月方許出獵改和林路爲和寧路賜諸王阿木哥鈔萬錠速速迭兒按麻思等各千錠以蒙古驛隸通政院置濮陽王脫脫木兒王傅官四員給上都灤陽驛馬三百疋己未縉山縣行宮建凉殿己未以西寧州田租稅課賜大長公主忙古合賑宿衛士糧二萬石陞回回司天臺秩正四品彰德河南隴西雹六月乙丑朔日有食之丁卯天雨毛己

巳太陰犯天關敕李孟博選中外才學之士任職翰林給羊馬鈔價濟嶺北甘肅戍軍之貧者壬申減四川監額五千引賜崇福寺河南官地百頃丁亥敕罷封贈誡左右守法度勤職業勿妄僥倖加官賜安遠王醜漢金百兩銀五百兩鈔千錠肇昌河州等路饑免常賦二分秋七月辛丑定內正司官爲六員禁諸王徑宣旨於各路從中都內帑金銀器歸太府監賜新店諸驛鈔三千八百錠充使者餼廩癸卯詔獎勵御史臺丙午陞大司農司秩從一品帝諭司農曰農桑衣食之本汝等舉諳知農事者用之敕諸王小薛

部歸晉寧路襄垣縣民田中書參政賈鈞以病請告賜鈔三百錠給安車還鄉戊午太陰犯東井八月丁卯敕探馬赤軍羊馬牛依舊制百稅其一戊辰太白犯軒轅辛未太陰犯填星丁丑罷司禋監己卯以吏部尚書許師敬爲中書參知政事庚辰車駕至自上都壬午辰星犯右執法置少府監隸大都留守司甲申賜諸王闊闊出金束帶一銀百五十兩鈔二百錠乙酉太白犯右執法辛卯敕雲南省右丞阿忽台等領蒙古軍從雲南王討八百媳婦蠻濱州旱民飢出利津倉米二萬石減價賑糶寧國路涇縣水賑糧二

月安南國王陳益稷來朝九月丁酉增江浙海漕糧二十萬石戊戌罷征八百媳婦蠻大小徹里蠻以重書招諭之辛丑命司徒田忠良等詣真定玉華宮祀睿宗御容八百媳婦大小徹里蠻獻馴象及方物甲辰陞參議中書省事阿卜海牙爲參知政事拘火者等所佩國公司徒印丁巳太陰犯亢壬戌瓊州黎賊嘯聚遣官招諭冬十月甲子有事于太廟改隆興路爲興和路賜銀印雲南行省右丞算只兒威有罪國師搠思吉斡節兒奏請釋之帝斥之曰僧人宜誦佛書官事豈當與耶癸未以中書參知政事察罕爲中

書平章政事商議中書省事丁亥太陰犯平道戊子
太陰犯亢翰林學士承旨王連赤不花等進順宗成
宗武宗實録罷造船提舉司辛卯赦天下賜李孟潞
州田二十頃十一月戊戌調汀漳畬軍代亳州等翼
漢軍於本處屯田己亥太陰犯壘壁陣甲辰捕滄州
羣盜阿失荅兒等擒之支解以徇丙午諭六部官毋
踰越中書奏事丙辰封駙馬脫脫木兒爲岐王庚申
賜諸王寬徹忽荅迷失金百五十兩銀一千五百兩
鈔三千錠幣帛有差占城國進犀象緬國主遣其婿
及雲南不農蠻酋長岑福來朝十二月癸亥中書平

章政事李孟致仕以樞密副使張珪爲中書平章政
事癸酉遣使分道決囚壬申晉王也孫鐵木兒所部
告飢賑鈔一萬五千錠庚辰知樞密院事荅失蠻罷
省海道運糧萬户一員增副萬户爲四員甲申熒惑
塡星辰星聚斗鷹坊不花即列請往河南湖廣括取孔
雀狝禽勅以擾民不允丁亥遣官祈雪于社稷嶽鎮
海瀆省臣言中書職在總挈綱維比者行省六部諸
司應決不決者往往作疑咨呈以致文繁事弊詔體世
祖立中書初意定擬程式以聞俾遵行之勅回回合
的如舊祈福凡詞訟悉歸有司仍拘還先降璽書戊

子太陰犯熒惑己丑宗王女班冊給驛取江南田租
命拘還驛券是月諸王春冊叛
二年春正月甲午以察罕腦兒等處宣慰使伯忽爲
御史大夫辛丑封前尚書右丞相乞台普濟爲安吉
王丙午寧王闊闊出薨丁未以太府卿禿忽魯爲中
書右丞相戊申太陰犯三公己未置遼陽行省儒學
提舉司二月壬戌改典內院爲中政院秩正一品甲
子以皇后受冊寶遣官祭告天地於南郊及太廟丁
丑日赤如赭己卯免徵益都飢民所貸官糧二十萬
石各寺修佛事日用羊九千四百四十敎遵舊制易

以蔬食命張珪綱領國子學庚辰冀寧路饑禁釀酒
辛巳詔以錢糧造作訴訟等事悉歸有司以清中書
之務壬午西北諸王也先不花進馬駝璞玉丁亥敕
外任官應有公田而無者皆以至元鈔給之以乖西
府隸播州宣撫司功德使亦憐真等以佛事奏釋重
囚不允帝諭左右曰回回以寶玉鬻於官朕思此物
何足爲寶唯善人乃可爲寶善人用則百姓安茲國
家所宜寶也丙申以御史中丞脫歡答剌罕爲御史
大夫庚子熒惑犯壘壁陣以晉寧大同大寧四川鞏
昌甘肅饑禁酒丙午冊立皇后弘吉剌氏詔天下丁

未彗出東井壬子禿忽魯言臣等職專燮理去秋至春亢旱民間乏食而又隕霜雨沙天文示變皆由不能宣上恩澤致茲災異乞黜臣等以當天心帝曰事豈關汝輩耶其勿復言御史中丞郝天挺上疏論時政帝嘉納之賜西僧搠思吉斡節兒鈔萬錠丙辰以皇后受冊寶遣官恭謝太廟以亢旱既久帝於宮中焚香默禱遣官分禱諸祠甘雨大注詔敦諭勸課農桑夏四月甲子禜星于司天臺癸酉賜壽寧公主槖駞三十六乙亥車駕幸上都丙子高麗王辭位以其世子王燾為征東行中書省左丞相上柱國封高麗

國王辛巳加御史大夫伯忽開府儀同三司太傅壬午置中瑞司秩正四品甲申詔遴選賢士纂修國史乙酉御史臺臣言富人寅緣特旨濫受官爵徼政宣徽用人率多罪廢之流近侍託為貧乏互奏恩賞西僧以作佛事之故累釋重囚外任之官身犯刑憲輒營求內旨以免罪諸王駙馬寺觀臣僚土田每歲徵租亦極為擾民請悉革其弊制曰可詔罷不急之役真定保定河間大寧路饑並免今年田租十之三仍禁釀酒安南國遣使來貢方物五月辛丑陞中書右丞元伯都剌為平章政事左丞八剌脫因為右丞參知

政事阿卜海牙為左丞參議中書省事禿魯花鐵木兒為參知政事順德冀寧路饑辰州水賑以米鈔仍禁釀酒檀州及獲鹿縣蝻六月己未朔京師地震癸亥禿忽魯等以災異乞賜放黜不允丙寅京師地震辛未以參知政事許思敬綱領國子學乙亥詔諭僧俗辨訟有司及主僧同問續置土田如例輸稅丙子賜諸王按灰金五十兩銀七百五十兩金束帶一幣帛各四十匹己卯河東廉訪使趙簡言請選方正博洽之士任翰林侍讀侍講學士講明治道以廣聖聽從之御史臺臣言比年廉訪司多不悉心奉職宜令

監察御史檢覈名實而黜陟之廣海及雲南甘肅地遠遷調者憚弗肯往乞今後加一等官之制曰可壬午命監察御史檢察監學官考其殿最癸未命委官簡汰衛士甲申建崇文閣於國子監給馬萬疋與遏王南忽里等軍士之貧乏者以宋儒周敦頤程顥顥弟頤張載邵雍司馬光朱熹張栻呂祖謙及故中書左丞許衡從祀孔子廟廷上都民飢出米五千石減價賑糶河決陳亳睢州開封陳留縣沒民田廬秋七月己丑朔歲星犯東井辛卯太白晝見癸巳以作佛事釋囚徒二十九人賜宣寧王鐵木兒不花幣帛百

二十匹安遠王亦思丹等各百匹保定真定河間民流不止命所在有司給糧兩月仍悉免今年差稅諸被災地並弛山澤之禁獵者毋入其境甲午置榷茶批驗所并茶由局官乙未太白晝見庚子立長秋寺掌武宗皇后宮政秩三品敕衛王阿木哥歲賜外給鈔萬錠賜駙馬脫鉄木兒金百五十兩銀七百五十兩鈔二千錠幣帛五十匹辛丑復立四川等處儒學提舉司壬寅京師地震免大寧路今歲鹽課丁未賜諸王大羅思迷脫歡南忽里駙馬忙兀帶金二百兩銀一千二百兩鈔一千六百錠幣帛各有差己酉改

淮東淮西道宣慰司為淮東宣慰司以淮西三路隸河南省敕守令勸課農桑勤者陞迁怠者黜降著為令丙辰太白晝見丁巳太白經天雲州蒙古軍乏食戶給米一石興國屬縣蝻發米賑之八月戊午朔太白晝見揚州路崇明州大風海潮泛溢漂没民居壬戌歲星犯東井丁卯車駕至自上都庚午以侍御史薛居敬為中書參知政事壬午太陰犯輿鬼九月以相兒加思巴為帝師癸巳以宣徽院使完澤知樞密院事戊申封脫歡為安定王賜金印敕鎮江路建銀山寺勿徙寺傍塋冢京師大旱帝問弭災之道翰林學士程鉅夫舉湯禱桑林事帝奬諭之冬十月己卯敕中書省議行科舉封不荅臧里為安德王辛未徙崑山州治于太倉昌平縣治於新店癸未以遼陽路之懿州隸遼陽行省復置蒙陰縣隸莒州乙酉旌表高州民蕭乂妻趙氏貞節免其家科差壬寅敕漢人南人高麗人宿衛分司上都勿給弓矢甲辰行科舉詔天下以皇慶三年八月天下郡縣興其賢者能者充貢有司次年二月會試京師中選者親試于廷賜及第出身有差帝謂侍臣曰朕所願者安百姓以圖至治然匪用儒士何以致此設科取士庶幾得真儒

之用而治道可興也十二月辛酉可里馬丁上所編萬年曆發米五千石賑阿只吉部之貧乏者海都都哇屬戶內附敕所在給衣糧丙子定百官致仕資格甲申詔飭海道漕運萬戶府京師以久旱民多疾疫帝曰此皆朕之責也赤子何罪明日大雪以嘉定州德化縣民災發粟賑之

本紀卷第二十四

本紀卷第二十五　　元史二十五

翰林學士亞中大夫知制誥兼修國史臣宋濂翰林待制承直郎同知制誥兼國史院編修官臣王禕等奉

勅修

仁宗二

延祐元年春正月丁亥授中書右丞劉正平章政事商議中書省事丙申除四川酒禁與元鳳翔涇州邠州歲荒禁酒庚子敕各省平章爲首者及漢人省臣一員專意訪求遺逸苟得其人先以名聞而後致之以江浙行中書省左丞高昉爲中書參知政事丁未詔改元延祐釋天下流以下罪囚免上都大都差稅

二年其餘被災曾經賑濟人户免差稅一年庚戌中書省臣禿魯忽等以災變乞罷免不允二月庚申立印經提舉司戊辰太寧路地震癸酉熒惑犯東井甲戌以侍御史趙世延爲中書參知政事詔免蒙古地差稅二年商賈勿免己卯給鈔六千三百錠賑濟良鄉諸驛壬午以合散爲中書右丞相監脩国史癸未以中書參政高昉爲集賢學士三月壬辰太陰掩熒惑賜諸王塔失蒙古鈔千錠衣二襲戊戌真定保定河間民饑給糧兩月己亥白暈亘天連環貫日癸卯暹國王遣其臣愛耽入貢改南劒路曰延平劒浦縣曰南平乙巳以僧人作佛事擇釋獄囚命中書審察丙午封阿魯禿爲趙王戊申車駕幸上都己酉敕奸民宦其子爲閹宦謀避徭役者罪之辛亥命參知政事趙世延綱領國子學癸丑中書平章政事察罕致仕晉寧民侯喜兒昆弟五人並坐法當死帝嘆曰彼一家不幸而有是事其擇情輕者一人杖之俾養父毋毋絕其祀閏三月甲寅朔敕減樞密知院冗員辛酉太陰犯輿鬼罷呪僧月給俸遣人視大都至上都駐蹕之地有侵民田者計畝給直丙寅太陰犯太微東垣丁丑畿內及諸衛屯軍饑賑鈔七千五百錠汴

梁濟寧東昌等路隴州開州青城齊東渭源東明長垣等縣隕霜殺桑果禾苗歸州告饑出糧減價賑糶馬八兒國主昔剌木丁遣其臣愛思丁貢方物夏四月甲申朔大寧路地震有聲如雷丁亥敕儲稱海五河屯田粟以備賑濟太常寺臣請立北郊不允陞延慶寺秩正二品西番諸驛貧乏給鈔萬錠曲魯部畜牧斃耗賑鈔八百七十三錠己酉廢真陽含光二縣入英德州壬辰諸王脫脫薨以月思別襲位己酉敕郡縣官勤職者加賜幣帛以鐵木迭兒録軍國重事監修國史立回回國子監帝以資治通鑑載前代興

亡治亂命集賢學士忽都魯都兒迷失及李孟擇其切要者譯寫以進武昌路饑命發米減價賑糶五月甲寅朔賜營王也先鐵木兒鈔萬錠戊午辰星犯輿鬼丁卯賜李孟孝感縣地二十八頃禁諸王支屬徑取分地租賦擾民敕嶺北行省瘞陣沒遺骼乙亥賑怯魯連地貧乏者米三千石丁丑徙滄州治於長蘆鎮戊寅京兆爲故儒臣許衡立魯齋書院降璽書旌之庚辰盧陽麻陽二縣以土賊作耗蠲其地稅賦營王也先鐵木兒支屬貧乏賑糧兩月武陵縣霖雨水溢溺死居民漂沒廬舍禾稼潭州漢陽恩州民饑並

發廩減價糶賑之膚施縣大風雹損禾苗傷人畜六月戊子敕內侍今後止授中官勿畀文階置雲南行省儒學提舉司封河南省丞相卜憐吉帶爲河南王壬辰增置畿內州縣同知主簿各一員諸王察八兒屬户匱乏給糧一歲仍俾屯田以自贍發軍增墾河南芍陂等處屯田乙未熒惑犯右執法戊申增置兩淛鹽運司判官一員甲辰拘河西僧免輸租賦璽書敕諸王戚里入覲者宜趁夏時芻牧至上都毋輒入京師有事則遣使奏稟衡州郴州興國永州路耒陽州饑發廩減價賑糶宣平仁壽白登縣雹損稼傷人

畜秋七月乙卯荅即乃所部匱乏户給糧二石庚午命中書省臣議復封贈賜晉王也孫鐵木兒部鈔十萬錠詔開下番市舶之禁賜衛王阿木哥等鈔七千錠乙亥會福院越制奏旨除官敕自今舉人聽中書可否以聞申飭私鹽之禁沅陵盧溪二縣水武清縣渾河隄決淹沒民田發廩賑之八月戊子車駕至大都癸卯陞太常寺爲太常禮儀院秩正二品丁未輿寧汴梁及武安涉縣地震壞官民廬舍武安死者十四人涉縣三百二十六人台州岳州武岡常德道州等路水發廩減價賑糶九月壬戌改提點教坊司事

爲大使己巳復以鐵木迭兒爲右丞相合散爲左丞相罷陜西諸道行御史臺降儀鳳卿爲儀鳳大使肇慶武昌建德建康南康江州袁州建昌贛州杭州撫州安豐等路水發廩減價賑糶冬十月癸巳陞潁州萬户府爲中萬户府乙未敕吏人轉官止從七品在選者降等注授申飭內侍及諸司隔越中書奏請之禁敕下番商販須江淛省給牒以往歸則征稅如制私往者沒其物遣官括淮民所佃閑田不輸稅者丙申復甘肅屯田置沙瓜等處屯儲總管萬户府秩正三品乙巳置恩平王塔思不花傅二人庚戌辰星犯

東咸監察御史言乞命樞密院設法教練士卒應軍
官襲職者試以武事而後任之制曰可遣張驢經理
江南田糧十一月壬子陞司天臺爲司天監秩正三
品賜銀印乙卯改大同侍衛親軍都指揮使司爲中
都威衛使司置保安軍于麻陽縣以禦徭蠻戊辰以
通政院使蕭拜住爲中書右丞辛未以翰林學士承
旨荅失蠻知樞密院事癸酉敕吏人贓行者黥其面
大寧路地震有聲如雷戊寅鐵木迭兒言比者僚屬
及六部諸臣皆晚至早退政務廢弛今後有如此者
視其輕重杖責之臣或自惰亦令諸人陳奏帝曰如

更不悛則罷不叙以前中書右丞相禿忽魯知樞密
院事靜安路饑發糧賑之詔檢覈浙西江東江西田
稅十二月壬午汴梁南陽歸德汝寧淮安水敕禁釀
酒量加賑恤癸未賑諸王鐵木兒不花部米五千碩
禿滿部二千石辛卯禁諸王駙馬權勢之人增價鬻
鹽壬辰詔定官員士庶衣服車輿制度甲午太陰犯
輿鬼己亥敕中書省定議孔子五十三代孫當襲封
衍聖公者以名聞庚子遣官浚楊州淮安等處運河
以翰林學士承旨李孟復爲中書平章政事癸卯太
陰犯房甲辰太陰犯天江乙巳敕經界諸衛屯田汚

陽歸德汝寧安豐等處饑發米賑之
二年春正月乙卯歲星犯輿鬼戊午懷孟衛輝等處
饑發米賑之己未太白晝見癸亥太陰犯軒轅丙寅
霖雨壞渾河隄堰沒民田發卒補之禁民煉鐵發卒
浚灤州漕河丁卯太陰犯進賢戊辰晉寧等處民饑
給鈔賑之己巳置大聖壽萬安寺都總管府秩正三
品庚午立行用庫於江陰州敕以江南行臺贓罰鈔
賑恤饑民乙亥詔遣宣撫使分十二道問民疾苦黜
陟官吏並給銀印命中書省臣分領庶務禁南人典
質妻子販買爲驅御史臺臣言比年地震水旱民流

盜起皆風憲顧忌失於糾察宰臣燮理有所未至或
近侍蒙蔽賞罰失當或獄有冤濫賦役繁重以致乖
和宜與老成共議所由詔明言其事當行者以聞諸
王脫列鐵木兒部闕食以鈔七千五百錠給之益都
般陽晉寧民饑給鈔米賑之二月己卯朔會試進士
戊子太白晝見癸巳太白經天甲午詔禁民轉鬻養
子丙申賜諸王納忽荅兒金五十兩銀二百五十兩
鈔五百錠庚子詔以公哥羅古羅思監藏班藏卜爲
帝師賜玉印仍詔天下壬寅雲南王老的來朝辰沅
洞蠻吳千道爲寇敕調兵捕之乙巳賜諸王月魯鐵

木兒欽萬錠丙午太白經天是月晉寧宣德等處饑給米鈔賑之真州揚子縣火發米減價賑糶三月乙卯廷試進士賜護都沓兒張起巖等五十六人及第出身有差丙辰太陰色赤如赭庚午帝率諸王百官奉玉冊玉寶加上皇太后尊號詔天下蠲逋欠稅課丁丑以中書平章張驢爲江浙行省平章政事夏四月戊寅朔日有食之辛巳賜進士恩榮宴於翰林院癸巳敕亦思冊等部出征軍有後期及逃還者並斬以徇甲午諭晉王也孫鐵木兒以先朝所賜惠州銀礦洞歸還有司庚子太陰犯壘壁陣辛丑賜會試下

第舉人七十以上從七流官致仕六十以上府州教授餘並授山長學正後勿援例敕諸王分地仍以流官爲達魯花赤各位所辟爲副達魯花赤命李孟等類集累朝條格俟成書聞奏頒行立規運提點所秩五品置官四員廣貯庫秩七品置官三員並隸壽福院乙巳車駕幸上都宣徽院以供尚膳遣人獵於歸德敕以其擾民特罷之加授特進上卿玄教大宗師張留孫開府儀同三司丙午封諸王察八兒爲汝寧王潭州江州建昌沅州饑發廩賑糶五月戊申朔改給各道廉訪司銀印復立陝西諸道行御史臺賁赤

張小廝等招戶六千勒還民籍御史中丞王毅乞歸養親不許庚申賜公主燕海牙鈔千錠辛酉太陰犯天江乙丑秦州成紀縣山移是夜疾風電雹北山南移至夕河川次日再移平地突出土阜高者二三丈陷沒民居敕遣官覈驗賑恤庚午太白晝見立海西遼東鷹坊萬戶府隸中政院壬申諸王撒都失里薨甲戌日赤如赭加授官者中尚卿續元暉昭文館大學士乙亥日赤如赭是月發粟三百石賑諸王按鐵木兒等部貧民奉元龍興吉安南康臨江袁州撫州江州建昌贛州南安梅州辰州興國潭州岳州常德

武昌等路南豐州澧州等處饑並發廩賑糶六月辛巳察罕腦兒諸驛乏食給糧賑之甲申太白晝見是夜太陰犯平道乙未徙陝西肅政廉訪司于鳳翔戊戌趙王南忽里等部困乏給鈔俾買馬羊以濟之河決鄭州己亥置汝寧王察八兒王傅官辛丑以濟寧益都亢旱汰省宿衛士芻粟癸卯太白犯東井丙午辰星犯輿鬼緬國主遣其子脫剌合等來貢方物秋七月庚戌增興和路治中一員戊申賜宣寧王鐵木兒不花及其二弟鈔萬錠幷玉具鞍勒幣帛壬子增尚舍寺官六員爲八員雲需總管府增同知二員癸

丑復賜晉王也孫鐵木兒惠州銀鐵洞甲寅置諸王斡羅温孫王傅官四員復陳州商水鎮爲南屯縣省兩淮屯田總管府官四員併提領所入提舉司改只合赤八剌合孫總管府爲尚供府乙卯贛州土賊蔡五九聚衆作亂敕遣兵捕之敕阿宿衛户貧乏者給牛種耕具於連怯烈地屯田甲子江南湖廣道奉使温迪罕言廉訪司公田多取民租宜復舊制從之乙丑陞崇福院秩正二品癸酉賜衛王阿木哥鈔萬錠命鐵木迭兒總宣政院事詔諭中外是月畿内大雨漷州昌平香河寶坻等縣水没民田廬潭州金州永

州路茶陵州霖雨江漲没田稼出米减價賑糶八月丙戌贛州賊蔡五九陷汀州寧化縣僭稱王號詔遣江浙行省平章張驢等率兵討之己丑車駕至自上都乙未臺臣言蔡五九之變皆由昵匝馬丁經理田糧與郡縣横加酷暴逼抑至此新豐一縣撤民廬千九百區夷墓揚骨虚張頃畝流毒居民乞罷經理及冒括田租制曰可庚子改遼陽省泰州爲泰寧府壬寅增國子生百員歲貢伴讀四員詔江浙行省印農桑輯要萬部頒降有司遵守勸課旌表貴州達魯花赤相兀孫妻脱脱真死節仍俾樹碑任所九月丁未

張驢以括田逼死九人敕吏部尚書王居仁等鞫之己酉太陰犯房甲寅日色如赭辛酉太白犯左執法壬戌蔡五九衆潰伏誅餘黨悉平敕賞軍士討捕功并官其死事者子孫己巳徙曲尤倉於赤斤之地賜諸王别鐵木兒永昌路及西凉州田租冬十月丙子朔客星見太微垣丁丑封脱火赤爲威寧郡王賜金印忽兒赤鐵木兒不花爲趙國公庚辰以淮西廉訪使郭貫爲中書參知政事壬午有事于太廟給雲南廉訪司公田乙未陞同知樞密院事鐵木兒脱知樞密院事授白雲宗主沈明仁榮禄大夫司空丁酉加

授鐵木迭兒太師癸卯八百媳婦蠻遣使獻馴象二賜以幣帛十一月丙午客星變爲彗犯紫微垣歷軫至壁十五宿明年二月庚寅乃滅辛未以星變赦天下减免各路差税有差甲戌封和世球爲周王賜金印左丞相合散等言彗星之異由臣等不才所致願避賢路帝曰此朕之愆豈卿等所致其復乃職苟政有過差勿憚於改凡可以安百姓者當悉言之庶上下交修天變可弭也十二月戊寅賜雲南行省參政汪長安虎符領軍政庚寅增置平江路行用庫癸巳給鈔買羊馬賑北邊諸軍命省臣定擬封贈通例俾

高下適宜以閘旌表汀州寧化縣民賴祿孫孝行
三年春正月乙巳漢陽路饑出米賑之特授普實赤
八剌合孫達魯花赤脫歡金紫光祿大夫太尉仍給
印丙午封前中書左丞相忽魯荅兒壽國公增置晉
王部斷事官四員都水太監二員省卿一員以真定
保定荐饑禁畋獵改直沽爲海津鎮辛酉陞同知樞
密院事買閭知院事壬戌賜上都開元寺江淛田二
百頃華嚴寺百頃賜趙王阿魯禿部鈔二萬錠二月
丁丑調海口屯儲漢軍千人隸臨清運糧萬户府以
供轉漕給鈔二千錠戊寅命湖廣行省諭安南歸占

城國主置安遠王醜漢王傳河閒濟南濱棣等處饑
給糧兩月三月辛亥特授高麗王世子王暠開府儀
同三司瀋王加授將作院使呂天麟大司徒甲寅敕
蕭拜住及陝西四川省臣各一員護送周王之雲南
置周王常侍府秩正二品設常侍七員中尉四員諮
議記室各二員置打捕鷹坊民匠總管府設官六員
斷事官八員延福司飲饍署官各六員並隸周王常
侍府辛酉陞太史院秩正二品癸亥車駕幸上都壬
申鷹坊孛羅等擾民於大同敕拘還所奉璽書禁天
下春時畋獵夏四月癸酉朔賜皇姊大長公主鈔五

千錠幣帛二百匹河南流民羣聚渡江所過擾害命
行臺廉訪司以見貯贓鈔賑之橫州徭蠻爲寇命湖
廣省發兵討捕壬午諭中書省歲給衛王阿木哥鈔
萬錠敕衛輝昌平守臣修殷比干唐狄仁傑祠歲時
致祭戊子陞印經提舉司爲廣福監己丑陞會福院
秩正二品癸巳賜安遠王醜漢金各五百兩鈔千錠
幣帛二十匹己亥增置周王斷事官二員以淮東廉
訪司僉事苗好謙善課民農桑賜衣一襲庚子以上
都留守憨剌合兒知樞密院事陞殊祥院秩正二品
命中書省與御史臺翰林集賢院集議封贈通制著

爲令遼陽蓋州及南豐州饑發廩賑之五月甲辰至
戊申日赤如赭辛亥以江西行省右丞相斡赤爲大
司徒庚申以大都留守伯鐵木兒爲中書平章政事
陞中書右丞蕭拜住爲平章政事左丞阿卜海牙爲
右丞參政郭貫爲左丞參議不花爲參知政事庚午
置甘肅儒學提舉司遼陽金銀鐵冶提舉司秩並從
五品賜諸王迭里哥兒不花等金三百五十兩銀一
千二百兩鈔三千二百錠幣帛有差潭永寶慶桂陽
澧道衮等路饑發米賑糶六月乙亥制封孟軻父爲
邾國公母爲邾國宣獻夫人改諸王功臣分地郡邑

同知縣丞爲副達魯花赤中下縣及録事司增置副達魯花赤一員丙子融賓柳州徭蠻叛命湖廣行省遣官督兵捕之丁丑敕大辟罪臨刑敢有横加刲割者以重罪論凡鞫囚非强盗毋加酷刑戊寅吴王朶列納等部乏食賑粮兩月己卯詔諭百司各勤其職毋墮廢大政甲申給安遠王醜漢分樞密院印丁亥封床兀兒爲句容郡王丁酉賜周王從衛鈔四十萬錠河决汴梁没民居遼陽之蓋州饑並發糧賑之秋七月壬子命御史大夫伯忽脫歡荅剌罕極治臺綱仍降詔宣諭中外乙卯封玉龍鐵木兒爲保恩王賜

金印辛酉賜普慶寺益都田百七十頃丙寅復以燕鐵木兒知樞密院事庚午發高麗女直漢軍千五百人於濵州遼河慶雲趙州屯田八月癸酉以兵部尚書乞塔爲中書參知政事己卯車駕至自上都戊戌置織佛像工匠提調所秩七品設官二員九月辛丑復五條河屯田以中書左丞郭貫爲集賢大學士集賢大學士王毅爲中書左丞庚戌割上都宣德府奉聖州懷來縉山二縣隸大都路改縉山縣爲龍慶州帝生是縣特命改焉癸丑太白晝見己未冀寧晉寧路地震丙寅太白經天冬十月辛未以江南行臺侍御史高昉爲中書參知政事壬申有事于太廟調四川軍二千人雲南軍三千人烏蒙等處屯田置總管萬户府秩正三品設官四員隸雲南省壬午河南路地震甲申太白犯斗庚寅敕五臺靈鷲寺置鐵冶提舉司乙未賜幽王南忽里部鈔四萬錠丁酉修甘州城申禁民有父在者不得私貸人錢及鬻墓木甘州肅州等路饑免田租十一月壬寅命監察御史監治嶺北鈎校錢糧半歲更代大萬寧寺住持僧米普雲濟以所佩國公印移文有司紊亂官政敕禁止之乙巳增集寧砂井浄州路同知府判提控案牘各一員

乙卯改舊運糧提舉司爲大都陸運提舉司新運糧提舉司爲京畿運糧提舉司澧州路安撫司爲安定軍民府十二月庚午以知樞密院事秃忽魯爲陝西行省左丞相壬午授嗣漢三十九代天師張嗣成太玄輔化體仁應道大真人主領三山符籙掌江南道教事丁亥立皇子碩德八剌爲皇太子兼中書令樞密使授以金寶告天地宗廟陛同知樞密院事床兀兒知樞密院事諸王按灰部乏食給米三千一百八十六石濟之

本紀卷第二十五

翰林學士亞中大夫知制誥兼修國史臣宋濂 翰林待制承直郎同知制誥兼國史院編修官臣王禕 等奉

勅修

仁宗三

四年春正月庚子帝謂左右曰中書比奏百姓乏食宜加賑恤朕默思之民飢若此豈政有過差以致然歟向詔百司務遵世祖成憲宜勉力奉行輔朕不逮然嘗思之唯省刑薄賦庶使百姓各遂其生也乙卯諸王脫脫駐雲南擾害軍民以按灰代之丙辰以知樞密院事完者爲雲南行省平章政事己未給帝師

寺廩食鈔萬錠壬戌輿寧路地震戊辰給諸王也速也不干明安荅兒部糧三月閏月庚辰封諸王孛羅爲冀王丙戌以立皇太子詔天下給賜鰥寡孤獨鈔减免各路租稅有差賜諸王宗戚朝會者金三百兩銀二千五百兩鈔四萬三千九百錠辛卯封別鐵木兒爲汾陽王壬辰給豳王南忽里部鈔十二萬錠買馬汴梁揚州河南淮安重慶順慶襄陽民皆飢發廩賑之二月庚子賜諸王買閭部鈔三萬錠甲辰敕郡縣各社復置義倉戊申特授近侍完者不花翰林侍讀學士知制誥同修國史癸亥陞泰寧府爲泰寧路仍置泰寧縣乙丑陞蒙古國子監秩正三品賜銀印丙寅以諸王部值脫火赤之亂百姓貧乏給鈔十六萬六千錠米萬石賑之曹州水免今年租三月丁卯朔陞靖州爲路庚午給趙王阿魯禿部糧四千石乙酉太陰犯箕辛卯車駕幸上都夏四月戊戌給安王兀都思不花部軍糧三月己亥德安府旱免屯田租壬寅加授太常禮儀院使拜住大司徒賜趙王阿魯禿金五十兩銀五百兩鈔千錠割懷來縣隷龍慶州甲辰以太寧路隷遼陽省戊申荅合孫寇邊吳王朶列納等敗之于和懷賜金玉束帶黃金幣帛有差己

未諸王紐憐薨乙丑禁嶺北酒帝嘗夜坐謂侍臣曰雨暘不時柰何蕭拜住對曰宰相之過也帝曰卿不在中書耶拜住惶愧頃之帝露香默禱既而大雨左右以雨衣進帝曰朕爲民祈雨何避爲翰林學士承旨忽都魯都兒迷失劉賡等譯大學衍義以進帝覽之謂群臣曰大學衍義議論甚嘉其令翰林學士阿憐鐵木兒譯以國語五月辛未授上都留守闊闊出開府儀同三司大司徒壬申賜出征諸王醜漢等金銀鈔幣有差乙亥加封大長公主忙哥台爲皇姑大長公主給金印戊寅改衛率府爲中翊府壬午黃州

高郵真州建寧等處流民群聚持兵抄掠敕所在有司其傷人及盗者罪之餘並給糧遣歸以翰林學士承旨赤因鐵木兒爲中書平章政事中書平章兀伯都剌爲集賢大學士己丑陞中書左丞阿卜海牙爲平章政事參政乞塔爲右丞高昉爲左丞參議中書省事換住張思明並參知政事六月乙巳太陰犯心内外監察御史四十餘人劾鐵木迭兒姦貪不法戊申鐵木迭兒罷以左丞相合散爲中書右丞相己酉兀伯都剌復爲中書平章政事壬子以工部尚書王桂爲中書參知政事安遠王醜漢趙王阿當兎爲叛

王脫火赤所掠各賜金銀幣帛丙辰敕諸王駙馬功臣分地仍舊制自辟達魯花赤丁巳安南國遣使來貢戊午置冀王孛羅王傅二員中尉司馬各一員都總管府秩正三品己未給嶺北行省經費鈔九十萬錠雜綵五萬匹癸亥禁總攝沈明仁所佩司空印毋移文有司秋七月乙亥李孟罷以江浙行省左丞王毅爲中書平章政事庚辰賜皇姑大長公主忙哥台金百兩銀千兩鈔二千錠幣帛各百匹賞討叛王有功句容郡王床兀兒等金銀幣帛鈔各有差壬午敕赤因鐵木兒頒賚諸王駙馬及賑濟所部貧乏特授

中衛親軍都指揮使孛蘭奚太尉己丑成紀縣山崩土石潰徙壞田稼廬舍壓死居民辛卯冀寧路地震帝諭省臣曰比聞蒙古諸部困乏往往鬻子女於民家爲婢僕其命有司贖之還各部帝出見衛士有弊衣者駐馬問之對曰戍守邊鎮餘十五年以故貧耳帝曰此輩久勞于外留守臣未常以聞非朕親見何由知之自今有類此者必言於朕因命賜之錢帛八月丙申車駕至自上都熒惑犯輿鬼壬子太陰犯昴庚申合散奏事畢帝問曰卿等日所行者何事合散對曰臣等第奉行詔旨而已帝曰卿等何嘗奉行朕

旨雖祖宗遺訓朝廷法令皆不遵守夫法者所以辨上下定民志自古及今未有法不立而天下治者使人君制法宰相能守而勿失則下民知所畏避綱紀可正風俗可厚其或法弛民慢怨言並興欲求治安豈不難哉九月丙寅合散言故事丞相必用蒙古勲臣合散回回人不厭人望遂懇辭制以宣徽使伯荅沙爲中書右丞相合散爲左丞相己巳大都南城産嘉禾一莖十一穗庚午太陰犯斗壬辰詔戒飭海漕諭諸司毋得沮撓嶺北地震三日冬十月甲午朔有事于太廟戊戌給諸王晃火鐵木兒等部糧五千石

壬寅敕刑部尚書舉林栢監大都兵馬司防遏盜賊仍嚴飭軍校制其出入遣御史大夫伯忽參知政事王桂祭陝西嶽鎮名山賑恤秦州被災之民己酉監察御史言官吏丁憂起復人情驚駭請禁止以絶僥倖惟朝廷耆舊特旨起復者不在禁例制曰可給兩淮屯田總管府職田壬子給鈔五萬錠糧五萬石賑察罕腦兒戊午海外婆羅公之民往貿海畨遇風濤存者十四人漂至温州永嘉縣敕江浙省資遣還鄉改潮州路所統梅州隷廣東道宣慰司十一月己卯復浚揚州運河己丑併汧源縣入隴州壬辰諭諸宿

衛入直各居其次非有旨不得上殿闌入禁中者坐罪大臣許從二人他官一人門者譏其出入十二月丁酉復廣州採金銀珠子都提舉司秩正四品官三員乙巳置詹事院從一品太子詹事四員副詹事詹事丞並二員家令府延慶司設官並四員典寶監八員遣官即興和路及淨州發廩賑給北方流民己酉盧溝橋澤畔店琉璃河並置巡檢司壬子置安王王傅丁巳賜諸王禿滿鐵木兒等及駙馬忽剌兀帶各部金一千二百兩銀七千七百兩鈔一萬七千七百錠幣帛二千匹以内宰領延福司事禿滿迭兒知樞

密院事特授晉王内史按攤出金紫光祿大夫魯國公辛酉改怯憐口民匠總管府爲繕用司

五年春正月辛未賜諸王禿滿鐵木兒等所部鈔四萬錠甲戌懿州地震丙子安南國遣其臣尹世才等以方物來貢乙酉敕諸王位下民在大都者與民均役丁亥會試進士湖廣平章買住加魯國公大司農賑晉王也孫鐵木兒等部貧乏者二月癸巳朔日有食之和寧路地震丁酉敕廣寧開元等萬户府軍入侍衛有兄弟子姪五人者三人留四人三人者二人留著爲籍秦州秦安縣山崩封諸王晃火鐵木兒爲

嘉王禿滿鐵木兒爲武平王並賜印丁未敕雲南四川歸還所侵順元宣撫司民地戊申陞内史府秩正二品建鹿頂殿于文德殿後辛亥敕杭州守臣春秋祭淮安忠武王伯顏祠王子諸王荅失蠻部乏食敕甘肅行省給糧賑之賜諸王察吉兒鈔萬錠甲寅置寧昌府乙卯命中書省汰不急之役增置河東宣慰司副使一員敕上都諸寺權豪商販貨物並輸稅課戊午以者連怯耶兒萬户府爲右衛率府給書西天字維摩經金三千兩庚申罷封贈賞討叛王脫火赤戰功賜諸王部察罕等金銀幣鈔有差三月戊辰御

試進士賜忽都達兒霍希賢以下五十人及第出身有差己巳賜寧海王八都兒金印庚午立諸王斡羅溫孫部打捕鷹坊諸色人匠怯憐口總管府秩從四品改靜安路爲德寧路靜安縣爲德寧縣癸酉晉王也孫鐵木兒部貧乏賑米四千一百五十石仍賜鈔二萬錠買牛羊孳畜乙亥增給兩淮運司分司印一特授安遠王醜漢開府儀同三司録軍國重事知樞密院事戊寅以湖州路爲安王兀都思不花分地其戶數視衞王阿木哥癸未和寧淨州路禁酒賜鈔萬錠命晉王也孫鐵木兒賑濟遼東貧民晉王內史拾

得闍加榮祿大夫封桓國公給金九百兩銀百五十兩書金字藏經甲申免輦昌等處經賑濟者差稅鹽課乙酉御史臺臣言諸司近侍隔越中書聞奏者請如舊制論罪制曰可己丑敕以紅城屯田米賑淨州平地等處流民置汾陽王別鐵木兒王傅四員賜醜驢荅剌罕平江路田百頃夏四月壬辰安吉王乞台普濟薨丁酉諸王雍吉剌部乏食賑米三千石己亥眈羅捕獵戶成金等爲寇敕征東行省督兵捕之庚子賜諸王察吉兒部鈔萬錠布帛稱是給中翊府闊臺順州屯田鈔萬錠置牛種農具庚戌敕安遠王醜

漢分地隸濟寧者七縣汀州者三縣達魯花赤聽其自辟陞印經提舉司爲延福監秩正三品遣官分汰各部流民給糧賑濟免懷孟河南南陽居民所輸陝西鹽課是時解州鹽池爲水所壞命懷孟等處食陝西紅鹽後以地遠改食滄鹽而仍輸課陝西民不堪命故免之木鄰鐵里干驛困乏濟以馬五千匹遼陽飢海漕糧十萬石於義錦州以賑貧民甲寅樞密院臣言各省調度軍馬惟長官二人領其事今四川省諸臣皆預非便請如舊制從之以千奴史弼並爲中書平章政事侍御史敬儼爲中書參知政事戊午車

駕幸上都五月辛酉朔順元等處軍民宣撫使阿晝以洞蠻酋黑冲子子昌奉方物來覲丁卯賜安王兀都思不花金五百兩銀五千兩以御史中丞亦列赤爲中書右丞相戊辰遣平章政事王毅禜星于司天臺三晝夜諸王按塔木兒不顏鐵木兒部乏食賑糧兩月壬申監察御史言比年名爵冒濫太尉司徒國公接跡于朝昔奉詔裁罷中外莫不欣悅近聞禮部奉旨鑄太尉司徒司空等印二十有六此輩無功於國載在史冊貽笑將來請自今門閥貴重勳業昭著者存留一二餘並革去制曰可癸酉遣官分道減決

笞以下罪己卯德慶路地震鞏昌隴西縣大雨南土山崩壓死居民給糧賑之六月辛卯御史臺臣言昔遣張驢等經理江浙江西河南田糧虛增糧數流毒生民已嘗奉旨俟三年徵租今及其斯若江浙江西當如例輸之其河南請視鄉例減半徵之制曰可癸巳以典瑞院使幹赤爲集賢大學士領典瑞院事大司徒己亥北地諸部軍士乏食給糧賑之庚子遣阿尼八都兒只兒海分汰淨州北地流民其隸四宿衛及諸王駙馬者給資糧遣還各部癸卯賜諸王桑哥班金束帶一銀百兩鈔五百錠乙巳術者趙子玉等

七人伏誅時衛王阿木哥以罪貶高麗子玉言於王府司馬曹脫不台等曰阿木哥名應圖讖於是潛謀備兵器衣甲旗鼓航海徃高麗取阿木哥至大都俟時而發行次利津縣事覺誅之西番土寇作亂敕甘肅省調兵捕之丁己賜安王兀都思不花等金束帶及金二百兩銀一千五十兩鈔二千二百錠幣帛二百八十匹秋七月己未朔李邦寧加開府儀同三司癸亥賜諸王八里帶等金二百兩銀八百五十兩鈔二千錠幣帛二百匹甲子給欽察衛爲羊價鈔一十四萬五千九百九十二錠丙寅調軍五千烏蒙等處

屯田置總管萬戶府秩正三品給銀印丁卯給鈔二十萬錠糧萬石命晉王分賚所部宿衛士壬申御史中丞趙簡言皇太子春秋鼎盛宜選耆儒敷陳道義今李銓侍東宮說書未諳經史請別求碩學分進講讀實宗社無疆之福制曰可諸王不里牙敦之叛諸王也舍失列吉及衛士朶帶伯都坐持兩端不助官軍進討敕流也舍江西失列吉湖廣朶帶衡州伯都潭州癸酉拘衛王阿木哥王傅印置饟廪司秩正八品隸上都留守司豐州石泉店置巡檢司賜諸王別失帖木兒等金銀幷賑其部米萬石鈔萬錠己卯諸

王雍吉剌帶曲春鐵木兒來朝賜金二百兩銀一千兩鈔五千錠幣帛一百匹仍給鈔萬錠米萬石分賚其所部辛巳立受給庫秩九品隸工部壬午罷河南省左丞陳英等所括民田止如舊例輸稅戊子鞏昌路寧遠縣山崩加封楚三閭大夫屈原爲忠節清烈公八月癸亥大司農買住等進司農丞苗好謙所撰栽桑圖說帝曰農桑衣食之本此圖甚善命刊印千帙散之民間丙寅廣西兩江龍州萬戶趙清臣太平路總管李興隆率土官黃法扶何凱並以方物來貢

賜以幣帛有差𡉚王南忽里等部貧乏命甘肅省市
馬萬匹給之丁卯中書右丞宣徽使亦列赤爲中書
平章政事左丞高昉爲右丞參知政事換住爲左丞
吏部尚書燕只干爲參知政事壬申以鈔給北邊軍
爲馬價甲戌以作佛事釋重囚三人輕囚五十三人
己卯以江浙省所印大學衍義五十部賜朝臣辛巳
置大永福寺都總管府秩三品壬午敕軍官犯罪行
省咨樞密院議擬毋擅決遣丙戌以僉太常禮儀院
事狗兒爲中書參知政事丁亥立行宣政院于杭州
設官八員大同路金城縣大雨雹冬十月己丑以大

寧路隸遼陽省宣德府隸大都路敕僧人除宋舊有
及朝廷撥賜土田免租稅餘田與民一體科徵播州
南寧長官洛麼作亂思州守臣換住哥招諭之洛麼
遣人以方物來覲罷膠萊莒密鹽使司復立濤洛場
辛卯禁大同冀寧晋寧等路釀酒壬辰建帝師巴思
八殿於大興教寺給鈔萬錠癸巳改中翊府爲羽林
親軍都指揮使司甲午有事于太廟癸丑贑州路雩
都縣里胥劉景周以有司徵括田新租聚衆作亂敕
免徵新租招諭之十一月辛酉開成莊浪等處禁酒
壬戌改黃花嶺屯儲軍民總管府爲屯儲總管府設

官四員山後民飢增海漕四十萬石增置大都南北
兩兵馬司指揮使色目漢人各二員給分司印二丁
卯用監察御史乃蠻帶等言追奪建康冨民王訓等
白身濫受宣敕仍禁冒籍貫宿衛及巧受遠方職官
不赴任求別調者隱匿不自首者罪之己巳陞同知
樞密院事忠嘉知樞密院事丙子集賢大學士太保
曲出言唐陸淳著春秋纂例辨疑微旨三書有益後
學請令江西行省鋟梓以廣其傳從之癸未敕江西
茶運司歲課以二十五萬錠爲額敕大永福寺創殿
安奉順宗皇帝御容十二月壬辰特授集賢大學士

脫列大司徒辛亥置重慶路江津巴縣等處屯田省
成都歲漕萬二千石甲寅敕樞密院覈實蒙古軍貧
乏者存卹五年

六年春正月丁巳朔暹國遣使奉表來貢方物丁卯
敕福建兩廣雲南甘肅四川軍官致仕還家官給驛
傳如民官例戊辰賑晋王部貧民癸酉特授同知徽
政院事醜驢荅剌罕金紫光祿大夫太尉給銀印甲
戌監察御史孛术魯翀等言皇太子位正東宮既立
詹事院以總家政宜擇年德老成道義崇重者爲師
保賓贊俾盡心輔導以廣緝熈之學制曰可戊寅太

陰犯心己卯熒星于司天臺廣東南恩新州徭賊龍郎庚等爲寇命江西行省發兵捕之帝御嘉禧殿謂扎魯忽赤買閭曰扎魯忽赤人命所繫其詳閱獄辭事無大小必謀諸同僚疑不能决者與省臺臣集議以聞又顧謂侍臣曰卿等以朕居帝位爲安邪朕惟太祖創業艱難世祖混一疆宇兢業守成恒懼不能當天心繩祖武使萬方百姓樂得其所朕念慮在兹卿等固不知也二月丁亥朔日有食之改釋奠于中丁祀社稷于中戊熒星于回回司天臺丁酉雲南闍里愛俄永昌蒲蠻阿八剌等並爲寇命雲南省從宜

勦捕戊戌改陝西轉運鹽使司爲河東陝西都轉運鹽使司直隸省部己亥太陰犯靈臺乙巳敕諸司不由中書奏官輙署事者悉罷之特授僧從吉祥榮祿大夫大司空加榮祿大夫大司徒僧文吉祥開府儀同三司三月丁巳以天壽節釋重囚一人乙未給鈔賑濟上都西番諸驛辛酉斡端地有叛者入寇遣鎮西武靖王搠思班率兵討之詔以御史中丞秃秃合爲御史大夫諭之曰御史大夫職任至重以卿勳舊之裔故特授汝當思乃祖乃父忠勤王室仍以古名臣爲法否則將墜汝家聲負朕委任之意矣丙寅改

懷孟路爲懷慶路特授翰林學士承旨八兒思不花開府儀同三司大司徒己巳太陰犯明堂敕諸王駙馬宗姻諸事依舊制領於內八府官勿徑移文中書封諸王月魯鐵木兒爲恩王給印置王傅官免大都上都興和大同今歲租稅癸酉太陰犯日星甲戌太陰犯心壬午賜大興教寺僧齋食鈔二萬錠禁甘肅行省所屬郡縣釀酒夏四月壬辰中書省臣言雲南土官病故子姪兄弟襲之無則妻承夫職遠方蠻夷頑獷難制必任土人可以集事今或闕員宜從本俗權職以行制曰可丙辰命京師諸司官吏運糧輸上

都興和賑濟蒙古飢民庚子車駕幸上都以鐵木迭兒爲太子太師內外監察御史四十餘人劾其逞私蠧政難居師保之任不聽諸王合贊薨丙午命宣政院賑給西番諸驛壬子伯顏鐵木兒部貧乏給鈔賑之五月辛酉太陰犯靈臺丁卯太陰犯房丙子太陰犯壘壁陣加安南國王陳益稷儀同三司六月戊子以莊浪巡檢司爲莊浪縣移巡檢司於比卜渡癸巳以米五千石賑大長公主所隸貧民甲午改繕珍司爲徽儀使司秩二品己亥歲星犯東咸辛丑置河南田賦總管府隸內史府設達魯花赤總管同知各一

負副總管二員秩從三品戊申置勇校署以角觝者隸之庚戌大同縣雨雹大如雞卵詔以馳馬牛羊分給朔方蒙古民戍守邊徼者俾牧養蕃息以自贍仍命議與屯田壬子賜大乾元寺鈔萬錠俾營子錢供繕修之費仍陞其提點所爲總管府給銀印秩正三品給鈔四十萬錠賑合剌赤部貧民三十萬錠賑諸位怯憐口被災者諸有俸祿及能自贍者勿給癸丑以羽林親軍萬人隸東宮丙子陞廣惠司秩正三品掌回回醫藥丁丑以濟寧等路水遣官閱視其民乏食者賑之仍禁酒開河泊禁聽民採食晉陽西涼鈞

等州楊翟新鄭密等縣大雨雹汴梁益都般陽濟南東昌東平濟寧泰安高唐濮州淮安諸處大水秋七月丙辰緬國趙欽撒以方物來覲來安路總管岑世興叛據唐興州賜璽書招諭之諸王闊慳堅部貧乏給糧賑之壬戌太陰犯心以者連怯耶兒萬戶府軍萬人隸東宮置右衞率府秩正三品丁卯詔諭江西官吏豪民毋沮撓茶課甲戌皇姊大長公主祥哥剌吉作佛事釋全寧府重囚二十七人敕按問全寧守臣阿從不法仍追所釋囚還獄命分簡奴兒干流囚罪稍輕者屯田肇州乙亥通州漷州增置三倉丙子

太白犯太微垣右執法增置上都巡警院開平縣官各二員己卯晉王也孫鐵木兒所部民經剽掠災傷爲盜者衆敕扎魯忽赤囊加帶往與晉王內史審録罪囚重者就啓晉王誅之當流配者加等杖之庚辰賜木憐麥該兩驛鈔一萬二千一百二十錠俾市馬給驛辛巳賜左右鷹坊及合剌赤等貧乏者鈔一十四萬錠八月甲申以河東山西道宣慰使張思明爲中書參知政事乙酉熒惑犯輿鬼甲午以授皇太子玉冊告祭于南郊庚子車駕至自上都丁未告祭于太廟是月伏羌縣山崩閏八月丙辰辰星犯太微垣

右執法賜嘉王晃火鐵木兒部羊十萬馬萬匹庚申增置興和路既備倉秩正八品陞廣盈庫從八品癸亥熒惑犯軒轅甲子太陰犯壘壁陣浚會通河壬申以太傅御史大夫伯忽爲太師癸酉敕河東山西道宣慰司官給俸同隨朝教諸司有受命不之官及避繁劇託故去職者奪其宣敕乙亥太白犯東咸併永興縣入奉聖州九月甲申以徽政使朶帶爲太傅陞參議中書省事欽察爲參知政事辛卯鐵里干等二十八驛被災給鈔賑之壬辰禜星于司天臺癸巳以作佛事釋大辟囚七人流以下四六人戊戌增海漕

十萬石置雲南縣隸雲內州以故昌州寶山縣置寶昌州隸興和路庚子併順德廣平兩鐵冶提舉司爲順德廣平彰德等處鐵冶提舉司癸卯御史臺臣言比者官以倖求罪以賂免乞凡內外官非勳舊有資望者不許驟陞諸犯贓罪已款伏及當鞫而幸免者悉付元問官以竟其罪其貪汚受刑奪職不叙者夤緣近侍出入內庭覬倖名爵宜斥逐之帝皆納其言詔諭四宿衛嘗受刑者勿令造禁庭山東諸路禁酒浚鎮江練湖發粟賑濟寧東平東昌高唐德州濟南益都般陽揚州等路飢十月甲寅省都功德使四員

止存六員乙卯東平濟寧路水陸十五驛乏食戶給麥十石中書省臣言白雲宗總攝沈明仁強奪民田二萬頃誑誘愚俗十萬人私賂近侍妄受名爵已奉旨追奪請汰其徒還所奪民田其諸不法事宜令覈問有旨朕知沈明仁姦惡其嚴鞫之戊午遣中書右丞相伯荅沙持節授皇太子玉冊辛酉以扎魯忽赤鐵木兒不花爲御史大夫癸亥熒惑犯太微垣左執法上都民飢發官粟萬石減價賑糶置兩浙鹽倉六所秩從八品官二員惟杭州嘉興二倉設官三員秩從七品鹽場三十四所場設監運一員正八品罷檢

校所乙丑太陰犯昴丁卯賑北方諸驛戊辰太陰犯東井庚午太白晝見辛未太陰犯軒轅丙子以皇太子受玉冊詔天下己卯浚通惠河增河東陝西鹽運司判官一員給分司印二置提領所二秩從八品官各二員鹽場二增管勾各二員罷漉鹽戶提領二十人濟南濱棣州章丘等縣水免其田租十一月辛卯熒惑犯進賢木邦路帶邦爲寇敕雲南省招捕之乙巳以秘書卿苫思丁爲大司徒庚子敕晉王部貧民二千居稱海屯田增京畿漕運司同知副使各一員給分司印中書省臣言曩賜諸王阿只吉鈔三萬錠

使營子錢以給畋獵廩膳毋取諸民今其部阿魯忽等出獵恣索於民且爲姦事宜令宗正府刑部訊鞫之以正典刑制曰可禁民匿蒙古軍亡奴帝諭臺臣曰有國家者以民爲本比聞百姓疾苦銜寃者衆其令監察御史廉訪司審察以聞河間民飢發粟賑之十二月壬戌命皇太子參决國政封宋儒周惇頤爲道國公甲子遣宗正府扎魯忽赤二員審决興和平地等處獄囚省雲南大理大小徹里等地同知相副官及儒學蒙古教授等官百二十四員丙寅太陰犯軒轅己巳復吏人出身舊制其犯贓者止從七品免

大都上都興和延祐七年差稅河西塔塔剌地置屯田立軍民萬戶府壬申太陰犯心平章政事王毅以親老辭職從之仍賜其父幣帛癸酉是夜風雪甚寒帝謂侍臣曰朕與卿等居暖室宗戚昆弟遠戍邊陲曷勝其苦歲賜錢帛可不徧及耶敕上都大都冬夏設食于路以食飢者

七年春正月辛巳朔日有食之帝齋居損膳輟朝賀壬午御史臺臣言比賜不兒罕丁山場完者不花海船稅會計其鈔皆數十萬錠諸王軍民貧乏者所賜未嘗若是苟不撙節漸致帑藏虛竭民益困矣中書

省臣進曰臺臣所言良是若非振理朝綱法度愈壞臣等乞賜罷黜選任賢者帝曰卿等不必言其各共乃事癸未帝御大明殿受諸王百官朝賀辛卯江浙行省丞相黑驢言白雲僧沈明仁擅度僧四千八百餘人獲鈔四萬餘錠既已辭伏令遣其徒沈崇勝潛赴京師行賄求援請逮赴江浙併治其罪從之乙未太陰犯明堂上星丁亥帝不豫辛丑帝崩于光天宮壽三十有六在位十年癸卯葬起輦谷從諸帝陵五月乙未羣臣上謚曰聖文欽孝皇帝廟號仁宗國語曰普顏篤皇帝仁宗天性慈孝聰明恭儉通達儒術妙悟釋典嘗曰明心見性佛教爲深脩身治國儒道爲切又曰儒者可尚以能維持三綱五常之道也平居服御質素澹然無欲不事遊畋不喜征伐不崇貨利事皇太后終身不違顏色待宗戚勳舊始終以禮大臣親老時加恩賚太官進膳必分賜貴近有司奏大辟每慘惻移時其孜孜爲治一遵世祖之成憲云

本紀卷第二十六

本紀卷第二十七　　元史二十七

翰林學士亞中大夫知制誥兼修國史臣宋濂　翰林待制承直郎兼國史院編修官臣王褘等奉

敕修

英宗一

英宗睿聖文孝皇帝諱碩德八剌仁宗嫡子也母莊懿慈聖皇后弘吉剌氏以大德七年二月甲子生仁宗欲立爲太子帝入謁太后固辭曰臣幼無能且有兄在宜立兄以臣輔之太后不許延祐三年十二月丁亥立爲皇太子授金寶開府置官屬監察御史段輔太子詹事郭貫等首請近賢人擇師傅帝嘉納之

六年十月戊午受玉冊詔命百司庶務必先啓太子然後奏聞帝謂中書省臣曰至尊委我以天下事日夜寅畏惟恐弗堪卿等亦當洗心滌慮恪勤乃職勿有隳壞以貽君父憂七年春正月戊戌仁宗不豫帝憂形于色夜則焚香泣曰至尊以仁慈御天下庶績順成四海清晏今天降大厲不如罰殛我身使至尊永爲民主辛丑仁宗崩帝哀毁過禮素服寢于地日歠一粥癸卯太陰犯斗甲辰太子太師鐵木迭兒以太后命爲右丞相丙午遣使分讞內外刑獄戊申賑通漷二州蒙古貧民汰知樞密院事四員禁巫祝日者交通宗戚大官二月壬午罷造永福寺賑大同豐州諸驛饑以江浙行省左丞相黑驢爲中書平章政事丁巳修佛事戊午祭社稷建御容殿于永福寺汰富民竄名宿衛者給役蒙古諸驛己未命儲糧于宣德開平和林諸倉以備賑貸供億復以都水監隸中書辛丑太陰犯軒轅御女平章政事赤斤鐵木兒御史大夫脫歡罷爲集賢大學士壬戌太陰犯靈臺甲子鐵木迭兒阿散請捕逮四川行省平章政事趙世延赴京叅議中書省事乞失監坐鬻官刑部以法當杖太后命笞之帝曰不可法者天下之公徇私而輕

重之非示天下以公也卒正其罪丙寅以陝西行省平章政事趙世榮爲中書平章政事江西行省右丞木八剌爲中書右丞叅知政事張思明爲中書左丞中書左丞換住罷爲嶺北行省右丞丁卯太陰犯日星白雲宗攝沈明仁爲不法坐罪詔籍江南冒爲白雲僧者爲民己巳修鎮雷佛事于京城四門罷上都乾元寺規運總管府庚午太陰犯斗辛未括民間係官山場河泊窰冶廬舍壬申召陝西行臺御史大夫吾失鐵木兒赴闕以遼陽大同上都甘肅官牧羊馬牛駞給朔方民戶仍給曠地屯種癸酉括勘崇祥院

地其冐以官地獻者追其直以民地獻者歸其主决
開平重囚丙子定京城環衛更番法准五衛漢軍歲
例丁丑奪前中書平章政事李孟所受秦國公制命
仍仆其先墓碑戊寅中書平章政事兀伯都剌罷爲
甘肅行省平章政事阿禮海牙罷爲湖廣行省平章
政事鐵木迭兒以前御史中丞楊朶兒只中書平章
政事蕭拜住違太后旨矯命殺之並籍其家徽政院
使失列門以太后命請更朝官帝曰此豈除官時耶
且先帝舊臣豈宜輕動俟予即位議于宗親元老賢
者任之邪者黜之可也司農卿完者不花言先帝以

土田頒賜諸臣者宜悉歸之官帝問曰所賜爲誰對
曰左丞相阿散所得爲多帝曰予常諭卿等當以公
心輔弼卿於先朝嘗請海舶之稅以阿散奏而止令
卿所言乃復私憾耳非公議也豈輔弼之道耶遂出
完者不花爲湖南宣慰使奪僧輦真吃剌思等所受
司徒國公制仍銷其印三月辛巳以中書禮部領教
坊司壬午賑陳州嘉定州饑爪哇遣使入貢戊子太
陰犯酒旗上星熒惑犯進賢徵諸王駙馬流竄者給
侍從遣就分邑庚寅帝即位詔曰洪惟太祖皇帝膺
期撫運肇開帝業世祖皇帝神機睿略統一四海以

聖繼聖迨我先皇帝至仁厚德涵濡群生君臨萬國
十年于茲以社稷之遠圖定天下之大本叶謀宗親
授予冊寶方春宮之與政遽昭考之賓天諸王貴戚
元勳碩輔咸謂朕宜體先帝付託之重皇太后擁護
之慈既深繫於人心詎可虛於神器合辭勸進誠意
交孚乃於三月十一日即皇帝位于大明殿可赦天
下尊太后爲太皇太后是夜太陰犯明堂壬辰太皇
太后受百官朝賀于興聖宮鐵木迭兒進開府儀同
三司上柱國太師敕群臣超授散官者朝會毋越班
次賜諸王也孫鐵木兒脫脫那顏等金銀幣帛有差

賑寧夏路軍民饑甲午作佛事於寶慈殿賑木憐渾
都兒等十一驛饑乙未日有暈若連環丙申斡羅思
等內附賜鈔萬四千貫遣還其部遣知樞密事也兒
吉尼檢覈輦昌等路屯戍選甘州戍卒戍汰上都
留守司留守五員定吏員秩止從七品如前制庚子
降太常禮儀院通政院都護府崇福司並從二品蒙
古國子監都水監尚乘寺光祿寺並從三品給事中
闌遺監尚舍寺司天監並正四品其官遞降一等有
差七品以下不降賜邊戍諸王駙馬及將校士卒金
銀幣帛有差市羊五十萬馬十萬贍北邊貧乏者辛

丑禁擅奏璽書以樞密院兼領左右衛率府壬寅降前中書平章政事李孟為集賢侍講學士悉奪前所受制命御史臺臣請降詔諭百司以肅臺綱帝曰卿等但守職盡言善則朕當服行否亦不汝罪也甲辰詔中外毋沮議鐵木迭兒敎罷醫卜工匠任子其藝精絶者擇用之丙午有事於南郊告即位丁未罷崇祥院以民匠都總管府隷將作院夏四月庚戌有事于太廟告即位追奪佛速司徒官罷少府監復儀鳳教坊廣惠諸司品秩罷行中書省丞相河南行省丞相也先鐵木兒湖廣行省丞相朶兒只的斤遼陽行

省丞相並降為本省平章政事惟征東行省丞相高麗王不降賜諸王鐵木兒不花鈔萬五千貫甲寅太白犯填星乙卯復國子監都水監秩正三品罷回回國子監行通政院封諸王徹徹禿為寧遠王申詔京師勢家與民均役那懷渾都兒驛户饑賑之戊午祀社稷告即位己未紹慶路洞蠻為寇命四川行省捕之祭遁甲神于香山命平章政事王毅等徵理在京諸倉庫粮帛虧額申嚴和林酒禁庚申降百官越階者並依所受之職以太常禮儀院使拜住為中書平章政事以西僧牙八的里為元永延教三藏法師授

金印壬戌太陰犯房以即位賞宿衛軍括馬三萬疋給蒙古流民遣還其部給通漷二州蒙古户夏布鐵木迭兒請參決政務禁諸臣毋隔越擅奏從之乙丑仁宗喪卒哭作佛事七日戊辰車駕幸上都海運至直沽調兵千人防戍封王煦為鷄林郡公議祔仁宗以陰陽拘忌權結綵殿於太室東南以奉神主己巳河間真定濟南等處蒙古軍饑賑之罷市舶司禁賈人下番課回回散居郡縣者户歲輸包銀二兩增兩淮荆湖江南東西道田賦斗加二升賑大都淨州等處流民給粮馬遣還北邊戊寅以蒙古漢人驛傳復

隷通政院有獻七寶帶者因近臣以進帝曰朕登大位不聞卿等薦賢而為人進帶是以利誘朕也其還之是月左衛屯田旱蝗左翊屯田蟲食麥苗亳州水五月己卯禁僧馳驛仍收元給璽書庚辰上都留守賀伯顔坐便服迎詔棄市籍其家辛巳汝寧府霖雨傷麥禾發粟五千石賑糶之丁亥罷沅陵縣浦口千户所己丑中書省臣請禁擅奏除拜帝曰然恐朕遺忘或乘間奏請濫賜名爵汝等當復以聞復置稱海五條河屯田命僧禱雨大同雲内豐勝諸郡縣饑發粟萬三千石貸之左丞相阿散罷為嶺北行省平章

政事以拜住爲中書左丞相乃剌忽塔失海牙並爲中書平章政事只兒哈郎爲中書叅知政事庚寅太陰犯心辛卯叅知政事欽察罷爲集賢學士賑上都城門及駐冬衛士遣使榷廣東番貨弛陝西酒禁壬辰和林民閻海壓殍死者三千餘人旌其門癸巳太陰犯天狗甲午瀋陽軍民饑給鈔萬二千五百貫賑之乙未請大行皇帝謚于南郊丙申太白犯畢禁宗戚權貴避徭役及作奸犯科戊戌有告嶺北行省平章政事阿散中書平章政事黑驢及御史大夫脫忒哈徽政使失列門等與故要束謀妻亦列失八謀廢

立拜住請鞠狀帝曰彼若借太皇太后爲詞奈何命悉誅之籍其家追封隴西公汪世顯爲隴右王辛丑以知樞密院事鐵木兒脫爲中書平章政事壬寅監察御史請罷僧道工伶濫爵及建寺叅獻之費甲辰以誅阿散黑驢賀伯顏等詔天下赦百司日勤政務怠者罪之丙午御史劉恒請興義倉及奪僧道官敕捕亦列失八子江浙行省平章政事買驢仍籍其家丁未封王禪爲雲南王往鎮其地饒州番陽縣進嘉禾一莖六穗以賀伯顏失列門阿散家貲田宅賜鐵木迭兒等六月己酉流徽政院使米薛迷于金剛山

以脫忒哈失列門故奪人畜産歸其主甲寅前太子詹事床兀兒伏誅京師疫修佛事于萬壽山乙卯昌王阿失部饑賜鈔千萬貫賑之賞誅阿散等功賜拜住以下金銀鈔有差丙辰名河南行省平章政事埜仙帖穆兒至京師杖脫忒哈廣平王印丁巳以江西行省左丞相脫脫爲御史大夫宗正扎魯火赤鐵木兒不花知樞密院事戊午罷徽政院廣東採珠提舉司罷以有司領其事封知樞密院事塔失鐵木兒爲薊國公巳未定邊地盜孳畜罪犯者令給各部力役如不悛斷罪如內地法庚申太陰犯斗賜角觝百二十人鈔各千貫辛酉詔免

僧人雜役壬戌勅諸使至京者大事五日小事三日遣還是夜月食既癸亥太陰犯壘壁陣乙丑賑北邊饑民有妻子者鈔千五百貫孤獨者七百五十貫新作太祖幄殿西番盜洛各日降丁卯太白犯井賜諸王阿木里台宴服珠帽戊辰賑雷家驛户鈔萬五千貫辛未太陰犯昴甲戌賜北邊諸王伯要台等十人鈔各二萬五千貫邊民賑米三月修寧夏欽察魯佛事給鈔二百一十二萬貫丁丑改紅城中都威衛爲忠翊侍衛親軍都指揮使司隸樞密院罷章慶司延福司群牧監宮正司遼陽萬户府復徽儀司爲繕珍司善政司爲都總管府內宰司延

慶司甄用監復為正三品並都鎮荊門州旱棣州高
郵江陵水秋七月戊寅賜諸王曲魯不花鈔萬五千
貫命玄教宗師張留孫修醮事于崇真宮壬午立普
定路屯田分烏撒烏蒙屯田卒二千赴之運和林粮
于扎昆倉以便邊軍市馬三萬羊四萬給邊軍貧乏
者癸未括馬於大同興和冀寧三路以須衛士甲申
車駕將北幸調左右翊軍赴北邊浚井以知樞密院
事買驢哈丹並爲遼陽行省平章政事丙戌賜諸王
買奴等鈔二十五萬貫丁亥太陰犯斗諸王告住等
部火賑粮三月鈔萬五千貫晉王也孫鐵木兒部饑

賑鈔五千萬貫壬辰罷女直萬户府及狗站脫脫禾
孫撒遼陽紅花萬户府兵遣扈從諸營還大都禁践
民禾安南内附人陳巖言其國貢使多爲覘伺敕湖
廣行省汰遣之乙未賜西僧沙加鈔萬五千貫以甘
肅行省平章欽察知樞密院事回回太醫進藥曰打
里牙給鈔十五萬貫丙申以昌平灤陽十二驛供億
繁重給鈔三十萬貫賑之中書平章政事乃刺忽罷
降封安王兀都不花爲順陽王禁獻珎寶製衮冕戊
戌熒惑犯房樞密院臣言塔海萬户部不剌兀赤與
北兵戰挾軍士三百人以還弃其子於野殺所乘馬

以啗士卒請賞之賜鈔五千貫斡魯思辰告諸王月
兒魯鐵木兒謀變賞鈔萬五千貫敕中外希賞自請
者勿予己亥太陰犯昴賜女巫伯牙台鈔萬五千貫
庚子以江南行御史臺中丞廉恂爲中書平章政事
辛丑賜公主扎牙八剌等鈔七萬五千貫晉王也孫
鐵木兒遣使以地七千頃歸朝廷請有司徵其租歲
給糧鈔從之以遼陽金銀鐵冶歸中政院癸卯賜伶
人鈔二萬五千貫酒人十五萬貫巳巳以知樞密院
事也先吉尼爲江西行省平章政事是月後衛屯田
及潁息汝陽上蔡等縣水霸州及堂邑縣蝻八月丁

未朔嶺北省臣忻都坐以官錢犒軍免官詔復其職
戊申祭社稷罷曲靖路人匠提舉司賑晉王部軍民
鈔二百五十萬貫禁星于司天監辛亥賑龍居河諸
軍乙卯賜上都駐冬衛士鈔四百萬貫諸王木南即
部饑興聖宮牧駝户貧乏並賑之丙辰祔仁宗聖文
欽孝皇帝莊懿慈聖皇后于太廟鐵木迭兒攝太尉
奉玉冊行事太白犯靈臺戊午鐵木迭兒以趙世延
嘗劾其姦誣以不敬下獄請殺之并究省臺諸臣不
允帝幸涼亭從容謂近侍曰頃鐵木迭兒必欲寘趙
世延于死地朕素聞其忠良故每奏不納左右咸稱

萬歲乙丑熒惑犯天江丁卯太白犯太微垣右執法
宫人官奴坐用日者請太皇太后禁星杖之籍其資
脱思馬部宣慰使亦憐真坐違制不發兵杖流奴兒
干之地庚午發米十萬石賑糶京師貧民壬申太陰
犯軒轅御女甲戌廣東新州饑賑之河間路水九月
甲申建壽安山寺給鈔千萬貫括興和馬以贍北部
貧民禁五臺山樵採罷上都嶺北甘肅河南諸郡酒
禁乙酉太陰犯壘壁陣丙戌熒惑犯斗壬辰敕議玉
華宫歲享睿宗登歌大樂土番利族阿俄等五種寇
成谷遣鞏昌總帥以兵討之循州溪蠻秦元吉爲寇

遣守將捕之癸巳太陰犯昴瀋陽水旱害稼弛其山
場河泊之禁戊戌太陰犯鬼己亥太白犯亢庚子常
澧州洞蠻貞公合諸洞爲寇命土官追捕之癸卯親
王脱不花搠思班遣使來賀登極甲辰雲南木邦路
土官紿邦子忙兀等入貢賜幣有差遣馬扎蠻等使
占城占臘龍牙門索馴象以廩藏不充停諸王所部
歲給冬十月丁未時享太廟庚戌太陰犯熒惑于斗
將作院使也速坐董製珠衣怠工杖之籍其家壬子
作佛事于文德殿四十日申嚴兩淮鹽禁丁巳酉陽
聳儂洞蠻田謀遠爲寇命守臣招捕之戊午車駕至

自上都詔太常院臣曰朕將以四時躬祀太室宜與
群臣集議其禮此追遠報本之道毋以朕勞於對越
而有所損其悉遵典禮安南國遣其臣鄧恭儉來貢
方物庚申敕譯佛書辛酉賜勞探馬赤宿衞者遣還
所部癸亥太陰犯井乙丑幸大護國仁王寺帝師請
以醮八兒監藏爲土蕃宣慰司都元帥從之酉陽土
官冉世昌遣其子冉朝率大小石隄洞蠻入貢丙寅
定恭謝太廟儀式丁卯爲皇后作鹿頂殿于上都己
巳罷玉華宫祀睿宗登歌樂敕翰林院譯詔關白中
書庚午命拜住督造壽安山寺癸酉流諸王阿剌鐵

木兒於雲南十一月丙子朔帝御齋宫丁丑恭謝太
廟至仁宗太室即流涕左右感動戊寅以海運不給
命江浙行省以財賦府租益之還其直歸宣徽中政
二院撿勘沙淨二州流民勸還本部以登極大賚諸
王百官中書會其數計金五千兩銀七十八萬兩鈔
百二十一萬一千貫幣五萬七千三百六十四匹帛
四萬九千三百二十二匹木綿九萬二千六百七十
二匹布二萬三千三百九十八匹衣八百五十九襲
鞍勒弓矢有差給嶺北驛牛馬造今年鈔本至元鈔
五千萬貫中統鈔二百五十萬貫汰衞士冒受歲賜

者庚辰併永平路灤邑縣于石城遣定住等括順陽王兀都思不花邸財物入章佩監中政院禁京城諸寺邸舍匿商稅辛巳以親祀太廟禮成御大明殿受朝賀甲申敕翰林國史院纂修仁宗實錄丁亥作佛事于光天殿戊子幸隆福宮己丑宣德蒙古驛饑命通政院賑之丁酉詔各郡建帝師八思巴殿其制視孔子廟有加戊戌交趾蠻儂志德冦脫零那乞等六洞命守將討之遣使閱實各行省戍兵己亥計京官俸鈔給米三分癸卯熒惑犯壘壁陣甲辰鐵木迭兒言和市織幣薄惡由董事者不謹請免右丞高昉等

官仍令郡縣更造徵其元直不允太常禮儀院擬進時享太廟儀式十二月乙巳朔詔曰朕祇遹貽謀獲承丕緒念付託之惟重顧繼述之敢忘爰以延祐七年十一月丙子被服衮冕恭謝于太廟既大禮之告成宜普天之均慶屬茲踰歲用易紀元于以導天地之至和于以法春秋之謹始可以明年爲至治元年减天下租賦二分包銀五分免大都上都興和三路差稅三年優復煮塩煉鐵等戶二年開燕南山東河泊之禁聽民采取命官家屬流落邊遠者有司資給遣之其子女典鬻於人者聽還其家監察御史廉訪司歲舉可任守令者二人七品以上官有儒書長策可以濟世安民者實封上之士有隱居行義明治體不求聞達者有司具狀以聞丁未播州蠻的羊籠等來降庚戌鑄銅爲佛像置玉德殿壬子賜壽寧公主鈔七萬五千貫癸丑以天壽節預遣使修醮于龍虎山乙卯率百官奉玉冊玉寶加上太皇太后尊號曰儀天興聖慈仁昭懿壽元全德泰寧福慶徽文崇祐太皇太后翰林學士忽都魯都兒譯進宋儒真德秀大學衍義帝曰修身治國無踰此書賜鈔五萬貫河南饑帝問其故群臣莫能對帝曰良由朕治道未

洽卿等又不盡心乃職委任失人致陰陽失和災害荐至自今各務勤恪以應天心毋使吾民重困太陰掩昴丙辰以太皇太后加號禮成御大明殿受朝賀丁巳詔諭中外戊午太陰犯井庚申太陰犯鬼辛酉作延春閣後殿壬戌召西僧輦真哈剌思赴京師敕所過郡縣肅迎乙丑禜星于回回司天監四十晝夜丙寅以典瑞院使闊徹伯知樞密院事修秘密佛事于延春閣丁卯鐵木迭兒拜住言比者詔內外言得失今上封事者或直進御前乞令臣等開視乃入奏聞帝曰言事者直至朕前可也如細民輒訴訟者則

禁之給武宗皇后鈔七十五萬貫以大學衍義印本頒賜群臣戊辰以太皇太后加號禮成告太廟己巳敕罷明年二月八日迎佛中書右丞木八剌罷爲江西行省右丞以中書叅知政事只兒哈郎爲右丞江南浙西道廉訪使薛處敬爲中書叅知政事遣使閱奉元路軍需庫辛未拜住進鹵簿圖帝以唐制用萬二千三百人耗財乃定大駕爲三千二百人法駕二千五百人上思州猺結交趾寇忠州癸酉帝聞賀伯顔毋老憫之以所籍京兆田磑還其家江浙行省平章政事伯顔察兒江西行省平章政事白撒都並坐

貪墨免官是歲決獄輕重七千六百三十事河決汴梁原武浸灌諸縣滹沱決文安大成等縣渾河溢壞民田廬秦州成紀縣暴雨山崩朽壤墳起覆没畜産汴梁延津縣大風晝晦桑多損大同雨雹大者如鷄卵諸衛屯田隕霜害稼益津縣雨黑霜

至治元年春正月丁丑修佛事于文德殿壬午增置漷州都漕運司同知運判各一員甲申召高麗王王章赴上都丙戌帝服袞冕享太廟以左丞相拜住亞獻知樞密院事闊徹伯終獻詔群臣曰一歲惟四祀使人代之不能致如在之誠實所未安歲必親祀以終朕身廷臣或言祀事畢宜赦天下帝諭之曰恩可常施赦不可屢下使殺人獲免則死者何辜遂命中書陳便宜事行之丁亥帝欲以元夕張燈宫中叅議中書省事張養浩上書諫止帝遽命罷之曰有臣若此朕復何憂自今朕凡有過豈獨臺臣當諫人皆得言賜養浩帛二疋諸王忽都答兒來朝癸巳諸王斡羅思部饑發净州平地倉糧賑之蘄州蘄水縣饑賑糧三月奉元路饑禁酒乙未太陰掩房己亥陞延福監爲延福提舉司廣福監爲廣福提舉司秩從五品以壽安山造佛寺置庫掌財帛秩從七品甲辰辰星

犯外屏水金火土四星聚奎二月汴梁歸德饑發粟十萬石賑糶河南安豐饑以鈔二萬五千貫粟五萬石賑之戊申祭社稷改中都威衛爲忠翊侍衛親軍都指揮使司己酉作仁宗神御殿于普慶寺辛亥調軍三千五百人修上都華嚴寺壬子夜金火土三星聚于奎大永福寺成賜金五百兩銀二千五百兩鈔五十萬貫幣帛萬匹丁巳畋于柳林敕更造行宫監察御史觀音保鎖咬兒哈的迷失成珪李謙亨諫造壽安山佛寺殺觀音保鎖咬兒哈的迷失杖珪謙亨竄于奴兒干地己未樞密院臣請授副使吴元珪榮

祿大夫以階高不允授正奉大夫賑木憐道三十一驛貧户辛酉太白犯熒惑癸亥太陰犯心甲子置承徽寺秩正三品割常州宜興民四萬户隸之丁卯以僧法洪爲釋源宗主授榮祿大夫司徒禁越臺省訴事罷先朝傳旨濫選者戊辰賜公主扎牙八剌從者鈔七十五萬貫三月甲戌營王也先帖木兒部畜牧死損賜鈔五十萬貫丙子建帝師八思巴寺於京師丁丑御大明殿受緬國使者朝貢太陰掩昴賜公主買的鈔五萬貫駙馬减憐鈔二萬五千貫召諸王太平于汴發民丁疏小直沽白河庚辰廷試進士泰普

化宋本等六十四人賜及第出身有差辛巳車駕幸上都遣使賜西番撒思加地僧金二百五十兩銀二千二百兩袈裟二萬幣帛幡茶各有差壬午遣呪師朶兒只往牙濟班卜二國取佛經癸未製御服珠袈裟甲申敎纂修仁宗實録后妃功臣傳乙酉寶集寺金書西番波若經成置大内香殿益壽安山造寺役軍己丑大同路麒麟生甲午置雲南王府己亥宦者李羅鐵木兒坐罪流奴兒干地庚子賑寧國路饑辛丑以鐵失爲御史大夫佩金符領忠翊侍衛親軍都指揮使癸卯益都般陽饑以粟賑之夏四月丙午給

喃荅失王府銀印秩正三品寬徹忽塔迭失王府銅印秩從三品庚戌享太廟江州贛州臨江霖雨袁州建昌旱民皆告饑發米四萬八千石賑之丁巳廣德路旱饑發米九千石减直賑糶戊午太陰犯心己未造象駕金脊殿吉陽黎蠻冦寧遠縣庚申太陰犯斗戊辰敎賜鐵木迭兒父祖碑命宦者李羅台爲太常署令太常官言刑人難與大祭遂罷之五月丙子毀上都回回寺以其地營帝師殿賑益都膠州饑丁丑霸州蝗戊寅太白犯鬼積尸氣太陰犯軒轅庚辰太陰犯明堂濮州大饑命有司賑之壬午遷親王圖帖穆

爾于海南禁日者毋交通諸王駙馬掌陰陽五科者毋泄占候以興國路去歲旱免其田租丁亥修佛事于大安閣庚寅賑諸王哈賓鐵木兒部沂州民張昱坐妖言濟南道士李天祥坐教人兵藝杖之女直蠻赤興等十九驛饑賑之辛卯海漕糧至直沽遣使祀海神天妃作行殿于縉山流杯池高郵府旱癸巳寳定路飛蟲食桑乙未命世家子弟成童者入國學辛丑太常禮儀院進太廟制圖壬寅開元路霖雨六月癸卯朔日有食之作金浮屠于上都藏佛舍利乙卯以鐵木迭兒領宣政院事丁巳參知政事敬儼罷爲

陝西行御史臺中丞戊午涇州雨雹己未太陰犯壘
梁滁州霖雨傷稼蠲其租辛酉太白經天趙弘祚等
言事勤歸鄉里仍禁妄言時政壬戌龍虎山張嗣成
來朝授太玄輔化體仁應道大真人乙丑遣使往銓
江浙江西湖廣四川雲南五省邊郡官選丁卯禜星
于司天臺大同路雨雹戊辰衞輝汴梁等處蝗己巳
以上都留守只兒哈郎爲中書平章政事臨江路旱
免其租通濟屯霖雨傷稼霸州大水渾河溢被災者
二萬三千三百户秋七月壬申賜晉王也孫鐵木兒
鈔百萬貫遼陽開元等路及順州邢臺等縣大水癸

酉衞輝路胙城縣蝗乙亥賑南恩新州饑丙子淮安
路屬縣水丁丑享太廟戊寅通州潞縣榆棣水決庚
辰鹵簿成滹沱河及范陽縣巨馬河溢辛巳盩厔縣
僧圓明作亂遣樞密院判官章台督兵捕之壬午通
許臨淮盱眙等縣蝗癸未封太尉孛蘭奚爲和國公
乙酉大雨渾河防決庚寅清池縣蝗癸巳太陰犯昴
黄平府蠻盧砰爲寇削萬户何之祺等官一級遣吏
部尚書教化禮部郎中文矩使安南頒登極詔諸王
闊别薨賻鈔萬五千貫丙申禁服色踰制己亥奉仁
宗及帝御容於大聖壽萬安寺蒲陰縣大水庚子修

上都城詔河南江浙流民復業淮西蒙城等縣饑郃
陽道士劉志先以妖術謀亂復命章台捕之薊州平
谷漁陽等縣大水大都保定真定大名濟寧東平東
昌永平等路高唐曹濮等州水順德大同等路雨雹
乞兒吉思部水八月壬寅修都城安陸府水壞民廬
舍癸卯賑滕州饑甲辰高郵興化縣水免其租丙午
泰興江都等縣蝗丁未太陰犯心戊申祭社稷上都
鹿頂殿成己酉太陰犯斗庚戌以軍士貧乏遣知樞
密院事鐵木兒不花整治仍詔諭中外有敢擾害者
罪之賑北部孤寡糧鈔賜公主速哥八剌鈔五十萬

貫兀兒速憨哈納思等部貧乏户給牝馬二疋壬子
熒惑犯軒轅乙卯中書平章政事鐵木兒脱罷爲上
都留守壬戌淮安路鹽城山陽縣水免其租車駕駐
蹕興和左右以寒甚請還京師帝曰兵以牛馬爲重
民以稼穡爲本朕遲留蓋欲馬得芻牧民得刈穫一
舉兩得何計乎寒雷州路海康遂溪二縣海水溢壞
民田四千餘頃免其租秦州成紀縣山崩九月乙亥
熒惑犯靈臺京師饑發粟十萬石減價糶之丙子駐
蹕昂兀嶺壬午熒惑犯太微西垣上將賜諸王徹兒
蠻鈔五萬貫壬辰中書平章政事塔失海牙坐受賕

杖免丁酉熒惑犯太微垣右執法車駕還大都庚子安陸府漢水溢壞民田賑之冬十月辛丑朔修佛事於大內妖僧圓明等伏誅甲午太白經天戊申熒惑犯太微垣左執法庚戌親享太廟壬子拜住獻嘉禾兩莖同穗癸丑敕翰林集賢官年七十者毋致仕以內郡水罷不急工役敕蒙古子女鬻爲回回漢人奴者官收養之禁中書掾曹毋泄機事命樞密遣官整視各郡兵馬戊午置趙王馬札罕部錢糧總管府秩正三品己未肇慶路水賑之丙寅河南行省參知政事你咱馬丁坐殘忍免官丁卯增置侍儀司通事舍

人六員侍儀舍人四員己巳遣燕鐵木兒巡邊十一月辛未熒惑犯進賢己亥幸大護國仁王寺丙子太陰犯虛梁戊寅御大明殿群臣上尊號曰繼天體道敬文仁武大昭孝皇帝是夜辰星犯房己卯以受尊號詔天下拜住請釋囚不允庚辰益壽安山寺役卒三千人辛巳命御史大夫鐵失領左右阿速衛丙戌太陰犯井丁亥以教官待選者借注廣海巡檢己丑太陰犯酒旗又犯軒轅庚寅拜住等言受尊號宜謝太廟行一獻禮世祖亦嘗議行武宗則躬行謝禮詔曰朕當親謝命太史卜日樞密選兵肄鹵簿辛卯太

陰犯明堂癸巳以營田提舉司徵酒稅擾民命有司兼權之甲午以遼陽行省管內山場隸中政院丙申敕立故丞相安童碑于保定新城戊戌鞏昌成州饑發義倉賑之己亥太白犯西咸十二月庚子給蒙古子女冬衣辛丑立亦啓烈氏爲皇后遣攝太尉中書右丞相鐵木迭兒持節授玉冊玉寶癸卯以立后詔天下慶遠路饑真定路疫並賑之甲辰熒惑犯亢戊申躬謝太廟庚戌太陰犯昴作太廟正殿甲寅疏玉泉河車駕幸西僧灌頂寺己未封唆南藏卜爲白蘭王錫金印真定保定大名順德等路水民饑禁釀酒

以金虎符頒各行省平章政事辛酉熒惑入氐甲子置田粮提舉司掌薊景二州田賦以給衛士貧乏者秩從五品命帝師公哥羅古羅思監藏班藏卜詣西番受具足戒賜金千三百五十兩銀四千五十兩幣帛萬匹鈔五十萬貫以諸王怯伯使者數入朝發兵守北口及盧溝橋河間路饑賑之復以馬家奴爲司徒乙丑置中瑞司冶銅五十萬斤作壽安山寺佛像寧海州蝗歸德遼陽通州等處水

本紀卷第二十七

翰林學士亞中大夫知制誥兼修國史臣宋濂　翰林待制承直郎同知制誥兼國史院編修官臣王禕等奉
勅修

英宗二

二年春正月己巳朔安南占城各遣使來貢方物壬
申保定雄州饑賑之庚午廣太廟甲戌禁漢人執兵
器出獵及習武藝丁丑太陰犯昴親祀太廟始陳鹵
簿賜導駕耆老幣帛戊寅敕有司存卹孔氏子孫貧
乏者己卯山東保定河南汴梁歸德襄陽汝寧等處
饑發米三十九萬五千石賑之庚辰太白犯建星公

主阿剌忒納八剌下嫁賜鈔五十萬貫辛巳太白犯
建星敕臺憲用人勿拘資格儀封縣河溢傷稼賑之
癸未流徽政院使羅源于耽羅建行殿于柳林封塔
察兒爲薊國公辛卯太陰犯心癸巳以西僧羅藏爲
司徒潮州饑糶米十萬石賑之甲午熒惑犯房丁酉
太白犯牛二月己亥朔熒惑犯建閉星庚子置左右
欽察衞親軍都指揮使司命拜住揔之罷上都歇山
殿及帝師寺役辛丑賜鐵失父祖碑癸卯以江南行
臺御史大夫欽察爲中書平章政事江浙行省參政
王居仁爲中書叅知政事薛處敬罷爲河南行省左

丞丙午熒惑犯罰星戊申祭社稷順德路九縣水旱
賑之太陰犯井庚戌熒惑犯東咸辛亥太陰犯酒旗
及軒轅壬子太白犯壘壁陣賜諸王案忒不花鈔七
萬五千貫以徹兀台禿忽魯死事賜鈔三萬五千貫
諸王怯伯遣使進文豹河間路飢禁釀酒癸丑太陰
犯明堂甲寅以太廟役軍造流盃池行殿廣海郡邑
官曠貟敕愿往任者陞秩二等乙卯以遼陽行省平
章政事買驢爲中書平章政事西僧亦思剌蠻展普
疾詺爲釋大辟囚一人笞罪二十人戊午賑真定等
路饑己未太陰犯天江括馬賜宗仁衞壬戌太白犯

壘壁陣諸王怯伯遣使進海東青鶻癸亥遼陽等路
飢免其租仍賑粮一月甲子恩州水民饑疫賑之三
月己巳中書省臣言國學廢弛請令中書平章政事
廉恂叅議中書事張養浩都事孛朮魯翀董之外郡
學校仍命御史臺翰林院國子監同議興舉從之敕
四宿衞興聖宮及諸王部勿用南人幹羅思告訐父
母斬之辛未禁捕天鵝違者籍其家壬申復張珪司
徒臨安路河西諸縣饑賑之癸酉河南兩淮諸郡饑
禁釀酒丙子延安路饑賑粮一月罷京師諸營繕役
卒四萬餘人河間河南陝西十二郡春旱秋霖民饑

免其祖之半戊寅脩都城庚辰敕江浙僧寺田除宋
故有永業及世祖所賜者餘悉稅之癸未賑遼陽女
直漢軍等戶饑乙酉賑濮州水災丙戌以親祀禮成
賜與祭者幣帛減內外官吏一資萬戶哈剌那海以
私粟賑軍賜銀幣仍酬其直給行通政院印賜潛邸
四宿衛士鈔有差復置市舶提舉司於泉州慶元廣
東三路禁子女金銀絲綿下番丁亥鳳翔道士王道
明妖言伏誅己丑有暈貫日如連環賜諸王斡羅溫
孫銀印命有司建木華黎祠於東平仍樹碑以國用
匱竭停諸王賞賚及皇后荅里麻失等歲賜庚寅曹

州滑州饑賑之命將作院更製冕旒辛卯遣御史錄
囚置甘州八剌哈孫驛監察御史何守謙坐贓杖免
壬辰賑上都十一驛給宗仁衛蒙古子女衣糧賜諸
王脫烈鐵木兒鈔五萬貫甲午遼陽哈里賓民饑賑
之丁酉幸柳林駙馬許訥之子速怯訴曰臣父謀叛
臣毋私從人帝曰人子事親有隱無犯今有過不諫
乃復告訐命誅之賑奉元路饑夏四月戊戌朔車駕
幸上都己亥嶺北蒙古軍饑給糧遣還所部庚子賑
彰德路饑壬寅真州火徽州饑並賑之辛亥涇州雨
雹免被災者租壬子公主失憐荅里薨賜鈔五萬貫

甲寅南陽府西穰等屯風雹洪澤芍陂屯田去年旱
蝗並免其租丙辰恩州饑禁釀酒乙丑中書省臣請
節賞賚以紓民力帝曰朕思所出倍於所入出納之
際卿輩宜慎之朕當撙節其用丙寅賜邊卒鈔帛賑
東昌霸州饑民松江府上海縣水仍旱五月己巳以
公主速哥八剌為趙國大長公主免德安府被災民
租修滹沱河堤彰德府饑禁釀酒庚午泰符臨邑二
縣民謀逆其首王驢兒伏誅餘杖流之睢許二州去
年水旱免其租辛未駙馬脫脫薨賜鈔五萬貫丙子
熒惑退犯東咸庚辰賑固安州饑置營於永平收養

蒙古子女遣使諭四方匿者罪之癸未以御史大夫
脫脫為江南行臺御史大夫置宗仁蒙古侍衛親軍
都指揮使司甲申車駕幸五臺山賑夏津求清二縣
饑以只兒哈郎為御史大夫乙酉以拜住領宗仁蒙
古侍衛親軍都指揮使司事佩三珠虎符京師饑發
粟二十萬石賑糶雲南行省平章荅失鐵木兒朶兒
只坐贓杖免戊子禁民集衆祈神庚寅河南陝西河
間保定彰德等路饑發粟賑之仍免常賦之半調各
衛漢軍二千充宗仁衛屯田卒禜星于五臺山甲午
賑肇昌階州饑丙申以吳全節為玄教大宗師特進

上郷閏月戊戌封諸葛忠武侯爲威烈忠武顯靈仁
濟王辛丑萬户李英以良民爲奴擅文其面坐罪癸
卯禁白蓮佛事睢陽縣亳社屯大水饑賑之諸王阿
馬承童坐擅徙脫列捏王衛士並杖流海南甲辰御
史臺臣請黜監察御史不稱職者以示懲勸從之丙
午嶺北戍卒貧乏賜鈔三千二百五十萬貫帛五十
萬疋戊申奉元路郿縣及成州饑並賑之以鐵木迭
兒子同知樞密院事班丹知樞密院事己酉也不干
八禿兒戍邊有功賜以金鈔壬子作紫檀殿乙卯以
淮安路去歲大水遼陽路隕霜殺禾南康路旱並免

其租壬戌安豐屬縣霖雨傷稼免其租與元褒城縣
饑賑之甲子真定山東諸路饑弛其河泊之禁丙寅
辰州沅陵縣洞蠻爲寇遣兵捕之赦已除不赴任者
奪其官封公主速哥八剌乳母爲順國夫人六月丁
卯朔車駕至五臺山禁扈從宿衛毋踐民禾置中慶
大理二路推官各一員戊辰揚州屬縣旱免其租己
巳廣元路綿谷昭化二縣饑官市米賑之壬申熒惑
犯心癸酉申禁日者妄談天象甲戌新平上蔡二縣
水免其租丙子修渾河堤壬午辰州江水溢壞民廬
舍丁亥奉元屬縣水淮安屬縣旱並免其租庚寅思

州風雹建德路水皆賑之秋七月戊戌淮安路水民
饑免其租己亥熒惑犯天江丁未賜拜住平江田萬
畝壬子遣親王闊闊禿總兵北邊賜金二百五十兩
銀二千五百兩鈔五十萬貫戊午太陰犯井宿越星
車駕次應州曲赦金城縣四徒庚申陞靖州爲路辛
酉次澤源州中書左丞張思明坐罪杖免籍其家甲
子錄京師諸役軍匠病者千人各賜鈔遣還南康路
大水廬州六安縣大雨水暴至平地深數尺民饑命
有司賑糧一月八月戊辰祭社稷己巳道州寧遠縣
民符翼軫作亂有司討擒之壬申蔚州民獻嘉禾甲

戌次奉聖州築宗仁衛營給廬州流民復業者行糧
戊寅詔畫豳風圖於鹿頂殿壁以時觀之可知民事
也己卯廬州路六安舒城縣水賑之庚辰增壽安山
寺役卒七千人庚寅鐵木迭兒卒命給直市其葬地
甲午瑞州高安縣饑命有司賑之九月戊戌大寧路
水達達等驛水傷稼賑之給蒙古子女貧乏者鈔七
百五十萬貫戊申給壽安山造寺役軍匠死者鈔人
百五十貫庚戌申禁江南典雇妻妾辛亥幸壽安山
寺賜監役官鈔人五千貫甲寅賑淮東泰興等縣饑
丙辰太皇太后崩戊午賜蒙古子女鈔百五十萬貫

己未太陰犯明堂庚申敕停今年冬祀南郊癸亥地
震甲子臨安河西縣春夏不雨種不入土居民流散
命有司賑給令復業作層樓於涿州廉頂殿西丙寅
西僧班吉疾賜鈔五萬貫冬十月丁卯太史院請禁
明年興作土功從之戊辰享太廟以國哀迎香去樂
修廟工役未畢妨陳宮懸止用登歌丙子押濟思國
遣使來貢方物江南行臺大夫脫脫坐請告未得旨
輒去職杖謫雲南庚辰至辛巳太陰犯井甲申建太
祖神御殿于興教寺己丑熒惑犯壘壁陣以拜住爲
中書右丞相南恩州賊譚庚生等降十一月甲午朔

日有食之己亥以立右丞相詔天下流民復業者免
差稅三年站户貧乏鬻賣妻子者官贖還之凡差役
造作先科商賈末技富實之家以優農力免陝西明
年差稅十之三各處官佃田明年租十之二江淮刱
科包銀全免之御史李端言近者京師地震日月薄
蝕皆臣下失職所致帝自責曰是朕思慮不及致然
因敕群臣亦當修飭以謹天戒罷世祖以後冗置官
括江南僧有妻者爲民安南國遣使來貢方物回賜
金四百五十兩金幣九帛如之癸卯地震甲辰太白
犯壘壁陣罷徽政院乙巳熒惑犯壘壁陣丙午造龍

船三艘戊申太陰掩井岷州旱疫賑之賜戍北邊萬
户千户等官金帶御史李端言朝廷雖設起居注所
錄皆臣下聞奏事目上之言動宜悉書之以付史館
世祖以來所定制度宜著爲令使吏不得爲奸治獄
者有所遵守並從之乙卯遣西僧高主瓦迎帝師宣
德府宣德縣地屢震賑被災者糧鈔己未太陰犯東
咸定脫脫禾孫入流官選給印與俸置八番軍民安
撫司改長官所二十有八爲州縣庚申太陰犯天江
辛酉熒惑犯歲星真人蔡逎泰殺人伏誅刑部尚書
不荅失里坐受其金范德郁坐詭隨並杖免平江路

水損官民田四萬九千六百三十頃免其租十二月
甲子朔南康建昌州大水山崩死者四十七人民饑
命賑之己丑太白歲星熒惑三星聚于室太白犯壘
壁陣丁卯中書平章政事買驢罷爲大司農廉恂罷
爲集賢大學士以集賢大學士張珪爲中書平章政
事戊辰以掌道教張嗣成吳全節藍道元各三授制
命銀印敕奪其二壬申免回回人户屯戍河西者銀
稅甲戌兩江來安路揔管岑世興作亂遣兵討之鐵
木迭兒子宣政院使八思吉思坐受劉夔冒獻田地
伏誅仍籍其家乙亥太陰掩井丙寅增鎮南王脫不

花戌兵戊寅太白犯歲星庚辰葛蠻安撫司副使龍仁貴作亂湖廣行省督兵捕之以知樞密院事欽察台爲宣政院使叅知政事速速爲中書左丞宗仁侍衛親軍都指揮使馬剌爲叅知政事癸未紹興路柔遠州洞蠻把者爲寇遣兵捕之以御史大夫只兒哈郎知樞密院事封闊闊禿爲武寧王授金印以地震日食命中書省樞密院御史臺翰林集賢院集議國家利害之事以聞敕兩都營繕仍舊餘如所議弛河南陝西等處酒禁禁近侍奏取沒入錢物乙酉杭州火賑之丙戌定謚太皇太后曰昭獻元聖遣太常禮儀

院使朶台以謚議告于太廟陞寧昌府爲下路增置一縣併雲南西沙縣入寧州賜淮安忠武王伯顏祠祭田二十頃己丑熒惑犯外屏太陰犯建星辛卯給蒙古流民粮鈔遣還本部張珪足疾免朝賀西僧灌頂疾請釋囚帝曰釋囚祈福豈爲師惜朕思惡人屢赦反害善良何福之有宣徽院臣言世祖時畀吉剌歲輸尚食羊二千成宗時增爲三千今請增五千帝不許曰天下之民皆朕所有如有不足朕當濟之若加重賦百姓必致困窮國亦何益命遵世祖舊制徽州盧州濟南真定河間大名歸德汝寧鞏昌諸處及

河南芍陂屯田水大同衛輝江陵屬縣及豐贍署大惠屯風河南及雲南烏蒙等處屯田旱汴梁順德河間保定慶元濟寧濮州益都諸屬縣及諸衛屯田蝗三年春正月癸巳朔暹國及八番洞蠻酋長各遣使來貢曹州禹城縣去秋霖雨害稼縣人邢著程進出粟以賑饑民命有司旌其門乙未享太廟己亥思明州盜起湖廣行省督兵捕之庚子刑部尚書烏馬兒坐贓杖免壬寅命太僕寺增給牝馬百匹供世祖仁宗御容殿祭祀馬湩和林阿蘭禿等驛戶貧乏給鈔賑之以行中書省平章政事復兼總軍政軍官有罪

重者以聞輕者就決罷上都雲州興和宣德蔚州奉聖州及鷄鳴山房山黃蘆三叉諸金銀冶聽民採鍊以十分之三輸官授前樞密院副使吳元珪王約集賢大學士翰林侍講學士韓從益昭文館大學士並商議中書省事拜住言前集賢侍講學士趙居信直學士吳澄皆有德老儒請徵用之帝喜曰卿言適副朕心更當搜訪山林隱逸之士遂以居信爲翰林學士承旨澄爲學士增置上都留守司判官二員以漢人爲之專掌刑名置仁宗中宮位提舉司二秩正五品隸承徽寺太陰犯鉞星又犯井癸卯太陰犯井甲

辰鎮西武寧王部飢賑之遣諸王忽剌出往鎮雲南賜鈔萬五千貫辛亥申命鐵失振舉臺綱壬子建諸王驛於京師遣回回砲手萬户赴汝寧新蔡遵世祖舊制教習砲法靜江邕柳諸郡猺爲寇命湖廣行省督兵捕之甲寅以宗仁衛蒙古子女頟足萬户命罷収之乙卯征東末吉地兀者户以貂鼠水獺海狗皮來獻詔存䘏三歲丙辰泉州民留應總作亂命江浙行省遣兵捕之丁巳定封贈官等秩辛酉禁故殺子孫誣平民者增置兵部尚書一員四川行省平章政事趙世延爲其弟訟不法事繫獄待對其弟逃去詔

出之仍着爲令逃者百日不出則釋待對者命樞密副使完顏納舟侍御史曹伯啓也可扎魯忽赤不顏集賢學士欽察翰林直學士曹元用聽讀仁宗時纂集累朝格例敕常調官外不次銓用者但陞以職勿陞其階二月癸亥朔作上都華嚴寺八思巴帝師寺及拜住第役軍六千二百人定軍官襲職嫡長子孫幼者令諸兄弟姪攝之所受制敕書權襲以息爭訟是夜熒惑太白塡星三星聚于胃丙寅翰林國史院進仁宗實録遣教化等往西番撫初附之民徵畜牧治鄆傳戊辰祭社稷天壽節賓丹爪哇等國遣使來

貢己巳修廣惠河牐十有九所治野狐嶺乾道癸酉畋于柳林顧謂拜住曰近者地道失寧風雨不時豈朕纂承大寶行事有闕歟對曰地震自古有之陛下自責固宜良由臣等失職不能爕理帝曰朕在位三載於兆姓萬物豈無乖戾之事卿等宜與百官議有便民利物者朕即行之置鎮遠王也不干王傅官屬罷播州黄平府長官所一徙其民隸黄平是夜太白犯昴辛巳造五輅司徒劉夔同僉宣政院事囊加台坐妄獻地土冒取官錢伏誅格例成定凡二千五百三十九條内斷例七百一十七條格千一百五十一

詔赦九十四令類五百七十七名曰大元通制頒行天下是夜太陰犯東咸癸未賑北邊軍鈔二十五萬錠粮二萬石命宣徽院選蒙古子男四百入宿衛罷徽政院總管府三都總管府隸有司怯憐口及人匠總管府隸陝西行中書省降開成路爲州丙戌雨土京師飢發粟二萬石賑糶造五輅旗丁亥敕金書藏經二部命拜住等總之戊午封鷹師不花爲趙國公辛卯以太子賓客伯都廉貧賜鈔十萬貫諸王月思別遣使來朝罷稱海宣慰司及萬户府改立屯田總管府諸王怯伯遣使貢蒲萄酒海漕粮至直沽遣使

祀海神天妃三月壬辰朔車駕幸上都賜諸王喃荅
失言鈔二百五十萬貫復給諸王脫歡歲賜丁酉平
江路嘉定州饑發粟六萬石賑之戊戌安豐芍陂屯
田女直户饑賑粮一月庚子崇明諸州饑發米萬八
千三百石賑之甲辰台州路黄巖州饑賑粮兩月丁
未西番參卜郎諸族叛敕鎮西武靖王搠思班等發
兵討之戊申祔太皇太后于順宗廟室遣攝太尉中
書右丞相拜住奉玉冊玉寶上尊謚曰昭獻元聖皇
后辛亥以圓明王道明之亂禁僧道度牒符録丙辰
敕醫卜匠官居喪不得去職七十不聽致仕子孫無
廕叙能紹其業者量材録用監察御史拜住教化坐
舉八思吉思失當並黜免諸王火魯灰部軍驛户饑
賑之夏四月壬戌朔敕天下諸司命僧誦經十萬部
丙寅察罕腦兒蒙古軍驛户饑賑之丁卯旌内黄縣
節婦王氏己巳浚金水河甲戌命張珪及右司員外
郎王士熙勉勵國子監學敕都功德使闊兒魯至京
師釋囚大辟三十一人杖五十七以上者六十九人
放籠禽十萬令有司償其直己卯詔行助役法遣使
考視稅籍高下出田若干畝使應役之人更掌之収
其歲入以助役費官不得與北邊軍饑賑之蒙古大

千户部比歲風雪斃畜牧賑鈔二百萬貫敕京師萬
安慶壽聖安普慶四寺揚子江金山寺五臺萬聖祐
國寺作水陸佛事七晝夜丁亥故羅羅斯宣慰使述
古妻漂末權領司事遣其子娑住邦来獻方物戊子
南豐州民及肇昌蒙古軍饑賑之五月辛卯設大理
路白塩城榷稅官秩正七品中慶路榷稅官秩從七
品置安慶灊山縣雲南寧遠州戊戌太白經天庚子
大風雨雹拔柳林行宮内外大木二千七百辛丑以
鐵失獨署御史大夫事壬寅雲南行省平章政事忽
辛坐贓杖免詔中外開言路置慶元路嶧山縣增尉
一員徙安寨縣於龍安驛癸卯太陰犯房乙巳嶺北
米貴禁釀酒戊申監察御史蓋繼元宋翼言鐵木迭
兒奸險貪汚請毀所立碑從之仍追奪官爵及封贈
制書帝御大安閣見太祖世祖遺衣皆以縑素木綿
爲之重加補綴嗟歎良久謂侍臣曰祖宗創業艱難
服用節儉乃如此朕焉敢頃刻忘之太白犯畢癸丑
判湖宣慰使脫列受賂事覺名至京師御史臺臣請
遣鞫不允乙卯賜勳舊子撒兒蠻按灰鐵木兒也
先鐵木兒鈔人萬五千貫以鈔千萬貫市羊馬給嶺
北戍卒人騋馬二牝馬二羊十五禁驛户無質賣官

地丙辰東安州水壞民田千五百六十頃戊午真定路武邑縣雨水害稼奉元行宮正殿災上都利用監庫火帝令衛士撲滅之因語群臣曰世皇始建宮室于今安焉朕嗣登大寶而值此燬此朕不能圖治之故也欽察衛兵戍邊有卒累功請賞以官帝曰名爵豈賞人之物命賜鈔三千貫大名路魏縣霖雨大同路鴈門屯田旱損麥諸衛屯田及永清縣水保定路歸信縣蝗六月寇圍寧都州民孫正臣出粮餉軍旌其門丁卯西番參卜郎諸寇未平遣徽政使醜驢往督師戊辰毁鐵木迭兒父祖碑追收元受制書告諭

中外贈乳母忽秃台定襄郡夫人其夫阿來追封定襄王諡忠愍壬申將作院使哈撒兒不花坐罔上營利杖流東裔籍其家留守司以雨請修都城有旨今歲不宜大興土功其略完之癸酉置太廟夾室贈燕赤吉台太赤爲襄安王諸王別思鐵木兒統兵北部別須歲賜太常請纂修累朝儀禮從之癸未填星犯畢乙酉易安滄莫覇祁諸州及諸衛屯田水壞田六千餘頃諸王怯伯數寇邊至是遣使來降帝曰朕非欲彼土地人民但吾民不罹邊患軍士免於勞役斯幸矣今既來降當厚其賜以安之秋七月辛卯朔宣

政使欽察台自傳旨署事中書以體制非宜請通行禁止從之壬辰占城國王遣其弟保佑八剌遐奉表來貢方物真定路驛户飢賑粮二千四百石癸卯太廟成班丹坐贓杖免賜剌秃屯田貧民鈔四十六萬八千貫市牛具甲辰諸王帖木兒還自雲南入宿衛賜鈔二萬五千貫乙巳招諭左右兩江黃勝許岑世興己酉封諸王忽都鐵木兒爲威遠王授金印減海道歲運粮二十萬石併免江淮增科粮甲寅買馬行宮駕車六百五十匹丙辰永寧王卜鐵木兒爲不法命宗正府及近侍雜治其傳籍鐵木迭兒家資諸王

徹徹秃入朝請印帝以其政績未著不允賜鈔二十五萬貫御史臺請降旨開言路帝曰言路何嘗不開但卿等選人未當爾潮州雨水害屯田稼真定州諸路屬縣蝗冀寧興和大同三路屬縣隕霜東路蒙古萬户府饑賑粮兩月八月癸亥車駕南還駐蹕南坡是夕御史大夫鐵失知樞密院事也先帖木兒大司農失秃兒前平章政事赤斤鐵木兒前雲南行省平章政事完者鐵木迭兒子前治書侍御史鎖南鐵失弟宣徽使鎖南典瑞院使脫火赤樞密院副使阿散僉書樞密院事章台衛士秃滿及諸王按梯不花孛

羅月魯不花曲呂不花兀魯思不花等謀逆以鐵失
所領阿速衛兵爲外應鐵失赤斤鐵木兒殺丞相拜
住遂弑帝於行幄年二十一從葬諸帝陵泰定元年
二月上尊謚曰睿聖文孝皇帝廟號英宗四月上
國語廟號曰格堅英宗性剛明嘗以地震减膳徹樂
避正殿有近臣稱觴以賀問何爲賀朕方修德不暇
汝爲大臣不能匡輔反爲謟耶斥出之拜住進曰地
震乃臣等失職宜求賢以代曰毋多遜此朕之過也
嘗戒群臣曰卿等居高位食厚祿當勉力圖報苟或
貧乏朕不惜賜汝若爲不法則必刑無赦八思吉思

下獄謂左右曰法者祖宗所制非朕所得私八思吉思
雖事朕日久今其有罪當論如法嘗御鹿頂殿謂拜
住曰朕以幼冲嗣承大業錦衣玉食何求不得惟我
祖宗櫛風沐雨戡定萬方曾有此樂邪卿元勳之裔
當體朕至懷毋忝爾祖拜住頓首對曰創業惟艱守
成不易陛下睿思及此億兆之福也又謂大臣曰中
書選人署事未旬日御史臺即改除之臺除者中書
亦然今山林之下遺逸良多卿等不能盡心求訪惟
以親戚故舊更相引用耶其明斷如此然以果於刑
戮奸黨畏誅遂搆大變云

本紀卷第二十八

本紀卷第二十九　元史二十九

翰林學士亞中大夫知制誥兼修國史臣宋濂 翰林待制承直郎同知制誥兼國史院編修官臣王禕等奉
勑修

泰定帝一

泰定皇帝諱也孫鐵木兒顯宗甘麻剌之長子裕宗
之嫡孫也初世祖以第四子那木罕爲北安王鎮北
邊北安王薨顯宗以長孫封晉王代之統領太祖四
大斡耳朶及軍馬達達國土至元十三年十月二十
九日帝生于晉邸大德六年晉王薨帝襲封是爲嗣
晉王仍鎮北邊成宗武宗仁宗之立咸與翊戴之謀

有盟書焉王府內史倒剌沙得幸於帝常偵伺朝廷
事機以其子哈散事丞相拜住且入宿衛久之哈散
歸言御史大夫鐵失與拜住意相忤欲傾害之至治
三年三月宣徽使探忒來王邸爲倒剌沙言主上將
不容於晉王汝盍思之於是倒剌沙與探忒深相要
結八月二日晉王獵於禿剌之地鐵失密遣斡羅思
來告曰我與哈散也先鐵木兒失禿兒謀已定事成
推立王爲皇帝又命斡羅思以其事告倒剌沙且言
汝與馬速忽知之勿令旭邁傑得聞也於是王命囚
斡羅思遣別烈迷失等赴上都以逆謀告未至癸亥

英宗南還駐蹕南坡是夕鐵失等矯殺拜住英宗遂遇弑于幄殿諸王按梯不花及也先鐵木兒奉皇帝璽綬北迎帝于鎮所癸巳即皇帝位於龍居河大赦天下詔曰薛禪皇帝可憐見嫡孫裕宗皇帝長子我仁慈甘麻剌爺爺根底封授晉王統領成吉思皇帝四个大斡耳朶及軍馬達達國土都付來依著薛禪皇帝聖旨小心謹慎但凡軍馬人民的不揀甚麼勾當裏遵守正道行來的上頭數年之間百姓得安業在後完澤篤皇帝教我繼承位次大斡耳朶裏委付了來已委付了的大營盤看守着扶立了兩个哥哥

曲律皇帝普顏篤皇帝姪碩德八剌皇帝我累朝皇帝根底不謀異心不圖位次依本分與國家出氣力行來諸王哥哥兄弟每衆百姓每也都理會的也者今我的姪皇帝生天了也麼道迤南諸王大臣軍上的諸王駙馬臣僚達達百姓每衆人商量著大位次不宜久虛惟我是薛禪皇帝嫡派裕宗皇帝長孫大位次裏合坐地的体例有其餘爭立的哥哥兄弟也無有這般晏駕其間比及整治以來人心難測宜安撫百姓使天下人心得寧早就這裏即位提說上頭從着衆人的心九月初四日於成吉思皇帝的大斡耳朶裏大位次裏坐了也交衆百姓每心安的上頭赦書行有是日以知樞密院事淇陽王也先鐵木兒爲中書右丞相諸王月魯鐵木兒襲封安西王甲午以內史倒剌沙爲中書平章政事乃馬台爲中書右丞鐵失知樞密院事馬思忽同知樞密院事李羅爲宣徽院使旭邁傑爲宣政院使乙未大理護子羅璧爲冦以樞密副使阿散爲御史中丞內史善僧爲中書左丞丁酉以完澤知樞密院事禿滿同僉樞密院事戊戌以撒的迷失知樞密院事章台同知樞密院事己亥敕諭百司凡銓授官遵世祖舊制惟樞密院

御史臺宣政院宣徽院得自奏聞餘悉　中書辛丑以馬某沙知樞密院事失禿兒爲大司　召諸王官屬流徙遠地及還元籍者二十四人還京師是歲大寧蒙古大千戶部風雪斃畜牧賑米十五萬石南康漳州二路水淮安揚州屬縣飢賑之冬十月癸亥修佛事於大明殿甲子遣使至大都以即位告天地宗廟社稷誅逆賊也先鐵木兒完者鎖南禿滿等於行在所以旭邁傑爲中書右丞相陝西行中書左丞相禿魯通政院使紐澤並爲御史大夫速速爲御史中丞遣旭邁傑紐澤誅逆賊鐵失失禿兒赤斤鐵木兒

脱火赤章台等於大都並戮其子孫籍入家産己巳
太白犯亢戊辰召亦都護高昌王鐵木兒補化壬申
以内史按荅出爲太師知樞密院事丙子太白犯氐
詔百司遵守世祖成憲癸未以旭邁傑兼阿速衛達
魯花赤丙戌以江浙行省平章政事兀伯都剌爲中
書平章政事八番順元及静江大理威楚諸路徭兵
爲寇敕湖廣雲南二省招諭之揚州江都縣火雲南
王西平王二部衛士飢皆賑之十一月己丑朔熒惑
犯亢車駕次于中都修佛事於昆剛殿庚寅太白犯
鈎鈐丙申次于祖媽乙未太白犯東咸辛丑車駕至

大都壬寅熒惑犯氐諸王怯別遣使來朝丁未御大
明殿受諸王百官朝賀庚戌詔百司朝夕視事毋怠
辛亥御史中丞董守庸坐黨鐵失免官壬子敕營繕
不急者罷之癸丑遣使詣曲阜以太牢祀孔子敕會
福院奉北安王那木罕像于高良河寺祭遁甲五福
神甲寅諸王怯別遣使來朝乙卯禜星於司天監丙
辰御史中丞速速坐貪淫免官丁巳廣州路新會縣
民汜長弟作亂廣東副元帥烏馬兒率兵捕之雲南
開南州大阿哀阿三木台龍買六千餘人寇哀卜白
鹽井詔凡有罪自首者原其罪袁州路宜春縣鎮江

路丹徒縣飢賑糶米四萬九千石沅州黔陽縣飢芍
陂屯田旱並賑之十二月己未御史臺經歷朶兒只
班御史撒兒塔罕兀都蠻劾也先忽都並坐黨鐵失
免官御史言曩者鐵木迭兒專政誣殺楊朶兒只蕭
拜住賀伯顔觀音保鎖咬兒哈的迷失黠竄李謙亨
成珪罷免王毅高昉張志弼天下咸知其寃請昭雪
之詔存者召還録用死者贈官有差授諸王薛徹干
以其父故金印庚申以宦者剛荅里爲中政院使壬
戌賜潛邸衛士鈔人六十錠浚鎮江路漕河及練湖
役丁萬三千五百人給諸王八剌失里印戊辰請皇

考皇妣謚于南郊皇考晉王曰光聖仁孝皇帝廟號
顯宗皇妣晉王妃曰宣懿淑聖皇后己巳辰星犯壁
壘陣庚午以即位大賚后妃諸王百官金七百餘錠
銀三萬三千錠錢及幣帛稱是遣使祀海神天妃盜
入太廟竊仁宗及莊懿慈聖皇后金主辛未熒惑犯
房壬申作仁宗主仍督有司捕盜禜星于司天監癸
酉德慶路瀧水縣猺劉寅等降甲戌命道士吳全節
修醮事乙亥征東夷民奉獸皮來附太常院臣言世
祖以來太廟歲惟一享先帝始復古制一歲四祭請
裁擇之帝曰祭祀盛事也朕何敢簡其禮命仍四祭

監察御史脫脫趙成慶等言鐵木迭兒在先朝包藏禍心離間親藩誅戮大臣使先帝孫立卒罹大禍其子鎖南親與逆謀久逭天憲乞正其罪以快元元之心月魯禿禿哈速敦皆鐵失之黨不宜寬宥遂並伏誅丙子命嶺北守邊諸王徹徹禿月修佛事以却寇兵己卯命僧作佛事於大內以厭雷增諸王薛徹干駙馬哈伯等歲賜金銀幣帛有差辛巳熒惑犯東咸壬午諸王月思別遣怯烈來朝賜以金幣癸未廣西右江來安路總管岑世興遣其弟世元入貢流諸王月魯鐵木兒於雲南按梯不花于海南曲呂不花于奴兒干孛羅及兀魯思不花于海島並坐與鐵失等逆謀乙酉雲南車里于孟爲寇詔招諭之諭百司惜名器各遵世祖定制丙戌旭邁傑言近也先鐵木兒之變諸王買奴逃赴潛邸願効死力且言不除元兇則陛下美名不著天下後世何從而知上契聖衷嘗蒙奬諭今臣等議宗戚之中能自拔逆黨盡忠朝廷者惟有買奴請加封賞以示激勸遂以泰寧縣五千戶封買奴爲泰寧王知樞密院事大司徒闊徹伯授開府儀同三司以前太師拜忽商議軍國重事丁亥議賞討逆功賜旭邁傑金十錠銀三十錠鈔七千錠

倒刺沙爲中書左丞相知樞密院事馬某沙御史大夫紐澤宣政院使鎖禿並加授光祿大夫仍賜金銀鈔有差塑馬哈吃剌佛像於延春閣之徽清亭下詔改元詔曰朕荷天鴻禧嗣大歷服側躬圖治夙夜祇畏惟祖訓是遵乃開歲甲子景運伊始思與天下更新稽諸典禮踰年改元可以明年爲泰定元年免大都興和差稅三年八番思播兩廣洞寨差稅一年江淮剏科包銀三年四川雲南甘肅秋粮三分河南陝西遼陽絲鈔三分除虛增田稅免斡脫逋錢賑恤雲南廣海八番等處戍軍求直言賜高年帛禁獻山場湖泊之利定吏員出身者秩止四品以追尊皇考皇妣詔天下雲南花腳蠻爲寇詔招諭之平江嘉定州飢遼陽咨陽失蠻闊闊部風雹並賑之澧州歸州飢賑糶米二萬石是歲夏諸衛屯田及大都河間保定濟南濟寧五路屬縣霖雨傷稼秋忻州定襄縣及忠翊侍衛屯田所營田象食屯田所隕霜殺禾土番岷州春疫夏旱西番寇鞏昌府

泰定元年春正月乙未以乃馬台爲平章政事善僧爲右丞敕諸王哈剌還本部召江西行省平章政事也兒吉你赴闕己亥以誅逆臣也先鐵木兒等詔天

下辛丑諸王大臣請立皇太子賜諸王徹徹禿金一錠銀六十錠幣帛各百匹塔思不花金一錠銀四十錠幣帛二百匹阿忽鐵木兒等金銀各有差壬寅以故丞相拜住子荅兒麻失里爲宗仁衛親軍都指揮使徹里哈爲左右衛阿速親軍都指揮使命僧諷西番經於光天殿甲辰敕譯列聖制詔及大元通制刊本賜百官丁未以稱海屯田萬戶府達魯花赤帖陳假嶺北行中書省參知政事近侍忽都帖木兒假禮部尚書使西域諸王不賽因部戊申八番生蠻韋光正等及楊黃五種人以其戶二萬七千來附請歲輸

布二千五百疋置長官司以撫之己酉命諸王遠徙者悉還其部召親王圖帖睦爾于瓊州阿木哥于大同定怯薛台歲給鈔人八十錠甲寅賜諸王太平忽剌台別失帖木兒等金印敕高麗王還國仍歸其印糴米二十萬石賑京師貧民丙辰賜故監察御史觀音保鎖咬兒哈的迷失妻子鈔各千錠賜司徒道住印敕封解州鹽池神曰靈富公廣德信州岳州惠州南恩州民饑發粟賑之二月丁巳朔作顯宗影堂巳未脩西番佛事於壽安山寺曰星吉思吃剌曰闊兒魯弗卜曰水朶兒麻曰颯間卜里喃家經僧四十人

三年乃罷庚申監察御史傅巖起李嘉賓言遼王脫脫乘國有隙誅屠骨肉其惡已彰恐懷疑貳如令歸藩譬之縱虎出柙請廢之別立近族以襲其位不報甲子作佛事命僧百八人及倡優百戲導帝師游京城庚午選守令推官舊制臺憲歲舉守令推官二人有罪連坐至是言其不便復命中書於常選擇人用之壬申請上大行皇帝謚于南郊曰睿聖文孝皇帝廟號英宗甲戌江浙行省左丞趙簡請開經筵及擇師傅令太子及諸王大臣子孫受學遂命平章政事張珪翰林學士承旨忽都魯都兒迷失學士吳澄集

賢直學士鄧文原以帝範資治通鑑大學衍義貞觀政要等書進講復敕右丞相也先鐵木兒領之諸王怯別孛羅各遣使來貢高昌王亦都護帖木兒補化遣使進蒲萄酒丁丑監察御史宋本趙成慶李嘉賓言盜竊太廟神主由太常守衛不謹請罪之不報戊寅御史李嘉賓劾逆黨左阿速衛指揮使脫帖木兒罷之癸未宣諭也里可溫各如教具戒加封廣德路祠山神張真君曰普濟寧國路廣惠王曰福祐紹興慶元延安岳州潮州五路及鎮遠府河州集州饑發粟賑之三月丁亥朔罷徽政院立詹事院以太傅朶

台宣徽使禿滿迭兒桓國公拾得驢太尉丑驢荅剌罕並爲太子詹事中書參知政事王居仁爲太子副詹事以同知宣政院事楊廷玉爲中書參知政事罷大同路黃華嶺及崇慶屯田賜壽寧公主金十錠銀五十錠鈔二萬錠乙未以江西行省平章政事也兒吉你知樞密院事置定王薛徹干總管府給蒙古流民粮鈔遣還所部敕擅徙者斬藏匿者杖之賜諸王徹徹禿永福縣戶萬三千六百爲食邑仍置王傅戊戌廷試進士賜八剌張益等八十四人及第出身有差會試下第者亦賜教官有差中書省臣請禁橫奏

賞賚及踰越奏事者從之庚子欽察罷爲陝西行臺御史大夫以四川行中書省平章政事囊加台兼宣政院使往征西番寇叅卜郎癸卯命中書平章政事乃馬台攝祭南郊知樞密院事闊徹伯攝祭太廟以冊皇后皇太子告丙午御大明殿冊八八罕氏爲皇后皇子阿速吉八爲皇太子己酉以皇子八的麻亦兒間卜嗣封晉王泰寧王買奴卒以其子亦憐真朶兒赤嗣遣湘寧王八剌失里出鎮察罕腦兒罷宣慰司立王傅府以知樞密院事也先吉你爲雲南行省右丞相召流人還京師庚戌月直延民真只海阿荅

罕來獻大珠監察御史宋本李嘉賓傅巖起言太尉司徒司空三公之職濫假僧人及會福殊祥二院並辱名爵請罷之不報癸丑諸王不賽因遣使朝貢臨洮狄道縣冀寧石州離石寧鄉縣旱飢賑米兩月廣西橫州徭寇永淳縣夏四月戊午廉恂罷爲集賢大學士食其祿終身賜乳母李氏鈔千錠賜征叅卜郎軍千人鈔四萬七千錠太尉不花平章政事即烈坐矯制以寡婦古哈強配撒梯被鞫詔以世祖舊臣原其罪己未以珠字詔賜帝師所居撒思加部庚申詔整飭御史臺作昭聖皇后御容殿於普慶寺辛酉命

昌王八剌失里往鎮阿難荅昔所居地親王圖帖睦爾至自潭州及王禪皆賜車帳駞馬癸亥以國言上英宗廟號曰格堅皇帝脩佛事於壽昌殿甲子車駕幸上都以諸王寬徹不花失剌平章政事兀伯都剌右丞善僧等居守以嶺北行中書省左丞潑皮爲中書左丞江南行臺中丞朶朶爲中書參知政事馬剌罷爲太史院使罷衛士四百人還宗仁衛賜北庭的撒兒兀魯軍羊馬諸王不賽因遣使來貢發兵民築渾河堤丙寅賜昌王八剌失里牛馬橐駝稅僧道邸舍積貨丁卯遣諸王揑古伯等還和林封八剌失里

繼母買的爲皇妹昌國大長公主給銀印以忽咱某丁爲哈讃忽咱主西域戶籍辛未月食既癸酉以太子詹事禿滿迭兒爲中書平章政事甲戌命呪師作佛事厭雷庚辰以風烈月食地震手詔戒飭百官辛巳太廟新殿成木憐撒兒蠻部及北邊蒙古戶飢賑粮鈔有差江陵路屬縣飢雲南中慶昆明屯田水五月丁亥監察御史董鵬南劉潛邊筩慕完沙班以灾異上言平章乃蠻台宣徽院使帖木兒不花詹事禿滿答兒黨附逆徒身虧臣節太常守廟不謹遼王擅殺宗親不花即里矯制亂法皆蒙寬宥甚爲失刑乞

定其罪以銷天變不允己丑帝諭倒剌沙曰朕即位以來無一人能執成法爲朕言者知而不言則不忠且陷人於罪繼自今凡有所知宜悉以聞使朕明知法度斷不敢自縱非獨朕身天下一切政務能守法以行則衆皆乂安反是則天下罹於憂苦又曰凡事防之於小則易救之於大則難爾其以朕言明告于衆俾知所慎壬辰御史臺臣禿忽魯紐澤以御史言灾異屢見宰相宜避位以應天變可否仰自聖裁顧惟臣等爲陛下耳目有徇私違法者不能糾察慢官失守宜先退避以授賢能帝曰御史所言其失在朕

卿等何必遽爾禿忽魯又言臣已老病恐誤大事乞先退於是中書省臣兀伯都剌張珪楊廷玉皆抗䟽乞罷丞相旭邁傑倒剌沙言比者灾異陛下以憂天下爲心反躬自責謹遵祖宗聖訓脩德慎行敕臣等各勤乃職手詔至大都居守省臣皆引罪自劾臣等爲左右相才下識昏當國大任無所襄贊以致灾祲罪在臣等所當退黜諸臣何罪帝曰卿若皆辭避而去國家大事朕孰與圖之宜各相諭以勉乃職戊戌遷列聖神主于太廟新殿辛丑循州徭冦長樂縣甲辰赦上都囚笞罪以下者丙午太白犯鬼侍御史高

奎上書請求直言辨邪正明賞罰帝善其言賜以銀幣丁未太白犯鬼積尸氣己酉賓州民方二等爲冦有司捕擒之癸丑命司天監禜星中書平章政事禿滿迭兒領宣徽使詹事丞回回請如裕宗故事擇名儒輔太子敕中書省臣訪求以聞袁州火龍慶延安吉安杭州大都諸路屬縣水民飢賑粮有差六月乙卯朔遣諸王闊闊出鎮畏兀賜金銀鈔千計戊午雲南蒙化州高蘭神塲寨主照明羅九等冦威楚庚申張珪自大都至以守臣集議事言逆黨未討奸惡未除忠憤未雪冤枉未理政令不信賞罰不公賦役不

均財用不節請裁擇之不允諸王阿木哥薨賻鈔千
錠諸王寬徹亦里吉赤來朝賜駙馬鐵木兒等部鈔
一萬三千錠北邊戍兵鈔萬六千八十錠賑蒙古飢
民遣還所部延安路飢禁酒癸亥作禮拜寺於上都
及大同路給鈔四萬錠丙寅遣使招諭叅卜郎遣闊
闊出等詣高麗取女子三十人廣西左右兩江黃勝
許岑世興乞遣其子弟朝貢許之丁卯大幄殿成作
鎮雷坐靜佛寺庚午置海剌禿屯田總管府辛未脩
黑牙蠻合哥佛事於水晶殿癸酉帝受佛戒於帝師
己卯諸王怯別等遣其宗親鐵木兒不花等奉馴豹
西馬來朝貢詔疏決繫囚存恤軍士免天下和買雜
役三年蛋戶差稅一年百官四品以下普覃散官一
等三品遷進一階遠仕瘴地身故不得歸葬妻子流
落者有司資給遣還仍著爲令雲南大理路㑊囊爲
寇大都真定晉州深州奉元諸路及甘肅河渠營田
等處雨傷稼賑糧二月大司農屯田諸衛屯田彰德
汴梁等路雨傷稼順德大名河間東平等二十一郡
蝗晉寧鞏昌常德龍興等處飢皆發粟賑之大同渾
源河真定滹沱河陝西渭水黑水渠州江水皆溢並
漂民廬舍宣德府鞏昌路及八番金石番等處雨雹

河間晉寧涇州揚州壽春等路湖廣河南諸屯田皆
旱秋七月丙戌思州平茶楊大車酉陽州冉世昌寇
小石耶凱江等寨調兵捕之諸王阿馬薨賻鈔五千
錠賜雲南王王禪鈔二千錠諸王阿都赤鈔三千錠作
楠木殿招諭船領義寧靈川等處徭庚寅遣使代祀
岳瀆丙申以諸王薛徹禿襲統其父完者所部仍給
故印己亥賑蒙古流民給鈔二十九萬錠遣還仍禁
毋擅離所部違者斬庚子諸王伯顏帖木兒出鎮闊
連東部阿剌忒納失里出鎮沙州各賜鈔三千錠撒
忒迷失率衛士佐太師按塔出行邊賜鈔千錠癸卯
罷廣州福建等處採珠蛋戶爲民仍免差稅一年丙
午以畏兀字譯西番經丁未禜星于上都司天監以
山東鹽運司判官馬合謨爲吏部尚書佩虎符翰林
脩撰楊宗瑞爲禮部郎中佩金符奉即位詔往諭安
南置長慶寺以宦者阿亦伯爲寺卿罷中瑞司中書
省臣言東宮衛士先朝止三千人今增至萬七千請
命詹事院汰去仍依舊制從之戊申以籍入鐵木迭
兒及子班丹觀音奴貲產給還其家奉元路朝邑縣
曹州楚丘縣大名路開州濮陽縣河溢大都路固安
州清河溢順德路任縣沙澧洺水溢真定廣平廬州

等十一郡雨傷稼龍慶州雨雹大如雞子平地深三尺定州屯河溢山崩免河渠營田租大都肇昌延安冀寧龍興等處飢賑糶有差廣西慶遠猺酋潘父絹等率衆來降署爲簿尉等官有差加封溫州故平陽侯曰英烈侯八月甲寅徹徹兒火兒火思之地五千貧乏賑糧二月乙卯敕以刑獄復隸宗正府依世祖舊制刑部勿與丙辰享太廟丁巳賜諸王八里台黃頭鈔各千五百錠禁言赦前事庚申市牝馬萬匹取湩酒賑帖列干木倫等驛户糧鈔有差辛亥遣翰林學士承旨斡赤祀太祖太宗睿宗御容于普慶寺賜

親王圖帖睦爾鈔三千錠庚午作中宮金脊殿辛未繪帝師八思巴像十一頒各行省俾塑祀之敕武官坐罪制授者以聞敕授者從行省處决以金泉館酒課賜公主壽寧丁丑罷浚玉泉山河役車駕至大都癸未敕樞密役軍凡三百人以上奏聞詔諭雲南大車里小車里秦州成紀縣大雨山崩水溢壅土至來谷河成丘阜汴梁濟南屬縣雨水傷稼賑之延安冀寧杭州潭州等十二郡及諸王哈伯等部飢賑粮有差九月乙酉封也速不堅爲荆王賜金印以宣德府復隸上都留守司辛卯罷哈思的結魯思伴卜總統

所更置臨洮總管府賜潛邸衛士鈔萬錠丙申葺太祖神御殿乙巳昭獻元聖皇后忌日修佛事飯僧萬萬人敕存恤武衛軍一年癸丑以籍入阿散家貲給其子朓列改邕州爲南寧路岑世興遣其弟興元來朝貢奉元路長安縣大雨澧水溢延安路洛水溢濮州館陶縣及諸衛屯田水建昌紹興二路飢賑糧有差冬十月乙卯秦州成紀縣趙氏婦一産三男成都嘉穀生一莖九穗丁巳監察御史王士元請早諭教太子帝嘉納之戊午享太廟立壽福總管府秩正三品典累朝神御殿祭祀及錢穀事隆大天源延聖寺

總管府爲提點所以隸之庚申命左右相日直禁中有事則赴中書丙寅太白犯斗己巳太白入斗太陰犯填星雲南車里蠻爲寇遣斡耳朶奉詔招諭之其酋塞賽子尼面雁構木子刀零出降庚午太白犯斗壬申安南國世子陳日爌遣其臣莫節夫等來朝貢真州珠金沙河松江府吳江州諸河淤塞詔所在有司傭民丁浚之丙子命帝師作佛事於延春閣丁丑緬國王子吾者那等争立歲貢不入命雲南行省諭之徙封雲南王王禪爲梁王食邑益陽州六萬五千戶仍以其子帖木兒襲封雲南王封親王圖帖睦爾

爲懷王食邑端州六萬五千戶增歲賜幣帛千匹金賜金印壬午熒惑犯壘壁陣肇慶徭黃寶才等降延安路饑發義倉粟賑之仍給鈔四千錠廣東道及武昌路江夏縣饑賑糶有差河南廉訪使買奴坐多徵公田租免官以魯國大長公主女適懷王己丑命道士修醮事癸巳遣兵部員外郎宋本吏部員外郎鄭立阿魯灰工部主事張成太史院都事貴著分詣閩海兩廣四川雲南選諸王不賽因言其臣出班有功請官之以出班爲開府儀同三司翊國公給銀印金符賜諸王散术台也速速兒鈔各千五百錠斡耳朵

罕鈔千二百錠魯賓鈔千五百錠甲午禁星于回回司天監己亥以术溫台知樞密院事辛丑造金寶蓋飾以七寶貯佛舍利甲辰作歇山鹿頂樓于上都丁未釋笞四十七以下囚及輕罪流人給鈔二千錠散與貧者印明年鈔本至元鈔四十萬錠中統十萬錠己酉詔免也里可溫荅失蠻差役庚戌招諭融州徭般領大小木龍等百七十五團河間路饑賑糧二月汴梁信州泉州南安贛州等路饑賑糶有差嘉定路龍興縣饑賑糧一月大都上都興和等路十三驛饑賑鈔八千五百錠十二月癸丑朔以岑世興爲懷遠

大將軍遙授沿邊溪洞軍民安撫使佩虎符仍來安路總管黃勝許爲懷遠大將軍遙授沿邊溪洞軍民安撫使佩虎符致仕其子志熟襲爲上思州知州降詔宣諭仍各賜幣帛二乙卯雲南徭阿吾及歪閙爲寇行省督兵捕之庚申同州地震有聲如雷癸亥鹽官州海水溢壞隄障侵城郭遣使祀海神仍興有司視形勢所便還請疊石爲塘詔曰築塘是重勞吾民也其增石囤扞禦庶天其相之乙丑給蒙古子女鞏畜丙寅命翰林國史院修纂英宗顯宗實錄敕內外百官凡行朝賀等禮雨雪免朝服庚午熒惑犯外

屏辛未新作棕殿成諸王鎖思的薨賻鈔五百錠乙亥太白經天曲赦重囚三十八人以爲三宮祈福蠻路容米洞蠻田先什用等九洞爲寇四川行省遣使諭降五洞餘發兵捕之陝西行省以兵討階州土蕃察罕腦兒千戶部饑賑糧一月延安路雹災賑糧一月溫州路樂清縣鹽場水民饑發義倉粟賑之兩浙及江東諸郡水旱壞田六萬四千三百餘頃

二年春正月丙戌辰星犯天雞乙未以歲旬不登罷春畋禁后妃諸王駙馬毋通星術之士非司天官不得妄言禍福敕御史臺選舉與中書合議以聞中書

省臣言江南民貧僧富諸寺觀田土非宋舊置并累朝所賜者請仍舊制與民均役從之以藉八思吉思地賜故監察御史觀音寶鎻咬兒哈的迷失妻子各十頃戊戌造象輦參卜郎來降賜其酋班术兒銀鈔幣帛辛丑懷王圖帖睦爾出居于建康壬寅太白犯建星甲辰奉安顯宗像于永福寺給祭田百頃廣西山獠爲冦命所在有司捕之江浙行省平章政事脫歡荅剌罕陞爲左丞相諸王怯別遣使貢方物賜鈔四萬錠戊申以乞剌失思八班藏卜爲土蕃等路宣慰使都元帥兼管長河西奔不兒亦思剛察沙加兒

朶甘思朶思麻等管軍達魯花赤與其屬往鎮撫參卜郎庚戌詔諭宰臣曰向者卓兒罕察苦魯及山後皆地震內郡大小民飢朕自即位以來惟太祖開創之艱世祖混一之盛期與人民共享安樂常懷祗懼災沴之至莫測其由豈朕思慮有所不及而事或僭差天故以此示儆卿等其與諸司集議便民之事其思自死罪始議定以聞朕將肆赦以詔天下肇慶肇昌延安贛州南安英德新州梅州等處飢賑糶有差閏月壬子朔詔赦天下除江淮拟科包銀免被災地差稅一年庚申修野狐嶺色澤桑乾嶺道乙丑命整

治屯田河南行省左丞姚煒請禁屯田吏蠶食屯戶及勿務羨增以廢裕民之意不報丁卯中書省臣言國用不足請罷不急之費從之置惠遠倉永需庫於海剌禿總管府己巳修滹沱河堰壬申罷永興銀場聽民採鍊以十分之二輸官罷松江都水庸田使司命州縣正官領之仍加兼知渠堰事癸酉作棕毛殿丙子浙西道廉訪司言四方代祀之使弃公營私多不誠潔以是神不歆格請慎擇之山南廉訪使帖木哥請削降鐵失所用驟陞官戊寅諸王忽塔梯迷失等來朝賜金銀鈔幣有差己卯河間真定保定瑞州

四路飢禁釀酒階州土蕃爲冦肇昌總帥府調兵禦之站八兒監藏叛於兀敦保定路飢賑鈔四萬錠糧萬五千石雄州歸信諸縣大雨河溢被災者萬一千六百五十戶賑鈔三萬錠南賓州棣州等處水民飢賑糧二萬石死者給鈔以瘞五花城宿滅禿抹只干麻兀三驛飢賑糧二千石衡州衡陽縣民飢瑞州蒙山銀場丁飢賑粟有差山東廉訪使許師敬請頒族葬制禁用陰陽相地邪說二月甲申祭先農丙戌頒道經于天下名山宮觀丁亥平伐苗酋的娘率其戶十萬來降土官三百六十人請朝湖廣行省請汰其

衆還部令的娘等四十六人入覲從之己丑加嗣漢
三十九代天師張嗣成太玄輔化體仁應道大真人
庚寅熒惑辰星填星聚于畢辛卯賑安定王朵兒只
班部軍糧三月爪哇國遣其臣昔剌僧迦里也奉表
及方物來朝貢廣西徭潘寶陷柳城縣丁酉禜星于
回回司天監己亥命西僧作燒壇佛事於延華閣封
阿里迷失爲和國公張珪爲蔡國公仍知經筵事以
中書右丞善僧爲平章政事參知政事潑皮爲右丞
御史大夫禿忽魯加太保仍御史大夫庚子姚煒以
河水屢決請立行都水監於汴梁倣古法備捍仍命

瀕河州縣正官皆兼知河防事從之丙午造玉御床
戊申命道士祭五福太一神庚戌通漷二州飢發粟
賑糶薊州寶坻縣慶元路象山諸縣飢賑糧二月甘
州蒙古驛戶飢賑糧三月大都鳳翔寶慶衡州潭州
全州諸路飢賑糶有差三月癸丑脩曹州濟陰縣河
隄役民丁一萬八千五百人甲寅禁捕天鵝丁巳賜
諸王帖木兒不花等鈔有差辛酉咸平府清河寇河
合流失故道壞堤堰敕蒙古軍千人及民丁修之乙
丑車駕幸上都諸王搠思班部戰士四百人征參卜
郎有功人賞鈔四千錠乙亥安南國世子陳日爌遣

使貢方物荊門州旱漷州薊州鳳州延安歸德等處
民及山東蒙古軍飢賑糧鈔有差肇慶富州惠州袁
州江州諸路及南恩州梅州飢賑糶有差夏四月丁
亥作吾殿癸巳和市牝馬有駒者萬匹敕宿衛馳馬
散牧民間者歸官廐飼之丁酉濮州鄄城縣言城西
堯塚上有佛寺請徙之不報辛丑加公主壽寧爲皇
姊大長公主禁山東諸路酒丙午僰夷及蒐雁遮殺
雲南行省所遣諭蠻使者敕追捕之丁未封后父火
里元察兒爲威靖王戊申以許師敬爲中書左丞中
政使馮亨爲中書參知政事仍中政使奉元路白水

縣雹肇昌路伏羌縣大雨山崩鎮江寧國瑞州桂州
南安寧海南豐潭州涿州等處飢賑糧五萬餘石龍
西漢中秦州飢賑鈔三萬錠五月壬子車里陶剌孟
及大阿哀蠻兵萬人乘象寇陷朵剌等十四寨木邦
路蠻八廟率僰夷萬人寇陷倒八漢寨督邊將嚴備
之癸丑龍牙門蠻遣使奉表貢方物辛未罷京師官
鬻鹽肆十五所河間鹽運司爲大都河間等路都轉
運鹽使司遣察乃使于周王和世㻋癸酉融州否泉
洞吉龍洞洞村山黑江諸猺爲寇廣西元帥府發兵
討之丙子旭邁傑等以國用不足請減廐馬汰衛士

及節諸王濫賜從之賜潛邸怯憐口千人鈔三萬錠
浙西諸郡霖雨江湖水溢命江浙行省及都水庸田
司興役疏洩之置諫議書院於昌平縣祀唐劉蕡大
都路檀州大水平地深丈有五尺汴梁路十五縣河
溢江陵路江溢洮州臨洮府雨雹潭州興國屬縣旱
彰德路蝗龍興平江等十二郡飢賑糶米三十二萬
五千餘石鞏昌路臨洮府飢賑鈔五萬五千錠六月
己卯朔皇子生命巫祓除于宮㫮萬歲山殿靜江猺
爲寇遣廣西宣慰司發兵捕之辛巳柳州猺爲寇戊
兵討斬之癸未潯州平南縣猺爲寇達魯花赤都堅

都監姚泰亨死之甲申改封嘉王晃火帖木兒爲并
王丙戌塡星犯井鉞星丙申中書參知政事左塔不
台言大臣兼領軍務前古所無鐵失以御史大夫也
先帖木兒以知樞密院事皆領衛兵如虎而翼故成
逆謀今軍衛之職乞勿以大臣領之庶勳舊之家得
以保全從之仍賜幣帛以旌其直丁酉靜江義寧縣
及慶遠安撫司蠻猺爲寇敕守將捕之息州民趙丑
廝郭菩薩妖言彌勒佛當有天下有司以聞命宗正
府刑部樞密院御史臺及河南行省官雜鞫之辛丑
柳州馬平縣猺爲寇湖廣行省督所屬追捕之丙午

塡星犯井丁未立都水庸田使司浚吳松二江勑營
造毋役五衛軍士止以武衛虎賁二衛給之開南州
阿只弄哀培蠻兵爲寇命雲南行省督所屬兵捕之
通州三河縣大雨水丈餘潼川府綿江中江水溢入
城郭興寧路汾河溢秦州秦安山移新州路旱濟南
河間東昌等九郡蝗奉元衛輝路及永平屯田豐贍
昌國濟民等署雨傷稼蠲其租濟寧興元寧夏南康
歸州等十二郡飢賑糶米七萬餘石鎮西武靖王部
及遼陽水達達路飢賑糧一月秋七月戊申朔大小
車里蠻來獻馴象乙酉賜諸王燕大等金鈔有差庚

戌遣阿失伯祀宅神于北部行幄甲寅遣使奉詔分
諭猺蠻鎮康路土官你囊謀粘路土官賽丘羅出降
木邦路土官八廟既降復叛熒星于上都司天監紐
澤許師敬編類帝訓成請於經筵進講仍俾皇太子
觀覽有旨譯其書以進丙辰享太廟播州蠻黎平愛
等集群夷爲寇湖廣行省請兵討之不許詔播州宣
撫使楊也里不花招諭之戊午遣使代祀龍虎武當
二山己未置車里軍民總管府以土人寒賽爲總管
佩金虎符中書省臣言往歲征猺廉訪司劾其濫殺
令凢出師請廉訪司官一員蒞軍糾正從之庚申以

宫人二賜藩王怯别癸亥修大乾元寺以許師敬及郎中買驢兼經筵官廣西諸猺寇城邑遣湖廣行省左丞乞住兵部尚書李大成中書舍人買驢將兵二萬二千人討之仍以諸王斡耳朶罕監其軍海北猺酋盤吉祥寇陽春縣命江西行省督兵捕之庚午以國用不足罷書金字藏經威楚大理諸蠻爲寇雲南行省請出師不允遣亦剌馬丹等使大理普顔實立等使威楚招諭之思州洞蠻楊銀千等來獻方物封駙馬孛羅帖木兒知樞密院事火沙並爲郡王辛未立河南行都水監申禁漢人藏執兵仗有軍籍者出

征則給之還復歸于官壬申御史臺臣言廉訪司並軍非世祖舊制費胡鸞實西僧修佛事所費不貲於國無益並宜除罷從之敕太傅朶台太保禿忽魯曰至禁中集議國事徭蠻潘寶寇鐔津義寧來賓諸縣命廣西守將捕之慶遠溪洞民飢發米二萬五百石平價糶之敕山東州縣收養流民遺棄子女延安鄜州綏德肇昌等處雨雹般陽新城縣蝗宗仁衛屯田隕霜殺禾睢州河決順德汴梁德安汝寧諸路旱免其租梅州饒州鎮江邠州諸路飢賑糶米三萬餘石八月戊子修上都香殿辛卯雲南白夷寇雲龍州癸

巳歲星犯天罇辛丑遣使代祀岳瀆名山大川敕諸王私入京者勿供其所用諸部曲宿衛私入京者罪之命度支監汰阿塔赤所掌駝馬於外郡飼之大都路檀州肇昌府靜寧縣延安路安塞縣雨雹衛輝路汲縣河溢南恩州瓊州飢賑糧一月臨江路歸德府飢賑糧二月衛州建昌岳州飢賑糶米一萬三千石九月戊申朔分天下爲十八道遣使宣撫詔曰朕祇承洪業夙夜惟寅凡所以圖治者悉遵祖宗成憲曩屢詔中外百司宣布德澤蠲賦詳刑賑恤貧民思與黎元共享有生之樂尚慮有司未體朕意庶政或闕

惠澤未洽承宣者失於撫綏司憲者怠於糾察俾吾民重困朕甚憫焉今遣奉使宣撫分行諸道按問官吏不法詢民疾苦審理冤滯凡可以興利除害從宜舉行有罪者四品以上停職申請五品以下就便處決其有政績尤異暨晦跡丘園才堪輔治者具以名聞以湖廣行省參知政事馬合某河東宣慰使李處恭之兩浙江東道江東道廉訪使朶列禿太史院使齊履謙之江西福建道都功德使攀林伯荆湖宣慰使蒙弼之江南湖廣道禮部尚書李家奴工部尚書朱蕡之河南江北道同知樞密院事阿吉剌御史中

丞曹立之燕南山東道太子詹事别帖木兒宣徽院判韓讓之河東陝西道吏部尚書納哈出董訥之山北遼東道陝西鹽運使衆家奴中書斷事官韓庭茂之雲南省湖南宣慰使寒食冀寧路總管劉文之甘肅省山東宣慰使禿思帖木兒陝西行省左丞廉惇之四川省翰林侍講學士帖木兒不花秘書卿呉秉道之京畿道以郡縣飢詔運粟十五萬石貯瀕河諸倉以備賑救仍敕有司治義倉禁大都順德衛輝等十郡釀酒募富民入粟拜官二千石從七品千石正八品五百石從八品三百石正九品不願仕者旌其

門諸王斡即遣使貢金浮圖己酉海運江南糧百七十萬石至京師庚戌復尚乘寺光禄寺爲正三品給銀印癸丑車駕至大都遣使祀海神天妃甲寅禁飢民結扁檐社傷人者杖一百著爲令乙卯享太廟己未岑世興上言自明不反請置蒙古漢人監貳官詔優從之壬戌諸王牙即貢馬丁丑浚河間陳王帯河廣西徭寇賓州禮部員外郎元永貞言鐵失弑逆皆由鐵木迭兒始禍請明其罪仍録付史館以爲人臣之戒漢中道文州霖雨山崩檀州雨雹開元路三河溢壞州南安德慶諸路飢賑糧鈔有差冬十月戊寅

朔張珪歸保定上冢以病辭禄不允岑世興及子鐵木兒率衆寇上林等州命撫諭之壬午禁成都路釀酒癸未以倒剌沙爲御史大夫丁亥享太廟己丑賜思平王塔思不花部鈔五千錠壬辰熒惑犯氐癸巳填星退犯井播州凱黎苗率諸寨苗獠爲寇乙未皇后亦憐真八剌受佛戒於帝師丁酉廣西徭酋何童降請防邊自効從之乙巳寧遠知州添挿言安南國土官押那攻掠其木末諸寨請治之敕安南世子諭押那歸其俘丙辰寧夏路曹州屬縣水霸州衛州路饑賑糧二月戊申周王和世㻋遣使以豹來獻改長

寧軍爲州庚戌旭邁傑以歲飢請罷皇后上都營繕從之紐澤以病乞罷不允丙辰郭菩薩等伏誅杖流其黨丁巳幸大承華普慶寺祀昭獻元聖皇后于影堂賜僧鈔千錠岑世興結八番蠻班光金等合兵攻石頭等寨敕調兵衞之八番宣慰司官失備坐罪戊午填星退犯井宿鉞星己未詔整飭臺綱庚申倭舶來互市廣西道宣慰使獲徭酋潘寶下獄其弟滿見遂寇柳州命湖廣行省左丞乞住捕之壬戌敕軍民官蔭襲者由本貫圖宗支申請銓授丙寅倒剌沙復爲中書左丞相加開府儀同三司録軍國重事丁卯

罷蒙山銀冶提舉司命瑞州路領之壬申賜諸王不賽因鈔二萬錠帛百匹諸王斡耳朶罕遣使以追捕廣西徭寇上聞帝曰朕自即位累詔天下憫恤黎元惟廣徭屢叛殺掠良民故命斡耳朶罕等討之今聞迎降者甚衆宜更以恩撫之若果不悛嚴兵追捕京師饑賑糶米四十萬石内郡饑賑鈔十萬錠米五萬石河間諸郡流民就食通漷二州命有司存恤之杭州路火賑貧民糧一月常德路水民饑賑糧萬一千六百石十二月戊寅以塔失帖木兒爲中書右丞相癸未加塔失帖木兒開府儀同三司上柱國録軍國

重事監脩國史封薊國公諸王不賽因遣使貢珠賜鈔二萬錠乙酉帝復受佛戒於帝師熒惑犯天江辰星犯建星丁亥修鹿頂殿鎮南王脱不花薨遣中書平章政事乃馬歹攝鎮其地中書省臣言山東陝西湖廣地接戎夷請議選宗室往鎮從之申禁圖讖私藏不獻者罪之癸巳京師多盗塔失帖木兒請處決重囚增調邏卒仍立捕盗賞格從之甲午太白犯壘壁陣召張珪於保定丁酉加紐澤知樞密院事與馬某沙並開府儀同三司弛瑞州路酒禁左丞乞住諸王斡耳朶罕征徭賊敗之元江路土官普山爲寇命戍兵捕之壬寅大寧路鳳翔府饑禁釀酒右丞趙簡請行區田法於内地以宋董煟所編救荒活民書頒州縣濟南延川二路饑賑鈔三千五百錠恵州杭州等處饑賑糶有差是歲陝西府雨雹御河水溢以故翰林學士不花中政使普顔篤指揮使卜顔忽里爲鐵失等所繫死贈功臣號及階勳爵謚

本紀卷第二十九

本紀卷第三十　　元史三十

翰林學士亞中大夫知制誥兼修國史臣宋濂　翰林待制承直郎同知制誥兼國史院編修官臣王禕等奉

勅修

泰定帝二

三年春正月丙午朔征東行省左丞相高麗國王王章遣使奉方物賀正旦播州宣慰使楊燕里不花招諭蠻酋黎平愛等來降戊申元江路總管普雙叛命雲南行省招捕之諸王薛徹秃晃火帖木兒來朝賜金銀鈔幣有差壬子封諸王寬徹不花為威順王鎮湖廣買奴為宣靖王鎮益都各賜鈔三千錠以山東

湖廣官田賜民耕墾人三頃仍給牛具諸王不賽因遣使獻西馬徵前翰林學士吳澄不起置都水庸田司於松江掌江南河渠水利己未賜武平王帖古思不花部軍民鈔人十五定以湘寧王八剌失里鎮兀魯思部辛酉太白犯外屏癸亥封朵列捏為國公以知樞密院事撒忒迷失為嶺北行中書省平章政事戊辰緬國亂其主荅里也伯遣使來乞師獻馴象方物安南國阮叩寇思明路命湖廣行省督兵備之大都路屬縣饑賑糧六萬石恩州水以糧賑之二月丁丑購能首告謀逆厭魅者給賞立賞格諭中外庚辰

賑魯王阿兒加失里部凳吉剌貧民鈔六萬錠命諸王魯賓為大宗正壬午廣西全茗州土官許文傑率諸猺以叛寇茗盈州殺知州事李德卿等命湖廣行省督兵捕之以乃馬台知樞密院事甲申祭太祖太宗睿宗御容於翰林國史院丁亥中書請罷征猺軍斡耳朵罕等班師其鎮戍者如故乙丑禁汴梁路釀酒甲午葺真定玉華宮乙未脩佛事厭雷于崇天門丙申建顯宗神御殿於盧師寺賜額曰大天源延壽寺敕以金書西番字藏經甲戌建殊祥寺於五臺山賜田三百頃爪哇國遣使貢方物庚子以通政院使

察乃為中書平章政事甲辰車駕幸上都命諸王也忒古不花及中書省臣兀伯都剌察乃善僧許師敬朵朵居守立典醫署秩從五品隸詹事院歸德府屬縣河決民饑賑糧五萬六千石河間保定真定三路饑賑糧四月建昌路饑賑糶米三萬石三月乙巳朔帝以不雨自責命審決重囚遣使分祀五嶽四瀆名山大川及京城寺觀安南國言為龍州萬户趙雄飛等所侵乞諭還所掠詔廣西道遣官究之丙午填星犯井宿鉞星丁未敕百官集議急務中書省臣等請汰衛士節濫賞罷營繕防猺寇諸寺官署坑冶等事

歸中書並從之壬子熒星于司天監癸丑八番巖霞洞蠻來降願歲輸布二千五百匹設蠻夷官鎮撫之乙卯申禁民間金龍文織幣丁巳遣諸王失剌鎮北邊戊午詔安撫緬國賜其主金幣甲子命功德使司蘭歲脩佛事一百三十七丙寅翰林承旨阿憐帖木兒許師敬譯帝訓成更名曰皇圖大訓敕授皇太子考試國子生遣僧脩佛事於臨洮鳳翔星吉兒宗山等處賜諸王孛羅鐵木兒阿剌忒納各鈔二千錠戊辰熒惑犯壘壁陣填星犯井庚午填星太白歲星聚于井辛未泉州民阮鳳子作亂寇陷城邑軍民官以

失討坐罪永平衛輝中山順德諸路饑賑鈔六萬六千餘錠寧夏奉元建昌諸路饑賑糧二月大都河間保定永平濟南常德諸路饑免其田租之半四月丙戌鎮安路總管岑脩廣爲弟脩仁所攻來告命湖廣行省辨治之戊戌太白犯鬼壬寅熒惑犯壘壁陣米洞蠻田先什用等結十二洞蠻寇長陽縣湖廣行省遣九姓長官彭忽都不花招之田先什用等五洞降餘發兵討之脩夏津武河堤三十三所役丁萬七千五百人五月甲戌朔藩王怯別遣使來獻豹乙巳脩鎮雷佛事三十一所甘肅行省臣言赤斤儲粟軍士

度川遠給不便請復徙于曲尤之地從之脩上都復仁門涇州饑禁釀酒罷造福建歲供蔗餳以西僧馳驛擾民禁之甲寅八百媳婦蠻招南道遣其子招三聽奉方物來朝乙卯以帝師兄鎖南藏卜領西番三道宣慰司事尚公主錫王爵給壽寧公主印仍賜田百頃鈔三萬錠甲子中書會歲鈔出納之數請節用以補不足從之監察御史劾宣撫使朶兒只班學士李塔剌海劉紹祖庸鄙不勝任中書議三人皆勳舊子孫罪無實狀乞復其職仍敕憲臺勿以空言妄劾從之丁卯岑世興及鎮安路岑脩文合山獠角蠻六

萬餘人爲寇命湖廣雲南行省招諭之遣指揮使兀都蠻鐫西番呪語于居庸關崖石庚午乞住招諭來明縣五洞徭來降河西加木籠四部來降以吞兒麻班藏卜領卜剌麻沙棚部公哥班領古籠羅烏公遠宗蘭宗孛兒間沙加堅部唆南監藏卜領蘭宗古卜剌卜吉里昔吉林亦木石威石部朶兒只本剌領籠吞吃列八里阿卜曾吞思阿吞藏部雄州饑太平興化屬縣水並賑之廬州鬱林州及洪澤屯田旱揚州路屬縣財賦官田水並免其租六月癸酉朔賜藩王怯別七寶束帶以禿哈帖木兒爲四川行省平章政

事請終毋喪從之癸未播州蠻黎平愛復叛合謝烏
窮爲冦宣撫使楊燕禮不花招平愛出降烏窮不附
命湖廣行省討之丁亥命湘寧王八剌失里出鎮阿
難荅的之地戊子諸王朊朊等來朝賜金銀鈔幣有
差乙未命梁王王禪及諸王徹徹禿鎮撫北軍賜王
禪鈔五千錠幣帛各二百匹丁酉遣道士吳全節脩
醮事於龍虎三茆閤皁三山戊戌遣使祀觧州鹽池
神中書省臣言比郡縣旱蝗由臣等不能調燮故災
異降戒今當恐懼儆省力行善政亦冀陛下敬慎脩
德憫恤生民帝嘉納之賑昌王八剌失里部鈔四萬

定賜吳王潑皮鈔萬定己亥納皇姊壽寧公主女撒
荅八剌于中宮道州路槃所源猺爲冦命乞住督兵
捕之奉元鞏昌屬縣大雨雹峽州旱東平屬縣蝗大
同屬縣大水萊蕪等處冶户饑賑鈔三萬錠光州水
中山安喜縣雨雹傷稼大昌屯河决大寧廬州德安
梧州中慶諸路屬縣水旱並蠲其租秋七月甲辰車
駕發上都禁車騎踐民禾遣王朊朊請復太毋月也
倫宫守兵及女直屯户不允增給太祖四大斡耳朶
歲賜銀二百錠鈔八千錠遣使祀海神天妃造豢豹
鷹車三十兩乙巳怯憐口屯田霜賑糧二月丙午享

太廟丁未紹慶酉陽寨冉世昌及何惹洞蠻爲冦詔
行宫馳馬及宗戚將校駐冬北邊者毋輒至京師辛
亥封阿都赤爲綏寧王賜鈔四千錠給金印壬子皇
后受牙蠻荅哥戒于水精殿甲寅幸大乾元寺敕鑄
五方佛銅像乙卯詔翰林侍講學士阿魯威直學士
燕赤譯世祖聖訓以備經筵進講戊午諸王不賽因
獻駞馬遣日本僧瑞興等四十人還國作別殿於潛
邸敕入粟拜官者准致仕銓格己未禁諸部王妃入
京告饑以月魯帖木兒嗣齊王給金印八百媳婦蠻
招南通遣使來獻馴象方物乙丑發兵修野狐色澤

桑乾三嶺道戊辰太白經天己巳大理土官你囊來
獻方物庚申廣西宣慰副使王瑞請益戍兵及以土
民屯田備蠻仍置南寧安撫司河决鄭州陽武縣漂
民萬六千五百餘家賑之永平大都諸屬縣水大風
雨雹龍興辰州二路火大名永平奉元諸路屬縣旱
汴梁路水大名順德衛輝淮安等路睢趙涿霸等州
及諸位屯田蝗大同渾源河溢檀順等州兩河温
榆水溢賑永平奉元鈔七萬錠賑糶濠州饑民麥三
萬九千餘石命瘞京城外棄骸死狀不白者有司究
之八月甲戌兀伯都剌許師敬並以災變饑歉乞解

政柄不允乙亥遣乃馬台闊邊兵賜鈔千錠大天源延聖寺神御殿成戊寅修澄清石牐甲申享太廟長春宮道士藍道元以罪被黜詔道士有妻者悉給徭役還黃羊坡民二百五十户於韃靼部寧遠州洞蠻刁用爲冦命雲南行省備之丁亥遣梁王王禪整飭斡耳朵思邊事辛卯雲南行省丞相亦兒吉解廉訪副使散兀只台以使酒相詆狀聞詔兩釋之甲午以災變罷獵賑河南探馬赤軍籍其餘丁罷行宣政院及功德使司免武備寺逋負兵器丁酉藩王不賽因遣使獻玉及獨峯駝是夜太白犯軒轅御女以星

變下詔恤民辛丑次中都畋于汪火察禿之地賜太師按攤出鈔二千八百定鹿頂殿成罷甘肅札渾倉徙其軍儲於汪古剌倉户部尚書郭良坐贓免作天妃宮于海津鎮西番土官撒加布來獻方物海冦黎三來附詔諭廉州蛋户使復業鹽官州大風海溢壞隄防三十餘里遣使祭海神不止徙居民千二百五十家大都昌平大風壞民居九百家龍慶路雨雹一尺大風損稼真定蠡州奉元蒲城等縣及無爲州諸處水河中府永平建昌印都中慶太平諸路及廣西兩江饑並發粟賑之揚州崇明州大風雨海水溢溺

死者給棺斂之杭州火賑糧一月九月丁未增置上都留守判官二員兼推官辛亥命帝師還京脩灑净佛事于大明興聖隆福三宮丁巳弛大都上都興和酒禁庚申車駕至大都壬戌以察乃領度支事癸亥太白犯太微垣右執法賜大車里新附蠻官七十五人衣帽鞾韈戊辰命權赤等使于諸王怯別月思别不賽因三部賑潛邸貧民鈔二十萬錠湖廣行省太平路總管郭扶雲南行省威楚路禿剌寨長哀培景東寨長阿只弄男阿吾大阿哀寨主弟你刀木羅寨長哀卜利茫施路土官阿利鎮江路土官泥囊弟

陀金客木帖路土官丘羅大車里昭哀姪哀用孟隆甸土官吾仲並奉方物來獻以昭哀地置木朶路一木來州一甸三以吾仲地置孟隆路一甸一以哀培地置甸一並降金符銅印仍賜幣帛鞍勒有差中書省臣言今國用不繼陛下當法世祖之勤儉以爲永圖臣等在職苟有濫承恩賞者必當回奏帝嘉納之揚州寧國建德諸屬縣水南恩州旱民饑並賑之汾州平遥縣汾水溢潞州懷慶二路蝗冬十月辛未朔發卒四千治通州道給鈔千六百錠甲戌紐澤陛右御史大夫庚辰享太廟奉安顯宗御容於大天源延

聖寺辛巳太白犯進賢天壽節遣道士祠衛輝太一
萬壽宮壬午帝師以疾還撒思加之地賜金銀鈔幣
萬計敕中書省遣官從行僃供億癸酉河水溢汴梁
路樂利堤壞役丁夫六萬四千人築之京師饑發粟
八十萬石減價糶之賜大天源延聖寺鈔二萬錠吉
安臨江二路田千頃中書省臣言養給軍民必籍地
利世祖建大宣文弘教等寺賜永業當時已號虛費
而成宗復構天壽萬寧寺較之世祖用增倍半若武
宗之崇恩福元仁宗之承華普慶租權所入益又甚
焉英宗鑿山開寺損兵傷農而卒無益夫土地祖宗

所有子孫當共惜之臣恐茲後藉為口實妄興工役
徼福利以逞私欲惟陛下察之帝嘉納焉十一月庚
子陝西行臺中丞姚煒請集世祖嘉言善行以時省
覽從之瀋陽遼陽大寧等路及金復州水民饑賑鈔
五萬錠懷慶脩武縣旱免其租寧夏路萬户府慶遠
安撫司饑並賑之弛寧夏路酒禁宣撫使馬合某李
讓劾淛西廉訪使完者不花受賂簿對不服詔遣刑
部郎中咬住鞫其侵辱使者咎之藩王不賽因遣使
來獻虎癸卯中書省臣言西僧每假元辰疏釋重囚
有乖政典請罷之有旨自今當釋者敕宗正府審覆

乙巳梁王王禪往北邊賜鈔三千錠己酉作鹿頂椶
樓辛亥追復前平章政事李孟官賜湘寧王八剌失
里鈔三千錠諸王不賽因遣使來獻馬乙卯太白犯
鍵閉廣西透江團徭為寇宣慰使買奴諭降之扶靈
青溪欅頭等源蠻為寇湖南道宣慰司遣使諭降之
戊午造中統至元鈔各十萬錠封諸王鐵木兒不花
為鎮南王鎮揚州辛酉加御史大夫紐澤開府儀同
三司加封廬陵江神曰顯應弛成都酒禁播州蠻宋
王保來降己巳從上都清寧殿于伯亦兒行宮弛永
平路山澤之禁階州土番為寇武靖王遣臨洮路元

帥盞盞諭降之廣寧路屬縣霖雨傷稼賑鈔三萬錠
沔陽府旱免其稅永平路大水免其租仍賑糧四月
汴梁建康太平池州諸路及甘肅亦集乃路饑並賑
之錦州水溢壞田千頃漂死者百人人給鈔一錠崇
明州海溢漂民舍五百家賑糧一月給死者鈔二十
貫丁丑諸王月思別獻文豹賜金銀鈔幣有差御史
哈剌那海請擇正人傳太子帝嘉納之壬午御史賈
室請祔武宗皇后于太廟不報敕以來年元夕搆燈
山于內廷御史趙師魯以水旱請罷其事從之甲申
師魯又請親祀郊廟帝嘉納之丙戌以回回陰陽家

言天變給鈔二千錠施有道行者及乞人繫囚以禳之丁亥寧夏路地震有聲如雷連震者四庚寅赦天下名江浙行省右丞趙簡爲集賢大學士領經筵事壬辰賜梁王王禪宴器金銀以皇子小薛夜啼賜高年鈔癸巳作鹿頂殿己亥命帝師脩佛事釋重囚三人置大承華普慶寺總管府罷規運提點所御史言比年營繕以衛軍供役廢武事不講請遵世祖舊制教習五衛親軍以脩扈從不報湖廣屯戍千户只干不花招諭扶靈洞蠻劉李等來降保定路饑賑米八萬一千五百石懷慶路饑賑鈔四萬錠亳州河溢漂

民舍八百餘家壞田二千三百頃免其租廣西静江象州諸路及遼陽路饑並賑之大寧路大水壞田五千五百頃漂民舍八百餘家溺死者人給鈔一錠

四年春正月甲辰諸王買奴來朝賜金一錠銀十錠鈔二千錠幣帛各四十匹乙巳御史臺臣請親祀郊廟帝曰朕遵世祖舊制其命大臣攝之己酉太白犯牛庚戌置紹慶路石門十寨巡檢司御史辛鈞言西商鬻寶動以數十萬錠今水旱民貧請節其費不報壬子以中政院金銀鐵冶歸中書靖安王闊不花出鎮陝西賜鈔二千錠癸丑賜諸王阿剌忒納失里等

鈔六千錠甲寅鷹師脫脫病賜鈔千錠戊午命市珠寶首飾庚申皇子允丹藏卜受佛戒于智泉寺鹽官州海水溢壞捍海堤二千餘步甲子武寵洞蠻冠武緣縣諸堡丁卯燕南廉訪司請立真定常平倉不報浚會通河築漷州護倉堤役丁夫三萬人初置雲南行省檢校官遼陽行省諸郡饑賑鈔十八萬錠彰德淮安揚州諸路饑並賑之大寧路水給溺死者人鈔一錠二月辛未祀先農甲戌祭太祖太宗睿宗御容于大承華普慶寺以翰林院官執事乙亥親王也先鐵木兒出鎮北邊賜金一錠銀五錠鈔五百錠幣帛

各十匹丙子命亦烈赤領仁宗神御殿事大司徒亦憐真乞剌思爲大承華普慶寺總管府達魯花赤仍大司徒壬午狩于漷州諸王火沙阿榮答里出鎮北邊賜金銀鈔幣有差帝師參馬亦思吉思卜長出亦思宅卜辛命塔失鐵木兒紐澤監脩佛事丙戌詔同僉樞密院事燕帖木兒教閱諸衛軍戊子進襲封衍聖公孔思晦階嘉議大夫以馬忽思爲雲南行省平章政事提調烏蒙屯田庚寅八百媳婦蠻酋招南通來獻方物辛卯白虹貫日以尚供總管府及雲需總管府隸上都留守司奉元廬州淮安諸路及白登部

饑賑糧有差永平路饑賑鈔三萬錠糧二月三月辛
丑皇子允丹藏卜出鎮北邊以那海赤爲惠國公商
議內史府事癸卯和寧地震有聲如雷丙午廷試進
士阿察赤李黼等八十五人賜進士及第出身有差
命西僧作止風佛事潮州路判官錢珍挑推官梁楫
妻劉氏不從誣楫下獄殺之事覺珍飲藥死詔戮尸
傳首海北廉訪副使劉安仁坐受珍賂除名辛亥諸
王槊思班不賽亦等以文豹西馬佩刀珠寶等物來
獻賜金鈔萬計庚申遣使往江南求奇花異果辛酉
以太傅朶台爲太師太保禿忽魯爲太傅也可扎魯

忽赤伯達沙爲太保敕前太師伯忽與議大事食其
俸終身召翰林學士承旨蔡國公張珪集賢大學士
廉恂太子賓客王毅悉復舊職陝西行臺中丞敬儼
爲集賢大學士並商議中書省事珪仍領經筵事賜
諸王火沙部鈔四千錠郡王朶來兀魯兀等部畜牧
災賑鈔三萬五千錠中書省臣請酬哈散等累朝售
寶價鈔十萬二千錠從之壬戌車駕幸上都復設武
備寺同判六員命親王八剌失思出鎮察罕腦兒封
寬徹爲國公以阿散火者知樞密院事渾河決發軍
民萬人塞之丁卯熒惑犯井復置衛候直都指揮使

司秩正四品諸王不賽因遣使獻文豹獅子賜鈔八
千錠大寧廣平二路屬縣饑賑鈔二萬八千錠河南
行省諸州縣及建康屬縣饑賑糧有差夏四月辛未
盜入太廟竊武宗金主及祭器大理慶甸酋阿你爲
寇壬申作武宗主甲戌作棕毛鹿頂樓己卯道州永
明縣猺爲寇癸未鹽官州海水溢侵地十九里命都
水少監張仲仁及行省官發工匠二萬餘人以竹落
木柵實石塞之不止癸巳高州猺冠電白縣千户張
恒力戰死之邑人立祠敕賜額曰旌義甲午以西僧
公哥副思巴冲納思監藏班藏卜爲帝師賜玉印仍

詔諭天下僧乙未以武備寺卿阿昔兒答剌罕爲御
史大夫禁星于回回司天臺湖廣猺寇全州義寧屬
縣命守將捕之河南奉元二路及通順檀薊等州漁
陽寶坻香河等縣饑賑糧兩月河間揚州建康太平
衛州常州諸路屬縣及雲南烏撒武定二路饑賑糧
鈔有差永平路饑免其租仍賑糧兩月五月辛丑太
尉丑驢卒癸卯以鹽官州海溢命天師張嗣成脩醮
禳之乙巳作成宗神御殿于天壽萬寧寺己未占城
國遣使貢方物甲子以典守宗廟不嚴罷太常禮儀
院官丁卯脩佛事於賀蘭山及諸行宮罷諸王分地

州縣長官世襲俾如常調官以三載爲考元江路總
管普雙坐贓免遂結蠻兵作亂敕復其舊職德慶路
猺來降歸所掠男女悉給其親河南江陵屬縣饑賑
糧有差汴梁屬縣饑免其租常州淮安二路寧海州
大雨雹睢州河溢大都南陽汝寧廬州等路屬縣旱
蝗衛輝路大風九日禾盡偃河南路洛陽縣有蝗可
五畝群烏食之既數日蝗再集又食之六月辛未翰
林侍講學士阿魯威直學士燕赤等進講仍命譯資
治通鑑以進參知政事史惟良請解職歸養不允丁
丑倒剌沙等以災變乞罷不允罷兩都營繕工役録

諸郡繫囚己卯永興屯枝災免其租辛巳造象輿六
乘癸未遣察乃伯顔赴大都銓選甲申廣西花角蠻
爲寇命所部討之乙未紹慶路四洞酋阿者等降並
命爲蠻夷長官仍設巡檢司以撫之發義倉粟賑鹽
官州民廬州路饑賑糧七萬九千石鎮江興國二路
饑賑糶有差中山府雨雹汴梁路河決汝寧府旱大
都河間濟南大名峽州屬縣蝗秋七月丁酉元江路
普雙復叛戊戌諸王燕只吉台襲位遣使來朝己亥
八兒忽部晃忽來獻方物御史臺臣言内郡江南旱
蝗荐至非國細故丞相塔失帖木兒倒剌沙參知政

事不花史惟良參議買奴並乞解職有旨毋多辭朕
當自儆卿等亦宜各欽厥職修大明殿占城國獻馴
象二建横渠書院於郿縣祠宋儒張載辛丑賜齊王
月魯帖木兒鈔二萬錠甲辰播州蠻謝烏窮來獻方
物丙午享太廟丁未敕經筵講讀官非有代不得去
職詔諭宗正府決獄遵世祖舊制戊戌遣翰林侍讀
學士阿魯威還大都譯世祖聖訓壬子賜諸王火兒
灰月魯帖木兒八剌失里及駙馬買住罕鈔一萬五
千錠金銀幣帛有差甲寅遣使市旄牛於西域丁巳
給齊王月魯帖木兒印伯顔察兒兀伯都剌以疾乞

解政優詔諭之戊午謀粘路土官賽丘羅招諭八百
媳婦蠻招三斤來降銀沙羅土官散怯遮殺賽丘羅
敕雲南王遣人諭之癸亥賜壽寧公主鈔五千錠岐
王鎖南管卜訴剌王也速也不干侵其分地命甘肅
行省閲籍歸之乙丑周王和世㻋及諸王燕只哥台
等來貢賜金銀鈔幣有差遣使祀海神天妃丙寅籍
僧道有妻者爲民塞保安鎮渠役民丁六千人是月
籍田蝗雲州黑河水溢衢州大雨水發廪賑饑者給
漂死者棺延安屬縣旱免其租稅遼陽遼河老撒加
河溢右衛率部饑並賑之八月戊辰給累朝斡耳朶

鈔有差癸酉給別乞烈失寧國公印度支監卿李羅請辭職奉毋不允賜皇后乳母鈔千七百錠滹沱河水溢發丁浚治河以殺其勢奉元路治中單鵠言今民採捕珍禽異獸不便請罷之敕應獵者其捕以進乙亥賜公主不荅昔你滕户鈔四千錠苗人祭伯秧寇李陀寨命湖廣行省捕之庚辰運粟十萬石貯瀕河諸倉倫内郡饑田州洞猺為寇遣湖廣行省捕之癸未賜營王也先帖木兒鈔三千錠乙酉伯亦斡耳朶作欽明殿成壬辰御史李昌言河南行省平章政事童童世官河南大為奸利請徙他鎮不報癸巳謚

武宗皇后曰宣慈惠聖英宗皇后曰莊靜懿聖升祔太廟發衛軍八千修白浮甕山河堤是月揚州路崇明州海門縣海水溢汴梁路扶溝蘭陽縣河溢沒民田廬並賑之建德杭州衢州屬縣水真定晉寧延安河南等路屯田旱大都河間奉元懷慶等路蝗鞏昌府通渭縣山崩碉門地震有聲如雷晝晦天全道山崩飛石斃人鳳翔興元成都峽州江陵同日地震九月丙申朔日有食之阿察赤的斤獻木綿大行帳敕國子監仍舊制歲貢生員業成者六人禁僧道買民田違者坐罪沒其直壬寅寧夏路地震壬子太白犯

房甲寅湖廣土官宋王保來獻方物壬戌遣歡赤等使諸王怯別等部甲子御史言廣海古流放之地請以職官贓汚者處之以示懲戒從之保定真定二路饑賑糧三萬石鈔萬五千錠閏月丁卯賜諸王徹徹禿渾都帖木兒鈔各五千錠己巳太白經天車駕至大都壬申以災變赦天下廣西兩江猺為寇命所部捕之甲戌命祀天地享太廟致祭五嶽四瀆名山大川甲午八百媳婦蠻請官守置蒙慶宣慰司都元帥府及木安孟傑二府于其地以同知烏撒宣慰司事你出公土官招南通並為宣慰司都元帥招諭人米

德為同知宣慰司事副元帥南通之子招三斤知木安府姪混盆知孟傑府仍賜鈔幣各有差建昌贛州惠州諸路饑賑米四萬四千石土番階州饑賑鈔千五百錠奉元慶遠延安諸路饑賑糶有差冬十月丙申享太廟戊戌諸王脫別帖木兒哈兒蠻等獻玉及蒲萄酒賜鈔六千錠己亥御史德住請擇東宮官癸卯命帝師作佛事于大天源延聖寺甲辰改封建德路烏龍山神曰忠顯靈澤普佑孚惠王乙巳晝有流星己酉以治書侍御史王士熙為參知政事辛亥監察御史亦怯列台卜荅言都水庸田使司擾民請罷

之癸丑江浙行省左丞相脫歡答剌罕平章政事高昉以海溢病民請解職不允雲南沙木寨土官馬恩等來朝丁巳以御史中丞趙世延爲中書右丞以中書參議傅巖起爲吏部尚書御史韓鏞言尚書三品秩巖起由吏累官四品於法不得陞制可安南遣使來獻方物戊午辰星犯東咸監察御史馮思忠請命太常纂脩累朝禮儀壬戌開南州土官阿只弄率蠻兵爲寇雲南行省招捕之增置肅州沙州亦集乃三路推官大都路諸州縣霖雨水溢壞民田廬賑糧二十四萬九千石衛輝獲嘉等縣饑賑鈔六千定仍蠲

丁地稅龍興路屬縣旱免其租大名河間二路屬縣饑並賑之十一月庚午禁晉寧路釀酒減價糶京倉米十萬石以賑貧民以思州土官田仁爲思州宣慰使名雲南王帖木兒不花赴上都癸酉太白犯壘壁陣乙亥熒惑犯天江丙子賜公主不答昔你鈔千錠平樂府猺爲寇湖廣行省督兵捕之辛卯以降蠻謝烏窮爲蠻夷官雲南蒲蠻來附置順寧府寶通州慶甸縣緬國主荅里必牙請復立行省於迷郎崇城不允孛斯來附給伯亦斡耳朶駝牛以歳饑開內郡山澤之禁永平路水旱民饑蠲其賦三年諸王塔思不

花部衛士饑賑糧千石冀寧路陽曲縣地震十二月庚子發米三十萬石賑京師饑絳州太平縣趙氏婦一産三子定捕盜令限內不獲者償其贓辛丑敕塔失鐵木兒倒剌沙領內史府四斡耳朶事癸卯安南遣使來貢方物甲辰梧州猺爲寇湖廣行省督兵捕之戊申諸王孛羅遣使貢硇砂賜鈔二千錠癸丑命趙世延及中書參議韓讓左司郎中姚庸提調國子監乙卯爪哇遣使獻金文豹白猴白鸚鵡各一蔡國公張珪卒植萬歳山花木八百七十本丙辰賜諸王孛羅帖木兒等鈔四千錠己未歳星退犯太微西垣

上將靜江路猺兵爲寇湖廣行省督兵捕之右江諸寨土官岑世忠等來獻方物大都保定真定東平濟南懷慶諸路旱免田租之半河南河間延安鳳翔屬縣饑並賑之是歳汴梁延安汝寧峽州旱濟南衛輝濟寧南陽八路屬縣蝗汴梁諸屬縣霖雨河決揚州路通州崇明州大風海溢

致和元年春正月乙丑朔高麗王遣使來朝賀獻方物甲戌享太廟命繪藝麥圖乙亥詔諭百司凡不赴任及擅離職者奪其官避差遣者笞之御史鄒惟亨言時享太廟三獻官舊皆勳戚大臣而近以戶部尚

書爲亞獻人既疎遠禮難嚴肅請仍舊制以省臺樞密宿衛重臣爲之丁丑頒農桑舊制十四條于天下仍詔勵有司以察勤惰己卯帝將畋柳林御史王獻等以歲饑諫帝曰其禁衛士毋擾民家命御史二人廵察之諸王星吉班部饑賑鈔萬錠米五千石占城遣使來貢方物且言爲交趾所侵詔諭解之禁僧道匿商稅給宗仁衛蒙古子女糧六月辛巳静江徭寇靈川臨桂二縣命廣西招捕之甲申遣使祀海神天妃戊子詔優護不哇國主札牙納哥仍賜衣物弓矢罷河南鐵冶提舉司歸有司命帝師脩佛事于禁中

免陝西撈鹽一年發卒修京城罷益都諸屬縣食鹽加封韋淵龍神福應昭惠公河間真定順德諸路饑賑鈔萬一千錠大都路東安州大名路白馬縣饑並賑之二月癸卯弛汴梁路酒禁乙卯牙即遣使蔵古來貢方物庚申詔天下改元致和免河南自實田糧一年被災州郡稅糧一年流民復業者差稅三年疑獄繫三歲不决者咸釋之賜遼王脫脫鈔五千錠梁王王禪鈔二千錠壬戌太白晝見癸亥解州鹽池黑龍堰壞調畬休鹽丁修之陝西諸路饑賑鈔五萬錠河間汴梁二路屬縣及開城乾州蒙古軍饑並賑之

三月庚午阿速衛兵出戍者千人人給鈔四十錠貧乏者六千一百人人給米五石雲南安隆寨土官岑世忠與其兄世興相攻籍其民三萬二千户來附歲輸布三千匹請立宣撫司以總之不允置州一以世興知州事置縣二聽世忠舉人用之仍諭其兄弟共處立萬户府二領征西紅胖襖軍塔失帖木兒倒剌沙言災異未弭由官吏以罪黜罷者怨誹所致請量才叙用從之辛未大天源延聖寺顯宗神御殿成置總管府以司財賦壬申雨霾甲戌雅濟國遣使獻方物乙卯帝御興聖殿受無量壽佛戒于帝師庚辰命

僧千人脩佛事于鎮國寺辛巳賜壽寧公主鹽價鈔萬引甲申遣户部尚書李家奴往鹽官祀海神仍集議修海岸丙戌詔帝師命僧脩佛事于鹽官州仍造浮屠二百一十六以厭海溢戊子車駕幸上都己丑以趙世延知經筵事趙簡預經筵事阿魯威同知經筵事曹元用吴秉道虞集段輔馬祖常燕赤孛术魯翀並兼經筵官雲南土官撒加布降奉方物來獻置州一以撒加布知州事隸羅羅宣慰司徵其租賦壬辰太平路當塗縣楊氏婦一產三子晉寧衛輝二路及泰安州饑賑鈔四萬八千三百錠冀寧路平定州

饑賑糶米三萬石陝西四川及河南府等處饑並賑之夏四月丙申欽州猺黄焱等爲寇命湖廣行省備之己亥塔失帖木兒倒剌沙請凡蒙古色目人效漢法丁憂者除其名從之壬寅李家奴以作石國捍海議聞己酉御史楊倬等以民饑請分僧道儲粟濟之不報甲寅改封蒙山神曰嘉惠昭應王鹽池神曰靈富公洞庭廟神曰忠惠順利靈濟昭佑王唐柳州刺史柳宗元曰文惠昭靈公戊午禁僞造金銀器皿大都東昌大寧汴梁懷慶之屬州縣饑發粟賑之保定冠州德州般陽彰德濟南屬州縣饑發鈔賑之是月

靈州濬州大雨雹薊州及岐山石城二縣蝗廣寧路大水崇明州大風海溢五月甲子遣官分護流民還鄉仍禁聚至千人者杖一百丙寅廣西普寧縣僧陳慶安作亂僭建國改元已巳八百媳婦蠻遣子哀招獻馴象癸酉籍在京流民癈疾者給糧遣還大理怒江甸土官阿哀你寇樂辰諸寨命雲南行省督兵捕之庚辰有流星大如缶其光燭地甲申安南國及八洞蠻酋遣使獻方物戊子以嶺北行省平章政事塔失帖木兒爲中書平章政事是月燕南山東東道及奉元大同河間河南東平濮州等處饑賑鈔十四萬三千餘錠峽州屬縣饑賑糶糧五千石冀寧廣平真定諸路屬縣大雨雹汝寧府潁州衛輝路汲縣蝗涇州靈臺縣旱六月高麗世子完者禿許取其印還平章政事買閭往諭高麗王俾還之丙午遣使祀世祖神御殿是月諸王喃荅失徹徹禿火沙乃馬台諸郡風雪斃畜牧士卒饑賑糧五萬石鈔四十萬錠奉元延安二路饑賑鈔四千八百九十錠彰德屬縣大雨雹南寧開元永平諸路水江陵路屬縣旱河南安德屯蝗食桑秋七月辛酉朔寧夏地震庚午帝崩壽三十六葬起輦谷已卯大寧路地震癸未脩佛事于欽

明殿乙酉皇后皇太子降旨諭安百姓丙戌太白犯軒轅大星九月倒剌沙立皇太子爲皇帝改元天順詔天下泰定之世災異數見君臣之間亦未見其引咎責躬之實然能知守祖宗之法以行天下無事號稱治平茲其所以爲足稱也

本紀卷第三十

本紀卷第三十一　　元史三十一

翰林學士亞中大夫知制誥兼修國史臣宋濂　翰林待制承直郎同知制誥兼國史院編修官臣王禕　等奉

敕修

明宗

明宗翼獻景孝皇帝諱和世㻋武宗長子也母曰仁獻章聖皇后亦乞烈氏成宗大德三年命武宗撫軍北邊帝以四年十一月壬子生成宗崩十一年武宗入繼大統立仁宗爲皇太子命以次傳於帝武宗崩仁宗立延祐三年春議建東宮時丞相鐵木迭而欲固位取寵乃議立英宗爲皇太子又與太后幸臣識

烈門譖帝於兩宮浸潤久之其計遂行於是封帝爲周王出鎮雲南置常侍府官屬以遥授中書左丞相秃忽魯大司徒斡耳朶中政使尚家奴山北遼陽等路蒙古軍萬户孛羅翰林侍講學士教化等並爲常侍中衛親軍都指揮使唐兀兵部尚書賽罕八都魯爲中尉仍置諮議記室各二員遣就鎮是年冬十一月帝次延安秃忽魯尚家奴孛羅及武宗舊臣釐日沙不丁哈八兒秃等皆來會教化謀曰天下者我武皇之天下也出鎮之事本非上意由左右搆間致然請以其故白行省俾聞之朝廷庶可杜塞離間不然

事變叵測遂與數騎馳去先是阿思罕爲太師鐵木迭兒奪其位出之爲陜西行省丞相及教化等至即與平章政事塔察兒行臺御史大夫脱里伯中丞脱歡悉發關中兵分道自潼關河中府入已而塔察兒脱歡襲殺阿思罕教化于河中帝遂西行至北邊金山西北諸王察阿台等聞帝至咸率衆來附帝至其部與定約東每歲冬居扎顔夏居斡羅斡察山春則命從者耕于野泥十餘年間邊境寧謐延祐七年仁宗崩英宗嗣立是歲夏四月丙寅子妥懽帖木爾生是爲至正帝至治三年八月癸亥御史大夫鐵失等

弑英宗晉王也孫鐵木兒自立爲皇帝改元泰定五月遣使扈從皇后八不沙至自京師二年帝弟圖帖睦爾以懷王出居于建康三年三月癸酉子懿璘質班生是爲寧宗歲戊辰七月庚午泰定皇帝崩于上都倒剌沙專權自用踰月不立君朝野疑懼時僉樞密院事燕鐵木兒留守京師遂謀舉義八月甲午黎明召百官集興聖宫兵皆露刃號於衆曰武皇有聖子二人孝友仁文天下歸心大統所在當迎立之不從者死乃縛平章烏伯都剌伯顔察兒以中書左丞朶朶參知政事王士熙等下于獄燕鐵木兒與西安

王阿剌忒納失里固守內廷於是帝方遠在沙漠未能至慮生他變乃迎帝弟懷王于江陵且宣言已遣使北迎帝以安衆心復矯稱帝所遣使者自北方來云周王從諸王兵整駕南轅且夕即至矣丁巳懷王入京師群臣請正大統固讓曰大兄在北以長以德當有天下必不得已當明以朕志播告中外九月壬申懷王即位是爲文宗改元天曆詔天下曰謹俟大兄之至以遂朕固讓之心時倒剌沙在上都立泰定皇帝子爲皇帝乃遣兵分道犯大都而梁王王禪右丞相答失鐵木兒御史大夫紐澤太尉不花等兵

皆次于榆林燕帖木兒與其弟撒敦子唐其勢等帥師與戰屢敗之上都兵皆潰十月辛丑齊王月魯帖木兒元帥不花帖木兒以兵圍上都倒剌沙乃奉皇帝寶出降兩京道路始通於是文宗遣哈散及撒迪等相繼來迎朔漠諸王皆勸帝南還京師遂發北邊諸王察阿台沿邊元帥朶烈捏萬戶買驢等咸帥師扈行舊臣孛羅尚家奴哈八兒秃皆從至金山嶺北行省平章政事潑皮奉迎武寧王徹徹秃僉樞密院事帖木兒不花繼至乃命孛羅如京師兩京之民聞帝使者至驩呼鼓舞曰吾天子實自北來矣諸王舊

臣爭先迎謁所至成聚天曆二年正月乙丑文宗復遣中書左丞躍里帖木兒來迎乙酉撒迪等至入見帝于行幄以文宗命勸進丙戌帝即位于和寧之北扈行諸王大臣咸入賀乃命撒迪遣人還報京師是月前翰林學士承旨不荅失里以太府太監沙剌班輦金銀幣帛至遣撒迪等還京師帝命之曰朕弟曩嘗覽觀書史邇者得無廢乎聽政之暇宜親賢士大夫講論史籍以知古今治亂得失卿等至京師當以朕意諭之二月壬辰宣靖王買奴自京師來覲辛丑追尊皇妣亦乞烈氏曰仁獻章聖皇后是月文宗立

奎章閣學士院于京師遣人以除目來奏帝並從之三月戊午朔次潔堅察罕之地辛酉文宗遣右丞相燕鐵木兒奉皇帝寶來上御史中丞八即剌知樞密院事秃兒哈帖木兒等各率其屬以從壬戌造乘輿服御及近侍諸服用丙寅帝謂中書左丞躍里帖木兒曰朕至上都宗藩諸王必皆來會非尋常朝會比也諸王察阿台今亦從朕遠來有司供張皆宜豫備卿其與中書臣僚議之丁亥雨土霾四月癸巳燕鐵木兒見帝於行在率百官上皇帝寶帝嘉其勳拜太師仍命爲中書右丞相開府儀同三司上柱國錄軍

國重事監脩國史荅剌罕太平王並如故復諭燕鐵
木兒等曰凡京師百官朕第所用者並仍其舊卿等
其以朕意諭之燕鐵木兒奏陛下君臨萬方國家大
事所繫者中書省樞密院御史臺而已宜擇人居之
帝然其言以武宗舊人哈八兒禿爲中書平章政事
前中書平章政事伯帖木兒知樞密院事常侍孛羅
爲御史大夫甲午立行樞密院命昭武王知樞密院
事火沙領行樞密院事賽帖木兒買奴並同知行樞
密院事是日帝宴諸王大臣于行殿燕鐵木兒哈八
兒禿伯帖木兒孛羅等侍帝特命臺臣曰太祖皇帝

嘗訓敕臣下云美色名馬人皆悅之然方寸一有繫
累即能壞名敗德卿等居風紀之司亦嘗念及此乎
世祖初立御史臺首命塔察兒奔帖傑兒二人協司
其政天下國家譬猶一人之身中書則右手也樞密
則左手也左右手有病治之以良醫省院闕失不以
御史臺治之可乎凡諸王百司違法越禮一聽舉劾
風紀重則貪墨懼猶斧斤重則入木深其勢然也朕
有闕失卿亦以聞朕不爾責也乙未特命孛羅等傳
旨宣諭燕鐵木兒伯荅沙火沙哈八兒禿八即剌等
曰世祖皇帝立中書省樞密院御史臺及百司庶府

共治天下大小職掌已有定制世祖命廷臣集律令
章程以爲萬世法成宗以來列聖相承罔不恪遵成
憲朕今居太祖世祖所居之位凡省院臺百司庶政
詢謀僉同標譯所奏以告于朕軍務機密樞密院當
即以聞毋以夙夜爲間而稽留之其他事務果有所
言必先中書院臺其下百司及饔御之臣毋得隔越
陳請宜宣諭諸司咸俾聞知儻違朕意必罰無赦丁
酉以陝西行臺御史大夫鐵木兒脫爲上都留守辛
丑文宗立都督府于京師遣使來奏又以臺憲官除
目來上並從之癸卯遣使如京師卜日命中書左丞

相鐵木兒補化攝告即位于郊廟社稷遣武寧王徹
徹禿及哈八兒禿立文宗爲皇太子仍立詹事院罷
儲慶司以徹里鐵木兒爲中書平章政事闊兒吉思
爲中書右丞怯來只兒哈郎並爲甘肅行省平章政
事忽剌台爲江浙行省平章政事那海爲嶺北行省
平章政事甲辰敕中書省賜官吏送寶者秩一等從
者賚以幣帛乙巳監察御史言嶺北行省控制一方
廣輪萬里實爲太祖肇基之地國家根本繫焉方面
之寄豈可輕任平章塔即吉素非勳舊奴事倒剌沙
倔起宿衛輙爲右丞俄陞平章年已七十眊昏殊甚

左丞馬謀本　晉邸部民以女妻倒剌沙引爲都水遂除左丞郎中羅里市井小人禿魯忽乃晉邸衛卒不諳政務並宜黜退臺臣以聞帝曰御史言甚善其並黜之又諭臺臣曰御史劾嶺北省臣朕甚嘉之繼今所當言者毋有所憚被劾之人苟營求申訴朕必罪之或廉非其實毋輒以聞五月丁巳朔次朶里伯真之地戊午遣西安王阿剌忒納失里還京師封帖木兒爲保德郡王賜扈駕宿衛士等幣帛有差己未皇太子遣翰林學士承旨阿鄰帖木兒來覲庚申次斡耳罕木東辛酉御史大夫孛羅中政使尚家奴並特授開府儀同三司以典四番宿衛癸亥次必忒怯禿之地翰林學士承旨斡耳朶自京師來覲命有司新武宗幄殿車輿庚午命燕鐵木兒陞用嶺北行省官吏其餘官吏並賜散官一級選用潛邸舊臣及扈從士受制命者八十有五人六品以下二十有六人壬申次探禿兒海之地封亦憐真八爲柳城郡王以八即剌爲陝西行臺御史大夫衆家奴爲御史中丞乙亥次禿忽剌赦大都省臣鑄皇太子寶時求太子故寶不知所在近侍伯不花言寶藏于上都行幄遣人至上都索之無所得乃命更鑄之西木憐等四十三

驛旱災命中書以糧賑之計八千二百石丁丑皇太子發京師鎮南王帖木兒不花諸王也速斡即答來不花朶來只班伯顏也不干駙馬別闍里及扈衛百官悉從行戊寅京師市馬二百八十疋載乘輿服御送行在所己卯次禿忽剌河東加翰林學士承旨唐兀爲太尉趙王馬札罕部落旱民五萬五千四百口不能自存敕河東宣慰司賑糧兩月庚辰賜諸王燕只哥台鈔二百錠幣帛二千匹辛巳次斡羅斡禿之地壬午次不魯通之地是日左丞相鐵木兒補化等以帝即位攝告南郊甲申次忽剌火失温之地六月丁亥朔次坤都也不剌之地是日鐵木兒補化等以帝即位攝告于宗廟社稷戊子燕鐵木兒等奏中政院越中書擅奏除授移文來徵制敕已如所請授之然於大體非宜乞申命禁止庶使政權歸一從之庚寅次撒里之地陝西行省告饑遣使還都與諸老臣議賑救之丁酉次兀納八之地陞都督府爲大都督府己亥次闊朶之地樞密院奏皇太子遣使來言近已頒赦四川諸省兵悉遣還營惟雲南逆謀叵測兵未可即罷令臣等以聞帝曰可仍屯戍俟平定而後罷辛丑次散里怯兒之地壬寅戒近侍毋得輒有奏

請甲辰賜駙馬脫必兒鈔千錠往雲南丁未次哈里
溫戊申次闊朶傑阿剌倫辛亥次哈兒哈納禿之地
詔諭中書省臣凡國家錢穀銓選諸大政事先啓皇
太子然後以聞癸丑次忽禿之地甲寅賑陝西臨潼
華陰二十三驛鈔一千八百錠晉寧路十五驛鈔八
百錠是月鐵木兒補化以久旱啓于皇太子辭相位
乞更選賢德委以燮理皇太子遣使以聞帝諭闊兒
吉思等曰脩德應天乃君臣當爲之事鐵木兒補化
所言良是天明可畏朕未嘗斯須忘于懷也皇太子
來會當與共圖其可以澤民利物者行之卿等其以

朕意諭群臣七月丙辰朔日有食之甲子次孛羅火
你之地壬申監察御史把的于思言朝廷自去秋命
將出師戡定禍亂其供給軍需賞賚將士所費不可
勝紀若以歲入經賦較之則其所出已過數倍況今
諸王朝會舊制一切供億俱尚未給而陝西等處饑
饉薦臻餓殍枕藉加以冬春之交雪雨愆期麥苗槁
死秋田未種民庶遑遑流移者衆臣伏思之此正國
家節用之時也如果有功必當賞賚者宜視其官之
崇卑而輕重之不惟省費亦可示勸其近侍諸臣奏
請恩賜宜悉停罷以紓民力臺臣以聞帝嘉納之仍

敕中書省以其所言示百司乙亥次不羅察罕之地
丙子文宗受皇太子寶戊寅次小只之地壬午遣使
詣京師敕中書平章政事哈八兒禿同翰林國史院
官致祭太祖太宗睿宗三朝御容發諸衛軍六千完
京城八月乙酉朔次王忽察都之地丙戌皇太子入
見是日宴皇太子及諸王大臣于行殿庚寅帝暴崩
年三十葬起輦谷從諸陵是月己亥皇太子復即皇
帝位十二月乙巳知樞密院事臣也不倫等議請上
尊謚曰翼獻景孝皇帝廟號明宗三年三月壬申祔
于太廟

本紀卷第三十一

翰林學士亞中大夫知制誥兼修國史臣宋濂　翰林待制承直郎兼國史院編修官臣王禕等奉勅修

文宗一

文宗聖明元孝皇帝諱圖帖睦爾武宗之次子明宗之弟也母曰文獻昭聖皇后唐兀氏大德三年武宗總兵北邊帝以八年春正月癸亥生十一年武宗入繼大統至大四年武宗崩傳位于弟仁宗延祐三年丞相鐵木迭兒等議立英宗爲皇太子明宗以武宗長子乃出之居于朔漠及英宗即位鐵木迭兒復

爲丞相懷私固寵搆釁骨肉諸王大臣莫不自危至治元年五月中政使咬住告脫歡察兒等交通親王於是出帝居于海南三年六月英宗在上都謂丞相拜住曰朕兄弟實相友愛曩以小人譖愬俾居遠方當亟召還明正小人離間之罪未幾鐵失也先鐵木兒等爲逆而晉王遂立爲皇帝改元泰定召帝于海南之瓊州還至潭州復命止之居數月乃還京師十月封懷王賜黃金印二年正月又命出居于建康以殊祥院使也先捏掌其衛士初晉王既爲皇帝以內史倒剌沙爲中書平章政事遂爲丞相狡愎自用災異數見而帝兄弟播越南北人心思之致和元年春大駕出畋柳林以疾還宮諸王滿禿阿馬剌台太常禮儀使哈海宗正扎魯忽赤闊闊出等與僉樞密院事燕鐵木兒謀曰今主上之疾日臻將往上都如有不諱吾黨扈從者執諸王大臣殺之居大都者即縛大都省臺官宣言太子已至正位宸極傳檄守禦諸關則大事濟矣三月大駕至上都滿禿闊闊出等扈從西安王阿剌忒納失里居守燕鐵木兒亦留大都時也先捏私至上都與倒剌沙等圖弗利於帝乃遣宗正扎魯忽赤雍古台遷帝居江陵七月庚午泰定

皇帝崩于上都倒剌沙及梁王王禪遼王脫脫因結黨害政人皆不平時燕鐵木兒實掌大都樞密符印謀於西安王阿剌忒納失里陰結勇士以圖舉義八月甲午黎明百官集興聖宮燕鐵木兒率阿剌鐵木兒孛倫赤等十七人兵皆露刃號於衆曰武宗皇帝有聖子二人孝友仁文天下正統當歸之今爾一二臣敢紊邦紀有不順者斬乃手縛平章政事烏伯都剌伯顏察兒分命勇士執中書左丞朶朶參知政事王士熙參議中書省事脫脫吳秉道侍御史鐵木哥丘世傑治書侍御史脫歡太子詹事丞王桓等皆下

之獄燕鐵木兒與西安王阿剌忒納失里共守內廷
籍府庫録符印召百官入內聽命即遣前河南行省
參知政事明里董阿前宣政使荅里麻失里馳驛迎
帝於江陵密以意諭河南行省平章政事伯顏令簡
兵以備扈從是日前湖廣行省左丞相別不花爲中
書左丞相太子詹事塔失海涯爲中書平章政事前
湖廣行省右丞速速爲中書左丞前陝西行省參知
政事王不憐吉台爲樞密副使與中書右丞趙世延
同僉樞密院事燕鐵木兒翰林學士承旨亦列赤通
政院使寒食分典機務調兵守禦關要徵諸衛兵屯

京師下郡縣造兵器出府庫犒軍士燕鐵木兒直宿
禁中達旦不寐一夕或再徙人莫知其處乙未以西
安王令給宿衛京城軍士鈔有差調諸衛兵守居庸
關及盧兒嶺丙申遣左衛率使禿魯將兵屯白馬甸
隆鎮衛指揮使斡都蠻將兵屯泰和嶺丁酉發中衛
兵守遷民鎮又遣撒里不花等往迎帝且令塔失帖
木兒矯爲使者自南來言帝已次近郊使民毋驚疑
戊戌徵宣靖王買奴諸王燕不花于山東己亥徵兵
遼陽明里董阿至汴梁執行省臣皆下之獄又收肅
政廉訪司萬戶府及郡縣印庚子發宗仁衛兵增守

遷民鎮辛丑遣萬戶徹里帖木兒將兵屯河中壬寅
河南行省以郡縣闕人權署官攝其事癸卯燕鐵木
兒之弟撒敦子唐其勢自上都來歸河南行省殺平
章曲烈右丞別鐵木兒是日明里董阿等至江陵甲
辰帝發江陵遣使召鎮南王鐵木兒不花威順王寬
徹不花湖廣行省平章政事高昌王鐵木兒補化來
會執湖廣行省左丞馬合某送京師以別薛代之河
南行省出府庫金千兩銀四千兩鈔七萬一千錠分
給官吏將士又命有司造乘輿供張儀杖等物乙巳
遣隆鎮衛指揮使也速台兒將兵守碑樓口河南行

省殺其參政脫孛臺召陝西行臺侍御史馬扎兒台
及行省平章政事探馬赤不至丙午諸王按渾察至
京師遣前西臺御史剌馬黑巴等諭陝西丁未撒敦
守居庸關唐其勢屯古北口命河南行省造銀符以
給軍士有功者戊申燕鐵木兒又令乃馬台矯爲使
者北來言周王整兵南行聞者皆悅帝命河南行省
平章政事伯顏爲本省左丞相河南行省遣前萬戶
孛羅等將兵守潼關己酉諸王滿禿阿馬剌台宗正
扎魯忽赤闊闊出前河南行平章政事買閭集賢侍
讀學士兀魯思不花太常禮儀院使哈海赤等十八

人同謀援大都事覺倒剌沙殺之庚戌帝至汴梁伯顏等扈從北行以前翰林學士承旨阿不海牙爲河南行省平章政事發平灤民塹遷民鎮以禦遼東軍辛亥以燕鐵木兒知樞密院事亦列赤爲御史中丞壬子阿速衛指揮使脫脫木兒帥其軍自上都來歸即命守古北口癸丑鑄樞密分院印是日上都諸王及用事臣以兵分道犯京畿留遼王脫脫諸王字羅帖木兒太師朶帶左丞相倒剌沙知樞密院事鐵木兒脫居守甲寅剌馬黒巴等至陝西皆見殺乙卯脫脫木兒及上都諸王失剌平章政事乃馬台詹事欽

察戰于宜興斬欽察于陣禽乃馬台送京師戮之失剌敗走丙辰燕鐵木兒奉法駕郊迎丁巳帝至京師入居大内貴赤衛指揮使脫迭出自上都率其軍來歸命守古北口戊午以速速爲中書平章政事前御史中丞曹立爲中書右丞江浙行省參知政事張友諒爲中書參知政事河南行省左丞相伯顏爲御史大夫中書右丞趙世延爲御史中丞己未以河南萬戶也速台兒同知樞密院事罷回回掌教哈的所上都梁王王禪右丞相塔失鐵木兒太尉不花平章政事買閭御史大夫紐澤等兵次榆林陞宜興縣爲州

隆鎮衛指揮使黒漢謀附上都坐棄市籍其家九月庚申朔燕鐵木兒督師居庸關遣撒敦以兵襲上都兵于榆林擊敗之追至懷來而還隆鎮衛指揮使斡都蠻以兵襲上都諸王滅里鐵木兒脫木赤于陀羅臺執之歸于京師遣使即軍中賜脫脫木兒等銀各千兩以分給軍士有功者賜京師耆老七十人幣帛命有司括馬中書左丞相別不花言回回人哈哈的自至治間貸官鈔違制別往番邦得寶貨無筭法當沒官而倒剌沙私其種人不許今請籍其家從之燕鐵木兒請釋馬合某從之陝西兵入河中府刼行用

庫鈔萬八千錠殺同知府事不倫禿壬戌遣使祭五嶽四瀆命速速宣諭中外曰昔在世祖以及列聖臨御咸命中書省綱維百司總裁庶政凡錢穀銓選刑罰興造罔不司之自今除樞密院御史臺其餘諸司及左右近侍敢有隔越中書奏請政務者以違制論監察御史其糾言之以高昌王鐵木兒補化知樞密院事也先揑爲宣徽使給居庸關軍士糗糧賜鎮南王鐵木兒不花等鈔有差徵五衛屯田兵赴京師安南國來貢方物賜上都將士來歸者鈔各有差樞密院臣言河南行省軍列戍淮西距潼関河中不遠湖

廣行省軍唯平陽保定兩萬戶號稱精銳請發蘄黃
戍軍一萬人及兩萬戶軍爲三萬命湖廣叅政鄭昻
霄萬戶脫脫木兒將之並黃河爲營以便徵遣從之
召燕鐵木兒赴闕上都諸王也先帖木兒平章禿滿
迭兒自遼東以兵入遷民鎮諸王八剌馬也先帖木
兒以所部兵入管州殺掠吏民丙寅命造兵器江浙
江西湖廣三省六萬事內郡四萬事丁卯燕鐵木兒
率諸王大臣伏闕請早正大位以安天下帝固辭曰
大兄在朔方朕敢紊天序乎燕鐵木兒曰人心向背
之機間不容髮一或失之噬臍無及帝曰必不得已

必明著朕意以示天下而後可賜西安王阿剌忒納
失里鎮南王帖木兒不花威順王寬徹不花宣靖王
買奴等金各五十兩銀各五百兩幣各三十匹遣撒
敦拒遼東兵于薊州東流沙河元帥阿兀剌守居庸
關上都軍攻碑樓口指揮使也速臺兒禦之不克戊
辰大司農明里董阿大都留守闊闊台並爲中書平
章政事募勇士從軍遣使分行河間保定真定及河
南等路括民馬徵鄜陵縣河西軍赴闕命襄陽萬戶
楊克忠鄧州萬戶孫節以兵守武關命海道萬戶府
來年運米三百一十萬石造金符八十己巳鑄御寶

成立行樞密院于汴梁以同知樞密院事也速台兒
知行樞密院事將兵行視太行諸關西擊河中潼關
軍以摺疊弩分給守關軍士上都諸王忽剌台等引
兵犯崞州庚午命有司和市粟豆十六萬五千石分
給居庸等關軍馬遣軍民守歸峽諸隘辛未常服謁
太廟雲南孟定路土官來貢方物烏伯都剌鐵木哥
棄市朵朵王士熙伯顏察兒脫歡等各流于遠州並
籍其家同知樞密院事脫脫木兒與遼東禿滿迭兒
戰于薊州兩家店壬申帝即位於大明殿受諸王百
官朝賀大赦詔曰洪惟我太祖皇帝混一海宇爰立

定制以一統緒宗親各受分地勿敢妄生覬覦此不
易之成規萬世所共守者也世祖之後成宗武宗仁
宗英宗以公天下之心以次相傳宗王貴戚咸遵祖
訓至於晉邸具有盟書願守藩服而與賊臣鐵失也
先帖木兒等潛通陰謀冒干寶位使英宗不幸罹於
大故朕兄弟播越南北備歷艱險臨御之事豈獲與
聞朕以叔父之故順承惟謹于今六年災異迭見權
臣倒剌沙烏伯都剌等專權自用踈遠勳舊廢棄忠
良變亂祖宗法度空府庫以私其黨類大行上賓利
於立幼顯握國柄用成其奸宗王大臣以宗社之重

統緒之正協謀推戴屬於眇躬朕以菲德宜俟大兄
固讓再三宗戚將相百僚耆老以爲神器不可以久
虛天下不可以無主周王遼隔朔漠民庶遑遑已及
三月誠懇迫切朕姑從其請謹俟大兄之至以遂朕
固讓之心已於致和元年九月十三日即皇帝位於
大明殿其以致和元年爲天曆元年可大赦天下自
九月十三日昧爽已前除謀殺祖父母父母妻妾殺
夫奴婢殺主謀故殺人但犯强盜印造僞鈔不赦外
其餘罪無輕重咸赦除之於戲朕豈有意於天下哉
重念祖宗開創之艱恐隳大業是以勉徇輿情尚賴

爾中外文武臣僚協心相予輯寧億兆以成治功咨
爾多方體予至意癸酉翰林院增給驛璽書命燕鐵
木兒將兵擊遼東軍封燕鐵木兒爲太平王以太平
路爲食邑賜金五百兩銀二千五百兩鈔萬錠平江
官地五百頃中書右丞曹立爲江浙行省平章政事
福建廉訪使易釋董阿爲右丞前中書左丞張思明
爲左丞諸王塔术只兒哈郎佛寶等自恩州來朝賜
按灰鈔百錠以祀天神括河東馬甲戌燕鐵木兒加
開府儀同三司上柱國錄軍國重事中書右丞相監
修國史依前知樞密院事伯顏加太尉以江南行臺

御史大夫朶兒只爲江浙行省左丞相淮西道肅政
廉訪使阿兒思蘭海牙爲江南行臺御史大夫諸王
孛羅忽都火者來朝徵左右兩阿速衛軍老幼赴京
師不行者斬籍其家乙亥立太禧院以奉祖宗神御
殿祠祭秩正二品罷會福殊祥兩院江西行省平章
政事禿堅帖木兒江浙行省右丞易釋董阿並爲太
禧院使中書平章速速御史中丞亦列赤兼太禧院
使上都王禪兵襲破居庸關將士皆潰燕鐵木兒軍
次三河丙子王禪游兵至大口燕鐵木兒還軍次榆
河帝出齊化門視師丁丑燕鐵木兒來見曰乘輿一

出民心必驚軍旅之事臣請以身任之即日還宮命
司天監禜星戊寅諭中外曰近以姦臣倒剌沙烏伯
都剌潛通陰謀變易祖宗成憲既已明正其罪凢回
回種人不預其事者其安業勿懼有因而扇惑其人
者罪之又勑軍中逃歸及京城游民敢擾民財者斬
命高昌僧作佛事於延春閣又命也里可溫於顯懿
莊聖皇后神御殿作佛事諸王阿兒八忽按灰脫脫
來朝命留守司完京城軍士乘城守禦燕鐵木兒與
王禪前軍戰于榆河敗之追奔紅橋北其樞密副使
阿剌帖木兒指揮使忽都帖木兒以兵會王禪復來

戰又敗之我師據紅橋增給大都驛馬百匹庚辰太白犯亢宿詔諭御史臺今後監察御史廉訪司凡有刺舉並著其實無則勿妄以言廉訪司書吏當以職官教授吏員鄉貢進士參用加封漢將軍關羽為顯靈義勇武安英濟王遣使祠其廟辛巳命司天監禜星以別不花知樞密院事依前中書左丞相括山東馬燕鐵木兒與上都軍大戰白浮之野燕鐵木兒手刃七人于陣敗之脫脫木兒與遼東軍戰薊州之檀子山壬午大霧王禪等遁崑山州獲上都頒詔使者及遼東徵兵使者以聞詔誅之癸未以同知樞密院

事禿兒哈帖木兒知樞密院事中書平章政事明里董阿為江浙行省平章政事王禪收集散亡復來戰我師列陣白浮之西敵不敢犯至夜撒敦脫脫木兒前後夾攻敗走之追及于昌平北斬首數千級降者萬餘人帝遣使賜燕鐵木兒上尊諭旨曰丞相每臨陣躬冒矢石脫有不虞柰何自今第以大將旗鼓督戰可也燕鐵木兒對曰凡戰臣必以身先之敢後者論以軍法若委之諸將萬一失利悔將何及甲申慶雲見王禪單騎亡撒敦追之不及而還命御史臺凡各道廉訪司官用蒙古二人畏兀河西回回漢人各

一人各司書吏十六人用職官五各路司吏五教授二鄉貢進士四人本臺經歷品秩相當者除各道廉訪使都事除副使本臺譯史通事考滿不得除御史靖安王闊不花等將陝西兵潛由潼關南水門入萬戶孛羅棄關走闊不花等分據陝州等縣縱兵四劫乙酉以明里董阿為中書平章政事嶺北行省左丞燕不鄰知樞密院事募丁壯千人守捍城郭上都兵入古北口將士皆潰其知樞密院事竹溫台以兵掠石槽追封乳母完者雲國夫人其夫斡羅思贈太保封雲國公諡忠懿子鎖乃贈司徒封雲國公諡貞閔

燕鐵木兒遣撒敦倍道趣石槽掩其不備擊之燕鐵木兒大兵繼至轉戰四十餘里至牛頭山擒駙馬孛羅帖木兒平章蒙古塔失帖木兒將作院使撒兒討溫送闕下戮之將校降者萬人餘兵奔竄夜遣撒敦出古北口逐之脫脫木兒與遼東軍戰薊州南殺獲無筭調河南蒙古軍老幼五萬人增守京師募丁壯守直沽調臨清萬戶府運糧軍三千五百並御河分守山東丁壯萬人守禦益都般陽諸處海港居庸關壘石以為固丁亥遼東軍抵京城燕鐵木兒引兵拒之令京城里長召募丁壯及百工合萬人與兵士爲

伍乘城守禦月給鈔三錠米三斗冀寧晉寧兩路所轄代州之鴈門關崞州之陽武關嵐州之大澗口皮庫口保德州之寨底天橋白羊三關石州之塢堡口汾州之向陽關隰州之烏門關吉州之馬頭秦王嶺二關靈石縣之陰地關皆令穿塹壘石以爲固調丁壯守之戊子上都諸王忽剌台等兵入紫荆關將士皆潰行樞密院官卜顏幹都蠻指揮使也速臺兒將兵援之陝西行臺御史大夫也先帖木兒引兵從大慶關渡河擒河中府官殺之萬户徹里帖木兒軍潰而遁河南廉訪副使萬家閭言徹里帖木兒身爲大

將紀律不嚴望風奔潰宜加重罰以示勸懲不報河東聞也先帖木兒軍至官吏皆棄城走也先帖木兒悉以其黨代之召雲南行省左丞相也先吉尼不至前尚書左丞相三寶奴以罪誅其二子上都哈剌八都兒近侍命以所籍家貲及制命還之冬十月己丑朔命西僧作佛事燕鐵木兒引兵至通州擊遼東軍敗之皆渡潞水走遣脱脱木兒等將兵四千西援紫荆關調江浙兵萬人西禦潼關紫荆關潰卒南走保定因肆剽掠同知路事阿里沙及故平章張珪子武昌萬户景武等率民持梃擊死數百人河南行省調

兵守虎牢關庚寅我師與遼東軍夾潞水而陣遼東軍宵遁我師渡而襲之辛卯禮官言即位之始當告祭郊廟社稷時享之禮請改用仲月從之紫荆關兵進逼涿州同知州事教化的調丁壯禦之壬辰也先捏以軍至保定殺阿里沙等及張景武兄弟五人并取其家貲倒剌沙貸其姻家長蘆鹽運司判官亦剌馬丹鈔四萬錠買鹽營利於京師詔追理之癸巳立壽福會福隆禧崇祥四總管府分奉祖宗神御殿秩正三品並隸太禧院忽剌台游兵進逼南城令京城居民户出壯丁一人持兵仗從軍士乘城仍於諸門

列甕貯水以防火燕鐵木兒及陽翟王太平國王朶羅台等戰于檀子山之棗林唐其勢陷陣殺太平死者蔽野餘皆宵遁遣撒敦追之弗及甲午命有司市馬千匹賜軍士出征者脱脱木兒章吉與也先捏合擊敵軍於良鄉南轉戰至盧溝橋忽剌台被創擐橋而宿乙未燕鐵木兒率軍循北山而西趣良鄉諸將時與忽剌台阿剌帖木兒等戰于盧溝橋聲言燕鐵木兒大軍至敵兵皆遁使者頒詔于甘肅至陝西行省行臺官塗毀詔書械使者送上都湘寧王八剌失里引兵入冀寧殺掠吏民時太行諸關守備皆闕冀

寧路來告急敎萬戶和尚將兵由故關援之冀寧路
官募民丁迎敵和尚以兵爲殿殺獲甚衆會上都兵
大至和尚退保故關冀寧遂破丙申燕鐵木兒入朝
賜宴興聖殿賑通州被兵之家命速速等董度支芻
粟中書省臣言上都諸王大臣不思祖宗成憲惑於
姦臣倒剌沙之言輒以兵犯京畿賴陛下洪福王禪
遂致潰亡生擒諸王孛羅帖木兒及諸用事臣蒙古
答失雅失帖木兒等旣已明正典刑宜傳首四方以
示衆從之丁酉以縉山縣民十人嘗爲王禪向導誅
其爲首者四人餘杖一百七籍其家貲妻子分賜守

關軍士戊戌命湖廣行省平章政事乞住調兵守歸
峽左丞別薛守八番以禦四川軍諸將追阿剌帖木
兒等至紫荊關獲之送京師皆棄市己亥幸大聖壽
萬安寺謁世祖裕宗神御殿賜燕鐵木兒太平王黃
金印幷降制書及賜玉盤龍衣珠衣寶珠金腰帶海
東白鶻青鶻各一河南行中書省行樞密院皆聽便
宜行事禿滿迭兒軍復入古北口燕鐵木兒引軍禦
之大戰于檀州南敗之其萬戶以兵萬人降禿滿迭
兒遂走還遼東使者頒詔於陝西行省行臺官焚詔
書下使者獄告于上都庚子以梁王王禪弟賜諸王

帖木兒不花廷臣言保定萬戶張昌其諸父景武等
旣受誅宜罷其所將兵而奪其金虎符不許辛丑以
同知樞密院事脫脫木兒通政使也不倫並知樞密
院事御史中丞亦列赤爲御史大夫還給伯顏察兒
朶朶家貲齊王月魯帖木兒東路蒙古元帥不花帖
木兒等以兵圍上都倒剌沙等奉皇帝寶出降梁王
王禪遁遼王脫脫爲齊王月魯帖木兒所殺遂收上
都諸王符印壬寅以宣徽使也先捏知行樞密院事
宣徽副使章吉爲行樞密院副使與知樞密院事也
速台兒等將兵西擊潼關軍中書省臣言野理牙舊

以贓罷除名近復命爲太醫使臣等不敢奉詔帝曰
往者勿咎比兵興之時朕已錄用其依朕命行之以
張珪女歸也先捏癸卯以故徽政使失烈門妻賜燕
鐵木兒以通州知州趙義能禦敵賜幣二匹也先鐵
木兒軍至晉寧本路官皆遁甲辰晉邸及遼王所轄
路府州縣達魯花赤並罷免禁錮選流官代之給淮
東宣慰司銀字圓符命有司收將士所遺符印兵仗
賑糶京城米十萬石石爲鈔十五貫丙午中書省臣
言凡有罪者旣籍其家貲又沒其妻子非古者罪人
不孥之意今後請勿沒人妻子制可丁未告祭于南

郊以中書平章政事塔失海涯爲大司農復以欽察台爲中書平章政事侍御史玥璐不花爲中丞以度支芻豆經用不足凡諸王駙馬來朝並節其給宿衛官已有廪祿者及内侍宫人歲給芻豆皆權止之糴豆二十萬石於瀕御河州縣以河間山東鹽課鈔給其直放還防河運糧軍陝西兵至鞏縣黑石渡遂據虎牢我師皆潰儲仗悉爲所獲河南行省來告急戒有司脩城壁嚴守衛雲南銀羅甸土官哀賛等來貢方物己酉別不花加太保落知樞密院事命刑部郎中大都前廣東僉事張世榮追理烏伯都剌家貲開

居庸關陝西軍奪武關萬戶楊克忠等兵潰庚戌帝御興聖殿齊王月魯帖木兒諸王別思帖木兒阿兒哈失里那海罕及東路蒙古元帥不花帖木兒等奉上皇帝寶倒剌沙等從至京師下之獄分遣使者檄行省内郡罷兵以安百姓以宦者伯帖木兒妻及奴婢田宅賜撒敦辛亥雲南徹里路土官刁賽等來貢方物詔自今朝廷政務及籍没田宅賜人者非與燕鐵木兒議諸人不許奏陳以宦者米薛迷奴婢家貲賜伯顏壬子以河南江西湖廣入貢鴛鵝太頻令減其數以省驛傳以諸王火沙第賜燕鐵木兒繼母公

主察吉兒癸丑燕鐵木兒辭知樞密院事命其叔父東路蒙古元帥不花帖木兒代之燕鐵木兒請以蒙古塔失等三十人田宅賜徹里鐵木兒等三十人從之以所括河北諸路馬四百匹給四宿衛阿塔赤二百匹給中宫阿塔赤餘二千匹分牧於内郡數上都倉庫錢穀御史臺臣言近北兵奪紫荆關官軍潰走掠保定之民本路官與故平章張珪子景武五人率其民擊官軍死也先捏不俟奏聞輒擅殺官吏及珪五子珪父祖三世爲國勳臣設使珪子有罪珪之妻女又何罪焉今既籍其家又以其女妻也先捏誠非國

家侍遇勳臣之意帝曰卿等言是命中書革正之命御史臺擇人充各道廉訪司官遣官賑良鄉涿州定興保定驛戶之被兵者甲寅罷徽政院改立儲慶使司秩正二品平章政事速速明里董阿並領儲慶司事鷹坊伯撒里河南行省左丞姚煒並爲儲慶使元帥也速荅兒執湘寧王八剌失里送京師八剌失里及趙王馬扎罕諸王忽剌台承上都之命各起所部兵南侵冀寧還次馬邑至是被執其所俘男女千人悉還其家遣使止江浙軍士之往潼關者就還鎮也先鐵木兒兵至潞州乙卯以倒剌沙宅賜不花帖木

兒倒剌沙子潑皮宅賜斡都蠻內侍王伯顏宅賜唐其勢丙辰燕鐵木兒請以所沒逆臣赤斤鐵木兒家貲還其妻鐵木哥兵入鄧州丁巳毀顯宗室升順宗祔右穆第二室成宗祔右穆第三室武宗祔左昭第三室仁宗祔左昭第四室英宗祔右穆第四室加命燕鐵木兒爲荅剌罕仍命子孫世襲其號燕鐵木兒請以河南平章曲列等二十三人田宅賜西安王阿剌忒納失里等二十三人從之戊午詔諭廷臣曰凡令臣僚唯丞相燕鐵木兒大夫伯顏許兼三職署事餘者並從簡省百司事當奏者共議以聞或私任巳

意者不許獨請上都官吏自八月二十一日以後擢用者並追收其制敕天下僧道有妻者皆令爲民也先捏軍次順德令廣平大名兩路括馬盜殺太尉不花初不花乘國家多事率衆剽掠居庸以北皆爲所擾至是盜入其家殺之興和路當盜以死罪刑部議以爲不花不道衆所聞知幸遇盜殺而本路隱其殘剽之罪獨以盜聞於法不當中書以聞帝嘉其議十一月己未詔諭中外曰諸王王禪及禿滿迭兒阿剌不花禿堅等兵敗而逃有能擒獲者授五品官同黨之人若能去逆効順擒王禪等來歸者免本罪依上

授官家奴獲之者得備宿衛敢有隱匿者事覺與犯人同罪給殿中侍御史及冀寧路印凡內外百司印因兵興而失者令中書如品秩鑄給之命太保伯荅沙陞太傅兼宗正札魯忽赤總兵北邊中書省臣言侍御史左吉非才不當任風憲御史臺臣伯顏等言左吉御史所薦若既用之又以人言而止臺綱不能振矣必如省臣所言臣等乞辭避帝曰汝等其勿爲是言左吉果不可用省臣何不先言之其令左吉仍爲侍御史帝謂中書省臣曰朕在瓊州建康時撒迪皆從備極艱苦其賜鹽引六萬俾規利以贍其家命

郡縣招集被兵流亡之民貧者賑給之遼東降軍給行糧遣還京畿及四方民爲兵所掠而奴于人者令有司追理送還山北京東驛被兵者賑以鈔二萬一千五百錠放高麗官者米薛迷剛荅里歸田里庚申中書録用前御史臺官亦憐真蔡文淵用江南行臺御史王琚仁言汰近歲白身入官者敕行御史臺凡有糾劾必由御史臺陳奏勿徑以封事聞命中書省追理倒剌沙及其兄馬某沙子潑皮木八剌沙等家貲辛酉燕鐵木兒請以紐澤田宅賜欽察台也先捏兵至武安也先鐵木兒以軍降河東州縣聞之盡殺

其所署官吏癸亥帝宿齋宮甲子服袞冕享于太廟陝西兵進逼汴梁聞朝廷傳檄罷兵乃解去乙丑燕鐵木兒請以烏伯都剌等三十人田宅賜斡魯思等三十人從之丁卯伯顏兼忠翊侍衛都指揮使庚午復立察罕腦兒宣慰司命總宿衛官分簡所募勇士非舊嘗宿衛者皆罷去汴梁河南等路及南陽府頻歲蝗旱禁其境內釀酒日本船商至福建博易者江浙行省選廉吏征其稅中書省臣言今歲既罷印鈔本來歲擬印至元鈔一百一十九萬二千錠中統鈔四萬錠監察御史言戶部鈔法歲會其數易故以新

期於流通不出其數邇者倒剌沙以上都經費不足命有司刻板印鈔今事既定宜急收毀從之監察御史撒里不花鎖南八于欽張士弘言朝廷政務賞罰爲先功罪旣明天下斯定國家近年自鐵木迭兒竊位擅權假刑賞以遂其私綱紀始紊迨至泰定爵賞益濫比以兵興用人甚急然而賞罰不可不嚴夫功之高下過之重輕皆係天下之公論願命有司務合公議明示黜陟功罪旣明賞罰攸當則朝廷肅清紀綱振舉而天下治矣帝嘉納之辛未遣西僧作佛事於興和新內鐵木哥兵入襄陽本路官皆遁襄陽縣

尹谷庭珪主簿張德獨不去西軍執使降不屈死之時僉樞密院事塔海擁兵南陽不救壬申遣官告祭社稷以故平章黑驢平江田三百頃及嘉興蘆地賜西安王阿剌忒納失里癸酉八百媳婦國使者昭哀雲南威楚路土官脁放等九十九寨土官必也姑等各以方物來貢燕鐵木兒言向者上都舉兵諸王失剌樞密同知阿乞剌等十人南望宮闕鼓譟其黨拒命逆戰情不可恕詔各杖一百七流遠籍其家貲甲戌居泰定后雍吉剌氏于東安州杭州火命江浙行省賑被災之家乙亥賜西安王阿剌忒納失里齊王

月魯帖木兒知樞密院事不花帖木兒金各五百兩銀各二千五百兩鈔各萬錠諸王朶列帖木兒金五十兩銀五百兩鈔千錠從者及軍士有差丙子速速坐受賂杖一百七徙襄陽以母年老詔留之京師丁丑以躬祀太廟禮成御大明殿受諸王文武百官朝賀荊王也速也不干遣使傳檄至襄陽鐵木哥引兵走戊寅以御史中丞玥璐不花爲太禧使監察御史撒里不花等言玥璐不花素稟直氣操履端正陛下欲振憲綱非任斯人不可乃復以玥璐不花爲中丞兼太禧使作佛事于五臺寺命河南江浙兩省以兵

五萬益湖廣己卯中書省臣言內外流官年及致仕者並依階叙授以制敕今後不須奏聞制可以也先鐵木兒烏伯都剌珠衣賜撒迪趙世安諸衛漢軍及州縣丁壯所給甲冑兵杖皆令還官庚辰遣使奉迎
皇兄明宗皇帝於漠北以中政院使敬儼為中書平章政事同知樞密院事徹里帖木兒為中書左丞辛巳遣欽察百戶及其軍士還鎮以脫脫等三人妻賜闊闊出等三人以朵台等十一人田宅賜駙馬朵必兒等十一人壬午第三皇子寶寧易名太平訥命大司農買住保養於其家詔行樞密院罷兵還以御史

中丞玥璐不花為中書右丞癸未倒剌沙伏誅磔其尸於市王禪亦賜死馬某沙紐澤撒的迷失也先鐵木兒等皆棄市以所賜速速也先捏宅改賜駙馬謹只兒及乳媼也孫真甲申命威順王寬徹不花還鎮湖廣御史中丞趙世延以老疾辭職不許用故中丞崔彧故事加平章政事居前職御史臺臣言行宣政院行都水監宜罷從之丙戌作水陸會以阿魯灰帖木兒等六人在上都欲舉義不克而死並賜贈謚邮其家燕鐵木兒言晉王及遼王等所轄府縣達魯花赤既已黜罷其所舉宗正府扎魯忽赤中書斷事官

皆其私人亦宜革去從之敕趙世延及翰林直學士虞集製御史臺碑文遣諸衛兵各還鎮別不花罷命有司追理上都官吏預借俸遼王脫脫之子八都聚黨出剽掠敕宣德府官捕之四川行省平章囊加台自稱鎮西王以其省左丞脫脫為平章前雲南廉訪使楊靜為左丞殺其省平章寬徹等官稱兵燒絕棧道烏蒙路教授杜巖肖謂聖明繼統方內大寧省臣當罷兵入朝庶免一方之害囊加台以其妄言惑衆杖一百七禁錮之十二月己丑朔監察御史言伯顏宜與燕鐵木兒一體論功行賞帝曰伯顏之功朕心

知之御史不必言庚寅令內外諸司天壽節聽具肉食民間禁屠宰如舊制命通政院整飭蒙古驛諸關隘嘗毀民屋以塞者賜民鈔俾完之甲午以王禪奴婢賜鎮南王鐵木兒不花及燕鐵木兒乙未以王禪弓矢賜燕鐵木兒伯顏燕鐵木兒請以馬某沙等九人田宅賜燕不憐等九人從之丙午幸大崇恩福元寺謁武宗神御殿分命諸僧於大明殿延春閣興聖宮隆福宮萬歲山作佛事雲南土官普雙等來貢方物御史臺臣言也先捏將兵所至擅殺官吏俘掠子女貨財詔刑部鞫之籍其家杖一百七竄于南寧命

其妻歸父母家己亥造皇后玉册玉寶庚子赦天下賜諸王滿禿爲果王阿馬剌台爲毅王宗正札魯忽赤闊闊出等十七人並賜功臣號及階官爵謚仍命有司刻其功于碑賜鈔卹其家中書省臣言陝西行省行臺官焚棄詔書坐罪當流雖經赦宥永不録用爲宜制可辛丑立龍翊侍衛親軍都指揮使司分掌欽察軍士秩正三品指揮使三人命燕鐵木兒及卜蘭奚卯罕爲之餘官悉聽燕鐵木兒選人以聞命高昌僧作佛事於寶慈殿江南行臺御史言遼王脫脫自其祖父以來屢爲叛逆蓋因所封地大物衆宜

削王號處其子孫遠方而析其元封分地詔中書與勳舊大臣議其事火兒忽荅等十三人從湘寧王八剌失里用兵既伏誅命皆籍其家賚西僧百人作佛事於徽猷閣七日癸卯欽察阿速二部依宿衛軍士例給芻豆乙巳伯顏加太尉開府儀同三司與亦列赤並爲御史大夫同振臺綱詔天下立内宰司隷儲慶使司秩正三品以阿伯等六人田宅賜諸王老的等六人雲南姚州知州高明來貢方物戊申以潛邸所用工匠百五十人付皇子阿剌忒納荅剌立異樣局以司之秩從六品加伯顏爲太保知樞密院事不

花帖木兒爲太尉香山爲司徒己酉開上都酒禁壬子以諸路民匠提領所合爲提舉司秩從五品甲寅復遣治書侍御史撒迪内侍不顏禿古思奉迎皇兄於漠北西安王阿剌忒納失里及燕鐵木兒鐵木兒補化請各遣人送名鷹於行在所以王禪妻金珠首飾歸中宫丙辰陞太禧院從一品中書左丞玥璐不花爲太禧使丁巳封西安王阿剌忒納失里爲豫王賜南康路爲食邑徹里鐵木兒陞右丞叅知政事躍里鐵木兒爲左丞叅議省事趙世安爲叅知政事戊午詔被兵郡縣免雜役禁釀酒弛山塲河濼之禁私相假貸者俟秋成責償蒙

古色目人願丁父母憂者聽如舊制御史臺言曩加台拒命西南罪不可宥所授制敕宜從追奪中書省臣言令方許曩加台等自新則御史言宜勿行從之教坊司達魯花赤撒剌兒在武宗時遥授叅知政事階中奉大夫詔落遥授之職而仍其舊階是月復遣使者召雲南行省左丞相也兒吉你又不至加謚唐司徒顔真卿正烈文忠公令有司歲時致祭陝西自泰定二年至是歲不雨大饑民相食杭州嘉興平江湖州鎮江建德池州太平廣德等路水没民田萬四千餘頃河北山東有年

本紀卷三十二

本紀卷第三十三　　元史三十三

翰林學士亞中大夫知制誥兼修國史臣宋濂　翰林待制承直郎同知制誥兼國史院編修官臣王禕等奉

勑修

文宗二

天曆二年春正月己未朔立都督府以總左右欽察及龍翊衛庚申封知樞密院事火沙爲昭武王床兀兒之子荅隣荅里襲父封爲句容郡王高麗國遣使來朝賀遣前翰林學士承旨不荅失里北還皇兄行在所仍命太府太監沙剌班奉金幣以往辛酉封朶列帖木兒復爲楚王高昌王鐵木兒補化爲中書左丞相大司農王毅爲平章政事欽察台知樞密院事皇兄遣火里忽達孫剌剌至京師以伯帖木兒扈從有功遣使以幣帛百匹即行在賜之諸王渾都帖木兒襲取其印及王傅印以賜斡即武寧王徹徹禿遣使來言皇兄啓行之期癸亥燕鐵木兒爲御史大夫太平王如故賜魯國大長公主鈔二萬錠營第宅甲子太白犯壘壁陣時享于太廟齊王月魯帖木兒襲

乙丑中書省言度支今歲芻豪不足常例支給外凡陳乞者宜勿予從之仍命中書右丞徹里帖木兒總其事丙寅帝幸大崇恩福元寺遣使賜西域諸王燕只吉台海東鶻二戊辰遣使獻海東鶻于皇兄行在所己巳賜內外軍士四萬二千二百七十人鈔各一錠作佛事陝西告饑賑以鈔五萬錠辛未以册命皇后告于南郊賜豫王黃金印回回人户與民均當差役中書省臣言近籍沒欽察家其子年十六請令與其母同居仍請繼今臣僚有罪致籍沒者其妻有子他人不得陳乞亦不得沒爲官口從之壬申遣近侍星吉班以詔往四川招諭囊加台癸酉命中書省宣徽院臣稽考近侍宿衛廩給定其名籍以遼陽省蒙古高麗肇州三萬户將校從逆舉兵犯京畿拘其符印制敕罷今歲柳林田狩復鹽制每四百斤爲引引爲鈔三錠四川囊加台乞師于鎮西武靖王搠思班搠思班以兵守關隘甲戌復命太僕卿教化獻海東鶻于皇兄行在所罷中瑞司丙子皇后滕臣張住童等七人授集賢侍講學士等官丁丑四川囊加台攻破播州猫兒埡隘宣慰使楊延里不花開關納之陝西蒙古軍都元帥不花台者囊加台之弟囊加台遣使招之不花台不從斬其使中書省臣言朝廷賞賚不宜濫及罔功鷹鶻獅豹之食舊支肉價二百餘錠今增至萬三千八百錠控鶴舊止六百二十八户今增二千

四百户又佛事歲費以今較舊增多金千一百五十兩銀六千二百兩鈔五萬六千二百錠幣帛三萬四千餘匹請悉揀汰從之中正院臣言皇后日用所需鈔十萬錠幣五萬匹綿五千斤詔鈔予所需之半幣給一萬匹賑大都路涿州房山范陽等縣饑民糧兩月己卯以册命皇后告于太廟庚辰賜潛邸説書劉道衡等四人官從七品薛允等十六人官從八品辛巳起復中書左丞史惟良爲御史中丞上都官吏惟初入仕及驟陞者黜之餘聽敘復以御史臺贓罰鈔三百錠賜教坊司撒剌兒壬午以陝西行臺御史大

夫阿不海牙爲中書平章政事皇兄遣常侍孛羅及鐵住訖先至京師賞以金幣居宅仍遣内侍禿教化如皇兄行在所播州楊萬户引四川賊兵至烏江峯官軍敗之八番元帥脱出亦破烏江北岸賊兵復奪關口諸王月魯帖木兒統蒙古漢人荅剌罕諸軍及民丁五萬五千俱至烏江癸未遣宣靖王買奴往行在所丙戌皇兄明宗即皇帝位於和寧之北四川囊加台焚雞武關大橋又焚棧道命中書省録江陵汴梁郡縣官扈從者三十四人並陞其階秩陝西大饑行省乞糧三十萬石鈔三十萬錠詔賜鈔十四萬錠

遣使往給之大同路言去年旱且遭兵民多流殍命以本路及東勝州糧萬三千石減時直十之三賑糶之奉元蒲城縣民王顯政五世同居衛輝安寅妻陳氏河間王成妻劉氏冀寧李孝仁妻寇氏濮州王義妻雷氏南陽鄧二妻張氏懷慶阿魯輝妻翟氏皆以貞節並旌其門二月己丑曲赦四川囊加台庚寅燕鐵木兒復爲中書右丞相立繕工司掌織御用紋綺秩正三品辛卯帝御大明殿册命皇后雍吉剌氏廣西思明路軍民總管黄克順来貢方物壬辰囊加台據雞武關奪三叉柴關等驛癸巳遣翰林侍講學士

曹元用祀孔子於闕里囊加台以書誘鞏昌總帥汪延昌丙申命中書省翰林國史院官祀太祖太宗睿宗御容于普慶寺丁酉遣晉邸部曲之在京師者還所部囊加台以兵至金州據白土關陝西行省督軍禦之樞密院言囊加台阻兵四川其亂未已請命鎮西武靖王搠思班等皆調軍以湖廣行省官脱歡別薛孛羅及鄭昂霄總其兵進討從之戊戌命察罕腦兒宣慰使撒忒迷失將本部蒙古軍會鎮西武靖王等討四川諸傭雇者主家或犯惡逆及侵損己身許訴官餘非干己不許告訐著爲制頒行農桑輯要及

哉桑圖辛丑中書省議追尊皇妣亦乞烈氏曰仁獻章聖皇后唐兀氏曰文獻昭聖王后命有司具冊寶建遊皇城佛事雲南行省蒙通蒙筭甸土官阿三木開南土官哀放八百媳婦金齒九十九洞銀沙羅甸咸來貢方物癸卯賜吳王木楠子西寧王忽荅的迷失諸王那海罕闊兒吉思金銀有差丙午囊加台分兵逼襄陽湖廣行省調兵鎮播州及歸州己酉熒惑犯井宿辛亥帝謂廷臣曰撒迪還言大兄已即皇帝位凡二月二十一日以前除官者速與制敕後凡銓選其詣行在以聞廬州路合肥縣地震壬子命有司

造行在帳殿癸丑諸王月魯帖木兒等至播州招諭土官之從囊加台者楊延里不花及其弟等皆來降甲寅立奎章閣學士院秩正三品以翰林學士承旨忽都魯都兒迷失集賢大學士趙世延並為大學士侍御史撒迪翰林直學士虞集並為侍書學士又置承制供奉各一員更鑄鈔板仍毀其刓者調河南江浙江西山東兵萬一千及左右翼蒙古侍衛軍二千討四川乙卯置銀沙羅甸等處宣慰司都元帥府丙辰奉元臨潼咸陽二縣及畏兀兒八百餘戶告饑陝西行省以便宜發鈔萬三千定賑咸陽麥五千四百石賑臨潼麥百餘石賑畏兀兒遣使以聞從之永平大同二路上都雲需兩府貴赤衛皆告饑永平賑糧五萬石大同賑糶糧萬三千石雲需府賑糧一月貴赤衛賑糧二月真定平山縣河間臨津等縣大名魏縣有蟲食桑葉盡蟲俱死三月辛酉遣燕鐵木兒奉皇帝寶于明宗行在所仍命知樞密院事禿兒哈帖木兒御史中丞八即剌翰林直學士馬哈某典瑞使教化的宣徽副使章吉僉中政院事脫因通政使那海太醫使呂廷玉給事中咬驢中書斷事官忽兒忽荅右司郎中孛別出左司員外郎王德明禮部尚書

八剌哈赤等從行復命有司奉金千五百兩銀七千五百兩幣帛各四百匹及金腰帶二十詣行在所以備賜予帝命廷臣曰寶璽既北上繼今國家政事其遣人聞于行在所癸亥命有司造乘輿服御北迎大駕改潛邸所幸諸路名建康曰集慶江陵曰中興瓊州曰乾寧潭州曰天臨甲子減大官羊直丙寅躍里帖木兒自行在還諭旨曰朕在上都宗王大臣必皆會集有司當備供張上都積貯已為倒剌沙所耗大都府藏聞亦悉虛供億如有不足其以御史臺司農司樞密宣徽宣政等院所貯充之蒙古饑民之聚京

師者遣往居庸關北人給鈔一錠布一匹仍令興和路賑糧兩月還所部戊辰雲南諸王答失不花禿堅不花及平章馬忽思等集衆五萬數丞相也兒吉尼專擅十罪將殺之也兒吉尼遁走八番答失不花等偽署叅知政事等官己巳命改集慶潛邸建大龍翔集慶寺以來歲興工辛未監察御史與扎魯忽赤等官録囚壬申以去冬無雪今春不雨命中書及百司官分禱山川群祀設奎章閣授經郎二員職正七品以勲舊貴戚子孫及近侍年幼者肄業甲戌舊賜篤麟帖木兒平江田百頃官嘗收其租米詔特予之開

遼陽酒禁乙亥置行樞密院以山東都萬户也速台兒知行樞密院事與湖廣河南兩省官進兵平四川也速台兒以病不往命明里董阿爲蒙古巫覡立祠丁丑文獻昭聖皇后神御殿月祭特命如列聖故事僧道也里可溫朮忽合失蠻爲商者仍舊制納稅丙戌囊加台所遣守隘碉門安撫使布答思監等降於雲南行省丁亥雨土霾夏四月己丑時享于太廟辛卯命羅里鐵木兒王不憐吉台代也速台兒討四川不憐吉台以母老辭同僉樞密院事脫歡起請往從之壬辰匠官年七十者許致仕浚漷州漕運河甲午

四番衛士各分五十人直東宮丁酉給鈔萬錠爲集慶大龍翔寺置永業戊戌以陝西久旱遣使禱西嶽西鎮諸祠賜衛士萬三千人鈔人八十錠四番衛士舊以萬人爲率至是增三千人己亥湖廣行省叅知政事孛羅奉詔至四川赦囊加台等罪囊加台等聽詔蜀地悉定諸省兵皆罷癸卯明宗遣武寧王徹徹禿中書平章政事哈八兒禿來錫命立帝爲皇太子命仍置詹事院罷儲慶司陝西諸路饑民百二十三萬四千餘口諸縣流民又數十萬先是嘗賑之不足行省復請令商賈入粟中鹽富家納粟補官及發孟

津倉糧八萬石及河南漢中廉訪司所貯官租以賑從之德安府屯田饑賑糧千石常德澧州慈利州饑賑糶糧萬石賑衛輝路饑民萬七千五百餘户丙午封孛羅不花爲鎮南王占臘國來貢羅香木及象豹白猿戒翰林典瑞兩院官不許互相奏請璽書以護其家諸王分邑達魯花赤受代不得仍留官所其父兄所居官子弟不得再任辛亥賑鄧州諸縣被兵逃户糧三千六百石壬子賑通州諸縣被兵之民糧兩月被俘者四千五百一十人命遼陽行省督所屬簿録護送歸其家丙辰行在所遣只兒哈郎等至京師河

南廉訪司言河南府路以兵旱民饑食人肉事覺者五十一人餓死者千九百五十人饑者二萬七千四百餘人乞弛山林川澤之禁聽民采食行入粟補官之令及括江淮僧道餘糧以賑從之江浙行省言池州廣德寧國太平建康鎮江常州湖州慶元諸路及江陰州饑民六十餘萬戶當賑糧十四萬三千餘石從之諸王忽剌荅兒言黃河以西所部旱蝗凡千五百戶命賑糧兩月大都興和順德大名彰德懷慶衛輝汴梁中興諸路泰安高唐曹冠徐邳諸州饑民六十七萬六千餘戶賑以鈔九萬錠糧萬五千石大都

宛平縣保定遂州易州賑糧一月靖州賑糶糧九千八百石濮州鄄城縣蝗災大寧興中州懷慶孟州廬州無為州蝗廣西猺寇古縣五月丁巳朔復賜魯國大長公主鈔二萬錠以構居第賜燕鐵木兒祖父紀功碑銘水達達路阿速古兒千戶所大水己未遣翰林學士承旨阿鄰帖木兒北迎大駕命司天監禜星昌王八剌失里還鎮庚申太白犯鬼宿積尸氣癸亥復遣翰林學士承旨斡耳朶迎大駕乙丑命有司給行在宿衛士衣糧及馬芻豆以儲慶司所貯金三十錠銀百錠建大承天護聖寺給皇子宿衛之士千人

鈔四番宿衛增為萬三千人至是又增千人甲戌命中書省臣擬注中書六部官奏于行在所乙亥幸大聖壽萬安寺作佛事于世祖神御殿又於玉德殿及大天源延聖寺作佛事丙子武寧王徹徹禿中書平章政事哈八兒禿至自行在所致立皇太子之命賜徹徹禿金五百兩餘有差改儲慶使司為詹事院伯顏鐵木兒補化及江南行臺御史大夫阿兒思蘭海牙江浙行省平章政事曹立並為太子詹事又除副詹事詹事丞及斷事官家令司典寶典用典醫等官丁丑帝發京師北迎明宗皇帝戊寅次于大口徹諸

王鼎八入朝庚辰次香水園置江淮財賦都總管府秩正三品隸詹事院陝西行省言鳳翔府饑民十九萬七千九百人本省用便宜賑以官鈔萬五千錠又豐樂八屯軍士饑死者六百五十人萬戶府軍士饑者千三百人賑以官鈔百三十錠從之給保定路定興驛車馬又賑被兵之民百四十五戶糧一月真定路民被兵者二千七百四十八戶亦命賑之上都迭只諸位宿衛士及開平縣民被兵者並賑以糧大名路蠶災六月丁亥朔明宗遣近侍馬駒塔台別不花至丁酉燕鐵木兒補化以旱乞避宰相位有旨諭之曰

皇帝遠居沙漠未能即至京師是以勉攝大位今亢陽爲災皆予闕失所致汝其勉修厥職祇修實政可以上荅天變仍命馳奏于行在已亥江浙行省言紹興慶元台州婺州諸路饑民凡十一萬八千九十戶乙巳命中書省逮繫也先捏以還丙午永平屯田府所隷昌國諸屯大風驟雨平地出水丁未太白晝見庚戌次于上都之六十店辛亥陝西行臺御史孔思迪言人倫之中夫婦爲重比見內外大臣得罪就刑者其妻妾即斷付他人似與國朝旌表貞節之旨不侔夫亡終制之令相反況以失節之婦配有功之人

又與前賢所謂娶失節者以配身是已失節之意不同今後凡負國之臣籍沒奴婢財產不必罪其妻子當典刑者則孥戮之不必斷付他人庶使婦人均得守節請著爲令壬子海運糧至京師凡百四十萬九千一百三十石是月陝西雨暘鳳翔府岐陽書院額書院祀周文憲王仍命設學官春秋釋奠如孔子廟儀明宗遣吏部尚書別兒怯不花還京師命中書集老臣議賑荒之策時陝西河東燕南河北河南諸路流民十數萬自嵩汝至淮南死亡相籍命所在州縣官以便宜賑之順元思播州諸驛因兵興馬多羸斃

驛戶貧乏令有司市馬補之益都莒密二州春水夏旱蝗饑民三萬一千四百戶賑糧一月陝西延安諸屯以旱免徵舊所逋糧千九百七十石永平屯田府昌國濟民豐贍諸署以蝗及水災免今年租汴梁蝗衛輝蠭災峽州旱淮東諸路歸德府徐邳二州大水秋七月丙辰朔日有食之丁巳次上都之三十里店宗仁衛屯田大水壞田二百六十頃戊午大都之東安薊州永清益津潞縣春夏旱麥苗枯六月壬子雨至是日乃止皆水災已未更定遷徙法凡應徙者驗所居遠近移之千里在道遇赦皆得放還如不悛再

犯徙之本省不毛之地十年無過則量移之所遷人死妻子聽歸土著著爲令征京師僧道商稅癸亥太白經天丙子帝受皇太子寶辛巳發諸衛軍六千完京城冀寧陽曲縣雨雹大者如雞卵令諸王封邑達魯花赤推擇本部年二十五以上識達治體廉愼無過者以充或有冒濫罪及王傅遣使以上尊臘羊鈔十定至大都國子監助仲秋上丁釋奠以淮安海寧州鹽城山陽諸縣去年水免今年田租真定河間汴梁永平淮安大寧廬州諸屬縣及遼陽之蓋州蝗八月乙酉朔明宗次于王忽察都丙戌帝入見明宗宴

帝及諸王大臣于行殿庚寅明宗崩帝入臨哭盡哀燕鐵木兒以明宗后之命奉皇帝寶授于帝遂還壬辰次孛羅察罕以伯顏爲中書左丞相依前太保欽察台阿兒思蘭海牙趙世延並中書平章政事甘肅行省平章朶兒只爲中書右丞中書參議阿榮太子詹事丞趙世安並中書參知政事前右丞相塔失鐵木兒知樞密院事鐵木兒補化及上都留守鐵木兒脫並爲御史大夫癸巳帝至上都乙未賜護守大行皇帝山陵官御史大夫孛羅等鈔有差焚四川僞造璽茶引丙申監察御史徐奭言天下不可一日無君

神器不可一時而曠先皇帝奄棄臣庶已踰數日伏望聖上早正宸極以安億兆之心實宗社無疆之福流諸王忽剌出于海南丁酉命阿榮趙世安提調通政院事一切給驛事皆關白然後給遣戊戌四川囊加台以指斥乘輿坐大不道棄市己亥帝復即位于上都大安閣大赦天下詔曰朕惟昔上天啓我太祖皇帝肇造帝業列聖相承世祖皇帝既大一統即建儲貳而我裕皇天不假年成宗入繼纘十餘載我皇考武宗歸膺大寶克享天心志存不私以仁廟居東宮遂嗣宸極甫及英皇降割我家晉邸違盟搆逆據有神器天示譴告竟隕厥身於是宗戚舊臣協謀以舉義正名以討罪揆諸統緒屬在眇躬朕興念大兄播遷朔漠以賢以長曆數宜歸力拒群言至於再四乃曰艱難之際天位久虛則衆志弗固恐隳大業朕雖從請而臨御秉初志之不移是以固讓之詔始頒奉迎之使已遣尋命阿剌忒納失里燕鐵木兒奉皇帝寶重遠迓于途受寶即位之日即遣使授朕皇太子寶朕幸釋重負實獲素心乃率臣民北迎大駕而先皇帝跋涉山川蒙犯霜露道里遼遠自春徂秋懷艱阻於歷年望都邑而增慨徒御弗慎屢爽節宣信

使往来相望於道路彼此思見交切於衷懷八月一日大駕次王忽察都朕欣瞻對之有期獨兼程而先進相見之頃悲喜交集何數日之間而宮車弗駕國家多難遽至於斯念之痛心以夜繼旦諸王大臣以爲祖宗基業之隆先帝付托之重天命所在誠不可違請即正位以安九有朕以先皇帝奄棄方新摧怛何忍銜哀辭對固請彌堅執誼伏闕者三日皆宗社大計乃以八月十五日即皇帝位于上都可大赦天下自天曆二年八月十五日昧爽以前罪無輕重咸赦除之於戲戡定之餘莫急乎與民休息丕變之道

莫大乎使民知義亦惟爾中外大小之臣各究乃心以稱朕意庚子命阿榮趙世安督造建康龍翔集慶寺辛丑立寧徽寺掌明宗宮分事壬寅以鈔萬錠幣帛二千匹供明宗后八不沙費用陞奎章閣學士院秩正二品更司籍郎爲群玉署秩正六品癸卯葺世祖所御幄殿裓祭禁凡送諸王駙馬恩賜者毋受金幣犯者以贓論或以衣馬爲贈者聽遣道士苗道一吳全節修醮事于京師毛穎達祭遁甲神于上都南屏山大都西山甲辰命司天監及回回司天監禜星中書省臣言祖宗故事即位之初必恩賚諸王百官比因兵興經費不足請如武

宗之制凡金銀五錠以上減三之一五錠以下全畀之又以七分爲率其二分準時直給鈔制可遣欽察台先還京師經理政務燕鐵木兒阿榮留上都監給恩賚金幣以仁宗英宗潛邸宿衛士二百人還大都備直宿乙巳立藝文監秩從三品隸奎章閣學士院又立藝林庫廣成局皆隸藝文監賜御史中丞史惟良沛縣地五十頃發諸衛軍浚通惠河丙午自庚子至是日晝霧夜晴封牙納失里爲遼王以故遼王脫脫印賜之出官米五萬石賑糶京師貧民丁未以馬扎兒台爲上都留守馬扎兒台前爲陝西行臺侍御史坐塗毀詔書得罪以其

兄伯顏有功故特官之戊申封諸王寬徹爲肅王已酉車駕發上都賜明宗北來衛士千八百三十人各鈔五十錠怯薛官十二人各鈔二百錠賜諸部曲出征者幣帛人各二匹遣還冀寧之忻州兵後荐饑賑鈔千錠庚戌改詹事院爲儲政院伯顏兼儲政使中政使哈撒兒不花太子詹事丞實雲世月思前儲慶使姚煒並儲政使河東宣慰使哈散託朝賀爲名斂所屬鈔千錠入己事覺雖會赦仍徵鈔還其主敕自今有以朝賀斂鈔者依枉法論罪癸丑徵吳王潑皮及其諸父木楠子赴京師甲寅置隆祥總管府秩正

三品總建大承天護聖寺工役監察御史劾前丞相別不花昔以贓罷天曆初因人成功遂居相位旣矯制以買驢家貲賜平章速速又與速速等潛呼日者推測聖筭令奉詔已釋其罪宜竄諸海島以杜姦萌帝曰流竄海島朕所不忍其并妻子置之集慶河南府路旱疫又被兵賑以本府屯田租及安豐務遞運糧三月莒密沂諸州饑民采草木實盜賊日滋賑以米二萬一千石并賑晉寧路饑民鈔萬錠大名真定河間諸屬縣及湖池饒諸路旱保定之行唐縣蝗加封大都城隍神爲護國保寧王夫人爲護國保寧王

妃九月乙卯朔作佛事于大明殿興聖隆福諸宮市故宋太后全氏田爲大承天護聖寺永業戊午賜武寧王徹徹禿金百兩銀五百兩西域諸王燕只吉台金二千五百兩銀萬五千兩鈔幣有差己未立龍翔萬壽營繕提點所海南營繕提點所並秩正四品隷隆祥總管府庚申加封故領諸路道教事張留孫爲上卿大宗師輔成贊化保運神德真君辛酉凡往明宗所送寶官吏越次超陞者皆從黜降賑甘肅行省沙州察八等驛鈔各千五百錠癸亥敕宣徽院所儲金銀鈔幣百司毋得奏請甲子賜雲南烏撒土官祿余曲靖土官舉精衣各一襲丁卯大駕至大都戊辰敕翰林國史院官同奎章閣學士采輯本朝典故準唐宋會要著爲經世大典召威順王寬徹不花赴闕敕使者頒詔赦率日行三百餘里既受命逗留三日及所至飲宴稽期者治罪取賂者以枉法論辛未以控鶴士二十人賜宣靖王買奴監察御史劾奏知樞密院事塔失帖木兒阿附倒剌沙又與王禪舉兵犯闕今既待以不死而又付之兵柄事非便詔罷之壬申怯薛官武備卿定住特授開府儀同三司癸酉帝御大明殿受諸王百官朝賀鐵木迭兒諸子鎖住等明宗嘗敕流于南方燕鐵木兒言鎖住天曆初有勞于國

請各遣還田里從之甲戌命江浙行省明年漕運粮二百八十萬石赴京師廣西思明州土官黃宗永遣其子來貢虎豹方物乙亥史惟良上疏言今天下郡邑被災者衆國家經費若此之繁帑藏空虛生民凋瘵此政更新百廢之時宜遵世祖成憲汰冗濫蠶食之人罷土木不急之役事有不便者咸釐正之如此則天災可弭禎祥可致不然將恐因循苟且其弊漸深治亂之由自此而分矣帝嘉納之丙子改太禧院爲太禧宗禋院立温州路竹木場以衛輝路旱罷蘇門歲輸米二千石鐵木兒補化加録軍國重事以翰林學士承旨也兒吉尼元帥梁國公都列捏並知行樞密院事立衛候司秩正四品隷儲政院賑陜西臨潼等二十三驛各鈔五伯錠論也先捏以不忠不敬伏誅嵐管臨三州所居諸王八剌馬忽都火者等部曲乘亂爲寇遣省臺宗正府官往督有司捕治之壬午伯顏以病在告居赤城遣使召赴闕封知樞密院事燕不鄰爲典國公以大司農卿燕赤爲司徒癸未建顏子廟于曲阜所居陋巷上都西按塔罕闊干忽剌禿之地以兵旱民告饑賑粮一月冬十月甲申朔帝服衮冕享于太廟丙戌命欽察台兼領度支監遣鎮南王孛羅不花還鎮揚州禁奉元永平釀酒戊子知

樞密院事昭武王火沙知行樞密院事己丑立大承天護聖寺營繕提點所秩正五品又立大都等處平江等處田賦提舉司二秩從五品皆隸隆祥總管府辛卯燕鐵木兒率群臣請上尊號不許雲南行省立元江等處宣慰司申飭海道轉漕之禁籍四川囊加台家產其黨楊靜等皆奪爵杖一百七籍其家流遼東封太禧宗禋使禿堅帖木兒爲梁國公甲午以登極恭謝遣官代祀于南郊社稷中書省臣言舊制朝官以三十月爲一考外任則三年爲滿比年朝官率不久於其職或數月即改遷於典制不類且治蹟無

從考驗請如舊制爲宜敕除風憲官外其餘朝官不許二十月內遷調監察御史劾奏吏部尚書八剌哈赤先除陝西行臺侍御史避難不行罷之丙申中書省臣言臣等謹集樞密院御史臺翰林集賢院奎章閣太常禮儀院禮部諸臣僚議上大行皇帝尊謚曰翼獻景孝皇帝廟號明宗國言謚號曰護都篤皇帝是日奉玉冊玉寶于太廟如常儀命江西湖廣分漕米四十萬石以紓江浙民力給鈔十五萬錠賑陝西饑民己亥加封天妃爲護國庇民廣濟福惠明著天妃賜廟額曰靈慈遣使致祭申飭都水監河防之禁

辛丑遣使括勘內外郡邑官久次事故應代者歲終上名于中書省以怯憐口諸色民匠總管府及所屬諸司隸徽政院者悉隸儲政院發中政院財賦總管府糧儲在江南者赴京師以助經費驗時直以鈔還之諸王公主官府寺觀撥賜田租除魯國大長公主聽遣人徵收外其餘悉輸於官給鈔酬其直壬寅弛陝西山澤之禁以與民大寧路地震癸卯命道士苗道一建醮于長春宮改瓊州軍民安撫司爲乾寧軍民安撫司陞定安縣爲南康州隸海北元帥府以南建洞主王官知州事佩金符領軍民監察御史劾奏

張思明在仁宗朝阿附權臣鐵木迭兒間諜兩宮仁宗灼見其姦既行黜降及英宗朝鐵木迭兒再相復援爲左丞稔惡不悛竟以罪廢今又冒居是官宜從黜罷詔罷之敕刑部尚書察民之無賴者懲治之甲辰畏兀僧百八人作佛事于興聖殿戊申以江淮財賦都總管府隸儲政院供皇后湯沐之用作佛事于廣寒殿徵朶朶王士熙等十二人于貶所放還鄉里庚戌以親祀太廟禮成詔天下罷大承天護聖寺工役囚在獄三年疑不能決者釋之民間拖欠官錢無可追徵者盡行蠲免命通政院官分職往所在官司

僉補逃亡驛戶大都至上都并塔思哈剌旭麥怯諸驛自備首思供給繁重天曆三年官爲應付免徵奉元路民間商稅一年命所在官司設置常平倉雲南八番爲囊加台所詿誤反側未安者並貰其罪免各處前鹽竈戶雜泛夫役二年遣使代祀嶽瀆山川免永平屯田總管府田租申禁天下私殺馬牛明宗乳媪夫斡耳朶在武宗時爲大司徒仁宗朝拘其印燕鐵木兒以爲言詔給還之雲南威楚路黄州土官哀放遣其子來朝貢湖廣常德武昌澧州諸路旱饑出官粟賑糶之陝西鳳翔府饑民四萬七千戶皆賑以

鈔十一月乙卯以立皇后詔天下受佛戒於帝師作佛事六十日丙辰以句容郡王荅鄰荅里知行樞密院事詔列聖諸宮后妃陪從之臣永給衣廩芻粟后八不沙請爲明宗資冥福命帝師率群僧作佛事七日于大天源延聖寺道士建醮于玉虚天寶太乙萬壽四宮及武當龍虎二山戊午遣使代祀天妃賜燕鐵木兒宅一區皇后以銀五萬兩助建大承天護聖寺冠州旱命朶耳只亦都護爲河南行省丞相近制行省不設丞相中書省以爲言帝有旨朶耳只先朝舊臣不當以例拘武宗宿衛士歲賜如仁宗衛士例

西夏僧總統封國公沖卜卒其弟監藏班藏卜襲職仍以璽書印章與之癸亥以翰林學士承旨闊徹伯知樞密院事位居衆知院事上甲子廬州旱饑發糧五千石賑之止鷹坊毋獵畿甸江西龍興南康撫瑞袁吉諸路旱丙寅陞山東河北蒙古軍大都督府秩從二品改普慶修寺人匠提舉司爲營繕提點所秩從五品隸崇祥總管府雲南威楚路土官眠放來朝貢罷功德使司以所掌事歸宣政院己巳撒迪爲中書右丞命中書左丞趙世安提調國子監學庚午諸王闊不花至自陝西收其印遣還壬申毀廣平王木

剌忽印命哈班代之更鑄印以賜癸酉太陰犯填星丙子諸王阿剌忒納失里翊戴有勞以其父越王禿剌印與之丁丑復立孟定路軍民總管府復給元江路軍民總管府印湖廣州縣爲廣源等猺寇掠者二百八十餘所命行省平章劉脫歡招捕之造青木綿衣萬領賜圍宿軍乙卯翰林國史院臣言纂脩英宗實録請具倒剌沙款伏付史館從之高麗國王王燾以病不能朝請命其子楨襲位以平江官田百五十頃賜大龍翔集慶寺及大崇禧萬壽寺辛巳還山東河北蒙古軍大都督府於濮州仍聽山東廉訪司按

治欽察台兼右都威衛使壬午詔豫王阿剌忒納失里鎮雲南賜其衛士鈔萬錠仍每歲豫給其衣廩十二月甲申給幽王忽塔忒迭失王傅印以西僧輦真吃剌思爲帝師詔僧尼徭役一切無有所與丙戌詔百官一品至三品先言朝政得失一事四品以下悉聽敷陳仍命趙世安阿榮輯録所上章疏善者即議舉行追封燕鐵木兒曾祖班都察爲溧陽王祖土土哈爲昇王父床兀兒爲楊王庚寅祓祭于太祖幄殿以末吉爲大司徒中書省臣言舊制凡有奏陳衆議定共署乃入奏近年事方議擬一二省臣輒已上請

致多乖滯今請如舊制御史臺臣言風憲官赴任毋拘遠近均給驛爲宜並從之辛卯命帝師率其徒作佛事於凝暉閣甲午冀寧路旱饑賑糧二千九百石乙未改封前鎮南王帖木兒不花爲宣讓王初鎮南王脱不花薨子孛羅不花幼命帖木兒不花襲其爵孛羅不花既長帖木兒不花請以王爵歸之乃特封宣讓王以示褒寵收諸王帖古思金印詔諭廷臣曰皇姑魯國大長公主蚤寡守節不從諸叔繼尚鞠育遺孤其子襲王爵女配予一人朕思庶民若是者猶當旌表況在懿親乎趙世延虞集等可議封號以聞

詔諸僧寺田自金宋所有及累朝賜予者悉除其租其有當輸租者仍免其役僧還俗者聽復爲僧戊戌以淮浙山東河間四轉運司鹽引六萬爲魯國大長公主湯沐之資己亥遣使驛致故帝師舍利還其國給以金五百兩銀二千五百兩鈔千五百錠幣五千匹加謚漢長沙王吳芮爲長沙文惠王壬寅命江浙行省印佛經二十七藏癸卯蘄州路夏秋旱饑賑米五千石甲辰以明年正月武宗忌辰命高麗漢僧三百四十人預誦佛經二藏于大崇恩福元寺丁未造至元鈔四十五萬錠中統鈔五萬錠如歲例中書省

臣言在京酒坊五十四所歲輸課十餘萬錠比者間以賜諸王公主及諸官寺諸王公主自有封邑歲賜官寺亦各有常產其酒課悉令仍舊輸官爲宜從之開河東冀寧路四川重慶路酒禁罷土番巡捕都元帥府賑上都留守司八剌哈赤二千二百餘户燭剌赤八百餘户糧三月鈔有差牙連禿傑魯迭所居鷹坊八百七十户糧三月戊申以玥璐不花爲御史大夫兼領隆祥總管府事庚戌詔興舉中政院事辛亥趣内外已授官者速赴任改上都饅頭山爲天曆山壬子織武宗御容成即神御殿作佛事敕凡階開府

儀同三司者班列居一品之前武昌江夏縣火賑其貧乏者二百七十户糧一月黄州路及恩州旱並免其租是歲會賦入之數金三百二十七錠銀千一百六十九錠鈔九百二十九萬七千八百錠幣帛四十萬七千五百匹絲八十八萬四千四百五十斤綿七萬六百四十五斤糧千九十六萬五十三石

本紀卷第三十三

本紀卷第三十四

翰林學士亞中大夫知制誥兼修國史臣宋濂 翰林待制承直郎同知制誥兼國史院編修官臣王禕等奉
敕修

文宗三

至順元年春正月丙辰命趙世延趙世安領纂脩經世大典事懷慶路饑賑鈔四千錠丁巳賜明宗妃按出罕月魯沙不顔忽魯都鈔幣有差以知樞密院事伯帖木兒爲遼陽行省左丞相戊午頒璽書諭雲南辛酉時享太廟命回回司天監禜星壬戌中興路饑賑糶糧萬石貧者仍賙其家甲子燕鐵木兒伯顔並辭丞相職不允仍命阿榮趙世安慰諭之丁卯雲南諸王禿堅及萬户伯忽阿禾怯朝等叛攻中慶路陷之殺廉訪司官執左丞忻都等迫令署諸文牘庚午芍陂屯及鷹坊軍士饑賑糧一月辛未中書省臣言科舉會試日期舊制以二月一日三日五日近歲改爲十一十三十五請依舊制從之壬申衡陽猺爲寇劫掠湘鄉州癸酉以宣徽使撒敦復知樞密院事典欽察台並領長寧卿乙亥賜燕鐵木兒質庫一寧海州文登牟平縣饑賑以糧三千石丙子衡州路饑總管王伯恭以所受制命質官糧萬石賑之丁丑追封

三寶奴爲郢城王謚榮敏乃荆王之子脫脫木兒赴闕趙世延請致仕不允命中書省製玉帶二十賜臣僚官一品者遣使賫金千五百兩銀伍伯兩詣杭州書佛經賜海南大興龍普明寺鈔萬錠市永業地戊寅賜隆禧總管府田千頃立荆襄等處平松等處田賦提舉司並隸太禧宗禋院命陝西行省以鹽課鈔十萬錠賑流民之復業者傜賊八百餘人寇石康縣己卯封太醫院使野理牙爲秦國公庚辰陞群玉署爲群玉內司秩正三品置司尉亞尉僉司司丞仍隸奎章閣學士院禮部尚書巙巙兼監群玉內司事辛

巳改大都田賦提舉司爲宣農提舉司荆襄田賦提舉司爲荆襄濟農香戸提舉司平江提舉司爲平江善農提舉司遣使齎鈔三千錠往甘肅市髦牛豪州去年旱賑糧一月大明路及江淛諸路俱以去年旱告永平路以去年八月雹災告加封秦蜀郡太守李氷爲聖德廣裕英惠王其子二郎神爲英烈昭惠靈顯仁祐王二月壬午朔以趙世安爲御史中丞史惟良爲中書左丞癸未加知樞密院事燕不憐開府儀同三司籍張珪子五人家資乙酉以西僧加兒藏卜蘸八兒監藏並爲烏思藏土蕃等處宣慰使都元帥

雲南麓州等土官來貢方物楊州安豐廬州等路饑以兩淮鹽課鈔五萬錠糧五萬石賑之眞定蘄黄等路汝寧府鄭州饑各賑糧一月丁亥命江南陝西河南等處富民輸粟補官江南萬石者官正七品陝西千五百石河南二千石江南五千石者從七品自餘品級有差四川富民有能輸粟赴江陵者依河南例其不願仕乞封父母者聽僧道輸已粟者加以師號徵江淛江西湖廣賑糶糧價鈔赴京師己丑秃堅伯忽等攻陷仁德府至馬龍州調八番元帥完澤將八番答剌罕軍千人順元土軍五百人禦之庚寅改萬聖

祐國興龍普明龍翔萬壽三提點所並爲營繕都司秩正四品萬安規運普慶營繕等八提點所並爲營繕司秩正五品以脩經世大典久無成功專命奎章閣阿隣帖木兒忽都魯都兒迷失等譯國言所紀典章爲漢語纂脩則趙世延虞集等而燕鐵木兒如國史例監脩開元路胡里改萬戸府軍士饑給糧賑之二月辛卯朔以御史臺贓罰鈔萬錠金千兩銀五千兩付太禧宗禋院供祭祀之需賜燕鐵木兒給驛璽書以徵其食邑租賦奎章閣學士忽都魯都兒迷失撒迪虞集辭職詔諭之曰昔我祖宗睿知聰明其於

致理之道自然生知朕以統緒所傳實在眇躬夙夜憂懼自惟早歲跋涉艱阻視我祖宗既乏生知之明於國家治體豈能周知故立奎章閣置學士員日以祖宗明訓古昔治亂得失陳說於前使朕樂於聽聞卿等其推所學以稱朕意其勿復辭帖麥赤驛戶及建康廣德鎮江諸路饑賑糧一月衛輝江州二路饑賑鈔二萬錠寧國路饑嘗賑糧二萬石不足復賑萬五千石癸巳衛輝路胙城新鄉縣大風雨災甲午自庚寅至是日京師大霜晝霧立諸色民匠打捕鷹坊都總管府秩正二品置奎章閣監書博士二人秩正五

品禿堅伯忽等攻晉寧州禿堅自立爲雲南王伯忽爲丞相阿禾忽剌忽等爲平章等官立城柵焚倉庫以拒命乙未中書省言江浙民饑今歲海運爲米二百萬石其不足者來歲補運從之丙申雲南蒲蠻來朝賑常德澧州路饑丁酉帝及皇后燕王阿剌忒納答剌並受佛戒己亥命明宗皇子受佛戒監察御史言中書平章朶兒只職任台衡不思報效銓選之際紊亂綱紀貪汚著聞恬不知恥黜罷爲宜從之猺賊入灌陽縣劫民財庚子以兵興所收諸王也先帖木兒捌思監等印還給之壬寅玥璐不花辭御史大夫

職不允土蕃等處民饑命有司以糧賑之新安保定諸驛孳畜疫死命中書給鈔濟其乏癸卯汴梁路封丘祥符縣霜災甲辰流王禪之子于吉陽軍乙巳封明宗皇子亦璘真班爲鄜王豫王阿剌忒納失里所部千六百餘人饑賑糧二月淮安路民饑以兩淮鹽課鈔五萬錠賑之丙午復以阿兒思蘭海牙爲江南行臺御史大夫命中尚卿小云失以兵討雲南御史臺臣言欽察台天曆初在上都常與闊闊出等謀執倒剌沙事泄同謀者皆死欽察台以出征獲免頃臺臣疑而劾之不稱事情宜雪其枉制曰可丁未以伯

顏知樞密院事依前太保錄軍國重事詔諭中書曰昔在世祖嘗以宰相一人總領庶務故治出於一政有所統今燕鐵木兒爲右丞相伯顏既知樞密院事左丞相其勿復置太禧宗禋院所隸總管府各置副達魯花赤一人賜豫王王傅官金虎符戊申命中書省及翰林國史院官祭太祖太宗睿宗三朝御容以太禧宗禋使阿不海牙爲中書平章政事命史惟良及參知政事和尚總督建言之事中書省臣言舊制正旦天壽節內外諸司各有贄獻頃者罷之今江浙省臣言聖恩公溥覆幬無疆而臣等殊無補報凡遇

慶禮進表稱賀請如舊制爲宜從之降璽書申鹽法之禁以嘉興路崇德縣民四萬戶所輸租稅供英宗右妃歲賜錢帛詔諭樞密院以屯田子粒鈔萬錠助建佛寺免其軍卒土木之役庚戌茶陵州民饑同知萬家奴江存禮以所受勅賀糧三千石賑之辛亥遼西蒙古驛戶饑給芻粟有差賑河南流民復歸者鈔五千錠泰安州饑民三千戶眞定南宮縣饑民七千七百戶松江府饑民萬八千二百戶及土蕃朶里只失監萬戶部內饑命所在有司從宜賑之濟寧路饑民四萬四千九百戶賑以山東鹽課鈔萬錠杭州大

賑糧一月命市故瀛國公趙㬎田爲大龍翔集慶寺永業御史臺臣言不必予其直帝曰吾建寺爲子孫黎民計若取人田而不予直非朕志也察罕腦兒宣慰司所部千戶察剌等衛饑者萬四千四百五十六人人給鈔一錠三月甲寅命宣政院供顯懿莊聖皇后神御殿祭祀乖西解蠻三千人入松梨山燒沿邊官軍營堡東平路須城縣饑賑以山東鹽課鈔安慶安豐蘄黃廬五路饑以淮西廉訪司贓罰鈔賑之丁巳徙封濟陽王木楠子爲吳王吳王潑皮爲濟陽王賜八番順元曲靖烏撒烏蒙蒙慶羅羅斯嵩明州土

官幣帛各一禁泛濫給驛四川官吏脅從囊加台者皆復故職戊午封皇子阿剌忒納答剌爲燕王立宮相府總其府事秩正二品燕鐵木兒領之廷試進士賜篤列圖王文燁等九十七人及第出身有差命彰德路歲祭羑里周文王祠以河南行省平章乞住爲雲南行省平章八番順元宣慰使帖木兒不花爲雲南行省左丞從豫王由八番道討雲南賜明宗近侍七十人官有差裕宗及昭獻元聖皇后位宿衛三千人命儲政院給其衣糧芻粟發米十萬石賑糶京師貧民癸亥遣諸王桑哥班撒忒迷失買哥分使西北

諸王燕只吉台不賽因月即別等所甲子詔諭中外命御史大夫鐵木兒補化玥璐不華振舉臺綱丁卯木八剌沙來貢蒲萄酒賜鈔幣有差以山東鹽課鈔萬錠賑東昌饑民三萬三千六百戶己巳議明宗升祔序于英宗之上視順宗成宗廟遷之例辛未羣臣請上皇帝尊號不許固請不已乃許之封知樞密院事不花帖木兒爲武平郡王錄討雲南禿堅伯忽之功雲南宣慰使土官舉宗祿余並遥授雲南行省參知政事餘賜賚有差分龍慶州隸大都路諸王也孫台部七百餘人入天山縣掠民財產遣樞密院宗正

府官住捕之壬申奉玉册玉寶祔明宗神主于太廟濮州臨清館陶二縣饑賑鈔七千錠光州光山縣饑出官粟萬石下其直賑糶信陽息州及光之固始縣饑並以附近倉糧賑之甲戌封諸王速来蠻爲西寧王乙亥西番哈剌火州來貢蒲萄酒諸王駙馬還鎮錫賚有差丙子改山東都萬戶府爲都督府雲南木邦路土官渾都来貢方物河南登封偃師孟津諸縣饑賑以兩淮鹽課鈔三萬錠鞏昌臨洮蘭州定西州饑賑鈔三千五百錠沂莒膠密寧海五州饑賑糧五千石中興峽州歸州安陸沔陽飢戶三十萬有奇賑糧四月丁丑

陞太常禮儀院秩正二品敕有司供明宗后八不沙宮分幣帛二百匹及阿梯里脫忽思幣帛有差賜燕鐵木兒功勳之碑廣平路饑以河間鹽課鈔萬三千錠賑之辛巳諸王哈兒蠻遣使来貢蒲萄酒廣德太平集慶等路饑凡數百萬戶濮州諸縣蟲食桑葉將盡夏四月壬午朔命西僧作佛事于仁智殿自是日始至十二月終罷癸未置怯憐口錢糧都總管府秩正三品中書省臣言各宮分及宿衛士歲賜錢帛舊額萬人去歲增四千人廻者增數益廣請依舊額爲宜詔命阿不海牙裁省以聞甲申時享太廟丙戌封也真也不干爲桓國公燕鐵木兒言天曆初阿速軍士爲國有勞請以鈔十萬定米十萬石分給其家從之戊子四川行省調重慶五路萬戶以兵救雲南庚寅中書省臣言廻者諸處民飢累常賑救去歲賑鈔百三十四萬九千六百餘錠糧二十五萬一千七百餘石今汴梁懷慶彰德大名興和衛輝順德歸德及高唐泰安徐邳曹冠等州飢民六十七萬六千戶一百一萬二千餘口請以鈔九萬錠米萬五千石命有司分賑制曰可以陝西饑敕有司作佛事七日壬辰以所籍張珪諸子田四百頃賜大承天護聖寺爲永業沿邊部落蒙古饑民八千二百人給

鈔三錠布二匹糧二月遣還其所部癸巳置豫王王傅副尉司馬各二員丁酉遣諸王桑兀孫還雲南金蘭等驛馬牛死賑鈔五百錠庚子降璽書申諭太禧宗禋院天臨之醴陵湘陰等州台州之臨海等縣饑各賑糶米五千石辛丑明宗后八不沙崩壬寅括益都般陽寧海閑田十六萬二千九十頃賜大承天護聖寺爲永業立益都廣農提舉司及益都般陽寧海諸提領所並隸隆祥總管府烏蒙土官祿余殺烏撒宣慰司官吏降于伯忽羅羅諸蠻俱叛與伯忽相應平章帖木兒不花爲其所害晋寧建昌二路民饑賑

糧五萬五千石鈔二萬三千錠戊申陝西行臺言奉
元鞏昌鳳翔等路以累歲饑不能具五穀種請給鈔
二萬錠俾分糴于他郡從之雲南賊禄余以蠻兵七
百餘人拒烏撒順元界立關固守重慶五路萬戶軍
至雲南境值羅羅蠻萬餘人遇害千戶祝天祥等引
餘衆遁還詔江浙河南江西三省調兵二萬命諸王
云都思帖木兒及樞密判官洪浹將之與湖廣行省
平章脫歡會兵討雲南己酉作佛事是月滄州高唐
州屬縣蟲食桑葉盡苗陂屯饑賑糧三月土蕃等處
脫思麻民饑命有司賑之賑懷慶承恩孟州等驛鈔

千錠五月乙卯遣宣徽使定住等以受尊號告祭南
郊故四川行省平章寬徹四川道廉訪使忽都魯養
阿等皆爲囊加台所害並贈官賜謚榆次縣主簿太
帖木兒河中府判官禿塔兒皆爲遼東軍所害並加
褒贈戊午帝御大明殿燕帖木兒率文武百官及僧
道耆老奉玉冊玉寶上尊號曰欽天統聖至德誠功
大文孝皇帝是日改元至順詔天下河南懷慶衛輝
普寧四路曾經賑濟人戶今歲差發全行蠲免其餘
被災路分人民已經賑濟者腹裏差發江淮夏稅亦
免三分已未羅羅斯權土官宣慰撒加伯阿漏土官

阿剌里州土官德益叛附于禄余庚申以受尊號恭
謝太廟辛酉四川行省討雲南進軍至烏蒙壬戌歸
德府之譙縣霧傷麥癸亥四川軍至雲南之雪山峽
遇羅羅斯軍敗之德州饑賑以山東鹽課鈔三千錠
武昌路饑賑以糧五萬石鈔二千錠甲子申命燕鐵
木兒爲中書右丞相詔天下以鈔四萬錠分給官人
賜魯國大長公主鈔萬錠丁卯翰林國史院修英宗
實錄成戊辰車駕發大都次大口陞尚舍寺秩正三
品命阿鄰帖木兒爲大司徒遣豫王阿剌忒納失里
鎮西番授以金印賜諸王脫歡金印大司徒不蘭奚

銀印加趙世延翰林學士承旨封魯國公賑衛輝大
名廬州饑民鈔六千錠糧五千石開元路胡里該萬
戶府寧夏路哈赤千戶所軍士饑各賑糧二月己巳
次龍虎臺置肅王寬徹傅尉司馬各一員辛未置宣
忠扈衛親軍都萬戶府秩正三品總幹羅思軍士隸
樞密院以太禧宗禋使亦列赤爲中書平章政事左
右欽察龍翊侍衛軍士五千三百七十戶饑戶賑鈔
二錠布一疋糧一月癸酉遣使勞軍于雲南時諸王
禿剌率萬戶忽都魯沙怯列孛羅等皆領兵進討禿
堅伯忽甲戌八番平西觧苗阿馬察伯秩等萬人侵

援邊境詔樞密臣分兵討之乙亥置順元宣撫司統呑刺斥軍征雲南人賜鈔五定衛輝路之輝州以荒乏穀種給鈔三千錠俾糴於他郡己卯遣使詣五臺山作佛事庚辰命湖廣行省以鈔五萬錠給雲南軍需是月右衛左右手屯田大水害禾稼八百餘頃廣平河南大名般陽南陽濟寧東平汴梁等路高唐開濮輝德冠滑等州及大有千斯等屯田蝗以湖東宣慰使陳天祐湖廣參知政事樊楫死於王事贈封特加一級龍興張仁典妻鄒氏奉元李郁妻崔氏以志節汴梁尹華以孝行皆旌其門六月辛巳朔燕鐵木兒言嚮有旨惟許臣及伯顏兼領三職今趙世延以平章政事兼翰林學士承旨奎章閣大學士引疾以辭帝曰朕重老成人其令世延仍視事中書果病無預銓選可也丙戌大駕至上都戊子給左右欽察龍翊侍衛軍士糧壬辰鎮江饑賑糧四萬石饒州饑亦命有司賑之癸巳御史臺臣言宣徽院錢穀出納無經以上供飲饍冒昧者多不稽其案牘則弊日滋宜如舊制具實上之省部以備考覈從之丙申立行樞密院討雲南賜給驛璽書十五銀字圓符五以河南行省平章徹里鐵木兒知行樞密院事陝西行省平

章探馬赤近侍教化爲同知副使發朶甘思朶思麻及鞏昌諸處軍萬三千人人乘馬三匹徹里鐵木兒同鎮西武靖王搠思班等由四川教化從豫王阿剌忒納失里等由八番分道進軍黃河溢大名路之屬縣沒民田五百八十餘頃庚子以內侍中瑞卿撒里爲大司徒賜四川行省左丞孛羅金虎符以鹽課鈔二十萬錠供雲南軍需命河南湖廣江西甘肅行省誦藏經六百五十部施鈔三萬錠知樞密院事闊徹伯脫脫木兒通政使只兒哈郎翰林學士承旨教化的伯顏也不干燕王宮相教化的斡羅思中政使尚家奴禿烏台右阿速衛指揮使那海察拜住以謀變有罪並棄市籍其家癸卯四川孛羅以蒙古漸丁軍五千往雲南乙巳羅羅斯土官撒加伯合烏蒙蠻兵萬人攻建昌縣雲南行省右丞躍里帖木兒拒之斬首四百餘級四川軍亦敗撒加伯于蘆古驛丙午朶思麻蒙古民饑賑糧一月丁未改東路蒙古軍元帥府爲東路欽察軍萬戶府是月高唐曹州及前後武衛屯田水災大都益都真定河間諸路獻景泰安諸州及左都威衛屯田蝗遼北蒙古饑民三千四百人人給糧二石布二匹旌表真定梁子益妻李氏等貞

節徐州胡居仁孝行秋七月辛亥封諸王按渾察爲廣寧王授以金印壬子命西僧崇星丙辰以闊徹伯大司徒印授撒里丁巳命中書省翰林國史院官祀太祖太宗睿宗御容于大普慶寺命西僧爲皇子燕王作佛事西域諸王不賽因遣使來朝賀監察御史請以所籍闊徹伯衣物分賜宿衛軍士從之己未以闊徹伯宅賜太禧宗禋院衣服賜群臣通渭山崩壓民舍命陝西行省賑被災者十二家庚申籍脱脱木兒家貲輸內府辛酉改哈思罕萬戶府爲總管府秩四品詔僧道獵戶鷹坊合得璽書者翰林院無得越

元史本紀卷三十四　十四

中書省以聞真定路之平棘廣平路之肥鄉保定路之曲陽行唐等縣大風雨雹傷稼許失合速怯月譴真字可等部獻人口牧畜命酬其直江西建昌萬戶府軍戍廣海者一歲更役來往勞苦詔仍至元舊制二歲一更乙丑翰林學士承旨也兒吉尼知樞密院事調諸衛卒築漷州柳林海子堤堰丙寅蒙古百姓以饑乏至上都者閱口數給以行糧俾各還所部增大都賑糶米五萬石大都之順州東安州大風雨雹傷稼戊辰壽寧公主薨收其印己巳命江浙行省以鈔十萬錠至雲南增其軍需庚午歲星犯氐宿開平

路雨雹傷稼中書省臣言近歲帑廩虛空其費有五曰賞賜曰作佛事曰創置衙門曰濫冒支請曰續增衛士鷹坊請與樞密院御史臺各怯薛官同加汰減從之御史臺臣劾奏新除河南府總管張居敬避難不之官有旨免所授官加其罪笞甲戌賜諸王養怯帖木兒孛羅台徹禿斯察阿兀罕等金銀鈔幣有差丙子敕中書省御史臺遣官詣江浙江西湖廣四川雲南諸行省遷調三品以下官命四川行省於明年茶鹽引內給鈔八萬錠增軍需以討雲南賑木憐扎里至苦鹽泊等九驛每驛鈔五百錠增給戍居庸關

元史本紀卷三十四　十五

軍士糧海潮溢漂沒河間運司鹽二萬六千七百餘引丁丑以給驛璽書五銀字圓符二增給陝西蒙古都萬戶府以討雲南故丞相鐵木迭兒子將作使鎖住與其弟觀音奴姊夫太醫使野理牙坐怨望造符籙祭北斗呪咀事覺詔中書鞫之事連前刑部尚書烏馬兒前御史大夫孛羅上都留守馬兒及野理牙姊阿納昔木思等俱伏誅雲南禿堅伯忽等勢愈猖獗烏撒祿余亦乘勢連約烏蒙東川芒部諸蠻欲令伯忽弟拜延順等兵攻順元樞密臣以聞詔即遣使督豫王阿納忒剌失里及行樞密院四川雲南行省

亟會諸軍分道進討以烏蒙烏撒及羅羅斯地接西番與碉門安撫司相爲唇齒命宣政院督所屬軍民嚴加守備又命鞏昌都總帥府調兵千人戍四川開元大同眞定冀寧廣平諸路及忠翊侍衛左右屯田自夏至于是月不雨奉元晉寧興國揚州淮安懷慶衛輝益都般陽濟南濟寧河南河中保定河間等路及武衛宗仁衛左衛率府諸屯田蝗永平龍遵以孝行福州王薦以隱逸大同李文實妻齊氏河南闔遂妻楊氏大都潘居敬妻陳氏王成妻高氏以志節順德馬奔妻胡閏奴眞定民妻周氏冀寧民妻魏益紅

以夫死自縊殉葬並旌其門閭七月庚辰朔封諸王卯澤爲永寧王授金印及給銀字圓符給驛璽書併以所隸封邑歲賦賜之癸未遣諸王薦憐渾禿孛羅等賫銀千兩幣二百匹賜諸王朵列鐵木兒監察御史葛明誠言中書平章政事趙世延年踰七十智慮耗衰固位苟容無補於事請斥歸田里臺臣以聞詔令中書議之雲南茫部路九村夷人阿斡阿里詣四川行省自陳本路舊隸四川今土官撒加伯與雲南連叛願備糧四百石民丁千人助大軍進征事聞詔嘉其去逆效順厚慰諭之衛士上都駐冬者所給糧

以三分爲率二分給鈔大駕將還敕上都兵馬司官二員率兵士由偏嶺至明安巡邏以防盜賊市橐駝百牛三百充邑從屬軍之用丙戌忠翊衛左右屯田隕霜殺稼籍鎖住野里牙等庫藏田宅奴僕牧畜給大承天護聖寺爲永業鑄黃金神仙符命印賜掌全眞教道士苗道一己丑立掌醫署秩正五品庚寅以所籍野理牙宅爲都督府公署辛卯以陝西行臺御史中丞脫亦納爲中書參知政事燕鐵木兒言趙世延向自言年老屢乞致仕臣等以聞嘗有旨世延舊人宜與共政中書御史之言不知前有旨也帝曰如

御史言世延固難任中書矣其仍任以翰林奎章之職四川行省平章汪壽昌言雲南伯忽叛逆興兵進討調遣餽餉皆壽昌領之頃以市馬造器械軍官俸給軍士行糧已給鈔十五萬錠今伯忽未及殄滅而烏撒烏蒙相繼爲亂大兵深入去朝廷益遠元請軍需早乞頒降從本省酌其緩急便宜以行庶不稽誤從之寧夏奉元鞏昌鳳翔大同晉寧諸路屬縣隕霜殺稼癸巳以月魯帖木兒爲大司徒賜哈剌赤軍士鈔一萬錠糧十萬石蔡罕腦兒并東西涼亭諸衛士九百五十人人賜鈔五錠糧二月朔漠軍士人鈔三

錠布二匹糧二月命燕鐵木兒以鈔萬錠分賜天曆初諸王群臣死事之家行樞密院言征戍雲南軍士二人逃歸捕獲法當死詔曰如臨戰陣而逃死宜也非接戰而逃輒當以死何視人命之易耶其杖而流之丁酉大駕發上都授阿憐帖木兒大司徒印戊戌甘肅平章政事乃馬台封宣寧郡王授以金印駙馬謹只兒封鄆國公授以銀印並知行樞密院事贈安南國王陳益稷儀同三司湖廣行省平章政事王爵如故謚忠懿益稷在世祖時自其國來歸遂授以國王即居于漢陽府天曆二年卒至是加贈謚庚子魯王阿剌哥

識里所部三萬餘人告饑賑鈔萬錠糧二萬石中書省臣言内外佛寺三百六十七所用金銀鈔幣不貲今國用不充宜從裁省命省人及宣政院臣裁減上都歲作佛事百六十五所定為百四所令有司永為歲例乙巳雲南使來報捷遣使賜雲南四川省臣行樞密院臣以上尊丙午諸王卜顏帖木兒請給鞍馬願從諸軍擊雲南帝嘉其意從之戊申加封孔子父齊國公叔梁紇為啓聖王母魯國太夫人顏氏為啓聖王夫人顏子兗國復聖公曾子郕國宗聖公子思沂國述聖公孟子鄒國亞聖公河南伯程顥豫國公

伊陽伯程頤洛國公羅羅斯土官撒加伯及阿陋土官阿剌里州土官德益兵八千撤毀棧道遣把事曹通潛結西番欲據大渡河進寇建昌四川行省調碉門安撫司軍七百人成都保寧順慶廣安諸屯兵千人令萬戶周戡統領直抵羅羅斯界以控扼西番及諸蠻部又遣成都順慶二翼萬戶昝定遠等以軍五千同邛部知州馬伯所部蠻兵會周戡等從便道共討之發成都沙糖戶二百九十人防遏敘州徵重慶夔州逃亡軍八百人赴成都廣西猺于國安率千五百人寇修仁荔浦等縣廣西元帥府發兵捕之賊衆

潰走生擒國安大都太寧保定益都諸屬縣及京畿諸衛大司農諸屯水沒田八十餘頃杭州常州慶元紹興鎮江寧國諸路及常德安慶池州荊門諸屬縣皆水沒田一萬三千五百八十餘頃松江平江嘉興湖州等路水漂民廬沒田三萬六千六百餘頃饑民四十萬五千五百七十餘戶詔江浙行省以入粟補官鈔三千錠及勸率富人出粟十萬石賑之寶慶衡永諸處田生青蟲食禾稼冠州郁世復大都趙祥及弟英以孝行旌其門大都愛祖丁塔朮漷州劉仲溫以輸米賑貧旌其門 八月庚戌河南府路新安沔池

等十五驛饑疫人給米馬給芻粟各一月辛亥雲南躍里鐵木兒以兵屯建昌執羅羅斯把事曹通斬之丁巳北邊諸王月即別遣使來京師燕鐵木兒由西道田獵未至詔以機務至重遣使趣召之己未大駕至京師勞遣人士還營有言蔚州廣靈縣地產銀者詔中書大禧院遣人涖其事歲所得銀歸大承天護聖寺辛酉以世祖是月生命京師率僧百七十人作佛事七日御史臺臣請立燕王爲皇太子帝曰朕子尚幼非裕宗爲燕王時比俟燕帖木兒至共議之甲子忠州土官黃祖顯遣其子宗忠來朝獻方物乙丑

遣使詣真定玉華宮祀睿宗及顯懿莊聖皇后神御殿戊辰太白犯氐宿壬申詔興舉蒙古字學中書省樞密院御史臺言臣等比奉旨裁省衛士今定大內四宿衛之士每宿衛不過四百人累朝宿衛之士各不過二百人鷹坊萬四千二十四人當減者四千人內饔九百九十人四怯薛當留者各百人累朝舊邸宮分饔人三千二百二十四人當留者千一百二十人媵臣怯憐口共萬人當留者六千人其汰去者斥歸本部著籍應役自裁省之後各宿衛復有容匿漢南高麗人及奴隸濫充者怯薛官與其長杖五十七

犯者與典給散者皆杖七十七沒家貲之半以籍入之半爲告者賞仍令監察御史察之制可九月庚辰江浙行省言今歲夏秋霖雨大水沒民田甚多稅糧不滿舊額明年海運本省止可二百萬石餘數令他省補運爲便從之罷入粟補官例糶豆二十三萬石於河間保定等路冠恩高唐等州出馬八萬匹令諸路分牧之大寧路地震甲申授不蘭奚及月魯鐵木兒大司徒印史惟良辭中書左丞職不允命藝文監以燕鐵木兒世家刻板行之命河南行省給湖廣行省鈔四千錠爲軍需討雲南遼陽諸王老的罕子台

諸部擾民敕樞密院宗正府及行省每歲遣官偕往巡問以治其獄訟監察御史葛明誠劾奏遼陽行省平章哈剌鐵木兒嘗坐贓被杖罪今復任以宰執控制東藩亦足見國家名爵之濫黜罷爲宜從之丙戌卭部州土官馬伯嚮導征雲南軍有功以爲征進招討知本州事江西湖廣蒙古軍進征雲南者人給鈔五錠雲南羅羅斯叛與成都甚邇而成都軍馬俱進征雲南詔四川鄰境諸王發藩部丁壯二千人戍成都廣源賊弗道閉霞寇龍州羅田洞龍州萬戶府移文詰安南國其國回言本國自歸順天朝恪共臣職

彼疆我界盡歸一統豈以羅回元隸本國遂起争端此蓋邊吏生釁假開覆爲名爾本府宜自加窮治湖廣行省備其言以聞命龍州萬户府申嚴邊防己丑熒惑犯鬼宿辛卯賜陝西蒙古軍之征雲南者三十人人鈔六錠監察御史朶羅台王文若言嶺北行省乃太祖肇基之地武宗時太師月赤察兒爲右丞相太傅答剌罕爲左丞相保安邊境朝廷遂無北顧之患今天子臨御及命哈八兒禿爲平章政事其人無正大之譽有鄙俚之稱錢穀甲兵之事懵無所知豈能昭宣皇猷賛襄國政且以月赤察兒輩居於前而

以斯人繼其後賢不肖固不待辯而明理宜黜罷制曰可癸巳白虹貫日置麓川路軍民總管府復立總管府於哈剌火州甲午熒惑犯鬼宿積尸氣封魏王阿木哥子阿魯於西靖王乙未以立冬祀五福十神太一真君御史臺臣劾奏前中書平章速速叨居台鼎專肆貪淫兩經杖斷一百七方議流竄幸蒙恩宥量徙湖廣不復畏法自守而乃携妻娶妾濫污百端況湖廣乃屯兵重鎭豈宜居此乞屏之遠裔以示至公詔永竄雷州湖廣行省遣人械送其所丙申以魯國大長公主邸第未完復給鈔萬錠命中書平章亦

列赤董其役己亥以奎章閣纂修經世大典命省院臺諸司以次宴其官屬以平江等處官田五百頃賜魯國大長公主敕諸人非其本俗敢有弟收其嫂子收庶母者坐罪壬寅覈實諸衛軍户物力賜魯國大長公主鈔萬錠命燕鐵木兒詣其邸第送之丙午命西僧作佛事於大明殿史惟良復乞辭職歸養允其請仍賜鈔二百錠丁未中書參知政事張友諒爲左丞知樞密院事脱别台爲陝西行臺御史大夫鐵里干木隣等三十二驛自夏秋不雨牧畜多死民大饑命嶺北行省人賑糧二石至治初以白雲宗田給壽

安山寺爲永業至是其僧沈明琦以爲言有旨令中書省改正之敕有司繕治南郊齋宫遼陽行省水達達路自去夏霖雨黑龍宋瓦二江水溢民無魚爲食至是末魯孫一十五狗驛狗多餓死賑糧兩月狗死者給鈔補市之辰州萬户圖格里不花母石抹氏以志節漳州龍溪縣陳必達以孝行並旌其門冬十月戊申朔降璽書申飭行聖公崇奉孔子廟事賜雲南行省參政忽都沙三珠虎符辛亥命湖廣行省給諸王云都思鐵木兒幣百匹以賞將士捕猺賊有功者壬子諸王大臣復請立燕王爲皇太子帝曰卿等所

言誠是但燕王尚幼恐其識慮未弘不克負荷徐議之未晚也立宣忠扈衛親軍都萬户營於大都北市民田百三十餘頃賜之戊午致齋於大明殿己未遣亞獻官中書右丞相燕鐵木兒終獻官貼木爾補化率諸執事告廟請以太祖皇帝配享南郊庚申出次郊宮辛酉帝服大裘袞冕祀昊天上帝于南郊以太祖皇帝配禮成是日大駕還宮甲子以奉元驛馬瘠死命陝西行省給鈔三千定補市之木納火失溫所居諸牧人三千户瀕黃河所居鷹坊五千户各賑糧兩月乙丑廣西猺賊寇橫州及永淳縣敕廣西元帥

府率兵捕之樞密院臣言每歲大駕幸上都發各衛軍士千五百人扈從又發諸衛漢軍萬五千人駐山後蒙古軍三千人駐官山以守關梁乞如舊數調遣以俟來年從之辛未烏蒙路土官阿朝歸順遣其通事阿累等貢方物壬申御史臺臣言內外官吏令家人受財以其干名犯義罪止四十七解任今貪污者緣此犯法愈多請依十二章計贓多寡論罪從之甲戌敕累朝宮分官署凡文移無得稱皇后止稱其位下娘子其委用官屬並由中書擬聞乙亥改打捕鷹坊總管府爲仁虞都總管府知樞密院事撒敦宣徽

使唐其勢並賜答剌罕之號中書省臣言近討雲南已給鈔二十萬錠爲軍需今費用已盡鎮西武靖王搠思班及行省行院復求鈔如前數臣等議方當進討之際宜依所請給之制曰可賜伯夷叔齊廟額曰聖清歲春秋祠以少牢遣使趣四川雲南行省兵進討於是四川行省平章塔出引兵由永寧左丞孛羅引兵由青山茫部並進陳兵周泥驛及祿余等戰殺蠻兵三百餘人祿余衆潰即奪其關隘以導順元諸軍時雲南行省平章乞住等俱失期不至十一月庚辰命中書賑糶糧十萬石濟京師貧民辛巳御史臺

臣言陝西行省左丞怯烈坐受人僮奴一人及鸚鵡請論如律詔曰位至宰執食國厚祿猶受人生口理宜罪之但鸚鵡微物以是論贓失於大苛其從重者議罪今後凡饋禽鳥者勿以贓論著爲令癸未賑上都灤河駐冬各宮分怯憐口萬五千七百戶糧二萬石甲申熒惑退犯鬼宿命帝師率西僧作佛事內外凡八所以是日始歲終罷丙戌太白犯壘壁陣中書省臣言至元間安豐安慶廬州等路有未附籍戶千四百三十六世祖命以其歲賦賜床兀兒後既附籍所輸歲賦皆入官別令萬億庫歲給以鈔二百錠今

乞停所給鈔復以其戶還賜床兀兒之子燕鐵木兒從之羅羅斯撒加伯烏撒阿答等合諸蠻萬五千人攻建昌躍里鐵木兒等引兵追戰于木托山下敗之斬首五百餘級賑襄鄧畏兀民被西兵害者六十三戶戶給鈔十五錠米二石被西兵掠者五百七十七戶戶給鈔五錠米二石廣西廉訪司言今討叛徭各行省官將兵二萬人皆屯駐靜江遷延不進曠日持久恐失事機詔遣使趣之知樞密院事燕不憐請依舊制仝給鷹坊芻粟使毋貧乏帝曰國用皆百姓所供當量入爲出朕豈以鷹坊失所重困吾民哉不從

辛卯以闊闊台知樞密院事給山東鹽課鈔三千錠賑曹州濟陰等縣饑民癸巳以臨江吉安兩路天源延聖寺田千頃所入租稅隸太禧宗禋院戊戌立打捕鷹坊紅花總管府於遼陽行省秩四品辛丑徵河南行省民間自實田土糧稅不通舟楫之處得以鈔代輸命陝西行省賑河州蒙古屯田衛士糧兩月甲辰命司天監禜星丙午恩州諸王按灰坐擊傷巡檢張恭杖六十七謫還廣寧王所部充軍役十二月戊申遣伯顏等以將立燕王阿剌忒納答剌爲皇太子告祭于郊廟己酉以董仲舒從祀孔子廟位列七十

子之下國子生積分及等者省臺集賢院奎章閣官同考試中式者以等第試官不中者復入學肄業以粟十萬石米豆各十五萬石給河北諸路牧官馬之家宣忠扈衛斡羅思屯田給牛種農具辛亥立燕王阿剌忒納答剌爲皇太子詔天下甲寅西域軍士居永平灤州豐閏玉田者人給鈔三錠布二匹糧兩月監察御史言昔裕宗由燕邸而正儲位世祖擇耆舊老臣如王顒姚燧蕭𣂏等爲之師保賓客今皇太子仁孝聰睿出自天成誠宜慎選德望老成學行純正者俾之輔導於左右以宏養正之功實宗社生民之

福也帝嘉納其言詔龍翔集慶寺工役佛事江南行臺悉給之戊午以十月郊祀禮成帝御大明殿受文武百官朝賀大赦天下癸亥知樞密院事闊闊台兼大都留守乙丑遣集賢侍讀學士珠遘詣真定以明年正月二十日祀睿宗及后于玉華宮之神御殿丁卯命西僧於興聖光天宮十六所作佛事癸酉詔宣忠扈衛親軍都萬戶府凡立營司境內所屬山林川澤其鳥獸魚鼈悉供內膳諸獵捕者坐罪甲戌御史中丞和尚坐受婦人爲賂遇赦原罪監察御史言和尚所爲貪縱有汚臺綱罪雖見原理宜追奪所受制

命禁錮元籍終其身臺臣以聞制可敕各行省凡遇邊防有警許令便宜發兵事緩則驛聞賑龍慶州懷來縣前歲被兵萬一千八百六十戶糧兩月興寧路梁世明妻程氏中興路伯顏妻阿迭的以志節大都宛平縣鄭珪以行義並旌其門賑遼陽行省所居鷹坊戶糧一月

元史本紀卷第三十四

本紀卷第三十五　元史三十五

翰林學士亞中大夫知制誥同修國史臣宋濂　翰林待制承直郎同知制誥兼國史院編修官臣王禕等奉

敕修

文宗四

二年春正月己卯御製奎章閣記行樞密臣言十一月仁德府權達魯花赤曲朮糾集兵衆以討雲南首敗伯忽賊兵於馬龍州以是月十一日殺伯忽弟拜延獻馘於豫王十三日戰于馬金山獲伯忽及其弟伯顏察兒其黨拜不花卜顏帖木兒等十餘人誅之餘兵皆潰獨祿余猶據金沙江有旨趣進兵討之庚

辰住持大承天護聖寺僧寶峯加司徒辛巳大名魏縣民曹革輸粟賑陝西饑旌其門癸未立侍正府以總近侍秩從二品乙酉時享太廟丙戌伯顏月魯帖木兒玥璐不花阿卜海牙等十四人並以本官兼侍正旌大都大興縣郭仲安妻李氏貞節丁亥以壽安山英宗所建寺未成詔中書省給鈔十萬錠供其費仍命燕鐵木兒撒迪等總督其工役命後衛指揮使史塤往四川行省調軍官選戍子命奴都赤阿里火者按行北邊牧地以晉邸部民劉元良等二萬四千餘戶隸壽安山大昭孝寺為永業戶中書省臣言四

川省臣塔出脫帖木兒等討雲南以十一月九日領兵至烏撒周泥驛明日祿余阿奴阿荅等賊兵萬餘自山後間道潛出塔出脫帖木兒等進擊屢戰敗之十五日又戰七星關六日凡十七戰賊大敗潰去詔遣使以銀幣賞塔出脫帖木兒等造歲額鈔本至元鈔八十九萬五十錠中統鈔五千錠給鈔五千錠賑寧海州饑民罷益都等處廣農提舉司改立田賦總管府秩從三品仍令隆祥總管府統之命興和路建燕鐵木兒鷹棚樞密院臣言四川行省地隣烏撒而雲南未平令戍卒單少宜增兵防遏請調夔路怯憐

口户丁七百重慶河東五路兩營兵三百同往戍之俟征進軍還日悉罷遣從之庚寅改東路蒙古軍萬户府爲東路蒙古侍衛親軍指揮使司諸王哈兒蠻遣使來貢蒲萄酒國制累朝行帳設衛士給事如在位時近嘗汰其冗濫武宗仁宗兩朝各定爲八百人英宗七百人中書省臣言舊給事人有失職者詔復其百人辛卯皇太子阿剌忒納荅剌薨壬辰命宮相法里及給事者五十八人護靈轝祔葬于山陵仍令法里等守之御史臺臣劾奏福建宣慰副使哈只前爲廣東廉訪副使貪汚狼籍宜罷黜從之己亥遣

吏部尚書撒里瓦佩虎符禮部郎中趙期頤佩金符賫即位詔告安南國且賜以授時曆賜武寧王徹徹禿金百兩銀五百兩以淮安路之海寧州爲其食邑癸卯以皇子古納荅剌疹疾愈賜燕鐵木兒及公主察吉兒各金百兩銀五百兩鈔二千錠撒敦等金銀鈔各有差又賜醫巫乳媼宦官衛士六百人金三百五十兩銀三千四百兩鈔五千三百四十錠甲辰敕每歲四祭五福太一星建孔子廟于後衛至元末討諸王乃顔之叛獲其部蒙古軍分置河南江浙湖廣江西諸省命樞密院遣使括其數得二千六百人乙

巳封蒙古巫者所奉神爲靈感昭應護國忠順王號其廟曰靈祐給衛士萬人歲例鈔人八十錠内以他物及粟折五之一鎮西武靖王搠思班豫王阿剌忒納失里及行省行院官同討雲南兵十餘萬以去年十一月十一日搠思班師次羅羅斯期躍里鐵木兒俱至三泊郎仍趣小云失會於曲靖馬龍等州同進兵躍里鐵木兒倍道兼進奪金沙江十二月十七日大兵與阿禾蒙古軍相值戰敗之阿禾僞降明日率其兵三千爲三隊來襲我營搠思班躍里鐵木兒等分十三隊又擊敗之阿禾竄走大兵直趍中慶二十

六日遇賊黨蒙古軍於安寧州與再戰又大敗之二十八日阿禾來迸戰遂就禽斬于軍前三十日將抵中慶賊兵七千猶拒戰于伽橋古壁口兵交躍里鐵木兒左頰中流矢洞耳後拔矢復與戰大捷遂復行省治諸軍皆會駐于城中分兵追捕殘賊於嵩明州樞密院臣以捷聞詔總兵官量度緩急從宜區處新添安撫司塞河寨主訴他部猺獠蹂其禾民饑命湖廣行省發鈔二千錠市米賑之二月丙戌以上都留守乃馬台行嶺北行樞密院事太禧宗禋使謹只兒荅鄰荅里馬烈捏四人並知院事遥授平章政事戊

申立廣教總管府以掌僧尼之政九十六所曰京畿山後道曰河東山右道曰遼東山北道曰河南荆北道曰兩淮江北道曰湖北湖南道曰浙西江東道曰浙東福建道曰江西廣東道曰廣西兩海道曰燕南諸路曰山東諸路曰陝西諸路曰甘肅諸路曰四川諸路曰雲南諸路秩正三品府設達魯花赤總管同知府事判官各一員宣政院選流內官擬注以聞總管則僧爲之四川行省招諭懷德府驢谷什用等四洞及生蠻十二洞皆內附詔陞懷德府為宣撫司以鎮之諸洞各設長官司及巡撿司且命各還所掠生

口湖廣叅政徹里帖木兒與速速班丹俱坐出怨言鞫問得實刑部議當徹里帖木兒班丹杖一百七速速處死會赦徹里帖木兒流廣東班丹廣西速速徙海南皆置荒僻州郡有旨此輩怨望於朕向非赦原俱當寘之極刑可俱籍其家速速禁錮終身己酉白虹貫日旌鞏昌金州民杜祖隆妻張氏志節樞密院臣言徹里鐵木兒孛羅以正月戊寅敗烏撒蠻兵射中禄余降其民烏蒙東川易良州蠻兵夷獠等俱欵附鎮西武靖王搠思班等駐中慶復行省事豫王阿剌忒納失里等至當當驛安輯其人民又言激江路

蠻官郡容報賊古剌忽及秃堅之第必剌都迷失等僞降於豫王而反圍之至易龍驛古剌忽等兵掩襲官軍四川行省平章塔出頓兵不進平章乞住妻子孳畜爲賊所掠諜知秃堅方修城堡布兵拒守無出降意詔速進兵討之敕探馬赤軍士歲以五月十日還處山後諸州辛亥建燕鐵木兒居第于興聖宮之西南詔撒迪及留守司董其役壬子太白晝見中書平章政事亦列赤兼瀋陽等路安撫使燕王宮相伯撒里爲中書平章政事陝西行臺中丞朶兒只班爲中書叅知政事户部尚書高履亨兩淮都轉運鹽使

許有壬並參議中書省事甲寅燕鐵木兒言賽因怯列木丁英宗時嘗獻寶貨于昭獻元聖太后議給價鈔十二萬錠故相拜住奏酬七萬錠未給泰定間以鹽引萬六百六十道折鈔給之令有司以詔書奪之還官臣等議以爲寶貨太后既已用之以鹽引還之爲宜從之燕鐵木兒又言安慶萬户鎖住坐令家人殺人繫獄久未款伏宜若無罪乞釋之制曰可乙卯太白犯昴祀太祖太宗睿宗御容雲南統兵官來報捷諸蠻悉降唯禄余追捕未獲命畨休各衛漢軍十之二以三月一日放遣丁巳駙馬不顔帖木兒自北邊從武寧王徹徹禿來朝己未命西僧爲皇子古納荅剌作佛事一周歲壬戌改封武寧王徹徹禿爲郯王賜以金印甲子中書省臣言國家錢穀歲入有額而所費浩繁是以不足天暦二年嘗以鹽賦十分之一折銀納之凡得銀二千餘錠今請以銀易官帑鈔本給宿衛士卒又言陛下不用經費不勞人民創建大承天護聖寺臣等願上謁所易鈔本十萬錠銀六百錠助建寺之需從之丙寅以太祖四大行帳世留朔方不遷者其馬駝孳畜多死損發鈔萬錠命内史府市以給之行樞密院都事阿里火者來報雲南之

捷庚午給宿衛士歲例鈔詔毋出定額萬人之外占城國遣其臣高暗都剌來朝貢創建五福太一宮于京城乾隅修上都洪禧崇壽等殿諸王徹徹禿沙哥坐妄言不道詔安置徹徹禿廣州沙哥雷州壬申命遼陽行省發粟賑國王朶兒只及納忽荅兒等六部蒙古軍民萬五千户旌大都民劉德仁妻王氏貞節甲戌給宣讓王王傅印荊王也速也不干貢犛牛命田賦總管府稅鑛銀輸大承天護聖寺命興和路爲玥璐不花作鷹棚雲南景東甸蠻官阿只弄遣子罕旺來朝獻馴象乞陞甸爲景東軍民府阿只弄知府事罕旺爲千户常賦外歲增輸金五千兩銀七百兩許之以山東鹽課鈔萬錠賑滕州饑命龍翊衛以屯田歲入粟贍衛卒孤貧者是月深冀二州有蟲食桑爲災三月丙子朔熒惑犯鬼宿辛巳御史臺臣劾奏燕南廉訪使卜咱兒前爲閩海廉訪使受贓計鈔二萬二千餘錠金五百餘兩銀三千餘兩男女生口二十二人及它寶貨無筭雖遇赦原乞追奪制命籍沒流竄詔如所言仍暴其罪示天下壬午賜南郊侍祠文武官金幣有差特命沙津愛護持必剌忒納失里爲三藏國師賜玉印以陝西鹽課鈔萬錠賑察罕腦

兒蒙古饑民癸未割外府幣帛各千匹輸之中宮以
供需用甲申繪皇太子真容奉安慶壽寺之東鹿頂
殿祀之如累朝神御殿儀鞠宦者拜住侍皇太子疹
疾飲食不時進以酥拭其眼鼻又為檏呪杖一百七
斥出京城冠州有蟲食桑四十餘萬株御史臺臣言
奎章閣參書雅琥阿媚奸臣所為不法宜罷其職從
之丙戌雨土霾伯撒里辭所兼儲政使不允伯顏娶
諸王女賜金二百兩銀千兩賜上都死事者不顏帖
木兒等十一家鈔各百錠分賜燕鐵木兒鷹坊百人
中書省臣言宣課提舉司歲榷商稅為鈔十萬餘錠

元史本紀卷三十五　八

比歲數不登乞凡僧道為商者仍征其稅有旨誠為
僧者其仍免之司徒香山言陶弘景胡笳曲有負扆
飛天曆終是甲辰君之語今陛下生年紀號實與之
合此實受命之符乞錄付史館頒告中外詔令翰林
集賢奎章禮部雜議之翰林諸臣議以謂唐開元間
太子賓客薛讓進武后鼎銘云上玄降鑑方建隆基
為玄宗受命之符姚崇表賀請宣示史官頒告中外
而宋儒司馬光斥其采偶就之文以為符瑞乃小臣
之諂而宰相實之是侮其君也今弘景之曲雖於生
年紀號若偶合者然陛下應天順人紹隆正統于今

四年薄海內外罔不歸心固無待於旁引曲說以為
符命從其所言恐啓讖緯之端非所以定民志事遂
寢趙王不魯納食邑沙淨德寧等處蒙古部民萬六
千餘戶饑命河東宣慰發近倉糧萬石賑之又發山
東鹽課鈔朱王倉粟賑登萊饑民興和倉粟賑保昌
饑民戊子以西僧旭你迭八昝剌班的為三藏國師
賜金印以龍慶州之流杯園池水磑土田賜燕鐵木
兒命諸王阿魯出鎮陝西行省以籍入速速班丹徹
理帖木兒貲產賜大承天護聖寺為永業浙西諸路
比歲水旱饑民八十五萬餘戶中書省臣請令官私

元史本紀卷三十五　九

儒學寺觀諸田佃民從其主假貸錢穀自賑餘則勸
分富家及入粟補官仍益以本省鈔十萬定并給僧
道度牒一萬道從之旌同知大都府事忙兀禿魯迷
失妻海迷失貞節己丑賑雲內州饑民及察忽涼樓
戍兵共七千戶庚寅命威順王寬徹不花還鎮湖廣
癸巳詔累朝神御殿之在諸寺者各製名以冠之世
祖曰元壽昭睿順聖皇后曰睿壽南必皇后曰懿壽
裕宗曰明壽成宗曰廣壽順宗曰衍壽武宗曰仁壽
文獻昭聖皇后曰昭壽仁宗曰文壽英宗曰宣壽明
宗曰景壽名亳州太清宮道士馬道逸汴梁朝天宮

道士李若訥河南嵩山道士趙亦然各率其徒赴闕修普天大醮賑浙西鹽丁五千餘户命玥璐不花作佛事於德興府監察御史劾江浙行省平章童童荒泆宴安才非輔佐詔免其官豫王阿剌忒納失里鎮西武靖王搠思班等禽雲南諸賊也木干羅羅脫脫木兒板不阿居澂江路總管羅羅不花伯忽之叔怯得該偽署萬户哈剌荅兒及諸将校悉斬之磔尸以徇賑遼陽境内蒙古饑民萬四千餘户旌山丹州郝榮妻李閨貞節陜州諸縣蝗八番軍從征雲南者俱屯貴州樞密院臣請遣使發粟給之己亥御史臺臣

劾奏大都總管劉原仁稱疾乆不視事及遷同知儲政院事即就職僥倖巧宦避難就易有旨罷之庚子以將幸上都命西僧作佛事於乘輿次舍之所壬寅以欽察衛軍士增多析為左右二衛給雲南行省鈔十萬錠以備軍資民食癸卯御史臺臣劾奏工部尚書蘇炳性行貪邪詔罷之大同路累歲水旱民大饑裁節衛士馬芻粟自四月一日始壽王脫里出陽翟王帖木兒赤西平王管不八昌王八剌失里等七部之民居遼陽境者萬四千五百餘户告饑命遼陽行省發近境倉粮賑兩月命宣靖王買奴置王傅等官

立宫相都總管府秩正三品給銀印以儒學教授在選數多凡仕由内郡江淮者注江西江浙湖廣由陜西兩廣者注福建由甘肅四川雲南福建者注兩廣敕河南行省右丞那海提督境内屯田中書省臣言嘉興平江松江江陰蘆場蕩山沙塗沙田等地之籍于官者嘗賜他人令請改賜燕鐵木兒有旨燕鐵木兒非他臣比其令所在有司如數給付發通州官粮賑檀順昌平等處饑民九萬餘户以山東鹽課鈔三千五百錠賑益都三萬餘户是月陜西行省遣官分給復業饑民七萬餘口行粮賑諸王伯顏也不干部

内蒙古饑民千餘口真定汴梁二路恩冠晉冀深蠡景獻等八州俱有蟲食桑爲災旌故户部主事趙野妻柳氏貞節夏四月丙午朔全寧民王脫歡獻銀鑛詔設銀場提舉司隸中政院中書樞密臣言天曆兵興諸領軍與敵戰者宜定功賞臣等議諸王各金百兩銀五百兩金腰帶一織金等幣各十八匹諸臣四戰以上者同三戰及一戰者各有差有旨賞格具如卿等議燕鐵木兒首倡大義躬擐甲冑伯顏在河南先誅携貳使朕道路無虞兩人功無與比其賞不可與衆同其賜燕鐵木兒七寶腰帶一金四百兩銀九

百兩伯顏金腰帶一金二百兩銀七百兩受賞者凡九十六人用金二千四百兩銀萬五千六百兩金腰帶九十一副幣帛千三百餘疋命西僧於五臺及霧靈山作佛事各一月為皇太子古訥答剌祈福以糧五萬石賑糶京師貧民戊申皇姑魯國大長公主薨以宮中高麗女子不顏帖你賜燕鐵木兒高麗國王請割國中田為資送詔遣使往受之發衛卒三千助大承天護聖寺工役庚戌詔建燕鐵木兒生祠於紅橋南樹碑以紀其勳御史臺臣言平章政事曹立累任江浙令雖閉廢猶與富民交納宜遣還其本籍大同

路又監察御史萬家閭嘗薦中丞和尚脫脫嘗舉廉訪使卜咱兒令和尚卜咱兒俱以贓罪除名萬家閭脫脫難任臺省之職並從之真定武陟縣地震逾月不止壬子命燕鐵木兒總制宮相都總管府事也不倫伯撒里俱以本官兼宮相都總管府都達魯花赤諸王哈兒蠻遣使來朝貢甲寅改宣忠扈衛親軍都萬户府為宣忠斡羅思扈衛親軍諸指揮使司賜銀印中書省臣言越王禿剌在武宗時以紹興路為食邑歲割賜本路租賦鈔四萬錠令其子阿剌忒納失里襲王號宜歲給其半從之乙卯時享太廟鎮西武

靖王搠思班等巳平雲南各遣使來報捷諸王朶列捏鎮雲南品甸自以貲力給軍協力討賊詔以襲衣賜之丙辰葺太祖所御大行帳戊午以集慶路玄妙觀為大元興崇壽宮命興和建屋居海青上都建屋居鷹鶻庚申特命河南儒士吳炳爲藝文監典簿仍予對品階寧國路涇縣民張道殺人為盜道弟吉從而不加功居四七年不決吉母老無他子孫中書省臣以聞敕免死杖而黜之俾養其母辛酉以山東鹽課鈔五千錠賑博興州饑民九千户一千錠賑信陽等場鹽丁御史臺臣言儲政使哈撒兒不花侍陛下

潛邸時受馬七十九疋又盜用官庫物天曆初領兵瀘溝橋迎敵即逃擅開城門驚惑民庶度支卿納哈出嘗匿官馬又矯增制命又受諸王斡即七寶帶一鈔百六十錠臣等議其罪宜杖一百七除名斥還鄉里從之壬戌樞密院臣言雲南事巳平鎮西武靖王搠思班言蒙古軍及哈剌章羅羅斯諸種人叛者或誅或降雖巳畧定其餘黨逃竄山谷不能必其不反側今請留荆王也速也不干及諸王鎖南等各領所部屯駐一二歲以示威重從之仍命豫王阿剌忒納失里分兵給探馬赤三百乞赤伯三百共守一歲以鎮

輯之餘軍皆遣還所部統兵官召赴闕時已命探馬赤為雲南行省平章政事遂命總制境內軍事潞州潞城縣大水癸亥諸王完者也不干所部蒙古民二百八十餘户告饑命河東宣慰司發官粟賑之甲子陝西行省言終南屯田去年大水損禾稼四十餘頃詔蠲其租鎮寧王那海部曲二百以風雪損孳畜命嶺北行省賑糧兩月欽察台以名園為獻命御史臺給贓罰鈔千定酬其直諸王乞八言臣每歲扈從時巡為費甚廣臣兄豫王阿剌忒納失里弟亦失班歲給鈔五百定幣帛各五千匹敢視其例以請制可詔故尚書省丞相脫脫可視三寶奴例以所籍家貲還其家御史臺臣言同僉中政院事般仲容姦貪邪佞冒哀居官詔黜之揚州泰興縣饑民萬三千餘户河南行省先賑以糧一月後以聞許之命遼陽行省發粟賑孛羅部內蒙古饑民戊辰奎章閣以纂修經世大典請從翰林國史院取脫卜赤顏一書以紀太祖以來事蹟詔以命翰林學士承旨押不花塔失海牙押不花言脫卜赤顏事關祕禁非可令外人傳寫臣等不敢奉詔從之增置拱衛司儀仗命武備寺諸匠官避元籍遣使召趙世延於集慶詔以泥金畏兀字

書無量壽佛經千部壬申散遣宣忠扈衛新籍軍士六百人還鄉里期以七月一日還營衛州路屬縣比歲旱蝗仍大水民食草木殆盡又疫癘死者十九湖南道宣慰司請賑糧米萬石從之河中府蝗晉寧冀寧大同河間諸路屬縣皆以旱不能種告饑甘州阿兒思蘭兔古妻忽都的斤以貞節旌其門五月丙子皇太子影殿造祭器如裕宗故事敕建宮相都總管府公廨丁丑熒惑犯軒轅左角賜宮相都總管府給驛璽書調衛兵浚金水河己卯安南世子陳日焯遣其臣段子貞来朝貢安慶之望江縣淮安之山陽縣去歲皆水災免其田租丙戌太禧宗禋院臣言累朝所建大萬安等十二寺舊額僧三千一百五十人歲例給糧今其徒猥多請汰去九百四十三人制可常德之桃源州去歲水災免其租丁亥復立怯憐口提舉司仍隸中政院命樞密院調軍士修京城己丑置八百等處宣慰司都元帥府以土官昭練為宣慰使都元帥又置臨江元江等處宣慰司兼管軍萬户孟定路孟育路並為軍民總管府秩從三品者線蒙慶甸銀沙羅等甸並為軍民府秩從四品孟併孟廣者樣等甸並設軍民長官司秩從五品益都路宋德讓

趙仁各輸米三百石賑滕州饑民九千户中書省臣請依輸粟補官例予官從之賑駐冬衛士二萬一千五百户糧四月庚寅立雲南省蘆傳路軍民總管府以土官為之制授者各給金符癸己雲南威楚路之蒲蠻猛吾来朝貢願入銀為歲賦詔為置散府一及土官三十三所皆賜金銀符甲午太白犯畢宿封宣政使脱因為薊國公以平江官田五百頃立稲田提舉司隷宮相都總管府乙未以陝西行臺御史大夫脱別台知樞密院事御史大夫玥璐不花累辭職江西行省平章孕兒只以疾辭新任並許之脫忽思娘

子繼主明宗幄殿詔賜湘潭州民户四萬為湯沐奩章閣學士院纂修皇朝經世大典成詔以泥金書佛經一藏丙申大駕幸上都四川行省平章汪壽昌辭職不允敕在京百司日集公署自晨及暮毋廢事賑灤陽桓州李陵臺昔寶赤失兒禿五驛鈔各二百定桓州民以所種麥獻詔賜幣帛二匹慰遣之戊戌次紅橋臨視燕鐵木兒生祠以太禧宗禋院所隷昭孝營繕司隷崇禧總管府賑遼陽東路蒙古萬户府饑民三千五百户糧兩月己亥也兒吉尼知行樞密院事八番西蠻官阿馬路奉方物入貢髙郵寶應等縣

去歲水免其租庚子太陰犯太白辛丑太白經天改阿速萬户府為宣毅萬户府賜銀印命伯顏領之旌濟南章丘縣馬萬妻晉氏志節癸卯加也兒吉尼太尉賜銀印以河間塩課鈔四千定賑河間屬縣飢民四千一百户甲辰詔通政院整治内外水陸驛傳宣政院臣言舊制列聖神御殿及諸寺所作佛事每歲計二百十六今汰其十六為定式制可東昌保定二路濮唐二州有蟲食桑寧夏紹慶保定德安河間諸路屬縣大水六月乙巳朔徵儲政院鈔三萬定給中宫道路之用敕河南行省立阿不海牙政蹟碑監察御

史韓元善言歷代國學皆盛獨本朝國學生僅四百員又復分辨蒙古色目漢人之額請允蒙古色目漢人不限員額皆得入學又監察御史陳守中言請允仕者親老别無侍丁奉養不限地方名次宜從優附近遷調庶廣忠孝之道皆不報發米五千石賑興和屬縣饑民丁未太白晝見乙卯監察御史陳良劾淛東廉訪使脫脫赤顏阿附權姦倒剌沙其生母何氏本父之妾而兄妻之欺誑朝廷封温國夫人請黜罷慝職追還贈恩為宜御史臺臣以聞從之旌大都右警巡院胡德妻曹氏貞節壬戌以鈔萬五千定賑國

王朶兒只等九部蒙古饑民三萬三百六十二户癸亥詔諸官吏在職役或守代未任爲人行賕關說即有所取者官如十二章論贓吏罷不叙終其身雖無所取訟起滅由己者罪加常人一等甲子太府監須宫嬪閹宦及宿衛士行帳資裝免控鶴衛士當驛户丙寅雲南出征軍悉還烏撒羅羅蠻復殺戍軍黄海潮等撤加伯又殺掠良民爲亂命雲南行省及行樞密院凡境上諸關戍兵未可輕撤宜視緩急以制其變丁卯太陰犯畢太白犯井庚午以揚州泰興江都二縣去歲雨害稼免今年租樞密院臣言征西萬户

府軍七百人自泰定以來累經優卹放還者四百五十人今邊防軍少例當追使還營從之是月晉寧亦集乃二路旱濟寧路蟲食桑河南晉寧二路諸屬縣蝗大都保定真定河間東昌諸路屬州縣及諸屯水彰德路臨漳縣漳水决秋七月甲戌朔賜野馬川等處駐冬衛士衣襖文少監歐陽玄言先聖五十四代孫襲封衍聖公爵最五等秩登三品而用四品銅印於爵秩不稱詔鑄從三品印給之德安府去年水免今年田租旌德安應山縣高可壽孝行己卯以雲南既平惟禄余等懼罪竄伏降詔曲赦之辛巳只兒哈

答兒坐罪當流遠以唐其勢舅氏故釋之壬午祀太祖太宗睿宗御容於翰林國史院監察御史張益等言欽察台在英宗朝陰與中政使咬住造謀誣告脫歡察兒將搆興圖謀連潛邸致出居海南及天曆初倒剌沙據上都遣欽察台以兵拒命倒剌沙疑其有異志復擒以歸即追言昔日咬住之謀以自解皇上即位不念舊惡擢居中書而又自貽厥咎以致奪官籍産旋復釋宥以爲四川平章今雲南未平與蜀接境其人反覆不可信任宜削官遠竄仍沒入其家産臺臣以聞詔奪其制命金符同妻孥禁錮于廣東毋

籍其家仍詔諭御史凡憸人如欽察台者其極言之毋隱鐵木兒補化辭御史大夫職不允乙酉遣使代祀護國庇民廣濟福惠明著天妃命西僧於大都萬歲山憫忠閣作佛事起八月八日至車駕還大都日止丁亥海南黎賊作亂詔江西湖廣兩省合兵捕之諸王搠思吉亦兒甘卜哈兒蠻駙馬完者帖木兒遣使來獻蒲萄酒壬辰以知樞密院事脫別台爲御史大夫癸巳辰州興國二路蟲傷稼免今年租甲午歸德府雨傷稼免今年租給諸衛士及蒙古户糧四月乙未立閔子書院於濟南杭州火賑被災民百九十

戶丁酉調甘州兵千人撒里畏兀兵五百人守參卜郎以防土番戊戌封伯顏為浚寧王賜金印仍前太保知樞密院事高郵府去歲水災免今年租湖州安吉縣大水暴漲漂死百九十人人給鈔二十貫瘞之存者賑糧兩月庚子廣西猺賊平台諸王云都思帖木兒還辛丑懷德府洞蠻二十一洞田先什用等以方物來貢還所虜生口八百餘人給其家癸卯知行樞密院事徹里帖木兒以兵討叛蠻鎖力哈迷失戮其黨七百餘人是月河南奉元屬縣蝗大都河間漢陽屬縣水冀寧屬縣雨雹傷稼廬州去年水寧夏霜

為災並免今年田租振靈夏鳴沙蘭山二驛戶二百九十定州新軍戶千二百應理州民戶千三百糧各一月又賑龍興路饑民九百戶糧一月大寧和衆縣何千妻柏都賽兒夫亡以身殉葬旌其門八月甲辰朔日有食之封脫憐忽禿魯為靖恭王沙藍朶兒只為懿德王並給以塗金銀印西域諸王卜賽因遣使忽都不丁來朝灤陽驛戶增置馬牛各一免其和市雜役賜上都孔子廟碑御史臺臣劾奏宣徽副使桑哥比奉旨給宿衛士錢糧稽緩九日玩法欺公罪當黜罷從之己酉以銀符二十八賜拱衛直百戶命燕

鐵木兒以鈔萬定分賜蒙古孤寡者辛亥大駕南還大都壬子西域諸王答兒麻襲朶列帖木兒之位遣諸王孛兒只吉台等來朝貢甲寅雪別台之孫月魯帖木兒買閭也先來獻失剌奴賜以金百兩銀千五百兩鈔五百定金帶一命宣課提舉司毋榷燕鐵木兒邸舍商貨秋斡兒朶思之地頻年災畜牧多死民戶萬七千一百六十命內史府給鈔二萬定賑之乙卯太白犯軒轅大星丙辰封內史怯列該為豐國公以星變令群臣議赦丁巳命邠王不顏帖木兒圍獵於撫州己未立鎮寧王總管府於撫州公主脫脫灰來朝以汴梁路尉氏縣賜伯顏

為食邑詔刑部鞫內侍撒里不花巫蠱事凡當死者杖一百七流廣東西中書省臣言明年海運糧二百四十萬石已令江浙運二百二十萬河南二十萬今請令江浙復增二十萬本省參政杜貞督領從之復命賑糶米五萬石濟京城貧民旌濟寧路魏鐸孝行揚州路呂天麟妻韋氏貞節庚申太白犯軒轅左角中書樞密臣言西域諸王不賽因其臣怯列木丁篡王命來朝不賽因遣使來言請執以歸臣等議宗藩之國行人往來執以付之不可宜令乘驛歸國以自辨制可壬申陞侍正府秩正二品是月江浙諸路水

潦害稼計田十八萬八千七百三十八頃景州自六月至是月不雨澧州泗州等縣去年水免今年租沅州饑賑糶米二千石金州及西和州頻年旱災民饑賑以陝西鹽課鈔五千定九月癸酉朔市阿魯渾撒里宅命燕鐵木兒奉皇子古納荅剌居之中書省臣言今歲當飼馬駝十四萬八千四百疋京城飼六萬疋餘令外郡分飼每疋給芻粟價鈔四定從之乙亥命留守司發軍士築駐蹕臺于大承天護聖寺東御史臺臣劾奏四川行省參政馬鎔發糧六千石餉雲南軍中道輒還預借俸鈔一十九定以娶妾又詬罵

平章汪壽昌罪雖蒙宥難任宰輔帝曰綱常之理尊卑之分僭無所知其何以居上而臨下亟罷之丙子太白犯填星樞密院臣言雲南東川路總管普折兄那具會祿余兵殺烏撒宣慰使月魯東川路府判教化的二十餘人又會伯忽婭阿福領蒙古兵將擊羅羅斯臣等與燕鐵木兒議遣西域指揮使鎖住等發陝西都萬户府兵直抵羅羅斯發碉門安撫司兵絕大渡河直抵卭部州巡守關隘詔宣政院亦遣使同往督之海南賊王周糾率十九洞黎蠻二萬餘人作亂命調廣東福建兵隸湖廣行省左丞移剌四奴統

領討捕之阿速及斡羅思新戍邊者命遼陽行省給其牛具糧食己卯發粟五千石賑興和路鷹坊庚辰樞密院臣言六月中行樞密院官以兵與烏撒賊兵五戰破之惟祿余竄伏未獲命四川行省給其軍餉賑興和寶昌州饑民米二千石御史臺臣言大聖壽萬安寺壇主司徒嚴吉祥盜公物畜妻孥宜免其司徒壇主之職從之禁諸驛毋畜寓行馬免控鶴户雜役湖州安吉縣久雨太湖溢漂民居二千八百九十户溺死男女百五十七人命江浙行省賑卹之丁亥御史臺臣言江西行省參政李允中乃故内侍李邦

寧養子器質庸下誤叨重選宜黜罷從之庚寅幸大承天護聖寺以鈔五萬定及預貸四川明年鹽課鈔五萬定給行樞密院軍需祿余冦順元路癸巳罷供需府覆實司置廣誼司秩正三品以右丞撒迪領其務御史臺臣劾太禧宗禋使童童滛佚不潔不可以奉明禋又奎章閣鑒書博士柯九思性非純良行極矯譎挾其末技趨附權門請罷黜之乙未以金虎符賜中書平章政事亦列赤思州鎮遠府饑賑米五百石丁酉雲南行省遣都事那海鎮撫寧智等奉詔往諭祿余及授以參政制命至撒家關祿余拒不受伐

而賊大至那海因與力戰賊乃退及晚鳥撒兵入順
元境左丞帖木兒不花禦戰那海復就陣宣詔招之
遂遇害帖木兒不花等斂兵還壬寅改隆祥總管府
爲隆祥使司秩從二品冬十月甲辰遣秘書太監王
珪等代祀嶽鎮海瀆后土乙巳召行樞密院撒里鐵
木兒小云失還朝以前東川路總管普折子安樂龍
其父職己酉時享于太廟爲皇子古納荅剌作佛事
釋在京囚死罪者二人杖罪者四十七人辛亥召江
南行臺御史大夫阿兒思蘭海牙赴闕癸丑幸大承
天護聖寺蒙古都元帥怯烈引兵擊阿禾賊黨於靖

江路海中山爲雲梯登山破其柵殺賊五百餘人禿
堅之弟必剌都古彖失舉家赴海死又獲禿堅弟二
人子三人誅之甲寅杭州火命江浙行省賑其不能
自存者丁巳中書省臣言江浙平江湖州等路水傷
稼明年海漕米二百六十萬石恐不足若令運百九
十萬石而命河南發三十萬江西發十萬爲宜又遣官
齎鈔十萬錠鹽引三萬五千道於通漷陵滄四州優
價和糴米三十萬石又以鈔二萬五千定鹽引萬五
千道於通漷二州和糴粟豆十五萬石以鈔三十萬
錠往遼陽懿錦二州和糴粟豆十萬石並從之燒在

京積年還倒昏鈔二百七十餘萬錠戊午詔還平江
路大王清昭應宮田百頃官勿徵其租己未給宿衛
士有官者芻豆諸王卜賽因使者還西域詔酬其所
貢藥物價直辛酉命西僧作佛事於興聖宮十有五
日乃罷吳江州大風雨太湖溢漂没廬舍資畜千九
百七十家命江浙行省給鈔千五百錠賑之乙丑立
昭功萬户都總使府伯顏鐵木兒補化並兼昭功萬
户都總使丙寅命大都路定時估每月朔望送廣誼
司以酬物價燕鐵木兒取犛牛五十於西域來獻十
一月壬申朔日有食之雲南行省言亦乞不薛之地

所牧國馬歲給鹽以每月上寅日啖之則馬健無病
比因伯忽叛亂雲南鹽不可到馬多病死詔令四川
行省以鹽給之乙亥李彥通蕭不蘭奚等謀反伏誅
丙子封諸王幹即爲保寧王賜以印以其先所受印
賜諸王渾禿帖木兒之子庚兀台詔給移剌四奴分
行省印丁丑興和路鷹坊及蒙古民萬一千一百餘
户大雪畜牧凍死賑米五千石戊寅樞密院臣言天
曆兵興以揚州重鎮嘗假淮東宣慰司以兵權令事
已寧宜以所部兵復隸河南行省又征西元帥府自
泰定初調兵四千一百人戍龍剌亦集乃期以五年

為代今已七年逃亡者衆宜加優䘏期以來歲五月代還並從之己卯封甦班為豳國公庚辰左右欽察衛軍士千四百九十户饑命上都留守司賑之辛巳以户部尚書耿煥為中書參知政事癸未詔養燕鐵木兒之子塔剌海為子賜居第及所籍李秃通貲産荆王也速也不千獻犛牛四百詔每歲樞密院宗正府遣官與遼陽行省官巡歷諸郡毋令諸王所部擾民隆祥司使晃忽兒不花言海南所建大興龍普明寺工費浩穰黎人不勝其擾以故為亂詔湖廣行省臣玥璐不花及宣慰宣撫二司領其役仍命廉訪司涖之辛卯諸王撒兒蠻遣使者七十四人來賑左欽察衛撒敦等翼頂也兒古駐冬軍千五百八十户諸鹽課鈔以十分之一折收銀銀每錠五十兩折鈔二十五錠乙未敕宮相都總管府勿隷昭功都總使府丁酉以南陽府之嵩州更賜伯顔為食邑十二月戊申陝西行臺御史程古伯高坦等劾奏本臺監察御史陳良恃勢肆毒徇私破法請罷職籍贓還歸田里有旨雖會赦其准風憲例追奪勑命餘如所奏以黃金符鐫文曰翊忠徇義迪節同勳賜西域親軍副都指揮使欽察以旌其天曆初紅橋戰功壬子復命諸王

忽剌出還鎮雲南癸丑撒敦獻斡羅思十六户酬以銀百七鋌鈔五千錠以河間路清池南皮縣牧地賜斡羅思駐冬仍以忽里所牧官羊給之河南河北道廉訪副使僧家奴言自古求忠臣必於孝子之門今官於朝者十年不省覲者有之非無思親之心實由朝廷無給假省親之制而有擅離官次之禁古律諸職官父母在三百里於三年聽一給定省假二十日無父母者五年聽一給拜墓假十日以此推之父母在三百里以至萬里宜計道里遠近定立假期其應省覲匿而不省覲者坐以罪若詐冒假期規避以掩其罪與詐奔喪者同科御史臺臣以聞命中書省禮部刑部及翰林集賢奎章閣議之丁己雨木冰戊午西域諸王秃列帖木兒遣使獻西馬及蒲萄酒預給四宿衛及諸潛邸衛士歲賜鈔人二十錠庚申遣集賢直學士荅失蠻詣真定玉華宮祀睿宗及顯懿莊聖皇后神御殿辛酉遣兵部尚書也速不花同僉通政院事忽納不花迎帝師詔中書省御史臺遣官詣各道同廉訪司録囚癸亥雨木冰給征東元帥府兵仗丁卯御史臺臣言甘肅行省平章月魯帖木兒既非蒙古族姓且闇於事機使總兵柄恐非所宜詔樞

僉院勿令提調軍馬已巳御史臺臣言河東道廉訪副使忽哥兒不花僉燕南道廉訪司事不顏忽都王士元郝志善憲綱不振宜免官從之旌寧海州崔惟孝孝行是歲真定路屬州水冀寧河南二路旱大饑

本紀卷第三十五

本紀卷第三十六　元史三十六

翰林學士亞中大夫知制誥兼修國史臣宋濂　翰林待制承直郎同知制誥兼國史院編修官臣王禕等奉
勅修

文宗五

三年春正月辛未朔高麗國王楨遣其臣元忠奉表稱賀貢方物癸酉命高麗國王王燾仍爲高麗國王賜金印初燾有疾命其子楨襲王爵至是燾疾愈故復位甲戌賜燕鐵木兒妻公主月魯金五百兩銀五千兩丁丑禁冐哀求叙復者賑糶米五萬石濟京師貧民己卯時享太廟罷諸建造工役惟城郭河渠橋道倉庫勿禁廣西羅偉里叛寇馬武冲等合龍州嶺北朗龍洞韋大蟲賊兵萬人攻陷那馬達那馬安等砦命廣西宣慰司嚴軍衞之月闊察兒冐請衞士芻粟當坐罪燕鐵木兒請釋之壬午命甘肅行省爲豳王不顏帖木兒建居第封孔子妻鄆國夫人并官氏爲大成至聖文宣王夫人癸未給納鄰等十四驛粮及芻粟賑永昌路流民慶遠南丹等處溪洞軍民安撫司言所屬宜山縣饑疫死者衆乞以給軍積穀二百八十石賑糶從之江西行省言梅州頻年水旱民大饑命發粟七百石以賑糶丙戌印造歲額鈔本至

元鈔九十九萬六千錠中統鈔四千錠丁亥幸大承天護聖寺賜諸王帖木兒及其妃阿剌赤八剌金五百兩銀萬兩鈔二萬錠幣帛各千匹監察御史劾奏翰林學士承旨典哈其兄野里牙坐誅當罷從之戊子萬安軍黎賊王奴羅等集衆五萬人寇陵水縣己丑賑肇慶路高要縣饑民九千五百四十口四川行省言去年九月左丞帖木兒不花與禄余賊兵戰被創賊遂侵境乞調重慶叙州兵二千五百人往救之順元宣撫司亦言賊列行營爲十六所乞調兵分道備禦詔上都留守司爲燕鐵木兒建居第御史臺言

選除雲南廉訪司官多託故不行繼今有如是者風憲勿復用制可戊戌命中書省以鈔三千錠幣帛各三千匹給皇子古納荅剌歲例鷹犬回賜諸王章吉獻斡羅思百七十人酬以銀七十二鋌鈔五千錠己亥給斡羅思千人衣粮山南道廉訪副使禿堅董阿劾荆湖北道宣慰使别列怯都嘗貸内府鈔威逼部民代償不足則以宣慰司公帑鈔償之又副使驢駒以修治沿江堤岸縱家奴掊斂民財二人罪雖遇赦宜從黜退御史臺臣以聞從之庚子封公主不納爲鄆安大長公主夔路忠信寨洞主阿具什用合洞蠻

八百餘人寇施州二月辛丑朔八番苗蠻駱度來貢方物癸卯諸王也先帖木兒薨甲辰諸王荅兒馬失里哈兒蠻各遣使來貢蒲萄酒西馬金鴉鶻乙巳以湖廣行省平章玥璐不華爲陝西行臺御史大夫給幽王及其王傅禄戊申雲南行省言會通州土官阿賽及河西阿勒等與羅羅賊兵千五百人寇會川路之卜龍村又禄余將引兵與茫部合寇羅羅斯截大渡河金沙江以攻東川會通等州臣等敢奉先所降詔書招諭之不奉命則從宜進軍制可己酉賜怯薛官完者帖木兒及阿昔兒珠衣帽德寧路去年旱傷

值霜雹民饑賑以粟三千石旌晉寧路沁州劉璋妻張氏志節禄余言于四川行省自父祖世爲烏撒土官宣慰使佩虎符素無異心曩爲伯忽誘脅比聞朝廷招諭而今期限已過乞再降詔赦即率四路土官出降仍乞改屬四川省隸永寧路冀得休息四川行省以聞詔中書樞密御史諸大臣雜議之己未旌寧夏路趙那海孝行辛酉燕鐵木兒兼奎章閣大學士領奎章閣學士院事己巳命燕鐵木兒集翰林集賢太禧宗禋院議立太祖神御殿詔修曲阜宣聖廟印州有二井宋舊名曰金鳳茅池天曆初九月地震鹽

水湧溢州民侯坤願作什器煮鹽而輸課於官詔四川轉運鹽司主之旌濟州任城縣王德妻秦氏婺州路金華縣吳塤妻宋氏廬州路高仁妻張氏甘州路岳忽南妻失林蓋州完顏帖哥住妻李氏志節三月庚午朔帝師至京師遣使往西域賜諸王不賽因繡綵幣帛二百四十匹中書省臣言凡遠戍軍官死而歸葬者宜視民官例給道里之費又四川驛户比以軍興消乏宜遣官同行省量濟之制可燕鐵木兒言平江松江澱山湖圩田方五百頃有奇當入官粮七千七百石其總佃者死頗為人占耕今臣願增粮為

萬石入官令人佃種以所得餘米贍臣弟撒敦從之洛水溢爪哇國遣其臣僧伽剌等八十三人奉金書表及方物來朝貢己卯詔以西寧王速來蠻鎮禦有勞其如安定王朶兒只班例置王傅官四人鑄印給之庚辰以安陸府賜并王晃火兒不花為食邑旌大都良鄉縣韋安妻張氏貞節丁亥諸王伯岳兀完者帖木兒來朝戊子占城國遣其臣阿南那那里沙等四人奉金書表及方物來朝貢己丑復立功德使司癸巳皇子古剌荅納更名燕帖古思置興瑞司掌中宮歲作佛事秩正三品乙未命燕鐵木兒依舊例以

鈔萬錠分給蒙古孤寡者以帝師泛舟于西山高梁河調衛士三百挽舟丙申賜怯薛官篤憐鐵木兒璽書申飭其所部賑木憐苦鹽濼札哈掃憐九驛之貧者凡四百五十二户丁酉緬國遣使者阿落等十人奉方物來朝貢己亥賜行樞密院鈔四萬錠分給征烏撒烏蒙所調陝西四川蒙古軍及漸丁萬人高唐德冀諸州大名汴梁廣平諸路有蟲食桑葉盡夏四月壬寅中書省臣言去歲宿衛士給鈔者萬五千人今減去千四百人餘當給者萬三千六百人又太府監歲支幣帛二萬匹不足於用請再給二百匹並從

之四川師壁散毛盤速出三洞蠻野王等二十三人來貢方物戊申大寧路地震四川大盤洞謀者什用等十四人來貢方物丙辰諸王不別居法郎遣使者要忽難等及西域諸王不賽因使者也先帖木兒等皆來貢方物戊午命奎章閣學士院以國字譯貞觀政要鋟板模印以賜百官四川行省平章汪壽昌辭職不允以作佛事祈福釋御史臺所囚定興劉縣尹及刑部囚二十六人乙丑安南國世子陳日焯遣其臣鄧世延等二十四人來貢方物安西王阿難荅之子月魯帖木兒坐與畏兀僧玉你達八的剌板的國

師必刺忒納失里沙津愛護持謀不軌命宗王大臣雜鞫之獄成三人皆伏誅仍籍其家以必刺忒納失里沙津愛護持妻丑丑賜通政副使伯藍王鞍賜撒敦餘人畜土田及七寶奩具金珠寶玉鈔幣並没入大承天護聖寺免四川行省境内今年租命有司爲伯顔建生祠立紀功碑于涿州仍别建祠立碑于汴梁戊辰免雲南行省田租三年安州饑給河間鹽課鈔萬錠賑之東昌濟寧二路及曹濮諸州皆有蟲食桑五月己巳朔高昌王蔵吉薨其弟太平奴襲位壬申賑木憐七里等二十三驛人米二石癸酉熒惑犯

東井賜燕鐵木兒宴于流盃池雲南大理中慶等路大饑賑鈔十萬錠甲戌陞尚舍寺爲從三品撒迪請備録皇上登極以來固讓大凡往復奏荅其餘訓敕辭命及燕鐵木兒等宣力効忠之蹟命朶來續爲蒙古脱卜赤顔一書置之奎章閣從之賜湖廣行省平章政事脱亦納金虎符旌保定路郭璹孝行探忒妻靈保賢孝戊寅幸大承天護聖寺京師地震有聲己卯命諸王也失班還鎮浙西道廉訪司劾副使三寶党惡陰險紊亂紀綱詔罷之壬午復賑糶米五萬石濟京城貧民戊子唐其勢以疾先往上都賜藥價鈔千錠遣使往帝師所居撒思吉牙之地以珠織制書宣諭其屬仍給鈔四千錠幣帛各五千匹分賜之賑帖里干不老也不徹温等十九驛人米二石庚寅大駕發大都時廵于上都置山東益都等處金銀銅鐵提舉司辛卯復以司徒印給萬安寺僧嚴吉祥詔給鈔五萬錠修帝師巴思八影殿壬辰太常博士王瓚言各處請加封神廟濫及淫祠按禮經以勞定國以死勤事能禦大災能捍大患則祀之其非祀典之神今後不許加封制可丁酉白虹並日出長竟天追封顔子父顔無繇爲杞國公謚文裕母齊姜氏杞國夫

人謚端獻妻宋戴氏兖國夫人謚貞素甘州大雹楊州之江都泰興德安府之雲夢應城縣水汴梁之睢州陳州開封之蘭陽封丘諸縣河水溢滹沱河決没河間清州等處屯田四十三頃常寧州饑賑糶米二千四百石杭州火被灾九十一户池州火被灾七十三户命江浙行省量賑之六月己亥朔以月魯帖木兒等罪詔告中外赦天下免四川行省今年差税陜西行省今年商税録用朶朶王士熙脱歡等己酉以御史中丞趙世安爲中書左丞癸丑遣使分祀嶽鎮海瀆戊午給鈔五萬錠賜雲南行省爲公儲己未燕

鐵木兒言頃伯顏封浚寧王賜食邑嵩州今請於潁汴擇一州賜之詔改賜陳州癸亥加授知樞密院事也卜倫開府儀同三司乙丑御史臺臣劾遼陽行省參政賽甫丁庸鄙不勝任罷之監察御史陳思謙言內外官非文武全才出處繫天下安危能拯金革之難者勿許奪情起復制可禁諸卜筮陰陽人毋出入諸王公大臣家晉寧冀州桑災益都濟寧大雨無為州和州水旌歸德府永城縣民張氏孝節秋七月戊辰朔諸王荅里麻失里等遣使來貢虎豹雲南行省言本省舊降給驛璽書六十九金字圓符四伯忽之

亂散失殆盡乞更賜為宜敕更賜璽書三十二圓符四仍究詰所失者辛未以車坊官園賜伯顏賜從征雲南將校三百四十七人鈔幣有差調軍士修柳林海子橋道乙亥命僧於鐵幡竿修佛事施金百兩銀千兩幣帛各五百匹布二千匹鈔萬錠丁丑賑蒙古軍流離至陝西者四百六十七戶糧三月遣復其居戶給鈔五十錠湖廣行省言黎賊勢猖獗乞益兵三千以備調用有旨依前詔促移剌四奴尅日進兵壬午江西行省造螺鈿几榻遺燕鐵木兒詔賜匠者幣帛各一甲申燕鐵木兒獻斡羅思二千五百人旌裕

州民李庭瑞孝行庚寅給鈔萬錠命燕鐵木兒分賜累朝宮分嬪御之貧乏者壬辰西域諸王不賽因遣哈只怯馬丁以七寶水晶等物來貢給蒙古民及各部衛士鈔幣有差仍賑糧五月甲午北邊諸王月即別遣南忽里等來朝貢燕鐵木兒言諸王徹徹禿沙哥累坐罪流南荒乞賜矜閔俾還本部從之賑宗仁衛軍士九百戶各鈔一錠滕州民饑賑糶米二萬石慶都縣大饑以河間鹽課鈔萬錠賑之八月辛丑諸王阿兒加失里獻斡羅思三十人漸丁百三人賑大都寶坻縣饑民以京畿運司糧萬石癸卯吳王木喃

子及諸王荅都河海鎖南管卜帖木兒赤帖木迭兒等來朝賜護守上都宮殿衛卒二千二百二十九人人鈔二十五錠乙巳天鼓鳴于東北丙午遣官祭社稷丁未有事于太廟海道漕運糧六十九萬餘石至京師己酉隴西地震帝崩壽二十有九在位五年癸丑靈駕發引葬起輦谷從諸帝陵元統二年正月己酉太師右丞相伯顏率文武百官等議上尊謚曰聖明元孝皇帝廟號文宗國言謚號曰札牙篤皇帝請謚于南郊三月己酉祔于太廟後至元六年六月以帝謀為不軌使明宗飲恨而崩詔除其廟主放燕

帖古思於高麗未至月闊察兒害之于中道

本紀卷第三十六

本紀卷第三十七　元史三十七

翰林學士亞中大夫知制誥兼修國史臣宋濂　翰林待制承直郎同知制誥兼國史院編修官臣王禕等奉

勑修

寧宗

寧宗沖聖嗣孝皇帝諱懿璘質班明宗第二子也母曰皇后乃蠻真氏初武宗有子二人長明宗次文宗延祐中明宗封周王出居朔漠泰定之際正統遂偏天曆元年文宗入紹大統内難既平即遣使奉皇帝璽綬北迎明宗明宗崩文宗復即皇帝位明宗有子二人長妥懽帖木耳次即帝也天曆二年二月乙巳

封帝為鄜王至順三年八月己酉文宗崩于上都皇后導揚末命申固讓初志傳位於明宗之子時妥懽帖木耳出居静江帝以文宗眷愛之篤留京師太師太平王右丞相燕鐵木兒請立帝以繼大統於是遣使徵諸王會京師中書百司政務咸啓中宫取進止八月甲寅中書省臣奏中宫旨預備大朝會賞賜金銀幣帛等物乙卯燕鐵木兒奉中宫旨賜駙馬也不干子歡忒哈赤太尉孛蘭奚句容郡王荅隣荅里僉事小薛阿麻剌台之子禿帖木兒公主本荅里諸王丑漢妃公主台忽都魯諸王卯澤妃公主完者台及

公主本荅里徹里帖木兒等金銀幣鈔有差是月渾源雲内二州隕霜殺禾巢寧路之陽曲河曲二縣及荆門州皆旱江水又溢高郵府之寶應興化二縣德安府之雲夢應城二縣大雨水九月丁丑填星犯太微垣左執法辛巳修皇太后儀仗是夜地震有聲來自北是月益都路之莒沂二州泰安州之奉符縣濟寧路之魚臺豐縣曹州之楚丘縣平江常州鎮江三路松江府江陰州中興路之江陵縣皆大水河南府之洛陽縣旱十月庚子帝即位于大明殿大赦天下詔曰洪惟太祖皇帝啓闢疆宇世祖皇帝統一萬方

列聖相承法度明著我曲律皇帝入纂大統修舉庶政動合成法授大寶位于普顔篤皇帝以及格堅皇帝曆數之歸實當在我忽都篤皇帝札牙篤皇帝而各播越遼遠時則有若燕鐵木兒建義効忠戡平内難以定邦國恊恭推戴札牙篤皇帝登極之始即以讓兄之詔明告天下隨奉璽紱遠迓忽都篤皇帝朔方言還奄棄臣庶札牙篤皇帝荐正宸極仁義之至視民如傷恩澤旁被無間遠邇顧育眇躬尤篤慈愛賓天之日皇后傳顧命於太師太平王右丞相荅剌罕燕帖木兒太保浚寧王知樞密院事伯顔等謂聖

體彌留益推固讓之初志以宗社之重屬諸大兄忽都篤皇帝之世嫡乃遣使召諸王宗親以十月一日來會于大都與宗王大臣同奉遺詔揆諸成憲宜御神器以至順三年十月初四日即皇帝位于大明殿可大赦天下自至順三年十月初四日昧爽以前除謀反大逆謀殺祖父母父母妻妾殺夫奴婢殺主謀故殺人但犯强盗印造僞鈔蠱毒魘魅犯上者不赦外其餘一切罪犯咸赦除之大都上都興和三路差税免三年腹裏差發并其餘諸郡不納差發去處税糧十分爲率免二分江淮以南夏税亦免二分土木

工役除倉庫必合修理外毋復刱造以紓民力民間在前應有逋欠差税課程盡行蠲免監察御史肅政廉訪司官并内外三品以上正官歲舉才堪守令者一人申達省部先行録用如果稱職舉官優加旌擢一任之内或犯贓私者量其輕重黜罰其不該原免重囚淹禁三年以上疑不能決者申達省部詳讞釋放學校農桑孝義貞節科舉取士國學貢試並依舊制廣海雲南梗化之民詔書到日限六十日内出官與免本罪許以自新於戲肆予冲人託于天下臣民之上任大守重若涉淵水尚賴宗王大臣百司庶府

交修乃職思盡厥忠嘉與億兆之民共保承平之治咨爾多方體予至意故玆詔示想知悉辛丑以知樞密院事撒敦爲御史大夫中書右丞撒迪爲中書平章政事宣政使闊里吉思爲中書右丞中書平章政事禿兒哈鐵木兒知樞密院事乙巳造皇太后玉册玉寶丁未皇太后命作兩宮幄殿車乘供張戊申賞賚諸王金幣其數如文宗即位之制立徽政中政二院己酉太白犯斗宿赦諸王駙馬勳舊大臣及中書省樞密院御史臺秩正二品百司庶府秩至一品者闕門之内得施繩床以坐餘皆禁之庚戌修郊祀法

服以官者鐵古思哈里兀荅兒黑狗者闊闊出並爲中政院使辛亥以江浙歲比不登其海運糧不及數俟來歲補運壬子定婦人犯私鹽罪著爲令甲寅諸王不賽因遣使貢塔里牙八十八斤佩刀八十賜鈔三千三百錠乙卯以即位告祭南郊丙辰給宿衛士蒙古漢軍三萬人禦寒衣命江浙行省範銅造和寧宣聖廟祭器凡百三十有五事己未告祭太廟庚申告祭社稷以伯顏爲徽政使依前開府儀同三司浚寧王太保錄軍國重事知樞密院事提調忠翊侍衛親軍都指揮使司事伯撒里右都威衛都指揮使常

不蘭奚並爲徽政使賜諸妃后大朝會賞賚有差甲子以諸王忽剌台貧乏賜鈔五百錠皇弟燕帖古思受戒於西僧加兒麻哇敕百官及宿衛士有只孫衣者凡與宴饗皆服以侍其或質諸人者罪之丙寅楚丘縣河堤壞發民丁二千三百五十人修之十一月己巳詔翰林國史集賢院奎章閣學士院集議先皇帝廟號神主升祔武宗皇后及改元事庚午賜鄭王徹徹禿以海寧州朐山贛榆沭陽三縣壬申命鄭王徹徹禿鎮遼陽甲戌遣宿衛官阿察赤以上皇太后玉册告祭南郊中書平章政事伯撒里告祭太廟戊

寅奉玉册玉寶尊皇后曰皇太后皇太后御興聖殿受朝賀己卯帝御大明殿受朝賀庚寅賜諸王寬徹帶帛各二千匹以周其貧左欽察衛士饑賑糧二月壬辰帝崩年七歲甲午葬起輦谷從諸陵明年六月己巳明宗長子妥懽帖木耳即位至元四年三月辛酉謚曰冲聖嗣孝廟號寧宗四月乙酉祔于太廟

本紀卷第三十七

紀卷第三十八　　元史三十八

翰林學士亞中大夫知制誥兼修國史臣宋濂翰林待制承直郎同知制誥兼國史院編修官臣王禕等奉

勑修

順帝一

順帝名妥懽貼睦爾明宗之長子母罕禄魯氏名邁來迪郡王阿兒厮蘭之裔孫也初太祖取西北諸國阿兒厮蘭率其衆來降乃封爲郡王俾領其部族及明宗北狩過其地納罕禄魯氏延祐七年四月丙寅生帝于北方當泰定帝之崩太師燕鐵木兒與諸王大臣迎立文宗文宗既即位以明宗嫡長復遣使迎

立之明宗即位于和寧之北而立文宗爲皇太子及明宗崩文宗復正大位至順元年四月辛丑明宗后八不沙被譖遇害遂徙帝于高麗使居大青島中不與人接閱一載復詔天下言明宗在朔漠之時素謂非其己子移于廣西之静江三年八月己酉文宗崩燕鐵木兒請文宗后立太子燕帖古思后不從而命立明宗次子懿璘只班是爲寧宗十一月壬辰寧宗崩燕鐵木兒復請立燕帖古思文宗后曰吾子尚幼妥懽貼睦爾在廣西今年十三矣且明宗之長子禮當立之乃命中書右丞闊里吉思迎帝于静江至良

鄉具鹵簿以迓之燕鐵木兒既見帝並馬徐行具陳迎立之意帝幼且畏之一無所答於是燕鐵木兒疑之故帝至京久不得立適太史亦言帝不可立立則天下亂以故議未决遷延者數月國事皆决於燕鐵木兒奏文宗后而行之俄而燕鐵木兒死后乃與大臣定議立帝且曰萬歲之後其傳位於燕帖古思若武宗仁宗故事諸王宗戚奉上璽綬勸進四年六月己巳帝即位于上都詔曰洪惟我太祖皇帝受命于天肇造區夏世祖皇帝奄有四海治功大備列聖相傳丕承前烈我皇祖武宗皇帝入纂大統及致和之

季皇考明宗皇帝遠居朔漠札牙篤皇帝戡定内難讓以天下我皇考賓天札牙篤皇帝復正宸極治化方隆奄棄臣庶今皇太后名大臣燕鐵木兒伯顔等曰昔者闊徹脱脱木兒只兒哈郎等謀逆以明宗太子爲名又先爲八不沙始以妬忌妄構誣言疏離骨肉逆臣等既正其罪太子遂遷于外札牙篤皇帝後知其妄尋至大漸顧命有曰朕之大位其以朕兄子繼之時以朕遠征南服以朕弟懿璘只班登大位以安百姓乃遂至大故皇太后體承札牙篤皇帝遺意以武宗皇帝之元孫明宗皇帝之世嫡以賢以長在

予一人遣使迎還徵集宗室諸王來會合辭推戴今奉皇太后勉進之篤宗親大臣懇請之至以至順四年六月初八日即皇帝位于上都於戲惟天惟祖宗全付予有家慄慄危懼若涉淵水罔知攸濟尚賴宗親臣鄰交脩不逮以底隆平其赦天下時有阿魯輝帖木兒者明宗親臣也言於帝曰天下事重宜委宰相決之庶可責其成功若躬自聽斷則必負惡名帝信之由是深居宮中每事無所專焉辛未命伯顏爲太師中書右丞相上柱國監脩國史兼奎章閣大學士領學士院太史院回回漢人司天監事撒敦爲太傅左丞相是月大霖雨京畿水平地丈餘饑民四十餘萬詔以鈔四萬錠賑之涇河溢關中水災黄河大溢河南水災兩淮旱民大饑秋七月霖雨潮州路水己亥太陰犯房宿八月壬申鞏昌徽州山崩是月立燕鐵木兒女伯牙吾氏爲皇后九月甲午太陰犯填星乙未太陰犯天江甲寅中書省臣言官員遞陞室礙選法今請自省院臺官外其餘不許遞陞從之丁巳太陰犯填星己未太陰犯氐宿庚申詔太師右丞相伯顏太傅左丞相撒敦專理國家大事其餘官不得兼領三職秦州山崩賑恤寧夏饑民五萬三千人

一月詔免儒人役冬十月甲子太陰犯斗宿丙寅鳳州山崩戊辰改元詔曰在昔世祖皇帝紹開丕圖稽古建元立經陳紀列聖相承恪遵成憲肆予冲人嗣大歷服茲圖治之云初嘉與民而更始乃新紀號誕告多方其以至順四年爲元統元年於戲一元運於四時惟裁成之有道大統綿於萬世思保佑於無疆中書省臣言凡朝賀遇雨請便服行禮從之己巳加知樞密院事答剌罕答里金紫光祿大夫庚午詔以察罕腦兒宣慰司人民止令應當徽政院差發癸酉雲南僰羅土官渾鄧馬弄來貢方物詔以其地陞立散府丁丑依皇太后行年之數釋放罪囚二十七人庚辰奉文宗皇帝及太皇太后御容於大承天護聖寺命左丞相撒敦爲隆祥使奉其祭祀乙酉詔以高郵府爲伯顏食邑戊子封撒敦爲榮王食邑廬州唐其勢襲父封爲太平王進階金紫光祿大夫庚寅中書省臣請集議武宗英宗明宗三朝皇后陞祔十一月辛卯朔罷富州金課甲午太陰犯壘壁陣丙申鞏昌成紀縣地裂山崩令有司賑被災人民丁酉享于太廟辛丑起棕毛殿丙午申飭鹽運司辛亥江西湖廣江浙河南復立榷茶運司追謚札牙篤皇帝爲聖

明元孝皇帝廟號文宗時寢廟未建於英宗室次權結綵殿以奉安神主封伯顏為秦王錫金印是日秦州山崩地裂夜太陰犯太微東垣上相壬子太陰犯填星癸丑太陰犯亢宿乙卯以燕鐵木兒平江所賜田五百頃復賜其子唐其勢罷河間大報恩寺諸色人匠總管府江浙旱饑發義倉粮募富人入粟以賑之詔秦王右丞相伯顏榮王左丞相撒敦統百官總庶政十二月庚申命伯顏提調彰德威武衛乙丑廣西猺寇湖南陷道州千户郭震戰死寇焚掠而去壬申遣省臺官分理天下囚罪狀明者処决冤者辨之

疑者讞之淹滯者罪其有司以奴列你他代其父塔剌赤為耽羅國軍民安撫使司達魯花赤錫三珠虎符癸酉太陰犯鬼宿甲戌秃堅帖木兒致仕錫太尉印置僚屬乙亥為皇太后置徽政院設官屬三百六十有六員太白犯壁壘陣太陰犯軒轅己卯太陰犯進賢癸未太陰犯東咸

元統二年春正月庚寅朔雨血于汴梁着衣皆赤辛卯東平須城縣濟寧濟州曹州濟陰縣水災民饑詔以鈔六萬錠賑之以御史大夫脫别台為中書平章政事阿里海牙為河南行省左丞相丁酉享于太廟

戊戌四川大盤洞蠻謀谷什用遣男謀者什用來貢方物即其地立盤順府命謀谷什用為知府遣吏部尚書帖住禮部郎中智熙善使交趾以授時曆賜之太陰犯軒轅癸卯勅僧道與民一體充役己酉以上文宗皇帝謚號遣官告祭于南郊庚戌太陰犯房宿甲寅罷廣教總管府立行宣政院乙卯雲南土酋姚安路總管高明來獻方物錫符印遣之二月己未朔詔内外興舉學校癸亥廣西猺寇邊殺官吏廣海官已除而未上者罪之甲子塞北東凉亭雹民饑詔上都留守發倉廩賑之乙丑命有司以時給宿衛冬衣

以燕不憐為太保置僚屬戊辰封也真也不干為昌寧王錫金印癸酉太陰犯太微上相丁丑封皇姑妥妥輝為英壽大長公主癸未安豐路旱饑勅有司賑糶麥萬六千七百石甲申太廟木陛壞遣官告祭丁亥太白經天是月灤河漆河溢永平諸縣水災賑鈔五千錠瑞州路水賑米一萬石三月己丑朔詔科舉取士國子學積分膳學錢粮儒人免役悉依累朝舊制學校官選有德行學問之人以充辛卯以陰陽家言罷造作四年太陰犯填星癸巳廣西猺賊復起殺同知元帥吉烈思掠庫物遣右丞秃魯迷失將兵討

之復立西番巡捕都元帥府罷廣誼司復立覆實司贈吉烈思官令其子孫襲職庚子杭州鎮江嘉興常州松江江陰水旱疾疫勑有司發義倉粮賑饑民五十七萬二千户癸卯月食既甲辰中書省臣言興和路起建佛事一路所費為鈔萬三千五百三十餘錠請依上都大都例給饍僧錢節其冗費從之乙巳中書省臣言益都真定盜起請選省院官往督捕之仍募能擒獲者倍其賞獲三人者與一官從之丁未以河南行省左丞相阿里海牙為江浙行省左丞相壬子廣西慶遠府傜賊寇全州詔平章政事探馬赤統

兵二萬人擊之丁巳詔蒙古色目犯奸盜詐偽之罪者隸宗正府漢人南人犯者屬有司是月山東霖雨水湧民饑賑糶米二萬二千石淮西饑賑糶米二萬石湖廣旱自是月不雨至于八月夏四月戊午朔日有食之庚申封宗室蠻子為文濟王乙丑命順元等處軍民宣撫使八番等處沿邊宣慰使伯顏溥花承襲父職丙寅罷龍慶州黑峪道上勝火兒站庚午詔雲南出征軍士亡歿者人賜鈔二錠以葬壬申命唐其勢為總管高麗女直漢軍萬户府達魯花赤與馬札兒台並為御史大夫丁丑太白經天戊寅太白晝

見己卯奉聖明元孝皇帝文宗神主祔于太廟躬行告祭之禮樂用宮懸禮三獻先是御史臺臣言郊廟國之大典王者必行親祀之禮所以盡尊尊親親之誠宜因陞祔有事于太廟帝從之是日罷夏季時享詔加榮王左丞相撒敦開府儀同三司上柱國録軍國重事食邑廬州復立杭州四隅録事司太白晝見壬午復如之帝嘉許衡輔世祖以不殺一天下特録其孫從宗為章佩監異珍庫提點癸未立鹽局于京師南北城官自賣鹽以革專利之弊乙酉中書省臣言佛事布施費用太廣以世祖時較之歲增金三十

八錠銀二百三錠四十兩繒帛六萬一千六百餘疋鈔二萬九千二百五十餘錠請除累朝期年忌日之外餘皆罷從之是月車駕時巡上都益都東平路水設酒禁大名路桑麥災成州旱饑詔出庫鈔及發常平倉米賑之河南旱自是月不雨至于八月五月己丑詔威武西寧王阿哈伯之子亦里黑赤襲其父封官者李羅帖木兒傳皇后旨取鹽一十萬引入中政院辛卯以唐其勢代撒敦為中書左丞相撒敦仍商量中書省事壬辰命中書平章政事撒的領蒙古國子監癸巳罷洪教提點所戊申詔文濟王蠻子鎮大

名雲南王阿魯鎮雲南給銀字圓牌是月中書省臣言江浙大饑以戶計者五十九萬五百六十四請發米六萬七百石鈔二千八百錠及募富人出粟發常平義倉賑之并存海運粮七十八萬三百七十石以備不虞從之詔王侯宗戚軍站人匠鷹房控鶴但隸京師諸縣者令所在一體役之贈故中書平章政事王泰亨謚清憲舊令三品以上官立朝有大節及有大功勲於王室者得賜功臣號及謚時寖冗濫失實惟泰亨在中書時安南請佛書乞以九經賜之使高麗不受禮遺爲尚書貧不能自給故特賜是謚贈漳

州萬戶府知事闞文興英毅侯妻王氏貞烈夫人廟號雙節六月丁巳朔中書省臣言雲南大理中慶諸路曩因脫肩敗狐反叛民多失業加以災傷民饑請發鈔十萬錠差官賑恤從之戊午淮河漲淮安路山陽縣滿浦清岡等處民畜房舍多漂溺丙寅宣德府水災出鈔二千錠賑之乙亥唐其勢辭左丞相不拜復命撒敦爲左丞相辛巳詔蒙古色目人行父母喪癸未復立繕工司造繒帛乙酉贈燕鐵木兒公忠開濟弘謨同德翊運佐命功臣開府儀同三司太師中書右丞相追封德王謚忠武是月彰德雨白毛大寧

廣寧遼陽開元瀋陽懿州水旱蝗大饑詔以鈔二萬錠遣官賑之秋七月丁亥戒陰陽人毋得於貴戚之家妄言禍福辛卯祭太祖太宗睿宗三朝御容罷秋季時享壬辰帝幸大安閣是日宴侍臣於奎章閣甲午太白晝見己亥太白經天壬寅詔蒙古色目人犯盜者免刺甲辰太白經天丙午復如之帝幸檎木亭己酉太白晝見夜有流星大如酒盃色赤長五尺餘光明燭地起自天津没于離宮之南庚戌太白經天壬子復如之夜熒惑犯鬼宿癸丑甲寅太白復經天是月池州青陽銅陵饑發米一千石及募富民出粟

賑之八月丙辰朔太白經天凡四日戊午祭社稷癸亥太白經天丙寅至戊辰太白復經天辛未赦天下京師地震雞鳴山崩陷爲池方百里人死者甚衆自是日至甲戌太白經天丁丑己卯復如之夜犯軒轅庚辰至壬午太白復經天癸未中書平章政事阿里海牙罷是月南康路諸縣旱蝗民饑以米十二萬三千石賑糶之九月庚寅太白經天辛卯車駕還自上都壬辰太陰入南斗癸巳太白犯靈臺甲午太白經天猺賊陷賀州發河南江浙江西湖廣諸軍及八番義從軍命廣西宣慰使都元帥章伯顔將以擊之乙

未太白經天己亥壬寅復如之乙巳太白犯太微垣壬子吉安路水災民饑發粮二萬石賑糶夜太白犯太微垣冬十月乙卯朔正内外官朝會儀班次一依品從戊午享于太廟辛酉以侍御史許有壬爲中書參知政事癸亥太白犯太微上相復犯進賢丁卯立湖廣黎兵屯田萬户府統千户一十三所每所兵千人屯户五百皆土人爲之官給田土牛種農器免其差徭又剏立武安縣移石山寨巡檢司於清水寨立霍丘縣淮陰鄉臨水山巡檢司改乾寧軍民安撫司曰乾寧安撫司乙亥太陰犯軒轅太白犯填星己卯

奉玉册玉寶上皇太后尊號曰贊天開聖仁壽徽懿昭宣皇太后詔曰朕登大寶君臨萬方永惟大母擁佑之勤神器奠安海宇寧謐實慈訓之致然也爰恊衆議再舉徽稱而皇太后以文宗皇帝未祔于廟至誠謙抑弗賜俞允今告祔禮成亦既閲歲始徇所請乃以吉日奉上尊號思與普天同兹大慶其赦天下免今年民租之半内外官四品以下減一資却天鷩之獻癸未命臺憲部官各舉材堪守令者一人十一月戊子中書省臣請發兩艅船下番爲皇后營利濟南萊蕪縣饑罷官冶鐵一年辛卯賜行宣政院廢寺

錢一千錠以營公廨乙未填星犯亢宿庚戌熒惑犯太微垣是月鎮南王孛羅不花來朝十二月立道州永明縣白面墟江華縣濤墟巡檢司各一以鎮遏猺賊甲戌詔整治學校是歲禁私剏寺觀庵院僧道入錢五十貫給度牒方聽出家

至元元年春正月癸巳申命廉訪司察郡縣勸農官勤惰達大司農司以憑黜陟乙未立徽政院屬官侍正府丙午雲南婦人一産三男二月甲寅朔革冗官乙卯車駕將田于柳林御史臺臣諫曰陛下春秋鼎盛宜思文皇付托之重致天下於隆平况今赤縣之

民供給繁勞農務方興而馳騁氷雪之地倘有銜橛之變柰宗廟社稷何遂止丁巳立縹甸散府一穆由甸范陵甸軍民長官司二以薊州寶坻縣稻田提舉司所轄田土賜伯顔戊午祭社稷甲戌熒惑逆行入太微己卯以上皇太后册寶遣官告祭天地三月癸未朔詔遣五府官决天下囚御史臺臣言丞相已領軍國重事省院臺官俱不得兼領各衛從之平伐都雲定雲酋長實郎天都蟲等來降即其地復立宣撫司參用其土酋爲官辛卯以上皇太后寶册遣官告祭太廟壬辰河州路大雪十日深八尺牛羊駝馬凍

死者十九民大饑丙申中書省臣言甘肅甘州路十字寺奉安世祖皇帝母别吉太后於内請定祭禮從之丁酉以需益州所轄羅山石梁交水三縣併歸巡檢司月食己亥龍興路饑出粮九萬九千八百石賑其民庚子御史臺臣言高麗爲國首効臣節而近年屢遣使往選取媵妾至使生女不舉女長不嫁乞賜禁止從之中書省臣言帝生母太后神主宜於太廟安奉命集議其禮甲辰山東河間兩淮福建四處增鹽課一十八萬五千引中書請權罷徵止令催辦正額乙巳以中書左丞王結參知政事許有壬知經筵

事封安南世子陳端午爲安南國王是月益都路沂水日照蒙陰莒縣旱饑賑米一萬石夏四月癸丑朔詔諸官非節制軍馬者不得佩金虎符辛酉享于太廟以江南行御史臺中丞不花爲中書省參知政事壬戌太陰犯左執法丙寅詔以鈔五十萬錠命徽政院散給達達兀魯思怯薛丹各愛馬己巳加唐其勢開府儀同三司己卯詔翰林國史院纂脩累朝實録及后妃功臣列傳庚辰罷功德典瑞營繕集慶翊正羣玉繕工金玉珠翠諸提舉司以撒的爲御史大夫禁犯御名是月河南旱賑恤芍陂屯軍粮兩月五月

壬午朔皇太后以膺受寶冊恭謝太廟丙戌占城國遣其臣剌忒納凡兒撒来獻方物且言交趾遏其貢道詔遣使宣諭交趾戊子車駕時巡上都遣使者詣曲阜孔子廟致祭加伯撒里金紫光禄大夫壬辰命嚴謚法以絶冒濫京畿民饑詔有司議賑恤癸卯太陰犯壘壁陣甲辰伯顔請以右丞相讓唐其勢詔不允命唐其勢爲左丞相是月永新州饑賑之六月辛酉有司言甘肅撒里畏產金銀請遣官税之壬戌太陰犯心宿癸酉禁服色不得僭上乙亥罷江淮財賦總管府所管杭州平江集慶三處提舉司以其事歸

有司詔湖南宣慰使司兼都元帥府總領所轄諸路鎮守軍馬庚辰伯顔奏唐其勢及其弟塔剌海謀逆誅之執皇后伯牙吾氏幽於别所大霖雨秋七月辛巳朔以馬札兒台阿察赤並爲御史大夫壬午伯顔殺皇后伯牙吾氏于開平民舍丁亥享于太廟壬辰加馬札兒台銀青榮禄大夫開府儀同三司領承徽寺乙未太陰犯壘壁陣壬寅專命伯顔爲中書右丞相罷左丞相不置癸卯立脱脱禾孫於察罕腦兒之地乙巳罷燕鐵木兒唐其勢舉用之人戊申誅答里及剌剌等于市詔曰曩者文宗皇帝以燕鐵木兒嘗

有勞伐父子兄弟顯列朝廷而輒造事釁出朕遠方文皇尋悟其妄有旨傳次于予燕鐵木兒貪利幼弱復立朕弟懿璘質班不幸崩殂今丞相伯顏追奉遺詔迎朕于南既至大都燕鐵木兒猶懷兩端遷延數月天隕厥躬伯顏等同辭翊戴乃正宸極後撒敦答里唐其勢相襲用事交通宗王晃火帖木兒圖危社稷阿察赤亦嘗與謀賴伯顏等以次掩捕明正其罪元兇構難貽我太皇太后震驚朕用兢惕永惟皇太后後其所生之子一以至公為心親挈大寶畀予兄弟迹其定策兩朝功德隆盛近古罕比雖嘗奉上尊號揆之朕心猶為未盡已命大臣特議加禮伯顏為武宗捍禦北邊翼戴文皇茲又克清大憝明飭國憲爰賜答剌罕之號至于子孫世世永賴可赦天下是月西和州徽州雨雹民饑發米賑貸之八月辛亥朔熒惑犯氐宿戊午祭社稷癸亥詔以岐陽王完者帖木兒知樞密院事帖木兒不花並為御史大夫甲子加完者帖木兒太傅戊寅道州永興水災發米五千石及義倉粮賑之己卯議尊皇太后為太皇太后許有壬諫以為非禮不從是月廣西猺反命湖廣行省右丞完者討之沅州等處民饑賑米二萬七千七百石

九月庚辰朔車駕駐扼胡嶺丙戌赦丁亥封知樞密院事闊里吉思為宣國公太保中書平章政事定住為宣德王夜太陰犯斗宿庚寅太陰犯壘壁陣庚子加中書平章政事徹里帖木兒銀青榮祿大夫命有司造太皇太后玉冊玉寶御史臺臣言國朝初用宦官不過數人今內府執事不下千餘乞依舊制裁減冗濫廣仁愛之心省糜費之患從之丙午詔以烏撒烏蒙之地隸四川行省是月耒陽常寧道州民饑以米萬六千石并常平米賑糶之車駕還自上都以京畿鹽換羊二萬口冬十月甲寅熒惑犯南斗丙辰以大司農塔失海牙為太尉置僚屬商議中書省事丁巳以塔失帖木兒為太禧院使議軍國重事流晃火帖木兒答里唐其勢子孫於邊地詔海道都漕運萬戶府船戶與民一體充役壬戌加御史大夫帖木兒不花銀青榮祿大夫癸亥流御史大夫完者帖木兒於廣海安置完者帖木兒乃賊臣也先鐵木兒骨肉之親監察御史以為言故斥之選省院臺宗正府通練刑獄之官分行各道與廉訪司審决天下囚甲子太陰犯昴宿丁卯太陰犯斗宿戊辰太白晝見以宗王亦思干兒弟撒昔襲其兄封監察御史呂思誠等

十九人劾奏徹里帖木兒之罪不聽皆辭去惟陳允
文以不署名留辛未太皇太后玉册玉寶成遣官告
祭于太廟是月以伯顏獨任中書右丞相詔天下十
一月庚辰勑以所在儒學貢士庄田租給宿衛衣粮
詔罷科舉甲申太白經天乙酉伯顏請內外官悉循
資銓注今後毋得保舉澀滯選法從之癸巳命知樞
密院事馬札兒台領武備寺丙戌太白經天己丑辰
星犯房宿甲午以燕鐵木兒唐其勢答里所奪高麗
田宅還其王阿剌忒納失里丁酉以户部尚書徐奭
吏部尚書定住參議中書省事戊戌召前知樞密院

事福丁失剌不花撒兒的哥還京師初二人以帝未
立謀誅燕鐵木兒為所誣貶故正之己亥太陰犯太
微垣庚子太陰犯左執法辛丑下詔改元詔曰朕祗
紹天明入纂丕緒于今三年夙夜寅畏罔敢怠荒茲
者年穀順成海宇清謐朕方增修厥德日以敬天恤
民為務屬太史上言星文示儆將朕德菲薄有所未
建歟天心仁愛俾予以治有所告戒歟弭災有道善
政為先更號紀年寔惟舊典惟世祖皇帝在位長久
天人協和諸福咸至祖述之志良切朕懷今特改元
統三年仍為至元元年遹遵成憲誕布寬條庶格禎

祥永綏景祚赦天下立常平倉丁未賜知樞密院事
徹里帖木兒三珠虎符十二月己酉朔荊門州獻紫
芝以廩給司屬通政院加知樞密院事闊里吉思銀
青榮禄大夫兼左翊蒙古侍衛親軍都指揮使壬子
太陰犯壘壁陣乙卯命雲南行省造軍士錢粮新舊
之籍丙辰制省諸王公主駙馬飲饍之費詔徵高麗
王阿剌忒納失里入朝丁巳詔伯顏領宮相府戊午
日赤如赭辛酉太白犯壘壁陣壬戌撥廬州饒州牧
地一百頃賜宣讓王帖木兒不花命四川雲南江西
行省保選蠻夷官以俟銓注乙丑奉玉册玉寶上太

皇太后尊號曰贊天開聖徽懿宣昭貞文慈佑儲善
衍慶福元太皇太后詔曰欽惟太皇太后承九廟之
托啓兩朝之業親以大寶付之眇躬尚依擁佑之慈
恪遵仁讓之訓爰極尊崇之典以昭報本之忱庸上
徽稱宣告中外命宣政院使末吉以司徒就第太白
犯軒轅夫人星丙寅太白經天丁卯復如之夜太陰
犯右執法庚午太白經天壬申復如之癸酉歲星晝
見乙亥太白歲星皆晝見丙子安慶蘄黄地震丁丑
西番賊起遣兵擊之戊寅蒙古國子監成是日太白
經天歲星晝見是月寶慶路饑賑糶米三千石閏月

乙酉，詔四川鹽運司於鹽井仍舊造鹽，餘井聽民煮造，收其課十之三。熒惑犯壘壁陣。丁亥，日赤如赭，凡三日。戊子，復以宗正府爲大宗正府。壬辰，詔宗室脫脫木兒襲封荊王，賜金印，命掌忙來諸軍，設立王府官屬。丁酉，御史大夫徹的加銀青榮祿大夫、領奎章閣知經筵事。戊戌，御史臺臣復劾奏中書平章政事徹里帖木兒，罷之。庚子，太陰犯心星。壬寅，流徹里帖木兒於南安。太陰犯箕宿。癸卯，太陰犯南斗。丙午，詔平章政事塔失海牙領都水、度支二監。是年，江西大水，民饑，賑糶米七萬七千石。賜天下田租之半。凡有妻室之僧，令還俗爲民，既而復聽爲僧。移徙爲縣還舊治。

紀卷第三十八

紀卷第三十九　元史三十九

翰林學士亞中大夫知制誥兼修國史臣宋濂翰林待制承直郎同知制誥兼國史院編修官臣王禕等奉勅修

順帝二

二年春正月壬戌，太陰犯右執法。甲子，太陰犯角宿。乙丑，宿松縣地震山裂。丁卯，太陰犯房宿。是月，置都水庸田使司于平江。二月戊寅朔，祭社稷。辛巳，太陰犯昴宿。甲申，太白經天。戊子，詔以世祖所賜王積翁田八十頃還其子都中。初，積翁賞詔諭日本，死於王事，嘗受賜，後收入官，故復賜之。己丑，立穆陵關巡檢司。壬辰，日赤如赭，乙未、丙申復如之。丁酉，追尊帝生母邁來迪爲貞裕徽聖皇后。庚子，分衡州路衡陽縣立新城縣。進封宣靖王買奴爲益王。甲辰，宗王也可札魯忽赤添孫薨，賜鈔一百錠以葬。乙巳，詔賞勞廣海征傜將卒，有官者升散階，歿於王事者優加褒贈。金山、甘肅兵士在逃者，聽復業，免其罪。三月戊申，以阿里海牙家藏書畫賜伯顏。甲寅，以按灰爲大宗正府也可札魯忽赤，總掌天下奸盜詐僞。丁巳，以累朝御服珠衣、七寶項牌賜伯顏。庚申，日赤如赭，壬戌復如之。賜征東元帥府軍士冬衣及甲。諸軍討廣西傜久無功勑行省行臺廉訪司官共督之順州民饑以鈔四千錠賑之夜太陰犯心宿癸亥日赤如赭甲子太陰犯箕宿乙丑太陰犯南斗賜宗王火兒灰𣍐答里鈔一千錠以撒敦上都居第賜太保定住仍勑有司籍撒敦家財甲戌復四川鹽井之禁以按答木兒家人田宅賜太保定住以汪家奴爲宣政院使加金紫光禄大夫造武宗英宗明宗三朝皇后玉册玉寶是月陝西暴風旱無麥夏四月丁丑朔日赤如赭禁民間私造格例戊寅封駙馬孛羅帖木兒爲毓德王丙戌太陰犯角宿丁亥禁服麒麟鸞鳳白兔靈芝雙角

五爪龍八龍九龍萬壽福壽字赭黄等服庚寅以知樞密院事帖木兒不華爲中書平章政事撒迪爲御史大夫甲午遣使以香幣賜武當龍虎二山詔以太平路爲郯王徹徹禿食邑以集慶廬州饒州禿禿哈民户賜伯顔仍於句容縣設長官所領之戊戌車駕時巡上都拜中書左丞耿煥爲侍御史王德懋爲中書左丞賜宗室灰里王金一錠鈔一千錠毓德王孛羅帖木兒鈔三千錠公主八八鈔二千錠五月丙午朔黄河復于故道庚戌太陰犯靈臺乙卯南陽鄧州大霖雨自是日至于六月甲申湍河白河大溢水爲災丙辰太白晝見丁巳亦如之壬申秦州山崩是月婺州不雨至于六月六月丁丑禁諸王駙馬從衛服只孫衣繫條環贈宗王忽都答兒爲雲安王謚忠武羅羅歹爲保寧王謚昭勇庚辰命中書平章政事阿吉剌知經筵事戊子以鐵木兒補化爲江浙行省左丞相太白犯井宿辛卯以汴梁大名諸路脱别台地土賜伯顔禮部侍郎忽里台請復科舉取士之制不聽庚子涇水溢辛丑以鈔五千錠賜吳王搠失江秋七月丙午詔以公主奴倫引者思之地五千頃賜伯顔以衛輝路賜衛王寬徹哥爲食邑己酉太白犯鬼宿庚戌

以定住鎖南參議中書省事壬子發阿魯哈不蘭奚駱駝一百一十上供太皇太后乘輿之用乙卯太白犯熒惑庚申禁隔越中書口傳勑旨冒支錢糧甲子命有司以所籍撒敦寶器分賜伯顔及太保定住乙丑中書平章政事孛羅從宅賜金二錠銀十錠庚午勑賜上都孔子廟碑載累朝尊崇之意省諸王公主駙馬從衛粮賜之數癸酉命宗王不蘭奚駙馬月魯不花帖古思教化鎮薛連哥怯魯連之地各賜鈔六百錠及銀牌遣之是月黄州蝗督民捕之人日五斗以鈔二千錠賑新收阿速軍扈從車駕者每户鈔二

錠死者人一錠八月甲戌朔日有食之高郵大雨雹
詔雲南廣海八番及甘肅四川邊遠官死而不能歸
葬者有司給粮食舟車護送還鄉去鄉遠者加鈔二
十錠無親屬者官爲瘞之命威順王寬徹不花還鎮
湖廣先是伯顔矯制召之至京至是帝遣歸藩戊寅
祭社稷大都至通州霖雨大水敕軍人脩道己卯太
陰犯心宿辛巳太陰犯箕宿癸卯以徽政院中政院
財賦府田租六萬三千三百石補本年海運未敷之
數令有司歸其直壬辰立屯衛於馬札罕之地庚子
詔強盜皆死盜牛馬者劓盜驢騾者黥額再犯劓盜

羊豕者墨項再犯黥三犯劓劓後再犯者死盜諸物
者照其數估價省院臺五府官三年一次審決著爲
令辛丑減湖馬路泥溪平夷蠻夷夷都沐川雷坡六
長官司併爲三九月庚戌熒惑犯太微垣癸亥弛鞏
昌總帥府漢人軍器之禁戊辰車駕還自上都海運
糧至京遣官致祭天妃是月台州路饑發義倉募富
人出粟賑之沅州路盧陽縣饑賑糶米六千石冬十
月丙子熒惑犯左執法己卯享于太廟丙申命參知
政事納麟監繪明宗皇帝御容丁酉太陰犯昴宿己
亥詔每日右丞相伯顔太保定住中書平章政事孛

羅阿吉剌聚議於內廷平章政事塔失海牙右丞鞏
卜班參知政事納麟許有壬等聚議於中書太陰犯
進賢是月撫州袁州瑞州諸路饑發米六萬石賑糶
之十一月己酉太陰犯壘壁陣壬子以那海爲湖廣
行省平章政事討廣西叛徭武宗英宗明宗三朝皇
后升祔入廟命官致祭丁巳遣河南行省平章政事
玥璐普華於西番爲僧己未太陰犯壘壁陣辛酉賜
宣讓王帖木兒不花市宅錢四千錠詔帖木兒不花
王府官屬朝賀班次列于有司之右壬戌命同知樞
密院事者燕不花兼宮相都總管府達魯花赤領隆

鎮衛左阿速衛諸軍癸亥安置宗王不蘭奚於梧州
丁卯太陰犯房宿辛未禁彈弓弩箭袖箭壬申國公
買住卒賜鈔三百錠印造至元三年鈔本一百五十
萬錠是月松江府上海縣饑發義倉粮及募富人出
粟賑之安豐路饑賑糶麥四萬二千四百石十二月
甲戌日赤如赭丙子命興元府鳳州留壩鎮及晉寧
路遼山縣十八盤各立巡檢司宗王也孫帖木兒進
西馬三疋賜文濟王蠻子金印驛券及從衛者衣并
粮五千石詔省院臺翰林集賢奎章閣太常禮儀院
禮部官定議寧宗皇帝尊謚廟號是月江州諸縣饑

總管王大中貸富人粟以賑貧民而免富人雜徭以爲息約年豐還之民不病饑慶元慈溪縣饑遣官賑之是歲詔整治驛傳以甘肅行省白城子屯田之地賜宗王喃忽里以燕鐵木兒居第賜灌頂國師曩哥星吉號大覺海寺塑千佛於其内江浙旱自春至于八月不雨民大饑

三年春正月癸卯廣州增城縣民朱光卿反其黨石昆山鍾大明率衆從之僞稱大金國改元赤符命指揮狗札里江西行省左丞沙的討之戊申大都南北兩城設賑糶米鋪二十處辛亥升祔懿璘只班皇帝於廟謚沖聖嗣孝皇帝廟號寧宗豫王阿剌忒納失里買池州銅陵産銀地一所請用私財煅煉輸納官課從之癸丑立宣鎮侍衛屯田萬户府於寧夏丙辰月食丁巳日有交暈左右珥上有白虹貫之戊午帝獵于柳林凡三十五日監察御史丑的宋紹明進諫帝嘉納之賜金幣丑的等固辭帝曰昔魏徵進諫唐太宗未嘗不賞汝其受之是月臨江路新淦州新喻州瑞州民饑賑糶米二萬石封晉郭璞爲靈應侯二月壬申朔日有食之棒胡反於汝寧信陽州棒胡本陳州人名閏兒以燒香惑衆妄造妖言作亂破歸德

府鹿邑焚陳州屯營於杏岡命河南行省左丞慶童領兵討之紹興路大水丙子立船户提舉司十處提領二十處定船户科差船一千料之上者歲納鈔六錠以下遞減壬午以上太皇太后玉册玉寶恭謝太廟甲申定服色器皿輿馬之制己丑汝寧獻所獲棒胡彌勒佛小旗僞宣勅并紫金印量天尺辛卯發鈔四十萬錠賑江浙等處饑民四十萬户開所在山場河泊之禁聽民樵采廣西徭賊復反命湖廣行省平章那海江西行省平章禿兒迷失海牙總兵捕之丙申太保定住薨給賜殯葬諸物庚子中書參知政事納麟等請立採珠提舉司先是嘗立提舉司泰定間以其煩擾罷去至是納麟請復立之且以採珠户四萬賜伯顔是月發義倉米賑蘄州及紹興飢民三月辛亥太陰犯靈臺發鈔一萬錠賑大都寶坻飢民戊午以玉寶玉册立弘吉剌氏伯顔忽都爲皇后四兩輟賀詔以完者帖木兒蘇州之田二百頃賜郯王徹徹禿己未大都饑命於南北兩城賑糶糙米癸亥加封晉周處爲英義武惠正應王己丑命宗王燕帖木兒爲大宗正府札魯忽赤是月天雨線發義倉糧賑溧陽州飢民六萬九千二百人夏四月壬申遣使降

香於龍虎三茅閤皁諸山癸酉禁漢人南人高麗人不得執持軍器凡有馬者拘入官甲戌有星孛于王良至七月壬寅沒于貫索皇后以受玉冊玉寶恭謝太廟命伯顏領宣鎮侍衛軍賜鈔三千錠建宣鎮侍衛府以太皇太后受冊寶詔天下己卯車駕時巡上都壬午高麗王阿剌忒納失里朝賀還國賜金一錠鈔二千錠從官賜與有差辛卯合州大足縣民韓法師反自稱南朝趙王太陰犯壘壁陣丁酉諡唐杜甫爲文貞己亥惠州歸善縣民聶秀卿譚景山等造軍器拜戴甲爲定光佛與朱光卿相結爲亂命江西行

省左丞沙的捕之庚子太白晝見是月詔省院臺部宣慰司廉訪司及郡府幕官之長並用蒙古色目人禁漢人南人不得習學蒙古色目文字以米八千石鈔二千八百錠賑哈剌奴兒飢民龍興路南昌新建縣饑太皇太后發徽政院糧三萬六千七百七十石賑糶之五月辛丑民間訛言朝廷拘刷童男童女一時嫁娶殆盡壬寅太白犯鬼宿癸卯給平伐都雲定雲二處安撫司達魯花赤暗都剌等虎符乙巳以興州松州民飢禁上都興和造酒太陰犯軒轅戊申詔汝寧棒胡廣東朱光卿聶秀卿等皆係漢人漢人有

官於省臺院及翰林集賢者可講求誅捕之法以聞太白晝見壬子太陰犯心宿甲寅詔哈八兒禿及禿堅帖木兒爲太尉各設僚屬幕官西番賊起殺鎮西王子党兀班立行宣政院以也先帖木兒爲院使往討之戊午太白晝見己未太陰犯壘壁陣辛酉太白晝見壬戌命四川行省參知政事舉理等捕反賊韓法師丁卯彗星見於東北大如天船星色白約長尺餘彗指西南至八月庚午始滅六月庚午太白經天辛未甲戌復如之乙亥太白犯靈臺戊寅贈丞相安童推忠佐運開國元勳東平忠憲王於所封城內建

立祠廟官爲致祭己卯太白經天夜太白犯太微垣辛巳大霖雨自是日至癸巳不止京師河南北水溢御河黃河沁河渾河水溢沒人畜廬舍甚衆壬午太白晝見太陰犯斗宿癸未設醮長春宮丁亥太白犯太微垣戊子加封文始尹真人爲無上太初博文文始真君徐甲爲垂玄感聖慈化應御真君庚桑子洞靈感化超蹈混然真君文子通玄光暢昇元敏誘真君列子沖虛至德遁世遊樂真君莊子南華至極雄文弘道真君己丑太白晝見庚寅復如之至七月辛酉方息壬辰彰德大水深一丈立高密縣濰川鄉景

芝社巡檢司秋七月己亥漳河泛溢至廣平城下賜
肇卜班西平王印癸卯車駕出獵太白經天乙巳復
如之丙午車駕幸失剌斡耳朶太白復經天丁未車
駕幸龍岡洒馬乳以祭戊申召朶兒只國王入朝庚
戌太白晝見河南武陟縣禾將熟有蝗自東來縣尹
張寬仰天祝曰寧殺縣尹毋傷百姓俄有魚鷹羣飛
啄食之壬子車駕幸乾元寺甲寅太白經天乙卯懷
慶水庚申詔除人命重事之外凡盜賊諸罪不須候
五府官審錄有司依例決之辛酉太白晝見壬戌賜
宗王桑哥八剌七寶繫腰太白經天癸亥甲子復如

之是月狗札里沙的擒朱光卿寄追擒石昆山鍾大
明八月戊辰祭社稷遣使賑濟南飢民九萬户庚午
彗星不見自五月丁卯始見至是凡六十三日自昴
至房凡歷一十五宿而滅甲戌太陰犯心宿辛巳京
畿盜起壬午京師地大震太廟梁柱裂各室墻壁皆
壞壓損儀物文宗神主及御床盡碎西湖寺神御殿
壁仆壓損祭器自是累震至丁亥方止所損人民甚
衆癸未日有交暈左右珥白虹貫之河南地震弛高
麗執持軍器之禁仍令乘馬戊子漢人鎮遏生蕃處
亦開軍器之禁脩理文宗神主并廟中諸物是月車

駕至自上都九月己亥熒惑犯斗宿甲辰太白犯斗
宿丁未太陰犯壘壁陣己酉立皮貨所於寧夏設提
領使副主之立四川湖廣江西江浙行樞密院文宗
新主王冊及一切神御之物皆成詔依典禮祭告太
陰犯壘壁陣辛亥太陰犯軒轅丙寅大都南北兩城
添設賑糶米鋪五所冬十月庚午太白晝見癸酉日
赤如赭乙亥命江浙行省丞相搠思監提調海運丙
子太陰犯壘壁陣壬午太陰犯昴宿丁亥太白晝見
太陰犯鬼宿庚寅太白晝見辛卯亦如之丙申復如
之十一月丁酉太白經天戊戌太白犯亢宿己亥太

白經天壬寅太陰犯熒惑癸卯太陰犯壘壁陣丙午
立屯田於雄州丁未填星犯鍵閉辛亥太白犯五車
甲寅太白犯鬼宿丙辰太陰犯軒轅丁巳太白經天
太陰犯太微垣詔脫脫木兒襲脫火赤荆王位仍命
其妃忽剌灰同治兀魯思事戊午太白經天癸亥發
鈔萬五千錠賑宣德等處地震死傷者太白經天甲
子乙丑復如之十二月己巳享于太廟歲星退犯天
罇填星犯罰星甲戌熒惑犯壘壁陣太白犯東咸乙
亥吏部仍設考功郎中員外郎主事各一員庚辰命
阿魯圖襲廣平王爵壬午集賢大學士羊歸等言太

上皇唐妃影堂在真定玉華宮每年宜於正月二十日致祭從之丙戌命阿速衞探馬赤軍屯田是月以馬札兒台爲太保分樞密院鎭北邊是歲詔賜孝子靳昺碑伯顏請殺張王劉李趙五姓漢人帝不從徵西域僧加剌麻至京師號灌頂國師賜玉印

四年春正月丙申以地震赦天下詔内外廉能官父母年七十無侍丁者附近銓注以便侍養以宣政院使不蘭奚年七十致仕授大司徒給全俸終身癸卯太白犯建星甲辰復如之丙午太白犯五車辛亥太陰犯軒轅己未填星犯東咸江浙海運糧數不足撥

江西河南五十萬石補之庚申太陰入南斗太白犯牛宿辛酉分命宗王乃馬歹爲知行樞密院事癸亥印造鈔本百二十萬錠是月詔脩曲阜孔子廟二月丁卯罷河南江西江浙湖廣四川等處行樞密院戊辰祭社稷庚午車駕獵于柳林戊寅太陰犯軒轅己卯太陰犯靈臺乙酉奉聖州地震是月賑京師河南北被水災者龍興路南昌州饑以江西海運糧賑糶之三月戊申填星退犯東咸辛酉命中書平章政事阿吉剌監脩至正條格告祭南郊以國王朶兒只爲遼陽行省左丞相宗王玉里不花爲知樞密院事賜

鈔一千錠金一錠銀十錠夏四月辛未京師天雨紅沙晝晦以探馬赤只兒瓦歹爲中書平章政事癸酉以脫脫爲御史大夫乙亥命阿吉剌爲奎章大學士兼知經筵事己卯車駕時巡上都河南執棒胡至京師誅之癸巳車駕薄暮至八里塘雨雹大如拳其狀有小兒環玦獅象龜卵之形五月乙未立五臺山等處巡檢司庚戌升兩淮屯田打捕總管府爲正三品甲寅贈湖廣行省平章政事燕赤推誠翊戴安邊勦勝功臣太傅開府儀同三司上柱國追封永平王謚忠襄辛酉詔土番宣慰司軍士許令乘馬執兵器湖

廣行省元領新化洞古州潭溪龍里洪州諸洞三百餘處洞民六萬餘户分隸靖州立敘南横江巡檢司是月命佛家閭爲考功郎中喬林爲考功員外郎魏宗道爲考功主事考較天下郡縣官屬功過命阿剌吉復爲中書平章政事彰德獻瑞麥一莖三穗臨沂費縣水發米三萬石賑糶之六月庚午廣東廉訪司僉事恩莫綽言處決重囚宜命五府官斟酌地理遠近預選官分行各道比到秋分時畢事從之辛巳袁州民周子旺反僭稱周王僞改年號尋擒獲伏誅填星退犯鍵閉壬午立重慶路墊江縣己丑邵武路大

雨水入城郭平地二丈是月信州路靈山裂漳州路南勝縣民李志甫反圍漳城守將搠思監與戰失利詔江浙行省平章別不花總浙閩江西廣東軍討之秋七月壬寅詔以伯顏有功立生祠於涿州汴梁已酉奉聖州地大震損壞人民廬舍丙辰鞏昌府山崩壓死人民戊午爲伯顏立打捕鷹房諸色人户總管府八月癸亥朔日有食之戊辰祭社稷已巳申取高麗女子及閹人之禁贈伯顏察兒守誠佐治安惠世美功臣太師開府儀同三司上柱國追封奉元王謚忠宣辛未宣德府地大震癸酉山東鹽運司於濟南

歷城立濼洛鹽倉東西二場丙子京師地震日二三次至乙酉乃止丁丑白虹貫天癸未改宣德府爲順寧府奉聖州爲保安州贈太保曲出推忠翊運保寧一德功臣太師開府儀同三司上柱國追封廣陽王謚忠惠贈平章伯帖木兒宣忠濟美協誠正德功臣太傅開府儀同三司上柱國追封文安王謚忠憲甲申雲南老告土官八那遣姪那賽賫象馬来朝爲立老告軍民總管府是月車駕還自上都閏八月戊戌日赤如赭已亥復如之填星犯罰星太陰犯斗宿壬寅日赤如赭庚戌太陰犯斗宿乙卯太陰犯鬼宿九

月丙寅太陰犯斗宿戊辰太白犯東咸癸酉奔星如盃大色白起自右旗之下西南行没於近濁甲申太陰犯軒轅乙酉太陰犯靈臺庚寅日赤如赭太白犯斗宿冬十月辛卯享于太廟辛亥太陰犯酒旗十一月丙寅改英宗殿名昭融丁卯立紹熙府軍民宣撫都總使司命御史大夫脫脫兼都總使治書侍御史吉當普爲副都總使世襲其職本府元領六州二十縣一百五十二鎮國初以其地荒而廢之至是居民二十餘萬故立府治之乙巳命平章政事孛羅領太常禮儀院使熒惑犯氐宿丁丑太陰犯鬼宿戊寅太

陰犯壘壁陣壬午四川散毛洞蠻反遣使賑被冦人民十二月甲午大都南城等處設米鋪二十每鋪日糶米五十石以濟貧民俟秋成乃罷戊戌立邦牙等處宣慰司都元帥府并總管府先是世祖既定緬地以其處雲南極邊就立其酋長爲帥令三年一入貢至是來貢故立官府庚子熒惑犯房宿壬寅以宣徽使別兒怯不花爲御史大夫癸卯太白經天己酉復如之庚戌加荆王脫脫木兒元德上輔廣忠宣義正節振武佐運功臣之號太白經天辛亥復如之壬子熒惑犯東咸乙卯太白犯外屏太陰犯斗宿丙辰太白

經天

紀卷第三十九

紀卷第四十　　元史四十

翰林學士亞中大夫知制誥兼修國史臣宋濂翰林待制承直郎同知制誥兼國史院編修官臣王禕等奉
勅修

順帝三

五年春正月癸亥禁濫予僧人名爵庚午太陰犯井
宿乙亥熒惑犯天江濮州鄄城范縣饑賑鈔二千一
百八十錠冀寧路交城等縣饑賑米七千石桓州饑
賑鈔二千錠雲需府饑賑鈔五千錠開平縣饑賑米
兩月興和寶昌等處饑賑鈔萬五千錠二月庚寅信
州雨土甲午太陰犯昴宿戊戌祭社稷庚子免廣海

添辦鹽課萬五千引止辦元額壬寅太陰犯靈臺三月
辛酉八魯剌思千户所民被災遣太禧宗禋院斷事官
塔海發米賑之戊辰灤河住冬怯憐口民飢每户賑粮
一石鈔二十兩夏四月辛卯華興州興安縣癸巳立伯
顏南口過街塔二碑乙未加封孝女曹娥爲慧感靈孝
昭順純懿夫人壬寅太陰犯日星及房宿己酉申漢人
南人高麗人不得執軍器弓矢之禁是月車駕時巡
上都五月己未朔晃火兒不剌賽秃不剌紐阿迭烈
孫三卜剌等處六愛馬大風雪民饑發米賑之庚午
太陰犯心宿壬申太陰犯斗宿丙子太白犯昴宿丙

戌加封瀏陽州道吾山龍神崇惠昭應靈顯廣濟侯六月壬寅月食甲辰熒惑退入南斗庚戌汀州路長汀縣大水平地深可三丈餘没民廬八百家壞民田二百頃户賑鈔半錠死者一錠乙卯達達民饑賑粮三月是月沂莒二州民饑發粮賑糶之秋七月辛酉壬戌熒惑犯南斗甲子熒惑犯南斗太陰犯房宿甲戌太白經天丙子開上都興和等處酒禁丁丑封皇姊月魯公主爲昌國大長公主戊寅太白經天詔諸王位下官毋入常選甲申常州宜興山水出勢高一丈壞民廬乙酉太白經天丙戌太白復經天八月丁亥車

駕至自上都戊子太白經天祭社稷己丑太白復經天庚寅宗王脫歡脫木亦各愛馬人民饑以鈔三萬四千九百錠賑之宗王脫憐渾禿各愛馬人民饑以鈔萬一千三百五十七錠賑之太白經天辛卯太白復經天甲午太陰犯斗宿丁酉太白犯軒轅戊戌己亥太白經天壬寅至甲辰太白復經天乙巳太陰犯昴宿九月丁巳瀋陽饑民食木皮賑糶米一千石戊午太白經天己未太白復經天冬十月辛卯享于太廟壬辰禁倡優盛服許男子裹青巾婦女服紫衣不許戴笠乘馬甲午詔命伯顏爲大丞相加元德上輔

功臣之號賜七寶玉書龍虎金符己亥熒惑犯壘壁陣是月衡州饑賑糶米五千石遼陽饑賑米五百石文登牟平二縣饑賑糶米一萬石十一月丁巳熒惑犯壘壁陣禁宰殺戊辰開封杞縣人范孟反僞傳帝旨殺河南行省平章政事月祿帖木兒左丞劫烈廉訪使完者不花等已而捕誅之癸酉瑞州路新昌州雨木冰至明年二月始解是月八番順元等處饑賑鈔二萬二十錠十二月辛卯復立都水庸田使司于平江先是嘗置而罷至是復立甲午太陰犯昴宿癸卯熒惑犯外屏是歲勅賜曲阜宣聖廟碑工部應梁

上出芝草一本七莖袁州饑賑糶米五千石膠密莒濰等州饑賑鈔二萬錠

六年春正月丁卯太陰犯鬼宿甲戌立司禋監奉太祖太宗睿宗三朝御容於石佛寺乙亥太陰犯房宿戊寅追封闊兒吉思宣誠戡難翊運致美功臣太師開府儀同三司上柱國追封晉寧王謚忠襄是月察忽察罕腦兒等處馬災賑鈔六千八百五十八錠邳州饑賑米兩月二月甲申朔詔權止今年印鈔戊子祭社稷己丑太陰犯昴宿丙申太陰犯太微垣己亥黜中書大丞相伯顏爲河南行省左丞相詔曰朕踐

位以來命伯顏爲太師秦王中書大丞相而伯顏不能安分專權自恣欺朕年幼輕視太皇太后及朕弟燕帖古思變亂祖宗成憲虐害天下加以極刑允合輿論朕念先朝之故尚存憫恤今命伯顏出爲河南行省左丞相所有元領諸衛親軍并怯薛丹人等詔書到時即許散還以太保馬札兒台爲太師中書右丞相太尉塔失海牙爲太傅知樞密院事塔馬赤爲太保御史大夫脫脫爲知樞密院事汪家奴爲中書平章政事嶺北行省平章政事也先帖木兒爲御史大夫增設京城米鋪從便賑糶壬寅詔除知樞密院

事脫脫之外諸王侯不得懸帶弓箭環刀輒入內府癸卯太陰犯心宿乙巳罷各處船户提舉廣東採珠提舉二司丁未太陰犯羅堰立延徽寺以奉寧宗祀事罷司禋監罷通州河西務等處抽分按利房大都東襄山查提領所戊申熒惑犯月星己酉彗星如房星大色白狀如粉絮尾跡約長五寸餘彗指西南漸向西北行是月福寧州大水溺死人民京畿五州十一縣水每户賑米兩月三月甲寅漳州義士陳君用襲殺反賊李志甫授君用同知漳州路總管府事乙卯益都般陽等處饑賑之丙辰赦漳潮二州民爲李

志甫劉虎仔脅從之罪褒贈軍將死事者丁巳大斡耳朶思風雪爲災馬多死以鈔八萬錠賑之癸亥四怯薛役户饑賑米一千石鈔二千錠成宗潛邸四怯薛户饑賑米二百石鈔二百錠以知樞密院事脫脫御史大夫別兒怯不花知樞密院事牙不花知經筵事中書參議阿魯佛住兼經筵官太陰犯軒轅丁卯詔賜江南行臺御史中丞史惟良御史中丞耿煥山東廉訪使張友諒中書參知政事許有壬上尊束帛庚午太陰犯房宿辛未詔徙伯顏於南恩州陽春縣安置壬申太陰犯南斗丁丑以治書侍御史達識帖

睦邇爲奎章閣大學士翰林直學士揭傒斯爲奎章閣供奉學士戊寅太白犯月星辛巳彗星見自二月己酉至三月庚辰凡三十二日是月淮安路山陽縣饑賑鈔二千五百錠給粮兩月順德路邢臺縣饑賑鈔三千錠夏四月己丑享于太廟庚寅詔大天元延壽寺立明宗神御殿碑以同知樞密院事鐵木兒塔識爲中書右丞丙午詔封馬札兒台爲忠王及加答剌罕之號馬札兒台辭五月癸丑禁民間藏軍器乙卯監察御史普魯台言右丞相馬札兒台辭答剌罕及王爵名號宜示天下以勸廉讓從之己未詔以党

兀巳太子撿賊阿荅理胡殁於王事追封涼王謚忠烈漳州龍巖尉黄佐才獲李志甫餘黨鄭子箕佐才因與賊戰妻子四十餘口皆遇害以佐才爲龍巖縣尹丁卯太陰犯斗宿辛未降鈔萬錠給守衛宮闕内外門禁唐兀左右阿速貴赤阿兒渾欽察等衛軍丙子車駕時巡上都置月祭各影堂香於大明殿遇行禮時令省臣就殿迎香祭之以宦者伯不花爲長寧寺卿是月濟南饑賑鈔萬錠六月丙申詔撤文宗廟主徙太皇太后不荅失里東安州安置放太子燕帖古思於高麗其略曰昔我皇祖武宗皇帝昇遐之後祖母太皇太后惑於憸慝俾皇考明宗皇帝出封雲南英宗遇害正統寖偏我皇考以武宗之嫡逃居朔漠宗王大臣同心翊戴肇啓大事于時以地近先迎文宗暫總機務繼知天理人倫之攸當假讓位之名以寶璽來上皇考推誠不疑即授以皇太子寶文宗稔惡不悛當躬迓之際乃與其臣月魯不花也里牙明里董阿等謀爲不軌使我皇考飲恨上賓歸而再御宸極思欲自解於天下乃謂夫何數日之間宮車弗駕海内聞之靡不切齒又私圖傳子乃搆邪言嫁禍於八不沙皇后謂朕非明宗之子遂俾出居遐陬

祖宗大業幾於不繼内懷愧憮則殺也里牙以杜口上天不祐隨降殞罰叔嬸不荅失里怙其勢燄不立明考之冢嗣而立孺稚之弟懿璘質班奄復不年諸王大臣以賢以長扶朕踐位國之大政屬不自遂者詎能枚舉每念治必本於盡孝事莫先於正名賴天之靈權奸屏黜盡孝正名不容復緩永惟鞠育罔極之恩忍忘不共戴天之義既往之罪不可勝誅其命太常徹去脫脫木兒在廟之主不荅失里本朕之嬸乃陰構奸臣弗體朕意僭膺太皇太后之號迹其閨門之禍離間骨肉罪惡尤重揆之大義削去鴻名徙東安州安置燕帖古思昔雖幼沖理難同處朕終不陷於覆轍專務殘酷惟放諸高麗當時賊臣月魯不花也里牙已死其以明里董阿等明正典刑監察御史崔敬言燕帖古思不宜放逐不報己亥秦州成紀縣山崩地坼癸卯太白晝見己酉太白復晝見辛亥太白晝見夜犯歲星是月濟南路歷城縣饑賑鈔二千五百錠秋七月甲寅太白晝見詔封微子爲仁靖公箕子爲仁獻公比干加封爲仁顯忠烈公乙卯奉元路盩厔縣河水溢漂流人民丁巳太白晝見戊午以星文示異地道失寧蝗旱相仍頒罪己詔於天下

享于太廟己未以亦憐真班爲御史大夫庚申太陰
犯心宿壬戌至癸亥太白晝見甲子太陰犯羅堰乙
丑至丙寅太白復晝見丁卯燕帖古思薨詔以鈔一百
錠備物祭之癸酉太白晝見戊寅命翰林學士承旨
腆哈奎章閣學士巎巎等刪修大元通制庚辰達達
之地大風雪羊馬皆死賑軍士鈔一百萬錠并遣使
賑恤烈千十三站每站一千錠是月禁色目人勿妻
其叔母八月壬午以也先帖木兒爲御史大夫戊子
祭社稷是月車駕至自上都九月辛亥明里董阿伏
誅癸丑加封漢張飛武義忠顯英烈靈惠助順王辛

酉太白犯虛梁丙寅詔令後有罪者毋籍其妻女以
配人丁卯太陰犯昴宿熒惑犯歲星甲戌太陰犯軒
轅冬十月甲申奉玉冊玉寶尊皇考爲順天立道睿
文智武大聖孝皇帝親祼太室庚寅奉符長清元城
清平四縣饑詔遣制國用司官驗而賑之辛卯各愛
馬人不許與常選壬辰立曹南王阿剌罕淮安王伯
顏河南王阿朮祠堂丁酉太白入南斗己亥太白犯
斗宿壬寅馬札兒台辭右丞相職仍爲太師以脫脫
爲中書右丞相宗正札魯忽赤鐵木兒不花爲中書
左丞相是月河南府宜陽等縣大水漂没民廬溺死

者衆人給殯葬鈔一錠仍賑義倉粮兩月十一月甲
寅監察御史世圖尔言宜禁答失蠻回回主吾人等
叔伯爲婚姻乙卯太陰犯虛梁以親祼大禮慶成御
大明殿受羣臣朝戊午熒惑犯氐宿甲子月食辰星
犯東咸辛未以孔克堅襲封衍聖公戊寅辰星犯天
罡是月處州婺州饑以常平義倉粮賑之十二月復
科舉取士制國子監積分生貟三年一次依科舉例
入會試中者取一十八名癸未太陰犯虛梁乙酉太
陰犯土公丁亥熒惑犯鈎鈐戊子罷天曆以後增設
太禧宗禋等院及奎章閣乙未熒惑犯東咸戊戌太

陰犯明堂是月東平路民饑賑之寶慶路大雪深四
尺五寸

至正元年春正月己酉朔改元詔曰朕惟帝王之道
德莫大於克孝治莫大於得賢朕早歷多難入紹大
統仰思祖宗付託之重戰兢惕勵于兹八年慨念皇
考久勞于外甫即大命四海觖望夙夜追慕不忘于
懷乃以至元六年十月初四日奉玉冊玉寶追上皇
考曰順天立道睿文智武大聖孝皇帝被服衮冕祼
于太室式展孝誠十有一月六日勉徇大禮慶成之
請御大明殿受群臣朝爰自去春疇咨于衆以知樞

密院事馬札兒台爲太師右丞相以正百官以親萬民尋即控辭養疾私第再三諭旨勉令就位自春徂秋其請益固朕憫其勞日久察其至誠不忍煩之以政俾解機務仍爲太師而知樞密院事脫脫早歲輔朕克著忠貞乃命爲中書右丞相宗正札魯忽赤帖木兒不花嘗歷政府嘉績著聞爲中書左丞相並録軍國重事夫三公論道以輔予德二相總政以弼予治其以至元七年爲至正元年與天下更始甲寅熒惑犯天江丁巳享于太廟庚申太陰犯井宿癸亥詔天壽節禁屠宰六日辛未太陰犯心宿癸酉太陰犯斗宿甲戌太白晝見凡四日是月命脫脫領經筵事命永明寺寫金字經一藏免天下稅粮五分湖南諸路饑賑糶米十八萬九千七十六石二月戊寅祭社稷己卯太白晝見庚辰太白復晝見辛巳立廣福庫罷藏珍等庫乙酉濟南濵州沾化等縣饑以鈔五萬三千錠賑之丙戌太白晝見癸巳太陰犯明堂乙未加封皇姊不荅昔你明惠貞懿大長公主是月大都寶坻縣饑賑米兩月河間莫州滄州等處饑賑鈔三萬五千錠晉州饒陽阜平安喜靈壽四縣饑賑鈔二萬錠印造至元鈔九十九萬錠中統鈔一萬錠三月

庚戌罷兩淮屯田手號打捕軍役令屬本所領之癸丑命屯儲禦軍於河南芍陂洪澤德安三處屯種甲寅給還帖木兒不花宣讓王印鎮淮西己未汴梁地震大都路涿州范陽房山饑賑鈔四千錠丙子以行省平章政事燕帖木兒就佩虎符提調屯田是月般陽路長山等縣饑賑鈔萬錠彰德路安陽等縣饑賑鈔萬五千錠夏四月丁丑道州土賊蔣丙等反破江華縣掠明遠縣戊寅彰德有赤風自西北起晝晦如夜甲申享于太廟丁亥臨賀縣民被猺寇鈔掠發義倉粮賑之庚寅帝幸護聖寺命中書右丞鐵木兒塔識爲平章政事阿魯爲右丞許有壬爲左丞癸巳立富昌庫隷資正院復立衛候司丁酉以兩浙水災免歲辦餘鹽三萬引己亥立吏部司績官庚子復封太師馬札兒台爲忠王罷鄜州河西務彰德饑賑鈔萬五千錠是月車駕時巡上都五月戊申以崇文監屬翰林國史院己未罷河西務行用庫壬戌月食是月賑阿剌忽等處被災之民三千九百一十三户給鈔二萬一千七百五錠閏五月丁丑改封徽州土神汪華爲昭忠廣仁武烈靈顯王甲午賞賜扈從明宗諸王官屬八百七人金銀鈔幣各有差壬寅詔刻宣文

至正二寶六月戊午禁高麗及諸處民以親子爲宦
者因避賦役戊辰改舊奎章閣爲宣文閣庚午太陰
犯井宿是月揚州路崇明通泰等州海潮湧溢溺死
一千六伯餘人賑鈔萬一千八百二十錠秋七月己
卯享于太廟乙酉太陰犯填星庚寅太陰犯雲雨八
月戊申祭社稷是月車駕至自上都九月庚辰太陰
犯建星壬午賜文臣燕於拱辰堂己丑冀寧路嘉禾
生異畝同穎壬辰太陰犯鉞星又犯井宿壬寅許有
壬進講明仁殿帝悅賜酒宣文閣中仍賜貂裘金織
紋幣冬十月丁未享于太廟己酉封阿沙不花順寧

王昔寶赤寒食順國公甲寅中書省臣奏海運不給
宜令江浙行省於中政院財賦府撥賜諸人寺觀田
粮總運二百六十萬石從之乙卯歲星犯氐宿丁巳
太陰犯月星戊午月食既十一月丙子道州路賊何
仁甫等反戊寅彰德屬縣各添設縣尉一負庚辰分
吏部禮部兵部刑部爲二庫户部工部爲二庫各設
管勾一負己亥太陰犯東井庚子太陰犯天江徭賊
寇邊詔湖廣行省平章政事鞏卜班總兵討平之定
賞有差十二月乙卯詔民年八十以上蒙古人賜繒
帛二表裏其餘州縣旌以高年耆德之名免其家雜

役丁巳太白犯壘壁陣己未立四川安岳縣增設嘉
興等處鹽倉壬戌雲南車里寒賽刀等反詔雲南行
省平章政事朓朓木兒討平之癸亥以在庫至元中
統鈔二百八十二萬二千四伯八十八錠可支二年
住造明年鈔本詔華王伯顏察兒等所獻檀景等處
産金地土山東燕南強盜縱橫至三百餘處選官捕
之復立拱儀局己巳以翰林學士承旨張起巖知經
筵事是月復立司禋監加封真定路滹沱河神爲昭
佑靈源侯
二年春正月丁丑享于太廟丙戌開京師金口河深

五十尺廣一百五十尺役夫一十萬戊子太陰犯明
堂癸巳遣翰林學士三保等代祀五嶽四瀆甲午熒
惑犯月星是月大同饑人相食運京師糧賑之順寧
保安饑賑鈔一萬錠廣平磁威州饑賑鈔五萬錠降
威平府爲縣升懿州爲路以大寧路所轄興中義州
屬懿州二月壬寅頒農桑輯要戊申祭社稷乙卯李
沙的僞造御寶聖旨稱樞密院都事伏誅己巳織造
明宗御容是月彰德路安陽臨漳等縣饑賑鈔二萬
錠大同路渾源州饑以鈔六萬二千錠糧二萬石兼賑
之大名路饑以鈔萬二千錠賑之河間路饑以鈔五

萬錠賑之三月戊寅親試進士七十八人賜拜住陳祖仁及第其餘出身有差辛巳冀寧路饑賑糶米三萬石戊子太陰犯房宿是月順德路平鄉縣饑賑鈔萬五千錠衛輝路饑賑鈔萬五千錠杭州路火災給鈔萬錠賑之夏四月辛丑冀寧路平晉縣地震聲鳴如雷裂地尺餘民居皆傾乙巳享于太廟己酉罷雲南蒙慶宣慰司庚申太陰犯羅堰是月車駕時巡上都五月甲申太白經天丁亥以江浙行省平章政事只而瓦台爲河南行省平章政事東平雨雹如馬首六月戊申命江浙撥賜僧道田還官徵糧以備軍儲壬

子濟南山崩水湧乙丑罷邦牙宣慰司是月汾水大溢秋七月庚午惠州路羅浮山崩辛未享于太廟乙未太陰掩太白丁酉太白晝見己亥慶遠路莫八聚衆反攻陷南丹左右兩江等處命脫脫赤顏討平之立司獄司於上都比大都兵馬司是月拂郎國貢異馬長一丈一尺三寸高六尺四寸身純黑後二蹄皆白八月庚子朔日有食之癸卯罷上都事產提舉司丙午太白晝見戊申祭社稷是月冀寧路饑賑糶米萬五千石九月己巳詔遣湖廣行省平章政事鞏卜班領河南江浙湖廣諸軍討道州賊平之復平溪峒堡寨二百餘處辛未車駕至自上都丁丑太陰犯羅堰京城強賊四起戊子太陰犯井宿是月歸德府睢陽縣因黃河爲患民饑賑糶米萬三千五百石冬十月己亥朔日有食之癸卯太陰犯建星陝西行省平章政事朵朵辭職侍親不允丁未享于太廟甲寅太陰犯天關壬戌詔遣官致祭孔子于曲阜罷織染提舉司甲子杭州嘉興紹興溫州台州等路各立檢校批驗鹽引所權免兩浙額鹽十萬引福建餘鹽三萬引十一月甲申詔免雲南明年差稅辛卯歲星熒惑太白聚於尾宿十二月壬寅申服色之禁丙午命中書

右丞太平樞密副使姚庸御史中丞張起巖知經筵事己酉京師地震辛亥封晃火帖木兒之子徹里帖木兒爲撫寧王丙辰賜雲南行省參知政事不老三珠虎符以兵討死可伐癸亥阿魯禿湍等以謀害宰臣圖爲叛逆伏誅

紀卷第四十

紀卷第四十一　　元史四十一

翰林學士亞中大夫知制誥兼修國史臣宋濂　翰林待制承直郎同知制誥兼國史院編修官臣王禕等奉

勅修

順帝四

三年春正月丙子中書左丞許有壬辭職丁丑享于太廟乙酉中書平章政事納麟辭職庚寅沙汰怯薛丹名數二月戊戌祭社稷甲辰太陰犯井宿塡星犯牛宿熒惑犯羅堰丁未立四川省檢校官遼陽吾者野人叛乙卯太陰犯氐宿是月汴梁路新鄭密二縣地震寶慶路饑判官文殊奴以所受勅牒貸官粮萬

石賑之秦州成紀縣鞏昌府寧遠伏羌縣山崩水涌溺死人無筭三月壬申造鹿頂殿監察御史成遵等言可用終場下第舉人充學正山長國學生會試不中者與終場舉人同戊寅詔作新風憲在內之官有不法者監察御史劾之在外之官有不法者行臺監察御史劾之歲以八月終出巡次年四月中還司壬午太陰犯氐宿是月詔脩遼金宋三史以中書右丞相脫脫爲都總裁官中書平章政事鐵木兒塔識中書右丞太平御史中丞張起巖翰林學士歐陽玄侍御史呂思誠翰林侍講學士揭傒斯爲總裁官夏四

月丙申朔日有食之乙巳享于太廟是月兩都桑果葉皆生黃色龍文車駕時巡上都五月河決白茅口六月壬子命經筵官月進講者三是月回回剌里五百餘人渡河寇掠解吉隰等州中書戶部以國用不足請撙節浮費秋七月丁卯享于太廟戊辰修大都城戊寅立永昌等處宣慰司庚辰太白犯右執法是月興國路大旱河南自四月至是月霖雨不止戶部復言撙節錢粮八月甲午朔晉寧路臨汾縣獻嘉禾一莖有八穗者命朶思麻同知宣慰司事鎖兒哈等討四川上蓬瑣吃賊戊戌祭社稷山東有賊焚掠兗

州是月車駕還自上都九月甲子湖廣行省平章政事鞏卜班擒道州賀州猺賊首唐大二蔣仁五至京誅之其黨蔣丙自號順天王攻破連桂二州甲申修理太廟遣官告祭奉遷神主於後殿冬十月乙未增立巡防捕盜所於永昌丁酉告祭太廟奉安神主戊戌帝將祀南郊告祭太廟至寧宗室問曰朕寧宗兄也當拜否太常博士劉聞對曰寧宗雖弟其爲帝時陛下爲之臣春秋時魯閔公弟也僖公兄也閔公先爲君宗廟之祭未聞僖公不拜陛下當拜帝乃拜丁未月食己酉帝親祀上帝于南郊以太祖配癸丑命

僉樞密院事韓元善爲中書參知政事中書參議買朮丁同知宣徽院事己未以郊祀禮成詔大赦天下文官普減一資武官陞散官一等蠲民間田租五分賜高年帛以湖廣行省平章政事鞏卜班爲宣徽院使行樞密院知院剌剌爲翰林學士承旨十一月辛未享于太廟十二月丙申詔寫金字藏經丁未以別兒怯不花爲中書左丞相是月膠州及屬邑高密地震河南等處民饑賑糶麥十萬石是歲詔立常平倉罷民間食鹽徵遺逸脫因伯顏張瑾杜本本辭不至四年春正月辛未享于太廟辛巳詔定守令黜陟之

法六事備者陞一等四事備者減一資三事備者平遷六事俱不備者降一等庚寅河決曹州雇夫萬五千八百修築之是月河又決汴梁二月戊戌祭社稷辛丑四川行省立惠民藥局是月中書右丞太平陞平章政事閏月辛酉朔永平灃州等路饑賑之乙亥月食三月丁酉復立武功縣壬寅特授八秃麻朶兒只征東行省左丞相嗣高麗國王癸丑以河南行省平章政事納麟爲中書平章政事集賢大學士姚庸爲中書左丞夏四月丁亥復立廣樣局是月車駕時巡上都五月乙未右丞相脫脫辭職不許甲辰許之

以阿魯圖爲中書右丞相乙巳封脫脫爲鄭王食邑安豐賜金印及海青文豹等物俱辭不受是月大霖雨黃河溢平地水二丈決白茅堤金堤曹濮濟兗皆被災六月戊辰鞏昌隴西縣饑每户貸常平倉粟三斗俟年豐還官己巳賜脫脫松江田爲立松江等處稻田提領所秋七月戊子朔溫州颶風大作海水溢地震益都瀕海鹽徒郭火你赤作亂己丑享于太廟是月灤河水溢八月戊午祭社稷丁卯山東霖雨民饑相食賑之丙戌賜脫脫金十錠銀五十錠鈔萬錠幣帛二百匹辭不受是月陝西行省立惠民藥局莒

州蒙陰縣地震郭火你赤上太行由陵川入壺關至廣平殺兵馬指揮復還益都車駕還自上都九月丁亥朔日有食之丙午命太平提調都水監辛亥以南臺治書侍御史秦從德爲江浙行省參知政事提調海運癸丑命御史大夫也先帖木兒平章政事鐵木兒塔識知經筵事右丞達識帖睦邇提調宣文閣知經筵事冬十月乙酉議修黃河淮河堤堰十一月丁亥朔以各郡縣民饑不許抑配食鹽復令民入粟補官以備賑濟戊子禁內外官民宴會不得用珠花己亥保定路饑以鈔八萬錠粮萬石賑之戊申河南民

饑禁酒十二月己未四川廉訪司建言廣元等五路廣安等三府永寧等兩宣撫司請依內郡設置推官一負從之壬戌太陰犯外屏癸亥漢陽地震戊寅猺賊寇靖州是月東平地震禁淫祠賑東昌濟南般陽慶元撫州饑民是歲猺賊寇澧州同知府事保童率民兵擊走之

五年春正月辛卯享于太廟是月薊州地震二月戊午祭社稷三月辛卯帝親試進士七十有八人賜普顏不花張士堅進士及第其餘賜出身有差是月以陳思謙參議中書省事先是思謙建言所在盜起蓋

由歲饑民貧宜大發倉廩賑之以收人心仍分布重兵鎮撫中夏不聽大都永平鞏昌興國安陸等處并桃溫萬戶府各翼人民饑賑之夏四月丁卯大都流民官給路粮遣其還鄉是月汴梁濟南邠州瑞州等處民饑賑之募富戶出米五十石以上者旌以義士之號車駕時巡上都五月己丑詔以軍士所掠雲南子女一千一百人放還鄉里仍給其行糧不願歸者聽丁未河間轉運司竈戶被水災詔權免餘鹽二萬引俟年豐補還官六月廬州張順興出米五百餘石賑饑旌其門秋七月丁亥河決濟陰己丑享于太廟

丙午命也先帖木兒鐵木兒塔識並爲御史大夫詔作新風紀八月戊午祭社稷是月車駕還自上都九月壬午日有食之戊戌開酒禁辛丑以中書右丞達識帖睦邇爲翰林學士承旨中書參知政事搠思監爲右丞資政院使朶兒直班爲中書參知政事是月革罷奥魯冬十月壬子以中書平章政事太平爲御史大夫乙卯享于太廟辛酉命奉使宣撫巡行天下詔曰朕自踐祚以來至今十有餘年託身億兆之上端居九重之中耳目所及豈能周知故雖夙夜憂勤覬安黎庶而和氣未臻災眚時作聲教未洽風俗未淳吏弊未袪民瘼滋甚豈承宣之寄糾劾之司奉行有所未至歟若稽先朝成憲遣官分道奉使宣撫布朕德意詢民疾苦疏滌冤滯蠲除煩苛體察官吏賢否明加黜陟有罪者四品以上停職申請五品以下就便處決民間一切興利除害之事悉聽舉行命江西行省左丞忽都不丁吏部尚書何執禮巡兩浙江東道前雲南行省右丞散散將作院使王士弘巡江西福建道大都路達魯花赤按寶江浙行省參知政事秦從德巡江南湖廣道吏部尚書定僧宣政僉院魏景道巡河南江北道資政院使蠻子兵部尚書李

獻巡燕南山東道兵部尚書不花樞密院判官靳義巡河東陝西道宣政院同知伯家奴宣徽僉院王也速迭兒巡山北遼東道荊湖北道宣慰使阿乞剌兩淮運使杜德遠巡雲南省上都留守阿牙赤陝西行省左丞王紳巡甘肅永昌道大都留守荅尔麻失里河南行省參知政事王守誠巡四川省前西臺中丞定定集賢侍講學士蘇天爵巡京畿道平江路達魯花赤左答納失里都水監賈惟貞巡海北海南廣東道黃河泛溢辛未遼金宋三史成右丞相阿魯圖進之帝曰史既成書前人善者朕當取以爲法惡者取以爲戒然豈止激勸爲君者爲臣者亦當知之卿等其體朕心以前代善惡爲勉己卯監察御史不答失里請罷造作不急之務是月以呂思誠爲中書參知政事十一月甲午至正條格成奉元路陳望叔僞稱燕帖古思太子伏誅十二月丁巳詔定薦舉守令法是歲宣徽院使篤憐鐵穆邇知樞密院事馮思溫爲御史中丞

六年春二月庚戌朔日有食之辛未興國雨雹大者如馬首是月山東地震七日乃止三月辛未盜扼李開務之閘河劫商旅船兩淮運使宋文瓚言世皇開

會通河千有餘里歲運米至京者五百萬石今騎賊不過四十人劫船三百艘而莫能捕恐運道阻塞乞選能臣率壯勇千騎捕之不聽戊申京畿盜起范陽縣請增設縣尉及巡警兵從之山東盜起詔中書參知政事鎖南班至東平鎮遏八番龍宜來進馬夏四月壬子遼陽爲捕海東青煩擾吾者野人及水達達皆叛癸丑以長吉爲皇太子宮傅官頒至正條格於天下甲寅以中書參知政事呂思誠爲左丞乙卯享于太廟丁卯車駕時巡上都發米二十萬石賑糶貧民萬户買住等討吾者野人遇害詔恤其家以中書左丞呂思誠知經筵事命左右二司六部吏屬於午後講習經史五月壬午陝西饑禁酒象州盜起江西田賦提舉司擾民罷之丁亥盜竊太廟神主遣大兒忽答討吾者野人丁酉以黃河決立河南山東都水監六月己酉汀州連城縣民羅天麟陳積萬叛陷長汀縣福建元帥府經歷真寶萬户廉和尚等討之丁巳詔以雲南賊死可伐盜據一方侵奪路甸命亦秃渾爲雲南行省平章政事討之秋七月己卯享于太廟丙戌以遼陽吾者野人等未靖命太保伯撒里爲遼陽行省左丞相鎮之丁亥降詔招諭死可伐散毛

洞蠻覃全在叛招降之以爲散毛誓厓等處軍民宣撫使置官屬給宣勅虎符設立驛鋪癸巳詔選怯薛官爲路府縣達魯花赤丙申以朶兒直班爲中書右丞答兒麻爲參知政事壬寅以御史大夫亦憐真班等知經筵事甲辰京畿奉使宣撫定定奏言御史撒八兒等罪杖黜之時諸道奉使皆與臺憲互相掩蔽惟定定與湖廣道抜實糾舉無避八月丙午命江浙行省右丞忽都不花江西行省右丞禿魯統軍合討羅天麟戊申祭社稷是月車駕還自上都九月乙酉克復長汀戊子邵武地震有聲如鼓至夜復鳴冬十月思靖猺寇犯武岡詔湖廣省臣及湖南宣慰元帥完者帖木兒討之俘斬數百級猺賊敗走閏月乙亥詔赦天下免差稅三分水旱之地全免靖州猺賊吳天保陷黔陽癸未汀州賊徒羅德用殺首賊羅天麟陳積萬以首級送官餘黨悉平十二月丁丑省臣改擬明宗母壽童皇后徽號曰莊獻嗣聖皇后己卯改立山東東西道宣慰使司都元帥府開設屯田駐軍馬甲申詔復立大護國仁王寺昭應宮財用規運總管府凡貸民間錢二十六萬餘錠辛卯有司以賞賚汎濫奏請恩賜必先經省臺院定擬甲午設立海海

剌禿屯田二處詔犯贓罪之人常選不用復立八百宣慰司以土官韓部襲其父爵辛丑以吉剌班爲太尉開府置僚屬壬寅山東河南盜起遣左右阿速衛指揮不兒國等討之是歲黃河決尚書李絅請躬祀郊廟近正人遠邪佞以崇陽抑陰不聽

七年春正月甲辰朔日有食之大寒而風朝官仆者數人己酉享于太廟壬子命中書左丞相別兒怯不花爲右丞相辭職丁巳復立東路都蒙古軍都元帥府庚申雲南老丫等蠻來降立老丫耿凍路軍民總管府丙寅以廣西宣慰使章伯顏討猺獠有功陞湖廣行省左丞詔以怯薛丹支給浩繁除累朝定額外悉罷之二月甲戌朔興聖宮作佛事賜鈔二千錠己卯山東地震壞城郭棣州有聲如雷河南山東盜蔓延濟寧滕邳徐州等處庚辰以中書參知政事鎖南班爲中書右丞道童爲中書參知政事丙戌以宦者伯帖木兒爲司徒是月猺賊吳天保冦沅州以阿吉剌爲知樞密院事整治軍務三月甲辰中書省臣言世祖之朝省臺院奏事給事中專掌之以授國史纂修近年廢弛恐萬世之後一代成功無從稽考乞復舊制從之乙巳遣使銓選雲南官員修光天殿庚

戌試國子監會食弟子員選補路府及各衛學正戊午詔編六條政類庚申監察御史王士點劾集賢大學士吳直方躐進官階奪其宣命乙丑雲南王孛羅來獻死可伐之捷壬申遣使修上都大乾元寺命有司定吊賻諸王公主駙馬禮儀之數夏四月乙亥命江浙省臣講究役法己卯享于太廟辛巳遣達本賀方使于占城以通政院使朵郎吉兒爲遼陽行省參知政事討吾者野人己丑發米二十萬石賑糶貧民以翰林學士承旨定住爲中書右丞庚寅復命別兒怯不花爲中書右丞相以中書平章政事鐵木兒塔

識爲左丞相臨清廣平灤河等處盜起遣兵捕之通州盜起監察御史言通州密邇京城而盜賊蜂起宜增兵討之以杜其源不聽是月河東大旱民多饑死遣使賑之車駕時巡上都五月庚戌猺賊吳天保陷武岡路詔遣湖廣行省右丞沙班統軍討之乙丑右丞相別兒怯不花以調燮失宜災異迭見罷爲太保就第是月臨淄地震七日乃止六月詔免太師馬札兒台官安置西寧州其子脫脫請與父俱行以御史大夫太平爲中書平章政事彰德路大饑民相食秋七月甲寅召隱士完者圖執禮哈琅爲翰林待制

張樞董立爲翰林修撰李孝光爲著作郎張樞不至丙辰太陰犯壘壁陣丁巳以江南行臺大夫納麟爲御史大夫是月猺賊吳天保復寇沅州陷溆浦辰溪縣所在焚掠無遺徙馬札兒台於甘肅以別兒怯不花之譖也九月癸卯八憐內哈剌那海禿魯和伯賊起斷嶺北驛道甲辰遼陽霜早傷禾賑濟驛戶戊申車駕還自上都癸丑上都幹耳朶成用鈔九千餘錠甲寅詔舉材能學業之人以備侍衛丁巳中書左丞相鐵木兒塔識薨辛酉以御史大夫朵兒只爲中書左丞相甲子集慶路盜起鎮南王孛羅不花討平之

丁卯猺寇吳天保復陷武岡延及寶慶殺湖廣行省右丞沙班于軍中冬十月辛未享于太廟丁丑詔左右丞相平章樞密知院御史大夫得賜玉押字印餘官不與庚辰詔建木華黎伯顏祠堂於東平丙戌亦憐只答兒反遣兵討之辛卯開東華射圃戊戌西蕃盜起凡二百餘所陷哈剌火州劫供御蒲萄酒殺使臣是月猺賊吳天保復寇沅州州兵擊走之十一月辛丑監察御史曲曲以宦者龍普憑藉寵幸驟陞榮祿大夫追封三代田宅踰制上疏劾之甲辰沿江盜起剽掠無忌有司莫能禁兩淮運使宋文瓚上言江

陰通泰江海之門戶而鎮江真州次之國初設萬戶府以鎮其地今戍將非人致使賊艦往來無常集慶花山刼賊才三十六人官軍萬數不能進討反爲所敗後竟假手鹽徒雖能成功豈不貽笑宜亟選知勇以任兵柄以圖後功不然東南五省租賦之地恐非國家之有不聽撥山東地土十六萬二千餘頃屬大承天護聖寺乙巳中書戶部言各處水旱田禾不收湖廣雲南盜賊蜂起兵費不給而各位怯薛冗食甚多乞賜分揀帝牽於衆請令三年後減之庚戌太陰犯天廩懷慶路饑猺賊吳天保復陷武岡命湖廣行

省平章政事苟尔領兵討之以河決命工部尚書迷兒馬哈謨行視金堤甲寅猺賊吳天保陷靖州命威順王寬徹不花鎮南王孛羅不花及湖廣江西二省以兵討之丁巳命中書平章政事太平爲左丞相辭不允戊午命河南山東都府發兵討湖廣洞蠻己未以中書省平章政事韓嘉訥爲陝西行臺御史大夫迤北荒旱缺食遣使賑濟驛戶丁卯海北湖南猺賊竊發兩月餘有司不以聞詔罷之并降散官一等是月馬札兒台薨召脫脫還京師十二月庚午以中書左丞相朵兒只爲右丞相平章政事太平爲左丞相詔天下丙子以連年水旱民多失業選臺閣名臣二十六人出爲郡守縣令仍許民間利害實封呈省壬午晉寧東昌東平恩州高唐等處民饑賑鈔十四萬錠米六萬石丙戌中書省臣建議以河南盜賊出入無常宜分撥達達軍與揚州舊軍於河南水陸關隘戍守東至徐邳北至夾馬營遇賊掩捕從之是月陝西行御史臺臣劾奏別兒怯不花乃逆臣之親子不可居太保之職不從是歲置中書議事平章四人隆福宮三皇后弘吉剌氏木納失里薨

八年春正月戊戌朔命也先帖木兒知樞密院事丁

未享于太廟辛亥黃河決遷濟寧路於濟州詔各官府諳練事務之人毋得遷調詔翰林國史院纂修后妃功臣列傳學士承旨張起巖學士楊宗瑞侍講學士黃溍爲總裁官左丞相太平左丞呂思誠領其事甲子木憐等處大雪羊馬凍死賑之是月詔給銅虎符以宮尉完者不花貴赤衛副指揮使壽山監湖廣軍命湖廣行省右丞禿赤湖南宣慰都元帥完者帖木兒討莫磐洞諸蠻斬首數百級其餘二十餘洞縛其洞首楊鹿五赴京師二月癸酉御史大夫納麟加太尉致仕乙亥以北邊沙土苦寒罷海海剌禿屯田

丙子命太子愛猷識理達臘習讀畏吾兒文字庚辰太陰犯軒轅癸未太陰犯平道甲申命星吉爲江南行臺御史大夫壬辰太平言孛答乃禿忙兀三處屯田世祖朝以行營舊站撥屬虎賁司後爲豪有力者所奪遂失其利今宜仍前撥還從之是月以前奉使宣撫賈惟貞稱職特授永平路總管會歲饑惟貞請降鈔四萬餘錠賑之詔濟寧鄆城立行都水監以賈魯爲都水三月丁酉詔以東帛旌郡縣守令之廉勤者遼東鎖火奴反詐稱大金子孫水達達路脫脫禾孫唐兀火魯火孫討擒之壬寅土蕃盜起有司請不

拘資級委官討之福建盜起地遠難於討捕詔汀漳二州立分元帥府轄之癸卯帝親試進士七十有八人賜阿魯輝帖木兒王宗哲進士及第餘出身有差己酉湖廣行省遣使獻石壁洞蠻捷丙辰太陰犯建星己未遣使詣江浙江西湖廣四川雲南詮福建番廣蠻夷等處官員選辛酉遼陽兀顏撥魯歡妄稱大金子孫受玉帝符文作亂官軍討斬之壬戌六條政類書成京畿民饑徽州路達魯花赤哈剌不花以政績聞詔賜金帛旌之是月猺賊吳天保復寇沅州夏四月辛未河間等路以連年河決水旱相仍戶口消

耗乞減鹽額詔從之乙亥帝幸國子學賜衍聖公銀印升秩從二品定弟子員出身及奔喪省親等法詔守令選立社長專一勸課農桑詔京官三品以上歲舉守令一人守令到任三月亦舉一人自代其玉典赤拱衛百戶不得授縣達魯花赤止授佐貳久著廉能則用之平江松江水災給海運糧十萬石賑之丁丑遼陽董哈剌作亂鎮撫欽察討擒之己卯海寧州沭陽縣等處盜起遣翰林學士禿堅不花討之是月享于太廟車駕時巡上都命脫脫爲太傅湖廣章伯顏引兵捕土寇莫萬五蠻雷等已而廣西峒賊乘隙

入寇伯顏退走五月丁酉朔大霖雨京城崩庚子廣西山崩水湧灕江溢平地水深二丈餘屋宇人畜漂沒壬子寶慶大水丁巳四川旱饑禁酒六月丙寅朔陞徐州爲總管府以邳宿滕嶧四州隸之丙戌立司天臺於上都是月山東大水民饑賑之秋七月丙申朔日有食之辛丑復立五道河屯田乙巳享于太廟旌表大都節婦翠氏門戊申西北邊軍民饑遣使賑之壬子量移竄徙官於近地安置死者聽歸葬乙卯遣使祭曲阜孔子廟江州路總管劉恒有政績陞授山東宣慰使丙辰以阿剌不花爲大司徒八月丙子

太陰犯壘壁陣己卯山東雨雹是月車駕還自上都九月己未太陰犯靈臺冬十月丁亥廣西蠻掠道州十一月辛亥傜賊吳天保率衆六萬掠全州是歲詔賜高年帛設分元帥府於沂州以買列的爲元帥備山東寇台州方國珎爲亂聚衆海上命江浙行省參知政事朶兒只班討之監察御史張楨劾太尉阿乞剌欺罔之罪又言明里董阿也里牙月魯不花皆陛下不共戴天之讎伯顏賊殺宗室嘉王郯王一十二口稽之古法當伏門誅而其子兄弟尚仕于朝宜急誅竄別兒怯不花阿附權姦亦宜遠貶今災異迭見盜賊蠭起海寇敢於要君閫帥敢於玩寇若不振舉恐有唐末藩鎮噬臍之禍不聽監察御史李泌言世祖誓不與高麗共事陛下踐世祖之位何忍忘世祖之言乃以高麗奇氏亦位皇后今災異屢起河決地震盜賊滋蔓皆陰盛陽微之象乞仍降爲妃庶幾三辰奠位災異可息不聽

紀卷第四十一

紀卷第四十二　元史四十二

翰林學士亞中大夫知制誥兼修國史臣宋濂翰林待制承直郎同知制誥兼國史院編修官臣王褘等奉勅修

順帝五

九年春正月丁酉享于太廟癸卯立山東河南等處行都水監專治河患乙巳廣西傜賊復陷道州萬户鄭均擊走之丙午命中書平章政事太不花提調會同館庚戌太白犯建星辛亥太白犯平道二月戊辰祭社稷辛巳太不花辭職不允甲申太陰犯建星三月丁酉埧河淺澁以軍士民夫各一萬濬之己亥太白犯壘壁陣己巳命大司農達識帖睦邇爲湖廣行省平章政事是月河北潰陳州麒麟生不乳而死賊吳天保復寇沅州夏四月丁卯享于太廟丁丑以知樞密院事欽察台爲中書平章政事己卯以燕南廉訪使韓元善爲中書左丞立鎮撫司於直沽海津鎮壬午以河間鹽運司水災住煎鹽三萬引是月車駕時巡上都五月戊戌命太傅脱脱提調大斡耳朶内史府庚子詔修黄河金堤民夫日給鈔三貫辛丑罷瑞州路上高縣長官司庚戌命翰林國史院等官薦舉守令丙辰定守令督攝之法路督攝府府督攝州

州督攝縣是月白茅河東注沛縣遂成巨浸蜀江大溢浸漢陽城民大饑六月丙子刻小玉印以至正珎秘爲文凡秘書監所掌書畫皆識之秋七月庚寅監察御史斡勒海壽劾奏殿中侍御史哈麻及其弟雪雪罪惡御史大夫韓嘉訥以聞不省章三上詔奪哈麻雪雪官出海壽爲陜西廉訪副使韓家訥爲宣政院使壬辰詔命太子愛猷識理達臘習學漢人文書以李好文爲諭德歸暘爲賛善張冲爲文學李好文等上書辭不許賜公主不荅昔你平江田五十頃甲午以也先帖木兒爲御史大夫乙未以湖廣行省左

丞相亦憐真班知樞密院事丙午太陰犯壘壁陣癸丑太陰犯天闗甲寅以栢顏爲集賢大學士乙卯罷右丞相朶兒只依前爲國王左丞相太平爲翰林學士承旨是月大霖雨水没高唐州城江漢溢漂没民居禾稼閏月辛酉詔脫脫爲中書右丞相仍太傅韓家訥爲江浙行省平章政事庚午以也可扎魯忽赤搠思監爲中書右丞同知樞密院事王樞虎兒吐華爲中書參知政事辛巳詔赦湖廣猺賊詿誤者戊子命岐王阿剌乞鎮西番八月甲辰以集賢大學士栢顏爲中書平章政事河南行省平章政事月魯不花

爲宣政院使庚戌以司徒雅普化提調太史院知經筵事是月車駕還自上都九月甲子凡建言中外利害者詔委官選其可行之事以聞丙寅命平章政事栢顏提調留守司丙子中書平章政事定住以疾辭職不允辛巳命知樞密院事亦憐真班提調武備寺丙戌熒惑犯靈臺是月遣御史中丞李獻代祀河瀆冬十月辛卯享于太廟丁酉命皇太子愛猷識理達臘自是日爲始入端本堂肄業命脫脫領端本堂事司徒雅普化知端本堂事端本堂虛中座以俟至尊臨幸太子與師傅分東西向坐授書其下僚屬以次

列坐十一月戊午朔日有食之戊辰太陰犯畢宿庚辰太白犯壘壁陣十二月戊戌太白復犯壘壁陣丁未猺賊吳天保陷辰州是歲詔汰冗官均俸祿賜致仕官及高年帛漕運使賈魯建言便益二十餘事從其八事其一曰京畿和糴二曰優卹漕司舊領漕戶三曰接運委官四曰通州總治豫定委官五曰船戶困於壩夫海糧壞於壩戶六曰疏濬運河七曰臨清運糧萬戶府當隸漕司八曰宜以宣忠船戶付本司節制與寧平遥等縣曹七七反命刑部郎中八十兵馬指揮沙不丁討平之

十年春正月丙辰朔以中書右丞搠思監爲平章政事王樞虎兒吐華爲中書右丞壬戌立四川容美洞軍民總管府壬申太陰犯熒惑甲戌隕石㮚州色黑中微有金星先有聲自西北來至州北二十里乃隕二月丙戌詔加封天妃父種德積慶侯母育聖顯慶夫人辛丑太陰犯平道甲辰太陰犯鍵閉三月己卯熒惑犯太微垣是月奉化州山石裂有禽鳥草木山川人物之形夏四月己丑左司都事武祺建言更鈔法丁酉赦天下其略曰朕纂承洪業撫臨萬邦夙夜厲精靡遑暇逸比緣倚注失當治理乖方是用圖任一

相俾贊萬機爰命脫脫爲中書右丞相統正百官允釐庶績曾未朞月百度具舉中外協望朕甚嘉焉尚慮軍國之重民物之繁政令有未孚生息有未遂可赦天下丙午太白犯鬼宿是月車駕時巡上都六月壬子星大如月入北斗震聲若雷三日復還秋七月辛酉太陰犯房宿癸亥以大護國仁王寺昭應宮財用規運總管府仍屬宣政院辛未太白晝見丁丑太白復晝見八月壬寅車駕還自上都九月癸丑朔太白晝見辛酉祭三皇如祭孔子禮先是歲祀以醫官行事江西廉訪使文殊訥建言禮有未備乃勅工部具祭器江浙行省造雅樂太常定儀式翰林撰樂章至是用之壬戌熒惑犯天江庚午命樞密院以軍士五百修築白河堤壬午脫脫以吏部選格條目繁多莫適據依銓選者得以高下之請編類爲成書從之冬十月癸巳歲星犯軒轅乙未吏部尚書偰哲篤建言更鈔法命中書省御史臺集賢翰林兩院之臣集議之丙申太陰犯昴宿辛丑置諸路寶泉都提舉司於京城是月大名東平濟南徐州各立兵馬指揮司以捕上馬賊十一月壬子朔日有食之丙辰以高麗瀋王之孫脫脫不花等爲東宮怯薛官辛酉罷遼陽

濵海民煎熬野鹽戊辰太陰犯鬼宿己巳詔天下以中統交鈔壹貫文權銅錢壹千文準至元寶鈔貳貫仍鑄至正通寶錢並用以實鈔法至元寶鈔通行如故是月三星隕于耀州化爲石如斧形削之有屑擊之有聲十二月壬午朔修大都城辛卯以大司農秃魯等兼領都水監集河防正官議黄河便益事命前同知樞密院事不顏不花等討廣西猺賊乙未太陰犯鬼宿己酉方國珍攻温州是歲京師麗正門樓上忽有人妄言災禍鞫問之自稱薊州人已而不知所往

十一年春正月乙卯享于太廟丙辰辰星犯牛宿庚申命江浙行省左丞孛羅帖木兒討方國珎丁卯蘭陽縣有紅星大如斗自東南墜西北其聲如雷己卯命搠思監提調大都留守司二月庚寅太陰犯鬼宿乙未太陰犯太微丁酉太陰犯亢宿是月命遊皇城中書省臣諫止之不聽立湖南元帥府分府于寶慶路三月庚戌立山東分元帥府于登州丙辰親策進士八十三人賜朶烈圖文允中進士及第其餘賜出身有差壬戌徵建寧處士彭炳爲端本堂說書不至丁卯太陰犯東咸戊辰太陰犯天江是月遣使賑湖

南北被冦人民死者鈔五錠傷者三錠燬所居屋者一錠夏四月壬午詔開黃河故道命賈魯以工部尚書爲總治河防使發汴梁大名十三路民十五萬廬州等戍十八翼軍二萬自黃陵岡南達白茅放于黃固哈只等口又自黃陵西至陽青村合于故道凡二百八十里有奇仍命中書右丞玉樞虎兒吐華同知樞密院事黑厮以兵鎮之輿寧路屬縣多地震半月乃止乙酉享于太廟詔加封河瀆神爲靈源神祐弘濟王仍重建河瀆及西海神廟改永順安撫司爲宣撫司丁酉孟州地震庚子罷海西遼東道巡防捕盜所立鎮寧州辛丑師壁安撫司土官田驢什用盤順府土官墨奴什用降立長官司四巡檢司七乙巳彰德路雨雹形如斧傷人畜是月罷沂州分元帥府改立兵馬指揮使司復分司于膠州車駕時巡上都五月己酉朔日有食之辛亥潁州妖人劉福通爲亂以紅巾爲號陷潁州初欒城人韓山童祖父以白蓮會燒香惑衆謫徙廣平永平縣至山童倡言天下大亂彌勒佛下生河南及江淮愚民皆翕然信之福通與杜遵道羅文素盛文郁王顯忠韓咬兒復鼓妖言謂山童實宋徽宗八世孫當爲中國主福通等殺白馬

黑牛誓告天地欲同起兵爲亂事覺縣官捕之急福通遂反山童就擒其妻楊氏其子韓林兒逃之武安癸丑文水縣雨雹壬申命同知樞密院事秃赤以兵討劉福通授以分樞密院印丙子命大都至汴梁二十四驛凡馬一疋助給鈔五錠六月發軍一千從直沽至通州疏濬河道是月劉福通據朱皐攻破羅山真陽確山遂犯舞陽葉縣等處江浙左丞孛羅帖木兒爲方國珎所敗秋七月丙辰廣西大水丁巳罷四川大奴管勾洞長官司改立忠孝軍民府己未太陰犯斗宿壬戌太陰犯右執法己巳太白犯左執法熒

惑入鬼宿是月開河功成乃議塞決河命大司農達識帖睦邇及江浙行省參知政事樊執敬浙東廉訪使董守慤同招諭方國珍八月丁丑朔中興地震戊寅祭社稷乙酉太陰犯天江丙戌蕭縣李二及老彭趙君用攻陷徐州李二號芝麻李與其黨亦以燒香聚衆而反是月車駕還自上都蘄州羅田縣人徐貞一名壽輝與黃州麻城人鄒普勝等以妖術陰謀聚衆遂舉兵爲亂以紅巾爲號九月戊申以中書平章政事朶兒直班提調宣文閣知經筵事平章政事定住提調會同館事壬子命

御史大夫也先帖木兒知樞密院事及衛王寬徹哥總率大軍出征河南妖冦各賜鈔一千錠從征者賜予有差乙卯辰星犯左執法丁巳太白犯房宿壬戌詔以高麗國王不荅失里之弟伯顏帖木兒襲其王封不荅失里之子遂廢戊辰太陰犯鬼宿是月劉福通陷汝寧府及息州光州衆至十萬徐壽輝陷蘄水縣及黃州路冬十月戊寅熒惑犯太微垣己卯享于太廟辛巳太陰犯斗宿癸未立寶泉提舉司于河南行省及濟南眞寧等路凡九江浙江西湖廣行省等處凡三命知樞密院事老章以兵同也先帖木兒討

河南妖冦乙酉太白犯斗宿己丑太白晝見熒惑犯歲星辛卯太白犯斗宿立中書分省于濟寧癸巳歲星犯右執法癸卯以宗王神保克復睢寧虹縣有功賜金帶一從征者賞銀有差丙午熒惑犯左執法是月天雨黑子于饒州大如黍菽徐壽輝據蘄水爲都國號天完僭稱皇帝改元治平以鄒普勝爲太師十一月癸丑有星孛于婁宿甲寅孛星見于胃宿乙卯丙辰亦如之丁巳太陰犯填星孛星微見于畢宿黃河堤成散軍民役夫庚午監察御史徹徹帖木兒等言右丞相脫脫治河功成宜有異數以旌其勞甲戌

江西妖人鄧南二作亂攻瑞州總管禹蘇福擒斬之是月遣使以治河功成告祭河伯召賈魯還朝超授榮祿大夫集賢大學士賜金繫腰一銀十錠鈔千錠幣帛各二十匹都水監并有司官有功者三十七員皆陞遷其職詔賜脫脫荅剌罕之號俾世襲之以淮安路爲其食邑命立河平碑十二月丙子朔太白晝見丁丑太白經天己卯立河防提舉司隸行都水監庚辰太白經天是夜犯壘壁陣甲申太陰犯填星丙戌太白復經天是夜復犯壘壁陣以治書侍御史烏古孫良楨爲中書參知政事辛卯太白經天壬辰復如之丁酉太

白晝見太陰犯熒惑命脫脫於淮安立諸路打捕鷹
房民匠錢糧總管府秩從三品庚子太白經天辰星
犯天江辛丑太白經天也先帖木兒復上蔡縣擒韓
咬兒等至京師誅之壬寅太白晝見是歲括馬
十二年春正月丙午朔詔印造中統元寶交鈔一百
九十萬錠至元鈔十萬錠戊申竹山縣賊陷襄陽路
總管柴肅死之是日荆門州亦陷己酉時享太廟庚
戌以宣政院使月魯不花爲中書平章政事壬子中
書省臣言河南陝西腹裏諸路供給繁重調兵討賊
正當春首耕作之時恐農民不能安於田畝守令有

失勸課宜委通曉農事官員分道巡視督勸守令親
詣鄉都省諭農民依時播種務要人盡其力地盡其
利其有曾經盜賊水患供給之處貧民不能自備牛
種者所在有司給之仍令總兵官禁止屯駐軍馬毋
得踏踐以致農事廢弛從之乙卯淮東宣慰司添設
同知宣慰司事及都事各一員丙辰徐壽輝遣僞將
丁普郎徐明遠陷漢陽丁巳陷興國府己未徐壽輝
遣鄒普勝陷武昌威順王寬徹普化湖廣行省平章
政事和尚棄城走刑部尚書阿魯收捕山東賊給敕
牒十一道使分賞有功者辛酉徐壽輝僞將曾法興

陷安陸府知府丑驢戰不勝死之癸亥刑部添設尚
書侍郎郎中員外郎各一員五愛馬添設忽剌罕赤
二百名乙丑太陰犯熒惑丙寅以河復故道大赦天
下己巳歲星犯右執法辛未徐壽輝兵陷沔陽府壬
申中興路陷山南宣慰司同知月古輪失領兵出戰
衆潰宣慰使錦州不花山南廉訪使卜禮月敦皆遁
走是月命逯魯曾爲淮東添設元帥統領兩淮所募
鹽丁五千討徐州拘刷河南陝西遼陽三省及上都
大都腹裏等處漢人馬命四川行省平章政事月魯
帖木兒爲總兵官與四川行省右丞長吉討興元金

州等處賊宣政院同知桑哥率領亦都護畏吾兒軍
與荆湖北道宣慰使朶兒只班同守襄陽濟寧兵馬
指揮使寶童統領右都衛軍從知樞密院事月闊察
兒討徐州二月乙亥朔詔許溪洞蠻猺自新丁丑以
集賢大學士賈魯爲中書添設左丞以河南廉訪使
哈藍朶兒只爲荆湖北道宣慰使都元帥守襄陽癸
未命諸王禿堅領從官百人馳驛守揚州賜金一錠鈔一
千錠命寧王牙安沙鎮四川賜鎮南王孛羅不花鈔
一萬錠甲申鄒平縣馬子昭爲亂捕斬之乙酉徐壽
輝兵陷江州總管李黼死之遂陷南康路丙戌霍州

靈石縣地震徐壽輝兵陷岳州房州賊陷歸州戊子
詔徐州内外群聚之衆限二十日不分首從並與赦
原置安東安豐分元帥府己丑遊皇城庚寅太陰犯
太微垣癸巳太陰犯氐宿辛丑鄧州賊王權張椿陷
澧州龍鎭衛指揮使俺都剌哈蠻等帥師復之褒贈
伏節死義宣徽使帖木兒等二十七人壬寅以御史
大夫納麟爲江南行臺御史大夫仍太尉命翰林學
士承旨八剌與諸王孛蘭奚領軍守大名癸卯命中
書平章政事月魯不花知經筵事左丞賈魯參知政
事帖理帖木兒烏古孫良楨並同知經筵事是月賊

侵滑濬命德住爲河南右丞守東明德住時致仕于
家聞命馳至東明浚城隍嚴備禦賊不敢犯徐壽輝
僞將歐祥陷袁州命帖理帖木兒以中書參知政事
分省濟寧三月乙巳朔追封太師忠王馬扎兒台爲德王
丁未徐壽輝僞將許甲攻衡州洞官黄安撫敗之徐
壽輝僞將陶九陷瑞州總管禹蘇福萬户張岳敗之
壬子河南左丞相太不花克復南陽等處癸丑中書
省臣請行納粟補官之令凡各處士庶果能爲國宣
力自備糧米供給軍儲者照依定擬地方實授常選
流官依例陞轉封廕及已除茶鹽錢穀官有能再備

錢粮供給軍儲者驗見授品級改授常流從之戊午
太陰犯進賢辛酉命親王阿兒麻以兵討商州等處
賊以鞏卜班知行樞密院事壬戌太陰犯東咸甲子
徐壽輝僞將項普略陷饒州路遂陷徽州信州四川
未附生蠻向亞甲洞主壘得什用出降立盤順府丁
卯江南行臺御史大夫帖木哥乞致仕不允以爲甘
肅行省平章政事以出征馬少出幣帛各一十萬匹
於迤北萬户千户所易馬戊辰太白晝見詔南人有
才學者依世祖舊制中書省樞密院御史臺皆用之
中書省臣言張理獻言饒州德興三處膽水浸鐵可

以成銅宜即其地各立銅冶場直隸寶泉提舉司宜
以張理就爲銅冶場官從之以江浙行省左丞相亦
憐真班爲江西行省左丞相領兵收捕饒信賊庚午
詔隨朝一品職事及省臺院六部翰林集賢司農太
常宣政宣徽中政資正國子秘書崇文都水諸正官
各舉循良材幹智勇兼全堪充守令者二人知人多
者不限員數各處試用守令並授兼管義兵防禦諸
軍奥魯勸農事所在上司不許擅差守令既已優陞
其佐貳官員比依入廣例量陞二等任滿驗守令全
治者與真授不治者全削二等依本等叙半治者減

一等敘雜職人員其有知勇之士並依上例凡除常選官於殘破郡縣及迫近賊境之處陞四等稍近賊境陞二等是月方國珎復刼其黨下海入黃巖港台州路達魯花赤泰不花率官軍與戰死之隴西地震百餘日城郭頹夷陵谷遷變定西會州靜寧庄浪尤甚會州公宇中墻崩獲弩五百餘張長者丈餘短者九尺人莫能挽改定西爲安定州會州爲會寧州詔定軍民官不守城池之罪閏三月辛巳以台州路達魯花赤泰不花爲江浙行省參知政事行台州路事命下泰不花已死壬午以大理宣慰使荅失八都魯爲

四川行省添設參知政事與本省平章政事咬住討山南湖廣等處賊乙酉徐壽輝僞將陳普文陷安吉路鄉民羅明遠起義兵復之命工部尚書忽來兵部侍郎馬某火者分詣上都察罕腦兒集寧等處給散出征河南達達軍口糧立淮南江北等處行中書省治揚州轄揚州高郵淮安滁州和州廬州安豐安慶蘄州黃州壬辰以大都留守兀忽失爲江浙行省添設右丞討饒信賊丙申阿速愛馬里納忽台擒滑州開州賊韓兀奴罕有功授資用庫大使丁酉湖廣行省參知政事鐵傑以湖南兵復岳州戊戌詔淮南行

省設官二十五員以翰林學士承旨晃火兒不花湖廣平章政事失列門並爲平章政事淮東元帥蠻子爲右丞燕南廉訪使秦從德爲左丞陝西行臺侍御史荅失禿山北廉訪使趙璉並爲參知政事庚子以樞密副使悟良哈台爲中書添設參知政事同知經筵事辛丑命淮南行省平章政事晃火兒不花提調鎮南王傅事是月詔四川行省平章政事咬住以兵東討荊襄賊克復忠萬夔雲陽等州命江西行省左丞相亦憐真班以兵守江東西關隘命諸王亦憐真班愛因班參知政事也先帖木兒與陝西行省平章

政事月魯帖木兒討南陽襄陽賊刑部尚書阿魯討海寧賊江西行省右丞火你赤與參知政事朶解討江西賊以浙東宣慰使恩寧普代江浙行省左丞左荅納失里守蕪湖命江西行省右丞兀忽失江浙行省左丞老老與星吉不顏帖木兒蠻子海牙同討饒信等處賊方國珎不受招安之命命江浙左丞左荅納失里討之命典瑞院給淮南行省銀字圓牌三面驛券五十道詔江西行省左丞相亦憐真班淮南行省平章政事晃火兒不花江浙行省左丞左荅納失里湖廣行省平章政事也先帖木兒四川行省平章

政事八失忽都及江南行臺御史大夫納麟與江浙行省官並以便宜行事也先帖木兒駐軍沙河軍中夜驚軍潰退屯朱仙鎮詔以中書平章政事蠻子代總其兵也先帖木兒還京師仍命爲御史大夫夏四月癸卯朔日有食之江西臨川賊鄧忠陷建昌路己酉時享太廟甲寅以御史大夫搠思監爲中書平章政事提調留守司乙卯鐵傑及萬户陶夢楨復武昌漢陽尋再陷丙辰江西宜黃賊塗佑與邵武建寧賊應必達等攻陷邵武路總管吳按攤不花以兵討之千户魏淳以計擒塗佑應必達復其城辛酉翰林學

士承旨渾都海牙乞致仕不允以爲中書平章政事四川行省參知政事桑哥失里復渠州甲子翰林學士承旨歐陽玄以湖廣行省右丞致仕賜玉帶及鈔一百錠給全俸終其身戊辰諸王禿堅帖木兒平章政事也先帖木兒討和州有功各賜金繫腰并鈔一千錠辛未荆門知州聶炳復荆門州平章政事忽都海牙年老有疾詔免其朝賀是月大駕時巡上都永懷縣賊陷桂陽咬住復歸州進攻峽州與峽州總管趙余褫大破賊兵誅賊將李太素等遂平之詔天下完城郭築堤防命亦都護月魯帖木兒領畏吾兒軍

馬同豫王阿剌忒納失里知樞密院事老章討襄陽南陽鄧州賊陝西行臺監察御史蒙古魯海牙范文等糾言也先帖木兒喪師辱國乞明正其罪詔不允左遷西臺御史大夫朶爾直班爲湖廣行省平章政事蒙古魯海牙十二人爲各路添設佐貳官五月癸酉朔太白犯鎮星戊寅命龍虎山張嗣德爲三十九代天師給印章海道萬户李世安建言權停夏運從之命江南行臺御史大夫納麟給宣勅與台州民陳子由楊恕卿趙士正戴甲令其集民丁夾攻方國珍己卯咬住復中興路庚辰監察御史徹徹帖木兒等

言河南諸處群盜輒引亡宋故號以爲口實宜以瀛國公子和尚趙完普及親屬徙沙州安置禁勿與人交通從之罷苾兒棚等處金銀場課癸未建昌民戴良起鄉兵克復建昌路乙酉命留守帖木哥與諸王朶兒只守口北龍慶州是月荅失八都魯至荆門增募兵趨襄陽與賊戰大敗克之命左荅納失里仍守蕪湖險隘六月丙午中書省臣言大名路開滑濬三州元城十一縣水旱蟲蝗饑民七十一萬六千九百八十口給鈔十萬錠賑之戊申命治書侍御史杜秉彞中書參議李稷並兼經筵官辛亥太白犯井宿河南

行省左丞匝納祿參知政事王也速迭兒並以失誤軍需左遷添設淮西宣慰使隨軍供給命河南行省平章政事禿魯參知政事李猷供給汝寧軍需丁巳賜中書參知政事悟良哈台珠衣并帽乙丑宣讓王帖木兒不花諸王乞塔歹曲憐帖木兒及淮南廉訪使班祝兒並平賊有功賜金繫腰銀鈔有差紹慶宣慰使楊延禮不花遙授湖廣左丞楊伯顏卜花爲紹慶宣慰使換文資楊城爲沿邊溪洞招討使蕭征行萬户四賜先所拘收牌面丙寅紅巾周伯顏陷道州修太廟西神門秋七月丁丑時享太廟庚辰饒徽賊

犯昱嶺關陷杭州路辛巳命通政院使荅兒麻失里與樞密副使禿堅不花討徐州賊給勑牒三十道以賞功己丑湘鄉賊陷寶慶路庚寅以殺獲西番首賊功賜岐王阿剌乞巴鈔一千錠邠王嵬厘諸王班的失監平章政事鎖南班各金繫腰一以征西元帥斡羅爲章佩添設少監討徐州脫脫請親出師討徐州詔許之辛卯命脫脫台爲行樞密院使提調二十萬户賜金繫腰一銀鈔幣帛有差丁酉辰星犯靈臺以杜秉彝爲中書添設參知政事湖南元帥副使小云失海牙總管兀顏思忠復寶慶路是月徐壽輝僞將

王善康壽四江二蠻等陷福安寧德等縣八月癸卯命中書參知政事帖理帖木尓淮南行省右丞蠻子供給脫脫行軍一應所需方國珍率其衆攻台州城浙東元帥也忒迷失福建元帥黑的兒擊退之甲辰以同知樞密院事哈麻爲中書添設右丞齊王失列門獻馬一萬五千疋于京師賜脫脫金三錠銀三十錠鈔一萬錠幣帛各一千疋丁未日本國白高麗賊過海剽掠身稱島居民高麗國王伯顏帖木兒調兵勦捕之賜金繫腰一鈔二千錠己酉命知樞密院事咬咬中書平章政事搠思監也可扎魯忽赤福壽並

從脫脫出師征徐州賜金繫腰及銀鈔幣帛有差翰林學士承旨闊怯鎮遏五投下百姓賜金繫腰一壬子以扎撒温孫爲河南行省右丞偰哲篤爲淮南行省左丞各賜鈔五十錠丙辰以禿思迷失爲淮南行省平章政事丁巳命中書平章政事普化知經筵事脫脫將出師六部尚書密邇麻和謨等上言大臣天子之股肱中書庶政之根本不可以一日離乞詔留賢相獨亮天工如此則内外有兼治之宜社稷有倚重之寄不報脫脫言皇后斡耳朶思支用不敷自今爲始每年宜給金一十錠銀五十錠以同知樞密院

事雪雪出軍南陽同知樞密院事禿赤出軍河南皆有功各進階榮禄大夫中書右丞哈麻進階榮禄大夫庚申命哈麻等提調各怯薛各愛馬口糧丁卯太白犯歲星詔脱脱以荅剌罕太傅中書右丞相分省于外督制諸處軍馬討徐州中書省樞密院御史臺分官屬從行稟受節制爵賞有功誅殺有罪綏順討逆悉聽便宜從事是日發京師是月大駕還大都安陸賊將俞君正復陷荆門州知州聶炳死之賊將党仲達復陷岳州九月乙亥俞君正復陷中興咬住領兵與戰於樓臺敗績奔松滋本路判官上都死之己卯監

察御史及河南分御史臺行樞密院河南廉訪司鞏昌總帥府陝西都府義兵萬户府等官交章言御史大夫也先帖木兒出征河南功績庚辰賜也先帖木兒金繫腰一金一錠銀一十錠鈔五千錠幣帛各一百匹癸未中興義士范忠偕荆門僧李智率義兵復中興路俞君正敗走龍鎮衛指揮使俺都剌哈蠻領兵入城咬住自松滋還屯兵于石馬乙酉脱脱至徐州丁亥命知行樞密院事阿剌吉從脱脱討徐州賜金繫腰一金一錠銀五錠鈔幣有差辛卯脱脱復徐州屠其城芝麻李等遁走壬辰太陰犯軒轅戊戌賜

哈麻鈔三百錠買玉帶己亥賊攻辰州達魯花赤和尚擊走之庚子詔加脱脱爲太師班師還京冬十月丁未時享太廟庚戌知樞密院事老章進階金紫光禄大夫命平章定住右丞哈麻同知經筵事癸丑命和糴粟豆五十萬石于遼陽甲寅拜知行樞密院事阿乞剌爲太尉淮南行省平章政事戊午太陰犯鬼宿甲子太陰犯歲星乙丑太陰犯亢宿十一月辛未命江浙行省平章政事慶童收捕常州賊乙亥以星吉爲江西行省平章政事出師湖廣丙子中書省臣請爲脱脱立徐州平寇碑及加封王爵癸未命江浙

行省右丞帖理帖木兒總兵討方國珍己丑以脱脱平徐功賜金一十錠銀一百錠鈔五萬錠幣帛各三千匹上表辭從之庚寅太陰犯太微垣十二月壬寅荅失八都魯復襄陽辛亥詔以杭常湖信廣德諸路皆克復赦詿誤者蠲其夏税秋糧命有司撫恤其民辛酉以湖廣行省參知政事卜顏不花右丞阿兒灰討猺賊復湖南潭岳等處有功卜顏不花陞散階從一品阿兒灰陞正二品癸未脱脱言京畿近地水利召募江南人耕種歲可得粟麥百萬餘石不煩海運而京師足食帝曰此事有利於國家其議行之是歲

海運不通立都水庸田使司于汴梁掌種植之事穎州沈丘人察罕帖木兒與信陽州羅山人李思齊同起義兵破賊有功授察罕帖木兒中順大夫汝寧府達魯花赤李思齊知汝寧府

紀卷第四十二

紀卷第四十三　元史四十三

翰林學士亞中大夫知制誥兼修國史臣宋濂　翰林待制承直郎同知制誥兼國史院編修官臣王禕等奉

勑修

順帝六

十三年春正月庚午朔用帝師請釋放在京罪囚以中書添設平章政事哈麻爲平章政事叅知政事悟良哈台爲右丞叅知政事烏古孫良楨爲左丞詔印造中統元寶交鈔一百九十萬錠至元鈔一十萬錠辛未命悟良哈台烏古孫良楨兼大司農卿給分司農司印西自西山南至保定河間北至檀順州東至遷民鎮凡係官地及元管各處屯田悉從分司農司立法佃種合用工價牛具農器穀種召募農夫諸費給鈔五百萬錠以供其用旌表真定路藁城縣董氏婦貞節壬申命陝西行省平章政事卜荅失里爲總兵官癸酉享于太廟以皇第二子育於太尉衆家奴家賜衆家奴及乳母鈔各一千錠甲戌重建穆清閣乙亥命中書右丞禿禿以兵討商州賊丙子方國珍復降以司農司舊署賜哈麻庚辰中書省臣言近立分司農司宜於江浙淮東等處召募能種水田及脩築圍堰之人各一千名爲農師教民播種宜降空名

添設職事勅牒一十二道遣使賫往其地有能募農民一百名者授正九品二百名者正八品三百名者從七品即書填流官職名給之就令管領所募農夫不出四月十五日俱至田所期年爲滿即放還家其所募農夫每名給鈔十錠從之以杜秉彝爲中書參知政事乙酉太陰犯太微垣丙戌以武衛所管鹽臺屯田八百頃除軍見種外荒閑之地盡付分司農司荅失八都魯克復襄陽樊城有功陞四川行省右丞賜金繫腰一庚寅知樞密院事老章克復南陽唐州賜金一錠銀一十錠鈔一千錠幣帛各五十四戊戌

熒惑太白辰星聚於奎宿二月丁未祭先農己酉太陰犯軒轅庚戌太白犯熒惑壬子太陰犯太微垣甲寅中書省臣言徐州民願建廟宇生祠右丞相脫脫從之詔仍立脫脫平徐勳德碑壬戌以宣政院使篤憐帖木兒知經筵事中書右丞悟良哈台左丞烏古孫良楨參知政事杜秉彝並同知經筵事三月己卯命脫脫領大司農司甲申詔脩大承天護聖寺賜鈔二萬錠丁亥命脫脫以太師開府提調太史院回回漢兒司天監己丑以各衙門係官田地并宗仁等衛屯田地土並付司農分司播種是月會州定西靜寧

莊浪等州地震命江浙行省左丞帖里帖木兒江南行臺侍御史左荅納失里招諭方國珍夏四月戊戌朔命南北兵馬司各分官一員就領通州漷州直沽等處巡捕官兵往來巡邏給分司印一同署事半載一更特命烏古孫良楨得用軍器庚子以禮部所轄掌薪司并地土給付司農分司以甘肅行省平章政事鎖南班爲永昌宣慰使總永昌軍馬仍給平章政事俸先是永昌愚魯罷等爲亂鎖南班討平之至是復起故有是命辛丑太白犯井宿乙巳時享太廟己酉詔取勘徐州汝寧南陽鄧州等處荒田并户絶籍

没入官者立司牧署掌司農分司耕牛又立玉田屯署降徐州路爲武安州以所轄縣屬歸德府其滕州嶧州仍屬益都路辛亥太陰犯房宿是月車駕時巡上都五月己巳命東安州武清大興宛平三縣正官添給河防職名從都水監官巡視渾河隄岸或有損壞即脩理之辛未江西行省左丞相亦憐真班江浙行省左丞老老引兵取道自信州元帥韓邦彦哈迷取道由徽州浮梁同復饒州蘄黄等賊聞風皆奔潰癸酉以太尉阿剌吉爲嶺北行省左丞相知行樞密院事伯家奴封武國公與諸王孛羅帖木兒同出軍

甲戌行樞密院添設僉院二員乙亥太陰犯歲星乙未泰州白駒場亭民張士誠及其弟士德士信爲亂陷泰州及興化縣遂陷高郵據之僭國號大周自稱誠王建元天祐六月丙申朔立詹事院設詹事三員同知二員副詹事二員丞二員命四川行省平章政事玉樞虎兒吐華便宜行事丁酉立皇子愛猷識達達臘爲皇太子中書令樞密使授以金寶告祭天地宗廟命右丞相脫脫兼詹事己亥詔征西都元帥汪只南發本處精銳勇敢軍一千人從征討以千戶二員百戶一十員領之庚子知樞密院事失剌把都總

河南軍平章政事荅失八都魯總四川軍自襄陽分道而下克復安陸府辛丑罷宮傅府以所掌錢帛歸詹事院癸卯詔以勑牒二十道鈔五萬錠給付淮南行省平章政事達世帖睦邇於淮南淮北等處召募壯丁并總領漢軍蒙古守禦淮安遏東捌羊哈及乾帖困朮赤朮等五十六名吾者野人以皮貨來降給捌羊哈等三人銀牌一面管領吾者野人甲辰以立皇太子詔天下大赦己酉亦都護高昌王月魯帖木兒薨于南陽軍中命其子桑哥襲亦都護高昌王爵辛亥親王完者禿泰州陣亡八禿亳州陣亡各賻鈔

五百錠命前河西廉訪副使也先不花爲淮西添設宣慰副使討泰州丙辰詔皇太子位下立儀衛司設指揮二員給二珠金牌副指揮二員一珠金牌賜吳王捌思監金二錠銀五錠鈔二千錠幣帛各九匹以資政院所轄左右都威衛屬詹事院是月命淮南行省平章政事達世帖睦邇便宜行事詔淮南行省平章政事福壽討興化是夏薊州大水秋七月丁卯泉州天雨白絲海潮日三至時享太廟戊辰太白晝見宦官至一品二品者依常例給俸祿壬申湖廣行省參知政事阿魯輝復武昌及漢陽府癸酉詔詹事院

自行銓注本院屬官壬辰親王只兒哈忽薨于海寧軍中以其子寶童繼襲王爵八月癸卯親王闊兒吉思帖木兒獻馬辛亥賜脫脫東泥河田一十二頃親王只兒哈郎討捕金山賊薨于軍中命其子禿魯帖木兒入備宿衛庚申命不花帖木兒襲封文濟王是月車駕還自上都資政院使脫火赤以兵復江州路以四川行省平章政事玉樞虎兒吐華右丞完者不花守鎮中興路左遷平章政事交住爲淮西元帥供給烏撒軍進討蘄黃九月乙丑朔日有食之乙亥以怯薛官廣平王咬咬征討慢功削其王爵降爲河南

行省平章政事己丑廣寧王渾都帖木兒薨賻鈔一千錠建皇太子鹿頂殿于聖安殿西歪剌歹桑哥失里獻馬一百匹賜金繫腰一幣帛各九庚寅太陰犯熒惑辛卯扎你別之地獻大撒哈剌察赤兒米西兒刀弓鎖子甲及青白西馬各二匹賜鈔二萬錠壬辰太白經天熒惑犯左執法南臺御史大夫納麟以老疾辭職從之命太尉如故丁酉享于太廟庚子太白經天冬十月癸卯以江浙行省參知政事買住丁陞本省右丞提調明年海運甲辰歲星犯氐宿丁未廣西元帥甄崇福復道州誅賊將周伯顏庚戌從帖里

帖木兒左荅納失里之請授方國珍徽州路治中國璋廣德路治中國瑛信州路治中督遣之任國珍疑懼不受命立水軍都萬户府於崑山州以浙東宣慰使納麟哈剌爲正萬户宣慰使董摶霄爲副萬户庚申賜皇太子妃鈔十萬錠壬戌賜皇太子五愛馬怯薛丹二百五十人鈔各一百一十錠癸亥太白犯亢宿是月撤世祖所立氈殿改建殿宇十一月壬申太陰犯壘壁陣乙酉立典藏庫貯皇太子錢帛丁亥江西左丞火你赤以兵平富州臨江遂引兵復瑞州是月立義兵千户水軍千户所于江西事平頗還爲民

者聽十二月丁酉太白犯東咸己亥寧王旭滅該還大斡耳朵思賜金繫腰一鈔一千錠庚子熒惑入氐宿癸卯脫脫請以趙完普家產田地賜知樞密院事桑哥失里庚戌京城天無雲而雷鳴少頃有火墜于東南懷慶路及河南府西北有聲如擊鼓者數四已而雷聲震地癸丑以西安王阿剌忒納失里爲豫王弟荅兒麻討南陽賊有功以西安王印與之命鎮寵吉兒之地丁巳太陰犯心宿西寧王牙罕沙鎮四川還沙州賜鈔一千錠是月大同路疫死者太半江浙行省平章政事卜顏帖木兒南臺御史中丞蠻子海

牙及四川行省參知政事哈臨禿左丞桑禿失里西寧王牙罕沙合軍討徐壽輝於蘄水敗之壽輝遁走獲其僞官四百餘人陝西行省平章政事孛羅四川行省右丞荅失八都魯復均房等州詔孛羅等守之荅失八都魯討東正陽是歲自六月不雨至于八月造清寧殿前山子月宫諸殿宇以宦官留守也先帖木兒留守同知也速迭兒及都水少監陳阿木哥等董其役哈麻及禿魯帖木兒等陰進西天僧于帝行房中運氣之術號演揲兒法又進西番僧善秘密法帝皆習之

十四年春正月甲子朔汴梁城東汴河冰皆成五色花草如繪畫三日方解乙丑熒惑犯歲星丁卯太白犯建星辛未享于太廟壬申命帖木兒不花襲封廣寧王賜鈔一千錠癸酉熒惑犯房宿立遼陽等處漕運庸田使司屬分司農司丁丑帝謂脫脫曰朕嘗作朵思哥兒好事迎白傘蓋遊皇城實爲天下生靈之故今命剌麻選僧一百八人仍作朵思哥兒好事凡所用物官自給之毋擾于民丙戌以答兒麻監藏授陝西行省平章政事實授行宣政院使整治西番人民是月命桑哥失里哈臨禿守中興答失八都魯

復峽州二月戊戌祭社稷乙卯命中書平章政事搠思監提調規運總管府戊午太白犯壘壁陣己未以湖廣行省平章政事苟兒爲淮南行省平章政事以兵攻高郵是月以呂思誠爲湖廣行省左丞命湖廣行省右丞伯顏普化江南行臺中丞蠻子海牙江浙行省平章政事卜顏帖木兒叅知政事阿里溫沙會合湖廣行省平章政事也先帖木兒討沿江賊立鎮江水軍萬户府命江浙行省右丞佛家閭領之詔河南淮南兩省並立義兵萬户府建清河大壽元忠國寺以江浙廢寺田歸之三月癸亥朔日有食之己巳

廷試進士六十二人賜薛朝晤牛繼志進士及第餘授官出身有差壬申以皇太子行幸和買駝馬甲戌命親王速哥帖木兒以兵討宿州賊丙子潁州陷是月中書定擬義兵立功者權任軍職事平授以民職從之命四川行省右丞荅失八都魯陞本省平章政事兼知行樞密院事總荊襄諸軍從宜調遣詔和買馬于北邊以供軍用凡有馬之家十匹內和買二匹每匹給鈔一十錠夏四月癸巳朔汾州介休縣地震泉湧以武祺叅議中書省事是月車駕時巡上都江西湖廣大饑民疫癘者甚衆御史臺臣糾言江浙行

省左丞帖里帖木兒等罪先是帖里帖木兒與江南行臺侍御史左荅納失里奉旨招諭方國珎報國珎已降乞立巡防千户所朝廷授以五品流官令納其船散遣徒衆國珎不從擁船一千三百餘艘仍據海道阻絶糧運以故歸罪二人以江浙行省叅知政事阿兒溫沙陞本省右丞浙東宣慰使恩寧普爲江浙行省叅知政事皆總兵討方國珎發陝西軍討河南賊給鈔令自備鞍馬軍器合二萬五千人馬七千五百匹永昌鞏昌沿邊人匠雜户亦在遣中造過街塔於盧溝橋命有司給物色人匠以御史大夫也先不

花督之後立應昌全寧二路先是有詔罷之以撥屬魯王馬某沙王傳府至是有司以爲不便復之詔復起永昌鞏昌喃巴臨洮等處軍命各衛軍人脩白浮甕山等處隄堰五月甲子安豐正陽賊圍廬州是月詔脩砌北巡所經色澤嶺黑石頭河西沿山道路創建龍門等處石橋皇太子徙居宸德殿命有司脩葺之立南陽鄧州等處毛胡蘆義兵萬户府募土人爲軍免其差役令討賊自効因其鄉人自相團結號毛胡蘆故以名之詔以玉樞虎兒吐華募兵萬人下蜀江代答失八都魯守中興荆門命答失八都魯以兵

赴汝寧陞湖廣行省參知政事阿兒灰爲右丞討廬州募寧夏善射者及各處回回朮忽殷富者赴京師從軍復發禿卜軍萬人命太傅阿剌吉領之命荆王答兒麻失里代闊瑞阿合鎮河西討西番賊六月辛卯朔薊州雨雹高郵張士誠寇揚州丙申達識帖睦邇以兵討張士誠敗績諸軍皆潰詔江浙行省參知政事佛家閭會達識帖睦邇復進兵討之甲辰太陰入斗宿己酉盱眙縣陷庚戌陷泗州官軍潰秋七月甲子潞州襄垣縣大風拔木偃禾乙丑太陰犯角宿壬申詔免大都上都興和三路今年稅糧命刑部尚書阿魯於海寧州等處募兵討泗州壬午太陰犯昴宿是月汾州孝義縣地震八月冀寧路楡次縣桃李花車駕還自上都九月己未朔賜親王撒蠻答失金二錠銀二十錠鈔一萬錠幣帛表裏各三百匹創設輿剌赤二十名仍給衣粮草料庚申以湖廣行省左丞呂思誠復爲中書左丞辛酉以知樞密院事月赤察兒爲中書平章政事詔脫脫以太師中書右丞相總制諸王各愛馬諸省各翼軍馬董督總兵領兵大小官將出征高郵甲子封高麗國王脫脫不花爲瀋王丁卯普顏忽都皇后母歿賻鈔三百錠立寧宗影

堂戊子免河南蒙古軍人雜泛差役是月賜穆清閣工匠皮衣各一領盖海青鷹房禁河南淮南酒階州西番賊起遣兵擊之方國珍拘執元帥也忒迷失黄巖州達魯花赤宋伯顏不花知州趙宜浩以俟詔命冬十月甲午享于太廟戊戌詔答失八都魯及泰不花等會軍討安豐甲辰詔加號海神爲輔國護聖庇民廣濟福惠明著天妃壬子太陰犯太微垣十一月丙寅勅中書省樞密院御史臺凡奏事先啓皇太子詔江浙應有諸王公主后妃寺觀官員撥賜田糧及江淮財賦稲田營田各提擧司糧盡數赴倉聽候海

運以備軍儲價錢依本處十月時估給之丁卯脫脫領大兵至高郵辛未戰于高郵城外大敗賊衆丙子太陰犯鬼宿癸未賜親王喃荅失金鍍銀印乙酉脫脫遣兵平六合縣是月荅失八都魯復苗軍所據鄭均許三州皇太子脩佛事釋京師死罪以下囚十二月辛卯絳州北方有紅氣如火蔽天丙申以中書平章政事定住爲左丞相宣政院使哈麻求昌宣慰鎖南班並爲中書平章政事進階光祿大夫監察御史袁賽因不花等劾奏脫脫出師三月略無寸功傾國家之財以爲己用半朝廷之官以爲自隨又其弟也

先帖木兒庸材鄙器玷汙清臺綱紀之政不脩貪淫之心益著章三上詔令也先帖木兒出都門聽旨以宣徽使汪家奴爲御史大夫丁酉詔以脫脫老師費財已逾三月坐視寇盜恬不爲意削脫脫官爵安置淮安路弟御史大夫也先帖木兒安置寧夏路以河南行省平章政事泰不花爲本省左丞相中書平章政事月闊察兒加太尉集賢大學士雪雪知樞密院事一同總兵總領諸處征進軍馬并在軍諸王駙馬省院臺官及大小出軍官員其滅里卜亦失你山哈八兒禿哈怯來等拔都兒云都赤禿兒怯里兀孛可

西番軍人各愛馬朶憐赤高麗回回民義丁壯等軍人並聽總兵官節制詔被災殘破之處令有司賑恤仍蠲租稅三年賜高年帛罷廣田茶運寶泉等司戊戌以定住領經筵事中政院使桑哥失里爲中書添設右丞己亥太陰掩昴宿庚子以桑哥失里同知經筵事冀國公禿魯加太尉進階金紫光祿大夫癸卯命哈麻提調經正監都水監會同舘知經筵事就帶元降虎符甲辰以桑哥失里提調宣文閣哈麻兼大司農呂思誠兼司農卿提調農務己酉紹興路地震是月命織造世祖御容詔威順王寬徹普化還鎮湖廣

先是以賊據湖廣命奪其王印至是寬徹普化討賊累立功故詔還其印仍守舊鎮命甘肅右丞嵬的討捕西番賊荅失八都魯復河陰鞏縣徭賊自耒陽寇衡州萬户許脫因死之是歲詔諭民間私租太重以十分爲率普減二分永爲定例降鈔十萬錠賞江西守城官吏軍民京師大饑加以疫癘民有父子相食者帝於內苑造龍船委內官供奉少監塔思不花監工帝自製其様船首尾長一百二十尺廣二十尺前瓦簾棚穿廊兩暖閣後吾殿樓子龍身幷殿宇用五彩金粧前有兩爪上用水手二十四人身衣紫衫金

茘枝帶四帶頭巾於船兩旁下各執篙一自後宮至前宮山下海子內往来游戲行時其龍首眼口爪尾皆動又自製宮漏約高六七尺廣半之造木爲匱陰藏諸壺其中運水上下匱上設西方三聖殿匱腰立玉女捧時刻籌時至輒浮水而上左右列二金甲神人一懸鐘一懸鉦夜則神人自能按更而擊無分毫差當鐘鉦之鳴獅鳳在側者皆翔舞匱之西東有日月宮飛僊六人立宮前遇子午時飛僊自能耦進度僊橋達三聖殿已而復退立如前其精巧絶出人謂前代所鮮有時帝怠於政事荒于游宴以宮女三聖

奴奻樂奴文殊奴等一十六人按舞名爲十六天魔首垂髮數辮戴象牙佛冠身被纓絡大紅綃金長短裙金雜襖雲肩合袖天衣綬帶鞋韈各執加巴剌般之器內一人執鈴杵奏樂又宮女一十一人練槌髻勒帕常服或用唐帽窄衫所奏樂用龍笛頭管小鼓箏纂琵琶笙胡琴響板拍板以宦者長安迭不花管領遇宮中讚佛則按舞奏樂宮官受秘密戒者得入餘不得預

紀卷第四十三

紀卷第四十四　元史四十四

翰林學士亞中大夫知制誥兼修國史臣宋濂翰林待制承直郎同知制誥兼國史院編修官臣王褘等奉

勅修

順帝七

十五年春正月戊午朔以中書平章政事搠思監提調留守司宣徽使黒厮爲中書平章政事河南行省左丞許有壬爲集賢大學士遼陽行省左丞竒伯顏不花陞本省平章政事壬戌以宣政院副使忻都爲太子詹事癸亥享于太廟甲子親王禿堅帖木兒殁于軍中賜鈔五百錠江西行省平章政事道童加大

司徒戊辰太陰犯五車辛未太陰犯鬼宿大斡耳朶儒學教授鄭咺建言蒙古乃國家本族宜教之以禮而猶循本俗不行三年之喪又收繼庶母叔嬸兄嫂恐貽笑後世必宜改革繩以禮法不報丙子上都饑賑糶米二萬石丁丑徐壽輝僞將倪文俊復陷沔陽府威順王寛徹普化令王子報恩奴等同湖南元帥阿思藍水陸並進討之至漢川水淺文俊用火筏燒船報恩奴遇害庚辰復設仁虞雲需尚供三總管府丙戌大同路饑出粮一萬石減價糶之是月詔以湖廣行省平章政事乞剌班慢功削其官爵令從軍自

効詔安置脫脫于亦集乃路收所賜田土命河南行省參知政事洪丑驢守禦河南陝西行省參知政事述律朶兒只守禦潼關宗王扎牙失里守禦興元陝西行省參知政事阿魯温沙守禦商州通政院使朶來守禦山東詔豫王阿剌忒納失里與陝西行省平章政事搠思監從宜商議軍事閏月壬寅以各衛軍人屯田京畿人給鈔五錠以是日入役日支鈔二兩五錢仍給牛種農器命司農司令本管萬户督其勤惰丙午太陰犯心宿丙辰太白經天是月上都路饑詔嚴酒禁命河南行省參知政事塔失帖木尔領元

管陝西軍馬守禦河南二月己未劉福通等自碭山夾河迎韓林兒至立爲皇帝又號小明王建都亳州國號宋改元龍鳳以其母楊氏爲皇太后杜遵道盛文郁爲丞相羅文素劉福通爲平章劉六知樞密院事拆鹿邑縣太清宮材建宮闕遵道等各遣子入侍遵道得寵專權劉福通疾之命甲士撾殺遵道福通遂爲丞相後稱太保丙寅以中書平章政事黑厮左丞許有壬並知經筵事戊辰命太傅御史大夫汪家奴爲中書右丞相中書平章政事定住爲左丞相詔天下庚午以河南行省平章政事咬咬爲遼陽行省

左丞相壬申立淮東等處宣慰使司都元帥府于天長縣統濠泗義兵萬户府并洪澤等處義兵聽富民願出丁壯義兵五千名者爲萬户五百名者爲千户一百名者爲百户仍降宣勑牌面丙子以達識帖睦邇爲中書平章政事提調留守司平章政事黑厮兼大司農是月命刑部尚書董銓等與江西行省平章政事火你赤專任征討之務便宜從事遣使先降曲赦諭以禍福如能出降釋其本罪執迷不悛剋日進討三月庚寅太陰犯五車癸巳徐壽輝兵陷襄陽路甲午命汪家奴攝太尉持節授皇太子愛猷識理達

臘玉册錫以冕服九旒祇謁太廟丙申太陰犯房宿辛丑以監察御史言安置脫脫于雲南鎮西路也先帖木兒于四川碉門脫脫長男哈剌章安置肅州次男三寶奴安置蘭州仍籍其家産己酉命知樞密院事衆家奴知經筵事知樞密院事揑兀失該提調内史府癸丑太白經天夏四月壬戌中書省臣言江南因盜賊阻隔所在闕官宜遣人與各省及行臺官以廣東廣西海北海南三品以下通行遷調五品以下先行照會之任江浙行省三年一次遷調福建等處闕官亦依前例從之命彰德等處分樞密院添設同

知副使都事各一員癸亥以中書平章政事達識帖
睦邇知經筵事命樞密院添設僉院一員判官二員
直沽分樞密院添設副使一員都事一員以御史中
丞扎撒兀孫同知經筵事乙丑以中書右丞咸卜左
丞烏古孫良楨分省彰德辛未命御史中丞伯家奴
同知經筵事中書參議成遵兼經筵官癸酉以左丞
相定住爲右丞相平章政事哈麻爲左丞相太子詹
事桑哥失里爲中書平章政事雪雪爲御史大夫丁
丑加知樞密院事衆家奴太傅辛巳親王脫脫甍賜
鈔二百錠是月車駕時巡上都詔翰林待制烏馬兒

集賢待制孫撝招安高郵張士誠仍賚宣命印信牌
面與鎮南王孛羅不花及淮南行省廉訪司等官商
議給付之御史臺劾奏中書左丞呂思誠罷之詔四
川等處立宣化鎮南軍民府改四川忠孝軍民府爲
忠孝軍民安撫司罷盤順府改立盤順軍民安撫司
罷四川羊母甲洞臭南王洞長官司改立忠義軍民
安撫司立汴梁等處義兵萬户府五月壬辰復襄陽
路監察御史也里忽都等劾奏河南行省左丞相太
不花慢功虐民詔削其官職仍令率領火赤温從總
兵官平章政事答失八都魯征進答失八都魯管領

太不花一應軍馬庚戌倪文俊自沔陽陷中興路元
帥朶兒只班死之是月命淮南行省平章政事咬住
淮東廉訪使王也先迭兒撫諭高郵六月丙辰命御
史大夫雪雪提調端本堂癸亥太白經天丁卯監察
御史哈林秃劾奏脫脫之師集賢大學士吳直方及
其叅軍黑漢長史火里赤等並宜追奪從之監察御
史歪哥等辯明中書左丞呂思誠給付元追所授宣
命玉帶戊辰命中書平章政事搠思監兼大司農桑
哥失里知經筵事己巳靖安王闊不花甍無後命其
姪虁封靖安王癸酉以四川行省平章政事答失八

都魯爲河南行省平章政事乙亥命將作院判官烏
馬兒招安濠泗等處章佩監丞普顏帖木兒招安沔
陽等處諸王倒吾没於軍中賻鈔二百錠丁丑保德
州地震己卯陝西行省平章政事秃秃加答刺罕庚
辰徵徽州隐士鄭玉爲翰林待制不至江浙省臣言
至正十五年稅課等鈔内除詔書已免稅粮等鈔較
之年例海運粮并所支鈔不敷乞減海運以甦民力
户部定擬本年稅粮除免之外其寺觀并撥賜田粮
十月開倉盡行拘收其不敷粮撥至元折中統鈔一
百五十萬錠於産米處糴一百五十萬石貯瀕河之

倉以聽撥運從之癸未中書參知政事實理門言舊立蒙古國子監專教四怯薛并各愛馬官員子弟令宣諭之依先例入學俾嚴爲訓誨從之是月

大明皇帝起兵自和州渡江取太平路自紅巾妖寇倡亂之後南北郡縣多陷没故

大明從而取之荆州大水命湖廣行省平章政事阿魯灰領軍與淮南行省平章政事蠻子海牙淮西道宣慰使完者不花以兵攻和州等處命郡王只兒瞰伯湖廣行省右丞卜蘭奚攻討河南以湖廣行省平章政事咬住爲總兵官領本省軍馬并江州楊完者

黄州李勝等軍守禦湖廣江浙行省參知政事納麟哈剌統領水軍萬户等軍會本省平章政事定定進攻常州鎮江等處命將作院判官烏馬兒利用監丞八十奴招諭濠泗淮南行省左丞相太平助之章佩監丞普顔帖木兒翰林脩撰烈瞻招諭沔陽四川行省平章政事玉樞虎兒吐華等助之以怯薛丹潑皮等六十名從江南行御史臺大夫福壽守禦集慶路國王朶兒只薨于楊州軍中命郡王只兒瞰伯管領其所部軍馬秋七月辛卯享于太廟壬寅俛文俊復陷武昌漢陽等路是月命親王失里門以兵守曹州

山東宣慰馬某火者以兵分府沂州莒州等處命知樞密院事答兒麻監藏及四川行省左丞沙剌班湖南同知宣慰使劉答兒麻失里以兵屯中興招諭諸處有不降者與親王禿魯及王樞虎兒吐華討之命湖廣行省平章政事桑哥亦禿渾及禿禿守禦襄陽參知政事哈林禿及王塔失帖木尓守禦沔陽如賊徒不降即進兵討之陞台州海道巡防千户所爲海道防禦運粮萬户府八月庚申命南陽等處義兵萬户府召募毛胡蘆義兵萬人進攻南陽戊辰以中書平章政事達識帖睦邇爲江浙行省左丞相便宜行

事賜鈔一千錠甲戌以大宗正府扎魯忽赤迭里迷失爲甘肅行省平章政事戊寅太白經天雲南死可伐等降令其子莽三以方物來貢乃立平緬宣撫司四川向思勝降以安定州改立安定軍民安撫司是月車駕還自上都詔淮南行省左丞相太平統淮南諸軍討所陷郡邑仍命湖廣行省平章政事阿魯灰以所部苗軍聽其節制立吾者野人乞列迷等處諸軍萬户府于哈兒分之地命親王寬徹班守興元永昌宣慰使完者帖木兒討西番賊以淮南行省平章政事蠻子海牙與同知樞密院事絆住馬等自蕪湖

至鎮江南岸守禦同阿魯灰所部軍馬協力衛護江南行臺命答失八都魯從便調度湖廣行省左丞卜蘭奚所領苗軍江浙行省平章政事卜顔帖木兒守禦蘄黄蘭溪等處九月癸未命搠思監提調武衛以知嶺北行樞密院事紐的該爲中書平章政事乙酉立分海道防禦運粮萬户府于平江路己丑太白犯太微垣辛卯命秘書卿答蘭提調别吉太后影堂祭祀知樞密院事野仙帖木兒提調世祖影堂祭祀宣政院使蠻子提調裕宗英宗影堂祭祀己亥倪文俊陷岳州路壬子命桑哥失里提調宣文閣吕思誠知

經筵事集賢大學士許有壬兼太子諭德是月移置脱脱于阿輕乞之地命答失八都魯移軍住陳留冬十月丁巳立淮南行樞密院于揚州己未太陰犯壘壁陣甲子命兵工二部尚書撒八兒王安童以金銀牌一百六十五面給淮東宣慰使司等處義兵官員命哈麻領大司農司帝謂右丞相定住等曰敬天地尊祖宗重事也近年以來闕於舉行當選吉日朕將親祀郊廟務盡誠敬不必繁文卿等其議典禮從其簡者行之遂命右丞斡欒左丞吕思誠領其事以中書右丞拜住爲平章政事庚午以襲封衍聖公孔克堅同知太常禮儀院事以克堅子希學爲襲封衍聖公癸酉太陰犯軒轅哈麻奏言郊祀之禮以太祖配皇帝出宫至郊祀所便服乘馬不設内外儀仗教坊隊子齋戒七日内散齋四日於别殿致齋三日二日於大明殿西幄殿一日在南郊祀所丙子以郊祀命皇太子愛猷識理達臘祭告太廟己卯以翰林學士承旨慶童爲淮南行省平章政事立黄河水軍萬户府于小清口十一月甲申熒惑犯氐宿庚寅填星犯井宿壬辰親祀上帝于南郊以皇太子愛猷識理達臘爲亞獻攝太尉右丞相定住爲終獻甲午以太不

花爲湖廣行省左丞相總兵招捕湖廣沔陽等處湖廣荆襄諸軍悉聽節制給還元追奪河南行省丞相宣命仍給以功賞宣勑金銀牌面戊戌介休縣桃杏花己亥太陰犯鬼宿戊申右丞相定住以病辭職命以太保就第治病庚戌賊陷饒州路辛亥賜高麗國王伯顔帖木兒爲親仁輔義宣忠奉國彰惠靖遠功臣是月答失八都魯攻夾河賊大破之賊陷懷慶命河南行省右丞不花討之以湖廣歸州改隷四川行省十二月壬子朔熒惑犯房宿給湖廣行省分省印丁巳命中書參知政事月倫失不花陳敬伯分省彰

德癸亥立忠義忠勤萬户府于宿州武安州己巳以諸郡軍儲供餉繁浩命户部印造明年鈔本六百萬錠給之壬申以平章政事帖里帖木兒右丞斡欒並知經筵事忝議丁好禮兼經筵官乙亥以天下兵起下詔罪己大赦天下是月答失八都魯大敗劉福通等于太康遂圍亳州僞宋主遁于安豐立興元等處宣慰使司都元帥府于興元路是歲薊州雨血詔凡有水田之處設大兵農司招集人夫有警乘機進討無事栽植播種詔濬大內河道以宦官同知留守埜先帖木兒董其役埜先帖木兒言自十一年以來天

下多事不宜興作帝怒命往使高麗改命宦官答失蠻董之以中書平章政事拜住分省濟寧設四部是歲察罕帖木兒與賊戰于河南北屢有功除中書刑部侍郎

十六年春正月壬午改福建宣慰使司都元帥府為福建行中書省戊子親享太廟命中書平章政事帖里帖木兒提調國子監己丑太陰犯昴宿丁酉太保定住以病辭職太尉大宗正府扎魯忽赤月闊察兒以出軍中傷辭職皆不允乙亥詔命太尉阿吉剌開府設官屬乙巳以遼陽行省左丞相㖂㖂為太子詹事翰林學士承旨朶列帖木兒同知詹事院事丙子以知樞密院事實理門兼大府監卿戊申雲南土官阿盧降遣姪腮斡以方物來貢庚戌左丞相哈麻罷辛亥御史大夫雪雪亦罷以搠思監為御史大夫復以定住為右丞相是月薊州地震倪文俊建僞都于漢陽迎徐壽輝據之二月癸酉禿魯帖木兒辭職不允搠思監糾言哈麻及其弟雪雪等罪惡帝曰哈麻兄弟雖有罪然侍朕日久與朕弟懿璘質班皇帝實同乳且緩其罰令之出征自效甲寅命右丞相定住依前太保中書一切機務悉聽總裁詔天下丙辰以

鎮南王孛羅不花自兵興以來率怯薛丹討賊累立戰功賜鈔一萬錠定住及平章政事桑哥失里等復奏哈麻兄弟罪惡遂命貶哈麻惠州安置雪雪肇州安置尋杖殺之壬戌詹事伯撒里辭職乙丑禁銷毀販賣銅錢丙寅命翰林國史院太常禮儀院定擬皇后奇氏三代功臣謚號王爵甲戌命六部大司農司集賢翰林國史兩院太常禮儀院秘書崇文國子都水監侍儀司等正官各舉才堪守令者一人不拘蒙古色目漢南人從中書省斟酌用之或任內害民受贓者舉官量事輕重降職命鑾鑾為靖安王賜金印

置王傅等官己卯命集賢直學士楊俊民致祭曲阜
孔子廟仍葺其廟宇詔諭山東鹽法軍民毋得沮壞
賜定住篤憐赤怯薛丹三十名給衣粮馬疋草料是
月高郵張士誠陷平江路據之改平江路爲隆平府
遂陷湖州松江常州三月辛巳復立酒課提舉司命
中書平章政事帖里帖木兒參知政事成遵等議鈔
法壬午徐壽輝復冦襄陽癸未臺臣言係官牧馬草
地俱爲權豪所占令後除規運總管府見種外餘盡
取勘令大司農召募耕墾歲收租課以資國用從之
丁亥以令秋出師詔和買馬六萬疋戊子命宣讓王

帖木兒不花威順王寬徹普化以兵鎮遏懷慶路各
賜金一錠銀五錠幣帛九疋鈔二千錠庚寅
大明兵取集慶路江南行臺御史大夫福壽死之丙
申倪文俊陷常德路總兵官俺都剌道命搠思監提
調承徽寺丁酉立行樞密院于杭州命江浙行省左
丞相達識帖睦邇兼知行樞密院事節制諸軍省院
等官並聽調遣凡賞功罰罪招降討逆許以便宜行
事
大明兵取鎮江路戊申方國珍復降以爲海道運粮
漕運萬户兼防禦海道運粮萬户其兄方國璋爲衢

州路總管兼防禦海道事是月有兩日相盪夏四月
辛亥以搠思監爲中書左丞相丙辰以資正院使普
化爲御史大夫丁巳命左丞相搠思監領經筵事中
書平章政事悟良哈台御史大夫普化並知經筵事
庚申以河南行省左丞卜蘭奚爲湖廣行省平章政
事答失八都魯加金紫光禄大夫丙寅命阿因班太
子與陝西行省官同討均房南陽遼陽行省平章政
事奇伯顏不花加大司徒丁卯以陝西行臺御史大
夫朶朶爲陝西行省左丞相大司農咬咬爲遼陽行
省左丞相以知樞密院事實理門分院濟寧翰林學

士承旨脫脫同知詹事院事壬申命豫王阿剌忒納
失里與陝西行省官商議軍機從宜攻討己卯命悟
良哈台兼太子諭德是月車駕時巡上都五月壬辰
太白犯鬼宿癸巳亦如之甲午太陰入斗宿丙申倪
文俊陷澧州路丁酉太陰犯壘壁陣乙巳賊冦辰州
守將和尚以鄉兵擊敗之六月甲寅江浙行省平章
政事三旦八參知政事楊完者以兵守嘉興路禦張
士誠乙丑
大明兵取廣德路秋七月癸未以翰林學士禿魯帖
木兒爲侍御史丁酉太陰犯壘壁陣是月張士誠遣

兵陷杭州江浙行省平章政事左答納失里戰死丞相達識帖睦邇遁楊完者及萬户普賢奴擊敗之復其城八月丙辰奉元路判官王淵等以義兵復商州陞淵同知關商襄鄧等處宣慰司事己未賊侵河南府路參知政事洪丑驢以兵敗之丁卯太陰犯昴宿庚午倪文俊陷衡州路元帥甄崇福戰死甲戌彗星見張宿色青白彗指西南長尺餘至十二月戊午始滅是月車駕還自上都黄河決山東大水九月庚辰汝潁賊李武崔德等破潼關參知政事述律朶戰死壬午豫王阿剌忒納失里同知樞密院事定住引兵

復潼關河南行省平章政事伯家奴以兵守之丙申潼關復陷伯家奴兵潰豫王阿剌忒納失里復以兵取之李武崔德敗走戊戌賊陷陝州及虢州詔以太尉納麟復爲江南行臺御史大夫遷行臺治紹興是月察罕帖木兒復陝州及虢州復襲敗賊兵于平陸安邑以功由兵部尚書陞僉河北行樞密院事冬十月丁未大名路有星如火從東南流芒尾如曳彗墮地有聲火燄蓬勃久之乃息化爲石青黑色光瑩形如狗頭其斷處如新割者命藏于庫壬辰太陰犯井宿是月詔罷太尉也先帖木兒十一月丙戌以老的沙答里麻失並爲詹事丁亥流星大如酒盃色青白尾跡約長五尺餘光明燭地起自東北東南行没於近濁有聲如雷壬辰太陰犯井宿是月河南陷河南廉訪副使俺普遁置河南廉訪司于沂州又於沂州設分樞密院以兵馬指揮使司隸之十二月倪文俊陷岳州路殺威順王子歹帖木兒湖廣參知政事也先帖木兒與左江義兵萬户鄧祖勝合兵復衡州是歲詔沿海州縣爲賊所殘掠者免田租三年賜高年帛河南行省左丞相太不花駐軍于南陽嵩汝等州叛民皆降軍勢大振陝西行臺監察御史李尚絅上

關中形勝急論凡十有二事命大司農司屯種雄覇二州以給京師號京糧

紀卷第四十四

紀卷第四十五　　元史四十五

翰林學士亞中大夫知制誥兼修國史臣宋濂 翰林待制承直郎同知制誥兼國史院編修官臣王褘等奉

敕修

順帝八

十七年春正月丙子朔日有食之以伯顔禿古思爲大司徒辛卯命山東分省團結義兵每州添設判官一員每縣添設主簿一員專率義兵以事守禦仍命各路達魯花赤提調聽宣慰使司節制丙申監察御史哈剌章言淮東道廉訪使褚不華徇忠盡節宜加褒贈優恤其家從之二月壬子賊犯七盤藍田命察

罕帖木兒以軍會答兒麻亦兒守陝州潼關哈剌不花由潼關抵陝西會豫王阿剌忒納失里及定住等同進討癸丑太陰犯五車以征河南許亳太康嵩汝大捷詔赦天下戊辰知樞密院事脫脫復鄧州調客省使撒兒答温等攻黃河南岸賊大破之壬申劉福通遣其黨毛貴陷膠州僉樞密院事脫歡死之甲戌倪文俊陷峽州是月李武崔德陷商州察罕帖木兒與李思齊以兵自陝虢援陝西以察罕帖木兒爲陝西行省左丞李思齊爲四川行省左丞詔以高寶爲四川行省參知政事將兵取中興不克賊遂破轆轤

閏三月乙亥義兵萬户賽甫丁阿迷里丁叛據泉州庚辰毛貴陷萊州守臣山東宣慰副使釋嘉訥死之壬午

大明兵取常州路甲申太陰犯鬼宿壬辰歳星犯壘壁陣甲午毛貴陷益都路益王買奴遁自是山東郡邑皆陷乙未以江淮行樞密院副使董摶霄爲山東宣慰使丁酉毛貴陷濱州戊戌以中書平章政事帖里帖木兒爲御史大夫悟良哈台斡欒並爲中書平章政事夏四月丙午監察御史五十九言今京師周圍雖設二十四營軍卒疲弱素不訓練誠爲虛設儻

有不測誠可寒心宜速選擇驍勇精鋭衛護大駕鎮守京師實當今奠安根本固堅人心之急務況武備莫重於兵而養兵莫先於食今朝廷撥降鈔錠措置農具命總兵官於河南克復州郡且耕且戰甚合寓兵於農之意爲今之計權命總兵官從宜於軍官内選委能撫字軍民者兼路府州縣之職務要農事有成軍民得所則擾民之害亦除而匱乏之憂亦釋矣帝嘉納之乙卯毛貴陷莒州丙辰京師立便民六庫倒易昏鈔辛酉以咬咬爲甘肅行省左丞相答失八都魯加太尉四川行省左丞相漢中道廉訪司糾陝

西行省左丞蕭家奴遇賊逃竄失陷所守郡邑詔正
其罪是月車駕時巡上都封江西行省平章政事火
你赤爲營國公
大明兵取寧國路五月乙亥命知樞密院事孛蘭奚
進兵討山東戊寅平章政事亦老温帖木兒復武安
州等三十餘城丙申命搠思監爲右丞相太平爲左
丞相詔天下免民今歲税粮之半詔以永昌宣慰司
屬詹事院六月甲辰朔以實理門爲中書分省右丞
守濟寧丙辰監察御史脫脫穆而言去歲河南之賊
窺伺河北惟河南與山東互相策應爲害尤大爲今

之計中書當遴選能將就太不花荅失八都魯阿魯
三處軍馬内擇其精鋭以守河北進可以制河南之
侵退可以攻山東之寇庶幾無虞從之己未以帖里
帖木兒老的沙並爲御史大夫庚申
大明兵取江陰州壬申帖里帖木兒糾陜西知行樞
密院事也先帖木兒遂命罷陜西行樞密院令也先
帖木兒居于草地癸酉温州路樂清江中龍起颶風
作有火光如毬是月劉福通犯汴梁其軍分三道關
先生破頭潘馮長舅沙劉二王士誠寇晋冀白不信
大刀敖李喜喜趨關中毛貴據山東其勢大振秋七

月己卯帖里帖木兒奏續集風憲宏綱庚辰
大明兵取徽州路癸未太白犯鬼宿甲申太陰犯斗
宿乙酉命右丞相搠思監領宣政院事平章政事威
卜知經筵事參知政事李稷同知經筵事參知政事
完者帖木兒兼太府卿丁亥填星犯鬼宿戊子以李
稷爲御史中丞中書省臣言山東般陽益都相次而
陷濟南日危宜選將練卒信賞必罰爲保燕趙計以
衛京師不報己丑鎮守黄河義兵萬户田豐叛陷濟
寧路分省右丞實理門遁義兵萬户孟本周攻之田
豐敗走本周還守濟寧甲午以御史中丞完者帖木

兒爲中書右丞河南廉訪使俺普爲中書參知政事
監察御史迭里弥實劉傑言疆域日蹙兵律不嚴陜
西汴梁淮潁山東之寇有窺伺燕趙之志宜俯詢大
臣共圖克復之宜預定守備之策不報是月立四方
獻言詳定使司秩正三品歸德府知府林茂萬户時
公權叛以城降于賊歸德府及曹州皆陷八月癸卯
填星犯鬼宿太白犯軒轅癸丑劉福通兵陷大名路
遂自曹濮陷衛輝路荅失八都魯之子孛羅帖木兒
與萬户方脫脫擊之甲子太陰犯五車乙丑以陜西
行臺御史中丞伯嘉訥爲陜西行省平章政事淮南

行省參知政事余闕爲淮南行省左丞江浙行省參知政事楊完者陞左丞方國珎爲江浙行省參知政事海道運糧萬戶如故丙寅慶陽府鎮原州大雹是月大駕還自上都薊州大水詔知樞密院事紐的該進討山東

大明兵取揚州路平江路張士誠俾前江南行臺御史中丞蠻子海牙爲書請降江浙左丞相達識帖睦邇承制令參知政事周伯琦等至平江撫諭之詔以士誠爲太尉士德爲淮南行省平章政事時士德已爲

大明兵所擒九月丙子命同知樞密院事壽童以兵討冠州以老的沙爲中書省平章政事兀良海牙指揮使甲午澤州陵川縣陷縣尹張輔死之戊戌太不花復大名路幷所屬郡縣辛丑詔中書右丞也先不花御史中丞成遵奉使宣撫彰德大名廣平東昌東平曹濮等處奬厲將帥是月命紐的該加太尉總諸軍守禦東昌時田豐據濟濮率衆來寇擊走之倪文俊謀殺其主徐壽輝不果自漢陽奔黃州壽輝僞將陳友諒襲殺之友諒遂自稱平章閏九月癸卯有飛星如盃靑色光燭地尾約長尺餘起自王良沒於勾陳監察御史朶兒只等劾奏知樞密院使哈剌八禿兒失陷所守郡縣詔正其罪丙午太陰犯斗宿右丞相搠思監左丞相太平並加開府儀同三司平章政事完者不花兼大司農庚申太陰犯井宿乙丑路州陷丙寅賊攻冀寧察罕帖木兒以兵擊走之冬十月乙亥熒惑犯氐宿戊寅設分詹事院甲申太陰掩昴宿戊戌曹州賊入太行山是月白不信大刀敖李喜喜陷興元遂入鳳翔察罕帖木兒李思齊屢擊破之其黨走入蜀答失八都魯與知樞密院事答里麻失里以軍討曹州賊官軍敗潰答里麻失里死之靜

江路山崩地陷大水十一月辛丑山東道宣慰使董搏霄建言請令江淮等處各枝官軍分布連珠營寨於隘口屯駐守禦宜廣屯田以足軍食從之汾州桃杏花壬寅賊侵壺關察罕帖木兒大破之戊午以河南行省平章政事答蘭爲中書平章政事御史中丞李獻爲中書左丞陝西行臺中丞卜顏帖木兒樞密院副使哈剌那海司農少卿崔敬侍御史陳敬伯皆爲參知政事癸亥豫王阿剌忒納失里與陝西行省左丞相朶朶陝西行臺御史中丞伯嘉訥分道攻討關陝已已以中書參知政事八都麻失里爲右丞十

二月庚午熒惑犯天江辛未山東道廉訪使伯顏不花建言嚴保伍集勇健汰冗官戊寅太白犯歲星甲申太陰犯鬼宿丁亥歲星犯壘壁陣庚寅太白犯壘壁陣癸巳太陰犯心宿丁酉慶元路象山縣鵝鼻山崩己亥流星如金星大尾約長三尺餘起自太陰近東而没化爲青白氣庚子荅失八都魯卒于軍中是歲詔天下團結義兵路府州縣正官俱兼防禦事詔淮南行知樞密院事脫脫領兵討淮南詔諭濟寧李秉彝田豐等令其出降叙復元任嘯亂士卒仍給資糧欲還鄉者聽倪文俊陷川蜀諸郡命僞元帥明玉

珎守據之趙君用及彭大之子早住同據淮安趙僭稱永義王彭僭稱魯淮王義兵千户余寶殺其知樞密院事寶童以叛降于毛貴余寶遂據棣州河南大饑

十八年春正月辛丑塡星犯鬼宿乙巳察罕帖木兒李思齊合兵于鳳翔丙午太陰犯昴宿陳友諒陷安慶路守將余闕死之庚戌

大明兵取婺源州甲子以不蘭奚知樞密院事乙丑大風起自西北益都土門萬歲碑仆而碎丙寅田豐陷東平路丁卯不蘭奚與毛貴戰于好石橋敗績走濟南是月詔荅失八都魯子孛羅帖木兒爲河南行省平章政事總領其父元管軍馬詔察罕帖木兒屯陝西李思齊屯鳳翔二月己巳朔議團結西山寨大小十一處以爲保障命中書右丞塔失帖木兒左丞烏古孫良楨等總行提調設萬夫長千夫長百夫長編立牌甲分守要害互相策應毛貴陷清滄州遂據長蘆鎮中書省臣奏以陝西軍旅事劇務殷去京師道遠供費艱難請就陝西印造寶鈔爲便遂分户部寶鈔庫等官置局印造仍命諸路撥降鈔本昇平準行用庫倒易昏弊布于民間癸酉毛貴陷濟南路守

將愛的戰死毛貴立賓興院選用故官以姬宗周等分守諸路又於萊州立三百六十屯田每屯相去三十里造大車百輛以挽運粮儲官民田十止收二分冬則陸運夏則水運乙亥塡星犯鬼宿辛巳詔以太不花爲中書右丞相總兵山東壬午田豐復陷濟寧路甲申輝州陷丙戌紐的該聞田豐逼近東昌棄城走丁亥察罕帖木兒調兵復涇州平凉保鞏昌戊子田豐陷東昌路庚寅王士誠自益都犯懷慶路周全擊敗之辛卯以安童爲中書參知政事丁酉興元路陷三月己亥朔日色如血加右丞相搠思監太保庚

子毛貴陷般陽路辛丑大同路夜黑氣蔽西方有聲
如雷少頃東北方有雲如火交射中天遍地俱見火
空中有兵戈之聲癸卯王士誠陷晉寧路總管杜賽
因不花死之甲辰察罕帖木兒遣賽因赤等復晉寧
路己酉劉福通遣兵犯衛輝孛羅帖木兒擊走之庚
戌毛貴陷薊州詔徵四方兵入衛乙卯毛貴犯漷州
至棗林樞密副使達國珍戰死遂略柳林同知樞密
院事劉哈剌不花以兵擊敗之貴走據濟南丙辰
大明兵取建德路以周全爲湖廣行省參知政事統
與魯等軍移鎮嵩州白龍寨冀寧路陷丁巳田豐陷

元史紀卷四十五　九

益都路辛酉大同諸縣陷察罕帖木兒遣關保等往
擊之是時賊分二道犯晉冀一出沁州一侵絳州乙
丑以老章爲太子少保夏四月甲申陳友諒陷龍興
路省臣道童火你赤棄城遁壬午田豐陷廣平路大
掠退保東昌詔令元帥方脫脫以兵復廣平癸未以
諸處捷音屢至詔頒軍民事宜十一條庚寅以翰林
學士承旨蠻子爲嶺北行省平章政事辛卯太白犯
鬼宿甲午陳友諒遣王奉國陷瑞州路是月車駕時
巡上都察罕帖木兒李思齊會宣慰張良弼郎中郭
擇善宣慰同知拜帖木兒平章政事定住總帥汪長

生奴各以所部兵討李喜喜于鞏昌李喜喜敗入蜀
察罕帖木兒駐清湫李思齊駐斜坡張良弼駐秦州
郭擇善駐崇信拜帖木兒等駐通渭定住駐臨洮各
自除路府州縣官徵納軍需李思齊張良弼又同襲
殺拜帖木兒分總其兵五月戊戌朔察罕帖木兒遣
董克昌等以兵復冀寧以方國珍爲江浙行省左丞
兼海道運糧萬户詔察罕帖木兒還兵鎮冀寧李思
齊殺同僉樞密院事郭擇善庚子賊兵踰太行察罕
帖木兒部將關保擊敗之以察罕帖木兒爲陝西行
省右丞兼陝西行臺侍御史同知河南行樞密院事

元史紀卷四十五　十

劉福通攻汴梁壬寅太白犯填星汴梁守將竹貞棄
城遁福通等遂入城乃自安豐迎其僞主居之以爲
都陳友諒遣康泰趙琮鄧克明等以兵寇邵武路甲
辰命太尉阿吉剌爲甘肅行省左丞相乙巳關保與
賊戰于高平大敗之庚戌陳友諒陷吉安路壬子太
陰犯斗宿癸丑監察御史七十等糾劾太保中書右
丞相太不花乙卯詔削太不花官爵安置盖州時太
不花總兵山東以知行樞密院悟良哈台代之命悟
良哈台節制河北諸軍河南行省平章政事周全節
制河南諸軍辛酉陳友諒兵陷撫州路甲子監察御史七

十燕赤不花等劾中書參知政事燕只不花是月遼州蝗山東地震天雨白毛察罕帖木兒自以劉尚質爲興寧路總管六月戊辰朔太不花伏誅察罕帖木兒調虎林赤關保同守潞州拜察罕帖木兒陝西行省平章政事便宜行事庚辰關先生破頭潘等陷遼州虎林赤以兵擊走之關先生等遂陷興寧路乙酉命左丞相太平督諸軍守禦京城便宜行事是月汾州大疫秋七月丁酉朔周全據懷慶路以叛附于劉福通時察罕帖木兒駐軍洛陽遣伯帖木兒以兵守盌子城周全來戰伯帖木兒爲其所殺周全遂盡驅

懷慶民渡河入汴梁丁未太陰犯斗宿不蘭奚以兵復般陽路已而復陷戊申太白晝見癸丑有賊兵犯京城刑部郎中不花守西門夜開門擊退之己未劉福通遣周全引兵攻洛陽守將登城以大義責全全愧謝退兵劉福通殺之丙寅以完卜花脫脫帖木兒爲中書平章政事是月京師大水蝗民大饑八月丁卯新江浙行省平章政事三旦八遁于福建先是三旦八討饒州貪財玩寇久而無功遂妄稱遷職福建行省至福建爲廉訪僉事般若帖木兒所劾拘之興化路壬申太陰掩心宿庚辰陳友諒兵陷建昌路辛

巳義兵萬户王信以滕州叛降於毛貴甲申太陰掩昴宿庚寅以老的沙爲御史大夫詔作新風紀九月丁酉朔詔授昔班帖木兒同知河東宣慰司事其妻剌八哈敦雲中郡夫人子觀音奴贈同知大同路事仍旌表其門閭先是昔班帖木兒爲趙王位下同知怯怜口總管府事其妻嘗保育趙王及是部落滅里叛欲殺王昔班帖木兒與妻謀以其子觀音奴服王平日衣冠居王宮夜半夫妻衛趙王微服遁去比賊至遂殺觀音奴趙王得免事聞故旌其忠焉褒封唐贈諫議大夫劉蕡爲文節昌平侯關先生攻保定路

不克遂陷完州掠大同興和塞外諸郡中書左丞張冲請立團練安撫勸農使司二道一奉元延安等處一鞏昌等處從之壬寅詔命中書參知政事普顏不花治書侍御史李國鳳經畧江南癸卯詔以福建行中書省平章政事慶童爲江南行臺御史大夫丙午賊兵攻大同路壬戌平定州陷乙丑陳友諒陷贛州路江西行省參知政事全普庵撒里及總管哈海赤死之冬十月丙寅朔詔豫王阿剌忒納失里徙居白海寻遷六盤壬申

大明兵取蘭溪州己卯太陰犯昴宿壬午監察御史

燕赤不花劾右丞相搠思監罪狀詔收其印綬乙酉監察御史答兒麻失里王彝等復劾之請正其罪帝不聽壬辰大同路陷達魯花赤完者帖木兒棄城遁十一月乙未朔以普化帖木兒爲福建行省平章政事癸卯陳友諒陷汀州路丙午太陰犯昴宿太白犯房宿丁未田豐陷順德路先是樞密院判官劉起祖守順德糧絶刼民財掠牛馬民强壯者令充軍弱者殺而食之至是城陷起祖遂盡驅其民走于廣平辛酉太陰掩心宿十二月乙丑朔日有食之癸酉閔先生破頭潘等陷上都焚宫闕留七日轉畧往遼陽遂

至高麗戊寅太白經天庚辰察罕帖木兒遣樞密院判官瑣住進兵于遼陽癸未太白經天甲申

大明兵取婺州路達魯花赤僧住浙東廉訪使楊惠死之戊子太陰犯房宿

十九年春正月甲午朔陳友諒兵陷信州路守臣江東廉訪副使伯顏不花的斤力戰死之

大明兵取諸暨州辛丑太陰犯昴宿乙巳以朶兒只班爲中書平章政事丙午遼陽行省陷懿州路總管吕震死之贈震河南行省左丞追封東平郡公察罕帖木兒遣樞密院判官陳秉直八不沙將兵二萬守

冀寧癸丑流星如酒盃大有聲如雷三月辛巳樞密副使朶兒只以賊犯順寧命張立將精鋭由紫荆關出討命鴉鶻由北口出迎敵甲申叛將梁炳攻辰州守將和尚擊敗之以和尚爲湖廣行省參知政事賊由飛狐靈丘犯蔚州庚寅御史臺臣言先是召募義兵費用銀鈔一百四十萬錠多近侍權倖冒名關支率爲虚數乞令軍士凡已領官錢者立限出征詔從之已而復止不行是月詔孛羅帖木兒移兵鎮大同以爲京師捍蔽置大都督兵農司仍置分司十道專督屯種以孛羅帖木兒領之所在侵奪民田不勝其

擾太不花潰散之兵數萬剽掠山西察罕帖木兒遣陳秉直分兵駐榆次招撫之其首領悉送河南屯種三月癸巳朔陳友諒遣兵由信州畧衢州復遣兵陷襄陽路辛丑京城北兵馬司指揮周哈剌歹與林智和等謀叛事覺伏誅庚戌太陰犯房宿壬戌詔定科舉流寓人名額蒙古色目南人各十五名漢人二十名夏四月癸亥朔汾水暴漲賊陷金復等州司徒知樞密院事佛家奴調兵平之甲子毛貴爲趙君用所殺帝以天下多故卻天壽節朝賀詔群臣曰朕方今宜敬天地法祖宗以自脩省朕初度之日群臣毋賀

庚午左丞相太平暨文武百官奏曰天壽節朝賀乃臣子報本實合禮典今謙讓不受固陛下盛德然今軍旅征進君臣名分正宜舉行不允壬申皇太子復率群臣上奏曰朝賀祝壽是祖宗以來舊行典故今不行有乖於禮帝曰今盜賊未息萬姓荼毒正朕恐懼修省敬天之時柰何受賀以自樂乙亥御史大夫帖里帖木兒復奏曰天壽朝賀之禮蓋出臣子之誠伏望陛下曲徇所請若朝賀之後內庭燕集特賜除免亦古者人君減膳之意仍乞宣示中書使內外知聖天子憂勤惕厲至於如此帝曰爲朕缺於修省以

致萬姓塗炭今復朝賀燕集是重朕之不德當俟天下安寧行之未晚御等其毋復言卒不聽己丑賊陷寧夏路遂略靈武等處五月壬辰朔以陝西行臺御史大夫完者帖木兒爲陝西行省左丞相便宜行事丙申熒惑犯鬼宿丁酉皇太子奏請巡北邊以撫綏軍民御史臺臣上疏固留詔從之壬寅察罕帖木兒請令歲八月鄉試河南舉人及避兵儒士不拘籍貫依河南省元定額數就陝州置貢院應試詔從之丙午太陰犯天江丁未太陰犯斗宿是月察罕帖木兒大發秦晉諸軍討汴梁圍其城山東河東河南關中等處蝗飛蔽天人馬不能行所落溝塹盡平民大饑六月辛巳詔以宣徽使燕古兒爲御史大夫秋七月壬辰朔出搠思監爲遼陽行省左丞相便宜行事丁酉太白犯上將庚子詔以察罕腦兒宣慰司之地屬資正院有司毋得差占察罕腦兒之地在世祖時隸忙哥歹太子四千户今從皇后奇氏請故以屬之資正院甲辰太白犯右執法戊申命國王囊加歹中書平章政事佛家奴也先不花知樞密院事黑驢等統領探馬赤軍進征遼陽己酉太白犯左執法丙辰趙君用既殺毛貴其黨續繼祖自遼陽入益都殺君用

遂與其所部自相讎敵是月霸州及介休靈石縣蝗八月辛酉朔倪文俊餘黨陷歸州戊寅察罕帖木兒督諸將閻思孝李克彝虎林赤賽因赤答忽脫因不花呂文完哲賀宗哲孫翥等攻破汴梁城劉福通奉其僞主遁退據安豐己卯蝗自河北飛渡汴梁食田禾一空詔以察罕帖木兒爲河南行省平章政事兼同知河南行樞密院事陝西行臺御史中丞依前便宜行事仍賜御衣七寶腰帶以旌其功是月大同路蝗襄垣縣螟蝝九月癸巳以中書平章政事帖里帖木兒爲陝西行省左丞相便宜行事乙巳以湖南北

江東西四道廉訪司所治之地皆陷詔任其所便之地置司丙午夜白虹貫天丁未禁軍人不得私殺牛馬甲寅太白犯天江是月

大明兵取衢州路詔遣兵部尚書伯顏帖木兒戶部尚書曹履亨以御酒龍衣賜張士誠徵海運粮冬十月庚申朔詔京師十一門皆築甕城造弔橋以方國珎爲江浙行省平章政事壬申太白犯斗宿辛巳流星大如桃十一月癸卯

大明兵取處州路戊申陳友諒兵陷杉關十二月戊辰太白犯壘壁陣是月知樞密院事兀良哈台領太

不花軍其所部方脫脫與弟方伯帖木兒時保遼州兀良哈台同唐琰高脫因等屯孟州與察罕帖木兒部將八不沙等交兵已而兀良哈台獨引達達軍還京師方脫脫等乃從孛羅帖木兒皇太子憾太平忤已以中書左丞成遵參知政事趙中皆太平所用使監察御史誣成遵趙中以贓罪杖殺之是歲以後因上都宮闕盡廢大駕不復時巡陳友諒以江州爲都迎僞主徐壽輝居之自稱漢王

二十年春正月己丑朔察罕帖木兒請以鞏縣改立軍州萬戶府招民屯種從之御史大夫老的沙御史

中丞咬住奏今後各處從宜行事官員毋得陰挾私讎明爲舉索輒將風憲官吏擅自遷除侵擾行事沮壞臺綱從之己亥太陰犯井宿癸卯大寧路陷壬子以危素爲參知政事乙卯會試舉人知貢舉平章政事八都麻失里同知貢舉翰林學士承旨李好文禮部尚書許從宗考試官國子祭酒張翥同考官太常博士傅亨等奏舊例各處鄉試舉人三年一次取三百名會試取一百名今歲鄉試所取比前數少止有八十八名會試三分內取一分合取三十名如於三十名外添取五名爲宜從之丙辰五色雲見移時二

月戊午朔左丞相太平罷爲太保守上都三月戊子朔田豐陷保定路彗星見東方甲午廷試進士三十五人賜買住魏元禮進士及第其餘出身有差乙巳冀寧路陷壬子以搠思監爲中書右丞相夏四月庚申命大司農司都事樂元臣招諭田豐至其軍爲豐所害丁卯太陰犯明堂辛未僉行樞密院事張居敬復興中州癸酉太陰犯東咸五月丁亥朔日有食之雨雹陳友諒殺其僞主徐壽輝於太平路遂稱皇帝國號大漢改元大義已而囬駐於江州乙未陳友諒遣羅忠顯陷辰州己亥以絆住馬爲中書平章政事壬寅太陰犯建

星是月張士誠海運粮十一萬石至京師閏月已未以太尉也帖木兒知經筵事以甘肅行省左丞相阿吉剌爲太尉乙亥流星大如桃六月已丑命孛羅帖木兒部将方脱脱守禦嵐興保德州等處詔今後察罕帖木兒與孛羅帖木兒部将毋得互相越境侵犯所守信地因而讐殺方脱脱不得出嵐興州境界察罕帖木兒亦不得侵其地癸巳太白犯井宿戊戌太陰犯建星是月

大明兵取信州路秋七月辛酉命遼陽行省參知政事張居敬討義州賊孛羅帖木兒敗賊王士誠於臺

州乙丑太陰犯井宿乙亥詔孛羅帖木兒總領達達漢兒軍馬爲總兵官仍便宜行事八月戊子命孛羅帖木兒守石嶺關以北察罕帖木兒守石嶺關以南辛卯太陰犯天江壬辰加封福建鎮閩王爲護國英仁武烈忠正福德鎮閩尊王乙未永平路陷壬辰填星犯太微甲辰太陰犯井宿詔諸處所在權攝官員專務漁獵百姓今後非朝廷允許不得之任庚戌詔江浙行省左丞相達識帖睦邇加太尉兼知江浙行樞密院事提調行宣政院事便宜行事九月乙卯朔詔遣參知政事也先不花往諭孛羅帖木兒察罕帖木兒令講和時孛羅帖木兒調兵自石嶺關直抵冀寧圍其城三日復退屯交城察罕帖木兒調參政閻奉先引兵與戰已而各於石嶺關南北守禦壬戌賊陷孟州又陷趙州攻真定路癸未賊復犯上都右丞忙哥帖木兒引兵擊之敗績冬十月甲申朔甘露降于國子監大成殿前柏木以張良弼爲湖廣行省參知政事討南陽襄樊詔孛羅帖木兒守冀寧孛羅帖木兒遣保保殷興祖高脱因倍道趍冀寧守者不納丙戌命迭兒必失爲太尉守衛大斡耳朶思戊子熒惑犯井宿已亥察罕帖木兒遣陳秉直瑣住等以兵

攻孛羅帖木兒之軍于冀寧與孛羅帖木兒部将脱列伯戰敗之時帝有旨以冀寧畀孛羅帖木兒察罕帖木兒以爲用兵數年惟籍冀晉以給其軍而致盛强苟奉旨與之則彼得以足其兵食乃託言用師汴梁尋渡河就屯澤路拒之調延安軍交戰於東勝州等處再遣八不沙以兵援之八不沙謂彼軍奉旨而來我何敢抗王命察罕帖木兒怒殺之十一月甲寅朔黄河清凡三日孛羅帖木兒以兵侵汾州察罕帖木兒以兵拒之癸酉賊犯易州十二月丙戌詔太廟影堂祭祀乃子孫報本重事近兵興歲歉品物不能

豐備累朝四祭減爲春秋二祭令宜復四祭後竟不行辛卯廣平路陷是歲陽翟王阿魯輝帖木兒擁兵數十萬屯于木兒古徹兀之地將犯京畿使來言曰祖宗以天下付汝汝已失其太半若以國璽付我我當自爲之帝遣報之曰天命有在汝欲爲則爲之命樞密院事禿堅帖木兒等將兵擊之不克軍士皆潰禿堅帖木兒走上都

紀卷第四十五

紀卷第四十六　　元史四十六

翰林學士亞中大夫知制誥兼修國史臣宋濂翰林待制承直郎同知制誥兼國史院編修官臣王褘等奉
勅修

順帝九

二十一年春正月癸丑朔詔赦天下命中書參知政事七十往諭孛羅帖木兒罷兵還鎮復遣使往諭察罕帖木兒亦令罷兵孛羅帖木兒縱兵掠冀寧等處察罕帖木兒以兵拒之故有是命庚申太陰犯歲星乙丑河南賊犯杞縣察罕帖木兒討平之丁卯李思齊進兵平伏羌縣等處癸酉石州大風拔木六畜俱鳴民所持槍忽生火焰抹之即無搖之即有二月癸未朔填星退犯太微垣甲申同僉樞密院事迭里帖木兒復永平灤州等處己丑察罕帖木兒駐兵霍州攻孛羅帖木兒壬寅太陰犯天江是月江南行臺侍御史八撒剌不花殺廣東廉訪使完者篤副使李思誠僉事迭麥赤以兵自衛據廣州時八撒剌不花以廉訪使久居廣東專恣自用詔乃以完者篤等爲廉訪司官而除八撒剌不花侍御史八撒剌不花不受命怒完者篤等代己即誣以罪盡殺之惟廉訪使董鑰哀請得免三月丙辰太陰犯井宿癸酉察罕帖木兒

調兵討耒城縣又駐兵宿州擒賊將梁綿住庚辰熒
惑犯鬼宿是月張士誠海運糧一十一萬石至京師
孛羅帖木兒罷兵還遣脫列伯等引兵據延安以謀
入陝張良弼出南山義谷駐藍田受節制於察罕帖
木兒良弼又陰結陝西行省平章政事定住聽丞相
帖里帖木兒調遣營于鹿臺夏四月辛巳朔日有食
之是月以張良弼爲陝西行省參知政事察罕帖木
兒遣其子副詹事擴廓帖木兒貢糧至京師皇太子
親與定約遂不復疑五月癸丑四川明玉珎陷嘉定
等路李思齊遣兵擊敗之壬戌太陰犯房宿癸酉太

白犯軒轅甲戌熒惑犯太白乙亥察罕帖木兒以兵
侵孛羅帖木兒所守之地是月李思齊受李武崔德
等降六月乙未熒惑歲星太白聚于翼宿丙申察罕
帖木兒總兵討山東發晉軍下井陘出邯鄲過磁相
懷衛踰白馬津發其軍之在汴梁者繼之水陸並進
戊戌太陰犯雲雨甲辰太白晝見秋七月辛亥察罕
帖木兒平東昌己巳忻州西北有赤氣蔽天如血是
月察罕帖木兒進兵復冠州八月乙酉大同路北方
夜有赤氣蔽天移時方散庚子以福建行省平章政
事普化帖木兒爲江南行臺御史大夫癸卯

大明兵取江州路時僞漢陳友諒據江州爲都至是
退都武昌是月察罕帖木兒遣其子擴廓帖木兒閻
思孝等會關保虎林赤等將兵由東河造浮橋以濟
賊以二萬餘衆奪之關保虎林赤且戰且渡拔長清
討東平東平僞丞相田豐遣崔世英等出戰大破之
乃遣使招諭田豐豐降東平平令豐爲前鋒從大軍
東討棣州俞寶降東平王士誠東昌楊誠等皆降魯
地悉定進兵濟南劉珪降遂圍益都九月戊午陽翟
王阿魯輝帖木兒伏誅阿魯輝帖木兒以宗親見天
下盜賊並起遂乘間隙肆爲異圖詔以保知樞密院

事老章率諸軍討之老章遂敗其衆尋爲部將同知
太常禮儀院事脫驩所擒送闕下詔誅之於是詔加
老章太傅和寧王以阿魯輝帖木兒之弟忽都帖木
兒襲封陽翟王宗王囊加王樞虎兒吐華與脫驩悉
議加封壬戌四川賊兵陷東川郡縣李思齊調兵擊之
壬申命孛羅帖木兒於保定以東河間以南從便屯
種是月命兵部尚書徹徹不花侍郎韓祺徵海運糧
于張士誠
大明取建昌饒州二路冬十月癸巳絳州有赤氣見
北方如火以察罕帖木兒爲中書平章政事兼知河

南山東等處行樞密院事陝西行御史臺中丞察罕帖木兒調条知政事陳秉直劉珪等守禦河南十一月戊申朔溫州樂清縣雷庚戌太陰犯建星癸亥太陰犯井宿戊辰黃河自平陸三門磧下至孟津五百餘里皆清凡七日命秘書少監程徐祀之壬申太陰犯氐宿是月察罕帖木兒李思齊遣兵圍鹿臺攻張良弼詔和解之俾各還信地兵乃解是歲京師大饑屯田成收糧四十萬石賜司農丞胡秉彝尚尊金幣以旌其功

二十二年春正月戊申朔太白犯建星甲寅詔李思

齊討四川張良弼平襄漢時兩軍不和故有是命乙卯填星退犯左執法庚申

大明取江西龍興諸路時江西諸路皆陳友諒所據丁卯詔以太尉完者帖木兒爲陝西行省左丞相仍命察罕帖木兒屯種于陝西申諭李思齊張良弼等各以兵自効以也先不花爲中書右丞二月丁丑朔盜殺陝西行省右丞塔不歹己卯太白犯壘壁陣乙酉彗星見于危宿光芒長丈餘色青白丁酉彗星犯離宮西星至二月終光芒長二丈餘是月知樞密院事禿堅帖木兒奉詔諭李思齊討四川時思齊退保鳳翔使至思齊進兵益門鎮使還思齊復歸鳳翔三月戊申彗星不見星形惟有白氣形曲竟天西指掃大角壬子彗星行過太陽前惟有星形無芒在昴宿至戊午始滅甲寅四川明玉珎陷雲南省治屯金馬山陝西行省条知政事車力帖木兒等擊敗之擒明玉珎弟明二己未御史大夫老的沙辭職不許是月命孛羅帖木兒爲中書平章政事位第一加太尉張良弼受節制於孛羅帖木兒李思齊遣兵攻良弼至于武功良弼以伏兵大破之夏四月丙子朔長星見其形如練長數十丈在虛危之間後四十餘日乃滅丁

亥熒惑離太陽三十九度不見當出不出己丑詔諸王駙馬御史臺各衙門不許占匿人民不當差役乙未賊新橋張陷安州孛羅帖木兒來請援兵是月紹興路大疫五月乙巳朔泉州賽甫丁據福州路福建行省平章政事燕只不花擊敗之餘衆航海還據泉州福建行省条知政事陳有定復汀州路己未中書条知政事陳祖仁上章乞罷修上都宮闕辛酉太陰犯建星辛未明玉珎據成都自稱隴蜀王遣僞將楊尚書守重慶分兵寇龍州青州犯興元鞏昌等路是月張士誠海運糧一十三萬石至京師六月辛巳彗

星見紫微垣光芒長尺餘東南指西南行戊子彗星
光芒掃上宰田豐及王士誠刺殺察罕帖木兒遂走
入益都城衆乃推察罕帖木兒之子擴廓帖木兒爲
總兵官復圍益都詔贈察罕帖木兒推誠定遠宣忠
亮節功臣開府儀同三司上柱國河南行省左丞相
追封忠襄王謚獻武食邑沈丘縣令河南山東等處
立廟長吏歲時致祭其父司徒阿都溫賜良田二百
頃其子擴廓帖木兒授光祿大夫中書平章政事兼
知河南山東等處行樞密院事同知詹事院事一應
軍馬並聽節制仍詔諭其將士曰凡爾將佐久爲察

罕帖木兒從事惟恩與義寔同骨肉視彼逆黨不共
戴天當力圖報復以伸大義己亥益都賊兵出戰擴
廓帖木兒生擒六百餘人斬首八百餘級秋七月乙
卯彗星滅跡丙辰熒惑見西方須臾成白氣如長蛇
光烱有文橫亘中天移時乃滅是月河決范陽縣漂
民居八月己亥擴廓帖木兒言孛羅帖木兒張良弼
據延安掠黃河上下欲東渡以奪晉寧乞賜詔諭癸
巳太白犯畢宿九月癸卯朔劉福通以兵援田豐至
火星埠擴廓帖木兒遣關保邀擊大破之甲辰以山
北廉訪司權置于惠州丁未太白犯亢宿己酉太陰

犯斗宿癸亥歲星犯軒轅丙寅熒惑犯鬼宿戊辰以
也速爲遼陽行省左丞相依前總兵撫安遼東郡縣
己巳有流星如酒盃色青白光明燭地熒惑犯鬼宿
積屍氣冬十月壬申朔江西行省平章朶列不花移
檄討八撒剌不花時朶列不花分省廣州適邵宗愚
陷廣州執八撒剌不花殺之甲戌孛羅帖木兒南侵
擴廓帖木兒所守之地遂據真定路己卯太陰犯牛
宿丁亥辰星犯亢宿戊子太陰犯畢宿十一月乙巳
擴廓帖木兒復益都田豐等伏誅自擴廓帖木兒既
襲父職身率將士誓必復讎人心亦思自奮圍城益

急賊悉力拒守乃以壯士穴地通道而入遂克之盡
誅其黨取田豐王士誠之心以祭察罕帖木兒庚戌
擴廓帖木兒遣關保復莒州山東悉平庚申詔授擴
廓帖木兒太尉銀青榮祿大夫中書平章政事知樞
密院事太子詹事便宜行事襲總其父兵將校士卒
論賞有差察罕帖木兒父阿魯溫進封汝陽王察罕
帖木兒改贈宣忠興運弘仁効節功臣追封潁川王
改謚忠襄癸亥四川賊兵陷清州十二月壬辰太陰
犯角宿庚子以中書平章政事佛家奴爲御史大夫
是歲樞密副使李士瞻上疏極言時政凡二十條一

曰悔已過以詔天下二曰罷造作以快人心三曰御經筵以講聖學四曰延老成以詢治道五曰去姑息以振乾剛六曰開言路以求得失七曰明賞罰以厲百司八曰公選舉以息奔競九曰察近倖以杜奸弊十曰嚴宿衛以備非常十一曰省佛事以節浮費十二曰絶濫賞以足國用十三曰罷各宮屯種俾有司經理十四曰減常歲計置爲諸宮用度十五曰招集散亡以實八衛之兵十六曰廣給牛具以備屯田之用十七曰獎勵守令以勸農務本十八曰開誠布公以禮待藩鎮十九曰分遣大將急保山東二十曰依

唐廣寧故事分道進取先是薊國公脫火赤上言乞罷三宮造作帝爲減軍匠之半還隷宿衛而造作如故故士瞻疏首及之皇太子嘗坐清寧殿分布長席列坐西番高麗諸僧皇太子曰李好文先生教我儒書多年尚不省其義今聽佛法一夜即能曉焉於是頗崇尚佛學帝以讒廢高麗王伯顔帖木兒立塔思帖木兒爲王國人上書言舊王不當廢新王不當立之故初皇后奇氏宗族在高麗恃寵驕横伯顔帖木兒屢戒飭不悛高麗王遂盡殺奇氏族皇后謂太子曰爾年已長何不爲我報讎時高麗王昆弟有留京師者乃議立塔思帖木兒爲王而以奇族子三寶奴爲元子以將作同知崔帖木兒爲丞相以兵萬人送之國至鴨緑江爲高麗兵所敗僅餘十七騎還京師詔加封唐撫州刺史南庭王危全諷爲南庭忠烈靈惠王

二十三年春正月壬寅朔四川明玉珎僭稱皇帝建國號曰大夏紀元曰天統乙巳大寧陷庚戌歲星犯軒轅二月戊戌太白晝見庚子亦如之是月擴廓帖木兒自益都領兵還河南留鎖住以兵守益都以山東州縣立屯田萬户府三月辛丑朔彗星見東方經月乃

滅詔中書平章政事愛不花分省冀寧擴廓帖木兒遣兵據之丙午大赦天下丁未親試進士六十二人賜寶寶楊輗進士及第餘出身有差丙辰太白犯氐宿壬戌大同路夜有赤氣亘天中侵北斗是月立廣西行中書省以廉訪使也兒吉尼爲平章政事時南方郡縣多陷没惟也兒吉尼獨保廣西者十五年立膠東行中書省及行樞密院總制東方事以袁宏爲參知政事是春關先生餘黨復自高麗還寇上都孛羅帖木兒擊降之夏四月辛丑熒惑犯歲星孛羅帖木兒李思齊互相交兵庚申歲星犯軒轅是月擴廓

帖木兒遣貊高等以兵擊張良弼五月己巳朔張士
誠海運糧十三萬石至京師壬午太白晝見甲午亦
如之乙未熒惑犯右執法是月爪哇遣使淡濛加加
殿進金表貢方物六月戊戌朔孛羅帖木兒遣方脫
脫迎匡福於彰德擴廓帖木兒遣兵追之敗還匡福
遂據保定路己亥擴廓帖木兒部將丂驢等駐兵藍
田七盤李思齊攻圍興平遂據盩厔孛羅帖木兒時
奉詔進討襄漢而丂驢阻道於前思齊踵襲於後乃
請催督擴廓帖木兒東出潼關道路既通即便南討
戊申孛羅帖木兒遣竹貞等入陝西據其省治時陝

西行省右丞荅失鐵木兒與行臺有隙且恐陝西為
擴廓帖木兒所據陰結於李羅帖木兒請竹貞入城
刼御史大夫完者帖木兒及監察御史張可遵等印
其後屢使召完者帖木兒貞拘留不遣擴廓帖木兒
遣部將貊高與李思齊合兵攻之竹貞出降遂從擴
廓帖木兒庚戌星隕于濟南龍山入地五尺甲寅詔
授江南下第及後期舉人為路府州儒學教授乙卯
太白犯井宿丁巳絳州有白虹二道衝斗牛間庚申
平陽路有白氣三道一貫北極一貫北斗一貫天漢
至夜分乃滅壬戌太白晝見夜犯井宿秋七月戊辰

朔京師大雹傷禾稼丁丑以馬良為中書參知政事
乙酉太白晝見有星墜于慶元路西北聲如雷光芒
數十丈久之乃滅八月丁酉朔倭人寇蓬州守將劉
暹擊敗之自十八年以來倭人連寇瀕海郡縣至是
海隅遂安辛丑擴廓帖木兒遣兵侵孛羅帖木兒所
守之境壬寅太白犯軒轅乙巳太陰犯建星丁未太
白犯軒轅己酉太白晝見丙辰太陰犯畢宿沂州有
赤氣亘天中有白色如蛇形徐徐西行至夜分乃滅
戊午孛羅帖木兒言擴廓帖木兒踵襲父惡有不臣
之罪乞賜處置己未太白晝見辛酉太白犯歲星乙

丑太白犯右執法是月
大明兵與偽漢兵大戰于鄱陽湖陳友諒敗績而死
其子理自立仍據武昌為都改元德壽
大明兵遂進圍武昌九月丁卯朔遣爪哇使淡濛加
加殿還國詔賜其國主三珠金虎符及織金紋幣辛
未太白犯左執法乙亥歲星犯右執法丁丑辰星犯
填星丁亥太白犯填星辰星犯亢宿是月張士誠自
稱吳王來請命不報遣户部侍郎博羅帖木兒等徵
海運于張士誠士誠不與冬十月丙申朔青齊一方
赤氣千里癸卯太白犯氐宿甲辰湖廣偽姚平章張

知院陰遣人言於擴廓帖木兒設計擒殺僞漢主陳理及僞夏主明玉珎不果己酉監察御史米只兒海牙劾奏太傅太平罪狀詔安置太平于陜西之西仍拘收宣命并御賜等物戊午太白犯房宿是月擴廓帖木兒遣僉樞密院事任亮復安陸府孛羅帖木兒遣兵攻冀寧至石嶺關擴廓帖木兒大破走之擒其將烏馬兒殷興祖孛羅帖木兒軍由是不振十一月壬申御史臺臣言故右丞相脫脫有大臣之體向在中書政務修舉深懼滿盈自求引退加封鄭王固辭不受再秉鈞軸克濟艱危統軍進征平徐州收六合

大功垂成浮言搆難奉詔謝兵就貶以沒已蒙録用其子還所籍田宅更乞憫其勳舊還其所授宣命從之癸未太陰犯軒轅歲星犯左執法是歲御史大夫老的沙與知樞密院事秃堅帖木兒得罪於皇太子皆奔大同孛羅帖木兒匿之營中

二十四年春正月戊寅太白犯軒轅庚辰保德州民家產豬一頭兩身二月壬子歲星犯左執法癸丑太陰犯西咸池是月

大明滅僞漢其所據湖南北江西諸郡皆降于

大明三月乙亥監察御史王朶列秃崔卜顔帖木兒等諫皇太子勿親征辛卯詔以孛羅帖木兒匿老的沙謀爲悖逆解其兵權削其官爵俾道路開通許還四川田里孛羅帖木兒拒命不受夏四月甲午朔命擴廓帖木兒討孛羅帖木兒乙未太陰犯西咸池孛羅帖木兒悉知詔令調遣之事非出帝意皆右丞相搠思監所爲遂令秃堅帖木兒舉兵向闕壬寅秃堅帖木兒兵入居庸關癸卯知樞密院事也速詹事不蘭奚迎戰于皇后店不蘭奚力戰也速不援而退不蘭奚幾爲所獲脫身東走甲辰皇太子率侍衛兵出光熙門東走古北口趨興松乙巳秃堅帖木兒兵至

清河列營時都城無備城中大震令百官吏卒分守京城使達達國師至其軍問故以必得搠思監及宦官朴不花爲對詔慰解之不聽丁未詔屏搠思監于嶺北竄朴不花于甘肅執而與之復孛羅帖木兒前官仍總兵以也速爲左丞相庚戌秃堅帖木兒陳兵自健德門入覲帝于延春閣慟哭請罪帝就宴賚之加孛羅帖木兒太保依前守禦大同秃堅帖木兒爲中書平章政事辛亥秃堅帖木兒軍還皇太子至路兒嶺詔追及之還宮癸丑太白犯井宿甲子黃河清戊辰擴廓帖木兒奉命討孛羅帖木兒屯兵冀寧其

東道以白鎖住領兵三萬守禦京師中道以貊高竹貞領兵四萬西道以關保領軍五萬合擊之關保等兵逼大同孛羅帖木兒留兵守大同而自率兵與禿堅帖木兒老的沙復大舉向闕甲戌太白犯鬼宿乙亥又犯積屍氣歲星犯左執法六月癸卯三星晝見白氣橫突其中甲辰河南府有大星夜見南方光如晝丁未大星隕照夜如晝及旦黑氣晦暗如夜甲寅白鎖住以兵至京師請皇太子西行丁巳太白犯右執法是月保德州黃龍見井中秋七月癸亥太白與歲星合于翼宿甲子歲星犯左執法丙戌孛羅帖木

兒前鋒軍入居庸關皇太子親率軍禦于清河也速軍于昌平軍士皆無鬬志皇太子馳還都城白鎖住引兵入平則門丁亥白鎖住扈從皇太子出順承門由雄霸河間取道往冀寧戊子孛羅帖木兒駐兵健德門外與禿堅帖木兒老的沙入見帝于宣文閣訴其非罪皆泣帝亦泣乃賜宴孛羅帖木兒欲追襲皇太子老的沙止之庚寅詔以孛羅帖木兒為中書左丞相老的沙為中書平章政事禿堅帖木兒為御史大夫其部屬布列省臺百司以也速知樞密院事詔諭孛羅帖木兒擴廓帖木兒俱朕股肱視同心膂自今各棄宿忿弼成大勳是月

大明兵取廬州路八月壬辰朔日有食之乙未熒惑犯鬼宿壬寅詔以孛羅帖木兒為中書右丞相監修國史節制天下軍馬乙巳皇太子至冀寧乙卯張士誠自以其弟士信代達識帖睦邇為江浙行省左丞相是月孛羅帖木兒請誅狎臣禿魯帖木兒波迪哇兒禡罷三宮不急造作沙汰宦官減省錢糧禁止西番僧人好事九月辛酉朔宦官思龍宜潛送宮女伯忽都出自順承門以達于皇太子乙丑太白晝見癸酉夜天西北有紅光至東而散甲申太陰犯軒轅是

月

大明兵取中興及歸峽灃衡等路冬十月丙午太陰犯畢宿己酉太陰犯井宿己未詔皇太子還京師命也速老的沙分道總兵十二月乙卯太陰犯太白

二十五年春正月癸亥封李思齊為許國公丙寅太白晝見戊辰亦如之己巳

大明兵取寶慶路守將唐隆道遁走偽漢守將熊天瑞以贛州及韶州南雄降于

大明甲戌太白犯建星壬午監察御史孛羅帖木兒賈彬等辯明拾麻雪雪之罪二月辛丑汴梁路見日

傍有一月一星丙午太陰犯填星戊午皇太子在冀寧命甘肅行省平章政事朶兒只班以岐王阿剌乞兒軍馬會平章政事臧卜李思齊各以兵守寧夏三月庚申皇太子下令于擴廓帖木兒軍中曰孛羅帖木兒襲據京師余既受命總督天下諸軍恭行顯罰少保中書平章政事擴廓帖木兒躬勒將士分道進兵諸王駙馬及陝西平章政事李思齊等各統軍馬尚其奮義戮力尅期恢復丙寅孛羅帖木兒幽置皇后奇氏于諸色總管府丁卯命老的沙別帖木兒並爲御史大夫戊辰太白犯壘壁陣夏四月庚寅孛羅

帖木兒至諸色總管府見皇后奇氏令還宮取印章作書遺皇太子遣内侍官完者禿持往冀寧復出皇后幽之乙巳闊保等兵進圍大同壬子熒惑犯靈臺乙卯闊保入大同五月辛酉熒惑犯太微垣甲子京師天雨氂長尺許或言於帝曰龍絲也命拾而祀之乙亥

大明兵破安陸府守將任亮迎戰被執己卯

大明兵破襄陽路是月俟卜延答失奉威順王自雲南經蜀轉戰而出至成州欲之京師李思齊俾屯田于成州六月戊子以黎安道爲中書參知政事辛丑

湖廣行省左丞周文貴復寶慶路乙巳皇后奇氏自幽所還宮乙卯以太尉火你赤爲御史大夫是月皇太子加李思齊銀青榮祿大夫邠國公中書平章政事皇太子詹事兼四川行樞密院事虎符招討使分中書四部秋七月丁丑填星歲星熒惑聚于角亢太陰犯畢宿己卯太陰犯畢宿乙酉孛羅帖木兒伏誅禿堅帖木兒老的沙皆遁走丙戌遣使函孛羅帖木兒首往冀寧召皇太子還京師大赦天下黎安道方脫脫雷一聲皆伏誅是月京師大水河決小流口達于清河八月丁亥朔京城門至是不開者三日竹貞

貊高軍至城外命軍士緣城而上碎平則門鍵悉以軍入占民居奪民財乙未太陰犯建星己亥太白犯壘壁陣癸卯詔命皇太子分調將帥戡定未復郡邑即還京師行事之際承制用人並准正授丁未皇后弘吉剌氏崩壬子以洪寶寶帖古思不花捏烈禿並爲中書平章政事九月擴廓帖木兒扈從皇太子至京師丁丑太陰犯井宿壬午詔以伯撒里爲太師中書右丞相監修國史擴廓帖木兒爲太尉中書左丞相録軍國重事同監修國史知樞密院事兼太子詹事是月以方國珎爲淮南行省左丞相分省慶元冬

十月辛卯熒惑犯天江壬寅以哈剌章爲知樞密院事丁未益王渾都帖木兒樞密副使觀音奴擒老的沙誅之禿堅帖木兒以餘兵往八兒思之地命嶺北行省左丞相山僧及知樞密院事魏賽因不花同討之戊申以資政院使禿魯爲御史大夫己酉熒惑犯斗宿太陰犯右執法庚戌太陰犯太微垣閏月庚申以賓國公五十八爲知樞密院事詔張良弼俞寶孔興等悉聽調於擴廓帖木兒戊辰太白辰星熒惑聚于斗宿太陰犯畢宿辛未詔封擴廓帖木兒河南王代皇太子親征總制關陝晉冀山東等處幷迤南一

應軍馬諸王各愛馬應該總兵統兵領兵等官凡軍民一切機務錢糧名爵黜陟予奪悉聽便宜行事壬申太白犯辰星辛巳以脫脫木兒爲中書右丞達識帖木兒爲參知政事己丑太白犯熒惑太陰犯壘壁陣丙申太陰犯畢宿癸卯太陰犯太微垣是月

大明兵取泰州時泰州通州高郵淮安徐州宿州泗州濠州安豐諸郡皆張士誠所據十二月乙卯詔立次皇后奇氏爲皇后改奇氏爲肅良合氏詔天下仍封奇氏父以上三世皆爲王爵癸亥太陰犯畢宿以帖林沙爲中書參知政事庚子歲星掩房宿辛未太陰犯右執法是月禿堅帖木兒伏誅

紀卷第四十六

紀卷第四十七　　元史四十七

翰林學士亞中大夫知制誥兼修國史臣宋濂翰林待制承直郎同知制誥兼國史院編修官臣王禕等奉

勅修

順帝十

二十六年春正月己酉以崇政院使孛羅沙爲御史大夫壬子以完者木知樞密院事是月以沙藍荅里爲中書左丞相命燕南河南山東陜西河東等處舉人會試者增其額數進士及第以下遞升官一級二月癸丑朔立河淮水軍元帥府於孟津縣甲戌詔天下以比者逆臣孛羅帖木兒禿堅帖木兒老的沙等

干紀亂倫内外之民經值軍馬致使困乏與免一切雜泛差徭是月擴廓帖木兒還河南分立省部以自隨尋居懷慶又居彰德調度各處軍馬陜西張良弼拒命三月癸未朔罷洛陽嵩縣宣慰司丁亥白虹五道亘天其第三道貫日又有氣橫貫東南良久始滅甲午擴廓帖木兒遣關保虎林赤以兵西攻張良弼于鹿臺李思齊脱烈伯孔興等兵皆與良弼合以禦子脱脱木兒知樞密院事乙未廷試進士七十二人賜赫德溥化張棟進士及第餘出身有差監察御史王倫普建言八事一曰用賢二曰申嚴宿衛三曰保全臣子四曰入衛屯田五曰禁止奏請六曰培養人才七曰罪人不孥八曰重惜名爵帝嘉納之是月

大明兵取高郵府夏四月辛酉詔立皇太子妃瓦只剌孫荅里氏是月

大明兵取淮安路徐州宿州濠州泗州潁州安豐路五月壬午朔洛陽瑞麥生一莖四穗甲辰以脱脱不花爲御史大夫六月壬子朔汾州介休縣地震平遥縣大雨雹紹興路山陰縣卧龍山裂己未命知樞密院事賈閭以兵守直沽命河間鹽運使拜住曹履亨撫諭沿海竈户俾出丁夫從賈閭征討丙寅詔英宗

時謀爲不軌之臣其子孫或成丁者可安置舊地幼者隨母居草地終身不得入京城及不得授官止許於本愛馬應役皇后肅良合氏生日百官進箋皇后諭沙藍荅里等曰自世祖以来正宫皇后壽日不曾進箋近年雖行不合典故却之秋七月辛巳朔日有食之徐溝縣地震介休縣大水石州大星如斗自西南而落甲申以李思齊爲太尉甲午太白經天丙申擴廓帖木兒遣朱珎盧旺屯兵河中遣關保虎林赤合兵渡河會竹貞商暠且約李思齊以攻張良弼良弼遣子弟質于思齊與良弼拒守關保等不利思齊

請詔和解之丙午太白經天八月戊寅以李國鳳爲
中書左丞陳有定爲福建行省平章政事九月甲申
李思齊兵下鹽井獲川賊余繼隆誅之禮部侍郎滿
尚賓吏部侍郎捧篤剌哈自鳳翔還京師先是尚賓
等持詔諭思齊開通川蜀道路思齊方兵爭不奉詔
尚賓等留鳳翔一年至是始還丙戌以方國珍爲江
浙行省左丞相弟國瑛國珉姪明善並爲江浙行省
平章政事己亥以中書平章政事失列門爲御史大
夫辛丑孛星見東北方冬十月甲子擴廓帖木兒遣
其弟脫因帖木兒及貊高完哲等駐兵濟南以控制

山東十一月甲申
大明兵取湖州路丙申
大明兵取杭州路及紹興路辛丑
大明兵取嘉興路時湖州杭州紹興嘉興松江平江
諸路及無錫州皆張士誠所據十二月庚午蒲城洛水
和順崖崩
二十七年春正月乙未絳州夜聞天鼓鳴將旦復鳴
其聲如空中戰鬬者庚子
大明兵取松江府癸卯
大明兵取沅州路是月李思齊張良弼脫列伯自會

于含元殿基推李思齊爲盟主同拒擴廓帖木兒二
月庚申以買住爲雲國公七十爲中書平章政事月
魯不花爲御史大夫乙丑以詹事月魯帖木兒爲御
史大夫三月丁丑朔萊州大風有大鳥至其翅如席
擴廓帖木兒遣兵屯滕州以禦王信庚子京師大風
自西北起飛砂揚礫白日昏暗夏五月丙子朔白氣
二道亘天以去歲水潦霜災嚴酒禁戊寅以空名宣
勑遣付福建行省命平章政事曲出陳有定同驗有
功者給之辛巳大同隕霜殺麥癸未福建行宣政院
以廢寺錢糧由海道送京師乙酉以完者帖木兒爲

中書右丞相辭以老病不許辛卯以知樞密院事失
列門爲嶺北行省左丞相提調分通政院己亥以俺
普爲中書平章政事辛丑擴廓帖木兒定擬其所屬
官員二千六百一十人從之是月山東地震雨白氂
李思齊遣張良弼部將郭譙等守黃連寨擴廓帖木
兒部將關保虎林赤商暠竹貞引兵攻其寨郭譙走
會貊高等爲變關保虎林赤夜遁李思齊遂解而西
六月丙午朔日有食之晝晦丁巳皇太子寢殿後新
甃井中有龍出光燄爍人宮人震懾仆地又長慶寺
有龍纏繞槐樹飛去樹皮皆剝丁卯沂州山崩是月

知樞密院事壽安奉空名宣勅與侯伯顏達世令其以兵援擴廓帖木兒時李思齊據長安與商暠拒戰侯伯顏達世進兵攻李思齊秦州守將蕭公達降思齊思齊知關保等兵退遣蔡琳等破其營侯伯顏達世奔潰秋七月甲申命也速提調武備寺丁酉絳州星隕光耀如晝是月李思齊遣許國佐薛穆飛會張良弼脫列伯兵屯于華陰時命禿魯爲陝西行省左丞相思齊不悅遣其部將鄭應祥守陝西而自還鳳翔龍見於臨朐龍山大石起立八月丙午詔命皇太子總天下兵馬其略曰元良重任職在撫軍稽古徵

今卓有成憲曩者障塞決河本以拯民昏墊豈期妖盜橫造訛言簧鼓愚頑塗炭郡邑殆遍海內玆逾一紀故察罕帖木兒仗義興師獻功敵愾汛掃汴洛克平青齊爲國捐軀深可哀悼其子擴廓帖木兒克繼先志用成駿功愛猷識理達臘計安宗社累請出師朕以國本至重詎宜輕出遂授擴廓帖木兒總戎重寄畀以王爵俾代其行李思齊張良弼等各懷異見搆兵不已以致盜賊愈熾深遺朕憂況全齊密邇輦轂儻失早計恐生異圖詢諸衆謀僉謂皇太子聰明仁孝文武兼資聿遵舊典爰命以中書令樞密使悉

總天下兵馬諸王駙馬各道總兵將吏一應軍機政務生殺予奪事無輕重如出朕裁其擴廓帖木兒總領本部軍馬自潼關以東肅清江淮李思齊總統本部軍馬自鳳翔以西與侯伯顏達世進取川蜀以少保禿魯爲陝西行中書省左丞相本省駐札總本部及張良弼孔興脫列伯各枝軍馬進取襄樊王信本部軍馬固守信地別聽調遣詔書到日汝等悉宜洗心滌慮同濟時艱庚戌貊高殺衛輝守禦官余仁輔彰德守禦官范國英引軍至清化聞懷慶有備遂還彰德上疏言人臣以尊君爲本以盡忠爲心以愛民

爲務今總兵官擴廓帖木兒歲與官軍讎殺臣等乃朝廷培養之人素知忠義焉能俛首聽命乞降明詔別選重臣以總大兵詔以擴廓帖木兒不遵君命宜黜其兵權就命貊高討之辛亥帖木兒不花進封淮王賜金印設王傅等官壬子爲皇太子立大撫軍院秩從一品知院四員同知二員副使同僉各一員經歷都事各二員管勾一員癸丑封太師伯撒里永平王甲寅以右丞相完者帖木兒翰林承旨答爾麻平章政事完者帖木兒並知大撫軍院事丙辰完者帖木兒言大撫軍院專掌軍機今後迤北軍務仍舊制

樞密院管其餘內外諸王駙馬各處總兵統兵行省
行院宣慰司一應軍情不許隔越徑行移大撫軍院
詹事院同知李國鳳同知大撫軍院事參政完者帖
木兒爲副使左司員外郎咬住樞密參議王弘遠爲
經歷庚申完者帖木兒言諸軍將士有能用命効力
建立奇功者請所賞宣勑依常制外加以忠義功臣
之號從之辛酉以完者帖木兒仍前少師知樞密院
事也速仍前太保中書右丞相帖里帖木兒以太尉
添設中書左丞相丙寅立行樞密院于阿難荅察罕
腦兒命陝西行省左丞相禿魯仍前少保兼知行樞

密院事壬申命帖里帖木兒仍前太尉左丞相爲知
大撫軍院事中書右丞陳敬伯爲中書平章政事九
月甲戌朔義士戴晉生上皇太子書言治亂之由命
右丞相也速以兵往山東命參知政事法都忽剌分
戶部官一同供給丁亥以兵興迤南百姓供給繁重
其真定河南陝西山東魚寧等處除軍人自耕自食
外與免民間今年田租之半其餘雜泛一切住罷辛巳
大明兵取平江路執張士誠乙酉
大明兵取通州丁亥
大明兵取無錫州己丑詔也速以中書右丞相分省

山東沙藍荅里以中書左丞相分省大同丙申太師
汪家奴追封宛王謚忠靖己亥命帖里帖木兒提調
端本堂及領經筵事辛丑
大明兵取台州路時台州溫州慶元三路皆方國珍
所據冬十月甲辰朔貊高以兵入山西定孟州忻州
下瀦州遂攻真定詔也速自河間以兵會貊高取真
定已而不克命也速還河間貊高還彰德乙巳皇太
子奏以淮南行省平章政事王信爲山東行省平章
政事兼知行樞密院事立中書分省于真定路丙午
加司徒淮南行省平章政事王宣爲沂國公丁未享

于太廟壬子詔擴廓帖木兒落太傅中書左丞相并
諸兼領職事仍前河南王錫以汝州爲其食邑其弟
脫因帖木兒以集賢學士同擴廓帖木兒於河南府
居其帳前諸軍命瑣住虎林赤一同統之其河南諸
軍命中書平章政事內史李克彝統之關保本部諸
軍仍舊統之山東諸軍命太保中書右丞相也速統
之山西諸軍命少保中書左丞相沙藍荅里統之河
北諸軍命知樞密院事貊高統之赦天下甲寅以火
里赤爲中書平章政事乙丑命集賢大學士丁好禮
爲中書添設平章政事丙寅平章內史關保封許國

公己巳
大明兵取温州十一月壬午
大明兵取沂州守臣王信遁其父宣被執癸未
大明兵取慶元路丙戌以平章政事月魯帖木兒知樞密院事完者帖木兒平章政事伯顏帖木兒帖林沙並知撫軍院事戊子
大明兵取嶧州乙未以知樞密院事貊高爲中書平章政事命太尉中書左丞相帖里帖木兒爲撫軍院使丁酉命帖里帖木兒同監脩國史命關保分省于晉寧辛丑

大明兵取益都路平章政事保保降宣慰使普顏不花總管胡濬知院張俊皆死之十二月癸卯朔日有食之丁未
大明兵取般陽路戊申
大明兵取濟寧路陳秉直遁己酉
大明兵取萊州遂取濟南及東平路丁巳
大明兵入杉關取邵武路時邵武建寧延平福州興化泉漳汀潮諸路皆陳友定所據庚申以楊誠陳秉直並爲國公中書平章政事甲子命右丞相也速太尉知院脫火赤中書平章政事忽林台平章政事貊高知樞密院事小章典堅帖木兒江文清驢兒等會楊誠陳秉直伯顏不花俞勝各部諸軍同守禦山東又命關保往援山東丙寅以莊家爲中書參知政事庚午
大明兵由海道取福州守臣平章政事曲出遁行宣政院使朶耳死之是月方國珍歸于
大明詔命陝西行省左丞相禿魯總統張良弼脫列伯孔興各枝軍馬以李思齊爲副總統禦關中撫安軍民脫列伯孔興等出潼關及取順便山路渡黃河合勢東行共勤王事思齊等皆不奉命是歲詔分潼

關以西屬李思齊以東屬擴廓帖木兒各罷兵還鎮於是關保退屯潞州商暠留屯潼關
二十八年春正月壬申朔皇太子命關保固守晉寧總統諸軍如擴廓帖木兒拒命當以大義相裁就便擒擊以中書平章政事不顏帖木兒爲御史大夫辛巳詔諭擴廓帖木兒曰比者也速上奏卿以書陳情深自悔悟及省來意良用憫然朕視卿猶子卿何惑於憸言不體朕心隳其先業卿今能自悔固朕所望卿其思昔委任肅清江淮之意即將冀寧眞定諸軍就行統制渡河直擣徐沂以康靖齊魯則職任之隆當

悉還汝衛輝彰德順德皆爲王城鄉無以貊高爲名縱軍侵暴其晉寧諸軍已命關保總制策應戡定山東將帥各宜悉心庚寅彗星見于昴畢之間是月

大明兵取建寧延平二路陳有定被執二月壬寅朔

詔削擴廓帖木兒爵邑命禿魯李思齊等討之詔曰擴廓帖木兒本非察罕帖木兒之宗俾嗣職任巽承遺烈畀以相位陟以師垣崇以王爵授以兵柄顧乃憑藉寵靈遂肆跋扈擁兵關陝專事吞併貊高倡明大義首發姦謀關保弗信邪言乃心王室陳其罪惡請正邦典今禿魯李思齊其率兵東下共行天討癸

卯武庫災癸丑

大明兵取東昌路守將申榮王輔元死之丙辰擴廓帖木兒自澤州退守晉寧關保守澤潞二州與貊高軍合己未

大明兵取寶慶路甲子汀州路總管陳谷珎以城降于

大明丙寅

大明兵取棣州是月

大明兵至河南李思齊張良弼等解兵西還詔命知樞密院事脫火赤平章政事魏賽因不花進兵攻晉寧李思齊次渭南張良弼次櫟陽興化泉州漳州潮州四路皆降于

大明二月庚寅彗星見于西北壬辰翰林學士承旨王時太常院使陳祖仁上章乞撫諭擴廓帖木兒以兵勤王赴難是月有星流于東北衆小星隨之其聲大震

大明兵取河南李思齊張良弼會兵駐潼關火焚良弼營思齊移軍葫蘆灘調其所部張德欽穆薛飛守潼關

大明兵入潼關攻李思齊營思齊棄輜重奔于鳳翔

是月

大明兵取永州路又取惠州路夏四月辛丑朔

大明兵取英德州丙午隕霜殺菽戊申

大明兵取廣州路又取嵩陝汝等州五月庚午朔

大明兵取道州李克彛棄河南城奔陝西推李思齊爲總兵駐兵岐山是月李思齊部將忽林赤脫脫張意據盩厔商暠據武功李克彛據岐山任從政據隴州六月庚子朔徐溝縣地震癸丑

大明兵取全州郴州梧州藤州尋州貴象鬱林等郡甲寅雷雨中有火自天降焚大聖壽萬安寺壬戌臨

州保德州地震五日不止
大明兵取靜江路是月廣西諸郡縣皆附于
大明秋七月癸酉京城紅氣滿空如火照人自旦至
辰方息乙亥京城黑氣起百步内不見人從寅至巳
方消貊高關保以兵攻晋寧是月李思齊會李克彝
商暠張意脫列伯等於鳳翔海南海北諸郡縣皆降
于
大明閏月巳亥朔擴廓帖木兒與貊高關保戰敗之
擒關保貊高遣其斷事官以聞詔關保貊高間諜構
兵可依軍法處治關保貊高皆被殺辛丑

大明兵取衛輝路癸卯
大明兵取彰德路乙巳左江右江諸路皆降于
大明丁未
大明兵取廣平路丁巳詔罷大撫軍院誅知大撫軍
院事伯顏帖木兒等詔復命擴廓帖木兒仍前河南
王太傅中書左丞相統領見部軍馬由中道直抵彰
德衛輝太保中書右丞相也速統率大軍經由東道
水陸並進少保陝西行省左丞相禿魯統率關陝諸
軍東出潼關攻取河洛太尉平章政事李思齊統率
軍馬南出七盤金商克復汴洛四道進兵掎角勦捕

毋分彼此秦國公平章知院俺普平章瑣住等軍東
西布列乘機掃殄太尉遼陽左丞相也先不花郡王
知院厚孫等軍揮禦海口藩屏畿輔皇太子愛猷識
理達臘悉總天下兵馬裁決庶務具如前詔壬戌白
虹貫日癸亥罷内府河役甲子擴廓帖木兒自晋寧
退守冀寧
大明兵至通州知樞密院事卜顏帖木兒力戰被擒
死之左丞相失列門傳旨令太常禮儀院使阿魯渾等
奉太廟列室神主與皇太子同北行阿魯渾等即至
太廟與署令王嗣宗太祝哈剌不華襲護神主畢仍

留室内乙丑白虹貫日罷内府興造詔淮王帖木兒
不花監國慶童爲中書左丞相同守京城丙寅帝御
清寧殿集三宫后妃皇太子皇太子妃同議避兵北
行失列門及知樞密院事黒厮宦者趙伯顏不花等
諫以爲不可行不聽伯顏不花慟哭諫曰天下者世
祖之天下陛下當以死守柰何棄之臣等願率軍民
及諸怯薛歹出城拒戰願陛下固守京城卒不聽至
夜半開健德門北奔八月庚申
大明兵入京城國亡後一年帝駐于應昌府又一年
四月丙戌帝因痢疾殂於應昌壽五十一在位三十

六年太尉完者院使觀音奴奉梓宮北葬五月癸卯
大明兵襲應昌府皇孫買的里八剌及后妃并寶玉
皆被獲皇太子愛猷識禮達臘從十數騎遁
大明皇帝以帝知順天命退避而去特加其號曰順
帝而封買的里八剌爲崇禮侯

紀卷第四十七終

志卷第一　元史四十八

翰林學士亞中大夫知制誥兼修國史臣宋濂　翰林待制承直郎同知制誥兼國史院編修官臣王褘等奉
勑修

天文一

司天之說尚矣易曰天垂象見吉凶聖人象之又曰觀乎天文以察時變自古有國家者未有不致謹於斯者也是故堯命羲和曆象日月星辰舜在璿璣玉衡以齊七政天文於是有測驗之器焉然古之爲其法者三家曰周髀曰宣夜曰渾天周髀宣夜先絕而渾天之學至秦亦無傳漢洛下閎始得其術作渾儀以測天厥後歷世遞相沿襲其有得有失則由乎其人智術之淺深未易遽數也宋自靖康之亂儀象之器盡歸于金元興定鼎于燕其初襲用金舊而規環不協難復施用於是太史郭守敬者出其所創簡儀仰儀及諸儀表皆臻於精妙卓見絕識蓋有古人所未及者其說以謂昔人以管窺天宿度餘分約爲太半少未得其的乃用二線推測於餘分纖微皆有可考而又當時四海測景之所凡二十有七東極高麗西至滇池南踰朱崖北盡鐵勒是亦古人之所未及爲者也自是八十年間司天之官遵而用之靡有差

忒而凢日月薄食五緯凌犯彗孛飛流暈珥虹霓精祲雲氣等事其係於天文占候者具有簡冊存焉若昔司馬遷作天官書班固范曄作天文志其於星辰名號分野次舍推步候驗之際詳矣及晉隋二志實唐李淳風撰於夫二十八宿之躔度二曜五緯之次舍時日災祥之應分野休咎之别號極詳備後有作者無以尚之矣是以歐陽脩志唐書天文先述法象之具次紀日月食五星凌犯及星變之異而凢前史所已載者皆畧不復道而近代史官志宋天文者則首載儀象諸篇志金天文者則唯録日月五星之變

誠以璣衡之制載於書日星風雨霜雹雷霆之災異載於春秋慎而書之非史氏之法當然固所以求合於聖人之經者也今故據其事例作元天文志

簡儀

簡儀之制四方爲趺縱一丈八尺三分去一以爲廣趺面上廣六寸下廣八寸厚如上廣中布橫輄三縱輄三南二北抵南輄北一南抵中輄趺面四周爲水渠深一寸廣加五分四隅爲礎出趺面内外各二寸繞礎爲渠深廣皆一寸與四周渠相灌通又爲礎於卯酉位廣加四維長加廣三之二水渠亦如之北極雲架柱二徑四寸長一丈二尺八寸下爲鼇雲植於乾艮二隅礎上左右内向其勢斜准赤道合貫上規規環徑二尺四寸廣一寸五分厚倍之中爲距相交爲斜十字廣厚如規中心爲竅上廣五分方一寸有半下二寸五分方一寸以受北極樞軸自雲架柱斜上去趺面七尺二寸爲橫輄自輄心上至竅心六尺八寸又爲龍柱二植於卯酉礎中分之北皆飾以龍下爲山形北向斜植以柱北架南極雲架柱二植於卯酉礎中分之南廣厚形制一如北架斜向坤巽二隅相交爲十字其上與百刻環邊齊在辰巳未申之間

南傾之勢準赤道各長一丈一尺五寸自趺面斜上三尺八寸爲橫輄以承百刻環下邊又爲龍柱二植於坤巽二隅礎上北向斜柱其端形制一如北柱四游雙環徑六尺廣二寸厚一寸中間相離一寸相連於子午卯酉當子午爲圓竅以受南北極樞軸兩面皆列周天度分起南極抵北極餘分附于北極去南北樞竅兩旁四寸各爲直距廣厚如環距中心各爲橫關東西與兩距相連廣厚亦如之關中心相連厚三寸爲竅方八分以受窺衡樞軸窺衡長五尺九寸四分廣厚皆如環中腰爲圓竅徑五分以受樞軸衡

兩端爲圭首以取中縮去圭首五分各爲側立横耳高二寸二分廣如衡面厚三分中爲圓竅徑六分其中心上下一線界之以知度分百刻環徑六尺四寸面廣二寸周布十二時百刻每刻作三十六分厚二寸自半已上廣三寸又爲十字距皆所以承赤道環也百刻環内廣面卧施圓軸四使赤道環旋轉無澁滯之患其環陷入南極架一寸仍釘之赤道環徑廣厚皆如四游環面細刻列舍周天度分中爲十字距廣三寸中空一寸厚一寸當心爲竅竅徑一寸以受南極樞軸界衡二各長五尺九寸四分廣三寸衡首

斜刻五分刻度分以對環面中腰爲竅重置赤道環南極樞軸其上衡兩端自長竅外邊至衡首底厚倍之取二衡運轉皆着環面而無低昂之失且易得度分也二極樞軸皆以鋼鐵爲之長六寸半爲本半爲軸本之分寸一如上規距心適取能容軸徑一寸北極軸中心爲孔孔底横穿通兩旁中出一線曲其本出横孔兩旁結之孔中線留三分亦結之上下各穿一線貫界衡兩端中心爲孔下洞衡底順衡中心爲渠以受線直入内界長竅中至衡中腰復爲孔自衡底上出結之定極環廣半寸厚倍之皆勢穹窿中徑

六度度約一寸許極星去不動處三度僅容轉周中爲斜十字距廣厚如環連於上規環距中心爲孔徑五釐下至北極軸心六寸五分又置銅板連於南極雲架之十字方二寸厚五分北面剡其中心存一釐以爲厚中爲圜孔徑一分孔心下至南極軸心亦六寸五分又爲環二其一陰緯環面刻方位取趺面縱横軌北十字爲中心卧置之其一曰立運環面刻度分施於北極雲架柱下當卧環中心上屬架之横輄下抵趺輄之十字上下各施樞軸令可旋轉中爲直距當心爲竅以施窺衡令可俯仰用窺日月星辰出

地度分右四游環東西運轉南北低昂凡七政列舍中外官去極度分皆測之赤道環旋轉與列舍距星相當即轉界衡使兩線相對凡日月五星中外官入宿度分皆測之百刻環轉界衡令兩線與日相對其下直時刻則晝刻也夜則以星定之比舊儀測日月五星出沒而無陽經陰緯雲柱之映其渾象之制圜如彈丸徑六尺縱横各畫周天度分赤道居中去二極各周天四之一黄道出入赤道内外各二十四度弱月行白道出入不常用竹篾均分天度考驗黄道所交隨時遷徙先用簡儀測到入宿去極度數按於

其上校驗出入黃赤二道遠近踈密了然易辨仍参以筭數爲準其象置於方匱之上南北極出入匱面各四十度太强半見半隱機運輪牙隱於匱中

仰儀

仰儀之制以銅爲之形若釜置於甎臺內畫周天度㬔列十二辰位蓋俯視驗天者也其銘辭云不可體形莫天大也無競維人仰釜載也六尺爲深廣自倍也兼深廣倍絜釜兊也環鑿爲沼準以溉也辨方正位曰子卦也衡縮度中平斜再也斜起南極平釜鐓也小大必周入地畫也始周浸斷浸極外也極入地

深四十太也比九十一赤道斷也列刻五十六時配也衡竿加卦巽坤內也以負縮竿本午對也首旋璣板竅納芥也上下懸直與鐓會也視日透光何度在也暘谷朝賓夕餞昧也寒暑發斂驗進退也薄蝕起自鑒生殺也以避赫曦奪目害也南北之偏亦可槩也極淺十五林邑界也黃道夏高人所載也夏永冬短猶少差也深五十奇鐵勒塞也黃道浸平冬晝晦也夏則不沒永短最也安渾宣夜昕穹蓋也六天之書言殊話也一儀一揆孰善悖也以指爲告無煩喙也闇資以明疑者沛也智者是之膠者怪也古今巧㬔不億筭也非讓不爲思不逮也將窺天朕造化愛也其有俊明昭聖代也泰山礪乎河如帶也黃金不磨悠久賴也鬼神禁訶勿銘壞也

大明殿燈漏

燈漏之制高丈有七尺架以金爲之其曲梁之上中設雲珠左日右月雲珠之下復懸一珠梁之兩端飾以龍首張吻轉目可以審平水之緩急中梁之上有戲珠龍二隨珠俛仰又可察準水之均調凡此皆非徒設也燈毬雜以金寶爲之內分四層上環布四神旋當日月參辰之所在左轉日一週次爲龍虎鳥龜

之象各居其方依刻跳躍鐃鳴以應於內又次週分百刻上列十二神各執時牌至其時四門通報又一人當門內常以手指其刻數下四隅鐘鼓鉦鐃各一人一刻鳴鐘二刻皷三鉦四鐃初正皆如是其機發隱於櫃中以水激之

正方案

正方案方四尺厚一寸四周去邊五分爲水渠先定中心畫爲十字外抵水渠去心一寸畫爲圓規自外寸規之九十九規外規內三分畫爲重規徧布周天度中爲圓徑二寸高亦如之中心洞底植臬高一尺

五寸南至則減五寸北至則倍之凡欲正四方置案平地注水于渠眡平乃植臬於中自臬景西入外規即識以墨影少移輒識之每規皆然至東出外規而止凡出入一規之交皆度以線屈其半以為中即所識與臬相當且其景最短則南北正矣復徧閱每規之識以審定南北南北既正則東西從而正然二至前後日軌東西行南北差少即外規出入之景以為東西允得其正當二分前後日軌東西行南北差多朝夕有不同者外規出入之景或未可憑必取近內規景為定仍校以累日則愈真又測用之法先測定

所在北極出地度即自案地平以上度如其數下對南極入地度以墨斜經中心界之又橫截中心斜界為十字即天腹赤道斜勢也乃以案側立懸繩取正凡置儀象皆以此為準

圭表

圭表以石為之長一百二十八尺廣四尺五寸厚一尺四寸座高二尺六寸南北兩端為池圓徑一尺五寸深二寸自表北一尺與表梁中心上下相直外一百二十尺中心廣四寸兩旁各一寸畫為尺寸分以達北端兩旁相去一寸為水渠深廣各一寸與南北兩池相灌通以取平表長五十尺廣二尺四寸厚減廣之半植於圭之南端圭石座中入地及座中一丈四尺上高三十六尺其端兩旁為二龍半身附表上擎橫梁自梁心至表顛四尺下屬圭面共為四十尺梁長六尺徑三寸上為水渠以取平兩端及中腰各為橫竅徑二分橫貫以鐵長五寸繫線合於中懸錘取正且防傾墊按表短則分寸短促尺寸之下所謂分秒太半少之數未易分別表長則分寸稍長所不便者景虛而淡難得實影前人欲就虛景之中考求真實或設望筩或置小表或以木為規皆取端日光

下徹表面今以銅為表高三十六尺端挾以二龍舉一橫梁下至圭面共四十尺是為八尺之表五圭表刻為尺寸舊一寸今申而為五釐毫差易分別

景符

景符之制以銅葉博二寸長加博之二中穿一竅若針芥然以方闑為趺一端設為機軸令可開闔榰其一端使其勢斜倚北高南下往來遷就於虛梁之中竅達日光僅如米許隱然見橫梁於其中舊法一表端測晷所得者日體上邊之景今以橫梁取之實得中景不容有毫末之差至元十六年己卯夏至晷景

四月十九日乙未景一丈二尺三寸六分九釐五毫至元十六年己卯冬至晷景十月二十四日戊戌景七丈六尺七寸四分

闚几

闚几之制長六尺廣二尺高倍之下為趺廣三寸厚二寸上闓廣四寸厚如趺以板為面厚及寸四隅為足撐以斜木務取正方面中開明竅長四尺廣二寸近竅兩旁一寸分畫為尺內三寸刻為細分下應圭面几面上至梁心二十六尺取以為準闚限各各長二尺四寸廣二寸脊厚五分兩刃斜稠取其於几面

相符着限兩端厚廣各存二寸銜入几闓俟星月正中從几下仰望視表梁南北以為識折取分寸中數用為直景又於遠方同日闚測取景數以推星月高下也

西域儀象

世祖至元四年扎馬魯丁造西域儀象　咱秃哈剌吉漢言混天儀也其制以銅為之平設單環刻周天度畫十二辰位以準地面側立雙環而結於平環之子午半入地下以分天度內第二雙環亦刻周天度而參差相交以結于側雙環去地平三十六度以為

南北極可以旋轉以象天運為日行之道內第三第四環皆結於第二環又去南北極二十四度亦可以運轉凡可運三環各對綴銅方釘皆有竅以代衡簫之仰窺焉　咱秃朔八台漢言測驗周天星曜之器也外周圓墻而東面啓門中有小臺立銅表高七尺五寸上設機軸懸銅尺長五尺五寸復加窺測之簫二其長如之下置橫尺刻度數其上以準挂尺下本開圖之遠近可以左右轉而周窺可以高低舉而徧測　魯哈麻亦渺凹只漢言春秋分晷影堂為屋二間脊開東西橫罅以斜通日晷中有臺隨晷影南高

北下上仰置銅半環刻天度一百八十以準地上之半天斜倚銳首銅尺長六尺闊一寸六分上結半環之中下加半環之上可以往來窺運側望漏屋晷影驗度數以定春秋二分　魯哈麻亦木思塔餘漢言冬夏至晷影堂也為屋五間屋下為坎深二丈二尺脊開南北一罅以直通日晷隨罅立壁附壁懸銅尺長一丈六寸壁仰畫天度半規其尺亦可往來規運直望漏屋晷影以定冬夏二至　苦來亦撒麻漢言渾天圖也其制以銅為丸斜刻日道交環度數于其腹刻二十八宿形於其上外平置銅單環刻周天度

數列于十二辰位以準地而側立單環二一結于平
環之子午以銅丁象南北極一結于平環之卯酉皆
刻天度即渾天儀而不可運轉窺測者也　苦來亦
阿兒子漢言地理志也其制以木為圓毬七分為水
其色綠三分為土地其色白畫江河湖海脉絡貫串
於其中畫作小方井以計幅圓之廣袤道里之遠近
兀速都兒剌不定漢言晝夜時刻之器其制以銅
如圓鏡而可掛面刻十二辰位晝夜時刻上加銅條
綴其中可以圓轉銅條兩端各屈其首為二竅以對
望晝則視日影夜則窺星辰以定時刻以測休咎背

嵌鏡片三面刻其圖凡七以辨東西南北日影長短
之不同星辰向背之有異故各異其圖以畫天地之
變焉

四海測驗

南海北極出地一十五度夏至景在表南長一尺一
寸六分晝五十四刻夜四十六刻
衡嶽北極出地二十五度夏至日在表端無景晝五
十六刻夜四十四刻
嶽臺北極出地三十五度夏至晷景長一尺四寸八
分晝六十刻夜四十刻

和林北極出地四十五度夏至晷景長三尺二寸四
分晝六十四刻夜三十六刻
鐵勒北極出地五十五度夏至晷景長五尺一分晝
七十刻夜三十刻
北海北極出地六十五度夏至晷景長六尺七寸八
分晝八十二刻夜一十八刻
大都北極出地四十度太強夏至晷景長一丈二尺
三寸六分晝六十二刻夜三十八刻
上都北極出地四十三度少
北京北極出地四十二度強
元史志卷一　十三
益都北極出地三十七度少
登州北極出地三十八度少
高麗北極出地三十八度少
西京北極出地四十度少
太原北極出地三十八度少
安西府北極出地三十四度半強
興元北極出地三十三度半強
成都北極出地三十一度半強
西涼州北極出地四十度強
東平北極出地三十五度太

大名北極出地三十六度
南京北極出地三十四度太强
河南府陽城北極出地三十四度太弱
揚州北極出地三十三度
鄂州北極出地三十一度半
吉州北極出地二十六度半
雷州北極出地二十度太
瓊州北極出地一十九度太

日薄食暈珥及日變

世祖中統二年三月壬戌朔日有食之　三年十一

月辛丑日有背氣重暈三珥　至元二年正月辛未朔日有食之　四年五月丁亥朔日有食之　五年十月戊寅朔日有食之　七年三月庚子朔日有食之　八年八月壬辰朔日有食之　九年八月丙戌朔日有食之　十二年六月庚子朔日有食之　十四年十月丙辰朔日有食之　十九年六月己丑朔日有食之七月戊午朔日有食之　二十四年七月癸丑日暈連環白虹貫之十月戊午朔日有食之　二十六年三月庚辰朔日有食之　二十七年八月辛未朔日有食之　二十九年正月甲午朔日有食之有物漸侵入日中不能既日體如金環然左右有珥上有抱氣　三十一年六月庚辰朔日食

成宗大德三年八月己酉朔日食　四年二月丁未朔日食　六年六月癸亥朔日食　七年閏五月戊午朔日食　八年五月癸未朔日食

武宗至大三年正月丁亥白虹貫日八月甲寅白虹貫日　四年正月壬辰日赤如赭

仁宗皇慶元年六月乙丑朔日有食之　延祐元年三月己亥白暈亘天連環貫日　二年四月戊寅朔日有食之五月甲戌日赤如赭乙亥亦如之九月甲

寅日赤如赭戊午亦如之　三年五月戊申日赤如赭　五年二月癸巳朔日有食之　六年二月丁亥朔日有食之　七年正月辛巳朔日有食之三月乙未日有暈若連環然

英宗至治元年三月己丑交暈如連環貫日六月癸卯朔日有食之　二年十一月甲午朔日有食之

泰定帝泰定四年二月辛卯白虹貫日九月丙申朔日食

文宗天曆二年七月丙辰朔日有食之　至順元年九月癸巳白虹貫日　二年正月己酉白虹貫日八

月甲辰朔日有食之十一月壬申朔日有食之　三
年五月丁酉白虹並日出長竟天
■元統元年三月癸巳日赤如赭閏三月丙申
癸丑甲寅皆如之　二年四月戊午朔日有食之
至元元年十二月戊午日赤如赭閏十二月丁亥戊
子己丑皆如之　二年二月壬辰日赤如赭乙未丙
申亦如之三月庚申壬戌癸亥四月丁丑皆如之八
月甲戌朔日有食之十二月甲戌日赤如赭　三年
正月丁巳日有交暈左右珥上有白虹貫之二月壬
申朔日有食之八月癸未日有交暈左右珥上有白
虹貫之十月癸酉日赤如赭　四年閏八月戊戌日
赤如赭己亥壬寅亦如之九月庚寅皆如之　五年
正月丙寅日有交暈左右珥上有白虹貫之二月辛
亥日赤如赭三月庚申辛酉四月丁未皆如之　至
正元年三月壬申日赤如赭　三年四月丙申朔日
有食之　四年九月丁亥朔日有食之　十年十一
月壬子朔日有食之　十三年九月乙丑朔日有食
之　十四年三月癸亥朔日有食之　十五年二月
丙子日赤如赭　十七年七月己丑日有交暈連環
貫之　十八年六月戊辰朔日有食之十二月乙丑

朔日有食之　二十一年四月辛巳朔日有食之
二十五年三月壬戌日有暈內赤外青白虹如連環
貫之　二十六年二月丁卯日有暈左珥上有背氣
一道七月辛巳朔日有食之　二十七年十二月癸
卯朔日有食之

月五星凌犯及星變上

憲宗六年六月太白晝見

世祖中統元年五月乙未熒惑入南斗留五十餘日
　二年二月丁酉太陰掩昴六月戊戌太陰犯角八
月丙午太白犯歲星十一月庚午太陰犯昴十二月
辛卯熒惑犯房壬寅熒惑犯鉤鈐　三年十一月乙
酉太白犯鉤鈐　至元元年二月丁卯太陰犯南斗
四月辛亥太陰犯軒轅御女星五月丙戌太陰犯房
己亥太陰犯昴七月甲戌彗星出輿鬼昏見西北貫
上台掃紫微文昌及北斗旦見東北凡四十餘日十
二月甲子太陰犯房　二年六月丙子太陰犯心宿
大星　四年八月庚申塡星犯天鐏距星壬午太白
犯軒轅大星甲子歲星犯軒轅大星十一月乙巳塡
星犯天鐏距星　五年正月甲午太陰犯井二月戊
子太陰犯天關己丑太陰犯井　六年十月庚子太

陰犯辰星　七年正月己酉太陰犯畢九月丁巳太陰犯井十月庚午太白犯右執法十一月壬寅熒惑犯太微西垣上將　八年正月辛未太陰犯畢三月丁亥熒惑犯太微西垣上將九月丙子太陰犯畢九年五月乙酉太白犯畢距星九月戊寅太陰犯御女十月戊戌熒惑犯塡星十一月丁卯太陰犯畢十年三月癸酉客星青白如粉絮起畢度五車北復自文昌貫斗杓歷梗河至左攝提凡二十一日　十一年二月甲寅太陰犯井宿十月壬戌歲星犯壘壁陣　十二年七月癸酉太白犯井辛卯太陰犯畢九

月己巳太白犯少民己卯太白犯太微西垣上將十月癸丑太陰犯畢十一月丙戌太陰犯軒轅大星十二月戊戌塡星犯亢戊申太陰犯畢　十三年九月辛亥太白犯南斗甲寅太白入南斗十二月乙卯太陰犯塡星辛酉熒惑掩鈎鈐　十四年二月癸亥彗出東北長四尺餘　十五年二月丁丑熒惑犯天街三月丁亥太陰犯太白戊子太陰犯熒惑十一月辛亥太白熒惑塡星聚于房　十六年四月癸卯塡星犯鍵閉七月丙寅塡星犯鍵閉八月庚辰太陰犯房宿距星庚子歲星犯軒轅大星十月丙申太陰犯太

微西垣上將十一月癸丑太陰犯熒惑　十七年四月庚子歲星犯軒轅大星七月戊申太陰掩房宿距星己酉太陰犯南斗八月丙子太陰犯心宿東星甲子太陰犯右執法并犯歲星　十八年七月癸卯太陰犯房宿距星閏八月癸巳朔熒惑犯司怪南第二星庚戌太陰犯昴九月甲申太陰犯軒轅大星十一月甲戌太陰犯五車次南星丁丑太陰犯鬼丁亥太陰掩心十二月丙午太陰犯軒轅大星　二十年正月己巳太陰犯軒轅御女庚辰太陰入南斗犯距星二月庚寅太陰掩昴庚子太白犯昴壬寅太白犯昴

乙巳太陰犯心三月己未歲星犯鍵閉庚申太陰犯井壬戌太陰犯鬼乙巳歲星犯房癸酉歲星掩房四月己亥太陰犯房壬寅太陰犯南斗五月丙寅太陰掩心七月丙辰太白犯井癸亥太陰犯南斗乙丑太白犯井庚午熒惑犯司怪八月丙午太白犯軒轅丁未歲星犯鈎鈐九月壬子太白犯軒轅少女戊午太陰犯斗己巳太白犯右執法壬申太陰掩井癸酉熒惑犯鬼甲戌太陰犯鬼熒惑犯積尸氣太白犯左執法十月丙申太陰犯昴十一月戊寅太白歲星相犯十二月甲辰太陰掩熒惑　二十一年閏五月戊寅

朔填星犯斗七月甲申太白犯熒惑九月癸巳太白犯南斗第四星乙未太陰犯井十月己酉太陰犯軫十一月丙戌太陰犯昴己丑太陰掩輿鬼庚子太陰犯心　二十二年二月辛亥太陰犯東井癸丑太陰犯鬼壬戌太陰犯心八月癸丑太陰入東井十二月己亥歲星犯填星　二十三年正月壬午太陰犯軒轅太民乙酉太陰犯氐二月丙午太陰犯井三月己巳太陰犯婁五月己巳熒惑犯太微西垣上將庚辰歲星犯壘壁陣乙酉熒惑犯太微右執法六月丙申朔太白犯御女八月乙卯太白犯軒轅右角星九月

甲申太陰犯天關十月甲午朔太白犯右執法戊戌太陰犯建星辛亥太陰犯東井甲寅太白犯進賢十一月戊辰太白犯亢己卯太陰犯東井辛巳歲星犯壘壁陣十二月戊戌太白犯東咸丁未太陰犯東井丁巳太陰犯氐　二十四年正月甲戌太陰犯東井乙酉太陰犯房二月庚子太陰犯天關辛丑太陰犯東井閏二月癸亥太陰犯辰星甲申太陰犯牽牛三月丙申太陰犯東井四月癸酉太陰犯氐甲戌太陰犯房七月戊戌太陰犯南斗辛丑太陰犯牽牛壬寅熒惑犯輿鬼積尸氣甲辰熒惑犯輿鬼壬子太陰犯

司怪八月癸亥太白犯亢丙子填星南犯壘壁陣己卯太陰犯天關辛巳太陰犯東井甲申太白犯房九月丁酉熒惑犯長垣庚子太白犯天江乙巳太陰犯畢辛亥熒惑犯太微西垣上將壬子太白犯南斗十月壬戌太陰犯牽牛大星乙酉熒惑犯左執法十一月壬辰太白犯壘壁陣太陰暈太白填星丙申熒惑犯太微東垣上將庚子太白晝見丙辰熒惑犯進賢十二月丙寅太陰犯畢太白晝見　二十五年正月乙巳太陰犯角戊申太陰犯房三月丁亥熒惑犯太微東垣上相戊子太陰犯畢己亥太陰掩角四月戊

午太陰犯井五月戊申太白犯畢六月甲戌太白犯井丁丑太陰犯歲星七月己亥熒惑犯氐庚子太白犯鬼乙巳太陰掩畢八月丙辰熒惑犯房己未太白犯軒轅大星九月癸未朔熒惑犯天江庚子太陰犯畢癸卯熒惑犯南斗十二月辛酉太陰犯畢甲子太陰犯井甲戌太陰犯亢熒惑犯壘壁陣　二十六年正月辛丑太陰犯氐三月甲午太陰犯亢五月壬辰太白犯鬼七月戊子太白經天四十五日辛卯太陰犯牛乙未太陰犯歲星八月辛未歲星晝見九月戊寅歲星犯井乙未太陰犯畢丙申熒惑犯太微西垣

上將十月癸丑太陰犯牛宿距星甲寅熒惑犯右執法閏十月丁亥辰星犯房己丑太陰犯畢熒惑犯進賢太陰犯井十一月丁巳熒惑犯亢戊辰太陰犯亢

二十七年正月庚戌太白犯牛癸丑太陰犯井丁卯熒惑犯房壬申熒惑犯鍵閉二月戊寅太陰犯畢庚寅太陰犯亢三月壬子熒惑犯鉤鈐四月丙子太陰犯井壬辰熒惑守氐十餘日五月乙丑太陰犯填星六月己丑熒惑犯房七月辛酉熒惑犯天江九月癸卯歲星犯鬼十月辛巳太白犯斗十一月戊申太陰掩填星辛酉太陰掩左執法十二月辛卯太陰犯

亢

二十八年正月壬寅太白熒惑填星聚奎二月癸未太陰犯左執法甲申太白犯昴三月丁未太陰犯御女己酉太陰犯右執法庚戌太陰犯太微東垣上相乙卯太白犯五車四月乙未歲星犯輿鬼積尸氣五月壬寅太陰犯少民甲寅太陰犯牛六月辛卯太陰犯畢七月己亥太白犯井八月丙寅太白犯輿鬼丙子太陰犯牽牛癸未歲星犯軒轅大星戊子太白犯軒轅大星并犯歲星癸巳太陰掩熒惑九月丙辰熒惑犯左執法戊午太白犯熒惑辛酉歲星犯少民十月丙戌太陰犯軒轅大星并御女己丑太陰犯

太微東垣上相十一月甲辰太陰犯房丙午熒惑犯亢丁未太陰犯畢庚申熒惑犯氐十二月庚辰太陰犯御女癸未太陰犯東垣上相己丑熒惑犯房庚寅熒惑犯鉤鈐

二十九年正月戊申太陰犯歲星及軒轅左角二月己巳太陰犯畢四月丙子太陰犯氐六月己丑太白犯歲星閏六月戊申熒惑犯狗國七月辛未太陰犯牛八月丁酉辰星犯右執法己亥太白犯房乙巳歲星犯右執法九月壬戌熒惑犯壘壁陣辛巳太白犯南斗十月乙巳太陰犯井丁未太陰犯鬼乙卯太陰犯氐十一月壬戌太陰犯壘壁陣己

卯太陰犯太微東垣上將十二月庚子太陰犯井甲辰太陰犯太微西垣上將

三十年正月丙寅太陰犯畢丁丑太陰犯氐庚辰歲星犯左執法二月壬辰太陰犯畢乙巳熒惑犯天街庚戌太陰犯牛癸丑太白犯壘壁陣三月辛未太陰犯氐四月癸丑太白犯填星六月己丑歲星犯左執法丙申太陰犯斗七月甲子太陰犯建星辛丑太陰犯鬼八月甲午辰星犯太微西垣上將甲辰太陰犯畢戊申太陰犯鬼九月丁卯太陰犯畢十月庚寅彗星入紫微垣抵斗魁光芒尺許凡一月乃滅丙申熒惑犯亢己亥太陰犯天

閏辛丑太陰犯井十一月乙丑太陰犯畢丁卯太陰
犯井庚子太陰犯鬼丙子熒惑犯鉤鈐戊寅歲星犯
亢十二月乙未太陰犯井　三十一年四月戊申太
白晝見又犯鬼五月庚戌朔太白犯輿鬼六月丙午
太陰犯井八月庚辰太白晝見戊戌太陰犯畢太白
犯軒轅九月丁巳太白經天丙寅太陰掩填星辛未
太陰犯軒轅乙亥太白犯右執法太陰犯平道十月
壬午太白犯左執法癸巳太陰掩填星乙未太陰犯
井十一月己酉太陰犯亢庚申太陰犯畢癸酉太白
犯房十二月癸未歲星犯房丁亥歲星犯鉤鈐壬辰

太陰犯鬼庚子太陰犯房又犯歲星
成宗元貞元年正月乙卯太陰犯填星又犯畢癸酉
歲星犯東咸二月癸未熒惑犯太陰壬辰太陰犯平
道癸卯太陰犯歲星三月庚戌太陰犯填星壬戌太
陰犯房四月庚寅太陰犯東咸閏四月癸丑歲星犯
房甲寅太陰犯平道乙卯太陰犯亢丁巳太陰掩房
五月丁亥太陰犯南斗七月丁丑太陰犯亢甲申歲
星犯房八月乙酉太陰犯牛壬子太陰犯壘壁陣九
月甲午太陰犯軒轅戊戌太陰犯平道十月辛酉辰
星犯房壬戌辰星犯鍵閉戊辰太白晝見太陰犯房

十一月甲戌太白經天及犯壘壁陣乙酉太陰犯井
丁亥太陰犯鬼十二月丙辰太陰犯軒轅甲子太陰
犯天江　二年正月壬午太陰犯輿鬼丙戌太白晝
見丁亥太陰犯平道庚寅太陰犯鉤鈐二月丁未太
陰犯井三月乙酉太陰犯鉤鈐五月丁丑太陰犯平
道六月乙巳太白犯天關丁巳太白犯填星癸亥太
陰犯井七月壬午填星犯井太白犯輿鬼八月庚子
太陰犯亢太白犯軒轅癸卯太陰犯天江乙卯太陰
犯天街太白犯上將九月戊辰太白犯左執法壬申
太陰掩南斗丁丑太陰犯壘壁陣己丑太陰犯軒轅

十一月丁丑太陰犯月星又犯天街庚辰太陰犯井
丁亥太陰犯上相戊子太陰犯平道壬辰太陰犯天
江十二月丁未太陰犯井乙卯太陰犯進賢　大德
元年三月戊辰熒惑犯井癸酉太陰掩軒轅大星五
月癸酉太白犯鬼積尸氣乙亥太陰犯房六月乙未
太白晝見七月庚午太陰犯房八月丁巳祆星出奎
九月辛酉朔祆星復犯奎十月戊午太白經天十一
月戊子太白經天十二月甲辰太白經天又犯東咸
丙午太陰犯軒轅甲寅太陰犯心閏十二月癸酉太
白犯建星丙子太白犯建星　二年二月辛酉歲星

熒惑太白聚危熒惑犯歲星辛未太陰犯左執法丙子太陰犯心五月戊戌太陰犯心六月壬戌太陰犯角七月癸巳太陰犯心八月壬戌太陰犯箕九月辛丑太陰犯五車南星癸卯太陰犯五諸侯己酉太陰犯左執法十月壬戌太白犯牽牛戊寅太陰犯角宿距星十一月己亥太陰犯輿鬼辛丑辰星犯牽牛壬寅太陰犯右執法十二月戊午太白經天己未塡星犯輿鬼乙丑太白犯歲星太陰犯熒惑庚午塡星入輿鬼太陰犯上將甲戌彗出子孫星下己卯太陰犯南斗　三年正月丙戌太陰犯太白丁酉太陰犯西

垣上將戊戌太陰犯右執法乙巳太白經天三月乙巳熒惑犯五諸侯戊戌熒惑犯輿鬼四月己未太陰犯上將丙寅塡星犯輿鬼太陰犯心五月丙申太陰犯南斗己亥太白犯畢六月庚申太陰掩房丁卯熒惑犯右執法壬申歲星晝見七月己卯朔太白犯井丁未太陰犯輿鬼八月丁巳太陰犯箕戊辰太白犯軒轅大星己巳太陰犯五車星九月壬辰流星色赤尾長尺餘其光燭地起自河鼓沒於牽牛之西有聲如雷乙未太陰犯昴宿距星丁酉太白犯左執法十月丙子太陰犯房十一月乙酉太白犯房　四年二

月戊午太陰犯軒轅五月甲午太陰犯壘壁陣辛丑太白犯輿鬼太陰犯昴六月丁巳太白犯塡星七月辛卯熒惑犯井八月癸丑太陰犯井甲子辰星犯靈臺上星閏八月庚辰熒惑犯輿鬼九月戊午太白犯斗壬戌太陰犯輿鬼甲子太白犯斗十二月庚寅熒惑犯軒轅癸巳太陰犯房宿距星　五年正月己酉太陰犯五車壬子太陰犯輿鬼積尸氣辛酉太陰犯心二月己卯太陰犯輿鬼三月戊申太陰犯御女丁卯熒惑犯塡星己巳熒惑塡星相合四月壬申太陰犯東井五月癸丑太陰犯南斗乙卯熒惑犯右執法

丁卯太白犯井六月甲申歲星犯司怪己酉太白犯輿鬼歲星犯井甲午太白犯輿鬼七月丙午歲星犯井辛亥太陰犯壘壁陣庚申辰星犯太白八月壬辰太陰犯軒轅御女乙未塡星犯太微上將九月乙丑自八月庚辰彗出井二十四度四十分如南河大星色白長五尺直西北後經文昌斗魁南掃太陽又掃北斗天機紫微垣三公貫索星長丈餘至天市垣已蜀之東梁楚之南宋星上長盈尺凡四十六日而滅十月癸未太陰犯東井辛卯夜有流星大如杯色赤尾長丈餘光燭地自北起近東徐徐而行分為二星

前大後小相離尺餘沒於危宿十一月己亥歲星犯東井戊申太陰犯昴十二月甲戌歲星犯司怪辛卯太陰犯南斗　六年正月壬戌填星犯太微西垣上將二月庚午太陰犯昴三月壬寅太陰犯輿鬼癸卯歲星犯井甲寅太陰犯鉤鈐四月乙丑朔太白犯東井戊寅太陰犯心庚寅太白犯輿鬼六月癸亥朔填星犯太微西垣上將乙亥太陰犯斗七月癸巳朔熒惑填星辰星聚井庚子太陰犯心戊午太陰犯熒惑八月乙丑熒惑犯歲星己巳熒惑犯輿鬼辛巳太陰犯昴卯壬午太白犯軒轅九月丙午熒惑犯軒轅癸丑

太陰犯輿鬼丁巳太白犯右執法十月壬午熒惑犯太微西垣上將十一月辛亥填星犯左執法乙未辰星犯房癸卯太陰犯昴己酉太陰犯軒轅十二月庚申朔熒惑犯填星乙丑歲星犯輿鬼乙亥太陰犯輿鬼庚辰熒惑犯太微東垣上相癸未太陰犯房　七年正月戊戌太陰犯昴甲辰太陰犯軒轅二月戊寅太陰犯心四月癸亥太陰犯東井丙寅太陰犯軒轅乙亥歲星犯輿鬼太陰犯南斗甲申熒惑犯太微垣右執法丁亥歲星犯輿鬼五月壬辰辰星犯東井閏五月戊辰太陰犯心七月戊寅歲星犯軒轅己卯太

陰犯井乙酉熒惑犯房八月癸巳太白犯氐甲午熒惑犯東咸太陰犯牽牛乙巳歲星犯軒轅辛亥熒惑犯天江九月丙寅太白晝見辛未熒惑犯南斗甲戌太陰犯東井乙亥太白犯南斗壬午辰星犯氐十月丁亥太白經天辛丑太陰犯東井十一月己未太白經天丙寅填星犯進賢戊辰太陰犯東井己卯太陰犯東咸十二月丙戌太白經天夜熒惑犯壘壁陣丙申太陰犯東井辛丑太陰犯明堂丁未太陰犯天江

八年三月乙丑自去歲十二月庚戌彗星見約盈尺指東南色白測在室十一度漸長尺餘復指西北

掃騰蛇入紫微垣至是滅凡七十四日　九年正月丁巳太陰犯天關甲子太陰犯明堂己巳太陰犯東咸三月甲寅熒惑犯氐戊午歲星犯左執法四月庚辰太陰犯井壬辰太白犯井五月癸亥歲星掩左執法七月丙午熒惑犯氐甲寅太白經天丁卯熒惑犯房八月辛巳太陰犯東咸乙未熒惑犯天江九月丁巳熒惑犯斗十月丙戌太白經天十一月庚戌歲星太白填星聚於亢癸丑歲星犯亢丙寅歲星晝見十二月壬申太白經天丙子太陰犯西咸庚寅熒惑犯壘壁陣己亥辰星犯建星　十年正月丁巳太白犯

建星閏正月癸酉太白犯牽牛己丑太白犯壘壁陣二月戊午太陰犯氐三月戊寅歲星犯亢四月辛酉填星犯亢六月癸丑太陰犯羅堰上星己未歲星犯亢七月庚辰太陰犯牽牛八月壬寅歲星犯氐熒惑犯太微垣上將九月己巳熒惑犯太微垣右執法壬午熒惑犯太微垣左執法十月甲辰太白犯斗辛亥太陰犯畢甲寅太陰犯井十一月辛未歲星犯房壬申太陰犯虛甲戌熒惑犯亢戊子熒惑犯氐辛卯太陰犯熒惑十二月壬寅太白晝見乙巳歲星犯東咸戊午太陰犯氐　十一年六月丙午太陰犯南斗杓

星己巳太陰犯亢七月壬午熒惑犯南斗九月癸酉太白犯右執法己卯太白犯左執法十月乙巳太白犯亢己酉熒惑犯壘壁陣甲寅太陰犯明堂己未太陰犯太白十一月丁卯太白犯房丙子太陰犯東井乙酉太陰犯亢辛卯辰星犯歲星十二月丁巳填星犯鍵閉

武宗至大元年正月辛未太陰犯井甲申太陰犯填星二月丁未太陰犯亢甲寅太陰犯牛距星三月乙丑太陰犯井五月癸未太白犯輿鬼七月庚申流星起自句陳南至於大角傍尾跡約三尺化為白氣聚於七公南行圜若車輪微有鋭經貫索滅壬申太白犯左執法八月壬子太陰犯軒轅太民九月壬申填星犯房丙子太陰犯井癸未太陰犯熒惑十月辛丑太白犯南斗十一月庚申太白晝見癸亥熒惑犯亢己巳太陰掩畢甲戌熒惑犯氐乙亥辰星犯填星閏十一月壬寅熒惑犯房丁未太陰犯亢十二月甲子太陰犯畢丙子太陰犯氐戊寅太白掩建星　二年二月己巳太陰犯亢辛未太陰犯氐庚辰太陰犯太白三月戊戌太陰犯氐己亥熒惑犯歲星丙午熒惑犯壘壁陣五月辛卯太陰犯亢六月乙卯太白犯井

癸酉辰星犯輿鬼乙亥太陰掩畢八月乙亥太陰犯軒轅丁丑太陰犯右執法九月丙午太陰犯進賢十月壬申太陰犯左執法十一月己亥太陰犯右執法庚子太陰犯上相辛丑熒惑犯外屏十二月庚申太陰犯參癸亥辰星犯歲星辛未太白犯壘壁陣　三年正月壬辰太陰犯軒轅御女甲午太陰犯右執法丙申太陰犯平道二月辛亥熒惑犯月星庚申熒惑犯天街太陰犯軒轅少民壬戌太陰犯左執法甲戌太白犯月星三月甲申太陰犯井庚寅太陰犯氐丙申太陰犯南斗丁未太白犯井甲寅太陰犯軒轅御

女戊辰太白晝見五月乙酉太陰犯平道癸巳熒惑犯輿鬼六月乙卯太陰犯氐七月戊寅太陰犯右執法己卯太陰犯上相八月甲子太白犯軒轅太民乙丑太陰掩畢大星辛巳太陰犯建星辛卯太陰犯天廪十月甲辰朔太白經天丙午太白犯左執法癸丑熒惑犯亢十一月甲戌朔太白犯亢丁亥太陰犯畢十二月甲辰朔太陰犯羅堰庚申太陰犯軒轅大星辛酉太白犯填星丙寅太白犯氐　四年二月甲子太陰犯填星三月丙戌太陰犯太微上将四月甲寅太陰犯亢熒惑犯壘壁陣癸未太陰犯氐五月乙未

太陰犯太微東垣上相庚戌太陰犯氐七月癸巳太陰掩畢丁酉太陰犯鬼宿距星閏七月丙寅太陰犯軒轅九月乙卯太陰犯畢十月丙申太白犯壘壁陣十一月甲寅太陰犯輿鬼十二月庚辰太白經天癸未亦如之甲申太陰犯太微西垣上将壬辰太白經天

仁宗皇慶元年正月癸丑太陰犯太微東垣上相二月壬午太陰犯亢三月丁酉朔熒惑犯東井壬寅太陰犯東井四月丙子太白晝見壬午熒惑犯輿鬼癸未熒惑犯積尸氣庚寅太白經天六月己巳太陰犯

天關七月戊午太陰犯東井八月戊辰太白犯軒轅辛未太陰犯填星壬午辰星犯右執法乙酉太白犯右執法丁亥辰星犯左執法九月丁巳太白犯亢十月丁亥太陰犯平道戊子太陰犯亢十一月己亥太陰掩壘壁陣十二月甲申熒惑填星辰星聚井戊子太陰犯熒惑　二年正月戊申太陰犯三公三月庚子熒惑犯壘壁陣丁未彗出東井七月己丑朔歲星犯東井辛卯太白晝見乙未丙辰皆如之丁巳太白經天八月戊午朔太白晝見壬戌歲星犯東井壬午太陰犯輿鬼　延祐元年二月癸酉熒惑犯東井三

月壬辰太陰掩熒惑閏三月辛酉太陰犯輿鬼丙寅太陰犯太微東垣五月戊午辰星犯輿鬼六月乙未熒惑犯右執法十月庚戌辰星犯東咸十二月甲午太陰犯輿鬼癸卯太陰犯房甲辰太陰犯天江　二年正月乙卯歲星犯輿鬼己未太白晝見癸亥太陰犯軒轅丁卯太陰犯進賢二月戊子太白晝見癸巳太白經天丙午亦如之三月丙辰太陰色赤如赭四月庚子太陰犯壘壁陣五月辛酉太陰犯天江庚午太白晝見六月甲申太白晝見是夜太陰犯平道癸卯太白犯東井丙午辰星犯輿鬼九月己酉太陰犯

房辛酉太白犯左執法十月丙子朔客星見太微垣十一月丙午客星變爲彗犯紫微垣歷軫至壁十五宿明年二月庚寅乃滅　三年九月癸丑太白晝見丙寅太白經天十月甲申太白犯斗　四年三月乙酉太陰犯箕六月乙巳太陰犯心八月丙申熒惑犯輿鬼壬子太陰犯昴九月庚午太陰犯斗　六年正月戊寅太陰犯心二月己亥太陰犯靈臺三月己巳太陰犯明堂癸酉太陰犯日星甲戌太陰犯心五月辛酉太陰犯靈臺丁卯太陰犯房丙子太陰犯壘壁陣六月己亥歲星犯東咸七月壬戌太陰犯心丙子

太白犯太微垣右執法八月乙酉熒惑犯輿鬼閏八月丙辰辰星犯太微垣右執法丁巳太陰犯心癸亥熒惑犯軒轅甲子太陰犯壘壁陣乙亥太白犯東咸十月癸亥熒惑犯太微垣左執法乙丑太陰犯昴戊辰太陰犯東井庚午太白晝見辛未太陰犯軒轅辛卯熒惑犯進賢庚子太陰犯明堂十二月丙寅太陰犯軒轅　七年正月乙未太陰犯明堂上星癸卯太陰犯斗宿東星二月辛酉太陰犯軒轅御女壬戌太陰犯靈臺丁卯太陰犯日星庚午太陰犯斗宿距星三月戊子太陰犯酒旗上星熒惑犯進賢庚寅太陰

犯明堂上星四月甲寅太白犯填星壬戌太陰犯房宿距星五月庚寅太陰犯心宿東星癸巳太陰犯狗宿東星丙申太白犯畢宿距星六月庚申太陰犯斗宿東星癸亥太陰犯壘壁陣西二星丁卯太白犯井宿東扇第三星辛未太陰犯昴宿七月丁亥太陰犯斗宿東三星戊戌熒惑犯房宿上星己亥太陰犯昴宿距星八月丙辰太白犯靈臺上星乙丑熒惑犯天江丁卯太白犯太微垣右執法壬申太陰犯軒轅御女九月乙酉太陰犯壘壁陣西二星丙戌熒惑犯斗宿癸巳太陰犯昴宿東星己亥太白犯亢星十月庚

戌太陰犯熒惑于斗癸亥太陰犯井宿十一月癸卯熒惑犯壘壁陣乙卯太陰掩昴宿戊午太陰犯井宿東星庚申太陰犯鬼宿

英宗至治元年正月乙未太陰掩房宿距星甲辰辰星犯外屏西第一星辰星太白熒惑填星聚於奎宿二月壬子太白熒惑填星聚於奎宿辛酉太白犯熒惑癸亥太陰犯心宿大星又犯心宿東星三月丁丑太陰掩昴宿四月戊午太陰犯心宿大星庚申太陰犯斗宿東第三星五月戊寅太白犯鬼宿積尸氣太陰犯軒轅右角庚辰太陰犯明堂中星六月己未太

陰犯虛梁東第二星辛酉太白經天七月癸巳太陰犯昴宿八月丁未太陰犯心宿前星己酉太陰犯斗宿西第二星壬子熒惑犯軒轅大星九月乙亥熒惑犯靈臺東北星壬午熒惑犯太微西垣上將丁酉熒惑犯太微垣右執法十月甲辰太白經天戊申熒惑犯太微垣左執法十一月辛未熒惑犯進賢丙子太陰犯虛梁東第一星戊寅辰星犯房宿上星丙戌太陰犯井宿東扇北第二星己丑太陰犯酒旗西星又犯軒轅右角辛卯太陰犯明堂中星己亥太白犯西咸南第一星十二月甲辰熒惑犯亢宿南第一星庚

戌太陰犯昴宿東第一星辛酉熒惑入氐宿　二年正月丁丑太陰犯昴宿距星庚辰太白犯建星西第二星辛巳太白犯建星西第三星辛卯太陰犯心宿大星甲午熒惑犯房宿上星丁酉太白犯牛宿南第一星二月己亥朔熒惑犯鍵閉星丙午熒惑犯罰星南一星戊申太陰犯井宿東扇北第二星庚戌熒惑犯東咸北第二星辛亥太陰犯酒旗西第一星及軒轅右角星壬子太白犯壘壁陣西方第二星癸丑太陰犯明堂中星己未太陰犯天江南第一星壬戌太白犯壘壁陣第六星五月丙子熒惑退犯東咸南第

一星六月壬申熒惑犯心宿距星七月己亥熒惑犯天江南第一星戊午太陰犯井宿越星九月己未太陰犯明堂中星十月庚辰太陰犯井宿距星辛巳太陰犯井宿東扇北第二星及第三星己丑熒惑犯壘壁陣西第六星十一月甲辰太白犯壘壁陣第一星乙巳熒惑犯壘壁陣西第八星戊申太陰掩井宿東扇北第二星己未太陰犯東咸南第一星庚申太陰犯天江上第二星辛酉熒惑犯歲星十二月乙丑太白歲星熒惑聚于室太白犯壘壁陣西第八星乙亥太陰掩井宿距星戊寅太白犯歲星己丑熒惑犯外

屏西第三星太陰犯建星西第二星　三年正月壬寅太陰犯鉞星又犯井宿距星癸卯太陰犯井宿東扇南第二星二月癸亥朔熒惑太白塡星聚於胃宿癸酉太白犯昴宿辛巳太陰犯東咸南第一星第二星五月戊戌太白經天癸卯太陰犯房宿第二星庚戌太白犯畢宿右股第三星六月癸未塡星犯畢宿距星九月辛卯塡星退犯畢十月己巳太白犯亢丙子太白犯氐十一月己丑朔熒惑犯亢庚寅太白犯鈎鈐乙未太白犯東咸壬寅熒惑犯氐十二月己巳辰星犯壘壁陣辛未熒惑犯房辛巳熒惑犯東咸

泰定帝泰定元年五月丙午太白犯鬼宿丁未太白又犯鬼宿積尸氣十月丙寅太白犯斗宿距星己巳太白入斗宿魁太陰犯填星庚午太白犯斗壬午熒惑犯壘壁陣十二月庚午熒惑犯外屏乙亥太白經天　二年正月丙戌辰星犯天鷄壬寅太白犯建星二月庚寅熒惑歲星填星聚于畢宿六月丙戌填星犯井宿鉞星丙午填星犯井宿八月癸巳歲星犯天罇十月壬辰熒惑犯氐宿癸巳填星退犯井宿十一月戊午填星退犯井宿鉞星十二月乙酉熒惑犯天江辰星犯建星甲午太白犯壘壁陣　三年正月辛

酉太白犯外屏三月丙午填星犯井宿鉞星戊辰熒惑犯壘壁陣填星犯井宿庚午填星太白歲星聚于井四月戊戌太白犯鬼宿壬寅熒惑犯壘壁陣七月戊辰太白經天至于十二月九月壬戌太白犯太微垣右執法十月辛巳太白犯進賢　四年正月己酉太白犯牛宿三月丁卯熒惑犯井宿九月壬子太白犯房宿閏九月己巳太白經天至十二月十月乙巳晝有流星戊午辰星犯東咸十一月癸酉太白犯壘壁陣熒惑犯天江十二月己未歲星退犯太微西垣上將致和元年二月壬戌太白晝見五月庚辰流星如缶大光明燭地七月丙戌太白犯軒轅大星

文宗天曆元年九月庚辰太白犯亢宿　二年正月甲子太白犯壘壁陣二月己酉熒惑犯井宿五月庚申太白犯鬼宿積尸氣六月丁未太白晝見七月癸亥太白經天十一月癸酉太陰犯填星　至順元年七月庚午歲星犯氐宿八月戊辰太白犯氐宿九月己丑熒惑犯鬼宿甲午熒惑犯鬼宿十一月甲申熒惑退犯鬼宿丙戌太白犯壘壁陣　二年二月壬子太白晝見三月丙子朔熒惑犯鬼宿己卯熒惑犯鬼宿積尸氣五月丁丑熒惑犯軒轅左角甲午太白犯

畢宿庚子太陰犯太白辛丑太白經天六月丁未太白晝見丁卯太陰犯畢太白犯井八月乙卯太白犯軒轅大星庚申太白犯軒轅左角九月丙子太白犯填星十一月壬申朔太白犯鉤鈐　三年五月癸酉熒惑犯東井

志卷第一

百衲本

元史

明・宋濂等撰

2

國家圖書館出版社

志卷第二　　元史四十九

翰林學士亞中大夫知制誥兼修國史臣宋濂　翰林待制承直郎同知制誥兼國史院編修官臣王禕等奉

勑修

天文二

月五星凌犯及星變下

順帝　元統元年正月癸酉太白晝見二月戊戌亦如之己亥填星退犯太微東垣上相丙辰太陰犯天江下星三月戊寅太陰犯太微東垣上相五月丁酉熒惑犯太微垣右執法六月丁丑太陰犯壘壁陣西第二星七月己亥太陰犯房宿北第二星九月甲午

太陰犯東咸西第一星填星犯進賢乙未太陰犯天江下星丁巳太陰犯填星己未太陰犯氐宿距星十月甲子太陰入犯斗宿魁東北星十一月甲午太陰犯壘壁陣西方第二星辛亥太陰犯太微東垣上相壬子太陰犯填星癸丑太陰犯亢宿南第一星癸酉太陰犯鬼宿東北星乙亥太白犯壘壁陣西第八星太陰犯軒轅夫人星己卯太陰犯進賢癸未太陰犯東咸西第二星　二年正月壬寅太陰犯軒轅夫人星庚戌太陰犯房宿北第二星二月癸酉太陰犯太微東垣上相丁亥太白經天三月辛丑太陰犯進賢

又犯填星四月丁丑太白經天戊寅太白晝見辛巳壬午皆如之壬午夜太白犯鬼宿積尸氣七月己亥太白經天甲辰亦如之丙午復如之己酉太白晝見夜流星如酒盃大色赤尾跡約長五尺餘光明燭地起自天津之側没于離宮之南庚戌太白經天壬子熒惑入犯鬼宿積尸氣癸丑太白經天甲寅亦如之八月丙辰朔太白經天丁巳戊午己未亦如之癸亥丙寅戊辰辛未壬申癸酉甲戌丁丑己卯皆如之己卯夜太白犯軒轅御女星庚辰太白經天壬午亦如之九月庚寅太白經天壬辰太陰入南斗魁癸巳太

陰犯狗國東星太白犯靈臺中星甲午太白經天乙未亦如之己亥壬寅皆如之乙巳太白犯太微垣右執法壬子太白犯太微垣左執法十月癸亥熒惑犯太微西垣上將太白犯進賢乙亥太陰犯軒轅夫人星太白犯填星十一月乙未填星犯亢宿距星庚戌熒惑犯太微東垣上相　仍改至元元年二月甲戌熒惑逆行入太微垣四月壬戌太陰犯太微垣左執法五月癸卯太陰犯壘壁陣東方第四星六月壬戌太陰犯心宿大星七月乙未太陰犯壘壁陣西方第二星八月辛亥熒惑犯氐宿東南星九月丁亥太陰

入魁犯斗宿東南星庚寅太陰犯壘壁陣西方第二星十月甲寅熒惑犯斗宿西第二星庚申太陰犯壘壁陣東方東第二星甲子太陰犯昴宿西第二星丁卯太白犯斗宿魁第三星戊辰太白晝見十一月甲申太白經天丙戌亦如之己丑辰星犯房宿上星及鈎鈐星丙申太陰犯鬼宿東北星己亥太陰犯太微西垣上將庚子太陰犯太微垣左執法十二月壬子太陰犯壘壁陣西方第二星辛酉太白犯壘壁陣東方第六星甲子太白經天乙丑太陰犯軒轅夫人星丙寅太白經天丁卯亦如之太陰犯太微垣右執法

庚午太白經天壬申亦如之癸酉歲星晝見乙亥太白歲星皆晝見戊寅太白經天歲星晝見閏十二月乙酉熒惑犯壘壁陣西第八星庚子太陰犯心宿大星壬寅太陰犯箕宿距星癸卯太陰犯斗宿魁東南星

二年正月壬戌太陰犯太微垣右執法甲子太陰犯角宿距星丁卯太陰犯房宿距星二月辛巳太陰犯昴宿距星甲申太白經天己丑太陰犯太微西垣右執法三月壬戌太陰犯心宿距星甲子太陰犯箕宿距星乙丑太陰犯斗宿東南星四月丙戌太陰犯角宿距星五月庚戌太陰犯靈臺西第一星五月丙辰太白晝見丁巳亦如之六月戊子太白犯井宿東扇北第二星七月己酉太白犯鬼宿東南星乙卯太白犯熒惑八月己卯太陰犯心宿東第一星辛巳太陰犯箕宿東北星九月庚戌熒惑犯太微西垣上將十月丙子熒惑犯太微垣左執法丁亥太陰犯昴宿己亥熒惑犯進賢十一月己酉太陰犯壘壁陣西第八星己未太陰犯鬼宿積尸氣丁卯太陰犯房宿距星

三年三月辛亥太陰犯靈臺上星四月辛卯太陰犯壘壁陣西方第五星庚子太白晝見五月壬寅太白犯鬼宿東北星乙巳太陰犯軒轅左角戊申

太白晝見壬子太陰犯心宿後星戊午太白晝見己未太陰犯壘壁陣西方第六星辛酉太白晝見丁卯彗星見於東北如天船星大色白約長尺餘彗指西南測在昴五度六月庚午太白經天辛未亦如之甲戌復如之乙亥太白犯靈臺上星己卯太白經天夜太白犯太微西垣上將壬午太白晝見太陰犯斗宿魁尖星丁亥太白犯太微垣右執法己丑太白晝見庚寅亦如之七月癸卯太白經天乙巳亦如之丙午復如之庚戌太白晝見甲寅太白經天辛酉太白晝見壬戌太白經天癸亥甲子皆如之八月庚午彗星

不見其星自五月丁卯始見戊辰往西南行日益漸遠至六月辛未芒彗愈長約二尺餘丁丑掃上丞己卯光芒愈甚約長三尺餘入圜衛壬午掃華蓋杠星乙酉掃鉤陳大星及天皇大帝丙戌貫四輔經樞心甲午出圜衛丁酉出紫微垣戊戌犯貫索掃天紀七月庚子掃河間癸卯經鄭晋入天市垣丙午掃列肆己酉太陰光盛微辨芒彗出天市垣掃梁星至辛酉光芒微小膽在房宿鍵閉之上罰星中星正西難測日漸南行至是凡見六十有三日自昴至房凡歷一十五宿而滅甲戌太陰犯心宿後星九月己亥熒惑

犯斗宿西第二星甲辰太陰犯斗宿魁第二星丁未太陰犯壘壁陣西第一星己酉太陰犯壘壁陣西第八星辛酉太陰犯軒轅大星十月庚午太白晝見丙子太陰犯壘壁陣西方第七星壬午太陰犯昴宿上行星丁亥太白晝見太陰犯鬼宿積尸氣庚寅太白晝見辛卯亦如之丙申復如之十一月丁酉太白經天戊戌太白犯亢宿距星己亥太白經天壬寅太陰犯熒惑癸卯太陰犯壘壁陣西第六星丁未填星犯鍵閉辛亥太陰犯五車東南星甲寅太陰犯鬼宿西北星丙辰太陰犯軒轅左角丁巳太白經天太陰犯

太微垣三公東南星戊午太白經天癸亥亦如之甲子乙丑皆如之十二月己巳歲星退犯天罇東北星填星犯罰星南第一星甲戌熒惑犯壘壁陣東第五星太白犯東咸上星　四年正月癸卯太白犯建星西第二星甲辰太白犯建星西第三星丙午太陰犯五車東南星辛亥太陰犯軒轅左角己未填星犯東咸上星庚申太陰入斗魁太白犯牛宿二月戊寅太陰犯軒轅大星己卯太陰犯靈臺中星三月戊申填星退犯東咸上星六月辛巳填星退犯鍵閉星閏八月己亥填星犯罰星南第一星太陰犯斗宿南第二

星庚戌太陰犯昴宿南第二星乙卯太陰犯鬼宿東南星九月丙寅太陰犯斗宿距星戊辰太白犯東咸上第二星癸酉奔星如酒盃大色白起自右旗之下西南行没於近濁甲申太陰犯軒轅御女乙酉太陰犯靈臺南第一星庚寅太白犯斗宿北第二星十月辛亥太陰犯酒旗上星十一月辛未熒惑犯氐宿距星丁丑太陰犯鬼宿東南星戊寅太白犯壘壁陣西第六星十二月庚子熒惑犯房宿上星癸卯太白經天己酉庚戌辛亥皆如之壬子熒惑犯東咸上第二星乙卯太白犯外屛西第二星太陰犯斗宿距星丙

辰太白經天　五年正月庚午太陰犯井宿東扇上星乙亥熒惑犯天江上星二月甲午太陰犯昴宿上西第一星壬寅太陰犯靈臺下星四月壬寅太陰犯日星及犯房宿距星五月庚午太陰犯心宿後星壬申太陰犯斗宿西第四星丙子太白犯畢宿右股西第三星六月甲辰熒惑退入南斗魁內七月辛酉熒惑犯南斗魁尖星壬戌亦如之甲子復如之太陰犯房宿距星甲戌太白經天乙亥丙子亦如之戊寅乙酉丙戌皆如之八月戊子太白經天己丑庚寅辛卯皆如之甲午太陰犯斗宿西第四星丁酉太白犯軒

轅大星戊戌太白經天己亥亦如之壬寅甲辰皆如之乙巳太陰犯昴宿上行西第三星九月戊午太白經天己未亦如之十月己亥熒惑犯壘壁陣西方第六星十一月丁巳熒惑犯壘壁陣東方第五星十二月甲午太陰犯昴宿距星癸卯熒惑犯外屏西第三星　六年正月丁卯太陰犯鬼宿距星乙亥太陰犯房宿距星二月己丑太陰犯昴宿丙申太陰犯太微西垣上將癸卯太陰犯心宿大星丁未太陰犯羅堰南第一星戊申熒惑犯月星己酉彗星如房星大色白狀如粉絮尾跡約長五寸餘彗指西南測在房七

度漸往西北行太陰犯虛梁南第二星三月癸亥太陰犯軒轅右角庚午太陰犯房宿距星壬申太陰犯南斗杓第二星丙子太陰犯虛梁南第一星戊寅太白犯月星辛巳是夜彗星不見自二月己酉至三月庚辰凡見三十二日四月乙巳太陰犯雲雨西北星五月丁卯太陰犯斗宿西第二星辛未太陰犯虛梁西第二星六月癸卯太白晝見己酉亦如之辛亥復如之辛亥夜太白犯歲星又太白歲星皆犯右執法七月甲寅太白晝見丁巳亦如之庚申太陰犯心宿距星又犯心中央大星壬戌太白晝見癸亥亦如之

甲子太陰犯羅堰乙丑太白晝見丙寅亦如之癸酉復如之九月辛酉太陰犯虛梁北第一星丁卯太陰犯昴宿距星熒惑犯歲星甲戌太陰犯軒轅右角十月丁酉太白入南斗魁己亥太白犯斗宿中央東星十一月乙卯太陰犯虛梁西第一星戊午熒惑犯氐宿距星丙寅辰星犯東咸上第一星戊寅辰星犯天江北第一星十二月癸未太陰犯虛梁北第一星乙酉太陰犯土公東星丁亥熒惑犯鉤鈐南星乙未熒惑犯東咸北第二星戊戌太陰犯明堂星　至正元年正月甲寅熒惑犯天江上星庚申太陰犯井宿東

扇北第二星辛未太陰犯心宿距星癸酉太陰犯斗宿北第二星甲戌太白晝見乙亥丙子丁丑皆如之二月己卯太白晝見庚辰亦如之丙戌復如之癸巳太陰犯明堂東南星三月癸酉太陰犯雲雨西北星六月庚午太陰犯井宿距星七月乙酉太陰犯填星庚寅太陰犯雲雨西北星九月庚辰太陰犯建星南第二星壬辰太陰犯鉞星又犯井宿距星十月己卯歲星犯氐宿距星丁巳太陰犯月星十一月己亥太陰犯東咸南第一星庚子太陰犯天江北第二星十二月丁巳太白犯壘壁陣東方第五星　二年正月戊子太陰犯明堂北第二星甲午熒惑犯月星三月戊子太陰犯房宿北第二星四月庚申太陰犯羅堰上星五月甲申太白經天七月乙未太陰掩太白丁酉太白晝見八月丙午太白晝見九月丁丑太陰犯羅堰北第一星戊子太陰犯井宿東扇南第一星十月癸卯太陰犯建星北第三星甲寅太陰犯天關十一月辛卯歲星熒惑太白聚於尾宿　三年二月甲辰太陰犯井宿西扇北第二星填星犯牛宿南第一星熒惑犯羅堰南第一星乙卯太陰犯氐宿東南星三月壬午太陰犯氐宿東南星七月庚辰太白犯右

執法　四年十二月壬戌太陰犯外屏西第二星　七年七月丙辰太陰犯壘壁陣東第四星十一月庚戌太陰犯天廩西北星　八年二月庚辰太陰犯軒轅左角癸未太陰犯平道東星三月丙辰太陰犯建星西第一星八月丙子太陰犯壘壁陣西方第五星九月己未太陰犯靈臺東北星　九年正月庚戌太白犯建星東第三星辛亥太陰犯平道西星二月甲申太陰犯建星西第二星三月己亥太白犯壘壁陣東方第六星七月丙午太陰犯壘壁陣東方南第一星癸丑太陰犯天關九月丙戌熒惑犯靈臺上星十一月戊辰太陰犯畢宿左股北第三星庚辰太白犯壘壁陣西方第二星十二月戊戌太白犯壘壁陣東方第五星　十年正月壬申太陰犯熒惑二月辛丑太陰犯平道東星甲辰太陰犯鍵閉三月己卯熒惑犯太微西垣上將四月丙午太白犯鬼宿西北星七月辛酉太陰犯房宿北第一星辛未太白晝見壬申丁丑壬午皆如之八月癸未朔太白晝見丁酉亦如之九月癸丑朔太白晝見壬戌熒惑犯天江南第二星十月癸巳歲星犯軒轅大星丙申太陰犯昴宿右股東第二星十一月戊辰太陰犯鬼宿東北星十二

月乙未太陰犯鬼宿西北星　十一年正月丙戌辰星犯牛宿西南星二月庚寅太陰犯鬼宿東北星乙未太陰犯太微東垣上相丁酉太陰犯亢宿距星三月丁卯太陰犯東咸第二星戊辰太陰犯天江西第一星七月己未太陰犯斗宿東第三星壬戌太白犯右執法甲子太陰犯壘壁陣東方第一星己巳太白犯太微垣左執法熒惑入犯鬼宿積尸氣八月乙酉太陰犯天江南第二星九月乙卯辰星犯太微垣左執法丁巳太白犯房宿第二星戊辰太陰犯鬼宿東北星十月戊寅熒惑犯太微西垣上將辛巳太陰犯斗宿距星乙酉太白犯斗宿西第二星己丑太白晝見熒惑犯歲星辛卯太白犯斗宿西第四星癸巳歲星犯右執法丙午熒惑犯太微垣左執法十一月辛亥孛星見於奎宿癸丑孛星見於婁宿甲寅孛星見於胃宿乙卯亦如之丙辰孛星見於昴宿丁巳太陰犯填星孛星微見於畢宿丁卯太白晝見庚午歲星晝見十二月丙子太白晝見丁丑太白經天庚辰亦如之夜太白犯壘壁陣西第六星甲申太陰犯填星丙戌太白經天夜太白犯壘壁陣西第七星辛卯太白經天壬辰亦如之甲午復如之丁酉太白晝見太

陰犯熒惑庚子太白經天辰星犯天江西第二星辛丑太白經天壬寅太白晝見　十二年正月乙丑太陰犯熒惑己巳歲星犯右執法二月庚寅太陰犯太微東垣上相癸巳太陰犯氐宿距星三月戊午太陰犯進賢壬戌太陰犯東咸西第一星戊辰太白晝見五月癸酉太白犯填星六月辛亥太白犯井宿東第二星七月丁酉辰星犯靈臺北第二星八月丁卯太白犯歲星九月壬辰太陰犯軒轅南第三星十月戊午太陰犯鬼宿東北星甲子太陰犯歲星乙丑太陰犯亢宿南第一星十一月庚寅太陰犯太微東垣上相　十三年正月乙酉太陰犯太微東垣上相戊戌熒惑太白辰星聚於奎宿二月己酉太陰犯軒轅南第三星庚戌太白犯熒惑壬子太陰犯太微東垣上相四月辛丑太白犯井宿東扇北第一星辛亥太陰犯房宿北第二星五月乙亥太陰犯歲星七月戊辰太白晝見九月庚寅太陰犯熒惑壬辰太白經天熒惑犯左執法十月庚子太白經天甲辰歲星犯氐宿距星癸亥太白犯亢宿距星十一月壬申太陰犯壘壁陣東方第四星十二月丁酉太白犯東咸北第一星庚子熒惑入氐宿丁巳太陰犯心宿距星　十四

年正月乙丑熒惑犯歲星丁卯太白犯建星西第二星癸酉熒惑犯房宿北第一星二月戊午太白犯壘壁陣西第八星六月甲辰太陰入斗宿南第一星七月乙丑太陰犯角宿距星壬午太陰犯昴宿距星十月壬子太陰犯太微垣右執法十一月丙子太陰犯鬼宿東北星十二月己亥太陰掩昴宿　十五年正月戊辰太陰犯五車東南星辛未太陰犯鬼宿東北星閏正月丁未太陰犯心宿後星丙辰太白經天三月庚寅太陰犯五車東南星五月丙申太陰犯房宿距星癸丑太白經天六月癸亥太白經天八月戊寅

太白晝見九月乙丑太白晝見夜太白入犯太微垣左執法庚寅太白晝見十月己未太陰犯壘壁陣西方第二星癸酉太陰犯軒轅大星十一月乙酉熒惑犯氐宿距星庚寅填星退犯井宿東扇北第二星己亥太陰犯鬼宿東北星十二月癸丑熒惑犯房宿北第一星　十六年正月己丑太陰犯昴宿西第一星四月癸亥熒惑犯壘壁陣西方第四星五月壬辰太白犯鬼宿西北星癸巳太白犯鬼宿積尸氣甲午太陰入犯斗宿南第二星丁酉太陰犯壘壁陣西方第一星八月丁卯太陰犯昴宿西北星甲戌彗星見於

正東如軒轅左角大色青白彗指西南約長尺餘測在張宿十七度一十分至十月戊午滅跡西北行四十餘日十一月丁亥流星如酒盃大色青白尾跡約長五尺餘光明燭地起自西北東南行没於近濁有聲如雷壬辰太陰犯井宿東扇上星　十七年二月癸丑太陰犯五車東南星三月甲申太陰入犯鬼宿積尸氣又犯東南星壬辰歲星犯壘壁陣西南第六星七月癸未太白入犯鬼宿積尸氣甲申太陰入犯斗宿距星丁亥填星入犯鬼宿距星八月癸卯填星犯鬼宿東南星太白犯軒轅大星己酉歲星犯壘壁

陣西方第六星甲子太陰犯五車尖星閏九月癸卯飛星如酒盃大色青白光明燭地尾跡約長尺餘起自王良没於勾陳之下丙午太陰犯斗宿南第三星庚申太陰犯井宿東扇北第一星十月乙亥熒惑犯氐宿距星甲申太陰掩昴宿十二月庚午朔熒惑犯天江北第一星戊寅太白犯歲星庚辰太白犯壘壁陣東方第五星甲申太陰犯鬼宿距星丁亥歲星犯壘壁陣東方第五星癸巳太陰犯心宿後星己亥申時流星如金星大尾跡約長三尺餘起自太陰近東往南行没後化爲青白氣　十八年正月辛丑填星

退入犯鬼宿積尸氣丙午太陰犯昴宿二月乙亥塡星入守鬼宿積尸氣三月丁卯太白在井宿失行於北生芒角熒惑犯壘壁陣東方第六星四月辛卯太白入犯鬼宿積尸氣五月壬寅太白犯塡星壬子太陰犯斗宿東第三星七月丁未太陰犯斗宿南第三星戊申太白晝見八月壬申太陰掩心宿大星甲申太陰掩昴宿距星十月己卯太陰犯昴宿距星十一月丙午太陰犯昴宿距星太白犯房宿上第一星辛酉太陰掩心宿大星十二月戊寅太白生黑芒環繞太白乍東乍西乍動乍靜癸未太白生黑芒忽明忽暗乍東乍西戊子太陰犯房宿南第二星　十九年正月辛丑太陰犯昴宿東第一星癸丑流星如酒盃大色赤尾跡約長五尺餘起自南河沒於螣蛇其星將沒迸散隨落處有聲如雷三月庚戌太陰犯房宿距星五月丙申熒惑入犯鬼宿積尸氣丙午太陰犯天江南第一星丁未太陰犯斗宿北第二星七月丁酉太白犯上將甲辰太白犯右執法己酉太白犯左執法九月甲寅太白入犯天江南第一星十月壬申太白入犯斗宿南第三星辛巳流星如桃大色黃潤後離一尺又一小星相隨色赤尾跡通約長三尺餘

起自危宿之東緩緩東行沒於畢宿之西十二月戊辰太白犯壘壁陣西方第七星　二十年正月己亥太陰犯井宿東扇北第二星丙辰熒惑犯牛宿東角星四月丁卯太陰犯明堂中星癸酉太陰犯東咸西第一星五月癸卯太陰犯建星西第二星閏五月乙亥流星如桃大色赤尾跡約長丈餘起自房宿之側緩緩西行沒於近濁六月癸巳太白犯井宿東扇北第二星戊戌太陰犯建星西第三星七月丁丑太陰犯井宿距星八月辛卯太陰犯天江北第二星壬寅塡星犯太微西垣上將甲辰太陰犯井宿鉞星十月戊子熒惑犯井宿東扇北第一星　二十一年正月庚申太陰犯歲星二月癸未塡星退犯太微西垣上將壬寅太陰犯天江北第一星三月丙辰太陰犯井宿西扇第二星庚辰熒惑入犯鬼宿西北星五月壬戌太陰犯房宿北第二星癸酉太白犯軒轅左角甲戌熒惑犯太白六月乙未熒惑歲星太白聚于翼宿戊戌太陰犯雲雨上二星甲辰太白晝見七月丙辰太陰犯氐宿東南星十月甲申太陰犯牛宿距星十一月庚戌太陰犯建星西第四星癸亥太陰犯井宿東扇北第四星壬申太陰犯氐宿東南星　二十二

年正月戊申朔太白犯建星西第二星乙卯填星退犯左執法二月己卯太白犯壘壁陣西方第二星乙酉彗星見光芒約長尺餘色青白測在危七度二十分丁酉彗星犯離宮西星至二月終光芒約長二丈餘三月戊申彗星不見星形惟有白氣形曲竟天西指掃大角壬子彗星行過太陽前惟有星形無芒如酒盃大昏濛色白測在昴宿六度至戊午始滅跡焉四月丁亥熒惑離太陽三十九度不見當出不出五月辛酉太陰犯建星西第四星六月辛巳彗星見於紫微垣測在牛二度九十分色白光芒約長尺餘東南指西南行戊子彗星光芒掃上宰七月乙卯彗星滅跡八月癸巳太陰犯畢宿右股第二星九月丁未太白犯亢宿南第一星己酉太陰犯斗宿北第一星癸亥歲星犯軒轅大星丙寅熒惑犯鬼宿西北星己巳流星如酒盃大色青白光明燭地熒惑入犯鬼宿積尸氣十月己卯太陰犯牛宿距星丁亥辰星犯亢宿南第一星戊子太陰犯畢宿距星十二月壬辰太陰犯角宿距星　二十三年正月庚戌歲星退犯軒轅大星二月戊戌太白晝見庚子亦如之三月丙辰太陰犯氐宿距星四月辛丑熒惑犯歲星庚申歲星

犯軒轅大星五月壬午太白晝見甲午亦如之乙未熒惑犯右執法六月乙卯太白犯井宿西扇北第二星壬戌太白晝見夜太白入犯井宿東扇南第二星七月乙酉太白晝見丙戌辛卯皆如之八月壬寅太白入犯軒轅大星乙巳太陰犯建星東第二星丁未太白犯軒轅左角己酉太白晝見壬子亦如之丙辰太陰犯畢宿右股北第二星己未太白晝見辛酉太白犯歲星乙丑太白入犯右執法九月辛未太白入犯左執法乙亥歲星入犯右執法丁丑辰星犯填星丁亥太白犯填星辰星犯亢宿南第一星十月癸卯太白犯氐宿距星戊午太白犯房宿北第一星十一月癸未太陰犯軒轅右角歲星犯太微垣左執法二十四年正月癸酉太陰犯畢宿大星戊寅太陰犯軒轅右角二月壬子歲星自去年九月九日東行入右掖門犯右執法出端門留守三十餘日犯左執法今逆行入端門西出右掖門又犯右執法太陰犯西咸南第一星四月丁未太陰犯西咸南第一星癸丑太白入犯井宿東扇北第一星五月甲戌太白犯鬼宿西北星乙亥又犯積尸氣歲星入犯右執法六月丁巳太白犯右執法七月癸亥太白與歲星相合於

翼宿二星相去八寸餘甲子歲星犯左執法八月丁未熒惑入犯鬼宿積尸氣九月乙丑太白晝見甲申太陰犯軒轅右角戊子熒惑入犯軒轅大星十月丙午太陰犯畢宿大星己酉太陰犯井宿東扇南第一星丙辰太白犯斗宿西第二星十二月乙卯太陰犯太白　二十五年正月丁卯太白晝見戊辰亦如之太陰犯畢宿右股東第四星甲戌太白犯建星西第四星二月丙午太陰犯填星三月戊辰太白犯壘壁陣東方第五星四月壬子熒惑犯靈臺東北星五月辛酉熒惑犯太微西垣上將流星如酒盃大色青白

元史志卷二　十九

光明燭地起自房宿之側緩緩西行没於太微垣右執法之下七月丁丑填星歲星熒惑聚於角亢己卯太陰犯畢宿左股北第二星八月乙未太陰犯建星東第三星己亥太陰犯壘壁陣東方第六星九月丁丑太陰犯井宿東扇南第一星十月辛卯熒惑犯天江東第二星己酉熒惑犯斗宿杓星西第二星太陰犯右執法庚戌太陰犯太微東垣上相閏十月戊辰太白辰星熒惑聚於斗宿太陰犯畢宿右股北第四星又犯左股北第三星壬申太白犯辰星十一月己丑太白犯熒惑太陰犯壘壁陣東方第五星丙申太陰犯畢宿大星癸卯太陰犯太微西垣上將十二月丙辰太陰犯太白癸亥太陰犯畢宿右股第二星庚午歲星掩房宿北第一星辛未太陰犯太微垣右執法　二十六年正月戊戌太陰犯太微西垣上將辛丑太陰犯亢宿距星二月戊午太陰犯畢宿大星丁丑歲星退行犯房宿北第一星歲星守鉤鈐三月甲午太陰犯左執法四月己未太陰犯軒轅大星乙丑太陰犯西咸西第一星丙子太白入犯鬼宿積尸氣六月癸酉流星如酒盃大色青白尾跡約長尺餘起自心宿之側東南行光明燭地没於近濁七月丁酉

元史志卷二　二十

熒惑犯鬼宿積尸氣甲辰太白晝見丙午丁未戊申皆如之八月辛亥太白晝見己未太陰掩牛宿南三星庚午歲星犯鉤鈐乙亥太陰掩軒轅大星九月壬辰太白犯太微垣右執法庚子孛星見於紫微垣北斗權星之側色如粉絮約斗大往東南行過犯天棓星辛丑孛星測在尾十八度五十分壬寅孛星測在女二度五十分癸卯孛星測在女九度九十分甲辰孛星測在虛初度八十分太陰犯太微西垣上將乙巳孛星出紫微垣北斗權星玉衡之間在於軫宿東南行過犯天棓經漸臺輦道去虛宿壘壁陣西方星

始消滅焉丙午熒惑犯太微西垣上將十一月乙酉太白犯填星丁亥太白犯房宿北第一星戊子熒惑犯太微東垣上相太白犯鍵閉己丑流星如酒盃大分爲三星緊相隨前星色青明後二星色赤尾跡約長二丈餘起自東北緩緩往西南行没於近濁庚寅太陰犯畢宿右股北第四星丙申太白歲星辰星聚於尾宿庚子太陰犯太微東垣上相辛丑填星犯房宿北第一星甲辰太白犯歲星十二月戊午太陰犯畢宿大星庚申太陰犯井宿西扇北第二星乙丑太陰犯軒轅左角丙寅太陰犯太微西垣上將辛未太

陰犯西咸西第一星甲戌太陰犯建星西第三星二十七年正月癸巳太陰犯太微西垣上將二月乙卯太陰犯井宿西扇北第二星三月辛巳填星退犯鍵閉星四月丙寅太陰犯壘壁陣西方第四星六月乙卯太陰犯氐宿東北星辛未太陰犯井宿西扇北第二星七月壬辰熒惑犯氐宿東南星丙申太陰犯畢宿大星己亥太陰犯井宿東扇南第二星八月庚戌熒惑犯房宿北第二星癸丑太陰犯建星西第二星九月丁丑填星犯房宿北第一星熒惑犯天江南第二星乙酉太陰犯壘壁陣東方第六星辛卯填星

犯鍵閉太陰犯畢大星癸巳太陰犯井宿西扇北第二星丁酉熒惑犯斗宿西第二星十月戊午太陰犯畢宿右股西第二星辛酉太陰犯井宿東扇南第三星癸亥太陰犯鬼宿西南星丁卯歲星太白熒惑聚於斗宿十一月戊寅太白晝見庚辰太陰犯壘壁陣東方南東第一星餘見本紀

志卷第二

翰林學士亞中大夫知　制誥兼修　國史臣宋濂　翰林待制承直郎兼　國史院編修官臣王褘等奉
勑修

五行

人與天地參爲三極災祥之興各以類至天之五運地之五材其用不窮其初一陰陽耳陰陽一太極耳而人之生也全付畀有之具爲五性著爲五事又著爲五德脩之則吉不脩則凶吉則致福焉不吉則致極焉徵之於天吉則休徵之所應也不吉則咎徵之所應也天地之氣無感不應天地之氣應亦無物不

感而况天子建中和之極身爲神人之主而心範圍天地之妙其精神常與造化相流通若桴鼓然故軒轅氏治五氣高陽氏建五官夏后氏脩六府自身而推之於國莫不有政焉其後箕子因之以衍九疇其言天人之際備矣漢儒不明其大要如夏侯勝劉向父子競以災異言之班固以來采爲五行志又不致求向之論著本於伏生生之大傳言六沴作見若是共禦五福乃降若不共禦六極其下禹乃共辟厥德爰用五事建用王極後世君不建極臣不加省頋乃執其類而求之惑矣否則判而二焉如宋儒王安石之論亦過也天人感應之機豈易言哉故無變而無不脩省者上也因變而克自脩省者次之災變既形脩之而莫知所以脩省之而莫知所以省又次之其下者災變並至敗亡隨之訖莫脩省者刑戮之民是已歷攷往古存亡之故不越是數者元起朔漠方太祖西征角端見于東印度爲人語云汝主宜早還意者天告之以止殺也憲宗討八赤蠻于寬田吉思海會大風吹海水盡涸濟師大捷憲宗以爲天導我也以此見五方不殊性其於畏天有不待教而能者世祖兼有天下方地既廣郡邑災變蓋不絕書而妖孽

禍眚非有司言狀則亦不得具見昔孔子作春秋所紀災異多矣然不著其事應聖人之知猶天也故不妄意天欲人深自謹焉乃本洪範倣春秋之意攷次當時之灾祥作五行志

五行一曰水潤下水之性也失其性爲沴時則霧水暴出百川逆溢壞鄉邑溺人民及凡霜雹之變是爲水不潤下其徵恒寒其色黑是爲黑眚黑祥至元元年真定順天河間順德大名東平濟南等郡大水四年五月應州大水五年八月亳州大水六年十二月獻莫清滄四州及豐州渾源縣大水九年九月南陽

懷孟衛輝順天等郡洺磁泰安通灤等州淫雨河水並溢圮田廬害稼十三年十二月濟寧及高麗瀋州水十四年六月濟寧路雨水平地丈餘損稼曹州定陶武清二縣濮州堂邑縣雨水沒禾稼十二月冠州永年縣水十六年十二月保定等路水十七年正月磁州永平縣水八月大都北京懷孟保定東平濟寧等路水十八年二月遼陽懿州蓋州水十一月保定清苑縣水二十年六月太原懷孟河南等路沁河水涌溢壞民田一千六百七十餘頃衛輝路清河溢損稼南陽府唐鄧裕嵩四州河水溢損稼十月涿州巨馬河溢二十一年六月保定河間濱棣大水二十二年秋南京彰德大名河間順德濟南等路河水壞田三千餘頃高郵慶元大水傷人民七百九十五户壞廬舍三千九十區二十三年六月安西路華州華陰縣大雨潼谷水涌平地三丈餘杭州平江二路屬縣水壞民田一萬七千二百頃大都涿鄚檀順薊五州汴梁歸德七縣水二十四年六月霸州益津縣雨水九月東京誼靜威遠婆娑等處水二十五年七月滕州大水民采橡爲食十二月太原汴梁二路河溢害稼二十六年二月紹興大水十月平灤路水壞田稼

一千一百頃二十七年正月甘州無爲路大水五月江陰州大水六月河溢大康縣沒民田三十一萬九千畝八月沁水溢廣州清遠縣大水十一月河決祥符義唐灣太康通許二縣陳潁二州大被其患二十八年二月常德路水八月浙東婺州水九月平灤保定河間三路大水二十九年五月龍興路南昌新建進賢三縣水六月鎮江常州平江嘉興湖州松江紹興等路府水揚州寧國太平三郡大水岳州華容縣水三十年五月深州靜安縣大水十月平灤路水三十一年八月趙州寧晋縣水十月遼陽路水元貞元年五月建康溧陽州太平當塗縣鎮江金壇丹徒等縣常州無錫州平江長洲縣湖州烏程縣鄱陽餘干州常德沅江澧州安鄉等縣水六月泰安州奉符曹州濟陰兗州磁陽等縣水歷城縣大清河水溢壞民居七月遼東和州大都武衛屯田水九月廬州平江二郡大水二年五月太原平晋縣獻州交河樂壽二縣莫州任丘莫亭等縣湖南醴陵州水六月大都路益津保定大興三縣水損田稼七千餘頃真定古城獲鹿稾城等縣保定葛城歸信新安東鹿等縣汝寧潁州濟寧沛縣揚廬岳澧四郡建康太平鎮江常州

紹興五郡水八月棣州曹州水九月河決河南杞封丘祥符寧陵襄邑五縣十月河決開封縣十二月江陵潛江縣沔陽玉沙縣淮安海寧朐山鹽城等縣水大德元年三月歸德徐州邳州宿遷睢寧鹿邑三縣河南許州臨潁郾城等縣睢州襄邑太康扶溝陳留開封杞等縣河水大溢漂沒田廬五月河決汴梁發民夫三萬五千塞之漳水溢害稼龍興南康澧州南雄饒州五郡水六月和州歷陽縣江水溢漂廬舍一萬八千五百區七月郴州耒陽縣衡州酃縣大水溺死三百餘人七月溫州平陽瑞安二州水溺死六千

八百餘人十一月常德武陵縣大水二年六月河決蒲口凡九十六所泛溢汴梁歸德二郡大名東昌平灤等路水三年八月河間郡水四年五月保定真定二郡通薊二州水六月歸德睢州大水五年五月宣德保定河間屬州水寧海州水六月濟寧般陽益都東平濟南襄陽平江七郡水七月江水暴風大溢高四五丈連崇明通泰真州定江之地漂沒廬舍被災者三萬四千八百餘戶遼陽大寧路水八月平灤郡雨灤河溢順德路水六年四月上都大水五月濟南路大水歸德府徐州邳州睢寧縣雨五十日沂武二

河合流水大溢東安州渾河溢壞民田一千八十餘頃六月廣平路大水七年五月濟南河間等路水六月遼陽大寧平灤昌國瀋陽開元六郡雨水壞田廬男女死者百十有九人脩武河陽新野蘭陽等縣趙河滹河白河七里河沁河潦河皆溢台州風水大作寧海臨海二縣死者五百五十人八年五月太原陽武縣衛輝獲嘉縣汴梁祥符縣河溢大名滑州濬州雨水壞民田六百八十餘頃八月潮陽颶風海溢漂民廬舍九年六月汴梁武陽縣思齊口河決東昌博平堂邑二縣雨水潼川郪縣雨綿江中江溢水決入

城龍興撫州臨川三郡水七月沔陽玉沙縣江溢嶧州水揚州泰興縣淮安山陽縣水八月歸德府寧陵陳留通許扶溝太康杞縣河溢大名元城縣大水十年五月雄州鄚州水平江嘉興二郡水害稼六月保定蒲城清苑二縣雨水大名益都定興等路大水七月平江路大風海溢吳江州大水十一年六月靖海容城東鹿隆平新城等縣水七月冀寧文水縣汾水溢十一月盧龍灤河遷安昌黎撫寧等縣水至大元年七月濟寧路雨水平地丈餘暴決入城漂廬舍死者十有八人真定路淫雨大水入南門下注槀城死

者百七十人彰德衛輝二郡水損稻田五千三百七十頃二年七月河決歸德府又決汴梁封丘縣三年六月涓川鄄城汶上三縣水峽州大雨水溢死者萬餘人七月循州惠州大水漂廬舍二百九十區四年六月大都三河縣潞縣河東祁縣懷仁縣永平豐盈屯雨水害稼七月東平濟寧般陽保定等路大水江陵松滋縣桂陽臨武縣水皇慶元年五月歸德睢陽縣河溢六月大寧水達達路雨宋兎江溢民避居亦母兒乞嶺八月松江府大風海水溢二年五月辰州沅陵縣水六月涿州范陽縣東安州宛平縣固安州

霸州益津永清永安等縣雨水壞田稼七千六百九十餘頃河決陳亳睢三州開封陳留等縣八月崇明嘉定二州大風海溢延祐元年五月常德路武陵縣雨水壞廬舍溺死者五百人六月涿州范陽房山二縣渾河溢壞民田四百九十餘頃七月沅陵盧溪二縣水八月肇慶武昌建康杭州建德南康江州臨江袁州建昌贛州安豐撫州等路水二年六月河決鄭州壞汜水縣治七月京師大雨鄭州昌平香河寶坻等縣水全州永州江水溢害稼三年四月潁州泰和縣河溢七月婺源州雨水溺死者五千三百餘人四

年正月解州鹽池水五年四月廬州合肥縣大雨水六年六月河間路漳河水溢壞民田二千七百餘頃益都般陽濟南東昌東平濟寧等路曹濮泰安高唐等州大雨水害稼遼陽廣寧瀋陽永平開元等路水大名路屬縣水壞民田一萬八千頃汴梁歸德汝寧彰德真定保定衛輝南陽等郡大雨水七年四月安豐廬州淮水溢損禾麥一萬頃城父縣水五月江陵縣水六月棣州德州大雨水壞田四千六百餘頃七月上蔡汝陽西平等縣水八月霸州文安文成二縣滹沱河溢害稼汾州平遙縣水是歲河決汴梁原武

縣至治元年六月霸州大水渾河溢被災者三萬餘户七月薊州平谷漁陽二縣順州邢臺沙河二縣大名魏縣永平石城縣大水彰德臨漳縣漳水溢大都固安州真定元氏縣東安寶坻縣淮安清河山陽等縣水東平東昌二路高唐曹濮等州雨水害稼乞里吉思部江水溢八月安陸府雨七日江水大溢被災者三千五百户雷州海康遂溪二縣海水溢壞民田四千頃九月京山長壽二縣漢水溢十月遼陽肇慶等郡水二年正月儀封縣河溢二月濮州大水閏五月睢陽縣亳社屯大水六月奉元郿縣邠州新平上

蔡二縣水八月廬州六安舒城二縣水十一月平江路大水損民田四萬九千六百頃三年五月東安州水壞民田一千五百餘頃真定武邑縣水害稼六月大都永清縣雨水損田四百頃七月漷州雨水害稼九月漳州建昌南康等郡水泰定元年五月漷州固安州水隴西縣大雨水漂死者五百餘家龍慶路雨水傷稼六月益都濟南般陽東昌東平濟寧等郡二十有二縣曹濮高唐德州等處十縣淫雨水深丈餘漂没田廬大同渾源河溢陳汾順晉恩深六州雨水害稼真定滹沱河溢漂民廬舍陝西大雨渭水及黑

水河溢損民廬舍渠州江水溢七月真定河閒保定廣平等郡三十有七縣大雨水五十餘日害稼大都路固安州清河溢順德路任縣沙灃洺水溢奉元朝邑縣曹州楚丘縣開州濮陽縣河溢九月延安路洛水溢奉元長安縣大雨灃水溢濮州館陶縣水十二月杭州鹽官州海水大溢壞隄塹侵城郭有司以石囷木櫃捍之不止二年正月大都寶坻縣肇慶高要縣雨水鞏昌路水閏正月雄州歸信縣大水二月甘州路大雨水漂没行帳孳畜三月咸平府清寇二河合流失故道隳堤堰四月涿州房山范陽二縣水岷洮文階四州雨水五月檀州大水平地深丈有五尺高郵興化江陵公安二縣水河溢汴梁被災者十有五縣六月冀寧路汾河溢潼江府綿江中江水溢入城深丈餘衛輝汲縣歸德宿州雨水濟寧路虞城碭山單父豐沛五縣水七月睢州河決八月霸州涿州永清香河二縣大水傷稼九千五十餘頃九月開元路三河溢没民田壞廬舍十月寧夏鳴沙州大雨水三年正月恩州水二月歸德府河決六月大同縣大水汝寧光州水七月河決鄭州漂没陽武等縣民一萬六千五百餘家東安檀順漷四州雨渾河決溫榆

水溢傷稼延安路膚施縣水漂民居九十餘户八月鹽官州大風海溢捍海隄崩廣三十餘里袤二十里徙居民千二百五十家以避之真定蠡州奉元蒲城縣無爲州歷陽含山等縣水九月平遥縣汾水溢十一月崇明州三沙鎮海溢漂民居五百家十二月遼陽大水大寧路瑞州大水壞民田五千五百頃廬舍八百九十所溺死者百五十人四年正月鹽官州潮水大溢捍海隄崩二千餘步四月復崩十九里發丁夫二萬餘人以木柵竹落磚石塞之不止六月大都東安固安通順薊檀漷七州永清良鄉等縣雨水七

月上都雲州大雨北山黑水河溢雲安縣水八月汴梁扶溝蘭陽二縣河溢漂民居一千九百餘家濟寧虞城縣河溢傷稼十二月夏邑縣河溢汴梁中牟開封陳留三縣歸德邳宿二州雨水致和元年三月鹽官州海隄崩遣使禱祀造浮圖二百十六用西僧法壓之河決碭山虞城二縣四月鹽官州海溢益發軍民塞之置石囤二十九里六月南寧開元永平等路水河間林邑縣雨水益都濟南般陽濟寧東平等郡三十縣濮德泰安等州九縣雨水害稼七月廣西兩江諸州水天曆元年八月杭州嘉興平江湖州建德

鎮江池州太平廣德九郡水沒民田萬四千餘頃二年六月大都東安通薊霸四州河間靖海縣雨水害稼永平昌國諸屯水至順元年六月河決大名路長垣東明二縣沒民田五百八十餘頃曹州高唐州水七月海潮溢漂沒河間運司鹽二萬六千七百引閏七月平江嘉興湖州松江三路一州大水壞民田三萬六千六百餘頃被災者四十萬五千五百餘戶杭州常州慶元紹興鎮江寧國等路望江銅陵長林寶應興化等縣水沒民田一萬三千五百餘頃大都保定大寧益都屬州縣水二年四月潞州潞城縣大雨

水五月河間莫亭縣寧夏河渠縣紹慶彭水縣及德安屯田水六月彰德屬縣漳水決十月吳江州大風太湖水溢漂民居一千九百七十餘家十二月深州晉州水三年三月奉元朝邑縣洛水溢五月汴梁河水溢江都泰興雲夢應城等縣水六月汾州大水至元十四年九月湖州長興縣金沙泉自唐宋以來用以造茶其泉不常有今濆然涌出溉田可數百頃有司以聞錫名瑞應泉十五年十二月河水清自孟津東柏谷至汜水縣蓼子谷上下八十餘里澄瑩見底數月始如故元貞元年閏四月蘭州上下三百餘里

河清三日中統二年五月西京隕霜殺禾三年五月宣德咸寧等路隕霜八月河間平灤等路隕霜害稼四年四月武州隕霜殺麥禾至元二年八月太原隕霜七年四月檀州隕霜八年七月鞏昌會蘭等州霜殺稼十七年四月益都隕霜二十一年三月山東隕霜殺桑蠶盡死被災者三萬餘家二十七年七月大同平陽太原隕霜殺禾二十九年三月濟南般陽等郡及恩州屬縣霜殺桑元貞二年八月金復州隕霜殺禾大德五年三月湯陰縣霜殺麥五月商州霜殺麥六年八月大同太原霜殺禾七年四月霜殺麥八年三月濟陽灤城二

縣霜殺桑八月隕霜殺稼九年三月河間益都般陽三郡屬縣隕霜殺桑清莫滄獻四州霜殺桑二百四十一萬七千餘本壞蠶一萬二千七百餘箔十年七月大同渾源縣霜殺禾八月綏德州米脂縣霜殺禾二百八十頃至大元年八月大同隕霜殺禾皇慶二年三月濟寧霜殺桑延祐元年三月東平般陽等郡泰安曹濮等州大雨雪三日隕霜殺桑閏三月濟寧汴梁等路及隴州開州青城渭源諸縣霜殺桑無蠶七月冀寧隕霜殺稼四年夏六盤山隕霜殺稼五百餘頃五年五月雄州歸信縣隕霜六年三月奉元路同州隕霜七年八月益津縣雨黑霜至治三年七月冀寧曲陽縣大同路大同縣興和路威寧縣隕霜八月袁州宜春縣隕霜害稼泰定二年三月雲需府大雪民饑天曆三年二月京師大霜晝霿至順元年閏七月奉元西和州寧夏應理州鳴沙州鞏昌靜寧邠會等州鳳翔麟遊大同山陰晉寧潞城隰川等縣隕霜殺稼中統二年四月雨雹大如彈丸三年五月順天平陽真定河南等郡雨雹四年七月燕京昌平縣景州蓨縣開平路興松雲三州雨雹害稼至元二年八月彰德大名南京河南濟南太原等郡雨雹四年三月夏津

縣大雨雹五年六月中山大雨雹六年七月西京大同縣雨雹七年五月河內縣大雨雹十五年閏十一月海州贛榆縣雨雹傷稼十九年八月雨雹大如鷄卵二十年四月河南風雷雨雹害稼五月安西路風雷雨雹八月真定元氏縣大風雹禾盡損二十二年七月冠州雨雹二十四年九月大定金源高州武平興中等處雨雹二十五年三月靈壁虹縣雨雹如鷄卵害麥十二月靈壽陽曲天成等縣雨雹二十六年夏平陽大同保定等郡大雨雹二十七年四月靈壽縣大風雹六月棣州猒次濟陽二縣大風雹傷禾黍菽麥桑棗二十九年閏六月遼陽瀋州廣寧開元等路雨雹三十一年四月即墨縣雨雹八月德州德安縣大風雨雹元貞元年五月鞏昌金州會州西和州雨雹大無麥禾七月隆興路雨雹元貞二年五月河中猗氏縣雨雹六月隆興咸寧縣順德邢臺縣太原交河離石壽陽等縣雨雹八月懷孟武陟縣雨雹大德元年六月太原崞州雨雹害稼二年二月檀州雨雹八月彰德安陽縣雨雹四年三月宣州涇縣台州臨海縣風雹八年五月大寧路建州蔚州靈仙縣雨雹太原大同隆興屬縣陽曲天成懷安白登風雹害

稼八月管州嵐州交城陽曲懷仁等縣雨雹九年六月晉寧冀寧宣德隆興大同等郡大雨雹害稼十年四月鄭州管城縣風雹大如鷄卵積厚五寸五月大雨雹七月宣德縣雨雹十一年五月建州雨雹至大元年四月般陽新城縣濟南猷次縣益都高苑縣風雹五月管城縣大雹深一尺無麥禾八月大寧縣雨雹害稼斃畜牧二年三月濟陰定陶等縣雨雹六月峄州源州金城縣雨雹延安神禾縣大雹一百餘里擊死人畜三年四月靈壽平陰等縣雨雹四年四月南陽雨雹閏七月宣寧路雨雹皇慶元年四月大名

濬州彰德安陽縣河南孟津縣雨雹六月開元路風雹害稼二年七月冀寧平定州雨雹景州阜城縣風雹八月大同懷仁縣雨雹延祐元年五月膚施縣大風雹損稼并傷人畜六月宣平仁壽白登等縣雨雹二年五月大同宣德等郡雷雹害稼三年五月薊州雹深一尺五年四月鳳翔府雹傷麥禾六年六月大同縣雨雹大如鷄卵七月鞏昌隴西縣雹害稼七年八月大同路雷風雨雹至治元年六月武州雨雹害稼永平路大雹深一尺害稼七月真定順德等郡雨雹二年四月涇州涇川縣雨雹六月思州大風雨雹

三年五月大風雨雹拔柳林行宮大木泰定元年五月冀寧陽曲縣雨雹傷稼思州龍泉平雨雹傷麥六月順元太平軍定西州雨雹七月龍慶路雨雹大如鷄卵平地深三尺餘八月大同白登縣雨雹二年四月奉元白水縣雨雹五月洮州路可當縣臨洮府狄邑縣雨雹六月興州鄜州靜寧州及成紀通渭白水膚施安塞等縣雨雹七月檀州雨雹三年六月鞏昌路大雨雹中山府安喜縣乾州永壽縣雨雹七月房山寶坻玉田永平等縣大風雹折木傷稼八月龍慶路雨雹一尺大風損稼四年七月彰德湯陰縣冀寧

定襄縣大同武應二州雨雹害稼致和元年四月濬州涇州大雹傷麥禾五月冀寧陽曲縣威州井陘縣雨雹六月涇川湯陰等縣大雨雹大寧永平屬縣雨雹天曆二年七月大寧惠州雨雹八月冀寧陽曲縣大雹如鷄卵害稼三年七月順州東安州及平棘肥鄉曲陽行唐等縣風雹害稼開元路雨雹至順二年十二月冀寧清源縣雨雹三年五月甘州雨雹乙巳天鼓鳴于西北中統二年九月河南民王四妻靳氏一產三男唐志云物反常爲妖陰氣盛則母道壯也至元元年八月武城縣王氏妻崔一產三男十年八

月甲寅鳳翔寶鷄縣劉鐵牛妻一産三男二十年二月高州張丑妻李氏一産四子三男一女四月固安州王得林妻張氏懷孕五月生一男四手四足圓頭三耳一耳附腦後生而即死具狀有司上之二十八年九月襄陽南障縣民李氏妻王一産三子大德元年五月遂寧州軍户任福妻一産三男十一月遼陽打鴈孛蘭奚戶那懷妻和里迷一産四男四年寶應縣民孫奕妻朱氏一産三男十年正月江州湖口縣方丙妻甘氏一産四男泰定元年十月乙卯秦州成紀縣趙思直妻張氏一産三子致和元年三月壬辰太平當塗縣楊太妻吴氏一産三子

五行二曰火炎上火之性也失其性為沴董仲舒云陽失節則火災出於是而濫炎妄起災宗廟燒宫館雖興師衆弗能救也是為火不炎上其徵恒燠其色赤是為赤眚赤祥定宗三年戊申野草自焚牛馬十死八九民不聊生至元十一年十二月淮西正陽火廬舍鎧仗悉燬十八年二月楊州火元貞二年杭州火燔七百七十家大德八年五月杭州火燔四百家九年三月宜黄縣火十年武昌路火延祐元年二月真州揚子縣火三年六月重慶路火郡舍十焚八九

六年四月揚州火燔官民廬舍一萬三千三百餘區至治二年四月揚州真州火十二月杭州火三年五月奉元路行宫正殿火上都利用監庫火九月揚州江都縣火燔四百七十餘家泰定元年五月江西袁州火燔五百餘家三年六月龍興路寧州高市火燔五百餘家七月龍興奉新州辰州辰溪縣火八月杭州火燔四百七十餘家四年八月龍興路火十二月杭州火燔六百七十家天暦二年三月四川紹慶彭水縣火四月重慶路火延二百四十餘家七月武昌路江夏縣火延四百家十二月江夏縣火燔四百餘家三年二月河内諸縣火皇慶元年冬無雪詔禱嶽瀆延祐元年大都檀薊等州冬無雪至春草木枯焦

至元二年八月丙寅濟南鄒平縣進芝一本八年八月癸酉益都濟州進芝二本十五年四月濟南歴城縣進芝十九年六月芝生眉州青城縣景德寺二十三年四月丁未江東宣慰司進芝一本十月濟寧進芝一本二十六年三月癸未東流縣獻芝四月池州貴池縣民王逸進紫芝十二本六月汲縣民朱良進紫芝二十八年三月芝生鈞州翟陽縣二十九年六月芝生賀州大德五年十二月興元西鄉縣進芝一

本色如珊瑚六年正月濟南鄒平縣進芝一本五枝五葉色皆赤至大四年八月芝生國學大成殿延祐二年三月芝生大成殿五年七月芝生大成殿元統二年正月辛未御帳殿受朝賀是夜東北有赤氣照人大如席

五行三曰木曲直木之性也失其性爲沴故生不暢茂爲變異者有之是爲木不曲直其徵恒雨其色青是爲青眚青祥大德七年十一月辛酉木氷至順二年十一月丁巳雨木氷十二月癸亥雨木氷元貞元年太平路蕪湖縣進榆木有文曰天下太平年至治

三年五月庚子柳林行宮大木風拔三千七百株至元十七年二月真定七郡桑有蟲食之二十九年五月滄州濰州中山元氏無棣等縣桑蟲食葉蠶不成元貞元年四月真定中山靈壽二縣桑有蟲食之大德五年四月彰德廣平真定順德大名等郡蟲食桑至大元年五月大名廣平真定三郡蟲食桑致和元年六月河南德安屯蝗食桑天曆二年三月滄州高唐州及南皮塩山武城等縣桑蟲食之如枯株至順二年三月冠州蟲食桑四萬株晉冀深蠡等州及鄆城延津二縣蟲夜食桑晝匿土中人莫捕之五月曹

州禹城保定博野東昌封丘等縣蟲食桑皆旣至元九年六月丁亥京師大雨二十四年九月太原河間河南等路霖雨害稼二十五年七月保定郡霸鄚二州淫雨害稼八月嘉祥魚臺金鄉三縣淫雨九月莫獻二州淫雨保定路淫雨二十六年六月濟寧東平汴梁濟南順德真定平灤棣州霖雨害稼二十八年八月大名清河南樂諸縣霖雨爲灾九月河間郡淫雨至大四年七月河間順德大名彰德廣平等路德濮恩通等州及河東祈縣霖雨害稼皇慶元年隆興路新建縣雨害稼延祐四年四月遼陽蓋州雨水害

稼六年七月霸州文成縣雨害稼三千餘頃至治元年江州贛州淫雨二年閏五月安豐路雨傷稼三年五月大名魏縣淫雨保定定興縣濟南無棣猒次縣濟寧碭山縣河間齊東縣霖雨害稼泰定元年七月真定廣平廬州十一郡雨傷稼元年八月汴梁考城儀封濟南沾化利津等縣霖雨損禾稼

五行四曰金從革金之性也失其性爲沴時則冶鑄不成變異者有之是爲金不從革金石同類故古者以類附見其徵恒暘其色白是爲白眚白祥至元十三年霧靈山伐木官劉氏言檀州大峪錐山出鐵鑛

有司覆視之尋立四冶大德元年雲州聚陽山等冶言鑛石𤓰煉銀貨不出詔減其課額二年六月撫州崇仁縣辛陂村有星隕于地爲綠色員石邑人張椿以狀聞泰定四年八月天全道山崩飛石擊人中者輒死厥徵之恒陽劉向以爲春秋大旱也京房易傳曰欲得不用茲謂張厥灾荒荒旱也中統三年五月濱棣二州旱四年八月真定郡及洺磁等州旱至元元年二月東平太原平陽旱分命西僧禱雨五年十二月京兆大旱八年四月蔚州靈仙廣靈二縣旱九年六月高麗旱十三年十二月平陽路旱十六年七

月趙州旱十八年二月廣寧北京大定州旱二十三年五月汴梁旱京畿旱二十四年春平陽旱二麥枯死二十五年東平路須城等六縣安西路商耀乾華等十六州旱二十六年絳州大旱元貞元年六月環州葭州及咸寧伏羌通渭等縣旱七月河間肅寧樂壽二縣旱泗州賀州旱二年八月大名開州懷孟武陟縣河間肅寧縣旱九月莫州獻州旱十月化州旱十二月遼東開元二路旱大德元年六月汴梁南陽大旱民鬻子女九月鎮江丹陽金壇二縣旱十二月平陽曲沃縣旱二年五月衛輝順德平灤等路旱三

年五月荊湖諸郡及桂陽寶慶興國三路旱十月揚盧隨黃等州旱四年平棘白馬二縣旱五年六月汴梁南陽衛輝大名等路旱九月江陵旱八年六月鳳翔扶風岐山寶鷄三縣旱九年七月晉州饒陽縣漢陽漢川縣旱八月象州融州柳州屬縣旱十年五月京畿旱安西春夏大旱二麥枯死至大三年夏廣平亢旱皇慶元年六月濱棣德三州及蒲臺陽信等縣旱二年九月京畿大旱延祐二年春檀薊濠三州旱夏鞏昌蘭州旱四年四月德安府旱五年七月真定河間廣平中山大旱七年六月黃蘄二郡及荊門軍

旱至治元年六月大同路旱二年十一月岷州旱三年夏順德真定冀寧大旱泰定元年六月景清滄莫等州臨汾涇川靈臺壽春六合等縣旱九月建昌郡旱二年五月潭州茶陵州興國永興縣旱七月隨州息州旱三年夏燕南河南州縣十有四亢陽不雨七月關中旱四年二月奉元醴泉順德唐山邠州淳化等縣旱六月潞霍綏德三州旱八月藤州旱致和元年二月廣平彰德等郡旱天曆元年八月陝西大旱人相食二年夏真定河間大名廣平等四州四十一縣旱峽州二縣旱八月浙西湖州江東池州饒州旱

十二月冀寧路旱至順元年七月肇州興州東勝州
及榆次滏陽等十三縣旱二年霍隰石三州阜城平
地二縣旱恒暘則有介蟲之孽釋者謂小蟲有甲飛
揚之類陽氣所生也於春秋為螽今謂之蝗按劉歆
云貪虐取民則螽與魚同占劉向以為介蟲之孽當
屬言不從令傚之中統三年五月真定順天邢州蝗
四年六月燕京河間益都真定東平蝗八月濱棣等
州蝗至元二年七月益都大蝗十二月西京北京順
德徐宿邳等州郡蝗五年六月東平等郡蝗七年七
月南京河南諸路大蝗八年六月上都中都大名河

間益州順天懷孟彰德濟南真定衛輝平陽歸德順
德等路淄萊洺磁等州蝗十六年四月大都十六路
蝗十七年五月忻州及漣海邳宿等州蝗十九年四
月別十八里部東三百餘里蝗害麥二十五年七月
真定汴梁蝗八月趙晉冀三州蝗二十七年四月河
北十七郡蝗二十九年六月東昌濟南般陽歸德等
郡蝗三十一年六月東安州蝗元貞元年六月汴梁
陳留太康考城等縣睢許等州蝗二年六月濟寧任
城魚臺縣東平須城汶上縣開州長垣清豐縣德州
齊河縣滑州大和州內黃縣蝗八月平陽大名歸德

真定等郡蝗大德元年六月歸德邳州徐州蝗二年
四月燕南山東兩淮江浙屬縣百五十處蝗三
年五月淮安屬縣蝗有鶖食之十月隴陝蝗五年六
月順德路淇州蝗七月廣平真定等路蝗八月河南
淮南睢陳唐和等州新野汝陽江都興化等縣蝗六
年四月真定大名河間等路蝗七月大都涿順固安
三州及濠州鍾離鎮江丹徒二縣蝗七年五月益都
濟南等路蝗六年大寧路蝗八年四月益都臨朐德
州齊河縣蝗八年六月益津縣蝗九年六月通泰靖
海武清等州縣蝗八月涿州良鄉河間南皮四州天

長等縣及東安海鹽等州蝗十年四月大都真定河
間保定河南等郡蝗六月龍興南康等郡蝗至大元
年五月晉寧路蝗六月保定真定二郡蝗八月淮東
蝗二年四月益都東平東昌順德廣平大名汴梁衛
輝等郡蝗六月檀霸曹濮高唐泰安等州良鄉舒城
歷陽合肥大安江寧句容溧水上元等縣蝗七月濟
南濟寧般陽河中解絳耀同華等州蝗八月真定保
定河間懷孟等郡蝗三年四月寧津堂邑茌平陽穀
平原齊河禹城七縣蝗七月磁州威州饒陽元氏平
棘滏陽元城無棣等縣蝗皇慶元年彰德安陽縣蝗

延祐七年六月益都路蝗至治元年五月霸州蝗六月衞輝汴梁等處蝗七月江都泰興古城通許臨淮盱眙清池等縣蝗十二月寧海州蝗二年汴梁祥符縣蝗有羣鶖食蝗既而復吐積如丘垤三年五月保定路歸信縣蝗泰定元年六月大都順德東昌衞輝保定益都濟寧彰德真定般陽廣平大名河間東平等郡蝗二年五月彰德路蝗六月德濮曹景等州歷城章丘淄川柳城茌平等縣蝗九月濟南歸德等郡蝗三年六月東平須城縣興國永興縣蝗七月大名順德廣平等路趙州曲陽滿城慶都修武等縣蝗淮

安高郵二郡睢泗雄霸等州蝗八月永平汴梁懷慶等郡蝗四年五月洛陽縣有蝗五畝羣烏盡食之越數日蝗又集又食之七月籍田蝗八月冠州恩州蝗十二月保定濟南衞輝濟寧廬州五路南陽河南二府蝗博興臨淄膠西等縣蝗致和元年四月大都薊州永平路石城縣蝗鳳翔岐山縣蝗無麥苗五月潁州及汲縣蝗六月武功縣蝗天曆二年四月大寧興中州懷慶孟州廬州無爲州蝗六月益都莒密二州蝗七月真定汴梁永平淮安廬州大寧遼陽等郡屬縣蝗三年五月廣平大名般陽濟寧東平汴梁南陽河南等郡輝德濮開高唐五州蝗至順元年六月潞薊固安博興等州蝗七月解州華州及河內靈寶延津等二十二縣蝗二年三月陝州諸路蝗六月孟州濟源縣蝗七月河南閿鄉陝縣奉元蒲城白水等縣蝗至元十五年四月濟南無棣縣獲白雉以獻元貞三年正月海州牟平縣獲白鹿于聖水山以獻至元二十四年七月癸丑日暈連環白虹貫之至大元年七月流星起勾陳化爲白氣負如車輪至貫索始滅皇慶元年六月丁卯天雨毛延祐元年二月己亥白暈亘天連環貫日至順三年五月丁酉白虹並日出

其長竟天

五行五曰土土中央生萬物者也而莫重於稼穡土氣不養則稼穡不成金木水火沴之衝氣爲異爲地震爲天雨土其徵恒風其色黃是爲黃眚黃祥中統元年五月澤州益州饑二年六月塔察兒部饑七月桓州饑三年五月甘州饑閏九月濟南郡饑至元二年四月遼東饑五年九月益都饑六年十一月濟南饑十一月固安高唐二州饑七年五月東京饑七月山東淄萊等州饑八年正月西京益都饑九年四月京師饑七月水達達部饑十七年三月高郵郡饑十

八年二月淛東饑四月通泰崇明等州饑十九年九月真定路饑民流徙鄂州二十三年七月宣寧路饑二十四年九月平灤路饑十二月蘇常湖秀四州饑二十五年十一月兀良合部饑二十六年二月合木裏部饑三月安西甘州等路饑四月遼陽路饑閏十月武平路饑檀州饑十二月蠡州饑河間保定二路饑二十七年二月開元路寧遠縣饑四月浙東婺州饑河間任丘保定定興二縣饑九月河東山西道饑二十八年三月真定河間保定平灤太原平陽等路饑杭州平江鎮江廣德太平徽州饑九月武平路饑

十二月洪寬女直部饑大都內郡饑二十九年正月清州興州饑三月輝州龍山縣里州和中縣饑東安固安薊棣四州饑三月咸寧昌州饑閏六月南陽懷孟衛輝等路饑三十年十月京師饑元貞二年四月平陽絳州太原陽曲台州黃巖饑大德元年六月廣德路饑七月寧海州文登牟平等縣饑三年八月揚州淮安等郡饑四年二月湖北饑三月寧國太平二路饑九月建康常州江陵等郡饑六年五月福州饑六月杭州嘉興湖州廣德寧國饒州太平紹興慶元婺州等郡饑大同路饑七月建康路饑十一月保定

路饑七年二月真定路饑五月太原龍興南康袁州瑞州撫州等路高唐南豐等州饑六月淛西饑七月常德路饑八年六月烏撒烏蒙益州忙部東川等路饑九年三月常寧州饑五月寶慶路饑八月揚州饑十年三月濟州任城饑四月漢陽淮安道州柳州饑七月黃州沂州求州饑八月成都饑十一月揚州辰州饑至大元年二月益都般陽濟寧濟南東平泰安大饑六月山東河南江淮等郡大饑二年七月徐州邳州饑皇慶元年六月鞏昌河州路饑二年三月晉寧大同大寧四川鞏昌甘肅等郡饑四月真定保定

河間等路饑五月順德冀寧二路饑六月上都饑延祐元年六月衡州饑七月台州饑十二月歸德汝寧沔陽安豐等郡饑二年正月晉寧宣德懷孟衛輝益都般陽等路饑二年十二月漢陽路饑三年二月河間濟南濱棣等處饑四月遼陽蓋州及南豐州饑五月寶慶桂陽澧州潭州求州道州衷州饑四年正月汴梁饑五年四月上都饑六年八月山東濟寧饑七年五月大同雲南豐勝諸郡邑饑瀋陽路饑八年廣東新州新城縣饑至治元年正月蘄州蘄水縣饑二月河南汴梁歸德安豐等路饑五月滕州濮州饑七

月南恩新州饑十一月肇昌成州饑十二月慶遠真定二路饑二年三月河南淮東淮西諸郡饑延安延長宜川二縣饑奉元路饑四月東昌霸州饑九月臨安河西縣饑三年二月京師饑三月平江嘉定州饑崇明黄巖二州饑十一月鎮江丹徒沅州黔陽縣饑十二月歸澧二州饑泰定元年正月惠州新州南恩州信州上饒縣廣德路廣德縣岳州臨湘華容等縣饑二月慶元紹興二路綏德州米脂清澗二縣饑三月臨洮狄道縣石州離石縣饑四月江陵荆門軍監利縣饑五月贛州吉安臨江等郡崑山南恩等州饑

八月冀寧延安江州安陸杭州建昌常德全州桂陽辰州南安等路屬州縣饑九月紹興南康二路饑十一月泉州饑中牟延津二縣饑二年正月梅州饑禄施英德二州饑閏正月河間真定保定瑞州四郡饑二月鳳翔路饑三月薊鄭徐邳等州饑濟南肇慶江州惠州饑四月杭州鎮江寧國南安潯州潭州等路饑五月廣德衮州撫州饑六月寧夏路饑九月瓊州成州饑德慶路饑十二月濟南延川等郡饑三年三月河間保定真定三路饑三月大都永平奉元饑十一月瀋陽大寧永平廣寧金復州甘肅亦集乃路饑

四年正月遼陽諸郡饑二月奉符長清萊蕪三縣饑建康淮安蘄州屬縣饑四月通薊等州漁陽永清等縣饑七月武昌江夏縣饑致和元年二月乾州饑三月晋寧冀寧奉元延安等路饑四月保定東昌般陽彰德大寧五路屬縣饑五月河南東平大同等郡饑七月咸寧長安縣涇州靈臺縣饑天曆二年正月大同及東勝州饑涿州房山范陽等縣饑四月奉元耀州乾州華州及延安邠寧諸縣饑流民數十萬大都興和順德大名彰德懷慶衛輝汴梁中興等路泰安高唐曹冠徐邳等州饑江東浙西二道饑八月忻州

饑十月漢陽武昌常德澧州等路饑鳳翔府大饑三年正月寧海州文登牟平縣饑懷慶衛州二路饑真定汝寧揚廬蘄黄安豐等郡饑二月河南大饑三月東昌須城堂邑縣饑沂莒膠密寧海五州臨清定陶光山等縣饑肇昌蘭州定西州饑四月德州清平縣饑至順二年二月集慶嘉興二郡及江陰州饑檀順維密昌平五州饑六月興和路高原咸平等縣饑九月思州鎮遠府饑十二月河南大饑三年四月大理中慶路饑五月常寧州饑七月滕州饑八月大都寶坻縣饑至大元年春紹興慶元台州疫死者二萬六

千餘人皇慶二年冬京師大疫唐志云國将有恤則邪亂之氣先被于民故疫太宗五年癸巳十二月大風霾凡七晝夜至元二十年正月汴梁延津封丘二縣大風麥苗盡拔延祐七年八月延津縣大風晝晦桑隕者十八九至治元年三月大同路大風走沙土壅没麥田一百餘頃三年三月衛輝路大風桑彫蠶死泰定三年七月寳坻房山二縣大風折木八月大都昌平等縣大風一晝夜壞民居九百餘家四年五月衛輝路輝州大風九日禾盡偃天曆三年二月胙城縣新鄉縣大風按漢志云温而風則生螟螣有倮

蟲之孽至元八年六月遼州和順縣解州聞喜縣蚜蚄生十八年高唐夏津武城縣蟲二十三年五月霸州漷州蝻二十四年鞏昌蚜蚄爲災二十七年四月婺州螟害稼雷雨大作螟盡死歲乃大稔元貞元年六月利州龍山縣蓋州明山縣螟二年五月濟州任城縣螟隨州野蠶成繭亘數百里民取爲纊大德七年五月濟南東昌般陽益都等路蟲食麥閏五月汴梁開封縣蟲食麥九年七月桂陽郡蝝至大元年五月東平東昌益都等郡蝝皇慶二年五月檀州及獲鹿縣蝻延祐七年七月霸州及堂邑縣蝻泰定四年

七月奉元路咸陽興平武功三縣鳳翔府岐山等縣蚜蚄害稼天曆二年淮安廬州安豐三路屬縣蝻至元十六年四月益都樂安縣朱五十家牛生犢兩頭四耳三尾其色黄既生即死大德九年二月大同平地縣迷兒的斤家牛生麒麟而死至大四年大同宣寧縣民臧的家牛生一犢其質有鱗無毛其色青黄類若麟者以其鞹上之泰定三年九月湖州長興州民王俊家牛生一獸鱗身牛尾口目皆赤墮地即大鳴母不乳之具圖以上不知何獸或曰此瑞也宜俾史臣紀録至元二十四年諸王薛徹都部雨土七

晝夜沒死牛畜大德十年二月大同平地縣雨沙黑霾斃牛馬二千至治三年二月丙戌雨土致和元年三月壬申雨霾天曆二年三月丁亥雨土霾至順二年三月丙戌雨土霾至元二十一年九月戊子京師地震按傳云陽伏而不能出陰迫而不能升於是有地震二十六年正月丙戌地震二十七年二月癸未泉州地震丙戌泉州地復震八月癸未武平路地大震二十八年八月己丑平陽路地震壞廬舍萬八百區元貞元年三月壬戌地震大德六年十二月辛酉雲南地震戊戌亦如之七年八月辛卯夕地震太原

平陽尤甚壞官民廬舍十萬計平陽趙城縣范宣義郇堡徙十餘里太原徐溝祁縣及汾州平遥介休西河孝義等縣地震成渠泉涌黑沙汾州北城陷長一里東城陷七十餘步八年正月平陽地震不止九年四月己酉大同路地震有聲如雷壞廬舍五千八百壓死者一千四百餘人懷仁縣地震二所涌水盡黑其一廣十八步深十五丈其一廣六十六步深一丈五月癸亥以地震改平陽路爲晉寧太原路爲冀寧十一月壬子大同地震十二月丙子地震十年正月晉寧冀寧地震不止十一年三月道州營道縣暴雨

山裂百三十餘處八月壬寅開城路地震至大元年六月丁酉鞏昌隴西寧遠縣地震雲南烏撒烏蒙地三日而大震者六九月己酉蒲縣地震十月癸巳蒲縣靈縣地震二年十二月壬戌陽曲縣地震有聲三年十二月戊申冀寧路地震四年三月己亥寧夏路地震七月癸未甘州地震大風有聲如雷閏七月甲子寧夏地震皇慶二年六月京師地震己未京師地震丙辰又震壬寅又震延祐元年二月戊辰大寧路地震四月甲申朔大寧地震有聲如雷八[illegible]冀寧汴梁等路陟縣武安縣地震十一月戊[illegible][illegible]地

震如雷二年五月乙丑秦州成紀縣北山移至夕川河明日再移平地突如土阜高者二三丈陷没民居三年八月己未冀寧晉寧等郡地震十月壬午河南地震四年正月壬戌冀寧地震七月己丑成紀縣山崩辛卯冀寧地震九月嶺北地震三日五年正月甲戌懿州地震二月癸巳和寧路地震丁酉秦安縣山崩三月己卯德慶路地震七月戊子寧遠縣山崩八月伏羌縣山崩秦州成紀縣暴雨山崩朽壤墳起覆没畜産至治二年九月癸亥地震十一月癸卯地震泰定元年八月成紀縣大雨山崩水溢壅土至來谷

河成丘阜十二月庚申奉元路同州地震有聲如雷三年十二月丁亥寧夏路地震如雷發自西北連震者三四年三月癸卯和寧路地震如雷八月鞏昌通渭縣山崩碉門地震有聲如雷晝晦鳳翔興元成都陝州江陵等郡地同日震九月壬寅寧夏地震致和元年七月辛酉朔寧夏地震己卯大寧路地震十月壬寅大寧路地震至順二年四月丁亥真定陟縣地一日五震或三震月餘乃止四年四月戊申大寧路地震五月戊寅京師地震有聲八月己酉隴西地震至元元年十月壬子恩州歷亭縣進嘉禾一莖九穗

十一月丁酉太原臨州進嘉禾二莖四年十月庚午太原進嘉禾二本異畝同穎六年九月癸丑恩州進嘉禾一莖三穗七年夏東平府進瑞麥一莖五穗十一年興元鳳州進麥一莖七穗穀一莖三穗十四年八月嘉禾生襄陽十七年十月太原堅州進嘉禾六莖十八年八月壬寅瓜州屯田進瑞麥一莖五穗二十年癸巳斡端宣慰司劉恩進嘉禾同穎九穗七穗六穗者各一二十三年五月廣元路閬中麥秀兩岐二十四年八月濬州進瑞麥一莖五穗二十五年八月袁州萍鄉縣進嘉禾二十六年十二月寧州民張

安世進嘉禾二本三十一年嘉禾生京畿一莖九穗大德元年十一月辛未曹州禹城縣進嘉禾一莖九穗大德九年嘉禾生應州山陰縣至大三年九月河間路獻嘉禾有異畝同穎及一莖數穗者勑繪爲圖皇慶二年八月嘉禾生渾源州一莖四穗延祐四年七月南城産嘉禾七年五月鄱陽進嘉禾一莖六穗至治二年八月蔚州獻嘉禾泰定元年十月成都縣穀一莖九穗

志卷第三上

志卷第三下　　元史五十一

翰林學士亞中大夫知制誥兼修國史臣宋濂翰林待制承直郎同知制誥兼國史院編修官臣王禕等奉勑修

五行二

水不潤下

元統元年五月汴梁陽武縣河溢害稼六月京畿大霖雨水平地丈餘涇河溢關中水災黃河大溢河南水災泉州霖雨溪水暴漲漂民居數百家七月潮州大水元統二年正月東平須城縣濟寧濟州曹州濟陰縣水災二月灤河漆河溢永平路屬縣皆水瑞州

路水三月山東霖雨水湧四月東平益都水五月鎮江路水宣德府大水六月淮河漲漂山陽縣境內民畜房舍九月吉安路水至元元年河決汴梁封丘縣二年五月南陽鄧州大水六月涇水溢八月大都至通州霖雨大水三年二月紹興大水五月廣西賀州大水害稼六月衛輝淫雨至七月丹沁二河泛漲與城西御河通流平地深二丈餘漂没人民房舍田禾甚衆民皆棲於樹木郡守僧家奴以舟載飯食之移老弱居城頭日給糧餉月餘水方退汴梁蘭陽尉氏二縣歸德府皆河水泛溢黃州及衢州常山縣皆大水

四年五月吉安永豐縣大水六月邵武大水城市皆洪流漂治溪民居殆盡五年五月庚戌汀州路長汀縣大水平地深三丈許損民居八百家壞民田二百頃溺死者八千餘人七月沂州沂沭二河暴漲決隄防害田稼邵武光澤縣大水常州宜興縣山水出勢高一丈壞民居六年二月京畿五州十一縣及福州路福寧州大水五月甲子慶元奉化州山崩水湧出平地溺死人甚衆六月衢州西安龍游二縣大水庚戌處州松陽龍泉二縣積雨水漲入城中深丈餘溺死五百餘人遂昌縣尤甚平地三丈餘桃源鄉山崩

壓溺民居五十三家死者三百六十餘人七月壬子延平南平縣淫雨水泛漲溺死百餘人損民居三百餘家壞民田二頃七十餘畝乙卯奉元路盩厔縣河水溢漂溺居民八月甲午衛輝大水漂民居一千餘家十月河南府宜陽縣大水漂民居溺死者衆至正元年汴梁鈞州大水揚州路崇明通泰等州海潮湧溢溺死一千六百餘人二年四月睢州儀封縣大水害稼六月癸丑夜濟南山水暴漲衝東西二關流入小清河黑山天麻石固等寨及卧龍山水通流入大清河漂没上下民居千餘家溺死者無筭三年二月鞏昌寧遠伏羌成紀三縣山崩水湧溺死者無筭五月黃河決白茅口七月汴梁中牟扶溝尉氏洧川四縣鄭州滎陽汜水河陰三縣大水四年五月霸州大水六月河南鞏縣大雨伊洛水溢漂民居數百家濟寧路兗州汴梁鄢陵通許陳留臨潁等縣大水害稼人相食七月灤河水溢出平地丈餘永平路禾稼廬舍漂没甚衆東平路東阿陽穀汶上平陰四縣衢州西安縣大水温州颶風大作海水溢漂民居溺死者甚衆五年七月河決濟陰漂官民亭舍殆盡十月黃河泛溢七年五月黃州大水八月壬午杭州上海浦

中午潮退而復至八年正月辛亥河決陷濟寧路四月平江松江大水五月庚子廣西山崩水湧灕江溢平地水深二丈餘屋宇人畜漂没壬子寶慶大水乙卯錢塘江潮比之八月中高數丈餘沿江民皆遷居以避之六月己丑中興路松滋縣驟雨水暴漲平地深丈有五尺餘漂没六十餘里死者一千五百人是月膠州大水七月高密縣大水九年七月中興路公安石首潛江監利等縣及沔陽府大水夏秋蘄州大水傷稼十年五月龍興瑞州大水六月乙未霍州靈巖縣雨水暴漲決隄堰漂民居甚衆七月汾州平遥

縣汾水溢靜江荔浦縣大水害稼十一年夏龍興南昌新建二縣大水安慶桐城縣雨水泛漲花崖龍源二山崩衝決縣東大河漂民居四百餘家七月冀寧路平晉文水二縣大水汾河汎溢東西兩岸漂沒田禾數百頃河決歸德府永城縣壞黃陵岡岸靜江路大水決南北二陡渠十二年六月中興路松滋縣驟雨水暴漲漂民居千餘家溺死七百人七月衢州西安縣大水十三年夏薊州豐潤玉田遵化平谷四縣大水七月丁卯泉州海水日三潮十四年六月河南府鞏縣大雨伊洛水溢漂沒民居溺死三百餘人秋

薊州大水十五年六月荊州大水十六年河決鄭州河陰縣官署民居盡廢遂成中流山東大水十七年六月暑雨漳河溢廣平郡邑皆水秋薊州四縣皆大水十八年秋京師及薊州廣東惠州廣西四縣賀州皆大水十九年九月濟州任城縣河決二十年七月通州大水二十二年三月邵武光澤縣大水二十三年孟州濟源溫縣水七月河決東平壽張縣圮城牆漂屋廬人溺死甚衆二十四年三月益都縣井水溢而黃懷慶路孟州河內武陟縣水七月益都路壽光縣膠州高密縣水二十五年秋薊州大水東平須城

東阿平陰三縣河決小流口達于清河壞民居傷禾稼二十六年二月河北徙上自東明曹濮下及濟寧皆被其害六月河南府大霖雨瀍水溢深四丈許漂東關居民數百家秋七月汾州介休縣汾水溢薊州四縣衛輝汴梁鈞州大水害稼八月棣州大清河決濱棣二州之界民居漂流無遺濟寧路肥水縣西黃水汎溢漂沒田禾民居百有餘里德州齊河縣境七十餘里亦如之

至正二十年十一月汴梁原武滎澤二縣黃河清三日二十一年十一月河南孟津縣至絳州垣曲縣二

百里河清七日新安縣亦如之十二月冀寧路石州河水清至明年春冰泮始如故二十四年夏衛輝路黃河清

至正六年九月彰德雨雪結凍如琉璃七年八月衛輝隕霜殺稼九年三月溫州大雪十年春彰德大寒近清明節雨雪三尺民多凍餒而死十一年三月汴梁路鈞州大雷雨雪密縣平地雪深三尺餘十三年秋邵武光澤縣隕霜殺稼二十三年三月東平路須城東阿陽穀三縣隕霜殺桑廢蠶事八月鈞州密縣隕霜殺菽二十七年三月彰德大雪寒甚於冬民多

凍死五月辛巳大同隕霜殺麥秋冀寧路徐溝介休二縣雨雪十二月奉元路咸寧縣井水冰二十八年四月奉元隕霜殺菽

元統元年三月戊子紹興蕭山縣大風雨雹拔木仆屋殺麻麥斃傷人民二年二月甲子塞北東凉亭雨雹至元元年七月西和州徽州雨雹二年八月甲戌湖高郵寶應縣大雨雹是時淮浙皆旱唯本縣瀕河田禾可刈悉爲雹所害凡田之旱者無一雹及之至元四年四月癸巳清州八里塘雨雹大過於拳其狀有如龜者有如小兒形者有如獅象者有如環玦者

或楕如卵或圓如彈玲瓏有竅色白而堅長老云大者固常見之未有奇狀若是也至正二年五月東平路東阿縣雨雹大者如馬首三年六月東平陽穀縣雨雹六年二月辛未興國路雨雹大如馬首小者如鷄子斃禽畜甚衆五月辛卯絳州雨雹大者二尺餘八年四月庚辰鈞州密縣雨雹大如鷄子傷麥禾龍興奉新縣大雨雹傷禾折木八月己卯益都臨淄縣雨雹大如盃盂野無青草赤地如赭九年二月龍興大雨雹十年五月汾州平遥縣雨雹十一年四月乙巳彰德雨雹大者如斧時麥熟將刈頃刻亡失田疇堅如築場無稭粒遺留者地廣三十里長百有餘里樹木皆如斧所劈傷行人斃禽畜甚衆五月癸丑文水縣雨雹十三年四月益都高苑縣雨雹傷麥禾及桑十四年六月薊州雨雹十七年四月濟南大風雨雹十九年四月莒州蒙陰縣雨雹五月通州及益都臨朐縣雨雹害稼二十年五月薊州遵化縣雨雹終日二十一年五月東平雨雹害稼二十二年八月南雄雨雹如桃李實二十三年五月鄜州宜君縣雨雹大如鷄子損豆麥七月京師及隰州永和縣大雨雹害稼二十五年五月東昌聊城縣雨雹大如拳小者如鷄子

二麥不登二十六年六月汾州平遥縣雨雹二十七年二月乙丑永州城中晝晦鷄棲于塒人舉燈而食既而大雨雹逾時方明五月益都大雷雨雹七月冀寧徐溝縣大風雨雹拔木害稼二十八年六月慶陽府雨雹大如盂小者如彈丸平地厚尺餘殺苗稼斃禽獸

至正三年秋興國路永興縣雷擊死糧房貼書尹章于縣治時方大旱有朱書在其背云有旱却言無旱無災却道有災未庸賦厥渠魁且擊庭前小吏七年五月庚戌台州路黄巖州海濱無雲而雷冬衛輝路天鼓

嗚十年六月戊申廣西臨桂縣無雲而雷震死邑民廖廣達十二月庚子汾州孝義縣雷雨十一年十二月台州大雨震電十二年三月丙午寧國路無雲而雷十三年十二月庚戌京師無雲而雷火頃有火墜于東南懷慶路河内縣及河南府天皷鳴于西北是日懷慶之修武潞州之襄垣縣皆無雲而雷聲震天地是月汾州雷雨十四年十二月孝義縣雷雨十九年十二月台州大雷電二十一年十一月戊申溫州樂清縣雷二十七年正月乙未夜晉寧路絳州天皷鳴空中如聞戰鬬之聲十月奉元路雷電

至正二十五年六月戊申京師大雨有魚隨雨而落長尺許人取而食之

至元五年六月庚戌汀州長汀縣山蛟出大雨驟至平地湧水深三丈餘漂没民居八百餘家壞田二百餘頃至正十七年六月癸酉溫州有龍鬬于樂清江中颶風大作所至有光如毬死者萬餘人八月癸丑祥符縣西北有青白二龍見若相鬬之勢良久而散二十三年正月甲辰廣西貴州江中有物登岸蛇首四足而青色長四尺許軍民聚觀而殺之二十四年六月保德州有黄龍見于咸寧井中二十七年六月

丁巳皇太子寢殿新甃井成有龍自井而出光焰爍人宮人震懾仆地又宮墻外長慶寺所掌成宗斡耳朶内大槐樹有龍纏繞其上良久飛去樹皮皆剥七月益都臨朐縣有龍見于龍山巨石重千斤浮空而起二十八年十一月大同路懷仁縣河岸崩有蛇大小相綰結可載數車

至正三年秋建寧浦城縣民家豕生豚二尾八足十五年鎮江民家豕生豚如象形二十四年正月保德州民家豕生豚一首二身八蹄二尾至元元年正月廣西師宗州婺生妻適和一產三男汴梁祥符縣市

中一乞丐婦人忽生髭鬚至正九年四月棗陽民張氏婦生男甫及周歲長四尺許容貌異常皤腹擁腫見人輙嬉笑如世俗所畫布袋和尚云二十三年五月霸州民王馬駒妻趙氏一產三男六月亳家務李閏妻張氏一産三男

至正元年四月戊寅彰德有赤風自西北來忽變為黑晝晦如夜十三年冬袁州路每日暮有黑氣環遶郡城十七年正月己丑杭州降黑雨河池水皆黑二十八年七月乙亥京師黑霧昏暝不辨人物自旦近午始消如是者旬有五日

火不炎上

元統元年六月甲申杭州火至正元年四月辛卯台州火乙未杭州火燔官舍民居公廨寺觀凡一萬五千七百餘間死者七十有四人二年四月杭州又火六年八月己巳延平路火燔官舍民居八百餘區死者五人十年興國路自春及夏城中火災不絕日數十起二十年惠州路城中火災屢見二十三年正月乙卯夜廣西貴州火同知州事韓帖木不花判官高萬章及家人九口俱死爲居民死者三百餘人牛五十頭馬九疋公署倉庫案牘焚燒皆盡二十八年二

月癸卯京師武器庫災己巳陝西有飛火自華山下流入張良弼營中焚兵庫器仗六月甲寅大都大聖壽萬安寺災是日未時雷雨中有火自空而下其殿脊東鰲魚口火焰出佛身上亦火起帝聞之泣下亟命百官救護唯東西二影堂神主及寶玩器物得免餘皆焚燬此寺舊名白塔自世祖以來為百官習儀之所其殿陛闌楯一如內庭之制成宗時置世祖影堂于殿之西裕宗影堂于殿之東月遣大臣致祭

至元六年冬京師無雪至正八年九月奉元路桃杏花十四年八月冀寧路榆次縣桃李花十五年十一月汾州介休縣桃杏花十七年十一月汾州桃杏花

至正十一年十月衢州東北雨米如黍十一月建寧浦城縣雨黑子如稗實邵武大雨震電雨黑黍如蘆穄信州雨黑黍鄱陽縣雨菽豆郡邑多有民皆取而食之十六年六月彰德路葦葉順次倚疊而生自編成若旗幟上尖葉聚粘如槍民謠云葦生成旗民皆流離葦生成槍殺伐遭殃又有黍自生成文紅稭黑字其上節云天下太平其下節云天下刀兵十八年夔州山谷中小竹結實如小麥飢民采食之二十一年明州象山縣竹穗生實如小米可食

至正十一年廣西慶遠府有異禽雙飛見于述昆鄉飛鳥千百隨之蓋鳳凰云其一飛去其一留止者爲獞人射死首長尺許毛羽五色有蔵之以獻于帥府者久而其色鮮明如生云五月興國有大鳥百餘飛至郡西白朗山顛狀如人立去而復至者數次十九年京師鵂鶹夜鳴達旦連月乃止有杜鵑啼于城中居庸關亦如之二十七年三月丁丑朔萊州招遠縣大社里黑風大起有大鳥自南飛至其色蒼白展翅如席狀類鶴俄頃飛去遺下粟黍稻麥黃黑豆蕎麥于張家屋上約數升許是歲大稔

元統二年正月庚寅朔河南省雨血是日衆官晨集忽聞燔柴烟氣既而黑霧四塞咫尺不辨腥穢逼人逾時方息及行禮畢日過午驟雨隨至霑灑墨墻及裳衣皆赤至元四年四月辛未京師雨紅沙晝晦至正五年四月鎮江丹陽縣雨紅霧草木葉及行人裳衣皆濡成紅色十三年三月丙戌彰德路西南有火自天而下如在城外覓之無有十二月庚戌潞州襄垣縣有火墜于東南十四年衛輝路有天光見于西方十二月辛卯絳州有紅氣起自北方蔽天幾半移時方散十五年春薊州雨血十八年三月辛丑夜大

同路有黑氣蔽于西方聲如雷然俄頃有雲如火交射中天遍地俱見火光以物觸地輙有火起至夜半空中如有兵戈相擊之聲二十一年七月己巳冀寧路忻州西北有赤氣蔽空如血逾時方散八月壬午棣州夜半有赤氣亘天起西北至于東北癸未彰德西北夜有紅氣亘天至明方息乙酉大同路北方夜有赤氣蔽天直過天庭自東而西移時方散如是者三十月癸巳昧爽絳州有紅氣見于北方如火二十三年三月壬戌大同路夜有赤氣亘天中侵北斗六月丁巳絳州日暮有紅光見于北方如火中有黑氣相

雜又有白虹二直衝北斗逾時方散庚申晉寧路北方日暮天赤中有白氣如虹者三一貫北斗一貫北極一貫天潢至夜分方滅八月丙辰忻州東北夜有赤氣亘天中有白色如鈍形徐徐而行逾時方散十月丙申朔大名路向青齊一方有赤氣照耀千里二十四年九月癸酉冀寧平晉縣西北方至夜天紅半壁有頃從東而散二十八年六月壬寅彰德路天寧寺塔忽變紅色自頂至踵表裏透徹如煅鐵初出于爐頂上有光焰迸發自二更至五更乃止癸卯甲辰亦如之先是河北有童謠云塔兒黑北人作主南人客

塔兒紅朱衣人作主人公七月癸酉京師赤氣滿天如火照人自寅至辰氣焰方息

至元元年十二月芝草生于荊門州當陽縣覆船山一本五榦高尺有二寸一本二榦高五寸有半榦皆兩岐二本相依附扶疎瑰奇如珊瑚枝其高者結爲華蓋慶雲之狀五年秋芝草生于中書工部之屋梁一本七榦

木不曲直

至元五年十一月癸酉瑞州路新昌州雨木冰至明年二月壬寅冰始觧至正四年正月汴梁路鄭州尉

氏洧川河陰三縣及龍興靖安縣雨木氷十一月東平雨木氷十二年九月壬午冀寧保德州雨木氷十四年冬龍興雨木氷二十五年二月辛亥汴梁雨木氷狀如樓閣人物冠帶鳥獸花卉百態具備羽幢珠葆彌望不絶凡五日始解

至正三年夏上都大都桑果葉皆有黃色龍文九年秋奉元桃杏實十二年五月汴梁祥符縣椿樹結實如木瓜十六年七月彰德李樹結實如小黃瓜民謠云李生黃瓜民皆無家二十一年明州松樹結實其大有盈尺者八月汴梁祥符縣邑中樹木一夕皆有濕

泥塗之

至元二年五月乙卯南陽鄧州大霖雨自是日至于六月甲申乃止三年六月衛輝路淫雨至正二年秋彰德路霖雨三年四月至七月汴梁路滎澤縣鈞州新鄭密縣霖雨害稼四年夏汴梁蘭陽縣許州長葛郾城襄城睢州歸德府亳州之鹿邑濟寧之虞城淫雨害蠶麥禾皆不登八月益都霖雨饑民有相食者五年夏秋汴梁祥符尉氏洧川鄭州鈞州亳州久雨害稼二麥禾豆俱不登河間路淫雨妨害鹽課八年五月京師大霖雨都城崩圮鈞州新鄭縣淫雨害麥九年七月高唐州大霖雨壞官署民居歸德府淫雨浹十旬十年二月彰德路大雨害麥二十年七月益都高苑縣陝州澠池縣大雨害稼二十三年七月懷慶路河内修武武陟三縣及孟州淫雨害稼二十四年秋密州安丘縣大雨二十五年秋密州安丘縣潞州汴梁許州及鈞州之密縣淫雨害稼二十七年秋彰德路淫雨

至正六年八月龍興進賢縣甘露降二十年十月國子學大成殿松柏樹有甘露降其上

至正十年春麗正門樓斗拱内有人伏其中不知何

自而至遠近聚觀之門尉以白留守達于都堂上聞有旨令取付法司鞫問但云劉州人問其姓名詰其所從來皆惘若無知唯妄言禍福而已乃以不應之罪笞之忽不知所在

至正二十年八月慶陽延安寧安等州野鼠食稼初由鶉卵化生既成牝牡生育日滋百畝之田一夕俱盡二十六年泗州瀕淮兩岸有灰黑色鼠暮夜出穴成群覆地食禾

金不從革

至正十年正月甲戌棣州白晝空中有聲自西北而

來距州二十里隕于地化為石其色黑微有金星散布其上有司以進遂藏之司天監十一月冬至夜陝西耀州有星墜于西原光耀燭地聲如雷鳴者三化為石形如斧一面如鐵一面如錫削之有屑擊之有聲十六年冬十一月大名路大名縣有星如火自東南流尾如曳篲墜入于地化為石青黑光瑩狀如狗頭其斷處類新割者有司以進太史驗視云天狗也命藏于庫十九年四月己丑建寧路甌寧縣有星墜于營山前其聲如雷化為石二十三年六月庚戌益都臨朐縣龍山有星墜入于地掘之深五尺得石如

磚褐色上有星如銀破碎不完

至正九年龍興靖安縣山石迸裂湧水人多死者十年三月慶元奉化州南山石笑開其碎而大者有山川人物禽鳥草木之文二十七年六月丁卯沂州東蒼山有巨石大如屋崩裂墜地聲震如雷七月丙戌廣西靈川縣臨江石崖崩

元統元年夏紹興旱自四月不雨至于七月淮東淮西皆旱二年三月湖廣旱自是月不雨至于八月四月河南旱自是月不雨至于八月秋南康旱至元元年夏河南及邵武大旱二年蘄州黃州浙東衢州婺州紹興江東信州江西瑞州等路及陝西皆旱是年四月黃州黃岡縣周氏婦產一男即死狗頭人身咸以為旱魃云六年夏廣東南雄路旱自二月不雨至于五月種不入土至正二年彰德大同二郡及冀寧平晉榆次徐溝縣汾州孝義縣忻州皆大旱自春至秋不雨人有相食者秋衛輝大旱三月興國大旱四年福州大旱自三月不雨至于八月興化邵武鎮江及湖南之桂陽皆旱五年曹州禹城縣大旱夏膠州高密縣旱六年鎮江及慶元奉化州旱七年懷慶衛輝河東及鳳翔之岐山汴梁之祥符河南之孟津

皆大旱八年三月益都臨淄縣大旱五月四川旱十年夏秋彰德旱十一年鎮江旱十二年蘄州黃州大旱人相食浙東紹興旱台州自四月不雨至于七月江西龍興瑞州建昌吉安廣東南雄湖南永州桂陽十三年蘄州黃州及浙東慶元衢州婺州江東饒州皆大旱十四年懷慶河內縣孟州汴梁祥符縣福建泉州湖南永州寶慶廣西梧州皆大旱祥符旱魃再見泉州種不入土人相食十五年衛輝大旱十六年婺州處州皆大旱十八年春薊州旱莒州濱州般陽淄川縣霍州鄜州鳳翔岐山縣春夏皆大旱莒州家人

自相食岐山人相食十九年晉寧鳳翔廣西梧州象州皆大旱二十年通州旱汾州介休縣自四月至秋不雨廣西賓州大旱自閏五月不雨至于八月二十二年河南洛陽孟津偃師三縣大旱人相食二十三年山東濟南廣西賀州皆大旱

至元五年八月京師童謠云白鴈望南飛馬札望北跳至正五年淮楚間童謠云富漢莫起樓窮漢莫起屋但看羊兒年便是吳家國十年河南北童謠云石人一隻眼挑動黃河天下反十五年京師童謠云一陣黃風一陣沙千里萬里無人家回頭雪消不堪看

三眼和尚弄瞎馬此皆詩妖也至元三年郡邑皆相傳朝廷欲括童男女於是市井鄉里競相嫁娶倉卒成言貧富長幼多不得其宜者此民訛也

至正十年彰德境内狼狽爲害夜如人形入人家哭就人懷抱中取小兒食之二十三年正月福州連江縣有虎入于縣治二十四年七月福州白晝獲虎于城西

至元二年七月黃州蝗三年六月懷慶溫州汴梁陽武縣蝗五年七月膠州即墨縣蝗至正四年歸德府永城縣及亳州蝗十七年東昌茌平縣蝗十八年夏薊州遼州濰州昌邑縣膠州高密縣蝗秋大都廣平順德及濰州之北海莒州之蒙陰汴梁之陳留歸德之永城皆蝗順德九縣民食蝗廣平人相食十九年大都霸州通州真定彰德懷慶東昌衛輝河間之臨邑東平之須城東阿陽穀三縣山東益都臨淄二縣濰州膠州博興州大同冀寧二郡文水榆次壽陽徐溝四縣沂汾二州及孝義平遥介休三縣晉寧潞州及壺關潞城襄垣三縣霍州趙城靈石二縣隰之永和沁之武鄉遼之榆社奉元及汴梁之祥符原武鄢陵扶溝杞尉氏洧川七縣鄭之滎陽汜水許之長葛

郾城襄城臨潁鈞之新鄭密縣皆蝗食禾稼草木俱盡所至蔽日礙人馬不能行填坑塹皆盈饑民捕蝗以爲食或曝乾而積之又罄則人相食七月淮安清河縣飛蝗蔽天自西北來凡經七日禾稼俱盡二十年益都臨朐壽光二縣鳳翔岐山縣蝗二十一年六月河南鞏縣蝗食稼俱盡七月衛輝及汴梁滎澤縣鄭州蝗二十二年秋衛輝及汴梁開封扶溝洧川三縣許州及鈞之新鄭密二縣蝗二十五年鳳翔岐山縣蝗

元統二年六月彰德雨白毛俗呼云老君髯民謠曰

天雨氂事不齊至元三年三月彰德雨毛如線而綠俗呼云菩薩線民謡云天雨線民起怨中原地事必變六年七月延安路鄜州雨白毛如馬鬃所屬邑亦如之至正十三年四月冀寧榆次縣雨白毛如馬鬃七月泉州路雨白絲十八年五月益都雨白氂十九年三月興化路連日雨氂二十五年五月甲子京師雨氂長尺許如馬鬃二十七年五月益都雨白氂

至元四年八月丁丑京師白虹亘天至正二十二年京師有白氣如小索起危宿長五百丈掃太微二十四年六月癸卯冀寧路保德州三星晝見有白氣橫

突其中二十六年三月丁亥白虹五道亘天其第三道貫日又氣橫貫東南良久乃滅二十七年五月大名路有白氣二道二十八年閏七月乙丑冀寧文水縣有白虹貫日自東北直遶西南雲影中似日非日如鏡者三色青白踰時方没

稼穡不成

元統元年夏兩淮大饑二年春淮西饑七月池州饑十一月濟南萊蕪縣饑至元元年春益都路沂水日照蒙陰莒四縣及龍興路饑夏京師饑是歲沅州道州寶慶及邵武建寧饑二年順州及淮西安豐浙西松江浙東台州江西江撫袁瑞湖北沅州盧陽縣饑三年大都及濟南蘄州杭州平江紹興溧陽瑞州臨江饑五年上都開平縣桓州興和寶昌州濮州之鄄城冀寧之交城益都之膠密莒濰四州遼東瀋陽路湖南衡州江西袁州八番順元等處皆饑六年順德之邢臺濟南之歷城大名之元城德州之清平泰安之奉符長清淮安之山陽等縣歸德邳州益都般陽處州婺州四郡皆饑至正元年春京畿州縣真定河間濟南及湖南饑夏彰德及温州饑二年保德州大饑三年衛輝冀寧忻州大饑人相食四年霸州大饑

人相食東平路東阿陽穀汶上平陰四縣皆大饑冬保定河南饑五年春東平路須城東阿陽穀三縣及徐州大饑人相食夏濟南汴梁河南邠州瑞州温州邵武饑六年五月陝西饑七年彰德懷慶東平東昌晉寧等處饑九年春膠州大饑人相食鈞州新鄭密縣饑十四年春浙東台州江東饒閩海福州邵武汀州江西龍興建昌吉安臨江廣西靜江等郡皆大饑人相食十七年河南大饑十八年春莒州蒙陰縣大饑斗米金一斤冬京師大饑人相食彰德山東亦如之十九年正月至五月京師大饑銀一錠得米僅八斗死者無筭通州民劉五殺

其子而食之保定路莩死盈道軍士掠孱弱以爲食濟南及益都之高苑莒之蒙陰河南之孟津新安黽池等縣皆大饑人相食二十一年霸州饑民多莩死至正四年福州邵武延平汀州四郡夏秋大疫五年春夏濟南大疫十二年正月冀寧保德州大疫夏龍興大疫十三年黃州饒州大疫十二月大同路大疫十六年春河南大疫十七年六月莒州蒙陰縣大疫十八年夏汾州大疫十九年春夏鄜州并原縣莒州沂水日照二縣及廣東南雄路大疫二十年夏紹興山陰會稽二縣大疫二十二年又大疫

至正元年七月廣西雷州颶風大作湧潮水拔木害稼二年十月海州颶風作海水漲溺死人民十三年五月乙丑濤州颶風大作壞官舍民居屋瓦門扉皆飄揚七里之外十四年七月甲子潞州襄垣縣大風拔木偃禾二十一年正月癸酉石州大風拔木六畜皆鳴人持槍矛忽生火焰抹之即無揺之即有二十四年台州路黃巖州海溢颶風拔木禾盡偃二十七年三月庚子京師有大風起自西北飛砂揚礫昏塵蔽天逾時風勢八面俱至終夜不止如是者連日自後每日寅時風起萬竅爭鳴戌時方息至五月癸未乃止

至正三年六月梧州青蟲食稼十年七月全州蟲食稼郡守石亨祖禱于玄妙觀寒雨三日蟲盡死十九年五月濟南章丘鄒平二縣螭五穀不登二十二年春衛輝路鎮六月萊州膠水縣虸蚄生七月掖縣虸蚄生害稼二十三年六月寧海文登縣虸蚄生七月萊州招遠萊陽二縣及登州寧海州虸蚄生

至正九年三月陳州揚家庄上牛生黃犢火光滿室麻頂綠角間生綠毛不食乳二日而死十年秋襄陽車城民家牛生犢五足前三後二十六年春汴梁祥

符縣牛生犢雙首不及二日死二十八年五月東昌聊城縣鈸鎮撫家牛生黃犢六足前二後四

至元五年二月信州雨土至正三年三月至四月忻州風霾晝晦二十六年四月乙丑奉元路黃霧四塞

元統元年八月鞏昌徽州山崩九月庚申秦州山崩十月丙寅鳳州山崩十一月丙申鞏昌成紀縣地裂山崩癸卯安慶灊山縣地震辛亥秦州地裂山崩十二月饒州德興縣餘干樂平二州地震二年五月信州地震八月辛未京師地震雞鳴山崩陷爲池方百里人死者衆至元元年十一月壬寅興國路地震十

二月丙子安慶路地震所屬宿松太湖灊山三縣同時俱震廬州蘄州黃州亦如之是月饒州亦地震二年正月乙丑宿松地震五月壬申秦州山崩三年八月辛巳夜京師地震壬午又大震損太廟神主西湖寺神御殿壁作祭器皆壞順州龍慶州及懷來縣皆以辛巳夜地震壞官民房舍傷人及畜牧宣德府亦如之遂改爲順寧云四年春保安州及瑞州路新昌州地震六月信州路靈山裂七月己酉保安州地大震丙辰鞏昌府山崩八月丙子京師地震日凡二三至乙酉乃止密州安丘縣地震六年六月己亥秦州

成紀縣山崩地裂至正元年二月汴梁路地震二年四月辛丑冀寧路平晉縣地震聲如雷鳴裂地尺餘民居皆傾仆七月惠州雨水羅浮山崩凡二十七處壞民居塞田澗十二月己酉京師地震三年二月鞏州新鄭密縣地震六月乙巳秦州秦安縣南坡崩裂壓死人畜七月戊辰鞏昌山崩人畜死者衆十二月膠州及屬邑高密地震四年八月莒州蒙陰縣地震十二月東平路東阿陽穀平陰三縣及漢陽地震五年春薊州地震所領四縣及東平汶上縣亦如之十二月乙丑鎮江地震六年二月益都路益都昌樂壽光

三縣濰州北海縣膠州即墨縣地震三月高苑縣地震壞民居六月廣州增城縣羅浮山崩水湧溢溺死百餘人九月戊午邵武地震翌日地中有聲如鼓夜復如之七年二月益都臨淄臨朐濰州之昌邑膠州之高密濟南之棣州地震三月東平路東阿陽穀平陰三縣地震河水動搖五月臨淄地又震七日乃止河東地坼泉湧崩城陷屋傷人民十一月鎮江丹陽縣地震九年六月台州地震七月庚寅泉州大風雨永春縣南象山崩壓死者甚衆十年冀寧徐溝縣地震五月甲子龍興寧州大雨山崩數十處丙寅瑞州上高縣蒙山崩十月乙酉

泉州安溪縣佚山鳴十一年四月冀寧路汾忻二州文水平晉榆次壽陽四縣晉寧遼州之榆社懷慶河內脩武二縣及孟州皆地震聲如雷霆圮房屋壓死者甚衆八月丁丑中興路公安松滋枝江三縣峽荊門二州地震十二年二月丙戌霍州靈石縣地震閏三月丁丑陝西地震莊浪定西靜寧會州尤甚移山湮谷陷沒廬舍有不見其跡者會州公廨墻圮得弩五百餘張長丈餘短者九尺人莫能開挽十月丙午霍州趙城縣霍山崩湧石數里前三日山鳴如雷禽獸驚散十三年三月莊浪定西靜寧會州地震七月汾州白彪山坼十四年

四月汾州介休縣地震泉湧七月孝義縣地震十一月寧國路地震所領寧國旌德二縣亦如之淮安路海州地震十二月己酉紹興地震十五年四月寧國敬亭麻姑華陽諸山崩六月丁丑冀寧保德州地震十六年春薊州地震凡十日所領四縣亦如之六月雷州地大震十七年十月靜江路東門地陷城東石山崩十二月丁酉慶元路象山縣鵝鼻山崩有聲如雷十八年二月乙亥冀寧臨州地震五月益都地震十九年正月甲午慶元地震二十年二月延平順昌縣地震二十二年三月南雄路地震二十三年十二月

丁巳台州地震二十五年十月壬申興化路地震有聲如雷二十六年三月海州地震如雷贛榆縣吳山崩六月汾州介休縣地震紹興山陰縣卧龍山裂七月辛亥冀寧路徐溝縣石忻臨三州汾之孝義平遥二縣同日地震有壓死者丙辰泉州同安縣大雷雨三秀山崩是月河南府鞏縣大霖雨地震山崩十一月辛丑華州蒲城縣洛岸崩壅水絶流三日十二月庚午華州之蒲城縣洛水和順崖崩其崖戴石有巖穴可居是日壓死辟亂者七十餘人二十七年五月山東地震六月沂州山石崩裂有聲如雷七月丙戌

靜江靈川縣大藏山石崖崩十月丙辰福州雷雨地震十二月庚午又震有聲如雷二十八年六月冀寧文水徐溝二縣汾州孝義介休二縣臨州保德州隰之石樓縣及陝西皆地震十月辛巳陝西地又震

至元四年五月彰德臨彰縣麥秀兩岐有三穗者至正元年延平順昌縣嘉禾生一莖五穗冀寧太原縣有嘉禾異畝同穎三年八月晉寧臨汾縣嘉禾生有五穗至八穗者十年彰德路穀麥雙穗十六年大同路秦城鄉嘉禾生一莖二穗五穗有九穗者有異莖而同穗者二十六年五月洛陽縣康家莊有瑞麥一莖

四穗雙穗三穗者甚衆

志卷第三下

志卷第四　元史五十二

翰林學士亞中大夫知制誥兼修國史臣宋濂 翰林待制承直郎兼國史院編修官臣王禕 等奉

曆一

夫明時治曆自黄帝堯舜與三代之盛王莫不重之其文備見於傳記矣雖去古既遠其法不詳然原其要不過隨時考驗以合於天而已漢劉歆作三統曆始立積年日法以為推步之準後世因之歷唐而宋其更元改法者凡數十家豈故相為乖異哉蓋天有不齊之運而曆為一定之法所以既久而不能不差

既差則不可不改也元初承用金大明曆庚辰歲太宗西征五月望月蝕不効二月五月朔微月見於西南中書令耶律楚材以大明曆後天乃損節氣之分減周天之秒去交終之率治月轉之餘課兩曜之後先調五行之出没以正大明曆之失且以中元庚午歲國兵南伐而天下略定推上元庚子歲天正十一月壬戌朔子正冬至日月合壁五星聯珠同會虚宿六度以應太祖受命之符又以西域中原地里殊遠創為里差以增損之雖東西萬里不復差忒遂題其名曰西征庚午元曆表上之然不果頒用至元四年西域札馬魯丁撰進萬年曆世祖稍頒行之十三年平宋遂詔前中書左丞許衡太子賛善王恂都水少監郭守敬改治新曆衡等以為金雖改曆止以宋紀元曆微加增益實未嘗測驗於天乃與南北日官陳鼎臣鄧元麟毛鵬翼劉巨淵王素岳鉉高敬等參考累代曆法復測候日月星辰消息運行之變參別同異酌取中數以為曆本十七年冬至曆成詔賜名曰授時曆十八年頒行天下二十年詔太子諭德李謙為曆議發明新曆順天求合之微攷證前代人為附會之失誠可以貽之永久自古及今其推驗之精蓋

未有出於此者也今衡恂守敬等所撰曆經及謙曆議故存皆可攷據是用具著于篇惟萬年曆不復傳而庚午元曆雖未嘗頒用其為書猶在因附著于後使來者有攷焉作曆志

授時曆議上

驗氣

天道運行如環無端治曆者必就陰消陽息之際以為立法之始陰陽消息之機何從而見之惟候其日晷進退則其機將無所遁候之之法不過植表測景以究其氣至之始智作能述前代諸人為法略備苟

能精思密索心與理會則前人述作之外未必無所增益舊法擇地平衍設水準繩墨植表其中以度其中晷然表短促尺寸之下所為分秒太半少之數未易分別表長則分寸稍長所不便者景虛而淡難得實景前人欲就虛景之中考求真實或設望筩或置小表或以木為規皆取表端日光下徹圭面今以銅為表高三十六尺端挾以二龍舉一橫梁下至圭面共四十尺是為八尺之表五圭表刻為尺寸舊寸一今申而為五釐毫差易分別創為景符以取實景其制以銅葉博二寸長加博之二中穿一竅若針芥然

以方闆為趺一端設為機軸令可開闔楷其一端使其勢斜倚北高南下往來遷就於虛景之中竅達日光僅如米許隱然見橫梁於其中舊法以表端測晷所得者日體上邊之景今以橫梁取之實得中景不容有毫末之差地中八尺表景冬至長一丈三尺有奇夏至尺有五寸今京師長表冬至之景七丈九尺八寸有奇在八尺表則一丈五尺九寸六分夏至之景一丈一尺七寸有奇在八尺表則二尺三寸四分雖晷景長短所在不同而其景長為冬至景短為夏至則一也惟是氣至時刻考求不易蓋至日氣正則

一歲氣節從而正矣劉宋祖沖之嘗取至前後二十三四日間晷景折取其中定為冬至且以日差比課推定時刻宋皇祐間周琮則取立冬立春二日之景以為去至既遠日差頗多易為推考紀元以後諸曆為法加詳大抵不出沖之之法新曆積日累月實測中晷自遠日以及近日取前後日率相埒者參考同異初非偏取一二日之景以取數多者為定實減大明曆一十九刻二十分仍以累歲實測中晷日差分寸定擬二至時刻于后

推至元十四年丁丑歲冬至

其年十一月十四日己亥景長七丈九尺四寸八分五釐五毫至二十一日丙午景長七丈九尺五寸四分一釐二十二日丁未景長七丈九尺四寸五分五釐以己亥丁未二日之景相校餘三分五釐為晷差進二位以丙午丁未二日之景相校餘八分六釐為法除之得三十五刻用減相距日八百刻餘七百六十五刻折取其中加半日刻共為四百三十二刻半百約為日得四日餘以十二乘之百約為時得三時滿五十又作一時共得四時餘以十二收之得三刻命初起距日己亥筭外得

癸卯日辰初三刻爲丁丑歲冬至此取至前後四日景

十一月初九日甲午景七丈八尺六寸三分五氂五毫至二十六日辛亥景七丈八尺七寸九分三氂五毫二十七日壬子景七丈八尺五寸五分以甲午壬子景相減復以辛亥壬子景相減準前法求之亦得癸卯日辰初三刻至二十八日癸丑景七丈八尺三寸四氂五毫用壬子癸丑二日之景與甲午景準前法求之亦合此取至前後八九日景

十一月丙戌朔景七丈五尺九寸八分六氂五毫二日丁亥景七丈六尺三寸七分七氂至十二月初六日庚申景七丈五尺八寸五分一氂準前法求之亦在辰初三刻此取至前後一十七日景十一月二十一日丙子景七丈九寸七分一氂至十二月十六日庚午景七丈七寸六分十七日辛未景七丈一寸五分六氂五毫準前法求之亦得辰初三刻此取至前後二十七日景

六月初五日癸亥景一丈三尺八分距十五年五月癸未朔景一丈三尺三分八氂五毫初二日甲申景一丈二尺九寸二分五毫準前法求之亦合此取至前後一百六十日景

推十五年戊寅歲夏至

五月十九日辛丑景一丈一尺七寸七分七氂五毫距二十八日庚戌景一丈一尺七寸八分二十九日辛亥景一丈一尺八寸五氂五毫用辛丑庚戌二日之景相減餘二氂五毫進二位爲實復用庚戌辛亥景相減餘二分五氂五毫爲法除之得九刻用減相距日九百刻餘八百九十一刻半之加半日刻百約得四日餘以十二乘之百約得十

一時餘以十二收爲刻得三刻命初起距日辛丑筭外得乙巳日亥正三刻夏至此取至前後四日景

十四年十二月十五日己巳景七丈一尺三寸四分三氂距十五年十一月初二日辛巳景七丈七寸五分九氂五毫初三日壬午景七丈一尺四寸六氂用己巳壬午景相減以辛巳壬午景相減除之亦合此用至前後一百五十六日景

十四年十二月十二日丙寅景七丈二尺九寸七分二氂五毫十三日丁卯景七丈二尺四寸五分

四釐五毫十四日戊辰景七丈一尺九寸九釐距
十五年十一月初四日癸未景七丈一尺九寸五
分七釐五毫初五日甲申景七丈二尺五寸五釐
初六日乙酉景七丈三尺三分三釐五毫前後互
取所得時刻皆合此取至前後一百五十八九日
十四年十二月初七日辛酉景七丈五尺四寸一
分七釐初八日壬戌景七丈四尺九寸五分九釐
五毫初九日癸亥景七丈四尺四寸八分六釐距
十五年十一月初九日戊子景七丈四尺五寸二
分五毫初十日己丑景七丈五尺三釐五毫十一

日庚寅景七丈五尺四寸四分九釐五毫以壬戌
己丑景相減爲實以辛酉壬戌景相減爲法除之
或以壬戌癸亥景相減或以戊子己丑景相減若
己丑庚寅景相減推前法求之皆合此取至前後
一百六十三四日景

推十五年戊寅歲冬至

其年十一月十九日戊戌景七丈八尺三寸一分
八釐五毫距閏十一月初九日戊午景七丈八尺
三寸六分三釐五毫初十日己未景七丈八尺八
分二釐五毫用戊戌戊午二日景相減餘四分五
釐爲晷差進二位以戊午己未景相減餘二寸八
分一釐爲法除之得一十六刻加相距日二千刻
半之加半日刻百約得十日餘以十二乘之百約
爲時滿五十又進一時共得七時餘以十二收爲
刻命初起距日己亥筭外得戊申日未初三刻爲
戊寅歲冬至此取至前後十日景

十一月十二日辛卯景七丈五尺八寸八分一釐
五毫十三日壬辰景七丈六尺三寸一釐五毫閏
十一月十五日甲子景七丈六尺三寸六分六釐
五毫十六日乙丑景七丈五尺九寸五分三釐十

七日丙寅景七丈五尺五寸四釐五毫用壬辰甲
子景相減爲實以辛卯壬辰景相減爲法除之亦
得戊申日未初三刻或用甲子乙丑景相減推之
亦合若用辛卯乙丑景相減爲實用乙丑丙寅景
相減除之並同此取至前後十六七日景

十一月初八日丁亥景七丈四尺三分七釐五毫
閏十一月二十日己巳景七丈四尺一寸二分二
十一日庚午景七丈三尺六寸一分四釐五毫用
丁亥己巳景相減爲實以己巳庚午景相減除之
亦同此取至前後二十一日景

六月二十六日戊寅景一丈四尺四寸五分二釐
五毫二十七日己卯景一丈四尺六寸三分八釐
至十六年四月二日戊寅景一丈四尺四寸八分
一釐以二戊寅景相減用後戊寅己卯景相減推
之亦同此取至前後一百五十日景
五月二十八日庚戌景一丈一尺七寸八分至十
六年四月二十九日乙巳景一丈一尺八寸六分
三釐三十日丙午景一丈一尺七寸八分三釐用
庚戌丙午景相減以乙巳丙午景相減推之亦同
此取至前後百七十八日景

推十六年己卯歲夏至
四月十九日乙未景一丈二尺三寸六分九釐五毫二
十日丙申景一丈二尺二寸九分三釐五毫至五月十
九日乙丑景一丈二尺二寸六分四釐以丙申乙丑景
相減餘二分九釐五毫爲晷差進二位以乙未丙申景
相減得七分六釐爲法除之得三十八刻加相距日二
千九百刻半之加半日刻百約得十五日餘以十二乘
之百約得二時餘以十二收之得二刻命初起距日丙
申筭外得辛亥日寅正二刻爲夏至此取至前後十五日景
三月二十一日戊辰景一丈六尺三寸九分五毫

六月十六日壬辰景一丈六尺九分九釐五毫十
七日癸巳景一丈六尺三寸一分一釐用戊辰癸
巳景相減以壬辰癸巳景相減準前法推之亦合
此取至前後四十二日景
三月初二日己酉景二丈一尺三寸五釐至七月
初七日壬子景二丈一尺一寸九分五釐五毫初
八日癸丑景二丈一尺四寸八分六釐五毫用己
酉壬子景相減以壬子癸丑景相減如前法推之
亦合此取至前後六十一二日景
三月戊申朔景二丈一尺六寸一分一釐至七月

初八日癸丑景二丈一尺四寸八分六釐五毫初
九日甲寅景二丈一尺九寸一分五釐五毫用戊
申癸丑景相減以癸丑甲寅景相減準前法推之
亦同此取至前後六十二三日景
二月十八日乙未景二丈六尺三分四釐五毫至
七月二十一日丙寅景二丈五尺八寸九分九釐
二十二日丁卯景二丈六尺二寸五分九釐用乙
未丙寅景相減以丙寅丁卯景相減如前法推之
亦同此取至前後七十五六日景
二月三日庚辰景三丈二尺一寸九分五釐五毫

至八月初五日庚辰景三丈一尺五寸九分六釐五毫初六日辛巳景三丈二尺二分六釐五毫用前庚辰與辛巳景相減以後庚辰辛巳景相減如前推之亦同此取至前後九十日景

正月十九日丁卯景三丈八尺五寸一釐五毫至八月十八日癸巳景三丈七尺八寸二分三釐十九日甲午景三丈八尺三寸一分五毫用丁卯甲午景相減以癸巳甲午景相校如前推之亦同此取至前後一百三四日景

推十六年己卯歲冬至

十月二十四日戊戌景七丈六尺七寸四分至十一月二十五日己巳景七丈六尺五寸八分二十六日庚午景七丈六尺一寸四分二釐五毫用戊戌己巳景相減餘一寸六分爲晷差進二位以己巳庚午景相減餘四寸三分七釐五毫爲法除之得三十六刻以相減距日三千一百刻餘三千六十四刻半之加五十刻百約得一十五日餘以十二乘之百約爲時滿五十又進一時共得十時餘以十二收之爲刻得二刻命初起距日戊戌筭外得癸丑日戌初二刻冬至此取至前後十五六日景

十月十八日壬辰景七丈四尺五分二釐五毫十九日癸巳景七丈四尺五寸四分五釐二十日甲午景七丈五尺二分五釐至十一月二十八日壬申景七丈五尺三寸二分二十九日癸酉景七丈四尺八寸五分二釐五毫十二月甲戌朔景七丈四尺三寸六分五釐初二日乙亥景七丈三尺八寸七分一釐五毫用甲午癸酉景相減癸巳甲午景相減如前推之亦同若以壬申癸酉景相減爲法推之亦同此取至前後十八九日景

若用癸巳與甲戌景相減以壬辰癸巳景相減推

之或癸巳甲午景相減推之或用甲戌癸酉景相減推之或甲戌乙亥景相減推之或以壬辰乙亥景相減用壬辰癸巳景相減推之並同此取至前後二十日景

十月十六日庚寅景七丈三尺一分五釐十二月初三日丙子景七丈三尺三寸二分初四日丁丑景七丈二尺八寸四分二釐五毫用庚寅丁丑景相減以丙子丁丑景相減推之亦同此取至前後二十三日景

十月十四日戊子景七丈一尺九寸二分二釐五

毫十五日己丑景七丈二尺四寸六分九釐十二月初五日戊寅景七丈二尺二寸七分二釐五毫用己丑戊寅景相減以戊子己丑景相減推之或用己丑庚寅相減推之亦同此取至前後二十四日景十月初七日辛巳景六丈七尺七寸四分五釐初八日壬午景六丈八尺三寸七分二釐五毫初九日癸未景六丈八尺九寸七分七釐五毫十二月十二日乙丑景六丈八尺一寸四分五釐用壬午乙丑景相減以辛巳壬午相減推之壬午癸未景相減推之亦同此取至前後三十一二日景

十月乙亥朔景六丈三尺八寸七分十二月十八日辛卯景六丈四尺二寸九分七釐五毫十九日壬辰景六丈三尺六寸二分五釐用乙亥壬辰景相減以辛卯壬辰景相減推之亦同此取至前後三十八日景

九月二十二日丙寅景五丈七尺八寸二分五釐十二月二十八日辛丑景五丈七尺五寸八分二十九日壬寅景五丈六尺九寸一分五釐用丙寅辛丑景相減以辛丑壬寅景相減推之亦同此取至前後四十七八日景

九月二十日甲子景五丈六尺四寸九分二釐五毫至十二月二十九日壬寅景五丈六尺九寸一分五釐至十七年正月癸卯朔景五丈六尺二寸五分用甲子癸卯相減壬寅癸卯景相減推之亦同此取至前後五十日景

右以累年推測到冬夏二至時刻為准定擬至元十八年辛巳歲前冬至當在己未日夜半後六刻即丑初一刻

歲餘歲差

周天之度周歲之日皆三百六十有五全策之外又

有奇分大率皆四分之一自今歲冬至距來歲冬至歷三百六十五日而日行一周凡四周歷千四百六十則餘一日析而四之則四分之一也然天之分常有餘歲之分常不足其數有不能齊者惟其所差至微前人初未覺知迨漢末劉洪始覺冬至後天謂歲周餘分太強乃作乾象曆減歲餘分二千五百為二千四百六十二至晉虞喜宋何承天祖沖之謂歲當有差因立歲差之法其法損歲餘益天周使歲餘浸弱天周浸強強弱相減因得日躔歲退之差歲餘天周二者實相為用歲差由斯而立日躔由斯而得一

或損益失當詎能與天叶哉今自劉宋大明壬寅以来凡測景驗氣得冬至時刻真數者有六取相距積日時刻以相距之年除之各得其時所用歲餘復自大明壬寅距至元戊寅積日時刻以相距之年除之得每歲三百六十五日二十四分二十五秒比大明暦減去一十一秒定爲方今所用歲餘餘七十五秒用益所謂四分之一共爲三百六十五度二十五分七十五秒定爲天周餘分強弱相減餘一分五十秒用除全度得六十六年有奇日却一度以六十六年除全度適得一分五十秒定爲歲差復以堯典中星

攷之其時冬至日在女虛之交及攷之前史漢元和二年冬至日在斗二十一度晋太元九年退在斗十七度宋元嘉十年在斗十四度末梁大同十年在斗十二度隋開皇十八年猶在斗十二度唐開元十二年在斗九度半今退在箕十度取其距今之年距今之度較之多者七十餘年少者不下五十年輙差一度宋慶元間改統天暦取大衍歲差率八十二年及開元所距之差五十五年折取其中得六十七年爲日却行一度之差施之今日質諸天道實爲密近然古今暦法合於今必不能通於古密於古必不能驗於今今授時暦以之攷古則增歲餘而損歲差以之推来則增歲差而損歲餘上推春秋以来冬至往往皆合下求方来可以永久而無弊非止密於今日而已仍以大衍等六暦攷驗春秋以来冬至疏密凡四十九事具列如後

冬至刻

大衍	宣明	紀元	統天	大明	授時

獻公十五年戊寅歲正月甲寅朔旦冬至

大衍	宣明	紀元	統天	大明	授時
丙辰二十二	乙卯八十八	丁巳二十三	乙卯二	丁巳三十五	甲寅九十九

僖公五年丙寅歲正月辛亥朔旦冬至

大衍	宣明	紀元	統天	大明	授時
辛亥九十四	辛亥六十六	壬子七十四	辛亥二十七	壬子八十九	辛亥十四

昭公二十年己卯歲正月己丑朔旦冬至

大衍	宣明	紀元	統天	大明	授時
己丑四十五	己丑二十	庚寅二十五	戊子九十二	庚寅二十九	戊子八十三

宋元嘉十二年乙亥歲十一月十五日戊辰景長

大衍	宣明	紀元	統天	大明	授時
戊辰三十五	戊辰三十二	戊辰三十九	戊辰五十一	戊辰四十一	戊辰四十七

元嘉十三年丙子歲十一月二十六日甲戌景長

大衍	宣明	紀元	統天	大明	授時
癸酉五十九	癸酉五十七	癸酉六十三	癸酉七十五	癸酉六十五	癸酉七十一

元嘉十五年戊寅歲十一月十八日甲申景長

大衍	宣明	紀元	統天	大明	授時
甲申八	甲申六	甲申十二	甲申二十四	甲申十四	甲申十九

元嘉十六年己卯歲十月二十九日己丑景長

己丑三十三　己丑二十　己丑七十七　己丑四十八　己丑二十七　己丑四十四

元嘉十七年庚辰歲十一月初十日甲午景長

甲午五十七　甲午五十五　甲午六十一　甲午七十二　甲午六十三　甲午六十八

元嘉十八年辛巳歲十一月二十一日己亥景長

己亥八十二　己亥七十九　己亥八十五　己亥九十七　己亥八十七　己亥九十三

元嘉十九年壬午歲十一月初三日乙巳景長

乙巳六　乙巳四　乙巳十　乙巳二十一　乙巳二十一　乙巳二十七

大明五年辛丑歲十一月乙酉冬至

甲申七十二　甲申六十八　甲申七十三　甲申八十九　甲申七十四　甲申七十九

陳天嘉六年乙酉歲十一月庚寅景長

庚寅十二　庚寅十三　庚寅五　庚寅二十四　庚寅八　庚寅十七

光大二年戊子歲十一月乙巳景長

乙巳八十　乙巳八十六　乙巳七十九　乙巳九十七　乙巳八十一　乙巳九十

太建四年壬辰歲十一月二十九日丁卯景長

丙寅八十三　丙寅七十八　丙寅七十七　丙寅九十五　丙寅九十八　丙寅八十七

太建六年甲午歲十一月二十日丁丑景長

丁丑三十二　丁丑三十三　丁丑二十五　丁丑四十三　丁丑二十七　丁丑三十六

太建九年丁酉歲十一月二十三日壬辰景長

癸巳四　癸巳六　壬辰九十九　癸巳十六　癸巳空　癸巳八

太建十年戊戌歲十一月五日戊戌景長

戊戌三十　戊戌三十　戊戌二十三　戊戌四十　戊戌四十四　戊戌二十三

開皇四年甲辰歲十一月十一日己巳景長

己巳七十七　己巳七十八　己巳六十九　己巳八十六　己巳七十一　己巳八十六

開皇五年乙巳歲十一月二十二日乙亥景長

乙亥一　乙亥二　甲戌九十二　乙亥十二　甲戌五十五　乙亥十

開皇六年丙午歲十一月三日庚辰景長

庚辰二十五　庚辰二十六　庚辰十八　庚辰三十四　庚辰十九　庚辰三十四

開皇七年丁未歲十一月十四日乙酉景長

乙酉五十　乙酉五十一　乙酉四十二　乙酉五十九　乙酉四十四　乙酉五十九

開皇十一年辛亥歲十一月二十八日丙午景長

丙午四十八　丙午四十九　丙午四十三　丙午五十七　丙午四十一　丙午五十六

開皇十四年甲寅歲十一月辛酉朔旦冬至

壬戌二十一　壬戌二十二　壬戌十三　壬戌三十　壬戌十四　壬戌二十九

唐貞觀十八年甲辰歲十一月乙酉景長

甲申四十三　甲申四十五　甲申三十一　甲申五十　甲申三十二　甲申四十四

貞觀二十三年己酉歲十一月辛亥景長

庚戌六十五　庚戌六十八　庚戌五十三　庚戌七十二　庚戌五十四　庚戌六十六

龍朔二年壬戌歲十一月四日己未至戊午景長

戊午八十三　戊午八十六　戊午六十九　戊午八十八　戊午七十一　戊午八十二

儀鳳元年丙子歲十一月壬申景長

壬申二十五　壬申二十八　壬申十　壬申二十八　壬申十二　壬申二十二

永淳元年壬午歲十一月癸卯景長

癸卯二十七　癸卯七十五　癸卯五十七　癸卯十十六　癸卯五十八　癸卯六十八

開元十年壬戌歲十一月癸酉景長

癸酉四十九　癸酉五十四　癸酉三十一　癸酉五十　癸酉三十二　癸酉四十六

開元十一年癸亥歲十一月戊寅景長

戊寅七十四　戊寅七十七　戊寅五十五　戊寅七十四　戊寅五十六　戊寅七十

開元十二年甲子歲十一月癸未冬至

癸未九十八　甲申三　癸未八十　癸未九十九　癸未八十一　癸未九十五

宋景德四年丁未歲十一月戊辰日南至

戊辰十五　戊辰二十六　丁卯七十四　丁卯八十二　丁卯七十四　丁卯八十

皇祐二年庚寅歲十一月三十日癸丑景長

癸丑六十五　癸丑七十九　癸丑二十二　癸丑二十五　癸丑二十二　癸丑二十三

元豐六年癸亥歲十一月丙午景長

丙午七十三　丙午八十五　丙午二十六　丙午二十七　丙午二十六　丙午二十六

元豐七年甲子歲十一月辛亥景長

辛亥九十七　壬子一十　辛亥五十　辛亥五十一　辛亥五十　辛亥五十一

元祐三年戊辰歲十一月壬申景長

壬申九十四　癸酉八　壬申四十八　壬申四十八　壬申四十八　壬申四十八

元祐四年己巳歲十一月丁丑景長

戊寅十九　戊寅三十二　丁丑七十二　丁丑七十二　丁丑七十二　丁丑七十二

元祐五年庚午歲十一月壬午冬至

癸未四十四　癸未五十六　壬午九十六　壬午九十七　壬午九十六　壬午九十六

元祐七年壬申歲十一月癸巳冬至

癸巳九十二　甲午五　癸巳四十五　癸巳四十五　癸巳四十五　癸巳四十五

元符元年戊寅歲十一月甲子冬至

乙丑三十九　乙丑五十二　甲子九十一　甲子九十一　甲子九十一　甲子九十一

崇寧三年甲申歲十一月丙申冬至

丙申八十六　丙申九十九　丙申三十七　丙申三十六　丙申三十七　丙申三十七

紹熙二年辛亥歲十一月壬申冬至

癸酉十二　癸酉二十七　壬申五十七　壬申四十七　壬申五十七　壬申四十六

慶元三年丁巳歲十一月癸卯日南至

甲辰五十九　甲辰七十四　甲辰三　癸卯九十二　甲辰三　癸卯九十二

嘉泰三年癸亥歲十一月甲戌日南至

丙子五　丙子二十一　乙亥四十九　乙亥三十七　乙亥四十九　乙亥三十七

嘉定五年壬申歲十一月壬戌日南至

癸亥二十五　癸亥四十一　壬戌六十九　壬戌五十六　壬戌六十八　壬戌五十六

紹定三年庚寅歲十一月丙申日南至

丁酉六十五　丁酉八十二　丁酉七　丙申六十三　丁酉七　丙申九十二

淳祐十年庚戌歲十一月辛巳日南至

壬午 九十四　壬午 七十二　辛巳 九十六　辛巳 七十七　辛巳 九十四　辛巳 七十八

本朝至元十七年庚辰歲十一月己未夜半後六刻冬至

己未 八十七　庚申 五　己未 二十五　己未 四　己未 二十四　己未 六

右自春秋獻公以來凡二千一百六十餘年用大衍宣明紀元統天大明授時六曆推算冬至凡四十九事大衍曆合者三十二不合者十七宣明曆合者二十六不合者二十三紀元曆合者三十五不合者十四統天曆合者三十八不合者十一大明曆合者三十四不合者十五授時曆合者三十九不合者十事

今按獻公十五年戊寅歲正月甲寅朔旦冬至授時曆得甲寅統天曆得乙卯後天一日至僖公五年正月辛亥朔旦冬至授時統天皆得辛亥與天合下至昭公二十年己卯歲正月己丑朔旦冬至授時統天皆得戊子並先一日若曲變其法以從之則獻公僖公皆不合矣以此知春秋所書昭公冬至乃日度失行之驗一也大衍曆攷古冬至謂劉宋元嘉十三年丙子歲十一月甲戌日南至大衍與皇極麟德三曆皆得癸酉各先一日乃日度失行非三曆之差今以授時曆攷之亦得癸酉二也大明五年辛丑歲十一月乙酉冬至諸曆皆得甲申殆亦日度之差三也陳太建四年壬辰歲十一月丁卯景長大衍授時皆得丙寅是先一日太建九年丁酉歲十一月壬辰景長大衍授時皆得癸巳是後一日一失之先一失之後若合於壬辰則差於丁酉合於丁酉則差於壬辰亦日度失行之驗五也開皇十一年辛亥歲十一月丙午景長大衍統天授時皆得丙午與天合至開皇十四年甲寅歲十一月辛酉冬至而大衍統天授時皆得壬戌若合於辛亥則失於甲寅合於甲寅則失於辛亥其開皇十四年甲寅歲冬至亦日度失行六也

唐貞觀十八年甲辰歲十一月乙酉景長諸曆得甲申貞觀二十三年己酉歲十一月辛亥景長諸曆皆得庚戌大衍曆議以永淳開元冬至推之知前二冬至乃史官依時曆以書必非候景所得所以不合今以授時曆攷之亦然八也自前宋以來測景驗氣者凡十七事其景德丁未歲戊辰日南至統天授時皆得丁卯是先一日嘉泰癸亥歲甲戌日南至統天授時皆得乙亥是後一日一失之先一失之後若曲變其數以從景德則其餘十六事多後天從嘉泰則其餘十六事多先天亦日度失行之驗十也前十事皆

授時曆所不合以此理推之非不合矣蓋類其同則知其中辨其異則知其變今於冬至略其日度失行及史官依時曆書之者凡十事則授時曆三十九事皆中統天曆與今曆不合者僅有獻公一事大衍曆推獻公冬至後天二日大明後天三日授時曆與天合下推至元庚辰冬至大衍後天八十一刻大明後天一十九刻統天曆先天一刻授時曆與天合以前代諸曆校之授時爲密庶幾千歲之日至可坐而致云

古今曆參校疏密

授時曆與古曆相校疏密自見蓋上能合於數百載之前則下可行之永久此前人定說古稱善治曆者若宋何承天隋劉焯唐傅仁均僧一行之流最爲傑出今以其曆與至元庚辰冬至氣應相校未有不舛戾者而以新曆上推往古無不脗合則其疏密從可知已

宋文帝元嘉十九年壬午歲十一月乙巳日十一刻冬至距本朝至元十七年庚辰歲計八百三十八年其年十一月氣應已未六刻冬至元嘉曆推之得辛酉後授時二日授時上考元嘉壬午歲冬至得乙巳與元嘉合

隋大業三年丁卯歲十一月庚午日五十二刻冬至距至元十七年庚辰歲計六百七十三年皇極曆推之得庚申冬至後授時一日授時上考大業丁卯歲冬至得庚午與皇極合

唐武德元年戊寅歲十一月戊辰日六十四刻冬至距至元十七年庚辰歲計六百六十二年戊寅曆推之得庚申冬至後授時一日授時曆上考武德戊寅歲得戊辰冬至與戊寅曆合

開元十五年丁卯歲十一月己亥日七十二刻冬至

距至元十七年庚辰歲計五百五十三年大衍曆推之得己未冬至後授時八十一刻授時曆上考開元丁卯歲得己亥冬至與大衍曆合先四刻

長慶元年辛丑歲十一月壬子日七十六刻冬至距至元十七年庚辰歲計四百五十九年宣明曆推之得庚申冬至後授時一日授時曆上考長慶辛丑歲得壬子冬至與宣明曆合

宋太平興國五年庚辰歲十一月丙午日六十三刻冬至距至元十七年庚辰歲計三百年乾元曆推之得庚申冬至後授時一日授時曆上考太平興國庚

辰歲得丙午冬至與乾元合

咸平三年庚子歲十一月辛卯日五十三刻冬至距至元十七年庚辰歲計二百八十年儀天曆推之得庚申冬至後授時一日授時上考咸平庚子歲得辛卯冬至與儀天合

崇寧四年乙酉歲十一月辛丑日六十二刻冬至距至元十七年庚辰歲計一百七十五年紀元曆推之得己未日冬至後授時十九刻授時曆上考崇寧乙酉歲得辛丑日冬至與紀元曆合先二刻

金大定十九年己亥歲十一月己巳日六十四刻冬至距至元十七年庚辰歲計一百一年大明曆推之得己未冬至後授時一十九刻授時曆上考大定己亥歲己巳冬至與大明曆合先九刻大明冬至蓋測驗未密故也

慶元四年戊午歲十一月己酉日一十七刻冬至距至元十七年庚辰歲計八十二年統天曆推之得己未冬至先授時一刻授時曆上考慶元戊午歲得己酉日冬至與統天曆合

周天列宿度

列宿著於天爲舍二十有八爲度三百六十五有奇非日躔無以校其度非列舍無以紀其度周天之度

因二者以得之天體渾圓當二極南北之中絡以赤道日月五星之行常出入於此天左旋日月五星遡而右轉昔人曆象日月星辰謂此也然列舍相距度數歷代所測不同非微有動移則前人所測或有未密古用闚管今新制渾儀測用二綫所測度數分秒與前代不同者今列于左

漢洛下閎所測	唐一行所測	宋皇祐所測	元豐所測	崇寧所測	至元所測
角十二度					十二度一十分
亢九度				九度少	九度二十分
氐十五度		十六度			十六度三十分
房五度			六度	五度太	五度六十分
心五度		六度		六度少	六度五十分
尾十八度		十九度		十九度少	十九度一十分
箕十一度		十度	十一度	十度半	十度四十分
東方七十五度		七十七度	七十九度	七十八度	七十九度二十分
斗二十六度及分	二十六度	二十五度			二十五度二十分
牛八度		七度		七度少	七度二十分
女十二度		十一度		十一度少	十一度三十五分
虛十度	十度少強		九度少強		八度九十五分
危十七度		十六度		十五度半	十五度四十分

室十六度	十六度	十七度			十七度一十分
壁九度				八度太	八度六十分
北方九十七度及分	九十八度二十五分	九十五度二十五分	九十四度二十五分	九十四度七十五分	九十三度八十分太
奎十六度				十六度半	十六度六十分
婁十二度					十一度八十分
胃十四度		十五度			十五度六十分
昴十一度				十一度少	十一度三十分
畢十六度	十七度	十八度	十七度	十七度少	十七度四十分
觜二度	一度			半度	五分
參九度	十度			十度半	十一度一十分
西方八十度	八十一度	八十三度	八十二度	八十三度	八十三度八十五分
井三十三度				三十三度少	三十三度三十分
鬼四度	三度	二度		二度半	二度二十分
柳十五度		十四度		十三度太	十三度三十分
星七度				六度太	六度三十分
張十八度			十七度	十七度少	十七度二十五分
翼十八度			十九度	十八度太	十八度七十五分
軫十七度					十七度三十分
南方一百十二度	一百十一度	一百一十度	一百一十度	一百九度二十五分	一百八度四十分

日躔

日之麗天縣象最著大明一生列宿俱熄古人欲測躔度所在必以昏旦夜半中星衡考其所距從考其所當然昏旦夜半時刻未易得真時刻一差則所距所當不容無舛晉姜岌首以月食衝檢知日度所在紀元曆復以太白誌其相距遠近於昏後明前驗定星度因得日躔今用至元丁丑四月癸酉望月食既推求得冬至日躔赤道箕宿十度黃道九度有奇仍自其年正月至己卯歲終三年之間日測太陰所離宿次及歲星太白相距度定驗參考共得一百三十四事皆躔箕宿適與月食所衝允合以金趙知微所修大明曆法推之冬至猶躔斗初度三十六分六十四秒比新測實差七十六分六十四秒

日行盈縮

日月之行有冬有夏言日月行度冬夏各不同也人徒知日行一度一歲一周天曾不知盈縮損益四序有不同者北齊張子信積候合蝕加時覺日行有入氣差然損益未得其正趙道嚴復準晷景長短定日行進退更造盈縮以求虧食至劉焯立躔度與四序升降雖損益不同後代祖述用之夫陰陽往來馴積而變冬至日行一度強出赤道二十四度弱自此日

軌漸北積八十八日九十一分當春分前三日交在赤道實行九十一度三十一分而適平自後其盈日損復行九十三日七十一分當夏至之日入赤道內二十四度弱實行九十一度三十一分日行一度弱向之盈分盡損而無餘自此日軌漸南積九十三日七十一分當秋分後三日交在赤道實行九十一度三十一分而復平自後其縮日損行八十八日九十一分出赤道外二十四度弱實行九十一度三十一分復當冬至向之縮分盡損而無餘盈縮均有損益初爲益末爲損自冬至以及春分春分以及夏至日

躔自北陸轉而西西而南於盈爲益益極而損損至於無餘而縮自夏至以及秋分秋分以及冬至日躔自南陸轉而東東而北於縮爲益益極而損損至於無餘而復盈盈初縮末俱八十八日九十一分而行一象縮初盈末俱九十三日七十一分而行一象盈縮極差皆二度四十分由實測晷景而得仍以算術推考與所測允合

月行遲疾

古曆謂月平行十三度十九分度之七漢耿壽昌以爲日月行至牽牛東井日過度月行十五度至婁角始平行赤道使然賈逵以爲今合朔弦望月食加時所以不中者蓋不知月行遲疾意李梵蘇統皆以月行當有遲疾不必在牽牛東井婁角之間乃由行道有遠近出入所生劉洪作乾象曆精思二十餘年始悟其理列爲差率以囿進退損益之數後之作曆者咸因之至唐一行考九道委蛇曲折之數得月行疾徐之理先儒謂月與五星皆近日而疾遠日而遲曆家立法以入轉一周之日爲遲疾二曆各立初末二限初爲益末爲損在疾初遲末其行度率過於平行遲初疾末率不及於平行自入轉初日行十四度半

強從是漸殺歷七日適及平行度謂之疾初限其積度比平行餘五度四十二分自是其疾日損又歷七日行十二度微強向之益者盡損而無餘謂之疾末限自是復行遲度又歷七日適及平行度謂之遲初限其積度比平行不及五度四十二分自此其遲日損行度漸增又歷七日復行十四度半強向之益者亦損而無餘謂之遲末限入轉一周實二十七日五十五刻四十六分遲疾極差皆五度四十二分舊曆日爲一限皆用二十八限今定驗得轉分進退時各不同今分日爲十二共三百三十六限半之爲半周

限析而四之爲象限

白道交周

當二極南北之中横絡天體以紀宿度者赤道也出入赤道爲日行之軌者黄道也所謂白道與黄道交貫月行之所由也古人隨方立名分爲八行與黄道而九究而言之其實一也惟其隨交遷徙變動不居故強以方色名之月道出入日道兩相交值當朔則日爲月所掩當望則月爲日所衝故皆有食然涉交有遠近食分有深淺皆可以數推之所謂交周者月道出入日道一周之日也日道距赤道之遠爲度二

十有四月道出入日道不踰六度其距赤道也遠不過三十度近不下十八度出黄道外爲陽入黄道内爲陰陰陽一周分爲四象月當黄道爲正交出黄道外六度爲半交復當黄道爲中交入黄道内六度爲半交是爲四象象别七日各行九十一度四象周歷是謂一交之終以日計之得二十七日二十一刻二十二分二十四秒每一交退天一度二百分度之九十三凡二百四十九交退天一周有奇終而復始正交在春正半交出黄道外六度在赤道内十八度正交在秋正半交出黄道外六度在赤道外三十度中交在春正半交入黄道内六度在赤道内三十度中交在秋正半交入黄道内六度在赤道外十八度月道與赤道正交距春秋二正黄赤道正交宿度東西不及十四度三分度之二夏至在陰曆内冬至在陽曆外月道與赤道所差者多夏至在陽曆外冬至在陰曆内月道與赤道所差者少蓋白道二交有斜有直陰陽二曆有内有外直者密而狭斜者踈而闊其差亦從而與分立象置法求之差數多者不過三度五十分少者不下一度三十分是爲月道與赤道多少之差

晝夜刻

日出爲晝日入爲夜晝夜一周共爲百刻以十二辰分之每辰得八刻三分刻之一無間南北所在皆同晝短則夜長夜短則晝長此自然之理也春秋二分日當赤道出入晝夜正等各五十刻自春分以及夏至日入赤道内去極浸近夜短而晝長自秋分以及冬至日出赤道外去極浸遠晝短而夜長以地中揆之長不過六十刻短不過四十刻地中以南夏至去日出入之所爲遠其長有不及六十刻者冬至去日出入之所爲近其短有不止四十刻者地中以北夏

至去日出入之所為近其長有不止六十刻者冬至去日出入之所為遠其短有不及四十刻者今京師冬至日出辰初二刻日入申正二刻故晝刻三十八夜刻六十二夏至日出寅正二刻日入戌初二刻故晝刻六十二夜刻三十八蓋地有南北極有高下日出入有早晏所以不同耳今授時曆晝夜刻一以京師為正其各所實測北極高下具見天文志

志卷第四

志卷第五　元史五十三

翰林學士亞中大夫知制誥兼修國史臣宋濂　翰林待制承直郎同知制誥兼國史院編修官臣王禕等奉

勑修

曆二

授時曆議下

交食

曆法疏密驗在交食然推步之術難得其密加時有早晚食分有淺深取其密合不容偶然推演加時必本於躔離朓朒考求食分必本於距交遠近苟入氣盈縮入轉遲疾未得其正則合朔不失之先必失之後合朔失之先後則虧食時刻其能密乎日月俱東行而日遲月疾月追及日是為一會交值之道有陽曆陰曆交會之期有中前中後加以地形南北東西之不同人目高下邪直之各異此食分多寡理不得一者也今合朔既正則加時無早晚之差氣刻適中則食分無強弱之失推而上之自詩書春秋及三國以來所載虧食無不合焉者合於既往則行之悠久自可無弊矣

詩書所載日食二事

書胤征惟仲康肇位四海乃季秋月朔辰弗集于

房

今按大衍曆作仲康即位之五年癸巳距辛巳三千四百八年九月庚戌朔泛交二十六日五千四百二十一分入食限

詩小雅十月之交大夫刺幽王也十月之交朔日辛卯日有食之亦孔之醜

今按梁太史令虞劆云十月辛卯朔在幽王六年乙丑朔大衍亦以為然以授時曆推之是歲十月辛卯朔泛交十四日五千七百九分入食限

春秋日食三十七事

隱公三年辛酉歲春王二月己巳日有食之

杜預云不書日史官失之公羊云日食或言朔或不言朔或日或不日或失之前或失之後失之前者朔在前也失之後者朔在後也穀梁云言日不言朔食晦日也姜岌校春秋日食云是歲二月己亥朔無己巳似失一閏三月己巳朔去交分入食限大衍與姜岌合今授時曆推之是歲三月己巳朔加時在晝去交分二十六日六千六百三十一入食限

桓公三年壬申歲七月壬辰朔日有食之

姜岌以為是歲七月癸亥朔無壬辰亦失閏其八月壬辰朔去交分入食限大衍與姜岌合以今曆推之是歲八月壬辰朔加時在晝食六分一十四秒

桓公十七年丙戌歲冬十月朔日有食之

左氏云不書日史官失之大衍推得在十一月交分入食限失閏也以今曆推之是歲十一月加時在晝交分二十六日八千五百六十入食限

莊公十八年乙巳歲春王三月日有食之

穀梁云不言日不言朔夜食也大衍推是歲五月朔交分入食限三月不應食以今曆推之是歲三月朔不入食限五月壬子朔加時在晝交分入食限盖誤五為三

莊公二十五年壬子歲六月辛未朔日有食之

大衍推之七月辛未朔交分入食限以今曆推之是歲七月辛未朔加時在晝交分二十七日四百八十九入食限失閏也

莊公二十六年癸丑歲冬十有二月癸亥朔日有

食之
今曆推之是歲十二月癸亥朔加時在晝交分十四日三千五百五十一入食限

莊公三十年丁巳歲九月庚午朔日有食之
今曆推之是歲十月庚午朔加時在晝去交分十四日四千六百九十六入食限失閏也大衍同

僖公十二年癸酉歲春王三月庚午朔日有食之
姜氏云三月朔交不應食在誤條其五月庚午朔去交分入食限大衍同今曆推之是歲五月

庚午朔加時在晝去交分二十六日五千一百九十二入食限蓋五誤為三

僖公十五年丙子歲夏五月日有食之
左氏云不書朔與日史官失之也大衍推四月癸丑朔去交分入食限差一閏今曆推之是歲四月癸丑朔去交分一日一千三百一十六入食限

文公元年乙未歲二月癸亥朔日有食之
姜氏云二月甲午朔無癸亥三月癸亥朔入食限大衍亦以為然今曆推之是歲三月癸亥朔

加時在晝去交分二十六日五千九百十七分入食限失閏也

文公十五年己酉歲六月辛丑朔日有食之
今曆推之是歲六月辛丑朔加時在晝交分二十六日四千四百七十三分入食限

宣公八年庚申歲秋七月甲子日有食之
杜預以七月甲子晦食姜氏云十月甲子朔食大衍同今曆推之是歲十月甲子朔加時在晝食九分八十一秒蓋十誤為七

宣公十年壬戌歲夏四月丙辰日有食之

今曆推之是月丙辰朔加時在晝交分十四日九百六十八分入食限

宣公十七年己巳歲六月癸卯日有食之
姜氏云六月甲辰朔不應食大衍云是年五月在交限六月甲辰朔交分已過食限蓋誤今曆推之是歲五月乙亥朔入食限六月甲辰朔泛交二日已過食限大衍為是

成公十六年丙戌歲六月丙寅朔日有食之
今曆推之是歲六月丙寅朔加時在晝去交分二十六日九千八百三十五分入食限

成公十七年丁亥歲十有二月丁巳朔日有食之
姜氏云十二月戊子朔無丁巳似失閏大衍推十一月丁巳朔交分入食限今曆推之是歲十一月丁巳朔加時在晝交分十四日二千八百九十七分入食限與大衍同

襄公十四年壬寅歲二月乙未朔日有食之
今曆推之是歲二月乙未朔加時在晝交分十四日一千三百九十三分入食限也

襄公十五年癸卯歲秋八月丁巳朔日有食之
姜氏云七月丁巳朔食失閏也大衍同今曆推

之是歲七月丁巳朔加時在晝去交分二十六日三千三百九十四分入食限

襄公二十年戊申歲冬十月丙辰朔日有食之
今曆推之是歲十月丙辰朔加時在晝交分十三日七千六百分入食限

襄公二十一年己酉歲秋七月庚戌朔日有食之
今曆推之是月庚戌朔加時在晝交分十四日三千六百八十二分入食限

冬十月庚辰朔日有食之
姜氏云比月而食宜在薄餘大衍亦以為然今曆推之十月已過交限不應頻食姜說為是

襄公二十三年辛亥歲春王二月癸酉朔日有食之
今曆推之是月癸酉朔加時在晝交分二十六日五千七百三分入食限

襄公二十四年壬子歲秋七月甲子朔日有食之既
今曆推之是月甲子朔加時在晝日食九分六秒

八月癸巳朔日有食之

漢志董仲舒以為比食又既大衍云不應頻食在誤條今曆推之立分不叶不應食大衍說是

襄公二十七年乙卯歲冬十有二月乙亥朔日有食之
姜氏云十一月乙亥朔交分入限應食大衍同
今曆推之是歲十一月乙亥朔加時在晝交分初日八百二十五分入食限

昭公七年丙寅歲夏四月甲辰朔日有食之
今曆推之是月甲辰朔加時在晝交分二十七日二百九十八分入食限

昭公十五年甲戌歲六月丁巳朔日有食之
大衍推五月丁巳朔食失一閏今曆推之是歲五月丁巳朔加時在晝交分十三日九千五百六十七分入食限

昭公十七年丙子歲夏六月甲戌朔日有食之
姜氏云六月乙巳朔交分不叶不應食當誤大衍云當在九月朔六月不應食姜氏是也今曆推之是歲九月甲戌朔加時在晝交分二十六日七千六百五十分入食限

昭公二十一年庚辰歲七月壬午朔日有食之

今曆推之是月壬午朔加時在晝交分二十六日八千七百九十四分入食限

昭公二十二年辛巳歲冬十有二月癸酉朔日有食之
今曆推之是月癸酉朔交分十四日一千八百入食限杜預以長曆推之當為癸卯非是

昭公二十四年癸未歲夏五月乙未朔日有食之
今曆推之是月乙未朔加時在晝交分二十六日三千八百三十九分入食限

昭公三十一年庚寅歲十有二月辛亥朔日有食之
今曆推之是月辛亥朔加時在晝交分二十六日六千一百二十八分入食限

定公五年丙申歲春三月辛亥朔日有食之
今曆推之三月辛卯朔加時在晝交分十四日三百三十四分入食限

定公十二年癸卯歲十一月丙寅朔日有食之
今曆推之是歲十月丙寅朔加時在晝交分十四日二千六百二十二分入食限蓋失一閏

定公十五年丙午歲八月庚辰朔日有食之

今曆推之是月庚辰朔加時在晝交分十三日七千六百八十五分入食限

哀公十四年庚申歲夏五月庚申朔日有食之
今曆推之是月庚申朔加時在晝交分二十六日九千二百一分入食限

右詩書所載日食二事春秋二百四十二年間凡三十有七事以授時曆推之惟襄公二十一年十月庚辰朔及二十四年八月癸巳朔不入食限蓋自有曆以來無比月而食之理其三十五食食皆在朔經或不書日不書朔公羊穀梁以為食晦二者非左氏以

為史官失之者得之其間或差一日二日者蓋由古曆踈闊置閏失當之弊姜岌一行已有定說孔子作書但因時曆以書非大義所關故不必致詳也

三國以來日食

蜀章武元年辛丑六月戊辰晦時加未

授時曆食甚未五刻

大明曆食甚未五刻

右皆親二曆推戊辰皆七月朔

魏黃初三年壬寅十一月庚申晦食時加西南維

授時曆食甚申二刻

大明曆食甚申三刻

右授時親大明次親二曆推庚申皆十二月朔

梁中大通五年癸丑四月己未朔食在丙

授時曆虧初午四刻

大明曆虧初午四刻

右皆親

太清元年丁卯正月己亥朔食時加申

授時曆食甚申一刻

大明曆食甚申三刻

右授時次親大明親

陳太建八年丙申六月戊申朔食於卯甲間

授時曆食甚卯二刻

大明曆食甚卯四刻

右授時次親大明踈遠

唐永隆元年庚辰十一月壬申朔食巳四刻甚

授時曆食甚巳七刻

大明曆食甚巳五刻

右授時踈大明親

開耀元年辛巳十月丙寅朔食巳初甚

授時曆食甚辰正三刻

大明曆食甚辰正一刻

右授時親大明踈

嗣聖八年辛卯四月壬寅朔食卯二刻甚

授時曆食甚寅八刻

大明曆食甚卯初刻

右皆次親

十七年庚子五月己酉朔食申初甚

授時曆食甚申初二刻

大明曆食甚申正初刻

右授時次親大明疏遠
十九年壬寅九月乙丑朔食申三刻甚
授時曆食甚申一刻
大明曆食甚申四刻
右授時次親大明親
景龍元年丁未六月丁卯朔食午正甚
授時曆食甚午正二刻
大明曆食甚未初初刻
右授時次親大明疏遠
開元元年辛酉九月乙巳朔食午正後三刻甚

授時曆食甚午正一刻
大明曆食甚午正二刻
右授時次親大明親
宋慶曆六年丙戌三月辛巳朔食申正三刻復滿
授時曆復滿申正三刻
大明曆復滿申正一刻
右授時密合大明次親
皇祐元年己丑正月甲午朔食午正甚
授時曆食甚午初三刻
大明曆食甚午正初刻

右授時親大明密合
五年癸巳歲十月丙申朔食未一刻甚
授時曆食甚未三刻
大明曆食甚未初刻
右授時次親大明親
至和元年甲午四月甲午朔食申正一刻甚
授時曆食甚申正一刻
大明曆食甚申正二刻
右授時密合大明親
嘉祐四年己亥正月丙申朔食未三刻復滿

授時曆復滿未初二刻
大明曆復滿未初二刻
右皆親
六年辛丑六月壬子朔食未初虧初
授時曆虧初未初刻
大明曆虧初未一刻
右授時親大明次親
治平三年丙午九月壬子朔食未二刻甚
授時曆食甚未三刻
大明曆食甚未四刻

右授時親大明次親
熙寧二年己酉七月乙丑朔食辰三刻甚
授時曆食甚辰五刻
大明曆食甚辰四刻
右授時次親大明親
元豐三年庚申十一月己丑朔食巳六刻甚
授時曆食甚巳五刻
大明曆食甚巳二刻
右授時親大明疏遠
紹聖元年甲戌三月壬申朔食未六刻甚

授時曆食甚未五刻
大明曆食甚未五刻
右皆親
大觀元年丁亥十一月壬子朔食未二刻虧初未
八刻甚申六刻復滿
授時曆虧初未三刻食甚申初刻復滿申六刻
大明曆虧初未初刻食甚未七刻復滿申五刻
右授時曆虧初食甚皆親復滿密合大明虧
初次親食甚復滿皆親
紹興三十二年壬午正月戊辰朔食申初虧初

授時曆虧初申一刻
大明曆虧初未七刻
右皆親
淳熙十年癸卯十一月壬戌朔食巳正二刻甚
授時曆食甚巳正二刻
大明曆食甚巳正一刻
右授時密合大明親
慶元元年乙卯三月丙戌朔食午初二刻虧初
授時曆虧初午初一刻
大明曆虧初午初二刻

右授時虧初親大明虧初密合
嘉泰二年壬戌五月甲辰朔食午初一刻虧初
授時曆虧初巳正三刻
大明曆虧初午初三刻
右皆親
嘉定九年丙子二月甲申朔食申正四刻甚
授時曆食甚申正三刻
大明曆食甚申正二刻
右授時親大明次親
淳祐三年癸卯三月丁丑朔食巳初二刻

原本[illegible]作十六今訂正

授時曆食甚巳初一刻

大明曆食甚巳初初刻

右授時親大明次親

本朝中統元年庚申三月戊辰朔食申正二刻甚

授時曆食甚申正一刻

大明曆食甚申初三刻

右授時親大明疎

至元十四年丁丑十月丙辰朔食午正初虧初未初一刻食甚未正二刻復滿

授時曆虧初午正初刻食甚未初一刻復滿未正一刻

大明曆虧初午正三刻食甚未正一刻復滿申初二刻

右授時虧初食甚皆密合復滿親大明虧初疎食甚復滿皆疎遠

前代考古交食同刻者爲密合相較一刻爲親二刻爲次親三刻爲疎四刻爲疎遠今授時大明校古日食上自後漢章武元年下訖本朝計三十五事密合者授時七大明二親者授時十有七大明十有六次親者授時十大明八疎者授時一大明三疎遠者授時無大明六

前代月食

宋元嘉十一年甲戌七月丙子望食四更二唱虧初四更四唱食既

授時曆虧初四更三點食既在四更四點

大明曆虧初在四更二點食既在四更五點

右授時虧初親食既密合大明虧初密合食既親

十三年丙子十二月己巳望食一更三唱食既

授時曆食既在一更三點

大明曆食既在一更四點

右授時密合大明親

十四年丁丑十一月丁亥望食二更四唱虧初三更一唱食既

授時曆虧初在二更五點食既在三更二點

大明曆虧初在二更四點食既在三更二點

右授時虧初食既皆親大明虧初密合食既親

梁中大通二年庚戌五月庚寅望月食在子

授時曆食甚在子正初刻

大明曆食甚在子正初刻
右皆密合
大同九年癸亥三月乙巳望食三更三唱虧初
授時曆虧初三更一點
大明曆虧初三更三點
右授時次親大明密合
隋開皇十二年壬子七月己未望食一更三唱虧
初
授時曆虧初在一更四點
大明曆虧初在一更五點

右授時親大明次親
十五年乙卯十一月庚午望食一更四點虧初二
更三點食甚三更一點復滿
授時曆虧初在一更三點食甚在二更二點復
滿在二更五點
大明曆虧初在一更五點食甚在二更三點復
滿在二更五點
右授時虧初食甚復滿皆親大明虧初復滿
皆親食甚密合
十六年丙辰十一月甲子望食四更三籌復滿

授時曆復滿在四更四點
大明曆復滿在四更五點
右授時親大明次親
後漢天福十二年丁未十二月乙未望食四更四
點虧初
授時曆虧初四更五點
大明曆虧初四更一點
右授時親大明次親
宋皇祐四年壬辰十一月丙辰望食寅四刻虧初
授時曆虧初在寅二刻

大明曆虧初在寅一刻
右授時次親大明疎
嘉祐八年癸卯十月癸未望食卯七刻甚
授時曆食甚在辰初刻
大明曆食甚在辰初刻
右皆親
熙寧二年己酉閏十一月丁未望食亥六刻虧初
子五刻食甚丑四刻復滿
授時曆虧初在亥六刻食甚在子五刻復滿在
丑三刻

大明曆虧初在子初刻食甚在子六刻復滿在丑四刻
右授時虧初食甚審合復滿親大明虧初次親食甚親復滿審合
四年辛亥十一月丙申望食卯二刻虧初卯六刻甚
授時曆虧初在卯初刻食甚在卯五刻
大明曆虧初在卯四刻食甚在卯七刻
右虧初皆次親食甚皆親
六年癸丑三月戊午望食亥一刻虧初亥六刻甚子四刻復滿
授時曆虧初在戌七刻食甚在亥五刻復滿在子三刻
大明曆虧初在亥二刻食甚在亥七刻復滿在子四刻
右授時虧初次親食甚復滿皆親大明虧初食甚皆親復滿審合
七年甲寅九月己酉望食四更五點虧初五更三點食既
授時曆虧初在四更五點食既在五更三點

大明曆虧初在四更三點食既在五更二點
右授時虧初食既皆審合大明虧初次親食既親
崇寧四年乙酉十二月戊寅望食酉三刻甚戌初刻復滿
授時曆食甚在酉一刻復滿在酉七刻
大明曆食甚在酉三刻復滿在戌二刻
右授時食甚復滿皆次親大明食甚審合復滿次親
本朝至元七年庚午三月乙卯望食丑三刻虧初寅初刻食甚寅六刻復滿
授時曆虧初在丑二刻食甚在寅初刻復滿在寅六刻
大明曆虧初在丑四刻食甚在寅一刻復滿在寅七刻
右授時虧初親食甚復滿審合大明虧初食甚復滿皆親
九年壬申七月辛未望食丑初刻虧初丑六刻食甚寅三刻復滿
授時曆虧初在子七刻食甚在丑四刻復滿在

寅一刻
大明曆虧初在丑二刻食甚在丑六刻復滿在
寅二刻
右授時虧初親食甚復滿皆次親大明虧初
次親食甚密合復滿親
十四年丁丑四月癸酉望食子六刻虧初丑三刻
食既丑五刻甚丑七刻生光寅四刻復滿
授時曆虧初在子六刻食既在丑四刻食甚在
丑五刻生光丑六刻復滿寅四刻
大明曆虧初在丑初刻食既丑七刻食甚在丑

七刻生光在丑八刻復滿寅六刻
右授時虧初食甚復滿皆密合食既生光皆
親大明虧初食甚復滿皆次親食既疎遠生
光親
十六年己卯二月癸酉望食子五刻虧初丑二刻
甚丑七刻復滿
授時曆虧初在子五刻食甚在丑二刻復滿在
丑七刻
大明曆虧初在子七刻食甚在丑三刻復滿在
丑七刻

右授時虧初食甚復滿皆密合大明虧初次
親食甚親復滿密合
八月己丑望食丑五刻虧初寅初刻甚寅四刻復
滿
授時曆虧初在丑三刻食甚在寅初刻復滿在
寅四刻
大明曆虧初在丑七刻食甚在寅二刻復滿在
寅四刻
右授時虧初次親食甚復滿皆密合大明虧
初食甚皆次親復滿密合

十七年庚辰八月甲申望食在晝戌一刻復滿
授時曆復滿在戌一刻
大明曆復滿在戌四刻
右授時密合大明疎
已上四十五事密合者授時十有八大明十有一親
者授時十有八大明十有七次親者授時九大明十
有四疎者授時無大明二疎遠者授時無大明一
定朔
日平行一度月平行十三度十九分度之七一晝夜
之間月先日十二度有奇歷二十九日五十三刻復

追及日與之同度是謂經朔經朔云者謂合朔大量不出此也日有盈縮月有遲疾以盈縮遲疾之數損益之始為定朔古人立法簡而未密初用平朔一大一小故日食有在朔二月食有在望前後者漢張衡以月行遲疾分為九道宋何承天以日行盈縮推定小餘故月有三大二小隋劉孝孫劉焯欲遵用其法時議排抵以為迂怪卒不能行唐傅仁均始采用之至貞觀十九年九月後四月頻大復用平朔訖麟德元年始用李淳風甲子元曆定朔之法遂行淳風又以晦月頻見故立進朔之法謂朔日小餘在日法四

分之三已上者虛進一日後代皆循用之然虞劇嘗曰朔在會同苟躔次既合何疑於頻大日月相離何拘於間小一行亦曰天事誠密雖四大三小庸何傷今但取辰集時刻所在之日以為定朔朔雖小餘在進限亦不之進甚矣人之安於故習也初曆法用平朔止知一大一小為法之不可易初聞三大二小之説皆不以為然自有曆以來下訖麟德而定朔始行四大三小理數自然唐人弗克若天而止用平朔迨本朝至元而常議方革至如進朔之意止欲避晦日月見殊不思合朔在酉戌亥距前日之卯十八九辰矣若進一日則晦不見月此論誠然苟合朔在辰申之間法不當進距前日之卯已踰十四五度則月見於晦庸得免乎且月之隱見本天道之自然朔之進退出人為之牽強孰若廢人用天不復虛進為得其實哉至理所在奚恤乎人言可為知者道也

不用積年日法

曆法之作所以步日月之躔離候氣朔之盈虛不揆其端無以測知天道而與之脗合然日月之行遲速不同氣朔之運參差不一昔人立法必推求往古生數之始謂之演紀上元當斯之際日月五星同度如

合璧連珠然惟其世代綿遠馴積其數至踰億萬後人厭其布筭繁多互相推考斷截其數而增損日法以為得改憲之術此歷代積年日法所以不能相同者也然行之未遠浸復差失蓋天道自然豈人為附會所能苟合哉夫七政運行於天進退自有常度苟原始要終候驗周匝則象數昭著有不容隱者又何必捨目前簡易之法而求億萬年宏闊之術哉今授時曆以至元辛巳為元所用之數一本諸天秒而分分而刻刻而日皆以百為率比之他曆積年日法推演附會出於人為者為得自然或曰昔人謂建曆之

本必先立元元正然後定日法法定然後度周天以定分至然則曆之有積年日法尚矣自黄帝以来諸曆轉相祖述殆七八十家未聞舍此而能成者今一切削去無乃昧於本原而考求未得其方歟是殆不然晉杜預有云治曆者當順天以求合非為合以驗天前代演積之法不過為合驗天耳今以舊曆頗踈乃命釐正法之不密在所必更奚暇踵故習哉遂取漢以来諸曆積年日法及行用年數具列于后仍附演積數法以釋或者之疑

三統曆 西漢太初元年丁丑鄧平造行一百八十八年至東漢元和乙酉後天七十八刻

積年一十四萬四千五百一十一

日法八十一

四分曆 東漢元和二年乙酉編訢造行一百二十一年至建安丙戌後天七刻

積年一萬五百六十一

日法四

乾象曆 建安十一年丙戌劉洪造行三十一年至魏景初丁巳後天七刻

積年八千四百五十二

日法一千四百五十七

景初曆 魏景初元年丁巳楊偉造行二百六年至宋元嘉癸未先天五十刻

積年五千八十九

日法四千五百五十九

元嘉曆 宋元嘉二十年癸未何承天造行二十年至大明七年癸卯先天五十刻

積年六千五百四十一

日法七百五十二

大明曆 宋大明七年癸卯宋祖冲之造行五十八年至魏正光辛丑後天二十九刻

積年五萬二千七百五十七

日法三千九百三十九

正光曆 後魏正光二年辛丑李業興造行一十九年至興和庚申先天十三刻

積年一十六萬八千五百九

日法七萬四千九百五十二

興和曆 興和二年庚申李業興造行一十年至齊天保庚午先天九十九刻

積年二十萬四千七百三十七

日法二十萬八千五百三十

天保曆 北齊天保元年庚午宋景業造行一十七年至周天和丙戌後天一日八十七刻

積年一十一萬一千二百五十七

日法二萬三千六百六十

天和曆 後周天和元年丙戌甄鸞造行一十三年至大象己亥先天四十刻

積年八十七萬六千五百七

日法二萬三千四百六十

大象曆 大象元年己亥馮顯造行五年至隋開皇甲辰後天十刻

積年四萬二千二百五十五
日法一萬二千九百九十二
開皇曆 隋開皇四年甲辰張賓造行二十四年至大業戊辰後天七刻
積年四百一十二萬九千六百九十七
日法一十萬二千九百六十
大業曆 大業四年戊辰張胄玄造行一十一年至唐武德己卯後天七刻
積年一百四十二萬八千三百一十七
日法一千一百四十四
戊寅曆 唐武德二年己卯道士傅仁均造行四十六年至麟德乙丑後天四十七刻
積年一十六萬五千三

日法一萬三千六百
麟德曆 麟德二年乙丑李淳風造行六十三年至開元戊辰後天一十二刻
積年二十七萬四百九十七
日法一千三百四十
大衍曆 開元十六年戊辰僧一行造行三十四年至寶應壬寅先天一十三刻
積年九千六百九十六萬二千二百九十七
日法三千四十
五紀曆 寶應元年壬寅郭獻之造行二十三年至貞元乙丑後天二十四刻
積年二十七萬四百九十七
日法一千三百四十

貞元曆 貞元元年乙丑徐承嗣造行三十七年至長慶壬寅先天十五刻
積年四十萬三千三百九十七
日法一千九十五
宣明曆 長慶二年壬寅徐昂造行七十一年至景福癸丑先天四刻
積年七百七萬五百九十七
日法八千四百
崇玄曆 景福二年癸丑邊岡造行十四年後六十三年至周顯德丙辰先天四刻
積年五千三百九十四萬七千六百九十七
日法一萬三千五百
欽天曆 五代周顯德三年丙辰王朴造行五年至宋建隆庚申先天二刻
積年七千二百六十九萬八千七百七十七

日法七千二百
應天曆 宋建隆元年庚申王處訥造行二十一年至太平興國辛巳後天二刻
積年四百八十二萬五千八百七十七
日法一萬單二
乾元曆 太平興國六年辛巳吳昭素造行二十年至咸平辛丑合
積年三千五十四萬四千二百七十七
日法二千九百四十
儀天曆 咸平四年辛丑史序造行二十三年至天聖甲子合
積年七十一萬六千七百七十七

日法一萬一百

崇天曆天聖二年甲子宋行古造行四十年至治平甲辰後天五十四刻

積年九千七百五十五萬六千五百九十七

日法一萬五百九十

明天曆治平元年甲辰周琮造行一十年至熙寧甲寅合

積年七十一萬一千九百七十七

日法三萬九十

奉元曆熙寧七年甲寅衛朴造行十八年至元祐壬申後天七刻

積年八千三百一十八萬五千二百七十七

日法二萬三千七百

觀天曆元祐七年壬申皇居卿造行一十一年至崇寧癸未先天六刻

積年五百九十四萬四千九百九十七

日法一萬二千三十

占天曆崇寧二年癸未姚舜輔造行三年至丙戌後天四刻

積年二千五百五十萬一千九百三十七

日法二萬八千八十

紀元曆崇寧五年丙戌姚舜輔造行二十一年至金天會丁未合

積年二千八百六十一萬三千四百六十七

日法七千二百九十

大明曆金天會五年丁未楊級造行五十三年至大定庚子合

積年三億八千三百七十六萬八千六百五十七

日法五千二百三十

重修大明曆大定二十年庚子趙知微重修行一百一年至元朝至元辛巳後天一十九刻

積年八千八百六十三萬九千七百五十七

日法五千二百三十

統元曆後宋紹興五年乙卯陳得一造行三十二年至乾道丁亥合

積年九千四百二十五萬一千七百三十七

日法六千九百三十

乾道曆乾道三年丁亥劉孝榮造行九年至淳熙丙申後天一刻

積年九千一百六十四萬五千九百三十七

日法三萬

淳熙曆淳熙三年丙申劉孝榮造行一十五年至紹熙辛亥合

積年五千二百四十二萬二千七十七

日法五千六百四十

會元曆紹熙二年辛亥劉孝榮造行八年至慶元己未後天一十刻

積年二千五百四十九萬四千八百五十七

日法三萬八千七百

統天曆慶元五年己未楊忠輔造行八年至開禧丁卯先天六刻

積年三千九百一十七

日法一萬二千

開禧曆 開禧三年丁卯鮑澣之造行四十四年至淳祐辛亥後天七刻

積年七百八十四萬八千二百五十七

日法一萬六千九百

淳祐曆 淳祐十年庚戌李德卿造行一年至壬子合

積年一億二千二十六萬七千六百七十七

日法三千五百三十

會天曆 寶祐元年癸丑譚玉造行十八年至咸淳辛未後天一刻

積年一千一百三十五萬六千一百五十七

日法九千七百四十

成天曆 咸淳七年辛未陳鼎造行四年至至元辛巳後天一刻

積年七千一百七十五萬八千一百五十七

日法七千四百二十

此下不曾行用見於典籍經進者二曆

皇極曆 大業間劉焯造阻難不行至唐武德二年己卯先天四十三刻

積年一百萬九千五百一十七

日法一千二百四十二

乙未曆 大定二十年庚子耶律履造不曾行用至辛巳後天一十九刻

積年四千四十五萬三千一百二十六

日法二萬六百九十

授時曆 元至元十八年辛巳為元

積年日法不用

實測到至元十八年辛巳歲

氣應五十五日六百分

閏應二十日一千八百五十分

經朔三十四日八千七百五十分

日法二千一百九十演紀上元己亥距至元辛巳九千八百二十五萬一千四百二十二筭

氣應五十五日六百二分

閏應二十日一千八百五十三分

經朔三十四日八千七百四十九分

日法八千二百七十演紀上元甲子距辛巳五百六十七萬五百五十七筭日命甲子

氣應五十五日五百三十三分

閏應二十日一千八百八分

經朔三十四日八千七百二十五分

日法六千五百七十演紀上元甲子距辛巳三千九百七十五萬二千五百三十七筭

氣應五十五日六百三十一分

閏應二十日一千九百一十九分

經朔三十四日八千七百一十二分

志卷第六　　元史五十四

翰林學士亞中大夫知制誥兼修國史臣宋濂　翰林待制承直郎同知制誥兼國史院編修官臣王禕等奉
勑修

曆三

授時曆經上

步氣朔第一

至元十八年歲次辛巳爲元（上考往古下驗將來皆距立元爲筭周歲消長百年各一其諸應等數隨時推測不用爲元）

歲實三百六十五萬二千四百二十五分

日周一萬

通餘五萬二千四百二十五分

朔實二十九萬五千三百五分九十三秒

通閏十萬八千七百五十三分八十四秒

歲周三百六十五日二千四百二十五分

朔策二十九日五千三百五分九十三秒

氣策十五日二千一百八十四分三十七秒半

望策十四日七千六百五十二分九十六秒半

弦策七日三千八百二十六分四十八秒少

氣應五十五萬　六百分

閏應二十萬一千八百五十分

沒限七千八百一十五分六十二秒半

氣盈二千一百八十四分三十七秒半

朔虛四千六百九十四分　七秒

旬周六十萬

紀法六十

推天正冬至

置所求距筭以歲實（上推往古每百年長一下算將來每百年消一）乘之爲中積加氣應爲通積滿旬周去之不盡以日周約之爲日不滿爲分其日命甲子筭外即所求天正冬至日辰及分（如上考者以氣應減中積滿旬周去之不盡以減旬周餘同上）

求次氣

置天正冬至日分以氣策累加之其日滿紀法去之外命如前各得次氣日辰及分秒

推天正經朔

置中積加閏應爲閏積滿朔實去之不盡爲閏餘以減通積爲朔積滿旬周去之不盡以日周約之爲日不滿爲分即所求天正經朔日及分秒（上考者以閏應減中積滿朔實去之不盡以減朔實爲閏餘以日周約之爲日不滿爲分以減冬至日及分不及減者加紀法減之命如上）

求弦望及次朔

置天正經朔日及分秒以弦策累加之其日滿紀法去之各得弦望及次朔日及分秒

推沒日

置有沒之氣分秒（如沒限已上為有沒之氣）以十五乘之用減氣策餘滿氣盈而一為日併恒氣日命為沒日

推滅日

置有滅之朔分秒（在朔虛分已下為有滅之朔）以三十乘之滿朔虛而一為日併經朔日命為滅日

步發斂第二

土王策三日四百三十六分八十七秒半

月閏九千六十二分八十二秒

辰法一萬

半辰法五千

刻法一千二百

推五行用事

各以四立之節為春木夏火秋金冬水首用事日以土王策減四季中氣各得其季土始用事日

氣候

正月

立春正月節　雨水正月中

東風解凍　蟄蟲始振　魚陟負冰

獺祭魚　候鴈北　草木萌動

二月

驚蟄二月節　春分二月中

桃始華　倉鶊鳴　鷹化為鳩

玄鳥至　雷乃發聲　始電

三月

清明三月節　穀雨三月中

桐始華　田鼠化為鴽　虹始見

萍始生　鳴鳩拂其羽　戴勝降于桑

四月

立夏四月節　小滿四月中

螻蟈鳴　蚯蚓出　王瓜生

苦菜秀　靡草死　麥秋至

五月

芒種五月節　夏至五月中

螳螂生　鵙始鳴　反舌無聲

鹿角解　蜩始鳴　半夏生

六月

小暑六月節　大暑六月中

溫風至　蟋蟀居壁　鷹始摯
腐草爲螢　土潤溽暑　大雨時行

七月

立秋七月節　處暑七月中

凉風至　白露降　寒蟬鳴
鷹乃祭鳥　天地始肅　禾乃登

八月

白露八月節　秋分八月中

鴻鴈來　玄鳥歸　群鳥養羞
雷始收聲　蟄虫坏户　水始涸

九月

寒露九月節　霜降九月中

鴻鴈來賓　雀入大水爲蛤　菊有黄華
豺乃祭獸　草木黄落　蟄蟲咸俯

十月

立冬十月節　小雪十月中

水始氷　地始凍　雉入大水爲蜃
虹藏不見　天氣上升地氣下降　閉塞而成冬

十一月

大雪十一月節　冬至十一月中

鶡鴠不鳴　虎始交　荔挺出
蚯蚓結　麋角解　水泉動

十二月

小寒十二月節　大寒十二月中

鴈北鄉　鵲始巢　雉雊
雞乳　征鳥厲疾　水澤腹堅

推中氣去經朔

置天正閏餘以日周約之爲日命之得冬至去經朔以月閏累加之各得中氣去經朔日筭滿朔策去之乃全置閏然後定朔無中氣者裁之

推發斂加時

置所求分秒以十二乘之滿辰法而一爲辰數餘以刻法收之爲刻命子正筭外即所在辰刻如滿半辰法通作一辰命起子初

步日躔第三

周天分三百六十五萬二千五百七十五分
周天三百六十五度二十五分七十五秒
半周天一百八十二度六十二分八十七秒半
象限九十一度三十一分四十三秒太
歲差一分五十秒

周應三百一十五萬一千七十五分

半歲周二百八十二日六千二百一十二分半

盈初縮末限八十八日九千九十二分少

縮初盈末限九十三日七千一百二十分少

推天正經朔弦望入盈縮曆

置半歲周以閏餘日及分減之即得天正經朔入縮曆冬至後盈夏至後縮以弦策累加之各得弦望及次朔入盈縮曆日及分秒滿半歲周去之即交盈縮

求盈縮差

視入曆盈者在盈初縮末限已下為初限已上反減

半歲周餘為末限縮者在縮初盈末限已下為初限已上反減半歲周餘為末限其盈初縮末者置立差三十一以初末限乘之加平差二萬四千六百又以初末限乘之用減定差五百一十三萬三千二百餘再以初末限乘之滿億為度不滿退除為分秒縮初盈末者置立差二十七以初末限乘之加平差二萬二千一百又以初末限乘之用減定差四百八十七萬六百餘再以初末限乘之滿億為度不滿退除為分秒即所求盈縮差

又術置入限分以其日盈縮分乘之萬約為分以加其下盈縮積萬約為度不滿為分秒亦得所求盈縮差

赤道宿度

角十二一十　亢九二十　氐十六三十

房五六十　心六五十　尾十九一十

箕十四十

右東方七宿七十九度二十分

斗二十五二十　牛七二十　女十一三十五

虛八九十五太　危十五四十　室十七一十

壁八六十

右北方七宿九十三度八十分太

奎十六六十　婁十一八十　胃十五六十

昴十一三十　畢十七四十　觜初五

參十一一十

右西方七宿八十三度八十五分

井三十三三十　鬼二二十　柳十三三十

星六三十　張十七二十五　翼十八七十五

軫十七三十

右南方七宿一百八度四十分

右赤道宿次並依新製渾儀測定用為常數校天為

密若考往古即用當時宿度爲準

推冬至赤道日度

置中積以加周應爲通積滿周天分上推往古每百年消一下算將來每百年長一去之不盡以日周約之爲度不滿退約爲分秒命起赤道虛宿六度外去之至不滿宿即所求天正冬至加時日躔赤道宿度及分秒上考者以周應減中積滿周天去之不盡以減周天餘以日周約之爲度餘同上如當時有宿度者止依當時宿度命之

求四正赤道日度

置天正冬至加時赤道日度累加象限滿赤道宿次去之各得春夏秋正日所在宿度及分秒

求四正赤道宿積度

置四正赤道宿全度以四正赤道日度及分減之餘爲距後度以赤道宿度累加之各得四正後赤道宿積度及分

黃赤道率

積度（至後黃道 分後赤道）	度率	積度（至後赤道 分後黃道）	度率	積差	差率
初	一		一〇八六五		八十二秒
一	一	一〇八六五	一〇八六三	八十二秒	三分四六
二	一	二一七二八	一〇八六〇	三分二八	四分一一
三	一	三二五八八	一〇八五七	七分三九	五分七六

積度	度率	積度	度率	積差	差率
四	一	四三四四五	一〇八四九	十二分一五	七分四一
五	一	五四二九四	一〇八四三	二十分五六	九分〇七
六	一	六五一三七	一〇八三三	二十九分三六	十分七一
七	一	七五九七〇	一〇八二三	四十分三六	十一分四〇
八	一	八六七九三	一〇八一二	五十一分七六	十四分〇八
九	一	九七六〇五	一〇八〇一	六十五分八四	十五分七六
十	一	十八四〇六	一〇七八六	八十一分六〇	十七分四五
十一	一	十一九一九二	一〇七七二	一〇〇〇五	十九分一六
十二	一	十二九九六四	一〇七五五	一一九二一	二十分八七
十三	一	十四〇七一九	一〇七四〇	一四〇〇八	二十二分五八
十四	一	十五一四五九	一〇七二〇	一六二六六	二十四分三〇
十五	一	十六二一七九	一〇七〇四	一六八九六	二十六分〇五
十六	一	十七二八八三	一〇六八四	二一三〇	二十七分七九
十七	一	十八三五六七	一〇六六三	二四〇八〇	二十九分五五
十八	一	十九四二三〇	一〇六四二	二七〇三五	三十一分三一
十九	一	二十四八七二	一〇六二二	三〇一六五	三十三分〇七
二十	一	二十一五四九四	一〇五九九	三三四七二	三十四分八五
二十一	一	二十二六〇九三	一〇五七五	三六九五七	三十六分六三
二十二	一	二十三六六六八	一〇五五四	四〇六二〇	三十八分四二
二十三	一	二十四七二二二	一〇五三〇	四四四六二	四十分二〇

二十四	一	二十五 七七五二	一 〇五〇六	四 八四八二	四十二分
二十五	一	二十六 八二五八	一 〇四八二	五 二六八二	四十三分 七九
二十六	一	二十七 八七四〇	一 〇四五六	五 七〇六一	四十五分 五九
二十七	一	二十八 九一九六	一 〇四三二	六 一六二〇	四十七分 三八
二十八	一	二十九 九六二八	一 〇四〇八	六 六三五八	四十九分 一七
二十九	一	三十一 〇〇三六	一 〇三八二	七 一二七五	五十分 九五
三十	一	三十二 〇四一八	一 〇三五五	七 六三七〇	五十二分 三七
三十一	一	三十三 〇七七三	一 〇三三三	八 一六四三	五十四分 五〇
三十二	一	三十四 一一〇五	一 〇三〇六	八 七〇九三	五十六分 二六
三十三	一	三十五 一四一一	一 〇二八〇	九 二七一九	五十八分 〇一
三十四	一	三十六 一六九一	一 〇二五四	九 八五二〇	五十九分 七四
三十五	一	三十七 一九四五	一 〇二二九	十 四四九四	六十一分 四五
三十六	一	三十八 二一七四	一 〇二〇三	十一 〇六三九	六十三分 一四
三十七	一	三十九 二三七七	一 〇一七七	十一 六九五三	六十四分 八一
三十八	一	四十 二五五四	一 〇一五二	十二 三四三四	六十六分 四七
三十九	一	四十一 二七〇六	一 〇一二六	十三 〇〇八一	六十八分 〇八
四十	一	四十二 二八三二	一 〇一〇一	十三 六八八九	六十九分 六七
四十一	一	四十三 二九三四	一 〇〇七五	十四 三八五六	七十一分 二四
四十二	一	四十四 三〇〇九	一 〇〇四九	十五 〇九八〇	七十二分 七六
四十三	一	四十五 三〇五八	一 〇〇二七	十五 八二五六	七十四分 二六

元史志卷六　十一　范安

四十四	一	四十六 三〇八五	一 〇〇〇〇	十六 五二八六	七十五分 一七
四十五	一	四十七 三〇八五	九九七四	十七 三二五三	七十七分 一三
四十六	一	四十八 三〇五九	九九五一	十八 〇九六五	七十八分 五〇
四十七	一	四十九 三〇一〇	九九二五	十八 八八一五	七十九分 八四
四十八	一	五十 二九三五	九九〇一	十九 六七九九	八十一分 一二
四十九	一	五十一 二八三六	九八七六	二十 四九一一	八十二分 三七
五十	一	五十二 二七一二	九八五一	二十一 三一四八	八十三分 五七
五十一	一	五十三 二五六三	九八二七	二十二 一五〇五	八十四分 七二
五十二	一	五十四 二三九〇	九八〇三	二十二 九九七七	八十五分 八三
五十三	一	五十五 二一九三	九七八〇	二十三 八五六〇	八十六分 八八
五十四	一	五十六 一九七三	九七五五	二十四 七二四八	八十七分 八九
五十五	一	五十七 一七二八	九七三一	二十五 六〇三七	八十八分 八五
五十六	一	五十八 一四五九	九七〇八	二十六 四九二二	八十九分 七七
五十七	一	五十九 一一六七	九六八五	二十七 三八九九	九十分 六三
五十八	一	六十 〇八五二	九六六一	二十八 二九六二	九十一分 四四
五十九	一	六十一 〇五一三	九六三九	二十九 二一〇六	九十二分 二二
六十	一	六十二 〇一五二	九六一六	三十 一三二八	九十二分 九四
六十一	一	六十二 九七六八	九五九四	三十一 〇六二二	九十三分 六一
六十二	一	六十三 九三六二	九五七二	三十一 九九八三	九十四分 二六
六十三	一	六十四 八九四三	九五五一	三十二 九四〇九	九十四分 五八

元史志卷六　十二　范安

六十四	一	六十五 八四八五	九五二九	三十三 八八九四	九十五分 三八
六十五	一	六十六 八〇一四	九五〇九	三十四 八四三二	九十五分 九〇
六十六	一	六十七 七五二三	九四八七	三十五 八〇二二	九十六分 三八
六十七	一	六十八 七〇一〇	九四七〇	三十六 七六六〇	九十六分 八一
六十八	一	六十九 六四八〇	九四五〇	三十七 七三四一	九十七分 一九
六十九	一	七十 五九三〇	九四二七	三十八 七〇六〇	九十七分 五六
七十	一	七十一 五三五七	九四一二	三十九 六八一六	九十七分 八九
七十一	一	七十二 四七六九	九三九二	四十 六六〇五	九十八分 一八
七十二	一	七十三 四一六一	九三八五	四十一 六四二三	九十八分 四五
七十三	一	七十四 三五四六	九三五三	四十二 六二六八	九十八分 六八
七十四	一	七十五 二八九九	九三四三	四十三 六一三六	九十八分 六一
七十五	一	七十六 二二四二	九三二九	四十四 六〇二七	九十九分 一〇
七十六	一	七十七 一五七一	九三一五	四十五 五九三七	九十九分 二五
七十七	一	七十八 〇八八六	九三〇四	四十六 五八六一	九十九分 四〇
七十八	一	七十九 〇一九〇	九二八六	四十七 五八〇二	九十九分 五二
七十九	一	七十九 九四七六	九二七五	四十八 五七五四	九十九分 六二
八十	一	八十 八七五一	九二六五	四十九 五七一六	九十九分 七二
八十一	一	八十一 八〇一六	九二五五	五十 五六八八	九十九分 七九
八十二	一	八十二 七二七一	九二四四	五十一 五六六七	九十九分 八四
八十三	一	八十三 六五一五	九二三八	五十二 五六五一	九十九分 八九

八十四	一	八十四 五七五三	九二二八	五十三 五六四〇	九十九分 九三
八十五	一	八十五 四九八一	九二二二	五十四 五六三三	九十九分 九六
八十六	一	八十六 四二〇三	九二一五	五十五 五六二九	九十九分 九七
八十七	一	八十七 三四一八	九二一二	五十六 五六二六	九十九分 九九
八十八	一	八十八 二六三〇	九二一〇	五十七 五六二五	一
八十九	一	八十九 一八四〇	九二〇四	五十八 五六二五	一
九十	一	九十 一〇四四	九二〇四	五十九 五六二五	一
九十一	三一	九十一 〇二四八	二八七七	六十 五六二五	三一二五
九十一		九十一 三一二五		六十 八七五〇	

推黃道宿度

置四正後赤道宿積度以其赤道積度減之餘以黃道率乘之如赤道率而一所得以加黃道積度為二十八宿黃道積度以前宿黃道積度減之為其宿黃道度及分其秒就近為分

黃道宿度

角十二八十七　亢九五十六　氐十六四十

房五四十八　心六二十七　尾十七九十五

箕九五十九

右東方七宿七十八度一十二分

斗二十三四十七　牛六九十　女十一一十二

虛九 分空太 危十五 九十五 室十八 三十二
壁九 三十四
右北方七宿九十四度一十分太
奎十七 八十七 婁十二 三十六 胃十五 八十一
昴十一 〇八 畢十六 五十 觜初 〇五
參十 二十八
右西方七宿八十三度九十五分
井三十一 〇三 鬼二 一十一 柳十三
星六 三十一 張十七 七十九 翼二十 〇九
軫十八 七十五

右南方七宿一百九度八分

右黃道宿度依今曆所測赤道准冬至歲差所在筭定以憑推步若上下考驗據歲差每移一度依術推變各得當時宿度

推冬至加時黃道日度

置天正冬至加時赤道日度以其赤道積度減之餘以黃道率乘之如赤道率而一所得以加黃道積度即所求年天正冬至加時黃道日度及分秒

求四正加時黃道日度

置所求年冬至日躔黃赤道差與次年黃赤道差相減餘四而一所得加象限為四正定象度置冬至加時黃道日度以四正定象度累加之滿黃道宿次去之各得四正定氣加時黃道宿度及分

求四正晨前夜半日度

置四正恒氣日及分秒（冬夏二至盈縮之端以恒為定）以盈縮差命為日分盈減縮加之即為四正定氣日及分置日下分以其日行度乘之如日周而一所得以減四正加時黃道日度各得四正定氣晨前夜半日度及分秒

求四正後每日晨前夜半黃道日度

以四正定氣日距後正定氣日為相距日以四正定

氣晨前夜半日度距後正定氣晨前夜半日度為相距度累計相距日之行定度與相距度相減餘如相距日而一為日差（相距度多為加相距度少為減）以加減四正每日行度率為每日行定度累加四正晨前夜半黃道日度滿宿次去之為每日晨前夜半黃道日度及分秒

求每日午中黃道日度

置其日行定度半之以加其日晨前夜半黃道日度得午中黃道日度及分秒

求每日午中黃道積度

以二至加時黃道日度距所求日午中黃道日度為

二至後黄道積度及分秒

求每日午中赤道日度

置所求日午中黄道積度滿象限去之餘爲分後内減黄道積度以赤道率乘之如黄道率而一所得以加赤道積度及所去象限爲所求赤道積度及分秒以二至赤道日度加而命之即每日午中赤道日度及分秒

黄道十二次宿度

危十二度六十四分九十一秒　入娵訾之次辰在亥

奎一度七十三分六十三秒　入降婁之次辰在戌

胃三度七十四分五十六秒　入大梁之次辰在酉

畢六度八十八分五秒　入實沈之次辰在申

井八度三十四分九十四秒　入鶉首之次辰在未

柳二度八十六分八十秒　入鶉火之次辰在午

張十五度二十六分六秒　入鶉尾之次辰在巳

軫十度七分九十七秒　入壽星之次辰在辰

氐一度一十四分五十二秒　入大火之次辰在卯

尾三度一分一十五秒　入析木之次辰在寅

斗三度七十六分八十五秒　入星紀之次辰在丑

女二度六分三十八秒　入玄枵之次辰在子

求入十二次時刻

各置入次宿度及分秒以其日晨前夜半日度減之餘以日周乘之爲實以其日行定度爲法實如法而一所得依發斂加時求之即入次時刻

步月離第四

轉終分二十七萬五千五百四十六分

轉終二十七日五千五百四十六分

轉中十三日七千七百七十三分

初限八十四

中限一百六十八

周限三百三十六

月平行十三度三十六分八十七秒半

轉差一日九千七百五十九分九十三秒

弦策七日三千八百二十六分四十八秒少

上弦九十一度三十一分四十三秒太

望一百八十二度六十二分八十七秒半

下弦二百七十三度九十四分三十一秒少

轉應一十三萬一千九百四分

推天正經朔入轉

置中積加轉應減閏餘滿轉終分去之不盡以日周

約之為日不滿為分即天正經朔入轉日及分上考者中積內加所求閏餘減轉應滿轉終去之不盡以減轉終餘同上

求弦望及次朔入轉

置天正經朔入轉日及分以弦策累加之滿轉終去之即弦望及次朔入轉日及分秒如徑求次朔以轉差加之

求經朔弦望入遲疾曆

各視入轉日及分秒在轉中已下為疾曆已上減去轉中為遲曆

遲疾轉定及積度

入轉日	初末限	遲疾度	轉定度	轉積度
初	初	疾初	十四六七六四	初
一	一十二二十	疾一三〇七七	十四五五七三	十四六七六四
二	二十四四十	疾二四九六三	十四四〇二九	二十九二三三七
三	三十六六十	疾三五三〇五	十四二一三〇	四十三六三六六
四	四十八八十	疾四三七四八	十三九八七七	五十七八四九六
五	六十一	疾四九九三八	十三七二七一	七十一八三七三
六	七十三二十	疾五三五二二	十三四四四六	八十五五六四四
七	末八十二六十	疾五四二八一	十三二三五三	九十九〇〇九〇
八	七十四十	疾五二九四七	十二九四七五	一百一十二二四四三
九	五十八二十	疾四八七三五	十二六九四八	一百二十五一九一八
十	四十六	疾四一九九六	十二四七七七	一百三十七八八六六
十一	三十三八十	疾三三〇八六	十二二九六〇	一百五十三六四三
十二	二十一六十	疾二二三五九	十二一四九六	一百六十二六六〇三
十三	九四十	疾一〇一六八	十二〇四六二	一百七十四八〇九九
十四	初二八十	遲初	十二〇八五二	一百八十六八五六一
十五	一十五	遲一五九二三	十二二一二一	一百九十八九四一三
十六	二十七二十	遲二七四八八	十二三七五二	二百一十一一五三五
十七	三十九四十	遲三七四二二	十二五七三〇	二百二十三五二八七
十八	五十一六十	遲四五三八〇	十二八〇六二	二百三十六一〇一七
十九	六十三八十	遲五一〇〇四	十三〇七五三	二百四十八九〇八〇
二十	七十六	遲五三九三八	十三三七七三	二百六十一九八三三
二十一	末七十九八十	遲五四二四八	十三五七一二	二百七十五三二一〇
二十二	六十七六十	遲五二二二三	十三八五一一	二百八十八八九二二
二十三	五十五四十	遲四七三九九	十四〇九五五	三百二七四三三
二十四	四十三二十	遲四〇一三一	十四三〇四六	三百一十六八三八八
二十五	三十一	遲三〇七七二	十四四七八二	三百三十一一四三四
二十六	一十八八十	遲一九六七七	十四六一六三	三百四十五六二一六
二十七	六六十	遲七二〇一	十四七一五四	三百六十二三七九

求遲疾差

置遲疾曆日及分以十二限二十分乘之在初限已

下為初限已上覆減中限餘為末限置立差三百二十五以初末限乘之加平差二萬八千一百又以初末限乘之用減定差一千一百一十一萬餘再以初末限乘之滿億為度不滿退除為分秒即遲疾差

又術置遲疾曆日及分以遲疾曆日率減之餘以其下損益分乘之如八百二十而一益加損減其下遲疾度亦為所求遲疾差

求朔弦望定日

以經朔弦望盈縮差與遲疾差同名相從異名相消（盈遲縮疾為同名 盈疾縮遲為異名）以八百二十乘之以所入遲疾限

下行度除之即為加減差（盈遲為加 縮疾為減）以加減經朔弦望日及分即定朔弦望日及分若定弦望分在日出分已下者退一日其日命甲子筭外各得定朔弦望日辰定朔干名與後朔干同者其月大不同者其月小內無中氣者為閏月

推定朔弦望加時日月宿度

置經朔弦望入盈縮曆日及分以加減差加減之為定朔弦望入曆在盈便為中積在縮加半歲周為中積命日為度以盈縮差盈加縮減之為加時定積度以冬至加時日躔黃道宿度加而命之各得定朔弦望加時日度

凡合朔加時日月同度便為定朔加時月度其弦望各以弦望度加定積為定弦望月行定積度依上加而命之各得定弦望加時黃道月度

推定朔弦望加時赤道月度

各置定朔弦望加時黃道月行定積度滿象限去之以其黃道積度減之餘以赤道率乘之如黃道率而一用加其下赤道積度及所去象限各為赤道加時定積度以冬至加時赤道日度加而命之各為定朔弦望加時赤道月度及分秒（象限已下及半周去之為至後滿象限及三象

去之為分後）

推朔後平交入轉遲疾曆

置交終日及分內減經朔入交日及分為朔後平交日以加經朔入轉為朔後平交入轉在轉中已下為疾曆已上去之為遲曆

求正交日辰

置經朔加朔後平交日以遲疾曆依前求到遲疾差遲加疾減之為正交日及分其日命甲子筭外即正交日辰

推正交加時黃道月度

置朔後平交日以月平行度乘之為距後度以加經朔中積為冬至距正交定積度以冬至日躔黃道宿度加而命之為正交加時月離黃道宿度及分秒

求正交在二至後初末限

置冬至距正交積度及分在半歲周已下為冬至後已上去之為夏至後其二至後在象限已下為初限已上減去半歲周為末限

求定差距差定限度

置初末限度以十四度六十六分乘之如象限而一為定差反減十四度六十六分餘為距差以二十四乘定差如十四度六十六分而一所得交在冬至後

名減夏至後名加皆加減九十八度為定限度及分秒

求四正赤道宿度

置冬至加時赤道度命為冬至正度以象限累加之各得春分夏至秋分正積度各命赤道宿次去之為四正赤道宿度及分秒

求月離赤道正交宿度

以距差加減春秋二正赤道宿度為月離赤道正交宿度及分秒冬至後初限加末限減視春正夏至後初限減末限加視秋正

求正交後赤道宿積度入初末限

各置春秋二正赤道所當宿全度及分以月離赤道正交宿度及分減之餘為正交後積度以赤道宿次累加之滿象限去之為半交後又去之為中交後再去之為半交後視各交積度在半象已下為初限已上用減象限餘為末限

求月離赤道正交後半交白道舊名九道出入赤道內外度及定差

置各交定差度及分以二十五乘之如六十一而一所得視月離黃道正交在冬至後宿度為減夏至後

宿度為加皆加減二十三度九十分為月離赤道後半交白道出入赤道內外度及分以周天六之一六十度八十七分六十二秒半除之為定差月離赤道正交後為外中交後為內

求月離出入赤道內外白道去極度

置每日月離赤道交後初末限用減象限餘為白道積用其積度減之餘以其差率乘之所得百約之以加其下積差為每日積差用減周天之一餘以定差乘之為每日月離赤道內外度內減外加象限為每日月離白道去極度及分秒

求每交月離白道積度及宿次

置定限度與初末限相減相乘退位為分為定差正交中交後為加半交後為減以差加減正交後赤道積度為月離白道定積度以前宿白道定積度減之各得月離白道宿次及分

推定朔弦望加時月離白道宿度

各以月離赤道正交宿度距所求定朔弦望加時月離赤道宿度為正交後積度滿象限去之為半交後又去之為中交後再去之為半交後視交後積度在半象已下為初限已上用減象限為末限以初末限

與定限度相減相乘退位為分分滿百為度為定差正交中交後為加半交後為減以差加減月離赤道正交後積度為定積度以正交宿度加之以其所當月離白道宿次去之各得定朔弦望加時月離白道宿度及分秒

求定朔弦望加時及夜半晨昏入轉

置經朔弦望入轉日及分以定朔弦望加減差加減之為定朔弦望加時入轉以定朔弦望日下分減之為夜半入轉以晨分加之為晨轉昏分加之為昏轉

求夜半月度

置定朔弦望日下分以其入轉日轉定度乘之萬約為加時轉度以減加時定積度餘為夜半定積度依前加而命之各得夜半月離宿度及分秒

求晨昏月度

置其日晨昏分以夜半入轉日轉定度乘之萬約為晨昏轉度各加夜半定積度為晨昏定積度加命如前各得晨昏月離宿度及分秒

求每日晨昏月離白道宿次

累計相距日數轉定度為轉積度與定朔弦望晨昏宿次前後相距度相減餘以相距日數除之為日差距度多為加距度少為減以加減每日轉定度為行定度以累加

定朔弦望晨昏月度加命如前即每日晨昏月離白道宿次朔後用昏望後用晨朔望晨昏俱用

志卷第六

志卷第七　　　　元史五十五

翰林學士亞中大夫知制誥兼修國史臣宋濂　翰林待制承直郎同知制誥兼國史院編修官臣王禕等奉

勑修

曆四

授時曆經下

步中星第五

大都北極出地四十度太強

冬至去極一百一十五度二十一分七十三秒

夏至去極六十七度四十一分一十三秒

冬至晝夏至夜三千八百一十五分九十二秒

夏至晝冬至夜六千一百八十四分八秒

昏明二百五十分

黃道出入赤道內外去極度及半晝夜分

黃道積度	內外度	內外差	冬至前夏至後去極	夏至前冬至後去極	冬晝夏夜	夏晝冬夜	晝夜差
初	二十三度九〇三〇	三三	一百一十五度二一七三	六十七度四一一三	一千九百〇七九六	三千九二〇四	〇九
一	二十三八九九七	九九	一百一十五二一四〇	六十七四一四六	一千九百〇八〇五	三千九一九五	二九
二	二十三八八九八	一分六六	一百一十五二〇四一	六十七四二四五	一千九百〇八三四	三千九一六六	四七
三	二十三八七三二	二分三一	一百一十五一八七五	六十七四四一一	一千九百〇八八一	三千九一一九	六六
四	二十三八五〇一	二分九九	一百一十五一六四四	六十七四六四二	一千九百〇九四七	三千九〇五三	八五
五	二十三八二〇二	三分六五	一百一十五一三四五	六十七四九四一	一千九百一〇三二	三千〇八九六八	一分〇四
六	二十三七八三七	四分三二	一百一十五〇九八〇	六十七五三〇六	一千九百一一三六	三千〇八八六四	一分二二
七	二十三七四〇五	四分九八	一百一十五〇五四八	六十七五七三八	一千九百一二五八	三千〇八七四二	一分四二
八	二十三六九〇七	五分六五	一百一十五〇〇五〇	六十七六二三六	一千九百一四〇〇	三千〇八六〇〇	一分六一
九	二十三六三二四	六分三六	一百一十四九四八一	六十七六八〇五	一千九百一五六一	三千〇八四三九	一分七九
十	二十三五七〇六	七分〇二	一百一十四八八四九	六十七七四三七	一千九百一七四〇	三千〇八二六〇	一分九九
十一	二十三五〇〇四	七分六九	一百一十四八一四七	六十七八一三九	一千九百一九三九	三千〇八〇六一	二分一八
十二	二十三四二三五	八分三九	一百一十四七三七八	六十七八九〇八	一千九百二一五七	三千〇七八四三	二分三七
十三	二十三三三九六	九分〇八	一百一十四六五三九	六十七九四四七	一千九百二三九四	三千〇七六〇六	二分五六
十四	二十三二四八八	九分七五	一百一十四五六三一	六十八〇六五五	一千九百二六五〇	三千〇七三五〇	二分七四
十五	二十三一五一三	十分四七	一百一十四四六五六	六十八一六三〇	一千九百二九二四	三千〇七〇七六	二分九四
十六	二十三〇四六六	十一分一四	一百一十四三六〇九	六十八二六七七	一千九百三二一八	三千〇六七八二	三分一四
十七	二十二九三五二	十一分八五	一百一十四二四九五	六十八三七九一	一千九百三五三二	三千〇六四六八	三分三〇
十八	二十二八一六七	十二分五四	一百一十四一三一〇	六十八四九七六	一千九百三八六二	三千〇六一三八	三分五一
十九	二十二六九一三	十三分二五	一百一十四〇〇五六	六十八六二三〇	一千九百四二一三	三千〇五七八七	三分六九
二十	二十二五五八八	十三分九五	一百一十三八七三一	六十八七五五五	一千九百四五八二	三千〇五四一八	三分八八
二十一	二十二四一九三	十四分六六	一百一十三七三三六	六十八八九五〇	一千九百四九七〇	三千〇五〇三〇	四分〇七
二十二	二十二二七二七	十五分三七	一百一十三五八七〇	六十九〇四一六	一千九百五三七七	三千〇四六二三	四分二六
二十三	二十二一一九〇	十六分〇六	一百一十三四三三三	六十九一九五三	一千九百五八〇三	三千〇四一九七	四分四三
二十四	二十一九五八四	十六分七八	一百一十三二七二七	六十九三五五九	一千九百六二四六	三千〇三七五四	四分六二

元史志卷七　一

元史志卷七　二

元史志卷七　三

二十五	二十一 七九○六	十七分 四七	一百十三 一○四九	六十九 五二三七	二千九百 六七○八	三千 三二九二	四分 八○
二十六	二十一 六一五九	十八分 二○	一百十二 九三○二	六十九 六九八四	二千九百 七一八八	三千 二八一二	四分 九八
二十七	二十一 四三三九	十八分 九○	一百十二 七四八二	六十九 八八○四	二千九百 [illegible]	三千 二三一四	五分 一六
二十八	二十一 二四四九	十九分 六○	一百十二 五五九二	七十 ○六九四	二千九百 [illegible]	三千 一七九八	五分 三三
二十九	二十一 ○四八九	二十分 二七	一百十二 三六三二	七十 二六五四	二千九百 [illegible]	三千 一二六三	五分 四九
三十	二十 八四六二	二十分 九九	一百十二 一六○五	七十 四六八一	二千九百 [illegible]	三千 ○七一四	五分 六七
三十一	二十 六三六三	二十一分 六八	一百十一 九五○六	七十 六七八○	二千九百 [illegible]	三千 ○一四七	五分 八五
三十二	二十 四一九五	二十二分 三五	一百十一 七三三八	七十 八九四八	二千 ○四五八	二千九百 九五六二	六分 ○一
三十三	二十 一九六○	二十三分 ○三	一百十一 五一○三	七十一 一一八三	二千 一○三九	二千九百 八九六二	六分 一六
三十四	十九 九六五七	二十三分 七二	一百十一 二八○○	七十一 三四八六	二千 一六五五	二千九百 八三四五	六分 三三
三十五	十九 七二八六	二十四分 三七	一百十一 ○四二九	七十一 五八五七	二千 二二八八	二千九百 [illegible]	六分 四八
三十六	十九 四八四九	二十五分 ○三	一百十 七九九二	七十一 八二九四	二千 二九三六	二千九百 七○四三	六分 六三
三十七	十九 二三四六	二十五分 六六	一百十 五四八九	七十二 ○七九七	二千○ 三五九九	二千九百 六四○一	六分 七八
三十八	十八 九七八○	二十六分 三二	一百十 二九二三	七十二 三三六三	二千○ 四二七七	二千九百 五七三三	六分 九二
三十九	十八 七一四九	二十六分 九五	一百十 ○二九二	七十二 五九九四	二千○ 四九六九	二千九百 五○五一	七分 ○五
四十	十八 四四五六	二十七分 五三	一百○九 七五九九	七十二 八六八七	二千○ 五六七四	二千九百 四三六六	七分 一九
四十一	十八 一七○四	二十八分 一四	一百○九 四七四八	七十三 一四五九	二千○ 六三九五	二千九百 三六○七	七分 三二
四十二	十七 八八九○	二十八分 七二	一百○九 二○三五	七十三 四二五三	二千○ 七一二五	二千九百 二八七五	七分 四四
四十三	十七 六○一八	二十九分 二九	一百○八 九一六一	七十三 七一二五	二千○ 七八六九	二千九百 二一三一	七分 五六
四十四	十七 三○八九	二十九分 八四	一百○八 六二三二	七十四 ○○五八	二千○ 八六二五	二千九百 一三七五	七分 六八

元史志卷七　四

四十五	十七 ○一○五	三十分 三八	一百○八 三二四八	七十四 三○三八	二千○ 九三九三	二千九百 ○六○七	七分 七八
四十六	十六 七○六七	三十分 九○	一百○八 ○二一○	七十四 六○六七	二千一百 ○一七一	二千八百 九八二九	七分 八九
四十七	十六 三九七七	三十一分 四二	一百○七 七一二○	七十四 九一六六	二千一百 ○九六○	二千八百 九○四○	七分 九八
四十八	十六 ○八三六	三十一分 九二	一百○七 三九七九	七十五 二三○七	二千一百 一七五八	二千八百 八二四三	八分 ○八
四十九	十五 七六四五	三十二分 三六	一百○七 ○七八八	七十五 五四九八	二千一百 二五六六	二千八百 [illegible]	八分 一七
五十	十五 四四○九	三十二分 八三	一百○六 七五五二	七十五 八七三四	二千一百 三三八三	二千八百 六六一七	八分 二六
五十一	十五 一一二四	三十三分 二六	一百○六 四二六七	七十六 二○一九	二千一百 四二○九	二千八百 五七九一	八分 三五
五十二	十四 七七九八	三十三分 六四	一百○六 ○九四一	七十六 五三四五	二千一百 五○四二	二千八百 四九五九	八分 四○
五十三	十四 四四三四	三十四分 ○七	一百○五 七五七七	七十六 八七○九	二千一百 五八八一	二千八百 四一一九	八分 四六
五十四	十四 一○二七	三十四分 四五	一百○五 四一七○	七十七 二一一六	二千一百 六七二七	二千八百 三二七五	八分 五四
五十五	十三 七五八二	三十四分 八二	一百○五 ○七二五	七十七 五五六一	二千一百 七五八一	二千八百 二四一九	八分 五九
五十六	十三 四一○一	三十五分 二五	一百○四 七二四四	七十七 九○四二	二千一百 八四四○	二千八百 一五六○	八分 六四
五十七	十三 ○五八六	三十五分 四七	一百○四 三七二九	七十八 二五五七	二千一百 九三○四	二千八百 ○六九六	八分 六九
五十八	十二 七○三九	三十五分 七八	一百○四 ○一八二	七十八 六一○四	二千二百 ○一七五	二千七百 九八二七	八分 七五
五十九	十二 三四六一	三十六分 ○七	一百○三 六六○四	七十八 九六八一	二千二百 一○四八	二千七百 八九五三	八分 七八
六十	十一 九八五四	三十六分 三三	一百○三 二九九七	七十九 三二八九	二千二百 一九二六	二千七百 八○七四	八分 八二
六十一	十一 六二二一	三十六分 五九	一百○二 九三六四	七十九 六九二二	二千二百 二八○七	二千七百 七一九○	八分 八四
六十二	十一 二五六二	三十六分 八三	一百○二 五七○五	八十○ ○六一五	二千二百 三六九一	二千七百 六三○九	八分 八九
六十三	十 八八七九	三十七分 ○五	一百○二 二○二二	八十○ 四二六四	二千二百 四五八○	二千七百 五四二○	八分 九○
六十四	十 五一七四	三十七分 二四	一百○一 八二一七	八十○ 七九六九	二千二百 五四七○	二千七百 四五三○	八分 九二

六十五	十 一四五〇	三十七分 四四	一百〇一 四五九三	八十一 一九九三	三千二百 六三六二	三千七百 三六三八	八分 九四
六十六	九 七七〇六	三十七分 六二	一百〇一 〇八四九	八十一 五四三七	三千二百 七二五六	三千七百 二七四四	八分 九七
六十七	九 三九四五	三十七分 七六	一百〇〇 七〇八八	八十一 九一九八	三千二百 八二五三	三千七百 一八四七	八分 九七
六十八	九 〇一六九	三十七分 九二	一百〇〇 三三一二	八十二 二九七四	三千二百 九〇五〇	三千七百 〇九五〇	八分 九八
六十九	八 六三七八	三十八分 〇七	九十九 九五二一	八十二 六七六五	三千二百 九九四七	三千七百 〇〇五三	九分 〇〇
七十	八 二五七一	三十八分 一七	九十九 五七一四	八十三 〇五七二	三千三百 〇八四八	三千六百 九一五三	九分 〇〇
七十一	七 八七五四	三十八分 二八	九十九 一八九七	八十三 四三八九	三千三百 一七四八	三千六百 八二五二	九分 〇一
七十二	七 四九二六	三十八分 三八	九十八 八〇六九	八十三 八二一七	三千三百 二六四九	三千六百 七三五一	九分 〇一
七十三	七 一〇八八	三十八分 四七	九十八 四二三一	八十四 二〇五五	三千三百 三五五〇	三千六百 六四五〇	九分 〇一
七十四	六 七二四一	三十八分 五四	九十八 〇三八四	八十四 五九〇二	三千三百 四四五二	三千六百 五五四九	九分 〇一
七十五	六 三三八七	三十八分 六三	九十七 六五三〇	八十四 九七五六	三千三百 五三五二	三千六百 四六四八	九分 〇一
七十六	五 九五二五	三十八分 七〇	九十七 二六六八	八十五 三六一八	三千三百 六二五三	三千六百 三七四七	九分 〇一
七十七	五 五六五八	三十八分 七三	九十七 八八〇一	八十五 七四八五	三千三百 七一五四	三千六百 二八四六	九分 〇〇
七十八	五 一七八五	三十八分 七七	九十六 四九二八	八十六 一三五八	三千三百 八〇五四	三千六百 一九四六	九分 〇〇
七十九	四 七九〇八	三十八分 八二	九十六 一〇五一	八十六 五二三五	三千三百 八九五四	三千六百 一〇四六	九分 〇〇
八十	四 四〇二七	三十八分 八五	九十五 七一七〇	八十六 九一一六	三千三百 九八五四	三千六百 〇一四六	九分 〇〇
八十一	四 〇一四二	三十八分 八八	九十五 三二八五	八十七 三〇〇一	三千四百 〇七五四	三千五百 九二四六	九分 〇〇
八十二	三 六二五四	三十八分 八九	九十四 九四六四	八十七 六八二二	三千四百 一六五四	三千五百 八三四六	八分 九七
八十三	三 二三六五	三十八分 九〇	九十四 五五〇九	八十八 〇七七七	三千四百 二五五一	三千五百 七四四九	八分 九七
八十四	二 八四七五	三十八分 九二	九十四 一六一八	八十八 四六六八	三千四百 三四四八	三千五百 六五五二	八分 九七

八十五	二 四五八三	三十八分 九三	九十三 七七二六	八十八 六五六〇	三千四百 四三四五	三千五百 五六五五	八分 九七
八十六	二 〇六九〇	三十八分 九四	九十三 三八三三	八十九 二四五三	三千四百 五二四三	三千五百 四七五七	八分 九六
八十七	一 六七九六	三十八分 九四	九十二 九九三九	八十九 六三四七	三千四百 六一三八	三千五百 三八六二	八分 九六
八十八	一 二九〇二	三十八分 九五	九十二 六〇四五	九十 〇二四一	三千四百 七〇三四	三千五百 二九六六	八分 九六
八十九	九〇〇七	三十八分 九五	九十二 二一五〇	九十 四一三六	三千四百 七九三〇	三千五百 二〇七〇	八分 九六
九十	五一一二	三十八分 九五	九十一 八二五五	九十 八〇三一	三千四百 八八二六	三千五百 一一七四	八分 九五
九十一	一二一七	三十一分 一七	九十一 四三六〇	九十一 一九二六	三千四百 九七二二	三千五百 〇二七八	二分 七九
九十一 三一	空	空	九十一 三一四三	九十一 三一四三	三千五百	三千五百	空

求每日黃道出入赤道內外去極度

置所求日晨前夜半黃道積度滿半歲周去之在象限已下爲初限已上復減半歲周餘爲入末限滿積度去之餘以其段內外差乘之百約之所得用減內外度爲出入赤道內外度內減外加象限即所求去極度及分秒

求每日半晝夜及日出入晨昏分

置所求入初末限滿積度去之餘以晝夜差乘之百約之所得加減其段半晝夜分爲所求日半晝夜分前多後少爲減前少後多爲加以半夜分便爲日出分用減日周餘爲日入分以昏明分減日出分餘爲晨分加日入分爲昏分

求晝夜刻及日出入辰刻

置半夜分倍之百約爲夜刻以減百刻餘爲晝刻以日出入分依發斂求之即得所求辰刻

求更點率

置晨分倍之五約爲更率又五約更率爲點率

求更點所在辰刻

置所求更點數以更點率乘之加其日昏分依發斂求之即得所求辰刻

求距中度及更差度

置半日周以其日晨分減之餘爲距中分以三百六

十六度二十五分七十五秒乘之如日周而一所得爲距中度用減一百八十三度一十二分八十七秒半倍之五除爲更差度及分

求昏明五更中星

置距中度以其日午中赤道日度加而命之即昏中星所臨宿次命爲初更中星以更差度累加之滿赤道宿次去之爲逐更及曉中星宿度及分秒　其九服所在晝夜刻分及中星諸率並準隨處北極出地度數推之（已上諸率與晷漏所推自相符契）

求九服所在漏刻

各於所在以儀測驗或下水漏以定其處冬至或夏至夜刻與五十刻相減餘爲至差刻置所求日黃道去赤道內外度及分以至差刻乘之進一位如二百三十九而一所得內減外加五十刻即所求夜刻以減百刻餘爲晝刻（其日出入辰刻及更點等率依術求之）

步交會第六

交終分二十七萬二千一百二十二分二十四秒

交終二十七日二千一百二十二分二十四秒

交中十三日六千六十一分一十二秒

交差二日三千一百八十三分六十九秒

交望十四日七千六百五十二分九十六秒半

交應二十六萬一百八十七分八十六秒

交終三百六十三度七十九分三十四秒

交中一百八十一度八十九分六十七秒

正交三百五十七度六十四分

中交一百八十八度五分

日食陽曆限六度　定法六十

陰曆限八度　定法八十

月食限十三度五分　定法八十七

推天正經朔入交

置中積加交應減閏餘滿交終分去之不盡以日周約之爲日不滿爲分秒即天正經朔入交汎日及分秒（上考者中積內加所求閏餘減交應滿交終去之不盡以減交終餘如上）

求次朔望入交

置天正經朔入交汎日及分秒以交望累加之滿交終日去之即爲次朔望入交汎日及分秒

求定朔望及每日夜半入交

各置入交汎日及分秒減去經朔望小餘即爲定朔望夜半入交若定日有增損者亦如之否則因經爲定大月加二日小月加一日餘皆加七千八百七十

七分七十六秒即次朔夜半入交累加一日滿交終日去之即每日夜半入交汎日及分秒

求定朔望加時入交

置經朔望入交汎日及分秒以定朔望加減差加減之即定朔望加時入交日及分秒

求交常交定度

置經朔望入交汎日及分秒以月平行度乘之爲交常度以盈縮差盈加縮減之爲交定度

求日月食甚定分

日食視定朔分在半日周已下去減半周爲中前已上減去半周爲中後與半周相減相乘退二位如九十六而一爲時差中前以減中後以加皆加減定朔分爲食甚定分以中前後分各加時差爲距午定分月食視定望分在日周四分之一已下爲卯前已上覆減半周爲卯後在四分之三已下減去半周爲酉前已上覆減日周爲酉後以卯酉前後分自乘退二位如四百七十八而一爲時差子前以減子後以加皆加減定望分爲食甚定分各依發斂求之即食甚辰刻

求日月食甚入盈縮曆及日行定度

置經朔望入盈縮曆日及分以食甚日及定分加之以經朔望日及分減之即爲食甚入盈縮曆依日躔術求盈縮差盈加縮減之爲食甚入盈縮曆定度

求南北差

視日食甚入盈縮曆定度在象限已下爲初限已上用減半歲周爲末限以初末限度自相乘如一千八百七十而一爲度不滿退除爲分秒用減四度四十六分餘爲南北汎差以距午定分乘之以半晝分除之所得以減汎差爲定差（汎差不及減者反減之爲定差應加者減之應減者加之）在盈初縮末者交前陰曆減陽曆加交後陰曆加

陽曆減在縮初盈末者交前陰曆加陽曆減交後陰曆減陽曆加

求東西差

視日食甚入盈縮曆定度與半歲周相減相乘如一千八百七十而一爲度不滿退除爲分秒爲東西汎差以距午定分乘之以日周四分之一除之爲定差（若在汎差已上者倍汎差減之餘爲定差依其加減）在盈中前者交前陰曆加陽曆減交後陰曆加陽曆減中後者交前陰曆加陽曆減交後陰曆減陽曆加在縮中前者交前陰曆加陽曆減交後陰曆減陽曆加中後者交前陰曆減陽曆加交後陰曆加陽曆減

求日食正交中交限度

置正交中交度以南北東西差加減之爲正交中交限度及分秒

求日食入陰陽曆去交前後度

視交定度在中交限已下以減中交限爲陽曆交前度已上減去中交限爲陰曆交後度在正交限已下以減正交限爲陰曆交前度已上減去正交限爲陽曆交後度

求月食入陰陽曆去交前後度

視交定度在交中度已下爲陽曆已上減去交中爲陰曆視入陰陽曆在後準十五度半已下爲交後度前準一百六十六度三十九分六十八秒已上覆減交中餘爲交前度及分

求日食分秒

視去交前後度各減陰陽曆食限（不及減者不食）餘如定法而一各爲日食之分秒

求月食分秒

視去交前後度（不用南北東西差者）用減食限（不及減者不食）餘如定法而一爲月食之分秒

求日食定用及三限辰刻

置日食分秒與二十分相減相乘平方開之所得以五千七百四十乘之如入定限行度而一爲定用分以減食甚定分爲初虧加食甚定分爲復圓依發斂求之爲日食三限辰刻

求月食定用及三限五限辰刻

置月食分秒與三十分相減相乘平方開之所得以五千七百四十乘之如入定限行度而一爲定用分以減食甚定分爲初虧加食甚定分爲復圓依發斂求之即月食三限辰刻

月食既者以既內分與一十分相減相乘平方開之所得以五千七百四十乘之如入定限行度而一為既內分用減定用分為既外分以定用分減食甚定分為初虧加既外為食既又加既內為食甚再加既內為生光復加既外為復圓依發斂求之即月食五限辰刻

求月食入更點

置食甚所入日晨分倍之五約為更法又五約更法為點法乃置初末諸分昏分已上減去昏分晨分已下加晨分以更法除之為更數不滿以點法收之為點數其更點數命初更初點筭外各得所入更點

求日食所起

食在陽曆初起西南甚於正南復於東南食在陰曆初起西北甚於正北復於東北食八分已上初起正西復於正東（此據午地而論之）

求月食所起

食在陽曆初起東北甚於正北復於西北食在陰曆初起東南甚於正南復於西南食八分已上初起正東復於正西（此亦據午地而論之）

求日月出入帶食所見分數

視其日日出入分在初虧已上食甚已下者為帶食各以食甚分與日出入分相減餘為帶食差以乘所食之分滿定用分而一（如月食既者以既內分減帶食差餘進一位如既外分而一所得以減既分即月帶食出入所見之分不及減者為帶食既出入）以減所食分即日月出入帶食所見之分（其食甚在晝晨為漸進昏為已退其食甚在夜晨為已退昏為漸進）

求日月食甚宿次

置日月食甚入盈縮曆定度在盈便為定積在縮加半歲周為定積（望即更加半周天度）以天正冬至加時黃道日度加而命之各得日月食甚宿次及分秒

步五星第七

曆度

三百六十五度二十五分七十五秒

曆中

一百八十二度六十二分八十七秒半

曆策

一十五度二十一分九十秒六十二微半

木星

周率三百九十八萬八千八百分

周日三百九十八日八十八分

曆率四千三百三十一萬二千九百六十四分八十六秒半

度率一十一萬八千五百八十二分

合應一百一十七萬九千七百二十六分

曆應一千八百九十九萬九千四百八十一分

盈縮立差二百三十六加

平差二萬五千九百一十二減

定差一千八十九萬七千

伏見一十三度

段目	段日	平度	限度	初行率
合伏	一十六日八十六	三度八十六	二度九十三	二十三分
晨疾初	二十八日	六度一十一	四度六十四	二十二分
晨疾末	二十八日	五度五十一	四度一十九	二十一分
晨遲初	二十八日	四度三十一	三度二十八	一十八分
晨遲末	二十八日	一度九十一	一度四十五	一十二分
晨留	二十四日			
晨退	四十六日五十八	四度八十八一十二半	空三十二八十七半	
夕退	四十六日五十八	四度八十八一十二半	空三十二八十七半	一十六分
夕留	二十四日			
夕遲初	二十八日	一度九十一	一度四十五	
夕遲末	二十八日	四度三十一	三度二十八	一十二分
夕疾初	二十八日	五度五十一	四度一十九	一十八分
夕疾末	二十八日	六度一十一	四度六十四	二十一分
夕伏	一十六日八十六	三度八十六	二度九十三	二十二分

火星

周率七百七十九萬九千二百九十分

周日七百七十九日九十二分九十秒

曆率六百八十六萬九千五百八十分四十三秒

度率一萬八千八百七分半

合應五十六萬七千五百四十五分

曆應五百四十七萬二千九百三十八分

盈初縮末立差一千一百三十五減

平差八十三萬一千一百八十九減

定差八千八百四十七萬八千四百

縮初盈末立差八百五十一加

平差三萬二百三十五負減

定差二千九百九十七萬六千三百

伏見一十九度

段目	段日	平度	限度	初行率
合伏	六十九日	五十度	四十六度五十	七十三分

晨疾初	五十九日	四十一度八十	三十八度八十七	七十二分
晨疾末	五十七日	三十九度。八	三十六度三十四	七十分
晨次疾初	五十三日	三十四度一十六	三十一度七十七	六十七分
晨次疾末	四十七日	二十七度。六	二十五度一十五	六十二分
晨遲初	三十九日	一十七度七十二	一十六度四十八	五十三分
晨遲末	二十九日	六度二十	五度七十七	三十八分
晨留	八日			
晨退	二十八日九十六四十五	八度六十五六十七半	六度四十六三十二半	
夕退	二十八日九十六四十五	八度六十五六十七半	六度四十六三十二半	四十四分
夕留	八日			
夕遲初	二十九日	六度二十	五度七十七	
夕遲末	三十九日	一十七度七十二	一十六度四十八	三十八分
夕次疾初	四十七日	二十七度。四	二十五度一十五	五十三分
夕次疾末	五十三日	三十四度一十六	三十一度七十七	六十二分
夕疾初	五十七日	三十九度。八	三十六度三十四	六十七分
夕疾末	五十九日	四十一度八十	三十八度八十七	七十分
夕伏	六十九日	五十度	四十六度五十	七十二分

土星

周率三百七十八萬九百一十六分

周日三百七十八日九分一十六秒

曆率一億七百四十七萬八千八百四十五分六十六秒

度率二十九萬四千二百五十五分

合應一十七萬五千六百四十三分

曆應五千二百二十四萬五百六十一分

盈立差二百八十三加

平差四萬一千二十二減

定差一千五百一十四萬六千一百

縮立差三百三十一加

平差一萬五千一百二十六減

定差一千一百一萬七千五百

伏見一十八度

段目	段日	平度	限度	初行率
合伏	二十日四十	二度四十	一度四十九	一十二分
晨疾	三十一日	三度四十	二度一十一	一十一分
晨次疾	二十九日	二度七十五	一度七十一	一十分
晨遲	二十六日	一度五十	初八十三	八分
晨留	三十日			
晨退	五十二日六十四五十八	三度六十二五十四半	初二十八四十五半	
夕退	五十二日六十四五十八	三度六十二五十四半	初二十八四十五半	一十分

段目	段日	平度	限度	初行率
夕留	三十日			
夕遲	二十六日	一度五十	初八十三	
夕次疾	二十九日	二度七十五	一度七十一	八分
夕疾	三十日	三度四十	二度一十一	一十分
夕伏	二十日四十	二度四十	一度四十九	一十一分

金星

周率五百八十三萬九千二十六分

周日五百八十三日九十分二十六秒

曆率三百六十五萬二千五百七十五分

度率一萬

合應五百七十一萬六千三百三十分

曆應一十一萬九千六百三十九分

盈縮立差一百四十一加

平差三減

定差三百五十一萬五千五百

伏見一十度半

段目	段日	平度	限度	初行率
合伏	三十九日	四十九度五十	四十七度六十四	一度二十七分半
夕疾初	五十二日	六十五度五十	六十三度〇四	一度二十六分半
夕疾末	四十九日	六十一度	五十八度七十	一度二十五分半

段目	段日	平度	限度	初行率
夕次疾初	四十二日	五十度二十五	四十八度二十六	一度二十分半
夕次疾末	三十九日	四十二度五十	四十度九十	一度一十六分
夕遲初	三十三日	二十七度	二十五度九十九	一度二分
夕遲末	一十六日	四度二十五	四度〇九	六十二分
夕留	五日			
夕退	一十日九十五一十三	三度六十九八十七	一度五十九一十三	
夕退伏	六日	四度三十五	一度六十三	六十一分
合退伏	六日	四度三十五	一度六十二	八十二分
晨退	一十日九十五一十三	三度六十九八十七	一度五十九一十三	六十一分
晨留	五日			

段目	段日	平度	限度	初行率
晨遲初	一十六日	四度二十五	四度〇九	
晨遲末	三十三日	二十七度	二十五度九十九	六十二分
晨次疾初	三十九日	四十二度五十	四十度九十	一度二分
晨次疾末	四十二日	五十度二十五	四十八度二十六	一度一十六分
晨疾初	四十九日	六十一度	五十八度七十一	一度二十二分半
晨疾末	五十二日	六十五度五十	六十三度〇四	一度二十五分半
晨伏	三十九日	四十九度五十	四十七度六十四	一度二十六分半

水星

周率一百一十五萬八千七百六十分

周日一百一十五日八十七分六十秒

曆率三百六十五萬二千五百七十五分

度率一萬

合應七十萬四百三十七分

曆應二百五萬五千一百六十一分

盈縮立差一百四十一加

平差二千一百六十五減

定差三百八十七萬七千

晨伏夕見一十六度半

夕伏晨見一十九度

段目	段日	平度	限度	初行率
合伏	一十七日七十五	三十四度二十五	二十六度〇八	二度一十五分五十八
夕疾	一十五日	二十一度三十八	一十八度一十六	一度七十分三十四
夕遲	一十二日	一十度一十二	八度五十九	一度十四分七十二
夕留	二日			
夕退伏	一十一日一十八八十	七度八十一二十	二度一十八十	
合退伏	一十一日一十八八十	七度八十一二十八	二度一十八十	一度三分四十六
晨留	二日			
晨遲	一十二日	一十度一十二	八度五十九	
晨疾	一十五日	二十一度三十八	一十八度一十六	一度一十四分七十二
晨伏	一十七日七十五	三十四度二十五	二十九度〇八	一度七十分三十四

推天正冬至後五星平合及諸段中積中星

置中積加合應以其星周率去之不盡爲前合復減周率餘爲後合以日周約之得其星天正冬至後平合中積中星命爲日曰中積命爲度曰中星段中積以度累加中星經退則減之即爲諸段中星上考者中積内減合應滿周率去之不盡便爲所求後合分

推五星平合及諸段入曆

各置中積加曆應及所求後合分滿曆率去之不盡如度率而一爲度不滿退除爲分秒即其星平合入曆度及分秒以諸段限度累加之即諸段入曆上考者中積内減曆應滿曆率去之不盡反減曆率餘加其年後合餘同上

求盈縮差

置入曆度及分秒在曆中已下爲盈已上減去曆中餘爲縮視盈縮曆在九十一度三十一分四十三秒太已下爲初限已上用減曆中餘爲末限其火星盈曆在六十度八十七分六十二秒半已下爲初限已上用減曆中餘爲末限縮曆在一百二十一度七十五分二十五秒已下爲初限已上用減曆中餘爲末限置各星立差以初末限乘之去加減平

差得又以初末限乘之去加減定差再以初末限乘之滿億爲度不滿退除爲分秒即所求盈縮差

又術置盈縮曆以曆策除之爲策數不盡爲策餘以其下損益率乘之曆策除之所得益加損減其下盈縮積亦爲所求盈縮差

求平合諸段定積

各置其星其段中積以其盈縮差盈加縮減之即其段定積日及分秒以天正冬至日分加之滿紀法去之不滿命甲子筭外即得日辰

求平合及諸段所在月日

各置其段定積以天正閏日及分加之滿朔策除之爲月數不盡爲入月已來日數及分秒其月數命天正十一月筭外即其段入月經朔日數及分秒以日辰相距爲所在定月日

求平合及諸段加時定星

各置其段中星以盈縮差盈加縮減之金星倍之水星三之即諸段定星以天正冬至加時黃道日度加而命之即其星其段加時所在宿度及分秒

求諸段初日晨前夜半定星

各以其段初行率乘其段加時分百約之乃順減退加其日加時定星即其段初日晨前夜半定星加命如前即得所求

求諸段日率度率

各以其段日辰距後段日辰爲日率以其段夜半宿次與後段夜半宿次相減餘爲度率

求諸段平行分

各置其段度率以其段日率除之即其段平行度及分秒

求諸段增減差及日差

以本段前後平行分相減爲其段汎差倍而退位爲

增減差以加減其段平行分爲初末日行分前多後少者加爲初減爲末前少後多者減爲初加爲末倍增減差爲總差以日率減一除之爲日差

求前後伏遲退段增減差

前伏者置後段初日行分加其日差之半爲末日行分

後伏者置前段末日行分加其日差之半爲初日行分以減伏段平行分餘爲增減差

前遲者置前段末日行分倍其日差減之爲初日行分

後遲者置後段初日行分倍其日差減之爲末日行分以遲段平行分減之餘爲增減差（前後近留之遲段）木火土三星退行者六因平行分退一位爲增減差金星前後退伏者三因平行分半而退位爲增減差前退者置後段初日行分以其日差減之爲末日行分

後退者置前段末日行分以其日差減之爲初日行分乃以本段平行分減之餘爲增減差

水星退行者半平行分爲增減差皆以增減差加減平行分爲初末日行分（前多後少者加爲初減爲末前少後多者減爲初加爲末）又倍增減差爲總差以日率減一除之爲日差

求每日晨前夜半星行宿次

各置其段初日行分以日差累損益之後少則損之後多則益之爲每日行度及分秒乃順加退減滿宿次去之即每日晨前夜半星行宿次

求五星平合見伏入盈縮曆

置其星其段定積日及分秒（若滿歲周日及分秒去之餘在次年天正冬至後）如在半歲周已下爲入盈曆滿半歲周去之爲入縮曆各在初限已下爲初限已上反減半歲周餘爲末限即得五星平合見伏入盈縮曆日及分秒

求五星平合見伏行差

各以其星其段初日星行分與其段初日太陽行分相減餘爲行差若金水二星退行在退合者以其段初日星行分併其段初日太陽行分爲行差內水星夕伏晨見者直以其段初日太陽行分爲行差

求五星定合定見定伏泛積

木火土三星以平合晨見夕伏定積日便爲定合伏見泛積日及分秒　金水二星置其段盈縮差度及分秒倍之（水星倍之）各以其段行差除之爲日不滿退除爲分秒在平合夕見晨伏者盈減縮加在退合夕伏晨見者盈加縮減各以加減定積爲定合伏見泛積日及分秒

求五星定合定積定星

木火土三星各以平合行差除其段初日太陽盈縮積爲距合差日不滿退除爲分秒以太陽盈縮積減之爲距合差度各置其星定合泛積以距合差日盈減縮加之爲其星定合定積日及分秒以距合差度盈減縮加之爲其星定合定星度及分秒金水二星順合退合者各以平合退合行差除其日太陽盈縮積爲距合差日不滿退除爲分秒順加退減太陽盈

縮積爲距合差度順合者盈加縮減其星定合汎積爲其星定合定積日及分秒退合者以距合差日盈加縮減距合差度盈加縮減其星退定合汎積爲其星退定合定積日及分秒命之爲退定合定星度及分秒以天正冬至日及分秒加其星定合定積日及分秒滿旬周去之命甲子筭外即得定合日辰及分秒以天正冬至加時黃道日度及分秒加其星定合定星度及分秒滿黃道宿次去之即得定合所躔黃道宿度及分秒往求五星合伏定日木火土三星以夜半黃道日度減其星夜半黃道宿次餘在其日太陽行分已下爲其日伏合金水二星以其星夜半黃道宿次減夜半黃道日度餘在其日

金水二星行分已下者爲其日伏合金水二星伏退合者視其日太陽夜半黃道宿次未行到金水二星宿次又視次日太陽行過金水二星宿次金水二星退行過太陽宿次爲其日定合伏退定日

求木火土三星定見伏定積日

各置其星定見定伏汎積日及分秒晨加夕減九十一日三十一分六秒如在半歲周已下自相乘已上反減歲周餘亦自相乘滿七十五除之爲分滿百爲度不滿退除爲秒以其星見伏度乘之一十五除之所得以其段行差除之爲日不滿退除爲分秒見加伏減汎積爲其星定見伏定積日及分秒加命如前即得定見定伏日辰及分秒

求金水二星定見伏定積日

各以伏見日行差除其段初日太陽盈縮積爲日不滿退除爲分秒若夕見晨伏盈加縮減如晨見夕伏盈減縮加以加減其星定見定伏汎積日及分秒爲常積如在半歲周已下爲冬至後已上去之餘爲夏至後各在九十一日三十一分六秒已下自相乘已上反減半歲周亦自相乘冬至後晨夏至後夕一十八而一爲分冬至後夕夏至後晨七十五而一爲分又以其星見伏度乘之一十五除之所得滿行差除之爲日不滿退除爲分秒加減常積爲定積在晨見

夕伏者冬至後加之夏至後減之夕見晨伏者冬至後減之夏至後加之爲其星定見定伏定積日及分秒加命如前即得定見定伏日晨及分秒

志卷第七

翰林學士亞中大夫知制誥兼修國史臣宋濂　翰林待制承直郎兼國史院編修官臣王禕等奉

勑修

曆五

庚午元曆上

演紀上元庚午距太宗庚辰歲積年二千二十七萬五千二百七十筭外上考往古每年減一筭下驗將來每年加一筭

步氣朔術

日法五千二百三十

歲實一百九十一萬二百二十四

通餘二萬七千四百二十四

朔實一十五萬四千四百四十五

通閏五萬六千八百八十四

歲策三百六十五　餘一千二百七十四

朔策二十九　餘二千七百七十五

氣策一十五　餘一千一百四十二　秒六十

望策一十四　餘四千二　秒四十五

象策七　餘二千一　秒二十二半

沒限四千八十七　秒三十

朔虛分二千四百五十五

旬周三十一萬三千八百

紀法六十

秒母九十

求天正冬至

置上元庚午以來積年以歲實乘之為通積分滿旬周去之不盡以日法約之為日不盈為餘命壬戌筭外即得所求天正冬至大小餘也先以里差加減通積分然後求之里差術具月離篇中

求次氣

置天正冬至大小餘以氣策及餘累加之秒盈秒母從分分滿日法從日即得次氣日及餘分秒

求天正經朔

置通積分滿朔實去之不盡為閏餘以減通積分為朔積分滿旬周去之不盡如日法而一為日不盡為餘即得所求天正經朔大小餘也

求弦望及次朔

置天正經朔大小餘以象策累加之即各得弦望及次朔經日及餘秒也

求沒日

置有沒之氣恒氣小餘如沒限以上爲有沒之氣以秒母乘之内其秒用減四十七萬七千五百五十六餘滿六千八百五十六而一所得併入恒氣大餘内命壬戌筭外即得爲沒日也

求滅日

置有滅之朔小餘（經朔小餘不滿朔虚分者）六因之如四百九十一而一所得併經朔大餘命爲滅日

步卦候發斂術

候策五　餘三百八十　秒八十

卦策六　餘四百五十七　秒六

貞策三　餘二百二十八　秒四十八

秒母九十

辰法二千六百一十五

半辰法一千三百七半

刻法三百一十三　秒八十

辰刻八　分一百四　秒六十

半辰刻四　分五十二　秒三十

秒母一百

求七十二候

置節氣大小餘命之爲初候以候策累加之即得次候及末候也

求六十四卦

置中氣大小餘命之爲公卦以卦策累加之得辟卦又加得内卦以貞策加之得節氣之初爲候外卦又以貞策加之得大夫卦又以卦策加之爲卿卦也

求土王用事

以貞策減四季中氣大小餘即得土王用事日也

求發斂

置小餘以六因之如辰法而一爲辰數不盡以刻法除爲刻命子正筭外即得加時所在辰刻分也（如加半辰法即命子初）

求二十四氣卦候

恒氣（月中節 四正卦）	初候	次候	末候	始卦	中卦	終卦
冬至（十一月中 坎初六）	蚯蚓結	麋角解	水泉動	公中孚	辟復	侯屯内
小寒（十二月節 坎九二）	鴈北鄉	鵲始巢	野雞始雊	侯屯外	大夫謙	卿睽
大寒（十二月中 坎六三）	雞始乳	鷙鳥厲疾	水澤腹堅	公升	辟臨	侯小過内
立春（正月節 坎六四）	東風解凍	蟄虫始振	魚上冰	侯小過外	大夫蒙	卿益
雨水（正月中 坎九五）	獺祭魚	鴻鴈來	草木萌動	公漸	辟泰	侯需内
驚蟄（二月節 坎上六）	桃始華	鶬鶊鳴	鷹化爲鳩	侯需外	大夫隨	卿晉
春分（二月中 震初九）	玄鳥至	雷乃發聲	始電	公解	辟大壯	侯豫内

氣	初候	次候	末候	始卦	中卦	終卦
清明 三月節 震六二	桐始華	田鼠化為鴽	虹始見	侯豫外	大夫訟	卿蠱
穀雨 三月中 震六三	萍始生	鳴鳩拂其羽	戴勝降于桑	公革	辟夬	侯旅內
立夏 四月節 震九四	螻蟈鳴	蚯蚓出	王瓜生	侯旅外	大夫師	卿比
小滿 四月中 震六五	苦菜秀	靡草死	小暑至	公小畜	辟乾	侯大有內
芒種 五月節 震上六	螳螂生	鵙始鳴	反舌無聲	侯大有外	大夫家人	卿井
夏至 五月中 離初九	鹿角解	蜩始鳴	半夏生	公咸	辟姤	侯鼎內
小暑 六月節 離六二	溫風至	蟋蟀居壁	鷹乃學習	侯鼎外	大夫豐	卿渙
大暑 六月中 離九三	腐草化為螢	土潤溽暑	大雨時行	公履	辟遯	侯恒內
立秋 七月節 離九四	涼風至	白露降	寒蟬鳴	侯恒外	大夫節	卿同人
處暑 七月中 離六五	鷹乃祭鳥	天地始肅	禾乃登	公損	辟否	侯巽內
白露 八月節 離上九	鴻鴈來	玄鳥歸	群鳥養羞	侯巽外	大夫萃	卿大畜
秋分 八月中 兌初九	雷乃收聲	蟄虫坏戶	水始涸	公賁	辟觀	侯歸妹內
寒露 九月節 兌九二	鴻鴈來賓	雀入大水化為蛤	菊有黃花	侯歸妹外	大夫无妄	卿明夷
霜降 九月中 兌六三	豺乃祭獸	草木黃落	蟄虫咸俯	公困	辟剝	侯艮內
立冬 十月節 兌九四	水始冰	地始凍	野鷄入水化為蜃	侯艮外	大夫既濟	卿噬嗑
小雪 十月中 兌九五	虹藏不見	天氣上騰地氣下降	閉塞成冬	公大過	辟坤	侯未濟內
大雪 十一月節 兌上六	鶡鳥不鳴	虎始交	荔挺出	侯未濟外	大夫蹇	卿頤

步日躔術

周天分一百九十一萬二百九十二　秒九十八

歲差六十八　秒九十八

秒母一百

周天度三百六十五　分二十五　秒六十七

象限九十一　分三十一　秒九

分秒母一百

二十四氣日積度盈縮

恒氣日積度	分秒	損益率	初末率	日差	盈縮積
冬至空		益七千　五十九	初四百九十八八十六十五　末四百七十八八十八二十一	四九十一七十九	盈空
小寒一十五	九十二四十三	益五千九百二十	初四百二十五八十九七十二　末三百三十五一十四十二	五一十八九十九	盈七千　五十九
大寒三十一	七十三四十八	益四千七百七十八	初三百四十八八十四八十　末二百七十一二十八七十四	五四十六一十九	盈一萬二千九百七十九
立春四十七	四十二五十一	益三千四百五十三	初二百六十七六十三八十五　末一百八十六一十六一十五	五七十二九十六	盈一萬七千六百九十七
雨水六十二	九十八八十九	益二千一百三十六	初一百八十二二十七三十八　末九十七一十二三十三	五九十八八十七	盈二萬一千一百五十
驚蟄七十八	四十二空	益七百三十九	初九十一一十三四十六　末五九十八四十	五九十八八十七	盈二萬三千二百七十六
春分九十三	七十一二十四	損七百三十九	初五九十八四十一　末九十一一十三四十六	五九十八八十七	盈二萬四千　一十五
清明一百八	八十五六十九	損二千一百三十六	初九十八九十六五十五　末一百八十四十三二十	五七十二六十九	盈二萬三千二百七十六
穀雨一百二十三	八十六二十八	損三千四百五十三	初一百八十八六四十八　末二百六十五七十二五十四	五四十六一十九	盈二萬一千一百五十
立夏一百三十八	七十三六十	損四千七百七十八	初二百七十三一十一九十七　末三百四十六九十一四十三	五一十八九十七	盈一萬七千六百九十七
小滿一百五十三	四十八二十七	損五千九百二十	初三百五十四三七十九　末四百一十三九十六三十二	四九十一七十九	盈一萬二千九百七十九
芒種一百六十八	一十九十二	損七千　五十九	初四百七十八八十八二十一　末四百九十八八十六十五	四九十一七十九	盈七千　五十九
夏至一百八十二	六十二二十八	益七千　五十九	初四百九十八八十六十五　末四百七十八八十八二十一	四九十一七十九	縮空
小暑一百九十七	一十三四十三	益五千九百二十	初四百二十五八十九七十二　末三百三十五一十四十二	五一十八九十九	縮七千　五十九

大暑二百一十一	七十六 八	益四千七百七十八	初三百八十八 八十四 八十 末二百七十一 一十八 七十四	五 四十六 一十九	縮一萬二千九百七十九
立秋二百二十六	五十 七十五	益三千四百五十三	初二百八十七 六十三 八十六 末一百八十六 一十六 一十五	五 七十二 九十六	縮一萬七千六百九十七
處暑二百四十一	三十八 七	益二千一百二十六	初一百八十二 二十七 三十八 末九十七 一十二 三十三	五 九十八 八十七	縮二萬一千一百五十
白露二百五十六	三十八 六十六	益七百三十九	初九十一 一十三 四十六 末五 九十八 四十	五 九十八 八十七	縮二萬三千二百七十六
秋分二百七十一	五十五 一十二	損七百三十九	初五 九十八 四十一 末九十一 一十三 四十六	五 九十八 八十七	縮二萬四千 一十五
寒露二百八十六	八十二 二十五	損二千一百二十六	初九十八 九十六 五十 末一百八十 四十三 二十	五 七十二 九十六	縮二萬三千二百七十六
霜降三百 二	二十五 四十六	損三千四百五十三	初一百八十 六 四十八 末二百六十五 七十二 五十四	五 四十六 一十九	縮二萬一千一百五十
立冬三百一十七	八十一 八十四	損四千七百一十八	初二百七十三 一十一 九十七 末三百四十六 九十二 四十三	五 一十八 九十九	縮一萬七千六百九十七
小雪三百三十三	五十 八十七	損五千九百二十	初三百五十四 三十 一十九 末四百二十三 九十六 三十三	四 九十一 七十九	縮一萬二千九百七十九
大雪三百四十九	三十一 九十三	損七千 五十九	初四百二十八 八十八 一十一 末四百九十六 八十 六十五	四 九十一 七十九	縮七千 五十九

二十四氣中積及朓朒

恒氣中積	經分 約分	損益率	初末率	日差	朓朒積
冬至空		益二百七十六	初一十九 四十九 六十四 末一十六 七十八 五十三	一十九	朒空
小寒十五	一千一百四十二 六十 二十一 八十四	益二百三十二	初一十六 六十八 七十四 末一十三 八十 一十九	二十 二十九	朒二百七十六
大寒三十	二千二百八十五 三十 四十三 六十九	益一百八十五	初一十三 六十九 一十一 末一十 六十三 一十四	二十一 五十九	朒五百 八
立春四十五	三千四百二十八 六十五 五十四	益一百三十五	初一十 四十六 七十 末七 二十七 四十三	二十二 四十五	朒六百九十三
雨水六十	四千五百七十一 六十 八十七 三十九	益八十三	初七 一十一 一十四 末三 七十九 六十三	二十二 三十二	朒八百三十八
驚蟄七十六	四百八十三 三十 九 二十四	益二十九	初三 五十六 三十一 末空 二十四 八十	二十三 三十二	朒九百二十一
春分九十一	一千六百二十六 三十一 九	損二十九	初空 二十四 八十 末三 五十六 三十一	二十三 三十二	朒九百四十
清明一百 六	二千七百六十八 六十 五十二 九十三	損八十三	初三 八十五 七十六 末七 五 一	二十二 四十五	朒九百二十一

穀雨一百二十一	三千九百七 三十 七十四 七十八	損一百三十五	初七 二十五 五十九 末一十 四十 五十六	二十一 五十九	朒八百二十八
立夏一百三十六	五千 五十四 九十六 六十三	損一百八十五	初一十 七十一 三十六 末一十三 五十九 九十一	二十 二十九	朒六百九十三
小滿一百五十二	九百九十六 六十 一十八 四十八	損二百三十二	初一十三 八十九 四十 末一十六 五十九 五十二	一十九	朒五百 八
芒種一百六十七	二千一百三十九 三十 四十 三十三	損二百七十六	初一十六 七十八 五十三 末一十九 四十九 六十四	一十九	朒二百七十六
夏至一百八十二	三千二百八十二 六十二 一十八	益二百七十六	初一十九 四十九 六十四 末一十六 七十八 五十三	一十九	朓空
小暑一百九十七	四千四百二十四 六十 八十四 二	益二百三十二	初一十六 六十八 七十四 末一十三 八十 一十九	二十 二十九	朓二百七十六
大暑二百一十三	三百七 三十 五 八十七	益一百八十五	初一十三 六十九 八十一 末一十 六十三 一十四	二十一 五十九	朓五百 八
立秋二百二十八	一千四百五十 二十七 七十二	益一百三十五	初一十 四十六 七十 末七 二十七 四十五	二十二 四十五	朓六百九十三
處暑二百四十三	二千五百九十三 六十 四十九 五十七	益八十三	初七 一十一 二十四 末三 七十九 六十三	二十三 三十二	朓八百二十八
白露二百五十八	三千七百三十五 三十 七十一 四十二	益二十九	初三 五十六 三十一 末空 二十四 八十	二十三 三十二	朓九百二十一

秋分二百七十三	四千八百七十八 九十三 二十七	損二十九	初空 二十四 八十 末三 五十六 三十一	二十三 三十二	朓九百四十
寒露二百八十九	七百九十 六十 一十五 一十二	損八十三	初三 八十五 七十六 末七 一十一 一	二十二 四十五	朓九百二十一
霜降三百四	一千九百三十三 三十 三十六 九十六	損一百三十五	初七 二十五 五十九 末一十 四十 五十六	二十一 五十九	朓八百二十八
立冬三百一十九	三千七十六 五十八 八十一	損一百八十五	初一十 七十一 三十六 末一十三 五十九 九十一	二十 二十九	朓六百九十三
小雪三百三十四	四千二百一十八 六十 八十 六十六	損二百三十二	初一十三 八十九 四十 末一十六 五十九 五十二	一十九	朓五百 八
大雪三百五十	二百三十一 三十 二 三十一	損二百七十六	初一十六 七十八 五十三 末一十九 四十八 六十四	一十九	朓二百七十六

求每日盈縮朓朒

各置其氣損益率，求盈縮用盈縮之損益，求朓朒用朓朒之損益。六因，如象限而一，為其氣中率；與後氣中率相減，為合差；加減其氣中率，為初末泛率。至後加初減末，分後減初加末。又置合差，六因如象限而一為日差半之加減初末汎率為初末定率（至後減初加末分後加初減末）以日差累加減氣初定率為每日損益分（至後減分後加）各以每日損益分加減氣下盈縮朓朒為每日盈縮朓朒（二分前一氣無後率相減為合差者皆用前氣合差）

求經朔弦望入氣

置天正閏餘以日法除為日不滿為餘如氣策以下以減氣策為入大雪氣以上去之餘亦以減氣策為入小雪氣即得天正經朔入氣日及餘也以象策累加之滿氣策去之即為弦望入次氣日及餘因加得後朔入氣日及餘也（便為中朔望入氣）

求每日損益盈縮朓朒

以日差益加損減其氣初損益率為每日損益率馴積損益其氣盈縮朓朒積為每日盈縮朓朒積

求經朔弦望入氣朓朒定數

以各所求入氣小餘以乘其日損益率如日法而一所得損益其下朓朒積為定數（便為中朔弦望朓朒定數）

赤道宿度

斗二十五　牛七少　女十一少　虛九少（六十七秒）

危十五度半　室十七　壁八太

右北方七宿九十四度（六十七秒）

奎十六半　婁十二　胃十五　昴十一少

畢十七少　觜半　參十半

右西方七宿八十三度

井三十三少　鬼二半　柳十三太　星六太

張十七少　翼十八　軫十七

右南方七宿一百九度少

角十二　亢九少　氐十六　房五太

心六少　尾十九少　箕十半

右東方七宿七十九度

求冬至赤道日度

置通積分以周天分去之餘日法而一為度不滿退除為分秒以百為母命起赤道虛宿六度外去之不滿宿即得所求年天正冬至加時日躔赤道宿度及分秒（其在尋斯干之東西者先以里差加減通積分）

求春分夏至秋分赤道日度

置天正冬至加時赤道日度累加象限滿赤道宿次去之即各得春分夏至秋分加時日在宿度及分秒

求四正赤道宿積度

置四正赤道宿全度以四正赤道日度及分秒減之餘為距後度以赤道宿度累加之各得四正後赤道

宿度及分秒

求赤道宿積度入初限

視四正後赤道宿積度及分在四十五度六十五分五十四秒半以下為入初限以上者用减象限餘為入末限

求二十八宿黃道度

置四正後赤道宿入初末限度及分减一百一度餘以初末限度及分乘之進位滿百為分分滿百為度至後以減分後以加赤道宿積度為其宿黃道積度以前宿黃道積度減之[其四正之宿先加象限然後以前宿減之]為其宿黃道度及分[其分就近約為太半少]

黃道宿度

斗二十三　牛七　女十一　虛九少[六十七秒]

危十六　室十八少　壁九半

右北方七宿九十四度[六十七秒]

奎十七太　婁十二太　胃十五半　昴十一

畢十六半　觜半　參九太

右西方七宿八十三度太

井三十半　鬼二半　柳十三少　星六太

張十七太　翼二十　軫十八半

右南方七宿一百九度少

角十二太　亢九太　氐十六少　房五太

心六　尾十八少　箕九半

右東方七宿七十八度少

前黃道宿度依今歷歲差所在筭定如上考往古下驗將來當據歲差每一度依術推變當時宿度然後可步七曜知其所在

求天正冬至加時黃道日度

以冬至加時赤道日度分秒減一百一度餘以冬至加時赤道日度及分秒乘之進位滿百為分分滿百

為度命曰黃赤道差用減冬至加時赤道日度及分秒即得所求年天正冬至加時黃道日度及分秒

求二十四氣加時黃道日度

置所求年冬至日黃赤道差以次年黃赤道差減之餘以所求氣數乘之二十四而一所得以加其氣中積度及約分以其氣初日盈縮數盈加縮減之用加冬至加時黃道日度依宿次去之即各得其氣加時黃道日躔宿度及分秒[如其年冬至加時黃道宿度空分秒在歲差以下者即加前宿全度然求黃赤道差餘依術筭]

求二十四氣及每日晨前夜半黃道日度

副置其恒氣小餘以其氣初日損益率乘之盈縮之損益萬約之應益者盈加縮減應損者盈減縮加其副日法除之為度不滿退除為分秒以減其氣加時黃道日度即得其氣初日晨前夜半黃道日度每日加一度以萬乘之又以每日損益數盈縮之損益應益者盈加縮減應損者盈減縮加為每日晨前夜半黃道日度及分秒

求每日午中黃道日度

置一萬分以所求入氣日損益數加減益者盈加縮減損者盈減縮加半之滿百為分不滿為秒以加其日晨前夜半黃道日度即其日午中日躔黃道宿度及分秒

求每日午中黃道積度

以二至加時黃道日度距至所求日午中黃道日度為入二至後黃道日積度及分秒

求每日午中黃道入初末限

視二至後黃道積度在四十三度一十二分八十七秒之以下為初限以上用減象限餘為入末限其積度滿象限去之為二分後黃道積度在四十八度一十八分二十一秒之以下為初限以上用減象限餘為入末限

求每日午中赤道日度

以所求日午中黃道積度入至後初限分後末限度及分秒進三位加二十萬二千五十少開平方除之所得減去四百四十九半餘在初限者直以二至赤道日度加而命之在末限者以減象限餘以二分赤道日度加而命之即每日午中赤道日度以所求日午中黃道積度入至後末限分後初限度及分秒進三位同減三十萬三千五十少開平方除之所得以減五百五十半其在初限者以所減之餘直以二分赤道日度加而命之在末限者以減象限餘以二至赤道日度加而命之即每日午中赤道日度

太陽黃道十二次入宮宿度

危十三度三十九分五十九秒外入衛分陬訾之次

辰在亥

奎二度三十五分八十五秒外入魯分降婁之次

辰在戌

胃四度二十四分三十三秒外入趙分大梁之次

辰在酉

畢七度九十六分　六秒外入晉分實沈之次

辰在申

井　九度四十七分一十　秒外入秦分鶉首之次
辰在未
柳　四度九十五分二十六秒外入周分鶉火之次
辰在午
張十五度五十六分三十五秒外入楚分鶉尾之次
辰在巳
軫　十度四十四分　五秒外入鄭地壽星之次
辰在辰
氐　一度七十七分七十七秒外入宋分大火之次
辰在卯

尾　三度九十七分七十二秒外入燕分析木之次
辰在寅
斗　四度三十六分六十六秒外入吳越分星紀之次
次辰在丑
女　二度九十一分九十一秒外入齊分玄枵之次
辰在子

求入宮時刻

各置入宮宿度及分秒以其日辰前夜半日度減之（相近一度之間者求之）餘以日法乘其分（其秒從於下亦通乘之）為實以其日太陽行分為法實如法而一所得依發斂加時求之即得其日太陽入宮時刻及分秒

步晷漏術

中限一百八十二日　六十二分　一十八秒
冬至初限夏至末限六十二日　二十分
夏至初限冬至末限一百二十日　四十二分
冬至永安晷影常數一丈二尺八寸三分
夏至永安晷影常數一尺五寸六分
周法一千四百二十八
內外法一萬　八百九十六
半法二千六百一十五

日法四分之三三千九百二十二半
日法四分之一一千三百○七半
昏明分一百三十分　七十五秒
昏明刻二刻一百五十六分　九十秒
刻法三百一十三分　八十秒
秒母一百

求午中入氣中積

置所求日大餘及半法以所入氣大小餘減之為其日午中入氣以加其氣中積為其日午中中積（以日法除小餘為約分）

求二至後午中入初末限

置午中中積及分如中限以下為冬至後以上去中限為夏至後其二至後如在初限以下為初限以上覆減中限餘為入末限也

求午中晷影定數

視冬至後初限夏至後末限百通日內分自相乘副置之以一千四百五十除之所得加五萬三百八折半限分併之除其副為分分滿十為寸寸滿十為尺用減冬至地中晷影常數為求晷影定數

視夏至後初限冬至後末限百通日內分自相乘為上位下置入限分以二百二十五乘之百約之加一十九萬八千七十五為法（夏至前後半限以上者減去半限列於上位下置半限各百通日內分先相減後相乘以七千七百除之所得以加其法）及除上位為分分滿十為寸寸滿十為尺用加夏至地中晷影常數為所求晷影定數

求四方所在晷影

各於其處測冬夏二至晷數乃相減之餘為其處二至晷差亦以地中二至晷數相減為地中二至晷差其所求日在冬至後初限夏至後末限者如在半限以下倍之半限以上覆減全限餘亦倍之併入限日三因折半以日為分十分為寸以減地中二至晷差為法置地中冬至晷影常數以所求日地中晷影定數減之餘以其處二至晷差乘之為實實如法而一所得以減其處冬至晷數即得其處其日晷影定數

所求日在夏至後初限冬至後末限者如在半限以下倍之半限以上覆減全限餘亦倍之併入限日三因四除以日為分十分為寸以加地中二至晷差為法置所求日地中晷影定數以地中夏至晷影常數減之餘以其處二至晷差乘之為實實如法而一所得以加其處夏至晷數即得其處其日晷影定數

二十四氣陟降及日出分

恒氣	增損差	加減差	陟降率	初末率	日出分
冬至	增 初九二十六；末七九十六	減十	陟十 四十	初空 五 五十；末一 二十六 四	一千五百六十七 九十三
小寒	增 初七八十九；末六五十九	減十	陟二十八 七十三	初一 三十六；末二 三十七 二十六	一千五百五十七 五十三
大寒	增 初六五十二；末五二十二	減十	陟四十三 五十六	初二 四十三；末三 二十五 二十八	一千五百二十八 七十九
立春	增 初五一十八；末三八十八	減十	陟五十五 一十九	初三 二十九；末三 九十二 四十二	一千四百八十五 二十三
雨水	增 初三八十二；末二五十二	減十	陟六十三 九十	初三 九十五 五十；末四 三十九 八十八	一千四百三十 四
驚蟄	增 初二四十八；末一三十八	減十	陟六十九 一十八	初四 四十四；末四 六十七 一十六	一千三百六十六 一十四
春分	損 初一三十八；末二四十八	減十	陟六十四 六十九	初四 三十七；末四 一十 六十八	一千二百九十六 九十六
清明	損 初三五十；末三五十四	加八	陟五十九 九	初四 八 五十；末三 六十六 二十二	一千二百三十二 二十七

節氣	損益	初末率	加減	陟降	初末	分
穀雨	損	初三 六十五 末四 六十九	加八	陟五十 八十四	初三 六十二 末三 三 六十三	一千一百七十三 一十八
立夏	損	初四 八十 末五 八十四	加八	陟三十九 八十六	初二 九十八 五十 末二 二十四	一千一百一十二 三十四
小滿	損	初五 九十八 末七 二	加八	陟二十六 六	初一 一十六 末一 二十五	一千八十二 四十八
芒種	損	初七 一十九 末八 二十三	加八	陟九 三十五	初一 一十五 末空 七 六	一千五十六 四十二
夏至	增	初八 三十七 末七 三十三	減八	降九 三十五	初空 四 五十 末一 一十四 四十	一千四十七 七
小暑	增	初七 二十 末六 一十六	減八	降二十六 六	初一 二十三 末二 一十六 五十二	一千五十六 四十二
大暑	增	初六 末四 九十六	減八	降三十九 八十六	初二 二十二 五 末二 九十九 二十二	一千八十二 四十八
立秋	增	初四 八十 末三 七十六	減八	降五十 八十四	初三 三 末三 六十二 九十二	一千一百一十二 三十四
處暑	增	初三 六十 末二 五十六	減八	降五十九 九	初三 六十五 五十 末四 八 六十二	一千一百七十三 一十八
白露	增	初二 四十 末一 三十六	減八	降六十四 六十九	初四 一十 五十 末四 三十六 八十二	一千二百三十三 二十七
秋分	損	初一 六十 末一 六十	加十	降六十九 一十八	初四 六十八 末四 四十四 九十	一千二百九十六 九十六
寒露	損	初二 六十二 末三 九十二	加十	降六十三 九十	初四 四十二 末三 九十六 二十二	一千三百六十六 一十四
霜降	損	初三 九十八 末五 二十八	加十	降五十五 一十九	初三 九十四 末三 二十九 一十八	一千四百三十 四
立冬	損	初五 三十二 末六 六十三	加十	降四十三 五十六	初二 二十七 末二 四十三 四十三	一千四百八十五 二十三
小雪	損	初六 六十六 末七 九十六	加十	降二十八 七十三	初二 三十九 五十 末一 三十七 一十六	一千五百二十八 七十九
大雪	損	初八 三 末九 三十二	加十	降十 四十	初一 二十八 五十 末空 七 一十二	一千五百五十七 五十二

二分前後陟降率

春分前三日太陽入赤道內秋分後三日太陽出赤道外故其陟降與他日不倫今各別立數而用之

驚蟄十二日陟四六十七一十六此為末率於此用畢其減差亦止於此也

十三日陟四四十一六十一

十四日陟四三十八九十

十五日陟四一

秋分初日降四三十八一

日降四三十九

二日降四五十九

三日降四六十八

此為初率始用之其加差亦始於此也

求每日日出入晨昏半晝分

各以陟降初率陟減降加其氣初日日出分為一日下日出分以增損差增損陟降率仍加減加減差駠積而加減之即為每日日出分覆減日法餘為日入分以日出分減日入分半之為半晝分以昏明分減日出分為晨分加日入分為昏分

求日出入辰刻

置日出入分以六因之滿辰法而一為辰數不盡刻法除之為刻不滿為分命子正算外即得所求

求晝夜刻

置日出分十二乘之刻法而一為刻不滿為分即為刻夜覆減一百餘為晝刻及分秒

求更點率

置晨分四因之退位為更率二因更率退位為點率

求更點所在辰刻

置更點率以所求更點數因之又六因之內加昏明分滿辰法而一爲辰數不盡滿刻法除之爲刻數不滿爲分命其日辰刻筭外即得所求

求四方所在漏刻

各於所在下水漏以定其處冬至或夏至夜刻乃與五十刻相減餘爲至差刻置所求日黃道去赤道內外度及分以至差刻乘之進一位如二百三十九而一爲刻不盡以刻法乘之退除爲分內減外加五十刻即得所求日夜刻以減百刻餘爲晝刻其日出入辰刻及更點差率等並依前術求之

求黃道內外度

置日出之分如日法四分之一以上去之餘爲外分如日法四分之一以下覆減之餘爲內分置內外分千乘之如內外法而一爲度不滿退除爲分秒即爲黃道去赤道內外度內減外加象限即得黃道去極度

求距中度及更差度

置半法以晨分減之餘爲距中分百乘之如周法而一爲距中度用減一百八十三度一十二分八十三秒半餘四因退位爲每更差度

求昏明五更中星

置距中度以其日午中赤道日度加而命之即昏中星所格宿次因爲初更中星以更差度累加之滿赤道宿次去之即得逐更及明中星

步月離術

轉終分一十四萬四千一百一十 秒六千 二十微六十

轉終日二十七 餘二千九百 秒六千 二十微六十

轉中日一十三 餘四千 六十五 秒三千 一十 微三十

朔差日一 餘五千一百 四 秒三千九百七十九微四十

象策七 餘二千 一 秒二千五百

秒母一萬

微母一百

上弦度九十一 分三十一 秒四十一太

望度一百八十二 分六十二 秒八十三半

下弦度二百七十三 分九十四 秒二十五少

月平行度十三分三十六　秒八十七半

分秒母一百

七日初數四千六百四十八　末數五百八十二

十四日初數四千　六十五　末數一千一百六十

五

二十一日初數三千四百八十三　末數一千七百

四十七

二十八日初數二千九百一

求經朔弦望入轉凡稱秒者微從之他倣此

置天正朔積分以轉終分及秒去之不盡如日法而

一爲日不滿爲餘秒即天正十一月經朔入轉日及餘秒以象策累加之去命如前得弦望經日加時入轉及餘秒徑求次朔入轉即以朔差加之加減里差即得中朔弦望入轉及餘秒

求轉定分及積度朓朒

一日	一千四百六十八	度初	疾初	益五百一十三	朓初
二日	一千四百五十七	一十四度 六十八	疾一度 三十一	益四百六十九	朓五百一十三
三日	一千四百四十二	二十九度 二十五	疾二度 五十一	益四百一十一	朓九百八十二
四日	一千四百二十二	四十三度 六十七	疾三度 五十六	益三百三十二	朓一千三百九十三
五日	一千三百九十九	五十七度 八十九	疾四度 四十一	益二百四十三	朓一千七百二十五
六日	一千三百七十三	七十一度 八十八	疾五度 三	益一百四十一	朓一千九百六十八
七日	一千三百四十七	八十五度 六十一	疾五度 三十九	初益四十三 末損四	朓二千一百 九
八日	一千三百二十一	九十九度 八	疾五度 四十九	損 六十三	朓二千一百四十八
九日	一千二百九十五	一百一十二度 二十九	疾五度 三十三	損一百六十四	朓二千 八十五
十日	一千二百七十一	一百二十五度 二十四	疾四度 九十一	損二百五十八	朓一千九百二十一
十一日	一千二百四十七	一百三十七度 九十五	疾四度 二十五	損三百二十五	朓一千六百六十三
十二日	一千二百二十八	一百五十度 四十二	疾三度 三十五	損四百二十五	朓一千三百三十八
十三日	一千二百一十四	一百六十二度 七十	疾二度 二十六	損四百八十一	朓 八百八十四
十四日	一千二百 四	一百七十四度 八十四	疾一度 三	初損四百三 末益一百一十七	朓四百 三
十五日	一千二百 八	一百八十六度 八十八	遲空 三十	益五百 五	朒一百 一十七
十六日	一千二百一十九	一百九十八度 九十六	遲一度 五十九	益四百六十二	朒六百二十二
十七日	一千二百三十六	二百一十一度 一十五	遲二度 七十七	益三百九十五	朒一千 八十四
十八日	一千二百五十八	二百二十三度 五十一	遲三度 七十八	益三百 九	朒一千四百七十九
十九日	一千二百八十一	二百三十六度 九	遲四度 五十六	益二百一十九	朒一千七百八十八
二十日	一千三百 七	二百四十八度 九十	遲五度 一十三	益一百一十七	朒二千 七
二十一日	一千三百三十三	二百六十一度 九十七	遲五度 四十三	初益二十七 末損一十一	朒二千一百二十四
二十二日	一千三百五十九	二百七十五度 三十	遲五度 四十七	損 八十六	朒二千一百四十
二十三日	一千三百八十四	二百八十八度 八十九	遲五度 二十五	損一百八十四	朒二千 五十四
二十四日	一千四百 八	三百 二度 七十三	遲四度 七十八	損二百七十八	朒一千八百七十
二十五日	一千四百三十一	三百一十六度 八十二	遲四度 七	損三百六十八	朒一千五百九十二

二十六日 一千四百四十九 三百三十一度二十三 遲三度一十二 損四百二十八 朒一千二百二十四

二十七日 一千四百六十三 三百四十五度八十三 遲二度一 損四百九十三 朒七百八十六

二十八日 一千四百七十二 三百六十度二十四 遲空七十五 損二百九十三 朒二百九十二

求中朔弦望入轉朓朒定數

置入轉小餘以其日算外損益率乘之如日法而一所得以損益朓朒積為定數其四七日下餘如初數以下初率乘之如初數而一以損益朓朒積為定數如初數以上以初數減之餘乘末率如末數而一用減初率餘加朓朒積為定數其十四日下餘如初數以上以初數減之餘乘末率如末數而一為朒定數

求朔弦望中日

以尋斯干城為準置相去地里以四千三百五十九乘之退位萬約為分曰里差以加減經朔弦望小餘以東加之以西減之滿與不足進退大餘即中朔弦望日及餘

求朔弦望定日

置中朔弦望小餘朓減朒加入氣入轉朓朒定數滿與不足進退大餘命壬戌算外各得定朔弦望日辰及餘定朔干名與後朔同者其月大不同者其月小月內無中氣者為閏視定朔小餘秋分後在日法四分之三以上者進一日春分後定朔日出分與春分日出分相減之餘者三約之用減四分之三定朔小餘及此分以上者亦進一日或有交虧初於日入前者不進之定弦望小餘在日出分以下者退一日或有交虧初於日出前者小餘雖在日出後亦退之如望在十七日者又視定朔小餘在四分之三以下之數春分後用減定之數與定望小餘在日出分以上之數相校之朔少望多者望不退而朔猶進之望少朔多者朔不進而望猶退之或日月之行有盈縮遲疾加減之數或有四大三小若猶常當察加時早晚隨所近退之使不過四大三小

求定朔弦望中積

置定朔弦望小餘與中朔弦望小餘相減之餘以加減經朔弦望入氣日餘中朔弦望少即加之多即減之即為定朔弦望入氣以加其氣中積即為定朔弦望中積其餘以日法退除為分秒

求定朔弦望加時日度

置定朔弦望約餘以所入氣日損益率乘之盈縮之損益萬約之以損益其下盈縮積乃盈加縮減定朔弦望中積又以冬至加時日躔黃道宿度加之依宿次去之即得定朔弦望加時日所在度分秒

又法置定朔弦望約餘副之以乘其日盈縮之損益

率萬約之應益者盈加縮減應損者盈減縮加其副滿百爲分分滿百爲度以加其日夜半日度命之各得其日加時日躔黃道宿次若先於曆中注定每日夜半日度即用此法爲妙也

求定朔弦望加時月度

凡合朔加時日月同度其定朔加時黃道日度即爲定朔加時黃道月度弦望各以弦望度加定朔弦望加時黃道日度依宿次去之即得定朔弦望加時黃道月度及分秒

求夜半午中入轉

置中朔入轉以中朔餘減之爲中朔夜半入轉又中朔小餘與半法相減之餘以加減中朔加時入轉中朔少如半法加之多如半法減之爲中朔午中入轉若定朔大餘有進退者亦加減轉日否則因中爲定每日累加一日滿轉終日及餘秒去命如前各得每日夜半午中入轉求夜半因定朔夜半入轉累加之求午中因定朔午中入轉累加之求加時入轉者如求加時入氣之術法

求加時及夜半月度

置其日入轉筭外轉定分以定朔弦望小餘乘之如日法而一爲加時轉分分滿百爲度減定朔弦望加時月

度以相次轉定分累加之即得每日夜半月度或朔至弦望或至後朔皆可累加之然近則差少遠則差多置所求前後夜半相距月度爲行度計其日相距入轉積度與行度相減餘以相距日數除之爲日差行度多日差加每日轉定分行度少日差減每日轉定分而用之可也欲求速即用此數欲究其微而可用後術

求晨昏月度

置其日晨分乘其日筭外轉定分日法而一爲晨轉分用減轉定分餘爲昏轉分又以朔望定小餘乘轉定分日法而一爲加時分以減晨昏轉分爲前不足覆減之爲後乃前加後減加時月度即晨昏月度所在宿度及分秒

求朔弦望晨昏定程

各以其朔昏定月減上弦昏定月餘爲朔後昏定程以上弦昏定月減望昏定月餘爲上弦後昏定程以望晨定月減下弦晨定月餘爲望後晨定程以下弦晨定月減後朔晨定月餘爲下弦後晨定程

求每日轉定度

累計每定程相距日下轉積度與晨昏定程相減餘以相距日數除之爲日差定程多加之定程少減之以加減每日轉分爲轉定度因朔弦望晨昏月每日累加之滿宿次去之爲每日晨昏月度及分秒凡注曆朔日已後注昏月望後一日

（注最月）古曆有九道月度其數雖繁亦難削去具其術如後

求平交日辰

置交終日及餘秒以其月經朔加時入交汎日及餘秒減之餘爲平交其月經朔加時後日筭及餘秒（中朔同）以加其月中朔大小餘其大餘命壬戌筭外即得平交日辰及餘秒（求次交者以交終日及餘秒加之如大餘滿紀法去之命如前即得次平日辰及餘秒也）

求平交入轉朓朒定數

置平交小餘其日夜半入轉餘以乘其損益率日法而一所得以損益其日下朓朒積爲定數

求正交日辰

置平交小餘以平交入轉朓朒定數朓減朒加之滿與不足進退日辰即得正交日辰及餘秒與定朔日辰相距即得所在月日

求中朔加時中積

各以其月中朔加時入氣日及餘加其氣中積及餘其日命爲度其餘以日法退除爲分秒即其月中朔加時中積度及分秒

求正交加時黃道月度

置平交入中朔加時後日筭及餘秒以日法通日內餘進二位如三萬九千一百二十一爲度不滿退除爲分秒以加其月中朔加時中積然後以冬至加時黃道日度加而命之即得其月正交加時月離黃道宿度及分秒如求次交者以交中度及分秒加而命之即得所求

求黃道宿積度

置正交加時黃道宿全度以正交加時月離黃道宿度及分秒減之餘爲距後度及分秒以黃道宿度累加之即各得正交後黃道宿積度及分秒

求黃道宿積度入初末限

置黃道宿積度及分秒滿交象度及分秒去之餘在半交象以下爲初限以上者減交象度餘爲末限（入交積度交象度並在交會篇中）

求月行九道宿度

九月行所交冬入陰曆夏入陽曆月行青道（冬至夏至後青道半交在春分之宿當黃道東立冬立夏後青道半交在立春之宿當黃道東南至所衝之宿亦皆如之也宜細推）冬入陽曆夏入陰曆月行白道（冬至夏至後白道半交在秋分之宿當黃道西立冬立夏後白道半交在立秋之宿當黃道西北至所衝之宿亦如之也）春入陽曆秋入陰曆月行朱道（春分秋分後朱道半交在夏至之宿當黃道南立春立秋

後朱道半交在立夏之宿當黄道西南至所衝之宿亦如之也春入陰曆秋入陽曆月行黑道春分秋分後黑道半交在冬至之宿當黄道北立春立秋後黑道半交在立冬之宿當黄道東北至所衝之宿亦如之也四序離為八節至陰陽之所交皆與黄道相會故月行有九道各以所入初入初末限度及分減一百一度餘以所入初末限度及分乘之半而退位為分分滿百為度命為月道與黄道泝差凡日以赤道内為陰外為陽月以黄道内為陰外為陽故月行正交入夏至後宿度内為同名入冬至後宿度内為異名其在同名者置月行與黄道泝差九因之八約之為定差半交後正交前以差減正交後

半交前以差加此加減出入六度正如黄赤道相交同名之差若較之漸異則隨交所在遷變不常仍以正交度距秋分度數乘定差如象限而一所得為月道與赤道定差前加者為減減者為加其在異名者置月行與黄道泝差七因之八約之為定差半交後正交前以差加正交後半交前以差減此加減出入六度與黄赤道相交異名之差若較之漸同則隨交所在遷變不常仍以正交度距春分度數乘定差如象限而一所得為月道與赤道定差前加者為減減者為加各加減黄道宿積度為九道宿積度以前宿九道積度減之為其宿九道度及分秒其分就近約為太半少論春夏秋冬以四時日所在宿度為正

求正交加時月離九道宿度

以正交加時黄道日度及分減一百一度餘以正交度及分乘之半而退位為分分滿百為度命為月道與黄道泝差其在同名者置月行與黄道泝差九因之八約之為定差以加仍以正交度距秋分度數乘定差如象限而一所得為月道與赤道定差以減其異名者置月行與黄道泝差七因之八約之為定差以減仍以正交度距春分度數乘定差如象限而一所得為月道與赤道定差以加置正交加時黄道月度及分以二差加減之即為正交加時月離九道宿

度及分

求定朔弦望加時月所在度

置定朔加時日躔黄道宿次凡合朔加時月行潛在日下與太陽同度是為加時月離宿次各以弦望度及分秒加其所當弦望加時日躔黄道宿度滿宿次去之命如前各得定朔弦望加時月所在黄道宿度及分秒

求定朔弦望加時九道月度

各以定朔弦望加時月離黄道宿度及分秒加前宿正交後黄道積度為定朔弦望加時正交後黄道積

度如前求九道積度以前宿九道積度減之餘爲定朔弦望加時九道月離宿度及分秒其合朔加時若非正交則日在黄道月在九道所入宿度雖多少不同考其兩極若繩準故云月行潛在日下與太陽同度即爲加時九道月度求其晨昏夜半月度並依前術

志卷第八

志卷第九　元史五十七

翰林學士亞中大夫知制誥兼修國史臣宋濂　翰林待制承直郎兼國史院編修官臣王禕等奉

敕修

曆六

庚午元曆下

步交會術

交終分一十四萬二千三百一十九　秒九千三百六　微二十

交終日二十七　餘一千一百　九　秒九千三百六　微二十

交中日一十三　餘三千一百六十九　秒四千六百五十三　微一十

交朔日二　餘一千六百六十五　秒六百九十三　微八十

交望日一十四　餘四千　二　秒五千

秒母一萬

微母一百

交終度三百六十三　分七十九　秒三十六

交中度一百八十一　分八十九　秒六十八

交象度九十　分九十四　秒八十四

半交象度四十五　分四十七　秒四十二
日食既前限二千四百　定法二百四十八
日食既後限三千一百　定法三百二十
月限五千一百
月食既限一千七百　定法三百四十
分秒母皆一百

求朔望入交先置里差半之如九而一所得依其加減天正朔積分然後求之

置天正朔積分以交終分去之不盡如日法而一為日不滿為餘即得天正十一月中朔入交汎日及餘秒便為中朔加時入交汎日及餘交朔加之得次朔交望加之得望再加交望亦得次朔各為朔望入交汎日及餘秒凡稱餘秒者微亦從之餘倣此

求定朔及每日夜半入交

各置入交汎日及餘秒減去中朔望小餘即為定朔望夜半入交汎日及餘秒若定朔望有進退者亦進退交日否則因中為定大月加二日小月加一日餘皆四千一百二十秒六百九十三微八十即次朔夜半入交累加一日滿交終日及餘秒去之即每日夜半入交汎日及餘秒

求定朔望加時入交

置中朔望加時入交汎日及餘秒以入氣入轉朓朒定數朓減朒加之即得定朔望加時入交汎日及餘秒

求定朔望加時入交積度及陰陽曆

置定朔望加時入交汎日以日法通之內餘進二位如三萬九千一百二十一而一為度不滿退除為分秒即得定朔望加時月行入交積度以定朔望加時入轉遲疾度遲減疾加之即為月行入定交積度如交中度以下為入陽曆積度以上去之為入陰曆積度每日夜半準此求之

求月去黃道度

視月入陰陽曆積度及分交象以下為少象以上覆減交中餘為老象置所入老少象度於上位列交象於下相減相乘倍之退位為分分滿百為度用減所入老少象度及分餘又與交中度相減相乘八因之以一百一十除之為分分滿百為度即得月去黃道度及分

求朔望加時入交常日及定日

置朔望加時入交汎日以入氣朓朒定數朓減朒加為入

交常日又置入轉朓朒定數進一位以一百二十七而一所得朓減朒加交常日為入交定日及餘秒

求入交陰陽曆交前後分

視入交定日如交中以下為陽曆以上去之為陰曆如一日上下以日法通日內分內餘為交後分十三日上下覆減交中日餘為交前分

求日月食甚定餘

置朔望入氣入轉朓朒定數同名相從異名相消以一千三百三十七乘之以定朔望加時入轉算外轉定分除之所得以朓減朒加中朔望小餘為泛餘日

食視泛餘如半法以下為中前半法以上去之為中後置中前後分與半法相減相乘倍之萬約為分曰時差中前以時差減泛餘為定餘覆減半法餘為午前分中後以時差加泛餘為定餘減去半法餘為午後分月食視泛餘在日入後夜半前如日法四分之三以下減去半法為酉前分四分之三以上覆減日法餘為酉後分又視泛餘在夜半後日出前者如日法四分之一以下為卯酉分四分之一以上覆減半法餘為卯後分其卯酉前後分自相乘四因退位萬約為分以加泛餘為定餘各置定餘以發斂加時法求之即得日月食甚辰刻及分秒

求日月食甚日行積度

置朔望食甚大小餘與中朔大小餘相減之餘以加減中朔望入氣日餘（以中朔望少加多減）即為食甚入氣以加其氣中積為食甚中積又置食甚入氣餘以所入氣損益率（盈縮之損益）乘之如日法而一以損益其日盈縮積盈加縮減食甚中積即為食甚日行積度及分先以食甚中積經分為約分然後加減之餘類此者依而求之

求氣差

置日食食甚日行積度及分滿中限去之餘在象限以下為初限以上覆減中限為末限皆相乘進二位以四百七十八而一所得用減一千七百四十四餘為氣差恒數以午前後分乘之半晝分除之所得以減恒數為定數（如不及減者覆減為定數應加者減之應減者加之）春分後陽曆減陰曆加秋分後陽曆加陰曆減（春分前秋分後各二日二千一百分為定氣於此宜加減之）

求刻差

置日食食甚日行積度及分滿中限去之餘與中限相減相乘進二位如四百七十八而一所得為刻差

恒數以午前後分乘之日法四分之一除所得為定數若在恒數以上者倍恒數以所得之數減之為定數依其加減冬至後午前陽加陰減午後陽減陰加夏至後午前陽減陰加午後陽加陰減

求日食去交前後定分

置氣刻二差定數同名相從異名相消為食差依其加減交前後分為去交前後定分視其前後定分如在陽曆即不食如在陰曆即有食之如交前陰曆不及減反減之反減食差為交後陽曆交後陰曆不及減反減之為交前陽曆即不食交前陽曆不及減反減之為交後陰曆交後陽曆不及減反減之為交前陰曆即日有食之

求日食分

視去交前後定分如二千四百以下為既前分以二百四十八除為大分二千四百以上覆減五千五百不足減者不食為既後分以三百二十除為大分退為秒其一分以下者涉交大淺太陽光盛或不見食

求月食分

視去交前後分不用氣刻差者一千七百以下者食既以上覆減五千一百不足減者不食餘以三百四十除之為大分不盡退除為秒即月食之分秒去交分在既限以下覆減既限亦以三百四十除之為既內之大分

求日食定用分

置日食之大分與三十分相減相乘又以二千四百五十乘之如定朔入轉筭外轉定分而一所得為定用分減定餘為初虧分加定餘為復圓分各以發歛加時法求之即得日食三限辰刻也

求月食定用分

置月食之大分與三十五分相減相乘又以二千一百乘之如定望入轉筭外轉定分而一所得為定用分加減定餘為初虧復圓分各如發歛加時法求之即得月食三限辰刻月食既者以既內大分以一十五分相減相乘又以四千二百乘之如定望入轉筭外轉定分而一所得為既內分用減定用分為既外分置月食定餘減定用分為初虧分因加既外分為食既分又加既內分為食甚分即定餘分是也再加既內分為生光分復加既外分為復圓分各以發歛加時法求之即得月食五限辰刻及分如月食既者以十分并既內大分如其法而求其定用分也

求月食所入更點

置食甚所入日晨分倍之五約之爲更法又五約之爲點法乃置月食初末諸分昏分以上者減昏分晨分以下者加晨分如不滿更法爲初更不滿點法爲一點依法以次求之即得更點之數

求日食所起

食在既前初起西南甚於正南復於東南食在既後初起西北甚於正北復於東北其食八分以上者皆起正西復正東此據正午地而論之

求月食所起

月在陽曆初起東北甚於正北復於西北月在陰曆初起東南甚於正南復於西南其食八分以上皆起正東復正西此亦據正午地而論之

求日月出入帶食所見分數

各以食甚小餘與日出入分相減餘爲帶食差以乘所食之分滿定用分而一月食既者以既內分減帶食差餘乘所食分如既外分而一不及減者爲帶食既出入以減所食分即日月出入帶食所見之分其食甚在晝晨爲漸進昏爲已退食甚在夜晨爲已退昏爲漸進也

求日月食甚宿次

置日月食甚日行積度望即更加望度以天正冬至加時黃道日度加而命之依黃道宿次去之即各得日月食甚宿度及分秒

步五星術

木星周率二百八萬六千一百四十二　秒九

曆率二千二百六十五萬五百五十七

曆度法六萬二千一十四

周日三百九十八日　八十八分

曆度三百六十五度　二十四分　九十秒

曆中一百八十二度　六十二分　四十五秒

曆策一十五度　二十一分　八十七秒

伏見一十三度

段目	段日	平度	限度	初行率
合伏	一十六日　八十六	三度　八十六	二度　九十三	二十三
晨順疾	二十八日	六度　一十一	四度　六十四	二十二
晨次疾	二十八日	五度　五十一	四度　一十九	二十一
晨順遲	二十八日	四度　三十一	三度　二十八	一十八
晨末遲	二十八日	一度　九十一	一度　四十五	一十二
晨留	二十四日			
晨退	四十六日　五十八	四度　八十八　一十八	空度　三十二　八十二	
夕退	四十六日　五十八	四度　八十八　一十八	空度　三十二　八十二	一十六
夕留	二十四日			

段目	段日	平度	限度	初行率
夕末遲	二十八日	一度九十一	一度四十五	
夕順遲	二十八日	四度三十一	三度二十八	一十二
夕次疾	二十八日	五度五十一	四度一十九	一十八
夕順疾	二十八日	六度一十一	四度六十四	二十一
夕伏	一十六日八十六	三度八十六	二度九十三	二十二

策數	損益率	盈積度	損益率	縮積度
一	益一百五十九	初	益一百五十九	初
二	益一百四十二	一度五十九	益一百四十二	一度五十九
三	益一百二十	三度一	益一百二十	三度一
四	益九十三	四度二十一	益九十三	四度二十一
五	益六十一	五度一十四	益六十一	五度一十四
六	益二十四	五度七十五	益二十四	五度七十五
七	損二十四	五度九十九	損二十四	五度九十九
八	損六十一	五度七十五	損六十一	五度七十五
九	損九十三	四度一十四	損九十三	五度一十四
十	損一百二十	四度二十一	損一百二十	四度二十一
十一	損一百四十二	三度一	損一百四十二	三度一
十二	損一百五十九	一度五十九	損一百五十九	一度五十九

火星周率四百七萬九千四十二秒一十四半

曆率三百五十九萬二千七百五十七秒四十四少

曆度法九千八百三十六半

周日七百七十九日九十三分一十六秒

曆度三百六十五度二十四分七十五秒

曆中一百八十二度六十二分三十七秒半

曆策一十五度二十一分八十六秒

伏見一十九度

段目	段日	平度	限度	初行率
合伏	六十六日	四十八度	四十五度四十八	七十二
晨順疾	六十二日	四十四度六十	四十二度二十六	七十二
晨次疾	五十八日	四十度九	三十七度九十九	七十
晨中疾	五十二日	三十四度六	三十二度三十二	六十八
晨末疾	四十五日	二十六度三十三	二十四度九十九	六十三
晨順遲	三十七日	一十六度六十八	一十五度八十	五十四
晨末遲	二十八日	五度七十五	五度四十五	三十七
晨留	一十一日			
晨退	二十八日九十六五十八	八度一十五六十	三度四十五	
夕退	二十八日九十六五十八	八度一十五六十	三度四十五	四十一
夕留	一十一日			
夕末遲	二十八日	五度七十五	五度四十五	

段目	段日	平度	限度	初行率
夕順遲	三十七日	一十六度 六十八	一十五度 八十	三十七
夕末疾	四十五日	二十七度 三十二	二十四度 九十九	五十四
夕中疾	五十一日	三十四度 六	三十一度 三十二	六十三
夕次疾	五十六日	四十度 九	三十七度 九十九	六十八
夕順疾	六十一日	四十四度 六十	四十二度 二十六	七十
夕伏	六十七日	四十八度	四十五度 四十八	七十一

策數	損益率	盈積度	損益率	縮積度
一	益二千一百八十	初	益四百五十八	初
二	益八百	一十度 六十	益四百五十三	四度 五十八
三	益四百六十四	一十九度 六十	益四百三十三	九度 一十一
四	益一百五十二	二十四度 二十四	益三百九十六	一十三度 四十四
五	損五十七	二十五度 七十六	益三百四十一	一十七度 四十
六	損一百七十二	二十五度 一十九	益二百六十六	二十度 八十一
七	損二百六十六	二十三度 四十七	益一百七十二	二十三度 四十七
八	損三百四十一	二十度 八十一	損五十七	二十五度 一十九
九	損三百九十六	一十七度 四十	損一百五十二	二十五度 七十六
十	損四百三十三	一十三度 四十四	損四百六十四	二十四度 二十四
十一	損四百五十三	九度 一十一	損八百	一十九度 六十
十二	損四百五十八	四度 五十八	損二千一百八十	一十度 六十

土星周率一百九十七萬七千四百一十一 秒六

十九

曆率五千六百二十二萬三千二百四十八半

曆度法一十五萬三千九百二十八

周日三百七十八日 九分 二秒

曆度三百六十五度 二十五分 六十八秒

曆中一百八十二度 六十二分 八十四秒

曆策一十五度 二十一分 九十秒

伏見一十七度

段目	段日	平度	限度	初行率
合伏	一十九日 四十八	二度 四十八	一度 三十六	一十三
晨順疾	二十七日 五十	三度 二十二	二度 二	一十二
晨次疾	二十七日 五十	二度 六十四	一度 六十五	一十一
晨遲	二十七日 五十	一度 四十八	空度 九十一	八
晨留	三十六日			
晨退	五十一日 五十一 六	三度 三十九 六十六	空度 二十八 三十三	
夕退	五十一日 五十一 六	三度 三十九 六十六	空度 二十八 三十三	九 七十五
夕留	三十六日			
夕遲	二十七日 五十	一度 四十八	空度 九十一	
夕次疾	二十七日 五十	二度 六十四	一度 六十五	八
夕順疾	二十七日 五十	三度 二十二	二度 二	一十一

夕伏	一十九日 四十八	四度 四十八	一度 五十六	一十二

策數	損益率	盈積度	損益率	縮積度
一	益二百一十三	初	益一百六十三	初
二	益一百九十七	二度 一十三	益一百四十九	一度 六十三
三	益一百六十八	四度 一十	益一百二十八	三度 一十二
四	益一百二十八	五度 七十八	益一百	四度 四十
五	益八十一	七度 六	益六十五	五度 四十
六	益三十三	七度 八十七	益二十三	六度 五
七	損三十三	八度 二十	損二十三	六度 二十八
八	損八十一	七度 八十七	損六十五	六度 五
九	損一百二十八	七度 六	損一百	五度 四十
十	損一百六十八	五度 七十八	損一百二十八	四度 四十
十一	損一百九十七	四度 一十	損一百四十九	三度 一十二
十二	損二百一十三	二度 一十三	損一百六十三	一度 六十三

金星周率三百五萬三千八百四秒六十三太

曆率一百九十一萬二百四十秒七十六半

曆度法五千二百三十

周日五百八十三日 九十分 一十四秒

合日二百九十一日 九十五分 七秒

曆度三百六十五度 二十四分 六十八秒

曆中一百八十二度 六十二分 三十四秒

曆策一十五度 二十一分 八十六秒

伏見一十度半

段目	段日	平度	限度	初行率
合伏	三十九日 二十五	四十九度 七十五	四十七度 七十六	一百二十七
夕順疾	四十七日 七十五	六十度 一十六 五十	五十七度 七十六	一百二十六
夕次疾	四十七日 七十五	五十九度 三十九	五十七度 一	一百二十五
夕中疾	四十七日 七十五	五十七度	五十四度 七十二	一百二十三
夕末疾	三十九日 二十五	四十二度 二十九	四十度 六十	一百一十五
夕順遲	二十九日 二十五	二十四度 七十二	二十三度 七十二	一百
夕末遲	一十六日 二十五	六度 九十三 五十	六度 六十六	六十九
夕留	七日			
夕退	九日 七十 七	三度 七十九 九十三	一度 六十九 七	
夕退伏	六日	四度 五十	二度 二	六十八
合退伏	六日	四度 五十	二度 二	八十二
晨退	九日 七十 七	三度 七十九 九十三	一度 六十九 七	六十八
晨留	七日			
晨末遲	一十六日 二十五	六度 九十三 五十	六度 六十六	
晨順遲	二十九日 二十五	二十四度 七十二	二十三度 七十三	六十九
晨末疾	三十九日 二十五	四十二度 二十九	四十度 六十	一百

段目	段日	平度	限度	初行率
晨中疾	四十七日 七十五	五十七度	五十四度 七十三	一百一十五
晨次疾	四十七日 七十五	五十九度 三十九	五十七度 一	一百二十三
晨順疾	四十七日 七十五	六十度 一十六 五十	五十七度 七十六	一百二十五
晨伏	三十九日 二十五	四十九度 七十六	四十七度 七十五	一百二十六

策數	損益率	盈積度	損益率	縮積度
一	益五十二	初	益五十二	初
二	益四十八	空度 五十二	益四十八	空度 五十二
三	益四十八	一度	益四十半	一度
四	益三十半	一度 四十半	益三十半	一度 四十半
五	益二十一	一度 七十四	益二十一	一度 七十四
六	益七	一度 九十五	益七	一度 九十五
七	損七	二度 二	損七	二度 二
八	損三十一	一度 九十五	損三十一	一度 九十五
九	損三十三半	一度 七十四	損三十三半	一度 七十四
十	損四十半	一度 四十半	損四十半	一度 四十一半
十一	損四十八	一度	損四十八	一度
十二	損五十二	空度 五十二	損五十二	空度 五十二

水星周率六十萬六千三十一　秒七十七半

曆率一百九十一萬　二百四十二　秒一十三半

曆度法五千二百三十

周日一百一十五日　八十七分　六十秒

合日五十七日　九十三分　八十秒

曆度三百六十五度　二十四分　七十秒

曆中一百八十二度　六十二分　三十五秒

曆策一十五度　二十一分　八十五秒

晨伏夕見一十四度

夕伏晨見一十九度

段目	段日	平度	限度	初行率
合伏	一十五日	二十九度	二十四度 三十六	二百五
夕順疾	一十五日	二十三度 七十五	一十九度 九十五	一百八十一
夕順遲	一十五日	一十三度 二十五	一十一度 一十三	一百三十五
夕留	二日			
夕退伏	一十日 九十三 八十	八度 二十六	二度 四十九 八十	
合退伏	一十日 九十三 八十	八度 二十六	二度 四十九 八十	一百八
晨留	二日			
晨順遲	一十五日	一十三度 二十五	一十度 一十三	
晨順疾	一十五日	二十三度 七十五	一十九度 九十五	一百三十五
晨伏	一十五日	二十九度	二十四度 三十六	一百八十一

策數	損益率	盈積度	損益率	縮積度
一	益五十七	初	益五十七	初

二	益五十三	空度五十七	益五十三	空度五十七
三	益四十五	一度一十	益四十五	一度一十
四	益三十五	一度五十五	益三十五	一度五十五
五	益二十二	一度九十	益二十二	一度九十
六	益八	二度一十二	益八	二度一十二
七	損八	二度二十	損八	二度
八	損二十二	二度一十二	損二十二	二度一十二
九	損三十五	一度九十	損三十五	一度九十
十	損四十五	一度五十五	損四十五	一度五十五
十一	損五十三	一度一十	損五十三	一度一十
十二	損五十七	空度五十七	損五十七	空度五十七

求五星天正冬至後平合及諸段中積中星

置通積分先以里差加減之各以其星周率去之不盡為前合分覆減周率餘為後合分如日法而一不滿退除為分秒即得其星天正冬至後平合中積中星命為日曰中積命為度曰中星以段日累加中積即為諸段中積以平度累加中星經退則減之即為段中星

求五星平合及諸段入曆

置通積分各加其星後合分以曆率去之不盡各以其曆度法除為度不滿退除為分秒即為其星平合入曆度及分秒以諸段限度累加之即得諸段入曆度及分秒

求五星平合及諸段盈縮定差

各置其星段入曆度及分秒如在曆中以下為盈以上為減去曆中餘為縮以其星曆策除之為策數不盡為入策度及分命數筭外以其策損益率乘之如曆策而一為分以損益其下盈縮積度即為其星段盈縮定差

求五星平合及諸段定積

各置其星段中積以其段盈縮定差盈加縮減之即得其段定積日及分加天正冬至大餘及約分滿紀法去之不滿命壬戌筭外即得日辰也

求五星平合及諸段所在月日

各置其定積以加天正閏日及約分以朔策及約分除之為月數不盡為入月以來日數及分其月數命天正十一月筭外即得其段入月中朔日數及分乃以日辰相距為所在定朔月日

求五星平合及諸段加時定星

各置中星以盈縮定差盈加縮減金星倍之水星三之然後加減即

為五星諸段定星以加天正冬至加時黃道日度依宿次命之即其日其段加時所在宿度及分秒

求五星諸段初日晨前夜半定星

各以其段初行率乘其段定積日下加時分百約之乃順減即加其日加時定星即其段初日晨前夜半定星所在宿度及分秒

求諸段日率度率

各以其段日辰距後段日辰為日率以其段夜半宿次與後段夜半宿次相減餘為度率

求諸段平行分

各置其段度率及分秒以其段日率除之即得其段平行度及分秒

求諸段總差及日差

本段前後平行分相減為其段汎差（假令求木星次疾汎差乃以順疾順遲平行分相減餘為次疾汎差他皆倣此）倍而退位為增減差加減其平行分為初末日行分（前多後少者加為初減為末前少後多者減為初加為末）倍增減差為總差以日率減一除之為日差

求前後伏遲退段增減差

前伏者置後段初日行分加其日差之半為末日行分後伏者置前段末日行分加其日差之半為初日行分以減伏段平行分餘為增減差前遲者置前段末日行分倍其日差減之為初日行分後遲者置後段初日行分倍其日差減之為末日行分以遲段平行分減之餘為增減差（前後近留遲段）木火土三星退行者六因平行分退一位為增減差金星前後伏退者三因平行分半而退位為增減差前退者置後段初日之行分以其日差減之為末日行分後退者置前段末日之行分以其日差減之為初日行分以本段平行分減之餘為增減差水星平行分為增減差皆以增減差加減平行分為初末日行分（前多後少加初減末前少後多減初加末）

又倍增減差為總差以日率減一除之為日差

求每日晨前夜半星行宿次

各置其段初日行分以日差累損益之（後少則損之後多則益之）為每日行度及分秒乃順加退減之滿宿次去之即得每日晨前夜半星行宿次（視前段末日後段初日行分相較之數不過一二日差為妙或多日差數倍或顛倒不倫當類同前後增減差稍損益之使其有倫然後用之或前後平行分俱多俱少則平注之或總差之秒不盈一分亦平注之若有不倫而平注得倫者亦平注之）

求五星平合及見伏入氣

置定積以氣策及約分除之為氣數不滿為入氣日及分秒命天正冬至筭外即得所求平合及見伏入

氣日及分秒

求五星平合及見伏行差

各以其段初日星行分與太陽行分相減餘爲行差若金在退行水在退合者相併爲行差如水星夕伏晨見者直以太陽行分爲行差

求五星定合及見伏汎積

木火土三星各以平合晨疾夕伏定積爲定合定見定伏汎積金水二星置其段盈縮定差（水星倍之）各以行差除之爲日不滿退除爲分秒若在平合夕見晨伏者盈減縮加如在退合夕伏晨見盈加縮減皆以加減定積爲定合定見定伏汎積

求五星定合定積定星

木火土三星各以平合行差除其日太陽盈縮差爲距合差日以太陽盈縮差減之爲距合差度日在盈縮以差日差度減之在縮曆加之加減其星定合汎積爲定合定積定星金水二星順合退合各以平合退合行差除其日太陽盈縮差爲距合差日順加退減太陽盈縮差爲距合差度順在盈曆以差日差度加之在縮曆減之退在盈曆以差日減之差度加之在縮曆以差日加之差度減之皆以加減其定星定合再定合汎積爲定合再定合定積定星以冬大餘及約分加定積滿紀法去之命得定合日辰以冬至加時黃道日度加定星滿宿次去之即得定合所在宿次（其順退所在盈縮即太陽盈縮）

求木火土三星定見伏定日

各置其星定見伏汎積晨加夕減象限日及分秒（半中限爲象限）如中限以下自相乘以上覆減歲周日及分秒餘亦自相乘滿七十五而一所得以其星伏見度乘之一十五除之爲差其差如其段行差而一爲日不滿退除爲分秒見加伏減汎積爲定積加命如前即得日辰

求金水二星定見伏定日

各以伏見日行差除其日太陽盈縮差爲日若晨伏夕見日在盈曆減之在縮曆加之如夕伏晨見日在盈曆減之在縮曆加之加減其星汎積爲常積視常積如中限以下爲冬至後以上去之餘爲夏至後其二至後如象限以下自相乘以上覆減中限餘亦自相乘各如法而一（冬至後晨夏至後夕以一十八爲法冬至後夕夏至後晨以七十五爲法）以伏見度乘之一十五除之爲差其差滿行差而一爲日不滿退除爲分秒加減常積爲定積（冬至後晨見夕

伏加之夕見晨伏減之夏至後晨見夕伏減之夕見晨伏加之加命如前即得定見伏日辰

其水星夕疾在大暑氣初日至立冬氣九日三十五分以下者不見晨留在大寒氣初日至立夏氣九日三十五分以下者不見春不晨見秋不夕見者亦舊曆有之

志卷第九

志卷第十　　元史五十八

翰林學士亞中大夫知制誥兼修國史臣宋濂　翰林待制承直郎兼國史院編修官臣王禕等奉

勅修

地理一

自封建變爲郡縣有天下者漢隋唐宋爲盛然幅員之廣咸不逮元漢梗於北狄隋不能服東夷唐患在西戎宋患常在西北若元則起朔漠併西域平西夏滅女真臣高麗定南詔遂下江南而天下爲一故其地北踰陰山西極流沙東盡遼左南越海表盖漢東西九千三百二里南北一萬三千三百六十八里唐東西九千五百一十一里南北一萬六千九百一十八里元東南所至不下漢唐而西北則過之有難以里數限者矣初太宗六年甲午滅金得中原州郡七年乙未下詔籍民自燕京順天等三十六路户八十七萬三千七百八十一口四百七十五萬四千九百七十五憲宗二年壬子又籍之增户二十餘萬世祖至元七年又籍之又增三十餘萬十三年平宋全有版圖二十七年又籍之得户一千一百八十四萬八百有奇於是南北之户總書于策者一千三百一十九萬六千二百有六口五千八百八十三萬四千七百一十

有一而山澤溪洞之民不與焉立中書省一行中書省十有一曰嶺北曰遼陽曰河南曰陝西曰四川曰甘肅曰雲南曰江浙曰江西曰湖廣曰征東分鎮藩服路一百八十五府三十三州三百五十九軍四安撫司十五縣一千一百二十七文宗至順元年戶部錢糧戶數一千三百四十萬六百九十九視前又增二十萬有奇漢唐極盛之際有不及焉蓋嶺北遼陽與甘肅四川雲南湖廣之邊唐所謂羈縻之州往往在是今皆賦役之比於內地而高麗守東藩執臣禮惟謹亦古所未見地大民衆後世狃於治安而不知

詰戎兵愼封守積習委靡一旦有變而天下遂至於不可爲嗚呼威極而衰固其理也唐以前以郡領縣而已元則有路府州縣四等大率以路領州領縣而腹裏或有以路領府府領州州領縣者其府與州又有不隷路而直隷省者具載于篇而其沿革則泝唐而止焉作地理志（凡路低於省一字府與州直隷省者亦低於省一字其有宣慰司廉訪司亦止低於省一字各路錄事司與路所親領之縣與府州之隷路者低於路一字府與州所領之縣低於府與州一字府領州州又領縣者又低於縣一字路所親領之縣若府若州曰領縣若干府若干州若干府與州所領之縣則曰若干縣所以別之也）

中書省統山東西河北之地謂之腹裏爲路二十九州八屬府三屬州九十一屬縣三百四十六（各路立站總計一百九十八處）

大都路唐幽州范陽郡遼改燕京金遷都爲大興府元太祖十年克燕初爲燕京路總管大興府太宗七年置版籍世祖至元元年中書省臣言開平府闕庭所在加號上都燕京分立省部亦乞正名遂改中都其大興府仍舊四年始於中都之東北置今城而遷都焉（京城右擁太行左挹滄海枕居庸奠朔方城方六十里十一門正南曰麗正正南之右曰順承正南之左曰文明北之東曰安貞北之西曰健德正東曰崇仁東之右曰

齊化東之左曰光熙正西曰和義西之右曰肅清西之左曰平則海子在皇城之北萬壽山之陰舊名積水潭聚西北諸泉之水流入都城而匯於此汪洋如海都人因名焉恣民漁採無禁擬周之靈沼云）九年改大都十九年置留守司二十一年置大都路總管府戶一十四萬七千五百九十口四十萬一千三百五十（用至元七年抄籍數）領院二縣六州十州領十六縣

右警巡院

左警巡院（初設警巡院三至元四年省其一止設左右二院分領坊市民事）

縣六

大興赤 宛平赤與大興分治郭下金水河源出玉泉山流入皇城故名金水 良鄉下 永清下 寶坻下至元十六年於縣立屯田所收子粒赴太倉及醴源倉輸納 昌平下

州十

涿州下唐范陽縣復改涿州宋因之元太宗八年爲涿州路中統四年復爲涿州領二縣范陽下倚郭 房山下金奉先縣至元十七年改今名

霸州下唐隸幽州周始置霸州宋升永清郡金置信安軍元仍爲霸州領四縣益津下倚郭中統四年省入至元二年置 文安下 大城下 保定下至元二年省入益津四年置

通州下唐爲潞縣金改通州取漕運通濟之義有豐備通濟太倉以供京師領二縣潞縣倚郭 三河下

薊州下唐置後改漁陽郡仍改薊州宋爲廣川郡金爲中都元太祖十年定其地仍爲薊州領五縣漁陽下倚郭 豐閏下至元二年省入玉田四年以路當衝要復置二十二年立豐閏署領屯田八百三十七户 玉田下 遵化下 平谷下至元二年省入漁陽十三年復置

漷州下遼金爲漷陰縣元初爲大興府屬邑至元十三年升漷州割大興府之武清香河二邑來屬領二縣香河下 武清

順州下唐初改燕州復爲歸德郡復爲順州復爲歸順州遼爲歸化軍宋爲順興軍金仍爲順州置温陽縣元廢縣存州

檀州下唐改密雲郡又復爲檀州遼爲武威軍宋爲鎮遠軍金仍爲檀州元因之

東安州下唐以前爲安次縣遼金因之元初隸大興府太宗七年隸霸州中統四年升爲東安州隸大都路

固安州下唐仍隋舊爲固安縣隸幽州宋隸涿水郡金隸涿州元憲宗九年隸霸州又改隸大興府中統四年升固安州

龍慶州唐爲嬀川縣金爲縉山縣元至元三年省入懷來縣五年復置本屬上都路宣德府奉聖州二十二年仁宗生於此延祐三年割縉山懷來來隸大都升縉山爲龍慶州領一縣懷來下

上都路唐爲奚契丹地金平契丹置桓州元初爲札剌兒部兀魯郡王營幕地憲宗五年命世祖居其地爲巨鎮明年世祖命劉秉忠相宅於桓州東灤水北之龍岡中統元年爲開平府五年以闕庭

所在加羈上都歲一幸焉至元二年置留守司五年升上都路總管府十八年升上都留守司兼行本路總管府事户四萬一千六十二口一十一萬八千一百九十一領院一縣一府一州四州領三縣府領三縣二州州領六縣

警廵院

縣一

開平上

府一

順寧府唐爲武州遼爲德州金爲宣德州元初

爲宣寧府太宗七年改山東路總管府中統四年改宣德府隸上都路仍至元三年以地震改順寧府領三縣二州

三縣

宣德 下倚郭至元二年省本府之録事司并龍門縣並入焉廿八年又割龍門去屬雲州

宣平 下

順聖 下本隸弘州今來屬

二州

保安州 下唐新州遼改奉聖州金爲興德府元初因之舊領永興縉山懷來礬山四縣至元二年省礬山入永興三年省縉山入懷來仍改爲奉聖州隸宣德府五年復置縉山延祐三年以縉山懷來隸大都仍至元三年以地震改保安州領一縣

永興 下倚郭

蔚州 下唐改爲安邊郡又改爲興唐縣又仍爲蔚州遼爲忠順軍金仍爲蔚州元至元二年省州爲靈仙縣隸弘州其年復改爲蔚州隸宣德府領五縣靈仙 下 靈丘 下 飛狐 下 定安 下 廣靈 下

州四

興州 下唐爲奚地金初爲興化郡隸北京後爲興州元中統三年屬上都路領二縣興安 下至元二年置 宜興 中至元二年置

松州 下本松林南境遼置松山州金爲松山縣隸北京大定府路元中統三年升爲松州仍存縣至元二年省縣入州

桓州 下本上谷郡地金置桓州元初廢至元二年復置

雲州 下古望雲川地契丹置望雲縣金因之元中統四年升縣爲雲州治望雲縣至元二年州存縣廢二十八年復升宣德之龍門鎮爲望雲

縣隸雲州領一縣望雲

興和路上唐屬新州金置柔遠鎮後升爲縣又升撫州屬西京元中統三年以郡爲内輔升隆興路總管府建行宫户八千九百七十三口三萬九千四百九十五領縣四州一

縣四

高原下倚郭中統二年隸宣德府三年來屬 懷安下元初隸宣德府中統三年來屬 天成下元初隸宣德府中統三年來屬 咸寧下元初隸宣德府中統三年來屬

州一

寶昌州下金置昌州元初隸宣德府中統三年隸本路置鹽使司延祐六年改寶昌州

永平路下唐平州遼爲盧龍軍金爲興平軍元太祖十年改興平府中統元年升平灤路置總管府設録事司大德四年以水患改永平路户一萬三千五百一十九口三萬五千三百領司一縣四州一州領二縣

録事司

縣四

盧龍下倚郭 遷安下至元二年省入盧龍縣後復置 撫寧下至元二年與海山俱省入昌黎三年復置四年又與海山俱入昌黎七年復置仍省昌黎海山入焉十二年復置昌黎以屬灤州今昌黎屬本縣 昌黎下至元十二年復置仍併海山入焉詳見撫寧縣

州一

灤州下在盧龍塞南金領義豐馬城石城樂亭四縣元至元二年省義豐入州三年復置先以石城省入樂亭其年改入義豐四年馬城亦省領二縣義豐下倚郭至元二年省入州三年復置 樂亭下元初嘗於縣置灤州尋廢復爲樂亭縣隸灤州

德寧路下領縣一德寧下

淨州路下領縣一天山下

泰寧路下領縣一泰寧下

集寧路下領縣一集寧下

應昌路下領縣一應昌下

全寧路下領縣一全寧下

寧昌路下領縣一寧昌下

砂井總管府領縣一砂井

以上七路一府八縣皆闕

保定路上本清苑縣唐隸鄚州宋升保州金改順天軍元太宗十一年升順天路置總管府至元十

二年改保定路設録事司户七萬五千一百八十
二口一十三萬九百四十領司一縣八州七州領
十一縣
録事司
縣八
清苑中附郭滿城中唐縣下金隷定州後來屬慶都下元初隷真定
府太宗十一年來屬行唐下曲陽中古恒州地唐爲曲陽縣宋屬中山府金因之
元初改恒州立元帥府割阜平靈壽行唐慶都唐縣以隷之逮移鎮歸德還隷中山府後爲曲
陽縣後隷保定北嶽恒山在焉新安下金置新安州渥城縣元至元二年州縣俱廢改爲
新安鎮入歸信縣四年割入容城九年置新安縣來屬博野下至元三十一年立

州七
易州中唐改上谷郡又復爲易州元太宗十一
年割隷順天府至元十年隷大都路二十三年
還隷保定領三縣易縣中倚郭元初存州廢縣至元三年復置淶
水下定興下金隷涿州今來屬
祁州中唐爲義豐縣屬定州宋改爲蒲陰縣金
於縣置祁州屬真定路元至元三年立附郭蒲
陰縣又以東鹿深澤二縣來屬隷保定領三縣
蒲陰中倚郭深澤下至元二年併入東鹿縣三年又來屬東鹿中
雄州下唐歸義縣五代爲瓦橋關周世宗克三
關於關置雄州宋爲易陽郡金爲永定軍元太
宗十一年割雄州三縣屬順天路至元十年改
屬大都路十二年改屬順天路爲保定路二十
三年復以雄州隷之領三縣歸信下容城下金隷安
肅州今來屬新城太宗二年改新泰州七年復爲縣隷大都路十一年隷順天路
至元二年隷雄州十年隷大都二十三年復來屬
安州下唐爲唐興縣隷鄚州宋升順安軍金改安
州治渥城縣元初移治葛城至元二年廢爲鎮
入高陽縣後復改安州隷保定領二縣葛城下倚
郭高陽下

遂州下唐爲遂城縣屬易州宋改廣信軍金廢
爲遂城縣隷保州元至元二年省入安肅州爲
鎮後復置州而縣廢隷保定
安肅州下本易州宥戎鎮地宋創立靜戎軍又
改安肅軍金爲安肅州元隷保定
完州下唐爲北平縣隷定州宋升北平軍金更
爲永平縣又改完州元至元二年改永平縣後
復爲完州
燕南河北道肅政廉訪司
真定路唐恒山郡又改鎮州宋爲真定府元初置

總管府領中山府趙邢洺磁滑相濬衛祁威完十
一州後割磁威隸廣平濬滑隸大名祁完隸保定
又以邢入順德洺入廣平相入彰德衛入衛輝又
以奧深晋蠡四州來屬户一十三萬四千九百八
十六口二十四萬六百七十領司一縣九府一州
五府領三縣州領十八縣

録事司

縣九

真定 中 倚郭 藁城 中 太宗六年為永安州無極寧晋新樂平棘四縣隸焉七年廢州為藁城縣屬真定 欒城 下 元氏 中 獲鹿 中 太宗在潛邸改西寧州既即位七年復為獲鹿縣隸真定 平山 下 靈壽 下 阜平 下 涉縣 元初為崇州隸真定路後慶州復置涉縣至元二年省入磁州後復來屬

府一

中山府唐定州宋為中山郡金為中山府元初
因之舊領祁完二州太宗十一年割二州隸順
天府後為散府隸真定領三縣安喜 中 新樂 下
無極 中

州五

趙州 中 唐趙州宋為慶源軍金改沃州元仍為
趙州舊領平棘臨城欒城元氏高邑贊皇寧晋
隆平柏鄉九縣大祖十五年割欒城元氏隸真
定領七縣平棘 中 寧晋 下 隆平 下 臨城 中 柏鄉
下 高邑 下 贊皇 下 至元二年併入高邑七年復置

奧州 上 唐改魏州後仍為奧州宋升安武軍元仍
為奧州領五縣信都 中 至元初與奧州録事司俱省入奧州後復置三年省録事司入焉為奧州治所 南宮 上 棗彊 中 武邑 中 新河 中 太宗四年置

深州 下 唐改饒陽郡後仍為深州元初隸河間
置帥府太宗十年隸真定路領饒陽安平武彊
束鹿静安五縣後割安平饒陽武彊隸晋州束
鹿隸祁州以奧州之衡水來屬領二縣静安 中

衡水 下

晋州唐宋皆為鼓城縣元太祖十年改晋州太
宗十年立鼓城等處軍民萬户所中統二年復
為晋州領四縣鼓城 中 倚郭 饒陽 中 安平 下 太祖十九年為南平州於此行千户總管府事領饒陽一縣太宗七年復改為縣隸深州憲宗在潛隸鼓城等處軍民萬户府中統二年改立晋州仍為安平縣隸焉 武彊 下 元初創立東武州領武邑靜安太宗六年廢州復為縣改隸深州十一年割屬祁州憲宗在潛隸鼓城等處軍民萬户府中統二年置晋州縣隸焉

蠡州 下 唐始置宋改永寧軍金仍為蠡州元初

隸真定。領司候司、博野縣。至元三年，省司候司、博野縣入蠡州。十七年，直隸省部。二十一年，仍屬真定。

順德路，下。唐邢州。宋爲信德府。金改邢州。元初置元帥府，後改安撫司。憲宗分洺水民户之半於武道鎮置司總管。五年，以武道鎮置廣宗縣，併以來屬。中統三年，升順德府。至元元年，以洺州、磁州來屬。二年，洺磁自爲一路，以順德爲順德路總管府。户三萬五百一，口一十二萬四千四百六十五。領司一、縣九。

録事司。

縣九

邢臺，中。倚郭。鉅鹿，中。內丘，中。（至元二年併唐山縣入焉，後復置唐山，與內丘並立。）平鄉，中。廣宗，中。（憲宗五年置，中統三年以後屬順德府，至元二年省入平鄉縣，後復置，隸順德路。）沙河，下。（至元二年省南和縣入焉，後復置南和，與沙河並立。）南和，下。唐山，下。任縣，下。（至元二年省入邢臺縣，後復置。）

廣平路，下。唐洺州，又爲廣平郡。元太宗八年，置邢洺路總管府，以邢、磁、威隸之。憲宗二年，爲洺磁路，止領磁、威二州。至元十五年，升廣平路總管府。户四萬一千四百四十六，口六萬九千八百十二。領司一、縣五、州二。州領六縣。

録事司。

縣五

永年，中。倚郭。曲周，中。肥鄉，中。雞澤，下。（元初併入永年，後復置。）廣平，下。

州一

磁州，中。唐磁州。宋爲滏陽郡。金以隸彰德。元太祖十年，升爲滏源軍節度，隸真定路。太宗八年，隸邢洺路。憲宗二年，改邢洺路爲洺磁路。至元二年，以真定之涉縣及成安縣併入滏陽，武安縣併入邯鄲，止以滏陽、邯鄲二縣及録事司來屬。後復置涉縣，歸真定，以滏陽、武安、邯鄲、成安、録事司隸焉。至元三年，併録事司入滏陽縣。至元十五年，改洺磁路爲廣平路總管府，磁州仍隸焉。領四縣：滏陽，中。倚郭。武安，中。邯鄲，下。成安，下。

威州，中。舊無此州，金始置。元太宗六年，割隸邢洺路，以洺水縣來屬。憲宗二年，隸洺磁路，徙州治於洺水。領二縣：洺水，中。倚郭。（太宗八年，隸洺州。定宗二年，改隸威州。憲宗二年，徙威州治此。）井陘，下。（威州本治此，憲宗二年移州治於洺水縣，井陘爲屬縣。）

彰德路下 唐相州，又改鄴郡，石晉升彰德軍，金升彰德府。元太宗四年，立彰德總帥府，領衛輝二州。憲宗二年，割出衛輝，以彰德爲散府，屬真定路。至元二年，復立彰德總管府，領懷孟、衛輝四州及本府安陽、臨漳、湯陰、輔岩、林慮五縣。四年，又割出懷孟、衛輝，仍立總管，以林慮升爲林州，復立輔岩縣隸之。六年，併輔岩入安陽。戶三萬五千二百四十六，口八萬八千二百六。領司一、縣三、州一。

錄事司

縣三

安陽上 至元六年，併輔岩入焉。湯陰中 臨漳中

州一

林州下 本林慮縣，金升爲州。元太宗七年，行縣事。憲宗二年，復爲州。至元二年，復爲縣，又併輔岩入焉。未幾，復爲州，割輔岩入安陽，仍以州隸彰德路。

大名路中 唐魏州，五代南漢改大名府，金改安武軍。元因舊名，爲大名府路總管府。戶六萬八千六百三十九，口一十六萬三百六十九。領司一、縣五、州三。州領六縣。

錄事司

縣五

元城中 倚郭。至元二年，併入大名縣，後復置。大名中 倚郭。太宗六年，立縣治。憲宗二年，迁縣事於府城內。至元二年，省元城來屬，尋析大名、元城爲二縣。九年，還縣治於故所。南樂中 魏縣中 清河 本恩州地，太宗七年，籍爲清河縣，隸大名路。

州三

開州上 唐澶州，宋升開德府，金爲開州。元割開封之長垣、曹州之東明來屬。領四縣：濮陽上 倚郭。東明中 太宗七年，割隸大名路，至元二年來屬。長垣中 初隸大名路，至元二年始隸開州。清豐中

滑州中 唐改靈昌郡，宋改武成軍，元仍爲滑州。領二縣：白馬上 爲州治所。內黃

濬州下 唐置黎州，後廢。石晉置濬州，宋爲通利軍，又改平川軍，金復爲濬州。元初隸真定，至元二年隸大名。

懷慶路下 唐懷州，復改河內郡，又仍爲懷州。宋升爲防禦，金改南懷州，又改沁南軍。元初復爲懷州。太宗四年，行懷孟州事。憲宗六年，世祖在潛邸，以懷孟二州爲湯沐邑。七年，改懷孟路總管府。至元元年，以懷孟路隸彰德路。二年，復以懷孟自爲一

路延祐六年以仁宗潜邸改懐慶路户三萬四千九百九十三口一十七萬九百二十六領司一縣三州一州領三縣

録事司

縣三

河内中　修武中　武陟中

州一

孟州下唐置河陽軍又升孟州宋隷河北道金大定中爲河水所害北去故城十五里築今城徙治焉故城謂之下孟州新城謂之上孟州元

初治下孟州憲宗八年復立上孟州河陽濟源王屋温四縣隷焉設司候司至元三年省王屋入濟源併司候司入河陽領三縣河陽下　濟源下太宗六年改濟源爲原州七年州廢復爲縣至元三年省王屋縣入焉　温縣

衛輝路下唐義州又爲衛州又爲汲郡金改河平軍元中統元年升衛輝路總管府設録事司户二萬二千一百一十九口一十二萬七千二百四十七領司一縣四州二

録事司

縣四

汲縣下倚郭　新鄉中　獲嘉下　胙城下舊以胙城爲倚郭憲宗元年還州治于汲以胙城爲屬邑

州二

輝州下唐以共城縣置共州宋隷衛州金改爲河平縣又改蘇門縣又升蘇門縣爲輝州置山陽縣屬焉至元三年省蘇門縣廢山陽爲鎮入本州

淇州下唐宋金並爲衛縣之域日鹿臺鄉元憲宗五年以大名彰德衛輝籍餘之民立爲淇州因又置縣曰臨淇爲倚郭中統元年隷大名路

宣撫司至元三年立衛輝路以州隷之而臨淇縣省

河間路上唐瀛州宋河間府元至元二年置河間路總管府户七萬九千二百六十六口一十六萬八千五百三十六領司一縣六州六州領十七縣

録事司

縣六

河間中倚郭　肅寧下至元二年廢爲鎮入河間縣後復舊　齊東下憲宗三年隷濟南路至元二年還屬河間路　寧津下憲宗二年屬濟南路至元二年隷河間　臨邑下本屬濟南府太宗七年割屬河間憲宗三年還屬濟南至元二年復屬河間　青城

下本青平鎮太宗七年析臨邑寧津地置縣隸濟南中統置青城縣隸陵州至元二年隸河間

州六

滄州中唐改景城郡復仍爲滄州金升臨海軍元復爲滄州領五縣清池中樂陵中南皮下無棣下至元二年併入樂陵縣以縣治入濟南之棣州尋復置鹽山下

景州中唐觀州又改景州宋改永靜軍金仍改觀州元因之至元二年復爲景州領五縣蓨縣中舊屬觀州元初升元州後復爲蓨縣故城中元初隸河間路至元二年併爲故城鎮爲景州是年復置縣還來屬阜城下東光下吳橋中

清州下五代置乾寧軍宋爲乾寧郡大觀間以

河清改清州金爲乾寧郡元太宗二年改清寧府七年又改清州至元二年以靖海興濟兩縣及本州司候司併爲會川縣後復置清州領三縣會川中靖海下興濟下

獻州下本樂壽縣宋隸瀛州又隸河間府金改爲壽州又改獻州元至元二年以州併入樂壽直隸河間路未幾復舊領二縣樂壽中附郭交河中至元二年入樂壽未幾如故

莫州下唐置鄚州尋改爲莫舊領二縣至元二年省入河間未幾仍領二縣莫亭下倚郭至元二年與任丘俱省入河間縣後復置任丘下

陵州下本將陵縣宋金皆隸景州憲宗三年割隸河間府是年升陵州隸濟南路至元二年復爲縣三年復爲州仍隸河間路

東平路下唐鄆州又改東平郡又號天平軍宋改東平府隸河南道金隸山東路元太祖十五年嚴實以彰德大名磁洺恩博濬滑等户三十萬來歸以實行臺東平領州縣五十四實没子忠濟爲東平路管軍萬户總管行總管府事州縣如舊至元五年以東平爲散府九年改下路總管府户四萬

四千七百三十一口五萬二百四十七領司一縣六

録事司

縣六

須城下爲東平治所東阿中陽穀中汶上中壽張下平陰下至元十一年以縣之辛鎮寨孝德等四鄉分析他屬明年改寨爲肥城作中縣隸濟寧路以平陰爲下縣仍屬東平

東昌路下唐博州宋隸河北東路金隸大名府元初隸東平路至元四年析爲博州路總管府十三年改東昌路仍置總管府户三萬三千一百二口

一十二萬五千四百六領司一縣六
録事司
縣六
聊城 中倚郭 堂邑 中 莘縣 中宋隸大名府元初以來屬 博平 中
茌平 中 丘縣 下本為鎮隸曲周至元二年併入堂邑二十六年山東宣慰司言丘縣併入堂邑差稅詞訟相去二百餘里往復非便平思有户二千七百升縣為宜遂立丘縣隸東昌

濟寧路 下唐麟州周於此置濟州元太宗七年割屬東平府至元六年以濟州還治鉅野仍析鄆城之四鄉來屬八年升濟寧府治任城尋還治鉅野十二年復立濟州治任城屬濟寧府十五年遷府於濟州却以鉅野行濟州事其年又以府治歸鉅野而濟州仍治任城但為散州十六年濟寧升為路置總管府户一萬五百四十五口五萬九千八百一十八領司一縣七州三州領九縣

録事司
縣七
鉅野 中倚郭金廢屬鄆州至元六年復立 鄆城 上金以水患徙置盤溝村元至元八年復來屬 肥城 下宋金為平陰縣元至元十二年以平陰辛鎮寨東北十五里舊城改設今縣 金鄉 下初隸濟州至元二年來屬 碭山 金為水蕩沒元憲宗七年始復置縣

治隸東平路至元二年以户口稀少併入單父縣三年復置屬濟州八年屬濟寧路 虞城 下金圮於水元憲宗二年始復置縣隸東平路至元二年以户口稀少併入單父三年復立縣屬濟州八年隸濟寧路 豐縣 唐屬徐州元憲宗二年屬濟州至元二年以沛縣併入豐縣三年復立沛縣八年以豐縣直隸濟寧路

州三
濟州 下唐以前為濟北郡治單父唐初為濟州又為濟陽郡仍改濟州周顯濟水立濟州宋因之金遷州治任城以河水湮沒故也元至元二年以户不及千數併隸任城六年迁州於鉅野而任城為屬邑八年升州為濟寧府治任城復還府治鉅野十二年以任城當江淮水陸衝要復立濟州屬濟寧路而任城廢十五年還府於濟州以鉅野行濟州事其年復於鉅野立府仍於此為州二十三年復置任城隸州領三縣任城 倚郭 魚臺 太宗七年屬濟州至元二年併入金鄉三年復故八年屬濟寧府十三年來屬 沛縣 太宗七年移滕州治此憲宗二年州廢復為縣至元二年省入豐縣三年復置八年隸濟寧府十三年來屬

兗州 下唐初為兗州復升泰寧軍宋改襲慶府金改泰定軍元初復為兗州屬濟州憲宗二年分隸東平路至元五年復屬濟州十六年隸濟

寧路總管府二十三年立尚珍署領屯田四百五十六户收子粒赴濟州官倉輸
納餘粮棗亦折入鈔納于光祿寺領四縣嵫陽 曲阜 泗水至元二年省入曲阜三年復置
寧陽至元二年省入嵫陽大德元年復置
單州下 唐置輝州治單父後唐改爲單州宋升
團練州金隸歸德府元初屬濟州憲宗二年屬
東平府至元五年復屬濟州十六年隸濟寧路
領二縣單父縣在郭下元初與單州併屬濟州憲宗二年隸東平府至元二年復
以單父縣五年還屬濟州今屬單州嘉祥舊屬濟州憲宗二年割隸東平路至元三
年還屬濟州今爲單州屬縣

曹州上 唐初爲曹州後改濟陰郡又仍爲曹州宋
改興仁府金復爲曹州元初隸東平路總管府至
元二年直隸省部户三萬七千一百五十三口一
十九萬五千三百三十五領縣五濟陰上 成武中
定陶中 禹城中 楚丘中
濮州上 唐初爲濮州後改濮陽郡又仍爲濮州宋
升防禦郡金爲刺史州元初隸東平路後割大名
之館陶朝城恩州之臨清開州之觀城來屬至元
五年析隸省部户一萬七千三百一十六口六萬
四千二百九十三領縣六鄄城上 朝城中初隸東平府至元
五年來屬館陶中初屬東平路至元三年來屬臨清 觀城下金屬開州元

初來屬范縣下初屬東平府路至元二年來屬
高唐州中 唐爲縣屬博州宋金因之元初隸東平
至元七年升州户一萬九千一百四口二萬三千
一百二十一領縣三高唐中 夏津中初隸東平至元七年來屬
武城中初隸東平至元七年來屬
泰安州中 本博城縣唐初於縣置東泰州後廢州
改爲乾封縣屬兗州宋改奉符縣金置泰安州元
初屬東平路至元二年省新泰縣入萊蕪縣五年
析隸省部三十一年復立新泰縣東嶽泰山在焉户九千
五百四十口一萬七百九十五領縣四奉符中 長

清中舊屬濟南府元初來屬萊蕪下 新泰金屬泰安州至元二年省入萊蕪三
十一年復立
德州唐初爲德州後改平原郡又仍爲德州金屬
山東西路元初隸東平路總管府割大名之清平
濟南之齊河縣來屬户二萬四千四百二十四口
一十五萬六千九百五十二領縣五安德下 平原
下 齊河金創置此州隸濟南府至元二年來屬清平宋金隸大名府元初來屬
德平
恩州中 唐貝州又爲清河郡宋改恩州金隸大名
府路元初割清河縣隸大名府以武城隸高唐惟

存歷亭一縣及司候司。至元二年，縣及司俱省入州。七年，自東平析隸省部。户一萬五百四十五，口三萬七千四百七十九。

冠州，本冠氏縣。唐因隋舊置毛州，後州廢，縣屬魏州。宋、金並屬大名府。元初屬東平路，至元六年升冠州，直隸省。户五千六百九十七，口二萬三千四十。

山東東西道宣慰司

益都路，唐青州，又升盧龍軍。宋改鎮海軍。金爲益都路總管府。户七萬七千一百六十四，口二十一萬二千五百二。領司一、縣六、州八。州領十五縣。

録事司。

縣六

益都，中。倚郭。至元二年，以行淄州及行淄川縣併入。三年，又併臨淄、臨朐二縣入焉。十五年，割臨淄、臨朐復置縣，並屬本路。臨淄，下。臨朐，下。高苑，下。舊屬淄州。樂安，下。壽光。下。

州八

濰州，下。唐初爲濰州，後廢。宋爲北海軍，復升濰州。金屬益都路。元初領北海、昌邑、昌樂三縣及司候司。憲宗三年，省司候司入北海。至元三年，省昌樂縣入北海。領二縣：北海，下。昌邑。下。

膠州，下。唐初爲膠西縣。宋置臨海軍。金仍改爲膠西縣，屬密州。元太祖於縣置膠州。領三縣：膠西，中。即墨，下。宋、金皆隸萊州，元太祖二十二年來屬。高密。下。宋、金並隸密州。

密州，唐初改爲高密郡，後仍爲密州。宋爲臨海軍，復爲密州。元初因之，以膠西、高密屬膠州。憲宗三年，省司候司入諸城縣，隸益都。領二縣：諸城，州治所。安丘。下。

莒州，下。唐廢莒州，以莒縣隸密州。宋沿其舊。金復爲莒州，隸益都府。元初因之。領四縣：莒縣，下。州治所。憲宗三年，省司候司入焉。沂水，下。有沂山，爲東鎮。日照，下。蒙陰。下。元初因舊名爲新泰縣。中統三年，以李璮亂，人民逃散，省入沂水。皇慶二年，復置爲蒙陰縣。

沂州，下。唐初改爲琅邪郡，後仍爲沂州。宋屬京東東路。金屬山東東路。元屬益都路。領二縣：臨沂，中。州治所。憲宗三年，省司候司入焉。費縣。下。

滕州，下。唐爲滕縣，屬徐州。宋仍舊。金改爲滕州，屬兖州。元隸益都路。領二縣：滕縣，下。憲宗三年，省司候司入焉。鄒縣。下。

嶧州下唐置鄫州又改蘭陵縣爲承縣後州廢以縣屬沂州宋仍舊金改蘭陵縣於縣置嶧州元初以嶧州隸益都路至元二年省蘭陵入本州

慱興州下唐慱昌縣後唐改慱興宋屬青州金屬益都府元初升爲州

山東東西道肅政廉訪司

濟南路上唐濟州又改臨淄郡又改濟南郡又爲青州宋爲濟南府金因之元初改濟南路總管府舊領淄陵二州至元二年淄州割入淄萊路陵州

割入河間路又割臨邑縣隸河間路長清縣入泰安州禹城縣隸曹州齊河縣入德州割淄州之鄒平縣來屬置總管府户六萬三千二百八十九口一十六萬四千八百八十五領司一縣四州二州領七縣

録事司

縣四

歷城中倚郭 章丘上 鄒平上唐宋皆屬淄州至元間來屬 濟陽中

州二

棣州上唐析滄州之陽信商河樂陵厭次置棣州宋金因之元初濱棣自爲一道中統三年改置濱棣路安撫司至元二年與濱州俱隸濟南路領四縣厭次中倚郭初立司候司至元二年省入本縣 商河中 陽信中 無棣下宋金屬滄州元初割無棣之半屬滄州半以來屬

濱州中唐屬棣州周始置濱州金隸益都元初以棣州爲濱棣路至元二年省路爲州隸濟南路領三縣渤海中元初設司候司至元二年省入此縣 利津下 霑化下

般陽府路下唐淄州宋屬河南道金屬山東東路元初太宗在潛置新城縣中統四年割濱州之蒲

臺來屬先是淄州隸濟南路總管府五年升淄州路置總管府是歲改元至元割鄒平屬濟南路高苑屬益都路二年改淄州路爲淄萊路二十四年改般陽路取漢縣以爲名户二萬一千五百三十口一十二萬三千一百八十五領司一縣四州二州領八縣

録事司

縣四

淄川中倚郭 長山中初屬濟南路中統五年來屬 新城中本長山縣驛臺太宗在潛以人民完聚於置城曰新城以田索二鎮屬焉 蒲臺下金屬濱州元初隸濱棣

路中統五年屬淄州至元二年改屬淄萊路升中縣

州二

萊州中唐初改東萊郡爲萊州宋爲防禦州金升定海軍屬山東東路元初屬益都路中統五年屬淄萊路舊設録事司至元二年省入掖縣又省即墨入掖與膠水仍隸般陽路領四縣掖縣中倚郭至元二年省録事司析即墨縣入焉膠水下至元二年析即墨縣入焉招遠下萊陽下

登州下唐初爲牟州復改登州宋屬河南道元初屬益都路中統五年別置淄萊路以登州隸之至元二十四年改屬般陽路領四縣蓬萊下黃縣下福山下僞齊以登州之兩水鎮爲福山縣楊疃鎮爲棲霞縣棲霞下

寧海州下僞齊劉豫以登州之文登牟平二縣立寧海軍金升寧海州元初隸益都路至元九年直隸省部戶五千七百一十三口一萬五千七百四十三領縣二牟平中文登下

河東山西道宣慰使司

大同路上唐爲北恒州又爲雲州又改雲中郡遼爲西京大同府金改總管府元初置警巡院至元二十五年改西京爲大同路戶四萬五千九百四十五口一十二萬八千四百九十六領司一縣五州八州領四縣大德四年於西京黃華嶺立屯田六年立萬戶府所屬山陰雁門馬邑鄯陽洪濟金城寧武凡七屯

録事司

縣五

大同中倚郭至元二年省西縣入焉白登下至元二年廢爲鎮屬大同縣尋復置宣寧下平地下本鄉平地裝至元二年省入豐州三年置縣曰平地懷仁下

州八

弘州下唐爲清塞軍隸蔚州遼置弘州金仍舊領襄陰順聖二縣元至元中割順聖隸宣德府惟領襄陰及司候司後並省入州

渾源州下唐爲渾源縣隸應州金升爲州仍置縣在郭下併置司候司元至元四年省入州

應州下唐末置後唐升彰國軍元初仍爲應州領二縣金城下州治所山陰下至元二年併入金城後復置

朔州下唐改馬邑郡爲朔州後唐升鎮武軍宋爲朔寧府金爲朔州元因之領二縣鄯陽下至元四年省録事司入焉馬邑下

武州下唐隸定襄馬邑二郡遼置武州宣威軍元至元二年割寧邊州之半來屬舊領寧邊一縣及司候司四年省入州

豐州下唐初爲豐州又改九原郡又仍爲豐州金爲天德軍元復爲豐州舊有録事司并富民縣元至元四年省入州

東勝州下唐勝州又改榆林郡又復爲勝州張仁愿築三受降城東城南直榆林後以東城濱河徙置綏遠峯南郡今東勝州是也金初属西夏後復取之元至元二年省寧邊州之半入焉

舊有東勝縣及録事司四年省入州

雲内州下唐初立雲中都督府後改横塞軍又改天德軍即中受降城之地金爲雲内州舊領雲川柔服二縣元初廢雲川設録事司至元四年省司縣入州

河東山西道肅政廉訪司

冀寧路上唐并州又爲太原府宋金因之元太祖十一年立太原路總管府大德九年以地震改冀寧路户七萬五千四百四口一十五萬五千三百二十一領司一縣十州十四州領九縣

録事司

縣十

陽曲中倚郭　文水中　平晋下　祁縣下舊隸晋州後州廢隸太原路

榆次下至元二年隸太原路　太谷下　清源下　壽陽下　交城下

徐溝下

州十四

汾州中唐改西河郡爲浩州又改汾州又改西河郡又爲汾州金置汾陽軍元初立汾州元帥府割靈石縣隸平陽路之霍州仍析置小靈石縣後廢府至元二年復行州事省小靈石入介

休三年併温泉入孝義領四縣西河中　孝義下至元三年割温泉縣之半置巡檢司隸本縣　平遥下元初屬太原府至元二年來屬

介休下元初直隸太原府至元二年來屬仍省小靈石縣入焉

石州下唐初改離石郡爲石州又改昌化郡又仍爲石州宋金因其名元中統二年省離石縣入本州三年復立至元三年省温泉入孝義以臨泉爲臨州舊置司候司後與孟門方山俱省入離石領二縣離石下倚郭　寧鄉下太宗九年隸太原府定宗三年隸石州憲宗九年又隸太原府至元三年復來屬

忻州下唐初置新興郡後改忻州又改定襄郡

又爲忻州金隸太原府元因之領二縣秀容下倚郭至元二年省入忻州四年復置定襄下

平定州下唐爲廣陽縣宋爲平定軍金爲平定州元至元二年省倚郭平定樂平二縣入本州七年復立樂平領一縣樂平下倚郭至元二年省縣爲鄉入本州立巡檢司七年復立

臨州下唐置臨泉縣又置北和州後州廢隸石州宋置晉寧軍金廢軍置臨水縣隸石州元中統二年仍改臨泉縣直隸太原府三年升臨州

保德州下本嵐州地宋始置州舊有倚郭縣元憲宗七年廢縣至元二年省隩州芭州入本州三年又併岢嵐軍入焉四年割岢嵐隸管州隩州仍來屬

崞州下本崞縣元太宗十四年升崞州

管州下唐以靜樂縣置後州廢屬嵐州後又爲憲州宋爲靜樂軍金爲靜樂郡又改爲管州元太祖十六年以嵐州之岢嵐寧化樓煩併入本州至元二十二年割岢嵐隸嵐州而寧化樓煩併入本州

代州下唐置代州總管府金改都督府元中統四年併鴈門縣入州

臺州下唐爲五臺縣隸代州金升臺州隸太原路元因之

興州下唐臨津縣隸嵐州又改合河縣金升興州隸太原路元因之

堅州下唐繁畤縣金爲堅州隸太原路元因之

嵐州下唐宋並爲嵐州金升鎮西節度至元二年省入管州五年復立

盂州下本盂縣金升爲州元因之

晉寧路上唐晉州金爲平陽府元初爲平陽路大德九年以地震改晉寧路户一十二萬六百三十口二十七萬一百二十一領司一縣六府一州九府領六縣州領四十縣

録事司

縣六

臨汾中倚郭 襄陵中 洪洞中 浮山下 汾西下 岳陽下本猗氏縣屬平陽府至元三年省入岳陽縣四年以縣當東西驛路之要復置併岳陽和川二縣入焉後復改爲岳陽縣

府一

河中府唐蒲州又改河中府又改河東郡又仍

爲河中府宋爲護國軍金復爲河中府元憲宗在潛置河解萬户府領河解二州河中府領録事司及河東臨晉虞鄉猗氏萬泉河津滎河七縣至元三年省虞鄉入臨晉省萬泉入猗氏併録事司入河東罷萬户府而河中府仍領解州八年割解州直隷平陽路河中止領五縣十五年復置萬泉縣來屬領六縣河東 下府治所 萬泉 下 猗氏 下 滎河 下金隷滎州元初廢滎州復爲滎河縣 臨晉 下 河津 下

州九

絳州 中 唐初爲絳郡又改絳州宋置防禦金改晉安府元初爲絳州行元帥府河解二州諸縣皆隷焉後罷元帥府仍爲絳州隷平陽路領七縣正平 下倚郭至元二年省録事司入焉 太平 中 曲沃 下 翼城 下金爲翼州元初復爲翼城縣隷絳州 稷山 下 絳縣 下至元二年省垣曲縣入焉十六年復立垣曲縣絳縣如故 垣曲 下

潞州 下 唐初爲潞州後改上黨郡又仍爲潞州宋改隆德軍金復爲潞州元初爲隆德府行都元帥府事太宗三年復爲潞州隷平陽路至元三年以涉縣割入真定府以録事司併入上黨縣領七縣上黨 下 壺關 下 長子 下 潞城 下 屯留 下至元三年省入襄垣十五年復置 襄垣 下 黎城 下至元二年併涉縣偏城等十三村入焉

澤州 下 唐初爲澤州後爲高平郡又仍爲澤州宋屬河東道金爲平陽府元初置司候司及領晉城高平陽城沁水端氏陵川六縣至元三年省司候司陵川縣入晉城省端氏入沁水後復置陵川領五縣晉城 下 高平 下 陽城 下 沁水 下 陵川 下至元三年省入晉城後復置

解州 下 本唐蒲州之解縣五代漢乾祐中置解

州宋屬京兆府金升寶昌軍元至元四年併司候司入解縣有鹽池方一百二十里 領六縣解縣 下 安邑 下 聞喜 下 夏縣 下 平陸 下 芮城 下

霍州 下 唐初爲霍山郡又改呂州又廢州而以縣隷晉州金改霍州元因之領三縣霍邑 下倚郭有霍山爲中鎮 趙城 下舊屬平陽府 靈石 下舊屬汾州

隰州 下 唐初爲隰州又改大寧郡又仍爲隰州元以州隷晉寧路領五縣隰川 中州治所至元三年省大寧蒲溫泉三縣入焉 大寧 下至元三年省入隰川廿三年復置 石樓 下 永和 下 蒲縣 下

沁州下唐初爲沁州又改陽城郡又仍爲沁州宋置威勝軍金仍爲沁州元因之領三縣銅鞮下州治所至元三年省錄事司武鄉縣入焉 沁源下至元三年省綿上縣入焉 武鄉下至元三年省入銅鞮後復立

遼州下唐初置遼州又改箕州又改儀州宋復爲遼州元隸晉寧路領三縣遼山下倚郭 榆社下至元三年省入遼山六年復立 和順下至元三年省儀城縣入焉

吉州下唐初爲西汾州又爲南汾州又改慈州宋置吉鄉軍金改耿州又改吉州元初領司候司吉鄉鄉寧二縣中統二年併司候司入吉鄉

縣至元二年省吉鄉三年又省鄉寧並入州後復置鄉寧領一縣鄉寧下

嶺北等處行中書省統和寧路總管府

和寧路上始名和林以西有哈剌和林河因以名城太祖十五年定河北諸郡建都於此初立元昌路後改轉運和林使司前後五朝都焉太宗乙未年城和林作萬安宮丁酉治迦堅茶寒殿在和林北七十餘里戊戌營圖蘇胡迎駕殿去和林城三十餘里世祖中統元年遷都大興和林置宣慰司都元帥府後分都元帥府於金山之南和林止設宣慰司至元二十六年諸王叛兵侵軼和林宣慰使怯伯

等衆陰叛去二十七年立和林等處都元帥府大德十一年立和林等處行中書省以淇陽王月赤察兒爲右丞相太傅答剌罕爲左丞相罷和林宣慰司都元帥府置和林總管府至大二年改行中書省爲行尚書省四年罷尚書省復爲行中書省皇慶元年改嶺北等處行中書省改和林路總管府爲和寧路總管府至元二十年令西京宣慰司送牛一千赴和林屯田二十二年併和林屯田入五條河三十年命戍和林漢軍四百留百人餘令耕屯杭海元貞元年於六衛漢軍內撥一千人赴杭海屯田北方立站帖里干木憐納憐等一百一十九處

志卷十

翰林學士亞中大夫知制誥兼修國史臣宋濂　翰林待制承直郎同知制誥兼國史院編修官臣王禕等奉

敕修

地理二

遼陽等處行中書省爲路七府一屬州十二屬縣十徒存其名而無城邑者不在此數（本省計站一百二十處）

遼陽路（上）唐以前爲高句驪及渤海大氏所有梁貞明中阿保機以遼陽故城爲東平郡後唐升爲南京石晉改爲東京金置遼陽府領遼陽鶴野二縣後復改爲東京宜風澄復蓋瀋貴德州廣寧府

來遠軍並屬焉元初廢貴德澄復州來遠軍以廣寧府婆娑府懿州蓋州作四路直隸省至元六年置東京總管府降廣寧爲散府隸之十五年割廣寧仍自行路事直隸省十七年又以婆娑府懿州蓋州來屬二十四年始立行省二十五年改東京爲遼陽路後廢婆娑府爲巡檢司戶三千七百八口三萬三千二百三十一（壬子年抄籍數）領縣一州二

縣一

遼陽（下倚郭至元六年以鶴野縣瀋巡院入焉）

州二

蓋州（下）初爲蓋州路至元六年併爲東京支郡併熊岳陽池二縣入建安縣八年又併建安縣入本州

懿州（下）初爲懿州路至元六年爲東京支郡所領豪州及同昌靈山二縣省入順安縣入本州

廣寧府路（下）金爲廣寧府元封孛魯古歹爲廣寧王舊立廣寧行帥府事後以地遠遷治臨潢立總管府至元六年以戶口單寡降爲東京路總管府屬郡十五年復分爲路行總管府事（有醫巫閭山爲北鎮在府城西北一十里至順錢糧戶數四千五百九十五）領縣二

閭陽（下初立千戶所至元十五年以戶口繁夥復立行千戶所後復爲閭陽縣）

望平（至元六年省鍾秀縣入焉十五年爲望平軍民千戶所今復爲縣）

肇州（按哈剌八都魯傳至元三十年世祖謂哈剌八都魯曰乃顏故地曰阿八剌忽者產魚吾今立城而以兀速憨哈納思乞里吉思三部人居之名其城曰肇州汝往爲宣慰使既至定市里安民居得魚九尾皆千斤來獻又成宗紀元貞元年立肇州屯田萬戶府以遼陽行省左丞阿散領其事而大一統志與經世大典皆不載此州不知其所屬所領之詳今以廣寧爲乃顏分地故附注於廣寧府之下乃顏孛魯古歹之孫也）

山北遼東道肅政廉訪司

大寧路（上）本奚部唐初其地屬營州貞觀中奚酋可度內附乃置饒樂郡遼爲中京大定府金因之

元初爲北京路總管府領興中府及義瑞興高錦
利惠川建和十州中統三年割興州及松山縣屬
上都路至元五年併和州入利州爲永和鄉七年
興中府降爲州仍隸北京改北京爲太寧二十五
年改爲武平路後復爲大寧戶四萬六千六口四
十四萬八千一百九十三壬子年數領司一縣七州九
錄事司初置警巡院至元二年改置錄事司
縣七
大定下中統二年省長興入焉龍山下初屬大定府至元四年屬利州後復來屬
富庶下至元三年省入興中州後復置和衆下金源下惠和下

武平下
州九
義州下
興中州下元初因舊爲興中府後省至元七年
又降府爲州
瑞州下至元二十三年伯顏奏准以咬都哈解等拘收戶計種田立屯於瑞州之西撥類
海荒閒地及時開耕設打捕屯田總管府仍以咬都哈解等爲屯田官
高州下 錦州下 利州下
惠州下 川州下 建州下
東寧路本高句驪平壤城亦曰長安城漢滅朝鮮

置樂浪玄菟郡此樂浪地也晉義熙後其王高璉
始居平壤城唐征高麗拔平壤其國東徙在鴨綠
水之東南千餘里非平壤之舊至王建以平壤爲
西京元至元六年李延齡崔坦玄元烈等以府州
縣鎮六十城來歸八年改西京爲東寧府十三年
升東寧路總管府設錄事司割靜州義州麟州威
遠鎮隸婆娑府本路領司一餘城堙廢不設司存
今姑存舊名
錄事司 土山縣 中和縣 鐵化鎮
都護府自唐之季地入高麗置府州縣鎮六十

餘城此爲都護府雖仍唐舊名而無都護府之
實至元六年李延齡等以其地來歸後城治廢
毀僅存其名屬東寧路
定遠府 郭州 撫州 黃州領安岳三和龍岡咸從江西五
縣長命一鎮 靈州 慈州 嘉州 順州 殷州
宿州 德州領江東永清通海順化四縣寧遠柔遠安戎三鎮 昌州
鐵州領定戎一鎮 泰州 价州 朔州 宣州
領寧朔衛島二鎮 成州領樹德一鎮 熈州 孟州
領三登一縣椒島椵島寧德三鎮 延州領陽巖一鎮 雲州
瀋陽路本挹婁故地渤海大氏建定理府都督瀋

定二州此爲瀋州地契丹爲興遼軍金爲昭德軍又更顯德軍後皆燬於兵火元初平遼東高麗國麟州神騎都領洪福源率西京都護龜州四十餘城來降各立鎮守司設官以撫其民後高麗復叛洪福源引衆來歸授高麗軍民萬戶徙降民散居遼陽瀋州初創城郭置司存僑治遼陽故城中統二年改爲安撫高麗軍民總管府及高麗舉國內附四年又以質子淳爲安撫高麗軍民總管分領二千餘戶理瀋州元貞二年併兩司爲瀋陽等路安撫高麗軍民總管府仍治遼陽故城轄總管五

千戶二十四百戶二十五（至順錢糧戶數五千一百八十三）

開元路古肅慎之地隋唐曰黑水靺鞨唐初渠長阿固郎始來朝後乃臣服以其地爲燕州置黑水府其後渤海盛靺鞨皆役屬之又其後渤海浸弱爲契丹所攻黑水復擅其地東瀕海南界高麗西北與契丹接壤即金鼻祖之部落也初號女真後避遼興宗諱改曰女直太祖烏古打既滅遼即上京設都海陵遷都於燕改爲會寧府金末其將蒲鮮萬奴據遼東元初癸巳歲出師伐之生禽萬奴師至開元恤品東土悉平開元之名始見於此乙未歲立開元南京二萬戶府治黃龍府至元四年更遼東路總管府二十三年改爲開元路領咸平府後割咸平爲散府俱隸遼東道宣慰司（至順錢糧戶數四千三百六十七）

咸平府古朝鮮地箕子所封漢屬樂浪郡後高麗侵有其地唐滅高麗置安東都護以統之繼爲渤海大氏所據遼平渤海以其地多險隘建城以居流民號咸州安東軍領縣曰咸平金升咸平府領平郭安東新興慶雲清安歸仁六縣兵亂皆廢元初因之隸開元路後復割出隸遼東宣慰司

合蘭府水達達等路土地曠闊人民散居元初設軍民萬戶府五撫鎮北邊一曰桃溫距上都四千里一曰胡里改距上都四千二百里大都三千八百里（有胡里改江并混同江又有合蘭河流入于海）一曰斡朶憐一曰脫斡憐一曰孛苦江各有司存分領混同江南北之地其居民皆水達達女直之人各仍舊俗無市井城郭逐水草爲居以射獵爲業故設官牧民隨俗而治有合蘭府水達達等路以相統攝焉（有俊禽曰海東青由海外飛來至奴兒干土人羅之以爲土貢至順錢糧戶數二萬九百六）

河南江北等處行中書省爲路十二府七州一屬州

三十四屬縣一百八十二本省陸站一百六處水站九十處

河南江北道肅政廉訪司

汴梁路上　唐置汴州總管府石晉爲開封府宋爲東京建都於此金改南京宣宗南遷都焉金亡歸附舊領歸德府延許裕唐陳亳鄧汝潁徐邳嵩宿申鄭鈞睢蔡息盧氏行襄樊二十州至元八年令歸德自爲一府割亳徐邳宿四州隷之升申州爲南陽府割裕唐汝鄧嵩盧氏行襄樊隷之九年廢延州以所領延津陽武二縣屬南京路統蔡息鄭鈞許陳睢潁八州開封祥符倚郭而屬邑十有五

舊有警巡院十四年改録事司二十五年改南京路爲汴梁路二十八年以瀕河而南大江以北其地衝要又新入版圖置省南京以控治之三十年升蔡州爲汝寧府屬行省割息潁二州以隷焉本路戶三萬一十八口一十八萬四千三百六十七壬子年數領司一縣十七州五州領二十一縣

録事司

縣十七

開封下倚郭　祥符下倚郭　中牟下　原武下舊以此縣隷延州元初隷開封府後復爲延州縣如舊至元九年州廢後來屬　鄢陵中　滎澤下舊隷鄭州至元二年來屬　封丘中金大定中河水湮沒遷治新城元初又爲河水所壞乃因故城遺址稍加完葺而遷治焉　扶溝下　陽武下舊隷延州至元九年州廢來屬　杞縣中元初河決城之北面爲水所圮遂爲大河之道乃於故城北二里河水北岸築新城置縣繼又修故城號南杞縣蓋黃河至此分爲三其大河流於二城之間其一流於新城之北郭睢河中其一在故城之南東流俗稱三叉口　延津下舊爲延州隷河南路至元九年州廢以縣來屬　蘭陽下　通許下　尉氏下　太康下　洧川下　陳留下

州五

鄭州下　唐初爲鄭州又改滎陽郡宋爲奉寧軍金仍爲鄭州元初領管城滎陽汜水河陰原武新鄭密滎澤八縣及司候司後割新鄭密屬鈞州滎澤原武隷開封府併司候司入管城領四縣管城下倚郭　滎陽下　汜水下　河陰下

許州下　唐初爲許州後改潁川郡又仍爲許州宋升潁昌府金改武昌軍元初復爲許州領五縣長社下　長葛下　郾城下　襄城下　臨潁下

陳州下　唐初爲陳州後改淮陽郡又仍爲陳州宋升懷德府金復爲陳州元初因之舊領宛丘南頓項城商水西華清水六縣至元二年南頓項城清水皆廢後復置南頓項城領五縣宛丘

西華 商水（至元二年省南頓項城入焉後復置） 南頓 項城

鈞州（下） 唐宋皆不置郡僞齊置潁順軍金改順州又改鈞州元至元二年又割鄭州密縣来屬領三縣 陽翟（下） 新鄭（下） 密縣（下）

睢州（下） 唐屬曹州宋改拱州又升保慶軍金改睢州元因之領四縣 襄邑（下倚郭） 考城（下） 儀封（下） 柘城（下）

河南府路 唐初爲洛州後改河南府又改東京宋爲西京金爲中京金昌府元初爲河南府府治即周之王城舊領洛陽宜陽永寧登封鞏偃師孟津新安澠池九縣後割澠池隸陝州戶九千五百二口六萬五千七百五十一（壬子年數）領司一縣八州一州領四縣

錄事司

縣八

洛陽 宜陽（下） 永寧（下） 登封（下中嶽嵩山在焉） 鞏縣（下） 孟津（下） 新安 偃師（下）

州一

陝州（下） 唐初爲陝州又改陝府又改陝郡宋爲保義軍元仍爲陝州領四縣 陝縣（下） 靈寶（下至元三年省入陝縣八年廢虢州爲虢略隸陝州併虢略治靈寶以虢略爲巡檢司併朱陽縣入焉） 閿鄉（下至元二年省湖城縣入焉） 澠池（下金升爲韶州置澠池司候司元至元三年省司候司八年省韶州復爲縣隸河南府路後割以来屬）

南陽府 唐初爲宛州而縣名南陽後州廢以縣屬鄧州歷五代至宋皆爲縣金升爲申州元至元八年升爲南陽府以唐鄧裕嵩汝五州隸焉二十五年改屬汴梁路後直隸行省戶六百九十二口四千八百九十三（壬子年數）領縣二州五州領十一縣

縣二

南陽（下倚郭） 鎮平（下）

州五

鄧州（下） 唐初爲鄧州後改南陽郡又仍爲鄧州宋屬京西南路金屬南京開封府舊領穰縣南陽內鄉淅川順陽五縣元初以淅川順陽省入內鄉舊設錄事司至元二年併入穰縣領三縣 穰縣（下倚郭） 內鄉（下至元二年以順陽来屬） 新野（下）

唐州（下） 唐初爲顯州後改唐州宋屬京西南路金改裕州元初復爲唐州至元三年以民力不及廢湖陽比陽桐栢三縣領一縣 泌陽（倚郭）

嵩州（下） 唐爲陸渾伊闕二縣宋升順州金改嵩

州領伊陽福昌二縣元初以福昌隸河南至元三年省伊陽入州領一縣盧氏下至元二年隸南京路八年屬南陽府十一年來屬

汝州下唐初爲伊州又改汝州宋屬京西北路元至元三年廢郟城寶豐二縣入梁縣後復置郟縣領三縣梁縣下魯山下郟縣下

裕州下唐初置北澧州又改魯州後廢爲縣屬唐州金升爲裕州舊領方城舞陽葉縣元初即葉縣行隨州事就置昆陽縣爲屬邑至元三年罷州併昆陽舞陽二縣入葉縣後復置舞陽領三縣方城下倚郭葉縣下舞陽下

汝寧府唐蔡州上蔡西平確山遂平平輿爲屬邑至元七年省遂平平輿入汝陽隸汴梁路三十年河南江北行省平章伯顏言蔡州去汴梁地遠凡事稽誤宜升散府遂升汝寧府直隸行省以息潁信陽光四州隸焉復置遂平縣抄籍戶口闕至順錢糧戶數七千七十五領縣五州四州領十縣

縣五

汝陽下元初廢後置蔡州治此仍復置縣上蔡下西平下確山下遂平下元初省入汝陽後復置

州四

潁州下唐初爲信州後改汝陰郡又改潁州宋升順昌府金復爲潁州舊領汝陰泰和沈丘潁上四縣元至元二年省四縣及錄事司入州後復領三縣太和下沈丘下潁上下

息州下唐初爲息州後爲新息縣隸蔡州五代至宋皆因之金復置息州舊領新息新蔡真陽褒信四縣元中統三年以李璮叛廢州四年復置至元三年以四縣併入州後復領二縣新蔡下真陽下

光州下唐初爲光州後改弋陽郡又復爲光州宋升光山軍元至元十二年歸附屬蘄黃宣慰司二十三年同蘄黃等州直隸行省三十年隸汝寧府領三縣定城固始下宋末兵亂徙治無常至元十二年復舊治光山下兵亂地荒至元十二年復立舊治

信陽州下唐初爲申州又改義陽郡宋改信陽軍端平間兵亂地荒凡四十餘年元至元十四年改立信陽府領羅山信陽二縣十五年改爲信陽州二十年以羅山縣當驛置要衝徙州治此而移縣治於西南號曰羅山新縣今州治即

舊縣戶三千四百一十四口二萬三千七百五十一至元七年數領二縣羅山倚郭信陽

歸德府唐宋州又爲睢陽郡後唐爲歸德軍宋升南京金爲歸德府金亡宋復取之舊領宋城寧陵下邑虞城穀熟碭山六縣元初與亳之酇縣同時歸附置京東行省未幾罷歲壬子又立司府州縣官以綏定新居之民中統二年審民戶多寡定官吏員數至元二年以虞城碭山二縣在枯黃河北割屬濟寧府又併穀熟入睢陽酇縣入永州降永州爲永城縣與寧陵下邑隸本府八年以宿亳徐邳並隸焉壤地平坦數有河患府爲散郡設知府治中府判各一員直隸行省抄籍戶數闕至順錢糧戶數二萬三千三百一十七領縣四州四州領八縣

縣四

睢陽下倚郭唐曰宋城亦曰睢陽金曰睢陽宋曰宋城元仍曰睢陽　永城下　下邑下　寧陵下

州四

徐州下唐初爲徐州又改彭城郡又升武寧軍宋因之金屬山東西路金亡宋復之元初歸附後凡州縣視民多少設官吏至元二年例降爲

下州舊領彭城蕭永固三縣及錄事司至是永固併入蕭縣彭城并錄事司併入州領一縣蕭

縣下至元二年併入徐州十二年復立

宿州中唐置宋升保靜軍金置防禦使金亡宋復之元初隸歸德府領臨渙蘄靈壁符離四縣并司候司至元二年以四縣一司併入州四年以靈壁入泗州十七年復來屬領一縣靈壁下

邳州下唐初爲邳州後廢屬泗州又屬徐州宋置淮陽軍金復爲邳州金亡宋暫有之元初以民少併三縣入州至元八年以州屬歸德府十二年復置睢寧宿遷兩縣屬淮安十五年還來屬領三縣下邳下州治所　宿遷下　睢寧下

亳州下唐初爲亳州後改譙郡又仍爲亳州宋升集慶軍金復爲亳州金亡宋復之元初領縣六譙酇鹿邑城父衛真穀熟後以民戶少併城父入譙衛真入鹿邑穀熟入睢陽酇入永城其睢陽永城去隸歸德後復置城父領三縣譙縣

鹿邑下此邑數有水患歷代民不寧居　城父下

襄陽路唐初爲襄州後改襄陽郡宋爲襄陽府元至元十年兵破樊城襄陽守臣呂文煥降罷宋京

西安撫司立河南等路行中書省更襄陽府爲散府未幾罷省十一年改襄陽府爲總管府又立荆湖等路行樞密院十二年立荆湖行中書省後復罷本府領四縣一司十九年割均房二州光化棗陽二縣來屬（鈔籍戶口數闕至順錢粮戶數五千九十）領司一縣六州二州領四縣

錄事司

縣六

襄陽（下倚郭）南漳（下）宜城（下）穀城（下）光化（至元十三年南伐明年設官置縣屬南陽十九年來屬）棗陽（至元十四年屬南陽十九年來屬）

州二

均州（下）唐初爲均州又爲武當郡宋爲武當軍元至元十二年江陵歸附割隸湖北道宣慰司十九年還屬襄陽領二縣武當（下兵亂遷治無常至元十四年復置）鄖縣（下兵後僑治無常至元十四年復置）

房州（下）唐初爲遷州後爲房州又改房陵郡宋置保寧軍德祐中知州黃思賢納土命千戶鎮守仍令思賢領州事至元十九年隸襄陽路領二縣房陵（下）竹山（下）

蘄州路（下）唐初爲蘄州後改蘄春郡又仍爲蘄州宋爲防禦州至元十二年立淮西宣撫司十四年改總管府設錄事司戶三萬九千一百九十口二十四萬九千三百二十一（自此以後至德安府皆用至元二十七年數）領司一縣五

錄事司

縣五

蘄春（中倚郭）蘄水（中）廣濟（中宋嘉熙兵亂徙治大江中洲歸附後復舊治）黃梅（中嘉熙兵亂僑治中洲後復舊）羅田（下兵亂縣廢歸附後始立）

黃州路（下）唐初爲黃州後改齊安郡又仍爲黃州宋爲團練軍州元至元十二年歸附十四年立總管府十八年又爲黃蘄州宣慰司治所二十三年罷宣慰司直隸行省戶一萬四千八百七十八口三萬六千八百七十九領司一縣三

錄事司

縣三

黃岡（中州治所）黃陂（下兵亂僑治鄖州青山磯歸附還舊治）麻城（下兵亂徙治什子山歸附還舊治）

淮西江北道肅政廉訪司

廬州路（上）唐改廬江郡又仍爲廬州宋爲淮西路元至元十三年設淮西總管府明年於本路立總

管府隸淮西道二十八年以六安軍爲縣来屬後升六安縣爲州戶三萬一千七百四十六口二十二萬九千四百五十七領司一縣三州三州領八縣

録事司

縣三

合肥 上倚郭 梁縣 中 舒城 中

州三

和州 中 唐改歷陽郡後仍爲和州宋隸淮南西道元至元十三年置鎮守萬戶府明年改立安

撫司又明年升和州路二十八年降爲州隸廬州路舊設録事司後入州自治領三縣歷陽 上倚郭 含山 中 烏江 中

無爲州 中 唐初隸光州宋始以城口鎮置無爲軍思與天下安於無事取無爲而治之意以名之元至元十四年升爲路二十八年降爲州罷鎮巢州爲縣以屬焉領三縣無爲 上倚郭 廬江 中 巢縣 下

六安州 下 唐以霍山縣置霍州後州廢仍爲縣梁改灊山縣宋改六安軍元至元十二年歸附二十八年降爲縣隸廬州路後升爲州領二縣

六安 中 英山 中

安豐路 下 唐初爲壽州後改壽春郡宋爲壽春府又以安豐縣爲安豐軍繼遷安豐軍於壽春府元至元十四年改安豐路總管府十五年定爲散府領壽春安豐霍丘三縣二十八年復升爲路以臨濠府爲濠州與下蔡蒙城俱來屬戶一萬七千九百九十二口九萬七千六百一十一領司一縣五州一州領三縣

録事司

縣五

壽春 中倚郭 安豐 下 至元二十一年江淮行省言安豐之芍陂可溉田萬頃若立屯開耕實爲便益從之於安豐縣立萬戶府屯戶一萬四千八百有奇 霍丘 下 下蔡 下 至元十三年隸壽春府廿八年罷府與蒙城皆來屬 蒙城 下

州一

濠州 下 唐初爲濠州後改鍾離郡又仍爲濠州阻淮帶山與壽陽俱爲淮南之險郡名初從豪後加水爲濠南唐置定遠軍宋爲團練州初隸淮南路後隸淮南西路元至元十三年歸附設濠州安撫司十五年定爲臨濠府二十八年復

爲濠州革懷遠爲下縣來屬領三縣鍾離下倚郭
定遠下　懷遠下宋爲懷遠軍領荊山一縣至元二十八年以軍爲縣隸濠州省荊山入焉
安慶路下唐初爲東安州又改舒州又改同安郡
又復爲舒州宋爲安慶府元至元十三年立安撫
司十四年改安慶路總管府屬蘄黃宣慰司二十
三年罷宣慰司直隸行省戶三萬五千一百六口
二十一萬九千四百九十領司一縣六
錄事司
縣六
懷寧中　宿松中　望江下　太湖中　桐城中　灊山中至治三年初立
淮東道宣慰使司
江北淮東道肅政廉訪司
揚州路上唐初改南兗州又改邗州又改廣陵郡
又復爲揚州宋爲淮東路元至元十三年初建大
都督府置江淮等處行中書省十四年改爲揚州
路總管府十五年置淮東道宣慰司本路屬焉十
九年省宣慰司以本路總管府直隸行省二十一
年行省移杭州復立淮東道宣慰司止統本路幷

淮安二郡而本路領高郵府及眞滁通泰崇明五
州二十三年行省復還宣慰司遂廢所屬如故後
改立河南江北等處行中書省移治汴梁路復立
淮東道宣慰司割出高郵府爲散府直隸宣慰司
戶二十四萬九千四百六十六口一百四十七萬
一千一百九十四領司一縣二州五州領九縣
錄事司
縣二
江都上倚郭　泰興上
州五
眞州中五代以前地屬揚州宋以迎鑾鎭置建
安軍又升爲眞州元至元十三年初立眞州安
撫司十四年改眞州路總管府二十一年復爲
州隸揚州路領二縣揚子上倚郭至元二十六年省錄事司入焉
六合下
滁州下唐初析揚州地置又改永陽郡又復爲
滁州元至元十五年改滁州路總管府二十年
仍爲州隸揚州路領三縣清流中至元十四年省錄事司入焉
來安下　全椒中
泰州上唐更海陵縣曰吳陵置吳州尋廢南唐

升泰州元至元十四年立泰州路總管府二十一年改爲州隸揚州路領二縣海陵 上倚郭 如皐 上

通州 中 唐屬揚州南唐於海陵東境置静海鎭周平淮南改爲通州宋改静海郡元至元十五年改通州路總管府二十一年復爲州隸揚州路領二縣静海 上倚郭 海門 中

崇明州 下 本通州海濱之沙洲宋建炎間有昇州句容縣姚劉姓者因避兵於沙上其後稍有人居焉遂称姚劉沙嘉定間置鹽場屬淮東制司元至元十四年升爲崇明州

淮安路 上 唐楚州又改臨淮郡又仍爲楚州宋爲淮安州元至元十三年行淮東安撫司十四年改立總管府領山陽鹽城淮安淮陰新城清河桃園七縣設録事司二十年升爲淮安府路併淮安新城淮陰三縣入山陽兼領臨淮府海寧泗安東四郡其盱眙天長臨淮虹五河贛榆朐山沭陽各歸所隸二十七年革臨淮府以盱眙天長隸泗州戶九萬一千二十二口五十四萬七千三百七十七領司一縣四州三州領八縣 至元二十三年於本路之白水塘黄家疃等處立洪澤屯田萬戶府

録事司

縣四

山陽 上 至元十二年安東州歸附以本縣馬羅軍寨作山陽縣十三年淮安路歸附仍存淮安縣二十年省淮安新城入焉 鹽城 上 桃園 下 清河 下 本泗州之清河口宋立清河軍至元十五年爲縣

州三

海寧州 下 唐海州宋隸淮東路元至元十五年升爲海州路總管府復改爲海寧府未幾降爲州隸淮安路初設録事司二十年與東海縣併入朐山領三縣朐山 中 沭陽 下 贛榆 下

泗州 下 唐改臨淮郡後復爲泗州宋隸淮東路元至元十三年降爲下州舊領臨淮淮平虹靈壁睢寧五縣十六年割睢寧屬邳州十七年割靈壁入宿州以五河縣來屬二十一年併淮平入臨淮二十七年廢臨淮府以盱眙天長二縣隸焉領五縣臨淮 下 虹縣 下 五河 下 元隸臨淮府十七年來屬 盱眙 上 宋盱眙軍至元十三年行招信軍安撫司事領盱眙天長招信五河四縣明年升招信路總管府十五年改爲臨淮府十七年以五河縣在淮之北改屬泗州二十年併招信入盱眙二十七年廢臨淮府爲盱眙縣 天長 中

安東州下

高郵府唐爲縣宋升爲軍元至元十四年升爲高郵路總管府領録事司及高郵興化二縣二十年陞安宜府爲寳應縣來屬又併録事司改高郵路爲府屬揚州路今隸宣慰司扗籍戶口數闕至順錢糧戶數五萬九十有八領縣三高郵上興化中寳應上舊爲寳應軍至元十六年改爲安宜府二十年復府爲縣來屬本府

荆湖北道宣慰司

山南江北道肅政廉訪司

中興路上唐荆州後爲江陵府宋爲荆南府元至

元十三年改上路總管府設録事司天曆二年以文宗潛藩改爲中興路戶一十七萬六百八十二口五十九萬九千二百二十四領司一縣七

録事司

縣七

江陵上公安中石首中松滋中枝江下潛江中監利中宋末兵亂民散收附後始復舊

峽州路下唐改夷陵郡又爲峽州宋隸荆湖北路後徙治江南元至元十三年歸附十七年升爲峽州路戶三萬七千二百九十一口九萬三千九百

四十七領縣四夷陵中宋末隨州遷治不常歸附後復歸江北舊治宜都下長陽下遠安下

安陸府唐郢州又改富水郡又爲郢州宋隸京西路元至元十三年歸附十五年升爲安陸府戶一萬四千六百六十五口三萬三千五百五十四領縣二長壽中京山中兵亂移治漢濱至元十二年還舊治

沔陽府唐復州又改竟陵郡又爲復州宋端平間移州治于沔陽鎮至元十二年歸附改爲復州路十五年升爲沔陽府戶一萬七千七百六十六口三萬九百五十五領縣二玉沙中倚郭景陵中兵亂徙治無

常歸附後還舊治

荆門州下唐爲縣宋升爲軍端平間移治當陽縣元至元十三年歸附十四年升爲府十五年遷府治于古城降爲州戶二萬九千四百七十一口一十六萬五千四百三十五領縣二長林上當陽中

德安府唐安州又改安陸郡又仍爲安州宋爲德安府咸淳間徙治漢陽元至元十三年還舊治隸湖北道宣慰司十八年罷宣慰司直隸鄂州行省爲散府後割以來屬戶一萬九百二十三口三萬六千二百一十八領縣四州一州領二縣

縣四
安陸下孝感下應城中雲夢下
州一
隨州下唐初爲隨州又改漢東郡又復爲隨州
宋爲崇信軍又爲東陽軍後因兵亂遷徙無常
元至元十二年歸附十三年即黃仙洞爲州治
戶一萬五千九百六十六口五萬二千六十四
領三縣隨縣下應山下

志卷第十一

志卷第十二

翰林學士亞中大夫知制誥兼修國史臣宋濂 翰林待制承直郎兼國史院編修官臣王禕等奉
黎修

地理三

陝西諸道行御史臺

陝西等處行中書省為路四府五州二十七屬州十
二屬縣八十八本省陸站八十處水站一處
奉元路上唐初為雍州後改關内道又改京兆府
又以京城為西京又曰中京又改上都宋分陝西
秦鳳熙河涇原環慶鄜延為六路金併陝西為四
路元中統三年立陝西四川行省治京兆至元初
併雲陽縣入涇陽櫟陽縣入臨潼終南縣入盩厔
十六年改京兆為安西路總管府二十三年四川
置行省改此省為陝西等處行中書省大德元年
移雲南行臺於此為陝西行臺皇慶元年改安西
為奉元路戶三萬三千九百三十五口二十七萬
一千三百九十九年數壬子領司一縣十一州五州領
十五縣
錄事司
縣十一

咸寧 下 長安 下 咸陽 下 興平 下 臨潼 下 屯田一千二十頃一
有奇 藍田 下 涇陽 下 至元二年併入高陵縣三年復立屯田一千二十頃有奇
高陵 下 鄠縣 下 盩厔 下 屯田九百四十三頃有奇 郿縣 下 舊為郿
州添置栎林縣至元元年省郿州為郿縣廢栎林

州五

同州 下 唐初為同州又改馮翊郡又復為同州
宋為定國軍金因之元仍為同州領五縣朝邑
下 白水 下 郃陽 下 澄城 下 韓城 下 唐宋為郃陽縣金曰禎
州至元元年州廢二年再立六年州又廢止設縣
華州 下 唐改鎮國軍宋改鎮潼軍金改金安軍

元復為華州 西嶽華山在焉 領三縣華陰 下 蒲城 下 渭
南 下 屯田一千二百二十二頃有奇
耀州 下 唐初立宜州後為華原縣後又為耀州
宋為感義軍又改感德軍又為耀州如故金因
之元至元元年併華原縣入州又併美原入富
平領三縣三原 下 富平 下 同官 下
乾州 下 唐以高宗乾陵所在改醴泉縣為奉天
又升為乾州宋改醴州金復改乾州元至元元
年併奉天縣入州五年復置奉天省好畤入焉
又割永壽來屬後又改奉天為醴泉領三縣醴

泉 下 武功 下 永壽 下 宋金屬邠州至元十五年徙縣治于麻亭
商州 下 唐初為商州又改上洛郡又復為商州
宋及元皆因之領一縣洛南 下
延安路 下 唐初為延州又改延安郡又為延州宋
為延安府金為鄜延路元改延安路戶六千五百
三十九口九萬四千六百四十一 壬子年數 領縣八州
三州領八縣 本路屯田四百八十餘頃

縣八

膚施 下 甘泉 下 宜川 下 元初置司候司至元六年省入宜川 延長
下 延川 下 安定 下 本宋舊堡元壬子年升為安定縣至元元年析置丹頭縣四

年併丹頭入本縣六年降為縣 安塞 下 本金舊堡壬子年升為縣 保安 下 金為保安州至元

州三

鄜州 下 唐初為鄜州又改洛交郡又復為鄜州
宋金因之舊領洛交洛川鄜城直羅四縣元至
元四年併鄜城入洛川又併洛交直羅入州六
年廢坊州以中部宜君二縣來屬領三縣洛川
下 中部 下 宜君 下
綏德州 下 唐綏州又改上郡又為綏州宋為綏
德軍金為州領八縣歸附後併嗣武入米脂綏

平入懷寧至元四年併定戎入米脂懷寧入青澗又併義合綏德入本州領二縣青澗(下)米脂(下)

葭州(下)唐銀州宋爲晉寧軍金改爲葭州元至元六年併通秦彌川葭蘆入州併太和入神木建寧入府谷領三縣神木(下元初創立雲州於古麟州之神木寨至元六年廢州爲縣)吳堡(下)府谷(下後唐爲府州元初建州治至元六年廢爲縣)

興元路(下)唐爲梁州又改漢中郡又爲興元府宋仍舊名元立興元路總管府久之以鳳金洋三州

隷焉宋時領南鄭西縣褒城廉水城固五縣後廢廉水入南鄭元初割出西縣屬沔州以洋州西鄉縣來屬戶二千一百四十九口一萬九千三百七十八(至元二十七年數)領縣四州三

縣四

南鄭(下)城固(下)褒城(下)西鄉(下)

州三

鳳州(下)唐初爲鳳州後升節度府宋爲團練州至元五年以在郭梁泉縣併入州隷興元路

洋州(下)唐改洋州郡又復爲洋州後更革不常宋復爲洋州元至元二年省興道真符二縣入州

金州(下)唐改西城郡爲金州宋升爲金房開達四州路元爲散州

陝西漢中道肅政廉訪司

鳳翔府唐爲扶風郡又爲鳳翔府號西京宋金因其名元初割平涼府秦隴德順西寧鎮寧州隷鞏昌路廢恒州以所領盩厔縣隷安西府路尋立鳳翔路總管府至元九年更爲散府戶二千八十一口一萬四千九百八(壬子年數)領縣五鳳翔(下屯田九十頃有奇)

扶風(下)岐山(下)寶雞(下)麟游(下)

邠州(下)唐豳州以字類幽改爲邠宋金以來皆因之領縣二新平(下)淳化(下至元七年併三水入本縣)

涇州(下)唐改安定郡後仍爲涇州宋改彰化軍舊領保定長武靈臺良原四縣金改保定縣爲涇州元初以隷都元帥府立總司轄邠州後屬鞏昌都總帥府或隷平涼府陝西省所隷不一今直隷省領縣二涇川(下涇州治此即保定)靈臺(下至元七年併歸涇川十一年復立以良原併入而長武仍併於涇州)

開成州(下)唐原州宋爲鎮戎軍金升鎮戎州元初

仍爲原州至元十年皇子安西王分治秦蜀遂立開成府仍視上都號爲上路至治三年降爲州領縣一州一

縣一

開成

州一

廣安州（本鎮戎地金升爲縣隸鎮戎州經亂荒廢元至元十年安西王封守西土既立開成路遂改爲廣安縣募民居止未幾戶口繁夥十五年升爲州仍隸本路）

莊浪州（下沿革闕成宗大德八年二月降莊浪路爲州）

鞏昌等處總帥府

鞏昌府唐初置渭州後曰隴西郡尋陷入吐蕃宋復得其地置鞏州金爲鞏昌府元初改鞏昌路便宜都總帥府統鞏昌平涼臨洮慶陽隆慶五府及秦隴會環金德順徽金洋安西河洮岷利巴沔龍大安褒涇邠寧定西鎮原階成西和蘭二十七州又於成州行金洋州事至元五年割安西州屬脫思麻路總管府六年以河州屬吐蕃宣慰司都元帥府七年併洮州入安西州八年割岷州屬脫思麻路十三年立鞏昌路總管府十四年復行便宜都總帥府事其年割隆慶府利巴大安褒沔龍等州隸廣元路二十一年又以涇邠二州隸陝西漢中道宣慰司而帥府所統者鞏昌平涼臨洮慶陽府凡四秦隴寧定西鎮原階成西和蘭會環金德順徽金洋州凡十有五戶四萬五千一百三十五口三十六萬九千二百七十二（壬子年數）領司一縣五

錄事司

縣五

隴西（下）　寧遠（下）　伏羌（下本舊寨至元十三年升縣）　通渭（下）　鄣縣（下宋名臨川寨金爲鎮至元十七年置今縣）

平涼府唐爲馬監隸原州宋爲涇原路升平涼軍金立平涼府元初併潘原縣入平涼化平入華亭隸鞏昌帥府領縣三　平涼（下屯田一百一十五頃）　崇信（下）　華亭（下）

臨洮府唐臨洮軍宋爲鎮洮軍又爲熙州金爲臨洮府元至元十三年復以渭源堡升爲縣領縣二

狄道（下）　渭源（下）

慶陽府唐慶州宋環慶路改慶陽軍又升府金爲慶源路元初改爲慶陽散府至元七年併安化彭原入焉領縣一　合水（下）

秦州（中）唐初爲秦州宋爲天水郡金爲秦州舊領

六縣元至元七年併雞川隴城入秦安治坊入清
水領縣三成紀中清水中秦安下
隴州中唐改汧陽郡後爲隴州宋金置防禦使舊
領四縣元至元七年省吳山隴安入汧源十三年
罷防禦使爲散郡有吳山爲西鎮領縣二汧源中汧陽下
寧州下唐初改北地郡爲寧州宋金因之元至元
七年併襄樂安定定平入州領縣一真寧下
定西州下本唐渭州西市五代淪于先零宋置定
西城金改定西縣後升爲州仍置安西縣倚郭通
西二寨並置縣來屬元至元三年併三縣入本州

鎮原州下唐原州又爲平涼郡宋金因之元改鎮
原州以鎮戎州之東山三川二縣來屬至元七年
例併州縣遂以臨涇彭陽及東山三川四縣入本
州屯田四百二十六頃有奇
西和州下唐岷州又改和政郡又仍爲岷州宋改
曰西和舊領縣三大潭祐川軍興久廢惟有長道
一縣元至元七年亦併入本州
環州下唐改威州宋復爲環州後與慶州定爲環
慶路金隸慶陽府元初爲散郡舊領通遠一縣元

至元七年併入本州
金州下本蘭州龕谷寨金升寨爲縣以龕谷爲金
州治所元至元七年併縣入州
靜寧州下宋慶曆中以渭州隴干城置德順軍復
置隴干縣金升爲州元初併治平永洛入隴干後
復省隴干改爲靜寧州領縣一隆德下
蘭州下唐初置後改金城郡又仍爲蘭州宋金因
之元初領阿干一縣及司候司至元七年併司縣
入本州
會州下唐初改西會州又爲粟州又爲會寧郡又

爲會州宋置敷川縣金置寶川縣陷于河西僑治
州西南百里會川城名新會州元初棄新會州遷
於所隸西寧縣至元七年併縣入州
徽州下元兵入蜀鳳州二縣首降以鳳州仍治梁
泉別置南鳳州治于河池後又升永寧鄉爲縣與
兩當同爲屬邑至元元年改爲徽州七年併河池
永寧二縣入州領縣一兩當下
階州下唐初置武州又改武都郡又更名階州宋
因之令州治在柳樹城距舊城東八十里舊領福
津將利二縣至元七年併入本州

成州下唐初爲成州又改同谷郡後仍爲成州宋因之舊領同谷栗亭二縣元初歲壬寅以田世顯挈成都府歸附令遷於栗亭行栗亭管民司事不隸成州割天水縣來屬至元七年併同谷天水二縣入州

金洋州本隸興元路戊戌歲有雷李二將挈民戶歸附令遷至成州自行金洋州事

土蕃等處宣慰司都元帥府至元九年於土蕃西界立寧河站

河州路下領縣三定羌下寧河下安鄉下

雅州下憲宗戊午歲攻破雅州石泉守將趙順以城降領縣五石山下盧

山下百文下榮經下嚴道下

黎州下至元十八年給黎雅州民千一百五十四戶鈔二千三百八定以資牛具種實領縣一漢源下

洮州下領縣一可當下

貴德州下

茂州下領縣二文山下汶川下

脫思麻路

岷州下

鐵州下

碉門魚通黎雅長河西寧等處宣撫司至元二年授雅州碉門安撫使高保四言碉門舊有城邑中統初爲宋人所廢衆依山爲柵去碉門半舍欲復成故城便於守佃數秦蜀行省彼中緩急卿等相度須得其宜城如可復當助成之三年諭四川行樞密院遣人於碉門岩州西南沿邊丁寧吉諭官吏軍民有頭來歸者方便接納用意存恤百姓貧者賑之願從近裏城邑者以屋舍給之

禮店文州蒙古漢兒軍民元帥府自河州以下至此多闕其餘如朶甘思烏思藏積石州之類尚多載籍疏畧莫能詳錄也

四川等處行中書省爲路九府三屬府二屬州三十六軍一屬縣八十一蠻夷種落不在其數本省陸站四十八處水站八十四處鹽場十二處俱鹽井所出井九十五眼在成都夔府重慶敘南嘉定順慶廣元潼川紹慶等路所管州縣萬山之間

西蜀四川道廉訪司

成都路上唐改蜀郡爲益州又改成都府宋爲益州路又爲成都府路元初撫定立總管府設錄事司至元十三年領成都嘉定崇慶三府眉邛隆黎雅威茂簡漢彭綿十一州後嘉定自爲一路以眉雅黎邛隸之二十年又割黎雅屬吐蕃招討司降崇慶爲州隆州併入仁壽縣隸本府戶三萬二千九百一十二口二十一萬五千八百八十八至元二十七年數領司一縣九州七州領十一縣

錄事司

縣九

成都下唐宋爲成都府治所至元十三年以本縣元管大城內西北隅併入錄事司華陽下新都下郫縣下溫江下雙流下新繁下仁壽下唐爲陵州宋爲隆州元至元二十年以此州地荒民散併爲仁壽縣隷成都府路金堂下宋屬懷安軍元初升爲懷州而縣屬如故至元二十年併州入金堂縣隷成都府路

州七

彭州下唐置濛州又爲彭州宋及元因之領二縣濛陽下崇寧下

漢州下唐爲德陽郡又爲漢州自唐至宋苦於兵革民不聊生元中統元年復立漢州領三縣什邡下德陽下至元八年升爲德州十三年仍爲縣隷成都路十八年復來屬綿竹下至元十三年以戶少併入州後復置

安州下唐置石泉縣宋升爲軍元中統五年升爲安州領一縣石泉下

灌州下唐導江縣五代爲灌州宋爲永康軍後廢爲灌口寨元初復立灌州至元十三年以導江青城二縣戶少省入州青城陶壩立屯田萬戶府

崇慶州下唐爲唐安郡又爲蜀州宋爲崇慶軍元至元十二年立總管府二十年改爲崇慶州併江原縣入州本州有屯田萬戶府領二縣晉原下新津下

威州下唐維州宋改威州領保寧通化二縣元至元十九年併保寧入州領一縣通化下

簡州下唐析益州置宋因之元至元二十年併附郭陽安縣入州二十二年併成都府所屬靈泉縣來隷而本州有平泉以地荒竟廢之

嘉定府路下唐初爲嘉州又改犍爲郡又仍爲嘉州宋升嘉定府元至元十三年立總管府舊領龍游夾江峨眉犍爲洪雅五縣二十年併洪雅入夾江領司一縣四州二州領三縣戶口數闕

錄事司

縣四

龍游下夾江下峨眉下犍爲下

州二

眉州下唐改嘉州又仍爲眉州元至元十四年隷嘉定路領二縣彭山下青神下

邛州唐初置邛州又改臨邛郡又仍爲邛州元至元十四年立安撫司兼行州事二十一年併臨邛依政蒲江三縣入州領一縣大邑下

廣元路下唐初爲利州又改益昌郡又復爲利州宋爲利州路端平後兵亂無寧歲地荒民散者十有七年元憲宗三年立利州治設都元帥府至元十四年罷帥府改爲廣元路戶一萬六千四百四十二口九萬六千四百六至元二十七年數領縣二府一州四府領三縣州領七縣本路屯田九頃有奇

縣二

綿谷下　昭化下元初併葭萌入焉

府一

保寧府下唐隆州又改閬州又爲閬中郡後唐

爲保寧軍元初立東川路元帥府至元十三年升保寧府二十年罷元帥府改保寧路初領新得小寧二州後併入閬中縣又併奉國入蒼溪縣新井新政西水總入南部縣仍改爲府隸廣元路本府屯田一十八頃一百有奇領三縣閬中下倚郭　蒼溪下

南部下

州四

劍州下唐爲始州後改劍州宋升普安軍又爲隆慶府元至元二十年改劍州領二縣普安下至元二十年併普城劍門入焉　梓潼下

龍州下唐初爲龍門郡又改龍州又改江油郡又改應靈郡宋改政州繼復舊元憲宗歲戊午宋守將王知府以城降至元二十二年併江油清川二縣入焉

巴州下唐初改巴州又改清化郡又爲巴州宋領化城難江恩陽曾口上通江下通江六縣元至元二十年併南江恩陽二縣入化城上下通江二縣入曾口領二縣化城下　曾口下

沔州下唐初爲興州又爲順政郡又改興州宋改沔州元至元十四年隸廣元路二十年廢褒

吾十九

趙景云

州止設鐸水縣遷沔州而治焉領三縣鐸水下倚郭　大安下本大安州至元二十年降爲縣以來屬　略陽下至元二十年併長舉及西縣入焉

順慶路下唐爲南充郡又改果州又改充州宋升順慶府元中統元年立征南都元帥府至元四年置東川路統軍司後改東川府十五年復爲順慶二十年升爲路設錄事司戶二千八百二十一口九萬五千一百五十六至元二十七年數領司一縣二府一州二府領二縣州領五縣

錄事司

縣二

南充下至元二十年併漢初入焉　西充下至元二十年併流溪舊縣入焉

府一

廣安府唐屬宕渠巴西洛陵三郡宋置廣安軍又改寧西軍元至元十五年廢寧西軍二十年升爲廣安府舊領渠江岳池和溪新明四縣後併和溪新明入岳池領二縣渠江下倚郭　岳池下

州二

蓬州下唐改蓬州郡又仍爲蓬州元初立宣撫都元帥府後罷至元二十年立蓬州路總管府後復爲蓬州領三縣相如至元二十年以金城寨入焉　營山下至元二十年併良山入焉　儀隴下至元二十年併蓬池伏虞入焉

渠州下唐初爲渠州又改潾山郡又爲渠州宋屬潼川府元至元十一年立渠州安撫司二十年罷安撫司以渠州爲散郡領二縣流江下　大竹下至元二十年併鄰山鄰水入焉

潼川府唐梓州又改梓潼郡又爲梓州宋改靜戎軍又改安靜軍又升潼川府兵後地荒元初復立府治至元二十年併涪城及録事司入郪縣通泉入射洪東關入鹽亭銅山入中江領縣四州二戶口闕

縣四

郪縣下倚郭　中江下　射洪下　鹽亭下

州二

遂寧州下唐遂州又改遂寧郡宋爲遂寧府元初因之至元十九年併遂寧青石二縣入小溪長江入蓬溪後復改爲州領二縣小溪下　蓬溪下

綿州下唐更改不常元初隸成都路元至元二十年併魏城入本州改隸潼川路領二縣彰明下　羅江下

永寧路下闕領州一

筠連州下闕至元十七年樞密院言四川行省叅政行諸蠻夷部宣慰司昝順言先是奉旨以高州筠連州騰川縣隸安撫郭漢傑立站今漢傑已併蠻洞五十六有旨昝順所陳卿等與中書議臣等以爲宜遣使行視之帝曰此五十六洞如舊隸高州筠連則與郭漢傑立站否則還之昝順領一縣騰川下

四川南道宣慰司至元十六年立

重慶路上唐渝州宋更名恭州又升重慶府元至元十六年立重慶路總管府二十一年升爲上路割忠涪二州爲屬郡二十二年又割瀘合來屬省

壁山入巴縣廢南平軍入南川縣爲屬邑置錄事司戶二萬二千三百九十五口九萬三千五百三十五至元二十七年數領司一縣三州四州領十縣本路三堆中嶆越市等處屯田四百二十頃

錄事司

縣三

巴縣下倚郭　江津下至元十六年賜四川行省參政昝順田民百八十戶於江津縣　南川下

州四

瀘州下唐改瀘川郡爲瀘州宋爲瀘川軍元至元二十年併瀘川縣入焉二十二年隸重慶路領三縣江安下納溪下合江下

忠州下唐改爲南賓郡又爲忠州宋升咸淳府元仍爲忠州領三縣臨江下南賓下豐都下

合州下唐爲合州又改巴川郡又仍爲合州宋因之元至元十五年宋安撫使王立以城降二十年爲散郡併錄事司赤水入石照縣二十二年改爲州隸重慶路領三縣銅梁下元初併巴川入焉定遠下本宋地名女菁平元至元四年便宜都總帥部兵𣏌爲武勝軍後爲定遠州二十四年降爲縣石照下

涪州下唐改爲涪陵郡又改涪州宋因之元至元二十年併涪陵樂温二縣入焉領一縣武龍下

紹慶府下唐黔州又黔中郡宋升爲紹慶府元至元二十年仍置府戶三千九百四十四口一萬五千一百八十九至元二十七年數領縣二彭水下黔江下

懷德府領州四闕

來寧州下柔遠州下酉陽州下服州下皆闕

夔路下唐初爲信州又爲夔州又爲雲安郡又仍爲夔州宋升爲帥府元至元十五年立夔州路總管府以施雲安萬大寧四州隸焉二十二年又以開達梁山三州來屬戶二萬二十四口九萬九千五百九十八至元二十七年數領司一縣二州七州領五縣本路屯田五十六頃

錄事司

縣二

奉節下巫山下

州七

施州下唐改清江郡又改清化郡又復爲施州宋因之舊領清江建始二縣元至元二十二年

併清江入州領一縣建始下
達州下唐爲通州又改通川郡又仍爲通州宋更名達州元至元十五年隸四川東道宣慰司二十二年改隸夔路領二縣通川下新寧下
梁山州下本梁山縣宋升梁山軍元至元二十年升爲州領一縣梁山下
萬州下唐改浦州爲萬川又改南浦郡宋爲浦州元至元二十年以南浦爲萬州領一縣武寧
雲陽州下唐雲安監宋置安義縣後復爲監元至元十五年立雲安軍二十年升雲陽州併雲

陽縣入焉
大寧州下舊大昌縣宋置監元至元二十年升爲州併大昌縣入焉
開州下唐改爲盛山郡又復爲開州宋及元皆因之

叙南等處蠻夷宣撫司

叙州路古僰國唐戎州貞觀初徙治僰道在蜀江之西三江口宋升爲上州屬東川路後易名叙州咸淳中城登高山爲治所元至元十二年郭漢傑挈城歸附十三年立安撫司未幾毀山城復徙治

三江口罷安撫司立叙州十八年復升爲路隸諸部蠻夷宣撫司領縣四州二

縣四

宜賓下慶符下南溪下宣化下元貞二年於本縣置萬戶府領軍屯田四十餘頃

州二

富順州下唐富義縣宋富義監後改富順縣元至元十二年改立富順監安撫司二十年罷安撫司升富順州
高州下古夜郎之屬境隣烏蠻與長寧軍地相

接均爲西南羌族前代以爲化外置而不論唐開拓邊地於本部立高州宋設長寧軍十州族姓俱效順元至元十五年雲南行省遣官招諭内附十七年知州郭安復行州事蠻人散居村囤無縣邑鄉鎮

馬湖路下古牂柯屬地漢唐以下名馬湖部宋時蠻主屯湖内元至元十三年内附後立總管府遷於夷部溪口瀕馬湖之南岸創府治其民散居山箐無縣邑鄉鎮領軍一州一初馬湖蠻來朝嘗以獨本葱爲獻由是歲至郡縣疲於遞送元貞二年勅罷之

軍一

長寧軍唐置長寧等羈縻十四州五十六縣并隸瀘州都督府宋以長寧地當衝要升爲長寧軍立安寧縣元至元十二年郡守黄立挈城效順二十二年設録事司後與安寧縣俱省入本軍

州一

戎州下本夜郎國西南蠻種號大壩都掌分族十有九前代以化外置而弗論唐武后時恢拓蠻徼設十四州五圍二十九縣於本部置晏州

元至元十三年以沓順爲蠻夷部宣撫司遣官招諭十七年本部官得蘭紐來見授以大壩都總管二十二年升爲戎州叛服不常州治在箐前所領俱村囤無縣邑鄉鎮

上羅計長官司領蠻地羅計羅星乃古夜郎境爲西南種族前代置之化外宋設長寧軍十州族姓俱效順各命之官其後分姓他居遂有上下羅計之分蓋亦如唐羈縻之以爲西蜀後戶屏蔽元至元十三年蠻夷部宣撫沓順引本部夷酋得賴阿當歸順十五年授得賴阿當千戶十八年黎州同知李奇以武畧將軍來充羅星長官二十二年夷人叛誘誅上羅星夷行樞密院討平之其民人散居村箐無縣邑鄉鎮

下羅計長官司領蠻地其境近烏蠻與敘州長寧軍相接均爲西南夷族與上羅計同至元十二年長寧知軍率先内附十三年沓順引本部夷酋得顔箇詣行樞密院降奏充下羅計蠻夷千戶二十二年諸蠻皆叛惟本部無異志

四十六囤蠻夷千戶所領豕蛾夷地在夢將向南抵定川古夜郎之屬唐羈縻定州之支江縣也至

元十三年权附於慶符縣僑置千戶所領四十六囤

黄水口上下落骨　山落牟許淵吳

麼落財　麼落賢　螣息奴　屯莫面

落播　麼落梅　麼得幸　上落松

麼得會　麼得惡　落竟　落眛下村

落島　麼得享　落燕　落得鷹

麼得了　麼騰斛　許宿　麼九色

落播屯右　麼得晏　落能　山落寨

水落寨　落得擂　麼得具　麼得淵

騰日影　落眛上村　賴扇　許焰

騰郎　周頭　賣落炎　落女

愛荅落　愛荅速　麼得奸　阿郎頭

下得辛　上得辛　愛得妻　落鷗

諸部蠻夷

秦加大散等洞（以下各設蠻夷官）　斜崖昌朱等洞

隴堤紂皮等洞　石耶洞

散毛洞　彭家洞

黒土石等處　市脩洞

樂化兀都剌布白享羅等處

洪望冊德等族　大江九姓羅氏

水西　鹿朝

阿永蠻部（至元二十一年酋長阿泥入覲自言阿永鄰境烏蒙等蠻悉隸皇太子位願依例附屬詔從其請以阿永蠻隸宮府）

師壁洞安宣撫司　永順等處軍民安撫司

阿者洞（以下各設蠻夷官）　謝甲洞

上安下垻　阿渠洞

下役洞　驢屋洞

錢滿等處　水洞下曲等寨

必藏等處　酌宜等處

雍邦等寨　崖箇等寨

冒朱洞　麻峽柘歌等寨

新附嵬羅金井　沙溪等處

宙窄洞　新容米洞

甘肅等處行中書省為路七州二屬州五（本省馬站六處）

河西隴北道肅政廉訪司

甘州路（上）唐為甘州又為張掖郡宋初為西夏所據改鎮夷郡又立宣化府元初仍稱甘州至元元年置甘肅路總管府八年改甘州路總管府十八年立行中書省以控制河西諸郡戶一千五百五十口二萬三千九百八十七（至元二十七年數本路黒山滿峪泉水渠鴨子翅等處屯田計一千一百六十餘頃）

永昌路（下）唐涼州宋初為西涼府景德中陷入西夏元初仍為西涼府至元十五年以永昌王宮殿所在立永昌路降西涼府為州隸焉

西涼州（下）

肅州路（下）唐為肅州又為酒泉郡宋初為西夏所據元太祖二十一年西征攻肅州下之世祖至元七年置肅州路總管府戶一千二百六十二口八千六百七十九（至元二十七年數）

沙州路下唐為沙州又為燉煌郡宋仍為沙州景祐初西夏陷瓜沙肅三州盡得河西故地金因之元太祖二十二年破其城以隸八都大王至元十四年復立州十七年升為沙州路總管府瓜州隸焉（沙州去肅州千五百里內附貧民欲乞糧沙州必須白之肅州然後給與朝廷以其不便故升沙州為路）

瓜州下唐改為晉昌郡復為瓜州宋初陷於西夏夏亡州廢元至元十四年復立二十八年徙居民於肅州但名存而已

亦集乃路下在甘州北一千五百里城東北有大澤西北俱接沙磧乃漢之西海郡居延故城夏國嘗立威福軍元太祖二十一年內附至元二十三年立總管府（二十三年亦集乃總管忽都魯言所部有田可以耕作乞以新軍二百人鑿合即渠於亦集乃地并以傍近民西僧餘戶助其力從之計屯田九十餘頃）

寧夏府路下唐屬靈州宋初廢為鎮後陷蕃部自唐末有拓拔思恭者鎮夏州世有銀夏綏宥靜五州之地宋天禧間傳至其孫德明城懷遠鎮為興州以居後升興慶府又改中興府元至元二十五年置寧夏路總管府（至元八年立西夏中興等路行尚書省元貞元年革寧夏路行中書省併其事於甘肅行省）領州三（本路囊國納憐站等處屯田一千八百頃）

靈州下唐為靈州又為靈武郡宋初陷於夏國改為翔慶軍

鳴沙州下隋置環州立鳴沙縣唐革州以縣隸靈州宋沒於夏國仍舊名元初立鳴沙州（屯田四百四十餘頃）

應理州下與蘭州接境東阻大河西據沙山考之圖志乃唐靈武郡地其州城未詳建立之始元初仍立州

山丹州下唐為刪丹縣隸甘州宋初為夏國所有置甘肅軍元初為阿只吉大王分地至元六年行山丹城事刪訛為山二十二年升為州隸甘肅行省

西寧州下唐置鄯州理湟水縣上元間沒於土蕃號青唐城宋改為西寧州元初為章吉駙馬分地至元二十三年立西寧州等處拘榷課程所二十四年封章吉為寧濮郡王以鎮其地

兀剌海路闕（太祖四年由黑水城北兀剌海西關口入河西獲西夏將高令公克兀剌海城）

志卷第十二

翰林學士亞中大夫知制誥兼修國史臣宋濂　翰林待制承直郎兼國史院編修官臣王禕等奉

勅修

地理四

雲南諸路行中書省為路三十七府二屬府三屬州五十四屬縣四十七其餘甸寨軍民等府不在此數馬站七十四處水站四處

雲南諸路道肅政廉訪司大德三年罷雲南行御史臺立肅政廉訪司

中慶路上唐姚州閣羅鳳叛取姚州其子鳳伽異增築城曰柘東六世孫券豐祐改曰善闡歷五代迄宋羈縻而已元世祖征大理凡收府八善闡其一也郡四部三十有七其地東至普安路之橫山西至緬地之江頭城凡三千九百里而遠南至臨安路之鹿滄江北至羅羅斯之大渡河凡四千里而近憲宗五年立萬戶府十有九分善闡為萬戶府四至元七年改為路八年分大理國三十七部為南北中三路路設達魯花赤并總管十三年立雲南行中書省初置郡縣遂改善闡為中慶路領司一縣三州四州領八縣本路軍民屯田二萬二千四百雙有奇

録事司

縣三

昆明中倚郭唐置元憲宗四年分其地立千戶二至元十二年改善州領縣二十一年州罷縣如故其地有昆明池五百餘里夏潦必冒城郭張立道為大理等處勸農使求泉源所出洩其水得地萬餘頃皆為良田云

富民下至元四年立黎瀼千戶十二年即黎瀼立縣

宜良下唐匡州即其地蠻酋羅氏於此立城居之名曰羅裒龍乃今縣也元憲宗六年立太池千戶隸嵩明萬戶至元十三年升宜良州治太池縣二十一年州罷為縣後廢太池來屬

州四

嵩明州下州在中慶東北治沙札臥城烏蠻車氏所築白蠻名為嵩明昔漢人居之後烏白蠻強盛漢人徙去盟誓於此因號嵩盟今州南有土臺盟會處也漢人嘗立長州築金城阿葛二城蒙氏興改長州為嵩盟部段氏因之元憲宗六年立嵩明萬戶至元十二年復改長州十五年升嵩明府二十二年降為州領二縣

楊林下在州東南治楊林城乃雜蠻枳氏車氏斗氏麼氏四種所居之地城東門內有石如羊形故又作羊唐有羊林部落即此地元憲宗七年立羊林千戶至元十二年改為縣

邵甸下在州西治白邑村無城郭車蠻斗蠻舊地名為東甸以東為邵憲宗七年立邵甸千戶至元十二年改為縣

晉寧下唐晉寧縣蒙氏段氏皆為陽城堡部元憲宗七年立陽城堡萬戶至元十二年改晉寧

州領二縣。呈貢 下。西臨滇澤之濱，在路之南州之北，其間相去六十里，有故城曰呈貢，世為些莫強宗部蠻所居。元憲宗六年立呈貢千戶。至元十二年割詔營切龍、呈貢、峨向、塔羅和羅忽六城及烏納山立呈貢縣。歸化 下。在州東北，呈貢縣南，西濱滇澤。地名大吳龍，昔吳氏所居，後為些莫徒蠻所有，世隸善闡。憲宗六年分隸呈貢千戶。至元十二年割大吳龍、安江、安湖立歸化縣。

昆陽州 下。在滇池南，僰獷雜夷所居，有城曰巨橋，令為州治。閤羅鳳叛唐，令曲𠷸蠻居之。段氏興，隸善闡。元憲宗併羅函等十二城立巨橋萬戶，至元十二年改昆陽州，領二縣。三泊 下。至元十三年於那龍城立縣。易門 下。在州之西治市坪村，世為烏蠻所居。段氏時，高智昇治善闡，奄而有之。至元四年立洟門千戶，十二年改為縣。縣西有泉曰洟源，訛作易門。

安寧州 下。唐初置安寧縣，隸昆州。閤羅鳳叛唐，後烏白蠻遷居，蒙氏終善闡酋孫氏為安寧城主，及袁氏、高氏互有其地。元憲宗七年隸陽城萬戶，至元三年立安寧千戶，十二年改安寧州，領二縣。祿豐 下。在州西，治白村。其地瘴熱，非大酋所居，惟烏雜蠻居之，遷徙不常。至元十二年割安寧千戶之碌琫、化泥、驟珠、龍三處立祿豐縣。因江中有石如甑，俗名碌琫，譯謂碌為石，琫為甑，訛為今名。羅次 下。在州北，治壓磨呂白村，本烏蠻羅部地。險俗悍。至元十二年因羅部立羅次州，隸中慶路。二十四年改州為縣，二十七年隸安寧州。

威楚開南等路 下。為雜蠻耕牧之地，夷名俄碌，歷代無郡邑。後爨酋威楚築城俄碌睒居之。唐時蒙舍詔閤羅鳳合六詔為一，侵俄碌，取和子城，令鎮南州是也。後閤羅鳳叛，於本境立郡縣，諸爨盡附蒙氏，立二都督、六節度，銀生節度即今路也。及段氏興，銀生隸姚州，又名當筋瞼。及高昇泰執大理國柄，封其姪子明量於威楚，築外城，號德江城，傳至其裔長壽。元憲宗三年，征大理，平之。六年，立威楚萬戶。至元八年改威楚路，置總管府，領縣二、州四。州領一縣。本路軍民屯田共七千一百雙。

縣二

威楚 下。倚郭。至元十五年升威州，仍立富民、淨樂二縣。二十一年降州為威楚縣，革二縣為鄉來屬。定遠 下。在路北，地名目直睒，雜蠻居之。諸葛孔明征南中經此睒，後號為牟州。唐蒙氏遣爨蠻酋攉蔓鎮牟州，築城曰酣龍。至高氏專大理國政，命雲南些莫徒酋夷羨徙民二百戶於黃蓬箐，其攉蔓故城隸高氏。元憲宗四年立牟州千戶，黃蓬箐為百戶。至元十二年改為定遠州，黃蓬箐為南寧縣。後革縣為鄉，改州為縣，隸本路。

州四

鎮南州 下。州在路北，昔樸落蠻所居，川名欠舍，中有城曰雞和。至唐時蒙氏併六詔，征東蠻，取和子、雞和二城，置石鼓縣。又於沙却置俗富郡沙却即今州治至段氏封高明量爲楚公欠舍沙却皆隸之元憲宗三年其酋内附七年立欠舍千户石鼓百户至元二十二年改欠舍千户爲鎮南州立定邊石鼓二縣二十四年革二縣爲鄉仍隸本州

南安州 下州在路東南山嶺稠疊内一峯竦秀林麓四周其頂有泉昔黑爨蠻祖尼晟吴立柵居其上子孫漸盛不隸他部至高氏封威楚方隸焉憲宗立摩芻千户隸威楚萬户至元十二年改千户爲南安州隸本路領一縣

廣通 下縣在州之北夷名爲路睒雜蠻居之南詔閣羅鳳曾立路睒縣至段氏封高明量於威楚其後宜州酋些莫徒裔易裒等附之至高長壽逐於路睒易裒徙去舊堡二十里山上築城白龍戲新柵憲宗七年長壽内附立路睒千户至元十二年改爲廣通縣隸南安州

開南州 下州在路西南其川分十二甸昔樸和泥二蠻所居也莊蹻王滇池漢武開西南夷諸葛孔明定益州皆未嘗涉其境至蒙氏興立銀生府後爲金齒白蠻所陷移府治於威楚開南遂爲生蠻所據自南詔至段氏皆爲徼外荒僻之地元中統三年平之以所部隸威楚萬户至元十二年改爲開南州

威遠州 下州在開南州西南其川有六昔樸和泥二蠻所居至蒙氏興開威楚爲郡而州境始通其後金齒白夷蠻酋阿只步等奪其地中統三年征之悉降至元十二年立開南州及威遠州隸威楚路

武定路軍民府 下 唐隸姚州在滇北昔獹鹿等蠻居之至段氏使烏蠻阿劃治納洟肥共龍城於共甸又築城名曰易龍其裔孫法瓦浸盛以其遠祖羅婺爲部名元憲宗四年内附七年立爲萬户隸威楚至元八年併仁德于矢入本部爲北路十一年割出二部改本路爲武定領州二州領四縣 本路屯田七百四十八雙

州二

和曲州 下 州在路西南蠻名巨遷甸僰儸諸種蠻所居地多漢冢或謂漢人曾居蒙氏時白蠻據其地至段氏以烏蠻阿劃併吞諸蠻聚落三十餘處分兄弟子姪治之皆隸羅婺部元憲宗六年改巨遷甸曰和曲至元二十六年升爲州領二縣

南甸 下 路治本縣蠻曰洟甸又稱洟陳籠至元二十六年改爲縣

元謀 下 夷中舊名環州元治五甸至元十六年改爲縣

祿勸州下州在路東北甸名洪農碌券雜蠻居之無郡所至元二十六年立祿勸州領二縣易籠下易籠者城名在州北地名倍場縣境有二水蠻語謂瀼爲水籠爲成因此爲名昔羅婺部大酋居之爲羣酋會集之所至元二十六年立縣石舊下縣在州東有四甸曰掌鳩曰法塊曰牀捻曰曲蘸掌鳩甸有溪遶其三面凡數十渡故名今訛名石舊至元二十六年立縣

鶴慶路軍民府下府治在麗江路東南大理路東北爽名其地曰鶴川樣共昔隸越析詔漢唐未建城邑開元末閤羅鳳合六詔爲一稱南詔徙治羊苴城地近龍尾鶴柘今府即其地也大和中蒙勸封祐於樣共立謀統郡蒙氏後經數姓如故元憲

元史志卷十三　七

宗三年内附爲鶴州七年立二千戶仍稱謀統隸大理上萬戶至元十一年罷謀統千戶復爲鶴州二十年爲燕王分地隸行省二十三年升爲鶴慶府領一縣劒川下縣治在劒川湖西爽云羅魯城按唐史南詔有六節度劒川其一也初蒙氏未合六詔時有浪穹詔與南詔戰不勝遂保劒川更稱浪劒貞元中南詔擊破之奪劒共諸川地其酋徙居劒賧西北四百里號劒羌蒙氏終至段氏改劒川爲義督瞼憲宗四年内附七年立義督千戶至元十一年罷千戶立劒川縣隸鶴州軍民屯田共一千餘雙

雲遠路軍民揔管府元貞二年置

徹里軍民總管府大德中置大德中雲南省言大徹里地與八百媳婦犬牙相錯勢均力敵今大徹里胡念已降小徹里復控扼地利多相殺掠胡念日與相拒不得雜遣其弟胡倫入朝指畫地形乞別立徹里軍民宣撫司擇通習蠻夷情狀者爲之帥招其來附以爲進取之地乃立徹里軍民總管府

廣南西路宣撫司闕

麗江路軍民宣撫司路因江爲名謂金沙江出沙金故云源出吐蕃界今麗江即古麗水兩漢至隋唐皆爲越嶲郡西徼地昔麽些蠻居之遂爲越析詔二部皆烏蠻種居鐵橋貞元中其地歸南詔元憲宗三年征大理從金沙濟江麽些負固不服四年春平之立茶罕章管民官至元八年立宣慰司十三年改爲麗江路立軍民總管府二十二年

元史志卷十三　八

府罷於通安巨津之間立宣撫司領府一州七州領一縣

府一

北勝府在麗江之東唐南詔時鐵橋西北有施蠻者貞元中爲異牟尋所破遷其種居之號劒羌名其地曰成偈賧又改名善巨郡蒙氏終段氏時高智昇使其孫高大惠鎮此郡後隸大理元憲宗三年其酋高俊内附至元十五年立爲施州十七年改爲北勝州二十年升爲府

州七

順州在麗江之東俗名牛睒昔順蠻種居劒川共唐貞元間南詔異牟尋破之徙居鐵橋大婆小婆三探覽等川其酋成斗族漸盛自為一部遷於牛睒至十三世孫自瞻猶隸大理元憲宗三年内附至元十五年改牛睒為順州

蒗蕖州治羅共睒在麗江之東北勝永寧南北之間羅落麽些三種蠻世居之憲宗三年征大理至元九年内附十六年改羅共睒為蒗蕖州

永寧州昔名樓頭睒接吐蕃東徼地名荅藍麽些蠻祖泥月烏逐出吐蕃遂居此睒世屬大理

憲宗三年其三十一世孫和字内附至元十六年改為州

通安州治在麗江之東雪山之下昔名三睒僕繲蠻所居其後麽些蠻葉古乍奪而有之世隸大理憲宗三年其二十三世孫麥良内附中統四年以麥良為察罕章管民官至元九年其子麥兀襲父職十四年改三睒為通安州

蘭州在蘭滄水之東漢永平中始通博南山道渡蘭滄水置博南縣唐為盧鹿蠻部至段氏時置蘭溪郡隸大理元憲宗四年内附隸茶罕章管民官至元十二年改蘭州

寶山州在雪山之東麗江西來環帶三面昔麽些蠻居之其先自樓頭徙居此二十餘世世祖征大理自卞頭濟江由羅邦至羅寺圍大匱等寨其酋内附名其寨曰察罕忽魯罕至元十四年以大匱七處立寶山縣十六年升為州

巨津州昔名羅波九睒北接三川鐵橋西鄰吐蕃按唐書南詔居鐵橋之南西北與吐蕃接今州境實大理西北陬要害地麽些大酋世居之憲宗三年内附至元十四年於九睒立巨津州

蓋以鐵橋自昔為南詔吐蕃交會之大津渡故名領一縣

臨西 下縣在州之西北乃大理極邊險僻之地夷名羅裒間居民皆麽些二種蠻至元十四年立大理州縣於羅裒間立臨西縣以西臨吐蕃境故也隸巨津州

東川路 下至元二十八年立

茫部路軍民總管府 下

益良州 下　強州 下

孟傑路 自東川路以下闕泰定三年八百息婦蠻請官守置木安孟傑二府於其地

普安路 下治在盤町山陽巴盤江東古夜郎地秦為黔中地兩漢隸牂牁郡蜀隸興古郡隋立牂州

唐置西平州後改興古郡爲盤州爨氏叛唐其地
爲南詔東鄙東爨烏蠻七部落居之其後爨酋阿
宋逐諸蠻據其地號于失部世爲酋長元憲宗七
年其酋內附命爲于失萬戶至元十三年改普安
路總管府明年更立招討司十六年改爲宣撫司
二十二年罷司爲路

曲靖等路宣慰司軍民萬戶府曲靖二州在漢爲
夜郎味縣地蜀分置興古郡隋初爲恭州協州唐
置南寧州東西爨分烏白蠻二種自曲靖州西南
昆川距龍和城通謂之西爨白蠻自彌鹿升麻二

川南至步頭通謂之東爨烏蠻貞觀中以西爨歸
王爲南寧都督襲殺東爨首領蓋聘南詔閣羅鳳
以兵脅西爨徙之至龍和皆殘於兵東爨烏蠻復
振徙居西爨故地世與南詔爲婚居故曲靖州天
寶末征南詔進次曲靖州大敗其地遂沒于蠻元
憲宗六年立磨彌部萬戶至元八年改爲中路十
三年改曲靖路總管府二十年以隸皇太子二十
五年升宣撫司領縣一州五州領六縣本路屯田四千四百八十雙歲輸金三千五百五十兩馬一百八十四

縣一

南寧 下倚郭唐以爨歸王爲南寧州都督治石城及閣羅鳳叛州廢爨氏改石城郡至段氏烏蠻莫彌部酋據石城元憲宗三年內附六年立千戶隸莫彌部萬戶至元十三年升南寧州二十一年革爲縣

州五

陸涼州 下即漢牂柯郡之平夷縣南詔叛後落
溫部蠻世居之憲宗三年內附立落溫千戶屬
落蒙萬戶至元十三年改爲陸涼州領二縣

芳華 下在州西

河納 下在州南治蔡村

越州 下在路之南其川名魯望普歷部蠻世居
之憲宗四年內附六年立千戶隸末迷萬戶至
元十二年改越州隸曲靖路

羅雄州 下與溪洞蠻獠接壤歷代未嘗置郡夷
名其地爲塔敝納夷甸俗傳盤瓠六男其一曰
蒙由丘後裔有羅雄者居此甸至其孫普恐名
其部曰羅雄憲宗四年內附七年隸普摩千戶
至元十三年割夜苴部爲羅雄州隸曲靖路

馬龍州 下夷名曰撒匡昔僰剌居之盤瓠裔納垢
逐舊蠻而有其地至羅苴內附於本部立千戶
至元十三年改爲州即舊馬龍城也領一縣

通泉 下在州西南與嵩明州楊林縣接壤納垢之孫易陬分居其地元初爲易龍百

戶隸馬龍千戶至元十三年改名通泉縣隸馬龍州

霑益州 下 在本路之東北據南盤江北盤江之間唐初置州天寶末没于蠻爲僰剌二種所居後磨彌部奪之元初其孫普坵劉内附憲宗七年以本部隸曲靖磨彌萬戶府至元十三年改霑益州領三縣交水 下治易陬龍城其先磨弥部酋蒙提居之後大理國高護軍逐其子孫爲私邑憲宗五年内附至元十三年即其城立縣 石梁 下 一係磨彌部又名伍勒部其酋世爲巫居石梁原山至元十三年爲縣 羅山 下夷名落蒙山乃磨弥部東境

澂江路 下 治在滇池東南唐屬牂州隸黔州都督

府開元中降爲羈縻州今夷中名其地曰羅伽甸初麼些蠻居之後爲僰蠻所奪南詔蒙氏爲河陽郡至段氏麼些蠻之裔復居此甸號羅伽部元憲宗四年内附六年以羅伽部爲萬戶至元三年改萬戶爲中路十六年升爲澂江路領縣三州二州領三縣 本路屯田四千一百雙

縣三

河陽 下内附後爲千戶至元十六年爲河陽州二十六年降爲縣 江川 下在澂江路南星雲湖之北蒙氏叛唐使白蠻居之至段氏些麼徒蠻之裔居此城更名步雄部其後弄景内附即本部爲千戶至元十三年改千戶爲江川州二十年降爲縣 陽宗 下在本路西北明湖之南昔麼些蠻居之號曰強宗部其酋盧舍内附立本部千戶至元十三年改爲縣

州二

新興州 下 漢新興縣唐初隸牂州後南詔叛降爲羈縻州蒙氏爲温富州段氏時麼些蠻分居其地内附後立爲千戶至元十三年改新興州隸澂江路領二縣普舍 下在州西北昔有強宗部蠻之裔長曰部傍據普具龍城次曰普舍據普札龍城二城之西有白城漢人所築二酋屢爭其地莫能定後普舍孫直劉内附立本部爲千戶十三年改千戶爲普舍縣治普札龍城隸新興州 研和 下麼些徒蠻步雄居之其孫龍錚内附立百戶至元十三年改爲縣

路南州 下 州在本路之東夷名路甸有城曰撒

呂黑爨蠻之裔落蒙所築子孫世居之因名落蒙部憲宗朝内附即本部立萬戶至元七年併落蒙羅伽末迷三萬戶爲中路十三年分中路爲二路改羅伽爲澂江路落蒙爲路南州隸澂江路領一縣邑市 下至元十三年即邑市弥巫二城立邑市縣弥沙等五城立彌沙縣二十四年併彌沙入本縣隸路南州

普定路 本普里部歸附後改普定府 至元二十七年初幹羅思呂國瑞入覲丞相桑哥及要東木等請招羅甸宣慰司至是言招到羅甸國札哇并龍家宋家犵狫猫人諸種蠻夷四萬六千六百戶阿卜阿牙者來朝爲曲靖路宣慰同知脱因及普安路官所阻會雲南行省言羅甸即普里也歸附後改普定府印信具存隸雲南省三十餘年賦役如期今所勑羅

甸宣慰安撫司隸湖南省聁羅思等擅以兵會陸普定土官矢資男札哇希古等勒令同其入覲邀功希賞乞罷之仍以其地隸雲南制可大德七年改爲路大德七年中書省臣言蛇節宋隆濟等作亂普定知府容苴率衆效順容苴沒其妻適姑亦能宣力戎行乞令襲其夫職仍改普定爲路隸曲靖宣慰司以適姑爲本路總管虎符

仁德府昔棘刺蠻居之無郡縣其部曰仲扎溢源後烏蠻之裔新丁奪而有之至四世孫因其祖名新丁以爲部號語訛爲仁地憲宗五年內附明年立本部爲仁地萬戶至元初復叛四年降之仍爲萬戶十三年改萬戶爲仁德府本府屯田五百六十雙領縣二

爲美下縣治在府北地名溢浦適僧睒甸即仁地故部至元二十四年置縣

歸厚下縣治在府西地名易浪滴龍舊隸仁地部至元二十四年分立二縣曰倘俸曰爲美二十五年改倘俸曰歸厚

羅羅蒙慶等處宣慰司都元帥府

建昌路下本古越嶲地唐初設中都府治越嶲至德中沒于吐蕃貞元中復之懿宗時蒙詔立城曰建昌府以烏白二蠻實之其後諸酋爭強不能相下分地爲四推段興爲長其裔浸強遂併諸酋自爲府主大理不能制傳至阿宗娶落蘭部建蒂女沙智元憲宗朝建蒂內附以其壻阿宗守建昌至元十二年析其地置總管府五州二十三建昌其一路也設羅羅宣慰司以總之本路領縣一州九州領一縣本路立軍民屯田

縣一

中縣縣治在在頭田甸蓋越嶲之東竟也所居烏蠻自別爲沙麻部以酋長所立處爲中州至元十年內附十四年仍爲中州二十二年降爲縣隸建昌路

州九

建安州下即總府所治建蒂既平分建昌府爲萬戶二又置千戶二至元十五年割建鄉城十四村及建蒂四村立寶安州十七年改本千戶爲建安州二十六年革寶安州以其鄉村來屬

永寧州下在建昌之東郭唐時南詔立建昌郡領建安永寧二州元至元九年西平王平建蒂十六年分建昌爲二州在城曰建安東郭曰永寧俱隸建昌路

瀘州下州在路西昔名沙城瞼即諸葛武侯禽孟獲之地有瀘水深廣而多瘴鮮有行者冬夏常熱其源可燖雞豚至段氏時於熱水甸立城名凑籠隸建昌憲宗時建蒂內附復叛至元九年平之十五年改凑籠爲瀘州

禮州下州在路西北瀘沽水東所治曰龍麽城南詔末諸蠻相侵奪至段氏興併有其地裔孫

阿宗内附復叛至元九年平之設千户十五年改爲禮州領一縣瀘沽（縣在州北昔羅落蠻所居至蒙氏霸諸部以烏蠻酋守北城後漸盛自號曰落蘭部或稱羅落其裔蒲德遣其姪建蒂内附建蒂繼叛殺蒲德自爲酋長併有諸部至元九年平之設千户十三年升萬户十五年改縣）

里州（下）唐隸巂州都督蒙詔時落蘭部小酋阿都之裔居此因名阿都部傳至納空隨建蒂内附中統三年叛至元十年其子耶吻效順隸烏蒙十八年設千户二十二年同烏蠻叛奔羅羅斯二十三年升軍民總管府二十六年府罷爲州隸建昌路

闊州（下）州治蜜納甸古無城邑烏蒙所居昔仲由蒙之裔孫名科居此因以名爲部號後訛爲闊至三十七世孫䕺羅内附至元九年設千户二十六年改爲州

邛部州（下）州在路東北大渡河之南越巂之東北君長十數筰都最大唐立邛部縣後沒于蠻至宋歲貢名馬土物封其酋爲邛都王今其地夷稱爲邛部川治烏弄城昔麼些蠻居之後仲由蒙之裔奪其地元憲宗時内附中統五年立邛部川安撫招討使隸成都元帥府至元十年割屬羅羅斯宣慰司二十一年改爲州

隆州（下）州在路之西南與漢邛部縣接境唐會川縣之西北蒙氏改會川爲會同邏立五瞼本州爲邊府瞼其後瞼主楊大蘭於瞼北壇上立城分泒而居名曰大隆城即今州治也元至元十三年内附十四年設千户十七年改隆州

姜州（下）姜者蠻名也烏蠻仲牟由之裔阿壇絳始居閟畔部其孫阿羅仕大理國主高泰是時會川有城曰龍納羅落蠻世居焉阿羅挾高氏之勢攻拔之遂以祖名曰絳部憲宗時隨閟畔内附因隸焉至元八年爲落蘭部酋建蒂所破九年平之遂隸會川後屬建昌十五年改爲姜州二十七年復屬閟畔部後又屬建昌

德昌路軍民府（下）漢邛都縣地唐沒於南詔路在建昌西南所居蠻號屈部元至元九年内附十二年立定昌路以本部爲昌州二十三年罷定昌路併入德昌路治本州蔔魯城領州四（本路立軍民屯田）

昌州（下）路治本州初烏蠻阿屈之裔寖強用祖名爲屈部其孫烏則至元九年内附十二年改本部爲州兼領普濟威龍隸定昌路二十三年

罷定昌路併隸德昌

德州下在路之北其地今名吾越甸城曰亦苴龍所居蠻苴郎以遠祖名部曰頹綖憲宗時內附至元十二年立千户十三年改爲德州隸德平路二十三年改隸德昌

威龍州下州在路西南夷名巴翠部領小部三一曰沙媧普宗二曰烏雞泥祖三曰媧諾龍莒蒲皆玀魯蠻種也至元十五年合三部立威龍州隸德昌

普濟州下州在路西北夷名玗甸昔爲荒僻之

地玀魯蠻世居之後屬屈部至元九年隨屈部內附十五年於玗甸立定昌路二十三年路革改隸德昌

會川路下路在建昌南唐移邛都於此其地當征蠻之要衝諸酋聽會之所故名天寶末沒於南詔立會川都督府又隸清寧郡至段氏仍爲會川府元至元九年內附十四年立會川路治武安州領州五本路立軍民屯田

武安州下蠻稱龍泥城至元十四年立管民千户十七年改爲武安州

黎溪州下古無城邑蠻云黎彄訛爲今名初烏蠻與漢人雜處及南詔閣羅鳳叛徙白蠻守之蒙氏終羅羅逐去白蠻段氏與令羅羅蠻乞夷據其地至元九年其裔阿夷內附改其部爲黎溪州

永昌州下州在路北治故歸依城即古會川也唐天寶末沒於南詔置會川都督至蒙氏改會同府置五瞼徙張王李趙楊周高段何蘇龔尹十二姓於此以趙氏爲府主居今州城趙氏弱王氏據之及段氏與高氏專政逐王氏以其子

高政治會川元憲宗三年征大理高氏逃去九年故酋王氏孫阿龍率衆內附至元八年以其男阿禾領會川十四年改管民千户十七年立永昌州隸會川路

會理州下州在會川府東南唐時南詔屬會川節度地名昔陀有蠻名阿壇絳亦仲由蒙之遺種其裔羅於則得昔陀地居之取祖名曰絳部後強盛盡有四州之地號蒙歪元憲宗八年其孫亦蘆內附隸閟畔萬户至元四年屬落蘭部十三年改隸會川路十五年置會理州仍隸會

川二十七年復屬闕畔部

麻龍州 下 麻龍者城名也地名棹羅能烏蠻蒙次次之裔祖居闕畔東川後普恐遷茵卧龍其孫阿麻內附至元五年爲建蔕所併十二年屬會川十四年立管民千戶隸會川路十七年立爲州二十七年割屬闕畔部

栢興府昔摩沙夷所居漢爲定笮縣隸越嶲郡唐立昆明縣天寶末沒於吐蕃後復屬南詔改香城郡元至元十年其鹽井摩沙酋羅羅將𢕟鹿茹庫內附十四年立鹽井管民千戶十七年改爲閏鹽州以𢕟鹿部爲普樂州俱隸德平路二十七年併普樂閏鹽二州爲閏鹽縣立栢興府隸羅羅宣慰司領縣二

閏鹽 下倚郭夷名爲賀頭甸以縣境有鹽井故名 金縣 下縣在府北夷名利賓掲勒所居蠻因茹庫乃漢越嶲郡北境與土蕃接至元十五年立爲金州後降爲縣以縣境斛僰和山出金故名焉

臨安廣西元江等處宣慰司兼管軍萬戶府

臨安路 下 唐隸牂州天寶末沒於南詔蒙氏立都督府二其一曰通海郡段氏改爲秀山郡阿僰部蠻居之元憲宗六年內附以本部爲萬戶至元八年改爲南路十三年又改爲臨安路領縣二 千戶一州三州領二縣 宣慰司所領屯田六百雙本路有司所管三千四百雙爨僰軍千戶所管一千一百五十雙有奇

縣二

河西 下縣在杞麓湖之南夷名其地曰休臘昔楚蹻王其地唐初於姚州之南置西宗州領三縣河西其一也天寶後沒於蠻爲安雄部後阿僰蠻易渠奪而居之元憲宗六年內附七年即阿僰部立萬戶休臘隸之至元十三年改爲河西州隸臨安路二十六年降爲縣

蒙自 下縣界南鄰交阯西近建水州縣境有山名自則漢語訛爲蒙自上有故城白夷所築即今縣治下臨巴甸南詔時以趙氏鎮守至段氏阿僰蠻居之憲宗六年內附繼叛七年平之立千戶隸阿僰萬戶至元十三年改阿僰萬戶爲臨安路以本千戶爲縣

捨資千戶 蒙自縣之東阿僰蠻所居地昔名褒古又曰部婿疃甸傳至裔孫捨資因以爲名內附後隸蒙自千戶至元十三年改蒙自爲縣其地近交阯遂以捨資爲安南道防送軍千戶隸臨安路

州三

建水州 下 在本路之南近接交阯爲雲南極邊治故建水城唐元和間蒙氏所築古稱步頭亦云巴甸每秋夏溪水漲溢如海夷謂海爲惠歷爲大故名惠歷漢語曰建水歷趙楊李段數姓皆仍舊名些麼徒蠻所居內附後立千戶隸阿僰萬戶至元十三年改建水州隸臨安路

石平州 下 在路之西南阿僰蠻據之得石坪聚

爲居邑名曰石坪至元七年改邑爲州隸臨安
路
寧州下在本路之東唐置黎州天寶末没于蠻
地號浪曠夷語謂旱龍也步雄部蠻些麽徒據
之後屬爨蠻酋阿甆以浪曠割與寧酋豆圭元
憲宗四年寧酋內附至元十三年改爲寧州隸
臨安路舊領三縣通海嶍峨西沙西沙在州東
寧部蠻世居之其裔孫西沙築城於此因名西
沙籠憲宗四年其酋普提內附就居此城爲萬
戶至元十三年立爲西沙縣二十六年以隸寧

州至治二年併入州領二縣
通海下倚郭元初立通海千戶隸善闡萬戶至元十三年改通海縣隸寧海府二十七年府革直隸臨安路今割隸寧州
嶍峨下縣在河西縣之西控扼山谷北接滇池亦屬滇國昔嶍峴蠻居之後阿僰酋逐嶍峴據其地至其孫阿次內附以其部立千戶至元十三年改爲州領邛洲平甸二縣二十六年降爲縣併二縣爲鄉隸臨安路今割隸寧州
廣西路下東爨烏蠻彌鹿等部所居唐爲羈縻州
隸黔州都督府後師宗彌勒二部浸盛蒙氏段氏
莫能制元憲宗七年二部內附隸落蒙萬戶至元
十二年籍二部爲軍立廣西路十八年復爲民領
州二

師宗州下在路之東南昔爨蠻逐獠僰等居之
其後師宗據匿弄甸故名師宗部至元十二年
立爲千戶十八年復爲民二十七年改爲州
彌勒州下在路南昔些莫徒蠻之裔彌勒得郭
甸巴甸部籠而居之故名其部曰彌勒至元十
二年爲千戶十八年復爲民二十七年改爲州
元江路下古西南夷地今元江在梁州之西南又
當在黑水之西南也阿僰諸部蠻自昔據之憲宗
四年內附七年復叛率諸部築城以拒命至元十
三年遣立元江府以羈縻之二十五年命雲南王

討平之割羅槃馬籠步日思麽羅丑羅陀步騰步
竭台威台陽設栖你陀十二部於威遠立元江路
步日部在本路之西蒙氏立此甸後白蠻鎮之名步日瞼
馬籠部因馬籠山立寨在本路之北所居蠻阿僰元初立爲千戶屬寧州萬戶至元十三年改隸元江萬戶二十五年屬元江路
大理金齒等處宣慰司都元帥府
大理路軍民總管府上本漢楪榆縣地唐於昆明
之栐棟州置姚州都督府治楪榆洱河蠻後蒙舍
詔皮羅閣逐河蠻取太和城至閣羅鳳號大蒙國
雲南先有六詔至是請於朝求合爲一從之蒙舍

在其南故称南詔徙治太和城至異牟尋又遷於喜郡史城又徙居羊苴咩城即今府治改號大禮國其後鄭趙楊三氏互相篡奪至石晋時段思平更號大理國元憲宗三年收附六年立上下二萬户至元七年併二萬户爲大理路（有點蒼山在大理城西周廣四百里爲雲南形勝要害之地城中有五花樓唐大中十年南詔王券豐佑所建樓方五里高百尺上可容萬人世祖征大理時駐兵樓前至元三年賞賜金重修焉）領司一縣一府二州五府領一縣州領二縣

録事司（憲宗七年立中千户屬大理萬户至元十一年罷千户立録事司十二年升理州二十一年州罷復立録事司）

縣一

太和（倚郭憲宗七年於城內外立上中下三千户至元二十六年即中千户立録事司上下二千户立縣）

府二

永昌府唐時蒙氏據其地歷段氏高氏皆爲永昌府元憲宗七年分永昌之永平立千户至元十一年立永昌州十五年升爲府隷大理路領一縣

永平（下縣在府東鹿滄江之東即漢博平縣唐蒙氏改勝鄉郡屬永昌至元十一年改永平縣隷永昌府）

騰衝府在永昌之西即越賧地唐置羈縻郡蒙氏九世孫異牟尋取越賧逐諸蠻有其地爲軟化府其後白蠻徙居之改騰衝府元憲宗三年府酋高救内附至元十一年改藤越州又立藤越縣十四年改騰衝府二十五年罷州縣府如故（永昌騰衝二府軍民屯田共二萬二千一百五雙）

州五

鄧川州（下）在本路北夷有六詔邆賧其一也唐置邆川州治大釐蒙氏襲而奪之後改德原城隷大理段氏因之元憲宗三年内附七年立德原千户隷大理上萬户至元十一年改德原城爲鄧川州領一縣

浪穹（下本名弥茨乃浪穹詔所居之地唐初其王鐸羅望與南詔戰不勝保劒川更稱浪劒貞元中南詔破之以浪穹施浪邆賧三浪爲浪穹州元憲宗七年内附立浪穹千户隷大理上萬户至元十一年降爲縣隷鄧川州）

蒙化州（下）本蒙舍城唐置陽瓜州天寳間鳳伽異爲州刺史段氏爲開南縣元憲宗七年以蒙舍立千户屬大理上萬户至元十一年立蒙化府十四年升爲路二十年降爲州復隷大理路

趙州（下）昔爲羅落蠻所居地蒙氏立國有十賧趙州賧其一也夷語賧若州皮羅閣置趙郡閣羅鳳改爲州段氏改天水郡憲宗七年立趙賧

元史志卷十三

千户隸大理下萬户至元十一年改爲州又於白崖瞼立建寧縣隸本州即古勃弄地二十五年縣革入州隸大理路

姚州下　唐於𢪛棟川置姚州都督府天寶間閣羅鳳叛取姚州附吐蕃終段氏爲姚州元憲宗三年内附七年立統矢千户大姚堡千户至元十二年罷統矢立姚州隸大理路領一縣大姚

大姚下　唐置西濮州後更名髳州南接姚州統縣四一曰青蛉即此地夷名大姚堡與𢪛棟川相接元憲宗七年立千户隸大理下萬户至元十一年罷千户立大姚縣隸姚州

雲南州下　唐以漢雲南縣置郡蒙氏至段氏並爲雲南州元憲宗七年立千户隸大理下萬户至元十一年立雲南州

蒙憐路軍民府　至元二十七年從雲南行省請以蒙憐甸爲蒙憐路軍民總管府蒙萊甸爲蒙萊路軍民總管府其餘闕

蒙萊路軍民府　闕

金齒等處宣撫司其地在大理西南蘭滄江界其東與緬地接其西土蠻凡八種曰金齒曰白夷曰僰曰峨昌曰驃曰𦁟曰渠羅曰比蘇按唐史茫施蠻本關南種在永昌之南樓居無城郭或漆齒或金齒故俗呼金齒蠻自漢開西南夷後未嘗與中

國通唐南詔蒙氏興異年尋破群蠻盡虜其人以實其南東北取其地南至青石山緬界悉屬大理及段氏時白夷諸蠻漸復故地是後金齒諸蠻浸盛元憲宗四年平定大理繼征白夷等蠻中統初金齒白夷諸酋各遣子弟朝貢二年立安撫司以統之至元八年分金齒白夷爲東西兩路安撫使十二年改西路爲建寧路東路爲鎮康路十五年改安撫爲宣撫立六路總管府二十三年罷兩路宣撫司併入大理金齒等處宣撫司

柔遠路在大理之西永昌之南其地曰潞江曰普坪瞼曰申瞼僰寨曰烏摩坪僰蠻即通典所謂黑爨也中統初僰酋阿八思入朝至元十三年與茫施鎮康鎮西平緬麓川俱立爲路隸宣撫司

茫施路在柔遠路之南瀘江之西其地曰怒謀曰大枯賧曰小枯賧即唐史所謂茫施蠻也中統初内附至元十三年立爲路隸宣撫司

鎮康路在柔遠路之南蘭江之西其地曰石賧亦黑僰所居中統初内附至元十三年立爲路隸宣撫司

鎮西路在柔遠路正西東隔麓川其地曰于頼賧

曰渠瀾睒白夷蠻居之中統初內附至元十三年立爲路隸宣撫司

平緬路北近柔遠路其地曰驃睒曰羅必四庄曰小沙摩弄曰驃睒頭白夷居之中統初內附至元十三年立爲路隸宣撫司

麓川路在茫施路東其地曰大布茫曰睒頭附賽曰睒中彈吉曰睒尾福祿培皆白夷所居中統初內附至元十三年立爲路隸宣撫司

南睒在鎮西路西北其地有阿賽睒午眞睒白夷峨昌所居元初內附至元十五年隸宣撫司金齒六路一睒歲賦金銀各有差

烏撒烏蒙宣慰司在本部巴的甸烏撒者蠻名也其部在中慶東北七百五十里舊名巴凡兀姑今曰巴的甸自昔烏雜蠻居之今所轄部六曰烏撒部阿頭部易溪部易娘部烏蒙部閟畔部其東西又有芒布阿晟二部後烏蠻之裔折怒始強大盡得其地因取遠祖烏撒爲部名憲宗征大理累招不降至元十年始附十三年立烏撒路十五年爲軍民總管府二十一年改軍民宣撫司二十四年升烏撒烏蠻宣慰司

木連路軍民府以下闕

蒙光路軍民府

木邦路軍民府

孟定路軍民府

謀粘路軍民府

南甸軍民府

六難路甸軍民府

陋麻和管民官

雲龍甸軍民府

縹甸軍民府

二十四寨達魯花赤

孟隆路軍民府

木朶路軍民總管府至元三十年以金齒木朶甸戶口增殖立下路總管府其爲長者給兩珠虎符

金齒孟定各甸軍民官

孟愛等甸軍民府至元三十一年金齒新附孟愛甸酋長遣其子來朝即其地立軍民總管府

蒙兀路

通西軍民總管府大德元年蒙陽甸酋領緬吉納款遣其弟阿不剌等赴闕進方物且請歲貢銀千兩及置郡縣驛傳遂立通西軍民府

木來軍民府至元二十九年雲南省言新附金齒適當忙兀禿兒迷失出征軍馬之衝資其芻粮擬立爲木來路中書省奏置散府以布伯爲達魯花赤用其土人馬列知府事

志卷第十三

志卷第十四　　元史六十二

翰林學士亞中大夫知制誥兼修國史臣宋濂　翰林待制承直郎同知制誥兼國史院編修官臣王禕等奉
勅修

地理五

江浙等處行中書省爲路三十府一州二屬州二十六屬縣一百四十三本省陸站一百八十處水站八十二處

江南浙西道肅政廉訪司

杭州路上唐初爲杭州後改餘杭郡又仍爲杭州五代錢鏐據兩浙號吳越國宋高宗南渡都之爲臨安府元至元十三年平江南立兩浙都督府又改爲安撫司十五年改爲杭州路總管府二十一年自揚州遷江淮行省來治于杭改曰江浙行省本路戶三十六萬八百五十口一百八十三萬四千七百一十至元二十七年抄籍數領司二縣八州一

左右錄事司宋高宗建炎三年遷都杭州設九廂元至元十四年分爲四隅錄事司泰定二年併爲左右二錄事司

縣八

錢塘上　仁和上與錢塘分治城下　餘杭中　臨安中　新城中　富陽中　於潛中　昌化中

州一

海寧州中唐以來爲鹽官縣元元貞元年以戶口繁多升爲鹽官州(是年升江南平陽等縣爲州以戶爲差戶至四萬五萬者爲下州五萬至十萬者爲中州凡爲中州者二十八下州者十五)泰定四年海圮鹽官天曆二年改海寧州海寧東南皆濱巨海自唐宋常有水患大德延祐間亦嘗被其害泰定四年春其害尤甚命都水少監張仲仁往治之沿海三十餘里下石囤四十四萬三千三百有奇木櫃四百七十餘工役萬人文宗即位水勢始平乃罷役故改曰海寧云

湖州路上唐改吳興郡又改湖州宋改安吉州至

元十三年升湖州路戶二十五萬四千三百四十五(抄籍戶口數闕用至順錢糧數)領司一縣五州一

錄事司(舊設東西南北四廂至元十三年立總督四廂十四年改錄事司)

縣五

烏程上　歸安上(與烏程皆爲倚郭)　安吉中　德清中　武康中

州一

長興州中唐爲綏州又更名雉州又爲長城縣朱梁改曰長興宋因之元元貞元年升爲州

嘉興路上唐爲嘉興縣石晉置秀州宋爲嘉禾郡又升嘉興府戶四十二萬六千六百五十六口二百二十四萬五千七百四十二領司一縣一州二

錄事司(舊置廂官元初改爲兵馬司至元十四年置錄事司)

縣一

嘉興上(倚郭)

州二

海鹽州中唐爲縣宋因之元元貞元年升州

崇德州中石晉置宋因之元元貞元年升州

平江路上唐初爲蘇州又改吳郡又仍爲蘇州宋爲平江府元至元十三年升平江路戶四十六萬六千一百五十八口二百四十三萬三千七百領

司一縣二州四

錄事司

縣二

吳縣上　長洲上(與吳縣並爲倚郭)

州四

崑山州中唐以來爲縣元元貞元年升州

常熟州中唐以來爲縣元元貞元年升州

吳江州中唐以來爲縣元元貞元年升州

嘉定州中本崑山縣地宋置縣元元貞元年升州

常州路上唐初爲常州又改晋陵郡又復爲常州宋因之元至元十四年升爲路戸二十萬九千七百三十二口一百二萬一十一領司一縣二州二

録事司

縣二

晋陵中倚郭 武進中倚郭

州二

宜興州中 唐義興縣宋改義爲宜至元十五年升宜興府二十年仍爲縣二十一年復升爲府仍置宜興縣以隷之元元貞元年府縣俱廢止

立宜興州

無錫州中 唐無錫縣元元貞元年升州

鎮江路下 唐潤州又改丹陽郡又爲鎮海軍宋爲鎮江府元至元十三年升爲鎮江路戸一十萬三千三百一十五口六十二萬三千六百四十四領司一縣三

録事司

縣三

丹徒中倚郭 丹陽中 金壇中

建德路上 唐睦州又爲嚴州又改新定郡宋爲建德軍又爲遂安軍後升建德府元至元十三年改建德府安撫司十四年改建德路戸一十萬三千四百八十一口五十萬四千二百六十四領司一縣六

録事司

縣六

建德中倚郭 淳安中 遂安下 桐廬中 分水中 壽昌中

松江府唐爲蘇州屬邑宋爲秀州屬邑元至元十四年升爲華亭府十五年改松江府仍置華亭縣以隷之戸一十六萬三千九百三十一至順錢糧數領縣二華亭上倚郭 上海上 本華亭縣地至元二十七年以戸口繁多置上海縣屬松江府

江陰州上 唐初爲暨州後爲江陰縣隷常州宋爲軍元至元十二年依舊置軍行安撫司事十四年升爲江陰路總管府今降爲江陰州戸五萬三千八百二十一口三十萬一百七十七

浙東道宣慰司都元帥府元治婺州大德六年移治慶元

慶元路上 唐爲鄞州又爲明州又爲餘姚郡宋升慶元府元至元十三年改置宣慰司十四年改爲

慶元路總管府戶二十四萬一千四百五十七口五十一萬一千一百一十三領司一縣四州二

録事司

縣四

鄞縣上倚郭 象山中 慈溪中 定海中

州二

奉化州下唐析鄮縣地置奉化縣隸明州元元貞元年升爲奉化州隸慶元

昌國州下宋置昌國縣元至元十四年升爲州仍置昌國縣以隸之後止立昌國州隸慶元

衢州路上本太末地唐析婺州之西境置衢州又改信安郡又改爲衢州元至元十三年改衢州路總管府戶一十萬八千五百六十七口五十四萬三千六百六十領司一縣五

録事司

縣五

西安中倚郭 龍游上 江山下 常山下宋改信安今復舊名 開化中

浙東海右道肅政廉訪司

婺州路上唐初爲婺州又改東陽郡宋爲保寧軍元至元十三年改婺州路戶二十二萬一千一百一十八口一百七萬七千五百四十領司一縣六州一

録事司

縣六

金華上倚郭 東陽上 義烏上 永康中 武義中 浦江中

州一

蘭溪州下本金華之西部三河戍唐析置蘭溪縣宋因之元元貞元年升州

紹興路上唐初爲越州又改會稽郡又仍爲越州宋爲紹興府元至元十三年改紹興路戶一十五萬一千二百三十四口五十二萬一千五百八十八領司一縣六州二

録事司

縣六

山陰上 會稽中與山陰俱倚郭有會稽山爲南鎮 上虞上 蕭山中 嵊縣上 新昌中

州二

餘姚州下唐餘姚縣宋因之元元貞元年升州

諸暨州下宋諸暨縣元元貞元年升州
温州路上唐初爲東嘉州又改永嘉郡又爲温州宋升瑞安府元至元十三年置温州路戸一十八萬七千四百三口四十九萬七千八百四十八領司一縣二州二
録事司
縣二
永嘉上倚郭 樂清下
州二
瑞安州下唐瑞安縣宋因之元元貞元年升州

元史志卷十四 八

平陽州下唐平陽縣宋因之元元貞元年升州
台州路上唐初爲海州復改台州又改臨海郡又爲德化軍宋因之元至元十三年置安撫司十四年改台州路總管府戸一十九萬六千四百一十五口一百萬三千八百三十三領司一縣四州一
録事司
縣四
臨海上倚郭 仙居上 寧海上 天台中
州一
黄巖州下唐爲縣宋因之元元貞元年升州

處州路上唐初爲括州又改縉雲郡又爲處州宋因之元至元十三年立處州路揔管府戸一十三萬二千七百五十四口四十九萬三千六百九十二領司一縣七
録事司
縣七
麗水中倚郭 龍泉中 松陽中 遂昌中 青田中 縉雲中 慶元中
江東建康道肅政廉訪司
寧國路上唐爲宣州又爲宣城郡又升寧國軍宋

元史志卷十四 九

升寧國府元至元十四年升寧國路總管府戸二十三萬二千五百三十八口一百一十六萬二千六百九十領司一縣六
録事司舊立四廂元至元十四年廢四廂創立
縣六
宣城上倚郭 南陵中 涇縣 寧國中 旌德中 太平中
徽州路上唐歙州宋改徽州元至元十四年升徽州路戸一十五萬七千四百七十一口八十二萬四千三百四領司一縣五州一

録事司舊設四廂至元十四年改置

縣五

歙縣上倚郭　休寧中　祁門中　黟縣下　績溪中

州一

婺源州下本休寧縣之回王鄉唐析之置婺源縣元元貞元年升州

饒州路上唐改鄱陽郡仍改饒州宋因之元至元十四年升饒州路總管府戶六十八萬二百三十五口四百三萬六千五百七十領司一縣三州三

録事司舊設三廂至元十四年改立

縣三

鄱陽上倚郭　德興上　安仁中

州三

餘干州中唐以来爲縣元元貞元年升州

浮梁州中唐以来爲縣元元貞元年升州

樂平州中唐以来爲縣元元貞元年升州

江南諸道行御史臺

集慶路上唐武德初置揚州東南道行臺尚書省後復爲蔣州罷行臺移揚州江都改金陵曰白下以其地隸潤州貞觀中更白下曰江寧至德中置江寧郡乾元中改昇州其後楊氏有其地改爲金陵府南唐李氏又改爲江寧府宋平南唐復爲昇州仁宗以昇王建國升建康軍高宗改建康府建行都又爲沿江制置司治所元至元十二年歸附十四年升建康路初立行御史臺于揚州既而徙杭州又徙江州又還杭州二十三年自杭州徙治建康天曆二年以文宗潛邸改建康路爲集慶路戶二十一萬四千五百三十八口一百七萬二千六百九十領司一縣三州二

録事司

縣三

上元中倚郭　江寧中倚郭　句容中

州二

溧水州中唐以来皆爲縣元元貞元年升州

溧陽州中唐以來並爲縣元至元十六年升爲溧陽路二十七年復降爲縣後復升爲州

太平路下唐置南豫州宋爲太平州至元十四年升爲太平路戶七萬六千二百二口四十四萬六千三百七十一領司一縣三

録事司舊設四廂至元十四年改立

縣三

當塗中倚郭 蕪湖中 繁昌下

池州路下 唐於秋浦縣置池州後廢以縣隸宣州未幾復置宋仍爲池州元至元十四年升爲路戶六萬八千五百四十七口三十六萬六千五百六十七領司一縣六

錄事司

縣六

貴池下倚郭即秋浦吳改爲貴池 青陽下 建德下 銅陵下 石埭中 東流下

信州路上 唐乾元以前爲衢饒撫建四州之地乾元元年始割衢之玉山常山饒之弋陽及撫建二州之地置信州宋因之元至元十四年升爲路戶一十三萬二千二百九十口六十六萬二千二百五十八領司一縣五

錄事司

縣五

上饒上倚郭 玉山中 弋陽中 貴溪中 永豐中

廣德路下 唐初以綏安縣置桃州後廢州改綏安爲廣德縣宋爲廣德軍元至元十四年升爲路戶五萬六千五百一十三口三十三萬九千七百八十領司一縣二

錄事司

縣二

廣德中倚郭 建平中

鉛山州中 本建撫二州之地山產銅鉛後唐析上饒弋陽五鄉爲銅場繼升爲縣屬信州宋因之元至元二十九年割上饒之乾元永樂二鄉弋陽之新政善政二鄉來屬升爲鉛山州直隸行省戶二萬六千三十五至順錢糧數

福建道宣慰使司都元帥府大德元年立

福建閩海道肅政廉訪司

福州路上 唐爲閩州後改福州又爲長樂郡又爲威武軍宋爲福建路元至元十五年爲福州路十八年遷泉州行省於本州十九年復還泉州二十年仍還本州二十二年併入杭州戶七十九萬九千六百九十四口三百八十七萬五千一百二十七領司一縣九州二州領二縣

錄事司至元十五年行中書省於在城十二廂置錄事司十六年併其二置東西二司二十年復併爲一

縣九
閩縣中倚郭 侯官中倚郭 懷安中 古田上 閩清中 長樂中 連江中 羅源中 永福中
州二
福清州下 唐析長樂八鄉置萬安縣又改福唐又改福清元元貞元年升爲州
福寧州上 唐長溪縣元升爲福寧州領二縣
寧德中 福安中
建寧路下 唐初爲建州又改建安郡宋升建寧軍元至元二十六年升爲路戶一十二萬七千二百

五十四口五十萬六千九百二十六領司一縣七
錄事司
縣七
建安中 甌寧中與建安俱倚郭 浦城中 建陽中 崇安中
松溪下 政和下
泉州路上 唐置武榮州又改泉州宋爲平海軍元至元十四年立行宣慰司兼行征南元帥府事十五年改宣慰司爲行中書省升泉州路總管府十八年遷行省於福州路十九年復還泉州二十年仍遷福州路戶八萬九千六十口四十五萬五千五百四十五領司一縣七
錄事司至元十五年立南北二司十六年併爲一
縣七
晉江中倚郭 南安中 惠安下 同安下 永春下 安溪下 德化下
興化路下 宋置太平軍又改興化軍先治興化後遷莆田元至元十四年升興化路戶六萬七千七百三十九口三十五萬二千五百三十四領司一縣三
錄事司

縣三
莆田中 宋置興化軍遷治莆田元至元十三年割左右二廂屬錄事司縣如故 仙游下 興化下 軍治元在此後移於莆田此縣爲屬邑
邵武路下 唐邵武縣屬建州宋置邵武軍元至元十三年爲邵武路戶六萬四千一百二十七口二十四萬八千七百六十一領司一縣四
錄事司
縣四
邵武中倚郭 光澤中 泰寧中 建寧中
延平路下 五代爲延平鎮王延政始以鎮爲鐔州

南唐置劍州宋以利州路亦有劍州乃稱此爲南劍州元至元十五年升南劍路後改延平路戶八萬九千八百二十五口四十三萬五千八百六十九領司一縣五

録事司

縣五

南平〔中倚郭〕　尤溪〔中〕　沙縣〔中〕　順昌〔中〕　將樂〔中〕

汀州路〔下〕　唐開福撫二州山洞置州治新羅後改臨汀郡又仍爲汀州宋隸福建路元至元十五年升爲汀州路戶四萬一千四百二十三口二十三萬八千一百二十七領司一縣六〔本路屯田二百二十五頃〕

録事司

縣六

長汀〔中倚郭〕　寧化〔中〕　清流〔下〕　蓮城〔下〕　上杭〔下〕　武平〔下〕

漳州路〔下〕　唐析閩州西南境置後改漳浦郡又復爲漳州宋因之元至元十六年升漳州路戶二萬一千六百九十五口一十萬一千三百六領司一縣五〔本路屯田二百五十頃〕

録事司

縣五

龍溪〔下倚郭〕　漳浦〔下〕　龍巖〔下〕　長泰〔下〕　南靖〔下本南勝今改名〕

江西等處行中書省爲路一十八州九屬州十三屬縣七十八〔本省馬站八十五處水站六十九處〕

江西湖東道肅政廉訪司

龍興路〔上〕　唐初爲洪州又爲豫章郡又仍爲洪州宋升隆興府元至元十二年設行都元帥府及安撫司仍領南昌新建豐城進賢奉新靖安分寧武寧八縣置録事司十四年改元帥府爲江西道宣慰司本路爲總管府立行中書省十五年立江西湖東道提刑按察司移省於贛州十六年復還龍興十七年併入福建行省止立宣慰司十九年復立罷宣慰司隸皇太子位二十一年改隆興府爲龍興二十三年豐城縣升富州武寧縣置寧州領武寧分寧二縣大德五年以分寧縣置寧州武寧縣隸龍興路戶三十七萬一千四百三十六口一百四十八萬五千七百四十四〔至元二十七年抄籍數〕領司一縣六州二

録事司〔宋以南昌新建二縣分置九廂元至元十三年廢城內六廂置録事司〕

縣六

南昌（上倚郭至元二十年割錄事司所領城外二廂東南兩關來屬）新建（上倚郭）進賢（中）奉新（中）靖安（中）武寧（中至元二十三年置寧州縣爲倚郭大德八年於分寧縣置寧州武寧直隸本路）

州二

富州（上）本富城縣又曰豐城唐自豐水之西徙治章水東即今治所宋屬隆興府元至元十九年隸皇太子位二十三年升爲富州

寧州（中）唐分寧縣宋因之元至元二十三年於武寧縣置寧州分寧爲倚郭縣大德八年割武寧直隸本路遂徙州治於分寧

吉安路（上）唐爲吉州又爲廬陵郡宋升爲上州元至元十四年升吉州路總管府置錄事司領一司八縣元貞元年吉水安福太和永新四縣升州改吉州爲吉安路戶四十四萬四千八十三口二百二十二萬四百一十五領司一縣五州四（大德二年吉贛立屯田）

錄事司

縣五

廬陵（上倚郭）永豐（上）萬安（中）龍泉（中）永寧（下至順間分永新州立）

州四

吉水州（中）舊爲縣元元貞元年升州

安福州（中）唐初以縣置潁州後廢復爲縣元元貞元年升州

太和州（下）唐初置南平州後廢爲縣元元貞元年升州

永新州（下）唐爲縣元元貞元年升州

瑞州路（上）唐改建成縣曰高安即其地置靖州又改筠州宋爲高安郡又改瑞州元至元十四年升

瑞州路領一司三縣元貞元年升新昌縣爲州戶一十四萬四千五百七十二口七十二萬二千三百二領司一縣二州一

錄事司（至元十四年始立）

縣二

高安（上倚郭）上高（中）

州一

新昌州（下）唐爲建成縣屬靖州後省入高安宋割高安上高二縣地升鹽步鎮爲新昌縣元元貞元年升州

袁州路上 唐爲袁州又爲宜春郡元至元十三年安撫司十四年改總管府領四縣設録事司隸湖南行省十九年升路隸江西行省元貞元年萍鄉縣升州戶一十九萬八千五百六十三口九十九萬二千八百一十五領司一縣三州一

録事司 至元十三年設兵馬司十四年改録事司

縣三

宜春上倚郭 分宜上 萬載中

州一

萍鄉州中 本爲縣元貞元年升州

臨江路上 唐改建成爲高安而蕭灘鎮實高安境內南唐升鎮爲清江縣屬洪州後又屬筠州宋即清江縣置臨江軍隸江南西道元至元十三年隸江西行都元帥府十四年改臨江路總管府元貞元年新淦新喻二縣升州戶一十五萬八千三百四十八口七十九萬一千七百四十領司一縣一州二

録事司 宋隸都監司元至元十三年設兵馬司十五年改録事司

縣一

清江上 宋即縣治置臨江軍元至元十四年升軍爲路而縣爲倚郭

州二

新淦州中 唐以來爲縣元元貞元年升州

新喻州中 唐以來爲縣元元貞元年升州

撫州路上 唐初爲撫州又爲臨川郡又仍爲撫州元至元十二年復爲撫州十四年升撫州路總管府戶二十一萬八千四百五十五口一百九萬二千二百七十五領司一縣五

録事司 至元十四年廢宋三廂立

縣五

臨川上 崇仁上 金溪上 宜黃中 樂安中

江州路下 唐初爲江州又改尋陽郡又仍爲江州宋爲定海軍元至元十二年置江東西宣撫司十三年改爲江西大都督府隸揚州行省十四年罷都督府升江州路隸龍興行都元帥府後置行中書省江州直隸焉十六年隸黃蘄等路宣慰司二十二年復隸行省戶八萬三千九百七十七口五十萬三千八百五十二領司一縣五

録事司 宋隸都監司元至元十二年設兵馬司十四年置録事司

縣五

德化中 唐潯陽縣 瑞昌中 彭澤中 湖口中 德安中

南康路下唐屬江州宋置南康軍治星子縣元至元十四年升南康路隸江淮行省二十二年割屬江西領一司三縣戶九萬五千六百七十八口四十七萬八千三百九十領司一縣二州一

録事司

縣二

星子下治所 南康下 都昌上

州一

建昌州下唐初置南昌州後廢屬洪州宋屬南康軍元元貞元年升州

贛州路上唐初爲虔州又爲南康郡又仍爲虔州宋改贛州元至元十四年升贛州路總管府十五年設録事司領一司十縣隸江西省二十四年併龍南入信豐安遠入會昌大德元年寧都會昌二縣升州割瑞金隸會昌至大三年復置龍南安遠二縣屬寧都戶七萬一千二百八十七口二十八萬五千一百四十八領司一縣五州二州領三縣本路屯田五百二十餘頃

録事司

縣五

贛縣上治所 興國中 信豐下 雩都下 石城下

州二

寧都州下唐爲縣元大德元年升寧都州領二縣龍南下至元二十四年併入信豐縣至大三年復置 安遠下至元二十四年省入會昌縣至大三年復置

會昌州下本雩都地唐屬虔州宋升縣之九州鎮爲會昌縣復升爲軍元大德元年升會昌州領一縣瑞金下舊屬虔州大德元年來屬

建昌路下本南城縣屬撫州南唐升建武軍宋升建昌軍元至元十四年改建昌路總管府割南城置録事司十九年南豐縣升州直隸行省戶九萬二千二百二十三口五十五萬三千三百三十八領司一縣三

録事司至元十四年立

縣三

南城上 新城中 廣昌中

南安路下唐升大庾鎮爲縣屬虔州宋以縣置南安軍元至元十四年改南安路總管府十五年割大庾縣在城四坊設録事司十六年廢録事司戶五萬六百一十一口三十萬三千六百六十六領

縣三大庾中倚郭 南康中 上猶下南唐爲上猶宋改南安至元十六年改末淸後復爲上猶
南豐州下 唐爲南豐縣隸撫州宋改隸建昌軍元至元十九年升爲州直隸行省戶二萬五千七十八口一十二萬八千九百

廣東道宣慰使司都元帥府

海北廣東道肅政廉訪司

廣州路上 唐以廣州爲嶺南五府節度五管經略使治所又改南海郡又仍爲廣州宋升爲帥府元至元十三年內附後又叛十五年克之立廣東道

宣慰司立總管府幷錄事司元領八縣而懷集一縣割屬賀州戶一十七萬二百一十六口一百二萬一千二百九十六領司一縣七

錄事司至元十六年立以州之東城西城子城幷番禺南海二縣在城民戶隸之

縣七

南海中 番禺下與南海俱倚郭 東莞中 增城中 香山下 新會下 清遠

韶州路下 唐初爲番州又更名東衡州又改韶州又爲始興郡又仍爲韶州元至元十三年內附未幾廣人叛十五年始定立總管府設錄事司戶一萬九千五百八十四口一十七萬六千二百五十六領司一縣四

錄事司

縣四

曲江中元初分縣城西廂地及城外三廂屬錄事司 樂昌下 仁化下 乳源下

惠州路下 唐循州宋改惠州又改博羅郡又復爲惠州元至元十六年改惠州路總管府戶一萬九千八百三口九萬九千一十五領縣四歸善下倚郭 博羅下 海豐下 河源下

南雄路下 本始興縣唐初屬韶州五代劉氏割韶之湞昌始興二縣置雄州宋以河北有雄州改爲南雄州元至元十五年改南雄路總管府戶一萬七百九十二口五萬三千九百六十領縣二保昌下本湞昌宋改今名 始興下

潮州路下 唐初爲潮州又改潮陽郡又復爲潮州元至元十五年歸附十六年改爲總管府以孟招討鎭守未幾移鎭漳州土豪各擾其地二十一年廣東道宣慰使月的迷失以兵來招諭二十三年復爲江西等處行樞密院副使兼廣東道宣慰使

以鎮之始定戶六萬三千六百五十口四十四萬五千五百五十領司一縣三

錄事司（至元二十二年始立）

縣三

海陽（下 倚郭）潮陽（下）揭陽（下）

德慶路（下）唐初爲南康州又名康州又改晉康郡宋升德慶府元至元十三年徇廣東既取廣州而德慶未下十四年廣西宣慰司以兵取之改隸廣西道十七年立德慶路總管府後仍屬廣東道戶一萬三千七百五十口三萬二千九百九十七領縣

二端溪（下）瀧水（下）

肇慶路（下）唐初爲端州又改高要郡又仍爲端州宋升肇慶府元至元十三年徇廣東惟肇慶未附十六年廣南西道宣慰司定之因隸廣西十七年改爲下路總管府仍屬廣東戶三萬三千三百三十八口五萬五千四百二十九領縣二高要（中 倚郭）

四會（中）

英德州（下）唐湞州五代南漢爲英州宋升英德府元至元十三年歸附十五年立英德路總管府二十三年降爲散州大德五年復爲路（本州素爲盜淵藪大德四年達魯花赤脫歡察兒以此處招降羣盜至二千餘戶遂升英德爲路命脫歡察兒爲達魯花赤五萬戶以鎮之）至大元年復降爲州領縣一翁源（大德五年置）

梅州（下）唐爲程鄉縣屬潮州五代南漢置敬州宋改梅州元至元十三年歸附十六年置總管府二十三年改爲散州戶二千四百七十八口一萬四千八百六十五領縣一程鄉

南恩州（下）唐恩州又爲齊安郡宋改南恩州元至元十三年置南恩路總管府十九年降爲散州戶一萬九千三百七十三口九萬六千八百六十五領縣二陽江（下）陽春（下）

封州（下）唐改爲臨封郡後復爲封州元至元十三年歸附明年廣人叛廣西宣慰司以兵定之遂隸西道十六年立封州路總管府後又降爲散州仍屬東道戶二千七十七口一萬七百四十二領縣二封川（下）開建（下）

新州（下）唐改爲新昌郡後復爲新州元至元十六年置新州路總管府十九年降爲散州戶一萬一千三百一十六口六萬七千八百九十六領縣一

新興（下）

桂陽州（下）本桂陽縣唐宋因之元至元十三年內

附十九年升桂陽縣爲散州割連州陽山縣來屬爲蒙古解忽都虎郡王分地元隸湖南道宣慰司後隸廣東道戶六千三百五十六口二萬五千六百五十五領縣一

陽山〔下。唐屬連州，宋因之。至元十九年割以來屬。〕

連州〔下〕唐改連山郡復改連州元至元十三年置安撫司直隸行中書省十七年廢安撫司升爲連州路總管府隸湖南道宣慰司十九年降爲散州隸廣東道戶四千一百五十四口七千一百四十一領縣一

連山〔下〕

循州〔下〕唐改爲海豐郡仍改循州宋爲博羅郡元至元十三年立總管府二十三年降爲散州戶一千六百五十八口八千二百九十領縣三

龍川〔下〕　興寧〔下〕　長樂〔下〕

志卷第十四

志卷第十五　元史六十三

翰林學士亞中大夫知制誥兼修國史臣宋濂　翰林待制承直郎兼國史院編修官臣王禕等奉

勅修

地理六

湖廣等處行中書省爲路三十州十三府三安撫司十五軍三屬府三屬州十七屬縣一百五十管番民總管一〔本省陸站一百處，水站七十三處。〕

江南湖北道肅政廉訪司

武昌路〔上〕唐初爲鄂州又改江夏郡又升武昌軍宋爲荆湖北路元憲宗末年世祖南伐自黃州陽羅洑橫橋梁貫鐵鎖至鄂州之白鹿磯大兵畢渡進薄城下圍之數月既而解去歸即大位至元十一年丞相伯顏從陽羅洑南渡權州事張晏然以城降自是湖北州郡悉下是年立荆湖等路行中書省并本道安撫司十三年設錄事司十四年立湖北宣慰司改安撫司爲鄂州路總管府併鄂州行省入潭州行省十八年還潭州行省於鄂州移宣慰司于潭州十九年隨省處例罷宣慰司本路隸行省大德五年以鄂州首來歸附又世祖親征之地改武昌路戶一十一萬四千六百三十二口

六十一萬七千一百一十八至元二十七年抄籍數領司一縣七

録事司

縣七

江夏中倚郭咸寧下嘉魚下蒲圻中崇陽中通城中武昌下宋升壽昌軍以其爲江西衝要地也元因之至元十四年升散府治本縣後革府以縣屬本路户一萬五千八百五口六萬四千五百九十八

岳州路上唐巴州又改岳州宋爲岳陽軍元至元十二年歸附十三年立岳州路總管府户一十三萬七千五百八口七十八萬七千七百四十三領司一縣三州一

録事司

縣三

巴陵上倚郭臨湘中華容中

州一

平江州下唐平江縣宋因之元元貞元年升州

常德路上唐朗州宋常德府元至元十二年置常德府安撫司十四年改爲總管府户二十萬六千四百二十五口一百二萬六千四十二領司一縣一州二州領一縣

録事司

縣一

武陵上

州二

桃源州中宋置縣元元貞元年升州

龍陽州下宋辰陽縣元元貞元年升州領一縣

沅江下本屬朗州後來屬

澧州路上唐改澧陽郡復改澧州元至元十二年立安撫司十四年改澧州路總管府户二十萬九千九百八十九口一百一十一萬一千五百四十三領司一縣三州二

録事司

縣三

澧陽上倚郭石門上安鄉下

州二

慈利州中唐宋皆爲縣元元貞元年升州

柿溪州下

辰州路下唐改唐溪郡復改辰州宋因之元改辰州路户八萬三千二百二十三口一十一萬五千九百四十五領縣四沅陵中辰溪下盧溪下敘浦下

沅州路下唐巫州又改沅州又爲潭陽郡又改敘州宋爲鎮遠州元至元十二年立沅州安撫司十四年改沅州路總管府户四萬八千六百三十二口七萬九千五百四十五領縣三盧陽下黔陽下麻陽下

興國路下本隋永興縣宋置永興軍又改興國軍元至元十四年升興國路總管府舊隸江西三十年自江西割隸湖廣户五萬九百五十二口四十萬七千六百一十六領司一縣三

録事司至元十七年立

縣三

永興下倚郭大冶下通山下

漢陽府唐初爲沔州又改沔陽郡宋爲漢陽軍咸淳十年郡守孟琦以城來歸元至元十四年升漢陽府户一萬四千四百八十六口四萬八百六十六領縣二漢陽至元二十二年升中縣漢川下

歸州下唐初爲歸州又改巴東郡又復爲歸州宋端平三年元兵至江北遂遷郡治于江南曲沱次新灘又次白沙南浦今州治是也德祐初歸附元至元十二年立安撫司十四年改歸州路總管府十六年降爲州户七千四百九十二口一萬九百六十四領縣三秭歸下倚郭巴東下興山

靖州路下唐爲夷播敘二州之境宋爲誠州復改靖州元至元十二年立安撫司明年改靖州路總管府户二萬六千五百九十四口六萬五千九百五十五領縣三永平下會同下通道下

湖南道宣慰司

嶺北湖南道肅政廉訪司

天臨路上唐爲潭州長沙郡宋爲湖南安撫司元至元十三年立安撫司十四年立行省改潭州路

總管府十八年遷行省於鄂州徙湖南道宣慰司治潭州天曆二年以潛邸所幸改天臨路户六十萬三千五百一口一百八萬一千一十領司一縣五州七

録事司宋有兵馬司都監領之元至元十四年改置

縣五

長沙上倚郭善化倚郭衡山上南嶽衡山在焉寧鄉上安化下

州七

醴陵州中唐宋皆爲縣元元貞元年升州

瀏陽州中唐宋皆爲縣元元貞元年升州

攸州中唐爲縣屬南雲州宋屬潭州元元貞元年升州

湘鄉州下唐宋皆爲縣元元貞元年升州

湘潭州中唐宋皆爲縣元元貞元年升州

益陽州中唐新康縣宋安化縣元元貞元年升爲益陽州

湘陰州下唐宋皆爲縣元元貞元年升州

衡州路上唐初爲衡州又改衡陽郡又仍爲衡州宋因之元至元十三年置安撫司十四年改衡州路總管府十五年置湖南宣慰司以衡州爲治所

十八年移司於潭衡州隸馬戶一十一萬三千三百七十三口二十萬七千五百二十三領司一縣三本路屯田一百二十頃

録事司宋立兵馬司分在城民戶爲五廂元至元十三年改立

縣三

衡陽上郭倚 安仁下 酃縣

道州路下唐爲南營州復改道州復爲江華郡宋仍爲道州元至元十三年置安撫司十四年改道州路總管府戶七萬八千一十八口一十萬九百八十九領司一縣四

録事司

縣四

營道中郭倚 寧遠中 江華中 永明下

永州路下唐改零陵郡爲永州宋因之元至元十三年置安撫司十四年改永州路總管府戶五萬五千六百六十六口一十萬五千八百六十四領司一縣三本路屯田一百三頃

録事司

縣三

零陵上郭倚 東安上 祁陽中

郴州路下唐改桂陽郡爲郴州宋因之元至元十三年置安撫司十四年改郴州路總管府戶六萬一千二百五十九口九萬五千一百一十九領司一縣六

録事司舊有兵馬司至元十四年改立

縣六

郴陽中郭倚舊爲敦化縣至元十三年改今名 宜章中 永興中 興寧下 桂陽下 桂東下

全州路下石晉於清湘縣置全州宋因之元至元十三年置安撫司十四年改全州路總管府戶四

萬一千六百四十五口二十四萬五百一十九領司一縣二

録事司 舊有兵馬司至元十五年改立

縣二

清湘 上 倚郭 灌陽 下

寶慶路 下 唐邵州又爲邵陽郡宋仍爲邵州又升寶慶府元至元十二年立安撫司十四年改寶慶路總管府户七萬一千三百九口一十二萬六千一百五領司一縣二

録事司

縣二

邵陽 上 倚郭 新化 中

武岡路 下 唐武岡縣宋升爲軍元至元十三年置安撫司十四年升武岡路總管府户七萬七千二百七口三十五萬六千八百六十三領司一縣三

録事司 舊有兵馬司領四廂至元十五年改立 本路屯田八十六頃

縣三

武岡 上 倚郭 新寧 下 綏寧 下

桂陽路 下 唐郴州宋升桂陽軍元至元十三年置安撫司十四年升桂陽路總管府户六萬五千五十七口一十萬二千二百四

録事司

縣三

平陽 上 臨武 中 藍山 下

茶陵州 下 唐爲縣隸南雲州宋隸衡州升爲軍復爲縣元至元十九年升爲州户三萬六千六百四十二口一十七萬七千二百二

耒陽州 下 唐宋皆爲縣隸湘東郡元至元十九年升爲州户二萬五千三百一十一口一十一萬一

十

常寧州 下 唐爲縣隸衡州宋因之元至元十九年升爲州户一萬八千四百三十一口六萬九千四百二

廣西兩江道宣慰使司都元帥府 大德二年廣西兩江道宣慰司都元帥府言比者黄聖許叛亂逃竄交趾遺棄水田五百四十五頃請募溪洞徭獞民丁於上浪忠州諸處開屯耕種緩急則令擊賊深爲便益從之

嶺南廣西道肅政廉訪司

静江路 上 唐初爲桂州又改始安郡又改建陵郡又置桂管又升静江軍宋仍爲静江軍元至元十

三年立廣西道宣撫司十四年改宣慰司十五年爲靜江路總管府元貞元年併左右兩江宣慰司都元帥府爲廣西兩江道宣慰司都元帥府仍分司邕州戶二十一萬八百五十二口一百三十五萬二千六百七十八領司一縣十

錄事司

縣十

臨桂上倚郭 興安下 靈川下 理定下 義寧下 修仁下 荔浦下 陽朔下 永福下 古縣下

南寧路下 唐初爲南晉州又改邕州又爲永寧郡

元至元十三年立安撫司十六年改爲邕州路總管府兼左右兩江溪洞鎮撫泰定元年改爲南寧路戶一萬五百四十二口二萬四千五百二十領司一縣二

錄事司

縣二

宣化下 武緣下

梧州路下 唐改蒼梧郡又仍爲梧州宋因之元至元十四年置安撫司十六年改梧州路總管府戶五千二百口一萬九百一十領縣一 蒼梧下

潯州路下 唐改潯江郡又仍爲潯州元至元十三年置安撫司十六年改爲總管府戶九千二百四十八口三萬八十九領縣二 桂平下 平南下

柳州路下 唐改龍城郡又改柳州元至元十三年置安撫司十六年改柳州路總管府戶一萬九千一百四十三口三萬六百九十四領縣三 柳城下 馬平下倚郭 洛容下

慶遠南丹溪洞等處軍民安撫司 唐爲龍水郡又改粵州宋爲慶遠府元至元十三年置安撫司十六年改慶遠路總管府大德元年中書省臣言南

丹州安撫司及慶遠路相去爲近所隸戶少請省之遂立慶遠南丹溪洞等處軍民安撫司戶二萬六千五百三十七口五萬二百五十三領縣五 宜山下 忻城下 天河下 思恩下 河池下

平樂府 唐以平樂縣置樂州復改昭州又爲平樂郡又仍爲昭州宋因之元改爲平樂府戶七千六十七口三萬三千八百二十領縣四 平樂下倚郭 恭城下 立山下 龍平下

鬱林州下 唐爲南尹州又改貴州又爲鬱林州宋因之元至元十四年仍行州事戶九千五十三口

五萬一千五百二十八領縣三南流下興業下博白下

容州下唐改銅州爲容州又改普寧郡又置管内經略使宋爲寧遠軍至元十三年改安撫司十六年改容州路總管府户二千九百九十九口七千八百五十四領縣三普寧下北流下陸川下

象州下唐改爲象郡又改象州元至元十三年立安撫司十五年改象州路總管府户一萬九千五百五十八口九萬二千一百二十六領縣三陽壽下來賓下武仙下

賓州下唐以嶺方縣地置南方州又爲賓州又改安城郡又改嶺方郡又仍爲賓州元至元十三年置安撫司十六年改下路總管府户六千二百四十八口三萬八千八百七十九領縣三嶺方下倚郭上林下遷江下

横州下唐初爲簡州又改南簡州又改横州又爲寧浦郡元至元十四年立安撫司十六年改總管府户四千九十八口三萬一千四百七十六領縣二寧浦下倚郭永淳下

融州下唐初爲融州又改融水郡後仍爲融州宋爲清遠軍元至元十四年置安撫司十六年改融州路總管府二十二年改散州户二萬一千三百九十三口三萬九千三百三十四領縣二融水下懷遠下

藤州下唐改感義郡後仍爲藤州宋徙州治於大江西岸元至元十三年仍行州事户四千二百九十五口一萬一千二百一十八領縣二鐔津下岑溪下

賀州下唐改臨賀郡後仍爲賀州宋因之元至元十三年仍行州事户八千六百七十六口三萬九千二百三十五領縣四臨賀下倚郭富川下桂嶺下

懷集下宋屬廣州至元十五年以隸本州

貴州下唐改懷澤郡後仍爲貴州元至元十四年領鬱林縣大德九年省縣止行州事户八千八百九十一口二萬八百一十一貴州地接八番與播州相去二百餘里乃湖廣四川雲南喉衿之地大德六年雲南行省右丞劉深征八百媳婦至貴州科夫致宋隆濟等糾合諸蠻爲亂水東水西羅鬼諸蠻皆叛劉深伏誅

左江左江出源州界至合江鎮與右江水合爲一流入横州號鬱江

思明路户四千二百二十九口一萬八千五百一十

太平路戶五千三百一十九口二萬二千一百八十六

右江右江源出峩利州與大理大槃水通大槃在大理之威楚州

田州路軍民總管府戶二千九百九十一口一萬八千九百一

來安路軍民總管府

鎮安路以上並闕

海北海南道宣慰司

海北海南道肅政廉訪司至元三十年立

雷州路下唐初爲南合州又更名東合州又爲海康郡又改雷州元至元十五年平章政事阿里海牙南征海外四州雷州歸附初置安撫司十七年即此州爲海北海南道宣慰司治所改安撫司爲總管府隸宣慰司戶八萬九千五百三十五口一十二萬五千三百一十本路屯田一百六十五頃有奇領縣三海康中徐聞下遂溪下

化州路下唐置羅州辯州宋廢羅州入辯州後改辯州曰化州元至元十五年立安撫司十七年改總管府戶一萬九千七百四十九口五萬二千三百一十七本路屯田五十五頃有奇領縣三石龍下吳川下石城下

高州路下唐爲高涼郡又爲高州宋廢高州入竇州後復置元至元十五年置安撫司十七年改總管府戶一萬四千六百七十五口四萬三千四百九十三本路屯田四十五頃領縣三電白下茂名下信宜下

欽州路下唐爲寧越郡又爲欽州宋因之元至元十五年置安撫司十七年改總管府戶一萬三千五百五十九口六萬一千三百九十三領縣二安遠下靈山下

廉州路下唐爲合浦郡又改廉州元至元十七年設總管府戶五千九百九十八口一萬一千六百八十六本路屯田四頃有奇領縣二合浦下倚郭石康下

乾寧軍民安撫司唐以崖州之瓊山置瓊州又爲瓊山郡宋爲瓊管安撫都監元至元十五年隸海北海南道宣慰司天曆二年以潛邸所幸改乾寧軍民安撫司戶七萬五千八百三十七口一十二萬八千一百八十四本路屯田二百九十餘頃領縣七瓊山下倚郭澄邁下臨高下文昌下樂會下會同下定安下

南寧軍唐儋州改昌化郡宋改昌化軍又改南寧軍元至元十五年隸海北海南道宣慰司戶九千

六百二十七口二萬三千六百五十二領縣三宜倫下　昌化下　感恩下

萬安軍唐萬安州宋更爲軍元至元十五年隷海北海南道宣慰司户五千三百四十一口八千六百八十六領縣二　萬安下郭　陵水下

吉陽軍唐振州宋改崖州又爲珠崖郡又改吉陽軍元至元大附後隷海北海南道宣慰司户一千四百三十九口五千七百三十五領縣一　寧遠下

八番順元蠻夷官至元十六年潭州行省遣兩淮招討司經歷劉繼昌招降西南諸番以龍方零爲小龍番靜蠻軍安撫使龍文求臥龍番南寧州安撫使龍延三大龍番應天府安撫使程延隨程番武盛軍安撫使洪延暢洪番永盛軍安撫使常昌盛方番河中府安撫使石延異石番太平軍安撫使盧延陵盧番靜海軍安撫使羅阿資羅甸國遏蠻軍安撫使並懷遠大將軍虎符仍以兵三千戍之。是年宣慰使塔海以西南八番羅氏等國已歸附者具以來上洞寨凡千六百二十有六户凡十萬一千一百六十有八西南五番千一百八十六寨户八萬九千四百西南番三百一十五寨大龍番三百六十寨。二十八年從楊勝請割八番洞蠻自四川行省隷湖廣行省三十年四川行省官言思播州元隷四川近改入湖廣今土人願仍其舊有旨遣問還云田氏楊氏言昨赴闕廷取道湖廣甚便況百姓相隣驛傳已立願隷平章荅剌罕

羅番遏蠻軍安撫司

程番武勝軍安撫司

金石番太平軍安撫司

臥龍番南寧州安撫司

小龍番靜蠻軍安撫司

大龍番應天府安撫司

木瓜犵狫蠻夷軍民長官

韋番蠻夷長官

洪番永盛軍安撫司

方番河中府安撫司

盧番靜海軍安撫司

盧番蠻夷軍民長官

定遠府

桑州

章龍州

必化州

小羅州

下思同州

朝宗縣　上橋縣　新安縣

麻峽縣　甕蓬縣　小羅縣

章龍縣　烏山縣　華山縣

都雲縣　羅博縣

管番民總管

小程番（以下各設蠻夷軍民長官）　中嶆百納等處
底窩紫江等處　夔眼納八等處
獨塔等處　客當刻地等處
天臺等處　梯下
党兀等處　勇都朱砂古坭等處
大小化等處　洛甲洛屯等處
低當低界等處　獨石寨
百眼佐等處　羅來州
那歷州　重州
阿孟州　上龍州

峽江州　羅賴州
桑州　白州
北島州　羅那州
龍里等寨　六寨等處
帖犵狫等處　本當三寨等處
山齋等處　羨塘帶夾等處
都雲桑林獨立等處　六洞柔遠等處
竹古弄等處　中都雲棺水等處
金竹府（古坭縣）　都雲軍民府
萬平等處　南寧

丹竹等處　陳蒙
李稍李殿等處　陽安等處
八千蠻　恭焦溪等處
都鎮　平溪等處
平月　李崖等處
陽並等處　盧山等處
乖西軍民府（皇慶元年立，以土官阿馬知府事，佩金符）
順元等路軍民安撫司（至元二十年，四川行省討平九溪十八洞，以其酋長赴闕，定其地之可以設官者，與其人之可以入官者，大處為州，小處為縣，并立總管府，聽順元路宣慰司節制）

雍真乖西葛蠻等處　葛蠻雍真等處
曾竹等處（大德七年，順元同知宣撫事阿重嘗為曾竹蠻夷長官，以其叔父宋隆濟結諸蠻為亂，棄家朝京師，陳其事宜，深入烏撒、烏蒙，至于水東，招諭木樓苗狫，生獲隆濟以獻）
龍平寨　骨龍等處
底寨等處　茶山百納等處
納埧紫江等處　磨坡雷波等處
漕泥等處　青山遠地等處
木窩普冲普得等處　武當等處
養龍坑宿徵等處　骨龍龍里清江（木樓雍眼等處）
高橋青塘鴨水等處　落邦札佐等處

平遲安德等處　六廣等處
貴州等處　施溪樣頭
朶泥等處　水東
市北洞
思州軍民安撫司婺川縣
鎮遠府　楠木洞
古州八萬洞　偏橋中寨
野雞平　德勝寨偏橋四甲等處
思印江等處　石千等處
曉愛瀘洞赤溪等處　卑帶洞大小田等處

黃道溪　省溪坝場等處
金容金達等處　臺蓬若洞住溪等處
洪安等處　葛章葛商等處
平頭著可通達等處　溶江芝子平等處
亮寨　沿河
龍泉平思州舊治龍泉以火其城即移治清江至元十七年勑徙安撫司還舊治
祐溪　水特姜
楊溪公俄等處　麻勇洞
恩勒洞　大萬山蘇葛辦等處
五寨銅人等處　銅人大小江等處

德明洞　烏羅龍干等處
西山大洞等處　禿羅
浦口　高冊
福州　永州
延州　鑾州
程州　三旺州
地州　忠州
天州　文州
合鳳州　芝山州
安習州　茀蘼等團

茘枝　安化上中下蠻
曹滴等洞　洛卜寨
麥着土村　衙迪洞
會溪施容等處　感化州等處
契鋤洞　臘惹洞
勞岩洞　驢遲洞
來化州　客團等處
中古州樂墩洞　上里坪
洪州泊李等洞　張家洞
沿邊溪洞宣慰使司至元二十八年播州楊賽因不花言洞民近因籍戶懷疑

竄匿乞降詔招集又言向所授安撫職任隸順元宣慰司其所管地於四川行省爲近乞改爲軍民宣撫司直隸四川行省從之以播州等處管軍萬户楊漢英爲紹慶珍州南平等處沿邊宣慰使行播州軍民宣撫使播州等處管軍萬户仍虎符漢英即賽因不花也仍頒所請詔旨詔曰爰自前宋歸附十五餘年閱實户數乃有司當知之事諸郡皆然非獨尔播自今以往咸奠厥居流移失所者招諭復業有司常加存恤毋致煩擾重困吾民

播州軍民安撫司

黃平府　平溪上塘羅駱家等處

水車等處　石粉羅家永安等處

六洞柔遠等處　錫樂平等處

白泥等處　南平綦江等處

珍州思寧等處　水煙等處

溱洞涪洞等處　洞天觀等處

葛浪洞等處　寨塽埡黎焦溪等處

小姑單張　倒柞等處

烏江等處　舊州草堂等處

恭溪沓洞　水囤等處

平伐月石等處　下壩

寨葦　横坡

平地寨　寨勞

寨勇　上塘

寨坦　哆奔

平莫　林種寄秀

沿河祐溪等處

新添葛蠻安撫司大德元年授葛蠻安撫驛券一

南渭州　落葛谷鵞羅椿等處

昔不梁駱杯寄約等處　乾溪吳地等處

噥䰍古平等處　䨱城都桑等處

都鎮馬乃等處　平普樂重塽等處

落同當甲等處　平族等處

獨禄　三陂地蓬等處

小葛龍洛邦到駱豆虎等處

羅月和　麥穀

大小田陂帶等處　都雲洞

洪安畫㓹等處　谷霞寨

刺客寨　吾狂寨

割利寨　必郎寨

谷底寨　都谷郎寨

犵狫寨　平伐等處大德元年平伐酋領內附乞隸於亦奚不薛從之

安剌速　思樓寨

落暮寨　梅求望懐寨

甘長寨　桑州郎寨
永縣寨　平里縣寨
鎖州寨　雙隆
思母　歸仁
各冊　木當
雍郎客都等處　雍門犵狫等處
栖求等處仲家蠻　婁木等處
樂賴蒙囊吉利等處　華山谷津等處
青塘望懷甘長不列獨娘等處
光州　者者寨

安化思雲等洞　北遐洞
茅難思風北郡都壓等處　必際縣
上黎平　潘樂盈等處
誠州富盈等處　赤畬洞
羅章特團等處　福水州
允州等處　欽村
硬頭三寨等處　顏村
水曆吾洞等處　順東
六龍團　推寨
橘叩寨　黃頂寨

金竹等寨　格慢等寨
客膚寨　地省等寨
平魏　白崖
雍門客當樂賴蒙囊大化木瓜等處
嘉州　分州
平珠　洛河洛腦等處
甯溪　甕除
麥穠　孤頂得同等處
甕包　三陂
控州　南平

獨山州　木洞
䤋洞　窖洞
大青山骨記等處　百佐等處
九十九寨蠻　當橋山齊朱谷列等處
虎列谷當等處　真滁杜珂等處
楊坪楊安等處　棣甫都城等處
楊友閣　百也客等處
阿落傳等寨　蒙楚
公洞龍木　三寨猫犵剌等處
黑土石　洛實洛咸

益輪沿邊蠻　割和寨

王都谷浪寨　王大寨

只蛙寨　黄平下寨

林拱童秀拱江等處　容秀丹張

林種拱幫　西羅剖盆

杉木箐　各郎西

恭溪望成崖嶺等處　孤把

焦溪篤住等處　草堂等處

上桑直　下桑直

米坪　令其平尾等處

保靖州　特團等處

征東等處行中書省領府二司一勸課使五（大德三年立征東行省未幾罷至治元年復立命高麗國王爲左丞相）

高麗國（事蹟見高麗傳至元十八年王睶言本國置站凡四十民畜凋弊勅併爲二十站三十年沿海立水驛自耽羅至鴨淥江并楊村海口凡十三所）

瀋陽等路高麗軍民總管府

征東招討司

各道勸課使

慶尚州道

東界交州道

全羅州道

忠清州道

西海道

耽羅軍民總管府（大德五年立）

河源附録

河源古無所見禹貢導河止自積石漢使張騫持節道西域度玉門見二水交流發葱嶺趍于闐匯鹽澤伏流千里至積石而再出唐薛元鼎使吐蕃訪河源得之於悶磨黎山然皆歷歲月涉艱難而其所得不過如此世之論河源者又皆推本二家其説恠迂總其實皆非本真意者漢唐之時外夷未盡臣服而道未盡通故其所往每迂廻艱阻不能直抵其處而究其極也元有天下薄海内外人迹所及皆置驛傳使驛往來如行國中至元十七年命都實爲招討使佩

金虎符往求河源都實既受命是歲至河州州之東六十里有寧河驛驛西南六十里有山曰殺馬關林麓穹隘舉足浸高行一日至巔西去愈高四閲月始抵河源是冬還報并圖其城傳位置以聞其後翰林學士潘昂霄從都實之弟闊闊出得其説撰爲河源志臨川朱思本又從八里吉思家得帝師所藏梵字圖書而以華文譯之與昂霄所志互有詳略今取二家之書考定其説有不同者附注于下按河源在土蕃朶甘思西鄙有泉百餘泓沮洳散渙弗可逼視方可七八十里履高山下瞰燦若列星以故名火敦腦

兒火敦譯言星宿也思本曰河源在中州西南直四川馬湖蠻部之正西三千餘里雲南麗江宣撫司之西北一千五百餘里帝師撒思加地之西南二千餘里水從地涌出如井其井百餘東北流百餘里匯爲大澤曰火敦腦兒群流奔輳近五七里匯二巨澤名阿剌腦兒自西而東連屬吞噬行一日迤邐東騖成川號赤賓河又二三日水西南來名亦里出與赤賓河合又三四日水南來名忽闌又水東南來名也里术合流入赤賓其流浸大始名黃河然水猶清人可涉思本曰忽闌河源出自南山其地大山峻嶺綿亘千里水流五百餘里注也里出河也里出河源亦出自南山西北流五百餘里始與黃河合又一二日岐爲八九股名也孫幹論譯言九渡通廣五七里可度馬又四五日水

渾濁土人抱革囊騎過之聚落糾木幹象舟傅髦革以濟僅容兩人自是兩山峽束廣可一里二里或半里其深叵測朶甘思東北有大雪山名亦耳麻不莫剌其山最高譯言騰乞里塔即崑崙也山腹至頂皆雪冬夏不消土人言遠年成冰時六月見之自八九股水至崑崙行二十日思本曰自渾水東北流二百餘里與懷里火禿河合懷里火禿河源自南山水正北偏西流八百餘里與黃河合又東北流一百餘里過鄯麻哈地又正北流一百餘里乃折而西北流二百餘里又折而正北流一百餘里又折而東流過崑崙山下番名亦耳麻不剌其山高峻非常山麓綿亘五百餘里河隨山足東流過撒思加闊即闊提地河行崑崙南半日又四五日至地名闊即及闊提二地相屬又三日

地名哈剌別里赤兒四達之衝也多寇盜有官兵鎮之近北二日河水過之思本曰河過闊提與亦西八思今河合亦西八思今河源自鐵豹嶺之北正北流凡五百餘里而與黃河合崑崙以西人簡少多處山南山皆不穹峻水亦散漫獸有髦牛野馬狼狍羱羊之類其東山益高地亦漸下岸狹隘有狐可一躍而越之處行五六日有水西南來名納隣哈剌譯言細黃河也思本曰哈剌河自白狗嶺之北水西北流五百餘里與黃河合又兩日水南來名乞兒馬出二水合流入河思本曰自哈剌河與黃河合正北流二百餘里過阿以伯站折而西北流經崑崙之北二百餘里與乞里馬出河合乞里馬出河原自威茂州之西北岷山之北水北流即古當州境正北流四百餘里折而西北流又五百餘里與黃河合河水北行轉西流過崑崙北一向東北流約行半月至貴德州地名必赤里始有州治官府州隸吐番等處宣慰司司治河州又四五日至積石州即禹貢積石五日至河州安鄉關一日至打羅坑東北行一日洮河水南來入河思本曰自乞里馬出河與黃河合又西北流與鵬拔河合鵬拔河源自鵬拔山之西北水正西流七百餘里過札塞塔失地與黃河合折而西北流三百餘里又折而東北流過西寧州貴德州馬嶺凡八百餘里與邈水合邈水源自青唐宿軍谷正東流五百餘里過三巴站與黃河合又東北流過土橋站古積石州來羌城廓州構米站界都城凡五百餘里過河州與野龐河合野龐河源自西傾山之北水東北流凡五百餘里與黃河合又東北流一百餘里過踏白城銀川站與湟水浩亹河合湟水源自祁連山下正東流一千餘里注浩亹河浩亹河源自刪丹州之南刪丹山下水東南流七百餘里注湟水然後與黃河合又東北流一百餘里與洮河合洮河源自羊撒嶺北東北流過臨洮府凡八百餘里與黃河合又一日至蘭州過北卜渡至鳴沙河過應吉里州正東行至寧夏府南東行即東勝州隸大同路自發源至漢地南北澗溪細流傍貫莫知紀極山皆草石至積石方林木暢茂世言河九折彼地有二折蓋乞兒馬出及貴德必赤里也思本曰自洮水與河合又東北流過達達地凡八百餘里過豐州西受降城折而正東流過達達地古天德軍中受降城東受降城凡七百餘里折而正南流過大同路雲內州東勝州與黑河合黑河源自漁陽嶺之南水正西流凡五百餘里與黃河合又正南流過保德州葭州及興州境又過臨州凡一千餘里與吃那河合吃那河源自古宥州東南流過一陜西省綏德州凡七百餘里與黃河合又南流三百里與延安河合延安河源自陝西蘆子關亂山中南流三

百餘里過延安府折而正東流三百里與黃河合又南流三百里與汾河合汾河源自河東朔武州之南乱山中西南流過管州與寧路汾州霍州晉寧路絳州又西流至龍門凡一千二百餘里始與黃河合又南流二百里過河中府遇潼關與太華大山綿亘水勢不可復南乃折而東流大槩河源東北流所歷皆西番地至蘭州凡四千五百餘里始入中國又東北流過達達地凡二千五百餘里始入河東境內又東南流至河中凡一千八百餘里通計九千餘里

西北地附録

篤來帖木兒

途魯吉

柯耳魯地

畏兀兒地至元二十年立畏兀兒四處站及交鈔庫

哥疾寧　可不里　巴達哈傷

途思　忒耳迷　不花剌

那黑沙不　的里安　撒麻耳干

忽纏　麻耳亦囊　可失哈耳

忽炭　柯提　兀提剌耳

巴補　訛跡邗　倭赤

若叉　柯散　阿忒八失

八里茫　察赤　也云赤

亦剌八里　普剌　也迷失

阿里麻里　諸王海都行營于阿力麻里等處蓋其分地也自上都西北行六千里至回鶻五城唐號北庭置都護府又西北行四五千里至阿力麻里至元五年海都叛舉兵南來世祖逆敗之于北庭又追至阿力麻里則又遠遁二千餘里上令勿追以皇子北平王統諸軍于阿力麻里以鎮之命丞相安童往輔之

哈剌火者　魯古塵

別失八里　至元十五年授八撒察里虎符掌別失八里畏兀城子里軍站事十七年以萬戶綦公直戍別失八里十八年從諸王阿只吉請自大和嶺至別失八里置新站三十二十年立別失八里和州等處宣慰司二十一年阿只吉使來言元隸只必帖木兒二十四城之中有察帶二城置達魯花赤就付闊端遂不隸省至是奉旨誠如所言達其還正之二十三年遣侍衛新附兵千人屯田別十八里置元帥府即其地以總之

他古新

仰吉八里　古塔巴　彰八里　至元十五年授朶魯知金符掌彰八里軍站事

月祖伯

撒耳柯思

阿蘭阿思

欽察　太宗甲午年命諸王拔都征西域欽叉阿速斡羅思等國歲乙未亦命憲宗往焉歲丁酉師至寛田吉思海傍欽叉酋長八赤蠻逃避海島中適值大風吹海水去而乾生禽八赤蠻遂與諸王拔都征斡羅思至也列贊城七日破之歲丁巳出師南征以駙馬剌真之子乞歹為達魯花赤鎮守斡羅思阿思歲癸丑括斡羅思阿思户口

阿羅思

不里阿耳

撒吉剌

花剌子模

賽蘭

巴耳赤邗

氈的

不賽因

八哈剌因

怯失

八吉打

孫丹尼牙

忽里模子

可咱隆　設剌子　沺剌失
苦法　瓦夕的　兀乞八剌
毛夕里　設里汪　羅耳
乞里茫沙杭　蘭巴撒耳　那哈完的
亦思法杭　撒瓦　柯傷
低廉　胡瓦耳　西模娘
阿剌模忒　可疾云　阿模里
撒里牙　塔米設　贊章
阿八哈耳　撒里茫　朱里章
的希思丹　巴耳打阿　打耳班

巴其　塔八辛　不思忒
法因　乃沙不耳　撒剌哈歹
巴瓦兒的　麻里兀　塔里干
巴里黑

吉利吉思撼合納謙州益蘭州等處吉利吉思者初以漢地女四十人與烏斯之男結婚取此義以名其地南去大都萬有餘里相傳乃滿部始居此及元朝析其民為九千戶其境長一千四百里廣半之謙河經其中西北流又西南有水曰阿浦東北有水曰玉須皆巨浸也會於謙而注於昂可剌河北入於海俗與諸國異其語言則畏吾兒同廬帳而居隨水草畜牧頗知田作遇雪則跨木馬逐獵土產名馬白黑海東青昂可剌者因水為名附庸於吉利吉思去大都二萬五千餘里其語言與吉利吉思特異晝長夜短日沒時炙羊胛熟東方已曙矣即唐史所載骨利幹國也烏斯亦因水為名在吉利吉思東謙河之北其俗每歲六月上旬刑白馬牛羊灑馬湩咸就烏斯沐漣以祭河神謂其始祖所從出故也撼合納猶言布囊也蓋口小腹巨地形類此因以為名在烏斯東謙河之源所從出也其境上惟有二山口可出入山水林樾險阻為甚野獸多而畜字少貧民無恒產者皆以樺皮作廬帳以白鹿負其行裝取鹿乳採松实及斸山丹芍藥等根為食冬月亦乘木馬出獵謙州亦以河為名去大都九千里在吉利吉思東南謙河西南唐麓嶺之北居民數千家悉蒙古回回紇人有工匠數局蓋國初所徙漢人也地沃衍宜稼夏種秋成不煩耘籽或云汪罕始居此地益蘭者蛇之稱也初州境山中居人見一巨蛇長數十步從穴中出飲河水腥聞數里因以名州至元七年詔遣劉好禮為吉利吉思撼合納謙州益蘭州等處斷事官即於此州修庫廩置傳舍以為治所先是數部民俗皆以杞柳為杯皿刳木為槽以濟水不解鑄作農器好禮聞諸朝乃遣工匠教為陶冶舟楫土人便之

安南郡縣附録

安南古交趾也陳氏叛服之蹟已見本傳今取其城邑之可紀者録于左方

大羅城路漢交趾郡唐置安南都護府宋時郡人李公蘊立國於此及陳氏立以其屬地置龍興天長長安府

龍興府本多岡鄉陳氏有國置龍興府

天長府本多墨鄉陳氏祖父所生之地建行宮於此歲一至示不忘本故改曰天長

長安府本華閭洞丁部領所生之地五代末部領立

國於此

歸化江路地接雲南

宣化江路地接特磨道

沱江路地接金齒

諒州江路地接左右兩江

北江路在羅城東岸瀘江水分入北江江有六橋

如月江路

南冊江路

大黄江路

烘路

快路

國威州在羅城南此以下州多接雲南廣西界雖名州其實洞也

古州在北江

仙州古龍編

富良

司農一云楊舍

定邊一云明媚

萬涯一云明黄

文周一云門州

七源

思浪

太原一云黄源

通農

羅順一云來神

梁舍一云梁个

平源

光州一云明蘇

渭龍一云乙舍

道黄即平林塲

武寧此以下縣接雲南廣西界雖名縣其實洞也　萬載　丘温

新立　恍縣　紙縣　歷縣　闌橋
烏延　古勇　供縣　窟縣　上坡
門縣
清化府路漢九真隋唐爲愛州其屬邑更號曰江曰場曰甲曰社
梁江　波龍江　古農江　宋舍江　茶江
安暹江　分場古文場　古藤甲　支明甲
古弘甲　古戰甲　緣甲
乂安府路漢日南隋唐爲驩州
倍江　悪江　偈江　尚路社

唐舍社　張舍社
演州路本日南屬縣曰扶演安仁唐改演州
孝江　多壁場　巨賴社　他袁社
布政府路本日南郡象林縣東濱海西際真蠟南接扶南北連九德東漢末區連殺象林令自立國稱林邑唐時有環王者徙國于占城今布政乃林邑故地
自安南大羅城至燕京約一百一十五驛計七千七百餘里
邊氓服役

占城　王琴　蒲伽　道覽
淥淮　稔婆邏　獠

志卷第十五

嘉靖九年補刊

志卷第十六　　元史六十四

翰林學士亞中大夫知制誥兼修國史臣宋濂　翰林待制承直郎同知制誥兼國史院編修官臣王禕等奉

勅脩

河渠一

水為中國患尚矣知其所以為患則知其所以為利因其患之不可測而能先事而為之備或後事而有其功斯可謂善治水而能通其利者也昔者禹堙洪水疏九河陂九澤以開萬世之利而周禮地官之屬所載豬防溝遂之法甚詳當是之時天下葢無適而非水利也自先王疆理井田之制壞而後水利之說興魏史起鑿漳河秦鄭國引涇水漢鄭當時王安世輩或獻議穿漕渠或建策防水決是數君子者皆嘗試其術而卒有成功太史公河渠一書猶可考自時厥後凡好事喜功之徒率多為興利之言而其患顧有不可勝言者矣夫潤下水之性也而欲為之防以殺其怒遏其衝不亦甚難矣哉惟能因其勢而導之可蓄則儲水以備旱暵之災可洩則瀉水以防水潦之溢則水之患息而於是葢有無窮之利焉元有天下內立都水監外設各處河渠司以興舉水利修理河隄為務決雙塔白浮諸水為通惠河以濟漕運而

京師無轉餉之勞導渾河疏灤水而武清平灤無墊溺之虞浚冶河障滹沱而真定免決嚙之患開會通河於臨清以通南北之貨疏陝西之三白以溉關中之田泄江湖之淫潦立捍海之橫塘而浙右之民得免於水患當時之善言水利如太史郭守敬等葢亦未嘗無其人焉一代之事功所以為不可泯也今故著其開修之歲月工役之次第歷敘其事而分紀之作河渠志

通惠河

通惠河其源出於白浮甕山諸泉水也世祖至元二十八年都水監郭守敬奉詔興舉水利因建言疏鑿通州至都河改引渾水溉田於舊牐河蹤跡導清水上自昌平縣白浮村引神山泉西折南轉過雙塔榆河一畝玉泉諸水至西門入都城南匯為積水潭東南出文明門東至通州高麗莊入白河總長一百六十四里一百四步塞清水口一十二處共長三百一十步壩牐一十處共二十座節水以通漕運誠為便益從之首事於至元二十九年之春告成於三十年之秋賜名曰通惠凡役軍一萬九千一百二十九工匠五百四十二水手三百一十九沒官囚隷百七十

二計二百八十五萬工用楮幣百五十二萬錠糧三萬八千七百石木石等物稱是役興之日命丞相以下皆親操畚鍤爲之倡置牐之處往往於地中得舊時塼木時人爲之感服船既通行公私兩便先時通州至大都五十里陸輓官糧歲若干萬民不勝其悴至是皆罷之其壩牐之名曰廣源牐西城牐二上牐在和義門外西北一里下牐在和義水門西三步海子牐在都城內文明牐二上牐在麗正門外水門東南下牐在文明門西南一里魏村牐二上牐在文明門東南一里下牐西至上閘一里籍東牐二在都城

東南王家莊郊亭牐二在都城東南二十五里銀王莊通州牐二上牐在通州西門外下閘在通州南門外楊尹牐二在都城東南三十里朝宗牐二上牐在萬億庫南百步下牐去上閘百步成宗元貞元年四月中書省臣言新開運河牐宜用軍一千五百以守護兼巡防往來船內姦宄之人從之七月工部言通惠河剏造牐壩所費不貲雖已成功全籍主守之人上下照略修治今擬設提領三員管領人夫專一巡護降印給俸其西成牐改名會川海子牐改名澄清文明牐仍用舊名魏村牐改名惠和籍東牐改名慶豐郊亭牐改名平津通州牐改名通流河門牐改名廣利楊尹牐改名溥濟武宗至大四年六月省臣言通州至大都運糧河牐始務速成故皆用木歲久木朽一旦俱敗然後致力將見不勝其勞今爲永固計宜用磚石以次修治從之後至泰定四年始修完焉文宗天曆三年三月中書省臣言世祖時開挑通惠河安置閘座全籍上源白浮一畝等泉之水以通漕運今各枝及諸寺觀權勢私決隄堰澆灌稻田水碾園圃致河淺妨漕事乞禁之奉旨白浮甕山直抵大都運糧河隄堰泉水諸人毋挾勢偷決大司農司都水監可嚴禁之

壩河

壩河亦名阜通七壩成宗大德六年三月京畿漕運司言歲漕米百萬全籍船壩夫力自冰開發運至河凍時止計二百四十日日運糧四千六百餘石所轄船夫一千三百餘人壩夫七百三十占役俱盡晝夜不息今歲水漲衝決壩隄六十餘處雖已修畢恐霖雨衝圮走泄運水以此點視河隄淺澁低薄去處請加修理自五月四日入役六月十二日畢深溝壩九處計一萬五千一百五十三工王村壩二處計七百

十三工鄭村壩一處計一千一百二十五工西陽壩三處計一千二百六十二工郭村壩三處計一千九百八十七工千斯壩下一處計一萬工總用工三萬二百四十

金水河

金水河其源出於宛平縣玉泉山流至義和門南水門入京城故得金水之名至元二十九年二月中書右丞馬速忽等言金水河所經運石大河及高良河西河俱有跨河跳槽今已損壞請新之是年六月興工明年二月工畢至大四年七月奉旨引金水河水

注之光天殿西花園石山前舊池置牐四以節水閏七月興工九月成凡役夫匠二十九為工二千七百二十三除妨工實役六十五日

隆福宮前河

隆福宮前河其水與太液池通英宗至治二年五月奉勅云昔在世祖時金水河濯手有禁今則洗馬者有之比至秋疏滌禁諸人毋得污穢於是會計修浚三年四月興工五月工畢凡役軍八百為工五千六百三十五

海子岸

海子岸上接龍王堂以石甃其四周海子一名積水潭聚西北諸泉之水流行入都城而匯于此汪洋如海都人因名焉仁宗延祐六年二月都水監計會前後與元修舊石岸相接凡用石三百五各長四尺闊二尺五寸厚一尺石灰三千斤該三百五工丁夫五十石工十九月五日興工十一日工畢至治三年三月大都河道提舉司言海子南岸東西道路當兩城要衝金水河浸潤於其上海子風浪衝嚙於其下且道狹不時潰陷泥濘車馬艱於往來如以石砌之實永久之計也泰定元年四月工部應副工物七月興

工八月工畢九用夫匠二百八十七人

雙塔河

雙塔河源出昌平縣孟村一畝泉經雙塔店而東至豐善村入榆河至元三年四月六日巡河官言雙塔河時將泛溢不早為備恐至潰決臨期卒難措手乃計會閘水口工物開申都水監刱開雙塔河未及堅久今已及水漲之時倘或決壞走泄水勢悞運船不便省準制國用司給所需都水監差夫修治焉凡合閘水口五處用工二千一百五十五

盧溝河

盧溝河其源出於代地名曰小黄河以流濁故也自奉聖州界流入宛平縣境至都城四十里東麻谷分爲二泒太宗七年歲乙未八月勅近劉冲禄言率水工二百餘人已依期築閉盧溝河元破牙梳口若不修隄固護恐不時漲水衝壞或貪利之人盗决溉灌請令禁之劉冲禄可就主領毋致衝塌盗决犯者以違制論徒二年决杖七十如遇修築時所用丁夫器具應差處調發之其舊有水手人夫内五十人差官存留不妨已委管領常切廵視體究歲一交番所司有不應副者罪之

白浮甕山

白浮甕山即通惠河上源之所出也白浮泉水在昌平縣界西折而南經甕山泊自西水門入都城焉成宗大德七年六月甕山等處看牐提領言自閏五月二十九日始晝夜雨不止六月九日夜半山水暴漲漫流隄上衝决水口於是都水監委官督軍夫自九月二十一日入役至是月終輟工實役軍夫九百九十三人十一年三月都水監言廵視白浮甕山河隄崩三十餘里宜編荆笆爲水口以泄水勢計修笆口十一處四月興工十月工畢仁宗皇慶元年正月都水監言白浮甕山隄多低薄崩陥處宜修治来春二月入役八月修完總修長三十七里二百十五步計七萬三千七百七十三工延祐元年四月都水監言自白浮甕山下至廣源牐隄堰多淤澱淺塞源泉微細不能通流擬疏滌由是會計工程差軍千人疏治泰定四年八月都水監言八月三日至六日霖雨不止山水泛溢衝壞甕山諸處笆口浸没民田計料工物移文工部關支修治自八月二十六日興工九月十三日工畢役軍夫二千名實役九萬工四十五日

渾河

渾河本盧溝水從大興縣流至東安州武清縣入漷州界至大二年十月渾河水决左都威衛營西大隄泛溢南流没左右二翊及後衛屯田麥由是左都威衛言十月五日水决武清縣王甫村隄闕五十餘步深五尺許水西南漫平地流環圓營倉局水不没者無幾恐来春氷消夏雨水作衝决成渠軍民被害或遷置營司或多差軍民修塞庶免墊溺三年二月十二日省準下左右翊及後衛大都路委官督工修治至五月二十日工畢皇慶元年二月十七日東安州言渾河水溢决黄堝隄一十七所都水監計工物移

文工部二十七日樞密知院塔失帖木兒奏左衛言渾河決隄口二處屯田浸不耕種已發軍五百修治臣等議治水有司職耳宜令中書戒所屬用心修治從之七月省委工部員外郎張彬言巡視渾河六月三十日霖雨水漲及丈餘決隄口二百餘步漂民廬沒禾稼乞委官修治發民丁刈雜草興築延祐元年六月十七日左衛言六月十四日渾河決武清縣劉家莊隄口差軍七百與東安州民夫協力同修之三年三月省議渾河決隄堰沒田禾軍民蒙害既已奏聞差官相視上自石徑山金口下至武清縣界舊隄

長計三百四十八里中間因舊修築者大小四十七處漲水所害合修補者一十九處無隄剏修者八處宜䟽通者二處計工三十八萬一百役軍夫三萬五千九十六日可畢如通築則役大難成就今分作三年為之省院差官先發軍民夫匠萬人興工以修其要處是月二十日樞府奏撥軍三千委中衛僉事督修治之七年五月營田提舉司言去歲十二月二十一日屯戶巡視廣賦屯北渾河隄二百餘步將崩恐春首土解水漲浸沒為患乞修治都水監委濠寨會營田提舉司官武清縣官督大修完廣武屯北陷薄隄一處計二千五百工永興屯北隄低薄一處計四千一百六十六工落垡村西衝圮一處計三千七百三十三工永興屯北崩圮一處計六千五百十八工北王村莊西河東岸至白墳兒南至韓村西道口計六千九十三工劉邢莊西河東岸北至寶僧百戶屯南至白墳兒計三萬七百十二工總用工五萬三千七百二十二泰定四年四月省議三年六月內霖雨山水暴漲泛沒大興縣諸鄉桑棗田園移文樞府於七衛屯田及見有軍內差三千人修治

白河

白河在漷州東四里北出通州潞縣南入于通州境又東南至香河縣界又流入于武清縣境達于靜海縣界至元三十年九月漕司言通州運糧河全仰白榆渾三河之水合流名曰潞河舟楫之行有年矣今歲新開閘河分引渾榆二河上源之水故自李二寺至通州三十餘里河道淺澁今春夏天旱有止深二尺處糧船不通改用小料船搬載淹延歲月致虧糧數先是都水監相視白河自東岸吳家庄前就大河西南斜開小河二里許引榆河合流至深溝壩下以通漕舟今又量自深溝榆河上灣至吳家莊龍王廟

前白河西南至壩河八百步及巡視知榆河上源築閘其水盡趨通惠河止有白佛靈溝一子母三小河水入榆河泉脉微不能勝舟擬自吳家莊就龍王廟前閉白河於西南開小渠引水自壩河上灣入榆河庶可漕運又深溝樂歲五倉積貯新舊糧七十餘萬石站車輓運艱緩由是訪視通州城北通惠河積水至深溝村西水渠去樂歲廣儲等倉甚近擬自積水處由舊渠北開四百步至樂歲倉西北以小料船運載甚便都省准焉通惠河自通州城北至樂歲西北水陸共長五百步計役八萬六百五十工大德二年五

月中書省劄付都水監運糧河隄自楊村至河西務三十五處用葦一萬九千一百四十束軍夫二千六百四十九名度三十日畢於是本監分官率濠寨至楊村歷視壞隄督巡河夫修理以霖雨水溢故工役陪元料自寺洵口北至蔡村清口孫家務辛莊河西務隄就用元料葦草修補畢薄栁築月隄頗有成功其楊村兩岸相對出水河口四處葦草不敷就令軍夫采刈至九月住役楊村河上接通惠諸河下通滹沱入江淮使官民舟楫直達都邑利國便民然楊村隄岸隨修隨圮蓋爲用力不固徒煩工役其未修者

候來春水涸土乾調軍夫修治延祐六年十月省臣言漕運糧儲及南來諸物商賈舟楫皆由直沽達通惠河今岸崩泥淺不早疏浚有礙舟行必致物價翔湧都水監職專水利宜分官一員以時巡視遇有頹圮淺澁隨宜修築如工力不敷有司差夫助役息事者究治從之至治元年正月十一日漕司言夏運海糧一百八十九萬餘石轉漕往返全藉河道通便今小直沽汊河口潮汐往來淤泥壅積七十餘處漕運不能通行宜移文都水監疏滌工部議時農作方興兼民多艱食若不差軍助役民力有所不逮樞密院言

軍人不敷省議若差民丁方今東作之時恐妨歲事其令大都募民夫三千日給傭鈔一兩糙粳米一升委正官提調驗日支給令都水監暨漕司官同督其事四月十一日入役五月十日工畢泰定元年二月樞府臣奏臨清萬戶府言至治元年霖雨决壞運糧河岸宜差軍修築臣等議誠利益事令本府差軍三百執役從之三年三月都水監言河西務菜市灣水勢衝嚙與倉相近將來爲患宜於劉二總管營相對河東岸截河築隄改水道與舊河合可杜後患四年正月省臣奏准樞府差軍五千大都路募夫五千人日

支糙米五升中統鈔一兩本監工部委官與前衛董
指揮同監役是年三月十八日興工六月十一日工
畢致和元年六月六日臨清御河萬戶府言泰定四
年八月二日河溢壞營北門隄約五十步漂舊樁木
百餘崩圮猶未已工部議河岸崩摧理宜修治既都
水監會計工物各處支給其役夫三千人若擬差民
方春恐妨農務宜移文樞密院撥軍省准修舊隄岸
展闊新河口東岸計工五萬九千九百三十七用軍
三千木匠十人天曆二年三月漕司言元開劉二總
管營相對河北舊河運糧迂遠乞委官相視復開舊

河便四月九日奏准差軍七千委兵部員外郎鄧衡
都水監丞阿里漕使太不花等督工修浚後以冬寒
候凍解興役三年工部移文大都於近甸募民夫三
千日支糙粳米三升中統鈔一兩兵部改委辛侍郎
暨元委官修闢至順元年六月都水監言二十三日
夜白河水驟漲丈餘觀音寺新修護倉隄已督有司
差夫救護今水落尺餘宜候伏槽興作

御河

御河自大名路魏縣界經元城縣泉源鄉于村渡南
北約十里東北流至包家渡下接管陶縣界三口御

河上從交河縣下入清池縣界又永濟河在清池縣
西三十里自南皮縣來入清州今呼為御河也至元
三年七月六日都水監言運河二千餘里漕公私物
貨為利甚大自兵興以來失於修治清州之南景州
以北頹闕岸口三十餘處淤塞河流十五里至癸巳
年朝廷役夫四千修築浚滌乃復行舟今又三十餘
年無官主領滄州地分水面高於平地全藉隄堰防
護其園圃之家掘隄作井深至丈餘或二丈引水以
溉蔬花復有瀕河人民就隄取土漸至闕破走洩水
勢不惟澁行舟妨運糧或致漂民居沒禾稼其長蘆

以北索家馬頭之南水內暗藏樁橛破舟船壞糧物
部議以濱河州縣佐貳之官兼河防事於各地分巡
視如有闕破即率衆修治拔去樁橛仍禁園圃之家
毋穿隄作井栽樹取土都省准議七年省臣言御河
水泛武清縣計䟽浚役夫一十工八十日可畢從之
至大元年六月二十九日左翼屯田萬戶府呈五月
十八日申時水決會川縣孫家口岸約二十餘步南
流灌本管屯田已移文河間路武清縣清州有司多
發丁夫管領修治由是樞密院檄河間路左翊屯田
萬戶府差軍併工築塞十月大名路濬州言七月十

一口連雨至十七日清石二河水溢李家道東南橫流詢杜長高良輩稱水源自衛輝路汲縣東北連本州淇門西舊黑蕩泊溢流出岸漫黃河古隄東北流入本州齊賈泊復入御河漂及門民舍竊計今歲水勢逆行乃下流渰水漲溢過絕不能通以致若此實非人力可勝又西關水手佐聚稱七月十二日卯時御河水驟漲三尺十八日復添四尺其水逆流明是下流漲水壅逆擬差官巡治延祐三年七月滄州言清池縣民告往年景州吳縣諸處御河水溢衝決隄岸萬戶千奴爲恐傷淇屯田差軍築塞舊洩水郎兒

口故水無所洩浸民廬及已熟田數萬頃乞遣官疏闢引水入海及七月四日決吳橋縣柳斜口東岸三十餘步千戶移僧又遣軍閉塞郎兒口水壅不得洩必致漂蕩張管許河孟村三十餘村黍穀廬舍故本州摘官相視移文約會開闢不從四年五月都水監遣官與河間路官相視元塞郎兒口東西長二十五步南北闊二十尺及隄南高一丈四尺北高二丈餘復按視郎兒口下流故河至滄州約三十餘里上下古跡寬闊乃減水故道名曰盤河今爲開闢郎兒口增濬故河決積水由滄州城北達滹沱河以入于海

泰定元年九月都水監遣官督丁夫五千八百九十八人是月二十八日興工十月二日工畢

灤河

灤河源出金蓮川中由松亭北經遷安東平州西瀕灤州入海也王曾北行錄云自偏槍嶺四十里過烏灤河東有灤州因河爲名至元二十八年八月省臣奏姚演言奉敕疏濬灤河漕運上都乞應副沿河蓋露囷工匠什物仍預備來歲所用漕船五百艘水手一萬牽船夫二萬四千臣等集議近歲東南荒歉民力凋弊造舟調夫其事非輕一時並行必致重困請

先造舟十艘量撥水手試行之如果便續增益制可其奏先以五十艘行之仍選能人同事大德五年八月十三日平灤路言六月九日霖雨至十五日夜灤河與淝洳三河並溢衝圮城東西二處舊護城隄東西南三面城牆橫流入城漂郭外三關瀕河及在城官民屋廬糧物沒田苗溺人畜死者甚衆而雨猶不止至二十四日夜灤漆淝洳諸河水復漲入城餘屋漂蕩殆盡乃委吏部馬員外同都水監官修之東西二隄計用工三十一萬一千五十鈔八千八十七錠十五兩糙粳米三千一百一十石五斗椿木等價鈔

二百七十四錠二十六兩四錢延祐四年六月十六日上都留守司言正月一日城南御河西北岸爲水衝嚙漸至頹圮若不修治恐來春水泛漲漂沒民居又開平縣言四月二十六日霖雨至二十八日夜東關灤河水漲衝損北岸宜擬修築本司議即目仲夏霖雨其水復溢必大爲害乃委官督夫匠興役開平發民夫幼小不任役請調軍供作庶可速成五月二十一日留守司言灤河水漲决隄計修築用軍六百宜令樞密院差調官給其食制曰令維其時移文樞密院發軍速爲之虎賁司發軍三百治焉泰定二年

三月十三日永平路屯田總管府言國家經費咸出於民民之所生無過農作本屯闢田收糧以供億内府之用不爲不重訪馬城東北五里許張家莊龍灣頭在昔有司差夫築隄以防灤水西南連清水河至公安橋皆本屯地分去歲霖雨水溢衝盪皆盡浸死屯民田苗終歲無收方今農隙若不預修必致爲害工部移文都水監差濠寨洎本屯官及灤州官親詣相視督令有司差夫補築三年五月十日上都留守司及本路總管府言巡視大西關南馬市口灤河遞北隄侵嚙漸崩不預治恐夏霖雨水泛貽害居民於

是送都城所丈量計用物修治工部移文上都分部施行七月二日右丞相塔失帖木兒等奏斡耳朶思住冬營盤爲灤河走凌河水衝壞將築護水隄宜令樞密院發軍千二百人以供役從之樞密院請遣軍千二百人

河間河

河間河在河間路界泰定三年三月都水監言河間路水患古儉河自北門外始依舊疏通至大成縣界以洩上源水勢引入鹽河古陳玉帶河自軍司口浚治至雄州歸信縣界以導淀濼積潦注之易河黃龍

港自鎖井口開鑿至文安縣玳瑁口以通濼水經火燒淀轉流入海計河宜疏者三十處總役夫三萬三十日可畢是月省臣奏准遣斷事官定住同元委都水孫監丞洎本處有司官於旁近州縣發丁夫三萬日給鈔一兩米一升先詣古陳玉帶河尋以歲旱民饑役興人勞罷候年登爲之

冶河

冶河在真定路平山縣西門外經井陘縣流來本縣東北十里入滹沱河元貞元年正月十八日丞相完澤等言往年先帝嘗命開真定冶河已發丁夫入役

適值先帝昇遐以聚衆罷之今請導舊制俾卒其事從之皇慶元年七月二日真定路言龍花判官莊諸處壞隄計工物申請省委都水監及本路官自平山縣西北歷視滹沱冶河合流急注真定西南關由是再議照冶河故道自平山縣西北河内改修滚水石隄下修龍塘隄東南至水碾村改引河道一里蒲吾橋西改闢河道一里上至平山縣西北下至寧晉縣疏其淤澱築隄分其上源入舊河以殺其勢復有程同程章二石橋阻咽水勢擬開減水月河二道可久且便下相欒城縣南視趙州寧晉縣諸河北之下源

地形低下恐水泛經欒城趙州壞石橋阻河流爲害由是議於欒城縣北聖母堂東冶河東岸開減水河可去真定之患省准於二年二月都水監委官與本路及廉訪司官同詣平山縣相視會計修冶總計冶河始自平山縣北關西龍神廟北獨石通長五千八百六步共役夫五千爲工十八萬八百七無風雨妨工三十六日可畢

滹沱河

滹沱河源出於西山在真定路真定縣南一里經槀城縣北一里經平山縣北十里寰宇記載經靈壽縣西南二十里此河連貫真定諸郡經流去處皆曰滹沱水也延祐七年十一月真定路言真定縣城南滹沱河北決隄寖近城每歲修築閘其源本微與冶河不相通後二水合其勢遂猛屢壞金大隄爲患本路達魯花赤哈散於至元三十年言准引闢冶河自作一流滹沱河水十退三四至大元年七月水漂南關百餘家淤塞冶河口其水復滹河自後歲有潰決之患略舉大德十年至皇慶元年節次修隄用捲掃葦草二百餘萬官給夫糧備傭直百餘萬錠及延祐元年三月至五月修隄二百七十餘步其明堂判官勉

村三處就用橋木爲樁徵夫五百餘人執役月餘不能畢近年米價翔貴民匱於食有丁者正身應役單丁者必須募人人日傭直不下三五貫前工未畢後役迭至至七月八日又衝塌李玉飛等莊及木方胡營等村三處隄長一千二百四十步申請委官相視差夫築月隄延祐二年本路前總管馬思忽嘗闢冶河已復湮塞今歲霖雨水溢北岸數處浸沒田禾其河元經康家莊村南流不記歲月徙於村北數年修築皆於隄北取土故南高北低水愈就下侵嚙西至木方村東至護城隄數約二千餘步比来春必須修

治用樁梢築土隄亦非永久之計若濬木方村南舊湮枯河引水南流牐閉北岸河口於南岸取土築隄下至合頭村北與本河合如此去城稍遠庶可無患都水監差官相視截河築隄闊千餘步新開古岸止闊六十步恐不能制禦千步之勢若於北岸闕破低薄處比元料增夫力葦草捲埽補築便計葦草丁夫若令責辦民間緣今歲旱澇相仍民食匱乏擬均料各州縣上中戸價錢及食米於官錢内支給限二月二十日興工役夫五千爲工十六萬七百一十九度三十二日可畢總計補築滹沱河北岸防水隄十處

長一千九百一十步高闊不一計三百四十萬七千七百五十尺用推埽梯二十五每梯用大檩三小檩三計大小檩一百五十草三十五萬八百束葦二十八萬六百四十束梢柴七千二百束至治元年三月真定路言真定縣滹沱河每遇水泛衝隄岸浸没民田已差募丁夫修築與廉訪司官相視講究如將木方村南舊堙河道疏闢導水東南行牐閉北岸卻於河南取土修築至合頭村合入本河似望可以民安都水監與真定路官相視議夫治水者行其所無事蓋以順其性也牐閉滹沱河口截河築隄一千餘步

開掘故河老岸闊六十步長三十餘里改水東南行流霖雨之時水拍兩岸截河隄堰阻逆水性新開故河止闊六十步焉能吞授千步之勢上嚥下滯必致潰决徒糜官錢空勞民力若順其自然將河北岸舊隄比之元料增添工物如法捲埽堅固修築誠爲官民便益省准補築滹沱河北岸縷水隄一十處通長一千九百一十步役夫五百名計一十六萬七百三十九工泰定四年八月七日省臣奏真定路言滹沱河水連年泛溢爲害都水監廉訪司真定路及瀕河州縣官洎耆老會議其源自五臺諸山來至平山縣

王母村山口下與平定州娘子廟石泉台河合夏秋霖雨水漲瀰漫城郭每年勞民築隄莫能除害宜自王子村辛安村鑿河長四里餘接魯家灣舊澗復開二百餘步合入冶河以分殺其勢又木方村滹沱河南岸故道疏滌三十里北岸下樁捲埽築隄捍水令東流今歲儲材九月興役期十一月功成所用石鐵石灰諸物夫匠工糧官爲供給力省功多可永無害工部議若從所請二河並治役大民勞擬先開冶河其真定路徵民夫如不敷可於鄰郡順德路差募人夫日給中統鈔一兩五錢如侵礙民田官酬其直中

書省都水監差官率知水利濠寨督本路及當該州縣用工廉訪司添力成就滹河近後再議從之九月委都水監官洎本道廉訪司真定路同監督有司併工修治後真定路言閏九月五日爲始興工間擾趙州臨城諸縣申天寒地凍難於用工候春暖開閘便已於十月七日放散人民部議人夫既散宜准所擬九已給夫鈔二萬六千八百三十二錠地價錢六百三十錠

會通河

會通河起東昌路須城縣安山之西南由壽張西北

至東昌又西北至于臨清以逾于御河至元二十六年壽張縣尹韓仲暉太史院令史邊源相繼建言開河置牐引汶水達舟于御河以便公私漕販省遣漕副馬之貞與源等按視地勢商度工用於是圖上可開之狀詔出楮幣一百五十萬緡米四百石鹽五萬斤以爲傭直備器用徵旁郡丁夫三萬驛遣斷事官忙速兒禮部尚書張孔孫兵部尚書李處巽等董其役首事於是年正月己亥起於須城安山之西南止於臨清之御河其長二百五十餘里中建牐三十有一度高低分遠邇以節蓄洩六月辛亥成凡役工二

百五十一萬七百四十有八賜名曰會通河二十七年省以馬之貞言霖雨岸崩河道淤淺宜加修濬奏撥放罷輸運站戶三千專供其役仍俾採伐木石等以充用是後歲委都水監官一員佩分監印率令史奏差濠寨官往職巡視且督工易牐以石而視所損緩急爲後先至泰定二年始克畢事會通鎮牐三土壩二在臨清縣北頭牐長一百尺闊八十尺兩直身各長四十尺兩鴈翅各斜長三十尺高二丈牐空闊二丈自至元三十年正月一日興工凡役夫匠六百六十名至十月二十九日工畢中牐南至隘船牐三

里元貞二年七月二十三日興工至大德二年三月十三日工畢夫匠四百四十三長廣與上牐同隘船南至李海務牐一百五十二里延祐元年八月十五日興工九月二十五日工畢夫匠五百牐空闊九尺長廣同上土壩二李海務牐南至周家店牐一十二里元貞二年二月二日興工五月二十日工畢夫匠五百二十七名長廣與會通鎮牐同周家店牐南至七級牐一十二里大德四年正月二十一日興工八月二十日工畢夫匠四百四十二長廣與上同七級牐二北牐南至南牐三里大德元年五月一日興工

十月六日工畢夫匠四百四十三名長廣如周家店
牐南牐南至阿城牐一十二里元貞二年正月二十
日興工十月五日工畢夫匠四百五十名長廣同北
牐阿城牐二北牐南至南牐三里大德三年三月五
日興工七月二十八日工畢夫匠四百四十一名長
廣上同南牐南至荆門北牐一十里大德二年正月
二十五日興工十月一日工畢夫匠四百四十六名
長廣上同荆門牐二北牐南至荆門南牐二里半大
德三年六月初一日興工至十月二十五日工畢役
夫三百一十名長廣同南牐南至壽張牐六十五里

大德六年正月二十三日興工六月二十九日工畢
長廣同北牐壽張牐南至安山牐八里至元三十一
年正月一日興工五月二十日工畢安山牐南至開
河牐八十五里至元二十六年建開河牐南至濟州
牐一百二十四里濟州牐三上牐南至中牐三里大
德五年三月十二日興工七月二十八日工畢中牐
南至下牐二里至治元年三月一日興工六月六日
工畢下牐南至趙村牐六里大德七年二月十三日
興工五月二十一日工畢趙村牐南至石佛牐七里
泰定四年二月十八日興工五月二十日工畢石佛

牐南至辛店牐一十三里延祐六年二月十日興工
四月二十九日工畢辛店牐南至師家店牐二十四
里大德元年正月二十七日興工四月一日工畢師
家店牐南至棗林牐一十五里大德二年二月三日
興工五月二十三日工畢棗林牐南至孟陽泊牐九
十五里延祐五年二月四日興工五月二十二日工
畢孟陽泊牐南至金溝牐九十里大德八年正月四
日興工五月十七日工畢金溝牐南至隘船牐一十
二里大德十年閏正月二十五日興工四月二十三
工畢沽頭牐二北隘船牐南至下牐二里延祐二年

二月六日興工五月十五日工畢南牐南至徐州一
百二十里大德十一年二月興工五月十四日工畢
三汊口牐入鹽河南至土山牐一十八里泰定二年
正月十九日興工四月十三日工畢土山牐南至三
汊口牐二十五里入鹽河兗州牐堈城牐延祐元年
二月二十日省臣言江南行省起運諸物皆由會通
河以達于都為其河淺澁大船充塞於其中阻礙餘
船不得來往每歲省臺差人巡視其所差官言始開
河時止許行百五十料船近年權勢之人并富商大
賈貪嗜貨利造三四百料或五百料船於此河行駕

以致阻滞官民舟楫如於沽頭置小石牐一止許行百五十料船便臣等議宜依所言中書及都水監差官於沽頭置小牐一及於臨清相視宜置牐處亦置小牐一禁約二百料之上船不許入河行運從之至治三年四月十日都水分監言會通河沛縣東金溝沽頭諸處地形高峻旱則水淺舟澁省部已准置二滾水隁近延祐二年沽頭牐上增置隘牐一以限巨舟每經霖雨則三牐月河截河土隁盡爲衝決自秋摘夫刈薪至冬水落或來歲春首修治工夫浩大動用丁夫千百束薪十萬之餘數月方完勞費萬倍又

況延祐六年雨多水溢月河土隁及石牐鴈翅日被衝嚙土石相離深及數丈其工倍多至今未完今若遷金溝沽頭并隘牐三處見有石於沽頭月河內修隁牐一所更將隘牐移置金溝牐月河或沽頭牐月河內水大則大牐俱開使水得通流水小則閉金溝大牐上開隘牐沽頭則閉隘牐而啓正牐行舟如此歲省修治之費亦可免丁夫冬寒入水之苦誠爲一勞永逸移文工部令委官與有司同議於是差濠寨約會濟寧路官相視就問金溝牐提領周德興言每歲夏秋霖雨衝失牐隄必候水落役夫採薪修治不

下三兩月方畢冬寒水作苦不勝言會驗監察御史言延祐初元省臣亦嘗請置隘牐以限巨舟臣等議其言當請從之於是議撥板等船乃御河江淮可行之物宜遣出任其所之於金溝沽頭兩牐中置隘牐二各闊一丈以限大船若欲於通惠會通河行運者止許一百五十料違者罪之仍沒其船其大都江南權勢紅頭花船一体不許來往准擬折移沽頭隘牐置於金溝大牐之南仍作運環牐其間空地北作滾水石堰水漲即開大小三牐水落即鎖閉大牐止於隘牐通舟果有小料船及官用巨物許申稟上司權

開大牐仍添金溝牐板積水以便行舟其沽頭截河土隁依例改修石堰盡除舊有土堰三道金溝牐月河內剏建滾水石堰長一百七十尺高一丈闊一丈沽頭牐自河內修截河堰長一百八十尺高一丈一尺底闊二丈上闊一丈泰定四年四月御史臺臣言巡視河道自通州至真揚會集都水分監及瀕河州縣官民詢考利病不出兩端一曰壅決二曰經行毋職參詳自古立國引漕皆有成式自世祖屈群策濟萬民疏河渠引清濟汶泗立牐節水以通燕薊江淮舟楫萬里振古所無後人篤守成規苟能舉其廢墜

而已實萬世無窮之利也盖水性流變不常久廢不修舊規漸壞雖有智者不能善後以故詳歷考視酌古准今參會衆議輙有管見倘蒙采録責任水監謹守勿失能事畢矣不窮利病之源頻歲差人具文巡視徒爲煩擾無益於事都水監元立南北隘閘各闊九尺二百料下船梁頭八尺五寸可以入閘愚民嗜利無厭爲隘閘所限改造減舷添倉長船至八九十尺甚至百尺皆五六百料入至閘内不能回轉動輙淺閣阻礙餘舟盖縁隘閘之法不能限其長短今卑職至真州問得造船作頭稱過閘船梁八尺五寸船該

長六丈五尺計二百料由是參詳宜於隘閘下岸立石則遇船入閘必須驗量長不過則然後放入違者罪之閘内舊有長船立限遣出省下都水監委濠寨官約會濟寧路委官同歷視議擬隘閘下約八十步河北立二石則中間相離六十五尺如舟至彼驗量如式方許入閘有長者罪遣退之又與東昌路官親詣議擬於元立隘閘西約一里依已定丈尺置石則驗量行舟有不依元料者罪之天曆三年三月詔諭中外都水監言世祖費國家財用開闢會通河以通漕運往來使臣下番百姓及隨從使臣各枝斡脫權勢之人到閘不俟水則恃勢捶撻看閘人等頻頻啓放又漕運糧船凡遇水淺於河内築土壩積水以漸行舟以故壞閘乞禁治事命後諸王駙馬各枝往來使臣及斡脫權勢之人下番使臣等并運官糧船如到閘依舊定例啓閉若似前不俟水則恃勢捶拷守閘人等勒令啓閘及河内用土築壩壞閘之人治其罪如守閘之人恃有聖旨合啓閘時故意遲延阻滯使臣客旅欺要錢物乃不畏常憲也仍令監察御史廉訪司常加体察

兗州閘

兗州閘已見前至元二十七年四月都漕運副使馬之貞言淮山東東西道宣慰使司牒文相視兗州閘堰事先於至元十二年蒙丞相伯顔訪問自江淮達大都河道之貞乃言宋金以來汶泗相通河道郭都水按視可以通漕於二十年中書省奏准委兵部李尚書等開鑿擬修石閘十四二十一年省委之貞與尚監察等同相視擬修石閘八石堰二除已修畢外有石閘一石堰一堽城石堰一至今未修據濟州以南徐邳沿河撻道橋梁二十三年添立邳州水站移文沿河州縣修治已完二十三年調之貞充漕運副

使委管牐接放綱船沿河摙道元無崩損去處在前年例當麻麥盛時差官修理摙道督責地主劄刈麻麥并滕州開決稻堰泗源磨堰差人於吕梁百步等洪及濟州牐監督江淮綱運船隻過洪出牐不令阻滯客旅苟取錢物據新開會通并濟州汶泗相通河非自然長流河道於兖州立牐堰約泗水西流堽城立牐堰分汶水入河南會于濟州以六牐撙節水勢啓閉通放舟楫南通淮泗以入新開會通河至於通州近去歲四月江淮都漕運使司言本司糧運經濟河至東阿交割前者濟州運司不時移文瀕河官司

修治摙道若有緩急處所正官取招呈省路經歷縣達魯花赤以下就便斷罪今濟州漕司革罷其河道撥屬都漕運司管領本司糧運未到東阿凡有阻滯並是本司遲慢迤南河道從此無人管領不時水勢泛溢隄岸摧塌淤滯河道又濟州牐前濟州運司正官親臨監視其押綱船戶不敢分爭即目各處官司差人管領與綱官船戶各無統攝爭要水勢及攙越過牐互相毆打以致損壞船隻渰沒官糧擬將東阿河道撥付江淮都漕運司提調管領庶幾不誤糧運都省准焉又准江淮都漕運司副使言除委官看管牐堰外據汶泗堽城二牐一堰泗河兖州牐堰濟州城南牐乃會通河上源之喉衿去歲流水衝壞堽城汶河土堰兖州泗河土堰必須移文兖州泰安州差夫修閉又被漲水衝破梁山一帶隄堰走洩水勢通入舊河以致新河水小澁糧船乞移文斷事等官轉下東平路修閉上流撥屬江淮漕運司下流屬之貞管領若已後新河水小直下濟州監牐官并泰安兖州東平修理據兖州石牐一所石堰一道堽城石牐一道合用材物已行措置完備必須修理雖初經之貞相視會計即令不隸管領乞移文江淮漕司修治其

泰安州堽城安梁山一帶隄岸濟州牐等處雖是撥屬江淮漕司今後倘若水漲衝壞隄堰亦乞照會東平濟寧泰安如承文字亦仰奉行又東阿須城界安山牐爲糧船不由舊河來往江淮所委監牐官已去目令無人看管必須之貞修理以此權委人守焉

元史志卷第十六

翰林學士亞中大夫知制誥兼修國史臣宋濂翰林待制承直郎同知制誥兼國史院編修官臣王禕等奉

勅修

河渠二

黃河

黃河之水其源遠而高其流大而疾其爲患於中國者莫甚焉前史載河決之患詳矣世祖至元九年七月衛輝路新鄉縣廣盈倉南河北岸決五十餘步八月又崩一百八十三步其勢未已去倉止三十步於是委都水監丞馬良弼與本路官同詣相視差丁夫

併力脩完之二十五年汴梁路陽武縣諸處河決二十二所漂蕩麥禾房舍委宣慰司督本路差夫脩治成宗大德三年五月河南省言河決蒲口兒等處浸歸德府數郡百姓被災差官脩築計料合脩七隄二十五處共長三萬九千九十二步總用葦四十萬四千束徑尺樁二萬四千七百二十株役夫七千九百二人武宗至大三年十一月河北河南道廉訪司言黃河決溢千里蒙害浸城郭漂室廬壞禾稼百姓已罹其毒然後訪求脩治之方而且衆議紛紜互陳利害當事者疑惑不決必須上請朝省比至議定其害滋大所謂不預已然之弊大抵黃河伏槽之時水勢似緩觀之不足爲害一遇霖潦湍浪迅猛自孟津以東土性疏薄兼帶沙鹵又失導洩之方崩潰決溢可翹足而待近歲亳潁之民幸河北徙有司不能遠慮失於規劃使陂濼悉爲陸地東至杞縣三汊口播河爲三分殺其勢蓋亦有年往歲歸德太康建言相次湮塞南北二汊遂使三河之水合而爲一下流既不通暢自然上溢爲災由是觀之是自奪分泄之利故其上下決溢至今莫除即今水勢趨下有復鉅野梁山之意蓋河性遷徙無常苟不爲遠計預防不出數

年曹濮濟鄆蒙害必矣今之所謂治水者徒爾議論紛紜咸無良策水監之官既非精選知河之利害者百無一二雖每年累驛而至名爲巡河徒應故事問地形之高下則懵不知訪水勢之利病則非所習既無實才又不經練乃或妄興事端勞民動衆阻逆水性翻爲後患爲今之計莫若於汴梁置都水分監妙選廉幹深知水利之人專職其任量存員數頻爲巡視謹其防護可疏者疏之可堙者堙之可防者防之職掌既專則事功可立較之河已決溢民已被害然後鹵莽脩治以勞民者烏可同日而語哉於是省令

都水監議檢照大德十年正月省臣奏準昨都水監陞正三品添官二員鑄分監印廵視御河脩缺潰疏淺澁禁民船越次亂行者令擬就令分廵提點脩治本監議黃河泛漲止是一事難與會通河有壩牐漕運分監守治爲比先爲御河添官降印兼提點黃河若使專一分監在彼則有妨御河公事況黃河已有拘該有司正官提調自今莫若分監官吏以十月往與各處官司廵視缺破會計工物督治比年終完來春分監新官至則一一交割然後代還庶不相誤工部照大德九年黃河決徙逼近汴梁幾至浸沒本處

官司權宜開闢董盆口分入巴河以殺其勢遂使正河水緩併趍支流緣巴河舊隘不足吞伏明年急遣蕭都水等閉塞而其勢愈大卒無成功致連年爲害南至歸德諸處北至濟寧地分至今不息本部議黃河爲害難同餘水欲爲經遠之計非用通知古今水利之人專任其事終無補益河南憲司所言詳悉今都水監別無他見止依舊例議擬未當如量設官精選廉幹奉公深知地形水勢者專任河防之職往來廵視以時疏塞庶可除害省準令都水分監官專治河患任滿交代仁宗延祐元年八月河南等處行中書省言黃河涸露舊水泊汙池多爲勢家所據忽遇泛溢水無所歸遂致爲害由此觀之非河犯人人自犯之擬差知水利都水監官與行省廉訪司同相視可以疏闢堤障比至泛溢先加脩治用力少而成功多又汴梁路睢州諸處決破河口數十內開封縣小黃村計會月隄一道都水分監脩築障水隄堰所擬不一宜委請行省官與本道憲司汴梁路都水分監官及州縣正官親歷按驗從長講議由是委太常丞郭奉政前都水監丞邊承務都水監卿朶兒只河南行省右丞本道廉訪副使站木赤汴梁判官張承

直上自河陰下至陳州與拘該州縣官一同沿河相視開封縣小黃村河口測量比舊淺減六尺陳留通許太康舊有蒲葦之地後因閉塞西河塔河諸水口以便種蒔故他處連年潰決各官公議治水之道惟當順其性之自然嘗闢大河自陽武胙城由白馬河間東北入海歷年既久遷徙不常每歲泛溢兩岸時有衝決強爲閉塞正及農忙科椿梢發丁夫動至數萬所費不可勝紀其弊多端郡縣嗷嗷民不聊生盍黃河善遷徙惟宜順下疏泄今相視上自河陰下抵歸德經夏水漲甚於常年以小黃口分洩之故並無

衝決此其明驗也詳視陳州最爲低窪瀕河之地今歲麥禾不收民饑特甚欲爲拯救奈下流無可疏之處若將小黃村河口閉塞必移患鄰郡決上流南岸則汴梁被害決下流北岸則山東可憂事難兩全當遺小就大如免陳村差稅賑其饑民陳留通許太康縣被災之家依例取勘賑恤其小黃村河口仍舊通流外據脩築月隄并障水隄閉河口別難擬議於是凡汴梁所轄州縣河隄或已脩治及當疏通與補築者條列具備至五年正月河北河南道廉訪副使奧屯言近年河決杞縣小黃村口滔滔南流莫能禦遏

陳潁瀕河膏腴之地浸沒百姓流散今水迫汴城遠無數里儻值霖雨水溢倉卒何以防禦方今農隙宜爲講究使水歸故道達于江淮不惟陳潁之民得遂其生竊恐將來浸灌汴城其害匪輕於是大司農司下都水監移文汴梁分監脩治自六年二月十一日興工至三月九日工畢總計北至槐疙疸兩舊隄南至窪務汴隄通長二十里二百四十三步刱脩護城隄一道長七千四百四十三步下地脩隄下廣十六步上廣四步高一丈六十尺爲一工隄東二十步外取土內河溝七處深淺高下闊狹不一計工二十五

萬三千六百八十用夫八千四百五十三除風雨妨工三十日畢內流水河溝南北闊二十步水深五尺河內脩隄底闊二十四步上廣八步高一丈五尺積十二萬尺取土稍遠四十尺爲一工計三萬工用夫百人每步用大樁二計四十各長一丈二尺徑四寸每步雜草千束計二萬每步簽樁四計八十各長八尺徑三寸水手二十木匠二大船二艘梯鐶一副繩索畢備七年七月汴梁路言滎澤縣六月十一日河決塔海莊東隄十步餘橫隄兩重又決數處二十三日夜開封縣蘇村及七里寺復決二處本省平章站

馬赤親率本路及都水監官併工脩築於至治元年正月興工脩隄岸四十六處該役一百二十五萬六千四百九十四工凡用夫三萬一千四百一十三人文宗至順元年六月曹州濟陰縣河防官本縣尹郝承務言六月五日魏家道口黃河舊隄將決不可脩築以此差募民夫刱脩護水月隄東西長三百九步下闊六步高一丈又緣水勢瀚漫復於近北築月隄東西長一千餘步下廣九步其功未竟至二十一日水忽泛溢新舊三隄一時咸決明日外隄復壞急率民閉塞而湍流迅猛有蛇時出沒於中所下樁土一

掃無遺又舊隄歲久多有缺壞差夫併工築成二十餘步其魏家道口缺隄東西五百餘步深二丈餘外隄缺口東西長四百餘步又磨子口護水隄低薄不足禦水東西長一千五百步魏家道口卒未易脩先差夫補築磨子口七月十六日興工二十八日工畢二十二日按視至朱從馬頭西舊隄缺壞東西長一百七十餘步計料隄外貼築五步增高一丈二尺與舊隄等上廣二步於磨子口脩隄夫內摘差三百一十人於是月二十三日入役至閏七月四日工畢郝承務又言魏家道口塼堌等村缺破隄堰累下椿土

衝洗不存若復閉築緣缺隄周回皆泥淖人不可居薪無取土之處又沛郡安樂等保去歲旱災今復水滂漂禾稼壞室廬民皆缺食難於差倩其不經水害村保民人先已遍差補築黃家橋磨子口諸處隄堰似難重役如俟秋涼水退倩夫脩理庶蘇民力今衝破新舊堤七處共長一萬二千二百二十八步下廣十二步上廣四步高一丈二尺計用夫六千三百四人椿九百九十箒筍一千三百二十草一萬六千五東六十尺爲一工無風雨妨工度五十日可畢本縣準言至八月三十日差夫二千四百二十關請郝承務督役郝承務又言九月三日興工脩築至十八日大風十九日雨二十四日復雨緣此辛馬頭孫家道口障水隄堰又壞計工役倍於元數移文本縣添差二千人同築二十六日元與武成定陶二縣分築魏家道口八百二十步脩完十月二日至辛馬頭孫家道口從實丈量元缺隄南北闊一百四十步內水地五十步深者至二丈淺者不下八九尺依元料用椿箔補築至七日完又於本處刱築月隄一道西北東南斜長一千六百二十七步內武成定陶分築一百五十步實築一千四百七十七步外有元料堌頭魏

家道口外隄未築即欲興工緣冬寒土凍擬俟來春併工脩理官民兩便

濟州河

濟州河者新開以通漕運也世祖至元十七年七月耿參政阿里尚書奏爲姚演言開河事令阿合馬與耆舊臣集議以鈔萬錠爲傭直仍給糧食世祖從之十八年九月中書丞相火魯火孫等奏姚總管等言請免益都淄萊寧海三州一歲賦入折傭直以爲開河之用平章阿合馬與諸老臣議以爲一歲民賦雖多較之官給傭直行之甚便遂從之十月火魯火孫

等奏阿八失所開河經濟州而其地又有一河傍有民田開之甚便臣等議若開此河阿八失所管一方屯田宜移之他處不阻水勢世祖令移之十二月差奧魯赤劉都水及精筭數者一人給宣差印往濟州定開河夫役令大名衛州新附軍亦往助工三十一年御史臺言膠萊海道淺澁不能行舟臺官玉速帖木兒奏阿八失所開河省遣牙亦速失來謂漕船泛河則失少泛海則損多既而漕臣囊加解萬戶孫偉又言漕海舟疾且便右丞麥术丁又奏斡奴兀奴解凡三移文言阿八失所開河益少損多不便轉漕水

手軍人二萬舟千艘見閑不用如得之可歲漕百萬石昨奉旨候忙古解來共議海道便則阿八失河可廢今忙古解已自海道運糧回有一二南人自願運糧萬石已許之囊加解孫萬戶復請用軍驗試海運省院官暨衆議阿八失河所用水手五千軍五千船千艘畀揚州省教習漕運今擬以此水手軍人就用平灤船從利津海漕運世祖從之阿八失所開河遂廢

滏河

滏河者引滏水以通洺州城濠者也至元五年十月洺磁路言洺州城中井泉鹹苦居民食用多作疾且死者衆請疏滌舊渠置壩牐引滏水分灌洺州城濠以濟民用計會河渠東西長九百步闊六尺深三尺二尺爲工役工四百七十五民自備用器歲二次放牐且不妨漕事中書省準其言

廣濟渠

廣濟渠在懷孟路引沁水以達于河世祖中統二年提舉王允中大使楊端仁奉詔開河渠凡募夫千六百五十一人內有相合爲夫者通計使水之家六千七百餘戶一百三十餘日工畢所修石堰長一百餘

步闊三十餘步高一丈三尺石斗門橋高二丈長十步闊六步渠四道長闊不一計六百七十七里經濟源河內河陽溫武陟五縣村坊計四百六十三處渠成甚益於民名曰廣濟三年八月中書省臣忽魯不花等奏廣濟渠司言沁水渠成今已驗工分水恐久遠權豪侵奪乃下詔依本司所定水分已後諸人毋得侵奪至文宗天曆三年三月懷慶路同知阿合馬言天久亢旱夏麥枯槁秋穀種不入土民匱於食近因訪問耆老咸稱舟水澆漑近山田土居民深得其利有沁水亦可漑田中統間王學士亦爲天旱奉詔

開此渠募自願人戸於大行山下沁口古蹟置分水渠口開濬大河四道歴温陟入黄河約五百餘里渠成名曰廣濟設官提調遇旱則官爲斟酌驗工多寡分水澆溉濟源河内河陽温武陟五縣民田三千餘頃咸受其賜二十餘年後因豪家截河起堰立碾磨壅遏水勢又經霖雨渠口淤塞隄堰頹圯河渠司尋亦革罷有司不爲整治因致廢壞今五十餘年分水渠口及舊渠跡俱有可考若蒙依前浚治引水溉田於民大便可令河陽河内濟源温武陟五縣使水人戸自備工力疏通分水渠口立牐起堰仍委諳知水

利之人多方區畫遇旱視水緩急撤牐通流驗工分水以灌溉若霖雨泛漲閉牐退還正流禁治不得截水置碾磨栽種稻田如此則澇旱有備民樂趍利請移文孟州河内武陟縣委官講議尋據孟州等處申親詣沁口諮詢耆老言舊日沁水正河内築土堰遮水入廣濟渠岸北雖有減水河道不能吞伏後值霖雨蕩没田禾以此堵閉今若枋口上連土岸及於浸水正河置立石堰與枋口相平如遇水溢閉塞牐口使水漫流石堰復還本河又從減水河分殺其勢如此庶不爲害約會河陽武陟縣尹與耆老等議若將

舊廣濟渠依前開濬減水河亦增開深闊禁安磨碾設立牐堰自下使水遇旱放牐澆田值澇閉牐退水公私便益懷慶路備申工部牒都水監囬文本路委官相視施行

三白渠

京兆舊有三白渠自元伐金以來渠堰缺壞土地荒蕪陜西之人雖欲種蒔不獲水利賦税不足軍興乏用太宗之十二年梁泰奏請差撥人戸牛具一切種蒔等物脩成渠堰比之旱地其收數倍所得粮米可以供軍太宗準奏就令梁泰佩元降金牌充宣差規

措三白渠使郭時中副之直隸朝廷置司於雲陽縣所用種田戸及牛畜別降旨付塔海紺不於軍前應副是月敕喻塔海紺不近梁泰奏脩三白渠事可於汝軍前所獲有妻少壯新民量撥二千戸及木工二十人官牛内選肥腯齒小者一千頭内乳牛三百以畀梁泰等如不敷於各千戸百戸内貼補限今歲十一月内交付數足趁十二月入工其耕種之人所收之米正爲接濟軍粮如發遣人戸之時或闕少衣裝於各千戸百戸内約量支給差軍護送出境沿途經過之處亦爲防送毋致在逃走逸驗路程給以行粮

大口一升小者半之

洪口渠

洪口渠在奉元路英宗至治元年十月陝西屯田府言自秦漢至唐宋年例八月差使水戶自涇陽縣西仲山下截河築洪堰改涇水入白渠下至涇陽縣北白公斗分爲三限并平石限蓋五縣分水之要所北限入三原櫟陽雲陽中限入高陵南限入涇陽澆溉官民田七萬餘畝近至大三年陝西行臺御史王承德言涇陽洪口展脩石渠爲萬世之利由是會集奉元路三原涇陽臨潼高陵諸縣洎涇陽渭南櫟陽諸

屯官及耆老議如準所言展脩石渠八十五步計四百二十五尺深二丈廣一丈五尺計用石十二萬七千五百尺人日採石積方一尺工價二兩五錢石工二百丁夫三百金火匠二用火焚水淬日可鑿石五百尺二百五十五日工畢官給其粮食用具丁夫就役使水之家顧匠傭直使水戶均出陝西省議計所用錢粮不及二年之費可謂一勞永逸准所言便都省準委屯田府達魯花赤只里赤督工自延祐元年二月十日發夫匠入役至六月十九日委官言石性堅厚鑿僅一丈水泉湧出近前續展一十七步石積

二萬五千五百尺添夫匠百人日鑿六百尺二百四十二日可畢文宗天曆二年三月屯田總管兼管河渠司事郭嘉議言去歲六月三日驟雨涇水泛漲元脩洪堰及小龍口盡圯水歸涇白渠內水淺爲此計用十四萬九千五百十一工役丁夫一千六百度九十三日畢於使水戶內差撥每夫就持麻一斤鐵一斤繫囤取泥索各一長四十尺草苫一長七尺厚二寸陝西省準屯田府照洪口自秦至宋一百二十激經由三限自涇陽下至臨潼五縣分流澆溉民田七萬餘頃驗田出夫千六百人自八月一日修堰至十

月放水溉田以爲年例近因奉元亢旱五載失稔人皆相食流移疫死者十七八今差夫又令就出用物實不能辦集竊詳涇陽水利雖分三限引水溉田緣三原等縣地理遥遠不能依時周遍涇陽北近俱在上限并南限中限用水最便令次脩堰除見在戶依例差役其逃亡之家合出夫數宜令涇陽縣近限水利戶添差一人官日給米一升併工脩治省準出鈔八百錠委耀州同知李承事洎本府總管郭嘉議及各勵正官計工役照時直糴米給散李承事督夫脩築至十一月十六日畢

揚州運河

運河在揚州之北宋時嘗設軍疏滌世祖取宋之後河漸壅塞至元末年江淮行省嘗以爲言雖有旨濬治有司奉行未見實效仁宗延祐四年十一月兩淮運司言鹽課甚重運河淺澁無源止仰天雨請加脩治明年二月中書移文河南省選官洎運司有司官相視會計工程費用於是河南行省委都事張奉政及淮東道宣慰司官運司官會州縣倉場官徧歷巡視集議河長二千三百五十里有司差瀕河有田之家顧倩丁夫開脩一千八百六十九里倉場鹽司不

妨辦課協濟有司開脩四百八十二里運司言近歲課額增多而船竈戶日益貧苦宜令有司通行脩治省減官錢省臣奏準諸色戶內顧募丁夫萬人日支鹽粮錢二兩計用鈔二萬錠於運司鹽課及減駁船錢內支用差官與都水監河南行省淮東宣慰司官專董其事廉訪司體察樞密院遣官鎮遏乘農隙併工疏治

練湖

練湖在鎮江元有江南之後豪勢之家於湖中築隄圍田耕種侵占既廣不足受水遂致泛溢世祖末年參政暗都剌奏請依宋例委人提調疏治其侵占者驗畝加賦至治三年十二月省臣奏江浙行省言鎮江運河全藉練湖之水爲上源官司漕運供億京師及商賈販載農民來往其舟楫莫不由此宋時專設人夫以時脩濬練湖瀦蓄潦水若運河淺阻開放湖水一寸則可添河水一尺近年淤淺舟楫不通凡有官物差民運遞甚爲不便委官相視疏治運河自鎮江路至呂城壩長百三十一里計役夫萬五百十三人六十日可畢又用三千餘人浚滌練湖九十日可完人日支粮三升中統鈔一兩行省行臺分官監督

所用船物今歲預備來春興工合行事宜依江浙行省所擬既得旨都省移文江浙行省委參政董中奉率合屬正官親臨督役於是董中奉言所委前都水少監崇明州知州任奉政鎮江路總管毛中議等議練湖運河此非一事宜依假山諸湖農民取泥之法用船千艘船三人用竹籥撈取淤泥日可三載月計九萬載三月之間通取二十七萬載就用所取泥增築湖岸自鎮江在城程公壩至常州武進縣呂城壩河長百三十一里一百四十六步擬開河面闊五丈底闊三丈深四尺與見有水二尺可積深六尺所役

夫於平江鎮江常州江陰州及建康路所轄溧陽州田多上戶內差倩若濬湖開河二役並興卒難辦集宜趂農隙先開運河工畢就濬練湖省準所言與都事王徵事等於泰定元年正月至鎮江丹陽縣泊各監工官沿湖相視上湖沙岡黃土下湖茭根叢雜泥亦堅硬不可簡取又議兩役並興相離三百餘里往來監督供給爲難頗以所督夫一萬三千五百十二人先開運河期四十七日畢次濬練湖二十日可完繼有江南行臺侍御史及浙西廉訪司副使俱至乃議首事運河備文咨稟遂於是月十七日入役二月

十八日省臣奏開濬運河練湖重役也宜依行省所議仍令便宜從事後各監工官言已分運河作三壩依元料深闊丈尺開浚至三月四日工畢數內平江崑山嘉定二州實役二十六日常熟吳江二州長洲吳縣實役二十八日餘皆役三十日已於三月七日積水行舟又監脩練湖官言任奉議指劃元料增築隄堰及舊有土基共增闊一丈二尺平面至高底灘脚增築共量斜高二丈五尺依中堰西石䃮東舊隄卧羊灘脩築如舊隄高闊已及所料之上者遇有崩缺脩築今完中堰西石䃮至五百婆隄西上增高土一尺有缺亦補之五百婆隄至馬林橋隄水勢稍緩不須脩治其隄底間有滲漏者窒塞之三月六日破土九日入役至十一日工畢實役三日歸勘任少監元料開運河夫萬五百十三人六十日畢濬練湖夫三千人九十日畢人日支鈔一兩米三升共該鈔萬八千一十四錠二十兩米二萬七千二十一石六斗實徵夫萬三千五百十二人共役三十三日支鈔八千六百七十九錠三十六兩粮萬三千十九石五斗八升比附元料省鈔九千三百三十四錠三十四兩粮萬四千二石二升其練湖未畢相視地形水勢再

議參政董中奉又言練湖舊有湖兵四十三人添補五十七名共百人於本路州縣苗粮三石之下二石之上差充專任脩築湖岸設提領二員壕寨二人司吏三人於有出身人內選用工部議練湖所設提領人等印信即同湖兵宜咨本省遍行議擬又鎮江路言運河練湖令已開濬若不設法関防徒勞民力除関本路達魯花赤兀魯失海牙總治其事同知哈散知事程郇專管啓閉斗門行省從之

吳松江

浙西諸山之水受之太湖下爲吳松江東匯澱山湖

以入海而潮汐来往逆湧濁沙上湮河口是以宋時設置撩洗軍人專掌脩治元既平宋軍士罷散有司不以爲務勢豪租占爲蕩爲田州縣不得其人輒行許準以致湮塞不通公私俱失其利久矣至治三年江浙省臣方以爲言就委嘉興路治中高朝列湖州路知事丁將仕同本處正官體究舊曾疏濬通海故道及新生沙漲礙水處所商度開濬圖呈據丁知事等官按視講究合開濬河道五十五處内常熟州九處十三段該工百三十二萬一千五百六十二崑山州十一處九十五里用工二萬七千四日役夫四百

五十六宜於本州有田一頃之上戶内驗田多寡筭量里步均派自備粮赴功疏濬正月上旬興工限六十日工畢二年一次舉行嘉定州三十五處五百三十八里該工百二十六萬七千五十九日支粮一升計米萬二千六百七十石五斗九升日役夫二萬一千一百一十七六十日畢工程浩大米粮數多乞依年例勸率附河有田用水之家自備口粮佃戶傭力開濬奈本州連年被災今歲尤甚力有不逮宜從上司區處高治中會集松江府各州縣官按視議合濬河渠華亭縣九處計五百二十八里該工九百六十

八萬四千八百八十二役夫十六萬一千四百一十四人日支粮二升計米十九萬三千六百九十七石六斗四升上海縣十四處計四百七十一里該工千二百三十六萬八千五十二日役夫二萬六千一百三十四人日支粮二升計二十四萬七千三百六十一石四升六十日工畢官給之粮傭民疏治如下年豐稔勸率有田之家五十畝出夫一人十畝之上驗數合出止於本保開濬其權勢之家置立魚斷并沙塗栽葦者依上出夫其上海嘉定連年旱澇皆緣河口湮塞旱則無以灌溉澇則不能流洩累致凶歉官

民俱病至元三十年以後兩經疏闢稍得豐稔比年又復壅閉勢家愈加租占雖得微賦實失大利上海縣歲收官粮一十七萬石民粮三萬餘石略舉似延祐七年災傷五萬八千七百餘石至治元年災傷四萬九千餘石二年十萬七千餘石水旱連年殆無虛歲不惟虧欠官粮復有賑貸之費近委官相視地形講議疏濬其通海大江未易遽治舊有河港聯絡官民田土之間藉以灌溉者今皆填塞必須疏通以利耕種欲令有田人戶自爲開濬而工役浩繁民力不能獨成由是議上海嘉定河港宜令本處所管軍民

站竈僧道諸色有田者以多寡出夫自備粮作治州縣正官督役其豪勢租占蕩田妨水利者並與除闢本處民田稅粮全免一年官租減半今秋收成下年農隙舉行行省行臺廉訪司官巡鎮外據華亭崑山常熟州河港比上海嘉定緩急不同難爲一體從各處勸農正官督有田之家備粮併工脩治若遽興工陰陽家言癸亥年動土有忌預爲咨禀可否至泰定元年十月十九日右丞相旭邁傑等奏江浙省言吳松江等處河道壅塞宜爲疏滌仍立牐以節水勢計用四萬餘人今歲十二月爲始至正月終六十日可

畢用二萬餘人二年可畢其丁夫於旁郡諸色戶內均差依練湖例給備直粮食行省行臺廉訪司并有司官同提調臣等議此事官民兩便宜從其請若丁夫有餘止令一年畢命脫歡荅剌罕諸臣同提調專委左丞朶兒只班及前都水任少監董役得旨移文行省準擬疏治江浙省下各路發夫入役至二年閏正月四日工畢

澱山湖

太湖爲浙西巨浸上受杭湖諸山之水瀦蓄之餘分匯爲澱山湖東流入海世祖末年參政暗都剌言此湖在宋時委官差軍守之湖旁餘地不許侵占常疏其壅塞以洩水勢今既無人管領遂爲勢豪絕水築隄繞湖爲田湖狹不足瀦蓄每遇霖潦泛溢爲害昨本省官忙古䚟等興言疏治因受曹總管金而止張參議潘應武等相繼建言識者咸以爲便臣等議此事可行無疑然雖軍民相參選委廉幹官提督行省山住子行院董八都兒子行臺哈剌䚟令親詣相視會計合用軍夫擬稟世祖曰利益美事舉行已晩其行之既而平章鐵哥言委官相視計用夫十二萬百日可畢昨奏軍民共役今民丁數多不須調軍世祖

曰有損有益咸令均齊毋自疑惑其均科之至元三十一年世祖崩成宗即位平章鐵哥奏太湖澱山湖昨嘗奏過先帝差倩民夫二十萬疏掘已畢今諸河日受兩潮漸致沙漲若不依舊宋例令軍屯守必致坐隳成功臣等議常時工役撥軍樞府猶且恡惜屯守河道用軍八千必辭不遣澱山湖圍田賦粮二萬石就以募民夫四千調軍士四千與同屯守立都水防田使司職掌收捕海賊脩治河渠圍田命伯顏察兒暨樞密院議畢聞奏於是樞府言嘗奏澱山湖在宋時設軍屯守范殿帥朱張輩必知其故擬與省官

集議定稟奏有旨從之乃集樞府官及范殿帥等兵議朱張言宋時屯守河道用手號軍大處千人小處不下三四百隸巡檢司管領范殿帥言差夫四千非動摇四十萬戶不可若令五千軍屯守就委萬戶一員提調事或可行臣等亦以爲然與都水巡防萬戶府職名俾隸行院樞府官又言若與知源委之人詢其詳俟至都定議從之

鹽官州海塘

鹽官州去海岸三十里舊有捍海塘二後又添築鹹塘在宋時亦嘗崩陷成宗大德三年塘岸崩都省委

禮部郎中游中順洎本省官相視虛沙復漲難於施力至仁宗延祐己未庚申間海汛失度累壞民居陷地三十餘里其時省憲官共議宜於州後北門添築土塘然後築石塘東西長四十三里後以潮汐沙漲而止至泰定即位之四年二月間風潮大作衝捍海小塘壞州郭四里杭州路言與都水庸田司議欲於北地築塘四十餘里而工費浩大莫若先修鹹塘增其高闊填塞溝港且濬深近北備塘濠塹用樁密釘庶可護禦江潮省準下本路脩治都水庸田司又言宜速差丁夫當水人衝堵閉其不敷工役於仁和錢塘及嘉興附近州縣諸色人戶內斟酌差倩即目淪沒不已旦夕誠爲可慮工部議海岸崩摧重事也宜移文江浙行省督催庸田使司鹽運司及有司發丁夫修治毋致侵犯城郭貽害居民五月五日平章禿滿迭兒茶乃史參政等奏江浙省四月內潮水衝破鹽官州海岸令庸田司官徵夫修堵又令僧人誦經復差人令天師致祭臣等集議世祖時海岸嘗崩遣使命天師祈祀潮即退今可令直省舍人伯顏奉御香令天師依前例祈祀制曰可既而杭州路又言八月以來秋潮洶湧水勢愈大見築沙地塘岸東西

八十餘步造木櫃石囤以塞其要處本省左丞相脫歡等議安置石囤四千九百六十擡禦鉄嘴以救其急擬比浙江立石塘可爲久遠計工物用鈔七十九萬四千餘錠糧四萬六千三百餘石接續興修致和元年三月省臣奏江浙省并庸田司官修築海塘作竹籧篨內實以石鱗次疊壘以禦潮勢今又淪陷入海見圖修治儻得堅久之策移文具報臣等集議此重事也旦夕駕幸上都分官扈從不得圓議今差戶部尚書李家奴工部尚書李嘉賓樞密院屬衛指揮青山副使洪灝宣政僉院南哥班與行省左丞相脫

徽及行臺行宣政院庸田使司諸臣會議脩治之方合用軍夫除戍守州縣關津外酌量差撥從便添支口粮合役丁力附近有田之民及僧道也里可温荅失蠻等戶内點倩凡工役之時諸人毋或沮壞違者罪之合行事務提調官移文稟奏施行有旨從之四月二十八日朝廷所委官洎行省臺院及庸田司等官議大德延祐欲建石塘未就泰定四年春潮水異常增築土塘不能抵禦議置板塘以水湧難施工遂作蘧篨木櫃間有漂沉欲踵前議疊石塘以圖久遠爲地脉虚浮比定海澉江海鹽地形水勢不同由是

造石囤於其壞處疊之以救目前之急已置石囤二十九里餘不曾崩陷略見成効庸田司與各路官同議東西接壘石囤十里其六十里塘下舊河就取土築塘鑿東山之石以備崩損文宗天曆元年十一月都水庸田司言八月十日至十九日正當大汛潮勢不高風平水穩十四日祈請天妃入廟自本州嶽廟東海北護岸鱗鱗相接十五日至十九日海岸沙漲東西長七里餘南北廣或三十步或數十百步漸見南北相接西至石囤已及五都脩築捍海塘與鹽塘相連直抵巖門障禦石囤東至十一都六十里塘東至東大尖山嘉興平湖三路所脩處海口自八月一日至二日探海二丈五尺至十九日二十日探之先二丈者今一丈五尺先一丈五尺者今一丈西自六都仁和縣界赭山雷山爲首添漲沙塗已過五都四都鹽官州廨東西二都沙土流行水勢俱淺二十日復巡視自東至西岸脚漲沙比之八月十七日漸增高闊二十七日至九月四日大汛本州嶽廟東西水勢俱淺漲沙東過錢家橋海岸元下石囤木植並無頹圮水息民安於是改鹽官州曰海寧州

龍山河道

龍山河在杭州城外歲久淤塞武宗至大元年江浙省令史裴堅言杭州錢塘江近年以來爲沙塗壅漲潮水遠去離北岸十五里舟楫不能到岸商旅往來募夫搬運十七八里使諸物翔湧生民失所遞運官物甚爲煩擾訪問宋時並江岸有南北古河一道名龍山河今浙江亭南至龍山牐約一十五里糞壤填塞兩岸居民間有侵占迹其形勢宜改脩運河開掘沙土對牐搬載直抵浙江轉入兩處市河免擔負之勞生民獲惠省下杭州路相視錢塘縣城南上隅龍山河至横河橋委係舊河居民侵占起建房屋若干

闕以接運河公私大便計工十五萬七千五百六十六日役夫五千二百五十二度可三十日畢所役夫於本路錄事司仁和錢塘縣富實之家差倩就持畚檐鍬钁應役人日支官粮二升該米三千一百五十一石三斗二升河長九里三百六十二步造石橋八立上下二牐計用鈔一百六十三定二十三兩四錢七分七釐省准咨請丞相脫脫摠治其事於仁宗延祐三年三月七日興工至四月十八日工畢

志卷第十七下　元史六十六

翰林學士亞中大夫知制誥兼修國史臣宋濂　翰林待制承直郎同知制誥兼國史院編修官臣王禕等奉
勑修

河渠三

黃河

至正四年夏五月大雨二十餘日黃河暴溢水平地深二丈許北決白茅堤六月又北決金堤並河郡邑濟寧單州虞城碭山金鄉魚臺豐沛定陶楚丘武城以至曹州東明鉅野鄆城嘉祥汶上任城等處皆罹水患民老弱昬墊壯者流離四方水勢北侵安山沿入會通運河延袤濟南河間將壞兩漕司鹽場妨國計甚重省臣以聞朝廷患之遣使體量仍督大臣訪求治河方畧九年冬脫脫既復為丞相慨然有志於事功論及河決即言于帝請躬任其事帝嘉納之乃命集群臣議廷中而言人人殊唯都漕運使賈魯昌言必當治先是魯嘗為山東道奉使宣撫首領官循行被水郡邑具得脩捍成策後又為都水使者奉旨詣河上相視驗狀為圖以二策進獻一議脩築北堤以制橫潰其用功省一議疏塞並舉挽河使東行以復故道其功費甚大至是復以二策對脫脫韙其後

策議定乃薦魯于帝大稱旨十一年四月初四日下
詔中外命魯以工部尚書爲總治河防使進秩二品
授以銀印發汴梁大名十有三路民十五萬人廬州
等戍十有八翼軍二萬人供役一切從事大小軍民
咸稟節度便宜興繕是月二十二日鳩工七月疏鑿
成八月決水故河九月舟楫通行十一月水土工畢
諸埽諸堤成河乃復故道南匯于淮又東入于海帝
遣貴臣報祭河伯召魯還京師論功超拜榮祿大夫
集賢大學士其宣力諸臣遷賞有差賜丞相脫脫世
襲荅剌罕之號特命翰林學士承旨歐陽玄製河平

碑文以旌勞績玄既爲河平之碑又自以爲司馬遷
班固記河渠溝洫僅載治水之道不言其方使後世
任斯事者無所考則乃從魯訪問方畧及詢過客質
吏牘作至正河防記欲使來世罹河患者按而求之
其言曰治河一也有疏有濬有塞三者異焉釃河之
流因而導之謂之疏去河之淤因而深之謂之濬抑
河之暴因而扼之謂之塞疏濬之別有四曰生地曰
故道曰河身曰減水河生地有直有紆因直而鑿之
可就故道故道有高有卑高者平之以趨卑高卑相
就則高不壅卑不瀦慮夫壅生潰瀦生堙也河身者

水雖通行身有廣狹狹難受水水溢悍故狹者以計
闢之廣難爲岸岸善崩故廣者以計禦之減水河者
水放曠則以制其狂水隳突則以殺其怒治隄一也
有剏築脩築補築之名有刺水隄有截河隄有護岸
隄有縷水隄有石船隄治埽一也有岸埽水埽有龍
尾欄頭馬頭等埽其爲埽臺及推卷牽制薶挂之法
有用土用石用鐵用草用木用杙用絙之方塞河一
也有缺口有豁口有龍口缺口者已成川豁口者舊
常爲水所豁水退則口下於隄水漲則溢出於口龍
口者水之所會自新河入故道之漴也此外不能悉

書因其用功之次第而就述於其下焉其濬故道深
廣不等通長二百八十里百五十四步而強功始自
白茅長百八十二里繼自黃陵岡至南白茅闢生地
十里口初受廣百八十步深二丈有二尺已下停廣
百步高下不等相折深二丈及泉曰停曰折者用古
筭法因此推彼知其勢之低昂相準折而取匀停也
南白茅至劉莊村接入故道十里通折墾廣八十步
深九尺劉莊至專固百有二里二百八十步通折停
廣六十步深五尺專固至黃固墾生地八里面廣百
步底廣九十步高下相折深丈有五尺黃固至哈只

口長五十一里八十步相折停廣墾六十步深五尺
乃濬凹里減水河通長九十八里百五十四步凹里
村缺河口生地長三里四十步面廣六十步底廣四
十步深一丈四尺自凹里生地以下舊河身至張贊
店長八十二里五十四步上三十六里墾廣二十步
深五尺中三十五里墾廣二十八步深五尺下十里
二百四十步墾廣二十六步深五尺張贊店至楊青
村接入故道墾生地十有三里六十步面廣六十步
底廣四十步深一丈四尺其塞專固缺口脩隄三重
并補築凹里減水河南岸豁口通長二十里三百十

有七步其剏築河口前第一重西隄南北長三百三
十步面廣二十五步底廣三十三步樹置樁橛實以
土牛草葦雜稍相兼高丈有三尺隄前置龍尾大埽
言龍尾者伐大樹連梢繫之隄旁隨水上下以破囓
岸浪者也築第二重正隄并補兩端舊隄通長十有
一里三百步缺口正隄長四里兩隄相接舊隄置樁
堵閉河身長百四十五步用土牛草葦梢土相兼脩
築底廣三十步脩高二丈其岸上土工脩築者長三
里二百十有五步有奇高廣不等通高一丈五尺補
築舊隄者長七里三百步表裏倍薄七步增卑六尺

計高一丈築第三重東後隄并接脩舊隄高廣不等
通長八里補築凹里減水河南岸豁口四處置樁木
草土相兼長四十七步於是塞黃陵全河水中及岸
上脩隄長三十六里百三十六步其脩大隄刺水者
二長十有四里七十步其西復作大隄刺水者一長
十有二里百三十步內剏築岸上土隄西北起李八
宅西隄東南至舊河岸長十里百五十步顛廣四步
趾廣三之高丈有五尺仍築舊河岸至入水隄長四
百三十步趾廣三十步顛殺其六之一接脩入水兩
岸埽隄並行作西埽者夏人水工徵自靈武作東埽

者漢人水工徵自近畿其法以竹絡實以小石每埽
不等以蒲葦綿腰索徑寸許者從鋪廣可一二十步
長可二三十步又以曳埽索綯徑三寸或四寸長二
百餘尺者衡鋪之相間復以竹葦麻檾大繂長三百
尺者為管心索就繫綿腰索之端於其上以草數千
束多至萬餘勻布厚鋪於綿腰索之上櫜而納之丁
夫數千以足踏實推卷稍高即以水工二人立其上
而號於衆衆聲力舉用小大推梯推卷成埽高下長
短不等大者高二丈小者不下丈餘又用大索或五
為腰索轉致河濱選健丁操管心索順埽臺立踏或

掛之臺中鐵猫大橛之上以漸縋之下水埽後掘地為渠陷管心索渠中以散草厚覆築之以土其上復以土牛雜草小埽稍土多寡厚薄先後隨宜脩疊為埽臺務使牽制上下縝密堅壯互為犄角埽不動搖日力不足火以繼之積累既畢復施前法卷埽以壓先下之埽量水淺深制埽厚薄疊之多至四埽而止兩埽之間置竹絡高二丈或三丈圍四丈五尺實以小石土牛既滿繫以竹纜其兩旁並埽密下大椿就以竹絡上大竹腰索繫於椿上東西兩埽及其中竹絡之上以草土等物築為埽臺約長五十步或百步再下埽即以竹索或麻索長八百尺或五百尺者一二雜厠其餘管心索之間俟埽入水之後其餘管心索如前薶掛隨以管心長索遠置五七十步之外或鐵猫或大椿曳而繫之通管束累日所下之埽再以草土等物通脩成隄又以龍尾大埽密掛於護隄大椿分析水埶其隄長二百七十步北廣四十二步中廣五十五步南廣四十二步自顛至趾通高三丈八尺其截河大隄高廣不等長十有九里百七十七步其在黃陵北岸者長十里四十一步築岸上土隄西北起東西故隄東南至河口長七里九十七步顛廣

六步趾倍之而強二步高丈有五尺接脩入水施土牛小埽梢草雜土多寡厚薄隨宜脩疊及下竹絡安大椿繫龍尾埽如前兩隄法唯脩疊埽臺增用白闌小石并埽上及前洊脩埽隄一長百餘步直抵龍口稍北欄頭三埽並行埽大隄廣與剌水二隄不同通前列四埽間以竹絡成一大隄長二百八十步北廣百一十步其顛至水面高丈有五尺水面至澤腹高二丈五尺通高三丈五尺中流廣八十步其顛至水面高丈有五尺水面至澤腹高五丈五尺通高七丈並剏築纏水橫隄一東起北截河大隄西抵西剌水大隄又一隄東起中剌水大隄西抵西剌水大隄通長二里四十二步亦顛廣四步趾三之高丈有二尺脩黃陵南岸長九里百六十步內剏岸土隄東北起新補白茅故隄西南至舊河口高廣不等長八里二百五十步乃入水作石船大隄蓋由是秋八月二十九日乙巳道故河流先所脩北岸西中剌水及截河三隄猶短約水尚少力未足恃決河埶大南北廣四百餘步中流深三丈餘益以秋漲水多故河十之八兩河爭流近故河口水刷岸北行洄漩湍激難以下埽且埽行或遲恐水盡湧入決河因淤故河前功遂

𩔖會乃精思障水入故河之方以九月七日癸丑逆流排大船二十七艘前後連以大桅或長樁用大麻索竹絙絞縛綴爲方舟又用大麻索竹絙用船身繳繞上下令牢不可破乃以鐵猫於上流硾之水中又以竹絙絶長七八百尺者繫兩岸大橛上每絙或硾二舟或三舟使不得下船腹畧鋪散草滿貯小石以合子板釘合之復以埽密布合子板上或二重或三重以大麻索縛之急復縛橫木三道於頭桅皆以索維之用竹編笆夾以草石立之桅前約長丈餘名曰水簾桅復以木樁拄使簾不偃仆然後選水工便捷

者每船各二人執斧鑿立船首尾岸上撾鼓爲號鼓鳴一時齊鑿須臾舟穴水入舟沉遏決河水怒溢故河水暴增即重樹水簾令後復布小埽土牛白闌長梢雜以草土等物隨宜塡垛以繼之石船下詣實地出水基趾漸高復卷大埽以壓之前船勢畧定尋用前法沉餘船以竟後功昏曉百刻役夫分番甚勞無少間斷船隄之後草埽三道並舉中置竹絡盛石並埽置椿繫纜四埽及絡一如修北截水隄之法第以中流水深數丈用物之多施功之大數倍他隄船隄距北岸纔四五十步勢迫東河流峻若自天降深淺

叵測於是先卷下大埽約高二丈者或四或五始出水面修至河口一二十步用工尤艱薄龍口喧豗猛疾勢撼埽基陷裂欹傾俄遠故所觀者股弁衆議騰沸以爲難合然勢不容已魯神色不動機觧捷出進官吏工徒十餘萬人日加奬諭辭旨懇至衆皆感激赴功十一月十一日丁巳龍口遂合決河絶流故道復通又於堤前通卷欄頭埽各一道多者或三或四前埽出水管心大索繫前埽硾後闌頭埽之後後埽管心大索亦繫小埽硾前闌頭埽之前後先羈縻以錮其勢又於所交索上及兩埽之間壓以小石白闌

土牛草土相半厚薄多寡相勢措置埽隄之後自南岸復修一隄抵已閉之龍口長二百七十步船隄四道成隄用農家塲圃之具曰轆軸者穴石立木如比櫛薶前埽之旁每步置一轆軸以橫木貫其後又穴石以徑二寸餘麻索貫之繫橫木上密掛龍尾大埽使夏秋潦水冬春凌簿不得肆力於岸此隄接北岸截河大隄長二百七十步南廣百二十步顛至水面高丈有七尺水面至澤腹高四丈二尺中流廣八十步顛至水面高丈有五尺水面至澤腹高五丈五尺通高七丈仍治南岸護隄埽一道通長百三十步南

岸護岸馬頭埽三道通長九十五步脩築北岸隄防高廣不等通長二百五十四里七十一步白茅河口至板城補築舊隄長二十五里二百八十五步曹州板城至英賢村等處高廣不等長一百三十三里二百步稍岡至碭山縣增培舊隄長八十五里二十步歸德府哈只口至徐州路三百餘里脩完缺口一百七處高廣不等積脩計三里二百五十六步亦思刺店縷水月隄高廣不等長六里三十步其用物之凡椿木大者二萬七千榆柳雜梢六十六萬六千帶梢連根株者三千六百藁秸蒲葦雜草以束計者七百

三十三萬五千有奇竹竿六十二萬五千葦蓆十有七萬二千小石二千艘繩索小大不等五萬七千所沉大船百有二十鐵纜三十有二鐵猫三百三十有四竹篾以斤計者十有五萬硾石三千塊鐵鑽萬四千二百有奇大釘三萬三千二百三十有二其餘若木龍蠶椽木麥稭扶椿鐵叉鐵吊枝麻搭火鉤汲水貯水等具皆有成數官吏俸給軍民衣糧工錢醫藥祭祀賑恤驛置馬乘及運竹木沉船渡船下椿等工鐵石竹木繩索等匠傭貲兼以和買民地為河併應用雜物等價通計中統鈔百八十四萬五千六百三十六錠有奇魯嘗有言水工之功視土工之功為難中流之功視河濱之功為難決河口視中流又難北岸之功視南岸為難用物之效草雖至柔柔能狎水水漬之生泥泥與草并力重如碇然維持夾輔纜索之功實多蓋由魯習知河事故其功之所就如此玄之言曰是役也朝廷不惜重費不吝高爵為民辟害脫脫能體上意不憚焦勞不恤浮議為國拯民魯能竭其心思智計之巧乘其精神膽氣之壯不惜劬瘁不畏譏評以報君相知人之明宜悉書之使職史氏者有所考證也先是歲庚寅河南北童謠云石人一

隻眼挑動黃河天下反及魯治河果於黃陵岡得石人一眼而汝潁之妖寇乘時而起議者往往以謂天下之亂皆由賈魯治河之役勞民動衆之所致殊不知元之所以亡者實基於上下因循狃於宴安之習紀綱廢弛風俗偷薄其致亂之階非一朝一夕之故所由來久矣不此之察乃獨歸咎於是役是徒以成敗論事非通論也設使賈魯不興是役天下之亂詎無從而起乎今故具錄玄所記庶來者得以詳焉

蜀堰

江水出蜀西南徼外東至于岷山而禹導之秦昭王

時蜀太守李冰鑿離堆分其江以灌川蜀民用以饒歷千數百年所過衝薄蕩齧又大爲民患有司以故事歲治隄防凡一百三十有三所役兵民多者萬餘人少者千人其下猶數百人役凡七十日不及七十日雖事治不得休息不役者日出三緡爲庸錢由是富者屈於貲貧者屈於力上下交病會其費歲不下七萬緡大抵出於民者十九藏于吏而利之所及不足以償其費矣元統二年僉四川肅政廉訪司事吉當普巡行周視得要害之處三十有二餘悉罷之召灌州判官張弘計曰若甃之以石則歲役可罷民力

可蘇矣弘曰公慮及此生民之福國家之幸萬世之利也弘遂出私錢試爲小堰堰成水暴漲而堰不動乃具文書會行省及蒙古軍七翼之長郡縣守宰下及鄉里之老各陳利害咸以爲便復禱于冰祠卜之吉於是徵工發徒以仍改至元元年十有一月朔日肇事于都江堰卽禹鑿之處分水之源也鹽井關限其西北水西關據其西南江南北皆東行北舊無江冰鑿以辟沬水之害中爲都江堰少東爲大小釣魚又東跨二江爲石門以節北江之水又東爲利民臺臺之東南爲侍郎楊柳二堰其水自離堆分流入于

南江南江東至鹿角又東至金馬口又東道大安橋入于成都俗稱大皂江江之正源也北江少東爲虎頭山爲鬪鷄臺臺有水則以尺畫之凡十有一水及其九其民喜過則憂沒其則則困又書深淘灘高作堰六字其旁爲治水之法皆冰所爲也又東爲離堆又東過凌虛步雲二橋又東至三石洞釃爲二渠其一自上馬騎東流過鄆入于成都古謂之外江此冰所穿二江也南江自利民臺有支流東南出萬工堰又東爲駱駝又東爲碓口繞青城而東鹿角之北涯有渠曰馬灞東流至成都入于南江渠東行二十餘

里水決其南涯四十有九每歲疲民力以塞之乃自其北涯鑿二渠與楊柳渠合東行數十里復與馬灞渠會而渠成安流自金馬口之西鑿二渠合金馬渠東南入于新津江罷藍淀黃水千金白水新興至三利十二堰北江三石洞之東爲外應顏上五斗諸堰外應顏上之水皆東北流入于外江五斗之水南入馬灞渠皆內江之支流也外江東至崇寧亦爲萬工堰堰之支流自北而東爲三十六洞過清白堰東入于彭漢之間而清白堰水潰其南涯延袤三里餘有司因潰以爲堰堰輒壞乃疏其北涯舊渠直流而東

罷其堰及三十六洞之役嘉定之青神有堰曰鴻化則授成其長吏應期而功畢若成都之九里隄崇寧之萬工堰彭之堋口豐潤千江石洞濟民羅脚諸堰工未及施則召長吏勉諭使及農隙爲之諸堰都江及利民臺之役最大侍郎楊林外應顏上五斗次之鹿角萬工駱駝碓口三利又次之而都江又居大江中流故以鐵萬六千斤鑄爲大龜貫以鐵柱而鎮其源然後即工諸堰皆甃以石範鐵以關其中取桐實之油和石灰雜麻絲而搗之使熟以苴罅漏岸善崩者密築江石以護之上植楊柳旁種蔓荊櫛比鱗次

賴以爲固蓋以數百萬計所至或疏舊渠以導其流或鑿新渠以殺其勢遇水之會則爲石門以時啓閉而泄蓄之用以節民力而資民利凡智力所及無不爲也初郡縣及兵家共掌都江之政延祐七年其兵官奏請獨任郡縣民不堪其役至是復合爲常歲獲水之利僅數月堰輒壞至是雖緣渠所置碓磑紡績之處以千萬計四時流轉而無窮其始至都江水深廣莫可測忽有大洲湧出其西南方可數里人得用事其間入山伐石崩石已滿隨取而足蜀故多雨自初役至工畢無雨雪故力省而功倍若有相之者五越月功告成而吉當普以監察御史召省臺上其功詔揭傒斯製文立碑以旌之是役也凡石工金工皆七百人木工二百五十人役徒三千九百人而蒙古軍居其二千糧爲石千有奇石之材取于山者百萬有奇石之灰以斤計者六萬有奇油半之鐵六萬五千斤麻五千斤最其工之直物之價以緡計者四萬九千有奇皆出於民之庸而在官之積者尚餘二十萬一千八百緡責灌守以貸于民歲取其息以備祭祀及淘灘脩堰之費仍蠲灌之兵民所常徭役俾專其力於堰事

涇渠

涇渠者在秦時韓使水工鄭國說秦鑿涇水自仲山西抵瓠口爲渠並北山東注于洛三百餘里以溉田蓋欲以罷秦之力使無東伐秦覺其謀欲殺之鄭曰臣爲韓延數年之命而爲秦建萬世之利秦以爲然使迄成之號鄭渠漢時有白公者奏穿渠引涇水起谷口入櫟陽注渭中袤二百里溉田四千五百餘頃因名曰白渠歷代因之皆享其利至宋時水衝齧失其故蹟熙寧間詔賜常平息錢助民興作自仲山旁開鑿石渠從高瀉水名豐利渠元至元間立屯田府

督治之大德八年涇水暴漲毀堰塞渠陝西行省命屯田府總管夾谷伯顔帖木兒及涇陽尹王琚疏導之起涇陽高陵三原櫟陽用水人户及渭南櫟陽涇陽三屯所人夫共三千餘人興作水通流如舊其制編荊爲囤貯之以石復填以草以土爲堰歲時葺理未嘗廢止至大元年王琚爲西臺御史建言於豐利渠上更開石渠五十一丈闊一丈深五尺積一十五萬三千工每方一尺爲一工自延祐元年興工至五年渠成是年秋改堰至新口泰定間言者謂石渠歲久水流漸穿逾下去岸益高至正三年御史宋秉亮

相視其堰謂渠積年坎取淤土疊壘於岸極爲高崇力難送土於上因請就岸高處開通鹿巷以便夫行廷議允可四年屯田同知牙八胡涇尹李克忠發丁夫開鹿巷八十四處削平土壘四百五十餘步二十年陝西行省左丞相帖里帖木兒遣都事楊欽脩治凡溉農田四萬五千餘頃

金口河

至正二年正月中書參議孛羅帖木兒都水傅佐建言起自通州南高麗莊直至西山石峽鐵板開水古金口一百二十餘里創開新河一道深五丈廣十五丈放西山金口水東流至高麗莊合御河接引海運至大都城內輸納是時脫脫爲中書右丞相以其言奏而行之廷臣多言其不可而左丞許有壬言尤力脫脫排羣議不納務於必行有壬因條陳其利害畧曰大德二年渾河水發爲民害大都路都水監將金口下閉閘板五年間渾河水勢浩大郭太史恐衝沒田薛二村南北二城又將金口已上河身用砂石雜土盡行堵閉至順元年因行都水監郭道壽言金口引水過京城至通州其利無窮工部官并河道提舉司大都路及合屬官員耆老等相視議擬水由二城

中間窒礙又盧溝河自橋至合流處自來未嘗有漁舟上下此乃不可行船之明驗也且通州去京城四十里盧溝止二十里此時若可行船當時何不於盧溝立馬頭百事近便卻於四十里外通州爲之又西山水勢高峻亡金時在都城之北流入郊野縱有衝決爲害亦輕今則在都城西南與昔不同此水性本湍急若加以夏秋霖潦漲溢則不敢必其無虞宗廟社稷之所在豈容僥倖於萬一若一時成功亦不能保其永無衝決之患且亡金時此河未必通行今所有河道遺跡安知非作而復輟之地乎又地形高下

不同若不作閘必致走水淺澁若作閘以節之則沙泥渾濁必致淤塞每年每月專人挑洗蓋無窮盡之時也且郭太史初作通惠河時何不用此水而遠取白浮之水引入都城以供閘垻之用蓋白浮之水澄清而此水渾濁不可用也此議方興傳聞於外萬口一辭以爲不可若以爲成大功者不謀於衆人言不足聽則是商鞅王安石之法當今不宜有此議既上丞相終不從遂以正月興工至四月功畢起閘放金口水流湍勢急沙泥壅塞船不可行而開挑之際毀民廬舍墳塋夫丁死傷甚衆又費用不貲卒以無功

繼而御史糾劾建言者孛羅帖木兒傅佐俱伏誅今附載其事于此用爲妄言水利者之戒

志卷第十七下

志卷第十八　元史六十七

翰林學士亞中大夫知制誥兼修國史臣宋濂　翰林待制承直郎同知制誥兼國史院編修官臣王禕等奉
勅修

禮樂一

傳曰禮者天地之序也樂者天地之和也致禮以治躬外貌斯須不莊不敬則慢易之心入之矣致樂以治心中心斯須不和不樂則鄙詐之心入之矣古之禮樂壹本於人君之身心故其爲用足以植綱常而厚風俗後世之禮樂既無其本唯屬執事者從事其間故僅足以美聲文而侈觀聽耳此治之所以不如

古也前聖之制至周大備周公相成王制禮作樂而教化大行邈乎不可及矣秦廢先代典禮漢因秦制起朝儀作宗廟樂魏晉而後五胡雲擾秦漢之制亦復不存矣唐初襲用隋禮太常多肄者教坊俗樂而已至宋承五季之衰因唐禮作太常因革禮而所製大晟樂號爲古雅及乎靖康之變禮文樂器掃蕩無遺矣元之有國肇興朔漠朝會燕饗之禮多從本俗太祖元年大會諸侯王于阿難河即皇帝位始建九斿白旗世祖至元八年命劉秉忠許衡始制朝儀自是皇帝即位元正天壽節及諸王外國來朝冊立皇

后皇太子群臣上尊號進太皇太后皇太后冊寶暨郊廟禮成群臣朝賀皆如朝會之儀而大饗宗親錫宴大臣猶用本俗之禮爲多若其爲樂則自太祖徵用舊樂於西夏太宗徵金太常遺樂於燕京及憲宗始用登歌樂祀天於日月山而世祖命宋周臣典領樂工又用登歌樂享祖宗于中書省既又命王鏞作大成樂詔括民間所藏金之樂器至元三年初用宮縣登歌文武二舞于太廟烈祖至憲宗八室皆有樂章三十年又撰社稷樂章成宗大德間製郊廟曲舞復撰宣聖廟樂章仁宗皇慶初命太常補撥樂工而

樂制日備大抵其於祭祀率用雅樂朝會饗燕則用燕樂蓋雅俗兼用者也元之禮樂揆之於古固有可議然自朝儀既起規模嚴廣而人知九重大君之尊至其樂聲雄偉而宏大又足以見一代興王之象其在當時亦云盛矣今取其可書者著於篇作禮樂志

制朝儀始末

世祖至元八年秋八月己未初起朝儀先是至元六年春正月甲寅太保劉秉忠大司農孛羅奉旨命趙秉溫史杠訪前代知禮儀者肄習朝儀既而秉忠奏曰二人習之雖知之莫能行也得旨許用十人遂徵儒生周鐸劉允中尚文岳忱關思義侯祐賢蕭琬徐汝嘉從亡金故老烏古倫居貞完顏復昭完顏從愈葛從亮于伯儀及國子祭酒許衡太常卿徐世隆稽諸古典參以時宜沿情定制而肄習之百日而畢秉忠復奏曰無樂以相須則禮不備奉旨搜訪舊教坊樂工得杖鼓色楊皓笛色曹楫前行色劉進教師鄭忠依律運譜被諸樂歌六月而成音聲克諧陳于萬壽山便殿帝聽而善之秉忠及翰林太常奏曰今朝儀既定請備執禮員有旨命丞相安童大司農孛羅擇蒙古宿衛士可習容止者二百餘人肄之期月七

年春二月奏以丙子觀禮前期一日布綿蕝金帳殿前帝及皇后臨觀于露階禮文樂節悉無遺失冬十有一月戊寅秉忠等奏請建官典朝儀帝命與尚書省論定以聞八年春二月立侍儀司以忽都于思也先乃爲左右侍儀奉御趙秉溫爲禮部侍郎兼侍儀司事周鐸劉允中爲左右侍儀使尚文岳忱爲左右直侍儀事關思義侯祐賢爲左右侍儀副使蕭琬徐汝嘉爲僉左右侍儀事烏古倫居貞爲承奉班都知完顏復昭爲引進副使葛從亮爲侍儀署令于伯儀爲尚衣局大使夏四月侍儀司奏請製內外仗如歷

代故事從之秋七月內外仗成遇八月帝生日號曰天壽聖節用朝儀自此始

元正受朝儀

前期三日習儀于聖壽萬安寺（或大興教寺）前二日陳設于殿庭至期大昕侍儀使引導從護尉各服其服入至寢殿前捧牙牌跪報外辦內侍入奏出傳制曰可侍儀使俛伏興皇帝出閤陞輦鳴鞭三侍儀使并通事舍人分左右引擎執護尉劈正斧中行導至大明殿外劈正斧直正門北向立導從倒卷序立惟扇置于錡侍儀使導駕時引進使同內侍官引宮人擎執導

從入至皇后宮庭捧牙牌跪報外辦內侍入啓出傳旨曰可引進使俛伏興皇后出閤陞輦引進使引導從導至殿東門外引進使分退押直至堊塗之次引導從倒卷出俟兩宮升御榻鳴鞭三劈正斧退立於露階東司晨報時雞唱畢尚引引殿前班皆公服分左右入日精月華門就起居位相向立通班舍人唱曰左右衛上將軍兼殿前都點檢臣某以下起居尚引唱曰鞠躬曰平身引至丹墀拜位知班報班齊宣贊唱曰拜通贊贊曰鞠躬曰拜曰興曰拜曰興曰都點檢稍前宣贊報曰聖躬萬福通贊贊曰復位曰拜曰興曰拜曰興曰平身曰搢笏曰鞠躬曰三舞蹈曰跪左膝三叩頭曰山呼曰山呼曰再山呼（凡傳山呼控鶴呼譟應和曰萬歲傳再山呼應曰萬萬歲後倣此）曰出笏曰就拜曰興曰拜曰興曰拜曰興曰平立宣贊唱曰各恭事兩班點檢宣徽將軍分左右升殿宿直以下分立殿前尚廐分立仗南管旗分立大明門南楹俟后妃諸王駙馬以次賀獻禮畢典引引丞相以下皆公服入日精月華門就起居位通班唱曰文武百僚開府儀同三司録軍國重事監修國史右丞相（具官無常）臣某以下起居典引贊曰鞠躬曰平身引至丹墀拜位知班報班齊宣贊唱曰拜

通贊贊曰鞠躬曰拜曰興曰拜曰興曰平身曰搢笏曰鞠躬曰三舞蹈曰跪左膝三叩頭曰山呼曰山呼曰再山呼曰出笏曰就拜曰興曰拜曰興曰拜曰興曰平身侍儀使詣丞相前請進酒雙引升殿前行樂工分左右引登歌者及舞童舞女以次升殿門外露階上登歌之曲各有名音中本月之律（先期儀鳳司運譜翰林院撰辭）丞相至宇下褥位立侍儀使分左右北向立俟前行色曲將半舞旋列定通贊唱曰分班樂作侍儀使引丞相由南東門入宣徽使奉隨至御榻前丞相跪宣徽使立于東南曲終丞相祝贊曰溥天率土祈

天地之洪福同上皇帝皇后億萬歲壽宣徽使荅曰如所祝丞相俛伏興退詣進酒位尚醞官以觴授丞相丞相搢笏奉觴北面立宣徽使復位前行色降舞旋至露階上教坊奏樂樂舞至第四拍丞相進酒皇帝舉觴宣贊唱曰殿上下侍立臣僚皆再拜通贊贊曰鞠躬曰拜曰興曰拜曰興曰平身丞相三進酒畢以觴授尚醞官出笏侍儀使雙引自南東門出復位樂止(至元七年進酒儀班首至殿前褥位立前行進曲尚醞官斟空盃自正門出授班首班首搢笏斟空杯由正門入至御榻前跪俟曲終以杯授尚醞官出笏祝贊宣徽使曰諾班首俛伏興班首宣徽使由南東門出各復位班首以下舞蹈山呼五拜百官分班教坊奏樂尚醞官進酒殿上下侍立臣僚皆再拜三進酒畢班首降至丹墀至元十八年十二月二十八日改今儀)通贊贊曰合班禮部官押進奏表章禮物二案至橫階下宣禮物舍人進讀禮物目至第二重階俟進讀表章官等(翰林國史院官人)一至宇下齊跪宣表目舍人先讀中外百司表目翰林院官讀中書省表畢皆俛伏興退降第一重階下立俟進讀禮物舍人陞階至宇下跪讀禮物目畢俛伏興退同降至橫階隨表章西行至右樓下侍儀仍領之禮物東行至左樓下太府受之宣贊唱曰拜通贊贊曰鞠躬曰拜曰興曰平身曰搢笏曰鞠躬曰三舞蹈曰跪左膝三叩頭曰山呼曰山呼曰再山呼

曰出笏曰就拜曰興曰拜曰興曰拜曰興曰平立僧道耆老外國蕃客以次而賀禮畢大會諸王宗親駙馬大臣宴饗殿上侍儀使引丞相等陞殿侍宴凡大宴馬不過一羊雖多必以獻人所獻之鮮及脯鱐折其數之半預宴之服衣服同制謂之質孫(宴饗樂節見宴樂篇)四品以上賜酒殿上典引引五品以下賜酒于日精月華二門之下宴畢鳴鞭三侍儀使導駕引進使導后還寢殿如來儀

天壽聖節受朝儀(如元正儀)

郊廟禮成受賀儀(如元正儀)

皇帝即位受朝儀

前期三日習儀于萬安寺前二日陳設于殿庭前一日設宣詔位于闕前至期大昕侍儀使引導從護尉各服其服至皇太子寢閤前捧牙牌跪報外辦内侍傳旨曰可侍儀使俛伏興皇太子出閤侍儀使前導由崇天門入升大明殿引進使引導從至皇太子妃閤前跪報外辦内侍出傳旨曰可引進使俛伏興前導由鳳儀門入俟諸王以國禮扶皇帝登寶位畢鳴鞭三尚引引點檢以下皆公服入就起居位(起居贊拜如元正儀)朝兩班點檢宣徽將軍宿直尚廄管旗各恭事俟

后妃諸王駙馬以次賀獻禮畢參議中書省事四人以箧奉詔書由殿左門入至御榻前參議中書省事跪奏詔文俛伏興以詔授典瑞使押寶畢置于箧對舉由正門出樂作至闕前以詔置于案文武百僚各公服就位北向立侍儀使稱有制宣贊唱曰拜通贊贊曰鞠躬曰拜曰興曰拜曰興曰平身曰班首稍前典引引班首至香案前通贊贊曰跪曰在位官皆跪司香贊曰搢笏通贊贊曰上香曰上香曰三上香曰出笏曰就拜曰興曰復位宣贊唱曰拜通贊贊曰鞠躬曰拜曰興曰拜曰興曰平身侍儀使以詔授左司

郎中郎中跪受同譯史稍西陛木榻東向宣讀通贊贊曰在位官皆跪讀詔先以國語宣讀隨以漢語譯之讀畢降榻以詔授侍儀使侍儀使置于案通贊贊曰就拜曰興曰拜曰興曰拜曰興曰搢笏曰鞠躬曰三舞蹈曰跪左膝三叩頭曰山呼曰山呼曰再山呼曰出笏曰就拜曰興曰拜曰興曰拜曰興曰平立典引引丞相以下皆公服入起居位（起居拜舞祝頌進酒獻表賜宴並同元正受朝儀）宴畢鳴鞭三侍儀使導駕引進使導后入寢殿如來儀次日以詔頒行

群臣上皇帝尊號禮成受朝賀儀

前期二日儀鸞司設大次于大明門外又設進冊案于殿內御座前之西進寶案于其東設受冊案于御座上之西受寶案于其東侍儀司設冊案于香案南寶案又于其南禮儀使位于前冊使冊副位于廷中北面引冊奉冊舉冊讀冊捧冊官位于右引寶奉寶舉寶讀寶捧寶官位于左以北爲上百官自金玉府迎冊寶奉安中書省如常儀前期一日右丞相率公卿朝服儀衛音樂導冊寶二案出自中書至闕前控鶴舁案方輿中道冊使等奉隨入大次內方輿舁案侍儀使引冊使以下由左門以出百官趨退至期大

昕右丞相以下百官各公服集闕廷儀仗護尉就位侍儀使禮儀使引導從導皇帝升大明殿引進使引導從導皇后升殿尚引引殿前班入起居位起居山呼拜舞畢宣贊唱曰各恭事皇太子諸王后妃公主以次升殿鳴鞭三侍儀使引冊引寶導冊寶由正門入樂作奉冊使右丞相率冊官由右門入奉寶使御史大夫率寶官由左門入至殿下置冊案于香案南寶案又舁于其南樂止侍儀使引冊使以下就起居位典引引群臣入就位通班舍人唱曰文武百僚具官臣某以下起居典引贊曰鞠躬曰平身引至丹墀

拜位宣贊唱曰拜通贊贊拜舞蹈山呼如常儀畢承奉班都知唱曰奉册使以下進上册寶侍儀司引册使以下進就位樂作掌儀贊曰奉册寶官稍前搢笏捧册寶侍儀使前導由中道升正階立宇下俟奉册使諸册官由右階隮奉寶使諸寶官由左階隮畢俱由左門入奉册寶至御榻褥位前册西寶東樂止掌儀贊曰捧册寶官稍前以册寶跪置于案曰出笏曰就拜曰興曰平身曰復位曰奉册使以下皆跪曰舉册官興俱至案前跪曰搢笏取册于匣置于盤對舉曰讀册官興俱至案前跪曰讀册讀册官稱臣某謹

讀册讀畢舉册官納册于匣興以授典瑞使出笏立于册案西南典瑞使置于受册案掌儀贊曰舉寶官興俱至案前跪曰搢笏取寶于盝對舉曰讀寶官興俱至案前跪曰讀寶讀寶官稱臣某謹讀寶讀畢舉寶官納寶于盝興以授典瑞使出笏立于寶案東南典瑞使置于受寶案掌儀贊曰奉册使以下皆就拜曰興曰平身參議中書省事四人以籠奉詔書由殿左門入至御榻前跪讀詔文如常儀授典瑞使押寶畢置于籠對舉由正門出至丹墀北置于詔案册使以下由南東門出就位聽詔如儀儀鸞使四人舁進

册寶案由左門出侍儀使引班首由左階隮前行色樂作至宇下樂止舞旋至露階立班首入殿宣徽使奉隨班首跪宣徽使西北向立班首致詞曰册寶禮畢願上皇帝皇后萬萬歲壽宣徽使應曰如所祝樂作通贊唱曰分班進酒畢班首由南東門出降階復位樂止通贊唱曰合班奏進表章禮物贊拜舞蹈山呼錫宴並如元正之儀

册立皇后儀

前期二日儀鸞司設發册寶案于大明殿御座前稍西設發寶案稍東掌謁設香案于皇后殿前設册案

于殿內座榻前稍西寶案稍東設受册案于座榻上稍西設受寶案于稍東侍儀司設板位册使副位于廷中北面册官位于右寶官位于左禮儀使位于册案前主節位于太尉左皇后殿廷亦如之至期大昕引贊叙太尉以下于闕廷各公服侍儀使禮儀使引册使引册奉册舉册讀册捧册官由月華門入侍儀使禮儀使引册副引寶奉寶舉寶讀寶捧寶官由日精門入至露階下依板位立侍儀使捧牙牌入至寢殿前跪報外辦內侍入奏出傳制曰可侍儀使俛伏興皇帝出閤升輦鳴鞭三侍儀使引導從導皇帝入

大明殿陛御座鳴鞭三司晨報時雞唱畢尚引引殿
前班入起居位（起居贊拜舞蹈山呼如儀）宣贊唱曰各恭事引贊
引冊使以下入就位掌儀舍人引承奉班都知侍儀
使禮儀使主節捧冊捧寶官升自左階由南東門入
至御座前分左右相向立掌儀贊曰禮儀使稍前跪
曰太尉以下皆跪禮儀使跪奏請進發皇后冊寶掌
儀贊曰就拜曰興曰平身曰太尉以下皆興曰復位
掌儀贊曰內謁者稍前曰搢笏曰捧冊寶跪進皇帝
曰以冊寶授捧冊寶官捧冊寶官跪受興掌儀贊曰
主節官搢笏持節禮儀使引節導冊寶由正門出至
露階南向立禮儀使稱有制承奉班都知唱曰太尉
以下皆再拜通贊曰鞠躬曰拜曰興曰拜曰興曰平
身禮儀使宣制曰命太尉某等持節授皇后冊寶通
贊贊曰鞠躬曰拜曰興曰拜曰興曰平身降至露階
下依次就位掌儀唱曰以冊寶置于案曰出笏曰復
位方輿舁以行樂作侍儀使禮儀使引太尉及冊寶
官奉隨至皇后宮庭奠案樂止掌儀唱曰捧冊寶官
稍前搢笏捧冊寶使太尉以下奉隨由正階躋至案
前掌儀贊曰以冊寶置于案曰出笏曰復位侍儀使
稍前跪報外辦內侍入啓出傳旨曰可侍儀使俛伏

興皇后出閤詣褥位太尉稱制遣臣某等恭授皇后
冊寶內侍贊禮曰跪掌儀贊曰太尉以下皆跪內侍
贊皇后曰上香曰上香曰三上香曰拜曰興曰拜曰
興掌儀贊曰太尉以下皆興皇后陞殿立于座榻前
承奉班都知唱曰太尉以下進冊寶掌儀唱曰捧冊
寶官稍前搢笏捧冊寶由正門至殿內掌儀贊曰以
冊寶跪置于案曰捧冊寶官出笏興復位曰太尉以
下皆跪曰舉冊官興至案前跪曰搢笏取冊于匣置
于盤對舉曰讀冊官興至案前跪曰讀冊讀冊官稱
臣某謹讀冊讀畢納冊于匣掌儀贊曰出笏舉寶官
興至案前跪搢笏取寶于盝對舉曰讀寶官興至案
前跪曰讀寶讀寶官稱臣某謹讀寶讀畢納寶于盝
掌儀贊曰出笏曰太尉以下皆就拜曰興曰平身捧
冊寶官以冊寶授太尉太尉以授掌謁掌謁以冊寶
置于受冊寶案掌儀唱曰太尉以下跪曰衆官皆跪
太尉致祝辭曰冊寶禮畢伏願皇后與天同筭司徒
應曰如所祝就拜興平身太尉進酒樂作皇后飲畢
樂止禮儀使引節引主節由正門以出侍儀使引太
尉以下由左門至階下北面立承奉班都知唱曰太
尉以下皆再拜通贊曰鞠躬曰拜曰興曰拜曰興曰

平立侍儀使引太尉以下還詣皇帝御座前跪奏曰奉制授皇后冊寶謹以禮畢就拜興由左門以出降詣旁折位侍儀使引導從導皇后詣大明殿前謝恩掌謁贊曰拜曰興曰拜曰興侍儀使分退掌謁導皇后升御座典引引丞相以下入起居位（起居贊拜如儀）侍儀使詣右丞相前請進酒雙引升殿至宇下褥位立侍儀使分左右北向立俟前行色曲將半舞旋列定通贊唱曰分班樂作侍儀使引右丞相由南東門入宣徽使奉隨至御榻前右丞相跪宣徽使立于東南曲終右丞相祝贊曰冊寶禮畢臣等不勝慶抃同上皇帝皇后萬萬歲壽宣徽使應曰如所祝右丞相俛伏興退詣進酒位（進酒進表章禮物贊拜僧道賀獻大宴殿上並如元正儀）宴畢鳴鞭三侍儀使導駕引進使導后還寢殿如來儀

冊立皇太子儀

前期三日右丞相率百僚至金玉局冊寶案前舍人贊曰鞠躬曰拜曰興曰拜曰興曰平身曰班首稍前曰跪曰在位官皆跪曰搢笏曰上香曰上香曰三上香曰出笏曰就拜曰興曰拜曰興曰拜曰興曰平身侍儀使舍人分引群臣儀衛音樂導至中書省正位安置前期二日儀鸞司設發冊案于大明殿御座西

發寶案于東典寶官設香案于太子殿前階上設冊案于西寶案于東又設受冊案于殿內座榻之西受寶案于東侍儀司設板位太尉冊使副位于大明殿廷太尉位居中冊官位于右寶官位于左禮儀使位于前主節官位于太尉之左太子殿廷亦如之樂位布置亦如之右丞相率百僚朝服至中書省冊寶案前敘立定舍人贊曰鞠躬曰拜曰興曰拜曰興曰平身曰班首稍前曰跪曰搢笏曰在位官皆跪曰上香曰上香曰三上香曰出笏曰就拜曰興曰拜曰興曰拜曰興曰平立舍人分引群臣儀衛導從音樂傘扇導至闕前控鶴舁案方輿官舁之由中道入崇天門冊使以下奉隨至露階下方輿官置冊案于西寶案于東分退立于兩廡冊使副北面引冊官舉冊官讀冊官捧冊官位于冊案西東向引寶官舉寶官讀寶官捧寶官位于寶案東西向掌儀舍人贊曰捧冊官稍前曰搢笏曰捧冊又贊曰捧寶官稍前曰搢笏曰捧寶侍儀使引進使引冊官引寶官前導捧冊寶官次之冊使副以下奉隨升大明殿午階由正門入至進發冊寶案前冊使副北面立引冊官引寶官舉冊官舉寶官以下分左右夾冊寶案立掌儀贊曰以冊

寶置于案曰出笏曰復位侍儀使引奉冊使以下由左門出百辟趨退至期大昕引贊引冊使以下皆公服叙位于闕廷侍儀使導從皇帝出閤鳴鞭三陛大明殿登御座尚引引殿前班入起居位起居贊拜如儀宣贊唱曰各恭事引贊引冊使以下入就位掌儀舍人引承奉班都知侍儀使禮儀使主節郎捧冊捧寶官升自左階由左門入至御座前分左右立掌儀贊曰禮儀使稍前曰跪曰衆官皆跪禮儀使奏請發皇太子冊寶掌儀唱曰就拜曰興曰平身曰衆官皆興曰復位曰内謁者稍前曰搢笏曰捧冊寶跪進皇

帝曰以冊寶授捧冊寶官捧冊寶官跪受興掌儀贊曰主節郎搢笏持節禮儀使引節導冊寶由正門以出至露階南向立禮儀使稱有制承奉班都知唱曰太尉以下皆再拜掌儀贊曰鞠躬曰拜曰興曰拜曰興曰平身禮儀使宣制曰上命太尉等持節授皇太子冊寶掌儀贊曰鞠躬曰拜曰興曰拜曰興曰平身禮儀使引節導冊寶降至露階下依次就位掌儀贊曰以冊寶置于案曰出笏曰復位方輿舁以行樂作侍儀使禮儀使主節前導冊使以下奉隨由正門出至闕前方輿奠案控鶴舁以行至皇太子殿廷控鶴

奠案方輿舁以行入至露階下奠案方輿退樂止冊使以下以次立掌儀贊曰捧冊寶官稍前搢笏捧冊寶侍儀使引節主節導冊寶以行冊使以下由正階隮節立于香案之西掌儀贊曰捧冊寶官跪以冊寶置于案曰出笏曰興曰就位右庶子跪報外備内侍入啓出傳旨曰可右庶子俛伏興皇太子出閤立于香案前掌儀贊曰皇太子跪曰上香曰上香曰三上香曰拜曰興曰拜曰興太尉前稱制遣臣某等恭授皇太子冊寶復位掌儀贊曰皇太子拜曰興曰拜曰興請皇太子詣褥位南向立曰皇太子跪曰諸執事

官皆跪曰舉冊官興至案前曰跪曰讀冊讀畢曰納冊于匣曰出笏掌儀唱曰舉寶官興至案前曰跪曰讀寶讀畢曰納寶于盝曰出笏曰舉冊寶官讀冊寶官皆興復位掌儀贊曰太尉進授冊寶侍儀使引太尉司徒至冊寶案前搢笏以冊寶跪進皇太子恭受以授左右庶子左右庶子搢笏跪受掌儀贊曰皇太子興冊使以下皆興右庶子捧冊左庶子捧寶導皇太子入殿右庶子奠冊于受冊案左庶子奠寶于受寶案引節引主節立于殿西北引贊引太尉以下降階復位北向立承奉班都知唱曰太尉以下皆再拜

掌儀贊曰鞠躬曰拜曰興曰拜曰興曰平身樂作侍儀使詣太尉前請進酒太尉入至殿內進酒畢降復位樂止侍儀使禮儀使主節導太尉以下還詣大明殿御座前跪奏曰奉制授皇太子冊寶謹以禮畢俛伏興降詣位侍儀使左右庶子導皇太子詣大明殿御座前謝恩右庶子贊曰拜曰興曰拜曰興進酒又贊曰拜曰興曰拜曰興降殿還府侍儀使詣右丞相前請進酒雙引升殿至宇下褥位立侍儀使分左右北向立俟前行色曲將半舞旋列定通贊唱曰分班樂作侍儀使右丞相由南東門入宣徽使奉隨至御

榻前右丞相跪宣徽使立于東南曲終右丞相祝贊曰皇太子冊寶禮畢臣等不勝慶忭同上皇帝皇后萬萬歲壽宣徽使應曰如所祝右丞相俛伏興退詣進酒位進酒進表章禮物贊拜如元正儀駕興鳴鞭三侍儀使導駕還寢殿如來儀皇太子還府陞殿典引引羣臣入就起居位通班自班西行至中道唱曰具官某以下起居典引贊曰鞠躬曰平身進就拜位宣贊唱曰拜通贊贊曰鞠躬曰拜曰興曰拜曰興曰平身侍儀使詣班首前請進酒雙引由左階至殿宇下褥位立侍儀分左右北向立俟前行色曲將半舞旋列定通贊唱曰分班班首入自左門右庶子隨至座前班首跪右庶子立于東南俟曲終班首致祝詞曰冊寶禮畢願上殿下千秋之壽右庶子應曰如所祝班首俛伏興退至進酒位搢笏捧觴北向立右庶子退復位俟舞旋至露階樂舞至第四拍班首進酒宣贊唱曰文武百僚皆再拜通贊贊曰鞠躬曰拜曰興曰拜曰興曰平身班首自東門出復位樂止通贊唱曰合班中書押進箋及禮物案至橫階下進讀箋官由左階隮進讀禮物官至階下俟進讀箋官至宇下先讀箋目次讀箋讀畢俛伏興降至階下進讀禮

物官升階至宇下跪讀禮物狀畢俛伏興退同讀箋官至橫階隨箋案西行至右廡下禮物案東行至左廡下各付所司宣贊唱曰拜通贊贊曰鞠躬曰拜曰興曰拜曰興曰平立右庶子導皇太子還閤

太皇太后上尊號進冊寶儀

前期二日儀鸞司設進發冊寶案于大明殿御座之前掌謁設進冊寶案于太皇太后殿座榻前設受冊寶案于座榻上並冊西寶東侍儀司設冊使副位于廷中北面冊官位右寶官位左禮儀使位于前以北爲上太皇太后殿廷亦如之至期大昕羣臣皆公服

敘位闕前侍儀使禮儀使引冊使引冊奉冊舉冊讀冊捧冊官由月華門入侍儀使禮儀使引冊副引寶奉寶舉寶讀寶捧寶官由日精門入至露階下依校位立侍儀使捧牙牌入至寢殿前跪報外辦內侍入奏出傳制曰可侍儀使俛伏興皇帝出閤升輦鳴鞭三入大明殿陞御座鳴鞭三司晨報時雞唱畢侍儀使禮儀使引冊使以下陞自東階由左門入至御榻前相向立掌儀贊曰奏中嚴侍儀使捧牙牌跪奏曰中嚴又贊曰就拜曰興曰平身曰復位曰禮儀使稍前跪曰冊使以下皆跪禮儀使奏請進發太皇太后

冊寶掌儀贊曰就拜曰興曰平身曰復位曰內謁者稍前曰搢笏奉冊寶上進曰冊使副捧冊寶官稍前曰搢笏曰內謁者跪進冊寶皇帝興以冊授冊使冊使跪受興以授捧冊官出笏以寶授冊副冊副跪受興以授捧寶官出笏侍儀使禮儀使引冊引寶官導冊寶由正門出冊使以下奉隨至階下掌儀贊曰以冊寶置于案曰出笏復位方輿舁行樂作侍儀使禮儀使引冊引寶前導冊使以下奉隨至興聖宮前奠案樂止侍儀使以導從入至太皇太后寢殿前跪報外辦掌謁入啓出傳旨曰可侍儀使俛伏興侍儀使

掌謁前導太皇太后陞殿導太皇太后時侍儀使入至大明殿跪奏冊寶至興聖宮請行禮駕興鳴鞭三侍儀使前引導從至興聖宮陞御座侍儀使出至案所樂作方輿入至露階下奠案冊使副立于案前冊官東向寶官西向方輿分退立于兩廡樂止尚引引殿前班入起居位相向立起居拜舞如元正儀禮畢宣贊唱曰各恭事贊引冊使以下退至起居位通班舍人唱曰攝某官具官（或太尉具官無常）臣某以下起居引贊贊曰鞠躬曰平身進入丹墀知班唱曰班齊宣贊唱曰拜通贊贊曰鞠躬曰拜曰興曰拜曰興曰平身

宣贊唱曰各恭事進至案前依位立宣贊唱曰太尉以下進上冊寶掌儀贊曰捧冊寶官稍前搢笏捧冊寶侍儀使引冊寶官前導冊使奉隨至御榻進冊寶案前掌儀唱曰跪捧冊寶官不跪曰以冊寶置于案曰捧冊寶官出笏復位曰太尉以下皆跪曰讀舉冊寶官與俱至案前跪掌儀贊曰舉冊官搢笏取冊于匣置于盤對舉曰讀冊讀冊官稱臣某謹讀冊讀畢舉冊官納冊于匣掌儀贊曰出笏曰舉寶官搢笏取寶于盝對舉曰讀寶讀寶官稱臣某謹讀寶讀畢舉寶官納寶于盝掌儀贊曰出笏曰就拜曰興曰平身

曰衆官皆興曰復位曰太尉司徒奉冊寶官稍前曰捧冊寶官稍前曰搢笏曰捧冊寶上進曰皇帝躬授太皇太后冊寶太皇太后以冊寶授內掌謁內掌謁置于案皇帝興進酒太皇太后舉觴飲畢皇帝復御座畢掌儀贊曰衆官皆復位侍儀使引冊使以下分左右出就位皇帝率皇后及后妃公主降丹墀北面拜賀陛殿皇太子及諸王拜賀陛殿典引引百官入就起居位通班舍人唱曰文武百僚具官臣某以下起居曰鞠躬曰平身引至丹墀拜位知班報班齊宣贊唱曰拜通贊贊曰鞠躬曰拜曰興曰拜曰興曰平身侍儀使詣班首前請進酒雙引至殿宇下褥位立俟舞旋列定通贊唱曰分班樂作侍儀使引班首由南東門入宣徽使奉隨至御榻前班首跪曲終班首祝贊曰冊寶禮畢臣等不勝欣抃願上太皇太后皇帝億萬歲壽宣徽使應曰如所祝班首俛伏興退詣進酒位（以下並同元正儀）

皇太后上尊號進冊寶儀（同前儀）

太皇太后加上尊號進冊寶儀（同前儀）

進發冊寶導從

清道官二人警蹕二人並分左右皆攝官服本品朝

服

雲和樂一部署令二人分左右次前行戲竹二次排簫四次簫管四次板二次歌四並分左右前行內琵琶二十次箏十六次箜篌十六次纂十六次方響八次頭管二十八次龍笛二十八爲三十三重（重四人）次杖鼓三十爲八重次板八爲四重板內大鼓二工二人舁八人樂工服並與鹵簿同法物庫使二人服本品服次朱團扇八爲二重次小雉扇八次中雉扇八次大雉扇八分左右爲十二重次朱團扇八爲二重次大傘二次華蓋二次紫方傘二次紅方傘二次曲蓋二並分左右執傘扇所服並同立仗

圍子頭一人中道次圍子八人分左右服與鹵簿內同

安和樂一部署令二人服本品服札鼓六爲二重前四後二次和鼓一中道次板二分左右次龍笛四次頭管四並爲二重次羌管二次笙二並分左右次雲璈一中道次纂二分左右樂工服與鹵簿內同

傘一中道椅左踏右執人皂巾大團花緋錦襖金塗銅束帶行縢鞋韈

拱衛使一人服本品服

舍人二人次引寶官二人並分左右服四品服
香案中道輿士控鶴八人服同立仗內表案輿士侍
香二人分左右服四品服
寶案中道輿士控鶴十有六人服同香案輿士方輿
官三十人夾香案寶案分左右而趨至殿門則控鶴
退方輿官舁案以陛唐巾紫羅窄袖衫金塗銅束帶
烏靴
引冊二人四品服
香案中道輿士控鶴八人服同寶案輿士侍香二人
分左右服四品服

冊案中道輿士控鶴十有六人服同寶案輿士方輿
官三十人夾香案冊案分左右而趨至殿門則控鶴
退方輿官舁案以陛巾服與寶案方輿官同
葆蓋四十人次閱仗舍人二人服四品服次小戟四
十人次儀鍠四十人夾雲和樂傘扇分左右行服同
立仗
供衛使二人服本品朝服次班劍十次梧杖十二次
斧十二次鐙杖二十次列絲十皆分左右次水罐左
金盆右次列絲十次立瓜十次金杌左鞭桶右蒙鞍
左散手右次立瓜十次卧瓜三十並夾葆蓋小戟儀
鍠分左右行服並同鹵簿內
拱衛外舍人二人服四品服引導冊諸官次從九品
以上次從七品以上次從五品以上並本品朝服
金吾折衝二人牙門旗二每旗引執五人次青矟四
十人赤矟四十人黃矟四十人白矟四十人紫矟四
十人並兜鍪甲靴各隨矟之色行導冊官外
冊案後舍人二人服四品服次太尉右司徒左次禮
儀使二人分左右次舉冊官四人右舉寶官四人左
次讀冊官二人右讀寶官二人左次閤門使四人分
左右並本品服

知班六人分左右服同立仗往來視諸官之失儀者
而行罰焉

冊寶攝官

上尊號冊寶凡攝官二百一十有六人奉冊官四人
奉寶官四人捧冊官二人捧寶官二人讀冊官二人
讀寶官二人引冊官五人引寶官五人典瑞官三人
糾儀官四人殿中侍御史二人監察御史四人閤門
使三人清道官四人點試儀衛五人司香四人備顧
問七人代禮官三十人拱衛使二人押仗二人方輿
一百六十人

上皇太后冊寶凡攝官百五十人攝太尉一人攝司徒一人禮儀使四人奉冊官二人奉寶官二人引冊官二人引寶官二人舉冊官二人舉寶官二人讀冊官二人讀寶官二人捧冊官二人捧寶官二人奏中嚴一人主當內侍十人閤門使六人充內臣十三人糾儀官四人代禮官四十二人掌謁四人司香十二人折衝都尉二人拱衛使二人清道官四人警蹕官四人方輿官百二十人

上太皇太后冊寶攝官同前

授皇后冊寶凡攝官百八十人攝太尉一人攝司徒

一人主節官二人禮儀使四人奉冊官二人奉寶官二人引冊官二人引寶官二人舉冊官二人舉寶官二人讀冊官二人讀寶官二人內臣職掌十人宣徽使二人閤門使四人代禮官三十七人侍香二人清道官四人折衝都尉二人警蹕官四人中宮內臣九人糾儀官四人接冊內臣二人接寶內臣二人方輿官七十四人

授皇太子冊凡攝官四十有九人攝太尉一人奉冊官二人持節官一人捧冊官二人讀冊官二人引冊官二人攝禮儀使二人主當內侍六人副持節官五人侍從官十一人代禮官十六人

攝行告廟儀（如受尊號上太皇太后皇太后冊寶冊立皇后皇太子凡國家大典禮皆告宗廟）

前期二日太廟令掃除內外翰林國史院學士譔寫祝文前一日告官等致齋一日其日告官等各服紫服奉祝版進請御署訖差控鶴用紅羅銷金案擡舁覆以黃羅帕并奉御香御酒如常儀迎至祀所齋宿告日質明前三刻禮直官引太廟令率其屬入廟殿開室陳設如儀禮直官引告官等各服紫服以次入就位東向立定禮直官稍前贊曰有司謹具請行事

贊者曰再拜在位者皆再拜禮直官先引執事者各就位次引告官詣盥洗爵洗位北向立搢笏盥手帨手洗爵拭爵訖執笏請詣酒尊所搢笏執爵司尊者舉冪良醞令酌酒以爵授奉爵官執笏詣太祖室再拜執事者奉香告官搢笏跪三上香執爵三祭酒以盞爵授奉爵官執笏俛伏興舉祝官搢笏跪對舉祝版讀祝官跪讀祝文訖奠祝於案執笏俛伏興禮直官贊告官再拜畢每室並如上儀告畢引告官以下降復位再拜訖詣望瘞燔祝再拜半燎告官以下皆退

國史院進先朝實録儀

是日大昕諸司官具公服立于光天門外侍儀使引實録案以入監修國史以下奉隨至光天殿前分班立皇帝陞御座宣贊唱曰拜通贊贊曰鞠躬曰拜曰興曰拜曰興曰平身待制四人奉實録陞自午階監修國史以下奉隨至御前香案南立衆官降復位應奉翰林文字陞至實録前跪讀表讀畢俛伏興復位翰林學士承旨陞至御前分班立俟御覽畢降復位宣贊唱曰監修國史以下皆再拜通贊贊曰鞠躬曰拜曰興曰拜曰興曰平身待制陞取實録降自午階

置于案由光天門以出音樂儀從前導還國史院置于堂上通贊贊曰鞠躬曰拜曰興曰拜曰興曰平身曰搢笏曰上香曰上香曰三上香曰出笏曰就拜曰興曰拜曰興曰拜曰興曰平立百僚趨退

志卷第十八

志卷第十九　元史六十八

翰林學士亞中大夫知制誥兼修國史臣宋濂　翰林待制承直郎兼國史院編修官臣王禕等奉
勑修

禮樂二

制樂始末

太祖初年以河西高智耀言徵用西夏舊樂太宗十年十一月宣聖五十一代孫衍聖公元措來朝言于帝曰今禮樂散失燕京南京等處亡金太常故臣及禮冊樂器多存者乞降旨收録於是降旨令各處管民官如有亡金知禮樂舊人可并其家屬徙赴東平

令元措領之於本路稅課所給其食十一年元措奉旨至燕京得金掌樂許政掌禮王節及樂工翟剛等九十二人十二年夏四月始命製登歌樂肄習于曲阜宣聖廟十六年太常用許政所舉大樂令苗蘭詣東平指授工人造琴十張一絃三絃五絃七絃九絃者各二憲宗二年三月五日命東平萬戶嚴忠濟立局製冠冕法服鐘磬筍虡儀物肄習五月十三日召太常禮樂人赴日月山八月七日學士魏祥卿徐世隆郎中姚樞等以樂工李明昌許政吳德段楫冠忠杜延年趙德等五十餘人見于行宮帝問制作禮樂

之始世隆對曰堯舜之世禮樂興焉時明昌等各執鍾磬笛簫箎塤巢笙於帝前奏之曲終復合奏之九三終十一日始用登歌樂祀昊天上帝于日月山祭畢命驛送樂工還東平三年時世祖居潛邸命勾當東平府公事宋周臣兼領大樂禮官樂工人等常令肄習仍令萬戶嚴忠濟依已降旨存恤六年夏五月世祖以潛邸次灤州下教命嚴忠濟督宋周臣以所得禮樂舊人肄習宜如故事勉行之毋忽冬十有一月敕樂工老不堪任事者以子孫代之不足者以他戶補之中統元年春正月命宣撫廉希憲等召太常

禮樂人至燕京夏六月命許唐臣等製樂器公服法服秋七月七日工畢十一日用新製雅樂享祖宗于中書省禮畢賜預祭官及禮樂人百四十九人鈔有差八月命太常禮樂人復還東平二年秋九月敕太常少卿王鏞領東平樂工常加督視肄習以備朝廷之用五年太常寺言自古帝王功成作樂樂各有名盛德形容於是乎在伏覩皇上踐阼以來留心至治聲名文物思復承平之舊首敕有司修完登歌宮縣八佾樂舞以備郊廟之用若稽古典宜有徽稱謹案歷代樂名黃帝曰咸池龍門大卷少昊大淵顓頊六

莖高辛五英唐堯大咸大章虞舜大韶夏禹大夏商湯大濩周武大武降及近代咸有厥名宋總名曰大晟金總名曰大和今採輿議權以數名伏乞詳定曰大成按尚書簫韶九成鳳凰來儀樂記曰王者功成作樂詩云展也大成曰大明按白虎通言如唐堯之德能大明天人之道曰大順易曰天之所助者順又曰順乎天而應乎人曰大同樂記曰樂者爲同禮者爲異禮運曰大道之行也故人不獨親其親不獨子其子是之謂大同曰大豫易曰豫順以動故天地如之象曰雷出地奮豫先王以作樂崇德殷薦之上帝

以配祖考中書省遂定名曰大成之樂乃上表稱賀表曰離日中天已覩文明之化豫雷出地又聞正大之音神人以和祖考來格欽惟皇帝陛下潤色洪業游意太平爰從龍邸之潛久敬鳳儀之奏及登寶位申命鼎司謂雖陳堂上之登歌而尚闕庭前之佾舞方嚴禋祀當備聲容屬天語之一宣迺春官之畢會臣等素無學術徒有汗顏聿求舊署之師工仍討累朝之典故按圖索器永言和聲較鍾律於積黍之中續琴調於絕絃之後金而模石而琢簴斯竪筍斯橫合八音而克諧閱三歲而始就列文武兩階之干羽

象帝王四面之宮庭一洗哇淫之聲可謂盛大之舉既完雅器未錫嘉名盖聞軒昊以來俱有咸雲之號華英韶部以象德夏濩武勺以表功洪惟國朝誕受天命地大物鉅人和歲豐宜符古記之文稱曰大成之樂漢庭聚議作章敢望於一夔舜殿鳴弦率舞頤觀於百獸至元元年冬十有一月括金樂器散在寺觀民家者先是括到燕京鐘磬等器凡三百九十有九事下翟剛辨驗給價至是大興府又以所括鐘磬樂器十事來進太常因言亡金散失樂器若止於燕京拘括似爲未盡合於各路寺觀民家括之庶省鑄

造於是奏檄各道宣慰司括到鐘三百六十有七磬十有七鎛一送于太常又中都宣德平灤順天河東真定西京大名濟南北京東平等處括到大小鐘磬五百六十有九其完者景鐘二鎛鐘十六大聲鐘十中聲鐘一少聲鐘二十有七編鐘百五十有五編磬七其不完者景鐘四鎛鐘二十有三大聲鐘十有三中聲鐘一少聲鐘四十有五編鐘二百五十有一編磬十有四三年初用宮縣登歌樂文武二舞于太廟先是東平萬戶嚴光範奏太常登歌樂器樂工已完宮縣樂文武二舞未備凡用人四百一十二請以東

平漏籍戶充之合用樂器官爲置備制可命中書省臣議行於是中書命左三部太常寺少府監於興禪寺置局委官楊天祐太祝郭敏董其事大樂正翟剛辨驗音律充收受樂器官丞相耶律鑄又言今製宮縣大樂內編磬十有二虡宜於諸處選石材爲之太常寺以新撥宮縣樂工文武二舞四百一十二人未習其藝遣大樂令許政往東平教之大樂署言堂上下樂舞官員及樂工合用衣服冠冕靴履等物乞行製造中書禮部移準太常博士議定制度下所屬製造宮縣樂器既成大樂署郭敏開坐名數以上編鐘

磬三十有六虡樹鼓四（建鞞應同座）晉鼓一路鼓二鼗鼓二相鼓二雅鼓二柷一敔一笙二十有七（巢和竽）塤八篪簫籥笛各十琴二十有七瑟十有四單鐸雙鐸鐃鎛鉦麾旌纛各二補鑄編鐘百九十有二靈壁石磬如其數省臣言太廟殿室向成宮縣樂器咸備請徵東平樂工赴京師肄習以俟享廟制可秋七月新樂服成樂工至自東平敕翰林院定撰八室樂章大樂署編運舞節俾肄習之冬十有一月有事于太廟宮縣登歌樂文武二舞咸備其迎送神曲曰來成之曲烈祖曰開成之曲太祖曰武成之曲太宗曰文成之

曲皇伯考术赤曰彌成之曲皇伯考察合帶曰協成之曲睿宗曰明成之曲定宗曰熙成之曲憲宗曰威成之曲初獻升降曰肅成之曲司徒奉俎曰嘉成之曲文舞退武舞進曰和成之曲亞終獻酌獻曰順成之曲徹豆曰豐成之曲文舞曰武定文綏之舞武舞曰内平外成之舞第一成象滅王罕二成破西夏三成克金四成収西域定河南五成取西蜀平南詔六成臣高麗服交趾（詳見樂舞篇）十有二月籍近畿儒戶三百八十四人爲樂工先是召用東平樂工凡四百一十二人中書以東平地遠惟留其戶九十有二餘盡遣還復入民籍十一年秋八月製内庭曲舞中書以上皇帝册寶下太常太樂署編運無射宮大寧等曲及上壽曲譜（當時議殿庭用雅樂後不果用）十三年以近畿樂戶多逃亡僅得四十有二復徵用東平樂工十六年冬十月命太常卿忽都于思召太常樂工是月十一日大樂令完顔椿等以樂工見于香閣文郎魏英舞迎神黃鐘曲武郎安仁舞亞獻無射宮曲十八年冬十月昭睿順聖皇后將祔廟製昭睿順聖皇后室曲舞十九年王積翁奏請徵亡宋雅樂器至京師置於八作司二十一年大樂署言宜付本署収掌中書命八作

司與之鑄鐘二十有七編鐘七百二十有三特磬二十有二編磬二十有八鐃六單鐸雙鐸各五鉦錞各八二十二年冬閏十有一月太常卿忽都于思奏大樂見用石磬聲律不協稽諸古典磬石莫善於泗濱女直未嘗得此今泗在封疆之内宜取其石以製磬從之選審聽音律大樂正趙榮祖及識辨磬材石工牛全詣泗州採之得磬璞九十製編磬二百三十命大樂令陳革等料簡應律者百有五二十三年忽都于思又奏太廟樂器編鐘笙匏歲久就壞音律不協遂補鑄編鐘八十有一合律者五十造笙匏三十有四二十九年四月太常太卿香山請采石增製編磬遣孔鑄馳驛往泗州得磬璞五十八製磬九十大樂令毛莊等審聽之得應律磬五十有八於是編磬始備三十年夏六月初立社稷命大樂許德良運製曲譜翰林國史院譔樂章其降送神曰鎮寧之曲初獻盥洗升壇降壇望瘞位皆肅寧之曲正配位奠玉幣曰億寧之曲司徒奉俎徹豆曰豐寧之曲正配位酌獻曰保寧之曲亞終獻曰咸寧之曲（按祭社稷先農及大德六年祀天地五方帝樂章皆用金舊名釋奠宣聖亦因宋不改詳樂章篇）三十一年世祖裕宗祔廟命大樂署編運曲譜舞節翰林定譔樂章世

祖室曰混成之曲裕宗室曰昭成之曲成宗大德九年新建郊壇既成命大樂署編運曲譜舞節翰林譔樂章十一月二十八日祀圜丘用之其迎送神曰天成之曲初獻奠玉幣曰欽成之曲酌獻曰明成之曲登降曰隆成之曲亞終獻酌獻曰和成之曲奉饌徹豆曰寧成之曲望燎如登降（惟用黃鍾宮）文舞曰崇德之舞武舞曰定功之舞十年命江浙行省製造宣聖廟樂器以宋舊樂工施德仲審較應律運至京師秋八月用于廟祀宣聖先令翰林新譔樂章命樂工習之降送神曰凝安之曲初獻盥洗升殿降殿望瘞皆同安

之曲奠幣曰明安之曲奉俎曰豐安之曲酌獻曰成安之曲亞終獻曰文安之曲徹豆曰娛安之曲蓋舊曲也新樂章不果用十一年武宗即位祭告天地命大樂署編運皇地祇酌獻大呂宮一曲及舞節翰林譔樂章（無曲名）九月順宗成宗二室祔廟下大樂署編運曲譜舞節翰林譔樂章順宗室曰慶成之曲成宗室曰守成之曲至大二年親享太廟皇帝入門奏順成之曲盥洗升殿用至元中初獻升降肅成之曲亦曰順成之曲出入小次奏昌寧之曲迎神用至元中來成之曲改曰思成初獻攝太尉盥洗升殿奏肅寧

之曲酌獻太祖室仍用舊曲改名開成（開成本至元中烈祖曲名其詞則太祖舊曲也）睿宗室仍用舊曲改名武成（此亦至元中太祖曲名其詞則神祖創業以下仍舊）皇帝飲福登歌奏釐成之曲（新製曲）文舞退武舞進仍用舊曲改名肅寧（舊名和成其詞天生五材孰能去兵以下是也）亞終獻酌獻仍用舊曲改名肅寧（舊名順成其詞幽明精禋以下是也）徹豆曰豐寧之曲（舊名豐成詞語亦異）送神曰保成之曲皇帝出廟廷亦曰昌寧之曲（太常集禮曰樂章據孔思逮本錄之國朝樂章皆用成字凡用寧字者金曲也國初禮樂之事悉用前代舊工稽習故常遂有用其舊者亦有不用其詞而冒以舊號者如郊祀先農等樂是也）冬十有二月始製先農樂章以太常登歌樂祀之先是有命祀先農以登歌樂如祭社

稷之制大樂署言禮祀先農如社遂錄祭社林鍾宮鎮寧等曲以上盖金曲也三年冬十月置曲阜宣聖廟登歌樂初宣聖五十四代孫左三部照磨思逮言闕里宣聖祖廟釋奠行禮久闕祭服登歌之樂未蒙罷賜如蒙移咨江浙行省於各處贍學祭餘子粒內製造登歌樂器及祭服以備祭祀庶盡事神之禮中書允其請移文江浙製造至是樂器成運赴闕里用之十有一月敕以二十三日冬至祀昊天上帝于南郊配以太祖令大樂署運製配位及親祀曲譜舞節翰林譔樂章皇帝出入中壝黃鍾宮曲二盥洗黃鍾

宮曲一升殿登歌大呂宮曲一酌獻黃鍾宮曲一飲福登歌大呂宮曲一出入小次黃鍾宮曲一皆無曲名四年夏六月武宗祔廟命樂正謝世寧等編曲譜舞節翰林侍講學士張士觀譔樂章曲名威成之曲仁宗皇慶二年秋九月用登歌樂祀太上皇睿宗于真定玉華宮自是歲用之至延祐七年春三月奏罷延祐五年命各路府宣聖廟置雅樂選擇習古樂師教肄生徒以供春秋祭祀六年秋八月議置三皇廟樂不果行七年仁宗祔廟命樂正劉瓊等編運酌獻樂譜舞節翰林譔樂章曲名曰歆成之曲英宗至治二年冬

十月用登歌樂于太廟是月英宗祔廟下大樂署編運樂譜舞節翰林譔樂章曲曰獻成之曲文宗天曆二年春三月明宗祔廟下大樂署編運樂譜舞節翰林定譔樂章曲曰永成之曲

登歌樂器

金部

編鍾一簴鍾十有六範金爲之筍簴橫曰筍植曰簴皆雕繪樹羽塗金雙鳳五中列博山崇牙十有六縣以紅絨組簴趺青龍籍地以綠油臥梯二加兩跗焉筍兩端金螭首銜鍮石璧翣五色銷金流蘇絛以紅絨維之鐵杙者四所以備欹側在太室以礙地甓因易以石麟簴額識以金飾篆字擊鍾者以茱萸木爲之合竹爲柄凡鍾未奏覆以黃羅雨覆以油絹磬亦然元初鍾用宋金舊器其識曰大晟大和景定者是也後增製兼用之

石部

編磬一簴磬十有六石爲之縣以紅絨紃簴跗狻猊擗磬者以牛角爲之餘筍簴崇牙樹羽璧翣流蘇之制並與鍾同元初磬亦用宋金舊器至元中始采泗濱靈壁石爲之

絲部

琴十一絃三絃五絃七絃九絃者各二斲桐爲面梓爲底冰絃木軫漆質金徽長三尺九寸首闊五寸二分通足中高二寸七分旁各高二寸尾闊四寸一分通足中高二寸旁各高一寸五分俱以黃綺夾囊貯之琴卓髹以綠

瑟四其制底面皆用梓木面施采色兩端繪錦長七尺首闊尺有一寸九分通足中高四寸旁各高三寸尾闊尺有一寸七分通足中高五寸旁各高三寸五分朱絲爲絃凡二十有五各設柱兩頭有孔疏通相

連以黃綺夾囊貯之架四縣以綠金飾鳳首八

竹部

簫二編竹為之每架十有六管闊尺有六分黒槍金鸞鳳為飾鑰石釘鉸以黃絨紃維於人項左右復垂紅絨條結架以木為之高尺有二寸亦號排簫韜以黃囊

笛二斷竹為之長尺有四寸七孔亦號長笛纏以朱絲垂以紅絨條結韜以黃囊

籥二制如笛三孔纏以朱絲垂以紅絨條結韜以黃囊

篪二髹色如桐葉七孔纏以朱絲垂以紅絨條結韜以黃囊

匏部

巢笙四和笙四七星匏一九曜匏一閏餘匏一皆以班竹為之玄髹底置管匏中施簧管端參差如鳥翼大者曰巢笙次曰和笙管皆十九簧如之十三簧者曰閏餘匏九簧者曰九曜匏七簧者曰七星匏皆韜以黃囊

土部

塤二陶土為之圍五寸半長三寸四分形如稱錘六孔上一前二後三韜以黃囊

革部

搏拊二制如鼓而小中實以糠外髹以朱繪以綠雲繫以青絨條兩手用之或搏或拊以節登歌之樂

木部

柷一以桐木為之狀如方桶繪山於上髹以粉旁為圓孔納椎於中椎以杞木為之撞之以作樂

敔一製以桐木狀如伏虎彩繪為飾背有二十七鉏鋙刻下承以槃用竹長二尺四寸破為十莖其名曰籈擽其背以止樂

宮縣樂器

金部

鎛鐘十有二簴一鐘制視編鐘而大依十二辰位特縣之亦號辰鐘筍簴朱髹塗金彩繪飛龍趺東青龍西白虎南赤豸北玄麟素羅五色流蘇餘制並與編鐘同

編鐘十有二簴十有六鐘制見登歌（此下樂器制與登歌同者皆不重載）

石部

編磬十有六簴十有二磬制見登歌筍簴與鎛鐘

同

絲部

琴二十有七一絃者三三絃五絃七絃九絃者各六

瑟十有二

竹部

簫十籥十篪十笛十

匏部

巢笙十

竽十竹爲之與巢笙皆十九簧惟指法各異

七星匏一九曜匏一閏餘匏一

土部

塤八

革部

晉鼓一長六尺六寸面徑四尺圍丈有二尺穹隆者居鼓面三之一穹徑六尺六寸三分寸之一面繪雲龍爲飾其皐陶以朱髹之下承以彩繪趺座并鼓高丈餘在郊祀者鞔以馬革

樹鼓四每樹三鼓其制高六尺六寸中植以柱曰建鼓柱末爲翔鷺下施小圓輪又爲重斗方蓋並繚以彩繪四角有竿各垂壁翣流蘇下以青狻猊四爲趺建旁挾二小鼓曰鞞曰應樹樂縣之四隅踏床鼓桴並髹以朱

雷鼓二制如鼓而小鞔以馬革持其柄播之旁耳自擊郊祀用之

雷鼗二亦以馬革鞔之爲大小鼓三交午貫之以柄郊祀用之

路鼓二制如雷鼓惟非馬革祀宗廟用之

路鼗二其制爲小大二鼓午貫之旁各有耳以柄搖之耳往還自擊不以馬革祀宗廟用之

木部

柷一敔一

節樂之器

麾一製以絳繒長七尺畫升龍於上以塗金龍首朱杠縣之樂長執之舉以作樂偃以止樂

照燭二以長竿置絳羅籠於其末然燭於中夜暗麾遠難辨樂正執之舉以作樂偃以止樂

文舞器

纛二制若旌幢高七尺杠首刻象牛首下施朱繒蓋爲三重以導文武

籥六十有四木爲之象籥之制舞人所執

翟六十有四木柄端刻龍首飾以雉羽綴以流蘇舞人所執

武舞器

旌二制如纛杠首栖以鳳以導武舞

干六十有四木爲之加以彩繪舞人所執

戚六十有四制若鉞然舞人所執禮記注戚斧也今制與古異

金錞二範銅爲之中虛鼻象狻猊木方趺二人舉錞築於趺上

金鉦二制如銅槃縣而擊之以節樂

金鐃二制如火斗有柄以銅爲匡疏其上如鈴中有

丸執其柄而搖之其聲鐃鐃然用以止鼓

單鐸雙鐸各二制如小鐘上有柄以金爲舌用以振武舞兩鐸通一柄者號曰雙鐸

雅鼓二制如漆筩鞔以羊韋旁有兩紐工人持之築地以節舞

相鼓二制如搏拊以韋爲表實之以糠拊其兩端以相樂舞節

鼗鼓二

舞表

表四木杆鑿方石樹之用以識舞人之兆綴

志卷第十九

志卷第二十　元史六十九

翰林學士亞中大夫知制誥兼修國史臣宋濂　翰林待制承直郎兼國史院編修官臣王褘等奉

敕修

禮樂三

郊祀樂章

成宗大德六年合祭天地五方帝樂章

降神奏乾寧之曲六成

圜鍾宮三成

惟皇上帝　監德昭明　祖考承天　治底隆平
孝思維則　禋祀薦誠　神其降格　萬福來幷

黃鍾角一成 詞同前

太簇徵一成 詞同前

姑洗羽一成 詞同前

初獻盥洗奏肅寧之曲

黃鍾宮

明水在下　鐘鼓既奏　有孚顒若　陟降左右
辟公處止　多士祼將　吉蠲以祭　上帝其饗

初獻升降奏肅寧之曲

大呂宮

禋祀孔肅　盥薦初升　攝齊恭敬　以薦惟馨
肅雝多士　來格百靈　降福受釐　萬世其承

奠玉幣奏

大呂宮

宗祀配饗　肇舉明禋　嘉玉既設　量幣斯陳
惟德格天　惟誠感神　於萬斯年　休命用申

迎俎奏豐寧之曲

黃鍾宮

有碩斯俎　有滌斯牲　鸞刀屢奏　血膋載升
禮崇繭栗　氣達尚腥　上帝臨止　享于克誠

酌獻奏嘉寧之曲

大呂宮

崇崇泰畤　穆穆昊穹　神之格思　肸蠁斯通
犧尊載列　黃流在中　酒既和止　萬福攸同

亞獻奏咸寧之曲

黃鍾宮

六成既闋　三獻云終　神其醉止　穆穆雍雍
和風慶雲　賁我郊宮　受茲祉福　億載無窮

終獻 詞同前

徹籩豆奏豐寧之曲

大呂宮

禋禮既備　神具宴娭　籩豆有楚　廢徹不遲
多士駿奔　樂且有儀　乃錫純嘏　永佐丕基
送神奏
圜鐘宮
殷祀既畢　靈馭載旋　禮洽和應　降福自天
動植咸若　陰陽不愆　明明天子　億萬斯年
望燎奏
黃鐘宮
享申百禮　慶洽百靈　奠玉高壇　燔柴廣庭
祥光達曙　粲若景星　神之降福　萬國咸寧

大德九年以後定擬親祀樂章
皇帝入中壝
黃鐘宮
赫赫有臨　洋洋在上　克配皇祖　於穆來饗
肇此大禋　乾文弘朗　被袞圜丘　巍巍玄象
皇帝盥洗
黃鐘宮
翼翼孝思　明德洽禮　功格玄穹　有光帝始
著我精誠　絜茲薦洗　幣玉攸奠　永集嘉祉
皇帝升壇降同

大呂宮
天行惟健　盛德御天　日月龍章　笛簫宮縣
藁鞂尚明　禮璧蒼圜　神之格思　香升燔煙
降神奏天成之曲
圜鐘宮三成
烝哉皇元　丕承帝眷　報本貴誠　于郊殷薦
藁鞂載陳　雲門六變　神之格思　來馭來燕
黃鐘角一成
太簇徵一成
姑洗羽一成詞並同前

初獻盥洗奏隆成之曲
黃鐘宮
肇禋南郊　百神受職　齊絜惟先　匪馨于稷
廼沃廼盥　祠壇是陟　上帝監觀　其儀不忒
初獻升壇降同奏隆成之曲
大呂宮
於穆圜壇　陽郊奠位　孔惠孔時　吉蠲爲饎
降登祗若　百禮既至　顧言居歆　允集熙事
奠玉幣正配位同奏欽成之曲
黃鐘宮

謂天蓋高　至誠則格　克祀克禋　駿奔百辟
制幣斯陳　植以蒼璧　神其降康　俾我來益
司徒捧俎奏寧成之曲
黃鐘宮
我牲既潔　我俎斯實　笙鏞克諧　籩豆有飶
神來宴娭　歆茲明德　永錫繁禧　如幾如式
昊天上帝位酌獻奏明成之曲
黃鐘宮
於昭昊天　臨下有赫　陶匏薦誠　馨聞在德
酌言獻之　上靈是格　降福孔偕　時萬時億

皇地祇位酌獻
大呂宮
至哉坤元　與天同德　函育群生　玄功莫測
合饗圜壇　舊典時式　申錫無疆　聿寧皇國
太祖位酌獻
黃鐘宮
禮大報本　郊定天位　皇皇神祖　反始克配
至德難名　玄功宏濟　帝典式敷　率育攸墍
皇帝飲福
大呂宮

特牲享誠　備物循質　上帝居歆　百神受職
皇武昭宣　孝祀芬苾　萬福攸同　下民陰騭
皇帝出入小次
黃鐘宮
惟天惟大　惟帝饗帝　以配祖考　肅贊靈祉
定極崇功　永我昭事　升中于天　象物畢至
文舞退武舞進奏和成之曲
黃鐘宮
羽籥既竣　載揚玉戚　一弛一張　匪舒匪棘
八音克諧　萬舞有奕　永觀厥成　純嘏是錫

亞終獻奏和成之曲
黃鐘宮
有嚴郊禋　恭陳幣玉　大糦是承　載祗載肅
上帝居歆　馨香既飫　惠我無疆　介以景福
徹籩豆奏寧成之曲
大呂宮
三獻攸終　六樂斯徧　既右享之　徹其有踐
洋洋在上　默默靈眷　明禋告成　於皇錫羨
送神奏天成之曲
圜鐘宮

神之來歆　如在左右　神保聿歸　靈斿先後
恢恢上圜　無聲無臭　日監孔昭　思皇多祐

望燎奏隆成之曲

黃鍾宮

煕事備成　禮文郁郁　紫煙聿升　靈光下燭
神人樂康　永膺戩穀　祚我丕平　景命有僕

皇帝出中壝

黃鍾宮

泰壇承光　寥廓玄暖　暢我揚明　饗儀惟大
九服敬宣　聲教無外　皇拜天祐　照臨斯屆

宗廟樂章

世祖中統四年至至元三年七室樂章（太常集禮藁云此係卷牘所載）

太祖第一室

天垂靈顧　地獻中方　帝力所拓　神武莫當
陽谿昧谷　咸服要荒　昭孝明禋　神祖皇皇

太宗第二室

和林勝域　天邑地宮　闕　南北來同
闕司分置　冑教肇崇　潤色祖業　德仰神宗

睿宗第三室

珍符默授　疇昔自天　爰生聖武　寶祚開先
霓旌廻狩　龍駕遊僊　追遠如生　皇慕顯然

皇伯考术赤第四室

威闕鷹揚　彖位闕當　從龍遠拓　千萬里疆
誕總虎旅　駐壓西方　航海梯山　東西來王

皇伯考察合帶第五室

雄武軍威　滋多歷年　深謀遠畧　協贊惟專
流沙西域　餞日東邊　百國畏服　英聲赫然

定宗第六室

三朝承休　恭己優游　欽繩祖武　其德聿修

帝懋錫壽　德澤期周　蠲饎惟薌　祈饗于幽

憲宗第七室

龍躍潛居　風雲會通　知民病苦　軫念宸衷
夔門之旅　繼志圖功　俎豆歆祭　華儀孔隆

至元四年至十七年八室樂章（太常集禮云周馭所藏儀注所錄舞節同）

迎神奏來成之曲九成

黃鍾宮三成

齊明盛服　翼翼靈眷　禮備多儀　樂成九變
烝烝孝心　若聞且見　肸蠁端臨　來寧來燕

大呂角二成（詞同黃鍾）

太簇徵二成 詞同黃鐘

應鐘羽二成 詞同黃鐘

初獻盥洗奏肅成之曲 再詣盥洗同至大以後名順成之曲詞律同

無射宮

天德維何　如水之清　維水內耀　配彼天明

以滌以濯　犧象光晶　孝思維則　式薦忱誠

初獻升殿登歌樂奏肅成之曲 降同

夾鐘宮

祀事有嚴　太宮有侐　陟降靡遠　孔容翼翼

籩豆旅陳　鐘磬翕繹　於昭吉蠲　神保是格

司徒捧俎奏嘉成之曲 別本所錄親祀樂章詞同

無射宮

色純體全　三犧五牲　鸞刀屢奏　毛炰胾羹

神具厭飫　聽我磬聲　居歆有求　胡考之寧

烈祖第一室奏開成之曲

無射宮

於皇烈祖　積厚流長　大勳未集　窔伐用張

篤生聖嗣　奄有多方　錫我景福　萬世無疆

太祖第二室奏武成之曲

無射宮

天扶昌運　混一中華　爰有真人　奮起龍沙

際天開宇　亘海為家　肇修禋祀　萬世無涯

太宗第三室奏文成之曲

無射宮

纂成前烈　底定丕圖　禮文簡省　禁網寬疏

還風太古　躋世華胥　三靈順協　四海無虞

皇伯考朮赤第四室奏弼成之曲

無射宮

神支挺秀　右壤疏封　創業艱難　相我祖宗

敘親伊邇　論功亦崇　春秋祭祀　萬世攸同

皇伯考察合帶第五室奏協成之曲

無射宮

玉牒聯親　神支懿屬　論德疏封　展親分王

相我祖宗　風櫛雨沐　昔同其勞　今共茲福

睿宗第六室奏明成之曲

無射宮

神祖創業　爰著戎衣　聖考撫軍　代行天威

河南底定　江北來歸　貽謀翼子　奕葉重輝

定宗第七室奏熙成之曲

無射宮

嗣承丕祚　累洽重熙　堂搆既定　垂拱無爲
邊庭閑暇　田里安綏　歆茲禋祀　萬世攸宜
憲宗第八室奏威成之曲
無射宮
羲馭未出　熒爝騰光　大明麗天　羣陰披攘
百神受職　四海寧康　愔愔靈韶　德音不忘
文舞退武舞進奏和成之曲（別本所錄親祀樂章詞同）
無射宮
天生五材　孰能去兵　恢張鴻業　我祖天聲
干戈曲盤　濯濯厥靈　於赫七德　展也大成

亞獻行禮奏順成之曲（終獻詞律同）
無射宮
幽通神明　所重精禋　清宮肅肅　百禮具陳
九部克諧　八佾兟兟　靈光昭荅　天休日申
徹籩豆登歌樂奏豐成之曲
夾鍾宮
豆籩苾芬　金石鏘鏗　禮終三獻　樂奏九成
有嚴執事　進徹無聲　神保聿歸　萬福來寧
送神奏來成之曲（或作保成）
黃鍾宮
神主在室　神靈在天　禮成樂闋　神返幽玄
降福冥冥　百順無愆　於皇孝思　于萬斯年
至元十八年冬十月世祖皇后祔廟酌獻樂章（太常集禮云卷牘所載）
徽柔懿哲　溫默靖恭　範儀宮闈　任姒同風
敷天寧謐　內助多功　淑德祔廟　萬世昌隆
親祀禘祫樂章（未詳年月太常集禮云別本所錄以時考之疑至元三年以前擬用詳見制樂始末）
皇帝入門宮縣奏順成之曲
無射宮

熙熙雍雍　六合大同　維皇有造　典禮會通
金奏王夏　祗歎神宮　感格如響　嘉氣來叢
皇帝升殿奏順成之曲
夾鍾宮
皇明燭幽　沿時制作　宗廟之威　降登時若
趨以采茨　聲容有恪　曰藝曰文　監茲衎樂
皇帝詣盥洗宮縣奏順成之曲（太常集禮云至元四年用此曲名曰肅成至大以後用此詞律同）
無射宮
酌彼行潦　維挹其清　潔齊以祀　祀事昭明

肅肅辟公　沃盥乃升　神之至止　歆于克誠

皇帝詣酌尊所宮縣奏順成之曲

無射宮

靈庭愔愔　乃神攸依　文爲在禮　載斟匪祈

皇皇穆穆　王佩聲希　列侯百辟　濟濟闕威

迎神宮縣奏思成之曲（至元四年名來成之曲詞律同）

司徒捧俎宮縣奏嘉成之曲（至元四年詞律同）

酌獻始祖宮縣奏慶成之曲

無射宮

啓運流光　幅貟既長　敬恭祀事　欝鬯芬薌

德以舞象　功以歌揚　式歌且舞　神享是皇

諸廟奏熙成昌成鴻成樂成康成明成等曲（詞闕）

文舞退武舞進宮縣奏肅成之曲（至元四年名和成之曲詞律同）

亞終獻宮縣奏肅成之曲（至元四年名順成之曲詞律同）

皇帝飲福登歌奏釐成之曲

夾鍾宮

誠通恩降　靈慈昭宣　左右明命　六合大全

啐飲椒馨　純嘏如川　皇人壽穀　億萬斯年

徹豆登歌奏豐成之曲

夾鍾宮

三獻九成　禮畢樂闋　于豆于登　于馬靖徹

多士密勿　樂且有儀　能事脫顓　孔惠孔時

送神奏保成之曲

黃鍾宮

雲車之來　不疾而速　風馭言還　閟其恍惚

神心之欣　孝孫之祿　燕翼無疆　景命有僕

武宗至大以後親祀攝樂章（太常集禮云孔思速本所錄）

皇帝入門奏順成之曲（別本親祀禘祫樂章詞律同）

皇帝盥洗奏順成之曲（至元四年名肅寧之曲詞律同）

皇帝升殿登歌樂奏順成之曲（別本親祀樂章詞律同）

皇帝出入小次奏昌寧之曲（太常集禮云此金曲思速取之詳見制樂始末）

無射宮

於皇神宮　象天清明　肅肅來止　相維公卿

威儀孔彰　君子攸寧　神之休之　綏我思成

迎神奏思成之曲（至元四年名來成之曲詞律同）

黃鍾宮三成

齊明盛服　翼翼靈眷　禮備多儀　樂成九變

烝烝孝心　若聞且見　肸蠁端臨　來寧來燕

大呂角二成

太簇徵二成

應鐘羽二成 詞並同上

祼獻盥洗奏肅成之曲 別本親祀樂章名順成之曲詞律同

祼獻升殿 同降 登歌樂奏肅寧之曲 至元四年名肅成之曲詞律同

司徒捧俎奏嘉成之曲 至元四年曲名詞律同

太祖第一室奏開成之曲 至元四年名武成之曲詞同

睿宗第二室奏武成之曲 至元四年名明成之曲詞同

世祖第三室奏混成之曲

無射宮

於昭皇祖　體健秉乾　龍飛應運　盛德光前

神功耆定　澤被垓埏　詒厥孫謀　何千萬年

裕宗第四室奏昭成之曲

無射宮

天啓深仁　須世而昌　追惟顯考　敢後光揚

徽儀肇舉　禮備音鏘　皇靈監止　降釐無疆

順宗第六室奏慶成之曲

無射宮

龍潛于淵　德昭于天　承休基命　光被紘埏

洋洋如臨　籩豆牲牷　惟明惟馨　皇祚綿延

成宗第七室奏守成之曲

無射宮

天開神聖　繼世清寧　澤深仁溥　樂協韶英

宗祊嘉會　氣和惟馨　繁禧來格　永被皇靈

武宗第八室奏威成之曲

無射宮

紹天鴻業　繼世隆平　惠孚中國　威靖邊庭

厥功惟茂　清廟妥靈　歆茲明祀　福祿來成

仁宗第九室奏歆成之曲

無射宮

紹隆前緒　運啓文明　深仁及物　至孝躬行

惟皇建極　盛德難名　居歆萬祀　福祿崇成

英宗第十室奏獻成之曲

無射宮

神聖繼作　式是憲章　誕興禮樂　躬事烝嘗

翼翼清廟　煒有耿光　于千萬年　世仰明良

皇帝飲福登歌樂奏釐成之曲

夾鍾宮

穆穆天子　禋祀太宮　禮成樂備　敬徹誠通

神胥樂止　錫之醇醲　天子萬世　福祿無窮

文舞退武舞進奏肅成 孔本作肅寧 之曲 至元四年名和成之曲詞律同

亞終獻行禮宮縣奏肅成之曲 至元四年名順成之曲詞律同

徹籩豆登歌樂奏豐寧之曲至元四年名豐成之曲詞律同

送神奏保成之曲至元四年名來成之曲詞律同

皇帝出廟廷奏昌寧之曲

無射宮

緝熙維清　吉蠲致誠　上儀具舉　明德薦馨

巳事而竣　歡通三靈　先祖是皇　來燕來寧

文宗天曆三年明宗祔廟酌獻奏永成之曲

無射宮

猗那皇明　世纘神武　敬天弗遠　時潛時旅

龍旂在塗　言受率土　不遐有臨　永錫多祜

社稷樂章

降神奏鎮寧之曲

林鐘宮二成

以社以方　國有彝典　大哉元德　基祚綿遠

農功萬世　於焉報本　顯相默佑　降監壇壝

太簇角二成

錫民地利　厥功甚溥　昭代典禮　清聲律呂

穀旦于差　洋洋來下　相此有年　根本日固

姑洗徵二成

平厥水土　百穀用成　長扶景運　宜歆德馨

五祀爲大　千古舉行　感通肹蠁　登歌鎮寧

南宮羽二成

幣齊虔修　粢盛告備　倉庾坻京　繄維之賜

崇壇致恭　幽光孔邇　享于精誠　休祥畢至

初獻盥洗奏肅寧之曲

太簇宮

禮備樂陳　辰良日吉　挹彼樽罍　馨哉黍稷

濯溉揭虔　維巾及羃　萬年嚴祀　蹌蹌受職

初獻升壇奏肅寧之曲降同

應鐘宮

春祈秋報　古今彝章　民天是資　神靈用彰

功崇禮嚴　人阜時康　雍雍爲儀　燔芬苾香

正配位奠玉幣奏億寧之曲

太簇宮

地祇嚮德　稽古美報　幣帛斯陳　圭璋式繅

載烈載燔　肴羞致告　兩暘時若　丕圖求保

司徒捧俎奏豐寧之曲

太簇宮

我稼既同　羣黎徧德　我祀如何　牲牷孔碩

有翼有嚴　隨方布色　報功求福　其儀不忒

正位酌獻奏保寧之曲

太簇宮

異世同德　於皇聖造　降茲嘉祥　衛我大寶

生乃烝民　俾德覆燾　厥作祼將　有相之道

配位酌獻奏保寧之曲

太簇宮

以御田祖　皇家秩祀　有民人焉　盡究本始

惟敘惟修　誰實介止　酒旨且多　盛德宜配

亞終獻奏咸寧之曲

太簇宮

以引以翼　來處來燕　豆籩牲牢　有楚有踐

庸咎神休　神亦錫羨　土穀是依　成此醻獻

徹豆奏豐寧之曲

應鍾宮

文治脩明　相成田功　功爲特殊　儀爲特隆

終如其初　誠則能通　明神毋忘　時和歲豐

送神奏鎮寧之曲

林鍾宮

不屋受陽　國所崇敬　以興來歲　苞秀堅穎

雲軿莫駐　神其諦聽　景命有僕　與國同永

望瘞位奏肅寧之曲

太簇宮

雅奏肅寧　繁釐降格　篚厥玄黃　丹誠烜赫

肇祀以歸　瞻言咫尺　萬年攸介　丕承帝德

先農樂章

降神奏鎮寧之曲

林鍾宮二成

民生斯世　食爲之天　恭惟大聖　盡心於田

仲春勸農　明祀吉蠲　馨香感神　用祈豐年

太簇角二成

耕種務農　振古如茲　爰粒烝庶　功德茂垂

降嘉奏艱　國家攸宜　所依惟神　庸絜明粢

姑洗徵二成

俶載平疇　農功肇敏　千耦耕耘　同徂隰畛

田祖丕靈　爲仁至盡　豐歲穰穰　延洪有引

南呂羽二成

羣黎力耕　及茲方春　維時東作　篤我農人

我黍既華　我稷宜新　由天降康　求賴明神

初獻盥洗奏肅寧之曲

太簇宮

洞酌行潦　真足爲薦　奉玆絜清　神在乎前
分作甘霖　沾溉芳甸　愼于其初　誠意攸見
初獻升壇奏肅寧之曲
應鐘宮
有椒其馨　維多且旨　式愼爾儀　降登庭止
黍稷稻粱　民無渴飢　神嗜飲食　求綏嘉祉
正配位奠玉幣奏億寧之曲
太簇宮
奉幣維恭　前陳嘉玉　聿昭盛儀　肅雝純如
南畝深耕　麻麥禾菽　用祈三登　膺受多福

司徒捧俎奏豐寧之曲
太簇宮
奉牲孔嘉　登俎豐備　地官駿奔　趨進光輝
肥碩蕃孳　歆此誠意　有年斯令　均被神賜
正位酌獻奏保寧之曲
太簇宮
寶壇巍煌　神應如響　備腯咸有　牲體苾芳
洋洋如在　降格來享　秉誠罔怠　羣生瞻仰
配位酌獻奏保寧之曲
太簇宮

酒清斯香　牲碩斯大　具列觴俎　精意先會
民命維食　稗莠毋害　我倉萬億　神明攸介
亞終獻奏咸寧之曲
宮
至誠攸感　肹蠁潛通　百穀嘉種　爰降時豐
祈年孔夙　稼穡爲重　俯歆醴齊　載揚歌頌
徹豆奏豐寧之曲
應鐘宮
有來雍雍　存誠敢匱　廢徹不遲　靈神攸嗜
孔惠孔時　三農是宜　眉壽萬歲　穀成丕乂

送神奏鎮寧之曲
林鐘宮
焄蒿悽愴　萬靈來咲　靈神具醉　聿言旋歸
歲豐時和　風雨應期　皇圖萬年　永膺洪禧
望瘞位奏肅寧之曲
宮
禮成文備　歆受清祀　加牲兼幣　陳玉如儀
靈馭言旋　面陰昭瘞　集茲嘉祥　常致豐歲
宣聖樂章
迎神奏凝安之曲

黃鍾宮三成

大哉宣聖　道尊德崇　維持王化　斯文是宗
典祀有常　精純並隆　神其來格　於昭盛容

大呂角二成

生而知之　有教無私　成均之祀　威儀孔時
惟茲初丁　潔我盛粢　永言其道　萬世之師

大簇徵二成

巍巍堂堂　其道如天　清明之象　應物而然
時維上丁　備物薦誠　維新禮典　樂諧中聲

應鍾羽二成

聖王生知　闡乃儒規　詩書文教　萬世昭垂
良日惟丁　靈承丕奕　揭此精虔　神其來享

初獻盥洗奏同安之曲

姑洗宮

右文興化　憲古師經　明祀有典　吉日惟丁
豐犧在俎　雅奏在庭　周迴陟降　福祉是膺

初獻升殿奏同安之曲 降同

南呂宮

誕興斯文　經天緯地　功加于民　寔千萬世
笙鏞和鳴　粢盛豐備　肅肅降登　歆茲秩祀

奠幣奏明安之曲

南呂宮

自生民來　誰底其盛　惟王神明　度越前聖
粢幣具成　禮容斯稱　黍稷惟馨　惟神之聽

捧俎奏豐安之曲

姑洗宮

道同乎天　人倫之至　有享無窮　其興萬世
既潔斯牲　粢明醑旨　不懈以忱　神之來墍

大成至聖文宣王位酌獻奏成安之曲

南呂宮

大哉聖王　實天生德　作樂以崇　時祀無斁
清酤惟馨　嘉牲孔碩　薦羞神明　庶幾昭格

兗國復聖公位酌獻奏成安之曲

南呂宮

庶幾屢空　淵源深矣　亞聖宣猷　百世宜祀
吉蠲斯辰　昭陳尊簋　旨酒欣欣　神其來止

郕國宗聖公酌獻奏成安之曲

南呂宮

心傳忠恕　一以貫之　爰述大學　萬世訓彝
惠我光明　尊聞行知　繼聖迪後　是享是宜

沂國述聖公酌獻奏成安之曲

南呂宮

公傳自曾　孟傳自公　有嫡緒承　允得其宗
提綱開蘊　乃作中庸　侑于元聖　億載是崇

鄒國亞聖公酌獻奏成安之曲

南呂宮

道之由興　於皇宣聖　維公之傳　人知趨正
與饗在堂　情文斯稱　萬年承休　假哉天命

亞獻奏文安之曲 終獻同

姑洗宮

百王宗師　生民物軌　瞻之洋洋　神其寧止
酌彼金罍　惟清且旨　登獻惟三　於嘻成禮

飲福受胙 與盥洗同惟國學釋奠親祀用之攝事則不用外路州縣並皆用之

徹豆奏娛安之曲

南呂宮

犧象在前　豆籩在列　以享以薦　既芬既潔
禮成樂備　人和神悅　祭則受福　率遵無越

送神奏凝安之曲

黃鐘宮

有嚴學宮　四方來崇　恪恭祀事　威儀雍雍
歆茲惟馨　飆馭回復　明禋斯畢　咸膺百福

望瘞 與盥洗同

右釋奠樂章皆舊曲元朝嘗擬譔易而未及用令并附于此

迎神奏文明之曲

天縱之聖　集厥大成　立言垂教　萬世準程
廟庭孔碩　尊俎既盈　神之格思　景福來并

盥洗奏昭明之曲

神既寧止　有孚顒若　罍洗在庭　載盥載濯
匪惟潔脩　亦新厥德　對越在茲　敬恭惟則

升殿奏景明之曲 降同

大哉聖功　薄海內外　禮隆秩宗　光垂昭代
陟降在庭　攝齊委佩　莫不肅雝　洋洋如在

奠幣奏德明之曲

圭袞尊崇　佩紳列侑　籩豆有楚　樂具和奏
式陳量幣　駿奔左右　天瞻斯文　繄神之祐

文宣王酌獻奏誠明之曲

惟聖監格　享于克誠　有樂在縣　有碩斯牲
奉醴以告　嘉薦惟馨　綏以多福　求底隆平

兗國公酌獻奏誠明之曲

潛心好學　不遠如愚　用舍行藏　乃與聖俱
千載景行　企厥步趨　廟食作配　祀典弗渝
郕國公酌獻闕
沂國公酌獻闕
鄒國公酌獻奏誠明之曲
洙泗之傳　學窮性命　力距楊墨　以承三聖
遭時之季　孰識其正　高風仰止　莫不肅敬
亞獻奏靈明之曲終獻同
廟成奕奕　祭祀孔時　三爵具舉　是饗是宜
於昭聖訓　示我民彝　紀德報功　配于兩儀

送神奏慶明之曲
禮成樂備　靈馭其旋　濟濟多士　不懈益虔
文教茲首　儒風是宣　佑我闕

志卷第二十

志卷第二十一　元史七十

翰林學士亞中大夫知制誥兼修國史臣宋濂　翰林待制承直郎兼國史院編脩官臣王禕等奉
勅修

禮樂四

郊祀樂舞

降神文舞崇德之舞乾寧之曲六成圜鐘宮三成始聽三鼓一聲鐘一聲鼓九三作後倣此一鼓稍前開手立二鼓合手退後三鼓相顧蹲三鼓畢間聲作二聲鐘一聲鼓一鼓稍前舞蹈二鼓舉左手収左揖三鼓舉右手収右揖四鼓高呈手五鼓兩兩相向蹲六鼓稍前開手立七鼓退後俛

伏八鼓舉左手収左揖九鼓舉右手収右揖十鼓稍前開手立十一鼓合手退後躬身十二鼓伏興仰視十三鼓舞蹈相向立十四鼓復位交籥正蹲十五鼓躬身受終聽三鼓止黃鐘角一成始聽三鼓一鼓稍前舞蹈二鼓合手退後三鼓相顧蹲三鼓畢間聲作一鼓稍前舞蹈二鼓高呈手三鼓兩兩相向蹲四鼓舉左手収左揖五鼓舉右手収右揖六鼓稍前開手七鼓復位正揖八鼓兩兩相向交籥正蹲九鼓復位立十鼓稍前開手立十一鼓合手退後躬身十二鼓伏興仰視十三鼓舉左手収開手正蹲十四鼓舉右

手收開手正蹲十五鼓躬身受終聽三鼓止太簇徵一成始聽三鼓一鼓稍前開手立二鼓合手退後三鼓相顧蹲三鼓畢間聲作一鼓稍前舞蹈二鼓復位躬身三鼓高呈手四鼓舉左手收左揖五鼓舉右手收右揖六鼓兩兩相向交籥正蹲七鼓復位躬身八鼓舞蹈相向立九鼓復位俛伏十鼓舉左手收左揖十一鼓舉右手收右揖十二鼓伏興仰視十三鼓舞蹈相向立十四鼓復位交籥正蹲十五鼓躬身受終聽三鼓止姑洗羽一成始聽三鼓一鼓稍前開手立二鼓合手退後三鼓相顧蹲三鼓畢間聲作一鼓稍

前舞蹈二鼓復位正揖三鼓高呈手四鼓推左手收左揖五鼓推右手收右揖六鼓兩兩相向交籥正蹲七鼓復位俛伏八鼓舞蹈相向立九鼓復位躬身十鼓伏興仰視十一鼓舉左手收左揖十二鼓舉右手收右揖十三鼓舞蹈相向立十四鼓復位交籥正蹲十五鼓躬身受終聽三鼓止昊天上帝位酌獻文舞崇德之舞明成之曲黃鍾宮一成始聽三鼓一鼓稍前開手立二鼓合手退後三鼓相顧蹲三鼓畢間聲作一鼓稍前舞蹈相向立二鼓復位相顧蹲三鼓復位開手立四鼓合手正揖五鼓舉左手收左揖六鼓舉右

手收右揖七鼓兩兩相向交籥正蹲八鼓復位正揖九鼓稍前開手立十鼓退後俛伏十一鼓稍前開手立十二鼓推左手收十三鼓推右手收十四鼓三叩頭拜舞十五鼓躬身受終聽三鼓止皇地祇酌獻大呂宮一成始聽三鼓一鼓稍前開手立二鼓合手退後三鼓相顧蹲三鼓畢間聲作一鼓稍前舞蹈相向立二鼓復位正揖三鼓舉左手收左揖四鼓舉右手收右揖五鼓高呈手六鼓兩兩相向交籥正蹲七鼓復位俛伏八鼓舞蹈相向立九鼓復位躬身十鼓交籥正蹲十一鼓兩兩相向開手正蹲十二鼓伏興仰

視十三鼓舞蹈相向立十四鼓三叩頭拜舞十五鼓躬身受終聽三鼓止太祖位酌獻黃鍾宮一成始聽三鼓一鼓稍前開手立二鼓合手退後三鼓相顧蹲三鼓畢間聲作一鼓稍前舞蹈二鼓復位正揖三鼓舉左手收左揖四鼓舉右手收右揖五鼓高呈手六鼓兩兩相向交籥正蹲七鼓復位俛伏八鼓舞蹈相向立九鼓復位躬身十鼓交籥正蹲十一鼓兩兩相向開手正蹲十二鼓伏興仰視十三鼓合手正揖十四鼓叩頭拜舞十五鼓躬身受終聽三鼓止亞獻酌獻武舞定功之舞黃鍾宮一成始聽三鼓一鼓稍前開手

立二鼓合手退後按腰立三鼓相顧蹲三鼓畢間聲作一鼓稍前左右揚干戚二鼓退後相顧蹲三鼓舉左手収四鼓舉右手収五鼓左右揚干戚相向立六鼓復位相顧蹲七鼓呈干戚八鼓復位按腰立九鼓刺干戚十鼓復位推左手収十一鼓推右手収十二鼓稍前開手立十三鼓左右揚干戚十四鼓復位按腰相顧蹲十五鼓躬身受終聽三鼓止終獻武舞黃鍾宮一成始聽三鼓一鼓稍前開手立二鼓合手退後按腰立三鼓相顧蹲三鼓畢間聲作一鼓稍前左右揚干戚二鼓退後高呈手三鼓復位相顧蹲四鼓

左右揚干戚相向立五鼓復位舉左手収六鼓舉右手収七鼓面向西開手正蹲八鼓呈干戚九鼓復位按腰立十鼓刺干戚十一鼓兩兩相向立十二鼓復位左右揚干戚十三鼓退後相顧蹲十四鼓三叩頭拜舞十五鼓躬身受終聽三鼓止

宗廟樂舞

世祖至元三年八室時享文舞武定文綏之舞降神來成之曲九成黃鍾宮三成始聽三鼓一鼓稍前開手立二鼓退後合手三鼓相顧蹲三鼓畢間聲作一鼓稍前舞蹈次合手而立二鼓正面高呈手住三鼓退後収手蹲四鼓正面躬身興身立五鼓推左手右相顧左揖六鼓皆推右手左相顧右揖七鼓稍前正面開手立八鼓舉左手右相顧左揖九鼓舉右手左相顧右揖十鼓稍退後俛身而立十一鼓稍前開手立十二鼓合手退後相顧蹲十三鼓稍進前舞蹈十四鼓退後合手相顧蹲十五鼓正面躬身受終聽三鼓止大呂角二成始聽三鼓一鼓稍前開手立二鼓退後合手三鼓相顧蹲三鼓畢間聲作一鼓稍進前舞蹈合手立二鼓舉左手住収右足三鼓舉右手住収左足四鼓兩兩相向而立五鼓稍前高呈手住六鼓舞蹈

退後立七鼓稍前開手立八鼓合手退後蹲九鼓正面歸佾立十鼓推左手収右足推右手収左足十一鼓舉左手収右足舉右手収左足十二鼓稍進前正面仰視十三鼓稍退後相顧蹲十四鼓合手俛身立十五鼓正面躬身受終聽三鼓止太蔟徵二成始聽三鼓一鼓稍前開手立二鼓退後合手三鼓相顧蹲三鼓畢間聲作一鼓稍進前舞蹈次合手立二鼓俛身而正面揖三鼓稍進前高呈手立四鼓収手正面蹲五鼓舉左手住収右足六鼓舉右手収左足収手七鼓兩兩相向而立八鼓稍前高仰視九鼓稍退収

手蹲十鼓舉左手住而蹲十一鼓舉右手收手而蹲
十二鼓正面歸佾舞蹈十三鼓俛身正揖十四鼓交
籥翟相顧蹲十五鼓正面躬身受終聽三鼓止應鍾
羽二成始聽三鼓一鼓稍前開手立二鼓退後合手
三鼓相顧蹲三鼓畢間聲作一鼓稍進前舞蹈次合
手立二鼓兩兩相向立三鼓舉左手收右足左揖四
鼓舉右手收左足右揖五鼓歸佾正面立六鼓稍進
前高呈手住七鼓收手稍退相顧蹲八鼓兩兩相向
立九鼓稍前開手蹲十鼓退後合手對揖十一鼓正
面歸佾立十二鼓稍進前舞蹈次合手立十三鼓垂

左手而右足應十四鼓垂右手而左足應十五鼓正
面躬身受終聽三鼓止烈祖第一室文舞開成之曲
無射宮一成始聽三鼓一鼓稍前開手立二鼓稍退
合手三鼓相顧蹲三鼓畢間聲作一鼓稍進前舞蹈
合手立二鼓稍退俛身開手立三鼓垂左手住收右
足四鼓垂右手收左足五鼓左側身相顧左揖六鼓
右側身相顧右揖七鼓正面躬身興身立八鼓兩兩
相向合手立九鼓相顧高呈手住十鼓收手舞蹈十
一鼓舞左而收手立十二鼓舞右而收手立十三鼓
揚左手相顧蹲十四鼓揚右手相顧蹲十五鼓稍前

正面躬身受終聽三鼓止太祖第二室文舞武成之
曲無射宮一成始聽三鼓一鼓稍前開手立二鼓退
後合手三鼓相顧蹲三鼓畢間聲作一鼓稍前舞蹈
次合手立二鼓正面高呈手住三鼓兩兩相向而對
揖四鼓正面歸佾舞蹈次合手立五鼓稍前開手蹲
收手立六鼓稍退合手蹲收手立七鼓舉左手而左
揖八鼓舉右手而右揖九鼓推左手住而正蹲十鼓
推右手正蹲十一鼓開手執籥翟正面俯視十二鼓
垂左手收右足十三鼓垂右手收左足十四鼓稍前
正面仰視而立十五鼓稍前正面躬身受終聽三鼓

止太宗第三室文舞文成之曲無射宮一成始聽三
鼓一鼓稍前開手立二鼓退後合手三鼓相顧蹲三
鼓畢間聲作一鼓稍進前舞蹈二鼓兩相向而高呈
手立三鼓稍前開手立相顧蹲四鼓退後合手立相
顧蹲五鼓垂左手而右足應六鼓垂右手而左足應
七鼓推左手住左揖八鼓推右手住右揖九鼓稍前
仰視正揖十鼓舉左手住收右足十一鼓舉右手住
收左足十二鼓稍前舞蹈十三鼓稍前開手而相顧
立十四鼓退後合手立十五鼓稍前正面躬身受終
聽三鼓止皇伯考术赤第四室文舞彌成之曲無射

宮一成始聽三鼓一鼓稍前開手立二鼓退後合手三鼓相顧蹲三鼓畢間聲作一鼓稍進前舞蹈二鼓合手俛身相顧蹲三鼓正面高呈手住四鼓稍前舞蹈次合手立五鼓垂左手右相顧收手立六鼓垂右手左相顧收手立七鼓稍前高仰視收手正面立八鼓再退高執籥翟相顧蹲九鼓舞蹈次合手而立十鼓舉左手住收右足十一鼓舉右手住收左足十二鼓稍前開手立收手蹲十三鼓稍前退後合手立十四鼓俛身合手而立十五鼓稍前正面躬身受終聽三鼓止皇伯考察合帶第五室文舞協成之曲無射

宮一成始聽三鼓一鼓稍前開手立二鼓退後合手三鼓相顧蹲三鼓畢間聲作一鼓稍進前舞蹈次合手立二鼓開手相顧蹲三鼓合手相顧蹲四鼓稍前高呈手住五鼓舉左手右相顧左揖六鼓舉右手左相顧右揖七鼓推左手住收右足八鼓推右手住收左足九鼓稍前舞蹈次合手立十鼓開手正蹲收合手立十一鼓稍前正面仰視立十二鼓交籥翟相顧蹲十三鼓各盡舉左手而住十四鼓各盡舉右手收手立十五鼓稍前正面躬身受終聽三鼓止睿宗第六室文舞明成之曲無射宮一成始聽三鼓一鼓稍

前開手立二鼓退後合手三鼓相顧蹲三鼓畢間聲作一鼓稍前舞蹈二鼓稍前開手立三鼓退後合手立四鼓垂左手相顧蹲五鼓垂右手相顧蹲六鼓稍前正面仰視立七鼓舞左手住收右足收手八鼓舞右手住收左足收手九鼓兩相向合手而立十鼓推左手推右手十一鼓皆舉左右手十二鼓正面高呈手立十三鼓退後合手俛身十四鼓開手高呈籥翟相顧蹲十五鼓正面稍前躬身受終聽三鼓止定宗第七室文舞熙成之曲無射宮一成始聽三鼓一鼓稍前開手立二鼓退後合手三鼓相顧蹲三鼓畢間

聲作一鼓稍前舞蹈二鼓兩相向高呈手立三鼓垂左手而右足應四鼓垂右手而左足應五鼓稍前開手立相顧蹲六鼓退後合手立相顧蹲七鼓舉左手住收右足八鼓舉右手住收左足九鼓推左手左揖十鼓推右手右揖十一鼓稍前舞蹈十二鼓退後正揖十三鼓稍前開手相顧立十四鼓退後合手立十五鼓稍前正面躬身受終聽三鼓止憲宗第八室文舞威成之曲無射宮一成始聽三鼓一鼓稍前開手二鼓退後合手三鼓相顧蹲三鼓畢間聲作一鼓進前舞蹈次合手立二鼓高呈手住三鼓舉左手右顧

四鼓舉右手左顧五鼓推左手右揖六鼓推右手左揖七鼓兩相向交籥翟立八鼓正面歸佾合手立九鼓稍前舞蹈收手立十鼓退後正揖十一鼓俛身正面揖十二鼓高仰視十三鼓垂左手十四鼓垂右手十五鼓正面躬身受終聽三鼓止亞獻武舞內平外成之舞順成之曲無射宮一成始聽三鼓一鼓側身開手二鼓合手三鼓相顧蹲三鼓畢間聲作一鼓皆稍進前舞蹈次按腰立二鼓按腰相顧蹲三鼓左右揚干戚收手按腰右以象滅王罕四鼓稍退舞蹈按腰立五鼓兩兩相向按腰立六鼓歸佾開手蹲七鼓面西收

手按腰立八鼓側身擊干戚收立右以象破西夏九鼓正面歸佾躬身次興身立十鼓稍進前舞蹈次按腰立十一鼓左右推手次按腰立十二鼓跪左膝疊手呈干戚住右以象克金國十三鼓收手按腰興身立十四鼓兩相向而相顧蹲十五鼓正面躬身受終聽三鼓止終獻武舞順成之曲無射宮一成始聽三鼓一鼓側身開手立二鼓合手按腰三鼓相顧蹲三鼓畢間聲作一鼓稍進前舞蹈次按腰立二鼓開手正面蹲收手按腰三鼓面西舞蹈次按腰立四鼓面南左右揚干戚收手按腰五鼓側身擊干戚收手按腰立右以象收西域定河南六鼓兩兩相向立七鼓歸佾正面開手蹲收手按腰八鼓東西相向躬身受右以象收西蜀平南詔九鼓歸佾舞蹈退後次按腰立十鼓推左右手躬身次興身立十一鼓進前舞蹈次按腰立右以象臣高麗服交趾十二鼓兩兩相向按腰蹲十三鼓歸佾左右揚手按腰立十四鼓正面開手俯視十五鼓收手按腰躬身受終聽三鼓止

泰定十室樂舞

迎神文舞思成之曲黃鐘宮三成始聽三鼓一鼓稍前開手立二鼓合手退後三鼓相顧蹲三鼓畢間聲

作一鼓稍前舞蹈二鼓高呈手三鼓舉左手收左揖四鼓舉右手收右揖五鼓退後相顧蹲六鼓兩兩相向立七鼓復位俛伏八鼓舉左手開手正蹲九鼓舉右手開手正蹲十鼓稍前開手立十一鼓合手退後躬身十二鼓伏興仰視十三鼓舞蹈相向立十四鼓復位交籥正蹲十五鼓躬身受終聽三鼓止大呂角二成始聽三鼓一鼓稍前舞蹈二鼓合手退後三鼓相顧蹲三鼓畢間聲作一鼓稍前舞蹈二鼓舉左手收左揖三鼓舉右手收右揖四鼓高呈手五鼓兩兩相顧蹲六鼓稍前開手立七鼓復位正揖八鼓兩兩

相向交籥正蹲九鼓復位正揖十鼓舉左手收左揖十一鼓舉右手收右揖十二鼓伏興仰視十三鼓舞蹈相向立十四鼓復位立十五鼓躬身受終聽三鼓止太蔟徵二成始聽三鼓一鼓稍前開手立二鼓合手退後三鼓相顧蹲三鼓畢間聲作一鼓稍前舞蹈二鼓復位躬身三鼓高呈手四鼓兩兩相向交籥正蹲五鼓復位立六鼓舞蹈相向立七鼓舉左手收左揖八鼓舉右手收右揖九鼓稍前舞蹈十鼓退後俛伏十一鼓稍前開手立十二鼓推左手收十三鼓推右手收十四鼓三叩頭拜舞十五鼓躬身受終聽三

鼓止應鍾羽二成始聽三鼓一鼓稍前開手立二鼓合手退後三鼓相顧蹲三鼓畢間聲作一鼓稍前舞蹈二鼓復位正揖三鼓高呈手四鼓稍前開手立五鼓退後躬身六鼓推左手收七鼓推右手收八鼓舞蹈相向立九鼓復位躬身十鼓交籥正蹲十一鼓兩兩相向開手正蹲十二鼓舉左手收左揖十三鼓舉右手收右揖十四鼓三叩頭拜舞十五鼓躬身受終聽三鼓止初獻酌獻太祖第一室文舞開成之曲無射宮一成始聽三鼓一鼓稍前開手立二鼓合手退三鼓相顧蹲三鼓畢間聲作一鼓稍前舞蹈相向立

二鼓復位正揖三鼓推左手收四鼓推右手收五鼓三叩頭拜舞六鼓兩兩相向交籥正蹲七鼓復位立八鼓稍前舞蹈九鼓復位俛伏十鼓高呈手正揖十一鼓兩兩相向蹲十二鼓復位開手立十三鼓合手正揖十四鼓伏興仰視十五鼓躬身受終聽三鼓止睿宗第二室文舞武成之曲無射宮一成始聽三鼓一鼓稍前開手立二鼓合手退後三鼓相顧蹲三鼓畢間聲作一鼓稍前舞蹈二鼓復位正揖三鼓高呈手四鼓稍前開手立五鼓退後躬身六鼓舉左手收左揖七鼓舉右手收右揖八鼓舞蹈相向立九鼓復

位立十鼓推左手收十一鼓推右手收十二鼓伏興仰視十三鼓兩兩相向蹲十四鼓復位交籥正蹲十五鼓躬身受終聽三鼓止世祖第三室文舞混成之曲無射宮一成始聽三鼓一鼓稍前開手立二鼓合手退後三鼓相顧蹲三鼓畢間聲作一鼓稍前舞蹈二鼓高呈手三鼓交籥正蹲四鼓兩兩相向開手正蹲五鼓伏興仰視六鼓舉左手收左揖七鼓舉右手收右揖八鼓退後躬身九鼓稍前開手立十鼓舉左手收左揖十一鼓舉右手收右揖十二鼓高呈手正揖十三鼓舞蹈相顧蹲十四鼓三叩頭拜舞十五鼓

躬身受終聽三鼓止裕宗第四室文舞昭成之曲無射宮一成始聽三鼓一鼓稍前開手立二鼓合手退後三鼓相顧蹲三鼓畢間聲作一鼓稍前舞蹈二鼓退後高呈手三鼓舉左手収左揖四鼓舉右手収右揖五鼓稍前開手立六鼓退後躬身七鼓兩兩相向交籥正蹲八鼓伏興仰視九鼓推左手収左揖十鼓推右手収右揖十一鼓稍前舞蹈十二鼓退後相顧蹲十三鼓高呈手十四鼓三叩頭拜舞十五鼓躬身受終聽三鼓止顯宗第五室文舞德成之曲無射宮一成始聽三鼓一鼓稍前開手立二鼓合手退後三

鼓相顧蹲三鼓畢間聲作一鼓稍前舞蹈相向立二鼓復位正揖三鼓舉左手収四鼓舉右手収五鼓伏興仰視六鼓兩兩相向立七鼓復位交籥正蹲八鼓退後躬身九鼓稍前開手立十鼓舉左手収左揖十一鼓舉右手収右揖十二鼓高呈手十三鼓復位正蹲十四鼓三叩頭拜舞十五鼓躬身受終聽三鼓止順宗第六室文舞慶成之曲無射宮一成始聽三鼓一鼓稍前開手立二鼓合手退後三鼓相顧蹲三鼓畢間聲作一鼓稍前舞蹈二鼓復位相顧蹲三鼓稍前開手立四鼓合手正揖五鼓舉左手収左揖六鼓舉右手収右揖七鼓兩兩相向交籥正蹲八鼓復位立九鼓稍前開手立十鼓伏興仰視十一鼓舉左手収相顧蹲十二鼓舉右手収相顧蹲十三鼓高呈手正揖十四鼓三叩頭拜舞十五鼓躬身受終聽三鼓止成宗第七室文舞守成之曲無射宮一成始聽三鼓一鼓稍前開手立二鼓合手退後三鼓相顧蹲三鼓畢間聲作一鼓稍前舞蹈二鼓退後躬身三鼓舉左手收左揖四鼓舉右手収右揖五鼓伏興仰視六鼓兩兩相向交籥正蹲七鼓復位正揖八鼓高呈手九鼓舉左手収左揖十鼓舉右手収右揖十一鼓開

手立十二鼓合手正揖十三鼓稍前舞蹈十四鼓三叩頭拜舞十五鼓躬身受終聽三鼓止武宗第八室文舞威成之曲無射宮一成始聽三鼓一鼓稍前開手立二鼓合手退後三鼓相顧蹲三鼓畢間聲作一鼓稍前舞蹈二鼓復位正揖三鼓高呈手四鼓稍前開手立五鼓退後躬身六鼓舉左手収左揖七鼓舉右手収右揖八鼓舞蹈相向立九鼓復位立十鼓舉左手収左揖十一鼓舉右手収右揖十二鼓伏興仰視十三鼓兩兩相向立十四鼓復位交籥正蹲十五鼓躬身受終聽三鼓止仁宗第九室文舞歆成之曲

無射宮一成始聽三鼓一鼓稍前開手立二鼓合手退後三鼓相顧蹲三鼓畢間聲作一鼓稍前舞蹈相向立二鼓復位正揖三鼓高呈手四鼓推左手收五鼓推右手收六鼓稍前開手立七鼓退後躬身八鼓兩兩相向立九鼓復位交籥正蹲十鼓舉左手收左揖十一鼓舉右手收右揖十二鼓稍前舞蹈十三鼓復位正揖十四鼓伏興仰視十五鼓躬身受終聽三鼓止英宗第十室文舞獻成之曲無射宮一成始聽三鼓一鼓稍前開手立二鼓合手退後三鼓相顧蹲三鼓畢間聲作一鼓稍前舞蹈相向立二鼓舉左手

收左揖三鼓舉右手收右揖四鼓高呈手五鼓伏興仰視六鼓兩兩相向蹲七鼓退後俛伏八鼓復位交籥正蹲九鼓稍前開手立十鼓復位躬身十一鼓稍前舞蹈十二鼓復位正揖十三鼓舞蹈兩兩相向立十四鼓三叩頭拜舞十五鼓躬身受終聽三鼓止亞獻武舞肅寧之曲無射宮一成始聽三鼓一鼓稍前開手立二鼓合手退後按腰立三鼓相顧蹲三鼓畢間聲作一鼓稍前左右揚干戚二鼓退後相顧蹲三鼓高呈手四鼓左右揚干戚五鼓呈干戚六鼓復位按腰立七鼓刺干戚八鼓兩兩相向開手正蹲九鼓

復位舉左手收十鼓舉右手收十一鼓稍前開手立十二鼓退後按腰立十三鼓左右揚干戚相向立十四鼓復位按腰相顧蹲十五鼓躬身受終聽三鼓止終獻武舞肅寧之曲無射宮一成始聽三鼓一鼓稍前開手立二鼓合手退後按腰立三鼓相顧蹲三鼓畢間聲作一鼓稍前左右揚干戚二鼓退後高呈手三鼓舉左手收四鼓舉右手收五鼓面向西開手正蹲六鼓復位左右揚干戚七鼓躬身受八鼓呈干戚九鼓復位按腰立十鼓刺干戚十一鼓兩兩相向立十二鼓復位按腰立十三鼓退後相顧蹲十四鼓三

叩頭拜舞十五鼓躬身受終聽三鼓止天曆三年新製樂舞明宗酌獻文舞永成之曲無射宮一成始聽三鼓一鼓合手稍前開手立二鼓退後立三鼓相顧蹲三鼓畢間聲作一鼓向前舞蹈相向立二鼓復位三叩頭拜舞三鼓兩兩開手正蹲四鼓復位俛伏五鼓交籥正蹲六鼓伏興仰視七鼓躬身八鼓稍前開手立九鼓復位正揖高呈手十鼓舉左手收左揖十一鼓舉右手收右揖十二鼓正揖十三鼓兩兩交籥相揖十四鼓復位十五鼓躬身受終聽三鼓止

志卷第二十一

志卷第二十二　　元史七十一

翰林學士亞中大夫知制誥兼修國史臣宋濂　翰林待制承直郎兼國史院編修官臣王褘等奉
勅修

禮樂五

樂服

樂正副四人舒脚幞頭紫羅公服烏角帶木笏皂鞾
照燭二人服同前無笏
樂師二人服緋冠笏同前
運譜二人服綠冠笏同前
舞師二人舒脚幞頭黃羅繡抹額紫服金銅荔枝帶

皂鞾各執仗（仗牙仗也）
執旌二人平冕前後各九旒五就青生色鸞袍黃綾帶黃絹袴白絹韈赤革履（平冕鸞袍皆倣金制惟冕之旒數不同詳見後）
（至元二年博士議）
執纛二人青羅巾餘同執旌
樂工介幘冠緋羅生色鸞袍黃綾帶皂鞾（冠以皮為之黑油如）
（熊耳亦金制也）
歌工服同樂工
執麾服同上惟加平巾幘（狀若籠金幘以革為之）
舞人青羅生色義花鸞袍綠以皂綾平冕冠（冠前後有旒青白硝石珠相間）
執器二十人服同樂工綠油毋追冠（革為之一名武弁）加紅抹額
至元二年閏五月大樂署言堂上下樂舞官員及樂工合用衣服冠冕鞾履等物乞行製造太常寺下博士議定樂正副四人樂師二人照燭二人運譜二人皆服紫羅公服皁紗幞頭舒脚紅鞓角帶木笏皁鞾引舞色長四人紫羅公服皁紗幞頭展脚黃羅繡南花抹額金銅帶皁鞾樂工二百四十有六人緋繡義花鸞袍縣黃插口介幘冠紫羅帶

全黃羅抹帶黃絹夾袴白綾韈朱履（金太常寺掌故張琢所著疊代世葢載金制舞人服黑衫皆四褉有黃插口左右垂之黃綾抹帶其衫以紬為之胷背二荅兩肩二荅前後各一荅皆綵色繡二鸞盤飛之狀綴之於衫冠以平冕亦有天板口圈天門納言以紫絹擦背銅環遶圈前後各五旒以青白硝石珠相間大備樂所載二舞人皁繡義花鸞衫縣紫插口黃綾抹帶朱履平冕其冠有口圈亦有天門納言繫帶口圈高一尺許天板長二尺闊一尺前纖高後低裏外紫絹糊銅楞道粧釘無旒）執器二十人緋繡義花鸞袍縣黃插口綠油革冠黃羅抹帶黃絹夾袴白綾韈朱履旌纛四人青綉義花鸞袍縣紫插口平冕冠二青包巾二黃羅抹帶黃絹夾袴白綾韈朱履七月中書吏部再準太常博士議定行下所司製造三

年九月服成緋鸞袍二百六十有七青鸞袍一百三十二黃絹袴一百五十二紫羅公服一十四黃綾帶三百九十七介幘冠二百四十有四平冕冠百三十簪全木笏十有六幞頭十有四平巾幘二緑油革冠二十荔枝銅帶四角帶十皁鞾二百六十對朱屨百五十對

宣聖廟樂工黑漆冠三十五緑羅生色甲背花袍三十五皁鞾三十五對黃絹囊三十五黃絹夾袱三十五

大樂職掌

大樂署令一人丞一人掌郊社宗廟之樂凡樂郊社宗廟則用宮縣工三百六十有一人社稷則用登歌工五十有一人二樂用工四百一十有二人代事故者五十人前祭之月召工習樂及舞祀前一日宿縣於庭中東方西方設十二鎛鍾各依辰位編鍾處其左編磬處其右黃鍾之鍾起子位在通街之西蕤賓之鍾居午位在通街之東每辰三簴謂之一肆十有二辰凡三十六簴樹建鞞應於四隅左柷右敔設縣中之北歌工次之（三十二人重行相向而坐）巢笙次之簫次之竽次之籥次之篪次之塤次之長笛又次之夾街之左右瑟翼柷敔之東西在前行路鼓路鼗次之（郊祀則雷鼓雷鼗）閏餘匏在簫之東七星匏在西九曜匏次之一絃琴列路鼓之東西（東一西二）三絃五絃七絃九絃次之晉鼓一廙縣中之東南以節樂（一絃琴三三絃以下皆六凡坐者高以机地以氈）立四表於橫街之南少東設舞位於縣北文郎左執籥右秉翟武郎左執干右執戚皆六十有四人享日與工人先入就位舞師二人執纛二人引文舞分立於表南武舞及執器者俟立於宮縣之左右器纛二雙鐸二單鐸二鐃二錞二（二錞用六人）鉦二相鼓二雅鼓二

凡二十人文舞退舞師二人執旌二人引武舞進立其處文舞還立於縣側又設登歌樂於殿之前楹（殿陛之旁設樂床二樂工列於上）摶拊二歌工六柷一敔一在門內相向而坐鍾一簴在前楹之東一絃三絃五絃七絃九絃琴五次之瑟二在其東笛一簫一篪一在琴之南巢笙和笙各二次之塤一在笛之南閏餘匏排簫各一次之皆西上磬一簴在前楹之西一絃三絃五絃七絃九絃琴五次之塤一在笛之南七星匏九曜匏排簫各一次之皆東上凡宗廟之樂九成舞九變黃鍾之宮三成三變大呂之

角二成二變太簇之徵二成二變應鍾之羽二成二變圜丘之樂六成舞六變夾鍾之宮三成三變黃鍾之角一成一變太簇之徵一成一變姑洗之羽一成一變社稷之樂八成林鍾之宮二成太簇之角二成姑洗之徵二成南呂之羽二成凡有事于宗廟大樂令位于殿楹之東西向丞位於縣北通街之東西向以肅樂舞

協律郎二人掌和律呂以合陰陽之聲陽律六黃鍾子太簇寅姑洗辰蕤賓午夷則申無射戌陰呂六大呂丑夾鍾卯仲呂巳林鍾未南呂酉應鍾亥文

之以宮商角徵羽變宮變徵播之以金石絲竹匏土革木凡律管之數九九相乘八十一以爲宮三分去一五十四以爲徵三分益一七十二以爲商三分去一四十八以爲羽三分益一六十四以爲角如黃鍾爲宮則林鍾爲徵太簇爲商南呂爲羽姑洗爲角應鍾爲變宮蕤賓爲變徵是爲七聲十二律還相爲宮爲八十四調凡大祭祀皆法服一人立於殿楹之西東向一人立於縣北通街之西東向以節樂（堂上者主登歌堂下者主宮縣）凡樂作則跪俛伏舉麾以興工鼓柷以奏樂止則偃麾工戛敔而樂止（今執麾者代執之協律郎特拜而已）

樂正二人副二人掌肄樂舞展樂器正樂位凡祭二人立於殿內二人立於縣間以節樂殿內者視獻者奠獻用樂作止之節以笏示照燭照燭舉偃以示堂下若作登歌則以笏示柷敔而已縣間者示堂上照燭及引初獻照燭動亦以笏示柷敔

樂師一人運譜一人掌以樂教工人凡祭立於縣間皆北上相向而立

舞師四人皆執挺（挺牙杖也）執纛二人執旌二人祭則前舞以爲舞容舞人從南表向第一表爲一成則一

變從第二至第三爲二成從第三至北第四表爲三成舞人各轉身南向於北表之北還從第一至第二爲四成從第二至第三爲五成從第三至南第一表爲六成若八變者更從南北向第二爲七成又從第二至第三爲八成若九變者又從第三至北第一爲九變

執麾一人從協律郎以麾舉偃而節樂

照燭二人掌執籠燭而節樂凡樂作止皆舉偃其籠燭一人立於堂上門東視殿內獻官禮節麾燭以示縣間一人立於堂下縣間俟三獻入導初獻至

位立於其左初獻行皆前導亞終則否凡殿下禮節則麾其燭以示上下初獻詣盥洗位乃偃其燭止亦如之俟初獻動爲節宮縣樂作詣盥洗位洗拭瓚訖樂止詣階登歌樂作升自東階至殿門樂止乃立於陛側以俟晨裸訖初獻出殿登歌樂作至版位樂止司徒迎饌至橫街轉身北向宮縣樂作司徒奉俎至各室遍奠訖樂止酌獻初獻詣盥洗位宮縣樂作詣爵洗位洗拭爵訖樂止出笏登歌樂作升自東階至殿門樂止初獻至酒尊所酌訖宮縣樂作詣神位前祭酒訖拜興讀祝樂止讀訖樂作再拜訖樂止次詣每室作止如初每室各奏本室樂曲俱獻畢還至殿門登歌樂作降自東階至板位樂止文舞退武舞進宮縣樂作舞者立定樂止亞獻行禮無節步之樂至酒尊所酌酒訖出笏宮縣樂作詣神位前奠獻畢樂止次詣每室作止如初俱畢還至版位皆無樂終獻樂作同亞獻助奠以下升殿奠馬湩至神位蒙古巫祝致詞訖宮縣樂作同司徒進饌之曲禮畢樂止出殿登歌樂作各復位樂止太祝徹籩豆登歌樂作卒徹樂止奉禮贊拜衆官皆再拜訖送神宮縣樂作一成而止

宴樂之器

興隆笙制以楠木形如夾屏上銳而面平纏金雕鏤枇杷寶相孔雀竹木雲氣兩旁側立花板居背三之一中爲虛櫃如笙之匏上豎紫竹管九十管端實以木蓮苞櫃外出小橛十五上豎小管管端實以銅杏葉下有座獅象遶之座上櫃前立花板一雕鏤如背板間出二皮風口用則設朱漆小架于座前繫風囊於風口囊面如琵琶朱漆雜花有柄一人按小管一人鼓風囊則簧自隨調而鳴中統間回回國所進以竹爲簧有聲而無律玉宸樂院判官鄭秀乃考音律分定清濁增改如今制其在殿上者盾頭兩旁立刻木孔雀二飾以真孔雀羽中設機每奏工三人一人鼓風囊一人按律一人運動其機則孔雀飛舞應節

殿庭笙十延祐間增製不用孔雀

琵琶制以木曲首長頸四軫頸有品闊面四絃面飾雜花

箏如瑟兩頭微垂有柱十三絃

火不思制如琵琶直頸無品有小槽圓腹如半瓶榼以皮爲面四絃皮絣同一孤柱

胡琴制如火不思卷頸龍首二絃用弓捩之弓之絃

以馬尾

方響制以鐵十六枚懸于磬簴小角槌二廷中設下施小交足凡黃羅銷金衣

龍笛制如笛七孔橫吹之管首制龍頭銜同心結帶

頭管制以竹爲管卷蘆葉爲首竅七

笙制以匏爲底列管于上管十三簧如之

箜篌制以木闊腹腹下施橫木而加軫二十四柱頭及首並加鳳喙

雲璈制以銅爲小鑼十三同一木架下有長柄左手持而右手以小槌擊之

簫制如笛五孔

戲竹制如籈長二尺餘上繫流蘇香囊執而偃之以止樂

鼓制以木爲匡冒以革朱漆雜花面繪復身龍長竿二廷中設則有大木架又有擊撾高座

杖鼓制以木爲匡細腰以皮冒之上施五綵繡帶右擊以杖左拍以手

札鼓制如杖鼓而小左持而右擊之

和鼓制如大鼓而小左持而右擊之

纂制如箏而七絃有柱用竹軋之

羌笛制如笛而長三孔

拍板制以木爲板以繩聯之

水盞制以銅凡十有二擊以鐵箸

樂隊

樂音王隊元旦用之引隊大樂禮官二員冠展角幞頭紫袍塗金帶執笏次執戲竹二人同前服次樂工八人冠花幞頭紫窄衫銅束帶龍笛三杖鼓三金鉦小鼓一板一奏萬年歡之曲從東階升至御前以次而西折繞而南北向立後隊皆倣此次二隊婦女十人冠展角幞頭紫袍隨樂聲進至御前分左右相向立次婦女

一人冠唐帽黃袍進北向立定樂止念致語畢樂作奏長春柳之曲次三隊男子三人戴紅髮青面具雜綵衣次一人冠唐帽綠襴袍角帶舞蹈而進立於前隊之右次四隊男子一人戴孔雀明王像面具披金甲執叉從者二人戴毗沙神像面具紅袍執斧次五隊男子五人冠五梁冠戴龍王面具繡氅執圭與前隊同進北向立次六隊男子五人爲飛天夜叉之像舞蹈以進次七隊樂工八人冠霸王冠青面具錦繡衣龍笛三觱栗三杖鼓二與前大樂合奏吉利牙之曲次八隊婦女二十人冠廣翠冠銷金綠衣執牡丹

花舞唱前曲與樂聲相和進至御前北向列爲九重重四人曲終再起與後隊相和次九隊婦女二十人冠金梳翠花鈿繡衣執花鞚稍子鼓舞唱前曲與前隊相和次十隊婦女八人花髻服銷金桃紅衣摇日月金鞚稍子鼓舞唱同前次男子五人作五方菩薩梵像摇日月鼓次一人作樂音王菩薩梵像執花鞚稍子鼓齊聲舞前曲一闋樂止次婦女三人歌新水令沽美酒太平令之曲終念口號畢舞唱相和以次而出

壽星隊天壽節用之引隊禮官樂工大樂冠服並同樂音

王隊次二隊婦女十人冠唐巾服銷金紫衣銅束帶次婦女一人冠平天冠服繡鶴氅方心曲領執圭以次進至御前立定樂止念致語畢樂作奏長春柳之曲次三隊男子三人冠服舞蹈並同樂音王隊次四隊男子一人冠金漆弁冠服緋袍塗金帶執笏從者二人錦帽繡衣執金字福禄牌次五隊男子一人冠捲雲冠青面具緑袍塗金帶分執梅竹松椿石同前隊而進北向立次六隊男子五人爲烏鴉之像作飛舞之態進立於前隊之左樂止次七隊樂工十有二人冠雲頭冠銷金緋袍白裙龍笛三觱栗三札鼓三

和鼓一板一與前大樂合奏山荆子帶袄神急之曲次八隊婦女二十人冠鳳翹冠翠花鈿服寬袖衣加雲肩霞綬玉佩各執寶盖舞唱前曲次九隊婦女三十人冠玉女冠翠花鈿服黄銷金寛袖衣加雲肩霞綬玉佩各執欆毛日月扇舞唱前曲與前隊相和次十隊婦女八人服雜綵衣被槲葉魚鼓簡子次男子八人冠束髮冠金掩心甲銷金緋袍執戟次爲龜鶴之像各一次男子五人冠黑紗帽服繡鶴氅朱履策龍頭藜杖齊舞唱前曲一闋樂止次婦女三人歌新水令沽美酒太平令之曲終念口號畢舞唱相和以

次而出

禮樂隊朝會用之引隊禮官樂工大樂冠服並同樂音王隊次二隊婦女十人冠黑漆弁冠服青素袍方心曲領白裙束帶執圭次婦女一人冠九龍冠服繡紅袍玉束帶進至御前立定樂止念致語畢樂作奏長春柳之曲次三隊男子三人冠服舞蹈同樂音王隊次四隊男子三人皆冠捲雲冠服黄袍塗金帶執圭次五隊男子五人皆冠三龍冠服紅袍各執劈正金斧同前隊而進北向立次六隊童子五人三髻素衣各執香花舞蹈而進樂止次七隊樂工八人皆冠束髮

冠服錦衣白袍龍笛三觱栗三杖鼓二與前大樂合奏新水令水仙子之曲次八隊婦女二十人冠籠巾服紫袍金帶執笏歌新水令之曲與樂聲相和進至御前分爲四行北向立鞠躬拜興舞蹈叩頭山呼就拜再拜畢復趁聲歌水仙子之曲一闋再歌青山口之曲與後隊相和次九隊婦女二十人冠車髻冠服銷金藍衣雲肩佩綬執孔雀幢舞唱與前隊相和次十隊婦女八人冠翠花唐巾服錦繡衣執寶蓋舞唱前曲次男子八人冠鳳翅兜牟披金甲執金戟次男子一人冠平天冠服繡鶴氅執圭璋舞唱前曲一闋

樂止次婦女三人歌新水令沽美酒太平令之曲終念口號畢舞唱相和以次而出

說法隊引隊禮官樂工大樂冠服並同樂音王隊次二隊婦女十人冠僧伽帽服紫禪衣皁絛次婦女一人服錦袈裟餘如前持數珠進至御前北向立定樂止念致語畢樂作奏長春柳之曲次三隊男子三人冠服舞蹈並同樂音王隊次四隊男子一人冠隱士冠服白紗道袍皁絛執麈拂從者二人冠黃包巾服錦繡衣執令字旗次五隊男子五人冠金冠披金甲錦袍執戟同前隊而進北向立次六隊男子五人爲金翅鵰之像舞蹈而進樂止次七隊樂工十有六人冠五福冠服錦繡衣龍笛六觱栗六杖鼓四與前大樂合奏金字西番經之曲次八隊婦女二十人冠珠子菩薩冠服銷金黃衣纓絡佩綬執金浮屠白傘蓋舞唱前曲與樂聲相和進至御前分爲五重重四人曲終再起與後隊相和次九隊婦女二十人冠金翠菩薩冠服銷金紅衣執寶蓋舞唱與前隊相和次十隊婦女八人冠青螺髻冠服白銷金衣執金蓮花次男子八人披金甲爲八金剛像次一人爲文殊像執如意一人爲普賢像執西番蓮花一人爲如來像齊

舞唱前曲一闋樂止次婦女三人歌新水令沽美酒太平令之曲終念口號畢舞唱相和以次而出

凡吉禮郊祀享太廟告謚見祭祀志軍禮見兵志喪禮五服見刑法志水旱賑卹見食貨志內外導從見儀衛志

志卷第二十二

翰林學士亞中大夫知制誥兼修國史臣宋濂　翰林待制承直郎同知制誥兼國史院編修官臣王禕等奉
勑修

祭祀一

禮之有祭祀其來遠矣天子者天地宗廟社稷之主於郊社禘嘗有事守焉以其義存乎報本非有所爲而爲之故其禮貴誠而尚質務在反本脩古不忘其初而已漢承秦弊郊廟之制置周禮不用謀議巡守封禪而方士祠官之說興兄弟相繼共爲一代而統緒亂迨其季世乃合南北二郊爲一雖以唐宋盛時皆莫之正蓋未有能反其本而求之者彼籩豆之事有司所職又豈足以盡仁人孝子之心哉元之五禮皆以國俗行之惟祭祀稍稽諸古其郊廟之儀禮官所考日益詳愼而舊禮初未嘗廢豈亦所謂不忘其初者歟然自世祖以來每難於親其事英宗始有意親郊而志弗克遂久之其禮乃成於文宗至大間大臣議立北郊而中輟遂廢不講然武宗親享于廟者三英宗親享五晉王在帝位四年矣未嘗一廟見文宗以後乃復親享豈以道釋禱祠薦禳之盛竭生民之力以營寺宇者前代所未有有所重則有所輕歟

或曰北陲之俗敬天而畏鬼其巫祝每以爲能親見所祭者而知其喜怒故天子非有察于幽明之故禮俗之辨則未能親格豈其然歟自憲宗祭天日月山追崇所生與太祖並配世祖所建太廟皇伯朮赤察合帶皆以家人禮祔于列室既而太宗定宗以世天下之君俱不獲廟享而憲宗亦以不祀則其因襲之弊蓋有非禮官之議所能及者而況乎不稱所受國之君而兄弟共爲一世乃有徵於前代者歟夫郊廟國之大祀也本原之際既已如此則中祀以下雖有闕畧無足言者其天子親遣使致祭者三曰社稷曰先農曰宣聖而嶽鎭海瀆使者奉璽書即其處行事稱代祀其有司常祀者五曰社稷曰宣聖曰三皇曰嶽鎭海瀆曰風師雨師其非通祀者五曰武成王曰古帝王廟曰周公廟曰名山大川忠臣義士之祠曰功臣之祠而大臣家廟不與焉其儀皆禮官所擬而議定于中書日星始祭于司天臺而回回司天臺遂以熒星爲職事五福太乙有壇畤以道流主之皆所未詳凡祭祀之事其書爲太常集禮而經世大典之禮典篇尤備㕘以累朝實錄與六條政類序其因革錄其成制作祭祀志

郊祀上

元興朔漠代有拜天之禮衣冠尚質祭器尚純帝后親之宗戚助祭其意幽深古遠報本反始出於自然而非強爲之也憲宗即位之二年秋八月八日始以冕服拜天於日月山其十二日又用孔氏子孫元措言合祭昊天后土始大合樂作牌位以太祖睿宗配享歲甲寅會諸王于顆顆腦兒之西丁巳秋駐蹕于軍腦兒皆祭天於其地世祖中統二年親征北方夏四月乙亥躬祀天于舊桓州之西北灑馬湩以爲禮皇族之外無得而與皆如其初十二年十二月以受

尊號遣使豫告天地下太常檢討唐宋金舊儀於國陽麗正門東南七里建祭臺設昊天上帝皇地祇位二行一獻禮自後國有大典禮皆即南郊告謝焉十三年五月以平宋遣使告天地中書下太常議定儀物以聞制若曰其以國禮行事三十一年成宗即位夏四月壬寅始爲壇于都城南七里甲辰遣司徒兀都帶率百官爲大行皇帝請謚南郊爲告天請謚之始大德六年春三月庚戌合祭昊天上帝皇地祇五方帝于南郊遣左丞相哈剌哈孫攝事爲攝祀天地之始大德九年二月二十四日右丞相哈剌哈孫等

言去年地震星變雨澤愆期歲比不登祈天保民之事有天子親祀者三曰天曰祖宗曰社稷今宗廟社稷歲時攝官行事祭天國之大事也陛下雖未及親祀宜如宗廟社稷遣官攝祭歲用冬至儀物有司豫備日期至則以聞制若曰卿言是也其豫備儀物以待事於是翰林集賢太常禮官皆會中書集議博士疏曰冬至圜丘惟祀昊天上帝至西漢元始間始合祭天地歷東漢至宋千有餘年分祭合祭迄無定論集議曰周禮冬至圜丘禮天夏至方丘禮地時既不同禮樂亦異王莽之制何可法也今當循唐虞三代

之典惟祀昊天上帝其方丘祭地之禮續議以聞按周禮壇壝三成近代增外四成以廣天文從祀之位集議曰依周禮三成之制然周禮疏云每成一尺不見縱廣之度恐壇上陿隘器物難容擬四成制內減去一成以合陽奇之數每成高八尺一寸以合乾之九九上成縱廣五丈中成十丈下成十五丈四陛陛十有二級外設二壝內壝去壇二十五步外壝去內壝五十四步壝各四門壇設於丙巳之地以就陽位按古者親祀冕無旒服大裘而加袞臣下從祀冠服歷代所尚其制不同集議曰依宗廟見用冠服制度

按周禮大司樂云凡樂圜鍾爲宫黄鍾爲角太蔟爲徵姑洗爲羽雷鼓雷鼗孤竹之管雲和之琴瑟雲門之舞冬至日於地上之圜丘奏之若樂六變則天神皆降可得而禮矣集議曰樂者所以動天地感鬼神必訪求深知音律之人審五聲八音以司肄樂夏四月壬辰中書復集議博士言舊制神位版用木中書議改用蒼玉金字白玉爲座博士曰郊祀尚質合依舊制遂用木主長二尺五寸闊一尺二寸上圜下方丹漆金字木用松柏貯以紅漆匣黄羅帕覆之造畢有司議所以藏議者復謂神主廟則有之今祀於壇

對越在上非若他神無所見也所製神主遂不用七月九日博士又言古者祀天器用陶匏席用藁鞂自漢甘泉雍畤之祀以迄後漢晋魏南北二朝隋唐其壇壝玉帛禮器儀仗日益繁縟浸失古者尚質之意宋金多循唐制其壇壝禮器考之於經固未能全合其儀法具在當時名儒輩出亦未嘗不援經而定也酌古今以行禮亦宜焉今檢討唐宋金親祀攝行儀注并雅樂節次合從集議太常議曰郊祀之事聖朝自平定金宋以來未暇舉行今欲脩嚴不能一舉而大備然始議之際亦須酌古今之儀垂則後來請從

中書會翰林集賢禮官及明禮之士講明去取以聞中書集議曰合行禮儀非草創所能備唐宋皆有攝行之禮除從祀受胙外一切儀注悉依唐制脩之八月十二日太常寺言尊祖配天其禮儀樂章別有常典若俟至日議之恐匆遽有誤於是中書省臣奏曰自古漢人有天下其祖宗皆配天享祭臣等與平章何榮祖議宗廟已依時祭享今郊祀止祭天制曰可是歲南郊配位遂省十一年武宗即位秋七月甲子命御史大夫鐵古迭兒即南郊告謝天地主用柏素質玄書爲即位告謝之始至大二年冬十月乙酉尚

書省臣及太常禮官言郊祀者國之大禮今南郊之禮已行而未備北郊之禮尚未舉行今年冬至南郊請以太祖聖武皇帝配享明年夏至北郊以世祖皇帝配帝皆是之十二月甲辰朔尚書太尉右丞相太保左丞相田司徒郝參政等復奏曰南郊祭天於圜丘大禮已舉其北郊祭皇地祇於方澤并神州地祇五岳四瀆山林川澤及朝日夕月此有國家所當宗禮者也當聖明御極而弗舉行恐遂廢弛制若曰卿議甚是其即行焉至大三年春正月中書禮部移太常禮儀院下博士擬定北郊從祀朝日夕月禮儀博

士李之紹蔣汝礪疏曰按方丘之禮夏以五月商以六月周以夏至其丘在國之北禮神之玉以黃琮牲用黃犢幣用黃繒配以后稷其方壇之制漢去都城四里爲壇四陛唐去宮城北十四里爲方壇八角三成每成高四尺上闊十六步設陛上等陛廣八尺中等陛一丈下等陛廣一丈二尺宋至徽宗始定爲再成歷代制雖不同然無出於三成之式今擬取坤數用六之義去都城北六里於壬地選擇善地於中爲方壇三成四陛外爲三壝仍依古制自外壝之外治四面稍令低下以應澤中之制宮室墻圍器皿色並

用黃其再成八角八陛非古制難用其神州地祇以下從祀自漢以來歷代制度不一至唐始因隋制以嶽鎮海瀆山林川澤丘陵墳衍原隰各從其方從祀今盡祭酌舉行秋九月太常禮儀院復下博士檢討合用器物十一月丙申有事于南郊以太祖配五方帝日月星辰從祀仁宗延祐元年夏四月丁亥太常寺臣請立北郊帝謙遜未遑北郊之議遂輟英宗至治二年九月有旨議南郊祀事中書平章買閭御史中丞曹立禮部尚書張埜學士蔡文淵袁桷鄧文原太常禮儀院使王緯田天澤博士劉致等會都堂議

一曰年分按前代多三年一祀天子即位已及三年常有旨欽依二曰神位周禮大宗伯以禋祀祀昊天上帝註謂昊天上帝冬至圜丘所祀天皇大帝也又曰蒼璧禮天注云此禮天以冬至謂天皇大帝也在北極謂之北辰又云北辰天皇耀魄寶也又名昊天上帝又名太一帝君以其尊大故有數名今按晉書天文志中宮鉤陳口中一星曰天皇大帝其神耀魄寶周禮所祀天神正言昊天上帝鄭氏以星經推之乃謂即天皇大帝然漢魏以來名號亦復不一漢初曰上帝曰太一曰皇天上帝魏曰皇皇帝天梁曰天

皇大帝惟西晉曰昊天上帝與周禮合唐宋以來壇上既設昊天上帝第一等復有天皇大帝其五天帝與太一天一等皆不經見本朝大德九年中書圓議止依周禮祀昊天上帝至大三年圓議五帝從享依前代通祭三曰配位孝經曰孝莫大於嚴父嚴父莫大於配天又曰郊祀后稷以配天此郊之所以有配也漢唐已下莫不皆然至大三年冬十月三日奉旨十一月冬至合祭南郊太祖皇帝配圓議取旨四日告配禮器曰魯人將有事於上帝必先有事於頖宮註告后稷也告之者將以配天也告用牛一宋會要

於致齋二日宿廟告配凡遣官犧尊豆籩行一獻禮至大三年十一月二十一日質明行事初獻攝太尉同太常禮儀院官赴太廟奏告圓議取旨五曰大裘冕周禮司裘掌爲大裘以共王祀天之服鄭司農云黑羊裘服以祀天示質也弁師掌王之五冕注冕服有六而言五者大裘之冕蓋無旒不聯數也禮記郊特牲曰郊之祭也迎長日之至也祭之日王被袞以象天戴冕十有二旒則天數也陸佃曰禮不盛服不充蓋服大裘以袞襲之也謂冬祀服大裘被之以袞開元及開寶通禮鑾駕出宮服袞冕至大次質明改

服大裘冕而出次宋會要紹興十三年車駕自廟赴青城服通天冠絳紗袍祀日服大裘袞冕圓議用袞冕取旨六曰匏爵郊特牲曰郊之祭也器用陶匏以象天地之性也注謂陶瓦器匏用酌獻酒開元禮開寶禮皆有匏爵大德九年正配位用匏爵有玷圓議正位用匏配位飲福用玉爵取旨七曰戒誓唐通典引禮經祭前期十日親戒百官及族人太宰總戒羣官唐前祀七日宋會要十日纂要太尉南向司徒亞終獻一品二品從祀北向行事官以次北向禮直官以誓文授之太尉讀今天子親行大禮止令禮直局

管勾讀誓文圓議令管勾代太尉讀誓刑部尚書涖之八曰散齋致齋禮經前期十日唐宋金皆七日散齋四日致齋三日國朝親祀太廟七日散齋四日於別殿致齋三日於大明殿圓議依前七日九曰藉神席郊特牲曰莞簟之安而蒲越稾鞂之尚注蒲越稾鞂藉神席也漢舊儀高帝配天紺席祭天用六綵綺席六重成帝即位丞相衡御史大夫譚以爲天地尚質宜皆勿修詔從焉唐麟德二年詔曰自處以厚奉天以薄改用裀褥上帝以蒼其餘各視其方色宋以褥加席上禮官以爲非禮元豐元年奉旨不設國朝

大德九年正位稾鞂配位蒲越冒以青繒至大三年加青綾褥青錦方座圓議合依至大三年於席上設褥各依方位十曰犧牲郊特牲曰郊特牲而社稷太牢又曰天地之牛角繭栗秦用騮駒漢文帝五帝共一牲武帝三年一祀用太牢光武采元始故事天地共犢隋上帝配帝蒼犢二唐開元用牛宋正位用蒼犢一配位太牢一國朝大德九年蒼犢二羊豕各九至大三年馬純色肥腯一牲正副一鹿一十八野猪一十八羊一十八圓議依舊儀神位配位用犢外仍用馬其餘並依舊日已行典禮十一曰香鼎大祭有

三始煙爲歆神始宗廟則焫蕭祼鬯所謂臭陽達於墻屋者也後世焚香蓋本乎此而非禮經之正至大三年用陶尾香鼎五十神座香鼎香盒案各一圓議依舊儀十二曰割牲周禮司士凡祭祀帥其屬而割牲羞俎豆又諸子大祭祀正六牲之體禮運云腥其俎熟其殽體其犬豕牛羊注云腥其俎謂豚解而腥之爲七體也熟其殽謂體解而爛之爲二十一體也體其犬豕牛羊謂分别骨肉之貴賤以爲衆俎也七體謂脊兩肩兩拍兩髀二十一體謂肩臂臑膊骼正脊脡脊横脊正脅短脅代脅并腸三胃三拒肺一祭

肺三也宋元豐三年詳定禮文所言古者祭祀用牲有豚解有體解豚解則爲七以薦腥體解則爲二十一以薦熟蓋犬豕牛羊分别骨肉貴賤其解之爲體則均也皇朝馬牛羊豕鹿並依至大三年割牲用國禮圓議依舊儀十三曰大次小次周禮掌次王旅上帝張氊案皇邸唐通典前祀三日尚舍直長施大次於外壝東門之内道北南向宋會要前祀三日儀鸞司帥其屬設大次于外壝東門之内道北南向小次於午階之東西向曲禮曰踐阼臨祭祀正義曰阼主階也天子祭祀履主階行事故云踐阼宋元豐詳定

禮文所言周禮宗廟無設小次之文古者人君臨位於阼階蓋阼階者東階也惟人主得位主階行事今國朝太廟儀注大次小次皆在西蓋國家尚右以西爲尊也圓議依祀廟儀注續具未議一曰禮神玉周禮大宗伯以禋祀祀昊天上帝注禋之言煙也周人尚臭煙氣之臭聞者積柴實牲體焉或有玉帛正義曰或有玉帛或不用玉帛皆不定之辭也崔氏云天子自奉玉帛牲體於柴上引詩圭璧既卒是燔牲玉也蓋卒者終也謂禮神既終當藏之也正經即無燔玉明證漢武帝祠太乙胙餘皆燔之無玉晋燔牲幣

無玉唐宋乃有之顯慶中許敬宗等脩舊禮乃云郊天之有四圭猶宗廟之有圭瓚也並事畢收藏不在燔列宋政和禮制局言古祭祀無不用玉周官典瑞掌玉器之藏蓋事已則藏焉有事則出而復用未嘗有燔瘞之文今後大祀禮神之玉時出而用無得燔瘞從之蓋燔者取其煙氣之臭聞玉既無煙又且無氣祭之日但當奠於神座既卒事則收藏之二曰飲福特牲饋食禮曰尸九飯親嘏主人少牢饋食禮尸十一飯尸嘏主人嘏長也大也行禮至此神明已饗盛禮俱成故膺受長大之福於祭之末也自漢以來

人君一獻纔畢而受嘏唐開元禮太尉未升堂而皇帝飲福宋元豐三年改從亞終獻既行禮皇帝飲福受胙國朝至治元年親祀廟儀注亦用一獻畢飲福三曰升煙禋之言煙也升煙所以報陽也祀天之有禋柴猶祭地之瘞血宗廟之祼鬯歷代以來或先燔而後祭或先祭而後燔皆為未允祭之日樂六變而燔牲首牲首亦陽也祭終以爵酒饌物及牲體燎於壇天子望燎柴用柏四曰儀注禮經出於秦火之後殘闕脫漏所存無幾至漢諸儒各執所見後人所宗惟鄭康成王子雝而二家自相矛盾唐開元禮杜佑

通典五禮略完至宋開寶禮并會要與郊廟奉祠禮文中間講明始備金國大率依唐宋制度聖朝四海一家禮樂之興政在今日況天子親行大禮所用儀注必合講求大德九年中書集議合行禮儀依唐制至治元年已有祀廟儀注宜取大德九年至大三年并今次新儀與唐制參酌增損修之侍儀司編排鹵簿太史院具報星位分獻官員數及行禮并諸執事官合依至大三年儀制亞終獻官取旨是歲太皇太后崩有旨冬至南郊祀事可權止泰定四年春正月御史臺臣言自世祖迄英宗咸未親郊惟武宗英宗親享太廟陛下宜躬祀郊廟制曰朕當遵世祖舊典其命大臣攝行祀事閏九月甲戌郊祀天地致祭五嶽四瀆名山大川至順元年文宗將親郊十月辛亥太常博士言親祀儀注已具事有未盡者按前代典禮親郊七日百官習儀於郊壇今既與受戒誓相妨合於致齋前一日告示與祭執事者各具公服赴南郊習儀親祀太廟雖有防禁然郊外尤宜嚴戒往來貴乎清肅凡與祭執事齋郎樂工舊不設盥洗之位殊非涓潔之道今合於饌殿齋班廳前及齋宿之所隨宜設置盥洗數處俱用鍋釜溫水置盆杓巾帨令

人掌管省諭必盥洗然後行事違者治之祭日太常院分官提調神廚監視割烹上下燈燭炋燎已前雖有翦燭提調炋盆等官率皆虛應故事或減刻物料燭燎不明又嘗見奉禮贊賜胙之後獻官方退所司便服徹俎壇上燈燭一時俱滅因而雜人登壇攘奪不能禁止甚為褻慢今宜禁約省牲之前凡入壝門之人皆服窄紫有官者公服禁治四壝紅門宜令所司添造關木鎖鑰祭畢即令關閉毋使雜人得入其藁秸匏爵事畢合依大德九年例焚之壬子御史臺臣言祭日宜勑股肱近臣及諸執事人毋飲酒制曰

卿言甚善其移文中書禁之丙辰監察御史楊彬等言禮享帝必以始祖爲配今未聞設配位竊恐禮文有闕又先祀一日皇帝必備法駕出宿郊次其扈從近侍之臣未嘗經歷宜申加戒敕以達孚誠命與中書議行十月辛酉始服大裘袞冕親祀昊天上帝于南郊以太祖配自世祖混一六合至文宗九七世而南郊親祀之禮始克舉焉蓋器物儀注至是益加詳愼矣自至元十二年冬十二月用香酒脯醢行一獻禮而至治元年冬二祭告泰定元年之正月咸用之自大德九年冬至用純色馬一蒼犢一羊鹿野豕各

九十一年秋七月用馬一蒼犢正副各一羊鹿野豕各九而至大中告謝五皇慶至延祐告謝七與至治三年冬告謝二泰定元年之二月咸如大德十一年之數泰定四年閏九月特加皇地祇黃犢一將祀之夕勅送新獵鹿二惟至大三年冬至正配位蒼犢皆一五方帝犢各一皆如其方之色大明青犢夜明白犢皆一馬一羊鹿野豕各十有八兔十有二而四年四月如之其犧牲品物香酒皆參用國禮而豐約不同告謝非大祀而用物無異豈所謂未能一舉而大備者乎南郊之禮其始爲告祭繼而有大祀皆攝事也故攝祀之儀特詳

壇壝地在麗正門外丙位凡三百八畝有奇壇三成每成高八尺一寸上成縱横五丈中成十丈下成十五丈四陛午貫地子午卯酉四位陛十有二級外設二壝内壝去壇二十五步外壝去内壝五十四步壝各四門外垣南櫺星門三東西櫺星門各一圜壇周圍上下俱護以甓内外壝各高五尺壝四面各有門三俱塗以赤至大三年冬至以三成不足以容從祀版位以青繩代一成繩二百各長二十五尺以足四成之制燎壇在外壝内丙巳之位高一丈二尺四方

各一丈周圜亦護以甓東西南三出陛開上南出戶上方六尺深可容紫香殿三間在外壝南門之外少西南向饌幕殿五間在外壝南門之外少東南向省饌殿一間在外壝東門之外少北南向外壝之東南爲別院内神廚五間南向祠祭局三間北向酒庫三間西向獻官齋房二十間在神廚南垣之外西向外壝南門之外爲中神門五間諸執事齋房六十間以翼之皆北向兩翼端皆有垣以抵東西周垣各爲門以便出入齋班廳五間在獻官齋房之前西向儀鸞局三間法物庫三間都監庫五間在外垣内之西北

隅皆西向雅樂庫十間在外垣西門之内少南東向演樂堂七間在外垣内之西南隅東向獻官厨三間在外垣内之東南隅西向滌養犠牲所在外垣南門之外少東西向内犠牲房三間南向

神位昊天上帝位天壇之中少北皇地祇位次東少却皆南向神席皆緣以繒綾褥素座昊天上帝色皆用青皇地祇色皆用黄藉皆以藁秸配位居東西向神席綾褥錦方座色皆用青藉以蒲越其從祀圜壇第一等九位青帝位寅赤帝位巳黄帝位未白帝位申黒帝位亥主皆用柏素質玄書大明位卯夜明位

酉北極位丑天皇大帝位戌用神位版丹質黄書神席綾褥座各隨其方色藉皆以藁秸第二等内官位五十有四鈎星天柱玄枵天厨柱史位于子其數五女史星紀御女位于丑其數三自子至丑神位皆西上帝座歲星大理河漢析木尚書位于寅帝座居前行其數六南上陰德大火天槍玄戈天床位于卯其數五北上太陽守相星壽星輔星三師位于辰其數五南上天一太一内厨熒惑鶉尾勢星天理位于巳天一太一居前行其數七西上北斗天牢三公鶉火文昌内階位于午北斗居前行其數六填星鶉首四輔位于未其數三自午至未皆東上太白實沈位于申其數二北上八穀大梁杠星華蓋位于酉其數四五帝内座降婁六甲傳舍位于戌五帝内座居前行其數四自酉至戌皆南上紫微垣辰星陬訾鈎陳位于亥其數四東上神席皆藉以莞席内壝外諸神位皆同第三等中官百五十八位虚宿牛宿織女人星司命司非司危司禄天津離珠羅堰天桴奚仲左旗河鼓右旗位于子虚宿女宿牛宿織女居前行其數十有七月星建星斗宿箕宿天雞輦道漸臺敗瓜扶筐匏瓜天弁天棓帛度屠肆宗星宗人宗正位于丑

月星建星斗宿箕宿居前行其數十有七自子至丑皆西上日星心宿天紀尾宿罰星東咸列肆天市垣斛星斗星車肆天江宦星市樓候星女床天籥位于寅日星心宿天紀尾宿居前行其數十有七南上房宿七公氐宿帝席大角亢宿貫索鍵閉鈎鈐西咸天乳招摇梗河亢池周鼎位于卯房宿七公氐宿帝席大角亢宿居前行其數十有五北上太子星太微垣軫宿角宿攝提常陳幸臣謁者三公九卿五内諸侯郎位郎將進賢平道天田位于辰太子星太微垣軫宿角宿攝提居前行其數十有六南上張宿翼宿明

堂四帝座黃帝座長垣少微靈臺虎賁從官內屏位
于巳張宿翼宿明堂居前行其數十有一西上軒轅
七星三台柳宿內平太尊積薪積水北河位于午軒
轅七星三台柳宿居前行其數九鬼宿井宿參宿天
尊五諸侯鉞星座旗司怪天關位于未鬼宿井宿參
宿居前行其數九自午至未皆東上畢宿五車諸王
觜宿天船天街礪石天高三柱天潢咸池位于申畢
宿五車諸王觜宿居前行其數十有一北上月宿昴
宿胃宿積水天讒卷舌天河積尸太陵左更天大將
軍軍南門位于酉月宿昴宿胃宿居前行其數十有

二婁宿奎宿壁宿右更附路閣道王良策星天廄土
公雲雨霹靂位于戌婁宿壁宿居前行其數十有二
自酉至戌皆南上危宿室宿車府墳墓虛梁蓋屋臼
星杵星土公吏造父離宮雷電螣蛇位于亥危宿室
宿居前行其數十有三東上內壝內外官一百六位
天壘城離瑜代星齊星周星晉星韓星秦星魏星燕
星楚星鄭星位于子其數十有二越星趙星九坎天
田狗國天淵狗星鼈星農丈人杵星糠星位于丑其
數十有一自子至丑皆西上車騎將軍天輻從官積
卒神宮傳說龜星魚星位于寅其數八南上陣車車

騎騎官頡頏折威陽門五柱天門衡星庫樓位于卯
其數十北上土司空長沙青丘南門平星位于辰其
數五南上酒旗天廟東甌器府軍門左右轄位于巳
其數六西上天相天稷爟星天記外廚天狗南河位
于午其數七天社矢星水位闕丘狼星弧星老人星
四瀆野雞軍市水府孫星子星位于未其數十有三
自午至未皆東上天節九州殊口附耳參旗九斿王
井軍井屏星伐星天廁天矢丈人位于申其數十有
二北上天園天陰天廩天苑天囷芻藁天庾天倉鈇
鑕天溷位于酉其數十外屏大司空八魁羽林位于

戌其數四自酉至戌皆南上哭星泣星天錢天綱北
落師門敗臼斧鉞壘壁陣位于亥其數八東上內壝
外衆星三百六十位每辰神位三十自第二等以下
神位版皆丹質黃書內官中官外官則各題其星名
內壝外三百六十位惟題曰衆星位凡從祀位皆內
向十二次微左旋子居子陛東午居午陛西卯居卯
陛南酉居酉陛北

器物之等其目有八一曰圭幣昊天上帝蒼璧一有
繅藉青幣一燎玉一皇地祇黃琮一有繅藉黃幣一
配帝青幣一黃帝黃琮一青帝青圭一赤帝赤璋一

白帝白琥一黑帝玄璜一幣皆如其方色大明青圭有邸夜明白圭有邸天皇大帝青圭有邸北極玄圭有邸幣皆如其玉色內官以下皆青幣二曰尊罍上帝大尊著尊犧尊山罍各二在壇上東南隅皆北向西上設而不酌者象尊壺尊各二山罍四在壇下午陛之東皆北向西上皇地祇亦如之在上帝酒尊之東皆北向西上配帝著尊犧尊象尊各二在地祇酒尊之東皆北向西上設而不酌者犧尊壺尊各二山罍四在壇下酉陛之北東向北上五帝日月北極天皇皆太尊一著尊二內官十二次各象尊二中官十

二次各壺尊二外官十二次各概尊二衆星十二次各散尊二凡尊各設於神座之左而右向皆有坫有勺加冪冪之繪以雲惟設而不酌者無勺三曰籩豆登俎昊天上帝皇地祇及配帝籩豆皆十二登三簠二簋二俎八皆有匕筯玉幣篚二匏爵一有坫沙池籩豆皆二簠一簋一登一俎一匏爵有坫沙池幣篚一青幣牲盤一從祀九位籩豆皆八簠一簋一登一俎一匏爵一有坫沙池一玉幣篚一內官位五十四十二次各一中官百五十八皆籩一豆一簋一簠一俎一匏爵有坫沙池幣篚十二次各一外官位一百

六皆籩一豆一簋一簠一俎一匏爵沙池幣篚十二次各一衆星位三百六十皆籩一豆一簋一簠一俎一匏爵沙池幣篚十二次各一此籩豆簠簋登爵篚之數也凡籩之設居神位左豆居右登簠簋居中俎居後籩皆有巾巾之繪以斧四曰酒齊以太尊實泛齊著尊實醴齊犧尊實盎齊山罍實三酒皆有上尊馬湩設于尊罍之前注于器而冪之設而不酌者以象尊實醴齊壺尊實沈齊山罍二實三酒皆有上尊以祀昊天上帝皇地祇亦如之以著尊實泛齊犧尊實醴齊象尊實盎齊山罍實清酒皆有上尊馬湩如

前設之設而不酌者以犧尊實醍齊壺尊實沈齊山罍三實清酒皆有上尊以祀配帝以太尊實泛齊以著尊實醍齊皆有上尊九位同以祀五帝日月北極天皇大帝以象尊實醴齊有上尊十二次同以祀內官以壺尊實沈齊有上尊十二次同以祀中官以概尊實清酒有上尊十二次同以祀外官以散尊實昔酒有上尊十二次同以祀衆星九五齊之上尊必皆實明水山罍之上尊必皆實玄酒散尊之上尊亦實明水五曰牲齊庶器昊天上帝蒼犢皇地祇黃犢配位蒼犢大明青犢夜明白犢天皇大帝蒼犢北極玄

犢皆一馬純色一鹿十有八羊十有八野豕十有八兔十有二盖系以國禮割牲爲七體左肩臂臑兼代脇長脇爲一體右肩臂臑代脇長脇爲一體右髀肫胳爲一體脊連背膂短脇爲一體膺骨臍腹爲一體項脊爲一體馬首報陽升烟則用之毛血盛以豆或青甕盤饌未入置俎上饌入徹去之籩之實魚鱐糗餌粉餈棗乾橑形鹽鹿脯榛桃菱芡栗豆之實芹菹韭菹菁菹筍菹脾析菹酏食魚醢豚拍鹿臡醓醢糝食凡籩之用八者無糗餌粉餈菱栗豆之用八者無脾析菹酏食兔醢糝食用皆二者籩以鹿脯乾棗豆

以鹿臡菁菹用皆一者籩以鹿脯豆以鹿臡凡簠簋用皆二者簠以黍稷簋以稻粱用皆一者簠以稷簋以黍實登以大羹六曰香祝洗位正位香鼎一香合一香案一祝案一皆有衣拜褥一盥爵洗位一罍一洗一白羅巾一親祀匜二盤二地祇配位咸如之香用龍腦沉香祝版長各二尺四寸闊一尺二寸厚三分木用楸柏從祀九位香鼎香合香案綾拜褥皆九褥各隨其方之色盥爵洗位二罍二洗二巾二第二等盥爵洗位二罍二洗二巾二第三等亦如之內壝內盥爵洗位一罍一洗一巾一內壝外亦如之凡巾皆有篚從祀而下香用沉檀降真鼎用陶瓦第二等十二次而下皆紫綾拜褥十有二親祀御板位一飲福位及大小次盥洗爵洗板位各一皆青質金書亞獻終獻飲福板位一黑質黃書御拜褥八亞終獻飲福位拜褥一黃道裀褥寶案二黃羅銷金案衣水火鑑七曰燭燎天壇椽燭四皆銷金絳紗籠自天壇至內壝外及樂縣南北通道絳燭三百五十素燭四百四十皆絳紗籠御位椽燭六銷金絳紗籠獻官椽燭四雜用燭八百籸盆二百二十有架黃桑條去膚一車束之置燎壇以焚牲首八曰獻攝執事亞獻官一

終獻官一攝司徒一助奠官二大禮使一侍中二門下侍郎二禮儀使二殿中監二尚輦官二太僕卿二控馬官六近侍官八導駕官二十有四典寶官四侍儀官五太常卿丞八光祿卿丞二刑部尚書二禮部尚書二奉玉幣官一定撰祝文官一書讀祝冊官二舉祝冊官二太史令一御奉爵官一奉匜盤官二御爵洗官二執巾官二割牲官二溫酒官一太官令一太官丞一良醞令丞二廩犧令丞二糾儀御史四太常博士二郊祀令丞二太樂令一太樂丞一司尊罍二亞終獻盥洗官二爵洗官二巾篚官二奉爵官二

祝史四太祝十有五奉禮郎四協律郎二翦燭官四
禮直官管勾一禮部點視儀衛官二兵部清道官二
拱衛使二大都兵馬使二齋郎百司天生二看守籾
盆軍官一百二十

志卷第二十三

志卷第二十四　元史七十三

翰林學士亞中大夫知制誥兼修國史臣宋濂翰林待制承直郎同知制誥兼國史院編修官臣王禕等奉
勅修

祭祀二

郊祀下

儀注之節其目有十一曰齋戒祀前七日皇帝散齋四日於別殿致齋三日其二日於大明殿一日於大次有司停奏刑罰文字致齋前一日尚舍監設御幄於大明殿西序東向致齋之日質明諸衛勒所部屯門列仗晝漏上水一刻通事舍人引侍享執事文武

四品以上官俱公服詣別殿奉迎晝漏上水二刻侍中版奏請中嚴皇帝服通天冠絳紗袍晝漏上水三刻侍中版奏外辦皇帝結佩出別殿乘輿華蓋繖扇侍衛如常儀奉引至大明殿御幄東向坐侍臣夾侍如常一刻頃侍中前跪奏臣某言請降就齋俛伏興皇帝降座入室解嚴侍享執事官各還本司宿衛者如常凡侍祠官受誓戒于中書省散齋四日致齋三日守壝門兵衛與大樂工人俱清齋一宿光祿卿以陽燧取明火供爨以方諸取明水實尊二曰告配祀前二日攝太尉與太常禮儀院官恭詣太廟以一獻

禮奏告太祖法天啓運聖武皇帝之室寅刻太尉以下公服自南神門東偏門入至横街南北向立定奉禮郎贊曰拜禮直官承傳曰鞠躬曰拜曰興曰拜曰興曰平立又贊曰各就位禮直官詣太尉前曰請詣盥洗位引太尉至盥洗位曰盥手曰帨手曰詣爵洗位曰滌爵曰拭爵曰請詣酒尊所曰酌酒曰請詣神座前曰北向立曰稍前曰搢笏曰跪曰上香曰再上香曰三上香曰授幣曰奠幣曰執爵曰祭酒曰祭酒曰三祭酒祭酒於沙池訖曰讀祝舉祝官搢笏跪對舉祝版讀祝官跪讀祝文畢舉祝官奠祝版於案執

笏興讀祝官俛伏興禮直官贊曰出笏曰俛伏興曰拜曰興曰拜曰興曰平立曰復位司尊彛良醖令從降復位北向立奉禮郎贊曰拜禮直官承傳再拜畢太祝捧祝幣降自太階詣望瘞位太尉以下俱詣坎位焚瘞訖自南神門東偏門以次出三曰車駕出宫祀前一日所司備儀從内外仗侍祠官兩行序立於崇天門外太僕卿控御馬立於大明門外諸侍臣及導駕官二十有四人俱於齋殿前左右分班立俟通事舍人引侍中奏請中嚴俛伏興皇帝服通天冠絳紗袍少頃侍中版奏外辦皇帝出齋室即御座羣臣

起居訖尚輦進輿侍中奏請皇帝升輿華蓋繖扇侍衛如常儀導駕官導至大明門外侍中進當輿前跪奏請降輿乘馬導駕官分左右步導門下侍郎跪奏請進發俛伏興前稱警蹕至崇天門外門下侍郎奏請權停勑衆官上馬侍中承旨稱制可門下侍郎傳制稱衆官上馬贊者承傳衆官出櫺星門外上馬門下侍郎奏請進發前稱警蹕華蓋繖扇儀仗與衆官分左右前引教坊樂鼓吹不作至郊壇南櫺星門外侍中傳制衆官下馬贊者承傳衆官下馬訖自卑而尊與儀仗倒卷而北兩行駐立駕至櫺星門侍

中奏請皇帝降馬步入櫺星門由西偏門稍西侍中奏請升輿尚輦奉輿華蓋繖扇如常儀導駕官前導皇帝乘輿至大次前侍中奏請降輿皇帝降輿入就次簾降侍衛如式通事舍人承旨勑衆官各還齋次尚食進饍訖禮儀使以祝冊奏請御署訖奉出郊祀令受之各奠於坫四曰陳設祀前三日尚舍監陳大次於外壝西門之道北南向設小次於内壝西門之外道南東向設黄道裀褥自大次至於小次版位及壇上皆設之所司設兵衛各具器服守衛壝門每門兵官二員外垣東西南櫺星門外設蹕街清路諸軍

諸軍旗服各隨其方之色去壝二百步禁止行人祀前一日郊祀令率其屬掃除壇之上下大樂令率其屬設登歌樂於壇上稍南北向設宮縣二舞位於壇南内壝南門之外如式奉禮郎設御板位於小次之前東向設御飲福位於壇上午陛之西亞終獻飲福位於午陛之東皆北向又設亞終獻助奠門下侍郎以下板位壇下御板位之後稍南東向異位重行以北爲上又設司徒太常卿以下位於其東相對北上皆如常儀又分設糾儀御史位於其東西二壝門之外相向而立又設御盥洗爵洗位於内壝南門之内

道西北向又設亞終獻盥洗爵洗位於内壝南門之外道西北向又設省牲饌等位如常儀未後二刻郊祀令同太史令俱公服升設昊天上帝位於壇上北方南向席以藁秸加神席褥座又設配位於壇上西方東向席以蒲越加神席褥座禮神蒼璧置於繅藉青幣設于篚正位之幣加燎玉置尊所俟告絜畢權徹畢祀日丑前重設執事者實柴于燎壇及設籩豆簠簋尊罍匏爵俎坫等事如常儀五曰省牲器祀前一日未後二刻郊祀令率其屬又掃除壇之上下司尊罍奉禮郎率祠祭局以祭器入設于位郊祀令率執事者以禮神之玉置於神位前未後三刻廩犧令與諸太祝祝史以牲就位禮直官分引太常卿光禄卿丞監祭監禮官太官令丞等詣省牲位立定禮直官引太常卿監祭監禮由東壝北偏門入自卯陛陞壇視滌濯司尊罍跪舉冪曰絜告絜畢俱復位禮直官稍前曰請省牲太常卿稍前省牲畢退復位次引廩犧令巡牲一匝西向折身曰充告充畢復位諸太祝俱巡牲一匝復位上一員出班西向折身曰腯告腯畢復位禮直官引太常卿光禄卿丞太官令丞監祭監禮詣省饌位東西相向立禮直官請太常卿省

饌畢退還齋所廩犧令與諸太祝祝史以次牽牲詣厨授太官令次引光禄卿監祭監禮等詣厨省鼎鑊視滌溉畢還齋所晡後一刻太官令率宰人以鸞刀割牲祝史各取血及左耳毛實於豆仍取牲首貯於盤用馬首俱置于饌殿遂烹牲刑部尚書蒞之監實水納烹之事六曰習儀祀前一日未後三刻獻官諸執事各服其服習儀于外壝西南隙地其陳設樂架禮器等物並如行事之儀七曰奠玉幣祀日丑前五刻太常卿設燭於神座太史令郊祀令各服其服升設昊天上帝及配位神座執事者陳玉幣於篚置尊所禮部

尚書設祝冊于案光祿卿率其屬入實籩豆簠簋尊
罍如式祝史以牲首盤設于壇大樂令率工人二舞
入就位禮直官分引監祭禮郊祀令及諸執事官齋
郎入就位禮直官引監祭禮按視壇之上下退復位
奉禮贊再拜禮直官承傳監祭禮以下皆再拜訖又
贊各就位太官令率齋郎出詣饌殿俟于門外禮直
官分引攝太尉及司徒等官入就位符寶郎奉寶陳
於宮縣之側隨地之宜太尉之將入也禮直官引博
士博士引禮儀使對立於大次前侍中板奏請中嚴
皇帝服大裘袞冕侍中奏外辦禮儀使跪奏禮儀使

臣某請皇帝行禮俛伏興（凡奏二人皆跪一人贊之）簾捲出次禮
儀使前導華蓋繖扇如常儀至西壝門外殿中監進
大圭禮儀使奏請執大圭皇帝執圭華蓋繖扇停於
門外近侍官與大禮使皆後從皇帝入門宮縣樂作
請就小次釋圭樂止禮儀使以下分立左右少頃禮
儀使奏有司謹具請行事降神樂作天成之曲六成
太常卿率祝史捧馬首詣燎壇升烟訖復位禮儀使
跪奏請就板位俛伏興皇帝出次請執大圭至位東
向立再拜皇帝再拜奉禮贊衆官皆再拜訖奉玉幣
官跪取玉幣於篚立於尊所禮儀使奏請行事遂前

導宮縣樂作由南壝西偏門入詣盥洗位北向立樂
止搢大圭盥手奉匜官奉匜沃水奉盤官奉盤承水
執巾官奉巾以進盥帨手訖執大圭樂作至午陛樂
止升階登歌樂作至壇上樂止宮縣欽成之樂作殿
中監進鎮圭（殿中監二員一員執大圭一員執鎮圭）禮儀使奏請搢大
圭執鎮圭請詣昊天上帝神位前北向立內侍先設
繅席於地禮儀使奏請跪奠鎮圭於繅席奉玉幣官
加玉於幣以授侍中侍中西向跪進禮儀使奏請奠
玉幣皇帝受奠訖禮儀使奏請執大圭俛伏興少退
再拜皇帝再拜興平立內侍取鎮圭授殿中監又取

繅藉置配位前禮儀使前導請詣太祖皇帝神位前
西向立奠鎮圭及幣並如上儀樂止禮儀使前導請
還版位登歌樂作降階樂止宮縣樂作殿中監取鎮
圭繅藉以授有司皇帝至版位東向立樂止請還小
次釋大圭祝史奉毛血豆升自午陛以進正位升自
卯陛以進配位太祝各迎奠于神座前俱退立尊所
八曰進饌皇帝奠玉幣還位祝史取毛血豆以降禮
直官引司徒太官令率齋郎奉饌入自正門升殿如
常儀禮儀使跪奏請行禮俛伏興皇帝出次宮縣樂
作請執大圭前導由正門西偏門入詣盥洗位北向

立樂止搢圭盥手如前儀執圭詣爵洗位北向立搢圭奉爵官跪取匏爵於篚以授侍中侍中以進皇帝受爵執罍官酌水洗爵執巾官授巾拭爵訖侍中受之以授捧爵官執圭樂作至午陛樂止升階登歌樂作至壇上樂止詣正位酒尊所東向立搢圭捧爵官進爵皇帝受爵司尊者舉冪侍中贊酌太尊之泛齊以爵授捧爵官執圭宮縣樂作奏明成之曲請詣昊天上帝神座前北向立搢圭跪三上香侍中以爵跪進皇帝執爵三祭酒以爵授侍中太官丞注馬湩於爵以授侍中侍中跪進皇帝執爵亦三祭之今有蒲萄酒與尚醖馬湩各一爵爲三爵祭

以爵授侍中執圭俛伏興少退立讀祝舉祝官搢笏跪舉祝冊讀祝官西向跪讀祝文讀訖俛伏興舉祝官奠祝於案奏請再拜皇帝再拜興平立請詣配位酒尊所西向立司尊者舉冪侍中贊酌著尊之泛齊以爵授捧爵官執圭請詣太祖皇帝神位前西向立宮縣樂作侍中贊搢圭跪三上香三祭酒及馬湩訖贊執圭俛伏興少退立舉祝官舉祝讀祝官北向跪讀祝文讀訖俛伏興奠祝版訖奏請再拜皇帝再拜興平立樂止請詣飲福位北向立登歌樂作太祝各以爵酌上尊福酒合置一爵以授侍中侍中西向以進禮儀使奏請再拜皇帝再拜興奏請搢圭跪受爵祭酒啐酒以爵授侍中侍中再以溫酒跪進禮儀使奏請受爵皇帝飲福酒訖侍中受虛爵興以授太祝太祝又減神前胙肉加於俎以授司徒司徒以俎西向跪進皇帝受以授左右奏請執圭俛伏興平立少退奏請再拜皇帝再拜訖樂止禮儀使前導還版位登歌樂作降自午陛樂止宮縣樂作至位東向立樂止請還小次至次釋圭文舞退武舞進宮縣樂作奏和成之曲樂止禮直官引亞終獻官陞自卯陛行禮如常儀惟不讀祝皆飲福而無胙俎

降自卯陛復位禮直官贊太祝徹籩豆登歌樂作奏寧成之曲卒徹樂止奉禮贊賜胙衆官再拜在位者皆再拜禮儀使奏請詣版位出次執圭至位東向立再拜皇帝再拜奉禮贊曰再拜贊者承傳在位者皆再拜送神樂作天成之曲一成止禮儀使奏禮畢遂前導皇帝還大次宮縣樂作出門樂止至大次釋圭

九曰望燎皇帝既還大次禮直官引攝太尉以下監祭禮詣望燎位太祝各捧篚詣神位前進取燔玉祝幣牲俎并黍稷飯籩爵酒各由其陛降詣燎壇以祝幣饌物置柴上禮直官贊可燎半柴又贊禮畢攝太

尉以下皆出禮直官引監祭禮祝史太祝以下從壝南北向立定奉禮贊曰再拜監祭禮以下皆再拜訖遂出十曰車駕還宮皇帝既還大次侍中奏請解嚴皇帝釋袞冕停大次五刻頃所司備法駕序立於櫺星門外以北爲上侍中版奏請中嚴皇帝改服通天冠絳紗袍少頃侍中版奏外辦皇帝出次升輿導駕官前導華蓋繖扇如常儀至櫺星門外太僕卿進御馬如式侍中前奏請皇帝降輿乘馬訖太僕卿執御門下侍郎奏請車駕進發俛伏興退車駕動稱警蹕至櫺星門外門下侍郎跪奏曰請權停勑衆官上馬

侍中承旨曰制可門下侍郎傳制贊者承傳衆官上馬畢導駕官及華蓋繖扇分左右前導門下侍郎跪請車駕進發俛伏興車駕動稱警蹕教坊樂鼓吹振作駕至崇天門櫺星門外門下侍郎跪奏曰請權停勑衆官下馬侍中承旨曰制可門下侍郎俛伏興退傳制贊者承傳衆官下馬畢左右前引入內與儀仗倒卷而北駐立駕入崇天門至大明門外降馬升輿以入駕既入通事舍人承旨勑衆官皆退宿衛官率衛士宿衛如式

攝祀之儀其目有九一曰齋戒祀前五日質明奉禮郎率儀鸞局設獻官諸執事板位於中書省獻官諸執事位俱藉以席仍加紫綾褥初獻攝太尉設位於前堂階上稍西東南向監察御史二位一位在甬道上西稍北東向一位在甬道上東稍北西向監禮博士二位各次御史以北爲上次亞獻官終獻官攝司徒位于其南次助奠官次太常太卿太常卿光祿卿次太史令禮部尚書刑部尚書次奉璧官奉幣官讀祝官太常少卿拱衛直都指揮使次太常丞光祿丞太官令良醞令司尊罍次廩犧令舉祝官奉爵官次太官丞盥洗官爵洗官巾篚官次翦燭官次與祭官

其禮直官分直于左右東西相向西設版位四列皆北向以東爲上郊祀令太樂令太祝祝史次齋郎東設板位四列皆北向以西爲上郊祀丞太樂丞協律郎奉禮郎次齋郎司天生禮直官引獻官諸執事各就位獻官諸執事俱公服五品以上就服其服六品以下皆借紫服禮直局管勾進立于太尉之右宣讀誓文曰某年某月某日祀昊天上帝于圜丘各揚其職其或不敬國有常刑散齋三日宿於正寢致齋二日於祀所散齋日治事如故不弔喪問疾不作樂不判署刑殺文字不決罰罪人不與穢惡事致齋日惟

祀事得行其餘悉禁凡與祀之官已齋而闕者通攝行事讀畢稍前唱曰七品以下官先退復贊曰對拜太尉與餘官皆再拜乃退凡與祭者致齋之宿官給酒饌守壝門兵衛及大樂工人皆清齋一宿二曰告配祀前二日初獻官與太常禮儀院官恭詣太廟奏告太祖皇帝本室即還齋次三曰迎香祝祀前二日翰林學士赴禮部書寫祝文太常禮儀院官亦會焉書畢於公廨嚴潔安置祀前一日質明獻官以下諸執事皆公服禮部尚書率其屬捧祝版同太常禮儀院官俱詣闕廷以祝版授太尉進請御署訖同香酒

迎出崇天門外香置于輿祝置香案御酒置輦樓俱用金複覆之太尉以下官比上馬清道官率京官行于儀衛之先兵馬司巡兵執矛幟夾道次之金鼓又次之京尹儀從左右成列前導諸執事官東西二班行于儀仗之外次儀鳳司奏樂禮部官點視成列太常禮儀院官導于香輿之前然後控鶴舁輿案行太尉等官從行至祀所輿案由南櫺星門入諸執事官由左右偏門入奉安御香祝版于香殿四曰陳設祀前三日樞密院設兵衛各具器服守衛壝門每門兵官二員及外垣東西南櫺星門外設跸街清路諸軍

諸軍旗服各隨其方色去壝二百步禁止行人祀前一日郊祀令率其屬掃除壇上下大樂令率其屬設登歌樂于壇上稍南北向編磬一簴在西編鍾一簴在東擊鍾磬者皆有坐杌大樂令位在鍾簴東西向協律郎位在磬簴西東向執麾者立於後柷一在鍾簴北稍東敔一在磬簴北稍西搏拊二一在柷北一在敔北歌工八人分列于午陛左右東西相向坐以北爲上凡坐者皆藉以席加氈琴一絃三絃五絃七絃九絃者各二瑟四籥二篪二笛二簫二巢笙四和笙四閏餘匏一九曜匏一七星匏一塤二各分立於

午陛東西樂榻上琴瑟者分列于北皆北向坐匏竹者分立于琴瑟之後爲二列重行皆北向相對爲首又設圜宮懸樂於壇南內壝南門之外東方西方編磬起北編鍾次之南方北方編磬起西編鍾次之又設十二鎛鍾於編懸之間各依辰位每辰編磬在左編鍾在右謂之一肆每面三辰共九架四面三十六架設晉鼓於懸內通街之東稍南北向置雷鼓單鼗雙鼗各二柄於北懸之內通街之左右植四楹雷鼓於四隅皆左鼙右應北懸之內歌工四列內二列在通街之東二列於通街之西每列八人共三十二人

東西相向坐以北爲上柷一在東敔一在西皆在歌工之南大樂丞位在北懸之外通街之東西向協律郎位於通街之西東向執麾者立于後舉節樂正立于東副正立于西並在歌工之北樂師二員對立于歌工之南運譜二人對立于樂師之南照燭二人對立于運譜之南祀日分立于壇之上下掌樂作樂止之標準琴二十七設于東西懸内一絃者三東一西二俱爲第一列三絃五絃七絃九絃者各六東西各四列每列三人皆北向坐瑟十二東西各六共爲列在琴之後坐巢笙十簫十閏餘匏一在東七星匏一

九曜匏一皆在竽笙之側竽笙十籥十篪十塤八笛十每色爲一列各分立于通街之東西皆北向又設文舞位于北懸之前植四表于通街之東舞位行綴之間導文舞執衙仗舞師二員執旌二人分立于舞者行綴之外舞者八佾每佾八人共六十四人左手執籥右手秉翟各分四佾立于通街之東西皆北向又設武舞俟立位于東西縣外導武舞執衙仗舞師二員執纛二人執器二十人内單鼗二單鐸二雙鐸二金鐃二鉦二金錞二執稿者四人扶錞二相鼓二雅鼓二分立于東西縣外舞者如文舞之數左手執

干右手執戚各分四佾立于執器之外俟文舞自外退則武舞自内進就立文舞之位惟執器者分立于舞人之外文舞亦退于武舞俟立之位太史令郊祀令各公服率其屬升設昊天上帝神座於壇上北方南向席以藁秸加褥座置璧於繅藉設幣於篚置酌尊所皇地祇神座壇上稍東北方南向席以藁秸加褥座置玉於繅藉設幣於篚置酌尊所配位神座壇上東方西向席以蒲越加褥座置璧於繅藉設幣於篚置酌尊所設五方五帝日月天皇大帝北極等九位在壇之第一等席以莞各設玉幣於神座前設内

官五十四位於圜壇第二等設中官一百五十九位於圜壇第三等設外官一百六位於内壝内設衆星三百六十位於内壝外席皆以莞各設青幣于神座之首皆内向候告潔畢權徹第一等玉幣至祀日丑前重設執事者實柴于燎壇仍設葦炬于東西執炬者東西各二人皆紫服奉禮郎率儀鸞局設獻官以下及諸執事官板位設三獻官板位於内壝西門之外道南東向以北爲上次助奠位稍却次第一等至第三等分獻官第四等第五等分奠官次郊祀令太官令良醞令廩犧令司尊彝次郊祀丞讀祝官舉祝

官奉璧官奉幣官奉爵官太祝盥洗官爵洗官巾篚官祝史次齋郎位于其後每等異位重行俱東向北上攝司徒位于内壝東門之外道南與亞獻相對次太常禮儀使光禄卿同知太常禮儀院事太史令分獻分奠官僉太常禮儀院事供衛直都指揮使太常禮儀院同僉院判光禄丞位於其南皆西向北上監察御史二位一位在内壝西門之外道北東向一位在内壝東門之外道北西向博士二位各次御史以北爲上設奉禮郎位于壇上稍南午陛之東西向司尊罍位于尊所北向又設望燎位于燎壇之北南向

設牲榜于外壝東門之外稍南西向太祝祝史位于牲後俱西向設省牲位于牲北太常禮儀使光禄卿太官令光禄丞太官丞位于其北太官令以下位皆少却監祭監禮位在太常禮儀使之西稍却南向廩犧令位于牲西南北向又設省饌位于牲位之北饌殿之南太常禮儀使光禄卿丞太官令丞位在東西向監祭監禮位在西東向俱北上祠祭局設正配三位各左十有二籩右十有二豆俱爲四行登三鉶三簠簋各二在籩豆間登居神前鉶又居前簠左簋右居鉶前皆藉以席設牲首俎一居中牛羊豕俎七次

之香案一沙池爵坫各一居俎前祝案一設於神座之右又設天地二位各太尊二著尊二犧尊二山罍二於壇上東南俱北向西上又設配位著尊一犧尊二象尊二山罍二在二尊所之東皆有坫加勺冪惟玄酒有冪無勺以北爲上馬湩三器各設於尊所之首加冪勺又設玉幣篚二於尊所西以北爲上又設正位象尊二壺尊二山罍四于壇下午陛之西又設地祇尊罍與正位同於午陛之東皆北向西上又設配位犧尊二壺尊二山罍四在酉陛之北東向北上皆有坫冪不加勺設而不酌又設第一等九位各左

八籩右八豆登一在籩豆間簠簋各一在登前俎一爵坫各一在簠簋前每位太尊二著尊二於神之左皆有坫加勺冪沙池玉幣篚各一又設第二等諸神每位籩二豆二簠簋各一登一俎一於神座前每陛間象尊二爵坫沙池幣篚各一於神中央之座首又設第三等諸神每位籩豆簠簋各一俎一於神座前每陛間設壺尊二爵尊二爵坫沙池幣篚各一於神中央之座首又設内壝内諸神每位籩豆各一簠簋各一於神座前每道間概尊二爵坫沙池幣篚各一於神中央之座首又設内壝外衆星三百六十位每

位籩豆簠簋俎各一於神座前每道間散尊二爵坫
沙池幣篚各一於神中央之座前自第一等以下皆
用匏爵先滌訖置於坫上又設正配位各籩一豆一
簠一簋一俎四及毛血豆各一牲首盤一并第一等
神位每位俎二於饌殿內又設盥洗爵洗於壇下卯
階之東北向罍在洗東加勺篚在洗西南肆實以巾
爵洗之篚實以匏爵加坫又設第一等分獻官盥洗
爵洗位第二等以下分獻官盥洗位各於陛道之左
罍在洗左篚在洗右俱內向凡司尊罍篚位各于其
後五曰省牲器見親祀儀六曰習儀見親祀儀七曰

奠玉幣祀日丑前五刻太常卿率其屬設燎燭於神
座四隅仍明壇上下燭內外燎太史令郊祀令各
服其服陞設昊天上帝神座藁秸席褥如前執事者
陳玉幣於篚置於尊所禮部尚書設祝版於案光祿
卿率其屬入實籩豆簠簋籩四行以右為上第一行
魚鱐在前糗餌粉餈次之第二行乾棗在前乾橑形
鹽次之第三行鹿脯在前榛實乾桃次之第四行菱
在前芡栗次之豆四行以左為上第一行芹菹在前
筍菹葵菹次之第二行菁菹在前韭菹酏食次之第
三行魚醢在前兔醢豚拍次之第四行鹿臡在前醓

醢糝食次之簠實以稻粱簋實以黍稷登實以大羹
良醞令率其屬入實尊罍太尊實以泛齊著尊醴齊
犧尊盎齊象尊醍齊壺尊沈齊山罍為下尊實以玄
酒其酒齊皆以尚醞酒代之太官丞設革囊馬湩于
尊所祠祭局以銀盒貯香同尾帚設于案司香官一
員立于壇上祝史以牲首盤設于壇上獻官以下執
事官各服其服就次所會于齊班幕拱衛直都指揮
使率控鶴各服其服擎執儀仗分立于外壝內東西
諸執事位之後拱衛使亦就位大樂令率工人二舞
自南壝東偏門以次入就壇上下位奉禮郎先入就

位禮直官分引監祭御史監禮博士郊祀令太官令
良醞令廩犧令司尊罍太官丞讀祝官舉祝官奉玉
幣官太祝祝史奉爵官盥爵洗官巾篚官齋郎自南
壝東偏門入就位禮直官引監祭監禮按視壇之上
下祭器糾察不如儀者及其按視也太祝先徹去蓋
冪按視訖禮直官引監祭監禮退復位奉禮郎贊再
拜禮直官承傳曰拜監祭禮以下皆再拜奉禮郎贊
曰各就位太官令率齋郎以次出詣饌殿俟立于南
壝門外禮直官分引三獻官司徒助奠官太常禮儀
院使光祿卿太史令太常禮儀院同知僉院同僉院

判光禄丞自南壝東偏門經樂縣内入就位禮直官進太尉之左贊曰有司謹具請行事退復位宫縣樂作降神天成之曲六成内圜鍾宫三成黄鍾角太簇徵姑洗羽各一成文舞崇德之舞初樂作協律郎跪俛伏舉麾興工鼓柷偃麾戛敔而樂止凡樂作樂止皆倣此禮直官引太常禮儀院使率祝史自卯陛陛壇奉牲首降自午陛由南壝正門經宫縣内詣燎壇北南向立祝史奉牲首陛自南陛置於户内柴上東西執炬者以火燎柴升烟燔牲首訖禮直官引太常禮儀院使祝史捧盤血詣坎位瘞之禮直官引太常禮儀院使祝史各復位奉禮郎贊再拜禮直官承傳曰拜太尉以下皆再拜訖其先拜者不拜執事者取玉幣於篚立於尊所禮直官引太尉詣盥洗位宫縣樂奏黄鍾宫隆成之曲至位北向立樂止搢笏盥手帨手訖執笏詣壇陛自午陛登歌樂作大吕宫隆成之曲至壇上樂止詣正位神座前北向立宫縣樂奏黄鍾宫欽成之曲搢笏跪三上香執事者加璧於幣西向跪以授太尉太尉受玉幣奠於正位神座前執笏俛伏興少退立再拜訖樂止次詣皇地祇位奠獻如上儀次詣配位神主前奠幣於上儀降自午陛登

歌樂作如陞壇之曲至位樂止祝史奉毛血豆入自南壝門詣壇陛自午陛諸太祝迎取於壇上俱跪奠於神座前執笏俛伏興退立于尊所至大三年大祀奠玉幣儀與前少異今存之以備互考祀日丑前五刻設壇上及第一等神位陳其玉幣及明燭實籩豆尊罍樂工各入就位畢奉禮郎先入就位禮直官分引分獻官監祭御史監禮博士諸執事太祝祝史齋郎入自中壝東偏門當壇南重行西上北向立定奉禮郎贊曰再拜分獻官以下皆再拜訖奉禮贊曰各就位禮直官引子丑寅卯辰巳陛道分獻官詣版位西向立北上午未申酉戌亥陛道分獻官詣版位東向立北上禮直官分引監祭禮點視陳設按視壇之上下糾察不如儀者退復位太史令率齋郎出俟禮直官引三獻官并助奠等官入就位東向立司徒西向立禮直官贊曰有司謹具請行事降神六成樂止太常禮儀使率祝史二員捧馬首詣燎壇升烟訖復位奉禮郎贊曰再拜三獻司徒等皆再拜訖奉禮郎贊曰諸執事者各就位立定禮直官請初獻官詣盥洗位樂作至位樂止盥畢詣壇樂作陛自卯陛至壇樂止詣正位神座前北向立樂作搢笏跪太祝加玉

於幣西向跪以授初獻初獻受玉幣奠訖執笏俛伏興再拜訖樂止次詣配位神座前立樂作奠玉幣如上儀樂止降自卯陛樂作復位樂止初獻將奠正位之幣禮直官分引第一等分獻官詣盥洗位盥畢執笏各由其陛陛詣各神位前搢笏跪太祝以玉幣授分獻官奠訖俛伏興再拜訖還位初第一等分獻官將陛禮直官分引第二等內壝內內壝外分獻官盥畢盥洗官俱從至酌尊所立定各由其陛道詣各神首位前奠並如上儀退立酌尊所伺俟終獻酌奠詣各神首位前酌奠祝史奉正位毛血豆由午陛陛配

位毛血豆由卯陛陛太祝迎於壇上進奠於正配位神座前太祝與祝史俱退於尊所八曰進熟太尉既陞奠玉幣太官令丞率進饌齋郎詣廚以牲體設於盤馬牛羊豕鹿各五盤宰割體段並用國禮各對舉以行至饌殿俟光祿卿出實籩豆簠簋籩以粉餈豆以糝食簠以粱簋以稷齋郎上四員奉籩豆簠簋者前行舉盤者次之各奉正配位之饌以序立於南壝門之外俟禮直官引司徒出詣饌殿齋郎各奉以序從司徒入自南壝正門配位之饌入自偏門宮縣樂奏黃鍾宮寧成之曲至壇下俟祝史進徹毛血豆訖

降自卯陛以出司徒引齋郎奉正位饌詣壇陛自午陛太官令丞率齋郎奉配位及第一等之饌陞自卯陛立定奉禮贊諸太祝迎饌諸太祝迎于壇陛之間齋郎各跪奠于神座前設籩于糗餌之前豆於醓醢之前簠於稻前簋於黍前又奠牲體盤于俎上齋郎出笏俛伏興退立定樂止禮直官引司徒降自卯陛太官令率齋郎從司徒亦降自卯陛各復位其第二等至內壝外之饌有司陳設禮直官贊太祝搢笏立茅苴于沙池出笏俛伏興退立于本位禮直官引太尉詣盥洗位宮縣樂作奏黃鍾宮隆成之曲至位北

向立樂止搢笏盥手帨手訖出笏詣爵洗位北向立搢笏執事者奉匏爵以授太尉太尉洗爵拭爵訖以爵授執事者太尉出笏詣壇陛自午陛（一作卯陛）登歌樂作奏黃鍾宮明成之曲至壇上樂止詣酌尊所西向立搢笏執事者以爵授太尉太尉執爵司尊罍舉冪良醞令酌太尊之泛齊凡舉冪酌酒皆跪以爵授執事者太尉出笏詣正位神座前北向立宮縣樂作奏黃鍾宮明成之曲文舞崇德之舞太尉搢笏跪三上香執事者以爵授太尉太尉執爵三祭酒于茅苴以爵授執事者執事者奉爵退詣尊所太官丞傾馬湩

于爵跪授太尉亦三祭于茅苴復以爵授執事者執事者受虛爵以興太尉出笏俛伏興少退北向立樂止舉祝官搢笏跪對舉祝版讀祝官搢笏跪讀祝文讀訖舉祝官奠版于案出笏興讀祝官出笏俛伏興宮縣樂奏如前曲舉祝讀祝官俱先詣皇地祇位前北向立太尉再拜訖樂止次詣皇地祇位並如上儀惟樂奏大呂宮次詣配位並如上儀惟樂奏黃鍾宮降自午陛（一作卯陛）登歌樂作如前降神之曲至位樂止讀祝舉祝官降自卯陛復位文舞退武舞進宮縣樂作奏黃鍾宮和成之曲立定樂止禮直官引亞獻官詣盥洗位北向立搢笏盥手帨手訖出笏詣爵洗位北向立搢笏執爵洗爵拭爵以爵授執事者出笏詣壇陛自卯陛至壇上酌尊所東向（一作西向）立搢笏授爵執爵司尊罍舉冪良醞令酌著尊之醴齊以爵授執事者出笏詣正位神座前北向立宮縣樂奏黃鍾宮熙成之曲武舞定功之舞搢笏跪三上香授爵執爵三祭酒于茅苴復祭馬湩如前儀以爵授執事者出笏俛伏興少退立再拜訖次詣皇地祇位配位並如上儀訖樂止降自卯陛復位禮直官引終獻官詣盥洗位盥手帨手訖詣爵洗位授爵執爵洗爵拭爵以

爵授執事者出笏陛自卯陛至酌尊所搢笏授爵執爵良醞令酌犧尊之盎齊以爵授執事者出笏詣正位神座前北向立宮縣樂作奏黃鍾宮熙成之曲武舞定功之舞上香祭酒馬湩並如亞獻之儀降自卯陛初終獻將陛壇時禮直官分引第一等分獻官詣盥洗位搢笏盥手帨手滌爵拭爵訖以爵授執事者出笏各由其陛詣酌尊所搢笏執事者以爵授分獻官執爵酌太尊之泛齊以爵授執事者各詣諸神位前搢笏跪三上香三祭酒訖出笏俛伏興少退再拜興降復位第一等分獻官將陛壇時禮直官引第二等第三等內壝內內壝外衆星位分獻官各詣盥洗位搢笏盥手帨手酌奠如上儀訖禮直官各引獻官復位諸執事者皆退復位禮直官贊太祝徹籩豆登歌樂作大呂宮寧成之曲太祝跪以籩豆各一少移故處卒徹出笏俛伏興樂止奉禮郎贊曰賜胙衆官再拜禮直官承傳曰拜在位者皆再拜平立定送神宮縣樂作奏圜鍾宮天成之曲一成止九曰望燎禮直官引太尉亞獻助奠一員太常禮儀院使監祭監禮各一員等詣望燎位又引司徒終獻助奠監祭監禮各一員及太常禮儀院使等官詣望瘞位樂作奏

黃鍾宮隆成之曲至位南向立樂止上下諸執事各執篚進神座前取燔玉及幣祝版日月已上齋郎以俎載牲體黍稷各由其陛降南行經宮縣樂出東詣燎壇陞自南陛以玉幣祝版饌食致於柴上户内諸執事又以内官以下之禮幣皆從燎禮直官贊曰可燎東西執炬者以炬燎火半柴執事者亦以地祇之玉幣祝版牲體黍稷詣瘞坎焚瘞畢禮直官引太尉以下官以次由南壝東偏門出禮直官引監祭監禮奉玉幣官太祝祝史齋郎俱復壇南北向立奉禮郎贊曰再拜禮直官承傳曰拜監祭監禮以下皆再拜

訖各退出太樂令率工人二舞以次出禮直官引太尉以下諸執事官至齊班幕前立禮直官贊曰禮畢衆官圓揖畢各退于次太尉等官太常禮儀院使監祭監禮展視胙肉酒醴奉進闕庭餘官各退

祭告三獻儀大德十一年所定告前三日三獻官諸執事官具公服赴中書省受誓戒前一日未正二刻省牲器告日質明三獻官以下諸執事官各具法服禮直官引監祭禮以下諸執事官先入就位立定監祭禮點視陳設畢復位立定太官令率齋郎出禮直官引三獻司徒太常禮儀院使光祿卿入就位立定

禮直官贊曰有司謹具請行事降神樂作六成止太常禮儀院使燔牲首復位立定奉禮贊三獻以下皆再拜就位禮直官引初獻詣盥洗位盥手訖陞壇詣昊天上帝位前北向立搢笏跪三上香奠玉幣出笏俛伏興再拜訖降復位禮直官引初獻詣盥洗位盥手訖詣爵洗位洗拭爵訖詣酒尊所酌酒訖請詣昊天上帝神位前北向搢笏跪三上香執爵三祭酒於茅苴出笏俛伏興俟讀祝訖再拜平立請詣皇地祇酒尊所酌獻並如上儀俱畢復位禮直官引亞獻並如初獻之儀惟不讀祝降復位禮直官引終獻並如

亞獻之儀降復位奉禮贊賜胙衆官再拜在位者皆再拜禮直官引三獻司徒太常卿光祿卿監祭監禮等官請詣望燎位南向立定俟燎玉幣祝版禮直官贊可燎禮畢

祭告一獻儀至元十二年所定告前二日郊祀令掃除壇壝内外翰林國史院學士撰寫祝文前一日告官等各公服捧祝版進請御署訖同御香上尊酒如常儀迎至祠所齋宿告日質明前三刻禮直官引郊祀令帥其屬詣壇鋪筵陳設如儀禮直官二員引告官等各具紫服以次就位東向立定禮直官稍前曰

有司謹具請行事贊者曰鞠躬曰拜曰興曰拜曰興曰平身禮直官先引執事官各就位次詣告官前曰請詣盥爵洗位至位北向立曰搢笏曰盥手曰帨手曰洗爵曰拭爵曰出笏曰詣酒尊所曰搢笏曰執爵曰司尊者舉冪曰酌酒良醞令酌酒曰以爵授執事者告官以爵授執事者曰出笏曰詣昊天上帝皇地祇神位前北向立曰稍前曰搢笏曰跪曰上香曰上香曰三上香曰祭酒曰祭酒曰三祭酒曰以爵授捧爵官曰出笏曰俛伏興曰舉祝官跪曰舉祝曰讀祝官跪曰讀祝讀訖曰舉祝官奠祝版於案曰俛伏興

告官再拜曰鞠躬曰拜曰興曰拜曰興曰平身引告官以下降復位禮直官贊曰再拜曰鞠躬曰拜曰興曰拜曰興曰平身曰詣望燎位燔祝版半燎告官以下皆退瘞之其坎於祭所壬地方深足以容物

志卷第二十四

志卷第二十五　　元史七十四

翰林學士亞中大夫知制誥兼修國史臣宋濂　翰林待制承直郎同知制誥兼修國史院編修官臣王禕等奉

勑修

祭祀三

宗廟上

其祖宗祭享之禮割牲奠馬湩以蒙古巫祝致辭蓋國俗也世祖元年秋七月丁丑設神位于中書省用登歌樂遣必闍赤致祭焉必闍赤譯言典書記者十二月初命製太廟祭器法服二年九月庚申朔徙中書署奉遷神主于聖安寺辛巳藏于瑞像殿三年十

二月癸亥即中書省備三獻官大禮使司徒攝祀事禮畢神主復藏瑞像殿四年三月癸卯詔建太廟于燕京十一月丙戌仍寓祀事中書以親王合丹塔察兒王盤張文謙攝事至元元年冬十月奉安神主于太廟初定太廟七室之制皇祖皇祖妣第一室皇伯考伯妣第二室皇考皇妣第三室皇伯考伯妣第四室皇伯考伯妣第五室皇兄皇后第六室皇兄皇后第七室凡室以西為上以次而東二年九月初命滌養犧牲取大樂工于東平習禮儀冬十月己卯享于太廟尊皇祖為太祖三年秋九月始作八室神主設

祏室冬十月太廟成丞相安童伯顏言祖宗世數尊謚廟號配享功臣增祀四世各廟神主七祀神位法服祭器等事皆宜以時定乃命平章政事趙璧等集議製尊謚廟號定爲八室烈祖神元皇帝皇曾祖妣宣懿皇后第一室太祖聖武皇帝皇祖妣光獻皇后第二室太宗英文皇帝皇伯妣昭慈皇后第三室皇伯朮赤皇伯妣别土出迷失第四室皇伯考察合帶皇伯妣也速倫第五室皇考睿宗景襄皇帝皇妣莊聖皇后第六室定宗簡平皇帝欽淑皇后第七室憲宗桓肅皇帝貞節皇后第八室十一月戊申奉安神

主于祏室歲用冬祀如初禮四年二月初定一歲十二月薦新時物六年冬時享畢十二月命國師僧薦佛事于太廟七晝夜始造木質金表牌位十有六設大榻金椅奉安祏室前爲太廟薦佛事之始七年十月癸酉勑宗廟祝文書以國字八年八月太廟柱朽從張易言告于列室而後脩奉遷栗主金牌位與舊神主于饌幕殿工畢安奉自是脩廟皆如之丙子勑冬享毋用犧牛十二年五月檢討張謙呈昔者因脩太廟奉遷金牌位於饌幕殿設以金椅其栗主却與舊主牌位各貯箱内安置金椅下禮有非宜今擬合

以金牌位遷于八室内其祏室栗主宜用綵輿遷納舊主并牌位安置于箱爲宜九月丁丑勑太廟牲復用牛十月己未遷金牌位于八室内太祝兼奉禮郎申屠致遠言竊見木主既成又有金牌位其日月山神主及中統初中書設祭神主安奉無所博士議曰合存祏室栗主舊置神主牌位俱可隨時埋瘞不致神有二歸太常少卿以聞制曰其與張仲謙諸老臣議行之十三年九月丙申薦佛事于太廟命即佛事處便大祭己亥享于太廟加薦羊鹿野豕是歲改作金主太祖主題曰成吉思皇帝睿宗題曰太上皇也可

那顏皇后皆題名諱十四年八月乙丑詔建太廟于大都博士言古者廟制率都宮别殿西漢亦各立廟東都以中興崇儉故七室同堂後世遂不能革十五年五月九日太常卿還自上都爲議廟制據博士言同堂異室非禮以古今廟制畫圖貼說令博士李天麟賫往上都分寺可否以聞一曰都宮别殿七廟九廟之制祭法曰天子立七廟三昭三穆與太祖之廟而七諸侯大夫士降殺以兩晉博士孫毓以謂外爲都宮内各有寢廟别有門垣太祖在北左昭右穆以次而南是也前廟後寢者以象人君之居前有朝而

後有寢也廟以藏主以四時祭寢有衣冠几杖象生之具以薦新物天子太祖百世不遷宗亦百世不遷高祖以上親盡則遞遷昭常爲昭穆常爲穆同爲都宮則昭常在左穆常在右而外有以不失其序一世自爲一廟則昭不見穆穆不見昭而内有以各全其尊必祫享而會于太祖之廟然後序其尊卑之次蓋父子異宮祖禰異廟所以盡事亡如事存之義然漢儒論七廟九廟之數其說有二韋玄成等以謂周之所以七廟者以后稷始封文王武王受命而王是以三廟不毀與親廟四而七也如劉歆之說則周自武

王克商以后稷爲太祖即增立高圉亞圉二廟於公叔太王王季文王二昭二穆之上已爲七廟矣至懿王時始立文世室於三穆之上至孝王時始立武世室於三昭之上是爲九廟矣然先儒多是劉歆之說二曰同堂異室之制後漢明帝遵儉自抑遺詔無起寢廟但藏其主於光武廟中更衣別室其後章帝又復如之後世遂不敢加而公私之廟皆用同堂異室之制先儒朱熹以謂至使太祖之位下同孫子而更僻處於一隅無以見爲七廟之尊羣廟之神則又上厭祖考不得自爲一廟之主以人情論之生居九重

窮極壯麗而設祭一室不過尋丈甚或無地以容鼎俎而陰損其數子孫之心於此宜亦有所不安矣且如命士以上其父子婦姑猶且異處謹尊卑之序不相褻瀆况天子貴爲一人富有四海而祖宗神位數世同處一堂有失人子事亡如事存之意矣十六年八月丁酉以江南所獲玉爵及坫凡四十九事納于太廟十七年十二月甲申告遷于太廟癸巳承旨和禮霍孫太常卿太出禿忽思等以祏室内栗主八位并日月山板位聖安寺木主俱遷甲午和禮霍孫太常卿撒里蠻率百官奉太祖睿宗二室金主於新廟

安奉遂大享焉乙未毁舊廟十八年二月博士李時衍等議歷代廟制俱各不同欲尊祖宗當從都宮別殿之制欲崇儉約當從同堂異室之制三月十一日尚書段那海及太常禮官奏曰始議七廟除正殿寢殿正門東西門已建外東西六廟不須更造餘依太常寺新圖建之遂爲前廟後寢廟分七室二十一年三月丁卯太廟正殿成奉安神主九月廟室掛鍍網釘鑿籠門告成二十二年十二月丁未皇太子薨太常博士議曰前代太子薨梁武帝謚統曰昭明齊武帝謚長懋曰文惠唐憲宗謚寧曰惠昭金世宗謚允

恭曰宣孝又建別廟以奉神主准中祀以陳登歌例設令丞歲供洒掃斯皆累代之典莫不追美洪休時中書翰林諸老臣亦議宜加謚立別廟奉祀遂謚曰明孝太子作主用金二十五年冬享制送白馬一三十年十月朔皇太子祔于太廟三十一年成宗即位追尊皇考爲皇帝廟號裕宗元貞元年冬十月癸卯有事于太廟中書省臣言去歲世祖皇后裕宗祔廟以綾代玉冊今玉冊玉寶成請納諸各室帝曰親饗之禮祖宗未嘗行之其奉冊以來朕躬祝之命獻官迎導入廟大德元年十一月太保月赤察兒等奏請

廟享增用馬制可二年正月特祭太廟用馬一牛一羊鹿野豕天鵝各七餘品如舊爲特祭之始四年八月以皇妣皇后祔六年五月戊申太廟寢殿災十一年武宗即位追尊皇考爲皇帝廟號順宗太祖室居中睿宗西第一室世祖西第二室裕宗西第三室順宗東第一室成宗東第二室追尊先元妃爲皇后祔成宗室至大二年春正月乙未以受尊號恭謝太廟爲親祀之始十月以特加謚太祖睿宗擇日請太祖睿宗尊謚于天擇日請光獻皇后莊聖皇后尊謚于廟改製金表神主題寫尊謚廟號十二月乙卯親享

太廟奉玉冊玉寶加上太祖聖武皇帝尊謚曰法天啓運廟號太祖光獻皇后曰翼聖加上睿宗景襄皇帝曰仁聖廟號睿宗莊聖皇后曰顯懿其舊制金表神主以櫝貯兩旁自是主皆範金作之如金表之製延祐七年仁宗升祔增置廟室太常禮儀院下博士檢討歷代典故移書禮部中書集議曰古者天子祭七代兄弟同爲一代廟室皆有神主增置廟室又議大行皇帝升祔太廟七室皆有神主增室不及依前代典故權於廟內止設幄座面南安奉今相視得第七室近南對室地位東西一丈五尺除設幄座外餘

五尺不妨行禮乃結綵爲殿置武宗室南權奉神主十月戊子英宗將以四時躬祀太廟命太常禮官與中書翰林集賢等官集議其禮制曰此追遠報本之道也毋以朕勞而有所損焉其一遵典禮丙寅中書以躬謝太廟儀注進十一月丙子朔帝御齋宮丁丑備法駕儀衛躬謝太廟至櫺星門駕止有司進輦不御步至大次服衮冕端拱以竢禮儀使請署祝帝降御座正立書名及讀祝敕高贊御名至仁宗室輒歔欷流涕左右莫不感動退至西神門殿中監受圭出降沒階乃授甲辰太常進時享太廟儀式至治元年

正月乙酉始命於太廟垣西北建大次殿丙戌始以四孟月時享親祀太室禮成坐大次謂羣臣曰朕纘承祖宗丕緒夙夜祗慄無以報稱歲惟四祀使人代之不能致如在之誠實所未安自今以始歲必親祀以終朕身五月中書省臣言以廟制事集御史臺翰林院太常院臣議謹按前代廟室多寡不同晉則兄弟同爲一室正室增爲十四間東西各一間唐九廟後增爲十一室宋增室至十八東西夾室各一間以藏祧主今太廟雖分八室然兄弟爲世止六世而已世祖所建前廟後寢往歲寢殿災請以今殿爲寢別

作前廟十五間中三間通爲一室以奉太祖神主餘以次爲室庶幾情文得宜謹上太常廟制制曰善期以來歲營之二年春正月丁丑始陳鹵簿親享太廟三月二十三日以新作太廟正殿夏秋二祭權止秋八月丙辰太皇太后崩太常院官奏國哀以日易月旬有二日外乃舉祀事有司以十月戊辰有事于太廟取聖裁制曰太廟禮不可廢迎香去樂可也又言太廟興工未畢有妨陳宮縣樂請止用登歌從之三年春三月戊申祔昭獻元聖皇后于順宗室夏四月六日上都分省參議速速以都堂旨太廟夾室未有

制度再約臺院等官議定博士議曰按爾雅曰室有東西廂曰廟注夾室前堂同禮曰西夾南向注曰西廂夾室此東西夾室之正文也賈公彥曰室有東西廂曰廟其夾皆在序是則夾者猶今耳房之類也然其制度則未之聞東晉太廟正室一十六間東西儲各一間共十有八所謂儲者非夾室與唐貞觀故事遷廟之主藏於夾室西壁南北三間又宋哲宗亦嘗於東夾室奉安後雖增建一室其夾室仍舊是唐宋夾室與諸室制度無大異也五帝不相沿樂三王不相襲禮今廟制皆不合古權宜一時宜取今廟一十

五間南北六間東西兩頭二間準唐南北三間之制壘至棟爲三間壁以紅泥以準東西序南向爲門如今室戶之制虛前以準廂所謂夾室前堂也雖未盡合於古於今事爲宜六月上都中書省以聞制若曰可壬申敕以太廟前殿十有五間東西二間爲夾室南向秋七月辛卯太廟落成俄國有大故晉王即皇帝位十二月戊辰追尊皇考晉王爲皇帝廟號顯宗皇妣晉王妃爲皇后庚午盜入太廟失仁宗及慈聖皇后神主壬申重作仁廟二金主丙午御史趙成慶言太廟失神主乃古今莫大之變由太常禮官不恭

厥職宜正其罪以謝宗廟以安神靈制命中書定罪泰定元年春正月甲午奉安仁宗及慈聖皇后二神主丁丑御史宋本趙成慶李嘉賓言太廟失神主已得旨命中書定太常失守之罪中書以爲事在太廟署令而太常官屬居位如故昔唐陵廟皆隸宗正盜斫景陵門戟架既貶陵令丞而宗正卿亦皆貶黜且神門戟架比之太廟神主孰爲輕重宜定其罪名顯示黜罰以懲不恪不報先是博士劉致建議曰竊以禮莫大於宗廟宗廟者天下國家之本禮樂刑政之所自出也唐虞三代而下靡不由之聖元龍興肇基

積德累功百有餘年而宗廟未有一定之制方聖天子繼統之初定一代不刊之典爲萬世法程正在今日周制天子七廟三昭三穆昭處於東穆處於西所以別父子親疏之序而使不亂也聖朝取唐宋之制定爲九世遂以舊廟八室而爲六世昭穆不分父子並坐不合禮經新廟之制一十五間東西二間爲夾室太祖室既居中則唐宋之制不可依惟當以昭穆列之父爲昭子爲穆則睿宗當居太祖之東爲昭之第一世世祖居西爲穆之第一世裕宗居東爲昭之第二世兄弟共爲一世則成宗順宗顯宗三室皆當居西爲穆之第二世武宗仁宗二室皆當居東爲昭之第三世昭之后居左穆之后居右西以左爲上東以右爲上也苟或如此則昭穆分明秩然有序不違禮經可爲萬世法若以累朝定制依室次於新廟遷安則顯宗躋順宗之上順宗躋成宗之上以禮言之春秋閔公無子庶兄僖公代立其子文公遂躋僖公於閔公之上史稱逆祀及定公正其序書曰從事先公然僖公猶是有位之君尚不可居故君之上況未嘗正位者乎國家雖曰以右爲尊然古人所尚或左或右初無定制古人右社稷而左宗廟國家宗廟亦

居東方豈有建宗廟之方位既依禮經而宗廟之昭穆反不應禮經乎且如今朝賀或祭祀宰相獻官分班而立居西則尚左居東則尚右及行禮就位則西者復尚右東者復尚左矣致職居博士宗廟之事所宜建明然事大體重宜從使院移書集議取旨四月辛巳中書省臣言始祖皇帝始建太廟太祖皇帝居中南向睿宗世祖裕宗神主以次祔東室順宗成宗武宗仁宗以次祔西室邇者集賢翰林太常諸臣言國朝建太廟遵古制古尚左今尊者居右爲少屈非所以示後世太祖皇帝居中南向宜奉睿宗皇帝神

主祔左一室世祖祔右一室裕宗祔睿宗室之左顯宗順宗成宗兄弟也以次祔世祖室之右武宗仁宗亦兄弟也以祔裕宗室之左英宗祔成宗室之右臣等以其議近是謹繪室次爲圖以獻惟陛下裁擇從之五月戊戌祔顯宗英宗凡十室四年夏四月辛未盜入太廟失武宗神位及祭器壬申重作武宗金主及祭器甲午奉安武宗神主天曆元年冬十月丁亥毁顯宗室重改至元之六年六月詔毁文宗室其宗廟之事本末因革大槩如此凡大祭祀尤貴馬湩將有事勑太僕司挏馬官奉尚飲者革囊盛送馬其馬

牲既與三牲同登于俎而割奠之饌復與籩豆俱設將奠牲盤酹馬湩則蒙古太祝升詣第一座呼帝后神諱以致祭年月日數牲齊品物致其祝語以次詣列室皆如之禮畢則以割奠之餘撒於南櫺星門外名曰拋撒茶飯蓋以國禮行事尤其所重也始至元初金太祝魏犮諒者仕於朝詣中書言太常寺奉祀宗廟禮不備者數事禮部移太常考前代典禮以勘犮諒所言皆非是由是禮官代有討論割奠之禮初惟太常卿設之桑哥爲初獻乃有三獻等官同設之儀博士議曰凡陳設祭品實罇罍等事獻官皆不與也獨此親設之然後再升殿恐非誠慤專一之道且大禮使等官尤非其職大樂署長言割奠之禮宜別撰樂章博士議曰三獻之禮實依古制若割肉奠葡萄酒馬湩別撰樂章是又成一獻也又議燔膋膟與今燒飯禮合不可廢形鹽糗餌粉餈酏食糝食非古雷鼓路鼓與播鼗之制不同攝祀大禮使終夕堅立無其義知禮者皆有取於其言英宗之初博士又言今冬祭即烝也天子親祼太室功臣宜配享事亦弗果行

廟制至元十七年新作于大都前廟後寢正殿東西

七間南北五間內分七室殿陛二成三階中曰泰階西曰西階東曰阼階寢殿東西五間南北三間環以宮城四隅重屋號角樓正南正東正西宮門三門各五門皆號神門殿下道直東西神門曰橫街直南門曰通街甓之通街兩旁井二皆覆以亭宮城外繚以崇垣饌幕殿七間在宮城南門之東南向齊班廳五間在宮城之東南西向省饌殿一間在東城東門少北南向初獻齋室在宮城之東東垣門內少北西向其南爲亞終獻司徒大禮使助奠七祀獻官等齋室皆西向雅樂庫在宮城西南東向法物庫儀鸞庫在

宮城之東北皆南向都監局在其東少南西向東垣之内環築墻垣爲别院内神厨局五間在北南向井在神厨之東北有亭酒庫三間在井亭南西向祠祭局三間對神厨局北向院門西向百官厨五間在神厨院南西向宮城之南復爲門與中神門相值左右連屋六十餘間東掩齋班廳西值雅樂庫爲諸執事齋房築崇墉以環其外東西南開櫺星門三門外馳道抵齋化門之通衢至治元年詔議增廣廟制三年别建大殿一十五間於今廟前用今廟爲寢殿中三間通爲一室餘十間各爲一室東西兩旁際墻各留

一間以爲夾室室皆東西横闊二丈南北入深六間每間二丈宮城南展後鑿新井二于殿南作亭東南隅西南隅角樓南神門東西神門饌幕殿省饌殿獻官百執事齋室中南門齋班廳雅樂庫神厨祠祭等局皆南徙建大次殿三間於宮城之西北東西櫺星門亦南徙東西櫺星門之内鹵簿房四所通五十間

神主至元三年始命太保劉秉中考古制爲之高一尺二寸上頂圜徑二寸八分四廂合剡一寸一分上下四方穿中央通孔徑九分以光漆題尊謚於背上匱趺底盖俱方底自下而上盖從上而下底齊趺方一尺厚三寸皆準元祐古尺圖主及匱趺皆用栗木匱趺並用玄漆設祏室以安奉帝主用曲几黄羅帕覆之后主用直几紅羅帕覆之祏室每室紅錦厚褥一紫錦薄褥一黄羅複帳一龜背紅簾一緣以黄羅帶飾六年十二月十八日國師奉旨造木質金表牌位十有六亦號神主設大榻金椅位置祏室前帝位於右后位於左題號其面籠以銷金絳紗其制如櫝

祝有二祝册親祀用之製以竹每副二十有四簡貫以紅絨絛面用膠粉塗飾背飾以絳金綺藏以楠木縷金雲龍匣塗金鎖鑰韜以紅錦囊蒙以銷金雲龍

絳羅複擬撰祝文書祝讀祝皆翰林詞臣掌之至大二年親祀竹册長一尺二寸廣一寸二分厚三分至治二年正月親祀竹册八副每册二十有四簡長一尺一寸廣一寸厚一分二釐祝版攝祀用之制以楸木長二尺四寸廣一尺二寸厚一分其面背飾以精潔楮紙祝文至元時享於太祖室稱孝孫嗣皇帝臣某睿宗室稱孝子嗣皇帝臣某天曆時享自太祖至裕宗四室皆稱孝曾孫嗣皇帝臣某順宗室稱孝孫嗣皇帝臣某成宗至英宗三室皆稱嗣皇帝臣某武宗室稱孝子嗣皇帝臣某

幣以白繒為之每段長一丈八尺

牲齊庶品大祀馬一用色純者有副牛一其角握其色赤有副羊其色白豕其色黑鹿九馬牛羊豕鹿牲體每室七盤單室五盤太羹每室三登和羹每室三鉶籩之實每室十有二品豆之實每室十有二品凡祀先期命貴臣率獵師取鮮獐鹿兔以供脯臡醓醢稻粱為飯每室二簠黍稷為飯每室二簋彝尊之實每室十有一明水玄酒用陰鑑取水于月與井水同鬯用鬱金為之五齊三酒醞於光祿寺膟膋蕭蒿至元十八年五月弟用後遂廢茅香以縮酒至元十七

年始用沅州麻陽縣包茅天鵞野馬塔剌不花其狀如獾野雞鶬黃羊胡寨兒其狀如鳩湩乳葡萄酒以國禮割奠皆列室用之羊一豕一籩之實二栗鹿脯豆之實二菁菹鹿臡簠之實黍簋之實稷爵尊之實酒皆七祀位各用之薦新鮪野彘孟春用之鴈天鵞仲春用之葑韭鴨鷄卵季春用之冰羔羊孟夏用之櫻桃竹筍蒲筍羊仲夏用之瓜豚大麥飯小麥麵季夏用之雛鷄孟秋用之菱芡栗黃鼠仲秋用之梨棗黍粱鶩老季秋用之芝麻兔鹿稻米飯孟冬用之麕野馬仲冬用之鯉黃羊塔剌不花季冬用之至大元年春正月

皇太子言薦新增用影堂品物羊羔炙魚饅頭餅子西域湯餅圜米粥砂糖飯羹每月用以配薦

祭器籩十有二冪以青巾巾繪綵雲豆十有四一實毛血一實膟膋登三鉶三有柶簠二簋二有匕箸俎七以載牲體皆有鼏後以盤貯牲體盤置俎上鼏不用香案一銷金絳羅衣銀香鼎一銀香奩一茅苴盤一實以沙已上並陳室内燎爐一實以炭篚一實以蕭蒿黍稷祝案一紫羅衣置祝文于上銷金絳羅覆之鷄彝一有舟鳥彝一有舟加勺春夏用之斝彝一有舟黃彝一有舟加勺秋冬用之虎彝一有舟蜼彝

一有舟加勺特祭用之凡鷄彝斝彝虎彝以實明水鳥彝黃彝蜼彝以實鬯犧尊二象尊二春夏用之著尊二壺尊二秋冬用之太尊二山尊二特祭用之尊皆有坫勺冪以白布巾巾繪黼文著尊二山罍二皆有坫加冪已上並陳室外壺尊二太尊二山罍四皆有坫加冪藉以莞席並陳殿下北向西上設而不酌每室皆同通廊御香案一銷金黃羅衣銀香奩一貯御祝香銷金帕覆之並陳殿中央罍洗所罍二洗二一以供爵滌一以供盥潔篚二實以璋瓚巾塗金銀爵七祀神位籩二豆二簠一簋一俎一爵一有坫香

案一沙池一壺尊二有坫加冪七祀皆同罍一洗一篚一中統以來雜金宋祭器而用之至治初始造新器於江浙行省其舊器悉置几閣

親祀時享儀其目有八一曰齋戒前祀七日皇帝散齋四日於別殿治事如故不作樂停奏刑名事不行刑罰致齋三日惟專心祀事其二日於大明殿一日於大次致齋前一日尚舍監設御幄於大明殿西序東向致齋之日質明諸衛勒所部屯列晝漏下一刻通事舍人引侍享執事文武四品以上官俱公服詣別殿奉迎二刻侍中版奏請中嚴皇帝服通天冠絳

紗袍三刻侍中版奏外辦皇帝結佩出別殿乘輿華蓋繖扇侍衛如常儀奉引至大明殿御幄東向坐侍臣夾侍如常一刻頃侍中前跪奏言請降就齋俛伏興皇帝降座入室侍享執事官各還所司宿衛者如常凡應祀官受誓戒於中書省散齋四日致齋三日光祿卿鑑取明水火火以供爨水以實尊二曰陳設祀前三日尚舍監陳大次於西神門外道北南向設小次於西階西東向設版位於西神門內橫街南東向設飲福位於太室尊彝所稍東西向設黃道裀褥於大次前至西神門至小次版位西階及殿門之外設御洗位於御版位東稍北北向設亞終獻位於西神門內御版位稍南東向以北為上罍洗在其東北設亞終獻飲福位於御飲福位後稍南西向陳設八寶黃羅案於西階西隨地之宜設享官宮縣樂省牲位諸執事公卿御史位並如常儀殿上下及各室設籩豆尊罍彝斝等器並如常儀三曰車駕出宮祀前一日所司備法駕鹵簿於崇天門外太僕卿率其屬備玉輅於大明門外千牛將軍執刀於輅前北向其日質明諸侍享執事官先詣太廟祀所諸侍臣直衛及導駕官於致齋殿前左右分班立通事舍人

引侍中跪奏請中嚴俛伏興皇帝服通天冠絳紗袍少頃侍中版奏外辦皇帝出齋室即御座羣臣起居訖尚輦進輿侍中奏請皇帝升輿皇帝升輿華蓋繖扇侍衛如常儀導駕官前導至大明門外侍中進當輿前跪奏請皇帝降輿升輅皇帝升輅太僕執御導駕官分左右步導門下侍郎進當輅前跪奏請車駕進發車駕動稱警蹕千牛將軍夾而趨至崇天門外門下侍郎跪奏請車駕少駐勑衆官上馬侍中承旨退稱曰制可門下侍郎退傳制稱衆官上馬贊者承傳勑衆官上馬上馬訖門下侍郎奏請勑車右升侍

中前承制退稱曰制可千牛將軍升訖門下侍郎奏
請車駕進發車駕動稱警蹕符寶郎奉八寶與殿中
監部從在黄鉞内教坊樂前引鼓吹不振作將至太
廟禮直官引諸侍享執事官於廟門外左右立班奉
迎駕至廟門回輅南向將軍降立於輅左侍中於輅
前奏稱侍中臣　請皇帝降輅步入廟門皇帝降輅導
駕官前導皇帝步入廟門稍西侍中奏請皇帝升輿
尚輦奉輿華蓋繖扇如常儀皇帝乘輿至大次侍中
奏請皇帝降輿入就大次皇帝入就次簾降宿衛如
式尚食進饍如儀禮儀使以祝版奏御署訖奉出太

廟令受之各奠於坫置各室祝案上通事舍人承旨
勑衆官各還齋次四曰省牲器祀前一日未後三刻
廩犧令丞太官令丞太祝以牲就位禮直官引太常
卿光禄卿丞監祭禮等官就位禮直官請太常監祭
監禮由東神門北偏門入升自東階每位視滌祭器
司尊彝舉冪曰潔俱畢降自東階由東神門北偏門
出復位立定禮直官稍前曰請省牲引太常卿視牲
退復位次引廩犧令出班巡牲一匝西向折身曰充
諸太祝巡牲一匝上一員出班西向折身曰腯畢俱
復位蒙古巫祝致詞訖禮直官稍前曰請詣省饌位

引太常卿光禄卿監祭監禮光禄丞太官令丞詣省
饌位東西相向立定以北爲上禮直官引太常卿詣
饌殿内省饌視饌訖禮直官引太常卿還齋所次引
廩犧令丞諸太祝以次牽牲詣廚授太官令次引光
禄卿丞監祭監禮詣廚省鼎鑊視滌溉訖各還齋所
太官令帥宰人以鸞刀割牲祝史各取毛血每位共
實一豆以肝洗於鬱鬯及取膟膋每位共實一豆置
於各位饌室内庖人烹牲五曰晨祼祀日丑前五刻
諸享陪位官各服其服光禄卿良醞令太官令入實
籩豆簠簋尊罍各如常儀太樂令率工人二舞以次

入奉禮郎贊者先入就位禮直官引御史博士及執
事者以次各入就位並如常儀禮直官引司徒以下
官升殿分香設酒如常儀禮直官引太常官御史博
士升殿視陳設就位復與太廟令太祝宮闈令升殿
太祝出帝主宮闈令出后主訖御史及以上升殿官
於當陛近西北向立奉禮於殿上贊奉神主訖奉禮
曰再拜贊者承傳諸官及執事者皆再拜各就位禮
直官引亞終獻等官由南神門東偏門入就位立定
禮直官贊有司謹具請行事協律郎俛伏興舉麾興
工鼓柷宮縣樂作思成之曲以黄鍾爲宮大呂爲角

太簇爲徵應鍾爲羽作文舞九成止樂奏將終通事舍人引侍中版奏請中嚴皇帝服袞冕坐少頃禮直官引博士博士引禮儀使對立於大次門外當門北向侍中奏外辦禮儀使跪奏請皇帝行禮俛伏興簾捲符寶郎奉寶陳於西陛之西黃羅案上皇帝出大次博士禮儀使前導華蓋繖扇如儀大禮使後從至西神門外殿中監跪進鎮圭皇帝執圭華蓋繖扇停於門外近侍從入門協律郎跪俛伏興舉麾工鼓柷宮縣順成之樂作至版位東向協律郎偃麾工戛敔樂止引禮官分左右侍立禮儀使前奏請再拜皇帝

再拜奉禮曰衆官再拜贊者承傳凡在位者皆再拜禮儀使奏請皇帝詣盥洗位宮縣作樂至洗位樂止內侍跪取匜興沃水又內侍跪取盤興承水禮儀使奏請搢鎮圭皇帝搢圭盥手訖內侍跪取巾於篚興以進帨手訖皇帝詣爵洗位奉瓚官以瓚跪進皇帝受瓚內侍奉匜沃水又內侍跪奉盤承水洗瓚訖內侍奉巾以進皇帝拭瓚訖內侍奠盤匜又奠巾於篚奉瓚官跪受瓚禮儀使奏請執鎮圭前導皇帝升殿宮縣樂作至西階下樂止皇帝升自西階登歌樂作禮儀使前導皇帝詣太祖室尊彝所東向立樂止奉

瓚官以瓚莅鬯司尊者舉冪侍中跪酌鬱鬯訖禮儀使前導入詣太祖神座前北向立禮儀使奏請搢鎮圭跪奉瓚官西向立以瓚跪進禮儀使奏請執瓚以鬯祼地皇帝執瓚以鬯祼地以瓚授奉瓚官禮儀使奏請執鎮圭俛伏興皇帝俛伏興禮儀使前導出戶外褥位禮儀使奏請再拜皇帝再拜訖禮儀使前導詣第二室以下祼鬯並如上儀祼訖禮儀使奏請還版位登歌樂作皇帝降自西階樂止宮縣樂作至版位東向立樂止禮儀使奏請還小次前導皇帝行宮縣樂作將至小次禮儀使奏請釋鎮圭殿中監跪受

皇帝入小次簾降樂止六曰進饌皇帝祼將畢光祿卿詣饌殿視饌復位太官令率齋郎詣饌幕以牲體設於盤各對舉以行自南神門入司徒出迎饌宮縣樂作奏無射宮嘉成之曲禮直官引司徒齋郎奉饌升自太階由正門入諸太祝迎於階上各跪奠於神座前齋郎執笏俛伏興遍奠訖樂止禮直官引司徒太官令率齋郎降自東階各復位饌之升殿也太官丞率七祀齋郎奉饌以序跪奠于七祀神座前退從殿上齋郎以次復位諸太官令率割牲官詣各室進割牲體置俎上皆退七曰酌獻禮直官於殿上贊太

祝立茅苴禮儀使奏請詣盥洗位簾捲出次宮縣樂
作殿中監跪進鎮圭皇帝執鎮圭至盥洗位樂止北
向立禮儀使奏請搢鎮圭執事者跪取匜興沃水又
跪取盤承水禮儀使奏請皇帝盥手執事者跪取巾
於篚興進帨手訖禮儀使奏請執鎮圭請詣爵洗位
北向立禮儀使奏請搢鎮圭奉爵官以爵跪進皇帝
受爵執事者奉匜沃水奉盤承水皇帝洗爵訖執事
者奉巾跪進皇帝拭爵執事者奠盤匜又奠巾於篚
奉爵官受爵禮儀使奏請執鎮圭升殿宮縣樂作至
西階下樂止升自西階登歌樂作禮儀使前導詣太

祖室尊彝所東向立樂止禮儀使奏請搢鎮圭執爵
奉爵官以爵跪進皇帝受爵司尊者舉冪良醞令跪
酌犧尊之泛齊以爵受執事者禮儀使奏請執鎮圭
皇帝執圭入詣太祖神位前北向立宮縣樂作奏開
成之曲禮儀使跪奏請搢鎮圭跪又奏請三上香三
上香訖奉爵官以爵授進酒官進酒官東向以爵跪
進禮儀使奏請執爵三祭酒於茅苴以虛爵授進酒
官進酒官以授奉爵官奉爵官退立尊彝所進酒官
進取神案上所奠玉爵馬湩東向跪進禮儀使奏請
執爵祭馬湩祭訖以虛爵授進酒官進酒官進奠神

案上退禮儀使奏請執圭俛伏興司徒搢笏跪於俎
前奉牲西向以進禮儀使奏請搢鎮圭皇帝搢圭俯
受牲盤北向跪奠神案上蒙古祝史致辭訖禮儀使
奏請執鎮圭興前導出戶外褥位北向立樂止舉祝
官搢笏跪對舉祝版讀祝官北向跪讀祝文訖俛伏
興舉祝官奠祝版訖先詣次室禮儀使奏請再拜拜
訖禮儀使前導詣各室各奏本室之樂其酌獻進牲
祭馬湩並如第一室之儀既畢禮儀使奏請詣飲福
位登歌樂作至位西向立樂止登歌鼇成之樂作禮
直官引司徒立於飲福位側太祝以爵酌上尊飲福

酒合置一爵以奉侍中侍中受爵奉以立禮儀使奏
請皇帝再拜拜訖奏請搢鎮圭跪侍中東向以爵跪
進禮儀使奏請執爵三祭酒又奏請啐酒啐酒訖以
爵授侍中禮儀使奏請受胙太祝以黍稷飯籩授司
徒司徒東向跪進皇帝受以授左右太祝又以胙肉
俎跪授司徒司徒跪進皇帝受以授左右禮直官引
司徒退立侍中再以爵酒跪進禮儀使奏請皇帝受
爵飲福飲福訖侍中受虛爵興以授太祝禮儀使奏
請執鎮圭俛伏興又奏請再拜拜訖樂止禮儀使前
導還版位登歌樂作降自西階樂止宮縣樂作至位

樂止禮儀使奏請還小次宮縣樂作將至小次禮儀使奏請釋鎭圭殿中監跪受入小次簾降樂止文舞退武舞進先是皇帝酌獻訖將至小次禮直官引亞獻官詣盥洗位盥洗訖升自阼階酌獻並如常儀酌獻訖禮直官引亞獻官詣東序西向立諸太祝各以爵疊福酒合置一爵一太祝捧爵進亞獻之左北向立亞獻再拜受爵跪祭酒遂啐飲太祝進受爵退復於坫上亞獻興再拜禮直官引亞獻官降復位終獻如亞獻之儀初終獻既升禮直官引七祀獻官各詣盥洗位搢笏盥帨訖執笏詣神位搢笏跪執爵三祭酒奠爵執笏俛伏興再拜訖詣次位如上儀終獻畢贊者唱太祝徹籩豆諸太祝進徹籩豆登歌豐成之樂作卒徹樂止奉禮曰賜胙贊者唱衆官再拜在位者皆再拜禮儀使奏請詣版位簾捲出次殿中監跪進鎭圭皇帝執圭行宮縣樂作至位樂止送神保成之樂作一成止禮儀使奏請皇帝再拜贊者承傳凡在位者皆再拜禮儀使前奏禮畢前導皇帝還大次宮縣昌寧之樂作出門樂止禮儀使奏請釋鎭圭殿中監跪受華蓋繖扇引導如常儀入大次簾降禮直官引太常卿御史太廟令太祝宮闈令升殿納神主

降就拜位奉禮贊升納神主訖再拜御史以下諸執事者皆再拜以次出禮直官各引享官以次出太樂令率工人二舞以次出太廟令闔戶以降乃退祝冊藏於匱八曰車駕還宮皇帝既還大次侍中奏請解嚴皇帝釋袞冕停大次五刻頃尚食進膳所司備法駕鹵簿與侍祠官序立於太廟欞星門外以北爲上侍中版奏請中嚴皇帝改服通天冠絳紗袍少頃侍中版奏皇帝出次升輿導駕官前導華蓋繖扇如儀至廟門外太僕卿率其屬進金輅如式侍中前奏請皇帝降輿升輅升輅訖太僕御門下侍郎奏請車駕進發俛伏興退車駕動稱警蹕至欞星門外門下侍郎奏請車駕權停勑衆官上馬侍中承旨退稱曰制可門下侍郎退傳制贊者承傳衆官上馬畢門下侍郎奏請勑車右升侍中承旨退稱制可千牛將軍升訖導駕官分左右前導門下侍郎奏請車駕進發車駕動稱警蹕符寶郎奉八寶與殿中監從教坊樂鼓吹振作駕至崇天門外垣欞星門外門下侍郎奏請車駕權停勑衆官下馬贊者承傳衆官下馬車駕動衆官前引入內石橋與儀仗倒捲而北駐立駕入崇天門至大明門外降駕升輿以入駕既入通事舍人

承旨勑衆官皆退宿衛官率衛士宿衛如式

志卷第二十五

志卷第二十六　元史七十五

翰林學士亞中大夫知制誥兼修國史臣宋濂　翰林待制承直郎同知制誥兼國史院編修官臣王禕等奉

勑修

祭祀四

宗廟下

親謝儀其目有八一曰齋戒前享三日皇帝散齋二日於别殿致齋一日於大次應享官員受誓戒於中書省如常儀二曰陳設如前親祀儀三曰車駕出宮前享一日所司備儀從内外仗與應享之官兩行序立於崇天門外太僕卿控御馬立於大明門外諸侍臣及導駕官二十四人俱於齋殿前左右分班立俟

通事舍人引侍中跪奏請中嚴俛伏興少頃侍中版奏外辦皇帝即御座四品以上應享執事官起居訖侍中奏請升輿皇帝出齋殿降自正階乘輿華蓋繖扇如常儀導駕官前導至大明門外侍中進當輿前奏請降輿乘馬訖導駕官分左右步導門下侍郎跪奏請進發俛伏興前稱警蹕至崇天門門下侍郎奏請權停勑衆官上馬侍中承旨退稱制可門下侍郎退傳制稱衆官上馬贊者承傳衆官出櫺星門外上馬訖門下侍郎奏請進發前稱警蹕華蓋繖扇儀仗

與衆官左右前引教坊樂鼓吹不振作至太廟櫺星門外紅橋南贊者承傳衆官下馬下馬訖自卑而尊與儀仗倒卷而北兩行駐立駕至廟門侍中奏請皇帝下馬步入廟門入廟門訖侍中奏請升輿尚輦奉輿華蓋繖扇如常儀導駕官前導皇帝乘輿至大次前侍中奏請降輿皇帝降輿入就位簾降侍衛如式尚食進饍如常儀禮儀使以祝册奏御署訖奉出太廟令受之各奠於坫置各室祝案上通事舍人承旨勑衆官各還齋次四曰省牲器見前親祀儀五曰晨祼享日丑前五刻光祿卿良醞令太官令入實籩豆

簠簋尊罍各如常儀太樂令率工人二舞以次入就位禮直官引御史及執事者以次入就位禮直官引太常卿御史升殿點視陳設退復位禮直官引司徒等官詣各室分香設酒如常儀禮直官復引太常卿及御史太廟令太祝宮闈令升殿奉出帝后神主訖各退降就拜位立定奉禮於殿上贊奉神主訖奉禮贊曰再拜贊者承傳御史以下皆再拜訖各就位禮直官引攝太尉由南神門東偏門入就位立定協律郎跪俛伏舉麾興工鼓柷宮縣樂作思成之曲以黄鐘爲宮大呂爲角太簇爲徵應鍾爲羽作文舞九成

止太尉以下皆再拜訖禮直官引太尉詣盥洗位宮縣樂作肅寧之曲至位樂止北向立搢笏盥手帨手執笏詣爵洗位北向立搢笏洗瓚拭瓚以瓚授執事者執笏升殿宮縣樂作至阼階下樂止陞自阼階登歌樂作詣太祖尊彝所西向立樂止執事者以瓚奉太尉太尉搢笏執瓚司尊者舉冪酌鬱鬯訖太尉以瓚授執事者執笏詣太祖神位前搢笏跪三上香執事者以瓚奉太尉太尉執瓚以鬯祼地訖以虚瓚授執事者執笏俛伏興退出户外北向再拜訖次詣各室並如上儀禮畢降自阼階復位六曰進饌太尉祼

將畢進饌如前儀七曰酌獻太尉既升祼禮直官引博士博士引禮儀使至太次前北向立通事舍人引侍中詣太次前板奏請中嚴皇帝服衮冕坐少頃侍中奏外辦禮儀使跪奏請皇帝行禮俛伏興簾捲出次禮儀使前導至西神門華蓋繖扇停於門外近侍從入太禮使後從殿中監跪進鎮圭皇帝執圭入門協律郎跪俛伏興舉麾宮縣順成之樂作至版位東向立樂止引禮官分左右侍立禮儀使奏請皇帝再拜奉禮曰衆官再拜贊者承傳凡在位者皆再拜禮儀使奏請皇帝詣盥洗位宮縣樂作至位樂止内侍

跪取匜興沃水又內侍跪取盤承水禮儀使奏請搢鎮圭皇帝搢圭盥手內侍跪取巾於篚興進帨手訖奉爵官以爵跪進皇帝受爵內侍奉匜沃水又內侍奉盤承水皇帝洗爵訖內侍奉巾跪進皇帝拭爵訖內侍奠盤匜又奠巾於篚奉爵官受爵禮儀使奏請執鎮圭導升殿宮縣樂作至西階下樂止升自西階登歌樂作禮儀使前導詣太祖室尊彝所東向立樂止宮縣樂作奏開成之曲奉爵官以爵涖尊執事者舉冪侍中跪酌犧尊之泛齊以爵授執事者禮儀使前導入詣太祖神位前北向立禮儀使奏請搢鎮圭

跪又奏請三上香上香訖奉爵官以爵授進酒官進酒官東向以爵跪進禮儀使奏請執爵祭酒執爵三祭酒於茅苴訖以虛爵授進酒官進酒官受爵以授奉爵官退立尊彝所進酒官進徹神案上所奠玉爵馬湩東向跪進禮儀使奏請執爵祭馬湩祭訖以虛爵授進酒官進酒官進奠神案上訖退禮儀使奏請執圭俛伏興司徒搢笏跪俎前舉牲盤西向以進禮儀使奏請搢鎮圭皇帝搢圭俯受牲盤北向跪奠神案上訖禮儀使奏請執圭興前導出戶外褥位北向立樂止舉祝官搢笏跪對舉祝版讀祝官北向跪讀

祝文訖俛伏興舉祝官奠祝版訖先詣次室次蒙古祝史詣室前致祠訖禮儀使奏請再拜拜訖禮儀使前導詣各室奏各室之樂其酌獻進牲體祭馬湩並如第一室之儀既畢禮儀使奏請詣飲福位登歌樂作至位西向立樂止宮縣釐成之樂作禮直官引司徒立於飲福位側太祝以爵酌上尊福酒合置一爵以奉侍中侍中受爵奉以立禮儀使奏請皇帝再拜拜訖奏搢鎮圭跪侍中東向以爵跪進禮儀使奏請執爵三祭酒又奏請啐酒啐訖以爵授侍中禮儀使奏請受胙太祝以黍稷飯籩授司徒司徒東向跪進

皇帝受以授左右太祝又以胙肉俎跪授司徒司徒跪進皇帝受以授左右禮直官引司徒退立侍中再以爵酒跪進禮儀使奏請皇帝受爵飲福酒訖侍中受虛爵興以授太祝禮儀使奏請執鎮圭俛伏興又奏請再拜拜訖樂止禮儀使前導還版位登歌樂作降自西階樂止宮縣樂作至位樂止奉禮於殿上唱太祝徹籩豆宮縣豐寧之樂作卒徹樂止奉禮曰賜胙贊者唱衆官再拜在位者皆再拜送神樂作保成之曲作一成止禮儀使奏請皇帝再拜贊者承傳在位者皆再拜拜訖禮儀使前奏禮畢皇帝還大次宮

縣昌寧之樂作出門樂止禮儀使奏請釋鎮圭殿中監跪受華蓋繖扇如常儀入次簾降禮直官引太常卿御史太廟令太祝宮闈令升殿納神主訖各降就位贊者於殿上唱升納神主訖奉禮曰再拜御史以下諸執事者皆再拜訖以次出通事舍人禮直官各引享官以次出太樂令率工人二舞以次出太廟令闔戶以降乃退祝版瘞於坎八曰車駕還宮皇帝既還大次侍中奏請解嚴皇帝釋袞冕停大次五刻頃尚食進膳如常儀所司備儀從內外仗與從祀諸執事官兩行序立於太廟欞星門外侍中版奏外辦皇帝出次升輿導駕官前導華蓋繖扇如常儀至廟門太僕卿進御馬侍中奏請皇帝降輿乘馬乘馬訖門下侍郎奏請進發俛伏興退前稱警蹕至欞星門外門下侍郎奏請權停勑衆官上馬侍中承旨退稱曰制可門下侍郎退傳制贊者承傳衆官上馬畢導駕官及華蓋繖扇分左右前導稱警蹕教坊樂鼓吹振作至崇天門欞星門外門下侍郎奏請權停敕衆官下馬贊者承傳衆官下馬訖左右前引入內石橋北輿儀仗倒捲而北駐立駕入崇天門至大明門外降馬升輿以入駕既入通事舍人承旨敕衆官皆退宿

衛官率衛士宿衛如式

攝祀儀其目有九一曰齋戒享前三日三獻官以下凡與祭員皆公服受誓戒於中書省是日質明有司設金椅於省庭一人執紅羅繖立於其左奉禮郎率儀鸞局陳設版位獻官諸執事位俱藉以席仍加紫綾褥設初獻太尉位於省階少西南向大禮使位於其東少南西向監祭御史位二于通道之西東向監禮博士位二于通道之東西向俱北上設司徒亞終獻位於其南北向西上次助奠七祀獻官次太常卿光祿卿光祿丞書祝官讀祝官太官令良醞令廩犧令司尊彝舉祝官太官丞廩犧丞奉爵官奉瓚官盥爵官二巾篚官蒙古太祝巫祝點視儀衛清道官及與祭官依品級陳設皆異位重行太廟令太樂令郊社令太祝位於通道之西北向東上太廟丞太樂丞郊社丞奉禮郎協律郎司天生位於通道之東北向西上齋郎位於其後贊者引行事等官各就位立定次引初獻官立定禮直官搢笏讀誓文曰某年某月某日享于太廟各揚其職其或不敬國有常刑散齋二日宿于正寢致齋一日宿於祠所散齋日治事如故不弔喪問病不作樂不判署刑殺文字不決罰罪

人不與穢惡事致齋日惟享事得行餘悉禁凡與享之官已齋而闕者通攝行事七品以下官先退餘官再拜禮直官贊鞠躬拜興拜興平立禮畢守廟兵衛與太樂工人俱清齋一宿赴祀所之日官給酒饌二曰陳設享前二日所司設兵衛於廟門禁斷行人儀鸞局設幄幔於饌殿所司設三獻官以下行事執事官次於齋房之所前一日太樂令率其屬設宮縣之樂於庭中東方西方磬簴起北鍾簴次之南方北方磬簴起西鍾簴次之設十二鎛鍾於編縣之間各依辰位樹建鼓於四隅置柷敔於北縣之内柷一在道東敔一在道西路鼓一在柷之東南晉鼓一在其後又路鼓一在柷之西南諸工人各於其後東方西方以北爲上南方北方以西爲上文舞在北武舞在南立舞表於酇綴之間又設登歌之樂於殿上前楹間玉磬一簴在西金鍾一簴在東柷一在金鍾北稍西敔一在玉磬北稍東搏拊二一在敔北東西相向歌工次之餘工各位於縣後其匏竹者立於階間重行北向相對爲首享前一日太廟令率其屬掃除廟庭之内外樞密院軍官一員率軍人剗除草穢平治道路又設七祀燎柴於廟門之外又於室内鋪設神位

於北牖下當户南向每位設黼扆一紫綾厚褥一蒲褥一莞席一繅席二虎皮次席二時暄則用桃枝竹席几在筵上又設三獻官拜跪褥位二一在室内一在室外學士院定撰祝册訖書祝官於饌幕具公服書祝訖請初獻官署御名訖以授太廟令又設祝案於室户外之右又設三獻官位於殿下横街之南稍西東向亞獻終獻位稍却助奠七祀獻官又於其南書祝官讀祝官舉祝官太廟令太官令良醖令廩犧令太廟丞太官丞位又於其南司尊彝奉瓚官奉爵官盥洗巾篚爵洗巾篚蒙古太祝蒙古巫祝太祝宫闈令及七祀司尊彝盥洗巾篚以次而南又設齋郎位於其後每等異位重行東向北上又設大禮使位於南神門東偏門稍北北向又設司徒太常卿等位於横街之南稍東西向與亞終獻相對司徒位在北太常卿稍却太常同知光禄卿僉院同僉院判光禄丞拱衛使以次而南又設監祭御史位二監禮博士位二于横街之北西向以北爲上又設協律郎位在宮縣樂簴西北東向大樂丞在樂簴之間又設大樂令協律郎位於登歌樂簴之間又設牲榜于東神門外南向設太常卿位於牲位南向監祭御史位在太

常卿之左太官令次之光禄丞太官丞又次之廩犧令位在牲西南廩犧丞稍却俱北向以右爲上又設諸太祝位於牲東西向以北爲上又設蒙古巫祝位於牲東南北向又設省饌位於省饌殿前太常卿光禄卿光禄丞太官令位於東西向監祭監禮位於西東向皆北上太廟令陳祝版於室右之祝案又率祠祭局設籩豆簠簋每室左十有二籩右十有二豆俱爲四行登三在籩豆之間鉶三次之簠二簋二又次之簠左簋右俎七在簠簋之南香案一次之沙池又次之又設每室尊罍于通廊斝彝黄彝各一春夏用雞彝鳥彝犧尊二象尊二秋冬用著尊壺尊著尊二山罍二以次在本室南之左皆加勺冪爲酌尊所北向西上彝有舟坫冪又設壺尊二太尊二山罍四在殿下階間俱北向望室户之左皆有坫加冪設而不酌凡祭器皆藉以席又設七祀位於横階之南道東西向以北爲上席皆以莞設神版位各於座首又設祭器每位左二籩右二豆簠一簋一在籩豆間俎一在籩前爵坫一次之壺尊二在神位之西東向以北爲上皆有坫勺冪又設三獻盥洗爵洗在通街之西横街之南北向罍在洗西加勺篚在洗東皆實以巾爵洗仍實以瓚爵加盤坫執罍篚者各位于後又設七祀獻官盥洗位於七祀神位前稍北罍在洗西篚在洗東實以巾又實爵於坫執罍篚者各位於後三曰習儀享前二日三獻以下諸執事官員赴太廟習儀次日早各具公服乘馬赴東華門迎接御香至廟省牲四曰迎香享前一日有司告諭坊市灑掃經行衢路祗備香案享前一日質明三獻官以下及諸執事官各具公服六品以下官皆借紫服詣崇天門下太常禮儀院官一員奉御香一員奉酒二員奉馬湩自内出監祭監禮奉禮郎太祝分两班前導控鶴五

人一人執繖從者四人執儀仗在前行至大明門由正門出教坊大樂作至崇天門外奉香酒馬湩者安置腰輿導引如前行至外垣欞星門外百官上馬分两班行於儀仗之外清道官行於儀衛之先兵馬司巡兵夾道次之金鼓又次之京尹儀從又次之教坊大樂爲一隊次之控鶴弩手各服其服執儀仗左右成列次之拱衛使居其中儀鳳司細樂又次之太常卿與博士御史導於輿前獻官司徒大禮使助奠官從於輿後至廟入自南門至神門外百官及儀衛皆止太常卿博士御史導輿三獻司徒大禮使助奠官

從入至殿下獻官奉香酒馬湩陞自太階入殿內通廊正位安置禮直官引獻官降自東階由東神門北偏門出釋服五曰省牲器見親祀儀六曰晨祼祀日丑前五刻太常卿光祿卿太廟令率其屬設燭於神位遂同三獻官司徒大禮使等每室一人分設御香酒醴以金玉爵斝酌馬湩蒲萄尚醞酒奠於神案又陳籩豆之實籩四行以右爲上第一行魚鱐在前糗餌粉餈次之第二行乾橑在前乾棗形塩次之第三行鹿脯在前榛實乾䕩次之第四行菱在前芡栗次之豆四行以左爲上第一行芹菹在前筍菹葵菹次

之第二行菁菹在前韭菹酏食次之第三行魚醢在前兎醢豚拍次之第四行鹿臡在前醓醢糝食次之簠實以稻粱簋實以黍稷登實以大羹鉶實以和羹尊彝斝彝實以明水黃彝實以鬱鬯犧尊實以泛齊象尊實以醴齊著尊實以盎齊山罍實以三酒壺尊實以醍齊太尊實以沈齊凡齊之上尊實以明水酒之上尊實以玄酒其酒齊皆以上醞代之又實七祀之祭器每位左二籩栗在前鹿脯次之右二豆菁菹在前鹿臡次之簠實以黍簋實以稷壺尊實以醍齊其酒齊亦以上醞代之陳設訖獻官以下行事執事

官各服其服會於齊班廳禮直官引太常卿監祭監禮太廟令太祝宮闈令諸執事官齋郎自南神門東偏門入就位東西相向立定俟監祭監禮按視殿之上下徹去蓋冪糾察不如儀者退復位禮直官引太常卿監祭監禮太廟令太祝宮闈令陞自東階詣太祖室蒙古太祝起帝主神冪宮闈令起后主神冪次詣每室並如常儀畢禮直官引太常卿以下諸執事官當橫街間重行以西爲上北向立定奉禮郎贊曰奉神主訖再拜禮直承傳太常卿以下皆再拜訖奉禮郎又贊曰各就位禮直官引諸執事官各就位次

引太官令率齋郎由南神門東偏門以次出贊者引三獻官司徒大禮使七祀獻官諸行事官由南神門東偏門入各就位立定禮直官進於初獻官之左贊曰有司謹具請行事退復位協律郎跪俛伏興舉麾興工鼓柷宮縣樂奏思成之曲九成文舞九變奉禮郎贊再拜在位者皆再拜奉禮又贊諸執事者各就位禮直官引奉瓚奉爵盥爵洗巾篚執事官各就位立定禮直官引初獻官詣盥洗位宮縣樂作無射宮肅寧之曲至位北向立定搢笏盥手帨手執笏詣爵洗位至位北向立定搢笏執瓚洗瓚拭瓚以瓚授執

事者執笏樂止登歌樂作奏夾鍾宮肅寧之曲升自東階樂止詣太祖酌尊所西向立搢笏執事者以瓚授初獻官執瓚司尊彝跪舉冪良醞令跪酌黃彝鬱鬯初獻以瓚授執事者執笏詣太祖神位前北向立搢笏跪三上香執事者以瓚授初獻初獻執瓚以鬯灌於沙池以瓚授執事者執笏俛伏興出室戶外北向立再拜訖詣每室祼鬯如上儀俱畢禮直官引初獻降自東階登歌樂作奏夾鍾宮肅寧之曲復位樂止七曰饋食初獻既祼如前進饌儀八曰酌獻太祝立茅苴于盤禮直官引初獻詣盥洗位宮縣樂作奏

無射宮肅寧之曲至位北向立搢笏盥手帨手執笏詣爵洗位至位搢笏執爵洗爵拭爵以爵授執事者執笏樂止登歌樂作奏夾鍾宮肅寧之曲陞自東階樂止詣太祖酒尊所西向立搢笏執爵司尊彝搢笏跪舉冪良醞令搢笏跪酌犧尊之泛齊以爵授執事者執笏宮縣樂作奏無射宮開成之曲詣太祖神座前北向立稍前搢笏跪三上香執爵三祭酒于茅苴以爵授執事者執笏俛伏興平立請出室戶外北向立樂止俟讀祝舉祝官搢笏跪對舉祝版讀祝官跪讀祝文讀訖舉祝官奠祝版于案執笏興讀祝官俛

伏興禮直官贊再拜訖次詣每室酌獻如上儀各奏本室之樂獻畢宮縣樂止降自東階登歌樂作奏夾鍾宮肅寧之曲初獻復位立定文舞退武舞進宮縣樂作奏無射宮肅寧之曲舞者立定樂止禮直官引亞獻詣盥洗位至位北向立搢笏執爵洗爵拭爵以爵授執事者陞自東階詣太祖酌尊所西向立搢笏執爵司尊彝搢笏跪舉冪良醞令搢笏跪酌象尊之醴齊以爵授執事者執笏宮縣樂作奏無射宮肅寧之曲詣太祖神座前北向立稍前搢笏跪三上香執爵三祭酒于茅苴以爵授執事者執笏俛伏興平立

請出室戶外北向立再拜訖次詣每室酌獻並如上儀獻畢樂止降自東階復位立定禮直官引終獻如亞獻之儀唯酌著尊之盎齊禮畢降復位初終獻將行贊者引七祀獻官詣盥洗位搢笏盥手帨手訖執笏詣酒尊所搢笏執爵酌酒以爵授執事者執笏詣首位神座前東向立稍前搢笏跪執爵三祭酒于沙池奠爵于案執笏俛伏興少退立再拜訖每位並如上儀俱畢七祀獻官俟終獻官降復位立定九曰祭馬湩終獻酌獻將畢禮直官分引初獻亞獻官司徒大禮使助奠官七祀獻官太常卿監祭監禮太廟令

丞蒙古庖人巫祝等陞殿每室獻官一員各立於戶
外太常卿監祭監禮以下立於其後禮直官引獻官
詣神座前蒙古庖人割牲體以授獻官獻官搢笏跪
奠于帝主神位前次奠于后主神位前訖出笏退就
拜位搢笏跪太廟令取案上先設金玉爵斝馬湩蒲
萄尚醞酒以次授獻官獻官皆祭于沙池蒙古巫祝
致詞訖宮縣樂作同進饌之曲初獻出笏就拜興請
出室戶外北向立俟衆獻官畢立禮直官通贊曰拜
興凡四拜監祭監禮以下從拜皆作本朝跪禮拜訖
退登歌樂作降階樂止太祝徹籩豆登歌樂作奏夾

鍾宮豐寧之曲奉禮贊賜胙贊者承傳衆官再拜興
送神樂作奏黃鍾宮保成之曲一成而止太祝各奉
每室祝版降自太階望瘞位禮直官引三獻司徒大
禮使助奠七祀獻官太常卿光祿卿監祭監禮視燔
祝版至位坎北南向跪以祝版奠于柴就拜興俟半
燎禮直官贊可瘞禮直官引三獻以下及諸執事者
齋郎等由南神門東偏門出至揖位圜揖樂工二舞
以次從出三獻之出也禮直官分引太常卿太廟令
監祭監禮蒙古太祝宮闈令及各室太祝陞自東階
詣太祖神座前陞納神主每室如儀俱畢降自東階

至橫街南北向西上立定奉禮贊曰陞納神主訖再
拜贊者承傳再拜訖以次出禮畢三獻官司徒大禮
使太常禮儀院使光祿卿等官奉胙進于闕庭駕幸
上都則以驛赴奉進

攝行告謝儀告前三日三獻官以下諸執事官各具
公服赴中書省受誓戒告前一日未正二刻省牲器
至期質明三獻官以下諸執事者各服法服禮直官
引太常卿監祭御史監禮博士五令諸執事官先入
就位禮直官引監祭監禮點視陳設畢復位禮直官
引太常卿監祭監禮太廟令太祝宮闈令奉遷各室

神主訖降自橫街北向立定奉禮郎贊再拜在位官
皆再拜訖奉禮郎贊各就位訖太官令齋郎出禮直
官引三獻司徒光祿卿捧瓚爵盥爵洗官入就位立
定禮直官贊有司謹具請行事降神樂作九成止奉
禮郎贊再拜三獻以下再拜訖奉禮郎贊諸執事者
各就位立定禮直官引初獻詣盥洗位盥手詣爵洗
位洗瓚詣第一室酒尊所酌鬱鬯詣神座前北向跪
搢笏三上香奠幣執瓚以鬯灌於沙池執笏俛伏興
出室戶外再拜訖次詣各室並如上儀俱畢降復位
司徒率齋郎進饌如常儀奠畢降復位禮直官引初

獻詣盥洗位盥手詣爵洗位洗爵詣第一室酒尊所酌酒詣神座前北向搢笏跪三上香執爵三祭酒於茅苴以爵授執事者執笏俛伏興出室戶外北向立俟讀祝官讀祝文訖再拜詣每室並如上儀俱畢降復位禮直官引亞獻官盥手洗爵酌獻並如初獻儀惟不讀祝俱畢降復位禮直官引終獻並如亞獻儀俱畢復位太祝徹籩豆奉禮郎贊賜胙衆官再拜在位官皆再拜訖禮直官引三獻官司徒太常卿監祭監禮視焚祝版幣帛禮直官贊可瘞禮畢太常卿監祭監禮升納神主訖降自橫階奉禮郎贊再拜在位

官皆再拜訖退

薦新儀至日質明太常禮儀院官屬赴廟所皆公服俟于次太廟令率其屬升殿開室戶不出神主設籩豆俎酒醴馬湩及室戶內外褥位又設盥洗位于階下少東西向奉禮郎率儀鸞局設席褥版位于橫街南又設盥盆巾帨二所于齊班幕前凡與祭執事官皆盥手訖太常官詣神厨視神饌執事者奉所薦饌物各陳饌幕內太常官以下入就位東西重行北向立定禮直官贊皆再拜鞠躬拜興拜興平立各就位禮直官引太常次官一員率執事者出詣饌所奉饌入自正門升自太階奠各室神位前執事者進時食院官搢笏受而奠之禮直官引太常禮儀使詣盥洗位盥手帨手升殿詣第一室神位前搢笏執事者注酒于杯三祭酒又注馬湩于杯亦三祭之奠杯于案出笏就拜興出室戶外北向立再拜每室俱畢降復位執事者皆降禮直官贊再拜鞠躬拜興拜興平立餘官率執事者升徹饌出殿闔戶禮直官引太常官以下俱出東神門外圓揖

神御殿

神御殿舊稱影堂所奉祖宗御容皆紋綺局織錦爲

之影堂所在世祖帝后大聖壽萬安寺裕宗帝后亦在焉順宗帝后大普慶寺仁宗帝后亦在焉成宗帝后大天壽萬寧寺武宗及二后大崇恩福元寺爲東西二殿明宗帝后大天源延聖寺英宗帝后大永福寺也可皇后大護國仁王寺世祖武宗影堂皆藏玉冊十有二牒玉寶一鈕仁宗影堂藏皇太子玉冊十有二牒皇后玉冊十有二牒玉寶一鈕英宗影堂藏皇帝玉冊十有二牒玉寶一鈕皇太子玉冊十有二牒凡帝后冊寶以匣匱金鎖鑰藏於太廟此其分置者其祭器則黃金缾斝盤盂之屬以十數黃金塗銀

香合椀楪之屬以百數銀壺釜盂匜之屬稱是玉器
水晶瑪瑙之器爲數不同有玻瓈瓶琥珀勺世祖影
堂有真珠簾又皆有珊瑚樹碧甸子山之屬其祭之
日常祭每月初一日初八日十五日二十三日節祭
元日清明蕤賓重陽冬至忌辰其祭物常祭以蔬果
節祭忌辰用牲祭官便服行三獻禮加薦用羊羔炙
魚饅頭餅子西域湯餅圜米粥砂糖飯羹泰定二年
亦作顯宗影堂于大天源延聖寺天曆元年廢舊有
崇福殊祥二院奉影堂祀事乃改爲泰禧院二年又
改爲太禧宗禋院秩二品既而復以祖宗所御殿尚

稱影堂更號神御殿殿皆製名以冠之世祖曰元壽
昭睿順聖皇后曰睿壽南必皇后曰懿壽裕宗曰明
壽成宗曰廣壽順宗曰衍壽武宗曰仁壽文獻昭聖
皇后曰昭壽仁宗曰文壽英宗曰宣壽明宗曰景壽
且命學士擬其祭祀儀注今闕又有玉華宫孝思殿
在真定世祖所立以忌日享祀太上皇皇太后御容
本路官吏祭奠太常博士按宋會要定其儀所司前
期置辦祭食香果貨明禮直官引獻官與陪位官以
下並公服入廟庭西向立俱再拜訖引獻官詣殿正
階下再拜升階至案前褥位三上香三奠酒訖就拜

興又再拜訖引獻官復位與陪位官以下俱再拜退
仁宗皇慶二年秋八月庚辰命大司徒田忠良詣真
定致祭依歲例給御香酒并犧牲祭物錢中統鈔壹
百定延祐四年始用登歌樂行三獻禮七年太常博
士言影堂用太常禮樂非是制罷之歲時本處依舊
禮致祭其太祖太宗睿宗御容在翰林者至元十五
年十一月命承旨和禮霍孫寫太祖御容十六年二
月復命寫太上皇御容與太宗舊御容俱置翰林院
院官春秋致祭二十四年二月翰林院言舊院屋敝
新院屋纔六間三朝御容宜於太常寺安奉後仍遷

新院至大四年翰林院移署舊尚書省有旨月祭中
書平章完澤等言祭祀非小事太廟歲一祭執事諸
臣受戒誓三日乃行事今此輕易非宜舊置翰林院
御容春秋二祭不必增益制若曰可至治三年遷置
普慶寺祀禮廢泰定二年八月中書省臣言當祭如
故乃命承旨斡赤賫香酒至大都同省臣祭于寺四
年造影堂於石佛寺未及遷至順元年七月即普慶
寺祭如故事二年復祀于翰林國史院重改至元之
六年翰林院言三朝御容祭所甚隘兼歲久屋漏於
石佛寺新影堂奉安爲宜中書省臣奏此世祖定制

當仍其舊制可

志卷第二十六

志卷第二十七　　元史七十六

翰林學士亞中大夫知制誥兼修國史臣宋濂　翰林待制承直郎同知制誥兼國史院編修官臣王褘等奉

勅修

祭祀五

太社太稷

至元七年十二月有詔歲祀太社太稷三十年正月始用御史中丞崔彧言於和義門內少南得地四十畝為壝垣近南為二壇壇高五丈方廣如之社東稷西相去約五丈社壇土用青赤白黑四色依方位築之中間實以常土上以黃土覆之築必堅實依方面以五色泥飾之四面當中各設一陛道其廣一丈亦各依方色稷壇一如社壇之制惟土不用五色其上四周純用一色黃土壇皆北向立北墉於社壇之北以塼為之飾以黃泥瘞坎二於稷壇之北少西深足容物二壇周圍壝垣以甎為之高五丈廣三十丈四隅連飾內壝垣靈星門四所外垣靈星門二所每所門三列戟二十有四外壝內北垣下屋七間南望二壇以備風雨曰望祀堂堂東屋五間連厦三間曰齋班廳廳之南西向屋八間曰獻官幕又南西向屋三間曰院官齋所又其南屋十間自北而南曰祠祭局曰

儀鸞庫曰法物庫曰都監庫曰雅樂庫又其南北向屋三間曰百官廚外垣南門西壝垣西南北向屋三間曰大樂署其西東向屋三間曰樂工房又其北北向屋一間曰饌幕殿又北南向屋三間曰饌幕又北稍東南向門一間院內南南向屋三間曰神廚東向屋三間曰酒庫近北少却東向屋三間曰犧牲房井有亭望祀堂後自西而東南向屋九間曰執事齋郎房自北折而南西向屋九間曰監祭執事房此壇壝次舍之所也社主用白石長五尺廣二尺剡其上如鍾於社壇近南北向埋其半於土中稷不用主后土

氏配社后稷氏配稷神位版二用栗素質黑書社樹以松於社稷二壇之南各一株此作主樹木之法也祝版四以楸木為之各長二尺四寸濶一尺二寸厚一分文曰維年月日嗣天子敬遣某官某敢昭告于太社之神配位曰后土之神稷曰太稷之神配位曰后稷之神玉幣社稷皆黝圭一繅藉瘞玉一以黝石代之玄幣一配位皆玄幣一各長一丈八尺此祝文玉幣之式也牛一其色黝其角握有副羊四野豕四籩之實皆十無糗餌粉餈豆之實亦十無飽食糝食簠簋之實皆四鉶之實和羹五齊皆以尚醞代之香用沉龍涎神

席一緣以黑綾黑綾褥方七尺四寸太尊著尊犧尊山罍各二有坫加勺冪象尊壺尊山罍各二有坫冪設而不酌籩豆各十有一其一設於饌幕鉶三簠三簋三其一設於饌幕俎八其三設於饌幕盤一毛血豆一爵一有坫沙池一玉幣篚一木柶一勺一香鼎一香合一香案一祝案一皆有衣紅髹器一以盛馬湩盥洗位二罍二洗二白羅巾四實以篚朱漆盤五已上社稷皆同配位有象尊無太尊設而不酌者無象尊餘皆與正位同此牲齊祭器之等也饌幕省饌殿香殿黃羅幕三黃羅額四黃絹帷一百九十五幅

獻攝板位三十有五紫綾拜褥百蒲葦席各二百木燈籠四十絳羅燈衣百一十紅挑燈十剪燭刀二鐵杔盆三十有架黃燭二百雜用燭二百麻杔三百松明清油各百斤此饌幕板位燭燎之用也初獻官一亞獻官一終獻官一攝司徒一助奠官二太常卿一光祿卿一廩犧令一太官令一巾篚官四祝史四監祭御史二監禮博士二司天監二良醞令一奉爵官一司尊罍二盥洗官二爵洗官二太社令一太社丞一太樂令一太樂丞一協律郎二奉禮郎二讀祝官一舉祝官二奉幣官四剪燭官二太祝七齋郎四十

有八贊者一禮直官三與祭官無定員此獻攝執事之人也凡祭之日以春秋二仲月上戊延祐六年改用中戊其儀注之節有六一曰迎香前一日有司告諭坊市灑掃經行衢路設香案至日質明有司具香酒樓轝三獻官以下及諸執事官各具公服五品以下官齋郎等皆借紫詣崇天門三獻官及太常禮儀院官入奏祝及御香尚尊酒馬湩自內出監祭御史監禮博士奉禮郎太祝分左右兩班前導控鶴五人一人執繖四人執儀仗由大明門正門出教坊大樂作至崇天門外奉香酒馬湩者各安置於轝導引如

儀至紅門外百官乘馬分班行於儀仗之外清道官行於儀衛之先兵馬司巡兵夾道次之金鼓又次之京尹儀從左右成列又次之教坊大樂一隊次之控鶴弩手各服其服執儀仗左右成列次之拱衛使行其中儀鳳司細樂又次之太常卿與博士御史導於轝前獻官司徒助奠官從於轝後若駕幸上都三獻官以下及諸執事官則詣健德門外皆具公服於香轝前北向立異位重行俟奉香酒官驛至太常官受而奉之各置於轝禮直官贊班齊鞠躬再拜興平立班首稍前搢笏跪衆官皆跪三上香出笏就拜興平

立退復位北向立鞠躬再拜興平立衆官上馬分班前導如儀至社稷壇北神門外皆下馬分左右入自北門序立如儀太常卿博士御史前導獻官司徒助奠等官後從至望祀堂下三獻奉香酒馬湩陞階置於堂中黃羅冪下禮直官引三獻官以次而出各詣齋次釋服二曰齋戒前期三日質明有司設三獻官以下行事執事官位於中書省太尉南向監祭御史位二於其西東向監禮博士位二於其東西向俱北上司徒亞獻終獻位於其南北向次助奠稍却次太常卿光祿卿太官令司尊彝良醞令太社令廩犧令

光祿丞太樂令太社丞次讀祝官奉爵官太祝祝史奉禮郎協律郎司天生諸執事齋郎每等異位重行俱北向西上贊者引行事執事官各就位立定禮直官引太尉初獻就位讀誓曰某年某月某日上戊日祭於太社太稷各揚其職其或不敬國有常刑散齋二日宿於正寢致齋一日於祠所散齋日治事如故不弔喪問疾不作樂不判署刑殺文字不決罰罪人不與穢惡事致齋日惟祭事得行其餘悉禁凡與祭之官已齋而闕者通攝行事七品以下官先退餘官對拜守壝門兵衛與大樂工人俱清齋一日行禮官前

期習儀於祠所三日陳設前期三日所司設三獻以下行事執事官次於齋房之內及設饌幕四於西神門之外稍南西向北上今有饌幕殿在西壝門外近北南向陳設如儀前祭二日所司設兵衛各以其方色器服守衛壝門每門二人每隅一人大樂令帥其屬設登歌之樂於兩壇上稍北南向磬簴在東鍾簴在西柷一在鍾簴南稍東敔一在磬簴南稍西搏拊二一在柷南一在敔南東西相向歌工次之餘工位在縣後其匏竹者位於壇下重行南向相對爲首太社令帥其屬掃除壇之上下爲瘞坎二於壬地方深

足以容物南出陛前祭一日司天監太社令帥其屬升設太社太稷神座各於壇上近南北向設后土神座於太社神座之左后稷神座於太稷神座之左俱東向席皆以莞裀褥如幣之色設神位板各於座首奉禮郎設三獻官位於西神門之內道南亞獻終獻位稍却司徒位道北太常卿光祿卿次之稍却司天監光祿丞又次之太社令太官令良醞令廩犧令太社丞讀祝官奉爵官太祝以次位於其北諸執事者及祝史齋郎位於其後每等異位重行俱東向南上又設監祭御史位二監禮博士位二於太社壇子陛

之東北俱西向南上設奉禮郎位於稷壇之西北隅贊者位於北稍却俱東向協律郎位二於各壇上樂簴東北俱西向太樂令位於兩壇樂簴之間南向司尊彝位於酌尊所俱南向設望瘞位於坎之南北向又設牲榜於西神門外東向諸太祝位於牲西祝史次之東向太常卿光祿卿太官令位在南北向東上監祭監禮位於太常卿之東稍却俱北向東上廩犧令位於牲東北南向又設禮饌於牲東設省饌於禮饌之北今有省饌殿設位於其北東西相向南上太常卿光祿卿太官令位於西東向監祭監禮位於東

西向俱南上禮部設板案各於神位之側司尊彝奉禮郎帥執事者設玉幣篚於酌尊所次設籩豆之位每位各籩十豆十簠二簋二鉶三俎五盤一又各設籩一豆一簠一簋一俎三於饌幕內毛血別置一豆設尊罍之位社稷正位各太尊二著尊二犧尊二山罍二于壇上酉陛之西北隅南向東上設配位各著尊二犧尊二象尊二山罍二在正位酒尊之西俱南向東上又設正位各象尊二壺尊二山罍二于壇下子陛之東南向東上配位各壺尊二山罍二在卯陛之南西向南上又設洗位二于各壇子陛之西北南

向篚在洗東北肆執罍篚者各位於其後祭日丑前五刻司天監太社令各服其服帥其屬升設正配位神位板於壇上又陳玉幣正位禮神之玉一兩圭有邸置於匣正配位幣皆以玄各長一丈八尺陳於篚太祝取瘞玉加於幣實於篚瘞玉以玉石為之及禮神之玉各置於神座前光禄卿帥其屬入實籩豆簠簋每位籩三行以右爲上第一行乾橑在前乾棗形鹽魚鱐次之第二行鹿脯在前榛實乾桃次之第三行菱在前芡栗次之豆三行以左爲上第一行芹菹在前筍菹葵菹菁菹次之第二行韭菹在前魚醢兔醢次之第三行豚拍在前鹿臡醓醢次之簠實以稻粱簋實以黍稷鉶實以羹良醖令帥其屬入實尊罍正位太尊為上實以泛齊著尊實以醴齊犧尊實以盎齊象尊實以醍齊壺尊實以沈齊山罍實以三酒配位著尊爲上實以泛齊犧尊實以醴齊象尊實以盎齊壺尊實以醍齊山罍實以三酒凡齊之上尊實以明水酒之上尊實以玄酒酒齊皆以尚醖代之太常卿設燭于神座前四曰省牲器前期一日午後八刻諸衛之屬禁止行人未後二刻太社令帥其屬掃除壇之上下司尊彝奉禮郎帥執事者以祭器入設於位司天監太社令升設神位板及禮神之玉幣

如儀俟告潔畢權徹祭日重設未後二刻廩犧令與諸太祝祝史以牲就位禮直官贊者分引太常卿監祭監禮太官令於西神門外省牲位立定禮直官引太常卿贊者引監祭監禮入自西神門詣太社壇自西陛升視滌濯於上執事者皆舉冪曰潔次詣太稷壇如太社之儀訖降復位禮直官稍前曰告潔畢請省牲引太常卿稍前省牲訖退復位次引廩犧令出班巡牲一匝東向折身曰充復位諸太祝俱巡牲一匝上一員出班東向折身曰腯復位禮直官稍前曰省牲畢請就省饌位引太常卿以下各就位立定省饌畢還齋所廩犧令與太祝祝史以次牽牲詣廚授太官令次引光禄卿以下詣廚省鼎鑊視滌溉畢乃還齋所晡後一刻太官令帥宰人以鸞刀割牲祝史以豆取血各置於饌幕祝史又取瘞血貯於盤遂烹牲五曰奠玉幣祭日丑前五刻三獻官以下行事執事官各服其服有司設神位板陳玉幣實籩豆簠簋尊罍俟監祭監禮按視壇之上下及徹去蓋冪未明二刻太樂令帥工人入奉禮郎贊者入就位禮直官贊者入就位禮直官贊者分引監祭監禮諸太祝祝史齋郎及諸執事官自西神門南偏門入當太社壇北墉下重行南向立以東為上奉禮曰再拜贊者承傳

監祭監禮以下皆再拜次贊者分引各就壇上下位祝史奉盤血太祝奉玉幣由西階升壇各於尊所立次引監祭監禮按視壇之上下糾察不如儀者退復位質明禮直官贊者各引三獻以下行禮執事官入就位皆由西神門南偏門以入禮直官進初獻之左曰有司謹具請行事退復位協律郎跪俛伏舉麾興工鼓柷樂作八成偃麾戛敔樂止禮直官引太常卿瘞血于坎訖復位祝史以盤還饌幕以俟奉毛血豆奉禮曰衆官再拜在位者皆再拜又贊諸執事者各就位禮直官贊者分引執事官各就壇上下位諸太祝

各取玉幣於篚立於尊所禮直官引初獻詣太社壇盥洗位樂作至位南向立樂止搢笏盥手帨手執笏詣壇樂作升自北陛至壇上樂止詣太社神座前南向立樂作搢笏跪太祝加玉於幣東向跪以授初獻初獻受玉幣奠訖執笏俛伏興少退再拜訖樂止禮直官引初獻降自北陛詣太稷壇盥洗位樂作至位樂止盥洗訖升壇奠玉幣並如太社后土之儀奠畢降自北陛樂作復位樂止初獻奠玉幣將畢祝史各奉毛血豆立於西神門外俟奠玉幣畢樂止祝史奉正位毛血入自中門配位毛血入自偏門至壇下正

位者升自北陛配位者升自西陛諸太祝迎取於壇上各進奠於神位前太祝祝史俱退立於尊所六曰進熟初獻既奠玉幣有司先陳鼎八於神廚各在於鑊右太官令出帥進饌者詣廚以匕升羊豕於鑊各實於一鼎冪之祝史以扃對舉鼎有司執匕以從各陳於饌幕內俟光祿卿出帥其屬實籩豆簠簋訖乃去鼎之扃冪匕加於鼎太官令以匕升羊豕各載於俎俟初獻還位樂止禮直官引司徒出詣饌所帥進饌者各奉正配位之饌太官令引以次自西神門入正位之饌入自中門配位之饌入自偏門饌初入門

樂作饌至陛樂止祝史俱進徹毛血豆降自西陛以出正位之饌升自北陛配位之饌升自西陛諸太祝迎取於壇上各跪奠於神座前訖俛伏興禮直官引司徒太官令及進饌者自西陛各復位諸太祝還尊所贊者曰太祝立茅苴於沙池禮直官引初獻官詣太社壇盥洗位樂作至位南向立樂止搢笏盥手帨手執笏詣爵洗位至位南向立搢笏洗爵拭爵以爵授執事者執笏詣壇樂作升自北陛至壇上樂止詣太社酌尊所東向立執事者以爵授初獻初獻搢笏執爵司尊者舉冪良醞令跪酌太尊之泛齊樂作初

獻以爵授執事者執笏詣太社神座前南向立搢笏跪執事者以爵授初獻初獻執爵三祭酒奠爵執笏俛伏興少退立樂止舉祝官跪對舉祝版讀祝官西向跪讀祝文讀訖俛伏興舉祝官奠祝版於案興初獻再拜訖樂止次詣后土氏酌尊所東向立執事者以爵授初獻初獻搢笏執爵司尊彝舉冪良醞令跪酌著尊之泛齊樂作初獻以爵授執事者執笏詣后土神座前西向立搢笏跪執事者以爵授初獻初獻執爵三祭酒奠爵訖執笏俛伏興少退立樂止舉祝官跪對舉祝版讀祝官南向跪讀祝文讀訖俛伏興

舉祝官奠祝版於案興初獻再拜訖樂止降自北陛詣太稷壇盥洗位樂作至位樂止盥洗升獻並如太社后土之儀降自北陛樂作復位樂止讀祝舉祝官亦降復位亞獻詣兩壇盥洗升獻並如初獻之儀終獻盥洗升獻並如亞獻之儀終獻奠獻畢降復位樂止執事者亦復位太祝各進徹籩豆樂作卒徹樂止奉禮曰賜胙衆官再拜贊者承傳在位者皆再拜訖送神樂作一成止禮直官進初獻之左曰請詣望瘞位御史博士從樂作至位北向立樂止初在位官將拜諸太祝各執篚進於神座前取瘞玉及幣齋郎以

俎載牲體并黍稷爵酒各由其陛降置於坎訖贊者曰可瘞東西各二人置土半坎禮直官進初獻之左曰禮畢禮直官各引獻官以次出禮直官引監祭太祝以下執事官俱復於壇北壝下南向立定奉禮曰再拜監祭以下皆再拜訖出祝史齋郎及工人以次出祝版燔於齋所光祿卿監祭監禮展視酒胙訖乃退其告祭儀告前三日三獻官以下諸執事官各具公服赴中書省受誓戒告前一日省牲器告日質明三獻官以下諸執事各服其服禮直官引監祭監禮以下諸執事官入自北壝下南向立定奉禮郎贊曰

再拜在位官皆再拜訖奉禮郎贊曰各就位立定監祭監禮視陳設畢復位立定禮直官引三獻司徒太常卿光祿卿入就位立定禮直官贊有司謹具請行事降神樂作八成止太常卿瘞血復位立定奉禮郎贊再拜皆再拜訖禮直官引初獻官詣盥洗位盥手訖詣社壇正位神座前南搢笏跪三上香奠玉幣執笏俛伏興再拜訖詣配位神座前西向搢笏跪三上香奠幣執笏俛伏興再拜訖詣稷壇盥洗位盥手訖升壇並如上儀俱畢降復位司徒率齋郎進饌奠訖降復位禮直官引初獻官詣盥洗位盥手訖詣爵洗

位洗爵訖詣酒尊所酌酒訖詣社壇神位座前南向立搢笏跪三上香執爵三祭酒於茅苴爵授執事者執笏俛伏興俟讀祝官讀祝文訖再拜興詣酒尊所酌酒訖詣配位神座前西向搢笏跪三上香執爵三祭酒於茅苴爵授執事者執笏俛伏興俟讀祝文訖再拜興詣稷壇盥洗位盥手洗爵酌獻並如上儀俱畢降復位禮直官引亞獻並如初獻之儀惟不讀祝俱畢降復位禮直官引終獻並如亞獻之儀俱畢降復位太祝徹籩豆訖奉禮郎贊賜胙衆官再拜訖禮直官引三獻司徒太常卿詣瘞坎位南向立定禮直官

贊可瘞禮畢出禮直官引監祭監禮太祝齋郎至北壝下南向立定奉禮贊再拜皆再拜訖出

先農

先農之祀始自至元九年二月命祭先農如祭社之儀十四年二月戊辰祀先農東郊十五年二月戊午祀先農以蒙古胄子代耕籍田二十一年二月丁亥 命翰林學士承旨撒里蠻祀先農于籍田武宗至大三年夏四月從大司農請建農蠶二壇博士議二壇之式與社稷同縱廣一十步高五尺四出陛外壝相去二十五步每方有欞星門今先農先蠶壇位在籍田內若立外壝恐妨千畝其外壝勿築是歲命祀先農如社稷禮樂用登歌日用仲春上丁後或用上辛或甲日祝文曰維某年月日皇帝敬遣某官昭告于帝神農氏配神曰于后稷氏祀前一日未後禮直官引三獻監祭禮以下省牲饌如常儀祀日丑前五刻有司陳燈燭設祝幣太官令帥其屬入實籩豆尊罍丑正禮直官引先班入就位立定次引監祭禮按視壇之上下糾察不如儀者畢退復位東向立奉禮曰再拜贊者承傳再拜訖奉禮又贊諸執事者各就位禮直官各引執事官各就位立定次引三獻官并與祭等

官以次入就位西向立禮直官於獻官之右贊請行事樂作三成止奉禮贊再拜在位者皆再拜太祝跪取幣於篚立於尊所禮直官引初獻官詣盥洗位北向立盥手帨手畢升自東階詣神位前北向立搢笏跪三上香受幣奠幣執笏俛伏興少退再拜訖降復位立定太官令率齋郎設饌於神位前畢俛伏興退復位禮直官引初獻再詣盥洗位北向立盥手帨手詣爵洗位洗爵拭爵詣酒尊所酌酒畢詣正位神位前北向立搢笏跪三上香三祭酒於沙池爵授執事者執笏俛伏興北向立俟讀祝畢再拜興次詣配位

酒尊所酌酒訖詣神位前東向立搢笏跪三上香三祭酒於沙池爵授執事者執笏俛伏興東向立俟讀祝畢再拜退復位次引亞終獻行禮並如初獻之儀惟不讀祝退復位立定禮直官贊徹籩豆樂作卒徹樂止奉禮贊賜胙衆官再拜贊者承傳在位者皆再拜訖樂作送神之曲一成止禮直官引齋郎升自東階太祝跪取幣祝齋郎捧俎載牲體及籩豆簠簋各由其階至坎位北向立俟三獻畢至立定各跪奠訖執笏俛伏興禮直官贊可瘞乃瘞焚瘞畢三獻以次詣耕地所耕訖而退此其儀也先蠶之祀未聞

宣聖

宣聖廟太祖始置于燕京至元十年三月中書省命春秋釋奠執事官各公服如其品陪位諸儒襴帶唐巾行禮成宗始命建宣聖廟于京師大德十年秋廟成至大元年秋七月詔加號先聖曰大成至聖文宣王延祐三年秋七月詔春秋釋奠于先聖以顏子曾子子思孟子配享封孟子父爲邾國公母爲邾國宣獻夫人皇慶二年六月以許衡從祀又以先儒周惇頤程灝程頤張載邵雍司馬光朱熹張栻呂祖謙從祀至順元年以漢儒董仲舒從祀齊國公叔梁紇加封啓聖王魯國太夫人顏氏啓聖王夫人顏子兗國復聖公曾子郕國宗聖公子思沂國述聖公孟子鄒國亞聖公河南伯程顥豫國公伊陽伯程頤洛國公其祝幣之式祝版三各一尺二寸廣八寸木用楸梓栢文曰維年月日皇帝敬遣某官等致祭于大成至聖文宣王於先師曰維年月日某官等致祭于某國公幣三用絹各長一丈八尺其牲齊器皿之數牲用牛一羊五豕五以犧尊實泛齊象尊實醴齊皆三有上尊加冪有勺設堂上太尊實泛齊山罍實醴齊有上尊著尊實盎齊犧尊實醴齊象尊實沈齊壺尊實三酒皆有

上尊設堂下盥洗位在阼階之東以象尊實醴齊有上尊加冪有勺設於兩廡近北盥洗位在階下近南籩十豆十簠二簋二登三鉶三俎三有毛血豆正配位同籩豆皆二簠一簋一俎一從祀皆同凡銅之器六百八十有一宣和爵坫一豆二百四十有八簠簋各一百一十有五登六犧尊象尊各六山尊二壺尊六著尊太尊各二罍二洗二龍杓二十有七坫二十有八爵一百一十有八竹木之器三百八十有四籩二百四十有八篚三俎百三十有三陶器三瓶二香爐一籩巾二百四十有八簠簋巾二百四十有八俎巾

百三十有三黃巾蒙單十其樂用登歌其日用春秋二
仲月上丁有故改用中丁其釋奠之儀省牲前期一日
晡時三獻官監祭官各具公服詣省牲所阼階東西向立
以北爲上少頃引贊者引三獻官監祭官巡牲一匝北
向立以西爲上侍禮牲者折身曰充贊者曰告充畢禮
牲者又折身曰腯贊曰告腯畢贊者復引三獻官監祭
官詣神厨視滌溉畢還齋所釋服釋奠是日丑前五刻
初獻官及兩廡分奠官二員各具公服於幕次諸執事
者具儒服先於神門外西序東向立以北爲上明贊承
傳贊先詣殿庭前再拜畢明贊升露階東南隅西向立

承傳贊立於神門階東南隅西向立掌儀先引諸執
事者各司其事引贊者引初獻官兩廡分奠官點視陳
設引贊者進前曰請點視陳設至階曰升階至殿簷下
曰詣大成至聖文宣王神位前至位曰北向立點視畢曰
詣兗國公神位前至位曰東向立點視畢曰詣鄒國公
神位前至位曰西向立點視畢曰詣東從祀神位前至
位曰東向立點視畢曰詣西從祀神位前至位曰西向
立點視畢曰詣酒尊所曰西向立點視畢曰詣三獻爵
洗位至階曰降階至位曰北向立點視畢曰詣三獻
官盥洗位至位曰北向立點視畢曰請就次方初

獻點視時引贊二人各引東西廡分奠官曰請詣
東西廡神位前至位東曰西西曰東向立點視畢曰詣先儒神
位前至位曰南向立點視畢曰退詣酒尊所至酒尊
所東西向立點視畢曰退詣分奠官爵洗位至位曰
南向立點視畢曰請就次西廡分奠官點視畢引贊
曰請詣望瘞位至位曰北向立點視畢曰請就次初
獻官釋公服司鍾者擊鍾初獻已下各服其服齊班
於幕次掌儀點視班齊詣明贊報知引禮者引監祭
官監禮官就位進前曰請就位至位曰就位西向立
明贊唱曰典樂官以樂工進就位承傳贊曰典樂官

以樂工進就位明贊唱曰諸執事者就位承傳贊曰
諸執事者就位明贊唱曰諸生就位承傳贊曰諸生
就位引班者引諸生就位明贊唱曰陪位官就位承
傳贊曰陪位官就位引班者引陪位官就位明贊唱
曰獻官就位承傳贊曰獻官就位引贊者進前曰請
就位至位曰西向立明贊唱曰闢戶俟戶闢迎神之
曲九奏樂止明贊唱曰初獻官以下皆再拜傳贊曰
鞠躬拜興拜興平身明贊唱曰諸執事者各司其事
俟執事者立定明贊唱曰初獻官奠幣引贊者進前
曰請詣盥洗位盥洗之樂作至位曰北向立搢笏盥

手帨手出笏樂止及階曰升階升殿之樂作樂止入門曰詣大成至聖文宣王神位前至位曰就位北向立稍前奠幣之樂作搢笏跪三上香奉幣者以幣授初獻初獻受幣奠訖出笏就拜興拜興平身少退再拜鞠躬拜興拜興平身曰詣兗國公神位前至位曰就位東向立奠幣如上儀曰詣鄒國公神位前至位曰就位西向立奠幣如上儀樂止曰退復位及階降殿之樂作樂止至位曰就位西向立俟立定明贊唱曰禮饌官進俎奉俎之樂作乃進俎樂止進俎畢明贊唱曰初獻官行禮引贊者進前曰請詣盥洗位盥洗之

樂作至位曰北向立搢笏盥手帨手出笏請詣爵洗位至位曰北向立搢笏執爵滌爵拭爵以爵授執事者如是者三出笏樂止曰請詣酒尊所及階升殿之樂作曰升階樂止至酒尊所曰西向立搢笏執爵舉冪司尊者酌犧尊之泛齊以爵授執事者如是者三出笏曰詣大成至聖文宣王神位前至位曰就位北向立酌獻之樂作稍前搢笏跪三上香執爵三祭酒奠爵出笏樂止祝人東向跪讀祝祝在獻官之左讀畢興先詣左配位南向立引贊曰就拜興平身少退再拜鞠躬拜興拜興平身曰詣兗國公神位前至位

曰就位東向立酌獻之樂作樂止讀祝如上儀曰詣鄒國公神位前至位曰就位西向立酌獻之樂作樂止讀祝如上儀曰退復位至階降殿之樂作樂止至位曰就位西向立俟立定明贊唱曰亞獻官行禮引贊者進前曰請詣盥洗位至位曰北向立搢笏盥手出笏請詣爵洗位至位曰北向立搢笏執爵滌爵拭爵以爵授執事者如是者三出笏請詣酒尊所曰西向立搢笏執爵舉冪司尊者酌象尊之醴齊以爵授執事者如是者三出笏曰詣大成至聖文宣王神位前至位曰就拜北向立酌獻之樂作稍前搢笏跪三

上香執爵三祭酒奠爵出笏就拜興平身少退鞠躬拜興拜興平身曰詣兗國公神位前至位曰東向立酌獻如上儀曰詣鄒國公神位前至位曰西向立酌獻如上儀樂止曰退復位及階曰降階至位曰就位西向立明贊唱曰終獻官行禮引贊者進前曰請詣盥洗位至位曰北向立搢笏盥手帨手出笏請詣爵洗位至位曰北向立搢笏執爵滌爵拭爵以爵授執事者如是者三出笏請詣酒尊所至階曰升階至酒尊所曰西向立搢笏執爵舉冪司尊者酌象尊之醴齊以爵授執事者如是者三出笏曰詣大成至聖文

宣王神位前至位曰就位北向立稍前酌獻之樂作搢笏跪三上香執爵三祭酒奠爵出笏就拜興平身少退鞠躬拜興拜興平身曰詣兖國公神位前至位曰東向立酌獻如上儀曰詣鄒國公神位前至位曰西向立酌獻如上儀樂止曰退復位及階曰降階至位曰就位西向立俟終獻將升階明贊唱曰分獻官行禮引贊者分引東西從祀分獻官進前曰詣盥洗位至位曰北向立搢笏盥手帨手出笏詣爵洗位至位曰北向立搢笏執爵滌爵拭爵以爵授執事者出笏詣酒尊所至階曰升階至酒尊所曰西向立搢笏

執爵舉冪司尊者酌象尊之醴齊以爵授執事者出笏詣東從祀神位前至位曰就位東向立稍前搢笏跪三上香執爵三祭酒奠爵出笏就拜興平身少退鞠躬拜興拜興平身退復位及階曰降階至位曰就位西向立引西從祀分獻官同上儀唯至神位前東向立俟十哲分獻官離位明贊唱曰兩廡分奠官行禮引贊者進前曰詣盥洗位至位曰南向立搢笏盥手帨手出笏詣爵洗位至位曰南向立搢笏執爵滌爵拭爵以爵授執事者出笏曰詣東廡酒尊所及階曰升階至酒尊所曰北向立搢笏執爵舉冪酌象尊之

醴齊以爵授執事者出笏詣東廡神位前至位曰東向立稍前搢笏跪三上香執爵三祭酒奠爵出笏就拜興平身稍退鞠躬拜興拜興平身退復位至階曰降階至位曰就位西向立引西廡分奠官同上儀唯至神位前東向立作西向立俟終獻十哲兩廡分奠官同時復位明贊唱曰禮饌者徹籩豆之樂作禮饌者跪移先聖前籩豆略離席樂止明贊唱曰諸執事者退復位俟諸執事者至板位立定送神之樂作明贊唱曰初獻官以下皆再拜承傳贊曰鞠躬拜興拜興平身樂止明贊唱曰祝人取祝幣人取幣詣瘞

坎俟徹祝幣者出殿門北向立望瘞之樂作明贊唱曰三獻官詣望瘞位引贊者進前曰請詣望瘞位至位曰就位北向立曰可瘞埋畢曰退復位至殿庭前候樂止明贊唱曰典樂官以樂工出就位明贊唱曰闔戶又唱曰初獻官以下退詣圓揖位引贊者引獻官退詣圓揖位至位初獻在西亞終獻及分獻已下在東階位官東班在東西班在西俟立定明贊唱曰圓揖禮畢退復位引贊者各引獻官詣幕次更衣其飲福受胙除國學外諸處仍依常制

闕里之廟始自太宗九年令先聖五十一代孫襲封

衍聖公元措修之官給其費而代祠之禮則始於武宗牲用太牢禮物別給白金一百五十兩綵幣表裏各十有三疋四年冬復遣祭酒劉賡往祀牲禮如舊延祐之末泰定天曆初載皆循是典錦幣雜綵有加焉

岳鎮海瀆

岳鎮海瀆代祀自中統二年始凡十有九處分五道後乃以東嶽東海東鎮北鎮爲東道中嶽淮瀆濟瀆北海南嶽南海南鎮爲南道北嶽西嶽后土河瀆中鎮西海西鎮江瀆爲西道既而又以驛騎迂遠復爲

五道道遣使二人集賢院奏遣漢官翰林院奏遣蒙古官出璽書給驛以行中統初遣道士或副以漢官至元二十八年正月帝謂中書省臣言曰五嶽四瀆祠事朕宜親往道遠不可大臣如卿等又有國務宜遣重臣代朕祠之漢人選名儒及道士習祀事者其禮物則每處歲祀銀香合一重二十五兩五嶽組金幡二鈔五百貫四瀆織金幡二鈔二百五十貫四海五鎮銷金幡二鈔二百五十貫至則守臣奉詔使行禮皇帝登寶位遣官致祭降香幡合如前禮惟各加銀五十兩五嶽各中統鈔五百貫四瀆四海五鎮各中統鈔二百五十貫或他有檮禮亦如之其封號至元二十八年春二月加上東嶽爲天齊大生仁聖帝南嶽司天大化昭聖帝西嶽金天大利順聖帝北嶽安天大貞玄聖帝中嶽中天大寧崇聖帝加封江瀆爲廣元順濟王河瀆靈源弘濟王淮瀆長源溥濟王濟瀆清源善濟王東海廣德靈會王南海廣利靈孚王西海廣潤靈通王北海廣澤靈祐王成宗大德二年二月加封東鎮沂山爲元德東安王南鎮會稽山爲昭德順應王西鎮吳山爲成德永靖王北鎮醫巫閭山爲貞德廣寧王中鎮霍山爲崇德應靈王勅有司歲時

與嶽瀆同祀

郡縣社稷

至元十年八月甲辰朔頒諸路立社稷壇壝儀式十六年春三月中書省下太常禮官定郡縣社稷壇壝祭器制度祀祭儀式圖寫成書名至元州郡通禮元貞二年冬復下太常議置壇於城西南二壇方廣視太社太稷殺其半壺尊二籩豆皆八而無樂牲用羊豕餘皆與太社太稷同三獻官以州長貳爲之

郡縣宣聖廟

中統二年夏六月詔宣聖廟及所在書院有司歲時

致祭月朔釋奠八月丁酉命開平守臣釋奠于宣聖廟成宗即位詔曲阜林廟上都大都諸路府州縣邑廟學書院贍學土地及貢士莊以供春秋二丁朔望祭祀脩完廟宇自是天下郡邑廟學無不完葺釋奠悉如舊儀

郡縣三皇廟

元貞元年初命郡縣通祀三皇如宣聖釋奠禮太皞伏羲氏以勾芒氏之神配炎帝神農氏以祝融氏之神配軒轅黃帝氏以風后氏力牧氏之神配黃帝臣俞跗以下十人姓名載于醫書者從祀兩廡有司歲春秋二季行事而以醫師主之

嶽鎮海瀆常祀

至元三年夏四月定歲祀嶽鎮海瀆之制正月東嶽鎮海瀆土王日祀泰山於泰安州沂山於益都府界立春日祀東海於萊州界大淮於唐州界三月南嶽鎮海瀆立夏日遙祭衡山土王日遙祭會稽山皆於河南府界立夏日遙祭南海大江於萊州界六月中嶽鎮土王日祀嵩山於河南府界霍山於平陽府界七月西嶽鎮海瀆土王日祀華山於華州界吳山於隴縣界立秋日遙祭西海大河於河中府界十月北嶽鎮海瀆土王日祀恒山於曲陽縣界醫巫閭於遼陽廣寧路界立冬日遙祭北海於登州界濟瀆於濟源縣祀官以所在守土官爲之既有江南乃罷遙祭

風雨雷師

風雨雷師之祀自至元七年十二月大司農請於立春後丑日祭風師於東北郊立夏後申日祭雷雨師於西南郊仁宗延祐五年乃即二郊定立壇壝之制其儀注闕

武成王

武成王立廟於樞密院公堂之西以孫武子張良管仲樂毅諸葛亮以下十人從祀每歲春秋仲月上戊以羊一豕一犧尊象尊籩豆俎爵樞密院遣官行三

獻禮

古帝王廟

堯帝廟在平陽舜帝廟河東山東濟南歷山濮州湖南道州皆有之禹廟在河中龍門至元元年七月龍門禹廟成命侍臣持香致敬有祝文十二年二月立伏羲女媧舜湯等廟于河中解州洪洞趙城十五年四月修會川縣盤古王祠祀之二十四年閏二月勅春秋二仲丙日祀帝堯廟致和元年禮部移太常送博士議舜禹之廟合依堯祠故事每歲春秋仲月上

旬卜日有司蠲潔致祭官給祭物至順元年三月從太常奉禮郎薛元德言彰德路湯陰縣北故羑里城周文王祠命有司奉祀如故事

周公廟

周公廟在鳳翔府岐山之陽天曆二年六月以岐陽廟爲岐陽書院設學官春秋釋奠周文憲王如孔子廟儀凡有司致祭先代聖君名臣皆有牲無樂

名山大川忠臣義士之祠

凡名山大川忠臣義士在祀典者所在有司主之惟南海女神靈惠夫人至元中以護海運有奇應加封

天妃神號積至十字廟曰靈慈直沽平江周涇泉福興化等處皆有廟皇慶以來歲遣使賫香遍祭金幡一合銀一鋌付平江官漕司及本府官用柔毛酒醴便服行事祝文云維年月日皇帝特遣某官等致祭于護國庇民廣濟福惠明著天妃

功臣祠

功神之祠惟故淮安忠武王立廟于杭春秋二仲月次戊祀以少牢用籩豆簠簋行酌獻禮若魏國文正公許衡廟在大名順德忠獻王哈剌哈孫廟在順德武昌者皆歲時致祭自古帝王而下祭器不用籩豆簠簋儀非酌奠者有司便服行禮三上香奠酒而已

大臣家廟

大臣家廟惟至治初右丞相拜住得立五廟同堂異室而牲器儀式未聞

志卷第二十七上

翰林學士亞中大夫知制誥兼修國史臣宋濂　翰林待制承直郎同知制誥兼國史院編修官臣王禕等奉
勑修

祭祀六

至正親祀南郊

至正三年十月十七日親祀昊天上帝于圜丘以太祖皇帝配享如舊行儀制右丞相脫脫爲亞獻官太尉樞密知院阿魯禿爲終獻官御史大夫伯撒里爲攝司徒樞密知院汪家奴爲大禮使中書平章也先帖木兒鐵木兒達識二人爲侍中御史大夫也先帖

木兒中書右丞太平二人爲門下侍郎宣徽使達世帖睦爾太常同知李好文二人爲禮儀使宣徽院使也先帖木兒執劈正斧其餘侍祀官依等第定擬前期八月初七日太常禮儀院移關禮部具呈都省會集翰林集賢禮部等官講究典禮九月内承奉班都知孫玉鉉具録親祀南郊儀注云致齋日停奏刑殺文字應享執事官員涖誓於中書省享前一日質明所司備法駕儀仗暨侍享官分左右叙立於崇天門外太僕卿控御馬立於大明門外侍儀官導駕官各具公服備擎執立於致齋殿前通事舍人二員引門下侍郎侍中入殿相向立侍中跪奏請皇帝中嚴就拜興退出少頃引侍中跪奏外辦就拜興皇帝出致齋殿侍中跪奏請皇帝升輿侍儀官導駕官引擎執前導巡輦路至大明殿西陛下侍中跪奏請皇帝降輿升殿就拜興皇帝入殿即御座舍人引執事等官叙於殿午陛下相向立通班舍人贊起居引贊鞠躬平身舍人引門下侍郎侍中入殿至御座前門下侍郎侍中相向立侍中跪奏請皇帝降殿升輿就拜興侍儀官前導至大明殿門外侍中跪奏請皇帝升輿就拜興至大明門外侍中跪奏請皇帝降輿乘馬門

下侍郎跪奏請車駕進發就拜興動稱警蹕至崇天門外門下侍郎跪奏請車駕少駐勑衆官上馬就拜興侍中承旨退稱曰制可門下侍郎退傳制勑衆官上馬贊者承傳勑衆官於櫺星門外上馬少頃門下侍郎跪奏請車駕進發就拜興動稱警蹕華蓋繖扇儀仗百官左右前導教坊樂皷吹不作至郊壇南櫺星門外門下侍郎跪奏請皇帝權停勑衆官下馬侍中傳制勑衆官下馬自卑而尊與儀仗倒捲而左右駐立駕至内櫺星門侍中跪奏請皇帝降馬步入櫺星門由右偏門入稍西侍中跪奏請皇帝升輿就拜

興侍儀官暨導駕官引輦執前導。至大次殿門前侍中跪奏請皇帝降輿入就大次殿就拜興皇帝入就大次簾降宿衛如式侍中入跪奏勑衆官各退齋次就拜興通事舍人承旨勑衆官各還齋次尚食進膳訖禮儀使以祝冊奏御署訖奉出郊祀令受而奠於坫其享日丑時二刻侍儀官備輦執同導駕官列於大次殿前通事舍人引侍中門下侍郎入大次殿侍中跪奏請皇帝中嚴服袞冕就拜興退少頃舍人再拜引侍中跪版奏外辦就拜興退出禮儀使入跪奏請皇帝行禮就拜興簾捲出大次侍儀官備輦執同

導駕官前導皇帝至西壝門侍儀官導駕官輦執止於壝門外近侍官代禮官皆後從入殿中監跪進大圭禮儀使跪請皇帝執大圭皇帝入行禮禮節一如舊制行禮畢侍儀官備輦執同導駕官前導皇帝還至大次通事舍人引侍中入跪奏請皇帝解嚴釋袞冕停五刻頃尚食進膳如儀所司備法駕儀仗同侍享等官分左右叙立於郊南櫺星門外以北爲上舍人引侍中入跪奏請皇帝中嚴就拜興退少頃再引侍中跪版奏外辦就拜興皇帝出大次侍中跪奏請皇帝升輿侍儀官備輦執同導駕官前導至櫺星門

外太僕卿進御馬侍中跪奏請皇帝降輿乘馬就拜興門下侍郎跪奏請車駕進發就拜興動稱警蹕至櫺星門外門下侍郎跪請皇帝少駐勑衆官上馬就拜興侍中承旨退稱曰制可門下侍郎傳制勑衆官上馬贊者承傳勑衆官上馬少頃門下侍郎跪奏請車駕進發就拜興侍儀官備輦執同導駕官前導動稱警蹕華蓋儀仗繖扇衆官左右前導教坊樂皷吹皆作至麗正門裏石橋北引門下侍郎下馬跪奏請皇帝權停勑衆官下馬贊者承傳勑衆官下馬舍人引衆官分左右先入紅門內倒捲而北駐立引甲馬

軍士於麗正門內石橋大北駐立依次倒捲至櫺星門外左右相向立仗立於櫺星門內倒捲亦如之門下侍郎跪奏請車駕進發侍儀官備輦執導駕官導由崇天門入至大明門外引侍中跪奏請皇帝降馬升輿就拜興至大明殿引衆官相向立於殿陛下俟皇帝入殿升座侍中跪奏請皇帝解嚴勑衆官皆退通事舍人承旨勑衆官皆退郊祀禮成

至正親祀太廟

至元六年六月監察御史呈嘗聞五行傳曰簡宗廟廢祭祀則水不潤下近年雨澤愆期四方多旱而歲

減祀事變更成憲原其所致恐有感召欽惟國家四海乂安百有餘年列聖相承典禮具備莫不以孝治天下古者宗廟四時之祭皆天子親享莫敢使有司攝也蓋天子之職莫大於禮禮莫大於孝孝莫大於祭世祖皇帝自新都城首建太廟可謂知所本矣春秋之法國君即位逾年改元必行告廟之禮伏自陛下即位以來于今七年未嘗躬詣太廟似為闕典方今政化更新並遵舊制告廟之典理宜親享時帝在上都臺臣以聞奉旨若曰俟到大都親自祭也九月二十七日中書省奏以十月初四日皇帝親祀太廟

制曰可前期告示以太師右丞相馬扎兒台為亞獻官樞密知院阿魯禿為終獻官知院瀽皮翰林承旨老童為助奠官大司農愛牙赤為七祀獻官侍中二人門下侍郎二人大禮使一人執劈正斧一人禮儀使四人餘各如故事有司具儀注云享前一日質明所司備法駕於崇天門外侍儀官引擎執同導駕官具公服於致齋殿前左右分班侍立承奉舍人引門下侍郎侍中入殿門下侍郎相向立侍中跪奏臣某等官請皇帝中嚴就拜興退出少頃引侍中版奏外辦就拜興退皇帝出齋室侍中跪奏請皇帝升輿巡輦路由正門至大明殿西陛下侍中跪奏請皇帝降輿升殿就拜興引皇帝即御座執事官於午陛下起居訖舍人引侍中門下侍郎入殿至御榻前門下侍郎相向立侍中跪奏請皇帝降殿升輿就拜興導至大明殿外侍中跪奏請皇帝升輿就拜興至大明門外太僕卿進御馬侍中跪奏請皇帝降輿乘馬訖門下侍郎跪奏請車駕進發就拜興進發時稱警蹕至崇天門外門下侍郎跪奏請車駕少駐敕衆官上馬就拜興侍中承旨退稱曰制可贊者承傳敕衆官上馬少頃門下侍郎跪奏請車駕進發就拜興進發時

稱警蹕導至太廟外紅門內門下侍郎跪奏請車駕權停敕衆官下馬就拜興贊者承傳敕衆官下馬門下侍郎跪奏請車駕進發至石橋南侍中跪奏請皇帝下馬步入神門就拜興皇帝下馬侍儀官同導駕官前導皇帝步入神門稍西侍中跪奏請皇帝升輿就拜興至大次殿門前侍中跪奏請皇帝降輿入就大次就拜興簾降宿衛如式侍中入跪奏敕衆官各還齋次承旨贊者承傳敕衆官各還齋次俟行禮時至丑時二刻頃侍儀官備擎執同導駕官於大次殿門前舍人引侍中門下侍郎入大次座前侍中跪奏

請皇帝中嚴服衮冕就拜興退少頃再引侍中跪奏外辦就拜興退禮儀使跪奏請皇帝行禮侍儀官同導駕官導引皇帝至西神門擎執侍儀官同導駕官止行禮畢皇帝由西神門出侍儀官備擎執同導駕官引導皇帝還至大次舍人引侍中入跪奏請皇帝解嚴釋衮冕尚食進膳如式畢侍中跪板奏外辦就拜興退導皇帝出大次侍中跪奏請皇帝升輿就拜興侍儀官同導駕官前導至神門外太僕卿進御馬侍中跪奏請皇帝降輿乘馬就拜興乘馬訖門下侍郎跪奏請車駕進發就拜興退進發時稱警蹕至欞

星門外門下侍郎跪奏請車駕少駐勑衆官上馬就拜興侍中承旨退稱曰制可贊者承傳勑衆官上馬少頃門下侍郎跪奏請車駕進發就拜興進發時稱警蹕教坊樂振作至麗正門裏石橋北引門下侍郎跪奏請車駕權停勑衆官下馬就拜興贊者承傳勑衆官下馬門下侍郎跪奏請車駕進發侍儀官引擎執同導駕官前導執事官後從皇帝由紅門裏輦路至大明門外侍中跪奏請皇帝降馬乘輿就拜興侍儀官擎執同導駕官導至大明殿諸執事殿下相向立俟皇帝入殿升座侍中跪奏勑衆官皆退贊者承傳勑衆官皆退

三皇廟祭祀禮樂

至正九年御史臺以江西湖東道肅政廉訪使文殊訥所言具呈中書其言曰三皇開天立極功被萬世京師每歲春秋祀事命太醫官主祭揆禮未稱請如國子學宣聖廟春秋釋奠上遣中書省臣代祀一切儀禮倣其制中書付禮部集禮官議之是年十月二十四日平章政事太不花定住等以聞制曰可於是命太常定儀式工部範祭器江浙行省製雅樂器後命太常博士定樂曲名翰林國史院撰樂章十有六

曲明年祭器樂器俱備以醫籍百四十有八戶充廟戶禮樂生御藥院大使盧亨素習音律受命教樂工四十有二人各執其技乃季秋九月九日蔵事宣徽供禮饌光祿勳共內醞太府共金帛廣源庫共薌炬大興府尹共犧牲制幣粢盛殽核中書奏擬三獻官以次定諸執事並以清望充前一日內降御香三獻官以下公服備大樂儀仗迎香至開天殿度置退習明日祭儀習畢就廟齋宿京朝文武百司與祭官如之各以禮助祭翰林詞臣具祝文曰皇帝敬遣某官某致祭

樂章前卷祀社稷樂章俱在禮樂類中今附于此

降神奏咸成之曲

黃鍾宮三成

於皇三聖　神化無方　繼天立極　垂憲百王

聿崇明祀　率由舊章　靈兮來下　休有烈光

降神奏賔成之曲

大吕角二成

帝德在人　日用不知　神之在天　矧可度思

辰良日吉　蕆事有儀　感以至誠　尚右享之

降神奏顧成之曲

太簇徵二成

大道之行　肇自古先　功烈所加　何千萬年

是尊是奉　執事孔虔　神哉沛兮　泠風馭然

降神奏臨成之曲

應鍾羽二成

雅奏告成　神斯降格　妥安有位　清廟奕奕

肸蠁潛通　豐融烜赫　我其承之　百世無斁

初獻盥洗奏蠲成之曲

姑洗宮

靈斿戾止　式燕以寧　吉蠲致享　惟寅惟清

挹彼注玆　沃盥而升　有孚顒若　交于神明

初獻升殿奏恭成之曲

南吕宮

齊明盛服　恪恭命祀　洋洋在上　匪遠具邇

左右周旋　陟降庭止　式禮莫愆　用介多祉

奠幣奏祗成之曲

南吕宮

駿奔在列　品物咸備　禮嚴載見　式陳量幣

惟玆篚實　肅將忱意　靈兮安留　成我熙事

初獻降殿與升殿同

捧俎奏闕成之曲

姑洗宮

我祀如何　有牲在滌　既全且潔　爲俎孔碩

以將以享　其儀不忒　神其迪嘗　純嘏是錫

初獻盥洗與前同

初獻升殿與前同

大皞宓犧氏位酌獻奏闕成之曲

南吕宮

五德之首　巍巍聖神　八卦有作　誕開我人

物無能稱　玄酒在尊　歆監在玆　惟德是親

炎帝神農氏位酌獻奏闕成之曲

南呂宮

耒耜之利　人賴以生　皷腹含哺　帝力難名
欲報之德　黍稷非馨　眷言顧之　享于克誠

黃帝有熊氏位酌獻奏闕成之曲

南呂宮

爲衣爲裳　法乾效坤　三辰順序　萬國來賓
典祀有常　多儀具陳　純精毖達　匪籍彌文

配位酌獻奏闕成之曲

南呂宮

三聖儼臨　孰侑其食　惟爾有神　同功合德
丕擁靈休　留娛嘉席　歷世昭配　永永無極

初獻降殿與前同

亞獻奏闕成之曲終獻同

姑洗宮

綏節安歌　載升貳觴　禮成三終　申薦令芳
凡百有職　罔敢怠遑　神具醉止　欣欣樂康

徹豆奏闕成之曲

南呂宮

籩豆有踐　殽薦重時　禮文疏洽　廢徹不遲
愼終如始　進退無違　神其祚我　綏以繁釐

送神奏闕成之曲

黃鐘宮

夜如何其　明星煌煌　靈遊弗留　飈舉雲翔
瞻望靡及　德音不忘　庶回景貺　發爲禎祥

望瘞奏闕成之曲

姑洗宮

工祝致告　禮備樂終　加牲兼幣　訖薶愈恭
精神斯瞥　惠澤無窮　儲休錫羨　萬福來崇

顏子考妣封謚

至順元年冬十一月望曲阜兗國復聖公新廟落城元統二年改封顏子考曲阜侯爲杞國公謚文裕妣齊姜氏爲杞國夫人謚端獻夫人戴氏兗國夫人謚貞素又割益都鄒縣牧地三十頃徵其歲入以給常祀

宋五賢從祀

至正十九年十一月江浙行省據杭州路申備本路經歷司呈准提控案牘兼照磨承發架閣胡瑜牒嘗謂文治興隆宜舉行於曠典儒先褒美期激勵於將來凡在聞知詎容緘默盖國家化民成俗莫先於學

校而學校之設必崇先聖先師之祀者所以報功而示勸也我朝崇儒重道之意度越前古既已加封先聖大成之號又追崇宋儒周敦頤等封爵俾從祀廟庭報功示勸之道可謂至矣然有司討論未盡尚遺先儒楊時等五人未列從祀遂使盛明之世猶有闕典惟故宋龍圖閣直學士謚文靖龜山先生楊時親得程門道統之傳排王氏經義之繆南渡後朱張吕氏之學其源委脉絡皆出於時者也故宋處士延平先生李侗傳河洛之學以授朱熹九集註所引師說即其講論之旨也故宋中書舍人謚文定胡安國聞

道伊洛志在春秋纂爲集傳羽翼正經明天理而扶世教有功於聖人之門者也故宋處士贈太師榮國公謚文正九峯先生蔡沉從學朱子親承指授著書集傳發明先儒之所未及深有功於聖經者也故宋翰林學士參知政事謚文忠西山先生真德秀博學窮經踐履篤實當時立僞學之禁以錮善類德秀晚出獨以斯文爲已任講習躬行黨禁解而正學明此五人者學問接道統之傳著述發儒先之秘其功甚大況科舉取士已將胡安國春秋蔡沉尚書集傳表章而尊用之真德秀大學衍義亦備經筵講讀是皆

有補於國家之治道者矣各人出處詳見宋史本傳俱應追錫名爵從祀先聖廟庭可以敦厚儒風激勸後學如蒙備呈上司申達朝省命禮官討論典禮如周敦頤等例聞奏施行以補闕典吾道幸甚本省以其言具咨中書省仍遣胡瑜赴都授呈至正二十一年七月中書判送禮部行移翰林集賢太常三院會議俱准所言回呈中書省二十二年八月奏准送禮部定擬五先生封爵謚號俱贈太師楊時追封吳國公李侗追封越國公胡安國追封楚國公蔡沉追封建國公真德秀追封福國公各給詞頭宣命遣官賫

往福建行省訪問各人子孫給付如無子孫者於其故所居鄉里郡縣學或書院祠堂內安置施行

朱熹加封齊國父追謚獻靖

至正二十二年十二月追謚朱熹父爲獻靖其制詞云考德而論時灼見風儀之俊觀子而知父追聞詩禮之傳久閟幽堂丕昭公論故宋左承議郎守尚書吏部員外郎兼史館校勘累贈通議大夫朱松仕不躁進德合中行遡鄒魯之淵源式開來學闢圖書之藴奥妙契玄機奏對雖忤於權姦嗣續篤生於賢哲化民成俗著書滿家既繼志述事之光前何節惠易

名之孔後才高弗展嗟沉滯於下僚道大莫容竟邑明於永世神靈不昧休命其承可謚獻靖其改封熹爲齊國公制詞云聖賢之蘊載諸經義理實明於先正風節之厲垂諸世褒崇豈間於異時不有鉅儒孰膺寵數故宋華文閣待制累贈寶謨閣直學士太師追封徽國公謚文朱熹挺生異質蚤擢科名試用於郡縣而善政孔多迴翔於館閣而直言無隱權姦屢挫志慮不回著書立言嘉乃簡編之富愛君憂國負其經濟之長正學久達於中原渙號申行於仁廟詢諸僉議宜易故封國啓營丘爰錫大公之境土壤隣

洙泗尚觀尼父之宮墻緬想英風載欽新命可追封齊國公餘並如故

國俗舊禮

每歲太廟四祭用司禋監官一員名蒙古巫祝當省牲時法服同三獻官升殿詣室戶告腯還至牲所以國語呼累朝帝后名諱而告之明旦三獻禮畢獻官御史太常卿博士復升殿分詣各室蒙古博兒赤跪割牲太僕卿以朱漆盂奉馬乳酌奠巫祝以國語告神訖太祝奉祝幣詣燎位獻官以下復版位載拜禮畢

每歲駕幸上都以六月二十四日祭祀謂之洒馬妳子用馬一羯羊八綵段練絹各九疋以白羊毛纏若穗者九貂鼠皮三命蒙古巫覡及蒙古漢人秀才達官四員領其事再拜告天又呼太祖成吉思御名而祝之曰托天皇帝福蔭年年祭賽者禮畢掌祭官四員各以祭幣表裏一與之餘幣及祭物則凡與祭者共分之

每歲九月內及十二月十六日以後於燒飯院中用馬一羊三馬湩酒醴紅織金幣及裏絹各三疋命蒙古達官一員偕蒙古巫覡掘地爲坎以燎肉仍以酒

醴馬湩雜燒之巫覡以國語呼累朝御名而祭焉

每歲十二月下旬擇日於西鎮國寺內墻下灑掃平地太府監供綵幣中尚監供細氈鍼線武備寺供弓箭環刀束稈草爲人形一爲狗一剪雜色綵段爲之腸胃選達官世家之貴重者交射之非別速札剌爾乃蠻忙古台列班塔達珊竹雪泥等氏族不得與列射至糜爛以羊酒祭之祭畢帝后及太子嬪妃併射者各解所服衣俾蒙古巫覡祝讚之祝讚畢遂以與之名曰脫災國俗謂之射草狗

每歲十二月十六日以後選日用白黑羊毛爲線帝

后及太子自頂至手足皆用羊毛線纏繫之坐于寢殿蒙古巫覡念呪語奉銀槽貯火置米糠于其中沃以酥油以其煙薰帝之身斷所繫毛線納諸槽內又以紅帛長數寸帝手裂碎之唾之者三併投火中即解所服衣帽付巫覡謂之脫舊災迎新福云

凡后妃妊身將及月辰則移居于外氊帳房若生皇子孫則錫百官以金銀綵段謂之撒答海及彌月復還內寢其帳房則以頒賜近臣云

凡帝后有疾危殆度不可愈亦移居外氊帳房有不諱則就殯殮其中葬後每日用羊二次燒飯以爲祭

至四十九日而後已其帳房亦以賜近臣云

凡宮車晏駕棺用香楠木中分爲二刳肖人形其廣狹長短僅足容身而已殮用貂皮襖皮帽其靴韈繫腰盒鉢俱用白粉皮爲之殉以金壺瓶二盞一椀楪匙筯各一殮訖用黃金爲箍四條以束之輿車用白氊青緣納失失爲簾覆棺亦以納失失爲之前行用蒙古巫媪一人衣新衣騎馬牽馬一疋以黃金飾鞍轡籠以納失失謂之金靈馬日三次用羊奠祭至所葬陵地其開穴所起之土成塊依次排列之棺既下復依次掩覆之其有剩土則遠置他所送葬官三員居五里外日一次燒飯致祭三年然後返

世祖至元七年以帝師八思巴之言於大明殿御座上置白傘蓋一頂用素段泥金書梵字於其上謂鎮伏邪魔護安國剎自後每歲二月十五日於大殿啓建白傘蓋佛事用諸色儀仗社直迎引傘蓋周遊皇城內外云與衆生祓除不祥導迎福祉歲正月十五日宣政院同中書省奏請先期中書奉旨移文樞密院八衛撥傘鼓手一百二十人殿後軍甲馬五百人擡舁監壇漢關羽神轎軍及雜用五百人宣政院所轄官寺三百六十所掌供應佛像壇面幢幡寶蓋車

鼓頭旗三百六十壇每壇擎執擡舁二十六人鈸鼓僧一十二人大都路掌供各色金門大社一百二十隊教坊司雲和署掌大樂鼓板杖鼓篳篥龍笛琵琶箏蓁七色凡四百人興和署掌妓女雜扮隊戲一百五十人祥和署掌雜把戲男女一百五十人儀鳳司掌漢人回回河西三色細樂每色各三隊凡三百二十四人凡執役者皆官給鎧甲袍服器仗俱以鮮麗整齊爲尚珠玉金繡裝束奇巧首尾排列三十餘里都城士女閭閻聚觀禮部官點視諸色隊仗刑部官巡綽喧鬧樞密院官分守城門而中書省官一員總

督視之先二日於西鎮國寺迎太子遊四門舁高塑像具儀仗入城十四日帝師率梵僧五百人於大明殿內建佛事至十五日恭請傘蓋于御座奉置寶輿諸儀衛隊仗列于殿前諸色社直暨諸壇面列于崇天門外迎引出宮至慶壽寺具素食食罷起行從西宮門外垣海子南岸入厚載紅門由東華門過延春門而西帝及后妃公主於玉德殿門外搭金脊吾殿綵樓而觀覽焉及諸隊仗社直送金傘還宮復恭置御榻上帝師僧衆作佛事至十六日罷散歲以爲常謂之游皇城或有因事而輟尋復舉行夏六月中上京亦如之

祭祀志卷第二十七下

志卷第二十八　元史七十八

翰林學士亞中大夫知制誥兼修國史臣宋濂　翰林待制承直郎同知制誥兼國史院編修官臣王禕等奉勅修

輿服一　儀衛附

若稽往古黃帝堯舜垂衣裳而天下治蓋取諸乾坤服牛乘馬引重致遠蓋取諸大壯冕服車輿之制其來尚矣虞書舜作十二章五服以命有德車服以賞有功禮記虞鸞車夏鉤車商大輅至周損益前代弁師掌王之五冕巾車掌王之五輅而儀文始備然孔子論治天下之大法於殷輅取其質而得中周冕取其文而得中也至秦併天下兼收六國車旗服御窮極侈靡有大駕法駕以及鹵簿漢承秦後多因其舊由唐及宋亦效秦法以為盛典於文質適中之義君子或得而議焉元初立國庶事草創冠服車輿並從舊俗世祖混一天下近取金宋遠法漢唐至英宗親祀太廟復置鹵簿今考之當時上而天子之冕服皇太子冠服天子之質孫天子之五輅與腰輿象轎以及儀衛隊仗下而百官祭服朝服與百官之質孫以及於士庶人之服色粲然其有章秩然其有序大抵參酌古今隨時損益兼存國制用備儀文於是朝廷之

盛宗廟之美百官之富有以成一代之制作矣作輿服志而儀衛附見于後云

冕服

天子冕服袞冕制以漆紗上覆曰綖青表朱裏綖之四周匝以雲龍冠之口圍縈以珍珠綖之前後旒各十二以珍珠爲之綖之左右繫黈纊二繫以玄紞承以玉瑱纊色黄絡以珠冠之周圍珠雲龍網結通翠柳調珠綖上横天河帶一左右至地珠鈿窠網結翠柳朱絲組二屬諸笄爲纓絡以翠柳調珠簪以玉爲之横貫於冠○袞龍服制以青羅飾以生色銷金帝星

一日一月一升龍四複身龍四山三十八火四十八華蟲四十八虎蜼四十八○裳制以緋羅其狀如裙飾以文繡凡一十六行每行藻二粉米一黼二黻二○中單制以白紗絳緣黄勒帛副之○蔽膝制以緋羅有褾緋絹爲裏其形如襜袍上着之繡複身龍○玉佩珩一琚一瑀一衝牙一璜二衝牙以繫璜珩下有銀獸面塗以黄金雙璜夾之次又有衝下有衝牙傍別施雙的以鳴用玉○大帶制以緋白二色羅合縫爲之○玉環綬制以納石失（金錦也）上有三小玉環下有青絲織網○紅羅韡制以紅羅爲之高靿○履制以納石失有雙耳二帶鉤飾以珠○襪制以紅綾

右按太常集禮至元十二年十一月博士議擬冕天版長一尺六寸廣八寸前高八寸五分後高九寸五分身圍一尺八寸三分并納言用青羅爲表紅羅爲裏周廻緣以黄金天板下四面珠網結子花素墜子前後共二十有四旒以珎珠爲之青碧線織天河帶兩頭各有珎珠金翠旒三節玉滴子節花全紅線組帶二上有珎珠金翠旒玉滴子下有金鐸二梅紅繡欵幔帶一黈纊二珎珠垂繫上用金萼子二簪窠欵幔組帶鈿窠各二内組帶窠

四並鏤玉爲之玉簪一頂面鏤雲龍袞衣用青羅夾製五采間金繪日月星辰山龍華蟲宗彝正面日一月一升龍四山十二上下襟華蟲火各六對虎蜼各（闕）對背星一升龍四山十二華蟲火各十二對虎蜼各六對中單用白羅單製羅領褾襈裳一帶褾襈全紅羅八幅夾造上繡藻粉米黼黻藻三十三粉米十六黼三十二黻三十二蔽膝一帶褾襈紅羅夾造八幅上繡升龍二綬一幅六采織造紅羅托裏小綬三色同大綬銷金黄羅綬頭全上間施三玉環並碾雲龍緋白大帶一銷金黄帶

頭鈿窠二十有四紅羅勒帛一青羅抹帶一佩二玉上中下璜各一半月各二並碾玉爲雲龍文玉滴子各二並珎珠穿造金篦鈎獸面水葉環釘全涼帶一紅羅裏鏤金爲之上爲玉鶖七捷尾束各一金攀龍口玳瑁襯釘舄一重底紅羅面白綾托裏如意頭銷金黃羅緣口玉鼻人飾以珎珠金緋羅錦襪一兩○大德十一年九月博士議唐制天子衮冕垂白珠十有二旒以組爲纓色如其綬黈纊充耳玉簪導玄衣纁裳凡十二章八章在衣日月星辰山龍華蟲火宗彝四章在裳藻粉米黼黻

褾領爲升龍皆織成之龍章以下每章一行每行十二白紗中單黼領青褾襈裾黻加龍山火三章毳冕以上火山二章繡冕山一章玄冕無章革帶大帶玉佩綬襪與上同舄加金飾享廟謁廟及朝遣上將征還飲至踐祚加元服納后元日受朝及臨軒冊拜王公則服之又宋制天子服有衮冕廣尺二寸長四寸前後十有二旒二纊並貫珎珠又有珠旒十二碧鳳銜之在珠旒外冕板以龍鱗錦表上綴玉爲七星傍施琥珀餅犀各二十四周綴金絲網鈿以珎珠雜寶玉加紫雲白鶴錦裏四柱飾以七寶紅綾裏金飾玉簪導紅絲縧組帶亦謂之平天冠衮服青色日月星山龍雉虎蜼七章紅裙藻火粉米黼黻五章紅蔽膝升龍二並織成間以雲彩飾以金鈒花鈿窠裝以珍珠琥珀雜寶玉紅羅襦裙繡五章青褾襈裾六采綬一小綬三結三玉環三素大帶朱裏青羅四紳帶二繡四紳盤結（綬帶飾並同衮服）白帶中單青羅袜帶紅羅勒帛鹿盧玉具劒玉標首鏤白玉雙佩金飾貫珍珠金龍鳳革帶紅襪赤舄金鈒花四神玉鼻祭天地宗廟受冊尊號元日受朝冊皇太子則服之事未果行至

延祐七年七月英宗命禮儀院使八思吉斯傳旨令省臣與太常禮儀院速製法服八月中書省會集翰林集賢太常禮儀院官講議依秘書監所藏前代帝王衮冕法服圖本命有司製如其式

鎮圭制以玉長一尺二寸有袋副之

皇太子冠服○衮冕○玄衣○纁裳○中單○蔽膝○玉佩○大綬○朱韈○赤舄

按太常集禮至元十二年博士擬衮冕制用白珠九旒紅絲組爲纓青纊充耳犀簪導青衣朱裳九章五章在衣山龍華蟲火宗彝四章在裳藻粉米

黼黻白紗中單青標襈裾革帶塗金銀鉤䚢蔽膝隨裳色爲火山二章瑜玉雙佩四采織成大綬間施玉環三白韈朱舄舄加金塗銀釦大德十一年九月照擬前代制度唐制皇太子衮冕垂白珠九旒紅絲組爲纓青纊充耳犀簪導玄衣纁裳九章五章在衣龍山華蟲火宗彝四章在裳藻粉米黼黻織成之每行一章黼黻重以爲等每行九白紗中單黼領青標襈裾革帶金鉤䚢大帶蔽膝隨裳色火山二章玉具劍金寶飾玉鏢首瑜玉雙佩朱組帶大綬四采赤白縹紺純朱質長丈八尺首廣

九寸小雙綬長二尺六寸色同大綬而首半之間施玉環三朱韈赤舄加金飾侍從祭祀及謁廟加元服納妃服之宋制皇太子衮冕垂白珠九旒紅絲組爲纓青纊充耳犀簪導青衣朱裳九章五章在衣山龍華蟲火宗彝四章在裳藻粉米黼黻白紗中單青標襈裾革帶塗金銀鉤䚢蔽膝隨裳衣火山二章瑜玉雙佩四采織成大綬間施玉環三白韈朱舄舄加塗金銀飾加元服從祀受冊謁廟朝會服之已擬其制未果造

三獻官及司徒大禮使祭服○籠巾貂蟬冠五青羅服五(領袖襴俱用皂綾)紅羅裙五(皂綾爲襴)紅羅蔽膝五(其羅花樣俱係牡丹)白紗中單五(黃綾帶)紅組金綬紳五(紅組金譯語曰納石失各佩玉環二)象笏五銀束帶五玉佩五白羅方心曲領五赤革履五對白綾韈五對

助奠以下諸執事官冠服○貂蟬冠獬豸冠七梁冠六梁冠五梁冠四梁冠三梁冠二梁冠二百青羅服二百(領袖襴俱用皂綾)紅綾裙二百(皂綾爲襴)紅羅蔽膝二百紫羅公服二百(用梅花羅)白紗中單二百(黃綾帶)織金綬紳二百(紅一百九十八青二各佩銅環二)銅束帶二百白羅方心曲領二百銅佩二百展角幞頭二百塗金荔枝帶三十烏角

帶一百七十皂靴二百對赤革履二百對白綾韈二百對象笏三十銀杏木笏一百七十

凡獻官諸執事行禮俱衣法服惟監察御史二冠獬豸服青綬凡迎香讀祝及祀日遇陰雨俱衣紫羅公服六品以下皆得借紫

都監庫祠祭局儀鸞局神廚局頭目長行人等○交角幞頭五十窄袖紫羅服五十塗金束帶五十皂靴五十對

初憲宗壬子年秋八月祭天于日月山用冕服自此始成宗大德六年春三月祭天于麗正門外丙

地命獻官以下諸執事各具公服行禮是時大都
未有郊壇大禮用公服自此始九年冬至祭享用
冠服依宗廟見用者製其後節次祭祀或合祀天
地增配位從祀獻攝職事續置冠服於法服庫收
掌法服二百九十有九公服二百八十窄紫二百
九十有五至大間太常博士李之紹王天祐疏陳
親祀冕無旒服大裘而加袞裘以黑羔皮爲之臣
下從祀冠服歷代所尚其制不同集議得依宗廟
見用冠服制度
社稷祭服○青羅袍一百二十三白紗中單一百二

十三紅梅花羅裙一百二十三藍織錦銅環綬紳二
紅織錦銅環綬紳一百一十七紅織錦玉環綬紳四
紅梅花羅蔽膝一百二十三革履一百二十三白綾
韈一百二十三白羅方心曲領一百二十三黃綾帶
一百二十三佩一百二十三銅珩璜者一百一十九
玉珩璜者四藍素紵絲帶一百二十三銀帶四銅帶
一百一十九冠一百二十三水角簪金梁冠一百七
紗冠一十獬豸冠二籠巾紗冠四木笏一百二十三
紫羅公服一百二十三黑漆幞頭一百二十三展角
全二色羅插領一百二十三鍍金銅荔枝帶一十角

帶一百一十三象笏一十三枝木笏一百一十枝黃
絹單包複一百二十三紫紵絲抹口青氈襪一百二
十三皁鞾一百二十三窄紫羅衫三十黑漆幞頭三
十銅束帶三十黃絹單包複三十皁鞾三十紫紵絲
抹口青氈襪三十
宣聖廟祭服○獻官法服○七梁冠三（簪全）鴉青袍三
絨錦綬紳三（各帶青絨網并銅環二）方心曲領三藍結帶三銅
佩三紅羅裙三白絹中單三紅羅蔽膝三革履三白絹
襪（全）○執事儒服○軟角唐巾白襴插領黃鞓角帶皁
鞾各九十有八○曲阜祭服○連蟬冠四十有三七

梁冠三五梁冠三十有六三梁冠四皁紵絲鞋三十
有六舒角幞頭二軟角唐巾四十角簪四十有三
冠纓四十有三副（九八十有六條）象牙笏七木笏三十有八
玉佩七（九十有四繫）銅佩三十有六（九七十有二繫）帶八十有五
藍鞓帶七紅鞓帶三十有六烏角帶二黃鞓帶烏角
偏帶四十大紅金綬結帶七（上用玉環十有四）青羅大袖夾
衣七紫羅公服二褐羅大袖衣三十有六白羅衫四
十白絹中單三十有六白紗中單七大紅羅夾蔽膝
七大紅夾裳緋紅羅夾蔽膝三十有六緋紅夾裳四
黃羅夾裳三十有六黃羅大帶七白羅方心曲領七

紅羅綬帶七黃綃大帶三十有六皂鞾白羊毳襪各四十有二對大紅羅鞋七輛白綃夾襪四十有三輛○質孫漢言一色服也內庭大宴則服之冬夏之服不同然無定制凡勳戚大臣近侍賜則服之下至於樂工衛士皆有其服精粗之制上下之別雖不同總謂之質孫云○天子質孫冬之服凡十有一等服納石失(金錦也)怯綿里(翦茸也)則冠金錦暖帽服大紅桃紅紫藍綠寶里(寶里服之有襴者也)則冠七寶重頂冠服紅黃粉皮則冠紅金荅子暖帽服白粉皮則冠白金荅子暖帽服銀鼠則冠銀鼠暖帽其上並加銀鼠比肩(俗稱曰襻子荅忽)

夏之服凡十有五等服荅納都納石失(綴大珠於金錦)則冠寶頂金鳳鈸笠服速不都納石失(綴小珠於金錦)則冠珠子捲雲冠服納石失則帽亦如之服大紅珠寶里紅毛子荅納則冠珠緣邊鈸笠服白毛子金絲寶里則冠白藤寶貝帽服駝褐毛子則帽亦如之服大紅綠藍銀褐棗褐金繡龍五色羅則冠金鳳頂笠各隨其服之色服金龍青羅則冠金鳳頂漆紗冠服珠子褐七寶珠龍荅子則冠黃牙忽寶貝珠子帶後簷帽服青速夫金絲闌子(速夫回回毛布之精者也)則冠七寶漆紗帶後簷帽○百官質孫冬之服凡九等大紅納石失一大紅怯綿里一大紅官素一桃紅藍綠官素各一紫黃鴉青各一夏之服凡十有四等素納石失一聚線寶里納石失一棗褐渾金間絲蛤珠一大紅官素帶寶里一大紅明珠荅子一桃紅藍綠銀褐各一高麗鴉青雲袖羅一駝褐茜紅白毛子各一鴉青官素帶寶里一

百官公服○公服制以羅大袖盤領俱右衽一品紫大獨科花徑五寸二品小獨科花徑三寸三品散荅花徑二寸無枝葉四品五品小雜花徑一寸五分六品七品緋羅小雜花徑一寸八品九品綠羅無文○幞頭漆紗爲之展其角○笏制以牙上圓下方或以銀杏木爲之○偏帶正從一品以玉或花或素二品以花犀三品四品以黃金爲荔枝五品以下以烏犀並八胯鞓用朱革○鞾以皂皮爲之

儀衛服色○交角幞頭其制巾後交折其角○鳳翅幞頭制如唐巾兩角上曲而作雲頭兩旁覆以兩金鳳翅○學士帽制如唐巾兩角如匙頭下垂○唐巾制如幞頭而撱其角兩角上曲作雲頭○控鶴幞頭制如交角金縷其額○花角幞頭制如控鶴幞頭兩角及額上簇象生雜花○錦帽制以漆紗後幅兩旁

前拱而高中下後畫連錢錦前額作聚文。平巾幘黑漆革爲之形如進賢冠之籠巾或以青或以白。武弁制以皮加漆。甲騎冠制以皮加黑漆雌黃爲緣。抹額制以緋羅繡寶花。巾制以絁五色畫寶相花。兜鍪制以皮金塗五色各隨其甲。襯甲制如雲肩青錦質緣以白錦衷以氈裏以白絹。雲肩制如四垂雲青緣黃羅五色嵌金爲之。裲襠制如衫。襯袍制用緋錦武士所以裼裲襠。士卒袍制以絹絁繪寶相花。窄袖袍制以羅或絁。辮線襖制如窄袖衫腰作辮線細摺。控鶴襖制以青緋二

色錦圓答寶相花。窄袖襖長行輿士所服紺緅色。樂工襖制以緋錦明珠琵琶窄袖辮線細摺。甲覆膊掩心扞背扞股制以皮或爲虎文獅子文或施金鎧鎖子文。臂鞲制以錦綠絹爲裏有雙帶。錦螣蛇束麻長一丈一尺裹以紅錦。束帶紅鞓雙獺尾黃金塗銅胯餘同腰帶而狹小。絛環制以銅黃金塗之。汗胯制以青錦緣以銀褐錦或繡撲獸間以雲氣。行縢以絹爲之。鞋制以麻。鞝鞋制以皮爲履而長其靿縛於行縢之內。雲頭靴制以皮幇嵌雲朵頭作雲象靿束于脛

服色等第仁宗延祐元年冬十有二月定服色等第詔曰比年以來所在士民靡麗相尚尊卑混淆僭禮費財朕所不取貴賤有章益明國制儉奢中節可阜民財命中書省定立服色等第于后。一蒙古人不在禁限及見當怯薛諸色人等亦不在禁限惟不許服龍鳳文（龍謂五爪二角者）。一職官除龍鳳文外一品二品服渾金花三品服金答子四品五品服雲袖帶襴六品七品服六花八品九品服四花（職事散官從一高）。繫腰五品以下許用銀并減鐵。一命婦衣服一品至三品服渾金四品五品服金答子六品以下惟服銷金

并金紗答子首飾一品至三品許用金珠寶玉四品五品用金玉珎珠六品以下用金惟耳環用珠玉（同籍不限親疎期親雖別籍并出嫁同）。一器皿（謂茶酒器）除鈒造龍鳳文不得使用外一品至三品許用金玉四品五品惟臺盞用金六品以下臺盞用鍍金餘並用銀。一帳幕除不得用赭黃龍鳳文外一品至三品許用金花刺繡紗羅四品五品用刺繡紗羅六品以下用素紗羅。一車輿除不得用龍鳳文外一品至三品許用間金粧飾銀螭頭繡帶青幔四品五品用素獅頭繡帶青幔六品至九品用素雲頭素帶青幔。一鞍轡一品

許飾以金玉二品三品飾以金四品五品飾以銀六品以下並飾以鍮石銅鐵○一內外有出身考滿應入流見役人員服用與九品同○一授各投下令旨鈞旨有印信見任勾當人員亦與九品同○一庶人除不得服赭黃惟許服暗花紵絲紬綾羅毛毳帽笠不許飾用金玉韡不得裁制花樣首飾許用翠花并金釵錍各一事惟耳環用金珠碧甸餘並用銀酒器許用銀壺瓶臺盞盂鏇餘並禁止帳幕用紗絹不得赭黃車輿黑油齊頭平頂皂幔○一諸色目人除行營帳外其餘並與庶人同○一諸職官致仕與見任

同解降者依應得品級不敘者與庶人同○一父祖有官既沒年深非犯除名不敘之限其命婦及子孫與見任同○一諸樂藝人等服用與庶人同凡承應粧扮之物不拘上例○一皂隸公使人惟許服紬絹○一娼家出入止服皂褙子不得乘坐車馬餘依舊例○一今後漢人高麗南人等投充怯薛者並在禁限○一服色等第上得兼下下不得僭上違者職官解見任期年後降一等敘餘人決五十七下違禁之物付告捉人充賞有司禁治不嚴從監察御史廉訪司究治○御賜之物不在禁限

輿輅

玉輅青質金裝青綠藻井栲栳輪蓋外施金裝雕木雲龍內盤碾玉福海圓龍一頂上匝以金塗鍮石耀葉八十一上圍九者二中圍九者三下圍九者四頂輪衣三重上二重青繡雲龍瑞草下一重無文輪衣內黃屋一黃素紵絲瀝水下周垂朱絲結網青紵絲繡小帶四十八帶頭綴金塗小銅鈴青紵絲繡絡帶二頂輪平素面夾用青紵絲蓋四周垂流蘇八飾以五色茸線結網五重金塗銅鈸五金塗木珠二十有五叉擊玉雜佩八珩璜衝瑀全金塗鍮石鉤掛十六

黃茸貫頂天心直下十字繩二各長三丈蓋下立朱漆柱四柱下直平盤匾櫃中櫺三十下外桃二漆繪犀象鸂鶒錦雉孔雀隔窠嵌裝花板櫃周朱漆勾闌雲拱地霞葉百七十有九下垂牙護泥匾板并朱漆畫瑞草勾闌上玉行龍十碾玉蹲龍十孔雀羽臺九水精面火珠七金圈焰銅照八輿下周垂朱絲結網飾以金塗鍮石鐸三百絲畫鍮石梅萼嵌網眼中輿之長轅三界轅勾心各三上下龍頭六前轅引手玉螭頭三並繫以蹲龍後轅方釜頭三桃頭十六絟以蹲龍三轅頭銜一兩端玉龍頭二上列金塗銅鳳十

二舍以金塗銅鈴與之軸一輪二軸之峯羅二明轄蹲龍絟並青漆輪之輻各二十四轂首壓貼金塗銅轂葉八十一金塗鍮石鞶耳懸攀四欞之前朱漆金裝雲龍輅牌一牌字以玉裝綴輅之箱四壁雕鏤漆畫填心隅窠龜文華板上層左畫青龍右畫白虎前畫朱雀後畫玄武輅之前額玉行龍二奉一水精珠後額如之前兩柱青茸鈴索五貼金鸞和大響銅鈴十金塗鍮石雙魚五下朱漆軾櫃一櫃上金香毬金香寶金香合銀灰盤各一並黃絲綬帶輅之後朱漆後轡一金塗曲戌黃紵絲銷金雲龍門簾一緋紵絲

繡雲龍帶二輅之中金塗鍮石較碾玉龍椅一靠背上金塗圈焰玉明珠一左建太常旂十有二斿青羅繡日月五星升龍右建闟戟一九斿青羅繡雲龍中央黃羅繡青黑黼文兩旗綢杠並青羅旗首金塗鍮石龍頭二金塗銅鈴二金塗鍮石鈒青纓綏十二重金塗木珠流蘇十二重龍椅上方坐一綠褥一皆錦銷金黃羅夾帕一方輿地褥二勾闌內褥八皆用雜錦綺青漆金塗鍮石鈒葉踏道一小褥五重青漆雕木塗金龍頭行馬一小青漆梯一青漆柄金塗長托叉二短托叉二金塗首青漆推竿一青茸引輅索二各長六丈餘金塗銅環二黃茸綏一輅馬誕馬並青色鞍轡鞦勒纓拂鞀並青帉金飾誕馬青織金紵絲屉四青羅銷金絹裹籠鞍六蓋輅黃絹大蒙帕一黃油絹帕一駕士平巾大袖並青繪紵絲爲之

至治元年英宗親祀太廟詔中書及太常禮儀院禮部定擬制鹵簿五輅以平章政事張珪留守王伯勝將作院使明里董阿侍儀使乙剌徒滿董其事是年玉輅成明年親祀御之後復命造四輅工未成而罷

金輅赤質金粧青綠藻井栲栳輪蓋外施金粧雕木

雲龍內盤真金福海圓龍一項上匝以金塗鍮石耀葉八十一上圜九者二中圜九者三下圜九者四項輪衣三重上二重大紅繡雲龍瑞草下一重無文輪衣內黃屋一黃素紵絲瀝水下垂朱絲結網一周大紅紵絲繡小帶四十八帶頭綴金塗小銅鈴三百大紅紵絲繡絡帶二項輪平素面夾用緋紵絲蓋之四周垂流蘇八飾以五色茸線結網五重金塗鍮石雜佩八珩璜衝瑀全金塗鍮石鉤掛十有六黃絨貫項天心直下十字繩二蓋下立朱漆柱四柱下直平盤虛櫃中檽三十其下外栿二漆繪犀象鸚鵡錦雉孔雀

隔窠嵌粧花板櫃上周遭朱漆勾闌雲拱地霞葉一百七十有九下垂牙護泥虗板並朱漆畫瑞草勾闌上金塗鍮石行龍十二金塗鍮石蹲龍十孔雀羽臺九水精靣火珠七金圈焰銅照八輿下垂朱絲結網一遭飾以金塗鍮石鐸子三百綵畫鍮石梅蕚嵌網眼中輿之長轅三界轅勾心各三上下龍頭六前轅引手金塗鍮石螭頭三並繫以蹲龍後轅方罨頭三桄頭十六繫以蹲龍三轅頭銜一兩端金塗鍮石龍頭二上列金塗銅鳳十二含以金塗銅鈴輿之軸一輪二軸之塗羅二明轄蹲龍絟並漆以赤輪之輻各二十有四轂首壓帖金塗銅轂葉八十有一金塗鍮石犖耳戀攀四櫃之前朱漆金粧雲龍輅牌一金塗鐵曲戍輅之箱四壁雕鏤漆畫填心隔窠龜文花板上層左畫青龍右畫白虎前畫朱雀後畫玄武輅之前額金行龍二奉一水精珠後額亦如之前兩柱緋絨鈴索五貼金鸞和大鑾銅鈴十金塗鍮石雙魚五下朱漆軾櫃一櫃上金香毬一金香寶一金香合銀灰盤一並黃紵絲綴帶輅之後朱漆後轊一金塗曲戍黃紵絲銷金雲龍門簾一緋紵絲繡雲龍帶二輅之中黃金粧鈒龍椅一靠背上金塗圈焰玉明珠一

左建太常旂十有二斿緋羅繡日月五星升龍右建闟戟一九斿緋羅繡雲龍中央黃羅繡青黑黼文兩旗綢紅並大紅羅旗首金塗鍮石龍頭二金塗銅鈴二金塗鍮石鈒朱纓緌十二重金塗木珠流蘇十二重龍椅上金錦方坐子一綠可貼金錦也褥一銷金黃羅夾帕一方輿地金錦褥一綠可貼褥一勾闌內可貼條褥四藍紵絲條褥四朱漆金塗鍮石鈒葉踏道一小可貼條褥五重朱漆雕木塗金龍頭行馬一小朱漆梯一朱漆柄金塗長托义二短托义二金塗首朱漆推竿一紅絨引輅索二金塗銅環二黃絨執綏一輅馬誕馬並赤色鞍韉鞦勒纓拂套項並赤韋金粧誕馬紅織金紵絲屜四副紅羅銷金紅綃裏籠鞍六蓋輅黃絹大蒙帕一黃油絹帕一駕士平巾大袖並緋繡紵絲爲之

象輅黃質金粧青綠藻井栲栳輪蓋外施金粧雕木雲龍內盤描金象牙雕福海圓龍一項上匝以金塗鍮石耀葉八十有一上圍九者二中圍九者三下圍九者四頂輪衣三重上二重黃繡雲龍瑞草下一重無文輪衣內黃屋一黃素紵絲瀝水下垂朱絲結網一遭黃紵絲繡小帶四十有八帶頭綴金塗小銅鈴

三百黃紵絲繡絡帶二項輪平素面夾用黃紵絲蓋之四周垂流蘇八飾以五色茸線結網五重金塗銅鈸五金塗木珠二十有五又繫金塗鍮石雜佩八珩璜衝璃全金塗鍮石鈎掛十有六黃絨貫頂天心直下十字繩二蓋下立朱漆柱四柱下直平盤虛櫃中檽三十下外桄二漆繪犀象鸂鶒錦雉孔雀隅窠嵌粧花板櫃上周遭朱漆勾闌雲拱地霞葉百七十有九下垂牙護泥盧板並朱漆畫瑞草勾闌上描金象牙雕行龍十蹲龍十孔雀羽臺九水精面火珠七金圈焰銅照八輿下垂朱絲結網一遭飾以金塗鍮石鐸子三百采畫鍮石梅萼嵌網眼中輿之長轅三界轅勾心各三上下龍頭六前轅引手描金象牙雕螭頭三并繫以蹲龍後轅方蹬頭三桄頭十有六繫以蹲龍三轅頭銜一兩端描金象牙雕龍頭二上列金塗銅鳳十二含以金塗銅鈴輿之軸一輪二軸之掌羅二明輨蹲龍絟並漆以黃輪之輻各二十有四轂首壓貼金塗銅轂葉八十有一金塗鍮石擎耳戀攀四櫃之前朱漆金粧雲龍輅牌一金塗鐵曲戌輅之箱四傍雕鏤漆畫填心隅窠龜文花板上層左畫青龍右畫白虎前畫朱雀後畫玄武輅之前額描金象

牙雕行龍二奉一水精珠後額如之前兩柱黃絨鈴索五貼金鸞和大響銅鈴十金塗鍮石雙魚五下朱漆軾櫃一櫃上金香毬一金香寶一金香合一銀灰盤一並黃紵絲綬帶輅之後朱漆後轛一金塗曲戌黃紵絲銷金雲龍門簾一緋紵絲繡雲龍帶二輅之中黃金粧鉸描金象牙雕龍椅一靠背上金塗圈焰玉明珠一左建太常旂一十有二斿黃羅繡日月五星升龍右建闟戟一九斿黃羅繡雲龍中央黃羅繡青黑黼文兩旗綢杠並黃羅旗首金塗鍮石龍頭二金塗銅鈴二金塗鍮石鈸黃纓綏十二重金塗木珠流蘇十二重龍椅上金錦方坐一綠可貼褥一勾闌內可貼條褥四藍紵絲條褥四黃漆金塗鍮石鉸葉踏道一小可貼條褥五重黃漆木塗金龍頭行馬一小黃漆梯一黃漆柄金塗長托义二短托义二金塗首黃漆推竿一黃絨引輅索二金塗銅環二黃絨執綏一輅馬誕馬皆黃色鞍韂鞦勒纓拂套項並金粧黃常誕馬銀褐織金紵絲屜四副黃羅銷金黃絹裹籠鞍六蓋輅黃絹大蒙帕一黃油絹帕一駕士平巾大袖並黃繡紵絲爲之

革輅白質金粧青綠藻井栲栳輪蓋外施金粧雕木

雲龍內盤描金白檀雕福海圖龍一頂上匝以金塗鍮石耀葉八十有一上圍九者二中圍九者三下圍九者四頂輪衣三重上二重素白繡雲龍瑞草下一重無文輪衣內黃屋一黃素地紵絲瀝水下垂朱絲結網一遭素白紵絲繡小帶四十有八帶頭綴金塗小銅鈴三百素白紵絲繡絡帶二頂輪平素面夾用白素紵絲蓋之四周垂流蘇八飾以五色絨線結網五重金塗銅鈸五金塗木珠二十有五又繫金塗鍮石雜佩八珩璜衝瑀全金塗鍮石鈎掛十有六黃絨貫頂天心直下十字繩二蓋下立朱漆柱四柱下直

平盤虛櫃中槅三十下外桄二漆繪華鞔犀象鸚鵡錦雉孔雀隅窠嵌粧花板櫃上周遭朱漆勾闌雲拱地霞葉百七十有九下垂牙護泥虛板並朱漆畫瑞草勾闌上描金白檀行龍十擺白蹲龍十孔雀羽臺九水精面火珠七金圈焰銅照八輿下垂朱絲結網一遭飾以金塗鍮石鐸子三百絲畫鍮石梅萼嵌網眼中輿之長轅三界轅勾心各三上下龍頭六前轅引手擺白螭頭三並繫以蹲龍後轅方卷頭三桄頭十有六繫以蹲龍三轅頭衡一兩端擺白龍頭二上列金塗銅鳳十二含以金塗銅鈴輿之軸一輪二軸

之峯羅二明轄蹲龍絟皆漆以白其輪之輻各二十有四轂首壓貼金塗銅轂葉八十有一金塗鍮石擎耳戀攀四櫃之前朱漆金粧雲龍輅牌一金塗鐵曲戍輅箱之四傍雕鏤華鞔漆畫填心隅窠龜文花板上層左畫青龍右畫白虎前畫朱雀後畫玄武輅之前額白檀行龍二奉一水精珠後額如之前兩柱素白絨鈴索五貼金鸞和大鐸銅鈴十金塗鍮石雙魚五下朱漆華鞔軾櫃一櫃上金香毬一金香寶一金香合一銀灰盤一皆黃紵絲綬帶輅之後朱漆華鞔後轓一金塗曲戍黃紵絲銷金雲龍門簾一緋紵絲

繡雲龍帶二輅之中金粧鈒白檀雕龍椅一靠背上金塗圈焰玉明珠一左建太常旂一十有二旒白羅繡日月五星升龍右建闒戟一九斿素白羅繡雲龍中央黃羅繡青黑黻文兩旗綢杠並素白羅旗首金塗鍮石龍頭二金塗銅鈴二金塗鍮石鈸素白纓綏十有二重金塗木珠流蘇十有二重龍椅上金錦方座一綠可貼褥一銷金黃羅夾帕一方輿地金錦褥一綠可貼褥一勾闌內可貼條褥五重素白漆雕木塗金龍頭行馬一小白漆梯一白漆柄金塗長托叉二短托叉二金塗首白漆推竿一白絨引輅索二金

塗銅環二黄絨執綬一輅馬誕馬皆白色鞍韂鞦勒纓拂套項皆白韋金粧誕馬白織金紵絲屜四副白羅銷金白綃裹籠鞍六蓋輅黄綃大㡌帕一黄油綃帕一駕士平巾大袖皆白繡紵絲爲之

木輅黒質金粧青緑藻井栲栳輪蓋外施金粧雕木雲龍内盤描金紫檀雕福海圓龍一頂上匝以金塗鍮石耀葉八十有一上圍九者二中圍九者三下圍九者四頂輪衣三重上二重皁繡雲龍瑞草下一重無文輪衣内黄屋一黄素紵絲瀝水下垂朱絲結網一遭皁紵絲繡小帶四十有八帶頭綴金塗小銅鈴

三百皁紵絲繡絡帶二頂輪平素面夾用檀褐紵絲蓋之四周垂流蘇八飾以五色絨線結網五重金塗銅鈒五金塗木珠二十五叉繫金塗鍮石雜佩八珩璜衝瑀全金塗鍮石掛鉤十有六黄絨貫頂天心直下十字繩二蓋下立朱漆柱四柱下直平盤虚櫃中櫺三十下外桄二漆繪犀象鸚鵡錦雉孔雀𨻶窠嵌粧花板櫃上周遭朱漆勾闌雲拱地霞葉百七十有九下垂牙護泥虚板皆朱漆畫瑞草勾闌上金嵌鑌鐵行龍十蹲龍十孔雀羽臺九水精面火珠七金圈焰銅照八輿下垂朱絲結網一遭飾以金塗鍮石鐸

子三百絲畫鍮石梅蕚嵌網眼中輿之長轅三界轅勾心各三上下龍頭六前轅引手金嵌鑌鐵螭頭三皆絟以蹲龍後轅方晷頭三桄頭十有六繫以蹲龍三轅頭衡一兩端金嵌鑌鐵龍頭二上列金塗銅鳳十二含以金塗銅鈴輿之軸一輪二軸之𣗳羅二明轄蹲龍絟並漆以黒輪之輻各二十有四轂首壓貼金塗銅轂葉八十有一金塗鍮石擎耳戀攀四櫃之前朱漆金粧雲龍輅牌一金塗鐵曲戌輅之箱四傍雕鏤漆畫填心𨻶窠龜文花板上層左畫青龍右畫白虎前畫朱雀後畫玄武輅之前額金嵌鑌鐵行龍

二奉一水精珠後額如之前兩柱皁絨鈴索五貼金鸞和大鐸銅鈴十金塗鍮石雙魚五下朱漆軾櫃一金雲龍門簾一緋紵絲繡雲龍帶二輅之中金粧烏紵絲綬帶輅之後朱漆後轊一金塗曲戌黄紵絲銷櫃上金香毬一金香寶一金香合一銀灰盤一皆黄木雕龍椅一靠背上金塗圈焰玉明珠一左建太常旂一十有二斿皁羅繡日月五星𣏞龍右建闟戟一九斿皁羅繡雲龍中央黄羅繡青黒黼文兩旗綢杠並皁羅旗首金塗鍮石鈒紫纓緌十有二重金塗流蘇十有二重龍椅上金錦方座一緑可貼褥一銷金

黃羅夾帕一方輿地金錦褥一緑可貼褥一勾闌内可貼條褥四藍紵絲條褥四黑漆金塗鍮石鉸葉踏道一小可貼條褥五重黑漆雕木塗金龍頭行馬一小黑漆梯一黑漆柄金塗長托义二短托义二金塗首黑漆推竿一皂絨引輅索二金塗銅環二黃絨執綏一輅馬誕馬並黑色鞍轡鞦勒纓拂套項皆以淺黑韋金粧誕馬紫織金紵絲屉四副紫羅銷金紫絹裹籠鞍六蓋輅黃絹大帕一黃油絹帕一駕士平巾大袖皆紫繡紵絲爲之

腰輿制以香木後背作山字牙嵌七寶粧雲龍屏風上施金圈焰明珠兩傍引手屏風下施雕鏤雲龍床坐前有踏床可貼錦褥一坐上貂鼠緣金錦條褥緑可貼方坐

象轎駕以象凡巡幸則御之

志卷第二十八

志卷第二十九　元史七十九

翰林學士亞中大夫知制誥兼修國史臣宋濂翰林待制承直郎同知制誥兼國史院編修官臣王禕等奉敕修

輿服二

儀仗

皂纛（國語讀如秃）建纓于素漆竿九行幸則先驅建纛夾以馬鼓居則置纛于月華門西之隅室○絳麾金塗竿上施圓盤朱絲拂三層紫羅袋韜之○金節制如麾八層韜以黃羅雲龍袋又引導節金塗龍頭朱漆竿懸五色拂上施銅鈸○朱雀幢制如節而五層韜以紅繡朱雀袋○青龍幢制如前韜以碧繡青龍袋○白虎幢制如前韜以素繡白虎袋○玄武幢制如前韜以皂繡玄武袋○犦槊制如節頂刻犦牛首有袋上加碧油○絳引旛四角朱緑蓋每角垂羅文雜佩繫于金銅鉤竿竿以朱飾懸五色間暈羅下有橫木板作碾玉文○告止旛緋帛錯綵為告止字承以雙鳳立仗者紅羅銷金升龍餘如絳引○傳教旛制如告止旛錯綵爲傳教字承以雙白虎立仗者白羅繪雲龍○信旛制如傳教旛錯綵為信字承以雙龍立仗者繪飛鳳○黃麾旛制如信旛錯綵爲黃麾篆

○龍頭竿繡氅竿如戟無鈎下有小横木刻龍頭垂朱緑蓋每角綴珠佩一帶帶末有金銅鈴○圜子制以金塗攢竹杖首貫銅錢而以紫綃冒之○副竿制以木朱漆之○火輪竿制以白鐵爲小車輪建于白鐵竿首輪及竿皆金塗之上書西天呪語帝師所制常行爲親衛中道正行在劈正斧之前以法佛衛以袪邪僻以鎮轟雷爲蓋碎惡車之意也○豹尾竿制如戟繫豹尾朱漆竿○寶輿方案緋羅銷金雲龍案衣緋羅銷金蒙襯複案傍有金塗鐵鞠四龍頭竿結綬二副之○香蹬朱漆案黄羅銷金雲龍案衣上設

金塗香爐一燭臺二案旁金塗鐵鞠四龍頭竿結綬二副之○香案朱漆案緋羅銷金雲龍案衣上設金香爐合各一餘同香蹬殿庭陳設則除龍頭竿結綬○詔案制如香案○册案制如前○寶案制如前○表案制如香案上加矮闌金塗鐵鞠四竿二副之緋羅銷金蒙複○禮物案制如表案○交椅銀飾之塗以黄金○杌子四脚小床銀飾之塗以黄金○鳴鞭緑柄鞭以梅紅絲爲之梢用黄茸而漬以蠟○鞭桶制以紫絁表白綃裏皮緣兩末○蒙鞍青錦緣緋錦複○水瓶制如湯瓶有蓋有提有嘴銀爲之塗以黄

金○鹿盧制如乂字兩頭卷塗金粧鈒朱絲繩副之○水盆黄金塗銀粧鈒爲之○浄巾緋羅銷金雲龍有裏○香毬制以銀爲座上挿蓮花爐爐上罩以圜毬鏤絪縕旋轉文子上黄金塗之○香合制以銀徑七寸塗黄金鈒雲龍於上○金拂紅犛牛尾爲之黄金塗龍頭柄○唾壺制以銀寬緣虚腹有蓋黄金塗之○唾盂制以銀形圜如缶有蓋黄金塗之○外辦牌制以象牙書國字背書漢字填以金○外備牌制如前○中嚴牌制如前時牌制同外備而小○板位制以木長一尺二寸闊一尺厚六分白髹黑字○大

繖赤質正方四角銅螭首塗以黄金紫羅表緋絹裏諸繖蓋宋以前皆平頂今加金浮屠○紫方繖制如大繖而表以紫羅○紅方繖制如大繖而表以緋羅○華蓋制如繖而圜頂隆起赤質繡雜花雲龍上施金浮屠○曲蓋制如華蓋緋瀝水繡瑞草曲柄上施金浮屠○導蓋制如曲蓋緋羅瀝水繡龍朱漆直柄○朱繖制如導蓋而無文○黄繖制如朱繖而色黄○葆蓋金塗龍頭竿懸以纓絡銷金圜裙六角葆蓋○孔雀蓋朱漆竿首建小蓋蓋頂以孔雀毛徑尺許下垂孔雀尾簷下以青黄紅瀝水圜之上施金浮屠

蓋居竿三之一竿塗以黄金書西天呪語與火輪竿
義同○朱團扇緋羅繡盤龍朱漆柄金銅飾導駕團
扇麼金線○大雉扇制稍長下方而上擷緋羅繡象
雉尾中有雙孔雀間以雜花下施朱漆横木連柄金
銅裝○中雉扇制如大雉扇而減小○小雉扇制如
中雉扇而減小○青瀝水扇制圓而青色四周瀝水
以青綃○畢朱滕結網二螭首銜紅絲拂中有獸面
朱漆柄金銅裝○罕制形如扇朱滕網中有獸面朱
漆柄金銅裝○旗扇鏑即坐也旗鏑制十字木于下
上四枝交拱置竅于其上以樹旗扇鏑制如桅形小

六木拱于上而制作精于旗鏑並漆以朱○風伯旗
青質赤火焰脚畫神人犬首朱髮鬼形豹汗胯朱袴
負風囊立雲氣中○雨師旗青質赤火燄脚畫神人
冠五梁冠朱衣黄袍黒襴黄帶白袴皂舄右手杖劒
左手捧鍾○雷公旗青質赤火燄脚畫神人犬首鬼
形白擁項朱犢鼻黄帶右手持斧左手持鑿運連鼓
于火中○電母旗青質赤火燄脚畫神人為女子形
纁衣朱裳白袴兩手運光○金星旗素質赤火焰脚
畫神人冠五梁冠素衣皂襴朱裳秉圭○水星旗黒
質赤火焰脚畫神人冠五梁冠皂衣皂襴緑裳秉圭

○木星旗青質赤火焰脚畫神人冠五梁冠青衣皂
襴朱裳秉圭○火星旗赤質青火焰脚畫神人冠五
梁冠朱衣皂襴緑裳秉圭○土星旗黄質赤火焰脚
畫神人冠五梁冠黄衣皂襴緑裳秉圭○攝提旗赤
質赤火焰脚畫神人冠五梁冠素中單黄衣朱蔽膝
緑裳杖劒○北斗旗黒質赤火焰脚畫七星○角宿
旗青質赤火焰脚畫神人為女子形露髪朱袍黒襴
立雲氣中持蓮荷外仗角亢以下七旗並青質青火
焰脚角宿繪二星下繪蛟○亢宿旗青質赤火焰脚
畫神人冠五梁冠素衣朱袍皂襴皂帶黄裳持黒笏

子外仗繪四星下繪龍○氐宿旗青質赤火焰脚畫
神人冠小冠衣金甲朱衣緑包肚朱擁項白袴左手
杖劒秉一鷲外仗繪四星下繪貉○房宿旗青質赤
火焰脚畫神人烏巾白中單碧袍黒襴朱蔽膝黄帶
黄裙朱舄左手杖劒外仗繪四星下繪兎○心宿旗
青質赤火焰脚畫神人冠五梁冠朱袍皂襴右手持
杖外仗繪三星下繪狐○尾宿旗青質赤火焰脚畫
神人冠束髪冠素衣黄袍朱裳青帯右手杖劒左手
持弓外仗繪九星下繪虎○箕宿旗青質赤火焰脚
畫神人烏巾衣淺朱袍皂襴杖劒乘白馬于火中外

仗繪四星下繪豹○斗宿旗青質赤火焰脚畫神人
被髮素腰裙朱帶左手持杖外仗斗牛以下七旗並
黑質黑火焰脚斗宿繪六星下繪獬○牛宿旗青質
赤火焰脚畫神人牛首皂襴黃裳皂舄外仗繪六星
下繪牛○女宿旗青質赤火焰脚畫神人烏牛首衣
朱服皂襴黃帶烏鞾左手持蓮外仗繪四星下繪鼺
○虛宿旗青質赤火焰脚畫神人被髮裸形坐于甕
中右手持一珠外仗繪二星下繪鼠○危宿旗青質
赤火焰脚畫神人虎首金甲衣朱服貔皮汗胯青帶
烏鞾外仗上繪三星下繪燕○室宿旗青質赤火焰

脚畫神人丫髮朱服乘舟水中外仗繪二星下繪猪
○壁宿旗青質赤火焰脚繪神人為女子形被髮朱
服皂襴綠帶白裳烏舄外仗繪二星下繪㺄○奎宿
旗青質赤火焰脚繪神人狼首朱服金甲綠包肚白
汗胯黃帶烏鞾杖劍外仗奎婁以下七旗並素質素
火焰脚奎宿繪十六星下繪狼○婁宿旗青質赤火
焰脚繪神人烏巾素衣皂袍朱蔽膝黃帶綠裳烏舄
左手持烏牛角右手杖劍外仗繪三星下繪狗○胃
宿旗青質赤火焰脚繪神人被髮裸形披豹皮白腰
裙黃帶右手杖劍外仗繪三星下繪雉○昴宿旗青

質赤火燄脚繪神人黃牛首朱服皂襴黃裳朱舄左
手持如意外仗繪七星下繪鷄○畢宿旗青質赤火
焰脚繪神人作鬼形朱裩持黑杖乘赤馬行于火中
外仗上繪八星下繪烏○觜宿旗青質赤火焰脚繪
神人冠緇布冠朱服皂襴綠裳持一蓮坐于雲氣中
外仗繪三星下繪猴○參宿旗青質赤火焰脚繪神
人被髮衣黃袍綠裳朱帶朱舄左手持珠外仗上繪
十星下繪猿○井宿旗青質赤火焰脚繪神人烏巾
素衣朱袍皂襴坐于雲氣中左手持蓮外仗井鬼以
下七旗並赤質赤火焰脚井宿繪八星下繪犴○鬼

宿旗青質赤火焰脚繪神人作女子形被髮素衣朱
袍黃帶黃裳烏舄右手持杖外仗繪五星下繪羊○
柳宿旗青質赤火焰脚繪神人作女子形露髻朱衣
黑襴黃裳皂舄撫一青龍外仗繪八星下繪麞○星
宿旗青質赤火焰脚繪神人冠五梁冠淺朱袍皂襴
青帶黃裳烏舄持黃稱外仗繪七星下繪馬○張宿
旗青質赤火焰脚繪神人衣豹皮朱帶素鞾右手杖
劍坐于雲氣中外仗繪六星下繪鹿○翼宿旗青質
赤火焰脚繪神人冠道冠皂袍黃裳朱蔽膝杖劍履
火于雲氣中外仗繪二十二星下繪蛇○軫宿旗青

質赤火焰脚繪神人冠道冠衣朱袍黄帶黄裳左手
持書外仗繪四星下繪蚓○日旗青質赤火焰脚繪日
于上奉以雲氣○月旗青質赤火焰脚繪月于上奉
以雲氣○祥雲旗青質赤火焰脚繪五色雲氣○合
璧旗青質赤火焰脚繪雲氣日月○連珠旗青質赤
火焰脚繪五星○東嶽旗青質赤火焰脚繪神人冠
七梁冠黄襴青袍緑裳白中單素蔽膝執圭○南嶽
旗赤質青火焰脚繪神人冠七梁冠黑襴緋袍緑裳
黄中單朱蔽膝執圭○中嶽旗黄質赤火焰脚繪神
人冠七梁冠皂襴黄袍緑裳白中單朱蔽膝執圭○

西嶽旗白質赤火焰脚繪神人冠七梁冠青襴白袍
緋裳白中單素蔽膝執圭○北嶽旗黑質赤火焰脚
繪神人冠七梁冠紅襴皂袍緑裳白中單素蔽膝執
圭○江瀆旗赤質青火焰脚繪神人冠七梁冠青襴
朱袍跨赤龍○河瀆旗黑質赤火焰脚繪神人冠七
梁冠皂襴黄袍跨青龍○淮瀆旗素質赤火焰脚繪
神人冠七梁冠皂襴素袍乘青鯉○濟瀆旗青質赤
火焰脚繪神人冠七梁冠皂襴青袍乘一鱉○天下
太平旗赤質青火焰脚錯采爲字○皇帝萬歲旗赤
質青火焰脚錯采爲字○吏兵旗黑質赤火焰脚繪

神人具甲兜鍪緑臂韝杖劒○力士旗白質赤火焰
脚繪神人武士冠緋袍金甲汗胯皂履執戈盾○東
天王旗青質赤火焰脚繪神人武士冠衣金甲緋裲
襠右手執戟左手捧塔履石○南天王旗赤質青火
焰脚繪神人冠服同前○西天王旗白質赤火焰脚
繪神人冠服同前○北天王旗黑質赤火焰脚繪神
人冠服同前○大神旗黄質黄火焰脚詳見牙門旗
下○牙門旗赤質赤火焰脚繪神人冠武士冠鎧甲
裲襠襯肩包脚汗胯束帶長帶大口袴執戈戟○金
鼓旗黄質黄火焰脚書金鼓字○朱雀旗赤質赤火

焰脚繪朱雀其形如鸞○玄武旗黑質黑火焰脚繪
龜蛇○青龍旗青質赤火焰脚繪蹲龍○白虎旗白
質赤火焰脚繪蹲虎○龍君旗青質赤火焰脚繪神
人冠通真冠服青繡衣白裙朱履執戟引青龍○虎
君旗白質赤火焰脚繪神人冠流精冠服素羅繡衣
朱裙朱履執斬蛇劒引白虎○大黄龍負圖旗青質
青火焰脚繡複身黄龍背八卦○小黄龍負圖旗赤
質青火焰脚繪複身黄龍背八卦○五色龍旗五色
質五色直脚無火焰○大四色龍旗青赤黄白四色
質具火焰脚○小四色龍旗制同大四色直脚無火

熖脚○應龍旗赤質赤火熖脚繪飛龍○金鸞旗赤
質火熖脚繪鸞而金色○鸞旗制同前而繪以五采
○金鳳旗赤質青火熖脚繪鳳而金色○鳳旗制同
前而繪以五采○五色鳳旗五色質五色直脚無火
熖○大四色鳳旗青赤黄白四色質火熖脚色随其
質繪鳳○小四色鳳旗制同前直脚無火熖○玉馬
旗赤質青火熖脚繪白馬兩膊有火熖○駃騠旗赤
質青火熖脚繪白馬○飛黄旗赤質赤火熖脚形如
馬色黄有兩翼○騊駼旗青質青火熖脚繪獸形如
馬白首虎文赤尾○龍馬旗赤質青火熖脚繪龍馬

○麟旗赤質青火熖脚繪麒麟○飛麟旗赤質青火
熖脚繪飛麟其形五色身朱翼兩角長爪○黄鹿旗
赤質青火熖脚繪獸如鹿而色深黄○兕旗赤質青
火熖脚繪獸似牛一角青色○犀牛旗赤質青火熖
脚繪犀牛○金牛旗赤質青火熖脚繪獸形如牛金
色○白狼旗赤質青火熖脚繪白狼○辟邪旗赤質
赤火熖脚繪獸形似鹿長尾二角○赤熊旗赤質赤
火熖脚繪獸如熊色黄○三角獸旗赤質赤火熖脚
繪獸其首類白澤緑髪三角青質白腹跂尾緑色○
角端旗赤質赤火熖脚繪獸如羊而小尾頂有獨角

○騶牙旗赤質青火熖脚繪獸形似麋齒前後一齊
○太平旗赤質青火熖脚金描蓮花四上金書天下
太平字○鵕鸃旗赤質青火熖脚繪鳥似山鷄而小
冠背黄腹赤項緑尾紅○蒼烏旗赤質青火熖脚繪
鳥如烏而色蒼○白澤旗赤質赤火熖脚繪獸虎首
朱髪而有角龍身○東方神旗緑質赤火熖脚繪神
人金兜牟金鎧甲杖劒（已下四旗所繪神同）西方神旗白質赤
火熖脚○中央神旗黄質赤火熖脚○南方神旗赤
質青火熖脚○北方神旗黒質赤火熖脚○凡立仗諸
旗各火熖脚三條色與質同長一丈五尺杠長二丈

一尺牙門太平萬歳質長一丈横闊五尺日月龍君
虎君横竪並八尺餘旗並竪長八尺横闊六尺○車
輻朱漆八稜施以銅釘形如柯舒○吾杖朱漆金飾
兩末○鐙杖朱漆棒首標以金塗馬鐙○殳制如矟
而短黒飾兩末中畫雲氣上綴朱絲拂○骨朶朱漆
棒首貫以金塗銅鎚○列絲骨朶制如骨朶加紐絲
文○卧瓜制形如瓜塗以黄金卧置朱漆棒首○立
瓜制形如瓜塗以黄金立置朱漆棒首○長刀長丈
有奇闊上窄下單刃○儀刀制以銀飾紫絲帉鎝○
横刀制如儀刀而曲鞘以沙魚皮飾絳韋帉鎝○千

牛刀制如長刀。劒班鞘飾以沙魚皮劒口兩刃。班劒制劒鞘黄質紫班文金銅裝紫絲紛鍩。刀盾之刀制如長刀而柄短木為之青質有環紫絲紛鍩。刀盾之盾制以木赤質畫異獸執人右刀左盾。朱縢絡盾制同而朱其質。緑縢絡盾制同而緑其質。戟制以木有枝塗以黄金竿以朱漆。小戟飛龍掌制如戟畫雲氣上綴飛掌垂五色帶末有銅鈴掌下方而上兩角微捕繪龍於其上。鈒戟制如戟無飛掌而有横木。矟制以木黒質畫雲氣上刻刃塗以青五色矟並同而質異。䂍制如戟鋒兩旁微

元史志卷二十九　十二　王德明

起下有鐏銳。叉制如戟而短青飾兩末中白畫雲氣上綴紅絲拂。斧雙刃斧貫于朱漆竿首。鉞金塗鐵鉞單刃腦後繫朱拂朱漆竿。劈正斧制以玉單刃金塗柄銀鐏。儀鍠斧制如斧刻木為之柄以朱上綴小錦旛五色帶。弓矢。弩制如弓而有臂。服制以虎豹皮或纂緑文金銅裝。鞬制以黒革。蘭弩矢室。象鞴鞍五采裝明金木蓮花座緋繡攀鞦條紫繡襜襦紅錦屉鍮石蓮花跋塵錦緑𦆭盤紅犛牛尾纓拂并胷攀鞦攀上各帶紅犛牛尾纓拂鍮石胡桃鈸子杏葉鉸具緋皮轡頭鉸具蓮花座上

金塗銀香鑪一元初既定占城交趾真臘歲貢象育于析津坊海子之陽行幸則蕃官騎引以導大駕以駕巨輦。駝鼓設金裝鞍具花罽鞍褥橐籠前峯樹皁纛或施采旗後峯樹小旗絡腦當胷後鞦並以毛組為轡勒五色瓘玉毛結纓絡周綴銅鐸小鏡上施一面有底銅𢬵小鼓一人乗之擊以毛繩凡行幸先鳴鼓于駝以威振遠邇亦以試橋梁伏水而次象焉。騾鼓制似駝而小。馬鼓轡勒後勒當胷皆綴紅纓拂銅鈴杏葉校具金塗鈀上插雉尾上負四足小架上施以革鼓一面一人前引凡行幸負鼓于馬以

元史志卷二十九　十三　周鼎

先馳與纛並行。誕馬纓轡緋涼鞚。御馬鞍轡纓複全。珂馬銅面雉尾鼻拂胷上綴銅杏葉紅絲拂又胷前腹下皆有攀綴銅鈴後有跋塵錦包尾

崇天鹵簿

中道。頓遞隊象六飾以金裝蓮座香寶鞍韂鞦轡罽勒犛牛尾拂跋塵鉸具導者六人馭者南越軍六人皆弓花角唐帽緋絁銷金襖衫鍍金束帶烏鞾横列而前行次駝鼓九飾以鍍金鉸具轡飾罽籠旗鼓纓槍馭者九人服同馭象者中道相次而行次舍人二人四品服騎分左右夾駝而行次青衣二人武弁

青絁衫青勒帛青韡執青杖次清道官四人本品服騎次信旛二執者二人引護者四人武弁黃絁生色寶相花袍黃勒帛黃韡次騾鼓六餙騾以鍍金鞍具鑾罽籠旗鼓纓槍馭者六人服同馭駞者次告止旛二執者二人引護者四人武弁緋絁生色寶相花袍紅勒帛紅韡次傳教旛二執者二人引護者四人武弁黃絁生色寶相花袍黃勒帛黃韡並分左右次橋道頓遞使一人本品服騎中道舍人清道官橋道頓遞使從者凡七人錦帽紫絁衫小銀束帶行縢鞋襪後凡從者之服皆同此○纛矟隊金吾將軍二人交角幞頭緋

羅繡抹額紫羅繡辟邪裲襠紅錦襯袍錦縢蛇金帶烏韡橫刀佩符騎分左右次弩而騎者五人錦帽青絁生色寶相花袍銅帶綠雲韡次矟而騎者五人錦帽緋絁生色寶相花袍銅帶朱雲韡次纛一執者一人夾者四人護者二人皆錦帽紫生色寶相花袍鍍金帶紫雲韡押纛官二人皆騎本品服次馬鼓四餙如騾鼓馭者四人服同御騾次佩弓矢而騎者五人服同執弩者押衙四人騎而佩劍錦帽紫絁生色寶相花袍鍍金帶雲頭韡褁矟者四人騎錦帽緋絁生色寶相花袍銅帶朱韡控馬八人錦帽紫衫銀帶烏

韡次矟而騎者五人服佩同執弩者金吾將軍押纛官從者四人服同前隊○朱雀隊舍人一人四品服騎而前次朱雀旗一執者一人引護者四人錦帽緋絁生色鳳花袍銅帶朱雲韡皆佩劍而騎護者加弓矢次金吾折衝一人交角幞頭緋絁繡抹額紫羅繡辟邪裲襠紅錦襯袍金帶錦縢蛇烏韡橫刀佩弓矢而騎帥甲騎凡二十有五弩五人次弓五人次矟五人次弓五人次矟五人皆冠甲騎冠朱畫甲青勒甲絛鍍金環白繡汗胯束帶紅韡帶弓箭器仗馬皆朱甲具裝珂飾全舍人金吾折衝從者凡二人服同前

隊○十二旗隊舍人一人四品服騎而前金吾果毅二人交角幞頭緋羅繡抹額紫羅繡辟邪裲襠紅錦襯袍金帶錦縢蛇烏韡橫刀佩弓矢騎分左右帥引旗騎士五皆錦帽黃生色寶相花袍銀帶烏韡次風伯旗左雨師旗右雷公旗左電母旗右執者四人騎青甲騎冠綠甲青勒甲絛鍍金環白繡汗胯束帶青雲韡馬皆青甲珂飾次五星旗五執者五人甲騎冠五色畫甲青勒甲絛鍍金環白繡汗胯束帶五色韡馬甲如其甲之色珂飾次北斗旗一執者一人甲騎冠紫畫甲青勒甲絛鍍金環白繡汗胯束帶紫雲韡

馬甲隨其甲之色珂飾左右攝提旗二執者二人甲騎冠朱畫甲青勒甲條鍍金環白繡汗胯束帶紅雲鞾馬朱甲珂飾執副竿者二人騎錦帽黃生色寳相花袍銀帶烏鞾執矟而護者五人騎服同執副竿者舍人金吾果毅從者凡三人服同前隊○門旗隊舍人二人四品服監門將軍二人皆交角幞頭緋絁繡抹額紫羅繡師子裲襠紅錦襯袍金帶烏鞾横刀佩弓矢騎馬甲珂飾仝次門旗二執者二人錦帽緋絁生色師子文袍銅革帶紅雲鞾劒而騎引護者四人服佩同執人而加弓矢騎次監門校尉二人騎服佩同監門將軍分左右行次鸞旗一執者一人引護者四人錦帽五色絁生色瑞鸞花袍束帶五色雲鞾佩劒護人加弓矢皆騎舍人監門將軍監門校尉從者凡六人服同前隊○雲和樂雲和署令二人朝服騎分左右引前行凡十有六人戲竹二排簫四簫管二龍笛二板二歌工四皆展角花幞頭紫絁生色雲花袍鍍金帶紫鞾次琵琶二十箏十有六箜篌十有六纂十有六方響八頭管二十有八龍笛二十有八已上工百三十有二人皆花幞頭緋絁生色雲花袍鍍金帶朱鞾次杖鼓三十工人花幞頭黃生色花襖紅

生色花袍錦臂鞲鍍金帶烏鞾次板八工人服色同琵琶工人次大鼓二工十人服色同杖鼓工人雲和署令從者二人服同前隊○殿中黃麾隊舍人二人四品服殿中侍御史二人本品服皆騎次黃麾一執者一人夾者二人騎武弁緋絁生色寳相花袍紅勒帛紅雲鞾舍人殿中侍御史從者凡四人服同前隊○太史鉦鼓隊太史一人本品服騎引交龍掆鼓左金鉦右舁四人工二人皆武弁緋絁生色寳相花袍紅勒帛紅鞾次司辰郎一人左典事一人右並四品服騎太史司辰郎典事從者三人服同前隊○武衛鈒戟隊武衛將軍一人交角幞頭緋羅繡抹額紫羅繡瑞鷹裲襠紅錦襯袍錦螣蛇金帶横刀騎領五色繡旛一金節八罕右畢左朱雀青龍白虎幢三横布導蓋一中道叉四武衛果毅二人服佩同武衛將軍鈒二十戟二十徒五十有九人武弁緋絁生色寳相花袍紅勒帛紅鞾武衛將軍武衛果毅從者凡三人服同前隊○龍墀旗隊舍人二人四品服中郎將二人服佩同鈒戟隊武衛將軍騎分左右帥騎士凡二十有四人執旗者八人天下太平旗中道中嶽帝旗左中央神旗右次日旗左月旗右次祥雲旗二分左

右次皇帝萬歲旗中道執人皆黃絁巾黃絁生色寶相花袍黃勒帛黃雲韡横刀引者八人青絁巾青絁生色寶相花袍青勒帛青雲韡横刀執弓矢護者八人緋絁巾緋絁生色寶相花袍紅勒帛紅雲韡横刀執弓矢舍人中郎將從者凡四人服同前隊○御馬隊舍人二人四品服引左右衛將軍二人緋羅繡抹額紫羅繡瑞馬裲襠紅錦襯袍錦騰蛇金帶烏韡横刀皆騎分左右行御馬十有二疋分左右飾以纓轡鞍複馭士控鶴二十有四人交角金花幞頭紅錦控鶴襖金束帶鞾鞋次尚乘奉御二人四品服騎分左

右行舍人左右衛將軍從者四人服同前隊○拱衛控鶴第一隊拱衛指揮使二人本品服騎分左右帥步士凡二百五十有二人負劒者三十人次執吾杖者五十人次執斧者五十人次執鐙杖者六十人次執列絲骨朶者三十人皆分左右次携金水瓶者一人左金盆者一人右次執列絲骨朶者三十人皆分左右皆金縷額交角幞頭青質孫控鶴襖塗金荔枝束帶鞾鞋拱衛指揮使從者二人服同前隊○安和樂安和署令二人本品服騎分左右行領押職二人弓角鳳翅金花幞頭紅質孫加襴袍金束帶花鞾次

扎鼓八爲二重次和鼓一中道次板二次龍笛四次頭管二次羌笛二次笙二次箏二左右行次雲璈一中道工二十有四人皆弓角鳳翅金花幞頭紅錦質孫襖金荔枝束帶花鞾從者二人服同前隊○金吾援寶隊舍人二人四品服引金吾將軍二人交角幞頭緋羅繡抹額紫羅繡辟邪裲襠紅錦襯袍錦騰蛇横刀佩弓矢皆騎分左右前引駕十二重甲士一十二騎弩四次弓四次矟四爲三重次香案二金爐合各二分左右舁士十有六人侍香二人騎而從次典瑞使二人本品服騎而左右引八寶受命寶左傳國

寶右次天子之寶左皇帝之寶右次天子行寶左皇帝行寶右次天子信寶左皇帝信寶右每輿寶盝銷金蒙複襯複案輿紅銷金衣龍頭竿結授舁士八人朱團扇四人凡九十有六人皆交角金花幞頭青紅錦質孫襖每輿前青後紅金束帶鞾鞋援寶三十人交角金花幞頭窄紫衫銷金紅汗胯金束帶烏鞾執金縷黑杖次符寶郎二人四品服騎分左右次金吾果毅二人服佩同金吾將軍騎分左右次矟四人次弓四人次弩四人爲三重舍人金吾將軍侍香典瑞使符寶郎金吾果毅從者凡十有二人服同前隊○

殿中繖扇隊舍人二人四品服騎分左右領騎而執旗者四人日月合璧旗左五星連珠旗右次金龍旗左金鳳旗右黃絁巾黃絁生色寶相花袍黃勒帛黃鞾佩劍騎而引旗者四人青絁巾青絁生色寶相花袍青勒帛青鞾佩劍執弓矢騎而護旗者四人紅絁巾紅絁生色寶相花袍紅勒帛紅鞾佩劍執弓矢次朱團扇十有六次小雉扇八次中雉扇八次大雉扇八爲十重重四人次曲蓋二紅方繖二次紫方繖二次華蓋二次大繖二執者五十人武弁紅絁生色寶相花袍紅勒帛紅鞾舍人從者二人服同前隊○控鶴

圍子隊圍子頭一人執骨朵由中道交角幞頭緋錦質孫襖鍍金荔枝帶鞝鞋領執圍子十有六人分左右交角金花幞頭白襯肩青錦質孫襖鍍金荔枝帶鞝鞋次朱繖中道次金脚踏左金椅右服如圍子頭拱衛指揮使一人本品服騎中道控鶴二十人服同上拱衛指揮使從者二人服同前隊○天樂一部天樂署令二人本品服騎分左右領押職二人弓角鳳翅金花幞頭紅錦質孫襖加襴金束帶花鞾次琵琶二箜篌二火不思二板二箏二胡琴二笙二頭管二龍笛二響鐵一工十有八人徒二人皆弓角鳳翅金

花幞頭紅錦質孫襖鍍金束帶花鞾○控鶴第二隊僉拱衛司事二人本品服騎分左右帥步士凡七十有四人執立瓜者三十有六人分左右次捧金杌一人左鞭桶一人右次蒙鞍一人左繖手一人右次執立瓜者三十有四人分左右皆交角金花幞頭緋錦質孫襖鍍金荔枝帶鞝鞋僉拱衛司事從者二人服同前隊○殿中導從隊舍人二人四品服騎左右引香鐙案一黃銷金盤龍衣金爐合結綬龍頭竿舁者十有二人交角金花幞頭紅錦質孫控鶴襖鍍金束帶鞝鞋侍香二人騎分左右次警蹕三人交角幞頭

紫窄袖衫鍍金束帶烏鞾次舍人二人四品服騎引天武官二人執金鉞金鳳翅兜牟金鎖甲青勒甲絛金環繡汗胯金束帶馬珂飾次金骨朵二次幢二次節二分左右次金水盆左金椅右次蒙複左副執椅右次金水瓶鹿盧左銷金淨巾右次金香毬二金香合二分左右次金唾壺左金唾盂右金拂四扇十分左右次黃繖中道繖衣從凡騎士三十人服如警蹕加白繡汗胯步卒四人（執椅二人蒙複一人繖衣一人）服如舁香鐙徒舍人天武官從者凡六人服同前隊○控鶴第三隊拱衛直鈐轄二人本品服騎引執卧瓜八十人服

如第二隊○導駕官引進使二人分左右前行次給事中一人左起居注一人右侍御史一人左殿中侍御史一人右次翰林學士一人左集賢學士一人右次御史中丞一人左同知樞密院事一人右次御史大夫一人左知樞密院事一人右次侍儀使四人中書侍郎二人黄門侍郎二人侍中二人皆分左右次儀仗使一人左鹵簿使一人右次禮儀使二人分左右持劈正斧一人中道次大禮使一人左太尉一人右皆本品服騎從者三十人惟執劈正斧官從者二人服同前隊○羽林宿衛舍人二人四品服前行次羽林將軍二人交角幞頭緋羅繡抹額紫羅繡瑞鷹裲襠紅錦襯袍錦縢蛇金帶烏鞾横刀佩弓矢皆騎分左右領宿衛騎士二十人執骨朶六人次執短戟六人次執斧八人皆弓角金鳳翅幞頭紫袖細褶辮線襖束帶烏鞾横刀舍人羽林將軍從者凡四人服同前隊○檢校官分布中道之外外仗之內頓遞隊監察御史二人本品服次纛矟隊循仗檢校官二人次朱雀隊金吾中郎將二人皆交角幞頭緋羅繡抹額紫羅繡辟邪裲襠紅錦襯袍錦縢蛇金帶烏鞾佩儀刀加弓矢次十二旗隊兵部侍郎二人本品服次門旗隊糾察

儀仗官二人本品服次雲和樂部金吾將軍二人服佩如金吾中郎將知隊仗官二人本品服次武衛鈒戟隊監察御史二人本品服次外道左右牙門巡仗監門中郎將二人交角幞頭緋羅繡抹額紫羅繡師子裲襠紅錦襯袍錦縢蛇金帶烏鞾佩儀刀弓矢次金吾援寶隊兵部尚書二人次循仗檢校官二人次殿中繖扇隊監察御史二人次禮部尚書二人皆本品服次圍子隊知隊仗官二人次金吾大將軍二人服同金吾將軍各纛矟從次殿中導從隊糾察儀仗官二人次循仗檢校官二人次羽林宿衛隊左點檢一人左右點檢一人右紫羅繡瑞麟裲襠餘同金吾大將軍領大黄龍負圖旗二執者二人夾者八人騎錦帽五色絁巾五色絁生色雲龍袍塗金束帶五色雲鞾佩劍夾者加弓矢並行中道控鶴外外仗内前後檢校仗内知班六人展角幞頭紫窄衫塗金束帶烏鞾丞奉班都知一人太常博士一人皆朝服騎同檢校官前後巡察宿直將軍八人服佩同左右點檢夾輅檢校三衛○陪輅隊誕馬二疋珂飾纓轡青繡乘黄令二人本品服分左右次殿前將軍二人交角幞頭緋羅繡抹額紫羅繡辟邪裲襠紅錦襯袍錦縢

蛇金帶烏鞾横刀騎玉輅太僕卿馭本品服千牛大將軍驂乘交角幞頭紅抹額繡瑞牛裲襠紅錦襯袍錦螣蛇金帶烏鞾横刀左右衛將軍服如千牛大將軍惟裲襠繡瑞虎文陪輅輅馬六疋珂飾纓轡青屜牽套鞶帶歩卒凡八十有二人馭士四人駕士六十有四人行馬二人踏道八人推竿二人托义一人梯一人皆平巾青幘青繡雲龍花袍塗金束帶青鞾教馬官二人進輅職長二人皆本品服夾輅將軍二人金鳳翅兜牟金鎖甲條環繡汗胯金束帶緑雲花鞾青瀝水扇二次千牛備身二人皆分左右交角幞頭緋羅繡抹額紫羅繡瑞牛裲襠紅錦襯袍金帶烏鞾横刀佩弓矢獻官二人殿中監六人内侍十人皆本品朝服騎分左右千牛備身後騎而執弓矢者十人尚衣奉御四人尚食奉御二人尚藥奉御二人皆騎本品服次腰輿黄紵絲銷金雲龍蒙複歩卒凡十有三人舁八人道扇四人黄繖一人皆交角金花幞頭紅質孫控鶴襖金束帶䩮鞋尚舍奉御二人騎尚輦奉御二人騎右皆朝服從者三十有四人服同前隊

○大神牙門旗隊都點檢一人騎交角幞頭緋羅繡抹額紫羅繡瑞麟裲襠紅錦襯袍次監門大將軍二

人分左右騎服如都點檢惟裲襠紫繡獅文門凡三重親衛郎將帥甲士分左右夾輅而陣繞出輅後合執鼈者二爲第一門翊衛郎將帥護尉夾親衛而陣繞出輅後合爲第二門監門校尉二人騎左右衛大將軍帥甲士執五色龍鳳旗夾護尉而陣繞出輅後合牙門旗二爲第三門監門校尉二人主之服色詳見外仗

○雲和樂後部雲和署丞二人本品服騎分左右領前行戲竹二排簫二簫管二歌工二凡十人皆騎花幞頭紫絁生色花袍塗金帶烏鞾次琵琶四箏四箜篌四纂四頭管六方響二龍笛六杖鼓十工四十人皆騎服同上惟絁色紅從者二人服同前隊後黄麾隊玄武幢一絳麾二徒三人皆武弁紫絁生色龜雲花袍紫羅勒帛紫鞾次黄麾執者一人夾者二人皆騎豹尾一執者一人夾者二人皆騎武弁紫生色寳相花袍紫勒帛紫鞾

○玄武黑甲掩後隊金吾將軍一人騎中道交角幞頭緋羅繡抹額紫羅繡辟邪裲襠紅錦襯袍金帶錦螣蛇烏鞾佩刀後衛指揮使二人騎分左右服同各衛指揮使帥甲騎五十有七人玄武旗一執者一人夾者二人小金龍鳳黒旗二執者二人皆黒兜牟金飾黒甲條環汗胯束帶

韉帶弓矢器仗馬黑金色獅子甲珂飾稍四十人弩十人黑兜牟黑甲條環汗胯束帶韉帶弓矢器仗馬黑甲珂飾執衛司攥稍二人錦帽紫生色辟邪文袍鍍金帶烏韉從者三人服同前隊

外仗

金鼓隊金鼓旗二執者二人引護者八人皆五色絁巾生色寶相花五色袍五色勒帛鞸佩劍引護者加弓矢分左右次折衝都尉二人交角幞頭緋羅繡抹額紫羅繡辟邪𧙗襠紅錦襯袍金帶錦縢蛇騎帥步士凡百二十人鼓二十四人鉦二十四人並黃絁巾

黃絁生色寶相花袍黃勒帛黃韉角二十四人紅絁巾紅絁生色寶相花袍紅勒帛紅韉車輻棒二十四人長刀二十四人並金飾青兜牟青甲條環白繡汗胯束帶青雲韉○清游隊舍人二人四品服騎導金吾折衝二人交角幞頭緋羅繡抹額紫羅繡辟邪𧙗襠紅錦襯袍金帶錦縢蛇橫刀佩弓矢騎分左右帥步士凡百有十人白澤旗二執者二人引護者八人次執弩二十人次執稍二十人次執弓二十人次執稍二十人次執弓二十人皆甲騎冠金飾綠畫甲條環白繡汗胯束帶綠雲韉佩弓矢器仗馬金飾朱畫

甲珂飾分左右○佽飛隊鐵甲佽飛執稍者十有二人甲騎冠鐵甲佩弓矢器仗馬鐵甲珂飾次金吾果毅二人交角幞頭緋絁繡抹額紫羅繡辟邪𧙗襠紅錦襯袍金帶錦縢蛇橫刀弓矢騎次虞候佽飛執弩二十人錦帽紅生色寶相花袍塗金帶烏韉○殳仗隊領軍將軍二人交角幞頭緋絁繡抹額紫羅繡白澤𧙗襠紅錦襯袍金帶錦縢蛇烏韉橫刀騎帥步士五十人執殳二十五人執叉二十五人錯分左右皆五色絁生色巾寶相花五色袍五色勒帛五色雲頭韉領軍將軍從者二人錦帽紫䙆衫小銀束帶行縢

鞋韈○諸衛馬前隊舍人二人四品服騎導左右衛郎將二人交角幞頭緋絁繡抹額紫繡瑞馬𧙗襠紅錦襯袍金帶錦縢蛇烏韉橫刀佩弓矢騎分左右帥騎士百五十有六人前辟邪旗左應龍旗右次玉馬旗左三角旗右次黃龍負圖旗左黃鹿旗右次飛麟旗左駃騠旗右次鸞旗左鳳旗右次飛黃旗左麒麟旗右執旗十有二人生色黃袍巾勒帛韉引旗十有二人服同執人惟袍色青護旗十有二人生色紅袍巾勒帛韉執弓六十人錦帽青生色寶相花袍塗金帶烏韉執稍六十人服如執弓者惟袍色紅每旗弓五

稍五從者四人服同前隊○二十八宿前隊舍人二人四品服騎導領軍將軍二人紫羅繡白澤裲襠餘如前隊左右衛郎將皆騎帥步士百十有二人前井宿旗左參宿旗右各五盾從次鬼宿旗左觜宿旗右各五弓從次柳宿旗左畢宿旗右各五盾從次星宿旗左昴宿旗右各五盾從次張宿旗左胃宿旗右各五弓從次翼宿旗左婁宿旗右各五矟從次軫宿旗左奎宿旗右各五盾從執旗十有四人生色黃袍巾勒帛鞾引旗十有四人服如執人惟袍巾色青護旗十有四人服如執人惟袍巾色紅執刀盾者三十人弓

矢者二十人矟者二十人皆五色兜牟甲條環白繡汗胯束帶五色雲鞾舍人領軍將軍從者四人服同前隊○領軍黃麾仗前隊舍人二人四品服騎導領軍將軍二人服佩如二十八宿旗隊領軍將軍騎分左右帥步士凡一百五十人絳引旛十次龍頭竿繡氅十皆分左右次江瀆旗左濟瀆旗右次小戟十次弓十皆分左右次南方神旗左西方神旗右次鐙十次緑縢絡盾加刀十皆分左右次南岳帝旗左西岳帝旗右次龍頭竿氅十次朱縢絡盾加刀十皆分左右次南天王旗左西天王旗右次小戟十次弓十皆

分左右次龍君旗左虎君旗右次鐙十次緑縢絡盾加刀十皆分左右執人一百三十人武弁五色生色寳相花袍勒帛鞾引旗十人青生色寳相花袍巾勒帛鞾護旗十人服同惟袍巾色紅○殳仗後隊領軍將軍二人騎帥步士凡五十人殳二十有五叉二十有五鐏分左右服佩同前隊○左右牙門旗隊監門將軍二人騎紫繡獅子裲襠餘如殳仗隊領軍將軍之服佩次牙門旗四每旗執者一人引夾者二人並黃絁巾黃絁生色寳相花袍黃勒帛黃雲鞾皆騎次監門校尉二人騎服佩同監門將軍從者四人服同

前隊○左右青龍白虎隊舍人二人四品服騎導領軍將軍二人服佩同殳仗隊之領軍將軍騎分左右帥甲士凡五十有六人騎青龍旗左執者一人夾者二人從以執弩五人弓十人矟十人皆冠青甲騎冠青鐵甲青條金環束帶白繡汗胯青雲鞾白虎旗右執者一人夾者二人從以執弩五人弓十人矟十人皆冠白甲騎冠白鐵甲青條金環束帶白繡汗胯白雲鞾舍人領軍將軍從者四人服同前隊○二十八宿後隊舍人二人四品服騎道領軍將軍二人騎分左右帥步士百十有二人角宿旗左壁宿旗右從以

執弓者五人次亢宿旗左室宿旗右各從以執穳者五人次氐宿旗左危宿旗右各從以執盾者五人次房宿旗左虛宿旗右各從以執弓者五人次心宿旗左女宿旗右各從以執穳者五人次尾宿旗左牛宿旗右各從以執盾者五人次箕宿旗左斗宿旗右各從以執弓者五人舍人領軍將軍從者四人執夾引從服佩皆同前隊○諸衛馬後隊舍人二人四品服騎導左右衛果毅都尉二人騎分左右帥衛士百五十有六人角端旗左赤熊旗右次兕旗左太平旗右次驒騱旗左騶牙旗右次犀牛旗左駿鸃旗右次蒼

烏旗左白狼旗右次龍馬旗左金牛旗右舍人左右衛果毅都尉從者四人執夾引從服佩同前隊○左右領軍黃麾後隊舍人二人四品服騎導領軍將軍二人騎分左右帥步士百六十人龍頭竿纛十次朱縢絡盾加刀十皆分左右次吏兵旗左力士旗右次小戟十次弓十皆分左右次東天王旗左北天王旗右次鍠十次緑縢絡盾加刀十皆分左右次東岳帝旗左北岳帝旗右次龍頭竿纛十次朱縢絡盾加刀十皆分左右次東方神旗左北方神旗右次小戟十次弓十皆分左右淮瀆旗左河瀆旗右次鍠十次緑縢

絡盾加刀十皆分左右次絳引旛十分左右掩後舍人領軍將軍從者四人執夾服佩並同前隊○左右衛儀刀班劒隊舍人二人四品服騎導左右衛中郎將二人交角幞頭緋羅繡抹額紫羅繡瑞馬裲襠紅錦襯袍錦縢蛇金帶烏鞾騎分左右帥步士凡四十人班劒二十人儀刀二十人並錦帽紅生色寶相花袍塗金束帶烏鞾舍人左右衛中郎將從者四人服同前隊○供奉宿衛步士隊供奉中郎將二交角幞頭緋絁繡抹額紫羅繡瑞馬裲襠紅錦襯袍錦縢蛇金帶烏鞾橫刀佩弓矢騎分左右帥步士凡五十有

二人執短戟十有二人次執列絲十有二人次叉戟十有二人次斧十有六人分左右夾玉輅行皆弓角金鳳翅幞頭紫細摺辮線襖塗金束帶烏鞾○親衛步甲隊親衛郎將二人服同供奉中郎將騎分左右帥步士凡百四十有八人執龍頭竿纛四人次小戟十人次纛二人次儀鍠十人次纛二人次小戟十人次纛二人次儀鍠十人次纛二人次小戟十人次纛二人次儀鍠十人次纛二人次小戟十人次纛二人次儀鍠十人次纛二人次小戟十人皆分左右夾供奉宿衛隊次纛二人次儀鍠十人次纛二人次小戟

十人次鷩二人次儀鍠十人次鷩二人折繞宿衛隊後而合其端爲門士皆金兜牟甲青勒甲條金環緑雲韈○翊衛護尉隊翊衛郎将二人服同親衛郎将騎帥護尉騎士百有二人皆交角金花幞頭窄袖紫衫紅銷金汗胯塗金束帶烏韈執金裝骨朶分左右夾親衛隊行折繞隊後而合其端爲第二門○左右衛甲騎隊左右衛大将軍二人服如翊衛郎将帥騎士百人執青龍旗五人左青鳳旗五人右次赤龍旗五人左赤鳳旗五人右次黄龍旗五人左黄鳳旗五人右次白龍旗五人左白鳳旗五人右次黑龍旗五人左黑鳳旗五人右次五色鳳旗二十五居左五色龍旗二十五居右曲繞輅後合牙門旗爲第三門士皆冠甲騎冠金飾朱畫甲青勒甲條鍍金環白繡汗胯紅韈佩弓矢器仗馬青金毛獅子甲珂飾○左衛青甲隊左衛指揮使二人騎服紫羅繡雕虎裲襠餘同左右衛大将軍帥騎士三十有八人執大青龍旗一人左大青鳳旗一人右次小青龍旗一人左小青鳳旗一人右次大青鳳旗一人左大青龍旗一人右每旗從以持青矟者四人次小青鳳旗一人左小青龍旗一人右皆從以持青矟者三人皆青兜牟金飾

青畫甲青條塗金環汗胯束帶韈佩弓矢器仗馬青金毛獅子甲珂飾折繞陪門○前衛赤甲隊前衛指揮使二人騎服佩同左衛指揮使帥騎士凡四十有八人執大赤鳳旗一人左大赤龍旗一人右次小赤鳳旗一人左小赤龍旗一人右次大赤龍旗一人左大赤鳳旗一人右次小赤龍旗一人左小赤鳳旗一人右每旗從以持朱矟者四人次執大赤鳳旗一人左大赤龍旗一人右皆從以持朱矟者三人皆朱兜牟金飾朱畫甲條環汗胯束帶韈佩弓矢器仗馬朱甲珂飾從者二人服同前隊折繞陪門○中衛黄甲隊中衛指揮使二人騎服同前衛指揮使帥騎士凡五十有八人執大黄龍旗一人左大黄鳳旗一人右次小黄龍旗一人左小黄鳳旗一人右次大黄鳳旗一人左大黄龍旗一人右次小黄鳳旗一人左小黄龍旗一人右次大黄龍旗一人左大黄鳳旗一人右每旗從以持黄矟者四人次小黄龍旗一人左小黄鳳旗一人右皆從以持黄矟者三人皆黄兜牟金飾黄甲條環汗胯束帶韈佩弓矢器仗馬甲珂飾從者二人服同前隊折繞陪門○右衛白甲隊右衛指揮使二人騎服同中衛指揮使帥騎士凡七十有四人

執大白鳳旗一人左大白龍旗一人右次小白鳳旗一人左小白龍旗一人右次大白龍旗一人左大白鳳旗一人右次小白龍旗一人左小白鳳旗一人右次大白鳳旗一人左大白龍旗一人右每旗從以持白矟者四人次小白鳳旗一人左小白龍旗一人右次大白龍旗一人左大白鳳旗一人右皆從以持白矟者五人皆兜牟金飾白甲絛環汗胯束帶韡佩弓矢器仗馬白甲珂飾從者二人服同前隊折繞陪門○牙門四監門中郎將二人服佩同各衛指揮使騎分左右次左衛次前衛次中衛次右衛牙門旗各二

色並赤監門校尉各二人騎服佩同各衛之執旗者從者十人服同前隊

志卷第二十九

志卷第三十　元史八十

翰林學士亞中大夫知制誥兼修國史臣宋濂　翰林待制承直郎同知制誥兼國史院編修官臣王禕等奉
敕修

輿服三

儀衛

殿上執事

挈壺郎二人掌直漏刻冠學士帽服紫羅窄袖衫塗金束帶烏韡漏刻直御榻南○司香二人掌侍香以主服御者國語曰速古兒赤攝之冠服同挈壺香案二在漏刻東西稍南司香侍案側東西相向立○酒人凡六十

人主酒國語曰答剌赤二十人主湩國語曰哈剌赤二十人主膳國語曰博兒赤二十人冠唐帽服同司香酒海直漏南酒人北面立酒海南○護尉四十人以質子在宿衛者攝之質子國語曰覩魯花冠交角幞頭紫梅花羅窄袖衫塗金束帶白錦汗胯帶弓矢佩刀執骨朶分立東西宇下○警蹕三人以控鶴衛士爲之冠交角幞頭服紫羅窄袖衫塗金束帶烏靴捧立于露階每乘輿出入則鳴其鞭以警衆

殿下執事

司香二人亦以主服御者攝之冠服同殿上司香香

案直露階南司香東西相向立護尉凡四十人以户郎（國語曰玉典赤）二十人質子二十人攝之服同宇下護尉夾立階陛右階之下伍長凡六人都點檢一人右點檢一人左點檢一人凡宿衛之人及諸門者户者皆屬焉（如怯薛歹八剌哈赤玉典赤之類是也）殿內將軍一人凡殿內佩弓矢者佩刀者諸司衛者皆屬焉（如火兒赤温都赤之類是也）殿外將軍一人宇下護尉屬焉宿直將軍一人黃麾立仗及殿下護尉屬焉右無常官凡朝會則以近侍重臣攝之服白帽白衲襖行縢履襪或服其品之公服恭事則侍立舍人授以骨朶而易笏都點檢以玉右點檢以瑪瑙左點檢以水精殿內將軍以馬瑙殿外將軍以水精宿直將軍以金○左階之下伍長凡三人殿內將軍一人殿外將軍一人宿直將軍一人冠服同右恭事則侍立舍人授以骨朶而易笏殿內將軍以瑪瑙殿外將軍以水精宿直將軍以金○司辰郎二人一人立左樓上服視六品候時北面而鷄唱一人立樓下服視八品候時捧牙牌趍册墀跪報露階之下左黃麾仗內設表案一禮物案一輿士凡八人每案四人前二人冠縷金額交角幞頭緋錦寶相花窄袖襖塗金束帶行縢鞋襪後二人冠服同前惟

襖色青○圍人十人（國語曰阿塔赤）冠唐巾紫羅窄袖衫青錦緣白錦汗胯銅束帶烏靴駁立仗馬十覆以青錦緣緋錦鞍復分左右立黃麾仗南○侍儀使二人引進使一人通班舍人一人尚引舍人一人閤仗舍人一人奉引舍人一人先輿舍人一人糾儀官凡四人尚書一人侍郎一人監察御史二人知班三人視班內失儀者白糾儀官而行罰焉皆東向立右仗之東以北為上○侍儀使二人引進使一人承奉班都知一人宣表目舍人一人宣表脩撰一人宣禮物舍人一人奉表舍人一人奉幣舍人一人尚引舍人一人閤仗舍人一人奉引舍人一人先輿舍人一人押禮物官凡二人工部侍郎一人禮部侍郎一人糾儀官凡四人尚書一人侍郎一人監察御史二人知班三人視班內如左右輦路宣贊舍人一人通贊舍人一人户郎二人承傳贊席前皆西向立左仗之西以北為上凡侍儀使引進使尚書侍郎御史各服其本品之服承奉班都知舍人借四品服知班冠展角幞頭服紫羅窄袖衫塗金束帶烏靴○護尉三十人以質子在宿衛者攝之立大明門闌外冠服同宇下護尉○承傳二人控鶴衛士為之立大明門楹間以承傳

于外仗冠服同警蹕執金柄小骨朵

殿下黃麾仗（黃麾仗凡四百四十有八人分布于丹墀左右各五行）

右前列執大盖二人執華蓋二人執紫方盖二人執紅方盖二人執曲盖二人冠展角幞頭服緋絁生色寶相花袍勒帛烏靴○次二列執朱團扇八人執大雉扇八人執中雉扇八人執小雉扇八人執朱團扇八人冠武弁服同前執盖者○次三列執黃麾幡十人武弁青絁生色寶相花袍青勒帛烏靴執絳引幡十人武弁緋絁生色寶相花袍緋勒帛烏靴執信幡十人冠服同上其色黃執傳教幡十人冠服同上其色

白執告止幡十人冠服同上其色紫○次四列以下執絛盖四十人服緋服緋絁生色寶相花袍勒帛烏靴執儀鍠斧四十人冠服同上其色黃執小戟蛟龍掌四十人冠服同上其色青左列亦如之皆以北為上押仗四人行視仗内而撿校之冠服同警蹕者

旗仗（執護引屏凡五百二有八人分左右以列）

左前列建天下太平旗第一牙門旗第二每旗執者一人護者四人皆五色緋巾五色絁生色寶相花袍勒帛雲頭靴執人佩劍護人加弓矢後屏五人執矟朱兠鍪朱甲雲頭靴○左二列日旗第三龍君旗第四每旗執者一人護者四人後屏五人巾服執佩同前列○右前列建皇帝萬歲旗第一牙門旗第二每旗執者一人護者四人後屏五人巾服執佩同左前列○右二列月旗第三虎君旗第四每旗執者一人護者四人後屏五人巾服執佩同前列○左次三列青龍旗第五執者一人黃絁巾黃絁生色寶相花袍勒帛花靴佩劍護者二人朱白二色絁巾二色絁生色寶相花袍勒帛花靴佩劍加弓矢天王旗第六執者一人巾服同上護者二人青白二色絁巾二色生色寶相花袍勒帛花靴佩劍加弓矢後屏五人執矟

朱兠鍪朱甲雲頭靴風伯旗第七執者一人護者二人後屏五人巾服佩執同天王旗雨師旗第八執者一人護者二人後屏五人巾服佩執同青龍旗雷公旗第九執者一人巾服佩同上護者二人青紫二色絁巾二色絁生色寶相花袍勒帛花靴佩劍加弓矢後屏五人執矟白兠鍪白甲雲頭靴電母旗第十執者一人護者二人後屏五人巾服執佩同風伯旗吏兵旗第十一執者一人護者二人巾服佩同雷公旗後屏五人執矟黃兠鍪黃甲雲頭靴○右次三列白虎旗第五執者一人黃絁巾黃絁生色寶相花袍勒

帛花靴佩劍護者二人青朱二色絁巾二色絁生色寶相花袍勒帛花靴佩劍加弓矢後屏五人執矟朱兜鍪朱甲雲頭靴江瀆旗第七執者一人護者二人後屏五人巾服執佩同天王旗河瀆旗第八執者一人巾服佩同上護者二人青紫二色絁巾二色絁生色寶相花袍勒帛花靴佩劍加弓矢後屏五人執矟黃兜鍪黃甲雲頭靴淮瀆旗第九執者一人巾服佩同上護者二人青朱二色絁生色寶相花袍勒帛花靴佩劍加弓矢後屏五人巾服執佩同白虎旗濟瀆旗第十執者一人巾服佩同上護者二人朱白二色

絁巾二色絁生色寶相花袍勒帛花靴佩劍加弓矢後屏五人執矟青兜鍪青甲雲頭靴力士旗第十一執者一人護者二人後屏五人巾服佩執同河瀆旗二十二旗內拱衛直指揮使二人分左右立服本品朝服執玉斧次卧瓜一列次立瓜一列次列絲一列冠纓金額交角幞頭緋錦寶相花窄袖襖塗金荔枝束帶行縢履襪次鐙仗一列次吾仗一列次班劍一列並分左右立冠纓金額交角幞頭青錦寶相花窄袖襖塗金荔枝束帶行縢履襪○左次四列朱雀旗第十二執者一人黃絁巾黃絁生色寶相花袍勒帛

花靴佩劍護者二人青白二色絁巾二色絁生色寶相花袍勒帛花靴佩劍加弓矢後屏五人執矟朱兜鍪朱甲雲頭靴木星旗第十三執者一人巾服佩同上護者二人青朱二色絁巾二色絁生色寶相花袍勒帛花靴佩劍加弓矢後屏五人執矟青兜鍪青甲雲頭靴熒惑旗第十四執者一人巾服佩同上護者二人青紫二色絁巾二色絁生色寶相花袍勒帛花靴佩劍加弓矢後屏五人巾服執佩同朱雀旗土星旗第十五執者一人護者二人巾服佩同熒惑旗後屏五人執矟黃兜鍪黃甲雲頭靴太白旗第十六執

者一人護者二人巾服佩同木星旗後屏五人執矟白兜鍪白甲雲頭靴水星旗第十七執者一人護者二人服佩同太白旗後屏五人執矟紫兜鍪紫甲雲頭靴鸞旗第十八執者一人巾服佩同上護者二人朱白二色絁巾二色絁生色寶相花袍勒帛花靴佩劍加弓矢後屏五人巾服執同木星旗○右次四列玄武旗第十二執者一人黃絁巾黃絁生色寶相花袍勒帛花靴佩劍護者二人朱白二色絁巾二色絁生色寶相花袍勒帛花靴佩劍加弓矢後屏五人紫兜鍪紫甲雲頭靴執矟東嶽旗第十三執者一人護

者二人巾服佩同玄武旗後屏五人執矟青兜鍪青甲雲頭靴南嶽旗第十四執者一人巾服佩同上護者二人青白二色絁巾二色絁生色寶相花袍勒帛花靴佩劒加弓矢後屏五人執矟朱兜鍪朱甲中嶽旗第十五執者一人巾服佩同上護者二人紫青二色絁巾二色絁生色寶相花袍勒帛花靴佩劒加弓矢後屏五人執矟黃兜鍪黃甲雲頭靴西嶽旗第十六執者一人巾服佩同上護者二人朱青二色絁巾二色絁生色寶相花袍勒帛花靴佩劒加弓矢後屏五人執矟白兜鍪白甲北嶽旗第十七執者一人護者二人巾服佩同南嶽旗後屏五人巾服執同玄武旗麟旗第十八執者一人護者二人後屏五人巾服執佩同西嶽旗○左次五列角宿旗第十九亢宿旗第二十氐宿旗第二十一房宿旗第二十二心宿旗第二十三尾宿旗第二十四箕宿旗第二十五每旗執者一人黃絁巾黃絁生色寶相花袍勒帛花靴佩劒護者二人青朱二色絁巾二色絁生色寶相花袍勒帛花靴佩劒加弓矢後屏五人青兜鍪青甲執矟○右次五列奎宿旗第十九婁宿旗第二十胃宿旗第二十一昴宿旗第二十二畢宿旗第二十三觜宿旗

第二十四參宿旗第二十五每旗執者一人黃絁巾黃絁生色寶相花袍勒帛花靴佩劒護者二人青朱二色絁巾二色絁生色寶相花袍勒帛花靴佩劒加弓矢後屏五人執矟白兜鍪白甲○左次六列斗宿旗第二十六牛宿旗第二十七女宿旗第二十八虛宿旗第二十九危宿旗第三十室宿旗第三十一壁宿旗第三十二每旗執者一人黃絁巾黃絁生色寶相花袍勒帛花靴佩劒護者二人朱白二色絁巾二色絁生色寶相花袍勒帛花靴佩劒加弓矢後屏五人執矟紫兜鍪紫甲○右次六列井宿旗第二十六鬼宿旗第二十七柳宿旗第二十八星宿旗第二十九張宿旗第三十翼宿旗第三十一軫宿旗第三十二每旗執者一人黃絁巾黃絁生色寶相花袍勒帛花靴佩劒護者二人朱白二色絁巾二色絁生色寶相花袍勒帛花靴佩劒加弓矢後屏五人執矟朱兜鍪朱甲

宮內導從

警蹕三人以控鶴衛士為之並列而前行掌鳴其鞭以警衆服見前○天武二人執金鉞分左右行金兜鍪金甲感金素汗胯金束帶綠雲靴○舍人二人服視四

品○主服御者凡三十人（速古兒赤也）執骨朶二人執幢二人執節二人皆分左右行攜金盆一人由左負金椅一人由右攜金水瓶鹿盧一人由左執巾一人由右捧金香毬二人捧金香合二人皆分左右行捧金唾壺一人由左捧金唾盂一人由右執金拂四人執升龍扇十人皆分左右行冠交角幞頭服紫羅窄袖衫塗金束帶烏靴○劈正斧官一人由中道近侍重臣攝之侍儀使四人分左右行○佩弓矢十人（國語曰火兒赤）分左右由外道行服如主服御者○佩寶刀十人（國語曰温都赤）分左右行冠鳳翅唐巾服紫羅辮線襖金束帶烏鞾

中宮導從

舍人二人引進使二人中政院判二人同僉中政院事二人僉中政院事二人中政院副使二人同知中政院事二人中政院使二人皆分左右行各服其本品公服內侍二人分左右行服視四品○押直二人冠交角幞頭紫羅窄袖衫塗金束帶烏鞾小內侍凡九人執骨朶二人執傘蓋四人皆分左右行執繖一人由中道行攜金盆一人由左負金椅一人由右服紫羅團花窄袖衫冠帶鞾如押直○中政使一人由中道捧外辦象牌服本品朝服○宮人凡二十人攜水瓶金鹿盧一人由右執銷金淨巾一人由左捧金香毬二人捧金香合二人分左右捧金唾壺一人由左捧金唾盂一人由右執金拂四人執雉扇十人各分左右行冠鳳翅纓金帽銷金緋羅襖銷金緋羅結子銷金緋羅繫腰紫羅衫五色嵌金黃雲扇瓘玉束帶

進發冊寶

清道官二人警蹕二人並分左右皆攝官服本品朝服○雲和樂一部署令二人分左右次前行戲竹二

次排簫四次簫管四次板二次歌四並分左右前行内琵琶二十次箏十六次箜篌十六次蓁十六次方響八次頭管二十八次龍笛二十八為三十三重（重四人）次杖鼓三十為八重次板八為四重板內大鼓二工二人舁八人樂工服並與鹵簿同法物庫使二人服本品服次朱團扇八為二重次小雉扇八次中雉扇八次大雉扇八分左右爲十二重次朱團扇八爲二重次大繖二次華蓋二次紫方繖二次紅方繖二次曲蓋二並分左右執繖扇所服並同立仗○圍子頭一人中道次圍子八人分左右服與鹵簿內同○安

和樂一部署令二人服本品服札鼓六爲二重前四
後二次和鼓一中道次板二分左右次龍笛四次頭
管四並爲二重次羲管二次笙二並分左右次雲璈
一中道次簫二分左右樂工服與鹵簿内同○繖一
中道椅左踏右執人皂巾大團花緋錦襖金塗銅束
帶行縢鞋襪○拱衛使一人服本品服○舍人二人
次引寶官二人並分左右服四品服○香案中道輿
士控鶴八人服同立仗内表案輿士侍香二人分左
右服四品服○寶案中道輿士控鶴十有六人服同
香案輿士方輿官三十人夾香案寶案分左右而趨

至殿門則控鶴退方輿官舁案以陞唐巾紫羅窄袖
衫金塗銅束帶烏靴○引冊二人四品服○香案中道
輿士控鶴八人服同寶案輿士侍香二人分左右服
四品服○冊案中道輿士控鶴十有六人服同寶案
輿士方輿官三十人夾香案冊案分左右而趨至殿
門則控鶴退方輿官舁案以陞巾服與寶案方輿官
同○葆蓋四十人次閤仗舍人二人服四品服次小
戟四十人次儀鍠四十人夾雲和樂繖扇分左右行
服同立仗○拱衛使二人服本品朝服次班劍十次
梧杖十二次斧十二次鐙仗二十次列絲十皆分左

右次水瓶左金盆右次列絲十次立瓜十次金杌左
鞭桶右蒙鞍左繖手右次立瓜十次卧瓜三十並夾
葆蓋小戟儀鍠分左右行服並同鹵簿内○拱衛外
舍人二人服四品服引導冊諸官次從九品以上次
從七品以上次從五品以上並本品朝服○金吾折
衝二人牙門旗二每旗引執五人次青稍四十人赤
稍四十人黄稍四十人白稍四十人紫稍四十人並
兜鍪甲靴各随稍之色行導冊官外○冊案後舍人
二人服四品服次太尉右司徒左次禮儀使二人分
左右次舉冊官四人右舉寶官四人左次讀冊官二

人右讀寶官二人左次閤門使四人分左右並本品
服○知班六人分左右服同立仗往來視諸官之失
儀者而行罰焉

冊寶攝官

上尊號冊寶凡攝官二百十有六人奉冊官四人奉
寶官四人捧冊官二人捧寶官二人讀冊官二人讀
寶官二人引冊官五人引寶官五人典瑞官三人糾
儀官四人殿中侍御史二人監察御史四人閤門使
三人清道官四人點試儀衛五人司香四人備顧問
七人代禮三十人拱衛使二人押仗二人方輿一百

六十人○上皇太后册寶凡攝官百五十人攝太尉一人攝司徒一人禮儀使四人奉册官二人奉寶官二人引册官二人引寶官二人舉册官二人舉寶官二人讀册官二人讀寶官二人捧册官二人捧寶官二人奏中嚴一人主當内侍十人閤門使六人充内臣十三人糾儀官四人代禮官四十二人掌謁四人司香十二人折衝都尉二人拱衛使二人清道官四人警蹕官四人方輿官百二十人○太皇太后册寶攝官同前○授皇后册寶凡攝官百八十人攝太尉一人攝司徒一人主節官二人禮儀使四人奉册官

二人奉寶官二人引册官二人引寶官二人舉册官二人舉寶官二人讀册官二人讀寶官二人内臣職掌十人宣徽使二人閤門使二人代禮官三十七人侍香二人清道官四人折衝都尉二人警蹕官四人中宫内臣九人糾儀官四人接册内臣二人接寶内臣二人方輿官七十四人○授皇太子册凡攝官四十有九人攝太尉一人奉册官二人持節官一人捧册官二人讀册官二人引册官二人攝禮儀使二人主當内侍六人副持節官五人侍從官十一人代禮官十六人

班序

先期侍儀使糾庀陳設○殿内兩楹北香案二○殿門内殿内將軍板位二其外殿外將軍板位二宇下斜界護尉板位二軒溜前斜外出畫白蓮六右點檢板位三左宣徽板位三蓮南一步横列鳴鞭板位三左右階南兩隅天武板位二宇下左右第一第三重斜界導從板位二○殿東門兩磌斜界出導從二道三層各圈十五先扇錡各五寶蓋錡各二○殿東階下各圈十直至東門階下為田倒導從位正階下二十四麓香案一護尉席内各陛道内第四螭首取直

邊北左右護尉第五席相向布席北二席宿直次殿中次典瑞次起居每席間丈五尺設○殿前板位八各以左右陛道内邊冊墀進内第五麓縱直北空路五丈五尺東西走路各違四丈九尺中布席四十席間九尺設護尉板位二輦路東西各五道袤二丈一仞五寸南北兩道廣丈有奇北至道當中第一北三南一自兩端各間六丈第二北起十一各間丈咫南起九各間丈三尺第三北起十三各間丈五尺南起十二各間丈五寸第四北起十六各間丈二尺南起十四各間九尺第五北起同上南起各間八尺北頭

曲尺路内各函九尺設黃麾仗錡二百二十仗南畫闌約丈許左右同中央置席設尚廐板位二仗内册墀横界一十八道道函五尺縱引横引三丈中設九品板位一十八尚廐南左右縱畫各一十八道道函仍左右向設起居旁折板位三十六以内爲上○大明門中兩楹外斜界二道護尉板位二外設管旗板位二門下左右闕邊各六丈南北各畫一道廣一引七丈一仍六寸空各二丈一仍内横二引二丈五寸空各三丈五尺每錡後丈五尺屏風渠一道長五尺坐各違四壁丈五尺設牙旗錡七十四闕下兩觀内各六丈縱各界一十八道道違仍左右設外序班板位三十六自序班北入闕左右門邊兩外仗往北折西至月華門東至日精門道中央入至起居旁折界一道導引

志卷第三十

志卷第三十一　　元史八十一

翰林學士亞中大夫知制誥兼修國史臣宋濂　翰林待制承直郎同知制誥兼國史院編修官臣王禕等奉

勅修

選舉一

選舉之法尚矣成周庠序學校以鄉三物教萬民而賓興之舉於鄉升於司徒司馬論定而後官之兩漢有賢良方正孝弟力田等科或奉對詔策事猶近古隋唐有秀才明經進士明法明筭等科或兼用詩賦士始有棄本而逐末者宋大興文治專尚科目雖當時得人爲盛而其弊遂至文體卑弱士習委靡識者病焉遼金居北方俗尚弓馬遼景宗道宗亦行貢試金太宗世宗屢開科場亦粗稱得士元初太宗始得中原輒用耶律楚材言以科舉選士世祖既定天下王鶚獻計許衡立法事未果行至仁宗延祐間始斟酌舊制而行之取士以德行爲本試藝以經術爲先士褎然舉首應上所求者皆彬彬輩出矣然當時仕進有多岐銓衡無定制其出身於學校者有國子監學有蒙古字學回回國學有醫學有陰陽學其策名於薦舉者有遺逸有茂異有求言有進書有童子其出於宿衛勲臣之家者待以不次其用於宣徽中政

之屬者重爲內官文蔭叙有循常之格而超擢有選用之科由直省侍儀等入官者亦名清望以倉庾賦稅任事者例視冗職捕盜者以功叙入粟者以貲進至工匠皆入班資而輿隸亦躋流品諸王公主寵以投下俾之保任遠夷外徼授以長官俾之世襲凡若此類殆所謂吏道雜而多端者歟矧夫儒有歲貢之名吏有補用之法曰掾史令史曰書寫銓寫曰書吏典吏所設之名未易枚舉曰省臺院部曰路府州縣所入之途難以指計雖名卿大夫亦往往由是躋要官受顯爵而刀筆下吏遂致竊權勢舞文法矣故其

銓選之備考覈之精曰隨朝外任曰省選部選曰文官武官曰考數曰資格一毫不可越而或援例或借資或優陞或回降其縱情破律以公濟私非至明者不能察焉是皆文繁吏弊之所致也今採摭舊編載於簡牘或詳或畧條分類聚殆有不勝其紀述者姑存一代之制作選舉志

科目

太宗始取中原中書令耶律楚材請用儒術選士從之九年秋八月下詔命斷事官朮忽䚟與山西東路課稅所長官劉中歷諸路考試以論及經義詞賦分爲三科作三日程專治一科能兼者聽但以不失文義爲中選其中選者復其賦役令與各處長官同署公事得東平楊奐等凡若干人皆一時名士而當世或以爲非便事復中止世祖至元初年有旨命丞相史天澤條具當行大事嘗及科舉而未果行四年九月翰林學士承旨王鶚等請行選舉法遠述周制次及漢隋唐取士科目近舉遼金選舉用人與本朝太宗得人之効以爲貢舉法廢士無入仕之階或習刀筆以爲吏胥或執僕役以事官僚或作技巧販鬻以爲工匠商賈以今論之惟科舉取士最爲切務矧先

朝故典尤宜追述奏上帝曰此良法也其行之中書左三部與翰林學士議立程式又請依前代立國學選蒙古人諸職官子孫百人專命師儒教習經書俟其藝成然後試用庶幾勳舊之家人材輩出以備超擢十一年十一月裕宗在東宮時省臣復啓謂去年奉旨行科舉今將翰林老臣等所議程式以聞奉令旨准蒙古進士科及漢人進士科參酌時宜以立制度事未施行至二十一年九月丞相火魯火孫與留夢炎等言十一月中書省臣奏皆以爲天下習儒者少而由刀筆吏得官者多帝曰將若之何對曰惟貢

舉取士為便凡蒙古之士及儒吏陰陽醫術皆令試舉則用心為學矣帝可其奏繼而許衡亦議學校科舉之法罷詩賦重經學定為新制事雖未及行而選舉之制已立至仁宗皇慶二年十月中書省臣奏科舉事世祖裕宗累嘗命行成宗武宗尋亦有旨今不以聞恐或有沮其事者夫取士之法經學實修己治人之道詞賦乃摘章繪句之學自隋唐以來取人專尚詞賦故士習浮華今臣等所擬將律賦省題詩小義皆不用專立德行明經科以此取士庶可得人帝然之十一月乃下詔曰惟我祖宗以神武定天下世

祖皇帝設官分職徵用儒雅崇學校為育材之地議科舉為取士之方規模宏遠矣朕以眇躬獲承丕祚繼志述事祖訓是式若稽三代以來取士各有科目要其本末舉人宜以德行為首試藝則以經術為先詞章次之浮華過實朕所不取爰命中書參酌古今定其條制其以皇慶三年八月天下郡縣興其賢者能者充賦有司次年二月會試京師中選者朕將親策焉具合行事宜于后科場每三歲一次開試舉人從本貫官司於諸色户内推舉年及二十五以上鄉黨稱其孝悌朋友服其信義經明行修之士結罪保

舉以禮敦遣貢諸路府其或徇私濫舉并應舉而不舉者監察御史肅政廉訪司體察究治考試程式蒙古色目人第一場經問五條大學論語孟子中庸內設問用朱氏章句集註其義理精明文辭典雅者為中選第二場策一道以時務出題限五百字以上漢人南人第一場明經經疑二問大學論語孟子中庸內出題並用朱氏章句集註復以己意結之限三百字以上經義一道各治一經詩以朱氏為主尚書以蔡氏為主周易以程氏朱氏為主已上三經兼用古註疏春秋許用三傳及胡氏傳禮記用古註疏限五

百字以上不拘格律第二場古賦詔誥章表內科一道古賦詔誥用古體章表四六參用古體第三場策一道經史時務內出題不矜浮藻惟務直述限一千字以上成蒙古色目人願試漢人南人科目中選者加一等注授蒙古色目人作一榜漢人南人作一榜第一名賜進士及第從六品第二名以下及第二甲皆正七品第三甲以下皆正八品兩榜並同　所在官司遲悞開試日期監察御史肅政廉訪司糾彈治罪　流官子孫廕叙並依舊制願試中選者優陞一等　在官未入流品願試者聽若中選之人已有九

品以上資級比附一高加一等注授若無品級止依試例從優銓注鄉試處所并其餘條目命中書省議行於戲經明行脩庶得真儒之用風移俗易益臻至治之隆咨爾多方體予至意中書省所定條目 鄉試中選者各給解據録連取中科文行省移咨都省送禮部腹裏宣慰司及各路關申禮部拘該監察御史廉訪司依上録連科文申臺轉呈都省以憑照勘 鄉試八月二十日蒙古色目人試經問五條漢人南人明經經疑二問經義一道二十三日蒙古色目人試策一道漢人南人古賦詔誥章表内科一道二

十六日漢人南人試策一道 會試省部依鄉試例於次年二月初一日試第一場初三日第二場初五日第三場 御試三月初七日前期奏委考試官二員監察御史二員讀卷官二員入殿廷考試每舉子一名怯薛歹一人看守漢人南人試策一道限一千字以上成蒙古色目人時務策一道限五百字以上成 選考試官行省與宣慰司及腹裏各路有行臺及廉訪司去處與臺憲官一同商議選差上都大都從省部選差在内監察御史在外廉訪司官一員監試每處差考試官同考試官各一員並於見任并在

閑有德望文學常選官内選差封彌官一員謄録官一員選廉幹文資正官充之凡謄録試卷并行移文字皆用朱書仍須設法關防毋致容私作弊省部會試都省選委知貢舉同知貢舉官各一員考試官四員監察御史二員彌封謄録對讀官監門等官各一員 鄉試行省一十一河南陝西遼陽四川甘肅雲南嶺北征東江浙江西湖廣宣慰司二河東山東直隸省部路分四真定東平大都上都 天下選合格者三百人赴會試於内取中選者一百人内蒙古色目漢人南人分卷考試各二十五人蒙古人取合格

者七十五人大都十五人上都六人河東五人真定等五人東平等五人山東四人遼陽五人河南五人陝西五人甘肅三人嶺北三人江浙五人江西三人湖廣三人四川一人雲南一人征東一人色目人取合格者七十五人大都十人上都四人河東四人東平等四人山東五人真定等五人河南五人四川三人甘肅二人陝西三人嶺北二人遼陽二人雲南二人征東一人湖廣七人江浙一十人江西六人漢人取合格者七十五人大都一十人上都四人真定等十一人東平等九人山東七人河東七人河南九人

四川五人雲南二人甘肅二人嶺北一人陝西五人遼陽二人征東一人南人取合格者七十五人湖廣一十八人江浙二十八人江西二十二人河南七人

鄉試會試許將禮部韻略外餘並不許懷挾文字差搜檢懷挾官一員每舉人一名差軍一名看守無軍人處差巡軍　提點擗掠試院差廉幹官一員度地安置席舍務令隔遠仍自試官入院後常川妨職監押外門　鄉試會試彌封謄録對讀官下吏人於各衙門從便差設　試卷不考格犯御名廟諱及文理紕繆塗注乙五十字以上者不考謄録所承受試卷並用朱書謄録正文實計塗注乙字數標寫對讀無差將朱卷逐旋送考試所如朱卷有塗注乙字亦皆標寫字數謄録官書押候考校合格中選人數已定抄録字號索上元卷請監試官知貢舉官同試官對號開拆　舉人試卷各人自備三場文卷并草卷各一十二幅於卷首書三代籍貫年甲前期半月於印卷所投納置簿收附用印鈐縫訖各還舉人　凡就試之日日未出入場黃昏納卷受卷官送彌封所撰字號封彌訖送謄録所　科舉既行之後若有各路歲貢及保舉儒人等文字到官並令還赴本鄉應試　倡優之家及患廢疾若犯十惡奸盜之人不許應試　舉人於試場内毋得喧譁違者治罪仍殿二舉　舉人與考試官有五服内親者自須回避仍令同試官考卷若應避而不自陳者殿一舉　鄉試會試若有懷挾及令人代作者漢人南人有居父母喪服應舉者並殿二舉　國子監學歲貢生員及伴讀出身並依舊制願試者聽中選者於監學合得資品上從優銓注　別路附籍蒙古色目漢人大都上都有恒產住經年深者從兩都官司依上例推舉就試其餘去處冒貫者治罪

知貢舉以下官會集至公堂議擬合行事目云　諸輒於彌封所取問舉人試卷封號姓名及漏泄者治罪諸試題未出而漏泄者許人告首諸對讀試卷官不躬親而輒令人吏對讀其對讀訖而差誤有礙考校者有罰諸謄録人書寫不愼及錯誤有礙考校者重事責罰諸官司故縱舉人私將試卷出院及私應人知而爲傳送者許人告首諸監試官掌試院事不得干預考校諸試院官在簾内者不許與簾外官交語諸色人無故不得入試廳諸舉人謗毀主司率衆喧競不服止約者治罪諸舉人就試無故不冠及擅

稜坐次者或偶與親姻隣坐而不自陳者懷挾代筆傳義者並扶出諸拆毀試卷首家狀者推治諸舉人於試卷書他語者駁放涉謗訕者推治諸試日爲舉人傳送文書及因而受財者並許人告諸舉人於別紙上起草者出榜退落諸科文内不得自叙苦辛門第委謄録所點檢得如有違犯更不謄録移文考試院出榜退落諸冒名就試別立姓名及受財爲人懷挾代筆傳義者並許人告諸被黜而妄訴者治罪諸監門官譏察出入其物應入者拆封點檢諸廵鋪官及兵級不得喧擾及輙視試文并容縱舉人無故往来非因公事不得與舉人私語諸試卷彌封用印訖以三不成字爲號標冩仍於塗注乙處用印　每舉人一名給柢應廵軍一人隔夜入院分宿席房試日擊鍾爲節一次院官以下皆盥漱二次監門官啓鑰舉人入院搜檢訖就將解據呈納禮生賛曰舉人再拜知貢舉官隔簾受一拜跪荅一拜試官受一拜荅一拜鍾三次頒題就次日午賜膳其納卷者赴受卷所揖而退不得交語受卷官書舉人姓名于曆舉人揖而退取解據出院廵軍亦出至晚鳴鍾一次鎻院門第二場舉人入院依前搜檢每十人一甲序立至

公堂下作揖畢頒題就次第三場如前儀　其受卷官具受到試卷逐旋関發彌封官將家狀草卷腰封用印掌古色目漢人南人分卷以三不成字撰號每名累塲同用一號於卷上親書及於曆内摽附訖牒送謄録官置曆分給吏人並用朱書謄録正文仍具元卷塗注乙及謄録塗注乙字數卷末書謄録人姓名謄録官具銜書押用印鈐縫牒送對讀所翰林掾史具謄録訖試卷總數呈報監察御史對讀官以元卷與朱卷躬親對讀無差具銜書押呈解貢院元卷發還彌封所各所行移並用朱書試卷照依元號附簿　試官考卷知貢舉居中試官相對向坐公同考校分作三等逐等又分上中下用墨筆批點考校既定收掌試卷官於號簿内標冩分數知貢舉官同試官監察御史彌封官公同取上元卷對號開拆知貢舉於試卷家狀上親書省試第幾名拆號既畢應有試卷並付禮部架閣貢舉諸官出院中書省以中選舉人分爲二榜揭于省門之左右　三月初四日中書省奏准以初七日御試舉人於翰林國史院定委監試官及諸執事初五日各官入院初六日譔策問進呈俟上采取初七日執事者望闕設案於堂前置

策題於上舉人入院搜撿訖蒙古人作一甲序立禮生導引至於堂前望闕兩拜賜策題又兩拜各就次色目人作一甲漢人南人作一甲如前儀每進士一人差蒙古宿衛士一人監視日午賜膳進士納卷畢出院監試官同讀卷官以所對策第其高下分為三甲進奏作二榜用敕黃紙書揭于內前紅門之左右前一日禮部告諭中選進士以次日詣闕前所司具香案侍儀舍人唱名謝恩放榜擇日賜恩榮宴于翰林國史院押宴以中書省官凡預試官並與宴預宴官及進士並簪華至所居擇日恭詣殿廷上謝恩

表次日詣中書省參見又擇日諸進士詣先聖廟行舍菜禮第一人具祝文行事刻石題名於國子監延祐二年春三月廷試進士賜護都荅兒張起巖等五十有六人及第出身有差 五年春三月廷試進士護都達兒霍希賢等五十人 至治元年春三月廷試進士達普化宋本等六十有四人 泰定元年春三月廷試進士捌剌張益等八十有六人 四年春三月廷試進士阿察赤李黼等八十有六人 天曆三年春三月廷試進士篤列圖王文燁等九十有七人 元統癸酉科廷試進士同同李齊等復增名額以及百人之數稍興其制左右榜各三人皆賜進士及第餘賜出身有差科舉取士莫盛於斯後三年其制遂罷又七年而復興遂稍變程式減蒙古色目人明經二條增本經義易漢南人第一場四書疑一道為本經疑增第二場古賦外於詔誥章表內又科一道此有元科目取士之制大略如此若夫會試下第者自延祐創設之初丞相帖木迭兒阿散及平章李孟等奏下第舉人年七十以上者與從七品流官致仕六十以上者與教授元有出身者於應得資品上稍優加之無出身者與山長學正受省劄後舉不

為例今有來遲而不及應試者未曾區用取吉帝曰依下第例恩之勿著為格 泰定元年三月中書省臣奏下第舉人仁宗延祐間命中書省各授教官之職以慰其歸今當改元之初恩澤宜溥蒙古色目人年三十以上并兩舉不第者與教授以下與學正山長漢人南人年五十以上并兩舉不第者與教授以下與學正山長先有資品出身者更優加之不願仕者令備國子員後勿為格從之自餘下第之士恩例不可常得間有試補書吏以登仕籍者惟已廢復興之後其法始變下第者悉授以路府學正及書院山

長又增取鄉試備榜亦授以郡學錄及縣教諭於是科舉取士得人爲盛焉

學校

世祖至元八年春正月始下詔立京師蒙古國子學教習諸生於隨朝蒙古漢人百官及怯薛歹官員選子弟俊秀者入學然未有員數 以通鑑節要用蒙古語言譯寫教之俟生員習學成効出題試問觀其所對精通者量授官職成宗大德十年春二月增生員廩餼通前三十員爲六十員武宗至大二年定伴讀員四十人以在籍上名生員學問優長者補之仁

宗延祐二年冬十月以所設生員百人蒙古五十人色目二十人漢人三十人而百官子弟之就學者常不下二三百人宜增其廩餼乃减去庶民子弟一百一十四員聽陪堂學業於見供生員一百名外量增五十名元置蒙古二十人漢人三十人其生員紙扎筆墨止給三十人歲凡二次給之 至元六年秋七月置諸路蒙古字學十二月中書省定學制頒行之命諸路府官子弟入學上路二人下路二人府一人州一人餘民間子弟上路三十人下路二十五人願充生徒者與免一身雜役以譯寫通鑑節要頒行各

路俾肄習之至成宗大德五年冬十月又定生員散府二十人上中州十五人下州十人元貞元年命有司割地給諸路蒙古學生員餼廩其學官至元十九年定擬路府路設教授以國字在諸字之右府州教授一任准從八品再歷路教授一任准正八品任回本等遷轉大德四年添設學正一員上自國學下及州縣舉生員高等從翰林考試凡學官譯史取以充焉

世祖至元二十六年夏五月尚書省臣言亦思替非文字宜施於用今翰林院益福的哈魯丁能通其字

學乞授以學士之職凡公卿大夫與夫富民之子皆依漢人入學之制日肄習之帝可其奏是歲八月始置回回國子學至仁宗延祐元年四月復置回回國子監設監官以其文字便於關防取會數目令依舊制篤意領教泰定二年春閏正月以近歲公卿大夫子弟與夫凡民之子入學者衆其學官及生員五十餘人已給飲膳者二十七人外助教一人生員二十四人廩膳並令給之學之建置在於國都凡百司庶府所設譯史皆從本學取以充焉

太宗六年癸巳以馮志常爲國子學總教命侍臣子

第十八人入學世祖至元七年命侍臣子弟十有一人入學以長者四人從許衡童子七人從王恂至二十四年立國子學而定其制設博士通掌學事分教三齋生員講授經旨是正音訓上嚴教導之術下考肄習之業復設助教同掌學事而專守一齋正錄申明規矩督習課業凡讀書必先孝經小學論語孟子大學中庸次及詩書禮記周禮春秋易博士助教親授句讀音訓正錄伴讀以次傳習之講說則依所讀之序正錄伴讀亦以次而傳習之次日抽籤令諸生復說其功課對屬詩章經解史評則博士出題生員

具藁先呈助教俟博士既定始錄附課簿以憑考校其生員之數定二百人先令一百人及伴讀二十人入學其百人之內蒙古半之色目漢人半之許衡又著諸生入學雜儀及日用節目七年命生員八十人入學俾永為定式而遵行之成宗大德八年冬十二月始定國子生蒙古色目漢人三歲各貢一人十年冬閏十月國子學定蒙古色目漢人生員二百人三年各貢二人武宗至大四年秋閏七月定生員額三百人冬十二月復立國子學試貢法蒙古授官六品色目正七品漢人從七品試蒙古生之法宜從寬色

目生宜稍加密漢人生則全科場之制仁宗延祐二年秋八月增置生員百人陪堂生二十人用集賢學士趙孟頫禮部尚書元明善等所議國子學貢試之法更定之一曰陞齋等第六齋東西相向下兩齋左曰游藝右曰依仁凡誦書講說小學屬對者隸焉中兩齋左曰據德右曰志道講說四書課肄詩律者隸焉上兩齋左曰時習右曰日新講說易書詩春秋科習明經義等程文者隸焉每齋員數不等每季考其所習經書課業及不違規矩者以次遞陞二曰私試規矩漢人驗日新時習兩齋蒙古色目取志道據德

兩齋本學舉實歷坐齋二周歲以上未嘗犯過者許令充試限實歷坐齋三周歲以上以充貢舉漢人私試孟月試經疑一道仲月試經義一道季月試策問表章詔誥科一道蒙古色目人孟仲月各試明經一道季月試策問一道辭理俱優者為上等準一分理優辭平者為中等準半分每歲終通計其年積分至八分以上者陞充高等生員以四十名為額內蒙古色目各十名漢人二十名歲終試貢員不必備惟取實才有分同闕少者以坐齋月日先後多少為定其未及等并雖及等無闕未補者其年積分並不為用

下年再行積筭每月初二日蚤旦圓揖後本學博士助教公座面引應試生員各給印紙依式出題考試不許懷挾代筆各用印紙真楷書寫本學正録彌封謄録餘並依科舉式助教博士以次考定次日監官覆考於名簿內籍記各得分數本學收掌以俟歲終通考三曰黜罰科條應私試積分生員其有不事課業及一切違戾規矩者初犯罰一分再犯罰二分三犯除名從學正録糾舉正録知見而不糾舉者從本監議罰之應已補高等生員其有違戾規矩者初犯殿試一年再犯除名從學正録糾舉之正録知見而

不糾舉者亦從本監議罰之應在學生員歲終實歷坐齋不滿半歲者並行除名除月假外其餘告假並不準筭學正録歲終通行考校應在學生員除蒙古色目別議外其餘漢人生員三年不能通一經及不肯勤學者勒令出學其餘責罰並依舊規泰定三年夏六月更積分而為貢舉並依世祖舊制其貢試之法從監學所擬大槩與前法畧同而防閑稍加嚴密焉其本學正録各二員司樂一員典籍二員管勾一員及侍儀舍人舊例舉積分生員充之後以積分既革於上齋舉年三十以上學行堪範後學者為正録

通曉音律學業優贍者為司樂幹局通敏者為典籍管勾其侍儀舍人於上中齋舉禮儀習熟音吐洪暢曾掌春秋釋奠每月告朔明贊衆與其能者充之文宗天曆二年春三月惟伴讀員數自初二十人歲貢二人後於大德七年定四十人歲貢六人至大四年定四十人歲貢四人延祐二年歲貢八人為淹滯既額設四十名宜充部令史者四人路教授者四人是後又命所貢生員每大比選士與天下士同試於禮部策於殿廷又增至備榜而加選擇焉

國初燕京始平宣撫王檝請以金樞密院為宣聖廟

太宗六年設國子總教及提舉官命貴臣子弟入學受業憲宗四年世祖在潛邸特命脩理殿廷及即位賜以玉斝俾永為祭器至元十三年授提舉學校官六品印遂改為大都路學署曰提舉學校所二十四年既遷都北城立國子學于國城之東廼以南城國子學為大都路學自提舉以下設官有差仁宗延祐四年大興府尹馬思忽重脩殿門堂廡建東西兩齋泰定三年府尹曹偉增建環廊文宗天曆二年復增廣之提舉郝義恭又增建齋舍自府尹郝朵而別至曹偉始定生員凡百人每名月餼京畿漕運司及本

路給之泰定四年夏四月諸生始會食于學焉
太宗始定中原即議建學設科取士世祖中統二年
始命置諸路學校官凡諸生進脩者嚴加訓誨務使
成材以備選用至元十九年夏四月命雲南諸路皆
建學以祀先聖二十三年二月帝御德興府行宮詔
江南學校舊有學田復給之以養士二十八年令江
南諸路學及各縣學內設立小學選老成之士教之
或自願招師或自受家學于父兄者亦從其便其他
先儒過化之地名賢經行之所與好事之家出錢粟
贍學者並立爲書院凡師儒之命於朝廷者曰教授

路府上中州置之命於禮部及行省及宣慰司者曰
學正山長學録教諭路州縣及書院置之路設教授
學正學録各一員散府上中州設教授一員下州設
學正一員縣設教諭一員書院設山長一員中原州
縣學正山長學録教諭並受禮部付身各省所屬州
縣學正山長學録教諭並受行省及宣慰司劄付凡
路府州書院設直學以掌錢穀從郡守及憲府官試
補直學考滿又試所業十篇陞爲學録教諭凡正長
諭録教諭或由集賢院及臺憲等官舉充之諭録歷
兩考陞正長正長一考陞散府上中州教授上中州

教授又歷一考陞路教授教授之上各省設提舉二
員正提舉從五品副提舉從七品提舉凡學校之事
後改直學考滿爲州吏例以下第舉人充正長備榜
舉人充諭録有薦舉者亦參用之自京學及州縣學
以及書院凡生徒之肄業於是者守令舉薦之臺憲
考覈之或用爲教官或取爲吏屬往往人材輩出矣
世祖中統二年夏五月太醫院使王猷言醫學久
廢後進無所師授竊恐朝廷一時取人學非其傳爲
害甚大乃遣副使王安仁授以金牌往諸路設立醫
學其生員擬免本身檢醫差占等役俟其學有所成

每月試以疑難視其所對優劣量加勸懲後又定醫
學之制設諸路提舉綱維之凡宮壼所需省臺所用
轉入常調可任親民其從太醫院自遷轉者不得視
此例又以示仕途不可以雜進也然太醫院官既受
宣命皆同文武正官五品以上遷叙餘以舊品職遞
陞子孫廕用同正班叙其掌藥充都監直長充御藥
院副使陞至大使考滿依舊例於流官銓注諸教授
皆從太醫院定擬而各路主善亦擬同教授皆從九
品凡隨朝太醫及醫官子弟及路府州縣學官並須
試驗其各處名醫所述醫經文字悉從考校其諸藥

所產性味真僞悉從辨驗其隨路學校每歲出降十三科疑難題目具呈太醫院發下諸路醫學令生員依式習課醫義年終置簿解納送本司以定其優劣焉

世祖至元二十八年夏六月始置諸路陰陽學其在腹裏江南若有通曉陰陽之人各路官司詳加取勘依儒學醫學之例每路設教授以訓誨之其有術數精通者每歲錄呈省府赴都試驗果有異能則於司天臺內許令近侍延祐初令陰陽人依儒醫例於路府州設教授員凡陰陽人皆管轄之而上屬於太史焉

舉遺逸以求隱跡之士擢茂異以待非常之人世祖中統間徵許衡授懷孟路教官詔於懷孟等處選子弟之俊秀者教育之是年又詔徵金進士李冶授翰林學士徵劉因爲集賢學士不至又用平章咸寧王野仙薦徵蕭𣂏不起即授陝西儒學提舉至元十八年詔求前代聖賢之後儒醫卜筮通曉天文曆數并山林隱逸之士二十年復召拜劉因右贊善大夫辭不允未幾以親老乞終養俸給一無所受後遣使授命于家辭疾不起二十八年復詔求隱晦之士俾有司具以名聞成宗大德六年徵臨川布衣吳澂擢應奉翰林文字拜命即歸九年詔求山林間有德行文學識治道者遣使徵蕭𣂏且曰或不樂於仕可試一來與朕語而遣歸至大三年復召吳澄拜國子司業以病還延祐三年召拜集賢直學士以疾不赴至治三年召拜翰林學士武宗仁宗累徵蕭𣂏授集賢學士國子司業未赴改集賢侍講學士又以太子右諭德徵始至京師授集賢學士國子祭酒諭德如故仁宗延祐七年十一月詔曰比歲設立科舉以取人材尚慮高尚之士晦跡丘園無從可致各處其有隱居

行義才德高邁深明治道不求聞達者所在官司具姓名牒報本道廉訪司覆奏察聞以備錄用又屢詔求言於下使得進言於上雖指斥時政並無譴責往往采擇其言任用其人列諸庶位以圖治功其他著書立言裨益教化啓迪後人者亦斟酌錄用著爲常式云

童子舉唐宋始著于科然亦無常員成宗大德三年舉童子楊山童海童五年大都提舉學校所舉安西路張泰山江浙行省舉張昇甫武宗至大元年舉武福安仁宗延祐三年江浙行省舉俞傳孫馮怗哥六

年河南路舉張答罕學士完者不花舉丁頑頑七年河間縣舉杜山童大興縣舉陳翀英宗至治元年福州路連江縣舉陳元麟至治三年河南行省舉張英泰定四年福州舉葉留畊文宗天曆二年舉杜夙靈至順二年制舉荅不歹子買來的皆以其天資穎悟超出兒輩或能默誦經文書寫大字或能綴緝辭章講説經史並令入國子學教育之惟張泰山尤精篆籀陳元麟能通性理葉留畊問以四書大義則對曰無過事父母能竭其力事君能致其身時人以遠大期之

志卷三十一

翰林學士亞中大夫知制誥兼修國史臣宋濂 翰林待制承直郎同知制誥兼國史院編修官臣王褘等奉
勅修

選舉二

銓法上

凡怯薛出身元初用左右宿衛為心膂爪牙故四怯薛子孫世為宿衛之長使得自舉其屬諸怯薛歲久被遇常加顯擢惟長官薦用則有定制至元二十年議久侍禁闥門地崇高者初受朝命散官職事一等否則量減二等至大四年詔蒙古人降一等色目人降二等漢人降三等

凡臺憲選用大德元年省議臺官舊無選法俱於民職選取後互相保選省臺各為一選宜令臺官幕官聽自選擇惟廉訪司官則省臺共選若臺官於省部選人則與省官共議之省官於臺憲選人亦與臺官共議之至元八年定監察御史任滿在職無異政元係七品以下者例加一等六品以上者陞擢其有不顧權勢彈劾非違及利國便民者別議陞除或有不稱者斟酌銓注

凡選舉守令至元八年詔以戶口增田野闢詞訟簡

盜賊息賦役均五事備者為上選九年以五事備者為上選陞一等四事備者減一資三事有成者為中選依常例遷轉四事不備者添一資五事俱不舉者黜降一等二十三年詔勸課農桑克勤奉職者以次陞奬其怠於事者罷之二十八年詔路府州縣除達魯花赤外長官並宜選用漢人素有聲望及勳臣故家并儒吏出身資品相應者佐貳官遴選色目漢人參用庶期於政平訟理民安盜息而五事備矣

凡進用武官至元十五年詔軍官有功而陞職者舊以其子弟襲職陣亡者許令承襲若罷去者以有功

者代之十七年詔渡江總把百戶有功陞遷者總把依千戶降等承襲百戶無遞降職名則從其本等十九年奏擬萬戶千戶百戶物故視其子孫堪承襲者依例承襲外都元帥招討使總管總把視其子孫堪承襲者止令管其元軍元帥招討子孫為萬戶總管子孫為千戶總把子孫為百戶給元佩金銀符病故者降等惟陣亡者本等承襲二十年詔萬戶千戶百戶分上中下三等定立條格通行遷轉以三年為滿理筭資考陞加品級若年老病故者令其子弟依例廕叙是年以舊制父子相繼管領元軍不設蒙古軍官故定立資考三年為滿通行遷轉後各翼大小軍官俱設蒙古軍官又兼調遣征進俱已離翼難與民官一體遷轉廕叙合將萬戶千戶鎮撫自奏准日為始以三年為滿通行遷轉百戶以下不拘此例凡軍官征戰有功過者驗實跡陞降又定蒙古奧魯官大翼萬戶下設奧魯總管府從四品小翼萬戶下設奧魯官從五品各千戶奧魯亦設奧魯官受院劄各千戶奧魯不及一千戶者或二百戶三百戶以遠就近以小就大合併為千戶翼奧魯官受院劄若干碍投下難以合併宜再議之又定首領官受勑牒元帥招

討司經歷知事就充萬戶府經歷知事換降勑牒如元翼該革別與遷除若王令旨并行省劄付樞密院劄付經歷充中下萬戶府知事行省諸司劄付充提領案牘并各翼萬戶自設經歷知事一例俱作提控案牘受院劄又議隨朝各衛千戶鎮撫所提控案牘已擬受院劄外任千戶鎮撫所提控案牘合從行省許准受萬戶府付身二十四年詔諸求襲其父兄之職者宜察其人而用之凡舊臣勳閥及有戰功者其子弟當先任以小職若果有能則大用之二十五年軍官陣亡者本等承襲病故者降二等雖陣亡其子

弟無能勿用雖病故其子弟果能不必降等於本等用之大德四年以上都虎賁司并武衛内萬戶千戶百戶達魯花赤亡殁而無奏准承襲定例似為偏負今後各翼達魯花赤亡殁宜察其子弟有能者用之無能則止五年詔軍官有不赴任者有患病因事不行者有已赴任被差委而出公事已辦為私事稱故不廻者今後宜限以六月越限者以他人代之期年後以他職授之十一年詔色目鎮撫已殁其子有能依例用之子幼則取其兄弟之子有能者用之俟其子長即以其職還之至大二年議各衛翼首領官至

經歷以上不得陞除似與官軍一體其子孫乃不得承襲今後年踰七十而散官至正從四品者宜正從五品軍官内任用四年詔軍官有故令其嫡長子亡殁令嫡長孫為之嫡長孫亡殁則令嫡長孫之嫡長子為之若嫡長俱無則以其兄弟之子相應者為之

太禧院天曆元年罷會福殊祥二院而立之秩正二品其所轄諸司則從其擢用

宣徽院皇慶二年省臣奏其所轄倉庫屯田官員半由都省半由本院用之奉旨宜俱從省臣用之

中政院至大四年言諸司錢粮選法悉令中書省掌之可更選人任用移文中書給降宣勑延祐七年院臣啓皇后位下中政院用人奉懿旨依樞密院御史臺等例行之

直省舍人内則侍相臣之興居外則傳省闥之命令選宿衛及勳臣子弟為之又擇其高等二人專掌奏事至元二十五年省臣奏其充是職者俾受宣命大德八年擬歷六十月者始令從政

凡禮儀諸職有太常寺檢討至元十三年擬歷一百月除從八品　有御史臺殿中司知班十五年擬歷九十月除正八品　有通事舍人二十年議從本司

選已入流品職官為之考滿驗應得資品陞一等遷用未入流官人員擬充侍儀舍人受中書省劄一考除從九品三十年議於二品三品官子内選用不限蔭叙兩考從七品遷叙　有侍儀舍人三十年議於四品五品官子内選用不限蔭叙一考從九品大德三年議有闕宜令侍儀司於到部正從九品流官内選用仍受省劄三十月為滿依朝官内陞轉如不敷於應得府州儒學教授内選用歷一考正九品叙　有禮直管勾大德三年省選合用到部人員俱從太常寺舉保非常選除充者任廻止於本衙門叙用

有郊壇庫藏都監二人至大三年議受省劄者歷一
考之上受部劄者歷兩考之上再歷本院屬官一任
擬於從九品内叙天曆二年擬在朝文翰衙門於國
子生員内舉充
至元九年部議廵檢流外職任擬三十月為一考任
廻於從九品遷叙二十年議廵檢六十月陞從九品
大德七年議各處所委廵檢自立格月日為始已歷
兩考之上者循舊例九十月出職不及兩考者須歷
一百二十月方許出職遷轉十年省奏奉旨腹裏廵
檢任廻及考者止於廵檢内注授所歷未及者於錢

穀官内定奪通理廵檢月日各處行省所設廵檢考
滿者咨省定奪未及考滿者行省於錢穀官等職内
委用通理月日依舊陞轉不及一考如係告廕并提
控桉牘例應轉充者於雜職内委用考滿各理本等
月日依例陞轉
腹裏諸路行用鈔庫至元十九年部擬州縣民官内
選充係八品九品人員三十月為滿任回驗元資品
減一資歷通理遷叙　庫使受都省劄付任滿從優
遷叙　庫副受本路劄付二十月為滿於本處上戶
内公選交替　陝西四川西夏中興等路提舉司鈔
庫俱係行省管領合就令依上選擬庫官移文都省
給降勑牒劄付省議除鈔庫使副咨各省選擬外提
領省部選注　腹裏官員二十六年定選充倉庫等
官擬於應得資品上陞一等通理月日陞轉　江南
官員若曾腹裏歷仕前資相應依例陞轉遷去江淮
歷仕人員所歷月日一考之上者除一考准為根脚
餘有月日後任通理不及考者添一資若選充倉庫
等官擬於應得資品上例陞一等任回依上於腹裏
陞轉　接連官員選充倉庫等官應本地面從七品
者准筭腹裏從七資品歷過一考者為始理筭月日

後任通理一考之上餘有月日後任通理不及考者
添一資陞轉　福建兩廣官員選充倉庫等官應得
本地面從七品者准筭江南從七資品歷過一考者
為始理筭月日一考之上餘有月日後任通理不及
考者添一資陞轉　元係流官任回止於流官内任
用雜職者雜職内遷叙　萬億庫寶鈔總庫八作司
以一年滿代錢物甚多未易交割宜以二年為滿少
者以一年為滿　上都稅務官止依上例遷轉　都
省所轄去處二周歲為滿者各處都轉運使司官司
屬官首領官　各處都漕運使司官首領官　諸路

寶鈔都提舉司官　腹裏江南隨路平準行用庫官　印造寶鈔庫官　鐵冶提舉司官首領官　採金提舉司官首領官　銀場提舉司官首領官　新舊運糧提舉司官首領官　都提舉萬億庫八作司寶鈔總庫首領官　一周歲爲滿者泉府司所轄富藏庫官　廩給司　四賓庫　薄斂庫官　大都稅課提舉司官首領官　酒課提舉司官首領官　提舉太倉官首領官　提舉醴源倉官首領官　大都省倉官　河倉官　通州等處倉官應受省部劄付管錢穀院務雜職等官　大都平準行用庫官　燒鈔

四庫官　抄紙坊官　弊源庫官　行省所轄去處二周歲爲滿者各處都轉運使司官司屬官首領官　各處都漕運使司官首領官　行諸路寶鈔都提舉司官　腹裏江南隨路平準行用庫官　甘州寧夏府等處都轉運使司官　市舶提舉司官首領官　榷茶提舉司官首領官　一周歲爲滿者行泉府司所轄阜通庫官　各處行省收支錢帛諸物庫官

三十年部議九內外平準行用庫官提領從七品大使從八品副使從九品若流官內選充者任迴減一資陞轉雜職人員止理本等月日　元貞二年部議九倉官有闕於到選相應職官并諸衙門有出身令譯史通事知印宣使奏差兩考之上人內選用依驗難易收粮多寡陞等任回於應去地方遷敘　通州河西務李二寺等倉官於應得資品上陞一等任滿交割別無短少減一資通理　在都并城外倉分收粮五萬石之上倉官於應得資品上陞一等任滿交割別無短少依例遷叙　收粮一萬石之上倉官止依應得品級除授任滿交割別無短少減一資通理　大德元年省擬大都萬億四庫富寧庫寶鈔總庫上都萬億庫官止依合得資品選注須二周歲滿

日別無短少擬同隨朝例陞一等　二年省議上都應昌倉官比同萬億庫官例二周歲為滿於應得資品上擬陞一等　六年部議在都平準行用庫官擬合與外路一體二周歲為滿元係流官內選充者任回減一資陞轉　萬億四庫知事例陞一等提控按牘減資遷轉　和林昔寶赤八剌哈孫孔古烈倉改立從五品提舉司提舉一員從五品同提舉一員從六品副提舉一員從七品周歲爲滿於到選人內選充應得資品上擬陞二等任回遷用所歷月日通理

甘肅二路每處設監支納一員正六品倉使一員

從六品倉副一員正七品二周歲為滿於到選人内銓注入倉先陞一等任滿交割別無短少又陞一等受給庫提領從九品使副受省劄攢典合干人各設二名　七年部擬大都路永豐庫提領從七大使從八副使從九於到選相應人内銓注　江西省英德路河西務兩處設立平準行用庫擬合設官員係從七以下人員依例銓注　英德路平準行用庫提領一員從七大使一員從八副使一員從九品　河西務行用庫大使一員從八品副使一員吏部劄甘肅行省豐備庫提領一員從七品大使一員正八

品於到選迤西資品人内陞等銓注　大同倉官擬二周歲交代永盈倉例陞一等其餘六倉任回擬減一資陞轉　八年部議湖廣行省所轄散府司吏充倉官依河南行省散府司吏充倉官比總管府司吏取充者降等定奪　至大二年部呈九平準行用庫設官二員常平倉設官三員於流官内銓注以二年為滿依例減資　四年部議上都兩倉二周歲爲滿於應得資品上陞一等歷過月日今後比例通理
皇慶元年部議上都平盈庫二周歲爲滿減一資陞轉　延祐四年部議江浙行省各路見役司吏已及兩考選充倉官五萬石之上比同考滿出身充典史一考陞吏目五萬石之下者於典史添一考依例遷叙　湖廣行省倉官如係路吏及兩考選充倉官一界同考滿出身充典史一考陞吏目遷叙庫官周歲准理本等月日考滿依例陞轉

九稅務官陞轉至元二十一年省議應叙辦課官分三等一百定之上設提領一員使一員五十定之上設務使一員五十定之下設都監一員十定以下從各路差人管辦　都監歷三界陞務使一週歲爲滿月日不及者通理務使歷三界陞提領提領歷三界

受省劄錢穀官再歷三界始於資品錢穀官并雜職任用　各處就差相副官增及兩酬者聽各處官司再差增及三酬以上及後界又增者申部定奪　二十九年省判所辦諸課增虧分數陞降人員增六分陞二等增三分陞一等其增不及分數比全無增者到選量與從優虧欠一分降一等　三十年省擬提領二年爲滿省部於流官内銓注一萬定之上擬從六品五千定之上擬正七品二千定之上擬從七品一千定之上正八品五百定之上從八品大使副使俱周歲交代大使從行省吏部於解由合叙相應人

內遷調副使從各路於本處係籍近上户內公選
至大三年詔定立辦課例一百定之下院務官分爲三等五十定之上爲上等設提領一員受省劄大使一員受部劄二十定之上爲中等設大使副使各一員二十定之下爲下等設都監同監各一員俱受部劄並以一年爲滿齊界交代都監同監四界陞副使又四界陞大使又三界陞提領又三界入資品錢穀官并雜職內遷用行省差設人員各添兩界陞轉仍自立界以後爲始理筭月日並於有陞轉出身人員內定奪不許濫用白身議得例前部劄提領於大使

內銓注都監同監本等擬注止依歷一十二界至大三年例後剏入錢穀人員及正從六品七品取廕子孫亦依先例陞轉不須添界外其餘雜進之人依今次定例遷用通歷一十四界依上例陞轉
至元九年部議九總府績置提控案牘多係入仕年深似比巡檢例同考滿轉入從九緣從九係銓注巡檢闕提領案牘吏員文資出職難應捕捉兼從九員多闕少本等人員不敷銓注凡陞轉資考從九三任陞從八正九兩任陞從八巡檢提領案牘等考滿轉入從九從九再歷三考陞從八通理一百二十月陞

巡檢依已擬提領案牘權擬六十月正九再歷兩任通理一百二十月陞從九較之陞轉資考即比巡檢庶員闕易就都吏目擬吏目一考轉充都目一考轉充提領案牘考滿依上轉入流品都吏目應陞無闕止注本等職名驗理陞轉　二十年部擬提控案牘九十月陞九品　二十五年部擬各路司吏實歷六十月吏目兩考陞都目歷一考陞提控案牘兩考陞正九若依路司吏九十月吏目歷一考與都目餘皆依上陞轉省議江南提控案牘除各路司吏比附腹裏路司吏至元二十五年呈准定例遷除其餘已行

直補并自行踏逐歷案牘兩考者再添資遷除　三十年省准提控案牘補注巡檢陞轉資品不相爭懸如已歷提控案牘月日者任回止於提控案牘內遷敘　三十一年省議都目巡檢員闕雖不相就若不從宜調用似涉壅滯下部先儘到選巡檢餘闕准告銓注任回各理本等月日　大德二年省准京城內外省倉典吏例於大都路州司吏縣典史內勾補二周歲轉陞吏目除行省所轄外腹裏下州并雜職等衙門計設吏目一百餘處其籍記未注者以次銓注俱擬三十月爲滿任回本等內不次銓注　三年部擬

提控案牘都吏目有三周歲二周歲一周歲爲滿者
俱以三十月爲滿　八年省准和林兵馬司掌管案
牘人等比依下州合設吏目一員於籍記吏目外發
補任回從九品遷用添一資陞轉　司吏量擬四名
從本司選補通吏業者六十月提控案牘內任用
九年部呈都吏目已於典史內銓注宜將籍記案牘
驗歷仕以遠就近於吏目闕內參注各理本等月日
　十一年江浙省臣言各路提控案牘改受勑牒不
見通例部照江北提控案牘皆自府州司縣轉充路
吏請俸九十月方得吏目一考陞都目都目一考陞提控

案牘兩考正九品通理二百一十月入流其行省所
委者九十月與九品令議行省委用例華提控案牘
合於散府諸州案牘都吏目并雜職錢穀官內行省
依例銓注通理月日陞轉之後行省所設提控案牘
都吏目合依江北由司縣府州轉充路吏通理月日
考滿方許入流
九選取宣使奏差至元十九年部擬六部奏差額設
數目每一十名內令各部選取四名九十月與從九
品餘外合設數目俱於到部延檢提領案牘都吏目
內選取候考滿日驗下項資品銓注省准解由到部

闕會完備人員內選取應入吏目選充奏差三考與
從九品吏目一考應入都目人員選充奏差兩考與
從九品都目一考應入提領案牘人員選充奏差一
考與從九品延檢提領案牘一考選充奏差一考與
正九品　二十六年省准上都留守司兼本路都總
管府典吏出身歷九十月比通政院例合轉補本司
宣使考滿依例定奪　二十九年省議行省行院宣
使於正從九品有解由職官內選取如是不敷於各
道宣慰司一考之上奏差本衙門三考典吏內選取
不敷於各道廉訪司　三考奏差內并本衙門三考典

史內選取仍須色目漢人相參選取自行踏逐者亦
須相應人員考滿例降一等須歷九十月方許出職
　內外諸衙門宣使　以色目漢人相參九十月爲滿
自行踏逐者降一等　九內外諸衙門宣使通事知
印奏差都省宣使有闕於臺院等衙門一考之上宣
使并有解由正從八品職官內選補如係都省直選
人員不拘此例仍須色目漢人相參選取自行踏逐
者考滿例降一等須歷九十月方許出職　樞密院
宣使正從九品職官內選取仍須色目漢人相參選
用自行踏逐者亦須相應人員考滿例降一等須歷

九十月方許出職　御史臺宣使正從九品職官內
選取自行踏逐者考滿例降一等須歷九十月方許
出職　宣政院宣使選補同　宣慰司奏差於本衙
門三考典吏內選取自行踏逐者考滿降等敘須色
目漢人參用歷九十月方許出職　山東運司奏差
九十月於近下錢穀官內任用大都運司一體定奪
　七年省准肇昌等處便宜都總帥府令史人等已
擬依各道宣慰司令史人等一體出身自行踏逐者
降等敘有闕於本司三考典吏內選取　八年部呈
各寺監保本處典吏補奏差若元係請俸典吏本把

人等補充者考滿同自行踏逐者降等敘　九年擬
宣徽院典吏九十月補宣使并所轄寺監令史
十年省擬中政院宣使於本衙門三考之上典吏及
正從九品職官內選用以色目漢人相參自行踏逐
者降等　十一年省擬燕南廉訪司奏差州吏內選
補考滿於都目內遷用　延祐三年省議各衙門典
吏須歷九十月方許轉補奏差
九匠官至元九年工部驗各管戶數二千户之上至
一百戸之上隨路管匠官品級省議除在都總提舉
司去處依准所擬　東平雜造提舉司并隨路織染

提舉司二千户之上提舉正五品同提舉從六品副
提舉從七品一千户之上提舉從五品同提舉正七
品副提舉正八品五百户之上至一千户之下提舉
正六品同提舉從七品副提舉從八品三百户之上
大使正七品副使正八品一百户之上大使從七品
副使從八品一百户之下院長一負同院務例不入
流品量給食錢　凡一百户之下管匠官資品受上
司劄付者依已擬充院長已受宣牌充局使者比附
一百户之上局使資品遞降量作正九資品　二十
二年凡選取陞轉匠官資格元定品給負數提舉司

二千户之上者無之一千户之上提舉從五品同提
舉正七品副提舉正八品五百户之上一千户之下
提舉正六品同提舉從七品副提舉從八品使副三
百户之上局使正七品副使正八品一百户之上局
使從七品副使從八品一百户之下院長一負比同
務院例不入流品工部議三百户之上局副從八一
百户之上局副正九遇有闕於一百户之下院長內
選充院長一百二十月陞正九正九兩考陞從八從
八三考正八兩考俱陞從七如正八有闕別無資品
相應人負於已授從八匠官內選注通歷九十月陞

從七從七三考陞正七正七兩考陞從六從六三考正六兩考俱陞從五爲所轄司屬無從六名闕如已歷正七兩考擬陞加從六散官止於正七匠官內遷轉九十月陞從五如正六匠官有闕於已授從六散官人員內選注通歷九十月陞從五從五三考擬陞正五別無正五匠官名闕陞加正五散官止於從五匠官內遷轉如歷仕年深至日斟酌定奪至元十二年以前受宣勑省劄人員依管民官例擬准已受資品十三年以後受宣勑省劄人員若有超陞越等者驗實歷俸月定擬合得資品上例存一等遷用　管

匠官遇有闕員去處如無資品相應之人擬於雜職資品相應到選人內銓用　九中原江淮匠官正從五品子從九品匠官內廕敘六品七品子於院長內敘用以匠官無從九名闕擬正從五品子應廕者於正九匠官內銓注任回理筭從九月日　二十三年詔管匠官其造作有好惡虧少勿令遷轉　二十四年部言管匠衙門首領官宜於本衙門內選委知會造作相應人員區用勿令遷轉合依舊例從本部於常選內選差相應人員掌管案牘任滿交代遷敘元貞元年准湖廣行省所擬三千戶之上提舉司從五品提舉從五品同提舉正七品副提舉正八品二千戶之上提舉司正六品提舉正六品同提舉從七品副提舉從八品一千戶之上局局使正七品副使正八品五百戶之上局局使從七品副使正九品五百戶之下院長一員

凡諸王分地與所受湯沐邑得自舉其人以名聞朝廷而後授其職至元二年詔以各投下總管府長官不遷外其所屬州縣長官於本投下分到城邑內遷轉　四年省劄應給印官員若受宣命及諸王令旨或投下官員批劄省府樞密院制府左右部劄付者

驗戶給印　五年詔九投下官必須用蒙古人員六年以隨路見任并各投下撥差達魯花赤內多女直契丹漢人除回回畏吾兒乃蠻唐兀同蒙古例許敘用其餘擬合革罷曾歷仕者於管民官內敘用十九年詔各投下長官宜依例三年一次遷轉　省臣奏江南諸王分地長官已令如例遷轉其間若有兼管軍鎮守爲達魯花赤者一體代之似爲不宜合令於投下長官之上署字一同莅事　二十年議諸王各投下千戶於江南分地已於長官內委用其州縣長官亦令如之似爲相宜　二十三年諸王駙馬

并百官保送人員若曾仕者驗資歷於州縣内相間用如無歷仕從本投下自用　三十年各投下州縣長官三年一次給由互相遷轉如無可遷轉依例給由申呈省部仍牒廉訪司體訪　大德元年諸投下達魯花赤從七以下者依例類選　十年議各投下官員非奉省部明文毋得擅自離職　皇慶二年詔各投下分地城邑長官其常選所用者居衆人之上投下所委者爲添設其常選内路府州及各縣内減一員　三年以中下縣主簿録事司録判掌錢粮捕盗等事不宜減去并增置副達魯花赤一員　四年凡投下郡邑令自置達魯花赤其爲副者罷之　各投下有闕用人自於其投下内選用不許冒用常選内人

凡壕寨官至元十九年省部擬都水監併入本部其壕寨官比依各部奏差出身大德二年擬考滿除從九品

凡入粟補官天曆三年河南陜西等處民饑省臣議江南陜西河南等處富實之家願納粟補官者驗粮數等第從納粟人運至被災處所隨即出給勘合朱鈔實授茶鹽流官咨申省部除授凡錢穀官隷行省者行省銓注腹裏省者吏部注擬考滿依例陞轉其願折納價鈔者並以中統鈔爲則江南三省每石四十兩陜西省每石八十兩河南并腹裏每石六十兩其實授茶鹽流官如不願仕而讓封父母者聽　陜西省一千五百石之上從七品一千石之上正八品五百石之上從八品三百石之上正九品二百石之上從九品一百石之上上等錢穀官八十石之上中等錢穀官五十石之上下等錢穀官三十石之上旌表門閭　河南并腹裏二千石之上從七品一千五百石之上正八品一千石之上從八品五百石之上正九品三百石之上從九品二百石之上上等錢穀官一百五十石之上中等錢穀官一百石之上下等錢穀官　江南三省一萬石之上正七品五千石之上從七品三千石之上正八品二千石之上從八品一千石之上正九品五百石之上從九品三百石之上上等錢穀官二百五十石之上中等錢穀官二百石之上下等錢穀官　凡先嘗入粟遥授虚名者今再入粟則依驗粮數照依資品今實授茶鹽流官陜西省一千石之上從七品六百六十石之上正八品三百三十石之上從八品二百石之上正九品一

百三十石之上從九品　河南并腹裏一千三百石之上從七品一千石之上正八品六百六十石之上從八品三百三十石之上正九品二百石之上從九品　江南三省六千六百六十石之上正七品三千三百三十石之上從七品二千石之上正八品一千三百三十石之上從八品六百六十石之上正九品三百三十石之上從九品　先嘗入粟實授茶鹽流官者今再入粟則依驗粮數加等陞職　陝西省七百五十石之上五百石之上二百五十石之上一百五十石之上一百石之上　河南并腹裏一千石之

上七百五十石之上五百石之上二百五十石之上一百五十石之上　僧道能以自己衣鉢濟饑民者三百石之上六字師號都省出給二百石之上四字師號一百石之上二字師號俱禮部出給　四川省所轄地分富實民户有能入粟赴江陵者依河南省入粟補官例行之其粮合用之時從長處置　江浙江西湖廣三省已糴官粮見在價鈔於此差人赴河南省别與收貯合用之時從長處置

凡獲盜賞官大德五年詔獲強盜五人與一官捕盜官及應捕人本境失盜而獲他境盜者聽功過相補

獲強盜過五人捕盜官減一資至十五人陞一等應捕人與一官不在論賞之列

凡控鶴傘子至元二十二年擬控鶴受省劄保充御前傘子者除充拱衛都直指揮使司鈐轄官進義副尉　二十八年控鶴提控受勅進義副尉管控鶴百户及一考擬元除散官從八職事正九於從八內遷注　元貞元年控鶴提控奉旨充速古兒赤一年受省劄充御前傘子歷三百三十二月詔於從六品內遷用　大德六年控鶴百戶部議於巡檢內任用其離役百戶人等擬從八品傘子從七品　延祐三年

控鶴百户歷兩考之上擬於正九品遷用

凡王典赤至元二十七年定擬歷三十月至九十月者並與縣達魯花赤進義副尉一百月以上者官敦武校尉　至大二年令王典赤權於州判縣丞內銓注三年令依舊例九十月除從七下縣達魯花赤任回添一資

凡蠻夷官議播州宣撫司保蠻夷軍民副長官係遠方蠻夷不拘常調之職合准所保其蠻夷地分雖不拘常調之處而所保之人多有泛濫今後除襲替土官外急闕久任者依例以相應人舉用不許預保遠

者罪及所由官司

志卷第三十二

志卷第三十三　　元史八十三

翰林學士亞中大夫知制誥同修國史臣宋濂　翰林待制承直郎同知制誥兼國史院編修官臣王禕等奉
勑修

選舉三

銓法中

至元四年詔諸官品正從分等職官用廕各止一名　諸廕官不以居官去任致仕身故其承廕之人年及二十五以上者聽　諸用廕者以嫡長子若嫡長子有廢疾立嫡長子之子孫曾玄同如無立嫡長子同母弟曾玄同如無立繼室所生如無立次室所生如無立婢子如絕嗣者傍廕其親兄弟各及子孫如無傍廕伯叔及其子孫　諸用廕者孫降子曾孫降孫婢生子及傍廕者皆於合敘品從降一等　諸廕子入品職循其資考流轉陞遷廉慎幹濟者依格超陞特恩擢用者不拘此例其有不務廉慎違犯禮法者依格降罰重者除名　諸自九品依例遷至正三品止於本等流轉二品以上選自特旨　諸職官廕子之後若有餘子不得於諸官府自求職事諸官府亦不許任用　五年詔諸廕官各具父祖歷仕緣由去任身故歲月幷所受宣勑劄付彩畫宗支指實該

承廕人姓名年甲本處官司體勘房親揭照籍册别
無詐冒及無癈疾過犯等事上司審驗相同保結申
覆令親齎文解赴部　諸廕叙人員除蒙古及已當
禿魯花人數别行定奪外三品以下七品以上年二
十五之上者當儤使一年並不支俸滿日三品至五
品子孫量材叙用外六品七品子准上銓注監當差
使已後通驗各界增虧定奪　十六年部擬管匠官
止於管匠官内遷用其身故匠官之子若依管民官
品級承廕緣匠官至正九品以下止有院長同院務
例不入流品似難一例廕用比附承廕例量擬正從
五品子於九品匠官内叙六品七品子於院長内叙
凡儤直曾當怯薛身役已經歷仕及止有一子五
十以上者並免　二十七年詔凡軍民官陣亡軍官
襲父職民官陣亡者其子比父職降二等叙其孫若
弟復降一等　大德四年省議諸職官子孫廕叙正
一品子正五品叙從一品子從五品叙正二品子正
六品叙從二品子從六品叙正三品子正七品叙從
三品子從七品叙正四品子正八品叙從四品子從
八品叙正五品子正九品叙從五品子從九品叙正
六品子流官於巡撿内用雜職於省劄錢穀官内用從六品子近上錢穀

官正七品子酌中錢穀官從七品子近下錢穀官
諸色目人比漢人優一等廕叙達魯花赤子孫與民
官子孫一體廕叙傍廕照例降叙　至大四年詔諸
職官子孫承廕須試一經一史能通大義者免儤使
不通者發還習學蒙古色目願試者聽仍量進一階
　延祐六年部呈福建兩廣海北海南左右兩江雲
南四川甘肅等處廕叙之人如父祖始仕本處止以
本地方叙用據腹裏江南歷仕陞等遷往者其子孫
弟姪承廕又注遠方誠可憐憫今將承廕人等量擬
叙用福建兩廣八番官員擬江南廕叙海北海南左
右兩江官員擬接連廕叙雲南官員擬四川廕叙四
川甘肅官員擬陜西廕叙
凡遷調閩廣川蜀雲南官員每三歲遣使與行省銓
注而以監察御史往莅之至元十九年省議江淮州
郡遠近險易不同似難一體今量分爲三等若腹裏
常調官員遷入兩廣福建溪洞州郡者於本等資歷
上例陞二等其餘州郡例陞一等福建兩廣官員五
品以上照勘員闕移咨都省銓注六品以下就便委
用開具咨省　二十年部擬遷叙江淮官員擬定應
得資品若於接連福建兩廣溪洞州郡任用陞一等

甘肅中興行省所轄係西夏邊地除本處籍貫見任官外腹裏遷去甘肅者擬陞二等中興府擬陞一等　二十一年詔管民官腹裏遷去四川陞一等接連溪洞陞二等四川見任官遷往接連溪洞陞一等若遷去溪洞諸蠻夷別議定奪達魯花赤就彼處無軍蒙古軍官内選擬不爲常例　二十二年江淮官員遷於龍南安遠縣地分者擬陞二等仍以三十月爲滿陞轉　二十八年詔腹裏官員遷去雲南近裏城邑擬陞二等若極邊重地更陞一等行省咨保人員比依定奪其蒙古土人及招附百姓有功之人不

拘此例　省臣奏准福建兩廣官員多闕都省差人與彼處行省行臺官一同以本土周迴相應人員委用　部議雲南六品以下任滿官員依御史臺所擬選資品相應人擬定名闕具歷仕脚色咨省奏准勑牒到日許令之任若有急闕依上選取權令之任歷過月日依上准理　二十九年詔福建兩廣官員歷兩任滿者遷於接連去處一任滿日歷江南一任許入腹裏通行遷轉願於兩廣福建者聽依例陞等

至治元年省臣奏江浙江西湖廣四川雲南五處行省所轄邊遠地分官員三年一次差人與行省行臺官一同遷調　泰定四年部擬諸職官子孫承廕已有元定廕叙地方通例別難議擬如願於廣海廕叙者聽其所請依例陞等遷叙其已咨到都省應合本省地分廕叙而未受除者依例咨行省令差去遷調官就便銓注　廣海闕官於任滿得代有由應得路府州縣儒學教授學正山長内願充者借注正九品以下名闕任迴止理本等月日　廣海應設巡檢於本省應得常選上等錢穀官選擬權設理本等月日行省自用并不應之人不許委用如受勑巡檢到彼即聽交代

凡遷調循行各省所轄路府州縣諸司應合遷調官員先儘急闕次及滿任急闕須憑各官在任解由依驗月日應得資品及解由到行省月日依次就便遷調若有急闕委無相應之人或員闕不能相就者於應叙職官内選用驗各得資品上雖有超越不過一等　本管地面若有邊荒煙瘴險惡重地除土官外依例公選銓注其有超用人員多者不過二等　軍官匠官醫官站官各投下人等例不轉入流品者雖資品相應不許銓注　都省已除人員例應到任若有違限一年者聽別行補注　應有合就彼遷叙人

員如在前給由已咨都省聽除未經遷注照會不曾咨到本省者即聽就便開咨　無解由人員不許銓注　諸犯贓經斷應敘人員照例銓注　令譯史奏差人等須驗實歷月日已滿方許銓注　邊遠重難去處如委不可闕官從差去官與本省官公同選注能幹人員開具歷仕元由并所注職名擬咨都省候回准明文方許之任　應遷調官員三品四品擬定咨呈五品以下先行照會之任

凡文武散官多采用金制建官之初散官例降職事二等至元二十年始陞官職對品九品無散官謂之

平頭勑蒙古色目初授散官或降職事再授職雖不降必俟官資合轉然後陞職漢人初授官不及職再授則降職授官惟封贈廕敘官職各從一高必歷官至二品則官必從職不復用理筭法矣至治初稍改之尋復其舊此外月日不及者惟歷繁劇得優獲功賞則優由內地入邊遠則優憲臺舉廉能政蹟則優以選出使絕域則優然亦各有其格也

凡保舉職官大德二年制各廉訪司所按治城邑內有廉慎幹濟者歲舉二人九年詔臺院部五品以上官各舉廉能識治體者三人行省臺宣慰司廉訪司各舉五人　凡翰林院國子學官大德七年議文翰師儒難同常調翰林院宜選通經史能文辭者國子學宜選年高德邵能文辭者須求資格相應之人不得預保布衣之士若果才德素著必合不次超擢者別行具聞

凡遷官之法從七以下屬吏部正七以上屬中書三品以上非有司所與奪由中書取進止自六品至九品為勑授則中書牒署之自一品至五品為宣授則以制命之三品以下用金寶二品以上用玉寶有特旨者則有告詞其理筭論月日遷轉憑散官內任以

三十月為滿外任以三歲為滿錢穀典守以二歲為滿而理考通以三十月為則內任官率一考陞一等十五月進一階京官率一考視外任減一資外任官或一考進一階或兩考陞一等或三考陞二等四品則內外考通理此秋毫不可越然前任少則後任足之或前任多則後任累之一考者及二十七月兩考者及五十七月三考者及八十一月以上遇陞則借陞而補以後任此又其權衡也

凡選用不拘常格省參議都司郎中員外高第者拜參預政事六曹尚書侍郎及臺幕官監察御史出為

憲司官外補官已制授入朝或用勑除朝蹟秩視六品外任或為長伯在朝諸院由判官至使寺監由丞至卿館閣由屬官至學士有遞陞之法用人重於用法如此又覃官或准實授或普減資陞等或內陞等或外減資或外減內不減斯則恩數之不常有者惟四品以下者有之三品則遞進一階至正議大夫而止若夫勳臣世胄侍中貴人上命超遷則不可以選格論亦有傳勑中書送部覆奏或致繳奏者斯則歷代以來封駁之良法也

凡吏部月選至元十九年議到部觧由即行照勘合

得七品者呈省從七以下本部注擬其餘流外人員不拘多寡並以一月一次銓注

凡官吏遷敘至元十年議舊以三十月遷轉太速以六十月遷轉太遲二十八年定隨朝以三十月為滿在外以三周歲為滿錢穀官以得代為滿吏員以九十月日出職職官轉補與職官同

凡覃官至大二年詔內官四品以下普覃散官一等服色班次封廕皆憑散官三品者遞進一階至正三品上階而止其應入流品者有出身吏員譯史等考滿加散官一等　三年蒙古儒學教授一體普覃

四年詔在任官員普覃散官一等　泰定元年詔內外流官已帶覃官准理實授所有軍官及其餘未覃人員四品以下並覃散官一等三品遞進一階至三品上階止服色班次封廕悉從一高其有出身應入流品人等如在恩例之前入役支俸者考滿亦依上例覃授　二年省議應覃人員依例先理月日後准實授其正五品任回已歷一百三十五月者九十月該陞從四餘有四十五月既循行舊例覃官三品擬合准理實授月日未及者依驗散官止於四品內遷用所有月日任回四品內通行理筭

凡減資陞等大德九年詔外任流官陞轉甚遲但歷在外兩任五品以下並減一資部議外任五品以下職官若歷過隨朝及在京倉庫官鹽鐵等職會經陞等減資外以後至大德九年格前歷及在外兩任或一任六十月之上者並與優減未及者不拘此格至治二年太常禮儀院臣奏皇帝親祭太廟恩澤未加詔四品以下諸職官不分內外普減一資有出身應入流品者考滿任回依上優減　天曆元年詔以兵興內外官吏供給繁勞在京者陞一等至三品止在外者減一資

凡注官守闕至元八年議已除官員無問月日遠近許住守闕外未奏未注者許注六月滿闕六月以上不得預注　二十二年詔員多闕少守闕一年年月滿者照闕注授餘無闕者令候一年　大德元年以員多闕少冝注二年

凡注官避籍至元五年議各路地里闊遠若更避路恐員闕有所礙止冝斟酌避籍銓選

凡除官照會至元十年議受除民官若有守闕人員當前官任滿預期一月撿舉照會錢穀官候見界官任滿至日行下合屬照會　二十四年議受除官員

省劄到部照勘急闕任滿者比之滿期預先一月照會

凡赴任程限大德八年定赴任官在家装束假限二千里內三十日三千里內四十日遠不過五十日馬日行七十里車日行四十里乘驛者日兩驛百里以上止一驛舟行上水日八十里下水百二十里職當急赴者不拘此例違限百日外依例作闕

凡赴任公務至元二年定散府州縣赴任官去上司百里之內者公參百里之外者申到任月日上司官不得非理勾擾失誤公事

凡官員給假中統三年省議職官在任病假及緣親病假滿百日所在官司勘當申部作闕仍就任所給據期年後給由求叙自願休閒者聽　至元八年省准在任因病求醫并告假侍親者擬自離職住俸日為始限一十二月後聽仕其之任官果因病患事故不能赴任自受除日為始限一十二月後聽仕　部擬凡外任官日久不行赴任除行程并装束假限外遠者計日斷罪　二十七年議祖父母父母喪亡并遷葬者許給假限其限內俸鈔擬合支給違例不到停俸定罪　二十八年部議官吏遠離鄉土不幸患

病難議截日住俸果有患病官吏百日內給俸百日外停俸作闕　大德元年議雲南官員如遇祖父母父母喪葬其家在中原者並聽解任奔赴　二年詔凡值喪除蒙古色目人員各從本俗外管軍官并朝廷職不可曠者不拘此例　五年樞密院臣議軍官冝限以六月越限日以他人代之期年後授以他職　七年議已除官員若有病故及因事不能赴任者即牒所在官司否則親隣主首呈報上司別行銓注　八年吏部言赴任官即將署事月日飛申以憑標附有犯贓事故並仰申聞　天曆二年詔官吏丁憂

各依本俗蒙古色目倣效漢人者不用部議蒙古色目人願丁父母憂者聽

凡官員便養至大三年詔銓選官員父母衰老氣力單寒者得就近遷除尤爲便益果有親年七十以上別無以次侍丁合從元籍官司保勘明白斟酌定奪

凡遠年求敘元貞元年部擬自至元二十八年三月爲限於本處官司明具實跡保勘申覆上司遷敘　大德七年議求敘人員具由陳告州縣體覆相同明白定奪依例敘用

凡省部令史譯史通事等至元六年省議舊例一百二十月出職今案牘繁冗難同舊日會量作九十月爲滿其通事譯史繁劇合與令史一體近都省未及兩考省令史譯史授宣注六品職事部令史已授省劄注從七品職事今擬省令譯史通事由六部轉充者中統四年正月已前合與直補人員一體擬九十月考滿注六品職事回降正七一任還入六品中統四年正月已後將本司歷過月日三折二驗省府月日考滿通理九十月出職與正七職事並免回降　職官充省令譯史舊例文資右職衆注一考滿合得從七品注從六品未合得從七品注正七品如更勒留一考合同隨朝陞一等一考滿未得從七注正七品者回降從七還入正七一考滿合得從七注從六品合得正七注六品者免回降正從六品人員不合收補省令史譯史如有已補人員合同隨朝一考陞一等注授　中統四年正月已前收補部令史譯史通事擬九十月爲考滿照依已除部令史例注從七品回降正八一任還入從七　中統四年正月已後充部令譯史通事人員亦擬九十月爲考滿依舊例正八品職事仍免回降省宣使舊例無此職名中統

以來初立中書省曾受宣命充宣使者擬出職正七品職外有非宣授人員擬九十月爲考滿與正八品

至元二十年吏部言准內外諸衙門令譯史通事知印宣使奏差等病故作闕未及九十月並令貼補值例革者比至元九年例定奪省准宣使各部令史出職同三考從七一考之上驗月日定奪一考之下二十月以上者正九十五月以上者從九十五月以下擬充巡檢　臺院大司農司譯史令史出身同三考正七一考之上驗月日定奪一考之下二十月以上從八十五月以上正九十五月以下十月之上從

九添資十月以下巡檢宣使三考正八品一考之上驗月日定奪一考之下二十月以上從九十五月以上巡檢十五月以下酒稅醋使　部令史譯史通事三考從七一考之上驗月日定奪一考之下二十月以上者正九十五月以上從九十五月以下令史提控案牘通事譯史巡檢　奏差三考從八品一考之上驗月日定奪一考之下二十月以上巡檢十五月之上酒稅醋使十五月之下酒稅醋都監　大德四年中書省准吏部擬腹裏江南都吏目提控按牘陞轉通例凡腹裏提控按牘都吏目京畿漕運司令史

元擬六十月考滿今准九十月考滿都漕運司令史九十月諸路寶鈔提舉司司吏元擬六十月考滿今准九十月考滿萬億四庫司吏元擬六十月考滿今准九十月考滿大都路令史元擬六十月考滿任回減資陞轉今准六十月考滿不須減資大都運司令史九十月考滿都目寶鈔總庫司吏元擬六十月都目九十月提控案牘今准九十月都目富寧庫司吏元擬六十月提控案牘今准九十月都目左右八作司司吏元擬六十月今准九十月都目又議已經改擬出職人員各路司吏轉充提控案牘都目比同陞

用其餘直補人數並循至元二十一年之例遷用江南提控案牘都目至元二十五年呈准各路司吏六十月吏目兩考陞都目一考陞提控案牘兩考正九路司吏九十月吏目一考轉都目餘皆依上陞轉江南提控案牘除各路司吏比腹裏路司吏至元二十五年呈准例遷除其餘已行直補并自行保舉自呈准月日立格實歷案牘兩考者止依至元二十一年定例九十月入流未及兩考者再添一資遷除例後違越刱補者雖歷月日不准　大德十一年省臣奏凡內外諸司令史譯史通事知印宣使有出身者一

半於職官內選用依舊一百二十月為滿外任減一資又議選補吏員除都省自行選用外各部依元設額數遇闕職官與籍記內相參發補合用一半職官從各部自行選用通事知印從長官選用譯史則從翰林院試發都省書寫典吏考滿人內挨次上名補用其有不敷從翰林發補奏差亦於職官內選一半餘於籍記應例人內發補歲貢人吏依已擬在役聽候　省議六部令史如正從九品不敷從八品內亦聽選取省掾正從七品得代有解由并見任未滿已除未任文資流官內選取考滿於應得資品上陞一

等除元任地方雜職不用院臺令史如元係七品之人亦在選補之例　譯史通事選識蒙古回回文字通譯語正從七品流官考滿驗元資陞一等注元任地方雜職不預　知印於正從七品流官內選取考滿並依上例注授雜職不預　宣使於正從八品流官內選取仍須色目漢人相參歷一考於應得資品上陞一等除元任地方雜職不預

凡歲貢吏員至元十九年省議中書省掾於樞密院御史臺令史內取臺院令史於六部令史內取六部令史以諸路歲貢人吏補充內外職官材堪省掾及

院臺部令史者亦許擢用省掾考滿資品既高責任亦重皆自歲貢中出若不教養銓試必致人材失真今擬定例于後　諸州府隸省部者儒學教授選本管免差儒戶子弟入學讀書習業非儒戶而願學者聽遇按察司本路總管府歲貢之時於學生內選行義脩明文學優贍通經史達時務者保申觧貢　各路司吏有闕於所屬衙門人吏內選取委本路長官參佐同儒學教授考試習行移筭術字畫謹嚴語言辯利詩書論孟內通一經者為中式然後補充按察司書吏有闕府州司吏內勾補至歲貢時本州本路以上再試貢觧　諸歲貢吏當該官司於見役人內公選以性行純謹儒吏兼通者為上才識明敏吏事熟閑者次之月日雖多才能無取者不許呈貢　二十二年省擬呈試吏員先有定立貢法各道按察司上路總管府凡三年一貢儒吏各一人下路二年貢一人以次籍記遇各部令史有闕補用若隨路司吏及歲貢儒人先補按察書吏然後貢之於部按察書吏依先例選取考試唯以經史吏業不失章指者為中選隨路貢舉元額自至元二十三年為始各道按察司每歲於書吏內以次貢二名儒人一名必諳吏

事吏人一名必知經史者遇各部令史有闕以次勾補　元貞元年詔諸路有儒通吏事吏通經術性行脩謹者各路薦舉廉訪司試選每道歲貢二人省臺委官立法考試必中程式方許錄用　大德二年貢部人吏擬宣慰司廉訪司每道歲貢二人儒吏兼通者自大德三年為始依例歲貢應合轉補各部寺監令史依至元新格發遣到部之日公座試驗収補　九年省判凡選府州教授年四十已下願試吏員程式許補各部令史除南人已試者別無定奪到部未試之人依例考試　至治二年省准各道廉訪司書

吏先儘儒人不數者吏員內充貢各歷一考依例試貢

凡補用吏員至元十一年省議有出身人員遇省掾有闕擬合於正從七品文資職官并臺院六部令史內從上名轉補　翰林兩院擬同六部令史有闕於隨路儒學教授通吏事人內選補　樞密院御史臺令史省掾有闕從上轉補考滿依例除授又於正從八品文資官及六部令史內轉補　省斷事官令史與六部令史一體三考出身於部令史內發補　少府監令史擬於六部并諸衙門考滿典吏內補用

十三年省議行工部令史與六部令史一體於應補人內挨次填補　十四年詔諸站都統領使司令史擬同各部令史今既改通政院與臺院令史一體出身於各部令史內選補　十五年部擬翰林兼國史院令史同臺令史一體出身於各部令史內選取　二十一年省議江淮江西荊湖等處行省令史擬捋至元十九年咨發各省貼補人員先行收補不許自行踏逐移咨都省於六部見役令史內補充或叅用職官則從行省新除正從八品職官內選取雜職官不預　二十二年宣徽院令史考滿正七品遷敘於六部請俸令史內選取　總制院與御史臺同品令譯史通事一體如之　二十四年省准大都留守司兼少府監令史依宣徽院大司農司例遷　二十八年省議陝西行省令史於各部及考令史并正從八品流官內選補　二十九年大司農司令史於各部一考之上令史及正從八品職官內選取　省掾有闕於正七品文資出身人員內選吏員於樞密院御史臺令史元係六部令史內發充歷二十月以上者選如無於上名內選　三十一年省准內史府令史於各部下名令史內選　大德三年省准遼陽省令

史宜從本省選正從八品文資職官補用復令各部見役令史內不限歲月或願充或籍貫附近或選到職官逐旋選觧　國子監令譯史於籍記寺監令史內發補　上都留守司令史於籍記各部令史內或於正八品職官內選用考滿從七品遷用　宣徽院闌遺監令史准本院依驗元准月日挨補考滿同自行踏逐者降等遇闕如係籍記令史并常調提控案牘內及本院兩考之上典吏內補充者考滿依例遷敘自行選用者止於本衙門就給付身不入常調　四年部擬上都留守司令史仍聽本司於正從八品

流官内或於上都見役寺監令史河東山北二道廉
訪司上名書吏内就便選用　上都兵馬司司吏發
補附近隆興大同大寧路司吏相應　部擬各處行
省令史除雲南甘肅征東外其餘合依至元二十一
年定例於六部見役上名令史或正從八品流官參
補不敷聽於各道宣慰司元係廉訪按察司轉補見
役兩考之上令史内選充以宣慰司役過月日折半
准筭通理一百二十月方許出職　大德五年擬檀
景等處採金鐵冶都提舉司人吏於附近州縣司吏
内遴選　六年省擬太醫院令史於各部令史并相

應職官内選取　長信寺令史於元保内選補考滿
降等叙用有闕於籍記令史内發補　七年擬刑部
人吏於籍記令史内公選不許別行差補考滿離役
依例選取餘者依次發補　禮部省判許於籍記部
令史内選取儒吏一名續准一名於籍記部令史内
從上選補　户部令史於籍記部令史内從上以通
曉書筭練達錢穀者發遣從本部試驗收補　八年
省准隨路補用吏員令各路先以州吏入役月日籍
爲一簿府吏有闕從上勾補州吏有闕則於本州籍
記司縣人吏内從上勾補　各道宣慰司令史遇闕

以籍記部令史下名發補新除正從九品流官内選
取　九年省准都城所係在京五品衙門司吏歷兩
考轉補京畿都漕運兩司令史遇闕以倉庫攢典歷
一考者選充及兩考則京畿都漕運兩司籍名遇闕
依次収補　上都寺監令史有闕先儘省部籍記常
調人員發補仍於正從九品流官内并應得提控案
牘内選取不敷就取元由路吏考滿陞充都吏目典
史准吏目月日及大同大寧隆興三路司吏歷兩考
之上者叅用　十年省准司縣司吏有闕於巡尉司
吏内依次勾補巡尉司吏有闕從本處耆老上户循

衆推舉仍將祗應月日均以歲爲滿州吏有闕縣吏
内勾補路吏有闕州吏内勾補若無所轄府州於附
近府州吏内勾補縣吏發補附近府州司吏　户刑
禮部合選令史有闕於籍記令史上十名内并職官
到選正從九品文資流官内試選　十一年省准縣
吏如歷一考取充庫子一界再發縣吏准理州吏月
日路吏有闕依次勾補　至大元年省准典寶監令
史就用前典寶署典書蒙古必闍赤一名例從翰林
院試補知印通事各一名從長官選保　二年立資
國院二品及司屬衙門令史一十名半用職官從本

院選半於上名部令史内發補譯史二名内職官一
名從本院選外一名翰林院發通事知印各一名從
本院長官選宣使八名半叅用職官餘許本院自用
一名外三名常選相應人内發典吏六名從本院選
所轄庫二處每處司庫六名本把四名於常選人内
發泉貨監六處各設令史八名於各路上名司吏内
選譯史一名從翰林院發通事二名從本監長官選
奏差六名各州司吏内選典吏二名本監選以上考
滿同都漕運司例出身所轄一十九處兩提舉司設
吏目一人常選内選司吏五名縣司吏内選　三年

省准泉貨監令史於各處行省應得提控案牘人内
選參用正從九品流官山東河東二監從本部於相
應人内發補考滿依例遷用見後自用之人考滿降
等敘有闕以相應人補　四年省准江西等處儒學
提舉司司吏舊從本司公選後從國子監發補宜從
本司選補　典瑞監首領官令譯史等依典寶監例
選用考滿遷敘　部議長信寺通事一名例從所保
譯史知印令史奏差從本衙門選一半職官餘相應
人内選考滿同自用遷敘典吏二名就便定奪其自
用者降等敘　皇慶元年省准群牧監令譯史知印

怯里馬赤奏差人等擬諸色譯史例從翰林院發補
知印通事長官選令史奏差典吏俱有發補定例其
已選人考滿降等敘有闕於相應人内選發　大都
路令史歷六十月依至元二十九年例陞提控案牘
减一資陞轉有過者雖貼滿月日不减資遇闕於所
轄南北兩兵馬司并各州見役上名司吏内勾補有
闕從本路於左右巡院大興宛平與其餘縣吏通籍
從上挨補月日雖多不得無故替罷違例補用者不
准除已籍記外有闕依上勾補　覆實司司吏於諸
州見役司吏内選不敷則以在都倉庫見役上名攅

典發充歷九十月除都目年四十五之下歷一考之
上亦許轉補京畿都漕運司令史違例权補別無定
奪　二年省准中瑞司譯史從翰林院發知印長官
選保令史奏差叅取職官一半所選相應考滿依例
遷敘奉懿旨委用者考滿本司區用有闕以相應人
補　征東行省令譯史宣使人等舊考滿從本省區
用若經省部擬發相應之人依例遷用如不應者雖
省發亦從本省區用　延祐二年省准河間等路都
轉運鹽使司所轄場分二十九處二處改陞從七
司吏有闕依各縣人吏一體於附近各處巡尉捕盜

司吏依次以上名勾補再歷一考與各場隣縣吏互相遷調　和林路總管府司吏以本處兵馬司吏歷一考者轉補再歷一考轉稱海宣慰令史考滿除正八品補不盡者六十月受部劄充提控案牘沙瓜二州屯儲摠管萬户府邊遠比例一體出身相應　會福院令譯史通事宣使人等若省部發去者依例遷叙自用者考滿同二品衙門出身例降一等添一資陞轉於常選教授儒人職官并見役各部令史内取補宣使於常職官内參補通事知印從長官選用仍須參用職官典吏從本衙門補用　五年省准詹事院立家令司府正司知印怯里馬赤俱令長官選用令史六名内取教授二名職官二名廉訪司書吏二名譯史一名於蒙古字教授及都省見役蒙古書寫内選補奏差二名以相應人補

凡宣使奏差委差巡鹽官出身　中書省宣使至元九年曾受宣命補充者九十月考滿正七品省劄宣使九十月考滿比依部令史例從七品其臺院宣使各部奏差比例定擬　二十三年省准省部臺院令譯史通事宣使奏差人等未滿九十月不許預告遷轉都省元定六部奏差遷轉格例應入吏目選充者三考從八品應入提控案牘人員選充者三考從八品任回減一資陞轉巡檢提控案牘選充者一考正九品　二十四年省准大都留守司兼少府監奏差改充宣使合於各部奏差内選取改陞宣使月日爲始考滿比依宣徽院大司農司一體出身自行踏逐者降等遷叙　大司農司所轄各道勸農營田内書吏於各路司吏内選取考滿提控案牘内任用奏差就令本司選委　二十九年省准各道廉訪司通事譯史出身比依書吏一體考滿正九奏差考滿依通事譯史降二等量擬於錢穀官并巡檢内任用　三

十年省准延慶司奏差比依家令司奏差一體考滿正九品自行踏逐者降一等　大德四年省准諸路寶鈔提舉司奏差改稱委差九十月爲滿於酌中錢穀官内任用　五年部議山東運司奏差九十月近下錢穀官内任用大都運司一體定奪　六年部擬河間運司巡塩官依奏差出身九十月近下錢穀官内任用　七年部擬凡奏差自改立廉訪司爲始九十月歷巡檢三考轉從九　皇慶元年各道廉訪司奏差出身於本道所轄上名州司吏内選取九十月都目内任用若有路吏并典吏内取充者歷兩考比

依上例都目內陞轉
凡庫藏司吏庫子等出身　至元二十六年省准上都資乘庫庫子本把九十月近上錢穀官內任用　衛尉院利器庫壽武庫庫子踏逐者九十月近上錢穀官內任用　二十八年省擬泉府司富藏庫本把庫子六十月近下錢穀官內任用　大府監行由藏庫子三周年爲滿省劄錢穀官內遷叙　備用庫提控三十月庫子本把三周歲近上錢穀官內任用　三十年省准大都留守司兼少府監器備庫庫子本把六十月近下錢穀官內任用　三十年省准宣徽

院生料庫庫子本把幷太醫院所轄御藥局院本把出身例六十月近上錢穀官一體遷叙　大德元年部擬中御府奉宸庫庫子以三周歲爲滿擬受省劄錢穀官本把六十月近上錢穀官內任用　三年省擬萬億四庫左右八作司富寧寶源等庫各設色目司庫二名俱於樞密院各衛色目軍內選差考滿巡檢內任用自行踏逐者一考並同循行如此又漢人司庫於院務提領大使都監內發補二周歲滿日減一界陞轉其色目司庫於到選錢穀官內選發考滿優減兩界　都提舉萬億庫提控案牘比常選人員

任迴減一資陞用司吏三十五人除色目四人外漢人有闕於大都總管府轉運司漕運司下名司吏內選取三十月擬充吏目四十五月之上六十月之下都目六十月以上轉提控案牘省擬六十月以上四十五月以下願充寺監令史者聽司庫五十人除色目一十四人另行定奪外漢人於大都路人戶內選用二周歲爲滿院務提領內任用都監內充司庫二年爲滿於受省劄錢穀官內任用務使充司庫二年爲滿於從九品雜職內任用秤子五人於大都人戶內選充二年爲滿於近下錢穀官內任用　太醫院

御藥局本把六十月近上錢穀官內任用　四年定給庫依油磨坊設攢典庫子從工部選　會同館收支庫攢典與長秋庫同　上都廣積萬盈二倉係正六品永豐係正七品比之大都平准庫品級尤高擬各倉攢典轉寺監本把幷萬億庫司吏相應　提舉廣惠司庫子考滿近下錢穀官內任用　侍儀司法物庫所設攢典庫子依平准行用庫例補用　五年大都尚食局本把擬於錢穀官內遷叙本院自行踏逐者就給付身考滿不入常調　都提舉萬億寶源庫色目司庫擬於巡檢內任用添一資陞轉　京畿

都漕運司司倉於到選錢穀官內選發　六年部呈
凡路府諸州提控案牘都吏目等諸衙門吏員出身
應得案牘都吏目如係路府司吏轉充之人依舊遷
除其由倉庫攢典雜進者得提控案牘改省劄錢穀
官都目近上錢穀官吏目改酌中錢穀官提控案牘
都吏目月日考滿於流官內遷用　廣勝庫子合從
武備寺給付身考滿本衙門定奪　大積等倉典吏
與四庫案牘所掌事同任回減一資陞用　七年各
路攢典庫子部議江北及行省所轄路分庫子依已
擬於司縣司吏內差補周歲發充縣司吏遇州司吏

有闕挨次勾補　諸倉庫攢典有闕於各部籍記典
吏內發補左右八作司等五品衙門內司吏有闕卻
於各倉庫上名攢典內發補若萬億庫四品衙門司
吏有闕亦於上項司吏內從上轉補將役過五品衙
門月日五折四准筭通理九十月考滿提控案牘內
遷用如轉補不盡五品衙門司吏考滿止於都目內
任用油磨坊抄紙坊攢典有闕並依上例　回回藥
物院本把六十月酌中錢穀內定奪　九年省准提
舉和林倉昔寶赤八剌哈孫倉孔古列倉司吏六十
月酌中錢穀官內委用資成庫庫子出身部議比依

太府利用章佩中尚等監武備寺庫有闕如係本衙
門典吏請俸一考轉補者六十月為近上錢穀官其
餘補充之人九十月依上遷用　和林等處宣慰司
都元帥府所轄廣濟庫庫子攢典自行踏逐者比依
三倉例六十月於近下錢穀官內定奪　至大二年
省准廣禧庫庫子依奉宸庫例出身如係本把一考
之上轉充者四十五月受省劄錢穀官其餘補充之
人六十月依上例遷用本把元係本衙門請俸一考
典吏轉補者六十月近上錢穀官其餘補充者九十
月亦依上例遷用　上都東西萬盈廣積二倉司倉

與倉官一體二周歲為滿　三年省准各路庫子於
各處錢穀官內發補擬不棫界考滿從優定奪江北
庫子止依舊例和林設立平准行用庫庫子宜從本
省相應人內量選二名二周歲為滿近下錢穀官內
定奪　皇慶元年部議文成供須藏珍三庫本把庫
子依太府監庫子例常選內委用考滿比例遷除有
闕於常調人內發補自行選用者考滿從本院定奪
若係常選任用者考滿依例遷敘　二年殊祥院所
轄萬聖庫庫子攢典依崇祥院諸物庫例出身部議
如比上例三十月轉補五品衙門司吏再歷三十月

於四品衙門司吏内補用其庫子合於常調籍記倉庫攢典人内發補六十月爲滿於務都監内任用自行委用者考滿本衙門定奪　延祐元年省議腹裏路分司倉庫子於州縣司吏内勾補滿日同舊例陞轉

凡書寫銓寫書吏典吏轉補　至元二十五年省准通政等二品衙門典吏九十月補本院宣使各寺監典吏比依上例考滿轉補本衙門奏差　户部塡寫勘合典吏與管勘合令史一體考滿從優定奪　叅議府左右司客省使令史書寫四十五月轉補如補

不盡於提控案牘内任用於各部銓寫及典吏内収補　會總房承發司照磨所架閣庫典吏各部銓寫六十月轉補巳上都目内任用　各部典吏并左右部照磨所架閣庫典吏於都省叅議府左右司客省使令史書寫内以次轉補如補不盡六十月轉補各監令史巳上吏目内任用　樞密院典吏銓寫依御史臺典吏一體六十月轉部轉補不盡六十月巳上於都目内任用御史臺典吏遇察院書吏有闕從上挨次轉補通理六十月補各道按察司書吏部令史有闕亦行収補　二十六年省准上都留守司兼本路都總管府典吏九十月補本司宣使考滿依例定奪　二十七年省准漕運使司令史九十月提控案牘内任用如年四十五以下願充寺監令史者聽　省院臺部書寫銓寫典吏人等出身與各道宣慰司按察司隨路總管府歲貢吏員一體轉部書寫人等止令轉寺監等衙門令史　二十八年省准叅議府左右司客省使令史各房書寫有闕擬於都省典吏内選補五折四令史書寫月日通折四十月轉部及六部銓寫典吏一考之上選充三折二令史書寫月日通折四十五月轉補各部令史如巳行選用者四

十五月補寺監令史　叅議府左右司客省使令史各房書寫有闕擬於都省典吏内選補五折四令史書寫月日通折四十五月轉部及六部銓寫典吏一考之上選充三折二令史書寫月日通折四十五月轉補各部令史如自行選用者四十五月補寺監令史　部議執總會總房照磨承發司架閣庫典吏一考之上轉補叅議府左右司客省使令史補不盡者四十五月補寺監令史有闕於六部銓寫典吏一考之上選充三折二省典吏月日通折六十月轉補各部令史若轉充叅議府左右司客省使令史都省書

寫五折四令史書寫月日通折四十五月轉部如自
行選用者六十月補寺監令史　六部銓寫典吏并
左右部照磨所架閣庫典吏一考之上遇省書寫典
吏月日補不盡者六十月轉補寺監令史省議除見
役外後有闕擬於都省各房寫發人内公舉發補除
轉充叅議府左右司客省使令史都省書寫典吏者
依前例轉補不盡者六十月充都目　二十九年部
擬御史臺典吏三十月依廉訪司書吏轉補察院三
十月轉部補不盡者考滿從八品遷用外行臺典吏
三十月轉補行臺察院書吏再歷三十月發補各道

宣慰司令史　叅議府令史四十五月轉部令史
光祿寺典吏考滿轉補本衙門奏差　元貞元年省
准省部見役典吏實歷俸月名排籍記遇都省書寫
典吏有闕從上挨次發補　樞密院銓寫一考之上
補都省書寫通折月日陞轉外本院銓寫有闕補請
俸上名典吏　大德元年省准兩淮本道書吏轉補
行臺察院書吏江南宣慰司令史　雲南四川河西
三道書吏在邊遠者三十月為格依上遷補　江浙
行省檢校書吏於行省請俸典吏内選補以典吏月
日五折四通折書吏六十月轉各道宣慰司　四年

省准徽政院掌儀掌膳掌醫署書吏宜從本院通定
名排若本院典吏有闕以次轉補　八年省議院臺
以下諸司吏員俱從吏部發補據曾經省發并省判
籍定典吏令史從吏部依次試補元籍記典吏見在
寫發者遇各庫攢典試補　省掾每名設貼書二名
就用已籍記者呈左右司關吏部籍定遇部典吏闕
收補歷兩考從上名轉省典吏除一考外餘者折省
典吏月日兩考陞補叅議府左右司客省使令史書
寫檢校書吏通折四十五月補不盡省典吏六十月
遇寺監令史宣慰司令史有闕依次發補除宣慰司

令史已有貢部定例寺監令史歷一考與籍記部令
史通籍發補各部令史寺監見役人等雖經准設未
曾補闕不許轉部考滿依舊例遷叙其省部典吏書
寫人等轉入寺監宣慰司願守考滿者聽　御史臺
令史一名選貼書二名依次選試相應充架閣庫子
轉補典吏三十月發充各道廉訪司書吏再歷一考
依例歲貢　三品衙門典吏歷三考陞宣使補不盡
本衙門於相應闕内委用　部典吏一考之上轉省
典吏補不盡者三考補本衙門奏差兩考之上發寺
監宣慰司奏差外據六部係名貼書合與都省寫發

人相參轉補各部典吏補不盡者發各庫攢典都省寫發人有闕於六部係名貼書內參選不盡者依舊發各庫攢典　九年省准獄典歷一考之上轉各部典吏　翰林國史院書寫考滿除從七品有闕從本院於籍記教授試准應補部令史內指名選用　太常寺典吏歷九十月注吏目　工部符牌局典吏三十月轉各部典吏　翰林國史院蒙古書寫四十五月轉補寺監蒙古必闍赤　宣徽院所轄寺監令史有闕於到部籍記寺監令史與本院考滿典吏挨次發補　十年省准陝西諸道行御史臺察院書吏若

係腹裏歲貢廉訪司見役書吏選取人數須歷一考以上名貢部下名轉補察院　總管府獄典轉州司吏府州者補縣吏須歷一考方許轉補　江浙行省運司書吏九十月陞都目添一資陞轉如非各路散府上州司吏補充役過月日別無定奪、十一年省准左司言照磨所典吏遇闕宜於左右部照磨所典吏內從上發補　各路府州獄典遇闕於廉訪司寫發人及各路通曉刑名貼書內參補　至大元年省准各部蒙古必闍赤如係翰林院選發之人四十五月遇各衙門譯史有闕依次與職官相參補用不敷

從翰林院發補　三年省准詹事院蒙古書寫如係翰林院選發之人四十五月遇典用等監衙門譯史有闕依次與職官相參補用不敷從翰林院選發和林行省典吏轉理問所令史四十五月發補稱海宣慰司令史轉補不盡典吏須歷六十月依上發補　中瑞司掌謁司典書九十月與寺監令史一體除正八品　行臺察院書吏俱歷九十月依舊出身叙任廻添一資陞轉　內臺察院轉部行臺察院轉江南宣慰司令史北人貢內臺察院各道廉訪司書吏先役書吏歷九十月擬正九品任廻添一資陞轉

省議廉訪司書吏上名貢部下名轉察院　不盡者通九十月除正九品察院書吏三十月轉部不盡者九十月除從八品非廉訪司取充則四十五月轉部不盡者考滿除正九品　二年議廉訪司書吏貢察院書吏不盡者九十月除正九品行臺察院書吏轉補不盡者如之內臺察院書吏轉部年高不願轉部者九十月除從八品　皇慶元年部議廉訪司職官書吏合依通例選取不許遷叙候書吏考滿通理叙用　職官先嘗為廉訪司書吏者避元役道分并其餘相應職官歷三十月減一資又教授學正學錄并府

州提控案牘都吏目內委充職官各理本等月日其餘歲貢儒吏依例選用又廉訪司奏差內臺行臺典吏有能者歷一考之上選充書吏通儒書者充儒人數通吏業者充吏員數　參議府左右司客省使令史書寫檢校書吏依至元二十八年例以省典吏選充五折四令史書寫書吏月日通折五十五月轉部省典吏係六部銓寫典吏轉充三折二省典吏月日通折六十月轉各部令史自用之人并轉補不盡省典吏考滿發補寺監各道宣慰司令史　二年省准河東宣慰司選河東山西道廉訪司書吏充令史合

迴避按治道分選取其餘亦合一體　延祐三年部擬行臺察院書吏各道廉訪司掌書元係吏員出身者並依舊例以九十月爲滿依漢人吏員降等於散府諸州案牘內選用任迴依例陞轉　大宗正府掾古書寫四十五月依樞密院轉各衛譯史除正八品例籍定發補諸寺監譯史　察院書吏與宣慰司令史皆係八品出身轉部者宜以五折四理筭宣慰司令史出身正八品察院從八品其轉補到部者以五折四准筭太優今三折二其廉訪司徑發貢部及已除者難議理筭　天曆元年臺議各道書吏額設一十六人有闕宜用終場下第舉子四人教授四人各路司吏四人通吏職官四人委文資正官試驗相應方許入部

凡衛翼吏員陞轉　皇慶元年樞密院議各處都府并總管高麗女直漢軍萬户府及臨清萬户府秩三品本府令史有闕於一考都目兩考吏目并各衛三考典吏內呈院發補九十月歷提控案牘一任於各萬户府知事內選用　延祐六年樞密院議各衛翼都目得代兩考者擬受院劄提控案牘內銓注三考陞千户所知事月日不及者各衛翼挨次前後得代

日期於都目內貼補　各衛提控案牘年過五旬已歷四考者陞千户所知事及兩考年四十五以下發補各衛令史不及兩考者止於案牘內銓注受院劄通理一百二十月於千户所知事內選用　各處蒙古都元帥府額設令史有闕於本府所轄萬户府并輿魯府上名司吏年四十以下者選取呈院准設歷一百二十月再歷提控案牘一任於萬户府知事內遷用　泰定三年樞密院議行省所轄萬户府司吏有闕於本翼上千户所上名司吏內取補須行省准設九十月充吏目一考轉都目一考除千户所提領

案牘一考陞萬户府提控案牘歷兩考通歷省除一百五十月行省照勘相同咨院於萬户府知事内區用

凡各萬户府司吏　蒙古都萬户府司吏有闕於千户所司吏内選補歷一百二十月陞千户所提領案牘一考萬户府案牘通理九十月轉萬户府知事　漢軍萬户府并所轄萬户府及奥魯府司吏於千户所司吏内補用呈院准設九十月充吏目一考都目一考陞千户所或都千户所奥魯府提控案牘再歷萬户府或都府奥魯府提控案牘兩任於萬户府知事内用　各衛都府令史於一考都目兩考吏目并各衛請俸三考典吏内呈院發補九十月為滿再歷提控案牘一任於各萬户府知事内遷用　各處蒙古軍元帥府令史大德十年擬於本府所轄萬户府并奥魯府上名司吏内年四十以下者選補呈院准設歷一百二十月再歷提控案牘一任於萬户府知事内遷用　各省鎮撫司令史於各萬户府上名六十月司吏内選取受行省劄三十月為滿再於各萬户府提控案牘内歷一百二十月知事内定奪　各衛翼令史有出身轉補者九十月正八無出身者從八内定奪

凡提控案牘都目　至元二十一年三月已後受院劄九十月為滿行省行院劄一百二十月為滿於萬户府知事内用　大德四年案牘年過五旬已歷四考者於千户所知事内定奪外及兩考四十五以下發補各衛令史若不及考者止於案牘内銓注受院劄通理一百二十月於千户所知事内用　各衛翼都目延祐六年請俸兩考者院劄提控案牘内銓注歷三考陞千户所知事月日不及者各衛翼都目内點補如各衛典吏轉充者六十月直隸本院萬户府提控案牘督軍屯田千户所鎮撫司提控案牘内銓注無俸人轉充者九十月依上陞轉　鎮撫司屯田弩軍千户所都目依中州例改設案牘止請都目俸三十月為滿依例注代

志卷第三十三

志卷第三十四　　元史八十四

翰林學士亞中大夫知制誥兼修國史臣宋濂　翰林待制承直郎同知制誥兼國史院編修官臣王禕等奉

勅脩

選舉四

考課

凡隨朝職官至元六年格一考陞一等兩考通陞二等止六部侍郎正四品依舊例通理八十月陞三品左右司郎中員外郎都事考滿陞二等六部郎中員外郎主事三十月考滿陞一等兩考通陞二等

九官員考數省部定擬從九品擬歷三任陞從八正九品歷兩任陞從八正八品歷三任陞從七從七歷三任呈省正七歷兩任陞從六從六品通歷三任陞從五正六歷兩任陞從五從五轉至正五緣四品闕少通歷兩任須歷上州尹一任方入四品內外正從四品通理八十月陞三品

凡取會行止中統三年詔置簿立式取會各官姓名籍貫年甲入仕次第至元十九年諸職官解由到省部考其功過以憑黜陟大德元年外任官解由到吏部止於刑部照過將各人所歷立行止簿就撿照定擬

凡職官迴降至元十九年定江淮官已受宣勅資品相應例陞二等遷去江淮任用其已考滿者並免迴降不及考者例存一等有出身未合入流品受宣者任迴三品擬同六品四品擬同七品正從五品同正八品受敕者正從六品同從八品七品八品同正從九品正從九品同提領案牘巡檢無出身及白身人受宣者三品同七品四品同八品正從五品同正九品受勅者正從六品同從九品七品八品同提領案牘巡檢正從九品擬院務監當官其上項有資品人員再於接連福建兩廣溪洞州郡任用擬陞一等兩廣福建別議陞轉　至元十四年都省未注江淮官已前創立官府招撫百姓實有勞績者其見受職名若應受宣者三品同七品四品五品擬同八品若應受勅者正從六品同正從九品其七品八品擬同提控案牘巡檢正從九品擬同院務監當官無出身不應叙白身人其見受職名應受宣者三品同八品四品五品同九品應受勅者正從六品同提控案牘巡檢七品以下擬院務監當官其上項人員若再於接連福建兩廣溪洞州郡任用擬陞一等兩廣福建別議陞轉至元十四年已後新收撫

州郡准上例定奪　前資不應又陞二等遷去江淮官員任迴擬定前資合得品級於上例陞二等止於江淮遷轉若於腹裏任用並依上例七品以下已歷三品四品者比附上項有出身未入流品人員例從一高前三件於見擬資品上增一等銓注　二十一年詔軍官轉入民職已受宣勑不曾之任者擬自准定資品換授從禮任月日爲始理筭資考陞轉若先受宣敕已經禮任資品相應者通理月日陞轉外據驟陞人員前任所歷月日除一考外餘月日與後任月日依准定資品通理陞轉不及考者擬自准定資

品換授從禮任月日為始理筭資考陞轉　腹裏常調官除資品相應者依例陞轉外有前資未應入流品受宣敕者六品以下人員照勘有無出身依驗職事品秩自受勑以後歷一考者同江淮例定擬不及考者更陞一等五品以上人員斟酌比附議擬呈省據在前已經除授者任迴通理定奪

凡吏屬年勞差等　至元六年吏部呈省部譯史通事舊以一百二十月出職今案牘繁冗合以九十月為滿　十九年部擬行省通事譯史令史宣使或經例革替罷所歷月日不等如元經省掾發去不及一考者擬令貼補及一考之上者比臺院令史出身例定奪自行踏逐者降一等叙不及一考者發還本省區用宣慰司人吏經省院發不及一考者擬貼補及一考之上者比部令史出身降一等定奪自行踏逐者又降一等不及一考者别無定奪　二十年省擬雲南行省極邊重地令譯史人等六十月考滿　甘肅行省令譯史人等六十五月考滿本土人員依舊例用　二十五年省准緬中行省令史依雲南行省一體出身　大德元年省臣奏以省臺院諸衙門令譯史通事知印宣使等舊以九十月爲滿陞遷太驟

令以一百二十月為滿於應得職事内陞用又寫聖旨掌奏事選法應辦刑名文字必闍赤等以八月折十月今後毋令折筭　四年制以諸衙門令譯史宣使人等一百二十月為滿部議遠方令譯史人等甘肅福建四川於此發去九十月為滿兩廣海北海南道於此發去八十月滿雲南省八十月滿土人一百二十月滿都省議俱以九十月為考滿土人依例一百二十月為滿　至大元年部議和林行省即係遠方其人吏比四川甘肅行省九十月出職　二年詔中外吏員人等依世祖定制以九十月滿叅詳歷一

百二十月已受除者依大德十一年內制外任減一資所有詔書已後在選未曾除受幷見告滿之人歷一百二十月者合同四考理筭外任一資不須再減省擬以九十月為滿餘有月日後任理筭應滿而不離役者雖有役過月日不准　三年省准河西廉訪司書吏人等月日部議合准舊例雲南六十月河西四川六十五月土人九十月為滿　皇慶二年部議

九內外諸司吏員舊以九十月為滿大德元年改一百二十月為滿至大二年復舊制一紀之間受除者槩其元除有以三十月為一考者亦有四十月為一

考者以所除不等往往援例陳訴有礙選法擬合依已降詔條為格係大德元年三月七日以後入役至未復舊制之前已除未除俱以四十月為一考通理一百二十月為滿減資陞轉其未滿受除者一體理考定擬餘二十六月已上准陞一等十五月之上減外任一資十五月之下後任理筭改格之後應滿而不離役者役過月日別無定奪

九吏員考滿授從六品　至元九年省准省令史出身中統四年已前六品陞遷已後七品除授至元之後事繁責重宜依准中統四年已前考滿一體注授

三十一年省議三師僚屬掌古必闍赤掾史宣使等依都省設置若不由臺院轉補者降等敘　元貞元年省議監脩國史僚屬依三師所設非臺院轉補者降等敘　大德五年部呈考滿省掾各資品省議今後院臺幷行省令史選充省掾者雖理考滿須歷三十月方許出職仍分省發自行踏逐者各部令史毋得直理省掾月日

九吏員考滿授正七品　至元九年部擬院臺大司農司令史出身三考正七品一考之上驗月日定奪一考之下二十月以上為從八品十五月以上正九

品十五月以下十月之上為從九品添一資歷十月以下為巡檢　十一年部議扎魯大赤令史譯史考滿合依樞密院御史臺令史譯史出身三考出為正七品自用者降一等有闕於部令史內選取　十四年部擬前諸站統領使司令史同部令史出身令既改通政院從二品通事譯史令史人等宜同臺院人吏一體出身　十五年翰林國史院言本院令史係省准人員其出身與御史臺一體遇闕省掾時亦合勾補准吏部牒本院令史以九十月考滿同部令史出身本院與御史臺皆隨朝二品令史亦合與臺令

史一體出身有關於部令史內選用　十九年部擬
泉府司隨朝從二品令史譯史人等由省部發者考
滿依通政院例定奪自行用者降一等　二十年定
擬安西王王相府首領官令史與臺院吏屬一體遷
轉　二十二年部擬宣徽院陞為二品與臺院品秩
相同令史出身合依正七品遷除貢補省院有關於
部令史內選取　摠制院與御史臺俱為正二品部
擬令譯史考滿亦合一體出身　二十三年省准詹
事院掾史若六部選充者考滿出為正七品自用者
降等　二十四年集賢院言本院與翰林國史院品級

相同省議令史考滿一體定奪　二十五年省議上
都留守司兼本路摠管府令史出身三考正八品其
自部令史內選取者同宣徽院太醫院令史一體出
身上都留守司陞為正二品見設令史自行踏逐者
考滿不為例從七品內選用部令史內選取考滿宣
徽院大司農司令史一體出身　部議都護府人吏
依通政院令譯史人等出身由省部發者考滿出為
正七品自用者降一等　二十六年省准都功德使
司隨朝二品令譯史人等比臺院人吏一體陞轉
二十九年部呈大司徒令史若各部選發者三考出

為正九自用者降等　崇福司與都護府泉府司品
秩相同所設人吏由省部發者考滿出為正七品自
用者降一等　福建省征爪哇所設人吏出征迴還
俱同考滿　三十年省准將作院令史依通政院等
衙門令史考滿除正七品　部議如係六部選發考
滿除正七品自用者本衙門叙　元貞元年內史府
秩正二品令史亦於部令史內収補考滿除正七品
自用者降等　大德九年部擬闊闊出大司徒令史
若各部選發考滿正七自用者降等　至大四年省
准會福院令史知印通事譯史宣使典吏俱自用爾

擬不拘常調考滿本衙門區用　隆禧院令史人等如
常選者考滿依例遷叙自用者不入常調於本衙門
區用　皇慶二年部議崇祥院人吏係部令史發補
者依例遷用不應者降等叙　延祐四年部議隆禧
院令史譯史通事知印典吏同五臺殊祥院人吏一
體常選內委付其出身若有曾歷寺監并籍記各部
令史人等考滿同二品衙門出身降等叙白身者降
等添一資陞轉省部發去者依例遷叙後有闕令史
須於常選教授儒人職官并部令史見役上名內取
補宣使於職官并相應內叅補通事知印從長官保

選仍參用職官違例補充別無定奪殊祥院人吏先未定擬亦合一體

九吏員考滿授從七品　至元六年省擬部令史譯史通事人等中統四年正月以前收補者擬九十月為滿注從七品回降正八一任還入從七以後充者亦擬九十月為滿正八品仍免回降　九年吏禮部擬九部令史二考注從七品一考之上驗月日定奪一考之下二十月以上者正九品十五月以上從九品十五月以下令史提控案牘通事譯史巡檢　太府監改擬正三品與六部同人吏自行踏逐將已歷

月日准為資考似為不倫擬自改陞月日為始九十月為滿同部令史出職有闕於籍記部令史內挨次收補　十一年省議省斷事官令史與六部令史一體出身若是實歷俸月九十月考滿遷除有闕於應補部令史人內挨次補用　省議中御府正三品擬同太府監令史出身九十月於從七品內除授自行踏逐者降一等歇下名闕於應補部令史人內補填　十三年省議行工部令史與六部令史一體出身　四怯薛令史九十月同部令史出身有闕以籍記部令史內補填　三十年部呈行省令譯史人等比

臺院一體出身行臺行院令譯史通事人等九十月考滿元係都省臺院發去及應補之人合降臺院一等　二十三年省判大都留守司兼少府監令史如係省部發去相應人員同部令史出身九十月考滿從七品自行踏逐者降等　二十四年省判中尚監令史人等若係省部發去人員同太府監令譯史等出身自行踏逐者降等　太史院令史部議如省部發去人員從七品內遷除自行踏逐者降等敘用　部擬行省臺院令史九十月考滿若係都省臺院發去腹裏請俸人員行省令史同臺院令史出身行臺

行院降一等俱於腹裏遷用自行踏逐迤降一等於江南任用　二十九年省判登昌等處便宜都揔帥府令史人等出身擬與各道宣慰司一體自行踏逐者降等敘用　大德三年省准上都留守司令史舊以見役部令史發補以籍居懸遠擬於籍記部令史內選發與六部見役令史一體轉陞二品衙門令史轉補不盡者考滿從七品敘用　八年部擬利用監自大德三年八月已前入役者若充各衙門有俸令史及本監奏差典吏轉補則於應得資品內遷用由庫子本把就陞并白身人於雜職內通理定奪自用

之人本監委用　皇慶元年制典端監人吏俱與七
品出身部議大府利用等四監同省發者考滿與六
部一體叙其餘寺監令譯史正八品奏差正九品令
典端監前典寶監人吏出身同大府等監係奉旨事
理省議已除者依舊例定奪　三年省准章慶使司
秩正二品見役人吏若同隨朝二品衙門考滿除正
七品緣係徽政院所轄司屬量擬考滿除從七品自
用者降等如係及考部令史轉充考滿正七品未及
考者止除從七品有闕須依例補不許自用
凡吏員考滿授正八品　至元十一年省議祕書監

從三品令史擬九十月出爲正八品自用者降一等
有闕諸衙門考滿典吏内補塡　省議太常寺正三
品令史以九十月出爲從八品有闕於應補監令史
内取用　省議少府監正四品准軍器監令史出身
是省部發去者三考於正八品任用自行踏逐人員
考滿降一等　省議尚牧監正四品省部發去令史
擬九十月出爲正八品自用者降一等有闕於諸衙
門典吏内選補　部擬河南等路宣慰司係外任從
二品與隨朝各部正三品衙門相同准令史以九十
月同部令史遷轉開元等路宣撫司外任正三品令

譯史比前例降一等九十月於正八品内遷轉　十
四年部擬樞密院斷事官令史擬以九十月出爲從
八品有闕於諸衙門考滿典吏内補用　十六年部
擬樞密院斷事官令改從三品所設人吏若係上司
發去人員歷九十月比省斷事官令史降等於正八
品内遷除自用者降一等遇闕於相應人内發遣
二十一年部擬廣西海北海南道宣慰司令史譯史
奏差人等與嶺南廣西道等處按察司書吏人等一體
二十月理筭一考擬六十月同考滿　省准廣東宣
慰司其地倚山瀕海極邊煙瘴令史議合優陞依泉

州行省令譯史等以二十月理筭一考　二十二年
省准詹事院府正家令二司給侍宮闈正班三品令
史即非各司自用人員俸秩與六部同若遇院掾史
有闕於兩司令史内選補擬定資品出身依樞密院
所轄各衛令史出身考滿出爲正八品　尚醞監令
史與六部令史同議諸監令史考滿正八品内遷用
及非省部發去者例降一等尚醞監令史亦合一體
二十三年省准太常寺令史歷九十月正八品内
任用有闕於呈准籍記人内選取　雲南省羅羅斯
宣慰司兼管軍萬户府首領官令史人等依雲南行

省令史例六十月考滿首領官受勑例以三十月爲一考　武備寺正三品令譯史等出身擬先司農寺令譯史人等依各監例考滿出爲正八品武備寺令史亦合依例遷叙　尚舍監令史擬同諸寺監令史考滿授正八品自行，用者降一等，尚舍監亦如之　陝西四川行省順元等路軍民宣慰司依雲南令譯史人等六十月爲滿遷轉　二十四年部擬太史院武備寺光祿寺等令史九十月正八品内遷用自用者降一等　太醫院係宣徽院所轄令史人等若係省部發去考滿同諸監令史擬正八品自用者降等

任用　二十六年省准給事中兼脩起居注人吏依諸寺監令史出身例考滿一體定奪　侍儀司令史依給事中兼起居注人吏遷轉　二十七年省准延慶司令史九十月依已准家令府正兩司例由省部發者出爲正八品自用者降等叙　二十八年省准太僕寺擬比尚乘等寺令史以九十月出爲正八品自用者降一等　拱衛直都指揮使司與武備寺同品令史考滿出爲從八品自用者降一等遷用　蒙古等衛令史部係在先考滿令史合於正八品内遷叙各衛令史有闕由省部籍記選發者考滿出爲正

八品樞密院所轄都元帥府萬户府各衛并屯田等司官吏俱從本院定奪遷調見役令史自用者考滿合從本院定奪　宣政院斷事官令史與樞密院及蒙古必闍赤由翰林院發者以九十月爲從七品通事令史以九十月爲正八品奏差以九十月爲正九品典吏九十月轉本府奏差自用者降等　二十九年部擬左右兩江宣慰司都元帥府令譯史人等依雲南兩廣福建人吏六十月爲滿兩廣叙用譯史除從七品非翰林院選發別無定奪令史省發考滿正八品奏差省發考滿正九品自用者降等叙　儀鳳

司令史比同侍儀司令史考滿爲正八品自用者降一等　哈迷爲頭只哈赤八剌哈孫達魯花赤令史吏部議與阿速拔都兒達魯花赤必闍赤考滿正八品任用雖必闍赤令史月俸不同各官隨朝近侍一體比依例出身相應　三十年省准孛可孫係正三品令譯史人等比依各寺監令譯史出身相應　都水監從三品令譯史等依寺監令史一體出身考滿正八品叙自用者降等　只兒哈忽昔寶赤八剌哈孫達魯花赤本處隨朝正三品與只哈赤八剌哈孫達魯花赤令史等即係一體擬合依例考滿出爲正

八品　元貞元年省准闕遺監令譯史人等省部發
去者考滿正八品内任用自行踏逐者降等　家令
司府正司改内宰宫正其人吏依元定為當　拱衛
直都指揮使司陞為正三品其令譯史等俸俱與光
禄寺相同擬係相應人内發補者考滿與正八品奏
差正九自用者降等叙　大德三年部擬鷹坊總管
府人吏依隨朝三品考滿正八品内遷用　五年部
擬和林宣慰司都元帥府人吏合與隨朝二品衙門
一體叉量減月日部議各道宣慰司令史一百二十
月正八品叙自用者降等遷用其和林宣慰司無應

取司屬又係酷寒之地人吏已蒙都省從優以九十
月為滿令擬考滿不分自用俱於正八品内遷用　八
年部言行都水監准設人吏令史八人奏差六人壕
寨一十人通事知印各一人譯史一人公使人二十
人都水監令譯史通事知印考滿俱於正八品遷用
奏差考滿正九品自用者降等壕寨出身并俸給同
奏差行都水監係江南剏立衙門令史比例合於行
省所轄常調提控案牘内選取奏差壕寨人等亦須
選相應人考滿比都水監人吏降等江南遷用典吏
公使人從本監自用　九年部言尚乘寺援武備寺

太府章佩等監例求陞加其人吏出身俸給議得各
監人吏皆係奉旨陞加尚乘寺人吏合依已擬　至
大三年部言和林係邊遠酷寒之地兵馬司司吏歷
一考餘轉本路總管府司吏補不盡者六十月陞都
目總管府司吏再歷一考轉稱海宣慰司令史考滿
除正八品不係本路司吏轉補者降等叙補不盡者
六十月部劄提控案牘内任用蒙古必闍赤比上例
定奪　部議晋王位下斷事官正三品除怯里馬赤
知印例從長官所保蒙古必闍赤翰林院發令史以
内史府考滿典吏并籍記寺監令史發補九十月除

正八品與職官相參用奏差亦須選相應人九十月
依例遷用自用者考滿本衙門定奪　皇慶元年部
言衛率府勾當人員令都省與常選出身議得令史
係軍司勾當之人未有轉受民職定奪合自奏准日
為格係皇慶元年二月九日以前者同典牧監一體
遷叙以後者若係籍記寺監令史常選提控案牘補
充依上銓除自用者不入常調　部議徽政院繕珍
司見役令史若係籍記寺監令史常調提控案牘院
兩考之上典吏補充内宰司令史例考滿除正八通
事譯史知印亦依上遷叙自用者降等後有闕須依

例發補違例補充別無定奪　二年部議徽政院延
福司見役令史若係籍記寺監令史常調提控案牘
本院兩考之上典吏補充者依內宰司令史例考滿
除正八品通事譯史知印依上遷叙自用者降等後
有闕須依例發補不許自用　延祐三年省准徽政
院所轄衛候司奉旨陞正三品與拱衛直都指揮使
司同品合設令譯史考滿除正八自用者降等衛候
司就用前衛候司人吏擬自呈准月日理筭考滿同
自用遷叙後有闕以相應人補考滿依例叙　徽政
院掌飲司人吏部議常選發補令譯史考滿從八奏

差從九自用者降等後有闕須以相應人補違例補
充考滿本衙門用　四年省准屯儲總管萬户府司
吏譯史出身至大三年尚書省劄和林路司吏未定
出身和林係邊遠酷寒去處兵馬司司吏如歷一考
之上轉補本路司吏并總管府司吏再歷一考之上
轉補稱海宣慰司令史考滿正八品遷除補不盡人
數從優擬六十月於部劄提控案牘內任用蒙古必
闍赤比依上例定奪其沙州瓜州立屯儲總管萬户
府衙門即係邊遠酷寒地面依和林路總管府司吏
人員一體出身

允吏員考滿授正九品　至元二十年省准宮籍監
係隨朝從五品令史擬九十月正九品例革人員驗
月日定奪自行踏逐降一等　二十八年省擬廉訪
司所設人吏擬選取書吏止依按察司舊例上名者
依例貢部下名轉補察院貢補不盡人數廉訪司月
日為始理筭考滿者正九品叙須令迴避本司分治
及元籍路分　部議察院書吏出身除見役人三十
月轉補不盡者九十月出為從八品察院書吏有闕
止於各道廉訪司書吏內選取依上三十月轉部九
十月從八品如非廉訪司書吏取充者四十五月轉

部補不盡者九十月考滿降一等出為正九品　三
十年省准行臺察院書吏歷一考之上者轉江南宣
慰司令史并內臺察院書吏於見役人內用之若有
用不盡人數以九十月出為正九品江南有闕依內
臺察院書吏於各道廉訪司書吏內選取依例轉補
　大德四年省擬各道廉訪司書吏至元二十八年
七月元定出身上名貢部下名轉補察院書吏貢補
不盡者廉訪司為始理筭月日考滿正九品用今議
廉訪司先役書吏歷九十月依已定出身正九品注
任迴添一資陞轉大德元年三月七日已後充廉訪

司人吏九十月考滿須歷提控案牘一任於從九品
内用通事譯史比依上例　察院書吏至元二十八
年十二月元定出身於各道廉訪司書吏内選取三
十月轉部九十月從八品内用如非廉訪司書吏取
充者四十五月轉部補用不盡者九十月考滿降一
等正九品用令議先役書吏九十月依已定出身遷
用任廻添一資陞轉大德元年三月七日爲始剏入
役者止依舊例轉部　行臺察院書吏至元三十年
正月元定出身於廉訪司書吏内選取歷一考之上
轉補江南宣慰司令史并内臺察院書吏用不盡者

九十月正九品江南用省議先役書吏歷俸九十月
依已定出身任廻添一資陞轉大德元年三月七日
爲始剏入者止依舊例轉補江南宣慰司令史比人
貢内臺察院
凡吏貟考滿除錢穀官案牘都吏目　至元十三年
吏禮部言各路司吏四十五以下以次轉補按察司
書吏補不盡者歷九十月於都目内任用六十月以
上於吏目内任用　省議上都大都路司吏難同其
餘路分出身依按察司書吏遷用　十四年省准覆
實司司吏俱授吏部劄付如歷九十月擬於中州都

目内遷若不滿考及六十月於下州吏目内任用有
闕以相應人發充　二十一年省准諸色人匠總管
府與少府監不同又其餘相體管匠衙門人吏俱未
定擬出身量擬比外路總管府司吏考滿於都目内
任用　二十二年省准大都等路都轉運使司令史
與河間等路都轉運鹽使司書吏出身同外路總管
府司吏三名貢舉儒吏二名貢不盡年四十五之上
考滿都目内任用　二十三年省准各路司吏轉運
司書吏年四十五以上歷俸六十月充吏目九十月
充都目餘有役過月日不用奏差宜從行省斟酌月

日量於錢穀官内就便銓用　省准覆實司係正五
品令史出身比交鈔提舉司司吏出身九十月務使
六十月都監六十月之下四十五月之上都監添一
界遷用四十五月之下轉補運司令史　部擬京畿
漕運司司吏轉補察院書吏不盡四十五以上九十
月依例於都目内任用　二十四年部議各道廵行
勸農官書吏於各路總管府上名司吏内選取考滿
於提控案牘内任用奏差從大司農司選委　省准
諸司局人匠總管府令史於都目内任用　二十五
年省准大護國仁王寺昭應宮財用規運總管府令

譯史人等比大都路總管府正三品司吏九十月提控案牘内任用　部議甘肅寧夏等處巡行勸農司係邊陲遠地人吏依甘肅行省并河西隴北道提刑按察司以二十二月准一考六十五月為滿　省准供膳司司吏比覆實司司吏九十月出身於務使内任用　二十六年省准巡行勸農司書吏役過路司吏月日三折二准筭通理九十月於提控案牘内遷叙　尚書省右司郎中管領大都等路打捕民匠等户拋管令史比依諸司局人匠總管府令史例九十月於都目内任用　省准諸路寶鈔都提舉司司吏有闕於諸路轉運司漕運司上名司吏内選取三十月充吏目四十五月之上六十月之下都目六十月已上轉提控案牘充寺監令史者聽諸路寶鈔提舉司同　奏准大都路都總管府添設司吏一十名委差五名司吏六十月於提控案牘内任用委差於近上錢穀官内委用有闕以有根脚請俸人補充不及考滿不許無故替換　二十七年省准京畿都漕運司令史九十月充提控案牘年四十五之上比依都提舉萬億庫司吏願充寺監令史者聽　二十九年部擬大都路令史四十五以上六十月提控案牘内

任用任迴減一資陞轉四十五以下六十月之上選舉貢部每歲二名奏差六十月酌中錢穀官内任用　省准京畿都漕運司令史比依諸路寶鈔提舉司司吏出身例三十月吏目四十五月之上六十月之下都目六十月之上提控案牘　三十年省准提舉八作司係正六品司吏四十五月之上吏目六十月之上都目　元貞元年省准大都等路都轉運司令史九十月提控案牘　大德三年省准諸路寶鈔提舉司都提舉萬億四庫司吏九十月提控案牘内任用如六十月之上自願告叙者於都目内遷除有闕於平準行用庫攢典内挨次轉補　省准寶鈔總庫司提舉富寧庫司俱係從五品其司吏九十月都目内任用如六十月之上自願告叙於吏目内遷除有闕須於在京五品衙門及左右巡院大興宛平二縣及諸州司吏并籍記各部典吏内選　省准提舉左右八作司吏九十月都目内任用六十月之上自願告叙於吏目内遷除有闕於在都諸倉攢典内選補　京畿都漕運使司令史六十月之上於提控案牘内用遇闕於路府諸州并在京五品等衙門上名司吏内選　大都路司吏改為令史六十月之上年及

四十五以下貢部不過二名四十五以上六十月提
控案牘內遷用任迴減資陞轉大都路都總管府令
史依舊六十月於提控案牘內遷敘不須減資有闕
於府州兵馬司左右巡院大興宛平二縣上名司吏
內選補　大德五年省准河東宣慰使司軍儲所司
吏譯史九十月為滿譯史由翰林院發補司吏由州
縣司吏取充與各路總管府譯史司吏一體陞轉自
用譯史別無定奪司吏除酌中錢穀官委差近下錢
穀官　七年部擬濟南萊蕪等處鐵冶都提舉司及
廣平彰德等處鐵冶都提舉司秩四品司吏九十月

比散府上州例陞吏目蒙古必闍赤擬酌中錢穀官
奏差近下錢穀官典吏三考轉本司奏差　省准陝
西省敘州等處諸部蠻夷宣撫司正三品其令譯史
考滿比各路司吏人等一體遷用奏差行省定奪
九年宣慰司大同等處屯儲軍民總管萬戶府從三
品司吏譯史委差人等九十月為滿司吏除酌中錢
穀官委差近下錢穀官　大德十年省准諸路吏六
十月須歷五萬石之上倉官一界陞吏目一考陞都
目一考陞中州案牘或錢穀官通理九十月入流五
萬石之下倉官一界陞吏目兩考都目一考依上陞

轉補不盡路吏九十月陞吏目兩考陞都目依上流
轉如非州縣司吏轉補者役過月日別無定奪
九通事譯史考滿遷敘　至元二年部擬雲南行省
極邊重地令譯史等人員擬二十月為一考歷六十
月准考滿敘用　九年省准省部臺院所設知印人
等所請俸給元擬出身俱在勾當官之上既將勾當
官陞作從八品其各部知印考滿亦合陞正八品擬
例減知印除有前資人員驗前資定奪無前資者各
驗實歷月日定擬遷敘　二十年各道按察司奏差
通事譯史奏差已有定例通事九十月考滿擬同譯

史一體遷敘　部議行省行臺行院五品以下官員
井首領官亦合比依臺院例一考陞一等任用掾行
省人吏比同臺院人吏出身已有定例行院行臺令
史譯史通事宣使人等九十月滿考元係都省臺院
發及應補者擬降臺院一等定奪　部擬甘肅行省
令譯史通事宣使人等量擬以六十五月遷敘若係
都省發去人員如部議自用者仍舊例　二十一年
部擬四川行省人吏比甘肅行省所歷月日一體遷
除　二十三年部擬福建兩廣行省令譯史通事宣
使人等擬歷六十月同考滿止於江南遷用若行省

咨保福建兩廣必用人員於資品上陞一等　二十
四年部議行省行臺行院令史九十月考滿若係都
省臺院發去腹裏相應人員行省令史同臺院令史
出身行臺行院降臺院一等俱於腹裏遷用自用者
遞降一等止於江南任用　二十七年省議中書省
蒙古必闍赤俱係正從五品遷除令蒙古字教授擬
比儒學教授例高一等其必闍赤擬高省掾一等內
外諸衙門蒙古譯史一體陞等遷敘　二十八年部
擬諸路寶鈔都提舉司蒙古必闍赤三十月吏目四
十五月都目六十月提控案牘役過月日擬於巡檢

內敘用奏差九十月近上錢穀官六十月酌中錢穀
官內任用　翰林院寫聖旨必闍赤比依都省蒙古
必闍赤內管宣勑者八月筭十月遷轉正六品部議
寫聖旨必闍赤比依管宣勑蒙古必闍赤一體亦合
八折十准筭月日外據出身已有定例　崇福司令
譯史知印省部發補者考滿出爲正七品自用者降
一等宣使省部發去者考滿出爲正八品自用者降
一等　各道廉訪司通事譯史出身比依書吏擬合
一體考滿正九奏差考滿依通事譯史降二等量擬
於省劄錢穀官并巡檢內任用　三十年省准將作

院令譯史人等由省部選發者考滿正七品遷敘自
用者止從本衙門定奪　大都路蒙古必闍赤若係
例後入役人員擬六十月於巡檢內遷用任回減一
資陞轉　大德三年省議各路譯史如係翰林院選
發人員九十月考滿除蒙古人依准所擬外其餘色
目漢人先歷務使一界陞提控一界於巡檢內遷用
省議大都運司通事比依本司令史滿考者於巡
檢內任用　四年省准雲南諸路廉訪司寸白通事
譯史出身比依書吏出身九十月爲滿歷巡檢一任
轉陞從九品雲南地面遷用　七年宣慰司奏差除

應例補者一百二十月考滿依例自行保舉者降等
任回添資定奪任用　廉訪司通事譯史大德元年
三月七日已後剏入補者九十月歷巡檢一任轉從
九如書吏役九十月充巡檢者聽如違不准　各路
譯史如係各道提舉學校官選發腹裏各路譯史九
十月考滿先歷務使一界陞提領再歷一界充巡檢
三考從九違者雖歷月日不准　會同館蒙古必闍
赤九十月務提領內遷用　十年省准中政院寫懿
旨必闍赤依寫聖旨必闍赤一體出身　八番順元
海北海南宣慰司都元帥府極邊重地令譯史人等

考滿依兩廣福建例於江南遷用
九官員致仕　至元二十八年省議諸職官年及七十精力衰耗例應致仕今到選官員多有年已七十或七十之上者合令依例致仕　大德七年省臣言内外官員年至七十者三品以下於應授品級加散官一等令致仕　十年省臣言官員年老不堪仕宦者於應得資品加散官遙授職事令致仕　皇慶二年省臣言蒙古色目官員所授散官卑於職事擬三品以下官員職事散官俱陞一等令致仕
凡封贈之制至元初唯一二勳舊之家以特恩見褒

雖略有成法未悉行之至元二十年制考課雖以五事責辦管民官為無激勸之方徒示虛文竟無實效自今每歲終考課管民官五事備具内外諸司官職任内各有成効者為中考第一考對官品加妻封號第二考令子弟承廕敘仕第三考封贈祖父母父母品格不及封贈者量遷官品其有政績殊異者不須陞擢仰中書參酌舊制出給誥命　至大二年詔流官五品以上父母正妻七品以上正妻令尚書省議行封贈之制禮部集吏部翰林國史院集賢院太常等官議封贈謚號等第制以封贈非世祖所行其令罷之至治三年省臣言封贈之制本以激勸將來比因泛請者衆遂致中輟詔從新設法議擬與行毋致冗濫禮部從新分立等第　正從一品封贈三代爵國公勳正上柱國從柱國母妻並國夫人　正從二品封贈二代爵郡公勳正上護軍從護軍母妻並郡夫人　正從三品封贈二代爵郡侯勳正上輕車都尉從輕車都尉母妻並郡夫人　正從四品封贈父母爵郡伯勳正上騎都尉從騎都尉母妻並郡君
正五品封贈父母爵縣子勳驍騎尉母妻並縣君
從五品封贈父母爵縣男勳飛騎尉母妻並縣君

正從六品封贈父母父止用散官母妻並宜人　正從一品至五品宣授六品至七品勅牒如應封贈三代者曾祖父母一道祖父母一道父母一道生者各號給降　封贈者一品至五品並用散官勳爵六品七品止用散官職事從一高　封贈曾祖降祖一等祖降父一等父母妻並與夫子同父母在仕者不封已致仕并不在仕者封之雖在仕棄職就封者聽父母應封而讓曾祖父母祖父母者聽　諸子應封父母嫡母在所生之母不得封嫡母亡得並封若所生母未封贈者不得先封其妻　諸職官曾受臟不

許申請封贈之後但犯取受之贓並行追奪其父祖
元有官進一階不在追奪之例　父祖元有官者隨
其所帶文武官上封贈若已是封贈之官止於本等
官上許進一階階滿者更不在封贈之限如子官至四品其父祖已帶四品上階之類或兩子當封者從一高文武不同者從
所請婦人因其子封贈而夫子兩有官者從一高
封贈曾祖母祖母母并母生封並加太字若已亡歿或
曾祖祖父父在者不加太字　職官居喪應封贈曾
祖父母祖父母者聽其應受封之人居曾祖父母祖
父母父母舅姑夫喪者服闋申請　應封贈者有使

遠死節有臨陣死事者驗事特議加封　應封妻者
止封正妻一人如正妻已歿繼室亦止封一人餘不
在封贈之例婦人因夫子得封者不許再嫁如不遵
守將所受宣勑追奪斷罪離異　父母曾任三品以
上官亡歿生前有勳勞為上知遇者子孫雖不仕具
實跡赴所在官司保結申請驗事跡可否量擬封贈
無後者許有司保結申請　曾祖父母祖父母父母
曾犯十惡奸盜除名等罪及例所封妻不是以禮娶
到正室或係再醮倡優婢妾並不許申請　九告請
封贈者隨朝并京官行省行臺宣慰司廉訪司見任

官各於任所申請其餘官員見任并已除未任至得
替日隨其解由申請致仕官於所在官司申請　正
從七品至正從六品止封一次陞至正從五品封贈
一次陞至正從四品封贈一次陞至正從三品封贈
一次陞至正從二品封贈一次陞至正從一品封贈
一次　九封贈流官父祖曾任三品以上者許請謚
如立朝有大節功勳在王室者許加功臣之號　至
治三年詔封贈之典本以激勸忠孝今後散官職事
勳爵依例加授外任官員並許在任申請其餘合行
事理仰各依舊制　泰定元年詔犯贓官員不得封

贈沉淪既久宜許自新有能滌慮改過再歷兩任無
過者許所管上司正官從公保明監察御史廉訪司
覆察是實並聽依例申請

志卷第三十四

翰林學士亞中大夫知制誥兼修國史臣宋濂　翰林待制承直郎同知制誥兼國史院編修官臣王禕等奉

勅修

百官一

王者南面以聽天下之治建邦啓土設官分職其制尚矣漢唐以來雖沿革不同恒因周秦之故以爲損益亦無大相遠大要欲得賢才用之以佐天子理萬民也元太祖起自朔土統有其衆部落野處非有城郭之制國俗淳厚非有庶事之繁惟以萬户統軍旅以斷事官治政刑任用者不過一二親貴重臣耳及

取中原太宗始立十路宣課司選儒臣用之金人來歸者因其故官若行省若元帥則以行省元帥授之草創之初固未暇爲經久之規矣世祖即位登用老成大新制作立朝儀造都邑遂命劉秉忠許衡酌古今之宜定内外之官其總政務者曰中書省秉兵柄者曰樞密院司黜陟者曰御史臺體統既立其次在内者則有寺有監有衛有府在外者則有行省有行臺有宣慰司有廉訪司其牧民者則曰路曰府曰州曰縣官有常職位有常員其長則蒙古人爲之而漢人南人貳焉於是一代之制始備百年之間子孫有所憑藉矣大德以後承平日久彌文之習勝而質簡之意微僥倖之門多而方正之路塞官冗於上吏肆於下言事者屢疏論列而朝廷訖莫正之勢固然也大抵元之建官繁簡因乎時得失係乎人故取其簡牘所載而論次之若其因事而置事已則罷與夫異教雜流世襲之屬名類實繁亦姑舉其大槩作百官志

三公太師太傅太保各一員正一品銀印以道燮陰陽經邦國有元襲其名號特示尊崇太祖十二年以國王置太師一員太宗即位建三公其拜罷歲月皆

不可考世祖之世其職常缺而僅置太保一員至成宗武宗而後三公並建而無虚位矣又有所謂大司徒司徒太尉之屬或置或不置其置者或開府或不開府而東宮嘗置三師三少蓋亦不恒有也

中書令一員銀印典領百官會決庶務太宗以相臣爲之世祖以皇太子兼之至元十年立皇太子行中書令大德十一年以皇太子領中書令延祐三年復以皇太子行中書令置屬監印二人

右丞相左丞相各一員正一品銀印統六官率百司居令之次令缺則總省事佐天子理萬機國初職名

未創太宗始置右丞相一員左丞相一員世祖中統元年置丞相一員二年復置右丞相二員左丞相二員至元二年增置丞相五員七年立尚書省置丞相三員八年罷尚書省乃置丞相二員二十四年復立尚書省其中書省丞相二員如故二十九年以尚書再罷專任一相武宗至大二年復置尚書省丞相二員中書丞相二員四年尚書省仍歸中書丞相凡二員自後因之不易文宗至順元年專任右相其一或置或不置

平章政事四員從一品掌機務貳丞相凡軍國重事

無不由之世祖中統元年置平章二員二年置平章四員至元七年置尚書省設尚書平章二員八年尚書併入中書平章復設三員二十三年詔清冗職平章汰爲二員二十四年復尚書省中書尚書兩省平章各二員二十九年罷尚書省增中書平章爲五員而一員爲商議省事三十年又增平章爲六員成宗元貞元年改商議省事爲平章軍國重事武宗至大二年再立尚書省平章三員中書五員四年罷尚書省歸中書平章仍五員文宗至順元年定置四員自後因之

右丞一員正二品左丞一員正二品副宰相裁成庶務號左右轄世祖中統二年置左右丞各一員三年增爲四員至元七年立尚書省中書右丞左丞仍四員八年尚書併入中書省右左丞各一員二十三年汰冗職右左丞如故二十四年復立尚書省右左丞各一而中書省鈌員二十八年復罷尚書省三十年設右丞二員而一員爲商議省事成宗元貞元年右丞商議省事者又以昭文大學士與中書省事武宗至大二年復立尚書省右左丞二員中書右左丞五員四年罷尚書右左丞中書右左丞止設四員文宗至順元年定置右丞一員左丞一員而由是不復增損

參政二員從二品副宰相以參大政而其職亞於右左丞世祖中統元年始置參政一員二年增爲二員至元七年立尚書省參政三員八年尚書併入中書參政二員二十三年汰冗職參政二員如故二十四年復立尚書省參政二員中書參政二員二十八年罷尚書省參政武宗至大二年復置尚書省參政二員中書參政二員四年併尚書省入中書參政三員文宗至順元年定參政爲二員自後因之

參議中書省事秩正四品典左右司文牘爲六曹之管轄軍國重事咸預決焉中統元年始置一員至元二十二年累增至六員大德元年止置四員後遂爲定額其治曰參議府令史二人

左司郎中二員正五品員外郎二員正六品都事二員正七品中統元年置左右司至元十五年分置兩司左司所掌吏禮房之科有九一曰南吏二曰北吏三曰貼黄四曰保舉五曰禮六曰時政記七曰封贈八曰牌印九曰好事知除房之科有五一曰資品二曰常選三曰臺院選四曰見闕選五曰別里哥選户

雜房之科有七一曰定俸二曰衣裝三曰羊馬四曰置計五曰田土六曰太府監七曰會總科粮房之科有六一曰海運二曰儹運三曰邊遠四曰賑濟五曰事故六曰軍匠銀鈔房之科有二一曰鈔法二曰課程應辦房之科有二一曰飲膳二曰草料令史二人蒙古書寫二十人回回書寫一人漢人書寫七人典吏十五人

右司郎中二員正五品員外郎二員正六品都事二員正七品中統元年置左右司至元十五年分置兩司右司所掌兵房之科有五一曰邊關二曰站赤三曰鋪馬四曰屯田五曰牧地刑房之科有六一曰法令二曰弭盜三曰功賞四曰禁治五曰枉勘六曰闘訟工房之科有六一曰横造軍器二曰常課叚疋三曰歲賜四曰營造五曰應辦六曰河道令史二人蒙古書寫三人回回書寫一人漢人書寫一人典吏五人

中書省掾屬

監印二人掌監視省印有中書令則置

知印四人掌執用省印

怯里馬赤四人

蒙古必闍赤二十二人左司十六人右司六人

漢人省掾六十人左司三十九人右司二十一人

回回省掾十四人左司九人右司五人

宣使五十人

省醫三人

玉典赤四十一人

斷事官秩三品掌刑政之屬國初甞以相臣任之其名甚重其員數增損不常其人則皆御位下及中宮東宮諸王各投下怯薛丹等人爲之中統元年一十六位下置三十一員至元六年十七位下

置三十四員七年十八位下置三十五員八年始給印二十七年分立兩省而斷事官隨省並置二十八年十八位下置三十六員併入中書三十一年增二員後定置自御位下及諸王位下共置四十一員首領官經歷一員知事一員吏屬蒙古必闍赤二人令史一十二人回回令史一人怯里馬赤二人知印二人奏差八人典吏一人

客省使秩正五品使四員正五品副使二員正六品令史二人掌直省舍人宣使等員選舉差遣之事至元九年置使二員一員兼通事一員不兼大

德元年增置四員副二員直省舍人二員至元七年始置後增至三十三員掌奏事給使差遣之役

檢校官四員正七品掌檢校左右司六部公事程期文牘稽失之事書吏六人大德元年置

照磨一員正八品掌磨勘左右司錢穀出納營繕料例凡數計文牘簿籍之事中統元年置二員至元八年省爲一員典吏八人

管勾一員正八品掌出納四方文移緘縢啓拆之事郵遞之程期曹屬之承受兼主之中統元年置二員至元三年定爲一員典吏八人

架閣庫管勾二員正八品掌庋藏省府籍帳案牘凡備稽考之文即掌故之任至元三年始置三員其後增置員數不一至順初定爲二員典吏十人

蒙古架閣庫兼管勾一員典吏二人回回架閣庫管勾一員典吏二人

吏部尚書三員正三品侍郎二員正四品郎中二員從五品員外郎二員從六品掌天下官吏選授之政令凡職官銓綜之典吏員調補之格勳封爵邑之制考課殿最之法悉以任之世祖中統元年以吏户禮爲左三部尚書二員侍郎二員郎中四員員外郎六

員至元元年以吏禮自爲一部尚書三員侍郎仍二員郎中仍四員員外郎三員三年復爲左三部五年又合爲吏禮部尚書仍二員侍郎郎中員外郎各一員七年始列尚書六部吏部尚書一員侍郎一員郎中二員員外郎二員八年仍爲吏禮部尚書侍郎郎中各一員員外郎仍二員十三年分置吏部尚書增置七員侍郎三員郎中二員員外郎四員十九年尚書裁爲二員侍郎一員郎中一員員外郎二員二十一年尚書三員侍郎一員郎中員外郎如故二十三年定六部尚書侍郎郎中員外郎員額各二員二十

八年增尚書爲三員主事三員蒙古必闍赤三人令史二十五人回回令史二人怯里馬赤一人知印二人奏差六人蒙古書寫二人銓寫五人典吏一十九人戶部尚書三員正三品侍郎二員正四品郎中二員從五品員外郎三員從六品掌天下戶口錢粮田土之政令凡貢賦出納之經金幣轉通之法府藏委積之實物貨貴賤之直斂散准駁之宜悉以任之中統元年以吏戶禮爲左三部尚書二員侍郎二員郎中四員員外郎六員至元元年分立戶部尚書三員侍郎郎中四員員外郎省爲三員三年復爲左三部五

年復分爲戶部尚書一員侍郎郎中各一員員外郎又省爲二員七年始列尚書六部尚書一員侍郎二員郎中二員員外郎如故十三年尚書增置一員侍郎郎中員外郎如故十九年郎中員外郎俱增至四員二十三年六部尚書侍郎郎中定以二員爲額明年以戶部所掌視他部特爲繁劇增置二員成宗大德五年省尚書一員員外郎亦省一員各設三員主事八員蒙古必闍赤七人令史六十一人回回令史六人怯里馬赤一人知印二人奏差三十二人蒙古書寫一人典吏二十二人司計官四員其屬附見于後

都提舉萬億寶源庫掌寶鈔玉器至元二十五年始置都提舉一員正四品提舉一員正五品同提舉一員從五品副提舉一員從六品知事一員從八品提控案牘一員司吏二十三人譯史二人司庫四十六人內以色目二人參之

都提舉萬億廣源庫掌香藥紙劄諸物設置同上提控案牘二員司吏一十二人譯史一人司庫一十三人

都提舉萬億綺源庫掌諸色段疋設置並同上而

副提舉則增一員提控案牘設三員後省二員司吏二十二人譯史一人司庫二十六人內參用色目二人

都提舉萬億賦源庫掌絲綿布帛諸物設置並同上提控案牘二員其後省一員司吏一十七人譯史一人司庫一十五人內參用色目二人

四庫照磨兼架閣庫管勾一員從九品世祖至元二十八年以四庫錢帛事繁始置一員仍給印

提舉富寧庫至元二十七年始創提舉一員從五品同提舉一員從六品副提舉一員從七品分掌

萬億寶源庫出納金銀之事吏目一人其後司吏增至六人譯史一人司庫八人

諸路寶鈔提舉司達魯花赤一員正四品都提舉一員正四品副達魯花赤一員正五品提舉一員正五品同提舉二員從五品副提舉二員從六品知事一員從八品照磨一員從九品國初户部兼領交鈔公事世祖至元始設交鈔提舉司秩正五品二十四年改諸路寶鈔都提舉司陞正四品增副達魯花赤提控案牘各一員其後定置已上官員提控案牘又增一員設司吏十二人蒙古必闍

赤一人回回令史一人奏差七人

寶鈔總庫達魯花赤一員從五品大使一員從五品副使三員正七品世祖至元二十五年改元寶庫爲寶鈔庫秩正六品二十六年陞從五品增大使副使設司庫其後遂定置已上官員司吏七人譯史一人司庫五十人

印造寶鈔庫達魯花赤一員正七品大使二員從七品副使二員正八品中統四年始置秩從八品至元二十四年陞從七品增達魯花赤一人其後遂定置已上官員

燒鈔東西二庫達魯花赤一員正八品大使一員從八品副使一員從九品至元元年始置昏鈔庫用正九品印置監燒昏鈔官二十四年分立燒鈔東西二庫秩從八品各置達魯花赤大使副使等員

行用六庫中統元年初立中都行用庫秩從七品提領一員從七品大使一員從八品副使一員從九品至元二十四年京師改置庫者三曰光熙曰文明曰順承因城門之名爲額二十六年又置三庫曰建德曰和義曰崇仁並因城門以爲名

大都宣課提舉司掌諸色課程併領京城各市提舉二員從五品同提舉一員從六品副提舉一員從七品提控案牘一員司吏六人世祖至元十九年併大都舊城兩稅務爲大都稅課提舉司至武宗至大元年改宣課提舉司其屬四

馬市猪羊市秩從七品提領一員從七品大使一員從八品副使一員從九品世祖至元三十年始置

牛驢市果木市品秩設官同上

魚蟖市大使一員副使一員至大元年始置

煤木所提領一員從八品大使一員從九品副使一員至元二十二年始置

大都酒課提舉司掌酒醋榷酤之事至元十九年始置提舉一員從五品同提舉二員從六品副提舉二員從七品提控案牘二員司吏五人二十八年省同提舉一員副提舉一員餘如故

抄紙坊提領一員正八品大使一員從八品副使二員從九品中統四年始置用九品印止設大使副使各一員至元二十七年陞正八品增置提領副使各一員

印造鹽茶等引局大使一員副使一員至元二十四年置掌印造腹裏行省鹽茶礬鐵等引仍置攢典庫子各一人

右以上屬戶部其萬億四庫國初以太府掌內帑之出納既設左藏等庫而國計之領在戶部仍置萬億等庫焉收藏之府中統元年置庫官六員而未有品秩俸給至元十六年始為提舉萬億庫秩正五品二十四年改陞都提舉萬億庫秩正四品二十五年分立四庫以分掌出納至二十七年又別立富寧庫焉

京畿都漕運使司秩正三品運使二員正三品同知二員正四品副使二員正五品判官二員正六品經歷一員正七品知事一員從八品提控案牘兼照磨二員掌凡漕運之事世祖中統二年初立軍儲所尋改漕運所至元五年改漕運司秩五品十二年改都漕運司秩四品十九年改京畿都漕運使司秩正三品二十四年內外分立兩運司而京畿都漕運司之額如舊止領在京諸倉出納粮斛及新運粮提舉司站車攢運公事省同知運判知事各一員而押綱官隸焉延祐六年增同知副

使運判各一員其後定置官員已上正官各二員首領官四員吏屬令史二十一人譯史二人回回令史一人通事一人知印二人奏差一十六人典吏二人其屬二十有四

新運粮提舉司秩正五品至元十六年始置管站車二百五十輛隸兵部開設運粮壩河改隸戶部定置達魯花赤一員都提舉一員同提舉二員副提舉一員吏目一員司吏八人奏差十二人

京師二十二倉秩正七品

萬斯北倉（中統二年置） 萬斯南倉（至元二十四年置）
千斯倉（中統二年置） 永平倉（至元十六年置） 永濟倉（至元四年置）
惟億倉 既盈倉 大有倉（並係皇慶元年置）
屢豐倉 積貯倉（並係皇慶元年增置）
已上十倉每倉各置監支納一員正七品大使二員從七品副使二員正八品
豐穰倉（皇慶元年置） 廣濟倉（皇慶元年置） 廣衍倉（至元二十九年置）
大積倉（至元二十八年置） 既積倉 盈衍倉（至元二十六年置）
相因倉（中統二年置） 順濟倉（至元二十九年置）
已上八倉每倉各置監支納一員正七品大使一員從七品副使二員正八品

通濟倉（中統二年置） 慶貯倉（至元四年置） 豐潤倉（至元十六年置）
豐實倉
已上四倉每倉各置監支納一員正七品大使一員從七品副使一員正八品
通惠河運粮千户所秩正五品掌漕運之事至元三十一年始置中千户一員中副千户二員
都漕運使司秩正三品掌御河上下至直沽河西務李二寺通州等處儹運粮斛至元二十四年自京畿運司分立都漕運司於河西務置總司分司臨清運使二員正三品同知二員正四品副使二員正五品運判三員正六品經歷一員從七品知事一員從八品提控案牘二員內一員兼照磨司吏三十三人通事譯史各一人奏差一十六人典吏一人其屬七十有五
河西務十四倉秩正七品
永備南倉 永備北倉 廣盈南倉
廣盈北倉 充溢倉
已上五倉各置監支納一員正七品大使二員從七品副使二員正八品

崇墉倉 大盈倉 大京倉
大稔倉 足用倉 豐儲倉
豐積倉 恒足倉 既備倉
已上九倉各置監支納一員正七品大使一員從七品副使一員正八品
通州十三倉秩正七品
有年倉 富有倉 廣儲倉
盈止倉 及秭倉 迺積倉
樂歲倉 慶豐倉 延豐倉
已上九倉各置監支納一員正七品大使二

員從七品副使二員正八品
足食倉　富儲倉　富衍倉
及衍倉
已上四倉各置監支納一員正七品大使一
員從七品副使一員正八品
河倉一十有七用從七品印
舘陶倉　舊縣倉　陵州倉
傅家池倉
已上各置監支納一員從七品大使一員從
八品副使一員
秦家渡倉　尖塚西倉　尖塚東倉
長蘆倉　武強倉　夾馬營倉
上口倉　唐宋倉　唐村倉
安陵倉　四柳樹倉　淇門倉
伏恩倉
已上各置監支納一員從八品大使一員從
九品副使一員
直沽廣通倉秩正七品大使一員
滎陽等綱凡三十曰濟源曰陵州曰獻州曰白
馬曰滏陽曰完州曰河內曰南宮曰沂莒曰覇

州曰東明曰獲嘉曰鹽山曰武強曰滕水曰東
昌曰武安曰汝寧曰修武曰安陽曰開封曰儀
封曰蒲臺曰鄒平曰中牟曰滕西曰衛輝曰濬
州曰曹濮州每綱皆設押綱官二員計六十員
秩正八品每綱船三十隻為一綱船九百餘隻
運糧三百餘萬石船戶八千餘戶綱官以常選
正八品為之
檀景等處採金鐵冶都提舉司秩正四品提舉一
員正四品同提舉一員正五品副提舉一員從六
品掌各冶採金煉鐵榷貨以資國用國初中統始
置景州提舉司管領景州灤陽新匠三冶至元十
四年又置檀州提舉司管領雙峯暗峪大峪五峯
等冶大德五年檀州景州三提舉司併置檀州等
處採金鐵冶都提舉司而灤陽雙峯等冶悉隸焉
他如河東山西濟南萊蕪等處鐵冶提舉司及益
都般陽等處淘金總管府其沿革蓋不一也
大都河間等路都轉運鹽使司秩正三品掌場竈
榷辦鹽貨以資國用使二員正三品同知一員正
四品副使一員正五品運判二員正六品首領官
經歷一員從七品知事一員從八品照磨一員從

九品國初立河間稅課達魯花赤清滄鹽使所後㓒立運司立提舉鹽榷所又改爲河間路課程所提舉滄清課鹽使所中統三年改都提領拘榷滄清課鹽所至元二年以刑部侍郎右三部郎中兼滄清課鹽使司尋改立河間都轉運鹽使司立清滄課三鹽司十二年改爲都轉運使司十九年以户部尚書行河間等路都轉運使司事尋罷改立清滄二鹽使司二十三年改立河間等路都轉運司二十七年改令户部尚書行河間等路都轉運使司事二十八年改河間等路都轉運司延祐六

年頒分司印巡行郡邑以防私鹽之弊

鹽場二十二所每場設司令一員從七品司丞一員從八品辦鹽各有差

利國場 利民場 海豐場 阜民場

阜財場 益民場 潤國場 海阜場

海盈場 海潤場 嚴鎮場 富國場

興國場 厚財場 豐財場 三义沽場

蘆臺場 越支場 石碑場 濟民場

惠民場 富民場

山東東路轉運鹽使司品秩職掌同上運判止一員國初始置益都課稅所管領山東鹽場以總鹽課後改置運司中統四年詔以中書左右部兼諸路都轉運司至元二年命有司兼辦其課改立山東轉運司至元十二年改立都轉運司延祐五年以鹽法澁滯降分司印巡行各場督收課程罷膠萊鹽司所屬鹽場

鹽場一十九所每場設司令一員從七品司丞一員從八品管勾一員從八品

永利場 寧海場 官臺場 豐國場

新鎮場 豐民場 富國場 高家港場

永阜場 利國場 固堤場 王家岡場

信陽場 濤洛場 石河場 海滄場

行村場 登寧場 西由場

河東陝西等處轉運鹽使司品秩職掌同前運判增一員國初設平陽府以徵課程之利中統二年改置轉運司置提舉解鹽司至元二年罷運司命有司掌其務尋復置轉運司二十三年立陝西都轉運司諸色稅課悉隸焉二十九年置鹽運司專掌鹽課其餘課稅歸有司解鹽司亦罷延祐六年更爲河東陝西等處都轉運鹽使司隸省部其屬

三
解鹽場管勾一員正九品同管勾一員從九品
河東等處解鹽管民提領所正提領一員從八
品副提領一員從九品
安邑等處解鹽管民提領所正提領一員從八
品副提領一員從九品
禮部尚書三員正三品侍郎二員正四品郎中二員
從五品員外郎二員從六品掌天下禮樂祭祀朝會
燕享貢舉之政令凡儀制損益之文符印簡冊之信
神人封諡之法忠孝貞義之褒送迎聘好之節文學

僧道之事婚姻繼續之辨音藝膳供之物悉以任之
世祖中統元年以吏戶禮爲左三部置尚書二員侍
郎二員郎中四員員外郎六員總領三部之事至元
元年分立爲吏禮部尚書三員侍郎仍二員郎中仍
四員員外郎四員七年別立禮部尚書一員侍郎一
員郎中二員員外郎如舊明年又合爲吏禮部十三
年又別爲禮部二十三年六部尚書侍郎郎中員外
郎定以二員爲額成宗元貞元年復增尚書一員領
會同舘事主事二員蒙古必闍赤二人令史一十九
人回回令史二人怯里馬赤一人知印二人奏差十
二人典吏三人其屬附見
左三部照磨所秩正八品照磨一員掌吏戶禮三
部錢穀計帳之事典吏八人
侍儀司秩正四品掌凡朝會即位冊后建儲奉上
尊號及外國朝覲之禮至元八年始置左右侍儀
奉御二員禮部侍郎知侍儀事一員引進使知侍
儀事一員左右侍儀使二員左右直侍儀使二員
左右侍儀副使二員左右侍儀僉事二員引進副
使侍儀令承奉班都知尚衣局大使各一員十二
年省左侍儀奉御通曰左右侍儀省引進副使及

侍儀令尚衣使等員改置通事舍人十四員三十
年減通事舍人七員爲侍儀舍人大德十一年陞
秩正三品至大二年置典簿一員延祐七年定置
侍儀使四員至治元年增置通事舍人六員侍儀
舍人四員其後定置侍儀使四員正三品引進使
知侍儀事二員正四品首領官典簿一員從七品
屬官承奉班都知一員正七品通事舍人一十六
員從七品侍儀舍人十四員從九品吏屬令史二
人譯史一人通事一人知印一人其屬法物庫秩
五品掌大禮法物提點一員從五品大使一員從

六品副使一員從七品直長二員正八品

拱衛直都指揮使司秩從四品掌控鶴六百餘户及儀衛之事至元三年始置都指揮使一員副使一員鈐轄一員提控案牘一員十六年陞正三品降虎符增置達魯花赤一員隷宣徽院二十年復爲從四品二十五年歸隷禮部元貞元年復陞正三品皇慶元年置經歷一員二年改鈐轄爲僉事至順二年撥隷侍正府定置達魯花赤一員正三品都指揮使四員正三品副指揮使二員從三品僉事二員正四品首領官經歷一員從七品知事

一員從八品吏屬令史四人譯史一人通事知印各一人奏差二人其屬控鶴百户所秩從七品色目百户一十三員漢人百户一十三員總十三所

儀從庫秩從七品掌收儀衛器仗大使一員從七品副使一員從八品

儀鳳司秩正四品掌樂工供奉祭饗之事至元八年立玉宸院置樂長一員樂副一員樂判一員二十年改置儀鳳司隷宣徽院置大使副使各一員判官三員二十五年歸隷禮部省判官三員三十一年置達魯花赤一員副使一員大德十一年改陞玉宸樂院秩從二品置院使副使僉事同僉院判至大四年復爲儀鳳司秩正三品延祐七年降從三品定置大使五員從三品副使四員從四品首領官經歷一員從七品知事一員從八品吏屬令史二人譯史通事知印各一人其屬五

雲和署秩正七品掌樂工調音律及部籍更番之事至元十二年始置至大二年撥隷玉宸樂院皇慶元年陞正六品二年陞從五品署令二員署丞二員管勾二員協音一員協律一員書史二人書吏四人教師二人提控四人

安和署秩正七品職掌與雲和同至元十三年始置皇慶二年陞從五品署令二員署丞二員管勾二員協音一員協律一員書史二人書吏四人教師二人提控四人

常和署初名管勾司秩正九品管領回回樂人皇慶元年初置延祐三年陞從六品署令一員署丞二員管勾二員教師二人提控二人

天樂署初名昭和署秩從六品管領河西樂人至元十七年始置大德十一年陞正六品至大四年改爲天樂署皇慶元年陞從五品署令二

員署丞二員管勾二員協音一員協律一員書史二人書吏四人教師二人提控四人

廣樂庫秩從九品掌樂器等物大使一員副使一員皇慶元年始置

教坊司秩從五品掌承應樂人及管領興和等署五百户中統二年始置至元十二年陞正五品十七年改提點教坊司隸宣徽院秩正四品二十五年隸禮部大德八年陞正三品延祐七年復正四品達魯花赤一員正四品大使三員正四品副使四員正五品知事一員從八品令史四人譯史知印奏差各二人通事一人其屬三

典和署秩從六品署令二員署丞二員管勾二員

祥和署秩從六品署令一員署丞一員管勾一員

廣樂庫秩從九品大使一員副使一員

會同館秩從四品掌接伴引見諸番蠻夷峒官之來朝貢者至元十三年始置二十五年罷之二十九年復置元貞元年以禮部尚書領館事遂爲定制禮部尚書領會同館事一員正三品大使二員正四品副使二員從六品提控案牘一員掌書四人蒙古必闍赤一人典給官八人其屬有收支諸物庫秩從九品大使一員副使一員至元二十九年以四賓庫改置

鑄印局秩正八品掌凡刻印銷印之事大使一員副使一員直長一員至元五年始置

白紙坊秩從八品掌造詔旨宣勑紙劄大使一員副使一員至元九年始置

掌薪司秩正七品司令一員正七品司丞二員正八品典吏一人

兵部尚書三員正三品侍郎二員正四品郎中二員從五品員外郎二員從六品掌天下郡邑郵驛屯牧之政令凡城池廢置之故山川險易之圖兵站屯田之籍遠方歸化之人官私芻牧之地駝馬牛羊鷹隼羽毛皮革之徵驛乘郵運祗應公廨皁隸之制悉以任之世祖中統元年以兵刑工爲右三部置尚書二員侍郎二員郎中五員員外郎五員總領三部之事至元元年別置工部以兵刑自爲一部尚書四員侍郎三員郎中如舊員外郎五員三年併爲右三部五年復爲兵刑部尚書二員省侍郎二員郎中如故員

外郎一員七年始列六部尚書一員侍郎仍舊郎中一員員外郎仍一員明年又合爲兵刑部十三年復析兵部二十三年定尚書侍郎郎中員外郎以二員爲額至治三年增尚書一員主事二員蒙古必闍赤二人令史十四人回回令史一人怯里馬赤一人知印二人奏差八人典吏三人其屬附見

大都陸運提舉司秩從五品掌兩都陸運粮斛之事至元十六年始置運粮提舉司延祐四年改今名提舉二員從五品副提舉一員從七品吏目一員司吏六人委差一十人海王庄七里庄魏家庄騰八庄四所各設提領一人用從九品印

管領隨路打捕鷹房民匠總管府秩從三品達魯花赤一員總管一員副總管二員經歷知事各一員提控案牘一員吏屬令史六人初太祖以隨路打捕鷹房民户七千餘户撥隸旭烈大王位下中統二年始置至元十二年阿八合大王遣使奏歸朝廷隸兵部

管領本投下大都等路打捕鷹房諸色人匠都總管府秩正三品掌哈贊大王位下事大德八年始置官吏皆王選用至大四年省併衙門以哈兒班

荅大王遠鎮一隅別無官屬存設不廢定置府官達魯花赤二員總管一員同知一員副總管一員知事一員提控案牘一員令史四人譯史二人奏差二人典吏一人其屬東局織染提舉司秩從五品達魯花赤一員提舉一員副達魯花赤一員副提舉一員提控案牘一員司吏二人

隨路諸色民匠打捕鷹房等户都總管府秩從三品達魯花赤一員總管一員同知一員經歷一員知事一員提控案牘兼照磨一員令史六人譯史一人知印通事一人奏差二人掌別吉大營盤事及管領大都路打捕鷹房等户至元三十年置延祐四年陞正三品

管領本位下打捕鷹房民匠等户都總管府秩正三品達魯花赤一員總管一員副達魯花赤一員同知一員副總管一員判官一員經歷一員知事一員提控案牘兼照磨一員令史六人譯史通事知印各一人掌別吉大營盤城池阿哈探馬兒一應差發辭徹干定王位下事泰定元年始置

刑部尚書三員正三品侍郎二員正四品郎中二員從五品員外郎二員從六品掌天下刑名法律之政

令凡大辟之按覆繫囚之詳讞孥收産没之籍捕獲功賞之式寃訟疑罪之辨獄具之制度律令之擬議悉以任之世祖中統元年以兵刑工爲右三部置尚書二員侍郎二員郎中五員員外郎五員以郎中員外郎各一員專署刑部至元元年析置工部而兵刑仍爲一部尚書四員侍郎仍二員郎中四員員外郎置五員三年復爲右三部七年始别置刑部尚書一員侍郎一員郎中一員員外郎二員八年改爲兵刑部十三年又爲刑部二十三年六部尚書侍郎郎中員外郎定以二員爲額大德四年尚書增置一員其

首領官則主事三員吏屬則蒙古必闍赤四人令史三十人回回令史二人怯里馬赤一人知印二人奏差十人書寫三人典吏七人其屬附見

司獄司司獄一員正八品獄丞一員正九品獄典一人初以右三部照磨兼刑部繫獄之任大德七年始置專官部醫一人掌調視病囚

司籍所提領一員同提領一員至元二十年改大都等路斷没提領所爲司籍所隷刑部

工部尚書三員正三品侍郎二員正四品郎中二員從五品員外郎二員從六品掌天下營造百工之政令凡城池之修濬土木之繕葺材物之給受工匠之程式銓注局院司匠之官悉以任之世祖中統元年右三部置尚書二員侍郎二員郎中五員員外郎五員内二員專署工部事至元元年始分立工部尚書四員侍郎三員郎中四員員外郎五員三年復合爲右三部七年仍自爲工部尚書二員侍郎仍二員郎中三員員外郎如舊二十三年定尚書侍郎郎中員外郎各以二員爲額明年以曹務繁冗增尚書二員二十八年省尚書一員首領官主事五員蒙古必闍赤六人令史四十二人回回令史四人怯里馬赤一

人知印一人奏差三十人蒙古書寫一人典吏七人又司程官四員右三部照磨一員典吏七人其屬附見

左右部架閣庫秩正八品管勾二員典吏十二人掌六部文卷簿籍架閣之事中統元年左右部各置二十三年併爲左右部架閣庫

諸色人匠總管府秩正三品掌百工之技藝至元十二年始置總管同知副總管各一員十六年置達魯花赤一員增同知副總管各一員二十八年省同知一員三十年省副總管一員後定置達魯

花赤一員總管一員同知二員副總管二員經歷一員知事一員提控案牘一員令史五人譯史一人奏差四人其屬十有一

梵像提舉司秩從五品提舉一員同提舉一員副提舉一員吏目一員董繪畫佛像及土木刻削之工至元十二年始置梵像局延祐三年陞提舉司設今官

出蠟局提舉司秩從五品提舉一員同提舉一員副提舉一員吏目一員掌出蠟鑄造之工至元十二年始置局延祐三年陞提舉司設今官

鑄瀉等銅局秩從七品大使一員副使一員掌鑄瀉之工至元十年始置官三員二十八年省管勾一員後定置二員

銀局秩從七品大使一員直長一員掌金銀之工至元十二年始置

鑌鐵局秩從八品大使一員掌鏤鐵之工至元十二年始置

瑪瑙玉局秩從八品直長一員掌琢磨之工至元十二年始置

石局秩從七品大使一員管勾一員董攻石之工至元十二年始置

木局秩從七品大使一員直長一員董攻木之工至元十二年始置

油漆局副使一員用從七品印董髹漆之工至元十二年始置

諸物庫秩正九品提領一員副使一員掌出納諸物之事至元十二年始置

管領隨路人匠都提領所提領一員大使一員俱受省檄掌工匠詞訟之事至元十二年始置

諸司局人匠總管府秩正三品達魯花赤一員總

管一員副達魯花赤一員同知一員副總管一員經歷一員知事一員提控案牘一員令史四人領兩都金銀器盒及符牌等一十四局事至元十四年置二十四年以八局改隸工部及金玉府止領五局一庫掌氈毯等事其屬有六

收支庫秩正九品大使一員掌出納之物

大都氈局秩從七品大使副使各一員管人匠一百二十有五户

大都染局秩從九品大使一員管人匠六千有三户

上都氈局秩從五品大使一貟副使一貟管人匠九十有七户

隆興氈局大使一貟副使一貟管人匠一百户

剪毛花毯蠟布局大使一貟副使一貟管人匠一百十有八户

提舉右八作司秩正六品提舉二貟同提舉一貟副提舉一貟吏目一人司吏九人司庫十三人譯史一人秤子一人掌出納內府漆器紅甕捎隻等并在都局院造作鑌鐵銅鋼鍮石東南簡鐵兩都支持皮毛雜色羊毛生熟斜皮馬牛等皮鬃尾雜

行沙里陀等物中統三年始置提領八作司秩正九品至元二十五年改陞提舉八作司秩正六品二十九年以出納委積分爲左右兩司

提舉左八作司秩正六品掌出納內府氈貨柳器等物其設置官貟同上

諸路雜造總管府秩正三品至元元年改提領所爲提舉司十四年又改工部尚書行諸路雜造局總管府定置達魯花赤一貟總管一貟同知一貟副總管一貟知事一貟提控案牘一貟令史六人譯史一人其屬二

簾網局大使一貟副使一貟並受省劄至元年始置

收支庫大使一貟副使一貟至元三十年始置

茶迭兒局總管府秩正三品管領諸色人匠造作等事憲宗朝置至元十六年始設總管一貟二十七年置同知一貟後定置府官達魯花赤一貟總管一貟同知一貟知事一貟提控案牘一貟司吏四人其屬二

諸司局用從七品印提領一貟相副官二貟中統三年始置

收支庫提領一貟大使副使各一貟掌造作出納之物

大都人匠總管府秩從三品至元六年始置達魯花赤一貟總管一貟同知一貟經歷一貟提控案牘一貟令史十人通事一人其屬四

綉局用從七品印大使一貟副使一貟掌綉造諸王百官段匹

紋錦總院提領一貟大使一貟副使一貟掌織諸王百官段匹

涿州羅局提領一貟大使一貟掌織造紗羅段

四

尚方庫提領一員大使副使各一員掌出納絲金顔料等物

隨路諸色民匠都總管府秩正三品掌仁宗潛邸諸色人匠延祐六年撥隸崇祥院後又屬將作院至治三年歸隸工部後定置達魯花赤一員總管一員同知一員副總管一員經歷一員知事一員提控案牘一員照磨一員令史八人譯史二人知印通事各一人奏差四人其屬五

織染人匠提舉司秩從七品至大二年設達魯

花赤一員提舉一員同提舉一員副提舉一員吏目一員

雜造人匠提舉司秩從七品設置官屬同上

大都諸色人匠提舉司秩從五品達魯花赤一員提舉一員同提舉一員副提舉一員吏目一員

大都等處織染提舉司秩從五品管阿難荅王位下人匠一千三百九十八户達魯花赤一員提舉一員同提舉一員副提舉一員吏目一員

收支諸物庫秩從七品提領一員大使一員副使一員庫子二人

提舉都城所秩從五品提舉二員同提舉二員副提舉二員吏目一員照磨一員掌脩繕都城內外倉庫等事至元三年置其屬一左右廂官四員用從九品印至元十三年置

受給庫秩正八品提領一員大使一員副使一員掌京城內外營造木石等事至元十三年置

符牌局秩正八品大使一員副使一員直長一員掌造虎符等至元十七年置

旋匠提舉司秩從五品提舉一員副提舉一員至

元九年置

撒荅剌欺提舉司秩正五品提舉一員副提舉一員提控案牘一員至元二十四年以札馬剌丁率人匠成造撒荅剌欺與絲紬同局造作遂改組練人匠提舉司爲撒荅剌欺提舉司

別失八里局秩從七品大使一員副使一員掌織造御用領袖納失失等段至元十三年始置

忽丹八里局大使一員給從七品印至元三年置

平則門窯場提領一員大使一員副使一員給從六品印至元十三年置

光熙門窯場提領一員大使一員副使一員給從
八品印至元二十五年置
大都皮貨所提領一員大使一員副使一員用從
九品印至元二十九年置
通州皮貨所提領一員大使一員副使一員用從
九品印延祐六年置
晉寧路織染提舉司提舉一員照略案牘一員其
屬提領所一係官織染人匠局一雲內人匠東西
局二本路人匠局一河中府襄陵翼城潞州隰州
澤州雲州等局七每局各設提領一員副提領一

員惟澤州雲州則止設提領一員
冀寧路織染提舉司真定路織染提舉司各置提
舉一員同提舉一員副提舉一員照略案牘一員
其屬二
　開除局大使一員副使一員照略案牘一員
　真定路紗羅兼雜造局大使一員副使一員
南宮中山織染提舉司各設提舉一員同提舉副
提舉一員照略案牘一員
中山劉元帥局大使一員副使一員
中山察魯局大使一員副使一員

深州織染局大使一員副使一員照略案牘一員
深州趙良局大使一員副使一員
弘州人匠提舉司提舉一員同提舉一員副提舉
一員照略案牘一員
納失失毛段二局院長一員
雲內州織染局大使一員副使一員照略案牘一
員
大同織染局大使一員副使一員照略案牘一員
朔州毛子局大使一員
恩州織染局大使一員副使一員照略案牘一員

恩州東昌局提領一員
保定織染提舉司提舉一員同提舉一員副提舉
一員照略案牘一員
大名人匠提舉司提舉一員同提舉一員副提舉
一員照略案牘一員
永平路紋錦等局提舉司提舉一員同提舉一員
副提舉一員照略案牘一員
大寧路織染局大使一員副使一員照略案牘一
員
雲州織染提舉司提舉一員同提舉一員副提舉

一員照略案牘一員
順德路織染局大使一員副使一員照略案牘一
員
彰德路織染人匠局大使一員副使一員照略案
牘一員
懷慶路織染局大使一員副使一員照略案牘一
員
別失八里局官一員
宣德府織染提舉司提舉一員同提舉一員副提
舉一員照略案牘一員
東聖州織染局院長一員局副一員
宣德八魯局提領一員副使一員
東平路曈局直長一員
興和路蕁麻林人匠提舉司提舉一員同提舉一
員副提舉一員照略案牘一員
陽門天城織染局提領一員副使一員照磨案牘
一員
巡河提領所提領二員副提領一員

志卷第三十五

志卷第三十六　元史八十六

翰林學士亞中大夫知制誥兼修國史臣宋濂翰林待制承直郎同知制誥兼國史院編修官臣王褘等奉
勅修

百官二

樞密院秩從一品掌天下兵甲機密之務凡宮禁宿衛邊庭軍翼征討戍守簡閱差遣舉功轉官節制調度無不由之世祖中統四年置樞密副使二員僉書樞密事一員至元七年置同知樞密院事一員院判一員二十八年始置知院一員增院判一員又以中書平章商量院事大德十年增置知院二員同知五

員副樞五員僉院五員同僉三員院判二員至大三年知院七員同知二員副樞二員僉院一員同僉一員院判二員革去議事平章延祐四年以分鎮北邊增知院一員五年增同知一員後定置知院六員從一品同知四員正二品副樞二員從二品僉院二員正三品同僉二員正四品院判二員正五品參議二員正五品經歷二員從五品都事四員正七品承發兼照磨二員正八品架閣庫管勾一員正九品同管勾一員從九品掾史二十四人譯史一十四人通事三人司印二人宣使一十九人銓寫二人蒙古書

寫二人典吏一十七人院醫二人

客省使秩從五品大使二員副使二員至元十四年置大使一員十六年增一員二十一年置副使一員延祐五年增一員天曆元年又增一員尋定置大使二員從五品副使二員從六品令史二人

斷事官秩正三品掌勳决軍府之獄訟至元元年始置斷事官二員八年增二員十九年又增一員二十年又增二員大德十一年又增四員皇慶元年省二員後定置斷事官八員正三品經歷一員從七品令史六人譯史一人通事知印奏差典吏各一人

行樞密院國初有征伐之事則置行樞密院大征伐則止曰行院爲一方一事而設則稱其勳行樞密院或與行省代設事已則罷

西川行樞密院中統四年始置設官二員管四川軍民課税交鈔打捕鷹房人匠及各投下應管公事節制官吏諸色人等弁軍官遷授征進等事始置於成都至元十年又於重慶別置東川行樞密院設官一員十三年併爲一院尋復分東川行院十六年罷兩川行院二十八年復立四川行院於成都

江淮行樞密院至元十年罷河南省統軍司漢軍都元帥山東行院置荆湖等路行院設官三員淮西行院設官二員掌調度軍馬之事十二年罷行院十九年詔於楊州岳州倶立行院各設官五員二十一年立浴江行院二十二年立江西行院馬軍戍江州步軍戍撫州二十八年徙岳州行院於鄂州徙江淮行院於建康其後行院悉併歸行省

甘肅行樞密院至大四年置行院於甘州爲甘肅等處行樞密院設官四員提調西路軍馬後以甘肅省丞相提調遂罷行院

河南行樞密院致和元年分置專管調遣之事天曆元年罷

嶺北行樞密院天曆二年置知院一員同知二員副樞一員僉院二員同僉一員院判二員經歷一員都事二員蒙古必闍赤四人掾史二人怯里馬赤一人知印一人宣使四人掌邊庭軍務凡大小事宜悉從裁決

右衛秩正三品中統三年初置武衛至元元年改爲侍衛八年改爲左右中三衛掌宿衛扈從兼屯田國有大事則調度之二十年增都指揮使一員

副都指揮使一員二十一年置僉事二員大德十一年增都指揮使二員副都指揮使一員至大元年增都指揮使三員副都指揮使一員四年省都指揮使五員副都指揮使二員後定置都指揮使三員正三品副都指揮使二員從三品僉事二員正四品經歷二員從七品知事二員照磨一員俱從八品令史七人譯史通事知印各一人又其屬十有五

鎮撫所鎮撫二員

行軍千戶所十秩正五品達魯花赤十員副達

魯花赤十員千戶十員副千戶十員彈壓二十員百戶二百員知事十員

弩軍千戶所一秩正五品達魯花赤一員千戶一員彈壓二員百戶十員

屯田左右千戶所二秩正五品達魯花赤二員千戶二員彈壓二員百戶四十員

教官二蒙古字教授一員儒學教授一員掌諸屯衛行伍耕戰之暇使之習學國字通曉書記初由樞府選舉後歸吏部

左衛秩正三品至元八年以侍衛改置掌宿衛扈

從兼屯田國有大事則調度之是年增副指揮使一員十六年增副都指揮使一員二十年置僉事一員二十二年增僉事一員二十四年省都指揮使副都指揮使一員大德十一年增都指揮使五員副都指揮使二員僉事二員至大四年省都指揮使六員副都指揮使二員其後定制衛官都指揮使三員正三品副都指揮使二員從三品僉事二員正四品經歷二員從七品知事二員照磨一員俱從八品令史七人譯史通事知印各一人其屬十有五

鎮撫所鎮撫二員

行軍千戶所凡十秩正五品達魯花赤十員副達魯花赤十員千戶十員副千戶十員彈壓二十員百戶二百員知事十員

弩軍千戶所一秩正五品達魯花赤一員千戶一員彈壓二員百戶十員

屯田左右千戶所二秩正五品達魯花赤一員千戶二員彈壓二員百戶四十員

教官二蒙古字教授一員儒學教授一員

中衛秩正三品至元八年以侍衛改置掌宿衛扈從

兼營屯田國有大事則調度之是年置都指揮使一員副都指揮使一員二十年增副都指揮使一員二十一年置僉事二員二十三年增都指揮使一員大德十一年增都指揮使二員副使三員至大元年增都指揮使一員四年省都指揮使三員副都指揮使三員其後定置都指揮使三員正三品副都指揮使二員從三品僉事二員正四品經歷二員從七品知事二員承發架閣照磨一員俱從八品令史七人譯史通事知印各一人其屬十有五

鎮撫所鎮撫二員

行軍千戶所十秩正五品達魯花赤十員副達魯花赤十員千戶十員副千戶十員彈壓二十員百戶二百員知事十員

弩軍千戶一秩正五品達魯花赤一員千戶一員彈壓二員百戶十員

屯田左右千戶所二秩正五品達魯花赤二員千戶二員彈壓二員百戶四十員

教官二蒙古字教授一員儒學教授一員

前衛秩正三品至元十六年以侍衛親軍剏置前後二衛掌宿衛扈從兼營屯田國有大事則調度之是年置都指揮使一員副都指揮使二員十八年增都指揮使二員二十年置僉事一員大德十一年增都指揮使五員副都指揮使一員僉事三員至大四年省都指揮使五員副都指揮使一員僉事三員後定置衛官都指揮使三員正三品副都指揮使二員從三品僉事二員正四品經歷二員從七品知事二員承發架閣照磨一員俱從八品令史七人譯史通事知印各一人又其屬十有七

鎮撫所鎮撫二員

行軍千戶所十秩正五品達魯花赤十員副達魯花赤十員千戶十員副千戶十員彈壓二十員百戶二百員

弩軍千戶一秩正五品達魯花赤一員千戶一員壓彈二員百戶十員

屯田千戶所二秩正五品達魯花赤二員千戶二員彈壓二員百戶四十員

門尉二平則門尉一員順承門尉一員

教官二蒙古字教授一員儒學教授一員

後衛秩正三品至元十六年以侍衛親軍捌置掌宿衛扈從燕營屯田國有大事則調度之是年置都指揮使二員副都指揮使二員後增設副都指揮使一員十八年增都指揮使二員二十年置僉事二員大德十一年增都指揮使五員副都指揮使一員僉事二員至大四年省都指揮使五員副指揮使二員僉事二員後定置都指揮使三員正三品副都指揮使二員從三品僉事二員正四品經歷二員從七品知事二員照磨一員俱從八品令史七人譯史二人知印一人通事二人其屬十有

四

鎮撫所鎮撫二員

行軍千戶所十秩正五品達魯花赤十員副達魯花赤十員千戶十員副千戶十員彈壓二十員百戶二百員

弩軍千戶所一秩正五品達魯花赤一員千戶一員彈壓二員百戶十員

屯田千戶所一秩正五品達魯花赤一員千戶二員彈壓二員百戶四十員

教官二蒙古字教授一員儒學教授一員

武衛親軍都指揮使司秩正三品掌修治城隍及京師內外工役兼大都屯田等事至元二十六年樞密院以六衛六千人大都屯田三千人近路迤南萬戶府一千人總一萬人立武衛設官五員元貞大德年間累增都指揮使四員至大三年省都指揮使四員副都指揮使一員後定置衛官達魯花赤一員正三品都指揮使三員正三品副都指揮使二員從三品僉事二員正四品經歷二員從七品知事二員照磨一員俱從八品令史七人譯史通事知印各一人其屬十有五

鎮撫所鎮撫二員

行軍千戶所七秩正五品達魯花赤七員副達魯花赤七員千戶七員副千戶七員百戶一百四十員彈壓一十四員

屯田千戶所六秩正五品達魯花赤各一員千戶六員百戶六十員彈壓六員

教官二蒙古字教授一員儒學教授一員

隆鎮衛親軍都指揮使司秩正三品掌屯軍徼巡盜賊於居庸關南北口統領欽察阿速護軍三千六百九十三人屯駐東西四十三處皇慶元年陞

隆鎮萬戶府爲隆鎮衛置都指揮使三員副都指揮使二員僉事二員延祐二年又以哈兒魯軍千戶所併隸東衛四年置色目經歷一員至治二年置愛馬知事一員後定置衛官都指揮使三員正三品副指揮使二員從三品僉事二員正四品經歷二員從七品知事二員承發兼照磨一員俱從八品令史七人譯史通事知印各一人其屬十有二

鎮撫所鎮撫二員

北口千戶所秩正五品達魯花赤一員千戶一員百戶七員於上都路龍慶州東口置司

南口千戶所秩正五品達魯花赤一員千戶一員百戶一員彈壓一員於大都路昌平縣居庸關置司

白羊口千戶所秩正五品達魯花赤一員千戶一員百戶二員彈壓一員於大都路昌平縣東口置司

碑樓口千戶所秩正五品達魯花赤一員千戶一員百戶一員彈壓一員於應州金城縣東口置司

古北口千戶所秩正五品達魯花赤一員千戶一員百戶六員彈壓一員於檀州北面東口置司

遷民鎮千戶所秩正五品達魯花赤一員百戶六員彈壓一員於大寧路東口置司

黃花鎮千戶所秩正五品達魯花赤一員千戶一員百戶六員彈壓一員於昌平縣東口置司

蘆兒嶺千戶所秩五品達魯花赤一員千戶一員百戶六員彈壓一員於昌平縣本口置司

大和嶺千戶所秩五品達魯花赤一員千戶一員百戶六員彈壓一員於大同路昌邑縣本隘置司

紫荆關千戶所秩五品達魯花赤一員千戶一員百戶六員彈壓一員於易州易縣本隘置司

隆鎮千戶所秩五品達魯花赤一員千戶一員百戶八員彈壓一員於龍慶州北口置司

左右翼屯田萬戶府二秩從三品分掌斡端別十八里迴還漢軍及大名衛輝新附之軍并迤東迴軍合爲屯田至元二十六年置延祐五年隸詹事院併入衛率府復改隸樞密院定置兩府達魯花

赤各一員萬户各一員副萬户各一員經歷各一員知事各一員提控案牘各一員令使各五人屬官鎮撫各二員

千户八所達魯花赤八員千户八員副千户八員百户五十九員彈壓一十六員

千户四所達魯花赤四員千户四員副千户四員百户五十二員彈壓八員

左衛率府秩正三品至大元年撥江南行省萬户府精銳漢軍爲東宫衛軍立衛率府設官十一員延祐四年始改爲中翊府又改爲御臨親軍指揮

司又以御臨非古典改爲羽林六年復隸東宫仍爲左衛率府定置率使三員正三品副使二員從三品僉事二員正四品經歷一員從七品知事一員照磨一員俱從八品令史七人譯史通事知印各二人其屬十有五

鎮撫所鎮撫二員

行軍千户所十秩正五品達魯花赤一員千户十員副千户十員百户二百員彈壓二十員

弩軍千户所一秩正五品達魯花赤一員千户一員百户十員

屯田千户所三秩正五品達魯花赤三員千户三員百户六十員彈壓三員

教官三員蒙古字教授一員儒學教授一員陰陽教授一員

右衛率府秩正三品延祐五年以速怯那兒萬户府迤東女直兩萬户府右翼屯田萬户府兵合爲右衛率府置官十二員後定置率使二員正三品副使二員從三品僉事二員正四品經歷二員從七品知事二員照磨一員俱從八品令史七人譯史通事知印各二人其屬七

鎮撫所鎮撫二員

千户所五秩正五品千户五員百户四十五員彈壓二員

教官一儒學教授一員

河南淮北蒙古軍都萬户府秩正三品至元二十四年以四萬户奥魯赤改爲蒙古軍都萬户府設府官四員奥魯官四員大德七年後改爲河南淮北蒙古軍都萬户府延祐五年罷奥魯官副鎮撫等員定置都萬户一員正三品副都萬户一員從三品經歷一員從七品知事一員提控案牘一員

俱從八品令史七人譯史通事各一人屬官鎮撫二員

八撒兒萬戶府萬戶一員副萬戶一員經歷知事提控案牘各一員鎮撫一員

千戶所一十翼達魯花赤一十員千戶十員副千戶十員百戶七十三員彈壓一十員

札忽兒台萬戶府萬戶一員經歷知事提控案牘各一員鎮撫一員

千戶所七翼千戶七員百戶三十八員彈壓七員

脫烈都萬戶府萬戶一員副萬戶一員經歷一員知事一員提控案牘一員鎮撫一員

千戶所九翼千戶九員百戶六十二員彈壓九員

和尚萬戶府萬戶一員副萬戶一員經歷一員知事提控案牘各一員鎮撫一員

千戶所六翼達魯花赤四員千戶六員副千戶四員百戶四十七員彈壓六員

砲手千戶所一翼千戶一員百戶六員彈壓一員

哨馬千戶所一翼達魯花赤一員千戶一員副千戶一員彈壓二員百戶九員奧魯官二員

右阿速衛親軍都指揮使司秩正三品掌宿衛城禁兼營潮河蘇沽兩川屯田供給軍儲至元九年初立阿速拔都達魯花赤置屬官二十三年遂名爲阿速之軍至大二年改立右阿速衛親軍都指揮使司置達魯花赤三員都指揮使三員副都指揮使二員僉事二員四年省達魯花赤三員後定置達魯花赤一員正三品都指揮使三員正三品副都指揮使二員從三品僉事二員正四品經歷

二員從七品知事二員承發架閣照磨一員從八品令史七人譯史通事知印各一人鎮撫二員其屬五

行軍千戶所千戶七員百戶九員

把門千戶二員百戶五員門尉一員

本投下達魯花赤一員長官一員副長官一員

廬江縣達魯花赤一員主簿一員

教官儒學教授一員

左阿速衛親軍都指揮使司品秩職掌同右阿速衛至元九年初立阿速拔都達魯花赤置屬官二

十三年遂名爲阿速之軍至大二年改立左衛阿速親軍都指揮使司置達魯花赤二員都指揮使六員副都指揮使四員僉事二員四年省達魯花赤一員都指揮使三員副都指揮使三員後定置達魯花赤一員都指揮使三員副都指揮使二員僉事二員經歷二員知事二員照磨一員鎮撫二員其屬四

本投下達魯花赤二員長官二員

鎮巢縣達魯花赤二員主簿一員

圍宿把門千戶所一十三翼千戶二十六員百戶一百三十員彈壓一十三員

教官儒學教授一員

回回砲手軍匠上萬戶府秩正三品至元十一年置砲手總管府十八年始立爲都元帥府二十二年改爲萬戶府後定置達魯花赤一員萬戶一員副萬戶一員經歷知事提控案牘各一員令史四人譯史一人鎮撫二員

千戶所三翼達魯花赤三員千戶三員副千戶三員百戶三十二員彈壓六員

唐兀衛親軍都指揮使司秩正三品總領河西軍三千人以備征討至元十八年始立置都指揮使二員副都指揮使二員二十二年增都指揮使一員僉事一員大德五年增指揮使二員至大元年增都指揮一員四年省都指揮使三員副都指揮使一員後定置都指揮使三員正三品副都指揮使二員從三品僉事二員正四品經歷一員從七品知事一員照磨一員俱從八品令史七人通事譯史知印各一人鎮撫二員奧魯官正副各一員

千戶所九翼正千戶九員副千戶九員百戶七十五員彈壓九員奧魯官正副各九員

門尉三建德門一和義門一肅清門一

教官二儒學教授一員蒙古字教授一員

貴赤衛親軍都指揮使司秩正三品至元二十四年立置都指揮使二員副都指揮二員僉事二員二十九年置達魯花赤一員大德十一年增達魯花赤一員都指揮使四員副都指揮一員至大元年省達魯花赤一員都指揮使四員副都指揮使三員後定置達魯花赤一員正三品都指揮使二員從三品副都指揮使二員從三品僉事二員正四品經歷二員從七品知事二員照磨一員令史七人知印一人通事譯史各一人鎮撫二員

千戶所八翼每所置達魯花赤一員千戶一十六員百戶八十員彈壓八員門尉二員

延安屯田打捕總管府秩從三品管析居放良人戶并兀里吉思田地北來蒙古人戶至元十八年始設定置達魯花赤一員總管一員同知一員經歷知事各一員屬官打捕屯田官一十二員

大寧海陽等處屯田打捕所秩從七品掌北京平灤等路析居放良不蘭奚等戶至元二十二年置總管府元貞元年罷總管府置打捕所定置達魯花赤一員長官一員教官蒙古字教授一員儒學教授一員

忠翊侍衛親軍都指揮使司秩正三品至元二十九年始立屯田府大德十一年增軍數立為大同等處指揮使司至大四年屬徽政院延祐元年改中都威衛使司仍隸徽政院尋復改屬樞密院至治元年改為忠翊侍衛後定置都指揮使三員正三品副都指揮使二員從三品僉事二員正四品經歷二員從七品知事二員照磨一員俱從八品令史七人譯史通事知印各一人鎮撫二員

行軍千戶所一十翼達魯花赤一十員副達魯花赤一十員千戶一十員副千戶一十員百戶二百六員彈壓二十員

弩軍千戶所一翼達魯花赤一員千戶一員百戶一十員彈壓一十員

屯田左右手千戶所二翼達魯花赤二員千戶二員百戶四十員彈壓四員

西域親軍都指揮使司秩正三品元貞元年始立設官十一員大德十一年增都指揮使二員又增指揮使三員副都指揮使二員僉事二員至大四年省都指揮使五員副都指揮使二員僉事二員後定置達魯花赤一員正三品都指揮使二員正三品副都指揮使二員從三品僉事二員正四品經歷二員從七品知事二員承發架閣兼照磨一員並從八品令史七人通事譯史知印各一人鎮撫二員

行軍千戶所千戶一十三員百戶二十九員

把門千戶二員百戶八員門尉一員

教官儒學教授一員

宗仁蒙古侍衛親軍都指揮使司秩正三品至治二年以亦乞列思人氏一百戶與所收蒙古子女

通三千户及清州匠二千户屯田漢軍二千户立宗仁衛以統之定置都指揮使三員正三品副都指揮使二員從三品僉事二員正四品經歷二員從七品知事二員照磨一員俱從八品令史七人知印二人怯里馬赤二人譯史二人鎮撫二員

蒙古軍千户所一十翼千户二十員百户一百員彈壓一十員

屯田千户所千户四員百户四十員彈壓四員

教官二儒學教授一員蒙古教授一員

山東河北蒙古軍大都督府秩從二品掌各路軍

民科差征進及調遣總攝軍馬公事至元二十一年罷統軍司都元帥府立蒙古軍都萬户府大德七年改山東河北蒙古軍都萬户府延祐五年罷天曆二年改立爲大都督府定置正官大都督三員從二品同知一員從三品副使一員從四品經歷一員從六品都事二員從七品承發兼照磨一員正八品令史八人譯史通事知印各二人宣使五人典吏三人鎮撫二員

左手萬户府萬户一員副萬户一員經歷一員知事一員提控案牘一員鎮撫一員

千户九翼千户一十一員百户七十四員彈壓一十一員

右手萬户府萬户一員副萬户一員經歷一員知事一員提控案牘一員鎮撫一員

千户九翼千户九員百户六十三員彈壓九員

拔都萬户府達魯花赤一員萬户一員副萬户一員經歷一員知事一員提控案牘一員鎮撫一員

千户六翼千户七員百户四十一員彈壓五員

哈答萬户府達魯花赤一員萬户一員經歷一員知事一員提控案牘一員鎮撫一員

千户八翼千户八員百户二十四員彈壓八員

蒙古回回水軍萬户府達魯花赤一員萬户一員副萬户一員經歷知事提控案牘各一員鎮撫二員

千户八翼達魯花赤二員千户六員百户四十六員彈壓九員

玘都哥萬户府初隸都府七千户翼延祐三年樞密院奏改立萬户府達魯花赤一員萬户一員副萬户一員經歷知事提控案牘各一員鎮撫二員

千户七翼千户九員百户三十五員彈壓八員

哈必赤千戶翼千戶一員百戶四員彈壓一員
直隸大都督府
洪澤屯田千戶趙國宏翼達魯花赤一員千戶
一員副千戶一員百戶一十四員彈壓二員直
隸大都督府
左翊蒙古侍衛親軍都指揮使司秩正三品至元
十八年以蒙古侍衛總管府依五衛之例爲指揮
使司設官十二員奥魯官二員大德七年奏改爲
左翊蒙古侍衛親軍都指揮使司延祐五年罷奥
魯官後定置司官都指揮使三員正三品副都指

揮使二員從三品僉事二員正四品經歷二員從
七品知事二員承發架閣兼照磨一員並從八品
令史七人譯史通事知印各一人典吏二人鎮撫
二員
千戶所七翼正千戶七員副千戶七員知事七
員彈壓七員百戶六十二員
教官二蒙古字教授一員儒學教授一員
右翊蒙古侍衛親軍都指揮使司品秩同左衛至
元十八年以蒙古侍衛總管府依五衛例爲指揮
使司設官十二員奥魯官二員大德七年奏改爲

右翊蒙古侍衛親軍都指揮使司延祐五年罷奥
魯官後定置司官都指揮使三員正三品副都指
揮使二員從三品僉事二員正四品經歷二員從
七品知事二員承發兼照磨架閣一員並從八品
令史七人譯史通事知印各一人典吏二人鎮撫
二員
千戶所一十二翼正千戶一十二員副千戶一
十二員知事一十二員彈壓一十二員百戶一
百九員
教官蒙古字教授一員儒學教授一員

虎賁親軍都指揮使司秩正三品管領上都路元
籍軍人兼奥魯之事至元十六年立虎賁軍設官
二員十七年置都指揮使二員副都指揮使一員
又增置副都指揮使一員元貞三年以虎賁軍改
爲虎賁親軍都指揮使司十一年增置都指揮使
六員至大四年省都指揮使九員後定置司官都
指揮使三員正三品副都指揮使二員從三品僉
事二員正四品經歷一員從七品知事照磨兼承
發各一員並從八品令史七人譯史通事知印各
一人典吏二人鎮撫二員都目一員

撒的赤千戶翼正達魯花赤一員副達魯花赤一員正千戶一員副千戶一員知事一員百戶二十員彈壓二員

不花千戶翼正達魯花赤一員副達魯花赤一員正千戶一員副千戶一員百戶二十二員彈壓二員

脫脫木千戶翼正達魯花赤一員副達魯花赤一員正千戶一員副千戶一員知事一員百戶二十八員彈壓二員

大忽都魯千戶翼正達魯花赤一員副達魯花

赤一員正千戶一員副千戶一員知事一員百戶二十四員彈壓二員

楊千戶翼正達魯花赤一員副達魯花赤一員正千戶一員副千戶一員知事一員百戶二十二員彈壓二員

迷里火者千戶翼正達魯花赤一員副達魯花赤一員正千戶一員副千戶一員知事一員百戶二十員彈壓二員

大都督府正二品管領左右欽察兩衛龍翊侍御東路蒙古軍元帥府東路蒙古軍萬戶府哈剌魯萬戶府天曆二年始立欽察親軍都督府秩從二品後改大都督府置大都督三員正二品同知二員正三品副都督三員從三品僉都督事二員正四品經歷二員從六品都事二員從七品管勾一員照磨一員俱正八品令史八人蒙古必闍赤二人怯里馬赤二人知印二人宣使六人

右欽察衛秩正三品至元二十三年依河西等衛例立欽察衛設官十員至治二年分爲左右衛天曆二年撥隸大都督府定置達魯花赤一員正三品都指揮二員正三品副使二員從三品僉事二

員正四品經歷二員從七品知事二員照磨二員並從八品令史七人譯史通事知印各一人鎮撫一員

行軍千戶十八所達魯花赤各一員千戶三十六員百戶一百八十員彈壓一十八員

屯田千戶所二達魯花赤二員千戶二員百戶二十員彈壓二員

門尉二員

儒學教授一員至大四年始置蒙古字教授一員延祐四年始置

左欽察衛秩正三品至治二年依阿速衛例分爲
兩衛設官十負天曆二年撥隸大都督府定置衛
官都指揮使三負正三品副都指揮二負從三品
僉事二負正四品經歷二負從七品知事二負照
磨一負從八品令史七人譯史通事知印各一人
屬官鎮撫二負
行軍千戶所一十翼千戶一十負百戶八十二
負彈壓九負奧魯官四負
守城千戶所一翼達魯花赤一負千戶一負百
戶九負彈壓一負

屯田千戶所一翼達魯花赤一負千戶一負百
戶十負彈壓一負
教官儒學教授一負
龍翊侍衛親軍都指揮使司秩正三品天曆元年
始立設官十四負二年又置愛馬知事一負又以
左欽察衛唐吉失九千戶隸本衛定置官都指揮
使三負正三品副都指揮使二負從三品僉事二
負正四品經歷一負從七品知事二負照磨一負
並從八品令史七人譯史二人怯里馬赤二人知
印二人鎮撫二負

行軍千戶所九翼達魯花赤一負千戶六負副
千戶一負百戶四十五負彈壓五負
屯田一翼欽察千戶所達魯花赤一負千戶一
負百戶二十二負彈壓二負
教官二蒙古字教授一負儒學教授一負
哈剌魯萬戶府掌守禁門等處應直宿衛至元二
十四年招集哈剌魯軍人立萬戶府尋移屯襄陽
後征交趾大德二年置司南陽天曆二年奏隸大
都督府定置官達魯花赤一負萬戶一負經歷知
事各一負提控案牘一負鎮撫一負吏目一負

千戶所三翼千戶三負百戶九負彈壓三負
御史臺秩從一品大夫二負從一品中丞二負正二
品侍御史二負從二品治書侍御史二負從二品掌
糾察百官善惡政治得失至元五年始立臺建官設
官七負大夫從二品中丞從三品侍御史從五品治
書侍御史從六品典事從七品檢法二負獄丞一負
七年改典事爲都事十九年罷檢法獄丞二十一年
陞大夫爲從一品中丞爲正三品侍御史爲正五品
治書爲正六品二十七年大夫以下品從各陞一
等始置經歷一負大德十一年陞中丞爲正二品侍

御史爲從二品治書侍御史爲正三品皇慶元年增中丞爲三員二年減一員至治二年大夫一員後定置御史大夫二員中丞二員侍御史二員治書侍御史二員品秩如上經歷一員從五品都事二員正七品照磨一員正八品承發管勾兼獄丞一員正八品架閣庫管勾兼承發一員正九品掾史一十五人譯史四人知印二人通事二人宣使十人臺醫二人蒙古書寫二人典吏六人庫子二人其屬有二

殿中司殿中侍御史二員正四品至元五年始置秩正七品後陞正四品凡大朝會百官班序其失

三八六
元史志卷三十六
廿八
展君佐

儀失列則糾罰之在京百官到任假告事故出三日不報者則糾舉之大臣入內奏事則隨以入凡不可與聞之人則糾避之知班四人通事譯史各一人

察院秩正七品監察御史三十二員司耳目之寄任刺舉之事至元五年始置御史十一員悉以漢人爲之八年增置六員十九年增置一十六員始參用蒙古人爲之至元二十二年參用南儒二人

書吏三十二人

江南諸道行御史臺設官品秩同內臺至元十四年始置江南行御史臺于揚州尋徙杭州又徙江州二十三年遷于建康以監臨東南諸省統制各道憲司而總諸內臺初置大夫中丞侍御史治書侍御史各一員統淮東淮西湖北浙東浙西江東江西湖南八道提刑案察司十五年增江南湖北嶺南廣西福建廣東三道二十三年以淮東淮西山南三道撥隸內臺三十年增海北海南一道大德元年定爲江南諸道行御史臺設官九員以監江浙江西湖廣三省統江東江西浙東浙西湖南湖北廣東廣西福建海南十道大夫一員中丞二員侍御史二員治書侍御史二員

三八十二
元史志卷三十六
廿九
王亦高

經歷一員都事二員照磨一員架閣庫管勾一員承發管勾兼獄丞一員令史一十六人譯史四人回回掾史通事知印各二人宣使十人典吏庫子臺醫各有差

察院品秩如內察院至元十四年置監察御史十員二十三年增蒙古御史十四員書吏十四人又增漢人御史四員書吏四人後定置御史二十八員書吏二十八人

陝西諸道行御史臺設官品秩同內臺至元二十七年始置雲南諸路行御史臺官止四員大德元年移

雲南行臺於京兆爲陝西行臺而雲南改立廉訪司延祐元年罷二年復立統漢中隴北四川雲南四道定置大夫一員御史中丞二員侍御史二員治書侍御史二員經歷一員都事二員照磨一員架閣庫管勾一員承發司管勾兼獄丞一員掾史一十二人蒙古必闍赤二人回回掾史一人通事二人知印一人宣使十人典吏五人庫子二人

察院品秩同内察院監察御史二十員書吏二十人

肅政廉訪司國初立提刑按察司四道曰山東東西道曰河東陝西道曰山北東西道曰河北河南道至元六年以提刑按察司兼勸農事八年置河東山西道陝西四川道十二年分置燕南河北道十三年以省併衙門罷按察司十四年復置增立八道曰江北淮東道曰淮西江北道曰山南江北道曰浙東海右道曰江南浙西道曰江東建康道曰江西湖東道曰嶺北湖南道十五年復增三道曰江南湖北道曰嶺南廣西道曰福建廣東道十九年增西蜀四川道二十年增海北廣東道改福建廣東道曰福建閩海道以雲南七路置雲南道以女直之地置海西遼東道二十三年以淮東淮西山南三道撥隸内臺二十四年增河西隴右道是年罷雲南道二十五年罷海西遼東二十七年以雲南按察司所治立雲南行御史臺二十八年改按察司曰肅政廉訪司大德元年徙雲南行臺于陝西復立雲南道三十年增海北海南道其後遂定爲二十二道每道廉訪使二員正三品副使二員正四品僉事四員兩廣海南止二員正五品經歷一員從七品知事一員正八品照磨兼管勾一員正九品書吏十六人譯史通事各一人奏差五人典吏二人

内道八隸御史臺

山東東西道濟南路置司

河東山西道冀寧路置司

燕南河北道真定路置司

江北河南道汴梁路置司

山南江北道中興路置司

淮西江北道廬州路置司

江北淮東道揚州路置司

山北遼東道大寧路置司

江南十道隸江南行臺

江東建康道寧國路置司
江西湖東道龍興路置司
江南浙西道杭州路置司
浙東海右道婺州路置司
江南湖北道武昌路置司
嶺北湖南道天臨路置司
嶺南廣西道靜江府置司
海北廣東道廣州路置司
海北海南道雷州路置司
福建閩海道福州路置司

陝西四道隸陝西行臺
陝西漢中道鳳翔府置司
河西隴北道甘州路置司
西蜀四川道成都路置司
雲南諸路道中慶路置司

元史志卷第三十六

志卷第三十七　　元史八十七

翰林學士亞中大夫知制誥兼修國史臣宋濂 翰林待制承直郎同知制誥兼國史院編修官臣王禕等奉
勅修

百官三

大宗正府秩從一品國初未有官制首置斷事官曰札魯忽赤會決庶務凡諸王駙馬投下蒙古色目人等應犯一切公事及漢人姦盜詐僞蠱毒厭魅誘掠逃驅輕重罪囚及邊遠出征官吏每歲從駕分司上都存留住冬諸事悉掌之至元二年置十員三年置八員九年降從一品銀印止理蒙古公事以諸王爲

府長餘悉御位下及諸王之有國封者又有怯薛人員奉旨署事別無須受宣命十四年置十四員十五年置十三員二十一年置二十一員二十二年增至三十四員二十八年增至四十六員大德四年省五員十一年四十一員皇慶元年省二員以漢人刑名歸刑部泰定元年復命兼理置札魯忽赤四十二員令史改爲掾史致和元年以上都大都所屬蒙古人并怯薛軍站色目與漢人相犯者歸宗正府處斷其餘路府州縣漢人蒙古色目詞訟悉歸有司刑部掌管正官札魯忽赤四十二員從一品郎中二員從五品

員外郎二員從六品都事二員從七品承發架閣庫管勾一員從八品掾史十人蒙古必闍赤十三人通事知印各三人宣使十人蒙古書寫一人典吏三人庫子一人醫人一人司獄二員

大司農司秩正二品凡農桑水利學校饑荒之事悉掌之至元七年始立置官五員十四年罷以按察司兼領勸農事十八年改立農政院置官六員二十年又改立務農司秩從三品置達魯花赤一員務農使一員同知二員是年又改司農寺達魯花赤一員司農卿二員司丞一員二十三年仍爲大司農司秩仍

正二品大德元年增領大司農事一員皇慶二年陞從一品增大司農一員定置大司農四員從一品大司農卿二員正二品少卿二員從二品大司農丞二員從三品經歷一員從五品都事二員從七品架閣庫管勾一員照磨一員並正八品掾史十二人蒙古必闍赤二人回回掾史一人知印二人通事一人宣使八人典吏五人

籍田署秩從六品掌耕種籍田以奉宗廟祭祀至元七年始立隷大司農十四年罷司農隷太常寺二十三年復立大司農司仍隷焉署令一員從六品署丞一員從七品司吏一人

供膳司秩從五品掌供給應需貨買百色生料并桑哥籍入貲產至元二十二年始置隷司農置達魯花赤一員提點一員並從五品司令一員正六品丞一員正七品吏一人

輔用庫秩正九品掌規運息錢以給供需大使一員副使一員

興中州等處油户提領所秩從九品提領一員大使一員副使一員歲辦油十萬斤以供内庖至元二十九年始置

蔚州麵户提領所提領一員副使一員掌辦白麵葱菜以給應辦歲計十餘萬斤　右屬供膳

永平屯田總管府秩從三品達魯花赤一員總管一員同知一員知事一員司吏四人至元二十四年始立於永平路南馬城縣以北京採木三千人隷之所轄昌國濟民豐贍三署各置署令一員署丞一員直長一人吏目二人吏二人

翰林兼國史院秩正二品中統初以王鶚爲翰林學士未立官署至元元年始置秩正三品六年置承旨三員學士二員侍讀學士二員侍講學士二員直學

士二員八年陞從二品十四年增承旨一員十六年增侍讀學士一員十七年增承旨二員二十年省併集賢院爲翰林國史集賢院二十一年增學士二員二十二年復分立集賢院二十三年增侍講學士一員二十六年置官吏五員掌管教習亦思替非文字二十七年增承旨一員大德九年陞正二品改典簿爲司直置都事一員至大元年置承旨九員皇慶元年陞從一品改司直爲經歷延祐元年別置回回國子監學以掌亦思替非官屬歸之五年置承旨八員後定置承旨六員從一品學士二員正二品侍讀學士二員從二品侍講學士二員從二品直學士二員從三品屬官待制五員正五品脩撰三員從六品應奉翰林文字五員從七品編脩官十員正八品檢閱四員正八品典籍二員正八品經歷一員從五品都事一員從七品掾史四人譯史通事知印各二人蒙古書寫五人書寫十人接手書寫十人典吏三人典書二人

蒙古翰林院秩從二品掌譯寫一切文字及頒降璽書並用蒙古新字仍各以其國字副之至元八年始立新字學士於國史院十二年別立翰林院置承旨

一員直學士一員待制二員脩撰一員應奉四員寫聖旨必闍赤十有一人令史一人知印一人十八年增承旨一員學士三員省漢兒令史置蒙古必闍赤四人二十九年增承旨一員侍讀學士一員知印一人三十年增管勾一員大德五年陞正二品九年置司直一員都事一員皇慶元年改陞從一品設官二十有八吏屬二十有四延祐二年改司直爲經歷後定置承旨七員學士二員侍讀學士二員侍講學士二員直學士二員待制四員脩撰二員應奉五員經歷一員都事一員品秩並同翰林國史院承發架閣庫管勾一員正九品必闍赤一十四人掾史三人通事一人譯史一人知印二人書寫一人典吏三人

蒙古國子監秩從三品至元十四年始立置司業一員二十九年准漢人國學例置祭酒司業監丞延祐四年陞正三品七年復降爲從三品後定置祭酒一員從三品司業二員正五品監丞一員正六品令史一人必闍赤一人知印一人

蒙古國子學秩正七品博士二員助教二員教授二員學正學錄各二員掌教習諸生於隨朝百官怯薛台蒙古漢兒官員家選子弟俊秀者入學至

元八年置官五員從以每歲從駕上都教習事繁設官員少增學正二員學録二員三十一年增助教一員典給一人後定置博士二員正七品助教二員教授二員並正八品學正學録各二員典書一人典給一人

内八府宰相掌諸王朝覲儐价之事遇有詔令則與蒙古翰林院官同譯寫而潤色之謂之宰相云者其貴似侍中其近似門下故特寵之以是名雖有是名而無授受宣命品秩則視二品焉大德九年以臧怯禿等八人爲之天曆元年爲内八府宰之

職故附見于此云

集賢院秩從二品掌提調學校徵求隱逸召集賢良凡國子監玄門道教陰陽祭祀占卜祭遁之事悉隸焉國初集賢與翰林國史院同一官署至元二十二年分置兩院置大學士三員學士一員直學士二員典簿一員吏屬七人二十四年增置學士一員侍讀學士一員侍制一員尋陞正二品置院使一員正二品大學士二員從二品學士三員從二品侍讀學士一員從三品侍講學士一員從三品直學士二員從四品司直一員從五品待制一員正五品二十五年增都事一員從七品脩撰一員從六品元貞元年增院使一員大德十一年陞從一品置院使六員經歷二員至大四年省院使六員皇慶二年省漢人經歷一員後定置大學士五員從一品學士二員正二品侍讀學士二員侍講學士二員並從二品直學士二員從三品經歷一員從五品都事二員從七品待制一員正五品脩撰一員從六品兼管勾承發架閣庫一員正八品掾史六人譯史知印各二人通事一人宣使七人典吏三人

國子監至元初以許衡爲集賢館大學士國子祭

酒教國子與蒙古大姓四怯薛人員選七品以上朝官子孫爲國子生隨朝三品以上官得舉凡民之俊秀者入學爲陪堂生伴讀至元二十四年始置監祭酒一員從三品司業二員正五品掌學之教令皆德尊望重者爲之監丞一員正六品專領監務典簿一員令史二人譯史知印典吏各一人國子學秩正七品置博士二員掌教授生徒考較儒人著述教官所業文字助教四員分教各齋生員大德八年爲分職上都增置助教二員學正二員學録二員督習課業典給一員掌生一員膳食至

元二十四年定置生員額二百人伴讀二十人至大四年生員三百人延祐二年增置生員一百人伴讀二十人

興文署秩從六品署令一員以翰林脩撰兼之署丞一員以翰林應奉兼之至治二年罷置典簿一員從七品掌提調諸生飲膳與凡文牘簿書之事仍置典吏一人

宣政院秩從一品掌釋教僧徒及吐蕃之境而隸治之遇吐蕃有事則為分院往鎮亦別有印如大征伐則會樞府議其用人則自為選其為選則軍民通攝

僧俗並用至元初立總制院而領以國師二十五年因唐制吐蕃來朝見於宣政殿之故更名宣政院置院使二員同知二員副使二員參議二員經歷二員都事四員管勾一員照磨一員二十六年置斷事官四員二十八年增僉院同僉各一員元貞元年增院判一員大德四年罷斷事官至大初省院使一員至治三年置院使六員天曆二年罷功德使司歸宣政定置院使一十員從一品同知二員正二品副使二員從二品僉院二員正三品同僉三員正四品院判三員正五品參議二員正五品經歷二員從五品都事三員從七品照磨一員管勾一員並正八品掾史十五人蒙古必闍赤二人回回掾史二人怯里馬赤四人知印二人宣使十五人典吏有差

斷事官四員從三品經歷知事各一員令史五人知印奏差譯史通事各一人至元二十五年始置

客省使秩從五品大使二員副使一員至元二十五年置

大都規運提點所秩正四品達魯花赤一員提點一員大使一員副使一員至元二十八年置

上都規運提點所秩正四品達魯花赤一員提點

一員大使一員副使一員知事一員至元二十八年置

大都提舉資善庫秩從五品達魯花赤一員提舉一員同提舉一員副提舉一員掌錢帛之事至元二十六年置

上都利貞庫秩從七品提領一員副使一員掌飲膳好事金銀諸物元貞元年置

大濟倉監支納一員大使一員

興教寺管房提領一員

吐蕃等處宣慰司都元帥府秩從二品宣慰使五員經歷二員都事二員照磨一員捕盜官二員儒

學教授一員鎮撫二員其屬二
脫思麻路軍民萬户府秩正三品達魯花赤一員萬户一員副達魯花赤一員副萬户一員經歷一員知事一員鎮撫一員
西夏中興河州等處軍民總管府秩正三品達魯花赤一員總管一員同知一員治中一員府判一員經歷一員知事一員屬官稅務提領寧河縣官寧河脫脫禾孫五員寧河弓甲匠達魯花赤
洮州元帥府秩從三品達魯花赤一員元帥二員

知事一員
十八族元帥府秩從三品達魯花赤一員元帥一員同知一員知事一員
積石州元帥府達魯花赤一員元帥一員同知一員知事一員脫脫禾孫一員
禮店文州蒙古漢軍西番軍民元帥府秩正三品達魯花赤一員元帥一員同知一員經歷知事各一員鎮撫二員蒙古奧魯官一員蒙古奧魯相副官一員
禮店文州蒙古漢軍奧魯軍民千户所秩從五品達魯花赤一員千户一員副千户一員總把五員百户八員
禮店文州蒙古漢軍西番軍民上千户所秩正四品達魯花赤一員千户一員百户一員新附千户二員
禮店階州西水蒙古漢軍西番軍民總把二員
吐番等處招討使司秩正三品招討使二員知事一員鎮撫一員其屬附
脫思麻探馬軍四萬户府秩正三品萬户五員千户八員經歷一員鎮撫一員
脫思麻路新附軍千户所秩從五品達魯花赤

一員千户一員副千户一員
文扶州西路南路底牙等處萬户府秩從三品達魯花赤一員萬户二員
鳳翔等處千户所秩從五品達魯花赤一員千户一員百户二員
慶陽寧環等處管軍總把一員
文州課程倉粮官一員
岷州十八族過迴捕盜官二員
常陽帖城阿不籠等處萬户府秩從三品達魯花赤一員千户一員

階文扶州等處番漢軍上千户所秩正五品達魯花赤一員千户二員

貴德州達魯花赤知州各一員同知州判各一員脫脫禾孫一員捕盗官一員

必呈萬户府達魯花赤二員萬户四員

松潘宕疊威茂州等處軍民安撫使司秩正三品達魯花赤一員安撫使一員同知一員僉事一員經歴知事照磨各一員鎮撫一員威州保寧縣茂州文山縣文川縣皆隷焉

靜州茶上必里溪安鄉等二十六族軍民千户所達魯花赤一員千户一員

龍木頭都留等一十二族軍民千户所達魯花赤一員千户一員

岳希蓬蘿葡村等處二十二族軍民千户所達魯花赤一員千户一員

折藏萬户府達魯花赤一員萬户一員

土蕃等路宣慰使司都元帥府宣慰使四員同知二員副使一員經歴都事各二員捕盗官三員鎮撫二員

朶甘思田地裏管軍民都元帥府都元帥一員經歴一員鎮撫一員

剌馬兒剛等處招討使司達魯花赤一員招討使一員經歴一員

奔不田地裏招討使司招討使一員經歴一員鎮撫一員

奔不兒亦思剛百姓達魯花赤二員

碉門魚通黎雅長河西寧遠等處軍民安撫使司秩正三品達魯花赤一員安撫使一員同知一員副使一員僉事一員經歴知事照磨各一員鎮撫二員

六番招討使司達魯花赤一員招討使一員

經歴一員知事一員雅州嚴道縣名山縣隷之

天全招討使司達魯花赤一員招討二員經歴知事各一員

魚通路萬户府達魯花赤一員萬户二員經歴知事各一員黎州隷之

碉門魚通等處管軍守鎮萬户府達魯花赤一員萬户二員經歴知事各一員鎮撫二員千户八員百户二十員彈壓四員

長河西管軍萬户府達魯花赤一員萬户二員

長河西裏管軍招討使司招討使二員經歴一員

朶甘思招討使一員

朶甘思哈荅李唐魚通等處錢粮總管府達魯花赤一員總管一員副總管一員荅剌荅脫脫禾孫一員哈裏脫脫禾孫一員朶甘思㷀吉剌滅吉思千户一員

亦思馬兒甘萬户府達魯花赤一員萬户二員

烏思藏納里速古魯孫等三路宣慰使司都元帥府宣慰使五員同知二員副使一員經歷一員鎮撫一員捕盜司官一員其屬附見

納里速古兒孫元帥二員

烏思藏管蒙古軍都元帥二員

擔裏管軍招討使一員

烏思藏等處轉運一員

沙魯思地裏管民萬户一員

搽里八田地裏管民萬户一員

烏思藏田地裏管民萬户一員

速兒麻加瓦田地裏管民官一員

撒剌田地裏管民官一員

出蜜萬户一員

嗸籠荅剌萬户一員

思荅籠剌萬戶一員

伯木古魯萬戶一員

湯卜赤八千戶四員

加麻瓦萬戶一員

札由瓦萬戶一員

牙里不藏思八萬戶府達魯花赤一員萬戶一員千戶一員擔裏脫脫禾孫一員

迷兒軍萬戶府達魯花赤一員萬戶一員初厚江八千戶一員卜兒八官一員

宣徽院秩正三品掌供玉食凡稻粱牲牢酒醴蔬菓

庶品之物燕享宗戚賓客之事及諸王宿衛怯憐口糧食蒙古萬戶千戶合納差發係官抽分牧養孳畜歲支芻草粟菽羊馬價直收受闌遺等事與尚食尚藥尚醞三局皆隸馬所轄內外司屬用人則自為選至元十五年置院使一員同知同僉各二員主事二員照磨一員二十年陞從二品增院使一員置經歷二員典簿三員二十三年陞正二品置院判二員省典簿置都事三員三十一年院使四員大德二年增同知二員三年陞從一品四年置副使二員皇慶元年增院使三員始定怯薛丹一萬人本院掌其給授

後定置院使六員從一品同知二員正二品副使二員從二品僉院二員正三品同僉二員正四品院判二員正五品經歷二員從五品都事三員從七品照磨一員承發架閣庫一員並正八品掾史二十人蒙古必闍赤六人回回掾史二人怯里馬赤二人知印二人典吏六人蒙古書寫二人其屬附見

光祿寺秩正三品掌起運米麴諸事領尚飲尚醞局沿路酒坊各路布種事至元十五年罷都提點置寺設卿一員少卿三員主事一員照磨一員管勾一員二十年改尚醞監正四品二十三年復為

光祿寺卿二員少卿丞各一員二十四年增少卿一員二十五年撥隸省部三十一年復隸宣徽延祐七年降從三品後復正三品定置卿四員正三品少卿二員從四品丞二員從五品主事二員從七品令史八人譯史知印各二人通事一人奏差二十四人典吏三人蒙古書寫一人

大都尚飲局秩從六品中統四年始置設大使副使各一員俱帶金符掌醞造上用細酒至元十二年增副使二員十五年陞從五品置提點一員從定置提點一員從五品大使一員正六品副使二員正七品

上都尚飲局秩正五品皇慶中始置提點一員大使副使各一員品秩同上

大都尚醞局秩從六品掌醞造諸王百官酒醴中統四年立御酒庫設金符宣差至元十一年始設提點十六年改尚醞局從五品置提點一員從五品大使一員正六品副使二員正七品直長一員正八品

上都尚醞局秩從五品至元二十九年始置設提點一員大使一員副使直長各一員品秩同上

大都醴源倉秩從六品掌受香莎蘇門等酒材糯米鄉貢麴藥以供上醞及歲賜諸王百官者至元二十五年始置設提舉一員從六品大使一員從七品副使一員正八品

上都醴源倉秩從九品掌受大都轉輸米麴并醞造車駕臨幸次舍供給之酒至元二十五年始置設大使一員直長一員

尚珍署秩從五品掌收濟寧等處田土子粒以供酒材至元十三年始立十五年罷入有司二十三年復置設達魯花赤一員令一員並從五品丞一

員正七品吏目一員

安豐懷遠等處稻田提領所秩從九品掌稻田布種歲收子粒轉輸醴源倉定置提領二員

尚舍寺秩正四品掌行在帷幙帳房陳設之事牧養駱駝供進愛蘭乳酪至元三十一年始置監至大元年改爲寺陞正三品四年仍爲監尋復爲寺延祐三年復降爲正四品定置太監二員少監二員監丞二員知事一員

諸物庫秩從七品掌出納大德四年置設提領一員大使一員副使一員

闌遺監秩正四品掌不闌奚人口頭疋諸物至元二十年初立闌遺所秩九品二十五年改爲監正四品二十八年陞正三品至大四年復正四品尋復正三品延祐七年復爲正四品定置太監一員正四品少監二員正五品監丞二員正六品知事一員從八品提控案牘一員從九品令史五人譯史一人知印兼通事一人奏差五人

尚食局秩從五品掌供御膳及出納油麪酥蜜諸物至元二年置提點領進納百色生料二十年省併尚藥局爲尚食局別置生料庫本局定置提點

一員從五品大使一員正六品副使二員正七品直長一員正八品

大都生料庫秩從五品至元十一年置生料野物庫隷尚食局二十年別置庫擬內藏庫例置提點二員從五品大使二員正六品副使三員正七品

上都生料庫秩從五品掌受弘州大同虎賁司農等歲辦油麪大都起運諸物供奉內府放支宮人宦者飲膳提點一員大使一員副使二員品秩同上直長一人正八品

大都大倉上都大倉秩正六品掌內府支持米豆及酒材米麴藥物至元五年初立設官三員俱受制國用使司劄付十二年改立提舉大倉設官三員隷宣徽二十五年陞正六品定置二倉各設提舉一員正六品大使一員從六品副使一員從七品

大都上都柴炭局各一至元十二年置秩從六品十六年改提舉司陞五品大德八年仍爲局降正七品置達魯花赤各一員正七品大都大使一員上都大使二員各正七品副使各二員正八品直長各一人掌葦場典吏各一人

尚牧所秩從五品至大四年始置設提舉二員從

五品同提舉一員從六品副提舉一員從七品吏
目一員
沙糖局秩從五品掌沙糖蜂蜜煎造及方貢菓木
至元十三年始置秩從六品十七年置提點一員
十九年陞從五品置達魯花赤一員從五品提點
一員從五品大使一員正六品副使一員正七品
永備倉秩從五品至元十四年始置給從九品印掌
受兩都倉庫起運省部計置油麪諸物及雲需府
所辦羊物以備車駕行幸膳羞二十四年陞從五
品置提點一員從五品大使一員正六品副使各

一員正七品
豐儲倉秩從九品大使一員掌出納車駕行幸支
持膳羞
淮東淮西屯田打捕總管府秩正三品掌獻田歲
入以供內府及湖泊山場漁獵以供內膳至元十
四年始立總管府幷管漣海高郵湖泊提舉司沂
州等處提舉司事十六年置揚州鷹房打捕達魯
花赤總管府二十二年省併爲淮東淮西屯田打
捕總管府二十五年以兩淮新附手號軍千户所
隸本府及分置提舉司一十處定置達魯花赤一員

正三品總管一員正三品同知一員正五品府判
一員正六品經歷一員從七品知事一員從八品
提控案牘一員從九品司吏六人
淮安州屯田打捕提舉司高郵屯田打捕提舉
司招泗屯田打捕提舉司安東海州屯田打捕
提舉司揚州通泰屯田打捕提舉司安豐廬州
等處打捕提舉司鎮巢等處打捕提舉司塔山
徐邳沂州等處山場屯田提舉司凡九處秩俱
從五品每司各設達魯花赤一員提舉一員並
從五品同提舉一員從六品副提舉一員從七

品吏目二人
抽分場提領所凡十處曰柴墟東西口曰海州
新壩曰北砂太倉曰安河桃源曰大湖東西口
曰時堡興化曰高郵寶應曰汶湖等處曰雲山
白水曰安東州每所各設提領一員同提領一
員副提領一員俱受宣徽院劄付
蒲浦倉秩正八品掌收受各處子粒米麪等物
以待轉輸京師至元二十五年始置設大使一
員正八品副使一員正九品
圓米棋子局軟皮局各置提領一員同提領一

員副提領一員俱受宣徽院劄付
手號軍人打捕千戶所秩從四品管軍人打捕野物皮貨至元二十五年始置設達魯花赤一員上千戶一員上副千戶一員彈壓一員
上百戶七所各置百戶二員
鍾離縣　定遠縣　真揚州　安慶
安豐　招泗　和州
下百戶二所各置百戶一員
漣海　懷遠軍
龍慶栽種提舉司秩從五品管領縉山歲輸粱米

并易州龍門淨邊官園瓜菓桃梨等物以奉上供至元十七年始置提舉司延祐七年縉山改爲龍慶州因以名之定置達魯花赤一員提舉一員並從五品同提舉一員從六品副提舉一員從七品
弘州種田提舉司秩正六品掌輸納麥麪之事以供內府定置達魯花赤一員提舉一員並正六品同提舉一員正七品副提舉一員正八品直長一員
豐潤署秩從五品掌歲入芻粟以給飼養駞馬之事定置達魯花赤一員令一員並從五品丞一員從六品直長一員正八品

常湖等處茶園都提舉司秩正四品掌常湖二路茶園戶二萬三千有奇採摘茶芽以貢內府至元十三年置司統提領所九十有三處十六年陞都提舉司又別置平江等處榷茶提舉司掌歲貢御茶二十四年罷平江提舉司併掌其職定置達魯花赤一員提舉一員俱從五品同提舉一員從六品副提舉一員從七品提控案牘一員都目一員
提領所七處每所各設正同副提領各一員俱受宣徽院劄付掌九品印
烏程　武康　德清　長興　安吉　歸安

湖汶　宜興
建寧北苑武夷茶場提領所提領一員受宣徽院劄掌歲貢茶芽直隸宣徽
大禧宗禋院秩從一品掌神御殿朔望歲時諱忌日辰禋享禮典天曆元年罷會福殊祥二院改置大禧院以總制之初院官秩正二品陞從一品置參議二員改令史爲掾史二年改大禧宗禋院置院使六員增副使二員立諸總管府爲之屬凡錢糧之出納營繕之作輟悉統之定置院使都典制神御殿事六員同知兼佐儀神御殿事二員副使兼奉贊神御殿事

二員僉院兼祗承神御殿事二員同僉兼肅治神御殿事二員院判供應神御殿事二員參議二員經歷二員都事二員管勾照磨各一員掾史二十人譯史四人知印二人怯里馬赤二人宣使一十五人斷事官四員客省使大使副使各二員

隆禧總管府秩正三品至大元年建立南鎮國寺初立規運提點所二年改爲規運都總管府三年陞爲隆禧院天曆元年罷會福殊祥二院以隆禧殊祥併立殊祥總管府尋又改爲隆禧總管府定置達魯花赤一員總管一員副達魯花赤一員同知

一員治中一員判官一員經歷一員知事照磨各一員令史六人譯史知印各一人怯里馬赤一人奏差四人

福元營繕司秩正五品達魯花赤一員司令一員大使一員副使一員吏目一人司吏一人天曆元年以南鎮國寺所立怯憐口事產提舉司改爲崇恩福元提點所三年又改爲福元營繕司

普安智全營繕司秩五品達魯花赤一員司令一員大使副使各一員吏目一人司吏一人天曆元年以太玉山普安寺大智全寺兩規運提點所併爲一置提點二員三年又改爲營繕司

祐國營繕都司秩五品達魯花赤一員司令一員大使副使各一員知事一員提控案牘一員天曆元年初置萬聖祐國營繕提點所三年改爲營繕都司

平松等處福元田賦提舉司秩五品置達魯花赤一員提舉一員同提舉副提舉各一員

田賦提舉司秩五品置提舉一員同提舉一員副提舉一員

資用庫提領一員大使一員

萬聖庫提領一員大使一員副使一員

會福總管府秩正三品至元十一年建大護國仁王寺及昭應宮始置財用規運所秩正四品十六年改規運所爲總管府至大元年改都總管府從二品尋陞會福院置院使五員延祐三年陞正二品天曆元年改爲會福總管府正三品定置達魯花赤一員總管一員同知一員治中一員府判一員經歷知事提控案牘各一員令史八人譯史通事知印各一人奏差四人

仁王營繕司正五品至元八年立護國仁王寺

鎮遏提舉司十九年改鎮遏所二十八年併三提領所爲諸色人匠提領所天曆元年改爲鎮遏民匠提領所三年改爲仁王營繕司置達魯花赤一員司令一員大使一員副使一員

襄陽營田提舉司秩從五品初置襄陽等處水陸地土人户提領所設官四員大德元年改提舉司天曆二年仍爲襄陽營田提舉司定置達魯花赤一員提舉一員同提舉一員副提舉一員

江淮等處營田提舉司秩從五品至元二十七年始置達魯花赤一員提舉一員同提舉一員

副提舉一員

大都等路民佃提領所至元二十九年以武清等一十處併立大都水陸地土種田人民提領所十五年又設隨路管民都提領所天曆元年併爲大都等路民佃提領所定置提領一員大使副使各一員

會福財用所秩從七品掌大護國仁王寺粮草諸物至元十七年始立財用庫二十六年立盈盎倉天曆元年併財用盈盎爲所提領一員大使一員副使二員

崇祥總管府秩正三品至大元年立大承華普慶寺都總管府二年改延禧監尋改崇祥監四年陞爲崇祥院秩二品泰定四年復改爲大承華普慶寺總管府天曆元年改爲崇祥總管府定置達魯花赤一員總管一員副達魯花赤一員同知治中府判各一員經歷知事提控案牘兼照磨各一員令史六人譯史知印各一人怯里馬赤一人奏差四人

永福營繕司秩正五品延祐三年以起建新寺始置營繕提點所天曆元年改爲永福營繕提

點所三年改營繕司設達魯花赤一員司令一員大使一員副使一員都目一員

昭孝營繕司秩正五品天曆元年立壽安山規運提點所三年改昭孝營繕司定置達魯花赤一員司令一員大使副使各一員

普慶營繕司天曆元年始置普慶營繕提點所三年改爲營繕司定置達魯花赤一員司令一員大使副使各一員

崇祥財用所至大二年始置諸物庫四年置普贍倉天曆二年併諸物庫普贍倉改爲崇祥財

用所定置官提領一員大使副使各一員
永福財用所掌出納顏料諸物延祐三年始置
諸物庫又置永積倉天曆二年以諸物庫永積
倉併改置爲所設提領大使副使各一員
鎮江稻田提舉司達魯花赤提舉同提舉副提
舉各一員
汴梁稻田提舉司達魯花赤提舉同提舉副提
舉各一員
平江等處田賦提舉司達魯花赤提舉同提舉
副提舉各一員

異寧提領所提領二員
隆祥使司秩正三品天曆二年中宮建大承天護
聖寺立隆祥總管府設官八員至順二年陞爲隆
祥使司秩從二品置官司使四員同知副使司丞
各二員經歷一員都事二員照磨兼架閣一員令
史十人譯史通事知印各二人宣使十人典吏六人
普明營繕都司秩正四品天曆元年剏大龍興
普明寺于海南置規運提點所設官六員二年
撥隸龍祥總管府三年改爲都司品秩仍舊以
掌營造出納錢粮之事定置達魯花赤司令大

使副使各一員知事一員提控案牘一員
集慶萬壽營繕都司秩正四品天曆二年建龍
翔萬壽兩寺于建康立龍翔萬壽營繕提點所
爲隆祥總管府屬三年改爲營繕都司秩仍舊
以掌營造錢粮之事定置達魯花赤司令大使
副使各一員知事提控案牘各一員
元興營繕都司秩正四品掌營造錢粮之事天
曆元年始置大元興規運提點所置官五員三
年改都司置達魯花赤一員司令大使副使
各一員知事提控案牘各一員

宣農提舉司秩從五品達魯花赤提舉同提舉
副提舉各一員掌徵收田賦子粒之事天曆二
年以大都等處田賦提舉司隸隆祥總管府三
年改提舉司
護聖營繕司秩正五品達魯花赤司令大使副
使各一員掌營造工匠寺僧衣粮收徵房課之
事天曆二年始立大承天護聖營繕提點所三
年改爲司
平江善農提舉司秩從五品達魯花赤提舉同
提舉副提舉各一員天曆二年立田賦提舉司

設官四員三年改爲善農提舉司

善盈庫天曆二年隸隆祥總管府置提領一員

大使副使各一員掌金銀錢糧之事

荆襄等處濟農香户提舉司秩正五品天曆三年以荆襄提舉司所領河南湖廣田土爲大承天護聖寺常住改爲荆襄濟農香户提舉司隸隆祥總管府置達魯花赤司令提舉同提舉副提舉各一員

龍慶州等處田賦提領所秩九品提領副提領各一員天曆二年置掌龍慶州所有土田歲賦

平江集慶崇禧田賦提領所提領同提領副提領各一員天曆三年始置

集慶崇禧財用所大使副使各一員天曆三年始置

壽福總管府掌祭供錢糧之事秩正三品至大四年因建大聖壽萬安寺置萬安規運提點所秩正五品延祐二年陞都總管府秩正三品尋陞爲壽福院正二品天曆元年改立總管府仍正三品定置官達魯花赤總管副達魯花赤同知治中府判各一員經歷知事案牘照磨各一員令史六人知印通事譯史各一人奏差四人典吏二人

萬安營繕司秩正五品三年以萬安規運提點所既廢復立萬安營繕司定置達魯花赤司令大使副使都目各一人

萬寧營繕司秩正四品大德十年始置萬寧規運提點所天曆元年改營繕司定置達魯花赤司令大使副使都目各一員

收支庫提領一員大使一員

延聖營繕司秩正五品初立天源營繕提點所天曆三年改營繕司定置達魯花赤司令大使

副使都目各一員

諸物庫提領一員大使一員

元史志卷三十七

翰林學士亞中大夫知制誥兼修國史臣宋濂翰林待制承直郎同知制誥兼國史院編修官臣王禕等奉

勅修

百官四

太常禮儀院秩正二品掌大禮樂祭享宗廟社稷封贈諡號等事中統元年中都立太常寺設寺丞一員至元二年翰林兼攝太常寺九年立太常寺設卿一員正三品少卿以下五員品秩有差十三年省併衙門以侍儀司併入太常寺十四年增博士一員十六年又增法物庫子掌公服法服之藏二十年陞正三

品別置侍儀司至大元年改陞院設官十二員正二品四年復爲太常寺正三品延祐元年復改陞院正二品以大司徒領之七年降從二品天曆二年復陞正二品定置院使二員正二品同知二員正三品僉院二員從三品同僉二員正四品院判二員正五品經歷一員從五品都事一員從七品照磨兼管勾承發架閣一員正八品屬官博士二員正七品奉禮郎二員奉禮兼撿討一員並從八品協律郎二員從八品太祝十員從八品禮直管勾一員從九品令史四人通事知印譯史各二人宣使四人典吏三人

太廟署秩從六品掌宗廟行禮兼廩犧署事至元三年始置令二員從六品丞一員從七品

郊祀署秩從六品大德九年始置掌郊祀行禮兼廩犧署事令二員從六品丞二員從七品

社稷署秩從六品大德元年始置令二員從六品丞一員從七品

大樂署秩從六品中統五年始置令二員從六品丞一員從七品掌管禮生樂工四百七十九户

典瑞院秩正二品掌寶璽金銀符牌中統元年始置符寶郎二員至元十六年立符寶局給六品印十七

年陞正五品十八年改典瑞監秩正三品二十年降爲正四品省卿二員二十九年復正三品仍置監卿二員大德十一年陞典瑞院正二品置院使四員正二品同知二員正三品僉院二員從三品同僉二員正四品院判二員正五品經歷二員從五品都事二員從七品照磨兼管勾承發架閣庫一員正八品令史四人譯史四人知印通事各一人宣使四人典吏三人

太史院秩正二品掌天文曆數之事至元十五年始立院置太史令等官七員至大元年陞從二品設官

十員延祐三年陞正二品設官十五員後定置院使五員正二品同知二員正三品僉院二員從三品同僉二員正四品院判二員正五品經歷一員從五品都事一員從七品管勾一員從九品令史三人譯史一人知印二人通事一人宣使二人典吏二人

春官正兼夏官正一員正五品

秋官正兼冬官中官正一員正五品

保章正五員正七品

保章副五員正八品

掌曆二員正八品

腹裏印曆管勾一員從九品

各省司曆十二員正九品

印曆管勾二員從九品

靈臺郎一員正七品

監候六員從八品

副監候六員正九品

星曆生四十四員

挈壺正一員從八品

司辰郎二員正九品

燈漏直長一人

教授一員從八品

學正一員從九品

校書郎二員正八品

太醫院秩正二品掌醫事製奉御藥物領各屬醫職中統元年置宣差提點太醫院事給銀印二十年改爲尚醫監秩正四品二十二年復爲太醫院給銀印置提點四員院使副使判官各二員大德五年陞正二品設官十六員十一年增院使二員皇慶元年增院使二員二年增院使一員至治二年定置院使一十二員正二品同知二員正三品僉院二員從三品

同僉二員正四品院判二員正五品經歷二員從七品都事二員從七品照磨兼承發架閣庫一員正八品令史八人譯史二人知印二人通事二人宣使七人

廣惠司秩正三品掌修製御用回回藥物及和劑以療諸宿衞士及在京孤寒者至元七年始置提舉二員十七年增置提舉一員延祐六年陞正三品七年仍正五品至治二年復爲正三品置卿四員少卿丞各二員後定置司卿四員少卿二員司丞二員經歷知事照磨各一員

大都上都回回藥物院二秩從五品掌回回藥事至元二十九年始置至治二年撥隸廣惠司定置達魯花赤一員大使二員副使一員

御藥院秩從五品掌受各路鄉貢諸蕃進獻珍貴藥品修造湯煎至元六年始置達魯花赤一員從五品大使二員從五品副使三員正七品直長一員都監二員

御藥局秩從五品掌兩都行篋藥餌至元十年始置大德九年分立行御藥局掌行篋藥物本局但掌上都藥倉之事定置達魯花赤一員從五品局

使二員從五品副使二員正七品

行御藥局秩從五品達魯花赤一員大使二員副使三員品秩仝上掌行篋藥餌大德九年始置

御香局秩從五品提點一員司令一員掌修合御用諸香至大元年始置

大都惠民局秩從五品掌收官錢經營出息市藥修劑以惠貧民中統二年始置受太醫院劄至元十四年定從六品秩二十一年陞從五品

上都惠民司提點一員司令一員中統四年始置品秩並同上

醫學提舉司秩從五品至元九年始置十三年罷十四年復置掌考較諸路醫生課義試驗太醫教官校勘名醫撰述文字辨驗藥材訓誨太醫子弟領各處醫學提舉一員副提舉一員

官醫提舉司秩從五品掌醫戶差役詞訟至元二十五年置

大都保定彰德東平四路設提舉同提舉副提舉各一員

河間大名晉寧大同濟寧廣平冀寧濟南遼陽興和十路設提舉副提舉各一員

衛輝懷慶大寧設提舉一員

奎章閣學士院秩正二品天曆二年立於興聖殿西命儒臣進經史之書考帝王之治大學士二員正三品尋陞爲學士院大學士正二品侍書學士從二品承制學士正三品供奉學士正四品參書從五品多以它官兼領其職至順元年增大學士二員共四員侍書學士二員承制學士二員供奉學士二員首領官參書二員典籤二員照磨一員內掾四人譯文內掾二人知印二人怯里馬赤一人宣使四人典書五人屬官授經郎二員

羣王内司秩正三品天曆二年始置掌奎章圖書寳玩及凡常御之物監司一員正三品司尉一員從三品亞尉二員正四品僉司二員從四品司丞二員正五品典簿一員正七品令史二人知印一人怯里馬赤一人奏差典吏各二人給使八人司膳四人

藝文監秩從三品天曆二年置專以國語敷譯儒書及儒書之合校讎者俾兼治之大監檢校書籍事二員從三品少監同檢校書籍二員從四品監丞參檢校書籍事二員從五品典簿一員照磨一員令史四

人譯史一人怯里馬赤一人奏差二人典吏三人

監書博士秩正五品天曆二年始置品定書畫擇朝臣之博識者爲之博士二員正五品書吏一人

藝林庫秩從六品提點一員從六品大使一員副使一員正七品庫子二人本把二人掌藏貯書籍天曆二年始置

廣成局秩七品掌傳刻經籍及印造之事天曆二年始置大使一員從七品副使一員正八品直長二人正九品司吏二人

侍正府秩正二品至順二年置侍正一十四員正二品同知二員正三品僉府二員從三品侍判二員正四品經歷一員從六品都事一員從七品照磨一員從八品掌内廷近侍之事領速古兒赤四百人奉御二十四員拱衛直都指揮使司爲其屬掾史八人譯史四人通事知印各二人宣使八人典吏五人

奉御二十四員秩五品尚冠奉御二員從五品尚冠副奉御二員從六品尚衣奉御二員從五品尚衣副奉御二員從六品尚轝奉御二員從五品尚轝副奉御二員從六品尚沐奉御二員從五品尚沐副奉御二員從六品尚飾兼尚轝奉御二員正

六品尚飾兼尚轝副奉御二員正七品奉御掌簿四員從七品天曆初置以四怯薛之速古兒赤爲之

給事中秩正四品至元六年始置起居注左右補闕掌隨朝省臺院諸司凡奏聞之事悉紀録之如古左右史十五年改陞給事中兼脩起居注左右補闕改爲左右侍儀奉御兼脩起居注皇慶元年陞正三品延祐七年仍四品後定置給事中兼脩起居注二員右侍儀奉御同脩起居注一員左侍儀奉御同脩起居注一員令史一人譯史四人通事兼知印一人

將作院秩正二品掌成造金玉珠翠犀象寶貝冠佩器皿織造刺繡段疋紗羅異樣百色造作至元三十年始置院使一員經歷都事各一員三十一年增院使二員元貞元年又增二員延祐七年省院使二員後定置院使七員正二品同知二員正三品同僉二員正四品院判二員正五品經歷一員從五品都事一員從七品照磨管勾一員正八品令史六人譯史知印各二人宣使四人

諸路金玉人匠總管府秩正三品掌造寶貝金玉冠帽繫腰束帶金銀器皿并總諸司局事中統二年初立金玉局秩正五品至元三年改總管府置總管一員經歷提控案牘各一員十二年又置同知副總管各一員二十五年置達魯花赤一員大德四年又置副達魯花赤副總管各一員後定置達魯花赤二員正三品總管二員正三品副達魯花赤二員正四品同知二員從四品副總管二員正五品經歷一員從七品知事一員從八品照磨管勾各一員令史五人譯史一人奏差二人

玉局提舉司秩從五品提舉一員正七品同提舉一員從七品副提舉一員正八品中統二年以和林人匠置局造作始設直長至元三年立玉匠局用正七品印十五年改提舉司

金銀器盒提舉司秩從五品提舉一員同提舉一員副提舉一員品秩同上吏目一員至元十五年始置金銀局秩從七品二十四年改爲提舉司秩正六品大德間陞從五品

瑪瑙提舉司秩從五品提舉一員同提舉一員吏目一員至元九年置大都等處瑪瑙局秩從七品管領瑪瑙匠户五百有奇置提舉三員受金玉府劄十五年改立提舉司領大都弘州兩

處造作陞從五品三十年減副提舉一員定置如上

陽山瑪瑙提舉司秩從五品至元十五年置提舉一員同提舉一員副提舉一員品秩同前

金絲子局秩從五品大使一員從五品副使一員正七品直長一員中統二年設二局二十四年併爲一

鞓帶斜皮局秩從八品至元十五年置大使副使各一員

瓘玉局秩從八品至元十五年置大使一員

浮梁磁局秩正九品至元十五年立掌燒造磁器并漆造馬尾椶藤笠帽等事大使副使各一員

畫局秩從八品掌描造諸色樣製至元十五年置大使一員

管領珠子民匠官正七品掌採撈蛤珠於楊村直沽等處中統二年立管領官子孫世襲

粧釘局從八品至元十五年置大使一員

大小雕木局秩從八品至元十五年置大使一員

宣德隆興等處瑪瑙人匠提舉司秩正六品至元十五年置提舉一員從七品副提舉一員從八品

温犀玳瑁局秩從八品至元十五年置大使一員

上都金銀器盒局秩從六品至元十六年置大使一員副使一員直長一員

漆紗冠冕局至元十五年置大使副使各一員

大同路採砂所至元十六年置管領大同路撥到民一百六户歲採磨玉夏水砂二百石起運大都以給玉工磨礲之用大使一員

管匠都提領所秩從七品至元十三年置掌金玉府諸人匠詞訟都提領一員

監造諸般寶貝官秩正五品至元二十一年置達魯花赤二員

收支諸物庫秩從八品至元十五年置大使副使各一員

行諸路金玉人匠總管府秩從三品至大間始置于杭州路達魯花赤總管各一員並從三品同知一員正五品副總管一員從五品經歷一

員從七品知事一員從八品提控案牘一員

異樣局總管府秩正三品中統二年立提點所至元六年改爲總管府總管一員十四年置同知副總管各一員二十一年增總管一員二十九年置達魯花赤一員三十年減同知副總管各一員後定置達魯花赤一員總管一員並正三品同知一員從四品副總管一員從五品經歷一員從七品知事一員從八品

異樣紋繡提舉司秩從五品中統二年立局至元十四年改提舉司提舉一員從五品同提舉

一員正七品副提舉一員正八品
綾錦織染提舉司秩從五品至元二十四年改局置提舉司提舉一員同提舉一員副提舉一員品秩同上
紗羅提舉司秩從五品至元十二年改局置提舉司提舉同提舉副提舉各一員品秩同上
紗金顏料總庫秩從九品中統二年置大使副使各一員從九品
大都等路民匠總管府秩正三品府官總管一員從三品同知一員正五品副總管一員從五品經

歷一員從七品知事一員從八品提控案牘一員至元七年初立府秩從三品十四年改陞正三品
備章總院秩正六品大使副使各一員至元十三年省併楊蘭等八局爲總局
尚衣局秩從五品至元二年置達魯花赤一員從五品提舉一員從五品同提舉一員正七品副提舉一員正八品都目一人
御衣局秩從五品至元二年置達魯花赤提舉各一員從五品同提舉一員正七品副提舉一員正八品都目一人

御衣史道安局秩從六品至元二年置以史道安掌其職因以名之大使副使各一員
高麗提舉司秩從五品至元二十二年置提舉一員
織佛像提舉司秩從五品延祐四年改提領所爲提舉司提舉副提舉各二員
通政院秩從二品國初置驛以給使傳設脫脫禾孫以辨奸僞至元七年初立諸站都統領使司以總之設官六員十三年改通政院十四年分置大都上都兩院二十九年又置江南分院大德七年罷至大元

年陞正二品四年罷以其事歸兵部是年兩都仍置止管達達站赤延祐七年復從二品仍兼領漢人站赤大都院使四員從二品同知二員正三品副使二員從三品僉院一員正四品同僉一員從四品院判一員正五品經歷一員從五品都事一員從七品照磨兼管勾承發架閣一員正八品令史十三人通事一人知印二人宣使十人上都院使同知副使僉院判官各一員經歷都事各一員品秩並同大都令史四人譯史三人通事一人知印一人宣使十人
廩給司秩從七品掌諸王諸蕃各省四方邊遠使

客飲食供張等事至元十九年置提領司令司丞各一員

中政院秩正二品院使七員正二品同知二員正三品僉院二員從三品同僉二員正四品院判二員正五品掌中宮財賦營造供給并番衛之士湯沐之邑元貞二年始置中御府秩正三品大德四年陞中正院秩正二品至大三年陞從一品院使七員同知僉院同僉院判各二員四年省併入典內院皇慶二年復爲中政院設官如舊其幕職則司議二員從五品長史二員正六品照磨兼管勾承發架閣一員正八

品吏屬蒙古必闍赤四人掾史十二人回回掾史二人怯里馬赤二人知印二人宣使十人

中瑞司秩正三品掌奉寶冊卿五員正三品丞二員正四品典簿二員從七品寫懿旨必闍赤四人譯史一人令史四人知印一人通事一人奏差二人典吏二人

內正司秩正三品掌百工營繕之役地產孳畜之儲以供膳服備賜予卿四員正三品少卿二員正四品丞二員從五品典簿二員從七品照磨兼管勾一員正九品吏屬各有差領署二提舉司一及其司屬凡十有六歲賦之額工作之程終歲則會其數以達焉

尚工署秩從五品令一員從五品丞二員從六品書史一人書吏四人掌營繕雜作之役凡百工名數興造程式與其材物皆經度之而責其成功皇慶元年始置隸內正司

玉列赤局秩從七品提領一員大使一員副使一員直長二員掌裁製縫綫之事延祐六年始置隸尚工署

贊儀署秩正五品提領一員大使一員副使一

員直長二員掌車輿器備雜造之事皇慶二年始置隸內正司

管領六盤山等處怯憐口民匠都提舉司秩正四品達魯花赤一員都提舉一員同提舉二員副提舉二員知事一員提控案牘一員吏四人奏差二人至大四年始置國初未有官署賦無所稽後遣使覈實始著爲籍設司以領之

奉元等路平涼等處開城等處甘肅寧夏等路察罕腦兒等處長官司凡五處秩正五品各設達魯花赤一員長官一員副長官一員提控案

牘一員都目一員吏十人延祐二年以民匠提舉司所領地里闊遠人戶散處於政不便乃酌遠近衆寡立長官司提領所以分理之

提領所凡十並正七品奉元等路鳳翔等處平涼寧環等處開城等處察罕腦兒等處甘州等路肅沙等路永昌寧夏等路長城等路各設提領一員同提領一員副提領一員典史一人分掌怯憐口地方隸各長官司

翊正司秩正三品令五員正三品丞四員正四品典簿二員從七品照磨一員從八品譯史二人令

史六人知印二人通事奏差典吏各二人掌怯憐口民匠五千餘戶歲辦錢粮造作以供公上至元三十一年始置御位下管領隨路民匠打捕鷹房納綿等戶總管府正三品復隸正宮位下延祐六年改翊正司歲終會其出納以達于院而糾其弊領提舉司二提領所一

管領上都等處諸色人匠提舉司秩從五品達魯花赤一員提舉一員並從五品同提舉一員從六品副提舉一員從七品直長一員都目一員吏目一員司吏四人部役二人元貞元年始置管戶二千五百有奇隸翊正司

管領隨路打捕鷹房納綿等戶提舉司秩從五品達魯花赤一員提舉一員同提舉一員副提舉一員品秩同上直長一員都目一員吏目一員司吏四人部役二人元貞元年始置隸翊正司

管領歸德亳州等處管民提領所秩從七品提領一員同提領一員副提領一員典史一員司吏一人國初平江南収附歸德楚通等三百五十六戶令脫忽伯管領大德二年始置提領所

隸翊正司

典飲局秩正七品大使二員副使二員典史一員攢典二人掌醞造酒醴以供內府及祭祀宴享賓客賜須之給初置嘉醞局秩六品隸家令至大二年改典飲兩都分置皇慶元年撥隸中宮

管領大都等路打捕民匠等戶總管府秩正三品達魯花赤一員總管一員並正三品同知一員正四品副總管一員正五品經歷一員從七品知事一員從八品提控案牘照磨一員譯史一人令史奏差各四人掌錢粮造作之事國初平定河南諸

郡收聚人户一萬五千有奇置官管領至元八年屬有司二十年改隸中尚監二十六年始置總管府領提舉司十有一提領所二十有五

在京提舉司二秩從五品達魯花赤一員提舉一員從五品同提舉一員從六品副提舉一員從七品都目一員分管各處人户至元十六年給從七品印大德四年省併爲十一處改提舉司陞從五品

涿州保定真定冀寧河南大名東平東昌濟南等路提舉司凡九處各設達魯花赤一員提舉一員同提舉一員副提舉一員都目一員

提領所凡二十五處大都等路東安州濟寧曹州祈州完州河間濟南濟陽大同元氏冀寧晉寧歸德南陽懷孟汝寧衛輝曹州涿州真定中山平山大名高唐等每處各設提領一員同提領一員副提領一員典史一員

管領諸路打捕鷹房民匠等户總管府秩正三品達魯花赤一員總管一員正三品同知一員正五品副總管二員從五品經歷一員從七品知事一員從八品提控案牘一員照磨一員譯史一人令史四人奏差二人掌錢粮造作之事大德三年始置元貞元年撥隸中宮位下領提舉司四提領所十有一

管民提舉司大都等路冀寧等路南陽唐州等處河南路府等處凡四司秩從五品每司設達魯花赤一員提舉一員同提舉一員副提舉一員都目一員吏二人

提領所凡十有一大都保定河間真定南陽鄧州濟南嵩汝汴梁裕州汝濟陳州唐州泌陽襄陽湖陽晉寧冀寧等處各設所秩正七品每所提領二員同提領一員副提領一員典史一員司吏二人至元十六年置至大元年改提領所

江浙等處財賦都總管府秩正三品達魯花赤一員都總管一員並正三品同知一員正五品副總管一員從五品經歷一員從七品知事一員從八品照磨一員提控案牘一員從九品譯史一人令史一十五人奏差一十五人典吏二人掌江南沒入貲產課其所賦以供内儲至大元年置領提舉司三庫局各一

平江松江建康等處提舉司凡三處秩並正五

品每司各設達魯花赤一員提舉一員同提舉一員副提舉一員都目一員吏目一員司吏六人

豐盈庫提領一員大使一員副使一員典吏一人掌收本府錢帛

織染局局使一員典史一人掌織染歲造段匹

管領種田打捕鷹房民匠等户萬户府秩正三品掌歸德亳州永宿二十餘城各蒙古漢軍種田户差税中統二年置初隸塔察兒王位下其後改屬中宫萬户一員經歷一員知事一員提控案牘一

員令史四人領司屬凡十處

管領大名等處種田諸色户總管府秩正五品總管一員副總管一員都目一員中統二年置至元二十三年置府大名

管領本投下大都等處諸色户計都達魯花赤秩正五品達魯花赤一員提控案牘一員都目一員中統二年置至元十五年置司大都

管領大都河間等路打捕鷹房總管府秩正五品總管一員副總管一員都目一員司吏二人中統二年置三年給印

管領東平等路管民官秩正五品總管一員相副官一員都目一員吏一人中統二年置至元二十二年給印

管領大名等路宣撫司燕京路管民千户所秩從七品提領一員副提領一員中統二年置

管領曹州等處本投下民户管領東明等處本投下户計管領蒲城等處本投下諸色户計管領汴梁等路本投下種田打捕軀户四提領所秩正七品提領各二員同提領副提領各一員典史各一人司吏各一人中統二年置至元十四年頒印

海西遼東哈思罕等處鷹房諸色人匠怯怜口萬户府秩正三品達魯花赤一員萬户一員副萬户一員經歷一員知事一員提控案牘兼照磨一員譯史一人掌錢粮造作之事管領哈思罕等處肇州朶因温都兒諸色人匠四千户仍領鎮撫所千户所

鎮撫司鎮撫一員吏一人延祐四年始置

哈思罕等處打捕鷹房怯怜口千户所秩從五品達魯花赤一員千户一員副千户一員吏目一員司吏四人彈壓一人部役二人至大三年

置提舉司延祐六年改千户所
諸色人匠怯怜口千户所秩從五品達魯花赤一員千户一員副千户一員都目一員司吏四人部役二人初爲提舉司後改千户所
峯州等處女直千户所達魯花赤一員千户一員副千户一員吏目一員司吏四人延祐三年置
朶因温都兒乃良哈千户所延祐三年置
夃亦兒等處怯怜口千户所至治元年置
開元等處怯怜口千户所至治元年置

古州等處怯怜口千户所延祐七年置
瀋陽等處怯怜口千户所至治元年置
遼陽等處怯怜口千户所至治二年置
盖州等處怯怜口千户所延祐五年置
幹盤等處怯怜口千户所至治元年置
遼陽等處金銀鐵冶都提舉司秩正四品都提舉一員同提舉一員副提舉一員提控案牘一員譯史一人吏六人奏差二人掌辦金銀鉗鐵等課分納中書省及中政院七年以其賦盡歸中宫
管領本位下怯怜口隨路諸色民匠打捕鷹房都總管府秩正三品達魯花赤一員都總管一員並正三品同知一員正五品副總管一員從五品掌怯怜口二萬九千户田萬五千餘頃出賦以備供奉營繕之事中統二年置府大德十年隷詹事院至大三年隷徽政院延祐三年改善政司至治二年徽政院及其屬盡廢天曆三年復立府仍正三品設官如上其首領官則經歷一員從七品知事一員從八品照磨一員從九品吏屬令史一十二人譯史四人通事知印各二人奏差一十人典吏六人

管領諸路打捕鷹房民匠等户總管府秩正三品達魯花赤一員總管一員同知一員副總管一員品秩如上經歷一員知事一員提控案牘一員照磨一員令史四人譯史一人奏差二人大德三年置其屬附見
大都等路管民提舉司達魯花赤一員同提舉一員副提舉一員都目一員
大都保定提領所提領二員同提領一員副提領一員典史一員
河間真定提領所提領二員同提領一員副提

領一員典史一員
唐州提舉司達魯花赤一員提舉一員同提舉
一員副提舉一員都目一員
南陽鄧州提領所提領二員同提領一員副提
領一員典史一員
唐州泌陽提領所提領二員同提領一員副提
領一員典史一員
襄陽湖陽提領所提領二員同提領一員副提
領一員典史一員
汝寧陳州提領所提領二員同提領一員副提
領一員典史一員
河南提舉司達魯花赤一員提舉一員同提舉
一員都目一員
汴梁裕州提領所提領二員同提領一員副提
領一員典史一員
河南嵩汝提領所提領二員同提領一員副提
領一員典史一員
南陽唐州提領所提領二員同提領一員副提
領一員典史一員
眞寧提舉司達魯花赤一員提舉一員都目一

員
眞寧提領所提領二員同提領一員副提領一
員典史一員
晉寧提領所提領二員同提領一員副提領一
員典史一員
寶昌庫提領一員大使一員掌受金銀甜鐵之課
以待儲運
金銀場提領所凡七梁家寨銀場明曲銀場密務
銀場寶山銀場燒炭峪銀場胡寶峪金場七寶山
甜炭場俱從七品每所各設提領一員同提領一
員副提領一員
鐵冶管勾所凡二處各設管勾一員同管勾一員
副管勾一員
奉宸庫秩五品提點四員副使二員提控案牘一
員庫子六人掌中藏寶貨錢帛給納之事大德元
年置
廣禧庫達魯花赤一員提舉一員大使一員副使
二員提控案牘一員庫子四人大德八年置掌收
支御膳野物職視生料庫

志卷第三十八

志卷第三十九　　元史八十九

翰林學士亞中大夫知制誥兼修國史臣宋濂翰林待制承直郎同知制誥兼國史院編修官臣王禕等奉

勑修

百官五

儲正院，秩正二品。至元十九年立詹事院，備左右輔翼皇太子之任，置左右詹事各一員，副詹事、詹事丞、院判各二員，吏屬六十有二人。別置宮臣賓客二員，左右諭德、左右贊善各一員，校書郎二員，中庶子、中允各一員。三十一年，太子裕宗既薨，乃以院之錢糧、選法、工役悉歸太后位下，改爲徽政院以掌之。大德

九年復立詹事院，尋罷。十一年更置詹事院，秩從一品，設官十二員。至大四年罷。延祐四年復立，七年罷。泰定元年罷徽政院，改立詹事如前。天曆元年改詹事院爲儲慶使司，二年罷，復立詹事院，未幾改儲政院。院使六員，正二品；同知二員，正三品；僉院二員，從三品；同僉二員，正四品；院判二員，正五品；司議二員，從五品；長史二員，正六品；照磨二員，管勾二員，俱正八品；掾史一十二人，譯史四人，回回掾史二人，通事、知印各二人，宣使十人，典吏六人。其屬附見：

家令司，秩三品。家令、家丞各二員，典簿二員，照磨一員。掌太子飲膳、供帳、倉庫。至元二十年置，三十一年改內宰司，隸徽政。大德十一年復立，秩陞從二。至大四年罷。延祐四年復立，秩正三品，七年罷。泰定元年復以內宰司爲家令司。天曆元年罷，未幾復立，二年又罷。

典幄署，掌太子供帳。令、丞各二員，書史、書吏各二人。

府正司，秩從三品。掌鞍轡弓矢等物。至元二十年置府正、府丞各二員，典簿二員，照磨一員。三十一年改宮正司。大德十一年復爲府正司。至大四年

罷。延祐四年復立，七年罷。泰定元年復立。天曆二年增府正、府丞各二員，尋罷。

資武庫，掌軍器。提點一員，大使一員。

奥用庫，掌鞍轡。提點一員，大使一員。

延慶司，秩正三品。掌脩建佛事。使二員，同知一員，副使、典簿各二員，照磨一員。至元二十一年始立，隸詹事院。三十一年隸徽政院。大德十一年立詹事院，別立延慶司，秩仍正三品，置卿、丞等員。泰定元年改隸詹事院。天曆元年罷，二年復立，增丞二員。

典用監卿四員太監二員少監二員丞二員經歷知事各一員照磨一員掌供須文成蔵珎三庫內府供給段匹寶貨等物至大元年立天曆二年設官如故以三庫隷内宰司

典醫監秩正三品領東宮太醫修合供進藥餌至元十九年置典醫署秩從五品三十一年改掌醫署尋罷大德十一年復立典醫監至大四年罷泰定四年復立署天曆二年改典醫監秩正三品置達魯花赤二員卿三員太監二員少監二員丞二員經歷知事各一員吏屬凡十八人其屬司一局

二

廣濟提舉司達魯花赤一員提舉同提舉副提舉各一員掌修合藥餌以施貧民

行典藥局達魯花赤一員大使副使各二員掌供奉東宮藥餌

典藥局達魯花赤一員大使副使直長各二員掌修製東宮藥餌

典牧監秩正三品卿二員太監二員少監二員丞二員經歷知事各一員照磨一吏屬凡十六人掌孳畜之事天曆二年始置

儲膳司秩正三品卿四員少卿二員丞二員主事二員照磨一員令史六人譯史通事知印各二人奏差六人典吏四人掌皇太子飲膳之事天曆二年立

典寶監秩正三品卿太監少監丞各二員經歷知事各一員吏屬八人至元十九年立典寶署從五品二十年陞正五品三十一年罷大德十一年立監秩正三品至大四年罷延祐四年復立七年罷泰定元年復置天曆元年罷二年復置

以上俱係詹事院司屬

掌謁司秩正三品司卿四員少卿四員丞二員典簿二員典書九人奏差二人知印譯史通事各一人至元三十一年改典寶署爲掌謁司秩從五品設官如之元貞元年陞四品設官四員大德十一年陞正三品至治三年罷

甄用監秩正三品卿三員太監少監丞各二員經歷知事照磨各一員掌供須文成蔵珎三庫出納之事至大元年設至治三年罷

延福司秩正三品令丞各四員典簿二員照磨一員掌供帳及扈從蓋造之人大德十一年置後併

入羣牧監
章慶使司秩正三品司使四員同知副使司丞各二員經歷都事各二員照磨管勾各一員至大三年立至治三年罷
奉徽庫秩從五品提點大使各二員副使四員庫子六人掌内府供給至治三年罷併入文成等庫
壽和署秩正五品署令四員署丞六員舊隸儀鳳司皇慶元年改隸徽政院遂爲章慶使司之屬至治二年罷
上都掌設署秩正五品署令五員署丞二員至大四年立至治三年罷
掌醫監秩正五品領監官一員達魯花赤一員卿四員太卿五員太監五員少監六員丞二員至元三十一年改典醫爲掌醫署秩五品至大元年陞監設巳上官員至治三年罷
修合司藥正司秩從五品達魯花赤一員副使直長各二員掌藥六人掌修合御用藥餌至治三年罷
行篋司藥局秩從五品達魯花赤一員使副使各二員掌供奉御用藥餌至治三年罷

廣濟提舉司秩從五品達魯花赤提舉同提舉副提舉各一員掌修合藥餌以濟貧民
羣牧監秩正三品掌中宮位下孳畜卿三員太卿少卿監丞各二員至大四年立至治三年罷
掌儀署秩正五品令丞各二員掌户口房舍等至元二十年立隸詹事院三十一年改隸徽政院泰定元年改典設署
上都掌儀署秩五品令丞各二員掌户口房舍等大德十一年立至治三年罷
江西財賦提舉司秩從五品達魯花赤一員提舉同提舉副提舉各一員掌事産户口錢糧造作事至元二十七年立至治二年罷
織染局局使副使局副各一員相副官一員
桑落娥眉洲管民提領所提領副提領各一員
封郟等洲管民提領所提領同提領副提領各一員
龍興打捕提領所提領副提領各一員
鄂州等處民户水陸事産提舉司達魯花赤一員提舉同提舉副提舉各一員掌太子位下江南園圃地土莊宅人户至元二十一年立隸詹事後改

隷徽政至治三年罷
瑞州上高縣户計長官司秩從五品達魯花赤一員長官副長官各一員領本處户八千後隷徽政院至治三年罷
以上俱係徽政院司屬
左都威衛使司秩正三品使三員副使二員僉事二員經歷知事照磨各一員至元十六年以侍衛親軍一萬户撥屬東宮立侍衛都指揮使司三十一年改隆福宮左都威衛使司隷中宮至大三年選造作軍士八百人立千户所一百户翼八以領之而分局造作延祐二年置教授二至治三年罷軍匠千户所
鎮撫所鎮撫二員都目一員
行軍千户所千户二員副千户二員知事彈壓各一員百户二十員
屯田左右千户二所千户二員都目一員彈壓一員百户每所二十員
弩軍千戸所千戸二員都目一員彈壓一員
資食倉大使一員副使一員
右都威衛使司秩正三品衛使三員副使二員僉事二員經歷知事照磨各一員中統三年以世祖五投

下探馬赤立總管府秩四品設總管一員二十一年撥屬東宮二十二年改蒙古侍衛親軍都指揮使司秩正三品三十一年改隆福宮右都威衛使司秩仍舊延祐二年置儒學教授一員四年增蒙古字教授一員其屬附見
鎮撫司鎮撫二員都目一員
行軍千户凡五所秩正四品千户五員副千户五員知事五員百户五十員彈壓五員
屯田千户所秩正五品千户二員彈壓一員百户七員都目一人
廣貯倉秩從九品大使一員副使一員攢典一人
衛候直都指揮使司秩正四品至元二十年以控鶴一百三十五人隷府正司三十年隷家令司三十一年增控鶴六十五人立衛候司以領之兼掌東宮儀從金銀器物置衛候一員副衛候二員及儀從庫百户大德十一年復增懷孟從行控鶴二百人陞都指揮使司秩正四品延祐元年陞正三品七年降正四品至治三年罷四年以控鶴六百三十人歸中宮位下泰定四年復立司秩仍正四品達魯花赤二員佩三珠虎符都指揮使二員佩三珠虎符副指揮使二

員佩雙珠虎符知事一員提控案牘一員令史四人譯史通事各一人奏差二人其屬附見

百戶所凡六秩從七品每所置百戶二員

儀從庫秩從七品大使二員副使一員

內宰司秩三品至元三十一年既立徽政院改家令爲內宰司泰定元年復爲家令司天曆元年罷未幾復立二年罷復改內宰司內宰六員司丞四員典簿二員照磨一員令史十有二人譯史知印通事各二人奏差六人典吏四人其屬附見

典膳署秩五品令二員丞二員書史一員倉赤三

十五人掌內府飲膳之事至元十九年始立隷家令司三十一年改掌膳隷內宰泰定元年復改爲典膳

洪濟鎮提領三員掌辦納鷹隻隷典膳署

柴炭局秩從七品提領一員大使一員副使一員至元二十年以東宮位下民一百戶燒炭二月軍一百人採薪二月供內府歲用立局以主其出納設官三員俱受詹事院劄大德十一年隷徽政院

藏珍文成供須三庫秩俱從五品各設提點二員大使二員副使二員分掌金銀珠玉寶貨段匹絲綿皮氈鞍轡等物國初詹事出納之事未有官署印信至元二十七年分爲三庫各設官六員及庫子有差

提舉備用庫秩從五品達魯花赤一員提舉一員大使一員提控案牘一員掌出納田賦財賦差發課程一切錢糧規運等事至元二十年置二十二年設達魯花赤及首領官

嘉醞局秩五品至元十七年立掌飲局大德十一年改掌飲司秩陞正四品延祐六年降掌飲司爲局至治三年罷泰定四年復立天曆二年改嘉醞

局提點二員大使二員副使二員書史一員書吏四人

西山煤窯場提領一員大使一員副使二員俱受徽政院劄至元二十四年置領馬安山大峪寺石灰煤窯辦課奉皇太后位下

保定等路打捕提領所秩從七品提領四員典史一員至元十一年收集人戶爲打捕戶計及招到管絲銀差發稅糧等戶立提領所

廣平彰德課麥提領所秩從七品至元三十年以二路渡江時駐蹕之地召民種佃遂立所置官統

之
廣惠庫大使一員副使一員至元三十年以鈔本五千錠立庫放典收息納于備用庫

豐裕倉秩從七品掌收貯中宮位下糯米至治二年設提領等官三年罷天曆二年立儲政院復給印置監支納一員倉使一員攢典二人

備物庫秩從七品掌東宮造作類科及雜器等物至元二十五年置隷詹事院大德元年給印十一年置官四員至治三年罷泰定三年復立大使二員副使二員庫子二人攢典二人

管領怯怜口諸色民匠都總管府秩正三品達魯花赤一員總管一員並正三品同知一員正四品副總管二員正五品經歷一員從七品知事一員從八品提控案牘照磨管勾各一員令史十人知印二人通事一人譯史二人奏差六人典吏四人領怯怜口人匠造作等事至大三年立總管府至治三年罷天曆二年復立隷儲政院其屬附見

管領大都怯怜口諸色人匠提舉司秩正五品達魯花赤一員提舉一員同提舉副提舉各一員首領官一員司吏四人部役二人

管領上都怯憐口諸色人匠提舉司秩正五品達魯花赤一員提舉一員同提舉副提舉各一員首領官一員司吏四人部役二人

典製局秩從七品大使副使各一員直長二員

典設署秩從五品令丞各四員書史一員書吏四人掌內府木剌赤二百二十户至元二十年置三十一年改掌儀署隷內宰司泰定元年復為典設天曆二年隷本府

雜造人匠提舉司秩從四品達魯花赤一員提舉一員同提舉副提舉各一員都目一員司吏二人部役二人至元八年置初隷繕珍司至大三年改隷章慶司章慶罷凡造作之事悉歸之天曆二年隷本府

雜造局秩正九品院長一員直長一員管勾一員

隨路諸色人匠都總管府秩正三品中統五年命招集析居放良還俗僧道等户習諸色匠藝立管領怯憐口總管府以司其造作秩正四品至元九年陞正三品大德十一年改繕珍司延祐六年陞徽儀使司秩正二品七年仍為繕珍司官屬如舊至治三年復改都總管府達魯花赤一員總管二員並正三品同

知一員正五品副總管二員從五品經歷知事照磨提控案牘各一員令史四人譯史一人奏差二人典吏一人其屬附見

上都諸色民匠提舉司秩從五品提舉一員同提舉副提舉吏目各一員至元十九年立至大元年增達魯花赤一員至治三年省增置之員設官如舊

金銀器盒局秩從八品大使一員副使一員至元七年置

染局秩正八品大使一員副使一員至元七年置

雜造局正八品大使副使各一員至元七年置

泥瓦局大使副使各一員至元七年置

鐵局大使一員副使一員至元七年置

上都葫蘆局大使一員副使一員至元七年置

器物局副使一員中統五年置

研金局大使一員至元二十年置

鞍子局大使一員至元七年置

雲州管納色提領所提領一員掌納色人戶至元七年置

大都等路諸色人匠提舉司秩從五品提舉同提舉副提舉各一員至元十六年置其屬附見

雙線局提領一員副使一員至元十八年置受詹事院劄

大小木局大使一員副使一員直長一員至元十八年置受詹事院劄元貞元年併領皇后位下木局

盒鉢局大使一員副使一員直長一員至元七年立受府劄

管納色提領一員受府劄管銅局鏑局鑌兒局妝釘局雕木局至元三十年置

成製提舉司秩從五品達魯花赤一員提舉一員同提舉副提舉各一員吏目一員司吏四人部役二人掌縫製之事至元二十九年置設官四員受院劄大德三年陞提舉司至治三年罷泰定四年復置

上都大都貂鼠軟皮等局提領所提領二員至元九年置受府劄二十七年給從七品印改受省劄大德十一年給從六品印改受勑牒至治三年仍改受省劄其屬附見

大都軟皮局使一員副使一員至元十三年置

斜皮局局使一員副使一員至元十三年置
上都軟皮局局使一員副使一員至元十三年
置
牛皮局大使一員至元十三年置
金絲子局大使一員副使一員直長一員至元
十二年置掌金絲子匠造作之事
畫油局大使一員副使一員直長一員至元二
十年置受詹事院劄
氈局提領一員大使一員副使一員直長一員
至元十三年收集人户為氈匠二十六年始立

局
材木庫大使副使各二員至元十六年置掌造
作材木
瑪瑙玉局大使副使各一員直長二員至元十
四年置
大都奧魯提領所提領一員掌理人匠詞訟至元
十八年置受詹事院劄
上都奧魯提領所提領一員同提領一員掌理人
匠詞訟至元十八年置受詹事院劄
上都異樣毛子局大使一員副使一員至元二十
年置受詹事院劄
上都氈局大使一員副使一員直長二員至元二
十年置受詹事院劄
上都斜皮等局大使一員副使一員至元二十年
置受詹事院劄
蔚州定安等處山場採木提領所秩正八品提領
一員大使一員副使二員至元十二年置
上都隆興等路雜造鞍子局提領一員大使一員
直長二員至元二十三年置受詹事院劄
真定路冀州雜造局大使一員副使一員掌造作

之事至元十九年置
珠翠局大使副使各一員直長一員至元三十年
置
管領大都等路打捕鷹房臙粉人户總管府秩正四
品至元十四年打捕鷹房達魯花赤招集平灤散逸
人户二十九年立總管府大德十一年撥隸皇太后
位下延祐六年陞正四品置達魯花赤一員總管一
員首領官一員令史四人譯史一人奏差二人
管領本投下大都等路怯憐口民匠總管府國初招
集怯憐口哈赤民匠一千一百餘户中統元年立總

管府二年給六品印掌户口錢帛差發等事至元九年撥隸安西王位下皇慶元年又屬公主皇后位下延祐元年改隸章慶司天曆二年又改隸儲政院達魯花赤一員總管一員俱受御寶聖旨同知一員副總管一員俱受安西王令旨知事一員令史二人其屬附見

織染提舉司秩正七品掌織造段匹提舉一員受安西王令旨同提舉一員本府擬人副提舉一員都目一員俱受安西王傳劄司吏一人

管民提領所凡三大都路兼奉聖州提領六員曹

州提領二員河間路提領三員受本府劄

管地提領所凡二奉聖州提領三員東安州提領三員受本府劄

管領諸路怯憐口民匠都總管府秩正三品至元七年招集析居從良還俗僧道編籍人户爲怯憐口立總管府以領之十四年以所隸户口善造作屬中宮十六年立織染雜造二局以司造作立提領所以司徭役二十五年改陞正三品延祐六年改繕用司仍三品七年復改府達魯花赤一員總管一員並正三品同知二員正五品副總管二員從五品經歷知事

提控案牘兼照磨各一員令史五人譯史一人其屬附見

各處管民提領所秩正七品

河間　益都　保定　興寧　晉寧　大名

濟寧　衛輝　宣德

以上九所提領副提領各一員相副官二員典史一人司吏二人

汴梁　曹州　大同　開元　大寧　上都

濟南　真定

以上八所提領副提領相副官各一員典史

一人司吏一人

大都　歸德　鄂漢

以上三所提領同提領副提領各一員相副官一員大都增一員典史司吏各一人

織染局秩正七品大使副使相副官各一員典史司吏各一人

雜造局秩正七品大使副使相副官各一員典史司吏各一人

弘州衣錦院秩正七品大使副使直長各一員典史司吏各一人

豐州毛子局秩正七品大使副使各一員典史司吏各一人

緡山毛子旋匠局秩正七品大使一員典史司吏各一人

徐邳提舉司秩正五品提舉同提舉副提舉各一員吏目司吏各一人

廣備庫大使副使各一員俱受院劄

汴梁等路管民總管府秩正三品達魯花赤總管同知府判各一員經歷知事提控案牘各一員國初立息州總管府領歸附六千三百餘戶元貞元年又併

壽潁歸附民戶二千四百餘戶改汴梁等路管民總管府掌各屯佃戶差發子粒隸徽政院泰定元年改隸詹事院後隸儲政院其屬庫一提領所八管佃提領十二

常盈庫大使副使各一員

提領所

新降戶 真陽新蔡 息州 汝寧 陳州

汴梁 鄭州 真定

以上八所每所提領各一員副提領相副官有差

管佃提領

汝陽五里岡 許州堰城縣 青龍宋岡

陳州須城商水等屯 分山曲堰

許州臨潁屯 許州襄城屯 汝陽金鄉屯

潁豐堰 遂平橫山屯 上蔡浮召屯

汝陽縣烟亭屯

以上十有二處各設提領二員

江淮等處財賦都總管府秩正三品達魯花赤總管各一員並正三品同知一員正五品副總管二員從五品經歷知事照磨兼提控案牘各一員令史十五

人奏差十五人譯史一人典吏三人至元十六年以宋謝太后福王所獻事產及賈似道地土劉堅等田立總管府以治之大德四年罷命有司掌其賦天曆二年復立其賦復歸焉

儲用庫提領大使副使各一員

杭州織染局大使副使相副官各一員

揚州等處財賦提舉司達魯花赤提舉同提舉副提舉各一員提控案牘都目各一員其屬附見

安慶等處河泊所提領大使副使各一員

建康等處財賦提舉司達魯花赤提舉同提舉副

提舉各一員提控案牘都目各一員
建康織染局大使副使相副官各一員
黄池織染局大使副使相副官各一員
建康等處三湖河泊所提領大使副使相副官各
一員
池州等處河泊所提領大使副使各一員
平江等處財賦提舉司達魯花赤提舉同提舉副
提舉各一員提控案牘都目各一員
杭州等處財賦提舉司設官仝上
陝西等處管領毛子匠提舉司達魯花赤提舉各

一員國初收集織造毛子人匠至元三年置官二
員皆世襲
昭功萬户都總使司秩正三品都總使二員正三品
同知一員從三品副使二員正四品經歷知事照磨
各一員令史六人譯史六人知印二人怯里馬赤二
人奏差六人典吏四人至順二年立凡文宗潛邸扈
從之臣皆領於是府其屬則宮相膳工等司
宮相都總管府秩正三品達魯花赤二員都總管
一員副達魯花赤二員同知二員副總管二員經
歷知事提控案牘承發架閣各一員至順二年罷

宮相府并鶴駁司改怯憐口錢糧總管府爲本府
織染雜造人匠都總管府秩正三品達魯花赤
一員總管一員同知一員副總管二員經歷知
事提控案牘照磨各一員至元二十年爲管領
織染段匹匠人設總管府元貞二年以營繕造
繫事務冗滞陞爲都總管府隸徽政院天曆元
年改隸儲慶使司三年改屬宮相
織染局秩從七品大使一員副使一員至元
二十三年改織染提舉司爲局
綾錦局秩從七品大使一員副使一員至元

八年置九年以招收析居放良還俗僧道爲
工匠二百八十有二户教習織造之事遂定
置以上官
紋錦局秩從七品大使一員副使一員國初
以招收漏籍人户各管教習立局領送納絲
銀物料織造段疋至元八年設長官十二年
以諸人匠賜東宮十三年罷長官設以上官
掌之
中山局秩從七品大使一員副使一員國初
以招收隨路漏籍不當差人户立局管領教

習織造至元十二年以賜東宮遂定置局官如上

真定局秩從七品大使一員國初招收户計中統元年置掌織染造作至正十六年以賜東宮設官悉如舊

弘州蕁麻林納失失局秩從七品二局各設大使一員副使一員至元十五年招收析居放良等户教習人匠織造納失失於弘州蕁麻林二處置局十六年併爲一局三十一年徽政院以兩局相去一百餘里管辦非便後

爲二局

大名織染雜造兩提舉司秩正六品至元二十一年置掌大名路民户内織造人匠一千五百四十有奇各置提舉同提舉副提舉一員三十年增置雜造達魯花赤一員

供用庫秩從九品大使副使各一員受徽政院劄國初爲綾錦總庫至元二十一年改爲供用庫

管領諸路打捕鷹房納綿等户總管府秩正三品達魯花赤都總管同知治中府判各一員經歷知

事提控案牘各一員掌人匠一萬三千有奇歲辦秫糧皮貨採捕野物鷹鶻以供内府至元十二年賜東宮位下遂以真定所立總管府移置大都隸詹事十六年合併所管之户置都總管以總治之三十一年詹事院罷隸徽政至大四年隸崇祥院延祐六年又隸詹事天曆元年隸儲慶使司至順元年改屬宫相府

管領上都等處打捕鷹房納綿等户大使司大使副使各一員

管領順德等處打捕鷹房納綿等户提領所達

魯花赤提領副提領各一員

管領冀寧等處打捕鷹房納綿等户提領所提領副提領各一員

管領大都左右巡院等處打捕鷹房納綿等户提領所提領副提領各一員

管領固安等處打捕鷹房納綿等户提領所提領副提領各一員

管領中山等處打捕鷹房納綿等户提領所提領副提領各一員

管領濟南等處打捕鷹房納綿等户提領所提

領副提領各一員
管領德州等處打捕鷹房納綿等户提領所提
領副提領各一員
管領益都等處打捕鷹房納綿等户提領所提
領副提領各一員
管領大同等處打捕鷹房納綿等户提領所提
領副提領各一員
管領濟寧等處打捕鷹房納綿等户提領所提
領副提領各一員
管領興和等處打捕鷹房納綿等户提領所提

領副提領各一員
管領晉寧等處打捕鷹房納綿等户提領所提
領副提領各一員
管領順州稻田提領所提領副提領各一員
管領懷慶稻田提領所提領一員
管領檀州等處打捕鷹房納綿等户提領所提
領副提領各一員
管領大寧等處打捕鷹房納綿等户提領所提
領副提領各一員
管領薊州等處打捕鷹房納綿等户提領所提

領副提領各一員
管領真定等處打捕鷹房納綿等户提領所設
官仝上
管領趙州等處打捕鷹房納綿等户提領所設
官仝上
管領保定等處打捕鷹房納綿等户提領所設
官仝上
管領冀州等處打捕鷹房納綿等户提領所設
官仝上
管領汴梁等處打捕鷹房納綿等户提領所設

官仝上
廣衍庫大使一員
管領滑山炭場所
繕工司秩正三品卿二員少卿二員丞二員經歷
知事照磨兼提控案牘管勾承發架閣各一員令
史四人譯史二人知印二人怯里馬赤一人典吏
三人掌人匠營造之事天曆二年置其屬附見
金玉珠翠提舉司達魯花赤提舉同提舉副提
舉各一員吏目一員司吏四人
大都織染提舉司提舉二員同提舉副提舉各

一員吏目一員司吏四人

大都雜造提舉司達魯花赤提舉同提舉副提舉各一員吏目一員司吏四人

富昌庫大使一員副使一員庫子二人攢典一人

内史府秩正二品内史九員正二品中尉六員正三品司馬四員正四品諮議二員從五品記室二員從六品照磨兼管勾承發架閣庫從八品掾史八人譯史四人知印通事各二人宣使五人典吏二人至元二十九年封晉王于太祖四斡耳朶之地改王傅爲

内史秩從二置官十四員延祐五年陞正二品給印分司京師并分置官屬

延慶司秩正三品掌王府祈禳之事使三員正三品同知二員正四品典簿一員從七品令史二人譯史知印通事各一人奏差二人至元二十七年置

斷事官秩正三品理王府詞訟之事斷事官一十六員正三品經歷知事各一員令史三人

典軍司秩從七品掌控鶴百二十有六人典軍二員副使二員大德四年置

隨路諸色民匠打捕鷹房都總管府秩正三品總四斡耳朶位下户計民匠造作之事達魯花赤二員都總管一員同知一員副總管二員經歷知事提控案牘各一員令史四人奏差二人至元二十四年置官吏不入常調凡斡耳朶之事復置四總管以分掌之

管領保定等路阿哈探馬兒諸色人匠總管府秩從三品掌太祖大斡耳朶一切事務達魯花赤總管同知副總管各一員知事一員吏二人至元十七年置

管領曹州東平等路民匠提舉司秩從五品達魯花赤提舉同提舉副提舉各一員至元十七年置

管領大都納綿提舉司秩從六品達魯花赤提舉副提舉各一員至元十七年置

管領上都大都奉聖州長官司秩從六品管領出征軍五十有一户達魯花赤長官各一員至元十七年置

管領保定織染局秩從六品管匠一百有一户達魯花赤提舉同提舉副提舉各一員至元十七年置

管領豐州揑只局頭目一員掌織造花毯至元十七年置

管領打捕鷹房民匠達魯花赤總管府秩正四品掌

二皇后斡耳朶位下歲賜財物造作等事達魯花赤總管同知副總管知事各一員吏二人至元二十一年置

管領口子迤北長官司秩從五品掌領户計二百有六達魯花赤長官副長官各一員至元二十一年置

管領隨路諸色民匠達魯花赤等官秩正五品統民匠一千五百二十有五户達魯花赤總管同知副總管各一員至元二十一年置

管領隨路打捕納綿民匠長官司秩從五品掌民匠一百七十有九户達魯花赤長官各一員至元二十

一年置

管領大都民匠提舉司秩正七品掌民匠二百有二户提舉同提舉副提舉各一員至元二十一年置

管領涿州成錦局人匠提舉司秩從五品領匠一百有二户達魯花赤提舉同提舉副提舉各一員至元二十一年置

管領河間民匠提舉司秩從四品掌民匠二百一十户達魯花赤提舉同提舉副提舉各一員至元二十一年置

管領河間滄州等處長官司秩正五品領户計五百四十有八達魯花赤長官副長官各一員至元二十一年置

管領河間臨邑等處軍民長官司秩正七品掌軍民二百有二户達魯花赤長官副長官各一員至元二十一年置

管領隨路諸色民匠打捕鷹房等户總管府秩從四品掌太祖斡耳朶四季行營一切事務達魯花赤總管同知副總管知事各一員司吏二人大德二年置

管領涿州等處民匠異錦局秩正五品掌民匠一百五十户達魯花赤提舉同提舉副提舉各一員大德

二年置

管領上用織染局秩從七品掌工匠七十有八户提舉同提舉副提舉各一員大德二年置

管領上都大都麴米等長官司秩從七品領民匠七十有九户達魯花赤長官副長官各一員大德二年置

管領彰德等處長官司秩從七品掌民一百一十有七户達魯花赤長官各一員大德二年置

管領上都大都等處長官司秩從五品掌民二百六十有一户達魯花赤長官副長官各一員大德二年

置
管領泰安等處長官司秩正七品掌民一百有一户達魯花赤長官副長官各一員大德二年置
管領曹州等處長官司秩從五品管民一百有五户達魯花赤長官副長官各一員大德二年置
管領隨路打捕鷹房諸色民匠怯憐口總管府秩從三品掌太祖四皇后位下四季行營并歲賜造作之事達魯花赤總管同知副總管各一員經歷知事提控案牘照磨各一員司吏二人延祐五年置
管領大都上都打捕鷹房納米麪提舉司秩從五品

統領一百九十有五户達魯花赤提舉各一員延祐五年置
管領大都涿州織染提舉司秩從七品掌領九十有六户達魯花赤提舉各一員延祐五年置
管領河間路清州人匠提舉司秩從五品掌户計二百三十有四户達魯花赤提舉各一員延祐五年置
隨路打捕鷹房諸色民匠總管府秩正四品掌北安王位下歲賜錢糧之事達魯花赤總管同知副總管知事各一員至元二十二年置
管領大都等處納綿提舉司秩正七品掌納綿户計七百有三户達魯花赤提舉副提舉各一員至元二十二年置
管領大都等處金玉民匠稻田提舉司秩從五品掌納綿人匠五百二十有一户達魯花赤提舉副提舉各一員至元二十二年置
管領大都薊州等處打捕提舉司秩從五品掌打捕户及民匠六百餘户達魯花赤提舉副提舉各一員至元二十二年置
雜造局秩正六品達魯花赤一員提舉同提舉副提舉各一員至元十六年置

怯憐口諸色民匠達魯花赤并管領上都納綿提舉司秩正五品掌迭只斡耳朶位下怯憐口諸色民匠及歲賜錢糧等事達魯花赤長官同知副長官各一員提控案牘一員
上都人匠提領所秩從七品達魯花赤提領同提領副提領各一員至元二十四年置
上都大都提領所秩從七品掌本位下怯憐口等事達魯花赤大使副使各一員至元二十七年置
歸德長官司秩從六品達魯花赤長官副長官各一員至治三年置

管領上都大都諸色人匠納綿户提舉司秩從五品掌斡耳朶位下歲賜等事達魯花赤提舉同提舉各一員至元十七年置

致用庫秩從七品提領大使各一員副使二員至元二十七年置

提領司秩從八品提領三員副提領一員至元十一年置

上都人匠局秩從七品達魯花赤二員副使二員至元二十七年置

諸王傅官寬徹不花太子至齊王位下凡四十五王

每位下各設王傅傅尉司馬三員傅尉唯寬徹不花也不干幹羅温三王有之自此以下皆稱府尉別於王傅之下司馬之上而三員並設又多寡不同或少至一員或多至三員者齊王則又獨設王傅一員

都護府秩從二品掌領舊州城及畏吾兒之居漢地者有詞訟則聽之大都護四員從二品同知二員從三品副都護二員從四品經歷一員從六品都事一員從七品照磨兼承發架閣庫管勾一員正八品令史四人譯史二人通事知印各一人宣使四人典吏二人至元十一年初置畏吾兒斷事官秩三品十七年改領北庭都護府秩二品置官十二員二十年改大理寺秩正三品二十二年復爲大都護品秩如舊延祐三年陞正二品七年復從二品定官制如上

崇福司秩二品掌領馬兒哈昔列班也里可溫十字寺祭享等事司使四員從二品同知二員從三品副使二員從四品司丞二員從五品經歷一員從六品都事一員從七品照磨一員正八品令史二人譯史通事知印各一人宣使二人至元二十六年置延祐二年改爲院置領院事一員省併天下也里可溫掌教司七十二所悉以其事歸之七年復爲司後定置

已上官員

志卷第三十九

志卷第四十　元史九十

翰林學士亞中大夫知制誥兼脩國史臣宋濂 翰林待制承直郎同知制誥兼國史院編脩官臣王禕等奉

勑脩

百官六

大都留守司秩正二品掌守衛宮闕都城調度本路供億諸務兼理營繕内府諸邸都宮原廟尚方車服殿廡供帳内苑花木及行幸湯沐宴游之所門禁關鑰啓閉之事留守五員正二品同知二貟正三品副留守二貟正四品判官二貟正五品經歷一貟從六品都事二貟從七品管勾承發架閣庫一貟正八品照磨兼覆料官一貟部役官兼壕寨一貟令史十八人宣使十七人典吏五人知印二人蒙古必闍赤三人回回令史一人通事一人至元十九年罷宮殿府行工部置大都留守司兼本路都總管知少府監事二十一年別置大都路都總管府治民事并少府監歸留守司皇慶元年別置少府監延祐七年罷少府監復以留守兼監事其屬附見

修内司秩從五品領十四局人匠四百五十户掌修建宮殿及大都造作等事提點一貟大使一貟副使一貟直長五貟吏目一貟照磨一貟部役七貟司吏六人中統二年置至元中增工匠計一千二百七十有二户其屬附見

大木局提領七貟管勾三員掌殿閣營繕之事中統二年置

小木局提領二員同提領一貟副提領三貟管勾二貟提控四貟中統四年置

泥廈局提領八員管勾二貟中統四年置

車局提領二貟管勾一貟中統五年置

粧釘局提領二貟同提領二貟中統四年置

銅局提領一貟同提領一貟管勾一貟中統四年置以上六局秩從八品

竹作局提領二貟提控一貟中統四年置

繩局提領二貟中統五年始置

祗應司秩從五品掌内府諸王邸第異巧工作修禳應辦寺觀營繕領工匠七百户大使一貟從五品副使一貟正七品直長三貟正八品吏目一貟司吏二人國初建兩京殿宇始置司以備工役其屬附見

油漆局提領五貟同提領副提領各一貟掌兩都宮殿髹漆之工中統元年置

畫局提領五員管勾一員掌諸殿宇藻繪之工中統元年置

銷金局提領一員管勾二員掌諸殿宇裝鑾之工中統四年置

裱褙局提領一員掌諸殿宇裝潢之工中統二年置

燒紅局提領二員掌諸宮殿所用心紅顏料至元元年置

器物局秩從五品掌內府宮殿京城門戶寺觀公廨營繕及御用各位下鞍轡忽哥轎子帳房車輛

金寶器物凡精巧之藝雜作匠戶無不隸焉大使一員從五品副使一員正七品直長二員正八品吏目一員司吏二人中統四年始立御用器物局受省劄至元七年改爲器物局秩如上其屬附見

鐵局提領三員管勾三員提控一人掌諸殿宇輕細鐵工中統四年置

減鐵局管勾一員提控二人掌造御用及諸宮邸繫腰中統四年置

盒鉢局提領二員掌製御用繫腰中統四年置

成鞍局提領三員掌造御用鞍轡象轎中統四年置

羊山鞍局提領一員提控一員掌造常課鞍轡諸物至元十八年置

網局提領二員管勾一員掌成造宮殿網扇之工中統四年置

刀子局提控二員掌造御用及諸宮邸寶貝佩刀之工中統四年置

旋局提領二員掌造御用異樣木植器物之工中統四年置

銀局提領一員掌造御用金銀器盒繫腰諸物

中統四年置

轎子局提領一員掌造御用異樣木植鞍子諸物中統四年置

採石局秩從七品大使副使各一員掌夫匠營造內府殿宇寺觀橋牐石材之役至元四年置石局總管十一年撥採石之夫二千餘戶常任工役置大都等處採石提舉司二十六年罷立采石局

山場提領一員管勾五員至元四年置

大都城門尉秩正六品尉二員副尉一員掌門禁啓閉管鑰之事至元二十年置以四怯薛八剌哈

赤爲之二十四年復以六衛親軍叅掌凡十有一門曰麗正曰文明曰順承曰平則曰和義曰肅清曰安貞曰健德曰光熙曰崇仁曰齊化每門設官如上

犀象牙局秩從六品大使副使直長各一員司吏一人掌兩都宮殿營繕犀象龍床卓器繫腰等事中統四年置設官一員至元五年增副使管匠戶一百有五十其屬附見

雕木局提領一員掌宮殿香閣營繕之事至元十一年置

牙局提領一員管勾一員掌宮殿象牙龍床之工至元十一年置

大都四窰場秩從六品提領大使副使各一員領匠夫三百餘戶營造素白琉璃磚瓦隷少府監至元十三年置其屬三

南窰場大使副使各一員中統四年置

西窰場大使副使各一員至元四年置

琉璃局大使副使各一員中統四年置

凡山採木提舉司秩從五品掌採伐車輛等雜作木植及造只孫繫腰刀把諸物達魯花赤提舉各一員並從五品同提舉一員正七品副提舉一員正八品吏目一員司吏六人至元十四年置

上都採山提領所秩從八品提領副提領提控各一員至元九年以採伐材木鍊石爲灰徵發夫匠一百六十三戶遂置官以統之

凡山宛平等處管夫匠所提領二員同提領二員管領催車材戶提領一員至元十五年置

器備庫秩從五品提點一員從五品大使一員從六品副使二員正七品直長四員正八品掌殿閣金銀寶器二千餘事至元二十七年置

甸皮局秩正七品大使一員管匠三十餘戶至元七年置十四年始定品秩二十一年改隷留守司歲辦熟造紅甸羊皮二千有奇

上林署秩從七品署令署丞各一員直長一員掌宮苑栽植花卉供進蔬菓種苜蓿以飼駝馬備煤炭以給營繕至元二十四年置

養種園提領二員掌西山淘煤羊山燒造黑白木炭以供修建之用中統三年置

花園管勾二員掌花卉果木至元二十四年置

苜蓿園提領三員掌種苜蓿以飼馬駝膳羊

儀鸞局秩正五品掌殿庭燈燭張設之事及殿閣浴室門戶鎖鑰苑中龍舟圈檻珍異禽獸給用內府諸宮太廟等處祭祀庭燎縫製簾帷灑掃掖庭領燭刺赤水手樂人禁蛇人等二百三十餘戶輪直怯薛大使四員正五品副使二員從六品直長二員正八品都目一員書吏二人庫子一人至元十一年置局秩正七品二十三年陞正五品至大四年仁宗御西宮又別立儀鸞局設置亦同延祐七年增大使二員以宦者爲之領四提領所

燭刺赤提領八員提控四員

水手提領二員

針工提領一員

蠟燭局提領一員

木場提領一員大使一員副使一員掌受給營造宮殿材木至元四年置南東二木場十七年併爲一場

大都路管領諸色人匠提舉司秩從五品掌大都諸色匠戶理斷昏田詞訟等事提舉一員從五品同提舉一員正七品副提舉一員正八品吏目一人司吏二人中統四年置人匠奧魯總管府秩從四品至元十二年改提舉司十五年兼管採石人戶秩如舊

真定路東平路管匠官秩從七品每路大使一員副使一員中統四年置

保定路宣德府管匠官秩從七品保定大使一員副使一員管匠官一員宣德二員中統四年置

大名路管匠官秩從七品大使一員管匠官三員中統四年置

晉寧冀寧大同河間四路管匠官秩從七品每路大使副使各一員中統四年置

收支庫秩正九品掌受給營繕提點一員大使一員副使二員直長二員庫子二人至元四年置

諸色庫秩從八品掌修內材木及江南徵索異樣木植并應辦官寺齋事大使一員副使一員司庫二人至大四年置

太廟收支諸物庫秩從八品大使副使各一員司庫四人至治二年以營治太廟始置

南寺北寺收支諸物二庫秩從七品提領大使各一員副使二員司庫之屬凡十人至治元年以建壽安山寺始置

廣誼司秩正三品司令二員正三品同知二員正四品副使二員正五品判官二員正六品經歷知事各二員照磨一員總和顧和買營繕織造工役供億物色之務至元十四年改覆實司辯驗官無提舉市令司大德五年又分大都路總管府官屬置供需府至順二年罷之立廣誼司

武備寺秩正三品掌繕治戎器兼典受給卿四員正三品同判六員從三品少卿四員從四品丞四員從五品經歷知事各一員照磨兼提控案牘一員承發架閣庫管勾一員辯驗弓官二員辯驗筋角翎毛等

官二員令史十有三人至元五年始立軍器監秩四品十九年陞正三品二十年立衛尉院改軍器監爲武備監秩正四品隸衛尉院二十一年改監爲寺與衛尉並立大德十一年陞爲院至大四年復爲寺設官如舊其所轄屬官則自爲選擇其匠户之能者任之

壽武庫秩從五品提點二員從五品大使二員正六品副使四員正七品庫子一十人至元十年以衣甲庫改置

利器庫秩從五品提點三員大使二員副使三員秩品同壽武庫庫子一十人至元五年始立軍器庫十年通掌隨路軍器改利器庫

廣勝庫秩從五品掌平陽太原等處歲造兵器以給北邊征戍軍需達魯花赤一員大使副使各一員庫子一人

大同路軍器人匠提舉司秩從五品達魯花赤一員提舉一員並從五品同提舉一員正七品副提舉一員正八品其屬豐州甲局院長一員應州甲局院長一員平地縣甲局院長一員山陰縣甲局院長一員白登縣甲局頭目一人豐州弓局使一

員賽甫丁弓局頭目一人

平陽路軍器人匠提舉司秩正六品達魯花赤一員提舉同提舉副提舉各一員其屬本路投下雜造局大使一員副使一員絳州甲局大使一員

太原路軍器人匠局秩正七品達魯花赤一員局使一員副使一員吏目一員

保定軍器人匠提舉司秩從六品達魯花赤提舉同提舉副提舉各一員其屬河間甲局院長一員祈州安平縣甲局院長一員陵州箭局頭目一人

真定路軍器人匠提舉司秩從六品達魯花赤提

舉同提舉副提舉各一員其屬冀州甲局院長一
人
懷孟河南等路軍器人匠局秩正七品局使局副
各一員其屬懷孟路弓局院長一員
汴梁路軍器局秩正七品局使局副各一員其屬
常課弓局院長一員常課甲局院長一員
益都濟南箭局秩正七品局使一員
彰德路軍器人匠局秩正七品大使一員副使一
員
大名軍器局秩正七品大使副使各一員

上都甲匠提舉司秩從五品提舉同提舉副提舉
各一員其屬興州白局子甲局院長一員興州千
户寨甲局院長一員松州五指崖甲局院長一員
松州勝安甲局院長一員
遼河等處諸色人匠提舉司秩從五品達魯花赤
提舉同提舉各一員其屬遼盖弓局大使副使各
一員盖州甲局局使一員
上都雜造局秩正七品大使副使各一員
奉聖州軍器局秩從七品大使副使各一員
蔚州軍器人匠提舉司秩正六品達魯花赤提舉
同提舉副提舉各一員
宣德府軍器人匠提舉司秩正六品達魯花赤提
舉同提舉副提舉各一員
廣平路甲局院長一員
東平等路軍器人匠提舉司秩從五品達魯花赤
提舉同提舉副提舉各一員
通州甲匠提舉司秩正六品達魯花赤提舉同提
舉副提舉各一員
薊州甲匠提舉司秩正五品達魯花赤提舉同提
舉副提舉各一員

欠州武器局秩從五品大使副使各一員
大都甲匠提舉司秩正六品達魯花赤提舉同提
舉副提舉各一員
大都箭局秩從七品大使副使各一員
大寧路軍器人匠提舉司秩從六品達魯花赤提
舉同提舉副提舉各一員
豐州雜造局秩正六品達魯花赤大使副使各一
員
歸德府軍器局院長一員
汝寧府軍器局院長一員

陳州軍器局院長一員

許州軍器局秩從七品大使副使各一員

咸平府軍器人匠局秩從七品達魯花赤大使副使各一員

大都弓匠提舉司秩正五品達魯花赤提舉同提舉副提舉各一員其屬雙搭弓局大使副使各一員成吉里弓局大使副使各一員通州弓局院長一員

大都弦局大使副使各一員至元三十年改提舉司置局

隆興路軍器人匠局達魯花赤大使副使各一員至元三十年置

平灤路軍器人匠局大使副使各一員至元三十年置

大都雜造局提領二員元貞二年置

太僕寺秩從二品掌阿塔思馬疋受給造作鞍轡之事中統四年設群牧所至元十六年改尚牧監十九年又改太僕院二十年改衛尉院二十四年罷院立太僕寺又別置尚乘寺以管鞍轡而本寺止管阿塔思馬疋二十五年隸中書置提調官二員大德十一年復改太僕院至大四年仍為寺卿二員從二品少卿二員從四品丞二員從五品經歷知事照磨管勾各一員令史七人譯史知印通事各二人奏差四人回回令史一人典吏二人

尚乘寺秩從三品掌上御鞍轡輿輦阿塔思群牧騸馬驢騾及領隨路局院鞍轡等造作收支行省歲造鞍轡理四怯薛阿塔赤詞訟起取南北遠方馬疋等事卿四員正三品少卿二員從四品丞二員從五品經歷知事照磨管勾各一員令史六人譯史二人知印二人通事二人奏差五人典吏二人至元二十四

年罷衛尉院始設尚乘寺領資乘庫大德十一年陞為院秩從二品至大四年復為寺延祐七年降從三品

資乘庫秩從五品提點四員從五品大使三員正六品副使四員正七品庫子四人掌收支鞍轡等物至元十三年置二十年隸衛尉三十四年隸尚乘寺

長信寺秩正三品領大斡耳朶怯憐口諸事卿四員正三品少卿二員從四品寺丞二員從五品經歷知事各一員令史六人譯史知印各二人通事一人奏

差四人大德五年置至大元年改陞爲院四年仍爲寺卿五員增少卿一員以宦者爲之延祐七年省寺卿少卿各一員定置如上

怯憐口諸色人匠提舉司秩從五品領大都上都二鐵局并怯憐人匠以材木鐵炭皮貨諸色倫斡耳朶各枝房帳之需達魯花赤一員提舉同提舉副提舉各一員吏目一人司吏四人至元二十五年置

大都鐵局秩從五品掌斡耳朶上下往來造作粧釘房車大使一員副使一員直長一員至元十二

年置

上都鐵局大使一員副使一員至元十六年置掌職如前

長秋寺秩正三品掌武宗五斡耳朶戶口錢糧營繕諸事寺卿五員正三品少卿二員從四品寺丞二員從五品經歷知事各一員令史六人譯史知印各二人通事一人奏差四人皇慶二年置其屬二

怯憐口諸色人匠提舉司秩從五品掌正宮造作之役達魯花赤一員同提舉副提舉各一員吏目一人司吏四人至大元年斡耳朶三位下撥到人匠五百九十三戶始置提舉司隸中政院後屬長信寺

怯憐口諸色人匠提舉司秩從五品掌領武宗軍上北來人匠達魯花赤一員提舉一員同提舉副提舉各一員吏目一人司吏二人至大元年置

承徽寺秩正三品掌荅兒麻失里皇后位下錢糧營繕等事寺卿五員正三品少卿二員從四品寺丞二員從五品經歷知事各一員令史六人譯史知印各二人通事一人奏差四人至治元年置其屬二

怯憐口諸色人匠提舉司二秩正五品各設達魯

花赤一員提舉同提舉副提舉各一員吏目一人司吏三人至治三年置

長寧寺秩正三品掌英宗速哥八剌皇后位下戶口錢糧營繕等事寺卿六員正三品少卿二員從四品寺丞二員從五品經歷知事各一員吏屬令史六人譯史知印各二人怯里馬赤一人奏差四人至治三年置

長慶寺秩正三品掌成宗斡耳朶及常歲營辦禾失房子行幸怯薛台人等衣糧之事寺卿六員少卿二員寺丞二員品秩同長寧寺經歷知事各一員令史

六人譯史知印各二人怯里馬赤一人奏差四人奏定元年置

寧徽寺秩正三品隸八不沙皇后位下寺卿六員少卿四員丞二員品秩同長慶寺經歷知事各一員天曆二年置

太府監秩正三品領左右藏等庫掌錢帛出納之數太卿六員正三品太監六員從三品少監五員從四品丞五員正五品經歷知事照磨各一員令史八人譯史三人通事知印各一人奏差四人中統四年置至元四年爲宣徽太府監凡內府藏庫悉隸焉八年

陞正二品大德九年改爲院秩從二品院判參用宦者至大四年復爲監定置如上

內藏庫秩從五品掌出納御用諸王段疋納失失紗羅絨錦南綿香貨諸物提點四員從五品大使二員正六品副使二員正七品至元二年置署上都十九年始署大都以宦者領之復有行內藏二十八年省之止存內藏及左右二庫

右藏提點四員大使二員副使二員品秩同上掌收支金銀寶鈔只孫段疋水晶瑪瑙玉璞諸物至元十九年置

左藏提點四員大使二員副使二員品秩同上掌收支常課和買紗羅布絹絲綿絨錦木綿鋪陳衣服諸物至元十九年置

度支監秩正三品掌給馬駝芻粟卿三員正三品太監二員從三品少監三員從四品監丞二員從五品經歷二員知事一員提控案牘一員照磨兼管勾一員令史十四人譯史四人通事知印三人奏差四人典吏五人國初置孛可孫至元八年以重臣領之十三年省孛可孫以宣徽兼其任至大二年改立度支院四年改爲監

利用監秩正三品掌出納皮貨衣物之事監卿八員正三品太監五員從三品少監五員從四品監丞四員正五品經歷知事照磨管勾各一員令史八人譯史二人通事知印各一人奏差六人典吏三人至元十年置二十年罷二十六年復置大德十一年改爲院至大四年復爲監

資用庫秩從五品提點二員從五品大使三員正六品副使五員正七品庫子五人至元二年置隸太府十年隸利用

怯憐口皮局人匠提舉司秩正五品提舉二員同

提舉一員提控案牘一員中統元年置局至元六
年改提舉司
雜造雙線局秩從八品造內府皮貨鷹帽等物大
使副使直長典史各一員
熟皮局掌每歲熟造野獸皮貨等物大使副使直
長各一員至元二十年置
軟皮局掌內府細色銀鼠野獸諸色皮貨大使副
使直長各一員至元二十五年置
斜皮局掌每歲熟造內府各色野馬皮胯副使二
員至元二十年置

貂鼠局提舉司秩從五品提舉一員同提舉副提
舉各一員至元二十年置
貂鼠局副使二員直長一員至元十九年立
染局副使一員直長一員管勾一員掌每歲變染
皮貨至元二十年始置
熟皮局秩從七品大使一員副使一員典史一人
司吏一人至元六年置
中尚監秩正三品掌大斡耳朶位下怯憐口諸務及
領資成庫氈作供內府陳設帳房帘幕車輿雨衣之
用監卿八員正三品太監二員從三品少監二員從
四品監丞二員正五品經歷知事照磨各一員令史
七人譯史三人通事二人知印二人奏差五人至元
十五年置尚用監二十年罷二十四年改置中尚監
三十年分置兩都灤河三庫怯憐口雜造等九司局
而總領之至大元年陞為院四年復為監參用宦者
三人
資成庫秩從五品掌造氈貨提點三員從五品大
使三員正六品副使三員正七品至元二年置隸
太府二十三年始歸于監
章佩監秩正三品掌宦者速古兒赤所收御服寶帶

監卿五員正三品太監四員從三品少監二員從四
品監丞二員正五品經歷知事照磨各一員令史七
人譯史二人通事二人奏差四人至元二十二年置
至大元年陞為院秩從二品四年復為監定置如上
御帶庫秩從五品掌繫腰偏束等帶併絛環諸物
供奉御用以備賜予提點三員大使三員副使二
員品秩同資成至元二十八年置俱以中官為之
元貞二年增二員兼署上都之事
異珍庫秩從五品掌御用珍寶后妃公主首飾寶
貝提點三員大使三員副使二員品秩同上至元

二十八年置

經正監秩正三品掌營盤納鉢及標撥投下草地有詞訟則治之太卿一員正三品太監二員從三品少監二員從四品監丞二員正五品經歷知事各一員令史八人譯史四人至大四年置監卿太監少監並奴都赤爲之監丞流官爲之

都水監秩從三品掌治河渠并隄防水利橋梁牐堰之事都水監二員從三品少監一員正五品監丞二員正六品經歷知事各一員令史十人蒙古必闍赤一人回回令史一人通事知印各一人奏差十人壕寨十六人典吏二人至元二十八年置二十九年領河道提舉司大德六年陞正三品延祐七年仍從三品

大都河道提舉司秩從五品提舉一員從五品同提舉一員從六品副提舉一員從七品

祕書監秩正三品掌歷代圖籍并陰陽禁書卿四員正三品太監二員從三品少監二員從四品監丞二員從五品典簿一員從七品令史三人知印奏差各二人譯史通事各一人典書二人典吏一人屬官著作郎二員從六品著作佐郎二員正七品祕書郎二員正七品校書郎二員正八品辨驗書畫直長一員正八品至元九年置其監丞皆用大臣奏薦選世家名臣子弟爲之大德九年陞正三品給銀印延祐元年定置卿四員參用宦者二人

司天監秩正四品掌凡曆象之事提點一員正四品司天監三員正四品少監五員正五品丞四員正六品知事一員令史二人譯史一人通事兼知印一人屬官提學二員教授二員並從九品學正二員天文科管勾二員筭曆科管勾二員三式科管勾二員測驗科管勾二員漏刻科管勾二員並從九品陰陽管勾一員押宿官二員司辰官八員天文生七十五人中統元年因金人舊制立司天臺設官屬至元八年以上都承應闕官增置行司天監十五年別置太史院與臺並立頒曆之政歸院學校之設隸臺二十三年置行監二十七年又立行少監皇慶元年陞正四品延祐元年特陞正三品七年仍正四品

回回司天監秩正四品掌觀象衍曆提點一員司天監三員少監二員監丞二員品秩同上知事一員令史二員通事兼知印一人奏差一人屬官教授一員天文科管勾一員筭曆科管勾一員三式科管勾一

員測驗科管勾一員漏刻科管勾一員陰陽人一十八人世祖在潛邸時有旨徵回回爲星學者札馬剌丁等以其藝進未有官署至元八年始置司天臺秩從五品十七年置行監皇慶元年改爲監秩正四品延祐元年陞正三品置司天監二年命秘書卿提調監事四年復正四品

上都留守司兼本路都總管府品秩職掌如大都留守司而兼治民事車駕還大都則領上都諸倉庫之事留守六員正二品同知二員正三品副留守二員正四品判官二員正五品經歷二員都事四員照磨

兼管勾一員令史四十四人譯史六人回回令史三人通事知印各二人宣使一十二人國初置開平府中統四年改上都路總管府至元三年又給留守司印十九年併爲上都留守司兼本路都總管府其屬附見

修內司秩從五品掌營修內府之事大使一員從五品副使三員正七品直長三員正八品至元八年置

祗應司秩從五品掌粧鑾油染表褙之事大使一員從五品副使二員正七品直長三員正八品

器物局秩從五品掌造鐵器內府營造釘線之事大使一員副使一員直長二員

儀鸞局秩正五品大使二員副使三員直長二員至大四年罷典設署改置爲局

兵馬司秩正四品指揮使三員副指揮使二員知事一員提控案牘一員司吏八人至元二十九年置

警巡院秩正六品達魯花赤一員警巡使一員副使二員判官二員司吏八人

開平縣秩正六品達魯花赤一員尹一員丞一員

主簿一員尉一員典史一員司吏八人

平盈庫大使一員副使一員至元三十年置

萬盈庫達魯花赤監支納大使副使各一員中統初置

廣積倉達魯花赤監支納大使副使各一員中統初置永盈倉大德間改爲廣積倉

萬億庫秩正五品達魯花赤一員提舉一員同提舉副提舉各一員提控案牘一員司吏六人譯史一人至元二十三年置

行用庫提點一員大使一員副使一員

稅課提舉司秩正五品提舉二員同提舉副提舉提控案牘各一員元貞元年置

八作司品秩職掌悉與大都左右八作司同達魯花赤一員提領大使副使各一員至元十七年置

餼廩司掌諸王駙馬使客飲食大使一員副使一員至元二年置上都應辦所延祐五年改爲餼廩司

尚供總管府秩正三品掌守護東涼亭行宮及遊獵供需之事達魯花赤一員總管一員並正三品同知一員從四品副總管一員從五品判官一員正六品經歷知事提控案牘各一員令史譯史知印奏差有差至元十三年置只哈赤八剌哈孫達魯花赤延祐二年改總管府其屬附見

香河等處巡檢司巡檢一員司吏一人

景運倉秩從五品提點一員從五品大使一員正六品副使一員正七品至元二十一年置

法物庫秩從九品大使副使各一員至元一十九年置

雲需總管府秩正三品掌守護察罕腦兒行宮及行營供辦之事達魯花赤一員總管一員並正三品同知一員從四品副總管一員從五品判官一員正六品經歷一員知事一員提控案牘一員延祐二年置

大都路都總管府秩正三品達魯花赤二員都總管一員副達魯花赤二員同知二員治中二員判官二員推官二員經歷二員知事二員提控案牘四員照磨兼管勾一員令史九十有五人譯史二人回回令史一人通事知印各二人奏差二十一人國初爲燕京路總管大興府中統五年稱中都路至元九年改號大都二十一年始專置大都路總管府秩從三品置都達魯花赤都總管等官二十七年陞爲都總管府進秩正三品領府一州十有一凡本府官吏唯達魯花赤一員及總管推官專治路政其餘皆分任供需之事故又號曰供需府焉其屬附見

大都路兵馬都指揮使司凡二秩正四品掌京城盜賊姦僞鞫捕之事都指揮使二員副指揮使五員知事一員提控案牘一員吏十四人至元九年改千户所爲兵馬司隸大都路而刑部尚書一員提調司事凡刑名則隸宗正且爲宗正之屬二十九年置都指揮使等官其後因之一置司於北城一置司於南城

司獄司凡三秩正八品司獄一員獄丞一員獄典

二人掌囚繫獄具之事一置於大都路一置於北城兵馬司通領南城兵馬司獄事皇慶元年以兩司異禁遂分置一司於南城

左右警巡二院秩正六品達魯花赤各一員使各一員副使判官各三員典史各三人司吏各二十五人至元六年置領民事及供需視大都路大德五年分置供需院以副使判官典史各一員主之

大都警巡院品職分置如左右院達魯花赤一員使一員副使二員判官二員典史二員司吏二十人大德九年置以治都城之南

大都路提舉學校所秩正六品提舉一員教授二員學正二員學録一員至元二十四年既立國學以故孔子廟為京學而提舉學事者仍以國子祭酒繫銜

管領諸路打捕鷹房総管府秩正三品達魯花赤一員総管一員副達魯花赤一員同知一員副総管一員經歷知事各一員至元十七年置

宛平縣秩正六品達魯花赤一員尹一員丞三員主簿三員尉一員典史三員司吏二十六人至元十一年置治大都麗正門以西

大興縣秩正六品達魯花赤一員尹一員丞一員主簿二員尉一員典史三員司吏一十五人至元十一年置治大都麗正門以東

東關廂巡檢司秩從九品巡檢三員司吏一人掌巡捕盜賊奸宄之事至元二十一年置

西北南關廂兩巡檢司設置並同上

志卷第四十

志卷第四十一上　　元史九十一

翰林學士亞中大夫知制誥兼修國史臣宋濂翰林待制承直郎同知制誥兼國史院編修官臣王褘等奉

勅修

百官七

行中書省凡十秩從一品掌國庶務統郡縣鎮邊鄙與都省爲表裏國初有征伐之役分任軍民之事皆稱行省未有定制中統至元間始分立行中書省因事設官官不必備皆以省官出領其事其丞相皆以宰執行其處省事繫御其後嫌於外重改爲某處行中書省凡錢粮兵甲屯種漕運軍國重事無不領之

至元二十四年改行尚書省尋復如舊至大二年又改行尚書省二年復如舊每省丞相一員從一品平章二員從一品右丞一員左丞一員正二品叅知政事二員從二品甘肅嶺北二省各減一員郎中二員從五品員外郎二員從六品都事二員從七品掾史蒙古必闍赤囬囬令史通事知印宣使各省設員有差舊制叅政之下有簽省有同簽之屬後罷不置丞相或置或不置尤慎於擇人故往往缺焉

河南江北等處行中書省至元五年罷隨路奥魯官詔叅政阿里僉行省事于河南等路立省二十八年以河南江北係要衝之地又新入版圖宜於汴梁立省以控治之遂署其地統有河南十二路七府

江浙等處行中書省至元十三年初置江淮行省治揚州二十一年以地理民事非便遷于杭州二十二年割江北諸郡隷河南改曰江浙行省統有三十路一府

江西等處行中書省至元十四年置十五年併入福建行省十七年仍置省于龍興府而福建自爲行省治泉州二十二年以福建行省併入江西二十三年又以福建省併入江浙本省統有十八路

湖廣等處行中書省至元十一年右丞相伯顔伐宋行中書省事于襄陽尋以別將分省鄂州爲荊湖等路行中書省十三年取潭州即署省治之十八年復徙置鄂州統有三十路三府

陝西等處行中書省中統元年以商挺領秦蜀五路四川行省事三年改立陝西四川行中書省治京兆至元三年移治利州十七年復還京兆十八年分省四川尋改立四川宣慰司二十一年仍合爲陝西四川行省二十三年四川立行樞密院本省所轄之地惟陝西四路五府

四川等處行中書省國初其地總于陝西至元十八年以陝西行中書分省四川二十三年始置四川行省署成都統有九路五府

遼陽等處行中書省至元二十四年置治遼陽路統有七路一府

甘肅等處行中書省中統二年立行省于中興十年罷之十八年復立二十二年復罷改立宣慰司二十三年徙置中興省于甘州立甘肅行省三十一年分省按治寧夏尋併歸之本省治甘州路統有七路二州

嶺北等處行中書省國初太祖定都于哈剌和林河之西因名其城曰和林立元昌路中統元年世祖遷都中興始置宣慰司都元帥府大德十一年改立和林等處行中書省右丞相左丞相各一員至大四年省右丞相皇慶元年改嶺北等處行中書省設官如上治和寧路統有北邊等處

雲南等處行中書省即古南詔之地初世祖征取以爲郡縣嘗封建宗王鎮撫其軍民至元十一年始置行省治中慶路統有三十七路五府

征東等處行中書省至元二十年以征日本國命高麗王置省典軍興之務師還而罷大德三年復立行省以中國之法治之既而王言其非便詔罷行省從其國俗至治元年復置以高麗王兼領丞相得自奏選屬官治瀋陽統有二府一司五道

各省屬官

檢校所檢校一員從七品書吏二人

照磨所照磨一員正八品

架閣庫管勾一員正八品

理問所理問二員正四品副理問二員從五品知事一員提控按牘一員

都鎮撫司都鎮撫一員副都鎮撫一員

宣慰司掌軍民之務分道以總郡縣行省有政令則布于下郡縣有請則爲達于省有邊陲軍旅之事則兼都元帥府其次則止爲元帥府其在遠服又有招討安撫宣撫等使品秩員數各有差等

宣慰使司秩從二品每司宣慰使三員從二品同知一員從三品副使一員正四品經歷一員從六品都事一員從七品照磨兼架閣管勾一員正九品凡六道

山東東西道益都路置 河東山西道大同路置

淮東道揚州置　浙東道慶元路
荊湖北道中興路置　湖南道天臨置
宣慰使司都元帥府秩從二品使三員同知二員副
使二員經歷二員知事二員照磨兼架閣管勾一員
廣東道廣州置　大理金齒等處
蒙慶等處
右二府設官如上唯蒙慶一府使二員同知副
使各一員經歷都事亦減一員
廣西兩江道靜江路置　海北海南道
福建道　八番順元等處

察罕腦兒等
右五府宣慰使都元帥三員副都元帥僉都元
帥事各二員餘同上
宣慰使兼管軍萬户府每府宣慰使三員同知副使
各一員經歷一員都事二員照磨兼管勾一員
曲靖等路　羅羅斯
臨安廣西道元江等處
都元帥府都元帥二員副元帥二員經歷知事各一
員
北庭隸土番宣慰司　曲先塔林都元帥三員

蒙古軍　征東二府都元帥各一員副一員
元帥府秩正三品達魯花赤一員元帥一員經歷知
事各一員
李店文州　帖城河里洋脫
朵甘思　當陽
岷州　積石州
洮州路　脫思馬路
十八族
右九府唯李店文州增置同知副元帥各一員
其餘八府隸土蕃宣慰司設官並同

宣撫司秩正三品每司達魯花赤一員宣撫一員同
知副使各二員僉事一員計議經歷知事各一員提
控案牘架閣一員損益不同者各附見于後
廣南西道不置副使僉事　麗江路以上隸雲南省
順元等處　播州
思州以上隸湖廣省　敘南等處隸四川行省不置僉事計議
安撫司秩正三品每司達魯花赤一員安撫使一員
同知副使僉事各一員經歷知事各一員損益不同
者各附見于後
師壁洞不置達魯花赤　永順等處

散毛洞（以上隸四川省） 羅番遏蠻軍（不置達魯花赤）
程番武盛軍 金石番太平軍
卧龍番南寧州 小龍番靜蠻軍（不置同知副使）
大龍番應天府 洪番永盛軍
方番河中府 盧番靜海軍（不置知事）
新添葛蠻（以上隸湖廣省）
招討司秩正三品達魯花赤一員招討使一員經歷
一員
土蕃 剌馬剛等處
天全 㑊不思

㳂邊溪洞（以下各置副使一員無達魯花赤） 唆尼
諸番 征沔
長河西裏管軍 檜裏管軍
朒思馬田地

諸路萬户府
上萬户府管軍七千之上達魯花赤一員萬户一
員俱正三品虎符副萬户一員從三品虎符
中萬户府管軍五千之上達魯花赤一員萬户一
員俱從三品虎符副萬户一員正四品金牌
下萬户府管軍三千之上達魯花赤一員萬户一
員俱從三品虎符副萬户一員從四品金牌其官
皆世襲有功則陞之每府設經歷一員從七品知
事一員從八品提控案牘一員
鎮撫司鎮撫二員蒙古漢人參用上萬户府正
五品中萬户府從五品俱金牌下萬户府正
六品銀牌
上千户所管軍七百之上達魯花赤一員千户
一員俱從四品金牌副千户一員正五品金
牌
中千户所管軍五百之上達魯花赤一員千户

一員俱正五品金牌副千户一員從五品金
牌
下千户所管軍三百之上達魯花赤一員千户
一員俱從五品金牌副千户一員正六品銀
牌
彈壓二員蒙古漢人參用上千户所從八品
中下二所正九從九品内銓注
上百户所百户二員蒙古一員漢人一員俱從
六品銀牌
下百户所百户一員從七品銀牌

儒學提舉司秩從五品各處行省所署之地皆置一司統諸路府州縣學校祭祀教養錢粮之事及考校呈進著述文字每司提舉一員從五品副提舉一員從七品吏目一人司吏二人

蒙古提舉學校官秩從五品提舉一員從五品同提舉一員從七品至元十八年置惟江浙湖廣江西三省有之餘省不置

官醫提舉司秩從六品提舉一員同提舉一員副提舉一員掌醫户差役詞訟至元二十五年置河南江浙江西湖廣陜西五省各立一司餘省並無

兩淮都轉運鹽使司秩正三品國初兩淮内附以提舉馬里范章專掌鹽課之事至元十四年始置司于揚州使二員正三品同知二員正四品副使一員正五品運判二員正六品經歷一員從七品知事一員從八品照磨一員從九品三十年悉罷所轄鹽司以其屬置場官大德四年復置批驗所于真州采石等處

鹽場二十九所每場司令一員從七品司丞一員從八品管勾一員從九品辦鹽各有差

呂四場　餘東場　餘中場　餘西場

西亭場　金沙場　石港場　掘港場

豐利場　馬塘場　拼茶場　角斜場

富安場　安豐場　梁垛場　東臺場

河垛場　丁溪場　小海場　草堰場

白駒場　劉莊場　五祐場　新興場

廟灣場　莞瀆場　板浦場　臨洪場

徐瀆浦場

批驗所每所提領一員正七品大使一員正八品副使一員正九品掌批驗鹽引

兩浙都轉運鹽使司秩正三品使二員同知二員運

判二員經歷知事各一員照磨一員至元十四年置司杭州大德三年定其產鹽之地立場有差仍於杭州嘉興紹興溫台等處設檢校四所專驗鹽袋每過常度

鹽場三十四所每所司令一員從七品司丞一員從八品管勾一員從九品

仁和場　許村場　西路場　下沙場

青村場　表部場　浦東場　橫浦場

蘆瀝場　海沙場　鮑郎場　西興場

錢清場　三江場　曹娥場　石堰場

鳴鶴場　清泉場　長山場　穿山場
袋山場　玉泉場　蘆花場　大嵩場
昌國場　永嘉場　雙穗場　天富南監
長林場　黃巖場　杜瀆場　天富北監
長亭場　龍頭場

福建等處都轉運鹽使司秩正三品使二員同知二員運判二員經歷知事各一員照磨一員至元十四年始置市舶司領煎鹽徵課之事二十四年改立鹽運司二十九年罷立提舉司大德四年復爲運司九年復罷併入元帥府兼掌之十年復立都提舉司至

大四年復陞運司徑隸行省凡置鹽場七所

鹽場七所每所司令一員從七品司丞一員從八品管勾一員從九品

海口場　牛田場　上里場　惠安場
潯美場　浯州場　洒州場

廣東鹽課提舉司至元十三年始從廣州煎辦鹽課十六年隸江西鹽鐵茶都轉運司二十二年併入宣慰司二十三年置市舶提舉司大德四年改廣東鹽課提舉司提舉一員從五品同提舉一員從六品副提舉一員從七品其屬附見

鹽場十三所每所司令一員從七品司丞一員從八品管勾一員從九品

靖康場　歸德場　東莞場　黃田場
香山場　矬峒場　雙恩場　咸水場
淡水場　石橋場　隆井場　招收場
小江場

四川茶鹽轉運司成都鹽井九十五處散在諸郡山中至元二年置興元四川轉運司專掌煎熬辦課之事八年罷之十六年復立轉運司十八年併入四道宣慰司十九年復立陝西四川轉運司通轄諸課程事二十二年置四川茶鹽運司秩從三品使一員同

知副使運判各一員經歷知事照磨各一員

鹽場一十二所每所司令一員從七品司丞一員從八品管勾一員從九品

簡鹽場　隆鹽場　綿鹽場　潼川場
遂實場　順慶場　保寧場　嘉定場
長寧場　紹慶場　雲安場　大寧場

廣海鹽課提舉司至元三十一年置專職鹽課秩正四品都提舉二員從四品同提舉二員從五品副提舉二員從六品知事一員提控案牘一員

市舶提舉司至元二十三年立鹽課市舶提舉司隸廣東宣慰司三十年立海南博易提舉司至大四年罷之禁下番船隻延祐元年弛其禁改立泉州廣東慶元三市舶提舉司每司提舉二員從五品同提舉二員從六品副提舉二員從七品知事一員

海道運糧萬户府至元二十年置秩正三品掌每歲海道運糧供給大都達魯花赤一員萬户一員並正三品副萬户四員從三品經歷一員從七品知事一員從八品照磨一員從九品鎮撫二員正五品其屬附見

海運千户所秩正五品達魯花赤一員千户二員並正五品副千户三員從五品若温台若慶元紹興若杭州嘉興若崑山崇明常熟江陰等處凡五所而平江又有海運香莎糯米千户所

諸路總管府至元初置二十年定十萬户之上者爲上路十萬户之下者爲下路當衝要者雖不及十萬户亦爲上路上路秩正三品達魯花赤一員總管一員並正三品兼管勸農事江北則兼諸軍奥魯同知治中判官各一員下路秩從三品不置治中員而同知如治中之秩餘悉同上至元二十三年置推官二員專治刑獄下路一員經歷一員知事一員或二員照磨兼承發架閣一員司吏無定制隨事繁簡以爲多寡之額譯史通事各一人其屬附見

儒學教授一員秩九品諸路各設一員及學正一員學録一員其散府上中州亦設教授一員下州設學正一員

蒙古教授一員正九品

醫學教授一員

陰陽教授一員

司獄司司獄一員丞一員

平準行用庫提領大使副使各一員

織染局局使一員副使一員

雜造局大使一員副使一員

府倉大使一員副使一員

惠民藥局提領一員

税務提領一員大使副使各一員

録事司秩正八品凡路府所治置一司以掌城中户民之事中統二年詔驗民户定爲員數二千户以上設録事司候判官各一員二千户以下省判官不置至元二十年置達魯花赤一員省司候以

判官兼捕盜之事典史一員若城市民少則不置司歸之倚郭縣在兩京則爲警巡院獨杭州置四司後省爲左右兩司

散府秩正四品達魯花赤一員知府或府尹一員領勸農奧魯與路同同知一員判官一員推官一員知事一員提控案牘一員所在有隸諸路及宣慰司行省者有直隸省部者有統州縣者有不統縣者其制各有差等

諸州中統五年併立州縣未有等差至元三年定一萬五千戶之上者爲上州六千戶之上者爲中州六

千戶之下者爲下州江南既平二十年又定其地五萬戶之上者爲上州三萬戶之上者爲中州不及三萬戶者爲下州於是陞縣爲州者四十有四縣戶雖多附路府者不改上州達魯花赤州尹秩從四品同知秩正六品判官秩正七品中州達魯花赤知州並正五品同知從六品判官從七品下州達魯花赤知州並從五品同知正七品判官正八品兼捕盜之事叅佐官上州知事提控案牘各一員中州吏目提控案牘各一員下州吏目一員或二員

諸縣至元三年合併江北州縣六千戶之上者爲上縣二千戶之上者爲中縣不及二千戶者爲下縣二十年又定江淮以南三萬戶之上者爲上縣一萬戶之上者爲中縣一萬戶之下者爲下縣上縣秩從六品達魯花赤一員尹一員丞一員簿一員尉一員典史二員中縣秩正七品不置丞餘悉如上縣之制下縣秩從七品置官如中縣民少事簡之地則以簿兼尉後又別置尉尉主捕盜之事別有印典史一員

巡檢司秩九品巡檢一員

諸軍唯邊遠之地有之各統屬縣其秩如下州其設官置吏亦如之

諸蠻夷長官司西南夷諸溪洞各置長官司秩如下州達魯花赤長官副長官叅用其土人爲之

各處脫脫禾孫掌辨使臣奸僞正一員從五品副一員正七品

勳一十階

上柱國正一品　柱國從一品　上護軍正二品

護軍從二品　上輕車都尉正三品　輕車都尉從三品

上騎都尉正四品　騎都尉從四品　驍騎尉正五品

飛騎尉從五品

爵八等

王正一品　郡王從一品　國公正二品
郡公從二品　郡侯正三品　郡侯從三品
郡伯正四品　郡伯從四品　縣子正五品
縣男從五品

右勲爵若上柱國郡王國公時有除拜者餘則止於封贈用之

文散官四十二

開府儀同三司　儀同三司
特進　崇進
金紫光祿大夫　銀青榮祿大夫以上俱正一品

光祿大夫　榮祿大夫以上從一品
資德大夫　資政大夫
資善大夫以上正二品　正奉大夫
通奉大夫　中奉大夫以上從二品
正議大夫　通議大夫
嘉議大夫以上正三品　太中大夫
中大夫　亞中大夫以上從三品舊爲少中延祐改亞中
中議大夫　中憲大夫
中順大夫以上正四品　朝請大夫
朝散大夫　朝列大夫以上從四品
奉政大夫　奉議大夫以上正五品
奉直大夫　奉訓大夫以上從五品
承德郎　承直郎以上正六品
儒林郎　承務郎以上從六品
文林郎　承事郎以上正七品
徵事郎　從事郎以上從七品
登仕郎　將仕郎以上正八品
登仕佐郎　將仕佐郎以上從八品

右文散官四十二階由一品至五品爲宣授六品至九品爲勑授勑授則中書署牒宣授則以

制命之一品至五品者服紫六品至七品者服緋八品至九品者服綠武官以下皆如之其官常對品惟九品無散官則但舉其職而已武官雜職亦如之

武散官三十四階

龍虎衛上將軍　金吾衛上將軍
驃騎衛上將軍以上正二品　奉國上將軍
輔國上將軍　鎮國上將軍以上從二品
昭武大將軍　昭勇大將軍
昭毅大將軍以上正三品　安遠大將軍

定遠大將軍　懷遠大將軍以上從三品
廣威將軍　宣威將軍
明威將軍以上正四品　信武將軍
顯武將軍　宣武將軍以上從四品
武節將軍　武德將軍以上正五品
武義將軍　武略將軍以上從五品
承信校尉　昭信校尉以上正六品
忠武校尉　忠顯校尉以上從六品
忠勇校尉　忠翊校尉以上正七品
修武校尉　敦武校尉以上從七品

保義校尉　進義校尉以上正八品
保義副尉　進義副尉以上從八品
右武散官三十四階自龍虎衛上將軍至進義副尉由正二品至從八品其除授具前

內侍散官一十四
中散大夫正二品　中引大夫從二品
中御大夫正三品　侍中大夫從三品
中衛大夫正四品　中涓大夫從四品
通侍郎正五品　通御郎從五品
侍直郎正六品　內直郎從六品
司謁郎正七品　司閽郎從七品
司奉郎正八品　司引郎從八品
右內侍品秩一十四階自中散至司引由正二品至從八品其除授具前

司天散官一十四
欽象大夫從三品　明時大夫
頒朔大夫以上正四品　保章大夫從四品
司玄大夫正五品　授時郎從五品
靈臺郎正六品　候儀郎從六品
司正郎正七品　平秩郎從七品

正紀郎　挈壺郎以上正八品
司曆郎　司辰郎以上從八品
右司天品秩一十四階自欽象至司辰由從三品至從八品其除授具前

太醫散官一十五
保宜大夫　保康大夫以上從三品
保安大夫　保和大夫以上正四品
保順大夫從四品　保沖大夫正五品
保全郎從五品　成安郎正六品
成和郎從六品　成全郎正七品

醫正郎從七品　醫効郎
醫候郎以上正八品　醫痊郎
醫愈郎以上從八品
右太醫品秩一十五階自保宜至醫愈亦由從三
品至從八品其除授具前
教坊司散官十五
雲韶大夫　僊韶大夫以上從三品
長寧大夫　德和大夫以上正四品
協律大夫從四品　嘉成大夫正五品
純和郎從五品　調音郎正六品

司樂郎從六品　協樂郎正七品
和樂郎從七品　司音郎
司律郎以上正八品　和聲郎
和節郎以上從八品
右教坊品秩一十五階自雲韶至和節由從三
品至從八品其除授具前

志卷第四十一

志卷第四十一下　元史九十二

翰林學士亞中大夫知制誥兼修國史臣宋濂　翰林待制承直郎同知制誥兼國史院編修官臣王褘等奉
敕修

百官八

元之官制其大要具見于前自元統至元以來頗有沿革增損之異至正兵興四郊多壘中書樞密俱有分省分院而行中書省行樞密院增置之外亦有分省分院自省院以及郡縣又各有添設之員而各處總兵官以便宜行事者承制擬授具姓名以軍功奏聞則宣命敕牒隨所索而給之無有考覈其實者於

是名爵日濫紀綱日紊疆宇日蹙而遂至于亡矣惜其掌故之文缺軼不完今據有司所送上者緝而載之以附前志庶覽者得以參考其得失治亂之槩云

中書省元統三年七月中書省奏請自今不置左丞相十月命伯顏獨長台司詔天下至元五年十月加右丞相伯顏爲大丞相六年十月命脫脫爲右丞相復置左丞相至正七年置議事平章四人十二年二月以賈魯爲添設左丞三月以悟良哈台爲添設參知政事七月又以杜秉彝爲添設參政八月以哈麻爲添設右丞十三年六月命皇太子領中書令如舊

制十四年九月以呂思誠爲添設左丞二十七年八月以樞密知院蠻子爲添設第三平章以太尉帖里帖木兒爲添設左丞相

中書分省至正十一年置中書分省于濟寧以松壽爲參知政事十二年二月中書右丞玉樞虎兒吐華左丞韓大雅開分省于彰德十四年升濟寧分省參政帖里帖木兒爲平章政事是後嘗置右丞以守禦爲十五年四月彰德分省除右丞左丞各一員十七年七月以平章荅蘭參政俺普崔敬分省陵州十一月平章搠卜分省冀寧十八年三月掃地王沙劉陷

冀寧搠卜遁五月王劉北行總兵官察罕帖木兒遣瑣住院判來冀寧鎮守搠卜復回十九年搠卜卒二十年正月以右丞不花參政王時分省冀寧三月鐵甲韓至分省官皆遁二十一年以平章荅蘭鎮守二十二年荅蘭還京師以左丞剌馬乞剌參政脫禾兒領分省事二十三年三月又以平章愛不花鎮之八月擴廓帖木兒兵至冀寧分省遂罷二十七年八月以添設平章蠻子兼知院分省保定九月命太保左丞相也速統領軍馬分省山東沙藍荅里仍中書左丞相知樞密院分省大同以哈剌那海爲大同分省平章阿剌不花爲參知政事又置分省于冀寧陸冀寧総管爲參政鑄印與之凡事必咨大同分省而後行之十月又置分省于真定

六部至元三年十二月伯顏太師等奏准吏部考功郎中員外郎主事各設一員至正元年四月吏部置司績一員正七品掌百官行止以憑叙用應襲六月中書奏准户部事繁見設司計四員宜依前至元二十八年例添設二員十一月吏禮兵刑分爲二庫户工二部分二庫各設管勾一員十二年正月刑部添設尚書侍郎郎中員外郎各一員十五年十月濟寧

分省置兵刑工户四部

樞密院至正七年知樞密院阿吉剌奏樞密院故事亦設議事平章二人有旨令復置十三年六月令皇太子領樞密使如舊制十五年四月添設僉院一員院判二員

樞密分院至正十五年三月置樞密分院于衛輝四月彰德分院添設同知副樞各一員都事一員直沽分院添設副樞一員都事一員十六年又置分樞密院于沂州以指揮使司隸焉

大宗正府至元元年閏十二月中書省奏准世祖時

立大宗正府至仁宗時減去大字今宜遵世祖舊制仍為大宗正府至正十年十二月大宗正府添設掌判二員

宣文閣至元六年十一月罷奎章閣學士院至正元年九月立宣文閣不置學士唯授經郎及監書博士以宣文閣繫銜云

崇文監至元六年十二月改藝文監為崇文監至正元年三月奉旨令翰林國史院領之

詳定使司至正十七年七月置四方獻言詳定使司正三品掌考其所陳之言擇其善者以聞于上而舉行之詳定使二員正三品副使二員正四品掌書記

二員正七品中書官提調之

司禋監至正元年十二月奉旨依世祖故事復立司禋監給四品印掌師翁祭祀祈禳之事置內監少監監丞各二員知事一員譯史令史奏差各二名自後復升為三品

延徽寺至元六年二月中書省奉旨依累朝故事起蓋懿璘質班皇帝斡耳朵置延徽寺以掌之

規運提點所至元六年十一月罷大禧宗禋院隆祥使司十二月中書奏以宗禋院所轄會福崇福隆禧壽福四總管府并隆祥使司俱改為規運提點所正五品仍添置萬寧提點所一處並隸宣政院

諸路寶泉都提舉司至正十年十月置其屬有鼓鑄局正七品永利庫從七品掌鼓鑄至正銅錢印造交鈔

徽政院元統元年十二月依太皇太后故事為皇太后置徽政院設立官屬三百六十有六員

資正院至元六年十二月中書省奉旨為完者忽都皇后置資正院正二品院使六員同知僉院同僉院判各二員首領官經歷都事各二員管勾照磨各一

員將昭功萬戶府司屬除已罷繕工司外集慶路錢糧并入有司每年驗數撥付資正院其餘司屬並付資正院領之自後正宮皇后崩冊立完者忽都為皇后改置崇政院

東宮官屬至正六年四月立皇太子宮傳府以長吉等為宮傳官時太子猶未受冊寶至九年冬立端本堂為皇太子學宮置諭德一員正二品贊善二員正三品文學二員正五品正字二員正七品司經二員正七品十三年六月冊立皇太子定置皇太子賓客二員正二品左右諭德各一員從二品左右贊善各

一員從三品文學二員從五品中庶子中允各一員從六品

詹事院至正十三年六月立詹事院罷宮傅府置詹事三員從一品同知詹事二員正二品副詹事二員從二品詹事丞二員正三品首領官四員中議二員從五品長史二員從六品管勾照磨各一員正八品蒙古必闍赤六人回回掾史二人掾史十人知印二人怯里馬赤二人宣使十人其屬有家令司家令二員正三品二員正四品家丞二員正五品典簿二員從七品照磨一員正九品有府正司府正二員正三

品府丞二員正五品典簿二員從七品照磨一員正九品有典寶監典寶卿二員正三品大監二員從三品少監二員從四品監丞二員正五品經歷一員從七品知事一員從八品照磨一員正九品有儀衛司指揮二員從四品副二員從五品知事一員從八品十一月置典藏庫從五品掌收皇太子錢帛十七年十月置分詹事院詹事一員同知副使各一員詹事丞二員經歷一員都事二員照磨兼架閣一員斷事官二員知事一員

大撫軍院二十七年八月乙巳命皇太子總天下軍馬九月皇太子置大撫軍院從一品知院四員同知二員副使一員同僉一員首領官經歷都事各二員照磨兼管勾一員二十八年閏七月詔罷之

大都分府至正十八年三月東安灤州柳林日有警報京師備禦四隅俱立大都分府其官吏數視都府减半

警巡院至正十一年七月陞左右兩巡院為正五品十八年又於大都在城四隅各立警巡分院官吏視本院减半

行中書省至正十二年正月江西江浙行省皆除添

設平章陝西行省除添設右丞閏三月置淮南江北等處行中書省于揚州以淮西宣慰司兩淮鹽運司揚州淮安徐州唐州安豐蘄黃皆隸焉除平章二員右丞左丞各一員參政二員及首領官屬官共二十五員為頭平章兼提調淮南王傅府事至十一月始鑄淮南江北等處行中書省印給之是年江浙行省添設右丞參政四川行省添設參政十六年五月置福建等處行中書省于福州鑄印設官一如各處行省之制以江浙行中書省平章左荅納失里南臺中丞阿魯溫沙為福建行中書省平章政事福建閩海道

廉訪使莊嘉爲右丞福建元帥吳鐸爲左丞司農丞訥都赤益都路總管卓思誠爲叅政以九月至福州罷帥府開省署十七年九月置山東行省以大司農哈剌章爲平章政事鑄印與之十八年福建行省右丞朶歹分省建寧叅政訥都赤分省泉州二十三年三月置廣西行中書省以廉訪使也兒吉尼爲平章政事又置膠東行省于萊陽總制東方事二十六年八月置福建江西等處行中書省

行樞密院至元三年伯顏右丞相奏准於四川及湖廣江西之境及江浙凡三處各置行樞密院以鎮遏

好亂之民每處設知院一員同知僉院院判各一員湖廣江西二省所轄地里險遠添設同僉一員各院經歷一員都事二員照磨一員客省副使一員斷事官二員蒙古必闍赤二人掾史六人宣使六人知印怯里馬赤各一人斷事官譯史一人令史二人怯里馬赤知印各一人奏差二人至四年二月遂罷之至正十三年五月嶺北行樞密院添設斷事官二員先已設四員共六員又立鎮撫司除鎮撫二員立管勾所置管勾一員兼照磨後又添設僉院二員都事一員十五年十月置淮南江北等處行樞密院于揚州十二月河南行樞密院添設院判一員十六年三月置江浙行樞密院于杭州知院二員同知二員副樞二員僉院二員同僉二員院判二員首領官經歷知事各一員斷事官二員經歷一員十八年以叅政崔敬爲山東等處行樞密院副使分院於潮州兼領屯田事十九年八月以察罕帖木兒爲河南行省平章政事兼河南山東等處行樞密院知院二十六年八月置福建江西等處行樞密院

行御史臺至正十六年九月二十八日命太尉納麟爲江南諸道行御史臺御史大夫以次官員各依等

第選用是日御史臺奉旨移置行臺于紹興十二月合臺官屬開臺署事是年置河南廉訪司于沂州十八年御史臺奏准江西湖東道肅政廉訪司權於建寧路開司署事二十二年九月權置山北廉訪司于惠州二十三年六月濟南路復置肅政廉訪司二十五年閏十月御史大夫完者帖木兒奏江南諸道行御史臺衙門當奉旨於紹興路開設近因道梗湖南湖北廣東廣西海北江西福建等處凡有文書北至南臺風信不便徑申內臺未委事情虛實宜於福建置分臺給降印信俾湖南湖北廣東廣西海北江

西福建各道文書由分臺以達內臺於事體為便有
旨從之十一月仍置河東廉訪司于冀寧
行宣政院元統二年正月革罷廣教總管府一十六處置行宣政院于杭州除院使二員同知二員副使二員同僉院判各一員首領官經歷二員都事知事照磨各一員令史八人譯史二人宣使八人至元二年五月西番寇起置行宣政院以也先帖木兒為院使往討之至正二年江浙行宣政院設崇教所擬行中書省理問官秩四品以理僧民之事
河南山東都水監至正六年五月以連年河決為患置都水監以專疏塞之任

行都水監至正八年二月河水為患詔於濟寧鄆城立行都水監九年又立山東河南等處行都水監十一年十二月立河防提舉司隸行都水監掌巡視河道從五品十二年正月行都水監添設判官二員十六年正月又添設少監監丞知事各一員
都水庸田使司至元二年正月置都水庸田使司于平江既而罷之至五年復立至正十二年因海運不通京師闕食詔河南洼下水泊之地置屯田八處於汴梁添立都水庸田使司正三品掌種植稻田之事庸田使二員副使二員僉事二員首領官經歷知事照磨各一員司吏十二人譯史二人
都總制庸田使司至正十年置河南江北等處都總制庸田使司定置都總制庸田使二員從二品副使二員從三品僉司六員從四品首領官經歷二員從六品都事二員從七品照磨兼管勾承發架閣一員從八品蒙古必闍赤□□令史怯里馬赤知印各一人令史十八人宣使十八人壕寨十八人典吏四人其屬官則有軍民屯田總管府凡五處置達魯花赤各一員從三品總管各一員正五品同知各一員正

六品府判各一員從七品首領官經歷各一員從八品知事各一員從九品提控案牘兼管勾承發架閣各一員蒙古譯史各一人司吏各六人典吏各二人又有農政司置農政一員正五品農丞一員正六品提控一員司吏二人又有豐盈庫置提領一員正八品大使副使各一員正九品
分司農司至正十三年正月命中書右丞悟良哈台左丞烏古孫良楨兼大司農卿給分司農司印西自西山南至保定河間北至檀順州東至遷民鎮凡係官地及元管各處屯田悉從分司農司立法募民佃

種之
大兵農司至正十五年詔有水田去處置大兵農司招誘夫丁有事則乘機招討無事則栽植播種所置司之處曰保定等處大兵農使司河間等處大兵農使司武清等處大兵農使司景薊等處大兵農使司其屬有兵農千户所共二十四處百户所共四十八處鎮撫司各一

大都督兵農司至正十九年二月置大都督兵農司于西京以孛羅帖木兒領之從其所請也仍置分司十道專掌屯種之事

茶運司元統元年十一月復置湖廣江西榷茶都轉運司

鹽運司至正二年十一月中書省奉旨講究鹽法奏准於杭州嘉興紹興温台四處各置檢校批驗所直隸運司專掌批驗鹽商引目均平袋法稱盤等事每所置檢校批驗官一員從六品相副官一員正七品

漕運司至元二年五月京畿都漕運司添設提調官運副運判各一員九年添設海道巡防官給降正七品印信掌統領軍人水手防護粮船巡防官二員相副官二員

防禦海道運粮萬户府至正十五年七月陞台州海道巡防千户所爲防禦海道運粮萬户府九月置分府于平江

添設兵馬司至正十年十月中書省奏東南千里外妖氛見合立兵馬司四處掌防禦之職遂置大名兵馬司東平兵馬司濟南兵馬司徐州兵馬司每司置都指揮指揮各二員副指揮各四員經歷知事提控案牘各一員譯史各二人司吏各十二人奏差各八人貼書各二十四人忽剌罕赤各三十人司獄各一員獄丞各一員十一年罷沂州分元帥府改立兵馬

指揮使司十五年十月濟寧兵馬司添設副指揮二員

各處寶泉提舉司十一年十月置寶泉提舉司于河南行省及濟南與寧等處凡九所江浙江西湖廣行省各一所十二年三月置銅冶場于饒州路德興縣信州路鉛山州韶州岑水凡三處每所置提領一員正八品大使一員從八品副使一員正九品流官内銓注直隸寶泉提舉司掌浸銅事

湖南道宣慰使司都元帥府至元元年六月奏准湖南道宣慰使司兼都元帥府總領所轄路分鎮守萬

户軍馬
邦牙等處宣慰使司都元帥府至元四年十二月置先是以緬地處雲南極邊就立其酋長爲帥三年一貢方物至是来貢故改立官府以奬異之

永昌等處宣慰使司都元帥府至正三年七月中書省奏闊端阿哈所分地方接連西番自脱脱木兒既没之後無人承嗣達達人口頭疋時被西番刼奪殺傷深爲未便遂定置永昌等處宣慰使司都元帥府以治之置宣慰使三員同知二員副使二員首領官經歷知事照磨各一員令史十人蒙古譯史四人知

印二人怯里馬赤一人奏差八人典吏二人

山東東西道宣慰使司都元帥府至正六年十二月改立掌開設屯田屯駐軍馬之事

荆湖北道宣慰使司都元帥府至正十一年十一月奏准荆湖北道宣慰使司兼都元帥府

淛東宣慰司至正十二年正月添設宣慰使一員同知一員都事二員

淮東等處宣慰使司都元帥府至正十五年二月置統率濠泗義兵萬户府并洪澤等處義兵招誘富民出丁壯五千名者爲萬户五百名者爲千户一百名者爲百户降宣勑牌面與之命置司于泗州天長縣

興元等處宣慰使司都元帥府至正十五年十二月置

江州等處宣慰使司都元帥府至正十六年九月奏准宣慰使都元帥廷授佐貳僚屬命江西行省平章政事道童火你赤承制署之

河南宣慰司至正十九年十月罷洛陽招討軍民萬户府置宣慰司以張俊爲宣慰使

東路都蒙古軍都元帥府至正八年正月置

分元帥府至正八年十二月以福建盗起詔汀漳二

州立分元帥府以討捕之十一月命買列的開分元帥府于沂州以鎮禦東海羣盗十一年正月湖南寶慶路置分元帥府又置寶武分元帥府三月置山東分元帥府于登州提調登萊寧海三州三十六處海口事十二年二月置安東安豐二處分元帥府

水軍元帥府至正二十六年二月置河淮水軍元帥府于孟津縣

紹熙軍民宣撫司至元四年因監察御史言四川在宋時有紹熙一府統六州二十縣一百五十二鎮近年擁梁淮甸人民見彼中田疇廣闊開墾成業者凡

二十餘萬户省部議定遂奏准置紹熙等處軍民宣撫司正官六員宣撫使同知副使各二員首領官三員經歷知事提控案牘各一員司獄一員蒙古儒學教授各一員令史八人譯使知印怯里馬赤各一人奏差四人所隸貲普昌隆下州四處盤石内江安岳昌元貴平下縣五處巡檢司一十三處各設官如制又置都總使司命御史大夫脱脱兼都總使治書侍御史吉當普爲副都總使至元六年十一月中書又因臺臣言裁减冗官事遂罷紹熙軍民宣撫司

永順宣撫司至正十一年四月改陞永順安撫司爲

宣撫司

平緬宣撫司至正十五年八月以雲南死可伐等降令其子莽三入貢方物乃置平緬宣撫司以覊縻之

忠孝軍民安撫司至正十一年七月革罷四川省所轄大奴管勾等洞長官司立忠孝軍民府至十五年四月詔改爲忠孝軍民安撫司

忠義軍民安撫司至正十五年四月罷四川羊毋甲洞臭南王洞長官司置忠義軍民安撫司又罷盤順府置盤順軍民安撫司

宣化鎮南五路軍民府至正十五年四月命於四川置立提調軍民鎮撫所蠻夷軍民千户所

團練安撫勸農使司至正十八年九月置奉元延安等處團練安撫勸農使司于耀州鞏昌等處團練安撫勸農使司于邠州以行省丞相朶朶行臺大夫完者帖木兒領之各設參謀一人每道置使二人同知副使各二人檢督六人經歷知事照磨各一人

防禦使至正十七年正月准山東分省咨團結義兵每州添設州判一員每縣添設主簿一員詔有司正官俱兼防禦使事聽宣慰使司節制

屯田使司至正十五年十二月置軍民屯田使司于

汴縣正三品

屯田打捕總管府至元四年五月升兩淮屯田打捕總管府爲正三品

黎兵萬户府元統二年十月湖廣行省咨海南僻在極邊南接占城西隣交趾環海四千餘里中盤百洞黎獠雜居宜立萬户府以鎮之中書省奏准依廣西屯田萬户府例置黎兵萬户府萬户三員正三品千户所一十三處正五品每所領百户所八處正七品

水軍萬户府至正十三年十月置水軍都萬户府于崑山州以淛東宣慰使納麟哈剌爲正萬户宣慰使

董摶霄爲副萬户十四年二月立鎭江水軍萬户府命江淛行省右丞佛家閭領之十五年十月置水軍萬户府于黄河小清河口

義兵萬户府至正十四年二月詔河南淮南兩省並立義兵萬户府五月置南陽鄧州等處毛胡蘆義兵萬户府募土人爲軍免其差役令討賊自効先是鄉人自相團結號毛胡蘆故因以名之十五年四月置汴梁等處義兵萬户府十二月置忠義忠勤萬户府于宿州及武安州

招討軍民萬户府至正二十年以肇縣爲招討軍民

萬户府二十六年三月置嵩州軍民招討萬户府

義兵千户所至正十年七月中書奏准於廣西平樂等古城竹山院桑江隆尊化鄉刺場嶺湖南道州路武岡路湖北靖州路等處置義兵千户所每所置千户一員彈壓一員百户十員仍於義兵内推選才勇功能充千户彈壓百户之職首領官都目各一員於本省都吏目選内注授並從本道帥府節制湖南道州二處千户所於帥府分司處設立本司調遣湖北靖州一處從本省標撥鎭守調遣總定九十六員給降宣勑牌面印信十三年十一月立義兵千户水軍千户所于江西

奉使宣撫至正五年十月遣官分道奉使宣撫布宣德意詢民疾苦疏滌寃滯蠲除煩苛體察官吏賢否明加黜陟有罪者四品以上停職申請五品以下就便處决民間一切興利除害之事悉聽舉行其餘必合上聞者條具入告兩淛江東道以江西行省左丞忽都不丁吏部尚書何執禮爲之宣政院都事吳寄爲首領官江西福建道以雲南行省右丞散散將作院使王士弘爲之國子典簿孟昉爲首領官江南湖廣道以大都路達魯花赤拔實江淛參政秦從德爲

之留守司都事月忽難爲首領官海北廣東道以平江路達魯花赤左答納失理都水使賈惟與爲之都水照磨楊文在爲首領官燕南山東道以資正院使蠻子兵部尚書李獻爲之大醫院都事賈魯爲首領官河東陝西道以兵部尚書不花樞密院判官靳義爲之翰林應奉王繼善爲首領官山北遼東道以宣政院同知伯家奴宣徽僉院王也速迭兒爲之工部主事明理不花爲首領官雲南省以荆湖宣慰阿乞剌兩淛鹽運使杜德遠爲之通政院都事楊矩爲首領官甘肅永昌道以上都留守阿牙赤陝西行省左

丞王紳爲之沁源縣尹喬遜爲首領官四川省以大都留守荅爾麻失里河南叅政王守誠爲之宣政院都事武祺爲首領官京畿道以西臺中丞定定集賢侍講學士蘇天爵爲之大史院都事留思誠爲首領官河南江北道以吏部尚書定僧宣政院僉院魏景道爲之中書檢校哈爾丹爲首領官至正十七年九月詔以中書左丞也先不花御史中丞成遵奉使宣撫彰德大名廣平東昌東平曹濮等處奬厲將帥經略使至正十八年九月初六日命經略使問民疾苦招諭叛逆果有怙終不悛總督一應大小官吏治

兵裒粟精練士卒審用成筭申明紀律先定江西湖廣江淛福建諸處併力掎角務收平復之效不尚屠戮之威江南各省民義忠君親上姓名不能上達者優加撫存量才驗功授以官爵旌表孝子順孫義夫節婦高年耆德常令有司存恤鰥寡孤獨選官二員爲經略使叅謀官辟名士一人掌案牘設行軍司馬一員秩正五品掌軍律

選舉附録

科目

元以科目取士自延祐至元統凡七科具見前志既罷復興之後至正二年三月戊寅廷試舉人賜拜住陳祖仁等進士及第進士出身同進士出身有差凡七十有八人國子生員十有八人蒙古人六名從六品出身色目人六名正七品出身漢人南人共六名從七品出身五年三月辛卯廷試舉人賜普顏不花張士堅等進士及第進士出身同進士出身有差如前科之數國子生員亦如之八年三月癸卯廷試舉

人賜阿魯輝帖穆而王宗哲等進士及第進士出身同進士出身有差如前科之數國子生員亦如之是年四月中書省奏准監學生員每歲取及分生員四十人三年應貢會試者凡一百二十人除例取十八人外今後再取副榜二十人於內蒙古色目各四名前二名充司鑰下二名充侍儀舍人漢人取一十二人前三名充學正司樂次四名充學録典籍管勾以下五名充舍人不願者聽其還齋十一年三月丙辰廷試舉人賜朶列圖文允中等進士及第進士出身同進士出身有差凡八十有三人國子生員如舊制

十二年三月有旨省院臺不用南人似有偏負天下四海之内莫非吾民宜依世祖時用人之法南人有才學者皆令用之自是累科南方之進士始有爲御史爲憲司官爲尚書者矣十四年三月乙巳廷試舉人賜薛朝晤牛繼志等進士及第進士出身同進士出身有差凡六十有二人國子生員如舊制十七年三月廷試舉人賜侻徵王宗嗣等進士及第進士出身同進士出身有差凡五十有一人國子生員如舊制十九年中書左丞成遵建言宋自景祐以來百五十年雖無兵禍常設寓試名額以待四方遊士今淮

南河南山東四川遼陽等處及江南各省所屬州縣避兵士民會集京師如依前代故事別設流寓鄉試之科令避兵士民就試許在京官員及請俸掾譯史人等繫其鄉里親戚者結罪保舉行移大都路印卷驗其人數添差試官別爲考校依各處元額選合格者充之則國有得人之效野無遺賢之歎矣既而監察御史亦建言此事中書送禮部定擬曾經殘破處所其鄉試元額蒙古色目漢人南人總計一百三十有二人如今流寓儒人應試名數難同全盛之時其寓試解額合照依元額減半量擬取合格蒙古色目

各十五名漢人二十名南人十五名通六十有五名中書省奏准如所擬行之而是歲福建行中書省初設鄉試定取七人爲額而江西流寓福建者亦與試焉通取十有五人充貢于京師而陝西行省平章政事察罕帖木兒又請今歲八月鄉試河南舉人及避兵儒士不拘籍貫依河南省元額數就陝州置貢院應試詔亦從之二十年三月廷試舉人賜買住魏元禮等進士及第進士出身同進士出身有差凡三十有五人國子生員如舊制二十三年三月丁未廷試舉人賜寶寶楊輗等進士及第進士出身同進士出

身有差凡六十有二人國子生員如舊制是年六月中書省奏江浙福建舉人涉海道以赴京有六人者已後會試之期宜授以教授之職其下第三人亦以教授之職授之非徒慰其跋涉險阻之勞亦以激勸遠方忠義之士二十五年皇太子撫軍河東適當大比之歲擴廓帖木兒以江南四川等處皆阻于兵其鄉試不廢者唯燕南河南山東陝西河東數道而已乃啓皇太子倍增鄉貢之額二十六年三月廷試舉人賜赫德溥化張棟等進士及第進士出身同進士出身有差凡七十有三人優其品秩第一甲授承直

郎正六品第二甲授承務郎從六品第三甲授從仕郎從七品國子生員蒙古七名正六品色目六名從六品漢人七名正七品通二十人兵興已後科目取士莫盛于斯而元之設科亦止於是歲云

志卷第四十一下

百衲本

元史

3

明·宋濂等撰

國家圖書館出版社

志卷第四十二　元史九十三

翰林學士亞中大夫知制誥兼修國史臣宋濂 翰林待制承直郎同知制誥兼國史院編修官臣王禕等奉

勑修

食貨一

洪範八政食爲首而貨次之蓋食貨者養生之源也民非食貨則無以爲生國非食貨則無以爲用是以古之善治其國者不能無取於民亦未嘗過取於民其大要在乎量入爲出而已傳曰生財有大道生之者衆食之者寡爲之者疾用之者舒此先王理財之道也後世則不然以漢唐宋觀之當其立國之初亦

頗有成法及數傳之後驕侈生焉往往取之無度用之無節於是漢有告緡算舟車之令唐有借商稅間架之法宋有經總制二錢皆掊民以充國卒之民困而國亡可歎也已元初取民未有定制及世祖立法一本於寬其用之也於宗戚則有歲賜於凶荒則有賑恤大率以親親愛民爲重而尤惓惓於農桑一事可謂知理財之本者矣世祖嘗語中書省臣曰凡賜與雖有朕命中書其斟酌之成宗亦嘗謂丞相完澤等曰每歲天下金銀鈔幣所入幾何諸王駙馬賜與及一切營建所出幾何其會計以聞完澤對曰歲入之數金一萬九千兩銀六萬兩鈔三百六十萬錠然猶不足於用又於至元鈔本中借二十萬錠矣自今敢以節用爲請帝嘉納焉世稱元之治以至元大德爲首者蓋以此自時厥後國用寖廣除稅糧科差二者之外凡課之入日增月益至于天曆之際視至元大德之數蓋增二十倍矣而朝廷未嘗有一日之蓄則以其不能量入爲出故也雖然前代告緡借商經總等制元皆無之亦可謂寬矣其能兼有四海傳及百年者有以也夫故倣前史之法取其出入之制可攷者一曰經理二曰農桑三曰稅糧四曰科差五曰

海運六曰鈔法七曰歲課八曰鹽法九曰茶法十曰酒醋課十有一曰商稅十有二曰市舶十有三曰額外課十有四曰歲賜十有五曰俸秩十有六曰常平義倉十有七曰惠民藥局十有八曰市糴十有九曰賑卹具著于篇作食貨志

經理

經界廢而後有經理魯之履畝漢之覈田皆其制也夫民之強者田多而稅少弱者產去而稅存非經理固無以去其害然經理之制苟有不善則其害又將有甚焉者矣仁宗延祐元年平章章閭言經理大事

世祖已嘗行之但其間欺隱尚多未能盡實以熟田爲荒地者有之懼差而析戶者有之富民買貧民田而仍其舊名輸稅者亦有之由是歲入不增小民告病若行經理之法俾有田之家及各位下寺觀學校財賦等田一切從實自首庶幾稅入無隱差徭亦均於是遣官經理以章閭等往江浙尚書你咱馬丁等往江西左丞陳士英等往河南仍命行御史臺分臺鎮遏樞密院以軍防護焉其法先期揭榜示民限四十日以其家所有田自實于官或以熟爲荒以田爲蕩或隱占逃亡之產或盜官田爲民田指民田爲官田及僧道以田作弊者並許諸人首告十畝以下其田主及管幹佃戶皆杖七十七二十畝以下加一等一百畝以下一百七以上流竄北邊所隱田沒官郡縣正官不爲查勘致有脫漏者量事論罪重者除名此其大略也然期限猝迫貪刻用事富民黠吏並緣爲姦以無爲有虛具于籍者往往有之於是人不聊生盜賊並起其弊反有甚於前者仁宗知之明年遂下詔免三省自實田租二年時汴梁路總管塔海亦言其弊於是命河南自實田自延祐五年爲始每畝止科其半汴梁路凡減二十二萬餘石至泰定天曆

之初又盡革虛增之數民始獲安今取其數之可考者列于后云

河南省總計官民荒熟田一百一十八萬七百六十九頃

江西省總計官民荒熟田四十七萬四千六百九十三頃

江浙省總計官民荒熟田九十九萬五千八十一頃

農桑

農桑王政之本也太祖起朔方其俗不待蠶而衣不待耕而食初無所事焉世祖即位之初首詔天下國以民爲本民以衣食爲本衣食以農桑爲本於是頒農桑輯要之書于民俾民崇本抑末其睿見英識與古先帝王無異豈遼金所能比哉中統元年命各路宣撫司擇通曉農事者充隨處勸農官二年立勸農司以陳邃崔斌等八人爲使至元七年立司農司以左丞張文謙爲卿司農司之設專掌農桑水利仍分布勸農官及知水利者巡行郡邑察舉勤惰所在牧民長官提點農事歲終第其成否轉申司農司及戶部秩滿之日注於解由戶部照之以爲殿最又命提

刑按察司加體察焉其法可謂至矣是年又頒農桑之制一十四條條多不能盡載載其所可法者縣邑所屬村疃凡五十家立一社擇高年曉農事者一人爲之長增至百家者别設長一員不及五十家者與近村合爲一社地遠人稀不能相合各自爲社者聽其合爲社者仍擇數村之中立社長官司長以教督農民爲事凡種田者立牌橛於田側書某社某人於其上社長以時點視勸誡不率教者籍其姓名以授提點官責之其有不敬父兄及凶惡者亦然仍大書其所犯于門俟其改過自新乃毁如終歲不改罰其

代充本社夫役社中有疾病凶喪之家不能耕種者衆爲合力助之一社之中災病多者兩社助之凡爲長者復其身郡縣官不得以社長與科差事農桑之術以備旱暵爲先凡河渠之利委本處正官一員以時濬治或民力不足者提舉河渠官相其輕重官爲導之地高水不能上者命造水車貧不能造者官具材木給之俟秋成之後驗使水之家俾均輸其直田無水者鑿井井深不能得水者聽種區田其有水田者不必區種仍以區田之法散諸農民種植之制每丁歲種桑棗二十株土性不宜者聽種榆柳等其數

亦如之種雜果者每丁十株皆以生成爲數願多種者聽其無地及有疾者不與所在官司申報不實者罪之仍令各社布種苜蓿以防饑年近水之家又許鑿池養魚并鵝鴨之數及種蒔蓮藕雞頭菱芡蒲葦等以助衣食凡荒閑之地悉以付民先給貧者次及餘戶每年十月令州縣正官一員巡視境內有蟲蝗遺子之地多方設法除之其用心周悉若此亦仁矣哉九年命勸農官舉察勤惰於是高唐州官以勤陞秩河南陜縣尹王仔以惰降職自是每歲申明其制十年令探馬赤隨處入社與編民等二十五年立行

大司農司及營田司於江南二十八年頒農桑雜令是年又以江南長吏勸課擾民罷其親行之制命止移文諭之二十九年以勸農司併入各道肅政廉訪司增僉事二員兼察農事是年八月又命提調農桑官帳冊有差者驗數罰俸故終世祖之世家給人足天下爲戶凡一千一百六十三萬三千二百八十一爲口凡五千三百六十五萬四千三百三十七此其數本之明效可睹也已成宗大德元年罷妨農之役十一年申擾農之禁力田者有賞游惰者有罰縱畜牧損禾稼桑棗者責其償而後罪之由是大德之治

幾於至元然旱暵霖雨之災迭見饑毀荐臻民之流移失業者亦已多矣武宗至大二年淮西廉訪僉事苗好謙獻種蒔之法其說分農民爲三等上戶地一十畝中戶五畝下戶二畝或一畝皆築垣墻圍之以時收採桑椹依法種植武宗善而行之其法出齊民要術等書茲不備錄三年申命大司農總挈天下農政脩明勸課之令除牧養之地其餘聽民秋耕仁宗皇慶二年復申秋耕之令惟大都等五路許耕其半蓋秋耕之利掩陽氣於地中蝗蝻遺種皆爲日所曝死次年所種必盛於常禾也延祐三年以好謙所至

植桑皆有成效於是風示諸道命以爲式是年十一月令各社出地共蒔桑苗以社長領之分給各社四年又以社桑分給不便令民各畦種之法雖屢變而有司不能悉遵上意大率視爲具文而已五年大司農司臣言廉訪司所具栽植之數書于冊者類多不實觀此則惰於勸課者又不獨有司爲然也致和之後莫不申明農桑之令天曆二年各道廉訪司所察勸官內丘何主簿等凡六人惰官濮陽裴縣尹等九四人其可攷者蓋止於此云

稅糧

元之取民大率以唐爲法其取於內郡者曰丁稅曰地稅此倣唐之租庸調也取於江南者曰秋稅曰夏稅此倣唐之兩稅也丁稅地稅之法自太宗始行之初太宗每戶科粟二石後又以兵食不足增爲四石至丙申年乃定科徵之法令諸路驗民戶成丁之數每丁歲科粟一石驅丁五升新戶丁驅各半之老幼不與其間有耕種者或驗其牛具之數或驗其土地之等徵焉丁稅少而地稅多者納地稅地稅少而丁稅多者納丁稅工匠僧道驗地官吏商賈驗丁虛配不實者杖七十徒二年仍命歲書其數于冊由課稅

所申省以聞違者各杖一百逮及世祖申明舊制於是輸納之期收受之式關防之禁會計之法莫不備焉中統二年遠倉之糧命止於沿河近倉輸納每石帶收腳錢中統鈔三錢或民戶赴河倉輸納者每石折輸輕賫中統鈔七錢五年詔僧道也里可溫荅失蠻儒人凡種田者白地每畝輸稅三升水地每畝五升軍站戶除地四頃免稅餘悉徵之至元三年詔窩戶種田他所者其丁稅於附籍之郡驗丁而科地稅於種田之所驗地而取漫散之戶逃於河南等路者依見居民戶納稅八年又定西夏中興路西寧州兀

剌海三處之稅其數與前僧道同十七年遂命戶部
大定諸例全科戶丁稅每丁粟三石驅丁粟一石地
稅每畝粟三升減半科戶丁稅每丁粟一石新收交
叅戶第一年五斗第三年一石二斗五升第四年一
石五斗第五年一石七斗五升第六年入丁稅恊濟
戶丁稅每丁粟一石地稅每畝粟三升隨路近倉輸
粟遠倉每粟一石折納輕賫鈔二兩富戶輸遠倉下
戶輸近倉郡縣各差正官一員部之每石帶納鼠耗
三升分例四升凡糧到倉以時收受出給朱鈔權勢
之徒結攬稅石者罪之仍令倍輸其數倉官攢典斗

脚人等飛鈔作弊者並置諸法輸納之期分爲三限
初限十月中限十一月末限十二月違者初犯笞四
十再犯杖八十成宗大德六年申明稅糧條例復
定上都河間輸納之期上都初限次年五月中限六
月末限七月河間初限九月中限十月末限十一月
秋稅夏稅之法行于江南初世祖平宋時除江東浙
西其餘獨徵秋稅而已至元十九年用姚元之請命
江南稅糧依宋舊例折輸綿絹雜物是年二月又用
耿左丞言令輸米三之一餘並入鈔以折焉以七百
萬錠爲率歲得羨鈔十四萬錠其輸米者止用宋斗

斛蓋以宋一石當今七斗故也二十八年又命江淮
寺觀田宋舊有者免租續置者輸稅其法亦可謂寬
矣成宗元貞二年始定徵江南夏稅之制於是秋稅
止命輸租夏稅則輸以木綿布絹絲綿等物其所輸
之數視糧以爲差糧一石或輸鈔三貫二貫一貫或
一貫五百文一貫七百文輸三貫者若江浙省婺州
等路江西省龍興等路是已輸二貫者若福建省泉
州等五路是已輸一貫五百文者若江浙省紹興路
福建省漳州等五路是已皆因其地利之宜人民之
衆酌其中數而取之其折輸之物各隨時估之高下

以爲直獨湖廣則異於是初阿里海牙克湖廣時罷
宋夏稅依中原例改科門攤每戶一貫二錢蓋視夏
稅增鈔五萬餘錠矣大德二年宣慰張國紀請科夏
稅於是湖湘重罹其害俄詔罷之三年又改門攤爲
夏稅而併徵之每石計三貫四錢之上視江浙江西
爲差重云其在官之田許民佃種輸租江北兩淮等
處荒閑之地第三年始輸大德四年又以地廣人稀
更優一年令第四年納稅凡官田夏稅皆不科泰定
之初又有所謂助役糧者其法命江南民戶有田一
頃之上者於所輸稅外每頃量出助役之田具書于

冊里正以次掌之歲收其入以助充役之費凡寺觀田除宋舊額其餘亦驗其多寡令出田助役焉民賴以不困因并著于此云

天下歲入糧數總計一千二百十一萬四千七百八石

腹裏二百二十七萬一千四百四十九石

行省九百八十四萬三千二百五十八石遼陽省七萬二千六十六石河南省二百五十九萬一千二百六十九石陝西省二十二萬九千二十三石四川省一十一萬六千五百七十四石甘肅省六

萬五百八十六石雲南省二十七萬七千七百一十九石江浙省四百四十九萬四千七百八十三石江西省一百一十五萬七千四百四十八石湖廣省八十四萬三千七百八十七石

江南三省天曆元年夏稅鈔數總計中統鈔一十四萬九千二百七十三錠三十三貫

江浙省五萬七千八百三十錠四十貫

江西省五萬二千八百九十五錠一十一貫

湖廣省一萬九千三百七十八錠二貫

科差

科差之名有二曰絲料曰包銀其法各驗其戶之上下而科焉絲料之法太宗丙申年始行之每二戶出絲一斤并隨路絲線顏色輸于官五戶出絲一斤并隨路絲線顏色輸于本位包銀之法憲宗乙卯年始定之初漢民科納包銀六兩至是止徵四兩二兩輸銀二兩折收絲綿顏色等物逮及世祖而其制益詳中統元年立十路宣撫司定戶籍科差條例然其戶大抵不一有元管戶交參戶漏籍戶協濟戶於諸戶之中又有絲銀全科戶減半科戶止納絲戶止納鈔戶外又有攤絲戶儲也速解兒所管納絲戶復業戶

并漸成丁戶戶既不等數亦不同元管戶內絲銀全科係官戶每戶輸係官絲一斤六兩四錢包銀四兩全科係官五戶絲戶每戶輸係官絲一斤五戶絲六兩四錢包銀之數與係官戶同減半科戶每戶輸係官絲八兩五戶絲三兩二錢包銀二兩止納係官絲戶若上都隆興西京等路十戶十斤者每戶輸一斤大都以南等路十戶十四斤者每戶輸一斤六兩四錢止納係官五戶絲戶每戶輸係官絲一斤五戶絲六兩四錢交參戶內絲銀戶每戶輸係官絲一斤六兩四錢包銀四兩漏籍戶內止納絲戶每戶輸絲之

數與交叅絲銀戶同止納鈔戶初年科包銀一兩五錢次年遞增五錢增至四兩併科絲料協濟戶內絲銀戶每戶輸係官絲十兩二錢包銀四兩止納絲戶每戶輸係官絲之數與絲銀戶同攤絲戶每戶科攤絲四斤儲也速䚟兒所管戶每戶科細絲其數與攤絲同復業戶并漸成丁戶初年免科第二年減半第三年全科與舊戶等然絲料包銀之外又有俸鈔之科其法亦以戶之高下為等全科戶輸一兩減半戶輸五錢於是以合科之數作大門攤分為三限輸納被災之地聽輸他物折焉其物各以時估為則凡儒士及軍站僧道等戶皆不與二年復定科差之期絲料限八月包銀初限八月中限十月末限十二月三年又命絲料無過七月包銀無過九月及平江南其制益廣至元二十八年以至元新格定科差法諸差稅皆司縣正官監視人吏置局均科諸夫役皆先富強後貧弱貧富等者先多丁後少丁成宗大德六年又命止輸絲戶每戶科俸鈔中統鈔一兩包銀戶每戶科二錢五分攤絲戶每戶科攤絲五斤八兩絲料限八月包銀俸鈔限九月布限十月大率因世祖之舊而增損云

科差總數

中統四年絲七十一萬二千一百七十一斤鈔五萬六千一百五十八錠

至元二年絲九十八萬六千九百一十二斤包銀等鈔五萬六千八百七十四錠布八萬五千四百一十二疋

至元三年絲一百五萬三千二百二十六斤包銀等鈔五萬九千八十五錠

至元四年絲一百九萬六千四百八十九斤鈔七萬八千一百二十六錠

天曆元年包銀差發鈔九百八十九錠𢇁一百一十三萬三千一百一十九索絲一百九萬八千八百四十三斤絹三十五萬五百三十疋綿七萬二千一十五斤布二十一萬一千二百二十三疋

海運

元都于燕去江南極遠而百司庶府之繁衛士編民之衆無不仰給於江南自丞相伯顏獻海運之言而江南之糧分為春夏二運蓋至于京師者一歲多至三百萬餘石民無輓輸之勞國有儲蓄之富豈非一代之良法歟初伯顏平江南時甞命張瑄朱清等以

宋庫藏圖籍自崇明州從海道載入京師而運糧則自浙西涉江入淮由黄河逆水至中灤旱站陸運至淇門入御河以達于京後又開濟州泗河自淮至新開河由大清河至利津河入海因海口沙壅又從東阿旱站運至臨清入御河又開膠萊河道通海勞費不貲卒無成効至元十九年伯顏追憶海道載宋圖籍之事以爲海運可行於是請于朝廷命上海總管羅壁朱清張瑄等造平底海船六十艘運糧四萬六千餘石從海道至京師然𣲖行海洋沿山求嶴風信失時明年始至直沽時朝廷未知其利是年十二月

立京畿江淮都漕運司二仍各置分司以督綱運每歲令江淮漕運司運糧至中灤京畿漕運司自中灤運至大都二十年又用王積翁議令阿八赤等廣開新河然新河候潮以入船多損壞民亦苦之而忙兀解言海運之舟悉皆至焉於是罷新開河頗事海運立萬戸府二以朱清爲中萬戸張瑄爲千戸忙兀解爲萬戸府達魯花赤未幾又分新河軍士水手及船於揚州平灤兩處運糧命三省造船二千艘於濟州河運糧猶未專於海道也二十四年始立行泉府司專掌海運增置萬戸府二總爲四府是年遂罷東平

河運糧二十五年内外分置漕運司二其在外者於河西務置司領接運海道糧事二十八年又用朱清張瑄之請併四府爲都漕運萬戸府二止令清瑄二人掌之其屬有千戸百戸等官分爲各翼以督歲運至大四年遣官至江浙議海運事時江東寧國池饒建康等處運糧率令海船從揚子江逆流而上江水湍急又多石磯走沙漲淺糧船俱壞歲歲有之又湖廣江西之糧運至真州泊入海船船大底小亦非江中所宜於是以嘉興松江秋糧幷江淮江浙財賦府歲辦糧充運海漕之利蓋至是博矣凡運糧每石有

脚價鈔至元二十一年給中統鈔八兩五錢其後遞減至于六兩五錢至大三年以福建浙東船戸至平江載糧者道遠費廣通增爲至元鈔一兩六錢香糯一兩七錢四年又增爲二兩香糯二兩八錢稻穀一兩四錢延祐元年斟酌遠近復增其價福建船運糙粳米每石一十三兩温台慶元船運糙粳香糯每石一十一兩五錢紹興浙西船每石一十一兩白粳價同稻穀每石八兩黑豆每石依糙白糧例給焉初海運之道自平江劉家港入海經揚州路通州海門縣黄連沙頭萬里長灘開洋沿山嶼而行抵淮安路鹽城

縣歷西海州海寧府東海縣密州膠州界放靈山洋投東北路多淺沙行月餘始抵成山計其水程自上海至揚村馬頭凡一萬三千三百五十里至元二十九年朱清等言其路險惡復開生道自劉家港開洋至撑脚沙轉沙嘴至三沙洋子江過匾擔沙大洪又過萬里長灘放大洋至青水洋又經黑水洋至成山過劉島至芝罘沙門二島放萊州大洋抵界河口其道差爲徑直明年千戶殷明略又開新道從劉家港入海至崇明州三沙放洋向東行入黑水大洋取成山轉西至劉家島又至登州沙門島於萊州大洋入界

河當舟行風信有時自浙西至京師不過旬日而已視前二道爲最便云然風濤不測糧船漂溺者無歲無之間亦有船壞而棄其米者至元二十三年始責償於運官人船俱溺者乃免然視河漕之費則其所得蓋多矣

歲運之數

至元二十年四萬六千五十石至者四萬二千一百七十二石　二十一年二十九萬五百石至者二十七萬五千六百一十石　二十二年一十萬石至者九萬七百七十一石　二十三年五十七萬八千五百二十石至者四十三萬三千九百五十石　二十四年三十萬石至者二十九萬七千五百四十六石　二十五年四十萬石至者三十九萬七千六百五十五石　二十六年九十三萬五千石至者九十一萬九千九百四十三石　二十七年一百五十九萬五千石至者一百五十一萬三千八百五十六石　二十八年一百五十二萬七千二百五十石至者一百二十八萬一千六百一十五石　二十九年一百四十萬七千四百石至者一百三十六萬一千五百一十三石　三十年九十萬八千石至者八十八萬七千五百九十

一石　三十一年五十一萬四千五百三十三石至者五十萬三千五百三十四石　元貞元年三十四萬五百石　二年三十四萬五百石至者三十三萬七千二十六石　大德元年六十五萬八千三百石至者六十四萬八千一百三十六石　二年七十四萬二千七百五十一石至者七十萬五千九百五十四石　三年七十九萬四千五百石　四年七十九萬五千五百石至者七十八萬八千九百一十八石　五年七十九萬六千五百二十八石至者七十六萬九千六百五十石　六

年一百三十八萬三千八百八十三石至者一百三十二萬九千一百四十八石　七年一百六十五萬九千四百九十一石至者一百六十二萬八千五百八石　八年一百六十七萬二千九百九石至者一百六十六萬三千三百一十三石　九年一百八十四萬三千三石至者一百七十九萬五千三百四十七石　十年一百八十萬八千一百九十九石至者一百七十九萬七千七十八石　十一年一百六十六萬五千四百二十二石至者一百六十四萬四千六百七十九石　至大元

年一百二十四萬一百四十八石至者一百二十萬二千五百三石　二年二百四十六萬四千二百四石至者二百三十八萬六千三百石　三年二百九十二萬六千五百三十三石至者二百七十一萬六千九百十三石　四年二百八十七萬三千二百一十二石至者二百七十七萬三千二百六十六石　皇慶元年二百八萬三千五百五石至者二百六萬七千六百七十二石　二年二百三十一萬七千二百二十八石至者二百一十五萬八千六百八十五石　延祐元年二百四十萬三千二

百六十四石至者二百三十五萬六千六百六石　二年二百四十三萬五千六百八十五石至者二百四十二萬二千五百五石　三年二百四十五萬八千五百一十四石至者二百四十三萬七千七百四十一石　四年二百三十七萬五千三百四十五石至者二百三十六萬八千一百一十九石　五年二百五十五萬三千七百一十四石至者二百五十四萬三千六百一十一石　六年三百二萬一千五百八十五石至者二百九十八萬六千一十七石　七年三百二十六萬四千六

石至者三百二十四萬七千九百二十八石　至治元年三百二十六萬九千四百五十一石至者三百二十三萬八千七百六十五石　二年三百二十五萬一千一百四十石至者三百二十四萬六千四百八十三石　三年二百八十一萬一千七百八十六石至者二百七十九萬八千六百一十三石　泰定元年二百八萬七千二百三十一石至者二百七萬七千二百七十八石　二年二百六十七萬一千一百八十四石至者二百六十三萬七千五十一石　三年三百三十七萬五千

七百八十四石至者三百三十五萬一千三百六十二石　四年三百一十五萬二千八百二十石至者三百一十三萬七千五百三十二石　天曆元年三百二十五萬五千二百二十石至者三百二十一萬五千四百二十四石　二年三百五十二萬二千一百六十三石至者三百三十四萬三百六石

鈔法

鈔始于唐之飛錢宋之交會金之交鈔其法以物爲母鈔爲子子母相權而行即周官質劑之意也元初

倣唐宋金之法有行用鈔其制無文籍可攷世祖中統元年始造交鈔以絲爲本每銀五十兩易絲鈔一千兩諸物之直並從絲例是年十月又造中統元寶鈔其文以十計者四曰一十文二十文三十文五十文以百計者三曰一百文二百文五百文以貫計者二曰一貫文二貫文每一貫同交鈔一兩兩貫同白銀一兩又以文綾織爲中統銀貨其等有五曰一兩二兩三兩五兩十兩每一兩同白銀一兩而銀貨蓋未及行云五年設各路平準庫主平物價使相依準不至低昂仍給鈔一萬二千錠以爲鈔本至元十二年添造釐鈔其例有三曰二文三文五文初鈔印用木爲板十三年鑄銅易之十五年以釐鈔不便於民復命罷印然元寶交鈔行之既久物重鈔輕二十四年遂改造至元鈔自二貫至五文凡十有一等與中統鈔通行每一貫文當中統鈔五貫文依中統之初隨路設立官庫貿易金銀平準鈔法每花銀一兩入庫其價至元鈔二貫出庫二貫五分赤金一兩入庫二十貫出庫二十貫五百文僞造鈔者處死首告者賞鈔五錠仍以犯人家產給之其法爲最善至大二年武宗復以物重鈔輕改造至大銀鈔自二兩至二

釐定爲一十三等每一兩準至元鈔五貫白銀一兩赤金一錢元之鈔法至是蓋三變矣大抵至元鈔五倍於中統至大鈔又五倍於至元然未及期年仁宗即位以倍數太多輕重失宜遂有罷銀鈔之詔而中統至元二鈔終元之世蓋常行焉凡鈔之昏爛者至元二年委官就交鈔庫以新鈔倒換除工墨三十文三年減爲二十文二十二年復增如故其貫伯分明微有破損者並令行用違者罪之所倒之鈔每季各路就令納課正官解赴省部焚毀隸行省者就焚之大德二年戶部定昏鈔爲二十五樣泰定四年又定

焚毀之所皆以廉訪司官監臨隸行省者行省官同監其制之大略如此若錢自九府圜法行于成周歷代未嘗或廢元之交鈔寶鈔雖皆以錢爲文而錢則弗之鑄也武宗至大三年初行錢法立資國院泉貨監以領之其錢曰至大通寶者一文準至大銀鈔一釐曰大元通寶者一文準至大通寶錢一十文歷代銅錢悉依古例與至大錢通用其當五當三折二並以舊數用之明年仁宗復下詔以鼓鑄弗給新舊資用其弊滋甚與銀鈔皆廢不行所立院監亦皆罷革而專用至元中統鈔云

歲印鈔數

中統元年中統鈔七萬三千三百五十二錠　二年中統鈔三萬九千一百三十九錠　三年中統鈔八萬錠　四年中統鈔七萬四千錠　至元元年中統鈔八萬九千二百八錠　二年中統鈔一十一萬六千二百八錠　三年中統鈔七萬七千二百五十二錠　四年中統鈔一十萬九千四百八十八錠　五年中統鈔二萬九千八百八十錠　六年中統鈔二萬二千八百九十六錠　七年中統鈔九萬六千七百六十八錠　八年中統鈔四萬七千錠　九年中統鈔八萬六千二百五十六錠　十年中統鈔一十一萬一百九十二錠　十一年中統鈔二十四萬七千四百四十錠　十二年中統鈔三十九萬八千一百九十四錠　十三年中統鈔一百四十一萬九千六百六十五錠　十四年中統鈔一百二萬一千六百四十五錠　十五年中統鈔一百二萬三千四百錠　十六年中統鈔七十八萬八千三百二十錠　十七年中統鈔一百一十三萬五千八百錠　十八年中統鈔一百九萬四千八百錠　十九年中統鈔九十六萬九千四百四十四錠　二十年中統鈔六

十一萬六百二十錠　二十一年中統鈔六十二萬九千九百四錠　二十二年中統鈔二百四萬三千八十錠　二十三年中統鈔二百一十八萬一千六百錠　二十四年中統鈔八萬三千二百錠至元鈔一百萬一千一十七錠　二十五年至元鈔九十二萬一千六百一十二錠　二十六年至元鈔一百七十八萬九十三錠　二十七年至元鈔五十萬二百五十錠　二十八年至元鈔五十萬錠　二十九年至元鈔五十萬錠　三十年至元鈔二十六萬錠　三十一年至元鈔一十九

萬三千七百六錠　元貞元年至元鈔三十一萬錠　二年至元鈔四十萬錠　大德元年至元鈔四十萬錠　二年至元鈔二十九萬九千九百一十錠　三年至元鈔九十萬七十五錠　四年至元鈔六十萬錠　五年至元鈔五十萬錠　六年至元鈔二百萬錠　七年至元鈔一百五十萬錠　八年至元鈔五十萬錠　九年至元鈔五十萬錠　十年至元鈔一百萬錠　十一年至元鈔一百萬錠　至大元年至元鈔一百萬錠　二年至元鈔一百萬錠　三年至大銀鈔一百四十五萬

三百六十八錠　四年至元鈔二百一十五萬錠中統鈔一十五萬錠　皇慶元年至元鈔二百二十二萬二千三百三十六錠中統鈔一十萬錠　二年至元鈔二百萬錠中統鈔二十萬錠　延祐元年至元鈔二百萬錠中統鈔一十萬錠　二年至元鈔一百萬錠中統鈔一十萬錠　三年至元鈔四十萬錠中統鈔一十萬錠　四年至元鈔四十八萬錠中統鈔一十萬錠　五年至元鈔四十萬錠中統鈔一十萬錠　六年至元鈔一百四十八萬錠中統鈔一十萬錠　七年至元鈔一百四十八萬錠中統鈔一十萬錠　至治元年至元鈔一百萬錠中統鈔五萬錠　二年至元鈔八十萬錠中統鈔五萬錠　三年至元鈔七十萬錠中統鈔五萬錠　泰定元年至元鈔六十萬錠中統鈔一十五萬錠　二年至元鈔四十萬錠中統鈔一十萬錠　三年至元鈔四十萬錠中統鈔一十萬錠　四年至元鈔四十萬錠中統鈔一十萬錠　天曆元年至元鈔三十一萬九百二十錠中統鈔三萬五百錠　二年至元鈔一百一十九萬二千錠中統鈔四萬錠

志卷第四十二

志卷第四十三　　元史九十四

翰林學士亞中大夫知制誥兼修國史臣宋濂　翰林待制承直郎同知制誥兼國史院編修官臣王褘等奉敕修

食貨二

歲課

山林川澤之產若金銀珠玉銅鐵水銀朱砂碧甸子鉛錫礬硝鹼竹木之類皆天地自然之利有國者之所必資也而或以病民者有之矣元興因土人呈獻而定其歲入之課多者不盡收少者不強取非知理財之道者能若是乎產金之所在腹裏曰益都檀景遼陽省曰大寧開元江浙省曰饒徽池信江西省曰龍興撫州湖廣省曰岳澧沅靖辰潭武岡寶慶河南省曰江陵襄陽四川省曰成都嘉定雲南省曰威楚麗江大理金齒臨安曲靖元江羅羅會川建昌德昌柏興烏撒東川烏蒙產銀之所在腹裏曰大都真定保定雲州般陽晉寧懷孟濟南寧海遼陽省曰大寧江浙省曰處州建寧延平江西省曰撫瑞韶湖廣省曰興國郴州河南省曰汴梁安豐汝寧陝西省曰商州雲南省曰威楚大理金齒臨安元江產珠之所曰大都曰南京曰羅羅曰水達達曰廣州產玉之所曰

于闐曰匪力沙產銅之所在腹裏曰益都遼陽省曰大寧雲南省曰大理澂江產鐵之所在腹裏曰河東順德檀景濟南江浙省曰饒徽寧國信慶元台衢處建寧興化邵武漳福泉江西省曰龍興吉安撫袁瑞贛臨江桂陽湖廣省曰沅潭衡武岡寶慶永全常寧道州陝西省曰興元雲南省曰中慶大理金齒臨安曲靖澂江羅羅建昌產朱砂水銀之所在遼陽省曰北京湖廣省曰沅潭四川省曰思州產碧甸子之所曰和林曰會川產鉛錫之所在江浙省曰鉛山台處建寧延平邵武江西省曰韶州桂陽湖廣省曰潭州產礬之所在腹裏曰廣平冀寧江浙省曰鉛山邵武湖廣省曰潭州河南省曰廬州河南產硝鹼之所曰晉寧若竹木之產所在有之不可以所言也初金課之興自世祖始其在益都者至元五年命于從剛高興宗以漏籍民户四千於登州棲霞縣淘焉十五年又以淘金户二千僉軍者付益都淄萊等路淘金總管府依舊淘金其課於太府監輸納在遼陽者至元十年聽李德仁於龍山縣胡碧峪淘採每歲納課金三兩十三年又於遼東雙城及和州等處採焉在江浙者至元二十四年立提舉司以建康等處淘金夫

九七千三百六十五户隷之所轄金場九七十餘所未幾以建康無金革提舉司罷淘金户其徽饒池信之課皆歸之有司在江西者至元二十三年撫州樂安縣小曹周歲辦金一百兩在湖廣者至元二十年撥常德澧辰沅靖民萬户付金場轉運司淘焉在四川者元貞元年以其病民罷之在雲南者至元十四年諸路總納金一百五定此金課之興革可攷者然也銀在大都者至元十一年聽王庭璧於檀州奉先等洞採之十五年令關世顯等於薊州豊山採之在雲州者至元二十七年撥民户於望雲煽煉設從七

品官掌之二十八年又開聚陽山銀場二十九年遂立雲州等處銀場提舉司在遼陽者延祐四年惠州銀洞三十六眼立提舉司辦課在江浙者至元二十一年建寧南劍等處立銀場提舉司煽煉在湖廣者至元二十三年韶州路曲江縣銀場聽民煽煉每年輸銀三千兩在河南者延祐三年李允直包羅山縣銀場課銀三定四年李珪等包霍丘縣豹子崖銀洞課銀三十錠其所得礦大抵以十分之三輸官此銀課之興革可攷者然也珠在大都者元貞元年聽民於揚村直沽口撈採命官買之在南京者至元十一年

命臧忙安山等於宋阿江阿爺苦江忽呂古江採之在廣州者採於大步海他如兀難曲朶剌渾都忽三河之珠至元五年徙鳳哥等户撈焉勝州延州乃延等城之珠十三年命朶魯不䚟等撈焉此珠課之興革可攷者然也玉在匪力沙者至元十一年迷兒麻合馬阿里三人言淘玉之户舊有三百經亂散亡存者止七十户其力不充而匪力沙之地旁近有民户六十每同淘焉於是免其差徭與淘户等所淘之玉於忽都勝忽兒舍里甫丁三人所立水站遞至京師此玉課之興革可攷者然也銅在益都者至元十六

年撥户一千於臨朐縣七寶山等處採之在遼陽者至元十五年撥採木夫一千户於錦瑞州鷄山巴山等處採之在澂江者至元二十二年撥漏籍户於薩矣山煽煉凡一十有一所此銅課之興革可攷者然也鐵在河東者太宗丙申年立爐於西京州縣撥冶户七百六十煽焉丁酉年立爐於交城縣撥冶户一千煽焉至元五年始立洞冶總管府七年罷之十三年立平陽等路提舉司十四年又罷之其後廢置不常大德十一年聽民煽煉官爲抽分至武宗至大元年復立河東都提舉司掌之所隷之冶八曰大通曰

興國曰惠民曰利國曰益國曰閏富曰豐寧豐寧之冶蓋有二云在順德等處者至元三十一年撥冶戶六千煽焉大德元年設都提舉司掌之其後亦廢置不常至延祐六年始罷兩提舉司併爲順德廣平彰德等處提舉司所隸之冶六曰神德曰左村曰豐陽曰臨水曰沙窩曰固鎮在檀景等處者太宗丙申年始於北京撥戶煽焉中統二年立提舉司掌之其後亦廢置不常大德五年始併檀景三提舉司爲都提舉司所隸之冶有七曰雙峯曰暗峪曰銀崖曰大峪曰五峪曰利貞曰錐山在濟南等處者中統四年拘漏籍戶三千熵焉至元五年立洞冶總管府其後亦廢置不常至至大元年復立濟南都提舉司所隸之監有五曰寶成曰通和曰昆吾曰元國曰富國其在各省者獨江浙江西湖廣之課爲最多凡鐵之等不一有生黃鐵有生青鐵有青爪鐵有蕳鐵每引二百斤此鐵課之興革可攷者然也朱砂水銀在北京者至元十一年命蒙古都喜以恤品人戶扵吉思迭之地採煉在湖廣者沅州五寨蕭雷發等每年包納朱砂一千五百兩羅管賽包納水銀二千二百四十兩潭州安化縣每年辦朱砂八十兩水銀五十兩碧甸

子在和林者至元十年命烏馬兒採之在會川者二十一年輸一千餘塊此朱砂水銀碧甸子課之興革可攷者然也鉛錫在湖廣者至元八年辰沅靖等處轉運司印造錫引每引計錫一百斤官收鈔三百文客商買引赴各冶支錫販賣無引者比私鹽減等杖六十其錫沒官此鉛錫課之興革可攷者然也礬在廣平者至元二十八年路鵬舉獻磁州武安縣礬窯一十所周歲辦白礬三千斤在潭州者至元十八年李日新自具工本於瀏陽永興礬場煎烹每十斤官抽其二在河南者二十四年立礬課所於無爲路每礬一引重三十斤價鈔五兩此礬課之興革可攷者然也竹之所產雖不一而腹裏之河南懷孟陝西之京兆鳳翔皆有在官竹園國初皆立司竹監掌之每歲令稅課所官以時採斫定其價爲三等易于民間至元四年始命制國用使司印造懷孟等路司竹監竹引一萬道每道取工墨一錢凡發賣皆給引至二十二年罷司竹監聽民自賣輸稅明年又用郭畯言於衛州復立竹課提舉司凡輝懷嵩洛京襄益都宿开等處竹貨皆隸焉在官者辦課在民者輸稅二十三年又命陝西竹課提領司差官於輝懷辦課二十九年

丞相完澤言懷孟竹課頻年斫伐已損課無所出科民以輸宜罷其課長養數年世祖從之此竹課之興革可考者也若夫硝鹻木課其興革無籍可考故不著焉

天曆元年歲課之數

金課腹裏四十錠四十七兩三錢　江浙省一百八十錠一十五兩一錢　江西省二錠四十兩五錢　湖廣省八十錠二十兩一錢　河南省三十八兩六錢　四川省麩金七兩二錢　雲南省一百八十四錠一兩九錢

銀課腹裏一錠二十五兩　江浙省一百一十五錠三十九兩二錢　江西省四百六十二錠三兩五錢　湖廣省二百三十六錠九兩　雲南省七百三十五錠三十四兩三錢

銅課雲南省二千三百八十斤

鐵課江浙省額外鐵二十四萬五千八百六十七斤課鈔一千七百三錠一十四兩　江西省二十一萬七千四百五十斤課鈔一百七十六錠二十四兩　湖廣省二十八萬二千五百九十五斤　河南省三千九百三十斤　陝西省一萬斤　雲南省一十二萬四千七百一斤

鉛錫課江浙省額外鉛粉八百八十七錠九兩五錢鉛卅九錠四十二兩二錢黑錫二十四錠一十兩二錢　江西省錫一十七錠七兩　湖廣省鉛一千七百九十八斤

礬課腹裏三十三錠二十五兩八錢　江浙省額外四十二兩五錢　河南省額外二千四百一十四錠三十三兩一錢

硝鹻課晉寧路二十六錠七兩四錢

竹木課腹裏木六百七十六錠一十五兩四錢額

外木七十三錠二十五兩三錢竹二錠四十兩額外竹一千一百三錠二兩二錢　江浙省額外竹木九千三百五十五錠二十四兩　江西省額外竹木五百九十錠二十三兩三錢　河南省竹二十六萬九千六百九十五竿板木五萬八千六百條額外竹木一千七百四十八錠三十兩一錢

鹽法

國之所資其利最廣者莫如鹽自漢桑弘羊始榷之而後世未有遺其利者也元初以酒醋鹽稅河泊金銀鐵冶六色取課於民歲定白銀萬錠太宗庚寅年

始行鹽法每鹽一引重四百斤其價銀一十兩世祖中統二年減銀爲七兩至元十三年旣取宋而江南之鹽所入尤廣每引改爲中統鈔九貫二十六年增爲五十貫元貞丙申每引又增爲六十五貫至大己酉至延祐乙卯七年之間累增爲一百五十貫凡僞造鹽引者皆斬籍其家產付告人充賞犯私鹽者徒二年杖七十止籍其財產之半有首告者於所籍之內以其半賞之行鹽各有郡邑犯界者減私鹽罪一等以其鹽之半沒官半賞告者然歲辦之課難易各不同有因自凝結而取者解池之顆鹽也有煑海而

後成者河間山東兩淮兩浙福建等處之末鹽也惟四川之鹽出於井深者數百尺汲水煑之視他處爲最難今各因其所產之地言之

大都之鹽太宗丙申年初於白陵港三叉沽大直沽等處置司設熬煎辦每引有工本錢世祖至元二年又增寶坻三鹽場竈户工本每引爲中統鈔三兩與清滄等八年以大都民户多食私鹽因虧國課驗口給以食鹽十九年罷大都及河間山東三鹽運司設戶部尚書員外郎各一員別給印令於大都置局賣引鹽商買引赴各場關鹽發賣每歲竈户工本省臺遣官逐季分給之十九年改立大都蘆臺越支三叉沽鹽使司一二十五年復立三叉蘆臺越支三鹽使司二十八年增竈户工本每引爲中統鈔八兩二十九年以歲饑減鹽課一萬引入京兆鹽運司添辦大德元年遂罷大都鹽運司併入河間

河間之鹽太宗庚寅年始立河間稅課所置鹽場撥竈户二千三百七十六隸之每鹽一袋重四百斤甲午年立鹽運司庚子年改立提舉鹽榷所歲辦三萬四千七百袋癸卯年改立提舉滄清鹽課使所歲辦鹽九萬袋定宗四年改真定河間等路課程所爲提

舉鹽榷滄清鹽使所憲宗二年又改河間課程所爲提舉滄清深鹽使所八年每袋增鹽至四百五十斤世祖中統元年改立宣撫司提領滄清深鹽使所四年改滄清深鹽提領所爲轉運司是年辦銀七千六十五錠米三萬三千三百餘石至元元年又增三之一焉二年改立河間都轉運司歲辦九萬五千袋七年始定例歲煎鹽十萬引辦課銀一萬錠十二年改立都轉運使司添竈户九百餘增鹽課二十萬引十八年以河間竈户勞苦增工本爲中統鈔三貫是年又增竈户七百八十六十九年罷河間都轉運司改

立清滄鹽使司二十二年復立河間等路都轉運鹽使司增鹽課爲二十九萬六百引二十三年改立河間都轉運司通辦鹽酒稅課二十五年增工本爲中統鈔五貫二十七年增竈户四百七十辦鹽三十五萬引至大元年又增至四十五萬引延祐元年以虧課停煎五萬引自是至天曆皆歲辦四十萬引所隸之場九二十有二

山東之鹽太宗庚寅年始立益都課稅所撥竈户二千一百七十隸之每銀一兩得鹽四十斤甲午年立山東鹽運司中統元年歲辦銀二千五百錠三年命

課稅隸山東都轉運司四年令益都山東民户月買食鹽三斤竈户逃亡者招民户補之是歲辦銀三千三百錠至元二年改立山東轉運司辦課銀四千六百錠一十九兩是年户部造山東鹽引六年增歲辦鹽爲七萬一千九百九十八引自是每歲增之至十二年改立山東都轉運司歲辦鹽一十四萬七千四百八十七引十八年增竈户七百又增鹽爲一十六萬五千四百八十七引竈户工本錢亦增爲中統鈔三貫二十三年歲辦鹽二十七萬一千七百四十二引二十六年減爲二十二萬引大德十年又增爲二十五萬引至大元年之後歲辦正餘鹽爲三十一萬引所隸之場九一十有九

河東之鹽出解州鹽池池方一百二十里每歲五月場官伺池鹽生結令夫撈漉鹽花其法必值亢陽池鹽方就或遇陰雨則不能成矣太宗庚寅年始立平陽府徵收課稅所從實辦課每鹽四十斤得銀一兩癸巳年撥新降户一千命鹽使姚行簡等修理鹽池損壞處所憲宗壬子年又增撥一千八十五户歲撈鹽一萬五千引辦課銀三千錠世祖中統二年初立陝西轉運司仍置解鹽司於路村三年以太原民户

自煎小鹽歲辦課銀一百五十錠五年又增小鹽課銀爲二百五十錠至元三年諭陝西四川以所辦鹽課赴行制國用使司輸納鹽引令制國用使司給降直隸制國用使司十年命撈鹽户九百八十餘每丁撈鹽一石給工價鈔五錢歲辦鹽六萬四千引計中統鈔一萬一千五百二十錠二十三年改立陝西都轉運司兼辦鹽酒醋竹等課二十九年減大都鹽課一萬引入京兆鹽司添辦是年五月又革京兆鹽司一止存鹽運司大德十一年增歲額爲八萬二千引

至大元年又增煎餘鹽爲二萬引通爲一十萬二千引延祐三年以池爲雨所壞止辦課鈔八萬二千餘錠於是晉寧陝西之民改食常仁紅鹽懷孟河南之民改食滄鹽五年乃免河南懷孟南陽三路今歲陝西鹽課仍授鹽運使暨所臨路府州縣正官兼知渠堰事責以疏通壅塞六年改陝西運司爲河東解鹽等處都轉運鹽使司直隸中書省十月罷陝西行省所委巡鹽官六十八員添設通判一員別鑄分司印二又罷撈鹽提領二十員改立提領所二增餘鹽五百料是年實撈鹽一十八萬四千五百引天曆二年

辦課鈔三十九萬五千三百九十五定

四川之鹽爲場凡一十有二爲井凡九十有五在成都夔府重慶敘南嘉定順慶潼川紹慶等路萬山之間元初設拘榷課稅所分撥竈户五千九百餘隸之從實辦課後爲鹽井廢壞四川軍民多食解鹽至元二年立興元四川鹽運司修理鹽井仍禁解鹽不許過界八年罷四川茶鹽運司十六年復立之十八年併鹽課入四川道宣慰司十九年復立陝西四川轉運司通辦鹽課三十二年改立四川鹽茶運司分京兆運司爲二歲煎鹽一萬四百五十一引二十六年

一萬七千一百五十二引皇慶元年以竈户艱辛減煎餘鹽五千引天曆二年辦鹽二萬八千九百一十引計鈔八萬六千七百三十錠

遼陽之鹽太宗丁酉年始命北京路徵收課稅所以大鹽泊硬鹽立隨車隨引載鹽之法每鹽一石價銀七錢半帶納匠人米五升癸卯年合懶路歲辦課白布二千匹恤品路布一千匹至元四年立開元等路運司五年禁東京懿州乞石兒硬鹽不許過塗河界是年諭各位下鹽課如例輸納二十四年灤州四處鹽課舊納羊一千者亦令如例輸鈔延祐二年又命

食鹽人户歲辦課鈔每兩率加五焉

两淮之鹽至元十三年命提舉馬里范張依宋舊例辦課每引重三百斤其價爲中統鈔八兩十四年立两淮都轉運使司每引始改爲四百斤十六年額辦五十八萬七千六百二十三引十八年增爲八十萬引二十六年減一十五萬引三十年以襄陽民改食揚州鹽又增八千二百引大德四年諭两淮鹽運司設關防之法凡鹽商經批驗所發賣者所官收批引牙錢其不經批驗所者本倉就收之八年以竈户艱辛遣官究議停煎五萬餘引天曆二年額辦正餘鹽

九十五萬七十五引計中統鈔二百八十五萬二百二十五錠所隷之場凡二十有九其工本鈔亦自四兩遞增至十兩云

兩淛之鹽至元十四年立運司歲辦九萬二千一百四十八引每引分作二袋每袋依宋十八界會子折中統鈔九兩十八年增至二十一萬八千五百六十二引十九年每引於舊價之上增鈔四貫二十一年置常平局以平民間鹽價二十三年增歲辦爲四十五萬引二十六年減十萬引三十年置局賣鹽魚鹽於海濱漁所三十一年併煎鹽地四十四所爲三十

四場大德三年立兩浙鹽運司檢校所四五年增額爲四十萬引至大元年又增餘鹽五萬引延祐六年罷四檢校所立嘉興紹興等處鹽倉官三十四場各場監運官一員歲辦五十萬引七年各運司鹽課以十分爲率收白銀一分每銀一錠準鹽課四十錠其工本鈔浙西一十一場正鹽每引遞增至二十兩餘鹽至二十五兩浙東二十三場正鹽每引遞增至二十五兩餘鹽至三十兩云

福建之鹽至元十三年始收其課爲鹽六千五十五引十四年立市舶司兼辦鹽課二十年增至五萬四千二百引二十四年改立福建等處轉運鹽使司歲辦鹽六萬引二十九年罷福建鹽運司及鹽使司改立福建鹽課提舉司增鹽爲七萬引大德四年復立鹽運司九年又罷之併入本道宣慰司十年又立鹽課都提舉司增鹽至十萬引至大元年又增至十三萬引四年改立福建鹽運司至順元年實辦課三十八萬七千七百八十三錠其工本鈔煎鹽每引遞增至二十貫曬鹽每引至一十七貫四錢所隷之場有七

廣東之鹽至元十三年克廣州因宋之舊立提舉司

從實辦課十六年立江西鹽鐵茶都轉運司所轄鹽使司六各場立管勾是年辦鹽六百二十一引二十二年分江西鹽隷廣東宣慰司歲辦一萬八百二十五引二十三年併廣東鹽司及市舶提舉司爲廣東鹽課市舶提舉司每歲辦鹽一萬一千七百二十五引大德四年增至正餘鹽二萬一千九百八十二引十年又增至三萬引十一年三萬五千五百引至大元年又增餘鹽一萬五千引延祐二年歲煎五萬五百引五年又增至五萬五百五十二引所隷之場凡十有三

廣海之鹽至元十三年初立廣海鹽課提舉司辦鹽二萬四千引三十年又立廣西石康鹽課提舉司大德十年增一萬一千引至大元年又增餘鹽一萬五千引延祐二年正餘鹽通爲五萬一百六十五引

九天下一歲總辦之數唯天曆爲可攷今併著于后

鹽總二百五十六萬四千餘引

鹽課鈔總七百六十六萬一千餘錠

茶法

榷茶始于唐德宗至宋遂爲國賦額與鹽等矣元之茶課由約而博大率因宋之舊而爲之制焉世祖至

元五年用運使白賡言榷成都茶於京兆鞏昌置局發賣私自採賣者其罪與私鹽法同六年始立西蜀四川監榷茶場使司掌之十二年旣平宋復用左丞吕文煥言榷江西茶以宋會五十貫準中統鈔一貫十三年定長引短引之法以三分取一長引每引計茶一百二十斤收鈔五錢四分二釐八毫短引計茶九十斤收鈔四錢二分八毫是歲徵一千二百餘錠十四年取三分之半增至二千三百餘錠十五年又增至六千六百餘錠十七年置榷茶都轉運司于江州總江淮荆湖福廣之稅而遂除長引專用短引每引收鈔二兩四錢五分草茶每引收鈔二兩二錢四分十八年增額至二萬四千錠十九年以江南茶課官爲置局令客買引通行貨賣歲終增二萬錠二十一年廉運使言各處食茶課程抑配于民非便於是革之而以其所革之數於正課每引增一兩五分通爲三兩五錢二十三年又以李起南言增爲五貫是年徵四萬錠二十五年改立江西等處都轉運司二十六年丞相桑哥增引稅爲一十貫三十年又改江南茶法凡管茶提舉司一十六所罷其課少者五所併入附近提舉司每茶商貨茶必令賫引無引者與

私茶同引之外又有茶由以給賣零茶者初每由茶九斤收鈔一兩至是自三斤至三十斤分爲十等隨處批引局同每引收鈔一錢元貞元年有獻利者言舊法江南茶商至江北者又稅之其在江南賣者亦宜更稅如江北之制於是朝議復增江南課三千錠而弗稅是年凡征八萬三千錠至大元年以龍興瑞州爲皇太后湯沐邑其課入徽政院四年增額至一十七萬一千一百三十一錠皇慶二年更定江南茶法又增至一十九萬二千八百六十六錠延祐元年改設批驗茶由局官五年用江西茶副法忽魯丁言

立減引添課之法每引增稅爲一十二兩五錢通辦
鈔二十五萬錠七年遂增至二十八萬九千二百一
十一錠天曆二年始罷榷司而歸諸州縣其歲征之
數蓋與延祐同至順之後無籍可攷他如范殿帥茶
西番大葉茶建寧胯茶亦無從知其始末故皆不著

酒醋課

元之有酒醋課自太宗始其後皆著定額爲國賦之
一焉利之所入亦厚矣初太宗辛卯年立酒醋務坊
場官榷沽辦課仍以各州府司縣長官充提點官隸
徵收課稅所其課額驗民戶多寡定之甲午年頒酒

麴醋貨條禁私造者依條治罪世祖至元十六年以
大都河間山東酒醋商稅等課併入鹽運司二十二
年詔免農民醋課是年二月命隨路酒課依京師例
每石取一十兩三月用右丞盧世榮等言罷上都醋
課其酒課亦改榷沽之制令酒戶自具工本官司拘
賣每石止輸鈔五兩二十八年詔江西酒醋之課不
隸茶運司福建酒醋之課不隸鹽運司皆依舊令有
司辦之二十九年丞相完澤等言杭州省酒課歲辦
二十七萬餘錠湖廣龍興歲辦止九萬錠輕重不均
於是減杭州省十分之二令湖廣龍興南京三省分

辦大德八年大都酒課提舉司設槽房一百所九年
併爲三十所每所一日所醞不許過二十五石之上
十年復增三所至大三年又增爲五十四所其制之
可攷者如此若夫累朝以課程撥賜諸王公主及各
寺者凡九所云

天下每歲總入之數

酒課腹裏五萬六千二百四十三錠六十七兩一
錢　遼陽行省二千二百五十錠一十一兩二錢
河南行省七萬五千七十七錠一十一兩五錢
陝西行省一萬一千七百七十四錠三十四兩四

錢　四川行省七千五百九十錠二十兩　甘肅
行省二千七十八錠三十五兩九錢　雲南行省
𧴪二十萬一千一百一十七索　江浙行省一十
九萬六千六百五十四錠二十一兩三錢　江西
行省五萬八千六百四十錠一十六兩八錢　湖
廣行省五萬八千八百四十八錠四十九兩八錢
醋課腹裏三千五百七十六錠四十八兩九錢
遼陽行省三十四錠二十六兩五錢　河南行省
二千七百四十錠三十六兩四錢　陝西行省一
千五百七十三錠三十九兩二錢　四川行省六

百一十六錠一十二兩八錢　江浙行省一萬一千八百七十錠一十九兩六錢　江西行省九百五十一錠二十四兩五錢　湖廣行省一千二百三十一錠二十七兩九錢

商稅

商賈之有稅本以抑末而國用亦資焉元初未有定制太宗甲午年始立徵收課稅所凡倉庫院務官幷合干人等命各處官司選有產有行之人充之其所辦課程每月赴所輸納有貿易借貸者並徒二年杖七十所官擾民取財者其罪亦如之世祖中統四年

用阿合馬王光祖等言凡在京權勢之家爲商賈及以官銀賣買之人並令赴務輸稅入城不吊引者同匿稅法至元七年遂定三十分取一之制以銀四萬五千錠爲額有溢額者別作增餘是年五月以上都商旅往來艱辛特免其課凡典賣田宅不納稅者禁之二十年詔各路課程差廉幹官二員提調增羨者遷賞虧兌者陪償降黜凡隨路所辦每月以其數申部違期不申及雖申不圓者其首領官初犯罰俸再犯決一十七令史加一等三犯正官取招呈省其院務官俸鈔於增餘錢內給之是年始定上都稅課六十分取一舊城市肆院務遷入都城者四十分取一二十二年又增商稅契本每一道爲中統鈔三錢減上都稅課於一百兩之中取七錢半二十六年從丞相桑哥之請遂大增天下商稅腹裏爲二十萬錠江南爲二十五萬錠二十九年定諸路輸納之限不許過四孟月十五日三十一年詔天下商稅有增餘者毋作額元貞元年用平章剌真言又增上都之稅至大三年契本一道復增作至元鈔三錢逮至天曆之際天下總入之數視至元七年所定之額蓋不啻百倍云

商稅額數

大都宣課提舉司一十萬三千六錠一十一兩四錢　大都路八千二百四十二錠九兩七錢　上都留守司一千九百三十四錠五兩　上都稅課提舉司一萬五百二十五錠五兩　興和路七百七十錠一十七兩一錢　永平路二千二百七十二錠四兩五錢　保定路六千五百七錠二十三兩五錢　嘉定路一萬七千四百八錠三兩九錢　順德路二千五百七錠九兩九錢　廣平路五千三百七錠二十兩二錢　彰德路四千八百五錠

四十二兩八錢　大名路一萬七百九十五錠八兩五錢　懷慶路四千九百四十九錠二兩　衛輝路三千六百六十三錠七兩　河間路一萬四百六十六錠四十七兩二錢　東平路七千一百四十一錠四十八兩四錢　東昌路四千八百七十九錠三十二兩　濟寧路一萬二千四百三錠四兩一錢　曹州六千一十七錠四十六兩三錢　濮州二千六百七十一錠七錢　高唐州四千二百五十九錠六兩　泰安州二千一十三錠二十五兩四錢　冠州七百三十八錠一十九兩七錢　寧海州九百四十四錠三錢　德州二千九百一十九錠四十二兩八錢　益都路九千四百七十七錠一十五兩　濟南路一萬二千七百五十二錠三十六兩六錢　般陽路三千四百八十六錠九兩　大同路八千四百三十八錠一十九兩一錢　冀寧路一萬七百一十四錠三十四兩六錢　晉寧路二萬一千三百五十九錠四十兩二錢

嶺北行省四百四十八錠四十五兩六錢　遼陽行省八千二百七十三錠四十一兩四錢　河南行省一十四萬七千四百二十八錠三十二兩三錢　陝西行省四萬五千五百七十九錠三十九兩二錢　四川行省一萬六千六百七十六錠四兩八錢　甘肅行省一萬七千三百六十一錠三十六兩一錢　江浙行省二十六萬九千二十七錠三十兩三錢　江西行省六萬二千五百一十二錠七兩三錢　湖廣行省六萬八千八百四十四錠九兩九錢

市舶

互市之法自漢通南粵始其後歷代皆嘗行之至宋置市舶司于浙廣之地以通諸蕃貨易則其制為益詳矣元自世祖定江南凡隣海諸郡與蕃國往還互易舶貨者其貨以十分取一麤者十五分取一以市舶官主之其發舶迴帆必著其所至之地驗其所易之物給以公文為之期日大抵皆因宋舊制而為之法焉於是至元十四年立市舶司一於泉州令忙古解領之立市舶司三於慶元上海澉浦令福建安撫使楊發督之每歲招集舶商於蕃邦博易珠翠香貨等物及次年迴帆依例抽解然後聽其貨賣時客舡自泉福販土產之物者其所徵亦與蕃貨等上海市

舶司提控王楠以爲言於是定雙抽單抽之制雙抽者蕃貨也單抽者土貨也十九年又用耿左丞言以鈔易銅錢令市舶司以錢易海外金珠貨物仍聽舶户通販抽分二十年遂定抽分之法是年十月忙古䚟言舶商皆以金銀易香木於是下令禁之唯鐵不禁二十一年設市舶都轉運司於杭泉二州官自具船給本選人入蕃貿易諸貨其所獲之息以十分爲率官取其七所易人得其三凡權勢之家皆不得用己錢入蕃爲賈犯者罪之仍籍其家產之半其諸蕃客旅就官船賣買者依例抽之二十二年併福建市舶司入鹽運司改曰都轉運司領福建漳泉鹽貨市舶二十三年禁海外博易者毋用銅錢二十五年又禁廣州官民毋得運米至占城諸蕃出糶二十九年命市舶驗貨抽分是年十一月中書省定抽分之數及漏稅之法凡商旅販泉福等處已抽之物於本省有市舶司之地賣者細色於二十五分之中取一麤色於三十分之中取一免其輸稅其就市舶司買者止於賣處收稅而不再抽漏舶物貨依例斷沒三十年又定市舶抽分雜禁凡二十一條條多不能盡載擇其要者錄焉泉州上海澉浦溫州廣東杭州慶元

市舶司凡七所獨泉州於抽分之外又取三十分之一以爲稅自今諸處悉依泉州例取之仍以溫州市舶司併入慶元杭州市舶司併入稅務凡金銀銅鐵男女並不許私販入蕃行省行泉府司市舶司官每年於迴帆之時皆前期至抽解之所以待舶船之至先封其堵以次抽分違期及作弊者罪之三十一年成宗詔有司勿拘海舶聽其自便元貞元年以舶船至岸隱漏物貨者多命就海中逆而閲之二年禁海商以細貨於馬八兒唄喃梵荅剌亦納三蕃國交易別出鈔五萬錠令沙不丁等議規運之法大德元年罷行泉府司二年併澉浦上海入慶元市舶提舉司直隸中書省是年又置制用院七年以禁商下海罷之至大元年復立泉府院整治市舶司事二年罷行泉府院以市舶提舉司隸行省四年又罷之延祐元年復立市舶提舉司仍禁人下蕃官自發船貿易迴帆之日細物十分抽二麤物十五分抽二七年以下蕃之人將絲銀細物易于外國又併提舉司罷之至治二年復立泉州慶元廣東三處提舉司申嚴市舶之禁三年聽海商貿易歸征其稅泰定元年諸海舶至者止令行省抽分其大畧如此若夫中買寶貨之

制泰定三年命省臣依累朝呈獻例給價天曆元年以其蠹耗國財詔加禁止凡中獻者以違制論云

額外課

元有額外課謂之額外者歲課皆有額而此課不在其額中也然國之經用亦有賴焉課之名凡三十有二其一曰曆日二曰契本三曰河泊四曰山場五曰窰冶六曰房地租七曰門攤八曰池塘九曰蒲葦十曰食羊十一曰荻葦十二曰煤炭十三曰撞岸十四曰山查十五曰麴十六曰魚十七曰漆十八曰酵十九曰山澤二十曰蕩二十一曰柳二十二曰牙例二

十三曰乳牛二十四曰抽分二十五曰蒲二十六曰魚苗二十七曰柴二十八曰羊皮二十九曰磁三十曰竹葦三十一曰薑三十二曰白藥其歲入之數唯天曆元年可攷云

曆日總三百一十二萬三千一百八十五本計中統鈔四萬五千九百八十錠三十二兩五錢內腹裏七萬二千一十本計鈔八千五百七十錠三十一兩一錢行省二百五十五萬一千一百七十五本計鈔三萬七千四百一十錠一兩四錢大曆二百二十萬二千二百三本每本鈔一兩計四萬四千四十四錠三兩小曆九十一萬五千七百二十五本每本鈔一錢計一千八百三十一錠三十二兩五錢回回曆五千二百五十七本每本鈔一兩計一百五錠七兩

契本總三十萬三千八百道每道鈔一兩五錢計中統鈔九千一百一十四錠內腹裏六萬八千三百三十二道計鈔二千四十九錠四十八兩行省二十三萬五千四百六十八道計鈔七千六十四錠二兩

河泊課總計鈔五萬七千六百四十三錠二十三

兩四錢內腹裏四百六錠四十六兩二錢行省五萬七千二百三十六錠二十七兩一錢

山場課總計鈔七百一十九錠四十九兩一錢內腹裏二百三十九錠一十三兩四錢行省四百八十錠三十五兩六錢

窰冶課總計鈔九百五十六錠四十五兩九錢內腹裏一百九十七錠三十二兩四錢行省七百五十九錠一十三兩

房地租錢總計鈔一萬二千五十三錠四十八兩四錢內腹裏九百六十六錠五兩三錢行省一萬

一千八十七錠四十三兩一錢

門攤課總計鈔二萬六千八百九十九錠一十九兩一錢內湖廣省二萬六千一百六十七錠三兩四錢江西省三百六十錠一兩五錢河南省三百七十二錠一十四兩一錢

池塘課總計鈔一千九錠二十六兩五錢內江浙省二十四錠二十二兩七錢江西省九百八十五錠三兩八錢

蒲葦課總計鈔六百八十六錠三十三兩四錢內腹裏一百四十一錠五兩八錢行省五百四十五

錠二十七兩六錢

食羊等課總計鈔一千七百六十錠二十九兩七錢內大都路四百三十八錠上都路三百錠興和路三百錠大同路三百九十三錠羊市二百二十九錠二十九兩七錢煤木所一百錠

荻葦課總計鈔七百二十四錠六兩九錢內河南省六百四十四錠五兩八錢江西省八十錠一兩八錢

煤炭課總計鈔二千六百一十五錠二十六兩四錢內大同路一百二十九錠一兩九錢煤木所二

千四百九十六錠二十四兩五錢

撞岸課總計鈔一百八十六錠三十七兩五錢內般陽路一百六十錠二十四兩寧海州二十六錠一十三兩五錢恩州一十三兩八錢

山查課總計鈔七十五錠二十六兩四錢內真定路一錠二十五兩八錢廣平路四十錠五兩一錢大同路三十三錠四十五兩四錢

麴課江浙省鈔五十五錠三十七兩四錢

魚課江浙省鈔一百四十三錠四十兩四錢

漆課總計鈔一百一十二錠二十六兩內四川省

廣元路一百一十一錠二十五兩八錢

酵課總計鈔二十九錠三十七兩八錢內腹裏永平路二十三錠二十五兩四錢江西行省六錠一十二兩五錢

山澤課總計鈔二十四錠二十一兩一錢內彰德路一十三錠四十兩懷慶路一十錠三十一兩一錢

蕩課平江路八百八十六錠七錢

柳課河間路四百二錠一十四兩八錢

牙例課河間路二百八錠三十三兩八錢

乳牛課真定路二百八錠三十兩

抽分課黄州路一百四十四錠四十四兩五錢

蒲課晉寧路七十二錠

魚苗課龍興路六十五錠八兩五錢

柴課安豐路三十五錠一十一兩七錢

羊皮課襄陽路一十錠四十八兩八錢

磁課冀寧路五十八錠

竹葦課奉元路三千七百四十六錠三兩六錢

薑課興元路一百六十二錠二十七兩九錢

白藥課彰德路一十四錠二十五兩

志卷第四十三

元史九十五

志卷第四十四

翰林學士亞中大夫知制誥兼修國史臣宋濂　翰林待制承直郎同知制誥兼國史院編修官臣王禕等奉

勅修

食貨三

歲賜

自昔帝王於其宗族姻戚必致其厚者所以明親親之義也元之爲制其又厚之至者歟凡諸王及后妃公主皆有食采分地其路府州縣得薦其私人以爲監秩祿受命如王官而不得以歲月通選調其賦則五戶出絲一斤不得私徵之皆輸諸有司之府視所當得之數而給與之其歲賜則銀幣各有差始定於太宗之時而增於憲宗之日及世祖平江南又各益以民戶時科差未定每戶折支中統鈔五錢至成宗復加至二貫其親親之義若此誠可謂厚之至矣至於勳臣亦然又所以大報功也故詳著其所賜之人及其數之多寡于後

諸王

太祖叔荅里真官人位

歲賜銀三十錠段一百匹

五戶絲丙申年分撥寧海州一萬戶延祐六

年實有四千五百三十二戶計絲一千八百
一十二斤
江南戶鈔至元十八年撥南豐州一萬一千
戶計鈔四百四十錠
太祖弟搠只哈撒兒大王淄川王位
歲賜銀一百錠段三百匹
五戶絲丙申年分撥般陽路二萬四千四百
九十三戶延祐六年實有七千九百五十四
戶計絲三千六百五十六斤
江南戶鈔至元十三年分撥信州路三萬戶

計鈔一千二百錠
太祖弟哈赤溫大王子濟南王位
歲賜銀一百錠綿六百二十五斤小銀色絲
五千斤段三百匹羊皮一千張
五戶絲丙申年分撥濟南路五萬五千二百
戶延祐六年實有二萬一千七百八十五戶
計絲九千六百四十八斤
江南戶鈔至元十八年分撥建昌路六萬五
千戶計鈔二千六百錠
太祖弟斡真那顏位

歲賜銀一百錠綿五千九十八匹絹五千九
十八斤段三百匹諸物折中統鈔一百二十
錠羊皮五百張金一十六錠四十五兩
五戶絲丙申年分撥益都路等處六萬二千
一百五十六戶延祐六年實有二萬八千三
百一戶計絲一萬一千四百二十五斤
江南戶鈔至元十八年分撥建寧路七萬一
千三百七十七戶計鈔二千八百五十五錠
太祖弟孛羅古解大王子廣寧王位
歲賜銀一百錠段三百匹

五戶絲丙申年分撥恩州一萬一千六百三
戶延祐六年實有二千四百二十戶計絲一
千三百五十九斤
江南戶鈔至元十八年分撥鉛山州一萬八
千戶計鈔七百二十定
太祖長子术赤大王位
歲賜段三百匹常課段一千匹
五戶絲丙申年分撥平陽四萬一千三百二
戶戊戌年真定晉州一萬戶
江南戶鈔至元十八年分撥永州六萬戶計

鈔二千四百錠

太祖次子茶合䚟大王位

歲賜銀一百錠段三百匹綿六百二十五斤

常課金六錠六兩

五戶絲丙申年分撥太原四萬七千三百三十戶戊戌年真定深州一萬戶延祐六年實有一萬七千二百一十一戶計絲六千八百三十八斤

江南戶鈔至元十八年分撥澧州路六萬七千三百三十戶計鈔二千六百九十三錠

太祖第三子太宗子定宗位

歲賜銀一十六錠三十三兩段五十匹

五戶絲丙申年分撥大名六萬八千五百九十三戶延祐六年實有一萬二千八百三十五戶計絲五千一百九十三斤

太祖第四子睿宗子阿里不哥大王位

歲賜銀一百錠段三百匹

五戶絲丙申年分撥真定路八萬戶延祐六年實有一萬五千二十八戶計絲五千一十三斤

江南戶鈔至元十八年分撥撫州路一十萬四千戶計鈔四千一百六十錠

太祖第五子兀魯赤太子無嗣

太祖第六子闊列堅太子子河間王位

歲賜銀一百錠段三百匹

五戶絲丙申年分撥河間路四萬五千九百三十戶延祐六年實有一萬一百四十戶計絲四千四百七十九斤

江南戶鈔至元十八年分撥衡州路五萬三千九百三十戶計鈔二千一百五十七錠

太宗子合丹大王位

歲賜銀一十六錠三十三兩段五十匹

五戶絲丁巳年分撥汴梁在城戶至元三年改撥鄭州延祐六年實有二千三百五十六戶計絲九百三十六斤

江南戶鈔至元十八年分撥常寧州二千五百戶計鈔一百錠

太宗子滅里大王位

歲賜銀一十六錠三十三兩段五十匹

五戶絲丁巳年分撥汴梁在城戶至元三年

改撥鈞州一千五百八十四戶延祐六年實
有二千四百九十六戶計絲九百九十七斤
太宗子合失大王位
歲賜銀一十六錠三十三兩段五十匹
五戶絲丁巳年分撥汴梁路在城戶至元三
年改撥蔡州三千八百一十六戶延祐六年
實有三百八十八戶計絲一百五十四斤
太宗子闊出太子位
歲賜銀六十六錠三十三兩段一百五十匹
五戶絲丁巳年分撥汴梁路在城戶至元三

年改撥睢州五千二百一十四戶延祐六年
實有一千九百三十七戶計絲七百六十四斤
太宗子闊端太子位
歲賜銀一十六錠三十三兩段五十匹
五戶絲丙申年分撥東京路四萬七千七百四
十一戶延祐六年實有一萬七千八百二十
五戶計絲三千五百二十四斤
江南戶鈔至元十八年分撥常德路四萬七
千七百四十戶計鈔一千九百九錠
睿宗長子憲宗子阿速台大王位

歲賜銀八十二錠段三百匹又泰定二年晃
兀帖木兒大王改封并王增歲賜銀一十錠
班禿大王銀八錠又泰定三年明里忽都魯
皇后位下添歲賜中統鈔一千錠段五十匹
絹五十匹
五戶絲癸丑年查過衛輝路三千三百四十
二戶延祐六年實有二千二百八十戶計絲
九百一十六斤
睿宗子世祖次子裕宗位
裕宗妃伯藍也怯赤

歲賜銀五十錠
江南戶鈔延祐三年分撥江州路德化縣二
萬九千七百五十戶計鈔一千一百九十錠
裕宗子順宗子武宗
五戶絲丁巳年分撥懷孟一萬一千二百七
十三戶
江南戶鈔大德八年分撥瑞州路六萬五千
戶計鈔二千六百錠
睿宗子旭烈大王位
歲賜銀一百錠段三百匹

五戶絲丁巳年分撥彰德路二萬五千五十六戶延祐六年實有二千九百二十九戶計絲二千二百一斤

睿宗子阿里不哥大王位見前

睿宗子末哥大王位

歲賜銀五十錠段三百匹

五戶絲丁巳年分撥河南府五千五百五十二戶延祐六年實有八百九戶計絲三百三十三斤

江南戶鈔至元十八年分撥茶陵州八千五十二戶計鈔三百二十四錠

睿宗子撥綽大王位

歲賜銀五十錠段三百匹

五戶絲丁巳年分撥真定蠡州三千三百四十七戶延祐六年實有一千四百七十二戶計絲六百一十二斤

江南戶鈔至元十八年分撥耒陽州五千三百四十七戶計鈔二百一十三錠

睿宗子歲哥都大王位

五戶絲壬子年元查認濟南等處五千戶延祐六年實有五十戶計絲二十斤

世祖長子朶兒只太子位

腹裏江南無分撥戶

世祖次子裕宗后位

歲賜段一千匹絹一千匹

江南戶鈔至元十八年分撥龍興路一十萬五千戶計鈔四千二百錠又四怯薛伴當江南戶鈔至元十八年撥瑞州上高縣八千戶計鈔三百三十錠

世祖次子安西王忙哥剌位

歲賜段一千匹絹一千匹

江南戶鈔至元十八年分撥吉州路六萬五千戶計鈔二千六百錠

世祖次子北安王那木罕位

歲賜段一千匹絹一千匹

江南戶鈔至元二十二年分撥臨江路六萬五千戶計鈔二千六百錠

世祖次子平遠王闊闊出位

歲賜段匹物料折鈔一千六百五十六錠銀五十錠折鈔一千錠

江南戶鈔泰定元年分撥永福縣一萬三千
六百四戶計鈔五百四十四錠
世祖次子西平王奧魯赤位
歲賜段匹物料折鈔一千六百五十六錠銀
五十錠折鈔一千錠
江南戶鈔大德七年分撥南恩州一萬三千
六百四戶計鈔五百四十四錠
世祖次子愛牙赤大王位
歲賜銀五十錠折鈔一千錠段匹物料折鈔
一千六百五十六錠
江南戶鈔皇慶元年分撥邵武路光澤縣一
萬三千六百四戶計鈔五百四十四錠
世祖次子鎮南王脫歡位
歲賜銀五十錠段匹物料折鈔一千六百五
十六錠
江南戶鈔皇慶元年分撥福州路寧德縣一
萬三千六百四戶計鈔五百四十四錠
世祖次子雲南王忽哥赤位
歲賜銀五十錠折鈔一千錠段匹物料折鈔
一千六百五十六錠

江南戶鈔皇慶元年分撥福州路福安縣一
萬三千六百四戶計鈔五百四十四錠
世祖次子忽都怗木兒太子位
歲賜銀五十錠折鈔一千錠段匹物料折鈔
一千六百五十六錠
江南戶鈔皇慶元年分撥泉州路南安縣一
萬三千六百四戶計鈔五百四十四錠
裕宗長子晉王甘麻剌位
歲賜段一千匹絹一千匹又朶兒只延祐元
年爲始年例支中統鈔一千錠
五戶絲闊闊不花所管益都二十九戶
江南戶鈔皇慶元年分撥南康路六萬五千
戶又迭里哥兒不花湘寧王分撥湘鄉縣六
萬五千戶計鈔二千六百錠
順宗子阿木哥魏王位
江南戶鈔皇慶元年分撥慶元路六萬五千
戶計鈔二千六百錠
順宗子武宗子明宗位
江南戶鈔延祐二年分撥湘潭州六萬五千
戶計鈔二千六百錠

合丹大王位

五戶絲戊午年分撥濟南漏籍二百戶延祐六年實有一百九十三戶計絲七十七斤

阿魯渾察大王

五戶絲丁巳年分撥廣平三十戶延祐三年實有五戶計絲二斤

霍里極大王

五戶絲丁巳年分撥廣平等處一百五十戶延祐三年實有八十七戶計絲三十四斤

阿剌忒納失里豫王

天曆元年分撥江西行省南康路

后妃公主

太祖四大斡耳朶

大斡耳朶

歲賜銀四十三錠紅紫羅二十匹染絹一百匹雜色絨五千斤針三千箇段七十五匹常課段八百匹

五戶絲乙卯年分撥保定路六萬戶延祐六年實有一萬二千六百九十三戶計絲五千二百七斤

江南戶鈔至元十八年分撥贛州路二萬戶計鈔八百錠

第二斡耳朶

歲賜銀五十錠段七十五匹常課段一千四百九十匹

五戶絲丁巳年分撥河間青城縣二千九百戶延祐六年實有一千五百五十六戶計絲六百五十七斤

江南戶鈔至元十八年分撥贛州路一萬五千戶計鈔六百錠

第三斡耳朶

歲賜銀五十錠段七十五匹常課段六百八十二匹

五戶絲壬子年查認過真定等處畸零三百一十八戶延祐六年實有一百二十一戶計絲四十八斤

江南戶鈔至元十八年分撥贛州路二萬一千戶計鈔八百四十錠

第四斡耳朶

歲賜銀五十錠段七十五匹

五戶絲壬子年分撥真定等處二百八十三
戶延祐六年實有一百一十六戶計絲四十
六斤又八不別及妃子位至元二十五年分
撥河間清州五百一十戶計絲二百四斤

世祖四斡耳朶

大斡耳朶
歲賜銀五十錠
江南戶鈔大德三年分撥袁州路宜春縣一
萬戶計鈔一千六百錠

第二斡耳朶

歲賜銀五十錠又七錠段一百五十四匹
江南戶鈔至元二十一年分撥袁州路分宜
縣四千戶計鈔一百六十錠大德四年分撥
袁州路萍鄉州四萬二千戶計鈔一千六百
八十錠

第三斡耳朶
歲賜銀五十錠
江南戶鈔大德十年分撥袁州路宜春縣二
萬九千七百五十戶計鈔一千一百九十錠

第四斡耳朶
歲賜銀五十錠
江南戶鈔大德十年分撥袁州路萬載縣二
萬九千七百五十戶計鈔一千一百九十錠

順宗后位
歲賜段五百匹
江南戶鈔大德二年分撥三萬二千五百戶

武宗斡耳朶

真哥皇后位
歲賜銀五十錠鈔五百錠
江南戶鈔延祐二年分撥湘陰州四萬二千

戶計鈔一千六百八十錠

完者台皇后位
歲賜銀五十錠
江南戶鈔延祐二年分撥潭州路衡山縣二
萬九千七百五十戶計鈔一千一百九十錠

阿昔倫公主位
至元六年分撥葭州等處種田三百戶

趙國公主位
五戶絲丙申年分撥高唐州二萬戶延祐六
年實有六千七百二十九戶計絲二千三百

九十九斤

江南戶鈔至元十八年分撥柳州路二萬七千戶計鈔一千八十錠

魯國公主位

五戶絲丙申年分撥濟寧路三萬戶延祐六年實有六千五百三十戶計絲二千二百九斤

江南戶鈔至元十八年分撥汀州四萬戶計鈔一千六百錠

昌國公主位

五戶絲丙申年分撥一萬二千六百五十二戶延祐六年實有三千五百三十一戶計絲二千七百六十六斤

江南戶鈔至元十八年分撥廣州路二萬七十戶計鈔一千八十錠

鄆國公主位

五戶絲丙申年分撥濮州三萬戶延祐六年實有五千九百六十八戶計絲一千八百三十六斤

江南戶鈔至元十八年分撥橫州等處四萬戶計鈔一千六百錠

塔出駙馬

五戶絲壬子年元查眞定等處畸零二百七十戶延祐六年實有二百三十二戶計絲九十五斤

帶魯罕公主位

歲賜銀四錠八兩段一十二匹

五戶絲延祐六年實有代支戶六百三十戶計絲二百五十四斤

大雷公主位

五戶絲丙申年分撥延安府九千七百九十六戶延祐六年實有代支戶一千八百九戶計絲七百二十二斤

奔忒古兒駙馬

五戶絲庚辰年分撥眼戶五百七十三戶延祐六年實有五十六戶計絲二十二斤

獨木干公主位

五戶絲丁巳年分撥平陽一千一百戶延祐六年實有五百六十戶計絲二百二十四斤

江南戶鈔至元十八年分撥梅州程鄉縣一千四百戶計鈔五十六錠

勳臣

木華黎國王

五戶絲丙申年分撥東平三萬九千一十九戶延祐六年實有八千三百五十四戶計絲三千三百四十三斤

江南戶鈔至元十八年分撥韶州等路四萬一千一十九戶計絲一千六百四十斤

孛羅先鋒

五戶絲丙申年分撥廣平等處種田一百戶延祐六年實有七十戶計絲二十八斤

行丑兒

五戶絲丙申年分撥大名種田一百戶延祐六年實有三十八戶計絲一十五斤

闊闊不花先鋒

五戶絲壬子年元查益都等處畸零二百七十五戶延祐六年實有一百二十七戶計絲一十五斤

撒吉思不花先鋒

五戶絲壬子年元查汴梁等處二百九十一戶延祐六年實有一百二十七戶計絲一十五斤

阿里侃斷事官

五戶絲壬子年元查濟寧等處三十五戶計絲一十四斤

乞里歹拔都

五戶絲丙申年分撥東平一百戶計絲四十斤

孛羅海拔都

五戶絲壬子年元查德州等處一百五十三戶計絲六十一斤

拾得官人

五戶絲壬子年元查東平等處畸零一百一十二戶計絲八十四斤

伯納官人

五戶絲壬子年元查東平三十二戶延祐六年實有四十五戶計絲一十八斤

笑乃帶先鋒

五戶絲丙申年分撥東平一百戶延祐六年實有七十八戶計絲三十一斤

帶孫郡王

五戶絲丙申年分撥東平東阿縣一萬戶延

祐六年實有一千六百七十五戶計絲七百二十斤
江南戶鈔至元十八年分撥韶州路樂昌縣一萬七千戶計鈔四百二十八錠

愠里荅兒薛禪
五戶絲丙申年分撥泰安州二萬戶延祐六年實有五千九百七十一戶計絲二千四百二十五斤
江南戶鈔至元十八年分撥桂陽州二萬一千戶計鈔八百四十錠

朮赤台郡王
五戶絲丙申年分撥德州二萬戶延祐六年實有七千一百四十六戶計絲二千九百四十八斤
江南戶鈔至元十八年分撥連州路二萬一千戶計鈔八百四十錠

阿兒思蘭官人
江南戶鈔至元十八年分撥潯州路三千戶計鈔一百二十定

孛魯古妻佟氏
五戶絲丙申年分撥真定一百戶延祐六年實有三十九戶計絲一十五斤

八荅子
五戶絲丙申年分撥順德路一萬四千八十七戶延祐六年實有四千四百四十六戶計絲二千四百六斤
江南戶鈔至元十八年分撥欽州路一萬五千八十七戶計鈔六百三錠

右手萬戶三投下孛羅台萬戶
五戶絲丙申年分撥廣平路洺水州一萬七

千三百三十三戶延祐六年實有四千七百三十三戶計絲一千七百三十八斤
江南戶鈔至元十八年分撥全州路清湘縣一萬七千九百一十九戶計鈔七百一十六錠

忒木台駙馬
五戶絲丙申年分撥廣平路磁州九千四百五十七戶延祐六年實有二千四百七戶計絲九百八十九斤
江南戶鈔至元二十二年分撥全州路錄事司九千八百七十六戶計鈔三百九十五錠

斡闊烈闍里必

五戶絲丙申年分撥廣平路一萬五千八百七戶延祐六年實有一千七百三戶計絲六百八十斤

江南戶鈔至元二十年分撥全州路灌陽縣一萬六千一百五十七戶計鈔六百四十六錠

左手九千戶合丹大息千戶

五戶絲丙申年分撥河間路齊東縣一千二十三戶延祐六年實有三百六十六戶計絲一百六十斤

江南戶鈔至元十八年分撥藤州蒼梧縣一千二百四十四戶計鈔九錠

也速不花等四千戶

五戶絲丙申年分撥河間路陵州一千三百一十七戶延祐六年實有五百五十九戶計絲二百二十三斤

也速兀兒等三千戶

五戶絲丙申年分撥河間路寧津縣一千七百七十五戶延祐六年實有七百二十二戶計絲二百八十八斤

江南戶鈔至元十八年分撥藤州等處三千七百三十二戶計絲二百八十八斤

帖柳兀禿千戶

五戶絲丙申年分撥河間路臨邑縣一千四百五十戶延祐六年實有三百五十四戶計絲二百六斤

江南戶鈔至元十八年分撥藤州一千二百四十四戶計鈔四十九錠

和斜溫兩投下一千二百戶

五戶絲丙申年分撥曹州一萬戶延祐六年

實有一千九百二十八戶計絲七百四十八斤

江南戶鈔至元十八年分撥貴州一萬五百戶計鈔四百二十錠

忽都虎官人

五戶絲壬子年查認過廣平等處四千戶

江南戶鈔至元十八年分撥韶州曲江縣五千三百九戶計鈔二百一十二錠

滅古赤

五戶絲丙申年分撥鳳翔府實有一百三十戶

江南戶鈔至元二十二年分撥永州路祁陽

縣五千戶計鈔二百錠

塔思火兒赤

五戶絲丙申年分撥東平種田戶并壬子年續查戶共六百八十戶延祐六年實有三百八十九戶計絲一百五十五斤

塔丑萬戶

五戶絲壬子年元查平陽等處一百八十六戶延祐六年實有八十一戶計絲三十七斤

察罕官人

五戶絲壬子年元查懷孟等處三千六百六

戶延祐六年實有五百六十戶計絲二百二十四斤

孛羅渾官人

五戶絲壬子年元查保定等處四百一十五戶丁巳年分撥衛輝路淇州一千一百戶延祐六年實有一千九十九戶計絲四百四十九斤

江南戶鈔至元二十七年大德六年分撥四千戶計鈔一百六十錠

速不台官人

五戶絲丁巳年分撥汴梁等處一千一百戶

延祐六年實有五百七十七戶計絲二百三十斤

江南戶鈔至元二十年分撥欽州靈山縣一千六百戶計鈔六十四錠

宿敦官人

五戶絲丁巳年分撥真定一千一百戶延祐六年實有六十四戶計絲二十八斤

也苦千戶

五戶絲丁巳年分撥東平等處一千一百戶延祐六年實有二百九十五戶計絲一百一

十八斤

江南戶鈔至元十八年分撥梅州一千四百戶計鈔五十六錠

阿可兒

五戶絲癸丑年分撥益都路高苑縣一千戶延祐六年實有一百九十六戶計絲七十八斤

伯八千戶

五戶絲丁巳年分撥太原一千一百戶延祐六年實有三百五十一戶計絲一百四十斤

兀里羊哈歹千戶

五戶絲戊午年分撥東平等處一千戶延祐六年實有四百七十九戶計絲一百九十一斤

禿薛官人

五戶絲丁巳年分撥興元等處種田六百戶延祐六年實有二百戶計絲八十斤

塔察兒官人

五戶絲壬子年元查平陽二百戶延祐六年實有二百戶計絲八十斤

折米思拔都兒

五戶絲丙申年分撥懷孟等處一百戶延祐六年實有五十戶計絲二十斤

猱虎官人

五戶絲丁巳年分撥平陽一千戶延祐六年實有六百戶計絲二百四十斤

孛哥帖木兒

五戶絲丙申年分撥真定等處五十八戶計絲二十三斤

也速魯千戶

五戶絲壬子年分撥真定路一百六十九戶延祐六年實有四十戶計絲一十六斤

鎮海相公

五戶絲壬子年元查保定九十五戶延祐六年實有五十三戶計絲二十一斤

按察兒官人

五戶絲壬子年分撥太原等處五百五十戶延祐六年實有九十八戶計絲二十九斤

按攤官人

五戶絲中統元年元查平陽路種田戶六十

戶延祐六年實有四十戶計絲一十六斤

阿术魯拔都

五戶絲壬子年查大名等處三百一十戶延祐六年實有三百一戶計絲一百二十斤

孛羅口下裴太納

五戶絲壬子年元查廣平等處八十二戶延祐六年實有三十戶計絲一十二斤

忒木台行省

五戶絲壬子年元查大同等處七百五十一戶延祐六年實有二百五十五戶計絲一百一十斤

撒禿千戶

江南戶鈔至元二十年分撥潯州三千戶計鈔一百二十錠

也可太傅

五戶絲壬子年元查上都五百四十戶延祐六年實有三百戶計絲一百二十斤

迭哥官人

五戶絲丙申年分撥大名清豐縣一千七百一十三戶延祐六年實有一千三百七戶計絲五百七斤

卜迭捏拔都兒

五戶絲壬子年元查懷孟八十八戶延祐六年實有四十戶計絲一十六斤

黃兀兒塔海

五戶絲丙申年分撥平陽一百四十四戶延祐六年實有一百戶計絲四十斤

怯來千戶

江南戶鈔至元二十年分撥潯州路三千戶計鈔一百二十錠

哈剌口溫

五戶絲壬子年元查真定三十二戶

曳剌中書兀圖撒罕里

五戶絲壬子年元查大都等處八百七十戶延祐六年實有四百四十九戶計絲一百一十七斤

欠帖木

五戶絲壬子年元查曹州三十四戶延祐六年實有三十四戶

欠帖溫

歲賜絹一百匹弓絃一千條

江南戶鈔至元十九年分撥梅州安仁縣四千戶計鈔一百六十錠

扎八忽娘子

歲賜常課段四百七十四

魚兒泊八剌千戶

五戶絲大德元年分撥真定等處一千戶延祐三年實有六百戶計絲二百四十斤

昔寶赤

江南戶鈔至元二十一年分撥衡州路安仁縣四千戶計鈔一百六十錠

八剌哈赤
江南戶鈔至元二十一年分撥台州路天台
縣四千戶計鈔一百六十定
阿塔赤
江南戶鈔至元二十一年分撥常德路沅江
縣四千戶計鈔一百六十錠
必闍赤
江南戶鈔至元二十一年分撥袁州路萬載
縣三千戶計鈔一百二十錠
貴赤

江南戶鈔至元二十一年分撥和州歷陽縣
四千戶計鈔一百六十錠
厥列赤
江南戶鈔至元二十一年分撥婺州永康縣
五十戶計鈔二十錠
八兒赤不魯古赤
江南戶鈔至元二十一年分撥衡州路酃縣
六百戶計鈔二十四錠
阿速拔都
江南戶鈔至元二十一年分撥廬州等處三
千四百九戶計鈔一百三十六錠
也可怯薛
江南戶鈔至元二十一年分撥武岡路武縣
五千戶計鈔二百錠
忽都荅兒怯薛
江南戶鈔至元二十一年分撥武岡路新寧
縣五千戶計鈔二百錠
帖古迭兒怯薛
江南戶鈔至元二十一年分撥常德路龍陽
縣五千戶計鈔二百錠

月赤察兒怯薛
江南戶鈔至元二十一年分撥武岡路綏寧
縣五千戶計鈔二百錠
玉龍帖木兒千戶
江南戶鈔至元二十年分撥潯州三千戶計
鈔一百二十錠
別苦千戶
江南戶鈔至元二十年分撥潯州三千戶計
鈔一百二十錠
憧兀兒王

江南戶鈔延祐二年爲始支中統鈔二百錠

無城池

霍木海

五戶絲壬子年元查大明等處三十三戶

哈剌赤禿禿哈

江南戶鈔至元二十一年分撥饒州路四千戶計鈔一百六十錠

添都虎兒

五戶絲丙申年分撥真定一百戶

賈荅剌罕

五戶絲壬子年元查大都一十四戶

阿剌博兒赤

五戶絲壬子年元查真定五十五戶

忽都那顔

五戶絲壬子年元查大名二十戶

忽辛火者

五戶絲壬子年元查真定二十七戶

大忒木兒

五戶絲壬子年元查真定二十二戶

布八火兒赤

五戶絲壬子年元查大都八十四戶

塔蘭官人

五戶絲壬子年元查大寧三戶

憨剌哈兒

五戶絲壬子年元查保定二十一戶

昔里吉萬戶

五戶絲壬子年元查大都七十九戶

清河縣達魯花赤也速

五戶絲壬子年元查大名二十戶

塔剌罕劉元帥

五戶絲壬子年元查順德一十九戶

怯薛台蠻子

五戶絲壬子年元查泰安州七戶

必闍赤汪古台

五戶絲壬子年元查汴梁等處四十六戶

阿剌罕萬戶

五戶絲壬子年元查保定一戶

徐都官人

五戶絲壬子年元查大都三十一戶

西川城左翼蒙古漢軍萬戶脫力失

歲賜常課段三十三匹

伯要歹千户

歲賜叚二十四匹

典迭兒

歲賜常課段六十四匹

燕帖木兒太平王

歲賜天曆元年定金十錠銀五十錠鈔一萬錠

分撥江東道太平路地五百頃

元史志卷第四十四

翰林學士亞中大夫知制誥兼修國史臣宋濂 翰林待制承直郎同知制誥兼國史院編修官臣王禕等奉

勅修

食貨四

俸秩

官必有祿所以養廉也元初未置祿秩世祖即位之初首命給之內而朝臣百司外而路府州縣微而府史胥徒莫不有祿大德中以外有司有職田於是無職田者復益之以俸米其所以養官吏者不亦厚乎祿秩之制凡朝廷職官中統元年定之六部官二年定之隨路州縣官是年十月定之至元六年又分上中下縣爲三等提刑按察司官吏六年定之自經歷以下七年復增之轉運司官及諸匠官七年定之其運司依民官例於差發內支給至十七年定奪俸祿凡內外官吏皆住支十八年更命公事畢而無罪者給之公事未畢而有罪者逐之二十二年重定百官俸始於各品分上中下三例視職事爲差事大者依上例事小者依中例二十三年又命內外官吏俸以十分爲率添支五分二十九年定各處儒學教授俸與蒙古醫學同成宗大德三年詔益小吏俸米六年

又定各處行省宣慰司致用院宣撫司茶鹽運司鐵冶都提舉司淘金總管府銀場提舉司等官循行俸例七年始加給內外官吏俸米凡俸一十兩以下人員依小吏例每十兩給米一斗十兩以上至二十五兩每員給米一石餘上之數每俸一兩給米一升無米則驗其時直給價雖貴每石不過二十兩上都大同隆興甘肅等處素非產米之地每石權給中統鈔二十五兩俸三定以上者不給至大二年詔隨朝官員及軍官等俸改給至元鈔而罷其俸米延祐七年又命隨朝官吏俸以十分為率給米三分兌諸官員

上任者不過初二日罷任者已過初五日給當月俸各路官擅剋官吏俸者罪之諸職官病假百日之外及因病求醫親老告侍者不給祿後官已至而前官被差者其俸兩給之隨朝官吏每月給俸如告假事故當官立限者全給違限託故者追罰軍官差出者許借俸歿於王事者借俸免徵各投下保充路府州縣等官其俸與王官等職田之制路府州縣官至元三年定之按察司官十四年定之江南行省及諸司官二十一年定之其數減腹裏之半至武宗至大二年外官有職田者三品給祿米一百石四品給六十石五品五十石六品四十五石七品以下四十石俸鈔改支至元鈔其田拘收入官四年又詔公田及俸皆復舊制延祐三年外官無職田者量給粟麥凡交代官芒種已前去任者其租後官收之已後去任者前官分收後又以爭競者多俾各驗其俸月以為多寡其大略如此今取其制之可攷者具列于后

至元二十二年百官俸例各品分上中下三等

從一品		六定	五定
正二品		四定二十伍兩	四定一十五兩
從二品		四定	三定三十五兩

正三品	三定二十五兩	三定二十五兩	三定一十五兩
從三品	三定	三定	二定三十五兩
正四品	二定二十五兩	二定二十五兩	二定一十五兩
從四品	二定	二定	一定四十五兩
正五品	一定四十兩	一定四十兩	一定三十兩

從五品　一定三十兩　一定二十兩
正六品　一定二十兩　一定一十五兩
從六品　一定一十五兩　一定一十兩
正七品　一定一十兩　一定五兩
從七品　一定五兩　一定
正八品　一定　四十五兩
從八品　四十五兩　四十兩
正九品　四十兩　三十五兩
從九品　三十五兩
內外官俸數

太師府太師俸一百四十貫米一十五石諮議參
軍俸四十五貫米四石五斗長史俸三十四貫
六錢六分米三石　太傅太保府同　監脩國
史參軍長史同
中書省右丞相俸一百四十貫米一十五石左丞
相同平章政事俸一百二十八貫六錢六分六
釐米一十二石右丞俸一百一十八貫六錢六
分六釐米一十二石左丞同參知政事俸九十
五貫三錢三分三釐米九石五斗參議俸五十
九貫米六石郎中俸四十二貫米四石五斗員

外郎俸三十四貫六錢六分六釐米三石都事
俸二十八貫米三石　承發管勾俸二十五貫
三錢三分三釐米二石照磨省架閣庫管勾回
回架閣庫管勾並同　檢校官俸二十八貫米
三石五斗　斷事官內一十八員俸各八十二
貫六錢六分六釐米八石五斗一十四員俸各
五十九貫三錢三分三釐米六石一員俸五十
四貫六錢六分六釐米五石五斗一員俸四十
貫六錢六分六釐米四石經歷俸二十三貫六
錢六分六釐米二石五斗知事俸二十二貫米

二石　客省使俸三十九貫三錢三分三釐米
三石五斗副使俸二十八貫米三石　直省舍
人俸三十四貫六錢六分六釐米三石　六部
尚書俸七十八貫米八石侍郎俸五十三貫三
錢三分三釐米五石郎中俸三十四貫六錢六
分六釐米三石員外郎俸二十八貫米三石主
事俸二十六貫六錢六分六釐米二石五斗戶
部司計俸二十八貫米三石工部司程俸一十
八貫米二石五斗刑部獄丞俸一十一貫米一
石司籍提領俸一十二貫六錢六分六釐米一

石同提領俸一十一貫三錢三釐米五斗樞密院知院俸一百二十九貫三錢三分三釐米一十三石五斗同知俸一百六貫米一十一石副樞俸九十五貫三錢三分三釐米九石五斗僉院俸九十貫一錢八分六釐米九石五斗同僉俸五十九貫三錢三分三釐米六石院判俸四十二貫米四石五斗　參議俸三十九貫三錢三分三釐米三石五斗經歷俸三十四貫六錢六分六釐米三石都事俸二十八貫米二石照磨俸二十二貫米二石管勾同　斷事官俸五十九貫三錢三分三釐米六石經歷俸二十五貫三錢三分三釐米二石知事俸二十貫六錢六分六釐米一石五斗　客省使俸三十一貫三錢三分三釐米三石副使俸二十二貫米二石　右衛都指揮使俸七十貫米七石五斗副都指揮使俸五十九貫三錢三分三釐米六石僉事俸四十八貫六錢六分六釐米四石五斗經歷俸二十五貫三錢三分三釐米二石知事俸二十貫六錢六分六釐米一石五斗照磨俸一十八貫六錢六分六釐米一石五斗　鎮

撫俸二十貫六錢六分六釐米一石五斗　行軍官千戶俸二十五貫三錢三分三釐米二石副千戶俸二十貫六錢六分六釐米一石五斗百戶俸一十七貫三錢三分三釐米一石五斗彈壓俸一十二貫六錢六分六釐米一石知事俸一十一貫三錢三分三釐米一石　管軍官千戶俸二十貫六錢六分六釐米一石五斗百戶俸一十二貫六錢六分六釐米一石彈壓俸一十一貫三錢三分三釐米五斗都目俸一十貫米五斗屯田千戶所同管軍官例　左衛前衛後衛中衛武衛左阿速衛右阿速衛左都威衛右都威衛左欽察衛右欽察衛左衛率府宗仁衛西域司唐兀司貴赤司並同右衛例　忠翊侍衛都指揮使俸一百貫副使俸八十三貫三錢三分三釐僉事俸六十六貫六錢六分六釐經歷俸三十三貫三錢三分三釐知事俸二十六貫六錢六分六釐照磨俸二十四貫六錢六分六釐　行軍官千戶俸三十三貫三錢三分三釐副千戶俸二十六貫六錢六分六釐百戶俸二十三貫三錢三分三釐彈壓俸一十六

貫六錢六分六釐知事俸一十五貫三錢三分三釐　管軍官千戶俸二十六貫六錢六分六釐百戶俸一十六貫六錢六分六釐彈壓俸一十三貫三錢三分三釐　右手屯田千戶所千戶俸二十六貫六錢六分六釐百戶俸一十六貫六錢六分六釐左手屯田千戶所同　隆鎮衛右翊蒙古侍衛並同忠翊侍衛例

御史臺御史大夫俸一百一十八貫六錢六分米一十二石中丞俸一百六貫米一十一石侍御史俸九十六貫三錢五分米九石五斗治書侍

御史俸九十貫一錢八分米九石五斗經歷俸三十四貫六錢六分米三石都事俸二十八貫米三石　殿中俸四十八貫六錢六分米四石五斗知班俸一十四貫米一石五斗　監察御史俸二十八貫米三石

奎章閣學士院大學士俸一百一貫三錢三分三釐米一十石五斗侍書學士俸九十五貫三錢三分三釐米九石五斗承制學士俸七十八貫米八石供奉學士俸五十九貫三錢三分三釐米六石叅書俸三十四貫三錢三分三釐米三石典籤俸二十八貫米三石　鑑書博士俸四十一貫米四石五斗　授經郎俸二十八貫米三石

太禧宗禋院院使俸一百一十八貫六錢六分六釐米一十二石同知俸一百貫米一十石副使俸九十五貫三錢三分三釐米九石五斗僉院俸九十貫一錢八分米九石同僉俸五十九貫三錢三分三釐米六石院判俸四十二貫米四石五斗叅議俸三十九貫三錢三分三釐米三石五斗經歷俸三十四貫六錢六分六釐米三

石都事俸二十八貫米三石照磨俸二十二貫米二石管勾同　斷事官俸五十九貫三錢三分米六石經歷俸二十五貫三錢三分米二石知事俸二十貫六錢六分米一石五斗　客省使俸三十一貫三錢三分米三石副使俸二十二貫米二石

宣政院院使俸一百一十八貫六錢六分米一十二石同知俸一百六貫米一十一石副使俸九十五貫三錢三分米九石五斗僉院俸九十貫一錢八分米九石五斗同僉俸五十九貫三錢

三分米六石院判俸四十二貫米四石五斗參議俸三十九貫三錢三分米三石五斗經歷俸三十四貫六錢六分米三石五斗都事俸二十八貫米三石照磨俸二十二貫米二石管勾同斷事官客省使並同太禧宗禋院例　宣徽院同

翰林國史院承旨俸一百一十八貫六錢六分米一十二石學士俸一百六貫米一十一石侍讀學士俸九十五貫三錢三分米九石五斗侍講學士同直學士俸五十九貫三錢三分三釐米

六石經歷俸三十四貫六錢六分六釐米三石都事俸二十八貫米三石　待制俸三十九貫三錢三分三釐米三石五斗脩撰俸二十八貫米三石應奉俸二十五貫三錢三分三釐米二石編脩俸二十二貫米二石檢閱同典籍俸二十貫六錢六分六釐米一石五斗　翰林院集賢院（大學士同承旨）餘並同上例

中政院院使俸一百一貫三錢三分三釐米一十石五斗同知俸八十二貫六錢六分六釐米八石五斗僉院俸七十貫米七石五斗同僉俸五十九貫三錢三分三釐米六石院判俸四十三貫米四石五斗司議俸三十四貫六錢六分六釐米三石長史俸二十八貫米三石照磨俸二十二貫米二石管勾同　太醫院典瑞院將作院太史院儲政院並同

太常禮儀院院使俸八十二貫六錢六分米八石五斗同知俸七十二貫米七石五斗僉院俸四十八貫六錢六分六釐米四石五斗同僉俸四十二貫米四石五斗院判俸三十七貫三錢三分三釐米四石經歷俸二十八貫米三石都事

俸二十五貫三錢三分米二石照磨俸二十二貫米二石　太祝俸二十貫六錢六分米一石五斗奉禮協律同

通政院院使俸八十二貫六錢六分六釐米八石五斗同知俸七十貫米七石五斗副使俸五十九貫三錢三分三釐米六石僉院俸四十八貫六錢六分六釐米四石五斗同僉俸四十四貫米四石五斗院判俸三十九貫三錢三分三釐米三石五斗經歷俸三十四貫六錢六分六釐米三石都事俸二十六貫六錢六分六釐米二

石五斗照磨俸二十二貫米二石
太宗正府也可扎魯忽赤內一員俸一百一十八貫六錢六分六釐米一十二石二十七員俸八十二貫六錢六分六釐米八石五員俸六十七貫三錢三分三釐米六石五斗郎中俸三十六貫米三石五斗員外郎俸三十一貫三錢三分三釐米三石都事俸二十六貫六錢六分六釐米二石五斗照磨俸二十二貫米二石管勾同
大司農司大司農俸一百一十八貫六錢六分米一十二石大司農卿俸一百三貫米一十一石

元史志卷四十五上　十二

大司農少卿俸九十五貫三錢三分米九石五斗大司農丞俸九十貫一錢八分米九石五斗經歷俸三十四貫六錢六分米三石都事俸二十八貫米三石照磨俸二十二貫米二石管勾同
內史府內史俸一百四十三貫三錢三分中尉俸一百一十六貫六錢六分六釐司馬俸八十三貫三錢三分三釐諮議俸四十六貫六錢六分六釐記室俸四十貫照磨俸三十貫
大都留守司留守俸一百一貫三錢三分米一十

石五斗同知俸八十二貫六錢六分米八石五斗副留守俸五十九貫三錢三分三釐米六石留判俸四十二貫米四石五斗經歷俸三十四貫六錢六分六釐米三石都事俸二十八貫米三石照磨俸二十二貫米二石
都護府大都護俸八十二貫六錢六分六釐米八石五斗同知俸七十二貫米七石五斗副都護俸五十九貫三錢三分三釐米六石經歷俸二十八貫米三石都事俸二十六貫六錢六分六釐米二石五斗照磨俸二十二貫米二石

元史志卷四十五上　十三

崇福司司使俸八十二貫六錢六分六釐米八石同知俸七十貫米七石五斗副使俸五十九貫三錢三分米六石司丞俸三十九貫三錢三分米三石五斗經歷俸二十八貫米三石都事俸二十六貫六分六釐米二石五斗照磨俸二十二貫米二石
給事中俸五十三貫三錢三分三釐米五石左右侍儀奉御俸四十八貫六錢六分六釐米四石五斗
武備寺卿俸七十貫米七石五斗同判俸五十九

貫三錢三分三釐米六石少卿俸四十二貫米四石五斗寺丞俸三十九貫三錢三分三釐米三石五斗經歷俸二十五貫三錢三分三釐米二石知事俸二十四貫米二石照磨俸二十二貫米二石

太僕寺卿俸七十貫米七石五斗少卿俸四十二貫米四石五斗寺丞俸三十九貫三錢三分米三石五斗經歷俸二十五貫三錢三分三釐米二石知事俸二十二貫米二石照磨俸二十貫六錢六分米一石五斗　光祿長慶長新長秋

承徽長寧尚乘長信等寺並同

尚舍寺太監俸四十八貫六錢六分米四石少監俸三十九貫三錢三分米三石五斗監丞俸三十一貫三錢三分米二石知事俸二十二貫米二石

侍儀司侍儀使俸七十貫米七石五斗引進使俸四十八貫六錢六分米四石五斗典簿俸二十五貫三錢三分米二石　承奉班都知俸二十六貫六錢六分米二石五斗通事舍人俸二十五貫三錢三分米二石侍儀舍人俸一十七貫三錢三分米一石五斗

拱衛司都指揮使俸七十貫米七石五斗副都指揮使俸五十九貫三錢三分三釐米六石僉事俸四十八貫六錢六分六釐米四石五斗經歷俸二十五貫三錢三分三釐米二石知事俸二十貫六錢六分六釐米一石五斗

內宰司內宰俸七十貫米七石五斗司丞俸四十五貫米四石五斗典簿俸二十五貫三錢三分米二石照磨俸二十貫六錢六分米一石五斗

翊正司同

延慶司延慶使俸一百貫同知俸六十三貫三錢三分三釐副使俸四十六貫六錢六分六釐司丞俸三十四貫六錢六分六釐米三石典簿俸二十五貫三錢三分三釐米二石照磨俸二十貫六錢六分六釐米一石五斗

內正司司卿俸七十貫米七石五斗少卿俸四十七貫米四石五斗司丞俸三十九貫三錢三分三釐米三石五斗典簿俸二十五貫三錢三分三釐米二石照磨俸二十貫六錢六分米一石五斗　中瑞司同

京畿運司運使俸五十六貫米六石同知俸三十九貫三錢三分米三石五斗運副俸三十四貫六錢六分米三石運判俸二十六貫六錢六分米二石五斗經歷俸二十貫六錢六分米一石五斗知事俸一十四貫米一石五斗提控案牘俸一十四貫六錢六分米一石

太府監卿俸七十貫米七石五斗太監俸五十九貫三錢三分米六石少監俸四十二貫米四石五斗監丞俸三十九貫三錢三分米三石五斗經歷俸二十五貫三錢三分米二石知事俸二

十四貫米二石照磨俸二十二貫米二石　祕書章佩利用中尚度支等監並同

國子監祭酒俸五十九貫三錢三分米六石司業俸三十九貫三錢三分米三石五斗監丞俸三十貫三錢三分米三石典簿俸一十五貫三錢三分米二石　博士俸二十六貫六錢六分米二石五斗太常博士回回國子博士同助教俸二十二貫米二石教授同學錄俸一十一貫三錢三分米五斗蒙古國子監同

經正監卿俸七十貫米七石五斗太監俸五十貫

米五石少監俸四十二貫米四石五斗監丞俸三十四貫六錢六分六釐米三石經歷俸二十五貫三錢三分三釐米二石知事俸二十二貫米二石

闌遺監太監俸四十八貫六錢六分米四石少監俸三十九貫三錢三分三釐米三石監丞俸三十一貫三錢三分米三石知事俸二十二貫米二石提控案牘俸二十貫六錢六分米一石五斗

司天監提點俸五十九貫三錢三分米六石司天

監俸五十三貫三錢三分米五石監丞俸三十一貫三錢三分米三石知事俸二十貫六錢六分六釐米一石五斗　教授俸一十貫六錢六分米一石管勾同司辰俸八貫六錢六分米五斗學正押宿並同　回回司天監少監俸四十二貫米四石五斗餘同上

都水監都水卿俸五十三貫米六石少監俸三十九貫三錢三分米三石五斗監丞俸三十貫米三石經歷俸二十五貫三錢三分米二石知事俸二十二貫米二石

大都路達魯花赤俸一百三十貫總管同副達魯花赤一百二十貫同知八十貫治中同判官五十五貫推官五十貫經歷四十貫知事三十貫提控案牘二十五貫照磨同並中統鈔

行省左丞相俸二百貫平章政事一百六十六貫六錢六分六釐右丞左丞同參知政事一百三十三貫三錢三分三釐郎中四十六貫六錢六分六釐員外郎三十貫都事二十六貫六錢六分六釐檢校同管勾二十三貫三錢三分三釐理問所理問俸四十六貫六錢六分六釐副

理問俸三十貫知事俸一十六貫六錢六分六釐提控案牘同

宣慰司　腹裏宣慰使俸中統鈔五百八十貫三錢三分同知五百貫副使四百一十六貫六錢六分經歷四百貫都事一百八十三貫三錢三分照磨一百五十貫　行省宣慰使俸至元鈔八十七貫五錢同知四十九貫副使四十二貫經歷二十八貫都事二十四貫照磨一十七貫五錢

廉訪司廉訪使俸中統鈔八十貫副使四十五貫僉事三十貫經歷二十貫知事一十五貫照磨一十二貫

鹽運司　腹裏運使俸一百二十貫同知五十貫副使三十五貫判官三十貫經歷二十貫知事一十五貫照磨一十三貫　行省運使八十貫同知五十貫運副四十貫判官三十貫經歷二十五貫知事一十七貫提控案牘一十五貫

上路達魯花赤俸八十貫總管同同知四十貫治中三十貫判官二十貫推官一十九貫經歷一十七貫知事一十二貫提控案牘一十貫　下

路達魯花赤俸七十貫總管同同知三十五貫判官二十貫推官一十九貫經歷一十七貫知事一十二貫提控案牘一十貫

散府達魯花赤俸六十貫知府同同知三十貫判官一十八貫推官同知事一十二貫提控案牘一十貫

上州達魯花赤俸五十貫州尹同同知二十五貫判官一十八貫知事一十二貫提控案牘一十貫　中州達魯花赤俸四十貫知州同同知二十貫判官一十五貫提控案牘一十貫都目八

貫　下州達魯花赤俸三十貫知州同同知一十八貫判官一十三貫吏目四十貫
上縣達魯花赤俸二十貫縣尹同縣丞一十五貫主簿一十三貫縣尉一十二貫典史三十五貫巡檢一十貫　中縣達魯花赤俸一十八貫縣尹同主簿一十三貫縣尉一十二貫典史三十五貫　下縣達魯花赤俸一十七貫縣尹同主簿一十二貫縣尉同典史三十五貫
諸署諸局諸庫等官及掾吏之屬其目甚多不可勝書然其俸數之多寡亦皆以品級之高下為則觀者可以類推故略而不錄

職田數

至元三年定隨路府州縣官員職田上路達魯花赤一十六頃總管同同知八頃治中六頃府判五頃　下路達魯花赤一十四頃總管同同知七頃府判五頃　散府達魯花赤一十頃知府同同知六頃府判四頃　上州達魯花赤一十頃州尹同同知五頃州判四頃　中州達魯花赤八頃知州同同知四頃州判三頃　下州達魯花赤六頃知州同州判三頃　警巡院達魯花赤五頃警使同警副四頃警判三頃　錄事司達魯花赤三頃錄事同錄判二頃　縣達魯花赤四頃縣尹同縣丞三頃主簿二頃縣尉主簿兼尉並同　經歷四頃
至元十四年定按察司職田各道按察使一十六頃副使八頃僉事六頃
至元二十一年定江南行省及諸司職田比腹裏減半上路達魯花赤八頃總管同同知四頃治中三頃府判二頃五十畝　下路達魯花赤七頃總管同同知三頃五十畝府判二頃五十畝

經歷二頃知事一頃提控案牘同　散府達魯花赤六頃知府同同知三頃府判二頃提控案牘一頃　上州達魯花赤五頃知州同同知二頃州判同提控案牘一頃　中州達魯花赤四頃知州同同知二頃州判一頃五十畝都目五十畝　下州達魯花赤三頃知州同同知二頃州判一頃五十畝　上縣達魯花赤二頃縣尹同縣丞一頃五十畝主簿一頃縣尉同　中縣同上（縣無丞）下縣達魯花赤一頃五十畝縣尹同主簿兼尉一頃　錄事司達魯花赤一頃五十

畝録事同録判一員　司獄一員巡檢同
按察司使八員副使四員僉事三員經歷二員知
事一員　運司官運使八員同知四員運副三
員運判同經歷二員知事二員提控案牘同
鹽司官鹽使二員鹽副二員鹽判一員　各場
正同管勾各一員

常平義倉

常平起于漢之耿壽昌義倉起于唐之戴胄皆救荒之良法也元立義倉于鄉社又置常平于路府使饑不損民豐不傷農粟直不低昂而民無菜色可謂善

法漢唐者矣今攷其制常平倉世祖至元六年始立其法豐年米賤官爲增價糴之歉年米貴官爲減價糶之於是八年以和糴粮及諸河倉所撥粮貯焉二十三年定鐵法又以鐵課糴粮充焉義倉亦至元六年始立其法社置一倉以社長主之豐年每親丁納粟五斗驅丁二斗無粟聽納雜色歉年就給社民於是二十一年新城縣水二十九年東平等處饑皆發義倉賑之皇慶二年復申其令然行之既久名存而實廢豈非有司之過與

惠民藥局

周官有醫師掌醫之政令凡邦有疾病疕瘍者造焉則使醫分而治之此民所以無夭折之患也元立惠民藥局官給鈔本月營子錢以備藥物仍擇良醫主之以療貧民其深得周官設醫師之美意者與初太宗九年始於燕京等十路置局以奉御田闊闊太醫王璧齊楫等爲局官給銀五百定爲規運之本世祖中統二年又命王祐開局四年復置局於上都每中統鈔一百兩收息錢一兩五錢至元二十五年以陥失官本悉罷革之至成宗大德三年又準舊例於各路置焉凡局皆以各路正官提調所設良醫上路二

名下路府州各一名其所給鈔本亦驗民户多寡以爲等差今併著于后

腹裏三千七百八十定

河南行省二百七十定

湖廣行省一千一百五十定

遼陽行省二百四十定　四川行省二百四十定

陝西行省二百四十定　江西行省三百定

江浙行省二千六百一十五定

雲南行省真𧴩一萬一千五百索

甘肅行省一百定

市糴

和糴自唐始所以備邊庭軍需也其弊至於害民者蓋有之矣元和糴之名有二曰市糴粮曰鹽折草率皆增其直而市於民於是邊庭之兵不乏食京師之馬不乏芻而民亦用以不困其為法不亦善乎

市糴粮之法世祖中統二年始以鈔一千二百定於上都北京西京等處糴三萬石四年以解鹽引一萬五千道和中陝西軍儲是年三月又命扎馬剌丁糴粮仍勑軍民官毋沮五年諭北京西京等路市糴軍粮至元三年以南京等處和糴四十萬石四年命沔

州等處中納官粮續還其直八年驗各路粮粟價直增十分之一和糴三十九萬四千六百六十石十六年以兩淮鹽引五萬道募客旅中糧十九年以鈔三萬定市糴於隆興等處二十年以鈔五千定市於北京六萬定市於上都二千定市於應昌二十一年以河間山東兩浙兩淮鹽引募諸人中糧是年四月以鈔四千定於應昌市糴九月發鹽引七萬道鈔三萬定於上都和糴二十二年以鈔五萬定令木八剌沙和糴於上都是年二月詔江南民田秋成官為定例收糴次年減價出糴二十三年發鈔五千定市糴沙靜隆興軍粮二十四年官發鹽引聽民中粮是年十二月以揚州杭州鹽引五十萬道兌換民粮二十七年和糴西京粮其價每一十兩之上增一兩延祐三年中糴和林粮二十三萬石五年六年又各和中二十萬石

鹽折草之法成宗大德八年定其則例每年以河間鹽令有司於五月預給京畿郡縣之民至秋成各驗鹽數輸草以給京師秣馬之用每鹽二斤折草一束重一十斤歲用草八百萬束折鹽四萬引云

賑恤

救荒之政莫大於賑恤元賑恤之名有二曰蠲免者免其差稅即周官大司徒所謂薄征者也曰賑貸者給以米粟即周官大司徒所謂散利者也然蠲免有以恩免者有以災免者賑貸有以鰥寡孤獨而賑者有以水旱疫癘而賑者有以京師人物繁湊而每歲賑糶者若夫納粟補官之令亦救荒之一策也其為制各不同今並著于后以見其仁厚愛民之意云

恩免之制世祖中統元年量減絲料包銀分數二年免西京北京燕京差發是年二月以真定大名河南陝西東平益都平陽等路兵興之際勞於轉輸其差

發減輕科取三年北京等路以兵興供給繁重免本歲絲料包銀是年閏九月以濟南路遭李璮之亂軍民皆饑盡除差發四年以西涼民户值渾都海阿藍觧兒之亂人民流散免差稅三年至元元年詔減明年包銀十分之三全無業者十之七是年四月逃户復業者免差稅三年三年減中都包銀四分之一十二年蠲免包銀絲線俸鈔是年八月免河南路包銀三分之二其餘路府亦免十之五十九年免諸路民户明年包銀俸鈔及逃移户差稅二十年免大都平灤民户絲線俸鈔二十二年除民間包銀三年不使

帶納俸鈔盡免大都軍民地稅二十四年免東京軍民絲線包銀俸鈔是年九月除北京馬五百匹二十五年免遼陽武平等處差發二十七年減河間保定平灤三路絲線之半大都全免二十八年詔免腹裏諸路包銀俸鈔其大都上都隆興平灤大同太原河間保定武平遼陽十路絲線並除之二十九年免上都隆興平灤保定河間五路包銀俸鈔三十年免大都差稅三十一年成宗即位詔免天下差稅有差是年六月免腹裏軍站匠船鹽鐵等户稅粮及江南夏稅之半元貞元年除大都民户絲線包銀稅粮大德

元年以改元免大都上都隆興民户差稅三年三年詔免腹裏包銀俸鈔及江南夏稅十分之三四年詔免上都大都隆興明年絲銀稅粮其數亦如之江南租稅減十分之一九年又下寛免之令以恤大都上都隆興腹裏江淮之民十年逃移民户復業者免差稅三年十一年武宗即位詔免内外郡縣差稅有差至大二年上尊號詔免腹裏江淮差稅三年又免大都上都中都秋稅及民間差稅之負欠者四年免腹裏包銀及江南夏稅十分之三是年四月免大都上都中都差稅三年延祐元年以改元免大都上都差

稅二年其餘被災經賑者免一年流民復業者免差稅三年二年免各路差稅絲料七年免腹裏絲綿十分之五外郡十分之三江淮夏稅所免之數與外郡絲綿同民間逋欠差稅並除之是年免丁地稅粮包銀絲料各有差至治二年寛恤軍民站户三年免臨青萬户府軍民船户差稅三年福建蛋户差稅一年泰定三年罷江淮以南包銀天曆元年免諸路差稅絲料有差及海北鹽課三年二年免達達軍站之貧乏者及各路差稅有差是年十月免人民逋欠官錢及奉元商稅各處竈户雜役至順元年以改元免諸

路差稅有差减方物之貢免河南府懷慶路門攤海
北鹽課存恤紅城兒屯田軍三年

災免之制世祖中統元年以各處被灾驗實减免科差三年以鑾寇攻掠免三叉沽竈戶一百六十五戶其年絲料包銀四年以秋旱霜災减大名等路稅粮至元三年以東平等處蠶災减其絲料五年以益都等路禾損蠲其差稅六年以濟南益都懷孟德州淄萊博州曹州真定順德河間濟州東平恩州南京等處桑蠶災傷量免絲料七年南京河南蝗旱减差徭十分之六十九年减京師民戶科差之半二十年以水

旱相仍免江南稅粮十分之二二十四年免北京饑民差稅是年揚州及浙西水其地稅在揚州者全免浙西减二分二十五年南安等處被寇兵者稅粮免徵二十六年紹興路水免地稅十之三是年六月以禾稼不收免遼陽差稅二十七年大都遼陽被災免其包銀俸鈔是年六月以霖雨免河間等路絲料之半十月以興松二州霜免其地稅二十八年遼陽被災者稅粮皆免徵其餘量徵其半是年五月以太原去歲不登杭州被水其太原丁地稅粮杭州地稅並除之九月又免州路所負歲粮二十九年以北京地

震量减歲課是年以大都去歲不登流移者衆免其稅粮及包銀俸鈔元貞元年以供給繁重及水傷禾稼免咸平府邉民差稅大德三年以旱蝗除揚州淮安兩路稅粮五年各路被災重者其差稅並除之六年免大都平灤差稅七年以內郡饑荆湖川蜀供給軍餉其差稅减免各有差八年以平陽太原地震免差稅三年至大元年以江南江北水旱民饑其科差夏稅並免之二年以腹裏江淮被災其科差夏稅亦並免之皇慶二年免益都饑民貸糧延祐二年河南歸德南陽徐邳陳蔡許州荆門襄陽等處水三年肅

州等處連歲被災皆免其民戶稅粮天曆元年陝西霜旱免其科差一年鹽官州海潮免其秋粮夏稅是年十二月詔經寇盗剽掠州縣免差稅一年二年以關陝旱免差稅三年至順元年以河南懷慶旱其門攤課程及逋欠差稅皆免徵

鰥寡孤獨賑貸之制世祖中統元年首詔天下鰥寡孤獨癈疾不能自存之人天民之無告者也命所在官司以粮贍之至元元年又詔病者給藥貧者給粮八年令各路設濟衆院以居處之於粮之外復給以薪十年以官吏破除入己凡粮薪並勅於公廳給散

十九年各路立養濟院一所仍委憲司點治二十年給京師南城孤老衣粮房舍二十八年給寡婦冬夏衣二十九年給貧子柴薪日五斤三十一年特賜米絹元貞二年詔各處孤老凡遇寛恩人給布帛各一大德三年詔遇天壽節人給中統鈔二貫永爲定例六年給死者棺木錢

水旱疫癘賑貸之制中統元年平陽旱遣使賑之二年遷曳捏即地貧民就食河南平陽太原三年濟南饑以粮三萬石賑之是年七月以課銀一百五十定濟甘州貧民四年以錢粮幣帛賑東平濟河貧民鈔

四千定賑諸王只必帖木兒部貧民至元二年以鈔百定賑闊闊出所部軍五年益都民饑驗口賑之六年東平河間一十五處饑亦驗口賑之八年以粮賑西京路急遞鋪兵卒十二年濮州等處饑貸粮五千石十六年以江南所運糯米不堪用者賑貧民十九年真定饑賑粮兩月二十年以帛千疋鈔三百定賑水達達地貧民二十三年大都屬郡六處饑賑粮三月二十四年斡端民饑賑鈔萬定是年四月以陳米給貧民七月以粮給諸王阿只吉部貧民大口二斗小口一斗二十六年京兆旱以糧三萬石賑之是年又賑左右翼屯田蠻軍及月兒魯部貧民糧各三月二十七年大都民饑減直糶糧五萬石二十八年以去歲隕霜害稼賑宿衛士怯憐口糧二月以饑賑徽州溧陽等路民糧三月三十一年復賑宿衛士怯憐口糧三月元貞元年諸王阿難荅部民饑賑糧二萬石是年六月以糧一千三百石賑隆興府饑民二千石賑千戶滅禿等軍七月以遼陽民饑賑糧二月大德元年以饑賑遼陽水達達等戶糧五千石公主囊加真位糧二千石是年臨江揚州等路亦饑賑粮有差腹裏并江南災傷之地賑糧三月二年賑龍興臨

江兩路饑民又賑金復州屯田軍糧二月四年鄂州等處民饑發湖廣省糧十萬石賑之七年以鈔萬定賑歸德饑民九年澧陽縣火賑糧二月十一年以饑賑安州高陽等縣糧五千石鄚州穀一萬石奉符等處鈔二千定兩浙江東等處鈔三萬餘定糧二十萬餘石又勸率富戶賑糶粮一百四十餘萬石凡施米者驗其數之多寡而授以院務等官是年又以鈔一十四萬七千餘定鹽引五千道糧三十萬石賑紹興慶元台州三路饑民皇慶元年寧國饑賑糧兩月自延祐之後腹裏江南飢民歲加賑恤其所賑或以粮

或以鹽引或以鈔

京師賑糶之制至元二十二年始行其法於京城南城設鋪各三所分遣官吏發海運之糧減其市直以賑糶焉凡白米每石減鈔五兩南粳米減鈔三兩歲以爲常成宗元貞元年以京師米貴益廣世祖之制設肆三十所發糧七萬餘石糶之白粳米每石中統鈔一十五兩白米每石一十二兩糙米每石六兩五錢二年减米肆爲一十所其每年所糶多至四十餘萬石少亦不下二十餘萬石至大元年增兩城米肆爲一十五所每肆日糶米一百石四年增所糶米價

爲中統鈔二十五貫自是每年所糶率五十餘萬石泰定二年减米價爲二十貫致和元年又减爲一十五貫云賑糶糧之外復有紅貼糧紅貼糧者成宗大德五年始行初賑糶糧多爲豪强嗜利之徒用計巧取弗能周及貧民於是令有司籍兩京貧乏户口之數置半印號簿文貼各書其姓名口數逐月對貼以給大口三斗小口半之其價視賑糶之直三分常減其一與賑糶並行每年撥米總二十萬四千九百餘石閏月不與焉其愛民之仁於此亦可見矣

入粟補官之制元初未嘗舉行天曆三年內外郡縣亢旱爲災於是用太師荅剌罕等言舉而行之凡江南陝西河南等處定爲三等令其富實民户依例出米無米者折納價鈔陝西每石八十兩河南并腹裏每石六十兩江南三省每石四十兩實授茶鹽流官如不仕讓封父母者聽錢穀官考滿依例陞轉陝西省一千五百石之上從七品一千石之上正八品五百石之上從八品三百石之上正九品二百石之上從九品一百石之上上等錢穀官八十石之上中等錢穀官五十石之上下等錢穀官三十石之上旌表門閭河南并腹裏二千石之上從七品一千五百石

之上正八品一千石之上從八品五百石之上正九品三百石之上從九品二百石之上上等錢穀官一百五十石之上中等錢穀官一百石之上下等錢穀官江南三省一萬石之上正七品五千石之上從七品三千石之上正八品二千石之上從八品一千石之上正九品五百石之上從九品三百石之上上等錢穀官二百五十石之上中等錢穀官二百石之上下等錢穀官先已入粟遥授虚名今再入粟者驗其糧數照依資品實授茶鹽流官陝西一千石之上從七品六百六十石之上正八品三百三十石之上從

八品二百石之上正九品一百三十石之上從九品河南并腹裏一千三百三十石之上從七品一千石之上正八品六百六十石之上從八品三百三十石之上正九品二百石之上從九品江南三省六千六百六十石之上正七品三千三百三十石之上從七品二千石之上正八品一千三百三十石之上從九品先已入粟實授茶鹽流官令再入粟者驗其糧數加等升除陝西七百五十石之上五百石之上二百五十石之上一百五十石之上一百石之上河南并腹裏一千石之上七百五十石之上五百石之上二百五十石之上僧道入粟三百石之上賜六字師號都省給之二百石之上四字師號一百石之上二字師號禮部給之四川省富實民户有能入粟赴江陵者依河南省補官例行之夫入粟補官雖非先王之政然荒札之餘民賴其助者多矣故特識于篇末而不敢略云

志卷第四十五上

志卷第四十五下　元史九十七

翰林學士亞中大夫知制誥兼修國史宋濂　翰林待制承直郎同知制誥兼國史院編修官王禕等奉敕修

食貨五

食貨前志據經世大典爲之目凡十有九自天曆以前載之詳矣若夫元統以後海運之多寡鈔法之更變鹽茶之利害其見於六條政類之中及有司采訪事蹟凡有足徵者具録于篇以備參考而喪亂之際其亡逸不存者則闕之

海運

元自世祖用伯顏之言歲漕東南粟由海道以給京師始自至元二十年至于天曆至順由四萬石以上增而爲三百萬以上其所以爲國計者大矣歷歲既久弊日以生水旱相仍公私俱困疲三省之民力以充歲運之恒數而押運監臨之官與夫司出納之吏恣爲貪黷脚價不以時給收支不得其平舡户貧乏耗損益甚兼以風濤不測盜賊出没剽刼覆亡之患自仍改至元之後有不可勝言者矣由是歲運之數漸不如舊至正元年益以河南之粟通計江南三省所運止得二百八十萬石二年又令江浙行省及中

正院財賦總管府撥賜諸人寺觀之粮盡數起運僅得二百六十萬石而已及汝潁倡亂湖廣江右相繼陷没而方國珎張士誠竊據浙東西之地雖縻以好爵資爲藩屏而貢賦不供剥民以自奉於是海運之舟不至京師者積年矣至十九年朝廷遣兵部尚書伯顔帖木兒戶部尚書齊履亨徵海運于江浙由海道至慶元抵杭州時達識帖睦邇爲江浙行中書省丞相張士誠爲太尉方國珎爲平章政事詔命士誠輸粟國珎具舟達識帖睦邇總督之既達朝廷之命而方張互相猜疑士誠慮方氏載其粟而不以輸于

京也國珎恐張氏掣其舟而因乘虛以襲已也伯顔帖木兒白于丞相正辭以責之巽言以諭之乃釋二家之疑克濟其事先率海舟俟于嘉興之㵎浦而平江之粟展轉以達杭之石墩又一舍而後抵㵎浦乃載于舟海灘淺澀躬履艱苦粟之載于舟者爲石十有一萬二十年五月赴京是年秋又遣戶部尚書王宗禮等至江浙二十一年五月運粮赴京如上年之數九月又遣兵部尚書徹徹不花侍郎韓祺往徵海運一百萬石二十二年五月運粮赴京視上年之數僅加二萬而已九月遣戶部尚書脫脫歡察爾兵部尚書帖木至江浙二十三年五月仍運粮十有三萬石赴京九月又遣戶部侍郎博羅帖木兒監丞賽因不花往徵海運士誠託辭以拒命由是東南之粟給京師者遂止於是歲云

鈔法

至正十年右丞相脫脫欲更鈔法乃會中書省樞密院御史臺及集賢翰林兩院官共議之先是左司都事武祺嘗建言云鈔法自世祖時已行之後除撥支料本倒易昏鈔以布天下外有合支名目於寶鈔總庫料鈔轉撥所以鈔法疏通民受其利比年以來失

祖宗元行鈔法本意不與轉撥故民間流轉者少致僞鈔滋多遂准其所言凡合支名目已於總庫轉支至是吏部尚書偰哲篤及武祺俱欲迎合丞相之意偰哲篤言更鈔法以楮幣一貫文省權銅錢一千文爲母而錢爲子衆人皆唯唯不敢出一語惟集賢大學士兼國子祭酒呂思誠獨奮然曰中統至元自有母子上料爲母下料爲子比之達達人乞養漢人爲子是終爲漢人之子而已豈有故紙爲父而以銅爲過房兒子者乎一坐皆笑思誠又曰錢鈔用法以虛換實其致一也今歷代錢及至正錢中統鈔及至元

鈔交鈔分爲五項若下民知之蔵其實而棄其虛恐非國之利也偰哲篤武祺又曰至元鈔多偽故更之尒思誠曰至元鈔非僞人爲僞尒交鈔若出亦有僞者矣且至元鈔猶故戚也家之童稚皆識之矣交鈔猶新戚也雖不敢不親人未識也其僞反滋多爾況祖宗成憲豈可輕改偰哲篤曰祖宗法弊亦可改矣思誠曰汝輩更法又欲上誣世皇是汝又欲與世皇爭高下也且自世皇以來諸帝皆謚曰孝改其成憲可謂孝乎武祺又欲錢鈔兼行思誠曰錢鈔兼行輕重不倫何者爲母何者爲子汝不通古今道聽塗説

何足以行徒以口舌取媚大臣可乎偰哲篤曰我等策既不可行公有何策思誠曰我有三字策曰行不得行不得又曰丞相勿聽此言如向日開金口河成則歸功汝等不成則歸罪丞相矣脱脱見其言直猶豫未决御史大夫也先帖木兒言曰呂祭酒言有是者有非者但不當坐廟堂高聲厲色若從其言此事終不行耶明日諷御史劾之思誠歸臥不出遂定更鈔之議而奏之下詔曰朕聞帝王之治因時制宜損益之方在乎通變惟我世祖皇帝建元之初頒行中統交鈔以錢爲文雖皷鑄之規未遑而錢幣兼行之意已具厥後印造至元寶鈔以一當五名曰子母相權而錢實未用歷歲滋久鈔法偏虛物價騰踴姦僞日萌民用匱乏爰詢廷臣博采輿論僉謂拯弊必合更張其以中統交鈔壹貫文省權銅錢一千文准至元寶鈔二貫仍鑄至正通寶錢與歷代銅錢並用以實鈔法至元寶鈔通行如故子母相權新舊相濟上副世祖立法之初意十一年置寶泉提舉司掌皷鑄至正通寶錢印造交鈔令民間通用行之未久物價騰湧價逾十倍又值海内大亂軍儲供給賞賜犒勞每日印造不可數計舟車裝運軸轤相接交料之散

滿人間者無處無之昏軟者不復行用京師料鈔十錠易斗粟不可得既而所在郡縣皆以物貨相貿易公私所積之鈔遂俱不行人視之若弊楮而國用由是遂乏矣

鹽法

大都之鹽元統二年四月御史臺備監察御史言竊覩京畿居民繁盛日用之中鹽不可闕大德中因商販把握行市民食貴鹽乃置局設官賣之中統鈔一貫買鹽四斤八兩後雖倍其價猶敷民用及泰定間因所任局官不得其人在上者失於鈐束致有短少

之弊於是巨商趨利者營屬當道以局官侵盜爲由輒奏罷之復從民販賣自是鈔一貫僅買鹽一斤無籍之徒私相犯界煎賣獨受其利官課爲所侵礙而民食貴鹽益甚貧者多不得食甚不副朝廷恤小民之意如朝廷仍舊設局官爲發賣庶課不虧而民受賜矣既而大都路備三巡院及大興宛平縣所申又戶部尚書建言皆如御史所陳戶部乃言以謂榷鹽之法本以裕國而便民始自大德七年罷大都運司令河間運司兼辦每歲存留鹽數散之米鋪從其發賣後因富商專利遂於南北二城設局凡十有五處

官爲賣之當時立法嚴明民甚便益泰定二年因局官綱船人等多有侵盜之弊復從民販賣而罷所置之局未及數載有司屢言富商高擡價直之害運司所言綱船作弊蓋因立法不嚴失於關防所致且各處俱有官設鹽鋪與商賈販賣並無窒礙豈有京城之內乃革罷官賣之局宜准本部尚書所言及大都路所申依舊制於南北二城置局十有五處每局日賣十引設賣鹽官二員以歲一周爲滿責其奉公發賣每中統鈔一貫買鹽二斤四兩毋令雜灰土其中及權衡不得其平凡買鹽過十貫者禁之不及貫者

從所買與之如滿歲無短少失陷及元定分數者減一界升用之若有侵盜者依例追斷其合賣鹽數令河間運司分爲四季起赴京廒用官定法物兩平稱收分給各局其所賣價鈔逐旬起解委本部官輪次提調之仍委官巡視如有豪強兼利之徒頻買局鹽而增價轉賣於外者從提調巡督官痛治之仍令運司嚴督押運之人設法防禁毋致縱令綱船人等作弊其客商鹽貨從便相參發賣四月二十六日中書省上奏如戶部所擬行之至元三年三月大都京廒申戶部云近奉文帖起運至元二年京廒發賣食鹽

一萬五千引令兩平稱收如數具實申部除各綱消沒短少鹽計八百四十八引本廒實收一萬四千一百五十有二引已支一萬一百引付各局發賣見存鹽四千五十有二引支撥欲盡所據至元三年食鹽宜依例於河間運司起運一萬五千引赴都庶民間食用不闕戶部准其所言乃議京廒食鹽今歲宜從河間運一萬五千引其脚價蒲索等費令運司於鹽課錢內通筭支用仍召募有產業舡戶互相保識每一千引爲一綱就差各該場官一員幷本司奏差或鹽運巡鹽官每名管押一綱於大都興國等場見收

鹽內驗數分泒分司官監視如數兩平支收限三月內赴京厫交卸取文憑赴部銷照但有雜和沙土濕潤短少數並令本綱船户押運塲官奏差監運諸人如數均陪依例坐罪中書如户部所議行之至正三年監察御史王思誠侯思禮等建言京師自大德七年罷大都鹽運司設官賣鹽置局十有五處泰定二年以其不便罷之元統二年又復之迨今十年法久弊生在船則有侵盗滲溺之患入局則有和雜灰土之奸名曰一貫二斤四兩實不得一斤之上其潔淨不雜而斤兩足者唯上司提調數處耳又常白鹽一

千五百引用舡五十艘每歲以四月起運官鹽二萬引用舡五十艘每歲以七月起運而運司所遣之人擅作威福南抵臨清北自通州所至以索截河道舟楫往来無不被擾名爲和顧實乃強奪一歲之中千里之內凡富商巨賈之載米粟者達官貴人之載家室者一槩遮截得重賄而放行所拘留者皆貧弱無力之人耳其舟小而不固滲溺侵盗弊病多端既達京厫又不得依時交收淹延歲月困守無聊鬻妻子質舟楫者往往有之此客船所以狼顧不前使京師百物湧貴者實由於此竊計官鹽二萬引每引脚價

中統鈔七貫總爲鈔三千錠而十五局官典俸給以一歲計之又五百七十六錠其就支賃房之資短脚之價葦草諸物又在外焉當時置局設官但爲民食貴鹽殊不料官賣之弊反不如商販之賤豈忍徒費國家而使百物貴也宜從憲臺具呈中書省議罷其監局及来歲起運之時出榜文播告鹽商從便入京興販若常白鹽所用船五十艘亦宜於江南造小料舡處如數造之既成之後付運司顧人運載庶舟楫通而商賈集則京師百物賤而鹽亦不貴矣御史臺以其言具呈中書而河間運司所申亦如前議户部

言運司及大都路講究即同監察御史所言元設監局合准革罷聽從客旅興販其常白鹽繫內府必用之物起運如故宜從都省聞奏二月初五日中書省上奏如户部所擬行之

河間之鹽至正二年河間運司申户部云本司歲辦額餘鹽共三十八萬引計課鈔一百一十四萬錠以供國用不爲不重近年以来各處私鹽及犯界鹽販賣者衆蓋因軍民官失於禁治以致侵礙官課鹽法澁滯實由於此乞轉呈都省須降詔旨宣諭所司欽依規辦本部具呈中書省遂於四月十七日上奏降

旨戒飭之七月又據河間運司申本司辦課全籍郡縣行鹽地方買食官鹽去歲河間等路旱蝗闕食累蒙賑恤民力未蘇食鹽者少又因古北口等處把隘官及軍人不爲用心詰捕大都路所屬有司亦不奉公巡禁致令諸人裝載疙疸鹽於街市賣之或量以斗或盛以盤明相饋送令紫荊關捕獲犯人張狡羣等所載疙疸鹽計一千六百餘斤自至元六年三月迄今犯者將及百起若不申聞恐年終課不如數虛負其咎本部具呈中書省照會樞密院給降榜文禁治之三年又據河間運司申生財節用固治國之常

元史志卷四十五下　十　高昱

經薄賦輕徭實理民之大本本司歲額鹽三十五萬引近年又添餘鹽三萬引元簽竈户五千七百七十四户除逃亡外止存四千三百有一户每年額鹽勒令見在疲乏之户勉強包煎今歲若依舊煎辦人力不足又兼行鹽地方旱蝗相仍百姓焉有買鹽之資如蒙矜閔自至正二年爲始權免餘鹽三萬引俟豐稔之歲煎辦如舊本部以錢粮支用不敷權擬住煎一萬引具呈中書省正月二十八日上奏如户部所擬行之既而運司又言至元三十一年本司辦鹽額二十五萬引自後累增至三十有五萬引元統元年又增餘鹽三萬引已經具呈蒙都省奏准住煎一萬引外有二萬引若依前勒令見户包煎實爲難堪如幷將餘鹽二萬引住煎誠爲便益户部又以所言具呈中書省權擬餘鹽二萬引住煎一年至正四年煎辦如故四月十二日上奏如户部所擬行之

山東之鹽元統二年户部呈據山東運司准濟南路牒依副達魯花赤完者同知闍里帖木兒所言比大都河間運司改設巡鹽官一十二員專一巡禁本部詳山東運司歲辦鈔七十五萬餘錠行鹽之地周圍三萬餘里止是運判一員豈能遍歷恐私鹽來往侵

元史志卷四十五下　十一　王安四

礙國課本司既與濟南路講究便益宜准所言中書省令户部復議之本部言河間運司定設奏差一十二名巡鹽官一十六名山東運司設奏差二十四名今既比例添設巡鹽官外據元設奏差内減去一十二名具呈中書省如所擬行之三年二月又據山東運司備臨朐沂水等縣申本縣十山九水居民稀少元係食鹽地方後因改爲行鹽民間遂食貴鹽公私不便如蒙仍舊改爲食鹽令居民驗户口多寡以輸納課鈔則官民俱便抑且可革私鹽之弊運司移文分司幷益都路及下滕嶧等州從長講究互言食鹽

爲便及准本司運使辛朝列牒云所擬零鹽擬依登萊等處銓注局官給印置局散賣於民非惟大課無虧官釋私鹽之憂民免刑配之罪户部議山東運司所言於滕嶧等處增置十有一局如登萊三十五局之例於錢穀官內通行銓注局官散賣食鹽官民俱便既經有司講究宜從所議具呈中書省如所擬行之至元二年御史臺據山東肅政廉訪司申准濟南路備章丘縣申見奉山東運司爲本司額辦鹽課二十八萬引除客商承辦之外見存十三萬引絶無買者將及年終歲課不能如數所據新城章丘長山鄒

平濟南俱近鹽場與大小清河相接客旅興販宜依商河滕嶧等處改爲食鹽權派八千引責付本處有司自備薪索脚力赴已擬固堤等場於元統三年依例支出均散於民等事竊照山東運司初無上司明文輒擅散民食鹽追納課鈔使民不得安業今於至元元年正月二月兩次奉到中書户部符文行鹽食鹽地分已有定例毋得椿配於民本司不遵省部所行輒匿符文依前差人馳驛督責州縣臨逼百姓追徵食鹽課鈔不無擾害據本司恣意行事玩法擾民理應取問緣繫辦課之時宜從憲臺區處又據監察御史所呈亦爲玆事若便行取問即繫辦課時月具呈中書省區處户部議呈行鹽食鹽已有定所宜從改正若准御史臺所呈取問運司却緣鹽法例應從長規畫似難別議中書省如所擬行之

陝西之鹽至元二年九月御史臺准陝西行臺咨備監察御史帖木兒不花建言近蒙委巡歷奉元東道至元元年各州縣户口額辦鹽課其陝西運司官不思轉運之方每年豫期差人分道賫引遍散州縣甫及旬月杖限追鈔不問民之無有竊照諸處運司之例皆運官召商發賣惟陝西等處鹽司近年散於民

户且如陝西行省食鹽之户該辦課二十萬三千一百六十四錠有餘於内鞏昌延安等處認定課鈔一萬六千二百七十一錠慶陽環州鳳翔興元等處歲辦課一萬七千九百八十五錠其餘課鈔先因關陝旱飢民多流亡准中書省咨至順三年鹽課十分爲率減免四分于今三載尚有虧負蓋因户口凋殘十亡八九縱或有復業者家産已空爾來歲頗豐收而物價甚賤得鈔爲艱本司官皆勤有司徵辦無分高下一槩給散少者不下二三引每一引收價三錠富家無以應辦貧下安能措畫糶終歲之粮不酬一引

之價緩則輸息而借貸急則典鬻妻子縱引目到手力窘不能裝運止從各處鹽商勒價收買舊債未償新引又至民力有限官賦無窮又寧夏所産韋紅鹽池不辦課程除韋昌等處循例認納乹課從便食用外其池隣接陝西環州百餘里紅鹽味甘而價賤解鹽味苦而價貴百姓私相販易不可禁約以此參詳河東鹽池除撈鹽户口食鹽外辦課引數今後宜從運官設法募商興販但遇行鹽之處諸人毋得侵擾韋紅鹽法運司每歲分輸官吏監視聽民采取立法抽分依例發賣每引收價鈔三定自黄河以西從民

食用通辦運司元額課鈔因時交帶至黄河東南者同私鹽法罪之陝西興販解鹽者不禁如此庶望官民兩便而課亦無虧矣又據陝西漢中道肅政廉訪使胡通奉所陳云陝西百姓許食解鹽近脱荒儉流移漸復正宜安輯而鹽吏不察民瘼止以恢辦爲名不論貧富散引收課或納錢入官動經歲月猶未得鹽蓋因地遠脚力艱澁今後若令大河以東之民分定課程買食解鹽其以西之民計口攤課任食韋紅之鹽則官不被擾民無蕩産之禍矣且解鹽結之於風韋紅之鹽産之於地東鹽味苦西鹽味甘又豈肯舍其美而就其惡乎使陝西百姓一槩均攤解鹽之課令食韋紅之鹽則鹽吏免巡禁之勞而民亦受惠矣本臺詳所言鹽法宜從省部定擬具呈中書省送户部議之本部議云陝西行臺所言鹽事宜從都省選官前赴陝西與行省行臺及河東運司官一同講究是否便益明白咨呈三年都省移咨陝西行省仍摘委河東運司正官一員赴省一同再行講究三月初二日陝西行省官及李御史運司同知郝中順會韋昌延安興元奉元鳳翔邠州等官與揔帥汪通議等俱稱當從御史帖木兒不花及廉使胡通奉所言

限以黄河爲界令陝西之民從便食用韋紅二鹽解鹽依舊西行紅鹽不許東渡其咸寧長安録事司三處未散者依已散州縣一體斟酌認納乹課與運司已散食鹽引價同見納乹課辦鈔七萬錠通行按季輸納運司不須散引如此則民不受害而課以無虧矣郝同知獨言運司每歲辦課四十五萬錠陝西該辦二十萬錠今止認七萬錠餘十三萬錠從何處恢辦議不合而散本省檢照運司逐年申報文冊陝西止辦七萬二千六十餘錠郝遂稱疾不出其後訖無定論户部參照至順二年中書省嘗遣兵部郎中井

朝散與陝西行省官一同講究以涇州白家河永爲定界聽民食用仍督所在軍民官嚴行禁約毋致韋紅二鹽犯境侵課中書如所擬行之

兩淮之鹽至元六年八月兩淮運司准行户部尚書運使王正奉牒本司自至元十四年刱立當時鹽課未有定額但從實恢辦自後累增至六十五萬七十五引客人買引自行赴場支鹽場官逼勒竈户加其斛面以通鹽商壞亂鹽法大德四年中書省奏准改法立倉設綱僱運撥袋支發以革前弊本司行鹽之地江浙江西河南湖廣所轄路分上江下流鹽法通

行至大間煎添正額餘鹽三十萬引通九十五萬七十五引客商運至楊州東關俱於城河内停泊聽候通放不下三四十萬餘引積疊數多不能以時發放至順四年前運使韓大中等又言歲賣額鹽九十五萬七十五引客商買引關給勘合赴倉支鹽雇船脚力每引遠倉該鈔十二三貫近倉不下七八貫運至楊州東關俟候以次通放其舡梢人等恃以鹽主不能照管視同已物恣爲侵盗弊病多端及事敗到官非不嚴加懲治莫能禁止其所盗鹽以鈔計之不過折其舊船以償而已安能如數徵之是以裏河客商

虧陷資本外江興販多被欺侮而百姓高價以買不潔之鹽公私俱受其害竊照楊州東關城外沿河兩岸多有官民空閑之地如蒙聽從鹽商自行賃買基地起造倉房支運鹽袋到橋籍定資次貯置倉内以俟通放臨期用船載往真州發賣既防侵盗之患可爲悠久之利其於鹽法非小補也既申中書户部及河南行省照勘議擬文移往復紛紜不決久之户部乃定議令運司於已收在官客商帶納挑河錢内撥鈔一萬錠起蓋倉房仍從都省移咨河南行省委官與運司偕往相視空地果無違礙而後行之

兩浙之鹽至元五年兩浙運司申中書省云本司自至元十三年刱立當時未有定額至十五年始立額辦鹽十五萬九千引自後累增至四十五萬引元統元年又增餘鹽三萬引每歲總計四十有八萬每引初定官價中統鈔五貫自後增爲九貫十貫以至三十五十十六十一百今則爲三錠矣每年辦正課中統鈔一百四十四萬錠較之初年引增十倍價增三十倍課額愈重煎辦愈難兼以行鹽地界所拘户口有限前時聽從客商就場支給設立檢校所稱檢出場鹽袋又因支查停積延祐七年比兩淮之例改法立

倉綱官押舡到場運鹽赴倉收貯客旅就倉支鹽始則爲便經今二十餘年綱場倉官任非其人惟務掊克況淮浙風土不同兩淮跨涉四省課額雖大地廣民多食之者衆可以辨集本司地界居江枕海煎鹽亭竈散漫海隅行鹽之地裏河則與兩淮隣接海洋則與遼東相通番舶往來私鹽出沒侵礙官課雖有刑禁難盡防禦鹽法澀壞亭民消廢其弊有五本司所轄場司三十四處各設令丞管勾典史管領竈户火丁用工之時正當炎暑之月晝夜不休繞值陰雨東手彷徨貧窮小户餘無生理衣食所資全籍工本

稍存抵業之家十無一二有司不體其勞又復差充他役各場元籍竈户一萬七千有餘後因水旱疫癘流移死亡止存七千有餘即今未蒙僉補所據拋下額鹽唯勒見户包煎而已若不早爲僉補優加存恤將來必致損見户而虧大課此弊之一也又如所設三十五綱監運綱司專掌召募船户照依隨場日煎月辦課額官給水脚錢就場支裝所煎鹽袋每引元額四百斤又加折耗等鹽十斤裝爲二袋綱官押運前赴所撥之倉而交納爲客人到倉支鹽如自二月至於十月河凍之時以運足爲度其立法非不周密也今各綱運鹽船户經行歲久奸弊日滋凡遇到場裝鹽之時私屬鹽場官吏司秤人等重其斤兩裝爲硬袋出場之後沿途盜賣雜以灰土補其所虧及到所赴之倉而倉官司秤人又各受賄既不加辨秤盤又不如法在倉日久又復消折袋法不均誠非細故不若仍舊令客商就場支給既免綱運俸給水脚之費又鹽法一新此弊之二也本司歲辦額鹽四十八萬引行鹽之地兩浙江東凡一千九百六萬餘口每日食鹽四錢一分八釐總而計之爲四十四萬九千餘引雖賣盡其數猶剩鹽三萬一千餘引每年督勒

有司驗户口請買又值荒歉連年流亡者衆兼以瀕江並海私鹽公行軍民官失於防禦所以各倉停積累歲未賣之鹽凡九十餘萬引無從支散如蒙早降定制以憑遵守賞罰既明私鹽減少户口食鹽不致廢弛此弊之三也又每季拘收退引凡遇客人運鹽到所賣之地先須住報水程及所止店肆繳納退引豈期各處提調之官不能用心檢舉縱令吏胥坊里正等需求分例錢不滿所欲則多端留難客人或因發賣遲滯轉往他所水程雖住引不拘納遂有埋沒致容姦民藏匿在家影射私鹽所司亦不檢勘拘收

其儒善者賣過官鹽之後即将引目投之郷胥又有狡猾之徒不行納官通同鹽徒執以為憑興販私鹽如蒙将有司官吏明定黜降罷名使退引盡實還官不致影射私鹽此弊之四也本司自延祐七年改立杭州等七倉設置部轄掌收各綱船户運到鹽袋貯頓在倉聽候客人依次支鹽俱有定制比年以来各倉官攢肆其貪欲出納之間兩收其利凡遇綱船到倉必受船户之賄縱其雜和灰土收納入倉或船户運至好鹽無錢致賄則故生事留難以致停泊河岸侵欺盜賣其倉官與監運人等為弊多端是以各倉

積鹽九十餘萬引新舊相並充溢廊屋不能支發走鹵消折利害非輕雖繫客人買過之物課鈔入官實恐年復一年為患益甚若仍舊令客商自備脚力就場支裝庶免停積此弊之五也五者之中各倉停積最為急務驗一歲合賣之數止該四十四萬餘引儘賣二年尚不能盡又復煎運到倉積累轉多如蒙特賜奏聞選委徳望重臣與拘該官府從長講究參酌時宜更張法制定為良規恵濟黎元庶望大課無虧見為住煎餘鹽三萬引差人賫江浙行省咨文赴中書省請照詳馬户部詳運司所言除餘鹽三萬引別

議外其餘事理未經行省明白定擬呈省移咨從長講究六年五月中書省奏選官整治江浙鹽法命江浙行省右丞納麟及首領官趙郎中等提調既而納麟又以他故辭至正元年運使霍亞中又言兩淮福建運司俱有餘鹽已行住免本司繫同一體如蒙依例住煎三萬引庶大課易為辦集中書省上奏得旨權将餘鹽三萬引倚閣俟鹽法通行而後辦之二年十月中書右丞相脫脫平章鐵木兒塔識等奏兩浙食鹽害民為甚江浙行省官運司官屢以為言擬合欽依世祖皇帝舊制除近鹽地十里之内令民認買

章罷見設鹽倉綱運聽從客商赴運司買引就場支鹽許於行鹽地方發賣革去泒散之弊及設撿挍批驗所四處選任廉幹之人直隸運司如遇客商載鹽經過依例秤盤均平袋法批驗引目運司官常行體究又自至元十三年歲辦鹽課額少價輕令增至四十五萬額多價重轉運不行今户部定擬自至正三年為始将兩浙額鹽量減一十萬引俟鹽法流通復還元額散泒食鹽擬合住罷有旨從之

福建之鹽至元六年正月江浙行省據福建運司申本司歲辦額課鹽十有三萬九引一百八十餘斤今

查勘得海口等七場至元四年閏八月終積下附餘增辦等鹽十萬一千九百六十二引二百六十二斤看詳既有積儹附餘鹽數擬至元五年額鹽擬合照依天曆元年住煎正額五萬引不給工本將上項餘鹽五萬准作正額省官本鈔二萬錠免致亭民重困本年止辦額鹽八萬九引一百八十餘斤計鹽十有三萬九引有奇通行發賣辦納正課除留餘鹽五萬餘引預支下年軍民食鹽實爲官民便益本省如所擬咨呈中書省送戶部參詳亦如所擬其下餘鹽五萬一千九百六十二引發賣爲鈔通行起解回咨本

省從所擬行之至正元年詔福建山東俵賣食鹽病民爲甚行省監察御史廉訪司拘該有司官宜公同講究二年六月江浙行省左丞與行臺監察御史福建廉訪司官及運使常山李鵬舉漳州等八路正官講究得食鹽不便其目有三一曰餘鹽三萬引難同正額擬合除免二曰鹽額太重比依廣海例止收價二錠三曰住罷食鹽並令客商通行福建鹽課始自至元十三年見在鹽六千五十五引每引鈔九貫二十年煎賣鹽五萬四千二百引每引鈔十四貫二十五年增爲一錠三十一年始立鹽運司增鹽額爲七

萬引元貞二年每引增價十五貫大德八年罷運司併入宣慰使司恢辦十年立都提舉司增鹽額爲十萬引至大元年各場煎出餘鹽三萬引四年復立運司遂定額爲十三萬引增價鈔爲二錠延祐元年又增爲三定運司又從權改法建延汀邵仍舊客商興販而福興漳泉四路椿配民食流害迄今三十餘年本道山多田少土瘠民貧民不加多鹽額增重八路秋粮每歲止二十七萬八千九百餘石夏稅不過一萬一千五百餘錠而鹽課十三萬引該鈔三十九萬錠民力日弊每遇催徵貧者質妻鬻子以輸課至無

可規措往往逃移他方近年漳寇擾攘亦由於此運司官耳聞目見蓋因職專恢辦恵無所施如蒙欽依詔書事意罷餘鹽三萬引革去散賣食鹽之弊聽從客商八路通行發賣誠爲官民兩便其正額鹽若依廣海鹽價每引中統鈔二錠宜從都省區處江浙行省遂以左丞所講究咨呈中書省送戶部定擬自至正三年爲始將餘鹽三萬引權令減免散派食鹽擬合住罷其減正額鹽價即與廣海提舉司事例不同别難更議十月二十八日右丞相脫脫平章帖木兒達失等以所擬奏而行之

廣東之鹽至元二年御史臺准江南諸道行御史臺咨備監察御史韓承務建言廣東道所管鹽課提舉司自至元十六年爲始止辦鹽額六百二十一引自後累增至三萬五千五百引延祐間又增餘鹽通正額計五萬五百五十二引竈戶窘於工程官民迫於催督呻吟愁苦已逾十年泰定間蒙憲臺及奉使宣撫交章敷陳減免餘鹽一萬五千引元統元年都省以支持不敷權將已減餘鹽依舊煎辦今已三載未蒙住罷竊意議者必謂廣東控制海道連接諸蕃船商輳集民物富庶易以辦納是蓋未能深知彼中事

宜本道所轄七路八州平土絕少加以嵐瘴毒癘其民刀耕火種巢顛穴岸崎嶇辛苦貧窮之家經歲淡食額外辦鹽賣將誰售所謂富庶者不過城郭商賈與舶船交易者數家而已竈戶鹽丁十逃三四官吏畏罪止將見存人戶勒令帶煎又有大可慮者本道密邇蠻獠民俗頑惡誠恐有司責辦太嚴斂怨生事所繫非輕如蒙捐此微利以示大信疲民幸甚具呈中書省送戶部定擬自元統三年爲始廣東提舉司所辦餘鹽量減五千引十月初九日中書省以所擬奏聞得旨從之

廣海之鹽至元五年三月湖廣行省咨中書省云廣海鹽課提舉司額鹽三萬五千一百六十五引餘鹽一萬五千引近因黎賊爲害民不聊生正額積虧四萬餘引卧收在庫若復添辦餘鹽困苦未甦恐致不安事關利害如蒙憐憫聞奏除免庶期元額可辦不致遺患邊民戶部議云上項餘鹽若全恢辦緣非元額無以本司僻在海隅所轄竈民累遭劫掠死亡逃竄民物凋弊擬於一萬五千引內量減五千引以舒民力中書以所擬奏聞得旨從之

四川之鹽元統三年四川行省據鹽茶轉運使司申

至順四年中書坐到添辦餘鹽一萬引外又帶辦兩淛運司五千引與正額鹽通行煎辦已後支用不闕再行議擬本司爲各場別無煎出餘鹽不免勒令竈戶承認規劃幸已足備以後年分若不申覆誠恐竈戶逃竄有妨正課如蒙憐憫備咨中書省於所辦餘鹽一萬引內量減帶辦兩淛之數又准分司運官所言云四川鹽井俱在萬山之間比之腹裏兩淮優苦不同又行帶辦餘鹽竈民由此而疲矣行省咨呈中書省上奏得旨權以帶辦餘鹽五千引倚閣之

茶法

至元二年江西湖廣兩行省具以茶運司同知萬家閭所言添印茶由事咨呈中書省云本司歲辦額課二十八萬九千二百餘錠除門攤批驗鈔外數内茶引一百萬張每引十二兩五錢共爲鈔二十五萬錠末茶自有官印筒袋關防其零斤草茶由帖每年印造一千三百八萬五千二百八十九斤該鈔二萬九千八十餘錠茶引一張照茶九十斤客商興販其小民買食及江南産茶去處零斤採賣皆須由帖爲照春首發賣茶由至於夏秋茶由盡絶民間闕用以此考之茶由數少課輕便於民用而不敷茶引課重數

多止於商旅興販年終尚有停閑未賣者每歲合印茶由以十分爲率量添二分計二百六十一萬七千五十八斤筭依引目内官鈔每斤收鈔一錢三分八釐八毫八絲計增鈔七千二百六十九錠七兩比驗減去引目二萬九千七十六張庶幾引不停閑茶無私積中書戸部定擬江西茶運司歲辦公據十萬道引一百萬計鈔二十八萬九千二百餘錠茶引便於商販而山塲小民全憑茶由爲照歲辦茶由一千三百八萬五千二百八十九斤每斤一錢一分一釐一毫二絲計鈔五千八百一十六錠七兩四錢一分減

引二萬三千二百六十四張茶引一張造茶九十斤納官課十二兩五錢如於茶由量添二分計二百六十一萬七千五十八斤每斤添收鈔一錢三分八釐八毫八絲計鈔七千二百六十九錠七兩積出餘零鈔數官課無虧而便於民用合准本省所擬具呈中書省移咨行省如所擬行之至正二年李宏陳言内一節言江州茶司據引不便事云榷茶之制古所未有自唐以來其法始備國朝既於江州設立榷茶都轉運司仍於各路出茶之地設立提舉司七處專任散據賣引規辦國課莫敢誰何每至十二月初差人

勾集各處提舉司官吏關領次年據引及其到司旬月之間司官不能偕聚吏貼需求各滿所欲方能給付據引此時春月已過及還本司方欲點對給散又有分司官吏到各處驗户散據賣引每引十張除正納官課一百二十五兩外又取要中統鈔二十五兩名爲搭頭事例錢以爲分司官吏饋饍之資提舉司雖以榷茶爲名其實不能專散據賣引之任不過爲運司官吏營辦資財而已上行下效勢所必然提舉司既見分司官吏所爲若是亦復倣效遷延及茶戸得據還家已及五六月矣中間又存留茶引二三千

本以茶户消乏爲名轉賣與新興之户每據又多取
中統鈔二十五兩上下分派各爲已私不知此等之
錢自何而出其爲茶户之苦有不可言至如得據在
手碾磨方興吏卒踵門催併初限不知茶未發賣何
從得錢間有充裕之家必須別行措辦其力薄者例
被拘監無非典鬻家私以應官限及終限不能足備
上司緊併重複勾追非法苦楚此皆由運司給引之
遲分司苛取之過茶户本圖求利反受其害日見消
乏逃亡情實堪憫令若申明舊制每歲正月須要運
司盡將據引給付提舉司隨時派散無得停留在庫

多收分例妨誤造茶時月如有過期別行定罪仍不
許運司似前分司自行散賣據引違者從肅政廉訪
司依例糾治如此庶茶司少革貪黷之風茶户免損
乏之害中書省以其言送户部定擬復移咨江西行
省委官與茶運司講究如果便益如所言行之

志卷第四十五下

志卷第四十六　　元史九十八

翰林學士亞中大夫知制誥兼修國史臣宋濂 翰林待制承直郎同知制誥兼國史院編修官臣王禕等奉

勅修

兵一

兵者先王所以威天下而折奪姦宄戡定禍亂者也
三代之制遠矣漢唐而下其法變更不一大抵用得
其道則兵力富而國勢強用失其宜則兵力耗而國
勢弱故兵制之得失國勢之盛衰繫焉元之有國肇
基朔漠雖其兵制簡略然自太祖太宗滅夏翦金霆
轟風飛奄有中土兵力可謂雄勁者矣及世祖即位

平川蜀下荆襄繼命大將帥師渡江盡取南宋之地
天下遂定于一豈非盛哉考之國初典兵之官視兵
數多寡爲爵秩崇卑長萬夫者爲萬户千夫者爲千
户百夫者爲百户世祖時頗修官制内立五衛以總
宿衛諸軍衛設親軍都指揮使外則萬户之下置總
管千户之下置總把百户之下置彈壓立樞密院以
總之遇方面有警則置行樞密院事已則廢而移都
鎮撫司屬行省萬户千户百户分上中下萬户佩金
虎符符趺爲伏虎形首爲明珠而有三珠二珠一珠
之別千户金符百户銀符萬户千户死陣者子孫襲

爵死病則降一等總把百户老死萬户遷他官皆不得襲是法尋廢後無大小皆世其官獨以罪去者則否若夫軍士則初有蒙古軍探馬赤軍蒙古軍皆國人探馬赤軍則諸部族也其法家有男子十五以上七十以下無衆寡盡僉爲兵十人爲一牌設牌頭上馬則備戰鬪下馬則屯聚牧養孩幼稍長又籍之曰漸丁軍既平中原發民爲卒是爲漢軍或以貧富爲甲乙户出一人曰獨户軍合二三而出一人則爲正軍户餘爲貼軍户或以男丁論嘗以二十丁出一卒至元七年十丁出一卒或以户論二十户出一卒而限年二十以上者充

士卒之家爲富商大賈則又取一人曰餘丁軍至十五年免或取匠爲軍曰匠軍或取諸侯將校之子弟充軍曰質子軍又曰禿魯華軍是皆多事之際一時之制天下既平嘗爲軍者定入尺籍伍符不可更易詐增損丁產者覺則更籍其實而以印印之病死戍所者百日外役次丁死陣者復一年貧不能役則聚而一之曰合併貧甚者老無子者落其籍户絶者别以民補之奴得縱自便者俾爲其主貼軍其户逃而還者復三年又逃者杖之投他役者還籍其繼得宋兵號新附軍又有遼東之乣軍契丹軍女直軍高麗軍雲南之寸白軍福建之畬軍則皆不出戍他方者蓋鄉兵也又有以技名者曰砲軍弩軍水手軍應募而集者曰答剌罕軍其名數則有憲宗二年之籍世祖至元八年之籍十一年之籍而新附軍有二十七年之籍以兵籍係軍機重務漢人不閱其數雖樞密近臣職專軍旅者惟長官一二人知之故有國百年而内外兵數之多寡人莫有知之者今其典籍可考者曰兵制曰宿衛曰鎮戍而馬政屯田站赤弓手急遞鋪兵鷹房捕獵非兵而兵者亦以類附焉作兵志

兵制

太宗元年十一月詔兄弟諸王諸子并衆官人等所屬去處僉軍事理有妄分彼此者達魯花赤并官員皆罪之每一牌子僉軍一名限年二十以上三十以下者充仍定立千户百户牌子頭其隱匿不實及知情不首并隱藏逃役軍人者皆處死　七年七月僉宣德西京平陽太原陝西五路人匠充軍命各處管匠頭目除織匠及和林建宫殿一切合干人等外應有回回河西漢兒匠人并札魯花赤及札也種田人等通驗丁數每二十人出軍一名　八年七月詔燕京路保州等處每二十户僉軍一名令答不葉兒統領出軍真定河間邢州大名太原等路除先僉軍人外

於斷事官忽都虎新籍民户三十七萬二千九百七十二人數內每二十丁起軍一名亦令屬答不葉兒領之　十三年八月諭總管萬户劉黑馬㩦斜烈奏忽都虎等元籍諸路民户一百萬四千六百五十六户除逃户外有七十二萬三千九百一十户隨路總僉軍一十萬五千四百七十一名點數過九萬七千五百七十五人餘因近年蝗旱民力艱難往往在逃有旨今後止驗見在民户僉軍仍命逃户復業者免三年軍役

世祖中統元年六月詔罷解鹽司軍一百人𢪛解鹽

司元籍一千鹽户內每十户出軍一人後阿藍苔兒倍其役世祖以重困其民罷之七月以張榮實從南征多立功命為水軍萬户兼領霸州民户諸水軍將吏河陰路達魯花赤胡玉千户王端臣軍七百有四人八柳樹千户斡來軍三百六十一人孟州龐抄兒赤張信軍一百九十人濱棣州海口總把張山軍一百人滄州海口達魯花赤塔剌海軍一百人睢州李總管麾下孟春等五十五人霸州蕭萬户軍一百九十五人悉聽命焉　三年三月詔真定彰德邢州洺磁東平大名平陽太原衛輝懷孟等路各處有舊屬

按札兒孛羅笑乃解闊闊不花不里合拔都兒等官所管探馬赤軍人乙卯歲籍為民户亦有僉充軍者若壬寅甲寅兩次僉定軍已入籍冊者令隨各萬户依舊出征其或未嘗為軍及蒙古漢人民户內作數者悉僉為軍　六月以軍士訴貧乏者衆命貧富相兼應役實有不能自存者優恤　三年十月諭山東東路經畧司益都路匠軍已前曾經僉把者可遵别路之例俾令從軍以鳳翔府屯田軍人準充平陽軍數仍於鳳翔屯田勿遣從軍　刀國器所管重僉軍九百一十五人即日放罷為民陝西行省言士卒戍金州者

諸奥魯已嘗服役令重勞苦詔罷之併罷山東大名河南諸路新僉防城戍卒　四年二月詔統軍司及管軍萬户千户等可遵太祖之制令各官以子弟入朝充禿魯花其制萬户禿魯花一名馬一十匹牛二具種田人四名千户見管軍五百或五百已上者禿魯花一名馬六匹牛一具種田人二名雖所管軍不及五百其家富強子弟健壯者亦出禿魯花一名馬匹牛具種田人同萬户千户子弟充禿魯花者挈其妻子同至從人不拘定數馬匹牛具除定去數目已上復增餘者聽若有貧乏不能自備者於本萬户內

不該出禿魯花之人通行津濟起發不得因而科及衆軍萬户千户或無親子或親子幼弱未及成人者以弟姪充候親子年及十五却行交換若委有親子不得隱匿代替委有氣力不得安稱貧乏及雖到來氣力却有不完者並罪之是月帝以太宗舊制設官分職軍民之事各有所司後多故之際不暇分別命阿海充都元帥專於北京東京平灤懿州蓋州路管領見管軍人凡民間之事毋得預焉五月立樞密院凡蒙古漢軍並聽樞密節制統軍司都元帥府除遇邊面緊急事務就便調度外其軍情一切大小公事並須申覆合設奥魯官並從樞密院設置七月詔免河南保甲丁壯射生軍三千四百四十一户雜泛科差專令守把巡哨八月諭成都路行樞密院近年軍人多逃亡事故者可於各奥魯内盡實僉補自乙卯年定入軍籍之數悉僉起赴軍十一月女直水達達及乞烈賓地合僉鎮守軍命亦里不花僉三千人付塔匣來領之并達魯花赤官之子及其餘近上户内亦令僉軍聽亦里不花節制　至元二年八月陝西五路西蜀四川行省言新僉軍七千人若發民户恐致擾亂今鞏昌已有舊軍三千諸路軍二千餘二千人

亦不必發民户當以便宜起補從之十一月省院官議收到私走間道盜販馬匹曾過南界人三千八百四户悉令充軍以一千九百七十八人與山東路統軍司一千人與蔡州萬户餘八百二十六户有旨留之軍中　三年七月添内外巡軍外路每百户選中産者一人充之其賦令餘户代輸在都增武衛軍四百　四年正月僉蒙古軍每户二丁三丁者一人四丁五丁者二人六丁七丁者三人二月詔遣官僉平陽太原人户爲軍除軍站僧道也里可温荅失蠻儒人等户外於係官投下民户運司户人匠打捕鷹房金銀鐵冶丹粉錫碌等不以是何户計驗酌中户内丁多堪當人户僉軍二千人定立百户牌子頭前赴陝西五路西蜀四川行中書省所轄東川出征復於京兆延安兩路僉軍一千人如平陽太原例五月詔河南路驗酌中户内丁多堪當軍人户僉軍四百二十名歸之樞密院俾從軍復其徭役南京路除邳州南宿州外依中書省分間定應僉軍人户驗丁數僉軍二千五百八十名管領出征十二月僉女直水達達軍三千人　五年閏正月詔益都李璮元僉軍仍依舊數充役二月詔諸路奥魯毋隸總管府別設總押

所官聽樞密院節制六月省臣議僉起禿魯花官員皆已遷轉或物故黜退者於內復有貧難蒙古人氏除隨路總管府達魯花赤總管及掌兵萬户合令應當其次官員禿魯花宜放罷其自願留質者聽之十月禁長軍之官不得侵漁士卒違者論罪十一月僉山東河南沿邊州城民户爲軍遇征進則選有力之家同元守邊城漢軍一體出征其無力之家代守邊城及屯田勾當　六年二月僉懷孟衛輝路丁多人户充軍益都淄萊所轄登萊州李璮舊軍内起僉一萬人差官部領出征其淄萊路所轄淄萊等處有非

李璮舊管者僉五百二十六人其餘諸色人户亦令酌驗丁數僉軍起遣至軍前赴役十月從山東路統軍司言應係逃軍未獲者令其次親丁代役身死軍人亦令親丁代補無親丁則以少壯驅丁代之　七年三月定軍官等級萬户千户百户摠把以軍士爲差六月成都府括民三萬一千七十五户僉義士軍八千六十七人七月分揀隨路砲手軍始太祖太宗征討之際於隨路取發幷攻破州縣招收鐵木金火等人匠充砲手管領出征壬子年俱作砲手附籍中統四年揀定除正軍當役外其餘户與民一體當

差後爲出軍正户煩難至元四年取元充砲手民户津貼其間有能與不能者影占不便至是分揀之　八年二月以瓜州沙州鷹房三百人充軍　九年正月河南省請益兵勅諸路僉軍三萬詔元帥府統軍司總管萬户府閱實軍籍二月命阿术典行省蒙古軍劉整阿里海牙典漢軍四月詔諸路軍户驅丁除至元六年前從良入民籍者當差七年後凡從良文書寫從便爲民者亦如之餘雖從良並令津助本户軍役七月閱大都京兆等處探馬赤户名籍九月詔樞密諸路正軍貼户及同籍親戚僮奴丁年堪役依

諸王權要以避役者並還之軍惟匠藝精巧者以名聞十二月命府州司縣達魯花赤及治民長官不妨本職兼管諸軍奧魯各路總管府達魯花赤總管別給宣命印信府州司縣達魯花赤長官止給印信任滿則別具解由申樞密院　十年正月合剌請於渠江之北雲門山及嘉陵西岸虎頭山立二戍以其圖來上仍乞益兵二萬勅給京兆新僉軍五千人益之陝西京兆延安鳳翔三路諸色人户約六萬户内僉軍六千五月禁乾討虜人其願充軍者於萬户千户内結成牌甲與大軍一體征進八月禁軍吏之長舉

債不得重取其息以損軍力違者罪之九月襄陽生券軍至都釋械繫免死聽自立部伍俾征日本仍於蒙古漢人內選官率領之　十一年正月初立軍官以功陞散官格五月便宜總帥府言本路軍經今四十年間或死或逃無丁不能起補見在軍少乞選擇堪與不堪丁力放罷貧乏無丁者於民站內別選充役從之詔延安府沙井靜州等處種田白達達戶選其可充軍者僉起出征六月潁州屯田總管李珣言近爲僉軍事乞依徐邳州屯田例每三丁內一丁防城二丁納糧可僉丁壯七百餘人并元擬保甲丁壯

令珣通領鎮守潁州代見屯納合監戰軍馬別用從之　十二年三月遣官往遼東僉揀蒙古達魯花赤千戶百戶等官子弟出軍詔隨處所買襄陽生券軍之爲農者或自願充軍具數以聞五月正陽萬戶劉復亨言新下江南三十餘城俱守以兵及江北淮南潤揚等處未降軍力分散調度不給以致鎮巢軍滁州兩處復叛乞僉河西等戶爲軍併力勦除庶無後患有旨命肅州達魯花赤并遣使同往驗各色戶計物力富強者僉起之六月僉平陽西京延安等路達魯花赤弟男爲軍萊州酒稅官王貞等上言國家討

平殘宋弔伐爲事何嘗以賄利爲心彼不紹事業小人貪圖貨利作乾討虜名目侵掠彼地所得人口悉皆貨賣以充酒食之費勝則無益朝廷敗則實爲辱國其招討司所收乾討虜人可悉罷之第其高下籍爲正軍命各萬戶管領征進一則得其實用二則正王師弔伐之名實爲便益從之　十四年正月詔上都隆興西京北京四路編民捕獵等戶僉選丁壯軍二千人防守上都中書省議從各路荅配二十五戶內取軍一名選善騎射者充官給行資中統鈔一定仍自備鞍馬衣裝器仗編立牌甲差官部領前來赴

役　十二月樞密院臣言收附亡宋州城新附請粮官軍并通事馬軍人等軍官不肯存恤多逃散者乞招誘之命左丞陳巖等分揀堪當軍役者收係充軍依舊例月支錢粮其生券不堪當軍者官給牛具粮食屯田種養　十五年正月定軍官承襲之制凡軍官之有功者陞其秩元受之職令他有功者居之不得令子姪復代陣亡者始得承襲病死者降一等總把百戶老病死不在承襲之例凡將校臨陣中傷還營病創者亦令與陣亡之人一體承襲禁長軍之官不恤士卒及士卒亡命避役侵擾初附百姓者俱有罪

雲南行省言雲南舊屯駐蒙古軍甚少遂取漸長成丁怯困都等軍以備出征雲南闊遠多未降之地必須用兵已僉爨僰人一萬爲軍續取新降落落和泥等人亦令充軍然其人與中原不同若赴別地出征必致逃匿宜令就各所居一方未降處用之九月併軍士初至元九年僉軍三萬止擇精銳年壯者不復問其貲產且無貼戶之助歲久多貧乏不堪樞密院臣奏宜縱爲民遂併爲一萬五千諸軍戶投充諸侯王怯憐口人匠或託爲別戶以避其役者復令爲軍有良匠則別而出之樞密臣又言至元八年於各路

軍之爲富商大賈者一百四十三戶各增一軍號餘丁軍令東平等路諸奥魯總管府言往往人死產乏不能充二軍乞免餘丁充役者制可十二月樞密院官議諸軍官在軍籍者除百戶總把權準軍役其元帥招討萬戶總管千戶或首領官俱合再當正軍一名　十六年正月罷五翼探馬赤重役軍三月括兩淮造回回礮新附軍匠六百人及蒙古回回漢人新附人能造礮者至京師五月淮西道宣慰司官昂吉兒請招諭亡宋通事軍俾屬之麾下初亡宋多招納北地蒙古人爲通事軍遇之甚厚每戰皆列於前行

願効死力及宋亡無所歸朝議欲編入版籍未暇也人人疑懼皆不自安至是昂吉兒請招集列之行伍以備征戍從之九月詔河西地未僉軍之官及富強戶有物力者僉軍六百人十月壽州等處招討使李鐵哥請召募有罪亡命之人充軍其言使功不如使過始南宋未平時蒙古諸色人等因得罪皆亡命往依焉今已平定尚逃匿林藪若釋其罪而用之必能効力無不一當十者矣十一月罷太原平陽西京延安路新僉軍還籍　十七年七月詔江淮諸路招集荅剌罕軍初平江南募死士願從軍者號荅剌罕屬之劉萬戶麾下南北旣混

一復散之其人皆無所歸率群聚剽掠至是命諸路招集之令萬奴部領如故聽范左丞李拔都二人節制　十八年二月併貧乏軍人三萬戶爲一萬五千取貼戶津貼正軍充役四月置蒙古漢人新附軍總管六月樞密院議正軍貧乏無丁者令富強丁多貼戶權充正軍應役驗正軍物力却令津濟貼戶其正軍仍爲軍頭如故或正軍實係單丁者許傭雇練習之人應役丁多者不得傭雇軍官亦不得以親從人代之　十九年二月諸侯王阿只吉遣使言探馬赤軍凡九處出征各奥魯內復徵雜泛徭役不便詔免之并詔有司毋重役

軍户六月禁長軍之官毋得占役士卒散定海荅剌罕軍還各營及歸戍城邑十月僉發漸丁軍士遵舊制家止一丁者不作數凡二丁至五丁六丁之家止存一人餘皆充軍　二十年二月命各處行樞密院造新附軍籍冊六月從丞相伯顏議所括宋手號軍八萬三千六百人立牌甲設官以統之十月定出征軍人亡命之罪爲首者斬餘令減死一等　二十一年八月江東道僉事馬奉訓言劉萬奴乾討虜軍私相糾合結爲徒黨張弓挾矢或詐稱使臣莫若散之各翼萬户千户百户牌甲内管領爲便省院官以聞

有旨可令問此軍欲從脫歡出征虜掠耶欲且放散還家耶回奏衆軍皆言自圍襄樊渡江以來與國効力頗令還家少息遂從之籍亡宋手記軍宋時有是軍死則以兄弟若子承代有旨依漢軍例籍之毋涅其手　二十二年正月立行樞密院於江南三省其各處行省見管軍馬悉以付焉九月詔福建黄華畬軍有恒産者放爲民無恒産與妻子者編爲守城軍征交趾蒙古軍五百人漢軍二千人除留蒙古軍百人漢軍四百人爲鎮南王脫歡宿衛餘悉遣還別以江淮行樞密院蒙古軍戍江西十月從月的迷失言以

乾討虜軍七百人籍名數立牌甲命將官之無軍者領之十一月御史臺臣言昔宋以無室家壯士爲鹽軍内附之初有五千人除征占城運糧死亡者今存一千一百二十二人此徒皆性習凶暴民患苦之宜給以衣粮使屯田自贍庶絶其擾從之十二月從樞密院請嚴立軍籍條例選壯士及有力之家充軍舊例丁力強者充軍弱者出錢故有正軍貼户之籍行之既久而強者弱弱者強籍亦如故其同户異居者私立年期以相更代故有老稚不免從軍而強壯家居者至是革焉江淛省募鹽徒爲軍得四千七百六

十六人選軍官麾下無士卒者相參統之以備各處鎮守

二十四年閏二月樞密院臣言諸軍貼户有正軍已死者有充工匠者放爲民者有元係各投下户回付者似此歇閑一千三百四十户乞差人分揀貧富定貼户正軍制可

二十六年八月樞密院議諸管軍官萬户千户百户等或治軍有法鎮守無虞鎧仗精完差役均平軍無逃竄者許所司薦舉以聞不次擢用諸軍吏之長非有上司之命毋擅離職諸長軍者及蒙古漢軍毋得妄言邊事

成宗大德二年十二月定各省提調軍馬官員凡用隨從軍士蒙古長官三十名次官二十名漢人一十名萬户千

户百户人等俱不得占役行省鎮撫止用聽探外亦不得多餘役占十一年四月詔禮店軍還屬土番宣慰司初西川也速迭兒按住奴帖木兒等所統探馬赤軍自壬子年屬籍禮店隸王相府後王相府罷屬之陝西省桑哥奏屬土番宣慰司咸以爲不便大德十年命依壬子之籍至是復改屬焉

武宗至大元年正月以通惠河千户劉粲所領運粮軍九百二十人屬萬户赤因帖木爾兵籍十二月丞相三寶奴等言國制行省佐貳及宣慰使不得提調軍馬若遥授平章揚州宣慰使阿憐帖木兒者嘗與成宗同乳母故得行之非

常憲也今命沙的代之宜遵國制勿令提調制可

仁宗皇慶元年三月中書省臣奏李馬哥等四百户爲民初李馬哥等四百户屬諸侯王脱脱乙未年定籍爲民高麗林衍及乃顔叛皆嘗僉爲軍至元八年置軍籍以李馬哥等非七十二萬户内軍數復改爲民至大四年樞密院復奏爲軍至是省官以爲言命遵乙未年已定之籍後樞密復奏竟以爲軍户十二月省臣言先是樞密院奏準雲南省宜遵各省制其省官居長者二員得佩虎符提調軍馬餘佐貳者不得預已受虎符者悉收之　令雲南省言本省籍軍士之力以辦集錢穀遇有調遣則省官親率衆上馬故舊制雖牧民官亦得佩虎符領軍務視他省爲不同臣等議已受虎符者依故事未受者宜頒賜之制可

二年正月詔雲南省鎮遠方掌邊務凡事涉軍旅者自平章至僚佐須同署押其長官二員復與哈必赤

延祐元年二月四川省軍官闕員詔依民官遷調之制差人與本省提調官及監察御史同銓注

三年三月命伯顔都萬户府及紅胖襖總帥府各調軍九千五百人往諸侯王所更代守邊士卒其屬都萬户府者軍一名馬三匹屬總帥府者軍一名馬二

匹令人自爲計其貧不能自備者則命行伍之長及百户千户等助之悉遣精鋭練習騎射之士每軍一百名百户一員五百名千户一員復命買住囊加解二人分左右部領之

志卷第四十六

翰林學士亞中大夫知制誥兼修國史臣宋濂　翰林待制承直郎同知制誥兼國史院編修官臣王禕　等奉
敕修

兵二

宿衛

宿衛者天子之禁兵也元制宿衛諸軍在內而鎮戍諸軍在外內外相維以制輕重之勢亦一代之良法哉方太祖時以木華黎赤老溫愽尒忽愽尒朮為四怯薛領怯薛歹分番宿衛及世祖時又設五衛以象五方始有侍衛親軍之屬置都指揮使以領之而其後增置改易於是禁兵之設殆不止於前矣夫屬櫜鞬列宮禁宿衛之事也而其用非一端用之於大朝會則謂之圍宿軍用之於大祭祀則謂之儀仗軍車駕巡幸用之則曰扈從軍守護天子之帑藏則曰看守軍或夜以之警非常則為巡邏軍或歲漕至京師用之以彈壓則為鎮遏軍今總之為宿衛而以餘者附見焉

四怯薛　太祖功臣愽尒忽愽尒朮木華黎赤老溫時號掇里班曲律猶言四傑也太祖命其世領怯薛之長怯薛者猶言番直宿衛也凡宿衛每三日而一更申酉戌日愽尒忽領之為第一怯薛即也可怯薛愽尒忽早絕太祖命以別速部代之而非四傑功臣之類故太祖以自名領之其云也可者言天子自領之故也亥子丑日愽尒朮領之為第二怯薛寅卯辰日木華黎領之為第三怯薛巳午未日赤老溫領之為第四怯薛赤老溫後絕其後怯薛常以右丞相領之凡怯薛長之子孫或由天子所親信或由宰相所薦舉或以其次序所當為即襲其職以掌環衛雖其官卑勿論也及年勞既久則遂擢為一品官而四怯薛之長天子或又命大臣以總之然不常設也其它預怯薛之職而居禁近者分冠服弓矢食飲文史車馬廬帳府庫醫藥卜祝之事悉世守之雖以才能受任使服官政貴盛之極然一日歸至內庭則執其事如故至於子孫無改非甚親信不得預也其怯薛執事之名則主弓矢鷹隼之事者曰火兒赤昔寶赤怯憐赤書寫聖旨曰扎里赤為天子主文史者曰必闍赤親烹飪以奉上飲食者曰愽尒赤侍上帶刀及弓矢者曰云都赤闊端赤司閽者曰八剌哈赤掌酒者曰答剌赤典車馬者曰兀剌赤莫倫赤掌內府尚供衣服者曰速古兒赤牧駱駝者曰帖麥赤牧羊者曰

火你赤捕盗者曰忽剌罕赤奏樂者曰虎兒赤又名忠勇之士曰霸都魯勇敢無敵之士曰拔突其名類蓋不一然皆天子左右服勞侍從執事之人其分番更直亦如四怯薛之制而領於怯薛之長若夫宿衛之士則謂之怯薛歹亦以三日分番入衛其初名數甚簡後累增爲萬四千人揆之古制猶天子之禁軍是故無事則各執其事以備宿衛禁庭有事則惟天子之所指使比之樞密各衛諸軍於是爲尤親信者也然四怯薛歹自太祖以後累朝所御斡耳朵其宿衛未嘗廢是故一朝有一朝之怯薛總而計之其數滋多每歲所賜鈔幣動以億萬計國家大費每敝於

此焉

右衛　中統三年以侍衛親軍都指揮使董文炳兼山東東路經畧使共領武衛軍事命益都行省大都督撒吉思驗壬子年已定民籍及照李璮總籍軍數每千户内選練習軍士二人充侍衛軍并海州東海漣州三處之軍屬焉至元元年改武衛爲侍衛親軍分左右翼置都指揮使八年改立左右中三衛掌宿衛扈從兼屯田國有大事則調度之

左衛

中衛　並至元八年侍衛親軍改立

前衛　至元十六年以侍衛親軍創置前後二衛掌宿衛扈從兼營屯田國有大事則調度之置都指揮使

後衛　亦至元十六年置

武衛　至元二十五年尚書省奏那海那的以漢軍一萬人如上都所立虎賁司營屯田脩城隍二十六年樞密院官暗伯奏以六衛六千人塔剌海孛可所掌大都屯田三千人及近路迤南萬户府一千人總一萬人立武衛親軍都指揮使司掌脩治城隍及京

師内外工役之事

左都威衛　至元十六年世祖以新取到侍衛親軍一萬户屬之東宮立侍衛親軍都指揮使司三十一年復以屬皇太后改隆福宫左都威衛使司至大三年選其軍之善造作者八百人立千户所一及百户翼八以掌之而分局造作皇慶元年以王平章舊所領軍一千人立屯田至治三年罷匠軍千户所

右都威衛　國初木華黎奉太祖命收扎剌兒兀魯忙兀納海四投下以按察兒孛羅笑乃解不里海拔都兒闊闊不花五人領探馬赤軍既平金隨處鎮守

中統三年世祖以五投下探馬赤立蒙古探馬赤總管府至元十六年罷其軍各於本投下應役十九年仍令充軍二十一年樞密院奏以五投下探馬赤軍俱屬之東宮復置官屬如舊二十二年改蒙古侍衛親軍指揮使司三十一年改隆福宮右都威衛使司

唐兀衛　至元十八年阿沙阿東言今年春奉命總領河西軍三千人但其所帶虎符金牌者甚衆征伐之重若無官署何以防閑之樞密院以聞遂立唐兀衛親軍都指揮使司以總之

貴赤衛　至元二十四年立

西域親軍　元貞元年依貴赤唐兀二衛例始立西域親軍都指揮使司

衛候直都指揮使司　至元元年裕宗招集控鶴一百三十五人三十一年徽政院增控鶴六十五人立衛候司以領之且掌儀從金銀器物元貞元年皇太后復以晉王校尉一百人隸焉大德十一年益以懷孟從行控鶴二百人陞衛候直都指揮使司至大元年復增控鶴百人總六百人設百户所六以為其屬至治三年罷之四年以控鶴六百三十人歸于皇后位下後復置立

右阿速衛　至元九年初立阿速拔都達魯花赤後招集阿速正軍三千餘名復選阿速揭只揭了温怯薛丹軍七百人扈從車駕掌宿衛城禁兼營潮河蘇沽兩川屯田并供給軍儲二十三年為阿速軍南攻鎮巢殘傷者衆遂以鎮巢七百户屬之并前軍總為一萬户隸前後二衛至大二年始改立右衛阿速親軍都指揮使司

左阿速衛　亦至大二年改立

隆鎮衛　睿宗在潛邸嘗於居庸關立南北口屯軍徼巡盜賊各設千户所至元二十五年以南北口上

千户所總領之至大四年改千户所為萬户府分欽察唐兀貴赤西域左右阿速諸衛軍三千人并南北口大和嶺舊隘漢軍六百九十三人屯駐東西四十三處立十千户所置隆鎮上萬户府以統之皇慶元年始改為隆鎮衛親軍都指揮使司延祐二年又以哈兒魯軍千户所隸焉至治元年置蒙古漢軍籍

左衛率府　至大元年命以中衛兵萬人立衛率府屬之東宮時仁宗為皇太子曰世祖立五衛象五方也其制猶中書之六部殆不可易遂命江南行省萬户府選漢軍之精鋭者一萬人為東宮衛兵立衛率

府延祐元年改為忠翊府未幾復改為御臨親軍都指揮使司又以御臨非古典改為羽林六年英宗立為皇太子復以隸東宮仍為左衛率府

右衛率府　延祐五年以詹事秃滿迭兒所管速怯那兒萬户府及遼東女直兩萬户府右翼屯田萬户府兵合為右衛率府隸皇太子位下

康禮衛　武宗至大三年定康禮軍籍凡康禮氏之非者皆别而黜之驗其實始得入籍及諸侯王阿只吉火郎撒所領探馬赤屬康禮氏者令樞密院康禮衛遣人乘傳往置籍焉

忠翊侍衛　至元二十九年始立屯田府大德十一年增軍數立為大同等處侍衛親軍都指揮使司至大四年四月皇太后修五臺寺遂移屬徽政院并以京兆軍三千人增入延祐元年改中都威衛使司仍隸徽政院至治元年始改為忠翊侍衛親軍都指揮使司

宗仁衛　至治二年右丞相拜住奏先脱别鐵木叛時沒入亦乞列思人一百户與今所收蒙古子女三千户清州匠二千户合為行軍五千請立宗仁衛以統之於是命右丞相拜住總衛事給降虎符牌面

如右衛率府又置行軍千户所隸焉

右欽察衛　至元二十三年依河西等衛例立欽察衛至治二年分為左右兩衛天曆二年以本衛屬大都督府

左欽察衛　亦至治二年立始至元中立衛時設行軍千户十有九所屯田三所大德中置只兒哈郎鐵哥納兩千户所至大元年復設四千户所至是始分為左右二衛亦屬大都督府

龍翊侍衛　天曆元年十二月立龍翊衛親軍都指揮使司以左欽察衛唐吉失等九千户隸焉

虎賁親軍都指揮使司

左翊蒙古侍衛親軍都指揮使司

右翊蒙古侍衛親軍都指揮使司

宣忠斡羅思扈衛親軍都指揮使司

威武阿速衛親軍都指揮使司

東路蒙古侍衛親軍都指揮使司

女直侍衛親軍萬户府

高麗女直漢軍萬户府管女直侍衛親軍萬户府

鎮守海口侍衛親軍屯儲都指揮使司

宣鎮侍衛

世祖中統元年四月諭隨路管軍萬户有舊從萬户三哥西征軍人悉遣至京師充防城軍忙古解軍三百一十九人嚴萬户軍一千三百四十五人濟南路軍一百四十人脫赤剌軍一百四十九人糺查剌軍一百四十五人馬總管軍一百四十四人　三年十月諭益都大小管軍官及軍人等先李璮懷逆蒙蔽朝廷恩命驅駕爾等以為己惠爾等雖有效過功勞殊無聞報一旦泯絶此非爾等不忠之愆實李璮懷逆之罪也今侍衛親軍都指揮使董文炳来奏其詳言爾等各有願為朝廷出力之語此復見爾等存忠

之久也今命董文炳仍為山東東路經畧使収集爾等直隸朝廷充武衛軍近侍勾當比及應職且當守把南邊隄防外隙庶内境軍民各得安業爾等宜益盡心以圖勲效　至元二年十二月增侍衛親軍一萬人内選女直軍三千高麗軍三千阿海三千益都路一千每千人置千户一員百人置百户一員以領之仍選丁力壯鋭者以應役焉　三年五月帝謂樞密臣曰侍衛親軍非朕命不得發充夫役修瓊華島士卒即日放還　四年七月諭東京等路宣撫司命於所管户内以十等為率於從上第三等户僉選侍

衛親軍一千八百名若第三等户不敷於第二等户内僉補仍定立千户百户牌子頭并其家屬同来赴中都應役　十四年五月以蒙古軍與漢軍相參備都城内外及萬壽山宿衛仍以也速不花領園宿事　十五年五月總管胡翔請還侍衛軍先是宿州蘄縣等萬户府士卒百人有旨俾充侍衛軍後從僉省嚴忠範征西川既而嘉定重慶夔府皆下忠範回軍留西道翔上言從之九月以總管張子良所匿軍二千二百三十二人充侍衛軍士　十六年四月選揚州省新附軍二萬人充侍衛親軍併其妻子遷赴京

師　二十四年十月總帥汪惟和選麾下鋭卒一千人請擇昆弟中一人統之以備侍衛從之

成宗元貞四年八月詔蒙古侍衛所管探馬赤軍人子弟投充諸王位下身役者悉遵世祖成憲發還元役充軍　大德六年二月調蒙古侍衛等軍一萬人往官山住夏

仁宗延祐六年九月知樞密院事塔失鐵木兒言諸漢人不得點園宿軍士圖籍係軍數者雖御史亦不得預知此國制也比者領園宿官言中書命司計李處恭巡視守倉庫軍卒有曠役者則罪之以懲其後

使無怠而已而李司計擅取軍數善士卒在法爲過臣等議宜自中書與樞密遣人參之驗實以聞制可七年六月以紅城中都威衛係掌軍務之司屬徽政院不便命遵舊制俾樞密總之

圍宿軍

世祖至元二十六年七月命大都侍衛軍内復起一萬人赴上都以備圍宿

成宗元貞二年十月樞密院臣言昔大朝會時皇城外皆無墻垣故用軍環繞以備圍宿今墻垣已成南北西三畔皆可置軍獨御酒庫西地窄不能容臣等與丞相完澤議各城門以蒙古軍列衛及於周橋南置戍樓以警昏旦從之

武宗至大四年正月省臣等傳皇太子命以大朝會調蒙古漢軍三萬人備圍宿仍遣使發山東河北河南淮北諸路軍至京師復命都府左右翼右都威衛整器仗車騎六月以諸侯王駙馬等來朝命發各衛色目漢軍八百二十六人至上京復命指揮使也干不花領之

仁宗皇慶元年六月命衛率府軍士備圍宿守隆福宫内外禁門十一月樞密院臣言皇太后有旨禁掖門可嚴守衛臣等議增置百户一員及於欽察貴赤西域唐兀阿速等衛調軍士九十人增守諸掖門復命千户一員帥領百户一員備巡邏從之　延祐三年十月以諸侯王來朝命圍宿軍士六千人增至一萬人復命也了干禿魯分左右部領其事十一月詔圍宿軍士除舊有者更增色目軍萬人以備禁衛十二月樞密院臣言圍宿軍士不及數其已發各衛者地遠至不能如期可還刈葦草及青塔寺工役軍先備守衛其各衛還家軍士亦發二萬五千人令備車馬器械俱會京師制可　六年閏八月命知樞密院事衆嘉領圍宿務五衛軍代羽林軍士仍以千户二員百户十員擇士卒精銳者二百人屬之

英宗至治元年正月帝詣石佛寺以其墻垣踈壞命副樞朮温台僉院阿散領圍宿士卒以備巡邏八月東内皇城建宿衛屋二十五楹命五衛内摘軍二百五十人居之以備禁衛

文宗天曆二年二月樞密院臣言去歲嘗奉旨依先制調軍守把圍宿此時各翼軍人皆隨處出征亦有潰散者故不及依次調遣止於右翼侍衛及右都威衛内發軍一千一百二十六名以備圍宿今歲車駕

行幸臣等議於河南山東兩都府内起遣未差軍士一千三名以備扈從制可五月樞密臣又言比奉令旨放散軍人臣等議常制以三月一日放散六月一日赴限今放散既遲可令於八月一日赴限從之

儀仗軍

世祖至元十二年十二月上尊號受册告祭天地宗廟調左右中三衛軍五十人爲蹕街清路軍

武宗至大二年十二月上尊號百官行朝賀禮樞密院調軍一千人備儀仗　三年十月上皇太后尊號行册寳禮用内外儀仗軍數及防護五色甲馬軍二百人　四年二月合祭天地太廟社稷用蹕街清道及守内外壝門軍一百八十人命以圜宿軍爲之事畢還役七月以奉迎武宗玊册祔廟用清路蹕街軍一百五十人管軍千户百户各一員九月以祭享太廟用蹕街清路軍一百五十人千户百户各一員

仁宗皇慶元年三月天壽節行禮用内外儀仗軍一千人

英宗至治元年十一月命有司選控鶴衛士及色目漢軍以備鹵簿儀仗十二月定鹵簿隊仗用軍士二千三百三十人萬户千户百户四十五員仍議用軍士一千九百五十人萬户千户百户五十九員以備儀仗

致和元年六月以享太廟用蹕街清路軍一百名看粇盆軍一百名管軍官千户百户各一員九月行大禮用擎執儀仗蒙古漢軍一千名

文宗天曆元年十一月親祭太廟内外用儀仗并五色甲馬軍一千六百五十名仍命指揮青山及洪副使攝折衝都尉提調　二年正旦行禮用儀仗軍一千人享太廟用蹕街清路軍一百名看守粇盆軍一百名管軍千户百户各一員天壽節行禮用儀仗軍一千名皇后册寳擎執儀仗用軍一千二百名軍官四員

扈從軍

世祖至元十七年三月發忙古解抄兒赤所領河西軍士及阿魯黑麾下二百人入備扈從

武宗至大二年太后將幸五臺徽政院官請調軍扈從省臣議昔大太后嘗幸五臺於住夏探馬赤及漢軍内各起扈從軍三百人今遵故事從之十一月樞密院臣言去歲六衛漢軍内以諸處興建工役故用六千軍士於上都臣等議來歲車駕行幸復令騎卒

六千人倫車馬器仗與步卒二千人扈從制可

看守軍

世祖至元二十五年十一月以軍守都城外倉初大都城内倉敖有軍守之城外豐閏豐實廣貯通濟四倉無守者至是收糧頗多丞相桑哥以爲言乃依都城内倉例每倉發軍五人守之十二月中書省臣言樞密院公廨後有倉貯糧乞調軍五人看守從之

成宗大德四年二月調軍五百人於新浚河内看閘

武宗至大四年六月帝御大安閣樞密院官奏嘗奉旨令各門置軍守備臣等議探馬赤軍士去其所戍

地遠卒莫能至擬發阿速唐兀等軍衆漢軍用之各門置五十人制可

仁宗延祐元年閏三月隆禧院官言初世祖影殿有軍士守之今武宗御容於大崇恩福元寺安置宜依例調軍守衛從之　三年二月嶺北省乞軍守衛倉庫命於丑漢所屬萬户三千探馬赤軍内摘軍三百人與之

英宗至治元年增守太廟墻垣軍初以衛士軍人共守圍宿故止用蒙古軍四百人至是以衛士守内墻垣其外壖止用軍士乃增至八百人復命僉院哈散院判阿剌鐵木兒領之四月敕搠思吉斡節兒八哈失寺内常令軍士五人守衛

巡邏軍

仁宗皇慶元年三月丞相鐵木迭兒奏每歲既幸上京於各宿衛中留衛士三百七十人以備巡邏今歲多盜賊宜增百人以嚴守禦制可仍命樞密與中書分領之　延祐七年五月詔留守司及虎賁司官親率衆於夜巡邏

鎮遏軍

仁宗延祐元年閏三月樞密院官奏中書省言江淛

春運糧八十三萬六千二百六十石取日開洋前來直沽請預差軍人鎮遏詔依年例調軍一千名命右衛副都指揮使伯顔往鎮遏之　三年四月海運至直沽樞密院官奏今歲軍數不敷乞調軍士五百人巡鎮從之　七年四月調海運鎮遏軍一千人如舊制

鎮戍

元初以武功定天下四方鎮戍之兵亦重矣然自其始而觀之則太祖太宗相繼以有西域中原而攻取之際屯兵蓋無定向其制殆不可考也世祖之時海

宇混一然後命宗王將兵鎮邊徼襟喉之地而河洛山東據天下腹心則以蒙古探馬赤軍列大府以屯之淮江以南地盡南海則名藩列郡又各以漢軍及新附等軍戍焉皆世祖宏規遠略與二三大臣之所共議達兵機之要審地理之宜而足以貽謀於後世者也故其後江南三行省嘗以遷調戍兵為言當時莫敢有變其法者誠以祖宗成憲不易於變更也然卒之承平既久將驕卒惰軍政不修而天下之勢遂至於不可為夫豈其制之不善哉蓋法久必弊古今之勢然也今故著其調兵屯守之制而列之為鎮戍焉

世祖中統元年五月詔漢軍萬户各於本管新舊軍内摘發軍人備衣甲器仗差官領赴燕京近地屯駐萬户史天澤一萬四百三十五人張馬哥二百四十人解成一千七百六十人糺叱剌四百六十六人斜良扳都八百九十六人扶溝馬軍奴一百二十九人内黄鐵木兒一百四十四人趙奴懷四十一人鄢陵勝都古六十五人　十一月命右三部尚書怯烈門平章政事趙璧領蒙古漢軍於燕京近地屯駐平章塔察兒領武衛軍一萬人屯駐北山漢軍質子軍及僉到民間諸投下軍於西京宣德屯駐復命怯烈門為大都督管領諸軍勾當分達達軍為兩路一赴宣德德興一赴興州其諸萬户漢軍則令赴潮河屯守後復以興州達達軍合入德興宣德命漢軍各萬户悉赴懷來縉山川中屯駐　三年十月詔田德實所管固安質子軍九百十六户及平灤州劉不里剌所管質子軍四百户還元管地面屯駐　至元七年以金州軍八百隸東川統軍司還成都忽朗吉軍戍東川　十一年正月以忙古帶等新舊軍一萬一千人戍建都調襄陽府生券軍六百人熟券軍四百人由京兆

府鎮戍鴨池命金州招討使欽察部領之　十二月調西川王安撫楊總帥軍與火尼赤相合與五漢黄兀剌同鎮守合荅之城　十二年二月詔以東川新得城寨逼近夔府恐南兵來侵發鞏昌路補僉軍三千人戍之　三月海州丁安撫等來降選五州丁壯四千人守海州東海　十三年十月命別速䚟忽別列八都兒二人為都元帥領蒙古軍二千人河西軍一千人守幹端城　十五年三月分揚州行省兵於隆興府初置行省分兵諸路調遣江西省軍為最少至是以南廣地闊阻山谿之險命鐵木兒不花領兵一萬

人赴之合元帥塔出軍以備戰守四月詔以伯顏阿朮所調河南新僉軍三千人還守廬州六月命荆湖北道宣慰使塔海調遣夔府諸軍士七月詔以塔海征夔軍之還戍者及楊州江西舟師悉付水軍萬户張榮實將之守鎮江中八月命江南諸路戍卒散歸各所屬萬户屯戍初渡江所得城池發各萬户部曲士卒以戍之久而亡命死傷者衆續至者多不着行伍至是縱還各營以備屯戍安西王相府言川蜀既平城邑山砦洞穴凡八十三所其渠州禮義城等處凡三十三所宜以兵鎮守餘悉撤去從之九月詔發東京北京軍四百人往戍應昌府其應昌舊戍士卒悉令散歸十一月定軍民異屬之制及蒙古軍屯戍之地先是以李璮叛分軍民爲二而異其屬後因平江南軍官始兼民職遂因之凡以千户守一郡則率其麾下從之百户亦然不便至是令軍民各異屬如初制士卒以萬户爲率擇可屯之地屯之諸蒙古軍士散處南北及還各奧魯者亦皆收聚令四萬户所領之衆屯河北阿朮二萬户屯河南以備調遣餘丁定其版籍編入行伍俾各有所屬遇征伐則遣之　十六年二月命萬户孛朮魯敬領其麾下舊有士卒

守湖州先是以唐鄧均三州士卒二百八十八人屬敬麾下後還戍江陵府至是還之四月定上都戍卒用本路元籍軍士國制郡邑鎮戍士卒皆更相易置故每歲以他郡兵戍上都軍士罷於轉輸至是以上都民充軍者四千人每歲令備鎮戍罷他郡戍兵六月碉門魚通及黎雅諸處民户不奉國法議以兵戍其地發新附軍五百人蒙古軍一百人漢軍四百人往鎮戍之七月以西川蒙古軍七千人新附軍三千人付皇子安西王命闊里鐵木兒以戍杭州軍六百九十人赴京師調兩淮招討小厮蒙古軍及自北方迴探馬赤軍代之八月調江南新附軍五千駐太原五千駐大名五千駐衛州又發探馬赤軍一萬人及夔府招討張萬之新附軍俾四川西道宣慰使也罕的斤將之戍斡端　十七年正月詔以他令不罕守建都布吉解守長河西之地無令遷易三月同知制東道宣慰司事張鐸言江南鎮戍軍官不便請以時更易置之國制既平江南以兵戍列城其長軍之官皆世守不易故多與富民樹黨因奪民田宅居室蠹有司政事爲害滋甚鐸上言以爲皆不遷易之弊請更其制限以歲月遷調之庶使初附之民得以安業也

五月命樞密院調兵六百人守居庸關南北口七月
廣州鎮戍士卒初以丞相伯顏等麾下合必赤軍二
千五百人從元帥張弘範征廣王因留戍焉歲久皆
貧困多死亡者至是命更代之復以揚州行省四萬
戶蒙古軍更戍潭州十月發砲卒千人入甘州備戰
守十二月八番羅甸宣慰司請增戍卒先是以三千
人戍八番後征亦奚不薛分摘其半至是師還宣慰
司復請益兵以備戰守從之　十八年正月命萬戶
張珪率麾下往就潭州還其祖父所領亳州士卒并
統之二月以合必赤軍三千戍揚州十月高麗王并
行省皆言金州合浦固城全羅州等處沿海上下與
日本正當衝要宜設立鎮邊萬戶府屯鎮從之十一
月詔以征東留後軍分鎮慶元上海澉浦三處上船
海口　十九年二月命唐兀䚟於沿江州郡視便宜置
軍鎮戍及諭鄂州揚州隆興泉州等四省議用兵戍
列城從浙東宣慰司於溫州分軍戍守江南自歸州
以及江陰至三海口凡二十八所四月調揚州合必
軍三千人鎮泉州又潭州行省以臨川鎮地接占城
及未附黎洞請立總管府一同鎮戍從之七月以隆
興西京軍士代上都戍卒還西川先是上都屯戍士

卒其奥魯皆在西川而戍西川者多隆興西京軍士
每歲轉餉不勝勞費至是更之　二十年八月留蒙
古軍千人戍揚州餘悉縱還揚州所有蒙古士卒九
千人行省請以三分爲率留一分鎮戍史塔剌渾曰
蒙古士卒悍勇孰敢當留一千人足矣從之十月發
乾討虜軍千人增戍福建行省先是福建行省以其
地險常有盜負固爲亂兵少不足戰守請增蒙古漢
軍千人樞密院議以劉萬奴所領乾討虜軍益之
二十一年四月詔潭州蒙古軍依揚州例留一千人
餘悉放還諸奥魯十月增兵鎮守金齒國以其地民
戶剛狠舊嘗以漢軍新附軍三千人戍守今再調探
馬赤蒙古軍二千人令藥剌海率赴之　二十二年
二月詔改江淮江西元帥招討司爲上中下三萬戶
府蒙古漢人新附諸軍相參作三十七翼上萬戶宿
州蘄縣真定沂郯益都高郵沿海七翼中萬戶棗陽
十字路邳州鄧州杭州懷州孟州真州八翼下萬戶
常州鎮江潁州廬州亳州安慶江陰水軍益都新軍
湖州淮安壽春揚州泰州弩手保甲處州上都新軍
黃州安豐松江鎮江水軍建康二十二翼每翼設達
魯花赤萬戶副萬戶各一人以隸所在行院　二十

四年五月調各衛諸色軍士五百人於平灤以備鎮戍　十月詔以廣東係邊徼之地山險人稀兼江西福建賊徒聚集不時越境作亂發江西行省忽都鐵木兒麾下軍五千人往鎮守之　二十五年二月調揚州省軍赴鄂州代鎮戍士卒　三月詔黃州蘄州壽昌諸軍還隸江淮省始三處舊置鎮守軍以近鄂州省嘗分隸領之至是軍官以爲言遂仍其舊遼陽行省言懿州地接賊境請益兵鎮戍從之　四月調江淮行省全翼一下萬户軍移鎮江西省從皇子脫歡士卒及劉二拔都麾下一萬人皆散歸各營　十一月增軍

戍咸平府以察忽亦兒思合言其地實邊徼請益兵鎮守以備不虞故也　二十六年二月命萬户劉得祿以軍五千人鎮守八番　二十七年六月調各行省軍於江西以備鎮戍俟盜賊平息而後縱還　九月以元帥那懷麾下軍四百人守文州　調江淮省下萬户府軍於福建鎮戍　十一月江淮行省言先是丞相伯顏及元帥阿朮阿塔海等守行省時各路置軍鎮戍視地之輕重而爲之多寡厥後忙古解代之悉更其法易置將吏士卒殊失其宜今福建盜賊已平惟浙東一道地極邊惡賊所巢穴請復還三萬户以鎮

守之合剌帶一軍戍沿海明台亦怯烈一軍戍温處札忽帶一軍戍紹興婺州其寧國徽州初用土兵後皆與賊通今盡遷之江北更調高郵泰州兩萬户漢軍戍之揚州建康鎮江三城跨據大江人民繁會置七萬户府杭州行省諸司府庫所在置四萬户府水戰之法舊止十所今擇瀕海沿江要害二十二所分兵閱習伺察諸盜錢塘控扼海口舊置戰艦二十艘今增置戰艦百艘海船二十艘樞密院以聞悉從之　二十八年二月調江淮省探馬赤軍及漢軍二千人於脫歡太子側近揚州屯駐　二十九年以咸平府

東京所屯新附軍五百人增戍女直地　三十年正月詔西征探馬赤軍八千人分留一千或二千餘令放還皇子奧魯赤大王朮伯言切恐軍散釁生宜留四千還四千從之　五月命思播黃平鎮遠拘刷亡宋避役手號軍人以增鎮守　七月調四川行院新附軍一千人戍松山

成宗元貞元年七月樞密院官奏劉二拔都兒言初鄂州省安置軍馬之時南面止是潭州等處後得廣西海外四州八番洞蠻等地疆界闊遠闕少戍軍復增四萬人今將元屬本省四翼萬户軍分出軍力減

少臣等謂劉二拔都兒之言有理雖然江南平定之時沿江安置軍馬伯顏阿朮阿塔海阿里海牙阿剌罕等俱係元經攻取之人又與近臣月兒魯孛羅等樞密院官同議安置者乞命通軍事知地理之人同議增減安置庶後無弊從之　二年五月江浙行省言近以鎮守建康太平保定萬户府全翼軍馬七千二百一十二名調屬湖廣省乞分兩淮戍兵於本省沿海鎮遏樞密院官議沿江軍馬係伯顏阿朮安置勿令改動上於本省元管千户百户軍内發兵鎮守之制可九月詔以兩廣海外四州城池戍兵歲一更

代往來勞苦給俸錢選良醫往治其疾病者命三二年一更代之　三年二月調揚州翼鄧新萬户府全翼軍馬分屯蘄黃　大德元年三月陝西平章政事脫烈伯領總帥府軍三千人收捕西番回詔留總帥軍百人及階州舊軍禿思馬軍各二百人守階州餘軍還元翼湖廣省請以保定翼萬人移鎮郴州樞密院官議此翼乃張柔所領征伐舊軍宜遷入鄂州省屯駐別調兵守之七月招收亡宋左右兩江土軍千人從思明上思等處都元帥昔剌不花言也十一月河南行省言前揚州立江淮行省江陵立荆湖行省

各統軍馬上下鎮遏後江淮省移於杭州荆湖省遷於鄂州黃河之南大江迤北汴梁古郡設立河南江北行省通管江淮荆湖兩省元有地面近年併入軍馬通行管領所屬之地大江最爲緊要兩淮地險人頑宋亡之後始來歸順當時沿江一帶斟酌緩急安置定三十一翼軍馬鎮遏後還調十二翼前去江南餘有一十九翼於内調發止存元額十分中一二况兩淮荆襄自古隘要之地歸附至今雖即寧靜宜慮未然乞照沿江元置軍馬還調江南翼分并各省所占本省軍人發還元翼仍前鎮遏省院官議以爲沿

江安置三十一翼軍馬之説本院無此簿書問之河南省官孛魯歡其省亦無樞密院文卷内但稱至元十九年伯顏玉速鐵木兒等共擬其地安置三萬二千軍後增二千總三萬四千今悉令各省差占及逃亡事故者還充役足矣又孛魯歡言去年伯顏點視河南省見有軍五萬二百之上又若還其占役事故軍人則共有七八萬人此數之外脫歡太子位下有一千探馬赤一千漢軍阿剌八赤等哈剌魯亦在其地設有非常皆可調用據各省占役總計軍官軍人一萬三千八百八十一名軍官二百九名軍人一萬

三千六百七十二名内漢軍五千五百八十名新附軍八千二十八名蒙古軍六十四名江淛省占役軍官軍人四千九百五十七名湖廣省占役軍官軍人七千六百三名福建省占役軍官軍人一千二百七十二名江西省出征收捕未回新附軍四十九名悉令還役江淛省亦言河南行省見占本省軍人八千八百三十三名亦宜遣還鎮遏有旨兩省各差官赴闕辨議　二年正月樞密院臣言阿剌解脱忽思所領漢人女直高麗等軍二千一百三十六名内有稱海對陣者有乆戍四五年者物力消乏乞於六衛軍内分一千二百人大同屯田軍八百人徹里台軍二百人總二千二百人往代之制可三月詔各省合併鎮守軍福建所置者合爲五十三所江淛所置者合爲二百二十七所江西元立屯軍鎮守二百二十六所減去一百六十二所存六十四所　三年三月沅州賊人嘯聚命以毗陽萬户府鎮守辰州鎮巢萬户府鎮守沅州靖州上均萬户府鎮守常州澧州　五年三月詔河南省占役江淛省軍一萬一千四百七十二名除洪澤芍陂屯田外餘令發還元翼　七年四月調碉門四川軍一千人鎮守羅羅斯　八年二月以江南海口軍少調蘄縣王萬户翼漢軍一百人寧萬户翼漢軍一百人新附軍三百人守慶元自乃顔来者蒙古軍三百人守定海

武宗至大二年七月樞密院臣言去年日本商船焚掠慶元官軍不能敵江淛省言請以慶元台州沿海萬户府新附軍往陸路鎮守以蘄縣宿州兩萬户府陸路漢軍移就沿海屯鎮臣等議自世祖時伯顔阿术等相地之勢制事之宜然後安置軍馬豈可輕動前行省忙古䚟等亦言以水陸軍互換遷調世祖有訓曰忙古䚟得非狂醉而發此言以水路之兵習陸路之伎驅歩騎之士而從風水之役難成易敗於事何補今欲禦備姦宄莫若從宜於水路沿海萬户府新附軍三分取一與陸路蘄縣萬户府漢軍相參鎮守從之　四年十月以江浙省嘗言兩淛沿海瀕江隘口地接諸蕃海寇出沒兼收附江南之後三十餘年承平日久將驕卒惰帥領不得其人軍馬安置不當乞斟酌衝要去處遷調鎮遏樞密院官議慶元與日本相接且爲倭商焚毀宜如所請其餘遷調軍馬事關機務别議行之十二月雲南八百媳婦大小徹里等作耗調四川省蒙古漢軍四千人命萬户囊加

解部領赴雲南鎮守其四川省言本省地方東南控接荆湖西北襟連秦隴阻山帶江密迩蕃蠻素號天險古稱極邊重地乞於存恤歇役六年軍内調二千人往從之

仁宗皇慶元年十一月詔江西省瘴地内諸路鎮守軍各移近地屯駐　延祐四年四月河南行省言本省地方寛廣關係非輕所屬萬户府俱於臨江沿淮上下鎮守方面相離省府近者千里之上遠者二千餘里不測調度卒難相應況汴梁係國家腹心之地設立行省別無親臨軍馬較之江浙江西湖廣陝西四川等處俱有隨省軍馬惟本省未嘗撥付樞密院以聞命於山東河北蒙古軍河南淮北蒙古軍兩都萬户府調軍一千人與之十一月陝西都萬户府言碉門探馬赤軍一百五十名鎮守多年乞放還元翼樞密院臣議彼中亦係要地不宜放還止令於元翼起遣一百五十名三年一更鎮守元調四川各翼漢軍一千名鎮守碉門黎雅亦令一體更代

泰定四年三月陝西行省嘗言奉元建立行省行臺別無軍府唯有蒙古軍都萬户府遠在鳳翔置司相離三百五十餘里緩急難用乞移都萬户府於奉元

置司軍民兩便及後陝西都萬户府言自大德三年命移司酌中安置經今三十餘年鳳翔離大都土番甘肅俱各三千里地面酌中不移爲便樞密議陝西舊例未嘗提調軍馬況鳳翔置司三十餘年不宜移動制可十二月河南行省言所轄之地東連淮海南限大江北抵黄河西接關陝洞蠻草賊出没與民爲害本省軍馬俱在瀕海沿江安置遠者二千近者一千餘里乞以砲手弩軍兩翼移於汴梁并各萬户府摘軍五千名設萬户府隨省鎮遏樞密院議自至元十九年世祖命知地理省院官共議於瀕海沿江六十三處安置軍馬時汴梁未嘗置軍楊州衝要重地置五翼軍馬并砲手弩軍今親王脫歡太子鎮遏楊州提調四省軍馬此軍不宜更動設若河南省果用軍則不塔剌吉所管四萬户蒙古軍内三萬户在黄河之南河南省之西一萬户在河南省之南脫別台所管五萬户蒙古軍俱在黄河之北河南省東北阿剌鐵木兒安童等兩侍衛蒙古軍在河南省之北共十一衛翼蒙古軍馬俱在河南省周圍屯駐又本省所轄一十九翼軍馬俱在河南省之南沿江置列果用兵即馳奏於諸軍馬内調發從之

志卷第四十八　元史一百

翰林學士亞中大夫知制誥兼修國史臣宋濂　翰林待制承直郎同知制誥兼國史院編修官臣王禕等奉

勅修

兵三

馬政

西北馬多天下秦漢而下載籍蓋可考已元起朔方俗善騎射因以弓馬之利取天下古或未之有蓋其沙漠萬里牧養蕃息太僕之馬殆不可以數計亦一代之盛哉世祖中統四年設群牧所隸太府監尋陞尚牧監又陞太僕院改衛尉院院廢立太僕寺屬之

宣徽院後隸中書省典掌御位下大斡耳朵馬其牧地東越躭羅北踰火里禿麻西至甘肅南暨雲南等地凡一十四處自上都大都以至玉你伯牙折連怯呆兒周廻萬里無非牧地馬之群或千百或三五十左股烙以官印號大印子馬其印有兵古貶古閭卜川月思古斡藥等名牧人曰哈赤哈剌赤有千戶百戶父子相承任事自夏及冬隨地之宜行逐水草十月各至本地朝廷歲以九月十月遣寺官馳驛閱視較其多寡有所產駒即烙印取勘收除見在數目造蒙古回回漢字文冊以聞其總數蓋不可知也凡病死者三則令牧人償大牝馬一二則賞二歲馬一一則償牝羊一其無馬者以羊駝牛折納太廟祀事暨諸寺影堂用乳酪則供牝馬駕仗及宮人出入則供尚乘馬車駕行幸上都太僕卿以下皆從先驅馬出健德門外取其肥可取乳者以行汰其羸瘦不堪者還于群自天子以及諸王百官各以脫羅氈置撒帳爲取乳室車駕還京師太僕卿先期遣使徵馬五十醞都來京師醞都者承乳車之名也既至俾哈赤哈剌赤之在朝爲卿大夫者親秣飼之日釀黑馬乳以奉玉食謂之細乳每醞都牝馬四十每牝馬一官給

芻一束菽八升駒一給芻一束菽五升菽貴則其半以小稻充自諸王百官而下亦有馬乳之供醞都如前之數而馬減四之一謂之粗乳芻粟要旬取給於度支寺官亦以旬詣閑廐閱肥瘠又自世祖而下山陵各有醞都取馬乳以供祀事號金陵擠馬越五年盡以與守山陵使者凡御位下正宮位下隨朝諸色目人員甘肅土番耽羅雲南占城蘆州河西亦奚卜薛和林斡難怯魯連阿剌忽馬乞哈剌木連亦乞里思亦思渾察成海阿察脫不罕折連怯呆兒等處草地內及江南腹裏諸處應有係官孳生馬牛駝騾羊

點數之處一十四道牧地各千戶百戶等名目如左

東路折連怯呆兒等處　王你伯牙上都周圍哈剌木連等處　阿剌忽馬乞等處　斡斤川等處　阿察脫不罕　甘州等處　左手永平等處右手固安州等處　雲南亦奚卜薛　蘆州　益都　火里禿麻　高麗耽羅國

一折連怯呆兒等處御位下　折連怯呆兒地哈剌赤千戶買買的撒台怯兒八思闊闊来塔失鐵木兒哈剌那海伯要鰐也兒的思撒的迷失教化太鐵木兒塔都也先木薛肥不思塔八不兒都麻

失不顏台撒敦　按赤忽里哈赤千戶下百戶脫脫木兒　兀魯兀內土　阿八剌哈赤闊闊出　徹徹地撒剌八　薛裏温你里温斡脫忽赤哈剌鐵木兒　哈思罕地僧家奴　王你伯牙斷頭山百戶哈只

一王你伯牙等處御位下　王你伯牙地哈剌赤百戶忽兒禿哈兀都蠻燕鐵木兒暗出忽兒也先禿滿王龍鐵木兒月思哥明里不蘭

大斡耳朶位下　乞剌里郭羅赤馬某等　哈里牙兒苛赤別鐵木兒　伯只剌苛赤阿藍荅兒

阿察兒伯顏苛赤教化的等　塔魯內亦兒哥赤塔里牙赤等　伯只剌阿塔赤忽兒禿哈　桃山太師月赤察兒分出鐵木兒等　伯顏只魯干阿塔赤禿忽魯等　王你伯牙奴禿赤火你赤

一塔剌木連等處御位下　阿失温忽都地八都兒希徹禿地吉兒䚟　哈察木敦　火石腦兒哈塔咬羅海牙撒的　換撒里真按赤哈荅　須知忽都哈剌赤別乞　軍腦兒哈剌赤火羅思　王龍鞊徹　雲內州拙里牙赤昌罕　察罕腦兒欠昔思　棠樹兒安魯罕　石頭山禿忽魯　牙不罕

你里温脫脫木兒　開城路黑水河不花

大斡耳朶位下完者

一阿剌忽馬兒等處御位下　阿剌忽馬乞地哈剌赤百戶按不憐乾鐵哥火石鐵木兒末赤卯罕不蘭奚孛羅罕　怯魯連地哈剌赤千戶床八失百戶怯兒的小薛干別鐵列不作孛羅串都也速典列坦的里也里迷失忙兀䚟　斡難地蘭盞兒末者哈只不花等

大斡耳朶位下　阿剌忽馬乞按灰等　闊苦地闊赤斤等

一斡斤川等處御位下　斡斤川地哈剌赤千戶月
魯阿剌鐵木兒塔塔察兒　拙里牙赤斡羅孫
馬塔哈兒哈地哈剌赤千戶當失燕忽里歡差太
難　闊闊地兀奴忽赤忙兀䚟　怯魯連八剌哈
赤八兒麻思
大斡耳朵位下　馬塔哈兒哈怯連口只兒哈忽
一阿察脫不罕等處御位下　阿察脫不罕地哈赤
守納　斡川札馬昔寶赤忙哥撒兒　火羅罕按
赤禿忽赤　成海後火義罕塔兒罕按赤也先
黃兀兒不剌按赤未兒哥忽林失　應里哥地按

赤哈丹忽台迷失　應吉列古哈剌赤不魯　亦
兒渾察西哈剌赤　荅蘭速魯哈剌赤八只吉兒
哈兒哈孫不剌哈剌赤阿兒禿
大斡耳朵位下　怯魯連火你赤塔剌海
一甘州等處御位下　口千子哈剌不花一所　奥
魯赤一所　阿剌沙阿蘭山兀都蠻　亦不剌金
一所　寬徹干　塔塔安地普安　勝回地劉子
總管　闊闊思地　太鐵木兒等　甘州等處楊
住普　撥可連地撒兒吉思　只哈禿屯田地安
童一所　哈剌班忽都拙思牙赤耳眉

一左手永平等處御位下　永平地哈剌赤千戶六
十　樂亭地拙里牙赤阿都赤荅剌赤迷里迷失
赤兒哥赤馬某撒兒荅　香河按赤定住亦馬赤
速哥鐵木兒　河西務愛牙赤孛羅䚟　漷州哈
剌赤脫忽察　桃花島青昔寶赤赤班等
大斡耳朵位下　河西務玉提赤百戶馬札兒
一右手固安州四怯薛八剌哈赤平章那懷爲長
固安州哈剌赤脫忽察哈赤忽里哈赤按赤不都
兒　真定昔寶赤脫脫　左衛哈剌赤塔不䚟
青州哈剌赤阿哈不花　涿州哈剌赤不魯哈思

一雲南赤奚卜薛鐵木兒不花爲長
一蘆州
一益都哈剌赤忽都鐵木兒
一火里禿麻太勝忽兒爲長
一高麗耽羅

屯田

古者寓兵於農漢魏而下始置屯田爲守邊之計有國者善用其法則亦養兵息民之要道也國初用兵征討遇堅城大敵則必屯田以守之海內既一於是內而各衛外而行省皆立屯田以資軍餉或因古之

制或以地之宜其爲慮盖甚詳密矣大抵勺陂洪澤甘肅瓜沙因昔人之制其地利盖不减於舊和林陝西四川等地則因地之宜而肇爲之亦未嘗遺其利焉至於雲南八番海南海北雖非屯田之所而以爲蠻夷腹心之地則又因制兵屯旅以控扼之由是而天下無不可屯之兵無不可耕之地矣今故著其建置增損之槩而内外所轄軍民屯田各以次列焉

樞密院所轄

左衛屯田　世祖中統三年三月調樞密院二千人於東安州南永清縣東荒土及本衛元占牧地立屯

開耕分置左右手屯田千戶所爲軍二千名爲田一千三百一十頃六十五畝

右衛屯田　世祖中統三年三月調本衛軍二千人於永清益津等處立屯開耕分置左右手屯田千戶所其屯軍田畝之數與左衛同

中衛屯田　世祖至元四年於武清香河等縣置立十一年以各屯地界相去百餘里往來耕作不便遷於河西務荒莊楊家口青臺楊家白等處其屯軍之數與左衛同爲田一千三十七頃八十二畝

前衛屯田　世祖至元十五年九月以各省軍入備侍衛者於霸州保定涿州荒閑地土屯種分置左右手屯田千戶所屯軍與左衛同爲田一千頃

後衛屯田　置立歲月與前衛同後以永清等處田畝低下遷昌平縣之太平莊泰定三年五月以太平莊乃世祖經行之地營盤所在春秋往來牧放衛士頭匹不宜與漢軍立屯遂罷之止於舊立屯所耕作如故屯軍與左衛同爲田一千四百二十八頃一十四畝

武衛屯田　世祖至元十八年發迤南軍人三千名於涿州霸州保定定興等處置立屯田分設廣備萬

益等六屯別立農政院以領之二十二年罷農政院爲司農寺自後與民相參屯種二十五年別立屯田萬戶府分管屯種軍人二十六年以屯軍屬武衛親軍都指揮使司兼領屯田事仁宗皇慶元年改屬衛率府後復歸之武衛英宗至治元年命以廣備利民二千戶軍人所耕地土與左衛率府忙古䚟屯田千戶所互相更易屯軍三千名爲田一千八百四頃四十五畝

左翼屯田萬戶府　世祖至元二十六年二月罷蒙古侍衛軍從人之屯田者別以斡端別十八里回還

漢軍及大名衛輝兩翼新附軍與前後二衛迤東還成士卒合併屯田設左右翼屯田萬戶府以領之遂於大都路霸州及河間等處立屯開耕置漢軍左右手二千戶新附軍六千戶所爲軍二千五十一名爲田一千三百九十九頃五十二畝

右翼屯田萬戶府其置立歲月與左翼同成宗大德元年十一月發眞定軍人三百名於武清縣崔黃口增置屯田仁宗延祐五年四月立衛率府以本府屯田併屬詹事院後復歸之樞密分置漢軍千戶所三別置新附軍千戶所一爲軍一千五百四十人爲田

六百九十九頃五十畝

忠翊侍衛屯田　世祖至元二十九年十一月命各萬戶府摘大同隆興太原平陽等處軍人四千名於燕只哥赤斤地面及紅城周廻置立屯田開耕荒田二千頃仍命西京宣慰司領其事後改立大同等處屯儲萬戶府以領之成宗大德十一年改侍衛親軍都指揮使司仍領屯田武宗至大四年以黃華領新附屯田軍一千人併歸本衛別立屯署是年改大同侍衛爲中都威衛屬之徽政院分屯軍二千置弩軍翼止以二千人分置左右手屯田千戶所黃華領新附軍屯如故仁宗延祐二年遷紅城屯軍於古北口太平莊屯種五年復僉中都威衛軍八百人於左都威衛所轄地內別立屯署七年十二月罷左都威衛及太平莊白草營等處屯田復於紅城周廻立屯仍屬中都威衛英宗至治元年始改爲忠翊侍衛屯田如故爲田二千頃後移置屯所不知其數

左右欽察衛屯田　世祖至元二十四年發本衛軍一千五百一十二名分置左右手屯田千戶所及欽察屯田千戶所於清州等處屯田英宗至治二年始分左右欽察衛以左右手屯田千戶所分屬之文宗

天曆二年創立龍翊侍衛復以隸馬爲軍左手千戶所七百五名右手千戶所四百三十七名欽察千戶所八百名爲田左手千戶所一百三十七頃五十畝右手千戶所二百一十八頃五十畝欽察千戶所三百頃

左衛率府屯田　武宗至大元年六月命於大都路漷州武清縣及保定路新城縣置立屯田英宗至治元年以武衛與左衛率府屯田地界相離隔絕不便耕作命以兩衛屯地互更易之分置三翼屯田千戶所爲軍三千人爲田一千五百頃

宗仁衛屯田　英宗至治二年八月發五衛漢軍二千人於大寧等處創立屯田分置兩翼屯田千戶所爲田二千頃

宣忠扈衛屯田　文宗至順元年十二月命收聚訖一萬斡羅斯給地一百頃立宣忠扈衛親軍萬戶府屯田依宗仁衛例

大農司所轄

永平屯田總管府　世祖至元二十四年八月以北京採取材木百姓三千餘戶於灤州立屯設官署以領其事爲戶三千二百九十爲田一萬一千六百一

十四頃四十九畝

營田提舉司　不詳其建置之始其設立處所在大都漷州之武清縣爲戶軍二百五十三民一千二百三十五析居放良四百八十不蘭奚二百三十二火者一百七十口獨居不蘭奚一十二口黑瓦木丁八十二名爲田三千五百二頃九十三畝

廣濟署屯田　世祖至元二十二年正月以崔黃口空城屯田歲澇不收遷於清滄等處後大司農寺以尚珍署舊領屯夫二百三十戶歸之既又還濟南河間五百五十戶平灤真定保定三路屯夫四百五十戶併入本屯爲戶共一千二百三十爲田一萬二千六百頃三十八畝

宣徽院所轄

淮東淮西屯田打捕總管府　世祖至元十六年募民開耕漣海州荒地官給禾種自備牛具所得子粒官得十之四民得十之六仍免屯戶徭役屢欲中廢不果二十七年所轄提舉司一十九處併爲十二其後再併止設八處爲戶一萬一千七百四十三爲田一萬五千一百九十三頃三十九畝

豐閏署　世祖至元二十二年創立於大都路薊州之

豐閏縣爲戶八百三十七爲田三百四十九頃

寶坻屯　世祖至元十六年僉大都屬邑編民三百戶立屯於大都之寶坻縣爲田四百五十頃

尚珍署　世祖至元二十三年置立於濟寧路之兗州爲戶四百五十六爲田九千七百一十九頃七十二畝

腹裏所轄軍民屯田

大同等處屯儲總管府屯田　成宗大德四年以西京黃華嶺等處田土頗廣發軍民九千餘人立屯開耕六年始設屯儲軍民總管萬戶府十一年放罷漢

軍還紅城屯所止存民夫在屯仁宗時改萬戶府爲總管府爲戶軍四千二十民五千九百四十五爲田五千頃

虎賁親軍都指揮使司屯田　世祖至元十七年十二月月兒魯官人言近於滅捏怯土赤納赤高州忽蘭若班等處改置驛傳臣等議可於舊置驛所設立屯田從之二十八年發虎賁親軍二千人入屯二十九年增軍一千凡立三十四屯於上都置司爲軍三千人佃戶七十九爲田四千二百二頃七十九畝

嶺北行省屯田　世祖至元二十一年併和林阿剌䚟元領軍一千人入五條河成宗元貞元年摘六衛漢軍一千名赴稱海屯田大德三年以五條河漢軍悉併入稱海仁宗延祐三年罷稱海屯田復立屯於五條河六年分揀蒙古軍五千人復屯田稱海七年命依世祖舊制稱海五條河俱設屯田發軍一千人於五條河立屯英宗時立屯田萬戶府爲戶四千六百四十八爲田六千四百餘頃

遼陽等處行中書省所轄屯田

大寧路海陽等處打捕屯田所　世祖至元二十三年以大寧遼陽平灤諸路拘刷漏籍放良孛蘭奚人戶及僧道之還俗者立屯於瑞州之西瀕海荒地開耕設打捕屯田總管府成宗大德四年罷之止立打捕屯田所爲戶元撥并召募共一百二十二爲田二百三十頃五十畝

浦峪路屯田萬戶府　世祖至元二十九年十月以蠻軍三百戶女直一百九十戶於咸平府屯種三十年命本府萬戶和魯古䚟領其事仍於茶剌罕剌憐等處立屯三十一年罷萬戶府屯田仁宗大德二年撥蠻軍三百戶屬肇州蒙古萬戶府止存女直一百九十戶依舊立屯爲田四百頃

金復州萬戶府屯田　世祖至元二十一年五月發新附軍一千二百八十一戶於忻都察置立屯田二十六年分京師應役新附軍一千人屯田哈思罕關東荒地三十年以王龍帖木兒塔失海牙兩萬戶新附軍一千三百六十戶併入金復州立屯耕作爲戶三千六百四十一爲田二千五百二十三頃

肇州蒙古屯田萬戶府　成宗元貞元年七月以乃顏不魯古赤及打魚水達達女直等戶於肇州旁近地開耕爲戶不魯古赤二百二十戶水達達八十戶歸附軍三百戶續增漸丁五十二戶

河南行省所轄軍民屯田

南陽府民屯　世祖至元二年正月詔孟州之東黄河之北南至八柳樹枯河徐州等處凡荒閑地土可令阿朮阿剌罕等所領士卒立屯耕種并摘各萬戶所管漢軍屯田六年以攻襄樊軍餉不足發南京河南歸德諸路編民二萬餘戶於唐鄧申裕等處立屯八年散還元屯戶別僉南陽諸色戶計立營田使司領之尋罷改立南陽屯田總管府後復罷止隸有司爲戶六千四十一爲田一萬六百六十二頃七畝

洪澤萬戶府屯田　世祖至元二十三年立洪澤南北三屯設萬戶府以統之先是江淮行省言國家經費糧儲爲急今屯田之利無過兩淮況芍陂洪澤皆漢唐舊嘗立屯之地若令江淮新附漢軍屯田可歲得糧百五十餘萬石至是從之三十一年罷三屯萬戶止立洪澤屯田萬戶府以統之其置立處所在淮安路之白水塘黄家疃等處爲戶一萬五千九百九十四名爲田三萬五千三百一十二頃二十一畝

芍陂屯田萬戶府　世祖至元二十一年二月江淮行省言安豐之芍陂可溉田萬餘頃乞置三萬人立屯中書省議發軍士二千人姑試行之後屯戶至一萬四千八百八名

德安等處軍民屯田總管府　世祖至元十八年以各翼取到漢軍及各路拘收手號新附軍分置十屯立屯田萬戶府三十一年改立總管府爲民九千三百七十五名軍五千九百六十五名爲田八千八百七十九頃九十六畝

陝西等處行中書省所轄軍民屯田

陝西屯田總管府　世祖至元十一年正月以安西王府所管編民二千戶立櫟陽涇陽終南渭南屯田十八年立屯田所十九年以軍站屯戶拘收爲怯憐口戶計放還而無所歸者籍爲屯戶立安西平涼屯田設提領所以領之二十九年立鳳翔鎮原彭原屯田放罷至元十年所僉接應成都延安軍人置立民屯設立屯田所尋改爲軍屯令千戶所管領三十年復更爲民屯爲戶鳳翔一千一百二十七戶鎮原九百一十三戶櫟陽七百八十六戶後存六百五十戶涇陽六百九十六戶後存六百五十八戶彭原一千三百三十八戶安西七百二十四戶後存二百六十二戶平涼二百八十八戶終南七百七十一戶後存七百一十三戶渭南八百一十一戶後存七百六十

六戶爲田鳳翔九十頃一十二畝鎮原四百二十六頃八十五畝櫟陽一千二十頃九十九畝涇陽一千二十頃九十九畝彭原五百四十五頃六十八畝安西四百六十七頃七十八畝平涼一百一十五頃二十畝終南九百四十三頃七十六畝渭南一千二百二十二頃三十一畝

陝西等處萬戶府屯田　世祖至元十九年二月以盩厔南係官荒地發歸附軍立孝子林張馬村軍屯二十年以南山把口子巡哨軍人八百戶於盩厔縣之杏園莊寧州之大昌原屯田二十一年發文州鎮戍新附軍九百人立亞栢鎮軍屯後以燕京戍守新附軍四百六十三戶於德順州之威戎立屯開耕爲戶孝子林屯三百一戶張馬村屯三百一十三戶杏園莊屯二百三十三戶大昌原屯四百七十四戶亞栢鎮屯九百戶威戎屯四百六十三戶爲田孝子林二十三頃八十畝張馬村七十三頃八十畝杏園莊一百一十八頃三十畝大昌原一百五十八頃七十九畝亞栢鎮二百六十八頃五十九畝威戎一百六十四頃八十畝

貴赤延安總管府屯　世祖至元十九年以拘收贖

身放良不蘭奚及漏籍戶計於延安路探馬赤草地屯田爲戶二千二十七爲田四百八十六頃

甘肅等處行中書省所轄軍民屯田

寧夏等處新附軍萬戶府屯田　世祖至元十九年三月發迤南新附軍一千三百八十二戶往寧夏等處屯田二十一年遣塔塔裏千戶所管軍人九百五十八戶屯田爲田一千四百九十八頃三十三畝

管軍萬戶府屯田　世祖至元十八年正月命肅州沙州瓜州置立屯田先是遣都元帥劉恩往肅州諸郡視地之所宜恩還言宜立屯田遂從之發軍於甘州黑山子滿峪泉水渠鴨子翅等處立屯爲戶二千二百九十爲田一千一百六十六頃六十四畝

寧夏營田司屯田　世祖至元八年正月僉發已未年隨州鄂州投降人民一千一百七戶往中興居住十一年編爲屯田戶凡二千四百丁二十三年續僉漸丁得三百人爲田一千八百頃

寧夏路放良官屯田　世祖至元十一年從安撫司請以招收放良人民九百四戶編聚屯田爲田四百四十六頃五十畝

亦集乃屯田　世祖至元十六年調歸附軍人於甘

州十八年以充屯田軍二十二年遷甘州新附軍二百人往屯亦集乃合即渠開種爲田九十一頃五十畝

江西等處行中書省所轄屯田

贛州路南安寨兵萬戶府屯田　成宗大德二年正月以贛州路所轄信豐會昌龍南安遠等處賊人出沒發寨兵及宋舊役弓手與抄數漏籍人戶立屯耕守以鎮遏之爲戶三千二百六十五爲田五百二十四頃六十八畝

江浙等處行中書省所轄屯田

汀漳屯田　世祖至元十八年以福建調軍糧儲費用依腹裏例置立屯田命管軍總管鄭楚等發鎮守士卒年老不堪備征戰者得百有十四人又募南安等縣居民一千八百二十五戶立屯耕作成宗元貞三年命於南詔黎畲各立屯田摘撥見戍軍人每屯置一千五百名及將所招陳弔眼等餘黨入屯與軍人相參耕種爲戶汀州屯一千五百二十五名漳州屯一千五百一十三名爲田汀州屯二百二十五頃漳州屯二百五十頃

高麗國立屯

高麗屯田　世祖至元七年創立是時東征日本欲積糧餉爲進取之計遂以王綧洪茶丘等所管高麗戶二千人及發中衛軍二千人合婆娑府咸平府軍各一千人於王京東寧府鳳州等一十處置立屯田設經略司以領其事每屯用軍五百人

四川行省所轄軍民屯田二十九處

廣元路民屯　世祖至元十三年從利路元帥言廣元實東西兩川要衝支給浩繁經理係官田畝得九頃六十畝遂以褒州刷到無主人口偶配爲十戶立屯開種十八年發新得州編民七十七戶屯田爲戶

共八十七

敘州宣撫司民屯　世祖至元十一年命西蜀四川經略使起立屯田十五年僉長寧軍富順州等處編民四百七十五戶立屯耕種十九年續僉一百六十戶二十年敘州僉民一千九百戶二十五年富順州復僉民六百八戶增入舊屯二十七年取勘析出屯戶得二百八十四戶成宗元貞二年復放罷站戶一千一十七戶依舊屯田總之爲戶四千四百四十四

紹慶路民屯　世祖至元十九年於本路未當差民戶內僉二十三名置立屯田二十年於彭水縣籍管

萬州寄戶內僉撥二十戶二十一年僉彭水縣未當差民戶三十二戶增入二十六年屯戶貧乏者多負逋復僉彭水縣編民一十六戶補之爲戶九十一

嘉定路民屯　世祖至元十九年僉亡宋編民四戶置立屯田成宗元貞元年撥成都義士軍八戶增入爲戶一十二

順慶路民屯　世祖至元十二年僉順慶民三千四百六十八戶置立屯田十九年復於民戶內差撥一千三百三十六戶置民屯二十年復僉二百一十二戶增入總之五千一十六戶

潼川府民屯　世祖至元十一年僉本府編民及義士軍二千二百二十四戶立屯十三年復僉民一百四十二戶二十一年行省遣使於遂寧府擇監夫之老弱廢疾者得四十六戶僉充屯戶總之二千四百一十二戶

夔路總管府民屯　世祖至元十一年置累僉本路編民至五千二十七戶續於新附軍內僉老弱五十六戶增入

重慶路民屯　世祖至元十一年置累於江津巴縣瀘州忠州等處僉撥編民二千三百八十七戶并召募共三千五百六十六戶

成都路民屯　世祖至元十三年僉陰陽人四十戶辦納屯糧二十二年續僉瀘州編民九千七戶充屯田戶三十一年續僉千戶高德所管民一十四戶

保寧萬戶府軍屯　世祖至元二十六年保寧府言本管軍人一戶或二丁三丁父兄子弟應役實爲重併若又遷於成都屯種去家隔遠逃匿必多乞令本府在營士卒及夔路守鎮軍人止於保寧沿江屯種從之僉軍一千二百名二十七年發屯軍一百二十九人從萬戶也速迭兒西征別僉漸丁軍人入屯爲

戶一千三百二十九名爲田一百一十八頃二十七畝

敘州等處萬戶府軍屯　成宗元貞二年改立敘州軍屯遷遂寧屯軍二百三十九人於敘州宣化縣喁口上下荒地開耕爲田四十一頃八十三畝

重慶五路守鎮萬戶府軍屯　仁宗延祐七年發軍一千二百人於重慶路三堆中嶆趙市等處屯耕爲田四百二十頃

夔路萬戶府軍屯　世祖至元二十一年從四川行省議除沿邊重地分軍鎮守餘軍一萬人命官於成都諸處擇膏腴地立屯開耕爲戶三百五十一人爲

田五十六頃七十畝凡創立十四屯
成都等路萬戶府軍屯於本路崇慶州義興鄉楠木園置立爲戶二百九十九人爲田四十二頃七十畝
河東陝西等路萬戶府軍屯　置立於灌州之青城陶垻及崇慶州之大冊頭等處爲戶一千三百二十八名爲田二百八頃七十畝
廣安等處萬戶府軍屯　置立於成都路崇慶州之七寶垻爲戶一百五十名爲田二十六頃二十五畝
保寧萬戶府軍屯　置立於重慶州晉源縣之金馬爲戶五百六十四名爲田七十五頃九十五畝

敘州萬戶府軍屯　置立於灌州之青城爲戶二百二十一名爲田三十八頃六十七畝
五路萬戶府軍屯　置立於成都路崇慶州之大柵鎮孝感鄉及灌州青城縣之懷仁鄉爲戶一千一百六十一名爲田二百三頃一十七畝
興元金州等處萬戶府軍屯　置立於崇慶州晉源縣孝感鄉爲戶三百四十四名爲田五十六頃
隨路八都萬戶府軍屯　置立於灌州青城温江縣爲戶八百三十二名爲田一百六十二頃五十七畝
舊附等軍萬戶府軍屯　置立於灌州青城縣崇慶州等處爲戶一千二名爲田一百二十九頃五十畝
砲手萬戶府軍屯　置立於灌州青城縣龍池鄉爲戶九十六名爲田一十六頃八十畝
順慶軍屯　置立於晉源縣義興鄉江源縣將軍橋爲戶五百六十五名爲田九十八頃八十七畝
平陽軍屯　置立於灌州青城崇慶州大柵頭爲戶三百九十八名爲田六十九頃六十五畝
遂寧州軍屯爲戶二千名爲田三百五十頃
嘉定萬戶府軍屯　世祖至元二十一年摘蒙古漢軍及嘉定新附軍三百六十人於崇慶州青城等處

屯田二十八年遷之元翼止餘屯軍一十三名爲田二頃二十七畝
順慶等處萬戶府軍屯　世祖至元二十六年發軍於沿江下流漢初等處屯種爲戶六百五十六名爲田一百一十四頃八十畝
廣安等處萬戶府軍屯　世祖至元二十七年撥廣安舊附漢軍一百一十八名於新明等處立屯開耕爲田二十頃六十五畝
雲南行省所轄軍民屯田一十二處
威楚提舉司屯田　世祖至元十五年於威楚提舉

鹽使司拘刷漏籍人戶充民屯本司就領其事與中原之制不同爲戶三十三爲田一百六十五雙

大理金齒等處宣慰司都元帥府軍民屯　世祖至元十二年命於所轄州縣拘刷漏籍人戶得六千六十有六戶置立屯田十四年僉本府編民四百戶益之十八年續僉永昌府編民一千二百七十五戶增入二十六年立大理軍屯於爨僰軍內撥二百戶二十七年復僉爨僰軍人二百八十一戶增入二十八年續增一百一十九戶總之民屯三千七百四十一戶軍屯六百戶爲田軍民已業二萬二千一百五雙

鶴慶路軍民屯田　世祖至元十二年僉鶴慶路編民一百戶立民屯二十七年僉爨僰軍一百五十二戶立軍屯爲田軍屯六百八雙民屯四百雙俱己業

武定路總管府軍屯　世祖至元二十七年以雲南戍軍糧餉不足於和曲祿勸二州爨僰軍內僉一百八十七戶立屯耕種爲田七百四十八雙

威楚路軍民屯田　世祖至元十二年立威楚民屯拘刷本路漏籍人戶得一千一百一戶內八百六十六戶官給無主荒田四千三百三十雙餘戶自備己業田一千一百七十五雙二十七年始立屯軍於本路爨僰軍內僉三百九十九戶內一十五戶官給荒田六十雙餘戶自備己業田一千五百三十六雙

中慶路軍民屯田　世祖至元十二年置立中慶民屯於所屬州縣內拘刷漏籍人戶得四千一百九十七戶官給田一萬七千二十二雙自備己業田二千六百二雙二十七年始立軍屯用爨僰軍人七百有九戶官給田二百三十四雙自備己業田二千六百一雙

曲靖等處宣慰司兼管軍萬戶府軍民屯田　世祖至元十二年立曲靖路民屯拘刷所轄州郡諸色漏籍人戶七百四十戶立屯十八年續僉民一千五百戶增入其所耕之田官給一千四百八十雙自備己業田三千雙十二年立澂江民屯所僉屯戶與曲靖同凡一千二百六十戶二十六年始立軍屯於爨僰軍內僉一百六十九戶二十七年復僉二百二十六戶增入十二年立仁德府民屯所僉屯戶與澂江同凡八十戶官給田一百六十雙二十六年始立軍屯僉爨僰軍四十四戶二十七年續僉五十六戶增入所耕田畝四百雙俱係軍人已業

烏撒宣慰司軍民屯田　世祖至元二十七年立烏

撒路軍屯以爨僰軍一百一十四戶屯田又立東川路民屯屯戶亦係爨僰軍人八十六戶皆自備己業

臨安宣慰司兼管軍萬戶府軍民屯田　世祖至元十二年立臨安民屯二處皆於所屬州縣拘刷漏籍人戶開耕宣慰司所管民屯三百戶田六百雙本路所管民屯二千戶田三千四百雙二十七年續立爨僰軍屯爲戶二百八十八爲田一千一百五十二雙

梁千戶翼軍屯　世祖至元三十年梁王遣使詣雲南行省言以漢軍一千人置立屯田三十一年發三百人備鎮戍巡邏止存七百人於烏蒙屯田後遷於新興州爲田三千七百八十九雙

羅羅斯宣慰司兼管軍萬戶府軍民屯田　世祖至元二十七年立會通民屯屯戶係爨僰土軍二戶十六年立建昌民屯撥編民一百四戶二十三年發爨僰軍一百八十戶立軍屯是年又立會川路民屯發本路所轄州邑編民四十戶十六年立德昌路民屯發編民二十一戶二十年始立軍屯發爨僰軍人一百二十戶

烏蒙等處屯田總管府軍屯　仁宗延祐三年立烏蒙軍屯先是雲南行省言烏蒙乃雲南咽喉之地別無屯戍軍馬其地廣闊土脉膏腴皆有古昔屯田之蹟乞發畏吾兒及新附漢軍屯田鎮遏至是從之爲戶軍五千人爲田一千二百五十頃

湖廣等處行中書省所轄屯田三處

海北海南道宣慰司都元帥府民屯　世祖至元三十年召募民戶并發新附士卒於海南海北等處置立屯田成宗元貞元年以其地多瘴癘縱屯田軍二千人還各翼留二千人與召募民之屯種大德三年罷屯田萬戶府屯軍悉令還役止令民戶八千四百二十八戶屯田瓊州路五千一十一戶雷州路一千五百六十六戶高州路九百四十八戶化州路八百四十三戶廉州路六十戶爲田瓊州路二百九十二頃九十八畝雷州路一百六十五頃五十一畝高州路四十五頃化州路五十五頃二十四畝廉州路四頃八十八畝

廣西兩江道宣慰司都元帥撞兵屯田　成宗大德二年黃聖許叛逃之交趾遺棄水田五百四十五頃七畝部民有呂瑛者言募牧蘭等處及融慶溪洞徭撞民丁於上浪忠州諸處開屯耕種十年平大任洞賊黃德寧等以其地所遺田土續置藤州屯田爲戶

上浪屯一千二百八十二户忠州屯六百一十四户那扶屯一千九户雷留屯一百八十七户水口屯一千五百九十九户續增藤州屯二百八頃一十九畝

湖南道宣慰司衡州等處屯田　世祖至元二十五年調德安屯田萬户府軍士一千四百六十七名分置衡州之清化永州之烏符武岡之白倉置立屯田二十七年募衡陽縣無土産居民得九户增入清化屯爲户清化屯軍民五百九户烏符屯軍民五百户白倉屯同爲田清化屯一百二十頃一十九畝烏符屯一百三頃五十畝白倉屯八十六頃九十二畝

志卷第四十八

志卷第四十九　元史一百一

翰林學士亞中大夫知制誥兼修國史臣宋濂翰林待制承直郎同知制誥兼國史院編修官臣王禕等奉
勑修

兵四

站赤

元制站赤者驛傳之譯名也蓋以通達邊情布宣號令古人所謂置郵而傳命未有重於此者焉凡站陸則以馬以牛或以驢或以車而水則以舟其給驛傳璽書謂之鋪馬聖旨遇軍務之急則又以金字圓符爲信銀字者次之内則掌之天府外則國人之爲長官者主之其官有驛令有提領又置脱脱禾孫於關會之地以司辨詰皆總之於通政院及中書兵部而站户闕乏逃亡則又以時僉補且加賑䘏焉於是四方往來之使止則有館舍頓則有供帳饑渴則有飲食而梯航畢達海宇會同元之天下視前代所以爲極盛也今故著其驛政之大者然後紀各省水陸凡若干站而遼東狗站亦因以附見云

太宗元年十一月敕諸牛鋪馬站每一百户置漢車一十具各站俱置米倉站户每年一牌内納米一石令百户一人掌之北使臣每日支肉一斤麵一斤米

一升酒一瓶　四年五月諭隨路官員并站赤人等使臣無牌面文字始給馬之驛官及元差官皆罪之有文字牌面而不給驛馬者亦論罪若係軍情急速及送納顏色絲線酒食米粟段匹鷹隼但係御用諸物雖無牌面文字亦驗數應付車牛

世祖中統四年三月中書省定議乘坐驛馬長行馬使臣從人及下文字曳剌解子人等分例乘驛使臣換馬處正使臣支粥食解渴酒從人支粥宿頓處正使臣白米一升麵一斤酒一升油鹽雜支鈔一十文冬月一行日支炭五斤十月一日為始正月三十日

終住支從人白米一升麵一斤長行馬使臣賚聖旨令旨及省部文字幹當官事者其一二居長人員支宿頓分例次人與粥飯仍支給馬一匹草一十二斤料五升十月為始至三月三十日終止白米一升麵一斤油鹽雜用鈔一十文投呈公文曳剌解子依部擬宿頓處批支五月雲州設站戶取迤南州城站戶籍內選堪中上戶應當馬站戶馬一匹牛站戶牛二隻於各戶選堪當站役之人不問親軀每戶取二丁及家屬於立站去處安置　五年八月詔站戶貧富不等每戶限四頃除免稅石以供鋪馬祗應已上地

畝全納地稅　至元六年二月詔各道憲司如總管府例每道給鋪馬劄子三道　七年正月省部官定議各路總府在城驛設官二員於見役人員內選用州縣驛設頭目二名如見役人即是相應站戶就令依上任事不係站戶則就本站馬戶內別行選用除脫脫禾孫依舊存設隨路見設總站官罷之　十一月立諸站都統領使司往來使臣令脫脫禾孫盤問　八年正月中書省議鋪馬劄子初用蒙古字各處站赤未能盡識宜繪畫馬匹數目復以省印覆之庶無疑惑因命今後各處取給鋪馬標附文籍其馬匹數

付驛吏房書寫畢就左右司用墨印印給馬數目省印印訖別行附籍發行墨印左右司封掌　九年八月諸站都統領使司言朝省諸司局院及外路諸官府應差馳驛使臣所賚劄子從脫脫禾孫辨詰無脫脫禾孫之處令總管府驗之　十一年十月命隨處站赤直隸各路總管府其站戶家屬令元籍州縣管領　十三年正月改諸站都統領使司為通政院命降鑄印信　十七年二月詔江淮諸路增置水站除海青使臣及事干軍務者方許馳驛餘者自濟州水站為始並令乘船往來　十八年閏八月詔除上都

榆林迤北站赤外隨路官錢不須支給驗其閑劇量增站戶協力自備首思當站 十九年四月詔給各處行省鋪馬聖旨揚州行省鄂州行省泉州行省隆興行省占城行省安西行省四川行省西夏行省甘州行省每省五道南方驗田糧及七十石者准當站馬一匹九月通政院臣言隨路站赤三五戶共當正馬一匹十三戶供車一輛自備一切什物公用近年以來多爲諸王公主及正宮太子位下頭目識認招收或冒入投下戶計者遂致站赤損弊乞換補站戶從之十月增給各省鋪馬聖旨西川京兆泉州十道

甘州中興各五道 二十年二月和林宣慰司給鋪馬聖旨二道江淮行省增給十道都省遣使繁多亦增二十道給之七月免站戶和顧和買一切雜泛差役仍令自備首思十一月增給甘州行省鋪馬聖旨十道總之爲二十道十二月增各省及轉運司宣慰司鋪馬聖旨三十五道江淮行省十道四川行省十道安西轉運司分司二道荊湖行省所轄湖南宣慰司三道福建行省十道 二十一年二月增給各處鋪馬劄子荊湖占城等處本省一十道荊湖北道宣慰司二道所轄路分一十六處每處二道山東運司

二道河間運司七道宣德府三道江西行省五道福建行省所轄路分七處每處二道司農司五道四川行省所轄順元路宣慰司三道思州播州兩處宣撫司各三道都省二十道四月定增使臣分例正使宿頓支米一升麪一斤羊肉一斤酒一升柴一束油鹽雜支增鈔二分通作三分經過減半從者每名支米一升經過減半九月給阿里海牙所治之省鋪馬聖旨十道所轄宣慰司二處各三道 二十二年四月給陝西行省幷各處宣慰司行工部等處鋪馬劄子一百二十六道 二十三年四月福建東京兩行省

各給圓牌二面與魯赤出使交阯先給圓牌二面令再增二面於脫歡太子位下給發南京行省起馬三十匹給圓牌二面剏立三處宣慰司給劄子起馬三十匹 二十四年四月增給尚書省鋪馬聖旨一百五十道幷先給降一百五十道共三百道五月揚州省言徐州至揚州水馬站兩各分置夏月水潦使臣勞苦請從馬站附併水站一處安置馳驛者白日馬行夜則經由水路况站戶皆是水濱居止者庶幾官民兩便從之七月給中興路陝西行省廣東宣慰司沙不丁等官鋪馬聖旨一十三道 二十五年正月

腹裏路分三十八處年銷祇應錢不敷增給鈔三千九百八十一錠併元額七千一百六十九錠總中統鈔一萬一千一百五十錠分上下半年給降二月命南方站戶以糧七十石出馬一匹爲則或十石之下八九戶共之或二三十石之上兩三戶共之雖承稅糧僅足當站之數不至多餘却免其一切雜泛差役若有納糧百石之下七十石之上自請獨當站馬一匹者聽之五月增給遼陽行省鋪馬劄子五道十一月福建行省元給鋪馬聖旨二十四道增給劄子六道二十六年正月給光祿寺鋪馬劄子四道二月從

沿海鎮守官蔡澤言以舊有水軍二千人於海道置立水站三月給海道運糧萬戶府鋪馬聖旨五道四月四川紹慶路給鋪馬劄子二道成都府六道龍興行省增給鋪馬聖旨五道太原府宣慰司及儲峙提舉司給降二道八月給遼東宣慰司鋪馬聖旨五道大理金齒宣慰司四道九月增給西京宣慰司鋪馬劄子五道江淮行省所轄浙東道宣慰司三道紹興路總管府給降二道甘肅行省所轄亦集乃總管府沙州肅州三路給六道十一月增給甘肅行省鋪馬聖旨七道　二十七年正月增給陝西行省鋪馬聖旨五道二月都省增給鋪馬聖旨一百五十道江淮行省一十五道六月給營田提舉司鋪馬聖旨二道九月江淮行省所轄徽州路水道不通給鋪馬聖旨二道　二十八年六月隨處設站官二員大都至上都置司吏三名餘設二名祇應頭目攢典各一名站戶及百者設百戶一名七月詔各路府州縣達魯花赤長官依軍戶例兼管站赤奥魯非奉通政院明文不得擅科差役十二月增給省除之任官鋪馬聖旨三百五十道　二十九年三月命通政院分官四員於江南四省整理站赤給印與之　三十年正月南

丹州洞蠻來朝立安撫司於其地給鋪馬聖旨二道三月兩淮都轉運鹽使司增給鋪馬聖旨起馬五匹五月給淘金運司鋪馬聖旨起馬五匹大司農司起馬二十匹六月江浙行省言各路遞運站船若止以六戶供船一艘除苗不過十四五石力寡不能當役請令各路除苗不過元額二十四石自六戶之上或至十戶通融僉撥從之八月給劉二拔都兒圓牌三面鋪馬聖旨一十五道十月增給濟南府鹽運司鋪馬聖旨一道　三十一年六月給福建運司鋪馬聖旨起馬五匹

成宗大德八年正月御史臺臣言各處站赤合用祗應官錢多不依時撥降又或數少不給遂令站戶輸當庫子陪備應辦莫若驗使臣起數實支官錢所在官司依時撥降令各站提領收掌祗待毋得科配小民似為便盖詔都省定議行之　十年從江浙省言命站官仍領祗待選站戶之有餘糧者以充庫子止設一名上下半年更代就准本戶里正主首身役

武宗至大三年五月給嘉興松江瑞州三路及汴梁等處管民總管府鋪馬聖旨各三道　四年三月詔拘收各衙門鋪馬聖旨命中書省定議以聞省臣言始者站赤隸兵部後屬通政院今通政院怠於整治站赤消乏合依舊命兵部領之制可四月中書省臣又言昨奉旨以站赤屬兵部今右丞相鐵木迭兒等議漢地之驛命兵部領之其鐵烈干納憐末憐等處蒙古站赤仍付通政院帝曰何必如此但令罷通政院悉隸兵部可也閏七月復立通政院領蒙古站赤八月詔大都至上都每站除設驛令丞外設提領三員司吏三名腹裹路分衝要水陸站赤設提領二員司吏二名其餘閑慢驛分止設提領一員司吏一名如無驛令量擬提領二員每一百戶設百戶一名從

拘該路府州縣提調正官於站戶內選用三歲為滿凡濫設官吏頭目人等盡罷之十一月給中政院鋪馬聖旨二十道

仁宗皇慶二年四月增給陝西行臺鋪馬聖旨八道六月中書省臣言典瑞監掌金字圓牌及鋪馬聖旨三百餘道至大四年凡聖旨皆納之于翰林院以金字圓牌不敷增置五十面蓋圓牌遣使初為軍情大事而設不宜濫給自今求給牌面不經中書省樞密院者宜勿與從之　延祐元年十月沙州立屯儲總管萬戶府給鋪馬聖旨六道　五年十月中書兵部言各站設置提領止受部劄行九品印職專車馬之役所領站赤多者三二千少者五七百戶比之軍民體非輕細柰何俸祿不給三年一更貪鄙得以自縱今擬各處館驛除令丞外見役提領不許交換從之　七年四月詔蒙古漢人站依世祖舊制悉歸之通政院十一月從通政院官請詔腹裹江南漢地站赤依舊制命各路達魯花赤總管提調州縣官毋得預

泰定元年三月遣官賑給怗里干木憐納憐等一百一十九站鈔二十一萬三千三百錠糧七萬六千二

百四十四石八斗北方站赤每加津濟至此爲最盛
中書省所轄腹裏各路站赤總計一百九十八處
陸站一百七十五處馬一萬二千二百九十八疋
車一千六十九輛牛一千九百八十二隻驢四千
九百八頭　水站二十一處船九百五十隻馬二
百六十六疋牛二百隻驢三百九十四頭羊五百
口　牛站二處牛三百六隻車六十輛
河南江北等處行中書省所轄總計一百七十九處
該一百九十六站　陸站一百六處馬三千九百
二十八疋車二百一十七輛牛一百九十二隻驢

五百三十四頭　水站九十處船一千五百一十
二隻
遼陽等處行中書省所轄總計一百二十處
馬六千五百一十五疋車二千六百二十一輛牛
五千二百五十九隻
狗站一十五處元設站戶三百狗三千隻後除絶
亡倒死外實在站戶二百八十九狗二百一十八
隻
江浙等處行中書省所轄總計二百六十二處
馬站一百三十四處馬五千一百二十三疋　轎
站三十五處轎一百四十八乘　步站一十一處
遞運夫三十三十二戶　水站八十二處船一千
六百二十七隻
江西等處行中書省所轄總計一百五十四處
馬站八十五處馬二千一百六十五疋轎二十五
乘　水站六十九處船五百六十八隻
湖廣等處行中書省所轄總計一百七十三處
陸站一百處馬二千五百五十五疋車七十輛牛
五百四十五隻坐轎一百七十五乘臥轎三十乘
水站七十三處船五百八十隻

陝西行中書省所轄八十一處
陸站八十處馬七千六百二十九疋　水站一處
船六隻
四川行中書省所轄
陸站四十八處馬九百八十六疋牛一百五十頭
水站八十四處船六百五十四隻牛七十六頭
雲南諸路行中書省所轄站赤七十八處
馬站七十四處馬二千三百四十五疋牛三十隻
永站四處船二十四隻
甘肅行中書省所轄三路

脫脫禾孫馬站六處馬四百九十一匹　牛一百四
十九頭驢一百七十一頭羊六百五十口

弓手

元制郡邑設弓手以防盜也內而京師有南北兩城兵馬
司外而諸路府所轄州縣設縣尉司巡檢司捕盜所皆置
巡軍弓手而其數則有多寡之不同職巡邏專捕獲官
有綱運及流徙者至則執兵仗導送以轉相授受外此
則不敢役示專其職焉

世祖中統五年隨州府驛路設置巡馬及馬步弓手驗民
戶多寡定立額數除本管頭目外本處長官兼充提控

官其夜禁之法一更三點鐘聲絕禁人行五更三點鐘聲動
聽人行有公事急速及喪病產育之類則不在此限違
者笞二十七下有官者笞七下准贖元寶鈔一貫州縣城池
相離遠處其間五七十里所有村店及二十戶以上者設立巡
防弓手合用器仗必須完備令本縣長官提調不及二十戶
者依數差撥若無村店去處或五七十里創立聚落店舍亦
須及二十戶數其巡軍別設不在戶數之內關津渡口必當
設立店舍弓手去處不在五七十里之限於本路不以是何投
下當差戶計及軍站人匠打捕鷹房斡脫窰冶諸色人等戶
內每一百戶內取中戶一名充役與免本戶合着差發其當
戶推到合該差發數目却於九十九戶內均攤若有失盜
勒令當該弓手定立三限盤捉每限一月如限內不獲其
捕盜官強盜停俸兩月竊盜一月外據弓手如一月不
獲強盜決二十七下竊盜七下兩月不獲強盜二十七下竊
盜一十七下三月不獲者強盜三十七下竊盜二十七下如
限內獲賊數及一半者全免正罪至元三年省部議隨
路戶數多寡不同兼軍站不該差發似難均攤擬合斟
酌京府司縣合用人數止於本處包銀絲線并止納包
銀戶計內每一百戶選差中戶一名當役本戶合當差
發稅銀却令九十九戶包納從之四年除上都中都已

有巡軍其所轄州縣合設弓手俱於本路包銀等戶選
丁多強壯者充驗各處州縣戶數多寡驛程緊慢設置
合用器仗各人自備八年御史臺言諸路宜選年壯熟
閑弓馬之人以備巡捕之職弓手數少者亦宜增置除
捕盜防轉不得別行差占十六年分大都南北兩城兵
馬司各主捕盜之任南城三十二處弓手一千四百名
北城一十七處弓手七百九十五名二十三年省臺官
言捕賊巡馬先令執持悶棍以行賊衆多有弓箭反致
巡軍被傷今議給各路弓箭十副府州七副司縣五副
各令置備防盜從之仁宗延祐二年從江南行御史臺

請以各處弓手人等往往致害人命役三年者罷之還當民役別於相應戶內補換

急遞鋪兵

古者置郵而傳命示速也元制設急遞鋪以達四方文書之往來其所繫至重其立法蓋可考焉世祖時自燕京至開平府復自開平府至京兆始驗地里遠近人數多寡立急遞站鋪每十里或十五里二十五里則設一鋪於各州縣所管民戶及漏籍戶內僉起鋪兵中統元年詔隨處官司設傳遞鋪驛每鋪置鋪丁五人各處縣官置文簿一道付鋪遇有轉遞文字

當傳鋪所即注名件到鋪時刻及所轄轉遞人姓名置簿令轉送人取下鋪押字交收時刻還鋪本縣官司時復照刷稽滯者治罪其文字本縣官司絹袋封記以牌書號其牌長五寸闊一寸五分以綠油黃字書號若係邊關急速公事用匣子封鎖於上重別題號及寫某處文字發遣時刻以憑照勘遲速其匣子長一尺闊四寸高三寸用黑油紅字書號已上牌匣俱係營造小尺上以千字文為號仍將本管地境置立鋪驛卓望地名遞相傳報鋪兵一晝夜行四百里各路總管府委有俸正官一員每季親行提點州縣亦委有俸末職正官上下半月照刷如有怠慢初犯事輕者笞四十贖銅再犯罰俸一月三犯者決總管府提點官比總管減一等仍科三十初犯贖銅再犯罰俸半月三犯者決鋪兵鋪司痛行斷罪至元八年申命州縣官用心照刷及點視闕少鋪司鋪兵凡有遞轉文字到鋪司隨即分明附籍速令當該鋪兵裹以軟絹包袱更用油絹捲縛夾版束繫賫小回曆一本作急走遞到下鋪交割附曆訖於回曆上令鋪司驗到鋪時刻并文字總計角數及有無開拆磨擦損壞或亂行批寫字樣如此附寫一行鋪司畫字回還

若有違犯易為挨問隨路鋪兵不許顧人領替須要本戶少壯人力正身應役每鋪安置十二時輪子一枚紅綽屑一座并牌額及上司行下諸路申上鋪曆二本每遇夜常明燈燭其鋪兵每名備夾版鈴攀各一付纓槍一軟絹包袱一油絹三尺蓑衣一領回曆一本各處往來文字先用淨檢紙封裹於上更用厚夾紙印信封皮各路承發文字人吏每日逐旋發放及將承發到文字驗視有無開拆磨擦損壞批寫字樣分朗附簿九年左補闕祖立體合言諸路急遞鋪名不合人情急者急速也國家設官署名字必須吉

祥者爲美宜更定之遂更爲通遠鋪二十年留守司官言初立急遞鋪時取不能當差貧戶除其差發充鋪兵又不敷者於漏籍戶內貼補今富人規避差發求充鋪兵乞擇其富者令充站戶站戶之貧者卻充鋪兵從之二十八年中書省定議近年入遞文字封緘雜亂發遣無時今後省部并諸衙門入遞文字其常事皆付承發司隨所投下去處類爲一緘如往江淮行省者凡江淮行省不以是何文字通爲一緘其他官府同省部臺院凡有急速之事別置匣子發遣其匣子入遞隨到即行鋪司須能附寫文曆辨定時

刻鋪兵須壯健善走者不堪之人隨即易換三十一年大都設置總急遞鋪提領所降九品銅印設提領三員英宗至治三年各處急遞鋪每十鋪設一郵長於州縣籍記司吏內差充使之專督其事一歲之內能盡職者從優補用不能者提調官量輕重罪之凡鋪卒皆腰革帶懸鈴持槍挾雨衣賫文書以行夜則持炬火道狹則車馬者負荷者聞鈴避諸旁夜亦以驚虎狼也響及所之鋪則鋪人出以俟其至囊板以護文書不破碎不襞積摺小漆絹以禦雨雪不使濡濕之及各鋪得之則又展轉遞去

鷹房捕獵

元制自御位及諸王皆有昔寶赤蓋鷹人也是故捕獵有戶使之致鮮食以薦宗廟供天庖而齒革羽毛又皆足以備用此殆不可闕焉者也然地有禁取有時而違者則罪之冬春之交天子或親幸近郊縱鷹隼搏擊以爲游豫之度謂之飛放故鷹房捕獵皆有司存而打捕鷹房人戶多取析居放良及漏籍孛蘭奚還俗僧道與凡曠役無賴者及招收亡宋舊役等戶爲之其差發除納地稅商稅依例出軍等六色宣課外並免其雜泛差役自太宗乙未年抄籍分屬御

位下及諸王公主駙馬各投下及世祖時行尚書省嘗重定其籍厥後永爲定制焉

御位下打捕鷹房官　一所權官張元大都路寶坻縣置司元額七十七戶　一所王阿都赤世襲祖父職掌十投下中都順天真定宣德等路諸色人匠打捕等戶元額一百四十七戶　一所管領大都等處打捕鷹房民戶達魯花赤石抹也先世襲祖父職元額一百一十七戶　一所管領大都路打捕鷹房等官李脫歡怙木兒世襲祖父職元額二百二十八戶　一所宣授管領大都等處打捕

鷹房人匠等戶達魯花赤黄也速觧兒世襲祖父職元額五十戶　一所管領鷹房打捕人匠等戶達魯花赤移剌帖木兒世襲祖父職元額一百五十七戶　一所宣授管領打捕鷹房等戶達魯花赤阿八赤世襲祖父職元額三百五十五戶　一所宣授管領大都等路打捕鷹房人戶達魯花赤寒食世襲祖父職元額二百四十三戶

諸王位下　汝寧王位下管領民匠打捕鷹房等戶官元額二百一戶　晉賽因大王位下管領本投下大都等路打捕鷹房諸色人匠達魯花赤都總

管府元額七百八十戶

天下州縣所設獵戶　腹裏打捕戶總計四千四百二十三戶　河東宣慰司打捕戶五百九十八戶　晉寧路打捕戶三百三十二戶　大同路打捕戶一十五戶　冀寧路打捕戶二百五十一戶　上都留守司打捕戶三百九十七戶　宣德提領所打捕戶一百八十二戶　山東宣慰司打捕戶三百九十七戶　宣德提領所打捕戶一百八十二戶　山東宣慰司打捕戶一百戶　益都路打捕戶四十三戶　濟南路打捕戶三十六戶　般陽

路二十一戶　東平路三十四戶　曹州八十四戶　德州一十戶　濮州三十一戶　泰安州五戶　東昌路一戶　真定路九十一戶　順德路一十九戶　廣平路一十九戶　冠州五戶　恩州二戶　彰德三十七戶　衛輝路一十六戶　大名路二百八十六戶　保安路三十一戶　河間路二百五十二戶　隨路提舉司一千一百九十一戶　河間鷹房府二百七十六名　都總管府七百五十六戶

遼陽大寧等處打捕鷹房官捕戶七百五十九戶

東平等路打捕鷹房官捕戶三百九戶　隨州德安河南襄陽懷孟等處打捕鷹房官捕戶一百七十二戶　权捕提領所捕戶四十戶　高麗鷹房總管捕戶二百五十戶　河南等路打捕鷹房官捕戶一千一百四十二戶　益都等處打捕鷹房官捕戶五百二十一戶　河北河南東平等處打捕鷹房官捕戶三百戶　隨路打捕鷹房總管捕戶一百五十九戶　真定保定等處打捕鷹房官捕戶五十戶　淮安路鷹房官捕戶四十七戶　揚州等處打捕鷹房官捕戶七十二戶

宣徽院管轄淮東淮西屯田打捕總管府司屬打捕衙門提舉司十處千戶所一處總一萬四千三百二戶　淮安提舉司八百五十八戶　安東提舉司九百一十二戶　招泗提舉司四百六十五戶　鎮巢提舉司二千五百四十戶　蘄黃提舉司一千一百一十二戶　通泰提舉司七百四十九戶　塔山提舉司六百四十四戶　魚網提舉司二千五百一十九戶　打捕手號軍上千戶所打捕軍六百四戶

志卷四十九

志卷第五十　元史一百二

翰林學士亞中大夫知制誥兼修國史臣宋濂　翰林待制承直郎同知制誥兼國史院編修官臣王禕等奉
勑修

刑法一

自古有天下者雖聖帝明王不能去刑法以爲治是故道之以德義而民弗從則必律之以法法復違焉則刑辟之施誠有不得已者是以先王制刑非以立威乃所以輔治也故書曰士制百姓于刑之中以教祇德後世專務黷刑任法以爲治者無乃昧於本末輕重之義乎歷代得失考諸史可見已元興其初未

有法守百司斷理獄訟循用金律頗傷嚴刻及世祖平宋疆理混一由是簡除繁苛始定新律頒之有司號曰至元新格仁宗之時又以格例條畫有關於風紀者類集成書號曰風憲宏綱至英宗時復命宰執儒臣取前書而加損益焉書成號曰大元通制其書之大綱有三一曰詔制二曰條格三曰斷例凡詔制爲條九十有四條格爲條一千一百五十有一斷例爲條七百十有七大槩纂集世祖以来法制事例而已其五刑之目凡七下至五十七謂之笞刑凡六十七至一百七謂之杖刑其徒法年數杖數相附麗爲

加減鹽徒盜賊既決而又鐐之流則南人遷於遼陽迤北之地北人遷於南方湖廣之鄉死刑則有斬而無絞惡逆之極者又有陵遲處死之法焉蓋古者以墨劓剕宮大辟爲五刑後世除肉刑乃以笞杖徒流死備五刑之數元因之更用輕典蓋亦仁矣世祖謂宰臣曰朕或怒有罪者使汝殺汝勿殺必遲回一二日乃覆奏斯言也雖古仁君何以過之自後繼體之君惟刑之恤凡郡國有疑獄必遣官覆讞而從輕死罪審録無冤者亦必待報然後加刑而大德間王約復上言國朝之制笞杖十減爲七今之杖一百者宜

止九十七不當又加十也此其君臣之間唯知輕典之爲尚百年之間天下乂寧亦豈偶然而致哉然其弊也南北異制事類繁瑣挾情之吏舞弄文法出入比附用譎行私而兇頑不法之徒又數以赦宥獲免至於西僧歲作佛事或恣意縱囚以售其奸宄俾善良者喑啞而飲恨識者病之然則元之刑法其得在仁厚其失在乎緩弛而不知檢也今按其實條列而次第之使後世有以考其得失作刑法志

名例

五刑

笞刑

七下　十七　二十七

三十七　四十七　五十七

杖刑

六十七　七十七　八十七

九十七　一百七

徒刑

一年 杖六十七　一年半 杖七十七　二年 杖八十七

二年半 杖九十七　三年 杖一百七

流刑

遼陽　湖廣　迤北

死刑

斬　陵遲處死

五服

斬衰　三年

子爲父婦爲夫之父之類

齊衰　三年　杖期　期　五月　三月

子爲母婦爲夫之母之類

大功　九月　長殤九月　中殤七月

爲同堂兄弟爲姑姊妹適人者之類

小功 五月 殤

爲伯叔祖父母爲再從兄弟之類

緦麻 三月 殤

爲族兄弟爲族曾祖父母之類

十惡

謀反

謂謀危社稷

謀大逆

謂謀毀宗廟山陵及宮闕

謀叛

謂謀背國從偽

惡逆

謂毆及謀殺祖父母父母殺伯叔父母姑兄姊外祖父母夫夫之祖父母父母者

不道

謂殺一家非死罪三人及支解人造畜蠱毒魘魅

大不敬

謂盜大祀神御之物乘輿服御物盜及偽造御寶合和御藥誤不如本方及封題誤若造御膳誤犯食禁御幸舟船誤不牢固指斥乘輿情理切害及對捍制使而無人臣之禮

不孝

謂告言詛詈祖父母父母及祖父母父母在別籍異財若供養有闕居父母喪身自嫁娶若作樂釋服從吉聞祖父母父母喪匿不舉哀詐稱祖父母父母死

不睦

謂謀殺及賣緦麻以上親毆告夫及大功以上尊長小功尊屬

不義

謂殺本屬府主刺史縣令見受業師吏卒殺本部五品以上官長及聞夫喪匿不舉哀若作樂釋服從吉及改嫁

內亂

謂姦小功以上親父祖妾及與和者

八議

議親

謂皇帝袒免以上親及太皇太后皇太后緦麻以上親皇后小功以上親

議故

謂故舊

議賢

謂有大德行

議能

謂有大才業

議功

謂有大功勳

議貴

謂職事官三品以上散官二品以上及爵一品者

議勤

謂有大勤勞

議賓

謂承先代之後爲國賓者

贖刑附

諸牧民官公罪之輕者許罰贖

諸職官犯夜者贖

諸年老七十以上年幼十五以下不任杖責者贖

諸罪人癃篤殘疾有妨科決者贖

衛禁

諸掌宿衛三日一更直掌四門之鑰昏閉晨啓毋敢不慎　諸欲言事人闌入宮殿呼異上聞杖一百七發元籍　諸擅帶刀闌入殿庭者杖八十七流遠　諸登皇城角樓因爲盜者處死　諸闌入禁衛盜金玉寶器者處死　諸輒入禁苑盜殺官獸者爲首杖八十七徒二年爲從減一等並刺字知見不首者笞四十七掌門衛受財縱放者五十七坐鋪守把軍人不詰問二十七　諸漢人南人投充宿衛士總宿衛官輒收納之並坐罪　諸大都上都諸城門夜有急務須出入者遣官以夜行象牙圓符及織成聖旨啓門門尉辯驗明白乃許啓雖有牙符而無織成聖旨者不以何人並勿啓違者處死

職制

諸官府印章長官掌收次官封之差故即以牒發次官次其下者苐封之不得付其私人　諸郡縣城門鎖鑰並從有司掌之　諸有司凡薦舉刑名出納等文字非有故並須圓署行之　諸職官到任距上司百里之內者公參百里之外者免上司輒非理徵會稽失公務者禁之　諸內外百司呈署文字並須由

下而上論定而後行之　諸省府以下百司凡行公
務置朱銷簿挨治官以時考之　諸職官公坐同職
者以先到任居上輒越次而坐者正之　諸有司公
事各官連銜申禀其上司者並自書其名有故從對
讀首領官代書之具述其故於名下曹吏輒代書其
名者罪之　諸職官受代聽除之處從所便具載解
由私赴都者禁之　諸有司案牘籍帳編次架閣各
路提控案牘兼架閣庫官與經歷知事同掌之散府
州縣知事提控案牘都吏目典史掌之任滿相沿交
割毋敢不慎　諸樞密院行省文卷除軍數及邊關

兵機不在考閱餘並從監察御史考閱之　諸職官
承上司他委所治闕官者許回申不得擅令首領官
吏攝事　諸職官押運官物赴都除常所不差者餘
並置籍輪差徇私不均者罪其上司　諸吏員遷調
廉訪司書吏奏差避道路府州縣吏避貫　諸有司
遺失印信隨即尋獲者罰俸一月追尋不獲者具申
禮部別鑄元掌印官解職坐罪非獲元印不得給由
求敘　諸毀匿邊關文字者流　諸蒙古人居官犯
法論罪既定必擇蒙古官斷之行杖亦如之　諸四
怯薛及諸王駙馬蒙古色目之人犯姦盜詐僞從大

宗正府治之　諸以親女獻當路權貴求進用已得
者追奪所受命仍没入其家　諸官吏在任與親戚
故舊及禮應追往之人追往者聽餘並禁之　諸職
官到任輒受所部贄見儀物比受贓減等論　諸職
官受部民事後致謝食用之物者笞二十七記過
諸上司及出使官於使所受其燕饗餽遺者准不枉
法減二等論經過而受者各減一等從臺憲察之
諸職官及有出身人因事受財枉法者除名不敘不
枉法者殿三年再犯不敘無祿者減一等以至元鈔
爲則枉法一貫至十貫笞四十七不滿貫者量情斷

罪依例除名一十貫以上至二十貫五十七二十貫
以上至五十貫杖七十七一百貫之上一百七不枉
法一貫至二十貫笞四十七本等敘不滿貫者量情
斷罪解見任別行求仕二十貫以上至五十貫五十
七注邊遠一任五十貫以上至一百貫杖六十七降
一等一百貫以上至一百五十貫七十七降二等一
百五十貫以上至二百貫八十七降三等二百貫以
上至三百貫九十七降四等三百貫以上一百七除
名不敘　諸內外百司官吏受贓悔過自首無不盡
不實者免罪有不盡不實止坐不盡之贜若知人欲

告而首及以贓還主並減罪二等聞知他處事發首者計其日程雖不知亦以知人欲告而首論詭名代首者勿聽犯人實有病故許親屬代首臺憲官吏受贓不在准首之限有司受人首告者罪之　諸職官恐嚇有罪人求賂未得財者笞二十七　諸告官吏贓有實取之者有爲過度人所譸而官吏初不知者有官吏已知而姑付過度之家事畢而後取之者有本未嘗言而故以錢物寘人家指作過度而誣陷人者止以錢物所在坐之與錢人俱坐　諸職官但犯贓私有罪狀明白者停職聽斷　諸奴賤爲官但犯

贓罪除名　諸職官犯贓生前贓狀明白雖死猶責家屬納贓　諸官吏犯贓罪遇原免或自首免罪過錢人即因人致罪不坐　諸官吏贓罰臺官問者歸臺省官問者歸省　諸職官犯贓罪狀已明反誣告臨問官者斷後仍徙　諸官吏家人受贓減官吏法二等坐官吏初不知及知即首官吏家人俱免不即首官吏減家人法二等坐家人依本法若官吏知情故令家人受財官吏依本法家人免坐官吏實不知者止坐家人　諸職官受除未任因承差而犯贓者同見任論邊遠遷轉官已任而未受文憑犯贓者亦如之吏未出職受贓既出職事發罷所受職　諸錢穀官吏受贓不枉法者止計贓論罪不殿年敘　諸職官受贓聞知事發回付到主同知人欲告自首論減二等科罪枉法者降先職三等敘不枉法者解職別敘　諸職官侵用官錢者以枉法論雖會赦仍除名不敘　諸職官在任犯贓被問贓狀已明而稱疾者停其職歸對　諸職官所將親屬傔從受所部財而無入己之贓會赦還職　諸外任牧守受贓被問垂成近臣奏徵入朝者執付元問官　諸職官犯贓在逃者同獄成　諸職官受贓丁憂終制日究問罪

官不丁憂者不在終制之限　諸職官犯贓已承伏會赦者免罪徵贓黜降如條未承伏者勿論　諸職官受贓即改悔還主其主猶執告者勿論　諸職官受財爲人請託者計贓論罪　諸小吏犯贓並斷罪除名　諸庫子等職已有出身無添給祿米者不與小吏犯贓同論　諸掾吏出身應入流或以職官轉補但犯贓並同吏員坐除名府州縣首領官非朝命者同吏員　諸吏員取受非真犯者不除名　諸流外官越受民詞者笞一十七首領官二十七記過諸臨民官於無職田州縣虛徵其入於民者斷罪解

職記過　諸職官頻入茶酒市肆及倡優之家者斷
罪罷職　諸監臨官私役弓手笞二十七三名已上
加一等占騎弓手馬笞一十七並記過名本管官吏
輙應副者各減一等　諸内外官吏疾病滿百日者
作闕期年後仕　諸職官連犯二罪輕罪已斷重罪
始發罪從已斷殿降從後發　諸有過被問詐死逃
罪者杖六十七有官者罷職不敘贓多者從重論
諸行省以下大小司存長官非理折辱其首領官者
禁之首領官有過失聽申上司不得擅問長官處决
不公首領官執覆不從許直申上司　諸隨朝官無

故不公聚者坐罪選待　諸職官已受宣勑以地遠
官卑輙稱故不赴者奪所受命謫種田或在任詐稱
病而去者三年後降二等敘其同僚徇私與文書者
降一等敘　諸受命職官闕期已及或有辨證勾稽
喪葬疾病公私諸務妨阻不能之任者許具始末詣
本處有司自陳保勘給據再敘並任元注地方有司
保勘不實者並坐之　諸受除官員闕次未及輙先
往任所居住守代者從本管上司究之　諸各衙門
輙將聽除及罷閑無祿私己之人差遣者禁　諸職
官親死不奔喪杖六十七降先職二等雜職敘未終

喪赴官笞四十七降一等終制日敘若有罪詐稱親
喪杖八十七除名不敘親久沒稱始死笞五十七解
見任雜職敘凡不丁父母憂者罪與不奔喪同　諸
官吏私罪被逮無問已招未招罹父母大故者聽其
奔赴丁憂終制日追問公罪並矜恕之　諸職官父
母亡匿喪縱宴樂遇國哀私家設音樂並罷不敘
諸外任官員謁告應有假故具曹狀報所屬仍置籍
以記之有託故者風憲官糾而罪之　諸官吏遷葬
祖父母父母給假二十日並除馬程日七十里限內
俸錢仍給之違限不至者勒停　諸職官任滿解由

應給而不給不應給而給及有過而不開寫者罪及
有司解由到部增損功罪不以實者亦如之　諸罷
免官吏敘復給由而匿其過名者罪及初給由有司
諸匿過求仕已除事覺者笞四十七追奪不敘
諸職官年及致仕而不知止者廉訪司糾黜之　諸
職官被罪理筭殿年以被問停職月日爲始　諸遠
方官員親年七十以上者許元籍有司保勘量注近
闕便養冒濫者坐罪　諸職官沒於王事者其應繼
之人降二等廕敘　諸内外百司五品以上進上表
章並以蒙古字書毋敢不敬仍以漢字書其副　諸

內外百司凡進賀表箋繕寫謄籍印識各以式其輙犯廟諱御名者禁之　諸內外百司應出給劄付有顆設譯史者並以蒙古字書寫　諸內外百司有兼設蒙古回回譯史者每遇行移及勘合文字標譯關防仍兼用之　諸內外百司公移尊卑有序各守定制惟執政出典外郡申部公文書姓不書名　諸人臣口傳聖旨行事者禁之　諸大小機務必由中書惟樞密院御史臺徽政宣政諸院許自言所職其餘不由中書而輙上聞既上聞而又不由中書徑下所司行之者以違制論所司亦不禀白而輙受以行之

者從監察御史廉訪司糾之　諸中書機務有泄其議者量所泄事聞奏論罪　諸省部官名隸宿衛者晝出治事夜入番直　諸檢校官勾檢中書及六曹之務其有稽違省掾呈省論罰部吏就錄罪名開呈　諸行省擅役軍人營繕雖公廨不奏請猶議罪　諸行省差使軍官非軍情者禁之　諸行省長官二員給金虎符典軍惟雲南行省官皆給符　諸各處行省所轄軍官軍情怠慢從提調軍馬長官斷遣其餘雜犯受宣官以上咨禀受敕官以下就斷　諸行省歲支錢糧各處正官季一照勘歲終會其成于行

省以式稽考濫者徵之實者籍之總其槩咨都省臺憲官閱實之　諸方面大臣受金縱賊成亂者斬僚佐受金或阿順不能匡正並坐罪會赦仍除名　諸樞密院及各省所部軍官其麾下征者戍者出者處者饑寒不贍役使不均代以私人舉債倍息在家曰逃有力曰乏惟單窮是使惟貨賄是圖以苦士卒以耗兵籍百户有罪罪及千户千户有罪罪及萬户萬户有罪從樞密院及行省帥府以其狀聞隨事論罪　諸宣徽院所抽分馬牛羊官嚴其程期制其供億謹其鈐束之法以譏察之其有欺官擾民者廉訪司

糾之　諸翰林院應譯寫制書必呈中書省共議其稾其文卷非邊遠軍情重事並從監察御史考閱之　諸宣政院文卷除修佛事不在照刷外其餘文卷及所隸內外司存並照刷之　諸徽政院及怯憐口人匠舊設諸府司文卷並從臺憲照刷　諸臺官職掌飭官箴稽吏課內秩群祀外察行人與聞軍國奏議理達民庶寃辭凡有司刑名賦役銓選會計調度徵收營繕鞫勘審讞勾稽及庶官廉貪厲禁張弛編民惸獨流移強暴兼并悉糾舉之　諸行臺官主察行省宣慰司已下諸軍民官吏之作姦犯科者窮民

之流離失業者豪强家之奪民利者按察官之不稱職任者餘視內臺立法同　諸御史臺所轄各道憲司民有寃滯赴愬于臺者咸著于籍歲終則會以考其各道之殿最而黜陟之　諸臺憲所察天下官吏贓汚欺詐稽違罪入于刑書者歲會其數及其罪狀上之歲于中書　諸內外臺歲遣監察御史刷磨各省文卷并察各道廉訪司官吏咸否官弗稱者呈臺黜罰吏弗稱者就罷之　諸風憲薦舉必考其最績彈劾必著其罪狀舉劾失當並坐之　諸殿中侍御史凡遇廷臣奏事必隨入內在廷有不可與聞之人

即糾斥之朝會祭祀一切行禮失儀越次及託故不至者即糾罰之文武百官謁假事故三日以外者以曹狀報之凡官府擬置百官禮任及被差往還報曹狀並同　諸廉訪分司官每季孟夏初旬出錄囚仲秋中旬出按治明年孟夏中旬還其憚遠違期託故避事者從監察御史劾之　諸廉訪司分巡各路軍民官吏有過得罪狀明白者六品以下牒總司論罪五品以上申臺聞奏　諸廉訪司官擅封點軍器庫者笞三十七解職別敘　諸官吏受贓事主雖不告言監察御史廉訪司察之實者糾之　諸行省官及

首領官受賂隨省廉訪司察知者上之臺已下就問　諸行省理問所見問公事廉訪司輙逮問者禁之　諸職官受贓廉訪司必親臨聽決有必不能親臨者摘敵品有司老成廉能正官問之　諸被按官吏有寃抑者詣御史臺陳理所言實罪被告所言虛罪告者仍加等其有故撓按問官吏以事者禁之　諸按問職官贓毋遽施刑惟衆證已明而不款伏者加刑問之軍官則先奪所佩符而問之　諸風憲官吏但犯贓加等斷罪雖不枉法亦除名　諸方面之臣入覲輙斂所部官吏俸錢備禮物者禁之違者罪之

諸湖南北江西兩廣接境溪洞蠻獠竊發諸監臨禁治不嚴及故縱者軍官笞三十七管民官二十七並削所受階一等記過　諸邊隅鎮守不嚴他盜輙入境殺掠者軍官坐罪民官不坐　諸軍民官鎮撫邊陲三年無嘯聚之盜者民官減一資軍官陞散官一階五年無者軍民官各陞散官一等　諸郡縣版籍所司謹庋置之正官相沿掌之　諸勸農官每歲終則上其所治農桑水利之成績于本屬上司本屬上司會所部之成績以上于大司農若部部考其勤惰成否以上于省而殿最之其在官怠其事隳其法

者罪之　諸職官行田受民户齊斂錢者以一多科斷　諸受財占民差徭者以枉法論　諸額課所在管民正官董其事若以他故出次官通攝之　諸額收錢糧各處計吏歲一詣省會之有齊斂者從按治官舉劾　諸郡縣歲以三限徵收稅糧初限十月終中限十一月終末限十二月終違者初限笞四十再犯杖八十但結攬及自願與結攬人等並沒入其家財仍依元科之數倍徵之若不差正官部糧而以權官部之或致失陷及輸不足者達魯花赤管民官同坐　諸州縣義倉糧數不實監臨失舉察者罪之

諸職官於禁刑之日決斷公事者罰俸一月吏笞二十七記過　諸有司斷諸小罪輒以杖頭非法杖人致死罪坐判署官吏　諸嘗訴官吏之人有罪其被訴官吏勿推　諸有司輒憑妄言帷薄私事逮繫人者笞四十七解職期年後敘　諸職官得代及休致凡有追會並同見任其婚姻田債諸事止令子孫弟姪陳訴有司輒相侵陵者究之　諸職官告吏民毆罵非親聞者勿問違者罪之　諸職官聽訟者事關有服之親并婚姻之家及曾受業之師與所讎嫌之人應廻避而不廻避者各以其所犯坐之有輒以官

法臨決尊長者雖會赦仍解職降敘　諸有司事關蒙古軍者與管軍官約會問　諸管軍官奧魯官及鹽運司打捕鷹坊軍匠各投下管領諸色人等但犯強竊盜賊僞造寶鈔略賣人口發塚放火犯姦及諸死罪並從有司歸問其鬭訟婚田良賤錢債財產宗從繼絕及科差不公自相告言者從本管理問若事關民户者從有司約會歸問並從有司追逮三約不至者有司就便歸斷　諸州縣鄰境軍民相關詞訟元告就被論官司歸斷不在約會之例斷不當理許赴上司陳訴罪及元斷官吏　諸僧道儒人有爭有

司勿問止令三家所掌會問　諸哈的大師止令掌教念經回回人應有刑名户婚錢糧詞訟並從有司問之　諸僧人但犯姦盜詐僞致傷人命及諸重罪有司歸問其自相爭告從各寺院住持本管頭目歸問若僧俗相爭田土與有司約會約會不至有司就便歸問　諸各寺院稅糧除前宋所有常住及世祖所賜田土免納稅糧外已後諸人布施并已力典買者依例納糧　諸管民官以公事攝所部並用信牌其差人擾衆者禁之　諸掩骼埋胔有司之職或饑歲流莩或中路暴死無親屬收認應聞有司檢覆者

檢覆既畢就付地主隣人收葬不須檢覆者亦就收葬　諸救災卹患鄰邑之禮歲饑輒閉糴者罪之　諸郡縣災傷過時而不申或申不以實及按治官不以時檢踏皆罪之　諸蟲蝗爲災有司失捕路官各罰俸一月州官各笞一十七縣官各二十七並記過　諸水旱爲災人民艱食有司不以時申報賑卹以致轉徙饑殍者正官笞三十七佐官二十七各解見任降先職一等敘　諸有司檢覆災傷或以熟作荒或以可救爲不可救一頃已上者罰俸二十頃者笞一十七二百頃已上者笞二十七五百頃已上笞三

十七惟以荒作熟抑民納粮者笞四十七罷之託故不行妨誤檢覆者笞三十七　諸義夫節婦孝子順孫其節行卓異應旌表者從所屬有司舉之監察御史廉訪司察之但有冒濫罪及元舉　諸賜高年帛應受賜而有司不以實報者正官笞四十七解職別敘　諸州縣舉茂異秀才非經監察御史廉訪司體察者不得開申　諸民犯弑逆有司稱故不聽理者杖六十七解見任殿三年雜職敘　諸檢屍有司故遷延及檢覆牒到不受以致屍變者正官笞三十七首領官吏各四十七其不親臨或使人代之以致增

減不實移易輕重及初覆檢官相符同者正官隨事輕重論罪黜降首領官吏各笞五十七罷之仵作行人杖七十七受財者以枉法論　諸有司在監囚人因病而死虛立檢屍文案及關覆檢官者正官笞三十七解職別敘已代會赦者仍記其過　諸職官覆檢屍傷屍已焚瘞止傳會初檢申報者解職別敘若已改除仍記其過　諸藩王及軍馬經過郡縣委積館勞並許於應給官物内支遣隨申行省知會或擅移易齊斂者禁之　諸郡縣非遇聖旨令旨諸王駙馬大臣經過官吏並免郊迎妨奪公務仍不得賸以

錢物按治官常糾察之　諸職官但犯軍情遺誤受勑官各路就斷受宣官從都省行省處分其餘公罪各路並不得輒斷　諸部送囚徒中路所次州縣不寄囚於獄而監收旅舍以致反禁而亡者部送官笞二十七還職本處防護官笞四十七就責捕賊仍通記過名　諸有司各處遞至流囚輒主意故縱者杖六十七解職降先品一等敘刑部記過　諸和顧和買依時置估對物給價官吏權豪因緣結攬營私害公者罪之　諸有司和買諸物多餘估計分受其價者準盜官錢論不分受以冒估多寡論監臨及當該

官吏詭名中納者物價全没之尅落價鈔者準不枉法贓論不即支價者臺憲官糾之　諸職官輒以親故人事之物爲散之民鳩斂錢財者計其時直以餘利爲坐减不枉法贓二等科罪錢物各歸其主　諸職官私用民力者笞二十七記過追顧直給其民　諸尅除所屬官吏俸錢爲公用及備進上禮物既去職者並勿論　諸在任官歛屬吏俸贈去官者笞四十七還職　諸職官輒借騎所部内驛馬者笞三十七降先職一等叙記過　諸職官於所部非親故及理應往復之家輒行慶吊之禮者禁之違者罪之

志卷第五十

志卷第五十一

翰林學士亞中大夫知制誥兼修國史臣宋濂翰林待制承直郎同知制誥兼國史院編修官臣王禕等奉勅修

刑法二

職制下

諸職官户在軍籍管軍官輒追逮其身者禁之　諸中外大小軍官不能以法撫循軍人而又害之者從監察御史廉訪司糾察之行省官及宣慰司元帥府官無故以軍官自衛者亦如之　諸軍官不法各處憲司就問之樞府不得委官同問　諸管軍官輒以所佩金銀符充典質者笞五十七降散官一等受質者减二等　諸軍官犯贓應罷職殿降者上所佩符再叙日給之　諸軍官役使軍人萬户八名千户减萬户之半彈壓减千户之半過是數者坐罪　諸軍官驅役軍人致死非命者量事斷罪並罷職徵燒埋銀給苦主　諸管軍官擅放正軍及分受雇役錢者以枉法論除名不叙　諸管軍官吏尅除軍人衣糧鹽菜錢并全未給散會赦尅除已招者追給未招者免徵未給散者給散其私役軍人官牛帶種官地并管民官占種官地所收子粒已招者追没未招者免

徵　諸軍官役其出征軍人家屬又借之錢而多取
息者並坐之　諸軍官輒縱軍人誣民以罪嚇取錢
物而分贓自厚者計贓科罪除名不叙　諸民間失
火鎮守軍官坐視不救而反縱軍剽掠者從臺憲官
糾之　諸軍官輒斷民訟者禁之違者罪之　諸軍
官挾仇犯分輒持刃欲殺連帥者杖六十七解職別
叙　諸投下官吏受贓與常選官同論　諸投下雜
職犯贓罪者罷之不以常調殿降論　諸投下妄稱
上旨影占民站除其徭役故縱爲民害者杖七十七
沒其家財之半所占民杖一百七還元籍　諸王傅

文卷監察御史考閱與有司同　諸位下置財賦營
田等司歲終則會會畢從廉訪司考閱之　諸投下
輕重囚徒並從廉訪司審録　諸藩邸事務大者奏
裁小者移中書擅以教令行者禁之　諸倉庾官吏
與府州司縣官吏人等以百姓合納稅糧通同攬納
接受折價飛鈔者十石以上各刺面杖一百七十石
以下九十七官吏除名不叙退閑官吏豪勢富户行
鋪人等違犯者十石之上杖九十七十石之下八十
七其部糧官吏知情分受笞五十七除名不叙有失
覺察者監臨部糧官吏二十七府州總部糧官吏一

十七若能捕獲犯人者與免本罪若倉官人吏等盜
糶官糧與攬納飛鈔同論知情糴買十石以上杖一
百七十石之下九十七其漕運官吏有失覺察者驗
粮數多寡治罪其盜糶粮價結攬飛鈔追徵沒官正
粮於倉官并結攬糴買人均徵還官　諸倉庫官吏
人等盜所主守錢粮一貫以下決五十七至十貫杖
六十七每二十貫加一等一百二十貫徒一年每三
十貫加半年二百四十貫徒三年三百貫處死計贓
以至元鈔爲則諸物以當時價估折計之　諸倉庫
官知庫子攢典斗脚人等侵盜移易官物匿不舉發

者與犯人同罪失覺察者減犯人罪四等　諸倉庫
錢粮出納所設首領官及提舉監支納以下攢典合
干人以上互相覺察若有違法短少一體均陪任內
收支錢粮正收倒除皆完方許給由　諸典守鈔庫
官已倒昏鈔不用退印笞五十七解見任提調官失
計點笞一十七並記過名　諸鈔庫官輒以自己昏
鈔詭名倒換者笞三十七記過　諸平準行用庫倒
換昏鈔多取工墨錢庫官知而不曾分贓者減一等
並解職別叙主謀又受贓者以枉法論除名不叙
諸白紙坊典守官私受桑楮皮折價者計贓以枉法

論除名不敘仍追贓收買本色還官　諸京倉受粮
部官董之外倉收粮州縣長官董之收不如法致腐
敗者按治官通究之　諸倉官委任親屬爲家丁致
盜糶官粮者笞五十七解職殿敘同僚相容隱四十
七解職　諸倉官輒斛釘官斛多收民租主謀者笞
五十七同僚初不知情既知而不能改正者三十七
並解職別敘　諸京師每日散糶官米人止一斗權
豪勢要及有祿之家輒糶買者笞二十七追中統鈔
二十五貫付告人充賞　諸官局造作典守輒剋除
材料者計贓以枉法論除名不敘　諸運司辦課官

取受事發辦課畢日追問受代離職者就問之　諸
鹽場官勘問人致死者從轉運司差官攝其職發犯
人歸有司　諸稅務官輒以民到務文契枉作匿稅
私其罰錢者以枉法論除名不敘　諸財賦總管淘
金提舉司存雖有護持制書事應糾劾者監察御史
廉訪司準法行之　諸守庫藏軍官夜不直宿致有
盜者笞三十七還職捕盜不獲者圍宿軍官軍人追
陪所失物貨俟獲盜徵贓給還若遇強劫軍官軍人
力所不及者不在追斷之限　諸雜造局院輒與諸
人帶造軍器者禁之　諸兩浙財賦府隸徽政者掌

治錢穀造作歲終報成以次年正月至于二月從廉
訪司稽其文書違者糾之　諸有司橋梁不修道塗
不治雖修治而不牢強者按治及監臨官究治之
諸有司不以時修築隄防霖雨既降水潦並至漂民
廬舍溺民妻子爲民害者本郡官吏各罰俸一月縣
官各笞二十七典史各一十七並記過名　諸漕運
官輒拘括水陸舟車阻滯商旅者禁之　諸漕運官
輒受贓縱水手人等以稻糠盜換官粮者以枉法計
贓論罪除名不敘　諸海道都漕運萬户府所轄千
户已下有罪萬户問之萬户有罪行省問之徇情者

監察御史廉訪司察之漕事畢然後廉訪司考其案
牘　諸海道運粮船户盜糶官粮詐稱遭風覆沒者
計贓刺斷雖會赦仍刺之　諸使臣行李脫脫禾孫
及驛吏輒敢搜檢者禁之　諸使臣行槖過重壓損
驛馬而脫脫禾孫與使臣交贈爲奸不以法稱盤者
笞二十七記過　諸急遞鋪輒開所遞實封文書妄
入無名文字者笞五十七　諸急遞鋪每上下半月
府州判官縣主簿親臨檢視所遞文字但有稽違磨
擦沉匿鋪司鋪兵即驗事重輕論罪各路正官一員
總之廉訪司察之其有弗職親臨官初犯笞一十七

再犯加一等三犯呈省別議總提調官減親臨官一等每季具申上司有無稽遣仍於各官任滿日解由開寫而黜陟之　諸使臣輙騎懷駒馬者取與各笞五十七及以車易馬者俱坐之　諸公主下嫁迎送往還並不得由傳置　諸使臣在城輙騎占驛馬者禁之違者罪之　諸驛使在道奪回馬易所乘馬馳至死者償其直若以私事故選良馬馳至死者笞二十七仍償其直　諸使臣多取分例笞一十七追所多還官記過使還人員除軍情急務外日不過三驛驛官仍於關文標寫起止程期違者各笞二十七再

犯罷役　諸乘驛使臣或枉道營私橫索祇待或訪舊逸遊餓損馬乘並申聞斷治　諸使臣枉道馳驛者笞五十七脫脫禾孫擅依隨給驛者依例科罰　諸驛使詐改公牒多起馬者杖八十七其部押官馬輙夾帶私馬多取草料者并沒入其私馬　諸朝廷軍情大事奉旨遣使者佩以金字圓符給驛其餘小事止用御寶聖旨諸王公主駙馬亦爲軍情急務遣使者佩以銀字圓符給驛其餘止用御寶聖旨若濫給者從臺憲官糾察之　諸高麗使臣所帶徒從來則俱來去則俱去輙留中路郡邑買賣者禁之易馬

出界者禁之　諸出使官員所至輙受官吏筵宴及官吏輙相邀請並從風憲糾察　諸使臣所過州縣無故不得入城有故入城者止於公館安宿輙宿於官民之家者從風憲糾之　諸遣使開讀詔書所過州郡就便開讀者聽非所經由而輙往者禁之若本宗事須親往者不在此限　諸使臣所至之處有親戚故舊禮應追往者聽　諸受命出使還匿給驛文字符節及錫貢之物久不進者杖六十七記過　諸進表使臣五日外不還職托故稽留他有營者止所給驛籍其姓名罷黜之　諸出使郡國使事之外毋

有所與有必須上聞者實封以聞　諸銜命出使輙將有司刑囚審斷者罪之　諸奉使循行郡縣有告廉訪司官不法者若其人甞爲風憲所黜罷則與監察御史雜問之餘聽專問　諸官吏公差輙受人贐行禮物者隨事論罪官還職吏發隣道貼補　諸捕盜境內若失過盜賊却獲他境盜賊許令功過相補如獲他境強盜或僞造寶鈔二起各准境內強盜一起無強者准竊盜二起如獲竊盜准亦如之如境內無失但獲強竊盜賊依例理賞若應捕之人及事主等告指捕獲者不賞　諸捕盜官不得差遣違者臺

憲官糾之　諸捕盜官任内失過盜賊除獲別境盜
準折外三限不獲強盜三起竊盜五起各笞一十七
強盜五起竊盜十起各笞二十七強盜十起竊盜十
五起各笞三十七鎮守軍官一體捕限者同罪親民
提控捕盜減罪二等其限内獲賊及半者免罪若諸
人獲盜應賞者賞之　諸南北兵馬司職在巡警非
違捕逐盜賊輙理民訟者禁之　諸南北兵馬司罪
囚八十七以下決遣應刺配者就刺配之　諸各路
在城録事録判分番巡捕若有失盜止坐巡捕官
諸職官非應捕之人告獲反賊者陞二等用　諸告

獲強盜每名官給賞錢至元鈔五十貫竊盜二十五
貫親獲者倍之獲強盜至五人與一官　諸捕獲弑
逆兇徒比獲強盜給賞　諸隨處鎮守軍官軍人親
獲強竊盜賊者減半給賞　諸都城失盜一年不獲
者勒巡軍陪償所盜財物其敢差占巡軍者禁之
諸捕盜官捕獲強竊盜賊不即牒發淹禁死亡者杖
七十七罷職　諸盜牛馬悔過放還者以竊盜已行
不得財論不徵倍贓賞錢有司輙以常盜刺斷者以
刑名違錯科罰　諸捕盜官輙受人遆至匿名文字
枉勘平人為盜致囚死獄中者杖九十七罷職不叙

正問官六十七降先職二等叙首領官笞四十七注
邊遠一任承吏杖六十七罷役不叙主意寫匿名文
書者杖一百七流遠遞送匿名文書者減二等受命
主事遞送者減三等　諸捕盜官搜捕逆賊輙將平
人審問蹤跡乘怒毆之邂逅致死者杖六十七解職
別叙記過徵燒埋銀給苦主　諸捕盜官受財故縱
賊囚者與犯人同罪已敗獲者徧杖並減一等　諸
父有罪不坐其子兄有罪不坐其弟　諸大宗正府
理斷人命重事必以漢字立案牘以公文移憲臺然
後監察御史審覆之　諸有司非法用刑者重罪之

已殺之人輙臠割其肉而去者禁之違者重罪之
諸鞫獄不能正其心和其氣感之以誠動之以情推
之以理輙施以大披掛及王侍郎繩索并法外慘酷
之刑者悉禁止之　諸鞫問罪囚除朝省委問大獄
外不得寅夜問事廉訪司察之　諸各路推官專掌
推鞫刑獄平反冤滯董理州縣刑名之事其餘庶務
毋有所與按治官歲録其殿最秩滿則上其事而黜
陟之凡推官若受差不聞上司輙離職者亦坐罪
諸處斷重囚雖叛逆必令臺憲審録而後斬於市曹
諸内外囚禁從各路正官及監察御史廉訪司以

時審録輕者斷遣重者結案其有寃滯就糾察之　諸正蒙古人除犯死罪監禁依常法有司毋得拷掠仍日給飲食犯真姦盜者解束帶佩囊散收餘犯輕重者以理對證有司勿執拘之逃逸者監收　諸奏決天下囚值上怒勿輒奏上欲有所誅必遲回一二日乃覆奏　諸有司因公依理決罰邂逅身死者不坐　諸累過不悛年七十以上應罰贖者仍減等科決　諸犯罪二罪俱發以重者論罪等從一若一罪先發已經論決餘罪後發其輕若等勿論重者更論之通計前罪以充後數　諸職官輒以微故乗怒不

取招詞斷決人邂逅致死又誘苦主焚瘞其屍者笞五十七解職別叙記過　諸鞫獄輒以私怨暴怒去衣鞭背者禁之　諸鞫問囚徒重事須加拷訊者長貳僚佐會議立案然後行之違者重加其罪　諸弓兵祗候獄卒輒毆死罪囚者爲首杖一百七爲從減一等均徵燒埋銀給苦主其枉死應徵倍贓者免徵　諸有司輒收禁無罪之人者正官並笞一十七記過無招枉禁致自縊而死者笞三十七期年後叙　諸有司輒將無辜枉禁瘐死者解職降先品一等叙　諸有司承告被盜輒將景迹人非理枉勘身死却

獲正賊者正問官笞五十七解職期年後降先職一等叙首領官及承吏各五十七罷役不叙均徵燒埋銀給苦主通記過名　諸有司受財故縱正賊誣執非罪非法拷訊連逮妻子衘寃赴獄事未曉白身已就死正官杖一百七除名佐官八十七降二等雜職叙仍均徵燒埋銀　諸有司故入人罪若未決者及囚自死者以所入罪減一等論入人全罪以全罪論若未決放仍以減等論　諸故出人之罪應全科而未決放者從減等論仍記過　諸失入人之罪者減三等失出人罪者減五等未決放者又減一等並記

過　諸有司失出人死罪者笞五十七解職期年後降先品一等叙記過正犯人追禁結案　諸有司輒將革前雜犯承問斷遣者以故入論　諸監臨挾仇違法枉斷所監臨職官者抵罪不叙　諸審囚官強愎自用輒將蒙古人刺字者杖七十七除名將已刺字去之　諸爲盜並從有司歸問各投下輒擅斷遣者坐罪　諸鬬毆殺人無輕重並結案上省部詳讞有司輒任情擅斷者笞五十七解職期年後降先品一等叙　諸禁囚因械梏不嚴致反獄者直日押獄杖九十七獄卒各七十七司獄及提牢官皆坐罪百

日內全獲者不坐　諸罪在大惡官吏受贓縱令私和者罷之　諸司獄受財縱犯姦囚人在禁疎枷飲酒者以枉法科罪除名　諸流囚強盜持仗不曾傷人但得財若得財至二十貫爲從不持仗不曾傷人得財四十貫爲從及竊盜割車剜房傷事主爲從不曾傷事主但曾得財不曾得財內有舊賊初犯怯烈司盜駞馬牛爲從畧賣良人爲奴婢一人詐雕都省行省印套畫省官押字動支錢粮干礙選法或妄造妖言犯上並杖一百七流奴兒干初犯盜駞馬牛爲首及盜財三百貫以上盜財十貫以下經斷再犯發

冢開棺傷屍內應流者挑剜裨湊寶鈔以真作僞再犯知情買使僞鈔三犯並杖一百七發肇州屯種　諸犯罪流遠逃歸再獲仍流若中路遭亂而逃不再犯及已老病幷會赦者釋之　諸流囚居役非遇元正寒食重午等節並勿給假　諸配役囚徒遇閏月通理之　諸應徒流未行會赦者釋之已行未至會赦者亦釋之　諸囚徒配役役所停罷者會赦免放　諸有罪奉旨流遠雖會赦非奏請不得放還　諸徒罪晝則帶鐐居役夜則入囚牢房其流罪發各處屯種者止令監臨關防屯種　諸流遠囚徒惟女直

高麗二族流湖廣餘並流奴兒干及取海青之地　諸徒罪無配役之所者發鹽司居役　諸主守失囚者減囚罪三等長押流囚官中路失囚者視提牢官減主守罪四等既斷還職　諸大小刑獄應監繫之人並送司獄司分輕重監收　諸掌刑獄輒縱囚徒在禁飲博及帶刀刃紙筆陰陽文字入禁者罪之　諸獄具枷長五尺以上六尺以下闊一尺四寸以上一尺六寸以下死罪重二十五斤徒流二十斤杖罪一十五斤皆以乾木爲之長闊輕重各刻誌其上杻長一尺六寸以上二尺以下横三寸厚一寸鎖長八

尺以上一丈二尺以下鐐連環重三斤笞大頭徑二分七釐小頭徑一分七釐罪五十七以下用之杖大頭徑三分二釐小頭徑二分二釐罪六十七以上用之訊杖大頭徑四分五釐小頭徑三分五釐長三尺五寸並刋削節目無令筋膠諸物裝釘應決者並用小頭其決笞及杖者臀受拷訊者臀若股分受務令均停　諸郡縣佐貳及幕官每月分番提牢三日一親臨點視其有枉禁及淹延者即舉問月終則具囚數牒次官其在上都囚禁從留守司提之　諸南北兵馬司每月分番提牢仍令提控案牘兼掌囚禁

諸鹽運司監收鹽徒每月佐貳官分番董視與有司
同　諸內郡官仕雲南者有罪依常律土官有罪罰
而不廢　諸左右兩江所部土官輒興兵相讎殺者
坐以叛逆之罪其有妄相告言者以其罪罪之有司
受財妄聽者以枉法論諸土官有能愛撫軍民境內
寧謐者三年一次保勘陞官其有勳勞及應陞賞承
襲文字至帥府輒非理疏駁故爲難阻者罷之

祭令

諸國家有事于郊廟凡獻官及百執事之人受誓戒
之後散齊宿於正寢致齊於祀所散齊日治事如故

不弔喪問疾不作樂不判署刑殺文字不決罰罪人
不與穢惡事致齊日惟祀事得行餘悉禁之　諸嶽
鎮名山國家之所秩祀小民輒僭禮犯義以祈禱褻
瀆者禁之　諸五嶽四瀆五鎮國家秩祀有常諸王
公主駙馬輒遣人降香致祭者禁之　諸郡縣宣聖
廟凡官員使臣軍馬輒敢館穀於內有司輒敢聽訟
宴飲於內工官輒敢營造於內並行禁之諸書院同
　諸每月朔望郡縣長吏率其參佐僚屬詣孔子廟
拜謁禮畢從學官升堂講說其鄉村市鎮亦擇有學
問德行可爲師長者於農隙之時以教導民其有視

爲迂緩而不務者糾之

學規

諸蒙古漢人國子監學官任內驗其教養出格生員
多寡以爲陞遷博士教授有闕從監察御史舉之其
不稱職者黜之坐及元舉之官　諸國子生悖慢師
長及行禮失儀言行不謹講誦不熟功課不辦無故
廢學有故不告輒出告假違限執事失慎忿戾鬬爭
並委正録糾舉除悖慢師長別議餘者初犯戒諭再
犯三犯約量責罰其厨人僕夫門子常切在學供給
使令違者就便决責　諸國學居首善之地六館諸

生以次陞齋毋或躐等其有未應陞而求陞及曾犯
學規者輕者降之重者黜之其教之不以道者監察
御史糾之　諸國子監私試積分生員其有不事課
業及一切違戾規矩初犯罰一分再犯罰二分三犯
除名已補高等生員其有違戾規矩初犯殿試一年
再犯除名並從學正録糾舉正録知見不糾舉者從
本監議罰在學生員歲終實歷坐齋不滿半周歲者
並除名除月假外其餘告假不用準筭學録歲終通
行考較漢人生員三年不能通一經及不肯篤勤者
勤令出學　諸奎章閣授經郎生員每月朔望上弦

下弦給假四日當入宿衛者給假三日餘有故須請假者於授經郎稟説附曆給假無故不入學第一次罰當日會食第二次於師席前罰拜及當日會食第三次於學士院及師席前罰拜及當日會食三次不改奏聞懲戒黜退　諸隨路學校計其錢粮多寡養育生徒提調正官時一詣學督視必使課講有程訓迪有法賞勤罰隋作成人材其學政不舉者究之　諸教官在任侵盗錢粮荒廢廟宇教養無實行止不臧有忝師席從廉訪司糾之任滿有司輒朦朧給由者究之　諸贍學田土學官職吏或賣鬻爲荒減額

收租或受財縱令豪右占佃陷没蕪并及巧名冒支者提調官究之　諸貧寒老病之士必爲衆所尊敬者保申本路體覆無異下本學養贍仍移廉訪司察之但有冒濫從提調官改正　諸各處學校爲講習作養之地有司輒侵借其錢粮者禁之教官不稱職者廉訪司糾之　諸在任及已代教官輒携家入學褻瀆居止者從廉訪司糾之　諸各路醫學大小生員不令坐齋肄業有名無實及在學而訓誨無法課講鹵莽苟應故事者教授正録提調官罰俸有差　諸醫人於十三科内不能精通一科者不得行醫太醫院不精加考試輒以私妄舉充隨朝太醫及内外郡縣醫官内外郡縣醫學不依法考試輒縱人行醫者並從監察御史廉訪司察之

軍律

諸軍官離職屯軍離營行軍離其部伍者皆有罪　諸軍官不得擅離部署赴闕言事有必合言者實封附遞以聞　諸隨處軍馬有久遠營屯或時暫經過並從官給粮食輒妨擾農民阻滯客旅者禁之　諸臨陣先退者處死　諸統軍捕逐冦盗分守要害約相爲聲援稽留失期致殺死將士仍不即追襲者處

死雖會赦罷職不叙　諸軍民官鎮守邊陲帥兵擊賊紀律無統變易號令背約失期形分勢格致令破軍殺將或未戰逃歸或棄城退走復能建招徠之功者減其罪無功者各以其罪罪之　諸防戍軍人於屯所逃者杖一百七再犯者處死若科定出征逃匿者斬以徇　諸軍户貧乏已經存恤而復逃者杖八十七發遣當軍隱藏者減二等兩隣知而不首者又減隱藏罪二等　諸軍户告乏求替者從有司覆實之其詐妄者廉訪司究之　諸各衛扈從漢軍每户選練習壯丁一人常充仍於貼户内選兩人輪番供

役其有故必合替換者自萬户至千百户相視所換之可用然後用之百户千户萬户私換者驗名數多寡論罪解降　諸管軍官吏受錢代替軍空名者驗入已錢數以枉法科罪除名令兄弟子姪驅丁代替者驗名數多寡論罪解降　諸軍馬征伐虜掠良民兇徒射利略賣人口或自賊殺或以病亡棄屍道路暴骸溝壑者嚴行禁止

户婚

諸匠户子女使男習工事女習黹繡其輒敢拘刷者禁之　諸係官當差人户非奉朝省文字輒投充諸

王及各投下給使者論罪　諸僧道還俗兄弟析居奴放為良未入于籍者應諸王諸子公主駙馬毋拘藏之民有敢隱藏者罪之　諸庶民有妄以漏籍户及土田於諸王公主駙馬呈獻者論罪諸投下輒濫收者亦罪之　諸官吏占人户供給私用者治罪　諸有司治賦歛急致貧民鬻男女為輸者追還所鬻男女而正有司罪價勿償　諸生女溺死者沒其家財之半以勞軍首者為奴即以為良有司失舉者罪之　諸民户流移所在有司起遣復業輒以闌遺人收之者禁之　諸鰥寡孤獨老弱殘疾窮而無告者於養濟院收養應收養而不收養不應收養而收養者罪其守宰按治官常糾察之　諸被災流民有司招諭復業其年深不能復業及失所在者蠲其賦輒抑民包納者從臺憲官糾之　諸年穀不熟人民轉徙所至既經賑濟復聚黨持仗剽刼財物毆傷平民者除孤老殘疾不能自贍任便居住有司依前存養其餘有子弟者驗其家口計程遠近支與行粮次第押還元籍沿路復為民害者從所在有司斷遣　諸蒙古回回契丹女直漢人軍前所俘人口留家者為奴婢居外附籍者即為良民已居外復認為奴婢者

沒入其家財　諸收捕叛亂軍人掠取生口並從按治官及軍民官一同審閱實為賊黨妻屬者給公據付之無公據者以掠良民之罪罪之　諸群盜降附以所刼掠男女充收捕官饋獻者勿受仍還為民無親屬可收係者使男女相配聽為民其留賊所者悉縱之　諸收到被掠婦人忘其鄉里并無親屬可歸者有司與之嫁聘所得聘財與資粧束　諸軍民官輒隱藏降附人民不令復業者罪之　諸籍沒人口元主私典賣者追收入官徵價還主　諸投下官員招占已籍係官民匠户計者沒其家財所占户歸本

籍　諸投下所籍户令出五户絲餘悉勿與其有横歛於民從臺憲究之　諸願棄俗出家爲僧道若本户丁多差役不闕及有兄弟足以侍養父母者於本籍有司陳請保勘申路給據簪剃違者斷罪歸俗　諸河西僧人有妻子者當差發稅粮鋪馬次舍與庶民同其無妻子者蠲除之　諸父母在分財異居父母困乏不共子職及同宗有服之親鰥寡孤獨老弱殘疾不能自存寄食養濟院不行收養者重議其罪親族亦貧不能給者許養濟院收録　諸典賣田宅從有司給據立契買主賣主隨時赴有司推收稅粮若買主權豪官吏阿徇不即過割止令賣主納稅或爲分派别户包納或爲立詭名但受分文之贓笞五十七仍於買主名下驗元價追徵以半没官半付告者首領官及所掌吏斷罪罷役　諸典賣田宅須從尊長書押給據立帳歷問有服房親及隣人典主不願交易者限十日批退違限不批退者笞一十七願者限十五日議價立契成交違限不酬價者笞二十七任便交易親隣典主故相邀阻需求書字錢物者笞二十七業主虛張高價不相由問成交者笞三十七仍聽親隣典主百日收贖限外不得爭訴業主欺

昧故不交業者笞四十七親隣典主在他所者百里之外不在由問之限若違例事覺有司不以理聽斷者監察御史廉訪司糾之　諸軍官軍人不歸營屯到任官員不歸官舍往來使臣不歸館驛輒於民家居止爲民害者行省行臺起遣究治到任官無官舍出私錢僦居者聽　諸造謀以已賣田宅誣買主占奪脅取錢物者計贓論罪仍紅泥粉壁書過于門　諸婚田訴訟必於本年結絶已經務停而不結絶者從廉訪司及本管上司正官吏之罪累經務停而不結絶者即與歸結不在務停之限違者罪亦如之其所爭田内租入納稅之外並從有司收貯斷後隨田給付　諸以女子典雇於人及典雇人之子女者並禁止之若已典雇願以婚嫁之禮爲妻妾者聽　諸受錢典雇妻妾者禁其夫婦同雇而不相離者聽　諸受財嫁賣妻妾及過房弟妹者禁　諸乞養過房男女者聽轉賣爲奴婢者禁之奴婢過房良民者禁之　諸守宰抑取部民男女爲奴婢者杖七十七期年後降二等雜職叙　諸妄認良人爲奴非理殘虐者杖八十七有官者罷之　諸訴良得實給據居住候元籍親屬收領無親屬者聽令自便　諸奴婢背主

在逃杖七十七　諸男女議婚有以指腹割衿爲定者禁之　諸嫁娶之家飲食宴好求足成禮以華侈相尚暮夜不休者禁之　諸男女婚姻媒氏違例多索聘財及多取媒利者諭衆決遣　諸女子已許嫁而未成婚其夫家犯叛逆應没入者若其夫爲盗及犯流遠者皆聽改嫁已成婚有子其夫雖爲盗受罪勿改嫁　諸男女既定婚其女犯姦事覺夫家欲棄則追還聘財不棄則减半成婚若夫家輒詭以風聞姦事恐脅成親者笞五十七離之　諸遭父母喪忘哀拜靈成婚者杖八十七離之有官者罷之仍没其聘財婦人不坐　諸服内定婚各减服内成親罪二等仍離之聘財没官　諸有女許嫁已報書及有私約或已受聘財而輒悔者笞三十七更許他人者笞四十七已成婚者五十七後娶知情者减一等女歸前夫男家悔者不坐不追聘財五年無故不娶者有司給據改嫁　諸有女納壻復逐壻納他人爲壻者杖六十七後壻同其罪女歸前夫聘財没官　諸職官娶娼爲妻者笞五十七解職離之　諸有妻妾復娶妻妾者笞四十七離之在官者解職記過不追聘財　諸先通姦被斷復娶以爲妻妾者雖有所生男

女猶離之　諸轉嫁已歸未成婚男婦者杖六十七婦歸宗聘財没官　諸受財以妻轉嫁者杖六十七追還聘財娶者不知情不坐婦人歸宗　諸以書幣娶人女爲妾復受財轉嫁他人者笞五十七聘財没官妾歸宗有官者罷之　諸僧道悖教娶妻者杖六十七離之僧道還俗爲民聘財没官　諸典賣佃户者禁佃户嫁娶從其父母　諸兄收弟婦者杖一百七婦九十七離之雖出首仍坐主婚笞五十七行媒三十七　諸居父母喪姦收庶母者各杖一百七離之有官者除名　諸漢人南人父没子收其庶母兄没弟收其嫂者禁之　諸姑表兄弟嫂叔不相收收者以姦論　諸奴收主妻者以姦論强收主女者處死　諸爲子輒以亡父之妾與人人輒受而私之與者杖七十七受者笞五十七　諸受財强嫁所監臨妻以枉法論杖七十七除名追財没官妻還前夫　諸良家女願與人奴爲婚者即爲奴婢娶良家女爲妻以爲奴婢賣之者即改正爲良賣主買主同罪價没官　諸以童養未成婚男婦轉配其奴者笞五十七婦歸宗不追聘財　諸逃奴有女嫁爲良人妻已有男女而本主覺察者追其聘財歸本主婦人不離

諸棄妻已歸宗改嫁者從其後夫　諸棄妻改嫁後夫亡復納以爲妻者離之　諸夫婦不相睦賣休買休者禁之違者罪之和離者不坐　諸出妻妾須約以書契聽其改嫁以手模爲徵者禁之　諸婦人背夫棄舅姑出家爲尼者杖六十七還其夫　諸賣買良人爲倡賣主買主同罪婦還爲良價錢半沒官半付告者或婦人自陳或因事發覺全沒入之良家婦犯姦爲夫所棄或倡優親屬願爲倡者聽　諸倡女孕勒令墮胎者犯人坐罪倡放爲良　諸勒妻妾爲倡者杖八十七以乞養良家女爲人歌舞給宴樂

及勒爲倡者杖七十七婦人並歸宗勒奴婢爲倡者笞四十七婦人放從良　諸受財縱妻妾爲倡者本夫與姦婦姦夫各杖八十七離之其妻妾隨時自首者不坐若日月已久纔自首者勿聽

志卷第五十一

志卷第五十二　　元史一百四

翰林學士亞中大夫知制誥兼修國史臣宋濂　翰林待制承直郎同知制誥兼國史院編修官臣王禕等奉敕修

刑法三

食貨

諸犯私鹽者杖七十徒二年財產一半沒官於沒物內一半付告人充賞鹽貨犯界者減私鹽罪一等提點官禁治不嚴初犯笞四十再犯杖八十本司官與總管府官一同歸斷三犯聞奏定罪如監臨官及竈戶私賣鹽者同私鹽法　諸僞造鹽引者斬家產付

告人充賞失覺察者鄰佑不首告杖一百商賈販鹽到處不呈引發賣及鹽引數外夾帶鹽引不相隨並同私鹽法鹽已賣五日內不赴司縣批納引目杖六十徒一年因而轉用者同賣私鹽法犯私鹽及犯界斷後發鹽場充鹽夫帶鐐居役役滿放還　諸給散煎鹽竈戶工本官吏通同尅減者計贓論罪　諸大都南北兩城關廂設立鹽局官爲發賣其餘州縣鄉村並聽鹽商興販　諸賣鹽局官煎鹽竈戶販鹽客旅行鋪之家輒插和灰土硝鹻者笞五十七　諸蒙古人私煮鹽者依常法　諸犯私鹽會赦家產未入

官者革撥　諸私鹽再犯加等斷徒如初犯三犯杖斷同再犯流遠婦人免徒其博易諸物不論巨細科全罪　諸轉買私鹽食用者笞五十七不用斷没之令　諸捕獲私鹽止理見發之家勿聽攀指平民有權貨無犯人以權貨解官無權貨有犯人勿問　諸巡捕私鹽非承告報明白不得輒入人家搜檢　諸犯私鹽被獲拒捕者斷罪流遠因而傷人者處死　諸巡鹽軍官輒受財脫放鹽徒者以枉法計贓論罪奪所佩符及所受命罷職不敘　諸茶法客旅納課買茶隨處驗引發賣畢三日内不赴所在官司批納

引目者杖六十因而轉用或改抹字號或增添夾帶斤重及引不隨茶者並同私茶法但犯私茶杖七十茶一半没官一半付告人充賞應捕人同若茶園磨戶犯者及運茶船主知情夾帶同罪有司禁治不嚴致有私茶生發罪及官吏茶過批驗去處不批驗者杖七十其僞造茶引者斬家產付告人充賞　諸私茶非私自入山採者不從斷没法　諸產金之地有司歲徵金課正官監視人戶自執權衡兩平收受其有巧立名色廣取用錢及多秤金數尅除火耗爲民害者從監察御史廉訪司糾之　諸出銅之地民間

敢私鍊者禁之　諸鐵法無引私販者比私鹽減一等杖六十鐵没官内一半折價付告人充賞僞造鐵引者同僞造省部印信論罪官給賞鈔二錠付告人監臨正官禁治私鐵不嚴致有私鐵生發者初犯笞三十再犯加一等三犯別議黜降客旅赴冶支鐵引後不批月日出給引鐵不相隨引外夾帶鐵没官鐵已賣十日内不赴有司批納引目笞四十因而轉用同私鐵法凡私鐵農器鍋釜刀鎌斧杖及破壞生熟鐵器不在禁限江南鐵貨及生熟鐵器不得於淮漢以北販賣違者以私鐵論　諸衞輝等處販賣私竹

者竹及價錢並没官首告得實者於没官物約量給賞犯界私賣者減私竹罪一等若民間住宅内外并闌檻竹不成畝本主自用外貨賣者依例抽分有司禁治不嚴者罪之仍於解由内開寫　諸私造唆魯麻酒者同私酒法杖七十徒二年財產一半没官有首告者於没官物内一半給賞　諸蒙古漢軍輒醞造私酒醋麴者依常法　諸犯禁飲私酒者笞三十七　諸犯界酒十瓶以下罰中統鈔一十兩笞二十七十瓶以上罰鈔四十兩笞四十七酒給元主酒雖多罰止五十兩罪止六十　諸匿稅者物貨一半没

官於沒官物內一半付告人充賞但犯笞五十入門不弔引同匿稅法　諸辦課官估物收稅而輒抽分本色者禁之其監臨官吏輒於稅課務求索什物者以盜官物論取與同坐　諸辦課官所掌應稅之物並三十分中取一輒冒估直多收稅錢別立名色巧取分例及不應收稅而收稅者各以其罪罪之廉訪司常加體察　諸在城及鄉村有市集之處課稅有常法其在城稅務官吏輒於鄉村妄執經過商賈匿稅者禁之　諸辦課官侵用增餘稅課者以不枉法贓論罪　諸職官印契不納稅錢者計應納稅錢以

不枉法論　諸市舶金銀銅錢鐵貨男女人口絲綿段疋銷金綾羅米糧軍器等不得私販下海違者舶商船主綱首事頭火長各杖一百七船物沒官有首告者以沒官物內一半充賞廉訪司常加糾察　諸市舶司於回帆物內三十分抽稅一分輒以非理受財者計贓以枉法論　諸舶商大船給公驗小船給公憑每大船一帶柴水船八櫓船各一驗憑隨船而行或有驗無憑及數外夾帶即同私販犯人杖一百七船物並沒官內一半付告人充賞公驗內批寫物貨不實及轉變滲泄作弊同漏舶法杖一百七財物

沒官舶司官吏容隱斷罪不敘　諸番國遣使奉貢仍具貢物報市舶司稱驗若有夾帶不與抽分者以漏舶論　諸海門鎮守軍官輒與番邦回船頭目等人通情滲泄舶貨者杖一百七除名不敘　諸中賣寶貨耗蠹國財者禁之　諸雲南行使𧵳法官司商賈輒以他𧵳入境者禁之

大惡

諸大臣謀危社稷者誅　諸無故議論謀逆為倡者處死和者流　諸潛謀反亂者處死安主及兩鄰知而不首者同罪內能悔過自首者免罪給賞不應捕

人首告者官之　諸謀反已有反狀為首及同情者陵遲處死為從者處死知情不首者減為從一等流遠並沒入其家其相須連坐者各以其罪罪之　諸父謀反子異籍不坐　諸謀反事覺捕治得實行省不得擅行誅殺結案待報　諸匿反叛不首者處死　諸妖言惑衆嘯聚為亂為首及同謀者處死沒入其家為所誘惑相連而起者杖一百七　諸假託神異狂謀犯上者處死　諸亂言犯上者處死仍沒其家　諸指斥乘輿者非特恩必坐之　諸妄撰詞曲誣人以犯上惡言者處死　諸職官輒指斥詔旨亂

言者雖會赦仍除名不叙　諸子孫弑其祖父母父母者陵遲處死因風狂者處死　諸醉後毆其父母父母無他子告乞免死養老者杖一百七居役百日

諸子弑其繼母者與嫡母同　諸部内有犯惡逆而鄰佑社長知而不首有司承告而不問皆罪之

諸子弑其父母雖瘐死獄中仍支解其屍以徇　諸毆傷祖父母父母者處死　諸謀殺已改嫁祖母者仍以惡逆論　諸挾仇毆死義父及殺傷幸獲生免者皆處死　諸圖財殺傷義母者處死　諸爲人子孫或因貧困或信巫覡説誘發掘祖宗墳墓盜其財

物賣其塋地者驗輕重斷罪移棄屍骸不爲祭祀者同惡逆結案買者知情減犯人罪二等價錢没官不知情臨事詳審有司仍不得出給賣墳地公據　諸爲人子孫爲首同他盜發掘祖宗墳墓盜取財物者以惡逆論雖遇大赦原免仍刺字徙遠方屯種　諸婦毆舅姑者處死　諸因姦毆死其夫及其舅姑者陵遲處死　諸弟殺其兄者處死　諸父子同謀殺其兄欲圖其財而收其嫂者父子並陵遲處死　諸兄因争毆其弟弟還毆其兄邂逅致死會赦仍以故殺論　諸嫂叔争殺死其嫂者處死　諸因争虐殺其兄者雖死仍戮其屍　諸因争移怒戳傷其兄者於市曹杖一百七流遠　諸挾仇毆死其伯叔母者處死　諸因争兄弟同謀毆死諸父者皆處死　諸挾仇故殺其從父偶獲生免者罪與已死同　諸妻因争殺其夫者處死　諸婦人問醫人買毒藥殺其夫者醫人同處死　諸妻殺傷其夫幸獲生免者同殺死論　諸婿因醉殺其婦翁偶獲生免者罪與已死同　諸奴殺傷本主者處死　諸奴詬詈其主不遜者杖一百七居役二年役滿日歸其主　諸奴故殺其主者陵遲處死　諸奴毆死主婿者處死　諸

挾仇殺傷人一家俱獲生免者與已死同其同謀悔過不至者減等論　諸以姦盡殺其母黨一家者陵遲處死　諸兄挾仇與子同謀殺其弟一家者皆處死　諸支解人肉以爲食者以不道論雖瘐死仍徵燒埋銀給苦主　諸魘魅大臣者處死　諸妻魘魅其夫子魘魅其父會大赦者子流遠妻從其夫嫁賣

諸造蠱毒中人者處死　諸採生人支解以祭鬼者陵遲處死仍没其家産其同居家口雖不知情並徙遠方已行而不曾殺人者比強盜不曾傷人不得財杖一百七徒三年謀而未行者九十七徒二年半

其應死之人能自首或捕獲同罪者給犯人家產應捕者減半

姦非

諸和姦者杖七十七有夫者八十七誘姦婦逃者加一等男女罪同婦人去衣受刑未成者減四等強姦有夫婦人者死無夫者杖一百七未成者減一等婦人不坐其媒合及容止者各減姦罪三等止理見發之家私和者減四等 諸指姦不坐 諸無夫婦人有孕稱與某人姦即同指姦罪止本婦 諸宿衛士與宮女姦者出甲 諸翁欺姦男婦已成者處死未成者杖一百七男婦歸宗和姦者皆處死男婦虛執翁姦已成有司已加翁拷掠男婦招虛者處死虛執翁姦未成已加翁拷掠男婦招虛者杖一百七發付夫家從其嫁賣婦告或翁告同若男婦告翁強姦已成却問得翁欲欺姦未成男婦妄告重事皆三十七歸宗 諸欺姦義男婦杖一百七欺姦不成杖八十七婦並不坐婦及其夫異居當差雖會赦仍異居 諸男婦與姦夫謀誣翁欺姦買休出離者杖一百七從夫嫁賣姦夫減一等買休錢沒官 諸與弟妻姦者各杖一百七姦夫流遠姦婦從夫所欲 諸嫂寡守志叔強姦者杖九十七 諸與同居姪婦姦各杖一百七有官者除名 諸強姦姪婦未成者杖一百七 諸與兄弟之女姦皆處死與從兄弟之女姦減一等與族兄弟之女姦減二等 諸居父母喪欺姦父妾者各杖九十七婦人歸宗 諸姦私再犯者罪加二等婦人聽其夫嫁賣 諸因姦偷遞家財止以姦論 諸雇人之妻為妾年滿而歸雇主復與通即以姦論因又與殺其夫者皆處死 諸子犯姦父出首仍坐之諸姦不理首原 諸姦生男女男隨父女隨母 諸僧尼道士女冠犯姦斷後並勒還俗 諸強姦人幼女者處死雖和同強女不坐凡稱幼女止十歲以下 諸年老姦人幼女杖一百七不聽贖 諸十五歲未成丁男和姦十歲以下女雖和同強減死杖一百七女不坐 諸強姦十歲以上女者杖一百七 諸強姦妻前夫男婦未成及強姦妻前夫女已成並杖一百七妻離之 諸三男強姦一婦者皆處死婦人不坐 諸職官犯姦者如常律仍除名但有祿人犯者同 諸職官求姦未成者皆五十七解見任雜職敘 諸職官因謀部民妻致其夫棄妻者杖六十七罷職降二等雜職敘記過 諸職官強姦

部民妻未成杖一百七除名不叙　諸職官因姦買部民妾姦非姦所捕獲止以買部民妾論笞三十七解職別叙　諸監臨官與所監臨囚人妻姦者杖九十七除名　諸職官與倡優之妻姦因娶爲妾者杖七十七罷職不叙　諸監臨令人姦汚所部寡婦者杖八十七除名　諸蠻夷官擅以籍沒婦人爲妻者杖八十七罷職記過婦人笞四十七　諸主姦奴妻者不坐　諸奴有女已許嫁爲良人妻即爲良人其主輒欺姦者杖一百七其妻縱之者笞五十七其女夫家仍願爲婚者減元議財錢之半不願者追還元

下聘財令父収管爲良改嫁　諸奴姦主女者處死

諸以傔從與命婦姦以命婦從姦夫逃者皆處死

諸强姦主妻者處死　諸奴與主妾姦者各杖九十七　諸良民竊奴婢生子子隨母還主奴竊良民生子子隨母爲良仍異籍當差　諸奴婢相姦笞四十七　諸夫受財縱妻爲倡者夫及姦婦姦夫各杖八十七離之若夫受財勒妻妾爲倡者妻量情論罪

諸和姦同謀以財買休却娶爲妻者各杖九十七姦婦歸其夫　諸夫妻不睦夫以威虐逼其妻指與人姦者杖七十七妻不坐離之　諸壻誣妻父與女姦者杖九十七妻離之　諸夫指姦而棄其妻所指姦夫輒停妻而娶之者兩離之　諸姦夫姦婦同謀殺其夫者皆處死仍於姦夫家屬徵燒埋銀　諸因姦殺其本夫姦婦不知情以減死論　諸妻與人姦同謀藥死其夫偶獲生免者罪與已死同依例結案

諸婦人爲首與衆姦夫同謀親殺其夫者陵遲處死姦夫同謀者如常法　諸夫獲妻姦妻拒捕殺之無罪　諸與無夫婦姦約爲妻却毆死正妻者處死

諸與姦婦同謀藥死其正妻者皆處死　諸妻妾與人姦夫於姦所殺其姦夫及其妻妾及爲人妻殺

其强姦之夫並不坐若於姦所殺其姦夫而妻妾獲免殺其妻妾而姦夫獲免者杖一百七　諸姦夫殺死姦婦者與故殺常人同　諸求姦不從毆死其婦以强盜持仗殺人論　諸兩姦夫與一姦婦皆有宿約其先至者因鬬殺其後至者以故殺論

盜賊

諸盜賊共盜者併贓論仍以造意之人爲首隨從者各減一等或二罪以上俱發從其重者論之　諸竊盜初犯刺左臂謂已得財者再犯刺右臂三犯刺項强盜初犯刺項並充景跡人官司以法拘撿關防之

其蒙古人有犯及婦人犯者不在刺字之例　諸評
盜賊者皆以至元鈔爲則除正贓外仍追倍贓其有
未獲賊人及雖獲無可追償並於有者名下追徵
諸犯徒者徒一年杖六十七一年半杖七十七二年
杖八十七二年半杖九十七三年杖一百七皆先決
訖然後發遣合屬帶鐐居役應配役人隨有金銀銅
鐵洞冶屯田隄岸橋道一切等處就作令人監視日
計工程滿日放還充景跡人　諸盜未發而自首者
原其罪能捕獲同伴者仍依例給賞其於事主有所
損傷及准首再犯不在原免之例　諸杖罪以下府

州追勘明白即聽斷決徒罪總管府決配仍申合干
上司照驗流罪以上須牒廉訪司官審覆無冤方得
結案依例待報其徒伴有未獲追會有不完者如復
審既定贓驗明白理無可疑亦聽依上歸結　諸強
盜持仗但傷人者雖不得財皆死不曾傷人不得財
徒二年半但得財徒三年至二十貫爲首者死餘人
流遠不持仗傷人者惟造意及下手者死不曾傷人
不得財徒一年半十貫以下徒二年每十貫加一等
至四十貫爲首者死餘人各徒三年若因盜而姦同
傷人之坐其同行人止依本法謀而未行者於不得

財罪上各減一等坐之　諸竊盜始謀而未行者笞
四十七已行而不得財者五十七得財十貫以下六
十七至二十貫七十七每二十貫加一等一百貫徒
一年每一百貫加一等罪止徒三年　諸盜庫藏錢
物者比常盜加一等贓滿至五百貫以上者流　諸
盜駝馬牛驢騾一陪九盜駱駝者初犯爲首九十七
徒二年半爲從八十七徒二年再犯加等三犯不分
首從一百七出軍盜馬者初犯爲首八十七徒二年
爲從七十七徒一年半再犯加等罪止一百七出軍
盜牛者初犯爲首七十七徒一年半爲從六十七徒

一年再犯加等罪止一百七出軍盜驢騾者初犯爲
首六十七徒一年爲從五十七刺放再犯加等罪止
徒三年盜羊猪者初犯爲首五十七刺放爲從四十
七刺放再犯加等罪止徒三年盜係官駝馬牛者比
常盜加一等　諸劇賊既款附得官復以捕賊爲由
虐取民財者計贓論罪流遠　諸強盜再犯仍刺
諸強盜殺傷事主不分首從皆處死　諸強奪人財
以強盜論　諸以藥迷瞀人取其財者以強盜論
諸白晝持仗剽掠得財毆傷事主若得財不曾傷事
主並以強盜論　諸官民行船遭風著淺輙有搶虜

財物者比同強盜科斷若會赦仍不與真盜同論徵贓免罪　諸強盜出外國其邊臣執以來獻者賜金帛以旌之　諸盜乘輿服御器物者不分首從皆處死知情領賣尅除價錢者減一等　諸盜官錢追徵未盡到官禁繫既久實無可折償者除之　諸守庫軍但盜庫中財物者處死會赦者仍刺之　諸內藏典守輒盜庫中財物者處死　諸造鈔庫工匠私藏合毀之鈔出庫者杖一百七監臨失關防者笞三十七　諸盜印鈔庫鈔者處死　諸檢昏鈔行人盜取昏鈔爲監臨捜獲不得財者以盜庫藏錢物不得財

加等論杖七十七　諸燒鈔庫合干檢鈔行人輒盜昏鈔出庫分使者刺斷　諸盜局院官物雖贓不滿貫仍加等杖七十七刺字　諸工匠已關出庫物料成造及額餘外不曾還官因盜出局者斷罪免刺　諸盜已到倉官糧而未離倉事覺者以不得財論免刺　諸盜官員符節比常盜加一等計贓坐罪　諸盜官府文卷作故紙變賣者杖七十七同竊盜刺字買卷人笞四十七　諸圖財謀故殺人多者陵遲處死仍驗各賊所殺人數於家屬均徵燒埋銀　諸圖財陷溺人于死幸獲生免者罪與已死同　諸圖財

殺死他人奴婢即以圖財殺人論　諸奴盜主財而逃送其逃者輒殺其奴而取其財即以強盜殺人論　諸發塚已開塚者同竊盜開棺槨者同強盜毀屍骸者同傷人仍於犯人家屬徵燒埋銀　諸挾仇發塚盜棄其屍者處死　諸發塚得財不傷屍杖一百七刺配　諸盜發諸王駙馬墳寢者不分首從皆處死看守禁地人杖一百七三分家產一分没官同看守人杖六十七　諸事主殺死盜者不坐　諸寅夜潛入人家被毆傷而死者勿論　諸於迥野盜伐人材木者免刺計贓科斷　諸被脅從上盜至盜所後

逃去不以爲從論　諸竊盜贓不滿貫斷罪免刺　諸子爲盜父殺之不坐　諸爲盜初經刺斷再犯姦私止以姦爲坐不以爲盜再犯論　諸奴婢數爲盜應識過於門者其主不知情不得輒書於其主之門　諸被誘脅上盜不曾分贓而容隱不首者杖六十七免刺　諸先盜親屬財免刺再盜他人財止作初犯論　諸先犯誘姦婦人在逃後犯竊盜二事俱發以誘姦爲重杖從姦刺從盜　諸瘖啞爲盜不論瘖啞　諸詐稱捜稅攔頭剽奪行李財物者以盜論刺斷充景跡人　諸盜米糧非因飢饉者仍刺斷　諸

盗塔廟神像服飾無人看守者斷罪免刺　諸事主及盗私相休和者同罪所盗錢物頭疋倍贓等沒官　諸竊盗應徒若有祖父母父母年老無兼丁侍養者刺斷免徒再犯而親尚存者候親終日發遣居役　諸女直人爲盗刺斷同漢人　諸年飢民窮見物而盗計贓斷罪免刺配及徵倍贓　諸竊盗一歲之中頻犯者從一重論刺斷　諸爲盗以所得贓與人愽不勝失所得贓事覺追正贓仍坐愽者罪　諸父以子同盗子年未出幼不曾分贓免罪　諸年飢迫其子若婿同持仗行刼子若婿減死一等坐免刺充

景跡人　諸父爲人誘爲盗疾不能往命其子從之而分其贓者父減爲從一等免刺子以爲從論　諸兄逼未成丁弟同上盗減爲從一等論仍罰贖　諸兄弟同盗罪皆至死父母老而乏養者内以一人情罪可逭者免死養親　諸兄弟同盗皆刺　諸父子兄弟頻同上盗從凡盗首從論　諸父子兄弟同爲強盗者皆處死　諸夫謀爲強盗妻不諫反從之盗者減爲從一等論罪　諸親屬相盗謂本服緦麻以上親及大功以上共爲婚姻之家犯盗止坐其罪並不在刺字倍贓再犯之限其別居尊長於卑幼家竊

盗若強盗及卑幼於尊長家行竊盗者緦麻小功減凡人一等大功減二等期親減三等強盗者準凡盗論殺傷者各依故殺傷法若同居卑幼將人盗己家財物者五十貫以下笞二十七每五十貫加一等罪止五十七他人依常盗減一等　諸姑表姪盗姑夫財同親屬相盗論　諸女在室喪其父不能自存有祖父母而不之卹因盗祖父母錢者不坐　諸弟爲首強刼從兄財即以強盗論　諸嘗過房他人子孫以爲子孫輒盗所過房之家財物者即以親屬相盗論　諸奴盗主財應流遠而主求免者聽　諸奴盗

主財斷罪免刺　諸盗雇主財者免刺不追倍贓盗先雇主財者同常盗論　諸佃客盗地主財同常盗論　諸同主奴相盗斷罪免刺配不追倍贓　諸盗同受雇人財不以同居論　諸賃屋與房主同居而盗房主財者與常盗論　諸盗同本財者笞五十七不以真盗計贓論　諸巡捕軍兵因自爲盗者比常盗加一等論罪若自相覺察告捕到官或曾共爲盗首獲同伴者免罪給賞　諸軍人爲盗刺斷免充景跡人仍追賞錢給告者　諸守庫藏軍人輒爲首誘引外人偷盗官物但經二次三次入庫爲盗及提鈴

把門軍人受贓縱賊者皆處死爲從者杖一百七刺字流遠　諸見役軍人在逃因爲竊盜得財杖一百七仍刺字杖從逃軍刺從盜　諸軍人在路奪人財物又迫逐人致死非命者爲首杖一百七爲從七十七徵燒埋銀給苦主　諸婦人爲盜斷罪免刺配及景跡人免徵倍贓再犯并坐其夫　諸婦人寡居與人姦盜舅姑財與姦夫令娶己爲妻者姦非姦所捕獲止以同居卑幼盜尊長財爲坐笞五十七歸宗姦夫杖六十七　諸爲僧竊取佛像腹中裝者以盜論

諸僧道爲盜同常盜刺斷徵倍贓還俗充景跡人

諸僧道盜其親師祖師父及同師兄弟財者免刺不追倍贓斷罪還俗　諸幼小爲盜事發長大以幼小論未老疾爲盜事發老疾以老疾論其所當罪聽贖仍免刺配諸犯罪亦如之　諸年未出幼再犯竊盜者仍免刺贖罪發充景跡人　諸竊盜年幼者爲首年長者爲從爲首仍聽贖免刺配爲從依常律

諸掏摸人身上錢物者初犯再犯三犯刺斷徒流並同竊盜法仍以赦後爲坐　諸以七十二局欺誘良家子弟富商大賈博塞錢物者以竊盜論計贓斷配

諸夜發同舟橐中裝取其財者與竊盜真犯同論

諸略賣良人爲奴婢者略賣一人杖一百七流遠二人以上處死爲妻妾子孫者一百七徒三年因而殺傷人者同強盜法若略而未賣者減一等和誘者又各減一等及和同相賣爲奴婢者各一百七略誘奴婢貨賣爲奴婢者各減誘略良人罪一等爲妻妾子孫者七十七徒一年半知情娶買及藏匿受錢者各遞減犯人罪一等假以過房乞養爲名因而貨賣爲奴婢者九十七引領牙保知情減二等價沒官人給親如無元買契券有司輒給公據者及承告不即追捕者並笞四十七關津主司知而受財縱放者減

犯人罪三等除名不敘失檢察者笞二十七如能告獲者略人每人給賞三十貫和誘每人二十貫以至元鈔爲則於犯人名下追徵無財者徵及知情安主牙保應捕人減半其事未發而自首者若同黨能悔過自首擒獲其徒黨者並原其罪仍給賞之半再犯及因略傷人者不在首原之例　諸婦人誘賣良人罪應徒者免徒　諸職官誘略良人爲奴革後不首仍除名不敘所誘略人給親　諸兄盜牛脅其弟同宰殺者弟不坐　諸白晝剽奪驛馬爲首者處死爲從減一等流遠　諸盜親屬馬牛事未覺自首願償

價不從既送官仍以自首論免刺　諸強盜行刼爲主所逐分散奔走爲首者殺傷隣人爲從者不知不以殺傷事主不分首從論爲首者處死爲從者杖一百七刺配　諸竊盜棄財拒捕毆傷事主者杖一百七免刺　諸爲盜先竊後強會赦其下手殺傷事主者不赦餘仍刺而釋之　諸盜賊分贓不均從賊欲首爲首賊所殺者仍以謀故殺人論　諸盜賊聞赦故殺捕盜之人者不赦　諸藏匿強竊盜賊有主謀糾合指引上盜分受贓物者身雖不行合以爲首論若未行盜及行盜之後知情藏匿之家各減強竊從

賊一等科斷免刺其已經斷怙終不改者與從賊同　諸謀欲圖人所質之田輒遣人強刼贖田之價者主謀下手一體刺斷其甲幼爲尊長驅役者免刺　諸盜賊應徵正贓及燒埋銀貧無以備令其折庸凡折庸視各處庸價而會之庸滿發元籍充景跡人婦人日準男子工價三分之二官錢役於旁近之處私錢役於事主之家　諸盜賊得財用於酒肆倡優之家不知情止於本盜追徵其所盜即官錢雖不知情於所用之家追徵若用買貨物還其貨物徵元贓　諸奴婢盜人牛馬既斷罪其贓無可徵者以其人給物主其主願贖者聽　諸盜官錢追徵未盡到官禁繫既久實無可折償者除之　諸係官人口盜人牛馬免徵倍贓　諸盜賊正贓已徵給主倍贓無可追理者免徵　諸盜賊正贓或典質於人典主不知情而歸其贓仍徵還元價　諸遐荒盜賊盜駞馬牛驢羊倍贓無可徵者就發配役出軍　諸盜先犯後發與後犯先發罪同者勿論　諸先犯強盜刺斷再犯竊盜止依再犯竊盜刺配　諸出軍賊徒在逃初犯杖六十七再犯加二等罪止一百七仍發元流所出軍　諸強竊盜充景跡人者五年不犯除其籍其能

告發及捕獲強盜一名減二年二名比五年竊盜一名減一年應除籍之外所獲多者依常人獲盜理賞不及數者給憑通理籍既除再犯終身拘籍之凡景跡人緝捕之外有司毋差遣出入妨其理生　諸景跡人有不告知隣佑輒離家經宿及游惰不事生產作業者有司究之隣佑有失覺察者亦罪之　諸景跡人受命捕盜既獲其盜却挾恨殺其盜而取其財不以平人殺有罪賊人論　諸色目人犯盜免刺科斷發本管官司設法拘撿限內改過者除其籍無本管官司發付者從有司收充景跡人　諸爲盜經刺

自除其字再犯非理者補刺五年不再犯已除籍者不補刺年未滿者仍補刺　諸盜賊赦前擅去所刺字不再犯赦後不補刺　諸應刺左右臂而臂有雕青者隨上下空歇之處刺之　諸犯竊盜已經刺臂却徧文其身覆盖元刺再犯竊盜於手背刺之　諸累犯竊盜左右項臂刺徧而再犯者於項上空處刺之　諸子盜父首弟盜兄首婿盜翁首並同自首者免罪　諸奴盜主首者斷罪免刺不徵倍贓仍付其主為奴　諸脅從上盜而不受贓者止以不首之罪罪之杖六十七不刺　諸為盜悔過以所盜贓還主

者免罪　諸為盜得財者聞有涉疑根捕却以贓還主者減二等論罪免徒刺及倍贓　諸竊盜因事主盤詰而自首服其贓未還主者計贓減二等論罪刺字　諸盜賊為首者自首免罪為從不首仍全科　諸無服之親相首為盜止科其罪免刺配倍贓　諸竊盜悔過以贓還主不盡其餘贓猶及刺罪者仍刺之

志卷第五十二

志卷第五十三　　元史一百五

翰林學士亞中大夫知制誥兼修國史臣宋濂　翰林待制承直郎兼國史院編修官臣王禕等奉勅修

刑法四

詐僞

諸主謀僞造符寶及受財鑄造者皆處死同情轉募工匠及受募刻字者杖一百七僞造制敕者與符寶同　諸妄增減制書者處死　諸近侍官輒詐傳上旨者杖一百七除名不敘　諸僞造省府印信文字但犯制敕者處死若僞造省府劄付者杖一百七再

犯流遠知情不首者八十七其文理訛謬不堪行用者九十七若僞造司縣印信文字追呼平民勒取財物者初犯杖七十七累犯不悛者一百七　諸僞造宣慰司印信契本及商稅務青由欺冒商賈者杖一百七　諸赦前僞造省印赦後不曾銷毀杖七十七有官者奪所受宣敕除名不敘　諸掾屬輒造省官押字盜用省印賣放官職者雖會赦流遠　諸僞造稅物雜印私熬顏色僞稅物貨者杖八十七告捕得實者徵中統鈔一百貫充賞物主知情減犯人罪一等其匿稅之物一半没官於没官物內一半付告人

充賞不知情者不坐物給元主其捕獲人擅自脫放者減犯人罪二等受財者與犯人同罪　諸省部小史爲人誤毀行移撿扎輒自刻印信僞補署押求蓋本罪無他情弊者杖七十七發元籍　諸僧道僞造諸王印信及令旨抄題者處死　諸盤獲僞造印信之人同獲強盜給賞　諸告獲私造曆日者賞銀一百兩，如無太史院曆日印信便同私曆造者以違制論　諸受財賣他人勑牒及收買轉賣者杖一百七剌面發元籍買者杖八十七發元籍　諸職官被差以疾輒令人代乘驛傳而往者杖六十七代者笞五

十七　諸公差於官船夾帶從人冒支分例者笞一十七記過支過分例米追徵還官　諸詐稱使臣僞寫給驛文字起馬匹舟船者杖一百七有司失覺察輒憑無印信關牒倒給者判署官笞三十七首領官吏四十七　諸職官詐傳上司言語擅起驛馬者杖六十七脫脫禾孫依隨擅給驛馬者笞五十七並解職別敘記過驛官二十七還職　諸詐稱按部官恐嚇官吏者杖六十七　諸詐稱監臨長官署置差遣欺取錢物者杖八十七錢物沒官　諸詐稱奉使所委官聽理民訟者杖九十七詐稱隨行令史者笞五

十七　諸僞造寶鈔首謀起意并雕板抄紙收買顏料書填字號窩藏印造但同情者皆處死仍沒其家產兩隣知而不首者杖七十七坊正主首社長失覺察并巡捕軍兵各笞四十七捕盜官及鎮守巡捕軍官各三十七未獲賊徒依強盜立限緝捕買使僞鈔者初犯杖一百七再犯加徒一年三犯科斷流遠　諸捕獲僞鈔賞銀五錠給銀不給鈔　諸父子同造僞鈔者皆處死　諸父造僞鈔子聽給使不與父同坐子造僞鈔父不同造不與子同坐　諸夫僞造寶鈔者妻不坐　諸僞造寶鈔印板不全者杖一百七

諸僞造寶鈔沒其家產不及其妻子　諸赦前收藏僞鈔赦後行使者杖一百七不曾行使而不首者減一等　諸僞造鈔罪應死者雖親老無兼丁不聽上請　諸捕獲僞造寶鈔之人雖已身故其應得賞錢仍給其親屬　諸奴婢買使僞鈔其主陳首者不在理賞之例　諸挑剜裨輳寶鈔者不分首從杖一百七徒一年再犯流遠年七十以上者呈稟定奪毋輒聽贖買使者減一等　諸燒造僞銀者徒　諸造賣僞銀買主不知情價錢給主僞銀內銷提真銀沒官依本犯科罪　諸僞造各倉支發糧籌者笞五十

七巳支出官糧者準盜係官錢物科罪倉官人等有
犯者依監主自盜法贓重者從重論　諸冒支官錢
計贓以枉法論並除名不叙　諸冒名入仕者杖六
十七奪所受命追俸發元籍會赦不首笞四十七仍
追奪之　諸奴受主命冒充職官者杖九十七其主
及同僚相容隱者八十七　諸子冒父官居職任事
者杖七十七犯在革前革後不出首者笞四十七並
追回所受宣敕及支過俸祿還官　諸邊臣輙以子
壻詐稱招徠蠻獠保充土官者除名不叙拘奪所授
官　諸軍官承襲僞增年者監察御史廉訪司糾察

之濫保官吏並坐罪　諸職官妄報出身履歷者除
名不叙　諸譯史令史有過不叙詐稱作闕別處補
用者笞五十七罷役不叙　諸輸納官物輙增改朱
鈔者杖六十七罷之　諸有司長官輙以追到盜贓
支使却虛立給主文案者雖會赦解職降先職二等
叙承吏除名不叙　諸帥府上功文字詐添有功軍
人名數主謀者杖八十七除名不叙隨從書寫者笞
五十七　諸詐以軍功受舉入仕者罷之仍奪所受
命　諸擅改已奏官員選目姓名者雖會赦除名發
元籍　諸曹吏輙於公牘改易年月圖追罪責者笞

五十七罷役別叙記過　諸譁強之人輙爲人僞增
籍面者杖八十七紅泥粉壁識過其門　諸蒙古譯
史能辯出詐僞文字二起以上者減一資陞轉

訴訟

諸告人罪者須明注年月指陳實事不得稱疑誣告
者抵罪反坐越訴者笞五十七本屬官司有過及有
寃抑屢告不理或理斷偏屈并應合廻避者許赴上
司陳之　諸訴訟本爭事外別生餘事者禁其本爭
事畢別訴者聽　諸軍民風憲官有罪各從其所屬
上司訴之　諸民間雜犯赴有司陳首者聽　諸告

言重事實輕事虛免坐輕事實重事虛反坐　諸中
外有司發人家録私書輙興獄訟者禁之若本宗事
須引用證驗者仍聽追照其搆飾傅會以文致人罪
者審辨之除本宗外餘事並勿聽理　諸教令人告
緦麻以上親及奴婢告主者各減告者罪一等若教
令人告子孫各減所告罪二等其教令人告事虛應
反坐或得實應賞者皆以告者爲首教令爲從　諸
老廢篤疾事須爭訴止令同居親屬深知本末者代
之若謀反大逆子孫不孝爲同居所侵侮必須自陳
者聽　諸致仕得代官不得已與齊民訟許其親屬

家人代訴所司毋侵撓之　諸婦人輙代男子告辨爭訟者禁之若果寡居及雖有子男爲他故所妨事須爭訟者不在禁例　諸子證其父奴訐其主及妻妾弟姪不相容隱凡干名犯義爲風化之玷者並禁止之　諸親屬相告並同自首　諸妻訐夫惡比同自首原免凡夫有罪非惡逆重事妻得相容隱而輙告訐其夫者笞四十七　諸妻曾背夫而逃被斷復誣告其夫以重罪者抵罪反坐從其夫嫁賣　諸職官同僚相言者並解職別叙記過　諸告人罪者自下而上不得越訴諸府州司縣應受理而不受理雖

元史志卷五十三　六

受理而聽斷偏屈或遷延不决者隨輕重而罪罰之　諸訴官吏受賂不法徑赴憲司者不以越訴論　諸陳訴有理路府州縣不行訴之省部臺院省部臺院不行經乘輿訴之未訴省部臺院輙經乘輿訴者罪之　諸職官誣告人枉法贓者以其罪罪之除名不叙　諸奴婢告其主者處死本主求免者聽減一等　諸以奴告主私事主同自首奴杖七十七

鬭毆

諸鬭毆以手足擊人傷者笞二十七以他物者三十七傷及拔髮方寸以上四十七若血從耳目出及內損吐血者加一等折齒毀缺耳鼻眇一目及折手足指若破骨及湯火傷人者杖六十七折二齒二指以上及髡髮并刃傷折人肋眇人兩目墮人胎七十七以穢物污人頭面者罪亦如之折跌人肢體及瞎其目者九十七辜內平復者各減二等即損二事以上及因舊患令至篤疾若斷舌及毀敗人陰陽者一百七　諸訴毆詈有闕告者勿聽違者究之　諸保辜者手足毆傷人限十日以他物毆傷者二十日以刃及湯火傷人者三十日折跌支體及破骨者五十日毆傷不相須餘條毆傷及殺傷者準此限內死者各

元史志卷五十三　七

依殺人論其在限外及雖在限內以他故死者各依本毆傷法他故謂別增餘患而死者　諸倡女鬭傷良人辜限之外死者杖七十七單衣受刑　諸毆傷人辜限外死者杖七十七　諸以非理毆傷妻妾者罪以本毆傷論並離之若妻不爲父母悅以致非理毆傷者罪減三等仍離之　諸職官毆妻墮胎者笞三十七解職期年後降先品一等注邊遠一任妻離之　諸以非理苦虐未成婚男婦者笞四十七婦歸宗不追聘財　諸舅姑非理陵虐無罪男婦者笞四十七男婦歸宗不追聘財　諸蒙古人與漢人爭毆

漢人漢人勿還報許訴于有司　諸蒙古人斫傷他人奴知罪願休和者聽　諸以他物傷人致成廢疾者杖七十七仍追中統鈔一十錠付被傷人充養濟之資　諸因鬬毆斫傷人成廢疾者杖八十七徵中統鈔一十錠付被告人充養濟之資爲父還毆致傷者徵其鈔之半　諸豪橫輒誣平人爲盜捕其夫婦男女於私家栲訊監禁非理陵虐者杖一百七流遠其被害有致殘廢者人徵中統鈔二十定充養贍之貲　諸職官輒將義男去勢以充閹官進納者杖一百七除名不叙記過義男歸宗　諸以微故殘傷義

元史志卷五十三　八

男肢體廢疾者加凡人折跌肢體一等論義男歸宗仍徵中統鈔五百貫充養贍之貲　諸尊長輒以微罪刺傷弟姪雙目者與常人同罪杖一百七追徵贍養鈔二十錠給苦主免流識過于門無罪者仍流　諸弟雖聽其兄之佐同謀剜其兄之眼即以弟爲首各杖一百七流遠而弟加遠　諸卑幼挾仇輒刺傷尊長雙目成廢疾者杖一百七流遠　諸以刃刺破人兩目成篤疾者杖一百七流遠仍徵中統鈔二十錠充養贍之貲主使者亦如之　諸挾讎傷人之目者若一目元損又傷其一目與傷兩目同論雖會赦

仍流　諸因爭誤瞎人一目者杖七十七徵中統鈔五十兩充醫藥之貲　諸脫脫禾孫輒毆傷往來使臣者笞四十七解職記過　諸職官輒以他物毆傷使臣者杖六十七　諸司屬官輒毆本管上司幕官者笞四十七解職記過　諸方鎮僚屬輒以他物毆傷主帥者杖六十七幕官使酒罵長官者笞四十七並解職別叙記過　諸按部官因爭辯輒毆有司官有司官還毆者各笞三十七解職　諸監臨官挾怨當廳扯捽屬官屬官輒毆之者笞四十七解職　諸方面大臣不能以正率下輒與幕屬公堂鬬爭雖會

元史志卷五十三　九

赦並罷免記過赦前無招者還職　諸職官輒毆傷所監臨以所毆傷法論罪記過　諸職官毆傷同署長官者笞五十七解見任降先品一等叙仍記過名　諸有司長官輒毆同位正官者笞三十七毆佐貳官者二十七並解職記過　諸同僚改除復以私忿相毆詈者皆罷其所受新命　諸在閑職官輒毆詈本籍在任長官者杖六十七　諸職官相毆其官等從所傷輕重論罪　諸軍官縱酒因戲而怒故毆傷有司官者笞三十七記過　諸幕僚因公輒以惡言詈長官者笞四十七長官輒還毆者笞一十七並記

過名　諸職官乘醉當街毆傷平人者笞四十七記過　諸職官閒居與庶民相毆者職官减一等聽罰贖　諸以他物毆傷職官者加一等笞五十七　諸小民恃年老毆詈所屬官長者杖六十七不聽贖

諸惡少無賴輒毆傷禁近之人者杖七十七

殺傷

諸殺人者死仍於家屬徵燒埋銀五十兩給苦主無銀者徵中統鈔一十錠會赦免罪者倍之　諸部民毆死官長主謀及下手者皆處死同毆傷非致命者杖一百七流遠均徵燒埋銀　諸殺人還自殺不死

者仍處死　諸殺人從而加功無故殺之情者會赦仍釋之　諸闘毆殺人先誤後故者即以故殺論

諸因闘毆以刃殺人及他物毆死人者並同故殺

諸因争以刃傷人幸獲生免者杖一百七　諸持刃方殺人人覺而逃却移怒殺所觧勸者與故殺同

諸有司徵科急民弗堪致殺其徵科者仍以故殺論

諸醉中欲殺其妻不得移怒殺死其觧紛之人者處死　諸欲誘倡女逃不從輒殺之者與殺常人同

諸闘毆殺人者結案待報　諸人殺死其父子毆之死者不坐仍於殺父者之家徵燒埋銀五十兩

諸蒙古人因争及乘醉毆死漢人者斷罰出征並全徵燒埋銀　諸因闘争一人誤踩死小兒一人毆人致死毆者結案踩者杖一百七並徵燒埋銀　諸有人戲謂其妻夫遇而毆之因傷而死者减死一等論罪仍徵燒埋銀　諸毆死應捕殺惡逆之人者免罪不徵燒埋銀　諸以他物傷人傷毒流注而死雖在辜限之外仍减殺人罪三等坐之　諸因争以頭觸人與人俱仆肘抵其心邂逅致死者杖一百七全徵燒埋銀　諸出使從人毆死館夫者以毆殺論

諸因戲言相毆致傷人命者杖一百七　諸父已毋

復納他人爲夫即爲義父若逐其子出居於外即同凡人其有所闘毆殺傷即以凡人闘毆殺傷論　諸彼此有罪之人相格致死者與殺常人同　諸職官以微故毆死齊民者處死　諸職官受贓爲民所告輒毆死告者以故殺論　諸軍官因公乘怒輒命麾下毆人致死者杖八十七觧職期年後降先品一等叙徵燒埋銀給苦主若會赦仍殿降徵銀　諸閫帥侵盗係官錢糧怒吏發其姦輒令人毆死者以故殺論雖會大赦仍追奪不叙倍徵燒埋銀　諸局院官輒以微故毆死匠人者處死　諸父無故以刃殺其

子者杖七十七　諸子不孝父與弟姪同謀置之死地者父不坐弟姪杖一百七　諸女已嫁聞女有過輒殺其女者笞五十七追還元受聘財給夫別娶　諸父有故毆其子女邂逅致死者免罪　諸後夫毆死前夫之子者處死　諸妻故殺妾子者杖九十七從其夫嫁賣　諸男婦雖有過舅姑輒加殘虐致死者杖一百七　諸子不孝父殺其子因及其婦者杖七十七婦元有粧奩之物盡歸其父母　諸以細故殺其弟者處死　諸兄以立繼之子主謀殺其嫡弟者主謀下手皆處死其田宅人口財物盡歸死者妻

三九四　元史志卷五十三　十二　高旦

子其子歸宗　諸弟先毆其兄兄還殺其弟即兄殺有罪之弟不以凡人鬬殺論　諸因爭誤毆死異居弟者杖七十七徵燒埋銀之半　諸因爭故殺族弟者與殺常人同　諸妹為尼與人私兄聞而諫之不從反訴詈扯捽其兄兄殺之即兄殺有罪之妹不以凡人鬬殺論　諸兄毆弟妻因傷而死者杖一百七徵燒埋銀　諸嫂溺死其小姑者以故殺論　諸因爭毆死族兄弟之子者杖一百七故以刃殺之者處死並徵燒埋銀　諸毆死兄弟之子而圖其財者處死　諸夫婦同謀殺其兄弟之子者皆處死　諸尊

長誤毆卑幼致死者杖七十七異居者仍徵燒埋銀　諸以微過輒殺其妻者處死　諸因夫妻反目輒藥死其妻者與故殺常人同　諸妻悖慢其舅姑其夫毆之致死者杖七十七　諸夫卧疾妻不侍湯藥又詬詈其舅姑以傷其夫之心夫毆之邂逅致死者不坐　諸夫惡妻而愛妾輒求妻微罪而殺之者處死　諸風聞涉疑故殺定婚妻者與殺凡人同論　諸妻以殘酷毆死其妾者杖一百七去衣受刑　諸舅以無實之罪故殺其甥者與殺常人同論　諸因爭挾仇毆死其壻者與殺常人同　諸奴毆詈其主

三九十　元史志卷第五十三　十三

主毆傷奴致死者免罪　諸故殺無罪奴婢杖八十七因醉殺之者減一等　諸毆死擬放良奴婢者杖七十七　諸謀殺已放良奴婢者與故殺常人同　諸良人以鬬毆殺人奴杖一百七徵燒埋銀五十兩　諸良人戲殺他人奴者杖七十七徵燒埋銀五十兩　諸奴毆死其弟弟亦為同主奴主乞貸死者聽　諸異主奴婢相犯死者同常人同主相犯至重刑者仍依例結案　諸地主毆死佃客者杖一百七徵燒埋銀五十兩　諸醉中誤認他人為仇人故殺致命者雖誤同故　諸奴受本主命執仇殺人者減死

流遠　諸挾仇殺人會赦爲首下手者不赦爲從不曾下手者免死徒一年　諸以老病殺人者不以老病免　諸謀故殺人年七十以上並枷禁歸勘結案　諸兩家之子昏暮奔還中路相迎撞仆于地因傷致死者不坐仍徵鈔五十兩給苦主　諸十五以下小兒過失殺人者免罪徵燒埋銀　諸十五以下小兒因爭毆傷人致死者聽贖徵燒埋銀給苦主　諸瞽者毆人因傷致死杖一百七徵燒埋銀給苦主　諸病風狂毆傷人致死免罪徵燒埋銀　諸庸醫以鍼藥殺人者杖一百七徵燒埋銀　諸颺磚石剥斲之果誤傷人致死者杖八十七徵燒埋銀　諸軍士習射招箭者不謹致被傷而死射者不坐仍徵燒埋銀　諸過誤踏死小兒杖七十七徵燒埋銀給苦主　諸昏夜馳馬誤觸人死杖七十七徵燒埋銀　諸驅車走馬致傷人命者杖七十七徵燒埋銀　諸昏夜行車不知有人在地誤致轢死者笞三十七徵燒埋銀之半給苦主　諸幼小自相作戲誤傷致死者不坐　諸戲傷人命自願休和者聽　諸兩人作戲爭物一人放手一人失勢跌死放者不坐　諸以物戲驚小兒成疾而死者杖六十七追徵燒埋銀五十

兩　諸以戲與人相逐致人跌傷而死者其罪徒仍徵燒埋銀給苦主　諸駱駝在牧齧人而死者牧人笞一十七以駱駝給苦主　諸驛馬在野齧人而死者以其馬給苦主馬主別買當役　諸奴故殺其子女以誣其主者杖一百七　諸因爭以妻前夫男女溺死誣賴人者以故殺論　諸後夫置毒飲食與前夫子女食而死者與藥死常人同　諸故殺無罪子孫以誣賴仇人者以故殺常人論　諸殺人無苦主者免徵燒埋銀犯人財產人口並付其妻子仍爲民當差　諸殺有罪之人免徵燒埋銀　諸圖財謀故殺人多者皆陵遲處死驗各賊所殺人數於家屬均徵燒埋銀　諸同居相毆而死及殺人罪未結正而死者並不徵燒埋銀　諸殺人者被殺之人或家住他所官徵燒埋銀移本籍得其家屬給之　諸鬬毆殺人應徵燒埋銀而犯人貧窶不能出備并其餘親屬無應徵之人官與支給　諸致傷人命應徵燒埋銀者止徵銀價中統鈔一十錠　諸因爭同毆死人會赦應倍徵燒埋銀者爲首致命徵中統鈔一十錠爲從均徵一十錠　諸毆死人雖不見屍招證明白者仍徵燒埋銀　諸僧道殺人燒埋銀於常住追徵

諸庸作毆傷人命徵燒埋銀不及庸作之家　諸奴毆人致死犯在主家於本主徵燒埋銀不犯在主家燒埋銀無可徵者不徵於其主

禁令

諸度量權衡不同者犯人笞五十七司縣正官初犯罰俸一月再犯笞二十七三犯别議仍記過名路府州縣達魯花赤長官提調失職初犯罰俸二十日再犯别議　諸奏目及官府公文並用國字其有襲用畏兀字者禁之　諸但降詔旨條畫民間輒刻小本賣于市者禁之　諸内外應佩符職官輒以符付其

傔從佩服者禁之　諸官員朝會服其朝服私致敬於人臣者罰　諸隨朝文武百官朝賀不至者罰中統鈔十貫失儀者罰中統鈔八貫　諸宰相出入輒敢衝犯者罪之　諸章服惟蒙古人及宿衛之士不許服龍鳳文餘並不禁謂龍五爪二角者職官一品二品許服渾金花三品服金荅子四品五品服雲袖帶襴六品七品服六花八品九品服四花職事散官從一高命婦一品至三品服渾金四品五品服金荅子六品以下惟服銷金并金紗荅子首飾一品至三品許用金珠寶玉四品五品用金玉真珠六品以下

用金惟耳環用珠玉同籍者不限親疎期親雖别籍并出嫁同車輿並不得用龍鳳文一品至二品許用間金粧飾銀螭頭繡帶青幔四品五品用素獅頭繡帶青幔六品至九品用素雲頭素帶青幔内外有出身考滿應入流見役人員服用與九品同受各投下令旨鈞旨有印信見任人員亦與九品同庶人惟許服暗花紵絲絲綢綾羅毛毳不許用赭黄帽笠不得飾以金玉靴不得裁置花樣首飾許用翠花金釵篦各一事惟耳環許用金珠碧甸餘並用銀車輿黑油齊頭平頂皂幔諸色目人除行營帳外餘並與庶人同職官致仕與見任同解

降者依應得品級不叙者與庶人同父祖有官既殁年深非犯除名不叙其命婦及子孫與見任同諸樂人工藝人等服用與庶人同凡承應粧扮之物不拘上例皂隸公使人惟許服紬絹倡家出入止服皂背不許乘坐車馬應服色等第上得兼下下不得僭上違者職官解見任期年後降一等叙餘人笞五十七違禁之物付告捉人充賞御賜之物不在禁限　諸官員以黄金飾甲者禁之違者甲匠同罪　諸常人鞍轡畫虎兔者聽畫雲龍犀牛者禁之　諸段疋織造周身大龍者禁之胷背小龍者勿禁　諸市造鞍轡箭鏃鞾履及諸雜

帶用金爲飾者禁之　諸郡縣達魯花赤及諸投下
擅造軍器者禁之　諸神廟儀仗止以土木紙綵代
之用真兵器者禁　諸都城小民造彈弓及執者杖
七十七沒其家財之半在外郡縣不在禁限　諸打
捕及捕盜巡馬弓手巡鹽弓手許執弓箭餘悉禁之
諸漢人持兵器者禁之漢人爲軍者不禁　諸賣
軍器者賣與應執把之人者不禁　諸民間有藏鐵
尺鐵骨朶及含刀鐵拄杖者禁之　諸私藏甲全副
者處死不成副者笞五十七徒一年零散甲片不堪
穿繫禦敵者笞三十七鎗若刀若弩私有十件者處

死五件以上杖九十七徒三年四件以下七十七徒
二年不堪使用笞五十七　弓箭私有十副者處死五
副以上杖九十七徒三年四副以下七十七徒二年
不成副笞五十七凡弓一箭三十爲一副　諸嶽瀆
祠廟輒敢觸犯作踐者禁之　諸伏羲媧皇堯舜禹
湯后土等廟軍馬使臣敢沮壞者禁之　諸名山大
川寺觀祠廟并前代名人遺蹟敢拆毀者禁之　諸
改寺爲觀改觀爲寺者禁之　諸祠廟寺觀模勒御
寶聖旨及諸王令旨者禁之　諸爲子行孝輒以割
肝刲股埋兒之屬爲孝者並禁止之　諸民間喪葬

以紙爲屋室金銀爲馬雜綵衣服帷帳者悉禁之
諸墳墓以甎瓦爲屋其上者禁之　諸家廟春秋祭
祀輒用公服行禮者禁之　諸民間祖宗神主稱皇
字者禁之　諸小民房屋安置鵝項銜脊有鱗爪瓦
獸者笞三十七陶人二十七　諸職官居見任雖有
善政不許立碑已立而犯贓汚者毀之無治狀以壓
譽立碑者毀之　諸夜禁一更三點鐘聲絕禁人行
五更三點鐘聲動聽人行違者笞二十七有官者聽
贖其公務急速及疾病死喪產育之類不禁　諸有
司曉鐘未動寺觀輒鳴鐘者禁之　諸江南之地每

夜禁鐘以前市井點燈買賣曉鐘之後人家點燈讀
書工作者並不禁其集衆祠禱者禁之　諸犯夜拒
捕斵傷徼巡者杖一百七　諸城郭人民鄰甲相保
門置水甕積水常盈家設火具每物須備大風時作
則傳呼以徇于路有司不時點視凡救火之具不備
者罪之　諸遺火延燒係官房舍杖七十七延燒民
房舍笞五十七因致傷人命者杖八十七所毀房舍
財畜公私俱免徵償燒自己房舍者笞二十七止坐
失火之人　諸煎鹽草地輒縱野火延燒者杖八十
七因致闕用者奏取聖裁鄰接管民官專一關防禁

治　諸縱火圍獵延燒民房舍錢穀者斷罪勒償償未盡而會赦者免徵　諸故燒太子諸王房舍者處死　諸故燒官府廨宇及有人居止宅舍無問舍宇大小財物多寡比同強盜免刺杖一百七徒三年因傷人命同殺人其無人居止空房并損壞財物及田場積聚之物同竊盜免刺計贓斷罪因盜取財物者同強盜刺斷並追陪所燒物價傷人命者仍徵燒埋銀再犯者決配役蒲從千里之外　諸挾仇放火隨時撲滅不曾延燎者比強盜不曾傷人不得財杖七十七徒一年半免刺雖親屬相犯比同常人　諸每

月朔望二弦凡有生之物殺者禁之　諸郡縣歲正月五月各禁宰殺十日其饑饉去處自朔日爲始禁殺三日　諸每歲自十二月至來歲正月殺母羊者禁之　諸宴會雖達官殺馬爲禮者禁之其有老病不任鞍勒者亦必與衆驗而後殺之　諸私宰牛馬者杖一百徵鈔二十五兩付告人充賞兩隣知而不首者笞二十七本管頭目失覺察者笞五十七有見殺不告因脅取錢物者杖七十七若老病不任用者從有司辨驗方許宰殺已病死者申驗開剥其筋角即付官皮肉若不自用須投稅貨賣違者同匿稅法

有司禁治不嚴者糾之　諸私宰官馬牛爲首杖一百七爲從八十七　諸助力私宰馬牛者減正犯人二等論罪　諸牛馬驢騾死而筋角不盡實輸官者一副以上笞二十七五副以上四十七十副以上杖六十七仍徵所犯物價付告人充賞　諸毀傷體膚以行丐於市者禁之　諸城郭内外放鴿帶鈴者禁之　諸諸王駙馬及諸權貴豪右侵占山場阻民樵採者罪之　諸関譏不嚴受財故縱者罪之　諸江河津渡或明知潮信已到及風濤將起貪索渡錢淹延不渡以致中流覆溺傷害人命者爲首處死爲從

減一等　諸棄俗出家不從有司體覆輒度爲僧道者其師笞五十七受度者四十七發元籍　諸以白衣善友爲名聚衆結社者禁之　諸色目僧尼女冠輒入民家強行抄化者禁之　諸僧道僞造經文犯上惑衆爲首者斬爲從者各以輕重論刑　諸以非理迎賽祈禱惑衆亂民者禁之　諸俗人集衆鳴鐃作佛事者禁之　諸軍官斂財聚衆張設儀衛鳴鑼擊鼓迎賽神社以爲民倡者笞五十七其副二十七並記過　諸陰陽家天文圖讖應禁之書敢私藏者罪之　諸陰陽家僞造圖讖釋老家私撰經文凡以

邪說左道誣民惑衆者禁之違者重罪之在寺觀者罪及主守居外者所在有司察之　諸妄言禁書者徒　諸陰陽家者流輒爲人燃燈祭星蠱惑人心者禁之　諸妄言星變災祥杖一百七　諸陰陽法師輒入諸王公主駙馬家者禁之　諸以陰陽相法書符呪水凡異端之術惑亂人聽希求仕進者禁之違者罪之　諸寫匿名文書所言重者處死輕者流沒其妻子與捕獲人充賞事主自獲者不賞　諸寫匿名文字訐人私罪不涉官事者杖七十七　諸投匿名文字於人家脅取錢物者杖八十七發元籍　諸見匿名文書非隨時敗獲者即與燒毀輒以聞官者減犯人二等論罪凡匿名文字其言不及官府止欲訐人罪者如所訐論　諸民間子弟不務生業輒於城市坊鎮演唱詞話教習雜戲聚衆淫謔並禁治之　諸弄禽蛇傀儡藏擫撇鈸倒花錢擊魚鼓惑人集衆以賣僞藥者禁之違者重罪之　諸棄本逐末習用角觝之戲學攻刺之術者師弟子並杖七十七　諸亂製詞曲爲譏議者流　諸賭博錢物杖七十七錢物沒官有官者罷見任期年後雜職內叙開張博房之家罪亦如之再犯加徒一年應捕故縱笞四十

七受財者同罪有司縱令攀指平人及在前同賭人罪及官吏賭飲食者不坐　諸賭博錢物同賭之人自首者勿論　諸賭博因事發露追到攤場賭具贓證明白者即以本法科論不以展轉攀指革撥　諸故縱牛馬食踐田禾者禁之　諸所在鎮守蒙古漢軍各立營所無故輒入人家求索酒食及縱頭疋食踐田禾桑果罪及主將　諸藩王無都省文書輒於各處徵收差發強取飲食草料爲民害者禁之　諸有虎豹爲害之處有司嚴勒官兵及打捕之人多方捕之其有不應捕之人自能設機捕獲者皮肉不須納官就以充賞　諸職官違例放鷹追奪當日所服用鞍馬衣物沒官　諸所撥各官圍獵山場並毋禁民樵採違者治之　諸年穀不登人民愁困諸王達官應出圍獵者並禁止之　諸田禾未收毋縱圍獵於迤北不耕種之地圍獵者聽　諸軍人受財僞造火印將所管官馬盜換與人者杖九十七追贓沒官　諸年穀不登百姓饑乏遇禁地野獸搏而食之者毋輒沒入　諸打捕鷹坊官以合進御膳野物賣價自私者計贓以枉法論除名不叙　諸舟車之靡器服之奇方面大臣非錫貢不得擅進　諸闌遺人口

到監即移所稱籍貫召主識認半年之上無主識認者匹配爲戶付有司當差殘疾老病給以文引而縱遣之頭疋有主識認者徵還已用草料價錢然後給主無主識認則籍其毛齒而收養之　諸闌遺奴婢私相配合雖生育子女有主識認者各歸其主無本主者官與收係　諸隱蔵闌遺鷹犬者笞三十七沒其家財之半其收拾闌遺鷹犬之人因以爲民害者罪之　諸鋤獲宿蔵之物在他人地內者與地主中分在官地內者一半納官在已地內者即同業主得古器珎寶之物者聞官進獻約量給價者有詐僞隱

匿斷罪追沒　諸監臨官輒舉貸於民者取與俱罪之　諸稱貸錢穀年月雖多不過一本一息有輒取贏於人或轉換契券息上加息或占人牛馬財產奪人子女以爲奴婢者重加之罪仍償多取之息其本息沒官　諸典質不設正庫不立信帖違例取息者禁之　諸關廂店戶居停客旅非所知識必問其所奉官府文引但有可疑者不得容止違者罪之　諸官戶行錢商船輒豎旗號置弓箭鑼鼓揭錢主衙門職名往來江河者禁之　諸經商及因事出外必從有司會問鄰保出給文引違者究治　諸投下并其

餘有印信衙門並不得濫給文引　諸有毒之藥非醫人輒相賣買致傷人命者買者賣者皆處死不曾傷人者各杖六十七仍追至元鈔一百兩與告人充賞不通醫術製合爲藥於市井貨賣者禁之　諸下海使臣及舶商輒以中國生口寶貨戎器馬匹遺外番者從廉訪司察之　諸商賈收買金銀下番者禁之違者罪之　諸海濵豪民輒與番商交通貿易銅錢下海者杖一百七　諸倡妓之家所生男女每季不過次月十日會其數以上于中書省有未生墮其胎已生輒殘其命者禁之　諸倡妓之家輒買良人

爲倡而有司不審濫給公據稅務無憑輒與印稅並嚴禁之違者痛繩之

雜犯

諸闘爭折辨輒提大名字者罪之　諸職官因公失口亂言者笞二十七　諸快意中或酒後及害風狂疾失口亂言別無情理者免罪　諸惡少無頼結聚朋黨陵轢善良故行闘爭相與羅織者與木偶連鎖巡行街衢得後犯人代之然後決遣　諸惡少白晝持刀劍於都市中欲殺本部官長者杖九十七　諸無頼軍人輒受財毆人因奪取錢物者杖八十七紅

泥粉壁識過其門免徙　諸先作過犯曾經紅泥粉壁後犯未應遷徙者於元置紅泥粉壁添録過名　諸豪右權移官府威行鄉井强暴貪虐累犯不悛者徙遠惡之地屯種　諸頻犯過惡累斷不改者流遠　諸兇人殘害良善彊將男子去勢絶滅人後犂獲生免者杖一百七流遠　諸貴勢之家奴隸有犯輙私置鐵枷釘項禁錮及擅剌其面者禁之　諸獲逃奴輙剌面劓鼻非理殘苦者禁之　諸無故擅剌其奴者杖六十七　諸羅哩回回爲民害者從所在有司禁治

捕亡

諸失盗捕盗官不立限捕盗却令他戸陪償事主財物者罰俸兩月仍立限追捕　諸强盗殺人三限不獲會赦捕盗官合得罪罰革撥仍令捕盗任滿不獲解由内通行開寫依例黜降　諸他境盗入境逃蔵捕盗官輙分彼疆此界不即捕捉者笞四十七解職別叙記過　諸已斷流囚在禁未發反獄毆傷禁子已逃復獲者處死未出禁者杖一百七發已擬流所旅監繋以致脱監在逃者長押官笞二十七還後防送官四十七記過　諸囚徒反獄而逃主守減犯人罪二等提牢官又減主守四等隨時捉獲及半以上者罰俸一月　諸奴婢背主而逃杖七十七誘引窩蔵者六十七隣人社長坊里正知不首捕者笞三十七闌遺應捕人受贓脱放者以枉法論寺觀軍營勢家影蔽及投下冒收爲戸者依蔵匿論自首者免罪　諸告獲逃奴者於所將財物内三分取一付告獲人充賞　諸逃奴拒捕不曾致傷人命者杖一百七

恤刑

諸獄囚必輕重異處男女異室毋或參雜司獄致其

慎獄卒去其虐提牢官盡其誠　諸在禁囚徒無親屬供給或有親屬而貧不能給者日給倉米一升三升之中給粟一升以食有疾者九油炭席薦之屬各以時具其饑寒而衣糧不繼疾患而醫療不時致非理死損者坐有司罪　諸各處司獄司看守囚徒夜支清油一斤　諸路府州縣但停囚去處於鼠耗糧内放支囚糧　諸在禁無家屬囚徒歳十二月至于正月給羊皮爲披蓋袴韈及薪草爲暖匣熏炕之用　諸獄訟有必聽候歸對之人召保知在如無保識有司給糧養濟勿寄養於民家　諸流囚在路有司

日給米一升有疾命良醫治之疾愈隨時發遣　諸獄醫囚之司命必試而後用之若有弗稱坐掌醫及提調官之罪　諸獄囚病至二分申報漸增至九分爲死證若以重爲輕以急爲緩誤傷人命者究之　諸獄囚有病主司驗實給醫藥病重者去枷鎖杻聽家人入侍職事散官五品以上聽二人入侍犯惡逆以上及強盜至死奴婢殺主者給醫藥而已　諸有司在禁囚徒饑寒衣食不時病不督醫看候不脫枷杻不令親人入侍一歲之內死至十人以上者正官笞二十七次官三十七還職首領官四十七罷職別

敘記過　諸孕婦有罪產後百日決遣臨產之月聽令召保產後二十日復追入禁無保及犯死罪者產時令婦人入侍　諸犯死罪有親年七十以上無兼丁侍養者許陳請奏裁　諸有罪年七十以上十五以下及篤廢殘疾罰贖者每笞杖一罰中統鈔一貫

諸疑獄在禁五年之上不能明者遇赦釋免

平反

諸官吏平反冤獄應賞者從有司保勘廉訪司體覆而後議之其有冒濫不實者罪及保勘體覆官吏

諸路府軍民長官因收捕反叛輒羅織平民強姦室女殺虜人口財產并覆人之家其同僚能理平民之冤正犯人之罪歸其俘虜活其死命者於本官上優陞一等遷用凡職官能平反重刑一起以上陞等同　諸職官能平反冤獄一起之上與減一資　諸路府曹吏能平反冤獄者於各道宣慰司部令史補用

志卷第五十三

元史一百六

表卷第一

翰林學士亞中大夫知制誥兼修國史臣宋濂 翰林待制承直郎同知制誥兼國史院編修官臣王禕奉

勑修

后妃表

后妃之制厥有等威其來尚矣元初因其國俗不娶庶姓非此族也不居嫡選當時史臣以爲舅甥之貴蓋有周姬齊姜之遺意歷世守之固可嘉也然其居則有曰斡耳朶之分沒復有繼承守宮之法位號之淆名分之瀆則亦甚矣累朝嘗詔有司修后妃傳而未見成書內廷事祕今莫之考則其氏名之僅見簡牘者尚可遺而不録乎且一代之制存焉闕疑而愼言斯可矣作后妃表

四千七十五

太祖

孛兒台旭眞太皇后 弘吉烈氏至元二年追謚光獻至大二年加謚光獻翼聖皇后

忽魯渾皇后

闊里桀担皇后

脫忽思皇后

帖木倫皇后

亦憐眞八剌皇后

不顏渾禿皇后

忽勝海妃子

右大斡耳朶

忽蘭皇后

太宗

正宮孛剌合眞皇后

脫列哥那六皇后 乃馬眞氏歲壬寅太宗崩后攝國凡四年至元二年追謚昭慈皇后

昂灰二皇后

乞里吉忽帖尼三皇后

禿納吉納六皇后

業里訖納妃子 滅里之母

定宗

斡兀立海迷失三皇后 至元二年追謚欽淑皇后

憲宗

火里差皇后 火魯剌部人

忽台皇后 弘吉剌氏按陳從孫女至元二年追謚貞節皇后

也速兒皇后 貞節妹也

出卑三皇后 歲己未從憲宗南伐七月憲宗崩九月八日后亦薨于六盤

明里忽都魯皇后 泰定三年詔守班禿等營帳

哈兒八眞皇后

亦乞剌眞皇后

脫忽茶兒皇后

也眞妃子

也里忽禿妃子

察眞妃子

哈剌眞妃子

右第二斡耳朶

也速皇后

忽魯哈剌皇后

阿失倫皇后

禿兒哈剌皇后

察兒皇后

阿昔迷失皇后

一千五十

完者忽都皇后

渾魯忽乃妃子

忽魯灰妃子

剌伯妃子

右第三斡耳朶

也速干皇后

忽答罕皇后

哈答皇后

斡者忽思皇后

燕里皇后

禿干妃子

完者妃子

金蓮妃子

完者台妃子

四八七

奴倫妃子
卯真妃子
鎖郎哈妃子
右第四斡耳朵
八不別及妃子
右見歲賜錄不
知所守斡耳朵
故附于此

世祖

帖古倫大皇后
右大斡耳朵
察必皇后弘吉列氏魯忠
武王按嗔那顏女也中統初立爲皇后至元十年授
冊寶尊號文上尊號曰貞懿
昭聖順天睿文光應皇后十
八年崩三十一年上尊諡曰昭
睿順聖皇后后性明敏
達於事機至元之政左右弼
維當時以爲蓋有力焉
南必皇后弘吉列氏至元
二十年納爲皇后時世祖春
秋高后頗預政相臣常不
得見帝輒因后奏事焉
右第二斡耳朵
塔剌海皇后
奴罕皇后
右第三斡耳朵
伯要兀真皇后
闊闊倫皇后
右第四斡耳朵

成宗

卜魯罕皇后伯岳吾
氏勳臣普化之孫駙馬
脫里忽思之女元貞初
立爲皇后大德三年授
冊寶十一年帝崩武宗
立廢后徙東安州尋賜
死成宗晚年多疾后居
中用事而能信任相臣哈
剌哈孫以卒成大德
之治識者猶有取焉
失憐答里元妃弘吉列氏
早薨至大元年追尊
諡曰貞慈靜懿皇后
配享成廟
乞里吉忽帖尼皇后

武宗

真哥皇后弘吉列氏
至大三年冊爲皇后
泰定四年上尊諡曰
宣慈惠聖皇后
速哥失里皇后真哥妹也
完者歹皇后
妃子亦乞列氏明宗母
也天曆二年追諡仁獻
章聖皇后
妃子唐兀氏文宗母也
天曆二年追諡文獻
昭聖皇后

仁宗

皇后弘吉列氏皇慶
二年冊爲皇后延祐
七年上尊諡曰莊懿
慈聖皇后
答里麻失里皇后

元史后妃表卷一　三

三ㄱ廿一

八八罕妃子
右見歲賜錄不知所
守斡耳朵
速哥答思皇后
泰定三年詔守世
祖斡耳朵
撒不忽妃子

英宗

速哥八剌皇后亦啓烈氏
昌國公主益里海涯女
也至治元年冊爲皇后
泰定四年崩諡曰莊靖
懿聖皇后
牙八忽都魯皇后
朶而只班皇后

泰定

八不罕皇后弘吉列氏
泰定元年冊爲皇后
兗王買住罕女也
亦憐真八剌皇后昌國公
主益里海涯女也
忽剌皇后
也速皇后
撒答八剌皇后帝姊壽
寧公主女也
卜顏怯里迷失皇后
失烈帖木兒皇后
鐵你皇后
必罕皇后八不罕妹也
速哥答里皇后必罕妹也

明宗

按出罕皇后
月魯沙皇后
不顏忽都皇后
八不沙皇后
野蘇皇后
脫忽思皇后

文宗

卜答失里皇后弘吉剌氏
魯國公主桑哥吉剌女也
天曆元年立爲皇后二年
授冊寶至順三年尊爲
皇太后臨朝稱制元統
元年又尊爲太皇太后仍
稱制至元六年黜太皇太
后之號徙東安州卒徙
所

元史后妃表卷一　四

烈祖

宣懿皇后諱月倫弘吉剌氏至元二年追上尊謚

睿宗

妃子怯烈氏至元二年追上尊謚曰莊聖皇后至大三年加謚曰顯懿莊聖皇后

裕宗

伯藍也怯赤妃子弘吉剌氏至元三十一年尊爲皇太后大德四年崩謚曰徽仁裕聖皇后

安真迭失妃子

顯宗

普顏怯里迭失妃子泰定元年追尊謚曰宣懿淑聖皇后

拜拜海妃子

忽上海妃子

順宗

答已妃子弘吉剌氏大德十一年尊爲皇太后延祐二年上尊號曰儀天興聖慈仁明懿壽元合德泰寧福慶皇太后七年又尊曰太皇太后加徽文崇祐尊號至治三年崩謚曰昭獻元聖皇后后性聰慧然不事檢飭及正位東朝淫恣益甚內則黑驢母亦列失八用事外則幸臣失列門紐鄰等及時宰迭木帖兒怙寵作非濁亂朝政及英宗立群倖誅而後勢燄少殺焉

表卷第二　元史一百七

翰林學士亞中大夫知制誥兼修國史臣宋濂翰林待制承直郎同知制誥兼國史院編修官臣王褘等奉

勅修

宗室世系表

自昔帝王之興莫不衆建子弟以藩王室所以崇本支隆國勢也觀其屬籍有圖玉牒有紀大統小宗秩乎不紊蓋亦慎矣然以唐室之盛自玄宗後諸王不出閤而史已失其世次況後世乎元之宗系藏之金匱石室者甚秘外廷莫能知也其在史官固特其槩而考諸簡牘又未必盡得其詳則因其所可知而闕其所不知亦史氏法也作宗室世系表

脫奔咩哩犍妻阿蘭果火

孛寒葛

博合覩撒里吉

始祖孛端叉兒八林昔黑剌禿合必畜一子

咩麻篤敦七子

既拏篤兒罕一子

某　某　某　某　某

納真今兀魯兀忙兀其子孫也

海都一子

海都位

海都

拜住忽兒 子一

敢光乃 子六

葛木虎 今那哈合兒其子孫也

葛忽剌急里怛 今大八魯剌斯其子孫也

合產 今小八魯剌斯其子孫也

哈剌喇歹 今博歹阿替其子孫也

葛赤渾 今阿太里急其子孫也

葛不律寒 子七

窠斤八剌哈哈 今岳里斤其子孫也

八里丹 子四

蒙哥睹黑顏

聶昆大司

烈祖也速該

荅里真

忽都魯咩聶兒

忽魯剌罕

合丹八都兒

撥端斡赤斤

忽蘭八都兒 無子也

直孥斯 今大丑兀禿其子孫也

察剌哈寧昆 收兄拜住忽兒妻生一子

獉忽真兀禿 速蔑 今昔只兀剌其子孫也

答里真位

答里真

大納耶耶

小哥大王

寧王闊闊出

也里干大王

哈魯罕王

寧海王赤思蠻

寧海王拔都兒

寧海王阿海

宣靖王買奴 阿魯大王

烈祖神元皇帝五子長太祖皇帝次二搠只哈兒王次三哈赤溫大王次四鐵木哥斡赤斤所謂皇太弟國王斡嗔那顏者也次五別里古台王

搠只哈兒王位

搠只哈兒

淄川王也苦

愛哥阿不干王

移相哥大王

勢都兒王

齊王八不沙

必烈虎大王

黃兀兒王

伯木兒王

齊王王龍帖木兒 齊王月魯帖木兒

別兒帖木兒王

哈赤溫大王位

哈赤溫

濟南王按只吉歹

哈丹大王

脫忽大王

膠王忽剌出

濟南王勝納哈兒

察忽剌大王　濟南王也里只
忽列虎兒王　吳王木喃子　西寧王阿答里吳
吳王朵列担　濟陽王埜皮

鐵木哥斡赤斤國王位

鐵木哥斡赤斤　斡端大王　阿术魯大王
愛牙哈赤王
只不干大王　塔察兒國王　壽王乃蠻台　孛羅大王　遼王脫脫
也不干大王
兀剌兒吉歹大王

奥速海大王
察剌海大王
孛羅歹大王　西寧王搠[illegible]　印罕大王
本伯大王
也只大王
不只兒大王
帖木迭兒王　八乞出大王
襲剌謀大王
撥里吉大王　八里牙大王
三寶大王

撒答吉大王
哈失歹大王
察只剌大王
壽王脫里出　愛牙哈赤大王　別里帖木兒王　囊家大王
斡羅思罕王
斡魯台大王　哈八兒都大王　某大王　忽剌歹大王
帖寶大王　脫帖大王
氣都哥大王　脫帖木兒大王　燕錫大王
也堅黃元兒王　忻都大王
白虎大王

別里古台大王位

別里古台　也速不花大王　廣寧王瓜都　帖木兒大王
乃顏大王　脫鐵木兒大王
口溫不花大王　滅里吉歹大王　潢察大王
抹札兒王
撒里蠻王
闊闊出大王　定王薛徹干　定王察兒台
爪吉剌歹王　廣寧王徹里帖木兒　廣寧王渾[illegible]察
罕禿忽大王　霍歷極大王　塔出大王

太祖皇帝六子長朮赤太子次二察合台太子次三太宗皇帝次四拖雷即睿宗也次五兀魯赤無嗣次六闊列堅太子

朮赤太子位

朮赤
拔都大王
撒里答大王
忙哥帖木兒王
脫脫蒙哥王
寧肅王脫脫　肅王寬徹
伯忽大王
月即列大王　扎尼別大王

察合台太子位

察合台
也速蒙哥王
合剌旭烈大王　阿魯忽大王
八剌大王　寬王買住韓
威遠王阿只吉　威遠王忽都鐵木兒　越王禿剌
赤因鐵木兒
帖木而不花王　南荅失里王

闊列堅太子位

闊列堅
河間王忽察　忽魯歹大王　也不干大王　八八大王　兀禿思帖木兒王
八八剌大王　安定王脫歡　安定王朶兒只班
合賓帖木兒王
也滅干大王
伯答罕王

二卅七

元史表卷二　六

琴亨

太宗皇帝七子長定宗皇帝次二闊端太子次三闊出太子次四哈剌察兒王次五合失大王次六合丹大王次七滅里大王

按憲宗紀有云太宗以子月良不材故不立爲嗣今考經世大典帝系篇及歲賜錄並不見月良名字次序故不敢列之世表謹著于此以俟知者

闊端太子位

闊端
滅里吉歹王　也速不花大王
蒙哥都大王　亦憐真大王
只必帖木兒王
帖必烈大王
曲列魯大王　汾陽王別帖木兒　荆王也速也不干

闊出太子位

闊出
昔列門太子　孛羅赤大王　靖遠王哈歹　襄寧王也速不干
襄寧王阿魯灰

哈剌察兒王位

哈剌察兒
脫脫大王　月別吉
沙藍朶兒只

合失大王位

合失
海都大王　汝寧王察八兒　汝寧王完者帖木兒　汝寧王忽剌台

合丹大王位

合丹
覩爾赤王
小薛大王
星吉班大王

二六七十六

元史表卷二　七

也不干大王　塵火郎撒
也速兒大王
也孫脫大王
火你大王　咬住大王
那海大王

滅里大王位
滅里　脫忽大王　俺都剌大王　愛牙赤大王　陽翟王太平
陽翟王禿滿　陽翟王曲春　陽翟王帖木兒赤

一、の十二

定宗皇帝三子長忽察大王次二腦忽太子次三禾忽大王

忽察大王位
忽察　亦兒監藏王
完者也不干王

腦忽太子位
腦忽

禾忽大王位
禾忽　南平王禿魯

睿宗皇帝十一子長憲宗皇帝次二忽覩都次三失其名次四世祖皇帝次五失其名次六旭烈兀大王次七阿里不哥大王次八撥綽大王次九末哥大王次十歲都哥大王次十一雪別台大王

忽覩都大王位
忽覩都

旭烈兀大王位
旭烈兀　阿八哈王　阿魯大王　靖遠王合賓
廣平王合兒發　豳王出伯　豳王喃忽里
亦憐真朵兒只王　脫脫木兒王　某　亦憐真八的王

老德明

三〇五

阿里不哥大王位
阿里不哥　威定王玉木忽爾
乃剌忽不花大王　魏王孛羅帖木兒
完者帖木兒王
冀王孛羅　鐵木兒脫
定王藥木忽兒　某　燕大王
鎮寧王那海
剌甘失甘大王

撥綽大王位
撥綽　薛必烈傑兒大王　楚王牙忽都　楚王脫烈鐵木兒　楚王八都兒　燕帖木兒王
速哥帖木兒王
朵羅不花王

末哥大王位
末哥
昌童大王
伯帖木兒大王
末寧王伯顏木兒

歲都哥大王位
歲都哥
速不歹大王
荆王脫脫木兒
荆王也速不堅
哈魯孫大王

雪別台大王位
雪別台
其
月魯帖木兒
買闆也先

憲宗皇帝五子長班禿大王次二阿速歹大王次三玉龍答失大王次四河平王昔里吉次五辯都早卒無嗣

班禿大王位

班禿

阿速歹大王位
阿速歹

玉龍答失大王位
玉龍答失
撒里蠻王
衛王完澤
鄭王徹徹禿

河平王昔里吉位
昔里吉
兀魯思不花王
并王晃火帖木兒
嘉王火兒忽
答沙亦思的王

世祖皇帝十子長朶而只王次二皇太子真金即裕宗也次三安西王忙哥剌次四北安王那木罕無後次五雲南王忽哥赤次六愛牙赤大王次七西平王奧魯赤次八寧王闊闊出次九鎮南王脫歡次十忽都魯帖木兒王

完者帖木兒王

朶兒只王位
朶兒只

安西王忙哥剌位
忙哥剌
安西阿難答
月魯帖木兒王
按檀不花

雲南王忽哥赤位

忽哥赤
營王也先帖木兒

愛牙赤大王位
愛牙赤
阿木干大王
也的古不花王
孛顏帖木兒王

西平王奧魯赤位
奧魯赤
鎮西武靖王鐵木兒不花
雲南王老的罕
豫王阿剌忒納失里
武靖王搠思班
乞八大王
亦只班大王
西平王八的麻的加
貢哥班大王

寧王闊闊出位

闊闊出　寧王薛徹秃
寧王阿都赤

鎮南王脱歡位

脱歡　鎮南王老章　鎮南王脱木不花
鎮南王孛羅不花
威順王寬徹不花
宣讓王帖木兒不花

文濟王蠻子
宣德王不答失里

忽都魯帖木兒王位

忽都魯帖木兒　阿八也不干王
八魯朵兒只王

裕宗皇帝三子長晉王甘麻剌即顯宗也次二答剌麻八剌太子即順宗也次三成宗皇帝

顯宗皇帝三子長梁王松山次二泰定皇帝次三湘寧王迭里哥兒不花

梁王松山位

松山　梁王王禪　雲南王帖木兒不花

湘寧王迭里哥兒不花位

迭里哥兒不花　湘寧王八剌失里

順宗皇帝三子長魏王阿木哥次二武宗皇帝次三仁宗皇帝

魏王阿木哥位

阿木哥　脱不花大王
蠻子大王
西靖王阿魯
魏王孛羅帖木兒
唐兀台王
答兒麻失里王
孛羅大王

成宗皇帝一子皇太子德壽早薨無後

武宗皇帝二子長明宗皇帝次文宗皇帝

仁宗皇帝二子長英宗皇帝次安王兀都思不花早隕無後

英宗皇帝無子

泰定皇帝四子長皇太子阿里吉八次二晉王八的麻亦兒間卜次三小薛太子次四允丹藏卜太子俱早隕無後

明宗皇帝二子長子順皇帝次寧宗皇帝

文宗皇帝三子長皇太子阿剌忒答剌早薨無後次二燕帖古思太子次三太平訥太子俱早隕無後

寧宗皇帝蚤世無子

順皇帝三子長皇太子愛猷識理達臘餘二子蚤世

按十祖世系録云始祖孛端叉兒收統急里忽魯人氏民户時嘗得一懷姙婦人曰插只來納之其所生遺腹兒因其母名曰插只來自後别為一種亦號達靼今以非始祖親子故不列之世表附著于此云

表卷第二

表卷第三

翰林學士亞中大夫知制誥兼修國史臣宋濂　翰林待制承直郎同知制誥兼國史院編修官臣王禕等奉
敕修

諸王表

昔周封列國七十而同姓者五十三人漢申丹書之信而外戚侯者恩寖廣矣詩曰大邦維屏大宗維翰其此之謂乎元興宗室駙馬通稱諸王歲賜之須分地之入所以盡夫展親之義者亦優且渥然初制簡朴位號無稱惟視印章以為輕重厥後遂有國邑之名而賜印之等猶前日也得諸掌故具著于篇作諸王表

金印獸紐	燕王	秦王
	真金中統二年封至元十年冊為皇太子 阿剌忒答納天曆二年封三年立為皇太子其年薨	忙哥剌至元十年詔安西王益封秦王別賜金印其府在長安者為安西在六盤者為開成皆聽為宮邸十七年薨廿四年中書奏王次子按檀不花襲秦王印詔阿難答既為安西王其秦王印宜上之然其後猶稱秦王阿難答

金印螭紐	安西王	北安王	鎮南王
	忙哥剌至元九年封出鎮長安 阿難答至元十七年襲封大德十一年誅 月魯帖木兒至治三年封	那木罕至元十九年賜印大德五年薨延祐七年賜謚昭定	脫歡至元二十一年封出鎮揚州二十二年奉旨征安南大德五年薨 老章大德五年襲封 脫不花[illegible]年襲封 帖木兒不花[illegible]年襲封天曆二年改封宣讓王 孛羅不花天曆二年襲封

晉王
甘麻剌至元二十九年由梁王改封出鎮大斡耳朶大德六年薨諡獻武即顯宗也
也孫帖木兒大德六年襲封至治三年立爲皇帝
八的麻亦兒間卜泰定元年封天曆元年隕于上都

梁王
甘麻剌至元二十七年封出鎮雲南二十九年改封晉王
松山至元三十年封以皇曾孫出鎮雲南
王禪泰定元年由雲南王進封天曆元年帥師與太平王燕帖木兒戰于柳林兵敗見殺

越王
禿剌大德十一年從仁宗平內難有功封至大二年以怨望誅

營王
也先帖木兒大德十一年由雲南王進封

懷寧王
海山大德八年封出鎮稱海十一年立爲皇帝

北寧王
迭里哥兒不花大德十一年封至大二年徙封湘寧王

湘寧王
迭里哥兒不花至大二年徙封
八剌失里至治三年襲封

陽翟王
禿滿至大元年封
曲春
太平泰定元年襲封
帖木兒赤

雲陽王

鄆王
蠻古䚟駙馬由北平王進封
拙忽難駙馬至大元年襲封

寧王
闊闊出大德十一年由寧遠王進封
薛徹禿皇慶二年由寧遠王進封
阿都赤

齊王
八不沙大德十一年封
王禪帖木兒[illegible]年由恩王改封
月魯帖木兒泰定元年封

楚王
牙忽都大德十一年由鎮遠王進封
朶列帖木兒至大[illegible]年封延祐二年被黜天曆元年復故封
八都兒

恩平王
塔思不花至大四年封

北平王
蠻古䚟駙馬[illegible]年封後進封鄆王
那木罕至元二年封十九年改封北安王

安遠王
丑漢駙馬皇慶元年改封

汝寧王
察八兒延祐元年封
忽剌台泰定元年襲封

宣德王
不答失里皇慶二年封

文濟王
蠻子

豳王
出伯大德十一年由威武西寧王進封
喃忽里延祐七年襲封

濟王
朶列納大德十一年封皇慶元年改封吳王

魏王
阿木哥
孛羅帖木兒

魯王
蠻子台駙馬由濟寧王進封
阿不歹駙馬大德十一年襲封
阿里加失立至大四年襲封
桑哥八剌駙馬元統元年襲封

定王
要木忽爾至大元年由定遠王進封
薛徹干至治三年封
察里台泰定四年封

保恩王
王龍帖木兒延祐三年封[illegible]年進封恩王

武寧王
徹徹禿泰定三年封至順二年進封鄆王

威順王
寬徹普化[illegible]年賜金印

威靖王
火里兀察兒駙馬泰定皇后父也
泰定二年封

西安王
阿忒納答失里天曆元年封

隴王
火郎撒至大元年封
忽魯歹
忻都察

趙王
主忽駙馬至大元年封
阿魯禿[illegible]延祐元年封
馬札罕駙馬泰定元年封

嘉王
晃火帖木兒延祐四年封後徙封并王
火兒忽

荆王
也速不堅
脫脫木兒
脫火赤[illegible]年封至順二年來朝

宣讓王
帖木兒不花天曆二年由鎮南王改封

西寧王
忽答里迷失天曆二年封
速來蠻天曆三年封

柳城王
亦憐真八天曆三年封

西靖王
阿魯至順元年封

廣寧王
爪都中統三年封至元十三年賜印
徹里帖木兒
按渾察至順元年封

三十六 元史諸王表卷三 四 周伯明

王號	受封
昌王	忽隣駙馬 阿失駙馬延祐四年封 八剌失里駙馬[illegible]年封 沙藍朶兒[illegible]年由懿德王進封
衛王	完澤至大三年由衛安王進封
兗王	買住韓至大三年封
吴王	朶列納皇慶元年由濟王徙封 潑皮[illegible]年封天曆三年改封濟陽王 木南子天曆三年由濟陽王徙封
壽王	脫里出 乃蠻歹至大元年封
周王	禾失剌延祐二年封天曆元年十 立爲皇帝
安王	兀都思不花延祐二年封七年降封順陽王尋被殺
保寧王	斡即天曆二年封
無國邑名	移相哥大王[illegible]年賜印
河間王 金印駝紐	兀古帶至元二年封
河平王	昔里吉至元四年封
雲南王	忽哥赤 也先帖木兒至元十七年襲封 老的至大二年封
濟南王	也只里至元二十四年封
威武西寧王	出伯大德八年封十一年進封豳王
鎮寧王	孛羅大德九年封延祐四年進封冀王 那懷至大三年封
衛安王	完澤大德九年封至大三年進封衛王

三十七 六四 元史諸王表卷三 五 蘇

王號	受封
遼王	脫脫延祐三年封 牙納失里
冀王	孛羅延祐四年由鎮遠王進封
恩王	月魯帖木兒延祐四年封 玉龍帖木兒由保恩王進封
岐王	脫脫木兒駙馬延祐四年由濮陽王進封 瑣南管卜泰定四年封
并王	晃火帖木兒泰定二年由嘉王徙封
懷王	脫帖木兒泰定三年封天曆元年立爲皇帝
豫王	阿忒思納失里天曆元年封
肅王	寬徹天曆二年封
威定王	欒木忽爾大德九年由定遠王徙封
寧肅王	脫脫至大元年封
襄寧王	也速不干至大元年封 阿魯灰
安南王	迭哥兒不花至大四年封
武陽王	
安定王	朶兒只班 脫歡皇慶二年封
永豐郡王	丑漢駙馬皇慶元年封旋改封安遠王
安德王	不答失里皇慶二年封
永寧王	卜顏帖木兒 卯澤至順元年封
汾陽王	别帖木兒延祐七年封
威遠王	巴都帖木兒至治三年封

郯王　徹徹禿至順二年由武寧王進封

邠王　卜顏帖木花至順二年封

鄜王　懿憐只班至順　年封至順三年立爲皇帝

慶王

瀋王　高麗王謜大德十一年以駙馬封
高麗王璋延祐六年以駙馬襲封
高麗王暠泰定三年以駙馬襲封

無國名者　按只吉歹大王

駙馬高麗國王　王諶至元　年封

緬國王

安南國王　陳光昞

武平王　帖古思不花泰定三年封
禿滿帖木兒延祐五年封
不花帖木兒至順元年封

寧海王　闊闊出
亦思蠻
八都兒延祐五年
阿海

昭武王　合伯駙馬大德十年封

順陽王　兀都思不花延祐七年由安王降封尋見殺

延安王　也不干

濟寧王　蠻子台駙馬後進封魯王

高唐王　闊里吉思駙馬

高昌王　紐林的斤駙馬延祐三年封
帖睦爾普化至治[illegible]年封天歷二年讓其弟
籛吉天曆二年襲封
太平奴至順三年封

白蘭王　瑣南藏卜至治元年封後出家
泰定四年還俗復封

無國邑名　也速不花至元二年賜印
王龍答失大王至元三年賜印
帖失帖木兒王大德二年
南木忽里王至大元年
斡羅溫孫王延祐二年
察八都兒王延祐四年
八八剌大王延祐元年
別失帖木兒王泰定元年

金鍍銀印駝紐

西平王　奧魯赤至元[illegible]年封
八剌麻力
管不八

鎮西武靖王　鐵木兒不花大德元年封
搠思班

雲南王　忽哥赤至元五年封出鎮雲南
王禪延祐七年封泰定元年進封梁王
帖木兒不花泰定元年襲封

威順王　寬徹普化泰定三年封分鎮武昌

宣靖王　買奴泰定二年由泰寧王徙封分鎮益都

綏寧王　阿都赤泰定三年封

靖安王　闊不花泰定四年封

廣平王　木剌忽駙馬
哈班天曆二年封

金鍍銀印龜紐

寧遠王　闊闊出至元二十一年封大德十一年進封寧王
徹徹篤延祐七年封[illegible]年進封寧王

鎮遠王　牙忽都至元二十一年封大德十一年進封楚王

靖遠王　合贊至元二十七年

定遠王　藥木忽兒大德二年封

肅遠王　帖木兒不花至元二十八年封

鎮東王　也先鐵木兒至元二十八年封

泰寧王　買奴至治二年封泰定二年徙封宣靖王
亦憐真多兒加泰定元年封

無國邑　完澤大王[illegible]年賜印大德九年改封衛安王

靖恭王	脫歡忽都魯至順元年封
懿德王	沙藍朵兒駙馬至順元年封後進封昌王
寧海王	
南平王	
廣寧王	瓜都中統二年封
建昌王	
無國邑名	拜答寒大王至元七年賜印仍賜海青金符 頑答大王 帖木兒大王 伯帖木兒大王 孛羅赤大王 月魯帖木兒王延祐六年

銀印龜紐

南平王	禿剌至元九年封仍賜金銀符各五
永豐郡王	孛羅
寧昌郡王	唆都哥駙馬至元二十二年封 不憐吉歹駙馬
宣寧郡王	帖木兒不花至大四年封 阿憐帖木兒至順元年封
懷仁郡王	亦思丹至大四年封
保德郡王	
寧濮郡王	昌吉駙馬
駙馬濮陽王	脫帖木兒大德十年封延祐四年進封岐王

無國邑名者

不花駙馬至元四年
別乞帖木兒王至元十七年
怯里歹郡王至元十一年
阿渾帖木兒王
完者也不干王
那木忽思大王
合必赤大王
八八大王延祐四年詔復以世祖所賜印賜其子合賓帖木兒王
忽都魯帖木兒王
出伯大王至元二十五年後改封威武西寧王
昌吉駙馬後改封寧濮郡王
岳忽難王大德二年賜印

表卷第四　　元史一百九

翰林學士亞中大夫知制誥兼修國史臣宋濂　翰林待制承直郎同知制誥兼國史院編修官臣王禕等奉

勅修

諸公主表

昔者史臣有言婦人內夫家雖天姬之貴史氏猶外而弗詳然元室之制非勳臣世族及封國之君則莫得尚主是以世聯戚畹者親視諸王其藩翰屏垣之寄蓋亦重矣則其世次顧可以弗之著耶且秦漢以來惟帝姬得號公主而元則諸王之女亦槩稱焉是又不可不知也惜乎記載弗備所可見者僅此而已作諸公主表

七之二

昌國公主位

昌國大長公主帖木倫烈祖女適昌忠武王孛秃

主薨繼室以太祖女昌國大長公主火臣別吉

昌國大長公主亦乞列思

適孛秃子帖堅干繼室以

昌國大長公主茶倫

昌國大長公主安秃太宗子闊出女適孛秃孫武定王鎖兒哈

吾魯真公主世祖女適帖木干子孛花

昌國大長公主孫真適鎖兒哈子昌武靖王札忽兒陳

魯魯罕公主適孛花弟亨吉郡王或都牙繼室以魯倫公主

趙國公主位

趙國大長公主阿剌海別吉太祖女適趙武毅王孛要合

獨木干公主睿宗女適拜哈弟郡王聶古䚟

趙國大長公主月烈世祖女適拜哈子趙武襄王愛不花

趙國大長公主葉里迷失定宗女適孛哥子趙忠襄王君不花

趙國大長公主忽答迭迷失裕宗女適君不花子趙忠獻王闊里吉思繼室以

趙國大長公主愛牙失里成宗女也

魯國公主位

魯國大長公主也速不花睿宗女也適皇國舅魯忠武王按嗔那顏子斡陳駙馬

魯國公主薛只干太祖孫女適斡陳弟納陳駙馬

魯國長公主完澤適納陳男斡羅真駙馬

魯國大長公主囊家真世祖女適納陳子帖木兒再適帖木兒弟蠻子台

魯國大長公主南阿不剌裕宗女適蠻子台

魯國徽文懿福貞壽大長公主祥哥剌吉順宗女適帖木兒子琱阿不剌

鄆國公主位

秃蒲倫公主適赤窟駙馬

公尾吉八忽公主適赤窟孫懷都駙馬

采真公主適都弟愛不哥駙馬

鄆國大長公主忙哥台適愛不哥子寧濮郡王昌吉

大長公主桑哥不剌適愛不哥子岐王脫脫木兒

札牙八剌公主適駙馬

七七十四

昌國大長公主伯雅倫寔宗女適札忽兒陳子昌忠宣王忽憐繼室以昌國大長公主卜蘭奚

普顏可里美思公主適喃都哥子寧昌郡王不憐吉歹

昌國大長公主益里海涯成宗女適忽憐子昌王阿失繼室以

昌國大長公主普的寔宗孫女也

昌國大長公主烟合牙適昌王八剌失里

昌國大長公主月魯適八剌失里子皇蛟禿兒迷失

奴兀倫公主安西王女適忽憐弟瑣郎哈

趙國大長公主亦憐真適朶花子趙忠烈王囊家台

趙國大長公主回紇適君不花弟趙康禧王喬鄰察

趙國大長公主阿失秃魯適愛不花子郁忠襄王朮忽難

大長公主桑哥八剌適囊家台子趙王馬札罕

魯國大長公主普納適帖木兒子魯王桑哥不剌

稱號賢寧公主朶兒只班適調阿八剌子阿里嘉實利

大長公主拜塔沙適按陳裔孫買住罕

台忽普都公主適按陳裔孫安遠王丑漢

賈兒哈罕公主太宗女適按陳孫納合

幹可真公主適火忽孫不只兒

不魯罕公主適特薛禪孫脫羅禾繼室以仁宗女闊闊倫公主

高昌公主位

也立可敦公主太祖女適亦都護巴而述阿兒忒的斤

巴巴哈兒公主定宗女適巴而述阿而忒的斤曾孫亦都護火赤哈兒的斤

不魯罕公主太宗孫女適火赤哈兒子高昌王紐林的斤主薨繼室以其妹八卜叉公主又薨繼室以兀剌真公主世祖之孫安西王阿難答女也

朶而只思蠻公主太宗之■子闊端之女適高昌王帖睦兒補化

高麗公主位

齊國大長公主忽都魯堅迷失世祖之女適高麗王愖即王昛也

薊國大長公主高麗王妃卜答失利顯宗女適瀋王王謜即王璋也

濮國長公主高麗王妃亦憐只班世祖之孫營王也先帖木兒女適瀋王王燾繼室以

曹國長公主高麗王妃金童順宗子魏王女也

■國公主顯宗之子梁王松山女適瀋王王暠

阿昔倫公主位

阿昔倫公主適阿脫駙馬

捌只嬡公主適阿脫弟忽都虎駙馬

獨木罕公主位

獨木罕公主適察忽駙馬

伯要真公主適察忽子也先駙馬

也里侃公主適也先子迭木迭兒駙馬

帶魯罕公主位

帶魯罕公主適拔都駙馬

捌思蠻公主適拔都子阿木魯駙馬

脫烈公主位

脫烈公主適阿不思蘭子也先不花駙馬

八八公主適也先不花子忽納答兒駙馬

■公主適忽納答兒子剌海涯里那駙馬

延安公主位

火魯公主適哈答駙馬

闊闊干公主適脫亦禾赤駙馬

脫脫灰公主世祖孫女適禿滿答兒駙馬

公主適別里迷失駙馬

公主適沙藍駙馬

延安公主適延安王也不干

公主位

公主適塔出駙馬

公主適塔出子朮真伯駙馬

公主適朮真伯子別合剌駙馬

公主適別合剌子塔八駙馬

公主位

公主適忽不歹駙馬

公主適忽不歹曾孫塔賽駙馬

公主適塔賽子哈丹駙馬

公主適哈丹子朶忽駙馬

各公主位

完者台公主適朮客王卯澤

英壽大長公主妥安禪世祖孫女也

壽寧大長公主顯宗女泰定皇帝伯姊也

明慧貞懿大長公主不答昔你明宗之女

公主適合納那顏孫蠻古兒駙馬

買買公主

阿剌歹公主

朮答里公主

雪雪的斤公主

阿失禿公主

失憐答里公主

元史一百十

表卷第五上

翰林學士亞中大夫知制誥兼修國史臣宋濂 翰林待制承直郎同知制誥兼國史院編修官臣王禕等奉

勅修

三公表

古者三公之職寅亮天地燮理陰陽以論道經邦者也元初以太師太傅太保爲三公自木華黎國王始爲太師後凡爲三公者皆國之元勳而漢人則惟劉秉忠嘗爲太保其後鮮有聞矣其制又有大司徒司徒太尉司空之屬然其置否不常人品或混故置者又或開府不開府焉若夫東宮亦嘗置三師三少而不恒有也今固不得而悉著之惟自木華黎而下得拜三公者若干人作三公表

百十六

元史表卷五上　二

扶之　五

年	太師	太傅	太保
太祖皇帝			
丙寅 元年			
丁卯 二年			
戊辰 三年			
己巳 四年			
庚午 五年			
辛未 六年			
壬申 七年			
癸酉 八年			
甲戌 九年			
乙亥 十年			
丙子 十一年			
丁丑 十二年	木華黎		
戊寅 十三年	木華黎		
己卯 十四年	木華黎		
庚辰 十五年	木華黎		
辛巳 十六年	木華黎		
壬午 十七年	木華黎		
癸未 十八年	木華黎		

一百五十　五

元史表卷五上　三

[illegible]

年	太師	太傅	太保
甲申 十九年			
乙酉 二十年			
丙戌 二十一年			
丁亥 二十二年			
戊子			
太宗皇帝	阿海	禿懷	明安
己丑 元年			
庚寅 二年			
辛卯 三年			
壬辰 四年			
癸巳 五年			
甲午 六年			
乙未 七年			
丙申 八年			
丁酉 九年			
戊戌 十年			
己亥 十一年			
庚子 十二年			
辛丑 十三年			
壬寅			

按和林廣記多載國初之事內有太師阿海太傅禿懷太保明安之名及他公牘所報亦間見之然拜罷歲月之先後不可考矣故著于此

癸卯				
甲辰				
乙巳				
定宗皇帝				
丙午	元年			
丁未	二年			
戊申	三年			
己酉				
庚戌				
憲宗皇帝				
辛亥	元年			
壬子	二年			
癸丑	三年			
甲寅	四年			
乙卯	五年			
丙辰	六年			
丁巳	七年			
戊午	八年			
己未	九年			
世祖皇帝				

庚申	中統元年			
辛酉	二年			
壬戌	三年			
癸亥	四年			
甲子	至元元年			劉秉忠
乙丑	二年			劉秉忠
丙寅	三年			劉秉忠
丁卯	四年			劉秉忠
戊辰	五年			劉秉忠
己巳	六年			劉秉忠
庚午	七年			劉秉忠
辛未	八年			劉秉忠
壬申	九年			劉秉忠
癸酉	十年			劉秉忠
甲戌	十一年			劉秉忠
乙亥	十二年			
丙子	十三年			
丁丑	十四年			
戊寅	十五年			
己卯	十六年			

元史表卷五上 六

年			
庚辰 十七年			
辛巳 十八年			
壬午 十九年			
癸未 二十年			
甲申 二十一年			
乙酉 二十二年			
丙戌 二十三年			
丁亥 二十四年			
戊子 二十五年			
己丑 二十六年			
庚寅 二十七年			
辛卯 二十八年			
壬辰 二十九年			
癸巳 三十年			
甲午 三十一年			
成宗皇帝			
乙未 元貞元年			月赤察兒
丙申 二年			月赤察兒
丁酉 大德元年			月赤察兒
戊戌 二年			月赤察兒

元史表卷五上 七

年			
己亥 三年			
庚子 四年	月赤察兒	完澤	月赤察兒
辛丑 五年	月赤察兒		
壬寅 六年	月赤察兒		
癸卯 七年	月赤察兒		
甲辰 八年			
乙巳 九年			
丙午 十年			
丁未 十一年		哈刺哈孫	塔刺海
武宗皇帝			
戊申 至大元年			
己酉 二年			
庚戌 三年	阿刺不花	乞台普濟	三寶奴
	脫兒赤顏		
辛亥 四年	脫兒赤顏	忽魯忽荅	
		乞台普濟	
		帖可	
仁宗皇帝			
壬子 皇慶元年	阿撒罕	帖可	曲出
癸丑 二年	阿撒罕	伯忽	曲出

年			
甲寅　延祐元年	阿撒罕	伯忽	曲出
乙卯　二年	阿撒罕	伯忽	曲出
丙辰　三年	鐵木迭兒	伯忽	曲出
丁巳　四年	鐵木迭兒	伯忽	曲出
戊午　五年		伯忽	曲出
己未　六年	鐵木迭兒	伯忽	曲出
庚申　七年	鐵木迭兒	朶䚟	曲出
英宗皇帝			
辛酉　至治元年	鐵木迭兒	朶䚟	曲出
壬戌　二年	鐵木迭兒	朶䚟	曲出
癸亥　三年		朶䚟	
泰定皇帝			
甲子　泰定元年	伯忽	朶䚟	伯顏察兒
乙丑　二年	按塔出	朶䚟	禿忽魯
丙寅　三年		朶䚟	禿忽魯
丁卯　四年		朶䚟	禿忽魯
文宗皇帝			
戊辰　天曆元年	燕鐵木兒	伯荅沙	
己巳　二年	燕鐵木兒	伯荅沙	伯顏
庚午　至順元年	燕鐵木兒	伯荅沙	伯顏
辛未　二年	燕鐵木兒	伯荅沙	伯顏

表卷第五上

表卷第五下　元史一百十一

翰林學士亞中大夫知制誥兼修國史臣宋濂翰林待制承直郎同知制誥兼國史院編修官臣王禕等奉敕修

三公表二

順帝	太師	太傅	太保
癸酉 元統元年	燕鐵木兒	撒敦	
	伯顏		
甲戌 二年	伯顏	撒敦	燕不憐
乙亥 至元元年	伯顏	撒敦	定住
		完者帖木兒	定住
丙子 二年	伯顏		定住
丁丑 三年	伯顏		馬札兒台
			馬札兒台
戊寅 四年	伯顏		馬札兒台
己卯 五年	伯顏		馬札兒台
庚辰 六年	伯顏	塔失海牙	探馬赤
	馬札兒台		
辛巳 至正元年	馬札兒台		
壬午 二年	馬札兒台		
癸未 三年	馬札兒台		
甲申 四年	馬札兒台		

	太師	太傅	太保
乙酉 五年	馬札兒台		伯撒里
丙戌 六年	馬札兒台		伯撒里
丁亥 七年	馬札兒台		別兒怯不花
戊子 八年		脫脫	
己丑 九年		脫脫	
庚寅 十年		脫脫	
辛卯 十一年		脫脫	阿魯圖
壬辰 十二年	脫脫		
癸巳 十三年	脫脫		
甲午 十四年	脫脫	汪家奴	伯撒里
乙未 十五年	汪家奴	衆家奴	定住
			伯撒里
丙申 十六年	汪家奴	衆家奴	定住
丁酉 十七年	汪家奴	衆家奴	定住
戊戌 十八年	汪家奴	衆家奴	搠思監
			定住
己亥 十九年	汪家奴		搠思監
庚子 二十年	汪家奴		搠思監
		太平	太平
辛丑 二十一年	汪家奴	老章	搠思監

	壬寅 二十二年	癸卯 二十三年	甲辰 二十四年	乙巳 二十五年	丙午 二十六年	丁未 二十七年	戊申 二十八年
	汪家奴	汪家奴		伯撒里	伯撒里		
	老章	老章		擴廓帖木兒	擴廓帖木兒		擴廓帖木兒
	搠思監		孛羅帖木兒	禿堅帖木兒		也速	也速

表卷第五下

元史一百一十二

表卷第六上

翰林學士亞中大夫知制誥兼修國史臣宋濂 翰林待制承直郎同知制誥兼國史院編修官臣王禕等奉 勅修

宰相年表

宰相者上承天子下統百司治體繫焉元初將相大臣年月疏闊簡牘未詳者則闕之中統建元以來宰執之官其拜罷歲月之可考者列而書之作宰相年表

表	中書令	右丞相	左丞相	平章政事	右丞	左丞	參知政事
太祖皇帝							
丙寅 元年							
丁卯 二年							
戊辰 三年							
己巳 四年							
庚午 五年							
辛未 六年							
壬申 七年							
癸酉 八年							
甲戌 九年							
乙亥 十年							

丙子	十一年
丁丑	十二年
戊寅	十三年
己卯	十四年
庚辰	十五年
辛巳	十六年
壬午	十七年
癸未	十八年
甲申	十九年
乙酉	二十年

丙戌	二十一年
丁亥	二十二年
戊子	
太宗皇帝	
己丑	元年
庚寅	二年
辛卯	三年
壬辰	四年
癸巳	五年
甲午	六年

乙未	七年
丙申	八年
丁酉	九年
戊戌	十年
己亥	十一年
庚子	十二年
辛丑	十三年
壬寅	
癸卯	
甲辰	

乙巳	
定宗皇帝	
丙午	元年
丁未	二年
戊申	三年
己酉	
庚戌	
憲宗皇帝	
辛亥	元年
壬子	二年

年	中書令	右丞相	左丞相	平章政事	右丞	左丞	參知政事
癸丑 三年							
甲寅 四年							
乙卯 五年							
丙辰 六年							
丁巳 七年							
戊午 八年							
己未 九年							
世祖皇帝							
庚申 中統元年		禡禡		王文統			張啓元

一百十七 元史表卷六上 四 楊叔章 六巳

年	中書令	右丞相	左丞相	平章政事	右丞	左丞	參知政事
				趙璧			
辛酉 二年 是年置丞相一員		不花 史天澤	忽魯不花 耶律鑄	塔察兒 王文統 賽典赤 廉希憲	張	張文謙	商挺 楊果
壬戌 三年		不花 史天澤	忽魯不花 耶律鑄	塔察兒 王文統 賽典赤 廉希憲	粘合 張	闊闊 張文謙	商挺 楊果
癸亥 四年		不花 六月	忽魯不花	塔察兒	粘合	闊闊	商挺

年	中書令	右丞相	左丞相	平章政事	右丞	左丞	參知政事
		線真 代 史天澤	六月 塔察兒 代 耶律鑄	王文統 六月陞左丞相 趙璧 賽典赤 廉希憲	張	張文謙 姚樞	楊果
甲子 至元元年		線真 史天澤	塔察兒 耶律鑄	賽典赤 廉希憲	張 阿里別	張文謙	商挺 楊果
乙丑 二年 是年置丞相五員		安童 忽都察兒 史天澤		趙璧 廉希憲 阿合馬	張 阿里別	姚樞	商挺

二十 六 元史表卷六上 五 董茂

年	中書令	右丞相	左丞相	平章政事	右丞	左丞	參知政事
		耶律鑄 伯顏		賽合丁			王
丙寅 三年 是年置丞相五員		安童 忽都察兒 史天澤 耶律鑄 伯顏		廉希憲 宋子貞	阿里別	張	王 商挺
丁卯 四年		安童	史天澤	忽都察兒 耶律鑄	伯顏	廉希憲	阿里別 張惠
戊辰 五年		安童	史天澤	忽都察兒	伯顏	廉希憲	阿里別

二十二 六

元史表卷六上 六

童式

己巳	庚午	辛未
六年	七年 是年置尚書省惟設平章政事以下員	八年
安童	安童 中書省	安童 中書省
史天澤	忽都察兒 耶律鑄	忽都察兒 耶律鑄
耶律鑄 忽都察兒 耶律鑄	阿合馬 張易 尚書省	
伯顏	伯顏 趙	伯顏 趙
廉希憲	廉希憲 許衡	廉希憲 許衡
張惠 阿里別 張惠	阿里別 張惠 張惠 李 麥朮督丁	阿里別 張惠

	壬申	癸酉	甲戌
是年置尚書省十二月罷	九年	十年	十一年
	安童	安童	安童
	忽都察兒	忽都察兒	忽都察兒
阿合馬 張易 尚書省	哈伯 張易	哈伯 阿合馬 張易	哈伯 阿合馬
	趙	趙	趙
		張	張
張惠 李 麥朮督丁	李 麥朮督丁	李 麥朮督丁	李 麥朮督丁

一五九 六

元史表卷六上 七

王浩卿

乙亥	丙子	丁丑	戊寅
十二年	十三年	十四年	十五年
安童			
忽都察兒	忽都察兒	忽都察兒	
張易 哈伯 阿合馬 張易	哈伯 阿合馬 趙	哈伯 阿合馬	哈伯
趙		張	張
張			
李 麥朮督丁	郝禎	郝禎	耿仁

	己卯	庚辰	辛巳	壬午
	十六年	十七年	十八年	十九年
				甕吉剌䚟 正月至三月
				阿合馬 耶律鑄
阿里 阿合馬	阿合馬 哈伯	阿合馬 哈伯	阿合馬	
	張	張	張	扎珊 張
			耿仁 郝禎	耿仁 郝禎
	郝禎 耿仁	郝禎 耿仁	阿里	阿里 張鵬舉

和禮霍孫 四月至十二月
麥朮督丁 張阿亦伯

癸未 二十年
和禮霍孫
耶律鑄
扎珊
麥朮督丁
張鵬舉 溫迪罕

甲申 二十一年
和禮霍孫
耶律鑄
扎珊
麥朮督丁
張鵬舉 溫迪罕

乙酉 二十二年
安童
阿尖哈 忽都魯
盧世榮
史
撒的迷失 麃

丙戌 二十三年
安童
薛闍干
麥朮督丁
也速解兒
楊 郭

二十四 六

元史表卷六上 八

王浩卿

丁亥 二十四年 是年置尚書省設官如七年制
安童 中書省
薛闍干 麥朮督丁
桑哥 帖木兒 尚書省
阿魯渾薩理
葉李
麃 楊 不顏里海牙 馬紹 忻都

戊子 二十五年 是年置尚書省
安童 中書省
桑哥
伯荅兒 崔 麥朮督丁 帖木兒
葉李
馬紹
何 張住哥 忻都

始增丞相一員
尚書省
阿魯渾薩理
夾谷

己丑 二十六年 是年置尚書省
安童 中書省
桑哥 尚書省
伯荅兒 崔 麥朮督丁 帖木兒
阿魯渾薩理
葉李
忻都
張吉甫 張住哥 何
夾谷

庚寅 二十七年 是年置尚書省
安童 中書省
桑哥
伯荅兒 崔 麥朮督丁 帖木兒
葉李
馬紹
張吉甫 張住哥 何

二十二 六

元史表卷六上 九

中崇山

尚書省
阿魯渾薩理
忻都
夾谷 十一月 燕眞忽都 魯 代

辛卯 二十八年 是年置尚書省正月至五月罷
完澤 中書省
桑哥 尚書省
不忽木 咱喜魯丁 帖木兒 阿魯渾薩理
何榮祖 葉李
理
忻都
馬紹 馬紹
賀勝 杜 何 燕眞忽都 魯

壬辰 二十九年
完澤
帖可
何榮祖
馬紹
杜

	癸巳 三十年	甲午 三十一年	成宗皇帝 乙未 元貞元年
	完澤	完澤	完澤
剌真 麥朮督丁 商議省事 不忽木 咱喜魯丁	賽典赤 帖可 麥朮督丁 商議省事 剌真 不忽木 咱喜魯丁	賽典赤 帖可 剌真 麥朮督丁 不忽木	賽典赤 帖可
商議省事 阿里	何榮祖 商議省事 阿里	何榮祖 商議省事 阿里 張 十一月[illegible]增	何榮祖 阿里
	張	梁暗都剌	梁暗都剌 楊
梁暗都剌	杜 梁暗都剌	杜 何	阿老瓦丁 三月改除

元史表卷六上　十

	丙申 二年	丁酉 大德元年	戊戌 二年
	完澤	完澤	完澤
剌真 麥朮督丁 不忽木	伯顏 帖可 剌真 不忽木 段那海 三月至十二月	賽典赤 段那海 帖可 剌真 也先帖木兒 四月至十二月	賽典赤 段那海 帖可 剌真 也先帖木
張九思	張九思 阿里 三月至十二月	阿里 正月至三月 張九思 梁暗都剌 四月至閏十二月	梁暗都剌 正月至三月 張九思 正月至二月
	梁暗都剌 楊	梁暗都剌 正月至三月 八都馬辛 四月至閏十二月 楊	楊 八都馬辛 正月至六月
何	呂 何	呂 張友仁 張 六月至十二月 何 正月至五月	呂 張

元史表卷六上　十一

二〇八　六　元史表卷六上　十二　張友仁

	己亥 三年	庚子 四年	辛丑 五年	壬寅 六年
	完澤	完澤	完澤	完澤
	哈剌哈孫	哈剌哈孫	哈剌哈孫	哈剌哈孫
兒 正月一月 梁暗都剌 四月至十二月	賽典赤 帖可 剌真 正月至七月 段那海 梁暗都剌	賽典赤 段那海 梁偉都剌 阿魯渾薩理 八月至十二月	賽典赤 段那海 梁偉都剌 阿魯渾薩理	賽典赤
	楊 八都馬辛	八都馬辛 楊	八都馬辛 楊	八都馬辛
	月古不花 五月至十二月	月古不花 呂	呂 月古不花	月古不花
	迷兒火者 三月至十二月 呂 正月一月 張斯立	迷兒火者 張斯立 哈剌蠻子	迷兒火者 張斯立 哈剌蠻子	迷兒火者

二百四十二　六　元史表卷六上　十三　張周士

	癸卯 七年	甲辰 八年
	完澤 正月至四月 哈剌哈孫 九月至十二月	哈剌哈孫
	阿忽台 八月至十二月	阿忽台
阿魯渾薩理 正月至七月 段那海 梁暗都剌	賽典赤 正月至二月 阿老瓦丁 三月至十二月 段那海 正月一月 阿魯渾薩理 正月一月 梁暗都剌 正月一月 木八剌沙 三月至十二月	阿老瓦丁 正月至九月
楊 正月至三月	八都馬辛 正月一月 洪雙叔 四月至十二月	洪雙叔 正月一月
呂 正月至八月	月古不花 正月一月 尚文 三月至十二月	尚文 火失海牙
正月至七月 哈剌蠻子 正月至七月 張斯立	哈剌蠻子 正月一月 朶解 三月至七月 迷兒火者 正月一月 張 正月一月 董 四月至十二月	朶解 迷兒火者

元史表卷六上　十四　張周士

	乙巳 九年	丙午 十年
	哈剌哈孫	哈剌哈孫
	阿忽台	阿忽台
伯顏 十月至十二月 帖可 阿里 十月至十二月	伯顏 阿里 正月至七月 八都馬辛 八月至十二月 段那海 九月至十二月	帖可 三月至十二月 阿散 三月至十二月 伯顏 正月至閏正月
塔思不花 二月至十二月 八都馬辛 十一月至十二月	長壽 正月至八月 八都馬辛 正月至七月	哈剌蠻子
十一月 一月	尚文 正月至七月	章閭 四月至十二月 迷兒火者 正月至閏正月 杜 三月至十二月
十月至十二月 董 正月一月 趙 二月至九月 張 十月至十二月	脫歡 正月至六月 迷兒火者 正月至八月 張 正月至十月	也先伯 三月至十二月

元史表卷六上　十五　張繼道

	丁未 十一年
	哈剌哈孫 正月至八月
	阿忽台 正月至二月 又八月至十二月
段那海 正月至閏正月 八都馬辛 徹里 二月至十月	帖可 正月至二月 阿散 正月至八月 教化 八月至十二月 八都馬辛 正月至二月 床兀兒 五月至十二月 塔失海牙 八月至十二月 脫脫 八月至九月 法忽魯丁
	哈剌蠻子 正月至二月 孛羅帖木兒 九月至十二月 孛羅荅失 八月至十二月 王 八月一月 劉 十一月至十二月 郝 十一月至十二月 抄兒赤 六月至十二月
	杜 正月至三月 章閭 正月至三月 阿都赤 正月至七月 阿里伯 五月至十二月 斡羅思 七月至十二月
	也先伯 正月至八月 劉 正月至三月 撒剌兒 六月至九月 千璋 十一月至十二月 烏伯都剌 九月至十二月 欽察

元史表卷六上　十六

武宗皇帝　六

八月至九月　別不花 八月至九月　阿沙不花 五月至十二月　乞台普濟 六月至十二月　明里不花 六月至十二月

塔海 六月至十二月

二八十

戊申 至大元年

荅剌海 正月至三月　塔思不花 九月至十二月　乞台普濟 閏十一月至十二月

脫脫 閏十一月至十二月　乞台普濟 二月至十一月

塔失海牙　床兀兒 正月至三月　乞台普濟 十二月一月　教化 正月至二月　正月一月　阿沙不花 右丞相行平章事 二月至十二月

孛羅帖木兒　劉　孛羅蔑 正月至十一月　扎忽兒解 閏十一月至十二月

尚文 八月至十二月　忽都不丁 八月至十二月　郝　劉 正月至十月　何 十月至十一月　烏伯都剌

烏伯都剌 正月至十一月　郝 十月至十一月　于 正月至九月　伯都 閏十一月至十二月　高昉 閏十一月至十二月

張

元史表卷六上　十七

己酉 二年　六

昱六

是年置尚書省

塔思不花　乞台普濟 中書省　乞台普濟 八月至十二月

脫脫　九月至十二月　脫脫

阿散 四月至六月　脫脫木兒 四月至十二月　赤因帖木兒　閏十一月至十二月　察乃 閏十一月至十二月　哈失海牙　三月至十月　阿散 三月至十月　赤因帖木兒 九月至十二月　察乃 八月至十二月　三寶奴 八月至九月

扎忽兒解　劉　保八 八月至十二月

郝　閏十一月至十二月　烏伯都剌 正月至十一月　脫脫 正月至十二月　九月至十二月　忙哥帖木兒

伯都　高昉 正月至十月　王羆 八月至十二月

易中參

			尚書省		伯顏 十一月至十二月 樂實 八月至十二月		八月至十二月	郝彬 八月至十二月
庚戌	三年 是年罷尚書省		塔思不花 中書省 脫脫	脫脫 三寶奴	赤因帖木兒 阿散 察乃 樂實	伯都 正月一月 忽都不丁 七月至十一月 保八	忽都不丁 正月至六月 斡只 八月至十一月 忙哥帖木兒	帖畏脫歡 買 正月至十一月 回回 八月至十二月 王羆
辛亥	四年 明年正月罷		尚書省 帖木迭兒	脫脫 正月一月	伯顏 察乃 赤因帖木兒 李孟 二月至十二月 完澤 二月至八月 阿散 十二月一月	忽都不丁 正月至二月 烏伯都剌 四月至八月	斡只 正月一月 李 二月至十二月	郝彬 帖畏脫歡 正月至八月 買 正月至八月

仁宗皇帝

壬子	皇慶元年		帖木迭兒	阿散 九月至十二月		烏伯都剌	李 正月至二月 八剌脫因 三月至十二月	察罕 正月至九月 阿卜海牙 十月至十二月 買 正月至五月又九月至十二月 許師敬 九月至十二月
癸丑	二年		帖木迭兒 正月一月 禿忽魯 正月至十二月	阿散	章閭 張珪 正月至五月 烏伯都剌 六月至十二月	烏伯都剌 正月至五月 八剌脫因 六月至十二月	八剌脫因 正月至五月 阿卜海牙 六月至十二月	許師敬 阿卜海牙 正月至五月 禿魯花帖木兒 六月至七月 薛 九月至十二月
甲寅	延祐元年		禿忽魯 正月至二月	阿散	章閭 正月至十月	八剌脫因 正月至十一月	阿卜海牙	趙世延

上半頁

（續）	乙卯 二年	丙辰 三年	（續）	丁巳 四年
	二年	三年		四年
	帖木迭兒	帖木迭兒		帖木迭兒 正月至六月 伯荅沙 九月至十二月
	阿散	阿散		阿散
烏伯都剌 正月至八月	烏伯都剌 李孟	烏伯都剌 李孟 伯帖木兒	六月至十二月 拜住 六月至十二月	伯帖木兒 正月至七月 赤因帖木兒 六月至十二月
拜住 十二月一月	拜住	拜住 正月至五月 阿里海牙	六月至八月	阿卜海牙 正月至五月 乞塔 六月至十二月
	阿卜海牙	阿卜海牙 六月至八月 王毅	六月至八月 王 十月至十二月	王毅 正月至五月 高昉 六月至十二月
	曹 趙世延 正月至九月 郭 十一月一月	郭 正月至五月 不花	六月至十二月 曹 正月至七月 乞塔 九月至十二月	乞塔 正月至五月 煥住 六月至十二月 高昉

下半頁

（續）	戊午 五年	（續）	己未 六年
	五年		六年
	伯荅沙		伯荅沙
	阿散		阿散
拜住 正月至五月 阿里海牙 六月至十二月 李孟 正月至六月 王毅 八月至十二月 烏伯都剌	赤因帖木	兒 正月至九月 阿里海牙 亦列赤 十月至十二月 烏伯都剌 王毅	烏伯都剌 阿里海牙 王毅
	乞塔	正月至四月 亦列赤 六月至九月 高昉 十月至十二月	高昉
	高昉	正月至九月 煥住 十月至十二月	煥住
張 正月至五月 六月一月 王 七月至十二月	煥住	正月至九月 王 正月至四月 敬儼 五月至十二月 燕只哥 十月至十二月	敬儼 正月至八月 燕只哥

亦列赤 正月至十一月
張思明 正月至九月 閏八月至十二月
欽察 十月至十二月

庚申 七年
伯答沙 正月一月
帖木迭兒 二月至十二月
阿散 正月至四月
拜住 六月至十二月
答失海牙 六月至十二月
乃剌忽 六月至七月
帖木兒脫
高昉 正月至二月
木八剌 三月至十二月
焕住 正月一月
張思明 三月至十二月
欽察 正月至五月
張思明
只兒哈郎 六月至十二月

元史表卷六上 二十二

六月至十二月
拜住 五月一月
烏伯都剌 正月一月
廉米只兒
海牙 十一月至十二月
亦列赤 正月一月
速速 六月至十二月

阿里海牙 正月至二月
禿滿迭兒 正月至二月
赫驢 三月至四月
趙 三月至七月

英宗皇帝
辛酉 至治元年
帖木迭兒
拜住
廉米只兒
只兒哈郎
張思明
速速

元史表卷六上 二十三

海牙
帖木兒脫 正月至十月
塔失海牙 正月至八月
只兒哈郎 七月至十二月
薛 五月至十二月

壬戌 二年
帖木迭兒 正月至八月
拜住
拜住 正月至十月
廉米只兒
海牙 正月至十一月
只兒哈郎
薛
張思明
速速
薛 正月至二月

	癸亥		泰定皇帝	甲子
	三年			泰定元年
十一月至十二月	拜住 正月至八月			旭邁傑
				倒剌沙 二月至十二月
欽察 五月至十二月 旦兒哈郎 正月至五月 買驢 四月至十二月	欽察 赤因帖木兒 十月一月	張珪		倒剌沙 正月一月 烏伯都剌 欽察 正月至二月 張珪 乃蠻解 二月至十二月
	旦兒哈郎 正月至十月 乃馬解 十月至十二月			乃蠻解 正月一月 善僧 二月至十二月
	速速 正月至八月 善僧 九月至十二月			善僧 正月一月 潑皮 六月至十二月
王居仁 閏五月至十二月	馬剌 王居仁			馬剌 正月至四月 王居仁 正月至二月 楊庭玉 三月至十二月 朵朵 五月至十二月

	乙丑	丙寅		丁卯
	二年	三年		四年
	旭邁傑 正月至八月 塔失帖木兒 十二月一月	塔失帖木兒		塔失帖木兒
	倒剌沙	倒剌沙		倒剌沙
禿滿迭兒 五月至十二月	禿滿迭兒 烏伯都剌 乃蠻解 張珪 正月至二月 善僧 五月至十二月	禿滿迭兒	乃蠻解 正月至二月 烏伯都剌 察乃 三月至十二月 善僧 正月至十月 伯顏察兒 十二月一月	禿滿迭兒
	善僧 正月至二月 潑皮 三月至十二月	潑皮	正月至五月 許師敬 十月至十二月	許師敬
	潑皮 正月至二月 許師敬 四月至十二月	許師敬	正月至十月 朵朵 十一月至十二月	朵朵
	朵朵 楊庭玉 正月至四月 馮不花 五月至十二月	朵朵	正月至十月 史惟良 十一月至十二月 馮不花	馮不花

察乃 正月至十月
烏伯都剌 趙世延
伯顏察兒 十月至十二月
史惟良 正月至九月
王士熙 十月至十二月

文宗皇帝
戊辰 天曆元年
燕鐵木兒
別不花
塔失海牙 趙世延 史惟良 張友諒
九月至十月 速速 九月至十一月 回回 九月至十一月 十月至十二月 月魯帖木兒
九月至十月 闊闊台 九月至十一月 月魯不花 十一月至十二月 十一月至十一月

九月至十二月 明里董阿 九月至十二月 欽察台 十月至十二月 敬儼 十月至十二月

己巳 二年
燕鐵木兒
別不花 正月至八月 帖木兒不花
闊闊台 正月至八月 明里董阿
徹里帖木兒 正月至五月
月魯帖木兒 正月至八月
趙世安 正月 左吉

正月至四月 敬儼 正月 王毅 正月至八月 哈兒禿 五月至八月 徹里帖木兒 五月至八月
闊兒吉思 四月至八月 朶兒只 八月至十一月 撒迪
趙世安 十月至十二月
正月至五月 王結 正月至八月 阿榮 八月至十二月

庚午 至順元年
燕鐵木兒
伯顏 二月
阿兒思蘭 海牙 九月至十二月 朶兒只 十一月 趙世延 十一月 欽察台 欽察台 阿兒思蘭
撒迪
史惟良 趙世安 二月
欒文淵 正月至五月

	至順元年（續）	辛未 二年	
中書令			
右丞相		燕鐵木兒	
左丞相			
平章政事	海牙 三月　趙世延 正月至閏七月　阿里海牙　朶兒只 正月至二月　亦列赤	欽察台　阿里海牙	亦列赤　伯撒里　禿兒哈帖木兒
右丞		撒迪	
左丞	張友諒和尚 正月至閏七月	張友諒	
參知政事	張友諒 五月至九月　脫亦納　姚庸	脫亦納 正月	姚庸　燕帖木兒　耿煥

表卷第六上

表卷第六下　　元史一百一十三

翰林學士亞中大夫知制誥兼修國史臣宋濂翰林待制承直郎同知制誥兼國史院編修官臣王褘等奉敕修

宰相年表二

順帝

	癸酉 元統元年	甲戌 二年	乙亥 至元元年
中書令			
右丞相	燕鐵木兒　伯顏	伯顏	伯顏 七月初二日命獨相
左丞相	撒敦	撒敦	撒敦　唐其勢 六月伏誅
平章政事	欽察歹　脫別歹　阿里海牙　撒迪　阿昔兒　闊兒吉思	脫別歹　阿里海牙 正月除河南丞相　撒迪　阿息兒　闊兒吉思	脫別歹　定住 九月初七日由樞密知院除爲頭平章　阿昔兒　闊兒吉思 七月遷知院
右丞	闊兒吉思　孛羅	孛羅	孛羅 七月升平章　輩卜班 十月
左丞	史惟良　王結	王結	王結　耿煥 十一月
參知政事	忽都海牙　高履亨	忽都海牙　許有壬 十月由侍御史除	晉化 四月由南臺中丞除　納麟 七月由南臺中丞除　許有壬

丙子 二年		丁丑 三年	戊寅 四年
伯顏		伯顏	伯顏
撒迪 七月初一日由中丞除第二平章十月爲御史大夫 徹里帖木兒 孛羅 七月詔[illegible]吉思 阿吉剌 十一月由知院除 塔失海牙 定住	塔失海牙 帖木兒不花 孛羅 阿吉剌	定住 十二月卒于位 塔失海牙 孛羅 阿吉剌	探馬赤 哈八兒禿
鞏卜班		鞏卜班	鞏卜班
王懋德		王懋德	王懋德
納麟	許有壬	納麟 許有壬	納麟 傅巖起

己卯 五年		庚辰 六年		辛巳 至正元年
伯顏		伯顏	脫脫 十月 馬札兒台 三月拜 十月罷 二月[illegible]南左丞相	脫脫
		鐵木兒不花	十月	鐵木兒不花 別兒怯不花
孛羅 阿吉剌 只兒瓦歹	哈八兒禿 孛羅 阿吉剌 三月出爲遼陽平章 只兒瓦歹 後罷爲承旨	孛羅	沙剌班 汪家奴 四月由樞密同知爲平章十月除樞密知院	脫歡 十二月除江浙丞相 世先帖木兒 鐵木兒塔識
	鞏卜班 三月出爲甘肅平章	鐵木兒塔識		鐵木兒塔識 阿魯 四月升平章
		傅巖起		許有壬
	納麟 傅巖起	納麟	阿魯 四月除樞密同知 傅巖起 二月升左丞 許有壬	阿魯 四月升右丞 定住 許有壬 四月升左丞

吳忽都不花

壬午 二年

脫脫

也先帖木兒
鐵木兒塔識
也速怯歹 三月由知院除第四平章

太平 六月

許有壬

定住
吳忽都不花

癸未 三年

脫脫

別兒怯不花 十二月

也先帖木兒
鐵木兒塔識
也速怯歹
納麟 五月辭

太平

許有壬 五月辭

定住
吳忽都不花
伯顏
韓元善 十月由樞密院除

甲申 四年

脫脫 五月辭位
阿魯圖 五月

別兒怯不花

鐵木兒塔識 三月
太平
納麟 三月由河南平章除
伯顏
納哈赤

太平 二月升平章
伯顏 二月至八月升平章
達識帖睦邇 九月

吳忽都不花
姚庸 三月由集賢大學士除九月爲承旨
董守簡 九月由中丞除

伯顏 二月升右丞
搠思監 二月
韓元善
趙德壽 正月由兵部尚書除

乙酉 五年

阿魯圖

別兒怯不花

鐵木兒塔識 七月爲御史大夫
納哈赤 後罷爲承旨

達識帖睦邇 九月罷爲承旨
搠思監

董守簡 後遷中丞

搠思監 九月升右丞
朶兒只班 前資正院使

太平 十月爲御史大夫
輦卜班 七月
納麟
伯顏

呂思誠 十月
韓元善 十月除宣農大卿

丙戌 六年

阿魯圖

別兒怯不花

鐵木兒塔識
輦卜班
納麟
教化
帖木哥

朶兒只班 後除遼陽平章

呂思誠

朶兒只班
答兒麻 七月
瑣南班
呂思誠

魏中立 四月升左丞

丁亥 七年

別兒怯不花 正月初九日四月十八拜命五月罷
朶兒只 十二月

鐵木兒塔識 九月薨于位
朶兒只 九月由大夫拜
太平 十二月

鐵木兒塔識 四月升左丞相
太平 六月至十二月升左丞相
教化
定住
帖木哥
朶朶
韓加訥

瑣南班 後遷中丞
宗住 四月由承旨除
脫歡 七月
忽都不花 十月

呂思誠

瑣南班 二月升右丞
道童 二月
福壽 六月
魏中立
孔思立 七月

	戊子 八年	己丑 九年
	朵兒只	朵兒只 七月罷爲國王 脫脫 閏七月復相
	太平	太平 七月罷爲承旨
十二月除大夫	教化 定住 後以疾辭 韓加訥 太不花 忽都不花	栢顔 韓加訥 太不花 欽察台 忽都不花
	忽都不花	禿滿迭兒 閏七月除四川右丞 搠思監
	呂思誠	呂思誠 後遷中丞 韓元善 四月
	福壽 孔思立	撒馬篤 玉樞虎兒吐華 閏七月 秦從德

	庚寅 十年	辛卯 十一年
	脫脫	脫脫
定住	栢顔 太不花 定住 搠思監 正月 普化	太不花 定住 搠思監 普化 朵兒只班
	玉樞虎兒吐華 正月	玉樞虎兒吐華
	韓元善	韓元善
	脫列 韓鏞	脫列 韓鏞 松壽 分省濟寧 烏古孫良楨 十二月

壬辰 十二年	癸巳 十三年
脫脫 三月總兵八月出師十一月還朝	脫脫
定住 搠思監 普化 忽都海牙 月魯不花 三月由宣政院使除	定住 搠思監 普化 忽都海牙
玉樞虎兒吐華 哈麻 八月添設	哈麻 正月代玉樞虎兒吐華爲正 禿禿
韓元善 八月卒 賈魯 十月添設	烏古孫良楨 正月
帖里帖木兒 十一月出爲江浙添設右丞 烏古孫良楨 悟良哈台 四月添設 杜秉彝 十月添設	蠻子 正月由侍御除 杜秉彝 正月代烏古孫良楨

	甲午 十四年
	脫脫 九月總兵出征十二月詔削官爵淮安安置
	定住
搭失八都魯	定住 十二月升左丞相 搠思監 普化 月赤察兒 九月由知院除 哈麻 十一月 鎖南班 十二月
悟良哈台 正月代哈麻四月爲正	悟良哈台 桑哥失理 十二月由中政院使除添設
	烏古孫良楨 呂思誠 十二月由湖廣左丞除爲添設
	蠻子 咸卜 杜秉彝 九月由將作院使除

乙未 十五年	丙申 十六年	丁酉 十七年	戊戌 十八年
汪家奴 二月 定住 十二月辭以太保就第治病	定住 正月辭不允復命	搠思監 五月	搠思監 定住 太不花
定住 四月拜右丞相 哈麻	哈麻 正月罷 搠思監 四月	太平 五月	太平 紐的該
搠思監 正月由陝西平章九月復命中書 哈麻 四月升左丞相 達識帖睦邇 八月除江浙丞相 紐的該 桑哥失里 瑣南班 帖里帖木兒 黑厮 拜住	搠思監 二月除大夫 帖里帖木兒 桑哥失里 悟良哈台 實理門	帖里帖木兒 三月除大夫 悟良哈台 斡欒 嵗卜 老的沙 十二月分省太原 完不花 荅蘭 十二月	斡欒 完不花 老的沙 脫脫帖木兒 燕古思 也先不花 莊嘉 八都麻失里
悟良哈台 正月除河南平章 蠻子 九月除中政院使 拜住 九月代蠻子 斡欒 由樞密院同知代拜住 嵗卜	斡欒	別帖木兒 完者帖木兒 七月由中丞除 埜仙普化 失列門 九月 八都麻失里 分省濟寧	八都麻失里 完者帖木兒 六月升平章 塔失帖木兒
許有壬 九月以集賢大學士 呂思誠 烏古孫良楨 杜秉彝	呂思誠 十月除大司農卿 烏古孫良楨	烏古孫良楨 成遵 九月除中丞 李獻 十二月由中丞除	李獻 成遵 十二月除翰林學士 失你不花
嵗卜 實理門 李稷 成遵 月倫失不花 陳敬伯 八月分省彰德	別帖木兒 完者不花 荅蘭 李稷 成遵	完者帖木兒 十月除宣政院同知 偰哲篤 七月 卜顏帖木兒 十二月 哈剌那海 十二月 崔敬 十二月 陳敬伯 十二月 李稷 賈魯 分省濟寧	燕只不花 禿魯 三月由治書除 忙哥帖木兒 孛羅帖木兒 安童 普顏不花 馬某火者 十月由經略使除 瑣住 十一月除崇福司使 崔敬

己亥 十九年	庚子 二十年		辛丑 二十一年
	搠思監 三月		
太平	太平 二月罷爲太保		
斡欒 完不花 篤憐帖木兒 九月除陝西省左丞相 朵兒只班 莊嘉 也先不花 八都麻失里	老的沙 二月由大夫入中書後復爲大夫	斡欒 完不花 完者帖木兒 達識帖木兒 絆住馬 失列門	斡欒 失列門 佛家奴 達識帖木兒 定住
搭失帖木兒 不花	不花 分省太原		也先不花
成遵	陳敬伯		也先不花 陳敬伯
孛羅帖木兒 伯顏 忙哥帖木兒 脫火赤 分省太原 王時 趙中 十二月由詹事宣使除	也先不花 七十 王時	危素 分省太原 丁好禮	哈剌章 七十 達禮麻失里 袁渙 不顏

二十三

元史表卷六下

十

沈子英

	壬寅 二十二年	癸卯 二十三年	甲辰 二十四年
	搠思監 三月	搠思監	搠思監 四月貶嶺北 孛羅帖木兒 八月
			也速 孛羅帖木兒 七月
答蘭 九月出爲陝西平章	斡欒 分省太原 擴廓帖木兒 失列門 愛不花 佛家奴 十二月爲大夫 搭失帖木兒 絆住馬 孛羅帖木兒	愛不花 分省太原 完不花 普化 絆住馬 咬住 完不花 孛羅帖木兒	瑣住 禿堅帖木兒 七月除大夫
	也先不花	也先不花	不花帖木兒 脫脫木兒
	孟速迭兒 七十 剌馬乞剌 分省太原	七十 袁渙	帖木兒
危素	達禮麻失里 伯顏帖木兒 哈剌那海 脫木兒 分省太原 危素	伯顏帖木兒 札剌兒台 危素 馬良 七月	八都哥 危素 五月除承旨

二十四

元史表卷六下

十一

	乙巳 二十五年	
	孛羅帖木兒 七月伏誅 伯撒里 九月二十七	
	擴廓帖木兒	
山僧 佛家奴 老的沙	山僧 老的沙 三月除大夫 擴廓帖木兒 禿堅帖木兒 失列門 沙藍答里 十月升爲頭平章	上都馬 帖吉思不花 別帖木兒 三月除大夫 禿魯 脫脫 匡福 慶童 塔失帖木兒 洪寶寶 揑烈禿 不花帖木兒
	不花帖木兒 十月升平章 孛羅 曲木 答兒麻失里 脫脫木兒	
	帖木兒 袁渙 八月除河南右丞 王時 哈剌章 張晉	
王時 李士瞻 李國鳳	明安帖木兒 定住 八都兒 迭識帖木兒 蔡安道 帖林沙	

百九十三　元史表卷六下　十二　阮陽宗

	丙午 二十六年	丁未 二十七年	
	伯撒里	完者帖木兒 五月至八月除知院 也速	八月拜相總兵分省山東
	擴廓帖木兒 總兵河南 沙藍答里 正月	帖里帖木兒 八月除爲[illegible] 擴廓帖木兒	總兵十月罷爲河南王 沙藍答里 九月分省大同十一月薨
忽憐台 金那海	失列門 不花帖木兒 月魯帖木兒 七十 蠻子 札剌尒台	札剌兒 七十 俺普	七月除大宗正扎魯火赤 威家奴 月魯帖木兒 伯顏帖木兒 哈剌章 十二月爲頭平章分省大同 蠻子 完者帖木兒 不顏帖木兒 哈剌那海
	月魯帖木兒 帖林沙 七十 札剌尒台	帖林沙 陳敬伯 八月升平章	定住
	袁渙 李國鳳 八月升	定住 八月升右丞 董幼安	張守禮 劉益 孫景益 分省河東
	帖林沙 亦老溫 陳祖仁 董幼安 李國鳳 王朵羅歹	哈海 完者帖木兒 朵兒只	孫景益 阿剌不花 尹炳文 蓋元魯 董守訓 十月由樞密參議升 胡濬 普顏不花 陝思丁 鐵吉思帖木兒

三百五　元史表卷六下　十三　袁子名

分省河東 陳敬伯 李克舜 火里赤 板築兒 丁好禮 帖林沙 忽林台 陳秉直 楊誠 貊高 關保

分省保定 莊家 法都忽剌 供給山東

戊申 二十八年

也速

失列門 慶童

哈剌章 咸家奴 月魯帖木兒 伯顏帖木兒 完者帖木兒 燕赤不花 魏賽因不花 李思齊 俺普 瑣住

定住 火里忽者

董紉安 張守禮 孫景益

哈海 張裕 郭庸

表卷第六下

傳卷第一 元史百十四

翰林學士亞中大夫知制誥兼修國史宋濂 翰林待制承直郎同知制誥兼國史院編修官臣王禕等奉

敕修

后妃一

太祖光獻翼聖皇后名旭真弘吉剌氏特薛禪之女也特薛禪與子按陳從太祖征伐有功賜號國舅封王爵以統其部族有旨生女爲后生男尚公主世世不絕世祖至元二年十二月追謚光獻翼聖皇后冊文曰尊祖宗致誠孝寔王政之攸先法天地建鴻名亦母儀之克稱肆先虔於太室庸昭示於後昆體兹至公節以大惠欽惟光獻皇后宅心淵靜禀德柔嘉當聖神創業之初有夙夜求賢之助功施社稷垂慈訓於景襄慶衍宮闈流徽音於莊聖協贊龍飛之運永詒燕翼之謀惟周人著稱思齊亦推本興王之迹在漢世始謚光烈蓋薦申追遠之情是用稽迪舊章增崇遺美謹遣攝太尉某奉玉冊玉寶加上尊謚曰光獻翼聖皇后伏惟淑靈降格典禮備膺於億萬年茂隆丕祚升祔太祖廟其餘后妃有四斡耳朶四十餘人不記氏族其名悉見于表後皆倣此

太宗昭慈皇后名脫列哥那乃馬真氏生定宗歲辛

丑十一月太宗崩后稱制攝國者五年丙午會諸王百官議立定宗朝政多出於后至元二年崩追諡昭慈皇后升祔太宗廟

定宗欽淑皇后名斡兀立海迷失定宗崩后抱子失列門垂簾聽政者六月至元二年追諡欽淑皇后

憲宗貞節皇后名忽都台弘吉剌氏特薛禪孫忙哥陳之女也蚤崩后妹也速兒繼爲妃至元二年追謚貞節皇后升祔憲宗廟

世祖昭睿順聖皇后名察必弘吉剌氏濟寧忠武王按陳之女也生裕宗中統初立爲皇后至元十年三

月授冊寶上尊號貞懿昭聖順天睿文光應皇后一日四怯薛官奏割京城外近地牧馬帝既允方以圖進后至帝前將諫先陽責太保劉秉忠曰汝漢人聰明者言則帝聽汝何爲不諫向初到定都時若以地牧馬則可今軍蘸俱分業已定奪之可乎帝默然命寢其事后嘗於太府監支繒帛表裏各一帝謂后曰此軍國所需非私家物后何可得支后自是率宮人親執女工拘諸舊弓絃練之緝爲紬以爲衣其韌密比綾綺宣徽院羊臑皮置不用后取之合縫爲地毯其勤儉有節而無棄物類如此十三年平宋幼主朝于上都大宴衆皆歡甚唯后不樂帝曰我今平江南自此不用兵甲衆人皆喜爾獨不樂何耶后跪奏曰妾聞自古無千歲之國毋使吾子孫及此則幸矣帝以宋府庫故物各聚置殿庭上召后視之后徧視即去帝遣宦者追問后欲何所取后曰宋人貯蓄以遺其子孫子孫不能守而歸於我我何忍取一物耶時宋太后全氏至京不習北方風土后爲奏令回江南帝不允至三奏帝乃荅曰爾婦人無遠慮若使之南還或浮言一動即廢其家非所以愛之也苟能愛之時加存卹使之便安可也后退益厚待之胡帽舊無

前簷帝因射日色炫目以語后后即益前簷帝大喜遂命爲式又製一衣前有裳無衽後長倍於前亦無領袖綴以兩襻名曰比甲以便弓馬時皆倣之后性明敏達於事機國家初政左右匡正當時與有力焉十四年二月崩三十一年成宗即位五月追謚昭睿順聖皇后其冊文曰奉先思孝臣子之至情節惠易名古今之大典惟殷娥有明德之號而周任著思齊之稱爰考舊章式崇尊謚恭惟先皇后厚德載物正位承天隆內治於公宮綱大倫於天下曩事龍潛之邸及乘虎變之秋鄂渚班師洞識事機之會上都踐

祚居多輔佐之謀先物之明獨斷于衷進賢之志允
叶于上左右我聖祖建帝王之極功撫育我前人嗣
社稷之重託臣下之勤勞灼見生民之疾苦周知儷
宸極二十年垂慈範千萬世惟全美聖而益聖宜顯
册書而屢書不勝惓惓懇懇之誠敬展尊尊親親之
義以揚盛烈以對耿光謹遣某官某奉玉册玉寶上
尊謚曰昭睿順聖皇后欽惟淑靈在天明鑒逮下增
輝煒胥茂揚徽懿之音合饗太宮益衍壽昌之福升
祔世祖廟

南必皇后弘吉剌氏納陳孫仙童之女也至元二十

年納爲皇后繼守正宮時世祖春秋高頗預政相臣
常不得見帝輒因后奏事焉有子一人名鐵蔑赤

成宗貞慈靜懿皇后名失憐荅里弘吉剌氏斡羅陳
之女也大德三年十月立爲后生皇子德壽早薨武
宗至大三年十月追尊謚貞慈靜懿皇后其册文曰
宗祧定位象天地之有陰陽今古同符通幽明以行
典禮哀榮斯備孝敬兼陳恭惟先元妃弘吉剌氏慶
毓仙源德昭彤史春宮主饋共瞻釆翟之輝椒掖正
名莫際飛龍之會惟貞協在中之美而慈推成物之
仁靜既合夫坤元懿益彰於壺則雖小星之逮下豈
衆曜之敢齊嗣服云初追懷曷已是用究成先志式
闡徽稱謹遣某官某上尊謚曰貞慈靜懿皇后升祔
於成宗皇帝殿室伏惟淑靈永伸配侑介以景福佑
我無疆

卜魯罕皇后伯岳吾氏駙馬脫里思之女元貞初立
爲皇后大德三年十月授册寶成宗多疾后居中用
事信任相臣哈剌哈孫大德之政人稱平允皆后處
決京師搠建萬寧寺中塑祕密佛像其形醜怪后以
手帕蒙覆其面尋傳旨毀之省院臺臣奏上尊號帝
不允車駕幸上都后方自奏請帝曰我病日久國家

大事多廢不舉尚寧理此等事耶事遂寢大德十年
后嘗謀貶順宗妃荅吉與其子仁宗往懷州明年成
宗崩時武宗在北邊恐其歸必報前怨后乃命取安
西王阿難荅失里來京師謀立之仁宗自懷州入清
宮禁既誅安西王并搆后以私通事出居東安州

武宗宣慈惠聖皇后名真哥弘吉剌氏脫憐子迸不
剌之女至大三年四月册爲皇后其文曰乾爲天坤
爲地四時由是以相成日宗陽月宗陰萬象以之而
並著后職有關於世教先猷具載於邦彝惟慈旨之
親承亦僉言之允若洛尓皇后弘吉剌氏睿聰淑哲

端懿誠莊實發分輝源天潢之自出纓徽迪慶系綏
組以相仍後逸皇慶二年立長秋寺掌皇后宮政秩
三品泰定四年十一月崩上尊謚曰宣慈惠聖皇后
升祔武宗廟

速哥失里皇后按陳哈兒只之女真哥皇后之從妹
也妃二人亦乞烈氏奴兀倫公主之女寔生明宗天
曆二年追謚仁獻章聖皇后唐兀氏生文宗天曆二
年追謚文獻昭聖皇后

仁宗莊懿慈聖皇后名阿納失失里弘吉剌氏生英
宗皇慶二年三月册爲皇后上册寶遣官祭告天地

於南郊及太廟改典內院爲中政院秩正二品英宗即
位上尊號皇太后其册文曰坤承乾德所以著兩儀之
稱母統父尊所以崇一體之號故因親而立愛宜考禮
以正名恭惟聖母溫慈惠和淑哲端懿上以奉宗祏之
重下以叙倫紀之常佐王化于二南嗣徽音於三母輔
佐先考憂勤警戒之慮深擁佑眇躬撫育提携之恩至
迨于今日紹我丕基規摹一出於慈闈付托益彰於祖
訓致天下之養以爲樂未足盡於孝心極域中之大以
爲尊庶可稱其懿美式遵貴貴之義用罄親親之情謹
遣某官某奉册上尊號曰皇太后伏惟周宗緜緜長信

穆穆備洛書之錫福粲坤極之儀天啓佑後人永錫
胤祚明日受百官朝賀于興聖宮至治二年崩上謚
莊懿慈聖皇后其册文曰致孝所以揚親易名所以
表行矧爲天下母而養弗逮履天子位而報則豐昌
勝孺慕之心必盡欽崇之禮欽惟先皇太后夙明壼
則克嗣徽音輔佐先朝有恭儉節用之實誕育眇質
有劬勞顧復之恩九族咸育於仁四海仰遵其化昊
天不弔景命靡融愴聖善之長違念風猷之未泯是
用揄揚于彤史正宜敷繹于寶慈爰攄彝經追嚴徽
號謹遣攝太尉某官某奉玉册玉寶上尊號曰莊懿

慈聖皇后伏惟淑靈如在合饗太宮鑒格孔昭膺兹
鉅典陰相丕祚億萬斯年升祔仁宗廟

英宗莊靜懿聖皇后名速哥八剌亦啓烈氏昌國公
主益里海涯女也至治元年册爲皇后泰定四年六
月崩謚曰莊靜懿聖皇后

泰定帝八不罕皇后弘吉剌氏按陳孫斡留察兒之
女泰定元年册爲皇后

妃二人一曰必罕一曰速哥荅里皆弘吉剌氏交王
買住罕之女也文宗天曆初俱安置東安州

明宗貞裕徽聖皇后名邁來迪生順帝而崩文宗立

謚貞裕徽聖皇后

八不沙皇后成宗甥壽寧公主之女也侍明宗潛邸生寧宗天曆二年立寧徽寺掌明宗皇后宮事以鈔萬錠幣帛二千疋供后宮費用十一月后請爲明宗資冥福命帝師率諸僧作佛事七日于大天源延聖寺道士建醮于玉虛天寶太乙萬壽四宮及武當龍虎二山至順元年勑有司供明宗后宮幣帛二百疋是年四月崩

文宗卜荅失里皇后弘吉剌氏父駙馬魯王琱阿不剌母魯國公主桑哥吉剌文宗居建業后亦在行天

曆元年文宗即位立爲皇后二年授冊寶十一月后以銀五萬兩助建大承天護聖寺至順元年以籍沒張珪家田四百頃賜護聖寺爲永業后與宦者拜住謀殺明宗后八不沙三年八月文宗崩于上都后導躬末命申帝初志遂立明宗次子懿璘質班是爲寧宗十一月奉玉冊玉寶尊皇后爲皇太后十二月御興聖殿受朝賀寧宗崩大臣請立太子燕帖古思后曰天位至重吾子尚幼明宗長子妥懽帖睦爾在廣西今十三歲矣理當立之於是奉旨迎至京師以明年六月即位是爲順帝元統元年尊爲太皇太后仍稱制臨朝至元六年六月詔去尊號安置東安州尋崩

寧宗荅里也忒迷失皇后弘吉剌氏至順三年十月立爲后至正二十八年崩升祔寧宗廟

順帝荅納失里皇后欽察氏太師太平王燕鐵木兒之女至順四年立爲后元統二年授冊寶其冊文曰天之元統二氣配莫厚於坤儀月之道循右行明同貞於乾曜若昔帝王之宅后居多輔相之世勳盖選德於亢宗亦疇庸於先正造周資任姒之化興漢表馬鄧之功咨尒皇后欽察氏雍肅恵慈謙裕静淑延祖廼父夙堅翼亮之心于國于家實獲修齊之助朕

纘丕圖之初載親承太后之睿謨眷我元臣簡兹碩媛相嚴禋而率典奉慈極以愉顔用彰褘翟之華式著旂常之舊令攝太尉某官授以玉冊寶章命爾爲皇后備成嘉禮宏賁大猷於戲嵩高生賢予篤懷于良佐關雎正始爾勉嗣於徽音永錫壽康昭示悠久三年后兄御史大夫唐其勢以謀逆誅弟荅剌海走匿后宮后以衣蔽之因遷后出宮丞相伯顔鴆后于開平民舍

伯顔忽都皇后弘吉剌氏宣慈恵聖皇后真哥姪毓德王孛羅帖木兒之女也至元三年三月立爲皇后其冊文曰帝王之道齊其家而天下平風教所基正

乎位而人倫厚爰擇配以承宗事若稽古以率典常咨尓弘吉剌氏淑哲温恭齊莊貞一屬選賢於中壼躬受命於慈闈勗帥來嬪蹈渠儀之有度動容中禮謹夙夜以無違茲表式於宮庭宜推崇其位號乃蠲吉旦庸舉彝章遣攝太尉某持節授以玉冊寶章命爾爲皇后於戲乾施坤承克順成於四序日明月儷久照臨於萬方朕欲躋世於乂安爾其助予之德化共御亨嘉之運益延昌熾之期勉爾徽音聿修内治生皇子真金二歲而夭后性節儉不妬忌動以禮法自持第三皇后奇氏素有寵居興聖西宮帝希幸東内后左右以爲言后無奨微怨望意從帝時廵上京次中道帝遣内官傳旨欲臨幸后辭曰暮夜非至尊往来之時内官往復者三竟拒不納帝益賢之帝嘗問后中政院所支錢粮皆傳汝旨汝還記之否后對曰妾當用則支關防出入必已選人司之妾豈能盡記耶居坤德殿終日端坐未嘗妄踰户閾至正二十五年八月崩年四十二奇氏后見其所遺衣服弊壞大笑曰正宮皇后何至服此等衣耶其樸素可知踰月皇太子自冀寧歸哭之甚哀

完者忽都皇后奇氏高麗人生皇太子愛猷識理達

臘家微用后貴三世皆追封王爵初徽政院使秃滿迭兒進爲宮女主供茗飲以事順帝后性穎黠日見寵幸後答納失里皇后方驕妬數箠辱之答納失里既遇害帝欲立之丞相伯顏争不可伯顏罷相沙剌班遂請立爲第二皇后居興聖宮改徽政院爲資正院后無事則取女孝經史書訪問歷代皇后之有賢行者爲法四方貢獻或有珍味輙先遣使薦太廟然後敢食至正十八年京城大飢后命官爲粥食之又出金銀粟帛命資正院使朴不花於京都十一門置冢葬死者遺骼十餘萬復命僧建水陸大會度之時帝頗怠於政治后與皇太子愛猷識理達臘遂謀内禪遣朴不花諭意丞相太平太平不荅復召太平至宮舉酒賜之自申前請太平依違而已由是后與太子啣之而帝亦知后意怒而疏之兩月不見朴不花因后而寵幸既被劾黜后諷御史大夫佛家奴爲之辯明佛家奴乃謀再劾朴不花后知之反嗾御史劾佛家奴謫居潮河初奇氏之族在高麗者怙勢驕横高麗王怒盡殺之二十三年后謂皇太子曰汝何不爲我復讎耶遂立高麗王族人留京師者爲王以奇族之子三寶奴爲元子遣同知樞密院事崔帖木兒

爲丞相用兵一萬并招倭兵共往納之過鴨緑水伏兵四起乃大敗餘十七騎而還后大慚二十四年七月孛羅帖木兒稱兵犯闕皇太子出奔冀寧下令討孛羅帖木兒孛羅帖木兒怒唉監察御史武起宗言后外撓國政奏帝宜遷后出于外帝不荅二十五年三月遂矯制幽于諸色總管府令其黨姚伯顏不花守之四月庚寅孛羅帖木兒逼后還宮取印章僞爲后書召太子后仍回幽所後又數納美女於孛羅帖木兒至百日始還宮及孛羅帖木兒死召皇太子還京師后傳旨令廓擴帖木兒以兵擁皇太子入城欲

脅帝禪位廓擴帖木兒知其意至京城三十里外即遣軍還營皇太子復銜之事見擴廓帖木兒傳會伯顏忽都皇后崩十二月中書省臣奏言后宜正位中宮帝不荅又奏改資正院爲崇政院而中政院亦兼主之帝乃授之冊寶其冊文曰坤以承乾元人道莫先於夫婦后以母天下王化實始於家邦典禮之常古今攸重咨爾肅良合氏篤生名族來事朕躬儆戒相成毎勤於夙夜恭儉率下多歷於歲年既發祥元子於儲闈復流慶孫枝於甲觀眷若中宮之位允宜淑配之賢宗戚大臣況僉言而數請掖庭諸御咸傾望以推尊乃屢遜辭尤可嘉尚今遣攝太尉某持節授以玉冊玉寶命爾爲皇后於戲愼修壼政益勉爾輔佐之心貽嗣徽音同保我延洪之福其欽寵命以衍壽祺二十八年從帝北奔

傳卷第一

列傳卷第二　　元史一百一十五

翰林學士亞中大夫知制誥兼修國史臣宋濂 翰林待制承直郎同知制誥兼國史院編脩官臣王禕 等奉

勑脩

睿宗

睿宗景襄皇帝諱拖雷太祖第四子太宗母弟也方太祖崩時太宗留霍博之地國事無所屬拖雷實身任之閒燕京盜賊白晝剽掠富民財物吏不能禁遂遣塔察吾圖撒合里往窮治之殺十有六人盜始屏息己丑夏太宗還京八月即位明年庚寅秋太宗伐金命拖雷帥師以從破天城堡拔蒲城縣鬪金平章合達參政蒲阿守西邊遂渡河攻鳳翔會前兵戰不利從太宗援之合達乃退辛卯春破洛陽河中諸城太宗還官山大會諸侯王謂曰人言耗國家者實由冦敵今金未殄實我敵也諸君寧無計乎拖雷進曰臣有愚計非衆可聞太宗屏左右亟臨問之其言秘人莫知也鳳翔既下有降人李昌國者言金主遷汴所恃者黄河潼關之險爾若出寶雞入漢中不一月可達唐鄧金人聞之寧不謂我師從天而下乎拖雷然之言於太宗太宗大喜語諸王大臣曰昔太祖嘗有志此舉今拖雷能言之真賽因也賽因猶華言大好云遂大發兵太宗以中軍自碗子城南下渡河由洛陽進斡陳那顏以左軍由濟南進而拖雷總右軍自鳳翔渡渭水過寶雞入小潼關涉宋人之境沿漢水而下期以明年春俱會于汴遣搠不罕詣宋假道且約合兵宋殺使者拖雷大怒曰彼昔遣苟夢玉來通好遽自食言背盟乎乃分兵攻宋諸城堡長驅入漢中進襲四川陷閬州過南部而還遂由金取房前鋒三千人破金兵十餘萬于武當山趨均州乘騎浮渡漢水遣夔曲涅率千騎馳白太宗太宗方詣漢水將分兵應之會夔曲涅至即遣慰諭拖雷亟合兵焉拖雷既渡漢金大將合達設伏二十餘萬于鄧州之西據隘待之時拖雷兵不滿四萬及得諜報乃悉留輜重輕騎以進十二月丙子及金人戰于禹山佯北以誘之金人不動拖雷舉火夜行金合達聞其且至退保鄧州攻之三日不下遂將而北以三千騎命札剌等率之爲殿明旦大霧迷道爲金人所襲殺傷相當拖雷以札剌失律罷之而以野里知給歹代焉未幾敗金軍壬辰春合達等知拖雷已北合步騎十五萬躡其後拖雷按兵遣其將忽都忽等誘之日且暮令軍中曰毋令彼得休息宜夜鼓譟以擾之太宗時

亦渡河遣親王口温不花等將萬餘騎來會天大雨
雪金人僵凍無人色幾不能軍拖雷即欲擊之諸將
請俟太宗至破之未晩拖雷曰機不可失彼脫入城
未易圖也况大敵在前敢以遺君父乎遂奮擊于三
峯山大破之追奔數十里流血被道資仗委積金之
精鋭盡於此矣餘衆迸走睢州伏兵起又敗之合達
走鈞州僅遺數百騎蒲阿走汴至望京橋復禽獲之
太宗尋至按行戰地顧謂拖雷曰微汝不能致此捷
也諸侯王進曰誠如聖諭然拖雷之功著在社稷蓋
又指其定冊云爾拖雷從容對曰臣何功之有此天

之威皇帝之福也聞者服其不伐從太宗攻鈞州拔
之獲合達攻許州又拔之遂從太宗收定河南諸郡
四月由半渡入真定過中都出北口住夏于官山五
月太宗不豫六月疾甚拖雷禱于天地請以身代之
又取巫覡祓除釁滌之水飲焉居數日太宗疾愈拖
雷從之北還至阿剌合的思之地遇疾而薨壽四十
有闕妃怯烈氏子十一人長憲宗次四則世祖也憲
宗立追謚曰英武皇帝廟號睿宗二年合祭昊天后
土以太祖睿宗配享世祖至元二年改謚景襄皇帝

裕宗

裕宗文惠明孝皇帝諱真金世祖嫡子也母昭睿順
聖皇后弘吉烈氏少從姚樞竇默受孝經及終卷世
祖大悅設食饗樞等中統三年封燕王守中書令丞
相史天倪入啓事王曰我幼未嘗習祖宗典則閑於
政體一旦當大任惟汝耆德賴焉復諭贊善王恂曰
省臣所啓等國事也爾宜入與聞之四年兼判樞密
院事至元初省臣奏請王署敕每月必再至中書於
是王將入中書乳母進新衣笑却之曰吾何事美觀
也嘗從幸宜興世祖違豫憂形于色夕不能寐聞母
皇后暴得風疾即悲泣衣不及帶而行七年秋受詔

巡撫稱海至冬還京聞謂諸王札剌忽及從官伯顔
等曰吾屬適有茲暇宜各悉乃心愼言所守俾吾聞
之於是撒里蠻曰太祖有訓欲治身先治心欲責人
先責己伯顔曰皇上有訓欺罔盜竊人之至惡一爲
欺罔則後雖出善言人終弗信一爲盜竊則事雖未
覺心常惴惴若捕者將至札剌忽曰我祖有訓長者
梢深者底蓋言貴有終始長必極其杪深必究其底
不可中輟也王曰皇上有訓毋持大心大心一持事
即隳敗吾觀孔子之語即與聖訓合也至王恂陳說
尤多事見恂傳十年二月立爲皇太子仍兼中書令

判樞密院事受玉冊 皇帝若曰咨爾皇太子真金仰
惟太祖皇帝遺訓嫡子中有克嗣服繼統者豫選定
之是用立太宗英文皇帝以紹隆丕構自時厥後爲
不顯立冢嫡遂啓爭端朕上遵祖宗宏規下協昆弟
僉同之議乃從燕邸即立爾爲皇太子積有日矣比
者儒臣敷奏國家定立儲嗣宜有冊命此典禮也今
遣攝太尉左丞相伯顏持節授爾玉冊金寶於戲聖
武燕謀爾其承奉昆弟宗親爾其和協使仁孝顯于
躬行抑可謂不負所托矣尚其戒哉勿替朕命九月
丙戌詔立宮師府設官屬三十有八員起處士楊恭

懿于京兆太子嘗有疾世祖臨幸親和藥以賜之遣
侍臣李衆馳祀嶽瀆名山川太子戒其所至郡邑毋
煩吏迎送重擾民也詔以侍衛親軍萬人葢隸東宮
太子命王慶端董士亨選其驍勇者教以兵法時閱
試焉太子服綾袷爲瀋所漬命侍臣重加染治侍臣
請織綾更製之太子曰吾欲織百端非難也顧是物
未澣豈宜棄之東宮香殿成工請鑿石爲池如曲水
流觴故事太子曰古有肉林酒池爾欲吾效之耶不
許每與諸王近臣習射之暇輒講論經典若資治通
鑑貞觀政要王恂許衡所述遼金帝王行事要畧下

至武經等書從容片言之間苟有允愜未嘗不爲之
灑然改容時侍經幄者如王恂白棟皆朝夕不出東
宮而待制李謙太常宋衜尤加咨訪葢無間也十八
年正月昭睿順聖皇后崩太子自獵所奔赴勺飲不
入口者終日設廬帳居之命宋衜擇可備顧問者衜
以郭祐何瑋徐琰馬紹楊居寬何榮祖楊仁風等爲
言太子曰是數人者盡爲我致之宜自近者始遂召
瑋于易州琰于東平贊善王恂卒太子聞之嗟悼賻
鈔二千五百緡一日顧謂左右曰王贊善當言必言
未嘗頗惜隨事規正良多裨補今鮮有其匹也時阿

合馬擅國重柄太子惡其姦惡未嘗少假顏色盜知
阿合馬所畏憚者獨太子爾因爲僞太子夜入京城
召而殺之及和禮霍孫入相太子曰阿合馬死於盜
手汝任中書誠有便國利民者毋憚更張苟或沮撓
我當力持之中書啓以何瑋參議省事徐琰爲左司
郎中瑋琰入見太子諭之曰汝等學孔子之道今始
得行宜盡平生所學力行之辟楊仁風于潞州馬紹
于東平復辟楊恭懿置省中議事以衛輝總管董文
用練達官政與恭懿同置省中按察副使王惲進承
華事畧一曰廣孝二曰立愛三曰端本四曰進學五

曰擇術六曰謹習七曰聽政八曰達聰九曰撫軍十曰明分十一曰崇儒十二曰親賢十三曰去邪十四曰納誨十五曰幾諫十六曰從諫十七曰推恩十八曰尚儉十九曰戒逸二十曰審官太子聞漢成帝不絶馳道唐肅宗改絳紗袍爲朱明服大喜曰使吾行之亦當若此及說邢峙止齊太子食邪蒿顧宮臣曰菜名邪蒿未必果邪也雖食之豈遽使人不正邪張九思對曰古人設戒義固當爾詔割江西龍興路爲太子分地太子謂左右曰安得治民如邢州張耕者乎誠使之往治俾江南諸郡取法民必安集於是召

宋衜大選署守長江西行省以歲課羨餘鈔四十七萬緡獻太子怒曰朝廷令汝等安治百姓百姓安錢粮何患不足百姓不安錢粮雖多安能自奉乎盡卻之阿里以民官兼課司請歲附輸羊三百太子以其越例罷之參政劉思敬遣其第思恭以新民百六十户來獻太子問民所從來對曰思敬征重慶時所俘獲者太子蹙然曰歸語汝兄此屬宜隨所在放遣爲民毋重失人心烏蒙宣撫司進馬踰歲獻之額即諭之曰去歲嘗俾勿多進馬恐道路所經數勞吾民也自今其勿復然二十年春辟劉因于保定因以疾辭固辟之乃至拜右贊善大夫以吏部郎中夾谷之奇爲左贊善大夫是時已立國子學李槃宋衜李謙皆以東宮僚友繼典教事至是命因專領之而以衜等仍備咨訪嘗曰吾聞金章宗時有司論太學生廩費太多章宗謂養出一范文正公所償顧豈少哉其言甚善會因復以疾乞去二十二年以長史耶律有尚爲國子司業中庶子伯必以其子阿八赤入見諭令入學伯必即令其子入蒙古學逾年又見太子問讀何書其子以蒙古書對太子曰我命汝學漢人文字耳其亟入胄監遣使辟宋工部侍郎倪堅于開元既

至訪以古今成敗得失堅對言三代得天下以仁其失也以不仁漢唐之亡也以外戚閹豎宋之亡也以姦黨權臣太子嘉納賜酒日昃乃罷諭德李謙夾谷之奇嘗進言曰殿下睿性夙成閱理久熟方遵聖訓參決庶務如視膳問安之禮固無待於贊諭至於軍民之利病政令之得失事關朝廷責在臺院有非宮臣所宜言者獨有澄原固本保守成業殿下所當留心臣等不容緘口者也敬陳十事曰正心曰睦親曰崇儉曰親賢曰幾諫曰戢兵曰尚文曰定律曰正名曰革敝其論正心有云太子之心天下之本也太子

心正則天心有所屬人心有所繫矣唐太宗嘗言人主一心攻之者衆或以勇力或以辨口或以諂諛或以姦詐或以嗜欲輻湊攻之各求自售人主少懈而受其一則其害有不可勝言者殿下至尊之儲貳人求自售者亦不爲少須常喚醒此心不使爲物欲所撓則宗社生靈之福固本澄原莫此爲切論睦親以宗親爲王室之藩屏人主之所自衛者也大分既定尊卑懸殊必恩意俯逮然後得盡其歡心宗親之歡心得則遠近之歡心得矣其論正名華激尤切中時政太子在中書日久明於聽斷四方州郡科徵輓漕

造作和市有係民休戚者聞之即日奏罷右丞盧世榮以言利進太子意深非之嘗曰財非天降安得歲取羸乎恐生民膏血竭於此也豈惟害民實國之大蠹其後世榮果坐罪桑哥素主世榮聞太子有言訖箝口不敢救至元以來天下臻於太平人材輩出太子優禮遇之在師友之列者非朝廷名德則布衣節行之士德意未嘗少衰宋衢目疾賜鈔千五百緡王磐告老而歸官其壻于東平以終養孔洙自江南入覲則責張九思學聖人之道不知有聖人之後其大雅不群本於天性中外歸心焉於是世祖春秋高江南行臺監察御史言事者請禪位於太子太子聞之懼臺臣寢其奏不敢遽聞而小人以臺臣隱匿乘間發之世祖怒甚太子愈益懼未幾遂薨壽四十有三成宗即位追謚曰文惠明孝皇帝廟號裕宗祔于太廟

顯宗

顯宗光聖仁孝皇帝諱甘麻剌裕宗長子也母曰徽仁裕聖皇后弘吉剌氏甘麻剌少育於祖母昭睿順聖皇后日侍世祖未嘗離左右畏慎不妄言言必無隱至元中奉旨鎮北邊叛王岳木忽兒等聞其至望

風請降既而都阿察八兒諸王遣使求和邊境以寧嘗出征駐金山會大雪擁火坐帳內歡甚顧謂左右曰今日風雪如是吾與卿處猶有寒色彼從士亦人耳腰弓矢荷刃周廬之外其苦可知遂命襲人大爲肉糜親嘗而徧賜之撫循部曲之暇則命也滅堅以國語講通鑑戒其近侍太不花曰朝廷以藩屏寄我事有不逮正在汝輩輔助其或依勢作威不用我命輕者論遣大者奏聞耳宜各慎之使百姓安業主上無北顧之憂則予與卿等亦樂處於此乃所以報國家也二十六年世祖以其居邊日久特命獵于柳林

之地率衆至灤州恐廪膳不均令左右司之分給從士仍飭其衆曰汝等飲食既足若復侵漁百姓是汝自取罪謫無悔衆皆知約民賴以安比還覲世祖于上京世祖勞之曰汝在柳林民不知擾朕實嘉焉明年冬封梁王授以金印出鎮雲南過中山又明年春過懷孟從卒馬駞之屬不下千百計所至未嘗横取於民二十九年改封晋王移鎮北邊統領太祖四大斡耳朶及軍馬達達國土更鑄晋王金印授之中書省臣言于世祖曰諸王皆置傅今晋王守太祖肇基之地視諸王宜有加請置内史世祖從之遂以北安

王傅禿歸梁王傅木八剌沙雲南行省平章賽陽並爲内史明年置内史府又明年世祖崩晋王聞訃奔赴上都諸王大臣咸在晋王曰昔皇祖命我鎮撫北方以衛社稷乆歷邊事頗服厥職母弟鐵木耳仁孝宜嗣大統於是成宗即帝位而晋王復歸藩邸元貞元年塔塔兒部年穀不熟徽宣徽院賑之又荅荅剌民飢請朝廷賑之詔賜王鈔千萬貫及銀帛有差皇太后復以雲南所貢金器遣朶年來賜是歲冬奉詔以知樞密院事札散同知徽政院事阿里罕爲内史大德二年詔給秋米五百石五年成宗以邊士貧乏

分給鈔一千萬貫六年正月乙巳王薨年四十王天性仁厚御下有恩元貞初藩邸屬官審伯年老請以其子代之内史言於王王曰惟天子所命其自守如此故尤爲朝廷所重然崇尚浮屠命僧作佛事歲耗財不可勝計子三人曰也孫帖木兒曰松山曰迭里哥兒不花王薨後十年仁宗即位謚王獻武又十一年英宗遇弑也孫帖木兒以嗣晋王即皇帝位追尊曰光聖仁孝皇帝廟號顯宗祔享太室又六年文宗即位乃毀其廟室

順宗

順宗昭聖衍孝皇帝諱荅剌麻八剌裕宗第二子也母曰徽仁裕聖皇后弘吉剌氏至元初裕宗爲燕王荅剌麻八剌生于燕邸明年詔裕宗居潮河八月召至京師凡乘輿巡幸及歲時朝賀未嘗不侍裕宗以行稍長世祖賜女侍郭氏其後乃納弘吉剌氏爲妃二十二年裕宗薨荅剌麻八剌以皇孫鍾愛兩宮優其出閤之禮二十八年始詔出鎮懷州以侍衛都指揮使梭都尚書王倚從行至趙州從卒有伐民桑棗者民遮訴于道荅剌麻八剌怒杖從卒以懲衆遣王倚入奏世祖大悦未至以疾召還明年春世祖北幸

留治疾京師越兩月而薨年二十有九子三人長曰阿木哥封魏王郭出也妃所生者曰海山是爲武宗曰愛育黎拔力八達是爲仁宗大德十一年秋武宗即位追謚曰昭聖衍孝皇帝廟號順宗祔享太廟

列傳卷第二

傳卷第三　　元史一百十六

翰林學士亞中大夫知制誥兼修國史臣宋濂 翰林待制承直郎同知制誥兼國史院編修官臣王禕等奉
勅修

后妃二

睿宗顯懿莊聖皇后名唆魯帖尼怯烈氏生子憲宗世祖相繼爲帝至元二年追上尊謚莊聖皇后升祔睿宗廟至大二年十二月加謚顯懿莊聖皇后三年十月又上玉册其文曰祖功宗德稱蘇於天內則閫儀受成於廟行之大者名必顯恩之隆者報則豐上以增佐定之光下以伸遹追之孝欽惟莊聖皇后英明溥博聖善柔嘉尊儷景襄陰教純被逮事光獻婦職勤修勳聿著於承天祥兩占於夢日跡聖緒洪源之有漸知深仁厚澤之無垠玄符肇自塗山顧蒯徽之未稱著籙典於文母豈後嗣之能忘是用衆攷彝經丕揚景鑠敷繹寶慈之謳形容青史之規謹遣攝太尉某奉玉册玉寶加上尊謚曰顯懿莊聖皇后伏惟睿靈昭垂鑒格禮嚴閟宮樂歌奐則億萬斯年承休無斁

裕宗徽仁裕聖皇后伯藍也怯赤一名闊闊真弘吉剌氏生順宗成宗先是世祖出田獵道渴至一帳房

見一女子緝駝茸世祖從覔馬湩女子曰馬湩有之但我父母諸兄皆不在我女子難以與汝世祖欲去之女子又曰我獨居此汝自來自去於理不宜我父母即歸姑待之須臾果歸出馬湩飲世祖世祖既去嘆息曰得此等女子爲人家婦豈不美耶後與諸臣謀擇太子妃世祖俱不允有一老臣嘗知向者之言知其未許嫁言于世祖世祖大喜納爲太子妃后性孝謹善事中宫世祖每稱之爲賢德媳婦侍昭睿順聖皇后不離左右至溷厠所用紙亦以面擦令柔軟以進一日裕宗有病世祖往視見牀上設織金卧褥

世祖愠而語之曰我嘗以汝爲賢何乃若此耶后跪荅曰常時不曾敢用今爲太子病恐有濕氣因用之即時徹去世祖崩成宗至上都諸王畢會先是御史中丞崔彧得玉璽于木華黎國王曾孫世德家其文曰受命于天既壽永昌上之于后至是后手授成宗即皇帝位尊后爲皇太后册文曰自家而國治道必有所先立愛惟親君德莫先於孝况恩深於鞠我而禮重於正名歷代以來令儀可考人子之職所在天下之母宜尊恭惟聖母聖善本乎天資静專法乎地道上以奉宗祧之重下以叙倫紀之常助我前人守卷

耳憂勤之志保予冲子成思齊雍肅之風肆神器之有歸知孫謀之素定畀付雖由於曆數覬摹一出於庭闈是用率籲衆心章明鉅度不勝拳拳大願謹奉册寶上尊稱曰皇太后伏惟長信穆穆周宗綿綿備洛書之錫福鬯慈極之儀天瑶圖寶運於萬斯年命設官屬置徽政院後院官有受獻浙西田七百頃籍於位下太后曰我寡居婦人衣食自有餘况江南率土皆國家所有我曷敢私之即命中書省盡易院官之受獻者后之弟欲因后求官后語之曰若欲求官耶汝自爲之勿以累我也其後弟果被黜人皆服后

之先見大徳四年二月崩祔葬先陵謚曰裕聖皇后升祔裕宗廟至大三年十月又追尊謚曰徽仁裕聖皇后

顯宗宣懿淑聖皇后名普顔怯里迷失弘吉剌氏顯宗居晉邸納爲元妃生泰定帝泰定元年追尊宣懿淑聖皇后其册文曰祗纘皇圖方弘仁孝之化追崇聖母永懷鞠育之恩匪建鴻名疇彰厚德欽惟皇妣晉王妃弘吉剌氏淑佯周姒賢邁虞嬪儷我先王恪守肇基之地昭其懿範益恢正始之風順冲道以承乾炯月輝以遡日陰功久積衍聖緒於無疆神器攸

歸知慶源之有自仰徽音之如在慨至養之莫加聿選休辰爰脩縟典謹遣攝太尉某奉玉冊玉寶上尊謚曰宣懿淑聖皇后伏惟淑靈在上式垂鑒臨合享太宮永錫繁祉升祔皇考顯宗廟天曆初復祧顯宗廟祀

順宗昭獻元聖皇后名荅己弘吉剌氏按陳孫渾都帖木兒之女裕宗居燕邸及潮河順宗俱在侍稍長世祖賜女侍郭氏後乃納后爲妃生武宗及仁宗大德九年成宗不豫卜魯罕皇后秉政遣仁宗母子出居懷州十年十二月后至懷州十一年正月成宗崩時武宗總兵北邊左丞相荅剌罕哈剌哈孫陰遣使報仁宗與后奔還京師后與仁宗入內哭復出居舊邸朝夕入奠即遣使迎武宗還以五月即位先是太后以兩太子星命付陰陽家推筭問所宜立對曰重光大荒落有災旃蒙作噩長久重光爲武宗生年旃蒙爲仁宗生年太后頗惑其言遣近臣朶耳諭旨武宗曰汝兄弟二人皆我所出豈有親疎陰陽家所言運祚脩短不容不思也武宗聞之默然進康里脫脫而言曰我捍北邊十年又徵次居長太后以星命爲言茫眛難信使我設施合於天心民望雖一日之短

亦足垂名萬世何可以陰陽家言而乖祖宗之託哉脫脫以聞太后愕然曰脩短之説雖出術家吾爲太子遠慮所以深愛太子也太子既如是言今當速來耳詳見康里脫脫傳中五月武宗既立即日尊太后爲皇太后立仁宗爲皇太子三宮協和十一月帝朝太后于隆福宮上皇太后玉冊玉寶至大元年三月帝爲太后建興聖宮給鈔五萬定絲二萬斤二年正月太后幸五臺山作佛事詔高麗王璋從之四月立興聖宮江淮財賦總管府以司太后錢糧三年二月以上皇太后尊號告祀南郊四月以興聖宮鷹坊等戶四千分處遼陽建萬戶府統之十月戊申帝率皇太子諸王群臣朝興聖宮上皇太后尊號冊寶曰儀天興聖慈仁昭懿壽元皇太后庚戌后恭謝太廟以皇太后受尊號詔赦天下四年仁宗即位延祐二年三月帝率諸王百官奉玉冊玉寶加上皇太后尊號曰儀天興聖慈仁昭懿壽元全德泰寧福慶皇太后延祐七年英宗即位十二月上尊號太皇太后冊文云王政之先無以加孝人倫之本莫大尊親肆予臨御之初首舉推崇之典恭惟太皇太后陛下仁施溥博明燭幽微爰自居淵潛之宮已有母天下之望方

武宗之北狩適成廟之賔天旋克振於乾綱諒再安於宗祏雖有在躬之歷數寔司創業之艱難儀式表於慈闈動協謀於先帝莫究補天之妙允如扶日之升位履至尊兩翼成於聖子嗣登大寶復擁佑於眇躬知德邁塗山功高文母是宜加於四字式益衍於徽稱謹奉玉册玉寶加上尊號曰儀天興聖慈仁昭懿壽元全德泰寧福慶徽文崇佑太皇太后於戲茲雖涉於強名庶庸申於善頌九州四海養未足於孝心萬歲千秋願永膺於壽祉丙辰太后御大明殿受朝賀戊辰告太廟太后見明宗少時有英氣而英宗

稍柔懦諸群小以立明宗必不利於己遂擁立英宗及旣即位太后來賀英宗即毅然見於色后退而悔曰我不擬養此兒耶遂飮恨成疾至治三年二月崩升祔順宗廟配食后性聰慧歷佐三朝教宮中侍女皆執治女功親操井臼然不事檢飭自正位東朝淫恣益甚內則黑驢母亦烈失八用事外則幸臣失烈門紐隣及時宰迭木帖兒相率爲奸以至箠辱平章張珪等濁亂朝政無所不至及英宗立群倖伏誅而後勢燄頓息焉

傳卷第三

列傳卷第四　　元史一百一十七

翰林學士亞中大夫知制誥兼修國史臣宋濂翰林待制承直郎同知制誥兼國史院編修官臣王褘等奉敕修

別里古台

別里古台者烈祖之第五子太祖之季弟也天性純厚明敏多智略不喜華飾軀幹魁偉勇力絕人幼從太祖平諸部落掌從馬國法常以腹心遇敗則牽從馬其子孫最多居處近太祖行在所南接按只台營地嘗從太祖宴諸部族或潛圖害別里古台以刀斫其臂傷甚帝大怒欲索而誅之別里古台曰今

將舉大事於天下其可以臣故而生釁隙哉且臣雖傷甚幸不至死請勿治帝尤賢之當創業之初征取諸國王未嘗不在軍中摧鋒陷陣不避艱險帝嘗曰有別里古台之力哈撒兒之射此朕之所以取天下也其見稱如此嘗立爲國相又長扎魯火赤別授之印賜以蒙古百姓三千戶及廣寧路恩州二城戶一萬一千六百三以爲分地又以斡難怯魯之地建營以居江南平加賜信州路及鉛山州二城戶一萬八千王薨子曰罕秃忽曰也速不花曰口溫不花罕秃忽性剛猛知兵從憲宗征伐多立戰功及攻釣魚山

而還道由河南招來流亡百餘戶悉以入籍罕禿忽子曰霍歷極以疾廢不能軍世祖俾居于恩以統其藩人至大三年霍歷極薨子塔出嗣塔出性溫厚謙恭好學通經史能撫恤其民云也速不花子曰爪都中統三年始以推戴功封廣寧王至元十三年賜銀印口溫不花領兵河南屢建大功子曰滅里吉台甕吉剌台

朮赤

朮赤者太祖長子也國初以親王分封西北其地極遠去京師數萬里驛騎急行二百餘日方達京師以

故其地郡邑風俗皆莫得而詳焉朮赤薨子拔都嗣拔都薨弟撒里荅嗣撒里荅薨弟忙哥帖木兒嗣忙哥帖木兒薨弟脫脫忙哥嗣脫脫忙哥薨弟脫脫嗣脫脫薨弟伯忽嗣伯忽薨弟月即別嗣至元二年月即別遣使來求分地歲賜以賑給軍站京師元無所領府治三年中書請置總管府給正三品印至大元年月即別薨子札尼別嗣其位下舊賜平陽晉州永州分地歲賦中統鈔二千四百定自至元五年己卯歲始給之

禿剌

禿剌太祖次子察合台四世孫也少以勇力聞大德十一年春成宗崩左丞相阿忽台等潛謀立安西王阿難荅而推皇后伯岳吾氏稱制中外洶洶仁宗歸自懷孟引禿剌入內縛阿忽台等以出誅之大事遂定武宗即位第功封越王錫金印以紹興路爲其分地禿剌居常怏怏有怨望意至大元年秋武宗幸涼亭將御舟禿剌前止之帝曰爾何如朕欲登舟禿剌曰人有常言一箭中麋毋曰自能百兔未得未可遽止此蓋國俗儕輩相靳之語而禿剌言之武宗由是銜焉既而大宴萬歲山禿剌醉起解其腰帶擲諸地

嗔目謂帝曰爾與我者止此爾帝益疑其有異志二年春命楚王牙忽都丞相脫脫平章赤因鐵木兒鞫之辭服遂伏誅子西安王阿剌忒納失里天曆初以推戴功進封豫王

牙忽都

牙忽都祖父撥綽睿宗庶子也撥綽之母曰馬一實乃馬真氏撥綽驍勇善騎射憲宗命大將軍北征欽察有功賜號拔都歲丁巳分土諸侯王賜蠡州三千三百四十七戶爲其食邑撥綽娶察渾滅兒乞氏生薛必烈傑兒薛必烈傑兒娶弘吉剌氏生牙忽都牙

忽都年十三世祖命襲其祖父統軍至元十二年從
北安王北征十三年失列吉叛遣人誘脅之牙忽都
不從事王益忠謹八魯渾孩都兒粘閭與海都通相
率引去王遣牙忽都將兵追之擒八魯渾等以獻未
幾失列吉約木忽兒脫帖木兒等反以兵攻王脫帖
木兒生致牙忽都使失列吉拘繫之牙忽都與王親
臣那台等謀逃歸事覺那台等被殺復繫牙忽都困
辱備至十四年兀魯兀台伯顏帥師討叛失吉列約
木忽兒迎戰牙忽都潛結赤斤帖木兒禿禿哈亂其
陣失列吉軍亂因得脫走見帝鬚髮盡白帝閔之賞

賚甚厚至元十八年加封耒陽州五千三百四十七
户二十一年命與禿禿哈同討海都牙忽都先進邏
得諜人知其虛實直前衝敵陣破其精兵海都敗走
得所俘掠軍民而還朶兒朶哈上其功詔賜鈔幣鎧
甲弓矢其後北安王駐帖木兒河乃顏也不堅有異
圖也不堅引兵趨怯緑憐河大帳王遣闊闊出禿禿
哈率衆追之那懷之民擾攘不知所從牙忽都將三
百騎進至阿赤怯地會王帳下巡篤思部兵逃去牙
忽都諭之使還時怯必禿忽兒霍台誘蒙古軍二萬
從乃顏牙忽都知之夜襲其河上軍突入帳中遇忽

都臧兒堅欵獲之間道逸去二十七年海都入寇時
朶兒朶哈方居守大帳詔遣牙忽都同力備禦軍未
戰而潰牙忽都妻帑輜重駐不思哈剌嶺上悉爲藥
木忽兒明理帖木兒所掠牙忽都與其子脫列帖木
兒相失獨與十三騎奔還世祖撫慰嘉歎賜爵鎮遠
王塗金銀印以弘吉剌氏女賜之資裝特厚後命納
里忽徹徹不花往錫命其部屬同時被剽掠者以故
相桑哥家財分賜之仍各賜白金五十兩珠子一酒
巵鈔幣稱是又命牙忽都居北安王第二帳王薨帝
命掌大帳固辭成宗立命牙忽都常侍左右武宗撫

兵漠北請以子脫列帖木兒從大德五年海都篤哇
合軍入寇脫列帖木兒將兵千人擁護先後力戰功
多在軍十年成宗崩安西王阿難荅與明理帖木兒
窺望神器牙忽都曰世祖皇帝之嫡孫在神器所當
屬安西藩王也入繼非制武宗即位以其父子勞効
忠勤益厚遇之進封楚王賜金印置王傅以駙馬都
尉都剌哈之女弟弘吉烈氏爲楚王妃又以叛王察八
兒親屬賜之脫列帖木兒襲封鎮遠王至大三年察
八兒來歸宗親皆會牙忽都進曰太祖皇帝削平四
方惟南土未定列聖嗣位未遑統一世祖皇帝混一

四海顧惟宗室諸王弗克同堂而燕今陛下洪福齊天枝都罕之裔首已附順叛王察八兒舉族来歸人民境土悉爲一家地大物衆有可恃者焉有不可恃者焉昔我太祖有訓世祖誦之臣與有聞治亂國者冝以法齊之所以辨上下定民志今請有以整飭之則人將有所勸懲惟陛下鑒之帝嘉納其言牙忽都薨仁宗命脫列帖木兒嗣楚王延祐中明宗西出脫列帖木兒坐累徙西番沒入其家貲之半明宗即位制曰脫列帖木兒何罪其轉徙籍沒豈不以我故耶其復故號人民貲帑悉歸之脫列帖木兒薨子八都

兒立八都兒薨有子三人曰燕帖木兒曰速哥帖木兒曰朶羅不花燕帖木兒嗣時年十有二妃弘吉剌氏哈只兒駙馬之女孫速哥失里皇后之從妹也

寛徹普化

寛徹普化世祖之孫鎮南王脫歡子也泰定三年封威順王鎮武昌賜金印撥付怯薛丹五百名又自募至一千名設王傅官屬湖廣行省供億錢糧衣襖歲支米三萬石鈔三萬二千錠又日給王子諸妃飲饍文宗天曆初賜寛徹普化金銀各五十兩幣三十匹仍鎮湖廣而寛徹普化縱怯薛等官侵奪民利民頗患苦之至元五年太師伯顏矯制召赴京貶之及脫脫爲相始明其無辜命復還鎮至正二年湖北廉訪司糾言寛徹普化恃以宗室恣行不法不報十一年徐壽輝爲亂起蘄黃寛徹普化與其子別帖木兒答帖木兒引兵至金剛臺壽輝部將倪文俊敗之執別帖木兒十二年壽輝偽將鄒普勝陷武昌寛徹普化與湖廣行省平章和尚棄城走詔追奪寛徹普化印而誅和尚十三年湖廣行省参知政事阿魯輝克復武昌及漢陽寛徹普化復率領王子并本部怯薛丹屢討賊立功十四年詔寛徹普化復鎮武昌還其印

十六年命寛徹普化與宣讓王帖木兒不花以兵鎮遏懷慶各賜黃金一錠白金五錠幣帛九匹鈔二十錠未幾復還武昌命其子報恩奴接待奴佛家奴以大船四十餘隻水陸並進至沔陽攻徐壽輝偽將倪文俊且載妃妾以行兵至漢川縣雞鳴汊水淺船閡不能行文俊以火筏盡焚其船接待奴佛家奴皆遇害而報恩奴自死妃妾皆陷寛徹普化走陝西二十五年侯伯顏答失奉寛徹普化自雲南經蜀轉戰而去至成州欲之京師李思齊以取蜀爲名扼不令行俾屯田于成州以沒其子曰和尚者封義王侍從順

帝左右多著勞効帝出入常與俱至正二十四年孛羅帖木兒稱兵犯闕遂爲中書右丞相總握國柄恣爲淫詹和尚心忿其無君數爲帝言之受密旨與儒士徐士本謀交結勇士上都馬金那海伯顏達兒帖古思不花火你忽都洪寶寶黃哈剌八秃龍從雲陰圖刺孛羅帖木兒帝期以事濟放鴿鈴爲號徐士本掌之明年七月孛羅帖木兒入奏事行至延春閣李樹下伯顏達兒自衆中奮出斫孛羅帖木兒中其腦上都馬等競前斫死之詳見孛羅帖木兒傳二十八年順帝將北奔詔淮王帖木兒不花監國而以和尚佐之及京城將破即先遁不知所之

帖木兒不花

帖木兒不花世祖孫鎮南王脫歡第四子也初世祖第九子脫歡以討安南無成功終身不許見遂封鎮南王出鎮楊州脫歡薨子老章襲封鎮南王老章薨弟脫不花襲封鎮南王脫不花薨子孛羅不花幼帖木兒不花乃嗣爲鎮南王文宗天曆初賜帖木兒不花黃金五十兩白金五十兩幣三十匹二年孛羅不花已長帖木兒不花請以其位復還孛羅不花朝廷以其讓而不居也改封宣讓王賜金印移鎮於廬州順帝至元元年撥廬州饒州牧地一百頃賜之二年賜市宅錢四千錠命其王府官凡班次列于有司之右五年伯顏擅權矯制貶帖木兒不花及威順王寬徹普化至脫脫爲相始言于帝明此兩王者皆無辜詔令復還鎮至正十二年廬州境內賊起淮西廉訪使陳思謙言于帖木兒不花曰王以帝室之冑鎮撫淮甸豈宜坐視且府中官屬及怯薛丹人等數甚多必有可使摧鋒陷陣者惟王圖之帖木兒不花大悟其言曰此吾責也即命以所部兵及諸王乞塔歹等分道擊賊擒其渠帥廬州境內皆平帝聞之賜金帶

銀鈔以賞其功十六年命帖木兒不花與寬徹普化以兵鎮遏懷慶路賜金銀各一錠幣帛九匹鈔二十錠既而汝潁之寇南渡淮帖木兒不花復以便宜調芍陂屯軍拒之及廬州不守乃挈身北歸留京師二十七年進封淮王賜金印設王傅等官二十八年大明兵逼京師順帝北奔詔以帖木兒不花監國而拜慶童中書左丞相輔之俄而城破帖木兒不花死之年八十三

傳卷第四

翰林學士亞中大夫知制誥兼修國史臣宋濂翰林待制承直郎同知制誥兼國史院編修官臣王禕等奉
敕修

特薛禪

特薛禪姓孛思忽兒弘吉剌氏世居朔漠本名特因從太祖起兵有功賜名薛禪故兼稱曰特薛禪女曰孛兒台太祖光獻翼聖皇后子曰按陳從太祖征伐凡三十二戰平西夏斷潼關道取回紇尋斯干城皆與有功歲丁亥賜號國舅按陳那顏壬辰賜銀印封河西王以統其國族丁酉賜錢二十萬緡有旨弘吉

剌氏生女世以爲后生男世尚公主每歲四時孟月聽讀所賜旨世世不絕又賜所俘獲軍民五千二百仍授萬户以領之按陳薨葬官人山元貞元年二月追封濟寧王謚忠武妻哈真追封濟寧王妃子斡陳歲戊戌授萬户尚睿宗女也速不花公主斡陳薨葬不海韓弟納陳歲丁巳襲萬户奉旨伐宋攻釣魚山又從世祖南涉淮甸下大清口獲船百餘艘又率兵平山東濟兗單等州及阿里不哥叛中統二年與諸王北伐以其子哈海脫歡斡羅陳等十人自從至于莽來由失木魯與阿里不哥之黨八兒哈八兒思等

戰追北至孛羅克禿復戰自旦及夕斬首萬級僵尸被野薨葬末懷禿斡羅陳襲萬户尚完澤公主完澤公主薨繼尚囊加真公主至元十四年薨葬拓剌里無子弟曰帖木兒至元十八年襲萬户二十四年乃顏叛從帝親征以功封濟寧郡王賜白傘蓋以寵之二十五年諸王哈丹禿魯干叛與諸王及統兵官玉速帖木兒等率兵討之由龜剌兒河與哈丹等遇轉戰至惱木連河殲其衆帝賜名按察兒禿那顏以旌其功薨葬末懷禿子二人長曰琱阿不剌次曰桑哥不剌皆幼至元二十七年以其弟蠻子台襲萬户亦

尚囊加真公主成宗即位封皇姑魯國大長公主以金印封蠻子台爲濟寧王奉旨率本部兵討叛王海都篤哇既與之遇方約戰行伍未定單騎突入陣中往復數四敵兵大擾一戰遂大捷時武宗在藩邸統大軍以鎮朔方有旨令蠻子台總領蒙古軍民官輔武宗莽來以遏北方囊加真公主薨繼尚裕宗女喃哥不剌公主蠻子台薨年五十有二大德十一年三月按荅兒長子琱阿不剌襲萬户尚祥哥剌吉公主六月封大長公主賜琱阿不剌金印加封魯王至大二年賜平江稻田一千五百頃皇慶間加封皇姊大

長公主天曆間加號皇姑徽文懿福貞壽大長公主至大三年琱阿不剌薨葬末懷禿阿里嘉室利琱阿不剌嫡子也至大三年甫八歲襲萬户四年七月襲封魯王尚朶兒只班公主元統元年阿里嘉失利薨至順間封朶兒只班號肅雍賢寧公主桑哥不剌者魯王琱阿不剌之弟阿里嘉室利之叔也自幼奉世皇旨養于斡可珍公主所是爲不只兒駙馬後襲統其本部民四百户成宗時奉旨尚普納公主至順間封鄆安大長公主授桑哥不剌金印封鄆安王職千户元統元年授萬户二年三月加封鄆安公主號皇

姑大長公主加封桑哥不剌魯王以疾薨年六十一此皆以駙馬襲封王爵者也唆兒火都者亦按陳之子以從征功在太祖朝遥受左丞相爲千户仍賜以塗金銀章及金銀字海青圓符五驛馬券六其子曰阿哈駙馬當憲宗朝嘗率兵破徐州以功受賞黃金一鋌白金十鋌及銀鞍勒仍命襲父官至世祖時有詔弘吉剌萬户所受驛券圓符皆仍其舊凡唆兒火都所受者宜皆收之而唆兒火都之諸孫若孛羅沙伯顔蠻子添壽不花大都不花掌吉等及阿哈千户之孫曰也速達兒與按陳之弟名册者在太祖世授

官本藩蒙古軍站千户册之子曰哈兒哈孫以平金功賜號拔都兒哈兒哈孫之孫曰都羅兒至元四年授光禄大夫以銀章封懿國公有脱憐者亦按陳之裔孫也世祖授本藩千户仍賜驛券圓符各四令以兵守朔土之怯魯連二十四年從族父按荅兒禿征叛王乃顔有功亦賜號拔都兒脱憐卒子迸不剌嗣迸不剌卒子買住罕嗣買住罕尚拜荅沙公主卒弟孛羅帖木兒嗣以金章封毓德王孛羅帖木兒薨買住罕孫阿失襲千户有名丑漢者按陳次子必哥之裔孫尚台忽魯都公主仁宗朝封安遠王以兵守莽

來有荅兒罕者亦特薛禪之裔孫也以從軍功世祖亦賜以拔都兒之號加賜黃金一鋌其子曰不只兒從征乃顔禽其黨金家奴帝賞以金帶其後有曰伯奢者即其孫也又按陳之孫納合尚太宗唆兒哈罕公主火忽之孫不只兒尚斡可真公主又特薛禪諸孫有名脱羅禾者尚不魯罕公主繼尚闊闊倫公主此皆尚公主爲駙馬者也凡其女之爲后者自光獻翼聖皇后以降憲宗貞節皇后諱忽台及后妹也速兒皆按陳從孫忙哥陳之女世祖昭睿順聖皇后諱察必濟寧忠武王按陳之女其諱帖古倫者按陳孫

脫憐之女諱喃必冊繼守正宮者納陳孫僊童之女成宗貞慈靜懿皇后諱實憐荅里斡羅陳之女也順宗昭獻元聖皇后諱荅吉大德十一年十一月武宗冊上皇太后至大三年十月加上尊號曰儀天興聖慈仁昭懿壽元皇太后仁宗延祐二年加上尊號曰儀天興聖慈仁昭懿壽元全德泰寧福慶皇太后延祐七年又加徽文崇祐四字尊號太皇太后則按陳孫渾都帖木兒之女武宗宣慈惠聖皇后諱真哥脫憐子迸不剌之女其諱速哥失里者按陳從孫哈兒只之女泰定皇后諱八不罕按陳孫斡留察兒之女

其諱必罕諱速哥荅里者皆脫憐孫買住罕之女文宗皇后諱不荅失里琱阿不剌魯王之女此則弘吉剌氏之爲后者也初弘吉剌氏族居於苦烈兒溫都兒斤迭烈木兒也里古納河之地歲甲戌太祖在迭蔑可兒時有旨分賜按陳及其弟火忽冊等農土（農土猶言經界也）若曰是苦烈兒溫都兒斤以與按陳及哈撒兒爲農土申諭按陳曰可木兒溫都兒荅兒腦兒迭蔑可兒等地汝則居之諭冊曰阿剌忽馬乞迤東蒜吉納禿山木兒速拓哈海斡連直至阿只兒哈溫都哈老哥魯等地汝則居之當以胡盧忽兒河北爲鄰按赤台爲界又諭火忽曰哈老溫迤東塗河潢河之間火兒赤納慶州之地與亦乞列思爲隣汝則居之又諭按陳之子唆魯火都曰以汝父子能輸忠于國可木兒溫都兒迤東絡馬河至于赤山塗河迤南與國民爲隣汝則居之至至元七年斡羅陳萬户及其妃囊加真公主請于朝曰本藩所受農土在上都東北三百里荅兒海子寔本藩駐夏之地可建城邑以居帝從之遂名其城爲應昌府二十二年改爲應昌路元貞元年濟寧王蠻子台亦尚囊加真公主復與公主請於帝以應昌路東七百里駐冬之地刱建城

邑復從之大德元年名其城爲全寧路弘吉剌之分邑得任其陪臣爲達魯花赤者有濟寧路及濟兗單三州鉅野鄆城金鄉虞城碭山豐縣肥城任城魚臺沛縣單父嘉祥磁陽寧陽曲阜泗水一十六縣此丙申歲之所賜也至元六年陞古濟州爲濟寧府十八年始陞爲路而濟兗單三州隷焉又汀州路長汀寧化清流武平上杭連城六縣此至元十三年之所賜也又有永平路灤州盧龍遷安撫寧昌黎石城樂亭六縣此至大元年之所賜也若平江稻田一千五百頃則至大二年所賜也其應昌全寧等路則自達魯

花赤總管以下諸官屬皆得專任其陪臣而王人不與焉此外復有王傅府自王傅六人而下其群屬有錢粮人匠鷹房軍民軍站營田稻田烟粉千户總管提舉等官以署計者四十餘以員計者七百餘此可得而稽攷者也其五户絲金鈔之數則丙申歲所賜濟寧路之三萬户至元十八年所賜汀州路之四萬户絲以斤計者歲二千二百有奇鈔以錠計者歲一千六百有奇此則所謂歲賜者也

孛秃

孛秃亦乞列思氏善騎射太祖嘗潛遣朮兒徹丹出

使至也兒古納河孛秃知其爲帝所遣值日暮因留止宿殺羊以享之朮兒徹丹馬疲乏復假以良馬及還孛秃待之有加朮兒徹丹具以白帝帝大喜許妻以皇妹帖木倫孛秃宗族乃遣也不堅歹等詣太祖因致言曰臣聞威德所加若雲開見日春風觧凍喜不自勝帝問孛秃羣畜幾何也不堅歹對曰有馬三十疋請以馬之半爲聘禮帝怒曰婚姻而論財殆若商賈矣昔人有言同心實難朕方欲取天下汝亦乞列思之民從孛秃効忠於我可也何以財爲竟以皇妹妻之旣而札赤剌歹札木哈脱也等以兵三萬入

寇孛秃聞之遣波欒歹磨里秃秃來告乃與哈剌里札剌兀塔兒哈泥等討脱也等掠其輜重降其民乃蠻叛帝召孛秃以兵至大戰敗之皇妹薨復妻以皇女火臣別吉而命哈兒八台之子也可忽林圖帶弓矢爲之侍哈兒八台曰吾兒豈能爲人臣僕寧死不爲也帝令孛秃與之敵哈兒八台令月列等拒戰於碗圖河孛秃直前擒月列剌殺也可忽林圖哈兒八台走渡拙赤河又擒之盡殺其衆從太師國王木華黎略地遼東西以功封冠懿二州從征西夏病薨贈推忠宣力佐命功臣太師開府儀同三司駙馬都尉

上柱國進封昌王謚忠武子鎖兒哈襲爵

鎖兒哈事太宗與木華黎取嘉州降其民遣伯禿兒哈拙赤碣來獻捷帝曰若父宣力國家朕昔見之今鎖兒哈克光前烈賜以金錦金帶七寶鞍召至中都以疾薨鎖兒哈娶皇子斡赤女安禿公主生女是爲憲宗皇后子札忽兒臣從定宗出討萬奴有功太宗命親王安赤台以女也孫真公主妻之薨贈推誠靖宣佐運贊治功臣太師開府儀同三司駙馬都尉上柱國襲封昌王謚忠靖札忽兒臣有子二人長月列台娶皇子賽因主卜女哈答罕公主生脱別台與乃

頗戰有功次忽憐
忽憐尚憲宗女伯牙魯罕公主後脫黑帖木兒叛世祖命忽憐與失列及等討之大戰終日脫黑帖木兒敗走帝嘉之復令尚憲宗孫女不蘭奚公主宋平封以廣州乃顏聲剌哈兒叛世祖親征薛徹堅等與哈剌罕屢戰帝命忽憐至位薛徹堅等戰于程火失溫之地哈答罕衆甚盛忽憐以兵二百逆敵敗之哈答罕等走度猱河還其巢穴踰年夏帝命忽憐復征之至曲列兒塔兀兒二河之間大戰其衆皆度塔兀河遁去余百人逃匿山谷忽憐即率兵二百徒步追之

薛徹堅止之曰彼亡命者安得徒行忽憐不聽往殺其衆薛徹堅以聞賜金一鋌銀五鋌又踰年復往征之與哈答罕遇于兀剌河忽憐夜率千人潛入其軍盡殺之帝賜鈔五萬貫金一鋌銀十鋌忽憐薨贈効忠保德輔運佐理功臣太師開府儀同三司駙馬都尉上柱國追封昌王謚忠宣子阿失事成宗篤哇叛于海都帝遣晉王甘麻剌并武宗帥師討之大德五年戰哈剌答山阿失射篤哇中其膝擒殺甚多篤哇號哭而遁武宗賜之衣成宗加賜珠衣封爲昌王置王府官屬仁宗朝復賜以寧昌縣稅入阿失尚成宗女亦里哈牙公主復尚憲宗曾孫女買的公主阿失薨子八剌失里襲封昌王忽憐從弟不花尚世祖女兀魯真公主其弟鎖郎哈娶皇子忙哥剌女奴兀倫公主生女是爲武宗仁獻章聖皇后寔生明宗

阿剌兀思剔吉忽里

阿剌兀思剔吉忽里汪古部人系出沙陀鴈門之後遠祖卜國世爲部長金源氏塹山爲界以限南北阿剌兀思剔吉忽里以一軍守其衝要時西北有國曰乃蠻其主太陽可汗遣使来約欲相親附以同據朔方部衆有欲從之者阿剌兀思剔吉忽里弗從乃執

其使奉酒六尊具以其謀来告太祖時朔方未有酒太祖飲三爵而止曰是物少則發性多則亂性使還酬以馬五百羊一千遂約同攻太陽可汗阿剌兀思剔吉忽里先期而至既平乃蠻從下中原復爲鄉導南出界垣太祖留阿剌兀思剔吉忽里歸鎮本部爲其部衆昔之異議者所殺長子不顏昔班幷死之其妻阿里黑攜幼子孛要合與姪鎮國逃難夜遁至界垣告守者縋城以登因避地雲中太祖既定雲中購求得之賜與甚厚乃追封阿剌兀思剔吉忽里爲高唐王阿里黑爲高唐王妃以其子孛要合尚幼先封

其姪鎮國爲北平王鎮國薨子聶古台襲爵尚睿宗
女獨木干公主略地江淮薨于軍賜興州民千餘户
給其葬孛要合幼從攻西域還封北平王尚阿剌海
別吉公主公主明睿有智略車駕征伐四出嘗使留
守軍國大政諮稟而後行師出無内顧之憂公主之
力居多孛要合未有子公主爲進姬妾以廣嗣續生
三子曰君不花曰愛不花曰拙里不花公主視之皆
如已出孛要合薨追封高唐王謚武毅後加贈宣忠
協力翊衛果毅功臣太傅儀同三司上柱國駙馬都
尉追封趙王公主阿剌海別吉追封皇祖姑齊國大

長公主加封趙國子君不花尚定宗長女葉里迷失
公主愛不花尚世祖季女月烈公主中統初總兵討
阿里不哥敗闊不花於按檀火爾歡之地三年圍李
璮于濟南獨當一面事平又從征西北敗叛王之黨
撒里蠻子孔古烈愛不花卒子闊里吉思
闊里吉思性勇毅習武事尤篤於儒術築萬卷堂於
私第日與諸儒討論經史性理陰陽術數靡不該貫
尚忽答的迷失公主繼尚愛牙失里公主宗王也不
干叛率精騎千餘晝夜兼行旬日追及之時方暑將
戰北風大起左右請待之闊里吉思曰當暑得風天

贊我也策馬赴戰騎士隨之大殺其衆也不干以數
騎遁去闊里吉思身中三矢斷其髮凱還詔賜黃金
三斤白金千五百斤成宗即位封高唐王西北不安
請於帝願往平之再三請帝乃許及行且誓曰若不
平定西北吾馬首不南大德元年夏遇敵于伯牙思
之地衆謂當俟大軍畢至與戰未晚闊里吉思曰大
丈夫報國而待人耶即整衆鼓譟以進大敗之擒其
將卒百數以獻詔賜世祖所服貂裘寶鞍及縉錦七
百介冑戈戟弓矢等物二年秋諸王將帥共議防邊
咸曰敵往歲不冬出且可休兵于境闊里吉思曰不

然今秋候騎來者甚少所謂鷙鳥將擊必匿其形備
不可緩也衆不以爲然闊里吉思獨嚴兵以待之是
冬敵兵果大至三戰三克闊里吉思乘勝逐北深入
險地後騎不繼馬蹶陷敵遂爲所執敵誘使降惟正
言不屈又欲以女妻之闊里吉思毅然曰我帝婿也
非帝后面命而再娶可乎敵不敢逼帝嘗遣其家臣
阿昔思特使敵境見於人衆中闊里吉思一見輒問
兩宮安否次問嗣子何如言未畢左右即引其去明
日遣使者還不復再見竟不屈死焉九年追封高唐
忠憲王加贈推忠宣力崇文守正亮節保德功臣太

師開府儀同三司上柱國駙馬都尉追封趙王公主忽答的迷失追封齊國長公主愛牙失里封齊國公主並加封趙國子朮安幼詔以弟木忽難襲高唐王木忽難才識英偉謹守成業撫民御衆境内乂安痛其兄死節遣使如京師表請䘏典又請翰林承旨閻復銘諸石教養朮安過於己子命家臣之謹厚者掌其兄之珍服秘玩待朮安成立悉以付之至大二年木忽難加封趙王即以讓朮安三年朮安襲趙王尚晉王女阿剌的納八剌公主一日召王傅脫歡司馬阿昔思謂曰先王旅殯卜羅荒遠之地神靈將何依

吾痛心欲無生若請於上得歸葬先塋瞑目無憾矣二人言之知樞密院事也里吉尼以聞帝嗟悼久之曰朮安孝子也即賜阿昔思黄金一瓶得脫歡之子失忽都魯王傅木忽難之子阿魯忽都斷事官也先等一十九人乘驛以往復賜從者鈔五百貫淇陽王月赤察兒丞相脫禾出八都魯差兵五百人護其行至殯所奠告啓視尸體如生遂得歸葬

列傳卷第五

列傳卷第六　　元史一百一十九

翰林學士亞中大夫知制誥兼修國史臣宋濂　翰林待制承直郎兼國史院編修官臣王褘等奉

勅修

木華黎

木華黎札剌兒氏世居阿難水東父孔温窟哇以戚里故在太祖麾下從平篾里吉征乃蠻部數立功後乃蠻又叛太祖與六騎走中道乏食擒水際橐駝殺之燔以啖太祖追騎垂及而太祖馬斃五騎相顧駭愕孔温窟哇以所乘馬濟太祖身當追騎死之太祖獲免有子五人木華黎其第三子也生時有白氣出

帳中神巫異之曰此非常兒也及長沉毅多智畧猿臂善射挽弓二石強與博爾朮博爾忽赤老温事太祖俱以忠勇稱號掇里班曲律猶華言四傑也太祖軍嘗失利會大雪失牙帳所在夜臥草澤中木華黎與博爾朮張裘氊立雪中障蔽太祖達旦竟不移足一日太祖從三十餘騎行谿谷間顧謂曰此中或遇寇當柰何對曰請以身當之既而寇果自林間突出矢下如雨木華黎引弓射之三發中三人其酋呼曰爾爲誰曰木華黎也徐解馬鞍持之捍衛太祖以出寇遂引去克烈王可汗與乃蠻部鏖戰求援於太祖太

祖遣木華黎及博爾木等救之盡殺乃蠻之衆于按臺之下獲甲仗馬牛而還既而王可汗謀襲太祖其下核台知之密告太祖太祖遣木華黎選精騎夜斫其營王可汗走死諸部大人聞風欵附歲丙寅太祖即皇帝位首命木華黎博爾木爲左右萬户從容謂曰國内平定汝等之力居多我與汝猶車之有轅身之有臂也汝等切宜體此勿替初心金之降者皆言其主璟殺戮宗親荒淫日恣帝曰朕出師有名矣辛未從伐金薄宣德遂克德興壬申攻雲中九原諸郡拔之進圍撫州金兵號四十萬陣野狐嶺北木華黎

曰彼衆我寡弗致死力戰未易破也率敢死士策馬横戈大呼陷陣帝麾諸軍並進大敗金兵追至澮河殭尸百里癸酉攻居庸關壁堅不得入遣别將閣别統兵趨紫荆口金左監軍高琪引兵來拒不戰而潰遂拔涿州因分兵攻下益都濱棣諸城遂次霸州史天倪蕭勃迭率衆來降並奏爲萬户甲戌從圍燕金主請和北還命統諸軍征遼東次高州盧琮金朴以城降乙亥裨將蕭也先以計平定東京進攻北京金守將銀青率衆二十萬拒花道逆戰敗之斬首八萬餘級城中食盡契丹軍斬關來降進軍逼之其下殺

銀青推寅荅虎爲帥遂舉城降木華黎怒其降緩欲坑之蕭也先曰北京爲遼西重鎮既降而坑之後豈有降者乎從之奏寅荅虎留守北京以吾也而權兵馬都元帥鎮之遣高德玉劉蒲速窩兒招諭興中府同知兀里卜不從殺蒲速窩兒德玉走免未幾吏民殺兀里卜推土豪石天應爲帥舉城降奏爲興中尹兵馬都提控錦州張鯨聚衆十餘萬殺節度使稱臨海郡王至是來降詔木華黎以鯨緫北京十提控兵從擬忽闌南征未附州郡木華黎密察鯨有反側意請以蕭也先監其軍至平州鯨稱疾逗留復謀遁去

監軍蕭也先執送行在誅之鯨弟致憤其兄被誅擄錦州叛畧平灤瑞利義懿廣寧等州木華黎率蒙古不花等軍數萬討之州郡多殺致所署長吏降進逼紅羅山主將杜秀降奏爲錦州節度使丙子致陷興中府七月進兵臨興中先遣吾也而等攻溜石山諭之曰今若急攻賊必遣兵來援我斷其歸路致可擒也又遣蒙古不花屯永德縣東候之致果遣鯨子東平將騎兵八千步卒三萬援溜石蒙古不花引兵趨之馳報木華黎夜半引兵疾馳遇于神水縣東夾擊之分麾下兵之半下馬步戰選善射者數千令曰賊

步兵無甲疾射之乃麾騎兵齊進六敗之斬東平及士卒萬二千八百餘級拔開義縣進圍錦州致遣張太平高益出戰又敗之斬首三千餘級溺死者不可勝數圍守月餘致憤將校不勠力殺敗將二十餘人高益懼縛致出降伏誅廣寧劉琰懿州田禾尚降木華黎曰此叛寇存之無以懲後除工匠優伶外悉屠之拔蘇復海三州斬完顏衆家奴咸平宣撫蒲鮮萬奴率衆十餘萬遁入海島丁丑八月詔封太師國王都行省承制行事賜誓券黃金印曰子孫傳國世世不絕分弘吉剌亦乞烈思兀魯兀忙兀等十軍及吾也而契丹

蕃漢等軍並屬麾下且諭曰太行之北朕自經畧太行以南卿其勉之賜大駕所建九斿大旗仍諭諸將曰木華黎建此旗以出號令如朕親臨也乃建行省于雲燕以圖中原遂自燕南攻遂城及蠡州諸城拔之冬破大名府遂東定益都淄登萊濰密等州戊寅自西京由太和嶺入河東攻太原忻代澤潞汾霍等州悉降之遂徇平陽金守臣棄城遁以前鋒拓拔按察兒統蒙古軍鎮之拒金兵以義州監軍李廷植之弟守忠權河東南路帥府事己卯以蕭特末兒等出雲朔攻降岢嵐火山軍以谷里夾打爲元帥達魯花

赤攻拔石隰州擊絳州克之庚辰復由燕徇趙至滿城武仙舉真定來降權知河北西路兵馬事史天倪進言曰今中原粗定而所過猶縱兵抄掠非王者弔民之意也木華黎曰善下令禁無剽掠所獲老稚悉遣還田里軍中肅然吏民大悅兵至滏陽金邢州節度使武貴迎降進攻天平寨破之遣蒙古不花分兵畧定河北衛懷孟州入濟南嚴實籍所隷相魏磁洺恩博滑濬等州戶三十萬詣軍門降時金兵屯黃陵岡號二十萬遣步兵二萬襲濟南木華黎以輕兵五百擊走之遂會大軍薄黃陵岡金兵陣河南岸示以死戰木華黎曰此不可用

長兵當以短兵取勝令騎下馬引蒲齊發亦下馬督戰果大敗之溺死者衆進攻楚丘楚丘城小而固四面皆水令諸軍以草木填塹直抵城下嚴實率所部先登拔之攻下單州圍東平以實權山東西路行省戒之曰東平糧盡必棄城走汝伺其去即入城安輯之勿苦郡縣以敗事也留按魯忽秃以蒙古軍三千屯守之辛巳四月東平糧盡金行省忙古弃汴按魯忽秃邀擊之斬七千餘級忙古引數百騎遁去實入城建行省撫其民先是郡王帶孫攻洺不下至是遣石天應拔之五月還軍野狐嶺宋漣水忠義統轄石珪來降以爲濟兗單

三州都總管予綉衣玉帶勞之曰汝不憚跋涉數千里慕義而来尋當列奏賜汝高爵爾其勉之京東安撫使張琳皆来降以琳行山東東路益都滄景濱棣等州都元帥府事鄭遵亦以棗鄉蓨縣降陞爲完州以遵爲節度使行元帥府事秋八月從駐青冢監國公主遣使来勞大饗將士由東勝渡河西夏國李王請以兵五萬屬焉冬十月復由雲中歷太和寨入葭州金將王公佐遁以石天應權行臺兵馬都元帥進取綏德破馬蹄寨距延安三十里止舍金行省完顏合達出兵三萬陣于城東蒙古不花以騎三千覘之馳報曰彼見吾兵少有輕敵心明日合戰當佯敗可以伏兵取勝也從之夜半以大軍銜枚齊進伏於城東十五里兩谷間明日蒙古不花進兵望見金兵即棄鼓旗走金兵果追之伏發鼓聲震天地萬矢齊下金兵大敗斬七千級獲馬八百合達走保延安圍之旬日不下乃南徇洛川克鄜州北京權帥石天應擒送金驍將張鐵槍木華黎責其不降厲聲荅曰我受金朝厚恩二十餘年今事至此有死而已木華黎義之欲觧其縛諸將怒其不屈竟殺之遂降坊州大饗士卒聞金復取隰州以軒成爲經畧使於是復由丹

州渡河圍隰克之留合丑統蒙古軍鎮石隰間以田雄權元帥府事壬午秋七月令蒙古不花引兵出秦隴以張聲勢視山川險夷大兵道雲中攻下孟州四蹄寨遷其民于州抜晉陽義和寨進克三清巖入霍邑山堡遷其人於趙城縣薄青龍堡金平陽公胡天祚拒守裨將蒲察定住監軍王和開壁降遷天祚于平陽八月有星晝見隱士喬靜真曰今觀天象未可征進木華黎曰主上命我平定中原今河北雖平而河南秦鞏未下若因天象而不進兵天下何時而定耶且違君命得爲忠乎冬十月過晉至絳抜滎州胡鞔堡所至望風歸附河中久爲金有至是復来歸木華黎召石天應謂曰蒲爲河東要害我擇守者非君不可乃以天應權河東南北路陝右關西行臺平陽李守忠太原攸哈剌抜都隰州田雄並受節制命天應造浮梁以濟歸師乃渡河抜同州下蒲城徑趨長安金京兆行省完顏合達擁兵二十萬固守不下乃分麾下兀胡乃太不花兵六千屯守之遣按赤將兵三千斷潼關遂西擊鳳翔月餘不下謂諸將曰吾奉命專征不數年取遼西遼東山東河北不勞餘力前攻天平延安今攻鳳翔皆不下豈吾命將盡耶乃駐

兵渭水南遣蒙古不花南越牛嶺關徇宋鳳州而還
時中條山賊侯七等聚衆十餘萬伺大兵既西謀襲
河中石天應遣别將吴權府引兵五百夜出東門伏
两谷間戒之曰俟賊過半急擊之我出其前爾攻其
後可克也吴權府醉酒失期天應戰死城陷賊燒燬
廬舍殺掠人民還走中條先鋒元帥按察兒邀擊敗
之斬數萬級侯七復遁去木華黎以天應子斡可襲
領其衆癸未春師還浮梁未成顧諸將曰橋未畢工
安可坐待乎復攻下河西堡寨十餘三月渡河還聞
喜縣疾篤召其弟帶孫曰我爲國家助成大業擐甲
執鋭垂四十年東征西討無復遺恨第恨汴京未下
耳汝其勉之薨年五十四厥後太祖親攻鳳翔謂諸
將曰使木華黎在朕不親至此矣至治元年詔封孔
温窟哇推忠效節保大佐運功臣太師開府儀同三
司上柱國魯國王謚忠宣木華黎體仁開國輔世佐
命功臣太師開府儀同三司上柱國魯國王謚忠武
子孛魯嗣

孛魯沈毅魁傑寛厚愛人通諸國語善騎射年二十
七入朝行在所時太祖在西域夏國主李王陰結外
援蓄異圖密詔孛魯討之甲申秋九月攻銀州克之

斬首數萬級獲生口馬駝牛羊數十萬俘監府塔海
命都元帥蒙古不華將兵守其要害而還乙酉春復
朝行在所同知真定府事武仙叛殺都元帥史天倪
脅居民遁于雙門寨仙弟貿於軍中挈家逃歸遣撒
寒追及於紫金關斬之命天倪弟天澤代領帥府事
丙戌夏詔封功臣户口爲食邑曰十投下孛魯居其
首宋將李全陷益都執元帥張琳送楚州秋九月郡
王帶孫率兵圍全于益都冬十二月孛魯引兵入齊
先遣李喜孫招諭全全欲降部將田世榮等不從殺
喜孫丁亥春三月全突圍欲走邀擊大敗之斬首七
千餘級自相蹂踐溺死不可勝計夏四月城中食盡
全降諸將皆曰全勢窮出降非心服也今若不誅後
必爲患孛魯曰不然誅一人易耳山東未降者尚多
全素得人心殺之不足以立威徒失民望表聞詔孛
魯便宜處之乃以全爲山東淮南楚州行省鄭衍德
田世榮副之郡縣聞風款附山東悉平時滕州尚爲
金守諸將或言炎暑未可進攻孛魯曰主上親督大
軍平定西域數年未聞當暑不戰我等安敢自逸乎
遂促進兵金兵出戰敗之斬三千餘級其餘老幼開
門出降以州屬石天禄俾先鋒元帥蕭乃台統蒙古

軍屯濟兗課課不花以兵三千屯濰沂莒以備宋千户按札統大軍駐河北備金九月師還至燕獵于昌平民持牛酒以獻卻之及還賜館人銀數百兩聞太祖崩趨赴北庭哀毀遘疾戊子夏五月薨年三十二至治元年詔封純誠開濟保德輔運功臣太師開府儀同三司上柱國魯國王謚忠定子七人長塔思次速渾察次霸都魯次伯亦難次野蔑干次野不干次阿里乞失

塔思一名查剌温幼與常兒異英才大畧綽有祖風木華里常曰成吾志必此兒也及長每語必先忠孝曰大丈夫受天子厚恩當效死行陣間以圖報稱安能委靡苟且目前以忝先世勳業哉年十八襲爵遂至雲中庚寅秋九月叛將武仙圍潞州太宗命塔思救之仙聞之退軍十餘里大兵未至塔思率十餘騎覘賊形勢仙恐有伏不敢犯塔思曰日暮矣待明旦擊之是夜五皷金將移剌蒲瓦來襲我師與戰不利退守沁南賊還攻潞州城陷主將任存死之冬十月帝親征遣萬户因只吉台與塔思復取潞州仙夜遁邀擊之斬首七千餘級以任存姪代領其衆十一月帝攻鳳翔命塔思守潼關以備金兵河中自石天應死

復為金有辛卯帝親攻拔之金元帥完顏火燎遁塔思追斬之壬辰春睿宗與金兵相拒于汝漢間金步騎二十萬帝命塔思與親王按赤台口温不花合軍先進渡河以為聲援至三峯山與睿宗兵合金兵成列將戰會大雪分兵四出塔思冒矢石先挫其鋒諸軍繼進大敗金兵擒移剌蒲瓦完顏合達單騎走鈞州追斬之遂拔鈞州三月帝北還詔塔思與忽都虎統兵畧定河南諸郡皆降惟汴京歸德蔡州未下塔思遣使請曰臣之祖父佐興大業累著勳伐臣襲世爵曾無寸效去歲復失利上黨罪當萬死願分攻汴城一隅以報陛下帝壯其言命卜之不利乃止癸巳秋九月從定宗于潛邸東征擒金咸平宣撫完顏萬奴于遼東萬奴自乙亥歲率衆保東海至是平之甲午秋七月朝行在所時諸王大會帝顧塔思曰先皇帝肇開大業垂四十年今中原西夏高麗回鶻諸國皆已臣附惟東南一隅尚阻聲教朕欲躬行天討卿等以為何如群臣未對塔思對曰臣家累世受恩圖報萬一正在今日臣雖駑鈍願仗天威掃清淮浙何勞大駕親臨不測之地哉帝悅曰塔思雖年少英風美績簡在朕心終能成我家大事矣賜黄金甲玻瓈

帶及良弓二十命與王子曲出總軍南征乙未冬拔棗陽曲出別徇襄鄧塔思引兵攻郢郢瀕漢江城堅兵精且多戰艦塔思命造木筏遣汶上達魯花赤劉拔都兒將死士五百乘筏進擊引騎兵沿岸迎射大破之溺死者過半餘皆走郢壁堅不能下俘生口馬牛數萬而還丙申冬十月復出鄧州遂至蘄黃蘄州遣使獻金帛牛酒犒師請曰宋小國也進貢大朝有年矣惟王以生靈爲念乃捨之遂進拔符鎮六安縣焦家寨丁酉秋九月由八柳渡河入汴京守臣劉甫置酒大慶殿塔思曰此故金主所居我人臣也不可

處此遂宴於甫家冬十月復與口温不花攻光州主將黃舜卿降口温不花別略黃州塔思攻大蘇山斬首數千級獲生口牛馬以千數戊戌春正月至安慶府官民皆遁于江東至北峽關宋汪統制率兵三千降還之尉氏三月朝行在所秋九月帝宴群臣于行宮塔思大醉帝語侍臣曰塔思神已逝矣其能久乎冬十二月還雲中己亥春三月薨年二十八子碩篤兒幼弟速渾察襲碩篤兒既長詔別賜民三千户爲食邑得建國王旗幟降五品印一七品印二付其家臣置官屬如列侯故事碩篤兒薨子忽都華襲忽都華薨子忽都帖木兒襲忽都帖木兒薨子寶哥襲寶哥薨子道童襲

速渾察性嚴厲賞罰明信人莫敢犯與兄塔思從太宗攻鳳翔有功將兵抵潼關與金人戰屢捷既滅金皇子闊出攻宋棗陽入郢速渾察皆與焉歲己亥塔思薨速渾察襲爵即上京之西阿兒查禿置營總中都行省蒙古漢軍凡他行省監鎮事必先白之定其可否而後上聞帝嘗遣使至見其威容凜然倜儻有奇氣所部軍士紀綱整肅還朝以告帝曰真木華黎家兒也他國使有至者每見皆倉皇失次不能措辭

必慰撫良久始得盡其所欲言左右或諫曰諸王百司既莫敢越而復示之以威使人怖畏盍少加寬恕以待之速渾察曰爾言誠是也然時有不同寬猛各有所宜施天下初附民心未安萬一守者自縱事變忽起悔之晚矣尋薨延祐三年贈宣忠同德翊運功臣太師開府儀同三司上柱國追封爲東平郡王謚忠宣子四人曰忽林池襲王爵曰乃燕曰相威曰撒蠻相威自有傳

乃燕性謙和好學以賢能稱速渾察既薨憲宗擇於諸子命乃燕襲爵乃燕力辭曰臣有兄忽林池當襲

帝曰朕知之然柔弱不能勝忽林池亦固讓乃燕頓首涕泣力辭不得命既而曰若然則王爵必不敢受願代臣兄行軍國之事於是忽林池襲爲國王事無巨細必與乃燕謀議剖决精當無所擁滞世祖在潛藩常與論事乃燕敷陳大義又明習典故世祖謂左右曰乃燕後必可大用因號之曰薛禪猶華言大賢也乃燕雖居顯要而小心謹畏每誨群從子弟曰先世從太祖皇帝出入矢石間被堅執鋭斬將搴旗勤勞四十餘年遂成功名以故一家蒙恩深厚可謂極矣慎勿驕惰以墮先王之名爾曹戒之病卒世祖聞之

爲之悲悼至正八年贈中奉大夫遼陽等處行中書省參知政事護軍追封魯郡公子二人曰碩德曰伯顔察兒碩德通敏有幹才世祖即位入宿衛典朝儀後同知通政院事嘗言遼東幹拙吉烈滅二種民數爲寇宜遣近臣諭之帝方難其人僉曰惟碩德元勳世胄可使帝深然之以問碩德對曰先臣從太祖皇帝定天下不辭險艱以立勳業陛下不以臣年少愚戇願請行帝大喜賜御衣錫燕以行碩德至集諸萬户陳兵衝要詰其渠魁誅之脅從者皆降帝大悦賞賚有差後從征乃顔及使西域屢建殊勳卒贈推忠宣惠寧遠功臣謚忠敏加贈資善大夫嶺北等處行中書省右丞上護軍追封魯郡公

霸突魯從世祖征伐爲先鋒元帥累立戰功世祖在潛邸從容語霸突魯曰今天下稍定我欲勸主上駐驆回鶻以休兵息民何如對曰幽燕之地龍蟠虎踞形勢雄偉南控江淮北連朔漠且天子必居中以受四方朝覲大王果欲經營天下駐驆之所非燕不可世祖憮然曰非卿言我幾失之己未秋命霸突魯率諸軍由蔡伐宋且移檄諭宋沿邊諸將遂與世祖兵合而南五戰皆捷遂渡大江傅于鄂會憲宗崩于蜀

阿里不哥搆亂和林世祖北還留霸突魯總軍務以待命世祖至開平即位還定都于燕嘗曰朕居此以臨天下霸突魯之力也師還中統二年卒于軍大德八年追贈推誠宣力翊衛功臣太師開府儀同三司上柱國東平王謚武靖夫人帖木倫昭睿順聖皇后同母兄也子四人長安童次定童次霸都虎台他姬子曰和童襲國王安童别有傳

塔塔兒台孔温窟哇第三子帶孫郡王之後父曰忙哥從憲宗征伐累立戰功歲己未攻合州會憲宗崩命塔塔兒台護靈駕赴北會阿里不哥叛拘留數日

逃歸追騎執以北還将殺之親王阿速台王龍塔思曰塔塔兒台乃太師國王之裔不可殺也遂獲免至元元年從阿速台来歸世祖嘉之授懷遠大將軍佩金虎符世襲東平達魯花赤命宿衛士四十人給驛送之官所莅官一紀鎮静不擾鄆人賴之以安卒年四十二子四人只必幼嗜讀書習翰墨至元十四年監東平官少中大夫多善政以清白稱嘗出家藏書二千餘卷置東平廟學使學徒講肄之尋授嘉議大夫江南湖北道提刑按察使改浙西大德四年入覲賜金段十匹明年春卒年五十一子三人皆早喪自

只必除按察使弟禿不申嗣其職禿不申性淳靖喜怒不形知民疾苦而能以善道之旱嘗致禱即雨歲饑請於朝發廩以賑之睦同僚興學校加太中大夫士民刻石紀其政績云卒年五十一子五人長不老赤次塔寶脫因次阿魯灰次完者不花次留住馬皆以次嗣爲東平達魯花赤

脫脫祖嗣國王速渾察沈深有智畧嘗奉命征討所向克捷父撒蠻幼穎異自强梯時世祖撫育之若子嘗挾之南征同舟濟大江慮其有失繫之御榻及長常侍左右帝嘗詔之曰男女異路古制也况掖庭乎禮不可不肅汝其司之既而近臣孛羅銜命還出行失其次撒蠻怒其違禮執而囚之别室帝怪其久不至詢知其故命釋其罪撒蠻因進曰今自陛下出陛下乃自違之何以責臣下乎帝曰卿言誠是也由是有意大任之會以疾卒不果年僅一十有七脫脫幼既失怙其母孛羅海篤意教之孜孜若恐不及稍長直宿衛世祖復親誨導尤以嗜酒為戒既冠儀觀甚偉喜與儒士語每聞一善言善行若獲拱璧終身識之不忘至元二十四年從征乃顔帝駐蹕於山巔旌旗蔽野鼓未作俟者報有隙可乘脫脫即擐甲率家

奴數十人疾馳擊之衆皆披靡不敢前帝望見之大加嗟賞遣使者勞之且召還曰卿勿輕進此寇易擒也視其力已折馬已中箭矣帝顧謂近臣曰撒蠻不幸早死脫脫幼朕撫而教之常恐其不立今能如此撒蠻可謂有子矣遂親解佩刀及所乘馬賜之由是深加器重得預聞機密之事其後哈丹復為亂成宗時在潛邸督師往征之脫脫引衆率先躍馬麾之其衆大潰脫脫馬陷于淖泥中哈丹兵復進挑戰脫脫弟阿老瓦丁奮戈衝擊遂大敗之成宗即位其寵顧爲尤篤常侍禁闥出入惟謹退語家人曰我昔親承

先帝訓飭令毋嗜飲今未能絶也豈有爲人知過而不能改者乎自今以往家人有以酒至吾前者即痛懲之帝聞之喜曰扎剌兒台如脱脱者無幾今能剛制于酒真可大用矣即拜資德大夫上都留守通政院使虎賁衛親軍都指揮使政令嚴肅克修其職三年朝議以江浙行省地大人衆非世臣有重望者不足以鎮之進拜榮禄大夫江浙等處行中書省平章政事有旨命中書祖道都門外以餞之始至嚴飭左右毋預公家事且戒其掾屬曰僕從有私囑者愼勿聽若軍民諸事有關於利害者則言之當言而不言

爾之責也言而不聽我之咎也聞者爲之悚慄時朱清張瑄以海運之故致位參知政事恃其勢位多行不法恐事覺以黄金五十兩珠三囊賂脱脱求蔽其罪脱脱大怒縶之有司遣使者以聞帝喜曰脱脱我家老臣之子孫其志固宜與衆人殊賜内府黄金五十兩命回使寵賚之有豪民白晝殺人者脱脱立命有司按法誅之自是豪猾屏息民賴以安帝以浙民相安之乂未及召還大德十一年卒于位年四十四子朶兒只别有傳

博爾术

博爾术阿兒剌氏始祖孛端察兒以才武雄朔方父納忽阿兒闌與烈祖神元皇帝接境敦睦隣好博爾术志意沉雄善戰知兵事太祖於潛邸共履艱危義均同氣征伐四出無往不從時諸部未寧博爾术每警夜帝寢必安枕寓直於内語及政要或至達旦君臣之契猶魚水也初要兒斤部卒盜牧馬博爾术與往追之時年十三知衆寡不敵乃出奇從旁夾擊之盜舍所掠去及戰于大赤兀里兩軍相接下令殊死戰跬步勿退博爾术縶馬於腰跽而引滿分寸不離故處太祖嘉其勇膽又嘗潰圍於怯列太祖失馬博

爾术擁帝累騎而馳頓止中野會天雨雪失牙帳所在卧草澤中與木華黎張氈裘以蔽帝通夕植立足蹟不移及旦雪深數尺遂免於難蔑里期之戰亦以風雪迷陣再入敵中求太祖不見急趨輜重則帝已還卧氊車中聞博爾术至曰此天贊我也丙寅歲太祖即皇帝位君臣之分益密嘗從容謂博爾术及木華黎曰今國内平定多汝等之力我之與汝猶車之有轅身之有臂汝等宜體此勿替遂以博爾术及木華黎爲左右萬户各以其屬翊衛位在諸將上皇子察哈歹出鎮西域有旨從博爾术受教博爾术教以

人生經涉險阻必獲善地所過無輕舍止太祖謂皇子曰朕之教汝亦不踰是未幾賜廣平路户一萬七千三百有奇爲分地以老病薨太祖痛悼之大德五年贈推忠協謀佐運功臣太師開府儀同三司追封廣平王謚武忠子孛欒台襲爵萬户贈推誠宣力保順功臣太師開府儀同三司追封廣平王謚忠定孫玉昔帖木兒

玉昔帖木兒世祖時甞寵以不名賜號月呂魯那演猶華言能官也弱冠襲爵統按台部衆器量宏達莫測其際世祖聞其賢驛召赴闕見其風骨厖厚解御服銀貂

賜之時重太官内膳之選特命領其事侍宴内殿玉昔帖木兒起行酒詔諸王妃皆爲荅禮至元十二年拜御史大夫時江南既定益封功臣後遂賜全州清湘縣户爲分地其在中臺務振宏綱弗親細故興利之臣欲援金舊制併憲司入漕府當政者又請以郡府之吏互照憲司撿底玉昔帖木兒曰風憲所以戢奸若是有傷監臨之體其議乃沮遇事廷辯吐辭鯁直世祖每爲之霽威至元二十四年宗王乃顔叛東鄙世祖躬行天討命總戎者先之世祖至半道玉昔帖木兒已退敵僵尸覆野數旬之間三戰三捷獲乃顔以獻詔還乘輿橐駝百蹄勞之謝曰天威所臨猶風偃草臣何力之有世祖還留玉昔帖木兒勦其餘黨乃執其酋金家奴以獻戮其同惡數人於軍前明年乃顔之遺孽哈丹禿魯干復叛再命出師兩與之遇皆敗之追及兩河其衆大衂遂遁時已盛冬聲言俟春方進乃倍道兼行過黑龍江擣其巢穴殺戮殆盡哈丹禿魯干莫知所終夷其城撫其民而還詔賜内府七寶冠帶以旌之加太傅開府儀同三司中命禦邊杭海二十九年加録軍國重事知樞密院事宗王昀臣咸禀命焉特賜步輦入内位望之崇廷臣無

出其右三十年成宗以皇孫撫軍北邊玉昔帖木兒輔行請授皇孫以儲闈舊璽詔從之三十一年世祖崩皇孫南還宗室諸王會于上都定策之際玉昔帖木兒起謂晉王甘麻剌曰宮車晏駕已踰三月神器不可久虛宗祧不可乏主疇昔儲闈符璽既有所歸王爲宗盟之長奚俟而不言甘麻剌遽曰皇帝踐祚願北面事之於是宗親大臣合辭勸進玉昔帖木兒復坐曰大事已定吾死且無憾皇孫遂即位進秩太師賜以尚方玉帶寶服還鎮北邊元貞元年冬議邊事入朝兩宮錫宴如家人禮賜其妻禿忽魯宴服及他

珍寶十一月以疾薨大德五年詔贈宣忠同德弼亮功臣依前太師開府儀同三司録軍國重事御史大夫追封廣平王謚曰貞憲子三人木剌忽仍襲爵爲萬户次朶憐次朶朶哈爲御史大夫

博爾忽

博爾忽許兀慎氏事太祖爲第一千户歿於敵子脱歡襲職從憲宗四征不庭有拓地功子失里門鎮徽外從征六詔等城亦歿于兵子月赤察兒性仁厚勤儉事母以孝聞資貌英偉望之如神世祖雅聞其賢且閔其父之死年十六召見帝見其容止端重奏對

詳明喜而謂曰失烈門有子矣即命領四怯薛太官至元十七年長一怯薛明年詔曰月赤察兒秉心忠實執事敬慎知無不言言無不盡曉暢朝章言輒稱旨不可以其年少而弗陞其官可代線真爲宣徽使二十六年帝討叛者于杭海衆皆陣月赤察兒奏曰丞相安童伯顔御史大夫月吕禄皆已受命征戰三人者臣不可以後之今勍賊逆命敢禦天戈惟陛下憐臣使臣一戰帝曰乃祖博爾忽佐我太祖無征不在無戰不克其功大矣卿以爲安童輩與爾家同功一體各立戰功自耻不逮然親屬櫜鞬恭衞朝夕爾

功非小何必身踐行伍手事斬馘乃快爾心耶二十七年桑哥既立尚書省殺異己者箝天下口以刑爵爲貨既而紀綱大紊尚書平章政事也速荅兒太官屬也潛以其事白月赤察兒請奏劾之桑哥伏誅帝曰月赤察兒口伐大姦發其蒙蔽乃以没入桑哥黄金四百兩白金三千五百兩及水田水磑别墅賞其清彊桑哥既敗帝以湖廣行省西連番洞諸蠻南接交趾島夷延袤數千里其間土沃人稠畲丁溪子善驚好鬭思得賢方伯往撫安之月赤察兒舉哈剌哈孫荅剌罕以爲行省平章政事凡八年威德交孚洽

于海外入爲丞相天下稱賢世以月赤察兒爲知人二十八年都水使者請鑿渠西導白浮諸水經都城中東入潞河則江淮之舟既達廣濟渠可直泊於都城之匯帝亟欲其成又不欲役其細民敕四怯薛人及諸府人專其役度其高深畫地分賦之刻日使畢工月赤察兒率其屬著役者服操畚鍤即所賦以倡趍者雲集依刻而渠成賜名曰通惠河公私便之帝語近臣曰是渠非月赤察兒身率衆手成不速也成宗即位制曰月赤察兒盡其誠力深其謀議抒忠於國流惠於人可加開府儀同三司太保録軍國重事

樞密宣徽使大德四年拜太師初金山南北叛王海都篤娃據之不奉正朔垂五十年時入為冦嘗命親王綂左右部宗王諸帥屯列大軍備其衝突五年朝議北師少怠紀律不嚴命月赤察兒副晉王以督之是年海都篤娃入冦大軍分為五隊月赤察兒將其一鋒既交頗不利月赤察兒怒被甲持矛身先陷陣一軍隨之出敵之背五軍合擊大敗之海都篤娃遁去月赤察兒亦罷兵歸鎮歷後篤娃來請臣附時武宗亦在軍月赤察兒遣使詣武宗及諸王將帥議曰篤娃請降為我大利固當待命於上然往返再閱月必失事機軍機一失為國大患人民困於轉輸將士疲於討伐無有已時矣篤娃之妻我弟馬兀合剌之妹也宜遣使報之許其臣附衆議皆以為允既遣始以事聞帝曰月赤察兒深識機宜既而馬兀合剌復命由是叛人稍稍來歸十年冬叛王滅里鐵木兒等屯于金山武宗帥師出其不意先踰金山月赤察兒以諸軍繼往壓之以威啖之以利滅里鐵木兒乃降其部人驚潰月赤察兒遣禿滿鐵木兒察忽將萬人深入其部人亦降察八兒者海都長子也海都死嗣領其衆至是掩取其部人凡兩部十餘萬口至大元年

月赤察兒遣使奏曰諸王禿苦滅本懷攜貳而察八兒游兵近境叛黨素無悛心倘合謀致死則垂成之功顧為國患臣以為昔者篤娃先衆請和雖死宜遣使安撫其子欵徹使不我異又諸部既已歸明我之牧地不足宜處諸降人於金山之陽吾軍屯田金山之北軍食既饒又成重戍就彼有謀吾已擣其腹心矣奏入帝曰是謀甚善卿宜移軍阿答罕三撒海地月赤察兒既移軍察八兒禿苦滅果欲奔欵徹不見納去留無所遂相率來降於是北邊始寧帝詔月赤察兒曰卿之先世佐我祖宗常為大將攻城戰野功烈甚著卿乃國之元老宣忠底績靖謐中外朕入繼大統卿之謀猷居多今立和林等處行中書省以卿為右丞相依前太師録軍國重事特封淇陽王佩黃金印宗藩將領實瞻卿麾進退其益懋乃德悉乃心力毋替所服四年月赤察兒入朝帝宴于大明殿眷禮優渥尋以疾薨于第詔贈宣忠安遠佐運弼亮功臣謚忠武

塔察兒一名倴盞居官山伯祖父博爾忽從太祖起朔方直宿衛為火兒赤火兒赤者佩櫜鞬侍左右者也由是子孫世其職博爾忽從太祖平諸國宣力為多當時

與木華黎等俱以功號四傑搭察兒其從孫也驍勇善戰幼直宿衛太祖平燕睿宗監國聞燕京盜賊恣意殘殺直指富庶之家載運其物有司不能禁乃遣搭察兒耶律楚材窮治其黨誅首惡十有六人由是巨盜屏迹太宗伐金搭察兒從師授行省兵馬都元帥分宿衛與諸王軍士俾統之下河東諸州郡濟河破潼關取陜洛辛卯從圍河中府拔之壬辰從渡白坡時睿宗已自西和州入興元由武關出唐鄧太宗以睿宗與金兵相持久乃遣使約期會兵合進即詔發諸軍至鈞州連日大雪睿宗與金人戰于三峯山

大破之詔搭察兒等進圍汴城金主即以兄子曹王訛可爲質太宗與睿宗還河北搭察兒復與金兵戰于南薰門癸巳金主遷蔡州搭察兒復帥師圍蔡甲午滅金遂留鎮撫中原分兵屯大河之上以遏宋兵丙申破宋光息諸州事聞于朝以息州軍民三千户賜之戊戌卒子別里虎䚟嗣爲火兒赤憲宗即位歲壬子襲父職總管四萬户蒙古漢軍攻宋兩淮悉定邊地戊午會師圍宋襄陽逼樊城力戰死之次曰宋都䚟至元七年賜金虎符襲蒙古軍萬户八年悉兵再攻襄陽圍樊城進戰郢岳漢陽江陵歸峽諸州皆

有功十二年加昭毅大將軍受詔爲隆興出征都元帥與李恒等長驅而宋人莫當其鋒戰勝攻取望風迎降盡平江西十一城又徇嶺南廣東宋亡還師未及論功卒

列傳卷第六

列傳卷第七　　　元史一百二十

翰林學士亞中大夫知制誥兼修國史臣宋濂翰林待制承直郎同知制誥兼國史院編修官臣王禕等奉
勅修

察罕　亦力撒合　立智理威

察罕初名益德唐兀烏密氏父曲也怯律爲夏臣其妾方懷察罕不容於嫡母以配掌羊群者及里木察罕稍長其母以告且曰嫡母已有弟矣察罕武勇過人幼牧羊於野植杖於地脫帽寘杖端跪拜歌舞太祖出獵見而問之察罕對曰獨行則帽在上而尊二人行則年長者尊今獨行故致敬於帽且聞有大官

至先習禮儀耳帝異之乃挈以歸語光獻皇后曰今日出獵得佳兒可善視之命給事內廷及長賜姓蒙古妻以宮人弘吉剌氏嘗行困脫靴藉草而寢鵲鳴其旁心惡之擲靴擊之有蛇自靴中墜歸以其事聞帝曰是禽人所惡者在爾則爲喜神宜戒子孫勿殺其類從帝略雲中桑乾金將定薛擁重兵守野狐嶺帝遣察罕覘虛實還言彼馬足輕動不足畏也帝命鼓行而前遂破其軍圍白樓七日拔之以功爲御帳前首千户從帝征西域孛哈里薛迷思干二城回回國主札剌丁拒守鐵門關兵不得進察罕先驅開道

斬其將餘衆悉降又從攻西夏破肅州師次甘州察罕父曲也怯律居守城中察罕射書招之且求見其弟時弟年十三命登城於高處見之且遣使諭城中使早降其副阿綽等三十六人合謀殺曲也怯律父子并殺使者併力拒守城破帝欲盡坑之察罕言百姓無辜止罪三十六人進攻靈州夏人以十萬衆赴援帝親與戰大敗之還次六盤夏主堅守中興帝遣察罕入城諭以禍福衆方議降會帝崩諸將擒夏主殺之復議屠中興察罕力諫止之馳入安集遺民太宗即位從略河南北還清水苔蘭苔八之地賜馬三

百珠衣金帶鞍勒皇子闊出忽都禿伐宋命察罕爲斥候又從親王口溫不花南伐歲乙未克棗陽及光化軍未幾召口溫不花赴行在以全軍付察罕丁酉復與口溫不花進克光州戊戌授馬步軍都元帥率諸翼軍攻拔天長縣及滁壽泗等州定宗即位賜黑貂裘一鑌刀十命拓江淮地憲宗即位召見累賜金五十兩珠衣一金綺二疋以都元帥兼領尚書省事賜汴梁歸德河南懷孟曹濮太原三千餘户爲食邑及諸處草地合一萬四千五百餘頃户二萬餘未幾復召賜金四百五十兩金綺弓矢等物乙卯卒贈推

忠開濟翊運功臣開府儀同三司上柱國追封河南王謚武宣子十人長木花里木花里事憲宗直宿衛從攻釣魚山以功授四斡耳朶怯憐口千户賜金幣及黄金馬鞍勒世祖即位賜金五十兩珠二串至元四年攻宋自江陵略地回至安陽灘宋兵扼其歸路木花里奮擊敗之都元帥阿朮墜馬宋軍追及之木花里挾之上馬鏖戰退宋兵由是得免特賜銀二百五十兩佩金虎符爲蒙古軍萬户復攻襄樊有功卒于軍贈推誠宣力功臣榮禄大夫平章政事柱國追封梁國公謚武毅從孫亦力撒合

亦力撒合祖曲也怯祖太祖時得召見屬皇子察哈台爲扎魯火赤父阿波古事諸王阿魯忽居西域至元十年擇貴族子備宿衛召亦力撒合至闕下以爲速古兒赤掌服御事甚見親幸有大政時以訪之稱之曰秀才而不名嘗奉使河西還奏諸王只必帖木兒用官太濫帝嘉之擢河東提刑按察使遷平陽路達魯花赤泰不花召還賜黄金百兩銀五百兩以旌其直進南臺中丞帝出内中寳刀賜之曰以鎮外臺時丞相阿合馬之子忽辛爲江浙行省平章政事恃勢貪穢亦力撒合發其姦得贓鈔八十一萬錠奏而

誅之并劾江淮釋教總攝楊輦真加諸不法事諸道竦動二十一年改北京宣慰使諸王乃顔鎮遼東亦力撒合察其有異志必反密請備之二十三年罷宣慰司立遼陽行省以亦力撒合爲參知政事已而乃顔果反帝自將征之時諸軍皆會亦力撒合掌運糧儲軍供無乏東方平帝嘉其先見且餉運有勞加左丞二十七年命尚諸王笄吉女親爲資裝以送之併贈玉帶一改四川行省左丞二十九年再賜玉帶一元貞元年成宗即位入朝卒弟立智理威

立智理威爲裕宗東宫必闍赤典文書至元十八年

蜀初定帝閔其地久受兵百姓傷殘擇近臣撫安之以立智理威爲嘉定路達魯花赤時方以闢田均賦弭盗息訟諸事課守令立智理威奉詔甚謹民安之使者交薦其能會盗起雲南號數十萬聲言欲寇成都立智理威馳入告急言辭懇切繼以泣涕大臣疑其不然帝曰雲南朕所經理未可忽也乃推食以勞之又語立智理威曰南人生長亂離豈不厭兵畏禍耶御之乖方保之不以其道故爲亂耳其歸以朕意告諸將叛則討之服則捨之毋多殺以傷生意則人必定矣立智理威至蜀宣布上旨俄召爲泉府卿後

遷刑部尚書有小吏誣告漕臣劉獻盗倉粟宰相桑哥方事聚斂衆阿其意鍛煉枉服立智理威曰刑部天下持平今輦轂之下漕臣以冤死何以正四方乎即以實聞以是忤丞相出爲江東道宣慰使在官務興學諸生有俊秀者拔而用之爲政嚴明豪民滑吏縮手不敢犯然亦無所刑戮而治元貞二年遷四川行省參知政事蜀有婦人殺夫者繫治數十人加以箠楚卒不得其實立智理威至盡按得之大德三年以參知政事爲湖南宣慰使繼改荆湖荆湖多弊政而公田爲甚部内實無田隨民所輸租取之户無大

小皆出公田租雖水旱不免立智理威問民所不便凡十數事上於朝而言公田尤切朝議遣使理之會有詔凡官無公田者始隨俸給之民力少蘇七年再還四川行省參知政事八年進左丞雲南王入朝所在以驛騎縱獵立智理威曰驛騎所以傳命今事非有急且不得馳況獵乎王憚爲之止獵蜀人饑親勸分以賑之所活甚衆有死無葬者則以己錢買地使葬且修寛政以撫其民部内以治十年入朝帝以白金對衣賜之加資德大夫湖廣行省左丞湖廣歲織幣上供以省臣領工作遣使買絲他郡多爲奸利工官又爲刻剥故匠户日貧造幣益惡立智理威不遣使令工視買人有蔵絲者擇買之工不告病歲省費數萬貫他郡推用之皆便至大三年以疾卒於官年五十七初贈資德大夫陝西行省右丞上護軍寧夏郡公謚忠惠再贈推誠亮節崇德賛治功臣榮禄大夫中書平章政事柱國秦國公子二人長買訥翰林學士承旨次韓嘉訥御史大夫孫達理麻内府宰相

札八兒火者

札八兒火者賽夷人賽夷西域部之族長也因以爲氏火者其官稱也札八兒長身美髯方瞳廣顙雄勇

善騎射初謁太祖于軍中一見異之太祖與克烈汪罕有隙一夕汪罕潛兵來倉卒不爲備衆軍大潰太祖遽引去從行者僅十九人札八兒與焉至班朱尼河餱糧俱盡荒遠無所得食會一野馬北來諸王哈札兒射之殪遂刳革爲釜出火于石汲河水煑而啖之太祖舉手仰天而誓曰使我克定大業當與諸人同甘苦苟渝此言有如河水將士莫不感泣汪罕既滅西域諸部次第亦平乃遣札八兒使金金不爲禮而歸金人恃居庸之塞冶鐵錮關門布鐵蒺藜百餘里守以精鋭札八兒既還報太祖遂進師距關百里

不能前召札八兒問計對曰從此而北黑樹林中有間道騎行可一人臣向嘗過之若勒兵銜枚以出終夕可至太祖乃令札八兒輕騎前導日暮入谷黎明諸軍已在平地疾趨南口金鼓之聲若自天下金人猶睡未知也比驚起已莫能支吾鋒鏑所及流血被野關既破中都大震已而金人遷汴太祖覽中都山川形勢顧謂左右近臣曰朕之所以至此者札八兒之功爲多又謂札八兒曰汝引弓射之隨箭所落悉畀汝爲己地乘輿北歸留札八兒與諸將守中都授黄河以北鐵門以南天下都達魯花赤賜養老一百

戸并四王府爲居第札八兒每戰被重甲舞槊陷陣馳突如飛嘗乘橐駝以戰衆莫能當有丘真人者有道之士也隱居崑崙山中太祖聞其名命札八兒往聘之丘語札八兒曰我嘗識公札八兒曰我亦嘗見真人他日偶坐問札八兒曰公欲極一身貴顯乎欲子孫蕃衍乎札八兒曰百歲之後富貴何在子孫無恙以承宗祀足矣丘曰聞命矣後果如所願云卒年一百一十八贈推忠佐命功臣太傅開府儀同三司上柱國追封涼國公謚武定二子阿里罕明里察阿里罕蚤從札八兒出入行陣勇而善謀憲宗伐蜀爲天下質子兵馬都元帥生哈只終湖南宣慰使贈推誠保德功臣金紫光祿大夫司徒追封涼國公謚安惠生陝西行省平章政事養安太府監丞阿思蘭太僕寺丞補孛養安生阿葩實太僕寺卿明里察贈開府儀同三司上柱國追封涼國公謚康懿生戸部尚書亦不剌金陝西行省參知政事哈剌

术赤台

术赤台兀魯兀台氏其先剌真八都以材武雄諸部生子曰兀魯兀台曰忙兀與札剌兒弘吉剌亦乞列思等五人當開創之先協贊大業厥後太祖即位命

其子孫各因其名爲氏號五投下朔方既定舉六十五人爲千夫長兀魯兀台之孫曰术赤台其一也术赤台有膽略善騎射勇冠一時初怯列王可汗之子鮮昆有智勇諸部畏之怯列亦哈剌哈真沙陀等帥衆來侵兵戰不利近臣忽因荅兒等馳告太祖曰事急矣群下忠勇無踰术赤台者宜急遣之拒敵從之术赤台承命單騎陷陣射殺鮮昆降其大將失列門等遂併有怯列之地乃蠻蔑兒乞台合兵來侵諸部有陰附之者不虞太祖領兵卒至諸部潰去乘勝敗之术赤台俘其主札哈堅普及二女以歸諸部悉平

與扎哈堅普盟而歸之未幾乃蠻復叛朮赤台以計襲扎哈堅普殺之遂平其國朮赤台始從征怯烈亦自罕答啓行歷班真海子間關萬里每遇戰陣必爲先鋒帝嘗諭之曰朕之望汝如高山前日影也賜嬪御木八哈別吉引者思百俾統兀魯兀四千人世世無替子怯台材武過人自太宗及世祖歷事四朝以勞封德清郡王賜金印丙申賜德州户二萬爲食邑至元十八年增食邑二萬一千户肇慶路連州德州洎屬邑俱隸焉怯台薨子端真抜都兒襲爵爲郡王太宗時與亦剌哈台戰勝帝即以亦剌哈妻賜之世

祖之征阿里不哥也怯台子哈答與忽都忽跪而自獻于前曰臣父祖幸在先朝當軍旅征伐之寄屢立戰功今王師北征臣等幸少壯願如父祖以力戰自効既得請於是戰于石木溫都之地諸王哈丹駙馬臘真與兀魯忙兀居右諸王塔察兒及太丑台居左合必赤將中軍兵始交獲其將合丹斬之外剌之軍遂敗衂又戰于失烈延塔兀之地當帝前混戰至日晡勝之帝賜以黃金將佐吏卒行賞各有差李璮叛帝遣哈必赤及兀里羊哈台闊闊出往討之哈答與兀魯納兒台亦在行璮平與有功焉哈答子脱歡亦嘗從諸王徹徹都討只兒火台獲之又嘗破失烈吉要不忽兒于野孫漠連及征乃顏脱歡弟慶童亦在軍雖病猶力戰怯台二子曰端真曰哈答哈答三子曰脱歡曰亦憐只班曰慶童脱歡二子曰塔失帖木兒曰朶來塔失帖木兒一子曰匣剌不花自怯台而下凡九人皆封郡王云

鎮海

鎮海怯烈台氏初以軍伍長從太祖同飲班朱尼河水與諸王百官大會兀難河上太祖尊號曰成吉思皇帝歲庚午從太祖征乃蠻有功賜良馬一壬申從

攻曲出諸國賜珍珠旗佩金虎符爲闍里必從攻塔塔兒欽察唐兀只溫契丹女直河西諸國所俘生口萬計悉以上獻賜御用服器白金等物命屯田於阿魯歡立鎮海城戍守之壬申從太祖討定漢地師次隆興與金將忽察虎戰矢中臆間裹瘡而出者復數四軍聲爲之大振既破燕太祖命於城中環射四箭凡箭所至園池邸舍之處悉以賜之尋拜中書右丞相己丑太宗即位扈從至西京攻河中河南均州癸巳攻蔡州以功賜恩州一千户先是收天下童男童女及工匠置局弘州既而得西域織金綺紋工三百

餘户及汴京織毛褐工三百户皆分隸弘州命鎮海世掌焉定宗即位以鎮海爲先朝舊臣仍拜中書右丞相薨年八十四子十人勃古思繼食其封邑從世祖征花馬大理率兵千人結浮橋于金沙江以濟師中統初論功授益州等路宣撫使賜金虎符王帶三年改東平路副達魯花赤討平叛冦尋遷濟南等路宣慰至元二年遷南京路達魯花赤四年討平蘄縣叛民以病乞謝事特授保定路達魯花赤賜錢一萬貫歸老于家卒年八十一

肖乃台

肖乃台禿伯怯烈氏以忠勇侍太祖時木華黎孛兒术既立爲左右萬户帝從容謂肖乃台曰汝願屬誰麾下爲我宣力對曰願屬木華黎即日命佩金符領蒙古軍從太師國王爲先鋒兵至河北史天澤之父率老幼數千詣軍門降國王承制授天澤兄天倪河北西路都元帥領真定乙酉天澤送母還白霫副帥武僊殺天倪以真定叛經歷王縉追天澤至燕請攝主帥遣監軍李伯祐詣國王軍前言狀且請援兵國王命肖乃台率精甲三千與天澤合兵進圍中山僊遣其將葛鐵槍來援肖乃台撤圍迎之遇諸新樂奮擊敗之會日暮阻水爲營肖乃台料其氣索必宵遁乘勝復進擊大敗之擒鐵槍中山守將亦宵遁遂克中山取無極拔趙州僊棄真定奔西山抱犢寨肖乃台與天澤入城撫定其民未幾僊潜結水軍爲内應夜開南門納僊復據其城肖乃台倉卒以步兵七十踰城奔槀城遲明部曲稍來集兵威復振襲取真定僊棄城遁將士怒民之反覆驅萬人出將屠之肖乃台曰金氏棄國威信傒我來蘇此民爲賊所驅脅有何罪焉若不勝一朝之忿非惟自屈其力且堅他城不降之心乃皆釋之初僊之叛也其弟質國王軍中聞

之遁去肖乃台遣弟撒寒追及於紫荆關斬之俘其妻子而還乃整兵前進下太原略太行拔長勝寨斬僊守將盧治中圍僊於雙門寨僊遁去引兵出太行山東遇宋將彭義斌與戰敗之追至火炎山破其營擒義斌斬之至大明守將蘇元帥以城降遂引兵臨東平敗安撫王立剛于陽穀圍東平立剛走漣水金守將棄城遁他將邀擊敗之遂定東平又與蒙古不花徇河北懷孟衛從國王定益都壬辰度河略汴京徇睢州遇金將完顏慶山奴與戰敗之追斬慶山奴金主入蔡諸軍圍之肖乃台史天澤攻城北面汝水

阻其前結筏潛渡血戰連日金亡朝廷以肖乃台功多命併將史氏三萬户軍以圖南征賜東平户三百俾食其賦命嚴實爲治第宅分撥牧馬草地日膳供二羊及衣糧等以老病卒于東平歸葬漠北子七人抹兀荅兒兀魯台知名

抹兀荅兒歲戊戌從國王忽林赤行省于襄陽略地兩淮己未從渡江攻鄂州以功賞銀五十兩中統元年追阿蘭荅兒渾都海預有戰功二年從北征敗阿里不哥於失木禿之地三年又與李璮戰有功國王忽林赤上其功奉旨賞銀五十兩授提舉本投下諸色匠户達魯花赤卒子四人火你赤江南行臺御史

大夫

兀魯台中統三年從石高山奉旨拘集探馬赤軍授本軍千户至元八年授武略將軍佩銀符十年攻樊城有功換金符武德將軍十一年渡江有功賞銀三百兩改武節將軍十二年四月軍至建安卒于軍子脫落合察兒襲職從參政阿剌罕攻獨松關有功陞宣武將軍尋命管領侍衛軍樞密院録其度江以來累次戰功十八年陞懷遠大將軍二十年江西行省命討武寧叛賊董琦平之改授虎符江州萬户府達魯花赤二十四年移鎮潮州值賊張文惠羅半天等嘯聚江西行樞密院檄討之領兵破賊寨斬賊首羅大老李尊長等獲其僞銀印三卒于軍

吾也而

吾也而珊竹氏狀皃甚偉腰大十圍父曰圖魯華察以武勇稱太祖五年吾也而與折不那演克金東京有功九年從太師木華黎取北京領兵爲先驅下之捷聞授金紫光祿大夫北京總管都元帥留撫其人綏懷有方自京以南相繼來降時金將撻魯以惠州漁河口爲隘有衆數萬圖復北疆吾也而以鋭兵千

人擊摧其鋒殺數千人獲其旗鼓羊馬斬撻魯於軍中有趙守玉者據興州吾也而討平之十一年張致以錦州叛又攻破之木華黎大喜以馬十匹甲五事賞其功十二年興州監軍重兒以兵叛吾也而往征之賊軍射殺所乘馬軍士憤怒奮戈衝擊大破賊軍十五年從征山東大戰東平馳赴陷陣生挾二將以還木華黎壯之以功上聞十六年從征延安矢中右股力戰破之俄又取葭鄜二州擒金梟將金鐵槍以獻十七年克鳳翔及所屬州郡十八年從帝親征河西明年下之詔賜吾也而馬五匹甲一事二十年從

木華黎圍益都越二年下三十餘城太宗元年入覲命與撒里荅火兒赤征遼東下之三年又與撒里荅征高麗下受開龍宣泰葭等十餘城高麗懼請和吾也而諭之曰若能以子爲質當休兵十三年遣其子綽從吾也而來朝帝大悅厚加賜予俾充北京東京廣寧蓋州平州泰州開元府七路征行兵馬都元帥佩虎符憲宗元年召問東夷事對曰臣雖老尚藉威靈指麾三軍敵國猶可克況東夷小醜乎帝壯其言問飲酒幾何對曰唯所賜時有一駙馬都尉在側素以酒稱命與之角飲帝大笑賜錦衣名馬俄謝病歸

七年復來朝帝憫其老謂曰自太祖時效勞至今者獨卿無恙賜賚甚厚以都元帥授其中子阿海八年秋九月辛亥夜中星隕帳前光數丈有聲吾也而曰吾死矣明日卒年九十六子四人霅禮最有名太宗時授北京等路達魯花赤至元七年改授昭勇大將軍河間路總管

曷思麥里

曷思麥里西域谷則斡兒朶人初爲西遼闊兒罕近侍後爲谷則斡兒朶所屬可散八思哈長官太祖西征曷思麥里率可散等城酋長迎降大將哲伯以聞帝命曷思麥里從哲伯爲先鋒攻乃蠻克之斬其主曲出律哲伯令曷思麥里持曲出律首徇其地若可失哈兒押兒牽斡端諸城皆望風降附又從征你沙不兒城諭下之帝親征至薛迷思干與其主扎剌丁合戰于月亦心揭赤之地敗之追襲扎剌丁等於阿剌黑城戰于禿馬溫山又敗之追至憨顏城西寨又敗之扎剌丁逃入于海曷思麥里收其珍寶以還取玉兒谷德瘢兩城繼而憨顏城亦下帝遣使趣哲伯疾馳以討欽察命曷思麥里招諭曲兒忒失兒瀆沙等城悉降至谷兒只部及阿速部以兵拒敵皆戰

敗而降又招降黑林城進擊斡羅思於鐵兒山克之獲其國主密只思臘哲伯命曷思麥里獻諸木赤太子誅之尋征康里至孛子八里城與其主霍脫思罕戰又敗其軍進至欽察亦平之軍還哲伯卒會帝親征河西曷思麥里持所獲珍寶及七寶纖迎見于阿剌思不剌思帝顧群臣曰哲伯常稱曷思麥里之功其軀幹雖小而聲聞甚大就以所進金寶命隨其力所勝悉賜之仍命與薛徹兀兒爲必闍赤未幾曷思麥里奏往者嘗招安到士卒留亦八里城宜令扈從征河西許之命常居左右至也吉里海牙又討平失

的兒威從太祖征汴至懷孟令領與魯事帝由白坡渡黃河會睿宗兵攻金將合達敗之回駐金蓮川壬辰授懷孟州達魯花赤佩金符癸巳金將強元帥圍懷州曷思麥里率其衆及昔里吉思鎖剌海等力戰金兵退又遣蒲察寒奴乞失烈札魯招諭金總帥范真率其麾下軍民萬餘人來降己亥六月帝以曷思麥里從軍西域宣力居多命其長子捏只必襲爲懷孟達魯花赤次子密里吉襲爲必闍赤令曷思麥里爲扎魯火赤歸西域大帥察罕行省帖木迭兒奏留之帝允其請庚子進懷孟河南二十八處都達魯花赤所隸州郡不從命者制令籍其家乙卯五月卒子密里吉復爲懷孟達魯花赤中統三年從攻淮西與宋戰死

列傳卷第七

列傳卷第八　元史一百二十一

翰林學士亞中大夫知制誥兼修國史臣宋濂翰林待制承直郎同知制誥兼國史院編修官臣王褘等奉

勅修

速不台

速不台蒙古兀良合人其先世獵於斡難河上遇敦必乃皇帝因相結納至太祖時已五世矣捏里必者生孛忽都衆目爲折里麻折里麻者漢言有謀略人也三世孫合赤温生哈班哈班二子長忽魯渾次速不台俱驍勇善騎射太祖在班朱尼河時哈班嘗驅群羊以進遇盜被執忽魯渾與速不台繼至以槍刺之人馬皆倒餘黨逸去遂免父難羊得達於行在所忽魯渾以百戶從帝與乃蠻部主戰於長城之南忽魯渾射却之其衆奔濶赤檀山而潰速不台以質子事帝爲百戶歲壬申攻金桓州先登拔其城帝命賜金帛一車蔑里吉部強盛不附丙子帝會諸將於秃兀剌河之黑林問誰能爲我征蔑里吉者速不台請行帝壯而許之乃選裨將阿里出領百人先行覘其虛實速不台繼進速不台戒阿里出曰汝止宿必載嬰兒具以行去則遺之使若挈家而逃者蔑里吉見之果以爲逃者遂不爲備己卯大軍至蟾河與蔑里

吉遇一戰而獲其二將盡降其衆其部主霍都奔欽
察速不台追之與欽察戰于玉峪敗之壬午帝征回
回國其主滅里委國而去命速不台與只別追之及
于灰里河只別戰不利速不台駐軍河東戒其衆人
爇三炬以張軍勢其王夜遁復命統兵萬人由不罕
川必里罕城追之凡所經歷皆無水之地既度川先
發千人爲游騎繼以大軍晝夜兼行比至滅里逃入
海不月餘病死盡獲其所棄珍寶以獻帝曰速不台
枕干血戰爲我家宣勞朕甚嘉之賜以大珠銀甖癸
未速不台上奏請討欽察許之遂引兵繞寬定吉思

海展轉至太和嶺鑿石開道出其不意至則遇其酋
長玉里吉及塔塔哈兒方聚於不租河縱兵奮擊其
衆潰走矢及玉里吉之子逃於林間其奴来告而執
之餘衆悉降遂收其境又至阿里吉河與斡羅思部
大小密赤思老遇一戰降之略阿速部而還欽察之
奴来告其主者速不台縱爲民還以聞帝曰奴不忠
其主肯忠他人乎遂戮之又奏以滅里吉乃蠻怯烈
杭斤欽察諸部千户通立一軍從之略也迷里霍只
部獲馬萬匹以獻帝欲征河西以速不台比年在外
恐父母思之遣令歸省速不台奏願從西征帝命度

大磧以往丙戌攻下撒里畏吾特勒赤閔等部及德
順鎮戎蘭會洮河諸州得牝馬五千匹悉獻於朝丁
亥聞太祖崩乃還己丑太宗即位以禿滅干公主妻
之從攻潼關軍失利帝責之睿宗時在藩邸言兵家
勝負不常請令立功自効遂命引兵從睿宗經理河
南道出牛頭關遇金將合達帥步騎數十萬待戰睿
宗問以方略速不台曰城居之人不耐勞苦數挑以
勞之戰乃可勝也師集三峯山金兵圍之數匝會風
雪大作其士卒僵仆師乘之殺戮殆盡自是金軍不
能復振壬辰夏睿宗還駐官山留速不台統諸道兵

圍汴癸巳金主渡河北走追敗之於黃龍岡斬首萬
餘級金主復南走歸德府未幾復走蔡州汴降俘其
后妃及寶器以獻進圍蔡州甲午蔡州破金主自焚
死時汴梁受兵日久歲饑人相食速不台下令縱其
民北渡以就食乙未太宗命諸王拔都西征八赤蠻
且曰聞八赤蠻有膽勇速不台亦有膽勇可以勝之
遂命爲先鋒與八赤蠻戰繼又令統大軍遂虜八赤蠻
妻子於寬田吉思海八赤蠻聞速不台至大懼逃入
海中辛丑太宗命諸王拔都等討兀魯思部主也烈
班爲其所敗圍禿里思哥城不克拔都奏遣速不台

督戰速不台選哈必赤軍怯憐口等五十人赴之一戰獲也烈班進攻禿里思哥城三日克之盡取兀魯思所部而還經哈喳里山攻馬札兒部主怯憐速不台爲先鋒與諸王拔都吁里兀昔班哈丹五道分進衆曰怯憐軍勢盛未可輕進速不台出奇計誘其軍至漷寧河諸王軍於上流水淺馬可涉中復有橋下流水深速不台欲結栰潛渡繞出敵後未渡諸王先涉河與戰拔都軍爭橋反爲所乘沒甲士三十人并亡其麾下將八哈禿既渡諸王以敵尚衆欲要速不台還徐圖之速不台曰王欲歸自歸我不至禿納河

馬茶城不還也乃馳至馬茶城諸王亦至遂攻拔之而還諸王來會拔都曰漷寧河戰時速不台救遲殺我八哈禿速不台曰諸王惟知上流水淺且有橋遂渡而與戰不知我於下流結栰未成今但言我遲當思其故於是拔都亦悟後大會飲以馬乳及蒲萄酒言征怯憐時事曰當時所獲皆速不台功也壬寅太宗崩癸卯諸王大會拔都欲不往速不台曰大王於族屬爲兄安得不往甲辰遂會於也只里河丙午定宗即位既朝會還家于禿剌河上戊申卒年七十三贈効忠宣力佐命功臣開府儀同三司上柱國追封

河南王謚忠定子兀良合台

兀良合台初事太祖時憲宗爲皇孫尚幼以兀良合台世爲功臣家使護育之憲宗在潛邸遂分掌宿衞歲乙巳領兵從定宗征女真國破萬奴於遼東繼從諸王拔都征欽察兀魯思阿孛烈兒諸部丙午又從拔都討孛烈兒乃捏迷思部平之己酉定宗崩拔都與宗室大臣議立憲宗事久未決四月諸王大會定宗皇后問所宜立皆惶惑莫敢對兀良合台對曰此議已先定矣不可復變拔都曰兀良合台言是也議遂定憲宗即位之明年世祖以皇弟總兵討西南夷

烏蠻白蠻鬼蠻諸國以兀良合台總督軍事其鬼蠻即赤禿哥國也癸丑秋大軍自旦當嶺入雲南境摩娑二部酋長唆火脫因塔裏馬來迎降遂至金沙江兀良合台分兵入察罕章蓋白蠻也所在寨柵以次攻下之獨阿塔剌所居半空和寨依山枕江牢不可拔使人覘之言當先絕其汲道兀良合台率精銳立砲攻之阿塔剌遣人來拒兀良合台遣其子阿术迎擊之寨兵退走遂并其弟阿叔城俱拔之進師取龍首關翊世祖入大理國城甲寅秋復分兵取附都善闡轉攻合剌章水城屠之合剌章蓋烏蠻也前次羅

部府大酋高昇集諸部兵拒戰大破之於澳可浪山下遂進至烏蠻所都押赤城城際滇池三面皆水既險且堅選驍勇以砲摧其北門縱火攻之皆不克乃大震鼓鉦進而作作而止使不知所為如是者七日伺其困乏夜五鼓遣其子阿朮潛師躍入亂斫之遂大潰至昆澤擒其國王段智興及其渠帥馬合剌昔以獻餘衆依阻山谷者分命裨將也里脫伯押真掩其右合台護尉掩其左約三日捲而内向及圍合與阿朮引善射者二百騎期以三日四面進擊兀良合台陷陣鏖戰又攻纖寨拔之至乾德哥城兀良合台

病委軍事於阿朮環城立砲以草填塹衆軍始集阿朮已率所部搏戰城上城遂破乙卯攻不花合因阿合阿因等城阿朮先登取其三城又攻赤禿哥山寨阿朮緣嶺而戰遂拔之乘勝擊破魯魯厮國塔渾城又取忽蘭城魯魯厮國大懼請降阿伯國有兵四萬不降阿朮攻之入其城舉國請降復攻阿魯山寨進攻阿魯城克之乃搜捕未降者遇赤禿哥軍於合打台山追赴臨崖盡殺之自出師至此凡二年平大理五城八府四郡洎烏白等蠻三十七部兵威所加無不款附丙辰征白蠻國波麗國阿朮生擒其驍將獻俘

闕下詔以便宜取道與鐵哥帶兒兵合遂出烏蒙趍瀘江刬禿剌蠻三城劫宋將張都統兵三萬奪其船二百艘於馬湖江斬獲不可勝計遂通道於嘉定重慶抵合州濟蜀江與鐵哥帶兒會丁巳以雲南平遣使獻捷於朝且請依漢故事以西南夷悉為郡縣從之賜其軍銀五千兩綵幣二萬四千匹授銀印加大元帥還鎮大理遂經六盤山至臨洮府與大營合月餘復西征烏蠻秋九月遣使招降交趾不報冬十月進兵壓境其國主陳日煚隔江列象騎步卒甚盛兀良合台分軍為三隊濟江徹徹都從下流先濟大師

居中駙馬懷都與阿朮在後仍授徹徹都方略曰汝軍既濟勿與之戰彼必來逆我駙馬隨斷其後汝伺便奪其船蠻若潰走至江無船必為我擒矣師既登岸即縱與戰徹徹都違命蠻雖大敗得駕舟逸去兀良合台怒曰先鋒違我節度軍有常刑徹徹都懼飲藥死兀良合台入交趾為久駐計軍令嚴肅秋毫無犯越七日日煚請内附於是置酒大饗軍士還軍押赤城戊午引兵入宋境其地炎瘴軍士皆病遇敵少却亡軍士四人阿朮還戰擒其卒十二人其援復至阿朮以三十騎阿馬禿繼以五十騎擊走之時兀良

合台亦病将旋師阿术戦馬五十疋夜爲秃剌蠻所掠入告兀良合台曰吾馬盡爲盜掠去将何以行即分軍捜訪知有三寨蔵馬山顛阿术親率将士攀崖而上破其諸寨生擒賊酋盡得前後所盗馬千七百疋乃屠押赤城憲宗遣使諭旨約明年正月會軍長沙乃率四王騎兵三千蠻僰萬人破横山寨關老蒼關徇宋内地宋陳兵六萬以俟遣阿术與四王潛自間道衝其中堅大敗之盡殺其衆乗勝擊逐蹴貴州蹂象州入静江府連破辰沅二州直抵潭州城下潭州出兵二十萬断我歸路兀良合台遣阿术與大納

玉龍帖木兒軍其前而自與四王軍其後夾擊破之兵自入敵境轉鬬千里未嘗敗北大小十三戦殺宋兵四十餘萬擒其将大小三人其州又遣兵來攻退至門濠掩溺殆盡乃不敢復出壁城下月餘時世祖已渡江駐鄂州遣也里蒙古領兵二千人來援且加勞問遂自鄂州之滸黄州北渡與大軍合庚申世祖即位夏四月兀良合台至上都後十二年卒年七十二子阿术自有傳

按竺邇

按竺邇雍古氏其先居雲中塞上父黖公爲金群牧使歳辛未驅所牧馬來歸太祖終其官按竺邇幼鞠于外祖术要甲家訛言爲趙家因姓趙氏年十四隷皇子察合台部嘗從大獵射獲數麋有二虎突出射之皆死由是以善射名皇子深器愛之甲戌太祖西征尋思干阿里麻里等國以功爲千户丁亥從征積石州先登拔其城圍河州斬首四十級破臨洮攻徳順斬首百餘級攻鞏昌駐兵秦州太宗即位尊察合台爲皇兄以按竺邇爲元帥戊子鎮刪丹州自燉煌置驛抵玉關通西域從定關隴辛卯從圍鳳翔按竺邇分兵攻西南隅城上礧石亂下選死士先登拔其

城斬金将劉興哥分兵攻西和州宋将彊俊領衆數萬堅壁清野以老我師按竺邇率死士罵城下挑戦俊怒悉衆出陣按竺邇佯走俊追之因以奇兵奪其城伏兵要其歸轉戦數十里斬首數千級擒俊餘衆退保仇池進擊拔之從拔平涼慶陽邠原寧皆降涇州復叛殺守将郭元怨衆議屠之按竺邇但誅首惡師還原州降民棄老幼夜亡走衆曰此必反也宜誅之以警其餘按竺邇曰此輩懼吾驅之北徙耳遣人諭之曰汝等若走以軍法治罪父母妻子併誅矣汝歸保無他明年草青具牛酒迎師於此州民皆復歸

豪民陳苟集數千人潛新寨諸洞衆議以火攻之按竺邇曰招諭不出攻之未晚遂偕數騎抵寨縱馬解弓矢召苟遥語折矢與爲誓苟即相呼羅拜謝更生之恩皆降金人守潼關攻之戰於扇車回不克睿宗分兵由山南入金境按竺邇爲先鋒趣散關宋人已焼絶棧道復由兩當縣出魚關軍沔州宋制置使桂如淵守興元按竺邇假道於如淵曰宋讎金久矣何不從我兵鋒一洗國恥今欲假道南鄭由金洋達唐鄧會大兵以滅金豈獨爲吾之利亦宋之利也如淵度我軍壓境勢不徒還遂遣人導我師由武休關東

抵鄧州西破小關金人大駭謂我軍自天而下其平章完顏合達樞密使移剌蒲阿帥十七都尉兵數十萬相拒于鄧我師不與戰直趣鈞州與親王按赤台等兵合陣三峯山下會天大雪金兵成列按竺邇先率所部精兵迎擊於前諸軍乘之金師敗績癸巳金主奔蔡十二月從圍蔡甲午金亡初金將郭斌自鳳翔突圍出保金蘭定會四州至是命按竺邇往取之圍斌于會州食盡將走敗之于城門兵入城巷戰死傷甚衆斌手劔驅其妻子聚一室焚之已而自投火中有女奴自火中抱兒出泣授人曰將軍盡忠忍使

絶嗣此其兒也幸哀而收之言畢復赴火死按竺邇聞之惻然命保其孤遂定四州金將汪世顯守鞏州皇子闊端圍之未下遣按竺邇等往招之世顯率衆來降皇兄嘉其材勇賞賚甚厚賜名拔都拜征行大元帥丙申大軍伐蜀皇子出大散關分兵令宗王穆直等出陰平郡期會于成都按竺邇領砲手兵爲先鋒破宕昌殘階州攻文州守將劉禄數月不下諜知城中無井乃奪其汲道率勇士梯城先登殺守陴者數十人遂拔其城禄死之因招徠吐蕃酋長勘陁孟迦等十族皆賜以銀符畧定龍州遂與大散軍合進

克城都師還而成都復叛丁酉按竺邇言於宗王曰隴州縣方平人心猶貳西漢陽當隴蜀之衝宋及吐蕃利於入寇宜得良將以鎮之宗王曰安反側制寇賊此上策也然無以易汝遂分蒙古千户五人隸麾下以往按竺邇命侯和尚南戍沔州之石門朮魯西戍階州之兩水謹斥堠嚴巡邏西南諸州不敢犯之戊戌從元帥塔海率諸翼兵伐蜀克隆慶己亥攻重慶庚子圖萬州宋人將舟師數百艘遡流迎戰按竺邇順流率勁兵乘巨筏浮草舟於其間弓弩兩射宋人不能敵敗諸夔門辛丑伐西川破二十餘城成都

守將田顯開北門以納師宋制置使陳隆之出奔追獲之縛至漢州令誘降守將王夔夔不降進兵攻之夔夜驅火牛突圍出奔遂斬隆之壬寅會八軍破遂寧瀘叙等州癸亥破資州庚戌按竺邇安輯涇邠二州宋制置使余玠攻興元文州降將王德新乘隙自階州叛執扈牛二鎮將領衆千餘走江油憲宗召按竺邇還舊鎮按竺邇遣將直擣江油奪扈牛以歸中統元年世祖即位親王有異謀者其將阿藍荅兒渾都海圖據關隴時按竺邇以老委軍於其子帝遣宗王哈丹哈必赤阿曷馬西討按竺邇曰今內難方殷設

亂開隴豈臣子安卧之時耶吾雖老尚能破賊遂引兵出刪丹之耀碑谷從阿曷馬與之合戰會大風晝晦戰至晡大敗之斬馘無筭按竺邇與總帥汪良臣獲阿藍荅兒渾都海等捷聞帝錫璽書褒美賜弓矢錦衣四年卒年六十九延祐元年贈推忠佐運功臣太保儀同三司上柱國封秦國公謚武宣子十人徹理國寶最知名徹理襲職爲元帥丁巳從父攻瀘州降宋將劉整宋將姚德壁雲頂山戊午大軍圍之徹理率部兵由水門先登破其壁德降後以病廢卒國寶一名黑梓少警敏學書倜儻好義有謀畧父爲元

帥軍務悉以委之故所至多捷從攻重慶降宋都統張實併掠合州以歸中統元年從攻阿藍荅兒有功阿藍荅兒叛將火都據吐蕃之黠西嶺國寶攝帥事討之衆欲速戰國寶曰此窮寇也宜少緩以計破之遂以精兵襲其後火都欲西走國寶據險要之挑戰則歛兵自固相持兩月潛兵出其不意擒殺之捷聞賜弓矢金綺初按竺邇之告老制命徹理襲征行元帥徹理以病不視事國寶乃謂諸弟曰昔我先人耀兵西陲大功既集關隴雖寧而西戎未靖此吾輩立功之秋也乃遣謝鼎與弟國能持金帛說降吐蕃酋

長勘陁孟迦從國寶入覲國寶奏曰文州山川險阨控庸蜀拒吐蕃宜城文州屯兵鎮之從之授國寶三品印爲蒙古漢軍元帥兼文州吐蕃萬户府達魯花赤與勘陁孟迦皆賜金符時扶州諸羌未附國寶宣上威德於是呵哩禪波哩揭諸酋長皆歸款從國寶入覲國寶圖山川形勢以獻詔授呵哩禪波哩揭爲萬户賜金虎符諸酋長爲千户皆賜金符賜國寶金幣國寶治文州有善政至元四年卒延祐元年贈推誠佐理功臣光禄大夫平章政事柱國封梁國公謚忠定子世榮世延初國寶將卒以世榮幼命弟國安襲其職國

安既襲蒙古漢軍元帥兼文州吐蕃萬户府達魯花赤後以其兄國寶安邊功賜金虎符進昭勇大將軍十五年討叛王吐魯于六盤獲之請解職授世榮帝曰人争而汝讓可以敦薄俗録其六盤功進昭毅大將軍招討使世榮襲懷遠大將軍蒙古漢軍元帥兼文州吐蕃萬户府達魯花赤後以功進安遠大將軍吐蕃宣慰使議事都元帥佩三珠虎符世延中書平章政事

畏荅兒

畏荅兒忙兀人其先剌真八都兒有二子次名忙兀

兒始別爲忙兀氏畏荅兒其六世孫也與兄畏翼俱事太祖時大疇強盛畏翼率其屬歸之畏荅兒力止之不聽追之又不肯還畏荅兒乃還事太祖太祖曰汝兄既去汝獨留此何爲畏荅兒無以自明取矢折而誓曰所不終事主者有如此矢太祖察其誠更名爲薛禪約爲按達薛禪者聰明之謂也按達者定交不易之謂也太祖與克烈王罕對陣於哈剌真師少不敵帝命兀魯一軍先發其將朮徹台横鞭馬鬣不應畏荅兒奮然曰我猶鑿也諸君斧也鑿匪斧不入我請先入諸軍繼之萬一不還有三黃頭兒在唯上念之遂先出陷陣大敗之至晡時猶追逐不已敕使止之乃還腦中流矢創甚帝親傅以善藥留處帳中月餘卒帝深惜之及王罕滅帝以其將只里吉實抗畏荅兒乃分只里吉實民百户隸其子且使世世歲賜不絶仍令收完忙兀人民之散亡者太宗思其功復以北方萬户封其子忙哥爲郡王歲丙申忽都忽大料漢民分城邑以封功臣授忙哥泰安州民萬户帝訝其少忽都忽對曰臣今差次惟視舊數多寡忙哥舊纔八百户帝曰不然畏荅兒封户雖少戰功則多其增封爲二萬户與十功臣同爲諸侯者封户皆

異其籍兀魯爭曰忙哥舊兵不及臣之半今封頗多於臣帝曰汝忘而先横鞭馬鬣時耶兀魯遂不敢言忙哥卒孫只里兀䚟乞荅䚟魯孫忽都忽兀乃忽里哈赤俱襲封爲郡王

博羅歡 伯都

博羅歡畏荅兒幼子蘸木曷之孫瑣魯火都之子也時諸侯王及十功臣各有斷事官博羅歡年十六爲本部斷事官從世祖討阿里不哥數有功帝喜而賜馬四十匹金幣稱之中統三年李璮叛命帥忙兀一軍圍濟南分兵掠益都萊州悉平之詔録燕南獄讞

決明允賜衣一襲皇子雲南王愛哥赤爲其省臣寶合丁毒死事覺中書擇可治其獄者四人奏上皆不稱旨丞相線真以博羅歡聞帝可其奏博羅歡辭曰臣不敢愛死第年少不知書恐誤事耳帝乃以吏部尚書別帖木兒輔其行未至雲南寶合丁密以金六籯迎餽祈勿究其事博羅歡慮其握兵徼外拒之恐致變陽諾曰吾橐不能容可且持歸待我取之博羅歡至則竟其獄誅毒王者而歸其金于省陛見帝頎謂線真曰御舉得其人矣賜黃金五十兩詔忙兀事無大小悉統於博羅歡授昭勇大將軍右衛親軍都指揮使大都則專右衛上都則兼三衛會伐宋授金吾衛上將軍中書右丞詔分大軍爲二右軍受伯顏阿朮節度左軍受博羅歡節度俄兼淮東都元帥罷山東經畧司而以其軍悉隸焉遂軍于下邳召將佐謀曰清河城小而固與昭信淮安泗州爲犄角猝未易拔海州東海石秋遠在數百里之外必不嚴備吾頓大兵爲疑兵以輕騎倍道襲之其守將可擒也師至三城果皆下清河亦降宋主以國内附而淮東諸城猶爲之守詔博羅歡進軍拔淮安南堡戰白馬湖及寶應掠高郵自西小河入漕河援灣頭斷通泰援

兵遂下揚州淮東平益封桂陽德慶二萬一千戶十四年討叛臣只里斡台於德昌平之賜玉帶文綺與博羅同署樞密院事拜中書右丞行省北京未幾召還時江南新附尚多反側詔募民能從大軍進討者使自爲一軍聽節度於其長而毋役於他軍制命符節皆與正同會博羅歡寢疾乃附樞密董文忠奏曰今疆土寖廣勝兵百萬指揮可集何假此無藉之徒彼一蹤南土則掠人貨財俘人妻孥仇怨益滋而叛者將愈衆矣奏上召輿疾賜坐與語帝大悟遂可其奏而常德入訴唐兀一軍殘暴其境内敕斬以徇兀所募軍皆罷十六年以哈剌斯博羅思斡羅罕諸部不相統命博羅歡監之十八年以中書右丞行省甘肅二十年拜御史大夫行御史臺事以疾歸諸王乃顏叛帝將親征博羅歡諫曰昔太祖分封東諸侯其地與戶臣皆知之以二十爲率乃顏得其九忙兀兀魯扎剌兒弘吉剌亦其烈思五諸侯得其十一惟徵五諸侯兵自足當之何至上煩乘輿哉臣疾且愈請事東征帝乃賜鎧甲弓矢鞍勒命督五諸侯兵與乃顏戰敗之其黨塔不帶以兵來拒會久雨軍乏食諸將欲退博羅歡曰今兩陣相對豈容先動俄塔不帶

引兵退博羅歡以其師乘之轉戰二日身中三矢大破之斬其駙馬忽倫適太師月魯那演大軍來會遂平乃顏擒塔不帶旣而其黨哈丹復叛詔與諸侯王乃馬帶討之哈丹游騎猝至博羅歡從三騎返走抵絶澗可二丈許追騎垂及博羅歡策其馬一躍而過三從騎皆沒人以爲有神助云哈丹死斬其子老的於陳往返凡四歲凱旋俘哈丹二妃以獻敕以一賜乃馬帶一賜博羅歡博羅歡陳其金銀器於延春閣上召諸侯王將帥分賜之博羅歡辭帝曰卿可謂能讓乃賜金銀器五百兩以旌之河南宣慰改行中書省拜平

章政事有詔括馬毋及勳臣之家博羅歡曰吾馬成群所治地方三千里不先出馬何以爲吏民之倡乃先入善馬十有八汴南諸州莽爲巨浸博羅歡躬行決口督有司繕完之三十一年成宗立遷陝西行中書省平章政事未行留鎮河南入朝請以泰安州所入五戶絲四千斤易内庫繒帛分給忙兀一軍帝爲敕近車送軍中賜以銀百五十兩陛辭帝諭之曰卿今白鬚世祖德言寔多聞之宜加慎護因以世祖所佩弓矢鞶帶賜之有頃近臣奏伐宋時右軍分屬伯顏阿朮左軍分屬博羅歡今伯顏阿朮皆受分地而博羅歡未及惟帝裁之帝曰何久不言豈彼耻自請耶乃益封高郵五百戶大德元年叛王藥木忽兒兀魯速不花來歸博羅歡聞之遣使馳奏曰諸王之叛皆由其父此輩幼弱無所與知今茲來歸宜棄其前惡以勸未至帝深以爲然賜金鞍勒命以平章政事行省湖廣會并福建行省入江浙拜光祿大夫上柱國江浙等處行中書省平章政事居歲餘卒年六十三博羅歡勇有智畧戰常以身先之所獲財物悉與將士故得其死力平居常以國事爲憂聞變即請行至終其事乃止其忠義蓋天性然也累贈推忠宣力

賛運功臣太師開府儀同三司上柱國加封奉安王謚武穆子渾都伯都埜先帖木兒博羅渾都山東宣慰使遥授中書平章政事埜先帖木兒河南江北等處行中書省左丞相卒官開府儀同三司翰林學士承旨博羅陝西等處行中書省平章政事埜先帖木兒子尼摩星吉襲郡王亦思剌瓦性吉中政使伯都幼穎異不以家世自矜長嗜書史大德五年擢江東道廉訪副使拜江南行臺侍御史未幾召入僉樞密院事領舍兒別赤至大二年出爲江南行臺御史中丞還陝西行臺御史大夫延祐元年拜甘肅行

省平章政事時米價騰湧陸輓一石費二百緡乃為經畫計所省至四百餘萬緡自是諸倉俱充溢甘州氣寒地瘠少稔歲民饑則發粟賑之春闕種則貸之於是兵饟既足民食亦給詔賜名鷹甲冑弓矢及鈔五千緡以勞焉四年移江浙行省平章政事入為太子賓客上書陳古先聖王正心脩身之道帝嘉納之還江南行臺御史大夫皇太后謂東宮官不宜使外止其行遂以疾辭去寓居高郵英宗即位復命為江南行臺御史大夫陞見以疾固辭帝慰諭久之命以平章之祿歸養于家復賜鈔十萬緡所服藥須空青

詔遣使江南訪求之伯都辭謝曰臣曩膺重寄深懼弗稱今已病癈況敢叨濫厚祿以受重賜乎併以所給平章政事祿歸有司泰定元年還京師卒朝廷知其貧賻鈔二萬五千貫御史臺奏賻三萬五千貫仍還所辭祿妻弘吉剌氏弗受曰始伯都仕于朝不敢虛受廪祿今歿矣苟受是祿非其意也卒辭之子篤爾只將作院判官

抄思

抄思乃蠻部人又號曰答祿其先泰陽為乃蠻部主祖曲書律父敵溫太祖舉兵討不庭曲書律失其部落敵溫奔契丹卒抄思尚幼與其母跋涉間行歸太祖奉中宮旨侍宮掖抄思年二十五即從征伐破代石二州不避矢石每先登焉鴈門之戰屢捷會太宗命睿宗平金抄思執銳以從與金兵戰所向無前壬辰兵次鈞州金兵壘于三峯山抄思察其營壁不堅夜領精騎襲之金兵驚擾遂乘擊之拔三峯山睿宗以抄思功聞于朝有旨以湯陰縣黃招撫等一百一十七户賜之抄思力辭不受復賜以男女五十口宅一區黃金鞶帶酒壺盃盂各一辭弗許迺受之制受萬户與內侍胡都虎留乞僉起西京等處軍人征行

及鎮守隨州招集民户每千人以官一員領之丁酉秋七月奉旨調軍得西京大名濱棣懷孟真定河間邢洺磁威新衛保等府州軍四千六十餘人統之後移鎮潁以疾歸大名歲戊申正月卒年四十四子別的因

別的因在襁褓時父抄思方領兵平金與其祖母康里氏在三皇后宮庭戊申父抄思卒母張氏迎別的因以歸祖母康里氏卒張嘗從容訓之曰人有三成人知畏懼成人知羞恥成人知艱難成人否則禽獸而已別的因受教惟謹甲寅世祖以宗王鎮黑水有

旨諭察罕那顏命别的因襲抄思職爲副萬户鎮守
隨穎等處丙辰冬十有二月世祖復諭征鎮軍士悉
聽别的因等號令别的因身長七尺餘肩豐多力善
刀舞左精騎射士卒咸畏服之明年庚申世祖即位
委任尤專癸亥正月召赴行在所冬十一月謁見世
祖於行在所世祖賜金符以别的因爲壽穎二州屯
田府達魯花赤時二州地多荒蕪有虎食民妻其夫
来告别的因默然良久曰此易治耳迺立檻設機縛
羔羊檻中以誘虎夜半虎果至機發虎墮檻中因取
射之虎遂死自是虎害頓息至元十三年授明威將

軍信陽府達魯花赤佩金符時信陽亦多虎别的因
至未久一日以馬裼置鞍上出獵命左右燔山虎出
走别的因以裼擲虎虎搏裼擲地而吼别的因旋馬
視虎射之虎立死十六年進宣威將軍常德路副達
魯花赤會同知李明秀作亂别的因請以單騎往招
之直抵賊壘賊輕之不設備别的因諭以朝廷恩德
使爲自新計明秀素畏服遂與俱来别的因聞于朝
明秀伏誅賊遂平三十一年進懷遠大將軍遷池州
路達魯花赤之官道經潁上潁近荆山有野豕時出
害民禾稼民莫能制聞别的因至迎拜境上告以其

故别的因曰毋慮也遂至荆山以狼牙箭射之豕走
數里大德十三年進昭勇大將軍台州路達魯花赤卒
年八十一子不花僉嶺南廣西道肅政廉訪司事文
圭有隱德贈秘書監著作郎延壽湯陰縣達魯花赤
孫守恭曾孫與權皆讀書登進士科人多稱之

列傳卷第八

列傳卷第九　　　　元史一百二十二

翰林學士亞中大夫知制誥兼修國史臣宋濂翰林待制承直郎同知制誥兼國史院編修官臣王禕等奉

勑修

巴而朮阿而忒的斤

巴而朮阿而忒的斤亦都護亦都護者高昌國主號也先世居畏兀兒之地有和林山二水出焉曰禿忽剌曰薛靈哥一夕有神光降于樹在兩河之間人即其所而候之樹乃生癭若懷妊狀自是光常見越九月又十日而樹癭裂得嬰兒者五土人收養之其最穉者曰不可罕既壯遂能有其民人土田而為之君長傳三十餘君是為玉倫的斤數與唐人相攻戰久之議和親以息民罷兵於是唐以金蓮公主妻的斤之子葛勵的斤居和林別力跛力答言婦所居山也又有山曰天哥里于答哈言天靈山也南有石山曰胡力答哈言福山也唐使與相地者至其國曰和林之盛彊以有此山也盍壞其山以弱其國乃告諸的斤曰既為婚姻將有求於爾其與之乎福山之石於上國無所用而唐人願見的斤遂與之石大不能動唐人以烈火焚之沃以醲酢其石碎乃輦而去國中鳥獸為之悲號後七日玉倫的斤卒災異屢見民弗

安居傳位者又數亡乃遷於交州交州即火州也統別失八里之地北至阿朮河南接酒泉東至兀敦甲石哈西臨西蕃居是者凡百七十餘載而至巴而朮阿而忒的斤臣於契丹歲己巳聞太祖興朔方遂殺契丹所置監國等官欲來附未行帝遣使使其國亦都護大喜即遣使入奏曰臣聞皇帝威德即弃契丹舊好方將通誠不自意天使降臨下國自今而後願率部衆為臣僕是時帝征大陽可汗射其子脫脫殺之脫脫之子火都赤剌溫馬札兒禿薛干四人以不能歸全屍遂取其頭涉也兒的石河將奔亦都護先遣使往亦都護殺之四人者至與大戰於檐河亦都護遣其國相來報帝復遣使還諭亦都護遂以金寶入貢辛未朝帝于怯綠連河奏曰陛下若恩顧臣使臣得與陛下四子之末庶幾竭其犬馬之力帝感其言使尚公主也立安敦且得序於諸子與者必那演征罕勉力鎖潭田田諸國將部曲萬人以先紀律嚴明所向克捷又從帝征你沙卜里征河西皆有大功既卒而次子玉古倫赤的斤嗣玉古倫赤的斤卒子馬木剌的斤嗣將探馬軍萬人從憲宗伐宋合州攻釣魚山有功還火州卒至元三年世祖命其子火赤

哈兒的斤嗣爲亦都護海都帖木迭兒之亂畏兀兒之民遭亂解散於是有旨命亦都護收而撫之其民人在宗王近戚之境者悉遣還其部畏兀兒之衆復輯十二年都哇卜思巴等率兵十二萬圍火州聲言曰阿只吉奧魯只諸王以三十萬之衆猶不能抗我而自潰尔敢以孤城當吾鋒乎亦都護曰吾聞忠臣不事二主吾生以此城爲家死以此城爲墓終不能從尔也受圍凡六月不解都哇以書繫矢射城中曰我亦太祖皇帝諸孫何以不附我且尔祖嘗尚公主矣尔能以女與我我則休兵不然則急攻尔其民相

與言曰城中食且盡力已困都哇攻不止則相與俱亡矣亦都護曰吾豈惜一女而不以救民命乎然吾終不能與之相見以其女也立亦黑迷失别吉厚載以茵引繩縋城下而與之都哇解去其後入朝帝嘉其功錫以重賞妻以公主曰巴巴哈兒定宗之女也又賜鈔十萬錠以賑其民還鎮火州屯於州南哈密力之地兵力尚寡北方軍忽至其地大戰力盡遂死之子紐林的斤尚幼詣闕請兵北征以復父讎帝壯其志賜金幣巨萬妻以公主曰不魯罕太宗之孫女也公主薨又尚其妹曰八卜义有旨師出河西俟北

征諸軍齊發遂留永昌會吐蕃脫思麻作亂詔以榮祿大夫平章政事領本部探馬等軍萬人鎮吐蕃宣慰司威德明信賊用斂迹其民賴以安武宗召還嗣爲亦都護賜之金印復署其部押西護司之官仁宗始稽故實封爲高昌王別以金印賜之設王傅之官其王印行諸内郡亦都護印行諸畏兀兒之境八卜义公主薨復尚公主曰兀剌真安西王之女也領兵火州復立畏兀兒城池延祐五年薨子二人長曰帖木兒補化次曰籛吉皆八卜义公主所生也帖木兒補化大德中尚公主曰朶兒只思蠻闊端太子孫女

也至大中從父入覲備宿衛又事皇太后於東朝拜中奉大夫領大都護事又以資善大夫出爲鞏昌等處都總帥達魯花赤奔父喪於永昌請以王爵讓其叔父欽察台叔父力辭乃嗣爲亦都護高昌王至治中領甘肅諸軍仍治其部泰定中召還與威順王寬徹不花宣靖王買奴靖安王闊不花分鎮襄陽俄拜開府儀同三司湖廣行省平章政事文宗召至京師佐平大難時湖廣左丞有以忌嫉害政者詔命誅之帖木兒補化乃爲申請曰是誠有罪然不至死人服其雅量天曆元年拜開府儀同三司上柱國錄軍國

重事知樞密院事明年正月以舊官勲封拜中書左
丞相三月加太子詹事十月拜御史大夫其弟鐵吉
乃以讓嗣爲亦都護高昌王

鐵邁赤 虎都鐵木禄 塔海

鐵邁赤合魯氏善騎射初事忽蘭皇后帳前嘗命爲
挏馬官從太祖定西夏又從皇子闊出忽都行省鐵
木答兒定河南累有戰功憲宗之伐宋也世祖以皇
弟受命攻鄂大駕征西川遣元帥兀良哈台自交趾
搆宋與諸軍合歲己未皇弟駐兵鄂渚聞兀良哈台
由廣西至長沙遣鐵邁赤將練卒千人鐵騎三千迎

兀良哈台于岳州兀良哈台得援抵江夏北涉黄州
鐵邁赤與有力焉世祖即位命從征叛王于失木土
之地勞績益著至元七年授蒙古諸萬戸府奥魯總
管十九年以疾卒子八人虎都鐵木禄最顯
虎都鐵木禄好讀書與學士大夫遊字之曰漢卿仁
宗嘗顧左右曰虎都鐵木禄字漢卿漢名卿不讓也
汝等以漢卿名之宜矣其母姓劉氏故人又稱之曰
劉漢卿云至元十一年從丞相伯顔渡江既取宋遣
視宋故宮室護帑藏諭下明越等州從平章奥魯入
覲授忠顯校尉總把再轉昭信校尉二十二年授奉

訓大夫荆湖占城等處行中書省理問官時行省之
名曰荆湖占城曰荆湖曰湖廣凡三改理問一曰以
軍事入奏敷陳辨白有指趣世祖大悦若曰辭簡意
明令人樂於聽受昔以其兄阿里警敏捷給令侍左
右斯人顧不勝耶勑都護脫因納志之平章政事程
鵬飛建議征日本奏漢卿爲征東省郎中帝顧脫因
納若曰鵬飛南士也猶知其能姑聽之候還朕自録
任征東省罷徵漢卿還丞相阿里海牙以湖廣行省
機密事重舍漢卿無可用者遣郎中岳洛也奴奏留
從之二十一年從皇子鎭南王征交趾比還鄂時權

臣方擅威福遂退處于家二十八年詔太傅右丞相
順德王答剌罕擒權姦于鄂答剌罕遂拜湖廣行中
書省平章政事詢舊人知方面之務者衆薦漢卿遣
使即南陽家居驛致武昌奏事京師帝嘉之擢給事
中居再歲提刑按察司改肅政廉訪司臺臣奏授奉
議大夫廣西海北道副使陛辭留之仍舊職既而湖
廣行省平章政事劉傑奏伐交趾造戰舡五百于廣
東帝曰此重事也須才幹臣乃濟用以漢卿督匠南
方勑曰汝還當顧汝于衆因頓首謝事既集帝崩遷
福建行省郎中朝列大夫漢陽監府中順大夫湖南

宣慰副使峒酋岑雄叛奉詔開諭頑獷帖服改太中大夫河南行中書省郎中通議大夫同僉樞密院事拜禮部尚書大臣奏覈實江南民田漢卿奉詔使江西以田頟舊定重擾民不便置不問止奏革漕置局十有七所以七品印章教授局官五十一員增中統課緡五十萬轉正議大夫兵部尚書未幾命爲中奉大夫判湖北道宣慰使已命復留之延祐三年大臣以浙東倭奴商舶貿易致亂奏遣漢卿宣慰閩浙撫戢兵民海陸爲之静謚云從子塔海

塔海漢卿兄子也世祖時從土土哈充哈剌赤至元

二十四年扈駕征乃顔二十六年入覲帝命充寶兒赤扈駕至和林賜只孫冠服大德四年授中書直省舍人遷中書客省副使武宗即位賜中統鈔五百錠以旌其能尋進和林行省理問所官改通政僉院歷和寧路總管改汴梁先是朝廷令民自實田土有司繩以峻法民多虛報以塞命其後差税無所於徵民多逃竄流移者塔海以其弊言于朝由是省民間虛粮二十二萬民賴以安後改任廬州時有飛蝗北來民患之塔海禱于天蝗乃引去亦有墮水死者人皆以爲異民乏食開廪減直俾民糴之所活甚衆天曆元年冬十月樞密院臣奏以塔海充樞密僉院守潼關及河中府帝遣人馳賜白金鈔幣宣授僉書樞密院事未幾西軍犯南陽督諸衛兵往平之至其地首率勇士與帖木哥等戰摧其前鋒將奪其旗鼓西軍敗走賜三珠虎符進大都督累官資善大夫

按扎兒

按扎兒拓跋氏嘗扈從太祖南征歲丙子復從定諸部有功命領蒙古軍爲前鋒時木華黎暨博爾术爲左右萬户各以其屬爲翊衛太祖命木華黎爲太師國王都行省承制行事兵臨燕遼營青齊魯趙韓

魏皆下歲己卯河中府降兵北還以按扎兒領前鋒總帥仍統所部兵屯平陽以備金攝國王事時金將乞石烈氏擁兵數爲邊患然畏按扎兒威名不敢輕犯其境歲壬午元帥石天應守河中府屯中條山金候將軍率昆弟兵十餘萬夜襲河中天應遣偏裨吴權府率五百兵出東門伏兩谷關諭之曰俟其半過即翼擊之俾腹背受敵即成禽矣吴醉敵至聲援弗繼城遂陷天應死焉遂燔其城屠其民將趨中條按扎兒進兵擊之斬首數萬級逃免者僅十數歲癸未春至聞喜縣西下馬村木華黎卒詔以子孛魯襲其

爵時平陽重地令按扎兒居守歲庚寅孛魯由雲中圍緯州金將武仙恐退保潞東十餘里原上孛魯馳至沁南未立鼓乞石烈引兵襲其後孛魯戰失利輜重人口皆陷沒按扎兒妻奴丹氏亦被獲拘于大梁金主聞按扎兒威名召奴丹氏見奴丹氏色莊言正不爲動金主因謂之曰今縱爾還能偕爾夫來當厚賞尔奴丹氏佯諾之遂得還太宗聞而義之名見褒賚甚厚遂詔預其夫前鋒事帝率從弟按只吉歹口温不花大王皇弟四太子暨國王孛魯征潞州鳳翔至鈞州三峯山金將完顏合達引兵十五萬來戰俘

其同僉移剌不花等悉誅之明年壬辰春三月帝班師北還命偕都元帥唆伯台圍汴城中識按扎兒旗幟懼曰其妻猶勇且義況其夫乎歲甲午金亡詔封功臣賜平陽戶六百一十有四驅戶三十獵戶四未幾以疾卒子忙漢拙赤哥至元十五年忙漢爲管軍千戶二十四年從征乃顏二十六年從征海都二十七年宣授蒙古侍衛親軍千戶佩金符元貞元年有旨命領探馬赤軍偕哈伯元帥從宗王出伯西征攺授昭信校尉右都威衛千戶大德元年名還至大四年卒子乃蠻䚟拙赤哥入宿衛從世祖征鄂漢以功

賜白金至元三年從征李璮戰死之子闊闊朮爲御史臺都事至元三十一年國王速渾察之子拾得既沒其家有故璽王將鬻之命闊闊朮以示中丞崔彧御史楊桓辯其文曰受命于天既壽永昌蓋秦璽也彧請獻之徽仁裕聖皇后后以鈔二千五百貫賜拾得家金織文段二賜闊闊朮成宗即位近臣以其事聞授闊闊朮漢中廉訪僉事仕至湖南廉訪使

雪不台

雪不台蒙古部兀良罕氏遠祖揑里弼生孛忽都雄勇有智畧曾孫合飭温生哈班哈不里哈班生二子

長虎魯渾次雪不台太祖初建興都于班朱泥河今龍居河也哈班驅羣羊入貢遇盜見執雪不台及兄虎魯渾隨至剌盜殺之衆潰去哈班得以羊進帝所由是父子兄弟以義勇稱虎魯渾以百夫長西征破乃蠻立戰功雪不台以質子襲職七年攻桓州先登下其城賜金幣凡一車十一年戰滅里吉衆于蟾河追其部長玉峪大破之遂有其地邑從征回鶻其主棄國去雪不台率衆追之回鶻竟走死其帑藏之積盡入内府賜寶珠一銀罌十八年討定欽察鑾戰斡羅思大小密赤思老降之奏滅里吉乃蠻怯烈斤欽

察部千戶通立一軍十九年獻馬萬疋二十一年丞馹里畏吾特勤赤憫等部德順鎮戎蘭會洮等州獻牝馬三千疋太宗二年大舉伐金渡河而南睿宗以太弟將兵渡漢水而北會河南之三峯山金大臣合韃韃諸將步騎數十萬待戰雪不台從睿宗出牛頭關謀曰城邑兵野戰不利易破耳師集三峯金圍之數匝將士頗懼俄而風雪大作金卒僵踣士氣遂奮敵衆盡殪河南諸州以次降破四年夏雪不台總諸道兵攻汴金義宗走衛州又走歸德又走蔡州癸巳秋汴將以城降其冬攻蔡六年春金亡雪不台以汴民饑

縱使渡河就食民德之是年詔宗王拔都西征雪不台爲先鋒戰大捷十三年討兀魯思部主野力班會之攻馬劄部與其酋怯憐戰瀰寧河遣偏師由下流擣其城拔之是時北庭西域河南北関隴皆底定雪不台功力居多初太祖征西夏閔其久於行間敕還省覲雪不台對曰君勞臣佚情所未安帝壯而聽之又金帥合達見獲以不屈死猶問雪不台安在請一識之雪不台出謂曰汝須臾人耳識我何爲曰人臣亦各爲其主卿勇蓋諸將天生英豪其偶然邪吾見卿甘心瞑目矣定宗三年卒於萬列河之地年七十有三至大元年贈効忠宣力佐命功臣開府儀同三司上柱國河南王謚忠定

唵木海

唵木海蒙古八剌忽解氏與父孛合出俱事太祖征伐有功帝嘗問攻城畧地兵仗何先對曰攻城以砲石爲先力重而能及遠故也帝悅即命爲砲手歲甲戌太師國王木華黎南伐帝諭之曰唵木海言攻城用砲之策甚善汝能任之何城不破即授金符使爲隨路砲手達魯花赤唵木海選五百餘人教習之後定諸國多頼其力太宗即位留爲近侍以講武藝歲

壬辰從攻河南有功壬子憲宗特授虎符陞都元帥癸丑從宗王旭烈兀征剌里西畨斜巨山桃里寺河西諸部悉下之卒子忒木台兒以從戰功授金符襲砲手總管至元十年修立正陽東西二城置砲二百餘座與宋人戰却之十三年從丞相伯顏伐宋駐軍臨安之皋亭山同忙古歹等八人率甲三百入宋宮取傳國寶宋太后請解兵延見内殿期明日奉寶乞降至期果遣賈餘慶等奉寶至軍前以功授行省斷事官復令其子忽都荅兒襲砲手總管十四年進昭勇大將軍砲手萬戶佩元降虎符鎮平江之常熟有

叛民擁衆白號太尉者行省會諸軍討之與忽都荅兒父子自爲一軍奮戈陷陣斬賊酋戴太尉擒朱太尉帝嘉其功十五年兼平江路達魯花赤尋遷徽州湖州卒忽都荅兒後陞砲手萬戶改授達魯花赤卒

昔里鈐部

昔里鈐部唐兀人昔里氏鈐部亦云甘卜音相近而互用也太祖時西夏既臣服大軍西征復懷貳心帝聞之旋師致討命鈐部同忽都鐵穆兒招諭沙州州將僞降以牛酒犒師而設伏兵以待之首帥至伏發馬蹶鈐部以所乘馬與首帥使奔自乘所蹶馬而殿

後擊敗之他日帝聞曰卿臨死地而易馬與人何也鈐部對曰小臣陣死不足重輕首帥乃陛下器使宿將不可失也帝以爲忠進兵圍肅州守者乃鈐部之兄懼城破害及其家先以爲請帝怒城久不下有旨盡屠之惟聽鈐部求其親族家人於死所於是得免死者百有六戶歸其田業歲乙未定宗憲宗皆以親王與速卜帶征西域明年啟行鈐部亦在中又明年至寬田吉思海鈐部從諸王拔都征斡羅斯至也里替城大戰七日拔之己亥冬十有一月至阿速滅怯思城負固久不下明年春正月鈐部率敢死士十人躡雲梯先登俘十一人大呼曰城破矣衆蟻附而上遂拔之賜西馬西錦銀名拔都明年班師授鈐部千戶賜只孫爲四時宴服尋遷斷事官丙午定宗即位進秩大名路達魯花赤憲宗以卜只兒來蒞行臺命鈐部同署既又別錫虎符出監大名己未世祖南征供給軍餉未嘗乏絕以疾輿歸卒于家年六十九子愛魯

愛魯襲爲大名路達魯花赤至元五年從雲南征金齒諸部蠻兵萬人絕縹甸道擊之斬首千餘級諸部震服六年再入定其租賦平火不麻等二十四砦得

七馴象以還七年改中慶路達魯花赤兼管爨僰軍十年平章賽典赤行省雲南令愛魯疆理永昌增田爲多十一年閱中慶版籍得隱戶萬餘以四千戶即其地屯田十三年詔開烏蒙道帥師至玉連等州所過城砦未附者盡擊下之水陸皆置驛傳由是大爲賽典赤信任十四年忙部也可不薛叛以兵二千討平之遷廣南西道左右兩江宣撫使兼招討使十六年遷雲南諸路宣慰使副都元帥十七年復立雲南行省拜參知政事十八年烏蒙羅佐山白水江蠻殺萬戶阿忽以叛復討平之十九年召詣闕進左丞也

可不薛復叛詔與西川都元帥也速荅兒湖南行省脫里察會師進討禽也可不薛送京師仁普諸酋長皆降得戶四千諸王相吾兒帥諸將征緬愛魯供餽餉無乏絶二十二年烏蒙阿謀殺宣撫使以叛與右丞拜荅兒往征之拜荅兒以愛魯習知其山川道里令諸軍悉聽指授分道進擊生擒阿蒙以歸二十四年進右丞朝廷立尚書省復改行尚書右丞鎮南王征交趾詔愛魯將兵六千人從之自羅羅至交趾境交趾將昭文王以兵四萬守木兀門愛魯與戰破之擒其將黎石何英比三月大小一十八戰乃至其王

三九十四

城與諸軍會戰又二十餘合功爲多二十五年感瘴癘卒贈平章政事謚毅敏子教化中書平章政事請于朝贈其祖昔里鈐部太師謚貞獻加贈愛魯太師追封魏國公改謚忠節

槊直腯魯華

槊直腯魯華蒙古克烈氏初以其部人二百從太祖征乃蠻西夏有功命將萬人爲太師國王木華黎前鋒下金桓州得其監馬幾百萬匹分屬諸軍軍勢大振歲辛未破遼東西諸州唯東京未下獲金使遣往諭之槊直腯魯華曰東京金舊都備嚴而守固攻之未易下以計破之可也請易服與其使偕往說之彼將不疑俟其門開繼以大軍赴之則可克矣卒如其計徇地河北攻大名小大數十戰城垂陷中流矢而卒武宗時贈太傅追封衛國公謚武敏子撒吉思卜華嗣將其軍太宗元年己丑錫金符安輯河北山東諸州先是真定同知武仙攻滅都元帥史天倪家其弟天澤擊仙走復真定以天澤爲真定河間濟南東平大名五路萬戶庚寅命撒吉思卜華佩金虎符以總師行省監其軍金宣宗之徙都于汴也立河平軍於新衛以自固恃爲北門撒吉思卜華數攻之不拔

四〇七

壬申正月太宗自白波濟河而南睿宗由峭石灘涉漢而北撒吉思卜華集西都水之舟渡自河陰至鄭鄭守馬伯堅降又金義宗勢力窮蹙出奔帝命撒吉思卜華追躡之會其節度斜捻阿卜棄衛入汴撒吉思卜華遂據而有之十二月義宗自黃陵岡濟河謀復衛撒吉思卜華與其將白撒戰白公廟五日夜俘斬萬計餘衆盡潰義宗竄歸德撒吉思卜華追躡其後薄北門而軍左右皆水其舟師日至癸巳四月其將官奴夜來斫營腹背受敵撒吉思卜華與一軍皆沒嗣國王塔思承制以其弟明安荅兒領其行營尋有

昔以爲蒙古漢軍萬户明安荅兒善騎射從征淮安因糧於敵未嘗匱乏軍士免負擔之勞咸樂爲用癸丑憲宗遣從昔烈門太子南伐死于鈞州五子長脂虎幼普蘭溪脂虎從世祖北征叛王挺戈出入其陣帝壯之賜號拔都賞白金四百五十兩及平李璮之亂亦有戰功普蘭溪光禄大夫徽政使金亡命大臣忽都虎料民分封功臣撒吉思卜華妻楊氏自陳曰吾舅及夫皆死國事而獨爾見遺事聞帝曰彼家再世死難宜賜新衛民二百户撒吉思卜華贈太師謚忠武明安荅兒贈太保謚武毅爵皆衛國公

昔兒吉思

昔兒吉思幼從太祖征回回河西諸國俱有戰功太宗時從睿宗西征師次京兆府會亦來哈解率諸部兵作亂昔兒吉思挺身斫賊陣下馬搏戰賊衆莫不披靡俄失所乘馬步走至睿宗軍中賊退睿宗嘉其勤勞妻以侍女唆火台世祖尤愛之軍旅田獵未嘗不在左右初昔兒吉思之妻爲皇子乳母於是皇太后待以家人之禮得同飲白馬湩時朝廷舊典白馬湩非宗戚貴胄不得飲也昔兒吉思子塔出爲寶兒赤迭只斡耳朵千户塔出子千家奴徹里蠻千家奴從征乃顔力戰而死帝命籍乃顔人口財物以賜之撒里蠻年十六從世祖討阿里不哥戰於失門禿有功賜號拔都兒賞賚尤厚授光禄少卿仍襲爲迭只斡耳朵千户改同僉宣徽院進僉院事以管軍千户從征乃顔有功賞金盞二金五十兩復入爲同知宣徽院事成宗時拜宣徽使加大司徒卒子帖木迭兒襲爲迭只斡耳朵千户累遷宣徽院使遥授左丞相

哈散納

哈散納怯烈亦氏太祖時從征王罕有功命同飲班朱尼河之水且曰與我共飲此水者世爲我用後管

領阿兒渾軍從太祖征西域下薛迷則干不花剌等城至太宗時仍命領阿兒渾軍并回回人匠三千户駐于蕁麻林尋授平陽太原兩路達魯花赤兼管諸色人匠後以疾卒子捏古伯襲從憲宗攻釣魚山有功以疾卒子撒的迷失襲撒的迷失卒子木八剌襲充貴赤千户遷西域親軍副都指揮使大德元年卒弟禿滿荅襲禿滿荅卒子哈剌章襲

傳卷第九

翰林學士亞中大夫知制誥兼修國史臣宋濂　翰林待制承直郎同知制誥兼國史院編修官臣王禕等奉

勅修

布智兒

布智兒蒙古脫脫里台氏父紐兒傑身長八尺有勇力善騎射能造弓矢嘗道逢太祖前驅騎士別那顏邀與俱見太祖視其所挾弓矢甚佳問誰爲造者對曰臣自爲之適有野鳧翔于前射之獲其二并以二矢獻而退別那顏隨之至所居布智兒出見別那顏奇之許以女妻之父子遂俱事太祖嘗從征討賜紐兒傑援都名從征回回斡羅思等國每臨陣布智兒奮身力戰身中數矢太祖親視之令人拔其矢血流滿體悶仆幾絕太祖命取一牛剖其腹納布智兒于牛腹浸熱血中移時遂甦紐兒傑卒憲宗以布智兒爲大都行天下諸路也可扎魯忽赤印造寶鈔賜七寶金帶燕衣十襲又賜蔚州定安爲食邑布智兒卒有子四人長好禮事世祖備宿衛會丞相伯顏伐宋奏好禮督水軍攻襄樊從渡江入臨安以功授昭毅大將軍水軍翼萬戶府達魯花赤別帖木兒吏部尚書補兒答思雲南宣慰使不蘭奚襲父職爲水軍翼萬戶招討使鎮守江陰移通州子完者不花遼陽省理問

召烈台抄兀兒

召烈台抄兀兒初事太祖時有哈剌赤散只兀兒朶魯班塔塔兒弘吉剌亦乞列思等居堅河之濱忽蘭也兒吉之地謀奉扎木合爲帝將不利於太祖抄兀兒知其謀馳以告太祖遂以兵收海剌兒阿帶亦兒渾之地盡誅扎木合等惟弘吉剌入降太祖賜以答剌罕之名其子那真事世祖爲也可扎魯花赤那真歿子伴撒襲其職伴撒卒子火魯忽台襲致和元年八月執倒剌沙起軍之使察罕不花并其金字圓牌以獻天曆元年十一月帝賜金帶仍復其職嘗奏言有犯法者治之當自貴人始窮乏不給者救之當自下始如此則可得衆心矣其言良切於事弊云

闊闊不花

闊闊不花者按攤脫脫里氏爲人魁岸有膂力以善射知名歲庚寅太祖命太師木華黎伐金分探馬赤爲五部各置將一人闊闊不花爲五部前鋒都元帥所向莫能支然不嗜殺惟欲以威信懷附故所至無殘破略定濱棣諸州俘獲焦林諸處民四百餘但籍

其姓名遣歸鄉里徇益都守將降得其財物馬畜悉以分賜士卒歲壬辰從太宗渡河攻汴梁歸德分兵渡淮攻壽州守將無降意射書城中諭之城中人感泣以綵輿奉金公主開門送款闊闊不花下令軍中輒入城虜掠者死城中帖然公主義宗之姑也歲丙申太宗命五部將分鎮中原闊闊不花鎮益都濟南按察兒鎮平陽太原孛羅鎮真定肖乃台鎮大名怯烈台鎮東平括其民匠得七十二萬戶以三千戶賜五部將闊闊不花得分戶六百立官治其賦得薦置長吏歲從官給其所得五戶絲以疾卒官子黃頭代

領探馬赤爲元帥從丞相伯顏取宋道死子東哥馬襲其職累遷右都威衛千戶卒

拜延八都魯

拜延八都魯蒙古扎剌台氏幼事太祖賜名八都魯歲乙未太宗命領扎剌軍一千六百人與塔海甘卜同征關西有功癸丑憲宗命與阿脫總帥汪世顯創立利州城甲寅領兵紫金山破宋軍鹿角寨奪其軍餉器械丁巳從都元帥紐鄰城成都及領兵圍雲頂山下其城帝親征元帥紐鄰既進兵涉馬湖江留拜延八都魯鎮成都降屬縣諸城得其民悉撫安之賜

黃金五十兩衣九襲諸王哈丹忽歡脫脫等征大理還命拜延八都魯領兵迎之道過新津寨與宋潘都統遇戰敗之殺獲甚衆中統二年元帥紐鄰上其功授蒙古奧魯官子外貌台孫兀渾察至元六年拜延八都魯告老兀渾察代其軍從行省也速荅兒征諸國有功十六年從大軍征斡端又有功賞銀五十兩二十一年諸王朮伯命兀渾察往乞失哈里之地爲遊擊軍時敵軍二千餘兀渾察以勇士五十人與戰擒其將也班胡火者以獻王壯之以其功聞賞銀六百兩鈔四千五百貫授蒙古軍萬戶賜三珠虎符三

十年以疾卒次子襲授曲先塔林左副元帥尋卒弟塔海忽都襲陞鎮國上將軍都元帥改授四川蒙古副都萬戶至治二年以疾退子孛羅帖木兒襲

阿朮魯

阿朮魯蒙古氏太祖時命同飲班朮尼河之水扈駕親征有功命領兵收附遼東女直還賞金甲珠衣寶帶他物稱是復命總兵征西夏與敵兵大戰于合剌合察兒之地西夏勢蹙其主懼乞降執之以獻太宗殺之賜以所籍貲産繼領兵收附信安下金二十餘城其後告老諸王塔察兒命其子不花代領其軍

紹古兒

紹古兒麥里吉台氏事太祖命同飲班朱尼河之水扈從親征已而從破信安略地河西賜金虎符授洺磁等路都達魯花赤領軍出征復從伐金破河南太宗命領濟南大名信安等處軍馬復從國王耆石出征歲辛亥卒子拜都襲拜都卒子忽都虎襲移睢州從世祖渡江攻鄂還鎮思州中統三年從征李璮有功尋命修立邳州城領兵鎮兩淮十一年從丞相伯顔渡江有戰功又從參政董文炳沿海出征還鎮嘉興行安撫事十二年加昭勇大將軍職如故十四年

授嘉興路總管府達魯花赤尋陞鎮國上將軍黃州路宣慰使尋罷黃州宣慰司復舊任十六年改授浙西道宣慰使加招討使仍鎮國上將軍奉詔征占城以其國降表貢物入見帝嘉之厚加賞賚二十四年從征交趾明年還師授邳州萬戶府萬戶三十年没于軍

阿剌瓦而思

阿剌瓦而思回鶻八瓦耳氏仕其國爲千夫長太祖征西域駐蹕八瓦耳之地阿剌瓦而思率其部曲來降從帝親征旣破瀚海軍又攻輪臺高昌于闐尋斯干等靡戰不克没于軍子阿剌瓦丁從世祖北征有功至元二十九年卒壽一百二歲子贍思丁有子五人長烏馬兒陳州達魯花赤次不別隆鎮衛都指揮使次忻都監察御史次阿合馬拱衛直司都指揮使次阿散不別驍勇善騎射歷事成宗武宗仁宗數被寵遇計前後所賜楮幣餘四十萬緡他物稱是積官榮祿大夫三珠虎符子斡都蠻襲職致和元年八月自上都逃來丞相燕帖木兒任爲裨將率壯士百人圍臧里帖木兒等于陀羅臺驛擒之以獻特賜衣一襲及禿禿馬失甲金束帶各一白金一百兩鈔二百

錠天曆元年九月充行院同僉十月從擊忽剌台馬扎罕等軍于盧溝橋敗之追至紫荆關多所俘獲招降安童所將軍一千五百人復以功受上賞二年進樞僉院三年以隆鎮衛都指揮使兼領拱衛司

抄兒

抄兒别速氏世居汴梁陽武縣從太祖收附諸國有功又從征金没于陣子抄海從征河南山東復没于陣子别帖將其父軍從攻鄂州以功賞銀帛衣甲等繼從太子忽哥赤西征大理國復没于陣子阿必察至元五年授武畧將軍蒙古千户賜金符從圍襄樊

復渡江奪陽羅堡岸口以功賞白金進宣武將軍蒙
古軍總管管領左右手兩萬戶軍既下廣德從平章
阿里海牙征海外國率死士鼓戰船進奪岸口擒勇
士趙安等以功賞銀帛十六年命管領蒙古侍衛軍
以疾卒于軍

也蒲甘卜

也蒲甘卜唐兀氏歲辛巳率衆歸太祖隷蒙古軍籍
奉旨同所管河西人從木華黎出征以疾卒子昂吉
兒襲領其軍征諸國有功至元六年授金符千戶從
征蘄黃安慶等處九年易虎符陞信陽萬戶從平章

阿朮南征又有功歷淮西道宣慰使參知政事都元
帥廬州蒙古漢軍萬戶府達魯花赤行省左丞相尚
書左丞積官龍虎衛上將軍二十一年攜其子昂阿
禿入見世祖命昂阿禿充速古兒赤二十四年隨駕
征乃顏有功奉旨代其父職二十六年授廬州蒙古
漢軍萬戶府達魯花赤大德六年領兵討宋隆濟等
以功受上賞還鎮廬州以私財築室一百二十餘間
以居軍士之貧者省臺以其事聞特命陞其秩以金
束帶賜之泰定四年卒昂阿禿之弟暗普申速古兒
赤授金符唐兀禿魯花千戶後改授海北海南道廉

訪使

趙阿哥潘

趙阿哥潘土波思烏思藏掇族氏始附宋賜姓趙氏
世居臨洮祖巴命富甲諸羌父阿哥昌貌甚偉有力
蕭人金貞祐中以軍功至凞河節度使金亡保蓮花
山以其衆來歸皇子闊端之鎮西土也承制以阿哥
昌爲疊州安撫使時兵興城無居人至則招逃亡立
城壘課耕桑以安輯之年八十卒于官阿哥潘事親
以孝聞從伐蜀與宋都統制曹友聞屢戰勝負畧相
當以破大安功最授同知臨洮府事斬朝天關乘嘉

陵江至閬州獲蜀船三百艘攻利州生得其劉太尉
戰敗宋師于潼川宋制置使劉雄飛進攻青居山阿
哥潘擊之宵潰四川大震進逼成都畧嘉定平峨眉
太平寨擒其將陳侍郎田太尉餘衆悉降大小五十
餘戰皆先陷陣皇子賜以金甲銀器歲壬子世祖以
皇弟南征大理道出臨洮見而奇之命攝元帥城益
昌時宋兵屯兩川堡柵相望矢石交擊歷五年而城
始完憲宗出蜀以阿哥潘爲選鋒攻西安下之賜金
符授臨洮府元帥帝駐釣魚山合州守將王堅夜來
所管阿哥潘率壯士逆戰手殺數十百人堅遂引去

明日陛見帝喜曰有臣如此朕復何憂賜黃金五十兩名曰拔都中統建元詔還鎮臨洮歲饑發私廩以賑貧乏給民農種粟二千餘石蕪菁子百石人賴不饑郡當孔道傳置旁午有司斂于供給阿哥潘以私馬百疋充驛騎羊千口代民輸帝聞而嘉之詔京兆行省酬其直阿哥潘曰我豈以私惠而邀公賞耶卒不受以軍事赴青居山道爲宋兵所邀遂死于敵阿哥潘好畜良馬常千蹄歲擇其上驥五駟貢于朝子孫遵之不替先是勳臣子孫爲祖父請謚者帝每靳之至是勅大臣以美謚謚之謚曰桓勇子重喜始給

侍皇子闊端爲親衛癸丑從世祖征哈剌章數有功中統元年渾都海反從總帥汪良臣引兵至拔沙河納火石地逆戰以功授征行元帥四年從討忽都達吉散竹台等克之制必帖木兒王承制使襲父職爲元帥入覲賜金虎符爲臨洮府達魯花赤時解軍職而轉民官者例納所佩符有旨趙氏世世勤勞其金符勿拘常例使終佩之重喜在郡劭農興學省刑敦教以善治聞請致事不許詔其長子官卓斯結襲爲達魯花赤陞重喜鞏昌二十四處宣慰使卒謚桓襄官卓斯結性靖退辭官閑處二十餘年仁宗聞其名召不起子德壽雲南左丞

純只海

純只海散朮台氏弱冠宿衛太祖帳下從征西域諸國有功歲癸巳太宗命佩金虎符充益都行省軍民達魯花赤從大帥太出破徐州擒金帥國用安丁酉以益都爲皇太子分土還京兆行省都達魯花赤至時值大疫士卒困憊有旨以本部兵就鎮懷孟未幾代察罕總軍河南尋復懷孟己亥同僚王榮潛畜異志欲殺純只海伏甲縶之斷其兩足跟以帛緘純只海口置佛祠中純只海妻喜禮伯倫闖之率其衆攻

榮家奪出之純只海裹瘡從二子馳旁郡請兵討榮殺之朝廷遣使以榮妻孥貲産賜純只海家且盡驅懷民萬餘口郭外將戮之純只海力爭曰爲惡者止榮一人耳其民何罪若果盡誅徒守空城何爲苟朝廷罪使者以不殺吾請以身當之使者還奏帝是其言民賴不死純只海給榮妻孥券放爲民遂以其宅爲官廨秋毫無所取郡人德之既入覲太宗以純只海先朝舊臣功績昭著賜第一區於和林尋以疾卒勅葬山陵之側皇慶初贈推忠宣力功臣金紫光祿大夫上柱國溫國公謚忠襄仍勅詞臣劉敏中製文

樹碑於懷以旌其功云子昂阿剌嗣

苫徹拔都兒

苫徹拔都兒欽察人初事太宗掌牧馬從攻鳳翔戰潼關皆有功後從大將速不台攻汴京金人列木柵於河南苫徹拔都兒率死士往拔之賜良馬十匹師還金將高都尉率衆邀於中路苫徹拔都兒迎擊斬其首以歸賜白金五十兩幣四匹從攻蔡州前鋒苔苔兒與金將戰金將捽其鬚苫徹拔都兒進斫金將乃得脫蔡州破金守將佩虎符立城上苫徹拔都兒以鐵椎擊殺之取虎符以獻帝嘉其能命從皇子攻

棗陽繼從宗王口温不花攻光州一日五戰光州下賜黃金五十兩白金酒器一事馬三十匹百戶愛不怯赤自以臨陣不勇乞苫徹拔都兒自代遂陞百戶從攻滁州與宋兵大戰至暮宋兵敗走西山苫徹拔都兒與千戶忽孫追殺之歲己未世祖伐宋募能先絶江者苫徹拔都兒首應命率衆逼南岸詔苫徹拔都兒與脫歡領兵百人同宋使諭鄂州使降抵城下鄂守將殺使者以軍來襲苫徹拔都兒與之遇奮擊大破之復賜黃金五十兩中統三年授蔡州蒙古漢軍萬戶冬宋人犯西平苫徹拔都兒逐北踰淮獲其生口甚衆至元二年秋由安慶入廬州聞宋兵至巫設伏于竹林擊殺之四年秋九月元帥阿朮軍襄陽安陽灘宋兵據渡口苫徹拔都兒擊破其衆五年從阿朮圍襄陽擊奪宋將夏貴米舟阿朮入漢江以其有戰功俾與扎剌兒引軍南略獲八十人十年八月略地淮東十一年遣招鄂州十二年遣招滁州諭王安撫改武略將軍管軍千戶五月伏兵大江北岸擊宋軍敗走之十三年復略地淮東獲其總管二人以獻遷滁州總管府達魯花赤宋都統姜才率軍取糧高郵苫徹拔都兒從史萬戶奪其馬及粮橐二萬淮

東平入朝十四年從討叛人只里瓦丁于懷剌合都改宣武將軍滁州路總管府達魯花赤十七年率其子脫歡孫麻兀入見奏曰臣老矣幸主上憐之帝命以脫歡爲宣武將軍管軍總管佩金符麻兀爲滁州路總管府達魯花赤其後脫歡以征倭功授明威將軍滁州萬戶府達魯花赤陞昭勇大將軍征行軍萬戶府達魯花赤佩三珠虎符又以征爪哇功陞昭毅大將軍鎮守無爲滁州萬戶府達魯花赤次子鎖住襲其職

怯怯里

怯怯里斡耳那氏太宗七年南伐以千户從闊端攻安豐壽州又從諸王塔察兒率蒙古軍二千攻荆山破之賜馬二匹與萬户納解以兵守沂郯畧漣海又從元帥懷都攻襄陽卒子相兀速襲父職率本部兵從丞相阿术攻襄樊又從塔出築正陽堡瀘軍乗艦來窺壁壘相兀速率征騎逆之夾淮水而軍射死者甚衆至元十一年賜金符授武畧將軍明年從御史大夫博羅罕平漣海秋九月從丞相伯顔渡淮率兵一千騎攻淮安南門破之又從元帥博羅罕築灣頭堡萬户納兒解卧疾令相兀速權領蒙古女直漢人

三萬户夏五月宋揚州都統姜才引兵來侵相兀速率本部兵逆戰有功又從丞相阿术襲制置使李庭芝及姜才于泰州皆殺之十四年加宣武將軍管軍總管十八年爲蒙古侍衛親軍總管二十三年改千户三十年陞蒙古侍衛親軍副指揮使司事易金虎符加顯武將軍子捏古解元貞元年爲蒙古侍衛親軍百户大德六年襲父職佩金虎符授宣武將軍延祐四年陞左翊蒙古侍衛親軍都指揮使仍所佩符進懷遠大將軍

塔不已兒

塔不已兒東吕紇氏太宗時以招討使將兵出征破信安河南以功授金虎符征行萬户歲甲寅以疾卒子脱察刺襲職歲已未率兵渡江破十字寨命其子重喜從行重喜率先引弓射中敵兵又多殺獲既而與敵兵戰于洋隘口奪戰艦一流矢中左足勇氣愈倍時世祖駐蹕洋隘口北親勞之曰汝年幼能宣力如是深可嘉尚然繼今尤當勉之及脱察刺卒以重喜襲職中統三年從征李璮有功四年以兵鎮莒州至元二年奉旨初築十字路城以備守禦重喜率兵南巡爲游擊軍四年從抄不花出征至泗州北古城

時蔡千户爲敵兵所圍重喜奮戰救而出之五年入覲帝嘉其功賜白金納失失段及金鞍弓矢等十年修正陽城明年宋兵圍正陽從戰敗之十二年從下漣海諸城俄奉旨率五千人從出征道過衡陽店與宋將李提轄等戰大敗之殺掠幾盡遂駐兵瓜洲十三年夏六月宋都統姜才領諸軍來圍城堡敗之秋七月從兵襲擊李庭芝等于泰州十四年進昭勇大將軍婺州路總管府達魯花赤佩已降虎符未幾卒子慶孫襲職初授宣武將軍管軍總管鎮守安樂州十六年移戍鎮江府十八年還鎮通州二十年進明

威將軍二十二年移鎮十字路二十四年領諸翼軍鎮太湖教習水戰二十九年從征爪哇陞昭勇大將軍征行上萬户將行有旨留之皇慶二年卒子孛蘭奚襲

直脫兒

直脫兒蒙古氏父阿察兒事太祖爲博兒赤直脫兒從太宗征欽察康里田田等部有功四年收河南關西諸路得民户四萬餘以屬莊聖皇太后爲脂粉絲線顏色户八年建織染七局于涿州明年改涿州路以直脫兒爲達魯花赤卒子哈蘭术襲佩虎符李璮

叛世祖命領諸萬户爲監戰達魯花赤以討之有功授解萬户翼監戰領軍還益都路蒙古萬户監戰客州没于軍從子忽剌出襲職授昭勇大將軍至元十一年攻宋六安軍有功行中書省命領諸軍戰艦衝宋軍宋軍敗有旨褒賞九月師次安慶忽剌出及叅政董文炳領山東諸軍順流東下至丁家洲遇宋臣夏貴孫虎臣等戰江中宋軍大敗擒其將校三十七人軍五千餘船四十艘十二年三月與宋軍戰朱金沙復有功七月復與宋軍戰焦山江中時丞相阿术等督戰忽剌出與董文炳身冒矢石泝流鏖戰八十

餘里忽剌出身被數傷裹創力戰遂勝之九月宋臣張殿帥攻奪呂城倉丹陽縣忽剌出與萬户懷都往救生擒之十月下常州從丞相伯顏略蘇湖秀州至長橋遇宋軍又敗之十三年正月師至杭州丞相伯顏命忽剌出守浙江亭及宋北門五月揚州軍刼楊子橋復敗之六月敗真州軍七月追李庭芝至通海口降揚州及高郵寶應真州滁州等城江南平加昭毅大將軍職如故尋遷湖州路達魯花赤十四年進鎮國上將軍淮東宣慰使已而屯守上都十五年授嘉議大夫行御史臺中丞十九年進資善大夫福建

行省左丞黃華叛平之二十年授江淮行省左丞二十三年遷右丞三月進榮禄大夫江浙行省平章政事六月卒

月里麻思

月里麻思乃馬氏歲丁丑太宗命與斷事官忽都那同署歲戊戌又同阿术魯拔都兒充達魯花赤破南宿州歲辛丑使宋議和從行者七十餘人月里麻思語之曰吾與汝等奉命南下楚人多詐倘遇害當死焉毋辱君命已而馳抵淮上宋將以兵脅之曰爾命在我生死頃刻間耳若能降官爵可立致不然必不

汝貸月里麻思曰吾持節南來以通國好反誘我以不義有死而已言辭慷慨不少屈宋將知其不可逼乃囚之長沙飛虎寨三十六年而死世祖深悼之詔復其家以子忽都哈思爲荅剌罕日給粮食其家人忽都哈思自陳於帝曰臣願爲國效死爲父雪耻帝嘉納之授以上均州監戰萬户十八年以招討使將兵征日本死於敵

捏古剌

捏古剌在憲宗朝與也里牙阿速三十人來歸後從征釣魚山討李璮皆有功子阿塔赤世祖時圍襄陽

下江南敗失列及征乃顏皆以功受賞後事成宗武宗爲札撒兀孫仁宗時歷官至左阿速衛千户卒子教化初爲速古兒赤繼襲父職必里阿禿叛奉旨往平之凱還賜衣一襲天曆元年八月從丞相燕帖木兒戰居庸北有功九月進拱衛直都指揮使尋遷童佩卿子者燕不花初事仁宗爲速古兒赤英宗時爲進酒寶兒赤天曆元年迎文宗于河南賜白銀綵段命爲温都赤九月往居庸關料敵道逢二軍謂探馬赤諸軍曰今北兵且至其避之者燕不花恐摇衆心即拔所佩刀斬之授兵部郎中招集阿速軍四百餘人十月進兵部尚書授雙珠虎符領軍六百人迎敵通州會丞相燕帖木兒至檀子山與禿滿迭兒戰敗之遷大司農丞

阿兒思蘭

阿兒思蘭阿速氏初憲宗以兵圍阿兒思蘭之城阿兒思蘭偕其子阿散真迎謁軍門帝賜手詔命專領阿速人且留其軍之半餘悉還之俾鎮其境内以阿散真置左右道遇閤兒哥叛軍阿散真力戰死之帝遣使畀屍還葬之阿兒思蘭言于帝曰臣長子死不能爲國効力今以次子捏古來獻之陛下願用之捏

古來至帝命從兀良哈台征哈剌章有功兀良哈台賞以白金名馬從伐宋中流矢而死子忽兒都荅充管軍百户世祖命從不羅那顏使哈兒馬某之地以疾卒子忽都帖木兒武宗潛邸時從征海都以功賞白金至大元年授宣武將軍左衛阿速親軍副都指揮使四年卒

哈八兒禿

哈八兒禿薛亦氏憲宗時從攻釣魚山有功還又從親王塔察兒北征充千户所都鎮撫從千户脱倫伐宋没于陣子察罕從塔察兒攻樊城西門領揚州等

處游擊軍與宋兵戰有功至元十一年從忽都帖木兒攻江陵東南城堡又從阿剌罕敗宋兵于陽邏堡之南阿剌罕選為本萬戶府副鎮撫十二年分隸脫脫總管出廣德游擊軍與宋兵戰敗之賜以白金酒器又從攻獨松千秋搜出等關及諸山寨其降民悉綏撫之賜白金一百兩十三年中書省檄為瑞安縣達魯花赤始至招集逃移民十萬餘戶十四年陞忠顯校尉管軍總把併領新附軍五百人從宣慰唐兀台戰于司空山有功命以其職兼都鎮撫俄選充侍衛親軍十六年授銀符忠武校尉管軍總把二十四

年賜金符授承信校尉蒙古衛軍屯田千戶二十五年進武義將軍本所達魯花赤二十七年陞左翼屯田萬戶府副萬戶大德五年辛丑太納襲

艾貌

艾貌拔都康里氏初從雪不台那演征欽察攻河西城收西關破河南繼從定宗畧地阿奴皆有功又從四太子南伐命充怯憐口阿荅赤孛可孫又從兵渡江攻鄂以疾卒于軍子也速台兒從討阿藍荅渾都海征李璮伐宋累功授管軍總把至元十四年從攻福建興化招古田等處民五千餘戶以功陞武畧將軍千戶賜金符又招手號新軍二千五百餘人陞宣武將軍總管賜虎符有旨征日本也速台兒願効力賜以弓矢進懷遠大將軍萬戶二十年授泰州萬戶府達魯花赤二十三年遷昭勇大將軍欽察親軍都指揮使二十四年從征乃顏有功明年卒後贈金吾衛上將軍追封成武郡公謚顯敏

列傳卷第十

列傳卷第十一

翰林學士亞中大夫知制誥兼修國史臣宋濂　翰林待制承直郎同知制誥兼國史院編修官臣王禕等奉

勅修

塔本

塔本伊吾廬人人以其好揚人善稱之曰揚公父宋五設託陀託陀者其國主所賜號猶華言國老也塔本初從太祖討諸部屢阨艱危後從圍燕征遼西下平灤白霫諸城軍士有妄殺人者塔本戒之曰國之本民也殺人得地何益於國且殺無罪以堅敵心非上意太祖聞而喜之賜金虎符俾鎮撫白霫諸郡號

行省都元帥管內得承制除縣吏死囚得專決久之徙治興平興平兵火傷殘民慘無生意塔本召父老問所苦爲除之薄賦斂役有時民大悅乃相與告教無違約束歸者四集塔本始至戶止七百不一二年乃至萬戶出己馬以寬驛人貸廪吏銀其子錢不能償者焚其券農不克耕亦與之牛比歲告稔民用以饒庚寅詔益中山平定平原隸行省甲午盜李仙趙小哥等作亂塔本止誅首惡宥其詿誤癸卯立春日宴群僚歸而疾作遂卒是夕星隕隱隱有聲遺命葬以紙衣瓦棺贈推誠定遠佐運功臣太師開府儀同三司上柱國追封營國公謚忠武子阿里乞失鐵木兒

阿里乞失帖木兒嗣父職爲興平等處行省都元帥其爲治一遵先政興學養士輕刑薄徭雖同僚不敢私役一民從大軍伐高麗有功歲丙辰卒贈宣忠輔義功臣榮祿大夫平章政事柱國追封營國公謚武襄子阿台

阿台當襲父職適罷行省爲平灤路總管府丁巳憲宗命阿台爲平灤路達魯花赤始至請蠲銀鹽酒等稅課八之一細民不征世祖即位來朝賜金虎符諸

侯王道出平灤供給費銀七千五百兩戶部不即償阿台自陳上前盡取償以歸置甲乙籍籍民丁力民甚便之至元十年進階懷遠大將軍歲饑發粟賑民或持不可阿台曰朝廷不允願以家粟償官於是全活甚衆僚屬始至阿台必遺之鹽米羊畜什器曰非有他也欲其不剝民耳姻族窮者月有常給民有喪不能葬者與之棺槨布帛資糧灤爲孤竹故國乃廟祀伯夷叔齊以勵風俗二十一年進昭武大將軍二十四年乃顏叛獻馬五百疋佐軍太祖大喜已而得乃顏銀甕函以賜之二十五年入朝以疾卒賜宣力

功臣資德大夫中書右丞上護軍追封永平郡公謚
忠亮子迭里威失

迭里威失少好讀書成宗時入宿衛授河西廉訪司僉事拜監察御史遷淮西廉訪副使召為中書左司員外郎改樞密院參議陞判官延祐四年授翰林侍講學士出為河間路總管屬歲饑出俸金及官庫所積賑之活數十萬人河間當水陸要衝四方供億皆取給焉迭里威失立法調遣民便之復建言增置便習弓馬尉一人益邏兵之數於是盜賊屏息陵州羣凶為官民害悉收繫死獄中後陞遼陽行省參知政

事子鎖咬兒哈的迷失

鎖咬兒哈的迷失年十二宿衛英宗潛邸掌服御諸物英宗即位拜監察御史至治元年春詔起大剎于京西壽安山鎖咬兒哈的迷失與御史觀音保成珪李謙亨上章極諫以為東作方始而興大役以耗財病民非所以祈福也且歲在辛酉不宜興築初司徒劉夔妄獻浙右民田冒出內帑鈔六百萬貫丞相帖木迭兒分取其半監察御史發其姦由是疾忌臺諫至是帖木迭兒之子瑣南為治書侍御史密奏曰彼宿衛舊臣聞事有不便弗即入白今訕上以揚己之直大不敬帝乃殺鎖咬兒哈的迷失與觀音保杖珪謙亨黥之竄諸遐裔泰定初贈鎖咬兒哈的迷失資德大夫御史中丞上護軍追封永平郡公謚貞愍賜其妻子鈔五百貫良田千畝仍詔樹碑神道

哈剌亦哈赤北魯

哈剌亦哈赤北魯畏兀人也性聰敏習事國王月仙帖木兒亦都護聞其名自唆里迷國徵為斷事官月仙帖木兒卒子八兒出阿兒忒亦都護年幼西遼主鞠兒可汗遣使據其國且召哈剌亦哈赤北魯至則以為諸子師八兒出阿兒忒聞太祖明聖乃殺西遼

使更遣阿憐帖木兒都督等四人使西遼阿憐帖木兒都督者哈剌亦哈赤北魯婿也具語以其故於是與其子月朵失野訥馳歸太祖一見大悅即令諸皇子受學焉仍令月朵失野訥以質子入宿衛從帝西征至別失八里東獨山見城空無人帝問此何城也對曰獨山城往歲大饑民皆流移之它所然此地當北來要衝宜耕種以為備臣昔在唆里迷國時有戶六十願移居此帝曰善遣月朵失野訥佩金符往取之父子皆留居焉後六年太祖西征還見田野墾闢民物繁庶大悅問哈剌亦哈赤北魯則已死矣廼賜

月朶失野訥都督印章兼獨山城達魯花赤月朶失野訥卒子乞赤宋忽兒在太宗時襲爵賜號荅剌罕子四人曰塔塔兒曰忽棧曰火兒思蠻曰月兒思蠻世祖命火兒思蠻從雪雪的斤鎮雲南月兒思蠻事憲宗襲父爵兼領僧人後因軍帥札忽兒台擾别失八里盡室徙居平涼與其子阿的迷失帖木兒入覲世祖詔入宿衛爲必闍赤命從安西王忙哥剌出鎮六盤安西王薨其子阿難荅嗣成宗即位遣使入朝因奏阿的迷失帖木兒父子本先帝舊臣來事先王服勤二十餘年矣若終老王府非所以盡其才也願以歸陛下用之成宗可其奏授阿的迷失帖木兒汝州達魯花赤積官秘書太監卒子阿隣帖木兒

阿隣帖木兒善國書多聞識歷事累朝繇翰林待制累遷榮禄大夫翰林學士承旨英宗時以舊學日侍左右陳說祖宗以來及古先哲王嘉言善行翻譯諸經紀録故實總治諸王駙馬番國朝會之事天曆初北迎明宗入正大統一見歡甚顧左右曰此朕師也天曆三年進光禄大夫知經筵事子曰沙剌班曰禿忽魯曰六十曰咱納禄沙剌班累拜中書平章政事大司徒宣政院使

塔塔統阿

塔塔統阿畏兀人也性聰慧善言論深通本國文字乃蠻大敭可汗尊之爲傅掌其金印及錢穀太祖西征乃蠻國亡塔塔統阿懷印逃去俄就擒帝詰之曰大敭人民疆土悉歸於我矣汝負印何之對曰臣職也將以死守欲求故主授之耳安敢有他帝曰忠孝人也問是印何用對曰出納錢穀委任人材一切事皆用之以爲信驗耳帝善之命居左右是後凡有制旨始用印章仍命掌之帝曰汝深知本國文字乎塔塔統阿悉以所蘊對稱旨遂命教太子諸王以畏兀

字書國言太宗即位命司内府玉璽金帛命其妻吾和利氏爲皇子哈剌察兒乳母時加賜予塔塔統阿召諸子諭之曰上以汝母鞠育太子賜予甚厚汝等豈宜有之當先供太子用有餘則可分受帝聞之顧侍臣曰塔塔統阿以朕所賜先供太子其廉介可知矣由是數加禮遇以疾卒至大三年贈中奉大夫追封鴈門郡公子四人長玉笏迷失次力渾迷失次速羅海次篤綿玉笏迷失少有勇畧渾都海叛於三盤時王笏迷失守護皇孫脫脫營壘率其衆與渾都海戰敗之追至只必勒適遇阿藍荅兒與之合兵復戰

玉笏迷失死之力渾迷失有膂力嘗獵于野與衆相失遇盜三人欲奪其衣力渾迷失搏之盡仆遂縛以還帝召見選力士與之角無與敵者帝壯之賜金令備宿衞速羅海襲父職仍命司内府玉璽金帛薦綿舊事皇子哈剌察兒世祖即位從其母入見欲官之以無功辭命統宿衞奉使遼東卒封鴈門郡公子阿必實哈陝西行省平章政事

岳璘帖穆尔

岳璘帖穆尔畏兀國相暾欲谷之裔也其兄仳理伽普華年十六襲國相答剌罕時西契丹方强

威制畏兀命太師僧少監來臨其國驕恣用權奢淫自奉畏兀王患之謀於仳理伽普華曰計將安出對曰能殺少監挈吾衆歸大蒙古國彼且震駭矣遂率衆圍少監斬之以功加號仳理傑忽底進授明別吉妻號赫思迭林左右有疾其功者譖于其王曰少監珥珠先王寶也仳理伽普華匿之盍急索勿失其王怒索寶甚急仳理伽普華度無以自明乃亡附太祖賜以金虎符獅紐銀印金螭椅一衣金直孫校尉四人仍食二十三郡纔又賜銀五萬兩以弟岳璘帖穆尔爲質仳理伽普華以疾卒岳璘帖穆尔從太祖征討多戰功皇弟斡真求師傅帝命岳璘帖穆尔往訓導諸王子以孝弟敦睦仁厚不殺爲先帝聞而嘉之從平河南徙鄭縣民萬餘户入樂安俄授河南等處軍民都達魯花赤佩金虎符并賜宫女四人所得上方賞賚悉輦歸故郡以散親舊且咸陳漢官儀衛以激厲之國人羨慕道出河西所過榛莽或時乏水爲之鑿井置堠居民使客相慶稱便太祖即位以中原多盜選充大斷事官從斡真出鎮順天等路布德化寬征傜盗遁姦華州郡清寧尋復監河南等處軍民年六十七卒于保定後贈宣力保德功臣山東宣慰

使謚莊簡子合剌普華見忠義傳

李楨

李楨字幹臣其先西夏國族子也金末楨以經童中選既長入爲質子以文學得近侍太宗嘉之賜名玉出干必闍赤從皇子闊出伐金帝命之曰凡軍中事須訪楨以行及下河南諸郡闊出遣楨偕吉登哥往唐鄧二州數民實兵餘歲凶流散十八九楨至賑恤饑寒歸者如市十年從大將察罕下淮甸楨以功佩金符授軍前行中書省左右司郎中楨奏尋訪天下儒士令所在優贍之十三年師圍壽春天雨不止楨

言於察罕曰頓師城下暑雨疫作將有不利且城久拒命破必屠之則生靈何辜請退舍數里身往招之從之楨遂單騎入敵壘曉以利害明日與其將二人率衆來降以功賜銀五千兩楨表言襄陽乃吳蜀之要衝宋之喉襟得之則可爲他日取宋之基本定宗嘉其言庚戌賜虎符授襄陽軍馬萬戶丙辰憲宗命楨率師廵哨襄樊戊午帝親征召楨同議事秋九月卒于合州年五十九

速哥

速哥蒙古怯烈氏世傳李唐外族父懷都事太祖嘗從飲班朮居河水速哥爲人外若質直而內實沉勇有謀雅爲太宗所知命使金因俾覘其虛實語之曰即不還子孫無憂不富貴也速哥頓首曰臣死職耳奉陛下威命以行可無慮也帝悅賜所常御馬至河金人閉之舟中七日始登南岸又三旬乃達汴及見金主曰天子念爾土地日狹民力日疲故遣我致命爾能共修歲幣通好不絕則轉禍爲福矣謁者令下拜速哥曰我大國使爲爾屈乎金主壯之取金巵飲之酒曰歸語汝主必欲加兵敢率精銳以相周旋歲幣非所聞也速哥飲畢即懷金巵以出速哥雖佯爲不智而默識其地理阨塞城郭人民之強弱既復命備以虛實告且以所懷金巵獻帝喜曰我得金於汝手中矣復以賜之始下令徵兵南伐兵至河北岸方舟欲渡金軍陣於河南帝令儀衛導速哥居中行親率偏師秉陣西策馬涉河會睿宗軍亦由襄鄧至兩軍夾攻之及金亡詔賜金護駕士五人曰此以旌汝爲使之不辱也昔使過崞州崞人盜殺其良馬至是無以崞民賜之歲乙未帝從容謂速哥曰我將官汝西域中原惟汝擇之速哥再拜曰幸甚臣意中原爲便帝曰西山之境八達以北汝其主之汝於城中構

大樓居其上使人皆仰望汝汝俯而諭之顧不偉乎乃以爲山西大達魯花赤受命方出有囬囬六人訟事不實將抵罪遇諸途急止監者曰姑緩其刑當入奏復見帝曰此六人者名著西域徒以小罪盡誅之恐非所以懷遠人也願以賜臣臣得困辱之使自悔悟遷善爲他日用殺之無益也帝意解召六人謂之曰生汝者速哥也其竭力事之至雲中皆釋之後有至大官者其寬大愛人多類此卒年六十二贈推忠翊運同德功臣太師開府儀同三司上柱國追封宣寧王諡忠襄子六人曰長罕曰玉呂忽都曰撒合里

都曰忽蘭曰忽都兒不花曰不花長罕玉呂忽都撒合里都皆從兀魯赤太子出征以戰功顯忽蘭之母以后戚故得襲職鉏強植弱均役平刑闔郡賴以安輯乙未之抄戶籍也前賜崞人已入官籍更賜山西戶三百西方多盜郡縣捕不得則法當計所失物直倍償郡縣苦之有甄軍判者率群盜往來阜平曲陽間殺人渾源界而奪之財縣以失捕當償忽蘭曰此大盜也縣豈能制哉即遣千人捕甄殺之勦捕其餘黨其害乃除忽蘭性純篤然酷好佛嘗施千金修龍官寺建金輪大會供僧萬人卒年四十二贈太保金

紫光祿大夫上柱國追封雲國公謚康忠子天德于思穎悟過人世祖聞其賢令襲父爵養母完顏氏以孝聞自中山北來適有邊釁天德于思督造兵甲撫循其民無有寧息形容盡瘁帝聞而嘉之賜馴豹名鷹使得縱獵禁地當時眷顧最號優渥卒年三十九贈太傅儀同三司上柱國追封雲國公謚顯毅子孫世多顯貴云

忙哥撒兒

忙哥撒兒察哈札剌兒氏曾祖赤老溫愷赤祖搠阿父那海並事烈祖及太祖嗣位年尚幼所部多叛亡搠阿獨不去皇弟槊只哈撒兒潛謫之去亦謝不從搠阿精騎射帝甚愛之號爲黙尓傑華言善射之尤者也帝嘗與賊遇將戰有二飛鶩至帝命搠阿射之請曰射其雄乎抑雌者乎帝曰雄者搠阿一發墜其雄賊望見驚曰是善射若此飛鳥且不能逃况人乎不戰而去從征乃蠻敵率銳兵鼓而進搠阿按兵屹不動敵止俄復鼓而進搠阿亦不動敵卒疑畏不敢前世祖征蔑里吉兵潰搠阿與其弟左右力戰以衛帝會兀良罕哲里馬來援敵乃引退那海事太祖備歷艱險未嘗形於言帝嘉其忠且念其世勳詔封懷

洛陽百七十五戶忙哥撒兒事睿宗恭謹過其父嘗從攻鳳翔首立奇功定宗陞爲斷事官剛明能舉職憲宗在藩邸深知其人從征斡羅思阿剌欽察諸部常身先諸將及以所俘寶玉頒諸將則退然一無所取憲宗由是益重之使治藩邸之分民間出游獵則長其軍士動如紀律雖太后及諸嬪御小有過失知無不言以故邸中人咸敬憚之廼以爲斷事官之長其位在三公之上猶漢之大將軍也既拜命出帳殿外歃槖坐熊席其僚列坐左右者四十人忙哥撒兒問曰主上以我長此官諸公其爲我言當以何道守

官衆皆默然又問之有夏人和斡居下坐進曰夫札
魯忽赤之道猶宰之割羊也解肩者不使傷其脊在
持平而已忙哥撒兒聞之即起入帳内衆不知所爲
皆咎和斡失言既入乃爲帝言和斡之言善帝召和
斡命之步曰是可用之才也和斡由是知名定宗崩
宗王八都罕大會宗親議立憲宗畏兀八剌曰失烈
門皇孫也宜立且先帝嘗言其可以君天下諸大臣
皆莫敢言忙哥撒兒獨曰汝言誠是然先皇后立定
宗時汝何不言耶八都罕固亦遵先帝遺言也有異
議者吾請斬之衆乃不敢異八都罕乃奉憲宗立之

憲宗之幼也太宗甚重之一日行幸天大風入帳殿
命憲宗坐膝下撫其首曰是可以君天下他日用牸
按豹皇孫失烈門尚幼曰以牸按豹則犢將安所養
太宗以爲有仁心又曰是可以君天下其後太宗崩
六皇后攝政竟立定宗故至是二人各舉以爲言云
憲宗既立察哈台之子及按赤台等謀作亂劉車轅
藏兵其中以入轅折兵見克薛傑見之上變忙哥撒
兒即發兵迎之按赤台不虞事遽覺倉卒不能戰遂
悉就擒憲宗親簡其有罪者付之鞫治忙哥撒兒悉
誅之帝以其奉法不阿委任益專有當刑者輒以法

刑之乃入奏帝無不報可帝或卧未起忙哥撒兒入
奏事至帳前扣箭房帝問何言即可其奏以所御大
帳行扇賜之其見親寵如此癸丑冬病酒而卒帝以
忙哥撒兒當國時多所誅戮及是咸騰謗言廼爲詔
諭其子畧曰汝高祖赤老温愷赤暨汝祖搠阿事我
成吉思皇帝皆著勞績惟朕皇祖實嘉之汝父忙
哥撒兒自其幼時事我太宗朝夕忠勤罔有過咎從
我皇考經營四方迨事皇妣及朕兄弟亦罔有過咎
暨朕討定斡羅思阿速穩兒别里欽察之域濟大川
造方舟伐山通道攻城野戰功多於諸將俘厥寶玉

大賚諸將則退然無欲得之心惟朕言是用修我邦
憲治我蒐田輯我國家罔不咸乂惟厥忠雖其私親
與朕嬪御小有過咎一是無有比私故朕皇妣迨朕
昆弟無不嘉賴朝之老臣宿衛耆舊無不嚴畏録其
勤勞命爲札魯忽赤治朕皇考受民布昭大公以辨
獄慎民爰作朕股肱耳目衆無譁言朕聽以安自時
厥後察哈台阿哈之孫太宗之裔定宗闊出之子及
其民人越有他志賴天之靈時則有克薛傑者以告
于朕汝父肅將大旅以遏亂畧按赤台等謀是用潰
悉就拘執朕取有罪者使辨治之汝父體朕之公其

刑其宥克比于法又使治也速不里獄亦克比于法惟爾脫歡脫兒赤自朕用汝父用法不阿兄弟親姻咸麗于憲今衆罔不然曰爾亦有死耶若有憮志人則雖死朕將寵之如生肆朕訓汝爾克明時朕言如是而有福不如是而有禍惟天惟君能禍福人惟天惟君是敬是畏立身正直制行貞潔是汝之福反是勿思也能用朕言則不墜汝父之道人亦不能間汝矣不用朕言則人將仇汝伺汝間汝憖汝父者必曰汝亦與我夷矣汝則殆哉汝於朕言弗愼繹之汝則有欲克愼繹之人將敬汝畏汝無間伺汝無慢汝怨

汝者矣又而毋而婦有讒欺巧佞構亂之言愼勿聽之則盡善矣至順四年追封忙哥撒兒爲兗國公子四人長脫歡次脫兒赤次也先帖木兒次帖木兒不花脫歡爲萬戶無子脫兒赤子明禮帖木兒累官翰林學士承旨從征乃顏有功明禮帖木兒子咬住咬住子也先延徽寺卿也先帖木兒子曰哈剌合孫帖木兒不花子曰塔朮納曰哈里哈孫曰伯荅沙

伯荅沙幼入宿衞爲寶兒赤歷事成宗武宗由光祿少卿擢同知宣徽院事陞銀青光祿大夫宣徽院使遷授左丞相武宗崩護梓宮葬于北守山陵三年乃還仁宗即位眷顧益厚延祐二年拜中書右丞相時承平日久朝廷清明君臣端拱廟堂之上而百姓乂安於下一時號稱極治仁宗崩帖木迭兒執政改授集賢大學士仍開府儀同三司錄軍國重事未幾以大宗正札魯忽赤出鎭北方亦以清靜爲治邊民按堵泰定間還朝加太保及倒剌沙搆兵上都兵潰伯荅沙奉璽紱來上文宗嘉之拜太傅仍爲札魯忽赤至順三年薨伯荅沙爲人清愼寬厚號稱長者其歿也貧無以爲斂人皆歎其廉詔贈推忠佐理正德秉義功臣開府儀同三司太師上柱國追封威平王三

子長馬馬的斤次潑皮次八郎八郎蚤而孤其母乞咬契氏二十而寡守節不他適八郎後爲大宗正府札魯忽赤能繼其先有成立者母氏之敎也

孟速思

孟速思畏兀人世居別失八里古北庭都護之地幼有奇質年十五盡通本國書太祖聞之召至闕下一見大悅曰此兒目中有火它日可大用以授睿宗使視顯懿莊聖皇后分邑歲賦復事世祖於潛藩日見親用憲宗崩孟速思言于世祖曰神器不可久曠太祖嫡孫唯王最長且賢宜即皇帝位諸王塔察兒也

孫哥合丹等咸是其言世祖即位眷顧益重南征時與近臣不只兒爲斷事官及諸王阿里不哥叛相拒漠北不只兒有二心孟速思知之奏徙之於中都親監護以往帝以爲忠數命收召豪俊凡所引薦皆極其選詔與安童並拜丞相固辭帝語安童及丞相伯顏御史大夫月魯那演等曰賢哉孟速思求之彼族誠爲罕也孟速思爲人剛嚴謹信蚤居帷幄謀議世莫得聞至元四年卒年六十有二帝忒哀悼特謚敏惠武宗朝贈推忠同德佐理功臣太師開府儀同三司上柱國追封武都王改謚智敏子九人多至大官

列傳卷第十一

列傳卷第十二

翰林學士亞中大夫知制誥兼修國史臣宋濂　翰林待制承直郎同知制誥兼修國史院編修官臣王褘等奉

敕修

賽典赤贍思丁 子納速剌丁 忽辛 附

賽典赤贍思丁一名烏馬兒回回人別菴伯爾之裔其國言賽典赤猶華言貴族也太祖西征贍思丁率千騎以文豹白鶻迎降命入宿衛從征伐以賽典赤呼之而不名太宗即位授豐靖雲內三州都達魯花赤改太原平陽二路達魯花赤入爲燕京斷事官憲宗即位命同塔剌渾行六部事遷燕京路總管多惠

政權採訪使帝伐蜀賽典赤主饋餉供億未嘗闕乏世祖即位立十路宣撫司擢燕京宣撫使中統二年拜中書平章政事皆降制獎諭至元元年置陝西五路西蜀四川行中書省出爲平章政事莅官三年增戶九千五百六十五軍一萬二千二百五十五鈔六千二百二十五定屯田粮九萬七千二十一石撙節和買鈔三百三十一定中書以聞詔賞銀五千兩仍命陝西五路四川行院大小官屬並聽節制七年分鎮四川宋將昝萬壽擁強兵守嘉定與賽典赤軍對壘一以誠意待之不爲侵掠萬壽心服未幾賽典赤

召還萬壽請置酒爲好左右皆難之賽典赤竟往不疑酒至左右復言未可飲賽典赤笑曰若等何見之小耶省將軍能毒我其能盡毒我朝之人乎萬壽嘆服八年有旨大軍見圍襄陽各道宜進兵以牽制之於是賽典赤偕鄭鼎率兵水陸並進至嘉定獲宋將二人順流縱筏斷其浮橋獲戰艦二十八艘尋命行省事于興元專給粮餉十一年帝謂賽典赤曰雲南朕甞親臨比因委任失宜使遠人不安欲選謹厚者撫治之無如卿者賽典赤拜受命退朝即訪求知雲南地理者畫其山川城郭驛舍軍屯夷險遠近爲圖

以進帝大悅遂拜平章政事行省雲南賜鈔五十萬緡金寶無筭時宗王脫忽魯方鎮雲南惑於左右之言以賽典赤至必奪其權具甲兵以爲備賽典赤聞之乃遣其子納速剌丁先至王所請曰天子以雲南守者非人致諸國背叛故命臣來安集之且戒以至境即加撫循今未敢專願王遣一人來共議王聞遽罵其下曰吾幾爲汝輩所誤明日遣親臣撒蒲位哈乃等至賽典赤問以何禮見對曰吾等與納速剌丁偕來視猶兄弟也請用子禮見皆以名馬爲贄拜跪甚恭觀者大駭乃設宴陳所賜金寶飲器酒罷盡以

與之二人大喜過望明日來謝語之曰二君雖爲宗王親臣未有名爵不可以議國事欲各授君行省斷事官以未見王未敢擅授令一人還先稟王王大悅由是政令一聽賽典赤所爲十二年奏雲南諸夷未附者尚多今擬宣慰司兼行元帥府事並聽行省節制又奏哈剌章雲南壤地均也而州縣皆以萬户千户主之宜改置令長並從之十三年以所改雲南郡縣上聞雲南俗無禮儀男女往往自相配偶親死則火之不爲喪祭無秔稻桑麻子弟不知讀書賽典赤教之拜跪之節婚姻行媒死者爲之棺槨奠祭教民

播種爲陂池以備水旱創建孔子廟明倫堂購經史授學田由是文風稍興雲南民以貝代錢是時初行鈔法民不便之賽典赤爲聞于朝許仍其俗又患山路險遠盜賊出沒爲行者病相地置鎮每鎮設土酋吏一人百夫長一人往來者或值刼掠則罪及之有土吏數輩怨賽典赤不已用至京師誣其專僭數事帝顧侍臣曰賽典赤憂國愛民朕洞知之此輩何敢誣告即命械送賽典赤處治之既至脫其械且諭之曰若曹不知上以便宜命我故訴我專僭我今不汝罪且命汝以官能竭忠自贖乎皆扣頭拜謝曰其有

死罪平章既生之而又官之誓以死報交趾叛服不常湖廣省發兵屢征不利賽典赤遣人諭以逆順禍福且約爲兄弟交趾王大喜親至雲南賽典赤郊迎待以賓禮遂乞永爲藩臣蘿槃甸叛往征之有憂色從者問故賽典赤曰吾非憂出征也憂汝曹冒鋒鏑不幸以無辜而死又憂汝曹刼虜平民使不聊生及民叛則又從而征之耳師次蘿槃城三日不降諸將請攻之賽典赤不可遣使以理諭之蘿槃主曰謹奉命越三日又不降諸將奮勇請進兵賽典赤又不可俄而將卒有乘城進攻者賽典赤大怒遽鳴金止之

召萬户叱責之曰天子命我安撫雲南未嘗命以殺戮也無主將命而擅攻於軍法當誅命左右縛之諸將扣首請俟城下之日從事蘿槃主聞之曰平章寬仁如此吾拒命不祥乃舉國出降將卒亦釋不誅由是西南諸夷翕然欵附夷酋每來見例有所獻納賽典赤悉分賜從官或以給貧民秋毫無所私爲酒食勞酋長製衣冠襪履易其卉服草履酋皆感悅賽典赤居雲南六年至元十六年卒年六十九百姓巷哭葬鄯闡北門交趾王遣使者十二人齊經爲文致祭其辭有生我育我慈父慈毋之語使者號泣震

野帝思賽典赤之功詔雲南省臣盡守賽典赤成規不得輙改大德元年贈守仁佐運安遠濟美功臣太師開府儀同三司上柱國咸陽王謚忠惠子五人長納速剌丁次哈散廣東道宣慰使都元帥次忽辛次苫速丁兀默里建昌路總管次馬速忽雲南諸路行中書省平章政事

納速剌丁累官中奉大夫雲南路宣慰使都元帥至元十六年遷帥大理以軍抵金齒蒲驃曲蠟緬國招安夷寨三百籍户十二萬二百定租賦置郵傳立衛兵歸以馴象十二入貢有旨賞金五十兩衣二襲麾

下士賞銀有差會其父贍思丁殁雲南省臣於諸夷失撫綏之方世祖憂之近臣以納速丁爲言十七年授資德大夫雲南行中書省左丞尋陞右丞建言三事其一謂雲南省規措所造金薄貿易病民宜罷其一謂雲南有省有宣慰司又有都元帥府近宣慰司已奏罷而元帥府尚存臣謂行省既兼領軍民則元帥府亦在所當罷其一謂雲南官負子弟入質臣謂達官子弟當遣餘宜罷奏可二十一年進榮禄大夫平章政事奏減合剌章冗官歲省俸金九百餘兩屯田課程專人掌之歲得五千兩三十二年以合剌章

蒙古軍千人從皇太子脫歡征交趾論功賞銀二千兩二十八年進拜陝西行省平章政事二十九年以疾卒贈推誠佐理協德功臣太師開府儀同三司上柱國中書左丞相封延安王子十二人伯顏中書平章政事烏馬兒江浙行省平章政事剌法兒荆湖宣慰使忽先雲南行省平章政事沙的雲南行省左丞阿容太常禮儀院使伯顏察兒中書平章政事佩金虎符贈太師開府儀同三司上柱國中書左丞相奉元王謚忠憲

忽辛至元初以世臣子備宿衛世祖善其應對至元

十四年授兵部郎中明年出爲河南等路宣慰司同知河南多強盜往往群聚山林刼殺行路官軍收捕失利忽辛以招安自任遣土豪持檄諭之未幾賊二人來自歸忽辛賜之冠巾且諭之曰汝昔爲賊今旣自歸即良民矣俾侍左右出入房闥無間悉放還令遍諭其黨數日後招集其爲首者十輩來身長各七尺餘羅拜庭下顧視異常衆悉驚怖失措忽辛命吏籍其姓名爲民俾隨侍左右夜則令卧户外時呼而飲食之各得其歡心群盜聞之相繼欵附二十一年授雲南諸路轉運使明年轉陝西道又明年授燕南河北道宣慰司同知尋除南京總管三十年授兩浙鹽運使大德九年進江東道宣慰使改陝西行臺御史中丞再改雲南行省右丞旣至條具諸不便事言于宗王請更張之王不可忽辛與左丞劉正馳還京師有旨令宗王協力施行由是一切病民之政悉革而新之豪民規避繇役往往投充王府宿衛有司不勝供給忽辛按朝廷元額所無者悉籍爲民去其宿衛三分之二馬龍州酋謀叛陰與外賊通持所受宣勅納賊以示信事覺宗王爲左右所蔽將釋不問忽辛與劉正反覆研鞫反狀盡得竟斬之軍糧支給地理

遠近不同吏寅緣爲姦忽辛籍軍户姓名及倉廩處所爲更番支給吏姦始除先是贍思丁爲雲南平章時建孔子廟爲學校撥田五頃以供祭祀教養贍思丁卒田爲大德寺所有忽辛按廟學舊藉奪歸之乃復下諸郡邑遍立廟學選文學之士爲之教官文風大興王府畜馬繁多悉縱之郊敗民禾稼而牧人又在民家宿食室無寧居忽辛度地置草場攜屋數十間使爲牧所民得以安廣南酋沙奴素強悍宋時嘗賜以金印雲南諸部悉平獨此梗化忽辛遣使誘致待之以禮留數月不遣酋請還忽辛曰汝欲還可納

印來昔不得已賚印以納忽辛置酒宴勞諷令偕印入覲帝大悅大德五年緬國主負固不臣忽辛遣人諭之曰我老賽典赤平章子也惟先訓是遵凡官府於汝國所不便事當一切爲汝更之緬國主聞之遂與使者偕來獻白象一且曰此象古來所未有今聖德所致敢效方物既入帝賜緬國主以世子之號烏蠻等租賦歲發軍徵索乃集忽辛以利害榜諭諸蠻不遺一卒而租賦咸足俄有爲飛語及符讖以惑宗王者忽辛引劉正寄爲奏馳報朝廷遣使臨問凡造言之徒悉誅之忽辛偕使者還覲大德八年出爲四

川行省左丞改江浙行省至大元年拜榮祿大夫江西行省平章政事明年以母老謝職歸養又明年正月卒天曆元年贈守德宣惠敏政功臣上柱國雍國公謚忠簡子二人伯杭中慶路達魯花赤曲列湖南道宣慰使

布魯海牙

布魯海牙畏吾人也祖牙兒八海牙父吉臺海牙俱以功爲其國世臣布魯海牙幼孤依舅氏家就學未幾即善其國書尤精騎射年十八隨其主內附充宿衛太祖西征布魯海牙扈從不避勞苦帝嘉其勤賜以羊馬氊帳又以居里可汗女石抹氏配之太祖崩諸王來會選使燕京總理財幣使還莊聖太后聞其廉謹以名求之於太宗凡中宮軍民匠戶之在燕京中山者悉命統之又賜以中山店舍園田民戶二十授眞定路達魯花赤辛卯拜燕南諸路廉訪使佩金虎符賜民戶十未幾授斷事官使職如故時斷事官得專生殺多倚勢作威而布魯海牙小心謹密慎於用刑有民誤毆人死吏論以重法其子號泣請代死布魯海牙戒吏使擒于市懼則殺之既而不懼乃曰誤毆人死情有可宥子而能孝義無可誅遂併釋之

使出銀以資葬埋且呼死者家諭之其人悅從是時法制未定奴有罪者主得專殺布魯海牙知其非法而不能救嘗出金贖死者數十人征討之際隷軍籍者憚於行役往往募人代之又軍中多逃歸者朝廷下制募代者杖百逃歸者死命布魯海牙與斷事官十只兒按順天等路及至州縣得募人代者萬一千戶逃者十二人然募者聞命將下已潛遣家人易代募者布魯海牙聞之歎曰募者已懼罪往易逃者因單弱思歸情皆可矜吾可不伸理耶遂奏其狀皆得輕減有丁多產富而家人不往及未至役所而即逃

者則曰此而不殺何以戒後有竊妓逃者吏論當死布魯海牙曰敗亂綱常罪固宜死此妓也豈可例論命杖之其執法平允類如此世祖即位擇信臣宣撫十道命布魯海牙使真定真定富民出錢貸人者不踰時倍取其息布魯海牙正其罪使償者息如本而止後定爲令中統鈔法行以金銀爲本本至乃降新鈔時莊聖太后已命取真定金銀由是真定無本鈔不可得布魯海牙遣幕僚邢澤往謂平章王文統曰昔奉太后旨金銀悉送至上京真定南北要衝之地居民商賈甚多今舊鈔既罷新鈔不降何以爲政且

以金銀爲本豈若以民爲本又太后之取金帛以賞推戴之功也其爲本不亦大乎文統不能奪立降鈔五千定民賴以便俄遷順德等路宣慰使佩金虎符來朝帝命坐慰勞之賜以海東青鶻至元二年秋卒年六十九布魯海牙性孝友造大宅於燕京自畏吾國迎母來居事之得禄不入私室幼時叔父阿里普海牙欺之盡有其產及貴顯築室宅旁迎阿里普海牙居之弟益特思海牙以宿憾爲言常慰諭之終無間言帝嘗賜以太府綾絹五千匹縣絮相等弟求四之一納其國賦盡與之無吝色初布魯海牙拜廉使命下之日子希憲適生喜曰吾聞古以官爲姓天其以廉爲吾宗之姓乎故子孫皆姓廉氏後或奏廉氏仕進者多宜稍汰去世祖曰布魯海牙功多子孫亦朕所知非汝當預大德初贈儀同三司大司徒追封魏國公謚孝懿子希閔希憲希恕希尹希顏希愿希魯希貢希中希括孫五十三人登顯仕者代有之希憲自有傳

高智耀 子睿附

高智耀河西人世仕夏國曾祖逸大都督府尹祖良惠右丞相智耀登本國進士第夏亡隱賀蘭山太宗

訪求河西故家子孫之賢者衆以智耀對召見將用之遽辭歸皇子闊端鎮西涼儒者皆隸役智耀謁藩邸言儒者給復已久一旦與厮養同役非便請除之皇子從其言欲奏官之不就憲宗即位智耀入見言儒者所學堯舜禹湯文武之道自古有國家者用之則治不用則否養成其材將以資其用也宜蠲免徭役以教育之帝問儒家何如巫醫對曰儒以綱常治天下豈方技所得比帝曰善前此未有以是告朕者詔復海内儒士徭役無有所與世祖在潛邸已聞其賢及即位召見又力言儒術有補治道反覆辯論辭

累千百帝異其言鑄印授之命凡免役儒户皆從之給公文爲左驗時淮蜀士遭俘虜者皆没爲奴智耀奏言以儒爲驅古無有也陛下方以古道爲治宜除之以風厲天下帝然之即拜翰林學士命循行郡縣區别之得數千人貴臣或言其詭濫帝詰之對曰士譬則金也金色有淺深謂之非金不可才藝有淺深謂之非士亦不可帝悦更寵賚之智耀又言國初庶政草創綱紀未張宜倣前代置御史臺以糾肅官常至元五年立御史臺用其議也擢西夏中興等路提刑按察使會西北藩王遣使入朝謂本朝舊俗與漢法異今留漢地建都邑城郭儀文制度遵用漢法其故何如帝求報聘之使以析其問智耀入見請行帝問所答畫一敷對稱旨即日遣就道至上京病卒帝爲之震悼後贈崇文贊治功臣金紫光禄大夫司徒柱國追封寧國公謚文忠子睿

睿資稟直亮智耀之北使也携之以行及卒帝問其子安在近臣以睿見時年十六授符寶郎出入禁闥恭謹詳雅久之授唐兀衛指揮副使歷翰林待制禮部侍郎除嘉興路總管境内有宿盗白晝掠民財捕者積十數輩莫敢近睿下令不旬日生擒之一郡以寧擢江東道提刑按察使部内草竊陸梁聲言圖宣城郡將怯懦城門不開睿召責之曰寇勢方熾官先示弱民何所憑即命寄治兵衛而洞開城門聽民出入貿易自便旣而寇以有備不敢進遂討平之除同僉行樞密院事遷浙西道肅政廉訪使鹽官州民有連結黨與持郡邑短長其目曰十老吏莫敢問睿悉按以法闔境快之拜江南行臺侍御史進御史中丞除淮東道肅政廉訪使盗竊真州庫鈔三萬緡有司大索追逮平民數百人吏因爲奸利睿躬自詳讞而得其情即縱遣之未幾果得真盗復拜南臺御史中

丞務持大體有儒者之風焉延祐元年卒年六十有六累贈推忠佐理功臣太傅開府儀同三司上柱國追封寧國公謚貞簡子納麟官至太尉江南諸道行御史臺大夫

鐵哥

鐵哥姓伽乃氏迦葉彌兒人迦葉彌兒者西域築乾國也父斡脱赤與叔父那摩俱學浮屠氏斡脱赤兄弟相謂曰世道擾攘吾國將亡東北有天子氣盍往歸之乃偕入見太宗禮遇之定宗師事那摩以斡脱赤佩金符奉使省民瘼憲宗尊那摩爲國師授玉印

總天下釋教八斡脫赤亦貴用事領迦葉彌兒萬户奏曰迦葉彌兒西陲小國尚未臣服請往諭之詔偕近侍以往其國主不從怒而殺之帝爲發兵誅國主元貞元年封代國公諡忠遂斡脫赤之殁鐵哥甫四歲性穎悟不爲嬉戲從那摩入見帝問誰氏子對曰兄斡脫赤子也帝方食雞輟以賜鐵哥鐵哥捧而不食帝問之對曰將以遺母帝奇之加賜一雞世祖即位幸香山永安寺見書畏吾字於壁問誰所書僧對曰國師兄子鐵哥書也帝召見愛其容儀秀麗語音清亮命隸丞相孛羅備宿衛先是世祖事憲宗甚親愛

後以讒稍疎國師導世祖宜加敬慎遂友愛如初至是帝將用鐵哥曰吾以酬國師也於是鐵哥年十七詔擇貴家女妻之辭曰臣母漢人每欲求漢人女爲婦臣不敢傷母心乃爲娶冉氏女父之命掌饔膳湯藥曰益親密至元十六年鐵哥奏曰武臣佩符古制也今長民者亦佩符請省之以彰武職從之十七年進正議大夫尚膳監帝嘗諭之曰朕聞父飲藥子先嘗之君飲藥臣先嘗之今御典朕膳凡飲食湯藥宜先嘗之又曰朕以宿衛士隸卿其可任使者疏其才能朕將用之詔賜第於大明宮之左留守段圭言逼

木局不便帝曰俾居近禁闥以便召使木局稍隘又何害焉高州人言州境多野獸害稼願捕以充貢鐵哥曰捕獸充貢徒濟其私耳且擾民不可聽從之十九年遷同知宣徽院事領尚膳監有食尚食餘餅者帝察知之怒鐵哥曰失餅之罪在臣食者何與焉内府食用圓米鐵哥奏曰計粳米一石僅得圓米四斗請自今非御用止給常米帝皆善之進中奉大夫司農寺達魯花赤從獵百杳兒之地獵人亦不剌金射兔誤中名駝駝死帝怒命誅之鐵哥曰殺人償畜刑太重帝驚曰誤耶史官必書亟釋之庖人有盜鑿秔

米者罪當死鐵哥諫曰臣鞫庖人其母病盜秔欲食母耳請貸之牧人有盜割馳峯者將誅之鐵哥曰生割駝峯誠忍人也然殺之恐乖陛下仁恕心詔皆免死二十二年進正奉大夫奏司農寺宜陞爲大司農司秩二品使天下知朝廷重農之意制可進資善大夫司農時司農供膳有司多擾民鐵哥奏曰屯田則備諸物立供膳司甚便從之桓州飢民鬻子女以爲食鐵哥奏以官帑贖之二十四年從征乃顏至撒兒都之地叛王塔不台率兵奄至鐵哥奏曰昔李廣一將耳尚能以疑退敵況陛下萬乘之威乎今彼衆我寡

不得地利當設疑以退之於是帝張曲蓋據胡床鐵哥從容進酒塔不台按兵覘伺懼有伏遂引去帝以金章宗玉帶賜之二十九年進榮祿大夫中書平章政事以病足聽輿轎入殿門帝嘗憶北征事不能悉記鐵哥條舉甚詳帝悅以金束帶賜之初詔遣宋新附民種蒲萄於野馬川晃火兒不剌之地既獻其實鐵哥以北方多寒奏歲賜衣服從之成宗即位以鐵哥先朝舊臣賜銀一千兩鈔十萬貫他日又賜以瑪瑙椀謂鐵哥曰此器先皇所用朕今賜卿以卿久侍先皇故也大德元年加光祿大夫三年乞解機務從

之仍授平章政事議中書省事時諸王朝見未有知典故者帝曰惟鐵哥知之俾專其事凡廩餼金帛之數皆遵世祖制詔自今懷諸王之禮悉命鐵哥掌之七年復拜中書平章政事平灤大水鐵哥奏曰散財聚民古之道也今平灤水災不加賑恤民不聊生矣從之十年丁母憂詔奪情起復遼王脫脫入朝從者執兵入大明宮鐵哥劾止之王懼謝從幸晉山饑民相望鐵哥輒發廩賑之既乃陳疏自劾帝稱善不已武宗即位賜金一百兩加金紫光祿大夫遙授中書右丞相有訴寧遠王闊闊出有逆謀者命誅之鐵哥知其誣廷辨之由是得釋徙高麗二年領度支院尋賜江州稻田五千畝仁宗皇慶元年授開府儀同三司太傅錄軍國重事乃進奏世祖子惟寧遠王在宜賜還從之二年奉命詣萬安寺祀世祖感疾歸皇太后令內臣問疾鐵哥附奏曰臣死無日願太后輔陛下布惟新之政社稷之福也是年薨賜賻禮加厚勑有司治喪事贈太師開府儀同三司上柱國追封秦國公謚忠穆加贈推誠守正佐理翊戴功臣封延安王改謚忠獻子六人忽察淮東宣慰使平安奴太平路達魯花赤也識哥同知山東宣慰司事虎里台同

知真定總管府事亦可麻同知都護府事重喜隆禧院副使孫八人伯顏中書平章政事餘多居宿衛

列傳卷第十二

列傳卷第十三　元史一百二十六

翰林學士亞中大夫知制誥兼修國史臣宋濂　翰林待制承直郎同知制誥兼國史院編修官臣王禕等奉勅修

安童

安童木華黎四世孫霸突魯長子也中統初世祖追録元勳召入長宿衛年方十三位在百寮上母弘吉剌氏昭睿皇后之姊通籍禁中世祖一日見之問及安童對曰安童雖幼公輔器也世祖曰何以知之對曰每退朝必與老成人語未嘗狎一年少是以知之世祖悅四年執阿里不哥黨千餘將置之法安童侍

側帝語之曰朕欲置此屬於死地何如對曰人各為其主陛下甫定大難遽以私憾殺人將何以懷服未附帝驚曰卿年少何從得老成語此言正與朕意合由是深重之至元二年秋八月拜光禄大夫中書右丞相增食邑至四千户辭曰今三方雖定江南未附臣以年少謬膺重任恐四方有輕朝廷心帝動容有間曰朕思之熟矣無以踰卿冬十月召許衡至傳旨令衡入省議事衡以疾辭安童即親候其館與語良久既還念之不釋者累日三年帝諭衡曰安童尚幼未更事善輔導之汝有嘉謨當先告之以達朕朕將擇焉衡對曰安童聰敏且有執守告以古人所言悉能領解臣不敢不盡心但慮中有人間之則難行外用勢力納人其中則難行臣入省之日淺所見如此四年三月安童奏内外官須用老成人宜令儒臣姚樞等入省議事帝曰此輩雖閑猶當優養其令入省議事五年廷臣密議立尚書省以阿合馬領之乃先奏以安童宜位三公事下諸儒議商挺倡言曰安童國之柱石若為三公是崇以虚名而實奪之權也甚不可衆曰然事遂罷七年四月奏曰臣近言尚書省樞密院各令奏事並如常制其大政令從臣等議定然後上聞既得旨矣今尚書

一切徑奏似違前旨帝曰豈阿合馬以朕頗信用之故爾專權耶不與卿議非是勑如前旨八年陝西省臣也速迭兒建言比因饑饉盜賊滋横若不顯戮一二無以示懲勑中書詳議安童奏曰強竊均死恐非所宜罪至死者宜仍舊待報從之十年春三月奏以玉冊玉寶上皇后弘吉剌氏以玉冊金寶立燕王為皇太子兼中書令判樞密院事冬十月帝諭安童及伯顔等曰近史天澤姚樞纂定新格朕已親覽皆可行之典汝等亦當一一留心參考豈無一二可增減者各令紀録促議行之時天下待報死四五十人安童奏其中十三

人因鬬毆殺人餘無可疑於是詔以所奏十三人免死從軍十一年奏阿合馬蠹國害民數事又奏各部與大都路官多非才乞加黜汰從之十二年七月詔以行中書省樞密院事從太子北平王出鎮極邊在邊十年二十一年三月從王歸待罪闕下帝即召見慰勞之頓首謝曰臣奉使無狀有累聖德遂留寢殿語至四鼓乃出冬十一月和禮霍孫罷復拜中書右丞相加金紫光祿大夫二十二年右丞盧世榮敗詔與諸儒條其所用人及所爲事悉罷之二十三年夏中書奏擬漕司諸官姓名帝曰如平章右丞等朕當

親擇餘皆卿等職也安童奏曰比聞聖意欲倚近侍爲耳目臣猥承任使若所行非法從其舉奏罪之輕重惟陛下裁處今近臣乃伺隙援引非類曰某居某官某居某職以所署奏目付中書施行臣謂銓選之法自有定制其尤無事例者臣常廢格不行慮其黨有短臣者幸陛下詳察帝曰卿言是也今後若此者勿行其妄奏者即入言之奏徵前吏部尚書李昶不起復奏賜田十頃二十四年宗王乃顏叛世祖親討平之宗室詿誤者命安童按問多所平反嘗退朝自左掖門出諸免罪者爭迎謝或執轡扶上馬安童毅

然不顧有乘間言於帝曰諸王雖有罪皆帝室近親也丞相雖尊人臣也何悖慢如此帝良久曰汝等小人豈知安童所爲特辱之使改過耳是歲復立尚書省安童切諫曰臣力不能回天乞不用桑哥別相賢者猶或不至虐民誤國不聽二十五年見天下大權盡歸尚書屢求退不許二十八年罷相仍領宿衛事三十年春正月以疾薨于京師樂安里第年四十九雨木冰三日世祖震悼曰人言丞相病朕固弗信果喪予良弼詔大臣監護喪事大德七年成宗制贈推忠同德翊運功臣太師開府儀同三司上柱國東平

忠憲王碑曰開國元勳命世大臣之碑子兀都帶兀都帶器度宏遠世祖時襲長宿衛父安童殁凡賻賵之物一無所受以素車樸馬歸塟只蘭禿先塋事母以孝聞成宗即位拜銀青榮祿大夫大司徒領太常寺事爲請謚尚郊攝太尉奉冊上尊號廟號皇后尊號常侍掖庭贊畫大政帝及中宮咸以家人禮待之大德六年正月薨年三十一至大二年制贈輸誠保德翊運功臣太師開府儀同三司上柱國東平王謚忠簡子拜住自有傳

廉希憲

廉希憲字善甫布魯海牙子也幼魁偉舉止異凡兒九歲家奴四人盜五馬逃去既獲時於法當死父怒將付有司希憲泣諫止之俱得免死又嘗侍母居中山有亡奴醉出惡言希憲曰是以我爲幼也即送繫府獄杖之皆奇其有識世祖爲皇弟希憲年十九得入侍見其容止議論恩寵殊絕希憲篤好經史手不釋卷一日方讀孟子聞召急懷以進世祖問其說遂以性善義利仁暴之旨爲對世祖嘉之目曰廉孟子由是知名嘗與近臣校射世祖前希憲腰揷三矢有欲取以射者希憲曰汝以我爲不能耶但吾弓力稍

弱耳左右授以勁弓三發連中衆驚服曰眞文武材也歲甲寅世祖以京兆分地命希憲爲宣撫使京兆控制隴蜀諸王貴藩分布左右民雜羌戎尤號難治希憲講求民病抑強扶弱暇日從名儒若許衡姚樞輩諮訪治道首請用衡提舉京兆學校教育人材爲根本計國制爲士者無隸奴籍京兆多豪強廢令不行希憲至悉令著籍爲儒有民妻與卜者厭詛其夫殺之獄成僚佐皆言方大旱卜者宜減死希憲議當伏法已而大雨立應初世祖受命憲宗經理河南關右居數歲讒者謂王府人多專擅不法至是命阿藍

答兒劉太平檢覈所部用酷吏分領其事大開告訐希憲曰宣撫司事由己出有罪固當獨任僚屬何預及事竟卒無獲罪者己未憲宗駐蹕合州世祖渡江取鄂州命希憲入籍府庫希憲引儒生百餘拜伏軍門因言今王師渡江凡軍中俘獲士人宜官贖遣還以廣異恩世祖嘉納之還者五百餘人憲宗崩訃音至希憲啓曰殿下太祖嫡孫先皇母弟前征雲南尅期撫定及今南伐率先渡江天道可知且殿下收召才傑悉從人望子惠黎庶率土歸心今先皇奄棄萬國神器無主願速還京正大位以安天下世祖然之

且命希憲先行審察事變對曰劉太平霍魯海在關右渾都海在六盤征南諸軍散處秦蜀太平要結諸將其性險詐素畏殿下英武倘倚關中形勝設有異謀漸不可制宜遣趙良弼往覘人情事宜從之阿里不哥搆亂北邊遣脫忽思發兵河朔大肆凶暴眞定名士李槃嘗奉莊聖太后命侍阿里不哥講讀脫忽思怒槃不附己械之希憲訪槃於獄言於世祖而釋之世祖命希憲賜膳於宗王塔察兒希憲即以己意白王宜首建翊戴之謀王然之許以身任其事歸啓其言世祖曰若此重事卿何不懼之甚耶庚申至開

平宗室諸王勸進讓讓未允希憲復以天時人事進言且曰阿里不哥於殿下爲母弟居守朔方專制有年或覬望神器事不可測宜早定大計世祖然之明日即位建元中統希憲上言高麗王子倎久留京師今聞其父死宜立爲王遣還國以恩結之又言鄂兵未還宜遣使與宋講好勑諸軍北歸帝皆從之趙良弼還自關右奏劉太平霍魯海反狀皆如希憲言初分漢地爲十道乃併京兆四川爲一道以希憲爲宣撫使太平霍魯海聞之乘驛急入京兆密謀爲變後三日希憲至宣布詔旨遣使安諭六盤未幾斷事官闊

闊出遣使來告渾都海已反殺所遣使者朶羅台遣人諭其黨密里火者於成都乞台不花於青居使各以兵來援又多與蒙古軍與魯官兀奴忽等金帛盡起新軍且約太平霍魯海同日俱發希憲得報召僚屬謂曰上新即位責任吾等正爲今日不早爲之計殆將無及遣萬戶劉黑馬京兆治中高鵬霄華州尹史廣掩捕太平霍魯海及其黨獲之盡得其奸謀悉置於獄復遣劉黑馬誅密里火者總帥汪惟正誅乞台不花具以驛聞時關中無兵備命汪惟良將秦鞏諸軍進六盤惟良以未得上旨爲辭希憲即解所佩虎

符銀印授之曰此皆身承密旨君但辦吾事制符已飛奏矣又付銀一萬五千兩以充功賞出庫幣製軍衣惟良感激遂行又發蜀卒更戍及在家餘丁推節制諸軍蒙古官八春將之謂之曰君所將之衆未經訓練六盤兵精勿與爭鋒但張聲勢使不得東則大事濟矣會有詔赦至希憲命絞太平等於獄尸於通衢方出迎詔人心遂安乃遣使自劾停赦行刑徵調諸軍擅以惟良爲帥等罪帝深善之曰經所謂行權此其是也別賜金虎符使節制諸軍且詔曰朕委卿以方面之權事當從宜毋拘常制坐失事機西川將紐

憐與魯官將舉兵應渾都海八春獲之繫其黨五十餘人于乾州獄送二人至京兆請并殺之二人自分必死希憲謂僚佐曰渾都海不能乘勢東來保無他慮今衆志未一猶懷反側彼軍見其將校執囚或別生心爲害不細今因其懼死並加寬釋使之感恩効力就發此軍餘丁往隷八春上策也初八春既執諸校其軍疑懼駭亂四出莫可禁遏及知諸校獲全紐憐與魯官得釋大喜過望切諭其屬出兵効力人人感悦八春亦釋然開悟果得精騎數千將與俱西詔以希憲爲中書右丞行秦蜀省事渾都海聞京兆有

備遂西渡河趨甘州阿藍荅兒復自和林提兵與之合分結隴蜀諸將又使紐璘兄宿敦爲書招紐璘於是成都帥百家奴與元忙古台青居汪惟正欽察俱遣使言人心危疑事不可測希憲遣使深諭戒之兩川諸將素憚希憲威名按堵從命渾都海阿藍荅兒合軍而東諸將失利河右大震西土親王執畢帖木兒輜重皆空就食秦雍朝議欲棄兩川退守興元希憲力言不可乃止會親王合丹及汪惟良八春等合兵復戰西涼大敗之俘斬略盡得二叛首以送梟之京兆市事聞帝大嘉之曰希憲眞男子也進拜平章

政事賜宅一區時希憲年三十矣希憲奏四川降民皆散處山谷宜申勑軍吏禁止俘掠違者千户以下與犯人同罪又禁諸人無販易生口由是四川遂安降者益衆又罷解鹽户所摘軍及京兆諸處無籍户之戍靈州屯田者以寬民力欽察獲宋臣張炳震王政二人俱以母老願賜矜放希憲皆遣之還因爲書與宋四川制置余玠諭以天道人事玠得書愧感自守不敢復輕動鞏昌帥府言鎭戎州有謀爲叛者連引四百餘人希憲詳推之惟誅首惡五人宋將劉整以瀘州降盡縶前歸宋者數百人待報希憲奏釋之

且致書宰臣待整以恩當得其死力整後首建取襄陽之策果立勳効宋將家屬之在北者希憲歲給其粮仕於宋者子弟得越界省其親人皆感之李璮反山東事連王文統平章趙璧素忌希憲勳名因言文統由張易希憲薦引遂至大用且關中形勝之地希憲得民心有商挺趙良弼爲之輔此事宜關聖慮帝曰希憲自幼事朕朕知其心挺良弼皆正士何慮焉蜀降人費正寅以私怨譖希憲因李璮叛亦脩城治兵潛畜異志帝因惑之命中書右丞南合代希憲行省且覆視所告事卒無實狀詔希憲還京師陛見言曰

方關陝叛亂川蜀未寧事急星火臣隨宜行事不謀佐貳如寅所言罪止在臣臣請逮繫有司帝撫御床曰當時之言天知之朕知之卿果何罪慰諭良久進拜中書平章政事一日夜半召希憲入禁中從容道藩邸時事因及趙璧所言希憲曰昔攻鄂時賈似道作木柵環城一夕而成陛下顧扈從諸臣曰吾安得如似道者用之劉秉忠張易進曰山東王文統才智士也今爲李璮幕僚詔問臣臣對亦聞之實未嘗識其人也帝曰朕亦記此希憲在中書振舉綱維綜覈名實汰逐冗濫裁抑僥倖興利除害事無不便當時

翕然稱治典章文物粲然可考又建言國家自開創已來凡納土及始命之臣咸令世守至今將六十年子孫皆奴視部下郡邑長吏皆其皂隸僮使前古所無宜更張之使考課黜陟始議行遷轉法至元元年丁丑憂率親族行古喪禮勺飲不入口者三日慟則嘔血不能起寢卧草土廬于墓傍率執以憂制未定欲極力起之相與詣廬聞號痛聲竟不忍言未幾有詔奪情起復希憲雖不敢違旨然出則素服從事入必縗絰及喪父亦如之奸臣阿合馬領左右部專總財賦會其黨相攻擊帝命中書推覆衆畏其權莫

敢問希憲窮治其事以狀聞杖阿合馬罷所領歸有司帝諭希憲曰吏廢法而貪民失業而逃工不給用財不贍費先朝患此久矣自卿等爲相朕無此憂對曰陛下聖猶堯舜臣等未能以皐陶稷契之道贊輔治化以致太平懷愧多矣今日小治未足多也因論及魏徵對曰忠臣良臣何代無之顧人主用不用爾有内侍傳旨入朝堂言某事當爾希憲曰此閹宦預政之漸不可啓也遂入奏杖之言者訟丞相史天澤親黨布列中外威權日盛漸不可制詔罷天澤政事使待鞫問希憲進曰天澤事陛下久知天澤深者無

如陛下始自潛藩多經任使將兵牧民悉有治効陛下知其可付大事用爲輔相小人一旦有言陛下當熟察其心跡果有肆橫不臣者乎今日信臣故臣得預此旨他日有訟臣者臣亦遭疑矣臣等備員政府陛下之疑信若此何敢自保天澤旣罷亦當罷臣帝良久曰卿且退朕思之明日帝召希憲諭曰昨思之天澤無對訟者事遂解又有訟四川帥欽察者帝敕中書急遣使誅之明日希憲覆奏帝怒曰尚尓遲回耶對曰欽察大帥以一小人言被誅民心必駭收繫至此與訟者廷對然後明其罪於天下爲宜詔遣

能者按問其後事竟無實欽察得免希憲每奏議帝前論事激切無少回惜帝曰卿昔事朕王府多所容受今爲天子臣乃爾木強耶希憲對曰王府事輕天下事重一或面從天下將受其害臣非不自愛也方士請煉大丹敕中書給所需希憲具以秦漢故事奏且曰堯舜得壽不因大丹也帝曰然遂却之時方尊禮國師帝命希憲受戒對曰臣受孔子戒矣帝曰孔子亦有戒耶對曰爲臣當忠爲子當孝孔子之戒如是而已五年始建御史臺繼設各道提刑按察司時阿合馬專總財利乃曰庶務責成諸路錢穀付之轉

運令繩治之如此事何由辦希憲曰立臺察古制也內則彈劾奸邪外則察視非常訪求民瘼裨益國政無大於此若去之使上下專恣貪暴事豈可集耶阿合馬不能對七年詔釋京師繫囚西域人匿贊馬丁用事先朝資累鉅萬爲怨家所告繫大都獄旣釋之矣時希憲在告實不預其事是秋車駕還自上都怨家訴於帝希憲取堂判補署之曰天威莫測豈可幸其獨不署以茍免耶希憲入見以詔書爲言帝曰詔釋囚耳豈有詔釋匿贊馬丁耶對曰不釋匿贊馬丁臣等亦未聞有此詔帝怒曰汝等號稱讀書臨事乃爾宜得何罪對曰臣等忝爲宰相有罪當罷退帝曰但從汝言即與左丞相耶律鑄同罷一日帝問侍臣希憲居家何爲侍臣以讀書對帝曰讀書固朕所教然讀之而不肯用多讀何爲意責其罷政而不復求進也阿合馬因譖之曰希憲日與妻子宴樂爾帝變色曰希憲清貧何從宴設希憲嘗有疾帝遣醫三人診視醫言須用沙糖作飲時最艱得家人求於外阿合馬與之二斤且致密意希憲却之曰使此物果能活人吾終不以奸人所與求活也帝聞而遣賜之嗣國王頭輦哥行省鎮遼陽有言其擾民不便者十一

年詔起希憲爲北京行省平章政事將行肩輿入辭賜坐帝曰昔在先朝卿深識事機每以帝道啓朕及鄂漢班師屢陳天命朕心不忘丞相卿實宜爲顧退托耳遼霫戶不下數萬諸王國壻分地所在彼皆素知卿能故命卿往鎮體朕此意遼東多親王使者傳令旨官吏立聽希憲至始革正之有西域人自稱駙馬營于城外繫富民誣其祖父嘗貸息錢索償甚急民訴之行省希憲命收捕之其人怒乘馬入省堂坐榻上希憲命捽下跪而問之曰法無私獄汝何人敢擅繫民令械繫之其人惶懼求哀國王亦爲之請乃稍寬令待對舉營夜遁俄詔國王歸國希憲獨行省事朝廷降鈔買馬六千五百希憲遣買於東州得羨餘馬千三百希憲曰上之則若自衒即與他郡之不及者以其直還官長公主及國壻入朝縱獵郊原擾民爲甚希憲面諭國壻欲入奏之國壻驚愕入語公主公主出飲希憲酒曰從者擾民吾不知也請以鈔萬五千貫還斂民之直幸勿遣使者自是貴人過者皆莫敢縱十二年右丞阿里海牙下江陵圖地形上於朝請命重臣開大府鎮之帝急召希憲還使行省荊南賜坐諭曰荊南入我版籍欲使新附者感恩未

來者向化宋知我朝有臣如此亦足以降其心南土卑濕於卿非宜今以大事付託度卿不辭賜田以養居者馬五十以給從者希憲曰臣每懼才識淺近不能勝負大任何敢辭疾然敢辭新賜復有詔令希憲承制授三品以下官希憲冒暑疾驅以進至鎮阿里海牙率其屬郊迎望拜塵中荆人大駭即日禁剽奪通商販興利除害兵民按堵首録宋故宣撫制置二司幕僚能任事者以備采訪仍擇二十餘人隨材授職左右難之希憲曰今皆國家臣子也何用致疑時宋故官禮謁大府必廣致珍玩希憲拒之且語之曰

汝等身仍故官或不次遷擢當念聖恩盡力報効今所饋者若皆己物我取之爲非義一或係官事同盜竊若斂於民不爲無罪宜戒慎之皆感激謝去令凡俘獲之人敢殺者以故殺平民論爲軍士所虜病而棄之者許人收養病愈故主不得復有立契券質賣妻子者重其罪仍没入其直先時江陵城外蓄水扞禦希憲命决之得良田數萬畝以爲貧民之業發沙市倉粟之不入官籍者二十萬斛以賑公安之饑大綱既舉乃曰教不可緩也遂大興學選教官置經籍旦日親詣講舍以厲諸生西南溪洞及思播田楊二

氏重慶制置趙定應俱越境請降事聞帝曰先朝非用兵不可得地今希憲能令數千百里外越境納土其治化可見也閩吏得江陵人私書不敢發上之樞密臣發之帝前其中有曰歸附之初人不聊生皇帝遣廉相出鎮荆南豈惟人漸德化昆蟲草木咸被澤矣帝曰希憲不嗜殺人故能爾也希憲疾久不愈十四年春近臣董文忠言江陵濕熱如希憲病何即召希憲還江陵民號泣遮道留之不得相與畫像建祠希憲還囊橐蕭然琴書自隨而已帝知其貧特賜白金五千兩鈔萬貫五月至上都太常卿田忠良來問

疾希憲謂曰上都聖上龍飛之地天下視爲根本近聞龍岡遺火延燒民居此常事耳愼勿令妄談地理者惑動上意未幾果有數輩以徙置都邑事奏樞密副使張易中書左丞張文謙與之廷辨力言不可帝不悅明日召忠良質其事忠良以希憲語對帝曰希憲病甚猶慮及此耶其議遂止詔徵揚州名醫王仲明視希憲疾既至希憲服其藥能杖而起帝喜謂希憲曰卿得良醫疾向愈矣對曰醫持善藥以療臣疾苟能戒愼則誠如聖諭設或肆情良醫何益蓋以醫諷諫也會議立門下省帝曰侍中非希憲不可遣中

使諭旨曰鞍馬之任不以勞卿坐而論道時至省中事有必須執奏肩輿以入可也希憲附奏曰臣疾何足卹輸忠効力生平所願皇太子亦遣人諭旨曰上命卿領門下省無憚群小吾爲卿除之竟爲阿合馬所沮十六年春賜鈔萬貫詔復入中書希憲稱疾篤皇太子遣侍臣問疾因問治道希憲曰君天下在用人用君子則治用小人則亂臣病雖劇委之於天所甚憂者大奸專政群小阿附誤國害民病之大者殿下宜開聖意急爲屏除不然日就沉痾不可藥矣戒其子曰丈夫見義勇爲禍福無預於己謂皐夔稷契

伊傅周召爲不可及是自棄也天下事苟無牽制三代可復也又曰汝讀狄梁公傳乎梁公有大節爲不肖子所墜汝輩宜慎之十七年十一月十九夜有大星隕于正寢之旁流光照地久之方滅是夕希憲卒年五十大德八年贈忠清粹德功臣太傅開府儀同三司追封魏國公謚文正加贈推忠佐理翊運功臣太師開府儀同三司上柱國恒陽王謚如故子六人孚僉遼陽等處行中書事恪台州路總管恂中書平章政事忱邵武路總管恒御史中丞惇江西等處行中書省參知政事從弟希賢

希賢字達甫一名中都海牙伯父布魯海牙嘗曰是兒剛果當大吾家年二十餘與從兄希憲同侍世祖出入禁中小心慎密至元初北部王拘殺使者世祖選使往諭之廷臣推希賢至則布上意辭旨條暢王悔謝爲設宴贈貂裘一襲白金一笏還奏帝喜賜以御膳尋進中議大夫兵部尚書左丞相伯顏伐宋既渡江至元十二年春授希賢禮部尚書佩金虎符與工部侍郎嚴忠範秘書丞柴紫芝持國書使宋三月丙戌至廣德軍獨松關守關者不知爲使襲而殺之張濡以爲己功受賞知廣德軍明年宋亡獲張濡殺

之詔遣使護希賢喪歸後復籍濡家貲付其家希賢死時年二十九

列傳卷第十三

列傳卷第十四　元史一百二十七

翰林學士亞中大夫知制誥兼修國史臣宋濂　翰林待制承直郎同知制誥兼國史院編修官臣王禕等奉

勑修

伯顏

伯顏蒙古八隣部人曾祖述律哥圖事太祖爲八隣部左千户祖阿剌襲父職兼斷事官平忽禪有功得食其地父曉古台世其官從宗王旭烈兀開西域伯顏長於西域至元初旭烈兀遣入奏事世祖見其貌偉聽其言厲曰非諸侯王臣也其留事朕與謀國事恒出廷臣右世祖益賢之勑以中書右丞相安童女弟妻之若曰爲伯顏婦不慚爾氏矣二年七月拜光祿大夫中書左丞相諸曹白事有難決者徐以一二語決之衆服曰真宰輔也四年改中書右丞七年遷同知樞密院事十年春持節奉玉册立燕王真金爲皇太子十一年大舉伐宋與史天澤並拜中書左丞相行省荆湖時荆湖淮西各建行省天澤言號令不一或致敗事詔改淮西行省爲行樞密院天澤又以病表請專任伯顏乃以伯顏領河南等路行中書省所屬並聽節制秋七月陛辭世祖諭之曰昔曹彬以不嗜殺平江南汝其體朕心爲吾曹彬可也九月甲戌朔會師于襄陽分軍爲三道並進丙戌伯顏與平章阿术由中道循漢江趨郢州萬户武秀爲前鋒遇水濼霖雨水溢無舟不能涉伯顏曰吾且飛渡大江而憚此潢潦耶乃召一壯士負甲仗騎而前導麾諸軍畢濟癸巳次鹽山距郢州二十里郢在漢水北以石爲城宋人又於漢水南築新郢横鐵絙鎖戰艦密樹椿木水中下流黄家灣堡亦設守禦之具堡之西有溝南通藤湖至江僅數里乃遣總管李庭劉國傑攻黄家灣堡拔之破竹席地盪舟由藤湖入漢江諸將請曰郢城我之喉襟不取恐爲後患伯顏曰用兵緩急我則知之攻城下策也大軍之出豈爲此一城哉遂舍郢順流下伯顏阿术殿後不滿百騎十月戊午行大澤中郢將趙文義范興以騎二千來襲伯顏兀术未及介冑亟還軍迎擊之伯顏手殺文義擒范興殺之其士卒死者五百人生獲數十人甲子次沙洋乙丑命斷事官楊仁風招之不應復使一俘持黄榜檄文傳趙文義首入城招其守將王虎臣王大用虎臣等斬俘焚黄榜裨將傅益以水軍十七人來降虎臣等又斬其軍之欲降者伯顏復命吕文煥招之又不應日暮風大起伯顏命順風掣金汁砲焚其廬

含烟焰漲天城遂破萬户忙古歹生擒虎臣大用等四人餘悉屠之丙寅次新城令萬户帖木兒史弼列沙洋所馘於城下射黄榜檄文於城中以招之其守將邊居誼邀吕文煥與語丁卯文煥至城下飛矢中右臂奔還戊辰其總制黄順踰城出降即授招討使佩以金符令呼城上軍其部曲即縋城下居誼邀入城悉斬之已巳其副都統制任寧亦降居誼終不出乃令總管李庭攻破其外堡諸軍蟻附而登拔之餘衆三千猶力戰而死居誼舉家自焚遂併誅王虎臣王大用等四人十一月丙戌次復州知州翟貴以城

降諸將請點視其倉庫軍籍遣官鎮撫伯顏不聽諭諸將不得入城違者以軍法論阿术使右丞阿里海牙來言渡江之期伯顏不荅明日又來又不荅阿术乃自來伯顏曰此大事也主上以付吾二人可使餘人知吾實乎潛刻期而去乙未軍次蔡店丁酉往觀漢口形勢宋淮西制置使夏貴等以戰艦萬艘分據要害都統王達守陽邏堡荆湖宣撫朱禩孫以遊擊軍扼中流兵不得進千户馬福建言淪河口可通沙蕪入江伯顏使覘沙蕪口夏貴亦以精兵守之乃圍漢陽軍聲言由漢口渡江貴果移兵援漢陽十二月丙

午軍次漢口辛亥諸將自漢口開壩引船入淪河先遣萬户阿剌罕以兵拒沙蕪口逼近武磯巡視陽羅城堡徑趨沙蕪遂入大江壬子伯顏戰艦萬計相踵而至以數千艘泊于淪河灣口屯布蒙古漢軍數十萬騎於江北諸將言沙蕪南岸彼戰船在焉可攻而取伯顏曰吾亦知其可必取慮汝輩貪小功失大事一舉渡江收其全功可也遂令脩攻具進軍陽羅堡癸丑遣人招之不應甲寅再遣人招之其將士皆曰我輩受宋厚恩戮力死戰此其時也安有叛逆歸降之理脩吾甲兵决之今日我宋天下猶賭博孤注輸

贏在此一擲尔伯顏麾諸將攻之三日不克有術者來言天道南行金木相犯若二星交過則江可渡伯顏却之使勿言乃密謀於阿术曰彼謂我必拔此堡方能渡江此堡甚堅攻之徒勞汝今夜以鐵騎三千泛舟直趨上流爲擣虛之計詰旦渡江襲南岸已過則速遣人報我乙卯分遣右丞阿里海牙督萬户張弘範忽失海牙折的迷失等先以步騎攻陽羅堡夏貴來援遂俾阿术出其不意率萬户晏徹兒忙古歹史格賈文備四翼軍泝流西上四十里對青山磯而泊是夜雪大作遥見南岸多露沙洲阿术登舟指示

諸將令徑趨是洲載馬後隨萬戶史格一軍先渡爲其都統程鵬飛所却阿朮橫身蕩決血戰中流擒其將高邦顯等死者無筭鵬飛被七創敗走得船千餘艘遂得南岸阿朮與鎮撫何瑋等數十人攀岸步鬬開而復合者數四南軍阻水不得相薄遂起浮橋成列而渡阿里海牙繼遣張榮實解汝楫等四翼軍舳艫相銜直抵夏貴貴引麾下軍數千先遁諸軍乘之斬溺不可數計追至鄂州東門而還丙辰阿朮遣使來報伯顏大喜揮諸將急攻破陽羅堡斬王達宋軍大潰數十萬衆死傷幾盡夏貴僅以身免走至白虎

山諸將謂貴大將不可使逸去請追之伯顏曰陽羅之捷吾欲遣使前告宋人而貴走代吾使不必追也丁巳伯顏登武磯山大江南北皆我軍也諸將稱賀伯顏辭謝之阿朮還渡江議兵所向或欲先取蘄黃阿朮曰若赴下流退無所據先取鄂漢雖遲旬日可爲萬全計伯顏從之己未師次鄂州遣呂文煥楊仁風等諭之曰汝國所恃者江淮而已今我大兵飛渡長江如履平地汝輩何不速降鄂恃漢陽將戰乃焚其戰艦三千艘火照城中兩城大恐庚申知鄂州張晏然知漢陽軍王儀知德安府來興國皆以城降程鵬

飛以其軍降壬戌定新附官品級撤宋兵分隸諸將先是邊民戍卒陷入宋境者悉縱遣之丁卯遣萬戶也的哥總管忽都歹入奏渡江之捷分命阿剌罕先鋒黃頭取壽昌粮四十萬斛以充軍餉留右丞阿里海牙等以兵四萬分省于鄂規取荆湖己巳伯顏與阿朮以大軍水陸東下俾阿朮先據黃州十二年春正月癸酉朔至黃州甲戌沿江制置副使知黃州陳奕降伯顏承制授奕沿江大都督奕遣書至漣水招其子巖巖降遣呂文煥陳奕以書招蘄州安撫使管景模復遣阿朮以舟師造其城下癸未伯顏至蘄州

景模出降即承制授以淮西宣撫使留萬戶帶塔兒守之阿朮復以舟師先趨江州兵部尚書呂師夔在江州與知州錢真孫遣人來迎降丙戌伯顏至江州即以師夔爲江州守師夔設宴庾公樓選宋宗室女二人盛飾以獻伯顏怒曰吾奉聖天子明命興仁義之師問罪於宋豈以女色移吾志乎斥遣之知南康軍葉閶來降殿前都指揮使知安慶府范文虎亦奉書納欵阿朮遂率舟師造安慶文虎出降伯顏至湖口遣千戶寧玉繫浮橋以渡風迅水駛橋不能成乃禱于大孤山神有頃風息橋成大軍畢渡二月壬寅

覲伯顔至安慶承制授文虎兩浙大都督文虎以其從子友信知安慶府事命萬戶喬珪戍之丁未次池州都統制張林以城降戊申通判權州事趙昂發與其妻自經死伯顔入城見而憐之令具衣衾葬焉宋宰臣賈似道遣宋京致書請還已降州郡約貢歲幣伯顔遣武略將軍囊加歹同其介阮思聰報命止京以待且使謂似道曰未渡江議和入貢則可今沿江諸郡皆內附欲和則當來面議也囊加歹還乃釋宋京庚申發池州壬戌次丁家洲賈似道都督諸路軍馬十三萬號百萬步軍指揮使孫虎臣爲前鋒淮西制置

使夏貴以戰艦二千五百艘橫亘江中似道將後軍伯顔命左右翼萬戶率騎兵夾江而進砲聲震百里宋軍陣動貴先遁以扁舟掠似道船呼曰彼衆我寡勢不支矣似道聞之倉皇失措遽鳴金收軍軍潰衆軍大呼曰宋軍敗矣諸戰艦居后者阿朮促騎召之挺身登舟手柁衝敵船舳艫相盪乍分乍合阿朮以小旗麾何瑋李庭等並舟深入伯顔命步騎左右掎之追殺百五十餘里溺死無筭得船二千餘艘及其軍資器仗圖籍符印似道東走揚州貴走廬州虎臣走泰州甲子攻太平州丁卯知州孟之縉及知無爲軍

劉權知鎭巢軍曹旺知和州王喜俱以城降庚午師次建康之龍灣大賚將士三月癸酉宋沿江制置趙溍遁溍兄淮起兵溧陽就執而死都統徐王榮翁福等以城降命招討使唆都守之知鎭江府洪起畏遁總管石祖忠以城降知寧國府趙與可遁知饒州唐震死而江東諸郡皆下淮西滁州諸郡亦相繼降丙子國信使廉希賢至建康傳旨令諸將各守營壘毋得妄有侵掠希賢與嚴忠範等奉命使宋請兵自衛伯顔曰行人以言不以兵兵多徒爲累使事希賢固請與之丙戌至獨松嶺果爲宋人所殺庚寅伯顔遣

左右司員外郎石天麟詣闕奏事世祖大悅悉可其奏伯顔以行中書省駐建康阿塔海董文炳以行樞密院駐鎭江阿朮別奉詔攻揚州江東歲饑民大疫伯顔賑救之民賴以安宋人遣都統洪模移書徐王榮等言殺使之事太皇太后及嗣君實不知皆邊將之罪當按誅之願輸幣請罷兵通好伯顔曰彼爲譎詐之計以視我之虛實當擇人以同往觀其事體宣布威德令彼速降乃命議事官張羽等持王榮荅書至平江驛宋人又殺之四月乙丑有詔以時暑方熾不利行師俟秋再舉伯顔奏曰宋人之據江海如

獸保險令已拒其吭少縱之則逸而逝矣世祖語使者曰將在軍不從中制兵法也宜從丞相言五月丁亥復命奉御愛先傳旨召伯顔赴闕以阿剌罕爲參政留治省事伯顔至鎮江會諸將計事令各還鎮乃渡江北行入見於上都七月癸未進中書右丞相讓功於阿术遂以阿术爲左丞相八月癸夘受命還行省付以詔書俾諭宋主乃取道盗都行視沂州等軍壘調淮東都元帥孛魯歡副都元帥阿里伯以所部兵沂淮而進九月戊寅會師淮安城下遣新附官孫嗣武叩城大呼又射書城中諭守將使降皆不應庚

辰招討別里迷失拒北城西門伯顔與孛魯歡阿里伯親臨南城堡揮諸將長驅而登拔之潰兵欲奔大城追襲至城門斬首數百級遂平其南堡丙戌次寶應軍戊子次高郵十月庚戌圍楊州召諸將指授方略留孛魯歡阿里伯守灣頭新堡衆軍南行壬戌至鎮江罷行院以阿塔海董文炳同署事十一月乙亥伯顔分軍爲三道期會于臨安參政阿剌罕等爲右軍以步騎自建康出四安趨獨松嶺參政董文炳等爲左軍以舟師自江陰循海趨澉浦華亭伯顔及右丞阿塔海由中道節制諸軍水陸並進壬午伯顔軍

至常州先是常州守王宗洙遁通判王虎臣以城降其都統制劉師勇與張彥王安節等復拒之推姚訔爲守固拒數月不下伯顔遣人至城下射書城中招諭勿以已降復叛爲疑勿以拒敵我師爲懼皆不應乃親督帳前軍臨南城又多建火砲張弓弩晝夜攻之淛西制置文天祥遣尹玉麻士龍來援皆戰死甲申伯顔叱帳前軍先登豎赤旗城上諸軍見而大呼曰丞相登矣師畢登宋兵大潰拔之屠其城姚訔及通判陳炤等死之生獲王安節斬之劉師勇變服單騎奔平江諸將請追之伯顔曰勿追師勇所過城守

者膽落矣以行省都事馬恕爲常州尹遣蒙古軍都元帥闊里帖木兒萬户懷都先據無錫州萬户忙古歹晏徹兒巡太湖遣監戰亦乞里歹招討使唆都宣撫使游顯會闊里帖木兒先趨平江庚寅遣降人游介實奉詔書副本使于宋仍以書諭宋大臣十二月辛丑次無錫宋將作監栁岳等奉其國主及太皇太后書併宋之大臣與伯顔書來見垂泣而言曰太皇太后年高嗣君幼冲且在衰絰中自古禮不伐喪望哀恕班師敢不每年進奉脩好今日事至此者皆奸臣賈似道失信誤國耳伯顔曰主上即位之初奉國

書脩好汝國執我行人一十六年所以興師問罪去
歲又無故殺害廉奉使等誰之過歟如欲我師不進
將効錢王納土李主出降乎爾宋昔得天下於小
兒之手今亦失於小兒之手蓋天道也不必多言岳
頓首泣不已遣招討使抄兒赤以柳岳來使事及嚴
奉使所賫國書入奏先是平江守潛說友通判胡
玉等既以城降而復爲宋人所據甲辰衆軍以平江都
統王邦傑通判王矩之率衆出降庚戌遣囊加歹同
其使柳岳還臨安以忙古歹范文虎行兩浙大都督
事遣寗玉脩吳江長橋不旬日而成庚申囊加歹同

宋尚書夏士林侍郎呂師孟宗正少卿陸秀夫以書
來請尊世祖爲伯父而世修子姪之禮且約歲幣銀
二十五萬兩帛二十五萬匹癸亥遣囊加歹同師孟
等還臨安遣忙古歹范文虎會阿剌罕昔里伯取湖
州知州趙良淳死之丙寅趙與可以城降伯顏發平
江留游顯懷都忽都不花屯兵鎮守別遣寗玉守長
橋十三年正月己巳次嘉興安撫劉漢傑以城降留
萬户忽都虎等戍之癸酉宋軍器監劉庭瑞以其宰
臣陳宜中等書來即遣回乙亥宜中遣御史劉岊
奉宋主稱臣表文副本及致書伯顏約會長安鎮辛

巳衆軍至崇德宜中又令都統洪模持書同囊加歹
來見壬午次長安鎮宜中等不至癸未進軍臨平鎮
甲申次臯亭山宋主遣知臨安府賈餘慶同宗室保
康軍承宣使尹甫和州防禦使吉甫奉傳國璽及降
表詣軍前伯顏受訖遣囊加歹以餘慶等還臨安召
宋宰臣出議降事時宜中已遁以文天祥代爲丞相
不拜自請至軍前乙酉進軍至臨安北十五里分遣
董文炳呂文煥范文虎巡視城堡安諭軍民囊加歹
洪模來報宜中與張世傑蘇劉義劉師勇等挾益王廣
王下浙江航海而南惟謝太后及幼主在宮中伯顏

亟遣使諭右軍阿剌罕奧魯赤左軍董文炳范文虎
據守浙江以勁兵五千人追之不及而還丙戌禁軍
士毋入城遣呂文煥持黃榜諭臨安中外軍民俾安
堵如故先是三衙衛士白晝殺人閭里小民乘亂剽
掠至是民皆安之丁亥遣程鵬飛洪雙壽等入宮慰
諭謝后戊子謝后遣丞相吳堅文天祥樞密謝堂安
撫賈餘慶内官鄧惟善來見伯顏慰遣之頓天祥舉
動不常疑有異志留之軍中天祥數請歸伯顏笑而
不荅天祥怒曰我此來爲兩國大事彼皆遣歸何故
留我伯顏曰勿怒汝爲宋大臣責任非輕今日之事

政當與我共之令忙古歹唆都館伴覊縻之令程鵬飛洪雙壽同賈餘慶易宋主削帝號降表己丑駐軍臨安城北之湖州市遣千户囊加歹等以宋傳國璽入獻庚寅伯顔建大將旗皷率左右翼萬户廵臨安城觀潮於淛江暮還湖州市宋宗室大臣皆来見辛夘萬户張弘範郎中孟祺同程鵬飛以所易降表及宋主謝后諭未附州郡手詔至軍前令鎮撫唐古歹罷文天祥所招募義兵二萬餘人壬辰伯顔登獅子峯觀臨安形勢命唆都撫諭軍民部分諸將共守其城護其宫癸巳謝后復使人來勞問仍以温言慰遣

之甲午分置其三衙諸司兵于各翼以俟調遣其生募等軍愿歸者聽分遣蕭郁王世英等招諭衢信諸州二月丁酉遣劉頡等往淮西招夏貴仍遣别將徇地淛東西於是知嚴州方回知婺州劉怡知台州楊必大知處州梁椅並以城降命右丞張惠參政阿刺罕董文炳吕文煥入見謝后宣布德意以慰諭之辛丑宋主率文武百僚望闕拜發降表伯顔承制以臨安爲兩淛大都督府忙古歹范文虎入治府事復命張惠阿剌罕董文炳吕文煥等入城籍其軍民錢穀之數閲實倉庫收百官誥命符印圖籍悉罷宋官府取宋主居之别室分遣新附官招諭南北兩廣四川未下州郡部分諸將分屯要害仍禁人不得侵壞宋氏山陵是日進軍淛江之滸潮不至者三日人以爲天助癸夘謝后命吴堅賈餘慶謝堂家鉉翁劉岊與文天祥並爲祈請使楊應奎趙若秀爲奉表押璽官赴闕請命伯顔拜表稱賀曰臣伯顔言國家之業大一統海岳必明主之歸帝王之兵出萬全蠻夷敢天威之抗始干戈之爰及迄文軌之會同區宇一清普天均慶臣伯顔等誠懽誠抃頓首頓首恭惟皇帝陛下道光五葉統接千齡梯航日出之邦冠帶月支之

域際丹崖而述職奄瀚海而爲家獨此島夷弗遵聲教謂江湖可以保逆命舟楫可以敵王師連兵負固逾四十年背德食言難一二計當聖主飛渡江南之日遣行人乞爲城下之盟逮凱奏之言旋輙詐謀之復肆拘囚我信使忘乾坤再造之恩招納我叛臣盗連海三城之地我是以有六載襄樊之討彼居然無一介行李之来禍既出于自求怒致聞于斯赫臣伯顔等肅將禁旅恭行天誅爰從襄漢之上流復出武昌之故渡藩屏一空于江表烽烟直接於錢塘尚無度德量力之心荐有殺使毁書之事屬廟謨之親禀

謂根本之宜先乃命阿剌罕取道于獨松董文炳進
師于海諸臣與阿塔海樂司中闕直指偽都犄角之
勢既成水陸之師並進常州已下列郡傳檄而悉平
臨安為期諸將連營而畢會彼知窮蹙迭致哀鳴始
則有為姪納幣之祈次則有稱藩奉璽之請顧甘言
何益於實事率銳卒直抵于近郊召來用事之大臣
放散思歸之衛士雖強心在四郊之橫草都無飛走
計窮一片之降旛始堅其宋國主已於二月初五日
望闕拜伏歸附訖所有倉廩府庫封籍待命外臣奉
揚寬大撫戢吏民九衢之市肆不移一代之繁華如

元文列傳卷十四　十五

故茲惟審糞卓冠前王視萬里如目前運天下于掌
上致令臣等獲對明時歌七德以告成深切龍庭之
想上萬年而為壽敬陳虎拜之詞臣伯顏等無任瞻
天望聖激切屏營之至謹奉表稱賀以聞戊申堅等
發臨安皇不行癸丑宋福王與芮奉書于伯顏辭甚
懇切伯顏曰爾國既以歸降南北共為一家王勿疑
宜速來同預大事且遣迓之戊午夏貴以淮南降庚
申命囊加歹傳旨召伯顏偕宋君臣入朝三月丁卯
伯顏入臨安俾郎中孟祺籍其禮樂祭器冊寶儀仗
圖書庚午囊加歹至甲戌與芮來伯顏議以阿剌罕

董文炳留治行省事以經略閩粵忙古歹以都省鎮
浙西唆都以宣撫使鎮淛東唐兀歹李庭護送宋君
臣北上乙亥伯顏發臨安丁丑阿塔海等宣詔趣宋
主母后入覲聽詔畢即日俱出宮惟謝后以疾獨留
隆國夫人黃氏宮人從行者百餘人福王與芮沂王
乃猷謝堂楊鎮而下官屬從行者數千人三學之士
數百人宋主求見伯顏曰未入朝無相見之禮五月
乙未伯顏以宋主至上都世祖御大安閣受朝降授
宋主縣開府儀同三司檢校大司徒封瀛國公宋平
得府三十七州百二十八關監二縣七百三十三命

元文列傳卷十四　十六

伯顏告于天地宗廟大赦天下帝勞伯顏伯顏再拜
謝曰奉陛下成筭阿朮効力臣何功之有復拜同知
樞密院賜銀鼠青鼠只孫二十襲裨校有功者百二
十三人賞銀有差初海都稱兵內向詔以右丞相安
童佐皇子北平王那木罕統諸軍於阿力麻里備之
十四年諸王昔里吉劫北平王拘安童脅宗王以叛
命伯顏率師討之與其衆遇於斡魯歡河夾水而
陳相持終日俟其懈麾軍為兩隊掩其不備破之昔
里吉走死十八年二月世祖命燕王撫軍北邊以伯
顏從仍諭之曰伯顏才兼將相忠於所事故俾從汝

不可以常人遇之燕王每與論事尊禮有加是歲須群臣食邑詔益以藤州等處四千九百七十七户伯顏之取宋而還也詔百官郊迎以勞之平章阿合馬先百官半舍道謁伯顏解所服玉鉤絛遺之且曰宋寶玉固多吾實無所取勿以此爲薄也阿合馬謂其輕己思中傷之乃誣以平宋時取其玉桃盞帝命按之無驗遂釋之復其任阿合馬既死有獻此盞者帝愕然曰幾陷我忠良別吉里迷失嘗誣伯顏以死罪未幾以它罪誅勑伯顏臨視伯顏與之酒愴然不顧而返世祖問其故對曰彼自有罪以臣臨之人將不知

天誅之公也二十二年秋宗王阿只吉失律詔伯顏代總其軍先是邊兵嘗乏食伯顏令軍中採蔑怯葉兒及着敦之根貯之人四斛草粒稱是盛冬雨雪人馬賴以不飢又令軍士有捕塔剌不歡之獸而食者積其皮至萬人莫知其意既而遣使輦至京師帝笑曰伯顏以邊地寒軍士無衣欲易吾繒帛耳遂賜以衣二十四年春二月或告乃顏反詔伯顏窺覘之乃多載衣裘入其境輒以與驛人既至乃顏爲設宴謀執之伯顏覺與其從者趨出分三道逸去驛人以得衣裘故爭獻健馬遂得脫馳還白狀夏四月乃顏反

從世祖親征奏李庭董士選將漢軍得以漢法戰乃顏之黨金家奴塔不歹進逼乘輿漢軍力戰乃皆潰卒擒乃顏二十六年進金紫光祿大夫知樞密院事出鎮和林和林置知院自伯顏始二十九年秋宗王明理鐵木兒挾海都以叛詔伯顏討之相值于阿撒忽禿嶺矢下如雨衆軍莫敢登伯顏令之曰汝寒君衣之汝飢君食之政欲効力於此時爾於此不勉將何以報麾諸軍進後者斬伯顏先登陷陣諸軍望風争奮大破之明里鐵木兒挺身走命速哥梯迷禿兒等追之伯顏引軍夜還至必失禿卒遇伏兵伯顏堅壁

不動黎明遂引去伯顏輕騎追至別竭兒速哥梯迷禿兒等兵亦至乃夾擊之斬首二千級俘其餘衆以歸諸將言古禮兵勝必禡旗于所征之地欲用囚虜爲牲伯顏不可衆皆歎服軍中獲諜者忻都欲殺之伯顏不許厚賜之遣齎書諭明里鐵木兒以禍福明里鐵木兒得書感泣以衆來歸未幾海都復犯邊伯顏留拒之廷臣有譖伯顏久居北邊與海都通好仍保守無尺寸之獲者詔以御史大夫玉昔帖木兒代之居伯顏于大同以俟後命玉昔帖木兒未至三驛會海都兵復至伯顏遣人語玉昔帖木兒曰公姑止

待我翦此寇而來未晚也伯顏與海都兵交且戰且却凡七日諸將以爲怯憤曰果懼戰何不授軍於大夫伯顏曰海都懸軍涉吾地邀之則遁誘其深入一戰可擒也諸軍必欲速戰若失海都誰任其咎諸將曰請任之即還軍擊敗之海都果脫去乃召王昔帖木兒至軍授以印而行時成宗以皇孫奉詔撫軍北邊舉酒以餞曰公去將何以教我伯顏舉所酌酒曰可慎者惟此與女色耳軍中固當嚴紀律而恩德不可偏廢冬夏營駐循舊爲便成宗悉從之三十年冬十二月驛召至自大同世祖不豫明年正月世祖崩

伯顏總百官以聽兵馬司請日出鳴晨鐘日入鳴昏鐘以防變故伯顏呵之曰汝將爲賊耶其一如平日適有盜内府銀者宰執以其幸赦而盜欲誅之伯顏曰何時無盜今以誰命而誅之人皆服其有識成宗即位于上都之大安閣親王有違言伯顏握劍立殿陛陳祖宗寶訓宣揚顧命述所以立成宗之意辭色俱厲諸王股栗趨殿下拜五月拜開府儀同三司太傅録軍國重事依前知樞密院事賜金銀各有差時相有忌之者伯顏語之曰幸送我兩罌美酒與諸王飲於宮前餘非所知也江南三省累請罷行樞密院

成宗問于伯顏時已屬疾張目對曰内而省院各置爲宜外而軍民分隸不便成宗是之三院遂罷冬十二月丙申有大星隕于東北己亥雨木氷庚子伯顏薨年五十九伯顏深略善斷將二十萬衆伐宋若將一人諸帥仰之若神明畢事還朝歸裝惟衣被而已未嘗言功也大德八年特贈宣忠佐命開濟功臣太師開府儀同三司追封淮安王謚忠武至正四年加贈宣忠佐命開濟翊戴功臣進封淮王餘如故子買的僉樞密院事囊加歹樞密副使孫相嘉失禮同僉樞密院事集賢學士至治末省先塋於白只剌山闕

有變赴上都或勸少避之曰我與國同休戚今有難可避乎至上都果見囚久之得釋尋拜河南江北行省平章政事遷江南行臺御史大夫曾孫普達失理皆能世其家

列傳卷第十四

列傳卷第十五　　元史一百二十八

翰林學士亞中大夫知制誥兼修國史臣宋濂　翰林待制承直郎同知制誥兼國史院編修官臣王禕等奉

勅修

阿朮

阿朮兀良氏都帥兀良合台子也沉幾有智略臨陣勇決氣蓋萬人憲宗時從其父征西南夷率精兵爲候騎所向摧陷莫敢當其鋒至平大理克諸部降交趾無不在行事見兀良合台傳憲宗嘗勞之曰阿朮未有名位挺身奉國特賜黃金三百兩以勉將來世祖即位留典宿衛中統三年從諸王拜出帖哥征李

璮有功九月自宿衛將軍拜征南都元帥治兵于汴復立宿州至元元年八月略地两淮攻取戰獲軍聲大振四年八月觀兵襄陽遂入南郡取僊人鐵城等柵俘生口五萬軍還宋兵邀襄樊間阿朮乃自安陽灘濟江留精騎五千陣牛心嶺復立虛寨設疑火夜半敵果至斬首萬餘級初阿朮過襄陽駐馬虎頭山指漢東白河口曰若築壘於此襄陽糧道可斷也五年遂築鹿門新城等堡繼又築臺漢水中與夾江堡相應自是宋兵援襄者不能進六年七月大霖雨漢水溢宋將夏貴范文虎相繼率兵來援復分兵出入東岸林谷間阿朮謂諸將曰此張虛形不可與戰宜整舟師備新堡諸將從之明日宋兵果趨新堡大破之殺溺生擒五千餘人獲戰船百餘艘於是治戰船教水軍築圍城以逼襄陽文虎復率舟師來救來興國又以兵百艘侵百丈山前後邀擊於湍灘俱敗走之九年三月破樊城外郛增築重圍以逼之宋裨將張順張貴裝軍衣百船自上流入襄陽阿朮攻之順死貴僅得入城俄乘輪船順流東走阿朮與元帥劉整分泊戰船以待燃薪照江兩岸如晝阿朮追戰至櫃門關擒貴餘衆盡死是年九月加同平章事先是

襄樊兩城漢水出其間宋兵植木江中聯以鐵鎖中造浮梁以通援兵樊恃此爲固至是阿朮以機鋸斷木以斧斷鎖焚其橋襄兵不能援十二月遂拔樊城襄守將呂文煥懼而出降十年七月奉命略淮東抵揚州城下宋以千騎出戰阿朮伏兵道左佯北宋兵逐之伏發擒其騎將王都統十一年正月入覲與參政阿里海牙奏請伐宋帝命相臣議久不決阿朮進曰臣久在行間備見宋兵弱於往昔失今不取時不再來帝即可其奏詔益兵十萬與丞相伯顏參政阿里海牙等同伐宋三月進平章政事秋九月師次郢

之鹽山得俘民言宋沿江九郡精銳盡聚郢江東西兩城今舟師出其間騎兵不得護岸此危道也不若取黃家灣堡東有河口可由其中拖船入湖轉以下江爲便從之遂舍攻郢而去行大澤中忽宋騎兵千人突至時從騎纔數十人阿朮即奮槊馳擊所向畏避追斬五百餘級生擒其將趙洪二統制進攻沙洋新城拔之前次復州守將翟貴迎降時夏貴鎖大艦扼江漢口兩岸備禦堅嚴阿朮用軍將馬福計回舟淪河口穿湖中從陽羅堡西沙蕪口入大江十二月軍至陽羅堡攻之不克阿朮謂伯顏曰攻城下策也

若分軍船之半循岸西上對青山磯止泊伺隙擣虛可以得志從之明日阿朮遥見南岸沙洲即率衆趍之載馬後隨宋將程鵬飛來拒大戰中流鵬飛敗走諸軍抵沙洲急擊攀岸步鬭開而復合者數四敵小却出馬於岸遂力戰破之追擊至鄂東門而還夏貴聞阿朮飛渡大驚引麾下兵三百艘先遁餘皆潰走遂拔陽羅堡盡得其軍實伯顏議師所向或欲先取蘄黃阿朮曰若赴下流退無所據上取鄂漢雖遲旬日師有所依可以萬全已未水陸並趍鄂漢焚其船三千艘煙焰漲天漢陽鄂州大恐相繼皆降十二年

正月黃蘄江州降阿朮率舟師趍安慶范文虎迎降繼下池州宋丞相賈似道擁重兵拒蕪湖遣宋京來請和伯顏謂阿朮曰有詔令我軍駐守何如阿朮曰若釋似道而不擊恐已降州郡今夏難守且宋無信方遣使請和而又射我軍船執我邏騎今日惟當進兵事若有失罪歸於我二月辛酉師次丁家洲遂與宋前鋒孫虎臣對陣夏貴以戰艦二千五百艘橫亘江中似道將兵殿其後時已遣騎兵夾岸而進兩岸樹砲擊其中堅宋軍陣動阿朮挺身登舟手自持柂突入敵陣諸軍繼進宋兵遂大潰以上詳見伯顏傳

世祖以宋重兵皆駐揚州臨安倚之爲重四月命阿朮分兵圍守揚州庚申次真州敗宋兵于珠金砂斬首二千餘級既抵揚州乃造樓櫓戰具于瓜洲漕粟于真州樹柵以斷其糧道宋都統姜才領步騎二萬來攻柵敵軍夾河爲陣阿朮麾騎士渡河擊之戰數合堅不能却衆軍佯北才逐之遂奮而回擊萬矢雨集才軍不能支擒其副將張林斬首萬八千級七月庚午宋兩淮鎮將張世傑孫虎臣以舟師萬艘駐焦山東每十船爲一舫聯以鐵鎖以示必死阿朮登石公山望之舳艫連接旌旗蔽江曰可燒而走也遂選

強健善射者千人載以巨艦分兩翼夾射阿术居中合勢進擊繼以火矢燒其蓬檣煙燄漲天宋兵既碇舟死戰至是欲走不能前軍爭赴水死後軍散走追至圌山獲黃白鷂船七百餘艘自是宋人不復能軍矣十月詔拜中書左丞相仍諭之曰淮南重地李庭芝狡詐須卿守之時諸軍進取臨安阿术駐兵瓜洲以絶揚州之援伯顏所以兵不血刃而平宋者阿术控制之力爲多十三年二月夏貴舉淮西諸城來附阿术謂諸將曰今宋已亡獨庭芝未下以外助猶多故也若絶其聲援塞彼糧道尚恐東走通泰逃命江

海乃柵揚之西北丁村以扼其高郵寶應之餽運貯粟灣頭堡以備捍禦留屯新城以逼泰州又遣千戶伯顏察兒率甲騎三百助灣頭兵勢且戒之曰庭芝水路既絶必從陸出宜謹備之如丁村烽起當首尾相應斷其歸路六月甲戌姜才知高郵米運將至果夜出步騎五千犯丁村柵至曉伯顏察兒來援所將皆阿术牙下精兵旗幟畫雙赤月衆軍望其塵連呼曰丞相來矣宋軍識其旗皆遁才脫身走追殺騎兵四百步卒免者不滿百人壬辰李庭芝以朱煥守揚州挾姜才東走阿术率兵追襲殺步卒千人庭芝僅入泰州遂築壘以守之七月乙巳朱煥以揚州降乙卯泰州守將孫良臣開北門納降執李庭芝姜才奉命戮揚州市揚泰既下阿术申嚴士卒禁暴掠有武衛軍校掠民二馬即斬以徇兩淮悉平得府二州二十二軍四縣六十七九月辛酉入見世祖於大明殿陳宋俘第功行賞實封泰興縣二千戶二十三年受命北伐叛王昔剌木等明年凱旋繼又西征至哈剌霍州以疾卒年五十四追封河南王

阿里海牙

阿里海牙畏吾兒人也初生胞中剖而出其父以爲

不祥將棄之母不忍比長果聰辯有膽略家貧嘗躬耕舍耒嘆曰大丈夫當立功朝廷何至效細民事畎畝乎去求其國書讀之踰月又棄去用薦者得事世祖于潛邸世祖即位漸見擢用由左右司郎中遷參議中書省事至元二年立諸路行中書省進僉河南行省事五年命與元帥阿术劉整取襄陽又加參知政事始帝遣諸將命毋攻城但圍之以俟其自降乃築長圍起萬山包百丈楚山盡鹿門以絶之宋兵入援者皆敗去然城中糧儲多圍之五年終不下九年二月破樊城外郛其將復閉內城守阿里海牙以爲

襄陽之有樊城猶齒之有脣也宜先攻樊城樊城下則襄陽可不攻而得乃入奏帝始報可會有西域人亦思馬因獻新礮法因以其人來軍中十年正月爲礮攻樊破之先是宋兵爲浮橋以通襄陽之援阿里海牙發水軍焚其橋襄援不至城乃拔詳具阿朮傳阿里海牙既破樊移其攻具以向襄陽一礮中其譙樓聲如雷霆震城中城中洶洶諸將多踰城降者劉整欲立碎其城執文煥以快其意阿里海牙獨不欲攻乃身至城下與文煥語曰君以孤軍城守者數年今飛鳥路絶主上深嘉汝忠若降則尊官厚祿可必

得決不殺汝也文煥狐疑未決又折矢與之誓如是者數四文煥感而出降遂與入朝帝以文煥爲昭勇大將軍侍衛親軍都指揮使襄漢大都督阿里海牙行荊湖等路樞密院事鎮襄陽阿里海牙奏曰襄陽自昔用武之地也今天助順而克之宜乘勝順流長驅宋可必平平章阿朮亦贊其說帝命丞相史天澤議之天澤曰朝廷若遣重臣如丞相安童同知樞密院事伯顏者一人都督諸軍則四海混同可立待也帝曰伯顏可乃大徵兵拜伯顏爲行中書省左丞相阿朮爲平章阿里海牙進行省右丞賞鈔二百錠十

一年九月會師襄陽遂破郢州及沙洋新城十二月師出沙蕪口宋制置夏貴守諸隘甚固阿里海牙麾兵攻武磯堡貴趨援之阿朮遂以兵西渡青山磯宋都統程鵬飛來迎戰敗之江中會貴兵亦敗走廬州宣撫朱禩孫夜遁還江陵知鄂州張晏然以城降鵬飛以本軍降伯顏與諸將會鄂城下議曰鄂襟山帶江江南之要區也且兵糧皆備今蜀江陵岳鄂皆未下不以一大將鎮撫之上流一動則鄂非我有也乃以兵四萬遣阿里海牙戍鄂而與阿朮將大兵以東阿里海牙集鄂民宣上德惠禁將士毋侵掠其下恐

懼無敢取民之菜者民大悅遣人徇壽昌信陽德安諸郡皆下進徇江陵十有二年春三月與安撫高世傑兵遇巴陵命張榮實擣其中堅解汝楫率諸翼兵左右角之世傑敗走追降之于桃花灘遂下岳州四月至沙市城不下縱火攻之沙市立破宣撫朱禩孫制置高達恐即以城降乃入江陵釋係囚放戍券軍除其徭賦及法令之繁細者傳檄郢歸峽常德澧隨辰沅靖復均房施荊門及諸洞無不降者盡奏官其所降官以兵守峽籍其戶口財賦來上帝喜大宴三日語近臣曰伯顏兵東阿里海牙以孤軍戍鄂朕甚

憂之今荆南定吾東兵可無後患矣乃親作手詔褒
之命右丞廉希憲守江陵促阿里海牙急還鄂且以
沿江諸城新附者委之阿里海牙至鄂招潭州守臣
李芾不聽乃移兵長沙拔湘陰冬十月至潭爲書射
城中以示芾曰速下以活州民否則屠矣不答乃決
隍水部分諸將以礮攻之破其木堡流矢中胷瘡甚
督戰益急奪其城潭人復作月城以相拒凡攻七十
日大小數十戰十有三年春正月芾力屈及轉運使
鍾蜚英都統陳義皆自殺其將劉孝忠以城降諸將
欲屠之阿里海牙曰是州生齒數百萬口若悉殺之

非上諭伯顏以曹彬不殺意也其屈法生之復發倉
以食飢者遣使徇郴全道桂陽永衡武岡寶慶袁韶
南雄諸郡其守臣皆率其民來迎曰聞丞相體皇帝
好生之德毋殺虜所過皆秋毫無犯民今復見太平
各奉表來降丞相稱阿里海牙也奏官其降官皆如
江陵獨宋經略使馬塈守靜江不下使總管俞全等
招之皆爲所殺會宋主以國降降手詔遣湘山僧宗
勉諭塈塈復殺之阿里海牙又爲書以天命地利人
心開塈許以廣西大都督反覆千餘言終不聽因入
朝賀平宋拜平章政事使持詔如靜江諭之十一月

前兵至嚴關塈守關弗納破其兵又敗都統馬應麒
於小溶江遂逼靜江録上所賜靜江詔以示塈塈焚
之斬其使靜江以水爲固乃築堰斷大陽小溶二江
以遏上流決東南埭以涸其隍破其城民闘城破即
縱火焚居室多赴水死塈及其總制黄文政總管張
虎以殘兵突圍走執之阿里海牙以靜江民易叛非
潭比不重刑之則廣西諸州不服因悉坑之斬塈於
市分遣萬戶脫温不花徇賓融柳欽橫邕慶遠齊榮
祖徇鬱林貴廉象脫隣徇潯容藤梧皆下之特磨王
儂士貴南丹州牧莫大秀皆奉表求内附奏官其降

官如潭州以兵戍靜江昭賀梧邕融乃還潭既而宋
二王稱制海中雷瓊全永與潭屬縣之民文才喻周
隆張虎羅飛咸起兵應之舒黄蘄相繼亦起大者衆
數萬小者不下數千詔命討之且略地海外阿里海
牙既定才喻等至雷州使人諭瓊州安撫趙與珞降
不聽遂自航大海五百里執與珞冉安國黄之紀皆
裂殺之盡定瓊南寧萬安吉陽地降八番羅甸蠻以
其總管文龍兒入見置宣慰司八番羅甸臥龍羅番
大龍遏蠻盧番小龍石番方番洪番程番並置安撫
以鎮之十八年奏請徙省鄂州所定荆南淮西江西

海南廣西之地凡得州五十八峒夷山獠不可勝計大率以口舌降之未嘗專事殺戮又其取民悉定從輕賦民所在立祠祀之二十三年入朝加光祿大夫湖廣行省左丞相卒年六十贈開府儀同三司上柱國封楚國公謚武定至正八年進封江陵王子忽失海牙湖廣行中書省左丞貫只哥江西行中書省平章政事

相威

相威國王速渾察之子也性弘毅重厚不飲酒寡言笑喜延士大夫聽讀經史論古今治亂至直臣盡忠良將制勝必爲之擊節稱善以故臨大事決大議言必中節至元十一年世祖命相威總速渾察元統弘吉剌等五投下兵從伐宋由正陽取安豐略廬和攻司空山平野人原道安慶渡江東下會丞相伯顏兵于潤州分三道並進相威率左軍參政董文炳爲副部署將校申明約束江陰華亭澉浦上海悉望風欵附吏民按堵如故進屯鹽官伯顏已駐師臨安城下得宋幼主降表相威乃移兵瓜洲與阿朮兵合臨揚州都統姜才以兵二萬攻楊子橋率諸將擊敗之十三年夏驛召相威秋入覲大饗賚功授金虎符征西都元帥仍賜弓矢甲鞍文錦表裏四鈔萬貫從者賞賜有差時親王海都叛命領汪總帥兵以鎮西土十四年召拜江南諸道行臺御史大夫乃上奏曰陛下以臣爲耳目臣以監察御史按察司爲耳目倘非其人是人之耳目先自閉塞下情何由上達帝嘉之命御史臺清其選每除目至必集幕僚御史議其可否不協公論者即劾去之繼陳便民一十五事其略曰併行省削冗官鈐鎮戍拘官船業流民録故官贓饋遺淮浙鹽運司直隸行省行大司農營田司併入宣慰司理訟分南北公田召佃仍減其租革宋公

吏勿容作弊帝皆納焉浙東盜起浙西宣慰使昔里伯縱兵肆掠俘及平民乃遣御史商琥據錢唐津渡閱治之得釋者以數千計昔里伯逌還都奏執還揚州治其罪十六年入覲會左丞崔斌等言平章阿合馬不法事有旨命相威及知樞密院博羅自開平馳驛大都共鞫之阿合馬稱疾不出博羅欲回相威厲聲色曰奉旨按問敢回奏耶令輿疾赴對首責數事既引伏有旨釋免仍喻相威曰朕知卿不惜顏面徒命還南行臺十七年有旨命相威檢覈阿里海牙忽都帖木兒等所俘三萬二千余口並放爲民十八年

左丞范文虎參政李庭以兵十萬航海征倭七晝夜至竹島與遼陽省臣兵合欲先攻太宰府遲疑不發八月朔颶風大作士卒十喪六七帝震怒復命行省左丞相塔海征之一時無敢諫者相威遣使入奏曰倭不奉職貢可伐而不可恕可緩而不可急向者師行迫期戰船不堅前車已覆後當改轍今為之計預修戰艦訓練士卒耀兵揚武使彼聞之深自備禦遲以歲月俟其疲怠出其不意乘風疾往一舉而下萬全之策也帝意始釋遂罷其役又陳皇太子既令中書宜領撫軍監國之任選正人端士立詹事賓客論

德贊善衛翼左右所以樹國本也帝深然之十九年又奏阿里海牙占降民一千八百戶為奴阿里海牙以為征討所得有旨果降民也還之有司若征討所得令御史臺籍其數以聞量賜有功者阿里海牙又自陳其功比伯顏當賜養老戶御史滕魯瞻劾之阿里海牙自辯有旨遣使赴行臺逮問相威曰為臣敢爾欺誑耶滕御史何罪即馳奏使者竟歸二十年以疾請入覲進譯語資治通鑑帝即以賜東宮經筵講讀拜江淮行省左丞相二十一年啓行四月卒于蠡州年四十四訃聞帝悼惜不已子阿老瓦丁南行臺

御史大夫孫脫歡集賢大學士

土土哈

土土哈其先本武平北折連川按荅罕山部族自曲出徙居西北玉里伯里山因以為氏號其國曰欽察其地去中國三萬餘里夏夜極短日暫沒即出曲出生唆末納唆末納生亦納思世為欽察國主太祖征蔑里乞其主火都奔欽察亦納思納之太祖遣使諭之曰汝奚匿吾負箭之麋亟以相還不然禍且及汝亦納思荅曰逃鸇之雀叢薄猶能生之吾顧不如草木耶太祖乃命將討之亦納思已老國中大亂亦納

思之子忽魯速蠻遣使自歸於太祖而憲宗受命帥師已扣其境忽魯速蠻之子班都察舉族迎降從征麥怯斯有功率欽察百人從世祖征大理伐宋以強勇稱嘗侍左右掌尚方馬畜歲時挏馬乳以進色清而味美號黑馬乳因目其屬曰哈剌赤土土哈班都察之子也中統元年父子從世祖北征俱以功受上賞班都察卒乃襲父職備宿衛宗王海都搆亂世祖以國家根本之地命皇太子北平王率諸王鎮守之至元十四年諸王脫脫木失烈吉叛寇抄諸部掠憲宗所御大帳以去土土哈率兵討之敗其將脫兒赤

顏於納蘭不剌邀諸部以還應昌部族只兒瓦台搆亂脫脫木引兵應之中途遇土土哈將戰先獲其候騎數十脫脫木乃引去遂滅只兒瓦台追脫脫木等至禿兀剌河三宿而後返尋復敗之於斡歡河奪回所掠大帳還諸部之衆於北平十五年大軍北征詔率欽察驍騎千人以從追失烈吉踰金山擒札忽台等以獻又敗寬折哥等裹瘡力戰獲羊馬輜重甚衆還朝帝召至榻前親慰勞之賜金銀酒器及銀百兩金幣九歲時預宴只孫冠服全海東白鶻一仍賜以奪回所掠大帳而諭之曰祖宗武帳非人臣所得御

以卿能歸之故以授卿嘗有旨欽察人爲民及隸諸王者皆別籍之以隸土土哈戶給鈔二千貫歲賜粟帛選其材勇以備禁衛十九年授昭勇大將軍同知太僕院事二十年改同知衛尉院事兼領群牧司請以所部哈剌赤屯田畿內詔給霸州文安縣田四百頃益以宋新附軍人八百俾領其事二十一年賜金虎符并賜金貂裘帽玉帶各一海東青鶻一水碾一區近郊田二千畝籍河東諸路蒙古軍子弟四千六百人隸其麾下二十二年拜鎮國上將軍樞密院副使二十三年置欽察親軍衛遂兼都指揮使聽以宗族將吏備官屬海都兵犯金山詔與大將朶兒朶懷共禦之二十四年宗王乃顏叛陰遣使來結也不干勝剌哈爲土土哈所執盡得其情以聞勝剌哈設宴邀二大將朶兒朶懷將往土土哈以爲事不可測遂止勝剌哈計不得行未幾有旨令勝剌哈入朝將由東道進土土哈言於北安王曰彼分地在東脫有不虞是縱虎入山林也乃命從西道進既而有言也不干叛者衆欲先聞於朝然後發兵土土哈曰兵貴神速若彼果叛我軍出其不意可即圖之否則與約而還即日啓行疾驅七晝夜渡禿兀剌河戰于孛怯嶺

大敗之也不干僅以身免世祖時親征乃顏聞之遣使命土土哈收其餘黨沿河而下遇叛王鐵哥軍萬騎擊走之獲馬甚衆并擒叛王哈兒魯等獻俘行在所誅之欽察康里之屬自叛所來歸者即以付土土哈置哈剌魯萬戶府欽察之散處安西諸王部下者悉令統之時成宗以皇孫撫軍於北詔以土土哈從追乃顏餘黨於哈剌溫誅叛王兀塔海盡降其衆二十五年諸王也只里爲叛王火魯哈孫所攻遣使告急復從皇孫移師援之敗諸兀魯灰還至哈剌溫山夜渡貴烈河敗叛王哈丹盡得遼左諸部置東路萬

戶府世祖多其功以也只里女弟塔倫妻之二十六年從皇孫晉王征海都抵杭海嶺敵先據險諸軍失利惟土土哈以其軍直前鏖戰翼晉王而出追騎大至乃選精銳設伏以待之寇不敢逼秋七月世祖巡幸北邊召見慰諭之曰昔太祖與其臣同患難者飲班朮河之水以記功今日之事何愧昔人卿其勉之還至京師大宴群臣復謂土土哈曰朔方人來聞海都言杭海之役使彼邊將皆如土土哈吾屬安所置哉論功行賞帝欲先欽察之士土土哈言慶賞之典蒙古將吏宜先之帝曰爾毋飾讓蒙古人誠居汝右

力戰豈在汝右耶召諸將頒賞有差初世祖既取宋命籍建康廬饒租戶千爲哈剌赤戶益以俘獲千七百戶賜土土哈仍官一子以督其賦二十八年土土哈奏哈剌赤軍以萬數足以備用詔賜珠帽珠衣金帶玉帶海東青鶻各一復賜其部曲氂衣縑素萬匹於是率哈剌赤萬人北獵於漢塔海邊寇聞之皆引去二十九年秋略地金山獲海都之戶三千餘還至和林有詔進取乞里吉思三十年春師次欠河冰行數日始至其境盡收其五部之衆屯兵守之奏功加龍虎衛上將軍仍給行樞密院印海都聞取乞里吉

思引兵至欠河復敗之擒其將孛羅察三十一年成宗即位詔以邊境事重其免會朝遣使就賜銀五百兩七寶金壺盤盂各一鈔萬貫白氊帳一獨峯駝五冬召至京師賞賚有加別賜其麾下士鈔千二百萬貫元貞元年春仍出守北邊二年秋諸王附海都者率衆來歸邊民驚擾身至玉龍罕界饋餉安集之導諸王岳木忽等入朝帝解御衣以賜又賜金五十兩銀千五百兩鈔五萬貫轎輿各一大德元年正月拜銀青榮祿大夫上柱國同知樞密院事欽察親軍都指揮使奉命還北邊二月至宣德府卒年六十一贈

金紫光祿大夫司空追封延國公謚武毅後加封昇王子八人其第三子曰牀兀兒

牀兀兒初以大臣子奉詔從太師月兒魯行軍戰於百搭山有功拜昭勇大將軍左衛親軍都指揮使大德元年襲父職領征北諸軍帥師踰金山攻八隣之地八隣之南有荅魯忽河其將帖良臺阻水而軍伐木柵岸以自庇士皆下馬跪坐持弓矢以待我軍矢不能及馬不能進牀兀兒命吹銅角舉軍大呼聲震林野其衆不知所爲爭起就馬於是麾師畢渡湧水拍岸木柵漂散因奮師馳擊追奔五十里盡得其人

馬盧帳還次阿雷河與海都所遣援八憐之將孛伯軍遇河之上有高山孛伯陣於山上馬不利下馳牀兀兒麾軍渡河蹙之其馬多顛躓急擊敗之追奔三十餘里孛伯僅以身免二年北邊諸王都哇徹徹禿等潛師襲火兒哈禿之地其地亦有山甚高敵兵據之牀兀兒選勇而善步者持梃及四面上奮擊盡覆其軍三年入朝成宗親解御衣賜之慰勞優渥拜鎮國上將軍僉樞密院事欽察親軍都指揮使太僕少卿復還邊是時武宗在潛邸領軍朔方軍事必諮於牀兀兒及戰牀兀兒嘗爲先四年秋叛王禿麥斡魯

思等犯邊牀兀兒迎敵於闊客之地及其未陣直前搏之敵不敢支追之踰金山乃還五年海都兵越金山而南止於鐵堅古山因高以自保牀兀兒急引兵敗之復與都哇相持于兀兒禿之地牀兀兒以精鋭馳其陣左右奮擊所殺不可勝計都哇之兵幾盡武宗親視其戰乃嘆曰何其壯耶力戰未有如此者事聞詔遣御史大夫禿只等即赤訥思之地集諸王軍將問戰勝功狀咸稱牀兀兒功第一武宗既命尚雅忽禿楚王公主察吉兒及使者以功簿奏帝復出御衣遣使臨賜之七年秋入朝帝親諭之曰卿鎮北邊累建大功雖以黃金周飾卿身猶不足以盡朕意賜以衣帽金珠等物甚厚拜驃騎衛上將軍樞密院副使欽察親軍都指揮使太僕少卿仍賜其軍萬人鈔四千萬貫九年諸王都哇察八兒明里帖木兒等相聚而謀曰昔我太祖艱難以成帝業奄有天下我子孫乃弗克靖恭以安享其成連年搆兵以相殘殺是自隳祖宗之業也今撫軍鎮邊者皆吾世祖之嫡孫吾與誰爭哉且前與土土哈戰既弗能勝今與其子牀兀兒戰又無功惟天惟祖宗意可見矣不若遣使請命罷兵通一家之好使吾士民老者得以養少者

得以長傷殘疲憊者得以休息則亦無負太祖之所望於我子孫者矣使至帝許之於是明里帖木兒等罷兵入朝特爲置驛以通往來十年拜榮祿大夫同知樞密院事尋拜光祿大夫知樞密院事欽察左衛指揮太僕少卿皆如故成宗崩武宗時在渾麻出之海上牀兀兒請急歸定大業以副天下之望武宗納其言即日南還及即位賜以先朝所御大武帳等物加拜平章政事仍兼樞密欽察左衛太僕還邊復封容國公授以銀印賜尚服衣段及虎豹之屬至大二年入朝加封句容郡王改授金印帝曰世祖征大理

時所御武帳及所服珠衣今以賜卿其勿辭翌日又以世祖所乘安輿賜之且曰以卿有足疾故賜此牀兀兒叩頭泣涕固辭而言曰世祖所御之帳所服之衣固非臣所敢當而乘輿尤非所宜蒙也貪寵過當臣實不敢帝顧左右曰他人不知辭此別命有司置馬轎賜之俾得乘至殿門下仁宗即位入朝特授光祿大夫平章政事知樞密院事欽察親軍都指揮使左衛親軍都指揮使太僕少卿延祐元年敗叛王也先不花等軍于亦忒海迷失之地遣使入報賜以尚服二年敗也不花所遣將也不干忽都帖木兒于赤

麥干之地追出其境至鐵門關遇其大軍於扎亦兒之地又敗之四年帝念其功而憫其老召入商議中書省事知樞密院事大理國進象牙金飾轎即以賜之每見必賜坐每食必賜食待以宗室親王之禮牀兀兒常曰老臣受朝廷之賜厚矣吾子孫當以死報國至治二年卒年六十三後累封揚王子六人燕帖木兒答剌罕太師右丞相太平王撒敦左丞相荅里襲封句容郡王

列傳卷第十五

列傳卷第十六　元史一百二十九

翰林學士亞中大夫知制誥兼修國史臣宋濂　翰林待制承直郎同知制誥兼國史院編修官臣王褘等奉
敕修

來阿八赤

來阿八赤寧夏人父朮速忽里歸太祖選居宿衛繼命掌膳事憲宗即位大舉伐宋攻釣魚山命諸將議進取之計朮速忽里言於帝曰川蜀之地三分我有其二所未附者巴江以下數十州而已地削勢弱兵糧皆仰給東南故死守以抗我師蜀地巖險重慶合州又其藩屏皆新築之城依險為固今頓兵堅城之

下未見其利曷若城二城之間選銳卒五萬命宿將守之與成都舊兵相出入不時擾之以牽制其援師然後我師乘新集之銳用降人為鄉導水陸東下破忠涪萬夔諸小郡平其城俘其民俟冬水涸瞿唐三峽不日可下出荊楚與鄂州渡江諸軍合勢如此則東南之事一舉可定其上流重慶合州孤危無援不降即走矣諸將曰攻城則功在頃刻反以其言為迂卒不用於是傳選宿衛中材力可任用者以阿八赤奉命往監元帥紐鄰軍遏宋人援兵駐重慶下流之銅羅峽夾江據厓為壘宋都統甘順自夔州泝流西

上乘舟來攻阿八赤預積薪於二壘明火鼓譟矢石如雨順流而進宋人力戰不能支退保西岸歛兵自固黎明復至阿八赤身率精兵緣厓而下戰艦復進宋人敗走殺傷數千人帝聞而壯之賜銀二鋌憲宗崩阿八赤從父倍道歸燕世祖即位問以川蜀之事阿八赤歷陳始末誦其父前所言以對世祖撫掌曰當時若從此策東南其足平乎朕在鄂渚日望上流之聲勢耳至元七年南征襄樊發河南北器械糧儲悉聚于淮西之義陽慮宋人剽掠命阿八赤督運二日而畢既還世祖大悅以銀一鋌賜之十四年立尚

膳院授中順大夫同知尚膳院事十八年佩三珠虎符授通奉大夫益都等路宣慰使都元帥發兵萬人開運河阿八赤往來督視寒暑不輟有兩卒自傷其手以示不可用阿八赤檄樞密并行省奏聞斬之以懲不律運河既開遷膠萊海道漕運使二十一年調同僉宣徽院事遼左不寧復降虎符授征東招討使阿八赤招徠降附期以自新遠近帖然二十二年授征東宣慰使都元帥皇子鎮南王征交趾授湖廣等處行中書省右丞召見世祖親解衣衣之并金玉束帶及弓矢甲冑賜焉二十四年改湖廣等處行尚書

省右丞詔四省所發士馬俾阿八赤閱視九月領中衞親軍千人翊導皇子至思明州賊阻險拒守於是選精銳與賊戰于女兒關斬馘萬計餘兵棄關走於是大軍深入進至交州陳日烜空其城而遁阿八赤曰賊棄巢穴而匿山海者意待吾之敝而乘之耳將士多北人春夏之交瘴癘作賊弗就擒吾不能持久矣今出兵分定其地招降納附勿縱士卒侵掠急捕日烜此策之善者也時日烜屢遣使約降欲以賂緩我師諸將皆信其說且修城以居而待其至久之軍乏食日烜不降擁衆據竹洞安邦海口阿八赤率兵

往攻之屢與賊遇晝夜迎戰賊兵敗遁會將士多疫不能進而諸蠻復叛所得關阨皆失守乃議班師選諸軍步騎命先啓行且戰且行日數十合賊據高險射毒矢將士裹瘡以戰諸軍護皇子出賊境阿八赤中毒矢三首項股皆腫遂卒子寄僧爲水達達屯田總管府達魯花赤乃顏叛戰于高麗雙城調萬安軍達魯花赤平黎蠻有功遷雷州路總管卒孫完者不花同知潮州路總管府事次禿滿不花也先不花太不花

紐璘 也速合兒附

紐璘珊竹帶人祖孛羅帶爲太祖宿衞從太宗平金戊河南父太答兒佐憲宗征阿速欽察等國有功拜都元帥歲壬子率陝西西海鞏昌諸軍攻宋入蜀癸丑與總帥汪田哥立利州甲寅攻碉門黎雅等城乙卯入重慶獲都統制張實是歲卒紐璘儀貌長身勇力絶人且多謀略常從父軍中丁巳歲憲宗命將兵萬人略地自利州下白水過大獲山出梁山軍直抵夔門戊午還釣魚山引軍欲會都元帥阿答胡等於成都宋制置使蒲擇之遣安撫劉整都統制段元鑑等率衆據遂寧江箭灘渡以斷東路紐璘軍至不能

渡自旦至暮大戰斬首二千七百餘級遂長驅至成都帝聞賜金帛勞之蒲擇之命楊大淵等守劍門及靈泉山自將四川兵取成都會阿答胡死諸王阿卜干與諸將脫林帶等謀曰今宋兵日逼聞我師死必悉衆來攻其鋒不可當我軍去朝庭遠待上命建大帥然後禦敵恐無及已不若推紐璘爲長以號令諸將出彼不意敵可必破衆然之遂推紐璘爲長紐璘率諸將大破宋軍于靈泉山乘勝追擒韓勇斬之蒲擇之兵潰進圍雲頂山城扼宋軍歸路其主將倉卒失計遂以其衆降城中食盡亦殺其守將以降成都

彭漢懷綿等州悉平威茂諸蕃亦來附紐璘奉金銀竹箭銀銷刀遣速哥入獻帝賜黃金五十兩即軍中真拜都元帥時紐璘軍止二萬以五千命拜延八都魯等守成都自將萬五千人從馬湖趍重慶冬帝進軍至大獲山紐璘率步騎號五萬戰船二百艘發成都遣張威以五百人爲前鋒水陸並進謀鎖重慶江以絶吳蜀之路縛橋資州之口以濟師千戶暗都剌率舟師而下紐璘將步騎而南旌旗輜重百里不絶鼓譟渡瀘放舟而東蒲擇之以兵分道要遮遇輒敗之紐璘至涪造浮橋駐軍橋南北以杜宋援兵聞大

軍多瘴癘遣人進牛犬豕各萬頭明年春朝行在所還討思播二州獲其將一人宋將呂文煥攻涪浮橋時新立成都士馬不耐其水土多病死紐璘憂之密旨督戰不得已出師大敗文煥軍獲其將二人斬之遂班師文煥以兵襲其後紐璘戰却之中統元年世祖即位紐璘入朝賜虎符及黃金五十兩白金二千五百兩馬二匹紐璘遣梁載立招降黎雅碉門巖州偏林關諸蠻得漢番二萬餘戶未幾詔速哥分西川兵及陝西諸軍屬紐璘鎮秦鞏唐兀之地三年宋將劉整以瀘州降呂文煥圍之詔以兵往援文煥敗走

遂徙瀘州民於成都潼川四年爲劉整所譖徵至上都驗問無狀詔釋之還至昌平卒子也速答兒

也速答兒勇智類其父至元十一年入見世祖以屬行樞密院火都赤使習兵事從圍嘉定以三千人至三龜九頂山相地形勢敗宋安撫昝萬壽兵斬首五百級以功賜虎符授六翼達魯花赤昝萬壽尋遣部將李立以嘉定三龜九頂紫雲諸城砦降又從行樞密副使忽敦率兵徇下流諸城皆望風來附忽敦以兵二萬會東川行樞密院合答圍重慶歲餘不下帝命行樞密副使不花代將不花將兵萬餘至城下也

向澤之

速答兒率二十餘騎攻其門宋都統趙安出戰也速答兒三入其軍再挾猛士以出大兵四集斬首五百餘級趙安開門降制置使張珏遁追至涪州擒之捷聞帝賜玉帶鈔五千貫授西川蒙古軍馬六翼新附軍招討使遷四川西道宣慰使加都元帥羅氏鬼國亦奚不薛叛詔以四川兵會雲南江南兵討之至會靈關亦奚不薛遣先鋒阿麻阿豆等將數萬衆迎敵也速答兒馳入其軍挾阿麻阿豆出斬之亦奚不薛懼率所部五萬餘戶降以功拜西川等處行中書省右丞加賜金帛鞍轡西南夷雄左都掌蠻得蘭右叛詔以兵討降之改四川等處行樞密副使冬烏蒙蠻陰連都掌蠻以叛詔以兵會雲南行院拜答力進討也速答兒擒烏蒙蠻帝賜玉帶織金服遷蒙古軍都萬戶復賜銀鼠裘鎮唐元之地進同知四川等處行樞密院事仍居鎮成宗即位拜四川等處行中書省平章政事武宗時由四川遷雲南加左丞相仍爲平章政事南征叛蠻感瘴毒還至成都卒弟八剌襲爲蒙古軍萬戶八剌卒次子拜延襲拜四川行省左丞長子南加台官至四川行省平章政事

阿剌罕

章彦德

阿剌罕札剌兒氏祖撥徹事太祖爲火而赤又爲博而赤攻城掠地數有戰功太宗即位仍以其職從征隴北陝西身先戰士死焉父也柳干幼隸皇子岳里吉爲衛士長歲乙未從皇子闊出忽都秃南征累功授萬戶遷天下馬步禁軍都元帥及大將察罕卒也柳干領其職拜諸翼軍馬都元帥統大軍攻淮東西諸郡戊午戰死揚州阿剌罕襲爲諸翼蒙古軍馬都元帥己未從世祖渡江至鄂而還世祖即位從至末黎伯顏孛剌宗王阿里不哥稱兵内向阿剌罕以所部軍擊破阿藍帶兒渾都海之兵於昔門禿追至河

西以功賜金五十兩中統三年李璮叛據濟南大軍討之阿剌罕與璮戰於老倉口敗之璮伏誅授都元帥賜金虎符銀印四年春改上萬戶從都元帥阿朮伐宋九月師次襄陽西安陽灘逆戰宋兵敗之五年大軍圍襄樊阿剌罕守南面百丈山漫河灘兵累交宋不能師十年春樊城破襄陽降十一年秋丞相伯顏與阿朮會師襄陽遣阿剌罕率諸翼軍攻郢復諸州十月奪郢州南門堡丞相伯顏阿朮親率騎兵行視漢陽城壁欲取漢口渡江宋人以精兵扼漢口乃遣阿剌罕帥蒙古騎兵倍道兼行擊破沙蕪堡遂入

江取鄂州阿剌罕同斷事官楊仁風東略壽昌得米四十萬斛遂統左翼軍順流東下沿江州郡悉降乃撫輯其人民十二年六月加昭毅大將軍蒙古漢軍上萬戶屯駐建康丞相伯顏受詔赴闕以阿剌罕留治省事拜中奉大夫參知政事丞相伯顏還軍中分軍為三道並進阿剌罕由西道趍溧水溧陽攻破銀樹東壩至護牙山慶豐圩敗宋軍斬首七千級又擒其將祝亮并裨校七十二人斬首三千級又與宋兵戰斬首七千級遂其援兵退走數十里又敗其都統等三人斬首三千級破建平縣殺其守吏進攻廣德

軍獨松關先是宋廣德守張濡殺國信使廉希賢嚴忠範等于獨松關及阿剌罕軍次安吉州上栢鎮濡率兵來拒戰大敗之斬首二千級生擒其副將馮翼戮於軍前濡遁走追斬之十三年春宋以國降詔阿剌罕同左丞董文炳率高興等攻浙東溫台衢婺處明越及閩中諸郡降其運使提刑等五百人追襲宋嗣秀王趙與檡至安福縣與檡以軍三萬來拒戰阿剌罕身先士卒率高興撒里蠻等渡江鏖戰四十餘里斬其步帥觀察使李世達生擒與檡及其將吏百八十人悉斬之獲其銅印五軍資器仗無筭泉州蒲

壽庚降江南平以參知政事佩金虎符行江東宣慰使十四年入覲進資善大夫行中書省左丞俄遷右丞仍宣慰江東十八年召拜光祿大夫中書左丞相行中書省事統蒙古軍四十萬征日本行次慶元卒于軍中子拜降襲累遷江浙行中書省平章政事仍領本軍萬戶拜降卒弟也速迭兒襲由左手蒙古軍萬戶累遷河南江北行省平章政事兼山東河北蒙古軍大都督

阿塔海

阿塔海遜都思人祖塔海拔都兒驍勇善戰嘗從太

祖同飲黑河水以功爲千戶父卜花襲職卒阿塔海
魁偉有大度才略過人旣襲千戶從大帥兀良合歹
征雲南身先行陣師還事世祖于潛邸至元九年命
馳驛督諸軍攻襄陽襄陽下第功授鎭國上將軍淮
西行樞密院副使築正陽東西城五月霖雨宋將夏
貴乘淮水溢來爭正陽阿塔海率衆禦之貴走追至
安豐城下而還拜中書右丞行樞密院事渡江與丞
相伯顏軍合克池州十二月師次建康宋鎭江攝守
石祖忠遣使乞降楊州守將李庭芝聞之遣兵突圍
出擊阿塔海率師救之宋兵望風退走時眞泰諸城

尚爲宋守鎭江地扼襟喉城壁不固阿塔海乃立木
柵以保障居民又分兵屯瓜洲以絶楊州之援宋將
張世傑孫虎臣帥舟師陳于江中焦山下其勢甚張
阿塔海與平章阿朮登南岸督諸軍大破之宋殿帥
張彥與平江都統劉師勇襲呂城遣萬戶懷都擊之
斬彥十月併行樞密院于行中書省仍以阿塔海爲
右丞克常州降平江嘉興十三年正月會兵臨安宋
降以其幼主母后入覲詔復趍瓜洲與阿朮議淮南
事宜淮南平詳見伯顏阿朮傳十四年授榮祿大夫
平章政事行中書省事十五年二月召赴闕拜光祿

大夫行中書省左丞相移治臨安二十年遷征東行
省丞相征日本遇風舟壞喪師十七八二十二年行
同知沿江樞密院事二十三年行江西中書省事入
朝二十四年扈從征乃顏師還奉朝請居京師二十
六年十二月卒年五十六贈推忠翊運宣力功臣開
府儀同三司太師上柱國追封順昌郡王謚武敏子
阿里麻江淮行樞密副使累官至江南諸道行御史
臺御史大夫卒

唆都 伯家奴

唆都札剌兒氏驍勇善戰入宿衛從征花馬國有功

李璮叛山東從諸王哈必赤平之還言于朝曰郡縣
惡少年多從間道鬻馬于宋境乞免其罪籍爲兵從
之得兵三千人以千人隸唆都爲千戶命守蔡州至
元五年阿朮等兵圍襄陽命唆都出巡邏奪宋金剛
臺寨筲基窩青澗寨大洪山歸州洞諸隘嘗猝遇宋
兵千餘持羈勒欲竊馬唆都戰敗之斬首三百級六
年宋將范文虎率舟師駐灌子灘丞相史天澤命唆
都拒却之陞總管分東平卒八百隸之九年攻樊城
唆都先登城遂破襄陽降再與卒五千賜弓矢襲衣
金鞍白金等物入見陞郢復等處招討使十一年移

戍郢州之高港敗宋師斬首三百級獲裨校九人從大軍濟江鄂漢降十二年建康降參政塔出命唆都入城招集改建康安撫使攻平江嘉興皆下之帥舟師會伯顏于臯亭山宋平詔伯顏以宋主入朝留參政董文炳守臨安令其自擇可副者文炳請留唆都從之時衢婺諸州皆復起兵文炳謂唆都曰嚴州不守臨安必危公往鎮之至嚴方十日衢婺徽連兵來攻唆都戰却之獲章知府等二十二人復婺州敗宋將陳路鈐于梅嶺下斬首三千級又復龍游縣攻衢州衢守備甚嚴唆都親率諸軍鼓譟登城拔之宋丞

相留夢炎降攻處州斬首七百級又攻建寧府松溪縣懷安縣皆下之十四年陞福建道宣慰使行征南元帥府事聽參政塔出節制塔出令唆都取道泉州泛海會于廣州之富場將行信州守臣來求援曰元帥不來信不可守令邵武方聚兵觀釁元帥旦往邵武兵夕至矣唆都告于衆曰若邵武不下則腹背受敵豈獨信不可守乎乃遣周萬戶等往招降之唆都趨建寧遇宋兵于崇安軍容甚盛令其子百家奴及楊庭璧等數隊夾擊之范萬戶以三百人伏祝公橋移剌答以四百人伏北門外庭璧陷陣深入宋兵敗

走伏兵起邀擊之斬首千餘級宋丞相文天祥南劍州都督張清合兵將襲建寧唆都夜設伏敗之轉戰至南劍敗張清奪其城至福州王積翁以城降攻興化軍知軍陳瓚乞降復閉城拒守唆都臨城諭之矢石雨下乃造雲梯砲石攻破其城巷戰終日斬首三萬餘級獲瓚支解以徇至漳州漳州亦拒守先遣百家奴往會塔出留攻之斬首數千級知府何清降攻潮州知府馬發不降唆都恐失富場之期乃舍之而去十五年至廣州塔出令還攻潮發城守益備唆都塞塹塡濠造雲梯鵝車日夜急攻發潛遣人焚之二

十餘日不能下唆都令于衆曰有能先登者拜爵已仕者增秩總管兀良哈耳先登諸將繼之戰至夕宋兵潰潮州平進參知政事行省福州徵入見帝以江南既定將有事于海外陞左丞行省泉州招諭南夷諸國十八年改右丞行省占城十九年率戰船千艘出廣州浮海伐占城占城迎戰兵號二十萬唆都率敢死士擊之斬首并溺死者五萬餘人又敗之于大浪湖斬首六萬級占城降唆都造木爲城闢田以耕伐烏里越里諸小夷皆下之積穀十五萬以給軍二十一年鎮南王脫歡征交趾詔唆都帥師來會敗交

趾兵于清化府奪義安關降其臣彰憲昭顯脫歡命唆都屯天長以就食與大營相距二百餘里俄有旨班師脫歡引兵還唆都不知也交趾使人告之弗信及至大營則空矣交趾遮之于乾滿江唆都戰死事聞贈榮祿大夫謚襄愍子百家奴百家奴至元五年從元帥阿朮攻襄陽築新城數立功七年以質子從郡王合達敗宋兵於灌子灘八年夏四月宋殿帥范文虎等督促糧運輸之襄陽晝夜不絕百家奴乘戰船順流至鹿門山欲塞宋糧道出擊范文虎軍累獲戰功於是河南行省命為管軍總把後隸丞相伯顏

麾下擢為知印從攻鄂州宋都統趙五帥諸軍來迎戰百家奴深入却敵身被數瘡攻沙洋立雲梯於東角樓登城力戰破之奪其旗幟弓矢衣甲攻新城先登援之宋將王安撫棄城宵遁伯顏以百家奴前後戰功上聞世祖大悅曰此人之名朕心不忘兵還時大用之朕不食言也今且以良家女及銀椀一賜之以為左驗從圍漢陽自沙武口曳船入江宋制置夏貴來迎戰百家奴與晤荅孫突入敵陳擊之宋兵奔潰遂登江南岸獲其戰船器甲甚多轉戰至黄州會日暮追擊夏貴至白虎山夜分乃還未幾復攻破金

牛垻十二年春正月與千戶薛赤干取雞籠洞還至瑞昌縣遇夏貴潰兵復擊敗之是時宋遣兵救瑞昌未至而縣已下矣復擊宋救兵得宋所執北兵五人來歸圍江州宋安撫呂師蘷以城降東定池州擊宋平章賈似道及孫虎臣于丁家洲追逐百里餘奪戰船五艘及旗幟器甲擒宋統制王文虎因定黄池略地宣州百家奴為前鋒與敵兵戰喃呢湖敗之奪其戰船三百艘太平州亦望風欵附其父唆都因說下建康於是伯顏令謁只里諭諸將功遂賞百家奴銀二錠以旌之仍命為管軍總把俄從伯顏入朝加進

義校尉賜銀符為管軍總把攻丹陽呂城破常州皆有功至蘇州宋守臣王安撫以城降秀州湖州皆不煩兵而下諸軍乘勝直趨臨安宋主出降十三年領新附軍守鎮江未幾復從平章博魯歡攻泰壽二州中瘡遂罷攻後數日與萬戶葉了虔將兵攻泰州新城百家奴力疾先登破之復被兩瘡已而從阿朮攻下揚州諸郡得宋制置李庭芝都統姜才以功陞武略將軍賜金符為管軍總管鎮高郵白馬湖是時行省以百家奴襲父唆都郢復州招討使建康宣撫使仍領本翼軍頃之徇地福建行定衢婺信等州城邑

至新安縣擊斬宋趙監軍詹知縣擒江通判道與畲軍遇疾戰敗之鼓行而東洮安撫以建寧府降攻陷南劍州張清聶文慶遁去閩清懷安二縣傳檄而定至福州諭以威德王安撫率衆出降攻破興化擒陳安撫及白牒都統别擊東華卿張世傑于泉州俄領諸軍乘戰船入海追逐張世傑于惠州甲子門進至同安縣苔闘寨瀨海縣鎮悉招諭下之白望丹王虎陳以戰船三千餘艘來降冬十二月宋二王遣倪宙奉表詣軍門降遂進兵至廣州諸郡縣以次降附明年春正月振旅而還復攻下德勝等寨至蒲仙江聶文慶復敗走攻潮州破之誅馬發等數人廣東遂平三月引宙奉降表來朝未至授昭勇大將軍賜虎符管軍萬戶七月遂朝于上都陞鎮國上將軍海外諸蕃宣慰使兼福建道市舶提舉仍領本翼軍守福建俄兼福建道長司宣慰使都元帥是時福建多水災百家奴出私錢市米以賑貧民全活者甚衆十七年朝京師加正奉大夫宣慰使都元帥二十二年從父唆都征交趾唆都力戰死之百家奴遂與脫懽引兵薄交趾境水陸轉戰輒有功二十五年驛召至南京宣慰司命括五路民馬二十七年除建康路總

管武宗即位遷鎮江路總管至大四年金瘡發卒于家

李恒

李恒字德卿其先姓於彌氏唐末賜姓李世爲西夏國主太祖經略河西有守兀納剌城者夏主之子也城陷不屈而死子惟忠方七歲求從父死主將異之執以獻宗王合撒兒王留養之及嗣王移相哥立惟忠從經略中原有功淄川王分地以惟忠爲達魯花赤佩金符惟忠生恒恒生有異質王妃撫之猶己子中統三年命恒爲尚書斷事官恒以讓其兄李璮反漣海恒從其父棄家入告變璮怒繫恒閭門獄中璮誅得出世祖嘉其功授淄萊路奥魯總管佩金符併償其所失家資至元七年改宣武將軍益都淄萊新軍萬戶從伐宋襄陽守將呂文煥時出拒敵殿帥范文虎復援之恒率本軍築堡萬山扼城西絕其陸路文煥等又以漁舟渡漢水窺伺軍形恒設伏敗之水路亦絕遂進攻樊城十年春恒以精兵渡漢自南面先登樊城破襄陽亦降捷聞帝賜以寶刀還明威將軍佩金虎符十一年丞相伯顏大會師襄陽進至郢州宋以舟師截漢水伯顏由唐港入漢捨郢而進攻

沙洋新城留恒爲後拒敗其追兵至陽羅堡宋制置夏貴遣其子松來逆戰恒先陷陣額中流矢伯顏止之恒戰益力卒射松殺之諸軍渡江恒與宋兵戰自寅至申夏貴敗走鄂州漢陽俱下以功遷宣威將軍賜白金五百兩遂從伯顏東下十二年春宋將高世傑復窺漢沔乃遣恒還守鄂州時豪民聚衆侵江陵省命恒往討之恒斂兵不動但諭使出降得生口十餘萬悉縱爲民仍禁軍毋得虜掠饋獻充積一無所受十二年從右丞阿里海牙至洞庭擒高世傑下岳州進攻沙市拔之宋制置高達以江陵降留恒鎮守

傳檄歸峽辰沅靖澧常德諸州皆下未幾徙鎮常德以扼湖南之衝俄有詔分三道出師以恒爲左副都元帥從都元帥逐都台出江西九月開府于江州師次建昌縣擒都統熊飛遂圍隆興轉運使劉槃請降恒察其詐密爲之備槃果以銳兵突至恒擊敗之殺獲殆盡槃乃降下撫瑞建昌臨江軍中有得宋相文天祥與建昌故吏民書恒焚之人心乃安進攻吉州知州周天驥降遂定贛南安廣東經略徐直諒奉蠟書納其所部十四郡前江西制置黃萬石亦以邵武降隆興帥府誣富民與敵連已誅百三十家恒還審其非罪盡釋之宋丞相陳宜中及其大將張世傑立益王昰於閩中郡縣豪傑爭起兵應之恒遣將破吳浚兵於南豐世傑遣都統張文虎與浚合兵十萬期必復建昌恒復遣將敗之兜港浚走從文天祥於瑞金又破之天祥走汀州遣鎮撫孔遵追之併破趙孟瀠軍取汀州元帥府罷授昭勇大將軍同知江西宣慰司事加鎮國上將軍遷福建宣慰使改江西宣慰使天祥復取汀州兵出興國縣連破諸邑圍贛州尤急或言天祥墳墓在吉州者若遣兵發之則必下矣恒曰王師討不服耳豈有發人墳墓之理乃分兵援

贛自率精兵潛至興國天祥走追至空坑獲其妻女擒招討使趙時賞已下二十餘人降其衆二十萬有旨令與右丞阿里罕左丞董文炳合兵追益王衆議所向皆謂宜趨福建恒曰不可若諸軍俱在福建彼必竄廣東則梅嶺江西非我有矣宜從廣東夾攻之衆以爲然兵至梅嶺果與宋兵遇出其不意敗之乃遁走硇州十四年拜參知政事行省江西十五年益王殂其樞密張世傑陸秀夫等復立衛王昺守廣東諸郡詔以恒爲蒙古漢軍都元帥經略之恒進兵取英德府清遠縣敗其制置凌震運使王道夫遂入廣

州世傑等移屯崖山時都元帥張弘範舟師未至恒
按兵不動分遣諸將略定梅循諸州凌震等復抵廣
州恒擊敗之皆棄舟走赴水死奪其船三百艘擒將
吏宋邁以下二百餘人又破其餘軍於茭塘越十六
年二月弘範至自漳州直指崖山恒率所部赴之張
世傑集海艦千餘艘貫以巨索爲柵以自固恒遣斷
其汲路其勢日迫諭降不可乃陣於船尾由北面逆
行擣其柵索絶世傑猶戰死自朝至晡弘範督南面
諸軍合擊大敗之陸秀夫先沉妻子于海乃抱衛王
赴海死從死者十餘萬人獲其金璽後宮及文武之

臣其大將翟國秀凌震等皆解甲降焚溺之餘尚得
八百餘艘是日黑氣如霧有乘舟南遁者恒以爲衛
王追至高化詢之降人始知衛王已死遁者乃世傑
也世傑繼亦溺死於海陵港嶺海悉平功成入覲帝
賞勞甚厚將士預賜宴者二百餘人十七年拜資善
大夫中書左丞行省荊湖掠民爲奴婢者禁之常德
澧辰沅靖五郡之飢者賑之獵戶之籍於官者奏請
一千戶之外悉放散之十九年乞解軍職乃命其長
子同知江西宣慰司事散木解襲爲本軍萬戶占城
之役恒奉旨給其糧餉器械海艦百艘久留瘴鄉冒

疾而還俄有詔命恒從皇子鎮南王征交趾結筏渡
海奪天長府交趾遂空其國航海而遁恒封其宮庭
府庫追襲於海洋敗之得船二百艘幾獲其世子會
盛夏軍中疾作霖潦暴漲浸淫営地議者謂交趾且
降請班師恒弗能奪遂還鑾兵追敗後軍王乃改命
恒殿後且戰且行毒矢貫恒膝一卒負恒而趍至思
州毒發卒年五十後贈銀青榮祿大夫平章政事謚
武愍再贈推忠靖遠功臣太保儀同三司追封滕國
公子散木解江西行省平章政事囊加真益都淄萊
萬戶遜都台同知湖南宣慰使司事孫薛徹干兵部

侍郎薛徹禿益都般陽萬戶

列傳卷第十六

翰林學士亞中大夫知制誥兼修國史臣宋濂　翰林待制承直郎同知制誥兼國史院編修官臣王禕等奉

勑修

徹里

徹里燕只吉台氏曾祖太赤爲馬步軍都元帥從太
祖定中原以功封徐邳二州因家於徐徹里幼孤母
蒲察氏教以讀書至元十八年世祖召見應對詳雅
悅之俾常侍左右民間事時有所咨訪從征東北邊
還因言大軍所過民不勝煩擾寒餓且死宜加賑給
帝從之乃賜邊民穀帛牛馬有差賴以存活者衆擢

利用監二十三年奉使江南省風俗訪遺逸時行省
理財方急賣所在學田以價輸官徹里曰學田所以
供祭禮育人才也安可鬻遽止之還朝以聞帝嘉納
焉二十四年分中書爲尚書省桑哥爲相引用黨與
鈎考天下錢粮凡昔權臣阿合馬積年負逋舉以中
書失徵奏誅二叅政行省乘風督責尤峻主無所償
則責及親戚或逮繫隣黨械禁榜掠民不勝其苦自
裁及死獄者以百數中外騷動廷臣顧忌皆莫敢言
徹里乃於帝前具陳桑哥姦貪誤國害民狀辭語激
烈帝怒謂其毀詆大臣失禮體命左右批其頰徹里

辯愈力且曰臣與桑哥無讎所以力數其罪而不顧
身者正爲國家計耳苟畏聖怒而不復言則姦臣何
由而除民害何由而息且使陛下有拒諫之名臣竊
懼焉於是帝大悟即命帥羽林三百人往籍其家得
珍寶如内藏之半桑哥既誅諸枉繫者始得釋復奉
旨往江南籍桑哥姻黨江浙省臣烏馬兒蔑列忻都
王濟湖廣省臣要束木等皆棄市天下大快之徹里
往來凡四道徐皆過門不入進拜御史中丞陞福
建行省平章政事賜黃金五十兩白金五千兩汀漳
劇盜歐狗久不平遂引兵征之號令嚴肅所過秋毫

無犯有降者則勞以酒食而慰遣之曰吾意汝豈反
者耶良由官吏汙暴所致今既來歸即爲平民吾安
忍罪汝其返汝耕桑安汝田里毋恐他冊閒之悉欵
附未幾歐狗爲其黨縛致于軍梟首以徇脅從者不
戮一人汀漳平三十一年帝不豫徹里馳還京師侍
醫藥帝崩與諸王大臣共定策迎立成宗大德元年
拜江南諸道行臺御史大夫一日召都事賈鈞謂曰
國家置御史臺所以肅清庶官美風俗興教化也乃
者御史不存大體按巡以苛爲明徵贓以多爲功至
有迫子證父弟證兄奴訐主者傷風敗教莫玆爲甚

君爲我語諸御史毋庸效尤爲也帝聞而善之改江浙行省平章政事江浙稅粮甲天下平江嘉興湖州三郡當江浙什六七而其地極下水鍾爲震澤震澤之注由吳松江入海歲久江淤塞豪民利之封土爲田水道淤塞由是浸淫泛溢敗諸郡禾稼朝廷命行省疏導之發卒數萬人徹里董其役凡四閱月畢工九年召入爲中書平章政事十月以疾薨年四十七薨之日家貲不滿二百緡人服其廉贈推忠守正佐理功臣太傅開府儀同三司上柱國追封徐國公謚忠肅至治二年加贈宣忠同德弼亮功臣太師開府

儀同三司上柱國追封武寧王謚正憲子朵兒只江浙行省左丞

不忽木

不忽木一名時用字用臣世爲康里部大人康里即漢高車國也祖海藍伯嘗事克烈王可汗王可汗滅即棄家從數千騎望西北馳去太祖遣使招之荅曰昔與帝同事王可汗今王可汗既亡不忍改所事遂去莫知所之子十人皆爲太祖所虜燕真最幼年方六歲太祖以賜莊聖皇后后憐而育之遣侍世祖於藩邸長從征伐有功世祖威名日盛憲宗將伐宋命以居守燕真曰主上素有疑志今乘輿遠涉危難之地殿下以皇弟獨處安全可乎世祖然之因請從南征憲宗喜即分兵命趨鄂州而自將攻蜀之釣魚山令阿里不哥居守憲宗崩燕真統世祖留部覺阿里不哥有異志奉皇后稍引而南與世祖會于上都世祖即位燕真未及大用而卒官止衛率不忽木其仲子也資稟英特進止詳雅世祖奇之命給事裕宗東宮師事太子贊善王恂恂從北征乃受學於國子祭酒許衡日記數千言衡每稱之以爲有公輔器世祖嘗欲觀國子所書字不忽木年十六獨書貞觀政要

數十事以進帝知其寓規諫意嘉歎久之衡纂歷代帝王名謚統系歲年爲書授諸生不忽木讀數過即成誦帝召試不遺一字至元十三年與同舍生堅童太荅禿魯等上疏曰臣等聞之學記曰君子如欲化民成俗其必由學乎玉不琢不成器人不學不知道故古之王者建國君民教學爲先蓋自堯舜禹湯文武之世莫不有學故其治隆於上俗美於下而爲後世所法降至漢朝亦建學校詔諸生課試補官魏道武帝起自北方既定中原增置生員三千儒學以興此歷代皆有學校之證也臣等今復取平南之君建

置學校者爲陛下陳之晉武帝嘗平吳矣始起國子學隋文帝嘗滅陳矣俾國子寺不隷太常唐高祖嘗滅梁矣詔諸州縣及鄉並令置學及至太宗數幸國學增築學舍至千二百間國學太學四門學亦增生員其書筭各置博士乃至高麗百濟新羅高昌吐蕃諸國酋長亦遣子弟入學國學之內至八千餘人高宗因之遂令國子監領六學一曰國子學二曰太學三曰四門學四曰律學五曰書學六曰筭學各置生徒有差皆承高祖之意也然晉之平吳得户五十二萬而已隋之滅陳得郡縣五百而已唐之滅梁得户

六十餘萬而已而其崇重學校已如此況我堂堂大國奄有江嶺之地計亡宋之户不下千萬此陛下神功自古未有而非晉隋唐之所敢比也然學校之政尚未全舉臣竊惜之臣等嚮被聖恩俾習儒學欽惟聖意豈不以諸色人仕宦者常多蒙古人仕宦者尚少而欲臣等曉識世務以任陛下之使令乎然以學制未定朋從數少譬猶責嘉禾於數苗求良驥於數馬臣等恐其不易得也爲今之計如欲人材衆多通習漢法必如古昔徧立學校然後可若曰未暇宜且於大都弘闡國學擇蒙古人年十五以下十歲以上

質美者百人百官子弟與凡民俊秀者百人俾廩給各有定制選德業充備足爲師表者充司業博士助教而教育之使其教必本於人倫明乎物理爲之講解經傳授以修身齊家治國平天下之道其下復立數科如小學律書筭之類每科設置教授各令以本業訓導小學科則令讀誦經書教以應對進退事長之節律科則專令通曉吏文書科則專令曉習字畫筭科則專令熟閑筭數或一藝通然後改授或一日之間更次爲之俾國子學官總領其事常加點勘務要俱通仍以義理爲主有餘力者聽令學作文字日

月歲時隨其利鈍各責所就功課程其勤惰而賞罰之勤者則升之上舍惰者則降之下舍待其改過則復升之假日則聽令學射自非假日無故不令出學數年以後上舍生學業有成就者乃聽學官保舉蒙古人若何品級諸色人若何仕進其未成就者且令依舊學習俟其可以從政然後歲聽學官舉其賢者能者使之依例入仕其終不可教者三年聽令出學凡學政因革生員增減若得不時奏聞則學無弊政而天下之材亦皆觀感而興起矣然後續立郡縣之學求以化民成俗無不可者臣等愚幼見於書聞於

師者如此未敢必其可行伏望聖慈下臣此章令諸老先生與左丞王賛善等商議條奏施行臣等不勝至願書奏帝覧之喜十四年授利用少監十五年出爲燕南河北道提刑按察副使帝遣通事脫虎脫護送西僧往作佛事還過真定笞驛吏幾死訴之按察使不敢問不忽木受其狀以僧下獄脫虎脫直欲出僧辭氣倔強不忽木令去其冠庭下責以不職脫虎脫逃歸以聞帝曰不忽木素剛正必爾輩犯法故也繼而燕南奏至帝曰我固知之十九年陞提刑按察使有訟靜州守臣盗官物者靜州本隸河東特命不

忽木往按之歸報稱旨賜白金千兩鈔五千貫二十一年召參議中書省事時權茶轉運使盧世榮阿附宣政使桑哥言能用已則國賦可十倍於舊帝以問不忽木對曰自昔聚斂之臣如桑弘羊宇文融之徒操利術以惑時君始者莫不謂之忠及其罪稔惡著國與民俱困雖悔何及臣願陛下無納其說帝不聽以世榮爲右丞不忽木遂辭參議不拜二十二年世榮以罪被誅帝曰朕殊愧卿擢吏部尚書時方籍没阿合馬家其奴張散札兒等罪當死繆言阿合馬家貲隱寄者多如盡得之可資國用遂勾考捕繫連及

無辜京師騷動帝頗疑之命丞相安童集六部長貳官詢問其事不忽木曰是奴爲阿合馬心腹爪牙死有餘罪爲此言者蓋欲茍延歲月徼幸不死爾豈可復受其誑嫁禍善良耶急誅此徒則怨謗自息丞相以其言入奏帝悟命不忽木鞫之具得其實散札兒等伏誅其捕繫者盡釋之二十三年改工部尚書九月遷刑部河東按察使阿合馬以貲財諂媚權貴貸錢於官約償羊馬至則抑取部民所產以輸事覺遣使按治皆不伏及不忽木往始得其不法百餘事會大同民饑不忽木以便宜發倉廪賑之阿合馬所善

幸臣奏不忽木擅發軍儲又鍛鍊阿合馬使自誣服帝曰使行發粟以活吾民乃其職也何罪之有命移其獄至京師審視阿合馬竟伏誅吐土哈求欽察之爲人奴者增益其軍而多取編民中書僉省王遇驗其籍改正之吐土哈遂奏遇有不臣語帝怒欲斬之不忽木諫曰遇始令以欽察之人奴爲兵未聞以編民也萬一他衛皆倣此户口耗矣若誅遇後人豈肯爲陛下盡職乎帝意解遇得不死二十四年桑哥奏立尚書省誣殺參政楊居寛郭佑不忽木爭之不得桑哥深忌之嘗指不忽木謂其妻曰他日籍我家者

此人也因其退食責以不坐曹理務欲加之罪遂以疾免車駕還自上都其弟野禮審班侍坐輦中帝曰汝兄必以其日來迎不忽木果以是日至帝見其癯甚問其祿幾何左右對以薾病假者例不給帝念其貧命盡給之二十七年拜翰林學士承旨知制誥兼修國史二十八年春帝獵柳林徹里等劾奏桑哥罪狀帝召問不忽木具以實對帝大驚乃決意誅之罷尚書省復以六部歸于中書欲用不忽木爲丞相固辭帝曰朕過聽桑哥致天下不安今雖悔之已無及矣朕識卿幼時使卿從學政欲備今日之用勿多讓

也不忽木曰朝廷勳舊齒爵居臣右者尚多今不次用臣無以服衆帝曰然則孰可對曰太子詹事完澤可嚮者籍沒阿合馬家其賂遺近臣皆有簿籍唯無完澤名又嘗言桑哥爲相必敗國事今果如其言是以知其可也帝曰然非卿無以任吾事乃拜完澤右丞相不忽木平章政事上都留守木八剌沙言改按察司置廉訪司不便宜罷去乃求憲臣贓罪以動上聽帝以責中丞崔彧彧謝病不知不忽木面斥彧不直言因歷陳不可罷之說帝意乃釋王師征交趾失利復謀大舉不忽木曰島夷詭詐天威臨之寧不震懼獸窮則噬勢使之然今其子日燇襲位若遣一介之使諭以禍福彼能悔過自新則不煩兵而下矣如或不悛加兵未晚帝從之於是交趾感懼遣其僞昭明王等詣闕謝罪盡獻前六歲所當貢物帝喜曰卿一言之力也即以其半賜之不忽木辭曰此陛下神武不殺所致臣何功焉惟受沉水假山象牙鎮紙水晶筆格而已麥术丁請復立尚書省專領右三部不忽木庭責之曰阿合馬桑哥相繼誤國身誅家沒前鑒未遠柰何又欲效之乎事遂寢或勸征流求及賦江南包銀皆諫止之桑哥黨人納速剌丁等既誅帝

以忻都長於理財欲釋不殺不忽木力爭之不從日中凡七奏卒正其罪釋氏請以金銀幣帛祠其神帝難之不忽木曰彼佛以去貪爲寶遂弗與或言京師蒙古人宜與漢人間處以制不虞不忽木曰新民乍遷猶未寧居若復紛更必致失業此蓋姦人欲擅貨易之利交結近幸借爲納忠之說耳乃圖寫國中貴人第宅已與民居犬牙相制之狀上之而止有譖完澤徇私者帝以問不忽木對曰完澤與臣俱待罪中書設或如所言豈得專行臣等雖愚陋然備位宰輔人或發其陰短宜使面質明示責降若內懷猜疑非

人主至公之道也言者果屈帝怒命左右批其頰而出之是日若寒解所御黑貂裘以賜帝每顧侍臣稱塞咥旃之能不忽木從容問其故帝曰彼事憲宗常陰資朕財用卿父所知卿時未生誠不知也不忽木曰是所謂爲人臣懷二心者今有以內府財物私結親王陛下以爲若何帝急揮以手曰卿止朕失言三十年有星孛于帝座帝憂之夜召入禁中問所以銷天變之道奏曰風雨自天而至人則棟宇以待之江河爲地之限人則舟楫以通之天地有所不能者人則爲之此人所以與天地參也且父母怒人子不敢

疾怨惟起敬起孝故易震之象曰君子以恐懼修省詩曰敬天之怒又曰遇災而懼三代聖王克謹天戒鮮不有終漢文之世同日山崩者二十有九日食地震頻歲有之善用此道天亦悔禍海內乂安此前代之龜鑑也臣願陛下法之因誦文帝日食求言詔帝悚然曰此言深合朕意可復誦之遂詳論款陳夜至四鼓明日進膳帝以盤珍賜之三十年帝不豫故事非國人勳舊不得入卧內不忽木以謹厚日視醫藥未嘗去左右帝大漸與御史大夫月魯那顏太傅伯顏並受遺詔留禁中丞相完澤至不得入伺月魯那

顏伯顏出問曰我年位俱在不忽木上國有大議而不預何耶伯顏歎息曰使丞相有不忽木識慮何至使吾屬如是之勞哉完澤不能對入言於太后太后召三人問之月魯那顏曰臣受顧命太后但觀臣等爲之臣若誤國即甘伏誅宗社大事非宮中所當預知也太后然其言遂定大策其後發引升祔請謚南郊皆不忽木領之成宗即位執政皆迎於上都之北丞相常獨入不忽木至數日乃得見帝問知之慰勞之曰卿先朝腹心顧朕寡昧惟朝夕啓沃以匡朕不逮庶無負先帝付託之重也成宗躬攬庶政聽斷明

果廷議大事多采不忽木之言太后亦以不忽木先朝舊臣禮貌甚至河東守臣獻嘉禾大臣欲奏以爲瑞不忽木語之曰汝部內所產盡然耶惟此數莖耶曰惟此數莖爾不忽木曰若如此旣無益於民又何足爲瑞遂罷遣之西僧爲佛事請釋罪人祈福謂之禿魯麻豪民犯法者皆賄賂之以求免有殺主殺夫者西僧請被以帝后御服乘黃犢出宮門釋之云可得福不忽木曰人倫者王政之本風化之基豈可容其亂法如是帝責丞相曰朕戒汝無使不忽木知今聞其言朕甚愧之使人謂不忽木曰卿且休矣朕今

從卿言然自是以爲故事有奴告主者主被誅詔即以其主所居官與之不忽木言若此必大壞天下之風俗使人情愈薄無復上下之分矣帝悟爲追廢前命執政奏以爲陝西行省平章政事太后謂帝曰不忽木朝廷正人先皇帝所付託豈可出之於外耶帝復留之竟以與同列多異議稱疾不出元貞二年春召至便殿曰朕知卿疾之故以卿不能從人人亦不能從卿也欲以段貞代卿如何不忽木曰貞實勝於臣乃拜昭文館大學士平章軍國重事辭曰是職也國朝惟史天澤嘗爲之臣何功敢當此制去重字大

德二年御史中丞崔彧卒特命行中丞事三年兼領侍儀司事有因父官受賄賂御史必欲歸罪其父不忽木曰風紀之司以宣政化勵風俗爲先若使子證父何以興孝樞密臣受人玉帶徵贓不叙御史言罰太輕不忽木曰禮大臣貪墨惟曰簠簋不飾若加笞辱非刑不上大夫之意人稱其平恕四年病復作帝遣醫治之不効乃附奏曰臣孱庸無取叨承眷渥大限有終永辭昭代引觴滿飲而卒年四十六帝聞之驚悼士大夫皆哭失聲家素貧躬自爨汲妻織紝以養母後因使還則母已死號慟嘔血幾不起平居服

儒素不尚華飾祿賜有餘即散施親舊明於知人多所薦拔丞相哈剌哈孫荅剌罕亦其所薦也其學先躬行而後文藝居則簡默及帝前論事吐辭洪暢引義正大以天下之重自任知無不言世祖嘗語之曰太祖有言人主理天下如右手持物必資左手承之然後能固卿實朕之左手也每侍燕間必陳說古今治要世祖每拊髀歎曰恨卿生晚不得早聞此言然亦吾子孫之福臨崩以白璧遺之曰他日持此以見朕也武宗時贈純誠佐理功臣太傅開府儀同三司上柱國魯國公謚文貞子回回陝西行省平章政事

巙巙由江浙行省平章政事入爲翰林學士承旨

完澤

完澤土別燕氏祖土薛從太祖起朔方平諸部太宗伐金命太弟睿宗由陝右進師以擊其不備土薛爲先鋒遂去武休關越漢江畧方城而北破金兵于陽翟金亡從攻興元閬利諸州拜都元帥取宋成都斬其將陳隆之賜食邑六百户父線真宿衛禁中掌御膳中統初從世祖北征四年拜中書丞相與諸儒臣論定朝制完澤以大臣子選爲裕宗王府僚屬裕宗爲皇太子署詹事長入參謀議出掌環衛小心慎密

太子甚器重之一日會燕宗室指完澤語衆曰親善遠惡君之急務善人如完澤者群臣中豈易得哉自是常典東宮衛兵裕宗薨成宗以皇孫撫軍北方完澤兩從入北至元二十八年桑哥伏誅世祖咨問廷臣特拜中書右丞相完澤入相革桑哥弊政請自中統初積歲逋負之錢粟悉蠲免之民賴其惠三十一年世祖崩完澤受遺詔合宗戚大臣之議啓皇太后迎成宗即位詔諭中外罷征安南之師建議加上祖宗尊謚廟號致養皇太后示天下爲人子之禮元貞以來朝廷恪守成憲詔書屢下散財發粟不惜鉅萬以頒賜百姓當時以賢相稱之大德四年加太傅錄軍國重事位望益崇成宗倚任之意益重而能勵之以安靜不急於功利故吏民守職樂業世稱賢相云七年薨年五十八追封興元王謚忠憲

阿魯渾薩理

阿魯渾薩理畏兀人祖阿台薩理當太祖定西域還時因從至燕會畏兀國王亦都護請于朝盡歸其民詔許之遂復西還精佛氏學生乞台薩理襲先業通經律論業既成師名之曰萬全至元十二年入爲釋教都總統拜正議大夫同知總制院事加資德大夫統制使年七十卒子三人長曰畏吾兒薩理累官資德大夫中書右丞行泉府太卿季曰烏尾赤薩理阿魯渾薩理其中子也以父字爲全氏幼聰慧受業於國師八哈思巴既通其學且解諸國語世祖聞其材俾習中國之學於是經史百家及陰陽曆數圖緯方技之説皆通習之後事裕宗入宿衛深見器重至元二十年有西域僧自言能知天象譯者皆莫能通其説帝問左右誰可使者侍臣脫烈對曰阿魯渾薩理可即召與論難僧大屈服帝悅令宿衛內朝會有江南人言宋宗室反者命遣使捕至闕下使已發阿魯

渾薩理趨入諫曰言者必妄使不可遣帝曰卿何以言之對曰若果反郡縣何以不知言者不由郡縣而言之闕庭必其仇也且江南初定民疑未附一旦以小民浮言輒捕之恐人人自危徒中言者之計帝悟立召使者還俾械繫言者下郡治之言者立伏果以嘗貸錢不從誣之帝曰非卿言幾誤但恨用卿晚耳自是命日侍左右二十一年擢朝列大夫左侍儀奉御遂勸帝治天下必用儒術宜招致山澤道藝之士以備任使帝嘉納之遣使求賢置集賢館以待之秋九月命領館事阿魯渾薩理曰陛下初置集賢以待

士宜擇重望大臣領之以新觀聽請以司徒撒里蠻領其事帝從之仍以阿魯渾薩理爲中順大夫集賢館學士兼太史院事仍兼左侍儀奉御士之應詔者盡命館穀之凡飲食供帳車服之盛皆喜過望其弗稱旨者亦請加賚而遣之有官於宣徽者欲陰敗其事故盛陳所給廩餼於内前奥帝見之帝果過而問焉對曰此一士之日給也帝怒曰汝欲使朕見而損之乎十倍此以待天下士猶恐不至况欲損之誰肯至者阿魯渾薩理又言於帝曰國學人材之本立國子監置博士弟子員宜優其廩餼使學者日盛從之

二十二年夏六月遷嘉議大夫二十三年進集賢大學士中奉大夫二十四年春立尚書省桑哥用事詔阿魯渾薩理與同視事固辭不許授資德大夫尚書右丞繼拜榮祿大夫平章政事桑哥爲政暴横且進其黨與阿魯渾薩理數切諍之乆與乖剌惟以廉正自持桑哥奏立徵利司理天下逋欠使者相望於道所在囹圄皆滿道路側目無敢言者會地震北京阿魯渾薩理請罷徵利司以塞天變詔下之日百姓相慶未幾桑哥敗以連坐亦籍其產帝問桑哥爲政如此卿何故無一言對曰臣未嘗不言顧言不用耳陛

下方信任桑哥甚彼所忌獨臣臣數言不行若抱柴救火秪益其暴不若彌縫其間使無傷國家大本陛下乆必自悟也帝亦以爲然且曰吾甚愧卿桑哥臨刑吏猶以阿魯渾薩理爲問桑哥曰我惟不用其言故至於敗彼何與焉帝益信其無罪詔還所籍財產仍遣張九思賜以金帛辭不受二十八年秋乞罷政事并免太史院使詔以爲集賢大學士司天劉監丞言阿魯渾薩理在太史院時數言國家災祥事大不敬請下吏治帝大怒以爲誹謗大臣當抵罪阿魯渾薩理頓首謝曰臣不佞賴陛下天地含容之德雖萬死莫報然欲致言者罪臣恐自是無爲陛下言事者力爭之乃得釋帝曰卿真長者後雖罷政或通夕召入論事知無不言三十年復領太史院事明年帝崩成宗在邊裕宗太后命爲書趣成宗入正大位又命率翰林集賢禮官備禮冊命明年春加守司徒集賢院使領太史院事初裕宗即世世祖欲定皇太子未知所立以問阿魯渾薩理即以成宗爲對且言成宗仁孝恭儉宜立於是大計乃決成宗及裕宗皇后皆莫之知也數召阿魯渾薩理不往成宗撫軍北邊帝遣阿魯渾薩理奉皇太子寶于成宗乃一至其邸及

即位語阿魯渾薩理曰朕在潛邸誰不願事朕者惟卿雖召不至今乃知卿真得大臣體自是召對不名賜坐視諸侯王等嘗語左右曰若全平章者真全材也於今殆無其比大德三年復拜中書平章政事十一年薨年六十有三延祐四年贈推忠佐理翊亮功臣太師開府儀同三司上柱國追封趙國公謚文定子三人長岳柱次久著終翰林侍讀學士次買住蚤卒岳柱自有傳阿台薩理贈保德功臣銀青榮祿大夫司徒柱國追封趙國公謚端愿乞台薩理累贈純誠守正功臣太保儀同三司上柱國追封趙國公謚

通敏

岳柱字止所一字兼山自幼容止端嚴性穎悟有遠識方八歲觀畫師何澄畫陶母剪髮圖岳柱指陶母手中金釧詰之曰金釧可易酒何用剪髮為也何大驚即異之既長就學日記千言年十八從丞相答失蠻備宿衛出入禁中如老成人至大元年授集賢學士階政議大夫即以薦賢舉能為事皇慶元年陞中奉大夫湖南道宣慰使日接見儒生詢求民瘼延祐三年進資善大夫隆禧院使七年授太史院使英宗視其進止整暇顧謂參政速速曰全院使真故家令子也泰定元年改太常[illegible]院使四年授禮部尚書領會同館事俄授江西等處行中書省參知政事天曆元年進榮祿大夫集賢大學士至順二年除江西等處行中書省平章政事時有誣告富民負永寧王官帑錢八百餘錠者中書遣使諸路徵之使至江西岳柱曰事涉誣罔不可奉命僚佐重違宰臣意岳柱曰民惟邦本傷本以斂怨亦非宰相福也令使者以此意復命時燕帖木兒為丞相聞其言感悟命刑部詰治得誣罔狀罪誣告者若干人宰相以奏帝嘉之特賜幣帛及上尊酒桂陽州民張思進等嘯聚二千

餘衆州縣不能治廣東宣慰司請發兵捕之岳柱曰有司不能撫綏邊民乃欲僥倖興兵以為民害耶不可宰執皆失色憲司亦以興兵不便為言岳柱終持不可遣千户王英往問狀英直抵賊巢諭以禍福賊曰致我為非者兩巡檢司耳我等何敢有異心哉諭其衆皆使復業一方以寧三年遷河南江北等處行中書省平章政事旋以軍事至揚州得疾明年十二月端坐而卒年五十三岳柱天資孝友毋弟久住早卒丧之盡哀尤嗜經史自天文醫藥之書無不究極度量弘擴有欺之者恬不為意或問之則曰彼自欺

也我何與焉毋𨚗氏亦常稱之曰吾子古人也子四人長普達同僉行宣政院事次安僧爲父佳後章佩監丞次仁壽中憲大夫長秋寺卿

列傳卷第十七

列傳卷第十八　　元史一百三十一

翰林學士亞中大夫知制誥兼修國史宋濂　翰林待制承直郎同知制誥兼國史院編修官臣王禕等奉

修

速哥

速哥蒙古人父忽魯忽兒國王木華黎麾下卒也後更隸塔海帖哥軍以善馳馬有口辯慎重不泄令佩銀符常居軍中奏白機務往返未嘗失期太宗以爲才賜名動哥居詔動哥居奏事朝至朝入奏夕至夕入奏嘗出金盤龍袍及宮女賜之憲宗時以奔卒速哥亦以壯勇居軍中歲甲寅憲宗命從都元帥帖哥

火魯赤等入蜀乙卯萬户劉七哥阿剌魯阿力與宋兵戰巴州失利陷敵中速哥馳入其軍奪劉七哥等以歸以功賜白金五十兩馬二疋紫羅圈甲一注又從都元帥紐璘敗宋將劉整破雲頂山城紐璘受詔會涪州至馬湖江速哥以華爲舟夜渡江至大獲山行在所陳道梗失期帝慰遣之未幾復自涪州入奏事遇宋軍於三曹山速哥衆僅百餘奮兵疾戰敗之奪其器械旗鼓以歸己未宋兵攻涪州浮橋部將火尼赤戰陷速哥破圍出之又以白事諸王穆哥所復敗宋軍於三曹山還至石羊與劉整遇復擊敗之世

祖即位賜白金弓刀鞍勒中統二年賜銀符命隸紐
璘軍至元二年四川行省遣速哥招收降民得三千
餘人三年從行院帖赤戰九頂山四年行省也速帶
兒署爲本軍總管從征瀘州取瀘川五年立德州以
速哥爲達魯花赤擢陝西五路四川行省左右司員
外郎從也速帶兒入朝賞賚加厚七年從也速帶兒
敗宋軍于馬湖江用平章政事賽典赤薦遷行尚書
省員外郎九年建都蠻叛詔諸王興魯赤及也速帶
兒討之速哥將千人爲先鋒破黎州水尾砦攻連雲
關克之軍至建都戰於東山斬其酋布庫復與元帥

八兒秃迎合剌軍于不曽思河所過城邑皆下十年
討硐犵諸蠻襲破連環城還敗宋軍于七盤山辟新
軍萬户十一年賜虎符真授管軍萬户領成都高哇
哥等六翼及京兆新軍教習水戰也速帶兒進圍嘉
定速哥率舟師會平康城修築懷遠等砦守其要害
十二年遣兵敗宋將昝萬壽於麻平既而行樞密副
使忽敦等軍至與也速帶兒會於紅崖遣速哥守龍
堪城中大震宋將陳都統鮮于團練率舟師遁速哥
追擊溺死者不可勝計遂與中使沈答罕徇下流諸
城紫雲瀘叙皆降進圍重慶速哥以所部兵鎮白水

馬湖江口十三年帝遣脫朮教化的持詔諭其守臣
使降不聽乃分兵爲五道水陸並進攻之衆軍不利
唯速哥獲戰艦三百艘俘其衆百三十人涪州守將
遣書納降速哥率千人往察其情僞速哥至涪州果
降遂入其城重慶守臣張萬率衆來襲速哥一日夜
出兵凡與十八戰斬首三百餘級萬敗走未幾萬復
以積兵三千人來攻又戰敗之十四年行院辟爲鎮
守萬户嘉定總管府達魯花赤時瀘州復叛速哥從
大軍討平之重慶受圍久其守將趙安開門出降制
置使張珏遁速哥追破之虜百餘人及其舟二十餘

艘以功授成都水軍萬户尋改重慶夔府等路宣撫
招討兩司軍民達魯花赤十六年除四川南道宣慰
使依前成都水軍萬户鎮重慶夔施黔忠萬雲涪瀘
等州十九年亦奚不薛蠻叛置順元等路軍民宣慰
司以速哥爲宣慰使經理諸蠻二十四年遷河東陝
西等路萬户府達魯花赤播州宣撫賽因不花等赴
闕請留之降八番金竹百餘等砦得户三萬四千悉
以其地爲郡縣置順元路金竹府貴州以統之東連
九溪十八峒南至交趾西至雲南咸受節制二十九
年入朝加都元帥改河東陝西等處萬户府達魯花

赤三十一年僉書四川行樞密院事詔開土番道土番叛以兵圍茂州速哥率師敗之元貞元年行院罷速哥家居數歲卒子壽不赤襲河東陝西等處萬户府達魯花赤

囊加歹

囊加歹乃蠻人曾祖不蘭伯仕其國位群臣之右祖合折兒管帳前軍兼統國政仕至太師太祖平乃蠻父麻察来歸太宗命與察剌同總管蒙古漢軍由是從世祖伐宋破阿里不哥於失門秃從諸王哈必赤及闊闊歹平李壇皆有功賞賚甚厚賜金符後以子

貴贈太傅追封梁國公謚桓武囊加歹幼從麻察習戰陣有謀畧佩金符為都元帥府經歷從阿术圍襄陽襄陽降以功授漢軍千户從丞相伯顔攻復州與宋人戰敗宋兵于風波湖渡江後伯顔南攻鄂州阿术北攻漢陽分戰艦五十囊加歹與張弘範等焚其蒙衝三千艘兩城大恐皆出降伯顔軍次安慶賈似道督師江上遣宋京来請和軍至池州遣囊加歹偕宋京報似道似道復遣阮思聰偕囊加歹至軍中仍請議和時暑雨方漲世祖慮士卒不習水土遣使令緩師伯顔阿术與諸將議乘勢徑前遂進軍至丁家洲似道師潰大軍次建康帝聞囊加歹親與賈似道語召赴闕具陳其説遣還諭旨於伯顔以北邊未靖勿輕入敵境而大軍已入平江矣宋使柳岳夏士林吕師孟劉岊等踵至皆命囊加歹同往報之師逼臨安復遣囊加歹入取降表玉璽徵宋將相文武百官出迎王師宋主乃遣賈餘慶等同囊加歹以降表玉璽至皋亭山伯顔遣囊加歹馳獻世祖還傳密旨遷宋君臣北上賜金符授懷遠大將軍安撫司達魯花赤與阿剌罕董文炳等取台温福州尋領蒙古軍副都萬户江東道宣慰使佩金虎符如故擢江東道按

察使復為本道宣慰使領萬户如故召為都元帥管領通事軍馬東征日本未至而還詔以元管出征軍與孛羅迷兒見管軍合為一翼充萬户守建康改賜三珠虎符拜雲南行省參知政事討金齒緬國得疾召還京師授南京等路宣慰使改河南道宣慰使特旨命襲父職為蒙古軍都萬户武宗在潛邸囊加歹嘗從北征與海都戰于帖堅古明日又戰海都圍之山上囊加歹力戰決圍而出與大軍會武宗還師囊加歹殿海都遮道不得過囊加歹選勇敢千人直前衝之海都披靡國兵乃由旭哥耳温稱海與晉王軍

合是役也囊加歹戰爲多以疾而歸成宗崩昭聖元獻太后與仁宗在懷州太后召囊加歹不憐吉歹脫因不花八思台等諭之曰今宫車晏駕皇后欲立安西王阿難荅爾等當毋忘世祖裕宗在天之靈盡力奉二皇子囊加歹頓首曰臣等雖碎身不能仰報兩朝之恩願効死力既至京師仁宗遣囊加歹與八思台諭諸王禿剌議事宜時内外洶洶猶豫莫敢言囊加歹獨賛禿剌定計先發歸白仁宗意猶遲疑固問可否對曰事貴速成後將受制於人矣太后與仁宗意乃决内難既平仁宗監國命同知樞密院事武宗

即位真拜同知樞密事階資德大夫賜以七寶束帶鞍轡衣甲弓矢黄金五十兩以旌其定策之功尋授开縣萬户府達魯花赤仍同知樞密院事仁宗嘗語近臣曰今春之事吾與太后疑不能主賴囊加歹一語而定吾聞周文王有姜太公囊加歹亦子家姜太公也其見稱許如此尋以老病乞骸骨不允仁宗即位以其家河南特授河南江北行省平章政事佩金虎符終其身封浚都王子教化山東河北蒙古軍副都萬户執禮和台河南江北行省平章政事孫脫堅山東河北軍大都督世襲有位

忙兀台

忙兀台蒙古達達兒氏祖塔思火兒赤從太宗定中原有功爲東平路達魯花赤位在嚴實上忙兀台事世祖爲博州路奥魯總管至元七年又爲監戰萬户佩金虎符八年改鄧州新軍蒙古萬户治水軍于萬山南岸九月以兵攻樊拔古城繼敗宋軍于安陽灘轉戰八十里禽其將鄭高十月大軍攻樊分軍爲五道忙兀台當其一率五翼軍以進焚南岸舟堅雲梯于北岸登櫃子城奪西南角入城命部將擲倉粟功在諸將右賞金百兩襄陽降同宋安撫吕文焕入覲

賜銀五十兩及鈿根甲等物十一年從丞相伯顔平章阿术南征命與萬户史格率麾下會鹽山嶺遇宋兵忙兀台突陣殺一人諸軍繼進與戰敗之自郢州黄家原盪舟入湖至沙洋堡立砲座十有二竪雲梯先登焚其樓櫓拔羊角壩破沙洋堡擒宋將四人直抵新城鏖戰自晨至晡大敗之宋復州守將翟貴以城降將由漢口入江至蔡店聞宋兵屯漢口乃率舟師經闘龍口至沙步入江遇宋兵三百餘艘分道來拒進擊走之次武磯堡宋將夏貴堅守不下十月乙卯平章阿术率萬户晏徹兒史格賈文備同忙兀台

四軍雪夜泝流西上黎明至青山磯北岸萬户史格先渡宋将程鵬飛拒敵格被三創喪卒二百人諸将繼進大戰中流鵬飛被七創敗走舟泊中洲宋兵阻水不得近伯顔復遣萬户張榮實等率舟来援夏貴率麾下數千將奔大軍乘之大敗走黄州遂拔武磯堡斬守將王達阿术既渡南岸翼日丞相伯顔視師則大江南北皆北軍旗幟宋制置使朱禩孫遁還江陵語在阿术傳乙未伯顔次鄂州遣忙兀台諭宋守臣張晏然以城降程鵬飛以本軍降知漢陽軍王儀知德安府来興國繼降乃留軍鎮鄂漢率諸將水陸

東下十二年正月忙兀台諭蘄黄安慶池州諸郡皆下之次丁家洲宋賈似道孫虎臣来拒忙兀台擊之奪虎臣所乘巨舟與宋降将范文虎以兵五百諭降和州及無爲鎮巢二軍九月攻常州拔其木城宋降將趙潛叛於溧陽伯顔命忙兀台擊之戰於豐登莊斬首五百餘級擒其將三人復招降湖州守將二人十二月行省第其功承制授行兩浙大都督府事十四年改閩廣大都督行都元帥府事時宋二王逃遁入海忙兀台奉旨率諸軍與江西右丞塔出會兵收之次漳州諭降宋守將何清十五年師還福州拜叅

知政事詔與唆都等行省于福鎮撫瀕海八郡十月召赴闕陞左丞十六年七月沙縣盜起詔忙兀台復行省事討平之初忙兀台北還左丞唆都行省福建一日帝命召唆都李庭言若召唆都則行省無人宜令建康阿剌罕往帝曰何必阿剌罕其命忙兀台即往俟唆都還則令移潭州可也未幾中書言唆都在福建麾下擾民致南劒等路往往殺長吏叛及忙兀台至招来七十二寨建寧漳汀稍獲安集若移之他處而唆都復往恐重勞民有旨忙兀台仍鎮閩十八年轉右丞時宣慰使王剛中以土人饒賢煩擅作威

福忙兀台慮其有變奏移之他道二十一年拜江淮行省平章政事初宋降將五虎陳義嘗助張弘範擒史天祥助完者都討陳大舉又資阿塔海征日本戰艦三千艘福建省臣言其有反側意請除之帝使忙兀台察之至是忙兀台携義入朝保其無事且乞寵以官爵丞相伯顔亦以爲言乃授義同知廣東道宣慰司事授明珠虎符其從林雄等十人並上百户二十二年脫忽思樂實傳旨中書省令悉代江浙省臣中書復奏帝曰朕安得此言傳者妄也如忙兀台之通曉政事亦可代耶俄以言者召赴闕封其家貲遣

使按驗無狀未幾拜銀青榮祿大夫行省左丞相還鎮江浙時浙西大飢乃弛河泊禁發府庫官貨低其直貿粟以賑之淛東盜起蠲田租以紓民力二十三年奏以販鬻私鹽者皆海島民今征日本可募為水工從之賜鈔五千貫役既罷請以戰艦付海漕又言省治在杭州其兩淮江東財賦軍實既南輸至杭復自杭北輸京城往返勞頓不便請移省治于揚州復言淮東近地宜置屯田歲入糧以給軍所餘餉京師帝悉從其言二十五年詔江淮管內並聽忙兀台節制二十六年朝廷以中原民轉從江南令有司遣還

忙兀台言其不可遂止閩越盜起詔與不魯迷失海牙等合兵討之御史大夫玉速帖木兒奏宜選將帝曰忙兀台已往無慮也未幾悉平之憂以病上疏乞骸骨乃召還二十七年以江西平章與魯赤不稱職特命為丞相兼樞密院事出鎮江西謹約束鋤強暴尊卑殊服軍民安業威德並著在官四十日卒忙兀台之在江浙專愎自用又易置戍兵平章不憐吉台言其變更伯顏阿术成法帝每戒敕之既死臺臣劾郎中張斯立罪狀而忙兀台迫死劉宣及其屯田無成事始聞于帝云子三人帖木兒不花孛蘭奚襲萬戶亦剌出中書參知政事

奧魯赤

奧魯赤札剌台人曾祖豁火察驍果善騎射太祖出征每提精兵為前驅祖朔魯罕有膽力嘗被讒不許入見一日俟駕出趨前曰臣無罪若果有罪遂殺臣臣將從先帝於地下不然赦臣願得自効帝笑而復用之辛未與金人戰于野狐嶺中流矢戰愈力克之既還拔矢血出昏眩帝親撫視傳以藥竟不起帝悲悼曰朔魯罕朕之一臂今亡矣賜其家馬四百匹錦綺萬段父忒木台從太宗征杭里部俘部長以獻復

從征西夏有功特命行省事領兀魯忙兀亦怯烈弘吉剌札剌兒五部軍平河南以功賜戶二千嘗駐兵太原平陽河南土人德之皆為立祠奧魯赤性朴魯智勇過人早事憲宗帶御器械特見親任戊午扈駕征蜀攻釣魚山至元五年攻襄陽授金符蒙古軍萬戶明年賜虎符襲父職領蒙古軍四萬戶十一年春詔丞相伯顏大舉伐宋以所部從渡江圍鄂宋兵固守奧魯赤白丞相可遣使諭降乃遣許千戶同所獲宋將持金符抵其城東南門懸金符以招之其夜守門將崔立啓門出遂引立見丞相復遣入城諭守臣

張晏然明日晏然以城降遷奧魯赤昭毅大將軍諸郡望風而靡分兵出獨松關宋兵堅守奧魯赤令將校益樹旗幟於山上率精騎突之守兵驚潰棄關走追逐百餘里斬馘不可勝計十三年宋主降分討未下州郡詔加鎮國上將軍行中書省參知政事未幾以參知政事行湖北道宣慰使兼領蒙古軍時州郡初附戍以重兵民驚懼往往逃匿山澤間奧魯赤止侵暴恤單弱號令嚴明民悉復業會詔所在括逃俘有司拘男女千餘人時軍士已還部所括者無所歸衆議悉以隸官奧魯赤曰斯民不幸被兵幸而骨肉

完聚復羈之是重被兵也不若籍之爲民衆從之俄徵詣闕賜賚優渥及還帝曰武昌襟帶江湖寔要害地朕嘗用師于彼故遣卿往治爲朕耳目陞驃騎衞上將軍中書左丞行宣慰使十八年詔移行省于鄂宣慰司于潭時湖南劇賊周龍張虎聚黨行劫隨宜招捕梟二賊首餘悉縱遣復召入見拜行省右丞改荆湖等處行樞密院副使二十三年春拜湖廣等處行中書省平章政事夏四月赴召上都命佐鎮南王征交趾帝慰諭之曰昔木華黎等戮力王室榮名迄今不朽卿能勉之豈不並美于前人乎仍命其子脫桓不花襲萬户至交趾啓王分軍爲三因險制變蠻不能支竄匿海島餘寇扼師歸路奧魯赤轉戰以出改江西行省平章政事二十六年以疾求退不允俄授同知湖廣等處行樞密院事成宗即位進光禄大夫上柱國江西等處行中書省平章政事大德元年春三月卒年六十六贈金紫光禄大夫大司徒上柱國追封鄭國公謚忠宣子拜住明威將軍蒙古侍衞親軍副都指揮使脫桓不花驃騎衞上將軍行中書省左丞蒙古軍都萬户

完者都

完者都欽察人父哈剌火者從憲宗征討有功完者都廣顙豐頷髯長過腹爲人驍勇而樂善好施聽讀史書聞忠良則喜遇姦諛則怒歲丙辰以材武從軍己未從攻鄂州先登賞銀五十兩中統三年從諸王合必赤討李璮于濟南凡兩戰皆有功至元元年合必赤因樞密臣以其武勇聞帝特賞賜之四年十月從萬户木花里略地荆南還至襄陽西安陽灘遇宋軍敗之既而從丞相阿术圍襄樊水陸大戰者四皆有功嘗梯樊城焚樓櫓勇敢出諸軍右幕府上其功十一年授武畧將軍爲彰德南京新軍千户九月從

丞相伯顏南征十一月攻沙洋新城始授金符領丞相帳前合必赤軍十二月統舟師由沙蕪口渡江十二年春與宋將孫虎臣戰于丁家洲大捷進武義將軍攻泰州戰揚子橋戰焦山破常州十三年春入臨安下揚州皆有功江南平入見帝顧謂侍臣曰真壯士也因賜名抜都兒授信武將軍管軍總管高郵軍達魯花赤佩虎符既而軍升為路遂進懷遠大將軍高郵路總管府達魯花赤十六年授昭勇大將軍遷管軍萬户漳州陳吊眼聚黨數萬刼掠汀漳諸路七年未平十七年八月樞密副使孛羅請命完者都往

討從之加鎮國上將軍福建等處征蠻都元帥率兵五千以往賜翎根甲面慰遣之且曰賊苟就擒聽汝施行時黄華聚黨三萬人擾建寧號頭陀軍完者都先引兵鼓行壓其境軍聲大震賊驚懼納欵完者都許以為副元帥凡征蠻之事一以問之且慮其姦詐莫測因大獵以耀武適有一鵰翔空完者都仰射之應弦而落遂大獵所獲山積華大悦服乃聞于朝請與之俱討賊朝廷從之制授華征蠻副元帥與完者都同署華遂為前驅至賊所破其五寨十九年三月追陳吊眼至千壁嶺擒之斬首漳州市餘黨悉平軍還至揚州奉旨賞賜有差至高郵病七月入覲帝嘉之賜鈔及銀金綺鞍勒弓矢復授管軍萬户高郵路總管府達魯花赤有虎為害完者都挾弓矢出郊射殺之二十二年八月以疾名入朝帝屢遣中使存問仍命良醫視之疾平帝大喜賜醫者鈔萬貫拜完者都驃騎上將軍江浙行省左丞兼管軍萬户初浙西私鹽吏莫能禁完者都躬詣松江上海收鹽徒五千隷軍籍九月授中書左丞行浙西道宣慰使二十五年遷授尚書省左丞二十六年陞資德大夫江西等處行樞密院副使兼廣東宣慰使疾復作名還成宗

即位入見賜玉帶授榮禄大夫江浙行省平章政事大德二年十一月卒年五十九贈効忠宣力定遠功臣開府儀同三司太尉上柱國追封林國公謚武宣子十四人皆仕而帖木兒古思别里怯都尤顯孫二十四人仕者亦多云

伯帖木兒

伯帖木兒欽察人也至元中充哈剌赤入備宿衛以忠謹授武節將軍僉左衛親軍都指揮使司事二十四年征叛王乃顏隷御史大夫玉速帖木兒麾下敗乃顏兵於忽爾阿剌河追至海剌兒河又敗之乃顏

黨金家奴別不古率衆走山前從大夫追戰于札剌馬禿河殺其將二人追至夢哥山并擒金家奴二十五年超授顯武將軍冬哈丹王叛從諸王乃麻歹討之至斡麻站兀剌河等處連敗其黨阿禿八剌哈赤軍轉戰至帖麥哈必兒哈又敗之進至明安倫城哈丹迎戰敗走追至忽蘭葉兒又與阿禿一日三戰手殺五人擒裨將一人至帖里揭突擊哈丹挺身陷陣身中三十餘箭而還大夫親視其創而罪潰軍之不救者車駕親征駐蹕兀魯灰河伯帖木兒以兵從大夫至貴列兒河哈丹拒王師伯帖木兒首戰却之獲

其黨駙馬阿剌渾帝悅以所獲賊將兀忽兒妻賜之至覇郎兒與忽都禿兒干戰殺其裨將五人生擒曲兒先九月大夫令率師往納兀河東等處招集逆黨乞荅真一千户達達百姓及女直押兒撒等五百餘户二十六年春正月師還復遣戍也真大王之境五月海都謀擾邊有旨令伯帖木兒以其軍先來行至怯呂連河值拜要叛伯帖木兒即移兵致討擒其黨伯顏以獻帝深加奬諭賜以所得伯顏女荼倫是年冬立東路蒙古軍上萬户府統欽察乃蠻捏古思那亦斲等四千餘户陞懷遠大將軍上萬户佩三珠虎符二十七年哈丹復入高麗伯帖木兒奉命偕徹里帖木兒進討二十八年正月至鴨綠江與哈丹子老的戰失利伯帖木兒以聞帝命乃麻歹薛徹干等征之仍命伯帖木兒爲先鋒薛徹干軍先至禪定州擊敗哈丹踰數日乃麻歹以兵至合攻哈丹又敗之伯帖木兒將百騎追至一大河虜其妻孥追奔逐北哈丹尚有八騎伯帖木兒止餘三騎再戰兩騎士皆重傷不能進伯帖木兒單騎追之至一大山日暮遂失哈丹所在乃麻歹嘉其勇賞以老的妻完者上其功于朝賜金帶衣服鞍馬弓矢銀器等物并厚賚其軍

二十九年聞叛王揑怯烈尚在濠來倉伯帖木兒率兵擊虜其妻子畜産追至陳河揑怯烈以二十餘騎脫身走遂定其地得所管女直户五百餘以聞帝命以充漁户伯帖木兒度地置馬站七所令歲捕魚馳驛以進成宗即位俾仍其官車駕幸上京徵其兵千人從歲以爲常云

懷都

懷都斡魯納台氏祖父阿术魯與太祖同飲黑河水屢從征討賜銀印總大軍伐遼東女直諸部復帥師討西夏大戰于合剌合察兒擒夏主太祖命盡賜以

夏主遺物繼總軍南伐攻拔信安下宿泗等州諸王塔察兒以阿术魯年老俾其子不花襲職中統二年不花卒子幼兄子懷都繼領其職中統三年春李璮叛詔懷都從親王哈必赤討之圍璮濟南夏四月璮夜出兵四面衝突求出懷都直前奮擊斬百餘級俘二百餘人奪兵仗數百璮退走入城懷都晝夜勒兵與戰秋七月破濟南誅璮哈必赤第其功居最詔賜金虎符領蒙古漢軍攻海州畧淮南廬州至元三年充邳州監戰萬户四年領山東路統軍司從主帥南征至襄陽西渡漢江宋遣水軍絶歸路懷都選士卒

浮水殺宋軍奪戰艦二十餘艘斬首千餘級六年軍次淮南天長至五河口與宋兵戰敗之七年詔守鹿門山白河口一字城九年春懷都請攻樊之古城堡堡高七層懷都夜勒士卒親冒矢石攻奪之斬宋將韓撥發擒蔡路鈐襄陽既降帥師屯蔡息出巡淮安還城正陽畧地安豐獲生口無筭十一年夏宋將夏貴來攻正陽懷都領步卒薄淮西岸至横河口逆戰退之九月畧地安慶十二年北渡至柵江堡值宋軍三千餘懷都與戰敗之復南渡江駐兵鎮江諜報宋平江軍出常州懷都領兵千人至無錫與宋兵遇太

戰殲其衆秋七月行省檄懷都領軍護焦山江岸仍往揚州灣頭立木城以兵守之九月權樞密院事復守鎮江宋殿帥張彦安撫劉師勇攻呂城懷都與萬户忽剌出帖木兒追戰至常州奪舟百餘艘擒張殿帥范總管冬十月從右丞阿塔海攻常州宋朱都統自蘇州赴援懷都提兵至横林店與之遇奮擊大破之十一月取蘇州徇秀州仍撫治臨安逸東新附軍民十三年秋同元帥撒里蠻帖木兒張弘範徇温州福建所至州郡迎降十四年授鎮國上將軍淛東宣慰使討台慶叛者戰于黄番嶺又戰于温州白塔屯

寨轉戰至于漳泉興化平之十六年召至闕下賜王帶弓矢授行省參知政事至處州以疾卒子八忽台兒官至通奉大夫淛東道宣慰使都元帥平淛東建寧盜賊數有功不花子忽都答兒既長分襲蒙古軍千户從平宋有功授淛西招討使改邳州萬户後加榮禄大夫平章政事卒

亦黒迷失

亦黒迷失畏吾兒人也至元二年入備宿衛九年奉世祖命使海外八羅孛國十一年偕其國人以珍寶奉表來朝帝嘉之賜金虎符十二年再使其國與其

國師以名藥來獻賞賜甚厚十四年授兵部侍郎十八年拜荆湖占城等處行中書省參知政事招諭占城二十一年召還復命使海外僧迦剌國觀佛鉢舍利賜以玉帶衣服鞍轡二十一年自海上還以參知政事管領鎮南王府事復賜玉帶與平章阿里海牙右丞唆都征占城戰失利唆都死馬亦黑迷失言於鎮南王請屯兵大浪湖觀釁而後動王以聞詔從之竟全軍而歸二十四年使馬八兒國取佛鉢舍利浮海阻風行一年乃至得其良醫善藥遂與其國人來貢方物又以私錢購紫檀木殿材并獻之嘗侍帝於浴

室問曰汝踰海者凡幾對曰臣四踰海矣帝憫其勞又賜玉帶改資德大夫遥授江淮行尚書省左丞行泉府太卿二十九年召入朝盡獻其所有珍異之物時方議征爪哇立福建行省亦黑迷失與史弼高興並爲平章詔軍事付弼海道事付亦黑迷失仍諭之曰汝等至爪哇當遣使來報汝等留彼其餘小國即當自服可遣招徠之彼若納欵皆汝等之力也軍次占城先遣郝成劉淵諭降南巫里速木都剌不魯不都八剌剌諸小國三十年攻葛郎國降其主合只葛當又遣鄭珪招諭木由來諸小國皆遣其子弟來降

爪哇主婿土罕必闍耶既降歸國復叛事並見弼傳諸將議班師亦黑迷失欲如帝旨先遣使入奏弼與興不從遂引兵還以所俘及諸小國降人入見帝罪其與弼縱土罕必闍耶沒家貲三之一尋復還之以榮禄大夫平章政事爲集賢院使兼會同館事告老家居仁宗念其屢使絶域詔封吳國公卒

拜降

拜降北庭人父忽都武勇過人由宿衛爲南宿州鎮將分守丹縣後從世祖南征年幾七十每率先士卒冒矢石身被數十瘡戰功居多徙居大名路清豐縣

卒贈廣平路總管封漁陽郡侯忽都卒時拜降生甫數月母徐氏鞠育教誨甚至每曰吾惟一子已童丱矣不可使不知學顧縣僻左無良師友遂遣從師大名城中郡守每旦望入學見拜降容止講解大異群兒甚愛獎之比弱冠美髭髯儀表甚偉丞相阿朮南攻襄陽江陵諸郡以偏裨隷麾下軍行至安陽灘與宋軍遇宋騎直前突陣陣爲却拜降即躍馬出陣前引弓連斃數人宋騎稍却復率衆戰良久宋師大潰至元五年圍襄樊戰有功十一年從阿朮渡江水陸遇敵嘗先登陷陣勇冠一軍宋平以功授江浙省理

閒官時事方草創省臣有所建白及事有不可便宜自決須奏聞者以拜降善數奏數令馳驛往咨于朝及引見世祖遥識之喜曰黑髯使臣復来耶其見器使如此二十七年遷江西行尚書省都鎮撫適徭獠擾邊拜降從丞相怯兀臺討定之二十九年遷慶元路治中歲大饑狀累上行省不報拜降曰民饑如是而不賑之豈爲民父母意耶即躬詣行省力請得發粟四萬石民頼全活元貞間兩浙鹽運司同知范某陰賊爲姦州縣吏以賂咸聽驅役由是數侵暴細民民有珍貨腴田必奪爲己有不與則朋結無頼妄訟

以羅織之無不蕩破家業者兇燄鑠人人咸側目里人欲殺之不果顧被誣訴逮繫者亡慮數十人俱死獄中蘭溪州民葉一王十四有美田宅范欲奪之不可因誣以事繫獄十年不決事聞于省省下理問所推鞫之適拜降至官寃遂得直置范于刑而七人者先瘐死矣惟葉一王十四得釋時論多焉大德元年遷浙東廉訪副使令行禁止豪彊慴伏同寅有貪穢者拜降抗章覈之于臺遂免其官後轉工部侍郎賜侍燕服一襲陞工部尚書有能聲至大二年仁宗奉皇太后避暑五臺拜降供給道路無有闕遺恩賚尤渥比至都改資國院使母徐氏卒遂奔喪于杭時酒禁方嚴帝特命以酒十甖官給傳致墓所以備奠禮初徐氏盛年守節教子甚嚴比拜降貴事上于朝特旌其門及老見拜降歷官有聲譽喜曰有子如是吾死可瞑目矣拜降居喪盡禮未及起復延祐二年卒于家贈資政大夫江浙左丞謚貞惠

元史傳卷十八

列傳卷第十九　元史一百三十二

翰林學士亞中大夫知制誥兼修國史臣宋濂翰林待制承直郎同知制誥兼國史院編修官臣王褘等奉

勅修

杭忽思

杭忽思阿速氏主阿速國太宗兵至其境杭忽思率衆來降賜名拔都兒錫以金符命領其土民尋奉旨選阿速軍千人及其長子阿塔赤扈駕親征既還阿塔赤入直宿衛杭忽思還國道遇敵人戰歿勅其妻外麻思領兵守其國外麻思躬擐甲冑平叛亂後以次子按法普代之阿塔赤從憲宗征西川軍于釣魚

山與宋兵戰有功帝親飲以酒賞以白金阿里不哥叛從也里可征之至寧夏與阿藍荅兒渾都海戰率先赴敵矢中其腹不懼世祖聞而嘉之賞以白金召入宿衛中統二年扈駕親征阿里不哥追至失木里禿之地以功復賞白金三年從征李壇平之至元五年奉旨同不荅台領兵南征攻破金剛臺六年從攻安慶府戰有功七年從下五河口十一年從下沿江諸郡戍鎮巢民不堪命宋降將洪福以計乘醉而殺之世祖憫其死賜其家白金五百兩鈔三千五百貫併鎮巢降民一千五百三十九戶且命其子伯荅兒

襲千戶佩金符時失烈吉叛詔伯荅兒領阿速軍一千往征之與雍乞吉剌只兒乞台軍戰于押里復與藥木忽兒軍戰于禿剌及斡魯歡之地十五年春至伯牙之地與赤憐軍合戰五月駐兵阿剌牙與外剌台寬赤哥思等軍合戰其大將塔思不花樹木爲柵積石爲城以拒大軍伯荅兒督勇士先登拔之伯荅兒矢中右股別里吉迷失以其功聞賞白金二十年授虎符定遠大將軍後衛親軍都指揮使兼領阿速軍充阿速拔都達魯花赤二十二年征別失八里軍于亦里渾察罕兒之地與禿呵不早麻軍戰有功二十

六年征杭海敵勢甚盛大軍乏食其母乃咬真輸己畜及畜牧等給軍食世祖聞而嘉之賜予甚厚大德四年伯荅兒卒長子斡羅思由宿衛仕至隆鎮衛都指揮使次子福定襲職官懷遠大將軍尋改右阿速衛達魯花赤兼管後衛軍至大四年兄都丹充右阿速衛都指揮使福定復職後衛陞樞密同僉命領軍一千守遷民鎮尋授定遠大將軍僉樞密院事後衛親軍都指揮使提調右衛阿速達魯花赤二年進資善大夫同知樞密院事後至元間進知樞密院事

步魯合荅

步魯合荅蒙古弘吉剌氏祖按主奴太宗時率蒙古軍千人從諸王察合台征河西至山丹攻下定會階文諸州以功爲元帥佩金符駐軍漢陽禮店戍守西和階文南界及西蕃邊境換金虎符真除元帥父車里襲職從都元帥紐璘攻成都宋將劉整以重兵守雲頂山車里擊敗之進圍其城整遣裨校出戰敗走追至簡州斬之殺三百餘人遂拔其城攻重慶車里將兵千人爲先鋒渡馬湖江敗宋兵于馬老山俘獲百餘人戊午諸軍還屯灰山宋兵夜來刼營車里擊敗之斬首三百級世祖即位賜金符爲奧魯元帥又

改征行元帥至元二年車里以老疾不任事諸王阿只吉命步魯合荅代領其軍至元八年制授管軍千户佩金符宋將昝萬壽攻成都僉省嚴忠範遣步魯合荅將兵七百人禦之于沙坎流矢中右頰拔矢戰愈力大敗其軍十一年行院汪田哥以兵圍嘉定步魯合荅即率其衆攻九頂山破之嘉定降進攻重慶宋軍突圍出走銅鑼峽行院忽敦遣步魯合荅追之至廣羊壩斬首二百級瀘州叛還軍討之步魯合荅以所部兵攻寶子寨歲餘不下乃造雲梯先登急擊遂破之殺虜殆盡十六年取重慶以功遷武畧將軍

征行元帥二十一年命統蒙古探馬赤軍千人從征金齒蠻平之都元帥蒙古歹征羅必甸步魯合荅率游兵先行江水暴溢率衆泅水而渡去城三百步而營居七日諸軍會城下乃進攻之步魯合荅先登拔其城遂屠之又從征八百媳婦國至車厘車厘者其酋長所居也諸王闊闊命步魯合荅將游騎三百往招之降不聽進兵攻之都鎮撫侯正死焉步魯合荅毁其北門木遂入其寨其地悉平賜金虎符授懷遠大將軍雲南萬户府達魯花赤卒子忙古不花襲管軍千户初按主奴三子長車里次黑子次帖木兒黑

子別賜金符爲奧魯元帥兼文州吐蕃達魯花赤卒其子那懷幼以帖木兒攝其官那懷長辭職授之遂改授帖木兒隨路拔都萬户後移鎮重慶卒

玉哇失

玉哇失阿速人父也烈拔都兒從其國主來歸太宗命充宿衛歲戊午從憲宗征蜀爲游兵前行至重慶戰數有功甞出獵遇虎於隘下馬搏虎虎張吻欲噬之以手探虎口抉其舌拔所佩刀刺而殺之帝壯其勇賞黃金五十兩別立阿速一軍使領其衆從世祖征阿里不哥又從親王哈必失征李璮俱有功賜金

符授本軍千戶從下襄陽又從下沿江諸城宋洪安撫既降復叛誘其入城宴乘醉殺之長子也速歹兒代領其軍從攻揚州中流矢卒玉哇失襲父職爲阿速軍千戶從丞相伯顔平宋賜巢縣二千五十二戶只兒瓦歹叛率所部兵擊之至懷曾哈都擒其將失剌察兒斬于軍其衆悉平諸王和林及失剌等叛從皇子北安王討之至斡耳罕河無舟躍馬涉流而渡俘獲甚衆時北安王方戰失利陷敵陣中玉哇失從諸王藥木忽兒追至金山王乃得脫歸賞白金五十兩鈔二千五百貫改賜金虎符進定遠大將軍前衛親軍都指揮使諸王乃顔叛世祖親征玉哇失爲前鋒乃顔遣哈丹領兵萬人来拒擊敗之追至不里古都伯塔哈之地乃顔兵號十萬玉哇失陷陣力戰又敗之追至失列門林遂擒乃顔帝嘉其功賜金帶只孫錢幣甚厚乃顔餘黨塔不歹金家奴聚兵戚捏該從大軍討平之既而合丹復叛於曲連江追擊其軍渡河而遁又與海都將八憐帖里哥歹必里察等戰於亦必兒失必兒之地戰屢捷成宗時在潛邸帝以海都連年犯邊命出鎮金山玉哇失率所部在行從皇子闊闊出丞相朶兒朶懷擊海都軍突陣而入大破之

復從諸王藥木忽兒丞相朶兒朶懷擊海都將八憐八憐敗海都復以禿苦馬領精兵三萬人直趨撒剌忍河欲據險以襲我師玉哇失率善射者三百人守其隘注矢以射竟全軍而歸帝嘉之賜鈔萬五千緡金織段三十匹海都朶哇以兵来襲擊走之武宗鎮北邊海都復入冦至兀兒秃玉哇失敗之獲其駝馬器仗以獻時扎魯花赤李羅帖木兒所將兵爲海都困於小谷帝命玉哇失援出之帝喜謂諸將曰今日大丈夫之事舍玉哇失其誰能之縱以黄金包其身猶未足以厭朕志武宗南還命玉哇失後從敵懼莫敢近因留之戍邊賜以金察剌二玉束帶渾金段各一仍賜秫米七十石使爲酒以犒其軍後海都子察八兒等遣人詣闕請和朝廷許之遂撤邊備玉哇失乃還帝録其功賜鈔五萬貫進鎮國上將軍仍舊職大德十年五月晝寢于衛舍不疾而卒子亦乞里歹襲亦乞里歹卒子拜住襲

麥里

麥里徹兀臺氏祖雪里堅那顔從太祖與王罕戰同飲班真河水以功授千戶領徹里臺部征討諸國卒于河西父麥吉襲職從太宗定中原以疾卒麥里襲

職從定宗略定欽察阿速斡魯思諸國從憲宗伐宋有功世祖即位諸王霍忽叛掠河西諸城麥里以爲帝初即位而王爲首亂此不可長與其弟桑忽荅兒率所部擊之一月八戰奪其所掠扎剌亦兒脫脫憐諸部民以還已而桑忽荅兒爲霍忽所殺帝聞而憐之遣使者以銀鈔羊馬迎致麥里賜號曰荅剌罕尋卒子禿忽魯

探馬赤

探馬赤禿立不帶人從諸王沒赤征回回後以兵從塔海紺卜火魯赤紐璘諸大帥歲戊午紐璘攻涪州還至馬湖江宋兵連艦絶江不得進探馬赤率精兵二千擊之奪其舟以濟又於橫江嘉定宣化三縣造浮橋以達成都紐璘以爲能命將千人從萬户昔力荅畧地硐門黎雅土蕃昔力荅死行院帖赤以探馬赤爲萬户領其軍中統四年授蒙古漢軍萬户至元九年從行省也速帶兒征建都獨以銳卒千五百人與建都兵戰于梅子嶺大敗之夜馳與速哥會直擣其營斬首數十級生擒百餘人獲其輜重以歸復益兵三千人與左丞曲立吉思乘勝進擊建都勢蹙請降又從行院汪田哥忽敦等攻嘉定重慶瀘叙諸州以功兼崇慶府達魯花赤十九年卒子拜延襲蒙古軍萬户戍甘州

抜都兒

抜都兒阿速氏世居上都宜興憲宗在潛邸與兄兀作兒不罕及馬塔兒沙帥衆來歸馬塔兒沙從憲宗征麥各思城爲前鋒將身中二矢奮戰抜其城又從征蜀至釣魚山歿于軍抜都兒從征李璮圍濟南身二十餘戰世祖嘉其能賞納失思段九命領阿速軍一千常居左右尋於阿塔赤内充怯薛百户後從塔不台南征與敵軍戰于金剛臺又以功受賞師還言於帝曰臣願從軍爲國效死世祖留之仍命充孛可孫兼領阿速軍御馬必今鞚引至元二十三年授廣威將軍後衛親軍副都指揮使賜虎符明年夏從征乃顔于亦迷河擒叛家奴塔不台以歸賞鈔及衣段加定遠大將軍大德元年卒子別吉連襲至大四年河東陝西肇昌延安燕南河北遼陽河南山東諸翼衛探馬赤爭草地訟者二百餘起命往究之悉正其罪積官懷遠大將軍致和元年從丞相燕鐵木兒擒倒剌沙黨烏伯都剌等領諸衛軍守居庸關及諸要害地天曆元年十月王禪兵掩至羊頭山攻破隘口勢甚張別吉連從丞相擁衆奮擊之突入其軍王禪敗走文宗賜御衣二襲三珠虎符及弓矢甲冑金帛等物以旌其功尋以疾辭子也連的襲

昂吉兒

昂吉兒張掖人姓野蒲氏世爲西夏將家歲辛巳父甘卜率所部歸太祖以其軍隸蒙古軍籍仍以甘卜爲千戶主之從木華黎出征病卒昂吉兒領其父軍從征諸國有功至元六年授本軍千戶佩金符俄署地淮南所向無前時國兵初南塞馬當暑往往疥癘昂吉兒以所部馬入太行療之所病良已由是軍中馬病者率以屬焉歲療馬以萬數宋輸粮金剛臺意將深入昂吉兒將兵馳往斷其輸道因上言河南邊郡與宋對境宋兵時爲邊患唐州東南皆大山信陽

在蔡州南南直九里武陽平靖五水等關宋兵必經諸關以入信陽實其咽喉守禦莫急焉往年金亡朝廷得壽泗襄郢而不留兵守卒使宋得之請城信陽以扼宋得旨令率河西軍一千三百人城之城成九年加明威將軍信陽軍萬戶佩虎符分木華黎及阿术所將河西兵俾將之加懷遠大將軍丞相伯顏渡江留阿术定淮南東道其西道則屬之昂吉兒駐兵和州宋淮西制置夏貴遣侯都統將兵四萬來攻有諜內應者悉誅之潛兵出千秋澗塞其歸路因出城奮擊大敗之獲人馬千計鎮巢軍降阿速軍戍之人

不堪其橫都統洪福盡殺戍者以叛昂吉兒攻拔其城擒福及董統制譚正將遂攻廬州夏貴使人來言曰公毋吾攻爲也吾主降吾即降矣宋亡貴舉所部納款昂吉兒入廬州民按堵無所犯遷鎮國上將軍淮西宣慰使宋丞相文天祥復起兵海道邵民張德興應之襲破興國德安諸郡還據司空山詔昂吉兒攻之一戰而定殺張德興執其三子以獻江左初平官制草剏權臣阿合馬納賂鬻爵江南官僚冗濫爲甚郡守而下佩金符者多至三四人由行省官舉薦起授宣慰使者甚衆民不堪命昂吉兒入朝具爲帝

言之且枚舉不循資歷而驟陞者數人帝驚曰有是哉因謂姚樞等曰此卿輩所知而不爲朕言昂吉兒顧言之邪即命偕平章哈伯左丞崔斌翰林承旨和魯火孫符寶奉御董文忠減汰之選曹以清仍詔諭江淮軍民俾通知之時兩淮兵革之餘荊榛蔽野昂吉兒請立屯田以給軍餉帝從之既而阿塔海言屯田所用人牛農具甚衆今方有事日本若復調發民兵將不勝動搖矣議遂寢未幾宣慰使燕楠復以爲言帝乃遣數千人即芍陂洪澤試之果如昂吉兒所言乃以二萬兵屯之歲得米數十萬斛加輔國上將

軍河南行省參知政事淮西宣慰使都元帥進驃騎衛上將軍行中書省左丞加龍虎衛上將軍行尚書省右丞兩官皆兼淮西使帥日本不庭帝命阿塔海等領卒十萬征之昂吉兒上疏其畧曰臣聞兵以氣爲主而上下同欲者勝比者連事外夷三軍屢衄不以言氣海内騷然一遇調發上下愁怨非所謂同欲也請罷兵息民不從既而師果無功昂吉兒屢爲直言雖帝怒甚其辭不少屈臺臣慮昂吉兒難制以牙以迷失不畏強禦奏爲本道按察使以察之牙以迷失時摭昂吉兒細故以聞及廷辨帝察其無他

輒遷其官後竟以微過罪之元貞元年卒子五人其顯者曰昂阿禿廬州蒙古漢軍萬戶府達魯花赤曰暗普海北海南道肅政廉訪使孫教化的世襲千戶

哈剌解

哈剌解哈魯氏初從軍攻襄樊蒙古四萬戶府辟爲水軍鎮撫至元十二年從丞相伯顏渡江改管軍百戶賞甲冑銀靮刀十二年秋從丞相阿朮與宋兵戰焦山敗之獲海舟二阿朮與王世強招討造白鷂海船百艘就四十一萬戶翼摘遣漢軍三千五百新附軍一千五百俾哈剌解王世強并統之攻宋江陰許浦金山上海崇明金浦皆下之獲海船三百餘艘遂戍澉浦海口十三年春行省檄充沿海招討副使宋將張世傑舟師至慶元朐山東門海界哈剌解追之獲船四艘上其功行省增撥軍七百并舊所領士卒守定海港口秋七月宋昌國州朐山秀山戍兵舟師千餘艘攻奪定海港口哈剌解迎擊虜其裨將并海船三艘八月宋兵復攻定海港口哈剌解擊退之行省檄充蒙古漢軍招討使十月哈剌解引兵至温州青奧門遇宋兵奪船五艘遣使諭温州守臣家之柄以城降十一月至福州奪宋海船二十艘擒毛監丞

等十四年賜金符宣武將軍沿海招討副使行省檄充沿海經畧副使俾與劉萬戶行元帥府事於慶元鎮守沿海上下南至福建北趾許浦六月行省檄充沿海經畧使兼左副都元帥督造海船千艘八月有旨江西省右丞塔出等進兵攻廣南哈剌解以兵從十月進昭勇大將軍沿海招討使時宋處州兵復温州哈剌歹率兵復取之進至潮陽縣宋都統陳懿等兄弟五人以畲兵七千人降塔出兵攻廣州踰月未下哈剌解引兵繼至諭宋安撫張鎮孫侍郎譚應斗以城降從攻張世傑于大洋獲其軍資器械不可勝計

諭南恩州宋閤門宣贊舍人梁國傑以畬軍萬人降十五年還軍慶元秋八月入覲帝問曰汝何氏族對曰臣哈魯人賜金織文衣鞍勒擢昭武大將軍沿海左副都元帥慶元路總管府達魯花赤將所部軍戍海口十六年日本商船四艘篙師二千餘人至慶元港口哈剌歹諜知其無他言于行省與交易而遣之海賊賀文達饋潤等寇掠海島哈剌歹諭降之得舟六十餘艘十八年擢輔國上將軍都元帥從國兵征日本值颶風舟回明年二月還戍慶元二十二年罷都元帥改沿海上萬戶府達魯花赤二十四年入朝

帝問日本事宜哈剌歹應對甚悉令還戍海道授浙東宣慰使賜金織文段玉束帶鞍勒弓矢有差二十五年樞密以水軍乏帥奏兼前職冬徵入見明年拜金吾衛上將軍中書左丞行浙東道宣慰使領軍職如故大德五年徵入見擢資德大夫雲南行省右丞偕劉深征八百媳婦國至順元年宋龍濟等叛喪師而還深誅哈剌歹亦以罪廢十一年以疾卒于汝州皇慶元年贈榮祿大夫平章政事鞏國公謚武惠子哈剌不花襲沿海萬戶府達魯花赤

沙全

沙全哈剌魯氏父沙的世居沙漠從太祖平金戍河南柳泉家焉全初名抄兒赤甫五歲為宋軍所虜年十八留劉整幕下宋人以其父名沙的使以沙為姓而名曰全全久居宋險固備知之中統二年整以瀘州來歸全與之同行宋軍追之全力戰得脫授管軍百戶至元三年整出兵雲頂山與宋將夏貴兵遇全擊殺甚衆五年命整領都元帥事出師圍襄樊以全為鎮撫整遣全率軍攻仙人山陳家洞諸寨破之陞千戶賜銀符敗宋將張貴拔樊城與劉整軍會修正陽城引兵渡淮與宋將陳安撫戰敗之十二年從丞

相阿术與宋將張世傑孫虎臣大戰于焦山水陸並進宋人不能支盡棄鼓旗走獲其將士三十三人從攻常州克之乘勝下沿海諸城至華亭戒士卒毋殺掠遂傾城出降以功授華亭軍民達魯花赤時民心未定有未附鹽徒聚衆數萬掠華亭全擊破之籍其名得六千人請于行省遣屯田于淮之芍陂行省以邑人新附時有叛側委萬戶忽都忽等體察欲屠其城全言鹽卒多非其土人若屠之枉死者衆以死保其不叛遂止賜金符加武略將軍兼領鹽場職如舊尋陞華亭為府以全為達魯花赤賜虎符時盜賊蠭

起其最盛者有衆數千人全悉招來之境內得安改松江萬戶府達魯花赤始專領軍政二十二年召見遷隆興萬戶府達魯花赤得請復舊名曰杪兒赤未幾帝以爲松江瀕海重地復命鎮之賜三珠虎符卒于官

帖木兒不花

帖木兒不花荅荅里帶人父帖赤歲乙未同都元帥塔海紺卜將兵入蜀并將蒙古也可明安和少馬賴及砲手諸軍攻下興元利劒成都諸郡所降宋將小王太尉之衆悉隸麾下中統二年賜虎符授西川便

宜都元帥俄進行樞密院率諸軍略定西川未下郡邑至元元年遷益都等路統軍使死軍中帖木兒不花中統初入備宿衛至元七年授虎符代張馬哥爲淄萊水軍萬戶將其衆赴襄陽與宋將范文虎戰于灌子灘手殺四十餘人奪其戰艦追至雲勝洲大敗之行省上其功賜白金五十兩衣一襲鞍轡一副九年授益都新軍萬戶十一年改益都淄萊新軍萬戶從丞相伯顏伐宋敗其大將夏貴於陽羅堡大軍渡江論其功最多賜白金五百兩又從下鄂蘄黃江建康常秀蘇杭諸郡累加昭武大將軍從參知政事阿剌罕略定紹興温台福建諸郡授台州路總管府達魯花赤遷廣東宣慰使十六年加都元帥追宋將張世傑於香山島世傑死降其衆數千人廣東諸郡及海島盡平領諸降臣及將校之有功者入見於大安閣命大府監視其身製銀鼠裘成親賜予之授中書左丞行省江西其餘爵賞有差二十五年拜四川等處行尚書省平章政事兼總軍務改行中書省平章政事其兄帖木脫斡初以蒙古軍千戶從伐蜀有功行樞密院承制授萬戶并將列別木塔海帖木兒也速帶兒匣剌撒兒四千戶軍從大軍攻重慶重慶降

收其衆徇下流諸城留鎮夔門兼本路安撫司達魯花赤進懷遠大將軍蒙古軍萬戶遷定遠大將軍兼嘉定守鎮萬戶本路總管府達魯花赤尋陞鎮國上將軍諸蠻夷部宣慰使加都元帥亦奚不薛蠻畔與岳剌海會雲南兵討平之改征緬都元帥死于軍子忽都荅兒嗣

列傳卷第十九

列傳卷第二十　　元史一百三十三

翰林學士亞中大夫知制誥兼修國史臣宋濂翰林待制承直郎同知制誥兼國史院編修官臣王禕等奉

敕修

塔出

塔出蒙古札剌兒氏父札剌台歷事太祖憲宗歲甲寅奉旨伐高麗命桑吉忽剌出諸王並聽節制其年破高麗連城舉國遁入海島己未正月高麗計窮遂内附札剌台之功居多塔出以勳臣子至元十七年授昭勇大將軍東京路總管府達魯花赤十八年召見賜鈔六十定旌其廉勤陞昭毅大將軍開元等路

宣慰使改遼東宣慰使二十二年入覲帝慰勞久之且問曰太祖命爾父札剌台聖旨爾能記否塔出應對周旋不踰禮節帝嘉之賜以玉帶弓矢拜龍虎衛上將軍東京等路行中書省右丞復授遼東道宣慰使塔出探知乃顏謀叛遣人馳驛上聞有旨命領軍一萬與皇子愛也赤同力備禦女直水達達官民與乃顏連結塔出遂棄妻子與麾下十二騎直抵建州距咸平千五百里與乃顏黨太撒拔都兒等合戰兩中流矢繼知其黨帖哥抄兒赤等欲襲皇子愛也赤以數十人退戰千餘人扈從皇子渡遼水乃顏軍來襲塔出轉鬭而前射其酋帖古歹中其口鏃出於項墮馬死追兵乃退遂軍懿州州老幼千餘人焚香羅拜道傍泣曰非宣慰公吾屬無遺種矣塔出曰今日之事上賴皇帝洪福下賴將士之力吾何功焉至遼西熊山北小龍泊得叛酋史禿林台盧全等納款書期而不至塔出即遣將討擒之又獲其黨王賽哥復與曲迭兒大王等戰破之將士欲俘掠塔出一切禁止與僉院漢爪監司脫脫台追乃顏餘黨北至金山戰捷帝嘉其功名賜黃金珠璣錦衣弓矢鞍勒二十八年賜明珠虎符充蒙古軍萬戶是歲復領軍討哈

丹於女直還攻建州逐阿海投江死明年哈丹涉海南襲高麗塔出復進兵討之入朝世祖嘉其功眷遇彌渥復賜珎珠上服拜榮禄大夫遼陽等處行中書省平章政事兼蒙古軍萬戶卒于位子荅蘭帖木兒中奉大夫遼陽省叅知政事

拜延

拜延河西人父火奪都以質子從太祖征河西太祖立質子軍號禿魯花遂以火奪都爲禿魯花軍百戶太宗朝都元帥紐璘承制以爲千戶從征西川忽都叛於臨洮世祖命火奪都等以蒙古漢軍從大軍往

討之火奪都卒拜延襲至元九年制授征行千户佩金符十年宋師侵成都四川僉省嚴忠範遣拜延迎擊大敗之又從行省也速帶兒攻嘉定從行院忽敦取瀘叙攻重慶數有戰功十二年行院承制以爲東西两川蒙古漢軍萬户總帥汪田哥用兵忠州命拜延將兵二千往涪州策應之宋人同知田哥田以舟師順流而下邀于青江拜延引兵馳赴擒其部將李春等十七人取其軍資焚其戰艦十三年瀘州復叛行院遣拜延領兵趨瀘之珍珠堡敗其將王世昌俘掠其民人孳畜移兵戍暗溪砦宋合州兵來攻拜延

生擒百餘人戮之遂克瀘州行院副使卜花進兵圍重慶遣拜延將兵游擊獲大良平李立所遣諜者四人重慶降制授宣武將軍蒙古漢軍總管十九年從總帥汪田哥入見陛懷遠大將軍管軍萬户改賜金虎符卒子荅察兒嗣授明威將軍興元金州萬户府達魯花赤

也罕的斤

也罕的斤匣剌魯人祖匣荅兒密立以斡思堅國哈剌魯軍三千來歸於太祖又獻羊牛馬以萬計以千户從征回回諸國又從睿宗及折别兒諭降河西諸城後從攻臨洮死焉父密立火者從太宗滅金又從憲宗攻蜀爲萬户府達魯花赤殁于軍中統二年也罕的斤爲千户數有戰功下五花石城白馬等砦至元七年宋兵入成都也罕的斤以兵四百人與之相拒四日宋兵退追擊於眉州大破之授蒙古匣剌魯河西漢軍萬户戍眉州從圍嘉定築懷遠砦以守其要害宋兵出戰輒敗十二年入朝賜對衣玉束帶白金百两加昭勇大將軍上萬户益兵萬人會圍重慶盡督馬湖江兩岸水陸軍馬十四年從圍瀘州攻神臂門先登拔之從行樞密副使卜花攻重慶也佛圖

關屢戰有功移屯堡子頭宋守將趙安開門降重慶既平復將其衆略地思州得降將百餘人加昭毅大將軍帝以西川新附選能鎮撫之者授嘉定軍民西川諸蠻夷部宣撫司達魯花赤增户萬餘進奉國上將軍四川宣慰使都元帥十七年征斡端拜雲南行省參知政事二十一年與右丞太卜諸王相吾荅兒分道征緬造舟于阿昔阿禾兩江得二百艘進攻江頭城拔之獲其鋭卒萬人命都元帥來世安守之且圖其地形勢遣使詣闕具陳所以攻守之方先是既破江頭城遣黒的兒楊林等諭緬使降不報而諸叛

蠻據建都太公城以拒大軍復遣僧諭以禍福又爲所害遂督其軍水陸並進擊破之建都金齒等十二城皆降命都元帥合帶萬戸不都蠻等以兵五千戍之二十八年改四川行樞密副使卒子二人火你赤的斤雲南都元帥也連沙龔蒙古軍萬户

葉仙鼐

葉仙鼐畏吾人父土堅海牙以才武從太祖太宗平金及西夏俱有功仙鼐幼事世祖於潛藩從征土蕃雲南常爲前驅歲己未伐宋至鄂州先登奪其外城中統元年從征阿里不哥與其黨遇大呼馳擊之其衆駭潰賞白金貂裘明年討李壇以功賞白金五百兩授西道都元帥金虎符土蕃宣慰使仙鼐素熟夷情隨地阨塞設屯鎮撫之恩威兼著頑獷皆悅服賜金幣鈔及玉束帶爲宣慰使歷二十四年遷雲南行省平章政事尋改江西行省平章政事巨盜鍾明亮積年爲害仙鼐討擒之至元三十一年成宗即位召還賜玉帶改陝西行省平章政事謝事歸隴右十年卒贈協恭保節功臣太保儀同三司上柱國肇國公謚敏忠子完澤太子詹事進金紫光祿大夫中書平章政事

脫力世官

脫力世官畏吾人也祖八思忽都探花愛忽赤國初領畏吾阿剌温滅乞里八思四部以兵從攻四川殁于軍父帖哥术探花愛忽赤憲宗命長渴密里及曲先諸宗藩之地渾都海阿藍荅兒叛執帖哥术械繫之帖哥术破械脫走入覲世祖賜金符襲父職命率所部兵就征之以功賜衣服弓矢鞍勒又命從諸王奥魯赤討建都平之陞昭勇大將軍羅羅斯副都元帥同知宣慰司事至西蕃境上蕃酋必剌充遮道不得進帖哥术戰却之道遂通事聞賜金虎符賞白金及衣二襲卒子官脫力世官襲職爲武德將軍羅羅斯副都元帥同知宣慰司事其所部有產金戸叛服不常脫力世官往討平之定昌路總管谷納叛與其千戸阿夷謀率衆渡不思魯河脫力世官引兵戰擒阿夷殺之德平路落來民又叛脫力世官又討平之亦奚不薛地未附民多立寨依險自保詔雲南行省調羅羅斯蒙古軍四百人羅羅章六百人屬脫力世官從左丞愛魯往討之脫力世官先至拔其寨愛魯命率兵攻羅羽抵落穿奪其關獲馬牛羊以給士卒又命與萬戸兀都蠻攻怯兒地其酋長阿失據山寨

不下，脫力世官先登破之賞賚遂命脫力世官總左手四翼兵討平亦奚不薛又有蠻子童者立寨于納土原山行省復命脫力世官以蒙古爨僰軍與行省參政阿合八失攻之子童窮蹙遂降進兼管軍副萬戶蠻細狗折興等及威龍州判官阿遮皆憑險爲亂脫力世官夜入據其寨賊散走遣兵搜山谷獲阿遮於深箐斬之籍其民五百餘戶爲農脫力世官入覲授三珠虎符加懷遠大將軍羅羅斯宣慰使兼管軍萬戶既還治括戶口立賦稅以給屯戍昌州蘇你巴翠等作亂脫力世官以雲南王命討降之徙其衆於

昌州平川鎮守千戶任世祿以所部二千人乘間遁去屯威龍州脫力世官先據其要路阨之世祿降未幾入覲卒於京師子㕙南班由宿衛襲職佩三珠金虎符官至鎮國上將軍

忽剌出

忽剌出蒙古氏曾祖阿察兒事太祖爲博兒赤祖赤脫兒從太宗征欽察康里回回等國有功爲涿州達魯花赤卒伯父哈蘭朮襲職佩金符以功稍遷益都路蒙古萬戶歿於軍忽剌出襲哈蘭朮職初授昭勇大將軍至元十二年攻宋六安軍行省命領諸軍戰艦遇宋軍敗之有旨褒賞軍次安慶忽剌出及參政董文炳領山東諸軍與宋孫虎臣等戰于丁家洲大敗之俘其將校三十七軍五千船四十戰于朱金沙又敗之七月及宋人戰于焦山江中時丞相阿朮督戰忽剌出與董文炳冒矢石泝流鏖戰八十里身被數傷裹創殊死戰宋張殿帥攻呂城忽剌出與萬戶懷都生擒之從下常州畧地蘇湖秀州至長橋大敗宋軍大軍至臨安伯顏命忽剌出守浙江亭及北門敗揚州軍于揚子橋又敗真州軍追李庭芝至通州海口盡降淮東諸州江南平加昭毅大將軍尋遷湖

州路達魯花赤十四年進鎮國上將軍淮東宣慰使奉旨屯守上都改嘉議大夫行臺御史中丞陞資善大夫福建行省左丞遷江淮行省除右丞拜榮祿大夫江浙行省平章政事以疾卒

重喜

重喜東呂紇氏祖塔不已兒事太宗爲招討使征信安河南授金虎符改征行萬戶卒父脫察剌襲職歲己未從南征破十字寨時重喜從行戰亦屢捷左足中流矢勇氣益倍世祖親勞之曰汝年幼能爲朕宣力如是深可嘉尚父卒重喜襲職中統三年從征李

瓊有功四年命領兵鎮莒州至元十二年奉旨築十字路城備守禦重喜常率兵游擊四年從抄不花征泗州時蔡千户爲宋兵所圍重喜奮戰救之五年入覲帝嘉其功賜白金金鞍弓矢修正陽城十一年宋兵圍正陽從大軍戰敗之十二年從下漣海諸城又敗宋將李提轄遂駐兵瓜洲十三年夏六月宋都統姜才率師來攻迎戰郤之秋七月從大軍襲擊宋將李庭芝于泰州進昭勇大將軍婺州路總管府達魯花赤卒子慶孫襲

旦只兒

旦只兒蒙古荅荅帶人至元七年從征蜀敗宋兵於馬湖江斬首百餘級九年從征建都蠻十一年從攻嘉定敗宋兵於夾江又從攻下瀘叙諸州進圍重慶敗宋將張萬瀘州叛諸軍將攻瀘旦只兒先將其衆抵紅米湾與宋兵戰敗之進至安樂山復敗宋軍斬首五百餘級獲戰艦四宋兵邀漕舟於安樂山擊走之遂破其石響寨十四年春抵瀘州奪其戰艦五艘還至安樂山復與宋兵戰殺數十人從諸軍拔瀘州張萬擧兵欲向合州旦只兒以鋭卒千人邀擊於龍坎斬首百餘級萬引却賜銀符授管軍千户從征斡端至甘州賜金符陞總管十九年從諸王合班元帥忙古帶軍至斡端與叛王兀盧等戰勝之二十年諸王八巴叛以兵來攻旦只兒獨破其五百餘衆拔亡卒二千餘人以出進副萬户還戍長寧軍宋好止寨以兵來襲旦只兒擊走之斬首百餘級生獲三十餘人二十六年賜金虎符授信武將軍平陽等路萬户府達魯花赤卒子建都不花襲

脱歡

脱歡札剌兒台氏祖菊者父脱端爲萬户從皇子闊出忽都秃略汴宋睢宿等州歲癸丑鎮蔡州脱端卒

子不花襲不花卒弟阿藍荅兒襲阿藍荅兒卒弟長壽襲並爲千户守蔡長壽卒脱歡襲加武畧將軍佩金符從丞相阿朮攻陽邏堡累有戰功渡江攻鄂漢諸州下之會宋軍于丁家洲脱歡突入奪戰艦數艘攻建康太平等郡下之宋都統姜才攻楊子橋堡脱歡率精兵出堡東逆之斬馘幾盡俄而宋軍復集堡北遂奮擊走追至楊州殺傷甚衆會萬户昔里罕入朝道滁州爲宋兵所遮擊敗宋兵出昔里罕從攻楊州至泥湖遇宋軍奪三十餘艘遂進兵蘇州與宋軍戰擒柳奉使至元十三年右丞相遣脱歡援高郵軍

未至二十里會宋將率兵來漕高郵粟與戰擒之有頃宋高郵都統復率二萬人至擊敗之十四年春授懷遠大將軍太平路總管府達魯花赤會只里瓦帶寇北邊帝命脫歡往討之戰左臂中流矢二帝慰勞之賜鎧甲弓矢鞍勒鈔千五伯緡十五年春從親王斡魯忽台丞相孛羅西征有功加定遠大將軍福州路總管府達魯花赤平閩盜改武昌路卒

完者拔都

完者拔都欽察氏其先彰德人以才武從軍歲己未從世祖攻鄂州登城斬馘賞銀五十兩中統三年從

諸王合必赤征李璮於濟南力戰有功至元四年從萬戶木花里掠地荊南至襄陽與宋兵戰屢勝之遂爲梯登樊城焚樓櫓勇冠三軍十一年授武畧將軍彰德南京新軍千戶攻沙洋新城始授金符領丞相伯顏帳前合必赤軍渡江論功改武義將軍戰于丁家洲及楊子橋焦山破常州入臨安攻泰州新城皆預焉江南歸附入見賜號拔都兒佩金虎符遷信武將軍管軍總管高郵軍達魯花赤首以興學勸農爲務四方則之郡有虎傷人手格殺之既而高郵陞爲路進懷遠大將軍高郵路達魯花赤十六年進昭勇

大將軍管軍萬戶十八年閩賊陳吊眼作亂擢鎮國上將軍福建等處征蠻都元帥賜翎根甲命往討之破其營擒吊眼至漳州斬以示衆加管軍萬戶兼高郵路達魯花赤賞賜無筭二十三年進驃騎衛上將軍江浙等處行中書省左丞仍管軍萬戶遷浙西行中書省右丞行浙西宣慰使二十七年轉資德大夫江西等處行樞密院副使兼廣東宣慰使元貞元年入朝拜榮祿大夫江浙等處行中書省平章政事卒于官年五十九贈效忠宣力定遠功臣開府儀同三司太尉上柱國追封林國公謚武宣

失里伯

失里伯蒙古人祖怯古里禿從太祖經畧西夏有功又隷諸王术赤台領寶兒赤與金人戰歿于陣父莫剌合嗣從征阿藍答兒亦有功世祖賜以白金五十兩失里伯世其職由樞密院斷事官爲河南行中書省斷事官至元七年佩金虎符引水軍四萬攻襄陽八年七月宋將范文虎來援失里伯敗其軍進圍樊城先登戰于鹿門與諸軍擒其將張貴十年遷昭勇大將軍爲䖍羅國招討使奉旨入見上都改管軍萬戶領襄陽諸路新軍從丞相伯顏等渡江破獨松關

下長興取湖州行安撫司事十四年授湖州總管進鎮國上將軍淮西道宣慰使十八年卒子塔剌赤曲靖等路宣慰使

孛蘭奚

孛蘭奚雍吉烈氏世居應昌祖忙哥以后族備太祖宿衛父律實狀貌魁偉有謀善騎射太宗嘗問以軍旅之事應對稱旨即命爲千戶彝以爲齊王府司馬後從憲宗伐金有功詔還宿衛以疾卒孛蘭奚英邁有父風幼孤能自刻厲如成人暇日習弓馬夜則讀書其母嘗訓之曰汝父忠勇絶人天不假年汝能自

立則汝父歿無憾矣孛蘭奚由是感激期以成父之志從軍有功襲父官爲齊王司馬世祖親征乃顏以齊王兵從兵始交孛蘭奚躍馬陷陣斬其旗所嚮披靡世祖遥望見壯之有頃乃顏兵遁走孛蘭奚馳歸以捷聞世祖大悅勞之曰無忝汝父矣賜黃金五十兩金織文二疋授宣威將軍信州路達魯花赤時江南初附布宣上意與民更始期年郡中大治部使者以聞帝獎嘆久之即遣使賜以上尊俄以疾卒年三十三贈河間路達魯花赤追封范陽郡侯子脫穎溥化歷監察御史河南廉訪副使郴州路達魯花赤

怯烈

怯烈西域人世居太原由中書譯史從平章政事賽典赤經畧川陝至元十二年立雲南行省署爲幕官諸洞蠻夷酋長欵附怯烈功居多十五年分省大理會緬人入冦怯烈即以戰具資軍士討平之授行中書省左右司員外郎十八年平章納速剌丁遣詣闕敷奏邊事世祖愛其聰辯練達錫虎符拜鎮西緬麓川等路宣撫司達魯花赤兼管軍招討使成都烏蒙諸驛阻絶怯烈市馬給傳往來便之俄被召上京問以征緬事宜奏對稱旨賜幣帛及翎根甲諸王相吾

答兒右丞太卜征緬命怯烈率兵船爲鄉導拔其江頭城振旅而還復從雲南王入緬總兵三千屯鎮驃國設方略招徠其黨由是復業者衆後入覲世祖慰勞之詢以緬國始末擢正議大夫僉緬中行中書省事佩金符頒詔于緬宣布威德緬王稽顙稱謝遣世子信合八的入貢還通奉大夫雲南諸路行中書省參知政事進資善大夫雲南諸路行中書省左丞大德四年以疾卒

暗伯

暗伯唐兀人祖僧吉陀迎太祖于不倫答兒哈納之

地太祖嘉其效順命爲禿魯哈必闍赤兼怯里馬赤
父禿兒赤襲職事憲宗累官至文州禮店元帥府達
魯花赤暗伯弱冠入宿衞性嚴重剛果有大志嘗親
迎于燉煌阻兵不得歸乃客居於于闐宗王阿魯忽
之所世祖遣薛徹干等使阿魯忽以通好阿魯忽留
使者數年弗遣暗伯悉以巳馬駝孳贐之令逃去薛
徹干等得脫歸具以白世祖世祖稱歎久之旣而命
元帥不花帖木兒等征于闐暗伯乘間至行營見薛
徹干於帳中薛徹干曰公之忠義巳上聞矣不花帖
木兒遂承制命暗伯權充樞密院客省使俄有旨護

送暗伯妻子來京師未幾宗王乃顏叛世祖親征暗
伯在行間屢捷命爲克流速不魯合不周兀等處萬
戶又諸王哈魯駙馬禿綿荅兒等叛暗伯率所部兵
戰于克流速石巴禿之地身中七創所乘馬亦中二
矢自旦至晡鏖戰愈力剌禿綿荅兒殺之生擒哈魯
以獻世祖嘉其功命長唐兀衞兼僉樞密院事凡分
立諸色五衞軍職襲替屯戍之法多所更定歷同僉
副樞同知至知樞密院事以疾終于位贈推忠保節
功臣資善大夫甘肅等處行中書省右丞上護軍寧
夏郡公謚忠遂子阿乞剌知樞密院事亦憐真班湖

廣省左丞

也速䚟兒

也速䚟兒康里人父愛伯伯牙兀太祖時率衆來歸
初以五十戶從軍南征力戰而死也速䚟兒世其官
從丞相伯顏經畧襄樊攻百丈山鸛子灘功居最及
襄樊圍合即被甲先登賞銀鈔百兩明年破復州殺
其將以功陞百戶主帥言賞不足酧其勞世祖賜金
符加爲千戶督五路招討至元十六年改金虎符管
軍總管江南平錄功進懷遠大將軍管軍萬戶領江
淮戰艦數百艘東征日本全軍而還有旨特賜養老

一百戶衣服弓矢鞍轡有加二十二年移鎮泰州時
籍民丁爲兵得萬人以也速䚟兒爲欽察親軍指揮
使統之大德三年以疾卒子七人曰教化的曰黑厮
襲父職以疾卒曰黑的牧馬同知曰延壽襲兒職曰
拜顏領哈剌赤曰完澤帖木兒廣德路萬戶達魯花
赤曰哈剌章

昔都兒

昔都兒欽察氏父禿孫隸蒙古軍籍中統三年從丞
相伯顏討李壇叛以功授百戶至元十年告老以昔
都兒代之十一年昔都兒從 大軍南征攻取襄陽唐

鄧申裕鈞許等州累功授忠顯校尉管軍總把賜銀符將其父軍十四年從諸王伯木兒追擊折兒四台岳不思兒等於黑城哈剌火林之地平之十七年賜金符陞武略將軍侍衛軍百戶時亡宋猶有未附城邑昔都兒言於省願自舉兵下之省從其請諸城聞風而附二十四年賜虎符進宣武將軍漢洞右江萬戶府達魯花赤是年秋七月領洞軍從鎮南王征交趾冬十月至其境駐兵萬劫左丞阿八命進兵拔其一字城射交人奪其戰艦七明年春正月大兵進逼僞興道王居與交人戰于塔兒山奮戈撞擊之右臂中毒矢流血盈掬灑血奮戰射死交人二十餘仍督諸軍乘勝繼進大敗之遂入其都城四月戰于韓村堡擒其將黃澤是夜二鼓交人突至謀劫營官軍堅壁以待敵失計詰旦鳴鼓出營交人却追殺甚衆還營立木柵增邏卒交人不敢犯五月鎮南王引兵還以昔都兒爲前軍行次陷泥關戰數十合交人却遂還迎鎮南王于女兒關交人四萬餘截其要道時我軍乏食且疲於戰將佐相顧失色昔都兒率勇士奮戈衝擊之交人却二十餘里遂得全師而還鎮南王閔其勞命樞密臣奏陞其秩二十六年賜虎符授廣威將軍砲手軍匠萬戶府達魯花赤大德二年卒子也先帖木兒襲

列傳卷第二十

列傳卷第二十一　　元史一百三十四

翰林學士亞中大夫知制誥兼修國史臣宋濂　翰林待制承直郎同知制誥兼國史院編修官臣王禕等奉

勅修

撒吉思

撒吉思回鶻人其國阿大都督多和思之次子也初爲太祖弟斡真必闍赤領王傅斡真薨長子只不干蚤世適孫塔察兒幼庶兄脫迭狂恣欲廢適自立撒吉思與火魯和孫馳白皇后乃授塔察兒以皇太弟寶襲爵爲王撒吉思以功與火魯和孫分治黑山以南撒吉思理之其北火魯和孫理之從憲宗攻釣魚

山建言乘勢定江南帝嘉納焉憲宗崩阿里不哥爭立諸王多附之者撒吉思馳見塔察兒力言宜協心推戴世祖塔察兒從之及世祖即位聞撒吉思所言授北京宣撫賜宮人甕吉剌氏及金帛章服及至鎮鋤奸抑彊遼東以寧會高麗有異志帝遣使究治則委罪於其臣洪察忽械送京師道遼東撒吉思訪知洪察忽以直諫迕意即奏疏爲直其事帝命釋之李璮叛命撒吉思帥師從宗王哈必赤討之李璮伏誅哈必赤欲屠城撒吉思力爭曰王者之師誅止元惡脅從罔治因撫摩其人衆情大悅授山東行省都督

遷經畧統軍二使兼益都路達魯花赤辭不拜上言山東重鎮宜選貴戚臨之帝不許賜京城宅一區益都田千頃及璮馬羣園林水磑海青銀鼠裘之屬兵後民乏牛具爲之上聞驗民丁力官給之統軍抄不花田遊無度害稼病民元帥野速荅尔據民田爲牧地撒吉思隨事表聞有旨杖抄不花一百令野速荅尔還其田璮故將毛璋欲率諸部誅執撒吉思以歸宋璋黨上變乃襲璋斬之撒吉思嘗慕古人舉親舉讎之義叛帥故卒得與子姓參用公論多之山東歲屢歉爲請於朝蠲粟賑𠕅又奏蠲其田租山東人刻

石頌德卒年六十六後贈安邊經遠宣惠功臣謚襄惠

月乃合

月乃合字正卿其先屬雍古部徙居臨洮之狄道金略地盡室遷遼東曾祖帖木爾越哥仕金爲馬步軍指揮使官名有馬因以馬爲氏祖把掃馬野禮屬徙靜州之天山以財雄邊宣宗遷汴父昔里吉思辟尚書省譯史試開封判官改鳳翔府兵馬判官死國事贈輔國上將軍恒州刺史廟號褒忠月乃合好學負氣父死時年方十七奮然投冠于地曰吾父死國難

吾獨不能紓家難乎會國兵破汴侍母北行艱關鋒鏑中北見憲宗辭容端謹帝嘉賞之命賚卜只兒斷事官事以燕故城爲治所月乃合慨然以治道自任政事修舉歲壬子料民丁於中原凡業儒者試通一經即不同編户著爲令甲儒人免丁者實月乃合始之也性好施予嘗建言立常平倉舉海内賢士楊春卿張孝純輩分布諸郡號稱得人又羅致名士敬鼎臣授業館下薦引馬文玉牛應之輩爲參佐後皆位至卿相歲己未世祖以親王南征從行至汴令專饋饟運濟南鹽百萬斤以給公私之費所過州郡汴蔡汝

潁之間商農安業軍政修舉月乃合與有力焉及即位降詔褒獎世祖將親征阿里不哥月乃合出私財市馬五百以助軍帝厚賜其家曰當償汝也拜禮部尚書佩金虎符四年南邊不靖月乃合建言光潁等處立榷場歲可得鐵一百三萬七千餘斤鑄農器二十萬事用易粟四萬石輸官不惟官民兩便因可以鎮服南方詔以本職兼領已括户三千興煽鐵冶其掌古漢軍並聽節制未行以疾卒年四十八贈推忠宣力翊運功臣正議大夫僉書樞密院事上輕車都尉梁郡侯謚忠懿子孫登仕籍者甚衆至仁宗朝詔行科舉曾孫祖常博學能文章鄉試會試皆爲舉首由翰林應奉拜監察御史直言忤上官意去居浮光數年起爲翰林待制累遷御史中丞卒謚文貞

昔班

昔班畏吾人也父闊里別斡赤身長八尺智勇過人聞太祖北征領兵來歸從征回回國數立功將重賞之自請爲本國坤閭城達魯花赤從之仍賜種田户二百卒昔班事世祖潛邸命長必闍赤中統元年以爲真定路達魯花赤改户部尚書宗正府扎魯花赤阿里不哥之叛帝命昔班詣河西督糧運給軍還至

西京北聞萬户阿失鐵木兒等方選士卒將從阿里不哥昔班矯制召其軍赴行在阿失鐵木兒狐疑未決昔班委曲諭之且曰皇帝兄也阿里不哥弟也從兄順事也又何疑焉阿失鐵木兒等請夜議之期以翌日復命且以兵圍昔班以待明日皆至曰從爾之言矣即便宜以西京錢粮給其軍遂率之以行入見帝歎曰戰陣之間得一夫之助猶爲有濟昔班以二萬軍至其功豈少哉海都叛世祖大閱兵將討之先命昔班使海都使之罷兵置驛來朝昔班至海都傳旨諭之海都聽命既退軍置驛而丞相安童軍先已

克火和大王部曲盡獲其輜重海都懼將逃謂昔班曰我不難於殺汝念我父嘗受書於汝姑遣汝歸以安童之事聞非我罪也昔班以聞帝曰汝言是也先是來者亦嘗有此言尋命爲中書右丞商議政事妻以宗王之女不魯真公主明年復使海都諭之來歸且曰苟不從我爾能敵諸王蕃衛之兵乎海都辭以畏死不敢昔班奉使奔走三年風沙翳目時年已七十矣命爲翰林承旨給全俸養老年八十九而卒子斡羅思察至元二十三年授浙東宣慰使浙東盜起偽鑄印璽僭稱天降大王斡羅思察討平之移鎮廣

西峒蠻羅天佑作亂招諭降之年六十九卒子咬住至大三年授典用監卿有盜竊世祖御帶者懸賞五千錠以購賊咬住擒獲之盜伏誅咬住辭賞武宗嘉其不伐予之千錠官至榮祿大夫宗正府札魯火赤

鐵連

鐵連乃蠻人也居絳州　祖伯不花爲宗王拔都王傅鐵連魁偉寡言有謀略早歲宿衛王府拔都分地平陽以鐵連監隰州中統初調平陽馬步站達魯花赤至元初宗王海都叛廷議欲伐之世祖曰朕以宗室之情惟當懷之以德其擇謹密足任大事者往使焉左右以鐵連對遂召見語及大事鐵連應對稱旨帝嘉其辯慧曰此事非汝不可然必先詣拔都蒙哥鐵木王所相與計事而後行使二人副之鐵連既奉命欲直造海都境視其虛實然後議于諸王副者弗從曰上命我輩先議于王今遽造敵境不可鐵連曰親承密旨汝輩違則當誅副者懼而從之行既至海都日召宗親宴飲將伺其隙謀害之鐵連乃厲聲斥之曰且食勿語望語言脫口相撫爲罪耶良久海都曰直哉酒半鐵連求衣爲歡海都嘉其雄辯將解與之其妃止之以皮服二襲付之因語其屬曰爲使者當

如是矣厚贈以行既至拔都蒙哥鐵木王所具告以故王曰祖宗有訓叛者人得誅之如通好不從舉師以行天罰我即外應掩襲勦絕不難矣鐵連還悉以事聞因言於帝曰海都兵繁而銳不宜速戰來則堅壘待之去則勿追自守既固則無虞矣帝深然之勅所受海都皮服全飾以金允朝會宜服以表示焉其賞賜不可勝計後屢使拔都王所道遇海都游兵副者前行失對遇害鐵連後至曰我爲天子使可以非禮犯之耶游兵語屈乃曰前者偽使此真使也釋之遂獨得還帝嘗謂侍臣曰有鐵連則朕之宗族將不

失和矣海都覘伺挍都王爲備已嚴意乃帖然鐵連始終凡四往返歷十四年帝謂鐵連曰在朝官之要重者惟汝所擇對曰臣志在王室其事未辦不敢奉命今臣母在絳州老且病得侍朝夕幸也詔從其請授絳州達魯花赤至元十五年平陽李二謀亂鐵連捕問盡得其狀中書奏進其秩帝曰鐵連豈惟能辦此耶加宣武將軍至元十八年病卒於官年六十四子荅剌帶嗣官信武將軍同知大同路總管府事

愛薛

愛薛西域弗林人通西域諸部語工星曆醫藥初事

定宗直言敢諫時世祖在藩邸器之中統四年命掌西域星曆醫藥二司事後改廣惠司仍命領之世祖嘗詔都城大作佛事集教坊妓樂及儀仗以迎導愛薛奏曰高麗新附山東初定江南未下天下疲弊此無益之費甚無謂也帝嘉納之至元五年從獵保定日且久乃從容於帝前語供給之民曰得無妨爾耕乎帝爲罷獵至元十三年丞相伯顏平江南還姦臣以飛語讒之愛薛叩頭諫得解尋奉詔使西北宗王阿魯渾所既還拜平章政事固辭擢秘書監領崇福使遷翰林學士承旨兼脩國史大德元年授平章政事八年京師地震上弗豫中宮召問災異殆下民所致耶對曰天地示警民何與焉成宗崩内旨索星曆秘文愛薛厲色拒之仁宗時封秦國公卒追封太師開府儀同三司上柱國拂林忠獻王子五人也里牙秦國公崇福使腆合翰林學士承旨黑厮光祿卿闊里吉思同知泉府院事魯合廣惠司提舉

闊闊

闊闊字子清本蔑里吉氏部族世居不里罕哈里敦之地其俗驍勇善騎射諸族頗憚之國初舉族内附世祖居潛邸選闊闊爲近侍歲甲辰世祖聞王鶚賢

避兵居保州遣使徵至問以治道命闊闊與廉希憲皆師事之既而闊闊出使于外迨還而鶚已行思慕號泣不食者累日世祖聞而異之歲庚戌憲宗復召鶚至和林仍命闊闊從之游每旦起盛飾其冠服鶚譏之曰聖主好賢樂善徵天下士命若從學若等不能稱主上心惟誇衒鮮華以益驕貴之氣恐窒於外而塞於中道義之言無自而入吾所不取也闊闊深自悔悟明日俱純素以進鶚乃悅歲壬子奉命僉諸路軍籍以丁壯產多者充之所至編籍無撓人皆德之及還帝悅命領燕京匠局世祖即位特授中書左

丞未幾遷大名路宣撫使以疾卒年四十子堅童字永叔少孤甫十歲即從王鶚游既長奉命入國學復從許衡游弱冠入侍禁廷授中順大夫侍儀奉御遷中議大夫同脩起居注及奉使濟南見楊桓賢遂力薦之至元二十三年授嘉議大夫禮部尚書遷吏部尚書秩未滿特授通議大夫御史臺侍御史二十四年扈從東征屢戰有功遷燕南河北道提刑按察使二十八年授正議大夫燕南河北道肅政廉訪使遂拜河南行省平章政事驛召赴闕未拜以疾卒年三十九

禿忽魯

禿忽魯字親臣康里亦納之孫亞禮達石第九子也自幼入侍世祖命與也先鐵木兒不忽木從許衡學帝一日問其所學禿忽魯與不忽木對曰三代治平之法也帝喜曰康秀才朕初使汝往學不意汝即知此除蒙古學士奉議大夫客省使進兵部郎中遷僉太史院嘗宴見世祖屢開說古今治亂政要多所裨益至元二十年遷中書右司郎中未幾大宗正薛徹干薦掌其府判署閱諸獄文案嘗暮歸愀然若有求而未獲者家人問之曰今日所議死案也於我心有疑欲求所以活之未得其方耳他日歸喜曰我得之矣於法當流徙邊地遷吏部尚書時哈剌哈孫爲湖廣平章嘗與禿忽魯同在大宗正素知其賢舉以自輔遂授資德大夫湖廣右丞時湖南北盜賊乘舟縱横劫掠哈剌哈孫患之禿忽魯曰樹茂鳥集樹伐則散戮一人足矣盜首喬大使者居九江郡守曳剌馬丹取賂蔽之遣使擒以來獄成殺而令諸市群盜頓息湖南宣慰張國紀創徵夏稅民弗堪禿忽魯屢請罷之至元二十九年辰州蠻叛副樞劉國傑僉院唆木蘭往討之不利移文索辰澧沅民間弩士三千哈剌

哈孫以民弗習戰強之徒傷吾民弗許禿忽魯曰兵貴訓練乃可用也漢軍不習弩因蠻攻蠻古所利遂與之果以此獲勝成宗即位遷江浙右丞適歲旱方至而雨民心大悅未幾平章不忽木卒帝思之問近侍曰群臣孰有似不忽木者賀伯顔對曰禿忽魯其人也且先帝所知遂驛召還賜雕鞍弓矢俄遷樞密副使大德七年卒年四十八贈推忠翊亮佐理功臣榮禄大夫江浙等處行中書省平章政事柱國大司徒趙國公謚文肅子山僧仕至晉寧路總管

唐仁祖

唐仁祖字壽卿畏兀人祖曰唐古直子孫因以唐爲氏初畏兀舉國効順唐古直時年十七給事太祖因屬之睿宗曰唐古直可任大事睿宗未及用莊聖皇后擢爲札魯火赤父驥豪爽好射獵世祖即位命驥爲裕宗潛邸必闍赤陞達魯花赤仁祖少穎悟父沒母教之讀書通諸方語言尤邃音律中統初詔諸貴冑爲質帝親閱之見仁祖曰是唐古直孫邪聰明無疑也俾習國字至元六年中書省選充蒙古掾十六年録囚平陽平反寃滯免死者九十七人十八年授翰林直學士時中書奏真定保定兩路錢穀逋負屢

歲不決遣仁祖往閱其牘皆中統舊案亟還奏罷之轉工部侍郎除中書右司郎中拜參議尚書省事時丞相桑哥秉政威焰方熾仁祖論議不回屢忤桑哥人皆危之仁祖自若也遷工部尚書桑哥以曹務煩劇特重困之仁祖處之甚安尋出使雲中桑哥考工部織課稍緩怒曰誤國家歲用亟遣驛騎追還就見桑哥相府中遽命直吏拘往督工且促其期曰違期必致汝於法左右皆爲之懼仁祖退召諸署長從容諭之曰丞相怒在我不在爾也汝等勿懼宜力加勉衆皆感激晝夜倍其功期未及而辦乃罷已而桑哥繫獄有旨命仁祖往籍其家明日桑哥以左右之援得釋衆見駭然目仁祖曰怒虎之威可再犯邪悉踰垣以竄仁祖獨不爲之動桑哥竟敗二十八年除翰林學士承旨中奉大夫遼陽飢奉旨借近侍速哥左丞忻都往賑忻都欲如户籍口數大小給之仁祖曰不可昔籍之小口今已大矣可借以大口給之忻都曰若要善名而陷我于惡邪仁祖笑曰吾二人善惡衆已的知豈至是而始要名哉我知爲國䘏民而已何䘏爾言卒以大口給之俄除通奉大夫將作院使成宗即位尊大母元妃爲皇太后以仁祖善書特勅

書冊文復奉詔督工織絲像世祖御容越三年告成大德五年再授翰林學士承旨資善大夫知制誥兼脩國史以疾卒年五十三贈榮禄大夫平章政事追封洹國公諡文貞子恕初授奉訓大夫壽武庫提點至大中遷翰林待制後累遷至亞中大夫侍儀使

朶兒赤

朶兒赤字道明西夏寧州人父斡扎簀世掌其國史初守西凉率父老以城降太祖有旨副撒都忽爲中興路管民官國兵西征運餉不絶無毫髮私時號曰滿朝清世祖即位斡扎簀寢疾卒遺奏因高智耀以

進請謹名爵節財用帝嘉納焉朶兒赤年十五通古
注論語孟子尚書帝以西夏子弟多俊逸欲試用之
召見于香閣帝曰朕聞儒者多嘉言朶兒赤奏曰陛
下聖明仁智奄有四海唯當親君子遠小人爾自古
帝王未有不以小人而亡者惟陛下察焉帝曰朕於
廷臣有戇直忠言未嘗不悦而受之蓋忤者亦未嘗
加罪蓋欲養忠直而退諛佞也汝言甚合朕意因問
欲何仕朶兒赤對曰西夏營田實占正軍儻有調用
則又妨耕作土瘠野壙十未墾一南軍屯聚以來子
弟蕃息稍衆若以其成丁者别編入籍以實屯力則

十九　元史列傳卷廿一　十三

地利多而兵有餘矣請爲其總管以盡措畫帝可之
乃授中興路新民總管至官録其子弟之壯者墾田
塞黄河九口開其三流凡三載賦額增倍就轉營田
使秩滿入覲帝大悦陞潼川府尹時公府無禄田朶
兒赤乃以官曠地給民視秩分畝而薄其稅潼川仕
者有禄自此始未幾臺臣奏爲雲南廉訪副使時雲
南諸蠻叛僰佐悉稱故而去朶兒赤獨居守又八月
省臣大懼歸符印欲遁朶兒赤乃白于梁王得檄而
後出還山南廉訪副使未幾復調雲南廉訪使會行
省丞相帖木迭兒貪暴擅誅殺羅織安撫使法花魯

丁將置于極刑朶兒赤謂之曰生殺之柄繫于天子
汝以方面之臣而專殺意將何爲小民羅法且必審
覆况朝廷之臣耶法花魯丁竟獲免尋復其官僰夷
與蠻相讐殺時省臣受賄助其報仇乃詐奏蠻叛起
兵殺良民朶兒赤奏劾竟罷之年六十二卒于官子
仁通爲雲南省理問天曆二年三月雲南諸王與萬
户伯忽等叛仁通率官軍抗之沒於陳

和尚

和尚王耳别里伯牙吾台氏祖哈剌察兒率所部歸
太祖父忽都思膂力過人歲壬辰從睿宗破金大將

十九　元史列傳卷廿一　十四

合達軍于鈞州三峯山以功賜號拔都魯甲午金亡
乙未授管軍百户從攻宋唐鄧潁蔡襄陽郢復信陽
光等州屢立戰功辛亥賜名馬文錦白金甲冑弓矢
乙卯從攻漢上鐵城寨殁于軍贈竭忠宣力功臣資
德大夫中書右丞上護軍沈國公謚武愍和尚襲父
職己未從世祖攻鄂州中統三年李璮叛從國兵討
之戰老僧口斬獲甚衆陞阿剌罕萬户府經歷至元
五年攻襄陽軍務繁劇贊畫有方都元帥阿术薦其
才可大用十一年從丞相伯顔渡江與宋軍戰于柳
子魯洑新灘沌口伯顔上其功世祖嘉奬不已十三

年從平章阿里海牙攻拔岳州取沙市至江陵宋安撫使高達城守拒戰和尚直抵城下諭以禍福達遂開門出降以功陞行省郎中從國兵圍潭州潭守臣李芾堅守攻之三月不下十二年城破芾死諸將利於虜略欲屠其城和尚宜言曰拒我師者宋將耳其民何罪既受其降即是吾民殺之何恐且今列城多未附降而殺之是堅其效死之心也左丞崔斌曰郎中言是平章阿里海牙意亦與合遂從之一城之人賴以全活由是湖南諸郡聞風皆下世祖聞之賞賜加厚改行省斷事官徇地廣西督前軍攻破靜江遂

兼行宣撫事廣西平授太中大夫常德路達魯花赤以治最聞擢嶺南廣西道提刑按察使時阿里海牙恃功頗驕恣和尚劾奏不少貸遷江南浙西道提刑按察使浙西宋故都民衆事繁在職惟務鎮靜人服其知大體卒于官年四十九贈宣忠守正功臣銀青榮祿大夫司徒上柱國追封沈國公謚莊肅子千奴千奴以御史大夫月魯那延薦入見大安閣世祖念其功臣子即以其父官授之拜武德將軍江南浙西道提刑按察使時江浙行中書省行御史臺皆治杭千奴上言行省專控江浙在杭爲宜行臺總鎮江南

不宜偏在杭且兩大府並立勢偪則事窒情通則威褻盍移行臺於要便之所後數年遂移行臺於江東遷山南湖北道提刑按察使二十六年加明威將軍遷淮西江北道提刑按察使時桑哥秉政擅權勢焰熏灼人莫敢言千奴乘間入朝見帝於柳林極陳其罪狀帝爲之改容未幾桑哥伏誅又上言其黨猶布中外宜早處分改立肅政廉訪司進廣威將軍授江北淮東道肅政廉訪使三十一年遷江東建康道肅政廉訪使丁祖母憂服闋東平大名諸路有諸王牧馬草地與民田相間互相侵冒有司視強弱爲予奪

連歲爭訟不能定乃命起千奴治之其訟遂息大德二年授太中大夫建康路總管未行奉詔使淮東西問民疾苦察官吏能否千奴勤于咨訪興利除害還奏軍民便宜三十事多見采用歷江西湖東江南湖北兩道廉訪使時中書平章伯顏等固位日久黨與衆盛所任之人徇情弄法綱紀漸壞千奴摭其實上于憲臺以聞伯顏等皆被黜前後七持憲節剛正不撓聞朝廷事有不便必上章極論未嘗以內外爲嫌七年授嘉議大夫大都路總管兼大興府尹馭吏治民有方以暇日正街衢表里巷國學興工尤盡其力

俄進通議大夫同僉樞密院事上疏言蒙古軍在山東河南者往戍甘肅跋涉萬里裝槖鞍馬之資皆其自辦每行必鬻田產甚則賣妻子戍者未歸代者當發前後相仍困苦日甚今邊陲無事而虛殫兵力誠爲非計請以近甘肅之兵戍之而山東河南前戍者官爲出錢贖其田產妻子庶使少有瘳也詔從之未幾遷參議中書省事贊決機務精練明敏凡干祿之人由他道進者一切不用時論翕然稱焉成宗崩迎仁宗於潛邸奉武宗即位危疑之際彌綸補益之功爲多拜榮祿大夫平章政事商議樞密院事左翼萬戶府達魯花赤提調屯田事賜玉帶延祐五年乞致仕帝憫其衰老從其請仍給半俸終其身退居濮上築先聖宴居祠堂於歷山之下聚書萬卷延名師教其鄉里子弟出私田百畝以給養之有司以聞賜額歷山書院家居七年而卒年七十一贈推忠輔治功臣光祿大夫河南江北等處行中書省平章政事上柱國追封衛國公謚景憲子龍實監察御史壽童洪澤屯萬戶早卒不蘭奚南臺御史觀音保襲洪澤屯萬戶孛顏忽都起進士知鄭州以治行第一入爲翰林國史院經歷

劉容

劉容字仲寬其先西寧青海人高祖阿華西夏主尚食西夏平徙西寧民於雲京容父海川在徙中後遂爲雲京人容幼穎悟稍長喜讀書其俗素尚武容亦善騎射然弗之好也中統初以國師薦入侍皇太子於東宮命專掌庫藏每退直即詣國子祭酒許衡衡亦與進之至元七年世祖駐蹕鎮海聞容知吏事召至命權中書省掾事畢復前職以忠直稱十五年奉旨使江西撫慰新附之民或勸其頗受送遺歸賂權貴人可立致榮寵容曰剝民以自利吾心何安使還惟載書籍數車獻之皇太子忌嫉者從而讒之由是稍疎容然容亦終不辯會立詹事院容上言曰太子天下本苟不得端人正士左右輔翼之使傾邪側媚之徒進必有損令德聞者是之俄命爲太子司議改祕書監未幾出爲廣平路總管富民有同姓爭財產者訟連年不決容至取籍考二人父祖名字得其實立斷之爭者遂服皇子雲南王至汴其達魯花赤某欲厚斂以通賄于王容請自往乃減其費後以疾卒於官年五十二

迦魯納荅思

迦魯納荅思畏吾兒人通天竺教及諸國語翰林學
士承旨安藏扎牙荅思薦於世祖召入朝命與國師
講法國師西番人言語不相通帝因命迦魯納荅思
從國師習其法及言與字朞年皆通以畏吾字譯西
天西番經論既成進其書帝命鋟板賜諸王大臣西
南小國星哈剌的威二十餘種來朝迦魯納荅思於
帝前數奏其表章諸國驚服朝議興兵討暹國羅斛
馬八兒俱藍蘇木都剌諸國迦魯納荅思奏此皆蕞
爾之國縱得之何益興兵徒殘民命莫若遣使諭以
禍福不服而攻未晚也帝納其言命岳剌也奴帖滅

等往使降者二十餘國至元二十四年丞相桑哥奏
爲翰林學士帝曰迦魯納荅思之官非汝所當奏也
既而擢翰林學士承旨中奉大夫遣侍成宗於潛邸
且俾以節飲致戒成宗即位思其忠遷榮祿大夫大
司徒憐其老命乘車入殿仁宗即位廷議汰冗官獨
迦魯納荅思爲司徒如故仍加開府儀同三司賜玉
鞍一是年八月卒

闊里吉思

闊里吉思蒙古按赤歹氏曾祖八思不花從攻乃蠻
欽察兀羅思馬扎兒回回諸國常爲先鋒破敵太祖
嘉之賜以虎符及諭降豐州雲州擢充宣撫使祖忽
押忽辛襲職佩虎符憲宗嘗語之曰汝所佩金符舊
矣何以旌世功命改製以賜之中統三年改河中府
達魯花赤卒父藥失謀擢襄陽統軍司經歷改宿州
達魯花赤皆不拜樞密副使孛羅御史中丞木八剌
引見世祖奏曰此忽押忽辛子也乞以其祖父虎符
授之擢中順大夫金剛臺達魯花赤繼改光州屢遷
安東州河中府及溫州潞州以建康路達魯花赤致
仕闊里吉思初以宿衛充博兒赤至元二十五年擢
朝列大夫司農少卿賜金束帶遷中議大夫司農卿

陞資善大夫司農即拜榮祿大夫行湖廣平章將兵
討海南生黎諸峒寨又明年平之師還徵入見賜五
束帶金銀幣帛弓矢甲冑及寶鈔鞍勒得旨還鎮成
宗即位入見賜海東青鶻白鶻各一及衣服有差大
德二年改福建行省平章未幾以福建隸江浙改福
建道宣慰使都元帥陞征東省平章政事高麗刑政
無節官冗民稀闊里吉思因悉加裁正以聞有旨徵
入見俾條析便民事宜大德五年復拜湖廣平章踰
年改陝西以目疾還京師加官至金紫光祿大夫雲
南諸路行中書省左丞相卒年六十六子完澤湖廣

右丞征廣西賊卒于軍

小雲石脫忽憐 八丹附

小雲石脫忽憐畏吾人仕其國爲吾魯愛兀赤猶華言大臣也太祖時與其父來歸從征回回國還事睿宗於潛邸真定睿宗分地以爲本路斷事官子八丹事世祖爲寶兒赤鷹房萬户從征哈剌張有功賜男女各一人金一鋌及銀甕等物征阿里不哥戰於昔門禿日三合殺獲甚衆賜金一鋌後以鷹房萬户從裕宗北征至鎮海你里温賜銀椅及鈔一萬五千貫命歸守真定未幾命行省揚州八丹辭曰臣自幼未

嘗去陛下願留侍左右改隆興府達魯花赤遷授中書右丞諭之曰是朕舊所居汝往居之八丹又辭帝不允居三年海都叛奉旨從甘麻剌太子往征之師還以功賜金一鋌卒贈銀青光禄大夫司徒子阿里鷹房千户石得安西王相府官德眼汝定府達魯花赤阿散甘肅行省平章政事臘真由會同館使同知通政院有政蹟官至榮禄大夫中書省平章政事兼翰林學士承旨通政院使卒子察乃金紫光禄大夫中書省平章政事察乃子十人老章知樞密院事撒馬篤中書省叅知政事

斡羅思

斡羅思康里氏曾祖哈失伯要國初欵附爲莊聖太后宫牧官祖海都從憲宗征釣魚山歿于陣父明里帖木兒世祖時爲必闍赤後爲太府少監斡羅思至元十九年爲内府必闍赤二十一年拜監察御史還雲南行省理問領雲南王府事後以忤桑哥被譖籍其家惟金玉帶各一黄金五十兩皆上所賜者乃以公用係官孳畜加之罪帝曰口腹之事其寢之二十六年置八番羅甸宣慰司進嘉議大夫宣慰使時諸蠻叛服不常斡羅思平之乃立安撫等司以守焉二

十八年平楊都要等九月進中奉大夫錫虎符明年爲八番順元等處宣慰使都元帥賜三珠虎符大德六年授通奉大夫羅羅思宣慰使兼管軍萬户進正奉大夫武宗立召還授資善大夫中書左丞領武衛親軍都指揮使大都屯田府事尋進榮禄大夫中書右丞兼翰林國史承旨仍領武衛屯田屢奉旨賜貲産第宅固辭還四川行省平章政事至大二年召還以瘫瘓卧病不起皇慶二年卒年五十有六贈光禄大夫益國公子慱羅普化初直宿衛爲速古兒赤至大元年爲翰林侍講學士以父疾歸侍延祐四年

入侍爲速古兒赤扎撒孫至治元年爲速古兒赤五十人之長兼領皇后宮寶兒赤二年襲授河南府同知子察罕不花領其所掌宿衛天曆元年見文宗于汴入直宿衛爲温都赤拜監察御史繼遷御史臺經歷中書右司郎中授中憲大夫隆禧總管府副達魯花赤

朶羅台

朶羅台唐兀氏祖小丑太祖既定西夏括諸色人匠小丑以業弓進賜名怯延兀蘭命爲怯憐口行營弓匠百户徙居和林卒父塔兒忽台襲職阿里不哥叛

塔兒忽台從戰于失畝里禿之地死之朶羅台從萬户也速解兒玉哇赤等累戰有功授前衛親軍百户積官昭信校尉芍陂屯田千户所達魯花赤後以疾退朶羅台之弟闊闊出亦業弓嘗獻所造弓帝稱善問其父何名闊闊出對曰塔兒忽台臣之父也帝見其狀貌魁偉且問其能射乎左右對曰能試之果然遂命爲近侍明年武備寺臣復以其弓獻且奏用之帝曰孔子言三綱五常人能自治而後能治人能齊家而後能治國汝可以此言諭之而後用之俄擢爲大同路廣勝庫達魯花赤廣勝者貯兵器之所時總管唐兀海牙以庫作公署寘甲仗於虛廡中多被蟲鼠之害闊闊出言於帝復之且責其償兵器之既壞者使者薛綽不花納速魯丁以檄取鷹房軍衣甲弓矢若干闊闊出責其入文書領去時憲副速魯蠻令毋入文書且命有司封鑰其庫將點視之闊闊出不從事聞帝命笞速魯蠻罷之大德元年陞大同路武州達魯花赤兼管本州諸軍奥魯勸農事又監建州利州改僉四川道廉訪司事拜監察御史累官中大夫大寧路總管卒于官朶羅台之子脫歡初直宿衛歷御史臺譯史拜監察御史遷四川行省左右司員外郎

四川廉訪司僉事樞密院都事陞斷事官其在四川時嘗上疏曰內外修寺雖支官錢而一椽一瓦皆勞民力百姓嗟怨感傷和氣宜且停罷仍減省供佛飯僧之費以紓國用如此則上應天心下合民志不求福而福自至矣回回户計多富商大賈宜與軍民一體應役如此則賦役均矣爲國以善爲寶凡子女玉帛羽毛齒革珍禽奇獸之類皆喪德喪志之具今後回回諸色人等不許賫寶中賣以虛國用違者罪而沒之如此則富商大賈無所施其奸僞而國用有畜積矣其辭懇直剴切當時稱之

也先不花

也先不花蒙古怯烈氏祖曰昔剌斡忽勒兄弟四人
長曰脫不花次曰怯烈哥季曰哈剌阿忽剌方太祖
微時怯烈哥已深自結納後兄弟四人皆率部屬來
歸太祖以舊好遇之特異他族命爲必闍赤長朝會
燕饗使居上列昔剌斡忽勒早世其子孛魯歡幼事
睿宗入宿衛憲宗即位與蒙哥撒兒密贊謀議拜中
書右丞相遂專國政賜真定之束鹿爲其食邑至元
元年以黨附阿里不哥論罪伏誅子四人長曰也先
不花次曰木八剌初立御史臺爲中丞次曰答失蠻

累官至銀青榮祿大夫次曰不花帖木兒拜榮祿大
夫四川省平章政事也先不花初世其職爲必闍赤
長裕宗封燕王世祖命也先不花爲之傅且謂之曰
也先不花吾舊臣子孫端方明信閑習典故爾每事
問之必不使爾爲不善也二十三年拜上柱國光祿
大夫雲南諸路行中書省平章政事時阿郎可馬丁
諸種僰夷爲變討平之遂立登雲等路府州縣六十
餘所得户二十餘萬官其酋長定其貢稅邊境以寧
大德二年遷湖廣行省平章爲政不怒而威不察而
明大事集議衆論不齊徐决一言切中事理咸出人

意表會汴梁行省有妖獄飛語連湖廣平章政事劉
漢傑右丞燕公楠朝廷譯召二人者入二人與也先
不花嘗有遺言也先不花急遣使附奏明其無他二
人皆得釋八年遷平章河南行省河決落溯堤勢甚
危督有司先士卒以備之汴以無患九年進拜上柱
國銀青榮祿大夫湖廣等處行中書省左丞相賞賜
無虛月方面以安至大二年卒天曆二年贈推忠守
正佐運翊戴功臣太師開府儀同三司上柱國恒陽
王謚文貞子五人曰亦憐真曰禿魯曰答思曰怯烈
曰按攤亦憐真事裕宗於東宮爲家令累拜銀青榮

祿大夫湖南等處行中書省左丞相延祐元年卒天
曆元年贈推誠輔治宣化保德功臣太傅開府儀同
三司上柱國追封武昌王謚忠定禿魯歷事四朝起
家宗正府也可扎魯花赤拜開府儀同三司中書右
丞相御史大夫太傅録軍國重事薨天曆二年贈懷
忠秉義昭宣弼亮功臣太師開府儀同三司上柱國
追封廣陽王答思仕至資德大夫湖南宣慰使怯烈
仕至中政使按攤事成宗襲長宿衛有旨給七乘傳
使往侍其父也先不花于湖廣諸道憲司以按攤孝
行聞拜中奉大夫海北海南道宣慰使都元帥海康

與安南占城諸夷接境海島生黎叛服不常按撫威望素著夷人帖服生黎王高等二十餘洞皆願輸貢稅在鎮期年以省親辭去至大二年拜資德大夫中書右丞行浙東道宣慰使司都元帥未幾奔父喪于武昌以哀毀致疾卒天曆二年贈秉義效忠著節佐治功臣太保開府儀同三司上柱國追封特進趙國公中書左丞相謚貞孝子阿榮由宿衛起家湖南道宣慰副使歷拜奎章閣大學士榮祿大夫太禧宗禋院使都典制神御殿事

列傳卷第二十一

元史一百三十五

列傳卷第二十二

翰林學士亞中大夫知制誥兼修國史臣宋濂 翰林待制承直郎同知制誥兼國史院編修官臣王褘等奉
勅修

鐵哥朮

鐵哥朮高昌人世居五城後徙京師曾祖父達釋有謀略爲國人所信服太祖西征高昌國主懼以錦衣白貂帽名達釋與謀達釋知天命有歸勸其主執贄稱臣以安其國由是號爲尚書太祖班師諸王言於帝曰達釋之子野里朮驍勇善戰所將部落又強大聞其人每思率衆効順而未有機便盍致之乎太祖是其議即詔給驛馬五百迎與俱來既至引見甚器重之丙午太祖西征野里朮別從親王按只台與敵戰有功甚見親遇王方以絳蓋障日而坐及聞野里朮議事喜見顏色稱善久之既退撤其蓋送之十里遂得薫長四環衛之必闍赤壬辰從國兵討金以戰功最多賞賚優渥甲午副忽都虎籍漢戶口籌其賦役分諸功臣以地人服其敏鐵哥朮野里朮長子也尤沉鷙有才嘗有擁兵叛者鐵哥朮率族人與戰于魚兒濼時軍興簿檄繁急鐵哥朮一以其國書識之無遺失者帝甚嘉焉至元中擢爲隸州達魯花赤遷

德安府達魯花赤適土人蔡知府者以衆叛鐵哥朮率衆先登冒矢石身被數槍猶戰不已遂討平之主將怒將屠其城鐵哥朮請曰叛者蔡知府數人而已城中之人何預焉盡誅其黨與而止毋令濫及非辜主將嘉其誠懇城遂得全累官至嘉議大夫婺州路達魯花赤所在咸著政蹟大德己亥卒成宗勅其孫海壽載其柩歸葬京師贈榮祿大夫江浙行省平章政事柱國封雲國公謚簡肅子四人義堅亞禮幼給事裕宗宮至元十五年爲中書省宣使嘗使河南適汴鄭大疫義堅亞禮命所在村郭構室廬備醫藥以

畜病者由是軍民全活者衆還直省舍人承中書檄徵考上都儲偫及還帝賜錦衣貂裘一襲以旌其能出爲湖州路達魯花赤卒于官月連朮同知安陸府事八扎同知宣政院事孫九人海壽義堅亞禮子也由宿衛世祖朝累官至太中大夫杭州路達魯花赤招復流民有恩惠卒贈翰林直學士封范陽郡侯謚惠敏

塔出

塔出布兀剌子也幼孤長善騎射至元元年入侍世祖占對多稱旨賜以寶貨衣物四年給以察罕食邑賦稅之半又還其所俘逋户三十七年降金虎符授昭勇大將軍山東統軍使鎮莒密膠沂郯邳宿即墨等城設方略諜斥候宋人不敢北嚮九年詔更統軍司爲行樞密院改僉樞密院事數將兵攻下瀕淮堡柵略地漣海獲人畜萬計宋人蔣德勝來降塔出表言宜加賞賚以勸來者於是賜黄金五十兩白金倍之十年改僉淮西等處行樞密院事城正陽以扼淮海諸州兵宋陳奕率安豐廬壽等州兵數撓其役塔出選精鋭日十數戰奕遁去卒城正陽宋人復造戰艦於六安欲攻正陽塔出詗知之率騎兵焚其艦餽

饟久不繼出兵擾險潛取安豐麥以餉軍宋兵壁橫河口塔出將奇兵大破之十一年朝議淮上諸郡宋之北藩城堅兵精攻之不可猝下徒老我師宜先度江翦其根本留兵淮甸絕其救援則長江可乘虛而度也於是以塔出爲鎮國上將軍淮西行省參知政事帥師攻安豐廬壽等州俘生口萬餘來獻賜蒲萄酒二壷仍以曹州官園爲第宅給城南閑田爲牧地宋夏貴帥舟師十萬圍正陽決淮水灌城幾陷帝遣塔出往救之道出潁州遇宋兵攻潁戍卒僅數百人盛暑塔出即發公庫弓矢驅市人出戰預度潁之北

關攻易破乃急徙民入城伏兵以待是夜宋人果焚北關火光屬天塔出率衆從暗中射之矢下如雨宋軍退走至沙河大破之溺死者不可勝計明日長驅直走正陽時方霖雨突圍入城遂堅壁不出俄復開霽與右丞阿塔海分帥銳師以出渡淮至中流皆殊死戰宋軍大潰追數十里斬首數千級奪戰艦五百餘艘遂解正陽之圍塔出乃上奏方事之殷宜明賞罰俾將士有所懲勸帝納其言頒賞有差秋八月淮西行省復爲行院塔出引兵渡淮屯廬揚間十二年從丞相伯顏以舟師與宋軍戰宋軍大潰其臣賈似

道奔揚州遂分兵四出克池州取太平順流東下至建康丹徒江陰常州皆望風迎降時揚州未附諜告揚州人將夜襲丹徒守將乞援塔出設伏以待揚州軍果夜至塔出扼西津邀擊之殺獲溺死者甚衆入朝帝賜玉帶旌其功授淮東左副都元帥仍佩金虎符十三年加通奉大夫參知政事領淮西行中書省事時沿淮諸州新附塔出禁侵掠撫瘡痍練士卒倫姦宄境內帖然俄遷江西都元帥征廣東塔出宣布恩信所至溪峒納欵廣東遂平十四年加賜雙虎符爲江西宣慰使宋益王昰廣王昺走保嶺海復改江西宣慰司爲行中書省還治贛州授塔出資政大夫中書左丞行中書省事十五年以二王事入議帝命張弘範李恒總兵進討塔出留後以供軍費初江西甫定帝命隳其城塔出即表言豫章諸郡皆瀕江爲城霖潦泛溢無城必至墊溺隳之不便帝從之降附之初有謀畔者既敗獲矣塔出謂同僚曰撫治乖方之所致也中間豈無詿誤止誅其渠魁盡釋餘黨瑞州張公明愬左丞呂師夔謀爲不軌塔出廉知其誣曰狂夫欲脅求貨耳若以曖昧言遽聞之朝廷則大獄茲興連及無辜且師夔既居相職詎肯爲狂妄之

事若遲疑不决恐彼驚疑反生異謀乃斬公明而後聞帝是之十七年入覲賜勞有加復命行省於江西尋以疾卒於京師時年三十七妻明理氏以貞節稱旌其門閭二子長牢牙襲爵中奉大夫江西宣慰使次必牢牙仕至征東行中書省左丞妻伯牙倫泰安郡武穆王孛曾歡之女亦守義有賢行

塔里赤

塔里赤康里人其父也里里白太祖時以武功授帳前總校奉旨南征至洛陽得唐白樂天故址遂家焉塔里赤幼穎異好讀書尤善騎射襲父職參佐戎幕

調度軍馬動合事宜行省奏充斷事官時南北民户主客良賤雜糅蒙古軍牧馬草地互相占據命塔里赤至其地理之軍民各得其所由是世祖知其能俾領蒙古軍圍樊襄塔里赤躬冒矢石所向摧陷樊城破襄陽降從丞相伯顏渡江駐臨安尋命平章奥魯赤等分爲六路追襲宋二王塔里赤領軍至福建所過秋毫無犯降者如歸宋都統陳宗榮率衆來降以功遷福建招討使時諸郡盜起其最盛者陳吊眼擁衆五萬陷漳州行省承制命塔里赤爲閩廣大都督征南都元帥總四省軍復漳州生擒陳吊眼戮于市

餘黨悉伏誅繼從征交趾擊敗黄聖許等積功加鎮國上將軍三珠虎符廣西兩江道宣慰使都元帥賀州盜起塔里赤討平之改福建宣慰使又改淛東金瘡發卒贈輔國上將軍淛東道宣慰使都元帥護軍追封臨安郡公子二人脱脱木兒郎武汀州新軍萬户府達魯花赤萬奴廣西宣慰使都元帥

塔海帖木兒

塔海帖木兒荅荅里帶人其先在太祖時事國王木華黎將左手大萬户下蒙古軍鎮太原以西八州破金將王公佐軍斬公佐從攻陝右征河西滅金皆有功賜種田户二百七十曾祖忒木勒哥嗣從都元帥塔海紺卜征蜀死於興元祖扎剌帶嗣扎剌帶卒父拜荅兒尚幼從祖扎里荅术相繼襲其職扎里從都元帥大荅征蜀以所統軍二百人破宋軍于巴州斬首三百級生擒五十餘人荅术以西川行樞密院檄領兵三千人救硐門大敗宋軍斬首三百餘級俘百餘人以歸拜荅兒既長始以父官從行省也速帶兒征建都死軍中塔海帖木兒襲父職初從行院忽敦圍嘉定嘉定降進圍重慶守將張珏出師迎敵塔海帖木兒力戰陷陣功最多十五年又以都魯軍二百

人破宋軍於白水江奪戰船一俘其衆十三人陞宣武將軍管軍總管從也速荅兒征亦奚不薛又從征都掌蠻皆以爲前鋒擒獲甚衆九溪蠻搬猫大盤蠻尚木的世用等叛從行省曲立吉思帥師往討皆擒之及殺其酋長頭狗等也速荅兒藥剌罕率兵萬人會雲南兵討烏蒙蠻至閙竈其酋長阿蒙率五百餘衆奔麻布蠻地塔海帖木兒以四百人追至山箐中大敗之擒阿蒙以歸二十六年又從也速荅兒西征不知所終

口兒吉

口兒吉阿速氏憲宗時與父福得來賜俱直宿衛領阿速軍二十户世祖時口兒吉以百户從元帥阿术伐宋有功賜以白金等物宋平命充大宗正府也可扎魯花赤領阿速軍從征海都以功授上賞師還成宗命宣撫湖廣等處訪求民瘼還仍舊職至大元年武宗命充左衛阿速親軍都指揮使進階廣威將軍四年辛于的迷的兒由玉典赤改百户領阿速軍從指揮玉瓜失征叛王乃顏却金剛奴軍于鑠寶直之地降哈丹禿魯干累以功受賞至大四年襲父職授明威將軍阿速親軍都指揮使子香山事武宗仁宗

直宿衛天曆元年九月兵興從戰宜興擊殺敵兵七人自旦至暮却敵兵凡一十三處以功賜金帶一授左阿速衛都指揮使

忽都

忽都蒙古兀羅帶氏父孛罕事太祖備宿衛至太宗時爲鎮西行省領蒙古漢軍從攻河中潼關河南與拜只思扎忽歹阿思蘭攻秦鞏及仁和諸堡又與拜只思守京兆歲乙未授左手萬户從都元帥荅海紺卜出征卒軍中憲宗命忽都將其軍從都元帥大荅攻巴州又從都元帥紐璘渡馬湖江破宋敘州兵於老君山下中統元年宋將以舟師二千犯成都新津忽都逆擊敗之斬首百五十級至元元年授蒙古漢軍總管二年從都元帥百家奴敗宋將夏貴於懷安五年卒子扎忽帶時在宿衛弟忽都荅立襲其職忽都荅立卒扎忽帶嗣爲千户從行樞密院圍重慶重慶守張珏遣勁兵數千出挑戰扎忽帶力戰大破之回軍圍瀘州未下行樞密院遣入朝計事授宣武將軍管軍總管復還攻瀘登城與瀘兵搏戰而死子阿都赤嗣

孛兒速

孛兒速脫脫忒氏世祖時直宿衛扈駕征哈剌章還帝駐蹕高阜見河北有駕舟而來者顧謂左右曰是賊也奈何孛思速進曰臣請禦之即解衣徑渡揮戈剌死舟尾二人挐其舟就岸舟中之人倉惶失措帝命左右悉擒之哈剌章平以功論賞子荅荅呵兒從征孛可有功由宿衛陞武德將軍揭只揭烈温千户所達魯花赤從征叛王乃顏也不干等奮戈擊死數人擒也不干收其所管欽察之民武宗時進懷遠大將軍元帥卒

月舉連赤海牙

月舉連赤海牙畏兀兒從憲宗征釣魚山奉命修麴藥以療師疫賞白金五十兩繼從太子滿哥都征雲南戰數勝中統三年火都暨荅離叛領兵與討平之至元十二年佩虎符爲隴右河西道提刑按察使兀朗孫火石顏謀亂從皇太子安西王往鎮之皇太子賜以白金五十兩十五年與伯速帶平土魯皇子復賜金衣腰帶金椀且以其功聞十七年進官嘉議大夫仍居舊職二十年進中奉大夫四川等處行中書省參知政事尋以疾歸泰州大德八年卒至順中贈推忠宣力定遠功臣資善大夫陝西行省左丞護軍

追封威寧郡公謚襄靖

阿荅赤

阿荅赤阿速氏父昂和思憲宗時佩虎符爲萬户阿荅赤扈從憲宗南征與敵兵戰于劒州以功賞白銀阿里不哥叛從也兒怯等征之有功世祖中統三年從征李壇身二十餘戰累功授金符千户丞相伯顏平章阿朮之平江南也阿荅赤皆在行中著戰功殁于陣帝憐之特賜鈔七十錠白金五百兩爲葬具仍賜鎮巢之民一千五百三十九户命其子伯荅兒襲職伯荅兒從別急列迷失北征與覓吉剌只兒瓦台戰于牙里伴朶之地以功受上賞尋進定遠大將軍後衞都指揮使兼右阿速衞事將阿速軍往征別失八里與敵兵累戰累捷樞密臣以其功聞賞白金貂裘弓矢鞍轡等尋復以銀坐椅賜之子斡羅思由宿衞陞僉隆鎮衞都指揮使司事賜一珠虎符天曆元年諭降上都軍凡若干數特賜三珠虎符陞本衞都指揮使

明安

明安康里氏至元十三年世祖詔民之蕩析離居及僧道漏籍諸色人不當差徭者萬餘人充貴赤令明

安領之明安歲扈駕出入克勤于事二十年授定遠大將軍中衞親軍都指揮使明年賜佩虎符領貴赤軍北　又明年立貴赤親軍都指揮使司命爲本衞達魯花赤尋奉旨領蒙古軍八千北征明年至別失八剌哈思之地與海都軍戰有功二十六年冬十二月別乞憐叛刼取官站脫脫火孫塔剌海等明安率衆追擊之五戰五捷悉還之至杭海强民闊闊台撒兒塔台等率衆作亂奪三站地刼脫脫火孫明安引兵又追擊之却其軍二十七年秋七月布四麻當先別乞失出春伯駙馬兀者台朶羅台兀兒荅兒塔里

雅赤等掠四怯薛牛馬畜牧及劫臧烈太子昔博赤并斡脫布伯各投下民殆盡明安將兵追擊于汪吉昔博赤之城賊軍敗走還所掠之民并獲其牛馬畜牧等以歸時出伯伯都所領軍乏食奉旨以明安所獲畜牧濟之二十九年以功陞定遠大將軍貴赤親軍都指揮使司達魯花赤時別失八剌哈孫盜起詔以兵討之戰于別失八里禿兒古闌有功賊軍再合四千人於忽蘭兀孫明安設方略與戰大敗之大德二年復將兵北征與海都戰七年歿于軍子曰帖哥台曰孛蘭奚帖哥台初爲昭勇大將軍貴赤親軍都

指揮使司達魯花赤及改充萬戶則以其叔父脫迭出代之帖哥台後以萬戶改中衛親軍都指揮使進銀青榮祿大夫平章政事子曰普顏忽里曰善住普顏忽里懷遠大將軍貴赤親軍都指揮使司達魯花赤善住初直宿衛歷中書直省舍人諸色人匠達魯花赤遷奉議大夫僉中衛親軍都指揮使司事天曆元年九月賜佩一珠虎符從丞相燕帖木兒禦敵檀州等處又率其家人那海等一十一人自出乘馬與遼軍戰却其軍俘八十四人以歸丞相嘉之孛蘭奚昭武大將軍中衛親軍都指揮使積官銀青榮祿大夫太尉子桑兀孫中衛親軍都指揮使桑兀孫卒弟乞荅海襲職

忽林失

忽林失八魯剌䚟氏曾祖不魯罕罕劄事太祖從平諸國充八魯剌思千戶以其軍與太赤溫等戰重傷墜馬帝親勒兵救之以功陞萬戶賜黃金五十兩白金五百兩俾直宿衛祖許兒台年十五能馳射賊以勇畧稱從定宗欽察爲千戶領兵下西番從世祖伐宋至亳州與宋人迎敵敗之父兗吉剌帶初爲軍器監官從世祖親征阿里不哥以功受上賞俄奉旨使

西域籍地產悉得其實帝方欲大用之而卒忽林失初直宿衛後以千户從征乃顏馳馬奮戈衝擊敵營矢下如雨身被三十三創成宗親督左右出其鏃命醫療之以其功聞世祖以克宋所得銀甕及金酒器等賜之命領太府監後以千户從皇子闊闊出出征還留鎮軍中後從成宗與海都都瓦等戰有功成宗嘉之特命爲翰林承旨俄改萬戶與叛王斡羅思察八兒等戰以功授榮祿大夫司徒賜銀印武宗嘗曰羣臣中能爲國宣力如忽林失者實鮮其厚賚之於是遣使召見未幾武宗崩仁宗即位念其舊勳賞賚

特厚子燕不倫朸奉興聖太后旨充千户俄陞充萬户代其父職尋罷歸其父所受司徒印及萬户符於有司仍直宿衛致和元年秋八月在上都思武宗之恩與同志合謀奉迎文宗會同事者見執乃率其屬奔還大都特賜龍衣一襲命爲通政院使天曆元年九月同丞相燕帖木兒敗王禪等兵于紅橋又戰于白浮又戰于昌平東又戰于石槽帝嘉其功拜榮祿大夫知樞密院事以世祖常御金帶賜之

失剌拔都兒

失剌拔都兒阿速氏父月魯達某憲宗時領阿速十

人入覲充阿塔赤從世祖至哈剌之地戰數勝兀里羊哈台以其功聞賜所俘人一口以賞之後以金瘡發卒失剌拔都兒至自脫別之地帝特賜白金楮幣牛馬等物至元二十一年從丞相伯顏南征有功仍充阿塔赤帝嘗命放海青曰能獲新者賞之失剌拔都兒即援弓射一兎二禽以獻賞沙魚皮雜帶及貂裘且命於尚乘寺爲少卿於阿速爲千户二十四年授武畧將軍管阿速軍千户賜金符乃顏叛從諸王和元魯往征之力戰有功乃顏平帝賞以金腰帶及銀交牀等二十五年進武德將軍尚乘寺少卿兼阿速千户征㖦荅安等敗之獲其駝馬等物成宗嘉其功以軍二千益之討叛王脫脫擒之以功受賞大德六年卒子那海襲其職至大二年進宣武將軍右衛阿速親軍都指揮使賜三珠虎符泰定二年陞加明威將軍

徹里

徹里阿速氏父別吉八在憲宗時從攻釣魚山以功受賞徹里事世祖充火兒赤從征海都奮戈擊其前鋒官軍二人陷陳拔而出之以功受賞後從征杭海獲其牛馬畜牧悉以給軍食帝嘉之賞鈔三千五百

錠仍以分賚士卒成宗時盜擾博落脫兒之地命將兵討之獲三千餘人誅其酋長還奏命同客省使拔都兒等往八兒胡之地以前所獲人口畜牧悉給其主軍還帝特賜鈔一百錠武宗居潛邸亦以銀酒器賞之至大二年立左阿速衛授本衛僉事賜金符皇慶二年從湘寧王北征以功賜一珠虎符子失列門直宿衛致和元年秋八月從知院脫脫木兒至潮河川獲完者八都兒愛的斤等十一人戮八人執四人歸京師復於宜興遇失剌乃馬台等迎戰奮戈擊死二人以功賞白金楮幣天曆元年從擊禿滿台兒之

兵千兩家店殺其四人復以功受賞從戰薊州又殺其四人十一月又追殺十二人于檀子山以功授左衛阿速親軍都指揮使司僉事

曷剌

曷剌兀速兒吉氏至元九年見世祖詔入太官直從討叛王乃顏賜白金楮幣甲冑槖駝鞍馬以其才堪使遠成宗時使高麗使和林使江西福建不失使指授忠勇校尉中書直省舍人出監息州遷奉訓大夫武宗詔曰曷剌世祖舊臣可授奉議大夫都水監卿明年加嘉議大夫又明年佩金虎符兼直東水韃靼

女直萬户府達魯花赤延祐元年特授資善大夫遼陽等處行中書省左丞仍監其軍三年召還特授榮祿大夫大司農卒年六十三贈推誠宣力保德功臣太師開府儀同三司上柱國追封薊國公謚安穆子不花宿衛仁宗潛邸及即位特授中順大夫中書直省舍人改客省副使遷太中大夫典瑞太監改左司員外郎參議中書省事拜中奉大夫中書參知政事資德大夫宣徽副使同知宣徽事改典瑞院使兼世其父監軍佩金虎符改翰林學士至治元年仍翰林學士監軍領東番諸部奏事

乞台

乞台察台氏至元二十四年爲欽察衛百户從土土哈征叛王失烈吉及乃顏有功賜金符陞千户從征忽剌出戰于阿里台之地元貞二年以疾卒子哈贊赤襲職從創兀兒於魁烈兒之地與哈荅安戰有功大德五年從戰杭海從武宗親征哈剌阿荅復從創兀兒征不别八憐爲前鋒以功受賞賚皇慶二年授金符爲千户明宗居潛邸延祐四年命從西征與禿滿帖木兒戰于失剌塔兒馬失之地以功復受厚賞居其地十五年天曆二年賜金符授昭勇大將軍同

知大都督府事卒

脱因納

脱因納荅荅叉氏世祖時從征乃顏以功受上賞大德七年授欽察衛親軍千户所達魯花赤武德將軍賜金符八年改太僕少卿十年遷阿兒魯軍萬户府達魯花赤易金虎符進階懷遠大將軍尋改中奉大夫太僕少卿仍兼前職至大二年拜甘肅行尚書省參知政事通奉大夫四年入爲太僕卿陞正奉大夫皇慶元年授阿兒魯萬户府襄陽漢軍達魯花赤仍領太僕卿延祐三年拜資德大夫甘肅行中書右丞

至治二年改通政使轉會福院使尋復通政致和元年分院上都秋八月爲倒剌沙所殺文宗即位特贈宣力守義功臣榮祿大夫上柱國中書平章政事追封冀國公謚忠景有子曰定童只沈哈朗定童襲父職阿兒魯萬户府襄陽萬户府漢軍達魯花赤佩金虎符明威將軍只沈哈朗初授欽察親軍千户所達魯花赤佩金符武畧將軍改授朝列大夫通政院副使歷同知陞院使積官中奉大夫

和尚

和尚蒙古乃蠻台氏祖海速充昔烈木千户所蒙古

軍百户伯父兀魯不花杪充蒙古軍五十户至元七年從昔烈木千戸南征以功命權百戸從僉省阿速海牙攻樊城十一年從攻新城又從攻鄂東門攻夔州屢立戰功二十五年賜銀符授敦武校尉後衛親軍百户是年秋卒父怯烈吉襲怯烈吉卒和尚襲至大三年進忠翊校尉後衛親軍副千戸賜金符延祐二年江西寧都寇起殺守土官吏從元帥乞住等總兵討之生擒賊酋蔡五九誅之擣其巢穴致和元年八月西安王以兵討倒剌沙命從丞相燕帖木兒擒烏伯都剌分兵倫禦天曆元年九月從戰通州以功

賞名馬從擊犯紅橋之兵手戈剌死二人敗之奪紅橋及紐鄰澤大夫等力戰於白浮殺其四人和尚白丞相曰兩軍相戰當有辨今號纓俱黑無辨我軍宜易以白丞相然之戰于昌平栗園殺二人又與亞失帖木兒戰于石槽殺三人十月從擊秃滿台兒於檀州南桑口敗之又從丞相追擊其軍于檀州之北有功十一月命領八衛把總金鼓都鎮撫司事

傳卷第二十二

列傳卷第二十三　　元史一百三十七

翰林學士亞中大夫知制誥兼修國史臣宋濂翰林待制承直郎同知制誥兼國史院編修官臣王禕等奉

勅修

哈剌哈孫

哈剌哈孫斡剌納兒氏曾祖啓昔禮始事王可汗脫斡璘王可汗與太祖約爲兄弟及太祖得衆陰忌之謀害太祖啓昔禮潛以其謀來告太祖乃與二十餘人一夕遁去諸部聞者多歸之還攻滅王可汗幷其衆擢啓昔禮爲千戶賜號荅剌罕從平河西西域諸國祖博理察太宗時從太弟睿宗攻河南取汴蔡滅

金賜順德以爲分邑父囊加台從憲宗伐蜀卒于軍哈剌哈孫威重不妄言笑善騎射工國書又雅重儒術至元九年世祖録勳臣後命掌宿衛襲號荅剌罕自是人稱荅剌罕而不名帝嘗諭之曰汝家勳載王府行且大用汝矣又語皇太子曰荅剌罕非常人比可善遇之十八年割欽廉二州益其食邑二十二年拜大宗正用法平允審録冤滯所活數百人時相請以江南獄隸宗正哈剌哈孫曰江南新附教令未孚且相去數千里欲遥制其刑獄得無冤乎事遂止二十八年拜榮禄大夫湖廣行省平章政事臺臣言其在宗正決獄平即去恐難其繼者帝曰湖廣之地朕嘗駐蹕非斯人不可遂行時江湖間盜賊出没剽取商旅貨財哈剌哈孫至則發卒悉擒誅之水陸之途始皆無梗初樞密置行院於各省分兵民爲二奸人植黨自蔽後因入覲極陳其不便帝爲罷之因問曰風憲之職人多言其撓吏治信乎對曰朝廷設此以糾奸慝貪吏疾之妄爲謗耳帝然其言三十年平章劉國傑將兵征交趾哈剌哈孫戒將吏無擾民會有奪民魚菜者杖其千户軍中肅然俄有旨發湖湘富民萬家屯田廣西以圖交趾哈剌哈孫密遣使奏曰

往年遠征無功瘡痍未復今又徙民瘴鄉必將怨叛吏莫知其奏抱卷請署弗荅吏再請則曰姑緩之未幾使還報罷民皆感悅及廣西元帥府請募南丹五千戶屯田事上行省哈剌哈孫曰此土著之民誠爲便之內足以實空地外足以制交趾之寇可不煩士卒而饋餉有餘即命度地立爲五屯統以屯長給牛種農具與之湖南宣慰張國紀建言欲按唐宋末徵民間夏稅哈剌哈孫曰亡國弊政失寬大之意聖朝其可行耶奏止其議大德二年入朝上都成宗拜光禄大夫江浙行省左丞相視政七日徵拜中書左丞

相進階銀青光祿大夫既拜命斥言利之徒一以節用愛民爲務有大政事必引儒臣雜議京師久闕孔子廟而國學寓他署乃奏建廟學選名儒爲學官采近臣子弟入學又集羣議建南郊爲一代定制五年同列有以雲南行省左丞劉深討倡議曰世祖以神武一海內功蓋萬世今上嗣大歷服未有武功以彰休烈西南夷有八百媳婦國未奉正朔請往征之哈剌哈孫曰山嶠小夷遼絕萬里可諭之使來不足以煩中國不聽竟發兵二萬命深將以往道出湖廣民疲於餽餉及次順元深脅蛇節求金三千兩馬三千

疋蛇節因民不堪舉兵圍深於窮谷首尾不能相救事聞遣平章劉國傑往援擒蛇節斬軍中然士卒存者纔十一二轉餉者亦如之訖無成功帝始悔不用其言會赦有司議釋深罪哈剌哈孫曰徼名首釁喪師辱國非常罪比不誅無以謝天下奏誅之七年進中書右丞相嘗言治道必先守令近用多不得其人於是精加遴選定官吏贓罪十二章及丁憂婚聘盜賊等制禁獻戶及山澤之利每歲車駕幸上都哈剌哈孫必留守京師時帝弗豫制出中宮羣邪黨附哈剌哈孫以身臣之天下晏然十年加開府儀同三司

監修國史置僚屬冬十一月帝寢疾篤甚入侍醫藥出總宿衛藩王欲入侍疾者不聽日理機務如故十一年春成宗崩時武宗撫軍北邊仁宗侍太后在懷慶諸奸臣謀斷北道請成后垂簾聽政立安西王阿難荅哈剌哈孫密遣使北迎武宗南迎仁宗悉收京城百司符印封府庫稱疾卧闕下内旨日數至並不聽文書皆不署衆欲害之未敢發及仁宗至近郊衆猶未知也三月朔列牘請署后決以三月三日御殿聽政乃立署之衆大喜莫知所爲明日迎仁宗入執左丞相阿忽台及安西王阿難荅等誅内難悉平

自冬至春未嘗一至家休沐夏五月武宗至自北即皇帝位拜太傅錄軍國重事仍總百揆賜宅一區以其子脫歡入侍初仁宗之入也阿忽台有勇力人莫敢近諸王禿剌實手縛之以功封越王三宮盡幸其第賜與甚厚以慶元路爲其食邑哈剌哈孫力爭之曰祖宗之制非親王不得加一字之封禿剌疏屬豈得以一日之功廢萬世之制哉帝不聽禿剌因譖於帝曰方安西王謀干大統哈剌哈孫亦嘗署文書由是罷相出鎮北邊詔曰和林爲北邊重鎮今諸部降者又百餘萬非重臣不足以鎮之念無以易哈剌哈

孫者賜黃金三百兩白銀三千五百兩鈔十五萬貫帛四萬端乳馬六十四以太傅右丞相行和林省事太后亦賜帛二百端鈔五萬貫至鎮斬爲盜者一人分遣使者賑降戶奏出鈔帛易牛羊以給之近水者教取魚食會大雪民無取得食命諸部置傳車相去各三百里凡十傳轉米數萬石以餉飢民不足則益以牛羊又度地置內倉積粟以待來者浚古渠溉田數千頃治稱海屯田教部落雜耕其間歲得米二十餘萬北邊大治至大元年賜大帳如諸王藩禮十一月寢疾語其屬曰吾不復能佐理國事矣行省之

務汝曹勉之毋貽朝廷憂薨年五十二帝聞之驚悼曰喪我賢相賻鈔二萬五千貫詔歸葬昌平追贈推誠履政佐運功臣太師開府儀同三司上柱國追封順德王謚忠獻子脫歡由太子賓客拜御史中丞襲號荅剌罕進御史大夫行臺江南尋拜平章行省江浙進左丞相兼領行宣政院重厚有父風喜讀書爲政不尚苛暴得衆心致和元年卒于官年三十七子蠻蠻

阿沙不花

阿沙不花者康里國王族也初太祖扳康里時其祖母苦滅古麻里氏新寡有二子曰曲律牙牙皆幼而國亂家破無所依欲去而歸朝廷念無以自達一夕有數駞皆重負來入營中驅之不去旦乃繫駞營外置所負其旁夜復納營中俟有求者歸之如是十餘日終無求者乃發視其裝皆西域重寶驚曰殆天欲資我而東耶不然此豈吾所宜有遂驅駞載二子越數國至京師時太祖已崩太宗立盡獻其所有帝深異之命有司治邸舍具廩餼以居焉居二年聞國中已定謁帝欲歸帝曰汝昔何爲而來今何爲而去且問其所欲對曰臣妾昔以國亂無主遠歸陛下今賴

陛下威德聞國已定欲歸守墳墓耳妾惟二子雖愚無知願留事陛下帝大喜立召二子入宿衛而禮遣之後十三年復來則二子已從憲宗伐蜀矣逮至和寧聞憲宗崩諸將皆還而二子獨後心方以爲憂過一古廟因入禱焉若聞神語連稱好好而不知其故問其國人通漢語者知爲吉語還至舍則二子已至矣遂留居焉曲律無子牙牙後封康國王生六子阿沙不花最賢年十四入侍世祖世祖賜土田給奴隸使居興和之天城會西蕃遣使者有所奏請既諭遣之後數日帝問近侍諸大臣曰前日西使何請朕何

辭以遺諸大臣莫能對阿沙不花從旁代對甚詳悉帝因怒諸大臣曰卿等任天下之重如此反不若一童子耶嘗扈從上都方入朝而宮草多露跣足而行帝御大安閣望而見之指以爲侍臣戒一日故命諸門衛勿納阿沙不花阿沙不花至諸門衛皆不納乃從水竇中入帝問故以實對且曰臣一日不入侍身將何歸帝大悅更諭諸門衛聽其出入命飭四宿衛兵器無敢或慢復使掌門無敢闌入帝曰可用矣乃顏叛諸王納牙等皆應之帝問計將安出對曰臣愚以爲莫若先撫安諸王乃行天討則叛者勢自孤矣

帝曰善卿試爲朕行之即北說納牙曰大王聞乃顏反耶曰聞之曰大王知乃顏已遣使自歸耶曰不知也曰聞大王等皆欲爲乃顏外應今乃顏既自歸矣是獨大王與主上抗衡主上聖明亦知非大王意置之不問然二三大臣不能無惑大王何不往見上自陳爲萬全計納牙悅許之於是諸王之謀皆解阿沙不花還報帝乃議親征命徵兵遼陽以千戶帥昔寶赤之衆從行及乃顏平阿沙不花以大同興和兩郡當車駕所經有帷臺嶺者數十里無居民請詔有司作室嶺中徙邑民百戶居之割境內昔寶赤牧地使

耕種以自養從之阿沙不花既領昔寶赤帝復欲盡徙興和桃山數十村之民以其地爲昔寶赤牧地阿沙不花固請存三千戶以給鷹食帝皆聽納民德之至今飲食必祭至元三十年海都叛成宗以皇孫撫軍於北阿沙不花從行踰金山戰杭海有功成宗即位會大宗正扎魯火赤脫兒速以贓污聞詔鞫問之脫兒速伏罪就命代之成宗目之曰阿即剌阿即剌譯言閻羅王也有訴朱清張瑄陰私既抵罪帝遣兵馬都指揮使忽剌术籍沒其家以受賂誅更命阿沙不花往具以實聞賜宅一區鈔萬五千緡兼兩城兵

馬都指揮使事武宗時爲懷寧王總軍漠北問今日材可大用者爲誰對曰母弟脫脫將相才也無以易之遂命從行後果爲名臣成宗崩安西王阿難答乘間謀繼大統成后及丞相阿忽台諸王迷里帖木兒皆陰爲之助時武宗猶在北邊太后及仁宗亦在懷孟未至適武宗遣脫脫計事京師丞相哈剌哈孫令急還報武宗而成后已密諭通政使只兒哈郎止其驛馬阿沙不花知事急與同知通政院事察乃謀作先曰署文書給馬去只兒哈郎聞脫脫已去方詰問吏閱案牘乃止太后及仁宗既至京師有言安西王

謀以三月三日僞賀仁宗千秋節因以舉事者阿沙不花言之哈剌哈孫且曰先人者勝後人者敗后一垂簾聽政我等皆受制於人矣不若先事而起哈剌哈孫曰善乃前二日白仁宗詐稱武宗遣使召安西王計事至即執送上都盡誅丞相阿忽台以下諸姦臣與哈剌哈孫皆居禁中仁宗以太子監國遣使北迎武宗而武宗遲廻不進遣使還報太后曰非阿沙不花往不可乃遣奉衣帽尚醞以往至野馬川見武宗備道兩宮意及陳安西王謀變始末且言太子監國所以備他變以待陛下臣萬死保其無他武宗大

悅觧衣衣之拜中書平章政事軍國大事並聽裁決因奏平内難之有功者燕只哥以下十人爲兵馬指揮爲直省舍人詔先奉蒲萄酒及錦綺還報兩宮仁宗即日率羣臣出迎武宗入上都加阿沙不花特進太尉依前平章政事命與丞相答思不花還京師治安西王黨諸連坐囊加真等三十餘人皆釋之嘗命出太府金分賜諸王貴戚及近侍方出朝見一人倉皇若有所懼狀曰此必盜金者召詰問之果得黃金五十兩白金百兩以聞就以金賜之命誅盜者辭曰盜誅固當金非臣所宜得願還金以贖盜死帝悅而

從之有近臣蹴踘帝前帝即命出鈔十五萬貫賜之阿沙不花頓首言曰以蹴踘而受上賞則奇技淫巧之人日進而賢者日退矣將如國家何臣死不敢奉詔乃止帝又嘗御五花殿丞相塔思不花三寶奴中丞伯顏等侍阿沙不花見帝容色日悴乃進曰八珍之味不知御萬金之身不知愛此古人所戒也陛下不思祖宗付託之重天下仰望之切而惟麯蘖是沉姬嬪是好是猶兩斧伐孤樹未有不顛仆者也且陛下之天下祖宗之天下也陛下之位祖宗之位也陛下縱不自愛如宗社何帝大悅曰非卿孰爲朕言繼

自今毋愛於言朕不忘也因命進酒阿沙不花頓首謝曰臣方欲陛下節飲而反勸之是臣之言不信於陛下也臣不敢奉詔左右皆賀帝得直臣遂進開府儀同三司中書右丞相行御史大夫俄復平章政事録軍國重事兼廣武侍衛親軍都指揮使封康國公有以左道惑衆者諸世臣大家多信趨之竟寘于法遷知樞密院事以至大二年十月薨于位年四十七至正元年贈純誠一德正憲保大功臣開府儀同三司中書右丞相上柱國追封順寧王諡忠烈其繼室別哥倫氏亦有至行寡居三十年未嘗妄言笑身不

服華綵詔旌其門與元配達海的斤氏並封順寧王夫人子伯嘉訥廉直剛敏憂國如憂家嘗爲京尹也儲衛誘小民梅凍兒誣首海商一百十有六人爲盜而掠其貲獄具械送刑部命伯嘉訥審録之盡得其寃狀白丞相釋之還其貲後遷翰林侍讀學士

拜住

拜住安童孫也五歲而孤太夫人教養之稍長宏遠端亮有祖風至大二年襲爲宿衛長仁宗即位延祐二年拜資善大夫太常禮儀院使四年進榮禄大夫大司徒五年進金紫光禄大夫六年加開府儀同三

司餘並如故每議大政必問曰合典故否同官有異見者曰大朝止說典故耶拜住徵笑曰公試言之國朝何事不依典故同官不能對太常事簡每退食必延儒士諮訪古今禮樂刑政治亂得失盡日不倦嘗曰人之仕宦隨所職司事皆可習至於學問有本施於事業此儒者之能事宰相之資也英宗在東宮問宿衛之臣於左右咸稱拜住賢遣使召之欲與語拜住謂使者曰嫌疑之際君子所愼我長天子宿衛而與東宮私相往來我固得罪亦豈太子福耶竟不往英宗登極拜中書平章政事會諸侯王于大明殿詔進讀太祖金匱寶訓威儀整暇語音明暢莫不注目竦聽夏五月宣徽使失烈門要束木妻也里失八等謀爲逆帝密得其事御穆清閣召拜住謀之對曰此輩擅權亂政久矣今猶不懲陰結黨與謀危社稷宜速施天威以正祖宗法度帝動容曰此朕志也命率衛士擒斬之其黨皆伏誅拜中書左丞相先時近侍傳旨以姓名赴中書銓注者六七百員選曹爲之壅滯拜住奏閣之注授一依選格次第吏無容姦刑曹事有情可矜者寛恕之貪暴不法必不少容帝嘗諭左右曰汝輩愼之苟陷國法我雖曲赦拜住不汝恕也

至治元年春正月帝欲結綵樓於禁中元夕張燈設宴時居先帝喪參議張養浩上疏拜住謂當進諫即袖其疏入奏帝悅而止仍賜養浩帛以旌直言三月從幸上都次察罕腦兒帝以行宮亨麗殿制度卑隘欲更廣之奏曰此地苦寒入夏始種粟黍陛下初登大寶不求民瘼而遽興大役以妨農務恐失民望從之帝嘗謂拜住曰朕委卿以大任者以乃祖木華黎從太祖開拓土宇安童相世祖克成善治也卿念祖宗令聞豈有不盡心者乎拜住再拜曰陛下委臣以大任臣有所畏者三畏辱祖宗畏天下事大識見有

所未盡畏年少不克負荷無以上報聖恩惟陛下垂閔時加訓飭幸甚延祐間朔漠大風雪羊馬駝畜盡死人民流散以子女鬻人爲奴婢拜住以興王根本之地其民宜加賑䘏請立宗仁衛總之命縣官贖置衛中以遂生養至元十四年始建太廟于大都至是四十年親享之禮未暇講肄拜住奏曰古云禮樂百年而後興郊廟祭享此其時矣帝悅曰朕能行之預勑有司以親享太室儀注禮節一遵典故毋擅增損冬十月始有事于太廟二年春正月孟享始備法駕設黃麾大仗帝服通天冠絳紗袍出自崇天門拜住

攝太尉以從帝見羽衛文物之美顧拜住曰朕用卿言舉行大禮亦卿所共喜也對曰陛下以帝王之道化成天下非獨臣之幸實四海蒼生所共慶也致齋大次行酌獻禮升降周旋儼若素習中外肅然明日還宮鼓吹交作萬姓聳觀百年慶典一旦復見有感泣者拜住率百僚稱賀于大明殿執事之臣賜金帛有差又奏建太廟前殿議行祫禘配享等禮帝從容謂拜住曰朕思天下之大非朕一人思慮所及汝爲朕股肱毋忘規諫以輔朕之不逮拜住頓首謝曰昔堯舜爲君每事詢衆善則舍己從人萬世稱聖桀紂爲君拒諫自賢悅人從己好近小人國滅而身不保民到于今稱爲無道之主臣等仰荷洪恩敢不竭忠以報然事言之則易行之則難惟陛下力行臣等不言則臣之罪也帝嘉納之時右丞相鐵木迭兒貪濫譎險屢殺大臣鬻獄賣官廣立朋黨凡不附己者必以事去之尤惡平章王毅右丞高昉因在京諸倉糧儲失陷欲奏誅之拜住密言於帝曰論道經邦宰相事也以金穀細務責之可乎帝然之俱得不死鐵木迭兒復引參知政事張思明爲左丞以助己思明爲盡力忌拜住方正每與其黨密語謀中害之左右得

其情乘間以告且請備之拜住曰我祖宗爲國元勳世篤忠貞百有餘年我今年少叨受寵命蓋以此耳大臣協和國之利也今以右相讎我我求報之非特吾二人之不幸亦國家之不幸吾知盡吾心上不負君父下不負士民而已死生禍福天實鑒之汝輩毋復言未幾奉旨往立忠憲王碑于范陽鐵木迭兒久稱疾聞拜住行將出涖省事入朝至內門帝遣速速賜之酒且曰卿年老宜自愛待新年入朝未晚遂快快而還然其黨猶布列朝中事必稟于其家以拜住故不得大肆其奸百計傾之終不能遂在京倉漕管

庫之職歲終例應注代時張思明亦稱疾不出衆皆顧望拜住雖朝夕帝前以事不可緩乃日坐省中謂僚屬曰左丞病省事遂廢乎郎中李處恭曰金穀之職須慎選擇不得其人未敢遽擬拜住曰汝爲賣官之計耳遣人善慰思明乃出共畢銓事拜住每以學校政化大源似緩實急而主者不務盡心遂致廢弛請令內外官議拯治之有言佛教可治天下者帝問之對曰清淨寂滅自治可也若治天下捨仁義則綱常亂矣又嘗謂拜住曰今亦有如唐魏徵之敢諫者乎對曰槃圓則水圓盂方則水方有太宗納諫之君

則有魏徵敢諫之臣帝並善之六月壬寅敕賜平江腴田萬畝拜住辭曰陛下命臣釐正庶務若先受賜田人其謂何帝曰汝勲舊子孫加以廉慎人或援例朕自諭之秋七月奏召張思明詰上都數其罪杖而逐之鐵木迭兒繼亦病卒拜住哭之慟初浙民吳機以累代失業之田貢於司徒劉夔夔賂宣政使八剌吉思買置諸寺以益僧廩矯詔出庫鈔六百五十萬貫酬其直田已乆爲他人之業鐵木迭兒父子及鐵失等上下蒙蔽分受之爲贓鉅萬真人蔡道泰以奸殺人獄已成鐵木迭兒納其金令有司變其獄拜住

舉奏二事命臺察鞫之盡得其情以田歸主劉夔八剌吉思等皆坐死餘論罪有差特赦鐵失冬十二月進右丞相監修國史帝欲爵以三公懇辭遂不置左相獨任以政首薦張珪復平章政事召用致仕老臣優其祿秩議事中書不次用才唯恐少後日以進賢退不肖爲重務患法制不一有司無所守奏詳定舊典以爲通制帝幸五臺拜住奏曰自古帝王得天下以得民心爲本失其心則失天下錢穀民之膏血多取則民困而國危薄斂則民足而國安帝曰卿言甚善朕思之民爲重君爲輕國非民將何以爲君今理

民之事卿等當熟慮而愼行之三年春二月將進仁宗實録先一日詣翰林國史院聽讀首卷書大德十一年事不書左丞相哈剌哈孫定策功惟書越王禿剌勇決從容謂史官曰無左丞相雖百越王何益録鷹犬之勞而畧發蹤指示之人可乎立命書之其他筆削未盡善者一一正之人皆服其識見夏六月拜住以海運粮視世祖時頓增數倍今江南民力困極而京倉充滿奏請歲減二十萬石帝遂併鐵木迭兒所增江淮粮免之時鐵木迭兒過惡日彰拜住悉以奏聞帝悟奪其官仆其碑奸黨鐵失等甚懼帝在上都

夜寐不寧命作佛事拜住以國用不足諫止之既而懼誅者復陰誘群僧言國當有厄非作佛事而大赦無以禳之拜住叱曰爾輩不過圖得金帛而已又欲庇有罪耶奸黨聞之益懼乃生異謀晉王也孫帖木兒時鎮北邊鐵失潛遣人至王所告以逆謀約事成推王爲帝王命囚之遣使赴上都告變未至車駕南還次南坡鐵失與赤斤鐵木兒等夜以所領阿速衛兵爲外應殺拜住遂弑帝於行幄晉王即位鐵失等伏誅詔有司備儀衛百官耆宿前導輿拜住畫相於海雲寺大作佛事觀者萬數無不歎惜泣下拜住憂

國忘家常直内庭知無不言太官以酒進則憂形于色有盜其家金器百餘兩他寶直鉅萬繼而獲盜得金家僮來告色無喜慍自延祐末水旱相仍民不聊生及拜住入相振立紀綱修舉廢墜裁不急之務杜僥倖之門加恵兵民輕徭薄歛英宗倚之相與勵精圖治時天下晏然國富民足遠夷有古未通中國者皆朝貢請吏而奸臣畏之卒構禍難云母怯烈氏年二十二寡居守節初拜住爲太常禮儀院使年方二十吏就第請署字適在後圃閱羣戲出稍後母厲聲呵之曰官事不治若爾所爲豈大人事耶拜住深自

克責一日入内侍宴英宗素知其不飲是日強以數巵既歸母戒之曰天子試汝量故強汝飲汝當日益戒懼無酣于酒又常代祀睿宗原廟歸侍左右母問之曰真定官府待汝若何對曰所待甚重母曰彼以天子威靈汝先世勳德故耳汝何有焉拜住之賢母之教也後封東平王夫人泰定初中書奏丞相拜住盡忠效節殞于羣兇乞賜褒崇以光後世制贈清忠一德功臣太師開府儀同三司上柱國追封東平王謚忠獻至正初改至仁孚道一德佐運功臣餘如故子篤麟鐵穆爾

列傳卷第二十三

翰林學士亞中大夫知制誥兼修國史臣宋濂　翰林待制承直郎同知制誥兼國史院編修官臣王禕等奉

勅撰

察罕

察罕西域板勒紇城人也父伯德那歲庚辰國兵下西域舉族来歸事親王旭烈授河東民賦副總管因居河中猗氏縣後徙解州贈榮祿大夫宣徽使柱國芮國公察罕魁偉穎悟博覽強記通諸國字書爲行軍府奥魯千戶奥魯赤參政湖廣辟爲蒙古都萬戶府知事奥魯赤進平章復辟爲理問政事悉委裁决且令諸子受學焉至元二十四年從鎮南王征安南師次瀘江安南世子遣其叔父詣軍門自陳無罪王命察罕數其罪而責之使者辭屈世子舉衆逃去二十八年授樞密院經歷未幾從奥魯赤移治江西寧都民言其鄉石上雲氣五色有物焉視之玉璽也不以兵取恐爲居人所有衆惑之察罕曰妄也是必構害仇家者覈問之果然前後從奥魯赤出入湖廣江西兩省凡二十一年多著勲績成宗大德四年御史臺奏僉湖南憲司事中書省奏爲武昌路治中丞相哈剌哈孫曰察罕廉絜固宜居風憲然武昌大郡非

斯人不可治竟除武昌廣西妖賊高仙道以左道惑衆平民詿誤者以數千計既敗湖廣行省命察罕與憲司雜治之鞫得其情議誅首惡數人餘悉縱遣且焚其籍衆難之察罕曰吾獨當其責諸君無累也以治最聞擢河南省郎中成宗崩仁宗自藩邸入誅群臣之爲異謀者迎武宗于邊河南平章囊加台薦察罕即驛召至上都賜廐馬二匹鈔一千貫銀五十兩曰卿少留行用卿矣武宗即位立仁宗爲皇太子授察罕詹事院判進僉詹事院事賜銀百兩錦二匹遣先還大都立院事仁宗至謂曰上以故安西王地賜我置都總管府卿其領之慎揀僚屬勿以詹事位高不屑此也進卿秩資德大夫察罕叩頭謝曰都府之職敢不恭命進秩非所敢當固辭改正奉大夫授以銀印至大元年閱戶口江南諸省還進太子府正加昭文館大學士還家令武宗崩仁宗哀慟不已察罕再拜啓曰庶民脩短尚云有數聖人天命夫豈偶然天下重器懸於殿下縱自苦如宗廟太后何仁宗輟泣曰曩者大喪必命浮屠何益吾欲發府庫以賑鰥寡孤獨若何曰發政施仁文王所以爲聖殿下行之幸甚東宮故有左右衛兵命囊加台察罕總右衛且

令審擇官屬仁宗即位拜中書參知政事但總持綱維不屑細務識者謂得大臣體帝嘗賜枸杞酒曰以益卿壽又語宰相曰察罕清素可賜金束帶鈔萬貫前後賞賚不可勝計皇慶元年進榮祿大夫平章政事商議中書省事乞歸解州立碑先塋許之暮年居德安白雲山別墅以白雲自號嘗入見帝望見曰白雲先生來也其被寵遇如此帝嘗問張良何如人對曰佐高帝興漢功成身退賢者也又問狄仁傑對曰當唐室中衰能卒保社稷亦賢相也因誦范仲淹所撰碑詞甚熟帝歎息良久曰察罕博學如此邪嘗譯

貞觀政要以獻帝大悅詔繕寫徧賜左右且詔譯帝範又命譯脫必赤顏名曰聖武開天紀及紀年纂要太宗平金始末等書俱付史館嘗以病請告暨還朝帝御萬歲山圓殿與平章李孟入謝帝曰白雲病愈邪頓首對曰老臣衰病無補聖明荷陛下哀矜放歸田里幸甚不覺沉痾去體爾命賜茵以坐顧李孟曰知止不辱今見其人朕始以荅剌罕不憐吉台囊加台等言用之誠多裨益有言察罕不善者其人即非善人也又語及科舉并前古帝王賜姓命氏之事因賜察罕姓白氏初察罕生於河中其夜天氣清肅月

白如晝相者賀曰是兒必貴國人謂白爲察罕故名察罕察罕天性孝友田宅之在河中者悉分與諸昆弟昆弟貧來歸者復分與田宅奴婢縱奴爲民者甚衆故人多稱長者既致仕優游八年以壽終子外家奴太中大夫武岡路總管李家奴早卒忽都篤承直郎高郵府判官孫九人仕者二人闊闊不花哈撒

曲樞

曲樞西土人曾祖達不台祖阿達台父質理花台世贈功臣追封王爵曲樞七歲失怙恃既壯沈密靜專爲徽仁裕聖皇太后宮臣仁宗幼時以曲樞可任保

傅左右擁翼曲樞入則佐視食飲出則抱負游衍鞠躬盡力夙夜匪懈大德三年武宗總戎北邊九年詭人亂國仁宗侍皇太后之國于懷未幾復之雲中連年奔走不暇曲樞櫛風沐雨跋涉艱險無倦色成宗崩仁宗奉太后入朝殲姦黨迎武宗即皇帝位仁宗爲皇太子天下以安拜曲樞榮祿大夫平章政事行大司農未幾進光祿大夫領詹事院事加特進封應國公至大元年拜開府儀同三司太子詹事平章軍國重事上柱國依前大司農應國公進太子太保領典醫監事四年授太保錄軍國重事集賢大學士兼

大司農領崇祥院司天臺事官爵勳封如故後以疾薨于位子二人長伯都大德十一年特授翰林學士嘉議大夫遷中奉大夫典寶監卿加資德大夫治書侍御史至大元年陞榮祿大夫遥授中書平章政事改侍御史明年拜中書參知政事進右丞年三十二而卒子咬住次伯怗木兒大德十一年特授正議大夫懷孟路總管府達魯花赤兼管諸軍奥魯管内勸農事改府正至大二年遷中奉大夫陝西等處行尚書省參知政事明年入爲太子家令遷正奉大夫明年還資德大夫大都留守兼少府監擬擢侍御史改除

翰林學士承旨知制誥兼修國史未幾復爲大都留守兼少府監武衛親軍都指揮使佩金虎符皇慶元年加榮祿大夫子二人桓澤都蠻子

阿禮海牙

阿禮海牙畏吾氏集賢大學士脫列之子也兄野訥事仁宗於潛邸大德九年仁宗奉興聖太后出居懷州從者單弱多懷去計野訥獨無所畏難成宗崩權臣阿附中宫不遣使告哀宗藩仁宗有聞將自懷州入京宫臣或持不可野訥屏人密啓曰天子晏駕而皇子已早卒天下無主邪謀方興懷寧王及殿下世祖格皇賢孫人心所屬久矣宜急奉太母入定大計邪謀必止迎立懷寧王以正神器在此行矣仁宗即白太后以二月至京師遂誅柄臣二人遣使迎武宗武宗即位召野訥賜玉帶授嘉議大夫秘書監仁宗居東宫兼太子右庶子遷侍御史崇祥院使兼將作院使閒有綉工工官大集民間子女居肆督責吏因爲奸利野訥奏罷之閭人感悦尋兼太醫院使仁宗即位請名文武老臣皆以朝政又請以中都苑囿還諸民拜樞密院副使進同知樞密院事命爲中書平章政事辭不拜野訥之在臺及侍禁中於國家事有

不便輒言之言無不納然韜晦惡盈不泄於外延祐四年卒年四十贈推誠保節翊運功臣金紫光祿大夫行中書省左丞相上柱國趙國公謚忠靖阿禮海牙亦早事武宗仁宗爲宿衛以清慎通敏與父兄並見信任十餘年間敭歷華近入侍帷幄出踐省闥廷無間言至治初出爲平章政事歷鎮江浙湖廣河南陝西四省皆有恵政汴人尤懷思之歸朝拜翰林學士承旨丁父憂解官家居天曆元年秋文宗入承大統阿禮海牙即易服南迎至於汴郊見焉帝命復鎮汴省時當艱難之際阿禮海牙高價糴粟以峙糧儲

命近郡分治戎器閲士卒括馬民間以備不虞先是
文宗即位之詔已播告天下而陝西官府結連靖安
王等起兵東擊潼關阿禮海牙開府庫量出錢二十
五萬緡屬諸行省參政河南淮北蒙古軍都萬户朵
列圖廉訪副使萬家閭犒軍河南以禦之令都鎮撫
卜伯率軍吏廵行南陽高門武關荆子諸隘南至襄
川二江之口督以嚴備萬户博羅守潼關不能軍是
月二十五日只兒哈率小汪總帥脫帖木兒萬户等
之兵突出潼關東掠閿鄉拔靈寳滛陝州新安諸郡
邑放兵四刼逾邏前進河南告急之使狎至而朵列

圖亦以兵寡為言十月一日阿禮海牙集省憲官屬
問以長策無有言者阿禮海牙曰汴在南北之交使
西人得至此則江南三省之道不通于畿甸軍旅應
援何日息乎夫事有緩急輕重今重莫如足兵急莫
如足食吾徵湖廣之平陽保定兩翼軍與吾省之鄧
新翼廬州沂郯砲弩手諸軍以備虎牢裕州哈剌魯
鄧州孫萬户兩軍以備武關荆子口以屬郡之兵及
蒙古兩都萬户左右兩衛諸部丁壯之可入軍者給
馬乘資裝立行伍以次備諸隘芍陂等屯兵本自襄
鄧諸軍來田者還其軍益以民之丁壯使守襄陽白

土峡州諸隘別遣塔海以備自蜀至者以汴汝荆襄
兩淮之馬以給之府庫不足則命郡縣假諸殷富之
家安豐等郡之粟遡黄河運至于陝羅諸汴汝近郡
者則運諸滎陽以達於虎牢吾與諸軍各奮忠義以
從王事宜無不濟者衆曰唯命即日部分行事自伯
顔不花王以下省都事李元德等凡省之屬吏與有
官而家居者各授以事而出廉訪使董守中僉事沙
沙在南陽右丞脫帖木兒廉訪使卜顔在虎牢分遣
兵馬以聽其調用餽餉之行千車相望阿禮海牙親
閲實之必豐必良信以期會自虎牢之南至於襄漢

無不畢給蓋為粟二十萬石豆如之兵甲五十五萬
芻萬萬是時朝廷置行樞密院以總西事襄漢荆湖
河南郡縣皆缺官阿禮海牙便宜擇材以處之朝廷
皆從其請是月西兵逼河南行院使來報曰西人北
行者度河中以趨懷孟磁南行者帖木哥過武關掠
鄧州而殘之直趨襄陽攻破郡邑三十餘橫絕數千
里所過殺官吏焚廬舍虜民人婦女財物賊虐殄盡
西結囊家䚢以蜀兵至矣阿禮海牙益督餉西行遣
行院官塔海領兵攻帖木哥而又設備於江黄置鐵
繩於峽口作舟艦以待戰十九日師與西兵遇於鞏

縣之石渡而湖廣所徵太原之兵最爲可用甫至未及食或趣之倍道以進轉戰及暮兩軍殺傷與墮澗谷死者相等而虎牢遂爲敵有兵儲巨萬阿禮海牙盡其心民殫其力者一旦悉亡焉行省院與諸軍斂兵退二十二日至汴民大恐阿禮海牙前後遣使告于朝輒爲也先捏留不遣不得朝廷音問已二十日阿禮海牙亦憂之親出行撫其民乃修城闕以備衝突立四門以通往来戒卒伍以嚴守衛時雖甚危急阿禮海牙朝夕出入聲色不動怡然如平時衆賴以安十一月六日西師逼城將百里而近阿禮海牙名

行院將帥憲司與凡在官者而告之曰吾荷國厚恩唯有一死以報上耳行院之出唯敵是圖而退保吾城不亦怯乎然敵亦烏合之衆何所受命而敢犯我乎且吾甲兵非不堅勁芻峙非不豐給而弗利者太平日久將校不知兵吏士不練習彼所以得披猖至此彼誠知我聖天子之命則衆沮而散爾何足慮乎吾今遣使告于朝請降詔大赦脅從詿誤比詔下先募士以即位詔及朝廷招諭之文入其軍明示利害吾整大軍西嚮以征之别遣驍將率精騎數千上龍門繞出其後使之進無所掠退無所歸成擒於鞏洛

之間必矣而我軍所獲陝西官吏命有司羈而食之一無所戮衆曰諾唯命即日與行院整兵南薰門外以行會有使者自京師還言齊王已克上都奉天子寶璽来歸刻日至京矣阿禮海牙乃置酒高會於省堂以賀發書告屬郡報諸江南三省而募士得蘭住者賫書諭之西人猶擄掠蘭住訊以其實而朝廷亦遣都護月魯帖木兒從十餘人奉詔放散西軍之在虎牢者西人殺其從者之半械都護以送諸荆王所荆王時在河南之白馬寺以是西人雖未鮮散各已駭悟又聞行省院以兵至猶豫不敢進朝廷又使參

政馮不花親諭之乃信服靖安王遣使四輩與蘭住来請命逡巡而去難平阿禮海牙乃鮮嚴報捷斂餘財以還民從陝西求民人之被俘掠者歸其家凡數千人陝西官吏被獲者皆遣還其所阿禮海牙自始至鎮迨乎告功居汴省者數月後以功遷陝西行御史大夫復拜中書省平章政事

奕赫抵雅爾丁

奕赫抵雅爾丁字太初回回氏父亦速馬因仕至大都南北兩城兵馬都指揮使奕赫抵雅爾丁幼穎悟嗜學所讀書一過目即終身不忘尤工其國字語初

爲中書掾以年勞授江西行省員外郎入爲吏部主
事不再閱月固辭擢刑部員外郎四方所上獄反復
披閱成牘多所平反遷陝西漢中道肅政廉訪司僉
事不赴改中書右司員外郎尋陞郎中一日與同列
共議獄有異其說者奕赫抵雅爾丁曰公等讀律苟
不能變通以適事宜譬之醫者雖熟於方論而不能
切脉用藥則於疾痛奚益哉同列雖不平識者服其
爲名言大德八年肆赦廷議惟官吏因事受賕者不
預奕赫抵雅爾丁曰不可恩如雨露萬物均被贓吏
固可嫉比之盜賊則有間矣宥盜而不宥吏何耶刑

四ア十　元史列傳卷二十四　十二　吳仲明

部嘗有獄事上讞既論决已而丞相知其失以譴右
司主者奕赫抵雅爾丁初未嘗署其案因取成案閱
之竊署其名於下或訝之曰茲獄之失公實不與丞
相方譴怒而公反追署其案何也奕赫抵雅爾丁曰
吾偶不署此案耳豈有與諸君同事而獨幸免哉丞
相聞而賢之同列因以獲免遷左司郎中時左司闕
一都事平章梁暗都剌謂奕赫抵雅爾丁曰人之材
幹固嘗有之惟篤實不欺爲難得公當以所知舉奕
赫抵雅爾丁遂以王毅李迪爲言一時輿論莫不稱
允又嘗論朝士如王仁卿賈元播高彥敬敬威卿李

清臣輩可大用時諸公處下僚後皆如其言遷翰林
侍講學士知制誥兼修國史轉中奉大夫集賢大學
士未幾除江東建康道肅政廉訪使始視事見以獄
具陳列庭下甚夥問之乃前官刱製以待有罪者奕
赫抵雅爾丁蹙然曰凡逮至臬司皆命官及有出身
之吏廉得其情則將服罪獄具毋庸施也即屏去之
監憲一年贓吏削跡至大初元立尚書省拜參議尚
書省事召至京師懇辭不就改立中書省復拜參議
中書省事亦以疾辭延祐元年卒年四十有七

脫烈海牙

三ア九十二　元史列傳卷二十四　十三　吳仲明

脫烈海牙畏吾氏世居別失拔里之地曾祖闊華八
撒木當太祖西征導其主亦都護迎降帝嘉其有識
欲官之辭以不敏祖八剌术始徙真定仕至帥府鎭
撫富而樂施或貸不償則火其券人稱於長者父闊
里赤性純正知讀書脫烈海牙幼嗜學警敏絕人性
整暇雖居倉卒未嘗見其急遽喜從文士游犬馬聲
色之娛一無所好由中書宣使出爲寧晋主簿改隆
平縣達魯花赤均賦興學劭農平訟橋梁水防備荒
之政無一不舉及滿去民勒石以紀其政拜監察御
史時江西胡參政殺其弟訟久不决脫烈海牙一訊

竟伏其辜出僉燕南道肅政廉訪司事務存大體不
事苛察在任六年黜汙吏百四十有奇召爲户部郎
中轉右司員外郎陞右司郎中贊畫之力居多仁宗
在東宮知其耆學出祕府經籍及聖賢圖像以賜時
人榮之母霍氏卒哀毀骨立事聞賜鈔五萬貫給葬
事起爲吏部尚書量能叙爵以平允稱改禮部尚書
領會通舘事進中奉大夫荆湖北道宣慰使適峽人
艱食脫烈海牙先發廩賑之而後以聞朝議韙之至
治三年遷淮東宣慰使七月以疾卒于廣陵年六十
有七贈通奉大夫河南江北等處行中書省參知政

事護軍追封恒山郡公弟觀音奴廉明材幹亦仕至
清顯云

列傳卷第二十四

傳卷第二十五　元史一百三十八

翰林學士亞中大夫知制誥兼修國史臣宋濂　翰林待制承直郎同知制誥兼國史院編修官臣王禕等奉
勅修

康里脫脫

康里脫脫父曰牙牙由康國王封雲中王阿沙不花
之弟也脫脫姿貌魁梧少時從其兄斡禿蠻獵於燕
南斡禿蠻使歸獻所獲世祖見其骨氣沉雄步履莊
重歎曰後日大用之才已生於今即命入宿衛成宗
初丞相伯顏在北鄙脫脫奉詔以名鷹賜伯顏伯顏
見之驚問曰汝爲何人子脫脫以實對伯顏語之曰

吾老矣他日可大用者未見汝比大德三年武宗以
皇子撫軍北鄙脫脫從行五年叛王海都犯邊脫脫
從武宗討之師次杭海進擊海都大破其衆脫脫手
斬一士之首連背胛以獻武宗壯之兵之始交也武
宗鋭欲出戰脫脫執轡力諫武宗怒揮鞭抶其手不
退乃止已而武宗與大將朶兒答哈語及之朶兒答
哈曰太子在軍中如身有首如衣有領脫有不虞衆
安所附脫脫之諫可謂忠矣武宗深然之成宗大漸
丞相哈剌哈孫荅剌罕稱疾卧直廬中脫脫適以使
事至京師即俾馳告武宗以國恤語在阿沙不花傳

時仁宗奉興聖太后至自懷孟既定内難而太后以兩太子星命付陰陽家推筭問所宜立者曰重光大荒落有災旃蒙作噩長久重光爲武宗年幹旃蒙爲仁宗年幹於是太后頗惑其言遣近臣朶耳諭旨武宗曰汝兄弟二人皆我所出豈有親踈陰陽家所言運祚脩短不容不思武宗聞之默然進脫脫而言曰我捍禦邊陲勤勞十年又次序居長神器所歸灼然何疑今太后以星命休咎爲言天道茫昧誰能豫知設使我即位之後所設施者上合天心下副民望則雖一日之短亦足垂名萬年何可以陰陽之言而乖

祖宗之託哉此蓋近日任事之臣擅權專殺恐我他日或治其罪故爲是奸謀動揺大本耳脫脫汝爲我往察事機疾歸報我脫脫承命即行武宗親率大軍由西道進按灰由中道床兀兒由東道各以勁卒一萬從脫脫馳至大都入見太后道武宗所授旨以聞太后愕然曰脩短之說雖出術家爲太子周思遠慮乃出我深愛貪憖巳除宗王大臣議巳定太子不速來何爲時諸王禿列等侍咸曰臣下翊戴嗣君無二心者既而太后仁宗屏左右留脫脫與語曰太子天性孝友中外屬望今聞汝所致言殆有讒間汝歸速

爲我彌縫闕失使我骨肉無間相見怡愉則汝功爲不細矣脫脫頓首謝曰太母太弟不煩過慮臣侍藩邸歷年頗見信任今歸當即推誠竭忠以開釋太子後日三宮共處靡有嫌隙斯爲脫脫所報効矣先是太后以武宗遲迴不至巳遣阿沙不花往道諸王羣臣推戴之意及是脫脫繼往行至旺古察武宗在馬輪中望見其來趣使疾馳與之共載脫脫具致太后仁宗之語武宗乃大感悟釋然無疑遂遣阿沙不花還報仁宗即日命駕奉迎于上都武宗正位宸極尊太后爲皇太后立仁宗爲皇太子三宮協和脫脫兄

弟之力爲多脫脫之至京師也武宗嘗命其同知樞密院比還問曾視事否脫脫對曰今正殿未御宗親未見爲扈從之臣攙取名位誠恐有累聖德是以未敢祗事武宗嘉歎久之知樞密院只兒哈忽在潛邸時嘗有不遜語將寘于法脫脫諫曰陛下新正位大信未立而輒行誅戮知者以爲彼自有罪不知者以爲報仇恐人人自危况只兒哈忽習於先朝典故今固不可少也乃宥之繼海都而王者曰察八兒素服武宗威名至是率諸王内附詔特設宴於大庭故事凡大宴必命近臣敷宣王度以爲告戒脫脫薦只兒

哈忽令具其言以進果稱旨武宗歎曰博爾忽博爾术前朝人傑脫脫令世人傑也即以所進之言授脫脫及諸王大臣被宴服就列脫脫即席陳西北諸藩始終離合之由去逆効順之義辭旨明暢聽者傾服自同知樞密院事進中書平章政事拜御史大夫遷江南行臺御史大夫尋召拜録軍國重事中書左丞相脫脫知無不言言無不行中外翕然稱爲賢相至大三年尚書省立遷右丞相三寶奴等勸武宗立皇子爲皇太子脫脫方獵于柳林遣使亟召之還三寶奴曰建儲議急故相召耳脫脫驚曰何謂也曰皇子寖長聖體近日倦勤儲副所宜早定脫脫曰國家大計不可不慎曩者太弟躬定大事功在宗社位居東宮已有定命自是兄弟叔姪世世相承孰敢紊其序者我輩臣子於國憲章縱不能有所匡賛何可隳其成三寶奴曰今日兄已授弟後日叔當授姪能保之乎脫脫曰在我不可渝彼失其信天實鑒之三寶奴雖不以爲然而莫能奪其議也是時尚書省賜予無節遷敘無法財用日耗名爵日濫脫脫進言曰爵賞者帝王所以用人也今爵及比德賞及罔功緩急之際何所賴乎中書所掌錢粮工役選法刑獄十有二

事若從臣言恪遵舊制則臣願與諸賢黽勉從事不然用臣何補遂有詔俾濫受宣勑者赴所屬繳納僥倖之路既塞奔競之風頓衰中臺有贓罰鈔五百萬緡脫脫請出以賑孤寡老疾諸窮而無告者宗王南忽里部人告其主爲不軌脫脫辯其誣抵告者罪宗王牙忽秃徵其舊民於齊王八不沙部中鄰境諸王欲奉齊王攻牙忽秃齊王懼奔牙忽秃以避之遂告齊王反脫脫簿問得實乃釋齊王而徙諸王于嶺南邊將脫火赤請以新軍萬人益宗王丑漢廷議俾脫脫往給其資裝脫脫謂時方寧謐不宜挑變生事辭不行遂遣丞相秃忽魯等二人往給之幾以激變四年正月復爲中書左丞相仁宗即位眷待彌篤欲使均逸于外二月拜江浙行省左丞相下車進父老問民利病咸謂杭城故有便河通于江滸堙廢已久若踈鑿以通舟楫物價必平僚佐或難之脫脫曰吾陛辭之日密旨許以便宜行事民以爲便行之可也俄有旨禁勿興土功脫脫曰敬天莫先勤民民蒙其利則災沴自弭土功何尤不一月而成是時鐵木迭兒爲丞相欲固位取寵乃議立仁宗子英宗爲皇太子而明宗以武宗子封周王出鎮于雲南又譖脫脫爲

武宗舊臣詔逮至京師居數日牀兀兒失列門傳兩宮旨諭脫脫曰初疑汝親於所事故召汝今察汝無他其復還鎮脫脫入謝太后曰臣雖被先帝知遇而受太后及今上恩不爲不深豈敢昧所自乎還江浙未幾遷江西行省左丞相英宗嗣位召拜御史大夫時帖赤先爲大夫陰忌之奏改江南行臺御史大夫復嗾言者劾其擅離職守將徙之雲南會帖赤伏誅乃解家居不出者五年泰定四年薨年五十六至正初贈推誠全德守義佐運功臣太師開府儀同三司上柱國追封和寧王謚忠獻脫脫嘗即宣德別墅延師以訓子鄉人化之皆向學朝廷賜其精舍額曰景賢書院爲設學官其沒也即其中祠焉子九人其最顯者二人曰鐵木兒塔識曰達識帖睦邇各有傳

燕鐵木兒

燕鐵木兒欽察氏牀兀兒第三子世系見土土哈傳武宗鎮朔方備宿衛十餘年特愛幸之及即位拜正奉大夫同知宣徽院事皇慶元年襲左衛親軍都指揮使泰定二年加太僕卿三年遷同僉樞密院事致和元年進僉書樞密院事泰定帝崩于上都丞相倒剌沙專政宗室諸王脫脫王禪附之利於立幼燕鐵

木兒時總環衛事留大都自以身受武宗寵拔之恩其子宜纂大位而一居朔漠一處南陲實天之所置將以啓之由是與公主察吉兒族黨阿剌帖木兒及腹心之士孛倫赤剌剌等議以八月甲午昧爽率勇士納只禿魯等入興聖宮會集百官執中書平章烏伯都剌伯顏察兒兵皆露刃誓衆曰祖宗正統屬在武皇帝之子敢有不順者斬衆皆潰散遂捕姦黨下獄而與西安王阿剌忒納失里入守內庭分處腹心於樞密自東華門夾道重列軍士使人傳命往來其中以防漏泄即命前河南行省參知政事明里董阿前宣政院使答剌麻失里乘驛迎文宗于中興且令密以意喻河南行省平章伯顏選兵備扈從於是封府庫拘百司印遣兵守諸要害推前湖廣行省左丞相別不花爲中書左丞相詹事塔失海涯爲平章前湖廣行省右丞速速爲中書左丞前陝西行省參政王不憐吉台爲樞密副使蕭忙古解仍爲通政院使與中書右丞趙世延樞密同僉燕鐵木兒通政院使寒食分典庶務貸在京寺觀鈔募死士買戰馬運京倉粟以餉守禦士卒復遣使於各行省徵發錢帛兵器當時有諸衛軍無統屬者又有謁選及罷退軍官

皆給之符牌以待調遣既受命未知所謝注目而立乃指使南向拜衆皆愕然始知有定向矣燕鐵木兒宿衛禁中夜則更遷無定居坐以待旦者將一月第撒敦子唐其勢時留上都密遣塔失帖木兒召之皆棄其妻子來歸丁酉再遣撒里不花鎖南班往中興趣大駕早發令塔失帖木兒設爲南使云諸王帖木兒不花寬徹普化湖廣河南省臣及河南都萬户合軍扈駕旦夕且至民勿疑懼丁未命撒敦以兵守居庸關唐其勢屯古北口戊申復令乃馬台爲北使稱明宗從諸王兵整駕南轅中外乃安辛亥撒里不花

至自中興云乘輿已啓塗詔拜燕鐵木兒知樞密院事丙辰率百官備法駕郊迎丁巳文宗至京師入居大内己未上都王禪及太尉不花丞相塔失帖木兒平章買閭御史大夫紐澤等軍次榆林九月庚申詔燕鐵木兒帥師禦之撒敦先驅至榆林西乘其未陣薄之北軍大敗甲子詔還都戊辰遼東平章禿滿迭兒以兵犯遷民鎮斬關以入遣撒敦往拒至薊州東沙流河累戰敗之燕鐵木兒以爲擾攘之際不正大名不足以係天下之志與諸王大臣伏闕勸進文宗固辭曰大兄在朔方朕敢紊天序乎燕鐵木兒曰人

心向背之機間不容髮一或失之噬臍無及文宗悟乃曰必不得已當明詔天下以著予退讓之意而後可壬申文宗即位改元天曆赦天下癸酉封燕鐵木兒爲太平王以太平路爲其食邑甲戌加開府儀同三司上柱國錄軍國重事中書右丞相監脩國史知樞密院事賜黃金五百兩白金二千五百兩鈔一萬錠金素織段色繒二千匹海東白鶻一青鶻二豹一平江官地五百頃即日詔將兵出薊州拒禿滿迭兒乙亥次三河而王禪等軍已破居庸關遂進屯三冢丙子燕鐵木兒蓐食倍道而還丁丑抵榆河關帝出

都城將親督戰燕鐵木兒單騎請見曰陛下出民心必驚凡剪寇事一以責臣願陛下亟還宫以安黎庶文宗乃還明日丁丑阿速衛指揮使忽都不花塔海帖木兒同知太不花構變事覺械送京師斬以徇己卯與王禪前軍遇于榆河北我師奮擊敗之追至紅橋北王禪將樞密副使阿剌帖木兒指揮忽都帖木兒引兵會戰阿剌帖木兒執戈入刺燕鐵木兒側身以刀格其戈就斫之中左臂部將和尚馳擊忽都帖木兒亦中左臂二人驍將也敵爲奪氣遂卻因據紅橋兩軍阻水而陣命善射者射之遂退師于白浮南

命知院也速答兒八都兒亦訥思等分爲三隊張兩翼以角之敵軍敗走辛巳敵軍復合鏖戰于白浮之野周旋馳突戈戟戛摩燕鐵木兒手斃七人會日晡對壘而宿夜二鼓遣阿剌帖木兒孛倫赤岳来告將精鋭百騎鼓譟射其營敵衆驚擾互自相擊至旦始悟人馬死傷無數明日天大霧獲敵卒二人云王禪等脫身竄山谷矣癸未天清明王禪集散卒成列出山我師駐白浮西堅壁不動是夜又命撒敦潛軍繞其後部曲八都兒壓其前夾營吹銅角以震盪之敵不悟而亂自相撾擊三鼓後乃西遁遲明追及昌平北斬首數千級降者萬餘人帝遣賜上尊諭旨曰丞相每戰親冒矢石脫有不虞其若宗社何自今後但凭高督戰察將士之用命不用命者以賞罰之可也對曰臣以身先之爲諸將法敢後者軍法從事託之諸將萬一失利悔將何及是日敵軍再戰再北王禪單騎亡命也速答兒也不倫撒敦追之就命也速答兒及僉院徹里帖木兒統卒三萬守居庸關還至昌平南俄報古北口不守上都軍掠石槽丙戌遣撒敦爲先驅燕鐵木兒以大軍繼其後至石槽敵軍方炊掩其不備直蹂之大軍并進追擊四十里至牛頭山

擒駙馬孛羅帖木兒平章蒙古荅失牙失帖木兒院使撒兒討温等獻俘闕下戮之各衛將士降者不可勝紀餘兵奔竄夜遣撒敦襲之逐出古北口丁亥禿滿迭兒及諸王也先帖木兒軍陷通州將襲京師燕鐵木兒急引軍還十月己丑朔日將昏至通州乘其初至擊之敵軍狼狽走渡潞河庚寅夾河而軍敵列植黍稭衣以氈衣然火爲疑兵夜遁辛卯率師渡河追之癸巳駐檀子山之棗林也速帖木兒禿滿迭兒合陽翟王太平國王朶羅台平章塔海軍来鬭士皆殊死戰至晚唐其勢陷陣殺太平死者蔽野餘兵宵潰已而撒敦將輕兵要之弗及而還乙未上都諸王忽剌台指揮阿剌鐵木兒安童入紫荆關犯良鄉游騎逼南城燕鐵木兒即率諸將兵循北山而西令脫銜繫囊盛莝豆以飼馬士行且食晨夜兼程至于盧溝河忽剌台聞之望風西走是日凱旋入自肅清門都人羅拜馬首以謝更生之恵燕鐵木兒曰此皆天子威靈吾何力焉入見帝大悅賜燕與聖殿盡懽而罷賜太平王黄金印并降制書及賜玊盤龍衣珠衣寶珠金腰帶等物是日撒敦遣報禿滿迭兒軍復入古北口燕鐵木兒遂以師赴之戰于檀州南野敗之

東路蒙古萬户哈剌那懐率麾下萬人降餘兵東潰秃滿迭兒走還遼東獲忽剌台阿剌帖木兒安童朶羅台塔海等戮之先是齊王月魯帖木兒東路蒙古元帥不花帖木兒聞文宗即位乃起兵趍上都圍之時上都屢敗勢蹙壬寅倒剌沙肉袒奉皇帝寶出請死齊王調兵護送至京師庚戌文宗御興聖殿受皇帝寶下倒剌沙于獄两都平丁巳加燕鐵木兒以荅剌罕之號使其世世子孫襲之仍賜珠衣二七寶束帶一白金甕一黄金瓶二海東白鶻一青鶻三白鷹一豹二十十二月置龍翊衛命領其事先是至治二

年以欽察衛士多爲千户所者凡三十五故分置左右二衛至是又析爲龍翊衛二年立都督府以統左右欽察龍翊三衛哈剌魯東路蒙古二萬户府東路蒙古元帥府而以燕鐵木兒兼統之尋陞爲大都督府燕鐵木兒乞解相印還宿衛帝勉之曰卿已爲省院惟未入臺其聽後命二月遷御史大夫依前開府儀同三司上柱國録軍國重事太平王未幾復拜中書右丞相監脩國史知樞密院事領都督府龍翊侍衛親軍都指揮使司事就佩元降虎符依前開府儀同三司上柱國録軍國重事荅剌罕太平王先是文

宗以天下既定可行初志遣治書侍御史撒迪迎大兄明宗于漠北三月辛酉乃詔燕鐵木兒護璽寶北上明宗嘉其功五月特拜開府儀同三司上柱國録軍國重事中書右丞相監修國史大都督領龍翊親軍都指揮使事荅剌罕太平王六月加拜太師餘如故從明宗南還八月朔明宗次王忽察都之地文宗以皇太子見庚寅明宗暴崩燕鐵木兒以皇后命奉皇帝璽寶授文宗疾驅而還晝則率宿衛士以扈從夜則躬擐甲冑繞幄殿巡護癸巳達上都遂與諸王大臣陳勸復正大位己亥文宗復即位於上都十二

月丁亥文宗以燕鐵木兒有大勲勞于王室封其曾祖父班都察溧陽王曾祖妣玉龍徹溧陽王夫人祖父土土哈昇王祖妣太塔你昇王夫人父牀兀兒揚王母也先帖你公主察吉兒並爲揚王夫人三年二月文宗欲昭其勲詔命禮部尚書馬祖常製文立石於北郊至順元年五月乙丑帝又以屢頒寵數未足以報大勲下詔命獨爲丞相以尊異之畧曰燕鐵木兒勲勞惟舊忠勇多謀奮大義以成功致治平於期月宜專獨運以重秉鈞授以開府儀同三司上柱國太師太平王荅剌罕中書右丞相録軍國重事監脩

國史提調燕王宮相府事大都督領龍翊親軍都指揮使司事凡號令刑名選法錢粮造作一切中書政務悉聽總裁諸王公主駙馬近侍人員大小諸衙門官員人等敢有隔越聞奏以違制論六月知樞密院事闊徹伯脫脫木兒等十人惡其權勢之重欲謀害之也的迷失脫迷以其謀告燕鐵木兒即率欽察軍掩捕按問皆誅之二年二月爲建第於興聖宮之西南三月賜鷹坊百人十一月癸未詔養其子塔剌海爲子辛酉以燕鐵木兒兼奎章閣大學士領奎章閣學士院事賜龍慶州之流盃園地水磑土田又賜平

江松江江陰蘆場蕩山沙塗沙田等地因言平江松江圩田五百頃有奇粮七千七百石頗增爲萬石入官以所得餘米贍弟撒敦詔從之四年文宗大漸遺詔立兄明宗之子已而文宗崩明宗次子懿璘質班即位四十三日而崩文宗后臨朝燕鐵木兒與羣臣議立文宗子燕帖古思文宗后曰天位至重吾兒年方幼冲豈能任耶明宗有子妥懽貼睦爾出居廣西今年十三矣可嗣大統於是奉太后命召還京師至良鄉具鹵簿迎之燕鐵木兒與之並馬而行於馬上舉鞭指畫告以國家多難遣使奉迎之故而妥懽貼睦爾卒無一語酬之燕鐵木兒疑其意不可測且明宗之崩實與逆謀恐其即位之後追舉前事故宿留數月而心志日以瞀亂先是燕鐵木兒自秉大權以來挾震主之威肆意無忌一宴或宰十三馬取泰定帝后爲夫人前後尚宗室之女四十人或有交禮三日遽遣歸者而後房充斥不能盡識一日宴趙世延家男女列坐名鴛鴦會見座隅一婦色甚麗問曰此爲誰意欲與俱歸左右曰此太師家人也至是荒淫日甚體羸溺血而薨燕鐵木兒既死妥懽貼睦爾始即位是爲順帝乃以撒敦爲左丞相唐其勢爲御史

大夫元統二年四月命唐其勢總管高麗女直漢軍萬户府達魯花赤授撒敦開府儀同三司上柱國録軍國重事答剌罕榮王太傅中書左丞相賜廬州路爲食邑宥世世子孫九死贈燕鐵木兒太師公忠開濟弘謨同德協運佐命功臣開府儀同三司太師中書右丞相上柱國追封德王謚忠武至元元年三月立燕鐵木兒女伯牙吾氏爲皇后是時撒敦已死唐其勢爲中書左丞相伯顏獨用事唐其勢忿曰天下本我家天下也伯顏何人而位居吾上遂與撒敦弟答里潛蓄異心交通所親諸王晃火帖木兒謀援立

以危社稷帝數召答里不至郯王徹徹禿遂發其謀六月三十日唐其勢伏兵東郊身率勇士突入宮闕伯顏及完者帖木兒定住闊里吉思等掩捕獲之唐其勢及其弟塔剌海皆伏誅而其黨北奔答里所答里即應以兵殺使者哈兒哈倫阿魯灰用以禡旗帝遣阿弼諭之又殺阿弼而率其黨和尚剌剌等逆戰爲撒思監火兒灰哈剌那海等所敗遂奔晃火帖木兒命孛羅晃火兒不花追襲之力窮勢促阿魯渾察執答里等送上都戮之晃火帖木兒自殺怯薛官阿察赤亦預唐其勢之謀欲殺伯顏後擒付有司具伏其辜伏誅初唐其勢事敗被擒攀折殿檻不肯出塔剌海走匿皇后坐下后蔽之以衣左右曳出斬之血濺后衣伯顏奏曰豈有兄弟爲逆而皇后黨之者幷執后后呼帝曰陛下救我帝曰汝兄弟爲逆豈能相救邪乃遷皇后出宮尋酖之于開平民舍遂簿錄唐其勢家

伯顏

伯顏蔑兒吉䚟氏曾大父探馬哈兒給事宿衛大父稱海從憲宗伐宋歿於王事父謹只兒總宿衛隆福太后宮伯顏弘毅深沉明達果斷年十五奉成宗命侍武宗于藩邸大德三年從北征海都五年從至迭怯里古之地力戰又至哈剌塔之地累捷功爲諸將先十年斡羅思失班等逃奔察八兒之地武宗命伯顏追降之十一年武宗大會諸王駙馬於和林錫號曰伯顏拔都兒武宗即位拜吏部尚書俄改尚服院使又拜御史中丞至大二年十一月拜尚書平章政事特賜蛟龍虎符領右衛阿速親軍都指揮使司達魯花赤三年加特進延祐三年仁宗命爲周王常侍府常侍四年拜江南行臺御史中丞五年就陞御史大夫六年拜江浙行省平章政事七年拜陝西行臺御史大夫至治二年復遷南臺御史大夫泰定二年遷江西行省平章政事三年遷河南行省平章政事舊所賜河南田五千頃以二千頃奉帝師祝釐八百頃助給宿衛自取不及其半宿姦頑豪嘗毒民者必深治之致和元年七月泰定帝崩八月丞相燕鐵木兒遣明里董阿迎立武宗子懷王於江陵道過河南使以謀密告伯顏伯顏嘆曰此吾君之子也吾夙荷武皇厚恩委以心膂今爵位至此非覬萬一爲己富貴計大義所臨曷敢顧望即集僚屬明告以故於是會計倉廩府庫穀粟金帛之數乘輿供御牢籩膳羞

徒旅委積士馬芻糒供億之須以及賞賚犒勞之用靡不備至不足則檄州縣募民折輸明年田租及貸商人貨貲約倍息以償又不足則邀東南常賦之經河南者輒止之以給其費徵發民丁增置驛馬補城櫓浚濠池修戰守之具嚴徼邏斥堠日被堅執鋭與僚佐曹掾籌其便宜即遣蒙哥不花以其事馳告懷王又使羅里報燕鐵木兒曰公盡力京師河南事我當自効伯顏別募勇士五千人以迎帝于南而躬勒兵以俟枲政脫別台曰今蒙古軍馬與宿衛之士皆在上都而令探馬赤軍守諸隘吾恐此事之不可成

也我等圖保性命他何計哉伯顏不從其言其夜脫別台手刃欲殺伯顏爲變伯顏覺遂拔劒殺之奪其所部軍器收馬千二百騎懷王命撒里不花拜伯顏河南行省左丞相懷王至河南伯顏屬櫜鞬擐甲胄與百官父老導入咸俯伏稱萬歲即上前叩頭勸進懷王解金鎧御服寶刀及海東白鶻文豹賜伯顏明日扈從北行九月懷王即皇帝位是爲文宗特加伯顏銀青榮祿大夫仍領宿衛尋加太尉賜黃金二百五十兩白金一千兩楮幣二十五萬緡進開府儀同三司録軍國重事御史大夫中政院使天曆二年正

月拜太保二月加授儲慶使加賜虎符特授忠翊侍衛親軍都指揮使未幾明宗即位文宗居東宮拜太子詹事太保開府如故八月拜中書左丞相明宗崩文宗嗣位加儲政院使三年正月拜知樞密院事至順元年文宗以伯顏功大不有異數不足以報稱特命尚世祖闊出太子女孫曰卜顏的斤分賜虎士三百怯薛丹百黙而吉軍百阿速軍百隷左右宿衛又賜黃金雙龍符鐫文曰廣忠宣義正節振武佐運功臣組以寶帶世爲明券又命凡宴飲視諸宗王禮二年八月進封浚寧王特加授侍正府侍正追封其先

三世爲王又加伯顏昭功宣毅萬户忠翊侍衛都指揮使三年拜太傅加徽政使八月文宗崩十月伯顏奉太皇太后命立明宗之子懿璘質班是爲寧宗十一月寧宗崩四年六月順帝至自南服入踐大位嘉伯顏翊戴之功拜中書右丞相上柱國監修國史元統二年進太師奎章閣大學士領太史院兼領司天監威武阿速諸衛奏復經筵加知經筵事十一月進封秦王繼領太禧宗禋院中政院宣政院隆祥使司宮相諸內府總領蒙古欽察斡羅思諸衛親軍都指揮使三年六月唐其勢及其弟塔剌海私蓄異志謀

危杜稷伯顏奉詔誅之餘黨稱兵又親率師往上都擊破其衆七月伯顏鴆殺皇后伯牙吾氏爲匿唐其勢塔剌海于后宮伯顏怒曰豈有兄弟謀不軌而姊妹黨之者乎遂鴆之詔諭天下用國初故事賜伯顏以答剌罕之號俾世襲之至元元年伯顏贊帝率遵舊章奏寢妨農之務停海內土木營造四年息彰德萊蕪冶鐵一年蠲京圻漕户雜徭減河間兩淮福建鹽額歲十八萬五千有奇賑沙漠貧户及南北饑民至千萬計帝允而行之其知經筵日當進講必與講官敷陳格言以盡啓沃之道太皇太后賜第時雍坊

有旨雄麗視諸王邸伯顏力辭制度務從損約四年求解政柄三宮交勉留五年十月詔爲大丞相加號元德上輔賜七寶玉書龍虎金符鐫刻如前先數日伯顏面奏請以賜田歲入所積鈔一萬錠賑帖列堅末隣納隣三道驛置及關北十三驛之困乏者然伯顏自誅唐其勢之後獨秉國鈞專權自恣變亂祖宗成憲虐害天下漸有姦謀帝患之初伯顏欲以其姪脫脫宿衛伺帝起居懼涉物議乃以樞密知院汪家奴翰林承旨沙剌班同侍禁近實屬意脫脫故脫脫政令日修而衛士拱聽約束伯顏自領諸衛精兵以燕者不花爲屏蔽導從之盛填溢街衢而帝側儀衛反落落如晨星勢燄薰灼天下之人惟知有伯顏而已脫脫深憂之乘閒自陳忘家徇國之意帝猶未之信遣阿魯世傑班日以忠義與之往復論難益知其心無他遂聞于帝帝始無疑是年車駕自上都還京伯顏數以兵巡行紅城諸處歸輙在後三人謀益堅伯顏不知益逞凶虐構陷郯王徹徹篤奏賜死帝未允輙傳旨行刑復奏貶宣讓王帖木兒不花威順王寬徹普化辭色憤厲不待旨而行帝益忿之伯顏且日益立威鍛鍊諸獄延及無辜六年二月伯顏自領

兵衛請帝出田脫脫告帝托疾不往伯顏固請太子燕帖古思出次柳林脫脫欲有所爲遂與世傑班阿魯合議白于帝戊戌脫脫悉拘門鑰受密旨領軍阿魯世傑班侍帝側傳命是夜帝御玉德殿主符檄發號令詳見脫脫傳中夜二鼓遣太子怯薛月可察兒率三十騎抵太子營取之入城夜半見帝四鼓命只兒瓦歹奉詔往柳林出伯顏爲河南行省左丞相已亥伯顏遣人來城下問故脫脫倨城門上宣言有旨黜丞相一人諸從官無罪可各還本衛伯顏奏乞陛辭不許遂行道出真定父老奉觴酒以進伯顏問曰

爾曾見子殺父事耶父老曰不曾見子殺父惟見臣殺君伯顏俛首有慙色三月辛未詔徙南恩州陽春縣安置病死于龍興路驛舍

馬札兒台

馬札兒台世系見兄伯顏傳馬札兒台蚤扈從武宗後侍仁宗於潛邸出入恭謹涖事敏達仁宗說之及立爲皇太子以爲中順大夫典用太監尋遷吏部郎中陞侍郎進兵部尚書遷利用卿進度支卿轉同知典瑞院事陞院使歷大都路達魯花赤佩虎符領虎賁親軍都指揮使泰定四年拜陝西行臺治書侍御

史關陝大饑賑貸有不及者盡出私財以周貧民所活甚衆轉太府卿又轉都功德使改宣政使三遷皆仍太府卿佩元降虎符領高麗女直漢軍萬户府達魯花赤拜御史大夫仍領高麗女直漢軍兼右衛阿速親軍都指揮使司達魯花赤提調承徽寺尋遷知樞密院事兼前職加提調武備寺事加金牌領欽察闊闊帖木兒千户所又仍以知樞密院事加鎮守海口侍衛親軍屯儲都指揮使司達魯花赤餘如故至元三年議進爵封王辭以兄伯顏既封秦王兄弟不宜並王乃拜太保分樞密院往鎮北邊至鎮邊民歲有徭役悉蠲除之後爲定例六年伯顏既罷黜召拜太師中書右丞相奏罷各處船户提舉廣東採珠提舉二司兼領右衛阿速軍又兼領群牧監未幾以疾辭帝優詔起之其請益堅遂以太師就第明年以其子脱脱爲右丞相而封馬扎兒台爲忠王至正七年别兒怯不花譖于帝詔安置甘肅以疾薨年六十三馬扎兒台所至不以察察爲明赫赫爲威僚屬各効其勤至於事功既成未嘗以爲已出也以仁宗寵遇之深忌日必先百官詣原廟致敬或一食一果之美必持獻廟中仁宗嘗建寺雲州九峯山未成而崩馬

扎兒台以私財成之曰是雖未足以報先帝之恩而先帝嘗駐蹕於兹誠不忍過其所而坐視蕪廢也又建寺都城健德門東十二年特命改封德王令翰林儒臣製詞立碑仍賜旌忠昭德之額長子脱脱次子也先帖木兒

脱脱字大用生而岐嶷異於常兒及就學請於其師浦江吳直方曰使脱脱終日危坐讀書不若日記古人嘉言善行服之終身耳稍長膂力過人能挽弓一石年十五爲皇太子怯憐口怯薛官天曆元年襲授成製提舉司達魯花赤二年入覲文宗見之悅曰此

子後必可大用遷內宰司丞兼前職五月命爲府正司丞至順二年授虎符忠翊侍衛親軍都指揮使元統二年同知宣政院事兼前職五月遷中政使六月遷同知樞密院事至元元年唐其勢陰謀不軌事覺伏誅其黨荅里及剌剌等稱兵外應脫脫選精鋭與之戰盡禽以獻歷太禧宗禋院使拜御史中丞虎符親軍都指揮使提調左阿速衛四年進御史大夫仍提調前職大振綱紀中外肅然扈從上都還至雞鳴山之渾河帝將畋于保安州馬蹶脫脫諫曰古者帝王端居九重之上日與大臣宿儒講求治道至於飛

鷹走狗非其事也帝納其言授金紫光祿大夫兼紹熙宣撫使是時其伯父伯顏爲中書右丞相既誅唐其勢益無所忌擅爵人赦死罪任邪佞殺無辜諸衛精兵收爲已用府庫錢帛聽其出納帝積不能平脫脫雖幼養於伯顏常憂其敗私請於其父曰伯父驕縱已甚萬一天子震怒則吾族赤矣曷若於未敗圖之其父以爲然復懷疑久未決質之直方直方曰傳有之大義滅親大夫但知忠於國家耳餘復何顧焉當是時帝之左右前後皆伯顏所樹親黨獨世傑班阿魯爲帝腹心日與之處脫脫遂與二人深相結納

而錢唐楊瑀嘗事帝潛邸爲奎章閣廣成局副使得出入禁中帝知其可用每三人論事使瑀參焉五年秋車駕留上都伯顏時出赴應昌脫脫與世傑班阿魯謀欲禦之東門外懼弗勝而止會河南范孟矯殺省臣事連廉訪使段輔伯顏風臺臣言漢人不可爲廉訪使時別兒怯不花亦爲御史大夫畏人之議已辭疾不出故其章未上伯顏促之急監察御史以告脫脫脫脫曰別兒怯不花位吾上且掌印我安敢專邪別兒怯不花聞之懼且將出脫脫度不能過諉於直方直方曰此祖宗法度決不可廢盍先爲上言之

脫脫入告于帝及章上帝如脫脫言伯顏知出於脫脫大怒言於帝曰脫脫雖臣之子其心專佑漢人必當治之帝曰此皆朕意非脫脫罪也及伯顏擅貶宣讓威順二王帝不勝其忿決意逐之一日泣語脫脫脫脫亦泣下歸與直方謀直方曰此宗社安危所繫不可不密議論之際左右爲誰曰阿魯及脫脫木兒直方曰子之伯父挾震主之威此輩苟利富貴其語一泄則主危身戮矣脫脫乃延二人于家置酒張樂晝夜不令出遂與世傑班阿魯議俟伯顏入朝禽之戒衛士嚴宮門出入螭坳悉爲置兵伯顏見之大驚

召脱脱責之對曰天子所居防禦不得不爾伯顏遂疑脱脱益增兵自衛六年二月伯顏請太子燕帖古思獵于柳林脱脱與世傑班阿魯合謀以所掌兵及宿衛士拒伯顏戊戌遂拘京城門鑰命所親信列布城門下是夜奉帝御玉德殿召近臣汪家奴沙剌班及省院大臣先後入見出五門聽命又召瑀及江西范匯入草詔數伯顏罪狀詔成夜已四鼓命中書平章政事只兒瓦歹齎赴柳林己亥脱脱坐城門上而伯顏亦遣騎士至城下問故脱脱曰有旨逐丞相伯顏所領諸衛兵皆散而伯顏遂南行詳見伯顏傳

四百

中事定詔以馬扎兒台爲中書右丞相脱脱知樞密院事虎符忠翊衛親軍都指揮使提調武備寺阿速衛千户所兼紹熙等處軍民宣撫都總使宣忠兀羅思護衛親軍都指揮使司達魯花赤昭功萬户府都總使十月馬扎兒台移疾辭相位詔以太師就第至正元年遂命脱脱爲中書右丞相録軍國重事詔天下脱脱乃悉更伯顏舊政復科舉取士法復行太廟四時祭雪郯王徹徹禿之冤召還宣讓威順二王使居舊藩以阿魯圖正親王之位開馬禁減塩額蠲負逋又開經筵遴選儒臣以勸講而脱脱實領經筵事

中外翕然稱爲賢相二年五月用參議孛羅等言於都城外開河置閘放金口水欲引通州船至麗正門役丁夫數萬訖無成功事見河渠志三年詔修遼金宋三史命脱脱爲都總裁官又請修至正條格頒天下帝嘗御宣文閣脱脱前奏曰陛下臨御以來天下無事宜留心聖學頗聞左右多沮撓者設使經史不足觀世祖豈以是教裕皇哉即秘書監取裕宗所授書以進帝大悦皇太子愛猷識理達臘嘗保育于脱脱家每有疾飲藥必嘗之而進帝嘗駐蹕雲州遇烈風暴雨山水大至車馬人畜皆漂溺脱脱抱皇太子

單騎登山乃免至六歲還帝慰撫之曰汝之勤勞朕不忘也脱脱乃以私財造大壽元忠國寺於健德門外爲皇太子祝釐其費爲鈔十二萬二千錠四年閏月領宣政院事諸山主僧請復僧司且曰郡縣所苦如坐地獄脱脱曰若復僧司何異地獄中復置地獄邪時有疾漸羸且術者亦言年月不利乃上表辭位帝不允表凡十七上始從之有旨封鄭王食邑安豐賞賚巨萬俱辭不受乃賜松江田爲立稻田提領所以領之七年別兒怯不花爲右丞相以宿憾譖其父馬扎兒台詔徙甘肅脱脱力請俱行在道則閱騎乘

廬帳食則視其品之精粗及至其地馬扎兒台安之
復移西域撒思之地至河召還甘州就養十一月馬
扎兒台薨帝念脫脫勳勞召還京師八年命脫脫爲
太傅提調宮傅綜理東宮之事九年朶兒只太平皆
罷相遂詔脫脫復爲中書右丞相賜上尊名馬襲衣
玉帶脫脫既復入中書恩怨無不報時開端本堂皇
太子學於其中命脫脫領端本堂事又提調阿速欽
察二衛內史府宣政院太醫院事十年五月居毋劓
國夫人憂帝遣近臣喻之俾出理庶務於是脫脫用
烏古孫良楨龔伯遂汝中柏伯帖木兒等爲僚屬皆

委以腹心之寄小大之事悉與之謀事行而羣臣不
知也吏部尚書偰哲篤建言更造至正交鈔脫脫信
之詔集樞密院御史臺翰林集賢院諸臣議之皆唯
唯而已獨祭酒呂思誠言其不可脫脫不悅既而終
變鈔法而鈔竟不行事見思誠傳河決白茅堤又決
金堤方數千里民被其患五年不能塞脫脫用賈魯
計請塞之以身任其事出告羣臣曰皇帝方憂下民
爲大臣者職當分憂然事有難爲猶疾有難治自古
河患即難治之疾也今我必欲去其疾而人人異論
皆不聽乃奏以賈魯爲工部尚書總治河防使發河

南北兵民十七萬役之築決堤成使復故道凡八月
功成事見河渠志於是天子嘉其功賜世襲荅剌罕
之號又勑儒臣歐陽玄製河平碑以載其功仍賜淮
安路爲其食邑郡邑長吏聽其自用已而汝潁之間
妖寇聚衆反以紅巾爲號襄樊唐鄧皆起而應之十
一年脫脫乃奏以弟御史大夫也先帖木兒爲知樞
密院事將諸衛兵十餘萬討之克上蔡既而駐兵沙
河軍中夜驚也先帖木兒盡棄軍資器械北奔汴梁
收散卒屯朱仙鎮朝廷以也先帖木兒不習兵詔別
將代之也先帖木兒徑歸晝夜入城仍爲御史大夫

陝西行臺監察御史十二人劾其喪師辱國之罪脫
脫怒乃遷西行臺御史大夫朶兒直班爲湖廣行省
平章政事而御史皆除各府添設判官由是人皆莫
敢言事十二年紅巾有號芝麻李者據徐州脫脫請
自行討之以逯魯曾爲淮南宣慰使募鹽丁及城邑
趫捷通二萬人與所統兵俱發九月師次徐州攻其
西門賊出戰以鐵翎箭射馬首脫脫不爲動麾軍奮
擊之大破其衆入其外郛明日大兵四集亟攻之賊
不能支城破芝麻李遁去獲其黃纖旗鼓燒其積聚
追擒其僞千戶數十人遂屠其城帝遣中書平章政

事普化等郎軍中命脫脫爲太師依前右丞相趣還
朝而以樞密院同知禿赤等進師平潁亳師還賜上
尊珠衣白金寶鞍皇太子錫燕于私第詔改徐州爲
武安州而立碑以著其績十三年三月脫脫用左丞
烏古孫良楨右丞悟良哈台議屯田京畿以二人兼
大司農卿而脫脫領大司農事西至西山東至遷民
鎮南至保定河間北至檀順州皆引水利立法佃種
歲乃大稔十四年張士誠據高郵屢招諭之不降詔
脫脫總制諸王諸省軍討之黜陟予奪一切庶政悉
聽便宜行事省臺院部諸司聽選官屬從行稟受節

制西域西番皆發兵來助旌旗累千里金鼓震野出
師之盛未有過之者師次濟寧遣官詣闕里祀孔子
過鄒縣祀孟子十一月至高郵辛未至乙酉連戰皆
捷分遣兵平六合賊勢大蹙俄有詔罪其老師費財
以河南行省左丞相太不花中書平章政事月闊察
兒知樞密院事雪雪代將其兵削其官爵安置淮安
先是脫脫之西行也別兒怯不花欲陷之死哈麻屢
言于帝召還近地脫脫深德之至是引爲中書右丞
而是時脫脫信用汝中柏由左司郎中參議中書省
事平章以下見其議事莫敢異同惟哈麻不爲之下

汝中柏因譖之脫脫改爲宣政院使位居第三於是
哈麻深銜之哈麻嘗與脫脫議授皇太子冊寶禮脫
脫每言中宮有子將寘之何所以故久不行脫脫將
出師也以汝中柏爲治書侍御史使輔也先帖木兒
居中汝中柏恐哈麻必爲後患欲去之脫脫猶豫未
決令與也先帖木兒謀也先帖木兒以其有功於已
不從哈麻知之遂譖脫脫於皇太子及皇后奇氏會
也先帖木兒方移疾家居監察御史袁賽因不花等
承哈麻風旨上章劾之三奏乃允奪御史臺印出都
門外聽旨以汪家奴爲御史大夫而脫脫亦有淮安

之命十二月辛亥詔至軍中參議龔伯遂曰將在軍
君命有所不受且丞相出師時嘗被密旨今奉密旨
一意進討可也詔書且勿開開則大事去矣脫脫曰
天子詔我而我不從是與天子抗也君臣之義何在
弗從既聽詔脫脫頓首謝曰臣至愚荷天子寵靈委
以軍國重事蚤夜戰兢懼弗能勝一旦釋此重負上
恩所及者深矣即出兵甲及名馬三千分賜諸將俾
各帥所部以聽月闊察兒雪雪節制客省副使哈剌
答曰丞相此行我輩必死他人之手今日寧死丞相
前拔刀刎脛而死初命脫脫安置淮安俄有旨移置

亦集乃路十五年三月臺臣猶以謫輕列䟽其兄弟之罪於是詔流脫脫于雲南大理宣慰司鎮西路流也先帖木兒于四川碉門脫脫長子哈剌章肅州安置次子三寶奴蘭州安置家產簿録入官脫脫行至大理騰衝知府高惠見脫脫欲以女事之許築室一程外以居雖有加害者可以無虞脫脫曰吾罪人也安敢念及此巽辭以絶之九月遣官移置阿輕乞之地高惠以脫脫前不受其女故首發鐵甲軍圍之十二月己未哈麻矯詔遣使鴆之死年四十二訃聞中書遣尚舍卿七十六至其地易棺衣以殮脫脫儀狀

雄偉頎然出於千百人中而器宏識遠莫測其藴功施社稷而不伐位極人臣而不驕輕貨財遠聲色好賢禮士皆出於天性至於事君之際始終不失臣節雖古之有道大臣何以過之惟其惑於羣小急復私讎君子譏焉二十二年監察御史張冲等上章雪其寃於是詔復脫脫官爵幷給復其家產召哈剌章三寶奴還朝而也先帖木兒先是亦已死乃授哈剌章中書平章政事封申國公分省大同三寶奴知樞密院事二十六年監察御史聖奴也先撒都失里等復言奸邪構害大臣以致臨敵易將我國家兵機不振從此始錢粮之耗從此始盜賊縱横從此始生民之塗炭從此始設使脫脫不死安得天下有今日之亂哉乞封一字王爵定謚及加功臣之號朝廷皆是其言然以國家多故未及報而國亡

傳卷第二十五

傳卷第二十六　　元史一百三十九

翰林學士亞中大夫知制誥兼修國史臣宋濂　翰林待制承直郎同知制誥兼國史院編修官臣王禕等奉

勅修

乃蠻台

乃蠻台木華黎五世孫曾祖曰孛魯祖曰阿禮吉失追封莒王謚忠惠父曰忽速忽爾嗣國王追封薊王乃蠻台身長七尺摯静有威性明果善斷射能貫札大德五年奉命征海都朶哇以功賜貂裘白金授宣徽院使階榮祿大夫七年拜嶺北行省右丞舊制募民中粮以餉邊是歲中者三十萬石用事者挾私爲

市糴其數爲十萬民進退失措乃蠻台請于朝凡所輸者悉受之以爲下年之數民感其德至治二年改甘肅行省平章政事佩金虎符甘肅歲糴粮於蘭州多至二萬石距寧夏各千餘里至甘州自甘州又千餘里始達亦集乃路而寧夏距亦集乃僅千里乃蠻台下諭令輓者自寧夏徑趨亦集乃歲省費六十萬緡天曆二年遷陝西行省平章政事關中大饑詔募民入粟予爵四方富民應命輸粟露積關下初河南饑告糴關中而關中民遏其糴至是關吏乃河南人脩宿怨拒粟使不得入乃蠻台杖關吏而入其粟京兆民掠人而食之則命分健卒爲隊捕強食人者其患乃已時入關粟雖多而貧民乏鈔以糴乃蠻台取官庫未燬昏鈔得五百萬緡識以省印給民行用俟官給賑饑鈔如數易之先時民或就食他所多毀墻屋以往乃蠻台諭之曰明年歲稔爾當復還其勿毀之民由是不敢毀及明年還皆得按堵如初拜西行臺御史大夫賜金幣玩服等物奉命送太宗皇帝舊鑄皇兄之寶於其後嗣燕只哥解乃蠻台威望素嚴至其境禮貌益尊至順元年遷上都留守佩元降虎符虎賁親軍都指揮使進階開府儀同三司知嶺北

行樞密院事封宣寧郡王賜金印尋奉命出鎮北邊錫予尤重國初諸軍置萬户千户百户時金銀符未備惟加纓於槍以爲等威至是乃蠻台爲請于朝皆得綰符後至元三年詔乃蠻台襲國王授以金印繼又以安邊睦鄰之功賜珠絡半臂并海東名鷹西域文豹國制以此爲極恩六年拜嶺北行省左丞相仍前國王知行樞密院事至正二年遷遼陽行省左丞相以年踰六十上疏辭職歸念其軍士貧乏以麥四百石馬二百疋羊五百頭徧給之八年薨于家帝聞之震悼命有司厚致賻儀詔贈攄忠宣惠綏遠輔治

功臣太師開府儀同三司上柱國追封魯王謚忠穆子二長野仙溥化入宿衛掌速古兒赤特授朝列大夫給事中拜監察御史繼除河西廉訪副使淮西宣慰副使累遷中書參知政事由御史中丞為中書右丞次晃忽而不花

朶兒只

朶兒只木華黎六世孫脫脫子也朶兒只生一歲而孤稍長備宿衛事母至孝喜讀書不屑屑事章句於古君臣行事忠君愛民之道多所究心至治二年授中奉大夫集賢學士時年未及冠一時同寅如鄧貫

趙世延鄧文原諸老皆器重之天曆元年朶羅台國王自上都領兵至古北口與大都兵迎敵事定文宗殺朶羅台二年朶兒只襲國王位扈蹕上都詔便道至遼陽之國順帝至元四年朶羅台弟乃蠻台特太師伯顏勢謂國王位乃其所當襲愬于朝伯顏妻欲得朶兒只大珠環價直萬六千錠朶兒只無以應則慨然曰王位我祖宗所傳不宜從人求買我縱不得為設為之亦我宗族人耳於是乃蠻台以賂故得為國王而除朶兒只遼陽行省左丞相以安靖為治民用不擾六年遷河南行省左丞相為政如在遼陽時

先是河南范孟為亂以詿誤連繫者千百計朶兒只至頗知其冤力欲直之而平章政事納麟乃元問官執其說不從已而納麟還言于朝以謂朶兒只心徇漢人朶兒只為人寬弘有度亦不卹也至正四年遷江浙行省左丞相時杭城屢經災燬別兒怯不花先為相庶務寬紓朶兒只繼之咸仍其舊民心翕然汀州冦竊發朶兒只調遣將士招捕之威信所及數月即平帝嘉其績錫九龍衣上尊酒居二年方面晏然杭之耆老請建生祠如前丞相故事朶兒只辭之曰昔者我父平章官浙省我實生於此宜尒父老有愛

於我我於尒杭人得無情乎然今天下承平我叨居相位於此唯知謹守法度不辱先人足矣何用虛名為七年召拜御史大夫會丞相虛位秋拜中書左丞相冬陞右丞相監修國史而太平為左丞相是時朝廷無事稽古禮文之事有墜必舉請賜經筵講官坐以崇聖學選清望官專典陳言以求治道嚴守令六事沙汰僧尼舉隱逸士事見太平傳歲餘留守司行致賀禮其物先留鴻禧觀將饋二相朶兒只家臣寓觀中察知物有豐殺其致左相者特豐家臣具白其事請卻之朶兒只曰彼縱不送我亦又何怯即命受

之郯王家產既籍于官朶兒只俾掾史録其數明日掾史以復韓嘉訥爲平章不知出丞相命勃然變色叱掾史曰公事須自下而上何竟白丞相令客省使扶出朶兒只不爲動知者咸服其量九年罷丞相位復爲國王之國遼陽十四年詔脱脱總兵南討中書叅議龔伯遂建言宜分遣諸宗王及異姓王俱出軍具王朶爾赤厚賂伯遂獲免朶兒只獨曰吾國家世臣天下有事政効力之秋也吾豈暇與小子輩通賄賂哉即領兵出淮南聽脱脱節制脱脱遣朶兒只攻六合拔之既而詔削脱脱官爵罷其兵權朶兒只乃

以本部兵守楊州十五年薨于軍年五十二初朶兒只爲集賢學士從其從兄丞相拜住在上都南坡之變拜住遇害賊臣鐵失赤斤鐵木兒等并欲殺朶兒只其從子朶爾直班方八歲走詣怯薛官失都兒求免以故朶兒只得脱於難朶兒只爲相務存大體而太平則兼理庶務一時政權頗出於太平趨附者衆朶兒只處之凝然不與較然太平亦能推讓盡禮中外皆號爲賢相云二子朶蠻帖木兒翰林學士俺木哥失里襲國王

朶爾直班

朶爾直班字惟中木華黎七世孫祖曰碩德父曰別理哥帖木爾朶爾直班甫晬而孤育於從祖母拜住從父也請于仁宗降璽書護其家稍長好讀書年十四見文宗適將幸上都親閲御衣命録于簿顧左右無能書漢字者朶爾直班引筆書之文宗喜曰世臣之家乃能知學豈易得哉命爲尚衣奉御尋授工部郎中元統元年擢監察御史首上疏請親祀宗廟赦命不宜數又陳時政五事其一曰太史言三月癸卯望月食既四月戊午朔日又食皇上宜奮乾綱脩刑政踈遠邪佞顓任忠良庶可消弭災變以爲禎祥二

曰親祀郊廟三曰博選勲舊世臣之子端謹正直之人前後輔導使嬉戲之事不接於目俚俗之言不及於耳則聖德日新矣四曰樞機之臣固宜尊寵然必賞罰公則民心服五曰弭安盗賊振救饑民是時日月薄蝕烈風暴作河北山東旱蝗爲災乃復條陳九事上之一曰比日倖門漸啓刑罰漸差無功者覬覦希賞有罪者僥倖求免恐刑政漸隳紀綱漸紊勞臣何以示勸姦臣無所警懼二曰天下之財皆出于民民竭其力以佐公上而用猶不足則嗟怨之氣上干陰陽之和水旱災變所由生也宜顓命中書省官二

貟督責户部詳定減省罷不急之工役止無名之賞
賜三曰禁中常作佛事權宜停止四曰官府日增選
法愈敝宜省冗貟五曰均公田六曰鑄錢幣七曰罷
山東田賦總管府八曰蠲河南自實田糧九曰禁取
姬妾於海外正月元日朝賀大明殿朶爾直班當糾
正班次即上言百官踰越班制者當同失儀論以懲
不敬先是教坊官位在百官後御史大夫撒迪傳旨
俾入正班朶爾直班執不可撒迪曰御史不奉詔耶
朶爾直班曰事不可行大夫宜覆奏可也西僧為佛
事内廷醉酒失火朶爾直班劾其不守戒律延燒宫

殿震驚九重撒迪傳旨免其罪朶爾直班又執不可
一日間傳旨者八乃已丞相伯顔御史大夫唐其勢
二家家奴怙勢為民害朶爾直班巡歴至漷州悉捕
其人致于法民大悅及還唐其勢怒曰御史不禮我
已甚辱我家人我何面目見人耶荅曰朶爾直班知
奉法而已它不知也唐其勢從子馬馬沙為欽察親
軍指揮使恣横不法朶爾直班劾奏之馬馬沙因集
無頼子欲加害會唐其勢被誅乃罷遷太府監改奎
章閣學士院供奉學士進承制學士皆兼經筵官又
陞侍書學士同知經筵事是時朶爾直班甫弱冠又

世家子乃獨以經術侍帝左右世以為盛事至正元
年罷學士院除翰林學士陞資善大夫於是經筵亦
歸翰林仍命朶爾直班知經筵事是時康里巎巎以
翰林學士承旨亦在經筵在上前數陳經義朶爾直
班則為翻譯曲盡其意多所啓沃禁中語秘不傳俄
遷大宗正府也可扎魯火赤聽訟之際引論律令曲
當事情有同僚年老者歎曰吾居是官四十年見公
論事殆神人也宗王有殺其大母者朶爾直班與同
僚捘實力請于朝必正其罪時相難之出為淮東肅
政廉訪使遷江南行臺治書侍御史未行又遷江西

行省左丞以疾不赴北還養疾黄厓山中起為資正
院使五年拜中書參知政事同知經筵事提調宣文
閣時纂集至正條格朶爾直班以謂是書上有祖宗
制誥安得獨稱今日年號又律中條格乃其一門耳
安可獨以為書名時相不能從唯除制誥而已有以
善音樂得幸者有旨用為崇文監丞朶爾直班它擬
一人以聞帝怒曰選法盡由中書省耶朶爾直班頓
首曰用倖人居清選臣恐後世議陛下今選它人臣
之罪也省臣無與焉帝乃悅陞右丞尋拜御史中丞
監察御史劾奏别兒怯不花章甫上黜御史大夫懿

憐真班爲江浙行省平章政事朵爾直班曰若此則臺綱安在乃再上章劾奏并留大夫不允臺臣皆上印綬辭職帝諭朵爾直班曰汝其毋辭對曰憲綱隳矣臣安得獨留帝爲之出涕朵爾直班即杜門謝賓客尋出爲遼陽行省平章政事階榮祿大夫至官詢民所疾苦知米粟羊豕薪炭諸貨皆藉鄰民販負入城而貴室僮奴公府隷卒爭強買之僅酬其半直又其俗編柳爲斗大小不一豪賈猾儈得以高下其手民咸病之即飭有司厲防禁齊稱量諸物乃畢集而價自平又存恤孤老平準鈔法清銓選汰胥吏愼勾

稽興廢墜鉅細畢舉苟有罪雖勳舊不貸王邸百司聞風悚懼召爲太常禮儀院使俄遷中政使又遷資正使會盜起河南帝憂之拜中書平章政事階光祿大夫首言治國之道綱常爲重前西臺御史張桓伏節死義不汚於冦宜首旌之以勸來者又言宜守荆襄湖廣以絕後患又數論祖宗之用兵匪專於殺人蓋必有其道焉今倡亂者止數人顧乃盡坐中華之民爲畔逆豈足以服人心其言頗迕丞相脫脫意時脫脫倚信左司郎中汝中柏員外郎伯帖木兒故兩人因擅權用事而朵爾直班正色立朝無所附麗適

陝州危急因出爲陝西行臺御史大夫行至中途聞商州陷武關不守即輕騎晝夜兼程至奉元而賊已至鴻門吏白涓日署事不許曰賊勢若此尚何顧陰陽拘忌哉即就署省臺素以舉措爲嫌不相聚論事朵爾直班曰多事如此惡得以常例論乃與行省平章朵朵約五日一會集尋有旨命與朵朵便宜同討賊即督諸軍復商州乃脩築奉元城壘募民爲兵出庫所藏銀爲大錢射而中的者賞之由是人皆爲精兵金商義兵以獸皮爲矢房狀如瓠號毛葫蘆軍甚精銳列其功以聞賜勑書褒奬之由是其軍遂盛而

國家獲其用金州由興元鳳翔達奉元道里迴遠乃開義谷創置七驛路近以便時御史大夫也先帖木兒師敗于河南西臺御史蒙古魯海牙范文等十二人劾奏之朵爾直班當署字顧謂左右曰吾其爲平章湖廣矣未幾命下果然也先帖木兒者脫脫之弟章既上脫脫怒故左遷朵爾直班而御史十二人皆見黜關中人遮道涕泣曰生我者公也何遽去我而不留乎朵爾直班慰遣之不聽乃從間道得出至重慶聞江陵陷道路阻不可行或請少留以俟之不從期必達乃已湖廣行省時權治澧州既至律諸軍以

法而授納粟者以官人心翕然汝中栢伯帖木兒言於丞相曰不殺朵爾直班則丞相終不安蓋謂其帝意所眷屬必復用耳乃命朵爾直班職專供給軍食時官廩所儲無幾即延州民有粟者親予酒諭勸之而貸其粟約俟朝廷須鈔至即還以直民無不從者又遣官糴粟河南四川之境民聞其名爭輸粟以助軍餉右丞伯顏不花方總兵承順風旨數侵辱之朵爾直班不為動會官軍復武昌至蘄黃伯顏不花百計徵索無不給之猶欲言其供需失期達剌罕軍帥王不花奮言曰平章國之貴臣今坐不重茵食無珍

味徒為我曹軍食耳今百需立辦顧猶欲誣之是無人心也我曹便當散還鄉里矣脫脫遣國子助教完者至軍中風使害之完者至則反加敬禮語人曰平章勳舊之家國之祥瑞吾苟傷之則人將不食吾餘矣朵爾直班素有風疾軍中感霧露所患日劇遂卒于黃州蘭溪驛年四十朵爾直班立朝以扶持名教為已任薦拔人才而不以為私恩留心經術凡伊洛諸儒之書未嘗去手喜為五言詩於字畫尤精翰林學士承旨臨川危素嘗客於朵爾直班諫之曰明公之學當務安國家利社稷毋為留神於末藝朵爾直班深服其言其在經筵開陳大義為多間采前賢遺言各以類次為書凡四卷一曰學本二曰君道三曰臣職四曰國政明道厚倫制行稽古游藝五者學本之目也敬天愛民知人納諫治內五者君道之目也宰輔臺察守令將帥暬御五者臣職之目也興學訓農理財審刑議兵五者國政之目也帝覽而善之賜名曰治原通訓藏于宣文閣二子鐵固思帖木而篤堅帖木而

阿魯圖

阿魯圖博爾朮四世孫父木忽剌阿魯圖由經正監

襲職為怯薛官掌環衛遂拜翰林學士承旨遷知樞密院事至元三年襲封廣平王至正四年脫脫辭相位順帝問誰可代脫脫為相者脫脫以阿魯圖薦五月詔拜中書右丞相監修國史而別兒怯不花為左丞相從駕行幸每同車出入一時朝野以二相協和為喜時詔修遼金宋三史阿魯圖為總裁五年三史成十月阿魯圖等既以其書進帝御宣文閣阿魯圖復與平章政事帖木兒塔識太平上奏太祖取金世祖平宋混一區宇典章圖籍皆歸祕府今陛下以三國事績命儒士纂修而臣阿魯圖總裁臣素不讀漢

人文書未解其義今者進呈萬機之暇乞以備乙覽帝曰此事卿誠未解史書所繫甚重非儒士汎作文字也彼一國人君行善則國興朕爲君者宜取以爲法彼一朝行惡則國廢朕當取以爲戒然豈止儆勸人君其間亦有爲宰相事善則卿等宜倣效惡則宜監戒朕與卿等皆當取前代善惡爲勉朕或思有未至卿等其言之阿魯圖頓首舞蹈而出右司郎中陳思謙建言諸事阿魯圖曰左右司之職所以贊助宰相令郎中有所言與我輩共議見諸行事何必別爲文字自有所陳耶郎中若居他官則可建言今居左

右司而建言是徒欲顯一己自能言耳將置我輩於何地思謙大慙服一日與僚佐議除刑部尚書宰執有所舉或難之曰此人柔軟非刑部所可用阿魯圖曰廟堂即今選儈子耶若選儈子須選強壯人尚書欲其詳讞刑牘耳若不枉人不壞法即是好刑官何必求強壯人耶左右無以荅其爲治知大體類如此先是別兒怯不花嘗與阿魯圖謀擠害脫脫阿魯圖曰我等豈能久居相位當亦有退休之日人將謂我何別兒怯不花屢以爲言終不從六年別兒怯不花乃諷監察御史劾奏阿魯圖不宜居相位阿魯圖即

避出城其姻黨皆爲之不平請曰丞相所行皆善而御史言者無理丞相何不見帝自陳帝必辯焉阿魯圖曰我博爾术世裔豈丞相爲難得耶但帝命我不敢辭今御史劾我我宜即去盖御史臺乃世祖所設置我若與御史抗即與世祖抗矣爾等無復言阿魯圖既罷去明年別兒怯不花遂爲右丞相不久亦去十一年阿魯圖復起爲太傅出守和林邊薨無嗣

紐的該

紐的該博爾术之四世孫也早歲備宿衛累遷同知樞密院事既而廢處于家順帝至元五年奉使宣撫

達達之地整理有司不公不法事三十餘條由是朝廷知其才陞知嶺北行樞密院事至正十五年召拜中書平章政事遷知樞密院事十七年以太尉總山東諸軍守鎮東昌路擊退田豐兵十八年田豐復陷濟寧進逼東昌紐的該以乏糧棄城退屯栢鄉東昌遂陷還京師拜中書添設左丞相與太平同居相位紐的該有識量處事平允倭人攻金復州殺紅軍據其州者即奏遣人往賞賚而撫安之浙西張士誠既降紐的該處置江南諸事咸得其宜士誠大服與和路富民調戲子婦繫獄車載楮幣至京師行賂以故

刑部官持其事久不決紐的該乃除刑部侍郎爲興和路達魯花赤俾决其事富民遂自縊死凡授官惟才是選不用私人衆稱其有大臣體已而遷罷相遷知樞密院事嘗卧病謂其所知曰太平真宰相才也我疾固不起而太平亦不能久於位此可歎也朝官至門候疾者皆謝遣之二十年正月卒

傳卷第二十六

傳卷第二十七　元史一百四十

翰林學士亞中大夫知制誥兼修國史臣宋濂翰林待制承直郎同知制誥兼國史院編修官臣王褘等奉

勅修

別兒怯不花

別兒怯不花字大用燕只吉䚟氏曾祖忙怯禿以千戶從憲宗南征有功父阿忽台事成宗爲丞相被誅後贈和寧忠獻王別兒怯不花蚤孤八歲以興聖太后及武宗命侍明宗于藩邸尋入國子學爲諸生會明宗以周王出鎮雲南別兒怯不花從行至大同而還仁宗名入宿衛一日從殿中望見其儀槩夐異即名對慰諭之八番宣撫司長乃其世職英宗遂授懷遠大將軍八番宣撫司達魯花赤既至宣布國家恩信峒民感悅有累歲不服者皆喜曰吾故賢帥子孫也其敢違命率其十四部來受約束別兒怯不花以其事入奏天子嘉而留之泰定三年特授同知太常禮儀院事益從耆老文學之士雍容議論尋拜監察御史明年遷中書右司郎中又明年陞參議中書省事居二年除吏部尚書至順元年其兄治書侍御史自當諫止明里董阿子閭閭不當爲監察御史并出別兒怯不花爲廣西兩江道宣慰使司都元帥未幾

丁內艱還京起復爲江浙行省參知政事江浙歲漕米由海道達京師別兒怯不花董其事尋除禮部尚書遷徽政院副使擢侍御史特命領宿衛陞榮祿大夫宣徽使加開府儀同三司凡宿衛士有從掌領官薦用者往往所舉多其親暱至別兒怯不花獨推擇歲久者舉之衆論翕服宣徽所造酒橫索者衆歲費陶瓶甚多別兒怯不花奏製銀瓶以貯而索者遂止至元四年拜御史大夫知經筵事尋遷中書平章至正二年拜江浙行省左丞相行至淮東聞杭城大火燒官廨民廬幾盡仰天揮涕曰杭浙省所治吾被命

出鎭而火如此是我不德累杭人也疾馳赴鎭即下令錄被災者二萬三千餘戶戶給鈔一錠焚死者亦如之人給月米二斗幼稚給其半又請曰減酒課爲錢千二百五十緡織坊減元額之半軍器漆器權停一年泛稅皆停事聞朝廷從之又大作者治民居附其旁者增直買其基募民就役則厚其傭直又請歲減江浙福建鹽課十三萬引或遇淫雨亢旱輒出禱于神祠所禱無不應在鎭二年雖兒童女婦莫不感其恩名還除翰林學士承旨仍掌宿衛四年拜中書左丞相朝廷議選奉使宣撫使問民疾苦察吏貪廉

且選習北藩風土及知典故者俾別兒怯不花周行沙漠洗冤除弊不可勝計又奏發使諭諸王賜以金衣重寶使各撫其民毋踰法制於是內外震肅明年歲大饑流民載道令有司賑之欲還鄉者給路糧又錄在京貧民日糶以糧帝還自上都遣中使數輩趣使迎謁比見帝親酌酒勞之七年進右丞相明年御史劾奏別兒怯不花而徽政院使高龍卜在帝側爲解帝遂不允乃出御史大夫亦憐真班爲江浙左丞相中丞以下皆辭職詔復加太保於是兩臺各道言章交至別兒怯不花益不自安尋謫居渤海縣十年正月卒後子達世帖木而用

于朝遂贈弘仁輔治秉文守正寅亮同德功臣開府儀同三司上柱國太師追封冀王謚忠宣達世帖木而字原理仕至中書平章政事有學識能世其家

太平

太平字允中初姓賀氏名惟一後賜姓蒙古氏名太平仁傑之孫勝之子也初勝以非罪死太平年尚幼泰定帝雪其父冤而撫卹之太平資性開朗正大雖在弱齡儼然如老成人嘗受業於趙孟頫又師事雲中呂溯太平始襲父職爲虎賁親軍都指揮使尋擢陝西漢中道廉訪副使文宗名爲工部尚書都主管

奎章閣工事又除上都留守同知順帝元統初命爲樞密副使尋陞同知樞密院事遷御史中丞時中書有条議佛家閭者憸人也御史劾其罪時宰庇之事寢不行太平辭疾卧家至正二年詔起爲中書条知政事辭進右丞又辭會御史祁君璧復劾佛家閭黜之乃起就職宗室諸王歳賜廪食衣幣不均太平請於帝均其厚薄守令多失職請選臺閣名臣充之仍遣使覈其治行其治最者則增秩賜金幣遼金宋三史久未克脩至是太平力賛其事爲總裁官脩成之時粟貴而金銀賤太平請出官本委官収市之所得

不貲其後兵興卒賴其用四年陞中書平章政事五年遷宣徽院使宣徽典飲饍權勢多横索太平取簿閱之惟太常禮儀使阿剌不花一無所需太平因言於帝請擢居近職且厚賜之六年拜御史大夫故事臺端非國姓不以授太平因辭詔特賜姓而改其名七年遷中書平章政事班同列上國王朶而只爲左丞相請于帝曰臣籍先臣之蔭蚤襲位國王昧於國家之理今備位宰相非得太平不足與共事十一月拜太平左丞相朶而只爲右丞相太平辭帝不允仍詔示天下明年正月詔脩后妃功臣傳特命太平同

監脩國史蓋異數也太平請僧道有妻子者勒爲民以戢蠹耗給校官俸以防虚冒請賜經筵講官坐以崇聖學立行都水監以治黄河舉隱士完者篤執禮哈郎董立張樞李孝光是時天下無事朝廷稽古禮文之典有墜必舉平生好訪問人材不問南北必記録于冊至是多進用之初脱脱既罷相出居西土會其父馬札兒台卒太平力請令脱脱歸葬以全孝道左右以爲難太平曰脱脱乃心王室大義滅親今父殁而不克奔訃爲善者不幾於怠乎爲之固請以故脱脱得還脱脱既得還朝即拜爲太傅然不知太平

之有德於己也因汝中栢譖間成隙遂欲中傷之是時中書条政孔思立等皆一時名人太平所援用者悉誣以罪黜去九年七月罷爲翰林學士承旨既又誣劾其過失而并論其子也先忽都不宜僭娶宗室女脱脱之母聞之謂脱脱兄弟曰太平好人也何害於汝而欲去之汝兄弟若違吾言非吾子也侍御史撒馬篤揚言于朝曰御史欲害正人壞臺綱如天下後世何即卧病不起故吏田復勸太平自裁太平曰吾無罪當聽於天若自殺則誠有慊矣遂還奉元杜門謝客以書史自適河南盗起十五年詔命太平爲

江浙行省左丞相未行改爲淮南行省左丞相兼知行樞密院事總制諸軍駐于濟寧時諸軍久出粮餉苦不繼太平命有司給牛具以種麥自濟寧達于海州民不擾而兵賴以濟議立土兵元帥府輪番耕戰十六年移鎮益都未幾除遼陽行省左丞相糴粟以給京師處置有法所致甚多而民不擾十七年五月名爲中書左丞相時毛貴據山東明年由河間入寇官軍屢敗漸逼京都中外大駭廷議遷都以避之和者如出一口太平力爭以爲不可起同知樞密院事劉哈剌不花于彰德引兵擊之大敗賊衆京城遂安會張

士誠以浙西降而晉冀関陝之間察罕鐵木兒屢以捷奏聞於是中外人心翕然有中興之望矣太平又考求凡死節之臣雖布衣亦加贈謚有官者就官其子孫人尤感動當時右丞相搠思監家人以造僞鈔事覺刑部欲連逮搠思監太平力爲解之曰堂堂宰相烏得有此事四海聞之若國體何搠思監既劾罷太平所得俸禄多分饋之二皇后奇氏與皇太子謀欲内禪遣宦者資正院使朴不花諭意於太平太平不荅皇后又名太平至宮中舉酒申前意太平依違而已是時皇太子欲盡逐帝近臣又令監察御史劾

帝親暱臣御史中丞禿魯鐵木兒未及奏而所劾御史被遷爲他官皇太子疑也先忽都洩其事益決意去太平政柄知樞密院事紐的該聞而歎曰善人國之紀也苟去之國將何賴乎數於帝前左右之以故皇太子之志未及逞會紐的該死皇太子遂令監察御史買住桑哥失理劾左丞成遵參政趙中等下獄死以二人爲太平黨也太平知勢有不可留數以疾辭位二十年二月拜太保俾養疾于家臺臣奏言以謂當時事之艱危政賴賢材之宏濟太平以師保兼相職爲宜帝不能從會陽翟王阿魯輝鐵木兒倡亂

驅動北邊勢逼上都皇太子乃言于帝命太平留守上都實欲置之死地太平遂往有同知太常院事脫歡者也先忽都故將也聞陽翟王將至乃引兵縛王至軍前太平不受令生致闕下北邊以寧太平終不以爲己功未幾詔拜太傅賜田若干頃俾歸奉元帝欲以伯撒里爲丞相伯撒里辭曰臣老不足以任宰相陛下必以命臣非得太平同事不可於是密旨令伯撒里留太平毋行太平至沙井聞命而止宿留久之皇太子惡其既去而復留也二十三年令御史大夫普化劾太平故違上命當正其罪詔乃悉拘所授

宣命及所賜物俾往陝西之西居焉搠思監因誣奏之安置土蕃尋遣使者逼令自裁太平至東勝賦詩一篇乃自殺年六十三二十七年監察御史辯其非辜請加褒贈也先忽都名均字公秉少好學有俊才累遷殿中侍御史治書侍御史翰林侍讀學士皆兼襲虎賁親軍都指揮使太平之爲相也務廣延才彦而也先忽都以丞相子又傾己下士以故名稱籍然已而被劾罷從親還奉元居六年召爲兵部尚書同知樞密院事除通政院使太平再相授知樞密院事遷太子詹事十九年群盜由開平東屯遼陽冬詔也

先忽都以知樞密院事兼太子詹事率師往討太平以其年少數請改命不允至則遣將拔懿州省治盜踰遼河東奔而朝廷譏搆日甚罷爲上都留守尋改宣政院使以丁内艱不起搠思監再相復奏強起之即日監察御史也先帖木李好直又劾罷之已而搠思監徇皇太子旨搆成大獄誣老的沙蠻子按難達識理沙加識理也先忽都及脫懽等不軌執脫懽煅鍊其獄連逮不已帝知其無辜欲釋其事特命大赦而搠思監增入條畫内獨不赦前獄唯老的沙逃于孛羅鐵木兒大同軍中蠻子按難達識理等遂皆貶死也先忽都當貶撒思嘉之地道由朶思麻行宣政院使桓州閭素受知太平因留居其地執政知其故奏也先忽都違命杖死之年四十四有詩集十卷

鐵木兒塔識

鐵木兒塔識字九齡國王脫脫之子資稟宏偉補國子學諸生讀書頴悟絕人事明宗於潛邸文宗初由同知都護府事累遷禮部尚書進參議中書省事擢陝西行臺侍御史留爲奎章閣侍書學士除大都留守尋同知樞密院事後至元六年拜中書右丞至正改元陞平章政事伯顏罷相庶務多所更張鐵木兒

塔識盡心輔賛每入番直帝爲出宿宣文閣賜坐榻前詢以政道必夜分乃罷二年郊鐵木兒塔識言大祀竣事必有實惠及民以當天心乃賜民明年田租之半嶺北地寒不任穡事歲募富民和糴爲邊餉民雖稍利而費官鹽爲多鐵木兒塔識乃請别輸京倉米百萬斛儲于和林以爲僃日本商百餘人遇風漂入高麗高麗掠其貨表請没入其人以爲奴鐵木兒塔識持不可曰天子一視同仁豈宜乘人之險以爲利宜資其還已而日本果上表稱謝俄有日本僧告其國遣人刺探國事者鐵木兒塔識曰刺探在敵國

固有之今六合一家何以刺探爲說果有之正可令覲中國之盛歸告其主使知嚮化兩浙閩鹽額累增而課愈虧江浙行省請減額鐵木兒塔識奏歲減十三萬引五年拜御史大夫務以靜重持大體不爲苛嬈以立聲威建言近歲大臣獲罪重者族滅輕者籍其妻孥祖宗聖訓父子罪不相及請除之著爲令近畿飢民爭赴京城奏出贓罰鈔糴米萬石即近郊寺觀爲粟食之所活不可勝計居歲餘遷平章政事位居第一大駕時巡留鎮大都舊法細民糴於官倉出印券月給之者其直三百文謂之紅帖米賦籌而給之盡三月止者其直五百文謂之散籌米貪民買其籌貼以爲利鐵木兒塔識請別發米二十萬石遣官坐市肆使人持五十文即得米一升姦弊遂絕七年首相去位帝召鐵木兒塔識諭旨若曰爾先人事我先朝顯有勞績爾實能世其家今命汝爲左丞相鐵木兒塔識扣頭固辭不允乃拜命鐵木兒塔識脩飭綱紀立內外通調之法朝官外補許得陞辭親授帝訓責以成效郡邑賢能吏次第甄拔入補朝闕分海漕米四十萬石置沿河諸倉以備凶荒先是僧人與齊民均受役于官其法中變至是奏復其舊孔子後

襲封衍聖公階止四品奏陞爲三品歲一再詣國學進諸生而獎勵之中書故事用老臣預議大政久廢不設鐵木兒塔識奏復其規起腆合張元朴等四人爲議事平章曾未半年捄偏補弊之政以次興舉中外咸悅從幸上京還入政事堂甫一日俄感暴疾薨年四十六贈開誠濟美同德翊運功臣太師中書右丞相追封冀寧王謚文忠鐵木兒塔識天性忠亮學術正大伊洛諸儒之書深所研究帝嘗問爲治何先對曰法祖宗帝曰王文統奇才也朕恨不得如斯人者用之對曰世祖有堯舜之資文統不以王道告君而乃尚霸術要近利世祖之罪人也使今有文統正當遠之又何足取乎初伯顏議罷科舉鐵木兒塔識時在參議府訖不署奏牘及入中書乃議復行之徵用處士待以不次之擢或疑爲太優鐵木兒塔識曰隱士無求於朝廷朝廷有求於隱士區區名爵奚足惜哉識者誦之時脩遼金宋三史鐵木兒塔識爲總裁官多所協贊云

達識帖睦邇

達識帖睦邇字九成幼與其兄鐵木兒塔識俱入國學爲諸生讀經史悉能通大義尤好學書初以世冑

補官爲太府監提點擢治書侍御史以言罷除樞密院同知陞中書右丞翰林承旨遷大司農至正七年出爲江浙行省平章政事明年又入爲大司農九年爲湖廣行省平章政事沅靖柳桂等路猺獠竊發朝廷以溪洞險阻下詔招諭之達識帖睦邇謂寇情不可料請置三分省一治靜江一治沅靖一治柳桂以左右丞參政分兵鎭其地罷靖州路總管府改立靖州軍民安撫司設萬户府益以戍兵朝廷皆如其言已而諸猺獠悉降乞還復爲大司農十一年台州方國珍起海上達識帖睦邇奉詔與江浙行省參知政

事樊執敬往招諭之明年盜起河南拜河南行省平章政事至則修城池飭備禦賊不敢犯其境遷淮南行省平章政事十五年入爲中書平章政事時中書庶務多爲吏胥遲留至則責委提控掾史二人分督左右曹悉爲剖決出爲江浙行省左丞相尋兼知行樞密院事許以便宜行事時江淮盜勢日盛南北阻隔達識帖睦邇獨治方面而任用非人肆通賄賂賣官鬻爵一視貨之輕重以爲高下於是謗議紛然所部郡縣往往淪陷亦恬不以爲意十六年正月張士誠陷平江七月逼杭州達識帖睦邇即棄城遁于富

陽萬户普賢奴力拒之而苗軍帥楊完者時駐嘉興亦引兵至敗走張士誠達識帖睦邇乃還初達識帖睦邇以完者爲海北宣慰使都元帥尋陞江浙行省參政至是遂陞右丞而苗軍素無紀律肆爲鈔掠所過蕩然無遺達識帖睦邇方倚完者以爲重莫敢禁遏故完者矜驕日肆而不可制明年士誠寇嘉興屢爲完者所敗士誠乃遣蠻子海牙以書詐降蠻子海牙嘗爲南行臺御史中丞以軍結水寨屯采石爲
大明兵所敗因走歸士誠故士誠使之來而書詞多不遜完者欲納之達識帖睦邇不可曰我昔在淮南

嘗招安士誠知其反覆其降不可信完者固勸乃許之士誠始要王爵達識帖睦邇不許又請爵爲三公達識帖睦邇曰三公非有司所定今我雖便宜行事然不敢專也完者又力以爲請達識帖睦邇雖外爲正詞然實幸其降又恐忤完者意遂授士誠太尉其弟士德淮南行省平章政事士信同知行樞密院事其黨皆授官有差士德尋爲
大明兵所擒復陞士信淮南行省平章政事然士誠雖降而城池府庫甲兵錢穀皆自據如故於是朝廷以招安張士誠爲達識帖木兒功詔加太尉當是時

徽州建德皆已陷完者屢出師不利士誠素欲圖完者而完者時又強娶平章政事慶童女達識帖木兒難主其婚然亦甚厭之乃陰與士誠定計除完者揚言使士誠出兵復建德完者營在杭城北不爲備遂被圍苗軍悉潰完者與其弟伯顏皆自殺其後事聞于朝贈完者潭國忠愍公伯顏衡國忠烈公完者既死士誠兵遂據杭州十九年朝廷因授士信江浙行省平章政事士信乃大發浙西諸郡民築杭城先是海漕久不通朝廷遣使來徵糧士誠運米十餘萬石達京師方面之權悉歸張氏達識帖睦邇徒存虛名

而已俄而士誠令其部屬自頌功德必欲求王爵達識帖睦邇謂左右曰我承制居此徒籍口舌以馭此輩今張氏復要王爵朝廷雖微終不爲其所脇但我今若逆其意則目前必受害當忍耻含垢以從之耳乃爲具文書聞于朝至再三不報士誠遂自立爲吳王即平江治宮闕立官屬時荅蘭帖木兒爲江浙行省右丞真保爲左右司郎中二人諂事士誠多受金帛數媒孽達識帖睦邇之短以故張氏遂有不相容之勢二十四年士信乃使王晟等面數達識帖睦邇過失勸其移咨省院自陳老病願退又言丞相之任

非士信不可士信即逼取其諸所掌符印而自爲江浙行省左丞相徙達識帖睦邇居嘉興事聞朝廷即就以士信爲江浙行省左丞相達識帖睦邇至嘉興士信峻其垣墻錮其門闥所以防禁之者甚嚴達識帖睦邇皆不以爲意日對妻妾飲酒放歌自若士誠令有司公牘皆首稱吳王令旨又諷行臺爲請實授于朝行臺御史大夫普化帖木兒不從至是既拘達識帖睦邇即使人至紹興從普化帖木兒索行臺印章普化帖木兒封其印置諸庫曰我頭可斷印不可與又迫之登舟曰我可死不可辱也從容沐浴更

衣與妻子訣賦詩二章乃仰藥而死臨死擲杯地上曰我死矣逆賊當踵我亡也後數日達識帖睦邇聞之歎曰大夫且死吾不死何爲遂命左右以藥酒進飲之而死士誠乃使載其柩及妻孥北返于京師普化帖木兒字兼善荅魯乃蠻氏行臺御史大夫帖木哥子也累遷福建行省平章政事時境內皆爲諸豪所據不能有所施設及遷南行臺又爲張士誠所逼而死然論者以爲其死視達識帖睦邇爲差勝云

傳卷第二十七

傳卷第二十八

翰林學士亞中大夫知制誥兼修國史臣宋濂　翰林待制承直郎同知制誥兼國史院編修官臣王褘等奉

敕修

太不花

太不花弘吉剌氏世爲外戚官最貴顯太不花沉厚
有大度以世胄入官累遷雲南行省右丞歷通政使
上都留守遼陽行省平章政事至正八年太平爲丞
相力薦太不花可大用召入爲中書平章政事明年
太平既罷脫脫復爲相太不花因黨於脫脫謀欲害
太平衆由是不平之十二年盜起河南知樞密院事

老章出師久無功詔拜太不花河南行省平章政事
加太尉將兵往代之未期月平南陽汝寧唐隨又下
安陸德安等路招降服叛動合事宜軍聲大振十四
年脫脫以太師右丞相總大兵征高郵尋詔奪其兵
柄而陞太不花本省左丞相與太尉月闊察兒樞密
知院雪雪代總其兵山東河北諸軍悉令太不花節
制而太不花乃以軍士乏粮之故頗驕傲不遵朝廷
命令軍士又往往剽掠爲民患十五年監察御史也
里忽都等劾其慢功虐民之罪於是天子下詔盡奪
其職俾率領火赤溫從平章政事荅失八都魯征進

頃之復拜湖廣行省左丞相節制湖廣荊襄諸軍招
捕沔陽湖廣等處水陸賊徒會朝廷復拜太平爲中
書左丞相太不花聞之意不能平歎曰我不負朝廷
朝廷負我矣太平漢人今乃復居中用事安受逸樂
我反在外勤苦耶及擊賊賊且退諸將皆欲乘勝渡
江而太不花乃反勒兵而退以養鋭爲名其後賊犯
汴梁守臣請援兵至十往反太不花乃始率兵援汴
梁而猶按甲不進時睢亳太康俱已陷邊警日急或
諫之曰賊旦夕且至丞相兵不進何也太不花顧左
右大言曰我在何物小寇敢犯境耶若等毋多言我

自有神筭也既而縱軍出掠百里之内蕩然無遺繼
又渡師河北聲取曹濮遂駐于彰德衛輝俄而曹濮
之賊奔竄晉冀大同亦相繼不守遂募廷不可制朝
廷以爲憂兩遣重臣諭以密旨授之成筭而太不花
恬不爲意是時其子壽童以同知樞密院事將兵分
討山東久無功嘗以事入奏語言有驕慢意帝由是
惡之十八年山東賊愈充斥且逼近京畿於是詔拜
太不花中書右丞相總其兵討山東既渡河即上疏
以謂賊勢張甚軍行宜以粮餉爲先昔漢韓信行軍
蕭何餽粮方今措畫無如丞相太平者如令太平至

軍中供給事乃可濟不然兵不能進矣其意實銜太平欲其至軍中即害之也時參知政事卜顏帖木兒張晉等分省山東二人者嘗劾壽童不進兵太不花至則以其餽運不前斷遣之又以知樞密院事完者帖木兒爲右丞之日嘗劾其非亦加以失悞專制之罪擅改其官徵至軍欲害之事聞廷議喧然而太平與太不花父有隙會其疏來上以其欲害已也遂諷監察御史迭只兒海等劾其緩師拒命之罪而於帝前力譖之於是乃下詔削其官爵奪其兵柄安置于蓋州以知樞密院事悟良哈台總其兵太不花聞有

詔夜馳詣劉哈剌不花求救解劉哈剌不花者太不花故部將也以破賊累有功拜淮南行省平章政事時駐兵保定見太不花來因張樂大宴舉酒慷慨言曰丞相國家柱石有大勳勞如此天子終不害丞相是必讒言間之耳我當自往見上言之丞相毋憂也哈剌不花即走至京首見太平太平問其來何故哈剌不花具以其故告之太平曰太不花大逆不道今詔已下尔乃敢輒妄言邪不審禍將及尔矣哈剌不花聞太平言畏懼噤不能發太平度太不花必在哈剌不花所即語之曰尔能致太不花以來吾以尔

見上尔功不細矣哈剌不花因許之太平乃引入見帝賜賚良渥初劉哈剌不花之爲部將於太不花也與倪晦者同在幕下太不花每委任晦而哈剌不花計多阻不行哈剌不花心嘗以爲怨及是知事已不可解還縛太不花父子送京師未至皆殺之於路

察罕帖木兒

察罕帖木兒字廷瑞系出北庭曾祖闊闊台元初隨大軍收河南至祖乃蠻台父阿魯溫皆家河南爲潁州沈丘人察罕帖木兒幼篤學嘗應進士舉有時名身長七尺脩眉覆目左頰有三毫或怒則毫皆直指

居常慨然有當世之志至正十一年盜發汝潁焚城邑殺長吏所過殘破不數月江淮諸郡皆陷朝廷徵兵致討卒無成功十二年察罕帖木兒乃奮義起兵沈丘之子弟從者數百人與信陽之羅山人李思齊合兵同設奇計襲破羅山事聞朝廷授察罕帖木兒中順大夫汝寧府達魯花赤於是所在義士俱將兵來會得萬人自成一軍屯沈丘數與賊戰輒克捷十五年賊勢滋蔓由汴以南陷鄧許嵩洛察罕帖木兒兵日益盛轉戰而北遂戍虎牢以遏賊鋒賊乃北渡盟津焚掠至覃懷河北震動察罕帖木兒進戰大敗

之餘黨柵河洲殲之無遺類河北遂定朝廷奇其功除中書刑部侍郎階中議大夫苗軍以滎陽叛察罕帖木兒夜襲之虜其衆幾盡乃結營屯中牟已而淮右賊衆三十萬掠汴以西來擣中牟營察罕帖木兒結陳待之以死生利害諭士卒士卒賈勇決死戰無不一當百會大風揚沙自率猛士鼓譟從中起奮擊賊中堅城勢遂披靡不能支棄旗鼓遁走追殺十餘里斬首無筭軍聲益大振十六年陞中書兵部尚書階嘉議大夫繼而賊西陷陝州斷殽函勢欲趍秦晉知樞密院事荅失八都魯方節制河南軍調察罕帖

木兒與李思齊往攻之察罕帖木兒即鼓行而西夜拔殽陵立柵交口陝爲城阻山帶河險且固而賊轉南山粟給食以堅守攻之猝不可拔察罕帖木兒乃焚馬矢營中如炊烟狀以疑賊而夜提兵拔靈寳城守既備賊始覺不敢動即渡河陷平陸掠安邑蹂晉南鄙察罕帖木兒追襲之蹴之以鐵騎賊回扼下陽津赴水死者甚衆相持數月賊勢窮皆遁潰以功加中奉大夫僉河北行樞密院事十七年賊尋出襄樊陷商州攻武關官軍敗走遂直趍長安至灞上分道掠同華諸州三輔震恐陝西省臺來告急察罕帖木兒即領大衆入潼關長驅而前與賊遇戰輙勝殺獲以億萬計賊餘黨皆散潰走南山入興元朝廷嘉其復關陝有大功授資善大夫陝西行省左丞未幾賊出自巴蜀陷秦隴據鞏昌遂窺鳳翔察罕帖木兒即先分兵入守鳳翔城而遣諜者誘賊圍鳳翔賊果來圍之厚凡數十重察罕帖木兒自將鐵騎晝夜馳二百里往赴比去城里所分軍張左右翼掩擊之城中軍亦開門鼓噪而出内外合擊呼聲動天地賊大潰自相踐蹂斬首數萬級伏屍百餘里餘黨皆遁還關中悉定十八年山東賊分道犯京畿朝廷徵四方兵入衛

詔察罕帖木兒以兵屯涿州察罕帖木兒即留兵戍清湫義谷屯潼關塞南山口以備他盜而自將鋭卒往赴召而曹濮賊方分道踰太行焚上黨掠晉冀陷雲中鴈門代郡烽火數千里復大掠南且還察罕帖木兒先遣兵伏南山阻隘而自勒重兵屯聞喜絳陽賊果走南山縱伏兵横擊之賊皆棄輜重走山谷其得南還者無幾乃分兵屯澤州塞碗子城屯上黨塞吾兒谷屯并州塞井陘口以杜太行諸道賊屢至守將數血戰擊却之河東悉定進陝西行省右丞兼陝西行臺侍御史同知河南行樞密院事於是天子乃詔

察罕帖木兒守禦關陝晉冀撫鎮漢沔荆襄便宜行閫外事察罕帖木兒益務練兵訓農以平定四方爲己責是年安豐賊劉福通等陷汴梁造宫闕易正朔號召群盜巴蜀荆楚江淮齊魯遼海西至甘肅所在兵起勢相聯結察罕帖木兒乃北塞太行南守鞏洛而自將中軍軍沔池會叛將周全棄覃懷入汴城合兵攻洛陽察罕帖木兒下令嚴守備别以奇兵出宜陽而自將精騎發新安來援賊至城下見堅壁不可犯退引去因追至虎牢塞成皐諸險而還拜陝西行省平章政事仍兼同知行樞密院事便宜行事十九

年察罕帖木兒圖復汴梁五月以大軍次虎牢先發遊騎南道出汴南略歸亳陳蔡北道出汴東戰船浮于河水陸並下略曹南據黄陵渡乃大發秦兵出函關過虎牢晉兵出太行踰黄河俱會汴城下首奪其外城察罕帖木兒自將鐵騎屯杏花營諸將環城而壘賊屢出戰戰輒敗遂嬰城以守乃夜伏兵城南旦日遣苗軍跳梁者略城而東賊傾城出追伏兵譟起邀擊敗之又令弱卒立柵外城以餌賊賊出爭之弱卒佯走薄城西因突鐵騎縱擊悉擒其衆賊自是益不敢出八月諜知城中計窮食且盡乃與諸將閻思孝李克彝虎林赤賽因赤荅忽脱因不花呂文完哲賀宗哲安童張守禮伯顔孫翥姚守德魏賽因不花楊履信關關等議各分門而攻至夜將士鼓勇登城斬關而入遂拔之劉福通奉其僞主從數百騎出東門遁走獲僞后及賊妻子數萬僞官五千符璽印章寶貨無筭全居民二十萬軍不敢私市不易肆不旬日河南悉定獻捷京師歡聲動中外以功拜河南行省平章政事兼知河南行樞密院事陝西行臺御史中丞仍便宜行事詔告天下先是中原亂江南海漕不復通京師屢苦饑至是河南既定檄書達江浙

海漕乃復至察罕帖木兒既定河南乃以兵分鎮關陝荆襄河洛江淮而重兵屯太行營壘旌旗相望數千里乃日修車船繕兵甲務農積穀訓練士卒謀大舉以復山東先是山西晉冀之地皆察罕帖木兒所平定而荅失八都魯之子曰孛羅帖木兒以兵駐大同因欲并據晉冀遂至兵爭天子屢下詔和解之終不聽事見本紀及荅失八都魯傳中二十一年諜知山東群賊自相攻殺而濟寧田豐降于賊六月察罕帖木兒乃輿疾自陝抵洛大會諸將與議師期發并州軍出井陘遼沁軍出邯鄲澤潞軍出磁州懷衛軍出

白馬及汴洛軍水陸俱下分道並進而自率鐵騎建大將旗鼓渡孟津踰覃懷鼓行而東復冠州東昌八月師至盩河遣其子擴廓帖木兒及諸將等以精卒五萬擣東平與東平賊兵遇兩戰皆敗之斬首萬餘級直抵其城下察罕帖木兒以田豐據山東久軍民服之乃遣書諭以逆順之理豐及王士誠皆降遂復東平濟寧時大軍猶未渡群賊皆聚于濟南而出兵齊河禹城以相抗察罕帖木兒分遣奇兵取間道出賊後南略泰安逼益都北徇濟陽章丘中循瀕海郡邑乃自將大軍渡河與賊將戰于分齊大敗之進逼

濟南城而齊河禹城俱來降南道諸將亦報捷再敗益都兵于好石橋東至海濱郡邑聞風皆送欵攻圍濟南三月城乃下詔拜中書平章政事知河南山東行樞密院事陝西行臺中丞如故察罕帖木兒遂移兵圍益都環城列營凡數十大治攻具百道並進賊悉力拒守復掘重塹築長圍遏南洋河以灌城中仍分守要害收輯流亡郡縣户口再歸職方號令煥然矣二十二年時山東俱平獨益都孤城猶未下六月田豐王士誠陰結賊復圖叛田豐之降也察罕帖木兒推誠待之不疑數獨入其帳中及豐既謀變乃請

察罕帖木兒行觀營壘衆以爲不可往察罕帖木兒曰吾推心待人安得人人而防之左右請以力士從又不許乃從輕騎十有一人行至王信營又至豐營遂爲王士誠所刺訃聞帝震悼朝廷公卿及京師四方之人不問男女老幼無不慟哭者先是有白氣如索長五百餘丈起危宿掃太微垣太史奏山東當大水帝曰不然山東必失一良將即馳詔戒察罕帖木兒勿輕舉未至而已及於難詔贈推誠定遠宣忠亮節功臣開府儀同三司上柱國河南行省左丞相追封忠襄王謚獻武及葬賜賻有加改贈宣忠興運弘

仁效節功臣追封潁川王改謚忠襄食邑沈丘縣所在立祠歲時致祭封其父阿魯溫汝陽王後又進封梁王於是復起擴廓帖木兒拜銀青榮祿大夫太尉中書平章政事知樞密院事皇太子詹事仍便宜行事襲總其父兵擴廓帖木兒既領兵柄銜哀以討賊攻城益急而城守益固乃穴地通道以入十一月拔其城執其渠魁陳猱頭二百餘人獻闕下而取田豐王士誠之心以祭其父餘黨皆就誅即遣關保以兵取莒州於是山東悉平擴廓帖木兒本察罕帖木兒之甥自幼養以爲子當是時東至淄沂西踰關陝皆晏

然無事擴廓帖木兒乃駐兵于汴洛朝廷方倚之以爲安孛羅帖木兒自察罕帖木兒既沒復數以兵爭晉冀帝雖屢解諭之而釁隙日深二十三年御史大夫老的沙與知樞密院事禿堅帖木兒得罪於皇太子皇太子欲誅之皆奔于大同爲孛羅帖木兒所匿老的沙者帝母舅以故帝數爲皇太子寢其事而皇太子不從帝無如之何則傳旨容令孛羅帖木兒隱其迹而丞相搠思監宦者朴不花皆附皇太子必窮竟其事皇太子又方倚重於擴廓帖木兒時擴廓帖木兒駐太原與孛羅帖木兒搆兵勢相持不可解二十四年搠思監朴不花

因誣孛羅帖木兒老的沙謀爲不軌而皇太子亦怒不已三月天子以故下詔數孛羅帖木兒罪削其官職而奪其兵孛羅帖木兒不受詔遂遣兵逼京師必欲得搠思監朴不花乃已天子不得已縛兩人與之語在搠思監孛羅帖木兒傳七月孛羅帖木兒又與老的沙合禿堅帖木兒兵同犯闕時擴廓帖木兒遣部將白鎖住以萬騎衛京師駐于龍虎臺與戰不利遂奉皇太子奔于太原孛羅帖木兒既入朝據相位白鎖住又將二萬騎屯漁陽爲朝廷聲援二十五年擴廓帖木兒以兵擣大同取之皇太子乃趣擴廓帖木兒大舉以討逆發丞相也速兵屯東郡魏遼齊吳豫蜀諸王兵駐西邊而自率擴廓帖木兒兵取中道抵京師亡何孛羅帖木兒既伏誅帝詔白鎖住兵守京城遂詔皇太子還京而擴廓帖木兒亦扈從入朝九月詔拜伯撒里右丞相擴廓帖木兒左丞相伯撒里累朝舊臣而擴廓帖木兒以後生晚出乃與並相居兩月即請南還視師是時中原雖無事而江淮川蜀皆非我所有皇太子累請出督師而帝難之乃詔封擴廓帖木兒河南王俾總天下兵而代之行擴廓帖木兒於是分省以自隨官屬之盛幾與朝廷等而

用孫翥趙恒等爲謀主二十六年二月自京師還河南欲廬墓以終喪左右咸以謂受命出師不可中止乃復北渡居懷慶又移居彰德初李思齊與察罕帖木兒同起義師齒位相等及是擴廓帖木兒總其兵思齊心不能平而張良弼首拒命孔興脫列伯等亦皆以功自恃各懷異見請别爲一軍莫肯統屬釁隙既開遂成讎敵擴廓帖木兒乃遣關保虎林赤以兵西攻良弼于鹿臺而思齊亦與良弼合兵連不能罷擴廓帖木兒始受命南征而顧乃退居彰德又惟務用兵陝西天子之命置而不問朝廷因疑其有異志皇

太子之奔太原也欲用唐肅宗靈武故事因而自立擴廓帖木兒與孛蘭奚等不從及還京師皇后奇氏傳旨令擴廓帖木兒以重兵擁太子入城欲脅帝禪之位擴廓帖木兒知其意比至京城三十里即散遣其軍由是皇太子心銜之及是屢趣其出師江淮擴廓帖木兒第遣弟脫因帖木兒及部將完哲貊高以兵往山東而西兵互相勝負終不解帝又下詔和解之顧乃戕殺詔使天下奴等而跋扈之跡成矣二十七年八月帝乃下詔命皇太子親出總天下兵馬而分命擴廓帖木兒以其兵自潼關以東肅清江淮李思齊以其兵自鳳翔以西進取川蜀禿魯以其兵與張良弼孔興脫列伯等取襄樊王信以其兵固守山東信地然詔書雖下皇太子亦竟止不行而分兵之命擴廓帖木兒終扞拒不肯受於是貊高關保等皆叛擴廓帖木兒關保自察罕帖木兒起兵以來即為將勇冠諸軍功最高而貊高善論兵尤為察罕帖木兒所信任及是兩人見擴廓帖木兒有不臣之心故皆叛之列其罪狀聞于朝舉兵共攻之而皇太子用沙藍荅兒帖林沙伯顏帖木兒李國鳳等計立撫軍院總制天下軍馬專備擴廓帖木兒以貊高等能倡

大義賜號忠義功臣十月詔落擴廓帖木兒太傅中書左丞相依前河南王以汝州為食邑與弟脫因帖木兒同居河南府而以河南府為梁王食邑從行官屬悉令還朝凡擴廓帖木兒所總諸軍在帳前者白鎖住虎林赤領之在河南者李克彝領之在山東者也速領之在山西者沙藍荅兒領之在河北者貊高領之擴廓帖木兒既受詔即退軍屯澤州詔又命禿魯與李思齊張良弼孔興脫列伯率兵東向以正天討二十八年朝廷命左丞孫景益分省太原關保以兵為之守擴廓帖木兒即遣兵據太原而盡殺朝廷所置官皇太子乃命魏賽因不花及關保皆以兵與思齊良弼諸軍夾攻澤州而天子又下詔削奪擴廓帖木兒爵邑令諸軍共誅之其將士官吏効順者與免本罪惟孫翥趙恒罪在所不赦二月擴廓帖木兒退守于平陽而關保遂據澤潞二州以與貊高合時李思齊張良弼孔興脫列伯與擴廓帖木兒相持既久大明兵時已及河南思齊良弼皆遣使詣擴廓帖木兒告以出師非本心乃解兵大掠西歸七月貊高關保進攻平陽當是時擴廓帖木兒氣稍沮而關保貊高勢甚振數請戰擴廓帖木兒不應或師出即復

退一日諜知貊高分軍掠祁縣即夜出師薄其營掩擊之大敗其衆貊高関保皆就擒朝廷聞之遽罷撫軍院而帖林沙伯顔帖木兒李國鳳等以誤國皆受黜既而擴廓帖木兒上疏自陳其情悃帝尋亦悔悟下詔滌其前非於是

大明兵已定山東及河洛中原俱不守閏七月帝乃下詔復命擴廓帖木兒仍前河南王太傅中書左丞相孫翥趙恒並復舊職以兵從河北南討也速以兵趨山東禿魯兵出潼關李思齊兵出七盤金商以圖復汴洛未幾也速兵遂潰禿魯思齊兵亦未嘗出而

擴廓帖木兒又自平陽退守太原不復敢南向事已不可爲矣已而

大明兵迫京城帝北奔國遂以亡及

大明兵至太原擴廓帖木兒即棄城遁領其餘衆西奔于甘肅

傳卷第二十八

傳卷第二十九　　元史一百四十二

翰林學士亞中大夫知制誥兼修國史臣宋濂　翰林待制承直郎同知制誥兼國史院編修官臣王禕等奉

勑

荅失八都魯

荅失八都魯曾祖紐璘祖也速荅兒有傳荅失八都魯南加台子也以世襲萬戸鎮守羅羅宣慰司土人作亂荅失八都魯捕獲有功四川省舉充船橋萬戸出征雲南陞大理宣慰司都元帥至正十一年特除四川行省參知政事撥本部探馬赤軍三千從平章咬住討賊於荊襄九月次安平站時咬住兵既平江

陵荅失八都魯請自攻襄陽十二年進次荊門時賊十萬官軍止三千餘遂用宋廷傑計招募襄陽官吏及土豪避兵者得義丁二萬編排部伍申其約束行至蠻河賊守要害兵不得渡即令屈萬戸率奇兵由間道出其後首尾夾攻賊大敗追至襄陽城南大戰生擒其僞將三十人腰斬之賊自是閉門不復出荅失八都魯乃相視形勢內列八翼包絡襄城外置八營軍峴山楚山以截其援自以中軍四千據虎頭山以瞰城中署從征人李復爲南漳縣尹黎可舉爲宜城縣尹拊循其民以賦軍餉城中之民受圍日久夜

半二人縋城叩營門具告虛實願爲内應荅失八都
魯與之定約以五月朔日四更攻城授之密號而去
至期民垂繩以引官軍先登者近千人時賊船百餘
艘在城北陰募善水者鑿其底天將明城破賊巷戰
不勝走就船船壞皆溺水死僞將王權領千騎西走
遇伏兵被擒襄陽遂平加荅失八都魯資善大夫賜
上尊及黃金束帶以其弟識里木爲襄陽達魯花赤
子孛羅帖木兒爲雲南行省理問比賊再犯荆門安
陸沔陽荅失八都魯輒引兵敗之尋詔益兵五千以
烏撒烏蒙元帥成都不花聽其調發十三年定青山

荆門諸寨九月率兵略均房平穀城攻開武當山寨
數十獲僞將杜將軍十二月趍攻峽州破僞將趙明
遠木驢寨陞四川行省右丞賜金繫腰十四年正月
復峽州三月陞四川行省平章政事兼知樞密院事
總荆襄諸軍五月命王樞虎兒吐華代荅失八都魯
守中興荆門且令荅失八都魯以兵赴汝寧十月詔
與太不花會軍討安豐是月復苗軍所據鄭均許三
州十二月復河陰鞏縣十五年命荅失八都魯總管
領太不花一應諸王藩將兵馬許以便宜行事六月
拜河南行省平章政事進次許州長葛與劉福通野

戰爲其所敗將士奔潰九月至中牟收散卒團結屯
種賊復來刼營掠其輜重遂與孛羅帖木兒相失劉
哈剌不花進兵來援大破賊兵獲孛羅帖木兒歸之
復駐汴梁東南青堽十二月調兵進討大敗賊于太
康遂圍亳州僞宋主小明王遁十六年加金紫光祿
大夫三月朝廷差脫歡知院來督兵荅失八都魯父
子親與劉福通對敵自巳至酉大戰數合荅失八都
魯墜馬孛羅帖木兒扶令上馬先還自持弓矢連發
以斃追者夜三更步回營中十月移駐陳留十一月
攻取夾河劉福通寨十二月庚申次高柴店偪太康

三十里是夜二鼓賊五百餘騎來刼以有備亟遁火
而追之比曉朁陣力戰自寅至巳四門皆陷壯士緣
城入其郛斬首數萬擒僞將軍張敏孫韓等九人殺
僞丞相王羅二人辛酉太康悉平遣孛羅帖木兒告
捷京師帝賜勞内殿王其先臣三世拜河南行省左
丞相仍兼知樞密院事守禦汴梁識里木雲南行省
左丞孛羅帖木兒四川行省左丞將校僚屬賞爵有
差十七年三月詔朝京師加開府儀同三司太尉四
川行省左丞相九月取溝城東明長垣三縣十月詔
遣知院達理麻失理來援分兵雷澤濮州而達理麻

失理爲劉福通所殺達達諸軍皆潰荅失八都魯力不能支退駐石村朝廷頗疑其玩寇失機使者促戰相踵賊覘知之詐爲荅失八都魯通和書遺諸道路使者果得之以進荅失八都魯覺知一夕憂憤死十二月庚子也子孛羅帖木兒別有傳

慶童

慶童字明德康里氏祖明里帖木兒父斡羅思皆封益國公慶童早以勳臣子孫受知仁廟給事内廷遂長宿衛授大宗正府掌判三遷爲上都留守又累遷爲江西河南二行省平章政事入爲太府卿復爲上都留守出爲遼陽行省平章政事以寬厚爲政遼人德之至正十年遷平章行省江浙適時承平頗沉湎于宴樂凡遺逸之士舉校官者輙擯斥不用由是不爲物論所與明年盜起汝潁已而蔓延于江浙江東之饒信徽宣歙山廣德浙西之常湖建德所在不守慶童分遣僚佐往督師旅會不踰時以次克復既乃令長吏按視民數凡詿誤者悉置不問招徠流離俾安故業發官粟以振之省治燬于兵則拓其故址俾之一新募貧民爲工役而償之以錢杭民賴以存活者尤衆十四年脫脫以太師右丞相統大兵南征一切軍資衣甲器仗穀粟薪藁之屬咸

取具於江浙慶童規措有方陸運川輸千里相屬朝廷賴之明年盜起常之無錫衆議以重兵殲之慶童曰赤子無知迫於有司故弄兵耳苟諭以禍福彼無不降之理盜聞之果投戈觧甲請爲良民十六年平江湖州陷義兵元帥方家奴以所部軍屯杭城之北關鈔結同黨相煽爲惡刼掠財貨白晝殺人民以爲患慶童言于丞相達識帖睦邇曰我師無律何以克敵必斬方家奴乃可出師丞相乃與慶童入其軍數其罪斬首以徇民大悅繼而苗軍帥楊完者以其軍守杭城丞相達識帖睦邇既承制授完者江浙行省右丞而完者益以功自驕因求娶慶童女慶童初不許時苗軍勢甚張達識帖睦邇方倚以爲重強爲主婚慶童不得已以女與之明年出鎭海寧州距杭百里地瀕海磽瘠民甚貧居二年盜息而民阜至是慶童在江浙已七年涉歷險艱勞績甚優着召拜翰林學士承旨改淮南行省平章政事未行仍任江浙十八年遷福建行省平章政事未行拜江南行臺御史大夫賜以御衣上尊時南行臺治紹興所轄諸道皆阻絶不通紹興之東明台諸郡則制於方國珎其西杭蘇諸郡則據於張士誠憲臺綱紀不復可振徒存

空名而已二十年召還朝慶童乃由海道趍京師拜中書平章政事俄有譖其子剛僧私通宫人者帝怒殺之慶童因鞅鞅不得志移疾家居久之日飲酒以自遣二十五年詔拜陜西行省左丞相時李思齊擁兵關中慶童至則御之以禮待之以和居三年關陜用寧召還京師二十八年七月

大明兵逼京城帝與皇太子及六宫至於宰臣近戚皆北奔而命淮王帖木兒不花監國慶童為中書左丞相以輔之八月二日京城破淮王與慶童出齊化門皆被殺

也速

也速蒙古人倜儻有能名由宿衛歷尚乘寺提點還宣政院參議至正十四年河南賊芝麻李據徐州也速從太師脫脫南征徐州城堅不可猝拔脫脫用也速計以巨石為礮晝夜攻之不息賊困莫能支也速又攻破其南關外城賊遂遁走以功除同知中政院事繼又領軍從父太尉月闊察兒征淮西會賊圍安豐即往援之渡淮無舟因策馬探水深淺浮而過賊大駭撤圍去進攻濠州有詔班師乃還陞將作院使復從太尉征淮東取盱眙還淮南行樞密院副使陞同知樞密院事討賊海州大敗之賊走航海襲山東盡有其地也速討賊必乘勝北侵急引兵北還表裏擊之復滕兖二州及費鄒曲阜寧陽泗水五縣賊勢遂衄未幾復泰安州及平陰肥城萊蕪新泰四縣又平安水等五十三寨陞知樞密院事討莒臺賊杜黑兒擒送京師磔之東昌賊將北寇道出陵州也速邀擊於景州斬獲殆盡復阜城縣有詔命也速以軍屯單家橋斷賊北路賊轉攻長蘆也速往與戰流矢貫左手不顧轉鬬無前殺賊五百餘人奪馬三千匹於是分兵下山寨民爭來歸拜中書平章政事改行省

淮南雄州蔚州賊繼起也速悉平之知樞密院事劉哈剌不花所部卒掠懷來雲州欲為亂也速以輕騎擊滅其首禍者降其衆隸麾下賊陷大寧詔也速往討之賊兵次俟家店也速遇賊即前與戰自昏抵曙散而復合也速遣別騎繞出賊後賊腹背受敵大敗遂拔大寧擒首賊湯通周成等三十五人磔于都市召入覲賞賚優渥進階金紫光禄大夫知樞密院事既而賊雷帖木兒不花程思忠等陷永平詔也速出師遂復灤州及遷安縣時遼東郡縣惟永平不被兵儲粟十萬芻藳山積居民殷富賊乘間竊入增土築

城因河為塹堅守不可下也速乃外築大營絶其樵采數與賊戰獲其偽帥二百餘人平山寨數十又復昌黎撫寧二縣擒雷帖木兒不花送京師賊急乃乞降于叅政徹力帖木兒為請命于朝詔許之命也速退師也速度賊必以計怠我師乃嚴備以偵之程思忠果棄城遁去亟追至瑞州殺獲萬計賊遂東走金復州詔還京師拜遼陽行省左丞相知行樞密院事撫安遼東兵農委以便宜開省于永平總兵如故金復海蓋乾王等賊並起西侵與中州隂由海道趨永平聞也速開省乃止也速亟分兵防其衝突賊乃轉

攻大寧為守將王聚所敗斬其渠魁衆潰皆西走也速慮賊窺上都即調右丞忽林台提兵護上都簡精銳自躡賊後賊果寇上都忽林台擊破之賊衆又大潰求平大寧於是始平乃分命官屬勞來安輯其民使什伍相保以事耕種民為立石頌其勳德二十四年孛羅帖木兒與右丞相搠思監宦者朴不花有怨遣兵犯闕執二人以去而也速遂拜中書左丞相七月孛羅帖木兒留兵守大同自率兵復向闕京師大震百官從帝城守皇太子統兵迎於清河命也速軍於昌平而孛羅帖木兒前鋒已度居庸關至昌平也速一軍皆無闘志不戰而潰皇太子馳入城尋出奔于太原孛羅帖木兒遂入京城為中書右丞相語具孛羅帖木兒傳二十五年皇太子在太原與擴廓帖木兒謀清內難承制調甘肅嶺北遼陽陝西諸省諸王兵入討孛羅帖木兒孛羅帖木兒乃遣御史大夫秃堅帖木兒率兵攻上都附皇太子者且以禦嶺北之兵又調也速率兵南禦擴廓帖木兒部將竹貞貊高莽也速軍次良鄉不進謀之於衆皆以謂孛羅帖木兒所行狂悖圖危宗社中外同憤遂勒兵歸永平西連太原擴廓帖木兒東連遼陽也先不花國王軍

聲大振孛羅帖木兒患之遣其將同知樞密院事姚伯顔不花以兵往討軍過通州白河水溢不能進駐虹橋築壘以待姚伯顔不花素輕也速無謀不設備也速覘知之襲破其軍擒姚伯顔不花孛羅帖木兒大恐自將討也速至通州大雨三日乃還孛羅帖木兒先以部將保安不附已殺之至是又失姚伯顔不花二人皆驍將也如失左右手鬱鬱不樂事敗遂伏誅二十七年詔以也速為中書右丞相分省山東二十八年

大明兵取山東閏七月也速與部將哈剌章田勝周

達等禦於莫州兵敗潰乃盡掠莫州殘民北遁

徹里帖木兒

徹里帖木兒阿魯温氏祖父累立戰功爲西域大族徹里帖木兒幼沉毅有大志早備宿衛擢中書直省舍人遂拜監察御史時右丞相帖木迭兒用事生殺予奪皆出其意道路側目徹里帖木兒抗言歷詆其奸帖木迭兒欲中傷之會山東水鹽課大損除山東轉運司副使甫浹月補其虧數皆足轉刑部尚書京師豪右憚之不敢犯法而以非罪麗法者多所全脫天曆二年拜中書右丞尋陞中書平章政事出爲河

南行省平章政事黃河清有司以爲瑞請聞于朝徹里帖木兒曰吾知爲臣忠爲子孝天下治百姓安爲瑞餘何益於治歲大饑徹里帖木兒議賑之其屬以爲必自縣上之府府上之省然後以聞徹里帖木兒慨然曰民饑死者已衆乃欲拘以常格耶往復累月民存無幾矣此蓋有司畏罪將歸怨于朝廷吾不爲也大發倉廩賑之乃請專擅之罪文宗聞而恱之賜龍衣上尊至順元年雲南伯忽叛以知行樞密院事總兵討之治軍有紀律所過秋毫無犯賊平賞賚甚厚悉分賜將士師旋囊裝惟巾櫛而已除留守上都

先是上都官買商旅之貨其直不即酬給以故商旅不得歸至有飢寒死者徹里帖木兒爲之請有旨出鈔四百萬貫償之遷江浙行省平章政事以嚴厲爲政部内肅然尋召拜御史中丞朝廷憚之風紀大振至元元年拜中書平章政事首議罷科舉又欲損太廟四祭爲一祭監察御史呂思誠等列其罪狀劾之帝不允詔徹里帖木兒仍出署事時罷科舉詔已書而未用寶參政許有壬入爭之太師伯顔怒曰汝風臺臣言徹里帖木兒邪有壬曰太師以徹里帖木兒宣力之故擢寘中書御史三十人不畏太師而聽有

壬豈有壬權重於太師耶伯顔意解有壬乃曰科舉若罷天下人才觖望伯顔曰舉子多以贓敗又有假蒙古色目名者有壬曰科舉未行之先臺中贓罰無筭豈盡出於舉子舉子不可謂無過較之於彼則少矣伯顔因曰舉子中可任用者唯參政耳有壬曰若張夢臣馬伯庸丁文苑輩皆可任大事又如歐陽元功之文章豈易及邪伯顔曰科舉雖罷士之欲求美衣美食者皆能自向學豈有不至大官者邪有壬曰所謂士者初不以衣食爲事其事在治國平天下耳伯顔又曰今科舉取人實妨選法有壬曰古人有言

立賢無方科舉取士豈不愈於通事知印等出身者今通事等天下凡三千三百二十五名歲餘四百五十六人王典赤太醫控鶴皆入流品又路吏及任子其途非一今歲自四月至九月白身補官受宣者七十二人而科舉一歲僅三十餘人太師試思之科舉於選法果相妨邪伯顏心然其言然其議已定不可中輟乃爲温言慰解之且爲有壬爲能言有壬聞之曰能言何益於事徹里帖木兒時在座曰參政坐無多言也有壬曰太師謂我風人劾平章可共坐邪徹里帖木兒笑曰吾固未嘗信此語也有壬曰宜平章

之不信也設有壬果風人言平章則言之必中矣豈止如此而已衆皆笑而罷翌日崇天門宣詔特令有壬爲班首以折辱之有壬懼及禍勉從之治書侍御史普化誚有壬曰參政可謂過河拆橋者矣有壬以爲大耻遂移疾不出初徹里帖木兒之在江浙也會行科舉驛請考官供張甚盛心頗不平故其入中書以罷科舉爲第一事先論學校貢士莊田租可給怯薛衣粮動當國者以發其機至是遂論罷之徹里帖木兒嘗指斥武宗爲那壁那壁者猶謂之彼也又嘗以妻弟阿魯渾沙女爲已女冒請珠袍等物於是臺

臣復劾其罪而伯顏亦惡其忤已欲斥之詔貶徹里帖木兒于南安人皆快之久之卒于貶所至正二十三年監察御史野仙帖木兒等辨其罪可依寒食國公追封王爵定謚加功臣之號事不行

納麟

納麟智曜之孫慶之子也大德六年納麟以名臣子用丞相哈剌哈孫荅剌罕薦入備宿衛十年除中書舍人至大四年遷宗正府郎中皇慶元年擢僉河南廉訪司事延祐初拜監察御史以言事忤旨仁宗怒叵測中丞朶兒只力救之乃解又言風憲恃糾劾之

權而受人賂者宜刑而加流四年遷刑部員外郎六年出爲河南行省郎中至治三年入爲都漕運使泰定中擢湖南湖北兩道廉訪使天曆元年除杭州路總管鋤奸去蠹吏畏民悅明年改江西廉訪使南昌歲飢江西行省難於發粟納麟曰朝廷如不允我當以家貲償之乃出粟以賑民全活甚衆平章政事把失忽都貪縱不法納麟劾罷之至順元年拜湖廣行省參知政事元統初召爲刑部尚書未至改江南行臺治書侍御史尋陞中丞至元元年召拜中書參知政事遷同知樞密院事尋出爲江浙行省右丞乞致

仕不允除浙西廉訪使力辭不赴至正二年除行宣政院使上天竺耆舊僧彌戒徑山耆舊僧惠洲恣縱犯法納麟皆坐以重罪請行宣政院設崇教所擬行省理問官秩四品以治僧獄訟從之尋爲江浙行省平章政事三年遷河南行省平章政事明年入爲中書平章政事七年出爲江南行臺御史大夫尋召拜御史大夫所薦用御史必老成更事者八年進金紫光祿大夫請老不許加太尉御史劾罷之退居姑蘇十二年江淮盜起帝命爲南臺御史大夫納麟承詔即起仍命兼太尉設僚屬總制江浙江西湖廣三省

軍馬詔遣直省舍人海玉傳旨慰諭之納麟北面再拜曰臣雖耄老敢不黽勉從事盡餘生以報陛下至則修築集慶城郭會江浙杭城失守淮南行省平章政事失列門引兵往援次于采石納麟使止之曰聞杭賊易破不足憂今宣城危急先宜以兵救宣城乃調典瑞院使脫火赤率蒙古軍應之大破賊于堈下門宣州以安已而賊陷徽州廣德常州宜興溧水溧陽蔓延丹陽金壇句容略上元江寧游兵至鍾山集慶勢甚危納麟乃力疾治兵部署士卒命治書侍御史左答納失理守城中中丞伯家奴戍東郊是時湖

廣行省平章政事也先帖木兒軍和州納麟遣使求援也先帖木兒曰我奉命鎮江北不敢往援江東納麟復遣監察御史鄭鄴力促其行也先帖木兒引步騎度采石至臺城入候納麟疾納麟喜即以其故聞于朝已而也先帖木兒兵東趨秣陵殺賊二千餘人平湖熟鎮盡復上元江寧境乘勝入溧陽溧水賊潰奔廣德其據龍潭方山者奔常州時江浙行省平章政事三旦八右丞佛家閭亦引兵來會所在羣賊皆敗北州郡悉平十三年納麟固請謝事從之命太尉如故乃退居慶元十六年九月詔以江南行臺移置

紹興復以納麟爲御史大夫仍太尉明年移治紹興十八年赴召由海道入朝至黑水洋阻風而還十九年復由海道趨直沽山東俞寶率戰艦斷粮道納麟命其子安安及同舟人拒之破其衆於海口八月抵京師帝遣使勞以上尊皇太子亦饋酒脯而納麟感疾日亟卒于通州年七十有九

傳卷第二十九

翰林學士亞中大夫知制誥兼修國史臣宋濂翰林待制承直郎同知制誥兼國史院編修官臣王禕等奉

敕修

馬祖常

馬祖常字伯庸世爲雍古部居靖州天山有錫里吉思者於祖常爲高祖金季爲鳳翔兵馬判官以節死贈恒州刺史子孫因其官以馬爲氏曾祖月合乃從世祖征宋留汴掌饋餉累官禮部尚書父潤同知漳州路總管府事家于光州祖常七歲知學得錢即以市書十歲時見燭欹燒屋解衣沃水以滅火咸嗟異

之既長益篤于學蜀儒張𩓐講道儀真往受業其門質以疑義數十𩓐甚器之延祐初科舉法行鄉貢會試皆中第一廷試爲第二人授應奉翰林文字拜監察御史是時仁宗在御已久猶居東宮飲酒常過度祖常上書請御正衙立朝儀御史執簡太史執筆則雖有懷姦利己乞官求賞者不敢出諸口天子承天地祖宗之重當極調攝至於酒醴近侍進御當思一獻百拜之義英宗爲皇太子又上書請慎簡師傅於是姦臣鐵木迭兒爲丞相威權自恣祖常知其盜觀國史率同列劾奏其十罪仁宗震怒黜罷之秦州山移祖常言山不動之物今而動焉由在野有當用不用之賢在官有當言不言之佞故致然爾踈聞大臣皆家居待罪祖常薦賢拔滯知無不言俄改宣政院經歷月餘辭歸起爲社稷署令亡何姦臣復相左遷開平縣尹因欲中傷之遂退居光州久之姦臣既死乃除翰林待制泰定建儲擢典寶少監太子左贊善尋兼翰林直學士除禮部尚書丁祖母憂起爲右贊善復除禮部尚書尋辭歸天曆元年召爲燕王內尉仍入禮部兩知貢舉一爲讀卷官時稱得人陞參議中書省事參定親郊禮儀充讀册祝官拜治書侍御

史歷徽政副使遷江南行臺中丞元統元年召議新政賜白金二百兩鈔萬貫又歷同知徽政院事遂拜御史中丞帝以其有疾詔特免朝禮光祿日給上尊祖常持憲務存大體西臺御史劾其僚禁酤時面有酒容以苛細黜之山東廉訪司言孔氏訟事以事關名教不行按者亦引去除樞密副使頃之辭職歸光州復除江南行臺中丞又遷陝西行臺中丞皆以疾不赴至元四年卒年六十贈攄忠宣憲協正功臣河南行省右丞上護軍魏郡公謚文貞祖常立朝既久多所建明嘗議今國族及諸部既誦聖賢之書當知

尊諸毋以厚彝倫又議將家子弟驕脆有孤任使而庶民有挽強蹶張老死草野者當建武學武舉儲材以備非常時雖弗用識者韙之祖常工於文章宏贍而精核務去陳言專以先秦兩漢爲法而自成一家之言尤致力於詩圓密清麗大篇短章無不可傳者有文集行于世嘗預脩英宗實録又譯潤皇圖大訓承華事略又編集列后金鑑千秋記略以進受賜優渥文宗嘗駐蹕龍虎臺祖常應制賦詩尤被歎賞謂中原碩儒唯祖常云

巎巎

巎巎字子山康里氏父不忽木自有傳祖燕真事世祖從征有功巎巎幼肄業國學博通羣書其正心脩身之要得諸許衡及父兄家傳長襲宿衛風神凝遠制行峻潔望而知其爲貴介公子其遇事英發掀髯論辨法家拂士不能過之始授承直郎集賢待制遷兵部郎中轉秘書監丞奉命往覈泉舶芥視珠犀不少留目改同僉太常禮儀院事拜監察御史陞河東廉訪副使未上遷秘書太監陞侍儀使尋擢中書右司郎中遷集賢直學士轉江南行臺治書侍御史拜禮部尚書監羣玉內司巎巎正色率下國制大樂諸

坊咸隸本部遇公讌衆伎畢陳巎巎視之泊如僚佐以下皆肅然遷領會同館事尚書監羣玉內司如故尋兼經筵官復除江南行臺治書侍御史未行留爲奎章閣學士院承制學士仍兼經筵官陞侍書學士同知經筵事復陞奎章閣學士院大學士知經筵事除浙西廉訪使復留爲大學士知經筵事尋拜翰林學士承旨知制誥兼修國史知經筵事提調宣文閣崇文監先是文宗勵精圖治巎巎嘗以聖賢格言講誦帝側裨益良多順帝即位之後剪除權奸思更治化巎巎侍經筵日勸帝務學帝輒就之習授欲寵以師禮巎巎力辭不可凡四書六經所載治道爲帝紬繹而言必使辭達感動帝衷敷暢旨意而後已若柳宗元梓人傳張商英七臣論尤喜誦說嘗於經筵力陳商英所言七臣之狀左右錯愕有媿之之色然素知其賢不復肆愠帝暇日欲觀古名畫巎巎即取郭忠恕比干圖以進因言商王受不聽忠臣之諫遂亡其國帝一日覧宋徽宗畫稱善巎巎進言徽宗多能惟一事不能帝問何謂一事對曰獨不能爲君爾身辱國破皆由不能爲君所致人君貴能爲君它非所尚也或遇天變民災必憂見於色乘間則進言于帝曰

天心仁愛人君故以變示儆譬如慈父於子愛則教
之戒之子能起敬起孝則父怒必釋人君側身脩行
則天意必回帝察其真誠虛己以聽特賜只孫燕服
九襲及玉帶楮幣以旌其言巎巎嘗謂人曰天下事
在宰相當言宰相不得言則臺諫言之臺諫不敢言
則經筵言之備位經筵得言人所不敢言於天子之
前志願足矣故於時政得失有當匡救者未嘗緘默
大臣議罷先朝所置奎章閣學士院及藝文監諸屬
官巎巎進曰民有千金之産猶設家塾延館客豈有
堂堂天朝富有四海一學房乃不能容耶帝聞而深
然之即日改奎章閣爲宣文閣藝文監爲崇文監存
設如初就命巎巎董治又請置檢討等職十六員以
備進講帝皆俞允時科舉既輟巎巎從容爲帝言古
昔取人材以濟世用必由科舉何可廢也帝采其論
尋復舊制一日進讀司馬光資治通鑑因言國家當
及斯時修遼金宋三史歲久恐致闕逸後置局纂修
實由巎巎發其端又請行鄉飲酒于國學使民知遜
悌及請褒贈唐劉蕡宋邵雍以旌道德正直帝從其
請爲之下詔巎巎以重望居高位而雅愛儒士甚於
飢渴以故四方士大夫翕然宗之萃於其門達官有

怙勢者言曰儒有何好君酷愛之巎巎曰世祖以儒
足以致治命裕宗學於贊善王恂今秘書所藏裕宗
倣書當時御筆於學生之下親署御名習書謹呈其
敬慎若此世祖嘗暮召我先人坐寢榻下陳說四書
及古史治亂至丙夜不寐世祖喜曰朕所以令卿從
許仲平學正欲卿以嘉言入告朕耳卿益加懋敬以
副朕志今汝言不愛儒寧不念聖祖神宗篤好之意
乎且儒者之道從之則君仁臣忠父慈子孝人倫咸
得國家咸治違之則人倫咸失家國咸亂汝欲亂而
家吾弗能禦汝慎勿以斯言亂我國也儒者或身若
不勝衣言若不出口然腹中貯儲有過人者何可易
視也達官色慙既而出拜江浙行省平章政事明年
復以翰林學士承旨召還時中書平章闕員近臣欲
有所薦用以言覘帝意帝曰平章已有其人今行半
途矣近臣知帝意在巎巎不復薦人至京七日感熱
疾卒寔至正五年五月辛卯也年五十一家貧幾無
以爲斂帝聞爲震悼賜賻銀五錠其所負官中營運
錢臺臣奏以罰布爲之代償巎巎善真行草書識者
謂得晉人筆意單牘片紙人爭寶之不翅金玉謚文
忠兄回回字子淵敦默寡言耆學能文在成宗朝宿

衛擢太常寺少卿寺改爲院爲太常院使武宗正位以藩邸舊臣出使稱旨至大間調大司農卿除山南廉訪使改江南行臺治書侍御史遷淮西廉訪使皆有政聲再改河南廉訪使行省丞相行事多不法太尉納璘爲郎中每格不下丞相怒欲出之田田察其賢抗章舉任風憲後歷三臺爲名臣駙馬平章家奴強市人物按之無所貸英宗即位丞相拜住首薦爲戶部尚書尋拜南臺侍御史改參議中書以議定刑書如法帝嘉納其奏泰定初廷議漕運事奏減糧數以紓東南民力授太子詹事丞改山東廉訪使未上

陞翰林侍講學士遷江浙行省右丞文宗立除宣政院使上言乞沙汰僧道其所有田宜同民間徵輸擢中書右丞力辭還第閒明宗崩流涕不能食自是杜門不出者數年以疾卒與弟巎巎皆爲時之名臣世號爲雙璧云巎巎子維山材質清劭侍禁廷起崇文監丞擢給事中遷同僉太常禮儀院事調崇文太監

自當

自當蒙古人也英宗時由速古兒赤擢監察御史錄囚大興縣有以冤事繫獄者其人嘗見有槖駝死道傍因舁至其家醢之置數甕中會官槖駝被盜捕索甚亟乃執而勘之其人自誣服自當審其獄辭疑爲冤即以上御史臺臺臣以爲贓既具是特御史畏殺人耳不聽改委他御史讞之竟瘐死後數日遼陽行省以獲盜聞冤始白人以是服其明泰定二年扈從至上都糾言參知政事楊庭玉贓罪不報即納印還京師帝遣使追之俾復任即再上章劾庭玉竟如其言又劾奏平章政事禿滿迭兒入怯薛之日英宗被弒必預聞其謀不省乃賜禿滿迭兒黃金繫腰自當遂辭職改工部員外郎中書省委開混河自當往視之以爲水性不常民力亦艱難以成功言于朝河役

乃罷會次三皇后殂命工部撤行殿車帳皆新作之自當未即興工尚書曰此奉特旨員外有悞則罪歸於衆矣自當曰即有罪我獨任之未幾帝果問成否省臣乃召自當責問之自當請自入對既見帝奏曰皇后行殿車帳尚新若改作之恐勞民費財且先皇后無惡疾居之何嫌必欲捨舊更新則大明殿乃自世祖所御列聖嗣位豈皆改作乎帝大悅語省臣曰國家用人當擇如自當者庶不悞大事特賜上尊金幣遷吏部員外郎帝欲加號太后曰太皇太后命朝堂議之自當獨曰太后稱太皇太后於典禮不合衆

皆曰英宗何以加皇太后號曰太皇太后自當曰英宗孫也今上子也太皇太后之號孫可以稱之子不可以稱之也議遂定遷中書客省使俄改同僉宣政院事文宗即位除中書左司郎中有使持詔自江浙還言行省臣意若有不服者帝怒命遣使問不敬狀將悉誅之自當言於丞相燕帖木兒曰皇帝新即位雲南四川且猶未定乃以使臣一言殺行省大臣恐非盛德事況江浙豪奢之地使臣或不得厭其所需則造言以陷之耳燕帖木兒以言于帝事乃止既而陞參議中書省事燕帖木兒議封太保伯顏王爵衆

論附之自當獨不言燕帖木兒問故自當曰太保位列三公而復加王封後再有大功將何以勵之且丞相封王出自上意今欲加太保王封丞相宜請于上王爵非中書選法也遂罷其議拜治書侍御史初文宗在集慶潛邸欲創天靈寺令有司起民夫江南行臺監察御史亦乞剌台言曰太子爲好事宜出錢募夫若欲役民則朝廷聞之非便也至是文宗悉召江南行臺監察御史俾皆入爲監察御史而欲黜亦乞剌台自當諫曰當陛下在潛邸時御史盡心爲陛下言乃忠臣也今無罪而黜之非所以示天下乃除亦

乞剌台僉憲湖南文宗嘗欲游西湖自當諫曰陛下以萬乘之尊而泛舟自樂如天下何不聽自當遂稱疾不從行文宗在舟中顧謂臺臣曰自當終不滿朕此游耶臺臣嘗奏除目文宗以筆塗一人姓名而綴將作院官閭閭之名自當言閭閭爲人詼諧惟可任教坊司若以居風紀則臺綱掃地矣文宗乃止已而出爲陝西行臺侍御史順帝初除福建都轉運鹽使先是自當爲左司郎中時泰定帝嘗欲以河間江浙福建鹽引六萬賜中書參議撒迪自當執不可僅以福建鹽引二萬賜之至是自當復建言鹽引宜盡賣

國用以紓民力時撒迪方爲御史大夫不以爲然數遣人省自當母于京師所居既而丁母憂居閒久之復起爲浙西肅政廉訪使時有以駙馬爲江浙行省丞相者其寵豎恃公主勢坐杭州達魯花赤位令有司強買民間物不從輒毆之有司來白自當自當即逮之械以令衆自是丞相府無敢爲民害者尋召爲同僉樞密院事尋復爲治書侍御史同知經筵事寧夏人有告買買等謀害太師伯顏者伯顏委自當與中書樞密等官往寧夏鞫問無其情乃以誣罔坐告者罪伯顏怒自當前曰太師所以令吾三人鞫之者

以國法所在也必以罪吾三人則自當實主其事宜獨當之伯顏乃左遷自當同知徽政院事自當歷事四朝官自從仕郎累轉至通奉大夫常衎衎在位剛介弗回終始一節有古遺直之風然卒以是忤權貴而不復柄用君子皆惜焉

阿榮

阿榮字存初怯烈氏父按攤中書右丞阿榮幼事武宗備宿衛累遷官爲湖南道宣慰副使溫迪罕奉使宣撫湖南事無大小悉以委之會列郡歲飢阿榮分其廩禄爲粥以食餓者仍發粟賑之所活甚衆廣西寇起衆皆洶懼阿榮鎮之以靜督有司治兵守其境寇不敢入遷湖廣行省左右司郎中召僉會福院事尋除吏部尚書泰定初出爲湖南宣慰使改浙東道宣慰使都元帥以疾辭天曆初復起爲吏部尚書尋叅議中書省事二年拜中書叅知政事知經筵事進奎章閣大學士榮禄大夫太禧宗禋院使都典制神御殿事文宗眷遇之甚而阿榮亦盡心國政知無不言久之心鬱鬱不樂謁告南歸武昌至元元年卒初阿榮閒居以文翰自娛博究前代治亂得失見其會心者則扼腕曰忠臣孝子國家之寶爲奇男子烈

丈夫者固不當如是耶日與韋布之士游所至山水佳處鳴琴賦詩日夕忘返尤深於數學逆推事成敗利不利及人禍福壽夭貴賤多奇中天曆三年春策士于廷阿榮與虞集會于直廬慨然興歎語集曰更一科後科舉當輟輟兩科而復復則人材彬彬大出矣又歎曰榮不復見之矣君猶及見之集應曰得士之多幸如存初言今文治方興未必有中輟之理存初國家世臣妙於文學以盛年登朝在上左右斯文屬望集老且衰見亦何補耶阿榮又歎曰數當然耳集問何以知之弗荅後三年卒元統三年科舉果罷至正元年始復如其言

小雲石海涯

小雲石海涯家世見其祖阿里海涯傳其父楚國忠惠公名貫只哥小雲石海涯遂以貫爲氏復以酸齋自號母廉氏夜夢神人授以大星使吞之已而有妊及生神彩秀異年十二三膂力絕人使健兒驅三惡馬疾馳持槊立而待馬至騰上之越二而跨三運槊生風觀者辟易或挽彊射生逐猛獸上下峻阪如飛諸將咸服其趫捷稍長折節讀書目五行下吐辭爲文不蹈襲故常其旨皆出人意表初襲父官爲兩淮

萬户府達魯花赤鎮永州御軍極嚴猛行伍肅然稍暇輙投壷雅歌意所暢適不爲形跡所拘一日呼弟忽都海涯語之曰吾生宦情素薄顧祖父之爵不敢不襲今已數年矣願以讓弟弟幸勿辭語已即解所綰黄金虎符佩之比從姚燧學燧見其古文峭厲有法及歌行古樂府慷慨激烈大奇之仁宗在東宫聞其以爵位讓弟謂宫臣曰將相家子弟其有如是賢者邪俄選爲英宗潛邸説書秀才宿衛禁中仁宗踐祚上疏條六事一曰釋邊戍以修文德二曰教太子以正國本三曰設諫官以輔聖德四曰表姓氏以旌

勳胄五曰定服色以變風俗六曰舉賢才以恢至道書凡萬餘言未報拜翰林侍讀學士中奉大夫知制誥同脩國史會議科舉事多所建明忽喟然嘆曰辭尊居卑昔賢所尚也今禁林清選與所讓軍資孰高人將議吾後矣乃稱疾辭還江南賣藥於錢唐市中詭姓名易服色人無有識之者偶過梁山濼見漁父織蘆花爲被欲易之以紬漁父疑其爲人陽曰君欲吾被當更賦詩遂援筆立成竟持被去人間喧傳蘆花被詩其依隱玩世多類此晚年爲文日邃詩亦冲澹草隸等書稍取古人之所長變化自成一家所至士大夫從之若雲得其片言尺牘如獲拱璧其視死生若晝夜絶不入念慮翛翛若欲遺世而獨立云泰定元年五月八日卒年三十九贈集賢學士中奉大夫護軍追封京兆郡公謚文靖有文集若干卷直解孝經一卷行于世子男二人阿思蘭海牙慈利州達魯花赤次八三海涯孫女一人有學識能詞章歸懷慶路總管叚謙云

泰不華

泰不華字兼善伯牙吾台氏初名達普化文宗賜以今名世居白野山父塔不台入直宿衛歷仕台州録

事判官遂居於台家貧好讀書能記問集賢待制周仁榮養而教之年十七江浙鄉試第一明年對策大廷賜進士及第授集賢脩撰轉秘書監著作郎拜江南行臺監察御史時御史大夫脫歡怙勢貪暴泰不華劾罷之文宗建奎章閣學士院擢爲典籤拜中臺監察御史順帝即位加文宗后太皇太后之號大臣燕鐵木兒伯顔皆列地封王泰不華率同列上章言嬸毋不宜加徽稱相臣不當受王土太后怒欲殺言者泰不華語衆曰此事自我發之甘受誅戮决不敢累諸公也已而太后怒解曰風憲有臣如此豈不能

守祖宗之法乎賜金幣二以旌其直出僉河南廉訪司事俄移淮西繼遷江南行御史臺經歷辭不赴轉江浙行省左右司郎中浙西大水害稼會泰不華入朝力言於中書免其租擢秘書監改禮部侍郎至正元年除紹興路總管革吏弊除没官牛租令民自實田以均賦役行鄉飲酒禮教民興讓越俗大化召入史館與脩遼宋金三史書成授秘書卿陞禮部尚書兼會同館事黄河决奉詔以珪玉白馬致祭河神竣事上言淮安以東河入海處宜倣宋置撩清夫用輥江龍鐵掃撼蕩沙泥隨潮入海朝廷從其言會用夫

屯田其事中廢八年台州黄巖民方國珍爲蔡亂頭王大之讎逼逐入海爲亂刼掠漕運糧執海道千户德流于實事聞詔江浙參政朶兒只班總舟師捕之追至福州五虎門國珍知事危焚舟將遁官軍自相驚潰朶兒只班遂被執國珍迫其上招降之狀朝廷從之國珍兄弟皆授之以官國珍不肯赴勢益暴横九年詔泰不華察實以聞既得其狀遂上招捕之策不聽尋除江東廉訪使改翰林侍讀學士知制誥同脩國史已而出爲都水庸田使十年十二月國珍復入海燒掠沿海州郡十一年二月詔孛羅帖木兒爲

江浙行省左丞總兵至慶元以泰不華諳知賊情狀遷浙東道宣慰使都元帥分兵于温州使夾攻之未幾國珍寇温泰不華縱火筏焚之一夕遁去既而孛羅帖木兒乃以壬辰先期至大閭洋國珍夜率勁卒縱火鼓譟官軍不戰皆潰赴水死者過半孛羅帖木兒被執反爲國珍飾辭上聞泰不華聞之痛憤輟食數日朝廷弗之知復遣大司農達識帖木邇等至黄岩招之國珍兄弟皆登岸羅拜退止民間小樓是夕中秋月明泰不華欲命壯士襲殺之達識帖木邇適夜

過泰不華密以事白之達識帖木邇曰我受詔招降耳公欲擅命耶事乃止撤泰不華親至海濱散其徒衆拘其海舟兵器國珍兄弟復授官有差既而遷泰不華台州路達魯花赤十二年朝廷征徐州命江浙省臣募舟師守大江國珍懷疑復入海以叛泰不華自分以死報國發兵扼黄巖之澄江而遣義士王大用抵國珍示約信使之來歸國珍益疑拘大用不遣以小舸二百突海門入州港犯馬鞍諸山泰不華語衆曰吾以書生登顯要誠慮負所學今守海隅賊甫招徠又復爲變君輩助我擊之其克則汝衆功也不

克則我盡死以報國耳衆皆踴躍願行時國珎戚黨陳仲達往來計議陳其可降狀泰不華率部衆張受降旗乘潮而前船觸沙不能行垂與國珎遇呼仲達申前議仲達目動氣索泰不華覺其心異手斬之即前搏賊船射死五人賊躍入船復斫死二人賊舉槊來刺輒斫折之賊群至欲抱持過國珎船泰不華嗔目叱之脫起奪賊刀又殺二人賊攢槊刺之中頸死猶植立不仆投其屍海中年四十九時十二年三月庚子也僮名抱琴及臨海尉李輔德千户赤盞義士張君璧皆死之泰不華既沒除江浙行省參知政事

行台州路達魯花赤事不及聞命已後三年追贈榮禄大夫江浙行省平章政事柱國封魏國公謚忠介立廟台州賜額崇節泰不華尚氣節不隨俗浮沉太平爲臺臣劾去相位泰不華獨餞送都門外太平曰公且止勿以我累公泰不華曰士爲知己死寧畏禍耶後雖爲時相擯斥人莫不韙之善篆隸溫潤遒勁甞重類復古編十卷攷正訛字於經史多有據云

余闕

余闕字廷心一字天心唐兀氏世家河西武威父沙剌臧卜官廬州遂爲廬州人少喪父授徒以養母與吴澄弟子張恒游文學日進元統元年賜進士及第授同知泗州事爲政嚴明宿吏皆憚之俄召入應奉翰林文字轉中書刑部主事以不阿權貴棄官歸尋以修遼金宋三史召復入翰林爲脩撰拜監察御史改中書禮部員外郎出爲湖廣行省左右司郎中會莫徭蠻反右丞沙班當帥師堅不往無敢讓之者闕曰右丞當往受天子命爲方嶽重臣不思執弓矢討賊乃欲自逸邪右丞當往沙班曰郎中語固是如芻餉不足何闕曰右丞第往此不難致也闕下令趣之三日皆集沙班行復以集賢經歷召入遷翰林待制

出僉浙東道廉訪司事丁母憂歸廬州盜起河南陷郡縣至正十三年行中書于淮東改宣慰司爲都元帥府治淮西起闕副使僉都元帥府事分兵守安慶于時南北音問隔絶兵食俱乏抵官十日而寇至拒却之乃集有司與諸將議屯田戰守計環境築堡砦選精甲外扞而耕稼于中屬縣灊山八社土壤沃饒悉以爲屯明年春夏大饑人相食乃捐俸爲粥以食之得活者甚衆民失業者數萬咸安集之請于中書得鈔三萬錠以振民陞同知副元帥又明年秋大旱爲文祈灊山神三日雨歲以不饑盜方擾石蕩湖出

兵平之令民取湖魚而輸魚租十五年夏大雨江漲屯田禾半沒城下水湧有物吼聲如雷闕祠以少牢水輒縮秋稼登得粮三萬斛闕度軍有餘力乃浚隍增陴隍外環以大防深塹三重南引江水注之環植木爲柵城上四面起飛樓表裏完固俄陞都元帥廣西猫軍五萬從元帥阿思蘭沿江下抵廬州闕移文謂苗蠻不當使之窺中國詔阿思蘭還軍猫軍有暴於境者即收殺之凜凜莫敢犯時群盜環布四外闕居其中左提右挈屹爲江淮一保障論功拜江淮行省參知政事仍守安慶通道于江右商旅四集池州

趙普勝帥衆攻城連戰三日敗去未幾又至相拒二旬始退懷寧縣達魯花赤伯家奴戰死十七年趙普勝同青軍兩道攻我拒戰一月餘竟敗而走秋拜淮南行省右丞安慶倚小孤山爲藩蔽命義兵元帥胡伯顏統水軍戍焉十月沔陽陳友諒自上游直擣小孤山伯顏與戰四日夜不勝急趣安慶賊追至山口鎮明日癸亥遂薄城下闕遣兵扼於觀音橋俄饒州祝寇攻西門闕斬却之乙巳賊乘東門紅旗登城闕簡死士力擊賊復敗去戊申賊并軍攻東西二門又却之賊恚甚乃樹柵起飛樓庚戌復來攻我金鼓聲

震地闕分諸將各以兵扞賊晝夜不得息癸卯賊益生兵攻東門丙午普勝軍東門友諒軍西門祝寇軍南門群盜四面蟻集外無一甲之援西門勢尤急闕身當之徒步提戈爲士卒先士卒號哭止之揮戈愈力仍分麾下將督三門之兵自以孤軍血戰斬首無筭而闕亦被十餘創日中城陷城中火起闕知不可爲引刀自剄墮清水塘中闕妻耶卜氏及子德生女福童皆赴井死同時死者守臣韓建一家被害建方卧疾罵賊不屈賊執之以去不知所終城中民相率登城樓自捐其梯曰寧俱死此誓不從賊焚死者以

千計其知名者萬戶李宗可紀守仁陳彬金承宗元帥府都事帖木補化萬戶府經歷段桂芳千戶火失不花新李盧廷玉葛延齡丘巹許元琰奏差兀都蠻百戶黃寅孫安慶推官黃禿倫歹經歷楊恒知事余中懷寧尹陳巨濟凡十八人其城陷之日則至正十八年正月丙午也闕號令嚴信與下同甘苦然稍有違令即斬以徇闕嘗病不視事將士皆籲天求以身代闕聞強衣冠而出當出戰矢石亂下如雨士以盾蔽闕闕却之曰汝輩亦有命何蔽我爲故人爭用命稍暇即注周易帥諸生謁郡學會講立軍士門外以

聽使知尊君親上之義有古良將風烈或欲挽闕入翰林闕以國步危蹙辭不往其忠國之心蓋素定也卒時年五十六事聞贈闕攄誠守正清忠諒節功臣榮祿大夫淮南江北等處行中書省平章政事柱國追封豳國公謚忠宣議者謂自兵興以來死節之臣闕與褚不華爲第一云闕留意經術五經皆有傳注爲文有氣魄能達其所欲言詩體尚江左高視鮑謝徐庾以下不論也篆隸亦古雅可傳初闕既死賊義之求屍塘中具棺斂葬於西門外及安慶內附

大明皇帝嘉闕之忠詔立廟於忠節坊命有司歲時致祭云

傳卷第三十

傳卷第三十一　元史一百四十四

翰林學士亞中大夫知制誥兼修國史臣宋濂翰林待制承直郎同知制誥兼國史院編修官臣王禕等奉

勅修

荅里麻

荅里麻高昌人大父撒吉斯爲遼王傅世祖稱其賢從討李璮以勳授山東行省大都督荅里麻弱冠入宿衛大德十一年授御藥院達魯花赤遷回回藥物院尋出僉湖北山南兩道廉訪司事召拜監察御史時丞相帖木迭兒專權貪肆荅里麻師同寅亦憐直馬祖常劾其罪高昌僧恃丞相威違法娶婦南城荅

里麻詰問之奮不顧利害風紀由是大振擢河東道廉訪副使隰州村民賽神因醉毆殺姚甲爲首者乘鬨逃去有司逮同會者繫獄歷歲不决荅里麻曰殺人者既逃存亡不可知此輩皆詿誤無罪而反桎梏耶悉縱之至治元年帖木迭兒復相以復讎爲事荅里麻辭去明年改燕南道廉訪副使開州達魯花赤石不花歹頗著政績同僚忌之嗾民誣其與民妻俞氏飲荅里麻察知俞氏乃八十老嫗石不花歹實不與飲酒於是抵誣告者罪石不花歹復還職行堂縣民斫桑道側偶有人借斧削其杖其人夜持杖刼民

財事覺并逮斧主與盜同下獄荅里麻原其未嘗知情即縱之深州民媼怒毆兒婦死婦方抱其子子亦誤觸死媼年七十同僚議免刑荅里麻不可曰國制罪人七十免刑爲其血氣已衰不任刑也媼既能殺二人何謂衰老卒死獄中至治元年除濟寧路總管興學勸農百廢具修府無停事濟陽縣有牧童持鐵連結擊野雀誤殺同牧者繫獄數歲荅里麻曰小兒誤殺同牧者實無殺人意難以定罪罰銅遣之泰定元年陞福建廉訪使朝廷遣宦官伯顏催督綉叚横取民財宣政院判官术鄰亦取賂于富僧荅里麻皆

劾之遷淛西廉訪使會文宗發江陵阿兒哈秃來諭旨求賂不獲還譖于朝召至京鞫以重罪比至帝怒解遷上都同知留守天曆元年八月明宗崩文宗入正大統使者旁午荅里麻朝暮盡力事無缺失帝特賜錦衣以嘉之天曆三年遷淮東廉訪使明年召拜刑部尚書國制新君即位必賜諸王駙馬妃主及宿衛官吏金帛荅里麻曰必唱名給散無濫增之數國費大省帝復賜黄金腰帶以旌其能元統元年陞遼陽行省參知政事高麗國使朝京道過遼陽謁省官各奉布四疋書一幅用征東省印封之荅里麻詰其

使曰國制設印以署公牘防姦僞何爲封私書况汝出國時我尚在京未爲遼陽省官今何故有書遺我汝君臣何欺詐如是耶使辭屈還其書與布元統三年遷山東廉訪使時山東盜起陳馬騾及新李白晝殺掠荅里麻以爲官吏貪污所致先劾去之而後上擒賊方略朝廷嘉納之即遣兵擒獲齊魯以安除大都路留守帝宴大臣於延春閣特賜荅里麻白鷹以表其貞廉帝嘗命荅里麻修七星堂先是修繕必用赤緑金銀裝飾荅里麻獨務樸素令畫工圖山林景物左右年少皆不然是歲秋車駕自上京還入觀之

乃大喜以手撫壁嘆曰有心哉留守也賜白金五十兩錦衣一襲至正六年陞河南行省右丞改翰林學士承旨至正七年遷陝西行臺中丞時年六十九致事後召商議中書平章政事不拜全俸優養終身

月魯帖木兒

月魯帖木兒卜領勤多禮伯臺氏曾祖貴裕事太祖爲管領怯憐口怯薛官祖合刺襲父職事世祖父普蘭奚由宿衛爲中書右司員外郎與丞相哈刺哈孫建議迎立武宗累遷至山北遼東道肅政廉訪使月魯帖木兒幼警頴讀書強記倜儻有大志年十二成

宗命與哈剌哈孫之子脫歡同入國學仁宗時入宿衛一日帝顧問左右曰斯人容貌不凡誰之子耶左右忘其父名月魯帖木兒即對曰臣父普蘭奚也帝曰汝父贊謀以定國難朕未嘗忘因命脫忽台傳旨四怯薛扎撒火孫令常侍禁廷毋止其入哈剌哈孫欲用爲中書掌古必闍赤輒辭焉哈剌哈孫曰汝年幼欲何爲乎對曰欲爲御史爾人壯其志久之遂拜監察御史巡按上都劾奏太師右丞相帖木迭兒受張弼賕六萬貫貸死帝怒碎太師印賜月魯帖木兒鈔萬貫除兵部郎中拜殿中侍御史遷給事中左侍

儀同脩起居注尋爲右司郎中賜坐便殿帝顧左右謂曰月魯帖木兒識量明遠可大用者也他日帝語近臣曰朕聞前代皆有太上皇之號今皇太子且長可居大位朕欲爲太上皇與若等游觀西山以終天年御史中丞蠻子翰林學士明里董阿皆稱善月魯帖木兒獨起拜曰臣聞昔之所謂太上皇若唐玄宗宋徽宗皆當禍亂不得已而爲之者也願陛下正大位以保萬世無疆之業前代虛名何足慕哉帝善其對仁宗崩帖木迭兒復入中書擅相位參議乞失監以受人金帶繫獄帖木迭兒乃使乞失監誣月魯帖木兒爲御史時誣丞相受賕皇太后命丞相哈散等即徽政院推問不實事遂釋帖木迭兒乃奏以月魯帖木兒爲山東鹽運司副使降亞中大夫爲承事郎期月間鹽課增以萬計丁外艱扶喪西還擢山南江北道肅政廉訪副使泰定初遷汴梁路總管再調總管武昌以養親不赴致和元年河南行省平章伯顏矯制起月魯帖木兒爲本省參知政事共議起兵月魯帖木兒固辭曰皇子北還問參政受命何人則將何辭以對伯顏怒會明里董阿逐皇子過河南而月魯帖木兒爲御史時嘗劾其娶娼女冐受封明里董

阿因說伯顏收之丞相別不花亦與之有隙乃謫月魯帖木兒乾寧安撫司安置至順四年移置雷州至元六年順帝召之還至正二年入覲帝欲留之以母喪未葬辭四年乃起同知將作院事尋除大宗正府也可札魯花赤九年由大醫院使拜翰林學士承旨知經筵事進讀之際引援經史壹本於王道帝嘉納焉十二年江南諸郡盜賊充斥詔拜月魯帖木兒平章政事行省江淛因言于丞相脫脫曰守禦江南爲計已緩若得從權行事猶有可爲不從陛辭賜尚醞御衣弓矢甲冑衛卒十八鈔萬五千貫以行比至鎮

引僚屬集父老詢守備之方招募民兵數千人號令明肅統師次建德獲首賊何福斬于市遂復淳安等縣俘獲萬餘人復業者三萬餘家是年七月次徽州以疾卒于軍中

卜顔鐵木兒

卜顔鐵木兒字珎卿唐兀吾密氏性明銳倜儻早備宿衞歷事武宗仁宗英宗天曆初由太常署丞拜監察御史陞殿中侍御史累除大都路達魯花赤都轉運鹽使肅政廉訪使由行中書省叅知政事陞左右丞擢行御史臺中丞遂拜江浙行省平章政事至正

十二年春蘄黃賊徐壽輝遣兵陷湖廣侵江東西詔卜顔鐵木兒率軍討之卜顔鐵木兒益募壯健為兵得驍勇士三千人戰艦三百艘時湖廣平章政事也先帖木兒江西平章政事星吉江南行臺御史中丞蠻子海牙皆以兵駐太平宿留不進卜顔帖木兒至乃與俱前賊方聚丁家洲官軍猝與遇奮擊敗之遂復銅陵縣擒其賊帥復池州遂分遣萬户普賢奴屯陽陵王建中屯白面渡闍兒討無為州而自率鎮撫不花萬户明安駐池口以防過上流為之節度已而江州再陷星吉死之蠻子海牙及威順王寬徹普化軍俱潰而東安慶被圍益急遣使來求援諸將皆欲自守信地卜顔鐵木兒曰何言之不忠耶安慶與池止隔一水今安慶固守是其節也而救患之義我其可緩且上流官軍雖潰然皆百戰之餘所乏者錢穀器具而已吾受命總兵其可視之而不恤哉即大發帑藏以周之潰軍皆大集而兩軍之勢復振安慶之圍遂解十三年三月賊衆復來攻池州衆且十萬諸縣皆應之卜顔帖木兒會諸將謀曰賊表裏連結若俟其築壘成而坐食諸縣之粟破之寔難今新至疲弊如乘其驕惰盡銳攻之則頃刻之間功可成矣衆

曰諾遂分番與戰果大敗之擒其偽帥俘斬無筭諸縣復平遂乘勝率舟師以進五月與戰于望江又戰小孤山及彭澤又戰龍開河皆破走之進復江州留兵守之七月進兵攻蘄州擒其偽帥鄒普泰遂克其城進兵道士洑焚其柵抵蘭溪口賊之巢曰黃連砦又克而殲之分兵平兩巳河於是江路始通十一月與蠻子海牙四川行省叅知政事哈臨禿左丞桑禿失里西寧王牙罕沙軍合而湖廣左丞伯顔不花等軍皆會十二月分道進攻蘄水縣拔其偽都獲偽將相而下四百餘人徐壽輝僅以身免以功詔賜上尊

黃金帶時丞相脫脫方總戎南征聞諸賊皆已破乃檄伯顏不花征淮東蠻子海牙守裕溪口威順王還武昌而卜顏鐵木兒獨控長江十六年六月復以軍守池州十一月卒卜顏鐵木兒持身廉介人不敢干以私其爲將所過不受禮遺宴犒民不知有兵性至孝幼養於叔父阿术事之如親父常乘花馬時稱爲花馬兒平章云

星吉

星吉字吉甫河西人曾祖朶吉祖搠思吉朶而只父搠思吉世事太祖憲宗世祖爲怯里馬赤星吉少給

事仁宗潛邸以精敏稱至治初授中尚監改右侍儀兼修起居注拜監察御史有直聲自是十五遷爲宣政院使出爲江南行御史臺御史大夫時承平日久內外方以觀望爲政星吉獨持風裁御史行部必勑厲而遣之湖東僉事三寶住儒者也性廉介所至摶貪猾無所貸御史有以自私請者拒不納則誣以事劾之章至星吉怒曰若人之廉孰不知之乃敢爲是言耶即奏杖御史而白其誣執政者惡之移湖廣行省平章政事湖廣地連江北威順王歲嘗出獵民病之又起廣樂園多萃名倡巨賈以網大利有司莫敢

忤星吉至謁王王闔中門啓左扉召以入星吉引繩床坐王中門西言曰吾受天子命來作牧非王私臣也焉得由不正之道入乎閽者懼入告王王命啓中門星吉入責王曰王帝室之懿古之所謂伯父叔父者也今德音不聞而騁獵宣淫貴怨於下恐非所以自貽多福也王急握星吉手謝之爲悉罷其所爲有胡僧曰小住持者服三品命恃寵橫甚數以事凌轢官府星吉命掩捕之得妻妾女樂婦女十有八人獄具罪而籍之由是豪強斂手貧弱稱快至正十一年汝潁妖賊起會僚屬議之或曰有鄭萬户老將也宜

起而用之星吉乃命募土兵完城池修器械嚴巡警悉以其事屬鄭賊聞之遣其黨二千來約降星吉與鄭謀曰此詐也然降而卻之於是爲不宜宜受而審之可也果得其情乃殲之械其渠魁數十人以俟命適有旨召爲大司農同僚受賊賂且嫉其功乃誣鄭罪釋其所械者明日賊大至內外響應城遂陷武昌之人駢首夜泣曰大夫不去吾豈爲俘囚乎星吉既入見具陳賊本末帝大喜命賜食時宰不悅奏爲江西行省平章政事員外置星吉至江東詔令守江州時江州已陷賊據池陽太平官軍止有三百人賊號

百萬衆皆欲走星吉曰畏賊而逃非勇也坐而待攻非智也汝等皆有妻子財物縱逃其可免乎乃貸富人錢募人爲兵先是行臺募兵人給百五十千無應者至是星吉募兵人五十千衆爭赴之一日得三千人乃具舟楫直趨銅陵克之又破賊白馬灣賊敗走分兵躡之抵白湄賊窮急回拒官軍官軍乘勝奮擊賊盡殪擒其渠魁周驢奪船六百艘軍聲大振遂復池州乃命諸將分道討賊復石埭諸縣賊復來攻命王惟恭列陣當之鋒始交出小艦從旁橫擊大破走之進據清水灣伺者告賊艦至自上流順風舉帆衆

且數十倍諸將失色星吉曰無傷也風勢盛彼倉卒必不得泊但伏橫港中偃旗以待俟過而擊之無不勝矣風怒水駛賊奄忽而過乃命舉旗張帆鼓譟而薄之官軍殊死戰風反爲我用又大破之時賊久圍安慶撓聞遽燒營走進復湖口縣克江州留兵守之命王惟恭柵小孤山而星吉自據番陽口綴江湖要衝以圖恢復時湖廣已陷江西被圍淮淛亦多故卒無繼援之者日久糧益乏士卒咸困或曰東南完實盍因糧以圖再舉乎星吉曰吾受命守江西必死於此衆莫敢復言有頃賊乘大船四集來攻我軍取葦

葦編爲大筏塞上下流火之我軍力戰衆死且盡星吉之從子伯不華與親兵數十人死之星吉猶堅坐不動賊發矢射星吉乃昏仆賊素聞星吉名不忍害舁置密室中至旦乃蘇賊羅拜爭饋以食星吉斥之遂不復食凡七日乃自力而起北面再拜曰臣力竭矣遂絶年五十七星吉爲人公廉明決及在軍中能與將士同甘苦以忠義感激人心故能以少擊衆得人死力云

福壽

福壽唐兀人幼俊茂知讀書尤善應對既長入備環

衛用年勞授長寧寺少卿改引進使陞知侍儀使進正使出爲饒州路達魯花赤擢淮西廉訪副使入爲工部侍郎僉太常禮儀院事拜監察御史改戶部侍郎陞尚書出爲燕南廉訪使又五遷爲同知樞密院事至正十一年潁州以賊反告時車駕在上都朝堂皆猶豫未決欲馳奏以待命福壽獨以謂比使得請還則事有弗及矣於是決議調兵五百遣衛官哈剌章忻都怯來討之而後以聞順帝善其處事得宜明年改也可札魯忽赤未幾出爲淮南行省平章政事是時濠泗俱已陷師久無功福壽至督戰甚急而上

游賊勢甚洶湧福壽乃議築石頭斷江面守禦有方衆恃以爲固十五年遷江南行臺御史大夫先是集慶嘗有警阿魯灰以湖廣平章政事將苗軍來援事平其軍鎭揚州而阿魯灰御軍無紀律苗蠻素獷悍日事殺虜莫能治俄而苗軍殺阿魯灰以叛而集慶之援遂絶及高郵廬和等州相繼淪陷而集慶勢益孤人心益震恐且倉庫無積蓄計未知所出於是民乃願爲兵以自守福壽因下令民多貲者皆助以粮餉激厲士衆爲完守計朝廷知其勞數賞賚焉十六年三月

大明兵圍集慶福壽數督兵出戰盡閉諸城門獨開東門以通出入而城中勢不復能支城遂破百司皆奔潰福壽乃獨據胡床坐鳳凰臺下指麾左右或勸之去叱之曰吾爲國家重臣城存則生城破則死尚安往哉達魯花赤達尼達思見其獨坐若有所爲者從問所決留弗去俄而亂兵四集福壽遂遇害不知所在達尼達思亦死之又同時死者有治書侍御史賀方達尼達思字思明賀方字伯京晉寧人以文學名事聞朝廷贈福壽金紫光祿大夫江淛行省左丞相上柱國追封衛國公謚忠肅

道童

道童高昌人自號石巖性深沉寡言以世冑入官授直省舍人歷官清顯素負能名調信州路總管移平江皆以善政稱至正元年遷大都路達魯花赤出爲江淛行省參知政事尋召參政中書頃之又出爲江淛行省右丞遂陞本省平章政事十一年詔仍以平章政事行省江西是年賊起蘄黄平章政事禿堅理不花將兵捍江州既而土寇蠭起道童素不知兵事倉皇無所措左右司郎中普顔不花曰今賊勢衝突城中無備萬一失守柰何有章伯顔左丞者致仕居

撫州其人熟知軍務宜以便宜禮請之使署本省左丞事專任調遣軍旅庶幾事有可濟道童從其言而伯顔亦欣然爲起曰此正我報國之秋也至則與普顔不花設禦敵計甚悉明年正月湖廣陷禿堅里不花由江州遁還二月普顔不花將兵往江州至石頭渡遇賊戰敗道童聞之大恐即懷省印遁走普顔不花還與伯顔定爲城守之計後數日道童始自南昌民家來歸遂議分門各守以備敵三月賊衆來圍城城中置各廂官及各巷長晝夜堅守衆心翕然而道童素恤民能任人有功者必賞無功或不加罪故多

爲之用賊圍城凡兩月而民無離志道童密召死士數千人面塗以青額抹黄布衣黄衣爲前鋒又别選精鋭數千爲中軍而募助陣者殿後命萬户章安因卜魯哈歹領之夜半開門伏兵柵下黎明鉦鼓大震因奮擊賊賊驚以爲神敗走遂乘勝擣其營復分兵掃其餘黨是時韋伯顔普顔不花之功居多伯顔尋以疾卒朝廷以道童捍城有功加大司徒開府仍賜龍衣御酒及秋朝廷命亦憐真班爲江西行省左丞相火你赤爲左丞同將兵來江西未幾亦憐真班卒道童屬火你赤平富瑞二州分鎮其地適歲大旱公

私廪乏道童乃移咨江浙行省借米數十萬石鹽數十萬引凡軍民約三日人糴官米一斗入昏鈔貳貫又三日買官鹽十斤入昏鈔貳貫民皆便之由是按堵如故而賊亦不敢犯其境十八年夏四月陳友諒復攻江西城時火你赤已陞平章政事加營國公行便宜事任專兵柄而素與道童不相能且貪忍不得將士心見城且陷遂夜遁去道童亦棄城退保撫州路欲集諸縣義兵以圖克復而勢已不可爲因嘆曰我爲元朝大臣官至極品今城陷不守尚何面目復見人乎適賊追者至道童欲迎敵渡水未登岸賊衆乘之遂爲所害事聞賜謚忠烈

傳卷第三十一

翰林學士亞中大夫知制誥兼修國史臣宋濂　翰林待制承直郎同知制誥兼國史院編修官臣王禕等奉

敕修

亦憐真班

亦憐真班西夏人父俺伯以忠勤事世祖爲知樞密院事亦憐真班性剛正動有禮法仁宗召見令入宿衛延祐六年超拜翰林侍講學士中奉大夫至治二年調同知通政院事擢虎符唐兀親軍都指揮使泰定初遷資善大夫典瑞院使天曆二年以選爲太子家令尋陞資政大夫同知樞密院事擢

侍御史仍兼指揮使至順初拜翰林學士承旨榮禄大夫遷功德使指揮使如故尋出爲陝西行省平章政事未行復爲翰林學士承旨元統至元之間伯顔爲丞相專權擅政嫉其論事不阿出爲江南行臺御史大夫尋殺其子沓里麻而謫置海南及伯顔敗乃得召還朝至正六年拜光禄大夫御史大夫盡選中外廉能之官置諸風憲一時號稱得人遷宣政院使出爲甘肅行省平章政事設法弭西羌之寇民賴以安立石頌之召還爲銀青榮禄大夫知樞密院事提調太醫院尋加金紫光禄大夫復爲御史大夫知經筵事兼宣忠斡羅思扈衛親軍指揮使嘗奏言風俗人心日趨於薄請禁故吏不許彈劾所事官長太師馬扎兒台與子丞相脫脫既謫居在外時相欲傾之嗾人告變且扳臺臣同上奏亦憐真班曰凡爲相者孰無闕退之日況脫脫父子在官無大咎過柰何迫之於險終不從經筵進講必詳必愼故每讀譯文必被嘉納監察御史劾奏時相帝不聽亦憐真班反復論奏不已由是忤上意出爲江浙行省平章政事還拜湖廣行省左丞相復召知樞密院事十一年頴亳兵起朝廷命將出師多失律致敗數進言于時

相不見聽復出爲江浙行省左丞相十二年移江西行省左丞相於是妖寇由蘄黄陷饒州饒之屬邑安仁與龍興相接境其民皆相挺爲亂亦憐真班道出安仁因駐兵招之來者厚加賞賚不從者命子哈藍朶兒只與江西左丞火你赤等乘高縱火攻散之餘干久爲盗區亦聞風順服先是江西行省平章政事道童以寬容爲政軍民懈弛亦憐真班既至風采一新威聲大振所在群盗咸謀歸款矣十四年八月以疾卒于官所部爲之喪氣事聞贈推忠佐運正憲秉義同德功臣追封齊王謚忠獻子九人長沓里麻次

普達失理翰林學士承旨知制誥兼脩國史桑哥八剌同知稱海宣慰司事哈藍朶兒只宣政院使桑哥荅思嶺北行省平章沙嘉室理嶺北行省參政易納室理大宗正也可扎魯火赤馬的室理簽書樞密院事馬剌室理內八府宰相

廉惠山海牙

廉惠山海牙字公亮布魯海牙之孫希恩之從子也父阿魯渾海牙廣德路達魯花赤惠山海牙幼孤言及父輒泣下獨養母而家日不給垢衣糲食不以爲耻母喪哀毀踰禮負喪渡江而風濤作舟人以神龍忌屍

爲言即仰天大呼曰吾將祔母于先人神柰何阨我也風遂止年弱冠大臣欲俾入宿衛辭曰吾大父事世祖以通經號廉孟子今方設科取士願讀書以科第進乃入國學積分至治元年登進士第授承事郎同知順州事有弓匠提舉馬都剌者怙勢奪州民田同列畏之惠山海牙至即治其事在官期年用薦者召入史舘預修英宗仁宗實録尋拜監察御史時中書省有大臣貪猥狼藉即抗章劾之語同列曰儻以言責獲罪吾之職也既又劾奏明里董阿不當攝祭太廟遷都水監疏會通河隄灤漆二水又

修京東閘歷秘書丞會福總管府治中上疏言二月迎佛費財蠹俗時論韙之出僉淮東廉訪司事遷江浙行省左右司員外郎既而歷僉河東河南江西廉訪司事陞江南行御史臺經歷時山東鹽法大壞以選除都轉運使曾未朞月用課最賞賚金幣上尊至正三年初行郊禮召拜侍儀使明年預修遼金宋三史遷崇文太監自是累遷爲河南行省右丞時有詔發民治決河徧騷屬郡亟以不便上言而時宰不用遷湖廣行省右丞以武昌失守連坐既而事白遷江西行省右丞時所隷郡縣多

陷于賊乃與平章政事司徒道童協謀殫力以定守禦招捕之策就除本道廉訪使未幾江西省治亦陷惠山海牙遁往福建又之除僉江浙行樞密院事改拜福建行省右丞以兵鎮延平邵武境內以寧居歲餘奉詔還治省事總備禦事且督賦稅由海道供京師朝廷賴焉遷行宣政院使明年拜翰林學士承旨知制誥兼修國史卒年七十有一

月魯不花

月魯不花字彥明蒙古遜都思氏生而容貌魁偉咸

以令器期之未冠父脫帖穆耳以千户職戍越因受業于韓性先生爲文下筆立就粲然成章就試江浙鄉闈中其選居右榜第一方揭曉試官夢月中有花象巳而果符其名人以爲異遂登元統元年進士第授將仕郎台州路録事司達魯花赤縣未有學乃首建孔子廟既又延儒士爲之師以教後進丁外艱至正元年朝廷立行都水監以選爲其監經歷尋擢廣東廉訪司經歷會廷議將治河决以行都水監丞召之比至改集賢待制除吏部員外郎奉命至江浙糴粟二十四萬石至則第户産之高下以爲糴之多寡不擾

而事集既而軍餉不給又奉命出糴于江浙召父老諭曰今天子宵衣旰食惟恐澤不下民而民不得其所耳然柰盜賊何夫討賊者必先粮餉以我不汝擾故命我復來蓋討賊即所以安民耳父老其謂何衆咸應曰公言是也不踰月粮事以畢丁母憂中書遣賻且起復不應未幾太師右丞相脫脫南征辟從軍事督饋餉饋餉用舒陞吏部郎中尋拜監察御史首上疏言郊廟禮甚缺天子宜躬祀南郊殷祭太室繼又上疏言皇太子天下之本當簡老成重臣爲輔導以成其德帝皆嘉納之陞吏部侍郎銓選於江浙時稱其公

允適朝廷有建議欲於河間長蘆置局造海船三百艘者月魯不花即爲書具言其非便言入中書忤議者遷工部侍郎後分部彰德道過河間民遮擁拜謝曰微公言吾民其斃矣會方重選守令以保定密邇京畿除保定路達魯花赤陛辭詔諭諄切保定歲輸粮數十萬石於新鄉苦弗便月魯不花請輸京倉以便之俄除吏部尚書保定父老百數詣闕言乞留監郡以撫吾民遂以尚書仍知郡事會賊北渡河日修城浚濠爲戰守具廷議發五省八衛軍出戍外鎮月魯不花疏願留其兵護本郡遂兼統黑軍數千人及團

結西山八十二寨民義軍勢大張賊再侵境皆不利遁去陞中奉大夫錫上尊四馬百疋僚佐增秩有差別降宣勑俾賞有功者召還爲詳定使保定民不忍其去繪像以祀之去保定一月而城陷矣朝廷以月魯不花夙負民望令入城招諭之抵城賊堅壁不出民多竊出謁拜者改大都路達魯花赤有執政以故中書令耶律楚材先塋地冒奏與蕃僧爲業者月魯不花格之卒弗與轉吏部尚書會劇賊程思忠據來平其佐雷帖木兒不花僞降事覺被擒殺之思忠壁守遂益堅詔令月魯不花招撫之衆悉難其行月魯

不花毅然曰臣死君命分也柰何先計禍福哉竟入城諭賊賊皆感泣羅拜納降還遷翰林侍講學士俄復爲大都路達魯花赤入見帝宣文閣有旨若曰朕以畿甸之民疲敝特選爾撫吾民爾毋峻威毋弛法或挾權以干汝於非法其即以聞視事之初帝及皇后皇太子皆遣使賜之酒有權臣以免役事來謁月魯不花面斥曰聖訓在耳不敢違轉資善大夫拜江南行御史臺中丞陛辭之日帝御嘉禧殿慰勞之且賜以上尊金幣皇太子亦書成德誠明四大字賜之月魯不花乃由海道趍紹興爲政寬猛不頗詔進階一品

爲榮祿大夫既而除浙西肅政廉訪使會張士誠據浙西僭王號度弗可與並處謂姪同壽曰吾家世受國恩恨不能剌賊以報國矧乃與賊同處邪令同壽具舟載妻子而匿身木櫃中蔽以藁秸脫走至慶元士誠部下察知之遣鐵騎百餘追至曹娥江不及而返俄改山南道廉訪使浮海北而往道阻還抵鐵山遇倭賊舡甚衆乃挾同舟人力戰拒之倭賊紿言投降弗納於是賊即登舟攫月魯不花令拜伏月魯不花罵曰吾朝廷重臣寧爲賊拜邪遂遇害當遇害時麾家奴那海剌殺首賊次子樞密院判官老安姪百家奴秆敵亦死之同舟死事者八十餘人事聞朝廷贈攄忠宣武正憲徇義功臣銀青榮祿大夫遼陽等處行中書省平章政事上柱國謚忠肅

達禮麻識理

達禮麻識理字遵道怯烈台氏其先北方大族六世祖始居開平父曰阿剌不花江西行省參知政事追封趙國公謚襄惠達禮麻識理幼穎敏從師授經史過目輒領解至正五年經筵選充譯史益自砥礪于學搢紳先生皆以遠大期之轉補御史臺譯史遂除御史臺照磨十五年拜監察御史出僉山北道肅政廉訪

司事未行留爲詹事院長史俄遷工部員外郎復留爲長史明年除中議尋陞參議詹事院事十七年爲太子家令十八年歷秘書太監吏部侍郎御史臺經歷中書右司郎中十九年除刑部尚書提調南北兵馬司巡綽事盜逼畿甸人心大恐達禮麻識理能鎮之以靜民恃以爲安二十一年由中書參議陞中書參知政事同知經筵事二十三年冬遷上都留守兼開平府尹加榮祿大夫分司上嶺東鎮三州以督轉輸二十四年朝廷以前中書平章政事塔失帖木兒來爲留守時孛羅帖木兒擁兵京師而皇太子出居于外

達禮麻識理與塔世帖木兒皆以忠義許國相與結人心以觀時變未幾改授塔世帖木兒爲大司農塔世帖木兒謂達禮麻識理曰我至京師則制於强臣未易圖也因留不行適脱吉兒以孛羅帖木兒命乜兵盖里泊託腹心於宗王也速也不堅授以金印俾駐上都之東郊而以留守善安集兵於兎吉剌部落達禮麻識理遇之有禮善安辭去孛羅帖木兒復調帖木兒託忽速哥至上都以守禦爲名事益矛盾達禮麻識理與之周旋畧無幾微見於外而密遣前宗正扎魯忽赤月魯帖木兒潜通音問于罕哈哈剌海行樞密知院益老答兒請亟調兵南行又遣留守司照磨陳恭取兵興州訪求在閑官吏之有才者約東東西手八剌哈赤虎賁司糾集丁壯苗軍火銃什伍相聯一旦布列鐵旛竿山下揚言四方勤王之師皆至帖木兒等大駭一夕東走其所將兵盡潰由是達禮麻識理增修武備城守益嚴二十五年皇太子在冀寧命立上都分省達世帖木兒爲平章政事達禮麻識理爲右丞便宜行事以固護根本七月禿堅帖木兒用孛羅帖木兒命以兵犯上都先遣利用少監帖里哥赤至上都令廣備粮餉遠迓大軍達禮麻識理開陳大

義戮之於市民情乃定已而禿堅帖木兒帥鐵甲馬步軍蔽野而至呼聲動天達禮麻識理飭軍士城守申明逆順之理以安人心巡視城壁晝夜不少息夜遣死士縋城而下焚其攻具而調副留守禿魯迷失海牙引兵由小東門出與之大戰卧龍岡敗之未幾孛羅帖木兒伏誅禿堅帖木兒皆奔潰而上都以安拜中書右丞兼上都留守提調虎賁司加光禄大夫賜黄金繫腰仍命提調東西手八剌哈赤既而上都分省罷遷授中書平章政事上都留守位居第一力辭不允明年召爲大宗正府也可扎魯忽赤又明年拜太子詹事奉詔至軍中宣明大義藩將感悦還翰林學士承旨秋除知樞密院事大撫軍院事初大撫軍院之立皇太子用完者帖木兒答爾麻帖林沙伯顔帖木兒李國鳳等計事以備禦擴廓帖木兒既而政權不一事務益乖各復引去而達禮麻識理之至事且無可爲者達禮麻識理之卒也先一夕怯薛官哈剌章者阿兒剌氏阿魯圖孫也夜夢太祖召見語之曰我以勤勞取天下以傳于妥懽帖睦爾而愛猷識理達臘不克肖似廢壞我家法苟不即改圖天命不可保矣爾吾功臣之後且誠實故召汝語汝明旦亟以吾言

告而主及愛猷識理達臘汝不以告吾即殛汝告而不改則吾它有處之達禮麻識理其人庶幾識事宜者然知而不言將焉用之吾其先殛之矣明旦哈剌章入見帝具以變告帝令以告皇太子比出則達禮麻識理已無疾而卒矣

傳卷第三十二

列傳卷三十三　元史一百四十六

翰林學士亞中大夫知制誥兼修國史臣宋濂　翰林待制承直郎同知制誥兼國史院編修官臣王禕等奉勑

修

耶律楚材 子鑄附

耶律楚材字晉卿遼東丹王突欲八世孫父履以學行事金世宗特見親任終尚書右丞楚材生三歲而孤母楊氏教之學及長博極群書旁通天文地理律曆術數及釋老醫卜之說下筆爲文若宿構者金制宰相子例試補省掾楚材欲試進士科章宗詔如舊制問以疑獄數事時同試者十七人楚材所對獨優遂辟爲掾後仕爲開州同知貞祐二年宣宗遷汴完顏復興行中書事留守燕辟爲左右司員外郎太祖定燕聞其名召見之楚材身長八尺美髯宏聲帝偉之曰遼金世讎朕爲汝雪之對曰臣父祖嘗委質事之既爲之臣敢讎君耶帝重其言處之左右遂呼楚材曰吾圖撒合里而不名吾圖撒合里蓋國語長髯人也己卯夏六月帝西討回回國禡旗之日雨雪三尺帝疑之楚材曰玄冥之氣見於盛夏克敵之徵也庚辰冬大雷復問之對曰回回國主當死于野後皆驗夏人常八斤以善造弓見知於帝因每自矜曰國

家方用武耶律儒者何用楚材曰治弓尚須用弓匠爲天下者豈可不用治天下匠耶帝聞之甚喜日見親用西域曆人奏五月望夜月當蝕楚材曰否卒不蝕明年十月楚材言月當蝕西域人曰不蝕至期果蝕八分壬午八月長星見西方楚材曰女直將易主矣明年金宣宗果死帝每征討必命楚材卜帝亦自灼羊胛以相符應指楚材謂太宗曰此人天賜我家爾後軍國庶政當悉委之甲申帝至東印度駐鐵門関有一角獸形如鹿而馬尾其色緑作人言謂侍衛者曰汝主宜早還帝以問楚材對曰此瑞獸也其名

角端能言四方語好生惡殺此天降符以告陛下陛下天之元子天下之人皆陛下之子願承天心以全民命帝即日班師丙戌冬從下靈武諸將争取子女金帛楚材獨收遺書及大黄藥材既而士卒病疫得大黄輒愈帝自經營西土未暇定制州郡長吏生殺任情至孥人妻女取貨財兼土田燕薊留後長官石抹咸得卜尤貪暴殺人盈市楚材聞之泣下即入奏請禁州郡非奉璽書不得擅徵發囚當大辟者必待報違者罪死於是貪暴之風稍戢燕多劇賊未久輒曳牛車指富家取其財物不與則殺之時睿宗以皇子

監國事聞遣中使偕楚材往窮治之楚材詢察得其姓名皆留後親屬及勢家子盡捕下獄其家賂中使將緩之楚材示以禍福中使懼從其言獄具戮十六人于市燕民始安己丑秋太宗將即位宗親咸會議猶未决時睿宗爲太宗親弟故楚材言於睿宗曰此宗社大計宜早定睿宗曰事猶未集别擇日可乎楚材曰過是無吉日矣遂定策立儀制乃告親王察合台曰王雖兄位則臣也禮當拜王拜則莫敢不拜王深然之及即位王率皇族及臣僚拜帳下既退王撫楚材曰真社稷臣也國朝尊屬有拜禮自此始時朝集

後期應死者衆楚材奏曰陛下新即位宜宥之太宗從之中原甫定民多誤觸禁網而國法無赦令楚材議請肆宥衆以云迂楚材獨從容爲帝言詔自庚寅正月朔日前事勿治且條便宜一十八事頒天下其略言郡宜置長吏牧民設萬户総軍使勢均力敵以遏驕横中原之地財用所出宜存恤其民州縣非奉上命敢擅行科差者罪之貿易借貸官物者罪之蒙古回鶻河西諸人種地不納税者死監主自盗官物者死應犯死罪者具由申奏待報然後行刑貢獻禮物爲害非輕深宜禁斷帝悉從之唯貢獻一事不允

曰彼自願饋獻者宜聽之楚材曰蠹害之端必由於此帝曰凡卿所奏無不從者卿不能從朕一事耶太祖之世歲有事西域未暇經理中原官吏多聚歛自私貲至鉅萬而官無儲偫近臣别迭等言漢人無補於國可悉空其人以爲牧地楚材曰陛下將南伐軍需宜有所資誠均定中原地稅商稅鹽酒鐵冶山澤之利歲可得銀五十萬兩帛八萬匹粟四十餘萬石足以供給何謂無補哉帝曰卿試爲朕行之乃奏立燕京等十路徵收課稅使凡長貳悉用士人如陳時可趙昉等皆寬厚長者極天下之選參佐皆用省部

舊人辛卯秋帝至雲中十路咸進廪籍及金帛陳于廷中帝笑謂楚材曰汝不去朕左右而能使國用充足南國之臣復有如卿者乎對曰在彼者皆賢於臣臣不才故留燕爲陛下用帝嘉其讓賜之酒即日拜中書令事無鉅細皆先白之楚材奏凡州郡宜令長吏專理民事萬户總軍政凡所掌課稅權貴不得侵之又舉鎮海粘合均與之同事權貴不能平咸得卜以舊怨尤疾之譖於宗王曰耶律中書令率用親舊必有二心宜奏殺之宗王遣使以聞帝察其誣責使者罷遣之屬有訟咸得卜不法者帝命楚材鞫之奏

曰此人倨傲故易招謗今將有事南方他日治之未晚也帝私謂侍臣曰楚材不較私讎真寬厚長者汝曹當効之中貴可思不花奏採金銀役夫及種田西域與栽蒲萄户帝令於西京宣德徙萬餘户充之楚材曰先帝遺詔山後民質朴無異國人緩急可用不宜輕動今將征河南請無殘民以給此役帝可其奏壬辰春帝南征將涉河詔逃難之民來降者免死或曰此輩急則降緩則走徒以資敵不可宥楚材請製旗數百以給降民使歸田里全活甚衆舊制凡攻城邑敵以矢石相加者即爲拒命既克必殺之汴梁將

下大將速不台遣使來言金人抗拒持久師多死傷城下之日宜屠之楚材馳入奏曰將士暴露數十年所欲者土地人民耳得地無民將焉用之帝猶豫未決楚材曰奇巧之工厚藏之家皆萃于此若盡殺之將無所獲帝然之詔罪止完顔氏餘皆勿問時避兵居汴者得百四十七萬人楚材又請遣人入城求孔子後得五十一代孫元措奏襲封衍聖公付以林廟地命收太常禮樂生及召名儒梁陟王萬慶趙著等使直釋九經進講東宮又率大臣子孫執經解義俾知聖人之道置編脩所於燕京經籍所於平

陽由是文治興焉時河南初破俘獲甚衆軍還逃者十七八有旨居停逃民及資給者滅其家鄉社亦連坐由是逃者莫敢舍多殍死道路楚材從容進曰河南既平民皆陛下赤子走復何之奈何因一俘囚連死數十百人乎帝悟命除其禁金之亡也唯秦鞏二十餘州久未下楚材奏曰往年吾民逃罪或萃于此故以死拒戰若許以不殺將不攻自下矣詔下諸城皆降甲午議籍中原民大臣忽都虎等議以丁爲户楚材曰不可丁逃則賦無所出當以户定之爭之再三卒以户定時將相大臣有所驅獲往往寄留諸郡

楚材因括户口並令爲民匿占者死乙未朝議將四征不廷若遣回回人征江南漢人征西域深得制御之術楚材曰不可中原西域相去遼遠未至敵境人馬疲乏兼水土異宜疾疫將生宜各從其便從之丙申春諸王大集帝親執觴賜楚材曰朕之所以推誠任卿者先帝之命也非卿則中原無今日朕所以得安枕者卿之力也西域諸國及宋高麗使者來朝語多不實帝指楚材示之曰汝國有如此人乎皆謝曰無有殆神人也帝曰汝等唯此言不妄朕亦度必無此人有于元者奏行交鈔楚材曰金章宗時初行交鈔與錢通行有司以出鈔爲利收鈔爲諱謂之老鈔至以萬貫唯易一餅民力困竭國用匱乏當爲鑒戒今印造交鈔宜不過萬錠從之秋七月忽都虎以民籍至帝議裂州縣賜親王功臣楚材曰裂土分民易生嫌隙不如多以金帛與之帝曰已許奈何楚材曰若朝廷置吏收其貢賦歲終頒之使毋擅科徵可也帝然其計遂定天下賦稅每二户出絲一斤以給國用五户出絲一斤以給諸王功臣湯沐之資地稅中田每畝二升又半上田三升下田二升水田每畝五升商稅三十分而一鹽價銀一兩四十斤既定常賦

朝議以爲太輕楚材曰作法於涼其弊猶貪後將有以利進者則今已重矣時工匠制造糜費官物十私八九楚材請皆考覈之以爲定制時侍臣脫歡奏簡天下室女詔下楚材尼之不行帝怒楚材進曰向擇美女二十有八人足備使令今復選拔臣恐擾民欲覆奏耳帝良久曰可罷之又欲收民牧馬楚材曰田蠶之地非馬所產今若行之後必爲人害又從之丁酉楚材奏曰制器者必用良工守成者必用儒臣儒臣之事業非積數十年殆未易成也帝曰果爾可官其人楚材曰請校試之乃命宣德州宣課使劉中隨

郡考試以經義詞賦論分爲三科儒人被俘爲奴者亦令就試其主匿弗遣者死得士凡四千三十人免爲奴者四之一先是州郡長吏多借賈人銀以償官息累數倍曰羊羔兒利至奴其妻子猶不足償楚材奏令本利相侔而止永爲定制民間所負者官爲代償之至一衡量給符印立鈔法定均輸布遞傳明驛券庶政略備民稍蘇息焉有二道士爭長互立黨與其一誣其仇之黨二人爲逃軍結中貴及通事楊惟忠執而虐殺之楚材按收惟忠中貴復訴楚材違制帝怒繫楚材既而自悔命釋之楚材不肯解縛進曰臣備

位公輔國政所屬陛下初令繫臣以有罪也當明示百官罪在不赦今釋臣是無罪也豈宜輕易反覆如戲小兒國有大事何以行焉衆皆失色帝曰朕雖爲帝寧無過舉耶乃溫言以慰之楚材因陳時務十策曰信賞罰正名分給俸祿官功臣考殿最均科差選工匠務農桑定土貢制漕運皆切於時務悉施行之太原路轉運使呂振副使劉子振以贓抵罪帝責楚材曰卿言孔子之教可行儒者爲好人何故乃有此輩對曰君父教臣子亦不欲令陷不義三綱五常聖人之名教有國家者莫不由之如天之有日月也豈

得緣一夫之失使萬世常行之道獨見廢於我朝乎帝意乃解富人劉忽篤馬涉獵發丁劉廷玉等以銀一百四十萬兩撲買天下課稅楚材曰此貪利之徒罔上虐下爲害甚大奏罷之常曰興一利不如除一害生一事不如省一事任尚以班超之言爲平平耳千古之下自有定論後之負譴者方知吾言之不妄也帝素嗜酒日與大臣酣飲楚材屢諫不聽乃持酒槽鐵口進曰麴蘖能腐物鐵尚如此況五臟乎帝悟語近臣曰汝曹愛君憂國之心豈有如吾圖撒合里者耶賞以金帛勅近臣日進酒三鍾而止自庚寅定

課稅格至甲午平河南歲有增羨至戊戌課銀增至一百一十萬兩譯史安天合者諂事鎮海首引奧都剌合蠻撲買課稅又增至二百二十萬兩楚材極力辨諫至聲色俱厲言與涕俱帝曰爾欲搏鬬耶又曰爾欲爲百姓哭耶姑令試行之楚材力不能止乃歎息曰民之困窮將自此始矣楚材嘗與諸王宴醉卧車中帝臨平野見之直幸其營登車手撼之楚材熟睡未醒方怒其擾已忽開目視始知帝至驚起謝帝曰有酒獨醉不與朕同樂耶笑而去楚材不及冠帶馳詣行宮帝爲置酒極歡而罷楚材當國日久

得祿分其親族未嘗私以官行省劉敏從容言之楚材曰睦親之義但當資以金帛若使從政而違法吾不能徇私恩也歲辛丑二月三日帝疾篤醫言脉已絶皇后不知所爲召楚材問之對曰今任使非人賣官鬻獄囚繫非辜者多古人一言而善熒惑退舍請赦天下囚徒后即欲行之楚材曰非君命不可俄頃帝少蘇因入奏請肆赦帝已不能言首肯之是夜醫者候脉復生適宜讀赦書時也翌日而瘳冬十一月四日帝將出獵楚材以太乙數推之亟言其不可左右皆曰不騎射無以爲樂獵五日帝崩于行在所皇

后乃馬真氏稱制崇信姦回庶政多紊奥都剌合蠻以貨得政柄廷中悉畏附之楚材面折廷爭言人所難言人皆危之癸卯五月熒惑犯房楚材奏曰當有驚擾然訖無事居無何朝廷用兵事起倉卒后遂令授甲選腹心至欲西遷以避之楚材進曰朝廷天下根本根本一揺天下將亂臣觀天道必無患也後數日乃定后以御寳空紙付奥都剌合蠻使自書塡行之楚材曰天下者先帝之天下朝廷自有憲章今欲紊之臣不敢奉詔事遂止又有旨凡奥都剌合蠻所建白令史不爲書者斷其手楚材曰國之典

故先帝悉委老臣令史何與焉事若合理自當奉行如不可行死且不避況截手乎后不悅楚材辨論不已因大聲曰老臣事太祖太宗三十餘年無負於國皇后亦豈能無罪殺臣也后雖憾之亦以先朝舊勳深敬憚焉甲辰夏五月薨于位年五十五皇后哀悼賻贈甚厚後有譖楚材者言其在相位日久天下貢賦半入其家后命近臣麻里扎覆視之唯琴阮十餘及古今書畫金石遺文數千卷至順元年贈經國議制寅亮佐運功臣太師上柱國追封廣寧王謚文正子鉉鑄

鑄字成仲幼聰敏善屬文尤工騎射楚材薨嗣領中書省事時年二十三鑄上言宜疎禁網遂采歷代德政合於時宜者八十一章以進戊午憲宗征蜀詔鑄領侍衛驍果以從屢出奇計攻下城邑賜以尚方金鎖甲及内廐驄馬乙未憲宗崩阿里不哥叛鑄棄妻子挺身自朔方來歸世祖嘉其忠即日召見賞賜優厚中統二年拜中書左丞相是年冬詔將兵備禦北邊後徵兵扈從敗阿里不哥于上都之北至元元年加光祿大夫奏定法令三十七章吏民便之二年行省山東未幾徵還初清廟雅樂止有登歌詔鑄製宮

懸八佾之舞四年春三月樂舞成表上之仍請賜名大成制曰可六月改榮祿大夫平章政事五年復拜光祿大夫中書左丞相十年遷平章軍國重事十三年詔監脩國史朝廷有大事必咨訪焉十九年復拜中書左丞相二十年冬十月坐不納職印妄奏東平人聚謀爲逆間諜幕僚及黨罪囚阿里沙遂罷免仍沒其家貲之半徙居山後二十二年卒年六十五子十一人希徵希勃希亮希寛希素希固希周希光希逸淮東宣慰使餘失其名至順元年贈推忠保德宣力佐治功臣太師開府儀同三司上柱國懿寧王謚文忠

粘合重山　子南合

粘合重山金源貴族也國初爲質子知金將亡遂委質焉太祖賜畜馬四百匹使爲宿衛官必闍赤從平諸國有功圍涼州執大旗指麾六軍手中流矢不動已而爲侍從官數得侍宴内廷因諫曰臣聞天子以天下爲憂憂之未有不治忘憂未有能治者也置酒爲樂此忘憂之術也帝深加納之立中書省以重山有積勳授左丞相時耶律楚材爲右丞相凡建官立法任賢使能與夫分郡邑定課賦通漕運足國用多出楚材而重山佐成之太宗七年從伐宋詔軍前行中書省事許以便宜師入宋境江淮州邑望風款附重山降其民三十餘萬取定城天長二邑不誅一人復入中書視事賜中廐馬十匹貫珠袍一卒贈太尉封魏國公謚忠武十年詔其子江淮安撫使南合嗣行軍前中書省事時大將察罕圍壽春七日始下欲屠其城南合曰不降者獨守將耳其民何罪由是獲免初世祖伐宋軍于汴南合進曰李璮承國厚恩坐制一方然其人多詐叛無日矣帝亦患之中統元年兩遷宣撫使明年授中書右丞中興等路行中書省

事三年遷秦蜀五路四川行中書省事其年李璮反益都帝使諭南合曰卿言猶在耳璮果反矣卿宜謹守西鄙對曰臣謹受詔不敢以西鄙爲陛下憂明年授中書平章政事四年病卒封魏國公謚宣昭子慱温察兒知河中府

楊惟中

楊惟中字彥誠弘州人金末以孤童子事太宗知讀書有膽略太宗器之年二十奉命使西域三十餘國宣暢國威敷布政條俾皆籍戶口屬吏乃歸帝於是有大用意皇子闊出伐宋命惟中於軍前行中書省

事克宋棗陽光化等軍光隨郢復等州及襄陽德安府凡得名士數十人收伊洛諸書送燕都立宋大儒周惇頤祠建太極書院延儒士趙復王粹等講授其間遂通聖賢學慨然欲以道濟天下拜中書令太宗崩太后稱制惟中以一相負任天下定宗即位平陽道斷事官斜徹橫恣不法詔惟中宣慰惟中按誅之金亡其將武仙潰于鄧州餘黨散入太原真定間據大明川用金開興年號衆至數萬剽掠數千里詔會諸道兵討之不克惟中仗節開諭降其渠帥餘黨悉平憲宗即位世祖以太弟鎮金蓮川得開府專封拜

乃立河南道經略司於汴梁奏惟中等爲使俾屯田唐鄧申裕嵩汝蔡息亳潁諸州初滅金時以監河橋萬户劉福爲河南道總管福貪鄙殘酷虐害遺民二十餘年惟中至召福聽約束福稱疾不至惟中設大梃於坐復召之使謂福曰汝不奉命吾以軍法從事福不得已以數千人擁衛見惟中惟中即握大梃擊仆之數日福死河南大治遷陝右四川宣撫使時諸軍帥橫侈病民郭千户者尤甚殺人之夫而奪其妻惟中戮之以徇關中肅然語人曰吾非好殺國家綱紀不立致此輩賊害良民無所控告雖欲不去可乎

歲己未世祖總統東師奏惟中爲江淮京湖南北路宣撫使俾建行臺以先啓行宣布恩信蒙古漢軍諸帥並聽節制師還卒于蔡州年五十五中統二年追謚曰忠肅公

列傳卷第三十三

列傳卷第三十四　　元史一百四十七

翰林學士亞中大夫知制誥兼修國史臣宋濂翰林待制承直郎同知制誥兼國史院編修官臣王禕等奉

勑修

張柔

張柔字德剛易州定興人世力農柔少慷慨尚氣節善騎射以豪俠稱金貞祐間河北盜起柔聚族黨保西山東流寨選壯士結隊伍以自衛盜不敢犯郡人張信假柔聲勢納流人女爲妻柔鞭信百而還其女信憾之謀結黨害柔未幾信有罪當誅柔救之得免於是驍勇之士多慕義從之中都經畧使苗道潤承

制授柔定興令累遷青州防禦使道潤表其才加昭毅大將軍遥領永寧軍節度使兼雄州管内觀察使權元帥左都監行元帥府事繼而道潤爲其副賈瑀所殺瑀遣使以好辭來告曰吾得除道潤者以君不助兵故也柔怒叱使者曰瑀殺吾所事吾食瑀肉且未足快意反以此言相戲耶遂移檄道潤部曲會易州軍市川誓衆爲之復讐衆皆感泣適道潤麾下何伯祥得道潤所佩金虎符以獻因推柔行經略使事事聞加驃騎將軍中都留守兼大興府尹本路經畧使行元帥事戊寅國兵出紫荆口柔率所部逆戰於狼牙嶺馬蹶被執遂以衆降太祖還其舊職得以便宜行事柔招集部曲下雄易安保諸州攻破賈瑀於孔山誅瑀剖其心祭道潤瑀黨郭收亦降盡有其衆徙治滿城金真定帥武仙會兵數萬來攻柔以兵數百出奇迎戰大破之乘勝攻完州下之獲州佐甄全全慷慨就戮柔義而釋之且升爲守使將部曲以從己卯仙復來攻敗走之進拔郎山祁陽曲陽諸城寨聞之皆降既而中山叛柔引兵圍之與仙將葛鐵鎗戰于新樂流矢中柔頷折其二齒拔矢以戰斬首數千級擒藁城令劉成遂拔中山仙復會兵攻滿城柔

登城拒戰復爲流矢所中仙兵大呼曰中張柔矣柔不爲動開門突戰皆敗走略地至鼓城單騎入城喻以禍福城遂降又敗仙於祁陽進攻深澤寧晉安平克之分遣別將攻下平棘藁城無極欒城諸縣闢地千餘里由是深冀以北鎮定以東三十餘城緣山反側鹿兒野貍等寨相繼降附一月之間與仙遇者凡十有七每戰輒勝方獻捷于行在所行次宣德而易州軍叛逐其守盧應妻子據西山馬頭寨柔聞之即棄輜重還出奇計破其寨而誅叛者歸其妻子加榮祿大夫河北東西等路都元帥號拔都魯置官屬將

士遷授有差燕帥孛赤台數凌柔柔不爲下乃譖柔
於中都行臺曰張柔驍勇無敵向被執而降今委以
兵柄戰勝攻取威震河朔失今不圖後必難制常欲
殺我我不敢南也行臺召柔幽之土室孛赤台施帳
寢其上環以甲騎明日將殺之孛赤台一夕暴死柔
乃得免金經略使固安王子昌善戰知名與信安張
進連兵阻水爲固遠近憚之柔出其不意率兵徑渡
生擒以還乙酉真定武仙殺其帥史天倪其弟天澤
使來求援柔遣驍將喬惟忠等率千餘騎赴之與仙
戰敗之遂分遣惟忠宋演略彰德徇齊魯聶福堅略

青魏山東軍書授柔行軍千戶保州等處都元帥丙
戌遣將以兵從國王孛魯攻李全于益都降之丁亥移
鎮保州保自兵火之餘荒廢者十五年盜出沒其間
柔爲之畫市井定民居置官廨引泉入城疏溝渠以
瀉卑濕通商惠工遂致殷富遷廟學于城東南增其
舊制壬辰從睿宗伐金語其衆曰吾用兵殺人多矣
寧無冤者自今以往非與敵戰誓不殺也圍汴京柔
軍於城西北金兵屢出拒戰柔單騎陷陣出入數四
金人莫能支金主自黃陵岡渡河次漚麻岡欲取衛
州柔以兵合擊金主敗走睢陽其臣崔立以汴京降

柔於金帛一無所取獨入史館取金實錄并祕府圖
書訪求耆德及燕趙故族十餘家衛送北歸遂圍睢
陽金主走汝南汝南恃柴潭爲阻會宋孟珙以兵粮
來會珙決其南潭水涸金人懼啓南門求死戰柔以
步卒二十餘突其陣促聶福堅先登擒二校以歸又
遣張信據其內隍諸軍齊進金主自殺汝南既破下
令屠城一小校縛十人以待一人貌獨異柔問之狀
元王鶚也解其縛賓禮之入朝太宗歷數其戰功班
諸帥上賜金虎符升軍民萬戶乙未從皇子闊出拔
棗陽繼從大帥太赤攻徐邳丁酉詔屯兵曹武以逼

宋道出九里關柔欲率所部徑往或言關甚險宋必
設伏不若與大軍俱進不聽與二十騎直前據關方
解甲而食宋兵出兩山間圍數重騎皆失色柔單騎
馳突潰圍大軍繼至遂達曹武悉下緣山諸堡攻洪
山寨破之遂營山下柔率衆出略地他處宋兵乘虛
來襲柔還與之遇自旦至暮凡十餘戰大敗宋師斬
其將校十有三人遂會諸軍取光州又進趣黃州破
三山寨至大湖中得戰艦泝江接戰壁於黃州西北
隅有乘舟出者柔曰此偵伺我隙者也夜必襲吾不
備乃分軍爲三以待之二鼓時宋師果至柔邀擊之

俘數百人溺死者不可計攻其東門矢石雨注軍少却柔率死士十餘奮戈大呼所向仆踣孰俘而還宋師懼請和乃還軍大帥察罕攻滁州柔以二百騎往時廬泗盱眙安豐間宋屯戍相望斥候甚嚴或勸柔勿行不聽且戰且前凡二十餘戰比至滁察罕以滁久不拔欲觧去柔請决戰從之旣陣宋驍將出挑戰柔佯却宋將驕柔馳及之檛擊墜地宋將孰柔轡曳入其陣飛石中柔鼻兩軍鬨柔得還裹瘡復戰夜遣鞏彦輝㓶其營焚城東南隅柔銳卒五十七人先登援之已亥以本官節制河南諸翼兵馬征行事河南

三十餘城皆屬焉庚子詔柔等八萬户伐宋辛丑升保州爲順天府賜御衣數襲名馬二尚廐馬百柔率師自五河口濟淮略和州諸城師還分遣部下將千人屯田于襄城察罕奏柔總諸軍鎮杞初河决於汴西南入陳留分而爲三杞居其中㶷宋兵恃舟楫之利駐亳泗犯汴洛以擾河南柔乃卽故杞之東西中三山夾河順殺水勢築連城結浮梁爲進戰退耕之計敵不敢至會諸軍攻破壽州柔欲留兵守之察罕不從又敗宋師于泗州還杞上帳下吏夾谷顯祖得罪亡走上變誣柔執柔以北大臣多以闔門保柔者

卒辨其誣顯祖伏誅辛亥憲宗即位換授金虎符仍軍民萬户甲寅移鎮亳州環亳皆水非舟楫不達柔甃城壁爲橋梁屬汴堤以通商賈之利復建孔子廟設校官弟子員入奏帝悅賜衣一襲翎根甲一金符九銀符十九須將校之有功者己未分裨將張果王仲仁從憲宗征蜀王安國胡進田伯榮宋演從宗王塔察兒攻荆山柔從世祖攻鄂世祖由大勝關柔由虎頭關與宋兵遇於沙窩柔子弘彦擊破之進與守關兵戰敗之世祖自陽羅渡江促柔會兵攻鄂百餘日不能下世祖諭之曰吾猶獵者不能擒圈中豕野

獵以供汝食汝可破圈而取之柔乃令何伯祥作鵝車洞掘其城別遣勇士先登攻其西南陬壞破之會憲宗凶問至宋亦行成世祖北還命柔統領蒙古漢軍以俟後命城白鹿磯爲久駐計中統元年世祖卽位詔班師阿里不哥反世祖北征詔柔入衛至靈胎河有詔止之分其兵三千五百衛京師以子弘慶爲質二年以金寶録獻諸朝且請致仕封安肅公命第八子弘略襲職至元三年加榮禄大夫判行工部事城大都四年進封蔡國公五年六月卒年七十九贈推忠宣力翊運功臣太師開府儀同三司上柱國謚

武康延祐五年加封汝南王謚忠武子十有一人弘略弘範最顯弘範自有傳

弘略字仲傑柔第八子也有謀略通經史善騎射嘗從柔鎮杞從亳歲乙卯入朝憲宗授金符權順天萬户從征蜀以其幼賜錦衣令還鎮柔既致仕授弘略金虎符順天路管民總管行軍萬户仍總宣德河南懷孟等路諸軍屯亳者中統三年李璮反求救於宋將夏貴貴自蘄乘虛北奪亳滕徐宿邳滄濱七州新蔡符離蘄利津四縣殺守將弘略率戰船遏之于渦口貴退保蘄弘略發亳軍攻之水陸並進宋兵素憚亳軍焚城宵遁追殺殆盡獲軍資不可計盡復所失地李璮既誅追問當時與璮通書者獨弘略書皆勸以忠義事得釋朝廷懲璮叛逆務裁諸侯權以保全之因解弘略兵職宿衛京師賜只孫冠服以從宴享至元三年城大都佐其父為築宮城總管八年授朝列大夫同行工部事兼領宿衛親軍儀鸞等局十三年城成賜内帑金釦璹瑁卮授中奉大夫淮東道宣慰使十四年宋廣王昺據閩廣時東海縣儲粟數萬行省檄弘略將兵二千戍之仍命造舟運粟入淮安弘略顧民舟有能載粟十石者與一石人爭趨之一

月而畢十六年遷江西宣慰使會饒州盜起犯都昌弘略以為饒雖屬江東與南康止隔一湖此寇不滅則吾境必有相扇而起者乃使人直擣其巢穴生縛賊酋磔于市餘黨潰散下令曰不操兵者皆為平民餘無所問頃之以疾歸亳有譏貴臣子在江南買田宅樂而忘歸者詞引弘略或謂弘略曰公但居亳未嘗在江南入見宜自明弘略曰明之則言者獲譴矣吾寧稱疾家居二十九年見世祖於龍虎臺請曰臣之子玠長矣願備宿衛從之且賜以酒曰卿年未老謝事何為特命為河南行省參知政事元貞二年卒贈推忠佐理功臣銀青榮禄大夫平章政事上柱國蔡國公謚忠毅子三人玠瑾琰

史天倪

史天倪字和甫燕之永清人曾祖倫少好俠因築室發土得金始饒於財金末中原塗炭乃建家塾招徠學者所藏活豪士甚衆以俠稱於河朔士族陷為奴虜者輒出金贖之甲子歲大侵發粟八萬石賑饑者士皆爭附之祖成珪倜儻有父風遭亂盜賊四起乃悉散其家財唯存廩粟而已父秉直讀書尚氣義癸酉太師國王木華黎統兵南伐所向殘破秉直聚族

謀曰方今國家喪亂吾家百口何以自保旣而知降者皆得免乃率里中老稚數千人詣涿州軍門降木華黎欲用秉直秉直辭而薦其子乃以天倪爲萬户而命秉直管領降人家屬屯霸州秉直拊循有方遠近聞而附者十餘萬家尋遷之漠北降人道饑秉直得所賜牛羊悉分食之多所全活甲戌從木華黎攻北京乙亥北京降木華黎承制以烏野兒爲北京路都元帥秉直行尚書六部事主餽餉軍中未嘗乏絶庚寅以老謝事歸鄉里卒年七十一三子長天倪次天安次天澤天澤自有傳天倪始生之夕白氣貫庭

成童姿貌魁傑有道士見而異之曰封侯相也及長好學日誦千言大安末舉進士不第乃歎曰大丈夫立身獨以文乎哉使吾遇荒鷄夜鳴擁百萬之衆功名可唾手取也木華黎見而奇之旣以萬户統諸降卒從木華黎略地三關已南至于東海所過城邑皆下因進言於木華黎曰金棄幽燕遷都于汴已失策矣遼水東西諸郡金之腹心也我若得大寧以扼其喉襟則金雖有遼陽終不能保矣木華黎善之先倫卒時河朔諸郡結清樂社四十餘社近千人歲時像倫而祠之至是天倪選其壯勇萬人爲義兵號清樂

軍以從兄天祥爲先鋒所向無敵分兵略三河薊州諸砦望風欵服甲戌朝太祖于燕之幄殿所陳皆奇謀至計大稱旨賜金符授馬步軍都統管領二十四萬户從木華黎攻高州又從攻北京皆不戰而克乙亥授右副都元帥改賜金虎符奉詔南征圖平州金經略使乞住降進兵眞定所屬部邑無不欵附而眞定帥武仙固守不下遂移軍圍大名衆謂城堅不可擊天倪使攻其西南角勁卒屢上屢却天倪先登守者辟易遂破其城丙子會木華黎兵於燕南清州監軍王守約平州推官合達俱以城叛連謀越海歸金

天倪追襲至樂安合達以益都行省忙古兵來拒敗之殺守約擒忙古斬首萬級丁丑徇山東諸郡部卒有殺民豕者立斬以徇軍中肅然遠近響應知中山李明趙州李瑀邢州武貴威州武振磁州李平洺州張立等望風皆下己卯從木華黎徇河東至絳州其團樓甃以石牢不可破天倪命穴其旁地虛樓陥遂拔之木華黎喜賞以繡衣金鞍名馬庚辰還軍眞定武仙降木華黎承制以天倪爲金紫光祿大夫河北西路兵馬都元帥行府事仙副之天倪乃言於木華黎曰今中原粗定而所過猶縱鈔掠非王者弔民伐

罪意也且王奉天子命爲天下除暴豈復效其所爲
乎王曰善下令敢有剽虜者以軍法從事辛巳金懷
州元帥王榮潞州元帥裴守讓澤州太守王珍皆以
城降壬午攻濟南水砦破之癸未徇山西遂克三關
不浹旬定四十餘砦兵至河衛喜曰河衛者夷門之
限也河衛既破則夷門不能守矣嚴實以兵來會請
自攻河衛天倪曰合達蒲瓦亦勍敵也實曰易與耳
保爲公破之明日實與蒲瓦兵遇於南門合達兵自
北奄至實兵敗竟爲所執天倪曰合達以實歸汴必
以今夕急命馮存杜必貴率壯士一千三百伏延津

柳渡果夜縛實過延津遇存等與戰敗之實得脫歸
必貴戰死未幾帝命天倪回軍真定甲申夏大名總
管彭義斌以宋兵犯河朔天倪逆戰於恩州義斌敗
入保大名乙酉師還聞武仙之黨據西山腰水鐵壁
二砦以叛天倪直擣其巢穴盡掩殺之仙怒謀作亂
乃設宴邀天倪有知其謀者止天倪毋往天倪不從
遂爲仙所殺天倪之赴真定也秉直密戒之曰觀武
仙之辭氣終不爲我用宜備之天倪曰我以赤心待
人人或相負天必不容頗無慮秉直乃攜其孫楫權
還北京至是人服其先識先是天倪擊鞠夜歸有大

星隕馬前有聲心惡之果及禍天倪死時年三十九
妻程氏聞亂恐汚於賊乃自殺子五人其三人尚幼
俱死於難惟楫權在

楫字大濟歲己亥知中山府事尋遷征南行軍萬戶
翼經略徇地蘄黃善撫士卒所向有功壬寅天澤引
楫入見太宗奏曰臣兄天倪死事時二子尚幼臣受
詔攝行府事今楫已成人乞解職授之帝嘉歎曰今
之爭官者多讓官者少卿此舉殊可嘉尚朕自有官
與之即以楫爲真定兵馬都總管佩金虎符辛亥朝
廷始徵包銀楫請以銀與物折仍減其元數詔從之

著爲令各道以楮幣相貿易不得出境二三歲輒一
易鈔本日耗商旅不通楫請立銀鈔相權法人以爲
便或請運鹽按籍計口給民以食楫爭其不可曰鹽
鐵從民貿易何可若差税例配之議遂寢元氏民有
愬府僚於達官者質之無實將抵之死楫力爲營解
達官曰是人陷汝輩死地而反救之何耶楫曰誅之
固足以懲後未若宥之以愧其心況人命至重豈宜
以妄言之故而加以極刑乃杖而遣之中統元年授
真定路總管同判本道宣撫司事真定表山帶河連
屬三十餘城生殺進退咸倚專決楫謹身率先明政

化信賞罰任賢良汰貪墨恤煢獨民咸德之所舉州縣佐史有文學者三十餘人後皆知名會天澤言兵民之柄不可併居一門行之請自臣家始揖即日解紱歸卒年五十九子炫常德管軍總管煇知孟州燧同知東昌府事煊潼關提舉煬簽廣西按察司事

權字伯衡勇而有謀初以權萬戶從天澤南征歲壬子天澤以萬戶攺河南經略使乃以權代其任甲寅屯軍鄧州敗宋將高達於樊城己未世祖自將伐宋權出迎於淮西世祖渡江次鄂州而憲宗崩世祖北還乃命權總兵鎮江北岸之武磯山中統元年降詔

獎諭賜金虎符授真定河間濱棣邢洺衛輝等州路弁木烈糺軍兼屯田州城民戶沿邊鎮守諸軍總管萬戶其所屬千戶萬戶悉聽號令至元六年召至闕下問以征南之策對曰襄陽乃江陵之藩蔽樊城乃襄陽之外郛我軍若先攻樊城則襄陽不能支梧不戰自降矣然後駐兵嘉定耀武淮泗事必有濟帝善其計七年宋兵侵邊權引兵趨荊子口大破之帝賜白金五百兩權悉以分勞士卒宋將夏貴以船萬艘載壯士欲奪江面權進攻破之帝賜以衣幣弓矢鞍勒既而轉糧于隨貴復引兵扼我前路權戰破之賜

白金七百兩制授河南等路宣撫使未上賜金虎符充江漢大都督總制軍馬總管屯田萬戶會天澤言一門不可兼掌兵民之柄乃授權鎮國上將軍真定等路總管兼府尹徙東平又徙河間卒

樞字子明父天安字全甫秉直仲子也歲癸酉從秉直降太師木華黎以其兄天倪爲萬戶而質天安軍中丁丑從討錦州叛人張致平之己卯從略地關右生擒鄜州驍將張資禄號張鐵槍者乙酉武仙殺天倪於真定天安率衆來會天澤併力攻仙敗走之以功授行北京元帥府事撫治真定庚寅宋聚兵邢之

西山聲言爲仙援遣其徒趙和行間城中誣倅副李甲劉清嘗輸欵爲内應守將械兩人送府大帥趣命戮之天安揣知其詐請自鞫之果得其情遂斬和以徇壬辰從伐金師還討劇盜梁蕭蘇傑等悉平之甲午宣權真定等路萬戶賜金符丙午入覲賜黄金五十兩白狐裘一牝馬百乙卯卒樞年二十餘以勳臣子知中山府有治績甲寅初籍新軍天澤以長兄二子各有官位而仲兄之子未仕乃奏樞爲征行萬戶配以真定彰德衛州懷孟新軍戍唐鄧乙卯敗宋舟師於漢水之鸑鷟灘賜金虎符戊午憲宗伐宋入自

蜀從天澤詣行在朝帝于大散關帝勞之曰卿久鎮東方茲復遠來勤亦至矣樞對曰臣之祖父受國厚恩今陛下親御六師暴露萬里之外臣獨不能出死力以報萬分之一耶帝壯其言命爲前鋒立宋劍州僑治於苦竹崖前阻絕澗深數百尺恃險而不備帝使樞偵之樞率健卒數十縋而下得其所以致師處以聞帝趣樞急取之宋人懼乃降翼日大宴帝顧皇后命歆樞酒且諭新附渠帥曰我國家自開創以來未有皇后賜臣下酒者特以樞父子世篤忠貞故寵以殊禮有能盡瘁事國者禮亦如之己未從天澤擊

敗宋將吕文德於嘉陵江追至重慶而還賜黃金五十兩白金二百兩錦一匹世祖即位改賜金虎符中統二年從天澤扈駕北征三年李璮叛據濟南復從天澤往討之城西南有大澗亘歷山樞一軍獨當其險夾澗而城豎木柵於澗中溢雨暴漲木柵盡壞樞曰賊乘吾隙俟夜必出命作葦炬數百置城上逮三鼓賊果至飛炬擲之風怒火烈弓弩齊發賊衆大潰自相蹂躪死者不可勝計未幾璮就擒至元四年宋兵圍開達諸州以樞爲左壁總帥佩虎符凡河南山東懷孟平陽太原京兆延安等軍悉統之宋兵聞之

鮮去六年高麗人金通精據珍島以叛討之歲餘不下七年進樞昭勇大將軍鳳州經畧使樞至謂諸將佐曰賊勢方張未易力勝況炎暑海氣蒸欝弓力弛弱猝不可用宜分軍爲三多張旗幟以疑之吾與諸君潛師擣其巢穴破之必矣與戰大破之其地悉平十二年復以萬户從丞相伯顏伐宋賜錦衣一寶鞍一弓一矢百甲十注馬十二疋仍給天澤帳下士十人以從宋平署安吉州安撫使時新附之初民所在依險阻自保樞以威信招懷之復業爲民者以千萬計十四年移疾還十九年起爲東京路總管辭不赴

二十三年拜中奉大夫山東東西道宣慰使治濟南後又治益都二十四年卒年六十七子燠昭勇大將軍後衛親軍都指揮使佩金虎符熚奉訓大夫祕書少監

史天祥

史天祥父懷德尚書秉直之弟也歲癸酉大師國王木華黎從太祖伐金天祥隨秉直迎降於涿木華黎命懷德就領其黑軍隸帳下署天祥都鎮撫選降卒長身武勇者二百人使領之招徠丁壯得衆萬餘從取霸州文安大城滄濱長山等二十餘城東下淄沂

密三州所至皆先登詔賜以銀符從大軍攻燕不克
甲戌畧地高州拔惠和金源和衆龍山利建富庶等
十五城惟大寧固守不下天祥獲金將完顏胡速木
華黎欲殺之天祥曰殺一人無損於敵適驅天下之
人爲吾敵也且其降時嘗許以不死今殺之無以取
信於後不若從而用之乃以爲千户復合衆攻其城
懐德先登擒其二將爲流矢所中歿于軍乃以所統
黑軍命天祥領之天祥憤痛其父之死攻之愈急乙
亥與大帥烏野兒降其北京留守銀荅忽同知烏古
倫進攻北京傍近諸寨磨雲山王都統首詣軍門降

天祥命入列崖擒都統不剌釋其縛仍曉以大義不
剌感泣願効死天祥察其誠許與王都統往說降城
子崖王家奴乃命三人各將舊卒付空名告身使諭
樓子崖等二十餘寨悉降得老幼數萬勝兵八千西
乾河荅魯五指山楊趙奴獨固守不下天祥擊之大
小百餘戰趙奴死荅魯敗走得户二萬授西山總帥
兵馬興州節度使趙守王反天祥與烏野兒分道討
平之荅魯復聚衆攻龍山以槊刺烏野兒中胷墮
馬天祥馳救得免復整陣出戰大敗之斬首八千級
荅魯戰死進克中興府張致盜據錦州從木華黎討

平之會契丹漢軍擒闞肅復利州殺劉祿於銀治斬首
五十級尖山香爐紅螺塔山大蟲駱駝團崖諸寨悉平
虜生口萬餘得錦州舊將杜節并黑軍五百人即命統
之丙子春覲太祖於魚兒濼賜金符授提控元帥拔益
金蘇復等州獲金完顏奴耶律神都馬遷鎮國上將軍
利州節度使所部降民都總管監軍兵馬元帥丁丑夏
山賊祁和尚據武平討平之縛金將巢元帥又滅重兒
盜衆萬人於興州之車河己卯權兵馬都元帥蒙古漢
軍黑軍並聽節制下河東平陽河中岢嵐絳石隰吉鄜
等八十餘城庚辰至真定木華黎使天祥攻城天祥因

請曰攻之恐戮及無辜不如先往諭之苟其不從加兵
未晚木華黎許之天祥往見守將武仙諭以禍福仙悟
乃降吾也而請留天祥守真定木華黎曰天下未定智
勇之士可離左右乎吾將別處之乃以秉直之子天倪爲
河北西路兵馬都元帥鎮真定以天祥爲左副都元帥
餘如故引兵南屯邢西遥水山下仙兄貴以萬人壁於
山上負固不下天祥擕完顏胡速及黑軍百人由鳥道
扳援而上盡擒捕之仙驚曰公若有羽翼者不然何其
能也遂下邢磁相三州從戰黄龍岡破單勝兖三州木
華黎圍東平久不下怒吾也而不盡力將手斬之天祥請

代攻木華黎喜付皮甲一又與己鐵鎧并被之鏖戰不已木華黎使人止之曰爾力竭矣宜少休復以金鞍名馬與之辛巳從取綏德鄜坊等五十餘城壬午木華黎攻青龍金勝諸堡花帽軍堅守不下既破欲屠之天祥力諫而止獲壯士五千人癸未春還軍河中木華黎上其功賜金虎符授蒙古漢軍兵馬都元帥總十二萬戶鎮河中冬徇西夏破賀蘭山還遇賊射傷頷出血目爲之昏甲申歸北京授右副北京等七路兵馬都元帥庚寅朝太宗於盧朐河乞致仕不允辛卯太宗用兵河南強之從行轉漕河上給餉諸

軍壬辰命天祥領汴京百工數千屯霸州之益津行元帥府事賜錦衣一襲初天祥夜中流矢鏃入頰骨不能出至是金瘡再發鏃自口出睿宗聞而閔之授海濱和衆利州等處總管兼領霸州御衣局人匠都達魯花赤行北京七路兵馬都元帥府事憲宗即位俾仍舊職戊午秋九月以疾卒年六十八天祥幼有大志長身駢脅力絕人性不嗜酒喜稼穡好施予乙未括戶縱其奴千餘口俾爲民晚雖喪明憂國愛民之心未嘗忘也子彬江東提刑按察副使槐襲霸州御衣局人匠都達魯花赤

列傳卷第三十四

列傳卷第三十五　　元史一百四十八

翰林學士亞中大夫知制誥兼修國史臣宋濂　翰林待制承直郎同知制誥兼國史院編修官臣王禕等奉

敕修

董俊 子文蔚　文用　文忠　文直

董俊字用章真定藁城人少力田長涉書史善騎射金貞祐間邊事方急藁城令立的募兵射上中者拔爲將衆莫能弓獨俊一發破的遂將所募兵迎敵歲乙亥國王木華黎帥兵南下俊遂降己卯以勞擢知中山府事佩金虎符金將武僊據真定定武諸城皆應僊俊率衆夜入真定逐僊走之定武諸城復去僊

來附庚辰春金大發兵益僊治中李全叛中山應之俊軍時屯曲陽僊銳氣來戰敗之黃山下僊脫走獻捷于木華黎由是僊以窮降木華黎承制授俊龍虎衛上將軍行元帥府事駐藁城俊嘗謂木華黎曰武僊黠不可測終不爲我用請備之木華黎然其言承制授左副元帥陞藁城縣爲永安州號其衆爲匡國軍事一委俊乙酉僊果殺都元帥史天倪據真定以叛旁郡縣皆爲僊守俊提孤軍居反側間戰士不滿千人拒守永安僊攻之朞年無所利乃縱兵蹂禾稼俊呼語之曰汝欲得民而奪之食無道賊不爲也僊

懟而去俊出兵掩擊之僊敗走久之俊復夜入真定僊走死乃納史天倪弟天澤爲帥壬辰會諸軍圍汴明年金主棄汴奔歸德追圍之金兵夜出薄諸軍於水俊力戰死焉時年四十有八俊早喪父事母以孝聞歲時廟祭非疾病跪拜必盡禮子雖孩乳亦使之序拜曰祀以孝先也禮宜如是待族親故人皆有恩意里夫家僮亦接之有道克汴時以侍其軸爲賢延歸教諸子嘗曰射百日事耳詩書非積學不通屢誡諸子曰吾一農夫耳遭天下多故徒以忠義事人僅立門户深願汝曹力田讀書勿求非望爲吾累也俊

忠實自許不爲夷險少移臨陣勇氣懾衆立矢石間怡然若無事雖中傷亦不爲動每慕馬援爲人曰馬革裹屍援固可壯故戰必持矛先士卒或諫止之俊曰我人臣也敵在前不死乃趍安脫危乎先是戊子歲朝於行在諸將獻户口各增數要利吏請如衆俊曰民實少而欺以數多他日上需求無應必重歛以承命是我獨利而民日困也行元帥府時狂男子三百餘人期日作亂事覺戮其渠魁餘並釋之深冀間妖人惑衆圖爲不軌連逮者數萬人有司議當族俊力請主者但誅首惡永安節度使劉成叛降武僊於威州俊下令曰逆者一人餘能去逆即忠義士與其家財仍奏官之衆果去成降沃州民砦天臺爲盜既破降之他將利其子女欲掠之俊曰城降而俘其家仁者不爲也衆義不取南征時人多歸俊願爲奴者既全其家歸悉縱爲民鄰境人有被掠賣者亦與直贖還之其天性之美類如此俊器度弘遠善戰而不妄殺故人樂爲之用大小百戰無不克捷爲政寬明見人善治田廬必名與歡語有惰者則怒罰之故其部完實民惟恐其去也贈翊運効節功臣太傅開府儀同三司上柱國封壽國公謚忠烈加贈推忠翊運

效節功臣太傅開府儀同三司上柱國改封趙國公子文炳文蔚文用文直文忠文炳自有傳

文蔚字彦華俊之次子也重厚寡言不事嬉戲立志勤苦讀書忘倦及長善騎射膂力絶人事母至孝接人謙恭凡所與交貴賤長幼待之無異至於一揖必正容端體俛首幾至于地徐徐起拱人所難能兄文炳爲藁城令厲精於政家務悉委之凡供給祭祀賓客之事無不盡心辛丑起民兵南征文炳命文蔚率十有七人私整鞍馬衣甲自爲一隊與衆軍渡淮甲寅世祖收大理還駐六盤山文炳以文蔚孝謹公勤

可委以事解所佩金符以讓帝嘉賞之授稾城等處行軍千户南鎮鄧州與荆襄接境沿邊城壁未築是年冬十一月修光化乙卯立毗陽丙辰築棗陽文蔚悉捴之治板幹具畚鍤儲餱粮運木石程其工力時其饑飽藥其疾病見執役者常以善言撫之弗事威猛衆咸感曰他將領役鞭箠怒辱不恤困苦今董侯慈惠若此我曹安忍負之各盡力成之丁巳攻襄樊城南據漢江北阻湖水卒不得渡文蔚夜領兵士於湖水狹隘之處伐木拔根立於水實以薪草爲橋梁頃之即成至曉師悉渡圍已合城中大驚異之文蔚復統拔都軍以當前行奪其外城論功居最己未憲宗伐宋入川蜀文蔚奉詔將鄧之選兵西上由褒斜歷劒閣而劒閬諸州平地不能守置州事於山師行大獲雲頂長寧苦竹諸砦長驅而前至釣魚山崖壁巉峭惟一徑可登恃險阻未即降帝命攻之文蔚以次往攻廼激厲將士挾雲梯冒飛石履崎嶇以登直抵其寨苦戰頃之兵士被傷廼還帝親見之加以賞賚中統二年世祖置武衛軍文蔚以鄧兵入爲千户帝北狩留屯上都三年李壇反據濟南文蔚以麾下軍圍其南面春秋力戰城破壇誅奏功還至元五年七月十七日以疾卒于上都之炭山弟文忠時爲樞密僉院乞護喪南還帝甚憫之泰定中贈明威將軍僉右衛使司事上騎都尉隴西郡伯

文用字彦材俊之第三子也生十歲父死長兄文炳教諸弟有法文用學問早成弱冠試詞賦中選時以真定稾城奉莊聖太后湯沐庚戌太后命擇邑中子弟來上文用始從文炳謁太后于和林城世祖在潛藩命文用主文書講説帳中常見許重癸丑世祖受命憲宗自河西征雲南大理文用與弟文忠從軍督粮械贊軍務丁巳世祖令授皇子經是爲北平王雲南王也又命名遺老竇默姚樞李俊民李治魏璠於四方己未伐宋文用發沿邊蒙古漢人諸軍理軍需將攻鄂州宋賈似道呂文德將兵來拒水陸軍容甚盛九月世祖臨江閲戰文炳求先進戰文用與文忠固請偕行世祖親料甲冑擇大艦授之大破宋師世祖即位建元中統文用持詔宣諭邊郡且擇諸軍充侍衛七月還朝中書左丞張文謙宣撫大名等路奏文用爲左右司郎中二年八月以兵部郎中參議都元帥府事三年李壇叛據濟南從元帥闊闊帶統兵誅之山東平阿术奉詔伐宋名文用爲其屬文用辭

曰新制諸侯總兵者其子弟勿復任兵事今吾兄文
炳以經畧使總重兵鎮山東我不當行阿朮曰潛邸
舊臣不得引此爲說文用謝病不行至元改元召爲
西夏中興等路行省郎中中興自渾都海之亂民間
相恐動竄匿山谷文用至鎮之以靜乃爲書置通衢
諭之民乃安始開唐来漢延秦家等渠墾中興西涼
甘肅瓜沙等州之土爲水田若干於是民之歸者户
四五萬悉授田種頒農具更造舟置黄河中受諸部
落及潰叛之来降者時諸王只必鐵木兒鎮西方其
下縱横需索無筭省臣不能支文用坐幕府輙面折

以法其徒積忿譛文用於王王怒召文用使左右雜
問之意叵測文用曰我天子命吏非汝等所當問請
得與天子所遣爲王傅者辨之王即遣其傅訊文用
其傅中朝舊臣不肯順王意文用謂之曰我漢人生
死不足計所恨者仁慈寛厚如王以重戚鎮遠方而
其下毒虐百姓凌暴官府傷王威名於事體不便因
歷指其不法者數十事其傅驚起去白王王即召文
用謝之曰非郎中我殆不知郎中持此心事朝廷宜
勿怠自是譛不行而省府事頗立二年入奏經畧事
宜還以上旨行之中興遂定八年立司農司授山東

東西道巡行勸農使山東自更叛亂野多曠土文用
巡行勸勵無間幽僻入登州境見其墾闢有方以郡
守移剌某爲能作詩表異之於是列郡咸勸地利畢
興五年之間政績爲天下勸農使之最十二年丞相
安童奏文用爲工部侍郎代紇石里紇石里阿合馬
私人也其徒既譛間安童罷相即使鷹監奏曰自紇
石里去工部侍郎不給鷹食鷹且瘦死帝怒促召治
之因急捕文用入見帝望見曰董文用乃爲爾治鷹
食者耶置不問別令取給有司十三年出文用爲衛
輝路總管佩金虎符郡當衝要民爲兵者十之九餘

皆單弱貧病不堪力役會初得江南圖籍金玉財帛
之運日夜不絶于道警衛輸輓日役數千夫文用憂
之曰吾民弊矣而又重妨耕作殆不可乃從轉運主
者言州縣吏卒足以備用不必重煩吾民也主者曰
汝言誠然萬一有不虞則罪將誰歸文用即手書具
官姓名保任之民得以時耕而運事亦不廢諸郡運
江淮粟于京師衛當運十五萬石文用曰民籍可役者
無幾且江淮風水舟不能以時至而先爲期會是未
運而民已困矣乃集旁郡通議立驛置法民力以舒
十四年詔汴漕司言事適漕司議通沁水北東合流

御河以便漕者文用曰衛爲郡地最下大雨時行沁水輒溢出百十里間雨更甚水不得達于河即浸淫及衛今又引之使來豈惟無衛將無大名長蘆矣會朝廷遣使相地形上言衛州城中浮屠最高者纔與沁水平勢不可開也事遂寢十六年受代歸田里茅茨數椽僅避風雨讀書賦詩怡然燕居裕宗在東宮數爲臺臣言董文用勳舊忠良何以不見用十八年臺臣奏起文用爲山北遼東道提刑按察使不赴十九年朝廷選用舊臣召文用爲兵部尚書自是朝廷有大議未嘗不與聞二十年江淮省臣有欲專肆而

忌廉察官建議行臺隸行省狀上集朝臣議之文用議曰不可御史臺譬之臥虎雖未噬人人猶畏其爲虎也今虛名僅存紀綱猶不振一旦摧抑之則風采薾然無可復望者矣昔阿合馬用事時商賈賤役皆行賄入官及事敗欲盡去其人廷議以爲不可使阿合馬售私恩而朝廷驟斂怨也乃使按察司劾去其不可者然後吏有所憚民有所赴訴則是按察司者國家當飭勵之不可摧抑也悉從文用議轉禮部尚書遷翰林集賢二院學士知秘書監時中書右丞盧世榮以貨利得幸權要爲貴官陰結貪刻之黨以錙

銖掊克爲功乃建議曰我立法治財視常歲當倍增而民不擾也詔下會議人無敢言者文用陽問曰此錢取於右丞之家耶將取之於民耶取於右丞之家則不敢知若取諸民則有說矣牧羊者歲嘗兩剪其毛今牧人日剪其毛而獻之則主者固悅其得毛之多矣然而羊無以避寒熱即死且盡毛又可得哉民財亦有限取之以時猶懼其傷殘也今盡刻剝無遺猶有百姓乎世榮不能對丞相安童謂坐中曰董尚書真不虛食俸祿者議者出皆謝文用曰君以一言折聚斂之臣而厚邦本真仁人之言哉世榮竟以是

得罪二十二年拜江淮行中書省參知政事文用力辭帝曰卿家世非他人比朕所以任卿者不在錢穀細務也卿當察其大者事有不便但言之文用遂行行省長官者素貴多傲同列莫敢仰視跪起稟白如小吏事上官文用至則坐堂上侃侃與論是非可否無所遷就雖數忤之不顧也有以帝命建佛塔於宋故宮者有司奉行甚急天大雨雪入山伐木死者數百人猶欲併建大寺文用謂其人曰非時役民民不堪矣少徐之如何長官者曰參政奈何格上命耶文用曰非敢格上命今日之困民力而失民心者豈上

意耶其人意沮遂稍寬其期二十三年朝廷將用兵海東徵斂益急有司大爲奸利文用請入奏事大略言疲國家可寶之民力取僻陋無用之小邦列其條目甚悉言上事遂罷二十五年拜御史中丞文用曰中丞不當理細務吾當先舉賢才乃舉胡祗遹王惲雷膺荆幼紀許楫孔從道十餘人爲按察使徐琰魏初爲行臺中丞當時以爲極選方是時桑哥當國恩寵方盛自近戚貴人見之皆屛息遜避無敢誰何文用以舊臣任中丞獨不附之桑哥令人風文用頌己功於帝前文用不荅桑哥又自謂文用曰百司皆具

食於丞相府矣文用又不荅會朔方軍興糧糗粗備而誅求愈急文用謂桑哥曰民急矣外難未解而内伐其根本丞相宜思之於是遠邇盜賊蜂起文用持外郡所上盜賊之目謂桑哥曰百姓豈不欲生養安樂哉急法暴斂使至此爾御史臺所以拔政事之不及丞相當助之不當抑之也御史臺不得行則民無所赴愬民無所赴愬而政日亂將不止於臺事之不行也忤其意益深乃摭拾臺事百端文用日與辨論不爲屈於是具奏桑哥姦狀詔報文用語密而外人不知也桑哥曰誣譖文用于帝曰在朝惟董文用戇

戇不聽令沮撓尚書省請痛治其罪帝曰彼御史之職也何罪之有且董文用端謹朕所素知汝善視之遷大司農時欲奪民田爲屯田文用固執不可遷爲翰林學士承旨二十七年隆福太后在東宮以文用舊臣欲使文用授皇孫經具奏上以帝命命之文用每講說經旨必附以朝廷故事丁寧譬喻反復開悟皇孫亦特加敬禮三十一年帝命文用以其諸子入見文用曰臣蒙國厚恩死無以報臣之子何能爲命至再三終不以見是歲世祖崩成宗將即位上都太后命文用從行既即位巡狩三不剌之地文用曰先

帝新棄天下陛下巡狩不以時還無以慰安元元宜趣還京師且臣聞人君猶北辰然居其所而衆星拱之不在勤遠畧也帝悟即日可其奏是行也帝每召入帳中問先朝故事文用亦盛言先帝虛心納賢開國經世之務談說或至夜半文用自先帝時每侍燕與蒙古大臣同列裕宗嘗就榻上賜酒使毋下拜跪飲皆異數也帝在東宮時正旦受賀於衆中見文用召使前曰吾向見至尊甚稱汝賢輙親取酒飲之至是眷賚益厚是年詔修先帝實錄陞資德大夫知制誥兼脩國史文用於祖宗世系功德近戚將相家世

勳績皆記憶貫穿史館有所考究質問文用應之無遺失大德元年上章請老賜中統鈔萬貫以歸官一子鄉郡侍養六月戊寅以疾卒年七十有四子八人士貞士亨士楷士英士昌士恒士熊士方贈銀青光祿大夫少保壽國公謚忠穆

文直字彥正俊之第四子也剛毅莊栗簡言笑通經史法律為槀城長官佩金符初兄文炳及季弟文忠去事世祖次文用亦在朝俱有仰於家而食者餘百口文直勤儉始終不替內則養生送死之合禮外則中表賓問之中度奉上接下一敬一愛藹乎其睦也

性好施而甚仁里閈或貧不自立每陰濟其急不使之知恩所從來微至僮病必手予粥藥或止之曰不忍以其賤遠吾愛心及棄官浮沉里社任真適意親賓過從尊酒相勞家門日以烜赫己獨恬然不見諸辭色以病卒年五十有二

文忠字彥誠俊第八子也歲壬子入侍世祖潛邸王鶚嘗言詩因問文忠能之乎文忠曰吾少讀書惟知入則孝於親出則忠於君而已詩非所學也癸丑從征南詔己未伐宋與兄文炳文用敗宋兵於陽羅堡得蒙衝百艘進圍鄂世祖即位置符寶局以文忠為郎授奉訓大夫居益近密嘗呼董八而不名文忠不為容悅隨事獻納中禁事秘外多不聞至元二年安童以右丞相入領中書建陳十事言忤旨文忠曰丞相素有賢名今秉政之始人方傾聽所請不得後何以為遂從旁代對懇悃詳切如身條是疏者始得允可八年侍講學士徒單公履欲奏行貢舉知帝於釋氏重教而輕禪乃言儒亦有之科舉類教道學類禪帝怒召姚樞許衡與宰臣廷辨文忠自外入帝曰汝日誦四書亦道學者文忠對曰陛下每言士不治經講孔孟之道而為詩賦何關修身何益治國由是海

內之士稍知從事實學臣今所誦皆孔孟之言焉知所謂道學而俗儒守亡國餘習欲行其說故以是上惑聖聽恐非陛下教人修身治國之意也事遂止十一年伐宋民困供饋文忠奏免常歲橫征從之帝嘗見宋降將從容問宋所以亡者皆曰賈似道當國薄武人而重文儒將士怨之莫有鬭志故大軍既至爭解甲歸命也帝問文忠此言何如文忠因詰之曰似道薄汝矣而君則貴汝以官富汝以祿未嘗薄汝也今有怨於相而移於君不肯一戰坐視國亡如臣節何然則似道薄汝者豈非預知汝曹不足恃乎帝深

善之有言從大都獵戶於郢中文忠奏止之又請罷官鬻田器之稅聽民自爲時多盜詔犯者皆殺無赦在處繫囚滿獄文忠言殺人取貨與竊一錢者均死慘黷莫甚恐乖陛下好生之德敕革之或告漢人毆傷國人及太府監屬盧甲盜剪官布帝怒命殺以懲衆文忠言今刑曹於囚罪當死者已有服辭猶必詳讞是豈可因人一言遽加之重典宜付有司閱實以俟後命乃遣文忠及近臣突滿分覈之皆得其誣狀遂詔原之帝因責侍臣曰方朕怒時卿曹皆不敢言非董文忠開悟朕心則殺二無辜之人必取議中外

矣因賜文忠金尊曰用旌卿直裕宗亦語宮臣曰方天威之震董文忠從容諫正實人臣難能者太府監屬奉物詣文忠泣謝曰鄙人賴公復生文忠曰吾素非知子所以相救於危急者蓋爲國平刑豈望子見報哉却其物不受自安童北伐阿合馬獨當國柄大立親黨懼廉希憲復入爲相害其私計奏希憲以右丞行省江陵文忠言希憲國家名臣今宰相虛位不可使久居外以孤人望宜早召還從之十六年十月奏曰陛下始以燕王爲中書令樞密使纔一至中書自册爲太子累使明習軍國之事然十有餘年終守謙退不肯視事者非不奉明詔也蓋朝廷處之未盡其道爾夫事已奏決而始啓太子是使臣子而可否君父之命故惟有唯默避遜而已以臣所知不若令有司先啓而後聞其有未安者則以詔勅斷之庶幾理順而分不踰太子必不敢辭其責矣帝即日召大臣面諭其意使行之復語太子曰董八崇立國本者其勿忘之禮部尚書謝昌元請立門下省封駁制勅以絕中書風曉近習奏請之弊帝銳意欲行之詔廷臣雜議且怒翰林學士承旨王磐曰如是有益之事汝不入告而使南方後至之臣言之汝用學問何爲

必今日開是省三日廷臣奏以文忠爲侍中及其屬數十人近臣乘便言曰陛下將別置省此實其時然得人則可以寬聖心新民聽今闕盜詐之臣與居其間不可其言多指文忠文忠忽辨曰上每稱臣不盜不詐今汝顧臣而言意實在臣其顯言臣盜詐何事帝令言者出文忠猶詆不止且攻其害國之姦帝曰朕自知之彼不言汝也其人忌文忠欲中害之然以文忠清慎無過乃奉鈔萬緡爲壽求交驩文忠却之文炳爲中書左丞卒太傅伯顏乃表文忠可相帝使繼其官文忠辭曰臣兄有平定南方之勞可居是位

臣嘗給事居中所宣何力敢冒居重職乎十八年陞典瑞局爲監郎爲卿仍以文忠爲之授正議大夫俄授資德大夫僉書樞密院事卿如故車駕行幸詔文忠毋扈從留居大都凡宮苑城門直舍徼道環衛營屯禁兵太府少府軍器尚乘諸監皆領焉兵馬司舊隷中書併付文忠時權臣累請奪還中書不報是冬十月二十有五日雞鳴將入朝忽病仆帝遣中使持藥投救不及遂卒甚悼惜之賻錢數十萬後制贈光禄大夫司徒封壽國公謚忠貞

嚴實 子忠濟 忠範

嚴實字武叔泰安長清人略知書志氣豪放不治生產喜交結施與落魄里社間屢以事繫獄俠少輩爲出死力乃得脫去癸酉秋太祖率兵自紫荊口入分略山東河北河東而歸金東平行臺調民爲兵以實爲衆所服命爲百戶甲戌春泰安張汝楫據靈巖遣別將攻長清實破走之以功授長清尉戊寅權長清令宋取益都乘勝而西行臺檄實備芻糧爲守禦計實出督租比還而長清破俄以兵復之有譖于行臺者謂實與宋有謀行臺以兵圍之實挈家避青崖宋因以實爲濟南治中分兵四出所至無不下於是太

行之東皆受實節制庚辰三月金河南軍攻彰德守將單仲力不支數求救實請於主將張林林逗遛不行實獨以兵赴之比至而仲被擒實知宋不足恃七月謁太師木華黎於軍門挈所部彰德大名磁洺恩博滑濬等州戶三十萬來歸木華黎承制拜實金紫光祿大夫行尚書省事進攻曹濮單三州皆下之偏將李信留鎮青崖嘗有罪懼誅乘實之出殺其家屬降于宋辛巳實以兵復青崖擒信誅之進攻東平金守將和立剛棄城遁實入居之壬午宋將彭義斌率師取京東州縣實將晁海以青崖降盡掠實家義斌軍西下郡縣多歸之乙酉四月遂圍東平實潛約大將孛里海合兵攻之兵久不出城中食且盡乃與義斌連和義斌亦欲藉實取河朔而後圖之請以兄事實時麾下衆尚數千義斌聽其自領而青崖所掠者則留不遣七月義斌下真定道西山與孛里海等軍相望分實以帳下兵陽助而陰伺之實知勢迫急赴孛里海軍與之合遂與義斌戰宋兵潰擒義斌不旬月京東州縣復爲實有是冬木華黎之弟帶孫取彰德明年取濮東平又明年木華黎之子孛魯取益都實皆有功焉庚寅四月朝太宗于牛心之幄殿帝賜

之坐宴享終日賜以虎符數顧實謂侍臣曰嚴實真福人也甲午朝于和林授東平路行軍萬户偏裨賜金符者八人先是實之所統凡五十餘城至是惟德兗濟單隸東平丁酉九月詔實毋事征伐初彰德既下又破水柵帶孫怒其反覆驅老幼數萬欲屠之實曰此國家舊民吾兵力不能及為所脅從果何罪耶帶孫從之繼破濮州復欲屠之實言百姓未嘗敵我豈可與執兵刃者同戮不若留之以供芻秣濮人免者又數萬其後於曹楚丘定陶上黨皆然時兵由武關出襄鄧實在徐邳間以為河南破屠戮必多乃載

金繒往贖之且約束諸將毋敢妄有殺掠靈壁一縣當誅者五萬人實悉赦之會大饑民北徙者多餓死又法蔵匿逃者保社皆坐逃亡無所託殭尸蔽野實命作糜粥盛置道傍全活者衆實部曲有逃歸益都者數十人益都破皆獲之以為必殺實置不問王義深者義斌之別將闘義斌敗將奔河南實族屬在東平者皆為所害河南破實獲義深妻子厚周卹之送還鄉里終不以舊怨為嫌其寬厚長者類若此庚子卒年五十九遠近悲悼野哭巷祭旬月不已中統二年追封實為魯國公謚武惠子忠貞金紫光祿大夫

忠濟忠嗣忠範忠傑忠裕忠祐

忠濟一名忠翰字紫芝實之第二子也儀觀雄偉善騎射辛丑從其父入見太宗命佩虎符襲東平路行軍萬户管民長官開府布政一法其父養老尊賢治為諸道第一領兵略地淮漢偏裨部曲戮力用命定宗憲宗即位之始皆加褒寵忠濟初統千户十有七乙卯朝命括新軍山東益兵二萬有奇忠濟弟忠嗣忠範為萬户以次諸弟暨勳將之子為千户城戍宿州蘄縣而忠濟皆統之己未世祖南伐詔率師由間道會鄂親率勇士梯衝登城師還忠濟選勇敢二千

別命千户將之甲仗精銳所向無前大臣有言其威權太盛者中統二年召還京師命忠範代之忠濟治東平日借貸於人代部民納逋賦歲久愈多及謝事債家執文券來徵帝聞之悉命發内蔵代償東平廟學故隘陋改卜高爽地于城東教養諸生後多顯者幕僚如宋子貞劉肅李昶徐世隆俱為名臣至元二十三年特授資德大夫中書左丞行江浙省事以老辭二十九年賜鈔萬五千緡宅一區召其子瑜入侍三十年卒忠濟統理方郡凡十一年爵人命官生殺予奪皆自己出及謝去大權貴而能貧安于義命世

以是多之後謚莊孝

忠嗣實之第三子也少從張澄商挺李楨學略知經史大義辛亥其兄忠濟授以東平人匠總管遥領單州防禦使事乙卯充東平路管軍萬户丁巳從忠濟略地揚州取邵伯埭首立戰功己未南征從忠濟渡淮分兵出桂車嶺與宋兵相拒三晝夜殺獲甚衆始達蘄州及渡江抵鄂分部攻城九十餘日戰甚力師還授金虎符中統三年李璮叛宋兵攻蘄州勢張甚徐州總管李杲哥降于宋齊魯山寨爲宋兵所據忠嗣從大帥按脫救蘄縣復徐州執李杲哥殺之攻鄒之嶧山滕之牙山多所殺獲按脫論功以聞賜銀二百兩幣五十端四年朝廷懲青齊之亂居大藩者子弟不得親政於是罷官家居至元十年卒

列傳卷第三十五

列傳卷第三十六　元史一百四十九

翰林學士亞中大夫知制誥兼修國史臣宋濂　翰林待制承直郎兼國史院編修官臣王褘等奉

勅修

耶律留哥

耶律留哥契丹人仕金爲北邊千户太祖起兵朔方金人疑遼遺民有他志下令遼民一户以二女真户夾居防之留哥不自安歲壬申遁至隆安韓州糾壯士剽掠其地州發卒追捕留哥皆擊走之因與耶的合勢募兵數月衆至十餘萬推留哥爲都元帥耶的副之營帳百里威震遼東太祖命按陳那衍渾都古行軍至遼遇之問所從來留哥對曰我契丹軍也往附大國道阻馬疲故逗遛於此按陳曰我奉旨討女真適與爾會庸非天乎然爾欲效順何以爲信留哥乃率所部會按陳于金山刑白馬白牛登高北望折矢以盟按陳曰吾還奏當以征遼之責屬爾金人遣胡沙帥軍六十萬號百萬來攻留哥聲言有得留哥骨一兩者賞金一兩肉一兩者賞銀亦如之仍世襲千户留哥度不能敵亟馳表聞帝命按陳孛都歡阿魯都罕引千騎會留哥與金兵對陳于迪吉腦兒留哥以姪安奴爲先鋒横衝胡沙軍大敗之以所俘輜

重獻帝召按陳還而以可特哥副留哥屯其地衆以遼東未定癸酉三月推留哥爲王立妻姚里氏爲妃以其屬耶厮不爲郡王坡沙僧家奴耶的李家奴等爲丞相元帥尚書統古與著撥行元帥府事國號遼甲戌金遣使青狗誘以重祿使降不從青狗度其勢不可反臣之金主怒復遣宣撫萬奴領軍四十餘萬攻之留哥逆戰于歸仁縣北河上金兵大潰萬奴收散卒奔東京安東同知阿憐懼遣使求附於是盡有遼東州郡遂都咸平號爲中京金左副元帥移剌都以兵十萬攻留哥拒戰敗之乙亥留哥破東京可特

哥娶萬奴之妻李僊娥留哥不直之有隙既而耶厮不等勸留哥稱帝留哥曰向者吾與按陳那衍盟願附大蒙古國削平疆宇倘食其言而自爲東帝是逆天也逆天者必有大咎衆請愈力不獲已稱疾不出潛與其子薛闍奉金幣九十車金銀牌五百至按坦孛都罕入覲帝曰漢人先納款者先引見太傅阿海奏曰劉伯林納款最先帝曰伯林雖先然迫於重圍而來未若留哥仗義效順也其先留哥既見帝大悅謂左右曰凡留哥所獻白之於天乃可受遂以白氊陳於前七日而後納諸庫因問舊何官對曰遼王帝

命賜金虎符仍遼王又問户籍幾何對曰六十餘萬帝曰可發三千人爲質朕遣蒙古三百人往取之汝亦遣人偕往留哥遣大夫乞奴安撫禿哥與俱且命詰可特哥曰爾妻萬奴之妻悖法尤甚其拘縶以來可特哥懼與耶厮不等紿其衆曰留哥已死遂以其衆叛殺所遣三百人惟三人逃歸事聞帝諭留哥曰爾毋以失衆爲憂朕倍此數封汝無吝也草青馬肥資爾甲兵往取家孥丙子乞奴金山青狗統古與等推耶厮不僭帝號於澄州國號遼改元天威以留哥兄獨剌爲平章置百官方閱月其元帥青狗叛歸于

金耶厮不爲其下所殺推其丞相乞奴監國與其行元帥鴉兒分兵民爲左右翼屯開保州關金蓋州守將衆家奴引兵攻敗之留哥引蒙古軍數千適至得兄獨剌并妻姚里氏户二千鴉兒引敗軍東走留哥追擊之還度遼河招撫懿州廣寧徙居臨潢府乞奴走高麗爲金山所殺金山又自稱國王改元天德統古與復殺金山而自立喊舍又殺之亦自立戊寅留哥引蒙古契丹軍及東夏國元帥胡土兵十萬圍喊舍高麗助兵四十萬克之喊舍自經死徙其民於西樓自乙亥歲留哥北覲遼東反覆耶厮不僭號七十

餘曰金山二年統古與㖞含亦近二年至己卯春留哥復定之庚辰留哥卒年五十六妻姚里氏入奏會帝征西域皇太弟承制以姚里氏佩虎符權領其衆者七年丙戌帝還姚里氏携次子善哥鐵哥永安及從子塔塔兒孫收國奴見帝于河西阿里湫城帝曰健鷹飛不到之地爾婦人乃能來耶賜之酒慰勞甚至姚里氏奏曰留哥既沒官民乏主其長子薛闍扈從有年願以次子善哥代之使歸襲爵帝曰薛闍今爲蒙古人矣其從朕之征西域也回回圍太子於合迷城薛闍引千軍救出之身中槊又於蒲華尋思干城與回回格戰傷於流矢以是積功爲拔都魯不可遣當令善哥襲其父爵姚里氏拜且泣曰薛闍者留哥前妻所出嫡子也宜立善哥者婢子所出若立之是私己而蔑天倫婢子竊以爲不可帝嘆其賢給驛騎四十從征河西賜河西俘人九口馬九匹白金九錠幣器皆以九計許以薛闍襲爵而留善哥塔塔兒收國奴於朝惟遣其季子永安從姚里氏東歸丁亥帝召薛闍謂曰昔女真猖獗爾父起兵自遼東會朕師又能割愛以爾事朕其情貞慤可尚繼而奸人耶厮不等叛人民離散欲食爾父子之肉者今豈無人

乎朕以兄弟視爾父則爾猶吾子尒父亡矣爾其與吾弟孛魯古台並轄軍馬爲第三千户薛闍受命己丑從太宗南征有功賜馬四百牛六百羊二百庚寅帝命與撒兒台東征收其父遺民移鎮廣寧府行廣寧路都元帥府事自庚寅至丁酉連征高麗東夏萬奴國復户六千有奇戊戌薛闍卒年四十六子收國奴襲爵行廣寧府路總管軍民萬户府事易名石剌征高麗有功辛亥憲宗以石剌爲國宣力者三代命益金更造所佩虎符賜之佐諸王也苦及扎剌台控制高麗己未卒年四十五長子古乃嗣中統元年征河西三年征李璮破嶧山以功皆受賞至元六年朝廷併廣寧于東京去職是歲卒年三十六子忒哥薛闍弟善哥賜名蒙古歹命從親王口溫不花己丑從攻破天城堡鳳翔府以功襲充拔都魯壬辰引兵三千渡河會大軍平金後伐宋拔光州棗陽由千户遷廣寧尹至元元年卒年五十二子天祐襲廣寧千户改廣寧縣尹

劉伯林

劉伯林濟南人好任俠善騎射金末爲威寧防城千户壬申歲太祖圍威寧伯林知不能敵乃縋城詣軍

門請降太祖許之遣禿魯花等與偕入城遂以城降帝問伯林在金國為何官對曰都提控即以元職授之命選士卒為一軍與太傅耶律禿懷同征討招降山後諸州太祖北還留伯林屯天成過金兵前後數十戰進攻西京錄功賜金虎符以本職充西京留守兼兵馬副元帥癸酉從征山東攻梁門遂城下之乙亥同國王木華黎攻破燕京丁丑復從大軍攻下山東諸州木華黎上其功賜名馬二十匹錦衣一襲戊寅同攻下太原平陽己卯破潞絳及火山聞喜諸州縣時論欲徙聞喜民實天成伯林以北地喪亂人艱於食力爭而止之部曲所獲俘虜萬計悉縱之在威寧十餘年務農積穀與民休息鄰境凋瘵而威寧獨為樂土嘗曰吾聞活千人者後必封吾之所活何啻萬餘人子孫必有興者乎辛巳以疾卒年七十二累贈太師封秦國公謚忠順子黑馬

黑馬名嶷字孟方始生時家有白馬產黑駒故以為小字後遂以小字行驍勇有志略年幾弱冠隨父征伐大小數百戰出入行陣略無懼色嘗獨行遇金兵圍本部十三人即奮劍入圍手殺金兵數人十三人皆得脫歲壬午襲父職為萬戶佩虎符兼都元帥癸未從國王木華黎攻鳳翔不克回屯絳州又從孛羅攻西夏唐兀甲申從按真那延攻破東平大名乙酉金降將武僊據真定以叛從孛羅討之破真定武僊遁去金將忽察虎以兵四十萬復取山後諸州黑馬逆戰隘胡嶺大破之斬忽察虎歲己丑太宗即位始立三萬戶以黑馬為首重喜史天澤次之授金虎符充管把平陽宣德等路管軍萬戶仍僉太傅府事總管漢軍從征回回河西諸國及破鳳翔西河洐州諸城堡庚寅睿宗入自大散關假道於宋以伐金命黑馬先由興元金房東下至三峯山遇金大將合達與戰大破之虜合達斬首數萬級乘勝攻破香山寨及鈞州賜西錦良馬貂鼠衣以旌其功會增立七萬戶仍以黑馬為首重喜史天澤嚴實等次之癸巳從破南京賜繡衣玉帶甲午從破蔡州滅金乙未同都元帥荅海紺卜征西川辛丑改授都總管萬戶統西京河東陝西諸軍萬戶夾谷忙古歹田雄等並聽節制入覲帝慰勞之賜銀鼠皮三百為直孫衣尋命巡撫天下察民利病應州郭志全反脅從詿誤者五百餘人有司議盡戮之黑馬止誅其為首者數人餘悉從輕典癸丑從憲宗至六盤山商州與宋接境數為所

侵命黑馬守之宋人斂兵不敢犯丁巳入覲請立成都以圖全蜀帝從之成都既立就命管領新舊軍民小大諸務賜號也可禿立中統元年廉希憲商挺宣撫川陝時密力火者握重兵居成都希憲與挺慮其爲變以黑馬有膽智使乘驛矯詔竟誅之其子訴于朝世祖諭之曰玆朕命也其勿復言三年命兼成都路軍民經略使瀘州被圍黑馬已屬疾猶親督轉輸不輟左右諫其少休黑馬曰國事方急以此死無憾遂卒年六十三累贈太傅封秦國公謚忠惠子十二人元振元禮顯

元振字仲舉黑馬長子也隨父入蜀立成都會商鄧間有警命黑馬往鎮商鄧以元振攝萬戶時年方二十既涖事號令嚴明賞罰不妄麾下宿將皆敬服之憲宗伐宋駐驆釣魚山以元振與紐鄰爲先鋒中統元年世祖即位廉希憲商挺奏以爲成都經略使總管萬戶宋瀘州守將劉整密送款求降黑馬遣元振往受之諸將皆曰劉整無故而降不可信也元振曰宋權臣當國賞罰無章有功者往往以計除之是以將士離心且整本非南人而居瀘南重地事勢與李全何異整此舉無可疑者遂行黑馬戒之曰劉整宋

之名將瀘乃蜀之衝要今整遽以瀘降情僞不可知汝無爲一身慮事成則爲國家之利不成則當效死乃其分也元振至瀘整開門出迎元振弃衆而先下馬與整相見示以不疑明日請入城元振釋戎服從數騎與整聯轡而入飲燕至醉整心服焉獻金六千兩男女五百人元振以金分賜將士而歸還其男女宋瀘州主帥俞興率兵圍瀘州晝夜急攻自正月至五月城幾陷左右勸元振曰事勢如此宜思變通整本非吾人與俱死無益也元振曰人以誠歸我既受其降豈可以急而棄之且瀘之得失關國家利害吾有死而已食將盡殺所乘馬犒將士募善游者賫蠟書至成都求援又權造金銀牌分賞有功未幾援兵至元振與整出城合擊興兵大敗之斬其都統一人興退走捷聞且自陳擅造金銀牌罪帝嘉其通於權變賜錦衣一襲白金五百兩入朝又賜黃金五十兩弓矢鞍轡黑馬卒元振居喪起授成都軍民經略使至元七年時議以勳舊之家事權太重宜稍裁抑遂降爲成都副萬戶十一年命兼潼川路副招討使十二年卒年五十一子緯穀從父行軍元振卒綿襲職佩虎符爲萬戶守潼川創立遂寧諸處山寨從圍釣

魚山數戰有功攻合州授潼川路副招討遷副都元帥復授管軍萬户遷同知四川西道宣慰司事入朝進四川西道宣慰使拜陝西行省參知政事卒

元禮黒馬第五子也性沉厚有謀常從父在軍中歲甲寅授金符爲京兆路奥魯萬户中統四年遷興元成都等路兵馬左副元帥至元元年遷潼川路漢軍都元帥二年九月宋制置夏貴率軍五萬犯潼川元禮所領纔數千衆寡不敵諸將登城望貴軍有懼色元禮曰料敵制勝在智不在力乃出戰屢破之復大戰蓬溪自寅至未勝負不決激厲將士曰此去城百

里爲敵所乘則城不可得入潼川非國家有矣丈夫當以死戰取功名時不可失也即持長刀大呼突入陣所向披靡將士咸奮無一不當百大敗貴兵斬首萬餘級生擒千餘人捷奏賜錦衣二襲白金三錠名馬一匹金鞍轡弓矢召入朝命復還潼川立蓬溪寨元禮又奏嘉定去成都三百六十里其間舊有眉州城可修復之屯兵以扼嘉定往來之路世祖從之四年命平章趙寶臣往視可否或以爲眉州荒廢已久立之無關利害徒費財力元禮力爭之寶臣是其言遂興役七日而畢宋人駭其速元禮鎮守眉州五年召入朝乞觧官養母從之九年起授懷遠大將軍延安路總管卒

郭寶玉

郭寶玉字玉臣華州鄭縣人唐中書令子儀之裔也通天文兵法善騎射金末封汾陽郡公兼猛安引軍屯定州歲庚午童謡曰摇摇罟罟至河南拜閼氏既而太白經天寶玉嘆曰北軍南汴梁即降天改姓矣金人以獨吉思忠僕散揆行中書省領兵築烏沙堡會太師木華黎軍忽至敗其兵三十餘萬思忠等走寶玉舉軍降木華黎引見太祖問取中原之策寶玉

對曰中原勢大不可忽也西南諸蕃勇悍可用宜先取之藉以圖金必得志焉又言建國之初宜頒新令帝從之於是頒條畫五章如出軍不得妄殺刑獄惟重罪處死其餘雜犯量情笞决軍户蒙古色目人每丁起一軍漢人有田四頃人三丁者僉一軍年十五以上成丁六十破老站户與軍户同民匠限地一頃僧道無益於國有損於民者悉行禁止之類皆寶玉所陳也帝將伐西蕃患其城多依山險問寶玉攻取之策對曰使其城在天上則不可取如不在天上至則取矣帝壯之授抄馬都鎮撫癸酉從木華黎取永

清破高州降北京龍山復帥抄馬從錦州出燕南破
太原平陽諸州縣甲戌從帝討契丹遺族歷古徐鬼
國訛夷朶等城破其兵三十餘萬寶玉胷中流矢帝
命剖牛腹置其中少頃乃蘇尋復戰收別失八里別
失蘭等城次忽章河西人列兩陣迎拒戰方酣寶玉
望其衆疾呼曰西陣走矣其兵果走追殺幾盡進兵
下撏思干城次暗木河敵築十餘壘陳船河中俄風
濤暴起寶玉令發火箭射其船一時延燒乘勝直前
破護岸兵五萬斬大將佐里遂屠諸壘收馬里四城
辛巳可弗义國唯筭端罕破乃滿國引兵據撏思干

闐帝將至棄城南走入鐵門屯大雪山寶玉追之遂
奔印度帝駐大雪山前時谷中雪深二丈寶玉請封
山川神壬午三月封崑崙山爲玄極王大鹽池爲惠
濟王從柘栢速不台二先鋒收契丹渤海等諸國有
功累遷斷事官卒子賀蘭山子德海德山德山以萬
户破陝州攻潼關卒

德海字大洋資貌奇偉亦通天文兵法金末爲謀克
擊宋將彭義斌於山東敗之知父寶玉北降遁入太
行山大軍至乃出降爲抄馬彈壓從先鋒柘栢西征
渡乞則里八海攻鐵山衣幟與敵軍不相辨乃焚蒿
爲號煙焰漫野敵軍動乘之斬首三萬級踰雪嶺西
北萬里進軍次荅里國悉平之乙酉還至峥山吐蕃
帥尼倫回紇帥阿必丁反復破斬之戊子春從元帥
闊闊出游騎入關中金人閉關拒守德海引驍騎五
百斬關入殺守者三百人直擣凌風渡寨後兵不至
引還己丑秋破南山八十三寨陝西平德海導大將
兕欲那抜都假道漢中歷荆襄而東與金將武僊軍
十萬遇於白河德海提孤軍轉戰僊敗走斬首二萬
餘級復破金移剌粘哥軍于鄧冬十一月至鈞州辛
卯春正月睿宗軍由洛陽來會于三峯山金人溝地

立軍圍之睿宗令軍中祈雪又燒羊胛骨卜得吉兆
夜大雪深三尺溝中軍僵立刀槊凍不能舉我軍衝
圍而出金人死者三十餘萬其帥完顔哈達移剌蒲
兀走匿浮圖上德海命掘浮圖基出其柱而焚之完
顔斜烈單騎遁還洛陽又破金將合喜兵於中牟完
顔斜烈復帥軍十萬來拒戰于鄭先登破之殺其都
尉左崇以功遷右監軍壬辰正月破金師於黄龍岡
癸巳取申唐二州甲午河南復叛德海往討之砲傷
其足以疾歸卒先是太宗詔大臣忽都虎等試天下
僧尼道士選精通經文者千人有能工藝者則命小

通事合住等領之餘皆爲民又詔天下置學廩育人材立科目選之入仕皆從德海之請也子侃

侃字仲和幼爲丞相史天澤所器重留于家而教養之弱冠爲百户驚勇有謀略壬辰金將伯撒復取衛州侃拒之破其兵四萬於新衛州遂渡河襲金主至歸德敗其兵於閼伯臺即從速不台攻汴西門金元帥崔立降以功授總把從天澤屯太康復以下德安功爲千户壬子送兵仗至和林改抄馬那顏從宗王旭烈兀西征癸丑至木乃兮其國塹道置毒水中侃破其兵五萬下一百二十八城斬其將忽都荅而兀

朱筭灘筭灘華言王也丙辰至乞都卜其城在檐寒山上懸梯上下守以精兵悍卒乃築夾城圍之莫能克侃架砲攻之守將卜者納失兒開門降旭烈兀遣侃往諭兀魯兀乃筭灘來降其父阿力據西城侃攻破之走據東城復攻破殺之丁巳正月至兀里兒城伏兵下令聞鉦聲則起敵兵果來伏發盡殺之海牙筭灘降又西至阿剌汀破其游兵三萬禡拶荅而筭灘降至乞石迷部忽里筭灘降西戎大國也地方八千里父子相傳四十二世勝兵數千萬侃兵至破其兵七萬屠西城又破其東城東城殿宇皆搆以沉檀木舉火焚之香聞百里得七十二弦琵琶五尺珊瑚燈檠兩城間有大河侃預造浮梁以防其遁城破合里法筭灘登舟覩河有浮梁扼之乃自縛詣軍門降其將紂荅兒遁去侃追之至暮諸軍欲頓舍侃不聽又行十餘里乃止夜暴雨先所欲舍處水深數尺明日獲紂荅兒斬之拔三百餘城又西行三千里至天房其將住石致書請降左右以住石之請爲信然易之不爲備侃曰欺敵者亡軍機多詐若中彼計恥莫大焉乃嚴備以待住石果來邀我師侃與戰大敗之巴兒筭灘降下其城一百八十五又西行四十里至

密昔兒會日暮已休復驅兵起留數病卒西行十餘里頓軍下令軍中銜枚轉箭敵不知也潛兵夜來襲殺病卒可乃筭灘大驚曰東天將軍神人也遂降戊午旭烈兀命侃西渡海收富浪侃喻以禍福兀都筭灘曰吾昨所夢神人乃將軍也即來降師還西南至石羅子敵人來拒侃直出掠陣一鼓敗之換斯干阿荅畢筭灘降至賓鐵侃以奇兵奄擊大敗之加葉筭灘降己未破兀林游兵四萬阿必丁筭灘大懼來降得城一百二十西南至乞里彎忽都馬丁筭灘來降西域平侃以捷告至釣魚山會憲宗崩乃還鄧開屯

田立保障世祖即位偘上疏陳建國號築都城立省臺興學校等二十五事及平宋之策其略曰宋據東南以吴越爲家其要地則荆襄而已今日之計當先取襄陽既克襄陽彼揚廬諸城彈丸地耳置之勿顧而直趨臨安疾雷不及掩耳江淮巴蜀不攻自平後皆如其策中統二年擢江漢大都督府理問官二年二月益都李壇及徐州總管李杲哥俱反宋夏貴復來犯邊史天澤薦偘召入見世祖問計所出曰羣盗竊發猶柙中虎内無資糧外無救援築城環之坐待其困計日可擒也帝然之賜尚衣弓矢馳至徐斬杲哥夏貴焚廬舍徙軍民南去偘追貴過宿遷縣奪軍民萬餘人而還賜金符爲徐邳二州總管杲哥之弟驢馬復與夏貴以兵三萬來擾邊境偘出戰斬首千餘級奪戰艦二百至元二年有言當解史天澤兵權者天澤遂遷他官偘亦調同知滕州三年偘上言宋人羈留我使宜興師問罪淮北可立屯田三百六十所每屯置牛三百六十具計一屯所出足供軍旅一日之需四年從高唐令兼治夏津武城等五縣五年邑人吴乞兒濟南道士胡王反討平之七年改白馬令僧威羅漢與彰德趙當驢反又平之帝以偘習於

軍務擢爲萬户從軍下襄陽由陽羅上流渡江江南平遷知寧海州居一年卒偘行軍有紀律野爨露宿雖風雨不入民舍所至興學課農吏民畏服子秉仁秉義

石天應

石天應字瑞之興中永德人善騎射豪爽不羈頗知讀書鄉里人多歸之太祖時太師國王木華黎南下天應率衆迎謁軍門木華黎即承制授興中府尹兵馬都提控俾從南征天應造戰攻之具臨機應變捷出如神以功拜龍虎衛上將軍元帥右監軍戍燕天應旌旗色用黑人目之曰黑軍屢從木華黎大小二百餘戰常以身先士卒累功遷右副元帥辛巳秋八月從木華黎征陝右假道西夏自東勝濟河南攻葭州拔之天應因説太師曰西戎雖降實未可信此州當金夏之衝居人健勇倉庫豐實加以長河爲限脱爲敵軍所梗緩急非便宜命將守之多造舟楫以備不虞此萬世計也木華黎然之表授金紫光禄大夫陝西河東路行臺兵馬都元帥以勁兵五千留守葭蘆遂造舟楫建浮橋諸將多言水漲波惡恐勞費無功天應下令曰有沮吾事者斷其舌橋成諸將悦服

先時葭守王公佐收合餘燼攻函谷關將圖復故地
及見橋成遂潰去於是分兵四出悉定葭綏之地一
日謁木華黎於汾水東木華黎諭以進取之策天應
還鎮召將佐謂曰吾累卿等留屯於此今聞河東西
皆平川廣野可以駐軍規取關陝諸君以爲如何或
諫曰河中雖用武之地南有潼關西有京兆皆金軍
所屯且民新附其心未一守之恐貽噬臍之悔天應
曰葭州正通鄜延今鄜已平延不孤立若發國書令
夏人取之猶掌中物耳且國家之急本在河南此州
路險地僻轉餉甚難河中雖迫於二鎮實用武立功

之地北接汾晉西連同華地五千餘里户數十萬若
起漕運以通餽餉則關内可尅期而定關内既定長
河以南在吾目中矣吾年垂六十老耄將至一旦卧
病牀第聞後生輩立功名死不瞑目矣男兒要當死
戰陣以報國是吾志也秋九月遂移軍河中既而金
軍果潛入中條襲河中天應知之先遣驍將吴澤伏
兵要路澤勇而嗜酒是夕方醉卧林中金兵由間道
已直抵城下時兵燼後守具未完新附者争縋而去
敵乘隙入天應見火舉知敵已入奮身角戰左右從
者四十餘騎皆曰吴澤誤我或勸西渡河天應曰先

先時人諌我南遷吾違衆而來此事急弃去是不武
也縱太師不罪我何面目以見同列乎今日惟死而
已汝等勉之少頃敵兵四合天應歃血力戰至日午
死之木華黎聞而痛惜焉子焕中知興中府事執中
行軍千户受中興中府相副官初天應死事時弟天
禹子佐中在軍中伺敵少懈倒抽其斧反斫之突城
而出趨木華黎行營求得蒙古軍數千回與敵戰敗
之木華黎嘉其勇奏授金符行元帥尋詔將官各就
本城授興中府千户子安琬襲職佩金符從征大理
討李壇皆有功十三年隆興之分寧叛行省檄安琬

討之賊背山而陣安琬引兵出陣後賊驚潰退而距
守安琬揮兵直抵壘門賊揚言曰願少容行伍而戰
死且不憾安琬從之賊果出陣安琬突陣而入大呼
曰吾止誅賊首庸卒非我敵也手刃中賊背生擒之
累功至右衛親軍副都指揮使進階懷遠大將軍賜
金虎符後授大同等處萬户領江左新附卒萬人屯
田紅城大德三年李萬户當戍和寧親老且病安琬
請代其行及還以病卒子居謙襲職後改忠翊侍衛
親軍都指揮使

移剌捏兒

移剌捏兒契丹人也幼有大志膂力過人沉毅多謀畧遼亡金以爲參議留守等官皆辭不受聞太祖舉兵私語所親曰爲國復讎此其時也率其黨百餘人詣軍門獻十策帝召見與語奇之賜名賽因必闍赤又問爾生何地對曰霸州因號爲霸州元帥乙亥拜兵馬都元帥佐太師木華黎取北京下高利興松義錦等二十六城破五十四寨平利州賊劉四禄及錦州賊張致兵勢方熾且盜名號木華黎命捏兒與大將烏也兒裯斡兒合兵討之致拒戰捏兒出奇兵掩擊斬致木華黎第功以聞遷龍虎衛上將軍兵馬都

提控元帥繼取遼東西廣寧金復海蓋等十五城與州監州重兒反復與烏也兒討平之帝遣使者詔之曰自汝効順戰功日多今錫汝金虎符居則理民有事則將其勿替朕意戊寅從攻東平辛巳從攻延安壬午從圍鳳翔先登手殺數十人左臂中流矢創甚裹創進攻丹延木華黎止之對曰創未至死敢自愛耶木華黎壯之與所乘白馬明日介其馬飾以朱纓簡驍衛七百人與金兵戰木華黎乘高見其馳突萬衆中曰此霸州元帥也諸軍繼進金兵敗走丹延十餘城皆降還軍民都達魯花赤都提控元帥兼興勝

府尹癸未從帝征河西取甘合辛蛇等州師還復從木華黎攻益都下萊膠淄等三十二城戊子得疾歸高州卒贈推忠宣力保德功臣太尉開府儀同三司上柱國追封興國公謚武毅子買奴

買奴蚤從父習戰陣初入見太祖問曰汝年小能襲父爵乎對曰臣年雖小國法不小帝異其對顧左右曰此兒甚肖乃父以爲高州等處達魯花赤兼征行萬户庚寅命攻高麗花凉城監軍張翼劉霸都殞於敵買奴怒曰兩將陷賊義不獨生趍出戰破之誅首將撫安其民進攻開州州將金沙密逆戰擒之城中

人出童男女及金玉器以獻卻不受遂下龍宣雲泰等十四城癸巳從諸王按赤台征女直萬奴部有功未幾召還興州趙祚及土豪楊買驢等附之帝命從親王察合台帥師討之斬賊將董鑾等圍買驢於險樹寨三月不能下買奴令徤卒劉五兒即寨北小徑上大樹以繩潜引百人登寨直前刼之買驢投崖死餘黨悉平太宗即位録功賜金鞍良馬乙未從征高麗入王京取其西京而還賜金鎖甲加鎮國上將軍征東大元帥佩金符復命出師高麗將行以疾卒年四十贈推誠效義功臣榮禄大夫平章政事追封興

國公諡顯懿子元臣
元臣別名哈剌哈孫年十六入宿衛應對進止有度
世祖謂丞相和魯火孫曰此勳臣子非凡器也以爲
怯薛必闍赤襲千户將其父軍從伐宋攻淮西戍清
口取瓜洲下通泰累有功至元十二年從丞相伯顔
平宋進階武義將軍中衛親軍總管佩金虎符十四
年只兒瓦台叛圍應昌府時皇女魯國公主在圍中
元臣以所部軍馳擊只兒瓦台敗走追至魚兒濼擒
之公主賜賚甚厚奏請暫留元臣鎮應昌以安反側
居一歲召至京師還明威將軍後衛親軍副都指揮

使還鎮應昌又三歲召還加昭勇大將軍十九年帝
以所籍入權臣家婦賜之元臣辭曰臣家世清素不
敢自汚帝嘉嘆不已二十二年進昭毅大將軍同僉
江淮行樞密院事行院罷歸高州帝親征乃顔元臣
率家僮五十人見行在所願效前驅八年移僉湖廣
行樞密院時溪洞施容等州蠻獠作亂元臣親入其
境諭以禍福賊首魯萬丑降三十年卒于官贈安遠
功臣龍虎衛上將軍同知樞密院事追封興國公諡
忠靖子廸中奉大夫湖廣宣慰使都元帥

耶律禿花 禿滿荅兒 忙古帶

耶律禿花契丹人世居桓州太祖時率衆來歸大軍
入金境爲嚮導獲所牧馬甚衆後侍太祖同飲班木
河水從伐金大破忽察虎軍又從木華黎收山東河
北有功拜太傅總領也可那延封濮國公賜虎符銀
印歲給錦幣三百六十疋統萬户扎剌兒劉黑馬史
天澤伐金卒于西河州子朱哥嗣仍統劉黑馬等七
萬户與都元帥塔海紺卜同征四川卒于軍子寶童
嗣以疾不任事朱哥弟買住嗣而以寶童充隨路新
軍總管買住言於憲宗曰今欲略定西川下流諸城
當先定成都以爲根本臣請往相其地帝從之遂率

諸軍往成都攻嘉定未下而卒子忽林帶嗣總諸軍
立成都府卒于軍以兄百家奴嗣自朱哥至百家奴
並襲太傅總領也可那延禿滿荅兒者百家奴之弟
忽林帶之兄也常留中宿衛後百家奴解兵柄爲他
官乃授成都管軍萬户代將其軍至元十一年從忽
敦攻嘉定修平康寨以守之十二年從汪田哥攻九
頂山破之殺都統一人嘉定降從忽敦徇下瀘敘諸
城圍重慶守合江口又以舟師塞龍門濠遏其援兵
十三年瀘州叛從汪田哥攻之重慶遣兵援瀘邀擊
破之獲七十人瀘堅守不下禿滿荅兒夜率兵攻奪

水城以進黎明先登入瀘城克之斬其將王世昌李都統復從不花圍重慶守將張玨搏戰敗之城下重慶降賜虎符授夔路招討使遷四川東道宣慰使仍兼夔路招討改同僉四川等處行樞密院事遷四川等處行中書省左丞尚書省立改行尚書省左丞進右丞卒忙古帶寶童之子也世祖時賜金符襲父職為隨路新軍總管統領山西兩路新軍從行省也速帶兒征蜀及思播建都諸蠻夷有功陞萬户從攻羅必甸至雲南詔以其衆入緬迎雲南王金齒白衣荅奔諸蠻往往伏險要為備忙古帶奮擊破之九十餘

戰至緬境開金齒道奉王以還遷副都元帥從諸王阿台征交趾至白鶴江與交趾偽昭文王戰奪其戰艦八十七艘又從雲南王攻羅必甸破之二十九年入覲成宗即位授烏撒烏蒙等處宣慰使兼管軍萬户還大理金齒等處宣慰使都元帥六年烏撒羅羅斯叛雲南行省命率師討平之事聞賜鈔三千貫銀五十兩金鞍轡及弓矢以旌其功九年討普安羅雄州叛賊阿填擒殺之進驃騎衛上將軍遷授雲南諸路行中書省左丞行大理金齒等處宣慰使都元帥卒于軍至大四年贈龍虎衛上將軍平章政事仍追封濮國公謚威愍子火你赤襲萬户

王珣 子榮祖

王珣字君寶本姓耶律氏世為遼大族金正隆末契丹窩斡叛祖成從母氏避難遼西更姓王氏遂為義州開義人父伯儁伯父伯亨無子以珣為後珣武力絕人善騎射尤長於擊鞠年三十餘遇道士謂珣曰君之相甚奇它日因一青馬而貴珣未之信居歲餘有客以青馬來鬻珣私喜曰道士之言或驗乎乃倍價買之後乘以戰其進退周旋無不如意又嘗行凌水濱得一古刀其背銘曰舉無不克動必成功常佩

之每有警必先鳴故所向皆捷初河朔兵動豪強各擁衆據地珣慨然曰世故如此大丈夫當自振拔否則為人所制乃召諸鄉人諭以保親族之計衆從之推珣為長旬月之間招集遺民至十餘萬歲乙亥太師木華黎略地奚霫珣率吏民出迎承制以珣為元帥兼領義川二州事丙子春張致僭號錦州陰結開義楊伯傑等來掠義州珣出戰伯傑引去會致兄子以千騎來衝珣選十八騎突其前復令左右掎角之一卒以鎗刺珣珣揮刀殺之其衆潰走獲其馬幾盡時與中亦叛木華黎圍之召珣以全軍來會致窺覘

其壓夜襲之家人皆遇害及興中平珣無所歸木華黎留之興中遺其子榮祖馳奏其事帝諭之曰汝父子宜力我家不意為張致所襲歸語汝父善撫其軍自今以往當忍恥蓄銳俟逆黨平彼之族屬城邑人民一以付汝吾不吝也仍免徭賦五年使汝父子世為大官珣以木華黎兵復開義擒伯傑等殺之進攻錦州致部將高益縛致妻子及其黨千餘人以獻木華黎悉以付珣珣但誅致家其餘皆釋之始還義州丁丑入朝帝嘉其功賜金虎符加金紫光祿大夫兵馬都元帥鎮遼東便宜行事兼義川等州節度使珣

貌黑人呼為哈剌元帥哈剌中國言黑也從木華黎兵略山東至滿城令還鎮戒之曰彼新附之民恃山海之險反覆不常非盡坑之終必為變對曰國朝經略中夏宜以恩信結人若降者則殺後寧復有至者乎遂還以子榮祖代領其衆甲申春正月卒年四十八珣為政簡易賞罰明信誅強撫弱毫髮無徇子四人榮祖襲

榮祖字敬先珣長子也性沉厚語音如鍾勇力絕人珣初附於木華黎以榮祖為質稍見任用珣卒襲榮祿大夫崇義軍節度使義州管內觀察使從嗣國王孛魯入朝帝聞其勇選力士三人迭與之搏皆應手而倒欲留置宿衛會金平章政事葛不哥行省於遼東咸平路宣撫使蒲鮮萬奴僭號於開元遂命榮祖還副撒里台進討之拔蓋州宣城等十餘城葛不哥走死金帥郭琛完顏曳魯馬趙遵李高奴等猶據石城復攻拔之曳魯馬戰死遵與高奴出降虜生口千餘撒里台欲散於麾下榮祖屢請皆放為民方城未下時榮祖遣部卒賈實穴其城城崩被壓衆謂已死弗顧也榮祖曰士忘身死國安忍棄去發石取之猶生一軍感激樂為効死有言義人懷反側者撒里台

將屠之榮祖馳驛奏辨事乃止己丑授北京等路征行萬戶換金虎符伐高麗圍其王京高麗王力屈遣其兄淮安公奉表納貢進討萬奴擒之趙祁以興州叛從諸王按只台平之祁黨猶剽掠景薊間復從太將唐兀台討之將行榮祖曰承詔討逆人耳豈可戮及無辜宜惟抗我者誅大將然之由是免死者衆再從征高麗破十餘城高麗遣子綧入質帝賜錦衣旌其功又從諸王也忽略地三韓降天龍諸堡皆禁暴掠民悅服之破五里山城請於主將全其民遂下甕子城竹林寨苦苫數島帝嘉其功賜以金幣官其子

興千户仍賞其部曲移鎮高麗平壤帝遣使諭之曰彼小國負險自守釜中之魚非久自死緩急可否卿當熟思榮祖乃募民屯戍闢地千里盡得諸島嶼城壘高麗遣其世子倎出降遂以倎入朝中統元年夏詔榮祖詣闕帝撫慰之曰卿父子勤勞於國誠節如一進沿邊招討使兼北京等路征行萬户賜寶鞍弓矢還鎮以病卒年六十五子十三人顯者六人通興中府尹泰權知義錦川等州總管興征東千户遇襄陽路管軍萬户達東京五處征行萬户廷鎮國上將軍中衛親軍都指揮使遂江西湖東道提刑按察使

列傳卷第三十六

列傳卷第三十七　元史一百五十

翰林學士亞中大夫知制誥兼修國史臣宋濂　翰林待制承直郎兼國史院編修

纂修

石抹也先

石抹也先者遼人也其先嘗從蕭后舉族入突厥及后還而族留至遼爲述律氏號稱后族遼亡攺述律氏爲石抹氏其祖庫烈兒誓不食金祿率部落遠徙年九十夜得疾命家人候日出則以報及旦沐浴拜日而卒父脫羅畢察兒亦不仕有子五人也先其仲子也年十歲從其父問宗國之所以亡即大憤曰兒

能復之及長勇力過人善騎射多智略豪服諸部金人聞其名徵爲奚部長即讓其兄贍德納曰兄姑受之爲保宗族計遂深自藏匿居北野山射狐鼠而食聞太祖起朔方匹馬來歸首言東京爲金開基之地蕩其根本中原可傳檄而定也太祖悅命從太師國王木華黎取東京師過臨潢次高州木華黎令也先率千騎爲先鋒也先曰兵貴奇勝何以多爲諜知金人新易東京留守將至也先獨與數騎邀而殺之懷其所受誥命至東京謂守門者曰我新留守也入據府中問吏列兵於城何謂吏以邊備對也先曰吾自

朝廷來中外晏然柰何欲陳兵以動揺人心乎即命撤守備曰寇至在我無勞爾輩是夜下令易置其將佐部伍三日木華黎至入東京不費一矢得地數千里户十萬八千兵十萬資糧器械山積降守臣寅荅虎等四十七人定城邑三十二金人喪其根本之地始議遷河南歲乙亥移師圍北京城久不下及城破將屠之也先曰王師拯人水火彼既降而復屠之則未下者人將死守天下何時定乎因以上聞赦之授御史大夫領北京達魯花赤時石天應與豪酋數十擄興中府也先分兵降之奏以爲興中尹又命也先

副脫忽闌闍里必監張鯨等軍征燕南未下州郡至平州鯨稱疾不進也先執鯨送行在所帝責之曰朕何負汝鯨對曰臣實病非敢叛帝曰今呼汝弟致爲質當活汝鯨諾而宵遁也先追戮之致已殺使者應其兄矣致既伏誅也先籍其私養敢死之士萬二千人號黑軍者上于朝賜虎符進上將軍以御史大夫提控諸路元帥府事舉遼水之西灤水之東悉以付之後從國王木華黎攻蠡州北城先登中石死時年四十一子四人曰查剌曰咸錫曰博羅曰侃查剌亦善射襲御史大夫領黑軍戊寅從木華黎攻平陽太原隰吉嵐關西諸郡下之遂攻益都久不下及降衆欲屠其城查剌曰殺降不祥且得空城將安用之由是遂免己卯詔以黑軍分屯真定固安太原平陽隰吉嵐諸郡及南征盡以黑軍爲前列敗金將白撒官奴于河渡河再戰盡殺之長驅破汴京入自仁和門收圖籍而還帝悉以諸軍俘獲賜黑軍癸巳從國王塔思征金帥宣撫萬奴於遼東之南京先登衆軍乘之而進遂克之王解錦衣以賜辛丑太宗嘉其功授真定北京兩路達魯花赤癸卯卒于柳城年四十四子庫祿滿襲職中統三年從征李璮中流矢卒

子良輔襲黑軍總管至元十七年以功累陞昭毅大將軍沿海副都元帥二十一年改沿海上副萬户大德十一年告老子繼祖襲萬户咸錫之子度剌攻樊城戰死贈德納後亦棄金官來歸爲别失八里達魯花赤卒其孫亦剌馬丹仕至遼陽省左丞亦剌馬丹子倉赤爲湖廣行省平章政事

何伯祥 子瑋

何伯祥易州易縣人幼從軍于金從張柔來歸太祖定河朔惟保定王子昌信安張進堅守不下子昌金驍將也柔命伯祥取之兵逼其城子昌出走追及之

伯祥執槍馳馬子昌反射之中手而貫槍伯祥拔矢棄槍策馬直前徒手搏之擒子昌進聞之亦遁去伯祥遂攻西山諸寨悉平之後攻汴梁拔洛陽圍歸德破蔡州論功居多授易州等處軍民總管丁酉從主帥察罕伐宋伯祥拔三十餘柵獲戰艦千餘艘又破芭蕉望鄉大洪張家等寨俘獲甚衆器械山積察罕以其功聞賜錦衣金甲壬子諸軍入宋境察罕自他道遽還諸軍倉皇失措伯祥曰此必爲敵所遏不若出其不意而遂深入其地彼不我測乃可出也遂率兵突戰直抵司空寨疏布營壘陵高伐木爲攻取勢

既夜命爲五營營火十炬伏精銳于營側險要之地天將明令士卒速行而鳴鼓其後宋兵果來追伏發驚駭潰去追擊大破之轉戰百餘里他軍不能歸者皆賴以出帝聞之賜金二百兩世祖南伐伯祥參預軍事多所獻納卒于軍贈儀同三司太保上柱國追封易國公謚武昌子瑋

瑋始襲父職知易州兄行軍千户卒瑋復襲之鎮亳州從圍襄樊宋將夏貴率舟師來救瑋時建營於城東北當其衝貴兵縱火焚北關遂進逼瑋萬户脫因不花等呼瑋入城瑋曰建功立業此其時也何避焉乃率其衆誓以死戰開營門以身先之貴敗走至元十一年丞相伯顏受命伐宋辟瑋爲帳前都鎮撫師次陽羅堡夏貴率戰艦列江上下瑋從元帥阿术率衆先渡諸軍繼之貴復敗走宋丞相賈似道率舟師拒于丁家洲瑋將勇敢士出戰奪舟千餘艘似道遁去授武德將軍管軍總管佩金虎符宋既平進懷遠大將軍太平路軍民達魯花赤俄陞昭勇大將軍行户部尚書兩淮都轉運使至元十八年擢參議中書省事二十年擢爲江浙按察使二十二年改大名路總管二十八年遷湖南宣慰使三十一年拜中書參

知政事時宰執凡十一人瑋曰古者一相專任賢也今宰執員多政出多門轉相疑忌請損之不從遂乞代大德四年授侍御史以母病辭七年授御史中丞陳當世要務十條成宗嘉納之京師孔子廟成瑋言唐虞三代國都閭巷莫不有學今孔廟既成宜建國學於其側從之賽典赤八都高等還自貶所復相位瑋言姦黨不可復用宜選正人以居廟堂帝深然之監察御史郭章劾郎中哈剌哈孫受賕具服而哈剌哈孫密結權要以枉問誣章瑋率臺臣入奏辨論剴切章遂得釋九年冬將有事于南郊議配享瑋曰嚴

父配天萬世不易不果行成宗崩丞相阿忽台奉皇后旨集廷臣議祔廟及攝政事瑋難之阿忽台變色曰中丞謂不可行獨不畏死耶衆皆危懼瑋從容曰死畏不義耳苟死於義夫復何畏未幾以疾去位武宗即位于上都授太子副詹事遣使促使就職復遷授平章政事商議中書省事武宗至自上都臨朝問曰孰為何中丞瑋出拜帝曰朕知卿能以忠直為國朕有不逮卿當勉輔至大元年遷太子詹事兼衛率使俄拜中書左丞仍平章政事商議中書省事未幾擢河南行省平章政事佩金虎符提調屯田事帝召

至榻前面諭曰汴省事重屯田久廢卿當為國竭力賜黑貂裘一錦衣二襲瑋至汴建諸葛亮祠立書院以地三千畝贍之三年改河南行尚書省平章政事卒贈太傅開府儀同三司上柱國追封梁國公謚文正

李守賢

李守賢字才叔大寧義州人也祖小字放軍嘗從金將攻宋淮南飛石傷髀録功賞生口七十主將分命將校殺所掠俘苟有失亡者罪死放軍當殺五百人皆縱之去金大安初守賢暨兄庭植弟守正守忠從兄伯通伯温歸款於太師國王木華黎入朝太祖于行在所即命庭植為龍虎衛上將軍右副元帥崇義軍節度使守賢授錦州臨海軍節度觀察使弟守忠為都元帥守河東朝廷以全晉為要害之地人心危疑未定非守賢鎮撫之不可乃自錦州遷河東南路兵馬都總管既至河東人皆曰吾等可恃以生矣歲戊子朝于和林加金紫光禄大夫知平陽府事兼本路兵馬都總管庚寅太宗南伐道平陽見田野不治以問守賢對曰民貧窘乏耕具致然詔給牛萬頭仍徙關中生口墾地河東辛卯平陽當移粟萬石輸雲

中守賢奏以百姓疲敝不任輓載帝嘉納之時河中未下守賢建言以為將士逗留沮撓多所傷潛臣請自北面鑿城先登如其言城果下遂構浮橋明年蒲津南濟潼關二月大破趙雄兵于鄗城時方會師圍汴留守賢屯嵩汝金兵十餘萬保少室山太平寨守賢以三千人介其中度其師完顏延壽無守禦之才癸巳正月望夕延壽擊毬為嬉守賢潛遣輕捷者數十人緣崖蟻附以登殺其守卒遂大縱兵入破之下令禁無抄掠悉收餘衆以歸不兩旬連天交牙蘭若香爐諸寨皆望風俱下守賢未嘗妄

殺一人及攻河南其渠魁強元帥者以其衆出奔守賢追及降之秦藍帥王祐聚衆數萬據隴之南山守賢使人責祐祐素憚守賢威畧即以所部来附關東洛西遂定甲午冬十月卒年四十六子穀嗣歲丁酉從太師塔海紺布征蜀漢有功明年攻碉門又明年下萬州會戰於瞿塘獲戰艦千餘艘辛丑朝行在所授河東道行軍萬户兼總管已巳進兵攻成都由廣元出葭萌度木瓜坡蜀之餘孽團聚爲梗聞穀至潛爲伏以待穀諜知之令衆銜枚疾進出其不意賊兵敗走長驅至成都破之壬

子襲嘉定戊午秋憲宗南伐己未入梁州師次江上造舟爲梁以通援兵且斷宋人往来之路會江漲梁中絶宋將率舟師萬艘逆戰穀以一旅先犯之諸軍繼進遂破之明日帝召謂諸將曰汝輩平日自負驁勇及臨敵不能爲朕立尺寸功獨李穀身犯矢石摧鋒陷陣視敵蔑如言勇者如穀乃可耳賜白金二百五十兩中統三年改河東路總管佩金虎符移京兆路加昭勇大將軍未幾轉洺磁路至元七年正月卒年四十九子十一人伯温見忠義傳

耶律阿海

耶律阿海遼之故族也金桓州尹撒八兒之孫尚書奏事官脱迭兒之子也阿海天資雄毅勇畧過人尤善騎射通諸國語金季遣使王可汗見太祖姿貌異常因進言金國不治戎備俗日侈肆亡可立待帝喜曰汝肯臣我以何爲信阿海對曰願以子弟爲質明年復出使與弟禿花俱往慰勞加厚遂以禿花爲質直宿衛阿海得參預機謀出入戰陣常在左右歲壬戌王可汗叛盟謀襲太祖太祖與宗親大臣同休戚者飲辨屯河水爲盟阿海兄弟皆預焉既敗王可汗

金人訝其使久不還拘家屬于瀛阿海殊不介意攻戰愈厲帝聞之妻以貴臣之女給户俾食其賦癸亥冬進攻西夏諸國累有功丙寅帝建龍旂即大位敕左師闍别略地漢南阿海爲先鋒辛未破烏沙堡鏖戰宣平大捷澮河遂出居庸燿兵燕北癸酉拔宣德德興乘勝次北口闍别攻下紫荆關阿海奏曰好生乃聖人之大德也興創之始願止殺掠以應天心帝嘉納焉遂分兵略燕南山東諸郡還駐燕之近郊金主懼請和諭其使曰阿海妻子何故拘縶弗遣即送来歸師還出塞甲戌金人走汴阿海以功拜太師行

中書省事封禿花爲太傅濮國公每宴享必賜坐命禿花從木華黎取中原阿海從帝攻西域俘其酋長只闌禿下蒲華尋斯干等城留監尋斯干專任撫綏之責未幾以疾薨于位年七十三至元十年追封忠武公子三人長忙古台次綿思哥次捏兒哥忙古台在太祖時爲御史大夫佩虎符監戰左副元帥官金紫光祿大夫管領契丹漢軍守中都招安水泊等處卒無子捏兒哥在太祖時佩虎符爲右丞行省遼東萬奴叛舉家遇害綿思哥襲太師監尋斯干城久之請還內郡守中都路也可達魯花赤佩虎符卒子二

人買哥通諸國語太祖時爲奉御賜只孫服襲其父中都之職時供億浩繁屢貸于民買哥悉以私帑償之事聞賜銀萬兩戊午從攻蜀師次釣魚山卒于軍妻移剌氏以哀毀卒特贈貞靜子七人老哥歷提刑按察使入爲中書左丞驢馬備宿衛爲必闍赤仕至右衛親軍都指揮使至元二十四年世祖宴于柳林命驢馬居其父位次賜只孫服二十五年戊哈丹禿有戰功以老乞骸骨子六人五臺奴襲職拔都兒中書右丞文謙興國路總管卜花早卒蒙古不花荊湖北道宣慰使虎都不花一名文炳湖州同知萬奴爲人匠副總管

何實

何實字誠卿其先北京人曾祖摶霄雄於貲好施與鄉里以善人稱祖鼎敬父道忠仕金爲北京留守實少孤依叔父居氣節不凡家人常入卧內見一青虵蜿蜒衣被中駭而視之乃實也及長通諸國譯語驍勇善騎射倜儻不羈遠近之民慕其雄畧咸歸心焉歲乙亥中原盜起錦州張鯨自立爲臨海郡王遣使納款于太祖尋以叛伏誅鯨弟致初以叛謀於實實厲聲叱曰天之曆數在朔方汝等忽爲不軌徒自斃

耳乃籍戶口一萬募兵三千丙子春來歸大將木華黎與論兵事奇變百出拊髀欣躍大加稱賞遂引見太祖獻軍民之數帝大悅賜鞘劍一命從木華黎選充前鋒時張致復據錦州實與賊遇於神水縣挺身陷陣殊死戰殺三百餘人獲戰馬兵械甚衆木華黎奏賜鞍馬弓矢以勵之以功爲帳前軍馬都彈壓詔封木華黎太師國王東下齊數郡使實帥師四千取燕南齊西之地首擊邢州徇趙郡取魏鄴下博關襲曹濮恩德泰安濟寧勢如破竹薄濰州與木華黎會還兵馬都鎮撫從取大同鴈門石隰等州悉平之引

兵掠太原平陽河中京兆諸城所向款附木華黎録其功表實爲元帥左監軍癸未木華黎卒子孛魯嗣武仙復叛據邢實帥師五千圍之立雲梯先士卒登堞横矟突之城破武仙走逐北四十里大破之斬首二百餘級是夜仙黨遁去實下令敢有擅剽掠者斬軍中肅然士民按堵孛魯命戍于邢多著善政邢民敬之如神明甲申孛魯征西夏以實分兵攻汴陳蔡唐鄧許鈞睢鄭亳潁所至有功計梟首一千五百餘級俘工匠七百餘人孛魯復命駐兵邢州分織匠五百户置局課織丁亥賜金虎符便宜行元帥府事邢因

武仙之亂歲屢饑請移匠局于博孛魯從之憫其勞瘁使勿出征更徼東平嚴實與之分治軍民事博值兵火後物貨不通實以絲數印置會子權行一方民獲貿遷之利庚寅有旨收諸將金符乙未孛魯以實子仲澤爲質子丁酉太宗數召入見實貢金幣紋綺三篚次陵州遇寇實與左右射之斃二十餘人生獲十餘人朝于幄殿帝歡甚問遇盗之故命所獲寇勿殺仍以賜實是日賜坐與論軍中故事良久曰思卿效力有年朕欲授以征行元帥後當重任實扣頭謝曰小臣被堅執鋭從事鋒鏑二十餘年身被十餘槍右臂不能舉已爲廢人矣臣不敢辱命願辭監軍之職幸得元佩金符督治工匠歲獻織幣優游以終其身於臣足矣帝默然不悦令射以觀其强弱實不能射命入宿衛密使人覘之實臂果不能舉固辭十餘始可其奏遂錫宴取金符親賜之授以漢字宣命充御用局人匠達魯花赤子孫世其爵更賜白貂帽減鐵繫腰貂衣一襲弓一矢百遣歸丁巳卒于博子九人孫十七人子崇禮授應奉翰林文字從仕郎同知制誥兼國史院編修官

郝和尚拔都

郝和尚拔都太原人以小字行幼爲蒙古兵所掠在郡王迄忒麾下長通譯語善騎射太祖遣使宋往返數四以辯稱歲戊子以爲九原府主帥佩金符庚寅率兵南伐畧地潼陝有功辛卯授行軍千户乙未從皇子南伐至襄陽宋兵四十萬逆戰漢水上領先鋒數百人直前衝其陣宋兵大潰丙申從都元帥塔海征蜀下興元宋將王連以重兵守劒閣乃募敢死士十二人乘夜破關入蜀諸城悉下明年取夔府抵大江宋兵三十萬軍於南岸郝和尚拔都選驍勇九人乘輕舸先登横馳陣中既出復入宋兵不能支由是

以善戰名庚子歲太宗於行在所命解衣數其瘡痕二十一嘉其勞進拜宣德西京太原平陽延安五路萬户易佩金虎符以兵二萬屬之復賜馬六騎金錦弓鎧有差甲辰朝定宗於宿𥨊都之行宫賜銀萬鋌辭以賞過厚臣不應獨受臣得效微勞皆將校協力之功遂奏將校劉天禄等十一人皆賜之金銀符戊申奉詔還治太原請凡遠道租稅監課過重者悉蠲除之歲饑出白金六十鋌粟千石羊數千以助國用己酉陞萬户府爲河東北路行省得以便宜從事凡四年壬子三月卒追贈太保儀同三司興國公謚忠

定子十二人長天益佩金符太原路軍民萬户都總管次仲威襲五路萬户扎剌不花鎮鑾都元帥軍民宣慰使天舉大都路總管兼府尹天祐陝西奥魯萬户天澤燮州路總管天麟京兆等路諸軍奥魯萬户天挺河南江北行中書省平章政事

趙瑨

趙瑨雲中蔚州人父昆仕金爲帥府評事兄珪以萬户守飛狐城歲庚午昆卒珪鞠其母如蠡州留瑨於飛狐瑨自幼不覊開習武事癸酉太祖南伐先鋒至飛狐城中不知所爲瑨詣縣曰大兵壓境不降何待衆從之丁丑太師國王木華黎駐兵桓州署爲百户從攻蠡州金兵閉城拒守國王裨將石抹也先戰死王怒將屠其城瑨泣曰母與兄在城中乞以一身贖一城之命哀懇切至國王義而許之從攻相州抵其門死士突出瑨直前擊之流矢中鼻側鏃出腦後拔矢再戰七日破其城論功授興州行軍都元帥佩金虎符瑨讓其兄珪朝廷從之改授瑨軍民總管稍遷易州達魯花赤佩金符太宗下河南瑨自易州馳驛輸矢二十餘萬至行在帝大喜命權中都省事癸巳趙揚據興州叛瑨進軍平之還中山真定二路達魯

花赤中統元年詔立十道宣慰司以瑨爲順天宣慰使至元元年轉淄萊路總管六年改太原路總管十二年陞燕南道提刑按察使十四年遷河南道十六年致仕明年卒年八十皇慶元年贈儀同三司太保上柱國追封定國公謚襄穆子秉溫

秉溫事世祖潛邸命受學於太保劉秉忠從征吐蕃雲南大理中統初詔行右三部事至元七年創習朝儀閱試稱旨授尚書禮部侍郎知侍儀司事明年授祕書少監購求天下祕書十九年遷昭文館大學士知太史院侍儀司事授時曆成賜鈔二百錠進階中

奉大夫二十九年編國朝集禮　特命其子慧襲侍儀使皇慶元年贈金紫光禄大夫司徒雲國公謚文昭子慧後仕至昭文館大學士

石抹明安

石抹明安桓州人性寬厚不拘小節爲童子時嘗騎杖爲馬令群兒前導行列整肅無敢喧譁者父老見而異之曰是兒體貌不凡進退有度他日必貴既長歎曰士生于世當立功名書竹帛以傳無窮寧肯碌碌無聞與草木同腐耶歲壬申太祖率師攻破金之撫州將遂南向金主命招討紇石烈九斤來援時明

安在其麾下九斤謂之曰汝嘗使北方素識蒙古國主其往臨陣問以舉兵之由不然即詬之明安初如所教俄策馬來降帝命縛以俟戰畢問之既敗金兵召明安詰之曰爾何以詈我而後降也對曰臣素有歸志向爲九斤所使恐其見疑故如所言不爾何由瞻奉天顔帝善其言釋之命領蒙古軍撫定雲中東西兩路既而帝欲休兵於北明安諫曰金有天下一十七路今我所得惟雲中東西兩路而已若置不問待彼成謀併力而來則難敵矣且山前民庶久不知兵今以重兵臨之傳檄可定兵貴神速豈宜猶豫帝

從之即命明安引兵南進所至民皆具簞食壺漿以迎盡有河北諸郡而還帝復命明安及三合拔都將兵由古北口徇景薊檀順諸州諸將議欲屠之明安奏曰此輩當死今若生之則彼之未附者皆聞風而自至矣帝從之乙亥春正月取通州金右副元帥蒲察七斤以其衆降明安命復其職置之麾下遂駐軍于京南建春宮金御史中丞李英元帥左都監烏古論慶壽領兵護軍食以援中都帝遣右副元帥神撒將四百騎迎戰明安將五百騎繼之遇于永清將戰命士卒佯敗金兵來追廻擊大破之死及溺水者甚

衆獲李英及所佩虎符得糧千餘車遂招諭永清不降拔而屠之未幾金將完顔合住監軍阿興駱哥復以步兵萬二千人糧車五百兩援中都明安復將三千騎往擊之遇于涿州宣封寨獲駱哥合住遁去盡得其輜重還屯建春宮四月攻萬寧宮克之取富昌豐宜二關攻拔固安縣杤順州之破兵士縛密雲主簿完顔壽孫以獻明安釋而用之不久逸去復來問其故對曰有老父在城中恐不能存謀歸欲得侍養今已歿故復來明安義而釋之五月明安將攻中都金相完顔復興飲藥死辛酉城中官屬父老緇素開

門請降明安諭之曰負固不服以至此極非汝等罪守者之責也悉令安業仍以粟賑之衆皆感悅明安早從軍旅料敵制勝筭無遺策雖祁寒盛暑未嘗不與士卒均勞逸同甘苦其得金府庫珠玉錦綺明安悉具其數上進未嘗以纖毫爲己有中都既下加太傅邵國公兼管蒙古漢軍兵馬都元帥丙子以疾卒于燕城年五十三子二人長咸得不襲職爲燕京行省次忽篤華太宗時爲金紫光祿大夫燕京等處行尚書省事兼蒙古漢軍兵馬都元帥

張榮

張榮字世輝濟南歷城人狀貌奇偉嘗從軍爲流矢貫眥拔之不出令人以足抵其額而拔之神色自若金季山東群盜蜂起榮率鄉民據濟南黌堂嶺衆稍盛遂略章丘鄒平濟陽長山辛市蒲臺新城及淄州之地而有之兵至則清野入山歲丙戌東平順天皆内屬榮遂舉其兵與地納款於按赤台那衍引見太祖問以孤軍數載獨抗王師之故對曰山東地廣人稠悉爲帝有臣若但有倚恃亦不款服太祖壯之拊其背曰真賽因八都兒也授金紫光祿大夫山東行尚書省兼兵馬都元帥知濟南府事時貿易用銀民爭發墓刼取榮下令禁絶庚寅朝廷集諸侯議取汴榮請先六軍以清蹕道帝嘉之賜衣三襲詔位諸侯上辛卯軍至河上榮率死士宵濟守者潰詰旦敵兵整陣至榮馳之望風披靡奪戰船五十艘麾抵北岸濟師衆軍繼進乘勝破張盤二山寨俘獲萬餘大將阿朮魯恐生變欲盡殺之榮力爭而止癸巳汴梁下從阿朮魯爲先鋒攻睢陽議欲殺俘虜烹其油以灌城又力止之既而城下榮單騎入城撫其民甲午攻沛沛拒守稍嚴其將唆蛾夜來擣營榮覺之唆蛾返走率壯士追殺之乘勝急攻城破就攻徐州守將國

用安引兵突出榮逆擊之亦破其城用安赴水死乙未拔邳州丙申從諸王闊端破宋棗陽光化等三縣時河南民北徙至濟南榮下令民間分屋與地居之俾得樹畜且課其殿最曠野闢爲樂土是歲中書考績爲天下第一李璮據益都私餽以馬蹄金榮曰身既許國何可擅交鄰境却之年六十一乞致仕後十九年世祖即位封濟南公致仕卒年八十三子七人長邦傑襲爵先卒邦直行軍萬户邦彦權濟南行省邦允知淄州邦孚大都督府郎中邦昌輿魯總管邦憲淮安路總管孫四十人宏襲邦傑爵改真定路總

管

劉亨安

劉亨安其先范陽人後遷遼東川州初國王木華黎經畧遼東兄世英率宗族鄉人隸麾下分兵收燕趙雲朔河東以功充行軍副總管庚辰平陽諸郡被兵之餘民物空竭世英言於王曰自古建國以民爲本今河東殺掠殆盡異日我師復來孰給轉輸收存恤亡此其時也王善之以絳州邊地難其人奏授世英絳州節度使兼行帥府事卒于師無子國王孛魯命其族兄德仁襲職丙戌歲金將移剌副樞攻絳州城陷死之木華黎承制命亨安領其衆奏賜金虎符授鎮國上將軍絳州節度使行元帥府事兼觀察使庚寅冬從王師渡河入關辛卯春克鳳翔歷秦隴屯渭陽秋出階城沿漢抵鄧壬辰會大軍於鈞州敗金人於三峯山甲午平蔡既而宋兵二十萬攻汴將趨洛都元帥塔察兒俾亨安往拒之與宋軍遇龍門北遂橫槊躍馬奮突而前衆因乘之宋師奔潰追擊百餘里塔察兒拊其背曰真驍將也延坐諸將之右勞賜甚厚丙申都元帥塔海征巴蜀攻散關破劍門出奇制勝戰功居多進圍成都亨安爲先鋒大破之於城西生擒宋將陳侍郎有喬長官與亨安爭功未幾攻城喬爲砲所傷亨安負之以出喬感愧亨安從軍十年累著勳伐所獲金帛悉推與將佐故士卒咸樂爲用癸卯冬十二月卒子貞嗣職孫三人弘彊琈

列傳卷第三十七

翰林學士亞中大夫知制誥兼修國史臣宋濂　翰林待制承直郎同知制誥兼國史院編修官臣王禕等奉

敕修

薛塔剌海

薛塔剌海燕人也剛勇有志歲甲戌太祖引兵至北口塔剌海帥所部三百餘人來歸帝命佩金符爲砲水手元帥屢有功進金紫光祿大夫佩虎符爲砲水手軍民諸色人匠都元帥便宜行事從征回回河西欽察畏吾兒康里乃蠻阿魯虎忽纏帖里麻賽蘭諸國俱以礮立功太宗三年睿宗引兵自洛陽渡河塔

剌海由隴右假道金商遂會師于均州三峯山敗金師四年破南京及唐鄧均許諸州取郢陵扶溝四月卒子奪失剌襲爲都元帥南攻江淮有功歲庚戌卒弟軍勝襲憲宗八年從世祖攻釣魚山苦竹崖大林平青居山破重慶馬湖天水賜以白金鞍馬等物中統三年李璮叛濟南又以礮破其城至元五年從圍襄陽三月卒丞相阿朮欲以千户劉添喜攝帥府事子四家奴年方十六請從軍自効帝壯而許之八年始襲父爵十年冬十二月襄樊未下四家奴立砲攻之明年正月襄陽守呂文煥降繼從丞相伯顏南伐十月至郢州先登師既渡江四家奴自鄭州下沿海諸城堡至建康十二年授武節將軍六月與宋將夏貴戰于峪溪口奪其船二百餘艘十一月屠常州十二月取蘇州十三年攻鎮巢七月圍揚州守臣李庭芝棄城走追獲之九月進階懷遠將軍將兵平浙東諸郡從征福建灤江與宋兵力戰破之獲戰艦千餘艘十六年進階鎮國將軍鎮揚州二十二年改爲萬户

高鬧兒

高鬧兒女直人事太祖從征西域復從闊出太子察

罕那演連歲出征累有功授金符總管管領山前十路匠軍歲己未憲宗憫其老命其子元長襲其職從世祖渡江攻鄂還鎮隨州至元二年移鎮棗陽五年從元帥阿朮修立白河口新城鹿門山等處城堡圍襄樊七年充棗陽軍馬總管十年從攻樊城先登十一年從渡江鼓戰艦上流與宋人戰殺三百餘人奪其船及鎧仗以功賜虎符陞宣武將軍進兵丁家洲與宋臣孫虎臣等大戰殺五百餘人奪其船及鎧仗無算敗夏貴于焦湖從征常州先登又攻杭州宋平護送宋太后至京師以功進懷遠大將軍萬户二十

一年領軍二千從太子脱歡征交趾追襲交趾世子于大海口奪其戰艦以還二十二年陞安遠大將軍季陽萬户府萬户是年夏復以兵追襲交趾世子于海之三义口與敵軍合戰中毒矢而死子臧里干初直宿衛襲父職領兵鎮廣東尋移戍惠州平盜譚大獠朱珍等元貞元年移戍袁州盜陀頭以衆犯境悉勦除之尋廣之南恩盜起復領兵平之還没于袁州贈懷遠大將軍季陽萬户府萬户輕車都尉渤海郡侯

王義

王義字宜之真定寧晉人家世業農義有膽智沉默寡言讀書知大義金人遷汴河朔盜起縣人聚而謀曰時事如此吾儕欲保全家室宜有所統屬乃相與推義爲長攝行縣事尋號爲都統太師國王木華黎兵至城下義率衆以寧晉歸焉入覲太祖賜駿馬二匹授寧晉令兼趙州以南招撫使是時兵亂民廢農耕所在人相食寧晉東有藪澤周回百餘里中有小堡曰瀝城義曰瀝城雖小而完且有魚藕菱芡之利不可失也留偏將李直守寧晉身率衆保瀝城由是全活者衆歲己亥金將李伯祥據趙州木華黎遣義擣其城會天大風雨義帥壯士挾長梯疾趨夜四鼓四面齊登殺守埤者城中亂伯祥挺身走天壇寨一州遂定木華黎承制授義趙州太守趙冀二州招撫使丁丑大軍南取鉅鹿洺州二城還軍至唐陽西九門遇金監軍納蘭率冀州節度使柴茂等將兵萬餘北行義伏兵桑林先以百騎挑之納蘭趨來迎戰因稍却誘之近桑林伏起金兵大亂奔還獲納蘭二弟及萬户李虎戊寅拔東鹿進攻深州守帥以城降順天都元帥張柔上其功陞深州節度使深冀趙三州招撫使金將武仙以兵四萬來攻東鹿仙諭軍士曰

東鹿兵少無糧城無樓櫓一日可拔也盡鋭來攻義隨機應拒積三十日不能下大小數十戰皆捷一夕義召將佐曰今城守雖有餘然外無援兵糧食將盡豈可坐而待斃椎牛饗士率精鋭三千銜枚夜出直擣仙營仙軍亂乘暗攻之殺數千人仙率餘衆遁還真定悉獲其軍資器仗木華黎聞之遣使送銀牌十命義賜有功者庚辰拔冀州獲柴茂械送軍前木華黎張柔復上其功授龍虎衛上將軍武安軍節度使行深冀二州元帥府事賜金虎符辛巳仙復遣其將盧秀李伯祥率兵謀襲趙州并取瀝城率戰艦數百

艘泝江而下義具舟楫於紀家莊截其下流邀擊之義士卒皆水鄉人善水戰田旋開閭往來如風雨船接則躍登彼船奮戈疾擊敵莫能當殺千餘人擒秀伯祥退保瀝城義引兵拔之伯祥西走二子死焉邢州盗號趙大王聚衆數千擾任縣固城水寨真定史天澤集諸道兵攻之不能下甲午義引兵薄其城一鼓下之獲趙大王侯縣令等數人殺之餘黨悉平義乃布教令招集散亡勸率種藝深冀之間遂爲樂土云

王玉 恍附

王玉趙州寧晉人長身駢脅多力金季爲萬户鎮趙州太師國王木華黎下中原玉率衆來附領本部軍從攻邢洺磁三州濟南諸郡號長漢萬户從攻澤潞諸州獨潞州堅壁不下玉力戰流矢中左目竟拔其城又破平陽下太原汾代等州師還署元帥府監軍以趙州四十寨隸焉先是金將武仙既降復叛殺元帥史天倪宋將彭義斌在大名陰與仙合玉從笑乃帶史天澤攻敗武仙生擒義斌駐軍寧晉東里寨仙遣人賫誥命誘玉妻妻拒曰妾豈可使夫懷二心於國家耶仙圍之數匝殺其子寧壽玉聞之領數騎突其圍斬獲數百人而還仙遣人追之不敢進皆曰王將軍膽氣驍雄我輩非敵也仙乃盡發玉先世二十七冢棄骸蒲道玉從史天澤諸將擊仙於趙州仙粮絶走雙門寨圍之會大風仙獨脫走斬其將四十三人真定遂平加定遠將軍權真定五路萬户假趙州慶源軍節度副使有民負西域賈人銀倍其母不能償玉出銀五千兩代償之又出家奴二百餘口爲良民中統元年二月卒年七十子恍

恍字允中幼讀書明敏有才識平章趙璧引見裕宗潛邸語稱旨命宿衛掌錢穀計簿授山北遼東道提

刑按察司副使駙馬伯忽里數馳獵蹂民田恍以法繩之憲吏耿熙言徵北京宣慰司積年逋負計可得鈔二十萬錠帝遣使覈實熙懼事露擅增制語有并打筭大小一切諸衙門等事凡十二字追繫官吏至數百人恍驗問知其詐熙乃款伏裕宗甍于潛邸恍建言陛下春秋高當早建儲嗣平章不忽木以聞帝嘉納焉改河北河南道提刑按察副使恍以江南人鬻子北方名爲養子實爲奴也乞禁之又省部以正軍餘田出調發恍言士卒衝冒寒暑遠涉江海宜加優恤皆從之潁州朱喜嘗俘於兵既自贖主家利其

貲復欲以爲奴又有誣息州汪清爲奴殺而奪其妻子及田宅者獄久不決忱皆正之劾罷鎮南帥唐兀台唐兀台結援大臣誣奏于帝繫忱至京師得面陳其事世祖大悟抵唐兀台罪按察司改廉訪司起忱爲燕南河北道肅政廉訪副使累遷嶺南廣西河東山西兩道肅政廉訪使江陵汴梁兩路總管至大三年拜中奉大夫雲南行省參知政事未行卒

趙迪

趙迪真定藁城人也幼孤事母孝多力善騎射金末爲義軍萬户郡將出六鈞強弩立賞募能挽者迪能之即署真定尉遷藁城尉陞爲丞太祖兵至藁城迪率衆迎降歲壬午改藁城爲永安軍以迪同知節度使事嘗從帝西征他將校豪橫俘掠獨迪治軍嚴所過無犯先是真定旣破迪亟入索藁城人在城中者得男女千餘人諸將欲分取之迪曰是皆我所掠當以歸我諸將許諾迪乃召其人謂曰吾懼若屬爲他將所得則分奴之矣故索以歸之我今縱汝往宜各遂生產爲良民衆感泣而去時兵荒之餘骸骨蔽野迪爲大塚收瘞壬子歲卒年七十子七人椿齡真定路轉運使

邸順

邸順保定行唐人占籍於曲陽縣金末盜起順會諸族集鄉人豪壯數百人與其弟常築兩砦于石城玄保分據以守歲甲戌率衆來歸太祖授行唐令丙子真定饑群盜據城叛民皆穴地以避之盜發地而斂其人順擒數百人殺之朝廷陞曲陽爲恒州以順爲安撫使金將武仙據真定帥衆來攻順與戰大敗之賜金虎符加鎮國上將軍恒州等處都元帥庚辰武仙屯兵于黄堯兩山順及弟常又擊敗之時西京都道董陰結武仙抄掠州縣順擒道董殺之仙退真定以自保順從木華黎攻之敗之於王柳口仙遂棄真定南走以功賜順名察納合兒陞驃騎衛上將軍充山前都元帥弟常賜名金那合兒辛卯春從太宗攻河南諸郡招降民十餘萬以順知中山府己亥佩金符爲行軍萬户管領諸路元差軍五千人從大軍破歸德府留順戍之丁未駐師五河口宋兵夜襲營順掩殺其衆生獲十五人癸丑攻漣水甲寅舉部屬肖撒八撏鄰之功以奏上賜肖撒八撏鄰金銀符仍隸麾下丙辰春順卒年七十四子浹襲職己未從世祖渡江圍鄂州有戰功中統元年世祖即位浹以所部

張宣等十二人奏聞于朝遂以金銀符賜之三年圍李璮還守息州至元十一年賜虎符授金州招討副使後又遷懷遠大將軍金州萬户十三年改襄陽管軍萬户三月以樞密院奏行淮西總管萬户府事守廬州十四年移龍興仍管領本翼軍人十五年復爲管軍萬户攻贛州崖石寨太平岩賊有功十七年陞鎮國上將軍都元帥鎮龍興諸路兼管本萬户府事賜銀印吉贛盜起行省遷元帥府以鎮之二十一年元帥府罷復爲萬户二十三年佩元降虎符爲歸德萬户鎮守吉安未幾統領江西各萬户集兵七千戍廣東凡二載大德三年卒年七十七贈輔國上將軍北庭元帥府都元帥護軍追封高陽郡公謚襄敏子榮仁襲佩其虎符爲宣武將軍歸德萬户鎮廣東惠州感癉疾不任事子貫襲貫卒子士忠襲士忠卒子文襲順族弟琮

琮太祖時從族兄行唐元帥常來降歲乙酉金降將武仙復擾真定叛琮敗之于黄臺癸巳從元帥倴盞滅金于蔡有功真定五路萬户選充總管府推官尋奉旨賜金符授管軍總押管領七路兵馬鎮徐州宋兵入境琮戰卻之己亥從大將察罕攻滁州力戰流矢中臍明年卒子澤襲移鎮潁州宋兵攻潁澤戰敗之至元四年從元帥阿术克平塞寨及老鴉山十一年從沙洋奪六艦皆論功受賞有差十二年授武德將軍管軍總管從攻澧州及靜江累官懷遠大將軍管軍萬户郴州路總管府達魯花赤二十二年改授廬州蒙古漢軍萬户尋遷潁州翼會徽州績溪縣盜起澤討平之二十八年移鎮杭州卒子元謙襲爲潁州萬户元謙卒子祺襲祺卒子忠襲

王善 子慶端附

王善字子善真定藁城人父增監本縣酒務以孝行稱善資儀雄偉其音若鍾多智略尤精騎射金貞祐播遷田疇荒蕪人無所得食善求食以奉母乙亥群盜蜂起衆推善爲長善約束有法備禦有方盜不能犯擢本縣主簿戊寅權中山府治中時武仙鎮真定陰蓄異志忌善威名密令知府李濟府判郭安圖之己卯秋濟安張宴伏兵召善計事善覺即還治衆倉卒得八十人慷慨與盟人爭自奮遂誅濟安乃諭其黨曰造釁者李郭耳餘無所問善夜卧北城上戒麾下曰勿以我累汝家當取吾首獻帥府衆曰公何爲出此言我輩惟有効死而已遂率衆來歸授金符同

知中山府事是年冬以兵三百攻武仙仙遣將率精銳二千拒戰善擒斬之仙走獲鹿委其佐段琛城守復戰拔之入據其城軍勢大振自中山以南降州郡四十二庚辰還中山真定等路招討使尋加右副元帥驃騎大將軍屯槀城壬午陞槀城爲匡國軍以善行帥府事癸未進金吾衛大將軍左副元帥仙窮迫請降詔命復舊鎮善奏仙狼子野心終必反覆請修城隍備之未幾仙果叛率衆來攻火及西門善出戰却之仙使其部下宋元俘老幼四千人南奔善追奪之俾復故業仙自是不敢復入真定其部曲多來降丙戌以功賜金虎符仍行帥府事壬辰從征河南至鄭州州將馬伯堅素聞善名登陴大呼曰槀城王元帥在軍中否願以城降之善直前免冑與語伯堅果率衆出降善令軍中秋毫無犯民皆按堵願從善北渡者以萬計授之土田以安集之丙申兼河北西路兵馬副都總管辛丑授知中山府事屬縣新樂地居衝要迎送供給倍於他縣皆取於民善均其勞逸所徵或未給輒出家貲代輸民德之又放家僮五百人爲民咸懷其恩癸卯卒年六十一皇慶元年贈銀青榮祿大夫司徒追封冀國公謚武靖子慶淵爲行軍千户征淮南死次慶端

慶端字正甫初爲郡兗庫進水軍提領訓練士卒常如臨敵敗李璮於老僧口以功佩金符爲千户監築大都城移戍清口宋兵來攻守將戰死城欲陷慶端拔刀誓衆裹創力戰城得以全群盜四起復擊走之進武節將軍管軍總管領左右中衛兵從世祖北征還遷右親軍副都指揮使進侍衛軍都指揮使建威武營以處衛兵經畫田廬使各安業別立神鋒軍親教以蹶張弩技作整暇堂屏利局浚渠構室如治家事至元十九年改詹事丞時有司欲就威武貸粟數萬石濟飢民裕宗在東宮以問慶端慶端對曰兵民等耳何間焉即命與之帝嘗遣近侍夜出伺察爲邏卒所執近侍以實告卒曰軍中惟知將軍令不知其他近侍以聞帝賞以黑貂裘及親征乃顏命慶端以所部從時年六十餘與士卒同甘苦晝則擐甲執兵迎敵夜卧不解衣暇則俾士卒爲軍市自相懋遷征東之功慶端贊畫居多成宗即位論翼戴功拜金吾衛上將軍中書左丞行徽政副使兼隆福宮左都威衛使進階資德大夫大德二年加榮祿大夫平章政事僉書樞密院事兼使如故以疾卒

杜豐

杜豐字唐臣汾州西河人父珪以積德好施鄉稱善人豐少有大志倜儻不羣通兵法仕金爲平遥義軍謀克佩銀符太祖取太原豐率所部來降皇舅按赤那延授兵馬都提控從國王按察兒攻平陽先登克絳州解州諸堡招集流民三萬餘家以功賜金虎符陞征行元帥左監軍金人南遁遂以豐守河北庚辰上黨張開以萬衆寇汾州豐率精騎五千敗之從國王阿察兒下懷孟破温谷木澗等寨輒先登攻洪洞西山斬首六百餘級攻松平山破之賊墮崖死以萬

計獲生口甚衆金將武仙等往來鈔掠平陽太原間行路梗塞壬午授豐龍虎衛上將軍河東南北路兵馬都元帥便宜行事遂破玉女割渠等寨俘獲千餘人丙戌從按赤那延攻益都金中將突圍出豐戰扼之斬首千級捕虜二十人益都下遂略地登萊降島民萬餘己丑以本部取沁州由是銅鞮武鄉襄垣綿山沁源諸縣皆下辛卯命豐撫定平陽太原真定及遼沁未降山寨皆平之乙未陞沁州長官長官者國初高爵也在沁十餘年寬繇薄賦勸課農桑民以富足丁未請老丙辰疾卒于家年六十有七沁人立祠

歲時祀焉子三人思明思忠思敬思敬事世祖潛邸由平陽路同知累遷治書侍御史阿合馬敗臺臣皆罷去思敬以帝所眷知獨留出爲安西路總管僉陝西行省事歷汴梁總管再入中臺爲侍御史時桑哥以罪誅風紀爲之振肅未幾拜參知政事改四川行省左丞不赴陞中書左丞致仕年八十六卒謚文定

石抹孛迭兒

石抹孛迭兒契丹人父桃葉兒從霸州孛迭兒仕金爲霸州平曲水寨管民官太師國王木華黎率師至霸州孛迭兒迎降木華黎察其智勇奇之擢爲千戶

歲甲戌從木華黎覲太祖於雄州佩以銀符充漢軍都統帝次牛闌山欲盡戮漢軍木華黎以孛迭兒可用奏釋之因請隸麾下從平高州乙亥授左監軍佩金符與北京都元帥吾也兒分領錦州紅羅山北京東路漢軍二萬又從奪忽闌闇里必徇地山東大名比至洺州城守甚堅師不得進孛迭兒不避矢石率衆先登遂拔之丁丑從平益都沂密萊淄戊寅從定太原忻代平陽吉隰岢嵐汾石絳州河中潞澤遼沁辛巳木華黎承制陞孛迭兒爲龍虎衛上將軍霸州等路元帥佩金虎符以黑軍鎮守固安水寨既至今

兵士屯田且耕且戰披荆棘立廬舍數年之間城市悉完爲燕京外蔽庚寅朝太宗于行在所賜金符辛卯從國王塔思征河南癸巳從討萬奴於遼東平之孛迭兒始從征伐及後爲將大小百戰所至有功年七十以疾卒于官子紇查剌查剌查茶剌

賈塔剌渾

賈塔剌渾冀州人太祖用兵中原募能用砲者籍爲兵授塔剌渾四路總押佩金符以將之及攻益都下之加龍虎衛上將軍行元帥左監軍便宜行事師還駐謙謙州即古烏孫國也歲己丑將所部及契丹女

直唐兀漢兵攻斡脫剌兒城塔剌渾督諸軍穴城先入破之即軍中拜元帥改銀青光祿大夫從睿宗入散關略關外四州經興元渡漢江略唐鄧申裕諸州鼓行而東河南平陞金紫光祿大夫總領都元帥從大帥太赤攻徐邳平之十六年卒子抄兒赤襲從諸王也孫哥塔察兒南征戊午卒於軍子冀驢襲卒弟六十八襲至元五年諸軍圍襄樊九年六十八帥所部戍駱駝嶺一字城立砲樊城南不發以怠敵心俄帥銳卒突出攻其城西破之以功賜銀幣鞍馬弓矢十一年諸軍南征渡江明年加宣武將軍宋常州守臣姚訔堅守不下六十八發砲摧其城壁以納諸軍宋援兵突至力戰却之常州既克帥府令總新附砲手軍臨安降加懷遠大將軍從諸軍追宋二王至海下三十餘城十四年加昭勇大將軍十五年領南軍精銳者入衛加輔國上將軍十八年論功授奉國上將軍管領砲手軍都元帥二十年罷都元帥更授砲手軍匠萬户佩三珠虎符二十六年卒

奥敦世英

奥敦世英女真人也其先世仕金爲淄州刺史歲癸酉太祖兵下山東淄州民奉世英及弟保和迎降皆

授以萬户世英倜儻有武略由萬户遷德興府尹時金經略使苗道潤率衆欲復山西世英與戰克之將盡殺所俘其母責之曰汝華族也畏死而降此卒伍爾驅之死戰何忍殺之耶遂止世英從數騎廵部定襄卒於軍保和由萬户陞昭勇大將軍德興府元帥錫虎符改雄州總管尋以元帥領真定保定順德諸道農事凡闢田二十餘萬畝改真定路勸農事兼領諸署賜居第戎器表馬給户食其祖年五十六致仕保和四子希愷希元希魯希尹希愷襲勸農事皇太后錫以錦服曰無墜汝世業郡縣有水旱必力請蠲

祖調民賴之南征時置軍儲倉于汴衛歲輸河北諸路粟以實之分冬月三限失終限者死吏徵歛舞法民甚苦之希愷知其弊蠲煩苛而民不擾尋以勸農使兼知冀州希愷至爲東約健訟之俗爲變蒙古軍取民田牧久不歸希愷悉奪歸之軍無怨言至元二年遷順天治中三月改順德又踰月陞知河中府秩滿歸調時阿合馬專政官以賄成希愷不往見之降武德將軍知景州數月卒希元彰德漕運使希魯濟州路總管希尹中統三年李璮叛濟南世祖命丞相史天澤討之希尹謁天澤面陳利害願擊賊自効試

其騎射壯之命充真定路行軍千户與賊戰矢無虛發賊敗走入城中諸王哈必赤賞銀五十兩希尹請築外城圍之深溝高壘俟其粮絶不戰而坐待其困天澤從之璮既就擒至元十一年樞密録其功自右衛經歷六遷至同知廣東道宣慰司事卒

田雄

田雄字毅英北京人也幼孤能樹立以驍勇善騎射知名金末署軍都統歲辛未太祖軍至北京雄率衆出降太祖以雄隷太師國王木華黎麾下從征興中廣寧諸郡定府州縣二十有九平錦州張鯨兄弟之亂從攻栢鄉邢相辛巳從攻鄜坊綏葭諸州有功木華黎承制受雄隰吉州刺史兼鎮戎軍節度使行都元帥府事平汾西霍山諸栅壬午以木華黎命授河中帥聽石天應節制太宗時從攻西和興元諸州又從攻夔萬諸州論功尤最賜金符授行軍千户召爲御前先鋒頃之使攻破檳州雷家堡奉旨招納河南降附得户十三萬七千有奇民皆按堵而别部將校縱兵虜掠民惶懼悔降雄力爲救護至出己財與之民得免於害癸巳授鎮撫陝西總管京兆等路事時關中苦於兵革郡縣蕭然雄披荆棘立官府開陳禍

福招徠四山堡砦之未降者獲其人皆慰遣之由是來附者日衆雄乃教民力田京兆大治事聞賜金符定宗時入覲于和林以疾卒年五十八後追封西秦王子八人大明襲職知京兆等路都總管府事

張拔都

張拔都昌平人歲辛未太祖南征拔都率衆來附願爲前驅遂留備宿衛從近臣漢都虎西征回紇河西諸蕃道隴蜀入洛屢戰流矢中頰不少卻帝聞而壯之賜名拔都自是漢都虎亦專任之甲午金亡以漢都虎爲砲手諸色軍民人匠都元帥守真定漢都虎

卒無子以拔都代之及漢都虎兄子贍闍少長拔都
請于朝歸其政而終老焉子忙古台從憲宗攻蜀釣
魚山苦竹二壘冒犯矢石屢挫而不沮遂以勇敢聞
中統元年賜銀符預議砲手軍府事尋易金符爲行
軍千户從征襄樊有功卒子世澤襲從丞相伯顏南
征大小十餘戰皆有功又從平廣西明年收瓊萬諸
州拜宣武將軍行軍總管未幾還副萬户加明威將
軍從鎮南王脫歡伐交趾既還及再舉將校舊嘗往
者許留恤之有脫歡者當行適病不能起世澤曰吾
祖父以武勇稱吾蒙其餘澤荷國厚恩當輸忠王室
增光前人豈可苟爲自安計耶力請代之凱還人服

其義云

張榮

張榮清州人後從鄢陵歲甲戌從金太保明安降太
祖賜虎符授懷遠大將軍元帥左都監乙亥正月奉
旨略東平益都諸郡戊寅領軍匠從太祖征西域諸
國庚辰八月至西域莫蘭河不能涉太祖召問濟河
之策榮請造舟太祖復問舟卒難成濟師當在何時
榮請以一月爲期乃督工匠造船百艘遂濟河太祖
嘉其能而賞其功賜名兀速赤癸未七月陞鎮國上

將軍砲水手元帥甲申七月從征河西乙酉從征關
西五路十月攻鳳翔砲傷右髀帝命賜銀三十錠養
病於雲内州庚寅七月卒年七十三子奴婢襲佩虎
符砲水手元帥領諸色軍匠太祖伐金命由關西小
口收附金昌州等郡乙未金亡戊戌授懷遠大將軍
癸卯三月陞輔國大將軍甲辰二月領蒙古漢軍守
均州戊申九月宋兵襲均州奴婢拒戰大敗宋師己
酉十一月復與宋兵戰流矢中右臂中統三年卒年
七十五子君佐襲佩虎符砲水手元帥戍蔡州五年
都元帥阿术命將砲手兵攻襄陽至元八年調守襄

陽一字城虆馳嶺攻南門牛角堡破之攻樊城親立
砲摧其角樓樊城破十年襄陽降叅政阿魯海牙以
宋降將呂文煥入朝奉旨召蒙古漢人萬户凡二十
人陛見各以功受賜帝親諭之令還鎮十一年從軍
下漢江至沙洋丞相伯顏命率砲手軍攻其北面火
砲焚城中民舍幾盡遂破之賜以良馬金鞍金段又
以火砲攻陽邏堡破之十二年從大軍與宋將孫虎
臣戰于丁家洲復從丞相阿术攻揚州是年冬又從
諸軍破常州十三年陞懷遠大將軍仍砲水手元帥
秋君佐屯軍真揚間絶宋粮道宋制置李庭芝都統

姜才棄城走揚州平以君佐爲安慶府安撫司軍民
達魯花赤十四年春安慶野人原及司空山天堂賊
將攻安慶君佐密察知之時城中軍僅數百人君佐
命搖賊出沒要道賊不敢入乃冠黃州行省命君佐
率衆復黃州因以爲黃州達魯花赤十五年加鎮國
上將軍仍砲水手元帥十九年命率新附漢軍萬人
脩膠西閘埧以通漕運二十一年兼海道運粮事是
年卒

趙天錫 貴亨

趙天錫字受之冠氏人屬金季兵起其祖以財雄鄉

里爲衆所歸貞祐之亂父林保冠氏有功授冠氏丞
俄陞爲令大安末天錫入粟佐軍補修武校尉監洺
水縣酒太祖遣兵南下防禦使蘇政以爲冠氏令乃
挈縣人壁桃源天平諸山歲辛巳春歸行臺東平嚴
實實素知天錫名遂權隸帳下從征上黨以功授冠
氏令俄遷元帥左都監兼令如故甲申宋將彭義斌
擾大名冠氏元帥李全降之人心頗搖天錫令衆姑
少避其鋒以圖後舉乃率將佐往依大將孛里海軍
未幾破義斌于真定授左副元帥同知大名路兵馬
都總管事李全在大名結其帥蘇椿納金河南從宜

鄭倜曰以取冠氏爲事天錫每戰輒勝一日倜自將
萬人來攻天錫率死士乘城力戰三晝夜倜度不能
下乘風霾遁去己丑朝行在所上便民事優詔從之
戊戌征宋駐兵蘄黃間被病還卒于冠氏年五十子
六人貴亨嗣

貴亨字文甫襲行軍千户己未從國兵渡江攻鄂有
功至元五年總管山東諸翼軍征宋攻襄樊貴亨出
抄蘄黃以五百人拔野人原寫山砦脩白河新城七
年偕元帥劉整朝京師命爲征行千户賜金符及衣
帶鞍馬攻樊城冒矢石擁盾先登破之十一年偕東

西正陽城三月敗夏貴于淮益以濟南汴梁二路新
軍十二年正月從攻鎮江與宋將孫虎臣張世傑大
戰于焦山殺掠甚衆十三年江南平以功陞宣武將
軍十四年授虎符懷遠大將軍處州路總管府達魯
花赤未行適盜發澉浦行省檄爲招討使率兵平之
未幾處州青田縣季文龍章焱殺趙知府以叛貴亨
獲其黨始知七縣俱反季文龍自署爲兩浙安撫使
擾處州天慶觀貴亨率衆圍之將騎士三百陳于下
河門賊出戰以精騎蹂之遂棄城突圍散走斬首三
級貴亨入城乃招散亡立官府章焱復合二萬衆來

攻陣惡溪南賁亨分兵拒守自將精銳亂流衝擊屬
萬户忽都台以援兵至自巳至亥賊方退文龍溺死
忽都台以處即亂山爲州無城壁可恃且反側欲屠
之賁亨曰我受命來監此郡賊固可殺良民何辜不
從將士虜掠子女金帛賁亨捕得倡率者杖之仍各
求所失還之州民悅服十五年龍泉縣張三八合衆
二萬殺慶元縣達魯花赤也速台兒且屠其家賁亨
將騎士五百往討與賊將鄭先鋒陳壽山三千餘人
戰于浮雲鄉斬首三百餘級三八軍于縣西賊三戰
俱敗軍還賊衆水陸俱設伏賁亨擇步卒驍悍者使

前賊不敢近既而衢州賊陳千二聚二萬人遂昌葉
丙六亦聚三千人助之賁亨前後斬首三千餘級悉
平之十七年改處州路管軍萬户二十二年還冠氏
卒年五十七

列傳卷第三十八

列傳卷第三十九　　元史一百五十二

翰林學士亞中大夫知制誥兼修國史臣宋濂翰林待制承直郎同知制誥兼國史院編修官臣王禕等奉

勑修

張晉亨 好古

張晉亨字進卿冀州南宮人也其兄同知安武軍節
度使事領衆強令顥以冀州數道之衆附嚴實于青
崖後從實來歸進顥安武軍節度使西征戰没歲戊
寅太師國王木華黎承制署晉亨襲顥爵晉亨涉獵
書史小心畏慎臨事周密實器之以女妻焉實征澤
潞偏將李信覘海相繼降于宋晉亨跋涉險阻晝伏

夜行僅免於難實遣子忠貞入質命晉亨與俱丁亥
從國王孛羅征益都以功遷昭毅大將軍領恩州刺
史兼行臺馬步軍都總領再遷鎮國大將軍實征淮
楚河南晉亨畢從甲午從實入覲命爲東平路行軍
千戶圍安慶其守將走邀擊之斬首百級俘獲無筭
攻光之定城俘其將士十有五人略信陽執復州將
金之才攻六安拔之大小數十戰策功居多實卒其
子忠濟奏晉亨權知東平府事東平貢賦率倍他
道迎送供億簿書獄訟日不暇給歷七年吏畏而民
安之辛亥憲宗即位從忠濟入覲時包銀制行朝議

戶賦銀六兩諸道長吏有輒請試行於民者晉亨面責之曰諸君職在親民民之利病且不知乎今天顏咫尺知而不言罪也承命而歸事不克濟罪當何如且五方土產各異隨其產爲賦則民便而易足必責輸銀雖破民之產有不能辦者大臣以聞明日召見如其言以對帝是之乃得蠲戶額三之一仍聽民輸他物遂爲定制欲賜晉亨金虎符辭曰虎符國之名器長一道者所佩臣隸忠濟麾下復佩虎符非制也臣不敢受帝益喜改賜璽書金符恩州管民萬戶中統三年李璮叛晉亨從嚴忠範戰於遥墻濼勝之改

本道與魯萬戶四年授金虎符分將本道兵充萬戶戍宿州首言汴堤南北沃壤閒曠宜屯田以資軍食乃分兵列營以時種藝選千夫長督勸之事成期年皆獲其利至元八年改懷遠大將軍淄萊路總管尋兼軍事十一年詔伐宋晉亨在選中聞命就道曰此報效之秋也分道由安慶渡江丞相伯顏留之戍鎮江兼與民政壹以鎮靜爲務戰焦山瓜洲皆有功十三年卒於官子好古

好古字信甫少讀書善屬文器識宏遠勇而有謀父晉亨權知東平府事嚴忠濟承制以好古權其父軍戍宿州戊午奏真授行軍千戶攻樊城身中流矢戰不少卻主將旌其功賞銀百兩略揚循泰興海門而還擊邵伯埭拔之從大軍攻鄂中統元年還宿州忠濟命兼恩州刺史訪民瘼革吏弊立爲條約未幾移戍蘄州李璮叛據濟南宋人攻蘄好古率兵迎擊力不敵死之時晉亨在濟南軍中聞之哭曰吾兒死得其所矣弟好義襲下江淮有功

王珍

王珍字國寶大名南樂人世爲農家珍慷慨有大志金末喪亂所在盜起南樂人楊鐵槍聚衆保鄉里太祖遣兵攻破河朔鐵槍以兵應之行營帥按只署珍軍前都彈壓鐵槍與金軍戰死衆推蘇椿代領其衆宋將彭義斌帥師侵大名椿戰不利降之義斌遂據大名珍棄其家間道走還軍中按只嘉其誠待遇益厚以爲假子復從速魯忽擊走義斌蘇椿以大名降珍妻子故在珍語之曰吾非棄汝輩誠不以私愛奪吾報國之心耳聞者稱歎授鎮國上將軍大名路治中軍前行元帥府事俄以取寧海胙城功遷輔國上將軍復授統攝開曹滑濬等處行元帥府事兼大名路安撫使蘇椿復欲叛歸金珍覺之與元帥梁仲先發

兵攻椿椿開南門而遁國王斡真授仲行省珎驃騎衛上將軍同知大名府事兼兵馬都元帥從剌不台經略河南破金將武仙于鄭州復與金人戰于蕭縣斬其將項之仲死國王命仲妻冉守真權行省事珎爲大名路尚書省下都元帥將其軍國用安據徐邳珎從太赤及阿术魯攻拔之授同簽大名行省事從軍伐宋破光州棗陽廬壽滁州珎常身先諸將屢有功宋城五河口珎帥死士二十人奪之宋人遁乘勝進師連破濠泗渦口歲庚子入見太宗授總帥本路軍馬管民次官佩金符珎言於帝曰大名困於賦調

貸借西域賈人銀八十錠及逋糧五萬斛若復徵之民無生者矣詔官償所借銀復盡蠲其逋糧已而朝廷議分蒙古漢軍戍河南以珎戍睢州修城隍明斥候宋兵不敢犯己酉入朝定宗進本路征行萬戶加金虎符在鎮九年卒年六十五子文幹善騎射襲爲行軍萬戶己未從世祖攻鄂州先登中流矢賜以良馬金帛李壇叛從哈必赤討平之哈必赤論功語以官賞文幹對曰增秩則榮及一身賜金則恩逮麾下迺以白金二千兩器皿百事雜綵數百縑賞之文幹悉頒之軍中中統三年制父兄弟子並仕同途者罷其弟子文幹弟文禮爲千戶文幹自陳願解已官而留文禮詔從之改同知大名路總管府事累遷河東山西道提刑按察副使近臣言其鄂州之功陞簽東川行樞密院事歷全州衛輝東平總管改江東建康道提刑按察使卒于官年五十八發其篋中錢僅七緡貧不能歸葬人以此稱之

楊傑只哥

楊傑只哥燕京寶坻人家世業農傑只哥少有勇略太祖略地燕趙率族屬降附從攻遼左及從元帥阿术魯定西夏諸部有功己丑睿宗賜以金幣命從阿

术魯攻信安阿术魯知其材畧出諸將右命裁決軍務信安城四面阻水其帥張進數月不降傑只哥曰彼恃巨浸我師進不得利退不得歸不若往說之進見其來怒曰吾已斬二使汝不懼死耶傑只哥無懼色從容言曰今齊魯燕趙地方數千里郡邑聞風納降獨君恃此一城内無軍儲外無兵援亡可立待爲君計者不如請降可以保富貴而免死亡進默然曰姑待之凡三往乃降辛卯大名守蘇椿叛討擭之衆議屠城傑只哥曰怒一人而族萬家非招來之道也衆是其言由是滑濬等州聞風納款壬辰師次徐州

阻河不得濟傑只哥探知有賊兵操舟楫伏草澤中率勁卒數人憑河擊之悉奪舟楫衆遂得渡獲河南諸郡降人三萬餘戶進攻徐州金將國用安拒戰傑只哥率百餘騎突入陣中迎擊於後大敗之擒一將而還皇太弟國王駐兵河上見之賜名拔都授金符命總管新附軍民乙未太宗特賜傑只哥種田民戶租賦丁酉從阿朮魯攻歸德傑只哥麾諸將縛草作筏渡濠抵城下梯城先登拔之由是進攻得五州十縣四堡二寨己亥宋兵至己登歸德城傑只哥率衆拒戰敗之率舟師追擊轉戰中流溺死年四十子孝

先孝友孝先僉江北淮東道肅政廉訪司事孝友鎮江路總管

劉通

劉通字仲達東平齊河人也初從嚴實來歸繼從攸濮曹相潞定陶楚兵實薦于太師木華黎以通爲齊河總管尋授鎮國上將軍左副都元帥濟南知府德州總管行軍千戶太宗錫金符陞上千戶宋將彭義斌攻齊河城率衆夜登通與六七人鼓譟而進宋人驚懼墜溺死者甚衆明日復合圍城三匝通令守陴者植槊如櫛俄從撤去宋人懼其向己也大潰義斌僅以數騎免歲丁酉遷德州等處二萬戶軍民總管歲丙辰卒子復亨襲爲行軍千戶從嚴實略安豐通泰淮濠泗蘄黃安慶諸州憲宗西征復亨攝萬戶統東平軍馬攻釣魚山苦竹寨有功師還兼德州軍民總管中統元年奉旨戍和林還授虎符進武衛軍副都指揮使李璮叛遣使招復亨復亨立斬之時遣兵討賊集濟南乏食復亨盡出其私蓄以濟師世祖嘉之賜白金五千兩復亨固辭至元二年進左翼侍衛親軍都指揮使四年遷右翼九年加昭勇大將軍鳳州等處經略使十年遷征東左副都元帥統軍四萬

戰船九百征日本與倭兵十萬遇戰敗之還招降淮南諸郡邑十二年授昭信路總管十四年遷黃州宣慰使十五年改太平路總管俄授鎮國上將軍爲淮西道宣慰使都元帥二十年加奉國上將軍三月卒子五人浩澤澧淵淮浩中統四年襲千戶至元八年歿于兵澤由近侍出爲荊湖北道宣慰使澧知長寧州俱蚤卒淵至元十一年佩金符授進義副尉爲徐邳屯田總管下丁莊千戶九月領兵巡邏泗州至淮河九里灣遇宋軍戰勝奪其船三十餘艘十二年三月與宋安撫朱煥戰于清河敗之擒十四人奪其輜

重九月從右丞別里迷失攻准安十三年與宋人戰昭信軍南靖平山俱有功十四年北覲進武略將軍管軍總管十五年從元帥張弘範征閩廣潮韶諸州以功授武德將軍十六年從攻崖山弘範命淵領後翼軍水戰有功十七年進安遠大將軍爲副招討二十一年遷潁州副萬戶二十四年從征交趾鎮南王脫歡命領水步軍二萬攻萬刼江擒十六人繼攻靈山城賊衆迎敵大敗之師還二十八年捕冦澉東獲其酋長三人三十一年兼領紹興澉江五翼軍守杭州繼以疾卒大德十一年卒子無晦至大元年襲授昭信校尉潁州副萬戶俄進武德將軍延祐五年以病免六年改河南江北行省都鎮撫泰定四年加宣武將軍

岳存

岳存字彥誠大名冠氏人初歸東平嚴實承制授存武德將軍帥府都總領保冠氏會金從宜鄭倜復據大名距冠氏僅三十里遣兵來攻倜不得志復自將萬人合圍其勢甚張存率死士百餘突出西門勇氣十倍金人退走存追之越境乃還歲己丑從嚴實及武仙戰于彰德西敗之遷明威將軍行冠氏主簿明年存率騎兵二百步卒三百自彰德北還至開州南與金將張開遇開衆萬餘存軍依大林戒其軍曰彼衆我寡不可輕動當聽吾鼓聲爲節乃命騎士居前步卒次之與敵相去僅二十步一鼓作氣無不一當百開衆大潰追二十餘里不損一卒而還破河南攻淮漢無役不與辛丑陞本縣丞庚戌移治楚丘數年有惠政乙卯告老退休田里中統三年以疾卒年六十九子天禎襲父職冠氏縣軍民彈壓從圍襄樊帥府承制授管軍百戶修立百丈山鹿門等堡天禎率敢士冒矢石從樊城東北先登爲檑木所傷墮地復躡梯以登手刃數人築正陽東西城及於鎮江造戰船天禎咸董其役戰焦山平奉化賊録功陞管軍千戶江南平從元帥張弘範覲帝于柳林賜金錦銀鞍勒授昭勇大將軍福州路總管平尤溪賊秩蒲改吉州平永新賊後遷贛州七年遷建康首定救荒之政民立碑以紀遺愛焉至大二年卒于建康年七十二子果會昌州同知

張子良

張子良字漢臣涿州范陽人金末四方兵起所在募兵自保子良率千餘人入燕薊間耕稼已絶遂聚州

人阻水治舟筏取蒲魚自給從之者衆至不能容子
良部勒定興新城數萬口就食東平東平守納之久
之守棄東平還汴檄子良南屯宿州又南屯壽州夏
全劫其民出雜口李敏據州子良率麾下造敏敏欲
害之走歸宿因以宿帥之衆奪全所劫老幼數萬以
還全怒連徐邳之軍來攻子良與宿帥斫其營全失
其軍符走死揚州時金受重圍於汴聲援盡絶有國
用安者圖以漣水之衆入援道阻游兵不能進子良
與一偏將晝伏夜行得入汴達用安意金君臣以爲
自天降也曲賜勞來凡所欲皆如用安請因以徐宿

授子良明年子良進米五百石于汴授榮祿大夫總
管陝西東路兵馬仍治宿州當是時令已不行於陝
而用安亦卒不得志徐宿之間民無食者出城拾穭
穟以食子良嚴兵護之以防鈔掠猝遇敵子良被重
傷乃率其衆就食泗州泗守閔兵將圖之子良與麾
下十數人即軍中生縛其守民不欲北歸者欲走傍
郡子良資以舟楫無敢掠其財物歲戊戌率泗州西
城二十五縣軍民十萬八千餘口因元帥阿术來歸
太宗命爲東路都總帥授銀青榮祿大夫陞京東路
行尚書省兼都總帥管領元附軍民進金紫光祿大

夫庚子賜金符自兵興以來子良轉徙南北依之以
全活者不可勝計癸丑憲宗命爲歸德府總管管領
元附軍民中統二年夏四月世祖命爲歸德泗州總
管降虎符仍管領泗州軍民總管七年罷元管戶隸
諸郡縣改授昭勇大將軍大名路總管兼府尹八年
卒年七十八贈昭勇大將軍僉樞密院事上輕車都
尉追封清河郡侯謚翼敏子二人長懋次享享佩金
虎符爲管軍千戶子與立襲卒子鑑襲
懋字之美未弱冠已有父風侍子良官京東故懋領
其衆從丞相阿术軍立歸德府以其軍鎮之移鎮下

邳知歸德府事李壇叛濟南以其兵戍蔡州中統元
年宣授泗州軍總把佩金符至元七年權濟南諸路
新軍千戶九年從破襄樊有功十一年丞相伯顏南
征其行陣以鏵車弩爲先而衆軍繼之懋以勇鷙將
弩前行凡所過山川道路險阨通梁筏平塹穽安營
設伏出納奇計伯顏信用之擢爲省都鎮撫水陸並
進其任甚重師壓臨安滅宋以其主及母后羣臣北
還駐瓜洲伯顏命懋往諭淮西夏貴副以兩介將騎
士直趨合肥貴出迎設賓禮懋示以逆順禍福辭旨
雄厲貴受命頓首上地圖降書馳還報伯顏大喜後

令行徇鎮東安豐壽春懷遠淮安濠等州郡皆下復使之徧諭列城軍民使知帝之德意十三年懋馳驛至上都伯顏上其功宣授懋明威將軍泗州安撫司達魯花赤十四年改安撫司爲總管府置宣慰使以統之拜同知淮西道宣慰司事十六年改授懷遠大將軍吉州路總管懋惡衣糲食率之以儉慎刑平政處之以公新府治設義倉雖能吏不過也部使者劉宣薦之凡有所懲治朝至夕報豪強竦然郡萬戶蘇良恃勢爲暴爲之翼者有十虎之目民甚苦之乃上其實於憲府盡誅十虎者奪良虎符而黜之民

大悅群盜有率衆將白晝刼城者懋聞之率從騎擣其穴縛其酋長以歸民之流亡與遠郡之來歸者數千家相率爲生祠以祀之十七年二月卒年六十三贈昭勇大將軍龍興路總管上輕車都尉追封清河郡侯謚宣敏子二人文煥以父蔭任承務郎江州路瑞昌縣尹文炳三汊河巡檢文煥子珪初爲高安縣尹有異政由是擢爲江西撿校拜南臺御史繼爲淮西江西二道廉訪僉事用能世其家云

唐慶

唐慶不知何許人事太祖爲管軍萬戶太祖伐金以慶權元帥左監軍歲丁亥賜虎符授龍虎衛上將軍使金壬辰太宗復以慶爲國信使取金質子督歲幣以金曹王来見帝於官山七月使慶再往令金主黜帝號稱臣金主不聽慶輒以語侵之金君臣遂謀害慶夜半令兵入館舍殺慶及其弟山禄與禄并從行者十七人既滅金購求慶屍不得厚恤其家賜金五十斤詔官其子仍計其家人口給粮以養馬

齊榮顯

齊榮顯字仁卿聊城人父旺金同知山東西路兵馬都總管榮顯幼聰悟總角與群兒戲畫地爲戰陳端

坐指揮各就行列九歲代父任爲千戶佩金符從外舅嚴實来歸屢立戰功攻濠州宋兵背城爲陳榮顯薄之所向披靡其屬王孝忠力戰中鈎戟榮顯斷戟拔孝忠出復逐北入其郛而還主帥察罕壯之賜馬鎧銀器兵趨五河口抵大堤榮顯偕數騎前行覘敵值邏騎數十從者將退走榮顯曰彼衆我寡若示以怯必爲所乘援弓策馬射殺兩人乃還進拔五河口陞權行軍萬戶守宿州墮馬傷股不能復從軍改提領本路課税又改本路諸軍鎮撫兼提控經歷司值斷事官鉤校諸路積逋官吏往往遭詬辱榮顯從容

辦理悉爲蠲貸從實入朝授東平路總管府叅議兼領博州防禦使時十投下議各分所屬不隸東平榮顯力辯於朝遂止及攻淮南道出東平民間供給費銀二萬錠榮顯詣斷事官懇之得折充賦稅民賴以不困中統元年謁告侍親閑居十年卒

石天祿

石天祿父珪山東諸路都元帥陷金死節見忠義傳天祿襲爵字魯承制授龍虎衛上將軍東平路元帥佩金虎符時宋將彭義斌取大名及中山天祿與李里海率兵敗之獲義斌又敗金將武仙屢立戰功丙

戌孛魯以功奏還金紫光祿大夫都元帥鎮戍邊隅數與金人戰未嘗敗北壬辰皇太弟拖雷南渡河天祿爲前鋒戰退金兵奪戰船數艘夜至歸德城下襲其營殺三百餘人金將陳防禦出兵追圍天祿天祿潰圍復戰金兵退走提兵掠亳及徐所過望風附降癸巳秋九月破考城復圍歸德冬十二月歸德降甲午入覲改授征行千戶濟兗單二州管民總管乙未從扎剌溫火兒赤渡淮攻隨州至襄陽夾河寨戰退宋兵扎剌溫火兒赤賞以戰馬又從攻蘄黃功居其首時詔天祿括戶東平軍民賦稅並依天祿已括籍

册嚴實不得科收天祿以病不任職以子興祖襲明年天祿卒年五十四子十人興祖襲千戶官武略將軍己未從伐宋攻鄂州至元四年縣宿州率兵抄泗淮諸郡獲宋覘伺者十餘輩統軍司賞馬二十匹銀五百兩錦二十端十二年攻常州爲先鋒功在諸將上宋亡第功陞宣武將軍管軍總管戍溫州土賊林大年等搆亂出兵圍之斬首千餘級招輯南溪山寨歸農者三萬餘戶十六年陞顯武將軍佩金虎符十九年七月卒于軍子璉嗣

石抹阿辛

石抹阿辛迪列紇氏歲乙亥率北京等路民一萬二千餘戶來歸太師國王木華黎奏授鎮國上將軍御史大夫從擊蠡州死焉子查剌仍以御史大夫領黑軍初其父阿辛所將軍皆猛士衣黑爲號故曰黑軍歲己卯詔黑軍分屯真定固安太原平陽隰吉嵐間頃之南征以黑軍爲前列與南兵遇于河查剌大呼馳之陷其陣渡河再戰盡殪之所遇城邑爭先款附長驅擣汴州入自仁和門收圖籍振旅而還論功黑軍爲最及從國王軍征萬敎圍南京城堅如立鐵查剌命偏將先登其東北親奮長槊大呼登西南角

摧其飛櫓手斬陴卒數十人大軍乘之遂克南京詰旦木華黎解錦衣賞之累授真定路達魯花赤卒于柳城子庫祿滿襲職從攻襄樊與從弟度剌立雲梯衝其堞度剌死焉中統三年庫祿滿從征李璮先登飛矢中額而卒

劉斌 思敬

劉斌濟南歷城縣人少孤鞠于大父有勇力從濟南張榮起兵爲管軍千戶歲壬辰攻河南以功授中翼都統攻睢陽軍杏堆距陳州七十里聞陳整軍於近郊斌率衆夜破之又擊走太康守兵擒其將三日

太康陷榮言於帥阿术魯曰太康之平摧其鋒者斌也移屯襄陽軍之食斌知青陵多積穀前阻大澤水深不可涉陳可取狀衆難之斌叱之曰彼恃險不我虞取可必也乃率百騎夜發獲敵人使道之前行汙澤中五十餘里遇敵兵斌捨馬揮槊突敵敗之得其糧數千斛還官知中外諸軍事從攻六安先登破其城癸卯擢濟南推官辛亥授本道左副元帥乙卯陞濟南新舊軍萬戶移鎮邳州宋將悍之己未病謂其子曰居官當廉正自守毋瀆貨以喪身敗家語畢而逝年六十有二贈中奉大夫參知政事護軍彭城郡公謚武莊子思敬

思敬賜名哈八兒都襲父職爲征行千戶世祖南征從董文炳攻臺山寨先登中流矢傷甚帝親勞賜酒易金符中統二年授武衛軍千戶從討李璮賜銀六十錠四年授濟南武衛軍總管捕盜有功又賜銀千兩至元三年授懷遠大將軍侍衛親軍左翼副都指揮使四年命築京城八年授廣威將軍西川副統軍佩金虎符九年宋嘉定守臣昝萬壽乘虛攻成都哈八兒都邀擊敗之戰于青城宋兵大敗奪所俘二千人還十二年轉同簽行樞密院事復攻嘉定取之瀘

叙忠涪諸部及巴縣箐勝龜雲石筍等寨十九族及西南夷五十六部悉來降十三年圍重慶敗宋將張萬得其舟百餘六月瀘州復叛哈八兒都妻子没焉乃率兵討擒其將任慶攻破盤山寨俘九千餘戶又獲其將劉雄及王世昌等夜入東門巷戰殺王安撫葊遂克瀘州復攻重慶其將趙牛子降禽守臣張珏十六年蜀平拜中奉大夫四川行省參知政事行省罷改四川北道宣慰使十七年授正奉大夫江西行省參知政事治吉贛盜民賴以安二十年卒年五十三贈推忠宣力果毅功臣平章政事柱國封濱國公

謚忠肅子思恭字安道累官昭毅大將軍右衛親軍都指揮使思義宣武將軍昌國州軍民達魯花赤

趙柔

趙柔涞水人有膽略善騎射好施予金末避兵西山柵險以保鄉井時劉伯元蔡友貲李純等亦各聚衆數千聞柔信義共推爲長柔明號令嚴約束重賞罰爲衆所服歲癸酉太祖遣兵破紫荆關柔以其衆降行省八札奏聞以柔爲涿易二州長官佩金符丙戌群盜並起柔單騎徧入諸柵說降其衆以功遷龍虎衛上將軍真定涿等路兵馬都元帥佩金虎符兼銀冶總管庚寅太宗命兼管諸處打捕總管丙申加金紫光祿大夫卒至順元年追封天水郡公謚莊靜曾孫世安榮祿大夫江西行省左丞

列傳卷第三十九

元史一百五十三

列傳卷第四十

翰林學士亞中大夫知制誥兼修國史宋濂翰林待制承直郎同知制誥兼國史院編修官臣王禕等奉

勑修

劉敏

劉敏字有功宣德青魯人歲壬申太祖師次山西敏時年十二從父母避地德興禪房山兵至父母棄敏走大將憐而收養之一日帝宴諸將於行營敏隨之入帝見其貌偉異之召問所自俾留宿衛習國語閱二歲能通諸部語帝嘉之賜名玉出干出入禁闥初爲奉御帝征遼西諸國破之又征回回國破其軍二十萬悉收其地敏皆從行癸未授安撫使便宜行事兼燕京路徵收稅課漕運鹽場僧道司天等事給以西域工匠千餘戶及山東山西兵士立兩軍戍燕置二總管府以敏從子二人佩金符爲二府長命敏總其役賜玉印佩金虎符奏佐吏宋元爲安撫副使高逢辰爲安撫僉事各賜銀章佩金符李臻爲參謀初耶律楚材總裁都邑契丹人居多其徒往往中夜挾弓矢掠民財官不能禁敏戮其渠魁令諸市又豪民冒籍良民爲奴者衆敏悉歸之選民習星曆者爲司天太史氏興學校進名士爲之師己丑太宗即位改

造行宮幄殿乙未城和林建萬安宮設宮闈司局立驛傳以便貢輸既成宴賜甚渥辛丑春授行尚書省詔曰卿之所行有司不得與聞俄而牙魯瓦赤自西域回奏與敏同治漢民帝允其請牙魯瓦赤素剛尚氣恥不得自專遂俾其屬忙哥兒誣敏以流言敏出手詔示之乃已帝聞之命漢察火兒赤中書左丞粘合重山奉御李簡詰問得實罷牙魯瓦赤仍令敏獨任復辟李臻爲左右司郎中臻在幕府二十年參贊之力居多丙午定宗即位詔敏與奧都剌同行省事辛亥夏六月憲宗即位召赴行在所仍命與牙魯瓦

赤同政甲寅請以子世亨自代帝許之賜世亨銀章佩金虎符賜名塔塔兒台帝諭世亨以不從命者黜之又賜其子世濟名散祝台爲必闍赤入宿衛帝伐宋幸陝右敏輿疾請見帝曰卿有疾不召而來將有言乎敏曰臣聞天子出巡義當扈從敢辭疾乎但中原土曠民貧勞師遠伐恐非計也帝弗納敏還退居年豐世祖南征過年豐敏入見諭之曰我太祖勵精圖治見而知者惟卿爾汝春秋高其彙次以爲後法未幾病歸于燕夏四月卒年五十九

王檝

王檝字巨川鳳翔虢縣人父霆金武節將軍麟游主簿檝性倜儻弱冠舉進士不第乃入終南山讀書涉獵孫吳泰和中復下第詣闕上書論當世急務金主俾給事縉山元帥府尋用元帥髙琪薦特賜進士出身授副統軍守涿鹿隘太祖將兵南下檝鏖戰三日兵敗見執將戮之神色不變太祖問曰汝曷敢抗我師獨不懼死乎對曰臣以布衣受恩誓捐軀報國今既僨軍得死爲幸帝義而釋之授都統佩以金符令招集山西潰兵從大軍破紫荊關取涿易保州中山軍次雄州節度使孫吳堅守不下檝入城諭以禍福

吳遂以城降甲戌授宣撫使兼行尚書六部事從三合抜都太傅猛安率兵南征下古北口攻薊雲順等州所過迎降得漢軍數萬遂圍中都乙亥中都降檝進言曰國家以仁義取天下不可失信於民宜禁虜掠以慰民望時城中絕粒人相食乃許軍士給糧入城轉糴故士得金帛而民獲粒食又議田野久荒而兵後無牛宜差官瀘溝橋索軍回所驅牛十取其一以給農民用其說得數千頭分給近縣民大悅復業者衆三合猛安俾檝招諭保定新城信安雄霸文安清滄諸城皆望風欵附乃置行司于滄州以鎮之遂

從猛安入覲授銀青榮祿大夫仍前職兼御史大夫世襲千戶時河間清滄復叛帝命檝討之復命駙馬孛秃分蒙古軍及糺漢軍三千屬檝遂復河間得軍民萬口孛秃惡其反復欲盡誅之檝解之曰驅群羊使東西者牧人也羊何知哉殲其渠魁足矣釋此輩還之近縣強者使從軍弱者使爲農此天之所以畀我也何以殺爲孛秃曰汝能保此輩不復反耶檝曰可即移文保任之俱得全活帝命闍里畢與皇太弟國王分撥諸侯王城邑諭闍里畢曰漢人中若王宣撫者可任使之遂以前職兼判三司副使後又命省臣總括歸附工匠之數將俾大臣分掌之太師阿海具列諸大臣名以聞帝曰朕有其人偶忘姓名耳良久曰得之矣舊人王宣撫可任是職遂命檝掌之時都城廟學既燬於兵檝取舊樞密院地復創立之春秋率諸生行釋菜禮仍取舊岐陽石鼓列廡下丙戌從征西夏及秦州夏人盡撤橋梁爲備軍阻不得前帝問諸將皆不知計所出檝夜督士卒運木石比曉橋成軍乃得進戊子奉監國公主命領省中都屬盜起信安結北山盜李密轉掠近縣檝曰都城根本之地何可無備引水環城調度經費檝自爲券假之賈人而斂不及民人心稍安遣男守謙率軍討諸盜平之庚寅從征關中長驅入京兆進克鳳翔請于太宗曰此臣鄉邦也願入城訪求親族果得族人數十口以歸壬辰從攻汴京癸巳奉命持國書使宋以兀魯剌副之至宋宋人甚禮重之即遣使以金幣入貢檝前後凡五往以和議未決隱憂致疾卒于南宋人重賵之仍遣使歸其柩塟于燕子六人

王守道

王守道字仲履其先真定平山人金亡群盜並起州縣吏多乘亂貪暴不法民往往殺令丞及屬吏宣撫司署守道爲縣尉衆悅之因轉攝令改真定主簿史天倪爲河北西路兵馬都元帥鎮真定既收大名滏潞懷孟城邑之未附者以爲府經歷及金恒山公武仙降署爲史天倪副帥守道謂天倪曰是人位居公下意有不平安能鬱鬱於此宜先事爲備天倪不以爲然未幾果爲所害及仙以城反爲金史氏之人與屬縣旁近豪傑納天倪之弟天澤爲主帥攻仙時史天安在白霫聞變率兵亦至遂復真定仙走保西山諸砦執守道家人以重幣誘之守道不顧日與史氏部曲昆弟徵發調度以復讎卒逐仙遁去後擢慶源

軍節度使天澤爲五路萬戶署守道行軍參謀兼撿察使莊聖太后以眞定爲湯沐邑守道在鎭以幕寮頻歲致覲敷對稱旨得賜金符錦衣金錢中統三年天澤入拜左丞相卽授眞定等路萬戶府參謀至元七年卒至大元年以子顒貴特贈銀青榮祿大夫大司徒追封壽國公謚忠惠仁宗卽位復加推忠協力秉義功臣金紫光祿大夫大司徒上柱國

高宣

高宣遼陽人太宗元年詔宣爲元帥賜金符統兵從睿宗攻大名宣進曰今奉命出師伐罪弔民願勿嗜

殺以稱上意睿宗召元帥朮乃諭之下令軍中如宣言及城破兵不血刃民心悅服四年正月從破金兵三峯山降宣者二千餘戶籍以獻立打捕鷹坊都總管府統之以宣爲都總管賜金符仍令子孫世其職卒皇慶二年贈宣力功臣銀青榮祿大夫大司徒追封營國公謚簡僖子天錫事世祖潛邸爲必闍赤入宿衛甚見親幸中統二年授以其父官爲鷹坊都總管四年改燕京諸路奧魯總管遷按察副使仍兼鷹坊都總管天錫語丞相孛羅左丞張文謙曰農桑者衣食之本不務本則民衣食不足教化不可興古之

王政莫先於此願留意焉丞相以聞帝悅命立司農司以天錫爲中都山北道巡行勸農使兼司農丞尋遷司農少卿巡行勸農使又遷戶部侍郎進嘉議大夫兵部尚書卒後贈推忠保義功臣太保儀同三司上柱國追封營國公謚莊懿子諒裕宗初封燕王以諒爲符寶郎俄命襲其父官爲鷹房都總管裕宗甚愛之謂符寶郎董文忠曰汝爲我奏請以諒所管民戶隸於我府得諒盡力爲我用文忠入奏帝從之未幾授諒嘉議大夫遷兵部尚書卒仁宗時贈推誠保德贊治功臣太師開府儀同三司上柱國追封營國

公謚宣靖子塔失不花成宗命世其祖父官以居喪辭大德元年授奉議大夫章佩監丞四年改朝列大夫利用監丞八年陞少監武宗卽位授中議大夫秘書監丞仁宗居東宮召入宿衛至大三年冬遷少中大夫納綿府達魯花赤且諭之曰此先世所守舊職也皇慶元年春改授嘉議大夫同知崇祥院事冬進資德大夫爲院使延祐四年夏四月帝謂塔失不花曰汝祖嘗爲司農今復以授汝遂遷榮祿大夫大司農英宗居東宮塔失不花撰集前代嘉言善行名曰承華事畧并畫豳風圖以進帝覽之獎諭曰汝能輔

太子以正朕甚嘉之命置圖書東宫俾太子時時觀省六年改集禧院使退居于家卒

王玉汝

王玉汝字君璋鄆人少習吏事金末遷民南渡玉汝奉其親從間道還行臺嚴實入據鄆署玉汝爲掾史稍遷補行臺令史中書令耶律楚材過東平奇之版檢東平路奏差官以事至京師遊楚材門待之若家人父子然實年老艱於從戎玉汝奏請以本府總管代之行夏津災玉汝奏請復其民一歲濟州長官欲以州直隸朝廷大名長官欲以冠氏等十七城改隸

大名玉汝皆辨正之戊戌以東平地分封諸勳貴裂而爲十各私其入與有司無相關玉汝曰若是則嚴公事業存者無幾矣夜静哭於楚材帳後明日召問其故曰玉汝爲嚴公之使今嚴公之地分裂而不能救止無面目還報將死此荒寒之野是以哭耳楚材惻然良久使詣帝前陳愬玉汝進言曰嚴實以三十萬戶歸朝廷崎嶇兵間三棄其家室卒無異志豈與他降者同今裂其土地析其人民非所以旌有功也帝嘉玉汝忠款且以其言爲直由是得不分還行臺知事仍還領平陰令辛丑實子忠濟襲職授左右司郎中遂總行臺之政分封之家以嚴氏總握其事頗不自便定宗即位皆聚闕下復欲剖分東平地是時衆心危疑將俛首聽命玉汝力排群言事遂已憲宗即位有旨令常賦外歲出銀六兩謂之包銀玉汝曰民力不支矣糾率諸路管民官愬之闕下得減三分之一累官至龍虎衛上將軍泰定軍節度使兼兗州管内觀察使充行臺參議壬子以病謝事杜門日以經史自娛乙卯忠濟使人謂玉汝曰君閒久矣可暫起爲吾分憂玉汝堅辭以參議印強委之不得已起視事僅五六日裁畫署置煥然一新八月既望有星隕庭中已而玉汝卒

焦德裕

焦德裕字寬父其遠祖贊從宋丞相富弼鎮瓦橋關遂爲雄州人父用仕金由束鹿令陞千戶守雄州北門太祖兵至州人開南門降用猶力戰遂生獲之帝以其忠壯釋不殺復舊官徇地山東未嘗妄殺一人年六十二卒後以德裕貴追贈中書左丞封恒山郡公謚正毅德裕通左氏春秋少拳勇善射從其舅解昌軍中金將武仙殺真定守史天倪仙既敗走其黨趙貴王顯齊福等保仙故壘數侵掠太行太宗擇廷

臣有才辯者往招之楊惟中以德裕薦遂使真定降齊福擒趙貴王顯亡走德裕追射殺之其地悉平詔賜井陘北障城田中統三年李璮平世祖命德裕曲赦益都四年賜金符爲閬蓬等處都元帥府參議宋臣夏貴圍宣撫使張庭瑞于虎嘯山實薪土塞水源人無從得飲帥府檄德裕援之德裕夜薄貴營令卒各持三炬貴驚走追及鵝谿馘千人獲馬畜兵仗萬計陞京畿漕運使至元六年僉陝西道提刑按察司事八年轉西夏中興道按察副使十一年從丞相伯顏南征授僉行中書省事遂從下安慶至鎮江焦山

寺主僧誘居民叛丞相阿术既誅其魁欲盡阬其徒德裕諫止之命德裕先入城撫定宋平賜予有加奉旨求異人異書平章阿合馬譖丞相伯顏殺丁家洲降卒事奏以德裕爲中書參政欲假一言證成之德裕辭不拜久之復僉行省事十四年改淮東宣慰使淮西賊保司空山檄淮東四郡守爲應元帥帖哥邏得其檄即械郡守許定國等四人使承反狀將籍其家德裕言四人者皆新降將天子既寵綏之有地有民盈所望矣方誓報効安有他覬奈何以疑似殺四守寧知非反間耶盡復其官拜福建行省參知政事

二十五年卒年六十九贈榮祿大夫平章政事追封恒國公謚忠肅子簡餘姚州知州潔信州治中

石天麟

石天麟字天瑞順州人年十四入見太宗因留宿衛天麟好學不倦於諸國書語無不習帝命中書令耶律楚材釐正庶務選賢能爲參佐天麟在選賜名蒙古台宗王征西域以天麟爲斷事官憲宗六年遣天麟使海都拘留久之既而邊將刼皇子北安王以往寓天麟所天麟稍與其用事臣相親狎因語以宗親恩義及臣子逆順禍福之理海都聞之悔悟遂遣天

麟與北安王同歸天麟被拘留二十八年始得還世祖大悅賞賚甚厚拜中書左丞兼斷事官天麟辭曰臣奉使無狀陛下幸赦弗誅何可復叨榮寵況臣才識淺薄年力衰憊豈能任政恐徒貽廟堂羞不敢奉詔帝嘉其誠褒慰良久從之有譖丞相安童嘗受海都官爵者帝怒天麟奏曰海都實宗親偶有違言非仇敵比安童不拒絶之所以釋其疑心導其臣順也帝怒乃解江南道觀偶藏宋主遺像有僧素與道士交惡發其事將置之極刑帝以問天麟對曰遼國主后銅像在西京者今尚有之未聞有禁令也事遂寢

天麟年七十餘帝以所御金龍頭杖賜之曰御年老出入宮掖杖此可也時權臣用事凶焰薰炙人莫敢言天麟獨言其姦無所顧忌人服其忠直成宗即位加榮祿大夫司徒大宴玉德殿召天麟與宴賜以御藥命左右勸之酒頗醉命御輦送還家武宗即位進平章政事至大二年秋八月卒年九十二贈推誠宣力保德翊戴功臣開府儀同三司太師上柱國追封冀國公謚忠宣子珪累官治書侍御史遷樞密副使復爲侍御史拜河南行中書省右丞陞榮祿大夫南臺御史中丞卒次子懷都初襲斷事官累遷刑部尚

書荊湖北道宣慰使孫哈藍赤襲斷事官

李邦瑞

李邦瑞字昌國以字行京兆臨潼人世農家邦瑞幼嗜學讀書通大義嘗被掠逃至太原爲金將小史從守閻漫山寨國王木華黎攻下諸城堡金將走邦瑞率衆來歸復居太原守臣惜其材具鞍馬遣至行在所中書以其名聞歲庚寅受旨使宋至寶應不得入未幾命復往仍諭山東淮南路行尚書省李全護送宋仍拒之復奉旨以行邦瑞道出蘄黃宋遣賤者來迎邦瑞怒叱出之宋改命行人乃議如約而還太宗

慰勞賜車騎旂裘衣襲及銀十鋌邦瑞因奏干戈之際宗族離散乞歸尋訪帝諭速不解察罕匣剌達海等邦瑞馳驛南京詢訪親戚或以隸諸部者悉歸之甲午從諸王闊出經畧河南九所歷河北陝西州郡四十餘城繪圖以進授金符宣差軍儲使乙未夏六月卒子榮

楊奐

楊奐字煥然乾州奉天人母嘗夢東南日光射其身旁一神人以筆授之已而奐生其父以爲文明之象因名之曰奐年十一母歿哀毀如成人金末舉進士

不中乃作萬言策指陳時病皆人所不敢言者未及上而歸教授鄉里歲癸巳金元帥崔立以汴京降奐微服北渡冠氏帥趙壽之即延致奐待以師友之禮門人有自京師載書來者因得聚而讀之東平嚴實聞奐名數問其行藏奐終不一詣戊戌太宗詔宣德稅課使劉用之試諸道進士奐試東平兩中賦論第一從監試官北上謁中書耶律楚材楚材奏薦之授河南路徵收課稅所長官兼廉訪使奐將行言於楚材曰僕不敏誤蒙不次之用以書生而理財賦已非所長又況河南兵荒之後遺民無幾烹鮮之喻正

在今日急而擾之糜爛必矣願假以歲月使得撫摩瘡痍以爲朝廷愛養基本萬一之助楚材甚善之奐既至招致一時名士與之議政事約束一以簡易爲事按行境内親問監務月課幾何難易若何有以增額言者奐責之曰剝下欺上汝欲我爲之耶即減元額四之一公私便之不踰月政成時論翕然以爲前此漕司未之有也在官十年乃請老于燕之行臺壬子世祖在潛邸驛召奐參議京兆宣撫司事累上書得請而歸乙卯疾篤處置後事如平時引觴大笑而卒年七十賜謚文憲奐博覽强記作文務去陳言以

蹈襲古人爲耻朝廷諸老皆折行輩與之交關中書號多士名未有出奐右者奐不治生產家無十金之業而喜周人之急雖力不贍猶勉強爲之人有片善則委曲獎譽唯恐其名不聞或小過失必盡言勸止不計其怨怒也所著有還山集六十卷天興近鑑三卷正統書六十卷行于世

賈居貞

賈居貞字仲明真定獲鹿人年十五汴京破奉母居天平甫冠爲行臺從事時法制未立人以賄賂相交結有餽黃金五十兩者居貞卻之太宗聞而嘉歎勅有司月給白金百兩以旌其廉世祖在潛邸知其賢召用之俾監築上都城訖事以母喪歸世祖即位中統元年授中書左右司郎中從帝北征每陳說資治通鑑雖在軍中未嘗廢書一日帝問郎俸幾何居貞以數對帝謂其太薄勅增之居貞辭曰品秩宜然不可以臣而紊制劉秉忠奏居貞爲參知政事又辭曰他日必有由郎官援例求執政者將何以處之不拜至元元年參議中書省事詔與左丞姚樞行省河東山西罷侯置守五年再爲中書郎中時阿合馬擅權忌之改給事中同丞相史天澤等纂修國史十一年

丞相伯顏伐宋居貞以宣撫使議行省事既渡江下鄂漢伯顏以大軍東下留右丞阿里海涯與居貞分省鎮之居貞曰江陵要地乃宋制閫重兵所屯聞諸將不睦遷徙之民盈城復皆疾疫芻薪乏闕杜門不敢樵採不乘隙先取之迨春水漲恐上流爲彼所乘則鄂危矣驛聞十二年春命阿里海涯領兵取江陵居貞以僉行省事留鄂於是發倉廩以賑流亡宋宗室子孫流寓者廩食之不變其服而行其楮幣東南未下州郡商旅留滯者給引以歸之免括商稅弛湖荻禁造舟百數艘駕以水軍不致病民一方安之晝

安邦以信陽來歸遣入覲裨將陳思聰居其家居貞以計召至數思聰罪而誅之宋幼主既降其相陳宜中等挾二王逃閩廣所在扇惑民爭應之蘄州冦起司空山屬縣民傅高亦起兵應居貞移檄諭以禍福其下往往渙散壓以官軍遂削平之高變姓名逃逸獲而戮之初遣鄭萬戶討賊鄭言鄂之大姓皆與傅高通請先除之以絶根本居貞曰高鼠子無知行就戮矣大姓何預吾能保其無他鄭既領兵出留其所善部將戒曰聞吾還軍汝即舉烽城樓內外合發當盡殺城中大姓會其人戰敗溺死其事始彰十四年

拜湖北宣慰使命未下居貞閉門不出而驕將悍卒合謀擾民乃復出視事人恃以無恐及行鄂之老幼號送于道刻其像于石祠之泮宮十五年遷江西行省參知政事未至民爭千里迎訴時逮捕民間受宋二王文帖者甚急坐繫巨室三百餘居貞至悉出之投其文帖于水火士卒有挾兵入民家誣爲藏匿以取財者取人子女爲奴妾者皆痛繩以法大水壞民廬居貞發廩賑之南安李梓發作亂居貞慮將帥出兵擾民請親往卒纔千人營于城北遣人諭之賊衆聞居貞至皆散匿不復爲用梓發閉妻子一室自焚

死比還不戮一人杜萬一亂都昌居貞諷兵擒之有列巨室姓名百數來上云與賊連居貞曰元惡誅矣蔓延何爲命火其牒十七年朝廷再征日本造戰艦于江南居貞極言民困如此必致亂將入朝奏罷其事未行以疾卒于位年六十三贈推忠輔義功臣銀青榮祿大夫中書平章政事追封定國公仲子鈞

鈞字元播幼讀書淵默有容由榷茶提舉拜監察御史僉淮東廉訪司事行臺都事入爲刑部郎中改右司郎中參議中書省事仁宗即位拜參知政事議罷尚書省所立法遷僉書樞密院復參知政事賜錦衣

寶帶寵賚有加爲政持大體風裁峻整不孑孑釣名譽皇慶元年從幸上都遇疾卒于家前後詔賻鈔三萬貫供葬事子波立嗣

列傳卷第四十

百衲本

明・宋濂等撰

元史

4

國家圖書館出版社

列傳卷第四十一　　元史一百五十四

翰林學士亞中大夫知制誥兼修國史臣宋濂　翰林待制承直郎同知制誥兼國史院編修官臣王禕等奉

勅修

洪福源　俊奇　君祥　萬

洪福源其先中國人唐遣才子八人往教高麗洪其一也子孫世貴於三韓名所居曰唐城父大宣以都領鎮麟州福源爲神騎都領因家焉歲丙子金源契丹九萬餘衆竄入高麗丁丑九月奪江東城據之戊寅冬十二月太祖命哈赤吉札剌將兵追討大宣迎降與哈赤吉等共擊之降其元帥趙忠壬午冬十

月又遣着古與等十二人窺覘納欵廉實還遇害辛卯秋九月太宗命將撒里答討之福源率先附州縣之民與撒禮塔併力攻未附者又與阿兒禿等進至王京高麗王瞮乃遣其弟懷安公請降遂置王京及州縣達魯花赤七十二人以鎮之師還壬辰夏六月高麗復叛殺所置達魯花赤悉驅國人入據江華島福源招集北界四十餘城遺民以待秋八月太宗復遣撒禮塔將兵來討福源盡率所部合攻之至王京處仁城撒禮塔中流矢卒其副帖哥引兵還唯福源留屯癸巳冬十月高麗悉衆來攻西京屠其民刼大宣以東福源遂盡以所招集北界之衆來歸處於遼陽瀋陽之間帝嘉其忠甲午夏五月特賜金符爲管領歸附高麗軍民長官仍令招討本國未附人民又降旨諭高麗之民有執王瞮及元搆難之人來朝者與洪福源同於東京居之優加恩禮擢用若大兵既加拒者死降者生其降民令福源統之乙未帝命唐古拔都兒與福源進討攻拔龍崗咸從二縣鳳海洞三州山城及慈州又拔金山歸信昌朔州己亥春二月入朝賜以鎧甲弓矢及金織文段金銀器金鞍勒等乙巳定宗命阿母罕將兵與福源共拔威州平虜

城辛亥憲宗即位改授虎符仍爲前後歸附高麗軍民長官癸丑從諸王耶虎攻禾山東州春州三角山楊根天龍等城拔之甲寅與札剌台合兵攻光州安城忠州玄鳳珍原甲向玉果等城又拔之戊午福源遣其子茶丘從札剌台軍會高麗族子王綧入質陰欲併統本國歸順人民譖福源于帝遂見殺年五十三後贈嘉議大夫瀋陽侯謚忠憲子七人俊奇君祥最知名

俊奇小字茶丘福源第二子也幼從軍以驍勇受知世祖嘗以小字呼之中統二年秋茶丘雪父冤世祖

惘之詔諭之曰汝父方加寵用誤結刑章故於已廢之中庸沛維新之澤可就帶元降虎符襲父職管領歸附高麗軍民總管至元六年高麗權臣林衍叛冬十一月詔以其軍三千從國王頭輦哥討平之還江華島所有臣民復歸王京十二月帝命茶丘率兵往鳳州等處立屯田總管府八年二月入朝賜鈔百緡林衍餘黨裴仲孫等立高麗王禃親屬承化侯爲王引三別抄軍擾珍島以叛五月茶丘奉旨偕經略使欣都進兵討之破其軍殺承化侯其黨金通精率餘衆走躭羅帝遣侍衛親軍千戶王岑與茶丘議征取之策茶丘表陳通精之黨多在王京可使招之招而不從擊之未晚從之俄奉旨往羅州道監造戰船且招降躭羅茶丘得通精之姪金永等七人俾招之通精不從留金永餘盡殺之十年詔茶丘與欣都率兵渡海擊破躭羅獲通精殺之悉免其脅從者高麗始平十一年又命監造戰船經營日本國事三月授昭勇大將軍安撫使高麗軍民總管如故已卯命茶丘提點高麗農事八月授東征右副都元帥與都元帥忽敦等領舟師二萬渡海征日本拔對馬一岐宜蠻等島十四年正月授鎮國上將軍東征都元帥鎮高

麗二月率蒙古高麗女直漢軍從丞相伯顏北征叛臣只魯瓦歹等四月至脫剌河猝與賊遇茶丘突陣無前伯顏以其勇聞賜白金五十兩金鞍勒弓矢十七年授龍虎衛上將軍征東行省右丞十八年與右丞欣都將舟師四萬由高麗金州合浦以進時右丞范文虎等將兵十萬由慶元定海等處渡海期至日本一岐平戶等島合兵登岸兵未交秋八月風壞舟而還十九年十月命茶丘於平灤黑堝兒監造戰船七百艘以圖後舉二十一年十一月復授征東行省右丞二十三年命往江浙等處遣漢人復業二十四年乃顏叛車駕親征賜以翎根甲寶刀命率高麗女直漢軍扈從猝遇乃顏騎兵萬餘時茶丘兵不滿三千衆有懼色茶丘夜令軍中多裂裳帛爲旗幟斷馬尾爲旄掩映林木張設疑兵乃顏兵大驚以爲官兵大至遂降帝聞之厚加旌賞凱還授遼陽等處行尚書省右丞二十七年以疾辭叛王哈丹等竄入高麗侵撓其國西京距遼陽二千里皆騷動中書省特起茶丘鎮遼左帝遣闍里台孛羅兒賜以金字圓符命茶丘以便宜行事二十八年以疾卒年四十八子四人長曰萬

君祥小字雙叔福源第五子也年十四隨兄茶丘見世祖于上京帝悅命劉秉忠相之秉忠曰是兒目視不凡後必以功名顯但當致力于學耳令選師儒誨之至元三年籍高麗民三百人爲兵令君祥統之從禿花禿烈伯顏等軍築萬壽山後從開通州運河帝親諭之曰爾守志忠勤朕所知也帝嘗坐便殿閱江南海東輿地圖欲召知者詢其險易左丞相伯顏樞密副使合達以君祥應旨奏對詳明帝悅酬以巨觥顧謂伯顏曰是兒遠大器也六年林衍叛從頭輦哥征之八年戍河南九年掠淮西破其大凹城十年從

元帥孛魯罕襲淮東之陽湖俘其男女牛馬十一年入朝帝命伯顏伐宋朝議以宋之兵力多聚兩淮聞我欲渡江彼必移師拒守遂命右衛指揮使禿滿歹率輕銳二萬攻淮安以牽制之君祥以蒙古漢軍都鎮撫從行後伯顏既渡江帝命禿滿歹還軍蕭縣時君祥奉使伯顏軍中宋黃州制置使陳奕降其子知漣水軍伯顏遣三十騎往招之因令君祥入奏帝曰卿可急還陳知府降即偕來也及與俱入朝宴勞甚厚從元帥孛魯罕攻清河援之海州安撫丁順約降孛魯罕令君祥以聞時伯顏方朝上京見君祥甚喜

遂從南伐伯顏克淮安至揚州分兵攻淮西宋制置夏貴遣牛都統以書抵伯顏曰詭云殺人一萬自損三千願勿糜國力攻奪邊城若行在歸附邊城焉往伯顏遣君祥以牛都統入見留三日還軍中仍傳旨諭伯顏曰事難遥度宜臨機審圖之伯顏師次鎮江諜報有宋洪都統者爲都督府將伯顏謂君祥曰汝同姓可往招致也洪都統即欣然來見君祥因厚遇之師進次臨平山距臨安五十里洪都統來報曰宋丞相陳宜中殿帥張世傑皆已逃去惟三宮未行宜早定計以活生民伯顏遂令洪都統護宋三宮令君

祥隨之宋降陞武略將軍中衛親軍千戶十五年命僉江南民兵還陞明威將軍中衛親軍副都指揮使十七年進昭勇大將軍十九年授樞密院判官二十三年轉昭武大將軍同僉樞密院事二十四年乃顏叛從世祖親征每駐蹕君祥輒以兵車外環爲營衛布置嚴密帝嘉之凱還加輔國上將軍類次車駕起居爲東征録二十八年授遼陽行省右丞用樞密院留復居舊職俄加集賢大學士依舊同僉樞密院事議者欲自東南海口辛橋開河合灤河運糧至上都奉旨與中書右丞阿里相其利害還極言不便罷之

復奉使高麗還改僉書樞密院事成宗即位詔裁減久任官知樞密院暗伯等奏君祥在樞密十六年最爲久者帝曰君祥始終一心可勿遷也大德二年詔使高麗臺臣劾君祥以他事中道追回已而事罷三年奉使江浙問民間疾苦使還退居昌平之皇華山絶口不論時事者五年大德九年擢司農俄拜中書右丞十年春改江浙行省右丞秋改遼陽右丞請於朝宜新省治增巡兵設儒學提舉官都鎮撫等員以興文化修武備事未成會武宗即位徵爲同知樞密院事進榮禄大夫平章政事商議遼陽等處行中書

省事改遼陽行省平章政事俄改商議行省事至大二年卒子遹奉訓大夫同知開元總管府事

萬小字重喜至元十三年入宿衛十八年襲職爲懷遠大將軍安撫使高麗軍民總管仍佩父茶丘所佩虎符二十四年乃顏叛率兵征之六月至撒里禿魯之地同都萬戸闊里鐵木兒與乃顏將黄海戰大敗之又從世祖與塔不台戰又敗之是月至乃顏之地奉旨留蒙古女直漢軍鎮哈剌河復選精騎扈駕至失剌斡耳朶從御史大夫玉速帖木兒討乃顏七月至扎剌麻禿與金家奴戰敗之追至蒙可山那兀江

等處遂平金家奴塔不台等九月師還哈丹八剌哈赤再叛十月重喜從諸王愛牙哈赤平章塔出都萬戸闊里鐵木兒征之十二月次木骨不剌時諸王脱歡監司脱台以兵四千餘人與其黨戰稍却重喜率騎兵援之冒鋒陷陣大破其衆又從諸王乃蠻愛牙哈赤平章薛闍干與叛王兵戰于兀朮站又戰于黒龍江又戰于貼滿哈處皆敗之二十五年重喜又從玉速帖木兒出師五月至貼列可與哈丹禿魯干戰獲功至木骨兒抄剌又戰八月至貴列河重喜率兵先涉與戰勝之十月又從玉速帖木兒往征木八蘭

十二月與古土禿魯干戰克之二十七年六月賜白金五十兩甲一襲九月至禪春與哈丹禿魯干戰二十八年二月從平章薛闍干至高麗青州五月與哈丹戰八日又戰大敗之六月班師授昭勇大將軍佩三珠虎符職如故十月薛闍干以重喜入朝且以其功聞帝嘉之賜玉帶一白金五十兩授龍虎衛上將軍遼陽等處行中書省右丞二十九年仍佩元降虎符總管高麗女直漢軍萬戸兼安撫使高麗軍民總管六月改資德大夫遼陽等處行中書省右丞大德十年以其叔父君祥代之十一年武宗即位重喜朝

于上都七月復授遼陽行省右丞至大二年謫漳州行至杭遇赦而止明年卒子滋襲爵

鄭鼎

鄭鼎澤州陽城人幼孤能自立讀書曉大義不妄言笑既長勇力過人尤善騎射初爲澤潞遼沁千戶歲甲午從塔海紺不征蜀攻二里散關屢立戰功還屯秦中未幾宋將余侍郎燒絕棧道以兵圍興元鼎率衆修復之破宋兵解興元之圍乙巳還陽城縣軍民長官庚戌從憲宗征大理國自六盤山經臨洮下西蕃諸城抵雪山山徑盤屈舍騎徒步嘗背負憲宗以

行敵擾扼險要鼎奮身力戰敵敗北帝壯之賜馬三匹至金沙河波濤洶湧帝臨水傍危石立馬觀之鼎諫曰此非聖躬所宜親挾下馬帝嘉之俄圍大理晝夜急攻城陷禽其主大理平師還命鼎居後道經吐蕃全軍而歸辛亥入朝帝問以時務鼎敷對詳明帝嘉納之賜名曰也可拔都己未賜白金千兩從世祖南伐攻大勝關破之繼破臺山寨禽其守者胡知縣乘勝獨進前陷泥淖遇伏兵突出葭葦間鼎奮擊連殺三人餘衆遁去帝急召鼎還使者以聞帝曰爲將當慎重不可恃勇輕進遂分界衛士三百人以備不虞且戒之曰自今非奉朕命毋得輕與敵接秋九月帝駐蹕江滸命諸將南渡先達彼岸者舉烽火爲應鼎首奪南岸衆軍畢渡進圍鄂州戰益力別攻興國軍遇宋兵五千力戰破之擒其將桑太尉責以懦怯不忠所事斬之中統元年以功遷平陽太原兩路萬戶阿藍荅兒渾都海之亂鼎分率本道兵討之二年詔鼎統征西等軍戍鴈門關隘遷河東南北兩路宣撫使三年改授平陽太原宣慰使至元三年遷平陽路總管是歲大旱鼎下車而雨平陽地狹人衆常乏食鼎乃導汾水溉民田千餘頃開潞河鵬黃嶺道以

來天黨之粟修學校厲風俗建橫澗故橋以便行旅民德之七年改僉書西蜀四川行尚書省事將兵巡東川過嘉定遇蜀兵與戰江中擒其將李越悉獲戰船八年五月改軍前行尚書省事十一年從伐宋十二年鎮黃州夏四月改授淮西宣慰使十三年加昭毅大將軍賜白金五百兩十四年改湖北道宣慰使移鎮鄂州夏五月蘄黃二州叛鼎將兵討之戰于樊口舟覆溺死年六十有三十七年董文忠等奏鄭也可拔都遇害其叛人家屬物產宜悉與其子納懷帝從之贈中書右丞謚忠毅後加贈宣忠保節功臣平

章政事柱國追封潞國公謚忠肅子制宜

制宜小字納懷性聰敏莊重有器局通習國語至元十四年襲父職太原平陽萬戶仍戍鄂州時鄂闕守俾攝府事十九年朝廷將征日本造樓船何家洲洲地狹衆欲徙旁居民制宜不從改授寛地居民德之城中屢災或言于制宜曰恐姦人乘間爲變宜捕其疑似者痛治之制宜曰吾但嚴守備而已柰何濫及無辜不笞一人災亦遂息有盜伏近郊晨暮剽刼流言將入城俄有數男子自城外至顧眄異常制宜命吏縛入獄問之無驗行省疑其非將釋之不從明日

再出城東遇一人乘白馬貌服殊異制宜叱下訊之乃與前數男子同爲盜者遂正其罪一郡帖然二十四年扈駕東征乃顏請赴敵自效帝顧左右曰而父歿王事惟有一子毋使在行陣制宜請愈力乃命從月兒呂那顏別爲一軍以戰功授懷遠大將軍樞密院判官明年車駕幸上都舊制樞府官從行歲留一員司本院事漢人不得與至是以屬制宜制宜遜辭帝曰汝豈漢人比耶竟留之二十八年遷湖廣行省參知政事陛辭帝曰汝父死王事賞未汝及近者要東木伏誅已籍没其財産人畜汝可擇其佳者取之

制宜對曰彼以贓敗臣復取之寧無汚乎帝賢其所守賜白金五千兩未幾徵拜内臺侍御史安西舊有牧地圉人恃勢冒奪民田十萬餘頃訟于有司積年不能理制宜奉詔而往按圖籍以正之訟由是息三十年除湖廣行樞密副使湖南地闊遠群寇依險出没昭賀二州及廬陵境民常被害制宜率偏師徇二州道經廬陵永新獲首賊及其黨皆殺之茶鄉譚計龍者聚惡少年匿兵器爲姦既捕獲其家納賂以緩獄事制宜悉以勞軍斬計龍于市自是湖以南無復盜賊元貞元年有制行樞密院添置副使一員與制

宜連署制宜以員非常設先任者當罷俄入朝特授大都留守領少府監兼武衛親軍都指揮使知屯田事大德八年晉地大震平陽尤甚壓死者衆制宜承命存恤懼緩不及事晝夜倍道兼行至則親入里巷撫瘡殘給粟帛存者賴之成宗素知其名眷遇殊厚每侍宴輒不敢飲終日無惰容帝察其忠勤屢賜内醞輒持以奉母帝聞之特封其母蘇氏爲潞國太夫人十年制宜以疾終年四十有七贈推忠賛治功臣銀青榮禄大夫平章政事追封澤國公謚忠宣子阿兒思蘭嗣

李進

李進保定曲陽人幼隸軍籍初從萬戶張柔屯杷之三叉口時荆山之西九十里曰龍岡者宋境也歲庚戌春張柔引兵築堡岡上會淮水汎漲宋以舟師卒至主帥察罕率軍逆戰進以兵十五人載一舟轉鬭十餘里奪一巨艦遂以功陞百戶戊午憲宗西征丞相史天澤時爲河南經略大使選諸道兵之驍勇者從遂命進爲總把是年秋九月道由陳倉入興元度米倉關其地荒塞不通進伐木開道七百餘里冬十一月至定遠七十關其關上下皆築連堡宋以五百

人守之巴渠江水環堡東流天澤命進往關下說降之不從進潛視間道歸白天澤曰彼可取也是夜二鼓天澤遣進率勇士七十人掩其不備攻之脫門樞而入者二十人守門者覺拔刀拒之進被傷不以爲病懸門俄閉諸軍不得入進與二十人力戰殺傷三十人後兵走上堡進乃毀懸門納諸軍追至上堡殺傷益衆宋兵不能敵棄走夜將旦進遂得其堡守之關路始通諸軍盡度進以功受上賞己未春二月天澤兵至行在所圍合州釣魚山寨夏五月宋由嘉陵江以舟師來援始大戰三槽山西六月戰山之東有

功秋七月宋兵戰艦三百餘泊黑石峽東以輕舟五十爲前鋒北軍之船七十餘泊峽西相距一里許帝立馬東山擁兵二萬夾江而陣天澤乃號令於衆曰聽吾鼓視吾旗無少怠也頃之聞鼓聲視其旗東指諸軍遂鼓譟而入兵一交宋前鋒潰走戰艦繼亂順流縱擊死者不可勝計帝指顧謂諸將曰白旗下服紅半臂突而前者誰也天澤以進對賞錦衣名馬八月又戰浮圖關前後凡五戰皆以功受上賞世祖即位入爲侍衛親軍中統二年宣授總把賜銀符三年從征李璮有功至元八年領兵赴襄陽十二年從略

地湖北湖南宋平以兵馬使分兵屯鄂州十三年領軍二千屯田河西中興府十四年加武略將軍陞千戶十五年移屯六盤山加武毅將軍賜金符十七年陞明威將軍管軍總管十九年賜虎符復進懷遠大將軍命屯田西域別石八里二十三年秋海都及篤娃等領軍至洪水山進與力戰衆寡不敵軍潰進被擒從至摻八里遁還至和州收潰兵三百餘人且戰且行還至京師賞金織紋衣二襲鈔一千五百貫二十五年授蒙古侍衛親軍都指揮使司僉事明年改授左翼屯田萬戶元貞元年春卒子雯襲授武德將

軍左翼屯田萬戶佩虎符皇慶二年加宣武將軍延祐六年仁宗念其父進嘗北征被掠特賜雯中統鈔五百錠以恤之泰定元年春以疾辭子朶耳只襲

石抹按只

石抹按只契丹人世居太原父大家奴率漢軍五百人歸太祖歲戊午按只代領其軍從都元帥紐璘攻成都時宋兵聚於虛泉按只以所部兵與戰大敗之殺其將韓都統又從都元帥按敦攻瀘州按只以戰艦七十艘至馬湖江宋軍先以五百艘控扼江渡按只擊敗之時宋兵於沿江撤橋擾守按只相地形造

浮橋師至無留行宋欲撓其役兵出輒敗自馬湖以達合江涪江清江凡立浮橋二十餘所及四川平浮橋之功居多己未宋以巨艦載甲士數萬屯清河浮橋相距七十日水暴漲浮橋壞西岸軍多漂溺按只軍東岸急撤浮橋聚舟岸下士卒得不死又援出別部軍五百餘人先鋒奔察火魯赤以聞憲宗遣使慰論賞賜甚厚敘州守將橫截江津軍不得渡按只聚軍中牛皮作渾脫及皮船乘之與戰破其軍奪其渡口爲浮橋以濟師中統三年授河中府船橋水手軍總管佩金符以立浮橋功也至元四年從行省也速

帶兒攻瀘州按只以水軍與宋將陳都統張總制戰于馬湖江按只身被二創戰愈力敗之六年正月也速帶兒領兵趨瀘州遣按只以舟運其器械糧食由水道進宋兵復扼馬湖江按只擊敗之生獲四十人奪其船五艘復以水軍一千運糧於眉簡二州軍中賴之九年從征建都蠻歲餘不下按只先登其城力戰遂降之軍還道病卒行省承制以其子不老代領其軍不老從攻嘉定以巨艦七十艘載勇士數千人擾其上流於府江紅崖灘造浮橋以渡十二年嘉定降宋將鮮于都統率衆遁不老追至大佛灘盡殲之

行院汪田哥攻取紫雲瀘敘等城不老功最多及諸軍圍重慶不老先以戰艦三百艘列陣於觀灘絕其走路十三年領隨翼軍五百人會招討欒剌海竪柵於白水江岸以爲備不老乘夜襲宋軍直抵重慶城下攻千斯門宋軍驚潰溺死者衆生擒三十餘人獲其旗幟甲仗以獻宋涪州守將率舟師來援不老擊敗之於廣陽壩生獲六十餘人奪其船十艘十四年從攻瀘州不老勒所部兵攻神臂門蟻附以登斬首五十級明日復戰破之十五年復攻重慶太平門不老先登殺其守陴卒數十人宋都統趙安以城降總

管黄亮乘舟遁不老追擒之及其兵士五十人奪戰艦五十艘十六年命襲父職爲懷遠大將軍船橋軍馬總管更賜金虎符兼夔路守鎮副萬户十八年大小盤諸峒蠻叛命領諸翼蒙古漢軍三千餘人戍施州既而蠻酋向貴播用等降其餘峒蠻之未服者悉平遂以爲保寧等處萬户

謁只里

謁只里女直人也大父昔寶味也不干登金進士第金亡歸太宗謁只里幼穎悟能記誦及長以孝友聞事世祖潛邸得備宿衛中統初命參議陝西行樞密

院事以商挺佐之比行入奏曰關陝要地軍務非輕阿脫仰刺國之元臣陛下方委任之伏慮臨時議論不協必誤大計儻有異同臣請得以上聞帝可其奏賜宴而遣之未幾改行省斷事官復入宿衛李璮平朝議選宿衛之士監漢軍謁只里佩虎符監軍於毗陽至元七年命爲監戰以所領諸軍圍襄陽築一字堡以張軍勢一時名將唆都劉國傑李庭等皆隸麾下攻樊城率其軍先登破之所受賞賜悉分將士十一年從丞相伯顏次郢州將數騎而出與宋兵遇有部卒墮馬爲其所得謁只里單騎横戈直入其軍取

之以還因殺獲四人時糧儲不繼諸將以爲憂謁只里乃西攻江陵龍灣堡取其粟萬石衆賴以濟元兵東下宋將夏貴迎戰於陽邏洑伯顏未至衆欲少俟之謁只里曰兵貴神速機不可失宜及其未定而擊之遂直前衝貴軍獲戰船百餘貴敗走伯顏上其功加定遠大將軍十二年攻常州謁只里造雲梯繩橋以登遂克之奉省檄徇安吉諸州皆下十三年宋降伯顏命謁只里監守其宫號令嚴肅秋毫無犯入朝録功遷昭勇大將軍未幾拜鎮國上將軍浙東宣慰使鎮守紹興十九年卒年四十二子亦老温襲爲萬

户累遷江東廉訪使脱脱淮東宣慰使

鄭温

鄭温真定靈壽人初從中書粘合南合南征有功爲合必赤千户從丞相史天澤爲新軍萬户鎮撫憲宗征西川温四月不解甲天澤以温見具言其功帝曰朕所親見也賜名也可拔都賞以鞍勒還至閬州奉旨分軍守邏青居釣魚等山天澤命温統四千人警邏釣魚山中統元年佩金虎符爲總管三年李璮叛詔温以軍還討至濟南大軍圍其城賊將楊按都等乘夜斫營温力戰至黎明賊退諸王哈必赤丞相史

天澤厚賞之七月城破命溫率兵三千往定益都以功復受上賞命爲侍衛親軍總管至元六年進懷遠大將軍右衛副都指揮使九年詔溫統蒙古漢人女真高麗諸部軍萬人渡海征䑽羅平之十二年陞右衛親軍都指揮使率三衛軍萬人從攻岳州江州沙市潭州皆有功平章阿里海涯賞銀十錠十四年入朝遷昭勇大將軍樞密院判官十八年改輔國上將軍江淮行省叅知政事杭民飢出米二十萬石糶之俄賜以常州官田三十頃二十二年召還二十三年陞江浙左丞命以新附漢軍萬五千於淮安雲山泉塘立屯田二十八年卒年八十一子欽利用監丞釭榷茶都運使銓右衛親軍千戶鏞袁州路判官

列傳卷第四十一

列傳卷第四十二　元史一百五十五

翰林學士亞中大夫知制誥兼修國史臣宋濂 翰林待制承直郎同知制誥兼國史院編修官臣王禕等奉勑修

汪世顯 德臣 良臣 惟正

汪世顯字仲明鞏昌鹽川人系出旺古族仕金屢立戰功官至鎮遠軍節度使鞏昌便宜總帥金平郡縣望風欵附世顯獨城守及皇子闊端駐兵城下始率衆降皇子曰吾征四方所至皆下汝獨固守何也對曰臣不敢背主失節耳又問曰金亡已久汝不降果誰爲耶對曰大軍迭至莫知適從惟殿下仁武不殺竊意必能保全闔城軍民是以降也皇子大悅承制錫世顯章服官從其舊即從南征斷嘉陵擣大安田楊諸蠻結陣迎敵世顯以輕騎馳撓之宋曹將軍潛兵相爲犄角世顯單騎突之殺數十人黎明大軍四合殺其主將入武信遂進逼資普軍葭萌宋將依山爲柵世顯以數騎往奪之乘勝定資州略嘉定峨眉進次開州時方泥潦由間道攀緣以達宋軍屯萬州南岸世顯即水北造船以疑之夜從上游鼓革舟襲破之宋師大擾追奔至夔峽過巫山與宋援軍遇斬首三千餘級明年師還攻重慶會大暑乃罷歸覲太宗錫金符易其

名曰中山且歷數其功世顯拜謝曰此皆聖明福德所致臣何預焉辛丑蜀帥陳隆之貽書請戰聲言有衆百萬皇子集諸將議之咸謂隆之可生擒也世顯曰顧臨敵何如無庸諍辯爲軍薄成都隆之戰屢却堅壁不出其部曲田顯約夜降隆之覺之世顯曰事急矣亟梯城入救顯得與從者七十餘人出獲隆之斬之世顯復簡精銳五百人擣漢州州兵三千出戰城門盡沒三日大軍薄其城又三日克之癸夘春皇子第功承制拜便宜總帥秦鞏等二十餘州事皆聽裁决賜虎符錦衣玉帶世顯先已遘疾至是加劇皇

子遣醫絡繹往療竟不起年四十九中統三年論功追封隴西公謚義武延祐七年加封隴右王子七人忠臣鞏昌便宜副總帥次德臣次直臣鞏昌中路都揔領殁於王事次良臣次翰臣輿魯兵馬都元帥佐臣鞏昌左翼都揔領殁於王事清臣四川行樞密院副使

德臣賜名田哥字舜輔年十四侍太子游獵矢無虛發襲爵鞏昌等二十四路便宜都揔帥從征蜀將前軍出忠涪所向克獲進攻運山率麾下先所乘馬中飛石死决戰拔外城宋將余玠攻漢中德臣馳赴之玠聞遁去憲宗素聞其名及入覲所陳悉嘉納賜印符命城沔州沔㨿嘉陵要路德臣繕治室廬部署官屬數日而集進攻嘉定敵潛軍夜出德臣迎戰殺百人還至左綿雲頂宋軍乘夜斫營覺之殺千人生擒百人進次隆慶宋軍仍夜出與力戰盡殺之及馬漕溝遇伏兵與戰獲其統制羅廷鶚又詔德臣城益昌諸戍皆聽節制世祖以皇弟有事西南德臣入見乞免益昌賦稅及徭役漕粮屯田爲長久計並從之即命置行部于鞏立漕司于沔通販鬻給餽餉奏乞以兄忠臣攝府事使己得專事益昌益昌爲蜀喉襟蜀人

憚其威名諸郡環視莫敢出鬭甲寅春旱嘉陵漕舟水澁議者欲棄去德臣曰國家以蜀事託我有死而已奈何棄之盡殺所乘馬饗士馳嘉川得粮二千餘石雲頂呂遠將兵五千邀戰即陣擒之復得粮五千石既而魚關金牛水陸運偕至屯田麥亦登食用遂給夏獲宋提轄崔忠鄭再立縱令持檄諭苦竹守將南清以城降所俘城中民悉歸之東南戍卒數百有去志德臣揣知之給券縱去皆泣謝未幾山寨相繼輸欵宋將余晦遣都統甘閏以兵數萬城紫金山德臣即選精卒銜枚夜進大破之閏僅以身免南清北

覩其下殺清妻子以叛蜀將焦達領兵餉之德臣擊敗達盡獲所餉資粮冬蜀兵二萬復至又敗之獲粮百餘艘魚關至沔水迂回爲渡百有八至是悉爲橋梁戊午歲帝親征次漢中德臣朝行在所初諸路軍成都猝爲宋人所圍德臣遣將赴之約曰先破敵者奏領此城圍遂解詔俟江南事定如約以城與之帝幸益昌駐北山謂德臣曰来者言汝立利州之功今見汝身甚小而膽甚大不知敵曾薄汝城否德臣對曰頼陛下洪福未嘗一来帝曰彼憚卿威名耳賜金帶且俾立石紀功嘉陵白水交會勢洶急帝問船幾

何可濟德臣曰大軍百萬非可淹延當别爲方略即命繫舟爲梁一夕而成如履坦途帝顧謂諸王曰汪德臣言不虚發賜白金三十斤仍命刻石紀功苦竹既逆命至是攻之巖壁峭絶或請建天橋帝以問德臣曰臣知先登陷陣而已建橋非所知也既而橋果無功乃率將士魚貫而進帝望見歎曰人言其膽勇豈虚譽邪宋將趙仲武納欵而楊禮猶拒戰奮擊盡殺之德臣微疾帝勞之曰汝疾皆爲我家飲以葡萄酒解玉帶賜之曰飲我酒服我帶疾其有瘳乎德臣泣謝宋龍州守將王德新遣所親願効順以郡民爲祈奏

如其請進攻長寧拔之斬守將王佐帝東下德臣爲先鋒抵大獲山奪水門宋將楊大淵遣子乞活數萬人命引至帝前爲請旦日大淵率衆降已而運山青居大梁皆降攻釣魚山守臣王堅負險五月不下德臣單騎至城下大呼曰王堅我来活汝一城軍民宜早降語未既幾爲飛石所中遂感疾帝遣使問勞俾還益昌奏曰陛下尊爲天子猶冒寒暑服勞于外臣待罪行伍死其分也又遣丞相孔真賜湯劑卒不起年三十有六中統三年追封隴西公謚忠烈子六人長惟正次惟賢大司徒惟和昭文館大學士惟明以質

子爲元帥惟能征西都元帥惟純權便宜都総帥良臣年十六七即從兄德臣出征每戰輙當前鋒以功擢裨帥兼便宜都府叅議癸丑歲以德臣薦爲鞏昌帥領所部兵屯田白水蜀邊寨不敢復出鈔略憲宗親征軍至六盤良臣還鞏昌供億所須事集而民不擾詔權便宜総帥府事良臣奏願與兄德臣効力定四川帝曰行軍餽餉所係不輕汝任其責自可立功良臣既奉命治橋梁平道路營舟車水陸無壅儲積充軔有旨賜黄金弓矢旌其能世祖即位阿藍台兒渾都海逆命刼六盤府庫西垂騷動詔良臣討之

兵至山丹置營按兵不戰者凡二月俄大舉至耀碾谷兩軍相當良臣慷慨誓諸將曰今日之事係國安危勝則冨貴可保敗則身戮家亡苟能用命縱死行間不失忠孝之名衆聞踴躍而前會大風揚沙晝晦良臣手刃數十人賊勢沮衆軍乘勝擣之賊大潰獲阿藍台兒渾都海殺之西鄙輯寧捷聞賜金虎符權便宜都揔帥中統二年火里叛復討平之入覲賜燕屢稱其功良臣拜謝曰臣奉諸王成筭何功之有世祖嘉其能讓復賜金鞍甲冑弓矢轉同簽鞏昌路便宜都揔帥宋將昝萬壽帥戰船二百泝江而上欲掩

青居良臣伏甲數十艘其後身先逆戰萬壽敗走伏發幾獲之三年授閬蓬廣安順慶等路征南都元帥良臣以釣魚山險絕不可攻奏請就近地築城曰武勝以扼其往來四年春良臣攻重慶命元帥康土秃先驅與宋將朱禩孫兵交良臣塞其歸路引兵横擊之斷敵兵爲二敵敗走趨城不得入盡殺之至元六年授東川副統軍八年兒子惟正請於朝謂良臣久勞戎行乞身代之九年復授良臣昭勇大將軍鞏昌等二十四處便宜都揔帥兼本路諸軍奥魯揔管明年召入帝曰成都被兵久須卿安集之授鎮國上將軍樞密副使西川行樞密院事蜀人安之十一年進攻嘉定昝萬壽堅守不出良臣度有伏兵大捜山谷果得而殺之進壘薄城萬壽悉軍出戰大破之伏尸蔽江萬壽乞降良臣奏免其死居民按堵良臣統兵順流而下紫雲瀘敘相繼款附還圍重慶十三年宋涪州安撫楊立帥兵救重慶者再良臣皆敗走之宋安撫張珏遣將乘虚襲據瀘州良臣還軍平之復攻重慶十五年春張珏悉衆鏖戰良臣奮擊大破之身中四矢明日督戰益急珏所部趙安開門納降珏潛遯良臣禁俘掠發粟賑饑民大悦四川悉平捷聞世祖

喜甚召良臣入覲授資善大夫中書左丞行四川中書省事賜白貂裘良臣陳治蜀十五事世祖喜納良臣至成都以蜀瘡痍之餘極意循撫行省罷改授安西王相不赴十八年夏疾卒年五十一贈儀同三司謚忠惠加贈推誠保德宣力功臣儀同三司陝西等處行中書省平章政事柱國追封梁國公子七人惟勤雲南諸路行省平章政事惟蔺保寧萬户惟某同知屯田総管府事惟永征西都元帥惟恭階州同知惟仁人匠総管達魯花赤惟新漢軍千户

惟正字公理幼頴悟蔵書二萬卷喜從文士論議古

今治亂尤喜談兵時出游獵則勒從騎爲攻守狀父卒于軍皇姪壽王俾襲父爵守青居山世祖即位遂真授焉初憲宗遣渾都海以騎兵二萬守六盤又遣乞台不花守青居至是渾都海叛乞台不花發兵爲應惟正即命力士縛乞台不花殺之世祖嘉其功詔東川軍事悉聽處分中統二年入朝賜甲冑寶鞍三年詔還鞏昌部長火都叛民大擾惟正謂將吏曰火都今若猘犬方肆狂齧苟一戰不利則城邑爲墟當勝以不戰乃發兵踵之賊欲戰不得休則撓之若是者兩月知其粮盡勢蹙曰可矣與戰屢捷火都遣三

十人來約降即遣其十人還俾火都自來因潛兵躡其後出其不意擒殺之至元七年宋人修合州詔立武勝軍以拒之惟正臨嘉陵江作柵阨其水道夜懸燈柵間編竹爲籠中置火炬順地勢轉走照百步外以防不虞宋人知有備不敢近九年帥兵掠忠涪獲令簿各一破寨七擒守將六降戶千六百有奇捕虜五百會丞相伯顏克襄陽議取宋惟正奏曰蜀未下者數城耳宜併力攻餘杭本根既拔此將焉往願以本兵由嘉陵下夔峽與伯顏會錢塘帝優詔荅曰四川事重舍卿誰託異日蜀平功豈伯顏下耶未幾兩

川樞密院合兵圍重慶命益兵助之惟正奪其洪崖門獲宋將何統制皇子安西王出鎮秦蜀召惟正還十四年冬皇子北伐而藩王土魯叛於六盤王相府命別速帶領兵進討惟正爲副別速帶不習兵師行無紀惟正爲正部曲肅行陳嚴斥候凡軍政一倚重焉進次平涼簡鞏兵銳者八十人與俱至六盤土魯先據西山惟正分安西兵爲左右翼鞏兵獨居中去土魯一里許皆下馬手弓土魯遣百騎突陳惟正令引滿毋發將及又命曰視必中而發於是矢下如雨突騎中者三之一餘盡馳還土魯軍遂走惟正麾兵逐之三踰山至蕭河擒叛將

燕只哥復進兵土魯亦就擒安西王至惟正迎謁王歷稱其功明日大燕賞以金尊杯貂裘王妃賜其母珠絡帽衣且曰吾皇家兒婦也爲汝母製衣汝母真福人也詔惟正入朝世祖推玉食食之賜白金五千兩錦衣一襲授金吾衛上將軍開城路宣慰使十七年遷龍虎衛上將軍中書左丞行秦蜀中書省事賜玉帶以省治在長安去蜀遠乃命惟正分省于蜀蜀土荐罹兵革民無完居一聞馬嘶輒奔竄避匿惟正留意撫循人便安之二十年進階資德大夫二十二年改授陝西行中書省左丞入覲上都得腹疾還至華

州辛年四十四謚貞肅二子嗣昌武略將軍成都管軍副萬戶壽昌資德大夫江南行御史臺中丞

史天澤 格

史天澤字潤甫秉直季子也身長八尺音如洪鍾善騎射勇力絕人從其兄天倪歸真定乙酉天倪遣護送其母歸北京既而天倪爲武仙所害府僚王縉王守道追及天澤於燕曰變起倉猝部曲散走多在近郊公能廻轡南行不招自至矣天澤毅然曰兄弟之讎義所當復雖死不避況未必死耶即傾貲裝易甲仗南還行次滿城得士馬甚衆天澤攝行軍事遣監軍

李伯祐詣國王孛魯言狀且乞濟師天澤時爲帳前軍總領孛魯承制命紹兄職爲都元帥俾笑乃解將蒙古軍三千人援之合勢進攻盧奴仙驍將葛鐵槍者擁衆萬人來拒戰天澤迎擊之身先士卒勇氣百倍賊退阻泒河乘夜而遁天澤追及之生擒葛鐵槍餘衆悉潰獲其兵甲輜重軍威大振遂下中山略無極拔趙州進軍野頭會天澤兄天安亦提兵來赴擊仙敗之仙奔雙門遂復真定未幾宋大名總管彭義斌陰與仙合欲取真定天澤同笑乃解拒諸贊皇仙不得進義斌勢蹙焚山自守天澤遣銳卒伍十攫鋒而入自以鐵騎繼其後縛義斌斬之未幾仙復令謀者結死士於城中大曆寺爲內應夜斬關而入據其城天澤引步卒數十踰城東出至槀城求援於董俊俊授以銳卒數百夜赴真定而笑乃解兵亦至捕叛者三百餘人仙從數騎走保西山抱犢砦笑乃解忿民之從賊驅萬餘人將殺之天澤曰彼皆吾民但爲賊所脅耳殺之何罪力爭得釋乃繕城壁立樓櫓爲不可犯之計招集流散存恤困窮以抱犢諸砦仙之巢穴不即剪覆終遺後患急攻下之仙乃遁去繼又取蠡尖馬武等砦而相衞亦降己丑太宗即位議

立三萬戶分統漢兵天澤適入覲命爲真定河間大名東平濟南五路萬戶庚寅冬武仙復屯兵於衞天澤合諸軍圍之金將完顏合達以衆十萬來援戰不利諸將皆北天澤獨以千人繞出其後敗一都尉軍與大軍合攻之仙逸去遂復衞州壬辰春太宗由白波渡河詔天澤以兵由孟津會河南至則睿宗已破合達軍于三峰山乃命略地京東招降太康柘縣兗岡睢州追斬金將完顏慶山奴於陽邑夏帝北還留睿宗摠兵圍汴癸巳春金主突圍而出令完顏白撒自黃龍岡來襲新衞天澤率輕騎馳赴之比至圍已

合天澤奮戈突至城下呼守者曰汝等勉力援兵且至復躍出其衆皆披靡遂與大軍夾擊之白撒等敗走蒲城天澤尾其後白撒等兵尚八萬俘斬殆盡金主以單舸東走歸德天澤追至歸德與諸軍會新衛達魯花赤撒吉思不花欲薄城背水而營天澤曰此豈駐兵之地乎彼若來犯則進退失據矣不聽會天澤以事之汴比還撒吉思不花全軍皆沒金主遷蔡帝命元帥倴盞率大軍圍之天澤當其北面結筏潛渡汝水血戰連日甲午春正月蔡破金主自經死天澤還真定時政煩賦重貸錢於西北賈人以代輸累倍

其息謂之羊羔利民不能給天澤奏請官爲償一本息而止繼以歲飢假貸充貢賦積銀至一萬三千錠天澤傾家貲率族屬官吏代償之又請以中戶爲軍上下戶爲民著爲定籍境內以寧金亡移軍伐宋乙未從皇子曲出攻棗陽天澤先登拔之及攻襄陽宋兵以舟數千陳於峭石灘天澤挾二舟載死士直前擣之覆溺者萬計丁酉從宗王口溫不花圍光州天澤先破其外城攻子城又破之師次復州宋兵以舟三千鎖湖面爲柵天澤曰柵破則復自潰親執桴鼓督勇士四十人攻其柵不踰時柵破復人懼請降進

攻壽春天澤獨當一面宋兵夜出斫營天澤手擊殺數人麾下兵繼至悉驅其兵入淮水死乘勝而南所向輒克壬子入覲憲宗賜衛州五城爲分邑世祖時在潛邸極知漢地不治河南尤甚請以天澤爲經略使至則興利除害政無不舉誅郡邑長貳之尤貪橫者二人境內大治阿藍荅兒鉤較諸路財賦鍛鍊羅織無所不至天澤以勳舊獨見優容天澤曰我爲經略使令不我責而罪餘人我何安乎由是得釋者甚衆戊午秋從憲宗伐宋由西蜀以入己未夏駐合州之釣魚山軍中大疫方議班師宋將呂文德以艨艟

千餘泝嘉陵江而上北軍迎戰不利帝命天澤禦之乃分軍爲兩翼跨江注射親率舟師順流縱擊三戰三捷奪其戰艦百餘艘追至重慶而還中統元年世祖即位首召天澤問以治國安民之道即具疏以對大略謂朝廷當先立省部以正紀綱設監司以督諸路霈恩澤以安反側退貪殘以任賢能頒奉秩以養廉禁賄賂以防奸庶能上下丕應內外休息帝嘉納之繼命往鄂渚撒江上軍還授河南等路宣撫使俄兼江淮諸翼軍馬經略使二年夏五月拜中書右丞相天澤既秉政凡前所言治國安民之術無不次第

舉行又定省規十條以正庶務憲宗初年括戶餘百萬至是諸色占役者太半天澤悉奏罷之秋九月扈從世祖親征阿里不哥次昔木土之地詔丞相線真將右軍天澤將左軍合勢麾之阿里不哥敗走三年春李璮陰結宋人以益都叛遂據濟南詔親王哈必赤總兵討之兇勢甚盛繼命天澤往天澤聞璮入濟南笑曰豕突入苙無能爲也至則進說於哈必赤曰璮多譎而兵精不宜力角當以歲月斃之乃深溝高壘絕其奔軼凡四月城中食盡軍潰出降生擒璮斬于軍門誅同惡者數十人餘悉縱歸明日引軍東行未至益都城中人已開門迎降初天澤將行帝臨軒授詔責以專征俾諸將皆聽節度天澤未嘗以詔示人及還帝慰勞之悉歸功於諸將其愼密謙退如此天澤在憲宗時嘗奏臣始攝先兄天倪軍民之職天倪有二子一予管民政一予掌兵權臣復入叨寄遇一門之內悉三要職分所當辭臣可退休矣帝曰卿奕世忠勤有勞於國一門三職何愧何嫌竟不許至是言者或謂李璮之變由諸侯權太重天澤遂奏兵民之權不可併於一門行之請自臣家始於是史氏子姪即日解兵符者十七人至元元年加光祿大夫

右丞相如故三年皇太子燕王領中書省兼判樞密院事以天澤爲輔國上將軍樞密副使四年復授光祿大夫改中書左丞相六年帝以宋未附議攻襄陽詔天澤與駙馬忽剌出往經畫之賜白金百錠楮幣萬緡至則相要害立城堡以絕其聲援爲必取之計七年以疾還燕八年進開府儀同三司平章軍國重事仍敕右丞相安童諭旨曰兩省院臺或一月一旬遇大事卿可商量小事不煩卿也十年春與平章阿朮等進攻樊城拔之襄陽降十一年詔天澤與丞相伯顏總大軍自襄陽水陸並進天澤至郢州遇疾還襄陽帝遣侍臣賜以葡萄酒且諭之曰卿自朕祖宗以來躬擐甲冑跋履山川宣力多矣又卿首事南伐異日功成皆卿力也勿以小疾阻行爲憂可且北歸善自調護還至真定帝又遣其子杠與尚醫馳視賜以藥餌天澤因附奏曰臣大限有終死不足惜但願天兵渡江愼勿殺掠語不及它以十二年二月七日薨年七十四訃聞帝震悼遣近臣賻以白金二千五百兩贈太尉諡忠武後累贈太師進封鎭陽王立廟天澤平居未嘗自矜其能及臨大節論大事毅然以天下之重自任年四十始折節讀書尤熟於資治通

鑑立論多出人意表拜相之日門庭悄然或勸以權自張天澤舉唐韋澳告周墀之語曰願相公無權爵祿刑賞天子之柄何以權爲因以謝之言者慙服當金末名士流寓失所悉爲治其生理而賓禮之後多致顯達破歸德獲李大節不殺而送至真定署爲參謀衛爲食邑命王昌齡治之舊人多不平而莫能間其知人之明用人之專如此是以出入將相五十年上不疑而下無怨人以比於郭子儀曹彬云子格湖廣行省平章政事樟真定順天新軍萬戶棣衛輝路轉運使杠湖廣行省右丞杞淮東道廉訪使梓同知澧

州楷同知南陽府彬中書左丞

格字晉明歲壬子憲宗賜天澤以衛城授格節度使憲宗崩格北留謙州五年而歸爲鄧州舊軍萬戶既又代張弘範爲亳州萬戶而以故所將鄧州舊軍授弘範從攻襄陽襄陽下賜白金衣裘弓矢鞍馬衆軍渡江平章阿朮將二十三萬戶居前每五萬戶擇一人爲帥統之格居其一格軍先渡爲宋將程鵬飛所卻格被三創喪其師二百尋復大戰中流矢鵬飛身亦被七創乃敗走其後樞密院奏格輕進請罪之帝念其功而薄其罪俾從平章阿里海牙攻潭州砲激

柵木傷肩矢貫其手裹創先登拔之遂以軍民安撫留戍入覲加定遠大將軍賜以天澤所服玉帶從攻靜江衆以轒轀自蔽鑿城格所當砲礌蔽地車不可至乃伺隙率衆攀堞蟻附而上拔之徇廣西十三州廣東三州皆下靜江受兵之初溪洞諸蠻皆降雲南格遣使諭之來者五十州雲南爭之事聞詔聽格節度陞廣西宣撫使改鎮國上將軍廣南西道宣慰使宋亡陳宜中張世傑挾益王昰廣王昺據福州立益王傅檄嶺海欲復其地詐言夏貴已復瀕江州郡諸戍將以江路既絕不可北歸皆託計事還靜江格曰

君等亦爲虛聲所懼邪待貴踰嶺審不可北歸吾與諸君取塗雲南而歸未爲不可敢輒棄戍哉行省議棄廣東之肇慶德慶封州併兵戍梧州格曰棄地撤備示敵以怯不可宜增兵戍之劇賊蘇仲集潰卒據鎮龍山稱王劫掠於外耕植於內至秋畢穫聞大兵至則僞出降官軍畏暑不敢深入橫象賓貴四州皆被其害格築堡於其界守以土兵令官軍火其廬柵民踐其禾稼仲窮蹙遂降益王餘衆破潯州斬李辰李福靜江北抵泉永皆城守羅飛圍永凡七月不下判官潘澤民間道來告急格分兵赴之殄其衆益王

死衛王立趙廣州辟海中崖山遣曾淵子據雷州諭之降不聽進兵攻之淵子奔硇洲世傑將兵數萬欲復取雷州戍將劉仲海擊走之後悉衆來圍城中絕糧士以草爲食格漕欽廉高化諸州糧以給之世傑解圍去詔格戍雷州衛王死廣東西悉平張弘範請復將亳州軍乃還格鄧州舊軍拜參知政事行廣南西道宣慰使入覲拜資德大夫湖廣行中書省右丞移江西右丞尋復爲湖廣右丞進平章政事卒年五十八子燿福建行省平章政事榮鄧州舊軍萬戶

列傳卷第四十二

列傳卷第四十三　元史一百五十六

翰林學士亞中大夫知制誥兼修國史臣宋濂　翰林待制承直郎同知制誥兼國史院編修官臣王禕等奉勅修

董文炳

董文炳字彥明俊之長子也父歿時年始十六率諸幼弟事母李夫人夫人有賢行治家嚴篤於教子文炳師侍其先生警敏善記誦自幼儼如成人歲乙未以父任爲藁城令同列皆父時人輕文炳年少吏亦不之憚文炳明於聽斷以恩濟威未幾同列束手下之吏抱案求署字不敢仰視里人亦大化服縣貧重

曹明道

以旱蝗而徵斂日暴民不聊生文炳以私穀數千石與縣縣得以寬民前令因軍興乏用稱貸於人而貸家取息歲倍縣以民蠶麥償之文炳曰民困矣吾爲令義不忍視也吾當爲代償乃以田廬若干畝計直與貸家復籍縣閒田與貧民爲業使耕之於是流離漸還數年間民食以足朝廷初料民令敢隱實者誅籍其家文炳使民聚口而居少爲戶數衆以爲不可文炳曰爲民獲罪吾所甘心民亦有不樂爲者文炳曰後當德我由是賦斂大減民皆富完旁縣民有訟不得直者皆詣文炳求決文炳嘗上謁大府旁縣人

聚觀之曰吾亟聞董令董令顧亦人耳何其明若神
也時府索無厭文炳抑不予或讒知府府欲中害之
文炳曰吾終不能剥民求利也即棄官去世祖在潛
藩癸丑秋受命憲宗征南詔文炳率義士四十六騎
從行人馬道死殆盡及至吐番止兩人能從兩人者
挾文炳徒行躑躅道路取死馬肉續食日行不能三
二十里然志益厲期必至軍會使者過遇文炳還言
其狀時文炳弟文忠先從世祖軍世祖即命文忠解
尚廐五馬載糗粮迎文炳既至世祖壯其忠且閔其
勞賜賚甚厚有任使皆稱旨由是日親貴用事己未

秋世祖伐宋至淮西臺山寨命文炳往取之文炳馳
至寨下諭以禍福不應文炳脫冑呼曰吾所以不極
兵威者欲活汝衆也不速下令屠寨矣守者懼遂降
九月師次陽羅堡宋兵築堡于岸陳船江中軍容甚
盛文炳請於世祖曰長江天險宋所恃以爲國勢必
死守不奪其氣不可臣請嘗之即與敢死士數十百
人當其前率弟文用文忠載艨艟鼓櫂疾趨叫呼畢
奮鋒既交文炳麾衆趨岸搏之宋師大敗命文用輕
舟報捷世祖方駐香爐峰因策馬下山問戰勝狀則
扶鞍起立竪鞭仰指曰天也且命他師毋解甲明日

將圍城既渡江會憲宗崩閏十一月班師庚申世祖即
位于上都是爲中統元年命文炳宣慰燕南諸道還奏
曰人久弛縱一旦遽束以法不可危疑者尚多宜赦天
下與之更始世祖從之反側者遂安二年擢山東東路
宣撫使方就道會立侍衛親軍帝曰親軍非文炳難任
即遥授侍衛親軍都指揮使佩金虎符三年李璮反濟
南璮劇賊善用兵文炳會諸軍圍之璮不得遁久之賊
勢日蹙文炳曰窮寇可以計擒乃抵城下呼璮將田都
帥者曰反者璮耳餘來即吾人毋自取死也田縋城降
田璮之愛將既降衆遂亂禽璮以獻璮兵有浙漣兩軍

二萬餘人勇而善戰主將怒其與賊配諸軍使陰殺之
文炳當殺二千人言于主將曰彼爲璮所脅耳殺之恐
乖天子仁聖之意向天子伐南詔或妄殺人雖大將亦
罪之是不宜殺也主將從之然他殺之者已衆皆大悔
璮伏誅山東猶未靖乃以文炳爲山東東路經畧使率
親軍以行出金銀符五十有功者聽與之閏九月文炳
至益都留兵于外從數騎衣冠而入居府不設警衛召
璮故將吏立之庭曰璮狂賊詿誤汝等璮已誅死汝皆
爲王民天子至仁聖遣經畧使撫汝當相安毋懼經畧
使得便宜除擬將吏汝等勉取金銀符經畧使不敢格

上命不予有功者所部大悅山東以安至元三年帝懲李璮之亂欲潛銷方鎮之橫以文炳代史氏兩萬戶爲鄧州光化行軍萬戶河南等路統軍副使到官造戰艦五百艘習水戰預謀取宋方畧凡院塞要害皆列柵築堡爲偹禦計帝嘗召文炳密謀欲大發河北民丁文炳曰河南密邇宋境人習江淮地利宜使河北耕以供軍河南戰以闢地俟宋平則河北長隷兵籍河南削籍爲民如是爲便又將校素無俸給連年用兵至有身爲大校出無馬乘者臣即所部千戶私役兵士四人百戶二人聽其雇役稍食其力帝皆

從之始頒將校俸錢以秩爲差七年改山東路統軍副使治沂州沂與宋接境鎮兵仰內郡餉運有詔和糴本部文炳命收州縣所移文或諫以違詔文炳曰但止之乃遣使入奏畧曰敵人接壤知吾虛實一不可遏民供頓甚勞重苦此役二不可困吾民以懼來者三不可帝大悟罷之九年遷樞密院判官行院事於淮西築正陽兩城兩城夾淮相望以綴襄陽及犄宋腹心十年拜參知政事夏霖雨水漲宋淮西制置使夏貴帥舟師十萬來攻矢石雨下文炳登城禦之一夕貴去復來飛矢貫文炳左臂著脇文炳拔矢授

左右發四十餘矢箙中矢盡顧左右索矢又十餘發矢不繼力亦困不能張滿遂悶絕幾殆明日水入外郛文炳麾士卒卻避貴乘之壓軍而陳文炳病創甚子士選請代戰文炳壯而遣之復自起束創手劒督戰士選以戈擊貴將仆不死獲之以獻貴遂去不敢復來是歲大舉兵伐宋丞相伯顏自襄陽東下與宋人戰陽羅堡文炳以九月發正陽十一年正月會伯顏于安慶安慶守將范文虎以城降文炳請于伯顏曰大軍既疲於陽羅堡吾兵當前行伯顏許之宋都督賈似道來禦師陳於蕪湖似道棄師走次當塗文

炳復言于伯顏曰釆石當江之南和州對峙不取必有後顧遂進攻之降知州事王喜三月有詔以時向暑熱命伯顏軍駐建康文炳軍駐鎮江時揚州真州堅守不下常州蘇州既降復叛張世傑孫虎臣約真揚兵誓死戰真揚兵戰每敗不敢出世傑等陳大艦萬艘碇焦山下江中勁卒居前文炳身犯之載士選別船弟之子士表請從文炳顧曰吾弟僅汝一子脫吾與士選不返士元士秀猶足殺敵吾不忍汝往也士表固請乃許文炳乘輪船建大將旗鼓士選士表船翼之大呼突陳諸將繼進飛矢蔽日戰酣短兵相

接宋兵亦殊死戰聲震天地橫屍委仗江水爲之不流自寅至午宋師大敗世傑走文炳追及于夾灘世傑收潰卒復戰又破之遂東走於海文炳船小不可入海夜乃還俘甲士萬餘人悉縱不殺獲戰船七百艘宋力自此遂窮十月諸軍分三道而進文炳居左由江並海趍臨安先是江陰軍僉判李世脩欲降不果文炳檄諭之世脩以城來附令權本軍安撫使所過民不知兵凡獲生口悉縱遣之無敢匿者威信前布皆望旗而服張瑄有衆數千負海爲橫文炳命招討使王世強及士選往降之士選單舸至瑄所諭以

威德瑄降得海船五百十三年春正月次鹽官鹽官臨安劇縣俟救至招之再返不下將佐請屠之文炳曰縣去臨安不百里聲勢相及臨安約降已有成言吾輕殺一人則害大計況屠一縣耶於是遣人入城諭意縣降遂會伯顏于臨安城北張世傑欲以其主逃之海文炳遶出臨安城南戍浙江亭世傑計不行乃竊宋主弟吉王昰廣王昺南走而宋主㬎遂降伯顏命文炳入城罷宋官府散其諸軍封庫藏收禮樂器及諸圖籍文炳取宋主諸璽符上於伯顏伯顏以宋主入覲有詔留事一委文炳禁戢豪猾撫慰士女

宋民不知易主時翰林學士李槃奉詔招宋士至臨安文炳謂之曰國可滅史不可沒宋十六主有天下三百餘年其太史所記具在史館宜悉收以備典禮乃得宋史及諸注記五千餘冊歸之國史院宋宗室福王與芮赴京師徧以重寶致諸貴人文炳獨卻不受及官錄與芮家貝籍受寶者惟文炳無名伯顏入朝奏曰臣等奉天威平宋宋既已平懷徠安集之功董文炳居多帝曰文炳吾舊臣忠勤朕所素知乃拜資德大夫中書左丞時張世傑奉吉王昰據台州而閩中亦爲宋守勑文炳進兵所過禁士馬無敢履踐

田麥曰在倉者吾既食之在野者汝又踐之新邑之民何以續命是以南人感之不忍以兵相向次台州世傑遁諸將先俘州民文炳下令曰台人首效順於我我不暇有故世傑據之其民何罪敢有不縱所俘者以軍法論得免者數萬口至溫州溫州未下令曰毋取子女毋掠民有衆曰諾其守將火城中逃文炳亟命滅火追擒其將數其殘民之罪斬以徇逾嶺閩人扶老來迎漳泉建寧邵武諸郡皆送款來附凡得州若干縣若干戶口若干閩人感文炳德最深廟而祀之十四年帝在上都適北邊有警欲親將北伐正

月急召文炳四月文炳至自臨安比至帝日問來期及至即召入文炳拜稽首曰今南方已平臣無所效力請事北邊帝曰朕召卿意不在是也豎子盜兵朕自撫定山以南國之根本也盡以託卿卒有不虞便宜處置以聞中書省樞密院事無大小咨卿而行已勅主者卿其勉之文炳避謝不許因奏曰臣在臨安時阿里伯奉詔檢括宋諸藏貨寶追索沒匿甚細人蹇苦之宋人未洽吾德遽苦之以財恐非安懷之道即詔罷之又曰昔者泉州蒲壽庚以城降壽庚素主市舶謂宜重其事權使為我扞海寇誘諸蠻臣服因

解所佩金虎符佩壽庚矣惟陛下恕其專擅之罪帝大嘉之更賜金虎符兼勞畢即聽陛辭文炳求見皇太子帝許之復敕太子曰董文炳所任甚重見畢即遣行既見慰諭懇至文炳留士選宿衞即日就道凡在上都三日至大都更日至中書樞密不署中書案平章政事阿合馬方恃寵用事生殺任情惟畏文炳奸狀為之少斂嘗執筆請曰相公官為左丞當署省案請至再四不肯署皇太子聞之謂宮臣竹忽納曰董文炳深慮非爾曹所知後或私問其故文炳曰主上所付託者在根本之重非文移之細且吾少徇則

濟姦不徇則致讒讒行則身危而深失付託本意吾是以預其大政而略其細務也十五年夏文炳有疾奏請解機務詔曰大都暑熾非病者宜卿可來此固當愈文炳至上都奏曰臣病不足領機務西北高寒筋骸舒暢當復自愈請盡力北邊帝曰卿固忠孝是不足行也樞密事重以卿僉書樞密院事中書左丞如故文炳辭不許遂拜八月天壽節禮成賜宴帝命坐文炳上坐諭宗室大臣曰董文炳功臣也理當坐是每尚食上食輒輟賜文炳是夜文炳疾復作勅賜御醫日來診視九月十三日疾篤洗沐而坐召文忠

等曰吾以先人死王事恨不為國死邊今至此命也願董氏世有男能騎馬者勉力報國則吾死瞑目矣言畢就枕卒帝聞悼痛良久命文忠護喪葬藁城令所過有司以禮弔祭贈金紫光祿大夫平章政事謚忠獻子士元士選

士元一名不花字長卿文炳長子也自襁褓喪母祖母李氏愛之謂文炳曰俱兒能言即令讀書數歲從名儒受學及長善騎射憲宗征蜀士元年二十三從叔父文蔚率鄧州一軍西行師次釣魚山宋人堅壁臣守士元請代文蔚攻之以所部銳卒先登力戰良

父以它軍不繼而還憲宗壯之賜以金帛中統初文蔚入典禁兵士元以世家子選供奉内班從車駕巡狩北方嘗預武定山之役帝知其忠勤可任以事會文蔚病卒無子命士元襲爲千夫長出師南征襄漢分禁兵戍淮上士元在軍中修勑武備號令肅然丞相伯顔克江南宋兵保兩淮未下士元數與戰拔淮安堡以功遷武節將軍從太師慱魯歡攻揚州駐師灣頭堡時方大暑慱魯歡病還京師以行省阿里代領諸軍揚州守將姜才乘隙來攻阿里素不習兵率輕騎數百出堡元士與别將哈剌禿以百騎從之日

巳暮宋兵至者萬餘士元謂左右曰大丈夫報國政在今日勿懼也方整陣欲戰阿里趣令左旋巳乃遁去士元與哈剌禿以部兵赴敵死戰皷譟震地泥淖馬不能馳乃棄馬步戰至四更敵衆始退及旦阿里來視戰地見士元卧泥中身被十七槍甲裳盡赤肩舁至營而絶年四十二哈剌禿亦戰死江淮既平伯顔入朝言於帝曰淮海之役所損者二將而巳帝問其人以士元與哈剌禿對帝曰不花健捷過人晝戰必能制敵夜戰而死甚可惜也至大元年贈鎮國上將軍僉書樞密院事謚節愍後加贈推誠效節功臣

資德大夫中書左丞護軍追封趙郡公改謚忠愍

士選字舜卿文炳次子也幼從文炳居兵間晝治武事夜讀書不輟文炳總師與宋兵戰金山士選戰甚力大敗之追至海而還及降張瑄等丞相伯顔臨陳觀之壯其驍勇遣使問之始知爲文炳子奏功佩金符爲管軍總管戰數有功宋降從文炳入宋宫取宋主降表及收其文書圖籍静重識大體秋毫無所取軍中稱之宋平班師詔置侍衛親軍諸衛以士選爲前衛指揮使號令明正得士大夫心未幾以其職讓其弟士秀帝嘉其意命士秀將前衛而以士選同僉

行樞密院事於湖廣久之召還宗王乃顔叛帝親征召士選至行在所與李勞山同將漢人諸軍以禦之乃顔軍飛矢及乘輿前士選等出步卒横擊之其衆敗走緩急進退有禮帝甚善之桑哥事敗帝求直士用之以易其弊於是召士選論議政事以中書左丞與平章政事徹理往鎮浙西聽辟舉僚屬至部察病民事悉以帝意除之民大悦有聚歛之臣爲奸利事發得罪且死詐言所遣舶商海外未至請留以待之士選曰海商至則捕録之不至則無如之何不係斯人之存亡也苟此人幸存則無以謝天下遂竟其罪

浙多湖泊廣蓄洩以藝水旱率爲豪民占以種藝水
無所居積故數有水旱士選與徹理力開復之成宗
即位僉行樞密院於建康未幾拜江西行省左丞贛
州盜劉六十僞立名號聚衆至萬餘朝廷遣兵討之
主將觀望退縮不肯戰守吏又因以擾良民賊勢益
盛士選請自往衆欣然託之即日就道不求益兵但
率掾史李霆鎮元明善二人持文書以去衆莫測其
所爲至贛境捕官吏害民者治之民相告語曰不知
有官法如此進至興國縣去賊巢不百里命擇將校
分兵守地待命察知激亂之人悉寘于法復誅奸民

之爲囊橐者於是民爭出請自效不數日遂擒賊魁
散餘衆歸農軍中獲賊所爲文書旁近郡縣富人姓
名具在霆鎮明善請焚之民心益安遣使以事平報
于朝中書平章政事不忽木召其使謂之曰董公上
功簿邪使者曰某且行左丞授之言曰朝廷若以軍
功爲問但言鎮撫無狀得免罪幸甚何功之可言因
出其書但請黜贓吏數人而已不言破賊事廷議深
歎其知體而不伐拜江南行御史臺中丞廉威素著
不嚴而肅凜然有大臣風入僉樞密院事俄拜御史
中丞前中丞崔彧久任風紀善斡旋以就事功既卒

不忽木以平章軍國重事繼之方正持大體天下望
之而已多病遂以屬之士選風采明俊中外竦然時
丞相完澤用劉深言出師征八百媳婦國遠冒煙瘴
及至未戰士卒死者十已七八驅民轉粟餉軍谿谷
之間不容舟車必負擔以達一夫致粟八斗率數人
佐之凡數十日乃至由是民死者亦數十萬中外騷
然而完澤誑帝江南之地盡世祖所取陛下不興此
役則無功可見於後世帝入其言用兵意甚堅故無
敢諫者士選率同列言之奏事殿中畢同列皆起士
選乃獨言今劉深出師以有用之民而取無用之地

就令當取亦必追使諭之諭之不從然後聚糧選兵
視時而動豈得輕用一人妄言而致百萬生靈於死
地帝色變士選猶明辨不止侍從皆爲之戰慄帝曰
事已成卿勿復言士選曰以言受罪臣之所當他日
以不言罪臣臣一死何益帝麾之起左右擁之以出未
數月帝聞師敗績慨然曰董二哥之言驗矣吾愧之
因賜上尊以旌直言始爲罷兵誅劉深等世祖嘗呼
文炳曰董大哥故帝以二哥呼士選父之出爲江浙
行省右丞遷汴梁行省平章政事又遷陝西士選平
生以忠義自許尤號廉介自門生部曲無敢持一毫

獻者治家甚嚴而孝弟尤篤時言世家有禮法者必歸之董氏其禮敬賢士尤至在江西以屬掾元明善爲賓友既又得吴澄而師之延虞汲於家塾以教其子諸老儒及西蜀遺士皆以書院之禄起之使以所學教授遷南行臺又招汲子集與俱後又得范梈等數人皆以文學大顯於時故世稱求賢薦士亦必以董氏爲首晚年好讀易澹然終其身每一之官必賣先業田廬爲行貲故老而益貧子孫不異布衣之士仕者往往稱廉吏云子守忠雲南行省叅知政事守懿侍正府判官守思知威州

張弘範

張弘範字仲疇柔第九子也善馬槊頗能爲歌詩年二十時兄順天路總管弘畧上計壽陽行都留弘範攝府事吏民服其明决蒙古軍所過肆暴弘範杖遣之入其境無敢犯者中統初授御用局總管三年改行軍總管從親王合必赤討李璮於濟南柔戒之曰汝圍城勿避險地汝無怠心則兵必致死主者慮其險苟有來犯必赴救可因以立功勉之弘範營城西璮出軍突諸將營獨不向弘範弘範曰我營險地璮乃示弱於我必以奇兵來襲謂我弗悟也遂築長壘內伏甲士而外爲壕開東門以待之夜令士卒浚壕益深廣璮不知也明日果擁飛橋來攻未及岸軍陷壕中得踰壕而上者突入壘門遇伏皆死降兩賊將柔聞之曰真吾子也璮既誅朝廷懲璮盡專兵民之權故能爲亂議罷大藩子弟之在官者弘範例罷至元元年弘略既入宿衛帝召見意其兄弟有可代守順天者且念弘範有濟南之功授順天路管民總管佩金虎符二年移守大名歲大水漂没廬舍租稅無從出弘範輒免之朝廷罪其專擅弘範請入見進曰臣以爲朝廷儲小倉不若儲之大倉帝曰何説也對

曰今歲水潦不收而必責民輸倉庫雖實而民死亡殆盡明年租將安出曷若活其民使不致逃亡則歲有恒收非陛下大倉庫乎帝曰知體其勿問六年括諸道兵圍宋襄陽授益都淄萊等路行軍萬戶復佩金虎符朝廷以益都兵乃李璮所教練之卒勇悍難制故命領之戍鹿門堡以斷宋餉道且絶郢之救兵弘範建言曰國家取襄陽爲延久之計者所以重人命而欲其自斃也曩者夏貴乘江漲送衣粮入城我師坐視無禦之者而其境南接江陵歸峽商販行旅士卒絡繹不絶寧有自斃之時乎宜城萬山以斷其

西柵灌子灘以絶其東則庶幾速斃之道也帥府奏用其言移弘範兵千人戍萬山既城與將士較射出東門宋師奄至將佐皆謂衆寡不敵宜入城自守弘範曰吾與諸君在此何事敵至將不戰乎敢言退者死即擐甲上馬立遣偏將李庭當其前他將攻其後親率二百騎爲長陣令曰聞吾鼓則進未鼓勿動宋軍步騎相間突陣弘範軍不動再進再却弘範曰彼氣衰矣鼓之前後奮擊宋師奔潰八年築一字城逼襄陽破樊城外郭九年攻樊城流矢中其肘裹瘡見主帥曰襄樊相爲唇齒故不可破若截江道斷其援

兵水陸夾攻樊必破矣樊破則襄陽何所恃從之明日復出銳卒先登遂拔之襄陽既下偕宋將呂文煥入覲賜錦衣白金寶鞍將校行賞有差十一年丞相伯顏伐宋弘範率左部諸軍循漢江東略郢西南攻武磯堡取之北兵渡江弘範爲前鋒宋相賈似道督兵阻蕪湖殿帥孫虎臣據丁家洲弘範轉戰而前諸軍繼之宋師潰弘範長驅至建康十二年五月帝遣使諭丞相毋輕敵貪進方暑其少駐以待弘範進曰聖恩待士卒誠厚然緩急之宜非可遥度今敵已奪氣正當乘破竹之勢取之無遺策矣豈宜迂緩使敵

得爲計耶丞相然之馳驛至闕面論形勢得旨進師十二年次瓜洲分兵立柵據其要害揚州都統姜才所統兵勁悍善戰至是以二萬人出揚子橋弘範佐都元帥阿朮禦之與宋兵夾水陣弘範以十三騎徑度衝之陣堅不動弘範引却一騎躍馬揮刀直趣弘範弘範旋轡反迎刺之應手頓斃馬下其衆潰亂追至城門斬首萬餘級自相蹂藉溺死者過半宋將張世傑孫虎臣等率水軍於焦山決戰弘範以一軍從旁横衝之宋師遂敗追至圌山之東奪戰艦八十艘俘馘千數上其功改亳州萬戶後賜名拔都從中書

左丞董文炳由海道會丞相伯顏進次近郊宋主上降表以伯姪爲稱往返未決弘範將命入城數其大臣之罪皆屈服竟取稱臣降表來上十三年台州叛討平之誅其爲首者而已十四年師還授鎮國上將軍江東道宣慰使十五年宋張世傑立廣王昺于海上閩廣響應俾弘範往平之授蒙古漢軍都元帥陛辭奏曰漢人無統蒙古軍者乞以蒙古信臣爲首帥帝曰汝知而父與察罕之事乎其破安豐也汝父欲留兵守之察罕不從師既南安豐復爲宋有進退幾失據汝父深悔恨良由委任不專故也豈可使汝復

有汝父之悔乎今付汝大事能以汝父之心爲心則予汝嘉面賜錦衣玉帶弘範不受以劍甲爲請帝出武庫劒甲聽其自擇且諭之曰劒汝之副也不用令者以此處之將行薦李恒爲己貳從之至楊州選將校水陸二萬分道南征以弟弘正爲先鋒戒之曰選汝驍勇非私汝也軍法重我不敢以私撓公勉之弘正所向克捷進攻三江寨寨據隘乘高不可近因連兵向之寨中持滿以待弘範下令下馬治朝食若將持久者持滿者疑不敢動而他寨不虞也忽麾軍連拔數寨遡搏三江盡拔之至漳州軍其東門命別將

攻南門西門乃乘虛破其北門拔之攻鮑浦寨又拔之由是瀕海郡邑皆望風降附獲宋丞相文天祥于五坡嶺使之拜不屈弘範義之待以賓禮送至京師獲宋禮部侍郎鄧光薦命子珪師事之十六年正月庚戌由潮陽港發舶入海至甲子門獲宋斥候將劉青顧凱乃知廣王所在辛酉次崖山宋軍千餘艘碇海中建樓櫓其上隱然堅壁也弘範引舟師赴之崖山東西對峙其北水淺舟膠非潮來不可進乃由山之東轉南入大洋始得逼其舟又出奇兵斷其汲路燒其宮室世傑有甥在弘範軍中三使招之世傑不

從甲戌李恒自廣州至授以戰艦二使守北面二月癸未將戰或請先用砲弘範曰火起則舟散不如戰也明日四分其軍軍其東南北三面弘範自將一軍相去里餘下令曰宋舟潮至必東遁急攻之勿令得去聞吾樂作乃戰違令者斬先麾北面一軍乘潮而戰不克李恒等順潮而退樂作宋將以爲且宴少懈弘範舟師犯其前衆繼之豫構戰樓於舟尾以布幛障之命將士負盾而伏令之曰聞金聲起戰先金而妄動者死飛矢集如蝟伏盾者不動舟將接鳴金撤障弓弩火石交作頃刻并破七舟宋師大潰宋臣抱

其主昺赴水死獲其符璽印章世傑先遁李恒追至大洋不及世傑走交趾風壞舟死海陵港其餘將吏皆降嶺海悉平磨崖山之陽勒石紀功而還十月入朝賜宴内殿慰勞甚厚未幾瘴癘疾作帝命尚醫診視遣近臣臨議用藥敕衛士監門止雜人毋擾其病病甚沐浴易衣冠扶掖至中庭面闕再拜退坐命酒作樂與親故言别出所賜劍甲命付嗣子珪曰汝父以是立功汝佩服勿忘也語竟端坐而卒年四十三贈銀青榮禄大夫平章政事謚武畧至大四年加贈推忠効節翊運功臣太師開府儀同三司上柱國齊

國公改謚忠武延祐六年加保大功臣加封淮陽王
謚獻武子珪自有傳

列傳卷第四十三

列傳卷四十四　元史一百五十七

翰林學士亞中大夫知制誥兼修國史臣宋濂 翰林待制承直郎同知制誥兼國史院編修官臣王褘等奉
勑修

劉秉忠

劉秉忠字仲晦初名侃因從釋氏又名子聰拜官後始更今名其先瑞州人也世仕遼爲官族曾大父仕金爲邢州節度副使因家焉故自大父澤而下遂爲邢人庚辰歲木華黎取邢州立都元帥府以其父潤爲都統事定改署州録事歴鉅鹿内丘兩縣提領所至皆有惠愛秉忠生而風骨秀異志氣英爽不羈八

歲入學日誦數百言年十三爲質子於帥府十七爲邢臺節度使府令史以養其親居常鬱鬱不樂一日投筆嘆曰吾家累世衣冠乃汨没爲刀筆吏乎丈夫不遇於世當隱居以求志耳即棄去隱武安山中久之天寧虚照禪師遣徒招致爲僧以其能文詞使掌書記後遊雲中留居南堂寺世祖在潜邸海雲禪師被召過雲中聞其博學多材藝邀與俱行既入見應對稱旨屢承顧問秉忠於書無所不讀尤邃於易及邵氏經世書至於天文地理律曆三式六壬遁甲之屬無不精通論天下事如指諸掌世祖大愛之海雲

南還秉忠遂留藩邸後數歲奔父喪賜金百兩爲葬具仍遣使送至邢州服除復被召奉旨還和林上書數千百言其略曰典章禮樂法度三綱五常之教備於堯舜三王因之五覇敗之漢興以來至于五代一千三百餘年由此道者漢文景光武唐太宗玄宗五君而玄宗不無疵也然治亂之道係乎天而由乎人天生成吉思皇帝起一旅降諸國不數年而取天下勤勞憂苦遺大寶於子孫庶傳萬祀永保無疆之福愚聞之曰以馬上取天下不可以馬上治昔武王兄也周公弟也周公思天下善事夜以繼日每得一事

坐以待旦以匡周室以保周天下八百餘年周公之力也君上兄也大王弟也思周公之故事而行之在乎今日千載一時不可失也君之所任在內莫大乎相相以領百官化萬民在外莫大乎將將以統三軍安四域內外相濟國之急務必先之也然天下之大非一人之可及萬事之細非一心之可察當擇開國功臣之子孫分爲京府州郡監守督責舊官以遵王法仍差按察官守治者升否者黜天下不勞力而定也天下戶過百萬自忽都那演斷事之後差徭甚大加以軍馬調發使臣煩擾官吏乞取民不能當是以

逃竄宜比舊減半或三分去一就見在之民以定差稅招逃者復業再行定奪官無定次清潔者無以遷汙濫者無以降可比附古例定百官爵祿儀仗使家足身貴有犯於民設條定罪威福者君之權奉命者臣之職今百官自行威福進退生殺惟意之從宜從禁治天下之民未聞教化見在囚人宜從赦免明施教令使之知畏則犯者自少也教令既設則不宜繁因大朝舊例增益民間所宜設者十數條足矣教令既施罪不至死者皆提察然後決犯死刑者覆奏然後聽斷不致刑及無辜天子以天下爲家兆民爲子

國不足取於民民不足取於國相須如魚水有國家者置府庫設倉廩亦爲助民民有身者營產業闢田野亦爲資國用也今宜打算官民所欠債負若實爲應當差發所借宜依合罕皇帝聖旨一本一利官司歸還凡陪償無名虛契所負及還過元本者並行赦免納糧就遠倉有一廢十者宜從近倉以輸爲便當驛路州城飲食祗待偏重宜計所費以準差發關市津梁正稅十五分取一宜從舊制禁橫取減稅法以利百姓倉庫加耗甚重宜令權量度均爲一法使錙銖圭撮尺寸皆平以存信去詐珍貝金銀之所出淘

沙鍊石實不易爲一旦以纏絲縷飾皮革塗木石粧器仗取一時之華麗廢爲塵而無濟甚可惜也宜從禁治除帝胄功臣大官以下章服有制外無職之人不得僭越今地廣民微賦歛繁重民不聊生何力耕耨以厚產業宜差勸農官一員率天下百姓務農桑營產業實國之大益古者庠序學校未甞廢今郡縣雖有學並非官置宜從舊制修建三學設教授開選擇才以經義爲上詞賦論策次之兼科舉之設已奉合罕皇帝聖旨因而言之易行也開設學校宜擇開國功臣子孫受教選達才任用之天下莫大於朝省親民莫近於縣宰雖朝省有法縣宰宜擇縣宰正民自安矣關西河南地廣土沃以軍馬之所出入治而未豐宜設官招撫不數年民歸土闢以資軍馬之用實國之大事移剌中丞拘榷鹽鐵諸產商賈酒醋貨殖諸事以定宣課雖使從實恢辦不足亦取於民拖兌不辦已不爲輕奧魯合蠻奏請於舊額加倍榷之往往科取民間科榷並行民無所措手足宜從舊例辦榷更或減輕罷繁碎止科徵無從獻利之徒削民害國鰥寡孤獨廢疾者宜設孤老院給衣粮以爲養使臣到州郡宜設館不得於官衙民家安下孔子爲

百王師立萬世法今廟堂雖廢存者尚多宜令州郡祭祀釋奠如舊儀近代禮樂器具靡散宜令刷會徵太常舊人教引後學使器備人存漸以修之實太平之基王道之本今天下廣遠雖成吉思皇帝威福之致亦天地神明陰所祐也宜訪名儒循舊禮尊祭上下神祇和天地之氣順時序之行使神享民依德極於幽明天下賴一人之慶見行遼曆日月交食頗差聞司天臺改成新曆未見施行宜因新君即位頒曆改元令京府州郡置更漏使民知時國滅史存古之常道宜選脩金史令一代君臣事業不墜於後世甚有勵也國家廣大如天萬中取一以養天下名士宿儒之無營運產業者使不致困窮或有營運產業者會前聖旨種養應輸差稅其餘大小雜泛並行蠲免使自給養實國家養才勵人之大也明君用人如大匠用材隨其巨細長短以施規矩繩墨孔子曰君子不可小知而可大受小人不可大受而可小知蓋君子所存者大不能盡小人之事或有一短小人所拘者狹不能同君子之量或有一長盡其才而用之成功之道也君子不以言廢人不以人廢言大開言路所以成天下安兆民也天地之大日月之明而或有

所蔽且蔽天之明者雲霧也蔽人之明者私欲佞説也常人有之蔽一心也人君有之蔽天下也常選左右諫臣使諷諭於未形忖畫於至密也君子之心一於理義懷於忠良小人之心一於利欲懷於讒佞君子得位有容於小人小人得勢必排於君子明君在上不可不辨也孔子曰遠佞人又曰惡利口之覆邦家者此之謂也今言利者衆非圖以利國害民實欲殘民而自利也宜將國中人民必用場冶付各路課税所以定榷辦其餘言利者並行罷去古者明王不寶遠物所寶惟賢如使賢者在位能者在職此皆一

人之睿知賢王之輔成也古者治世均民産業自廢井田爲阡陌後世因之不能復今窮乏者益損富盛者增加宜禁行利之人勿恃官勢居官在位者勿侵民利商賈與民和好交易不生擅奪欺罔之害真國家之利也筦籌之制宜會古酌今均爲一法使無敢過越禁私置牢獄漽民無辜鞭背之刑宜禁治以彰愛生之德立朝省以統百官分有司以御衆事以至京府州郡親民之職無不備紀綱正於上法度行於下是故天下不勞而治也今新君即位之後可立朝省以爲政本其餘百官不在貟多惟在得人焉耳世

祖嘉納焉又言邢州舊萬餘户兵興以來不滿數百凋壞日甚得良牧守如真定張耕洺水劉肅者治之猶可完復朝廷即以耕爲邢州安撫使肅爲副使由是流民復業升邢爲順德府癸丑從世祖征大理明年征雲南每賛以天地之好生王者之神武不殺故克城之日不妄戮一人己未從伐宋復以雲南所言力賛於上所至全活不可勝計中統元年世祖即位問以治天下之大經養民之良法秉忠采祖宗舊典參以古制之宜於今者條列以聞於是下詔建元紀歲立中書省宣撫司朝廷舊臣山林遺逸之士咸見

録用文物粲然一新秉忠雖居左右而猶不改舊服時人稱之爲聰書記至元元年翰林學士承旨王鶚奏言秉忠久侍藩邸積有歲年參帷幄之密謀定社稷之大計忠勤勞績宜被襃崇聖明御極萬物惟新而秉忠猶仍其野服散號深所未安宜正其衣冠崇以顯秩帝覽奏即日拜光禄大夫位太保參預中書省事詔以翰林侍讀學士竇默之女妻之賜第奉先坊且以少府宫籍監户給之秉忠既受命以天下爲已任事無巨細凡有關於國家大體者知無不言言無不聽帝寵任愈隆燕閑顧問輒推薦人物可備器

使者凡所甄拔後悉爲名臣初帝命秉忠相地於桓州東灤水北建城郭于龍岡三年而畢名曰開平繼升爲上都而以燕爲中都四年又命秉忠築中都城始建宗廟宮室八年奏建國號曰大元而以中都爲大都他如頒章服舉朝儀給俸祿定官制皆自秉忠發之爲一代成憲十一年扈從至上都其地有南屏山嘗築精舍居之秋八月秉忠無疾端坐而卒年五十九帝聞驚悼謂群臣曰秉忠事朕三十餘年小心愼密不避艱險言無隱情其陰陽術數之精占事知來若合符契惟朕知之他人莫得聞也出内府錢具棺斂遣禮部侍郎趙秉溫護其喪還葬大都十二年贈太傅封趙國公謚文貞成宗時贈太師謚文正仁宗時又進封常山王秉忠自幼好學至老不衰雖位極人臣而齋居蔬食終日澹然不異平昔自號藏春散人每以吟詠自適其詩蕭散閑淡類其爲人有文集十卷無子以弟秉恕子蘭璋後

秉恕字長卿好讀書年弱冠受易於劉肅遂明理學兄秉忠事世祖以薦士自任嫌於私親獨不及秉恕左右以聞召見遂同侍潛邸世祖嘗賜秉忠白金千兩辭曰臣山野鄙人僥倖遭際服器悉出尚方金無所用世祖曰卿獨無親故遺之邪辭不允乃受而散之以二百兩與秉恕秉恕曰兄勤勞有年宜蒙茲賞秉恕無功可冒恩乎終不受中統元年擢禮部侍郎邢州安撫副使二年賜金符還吏部侍郎三年升邢爲順德府賜金虎符爲順德安撫使至元元年轉官法行改嘉議大夫歷彰德懷孟淄萊順天太原五路總管淄萊府有死囚六人獄已具秉恕疑之詳讞得其實六人賴以不死他所至皆有惠政召除禮部尚書出爲淮西宣慰使會省宣慰司歷湖州平陽兩路總管平陽歲荒民艱食輒開倉以賑之全活者衆年六十卒于官

張文謙

張文謙字仲謙邢州沙河人幼聰敏善記誦與太保劉秉忠同學世祖居潛邸受邢州分地秉忠薦文謙可用歲丁未召見應對稱旨命掌王府書記日見信任邢州當要衝初分二千戶爲勳臣食邑歲遣人監領皆不知撫治徵求百出民弗堪命或訴於王府文謙與秉忠言于世祖曰今民生困弊莫邢爲甚盍擇人往治之責其成效使四方取法則天下均受賜矣於是乃選近侍脫兀脫尚書劉肅侍郎李簡往三人

至邢協心爲治洗滌蠹敝革去貪暴流亡復歸不期月戶增十倍由是世祖益重儒士任之以政皆自文謙發之歲辛亥憲宗即位文謙與秉忠數以時務所當先者言於世祖悉施行之世祖征大理國主高祥拒命殺信使遁去世祖怒將屠其城文謙與秉忠姚樞諫曰殺使拒命者高祥爾非民之罪請宥之由是大理之民賴以全活己未世祖帥師伐宋文謙與秉忠言王者之師有征無戰當一視同仁不可嗜殺世祖曰期與卿等守此言既入宋境分命諸將毋妄殺毋焚人室廬所獲生口悉縱之中統元年世祖即位

立中書省首命王文統爲平章政事文謙爲左丞建立綱紀講明利病以安國便民爲務詔令一出天下有太平之望而文統素忌克謀謨之際屢相可否積不能平文謙遽求出詔以本官行大名等路宣撫司事臨發語文統曰民困日久況當大旱不量減稅賦何以慰來蘇之望文統曰上新即位國家經費止仰稅賦苟復減損何以供給文謙曰百姓足君孰與不足俟時和歲豐取之未晚也於是蠲常賦什之四商酒稅什之二二年春來朝復留居政府始立左右部講行庶務鉅細畢舉文謙之力爲多三年阿合馬領

左右部總司財用欲專奏請不關白中書詔廷臣議之文謙曰分制財用古有是理中書不預無是理也若中書弗問天子將親莅之乎帝曰仲謙言是也至元元年詔文謙以中書左丞行省西夏中興等路羌俗素鄙野事無統紀文謙得蜀士陷於俘虜者五六人理而出之使習吏事旬月間簿書有品式子弟亦知讀書俗爲一變浚唐來漢延二渠溉田十數萬頃人蒙其利三年還朝諸勢家言有戶數千當役屬爲私奴者議久不決文謙謂以乙未歲戶帳爲斷奴之未占籍者歸之勢家可也其餘良民無爲奴之理議

遂定守以爲法五年淄州妖人胡王惑衆事覺逮捕百餘人丞相安童以文謙言奏曰愚民無知爲所詿誤誅其首惡足矣詔即命文謙往決其獄惟三人坐棄市餘皆釋之七年拜大司農卿奏立諸道勸農司巡行勸課請開籍田行祭先農先蠶等禮復與竇默請立國子學詔以許衡爲國子祭酒選貴冑子弟教育之時阿合馬議拘民間鐵官鑄農器高其價以配民創立行戶部於東平大名以造鈔及諸路轉運司干政害民文謙悉於帝前極論罷之十三年還御史中丞阿合馬慮憲臺發其姦乃奏罷諸道按察司以

滅之文謙奏復其舊然自知爲姦臣所忌力求去會世祖以大明曆歲久寖差命許衡等造新曆乃授文謙昭文館大學士領太史院以總其事十九年拜樞密副使歲餘以疾薨于位年六十八文謙蚤從劉秉忠洞究術數晚交許衡尤粹於義理之學爲人剛明簡重凡所陳於上前莫非堯舜仁義之道數忤權倖而是非得喪一不以經意家惟藏書數萬卷尤以引薦人材爲己任時論益以是多之累贈推誠同德佐運功臣太師開府儀同三司上柱國追封魏國公謚忠宣長子晏仕至御史中丞贈陝西行省平章政事

封魏國公謚文靖

郝經

郝經字伯常其先潞州人徙澤州之陵川家世業儒祖天挺元裕嘗從之學金末父思溫辟地河南之魯山河南亂居民匿窖中亂兵以火熏灼之民多死經母許亦死經以蜜和寒葅汁決母齒飲之即蘇時經九歲人皆異之金亡徙順天家貧晝則負薪米爲養暮則讀書居五年爲守帥張柔賈輔所知延爲上客二家藏書皆萬卷經博覽無不通往來燕趙間元裕每語之曰子貌類汝祖才器非常勉之憲宗二年世祖以皇弟開邸金蓮川召經諮以經國安民之道條上數十事大悅遂留王府是時連兵於宋憲宗入蜀命世祖總統東師經從至濮會有得宋國奏議以獻其言謹邊防守衝要凡七道遂下諸將議經曰古之一天下者以德不以力彼今未有敗亡之釁我乃空國而出諸侯窺伺於內小民凋弊於外經見其危未見其利也王不如修德布惠敦族簡賢綏懷遠人控制諸道結盟飭備以待西師上應天心下繫人望順時而動宋不足圖也世祖以經儒生愕然曰汝與張拔都議邪經對曰經少館張柔家嘗聞其論議此則

經臆說耳柔不知也進七道議七千餘言乃以楊惟中爲江淮荆湖南北等路宣撫使經爲副將歸德軍先至江上宣布恩信納降附惟中欲私還汴經曰我與公同受命南征不聞受命還汴也惟中怒弗聽經率麾下揚旌而南惟中懼謝乃與經俱行經聞憲宗在蜀師久無功進東師議其畧曰經聞圖天下之事於未然則易救天下之事於已然則難已然之中復有未然者使往者不失而來者得遂是尤難也國家以一旅之衆奮起朔漠斡斗極以圖天下馬首所向無不摧破滅金源并西夏蹂荆襄克成都平大理躪

蹀諸夷奄征四海有天下十八盡元魏金源故地而加多廓然莫與侔大也惟宋不下未能混一連兵構禍踰二十年何曩時撥取之易而今日圖惟之難也夫取天下有可以力并有可以術圖并之以力則不可久久則頓弊而不振圖之以術則不可急急則傥倖而難成故自漢唐以來樹立攻取或五六年未有踰十年者是以其力不弊而卒能保大定功晉之取吳隋之取陳皆經營比佽十有餘年是以其術得成而卒能混一或久或近要之成功各當其可不妄爲而已國家建極開統垂五十年而一之以兵遺黎殘

姓游氣驚魂虔劉𠛬盪殆欲殲盡自古用兵未有如是之久且多也其力安得不弊乎且括兵率賦朝下令而夕出師躬擐甲冑跋履山川闔國大舉以之伐宋而圖混一以志則銳以力則強以土則大而其術則未盡也苟於諸國既平之後息師撫民致治成化創法立制敷布條綱上下井井不撓不紊任老成爲輔相起英特爲將帥選賢能爲任使鳩智計爲機衡平賦以足用屯農以足食内治既舉外禦亦備如其不服姑以文誥拒而不從而後伺隙觀釁以正天伐自東海至于襄鄧重兵數道聯檝接武以爲正兵自

漢中至于大理輕兵捷出批亢抵脅以爲奇兵帥臣得人師出以律高拱九重之内而海外有截矣是而不爲乃於間歲遽爲大舉上下震動兵連禍結底安于危是已然而莫可止者也東師未出大王仁明則猶有未然者可不議乎國家用兵一以國俗爲制而不師古不計師之衆寡地之險易敵之強弱必合圍把稍獵取之若禽獸然聚如丘山散如風雨迅如雷電捷如鷹鶻鞭弭所屬指期約日萬里不忒得兵家之詭道而長於用奇自滄河之戰乘勝下燕雲遂遺兵而去似無意於取者既破回鶻滅西夏乃下兵關

陝以敗金師然後知所以深取之是長於用奇也既而爲斡腹之舉由金房繞出潼關之背以攻汴爲擣虛之計自西和徑入石泉威茂以取蜀爲示遠之謀自臨洮吐番穿徹西南以平大理皆用奇也夫攻其無備出其不意而後可以用奇豈有連百萬之衆首尾萬餘里六飛雷動乘輿親出竭天下倒四海騰擲宇宙軒豁天地大極於遐徼之土細窮於委巷之民撞其鍾而掩其耳嚙其臍而蔽其目如是用奇乎是執千金之壁而投瓦石也其初以奇勝也關隴江淮之北平原曠野之多而吾長於騎故所向不能禦兵

鋒新鋭民物稠夥擁而擠之郡邑自潰而吾長於攻故所擊無不破是以用其奇而驟勝今限以大山深谷阨以重險荐阻迂以危途繚徑我之乘險以用奇則難彼之因險以制奇則易況於客主勢懸蘊蓄情露無虜掠以爲資無俘獲以備役以有限之險雖有奇謀秘略無所用之力無所用與無力同勇無所施與不勇同計不能行與無計同泰山壓卵之勢河海濯爇之舉擁遏頓滯盤桓而不得進所謂強弩之末不能射魯縞者也爲今之計則宜救已然之失防未然之變而已西師既構猝不可解如兩虎相鬭猝入

于巖阻見之者辟易不暇又焉能以理相喻使之逡巡自退彼知其危竭國以并命我必其取無由以自悔兵連禍結何時而已殿下宜遣人禀命於行在所大軍壓境遣使喻宋示以大信令降名進幣割地納質彼必受命姑爲之和偃兵息民以全吾力而圖後舉天地人神之福也禀命不從殿下之義盡而後進吾師重慎詳審不爲躁輕飄忽爲前定之謀而一之以正大假西師以爲奇而用吾正比師南轅先示恩信申其文移喻以禍福使知殿下仁而不殺非好攻戰鬭土地不得已而用兵之意誠意昭著恩信流行

然後閲實精勇别爲一軍爲帳下之卒舉老成知兵者俾爲將帥更直宿衛以備不虞其餘師衆各畀侯伯使吾府大官元臣分師總統爲戰攻之卒其新入部曲普不知兵雖名爲兵其實役徒者使沿邊進築與敵郡邑犬牙相制爲屯戍之卒推擇單弱窮竟逃匿編葺部伍使聞望重臣爲之撫育總押近裏故屯爲鎮守之卒使掣肘之計不行妄意之徒屏息内外備禦無有缺綻則制節以進既入其境敦陳固列緩爲之行彼善於守而吾不攻彼恃城壁以不戰老吾吾合長圍以不攻困彼吾用吾之所長彼不能用其

長選出入便利之地爲久駐之基示必取之勢毋焚廬舍毋傷人民開其生路以携其心亟肆以疲多方以誤以弊其力兵勢既振蘊蓄既見則以輕兵掠兩淮杜其樵採而遏其糧路使血脉斷絶各守孤城示不足取即進大兵直抵于江沿江上下列屯萬竈號令明肅部曲嚴整首尾綿構各具舟楫聲言徑渡彼必震疊自起變故蓋彼之精鋭盡在兩淮江面闊越恃其巖阻兵皆柔脆用兵以來未嘗一戰焉能當我百戰之鋭一處崩壞則望風皆潰肱髀不續外内限絶勇者不能用而怯者不能敵背者不能返而面者

不能禦水陸相犄必爲我乘是兵家所謂避堅攻瑕避實擊虛者也如欲存養兵力漸次以進以圖萬全則先荆後淮先淮後江彼之素論謂有荆襄則可以保淮甸有淮甸則可以保江南先是我嘗有荆襄有淮甸有上流皆自失之今當從彼所保以爲吾攻命一軍出襄鄧直渡漢水造舟爲梁水陸濟師以輕兵綴襄陽絶其糧路重兵皆趨漢陽出其不意以伺江隙不然則重兵臨襄陽輕兵捷出穿徼均房遠叩歸峽以應西師如交廣施黔選鋒透出夔門不守大勢順流即并兵大出摧拉荆郢横潰湘潭以成犄角一

軍出壽春乘其鋭氣并取荆山駕淮爲梁以通南北輕兵抄壽春而重兵支布於鍾離合淝之間掇拾湖濼奪取關隘據濡須塞皖口南入舒和西及於蘄黄徜徉恣肆以覘江口烏江采石廣布戍邏偵江渡之險易測備禦之疏密徐爲之謀而後進師所謂潰兩淮之腹心抉長江之襟要也一軍出維揚連楚蟠亘蹈跨長淮鄰我強對通泰海門揚子江面密彼京畿必皆備禦堅厚若遽攻擊則必老師費財當以重兵臨維揚合爲長圍示以必取而以輕兵出通泰直塞海門瓜步金山柴墟河口游騎上下吞江吸海並著

威信遲以月時以觀其變是所謂圖緩持久之勢也三道並出東西連衡殿下或處一軍爲之節制使我兵力常有餘裕如是則未來之變或可弭已然之失一日或可救也議者必曰三道並進則兵分勢弱不若併力一向則莫我當也曾不知取國之術與爭地之術異併力一向爭地之術也諸道並進取國之術也昔之混一者皆若是矣晋取吴則六道進隋取陳則九道進宋之於南唐則三面皆進未聞以一旅之衆而能克國者或者有之僥幸之舉也豈有堂堂大國師徒百萬而爲僥幸之舉乎况彼渡江立國百有

餘年紀綱脩明風俗完厚君臣輯睦内無禍釁東西南北輪廣萬里亦未可小自敗盟以來無日不討軍實而申警之彷徨百折當我強對未嘗大敗不可謂弱豈可蔑視謂秦無人直欲一軍倖而取勝乎秦王問王翦以伐荆翦曰非六十萬不可秦王曰將軍老矣命李信將二十萬往不克卒畀翦以兵六十萬而後舉楚蓋衆有所必用事勢有不可懸料而倖取者故王者之舉必萬全其倖舉者崛起無賴之人也嗚呼西師之出已及瓜戍而猶未即功國家全盛之力在於東左若亦直前振迅鋭而圖功一舉而下金陵

舉臨安則可也如兵力耗弊役成遷延進退不可反爲敵人所乘悔可及乎固宜重慎詳審圖之以術若前所陳以全吾力是所謂坐勝也雖然猶有可憂者國家掇取諸國飄忽淩厲本以力勝今乃無故而爲大舉若又措置失宜無以挫英雄之氣服天下之心則稔惡懷姦之流得以窺其隙而投其間國內空虛易爲搖蕩臣愚所以諄諄於東師反覆致論謂不在於已然而在於未然者此也遂會兵渡江圍鄂州聞憲宗崩召諸將屬議經復進議曰易言知進退存亡而不失其正者其惟聖人乎殿下聰明睿知足以有

臨發強剛毅足以有斷進退存亡之正知之久矣嚮在沙陀命經曰時未可也又曰時之一字最當整理又曰可行之時爾自知之大哉王言時乘六龍之道知之久矣自出師以來進而不退經有所未解者故事急故復進狂言國家自平金以來惟務進取不遵養時晦老師費財卒無成功三十年矣蒙哥罕立政當安靜以圖寧謐忽無故大舉進而不退畀王東師則不當亦進也而遽進以爲有命不敢自逸至于汝南既聞凶訃即當遣使徧告諸帥各以次退修好于

宋歸定大事不當復進也而遽進以有師期會于江濱遣使喻宋息兵安民振旅而歸不當復進也而又進既不宜渡淮又豈宜渡江既不宜妄進又豈宜攻城若以幾不可失敵不可縱亦既渡江不能中止便當乘虛取鄂分兵四出直造臨安疾雷不及掩耳則宋亦可圖如其不可知難而退不失爲金兀朮也師不當進而進江不當渡而渡城不當攻而攻當速退而不退當速進而不進役成遷延盤桓江渚情見勢屈舉天下兵力不能取一城則我竭彼盈又何俟乎且諸軍疾疫已十四五又延引月日冬春之交疫必

大作恐欲還不能彼既上流無虞呂文德已并兵拒守知我國疵閫氣自倍兩淮之兵盡集白鷺江西之兵盡集隆興嶺廣之兵盡集長沙閩越沿海巨舶大艦以次而至伺隙而進如遏截於江黃津渡邀遮于大城關口塞漢東之石門限郢復之湖濼則我將安歸無已則突入江浙擣其心腹聞臨安海門已具龍舟則已徒往還抵金山并命求出豈無韓世忠之儔且鄂與漢陽分據大別中挾巨浸號爲活城肉薄骨并而拔之則彼委破壁孤城而去泝流而上則入洞庭保荊襄順流而下則精兵健櫓突過滸黃未易遏

也則亦徒費人命我安所得哉區區一城勝之不武不勝則大損威望復何俟乎雖然以王本心不欲渡江既渡江不欲攻城既攻城不欲并命不焚廬舍不傷人民不易其衣冠不毀其墳墓三百里外不使侵掠或勸徑趨臨安曰其民人稠夥若往雖不殺戮亦被踐蹂吾所不忍若天與我不必殺人若天弗與殺人何益而竟不往諸將歸罪士人謂不可用以不殺人故不得城曰彼守城者秪一士人賈制置汝十萬衆不能勝殺人數月不能拔汝輩之罪也豈士人之罪乎益禁殺人歸然一仁上通于天久有歸志不能

遂行耳然今事急不可不斷也宋人方懼大敵自救之師雖則畢集未暇謀我第吾國內空虛塔察國王與李行省肱髀相依在於背脅西域諸胡窺覘關隴隔絶旭烈大王病民諸姦各持兩端觀望所立莫不覬覦神器染指垂涎一有狡焉或啓戎心先人舉事腹背受敵大事去矣且阿里不哥已行赦令令脫里赤爲斷事官行尚書省據燕都按圖籍號令諸道行皇帝事矣雖大王素有人望且握重兵獨不見金世宗海陵之事乎若彼果決稱受遺詔便正位號下詔中原行赦江上欲歸得乎昨奉命與張仲一觀新月

城自西南隅萬人敵上可並行大車排槎弗樓締構重複必不可攻秪有許和而歸耳斷然班師亟定大計銷禍於未然先命勁兵把截江面與宋議和許割淮南漢上梓夔兩路定疆界歲幣置輜重以輕騎歸渡淮乘馹直造燕都則從天而下彼之姦謀僭志冰釋瓦解遣一軍逆蒙哥罕靈輿收皇帝璽遣使召旭烈阿里不哥摩哥及諸王駙馬會喪和林差官於汴京京兆成都西涼東平西京北京撫慰安輯召真金太子鎮燕都示以形勢則大寶有歸而社稷安矣會宋守帥賈似道亦遣間使請和迺班師明年世祖即

位以經爲翰林侍讀學士佩金虎符充國信使使宋告即位且定和議仍敕沿邊諸將毋鈔掠經入辭賜蒲萄酒詔曰朕初即位庶事草創卿當遠行凡可輔朕者亟以聞經奏便宜十六事皆立政大要辭多不載時經有重名平章王文統忌之既行文統陰屬李璮潛師侵宋欲假手害經經至濟南璮以書止經經以璮書聞于朝而行宋敗璮軍于淮安經至宿州遣副使劉仁傑參議高翿請入國日期不報遺書宰相及淮帥李庭芝庭芝復書果疑經而賈似道方以却敵爲功恐經至謀泄竟館經真州經乃上表宋主曰

願附魯連之義排難解紛豈知唐儉之徒欵兵誤國又數上書宋主及宰執極陳戰和利害且請入見及歸國皆不報驛吏棘垣鑰户晝夜守邏欲以動經經不屈經待下素嚴又久羈困下多怨者經諭曰嚮受命不進我之罪也一入宋境死生進退聽其在彼我終不能屈身辱命汝等不幸宜忍以待之我觀宋祚將不久矣居七年從者怒鬬死者數人經獨與六人處别館又九年丞相伯顔奉詔南伐帝遣禮部尚書中都海牙及經弟行樞密院都事郝庸入宋問執行人之罪宋懼遣總管段佑以禮送經歸賈似道之謀

旣泄尋亦竄死經歸道病帝勅樞密院及尚醫近侍迎勞所過父老瞻望流涕明年夏至闕錫燕大庭咨以政事賞賚有差秋七月卒年五十三官為護喪還葬謚文忠明年宋平經為人尚氣節為學務有用及被留思託言垂後撰續後漢書易春秋外傳太極演原古録通鑑書法玉衡貞觀等書及文集凡數百卷其文豐蔚豪宕善議論詩多奇崛拘宋十六年從者皆通於學書佐苟宗道後官至國子祭酒經還之歲汴中民射鴈金明池得繫帛書詩云霜落風高恣所如歸期回首是春初上林天子援弓繳窮海纍臣有帛書後題曰至元五年九月一日放鴈獲者勿殺國信大使郝經書于真州忠勇軍營新館其忠誠如此二弟彝庸皆有名彝字仲常隱居以壽終庸字季常終潁州守子采麟亦賢起家知林州仕至山南江北道肅政廉訪使

列傳卷第四十四

翰林學士亞中大夫知制誥兼修國史臣宋濂　翰林待制承直郎同知制誥兼國史院編修官臣王禕等奉
勅修

姚樞

姚樞字公茂柳城人後遷洛陽少力學內翰宋九嘉識其有王佐畧楊惟中乃與之偕覲太宗歲乙未南伐詔樞從惟中即軍中求儒道釋醫卜者會破棗陽主將將盡坑之樞力辨非詔書意他日何以復命乃蹙數人逃入篁竹中脫死技德安得名儒趙復始得程頤朱熹之書辛丑賜金符爲燕京行臺郎中時牙魯瓦赤行臺惟事貨賂以樞幕長分及之樞一切拒絕因棄官去携家來輝州作家廟別爲室奉孔子及宋儒周惇頤等象刊諸經惠學者讀書鳴琴若將終身時許衡在魏至輝就録程朱所註書以歸謂其徒曰曩所授受皆非今始聞進學之序既而盡室依樞以居世祖在潛邸遣趙璧召樞至大喜待以客禮詢及治道乃爲書數千言首陳二帝三王之道以治國平天下之大經彙爲八目曰脩身力學尊賢親親畏天愛民好善遠佞次及救時之弊爲條三十曰立省部則庶政出一綱舉紀張令不行於朝而變於夕辟

才行舉逸遺慎銓選汰職員則不專世爵而人才出班俸祿則贓穢塞而公道開定法律審刑獄則收生殺之權于朝諸侯不得而專丘山之罪不致苟免毫髮之過免羅極法而冤抑有伸設監司明黜陟則善良姦窳可得而舉刺閣徵斂則部族不橫於誅求簡驛傳則州郡不困於需索脩學校崇經術旌節孝以爲育人才厚風俗美教化之基使士不媮於文華重農桑寬賦稅省徭役禁游惰則民力紓不趍於浮偽且免習工技者歲加富溢勤耕織者日就飢寒肅軍政使田里不知行營[illegible]之擾攘周匱乏恤鰥寡使顛連無告者有養布屯田以實邊戍通漕運以廩京都倚債負則賈胡不得以子爲母破稱貸之家廣儲蓄復常平以待凶荒立平準以權物估卻利便以塞倖塗杜告訐以絕訟原各疏弛張之方其下本末兼該細大不遺世祖奇其才動必召問且使授世子經憲宗即位詔凡軍民在赤老溫山南者聽世祖總之世祖既奉詔宴羣下罷酒將出遣人止樞問曰頃者諸臣皆賀汝獨默然何耶對曰今天下土地之廣人民之殷財賦之阜有加漢地者乎軍民吾盡有之天子何爲異時廷臣間之必悔而見奪不若惟持兵權供

億之需取之有司則勢順理安世祖曰慮所不及者
乃以聞憲宗從之樞又請置屯田經畧司於汴以圖
宋置都運司于衛轉粟于河憲宗大封同姓勑世祖
於南京關中自擇其一樞曰南京河徙無常土薄水
淺舄鹵生之不若關中厥田上上古名天府陸海於
是世祖願有關中壬子夏從世祖征大理至曲先腦
兒之地夜宴樞陳宋太祖遣曹彬取南唐不殺一人
市不易肆事明日世祖據鞍呼曰汝昨夕言曹彬不
殺者吾能為之吾能為之樞馬上賀曰聖人之心仁
明如此生民之幸有國之福也明年師及大理城飭

樞裂帛為旗書止殺之令分號街陌由是民得相完
保丙辰樞入見或讒王府得中土心憲宗遣阿藍荅
兒大為鉤考置局關中以百四十二條推集經畧宣
撫官吏下及征商無遺曰俟終局日入此罪者惟劉
黑馬史天澤以聞餘悉誅之世祖聞之不樂樞曰帝
君也兄也大王為皇弟臣也事難與較遠將受禍莫
若盡王邸妃主自歸朝廷為久居謀疑將自釋及世
祖見憲宗皆泣下竟不令有所白而止因罷鉤考局
世祖即位立十道宣撫使以樞使東平既至郡置勸
農撿察二人以監之推物力以均賦役罷鐵官二年

拜太子太師樞曰皇太子未立安可先有太師以所
受制還中書事見許衡傳改大司農樞奏曰在太宗
世詔孔子五十一代孫元措仍襲封衍聖公卒其子
與族人爭求襲爵訟之潛藩帝時曰第往力學俟有
成德達才我則官之又曲阜有太常雅樂憲宗命東
平守臣輦其歌工舞郎與樂色俎豆至日月山帝親
臨觀飭東平守臣貟闕充補無輟肄習且陛下閔聖
賢之後詩書不通與凢庶等既命洛士楊庸選孔顏
孟三族諸孫俊秀者教之乞真授庸教官以成國家
育材待聘風動四方之美王鏞鍊習故實宜令提舉

禮樂使不致崩壞皆從之詔赴中書議事及講定條
格且勉諭曰姚樞辭避台司朕甚嘉焉省中庶務須
賴一二老成同心圖贊其與尚書劉肅往盡乃心其
尚無隱及脩條格成與丞相史天澤奏之帝深嘉納
李璮謀叛帝問卿料何如對曰使璮乘吾北征之釁
瀕海擣燕閉關居庸惶駭人心為上策與宋連和負
固持久數擾邊使吾罷於奔救為中策如出兵濟南
待山東諸侯應援此成擒耳帝曰今賊將安出對曰
出下策初帝嘗論天下人材及王文統樞曰此人學
術不純以游説干諸侯他日必反至是文統果因璮

伏誅四年拜中書左丞奏罷世侯置牧守或言中書政事大壞帝怒大臣罪且不測者樞上言太祖開創跨越前古施治未遑自後數朝官盛刑濫民困財殫陛下天資仁聖自昔在潛聽聖典訪老成日講治道如邢州河南陝西皆不治之甚者爲置安撫經畧宣撫三使司其法選人以居職頒俸以養廉去汚濫以清政勸農桑以富民不及三年號稱大治諸路之民望陛下之拯己如赤子之求母先帝陟遐國難並興天開聖人纘承大統即用歷代遺制內立省部外設監司自中統至今五六年間外侮內叛繼繼不絶然

能使官離債負民安賦役府庫粗實倉廩粗完鈔法粗行國用粗足官吏遷轉政事更新皆陛下克保祖宗之基信用先王之法所致今創始治道正宜上答天心下結民心睦親族以固本建儲副以重祚定大臣以當國開經筵以格心脩邊備以防虞蓄糧餉以待歉立學校以育才勸農桑以厚生是可以光先烈成帝德遺子孫流遠譽以陛下才畧行此有餘遹者伏聞聡聴日煩朝廷政令日改月異如木始栽而復移屋既架而復毀遠近臣民不勝戰懼惟恐大本一廢遠業難成爲陛下之後憂國家之重害帝怒爲釋

十年拜昭文舘大學士詳定禮儀事其年襄陽下遂議取宋樞奏如求大將非右丞相安童知樞密院伯顔不可十一年樞言陛下降不殺人之詔伯顔濟江兵不踰時西起蜀川東薄海隅降城三十户踰百萬自古平南未有如此之神捷者今自夏徂秋一城不降皆由軍官不思國之大計不體陛下之深仁利財剽殺所致揚州焦山淮安人殊死戰我雖克勝所傷亦多宋之不能爲國審矣而臨安未肯輕下好生惡死人之常情蓋不敢也惟懼吾招徠止殺之信不堅耳宜申止殺之詔使賞罰必立恩信必行聖慮不勞

軍力不費矣又請禁宋鞭背黥面及諸濫刑十三年拜翰林學士承旨十七年卒年七十八謚曰文獻樞天質含弘而仁恕恭敏而儉勤未嘗疑人欺己有負其德亦不留怨憂患之來不見言色有來即謀必反復告之子煒仕爲平章政事從子燧官至翰林學士承旨以文章大家知名卒謚曰文

許衡

許衡字仲平懷之河內人也世爲農父通避地河南以泰和九年九月生衡於新鄭縣幼有異質七歲入學授章句問其師曰讀書何爲師曰取科第耳曰如

斯而已乎師大奇之每授書又能問其旨義久之師謂其父母曰兒穎悟不凡他日必有大過人者吾非其師也遂辭去父母強之不能止如是者凡更三師稍長嗜學如飢渴然遭世亂且貧無書嘗從日者家見書疏義因請寓宿手抄歸既逃難徂徠山始得易王輔嗣說時兵亂中衡夜思晝誦身體而力踐之言動必揆諸義而後發嘗暑中過河陽渴甚道有梨衆爭取啖之衡獨危坐樹下自若或問之曰非其有而取之不可也人曰世亂此無主曰梨無主吾心獨無主乎轉魯留魏人見其有德稍稍從之居三年聞亂

且定乃還懷往來河洛間從柳城姚樞得伊洛程氏及新安朱氏書益大有得尋居蘇門與樞及竇默相講習凡經傳子史禮樂名物星歷兵刑食貨水利之類無所不講而慨然以道為己任嘗語人曰綱常不可一日而亡於天下苟在上者無以任之則在下之任也凡喪祭娶嫁必徵於禮以倡其鄉人學者寖盛家貧躬耕粟熟則食粟不熟則食糠覈菜茹處之泰然謳誦之聲聞戶外如金石才有餘即以分諸族人及諸生之貧者人有所遺一毫弗義弗受也樞嘗被召入京師以其雪齋居衡命守者館之衡拒不受庭

有果熟爛墮地童子過之亦不睨視而去其家人化之如此甲寅世祖出王秦中以姚樞為勸農使教民耕植又思所以化秦人乃召衡為京兆提學秦人新脫於兵欲學無師聞衡來人人莫不喜幸來學郡縣皆建學校民大化之世祖南征乃還懷學者攀留之不得從送之臨潼而歸中統元年世祖即皇帝位召至京師時王文統以言利進為平章政事衡樞輩入侍言治亂休戚必以義為本文統患之且竇默日於帝前排其學術疑衡與之為表裏乃奏以樞為太子太師默為太子太傅衡為太子太保陽為尊用之實不

使數侍上也默以屢攻文統不中欲因東宮以避禍與樞拜命將入謝衡曰此不安於義也姑勿論禮師傳與太子位東西鄉師傅坐太子乃坐公等度能復此乎不能則師道自我廢也樞以為然乃相與懷制立殿下五辭乃免改命樞大司農默翰林侍講學士衡國子祭酒未幾衡亦謝病歸至元二年帝以安童為右丞相欲衡輔之復召至京師命議事中書省衡乃上疏曰臣性識愚陋學術荒疎不意虛名偶塵聖聽陛下好賢樂善舍短取長雖以臣之不才自甲寅至今十有三年凡八被詔旨中懷自念何以報塞又

曰者面奉德音叮嚀懇至中書大務容臣盡言臣雖昏愚荷陛下知待如此其厚敢不罄竭所有裨益萬分孟子以責難於君謂之恭陳善閉邪謂之敬孔子謂以道事君不可則止臣之所守大意蓋如此也伏望陛下寬其不佞察其至懷則區區之愚亦或有小補云其一曰自古立國皆有規模循而行之則治功可期否則心疑目眩變易分更未見其可也昔子產相衰周之列國孔明治西蜀之一隅且有定論終身由之而堂堂天下可無一定之說而妄爲之哉考之前代北方之有中夏者必行漢法乃可長久故後魏遼金歷年最多他不能者皆亂亡相繼史冊具載昭然可考使國家而居朔漠則無事論此也今日之治非此奚宜夫陸行宜車水行宜舟反之則不能行幽燕食寒蜀漢食熱反之則必有變以是論之國家之當行漢法無疑也然萬世國俗累朝勳舊一旦驅之下徙臣僕之謀改就亡國之俗其勢有甚難者切嘗思之寒之與暑固爲不同然寒之變暑也始於微溫溫而熱熱而暑積百有八十二日而寒始盡暑之變寒其勢亦然是亦積之之驗也苟能漸之摩之待以歲月心堅而確事易而常未有不可變者此在陛下尊信而堅守之不雜小人不責近效不恤流言則致

治之功庶幾可成矣二曰中書之務不勝其煩然其大要在用人立法二者而已矣近而譬之髮之在首不以手理而以櫛理食之在器不以手取而以匕取手雖不能而用櫛與匕是即手之爲也上之用人何以異此然人之賢否未知其詳固不可得而遽用也然或已知其孰爲君子孰爲小人而復患得患失莫敢進退徒曰知人而實不能用人亦何益哉人莫不飲食也獨膳夫爲能調五味之和莫不睹日月也獨星官爲能步騶食之數者誠以得其法故也古人有言曰爲高必因丘陵爲下必因川澤爲政必因先王之道今里巷之談動以古爲詬戲不知今日口之所食身之所衣皆古人遺法而不可違者豈天下之大國家之重而古之成法反可違邪其亦弗思甚矣夫治人者法也守法者人也人法相維上安下順而宰執優游於廊廟之上不煩不勞此所謂省也夫立法用人今雖未能遽如古昔然已仕者當給俸以養其廉未仕者當寬立條格俾就叙用則失職之怨少可銷矣外設監司以察汚濫內專吏部以定資歷則非分之求漸可息矣再任三任抑高舉下則人才爵位略可平矣至於貴家之世襲品官之任子版籍之數續

當議之亦不可緩也其三曰民生有欲無主乃亂上天眷命作之君師此蓋以至難任之非予之可安之地而娛之也是以堯舜以來聖帝明王莫不兢兢業業小心畏慎者誠知天之所畀至難之任初不可以易心處之也知其爲難而以難處則難或可爲不知爲難而以易處則他日之難有不可爲者矣孔子曰爲君難爲臣不易爲臣之道臣已告之安童矣至爲君之難尤陛下所當專意也臣請言其切而要者夫人君不患出言之難而患踐言之難知踐言之難則其出言不容不慎矣昔劉安世行一不妄語七年而

後成夫安世一士人也所交者一家之親一鄉之衆也同列之臣不過數十百人而止耳而言猶若此況天下之大兆民之衆事有萬變日有萬機人君以一身一心而酬酢之欲言之無失豈易能哉故有昔之所言而今日忘之者今之所命而後日自違者可否異同紛更變易紀綱不得布法度不得立臣下無所持循奸人因以爲弊天下之人疑惑驚眩且議其無法無信一至於此也此無他至難之地不以難處而以易處故也苟從大學之道以脩身爲本凡一言一動必求其然與其所當然不牽於愛不蔽於憎不因

於喜不激於怒虛心端意熟思而審處之雖有不中者蓋鮮矣柰何爲人上者多樂舒肆爲人臣者多事容悅容悅本爲私也私心盛則不畏人舒肆本爲欲也欲心盛則不畏天矣以不畏天之心與不畏人之心感合無間則其所務者皆快心事耳快心則口欲言而言身欲動而動又安肯兢兢業業以脩身爲本一言一動熟思而審處之乎此人君踐言之難而又難於天下之人也人之情僞有易有險險者難知易者易知此特係夫人之險易者然也然又有衆寡之分焉寡則易知衆則難知故在上者難於知下而

在下者易於知上其勢然也處難知之地御難知之人欲其不見欺也難矣昔包拯剛嚴峭直號爲明察然一小吏而能欺之然拯一京尹耳其見欺於人不過誤一事害一人而已人君處億兆之上操予奪進退賞罰生殺之權不幸見欺則以非爲是以是爲非其害有不可勝旣也人君惟無喜怒也有喜怒則贊其喜以市恩鼓其怒以張勢人君惟無愛憎也有愛憎則假其愛以濟私藉其憎以復怨甚至本無喜也誑之使喜本無怒也激之使怒本不足愛也而誑譽之使愛本無可憎也而强短之使憎若是則進者未

必爲君子退者未必爲小人予者未必爲有功奪者未必爲有罪以至賞之罰之生之殺之鮮有得其正者人君不悟其受欺也而反任之以防天下之欺欺而至此尚可防耶大抵人君以知人爲貴以用人爲急用得其人則無事於防矣既不出此則所近者争進之人耳好利之人耳無耻之人耳彼挾其詐術千蹊萬徑以蠱君心欲防其欺雖堯舜不能也夫賢者以公爲心以愛爲心不爲利回不爲勢屈寘之周行則庶事得其正天下被其澤其於人國重固如此也夫賢者遭時不偶務自韜晦世固未易知也雖或知

之而無所援引則人君無由知也人君知之然召之命之況如厮養賢者有不屑也雖或接之以貌待之以禮然而言不見用賢者不處也或用其言而復使小人參之責小利期近效有用賢之名無用賢之實賢者亦豈肯尸位素餐以取譏於天下哉此特難進者也而又有難合者焉人君處崇高之地大抵樂聞人過而不樂於聞己之過務快己之心而不務快民之心賢者必欲匡而正之扶而安之如堯舜之正堯舜之安而後已故其勢恒難合況夫奸邪佞偉醜正而惡直肆爲詆毀多方以陥之將見罪戾之不免又

可望其庶事得其正而天下被其澤邪自古及今端人雅士所以重於進而輕於退者蓋以此耳大禹聖人聞善卽拜益猶戒之以任賢勿貳去邪勿疑後世人主宜如何也此任賢之難也奸邪之人其爲心也險其用術也巧惟險也故千態萬狀而人莫能知惟巧也故千蹊萬徑而人莫能禦其諂似恭其訐似直其欺似可信其佞似可近務以窺人君之喜怒而迎合之竊其勢以立己之威濟其欲以結主之愛愛隆於上威擅於下大臣不敢議近親不敢言毒被天下而上莫之知至是而求去之亦已難矣雖然此特人

主之不悟者也猶有説焉如宇文士及之佞太宗灼見其情而不能斥李林甫妬賢嫉能明皇洞見其奸而不能退邪之惑人有如此者可不畏哉夫上以誠愛下則下以忠報上感應之理然也然考之往昔有不可以常情論者禹抑洪水以救民啓又能敬承繼禹之道其澤深矣然一傳而太康失道則萬姓仇怨而去者何邪漢高帝起布衣天下影從榮陽之難紀信至捐生以赴急則人心之歸可見矣及天下已定而沙中有謀反者又何邪竊嘗思之民之戴君本於天命初無不順之心特由使之失望使之不平然後

怨怒生焉禹啓愛民如赤子而太康逸豫以滅德是
以失望漢高以寬仁得天下及其已定乃以愛憎行
誅賞是以不平古今人君凡有恩澤於民而民怨且
怒者皆類此也夫人君有位之初既出美言而告天
下矣既而實不能副故怨生焉等人臣耳無大相遠
人君特以己之私而厚一人則其薄者已疾之矣況
於薄有功而厚有罪人得不怒於心邪必如古者大
學之道以脩身為本一言一動舉可以為天下之法
一賞一罰舉可以合天下之公則億兆之心將不求
而自得又豈有失望不平之累哉三代而下稱盛治

者無如漢之文景然考之當時天象數變山崩地震
未易遽數是將小則有水旱之災大則有亂亡之應
非徒然而已也而文景克承天心一以養民為務今
年勸農桑明年減田租懇愛如此宜其民心得而和
氣應也臣竊見前年秋孛出西方彗出東方去年冬彗見
東方復見西方議者謂當除舊布新以應天變臣以為曷
若直法文景之恭儉愛民為理明義正而可信也天
之樹君本為下民故孟子謂民為重君為輕書亦曰
天視自我民視天聽自我民聽以是論之則天之道
恒在於下恒在於不足也君人者不求之下而求之

高不求之足而求之有餘斯其所以召天變也其變
已生其象已著乖戾之幾已萌猶且因仍故習抑其
下而損其不足謂之順天不亦難乎此六者皆難之
目也舉其要則脩德用賢愛民三者而已此謂治本
本立則紀綱可布法度可行治功可必否則愛惡相
攻善惡交病生民不免於水火以是為治萬不能也
其四曰語古之聖君必曰堯舜語古之賢相必曰稷
契蓋堯舜能知天道而順承之稷契又知堯舜之心
而輔贊之此所以為法於天下可傳於後世也夫天
道好生而不私堯與舜亦好生而不私若克明俊德

至於黎民於變敬授人時至於庶績咸熙此順承天
道之實也稷播百穀以厚民生契敷五教以善民心
此輔贊堯舜之實也臣嘗復熟推衍思之又思參之
往古聖賢之言無不同驗之歷代治亂之迹無不合
蓋此道之行民可使富兵可使強人才可使盛國勢
可使重夙夜念之至熟也今國家徒知斂財之巧而
不知生財之由徒知防人之欺而不欲養人之善徒
患法令之難行而不患法令無可行之地誠能優重
農民勿擾勿害敺游惰之人而歸之南畝課之種藝
懇諭而督行之十年之後倉府之積當非今日之比

矣自都邑而至州縣皆設學校使皇子以下至於庶人之子弟皆入於學以明父子君臣之大倫自洒掃應對以至平天下之要道十年已後上知所以御下下知所以事上上下和睦又非今日之比矣二者之行萬目斯舉否則他皆不可期也是道也堯舜之道也孟子曰我非堯舜之道不敢以陳於王前臣愚區區竊亦願學也其五曰天下所以定者民志定則士安於士農安於農工商安於為工商則在上之人有可安之理矣夫民不安於白屋必求祿仕仕不安於卑位必求尊榮四方萬里輻輳並進各懷無厭無耻

之心在上之人可不為寒心哉臣聞取天下者尚勇敢守天下者尚退讓取也守也各有其宜君人者不可不審也夫審而後發發無不中否則觸事而遽喜怒之色見於貌言出於口人皆知之徐考其故知其無可喜者則必悔其喜之失無可怒者則必悔其怒之失甚至先喜而後怒先怒而後喜號令數變喜怒不節之故也是以先王潛心恭默不易喜怒其未發也雖至近莫能知其發也雖至親莫能移是以號令簡而無悔則無不中節矣夫數變不可也數失信尤不可也周幽無道故不恤此今無此何苦使人之不信也書奏帝嘉納之衡自見帝多奏陳及退皆削其草故其言多祕世罕得聞所傳者特此耳衡多病帝聽五日一至省時賜尚方名藥美酒以調養之四年乃聽其歸懷五年復召還奏對亦祕六年命與太常卿徐世隆定朝儀儀成帝臨觀甚悅又詔與太保劉秉忠左丞張文謙定官制衡歷考古今分併統屬之序去其權攝增置冗長側置者凡省部院臺郡縣與夫后妃儲藩百司所聯屬統制定為圖七年奏上之翌日使集公卿雜議中書院臺行移之體衡曰中書佐天子總國政院臺宜具呈時商挺在樞密高鳴在臺

皆不樂欲定為咨稟因大言以動衡曰臺院皆宗親大臣若一忤禍不可測衡曰吾論國制耳何與於人遂以其言質帝前帝曰衡言是也吾意亦若是未幾阿合馬為中書平章政事領尚書省六部事因擅權勢傾朝野一時大臣多阿之衡每與之議必正言不少讓已而其子又有僉樞密院之命衡獨執議曰國家事權兵民財三者而已今其父典民與財子又典兵不可帝曰卿慮其反邪衡對曰彼雖不反此反道也阿合馬由是銜之亟薦衡宜在中書欲因以事中之俄除左丞衡屢入辭免帝命左右掖衡出衡出及閾還

奏曰陛下命臣出豈出省耶帝笑曰出殿門耳從幸上京乃論列阿合馬專權罔上蠹政害民若干事不報因謝病請解機務帝惻然召其子師可入諭旨且命舉自代者衡奏曰用人天子之大柄也臣下泛論其賢否則可若授之以位則當斷自宸衷不可使臣下有市恩之漸也帝久欲開太學會衡請罷益力乃從其請八年以爲集賢大學士兼國子祭酒親爲擇蒙古弟子俾敎之衡聞命喜曰此吾事也國人子大朴未散視聽專一若置之善類中涵養數年將必爲國用乃請徵其弟子王梓劉季偉韓思永耶律有尚

呂端善姚燧高凝白棟蘇郁姚燉孫安劉安中十二人爲伴讀詔驛召之來京師分處各齋以爲齋長時所選弟子皆幼稚衡待之如成人愛之如子出入進退其嚴若君臣其爲敎因覺以明善因明以開蔽相其動息以爲張弛課誦少暇即習禮或習書筭少者則令習拜跪揖讓進退應對或射或投壺負者罰讀書若干徧久之諸生人人自得尊師敬業下至童子亦知三綱五常爲生人之道十年權臣屢毀漢法諸生廩食或不繼衡請還懷帝以問翰林學士王磐磐對曰衡敎人有法諸生行可從政此國之大體宜勿聽

其去帝命諸老臣議其去留竇默爲衡懇請之乃聽衡還以贊善王恂攝學事劉秉忠等奏乞以衡弟子耶律有尚蘇郁白棟爲助敎以守衡規矩從之國家自得中原用金大明曆自大定是正後六七十年氣朔加時漸差帝以海宇混一宜協時正日十三年詔王恂定新曆恂以爲歷家知歷數而不知歷理宜得衡領之乃以集賢大學士兼國子祭酒敎領太史院事召至京衡以爲冬至者曆之本而求曆本者在驗氣令所用宋舊儀自汴還至京師已自乖舛加之歲久規環不叶乃與太史令郭守敬等新製儀象圭表

自丙子之冬日測晷景得丁丑戊寅己卯三年冬至加時減大明曆十九刻二十分又增損古歲餘歲差法上考春秋以來冬至無不盡合以月食衝及金木二星距驗冬至日躔校舊曆退七十六分以日轉遲疾中平行度驗月離宿度加舊曆三十刻以綫代管闚測赤道宿度以四正定氣立損益限以定日之盈縮分二十八限爲三百三十六以定月之遲疾以赤道變九道定月行以遲疾轉定度分定朔而不用平行度以日月實合時刻定晦而不用虛進法以躔離朓朒定交食其法視古皆密而又悉去諸歷積年月日法

之傳會者一本天道自然之數可以施之永久而無弊自餘正訛完闕蓋非一事十七年曆成奏上之賜名曰授時曆頒之天下六月以疾請還懷皇太子爲請於帝以子師可爲懷孟路總管以養之且使東宮官來諭衡曰公毋以道不行爲憂也公安則道行有時矣其善藥自愛十八年衡病革家人祠衡曰吾一日未死寧不有事於祖考扶而起奠獻如儀既撤家人餕怡怡如也已而卒年七十三是日大雷電風拔木懷人無貴賤少長皆哭於門四方學士聞訃皆聚哭有數千里來祭哭墓下者衡善教其言呴呴雖與

童子語如恐傷之故所至無貴賤賢不肖皆樂從之隨其才昏明大小皆有所得可以爲世用所去人皆哭泣不忍舍服念其教如金科玉條終身不敢忘或未嘗及門傳其緒餘而折節力行爲名世者往往有之聽其言雖武人俗士異端之徒無不感悟者丞相安童一見衡語同列曰若輩自謂不相上下蓋十百與千萬也翰林承旨王磐氣槩一世少所與可獨見衡曰先生神明也大德二年贈榮禄大夫司徒謚文正至大二年加正學垂憲佐運功臣太傅開府儀同三司封魏國公皇慶二年詔從祀孔子廟廷延祐初又詔立書院京兆以祀衡給田奉祠事名魯齋書院魯衡居魏時所署齋名也子師可

竇默 李俊民附

竇默字子聲初名傑字漢卿廣平肥鄉人幼知讀書毅然有立志族祖旺爲郡功曹令習吏事不肯就會國兵伐金默爲所俘同時被俘者三十人皆見殺惟默得脱歸其鄉家破母獨存驚怖之餘母子俱得疾母竟亡扶病藁葬而大兵復至遂南走渡河依母黨吳氏醫者王翁妻以女使業醫轉客蔡州遇名醫李浩授以銅人針法金主遷蔡默恐兵且至又走德安

孝感令謝憲子以伊洛性理之書授之默自以爲昔未嘗學而學自此始適中書楊惟中奉旨招集儒道釋之士默乃北歸隱於大名與姚樞許衡朝暮講習至忘寢食繼還肥鄉以經術教授由是知名世祖在潛邸遣召之默變姓名以自晦使者俾其友人往見而微服踵其後默不得已乃拜命既至問以治道默首以三綱五常爲對世祖曰人道之端孰大於此失此則無以立於世矣默又言帝王之道在誠意正心心既正則朝廷遠近莫敢不一於正一日凡三召與語奏對皆稱旨自是敬待加禮不令暫去左右世祖

問今之明治道者默薦姚樞即召用之俄命皇子真金從默學賜以王帶鈎諭之曰此金内府故物汝老人佩服爲宜且使我子見之如見我也久之請南還命大名順德各給田宅有司歲具衣物以爲常世祖即位召至上都問曰朕欲求如唐魏徵者有其人乎默對曰犯顔諫諍剛毅不屈則許衡其人也深識遠慮有宰相才則史天澤其人也天澤時宣撫河南帝即召拜右丞相以默爲翰林侍講學士時初建中書省平章政事王文統頗見委任默上書曰臣事陛下十有餘年數承顧問與聞聖訓有以見陛下急於求

治未嘗不以利生民安社稷爲心時先帝在上姦臣擅權總天下財賦操執在手貢進奇貨衒耀紛華以娛悦上心其肩結朋黨離間骨肉者皆此徒也此徒當路陛下所以不能盡其初心救世一念涵養有年矣今天順人應誕登大寶天下生民莫不懽忻踴躍引領盛治然平治天下必用正人端士脣吻小人一時功利之説必不能定立國家基本爲子孫久遠之計其賣利獻勤乞憐取寵者使不得行其志斯可矣若夫鈎距揣摩以利害驚動人主之意者無他意在擯斥諸賢獨執政柄耳此蘇張之流也惟陛下察之

伏望別選公明有道之士授以重任則天下幸甚他日默與王鶚姚樞俱在帝前復面斥文統曰此人學術不正久居相位必禍天下帝曰然則誰可相者默曰以臣觀之無如許衡帝不悦而罷文統深忌之乃請以默爲太子太傅默辭曰太子位號未正臣不敢先受太傅之名乃復以爲翰林侍講學士詳見許衡傳默俄謝病歸未幾文統伏誅帝追憶其言謂近臣曰曩言王文統不可用者惟竇漢卿一人向使更有一二人言之朕寧不之思耶召還賜第京師命有司月給廩禄國有大政輒以訪之默與王磐等請分置

翰林院專掌蒙古文字以翰林學士承旨撒的迷底里主之其翰林兼國史院仍舊纂修國史典制誥備顧問以翰林學士承旨兼修起居注和禮霍孫主之帝可其奏默又言三代所以風俗淳厚曆數長久者皆設學養士所致今宜建學立師博選貴族子弟教之以示風化之本帝嘉納之默嘗與劉秉忠姚樞劉肅商挺侍上前默言君有過舉臣當直言都俞吁咈古之所尚今則不然君曰可臣亦以爲可君曰否臣亦以爲否非善政也明日復侍帝於幄殿獵者失一鶻帝怒侍臣或從旁大聲謂宜加罪帝惡其迎合命

杖之釋獵者不問旣退秉忠等賀默曰非公誠結主知安得感悟至此至元十二年默年八十公卿皆往賀帝聞之拱手曰此輩賢者安得請於上帝减去數年留朕左右共治天下惜今老矣悵然者久之默旣老不視事帝數遣中使以珍玩及諸器物往存問焉十七年加昭文館大學士卒年八十五訃聞帝深爲嗟悼厚加賵賜皇太子亦賻以鈔二千貫命有司護送歸葬肥鄉默爲人樂易平居未嘗評品人物與人居温然儒者也至論國家大計面折廷諍人謂汲黯無以過之帝嘗謂侍臣曰朕求賢三十年惟得竇漢

卿及李俊民二人又曰如竇漢卿之心姚公茂之才合而爲一斯可謂全人矣後累贈太師封魏國公謚文正子履集賢大學士

李俊民字用章澤州人得河南程氏傳受之學金承安中舉進士第一應奉翰林文字未幾棄官不仕以所學教授鄉里從之者甚盛至有不遠千里而來者金源南遷隱於嵩山後徙懷州俄復隱於西山旣而變起倉猝人服其先知俊民在河南時隱士荆先生者授以邵雍皇極數時之知數者無出劉秉忠之右亦自以爲弗及也世祖在潛藩以安車召之延訪無虛日遽乞還山世祖重違其意遣中貴人護送之又嘗令張仲一問以禎祥及即位其言皆驗而俊民已死賜謚莊靜先生

列傳卷第四十五

列傳卷第四十六　　元史一百五十九

翰林學士亞中大夫知制誥兼修國史臣宋濂　翰林待制承直郎同知制誥兼國史院編修官臣王禕等奉敕修

宋子貞

宋子貞字周臣潞州長子人也性敏悟好學工詞賦弱冠領薦書試禮部與族兄知柔同補太學生俱有名於時人以大小宋稱之金末潞州亂子貞走趙魏間宋將彭義斌守大名辟爲安撫司計議官義斌歿子貞率衆歸東平行臺嚴實實素聞其名招置幕府用爲詳議官兼提舉學校先是實每令人請事于朝托近侍奏决不經中書因與丞相耶律楚材有違言子貞至勸實致禮丞相通慇懃凡奏請必先咨稟丞相喜自是交懽無間實因此益委信子貞太宗四年實戍黃陵金人悉力來攻與戰不利敵勢頗張曹濮以南皆震有自敵中逃歸者言金兵且大至人情恟懼子貞請於實斬揚言者首以令諸城境內乃安汴梁既下饑民北徙餓殍盈道子貞多方賑救全活者萬餘人金士之流寓者悉引見周給且薦用之拔名儒張特立劉肅李昶輩於羈旅與之同列四方之士聞風而至故東平一時人材多於他鎮七年太宗命

子貞爲行臺右司郎中中原略定事多草創行臺所統五十餘城州縣之官或擢自將校或起由民伍率昧於從政甚者專以掊克聚斂爲能官吏相與爲貪私以病民子貞倣前代觀察采訪之制命官分三道糾察官吏立爲程式與爲期會黜貪墨獎廉勤官府始有紀綱民得蘇息東平將校占民爲部曲户謂之脚寨擅其賦役幾四百所子貞請罷歸州縣實初難之子貞力言乃聽人以爲便實卒子忠濟襲爵尤敬子貞請于朝授參議東平路事兼提舉太常禮樂子貞作新廟學延前進士康曄王磐爲教官招致生徒幾百人出粟贍之俾習經藝每季程試必親臨之齊魯儒風爲之一變歲己未世祖南伐召子貞至濮問以方略對曰本朝威武有餘仁德未洽所以拒命者特畏死爾若投降者不殺脅從者勿治則宋之郡邑可傳檄而定也世祖善其言中統元年授益都路宣撫使未幾入覲拜右三部尚書時新立省部典章制度多子貞裁定李璮叛據濟南詔子貞參議軍前行中書省事子貞單騎至濟南觀璮形勢因說丞相史天澤曰璮擁衆東來坐守孤城宜增築外城防其奔突彼糧盡援絕不攻自破矣議與天澤合遂擒璮子

貞還上書陳便宜十事大略謂官爵人主之柄選法宜盡歸吏部律令國之紀綱宜早刋定監司總統一路用非其材不厭人望乞選公廉有才德者爲之令州縣官相傳以世非法賦斂民窮無告宜遷轉以革其弊又請建國學教胄子敕州郡提學課試諸生三年一貢舉有旨命中書次第施行之至元二年始罷州縣官世襲遣子貞與左丞相耶律鑄行山東遷調所部官還授翰林學士參議中書省事奏請班俸祿定職田從之俄拜中書平章政事復陳時務之切要者十二策帝頗悔用子貞晚未幾以年老求退帝曰

卿氣力未衰勉爲朕留措置大事俟百司差有條理聽卿自便三年十一月懇辭乃得請特敕中書凡有大事即其家訪問子貞私居每聞朝廷事不便必封疏上奏愛君憂國不以進退異其心卒年八十一始病家人進醫藥卻之曰死生有命吾年踰八十何以藥爲病危諸子請遺言子貞曰吾平昔教汝者不少今尚何言耶子渤字齊卉有才名官至集賢學士

商挺

商挺字孟卿曹州濟陰人其先本姓殷氏避宋諱改焉父衡僉陝西行省員外郎以戰死挺年二十四汴京破北走依冠氏趙天錫與元好問楊奐遊東平嚴實聘爲諸子師實卒子忠濟嗣辟挺爲經歷出爲曹州判官未幾復爲經歷贊忠濟興學養士癸丑世祖在潛邸受京兆分地聞挺名遣使徵至鹽州入對稱旨字而不名問陪宴語因曰挺來時李璮城朐山東平當餽米萬石東平至朐山率十石致一石且車淖于雨必後期後期罪死請輸沂州使璮軍取食便世祖曰愛民如此忍不卿從楊惟中宣撫關中挺爲郎中兵火之餘八州十二縣戶不滿萬皆驚憂無聊挺佐惟中進賢良黜貪暴明尊卑出淹滯定規程主簿

責印楮幣頒俸祿務農薄稅通其有無期月民乃安誅一大猾羣吏咸懼且請減關中常賦之半明年惟中罷廉希憲來代陞挺爲宣撫副使丙辰徵京兆軍需布萬疋米三千石帛三千段械器稱是輸平涼軍期迫甚郡人大恐挺曰他易集也運米千里妨我蠶麥鄜長王姓者平涼人也挺召與謀對曰不煩官運僕家有積粟請以代輸挺大悅載價與之他輸亦如期復命兼治懷孟境內大治丁巳憲宗命阿藍荅兒會計河南陝右戊午罷宣撫司挺還東平憲宗親征蜀世祖將趨鄂漢軍于小濮召問軍事挺對曰蜀道

險遠萬乘豈宜輕動世祖默然久之曰卿言正契吾心憲宗崩世祖北還道遣張文謙與挺計事挺曰軍中當嚴符信以防姦詐文謙急追及言之世祖大悟罵曰無一人爲我言此非商孟卿幾敗大計速遣使至軍立約未幾阿里不哥之使至軍中執而斬之召挺北上至開平挺與廉希憲密贊大計世祖既即位挺奏曰南師宜還邑秉輿西師宜軍便地從之以廉希憲及挺宣撫陜蜀中統元年夏五月至京兆哈剌不花者征蜀時名將也渾都海嘗爲之副時駐六盤山以兵應阿里不哥挺謂希憲曰爲六盤有三策悉

鋭而東直擣京兆上策也聚兵六盤觀釁而動中策也重裝北歸以應和林下策也希憲曰彼將何從挺曰必出下策已而果然於是與希憲定議令八春汪良臣發兵禦之事具希憲傳六盤之兵既北而阿藍荅兒自和林引兵南來與哈剌不花渾都海遇於甘州哈剌不花以語不合引其兵北去阿藍荅兒遂與渾都海合軍而南時諸王合丹率騎兵與八春汪良臣兵合乃分爲三道以拒之既陣大風吹沙良臣令軍士下馬以短兵突其左繞出陣後潰其右而出八春直擣其前合丹勒精騎邀其歸路大戰于甘州東

殺阿藍荅兒渾都海事聞帝大悅曰商孟卿古之良將也改宣撫司爲行中書省進希憲爲右丞挺爲僉行省事二年進參知政事宋將劉整以瀘州降繫前降宋者數百人來歸軍吏請誅以戒挺盡奏而釋之興元判官費寅有罪懼誅以借兵完城事訟挺與希憲于朝帝召挺便殿問曰卿在關中懷孟兩著治効而毀言日至豈同寅有沮卿者耶抑位高而志怠耶比年論王文統者甚衆卿獨無一言挺對曰臣素知文統之爲人嘗與趙璧論之想陛下猶能記也臣在秦三年多過其或從權以應變者有之若功成以歸

己事敗分咎於人臣必不敢請就戮挺既出帝顧駙馬忽剌出樞副合荅等數挺前後大計凡十有七因嘆曰挺有功如是猶自言有罪若此誰復爲朕戮力耶卿等識之四年賜金符行四川行樞密院事至元元年入拜參知政事建議史事附修遼金二史宜令王鶚李冶徐世隆高鳴胡祗遹周砥等爲之甚合帝意二年分省河東俄召還三年帝留意經學挺與姚樞竇默王鶚楊果纂五經要語凡二十八類以進六年同僉樞密院事七年遷僉書八年陞副使數軍食定軍官品級給軍吏俸使四千人屯田開墾三萬畝

收其穫以餉親軍汰不勝軍者户三萬户一丁者亦汰去丁多業寡業多丁寡財力相資合出一軍九年封皇子忙阿剌爲安西王立王相府以挺爲王相十四年詔王北征王命挺曰關中事有不便者可悉更張之挺曰延安民兵數千宜使李忽蘭吉練習之以備不虞未幾秃魯叛以延安兵應敵果獲其力挺進十策於王曰睦親鄰安人心敬民時備不虞厚民生一事權清心源謹自治固本根察下情王爲置酒嘉納王薨王妃使挺請命于朝以子阿難答嗣帝曰年少祖宗之訓未習卿姑行王相府事初運使郭琮郎

中郭叔雲與王相趙炳搆隙或告炳不法妃命囚之六盤獄以死朝廷疑擅殺之執琮叔雲鞫問伏辜事具趙炳傳初無一毫及挺惟王府女奚徹徹以預二郭謀臨刑望以求生始有曖昧語連挺及其子瓛帝怒召挺拘炳家瓛下獄帝命趙氏子曰商孟卿老書生可與諸儒讞其罪吏部尚書青陽夢炎以議勳奏曰臣宋儒不知挺向來之功可補今之過否帝不悦曰是同類相助之辭也符寶郎董文忠奏曰夢炎不知挺何如人臣以曩時推戴之功語之矣帝良久曰其事果何如對曰臣目未覩耳固聞之殺人之謀挺

不與也帝默然十六年春有旨挺不可全以無罪釋之籍其家是冬始釋挺及瓛二十年復樞密副使俄以疾免二十一年趙氏子復訟父寃挺又被繫百餘日乃釋二十五年帝問中丞董文用曰商孟卿今年幾何對曰八十帝甚惜其老而嘆其康強是歲冬十有二月卒有詩千餘篇尤善隸書延祐初贈推誠協謀佐運功臣太師開府儀同三司上柱國魯國公謚文定子五人琥璘瑭瓛琦琥字台符至元十四年以姚樞許衡薦拜江南行御史臺監察御史建康戍卒有利湯氏財者投戈于其家誣爲叛具琥知其寃罷

誣者而釋之華亭鑄龍寺僧思月謀叛被擒其黨縱火來劫民大擾琥亟誅其魁文法吏責琥擅誅行臺中丞張雄飛曰江南殘毀之餘盜賊屢起頗尚循常例安用憲臺爲哉吏議遂屈都昌妖賊杜辛一僭號倡亂行臺檄琥按問械繫脅從者盈獄琥悉以詿誤縱遣之黨與竄伏者猶衆琥揭牓招徠不三日雲集二十七年徵拜中臺監察御史屬地震琥上書言昔漢文帝有此異而無其應蓋以躬行德化而弭也因條陳漢文時政以進又言爲國之道在立法任人二者而已法不徒立須人而行人不濫用惟賢是擇因

舉天下名士十餘人帝從之皆召用待以不次三十年遷國子司業卒有彛齋文集瑭字禮符仕爲右衛屯田千户歲餘謝病侍親時年纔三十二後還鄉里築室曰晦道堂蓋取七世祖宗弼宋仁宗時爲太子中舍人年五十掛冠所築堂名也琦字德符大德八年成宗召備宿衛仁宗在東宮奏授集賢直學士調大名路治中不赴皇慶元年授集賢侍講學士延祐四年陞侍讀官通奉大夫賜鈔二萬五千貫泰定元年遷祕書卿病歸卒琦善畫山水嘗使蜀持平守法秋毫無私

趙良弼

趙良弼字輔之女直人也本姓术要甲音訛爲趙家因以趙爲氏父愨金威勝軍節度使謚忠閔愨長子良貴嵩汝招討使良貴子讜許州兵官愨從子良材守太原俱死事良弼明敏多智略初舉進士教授趙州世祖在潛藩召見占對稱旨會立邢州安撫司擢良弼爲幕長邢久不得善吏且當要衝使者旁午民多逃去良弼區畫有方事或掣制則請諸藩邸再閱歲凡六往返所請無不從脫兀脫以斷事官鎮邢其屬要結罪廢者交搆嫌隙動相沮撓世祖時征雲南

良弼馳驛白其事遂黜脫兀脫罷其屬邢大治户口增倍世祖在潛藩時分地在關陝奏以廉希憲商挺宣撫陝西以良弼參議司事阿藍荅兒當國憚世祖英武譖于憲宗遂以阿藍荅兒爲陝西省左丞相劉太平參知政事鉤校京兆錢穀煆煉羣獄死者二十餘人衆皆股栗良弼力陳大義詞氣懇款二人卒不能誣故宣撫司一無所坐己未七月世祖南征召參議元帥事兼江淮安撫使親執桴鼓率先士卒五戰皆捷禁焚廬舍殺降民所至宣布恩德民皆按堵既渡江攻鄂州聞憲宗崩世祖北還良弼陳時務十二

事言皆有徵至衛遣如京兆察訪秦蜀人情事宜不踰月具得實還報曰宗王穆哥無他心宜以西南六盤悉委屬之渾都海屯軍六盤士馬精強咸思北歸恐事有不意紐鄰總秦川蒙古諸軍多得秦蜀民心年少驁勇輕去就當寵以重職疾解其兵柄劉太平霍魯懷今行尚書省事聲言辦集糧餉陰有據秦蜀志百家奴劉黑馬汪惟正兄弟蒙被德惠俱悉心俟命其言皆見采用庚申良弼凡五上言勸進曰今中外皆願大王早進正宸以安天下事勢如此豈容中止社稷安危間不容髮世祖嘉之既即位立陝西四

川宣撫司復以廉希憲商挺爲使副良弼爲參議良弼先行諜諸斷事官八春曰今渾都海日夜思北歸紐鄰遷延不即行當先遣使奉上旨促紐鄰入朝劉太平速還京兆八春從其議至則紐鄰果移營將入涇劉太平將趨六盤聞命乃止後渾都海果叛北歸良弼與汪惟正劉黑馬二宣撫决議執渾都海之黨元帥乞台不花迷立火者誅之希憲及挺慮有擅殺名遣使入奏待罪良弼具密狀授使者言始遣捕二帥時止令囚以俟報臣竊以爲張惶不便宜急誅之擅殺在臣實不在宣撫司若上怒希憲等願使者即

出此奏帝竟不問使者以奏白政府咸以良弼爲長者陞參議陝西省事蜀人費寅以私憾誣廉希憲商挺在京兆有異志者九事以良弼爲徵帝召良弼詰問良弼泣曰二臣忠良保無是心願剖臣心以明之帝意不釋會平李璮得王文統交通書益有疑二臣意切責良弼無所不至至欲斷其舌良弼誓死不少變帝意乃解費寅卒以反誅至元七年以良弼爲經略使領高麗屯田良弼言屯田不便固辭遂以良弼奉使日本先是至元初數遣使通日本卒不得要領於是良弼請行帝憫其老不許良弼固請乃授祕書監以行良弼奏臣父兄四人死事于金乞命翰林臣文其碑臣雖死絶域無憾矣帝從其請給兵三千以從良弼辭獨與書狀官二十四人俱舟至金津島其國人望見使舟欲舉刃來攻良弼捨舟登岸喻旨金津守延入板屋以兵環之滅燭大譟良弼凝然自若天明其國太宰府官陳兵四山問使者來狀良弼數其不恭罪仍喻以禮意太宰官愧服求國書良弼曰必見汝國王始授之越數日復來求書且曰我國自太宰府以東上古使臣未有至者今大朝遣使至此而不以國書見授何以示信良弼曰隋文帝遣裴清

來王郊迎成禮唐太宗高宗時遣使皆得見王王何獨不見大朝使臣乎復索書不已詰難往復數四至以兵脅良弼良弼終不與但頗録本示之後又聲言大將軍以兵十萬來求書良弼曰不見汝國王寧持我首去書不可得也日本知不可屈遣使介十二人入覲仍遣人送良弼至對馬島十年五月良弼至自日本入見帝詢知其故曰卿可謂不辱君命矣後帝將討日本三問良弼言臣居日本歲餘覩其民俗狠勇嗜殺不知有父子之親上下之禮其地多山水無耕桑之利得其人不可役得其地不加富况舟師渡

海海風無期禍害莫測是謂以有用之民力填無窮之巨壑也臣謂勿擊便帝從之十一年十二月以良弼同僉書樞密院事丞相伯顏伐宋良弼言宋重兵在揚州宜以大軍先擣錢唐後訖如其計又言宋亡江南士人多廢學宜設經史科以育人材定律令以戢姦吏卒皆用其議帝嘗從容問曰高麗小國也匠工弈技皆勝漢人至於儒人皆通經書學孔孟漢人惟務課賦吟詩將何用焉良弼對曰此非學者之病在國家所尚何如耳尚詩賦則人必從之尚經學則人亦從之良弼屢以疾辭十九年得旨居懷孟良弼

三八七

元史列傳卷四十六　十三　張

三十三

別業在溫縣故有地三千畝乃析爲二六與懷州四與孟州皆永隸廟學以贍生徒自以出身儒素示不忘本也或問爲治良弼曰必有忍乃其有濟人性易發而難制者惟怒爲甚必克已然後可以制怒必順理然後可以忘怒能忍所難忍容所難容事斯濟矣二十三年卒年七十贈推忠翊運功臣太保儀同三司追封韓國公謚文正子訓陝西平章政事

趙璧

趙璧字寶臣雲中懷仁人世祖爲親王聞其名召見呼秀才而不名賜三僮給薪水命后親製衣賜之視其試服不稱輒爲損益寵遇無與爲比命馳驛四方聘名士王鶚等又令蒙古生十人從璧受儒書勅璧習國語譯大學衍義時從馬上聽璧陳說辭旨明貫世祖嘉之憲宗即位召璧問曰天下何如而治對曰請先誅近侍之尤不善者憲宗不悅璧退世祖曰秀才汝渾身是膽耶吾亦爲汝握兩手汗也一日斷事官牙老瓦赤持其印請于帝曰此先朝賜臣印也今陛下登極將仍用此舊印抑易以新者耶時璧侍旁質之曰用汝與否取自聖裁汝乃敢以印爲請耶奪其印置帝前帝爲默然久之既而曰朕亦不能爲此

四〇八

元史列傳卷四十六　十四　張繼道

三十三

也自是牙老瓦赤不復用壬子爲河南經略使河南劉萬戶貪淫暴戾郡中婚嫁必先賂之得所請而後行咸呼之爲翁其黨董主簿尤恃勢爲虐強取民女有色者三十餘人璧至按其罪立斬之盡還民女劉大驚時天大雪因詣璧相勞苦且酌酒賀曰經略下車誅鋤強猾故雪爲瑞應璧曰如董主簿比者尚有其人俟盡誅之瑞應將大至矣劉屏氣不復敢出語歸卧病而卒時人以爲懼死已未伐宋爲江淮荊湖經略使兵圍鄂州宋賈似道遣使來願請行人以和璧請行世祖曰汝登城必謹視吾旗旗動速歸可也

壁登城宋將宋京曰北兵若旋師願割江爲界且歲奉銀絹疋兩各二十萬壁曰大軍至濮州時誠有是請猶或見從今已渡江是言何益賈制置今焉在耶壁適見世祖旗動遽曰俟他日復議之遂還憲宗崩世祖即位中統元年拜燕京宣慰使時供給蜀軍府庫已竭及用兵北邊壁經畫饋運相繼不絶中書省立授平章政事議加荅剌罕之號力辭不受二年從北征命還燕以平章政事兼大都督領諸軍是年始製太廟雅樂樂工党仲和郭伯達以知音律在選中爲造僞鈔者連坐繫獄壁曰太廟雅樂大饗用之聖

上所以昭孝報本也豈可繫及無辜而廢雅樂之成哉奏請原之三年李璮反益都從親王合必赤討之璮已據濟南諸軍乏食壁從濟河得粟及羊豕以饋軍軍復大振至元元年官制行加榮祿大夫帝欲作文檄宋執筆者數人不稱旨乃召壁爲之文成帝大喜曰惟秀才曲盡我意改樞密副使六年宋守臣有遣間使約降者帝命壁詣鹿門山都元帥阿朮營密議命壁同行漢軍都元帥府事宋將夏貴率兵五萬饋糧三千艘自武昌泝流入援襄陽時漢水暴漲壁據險設伏待之貴果中夜潛上壁策馬出鹿門行二十餘里發伏兵奪其五舟大呼曰南船已敗我水軍宜速進貴懾不敢動明旦阿朮至領諸將渡江西追貴騎兵壁率水軍萬户解汝楫等追貴舟師遂合戰於虎尾洲貴大敗走士卒溺死甚衆奪戰艦五十擒將士三百餘人高麗王植爲其臣林衍所逐帝召壁還改中書左丞同國王頭輦哥行東京等路中書省事聚兵平壤時衍已死壁與王議曰高麗遷居江華島有年矣外雖卑辭臣貢内恃其險故使權臣無所畏忌擅逐其主今衍雖死王實無罪若朝廷遣兵護歸使復國于古京可以安兵息民策之上者也因遣

使以聞帝從之時同行者分高麗美人壁得三人皆還之師還遷中書右丞冬祀太廟有司失黄幔索得於神庖竈下已甚汙弊帝聞大怒曰大不敬當斬壁曰法止杖斷流遠其人得不死十年復拜平章政事十三年卒年五十七大德三年贈大司徒謚忠亮子二人仁榮同知歸德府事仁恭集賢直學士孫二人崇郊祀署令弘左藏庫提點

列傳卷第四十六

翰林學士亞中大夫知制誥兼修國史臣宋濂翰林待制承直郎同知制誥兼國史院編修官臣王禕等奉

勅修

王磐

王磐字文炳廣平永年人世業農歲得麥萬石鄉人號萬石王家父禧金末入財佐軍興補進義副尉國兵破永年將屠其城禧復罄家貲以助軍費衆賴以免金人遷汴乃擧家南渡河居汝之魯山磐年方冠從麻九疇學于郾城客居貧甚日作糜一器畫爲朝暮食年二十六擢正大四年經義進士第授歸德府

録事判官不赴自是大肆力於經史百氏文辭宏放浩無涯涘及河南被兵磐避難轉入淮襄間宋荆湖制置司素知其名辟爲議事官丙申襄陽兵變乃北歸至洛西會楊惟中被旨招集儒士得磐深禮遇之遂寓河内東平總管嚴實興學養士迎磐爲師受業者常數百人後多爲名士中統元年即拜益都等路宣撫副使居頃之以疾免李璮素重磐以禮延致之磐亦樂青州風土乃買田㳽河之上題其居曰鹿菴有終焉之意及璮謀不軌磐覺之脫身至濟南得驛馬馳去入京師因侍臣以聞世祖即日召見嘉其誠

節撫勞甚厚璮據濟南大軍討之帝命磐參議行臺事璮平遂挈妻子至東平召拜翰林直學士同脩國史出爲真定順德等路宣慰使邢水縣達魯花赤忙兀觧貪暴不法縣民苦之有趙清者發其罪既具伏矣適初置監司其妻懼無以滅口召家人飲酒至醉以利啗之使夜殺清清逃獲免乃盡殺其父母妻子清訴諸官權要蔽忙兀觧不爲理又欲反其具獄磐竟奏置諸法籍其家貲以半給清郡有西域大賈稱貸取息有不時償者輙置獄于家拘繫榜掠其人且恃勢干官府直來坐廳事指麾自若磐大怒叱左右捽

下箠之數十時府治寓城上即擠諸城下幾死郡人稱快未幾蝗起真定朝廷遣使者督捕役夫四萬人以爲不足欲牒鄰道助之磐曰四萬人多矣何煩他郡使者怒責磐狀期三日盡捕蝗磐不爲動親率役夫走田間設方法督捕之三日而蝗盡滅使者驚以爲神復入翰林爲學士入謁宰相首言方今害民之吏轉運司爲甚至税人白骨宜罷去之以蘇民力由是運司遂罷阿合馬諷大臣請合中書尚書兩省爲一拜右丞相安童爲三公陰欲奪其政柄有詔會議磐言合兩省爲一而以右丞相總之寔便不然則宜

仍舊三公旣不預政事則不宜虛設其議遂沮遷太
常少卿乞致仕不允時宮闕未建朝儀未立凡遇稱
賀臣庶雜至帳殿前執法者患其諠擾不能禁磐上
疏曰按舊制天子宮門不應入而入者謂之闌入闌
入之罪由第一門至第三門輕重有差宜令宣徽院
籍兩省而下百官姓名各依班序聽通事舍人傳呼
贊引然後進其越次者殿中司糾察定罰不應入而
入者準闌入罪庶朝廷之禮漸可整肅於是儀制始
定曲阜孔子廟歷代給民百户以供洒掃復其家至
是尚書省以括户之故盡收爲民磐言林廟户百家

歲賦鈔不過六百貫僅比一六品官終年俸耳聖朝
疆宇萬里財賦歲億萬計豈愛一六品官俸不以待
孔子哉且於府庫所益無多其損國體甚大時論韙
之帝以天下獄囚滋多敕諸路自死罪以下縱遣歸
家期秋八月悉來京師聽決囚如期至帝惻然憐之
盡原其罪他日命詞臣作詔戒喻天下皆不稱旨意
磐獨以縱囚之意命辭帝喜曰此朕所欲言而不能
者卿乃能爲朕言之嘉獎不已取酒賜之再乞致仕
不允國子祭酒許衡將告歸帝遣近臣問磐磐言衡
素廉介意其所以求退者得非生負數少坐糜廩禄

有所不安耶宜增益生員使之施教則庶幾人材有
成衡之受禄亦可少安矣詔從之磐移疾家居帝遣
使存問賜以名藥磐嘗於會集議事之際數言前代
用人二十從政七十致仕所以資其材力閔其衰老
養其廉恥之心也今入仕者不限年而老病者不能
退彼既不自知恥朝廷亦不以爲非甚不可也至是
以疾請斷月俸毋給自秋及春堅乞致仕帝遣使慰
諭之曰卿年雖老非任劇務何以辭爲仍詔禄之終
身併還所斷月俸磐不得已復起時方伐宋凡帷幄
謀議有所未决即遣使問之磐所敷陳每稱上意帝

將用兵日本問以便宜磐言今方伐宋當用吾全力
庶可一舉取之若復分力東夷恐曠日持久功卒難
成俟宋滅徐圖之未晚也江南既下磐上疏大略言
禁戢軍士選擇官吏賞功罰罪推廣恩信所以撫安
新附銷弭寇盜其言要切皆見施行朝議汰冗官權
近私以按察司不便欲併省之磐奏疏曰各路州郡
去京師遙遠貪官汙吏侵害小民無所控告惟賴按
察司爲之申理若指爲冗官一例罷去則小民冤死
而無所訴矣若曰京師有御史臺糾察四方之事是
大不然夫御史臺糾察朝廷百官京畿州縣尚有弗

及況能周徧外路千百城之事乎若欲併入運司運司專以營利增課爲職與管民官常分彼此豈暇顧細民之冤抑哉由是按察司得不罷朝廷録平宋功遷至宰相執政者二十餘人因議更定官制磐奏疏曰歷代制度有官品有爵號有職位官爵所以示榮寵職位所以委事權臣下有功有勞隨其大小酬以官爵有才有能稱其所堪處以職　此人君御下之術也臣以爲有功者宜加遷散官或賜五等爵號如漢唐封侯之制可也不宜任以職位日本之役師行有期磐入諫曰日本小夷海道險遠勝之則不武不勝則損威臣以爲勿伐便帝震怒謂非所宜言且曰此在吾國法言者不赦汝豈有他心而然耶磐對曰臣赤心爲國故敢以言苟有他心何爲從叛亂之地冒萬死而來歸乎今臣年已八十況無子嗣他心欲何爲耶明日帝遣侍臣以溫言慰撫使無憂懼後閱內府珍玩有碧玉寶枕因出賜之磐以年老累乞骸骨丞相和禮霍孫爲言詔允其請進資德大夫致仕仍給半俸終身皇太子聞其去召入宮賜食慰問良久行之日公卿百官皆設宴以餞明日皇太子賜宴聖安寺公卿百官出送麗澤門外搢紳以爲榮磐無

子命其壻著作郎李稺賓爲東平判官以便養每大臣燕見帝數問磐起居狀始終眷顧不衰磐資性剛方閑居不妄言笑每奏對必以正不肯阿意承順帝嘗以古直稱之雖權倖側目弗顧也阿合馬方得權致重幣求文于碑磐拒弗與所薦宋衜雷膺魏初徐琰胡祗遹孟祺李謙後皆爲名臣年至九十二卒之夕有大星隕正寢之東贈端貞雅亮佐治功臣太傅開府儀同三司追封洛國公謚文忠

王鶚

王鶚字百一曹州東明人曾祖成祖立父琛鶚始生有大鳥止於庭鄉先生張巂曰鶚也是兒其有大名乎因名之幼聰悟日誦千餘言長工詞賦金正大元年中進士第一甲第一人出身授應奉翰林文字六年授歸德府判官行亳州城父令七年改同知申州事行蔡州汝陽令丁母憂天興二年金主遷蔡詔尚書省移書恒山公武仙進兵金主覽書問誰爲之右丞完顏仲德曰前翰林應奉王鶚也曰朕即位時狀元耶召見惜擢用之晚起復授尚書省右司都事陞左右司郎中三年蔡陷將被殺萬戶張柔聞其名救之輦歸館于保州甲辰冬世祖在藩邸訪求遺逸之

士遣使聘鶚及至使者數輩迎勞召對進講孝經書易及齊家治國之道古今事物之變每夜分乃罷世祖曰我雖未能即行汝言安知異日不能行之耶歲餘乞還賜以馬仍命近侍闊闊柴禎等五人從之學繼命徙居大都賜宅一所嘗因見請曰天兵克蔡金主自縊其奉御絳山焚葬汝水之傍禮爲舊君有服願往葬祭世祖義而許之至則爲河水所沒設具牲酒爲位而哭庚申世祖即位建元中統首授翰林學士承旨制誥典章皆所裁定至元元年加資善大夫上奏自古帝王得失興廢可考者以有史在也我國

家以神武定四方天戈所臨無不臣服者皆出太祖皇帝廟謨雄斷所致若不乘時紀錄竊恐久而遺亡宜置局纂就實錄附修遼金二史又言唐太宗始定天下置弘文館學士十八人宋太宗承太祖開創之後設內外學士院史冊爛然號稱文治堂堂國朝豈無英才如唐宋者乎皆從之始立翰林學士院鶚遂薦李治李昶王磐徐世隆高鳴爲學士復奏立十道提舉學校官有言事者謂宰執非其人詔儒臣廷議可任宰相者時阿合馬巧佞欲乘隙取相位大臣復助之衆知其非莫敢言鶚奮然擲筆曰吾以衰老之年無以報國即欲舉任此人爲相吾不能插驢尾矣振袖而起奸計爲之中止五年乞致仕詔有司歲給廩祿終其身有大事則遣使就問之十年卒年八十四謚文康鶚性樂易爲文章不事雕飾嘗曰學者當以窮理爲先分章析句乃經生舉子之業非爲己之學也著論語集義一卷汝南遺事二卷詩文四十卷曰應物集無子以堉周鐸子之綱承其祀之綱官至翰林侍講學士

高鳴

高鳴字雄飛真定人少以文學知名河東元裕上書

薦之不報諸王旭烈兀將征西域聞其賢遣使者三輩召之鳴乃起爲王陳西征二十餘策王數稱善即薦爲彰德路總管世祖即位賜誥命金符已而召爲翰林學士兼太常少卿至元五年立御史臺以鳴爲侍御史風紀條章多其裁定尋立四道按察司選任各士鳴所薦居多時論咸稱其知人天下初定中書樞密事多壅滯言者請置督事官各二人鳴曰官得人自無滯政臣職在奉憲願舉察之毋爲員外置人也七年議立三省鳴上封事曰臣聞三省設自近古其法由中書出政移門下議不合則有駁正或封還

詔書議合則還移中書中書移尚書尚書乃下六部郡國方今天下大於古而事益繁取決一省猶曰有壅況三省乎且多置官者求免失政也但使賢俊萃于一堂連署參決自免失政豈必別官異坐而後無失政乎故曰政貴得人不貴多官不如一省便世祖深然之議遂罷川陝盜起省臣患之請專戮其尤者以止盜朝議將從之鳴諫曰制令天下上死囚必待論報所以重用刑惜民生也今從其請是開天下擅殺之路害仁政甚大世祖曰善令速止之鳴每以敢言被上知嘗入內值大風雪帝謂御史大夫塔察兒

曰高學士年老後有大政就問可也賜太官酒肉慰勞之其見敬禮如此九年遷吏禮部尚書十一年病卒年六十六有文集五十卷

李治

李治字仁卿真定欒城人登金進士第調高陵簿未上辟知鈞州事歲壬辰城潰治微服北渡流落忻崞間聚書環堵人所不堪治處之裕如也世祖在潛邸聞其賢遣使召之且曰素聞仁卿學優才贍潛德不耀久欲一見其勿他辭既至問河南居官者孰賢對曰險夷一節惟完顏仲德又問完顏合荅及蒲瓦何如對曰二人將略短少任之不疑此金所以亡也又問魏徵曹彬何如對曰徵忠言讜論知無不言以唐諍臣觀之徵為第一彬伐江南未嘗妄殺一人擬之方叔召虎可也漢之韓彭衛霍在所不論又問今之臣有如魏徵者乎對曰今以側媚成風欲求魏徵之賢寔難其人又問今之人材賢否對曰天下未嘗乏材求則得之舍則失之理勢然耳今儒生有如魏璠王鶚李獻卿蘭光庭趙復郝經王博文輩皆有用之材又皆賢王所嘗聘問者舉而用之何所不可但恐用之不盡耳然四海之廣豈止此數子哉王誠能旁

求於外將見集於明廷矣又問天下當何以治之對曰夫治天下難則難於登天易則易於反掌蓋有法度則治控名責實則治進君子退小人則治如是而治天下豈不易於反掌乎無法度則亂有名無實則亂進小人退君子則亂如是而治天下豈不難於登天乎且為治之道不過立法度正紀綱而已紀綱者上下相維持法度者賞罰示懲勸今則大官小吏下至編氓皆自縱恣以私害公是無法度也有功者未必得賞有罪者未必被罰甚則有功者或反受辱有罪者或反獲寵是無法度也法度廢紀綱壞天下不

變亂已爲韋矣又問昨地震何如對曰天裂爲陽不足地震爲陰有餘夫地道陰也陰太盛則變常今之地震或姦邪在側或女謁盛行或讒慝交至或刑罰失中或征伐驟舉五者必有一于此矣夫天之愛君如愛其子故示此以警之耳苟能辨姦邪去女謁屏讒慝省刑罰慎征討上當天心下恊人意則可轉咎爲休矣世祖嘉納之冶晚家元氏買田封龍山下學徒益衆及世祖即位復聘之欲處以清要冶以老病懇求還山至元二年再以學士召就職朞月復以老病辭去卒于家年八十八所著有敬齋文集四十卷壁

書藂削十二卷泛說四十卷古今難四十卷測圓鏡海十二卷益古衍疑三十卷

李昶

李昶字士都東平須城人父世弼從外家受孫明復春秋得其宗旨金貞祐初三赴廷試不第推恩授彭城簿志壹鬱不樂遂復求試一夕夢在李彥榜下及第閱計偕之士無之時昶年十六已能爲程文乃更其名曰彥興定二年父子廷試昶果以春秋中第二甲第二人世弼第三甲第三人父子褒貶各異時人以比向歆而世弼遂不復仕晚乃授東平教授以卒

昶穎悟過人讀書如夙習無故不出戶外鄰里罕識其面初從父入科場儕輩少之譏議紛紜監試者遠其次舍伺察甚嚴昶肆筆數千言比午已脫稾釋褐授徵事郎孟州溫縣丞正大改元超授儒林郎賜緋魚袋鄭州河陰簿三年召試尚書省掾再調漕運提舉國兵下河南奉親還鄉里行臺嚴實辟授都事改行軍萬戶府知事實卒子忠濟嗣辟昶爲經歷居數歲忠濟怠於政事貪佞抵隙而進昶言於忠濟曰比年內外裘馬相尚飲宴無度庫藏空虛百姓匱乏若猶循習故常恐或生變惟閣下接納正士黜遠小人

去浮華敦朴素損騎從省宴游雖不能救已然之失尚可以弭未然之禍時朝廷裁抑諸侯法制寖密忠濟縱侈自若昶以親老求辭不許俄以父憂去官杜門教授一時名士若李謙馬紹吳衍輩皆出其門歲己未世祖伐宋次濮州聞昶名召見問治國用兵之要昶上疏論治國則以用賢立法賞罰君道務本清源爲對論用兵則以伐罪救民不嗜殺爲對世祖嘉納之明年世祖即位召至開平訪以國事昶知無不言眷遇益隆時徵需煩重行中書省科徵稅賦雖逋戶不貸昶移書時相其略曰百姓困於弊政久矣聖上

龍飛首須明詔天下之人如獲更生拭目傾耳以徯太平半年之間人漸失望良以渴仰之心太切興除之政未孚故也側聞欲據丁巳戶籍科徵租稅比之見戶或加多十六七止驗見戶應輸猶恐不逮復令包補逃故必致艱難苟不以撫字安集爲心惟事供億則諸人皆能之豈聖上擢賢更化之意哉於是省府爲蠲逋戶之賦中統二年春內難平昶上表賀因進諷諫曰患難所以存儆戒禍亂將以開聖明伏願日新其德雖休勿休戰勝不矜功成不有和輯宗親撫綏將士增脩庶政選用百官儉以足用寬以養民安不忘危治不忘亂恒以北征宵旰之勤永爲南面逸豫之戒世祖稱善久之世祖嘗燕處望見昶輒斂容曰李秀才至矣其見敬禮如此會嚴忠濟罷以其弟忠範代之忠範表請昶師事之特授翰林侍講學士行東平路總管軍民同議官昶條十二事剗除宿弊至元元年遷轉之制行減併路府州縣官員於是謝事家居五年起爲吏禮部尚書品格條式選舉禮文之事多所裁定凡議大政宰相延置上座傾聽其說六年姦臣阿合馬議陞制國用使司爲尚書省昶請老以歸七年詔授南京路總管兼府尹不赴八年

授山東東西道提刑按察使務持大體不事苛細未幾致仕二十二年昶年已八十二復遣使徵之以老疾辭賜田千畝二十六年卒年八十有七昶嘗集春秋諸家之說折中之曰春秋左氏遺意二十卷早年讀語孟見先儒之失考訂成編及得朱氏張氏解往往脗合其書遂不復出獨取孟子舊說新說矛盾者參考歸一附以己見爲孟子權衡遺說五卷

劉肅

劉肅字才卿威州洺水人金興定二年詞賦進士嘗爲尚書省令史時有盜內藏官羅及珠盜不時得逮繫貨珠牙儈及藏吏誣服者十一人刑部議皆置極刑肅執之曰盜無正贓殺之冤金主怒有近侍夜見肅具道其旨肅曰辨析冤獄我職也惜一己而戕十一人之命可乎明日詣省辨愈力右司郎中張天綱曰吾爲汝具奏辨析之奏入金主悟囚得不死調新蔡令先時縣賦民以牛多寡爲差民匿不耕肅至命樹畜繁者不加賦民遂殷富瀕淮民有竄入宋境籍爲兵而優其粮間有歸者頗艱於衣食時出怨言曰不如渡淮告者以謀叛論肅曰淮限宋境一水耳果欲叛不難往也口雖言而心無實準律當杖八十奏

可繼擢户部主事金亡依東平嚴實辟行尚書省左司員外郎又改行軍萬户府經歷東平歲賦絲銀復輸綿十萬兩色絹萬匹民不能堪肅贊實奏罷之庚子世祖居潛邸以肅爲邢州安撫使肅興鐵冶及行楮幣公私賴焉中統元年擢真定宣撫使時中統新鈔行罷銀鈔不用真定以銀鈔交通于外者凡八千餘貫公私囂然莫知所措肅建三策一曰仍用舊鈔二曰新舊兼用三曰官以新鈔如數易舊鈔中書從其第三策遂降鈔五十萬貫二年授左三部尚書官曹典憲多所議定未幾兼商議中書省事三年致仕

給半俸四年卒年七十六肅性舒緩有執守嘗集諸家易說曰讀易備忘後累贈推忠贊治功臣榮祿大夫上柱國大司徒邢國公謚文獻子憲禮部侍郎懋大名路總管孫賡翰林學士承旨

王思廉

王思廉字仲常真定獲鹿人幼師太原元好問既冠張德輝宣撫河東辟掌書記復謝歸至元十年董文忠薦之世祖問文忠曰汝何由知王思廉賢對曰鄉人之善者稱之也遂召見授符寶局掌書十三年姚樞擧爲昭文館待制遷奉訓大夫符寶局直長十四年

改翰林待制嘗進讀通鑑至唐太宗有殺魏徵語及長孫皇后進諫事帝命内官引至皇后閤講衍其說后曰是誠有益於宸衷爾宜擇善言進講慎勿以瀆辭煩上聽也每侍讀帝命御史大夫玉速帖木兒太師月赤察兒御史中丞撒里蠻翰林學士承旨撥立察等咸聽受焉帝嘗御延春閣大賚群臣俾十人爲列以進思廉偶在衛士之列帝責董文忠曰思廉儒臣豈宜列衛士十八年進中順大夫典瑞少監十九年帝幸白海時千户王著矯殺奸臣阿合馬於大都辭連樞密副使張易帝召思廉至行殿屏左右問曰

張易反若知之乎對曰未詳也帝曰反已反已何未詳也思廉徐奏曰僭號改元謂之反亡入他國謂之叛群聚山林賊害民物謂之亂張易之事臣實不能詳也帝曰朕自即位以來如李璮之不臣豈以我若漢高帝趙太祖遽陟帝位者乎思廉曰陛下神聖天縱前代之君不足比也帝歎曰朕往者有問於竇默其應如響蓋心口不相違故不思而得朕今有問汝能然乎且張易所爲張仲謙知之否思廉即對曰仲謙不知帝曰何以明之對曰二人不相安臣故知其不知也二十年陞太監思廉以儒素進帝眷注優渥

嘗疾賜御藥顧問安否扈蹕失所乘馬給内廐馬五疋盜竊所賜玉帶更以玉帶賜之裕宗居東宮思廉進曰殿下府中宜建學官俾左右近侍嘗親正學必能裨輔明德裕宗然之裕宗嘗欲買甲第賜思廉思廉固辭二十三年改嘉議大夫同知大都留守兼少府監事藩王乃顏叛帝親征思廉聞諸留守段貞曰藩王反側地大故也漢鼂錯削地之策實爲良圖盍爲上言之貞見帝遂以聞帝曰汝何能出是言也貞以思廉對帝嘉之二十九年遷正議大夫樞密院判官大德元年成宗即位遷中奉大夫翰林學士仍樞

密院判官以病歸三年起爲工部尚書拜征東行省參知政事七年總管大名路八年召爲集賢學士十一年授正奉大夫太子賓客仁宗即位以翰林學士承旨資善大夫致仕延祐七年卒年八十三贈翰林學士承旨資德大夫河南江北等處行中書省右丞上護軍追封恒山郡公謚文恭

李謙

李謙字受益鄆之東阿人祖元以醫著名父唐佐性恬退不喜仕進謙幼有成人風始就學日記數千言爲賦有聲與徐世隆孟祺閻復齊名而謙爲首爲東平府教授生徒四集累官萬戶府經歷復教授東平先時教授無俸郡斂儒戶銀百兩備束脩謙辭曰家幸非甚貧者豈可聚貨以自殖乎翰林學士王磐以謙名聞召爲應奉翰林文字一時制誥多出其手至元十五年陞待制扈駕至上都賜以銀壺藤枕十八年陞直學士爲太子左諭德侍裕宗於東宮陳十事曰正心曰睦親曰崇儉曰幾諫曰戢兵曰親賢曰尚文曰定律曰正名曰革弊裕宗崩世祖又命傅成宗於潛邸所至以謙自隨轉侍讀學士世祖深加器重嘗賜坐便殿飲群臣酒世祖曰聞卿不飲然能爲朕

強飲乎因賜蒲萄酒一鍾曰此極醉人恐汝不勝即令三近侍扶掖使出二十六年以足疾辭歸三十一年成宗即位驛召至上都既見勞曰朕知卿有疾然京師去家不遠且多良醫能愈疾卿當與謀國政餘不以勞卿也陞學士元貞初引疾還家大德六年召爲翰林承旨以年七十一乞致仕九年又召至大元年給半俸仁宗爲皇太子徵爲太子少傅謙皆力辭仁宗即位召十六人謙居其首乃力疾見帝于行在疏言九事其畧曰正心術以正百官崇孝治以先天下選賢能以居輔相之位廣視聽以通上下之情恤

貧乏以重邦家之本課農桒以豐衣食之源興學校
以廣人材之路頒律令使民不犯練士卒居安慮危
至於振肅紀綱糾察內外臺憲之官尤當選素著清
望深明治體不事苛細者爲之帝嘉納焉遷集賢大
學士榮祿大夫致仕加賜銀一百五十兩金織幣及
帛各三匹歸卒于家年七十九謙文章醇厚有古風
不尚浮巧學者宗之號野齋先生子偘官至大名路
總管

徐世隆

徐世隆字威卿陳州西華人弱冠登金正大四年進

士第辟爲縣令其父戒世隆曰汝年少學未至毋急
仕進更當讀書多識往事以益智識俟三十入官未
晚也世隆遂辭官益篤于學歲壬辰父殁癸巳世隆
奉母北渡河嚴實招致東平幕府俾掌書記世隆勸
實收養寒素一時名士多歸之憲宗即位以爲拘權
燕京路課稅官世隆固辭壬子世祖在潛邸召見于
日月山時方圖征雲南以問世隆對曰孟子有言不
嗜殺人者能一之夫君人者不嗜殺人天下可定況
蕞爾之西南夷乎世祖曰誠如卿言吾事濟矣實時
得金太常登歌樂世祖遣使取之觀世隆典領以行

既見世祖欲留之世隆以母老辭實子忠濟以世隆
爲東平行臺經歷於是益贊忠濟興學養士中統元
年擢燕京等路宣撫使世隆以新民善俗爲務中書
省檄諸路養禁衛之羸馬數以萬計芻秣與其什器
前期戒備世隆曰國馬牧於北方往年無飼於南者
上新臨天下京畿根本地煩擾之事必不爲之馬將
不來吏白此軍需也其責勿輕世隆曰責當我坐遂
弗爲備馬果不至清滄鹽課前政虧不及額世隆綜覈
之得增羨若干賜銀三十鋌二年移治順天歲饑世
隆發廩貸之全活甚衆三年宣撫司罷世隆還東平

請增宮縣大樂文武二舞令舊工教習以備大祀制
可除世隆太常卿以掌之兼提舉本路學校事四年
世祖問堯舜禹湯爲君之道世隆取書所載帝王事
以對帝喜曰汝爲朕直解進讀我將聽之書成帝命
翰林承旨安藏譯寫以進至元元年遷翰林侍講學
士兼太常卿朝廷大政諮訪而後行詔命典册多出
其手世隆奏陛下帝中國當行中國事事之大者首
惟祭祀祭必有廟因以圖上乞勅有司以時興建從
之逾年而廟成遂迎祖宗神御奉安太室而大饗禮
成帝悅賞賜優渥俄兼戶部侍郎承詔議立三省遂

定內外官制上之時朝儀未立世隆奏曰今四海一家萬國會同朝廷之禮不可不肅宜定百官朝會儀從之七年遷吏部尚書世隆以銓選無可守之法爲撰選曹八議九年乞補外佩虎符爲東昌路總管至郡專務以德率下不事鞭箠吏不忍欺民亦化服朞年而政成郡人頌之十四年起爲山東提刑按察使時有妖言獄所司逮捕凡數百人世隆剖析詿誤者十八九悉縱遣之十五年移淮東宋將許瓊家童告瓊匿官庫財有司繫其妻孥徵之世隆曰瓊所匿者故宋之物豈得與今盜官財者同論耶同僚不從世

隆獨抗章辯明行臺是之釋不問會征日本世隆上疏諫止語頗剴切當路者不即以聞已而帝意悟其事亦寢十七年召爲翰林學士又召爲集賢學士皆以疾辭世隆儀觀魁梧襟度宏博慈祥樂易人忤之無慍色喜賓客樂施與明習前代典故尤精律令善決疑獄二十二年安童再入相奏世隆雖老尚可用遣使召之仍以老病辭附奏便宜九事賜田十頃時年八十卒所著有瀛洲集百卷文集若干卷

孟祺

孟祺字德卿宿州符離人世以財雄鄉里父仁業儒有節行壬辰北渡寓濟州魚臺州帥石天禄禮之辟兼詳議府事祺幼敏悟善騎射早知問學侍父徙居東平時嚴實脩學校招生徒立考試法祺就試登上選辟掌書記廉希憲宋子貞皆器遇之以聞于朝擢國史院編脩官還從仕郎應奉翰林文字兼太常博士一時典冊多出其手至元七年持節使高麗還稱旨授承事郎山東東西道勸農副使十二年丞相伯顏將兵伐宋詔選宿望博學可贊畫大計者與俱行遂授祺承直郎行省諮議久之遷郎中伯顏雅信任之時軍書填塞祺酬應剖決略無凝滯師駐建康伯

顏以兵事詣闕政無大小祺與執政並裁決之及戰焦山宋軍下流祺曰不若乘勢速進以奪彼氣如其言遂大破之伯顏聞之喜曰不意書生乃能知兵若是諸將利虜掠爭趨臨安伯顏問計祺對曰宋人之計惟有竄閩爾若以兵迫之彼必速逃一旦盜起臨安三百年之積焚蕩無遺矣莫若以計安之令彼不懼正如取果稍待時日耳伯顏曰汝言正合吾意乃草書遣人至臨安以安慰之宋乃不復議遷閩先是宋降表稱姪稱皇帝屢拒不納祺自請爲使徵降表至則會于三省夜三鼓議未決祺正色曰國勢至

此夫復何待遂定議書成宋謝太后内批用寳携之以出復起謝太后於内殿取國璽十二枚出伯顏將親封之棋止之曰管鑰自有主者非所宜親一有不謹恐興時姦人妄相染汙終不可明遂止江南平伯顏奏棋前後功多且言棋可任重有旨褒陞授少中大夫嘉興路總管佩虎符棋至首以興學爲務創立規制在官未久竟以疾解官歸東平至元十八年擢太中大夫淛東海右道提刑按察使疾不赴卒年五十一贈宣忠安遠功臣中奉大夫參知政事護軍魯郡公謚文襄子二人遵適

閻復

閻復字子靖其先平陽和州人祖衍仕金殁王事父忠避兵山東之高唐遂家焉復始生有奇光照室性簡重美丰儀七歲讀書穎悟絶人弱冠入東平學師事名儒康曄時嚴實領東平行臺招諸生肄進士業迎元好問校試其文預選者四人復爲首徐琰李謙孟祺次之歲己未始掌書記於行臺擢御史掾至元八年用王磐薦爲翰林應奉以才選充會同館副使兼接伴使扈駕上京賦應制詩二篇寓規諷意世祖顧和禮霍孫曰有才如此何可不用十二年陞翰林修撰十四年出僉河北河南道提刑按察司事階奉訓大夫十六年入爲翰林直學士以州郡校官多不職建議定銓選之法十九年陞侍講學士明年改集賢侍講學士同領會同館事二十三年陞翰林學士帝屢召至榻前面諭詔旨具草以進帝稱善二十八年尚書省罷復立中書省帝勵精圖治急於擇相一日召入便殿諭之曰朕欲命卿執政何如復屢謝不足勝任帝謂侍臣曰書生識義理存謙讓是也勿強御史臺改提刑按察司爲肅政廉訪司首命復爲浙西道肅政廉訪使先是姦臣桑哥當國嘗有旨命翰

林撰桑哥輔政碑桑哥既敗詔有司踣其碑復等亦坐是免官三十一年成宗即位以舊臣召入朝賜重錦玉環白金除集賢學士階正議大夫元貞元年上疏言京師宜首建宣聖廟學定用釋奠雅樂從之又言曲阜守塚戶昨有司併入民籍宜復之其後詔賜孔林灑掃二十八戶祀田五千畝皆復之請也三年因星變又上疏言定律令頒封贈增俸給通調内外官且曰古者刑不上大夫今郡守以徵租受杖非所以厲廉隅江南公田租重宜減以貸貧民後多采用大德元年仍遷翰林學士二年詔賜楮幣萬貫四年

帝召至榻前密諭之曰中書庶務繁重左相難其人卿爲朕擧所知復以哈剌哈孫對帝大喜即遣使召入相之復亦拜翰林學士承旨階正奉大夫十一年春武宗踐祚復首陳三事曰惜名器明賞罰擇人材言皆剴切未幾進階榮祿大夫遥授平章政事餘如故復力辭不許上疏乞骸骨詔從其請給半俸終養時仁宗居東宮賜以重錦俾公卿祖道都門外及即位遣使召復復以病辭皇慶元年三月卒年七十七謚文康有靖軒集五十卷

列傳卷第四十七

列傳卷第四十八　元史一百六十一

翰林學士亞中大夫知制誥兼修國史臣宋濂 翰林待制承直郎同知制誥兼國史院編修官臣王禕等奉勅修

楊大淵 文安附

楊大淵天水人也與兄大全弟大楫皆仕宋大淵總兵守閬州歲戊午憲宗兵至閬州之大獲城遣宋降臣王仲入招大淵大淵殺之憲宗怒督諸軍力攻大淵懼遂以城降憲宗命誅之汪田哥諫止乃免命以其兵從招降蓬廣安諸郡進攻釣魚山擢大楫爲管軍總管從諸王攻禮義城己未冬拜大淵侍郎都行省悉以閫外之寄委之世祖中統元年詔諭大淵曰尚厲忠貞之節共成康乂之功大淵拜命踴躍即遣兵進攻禮義城掠其饋運獲總管黃文才路鈐高坦之以歸二年秋調兵出通川與宋將鮮恭戰獲統制白繩源秦蜀行省以大淵及青居山征南都元帥欽察麾下將校六十三人有功言于朝詔給虎符一金符五銀符五十七令論功定官以名聞三年春世祖命出開達與宋兵戰于平田復戰于巴渠擒其知軍范燮統制魏興路分黃迪節幹陳子潤等先是大淵建言謂取吳必先取蜀取蜀必先擄夔乃遣其姪文

安攻宋巴渠至萬安寨守將盧埴降復使文安相夔
達要衝城蟠龍山山四面巖阻可以進攻退守城未
畢宋夔路提刑鄭子發曰蟠龍夔之咽喉使敵得據
之則夔難守矣此必爭之地也遂率兵來爭文安悉
力備禦大淵聞有宋兵即遣姪安撫使文仲將兵往
援宋兵宵遁追敗之秋七月詔以大淵麾下將士有
功賜金符十銀符十九別給海青符二俾事亟則馳
以聞其後賞合州之功復賜白金五十兩大淵欲於
利州大安軍以鹽易軍糧請于朝從之冬大淵入覲
拜東川都元帥俾與征南都元帥欽察同署事大淵

還復於渠江濵築虎嘯城以逼宋大良城不踰時而
就四年宋賈似道遣楊琳賫空名告身及蠟書金幣
誘大淵南歸文安擒之以聞詔誅琳五月世祖以大
淵及張大悅復神山功詔奬諭仍賜蒙古漢軍鈔百
錠至元元年大淵進花羅紅邊絹各百五十段詔曰
所貢幣帛已見忠勤卿守邊陲宜加優恤今後以此
自給俟有旨乃進既而大淵擅殺其部將王仲詔戒
勅之令免籍仲家冬十月大淵諜知宋總統祁昌由
間道運糧入得漢城并欲遷其郡守向良及官吏親
屬於内地乃自率軍掩襲遇之于椒坪連戰三日擒

祁昌向良等俘獲輜重以數千計明日宋都統張思
廣引兵來援復大破之擒其將盛總管及祁昌之弟
二年大淵遣文安以向良等家人往招得漢城未下
四月大淵以疾卒八年追封大淵閬中郡公謚肅翼
子文粲襲爲閬蓬廣安順慶夔府等路都元帥兄子
文安

文安字泰叔父大全仕宋守敘州壬寅國兵入蜀大
全戰死贈武節大夫眉州防禦使謚愍忠官其長子
文仲文安方二歲母劉氏鞠之依叔父大淵于閬州
戊午憲宗以兵攻大獲大淵以郡降授侍郎都行省

文仲亦授安撫使中統元年授文安監軍攻禮義城
殺傷甚衆奪其糧船繞出通川獲宋將黄文才高坦
之二年復出通川與宋將鮮恭大戰擒統制白繼源
三年出開達戰屢勝擒知軍范變統制魏興黄迪陳
子聞等授文安開達忠萬梁山等處招討使軍於巴
渠萬安寨主盧植降遂築蟠龍城以據夔達要路宋
兵來爭相持半月文仲以兵來援宋兵宵遁文安追
擊大敗之四年佩銀符陞千户監軍如故進築虎嘯
城以困大良至元元年宋都統張喜引兵攻蟠龍大
戰敗之喜潛師宵遁出得漢城文安遣兵追襲又敗

之擒裨將陳亮復築方斗城爲蟠龍聲援令裨將高先守之宋兵攻潼川行省命文安赴援敗宋師于射洪之納埧斬獲甚衆宋都統祁昌以重兵運糧餉得漢且還其官屬於內地大淵命文安先邀之昌立柵椒原以守合兵攻之連戰三日獲祁昌俘得漢守臣向良家屬以招良良以城降以所俘獻闕下二年改授金符仍前職還攻宋開達等州擒其統制張剛總管伏林八月宋兵由開州運糧餉達文安率奇兵間道邀擊之獲總管方富等行省上其功命充夔東路征行元帥令以前後所俘入見詔賜黄金鞍馬有差

還攻奪宋金州斷虎隘殺其將梁富擒路鈐趙貴等三年春與千户李吉等略開州之大通與宋將硬弓張大戰獲統制陳德等冬總帥汪惟正遣其將李木波等由間道襲開州文安遣千户王福引兵助之福先登破其城宋將龐彦海投崖死擒副將劉安仁留兵戍其地宋諸路兵來救圍城三匝築壘城外文安密遣人入城諭以堅守四年春行省命文安往援即率兵斷其粮道宋兵戰甚力飛矢中文安面拔矢力戰大破之殺其將張德等二月文安以創甚還蟠龍宋兵遂復開州文安乃遣總把馬才楊彪掠達州盧

灘峽與宋兵遇擒其將蕭德五年文仲卒詔文安佩金虎符充閬州夔東路安撫使軍民元帥仍相副都元帥府事閬州累遭兵變户口凋耗文安乃教以耕桑鰥寡不能自存願相配偶者併爲一户充役民始復業冬遣千户馬才張琪略達州擒宋將范仲王德鮮明等六年遣蔡邦光李吉秘永興略達州之朱師鄭市擒總管周德新裨將王遷秋遣總把王顯略達州之涅埧擒總管張威冬遣兵掠大寧之曲水擒副將王仁七年從嚴僉省攻重慶大戰于龍坎敗宋兵攻鏵鐵寨擒其將袁宜何世賢等捷聞詔賜白金

實鈔幣帛有差秋攻達州之聖耳城擒宋將楊晉時仲芟其禾而還又遣元帥蔡邦光略開州擒宋將陳俊冬文安入見帝諭之曰汝兄弟宣力邊陲朕所知也進文安階爲明威將軍八年春遣蔡邦光攻達州戰于聖耳城下擒其將滿桂又戰開州之沙平擒其將王順時宋以朱禩孫帥蜀禩孫閬人也數遣間諜動搖人心文安屢獲其諜閬州竟無虞秋八月文安會東川統軍匣剌攻達州三戰三捷尋遣千户秘永興攻開州戰于平墩曲水擒總管王道等軍還以所俘入見帝深加奬諭擢昭勇大將軍東川路征南招

討使賜金銀寳鈔鞍馬弓矢幣帛有差九年秋領軍出小寧措置屯田遣韓福攻達州九君山擒宋將張俊遣元帥蔡邦兒會蓬州兵邀宋師于永睦戰勝之復遣嵇永興楊彪追襲宋裨將劉威等破聖耳外城獲寨主楊桂縱兵焚掠而還九月築金湯城以積屯田之粮且以逼宋龍爪城慮宋兵必來爭遣韓福出兵通川以牽制之與宋兵遇于鉎耳山敗之俘總管蔡雲龍等出達州牛門斷宋兵回路擒總管李佺李德宋兵輸粮達州遣兵于盧灘峽邀擊之擒統制孫聰張順等夏遣元帥李吉略開州戰于瀉油坡擒其

提舉李貴及石笋寨主雍德宋兵復由羅頂山輸粮開達遣蔡邦光李吉伏兵遮之擒裨將吳金等覆其粮船閏十月蓬州兵攻拔龍爪城東川統軍司命文安兼領之時蓬州兵已去宋都統趙章復來援之且出兵迎敵文安與戰破之擒總管王元而還秋宋都統閻國寳監軍張應庚運粮于達州文安邀之于瀉油坡奪其粮并擒二將宋開州守將鮮汝忠邀遮歸路與戰敗之獲總轄秦興祖譚友孫十一年春三月文安率軍屯小寧得俘者言鮮汝忠等將取蟠龍之麥即遣千户王新德楊彪等散掠宋境文安自戍蟠

龍以備之李吉略由山戰于城下擒其將葉勝遣蔡邦光楊彪掠竹山寨與趙統制戰擒其將鄭桂莊俊秋與蒙古漢軍萬户怯必烈等攻宋夔東校高陽斐巫等寨擒守將嚴貴竇世忠趙興因跨江爲橋以斷宋兵往來之路宋兵來爭戰却之還攻牛頭城以火箭焚其官舍民居十一月遣蔡邦光略九君山擒其將孫德柳榮趙威時宋以鮮汝忠趙章易鎮開達二州而汝忠家屬尚留開文安曰達未易攻若先拔開州俘其家屬以招汝忠則達可不煩兵而下矣乃遣蔡邦光率千户呼延順等往攻開州而盛兵駐蟠龍

以爲聲援十二年正月諸軍夜銜枚薄開州城下遣死士先登斬關以入及城中人知則千户景疇已立旗幟于城之絶頂矣宋軍潰散擒趙章而守將韓明父子猶率所部兵巷戰力屈亦就擒文安還汝忠家屬于蟠龍遣元帥王師能持檄往達州招之曰降則家屬得全不降則闔城塗炭汝宜早爲計汝忠遂遣趙榮來約降王師能以兵入據其城汝忠率所部將士詣文安軍門降悉還其妻孥財物趙章子桂楫守師姑城遣兵招之亦降獨洋州龍爪城守將謝益固守併力攻之擒統制王慶益棄城走於是遣元帥李

吉嵇永興千户王新德等將兵以鮮汝忠往招由山等處八城皆望風迎降凱還遣經歷陳德勝以鮮汝忠趙桂楫等十餘人獻捷京師帝悦加授文安驃騎衛上將軍兼宣撫使賜鈔一千錠文粲加授鎮國上將軍文安尋遣其兄子應之往招都勝茂竹廣福三城自將大軍以爲聲援皆降之秋七月兵至樂勝城宋將蒲濟川降進攻梁山宋將袁世安堅守文安焚其外城梁山軍特忠勝軍爲固力攻拔之殺守將王智擒部轄景福圍梁山四十日世安隨方備禦竟不降文安乃移兵攻萬州之牛頭城殺守將何威遷其民進圍萬州守將上官夔戰守甚力文安乃遣監軍楊應之鎮撫彭福壽會東川行院兵出小江口以牽制援兵果與之遇戰敗之擒總管李皐花茂實等萬州固守不下文安乃解圍去攻石城堡諭降守將譚汝和攻雞冠城諭降守將杜賦又招石馬鐵平小城三聖油木年家下隘等城冬進白帝城夔帥張起巖堅守不出文安以師老乃還宋都統弋德復據開州文安乃築城神仙山以逼之令元帥蔡邦光萬户紀天英屯守十三年進階金吾衛上將軍賜玉帶一夏朝廷遣安西王相李德輝經畫東川課程宋梁山守

將袁世安遣使約降文安以白德輝德輝大喜即遣文安將兵奉王旨往招之世安遂降秋七月進軍攻萬州遣經歷徐政諭守臣上官夔降夔不從圍之數匝踰月攻拔外城夔守張起岩來救遣鎮撫彭福壽迎擊破之盡殺其舟師俘其將宋明萬州奪氣文安復傳王旨諭夔使降夔終不屈文安盡銳攻城潛遣勇士梯城宵登斬關而入夔巷戰而死萬州既定遣使招鐵檠三寶兩城守將楊宜黎拱辰降分兵略施州擒統制薛忠會大雪遣蔡邦光夜攻殺守帥何艮奪其城十四年夏進兵攻咸淳府時宋以六郡鎮撫使馬堃爲守文安與堃同里閈諭之使降堃不從乃列栅攻城冬十二月潛遣勇士躡雲梯宵登斬關納外兵堃悉力巷戰達州安撫使鮮汝忠與宋兵力戰死比曉宋兵大敗堃力屈就擒十五年進兵攻紹慶守將鮮龍迎敵二月潛遣勇士夜以梯衝攻破其北門鮮龍大驚收散卒力戰兵敗就擒蜀境已定獨夔堅守不下朝廷命荆湖都元帥達海由巫峽進兵取夔州而西川劉僉院挾夔守將親屬往招之文安乃遣元帥王師能將舟師與俱張起巖竟以城降夏入覲文安以所得城邑繪圖以獻帝勞之曰汝攻城略

地之功何若是多也擢四川南道宣慰使解白貂裘以賜之十七年遣辯士王介諭降散毛諸洞蠻以散毛兩子入覲因進言曰元帥綦邦光昔征散毛蠻而死可念也帝曰散毛既降而殺之其何以懷遠乃擢綦邦光之子陞爲管軍總管佩虎符賜散毛兩子金銀符各一幷賜其酋長以金虎符遥授文安恭知政事行四川南道宣慰使十九年春入覲擢龍虎衛上將軍中書左丞行江西省事到官踰月以疾卒子艮之襲佩虎符昭勇大將軍管軍萬户歷湖南宣慰副使岳州路總管卒

劉整

劉整字武仲先世京兆樊川人徙鄧州穰城整沉毅有智謀善騎射金亂入宋隸荊湖制置使孟珙麾下珙攻金信陽整爲前鋒夜縱驍勇十二人渡塹登城襲擒其守還報珙大驚以爲唐李存孝率十八騎拔洛陽今整所將更寡而取信陽乃書其旗曰賽存孝累遷潼川十五軍州安撫使知瀘州軍州事整以北方人扞西邊有功南方諸將皆出其下呂文德忌之所畫策輒擯沮有功輒掩而不白以俞興與整有隙使之制置四川以圖整興以軍事召整不行遂誣搆之整遣使訴臨安又不得達及向士璧曹世雄二將見殺整益危不自保乃謀款附中統二年夏整籍瀘州十五郡户三十萬入附世祖嘉其來授夔府行省兼安撫使賜金虎符仍賜金銀符以給其將校之有功者俞興攻瀘州整出寳器分士卒激使戰戰數十合敗之復遣使以宋所賜金字牙符及佩印入獻請益屯兵厚儲積爲圖宋計三年入朝授行中書省於成都潼川兩路賜銀萬兩分給軍士之失業者仍兼都元帥立寨諸山以扼宋兵同列嫉整功將謀陷之整懼請分帥潼川七月改潼川都元帥宣課茶鹽以

餉軍四年五月宋安撫高達温和進逼成都整馳援之宋兵聞賽存孝至遁去將擣潼川又與整遇于錦江而敗至元三年六月遷昭武大將軍南京路宣撫使四年十一月入朝進言宋主弱臣悖立國一隅今天啓混一之機臣願效犬馬勞先攻襄陽撤其扞蔽廷議沮之整又曰自古帝王非四海一家不爲正統聖朝有天下十七八何置一隅不問而自棄正統邪世祖曰朕意決矣五年七月遷鎮國上將軍都元帥九月偕都元帥阿术督諸軍圍襄陽城鹿門堡及白河口爲攻取計率兵五萬鈔略沿江諸郡皆嬰城避

其銳俘人民八萬六年六月擒都統唐永堅七年三月築實心臺于漢水中流上置弩砲下爲石囤五以扼敵船且與阿朮計曰我精兵突騎所當者破惟水戰不如宋耳奪彼所長造戰艦習水軍則事濟矣乘驛以聞制可既還造船五千艘日練水軍雖雨不能出亦畫地爲船而習之得練卒七萬八月復築外圍以遏敵援八年五月宋帥范文虎遣都統張順張貴駕輪船饋襄陽衣甲邀擊斬順獨貴得入城九月陞參知河南行中書省事九年三月加諸翼漢軍都元帥襄陽帥呂文煥登城觀敵整躍馬前曰君昧於天

命害及生靈豈仁者之事而又齷齪不能戰取羞於勇者請與君決勝負文煥不荅伏弩中整三月破樊城外郭斬首二千級擒裨將十六人諜知文煥將遣張貴出城求援乃分部戰艦縛草如牛狀傍漢水綿亘參錯衆莫測所用九月貴果夜出乘輪船順流下走軍士覘知之傍岸爇草牛如晝整與阿朮麾戰艦轉戰五十里擒貴于櫃門關餘衆盡殺之十一月詔統水軍四萬户宋荆湖制置李庭芝以金印牙符授整漢軍都元帥盧龍軍節度使封燕郡王爲書使永寧僧持送整所期以間整永寧令得之驛以聞于朝

敕張易姚樞雜問適整至自軍言宋怒臣畫策攻襄陽故設此以殺臣臣實不知詔令整復書謂整受命以來惟知督厲戎兵舉垂亡孤城耳宋若果以生靈爲念當重遣信使請命朝廷顧爲此小數何益於事時圍襄陽已五年整計樊襄脣齒也宜先攻樊城樊城人以柵蔽城斬木列置江中貫以鐵索整言於丞相伯顔令善水者斷木沉索督戰艦趨城下以回回砲擊之而焚其柵十年正月遂破樊城屠之遣唐永堅入襄陽諭呂文煥乃以城降上功賜整田宅金幣良馬整入朝奏曰襄陽破則臨安搖矣若將所練水

軍乘勝長驅長江必皆非宋所有遂改行淮西樞密院事駐正陽夾淮而城南逼江斷其東西衛十一年陞驃騎衛上將軍行中書左丞宋夏貴悉水軍來攻破之于大人洲十二年正月詔整别將兵出淮南整銳欲渡江首將止之不果行丞相伯顔入鄂捷至整失聲曰首帥止我顧使我成功後人善作者不必善成果然其夕憤惋而卒年六十三贈龍虎衛上將軍中書右丞謚武敏子垣嘗從父戰敗昝萬壽于通泉埏管軍萬户均榷茶提舉垓都元帥孫九人克仁知房州

列傳卷第四十八

列傳卷第四十九　　元史一百六十二

翰林學士亞中大夫知制誥兼修國史臣宋濂　翰林待制承直郎同知制誥兼國史院編修官臣王褘　等奉

敕修

李忽蘭吉

李忽蘭吉一名庭玉隴西人父節仕金歲乙未自鞏昌石門山從汪世顯以城降忽蘭吉隸皇子闊端爲質子從攻西川辛丑以功爲管軍總領兼總帥府知事從征西番南澗有功癸丑世祖在潛邸用汪德臣言承制命忽蘭吉佩銀符爲管軍千戶都總領佐汪惟正立利州乙卯正月將兵三萬取合江大獲山宋

劉都統率衆謀焚利州沙市次青山忽蘭吉以伏兵取之俘獲甚衆都元帥阿荅忽以聞陞本帥府經歷兼軍民都彈壓丙辰憲宗更賜金符仍命爲千戶都總領戊午忽蘭吉以兵先趨劔門覘伺宋兵運糧於長寧追至運曲垻奪之俘將校五人而還憲宗南征忽蘭吉掌橋道饋餉之事有功賜璽書從攻苦竹隘山寨先登斬守將楊立獲都統張寔招降長寧清居大獲山運山龍州等寨十一月大獲山守臣楊大淵納欵已而逃歸憲宗怒將屠其城衆不知所爲德臣論忽蘭吉曰大淵之去事頗難測亟追之迺單騎至城下門未閉大呼入城曰皇帝使我來撫汝軍民一卒引入甲士環立忽蘭下馬執大淵手謂之曰上方宣諭賜賞不待而來何也大淵曰誠不知國朝禮體且久出恐城寨有他變是以亟歸非敢有異謀也遂與偕來一軍皆喜忽蘭吉入奏憲宗曰楊安撫反乎對曰無也憲宗曰汝何以知之對曰軍馬整肅防內亂也城門不閉無他心也一聞臣言即撫綏軍民從臣以出以是知之憲宗曰汝不懼乎對曰臣恐上勞聖慮下苦諸軍又爲一郡生靈命脉所寄故不知其懼憲宗悅賜蒲萄酒大淵遂以故官侍郎都元帥聽

命而民得生全憲宗命忽蘭吉與怯里馬哥領戰船二百艘掠釣魚山奪其糧船四百艘憲宗次釣魚山忽蘭吉作浮梁以通往來己未與怯里馬哥扎胡打魯都赤闊闊朮領蒙古漢軍二千五百略重慶六月總帥汪德臣歿于軍命忽蘭吉以其軍殿後宋兵水陸晝夜接戰皆敗之部軍皆青居人賞賚獨厚遂與蒲察都元帥守青居治城壁儲芻糧招納降附宗王穆哥承制命忽蘭吉佩金符爲鞏昌元帥中統元年德臣子惟正襲總帥至青居五月忽蘭吉等赴上都時渾都海據六盤山以叛世祖遣忽蘭吉亟還與汪

良臣發所統二十四州兵追襲之十月從宗王哈必赤等次合納忽石温之地力戰殺渾都海等於陣餘黨悉平二年六月以功授鞏昌後元帥賜金幣鞍馬弓矢九月火都叛於西番點西嶺汪惟正帥師襲之至怯里馬之地火都以五百人遁入西番詔宗王只必鐵木兒以荅剌海察吉里速木赤將蒙古軍二千忽蘭吉將總帥軍一千追襲火都于西番十月擒之四年首將荅剌海言忽蘭吉功高詔賜虎符忽蘭吉不受問其故對曰臣聞國制將萬軍者佩虎符若汪氏將萬軍已佩之臣何可復佩帝是其言命於總帥

汪惟正下充鞏昌路元帥所屬官悉聽節制六月荅機叛於西番帝命好里燕納與惟正追之松州忽蘭吉以千騎先往執荅機至元元年入覲命與同僉總帥汪良臣還蜀守青居是時國兵猶與宋兵相持于釣魚山三年宋兵陷大梁平山寨平章賽典赤令忽蘭吉領兵千餘騎掠其境先以七百人覘之聞寨中擁老幼西去追擊之斬首三百級得馬二百八十都元帥欽察等家屬百餘口先爲宋兵所得亦奪還之四年以本職充閬蓬廣安順慶夔府等處蒙古漢軍都元帥參議六年賜虎符授昭勇大將軍夔東路招

討使以軍三千立章廣平山寨置屯田出兵以絶大梁平山兩道十年正月成都失利帝遣人問所以失之之故及今措置之方忽蘭吉附奏曰初立成都惟建子城軍民止於外城別無城壁宋軍乘虛來攻失於不備軍官皆年少不經事之人以此失利西川地曠人稀宜修置城寨以備不虞選任材智廣畜軍儲最爲急務今蒙古漢軍多非正身半以驅奴代宜嚴禁之所謂修築城寨練習軍馬措畫屯田規運粮餉創造舟楫完繕軍器六者不可缺一又當任賢遠讒信賞必罰脩内治外戰勝攻取選用良將隨機應變

則邊陲無虞矣六月將兵赴成都與察不花同權省事十一月復還守章廣平山寨前後七年每戰輒勝十三年引兵略重慶復取簡州十四年承制授延安路管軍招討使十五年禿魯叛于六盤山忽蘭吉以延安路軍會別速台趙炳及總帥府兵于六盤敗禿魯于武川俘其孥還承制授京兆延安鳳翔三路管軍都尉兼屯田守衛事十月改同知利州宣撫使夔東招討如故入覲賜虎符授四川北道宣慰使忽蘭吉請以先受鞏昌元帥之職及虎符與其弟庭望二十年改四川南道宣慰使二十一年奉旨與參政曲

里吉思僉省巴八左丞汪惟正分兵進取五溪洞蠻時思播以南施黔鼎澧辰沅之界蠻獠叛服不常往往刼掠邉民乃詔四川行省討之曲里吉思惟正一軍出黔中巴八一軍出思播都元帥脫察一軍出澧州忽蘭吉一軍自夔門會合十一月諸將鑿山開道綿亘千里諸蠻設伏險隘木弩竹矢伺間竊發亡命迎敵者皆盡殺之遣諭諸蠻酋長率衆來降獨散毛洞潭順走避嵓谷力屈始降二十三年入覲以老病乞歸田里帝憫之得還鞏昌二十六年行省列奏忽蘭吉之功請用茫殿帥故事商議本省軍事二十七

年拜資善大夫遷授陝西等處行尚書省左丞商議軍事食左丞之祿元貞二年入覲授資德大夫陝西等處行中書省右丞議本省公事卒泰定元年謚襄敏

李庭

李庭小字勞山本金人蒲察氏金末來中原改稱李氏家于濟陰後徙壽光至元六年以材武選隸軍籍權管軍千户從伐宋圍襄陽宋將夏貴率戰舩三千艘來援泊鹿門山西岸諸翼水軍攻之相持七日庭時將步騎自請與水軍萬户解汝楫擊之斬其裨將王玘元勝河南行省承制授庭益都新軍千户宋襄陽守將呂文煥以萬五千人來攻萬山堡萬户張弘範方與接戰庭單騎橫槍入陣殺二人槍折倒持回擊一人墜馬庭亦被二創復奪後軍槍裹創力戰敗之八年春真除益都新軍千户賜號拔都兒與宋兵戰襄陽城下追奔逐北直抵城門流矢中左股而止九年春攻樊城外郛砲傷額及左右手奪其土城遂進攻襄陽東堡砲傷右肩焚其樓破一字城文煥麾下有胖山王總管者驍將也庭設伏誘擒之以功授金符十年春大軍攻樊城庭運薪芻土牛填城壕立

雲梯城上矢石如雨庭屢中砲墜城下絶而復甦裹創再登如是者數四殺獲甚多樊城破襄陽降以功授金虎符爲管軍總管十一年九月從伯顔發襄陽次郢州郢在漢水東宋人復於漢水西築新郢以遏我軍黄家灣有溪通藤湖至漢水數里宋兵亦築堡設守備焉庭與劉國傑先登拔之遂溢舟而進攻沙洋新城砲傷左脅破其外堡復中砲墜城下矢貫于胷氣垂絶伯顔命剖水牛腹納其中良久乃甦以功加明威將軍授益都新軍萬户師次漢口宋將夏貴鎖戰艦橫截江面軍不得進乃用庭及馬福等計由

沙蕪口入江武磯堡四面皆水庭決其水而攻之大
軍渡江武磯堡亦破遂從阿朮轉戰至鄂州順流而
東十二年春與宋將孫虎臣戰丁家洲奪船二十餘
宋軍潰以功加宣威將軍宋兵斷真州江路庭焚其
船二百餘擊斬其護岸軍閭夏貴欲由太湖援臨安
亟出兵逆戰裕溪口敗之諸軍攻常州庭鏖戰奪北
門而入十三年春至臨安宋主降伯顔命庭等護其
內城收集符印璽寶仍令庭與唐兀台等防護宋主
赴燕世祖嘉其勞大宴命坐於左手諸王之下百官
之上賜金百錠金珠衣各一襲仍諭之曰劉整在時

不曾令坐於此爲汝有功故加以殊禮汝子孫宜謹
志之勿忘繼有旨汝在江南多出死力男兒立功要
在西北上也今有違我太祖成憲者汝其往征之乃
別降大虎符加鎮國上將軍漢軍都元帥仍命其次
子大椿襲萬戶職庭至哈剌和林晃兀兒之地越嶺
北與撒里蠻諸軍大戰敗之移軍河西擊走叛臣霍
虎追至大磧而還諸王昔里吉脫脫木兒反庭襲擊
生獲之答皇子只必帖木兒賜之死復引兵會諸王
納里忽渡塔迷兒河擊走其餘黨兀斤末台要朮忽
兒等河西悉平十四年入朝世祖勞之賜以益都居

第單河官莊鈔萬五千貫及弓矢諸物拜福建行中
書省參知政事改福建道宣慰使召赴闕備宿衛十
七年拜驃騎衛上將軍中書左丞東征日本十八年
軍次竹島遇風船盡壞庭抱壞船板漂流抵岸下收
餘衆由高麗還京師士卒存者十一二繼以父歿歸
益都召拜中書左丞司農卿不赴二十四年宗王乃
顔叛驛召至上都統諸衛漢軍從帝親征塔不台金
家奴來拒戰衆號十萬帝親麾諸軍圍之庭調阿速
軍繼進流矢中胸貫脅裂創復戰帝遣止之乃已令
軍中備百弩俟敵列陣百弩齊發乃不復出帝問庭

彼今夜當何如庭奏必遁去乃引壯士十人持火砲
夜入其陣砲發果自相殺潰散帝問何以知之庭曰
其兵雖多而無紀律見車駕駐此而不戰必疑有大
軍在後是以知其將遁帝大喜賜以金鞍良馬庭奏
若得漢軍二萬從臣便宜用之乃顔可擒也帝難之
命與月兒魯蒙古軍並進遂縛乃顔以獻帝既南還
庭又親獲塔不台金剛奴以功加龍虎衛上將軍遷
授中書省左丞二十五年乃顔餘黨哈丹禿魯干復
叛於遼東詔庭及樞密副使哈荅討之大小數十戰
弗克而還既而庭整軍再戰流矢中左脇及右股追

至一大河遴銳卒潛負火砲夜泝上流發之馬皆驚走大軍潛於下流畢渡天明進戰其衆無馬莫能相敵俘斬二百餘人哈丹禿魯干走高麗死拜資德大夫尚書左丞商議樞密院事官其長子大用仍賜鈔二萬五千貫庭因奏今漢軍之力困於北征若依江南軍每歲二八放散以次番上甚便帝可其奏令著爲令宗王海都將犯邊伯顔以聞帝命月兒魯與庭議所以爲備庭請下括馬之令凡得馬十一萬匹軍中賴其用拜榮禄大夫平章政事商議樞密院事提調諸衛屯田事三十一年春世祖崩月兒魯與伯顔

等定策立成宗庭翊賛之功居多成宗與太后眷遇甚至每進食必分賜之大宴仍命序坐於左手諸王之下百官之上賜以珠帽珠半臂金帶各一銀六鋌莊田諸物稱是奉旨整點江浙軍馬五百三十二所還入見成宗親授以衣慰勞之初武宗出鎮北邊庭請從行成宗憫其老不許賜鈔五萬貫依前榮禄大夫平章政事商議樞密院事提調諸衛屯田兼後衛親軍都指揮使奉旨北征懷都至野馬川而還俄有中使傳旨拘漢軍之馬以濟北軍且令焚其鞍轡行粮諸物庭因感疾詔内醫二人診視之疾稍間扈從

上都特降旨存䕶其家大德八年二月卒至大二年贈推忠翊衛功臣儀同三司太保上柱國追封益國公謚武毅子大用同知歸德府事以哀毁卒大椿襲職佩金虎符爲宣武將軍益都新軍萬户戍建康大誠襲職後衛親軍都指揮使

史弼

史弼字君佐一名塔剌渾蠡州博野人曾祖彬有膽勇太師國王木華黎兵南下居民被虜蠡守閉城自守彬謂諸子曰吾所恃者郡守也今棄民自保吾與其束手以死曷若死中求生乃率鄉人數百家詣木

華黎請降木華黎書帛爲符遣還既而州破獨彬與同降者得免弼長通國語膂力絶人能挽強弓里門鑿石爲獅重四百斤弼舉之置數步外潼關守將王彥弼奇其材妻以女又薦其材勇於左丞相耶律鑄弼從鑄往北京近侍火里台見弼所挽弓以名聞世祖召之試以遠垛連發中的令給事左右賜馬五匹中統末授金符管軍總管命從劉整伐宋攻襄樊嘗出挑戰射殺二人因横刀呼曰我史奉御也宋兵却退至元十年諸將分十二道圍樊城弼攻東北隅凡十四晝夜破之殺其將牛都統襄陽降上其功賜銀

及錦衣金鞍陞懷遠大將軍副萬户遂從丞相伯顏南征攻沙洋堡飛矢中臂城拔凝血盈袖事聞賜金虎符軍至陽羅堡伯顏誓衆曰先登南岸者爲上功弼率健卒直前宋兵逆戰奮呼擊走之伯顏登南岸論弼功第一進定遠大將軍鄂州平進軍而東至大孤山風大作伯顏命弼禱于大孤山神風立止兵駐瓜洲阿塔海言揚子橋乃揚州出入之道宜立堡選驍將守之伯顏授弼三千人立木堡據其地弼遷以數十騎抵揚州城或止之曰宋將姜才倔強未可易也弼曰吾柵揚子橋據其所必争之地才乗未固必

来攻我則我之利也才果以萬衆乗夜來攻人挾束薪填塹弼戒軍中無譁俟其至下檑木發砲石擊之殺千餘人才乃退弼出兵擊之會相威阿朮兵繼至大戰才敗走擒其將張都統十三年六月才復以兵夜至弼三戰三勝天明才見弼兵少進迫圍弼弼復奮擊之騎士二人挾火鎗刺弼弼揮刀禦之左右皆仆手刃數十百人及出圍追者尚數百騎弼殿後敵不敢近會援兵至大破之才奔泰州及守將朱煥以揚州降使麥朮受其降於南門外而弼從數騎由保城入揚州出南門與之會以示不疑制授昭勇大將

軍揚州路總管府達魯花赤兼萬户冬遷黄州等路宣慰使十五年入朝陞中奉大夫江淮行中書省參知政事行黄州等路宣慰使盗起淮西司空山弼平之十七年南康都昌盗起弼往討誅其親黨數十人脅從者宥之江州宣課司税及民米米商避去民皆閉門罷市弼立罷之十九年改浙西宣慰使二十一年黄華反建寧春復霖雨米價湧貴弼即發米十萬石平價糶之而後聞于省省臣欲增其價弼曰吾不可失信寧輟吾俸以足之省不能奪益出十萬石民得不飢改淮東宣慰使弼凡三官揚州人喜刻石頌之

號三至碑遷僉書沿江行樞密院事鎮建康二十六年平台州盗楊鎮龍拜尚書左丞行淮東宣慰使冬入朝時世祖欲征爪哇謂弼曰諸臣爲吾腹心者少欲以爪哇事付汝對曰陛下命臣臣何敢自愛二十七年遥授尚書省左丞行浙東宣慰使平處州盗二十九年拜榮禄大夫福建等處行中書省平章政事往征爪哇以亦黒迷失高興副之付金符百五十幣帛各二百以待有功十二月弼以五千人合諸軍發泉州風急濤湧舟掀簸士卒皆數日不能食過七洲洋萬里石塘歷交趾占城界明年正月至東董西董

山牛崎嶼入混沌大洋橄欖嶼假里馬荅勾闌等山駐兵伐木造小舟以入時爪哇與隣國葛郎構怨爪哇主哈只葛達那加剌已爲葛郎主哈只葛當所殺其壻土罕必闍耶攻哈只葛當不勝退保麻喏八歇聞弼等至遣使以其國山川戶口及葛郎國地圖迎降求救弼與諸將進擊葛郎兵大破之哈只葛當走歸國高興言爪哇雖降倘中變與葛郎合則孤軍懸絕事不可測弼遂分兵三道與興及亦黑迷失各將一道攻葛郎至荅哈城葛郎兵十餘萬迎敵自旦至午葛郎兵敗入城自守遂圍之哈只葛當出降併取

其妻子官屬以歸土罕必闍耶乞歸易降表及所藏珍寶入朝弼與亦黑迷失許之遣萬戶担只不丁甘州不花以兵二百人護之還國土罕必闍耶於道殺二人以叛乘軍還夾路攘奪弼自斷後且戰且行行三百里得登舟行六十八日夜達泉州士卒死者三千餘人有司數其俘獲金寶香布等直五十餘萬又以沒理國所上金字表及金銀犀象等物進事具高興及爪哇國傳於是朝廷以其亡失多杖十七沒家貲三之一元貞元年起同知樞密院事月兒魯奏弼等以五千人渡海二十五萬里入近代未嘗至之國俘其王及諭降傍近小國宜加矜憐遂詔以所籍還之拜榮祿大夫江西等處行中書省右丞三年陞平章政事加銀青榮祿大夫封鄂國公卒於家年八十六

高興

高興字功起蔡州人也其先自蔚徙汴曾祖拱之祖子洵世以農爲業金末兵亂父青又徙蔡而生興興少慷慨多大節力挽二石弓嘗步獵南陽山中遇虎跳踉大叱衆皆驚走興神色自若發一矢斃之至元十一年冬挾八騎詣黃州謁宋制置陳奕奕使隷麾

下且奇興相貌以甥女妻之十二年丞相伯顏伐宋至黃州興從奕出降伯顏承制授興千戶從破瑞昌之烏石堡張家寨進拔南陵行省上其功世祖命興專將一軍常爲先鋒宋張濡殺使者嚴忠範等於獨松關伯顏使興討之師次溧陽再戰斬其將三人士卒三人虜四十二人遂破溧陽斬首七千級授金符爲管軍總管從戰銀墅斬宋將三人士卒二千人拔建平斬其總制二人虜知縣事黃君濯由間道奪獨松關進至武康擒張濡十三年春宋降伯顏比還留興以兵取郡縣之未下者降建德守方回婺州守劉

怡衢婺二州已降復叛章焴自爲婺守興以五千人
討之七戰至破溪相持四十餘日興兵少不敵力戰
潰圍出至建德境與援兵合復進戰蘭溪斬首三千
級復取婺州擒章焴斬之進戰衢城下斬首五百級
連戰赤山陳家山園江山縣斬首三千級虜五百人
獻魏福興等七人于行省餘盡戮之衢州平追宋嗣
秀王與檡入閩與檡據橋陣水南興率奇兵奪橋進
戰殺其觀察使李世達斬首三千餘級擒與檡父子
及其小王二裨將二獲印五馬五百疋下興化降宋
參知政事陳文龍制置印德傳等百四十人軍三千

水手七千獲海舶七千餘艘還鎮國上將軍管軍萬
户十四年春還鎮婺州佩元降虎符充衢婺招討使
東陽玉山群盜張念九強和尚等殺宣慰使陳祐於
新昌興捕斬之復從都元帥忙古臺平福建漳三州
破敏陽寨畧福成寨十五年夏詔忙古臺立行省於
福建興立行都元帥府於建寧以鎮之政和人黃華
郎武人高日新高從周聚衆叛皆討降之以招討使
行右副都元帥十六年秋召入朝侍燕大明殿悉獻
江南所得珍寶世祖曰卿何不少留以自奉對曰臣
素貧賤今幸富貴皆陛下所賜何敢隱匿獲之物帝

悦曰直臣也興因奏所部士卒戰功乞官之帝命自
定其秩頒爵賞有差遷興浙東道宣慰使賜西錦服
金線鞍轡奉省檄討處州福建及溫台海洋群盜平
之十七年漳州盜數萬擾高安寨官軍討之二年不
能下詔以興爲福建等處征蠻右副都元帥與都
元帥完者都等討之直抵其壁賊乘高瞰下擊之興
命人挾束薪蔽身進至山半棄薪而退如是六日誘
其矢石殆盡乃燃薪焚其柵遂平之斬賊魁及其黨
首二萬級十八年盜陳吊眼聚衆十萬連五十餘寨
扼險自固興攻破其十五寨吊眼走保千壁嶺興上

至山半誘與語接其手掣下擒斬之漳州境悉平十
九年入朝賜銀五百兩鈔二千五百貫及錦服鞍轡
弓矢改浙西道宣慰使降人黃華復叛有衆十萬與
軍合獲華將二人華走江山洞追至赤巖華敗走赴
火死二十一年改淮東道宣慰使二十三年拜江淮
行中書省參知政事平婺州盜施再十改浙東道宣
慰使二十四年尚書省立拜行尚書省參知政事捕
斬柳分司於婺州丁母憂詔起復討處州盜詹老鷂
溫州盜林雄興潛由青田擣其巢穴戰棄山擒老鷂

及雄等二百餘人斬于温州市又奉省檄平徽州盜汪千十等二十八年罷福建行省以条知政事行福建宣慰使諭漳州盜歐狗降之召入朝拜江西行省左丞二十九年復立福建行省拜右丞爪哇黥使者孟琪詔興爲平章政事與史弼亦黑迷失帥師征之賜玉帶錦衣甲冑弓矢大都良田千畝三十年春浮海抵爪哇亦黑迷失將水軍興將步軍會八節澗爪哇主婿土罕必闍耶降進攻葛郎國降其主哈只葛當事見弼傳又諭降諸小國哈只葛當子昔剌八的昔剌丹不合逃入山谷興獨帥千人深入虜昔剌丹

不合還至答哈城史弼亦黑迷失已遣使護土罕必闍耶歸國具入貢禮興深言其失計土罕必闍耶果殺使者以叛合衆來攻興等力戰却之遂誅哈只葛當父子以歸詔治縱爪哇者弼與亦黑迷失皆獲罪興獨以不預議且功多賜金五十兩成宗即位復拜福建行省平章政事賜玉帶大德三年汀州總管府同知阿里挾怨告興不法召入對盡得其誣狀阿里伏誅改江浙行省平章政事賜海東青鶻命其子伯顏入宿衛四年遣使賜海東白鶻蒲萄酒良藥八年授樞密副使十年進同知樞密院事皆兼平章改河南行

省平章政事武宗即位召見拜左丞相商議河南省事賜以先朝御服仁宗寵眷勳舊賜與尤厚皇慶二年秋九月辛卯卒年六十九贈太師開府儀同三司上柱國追封梁國公謚武宣元統三年加封南陽王子久住泉州總管長壽同知建寧路總管府事忙古台襲萬戶伯顏同知寧國路總管府事完者都辰州路總管寶哥治書侍御史

劉國傑

劉國傑字國寶本女眞人也姓烏古倫後入中州改姓劉氏父德寧爲宗王斡臣必闍赤授管領益都軍

民公事國傑貌魁雄善騎射膂力過人少從軍漣海以材武爲隊長至元六年選其兵取襄陽以益都新軍千戶從張弘範戍萬山堡宋兵窺伺衆出取薪大出兵來攻堡國傑等以數百人敗之斬首四千餘級由是有名從略荆南抵歸峽轉戰數千里還破宋兵襄陽下從攻樊城破外城火砲傷股裹創復戰平其外城授武略將軍佩金符從破張貴兵匱門關戰甚力再攻樊城被傷數處血戰竟破之襄陽降世祖聞其勇召見遷武德將軍管軍總管賜銀百兩錦衣弓矢以寵之從伯顏南征十一年次郢州宋兵扼漢水

不得下伯顏謀取黃家灣堡以入漢國傑先登拔之
加武節將軍從破沙洋新城敗孫虎臣丁家洲戰甚
力進萬户復從阿朮取淮南別軍揚子橋扼宋兵道
宋以萬衆夜奪堡擊走之擒其都統張林宋將張世
傑盛兵出焦山來禦師施鐵繩聯戰船碇江中以示
必死阿朮率諸軍進戰萬户劉琛由江南繞其後國
傑與董文炳左右夾擊之焚其戰船世傑軍大潰追
奔圌山奪黃鵠船數百艘帝壯之詔加懷遠大將軍
賜號霸都國傑行第二因呼之曰劉二霸都而不名
霸都華言敢勇之士也宋亡入朝加僉書西川行樞

密院事選淮南兵使將之平蜀未行會北邊有警加
鎮國上將軍漢軍都元帥將衛兵定北方冬召還帝
親解衣加玉帶賜之十五年復將左右中三衛兵戍
北邊詔有不用命者斬之以聞十六年諸王脫脫木
反寇和林國傑度其衆悉至營中必虚選輕騎襲之
獲其衆萬計脫脫木屢戰不利又殘暴失衆心衆殺之
來降十八年加輔國上將軍十九年征東兵無功而
還帝怒將盡罷大小將校召國傑為征東行省左丞
既至帝語之故國傑曰罪在元帥耳倘蒙聖慈復諸
將之職彼必人人思奮以雪前恥矣帝從之盡復其

官以屬國傑征日本會黃華反建寧乃命國傑以征
東兵會江淮參政伯顏等討之國傑破赤巖寨黃華
自殺餘衆皆潰福建行省左丞忽剌出將兵來會梧
桐川欲搜賊潰去者盡殺之國傑曰首亂者華也餘
皆脅從招諭不歸誅之未晚未幾衆果出降二十二年
罷征東省除僉書沿江行樞密院改僉院二十三年朝
廷以湖廣重地且多盜拜本省左丞國傑至首平湖
南盜李萬二明年廣東盜起寇肇慶其魁鄧太獠居
前寨劉太獠居後寨相依以為固國傑趨擣後寨破
之遂拔前寨擒斬二人捕民結盜者皆杖殺之加資

德大夫二十五年湖南盜詹一仔誘衡永寶慶武岡人
嘯聚四望山官軍久不能討國傑破之斬首盜餘衆
悉降將校請曰此輩久亂急則降降而有釁復反矣
不如盡阬之國傑曰多殺不可況殺降耶吾有以處
之矣乃相要地為三屯在衡曰清化在永曰烏符在
武岡曰白倉遷其衆守之每屯五百人以備賊且墾
廢田榛棘使賊不得為巢穴降者有故田宅盡還之
無者使雜耕屯中後皆為良民有詔討江西諸盜國
傑趨赴之十一月破蕭太獠於陳古水斬數百人進
平懷集諸寨賊二十六年春東入肇慶攻閆太獠於清

遂還攻蕭太獠於懍集擒之復攻走嚴太獠四月攻曾太獠於金林又破走之賊深入保險國傑鑿山而入賊衆五千人掩殺略盡七月次賀州兵士冒瘴皆疫國傑親撫視之療以醫藥多得不死會國傑亦病乃移軍道州廣東盜陳太獠寇道州國傑討擒之遂攻拔赤水賊寨二十七年江西盜起龍泉下令往擊之諸將交諫曰此他省盜也國傑曰縱寇生患患將難圖豈可以彼此言耶乃選輕兵棄旗鼓去纓飾一日夜趍賊境賊衆㲄千逆戰望見軍容不整曰此鄉丁也易之國傑以數十騎陷陣衆從之賊大敗斬首五

百餘級奪所掠男女日暮忽收兵去堡中民望見怪之莫知其誰明日又忽至召堡民歸其男子曰吾劉二霸都也民皆驚以爲神因告別盜鍾太獠居南安十八耒國傑乘霧突入其巢賊衆驚亂自相蹂踐官軍搏之自旦至午所擒殺甚衆還兵桂東二月龍泉盜復寇鄒縣國傑遂還鄒賊退保大井山乃分軍三道趍之道險棄馬而入時天大雨賊不爲備盡掩殺之還鎮道州八月永州盜李末子千七寇全州敗官兵殺郡長官土魯國傑進討擒之梟首而還以前後功加湖廣右丞二十八年置湖廣等處行樞密院遷副

使還軍武昌秋廣東盜再起國傑復出道州時知上思州黄勝許恃其險遠與交趾爲表裏寇邊二十九年詔國傑討之賊衆勁悍出入巖洞篁竹中如飛鳥發毒矢中人無愈者國傑身率士奮戰賊不能敵走象山山近交趾皆深林不可入乃度其出入列柵圍之徐伐山通道且戰且進二年拔其寨勝許挺身走交趾擒其妻子殺之國傑三以書責交趾索勝許交趾竟匿不與夏師還盡取賊巢地爲屯田募度遠諸獞人耕之以爲兩江蔽障後蠻人謂屯爲省地莫敢犯者詔遣使即軍中以玉帶賜之三十年入朝帝謂朝

臣曰湖廣重地惟劉二霸都足以鎮此他人不能也命無還他官俄議問罪交趾加湖廣安南行平章事以諸王亦吉列台爲監軍征之未行會帝崩乃止成宗即位復置行樞密院於衡州仍除副使初黔中諸蠻酋既內附復叛又巴洞何世雄犯澧州泊崖洞田萬頃楠木洞孟再師犯辰州朝廷嘗討降之升泊崖爲施溶州以萬頃知州事三十一年萬頃復叛攻之不能下至是帝即位赦天下并赦萬頃等亦不降帝以命國傑九月國傑馳至辰進攻明溪賊酋萬母擁衆自上流而下千户崔忠百户馬孫兒戰死十月進

兵桑木溪萬丑復以千人拒戰擊却之明日萬丑倍衆來攻國傑鼓之百户李旺率死士陷陣衆軍齊奮賊敗遂破其巢焚之進攻施溶部將田榮祖請曰施溶萬頃之腹心石農次三羊峰其左右臂也宜先斷其臂而後腹心乃可攻國傑曰甚善麾諸軍攻石農次賊不能支棄寨遁遂拔施溶擒萬頃斬之復窮捕其黨攀崖緣木而進凡千餘里元貞元年即軍中加榮禄大夫湖廣行省平章政事辰澧地接溪洞宋嘗選民立屯免其繇役使禦之在澧者曰隘丁在辰者寨兵宋亡皆廢國傑悉復其制班師鑱又經畫茶陵

衡郴道桂陽凡廣東江西盜所出入之地南北三千里置戍三十有八分屯將士以守之由是東盡交廣西亘黔中地周湖廣四境皆有屯戍制度周密諸蠻不能復寇盜賊遂息六月入朝賜玉帶錦衣弓矢臺臣言國傑在軍中每以家貲賞將士帝命倍償之部曲有功者各遷官大德五年羅鬼女子蛇節反烏撒烏蒙東川芒部諸蠻從之皆叛陷貴州詔國傑將諸翼兵合四川雲南思播兵以討之賊兵勁利且多健馬官軍戰失利國傑令人持一盾布釘其上俟陣合即棄盾僞遁賊果逐之馬奮不能止遇盾皆倒國傑

鼓之賊大敗既而復合衆請戰國傑不應數日度其氣衰一鼓破走之追戰數千里七年春擒斬蛇節宋隆濟阿女等西南夷悉平詔領其將士入見張宴享之賞賜甚厚進光禄大夫償其賞士金一千九百兩鈔萬五千錠將士遷官有差命還益都上冢八年還鎮國傑久行邊患瘴至是病篤平章卜隣吉台率僚屬問之國傑曰交賊不臣若病幸小愈得滅此虜則死無憾矣問以家事不言二月卒年七十二國性雄猛視死如歸嘗語人曰吾爲國宣力雖身棄草野不恨何必馬革裹屍還葬哉且善推誠得士心故能立

功如此訃聞帝深悼惜贈推忠効力定遠功臣光禄大夫司徒柱國封齊國公謚武宣子朓歡湖廣行省平章政事尚憲宗孫女

列傳卷第四十九

列傳卷第五十　　元史一百六十三

翰林學士亞中大夫知制誥兼修國史臣宋濂　翰林待制承直郎同知制誥兼國史院編修官臣王禕等奉

敕修

李德輝

李德輝字仲實通州潞縣人生五歲父旦卒指德輝謂其家人曰吾爲吏治獄不任苛刻人蒙吾力者衆天或報之是兒其大吾門乎及卒德輝號慟如成人適歲凶家儲粟纔五升其母舂蓬稗炊藜莧而食之德輝天性孝悌操履清慎既就外傳嗜讀書束於貧無以自資乃輟業年十六監酒豐州禄食充足甘旨

有餘則市筆札録書夜誦不休已乃厭糟麴歎曰志士顧安此耶事不足以臣君福民隱不足以悅親善身天地之間人壽幾何惡可無聞同腐草木也乃謝絶所與游少年求先生長者講學以卒其業時世祖在潛藩用劉秉忠薦使侍裕宗講讀乃與竇默等皆就辟癸丑憲宗封宗親割京兆隸世祖潛藩擇廷臣能理財賦者俾調軍食立從宜府以德輝與孛得乃爲使時汪世顯宿兵利州扼四川衿喉以規進取數萬之師仰哺德輝乃募民入粟綿竹散錢幣給鹽券爲直陸挽興元水漕嘉陵未期年而軍儲充羡取蜀之本基於此矣中統元年爲燕京宣撫使燕多劇賊造僞鈔結死黨殺人德輝悉捕誅之令行禁止然事多不白中書由是忤平章王文統意去位三年文統以反誅德輝遂起爲山西宣慰使權勢之家籍民爲奴者咸按而免之復業近千人至元元年罷宣慰司授太原路總管時潛藩故傳相無有出爲二千石者帝以太原難治故以德輝爲守至郡崇學校表孝節勸耕桑立社倉一權度凡可以阜民者無不爲之嘉禾瑞麥六出其境五年徵爲右三部尚書人有訟財而失其兄子者德輝曰此叔殺之無疑遂竟其獄權

貴人爲請者甚衆德輝不應罪狀既明請者乃慚服七年帝以蝗旱爲憂命德輝録囚山西河東行至懷仁民有魏氏發得木偶持告其妻挾左道爲厭勝謀不利於己移數獄詞皆具德輝察其冤知其有愛妾疑妾所爲將搆陷其妻也召妾鞫之不移時而服遂杖其夫而論妾以死皇子安西王鎮關中奏以德輝爲輔遂改安西王相至則視瀕涇營牧故地可得數千頃起廬舍疏溝澮假牛種田具與貧民二千家屯田其中歲得粟麥芻藁萬計十二年詔以王相撫蜀時重慶猶城守不下朝廷各置行樞密院於東西川

合兵萬人圍之德輝至成都兩府爭遣使咨受兵食
方略德輝戒之曰宋已亡矣重慶以彈丸之地不降
何歸政以公輩利其剽殺民不得有子女懼而不來
耳嚮日兵未嘗戰中使奉璽書來赦公輩既不能正
言明告嚴餙止攻以須其至反購得軍吏杖之僞爲
得罪使懼而叛去水陸之師雷鼓繼進是堅其不下
也中使不諭詐計竟以不奉明詔復命如是者非玩
寇而何況復軍政不一相訾紛紛朝夕敗矣豈能成
功哉德輝出未至秦瀘州叛而重慶圍果潰再退守
瀘州十四年詔以德輝爲西川行樞密院副使仍兼

王相諸軍既發德輝留成都給軍食是年復瀘州十
五年再圍重慶踰月拔之紹興南平夔施思播諸山
壁水栅皆下而東川樞府猶故將也懲前與西川相
覬望致敗惡相屬顧獨軍圍合州德輝乃出合俘繫
順慶獄者縱之使歸語州將張玨以天子威德遠著
宋室既亡三宮皆北我朝含弘錄功忘過能早自歸
必取將相與夏呂比又爲書以禮義禍福反復譬解
之以爲汝之爲臣不親於宋之子孫合之爲州不大
於宋之天下彼子孫已舉天下而歸我汝猶偃然負
阻窮山而曰吾忠於所事不亦惑哉且昔此州之人

不自爲謀者以國有主恥被不義之名故爾得制其
死命主今亡矣猶欲以是行之則戕下盜遇君竊君
首以徼福一旦不難也玨未及報而德輝還王邸既
而合州遣李興張郃十二人詗事成都皆獲之釋不
殺復爲書縱歸使諭其將王立如諭玨者而辭益剴
切立亦計夙與東府有深怨懼誅即使與等導帥幹
楊獬懷蠟書間至成都降德輝從兵纔數百人赴之
東府害其來皆曰公昔爲書招玨誠亦極矣竟無功
而還今立玨牙校也習狙詐不信特以計致公來使
與吾爭垂成之功延命晷刻耳未必誠降德輝曰昔

合以重慶存故力可以同惡今已孤絕窮而來歸亦
其勢然吾非攘人之功者誠懼公等憤其後服誣以
嘗抗蹕先朝利其剽奪而快心於屠城也吾爲國活
此民豈計汝嫌怒爲哉即單舸濟江薄城下呼立出
降安集其民而罷置其吏合人自立而下家繪事之
川蜀平復以王相還邸十七年置行中書省以德輝
爲安西行省左丞是年西南夷羅施鬼國既降復叛
詔雲南湖廣四川合兵三萬人討之兵且壓境德輝
適被命在播乃遣安珪馳驛止三道兵勿進復遣張
孝思諭鬼國趣降其酋阿察熟德輝名曰是活合州

李公耶其言明信可恃即身至播州泣且告曰吾屬百萬人微公來死且不降今得所歸蔑有二矣德輝以其言上聞乃改鬼國爲順元路以其酋爲宣撫使其後有以受鬼國馬千數譖德輝于朝者帝曰是人朕所素知雖一羊不妄受寧有是耶德輝卒年六十三蠻夷聞訃哭之哀如私親爲位而祭者動輒千百人合州安撫使王立衰絰率吏民拜哭聲震山谷爲發百人護喪與元播州安撫使何彥清率其民立廟祀之

張雄飛

張雄飛字鵬舉琅琊臨沂人父琮仕金守盱眙金人疑之罷其兵柄徙居許州尋復命守河陰仍留家人於許雄飛幼失母琮妾李氏養之國兵屠許惟工匠得免有田姓者琮故吏也自稱能爲弓且詐以雄飛及李氏爲家人由是獲全遂徙朔方雄飛時方十歲至霍州李欲逃恐其累已雄飛知之頃刻不去左右李乃變服與俱還寓潞州雄飛既長往師前進士王寶英於趙城金亡雄飛不知父所在往來澤潞求之十餘年常客食僧舍已而入關陝歷懷孟漳滏終求其父弗得遂入燕居數歲盡通國言及諸部語至元二年廉希憲薦之于世祖召見陳當世之務世祖大悅授同知平陽路轉運司事摉抉蠹弊悉除之帝問處士羅英誰可大用者對曰張雄飛真公輔器帝然之命驛召雄飛至問以方今所急對曰太子天下本願早定以繫人心閭閻小人有升斗之儲尚知付託天下至大社稷至重不早建儲貳非至計也向使先帝知此陛下能有今日乎帝方臥矍然起稱善者久之他日與江孝卿同召見帝曰今任職者多非材政事廢弛譬之大廈將傾非良工不能扶卿輩能任此乎孝卿謝不敢當帝顧雄飛雄飛對曰古有御史臺

爲天子耳目凡政事得失民間疾苦皆得言百官姦邪貪穢不職者即糾劾之如此則紀綱舉天下治矣帝曰善乃立御史臺以前丞相塔察兒爲御史大夫雄飛爲侍御史且戒之曰卿等既爲臺官職在直言朕爲汝君茍所行未善亦當極諫況百官乎汝宜知朕意人雖嫉妬汝朕能爲汝地也雄飛益自感勵知無不言參議樞密院事費正寅素憸狡有告其罪者詔丞相線真等與雄飛雜治之請托交至雄飛無所顧盡得其罪狀以聞正寅與其黨管如仁等皆伏誅會議立尚書省雄飛力争於帝前忤旨左遷同知京

兆總管府事宗室公主有家奴逃渭南民間爲贅壻主適過臨潼識之捕其奴與妻及妻之父母皆械繫之盡没其家貲雄飛與主爭辨辭色俱厲主不得已以奴妻及妻之父母家貲還之惟挾其奴以去入爲兵部尚書平章阿合馬在制國用司時與亦麻都丁有隙至是羅織其罪同僚爭相附會雄飛不可曰所犯在制國用時平章獨不預耶衆無以荅秦長卿劉仲澤亦以忤阿合馬皆下吏欲殺之雄飛亦持不可阿合馬使人啗之曰誠能殺此三人當以參政相處雄飛曰殺無罪以求大官吾不爲也阿合馬怒奏出

雄飛爲澧州安撫使而三人竟死獄中時澧州初下民懷反側雄飛至布宣德教以撫綏之民遂安有巨商二人犯匿稅及歐人事僚佐受賂欲寬其罪雄飛繩之益急或曰此細事何執之堅雄飛曰吾非治匿稅歐人者欲改宋弊政懲不畏法者爾細民以乏食群聚發富家廩所司欲論以強盜雄飛曰此盜食欲救死非強也寬其獄全活者百餘人澧西南接溪洞徭人乘間抄掠居民雄飛遣裨應申等往諭以威德諸猺悉感服十四年改安撫司爲總管府命雄飛爲達魯花赤遷荊湖北道宣慰使有告常德富民十餘家與德山寺僧將爲亂衆議以兵討之雄飛曰告者必其仇也且新附之民當以靜鎮之兵不可遽用苟有他吾自任其責遂止徐察之果如所言先是荊湖行省阿里海牙以降民三千八百户没入爲家奴自置吏治之歲責其租賦有司莫敢言雄飛言于阿里海牙請歸其民於有司不從雄飛入朝奏其事詔還籍爲民十六年拜御史中丞行御史臺事阿合馬以子忽辛爲中書右丞行省江淮恐不爲所容奏留雄飛不遣改陝西漢中道提刑按察使未行阿合馬死朝臣皆以罪去拜參知政事阿合馬用事日久賣官

鬻獄紀綱大壞雄飛乃先自降一階於是僥倖超躐者皆降之忽辛有罪敕中貴人及中書雜問忽辛歷指宰執曰汝曾使我家錢物何得問我雄飛曰我曾受汝家錢物否曰惟公獨否雄飛曰如是則我當問汝矣忽辛遂伏辜二十一年春冊上尊號議大赦天下雄飛諫曰古人言無赦之國其刑必平故赦者不平之政也聖明在上豈宜數赦帝嘉納之語雄飛曰大獵而後見善射集議而後知能言汝所言者是朕今從汝遂止降輕刑之詔雄飛剛直廉慎始終不易其節嘗坐省中詔趣召之見於便殿謂雄飛曰若卿

可謂真廉者矣聞卿貧甚今特賜卿銀二千五百兩鈔二千五百貫雄飛拜謝將出又詔加賜金五十兩及金酒器雄飛受賜封識藏於家後阿合馬之黨以雄飛罷政詣省乞追奪賜物裕宗在東宮聞之命參政溫迪罕諭丞相安童曰上所以賜張雄飛者旌其廉也汝豈不知耶毋爲小人所詐塔即古阿散請檢核前省錢穀復用阿合馬之黨竟矯詔追奪之塔即古阿散等俄以罪誅帝慮校核失當命近臣伯顏閱之中書左丞耶律老哥勸雄飛詣伯顏自辨雄飛曰上以老臣廉故賜臣然臣未嘗敢輕用而封識以俟

者政虞今日耳又可自辨乎二十一年盧世榮以言利進用雄飛與諸執政同日皆罷二十三年起爲燕南河北道宣慰使決壅滯黜姦貪政化大行卒于官子五人師野師諤師白師儼師約師野宿衛東宮時荆湖行省平章政事阿里海牙入覲言之宰相欲白皇太子請以師野爲荆南總管雄飛固止之歸謂師野曰今日欲有官汝者汝宿衛日久固應得官然我方爲執政天下必以我私汝我一日不去此位汝輩勿望有官也其介慎如此

張德輝

張德輝字輝卿冀寧交城人少力學數舉於鄉金貞祐間兵興家業殆盡試掾御史臺會盜殺卜者有司蹤跡之獲僧匿一婦人搒掠誣服獄具德輝疑其寃其後果得盜趙秉文楊慥咸器其材金亡北渡史天澤開府真定辟爲經歷官歲乙未從天澤南征籌畫調發多出德輝天澤將誅逃兵德輝救止配令完城光州華山農民爲寨以自固天澤議攻之德輝請招之降全活甚衆歲丁未世祖在潛邸召見問曰孔子歿已久今其性安在對曰聖人與天地終始無往不在殿下能行聖人之道性即在是矣又問或云遼以

釋廢金以儒亡有諸對曰遼事臣未周知金季乃所親睹宰執中雖用一二儒臣餘皆武弁世爵及論軍國大事又不使預聞大抵以儒進者三十之一國之存亡自有任其責者儒何咎焉世祖然之因問德輝曰祖宗法度具在而未盡設施者甚多將如之何德輝指銀槃喻曰創業之主如製此器精選白金良匠規而成之畀付后人傳之無窮當求謹厚者司掌乃求爲實用否則不惟缺壞亦恐有竊而去之者矣世祖良久曰此正吾心所不忘也又訪中國人材德輝舉魏璠元裕李冶等二十餘人又問農家作勞何衣

食之不贍德輝對曰農桑天下之本衣食之所從出者也男耕女織終歲勤苦擇其精者輸之官餘麁惡者將以仰事俯育而親民之吏復橫歛以盡之則民鮮有不凍餒者矣歲戊申春釋奠致胙於世祖世祖曰孔子廟食之禮何如對曰孔子爲萬代王者師有國者尊之則嚴其廟貌脩其時祀其崇與否於聖人無所損益但以此見時君崇儒重道之意何如耳世祖曰今而後此禮勿廢世祖又問典兵與宰民者爲害孰甚對曰軍無紀律縱使殘暴害固非輕若宰民者頭會箕歛以毒天下使祖宗之民如蹈水火爲害

尤甚世祖默然曰然則柰何對曰莫若更遣族人之賢如口温不花者使掌兵權勲舊則如忽都虎者使主民政若此則天下均受賜矣是年夏德輝得告將還更薦白文舉鄭顯之趙元德李造之高鳴李槃李濤數人陛辭又陳先務七事敦孝友擇人才察下情貴兼聽親君子信賞罰節財用世祖以字呼之賜坐錫賚優渥有頃奉旨教冑子孛羅等壬子德輝與元裕北覲請世祖爲儒教大宗師世祖悦而受之因啓累朝有旨蠲儒户兵賦乞令有司遵行從之仍命德輝提調真定學校世祖即位起德輝爲河東南北路

宣撫使下車擊豪強黜贓吏均賦役耆耋不遠數千里來見曰六十年不復見此太平官府矣戴之若神明西川帥紐鄰重取兵千餘人守吏畏其威莫敢申理隸鳳翔屯田者八百餘人屯罷兵不歸籍會僉防戍兵河中浮梁故有守卒不以充數悉條奏之帝可其請兵後孱民多依庇豪右及有以身傭藉衣食歲久掩爲家奴悉遣還之爲民二年考績爲十路最陛見帝勞之命疏所急務條四事一曰嚴保舉以取人材二曰給俸禄以養廉能三曰易世官而遷都邑四曰正刑罰而勿屢赦帝嘉納焉遷東平路宣慰使春

旱禱泰山而雨東平賦黟獄繫視河東相倍蓰九遇贓奸悉窮之不少貸奏免遠輸豆粟二十萬斛和糴粟十萬斛寶合丁議賦量緜令民税而後輸德輝曰是誣上以毒下也且後期之責孰任之遂罷其事孀婦馬氏將鬻其女以代納逋賦分己俸代償之仍蠲其額至元三年秋參議中書省事五年春擢侍御史辭不拜有言沿邊將校冒代軍士虛糜廪帑者勑按之奏曰在昔將校備嘗艱阻與士卒同甘苦今年少子弟襲爵或以微勞進用豈知軍旅之事乎致使朝廷遣使覆按此省院素失約束耳痛繩之則人不自

安第易其部署選武毅才畧者任之庶使軍政自新
又時委司憲者体究庶革其弊有旨命德輝議御史
臺條例德輝奏曰御史執法官今法令未明何據而
行此事行之不易陛下宜慎思之有頃復召曰朕慮
之熟矣卿當力行之對曰必欲行之乞立宗正府以
正皇族外戚得以糾彈女謁毋令奏事諸局承應人
皆得究治帝良久曰其餘行之德輝請老命舉任風
憲者疏烏古倫貞等二十人以聞初河東歉請於朝
發常平貸之并減其秋租有差賦役不均官吏並緣
爲姦賦一征十年不勝其困苦民率流亡德輝閱實

戸編均其等第出納有法數十年之弊一旦革去德
輝天資剛直博學有經濟器毅然不可犯望之知爲
端人然性不喜嬉笑與元裕李冶游封龍山時人號
爲龍山三老云卒年八十

馬亨

馬亨字大用邢州南和人世業農以貲雄鄉里亨少
孤事母孝金季習爲吏庚寅太宗始建十路徵收課
税使河北東西路使王晉辟亨爲掾以才幹稱甲午
晉薦於中書令耶律楚材授轉運司知事尋陞經歷
擢轉運司副使庚戌太保劉秉忠薦亨於世祖名見

潜邸甚器之既而籍諸路戸口以亨副八春忙哥撫
諭西京太原平陽及陝西五路俾民弗擾既還圖山
川形勢以獻餘使者多以賄敗惟亨等各賜衣九襲
癸丑從世祖征雲南留亨爲京兆榷課所長官京兆
藩邸分地也亨以寬簡治之不事掊克凡五年民安
而課裕丁巳憲宗遣阿藍答兒等覈藩府錢穀亨時
輦歲辦課銀五百錠輸之藩府道出平陽適與之遇
亨策曰見之則銀必拘留不見則必以罪加我與其
銀弗達王府寧獲罪焉避而過之阿藍答兒果怒遣
使逮之王府世祖諭亨曰汝往得無據汝罪耶對曰

無害願一行乃慰遣亨既至拘係之窮治百端竟無
所得惟以支竹課分例錢充公用及就公廨輦運脚
價爲不應勒償其直而已世祖知其誣更賜銀三十
二錠己未從世祖攻鄂州泊北還遣亨馳驛往西京
等處罷所僉軍并撫諭山西河東陝右漢中既還復
遣轉餉江上軍實中統元年世祖即位陝西四川立
宣撫司詔亨議陝西宣撫司事尋賜金符遷陝西四
川規措軍儲轉運使時阿藍答兒等叛亨與宣撫使
廉希憲商挺合謀誅劉太平等悉定關輔尋建行省
命亨兼陝西行省左右司郎中時興元畜粮五萬石

欲轉餉大安軍計傭直萬緡衆推亨往時丁内艱以攝省府事強起之至則以兵官丁產均其役不閱月而事集無勞民傷財之嘆興元判官費正寅狡悍不法莫有能治之者亨白省府欲以法繩之反誣亨行省前保關中有異謀詔右丞粘合珪讞之亨力辨之寃贖釋然四年遷陝西五路西蜀四川廉訪都轉運使未幾朝廷以考課檄諸路轉運司至則併轉運司入總管府咸奪其制書授亨工部侍郎鮮鹽副使亨乃上言以考課定賞罰其人甫集而一切罷之則是非安在宜還其命書俾仕者有所勸勉從之亨復上便宜六事一曰東宮保傅當用正人以固國本二曰中書大政擇任儒臣以立朝綱三曰任相惟賢官不必備今宰相至十七員宜加裁汰四曰左右郎署職贊大政今用豪貴子弟豈能贊襄五曰六曹之職分理萬機今止設左右二部事何由辨六曰建元以來便民條畫已多有司往往視爲文具宜令憲司糾舉務在必行疏聞帝即召見有旨卿比安在胡不早言亨對曰新自陝西來覲帝諭曰卿父著忠勤自今不令卿遠出矣至元三年進嘉議大夫左三部尚書是改户部尚書金穀出納有條不紊時有賈胡恃制國

用使阿合馬欲貿交鈔本私平準之利以增歲課爲辭帝以問亨對曰交鈔可以權萬貨者法使然也法者主上之柄今使一賈擅之廢法從私將何以令天下事遂寢亨又建言立常平義倉謂備荒之具宜亟舉行而時以財用不足止設義倉七年立尚書省仍以亨爲尚書領左部亨上言尚書省專領金穀百工之事其銓選宜歸中書以示無濫尋爲平章阿合馬所忌以誣免官會國兵圍襄樊廷議河南行省調發軍餉詔以阿里爲右丞姚樞爲左丞亨爲僉省任其事水陸供餽未嘗有闕亨之力爲多十年還京師帝方欲柄用之遽嬰末疾十四年卒年七十一子紹庭雲南諸路肅政廉訪司副使

程思廉

程思廉字介甫其先洛陽人元魏時以豪右徙雲中遂家東勝州父恒國初佩金符爲沿邊監榷規運使解州鹽使思廉用太保劉秉忠薦給事裕宗潛邸以謹愿聞命爲樞密院監印平章政事哈丹行省河南署爲都事丞相史天澤尤器之時方規取襄樊使任轉餉築城置倉以受粟轉輸者與民爭門不時至思廉令行者異路粟至多露積一夕大雨思廉安卧不

起省中召詰之思廉曰此去敵近中夜騷動衆必驚疑或致他變縱有漂濕不過軍中一日糧耳聞者韙之至元十二年調同知淇州徙東平路判官入爲監察御史以劾權臣阿合馬繫獄其黨巧爲機穽思廉居之泰然卒不能害累遷河北河南道按察副使道過彰德聞兩河歲饑而徵租益急欲止之有司謂法當上請思廉曰若然民已不堪命矣即移文罷徵後果得請二十年河北復大饑流民渡河求食朝廷遣使者集官屬絶河止之思廉曰民急就食豈得已哉天下一家河北河南皆吾民也亟令縱之且曰雖得

罪死不恨章上不之罪也衛輝懷孟大水思廉臨視賑貸全活甚衆水及城不没者數板即脩隄防露宿督役水不爲患衛人德之遷陝西漢中道按察使以毋老不赴俄丁毋憂二十六年立雲南行御史臺起復思廉爲御史中丞始至蠻夷酋長來賀詞若遜而意甚倨思廉奉宣上意綏懷遠人且明示禍福使毋自外聞者慴服雲南舊有學校而禮教不興思廉力振起之始有從學問禮者成宗即位除河東山西廉訪使太原歲飼諸王駝馬一萬四千餘匹思廉爲請止飼千匹平陽諸郡歲輸租稅於北方民甚苦之思

廉爲請得輸河東近倉賫法決事咸有議劄權歸曹吏思廉自判牘尾其當其罪吏皆束手思廉累任風憲剛正疾惡言事剴切如請早建儲貳訪求賢俊辨車服議封謚養軍力定律令皆急務也與人交有終始或有疾病死喪問遺賙䘏往返數百里不憚勞仍爲之經紀家事撫視其子孫其於家族尤盡恩意好薦達人物或者以爲好名思廉曰若避好名之譏人不復敢爲善矣卒年六十二謚敬肅

烏古孫澤

烏古孫澤字潤甫臨潢人其先女真烏古部因以爲

氏祖璧仕金爲明威將軍資用庫使從金主遷汴汴城陷轉徙居大名父仲倜儻有奇節遭金季世憤無所施用高言危行親交避之遂縱酒陽狂以自晦然教澤特嚴澤性剛毅讀書舉大畧一切求諸己不事章句才幹過人世祖將取江南澤以選輸鈔至淮南餉軍丞相阿朮見而奇之補淮東大都督府掾至元十四年元帥唆都下兵閩越見澤與語而合即辟元帥府提控案牘時宋廣王據福州改元炎興度我軍且至遂入于海復聚兵甲子門其將張世傑攻泉州興化守臣陳瓚舉郡應之文天祥置都督府于南劍

州守臣張清行都督府事謀復建寧閩中郡縣往往復從宋江東大擾唆都時軍浙東建信告急唆都謀于衆曰我軍當何先澤曰彼擾閩廣而我往浙右非策之善譬之伐木務除其根當先向南會行省撒唆都與左丞塔出會兵甲子門遂度兵閩關八戰而至南劍殺其守臣張清宋師遂退冬十月收福州進攻興化援之唆都怒其民反覆下令屠城澤屢諫不聽復前說曰世傑不虞我軍遽至方急攻泉州謀固其植我新得泉州民志未固旦暮且失守比我定興化整兵而南彼樹植將日固矣莫若開其遺民使走泉南扇

動之世傑將膽落而走是我不戰而完泉州捷於吾兵之馳救也唆都喜開南門縱民去因得脫死者甚衆世傑得逃民知興化已破乃解泉州圍去唆都至泉州部署別將裝大艦趣甲子門自將下漳州軍于海豐引精騎與塔出會十二月入廣州十五年春正月還擊潮州守將馬發備禦甚固澤曰潮人所以城守不下者以外多壁壘爲之援應也第翦其外應潮必覆矣乃分兵攻其一大壘破之餘壘盡散走二旬而潮援馬發死焉既而文天祥軍潰於江西廣王昺張世傑死于海中唆都還軍福建夏五月詔立行中

書省于福建以唆都行參知政事澤行省都事從朝京師命知興化軍賜金織衣賞其善謀也繼改興化軍爲路授澤行總管府事民歌舞迎候于道曰是吾民復生之父母也喜極而繼以泣郡新殘于兵白骨在野首下令掩埋之又衣食其流離之民有棄子于道者置慈幼曹籍而撫育之郡中惡年少喜爲不義以資求竄名卒伍冀後得計功版授官吏恐激變不敢詰澤悉追毀所授誅其尤無良者貪暴始戢始陳瓚以郡應張世傑民多戰死者至是吏援例將籍其產澤語吏曰國家至仁誅止陳瓚從瓚者猶當宥民

奈何連坐亟爲令曰民不幸詿誤從陳瓚誅及鬬死無後者其田廬貲產並給其族姻有司無所與吏不能逆乃止當江南未定盜賊所在有之民自相什伍保衛鄉里及時平行省議籍爲兵上下洶洶澤白行省曰國兵非少今籍民以示少非所以安反側也且當籍者衆民或有他心議遂格澤又興學校召長老及諸生講肄經義行鄉飲酒禮旁郡聞而慕之興化故號多士士咸知嚮慕以澤與常袞方儀並肖像祠于學官至元二十一年調永州路判官湖廣平章政事要束木貪縱淫虐誅求無厭或妄言初歸附時州

縣長吏及吏胥富人比屋斂銀將輸之官銀已具而
事遂中止要東木即下令責民自實使者旁午隨地
置獄株連蔓引備極慘酷民以考掠瘐死者載道所
獲不貲要東木盡掩有之有使至永澤戒吏美供帳
豐酒食務順適其意使者感愧無所發其毒因間以
利害曉之一郡由是獲安是歲盜起寶慶武岡皆永
旁郡也行省遣澤討平之俘獲五百餘人簡出其詿
誤者百有五十人上書言狀誅其首惡者三十一人
餘得減死二十六年丞相桑哥建議考校錢穀天下
騷動澤嘆曰民不堪命矣即自上計行省要東木怒
曰郡國錢糧無不增羨永州何爲獨不然此直孫府
判倚其才辨慢我亟拘繫之非死不釋也明年桑哥
敗要東木伏誅澤始得釋二十九年湖廣平章政事
闊里吉思薦澤才堪將帥以行省員外郎從征海南
黎黎人平軍還上功授廣南西道宣慰副使秋七月
併左右兩道歸廣西宣慰司置元帥府澤爲廣西兩
江道宣慰副使僉都元帥府事兩江荒遠瘴癘與百
夷接不知禮法澤作司規三十有二章以漸爲教其
民至今遵守之又省廐置二十二所以紓民力歲饑
上言蠲其田租發象州賀州官粟三千五百石以賑

饑者既焚乃上其事時行省平章哈剌哈孫察其心
誠愛民不以專擅罪之邕管徼外蠻數爲寇澤循行
並徼得陂塞處布畫遠邇募民伉健者四千六百餘
户置雷留那扶十屯列營堡以守之陂水墾田築八
堨以節瀦洩得稻田若干畝歲收穀若干石爲軍儲
邊民賴之海北元帥薛赤干贓利事覺行省檄澤驗
治澤馳至雷州盡發其奸贓縱所掠男女四百八十
二口牛數千頭金銀器物稱是海北之民歡忭相慶
御史臺言烏古孫澤奉使知大體如汲長孺爲將計
萬全如趙充國可屬大任詔擢爲海北海南廉訪使
故例圭田至秋乃入租後歲計月受之澤視事三月
民輸租計米五百石澤曰夫子有言事君者先其事
後其食吾涖政日淺而受祿四倍非情所安量食而
入餘悉委學官給諸生以勸業常曰士非儉無以養
廉非廉無以養德身一布袍數年妻子朴素無華人
皆言之澤不以爲意也雷州地近海潮汐齧其東南
陂塘鹹農病焉而西北廣衍平袤宜爲陂塘澤行視
城陰曰三溪徒走海而不以灌溉此史起所以薄西
門豹也乃教民浚故湖築大堤堨三溪瀦之爲斗門
七堤堨六以制其羸耗釃爲渠二十有四以達其注

輸渠皆支別爲㠐設守視者時其啓閉計得良田數
千頃瀕海廣潟並爲膏土民歌之曰潟鹵爲田兮孫
父之教渠之決決兮長我秔稻自今有年兮無旱無
澇至大元年改福建廉訪使澤宿有德於閩閩人安
之有芝五色産於憲司之澄清堂士民以爲澤之所
致以母年踰八十求歸養長沙歲餘母喪澤以哀毁
卒妻杜以夫死飲食不入口者十有三日不死乃復
食澤積官自承直郎至中大夫謚正憲子良禎仕至
中書右丞以功名終

趙炳

趙炳字彥明惠州灤陽人父弘有勇略國初爲征行
兵馬都元帥積階奉國上將軍炳幼失怙恃鞠於從
兄歲饑徃平州就食遇盜欲殺之兄解衣就縛炳年
十二泣請代兄盜驚異舍之而去甫弱冠以勳閥之
子侍世祖於潛邸恪勤不怠遂蒙眷遇世祖次桓撫
間以炳爲撫州長城邑規制爲之一新己未王師伐
宋未幾北方有警括兵斂財燕薊騷動王師北還炳
遠近中途具以事聞追所括兵及橫斂財物悉歸於
民世祖嘉其忠中統元年命判北京宣撫司事北京
控制遼東沓夷雜處號稱難治時參知政事楊果爲

宣撫使聞炳至喜曰吾屬無憂矣三年括北京鷹坊
等户丁爲兵蠲其賦令炳總之時李璮叛據濟南炳
請討之國兵圍城炳將千人獨當北面有所俘獲即
縱遣去曰脅從之徒不足治也濟南平入爲刑部侍郎
兼中書省斷事官時有携妓登龍舟者即按之以法
未幾其人死其子犯蹕訴寃詔讓之炳曰臣執法尊
君職當爲也帝怒命之出旣而謂侍臣曰炳用法太
峻然非循情者改樞密院斷事官濟南妖民作亂賜
金虎符加昭勇大將軍濟南路總管炳至止罪首惡
餘黨解散歲凶發廩賑民而後以聞朝廷不之罪也

遷遼東提刑按察使遼東聞其來豪猾屏跡至元九
年帝念關中重地風俗強悍思得剛鯁舊臣以臨之
授炳京兆路總管兼府尹皇子安西王開府於秦詔
治宮室悉聽炳裁製王府吏卒橫暴擾民者即建白
繩以法王命之曰後有犯者勿復啓請若自處之自
是豪猾斂戢秦民以安有旨以解州鹽賦給王府經
費歲久積逋二十餘萬緡有司追理僅獲三之一民
已不堪炳密啓王曰十年之逋責償一日其孰能堪
與其裒斂病民孰若惠澤加於民乎王善其言遽命
免徵會王北伐詔以京兆一年之賦充軍資炳復請

曰所徵逋課足佐軍用可貸歲賦以蘇民力令下秦民大悅十四年加鎮國上將軍安西王相王府冬居京兆夏徙六盤山歲以爲常王旣北伐六盤守者搆亂炳自京兆率兵往捕甫及再旬元惡授首十五年春六盤再亂復討平之王還自北嘉賞戰功賚賜有加是歲十一月王薨十六年秋被旨入見便殿帝勞之曰卿去數載衰白若此關中事煩可知已詢及民間利病炳悉陳之因言王薨之後運使郭琮郎中郭叔雲竊弄威柄恣爲不法帝卧聽遽起曰關卿斯言使老者增健飲以上尊馬湩政中奉大夫安西王相兼陝西五路西蜀四川課程屯田事餘職如故即令乘傳偕勑使數人往按琮等至則琮假嗣王旨入炳罪收炳妻孥囚之時嗣王之六盤徙炳等於平涼北崆峒山囚閉益嚴炳子仁榮訴於上即詔近侍二人馳驛而西脫炳且械琮黨偕來琮等留使者醉以酒先遣人毒炳於平涼獄中其夜星隕有聲如雷年五十九實十七年三月也帝聞之撫髀嘆曰失我良臣俄械琮等百餘人至帝親鞫問盡得其情旣各伏辜命仁榮手刃琮叔雲於東城籍其家以付仁榮仁榮曰不共戴天之人所蓄之物皆取於民何忍受之帝

善之別賜鈔二萬二千五百緡爲治喪具國朝舊制無贈臣下禮蓋殊恩也六月詔雪炳寃特贈中書左丞諡忠愍子六人仁顯早亡次仁表仁榮仁旭仁舉仁軌仁榮仕至中書平章政事餘俱登顯仕

列傳卷第五十

翰林學士亞中大夫知制誥兼修國史臣宋濂　翰林待制承直郎同知制誥兼國史院編修官臣王禕等奉敕修

楊恭懿

楊恭懿字元甫奉元人力學強記日數千言雖從親逃亂未嘗廢業年十七西還家貧服勞爲養暇則就學書無不讀尤深於易禮春秋後得朱熹集註四書歎曰人倫日用之常天道性命之妙皆萃此書矣父没水漿不入口者五日居喪盡禮宣撫司行省以掌書記辟不就至元七年與許衡俱被召恭懿不至衡

拜中書左丞日於右相安童前稱譽恭懿之賢丞相以聞十年詔遣使召之以疾不起十一年太子下教中書俾如漢惠聘四皓者以聘恭懿丞相遣郎中張元智爲書致命乃至京師既入見世祖遣國王和童勞其遠來繼又親詢其鄉里族氏師承子姓無不周悉十二年正月二日帝御香殿以大軍南征使久不至命筮之其言秘侍讀學士徒單公履請設取士科詔與恭懿議之恭懿言明詔有謂士不治經學孔孟之道日爲賦詩空文斯言誠萬世治安之本今欲取士宜敕有司舉有行檢通經史之士使無投牒自售試以經義論策夫既從事實學則士風還淳民俗趨厚國家得才矣奏入帝善之會北征恭懿遂歸田里十六年詔安西王相敦遣赴闕入見詔於太史院改曆十七年二月進奏曰臣等徧考自漢以來曆書四十餘家精思推筭舊儀難用而新者未備故日行盈縮月行遲疾五行周天其詳皆未精察今權以新儀木表與舊儀所測相較得今歲冬至晷景及日躔所在與列舍分度之差大都北極之高下晝夜刻長短参以古制創立新法推筭成辛巳曆雖或未精然比之前改曆者附會元曆更日立法全踵故習頗亦無

愧然必每歲測驗修改積三十年庶盡其法可使如三代日官世專其職測驗良久無改歲之事矣又合朔議曰日行歷四時一周謂之一歲月踰一周復與日合謂之一月言一月之始日月相合故謂合朔自秦廢曆紀漢太初止用平朔法大小相間或有二大者故日食多在晦日或二日測驗時刻亦鮮中宋何承天測驗四十餘年進元嘉曆始以月行遲速定小餘以正朔望使食必在朔名定朔法有三大二小時以異舊法罷之梁虞劇造大同曆隋劉焯造皇極曆皆用定朔爲時所阻唐傅仁均造戊寅曆定朔始得

行貞觀十九年四月頻大人皆異之竟改從平朔李淳風造麟德曆雖不用平朔遇四大則避人言以平朔間之又希合當世爲進朔法使無元日之食至一行造大衍曆謂天事誠密四大二小何傷誠爲確論然亦循常不改臣等更造新曆一依前賢定論推筭皆改從實今十九年曆自八月後四月併大實日月合朔之數也詳見郭守敬傳是日方列跪未讀奏帝命許衡及恭懿起曰卿二老毋自勞也授集賢學士兼太史院事十八年辭歸二十年以太子賓客召二十二年以昭文館學士領太史院事名二十九年以

議中書省事召皆不行三十一年卒年七十

王恂

王恂字敬甫中山唐縣人父良金末爲中山府掾時民遭亂後多以詿誤繫獄良前後所活數百人已而棄去吏業潛心伊洛之學及天文律曆無不精究年九十二卒恂性穎悟生三歲家人示以書帙輒識風丁二字母劉氏授以千字文再過目即成誦六歲就學十三學九數輒造其極歲己酉太保劉秉忠北上途經中山見而奇之及南還從秉忠學於磁之紫金山癸丑秉忠薦之世祖召見于六盤山命輔導裕宗

爲太子伴讀中統二年擢太子贊善時年二十八三年裕宗封燕王守中書令兼判樞密院事敕兩府大臣凡有咨稟必令王恂與聞初中書左丞許衡集唐虞以來嘉言善政爲書以進世祖嘗令恂講解且命太子受業焉又詔恂於太子起居飲食愼爲調護非所宜接之人勿令得侍左右恂言太子天下本付託至重當延名德與之居處況兼領中書樞密之政詔條所當編覽庶務亦當屢省官吏以罪免者毋使更進軍官害人改用之際尤不可非其人民至愚而神變亂之餘吾不之疑則反覆化爲忠厚帝深然之恂

早以算術名裕宗嘗問焉恂曰算數六藝之一定國家安人民乃大事也每侍左右必發明三綱五常爲學之道及歷代治忽興亡之所以然又以遼金之事近接耳目者區別其善惡論著其得失上之裕宗問以心之所守恂曰許衡嘗言人心如印板惟板本不差則雖摹千萬紙皆不差本既差則摹之於紙無不差者裕宗深然之詔擇勳戚子弟使學於恂師道卓然及恂從裕宗撫軍稱海乃以諸生屬之許衡及衡告老而去復命恂領國子祭酒國學之制實始於此帝以國朝承用金大明曆歲久浸踈欲釐正之知恂

精於筭術遂以命之恂薦許衡能明曆之理詔驛召赴闕命領改曆事官屬悉聽恂辟置恂與衡及楊恭懿郭守敬等徧考曆書四十餘家晝夜測驗創立新法參以古制推筭極爲精密詳在守敬傳十六年授嘉議大夫太史令十七年曆成賜名授時曆以其年冬頒行天下十八年居父喪哀毁日飲勺水帝遣内侍慰諭之未幾卒年四十七初恂病裕宗屢遣醫診治及葬賻鈔二千貫後帝思定曆之功以鈔五千貫賜其家延祐二年贈推忠守正功臣光禄大夫司徒上柱國定國公謚文肅子寬賓並從許衡游得星曆

之傳於家學裕宗嘗召見語之曰汝父起於書生貧無貲蓄今賜汝鈔五千貫用盡可復以聞恩恤之厚如此寬由保章正歷兵部郎中知蠡州賓由保章副累遷秘書監

郭守敬

郭守敬字若思順德邢臺人生有異操不爲嬉戲事大父榮通五經精於筭數水利時劉秉忠張文謙張易王恂同學於州西紫金山榮使守敬從秉忠學中統三年文謙薦守敬習水利巧思絶人世祖召見面陳水利六事其一中都舊漕河東至通州引玉泉水以通舟歲可省僱車錢六萬緡通州以南於蘭榆河口徑直開引由蒙村跳梁務至楊村還河以避浮雞淘盤淺風浪遠轉之患其二順德達泉引入城中分爲三渠灌城東地其三順德澧河東至古任城失其故道没民田千三百餘頃此水開修成河其田即可耕種自小王村徑滹沱合入御河通行舟栰其四磁州東北滏漳二水合流處引水由滏陽邯鄲洺州永年下經雞澤合入澧河可灌田三千餘頃其五懷孟沁河雖澆灌猶有漏堰餘水東與丹河餘水相合引東流至武陟縣北合入御河可灌田二千餘頃其六

黄河自孟州西開引少分一渠經由新舊孟州中間順河古岸下至温縣南復入大河其間亦可灌田二千餘頃每奏一事世祖歎曰任事者如此人不爲素餐矣授提舉諸路河渠四年加授銀符副河渠使至元元年從張文謙行省西夏先是古渠在中興者一名唐來其長四百里一名漢延長二百五十里它州正渠十皆長二百里支渠大小六十八灌田九萬餘頃兵亂以來廢壞淤淺守敬更立牐堰皆復其舊二年授都水少監守敬言舟自中興沿河四晝夜至東勝可通漕運及見查泊兀郎海古渠甚多宜加修理

又言金時自燕京之西麻峪村分引盧溝一支東流穿西山而出是謂金口其水自金口以東燕京以北灌田若干頃其利不可勝計兵興以來典守者懼有所失因以大石塞之今若按視故蹟使水得通流上可以致西山之利下可以廣京畿之漕又言當於金口西預開減水口西南還大河令其深廣以防漲水突入之患帝善之十二年丞相伯顔南征議立水站命守敬行視河北山東可通舟者爲圖奏之初秉忠以大明曆自遼金承用二百餘年浸以後天議欲修正而卒十三年江左既平帝思用其言遂以守敬與

王恂率南北日官分掌測驗推步於下而命文謙與樞密張易爲之主領裁奏於上左丞許衡參預其事守敬首言曆之本在於測驗而測驗之器莫先儀表今司天渾儀宋皇祐中汴京所造不與此處天度相符比量南北二極約差四度表石年深亦復欹側守敬乃盡考其失而移置之既又別圖高爽地以木爲重棚創作簡儀高表用相比覆又以爲天樞附極而動昔人嘗展管望之未得其的作候極儀極辰既位天體斯正作渾天象象雖形似莫適所用作玲瓏儀以表之矩方測天之正圜莫若以圜求圜作仰儀古

有經緯結而不動守敬易之作立運儀日有中道月有九行守敬一之作證理儀表高景虛罔象非真作景符月雖有明察景則難作闚几曆法之驗在於交會作日月食儀天有赤道輪以當之兩極低昂標以指之作星晷定時儀又作正方案九表懸正儀座正儀爲四方行測者所用又作仰規覆矩圖異方渾蓋圖日出入永短圖與上諸儀互相參攷十六年改局爲太史院以恂爲太史令守敬爲同知太史院事給印章立官府及奏進儀表式守敬當帝前指陳理致至於日晏帝不爲倦守敬因奏唐一行開元間令南

宮說天下測景書中見者凡十三處今疆宇比唐尤大若不遠方測驗日月交食分數時刻不同晝夜長短不同日月星辰去天高下不同即目測驗人少可先南北立表取直測景帝可其奏遂設監候官一十四員分道而出東至高麗西極滇池南踰朱崖北盡鐵勒四海測驗凡二十七所十七年新曆告成守敬與諸臣同上奏曰臣等竊聞帝王之事莫重於曆自黄帝迎日推策帝堯以閏月定四時成歲舜在璇璣玉衡以齊七政爰及三代曆無定法周秦之間閏餘乖次西漢造三統曆百三十年而後是非始定東漢

造四分曆七十餘年而儀式方備又百二十一年劉洪造乾象曆始悟月行有遲速又百八十年姜岌造三紀甲子曆始悟以月食衝撿日宿度所在又五十七年何承天造元嘉曆始悟以朔望及弦皆定大小餘又六十五年祖冲之造大明曆始悟太陽有歲差之數極星去不動處一度餘又五十二年張子信始悟日月交道有表裏五星有遲疾留逆又三十三年劉焯造皇極曆始悟日行有盈縮又三十五年傅仁均造戊寅元曆頗采舊儀始用定朔又四十六年李淳風造麟德曆以古曆章部元首分度不齊始爲總

法用進朔以避晦晨月見又六十三年一行造大衍曆始以朔有四大三小定九服交食之異又九十四年徐昂造宣明曆始悟日食有氣刻時三差又百三十六年姚舜輔造紀元曆始悟食甚汎餘差數以上計千一百八十二年曆經七十改其創法者十有三家自是又百七十四年聖朝專命臣等改治新曆臣等用創造簡儀高表憑其測實數所考正者凡七事一曰冬至自丙子年立冬後依每日測到晷景逐日取對冬至前後日差同者爲準得丁丑年冬至在戊戌日夜半後八刻半又定丁丑夏至在庚子日夜半後七十刻又定戊寅冬至在癸卯日夜半後三十三刻己卯冬至在戊申日夜半後五十七刻庚辰冬至在癸丑日夜半後八十一刻各減大明曆十八刻遠近相符前後應準二曰歲餘自大明曆以來凡測景驗氣得冬至時刻真數者有六用以相距各得其時合用歲餘今考驗四年相符不差仍自宋大明壬寅年距至今日八百一十年每歲合得三百六十五日二十四刻二十五分其二十五分爲今曆歲餘合用之數三曰日躔用至元丁丑四月癸酉望月食既推求日躔得冬至日躔赤道箕宿十度黄道箕九度有

奇仍憑每日測到太陽躔度或憑星測月或憑月測日或徑憑星度測日立術推筭起自丁丑正月至己卯十二月凡三年共得一百三十四事皆躔於箕與日食相符四曰月離自丁丑以來至今憑每日測到逐時太陰行度推筭變從黄道求入轉極遲疾并平行處前後凡十三轉計五十一事內除去不真的外有三十事得大明曆入轉後天又因考驗交食加大明曆三十刻與天道合五曰入交自丁丑五月以來憑每日測到太陰去極度數比擬黄道去極度得月道交於黄道共得八事仍依日食法度推求皆有食

分得入交時刻與大明曆所差不多六曰二十八宿
距度自漢太初曆以來距度不同互有損益大明曆
則於度下餘分附以太半少皆私意牽就未嘗實測
其數今新儀皆細刻周天度分每度爲三十六分以
距線代管窺宿度餘分並依實測不以私意牽就七
曰日出入晝夜刻大明曆日出入晝夜刻皆據汴京
爲準其刻數與大都不同今更以本方北極出地高
下黄道出入内外度立術推求每日日出入晝夜刻
得夏至極長日出寅正二刻日入戌初二刻晝六十
二刻夜三十八刻冬至極短日出辰初二刻日入申

正二刻晝三十八刻夜六十二刻永爲定式所創法
凡五事一曰太陽盈縮用四正定氣立爲升降限依
立招差求得每日行分初末極差積度比古爲密二
曰月行遲疾古曆皆用二十八限今以萬分日之八
百二十分爲一限凡析爲三百三十六限依垜疊招
差求得轉分進退其遲疾度數逐時不同蓋前所未
有三曰黄赤道差舊法以一百一度相減相乘今依
筭術句股弧矢方圜斜直所容求到度率積差差率
與天道實脗合四曰黄赤道内外度據累年實測内
外極度二十三度九十分以圜容方直矢接句股爲

法求每日去極與所測相符五曰白道交周舊法黄
道變推白道以斜求斜今用立渾比量得月與赤道
正交距春秋二正黄赤道正交一十四度六十六分
擬以爲法推逐月每交二十八宿度分於理爲盡十
九年恂卒時曆雖頒然其推步之式與夫立成之數
尚皆未有定藁守敬於是比次篇類整齊分杪裁爲
推步七卷立成二卷曆議擬藁三卷轉神選擇二卷
上中下三曆注式十二卷二十三年繼爲太史令遂
上表奏進又有時候箋注二卷修改源流一卷其測
驗書有儀象法式二卷二至晷景考二十卷五星細

行考五十卷古今交食考一卷新測二十八舍雜坐
諸星入宿去極一卷新測無名諸星一卷月離考一
卷並藏之官二十八年有言灤河自永平挽舟踰山
而上可至開平有言瀘溝自麻峪可至尋麻林朝廷
遣守敬相視灤河既不可行瀘溝舟亦不通守敬因
陳水利十有一事其一大都運糧河不用一畝泉舊
原別引北山白浮泉水西折而南經甕山泊自西水
門入城環匯於積水潭復東折而南出南水門合入
舊運糧河每十里置一牐比至通州凡爲牐七距牐
里許上重置斗門互爲提閼以過舟止水帝覽奏喜

曰當速行之於是復置都水監俾守敬領之帝命丞相以下皆親操畚鍤倡工待守敬指授而後行事先是通州至大都陸運官糧歲若千萬石方秋霖雨驢畜死者不可勝計至是皆罷之三十年帝還自上都過積水潭見舳艫蔽水大悅名曰通惠河賜守敬鈔萬二千五百貫仍以舊職兼提調通惠河漕運事守敬又言於澄清牐稍東引水與北壩河接且立牐麗正門西令舟楫得環城往來志不就而罷三十一年拜昭文館大學士知太史院事大德二年召守敬至上都議開鐵幡竿渠守敬奏山水頻年暴下非大爲

渠堰廣五七十步不可執政吝於工費以其言爲過縮其廣三之一明年大雨山水注下渠不能容漂没人畜廬帳幾犯行殿成宗謂宰臣曰郭太史神人也惜其言不用耳七年詔内外官年及七十並聽致仕獨守敬不許其請自是翰林太史司天官不致仕定著爲令延祐三年卒年八十六

楊桓

楊桓字武子兗州人幼警悟讀論語至宰予晝寢章慨然有立志由是終身非疾病未嘗晝寢弱冠爲郡諸生一時名公咸稱譽之中統四年補濟州教授後由濟寧路教授召爲太史院校書郎奉敕撰儀表銘曆日序文辭典雅賜楮幣千五百緡辭不受遷祕書監丞至元三十一年拜監察御史有得玉璽於木華黎曾孫碩德家者桓辨識其文曰受天之命既壽永昌乃頓首言曰此歷代傳國璽也亡之久矣今宮車晏駕皇太孫龍飛而璽復出天其彰瑞應於今日乎即爲文述璽始末奉上于徽仁裕聖皇后成宗即位桓疏上時務二十一事一曰郊祀天地二曰親享太廟備四時之祭三曰先定首相四曰朝見羣臣訪問時政得失五曰詔儒臣以時侍講六曰設太學及府

州儒學教養生徒七曰行誥命以褒善叙勞八曰異章服以別貴賤九曰正禮儀以肅宮庭十曰定官制以省内外冗員十一曰講究錢穀以裕國用十二曰訪求曉習音律者以協太常雅樂十三曰國子監不可隸集賢院宜正其名十四曰試補六部寺監及府州司縣吏十五曰增内外官吏俸祿十六曰禁父子骨肉奴婢相告訐者十七曰定婚姻聘財十八曰罷行用官錢營什一之利十九曰復笞杖以別輕重之罪二十曰郡縣吏自中統前仕官者宜加優異二十一曰爲治之道宜各從本俗號奏帝嘉納之未幾陞

秘書少監預修大一統志秩滿歸兗州以貲業悉讓弟楷鄉里稱焉大德三年以國子司業召未赴卒年六十六桓爲人寬厚事親篤孝博覽羣籍尤精篆籀之學著六書統六書泝源書學正韻大抵推明許慎之說而意加深皆行于世

楊果

楊果字正卿祁州蒲陰人幼失怙恃自宋還亳復徙居許昌以章句授徒爲業流寓轗軻十餘年金正大甲申登進士第會參政李蹊行大司農於許果以詩送之蹊大稱賞歸言於朝用爲偃師令到官以廉幹

稱改蒲城改陜皆劇縣也果有應變材能治煩劇諸縣以果治效爲最金亡歲己丑楊奐徵河南課稅起果爲經歷未幾史天澤經略河南果爲參議時兵革之餘法度草創果隨宜贊畫民賴以安世祖中統元年設十道宣撫使命果爲北京宣撫使明年拜參知政事及例罷猶詔與左丞姚樞等日赴省議事至元六年出爲懷孟路總管大修學廟以前嘗爲中書執政官移文申部特不署名以老致政卒于家年七十五諡文獻果性聰敏美風姿工文章尤長於樂府外若沉默内懷智用善諧謔聞者絶倒微時避亂河南娶羇旅中女後登科歷顯仕竟與偕老不易其初心人以是稱之有西菴集行於世

王構

王構字肯堂東平人父公淵遭金末之亂其兄三人挈家南奔公淵獨誓死守墳墓伏草莽中諸兄呼之不出號慟而去卒得存其家而三兄不知所終構少穎悟風度凝厚學問該博文章典雅弱冠以詞賦中選爲東平行臺掌書記參政賈居貞一見器重俾其子受學焉至元十一年授翰林國史院編脩官時遣丞相伯顏伐宋先下詔讓之命構屬草以進世祖大

悅宋亡構與李槃同被旨至杭取三館圖籍太常天章禮器儀仗歸于京師凡所薦拔皆時之名士十三年秋還入覲遷應奉翰林文字陞修撰丞相和禮霍孫由翰林學士承旨拜司徒辟構爲司直時丞相阿合馬爲盜擊死世祖亦悟其姦復相和禮霍孫更張庶務構之謀畫居多歷吏部禮部郎中審囚河南多所平反改太常少卿定親享太廟儀注擢淮東提刑按察副使召見便殿親授制書賜上尊酒以遣之尋以治書侍御史召屬桑哥爲相俾與平章卜忽木檢覈燕南錢穀而督其逋負以十一月晦行期歲終復

命明年春還宿盧溝驛度逾期禍且不測謂卜忽木曰設有罪搆當以身任之不以累公也會桑哥死乃免有旨出銓選江西入翰林爲侍講學士世祖崩搆撰謚冊成宗立由侍講爲學士纂修實録書成叅議中書省事時南士有陳利便請捜括田賦者執政欲從之搆與平章何榮祖共言其不可辨之甚力得不行以疾歸東平久之起爲濟南路總管諸王從者怙勢行州縣民莫敢忤視搆聞諸朝從之北境學田爲牧地所侵者理而歸之官貸民粟歲飢而責償不已搆請輸以明年武宗即位以纂修國史趣召赴闕拜

翰林學士承旨未幾以疾卒年六十三搆歷事三朝練習臺閣典故凡祖宗謚冊冊文皆所撰定朝廷每有大議必咨訪焉喜薦引寒士前後省臺翰苑所辟無慮數十人後居清要皆有名于時子士熈仕至中書叅政卒官南臺御史中丞士黙淮西廉訪司僉事皆能以文學世其家

魏初

魏初字大初弘州順聖人從祖璠金貞祐三年進士補尚書省令史金宣宗求直言璠首論將相非人及不當立德陵事䟽奏不報後復上言國勢危逼四方未聞有勤王之舉隴右地險食足其帥完顏胡斜虎亦可委仗宜遣人往諭大計大臣不悦而止閲數月胡斜虎兵來援已無及金主悔焉金將武仙軍次五朶山不進求使仙者或薦璠即授朝列大夫翰林修撰給騎四人以從至則仙已遁去部曲亦多散亡璠撫循招集得數千人推其中材勇者爲帥長仍制符印予之以矯制自劾金主謂其處置得宜繼聞仙率餘衆保留山璠直趣仙所宣諭之或譏於仙謂璠欲奪其軍仙怒命士挾刃若欲殺璠然且引一吏與璠辨璠不爲動大言曰王人雖微序于諸侯之上將軍

縱不加禮奈何聽讒邪之言欲以小吏置對耶且將軍跳山谷而左右無異心者以天子大臣故也苟不知尊天子安知麾下無如將軍者不然吾有死無辱命仙不能屈璠復激使進兵不應比還金主已遷歸德復還蔡州金亡璠無所歸乃北還鄉里庚戌歲世祖居潛邸聞璠名徵至和林訪以當世之務璠條陳便宜三十餘事舉名士六十餘人以對世祖嘉納後多采用焉以疾卒于和林年七十賜謚靖肅初其從孫也璠無子以初爲後初好讀書尤長於春秋爲文簡而有法比冠有聲中統元年始立中書省辟爲掾

史兼掌書記未幾以祖母老辭歸隱居教授會詔左丞許衡學士竇默及京師諸儒各陳經史所載前代帝王嘉言善政選進讀之士有司以初應詔帝雅重璠名方之古直詢知初爲璠子歎獎久之即授國史院編修官尋拜監察御史首言法者持天下之具御史臺則守法之司也方今法有未定百司無所持循宜參酌考定頒行天下帝宴群臣於上都行宮有不能酹大卮者免其冠服初上疏曰臣聞君猶天也臣猶地也尊卑之禮不可不肅方今內有太常有史官有起居注以議典禮記言動外有高麗安南使者入

貢以觀中國之儀昨聞錫宴大臣威儀弗謹非所以尊朝廷正上下也疏入帝欣納之仍諭侍臣自今毋復爲此舉時襄樊未下將括民爲兵或請自大興始初言京師天下之本要在殷盛建邦之初詎宜搔動遂免括大興兵初又言舊制常參官諸州刺史上任三日舉一人自代況風紀之職與常員異請自今監察御史按察司官在任一歲各舉一人自代所舉不當有罰不惟砥礪風節亦可爲國得人遂舉勸農副使劉宣自代出僉陝西四川按察司事歷陝西河東按察副使入爲治書侍御史又以侍御史行御史臺事于揚州擢江西按察使尋徵拜侍御史行臺移建康出爲中丞卒年六十一子必復集賢侍講學士

焦養直

焦養直字無咎東昌堂邑人夙以才器稱至元十八年世祖改符寶郎爲典瑞監思得一儒者居之近臣有以養直薦者帝即命召見敷對稱旨以真定路儒學教授超拜典瑞少監二十四年從征乃顔二十八年賜宅一區入侍帷幄陳說古先帝王政治帝聽之每忘倦嘗語及漢高帝起自側微誦所舊聞養直從容論辯帝即開納由是不薄高帝大德元年成宗幸

柳林命養直進講資治通鑑因陳規諫之言詔賜酒及鈔萬七千五百貫二年賜金帶象笏三年遷集賢侍講學士賜通犀帶七年詔傅太子於宮中啓沃誠至帝聞之大悅八年代祀南海九年進集賢學士十一年陞太子諭德至大元年授集賢大學士謀議大政悉與焉告老歸而卒贈資德大夫河南等處行中書省右丞謚文靖子德方以蔭爲興國路總管府判官

孟攀鱗

孟攀鱗字駕之雲內人曾祖彥甫以明法爲西北路

招討司知事有疑獄當死者百餘人彥甫執不從後三日得實皆釋之祖鶴父澤民皆金進士攀鱗幼日誦萬言能綴文時號奇童金正大七年擢進士第仕至朝散大夫招討使歲壬辰汴京下北歸居平陽丙午爲陝西帥府詳議官遂家長安世祖中統三年授翰林待制同修國史至元初召見條陳七十事大抵勸上以郊祀天地祠太廟制禮樂建學校行科舉擢守令以字民儲米粟以贍軍省無名之賦罷不急之役百司庶府統於六部紀綱制度悉由中書是爲長久之計世祖悉嘉納之咨問諄諄後論王百一許仲

平優劣對曰百一文華之士可置翰苑仲平明經傳道可爲後學矜式帝深然之又嘗召問宗廟郊祀儀制攀鱗悉據經典以對時帝將親祀詔命攀鱗會太常議定禮儀攀龍夜畫郊祀及宗廟圖以進帝皆親覽焉後以病請西歸帝令就議陝西五路四川行中書省事四年卒年六十四延祐三年贈翰林學士承旨資德大夫上護軍平原郡公謚文定

尚野

尚野字文蔚其先保定人徙滿城野幼穎異祖母劉厚資之使就學至元十八年以處士徵爲國史院編修官二十年兼興文署丞出爲汝州判官廉介有爲憲司屢薦之二十八年遷南陽縣尹初至官獄訟充斥野裁決無留滯涉旬遂無事改懷孟河渠副使會遣使問民疾苦野建言水利有成法宜隸有司不宜復置河渠官事聞于朝河渠官遂罷大德六年遷國子助教諸生入宿衛者歲從幸上都丞相哈剌哈孫始命野分學於上都以教諸生仍鑄印給之上都分學自野始俄陞國子博士誨人先經學而後文藝每謂諸生曰學未有得徒事華藻若持錢買水所取有限能自鑿井及泉而汲之不可勝用矣時學舍未備

野密請御史臺乞出帑藏所積大建學舍以廣教育仁宗在東宮野爲太子文學多所裨益時從賓客姚燧諭德蕭𣂏入見帝爲加禮至大元年除國子司業近臣奏分國學西序爲大都路學帝已可其奏野謂國學府學混居不合禮制事遂寢四年拜翰林直學士知制誥同修國史詔野赴吏部試用廕補官野多所優假或病其太寬野曰今初設此法異將來者習詩書知禮義耳非必責效目前也衆乃服皇慶元年陞翰林侍講學士延祐元年改集賢侍講學士兼國子祭酒二年夏移疾歸滿城四方來學者益衆六年

卒于家年七十六贈通奉大夫太常禮儀院使護軍追封上黨郡公諡文懿野性開敏志趣正大事繼母以孝聞文辭典雅一本於理子師易蘄州路總管府判官師簡中奉大夫奎章閣侍書學士同知經筵事

李之紹

李之紹字伯宗東平平陰人自幼穎悟聰敏從東平李謙學家貧教授鄉里學者咸集至元三十一年纂修世祖實錄徵名儒充史職以馬紹李謙薦授將仕佐郎翰林國史院編修官直學士姚燧欲試其才凡翰林應酬之文積十餘事併以付之之紹援筆立成併以藁進燧驚喜曰可謂名下無虛士也大德二年聞祖母疾辭歸復除編修官陞將仕郎六年陞應奉翰林文字七年遷太常博士九年丁母憂累起復終不能奪至大三年仍授太常博士階承事郎四年陞承直郎翰林待制皇慶元年遷國子司業延祐三年陞奉政大夫國子祭酒夙夜孳孳惟以教育人材爲心四年十二月陞朝列大夫同僉太常禮儀院事六年改翰林直學士復以疾還七年召爲翰林直學士至治二年陞翰林侍講學士知制誥同修國史三年告老而歸泰定三年八月卒年七十三子勖蔭父職

同知諸暨州事之紹平日自以其性遇事優游少斷故號果齋以自勵有文集藏于家

列傳卷第五十一

翰林學士亞中大夫知制誥兼修國史臣宋濂翰林待制承直郎同知制誥兼國史院編修官臣王褘等奉

勅修

張禧

張禧東安州人父仁義金末徙家益都及太宗下山東仁義乃走信安時燕薊已下獨信安猶爲金守其主將知仁義勇而有謀用之左右國兵圍信安仁義率敢死士三百開門出戰圍解以功署軍馬總管守信安踰十年度不能支乃與主將舉城內附率其部曲從宗王合丹平定河南授管軍元帥後攻歸德飛

矢入口折其二齒鏃出項後卒賜爵縣侯禧年十六從大將阿朮魯南攻徐州歸德復從元帥察罕攻壽春安豐廬滁黃泗諸州皆有功禧素峭直爲主將所忌誣以他罪欲寘之法時王鶚侍世祖於潛邸禧密往依之鶚請左丞闊闊薦禧與其子弘綱俱入見歲己未從世祖南伐濟江與宋兵始接戰即擒其一將進攻鄂州諸軍宂城以入宋樹柵爲夾城於內入戰者輒不利乃命以厚賞募敢死士禧與子弘綱俱應募由城東南入戰將至城下帝憫其父子俱入險地遣阿里海牙諭禧父子止一人進戰禧所執槍中弩

矢而折取弘綱槍以入破城東南角有逗留不進者十餘人立城下弘綱復奪其槍入轉戰良久禧身中十八矢一矢鏃貫腹悶絕復甦曰得血竭飲之血出可生世祖亟命取血竭遣人往療之瘡既愈復從大將納剌忽與宋兵戰于金口李家洲皆捷世祖即位賜金符授新軍千戶三年從征李璮時宋乘璮叛遣夏貴襲取蘄縣宿州等城禧移兵攻之貴走盡復諸城至元元年陞唐鄧等州盧氏保甲丁壯軍總管宋侵均州總管李玉山敗走帝命禧代之三年與宋將呂文煥戰于高頭赤山乘勝復均州四年改水軍總

管益其軍二千五百令習水戰五年從攻襄樊六年七月夏貴率兵援襄陽禧從元帥阿朮戰却之八年江水暴溢宋遣范文虎以戰艦千餘艘來援元帥阿朮命禧率輕舟夜銜枚入其陣中插葦以識水之深淺及還阿朮即命禧率四翼水軍進戰宋兵潰追至淺水奪戰艦七十餘艘九年攻樊城焚其串樓敗宋將張貴于鹿門山十年行省集諸將問破襄陽之策禧言襄樊夾漢江而城敵人橫鐵鎖置木栰于水中今斷鎖毀栰以絕其援則樊城必下樊城下則襄陽可圖矣行省用其計乃破樊城而襄陽繼降帝遣使

錄諸將功授宣武將軍水軍萬户佩金虎符丞相伯顏因命禧爲水軍先鋒十二年敗宋將孫虎臣于丁家洲尋移屯黄池以斷宋救兵九月從阿术與宋都統姜才戰有功加信武將軍十三年從下温台福建十四年加懷遠大將軍江陰路達魯花赤水軍萬户十六年入朝進昭勇大將軍招討使十七年加鎮國上將軍都元帥時朝廷議征日本禧請行即日拜行中書省平章政事與右丞范文虎左丞李庭同率舟師泛海東征至日本禧即捨舟築壘平湖島約束戰艦各相去五十步止泊以避風濤觸擊八月颶風大

作文虎庭戰艦悉壞禧所部獨完文虎等議還禧曰士卒溺死者半其脫死者皆壯士也曷若乘其無回顧心因糧於敵以進戰文虎等不從曰還朝問罪我輩當之公不與也禧乃分船與之時平湖島屯兵四千乏舟禧曰我安忍棄之遂悉棄舟中所有馬七十疋以濟其還至京師文虎等皆獲罪禧獨免子弘綱

弘綱字憲臣年十八父禧爲主將所誣繫獄將殺之弘綱直入獄中獄卒併繫之弘綱佯狂謡笑守者易之既寢遂與其父逸去後從其父攻城徇地屢有功自眙信校尉管軍總把佩銀符換金符爲千户陞總管廣威將軍招討副使加定遠大將軍招討使襲鎮江陰盜起安吉弘綱率兵往捕未踰旬擒之從參政高興破建德溪寨諸賊後賜三珠虎符授昭勇大將軍河南諸翼征行萬户從右丞劉深征八百媳婦國師次八番與叛蠻宋隆濟等力戰而歿贈宣忠秉義功臣資善大夫湖廣等處行中書省左丞上護軍追封齊郡公謚武宣子漢當襲職讓其弟鼎漢後爲監察御史累官至集賢直學士鼎襲江陰水軍萬户

賈文備

賈文備字仲武祁州蒲陰人父輔仕金爲祁州刺史

武仙悍輔膽略寄令所親圖之輔以衆歸太祖詔隸張柔以兵攻蠡州慶都安平東鹿諸縣皆下之柔開帥府於滿城命輔行元帥府事於祁州從定山東還左副元帥柔將兵在外輔常居守累功改行軍千户賜金符尋領順天河南等路軍民萬户卒文備襲父千户職張柔命屯三汊口備宋兵宋以雲梯二十餘來攻文備率兵鏖戰却之憲宗賜弓矢銀盂歲乙卯復令襲父左副元帥職兼領順天路中統三年升開元府路女真水達達等處宣撫使佩金虎符三年還開元東京懿州等處宣慰使四年改授萬户領張柔

所部軍屯亳州宋兵時鈔掠淮甸文備戰却之至元二年加昭勇大將軍真定路總管兼府尹六年調衛輝路總管七年授西蜀成都統軍以疾不赴八年授宿州萬戶尋改河南等路統軍圍襄樊九年移蔡州兼水陸漕運宋兵時掠糧餉文備敗之併奪其船詔罷統軍文備入覲賜弓矢金鞍錦衣白金十一年復授萬戶漢軍都元帥領劉整軍駐亳州宋將夏貴知亳無備盛引兵來襲文備出奇邀擊大破之帝賜金鞍金織文段白金丞相伯顏伐宋文備領左翼諸軍以從抵郢州宋築二城夾江布戰艦數千艘于江中

陳兵兩岸軍不得進文備泛舟由淪河徑出大江攻武磯堡乃從阿朮先渡江大軍繼之遂取鄂漢以功賜白金加昭毅大將軍守鄂州十二年從平章政事阿里海牙趣湖南至潭州城下文備冒鋒鏑砲傷右手流矢中左臂攻戰愈急宋臣李芾死之轉運判官鍾蜚英等以城降十三年加昭武大將軍守潭州十四年衡永郴等郡寇發文備悉討平之十五年進鎮國上將軍湖南道宣慰使徇瓊崖等州及廣東瀕海諸城追宋衛王昺十六年召還拜淮東宣慰使加金吾上將軍鎮慶元十八年復授都元帥二十年改江東宣慰使討建寧盜黃華二十二年拜荆湖占城行中書省參知政事二十三年改湖廣行省參知政事二十四年致仕後十七年以疾卒延祐四年贈江西等處行中書省左丞追封武威郡公諡莊武

解誠

解誠易州定興人善水戰從伐宋設方畧奪敵船千計以功授金符水軍萬戶兼都水監使焦湖之戰獲戰艦三百艘宋以舟師來援誠據舟厲聲叱之援兵不敢動急移舟抵岸乘勢追殺之奪其軍餉三百餘斛既又從攻安豐壽復泗亳諸州俱有功又從下雲

南大理國以功賜金虎符從攻鄂奪敵艦千餘艘殺溺敵軍甚衆世祖嘉其功嘗降制獎之至元三十年卒贈推忠宣力功臣龍虎衛上將軍同知樞密院事上護軍追封易國公諡武定子汝楫襲從討李璮平宋累獲功賞卒贈推忠效節功臣資德大夫中書右丞上護軍追封易國公諡忠毅子帖哥襲從征廣西下靜江府改授水軍招討使尋復為萬戶從征交趾有功陞廣東道宣慰使卒贈資德大夫河南江北等處行中書省左丞上護軍平陽郡公諡武宣子世英西臺監察御史遷山南江北道僉事

管如德

管如德黄州黄陂縣人父景模爲宋將以蘄州降授淮西宣撫使如德爲江州都統制至元十二年亦以城降先是如德嘗被俘虜思其父與同輩七人間道南馳爲邏者所獲械送于郡如德伺邏者怠即引械擊死數十人各破械脫走間關萬里達父所景模喜曰此真吾兒也至是入覲世祖笑曰是孝於父者必忠於我矣一日授以強弓二如德以左手兼握右手悉引滿之帝曰得無傷汝臂乎後毋復然嘗從獵遇大溝馬不可越如德即解衣浮渡帝壯之由是稱爲

拔都賞賚優渥帝問我何以得天下宋何以亡如德對曰陛下以福德勝之襄樊宋咽喉也咽喉被塞不亡何待帝曰善帝又命習國書曰習成當爲朕言之一日帝語如德曰朕治天下重惜人命凡有罪者必令面對再四果實也而後罪之非如宋權姦擅權書片紙數字即殺人也汝但一心奉職毋懼忌嫉之口授湖北招討使總管本部軍馬佩金虎符是年六月丞相阿术南攻宋如德以軍爲前鋒至揚州揚子橋與宋戰晝夜不息如德先登陷陣擒其帥張都統等宋軍遂潰七月進軍焦山江上復大戰奪宋帥夏都

統牌印衣甲及餉軍海船悉送阿术所事聞帝命賞之軍至鎮江如德招安諸郡守將皆望風降附丞相伯顔取臨安復選能招諸郡者衆推如德如德銜命往諭紹興諸郡皆下初世祖以寶刀賜如德及與敵戰刀刃盡缺宋平入覲如德以刀上呈曰陛下向所賜刀從軍以來刀缺如是矣帝嘉其朴十二年遷浙西宣慰使上時政五條一曰立額薄征二曰息兵懷遠三曰立法用人四曰省役恤民五曰設官制祿時法制未備仕多冗員又方用兵日本倭國而軍民之官廩祿未有定制故如德言及之權臣抑不得上二

年丞相阿塔海命馳驛奏出征事入見世祖問曰江南之民得無有二心乎如德對曰往歲旱澇相仍民不聊生今累歲豐稔民沐聖恩多矣敢有貳志使果有貳志臣曷敢飾辭以欺陛下乎帝善其言且諭之曰阿塔海有未及者卿善輔導之有當奏聞者卿勿憚勞宜馳捷足之馬來告於朕二十四年遷江西行省參知政事破豪猾去姦吏居民大悦是時贛汀二州盜起如德指揮諸將討平之其脅從者多所全宥三十六年遷江西行尚書省左丞時鍾明亮以循州叛殺掠州縣千里丘墟帝命如德統四省兵討之諸

將欲直擣其巢穴如德曰嘻今田野之民疲於轉輸介胄之士病於暴露重困斯民而自爲功吾不爲也於是遣使喻以禍福賊感如德誠信即擁十餘騎詣贛州石城縣降平章政事奥魯赤怒其跋扈不臣欲以事殺明亮如德聞之曰皇元仁厚未嘗殺降明亮叛人何足惜所重者信不可失耳年四十有四卒于軍贈江西行省左丞平昌郡公謚武襄子九淳祖積官中順大夫龍興路富州尹

趙匣剌

趙匣剌者始以父任爲千户佩金符中統三年守東

川四年宋夏貴以兵侵虎嘯山寨元帥欽察遣匣剌率兵往禦之貴敗走追至新明縣斬首三十餘級宋劉雄飛以兵犯青居山舊府匣剌與戰於都尉壩敗之斬首二十餘級欽察攻釣魚山遣匣剌以兵千五百人略地至南壩擊敗宋軍生獲軍士五十七人老幼三百四十人從攻大良平宋昝萬壽運糧至渠江之鵝灘匣剌邀擊之斬首五十餘級宋兵大敗匣剌亦被三創矢鏃中左肩不得出欽察惜其驍勇敢死因二人刲其肩視骨節淺深知可出即爲鑿其創拔鏃出之匣剌神色不爲動至元三年爲東川路先鋒使四年元帥拜答攻開州至萬寶山遣匣剌以兵五百人擊宋軍生獲四十人五年兼管京兆延安兩路新軍戍東安虎嘯山兩城宋楊立以兵護糧送大良平匣剌察知之遂率所部兵與立戰於三重山斬首百五十級擒獲四十餘人立敗走棄其糧千餘石因盡奪其甲仗旗幟而還六年行院遣匣剌攻釣魚山之沙市焚其敵樓從左丞曲力吉思等入朝詔賞白金五十兩細甲一注九年統軍合剌攻釣魚山時匣剌爲先鋒領兵千人略地至葛樹坪與宋兵遇生獲二十餘人斬首四十級十年三月復從行院合答攻

釣魚山之沙市匣剌乘夜蟻附而登殺其守兵燒其積聚生獲二十餘人以歸又擊敗宋將張珏兵於武勝軍行院新拔禮義山砦命匣剌守之十二年率舟師會攻釣魚山戰數有功進圍重慶宋將趙安勤兵出戰匣剌迎擊之夜至二鼓敵衆大潰行院以其功上聞未報而疾作乃遣往瀘州治疾至之夕瀘州復叛匣剌輿疾出戰遂爲其所獲與從者二十人皆死之子世顯船橋副萬户

周全

周全其先汝寧光州人仕宋爲武翼大夫廣南西路

馬步軍副總管至元十二年丞相伯顏總兵下江南全率衆來歸遂以行省檄還授衡州知州是年秋七月入覲賜金符授明威將軍還授泉州知州兼管軍千戸冬十月從元帥宋都解下江西諸城邑明年進兵福建宋制置使黄萬石降冬十月從大軍征廣東戰斬馘甚衆殺其安撫使熊飛十二月以遊騎巡廣中過靈星海石門敵勢甚張全奮戈殺敵乘勝奪其旗鼓火其船及諸軍下廣州全功居多十四年從攻廣西静江府宋安撫李夔龍率衆來降其有負固不下者悉戰敗之奪敵艦以千計殺敵溺死者無算兩廣以平第功賜虎符授管軍總管十五年盜據贛州崖石山寨全率兵討平之焚其寨十七年進廣威將軍管軍副萬戸鎮守龍興二十年以疾去官大德九年卒贈懷遠大將軍南安寨兵萬戸府萬戸輕車都尉追封汝南郡侯子祖瑞襲職

孔元

孔元字彦亨真定人驍勇有智畧歲丁酉棄家從軍隸丞相史天澤麾下戊戌從取焦湖圍壽春先登拔其西堡己亥從征安豐力戰却敵己酉從圍泗州拔

之辛亥從攻五堂山寨俘其衆以歸戊午從攻樊城親王塔察兒命取樊西堡元率死士挺槍大呼擊殺數百人斬首十九級以獻中統元年扈駕北征二年宣授管軍總把至元十一年從伐宋爲前鋒所向克捷十四年進武畧將軍管軍千戸明年還軍北征進武義將軍侍衛親軍千戸賜佩金符又明年國兵討叛王失里木等從行院别乞里迷失追其衆至兀速洋而還分軍之半扼其要害地餘衆遂潰獲輜重牛馬帝大悦賞賚甚厚加宣武將軍右衛親軍總管十九年以疾卒子鷹揚襲授昭信校尉右衛親軍弩軍千戸仍佩金符至大元年以疾卒子成祖襲延祐二年卒子那海襲

朱國寶

朱國寶其先徐州人後徙寶坻父存器歷官至修内司使嘗夜行盧溝橋獲金一囊坐而待其主以付之其人請中分存器笑而遣之憲宗將攻宋募兵習水戰國寶以職官子從軍隸水軍萬戸解誠麾下己未世祖以兵攻鄂國寶攝千戸率銳卒於中流與宋師鏖戰凡十七戰諸軍畢濟中統二年授千戸佩銀符三年圍李璮於濟南佩金符鎮戍海東從征襄陽攝

四翼鎮撫督造戰艦築萬山堡至元十一年拔沙洋隩新城皆與有力焉初師次江上國寶請於丞相伯顔願當前鋒既而奪船二十艘以獻伯顔壯之宋據上流方舟數百結爲堡柵伯顔指示曰復能奪取是乎國寶即奮往破柵既渡江下鄂漢十二年進兵臨岳州與宋兵戰於岳之桃花灘獲其將高世傑進昭信校尉管軍總管既降湖右加宣武將軍統蒙古諸軍鎮常德府知安撫司事時宋諸郡邑多堅守不下國寶傳檄招諭踰月悉平惟辰沅靖鎮遠未下宋將李信李發結武岡洞蠻分據拒寨國寶擊敗之其衆

退保飛山新城思播蠻來援國寶復與戰破之擒張星沈舉等三百餘人進攻新城獲信發等獻俘江陵行省奏功賜金虎符十四年會諸道兵攻廣西静江拔之進秩管軍萬戶鎮守梧州領安撫司事十五年加懷遠大將軍初宋臨安之破也張世傑挾二王由閩蹈海衆復滋蔓時南恩新州何華張翼舉兵興復軍勢甚盛國寶選精銳擊殺華翼擒其黨二人斬首萬餘級俘五百餘人船七百艘奪其兵器無筭降其將十餘軍士二百民三萬餘戶十六年遷定遠大將軍海北海南道宣慰使蛋賊連結欝林廉州諸洞恣行剽掠國寶悉平之磔戶高化以懲反側任龍光等率所部五千戶降移瓊州立官程吏弊政訓兵息民具有條制南寧謝有奎負固不服國寶開示信義有奎感悟以其屬來歸於是黎民降者三千戶蠻洞降者三十所十八年破臨高蠻寇五百人招降居亥番毫銅鼓博吐桐油等十九洞遣部將韓旺率兵略大黎密塘横山誅首惡李實火其巢生致大鍾小鍾諸部長十有八人加鎮國上將軍海北海南道宣慰使都元帥供給占城軍餉事集而民不擾二十三年遷廣南西道宣慰使二十四年入覲帝慰勞之二十五

年進輔國上將軍都元帥參知政事行尚書省事以軍事至贛州得疾卒于傳舍年五十九子斌襲職累官加賜金虎符海北海南宣慰使都元帥贊上副萬戶佩金虎符鎮福州次鼎次鉉

張立

張立泰安長清人初隸嚴實麾下畧江淮有功署爲百戶歲戊午憲宗征蜀徵諸道兵立從行次大獲山宋人阻山爲城帶江爲池恃以自固立統銳卒攻陷外堡奪戰船百餘艘復從攻釣魚山有功賜金帛中統初從世祖北征還授管軍總把賜銀符進侍衛軍

鎮撫換金符改侍衛軍千戶尋遷左衛親軍副都指揮使賜金虎符十四年春率步卒千人轉粟赴和林道出應昌會酋師畔換謀不軌以射士三千踵其後欲乘間奪其資粮立覺其有異急命環車爲柵以備之賊衆已合矢如雨下初立之發上都也每車載二板以備不虞至是建板于車矢不能入騎卒稍前即以戈撞之強弩繼發賊不得近相持連日乃解去是歲增置前後衛兵進明威將軍後衛親軍都指揮使賜雙珠虎符加昭勇大將軍以老乞退子珪襲珪卒子伯潛襲

齊秉節

齊秉節字子度濱州蒲臺人父珪從嚴實攻歸德廬州有功授無棣縣尹攝征行千戶後兼總管鎮棗陽中統三年李璮以益都叛徵諸道兵進討棗陽精銳盡行僅留羸卒千餘珪時攝萬戶府事與宋襄郢對壘敵來覘虛實珪城守周密以東門外壕狹小可越命浚之爲備宋將聶都統陳總管果率兵萬餘抵城東門以板渡壕壕廣板不能及珪率衆力戰敵退走城賴以完事聞賜金符真授千戶至元三年告老舉秉節自代秉節魁偉沈毅涉獵書史稍知兵法襲父爵仍鎮棗陽五年從伐宋築新城白河口堡鹿門山略地郢州大洪山黃仙洞數著戰功七年陞上千戶權萬戶十一年從丞相伯顏至郢盪舟由陸入江攻武磯堡擒宋將閻都統十二年國兵敗宋賈似道孫虎臣舟師于丁家洲命秉節屯建康與宋將趙淮戰于西離山追至溧陽自辰及午宋軍乃退八月遷武義將軍十二月從定太平安慶諸郡與宋將張沓議戰于崑山殺之十四年授宣武將軍管軍總管時黃州復叛令秉節往討斬余總轄于陣十七年授明威將軍二十三年移鎮饒州安仁劇賊蔡福一叛秉節

與有司會兵討之擒福一餘黨悉平二十五年陞廣威將軍棗陽萬戶府副萬戶二十八年卒年六十二子英襲

張萬家奴

張萬家奴父札古帶事睿宗於潛邸從破金有功賜虎符授河東南北路船橋隨路兵馬都總管萬戶從西征下興元圍嘉定殁于軍萬家奴數從都元帥大荅火魯征討有功中統二年從都元帥紐璘入朝授以父官宋兵入成都從行院阿脫擊破之至元四年帥師會立眉簡二州從也速荅兒攻瀘州大敗宋軍

殺傷過半俘四十餘人以歸七年率諸軍城張廣平與宋人戰斬首三百餘級獲都統一人從攻重慶破朝陽寨圍嘉定柵平康太和懷遠諸寨分兵以守之且日出師水陸接戰功居多而諸將攻瀘州往往失利乃詣闕請自任以攻取之效許之遂率舟師百五十艘自桃竹灘至折魚灘分守江面謹風火嚴號令約日進攻先擣神臂門爲梯衝登城殺二百餘人斬關而入遂拔之加昭勇大將軍會圍重慶將其衆斷馬湖江分兵水陸往來爲游徼加昭毅大將軍以所部轉餉成都及下流諸屯尋遷招討使與都元帥藥

剌海討亦奚不薛蠻平之進副都元帥詔其子孝忠爲船橋萬戶以萬家奴將四川湖南兵征哈剌章時雲南惡昌多興羅羅諸蠻皆叛殺掠使者劫奪人民州郡莫能制遂以其兵討之勦其衆民爲之立祠二十年從征緬戰死之雲南王命其子保童將其軍從征入太公城有功襲副都元帥又從征至甘州山丹亦戰死孝忠少從父軍中好攻戰至元十九年從都元帥也速苔兒討亦奚不薛蠻遇其衆于會靈關追至沙谿敗之進攻龍家寨阿那關克之遂攻亦奚不薛營大破之又以八百人敗阿求蠻於鹿扎河乘勝至打鼓寨連破之諸蠻平以功賜金帛弓矢鞍轡還軍成都二十二年從討烏蒙蠻復擊降大壩都掌蠻子諸蠻加明威將軍二十七年詔從西征至沙瓜諸州還賜虎符僉書四川等處行樞密院事院罷以本軍萬戶鎮成都卒

郭昂

郭昂字彥高彰德林州人習刀槊能挽強稍通經史尤工於詩至元二年上書言事平章廉希憲材之授山東統軍司知事尋改經歷遷襄陽總軍司轉沅州安撫司同知佩金符招降溪洞八十餘柵播州張華

聚衆容山昂率兵屠之山徑木猫土獠諸洞盡降十六年以諸洞酋入朝帝賜金綺衣鞍轡進安遠大將軍徇沅州西南界復新化安仁二縣擒劇賊張虎縱之曰汝非吾敵願降即來不然吾復擒汝不難也明日虎降併其衆三千餘人悉使歸民籍軍還衆斂白金以獻一無所受行至江陵衆復從致金而去昂悉上之行省宰臣令藏於庫以示諸將二十六年江西盜起昂討之進逼南安明揚上龍巖湖綠村石門厲湖赤水黑風峒諸蠻立太平寨而還會大飢以賊首家貲分賑之授萬戶賜金虎符鎮撫州未幾省檄昂

赴廣東監造戰船行至廣東界遇盜移檄諭以禍福廣東素服其威信及見其檄即俱降授廣東宣慰使卒年六十一子震杭州路鎮守萬户惠僉江西廉訪司事豫知寧都州

綦公直

綦公直益都樂安人世業農至元五年爲益都勸農官九年爲沂莒膠密寧海五州都城池所千户十年賜金符命造征日本戰船于高麗時宋未下世祖知其勇遣使召見俾與孛不烈拔都等領兵同行荆南等處招討司事抵峽州青草灘霖雨不進還屯玉泉

山率兵三千攻安進下寨破之殺宋軍百餘人獲牛馬七百還至襄陽樞密院命督造戰艦運舟襄陽既下奉旨領鄧州光化唐州漢軍及郢復熟券軍九千二百人從諸軍南伐二十年冬至隆興宋軍突出城門逆戰公直敗之追抵城下遂踰壕拔木焚其樓櫓斬首萬餘級生擒七百人隆興降由是南安吉贛皆望風款附平堡柵六百餘所公直又令第三子忙古台攻梅關破淮德山寨入廣東至南海皆下之詔授公直武毅將軍管軍上千户召入加昭勇大將軍管軍萬户佩金虎符領侍衛親軍時伯延伯荅罕秃忽魯叛于西夏命公直率軍討平之十八年五月陞輔國上將軍都元帥宣慰使鎮别十八里初帝詔以長子春龔萬户公直自陳父年老乞以春爲樂安縣尹就養其父制可仍終身勿從他職至是乃以忙古台襲萬户佩金虎符從之鎮公直陛辭曰臣父喪五年願葬以行帝許之至家葬事畢遂計樂安稅課及貧民逋負悉以賜金代輸之乃行二十三年諸王海都叛侵别十八里公直從丞相伯顔進戰於洪水山敗之追擊浸遠援兵不至第五子瑗力戰而死公直與妻及忙古台俱陷焉二十四年忙古台奔還授定遠

大將軍中侍衛親軍副都指揮使改湖州砲手軍匠萬户討衢州山賊有功加昭勇大將軍春後終於知寧海州

楊賽因不花

楊賽因不花初名漢英字熙載賽因不花賜名也其先太原人唐季南詔陷播州有楊端者以應募起竟復播州遂使領之五代以來世襲其職五傳至昭無子以族子貴遷嗣又八傳至粲粲生价价生文文生邦憲皆仕宋爲播州安撫使至元十三年宋亡世祖詔諭之邦憲奉版籍内附授龍虎衛上將軍紹慶珍

州南平等處沿邊宣慰使播州安撫使卒年四十三贈推忠效順功臣平章政事追封播國公謚惠敏漢英邦憲子也生五歲而父卒二十二年母田氏携至上京見世祖於大安殿帝呼至御榻前熟視其眸子撫其頂者久之乃諭宰臣曰楊氏母子孤寡萬里來庭朕甚憫之遂命襲父職錫金虎符因賜名賽因不花及陛辭詔中書錫宴賜金幣綵繒賚其從者有差二十五年再入覲時年十二帝見其應對明敏稱善者三復因宰臣奏安邊事帝益嘉之是年改安撫司爲宣撫司授宣撫使尋陞侍衛親軍都指揮使成宗

即位賽因不花兩入見贈謚二代大德五年宋隆濟及折節等叛詔湖廣行省平章劉二拔都指揮使也先忽都魯率兵偕賽因不花討之六年秋九月師出播境連與賊遇破之前駐蹉泥賊騎猝至賽因不花奮擊先進大軍繼之賊遂潰乘勝逐北殺獲不可勝計遂降阿苴下笮籠望塵送欵者相繼七年正月進屯暮窩賊衆復合又與戰于墨特川大破之折節懼乞降斬之又擒斬隆濟等西南夷悉平八年賽因不花復入見進資德大夫至大四年加勳上護軍詔許世襲播南盧崩蠻内侵詔賽因不花暨思州宣慰使

田茂忠率兵討之以疾卒於軍年四十贈推誠秉義功臣銀青榮祿大夫平章政事柱國追封播國公謚忠宣子嘉貞嗣

鮮卑仲吉

鮮卑仲吉中山人歲乙亥國兵定中原仲吉首率平灤路軍民詣軍門降太祖命爲灤州節度使從阿术魯南征充右副元帥攻取信安開州諸城以功賜虎符授河北等路漢軍兵馬都元帥歲壬辰平蔡有功加金吾衛上將軍興平路都元帥右監軍永安軍節度使兼灤州管内觀察使提舉常平倉事開國侯尋

卒子準充管軍千戶從札台火兒赤東征高麗中統元年賜金符扈駕征阿里不哥以功受上賞三年從征李璮至元十年授侍衛親軍千戶昭武大將軍大都屯田萬戶佩虎符卒子誠襲授宣武將軍高郵上萬戶府副萬戶佩虎符改授懷遠大將軍僉武衛親軍都指揮使司事領兵征爪哇攻八百媳婦國使廣東克勤于役尋以疾卒子忽篤土襲

完顏石柱

完顏石柱祖德住仕金爲管軍千戶父拿住歸太祖從征西域河西又從太宗攻下鳳翔同州有功賜號

八都兒佩銀符爲同州管民達魯花赤改賜金符兼征行千戶總管八都軍憲宗以拿住年老命石柱襲其職巳未石柱從世祖征合剌章還都元帥紐璘攻馬湖江石柱奪浮橋與宋兵戰有功賞白金七百五十兩軍龍化縣與宋兵戰大敗之中統二年授征行萬戶佩金符三年從都元帥帖哥攻嘉定有功改賜金虎符至元四年敗宋兵于九頂山生獲四十餘人五年攻瀘州之水寨擊五獲寨渡馬湖江迎擊宋兵敗之從行省也速帶兒攻建都建都降從攻嘉定復瀘州取重慶石柱之功居多十四年遷昭勇大將軍

十六年授四川東道宣慰使十七年改鎮國上將軍四川西道宣慰使總管隨路八都萬戶二十年拜四川行省參知政事卒弟眞童襲爲隨路八都萬戶

列傳卷第五十二

元史一百六十六

列傳卷第五十三

翰林學士亞中大夫知制誥兼修國史臣宋濂 翰林待制承直郎同知制誥兼國史院編修官臣王褘等奉敕修

王綧

王綧高麗王瞰之猶子也美容儀慷慨有志略善騎射讀書通大義以質子入朝歲癸丑高麗權臣高令公叛憲宗命耶虎大王東征綧奉旨爲使講和仍鎮守其地時高麗人戶新附者就命綧總之中統元年授金符揔管陞佩虎符兼領軍民三年率兵征濟南李璮至元七年高麗臣林衍叛世祖遣頭輦哥國王

討之綧簽領部民一千三百戶與國王同行是年十一月以疾辭還家居二十年九月卒壽六十一子三人阿剌帖木兒襲職授虎符揔管高麗人戶至元八年將兵討叛賊金通精賊敗走躭羅十一年進昭勇大將軍從都元帥忽都征日本國預有戰功五年加鎮國上將軍安撫使高麗軍民總管尋陞輔國上將軍東征左副都元帥十八年復征日本遇風濤遂沒于軍闊闊帖木兒入侍武宗潛邸積勞授太中大夫管民總管兀愛龎兒阿剌帖木兒職佩金虎符授安遠大將軍安撫使高麗軍民揔管東征左副都元帥二十

四年乃顏叛力戰屢捷復從月魯兒那演討塔不歹朶歡大王于蒙可山那江統兵五千餘衆與八剌哈赤脫歡相拒絕流戰黑龍江箭中右臂忍傷復戰敵大敗二十五年征哈丹禿魯肆平章闊里帖木兒麾下論功居多冬十二月賊軍古都禿魯干次於斡禿魯塞平章率兀愛討降之明年加授昭武大將軍遼陽等處行中書省事又明年哈丹等入寇高麗國境遣兀愛鎮守仍修城壁嚴卒伍軍威大振賊遂潛遁九月哈丹禿魯干復寇纒春兀愛引兵擊却之二十八年入覲世祖于内殿嘉其戰功賜尚方玉帶及銀酒器

二十九年改東征左副都元帥府立總管高麗女直漢軍萬戶府乃授兀愛三珠虎符陞鎮國上將軍總管高麗女直漢軍萬戶府兼瀋陽安撫使高麗軍民總管

隋世昌

隋世昌其先登州棲霞人父寶徙居萊陽金末隸軍伍主帥奇其貌以爲管軍謀克俄授懷遠大將軍管軍都總領鎮行村海口太宗下山東寶遂來歸授萊陽令歷萊州節度判官終高密令世昌其弟四子也涉獵書史善騎射身長八尺鍛渾鐵爲鎗重四十餘斤能左右擊刺歲癸丑選充隊長宋兵來攻海州世昌戰却之壬戌克東海世昌先登陞馬軍隊官己未攻漣水城世昌樹雲梯攀緣而上身被數鎗衆從之遂克其城陞馬軍千戶中統元年宋將夏貴軍淮南新城世昌夜乘艨艟抵城下宋兵出戰斬首數百級刺殺其守將二人未幾漣水復叛歸宋世昌軍于東馬寨城外宋兵来攻世昌擊走之三年改步軍千戶還鎮行村海口至元元年朝議分揀正軍奥魯授萊陽縣諸軍奥魯長官六年伐宋七年以世昌爲淄萊萬戶府副都鎮撫守萬山堡建言修一字城以圍襄

樊陞管軍千戶九年敗宋兵于鹿門山元帥劉整築新門使世昌總其役樊城出兵来爭且拒且築不終夜而就整授軍二百令世昌立礮簾於樊城欄馬墻外夜大雪城中矢石如雨軍校多死傷達旦而礮簾立宋人列艦江上世昌乘風縱火燒其船百餘樊城出兵鏖戰欄馬墻下世昌流血滿甲勇氣愈壯而樊城竟破襄陽亦下遷武略將軍引兵由黄涴堡入漢江破沙洋攻新城世昌坎其城而先登中數矢傷臂兇甃皆裂昏眩墜地少蘇復進遂下新城明日丞相伯顏視所坎城高一丈五尺餘論功爲上從諸軍渡

江抵南岸宋兵聯舟来拒世昌舍舟師率蒙古哈必赤軍步戰斬其將一人宋師潰世昌追之復與戰大敗之十二年從戰于丁家洲以功陞管軍千戸佩金符十三年圍揚州世昌絕其粮道兼搜湖泊宋兵聞鐵鎗名不敢近揚州平充四城兵馬使從平章阿朮入見授宣武將軍管軍總管十四年戍揚州蘄野人原司空山等七寨皆下之進安撫使佩金虎符鎮瀛浦十七年拜定遠大將軍管軍萬戸尋以獲海賊功進階安遠大將軍二十三年改沂郯上副萬戸世昌前後數百戰體皆金瘡竟以是疾卒年六十一封定

海郡侯謚忠勇子國英嗣

羅璧

羅璧字仲玉鎮江人父大義爲宋將璧年十三而孤長從朱禩孫入蜀累官武翼大夫利州西路馬步軍副捴管禩孫移荆湖璧從之至江陵右丞阿里海牙領軍下江陵璧從禩孫降授宣武將軍管軍千戸隸丞相阿朮麾下招收淮軍討叛寇有功領本州安撫事至元五年從元帥張弘範定廣南賜金符陞明威將軍管軍捴管鎮金山居四年海盜屏絕徙鎮上海督造海舟六十艘兩月而畢至元十二年始運江南粮而河運弗便十九年用丞相伯顏言初通海道漕運抵直沽以達京城立運粮萬戸三而以璧與朱清張瑄爲之乃首部漕舟由海洋抵楊村不數十日入京師賜金虎符進懷遠大將軍管軍萬戸兼管海道運粮二十四年乃顏叛璧復以漕舟至遼陽浮海抵錦州小麦河至廣寧十寨諸軍賴以濟加昭勇大將軍二十五年督漕至直沽倉潞河决水溢幾及倉璧樹柵率所部畚土築堤捍之陞昭毅大將軍同知淮西道宣慰司事請兩淮荒閑之田給貧民耕墾三年而後量收其入從之歲得粟數十萬斛陞鎮國上將

軍海北海南道宣慰使都元帥大德三年除饒州路捴管改廣東道宣慰使都元帥山海獠夷不沾王化負固反側乃誘致諸洞蠻夷酋長假以官位曉以禍福由是咸率衆以歸除都水監改正奉大夫通州復多水患鑿二渠以分水勢又浚阜通河而廣之歲增漕六十餘萬石奉命括兩淮屯田得疾歸鎮江而卒年六十六子坤載

劉恩

劉恩字仁甫洛之洛水人後徙威州父辛歸國署貝州長恩幼知讀書勇而有謀以材武隸軍籍累功爲

百戶俄遷管軍總管佩銀符太傅府經歷從入蜀數有戰功宋劉整將兵守瀘州中統三年都元帥紐璘遣恩諭整降以功易賜金符至元三年宋將以戰船五百艘載甲士三萬人夾江上游先以一萬人據雲頂山欲取漢州恩率千人渡江與戰殺其將二人士卒三千餘人溺死者不可勝計授成都路管軍副萬戶六年從平章賽典赤攻嘉定過九頂山與宋軍遇生擒其部將十八人械送京師賞賚甚厚九年從皇子西平王行省也速帶兒征建都恩將游兵爲先鋒師次其地一日三戰皆捷建都兵夜來犯圍恩禦之

死者千餘人時師久駐食且盡恩晝策招諭沿江諸蠻得糧三萬石牛羊二萬頭士氣益振建都因山爲城山有七巔恩奪其五斷其汲道建都窮蹙乃降入朝升管軍萬戶戍眉州十二年從萬壽以嘉定降恩移戍嘉定安西王遣使召恩至六盤山問曰江南已平四川未下柰何恩曰若以重臣之不徇私者奉詔督責之則半年可下矣王即遣恩與府僚木兒赤乘傳以聞帝以爲然命丞相不花等行樞密院於西川授恩同僉院事十五年重慶降守將張萬走夔府以兵固守不花遣恩招之萬以城降旬月之間得其大小州邑六十四十六年入朝賞賚有加授四川西道宣慰使改副都元帥率蒙古漢軍萬人征斡端進都元帥宣慰使如故賜宿烈孫皮衣一錦衣一及弓刀諸物師次甘州奉詔留屯田得粟二萬餘石十八年命恩進兵斡端海都將玉論亦撒率兵萬人迎戰游騎先至恩設伏以待大敗之海都又遣八把率衆三萬來侵恩以衆寡不敵成師而還二十二年僉行樞密院事卒子德祿襲成都管軍萬戶

石高山

石高山德興府人父忽魯虎以侍衛軍從太祖定中

原太宗賜以東昌廣平四十餘戶遂徙居廣平之洺水中統三年高山因平章塔察兒入見世祖因奏曰在昔太祖皇帝所集按察兒孛羅窟里台孛羅海拔都闊闊不花五部探馬赤軍金亡之後散居牧地多有入民籍者國家土宇未一宜加招集以備驅策帝大悅曰聞卿此言猶寐而覺即命與諸路同招集之既籍其數仍命高山佩銀符領之四年授管軍總管鎮息州軍令嚴肅寇不敢窺居四年邊境晏然賜金符以獎之至元八年從取光州克襄陽進攻襄樊皆有功十年從下江南以功

陞顯武將軍十二年冬丞相伯顏命以所部兵取寧國下令無虜掠既至城下諭以禍福寧國開門迎降秋毫無犯復令兵從至焦山與宋將孫虎臣張世傑轉戰百餘里殺獲甚多以功賜金虎符進信武將軍鎮高郵宋平伯顏等朝京師帝問有瘦而善戰者朕忘其名伯顏以高山對且盛稱其功帝即召見命高山自擇一大郡以佚老而以所部軍俾其子領之高山辭曰臣筋力尚壯猶能爲國驅馳豈敢爲自安計帝從之進顯武將軍領兵北征屯亦脫山十六年命同忽都魯領三衛軍戍和林因屯田以給軍儲歲不

乏用乃顏叛督戰有功賜三珠虎符掌蒙古侍衛親軍都指揮使守衛東宮成宗憫其老以其子闊闊不花襲職賜鈔三百定大德七年卒於家年七十六

鞏彥暉

鞏彥暉易州人與兄彥榮俱以武勇稱初彥榮以百夫長隸千戶何伯祥麾下累有戰功後告老以彥暉代之諸軍伐宋彥暉從破棗陽斬首甚衆萬戶張柔之駐曹武也彥暉與伯祥別將一軍破大洪諸寨宋人出荊鄂選兵三萬救之彥暉與伯祥逆戰斬首五百級生擒曹路分等一十六人是夜宋兵來攻彥暉

率甲士三十人追擊于曹武鎮敵潰走擒其主將以歸戰光州柔軍于東北夜二鼓命彥暉率勁卒二百伏西南五鼓東北聲振天地彥暉植梯先登衆繼之破其外城遂急攻并其子城破之戰滁州彥暉率浮渾脫者十人夜渡池水入欄馬墻殺守軍三鋪焚其東南角排寨木廉大軍繼之比明拔其城會大軍攻黃州諸將壁壘未定有舟來覘柔遣彥暉伏甲二百於赤壁之下敵軍夜半果水陸並至彥暉等曳槍佯其半過而擊之敵大撓死者無筭生擒十七人師還又破張家寨以守將獻從攻壽州奪其門生擒三人

以出泗州之役諸將自四鼓集城下爲塹水所阻黎明無敢渡者兩軍交射如雨彥暉被重甲徑渡敵將來禦彥暉刺其胷搏殺之衆畢渡至晡得其外城尋登其月城彥暉將下碩伯祥失所在乃與王進反求之敵復追襲彥暉力戰翼伯祥以出由是伯祥與彥暉如親昆弟然事聞賜彥暉銀符俾兼鎮撫事歲己未十一月兵渡江次武昌宋援兵四集彥暉逆戰有舟數十來挑戰彥暉逐之入湖中伏出圍彥暉數匝左右莫能近彥暉矢盡短兵接身被重傷度不可免遂投水中敵援之出載歸江州見宋官不屈問以

事不對竟死年五十六長子信襲授銀符易州等處管軍總把中統三年從征李璮至元四年從元帥阿朮南征九年從攻樊城先登奪其土城焚西南角樓殺敵軍十人擒五人宋將婁張以舟兵來援自高頭堡戰闘八十餘里抵襄陽城下奪戰艦二獲其裨將二人軍八人十一年從丞相伯顏攻沙陽堡率勇士五十縱火焚其寨敵軍大亂遂破之是年從渡江與宋兵戰俘生口十一奪戰艦二繼又領軍由陸進直抵鄂城下殺宋兵數十人擒江路分一人以歸十二年戰丁家洲殺宋兵七十餘人奪戰艦二江南平以

功陞武略將軍管軍千戶鎮太平州十六年以疾辭子思明思溫思恭思明初患目疾以思溫襲及思溫卒而思明疾愈復以思明襲思明卒以思恭襲懷孟萬戶府管軍下千戶佩金符

蔡珍

蔡珍彰德安陽人父興幼隸軍籍從宗王口温不花出征權管軍百戶興告老以珍代之珍素驍勇歲戊午從憲宗攻宋合州釣魚山中統元年從世祖征阿里不哥三年從征李璮後從鎮襄陽偕安慶攻五河所至有功南方平遂入備宿衛十四年授忠顯校尉管軍總把尋命權千戶是年冬扈駕駐黑城珍遣兵士儲芻藁築土室軍府賴其用道遇凍者必扶入客室溫煦之軍糧必爲撙節不使頓絶以致饑困十五年充本衛都鎮撫十七年陞忠武校尉中衛親軍總把俄改屬後衛賜銀符時白海初建行營命珍督役卒事民不知擾雖草木無纖介損帝臨幸問其故近臣以蔡珍號令嚴肅爲對帝嘉之賞以鈔若干二十一年改授膠東海道都漕運司丁壯萬戶府都鎮撫二十七年進後衛親軍千戶佩金符元貞元年進階武略俄告老而歸子恕襲

張泰亨

張泰亨堂邑縣人父山爲管軍百戶泰亨襲職從攻宋釣魚山及樊城征女兒阿塔有功中統二年授銀符侍衛軍總把三年從圍李璮有功至元四年賜金符陞京東歸德等處新軍千戶從征西川有功授元帥府鎮撫六年改省都鎮撫七年從攻襄陽矢中右臂十年從攻樊城十二年進武略將軍管軍總管尋進明威將軍從攻潭州矢中鼻拔矢奮戰卻敵兵十三年賜虎符進階武德從征廣西破靜江府十四年還軍潭州金瘡發卒子繼祖襲移鎮鄂州舟過洞庭

溺死子震幼以兄顯祖代之二十四年從征交趾陷
没震襲職授金符昭信校尉管軍上千户延祐二年
覃恩加武略將軍尋進階武德五年陞武節將軍潁
州萬户府副萬户天曆二年卒子斑襲

賀祉

賀祉益都人父進嘗平漣水有功爲元帥左監軍守
淄州改千户守膠州祉初以質子入宿衛至元六年
襲父職爲千户仍守膠州七年宋兵攻膠州祉固守
戰退之十年領舟師五百艘爲先鋒攻五河口城軍
還殿後時宋兵以巨索横截淮水號混江龍祉用大

刀斷之刦其敎兵清河城遂降攻高郵寶應戰淮安
城下尸填壕中丞相伯顔以其功上聞授武節將軍
攻泗州獲戰船五百艘還從右丞别乞里迷失入朝
帝賜以弓矢錦衣鞍勒加宣武將軍鎮新城絶淮安
寶應糧道降之得戰船六百艘及器械上於行樞密
院遂命領寶應軍民事十四年特賜金虎符懐遠大
將軍二十年建寧路黄華反以所領軍捕之有功二
十四年以征交趾請行湖廣行省檄令守輜重屯思
明州軍還至建康卒

孟德濟南人國初由鄒平縣令淄州節度使累官至
同知濟南路事太宗即位之八年諸王闊端命德爲
元帥佩金符領濟南軍攻宋徐州光州降其衆而有
其地歲甲辰定宗母六皇后稱制大王按只台以德
爲萬户攻濠蘄黄等州積有戰功憲宗即位之三年
命德守睢州五年移守海州宋安撫吕文德以兵擾
邊德敗之俘其太尉劉海丁巳從伯顔攻襄樊己未
與子義從世祖攻鄂州先登中統三年從征李壇壇
平德以老告歸義襲爲萬户領兵守沂郯四年賜虎
符至元元年城郯六年從山東統軍帖赤如五河宋

軍拒南岸義率兵渡河擊之凡數戰有功九年授懐
遠大將軍還宿州萬户十一年宋制置夏貴攻正陽
義奪戰艦數艘遂敗之十二年掠地至安慶等處攻
揚子橋獲功十三年三月改守杭州九月從下福建
温台等處十四年四月授昭勇大將軍瑞州路達魯
花赤十月從鎮閩州十六年授昭勇大將軍招討使
二十二年復爲沂郯萬户元貞元年以老辭職子智
襲職授三珠虎符宣武將軍爲萬户延祐二年進明
威將軍以病去職子安世襲

鄭義河間人也初事太宗佩金符山東路都元帥燕景州軍民人匠長官從伐金歲壬辰與敵戰于歸德死之弟德温襲甲午從攻徐州陷陣而死子澤襲從萬戶史天澤出征多立戰功年老弟江代其職世祖北征賜金符授侍衛親軍副都指揮使判武衛軍事燕景州軍民人匠長官中統三年李璮據濟南叛世祖令各州縣長官子弟充千戶於是以江子卿爲千戶領景州新簽軍千餘敗賊衆于王馬橋諸王哈必赤賞銀五十兩璮平卿以例罷江陞爲武衛親軍都指揮使賜虎符尋改屬左衛至元八年從攻襄陽歿

于陣卿襲其職

張榮實 子玉附

張榮實霸州保定縣人父進金季封北平公守信安城壬辰歲率所部兵民降太宗命爲征行萬戶甲午征河南與金將國用安戰徐州死焉榮實始以質子入宿衛繼授金符充征行水軍千戶丁酉改雄州保定新城長官庚子復命統領水軍甲辰從大將察罕軍至淮上遇宋將呂文德與戰俘五十餘人賞銀椀戰馬從攻江陵略襄陽宋以舟師橫截漢水兵不得渡榮實戰却之獲人百餘戰船數十艘察罕以聞賜錦袍及銀十五斤又破宋軍于大湖賞銀百兩己未從世祖南征駐陽羅渡宋兵十萬舟二千迎戰橫截江水帝以榮實習於水命居前列遂取輕舟率麾下水校鏖戰北岸獲宋大船二十俘二百溺死不可勝計斬宋將呂文信中統元年帝即位録其勳勞授金虎符水軍萬戶仍以其子顏代爲霸州七處管民萬戶三年李璮叛榮實從史天澤討平之賞金盤及銀二百五十兩馬一疋命鎮膠西至元五年從丞相阿朮攻襄陽敗夏貴擒張順又攻樊城俘其二將賞銀百兩及弓矢鞍勒十一年增領新軍從丞相伯顏南

征榮實以所部軍先進諸將飛渡鄂漢皆降論功授昭毅大將軍從阿里海牙攻岳州降宋將高世傑破沙洋新市降江陵以功加昭武大將軍偕元帥宋都台征江西隆興擒宋將昝佑撫州降十三年授同知江西道宣慰使司事未旬日陞鎮國上將軍福建道宣慰使進兵廣東破降部州十四年改江東宣慰使行省參知政事帝以廣東餘黨未附命與右丞塔出撫定之十五年入覲帝賜酒慰勞授湖北道宣慰使諸路水軍萬戶是年以疾卒年六十一子顏玉珪王襲父職爲懷遠大將軍諸路水軍萬戶十六年討

吉安叛賊有功入朝賜金織文衣弓矢佩刀加輔國上將軍都元帥兼水軍萬戶鎮黃州繼奉旨與元帥唐兀台改立蘄黃等路都元帥府仍管領本道鎮守軍馬二十年廣東盜起遏絶占城糧運二十一年玉率兵討平之從參知政事也的迷失入朝賜金織文衣鞍勒弓刀會元帥罷命玉充保定水軍上萬戶二十二年番陽湖賊起詔從水軍萬戶府於南康二十四年從參知政事烏馬兒征交趾累戰有功二十五年師還安南以兵迎戰大戰連日水涸舟不能行玉死焉子輔襲萬戶輔卒子道重襲

石抹狗狗

石抹狗狗契丹人其先曰高奴歲辛未太祖至威寧高奴與劉伯林夾谷常哥等以城降會置三萬戶三十六千戶以總天下兵遂以高奴爲千戶遥授青州防禦使佩金符己丑從太宗伐金爲征行千戶卒子軍于常山襲爲千戶癸丑陞總管領興元諸軍奧魯屯田并寶鷄驛軍權都總管萬戶歲餘卒子乞兒襲領本萬戶諸翼軍馬從都元帥紐璘攻重慶瀘敘諸城數有戰功時忽都叛於臨洮乞兒等以蒙古漢軍從往討之至元二年從都元帥按敦移鎮潼川四年九月從攻蓬溪砦死焉子狗狗襲狗狗少從征伐以壯勇稱八年從僉省嚴忠範以兵圍重慶攻朝陽砦先登九年宋將昝萬壽率衆襲成都狗狗以蒙古軍二千擊敗之十六年朝廷録其前後功賜金虎符授宣武將軍管軍總管戍遂寧十七年進明威將軍管軍副萬戶亦奚不薛蠻叛從招討使藥剌海討平之行省也速帶兒討都掌烏蒙蟻子諸蠻戰于鴨樓關狗狗最有功二十一年以蒙古軍八百從征散猫蠻戰於菓園坪滲水溪皆敗之壁守石砦月餘散猫降大盤諸蠻亦降二十四年遷懷遠大將軍夔路萬戶移戍重慶二十六年卒子安童襲

楚鼎

楚鼎安豐蒙城人父玠仕金爲鎮國上將軍壽春府防禦使金亡歸宋命守宿州歲己亥以州降阿木魯命玠守之宋兵來攻宿州城破玠死之宋人囚鼎於鎮江府凡十有四年會赦免至元十二年師渡江鼎從知太平州孟之縉降行省遣鼎諭寧國府守將孫世賢下之承制授鼎管軍總管制下加懷遠大將軍領兵鎮寧國平建平南湖廣德諸盜鼎與權萬戶李羅台護送徽州招撫使李銓男漢英歸徽州諭銓下

其城十三年漢英與李世達叛旌德太平兩縣附之鼎與兀忽納進兵用徽人鄭安之策按兵而入兵不血刃而亂定十五年鼎始受符印十八年東征日本鼎率千餘人從左丞范文虎渡海大風忽至舟壞鼎挾破舟板漂流三晝夜至一山會文虎船因得達高麗之金州合浦海屯駐散兵亦漂泛來集遂領之以歸

樊楫

樊楫冠州人初爲軍吏從參政阿里海牙下鄂江陵有功以行省命爲都事宋平從入朝改員外郎從定

廣西陞郎中從攻厓山進參議行中書省事同知湖南宣慰司事二十一年擢僉荆湖占城行中書省事從阿里海牙征交趾無功而還二十四年復征交趾進行中書省參知政事時三道進兵皇子鎮南王與右丞程鵬飛分二道一入永平一入女兒關楫與參政烏馬兒將舟師入海與賊舟遇安邦口楫擊之斬首四千餘級及生擒百餘人獲船百餘艘兵仗無算遂至萬刼山合鎮南王兵十二月進攻交趾陳日烜棄城走敢喃堡二十五年正月王攻敢喃堡破之日烜走入海中交人皆匿其粟而逃張文虎饋餉不至二月天暑食且盡於是王命班師楫與烏馬兒將舟師還爲賊邀遮白藤江潮下楫舟膠賊舟大集矢下如雨力戰自卯至酉楫被創投水中賊鉤執毒殺之至順元年贈推忠宣力効節功臣資德大夫江浙行省右丞上黨郡公謚忠定

張均

張均濟南人也父山從軍伐宋以功爲百户俄陞總把戰死均襲百户從親王塔察兒攻鄂州面中流矢中統三年從征李璮有功以總帥命陞千户領兵守淄州至元六年從左丞董文炳攻宋五河口轉戰濠

州北遇其伏兵均率衆力戰敗之十年攻漣州奪孫村堡十二年賜金符授忠翊校尉沂郯翼千户從攻蕪湖奪宋戰船俘四十餘人又從丞相阿塔海戰有功加武畧將軍十四年賜虎符加宣武將軍二十二年陞松江萬户二十四年從鎮南王征交趾二十六年從北征擢明威將軍前衛親軍副都指揮使三十年世祖親征乃顔以扈從受賞成宗即位命屯田和林規畫備悉有法諸王藥木忽兒北征給餉頼之未嘗乏絶帝嘉其能賜予有加大德元年改和林等處副元帥歷宣尉司同知陞都元帥加鎮國上將軍延

祐元年辛子世忠襲前衛親軍副都指揮使

信苴日

信苴日僰人也姓段氏其先世爲大理國王後累爲權臣高氏所廢歲癸丑當憲宗朝世祖奉命南征誅其臣高祥以段興智主國事乙卯興智與其季父信苴福入覲詔賜金符使歸國丙辰獻地圖請悉平諸部并條奏治民立賦之法憲宗大喜賜興智名摩訶羅嵯命悉主諸蠻白爨等部以信苴福領其軍興智遂委國任其弟信苴日自與信苴福率僰爨軍二萬爲前鋒導大將兀良合台討平諸郡之未附者攻降

交趾入朝興智在道上卒中統二年信苴日入覲世祖復賜虎符詔領大理善闡威楚統失會川建昌騰越等城自各萬户以下皆受其節制至元元年舍利畏結威楚統失善闡及三十七部諸爨各殺守將以叛善闡屯守官不能禦遣使告急信苴日率衆進討大敗之於威楚實瀨裔復遣孛羅攻賊於統失城又大破之遂定統失其秋舍利畏又以衆十萬謀攻大理詔都元帥也先與信苴日討之師至安寧遇舍利畏擊破走之遂復善闡降威楚定新興進攻石城肥膩皆下之爨部平三年信苴日入覲録功賜金銀衣服鞍勒兵器十一年賽典赤爲雲南行省平章政事更定諸路名號以信苴日爲大理總管未幾舍利畏復叛信苴日遣石買等詭爲商旅執贄往見挺矛撞殺之及其黨一人梟首于市行省以聞復賜金一錠及金織紋衣於是置郡縣署守令行賦役施政化與中州等十三年緬國擁象騎數萬掠金齒南甸欲襲大理行省遣信苴日與萬戶忽都領騎兵千人禦之信苴日以功授大理蒙化等處宣撫使十八年信苴日與其子阿慶復入覲帝嘉其忠勤進大理威楚金齒等處宣慰使都元帥留阿慶宿衛東宮及陛辭復

拜爲雲南諸路行中書省參知政事十九年詔同右丞拜荅兒迎雲南征緬之師行至金齒以疾卒信苴日治大理凡二十三年子阿慶襲爵累授鎮國上將軍大理金齒等處宣慰使都元帥佩金虎符

王昔剌

王昔剌保定人初事世祖以其有勇畧遂賜名昔剌拔都從攻釣魚山及阿里不哥累功賜金符授武衛親軍千戶中統三年從征李璮於濟南屢捷四年春元帥阿朮駐兵河南遣昔剌將蒙古漢軍復立宿州至元六年賜虎符陞海州萬戶引兵攻鹽林山寨多

所俘獲十年授東川行樞密院同僉十五年征夔府有功十六年徙鎮萬州卒于軍子二曰宏曰寧宏先佩金符爲左衛千戶及樞密院擬寧襲武職寧讓其兄宏於是授宏中衛都指揮使佩父虎符而以寧代宏爲千戶佩金符寧從阿剌台憨合孫北征追擊脫脫木兒之軍于阿納禿阿之地師還又從別急里迷失等擊賊外剌斬首百餘級復從忽魯忽孫北征有功陞右衛親軍總管後改前衛都指揮使司僉事子勲恭襲宏職仕至侍御史

趙宏偉

趙宏偉字子英甘陵人後徙潁川至元十三年國兵攻宋宏偉以書謁元帥宋都䚟於軍中奇之俾以兵略地臨江至吉州宋主將管忠節路分鄒起悉衆出戰宏偉敗之追北二十餘里薄其城示以禍福知州周天驥以城降宋都䚟嘉宏偉有功賞銀三十兩署爲吉州叅佐官吉民有爲亂者宏偉設伏橋下以火攻之賊戰退走伏發衆蹂踐幾盡乘勝擣其巢穴餘黨悉出拒戰宏偉旋兵襲其背斬其渠魁一州遂安宋廂禁軍總管王昌勇敢軍總管張雲誘新附五營軍爲亂事覺昌就擒宏偉夜襲雲斬首以獻俘其黨

五百人宋都䚟欲盡誅之宏偉曰此屬詿誤非得已也今悉就誅何以安反側衆得免死以功授太和縣尹宋相文天祥署其將羅開禮藥良臣集衆謀復吉贛臨江宏偉斬良臣俘開禮釋其餘衆十五年以功賜金符遷瓜州河渡提舉十七年改衢州路總管府治中群盜出沒其境宏偉計其地興屯田民既足食盜亦爲農郡遂寧謐大德五年用中丞董士恒薦起僉浙西道肅政廉訪司事鎮江旱蠲民租九萬餘石吏畏飛語復徵于民民無所出行臺令宏偉核實卒蠲之大風海溢潤常江陰等州廬舍多蕩沒民乏食宏偉將發廩以賑有司以未得報爲辭宏偉曰民旦暮飢擅發有罪我先坐遂發之全活者十餘萬遷江南行臺都事十一年江南大饑宏偉請以贓罰錢賑之民賴以生至大二年召爲內臺都事仁宗在東宮時聞其名遇之甚厚常以字呼之及出爲浙東廉訪副使陛辭之日仁宗出幣帛俾擇所欲者即賜之宏偉至浙東聞郡人許謙得朱熹道學之傳延致爲師於是人知向慕未幾擢江南行臺治書侍御史皇慶二年致仕延祐三年復起爲福建道肅政廉訪使未幾以疾辭泰定三年卒年四十四贈嘉議大夫禮部

尚書上輕車都尉追封天水郡侯謚貞獻子思恭追
封天水郡侯思敬以處士徵爲教授趙璉別有傳

列傳卷第五十三

列傳卷第五十四　元史一百六十七

翰林學士亞中大夫知制誥兼修國史臣宋濂　翰林待制承直郎同知制誥兼國史院編修官臣王褘等奉

勑修

張立道

張立道字顯卿其先陳留人後徙大名父善登金進士第歲壬辰國兵下河南善以策干太弟拖雷命爲必闍赤立道年十七以父任備宿衛世祖即位立道從北征未嘗去左右至元四年命立道使西夏給所部軍儲以幹敏稱皇子忽哥赤封雲南王往鎮其地詔以立道爲王府文學立道勸王務農以厚民即署

立道大理等處勸農官兼領屯田事佩銀符尋與侍郎寧端甫使安南定歲貢之禮雲南三十七部都元帥寶合丁專制歲久有竊據之志忌忽哥赤來爲王設宴置毒酒中且賂王相府官無泄其事立道聞之趨入見守門者拒之立道怒與爭王聞其聲使人召立道乃得入爲王言之王引其手使探口中肉已腐矣是夕王薨寶合丁遂據王座使人諷王妃索王印立道潛結義士得十三人約共討賊刺臂血和金屑飲之推一人走京師告變事頗露寶合丁乃囚立道將殺之人匠提舉張忠者燕人也於立道爲族兄結

壯士夜劫諸獄出之共亡至土蕃界遇帝所遣御史大夫博羅歡王傅別怗與告變人俱来二人者遂與立道俱還按寶合丁及王府官嘗受賂者皆伏誅有旨召立道等入朝問王薨時狀帝聞立道言泣數行下歔欷久之曰汝等爲我家事甚勞苦今欲事朕乎事太子乎事安西王乎惟汝意所向立道等奏願留事陛下於是賜立道金五十兩以旌其忠張忠等亦皆授官有差八年復使安南宣建國號詔立道並黑水跨雲南以至其國歲貢之禮遂定十年三月領大司農事中書以立道熟於雲南奏授大理等

處巡行勸農使佩金符其地有昆明池介碧鷄金馬之間環五百餘里夏潦暴至必冐城郭立道求泉源所自出役丁夫二千人治之洩其水得壤地萬餘頃皆爲良田爨僰之人雖知蠶桑而未得其法立道始教之飼養收利十倍於舊雲南之人由是益富庶羅羅諸山蠻慕之相率来降收其地悉爲郡縣十五年除忠慶路總管佩虎符先是雲南未知尊孔子祀王逸少爲先師立道首建孔子廟置學舍勸士人子弟以學擇蜀士之賢者迎以爲弟子師歲時率諸生行釋菜禮人習禮讓風俗稍變矣行省平章賽典赤表言

於朝有旨進官以褒之十七年入朝力請於帝以雲南王子也先帖木兒襲王爵帝從之遂命立道爲臨安廣西道宣撫使兼管軍招討使仍佩虎符陛辭賜以弓矢衣服鞍馬始赴任會禾泥路大首領必思反扇動諸蠻夷亟發兵討之拔其城邑鼓行而前徇金齒甸七十城越麻甸抵可蒲皆下之有遺以馴象金鳳異物者悉獻諸朝二十二年又籍兩江儂士貴岑從毅李維屏所部戶二十五萬有奇以其籍歸有司遷臨安廣西道軍民宣撫使復創廟學於建水路書清白之訓于公廨以警貪墨風化大行入朝値權臣

用事遂退居散地條陳十二策皆切當世之務帝嘉納焉二十七年北京地陷人民震驚命立道爲本路總管未行安南世子陳日燇遣其臣嚴仲羅陳子良等詣京師告襲爵先是其國主陳日烜累召不至僅遣其族父遺愛入貢朝廷因封爲安南王遺愛還日烜陰害之遣使問罪日烜拒使者不受命遂遣將討之失利而還帝怒欲再發兵丞相完澤平章不忽木言蠻夷小邦不足以勞中國張立道嘗再使安南有功今復使往宜無不奉命帝召至香殿諭之曰小國不恭今遣汝往諭朕意宜盡乃心立道對曰君父之

命雖蹈水火不敢辭臣愚恐不足專任乞重臣一人與俱臣爲之副帝曰卿朕腹心臣使一人居卿上必敗卿謀遂授禮部尚書佩三珠虎符賜衣段金鞍弓矢以行至安南界謂郊勞者曰語爾世子當出郭迎詔日燇乃率其屬焚香伏謁道左旣抵府日燇拜跪聽詔如禮立道傳上命數其罪爲書曉之日燇曰比三世辱公使公大國之卿小國之師也何以教我立道曰昔鎮南王奉詞致討汝非能勝之也由其不用鄉導卒衆深入不見一人遲疑而還曾未出險風雨驟至弓矢盡壞衆不戰而自潰天子亦旣知之汝所

恃者山海之險瘴癘之惡耳且雲南與嶺南之人習俗同而技力等今發而用之繼以北方之勁卒汝復能抗我汝戰不利不過遁入海中島夷乘釁必來寇抄汝汝食少不能支必爲彼屈汝爲其臣孰若爲天子臣乎今海上諸夷歲貢於汝者亦畏我大國之爾與也聖天子有德於汝甚厚前年之師殊非上意邊將議汝爾汝曾不悟不能遣一介之使謝罪請命輒稱兵抗拒逐我使人以怒我大國之師今禍且至矣惟世子計之日燇拜且泣涕而言曰公之言良是也爲我計者皆不知出此前日之戰救死而已寧不知懼天子使公來必能活我北面再拜誓死不敢忘天子之德遂迎立道入出奇寶爲賄立道一無所受但要日燇入朝日燇曰貪生畏死人之常情誠有詔貸以不死臣將何辭乃先遣其臣阮代之何惟巖等隨立道上表謝罪修歲貢之禮如初且言所以願朝之意廷臣有害其功者以爲必先朝而後赦日燇懼卒不敢至議者惜之二十八年遣立道奉使按行兩淛尋以爲四川南道宣慰使遷陝西漢中道肅政廉訪使三十年皇曾孫松山封梁王出鎮雲南大德二年廷議求舊臣可爲梁王輔行者立道遂以陝西行臺

侍御史拜雲南行省參政視事期月卒于官立道凡三使安南官雲南最久頗得土人之心爲之立祠於鄯善城西立道所著詩文有效古集平蜀總論安南錄雲南風土記六詔通說若干卷子元雲南行省左右司郎中

張庭珎 庭瑞

張庭珎字國寶臨潢全州人父楫金商州南倉使歲壬辰籍其民數千來降太宗命監權北京等路賦課俄改北京都轉運使因家北京歲辛亥憲宗即位以庭珎爲必闍赤高麗不請命擅徙居海中江華島遣

庭珎往問之其王言臣事本朝未嘗不謹而大軍歲入侵掠避而走險不得已也且賂庭珎金銀數千兩庭珎却之而歸以狀聞帝爲禁戍兵無擅入其地高麗以安帝伐宋至閬州授安撫使世祖即位自將北伐以庭珎熟知西京入漠南路遣立沙井諸驛兼給粮運俄授同僉土蕃經畧使至元六年安南入貢不時以庭珎爲朝列大夫安南國達魯花赤佩金符由吐蕃大理諸蠻至于安南世子光昞立受詔庭珎責之曰皇帝不欲以汝土地爲郡縣而聽汝稱藩遣使喻旨德至厚也王猶與宋爲脣齒妄自尊大今百萬

之師圍襄陽拔在旦夕席卷渡江則宋亡矣王將何恃且雲南之兵不兩月可至汝境覆汝宗祀有不難者其審謀之光昞惶恐下拜受詔既而語庭珎曰聖天子憐我而使者來多無禮汝官朝列我王也相與抗禮古有之乎庭珎曰有之王人雖微序於諸侯之上光昞曰汝過益州見雲南王拜否庭珎曰雲南王天子之子汝蠻夷小邦特假以王號豈得比雲南王況天子命我爲安南之長位居汝上耶光昞曰既稱大國何索吾犀象庭珎曰貢獻方物藩臣職也光昞無以對益慚憤使衛兵露刃環立以恐庭珎庭珎解

所佩弓刀坦卧室中曰聽汝何爲光昞及群下皆服明年遣使隨庭珎入貢庭珎見帝以所對光昞之言聞帝大悅命付翰林承旨王磐紀之授襄陽行省郎中與阿里海牙從數騎抵襄陽南門呼宋將呂文煥語曰我師所攻無不取者汝孤城路絶外無一兵之援而欲以死守求空名如闔郡之人何汝宜早圖之文煥帳前將田世英曹彪執其總管武榮來降文煥益孤明日遣黒楊都統來議納欵將遣之還報庭珎曰彼來或以計覘我未能必其果降此人呂氏腹心不如留之以伐其謀元帥阿术然之乃留不遣又明

日文煥舉城降以功遷中順大夫遥授知歸德府行樞密院經歷諸軍南渡復爲行省郎中俄授金虎符襄陽總管兼府尹改郢復二州達魯花赤宋平遷平江路達魯花赤改同知浙東宣慰使司事未行拜大司農卿連居親憂起復南京路總管兼開封府尹開封有控鶴軍士十餘人賃大宅聚居縱横街陌庭珎始至察其必爲盗急捕之得寳玩器服子女滿室窮索其黨俱殺之民以爲神河决灌大康漂溺千里庭珎括商人漁子船及縛木爲筏載糗粮四出救之全活甚衆水入善利門庭珎親督夫運薪土捍之不能

上乃頽城爲堰水既退即發民增外防百三十里人免水憂俄卒於官庭珎性清愼丞相伯顔嘗語人曰諸將渡江無不荒貪唯我與國寶始終自守聞者以爲知言弟庭瑞

庭瑞字天表幼以功業自許兵法地志星曆卜筮無不推究以宿衛從憲宗伐蜀爲先鋒中統二年授元帥府參議留戍青居諸軍攻開州達州庭瑞將兵築城虎嘯山扼二州路宋將夏貴以師數萬圍之城當砲皆穿築柵守之柵壞乃依大樹張牛馬皮以拒砲貴以城中人飲于澗外絶其水庭瑞取人畜溲沸煑

之濾土中以浅臭人日飲數合脣皆瘡裂堅守踰月援兵不敢進庭瑞度宋兵稍懈三分其兵夜劫貴營宋兵驚潰殺都統欒俊雍貴胡世雄等五人斬千餘級庭瑞亦被傷數處以功授奉議大夫知高唐州改濮州尹遷陝西四川道按察副使政過於猛上官弗便陷以罪徙四川屯田經畧副使東西川行樞密院發兵圍重慶朝廷知庭瑞練習軍事換成都總管佩虎符舟楫兵仗粮儲皆倚以辦蜀平陞諸蠻夷部宣慰使甚得蠻夷心碉門羌與婦人老幼入市爭價殺入碉門魚通司繫其人羌酋怒斷繩橋謀入刼之魚通司来告急左丞汪惟正問計庭瑞曰羌俗暴悍以鬭殺爲勇今如蜂毒一人而即以門墻之寇待之不可宜遣使往諭禍福彼悟當自回矣惟正曰使者無過於君遂從數騎抵羌界羌陳兵以待庭瑞進前語之曰殺人償死羌與中國之法同有司繫諸人欲以爲見證耳而汝即肆無禮如行省聞于朝召近郡兵空汝巢穴矣其酋長棄槍弩羅拜曰我近者生裂羊脾卜之視肉之文理何如則吉其兆曰有白馬將軍来可不勞兵而罷今公馬果白敢不從命乃諭殺人者餘盡縱遣之遂與約自今交市者以碉門爲界無

相出入官買蜀茶增價鬻於羌人以爲患庭瑞更變引法使每引納二緡而付文券與民聽其自市於羌羌蜀便之先時運粮由楊山泝江往往覆陷庭瑞始立屯田人得免患都掌蠻叛蠻書飛鎗聮松枝爲牌自蔽行省命庭瑞討之庭瑞所射矢出其牌半幹蠻驚曰何物弓矢如此之力即請服惟斬其首蘭德酉等十餘人而招復其餘民授叙州等處蠻夷部宣撫使改潭州路揔管時湖廣省臣方剥民爲功庭瑞知不可拒乃辭歸關中三年思成都遂從漢中分家奴往居焉以疾卒庭瑞初屯青居其土多橘時中州艱

得蜀藥其價倍常庭瑞課閑卒日入橘皮若干升儲之人莫曉也賈人有喪其資不能歸者人給橘皮一石得錢以濟莫不感之家有愛妾一日見老人與之語乃其父也妾以告庭瑞召視之其貌甚似問欲得汝女歸耶其人以爲幸侍左右非敢求與歸庭瑞曰汝女居吾家不過群婢歸嫁則良人矣盡取奩裝書券還之時人以爲難

張惠

張惠字廷傑成都新繁人宋尚書右僕射商英之裔孫也其先徙居青河後徙蜀歲丙申惠年十四兵入蜀被俘至杭海居數年盡通諸國語丞相蒙速速愛而薦之入侍世祖藩邸以謹敏稱賜名兀魯忽訥特世祖即位授燕京宣慰副使爲政寛簡奏免分數錢罷硝鹹局俄遷侍中至元元年冬拜參知政事行省山東以銀贖俘囚二百餘家爲民其不能歸者使爲僧建寺居之李璮之亂山東民被軍士虜掠者甚衆惠至大括軍中悉縱之又奏選良吏去冗官以蘇民瘼遷制國用司副使會改制國用司爲尚書省拜參知政事遷中書左丞進右丞伯顔帥師伐宋十二年夏詔惠主其饋餉凡江淮錢穀皆領之十二年春宋

降伯顔命惠與參知政事阿剌罕等入城按閲府庫版籍収其太廟及景靈宮禮樂器物冊寶郊天儀仗籍江南民爲工匠凡三十萬戸惠選有藝業者僅十餘萬戸餘悉奏還爲民伯顔以宋主北還俾惠居守惠不待命輒啓府庫封鑰伯顔以聞詔左丞相阿朮平章政事阿塔海詰之徵還京師二十年拜榮禄大夫平章政事行省揚州二十二年入朝復命以平章政事行省杭州至無錫卒年六十二惠所至有能聲及老頗以沉浮取譏子遵誨

劉好禮

劉好禮字敬之汴梁祥符人父仲澤金大理評事遥授同知許州徙家保定之完州好禮幼有志知讀書通國言憲宗時廉訪府辟爲參議歲乙卯改永興府達魯花赤至元元年以侍儀廉希逸薦召見言舉人材數事稱旨五年應詔建言凡有司奏請宜先啓皇太子俾得閲習庶政以爲社稷生民之福陝西重地宜封皇子諸王以鎮之創築都城宜給直以市民地選格不宜以中統三年爲限後是者不録帝是其言勅中書施行七年遷益蘭州等五部斷事官以比古之都護治益蘭其地距京師九千餘里民俗不知陶冶

水無舟航好禮請工匠於朝以教其民迄今稱便或
言榷鹽酒可以佐經費好禮曰朝廷設官要荒務以
綏遠寧欲奪其利耶言者慚服十年北方諸王叛執
好禮軍中幾死其大將以好禮善應對釋之十六年
春叛王召好禮至欠欠州曰皇帝疑我致有今日好
禮曰不疑果疑王召王至京師肯還之耶十七年春
好禮率衆走別部守阨以待兵至遇叛王軍迫好禮
西踰雪嶺好禮自度踰是則無望其還遂以衣服
賂叛王千戶始獲東出鐵壁山口間道南走數日從
者繼至且千人中道糧絕捕獵以爲食七月至菊海

始與戍兵接得乘傳至昌州入見帝賜之食與鈔十
八年授嘉議大夫澧州路總管十九年入爲刑部尚
書俄改禮部又改吏部好禮建言中書象力最巨上
往還兩都乘輿象駕萬一有變從者雖多力何能及
未幾象驚幾傷從者二十一年出爲北京路總管再
入爲戶部尚書二十五年六月卒年六十二子晟爲
河西隴右道肅政廉訪使

王國昌 子通

王國昌膠州高密人初爲膠州千戶中統元年入覲
世祖察其能遷左武衛親軍千戶佩金符召問軍旅
之事國昌奏對甚悉帝嘉之賜白金錦袍至元五年
人有上書言高麗境內黑山海道至宋境爲近帝命
國昌往視之泛海千餘里風濤洶湧從者恐懼還國
昌神色自若徐曰奉天子威命未畢事而遽返可乎
遂至黑山乃還帝延見慰勞而東夷皆內屬惟日本
不受正朔帝知隋時曾與中國通遣使諭以威德令
國昌率兵護送道經高麗時高麗有叛臣據珎島城
帝因命國昌與經畧使卯突史樞等攻拔之八年復
遣使入日本乃命國昌屯於高麗之義安郡以爲援
冬十月卒子通嗣

通初襲爵爲左衛親軍千戶十二年從諸軍伐宋渡
江鎮鄂州時潭州不下兵薄其城通以所將千人破
其柵宋兵遁去通縱兵追擊殺獲甚衆以功進武節
將軍從攻靜江下之十四年改侍衛親軍千戶明年
通上書言今南方已定而北陲未安請屯田于和林
率所部自効帝慰勞遣之從破敵兵于金山俘獲生
口及馬羊牛駝不可勝計進顯武將軍賜金虎符陞
僉左衛親軍都指揮使從討叛王乃顏遷副都指揮
使明年屯田瓜沙諸州進階明威將軍武宗即位命
總京城衛兵樞密院復奏通攝左丞領諸衛屯田兵

尋遷屯儲衛親軍都指揮使鎮海口以疾卒子燕出不花襲武德將軍左衛親軍副都指揮使

姜彧

姜彧字文卿萊州萊陽人也父椿避亂往依濟南張榮因家焉彧幼穎悟好學榮守濟南辟爲掾陞左右司知事尋遷郎中進參議官中統三年彧與榮孫宏入朝因言益都李璮反狀已露宜先其未發制之未報明年春璮果反時諸郡不爲兵備璮即襲據濟南彧棄家從榮招集散亡迎諸王哈必赤進兵討之秋七月捕得生口言城中糧盡勢蹙彧乃昏夜請見王

曰聞王陛辭時面受詔曰發兵誅璮耳毋及無辜今旦夕城且破王宜早諭諸將分守城門勿令縱兵不然城中無噍類矣王曰汝言城破鮮陰陽耶彧曰以人事知之若待城破言於王晚矣王悟明日賊衆開門出降王下令諸軍敢入城者論以軍法璮就擒城中按堵如故彧以功授大都督府參議改知濱州時行營軍士多占民田爲牧地縱牛馬壞民禾稼桑棗彧言於中書遣官分晝疆畔捕其强猾不法者寘之法乃課民種桑歲餘新桑徧野人名爲太守桑及遷東平府判官民遮請留焉爲之不行至元五年召拜治書侍御史出爲河北河南道提刑按察使賜金虎符改信州路總管後累遷陝西漢中河東山西道提刑按察使拜行臺御史中丞後以老病歸濟南尋擢燕南河北道提刑按察使三十年二月以疾卒年七十六子迪吉

張礎

張礎字可用其先渤海人金末曾祖琛徙燕之通州祖伯達從忽都忽那顔略地燕薊金守其蒲察斤以城降忽都忽承制以伯達爲通州節度判官遂知通州父範爲真定勸農官因家焉礎業儒丙辰歲平章

廉希憲薦于世祖潛邸時真定爲諸王阿里不哥分地阿里不哥以礎不附己銜之遣使言於世祖曰張礎我分地中人當以歸我世祖命使者復曰兄弟至親寧有彼此之間且我方有事於宋如礎者實所倚任待天下平定當遣還也已未從世祖伐宋凡徵發軍旅文檄悉出其手中統元年立中書省以礎權左右司事尋出爲彰德路拘榷官復入爲三部員外郎賜金符爲平陽路同知轉運使改知獻州同知東平府事又改知威州有婦人乘驢過市者投下官暗赤之奴引鳴鏑射婦人墜地奴遁暗赤家礎將以其事

聞暗赤懼乃出其奴論如法至元十四年立諸道提刑按察司以礎爲江南浙西道提刑按察副使佩金符宣慰使失里貪暴掠良民爲奴礎劾黜之遂安縣民聚衆負險爲亂命礎與同知浙西道宣慰使劉宣領兵捕之宣即欲進兵礎曰江南新附守吏或失撫字宜遣人招諭以全衆命宣不可礎曰諭之不來加誅未晚遂遣人諭之逆黨果自縛請罪礎釋之宣乃嘆服遷嶺南廣西道提刑按察使廣西宣慰使也里脫強奪民財礎按其罪遷嶺北湖南道提刑按察副使授賓州路總管不赴拜國子祭酒尋出爲安豐

路總管三十一年卒于官年六十三贈昭文館大學士正奉大夫封清河郡公謚文敏子淑衛輝路推官

呂𡌴

呂𡌴字伯充河內人七世祖公緒與宋丞相公著爲從昆弟祖庭金末避亂去鄉里父佑歸附初隸兵籍轉徙北郡復至關中家焉廉希憲宣撫京兆聘許衡教授生徒𡌴從衡學衡爲國子祭酒舉𡌴爲伴讀輔成教養𡌴之功爲多至元十三年擢陝西道按察司知事未行會宋降者言襄漢新附民情未安有呂子開者向爲襄陽制置司參議官今退居鄂其人悉知宋事宜徵用之朝廷議遣使而難其人或言子開舊名偉金亂入宋更名文蔚字子開於𡌴爲從叔父宜遣𡌴行時江淮兵猶未戢𡌴聞之慨然請行子開既入覲陳安撫襄漢便宜詔以子開爲翰林直學士辭不就十四年授𡌴四川行樞密院都事時宋制置使張珏守重慶安撫使王立守合州詔樞府分兵取之李德輝行西院事于成都獲立偵卒張郃等數人將殺之𡌴曰彼不即降者以昔嘗抗命城降懼誅耳今宜釋郃等俾歸諭立未幾立果遣郃等賫蠟書至成都德輝請與東院同受降後期不至德輝承制授立

仍爲安撫使知合州開倉賑民禁戢剽掠而瀘叙崇慶思播夔萬等郡聞之相繼送欵巴黔民感𡌴與德輝之惠並祠事之東院恥其無功誣德輝越境邀功械立于長安獄將誅之𡌴適以事至京師言于許衡衡白留守賀仁傑遂奏釋立賜金虎符仍舊官𡌴亦以平定四川功詔賜金織衣弓刀鞍勒白金陞奉訓大夫四川行省左右司郎中十九年調同知順慶路總管府事以疾辭二十年徵爲國子司業以未終喪辭三十年改華州知州勸農興學具有成効及代民爭留之大德中河東關隴地震月餘不止𡌴與集賢

學士蕭𣂏各設問荅數千言以究其理且移書廟堂陳救災弭患之道仁宗即位召拜翰林侍讀學士時方議行科舉㪫曰經明行脩質而少華非惟士有實行國家當得真才以登治平未幾致仕延祐元年遣使給驛送還關中十二月以疾卒年七十八贈陜西行省參知政事追封東平郡公謚文穆子三人杲果楨皆顯仕孫魯濟寧路總管

譚資榮

譚資榮字茂卿興德懷來人敦厚寡言頗知讀書仕金爲縣令歳巳卯河朔歸版圖資榮率衆欵附主帥

稔聞其名即日以金符授元帥左都監爲縣令如故後從征以功賜金虎符陞行元帥府事復以其弟資用代克元帥左監軍歳壬辰資榮從攻汴梁有功既而舉資用自代退而耕田讀書以爲逸老計時年四十子二人曰澄曰山阜澄好讀書又習國語爲監縣多善政世祖在藩邸時澄入見世祖嘉其容止安詳留居藩府稱其官而不名以其弟山阜代爲縣遣邇臣出使必以澄偕中統元年制書褒美以爲懷孟路總管明年入覲賜金符四年易虎符居官時訟至立決教民力田務本歷彰德同知遷河南路總管兼府尹明年奔父喪中書不聽其終制奏起復涖職後歷司農少卿遷陜西四川提刑按察使踰年西南夷羅羅斯内附帝以澄文武兼資可使鎮撫新國以爲副都元帥同知宣慰使司事至其境諭之曰皇元一視同仁不間遠近特置大帥安集招懷以捍外侮非利徵求於汝也夷人大悦尋以疾卒子克脩事裕宗于東宮出爲江南湖北河北河南陜西漢中三道提刑按察使孫男三人曰忠曰質曰文

王惲

王惲字仲謀衛州汲縣人曾祖經祖宇仕金官敦武

校尉父天鐸金正大初以律學中首選仕至戸部主事惲有材幹操履端方好學善屬文與東魯王博文渤海王旭齊名史天澤將兵攻宋過衛一見接以賔禮中統元年左丞姚樞宣撫東平辟爲詳議官時省部初建令諸路各上儒吏之能理財者一人惲以選至京師上書論時政與渤海周正並擢爲中書省詳定官二年春轉翰林修撰同知制誥兼國史院編脩官尋兼中書省左右司都事治錢穀擢材能議典禮考制度咸究所長同僚服之至元五年建御史臺首拜監察御史知無不言論列凡百五十餘章時都水

劉晸交結權勢任用頗專陷没官糧四十餘萬石惲劾之暴其姦利權貴側目又言晸監脩太廟畢功特轉官錫賞今纔數年梁柱摧朽事涉不敬宜論如法晸竟以憂卒秩滿陳天祐雷膺交薦於朝九年授承直郎平陽路總管府判官初絳之太平縣民有陳氏者殺其兄行賂緩獄蔓引逮繫者三百餘人至五年不決朝廷委惲鞫之一訊即得其實乃盡出所逮繫者時絳久旱一夕大雨十三年奉命試儒人于河南十四年除翰林待制拜朝列大夫河南北道提刑按察副使尋改置諸道制下遷燕南河北道按部諸郡

贓吏多所罷黜十八年拜中議大夫行御史臺治書侍御史不赴裕宗在東宮惲進承華事略其目曰廣孝立愛端本進學擇術謹習聽政達聰撫軍崇儒親賢去邪納誨幾諫從諫推恩尚儉戒逸知賢審官凡二十篇裕宗覧之至漢成帝不絶馳道唐肅宗改服絳紗爲朱明服心甚喜曰我若遇是禮亦當如是又至邢峙止齊太子食邪蒿顧侍臣曰一菜之名遽能邪人耶詹事丞孔九思從旁對曰正臣防微理固當然太子善其説賜酒慰喻之令諸皇孫傳觀稱其書弘益居多十九年春改山東東西道提刑按察副使

在官一年以疾還衛二十二年春以左司郎中召時右丞盧世榮以聚斂進用屢趣之不赴或問其故惲曰力小任大剥衆利己未聞能全者遠之尚恐見浼况可近乎既而果敗衆服其識二十六年授少中大夫福建閩海道提刑按察使黜官吏貪汙不法者凡數十人察繫囚之寃滯者決而遣之戒戍兵無得寓民家而創營屋以居之每謂爲治之本在於得人乃進言於朝曰福建所轄郡縣五十餘連山距海實爲邊徼重地而民情輕詭由平定以来官吏貪殘故山寇往往嘯聚愚民因而蟻附剽掠村落官兵致討復

蹂踐之甚非朝廷一視同仁之意也今雖不能一一擇任守令而行省官僚如平章左丞尚缺宜特選清望素著簡在帝心文足以撫綏黎庶武足以折衝外侮者使鎮静之庶幾治安可期矣時行省討劇賊鍾明亮無功惲復條陳利害曰福建歸附之民户幾百萬黄華一變十去四五今劇賊猖獗又酷於華其可以尋常草竊視之况其地有溪山之險東擊西走出没難測招之不降攻之不克宜選精兵申明號令專命重臣節制以計討之使彼勢窮力竭庶可取也二十八年召至京師二十九年春見帝於柳林行宮遂

上萬言書極陳時政授翰林學士嘉議大夫成宗即位獻守成事鑑一十五篇所論悉本諸經旨元貞元年加通議大夫知制誥同脩國史奉旨纂脩世祖實録㞐集聖訓六卷上之大德元年進中奉大夫二年賜鈔萬貫乞致事不許五年再上章求退遂授其子公孺爲衛州推官以便養仍官其孫笴祕書郎大德八年六月卒贈翰林學士承旨資善大夫追封太原郡公謚文定其著述有相鑑五十卷汲郡志十五卷承華事略中堂事記烏臺筆補玉堂嘉話并雜著詩文合爲一百卷

列傳卷第五十四

列傳卷第五十五　元史一百六十八

翰林學士亞中大夫知制誥兼修國史臣宋濂　翰林待制承直郎同知制誥兼國史院編修官臣王禕等奉

勑修

陳祐 天祥

陳祐一名天祐字慶甫趙州寧晉人世業農祖忠博究經史鄉黨皆尊而師之旣歿門人謚曰茂行先生祐少好學家貧母張氏嘗剪髮易書使讀之長遂博通經史時諸王得自辟官屬歲癸丑穆王府署祐爲其府尚書賜其父母銀十鋌錦衣一襲王旣分土於陝洛表祐爲河南府總管下車之日首禮金季名士

李國維楊杲李微薛玄咨訪治道商議古今奏免征西軍數百家及撤竹諸税粮料等錢又上便民二十餘事朝廷皆從之世祖即位分陜洛爲河南西路中統元年眞除祐爲總管時州縣官以未給俸多貪暴祐獨以清愼見稱在官八年如始至之日至元二年調官法行改南京路治中適東方大蝗徐邳尤甚責捕至急祐部民丁數萬人至其地謂左右曰捕蝗慮其傷稼也今蝗雖盛而穀已熟不如令早刈之庶力省而有得或以事涉專擅不可祐曰救民獲罪亦所甘心即諭之使散去兩州之民皆賴焉三年朝廷以

祐降官無名乃賜虎符授嘉議大夫衛輝路總管衛當四方之衝號爲難治祐申明法令創立孔子廟脩比干墓且請于朝著于祀典及去官民爲立碑頌德嘗上書世祖言樹太平之本有三一曰太子國本建立宜早二曰中書政本責成宜專三曰人材治本選舉宜審事雖未能盡行時論稱之六年置提刑按察司首以祐爲山東東西道提刑按察使時中書尚書二省並立世祖厭其煩欲合爲一集大臣雜議之祐還朝特命預其議阿合馬爲尚書平章政事欲奏陞中書右丞相安童爲太師因罷中書省懼祐有異議許進祐爲尚書參知政事以啗之及入議祐極言中書政本祖宗所立不可罷三公古官令徒存其虛位未須設事遂罷阿合馬怒其忤已除祐僉中興等路行尚書省事西涼隷永昌王府其達魯花赤及總管爲人誣搆家各百餘口王欲悉致之法祐力辨其寃王怒甚祐執議彌固王亦尋悟二人皆獲免持祐泣曰公再生父母也朝廷大舉伐宋遣祐僉軍山東民多逃匿聞祐來皆曰陳按察來必無私遂皆出應期而辦十二年授南京總管兼開封府尹吏多震慴失措祐因謂曰何必若是前爲盜跖今爲顏子吾以顏

子待之前爲顏子今爲盜跖吾以盜跖待之由是吏知脩飭不敢弄法許蔡間有巨盜聚衆刼掠祐捕之急逃入宋境宋亡隨制置夏貴過汴祐斥下馬撾殺之於市民間帖然十四年遷浙東道宣慰使時江南初附軍士俘虜溫台民男女數千口祐悉奪還之未幾行省榷民商酒稅祐請曰兵火之餘傷殘之民宜從寬恤不報遣祐檢覈慶元台州民田及還至新昌值玉山鄉盜倉猝不及爲備遂遇害年五十六詔贈推忠秉義全節功臣江浙等處行中書省左丞追封河南郡公謚忠定父老請留葬會稽不得乃立祠祀之祐能詩文有節齋集子夔芍陂屯田萬戶初在揚州聞祐遇盜死泣請于行省願復父讎擒其賊魁戮于紹興市臯昌國州知州夔侍儀司通事舍人孫思魯襲芍陂屯田萬戶思謙湖廣行省參知政事弟天祥

天祥字吉甫因兄祐仕河南自寧晉徙家洛陽天祥少隷軍籍善騎射中統三年李璮叛據濟南結宋爲外援河北河南宣慰司承制以天祥爲千戶屯三汊口防遏宋兵事平罷歸居偃師南山有田百餘畝躬耕讀書從之遊者甚衆其居近緱氏山因號曰緱山

先生初天祥未知學祐未之奇也别去數歲獻所爲
詩於祐祐疑假手它人及與語出入經史談辨該博
乃大稱異至元十一年起家從仕郎郢復州等處招
討司經歷從國兵渡江因論軍中事深爲行省參政
賈居貞所器重十三年興國軍以籍兵器致亂行省
命天祥權知本軍事天祥領軍士纔十人入其境去
城近百里止二日乃至城中父老來謁天祥諭之曰
捍衛鄉井誠不可無兵任事者籍之過當故致亂爾
今令汝輩權置兵仗以自衛何如民皆稱便乃條陳
其事於行省曰鎮遏姦邪當實根本若内無備禦之

資則外生窺覦之釁此理勢必然者也推此軍變亂
之故正由當時處置失宜踈於外而急於内兒在軍
中者寸鐵尺杖不得在手遂使姦人得以竊發公私
同被其害今軍中再經殘破單弱至此若猶相防而
不相保信豈惟外寇可憂第恐舟中之人皆敵國矣莫
若布推赤心於人使戮力同心與均禍福人則我之
人兵則我之兵靖亂止姦無施不可惟冀少加優容
然後責其必成之效行省許以從便處置天祥凡所
設施皆合衆望由是流移復業以至隣郡之民來歸
者相繼伐茅斬木結屋以居天祥命以十家爲甲十

甲有長弛兵禁以從民便人心既安軍勢稍振用土
兵收李必聰山寨不戮一人他寨聞之各自散去境
内悉平時州縣官吏未有俸禄天祥從便規措而月
給之以止其貪民用弗擾鄰邑分寧爲變諜者時至
吏請捕之天祥曰彼以官吏貪暴故叛今我一軍三
縣官無侵漁民樂其業使之歸告其黨則諜者反爲
我用矣遂一無所問及敗逃入興國境者數千人天
祥命驗口給粮仍戒土人勿侵陵事定皆得保全而
歸莫不服其威信居歲餘詔改本軍爲路有代天祥
爲總管者務變更舊政治隱匿兵者甚急天祥去未

久而興國復變鄰郡壽昌府及大江南北諸城邑多
乘勢殺守將以應之時方改行省爲宣慰司參政忽
都帖兒賈居貞萬户鄭鼎臣爲宣慰使鼎臣帥兵討
之至樊口兵敗死黄州遂聲言攻陽羅堡鄂州大震
時忽都帖木兒恇怯不敢出兵天祥言於居貞曰陽
羅堡依山爲壘素有嚴備彼若來攻我之利也且南
人浮躁輕進易退官軍憑高據險而區區烏合之衆
與之相敵不二三日死傷必多遁逃者十八九我出
精兵以擊之惟疾走者乃始得脱乘此一勝則大勢
已定然後取黄州壽昌如摧枯拉朽耳居貞深然之

而忽都帖木兒意猶未決聞至陽羅堡居貞力趣之乃引兵宿於青山明日大敗其衆皆如天祥所料初行省聞變盡執鄂州城中南人將殺之以防内應居貞救之不能得天祥曰是州之人與彼勢本不相接欲殺之者利其財耳力止之至是被執者皆縱去復遣天祥權知壽昌府事授兵二百餘人爲亂者聞官軍至皆棄城依險而自保天祥以衆寡不敵非可以力服乃遣諭其徒使各歸田里惟生擒其長毛遇順周監斬于鄂州市得金二百兩詢知爲鄂州賈人之物召而還之其黨王宗一等十三人繼亦就擒以冬

至日放令還家約三日來歸獄皆如期而至白宣慰司盡縱之由是無復叛者百姓爲立生祠二十一年三月拜監察御史會右丞盧世榮以掊克聚斂驟陞執政權傾一時御史中丞崔彧言之帝怒欲致之法世榮勢燄益張左司郎中周戭因議事微有可否世榮誣以沮法奏令杖一百然後斬之於是臣僚震懾無敢言者二十二年四月天祥上疏極言世榮姦惡其略曰盧世榮素無文藝亦無武功惟以商販所獲之貲趨附權臣營求入仕輿贓輦賄輸送權門所獻不充又別立欠少文劵銀一千錠由白身擢江西榷茶轉運使於其任專務貪饕所犯贓私動以萬計其隱祕者固難悉舉惟發露者乃可明言凡其掊取於人及所盜官物略計鈔以定計者二萬五千一百一十九金以錠計者二十五銀以錠計者一百六十八茶以引計者一萬二千四百五十有八馬以疋計者十五玉器七事其餘繁雜物件稱是已經追納及未納見追者人所共知今竟不悔前非狂悖愈甚以苛刻爲自安之策以誅求爲干進之門既懷無饜之心廣畜攘掊之計而又身當要路手握重權雖位在丞相之下朝省大政實得專之是猶以盜蹠而掌阿衡

之任不止流殃於當代亦恐取笑於將來朝廷信其虛誑之說俾居相位名爲試驗實授正權校其所能敗闕如此考其所行毫髮無稱此皆既往之真跡可謂已試之明驗若謂必須再試止可叙以他官宰相之權豈宜輕授夫宰天下譬猶製錦初欲驗其能否先當試以布帛如無能効所損或輕今捐相位以試驗賢愚猶捨美錦以校量工拙脫致隳壞悔將何追國家之與百姓上下如同一身民乃國之血氣國乃民之膚體血氣充實則膚體康強血氣損傷則膚體羸病未有耗其血氣能使膚體豐榮者是故民富則

國冨民貧則國貧民安則國安民困則國困其理然也昔魯哀公欲重斂於民問於有若對曰百姓足君孰與不足百姓不足君孰與足以此推之民必須賦輕而後足國必待民足而後豐書曰民爲邦本本固邦寧歷考前代因百姓冨安以致亂百姓困窮以致治自有天地以來未之聞也夫財者土地所生民力所集天地之間歲有常數惟其取之有節故其用之不乏今世榮欲以一歲之期將致十年之積危萬民之命易一世之榮廣邀增羡之功不恤顛連之患期錙銖之誅取誇上下以交征視民如讎爲國斂怨果

欲不爲國家之遠慮惟取速效於目前肆意誅求何所不得然其生財之本既已不存斂財之方復何所賴將見民間由此凋耗天下由此空虛安危利害之機殆有不可勝言者計其任事以來百有餘日驗其事跡備有顯明今取其所行與所言而已不相副者畧舉數端始言能令鈔法如舊鈔今愈虛始言能令百物自賤物今愈貴始言課程增添三百萬定不取於民而辦今却迫脅諸路官司增數包認始言能令民快樂凡今所爲無非敗法擾民者若不早有更張須其自敗正猶蠹雖除去木病亦深始嫌曲突徙薪

終見焦頭爛額事至於此救將何及臣亦知阿附權要則榮寵可期違忤重臣則禍患難測緘默自固亦豈不能正以事在國家關繫不淺憂深慮切不得無言世祖聞其語遣使召天祥與世榮俱至上都面質之既至即日有内官傳旨縛世榮於宫門外明日入對天祥於帝前再舉其所言與未及盡言者帝皆稱善世榮遂伏誅五月朝廷録天祥從軍渡江及平興國壽昌之功進秩五品擢吏部郎中二十三年四月除治書侍御史六月命理筭湖北湖南行省錢糧天祥至鄂州即上疏劾平章岳束木兇暴不法時桑哥

竊國柄與岳束木姻黨爲其爪牙羽翼誣天祥以罪欲致之死繫獄幾四百日二十五年春正月遇赦得釋二十八年擢行臺侍御史未幾以疾辭歸三十年授燕南河北道廉訪使元貞元年改山東西道廉訪使時盜賊群起山東居多詔求弭盜方略天祥上奏曰古者盜賊之起各有所因除歲凶飢饉誘之天時宜且勿論他如軍旅不息工役荐興聚斂無厭刑法紊亂之類此皆群盜所起之因中間保護存恤長養之者赦令是也赦者小人之幸君子之不幸一歲再赦善人喑啞前人言之備矣彼強梁之徒各執兵杖

殺人取後不顧其生有司盡力以擒之朝廷加恩以釋之旦脫縲囚暮即行刼又復督勒有司結限追捕賊皆經慣習以爲常既不感恩又不畏法兇殘悖逆性已頑定誠非善化能移惟以嚴刑可制所擬事條皆切於時用於是嚴督有司捕得盜賊甚衆皆杖殺之其亡入他境者揣知所向選捕盜官及弓兵密授方畧示以賞罰使追捕之南至漢江二千餘里悉皆就擒無得免者由是東方羣盜屛息平陰縣女子劉金蓮假妖術以惑衆所至官爲建立神堂愚民皆奔走奉事之天祥謂同僚曰此婦以神怪惑衆聲勢如

此若復有狡獪之人輔翼之倣漢張角晉孫恩之爲必成大害遂命捕繫而杖於市自此神怪屛息天祥言山東宣慰司官冗宜罷因劾奏其使貪暴不法事格不行遂以任滿辭去大德三年六月遷河北河南廉訪使以疾不起人有冤抑往往就天祥家求直天祥以不在其位却去之六年陞江南行臺御史中丞上章論征西南夷事曰兵有不得已而不已者亦有得已而不已者惟能得已則已可使兵力永強以備不得已而不已之用是之謂善用兵者也去歲行省右丞劉深遠征八百媳婦國此乃得已而不已之兵

也彼荒裔小邦遠在雲南之西南又數千里其地爲僻陋無用之地人皆頑愚無知取之不足以爲利不取不足以爲害深欺上罔下帥兵伐之經過八番縱橫自恣恃其威力虐害居民中途變生所在皆叛深既不能制亂反爲亂衆所制軍中乏糧人自相食計窮勢蹙倉黃退走土兵隨擊以致大敗深棄衆奔逃僅以身免喪兵十八九棄地千餘里朝廷再發陝西河南江西湖廣四省諸軍使劉二霸都總督以圖收復叛地湖北湖南大起丁夫運送軍糧至播州交納其正夫與擔負自己粮食者通計二十餘萬正當農

時興此大役驅愁苦之人往廻數千里中何事不有或所負之米盡到固爲幸矣然數萬之軍止仰今次一運之米自此以後又當如何比問西征敗卒及其將校頗知西南遠夷之地重山複嶺陡澗深林竹木叢茂皆有長刺軍行徑路在於其間窄處僅容一人一騎上如登天下如入井賊若乘險邀擊我軍雖衆亦難施爲也又其毒霧烟瘴之氣皆能傷人羣蠻既知大軍將至若皆清野遠遁阻其要害以老我師或進不得前旁無所掠士卒飢餓疫病死亡將有不戰自困之勢不可不爲深慮也且自征伐倭國占城交

趾爪哇緬國以來近三十年未嘗見有尺土一民内屬之益計其所費錢財死損軍數可勝言哉去歲西征及今此舉亦復何異前鑑不遠非難見也軍勞民擾未見休期只深一人是其禍本又聞八番羅國之人向爲征西之軍擾害捐棄生業相繼逃叛怨深入於骨髓皆欲得其肉而分食之人心皆惡天意亦憎惟須上承天意下順人心早正深之罪續下明詔示彼一方以聖朝數十年撫養之恩仍諭自今再無遠征之役以此招之自有相續歸順之日使其官民上下皆知未須遠勞王師與區區小醜爭一旦之勝負

元史列傳卷五五　十二

也昔大舜退師而苗民格充國緩戰而羌衆安事載經傳爲萬世法爲今之計宜且駐兵近境使其水路遠近得通或用鹽引茶引或用實鈔多增米價和市軍粮但法令嚴明官不失信可使米船蔽江而上軍自足食民亦不擾内安根本外固邊陲以我之鎮静御彼之猖狂布恩以柔其心畜威以制其力期之以久漸次服之此王者之師萬全之利也若謂業已如此欲罷不能亦當慮其關繫之大審詳成敗筭定而行彼溪洞諸蠻各有種類今之相聚者皆烏合之徒必無久能同心敵我之理但急之則相救緩之則相

疑以計使之互相讎怨待彼有可乘之隙我有可動之時徐命諸軍數道俱進服從者恩之以仁拒敵者威之以武恩威相濟功乃易成若舍恩任威以蹈深之覆轍恐他日之患有甚於今日也不報遂謝病去七年召拜集賢大學士商議中書省事八月地震河東尤甚詔問弭災之道天祥上章極言陰陽不和天地不位皆人事失宜所致執政者以其言切直抑不以聞天祥自被召還京至是且一歲未嘗得見帝言事輸忠無地常鬱鬱不自釋又不欲苟糜廪禄八年正月移疾謝去至通州中書遣使追留不還帝聞之

元史列傳卷五五　十三

賜鈔五千貫仍命給傳專官護送至其家天祥望闕拜謝辭所賜鈔而行九年五月拜中書右丞議樞密院事提調諸衛屯田使者五致詔以年老不能辭十一年仁宗在懷州遣使賜幣帛上尊酒至大四年仁宗即位復遣使召之辭以老疾不起延祐三年四月卒于家年八十累贈推忠正義全德佐理功臣河南江北等處行中書省平章政事追封趙國公謚文忠

劉宣

劉宣字伯宣其先潞人也因出戍留居忻金末避地于陝後徙太原宣沉毅清介居家孝友自幼喜讀書

有經世之志宣撫張德輝至河東見而器重之還朝
薦爲中書省掾宣辭則往從國子祭酒許衡講明理
學初命爲河北河南道巡行勸農副使至元十二年
入爲中書戶部郎中改行省郎中從丞相伯顏平章
阿朮統軍平江南贊畫居多伯顏嘗命宣詣闕上捷
書世祖召見親問以南征事應對稱旨賜器服寵嘉
之江南平命宣沙汰江淮冗官其所存革悉合公論
除知松江府未幾同知浙西宣慰司事在官五年威
惠並著陞江淮行省參議擢江西湖東道提刑按察
使二十三年入爲禮部尚書遂遷吏部時將伐交趾

宣上言曰連年日本之役百姓愁戚官府擾攘今春
停罷江浙軍民歡聲如雷安南小邦臣事有年歲貢
未嘗愆期邊帥生事興兵彼因避竄海島使大舉無
功將士傷殘今又下令再征聞者莫不恐懼自古興
兵必須天時中原平土猶避盛夏交廣炎瘴之地毒
氣害人甚於兵刃今以七月會諸道兵于靜江比至
安南病死必衆緩急遇敵何以應之又交趾無粮水
路難通無車馬牛畜馱載不免陸運一夫擔米五斗
往還自食外官得其半若十萬石用四十萬人止可
供一二月軍粮搬載船料軍須通用五六十萬衆廣

西湖南調度頻數民多離散戶令供役亦不能辦況
湖廣密邇溪洞寇盜常多萬一姦人伺隙大兵一出
乘虛生變雖有留後人馬疲弱衰老卒難應變何不
與彼中軍官深知事體者論量萬全方畧不然將復
蹈前轍矣及再征日本宣又上言其畧曰近議復置
征東行省再興日本之師此役不息安危繫焉唆都
建伐占城海牙言平交趾三數年間湖廣江西供給
船隻軍須粮運官民大擾廣東群盜並起軍兵遠涉
江海瘴毒之地死傷過半即目連兵未解且交趾與
我接境蕞爾小邦遣親王提兵深入未見報功唆都

爲賊所殺自遺羞辱況日本海洋萬里疆土濶遠非
二國可比今次出師動衆履險縱不遇風可到彼岸
倭國地廣徒衆猥多彼兵四集我師無援萬一不利
欲發救兵其能飛渡耶隋伐高麗三次大舉數見敗
北喪師百萬唐太宗以英武自負親征高麗雖取數
城而還徒增追悔且高麗平壤諸城皆居陸地去中
原不遠以二國之衆加之尚不能克況日本僻在海
隅與中國相懸萬里哉帝嘉納其言二十三年十二
月中書傳旨議更鈔用錢宣獻議曰原交鈔所起漢
唐以來皆未嘗有宋紹興初軍餉不繼造此以誘商

旅爲沿邊糴買之計比銅錢易於賫擎民甚便之稍有滯礙即用見錢尚存古人子母相權之意日增月益其法浸弊欲求目前速效未見良策新鈔必欲創造用權舊鈔只是改換名目無金銀作本稱提軍國支用不復抑損三數年後亦如元寶矣宋金之弊足爲殷鑒鑄造銅錢又當詳究秦漢隋唐金宋利病著在史策不待縷陳國朝廢錢已久一旦行之功費不貲非爲遠計大抵利民權物其要自不妄用始若欲濟丘壑之用非惟鑄造不敷抑亦不久自弊矣屬桑哥誅立尚書省以專國柄錢議遂罷二十五年由集

賢學士除行臺御史中丞時江浙行省丞相忙古臺悍戾縱恣常慮臺臣糾言其罪而尤忌宣一日御史大夫與中丞出建康城縣視軍船群御史從有以軍船載薪者御史張諒詰之知爲行省官所使詣揚州覆實忙古臺盛怒即圖報復時大夫之父官于屬郡隨被按劾遣其黨造建康伺臺中遠失臺官皆竦懼陰往懇求自解惟宣屹然不動忙古臺怒宣愈甚羅織宣之子繫揚州獄又令建康酒務淘金等官及録事司官以罪免者誣告行臺沮壞錢粮以聞于朝必欲寘宣死地朝廷爲遣官二員置獄于行省鞫問其

事宣及御史六人俱就逮既登舟行省以軍船列兵衛驅迫之至則分異各處不使往來九月朔宣自剄于舟中始宣將行時書後事緘付從子自誠令勿啓視宣死視其書辭云觸怒大臣誣搆成罪豈能與經斷小人交口辯訟屈膝爲容於怨家之前身爲臺臣義不受辱當自引決但不獲以身殉國爲恨耳嗚呼天乎實鑒此心且別有公文言忙古臺罪狀後得其藁塗注句抹辭句難辨前治書侍御史霍肅爲敘次其文讀者悲憤宣既引決行省白于朝以爲宣知罪重自殺前後搆成其事者郎中張斯立也然宣忠義

節操爲世所重聞者莫不嗟悼延祐四年從子自持上宣行實御史臺以聞制贈資善大夫御史中丞上護軍追封彭城郡公謚忠憲

何榮祖

何榮祖字繼先其先太原人父瑛金貞祐間試文法入優等補吏後授明威將軍守鉅鹿尹權軍器監主事金亡從家廣平榮祖狀貌魁偉額有赤文如雙樹皆負隆起有相者謂曰子位極人臣且壽相也何氏世業吏榮祖尤所通習遂以吏累遷中書省掾擢御史臺都事始折節讀書日記數千言阿合馬方用事置

總庫于其家以收四方之利號曰和市監察御史范方等斥其非論甚力阿合馬知榮祖主其謀奏爲左右司都事以隸已未幾御史臺除治書侍御史升侍御史又出爲山東按察使而阿合馬莫逞其志矣有帖木剌思者以貪墨爲僉事李唐卿所劾帖木剌思計無所出適濟南有上變告者唐卿察其妄取訟牒焚之帖木剌思乃摭取爲辭告唐卿縱反者逮繫數十人獄久不決詔榮祖與左丞郝禎參政耿仁傑鞫之榮祖得其情欲抵告者罪禎仁傑議以失口亂言之罪坐之榮祖不可俄遷河南按察使二執政竟以

失口亂言杖其人而株連者俱得釋唐卿之誣遂白平涼府言有南人二十餘輩叛歸江南安西行省欲上聞會榮祖來爲參政止之曰何必上聞朝廷此輩去者皆人奴耳今聞江南平適往求其家移文召捕之可也已而逃者俱獲果人奴也治以本罪而付其主其於事明決多類此除雲南行省參知政事以母老辭又拜御史中丞復出爲山東東西道按察使時宣慰使樂實姚演開膠州海道有制禁戢諸人沮撓粮船遇暴風多漂覆樂實弗信督諸漕卒償之搒掠慘毒自殺者相繼按察官懼違制莫敢言榮祖曰第

言之若朝廷見譴吾自當之即草辭以奏詔免其徵召入爲尚書參知政事時桑哥專政亟於理筭錢穀人受其害榮祖數請罷之帝不從屢懇請不已乃稍緩之而畿内民苦尤甚榮祖每以爲辭同僚曰上既爲免諸路惟未及在京可少止勿言也榮祖執愈堅至於忤旨不少屈竟不署其牘未踰月而害民之弊皆聞帝乃思榮祖言召問所宜榮祖請於歲終立局考校人以爲便立爲常式詔賜以鈔萬一千貫榮祖條中外有官規程欲矯時敝桑哥抑不爲通榮祖既與之異議乃以病告特授集賢大學士未幾起爲尚

書右丞桑哥敗改中書右丞奏行所定至元新格請改提刑按察司爲肅政廉訪司而立監治之法又上言國家用度不可不足天下百姓不可不安今理財者弗顧民力之困言治者弗圖國計之大且當用之人恒多而得用之人恒少要之省部寔爲根本必擇材而用之按察司雖監臨一道其職在於除蠧弊安斯民苟有弗至則省臺又當遣官體察之庶有所益帝深然之屢以老疾乞解機務詔免署事惟預議中書而食其祿尋拜昭文館大學士預中書省事又加平章政事以水旱請罷不允先是榮祖奉旨定大德

律令書成已久至是乃得請于上詔元老大臣聚聽之未及頒行適子秘書少監恵沒遂歸廣平卒年七十九贈光禄大夫大司徒柱國追封趙國公謚文憲榮祖身至大官而儉第以居飲器用青甆杯中宮聞之賜以上尊及金五十兩銀五百兩鈔二萬五千貫俾置器買宅以旌其廉所著書有大畜十集又有學易記載道集觀物外篇等書

陳思濟

陳思濟字濟民柘城人也幼讀書即曉大義以才器見稱于時輩間世祖在潛邸聞其名召之以備顧問

既即位始建省部俾掌敷奏世祖以京兆爲國重鎮命廉希憲等行中書省于陝西思濟寔與偕行多所贊畫中統三年詔誅王文統召廉希憲入中書思濟還仍掌敷奏事無巨細悉就準繩姚樞許衡皆器重之會阿合馬入省恥其位在希憲左每欲肆意而行希憲守正不從及希憲去位省臣晨集掾屬皆憚阿合馬莫敢前思濟獨先以文牘進阿合馬輒于希憲位署押思濟遽掩以手曰此非君相署位也阿合馬怒目視之衆爲之懼思濟神色自若除右司都事從希憲行省山東未幾召還至元五年分命中書省總百揆御史臺正百官一時黜陟登庸憲章程式多出其手遷承務郎同知高唐州事以績最聞拜監察御史時阿合馬立尚書省權在中書右思濟與魏初等劾其不法帝命近臣正之御史各以次對思濟獨厲聲曰御史言官也非爲辨訟設拂袖而出授奉訓大夫知沁州爲政簡要不務苛察遷中順大夫同知紹興路總管府事承檄讞獄桐廬有囚羸瘠將死縱遣還家候期來決囚拜請曰聞公名久矣若不早決恐終不可保爲閔其案而釋之轉同知兩浙都轉運司事胥吏侵漁民困于賦役悉蠲除之調陝西漢中道

提刑按察副使丁母憂去官二十三年加少中大夫同知浙東道宣慰司事時浙西大水民饑浙東倉廩殷實即轉輸以賑之全活者衆檄上中書奏允之浙東復旱禱于名山雨大澍民賴以甦兩淮鹽課不敷授嘉議大夫兩淮都轉運使奸弊盡革商賈通行歲課以足擢嶺北湖南道肅政廉訪使改池州路總管江浙行省平章也速荅兒威勢赫然摘淛金户三千括民間田畝檄下力上章以止之累遷通議大夫僉河南江北等處行中書省事大德五年冬以疾卒年七十贈正議大夫吏部尚書上輕車都尉追封潁川

郡侯謚文肅子誠襲蔭入官拜監察御史朝列大夫僉廣西道肅政廉訪司事

秦長卿

秦長卿洛陽人也姿貌雄特性倜儻有大志世祖在京兆潛藩已聞其名既即位務收攬時才以布衣徵至京師長卿尚風節好論事與劉宣同在宿衛以氣岸相高是時尚書省立阿合馬專政長卿上書曰臣愚戇能識阿合馬其爲政擅生殺人人畏憚之固莫敢言然怨毒亦已甚矣觀其禁絕異議杜塞忠言其情似秦趙高私蓄踰公家資覬覦非望其事似漢董

卓春秋人臣無將請及其未發誅之爲便事下中書阿合馬爲人便佞善伺人主意又其貲足以動人中貴人力爲抹解事遂寢然由是大恨長卿除興和宣德同知鐵冶事竟誣以折閱課額數萬緡逮長卿下吏籍其家產償官又使獄吏殺之獄吏濡紙塞其口鼻即死未幾王著聚徒殺阿合馬帝後悟亦追罪之戮棺戮屍并誅其子而長卿冤終不白長卿從子山甫爲建康府判官聞長卿冤狀即日棄官去累薦不起以卒山甫子從龍仕至南臺治書侍御史從德江浙行省參知政事

趙與票

趙與票字晦叔宋宗室子嘗登進士第爲鄂州教授至元十一年丞相伯顏既渡江與票率其宗人之在鄂州者詣軍門上書力陳不嗜殺人可以一天下且乞全其宗黨後伯顏朝京師世祖問宋宗室之賢者伯顏首以與票對十三年秋九月遣使召至上京幅巾深衣以見言宋敗亡之故悉由誤用權奸詞旨激切令人感動世祖念之即授翰林待制朝廷立法多所諮訪與票忠言讜論無所顧惜進直學士轉侍講疏陳江南科斂急督移括大姓宋世丘壟暴露皆大

臣擅易明詔所爲二十七年京師霧四塞明年正月甲寅虎入南城與票又疏言權臣專政之咎退而家居待罪未幾桑哥敗平章不忽木奏與票貧窶有守有抱負世祖曰得非指權臣爲虎者邪賜鈔萬三千貫歲給其妻子衣糧後累遷翰林學士其伯祖師淵嘗從朱熹學家庭受授具有端緒於是與許衡論伊洛閫奧衡雅敬之與票既老成宗命特官其子孟實以終養大德七年以疾卒家貧無以爲葬成宗命有司賻鈔五千貫給舟車還葬台州之黃岩贈通議大夫禮部尚書上輕車都尉天水郡侯謚文簡

姚天福

姚天福字君祥絳州人父居實避兵徙鴈門天福幼
讀春秋通大義及長以材辟懷仁丞至元五年詔立
御史臺以天福爲架閣管勾尋拜監察御史每廷折
權臣帝嘉其直錫名巴兒思謂其不畏強悍猶虎也
仍厚賜以旌其忠天福曰臣職居抨彈惟負爵禄是
懼敢貪厚賞以重臣罪時御史臺置二大夫綱紀無
統天福言于世祖曰古稱一蛇九尾首動尾隨一蛇
二首不能寸進今臺綱不張有一蛇二首之患陛下
不急拯之久則紊不可理帝詔玉速帖木兒及孛羅

諭之孛羅以年幼自劾天福時按行畿内有出使者
夌民取賄天福乃易服間行得其狀奏黜之以徇衆
右帽服十二年詔罷各道按察司天福白大夫玉速
帖木兒曰是司之設所以廣視聽虞非常慮至深遠
不但繩有司而已也大夫駭然曰微公言幾失之夜
入帝卧内奏其言帝大悟詔復立之權臣不悦左遷
天福朝列大夫衡州路同知不就起爲河東道提刑
按察副使時北鄙兵興轉輸煩急河東民苦徭役天
福以反側爲憂劾執政失計奏罷其役徵拜中順大
夫治書侍御史十六年江南既平授嘉議大夫淮西

道按察使淮甸當兵衝將吏有豪猾爲民害者悉剷
除之民大悅轉湖北道按察使發省臣贓事數十以
聞帝以其嘗有勳勞特原之而流其黨與州郡稱治
二十年遷山北道按察使其民鮮知稼穡天福教以
樹藝皆致蕃富民爲建祠而刻石以紀之二十二年
入爲刑部尚書尋出爲揚州路總管二十六年復爲
淮西按察使按鉅姦一人沒其家貲政化大行二十
八年桑哥敗考訊黨援平陽爲多以天福爲平陽總
管俾窮治其事俄拜甘肅行省參知政事以母老辭
三十一年授陝西漢中道肅政廉訪使尋除真定路

總管真定驛傳之需多爲民害天福更議措置之方
使不擾民憲長爭之省臣以其事聞詔從之頒其制
爲天下式大德二年授江西行省參政以疾辭四年
拜參知政事大都路總管兼大興府尹畿甸大治後
之尹京者以天福爲稱首六年以疾卒年七十三初
天福拜御史時其母戒之曰古稱公爾忘私委質爲
臣當罄所衷以塞其職勿以未亡人爲卹俾吾追蹤
陵母死之日猶生之年也天福亦請於憲府曰監察
責當言路有犯無隱苟獲譴乞不爲親累或以聞帝
嘆曰巴兒思母子雖生今世其義烈之言當於古人

中求之子祖舜秘書監著作郎佩內藏庫副使

許國禎

許國禎字進之絳州曲沃人也祖濟金絳州節度使父日嚴榮州節度判官皆業醫國禎博通經史尤精醫術金亂避地嵩州永寧縣河南平歸寓太原世祖在潛邸國禎以醫徵至翰海留守掌醫藥莊聖太后有疾國禎治之刻期而愈遷張宴賜坐太后時年五十三遂以白金鋌如年數賜之伯撒王妃病目治者鍼誤損其明世祖怒欲坐以死罪國禎從容諫曰罪固當死然原其情乃恐怖失次所致即誅之後誰敢

復進世祖意解且獎之曰國禎之直可作諫官宗王昔班屢請以國禎隸帳下世祖重違其請將遣之辭曰國禎蒙恩拔擢誓盡心以報不敢易所事乃不果遣世祖過飲馬湩得足疾國禎進藥味苦却不服國禎曰古人有言良藥苦口利於病忠言逆耳利於行已而足疾再作召國禎入視世祖曰不聽汝言果困斯疾對曰良藥苦口既知之矣忠言逆耳願留意焉世祖大悅以七寶馬鞍賜之憲宗三年癸丑從征雲南機密皆得參與朝夕未嘗離左右或在告帝輒爲之不悅九年己未世祖帥師圍鄂州獲宋人數百族

諸將欲盡阬之國禎力請止誅其兇暴餘皆獲免及師還招降民數十萬口疲餓顛仆者滿道國禎白發蔡州軍儲糧賑之全活甚衆世祖即位錄前勞授榮祿大夫提點太醫院事賜金符至元三年改授金虎符十二年遷禮部尚書國禎嘗上疏言愼財賦禁服色明法律嚴武備設諫官均衛兵建學校立朝儀事多施行凡所薦引皆知名士士亦歸重之帝與近臣言及勳舊大臣因謂國禎曰朕昔出征同履艱難者惟卿數人在爾遂拜集賢大學士進階光祿大夫每進見帝呼爲許光祿而不名由是內外諸王大臣皆

以許光祿呼之陞翰林集賢大學士卒年七十六時大臣非有勳德爲帝所知者罕得贈謚特贈國禎金紫光祿大夫謚忠憲人以爲榮後加贈推誠廣德協恭翊亮功臣翰林學士承旨上柱國追封薊國公初國禎母韓氏亦以能醫侍莊憲太后又善調和食味稱旨凡四方所獻珍膳旨酒皆命掌之太后閔其勞賜以真定宅一區歲給衣廩終身國禎由是家焉子扆

扆字君黼一名忽魯火孫從其父國禎事世祖于潛邸進退莊重世祖喜之賜今名俾從許衡學入備宿

衛忠慎小心嘗因事忤旨欲罪之帝後悔謂近侍帖哥曰朕欲罪忽曾火孫汝何不言汝二人自今結為兄弟有所譴責則更相進諫乃置金酒中賜二人飲以為盟時裕宗居東宮帝又諭忽曾火孫曰若太子罪汝將誰諫耶遂命東宮臣慶山奴亦同飲金酒俄除禮部尚書提點太醫院事賜日月龍鳳紋綺衣二襲每外國使至必命與之語辭理明辨莫不傾服改尚醫太監帝嘗命畫工寫其像賜之轉正議大夫仍提點太醫院事有竊大安閣禮神之幣者將誅之群臣莫敢言忽曾火孫獨諫曰敬神善事也因置人於

死地臣恐神不享所祭帝即命釋之忽曾火孫與丞相安童善國政多所贊益桑哥忌之數譖於上帝不之信桑哥敗繫于左掖門帝命忽曾火孫往唾其面辭不可帝稱其仁厚賜以白玉帶且諭之曰以汝明察無瑕有類此玉故以賜汝也成宗即位遷中書右丞行太常卿力辭乃命以中書右丞署太常事俄改陝西行中書省右丞時關中饑議發倉粟賑之同列以未得請于朝不可忽曾火孫曰民為邦本今饑餒如此若俟命下無及矣擅發之罪吾當獨任之不以累公等遂大發粟不數日命亦下明年旱禱于終南山而雨歲以大熟民皆畫像祀之忽曾火孫不事生業田宅皆上所賜有足疾不能行仁宗以為先朝老臣特敕乘小輿入禁中訪以舊事後足益弱不可出每國有大政詔使近侍即其家問之特授榮祿大夫大司徒食其祿終身贈推忠守正佐理功臣光祿大夫陝西等處行中書省平章政事柱國追封趙國公謚僖簡

列傳卷第五十五

列傳卷第五十六　元史一百六十九

翰林學士亞中大夫知制誥兼修國史臣宋濂　翰林待制承直郎同知制誥兼國史院編修官臣王禕等奉
勑修

賀仁傑

賀仁傑字寬甫其先河東隰州人祖種德徙關中遂爲京兆鄠人父貴有材畧善攻戰數從軍有功關中兵後積屍滿野貴買地金天門外爲大塚收瘞之遠近聞者爭輦屍來葬復以私錢勞之嘗治室於毀垣中得白金七千五百兩謂其妻鄭曰語云匹夫無故獲千金必有非常之禍時世祖以皇太弟受詔征雲

南駐軍六盤山乃持五千兩往獻之世祖曰天以賜汝焉用獻對曰殿下新封秦金出秦地此天以授殿下臣不敢私願以助軍且言其子仁傑可用狀即召入宿衞其軍帥怒貴不先白己而專獻金下貴獄世祖聞之大怒執帥將殺之以勳舊而止世祖即位賜貴金符總管京兆諸軍奥魯卒贈輸忠立義功臣銀青榮祿大夫大司徒追封雍國公謚貞獻仁傑從世祖南征雲南北征乃顏皆著勞績後與董文忠居中事上同志協力知無不言言無不聽多所裨益而言不外泄帝深愛重之至元十三年宋平惟川蜀久不下四川制置使張珏守重慶合州安撫使王立守釣魚山相拒二十餘年詔建東西行樞密院督兵進伐合丹闍里吉思領東院攻釣魚山不花李德輝領西院攻重慶德輝分守成都獲王立鈔卒張合縱之使諭立降立復遣張合等奉蠟書告德輝能白我即降德輝遂從五百騎至釣魚山與東院同受立降東院復奏誅立并言德輝越境邀功下立長安獄西院從事呂掝至都以兵事告許衡許衡告仁傑仁傑爲言於帝帝召樞密臣責之曰汝等以人命爲戲耶今召王立立生則已死則汝等亦從之立至賜金虎符仍

以爲合州安撫使帝一日召仁傑至榻前出白金謂之曰此汝父六盤所獻者聞汝母來可持以歸養辭不許乃歸白母盡散之宗族帝欲選民間童女充後宮及有司買物多非其土産山後鹽禁久爲民害皆奏罷之民爲之立祠十七年上都留守闕宰相擬廷臣以十數皆不納帝顧仁傑曰無以易卿者特授正議大夫上都留守兼本路總管開平府尹明年賜三珠虎符進資德大夫兼虎賁親軍都指揮使尋加榮祿大夫中書右丞留守如故尚書省立桑哥用事奏上都留守司錢穀多失實召留守忽剌忽耳及仁傑

廷辨仁傑曰臣漢人不能禁吏戢姦致錢穀多耗傷臣之罪忽剌忽耳曰臣爲長印在臣手事未有不關白而能行者臣之罪帝曰以爵讓人者有之未有爭引咎歸已者置勿問仁傑在官五十餘年爲留守者居半車駕春秋行幸出入供億未嘗致上怒其妻劉沒帝欲爲娶貴族固辭乃娶民間女已而喪明夫妻相敬如初未嘗置媵妾大德九年年七十二請老拜光祿大夫平章政事商議陝西行中書省事賜白金楮幣錦袍玉帶歸第以子勝襲上都留守虎賁指揮使後成宗崩仁宗入清內難念世祖舊臣欲有所咨

訪召赴闕行至樊橋而卒贈恭勤竭力功臣儀同三司太保上柱國追封雍國公謚忠貞延祐六年加贈推誠宣力翊運功臣太師開府儀同三司上柱國追封秦元王子勝自有傳

賈昔剌

賈昔剌燕之大興人也本姓賈氏其父仕金爲庖人昔剌體貌魁碩有志於當世歲甲申因近臣入見莊聖太后遂從睿宗於和林典司御膳以其鬚黃賜名昔剌俾氏族與蒙古人同甚親幸之又慮其漢人不習於風土令從居灤州帝復思之曰昔剌在吾左右飲食殊安適促召入供奉諸庖人皆隸焉世祖在潛邸知其重厚使從迎皇后於弘吉剌之地自是預謀帷幄動中機會內出銀三千兩使買珍膳乘傳上太官恣其出入不問又賜以牝馬及駒三十匹幷牧戶與之是時兵餘數以所賜分遺鄉里世祖即位立尚食尚藥二局賜金符提點局事兼領進納御膳生料年老謝事病篤索所賜衣衣之而卒追封聞喜郡侯謚敬懿子丑妮子方幼時世祖愛之嘗坐之御席傍從征雲南躍馬入水斫戰船破其軍帝奇其勇敢而戒其輕銳己未從伐宋還自鄂州卒追封臨汾郡公

謚顯毅子虎林赤智勇絕人阿里不哥之叛出其家名馬以助官軍從幸和林中道值大風晝晦敵猝至擊走之還佩其大父金符提點尚食尚藥二局歷尚膳使兼司農嘗入侍帝問治天下何爲本曰重農爲本何爲先曰用賢爲先用賢則天下治重農則百姓足帝深善之超拜宣徽使辭改僉院事仍領尚膳使卒子禿堅不花襲世職爲尚藥尚食局提點世祖以故家子獨奇之謂他日可大用使在左右從征乃顏軍次杭海敵猝至帝令急擊之諸近侍見其勢盛多畏避禿堅不花即馳入其陣疾戰破走之擒其首將

以歸移軍哈罕大風晝晦敵兵千人鼓譟以進禿堅不花奮擊身被十餘瘡猶力戰復大破之帝奇其勇杭海叛者請降衆議以爲親犯王師宜誅之禿堅不花獨曰杭海本吾人或誘之以叛豈其本心哉且兵法殺降不祥宜赦之帝曰禿堅不花議是以此益知其可用陞同僉宣徽院事每論政帝前言直而氣不懾帝亦知其直令察宿衛之士有才器者以名聞所論薦數十人用之皆稱職時論歸之成宗即位諸侯王會于上京凡芻餼宴享之節賜予多寡疏戚之分無一不當其意帝喜曰宣徽得禿堅不花足矣進同知

宣徽院事四年帝弗豫召入侍疾一食一飲必嘗乃進帝體既安賜錢不受解衣賜之嘗從巡幸禁中衛士感舊有所欲言帝命進而問之皆曰臣等宿衛有年矣日膳充歲賜以時者誠荷陛下厚恩亦由宣徽有能官禿堅不花其人也帝悦賜珠袍超拜宣徽使辭曰先臣服勤於茲三世矣位不過僉佐臣何敢有加於先臣乎帝嘉其退讓乃允其請九年北方乞禄倫部大雪奏買駝馬補其死損出衣幣於内府身往給之全活者數萬人還賜七寶笠十年帝病甚入侍疾愈謹及大漸内難將作援以正義無所回撓武宗入即位深嘉其忠進階榮禄大夫遥授平章政事商議宣徽院事行金復州新附軍萬户府達魯花赤至大二年詔出金帛大賚北邊諸軍以禿堅不花明習事宜能不憚勞苦使即軍中與其帥月赤察兒定議而給之諸部大悦帝深器之拜宣徽使出内藏兼金帶賜之爲同官賈廷瑞所嫉廷瑞請以宣徽院爲門下省尚書省奏廷瑞擅易官制帝大怒欲殺之禿堅不花力諫不可帝曰賈廷瑞毁卿不直一錢卿何力言邪對曰廷瑞所坐不當死不敢以臣私隙誤陛下失刑廷瑞遂得免帝訪群臣以治道禿堅不花以爲

治國安民之寶在於生財節用帝嘉納焉轉光禄大夫仁宗即位加金紫光禄大夫延祐四年朔方又被風雪爲災禿堅不花請賑之如大德時且出私家馬二百匹以爲助賜錢酬其價不受解御衣賜之托恩幸以求賞者輒抑弗予帖失王廷顯皆同官也帝賜帖失海船禿堅不花曰此軍國之所資上不宜賜下不宜受帝賜廷顯玉帶廷顯欲取太官羊錢一萬五千緡充其價又執不可於是怨之者衆七年以疾去官英宗即位帖失竟譖殺之後帖失以大逆伏誅事乃白贈推忠宣力守諒功臣太傅開府儀同三司上

柱國追封冀國公謚忠隱後進封冀安王加贈其曾祖昔剌推忠翊運功臣金紫光禄大夫太保進封絳國公祖丑妮子崇德効節功臣儀同三司太傅柱國追封絳國公父虎林赤推誠宣力守徳功臣太師開府儀同三司上柱國進封臨汾王子班卜忽里台也速古禿忽赤皆至顯官

劉哈剌八都魯

劉哈剌八都魯河東人本姓劉氏家世業醫至元八年世祖駐蹕白海以近臣言得召見世祖謂其目有火光異之遂留侍左右刱賜名哈剌斡脫赤十七年

擢太醫院管勾昔里吉叛宗王別里鐵穆而奉命往征之帝諭哈剌八都魯曰當行者多避事汝善醫復習騎射能從行乎對曰事君不辭難臣不行將何爲即請授甲帝曰汝安用甲對曰臣願備一戰士帝曰醫汝事也甲不可得惟賜以環刀弓矢裘馬等物將行聞母疾請歸省帝命給驛而歸既見母不敢以遠役告母亦微知之謂曰汝第行我疾安矣遂即辭去忍淚不下而鼻血暴出數里弗止馳至王所一日獵於野有狐竄草中王射之不中哈剌八都魯一發中之王大喜王妃有疾與藥即愈王又喜奏爲其府長史

及將戰從王請甲王曰上不與汝我何敢與因留之使領輜重哈剌八都魯不肯曰大丈夫當効命行陳乃守營帳如婦人耶見有甲者飲以酒高價取之明日被以往王望見其介而馳走使人問之免冑曰我也因慨然曰一人與善萬人可激我爲萬人激耳中道三遇賊賊射之皆不中王喜甚解衣衣之曰此所以識也師次金山路隘頓兵未能進有使者云自脫忽王所來曰我受太祖分地守此不敢失凡上所使與昔里吉之過我者吾並飲食供給之無異心也且願見天子而道遠無援今聞王來甚喜得一見可乎

王以爲信左右曰此詐也脫忽所居要害殆與昔里吉爲耳目願勿聽乃覊其人遣兵間道窺之獲其游騎三十人訊之得其情知脫忽方飲酣遂出其不意進擊大敗之因獲昔里吉所遣使知其不爲備又乘勢進擊大破擒之王乃命哈剌八都魯獻俘行宮帝見其瘠甚輟御膳羊胾以賜既拜受先割其美者懷之帝問其故對曰臣始與母訣今歸母幸存請以君賜遺之帝嘉其志命自今凡賜之食必先賜其母以功授和林等處宣慰副使賜與甚厚二十三年陞同知宣慰司事二十四年又陞宣慰使二十五年海都

犯邊尚書省以和林屯粮當得知緩急輕重者掌其出納奏用怯伯帝曰錢穀非怯伯所知哈剌斡脫赤可使也進階嘉議大夫職如故使怯伯與俱二十六年海都兵至皇子北安王使報怯伯率其民避去怯伯與哈剌八都魯南行六日止八兒不剌距海都軍五六十里怯伯大懼曰事急矣不如順之哈剌八都魯語其弟欽祖榮祖曰怯伯有二心矣遂潛遁與探馬赤千户忽剌思遇從騎百餘人問之忽剌思曰吾在海都軍中聞怯伯反宣慰脫身歸報天子我故追以來哈剌八都魯察其誠與之謀結陳乘高立於西

南令之曰吾將往責怯伯汝曹勿動見吾執弓而起即相應也既見怯伯怯伯盛言海都之令以威之哈剌八都魯詭辭自解得間疾趨忽剌思整陣以出怯伯遣騎來追屢拒却之道遇送軍裝者因護之至鹽海及入見帝喜曰人言汝陷賊乃能來耶命與酒饌顧謂侍臣曰譬諸畜犬得美食而棄其主怯伯是也雖未得食而不忘其主此人是也更其名曰察罕斡脫赤賜以鈔五千貫頓首辭謝乞以所賜與同來者帝特命受之而令中書定其同來者之賞有差二十七年遷正奉大夫河東山西道宣慰使奏曰臣累戰

而歸衣裘盡弊河東臣故鄉也願乞錦衣以爲榮帝以金織文衣賜之居二年召還帝諭之曰自此而北乃顏故地曰阿八剌忽者產魚吾今立城而以兀速憨哈納思乞里吉里三部人居之名其城曰肇州汝往爲宣慰使仍别賜汝名曰小龍兒或曰哈剌八都魯汝可自擇之對曰龍非臣下所敢承帝曰然則哈剌八都魯可也復賜以繡衣玉帶及鈔五千貫其爲人主所眷注如此既至定市里安民居一日得魚九尾皆千斤遣使來獻俄召還三十一年春世祖崩太傅伯顔奉皇太后旨命之曰東方汝嘗鎮之今以屬

汝勿俟制命乃以爲咸平宣慰使元貞元年召爲御史中丞行至懿州病卒

石抹明里

石抹明里契丹人姓石抹世典内膳國制内膳爲近臣非篤敬素著者不得爲明里祖昌魯事太祖睿宗嘗求之於帝帝聽以其僚十人往勅之曰皇子方總兵闢地朕輟爾以事之能以事朕之恭事之將用黄金覆周汝身矣顯懿莊聖皇后語憲宗世祖曰昌魯事太祖聖躬或小不豫其烹庖之精百倍平日汝兄弟當終始遇之睿宗嘗從太宗西征在道絶汲昌魯

晨起聚草上霜煮羹以進睿宗問曰何從得水因告之故師還賜金帛甚厚年八十卒中統初明里入見世祖令侍臣送明里於裕宗且曰明里朕親臣之子也令以事汝令典膳事已而世祖嘗命裕宗令從人十人來朕將行賞焉十人者至帝前四人列於明里上帝曰第五人非明理耶對曰然帝曰上之明里越一人立帝又曰更上之明理又越一人立帝曰止賜金紋衣一襲明里出侍臣以明里後來反居上相與耳語帝聞之曰明里之祖曷魯事太祖睿宗以及朕兄弟爾時汝輩安在頗謂後來耶帝親討反者於北

方明里請備持矛師還第功賜白金百兩至元二十八年爲典膳令成宗即位加朝列大夫賜金帶又賜御衣一襲鈔萬五千貫詔曰明里舊臣其令諸子入宿衛可假禮部尚書進階嘉議大夫食尚書祿以老武宗即位詔曰明里夫婦歷事帝后保抱朕躬朕甚德之可特令明里榮祿大夫司徒其妻梅仙封順國夫人賜黃金二百五十兩白金千五百兩衣一襲仁宗在東宮語宮人曰昔朕有疾甚危徽仁裕聖皇后憂之梅仙守視不解帶者七十日今不敢忘其賜明里寶帶錦衣輿及四騾至大三年二月卒年六十有九子皆顯貴

謝仲溫

謝仲溫字君玉豐州豐縣人父睦歡以貲雄鄉曲間大兵南下轉客兀剌城太祖攻西夏過其城睦歡與其帥迎降從攻西京睦歡力戰先登連中三矢仆城下太宗見而憐之命軍校拔其矢縛牛刳其腸裸而納諸牛腹中良久乃甦誓以死報每遇敵必身先之官至太原路金銀鐵冶達魯花赤仲溫豐頤廣顙聲音洪亮略涉書史壬子歲見世祖於野狐嶺命備宿衛凡所行幸必在左右丙辰城上都仲溫爲工部提

領董其役帝曰汝但執梃雖百千人寧不懼汝耶己未大軍圍鄂令督諸將時守江軍士乏食仲溫教之罾魚以充其食帝喜謂侍臣曰朕思不及此飲以駝乳他日不忘汝也一夕帝聞敵軍譁譟命警備仲溫奉繩床帝憑其肩以行至旦不能寐中統元年擢平陽太原兩路宣撫使二年改西京至元九年遷順德路總管時方用兵江淮有寡婦鬻子以償轉輸之直仲溫出俸金贖還之十六年爲湖南宣慰使二十二年改淮東歲旱仲溫導白水塘溉民田公私賴焉三十年春入見帝曰汝非謝仲溫乎朕謂汝死矣從容

語及攻鄂時事帝喜甚諭曰汝將復官乎朕當爲卿擇之對曰臣老矣無能爲也一子早亡惟有孫孛完幸陛下憐之即日命備宿衛大德六年卒年八十子蘭江州達魯花赤先卒孫孛完承事郎冀寧等路管民提舉司達魯花赤

高觿

高觿字彥解渤海人世仕金祖彝徙居上黨父守忠國初爲千户太宗九年從親王口温不花攻黄州歿于兵觿事世祖備宿衛頗見親幸至元初立燕王爲皇太子詔選才雋士充官屬以觿掌藝文兼領中醞

宫衛監門事又監作皇太子宫規制有法帝嘉之錫以金幣廐馬因賜名失剌十八年授中議大夫工部侍郎行同知王府都總管府事十九年春皇太子從帝北幸時丞相阿合馬留守大都專權貪恣人厭苦之益都千户王著與高和尚等因構變謀殺之三月十七日觿宿衛宫中西蕃僧二人至中書省言今夕皇太子與國師來建佛事省中疑之俾嘗出入東宫者雜識視之觿等皆莫識也乃作西蕃語詢二僧曰皇太子及國師今至何處二僧失色又以漢語詰之倉皇莫能對遂執二僧屬吏訊之皆不伏觿恐有變

乃與尚書忙兀兒張九思集衛士及官兵各執弓矢以備頃之樞密副使張易亦領兵駐宫外觿問果何爲易曰夜後當自見觿固問乃附耳語曰皇太子來誅阿合馬也夜二鼓忽聞人馬聲遥見燭籠儀仗將至宫門其一人前呼啓關觿謂九思曰他時殿下還宫必以完澤賽羊二人先請得見二人然後啓關觿呼二人不應即語之曰皇太子平日未嘗行此門今何來此也賊計窮趨南門觿留張子政等守西門亟走南門伺之但聞傳呼省官姓名燭影下遥見阿合馬及左丞郝禎已被殺觿乃與九思大呼曰此賊也

叱衛士急捕之高和尚等皆潰去惟王著就擒黎明中丞也先帖木兒與觿等馳驛往上都以其事聞帝以中外未安當益嚴武備遂勞使遣亟還高和尚等尋皆伏誅二十二年遷嘉議大夫同知大都留守司事兼少傅監久之遷中奉大夫河南等路宣慰使卒年五十三

張九思

張九思字子有燕宛平人父滋薊州節度使至元二年九思入備宿衛裕皇居東宫一見奇之以父蔭當補外特留不遣江南既平宋庫藏金帛輸内府而分

授東宮者多置都總管府以主之九思以工部尚書
兼府事十九年春世祖廵幸上都皇太子從丞相阿
合馬留守妖僧高和尚千户王著等謀殺之夜聚數
百人爲儀衛稱太子入建德門直趨東宮傳令啓關
甚遽九思適直宮中命主者不得擅啓關語在高
觽傳賊知不可紿循垣趨南門外擊殺丞相阿合馬
左丞郝禎時變起倉卒且昏夜衆莫知所爲九思審
其詐叱宿衛士併力擊賊盡獲之賊之入也矯太子
命徵兵樞密副使張易不加審遽以兵與之易旣
坐誅而刑官復論以知情將傳首四方九思啓太子

曰張易應變不審而授賊以兵死復何辭若坐以興
謀則過矣請免傳首皇太子言於帝遂從之九思討
賊時右衛指揮使顏進在行中流矢卒怨家誣爲賊
黨將籍其孥九思力辯之得不坐阿合馬旣敗和禮
霍孫拜右丞相中書庶務更新省部用人多所推薦
是年冬立詹事院以九思爲丞遂舉名儒上黨宋道
保定劉因曹南夾谷之奇東平李謙分任東宮官屬
二十二年皇太子薨朝議欲罷詹事院九思抗言曰
皇孫宗社人心所屬詹事所以輔成道德者也柰何
罷之衆以爲允三十年進拜中書左丞兼詹事丞明

年世祖崩成宗嗣位改詹事院爲徽政以九思爲副
使十一月進資德大夫中書左丞會修世祖裕宗實
録命九思兼領史事大德二年拜榮禄大夫中書平
章政事五年加大司徒六年進階光禄大夫薨年六
十一子金界奴光禄大夫河南省右丞

王伯勝

王伯勝霸州文安人兄伯順給事内廷爲世祖所親
幸因以伯勝入見命使宿衛時伯勝年十一廣顙巨
鼻狀貌屹然帝顧謂伯順曰此兒當勝卿可名伯勝
帝嘗沃盥水温冷甚稱旨問進水爲誰内侍李邦寧

曰伯勝帝曰此兒他日必知爲政達人情矣至元二
十五年從征乃顏以功授朝列大夫拱衛直都指揮
使元貞元年賜金虎符進階嘉議大夫成宗即位復
名宿衛及伯勝爲指揮使乃盡募良家子易之五年
進通議大夫初拱衛直隸教坊衛卒多市井無賴寬
扈從上都天久雨夜聞城西北有聲如戰鼙然伯勝
率衛卒百人出視之乃大水暴至立具畚鍤集土石
氈罽以塞門分決壞隍以泄其勢至旦始定而民弗
知丞相完澤以聞帝嘉之九年以侍成宗疾忤安西
王出爲大寧路總管伯順亦出爲梁王傳武宗即位

召拜通奉大夫也可札魯花赤刑部尚書至大二年加右丞明年進銀青榮禄大夫大都留守兼少府監初大都土城歲必衣葦以禦雨日久土益堅勞費益甚伯勝奏罷之仁宗立正百官品秩降授資德大夫尋復陞榮禄大夫拜遼陽等處行中書省平章政事遼陽省治懿州州僻陋民不知學伯勝始至爲增郡學弟子員擇賢師以教之使客至無所舍皆館于民民苦之伯勝乃擇隙地爲館廨度閑田百頃募民耕種以廩餼之歲大旱伯勝齋戒以禱禱畢即雨人謂之平章雨延祐二年召爲大都留守遼陽民狀其行事言於中書乞留伯勝不報民涕泣而去三年特授銀青榮禄大夫至治二年賜金虎符授武衛親軍都指揮使兼大都屯田事仍大都留守奉詔監修文武樓栱咸寧殿建太廟泰定三年冬以疾卒賜竭忠宣力保惠功臣太保金紫光禄大夫上柱國追封薊國公謚忠敏長子恪初名安童累官至兵部尚書南臺治書侍御史僉宣徽院事次馬兒以宣武將軍襲武衛親軍都指揮使孫善果襲伯順官至大司徒

翰林學士亞中大夫知制誥兼修國史臣宋濂　翰林待制承直郎同知制誥兼國史院編修官臣王禕等奉
勅修

尚文

尚文字周卿世爲祁州深澤人後徙保定遂占籍焉文幼穎悟負奇志張文謙宣撫河東參政王椅薦其才遂辟掌書記未幾西夏行中書省復辟之至元六年始立朝儀太保劉秉忠言於世祖詔文與諸儒採唐開元禮及近代禮儀之可行於今者斟酌損益凡文武儀仗服色差等皆文掌焉七年春二月朝儀成百官肄習帝臨觀之大悦遂爲定制冬十一月立侍儀司擢右直侍儀使轉司農都事十七年出守輝州時河朔大旱輝獨以禱得雨境内大稔懷孟民馬氏宋氏誣伏殺人積歲獄不能決提刑使者命文讞以論報文推迹究情得獄吏獄卒羅織狀兩獄皆釋十九年進户部郎中奏罷懷衛竹税提舉司民便之二十二年除御史臺都事行臺御史上封事言上春秋高宜禪位皇太子太子聞之懼中臺秘其章不發荅即古阿散等知之請收内外百司吏案大索天下埋没錢粮而實欲發其事乃悉拘封御史臺吏案文拘

留秘章不與荅即古聞于帝命宗正薛徹干取其章文曰事急矣即白御史大夫曰是欲上危太子下陷大臣流毒天下之民其謀至奸也且荅即古乃阿合馬餘黨贓罪狼籍宜先發以奪其謀大夫遂與丞相議即入言狀帝震怒曰汝等無罪耶丞相進曰臣等無所逃罪但此輩名載刑書此舉動搖人心宜選重臣爲之長庶靖紛擾帝怒稍解可其奏既而荅即古受人金與其黨竟坐姦贓論死其機實自文發之陞大司農丞轉少卿遷吏部侍郎改江南湖北道肅政廉訪使三十一年召爲刑部尚書元貞初拜中臺侍

御史時行臺御史及浙西憲司劾江浙行省平章不法者十七事制遣文往詰之左驗明著猶力爭不服文以上聞平章乃言御史違制取會防鎮軍數成宗命省臺大臣雜議咸曰平章勲臣之後所犯者輕事宜宥御史取會軍數法當死文抗言平章罪狀明白不受簿責無人臣禮其罪非輕御史糾事之官因兵卒爭媿責其帥如籍均役情無害法即有罪亦輕廷辯數四與省臺入奏帝意始悟平章御史各杖遣之其守正不阿類如此元貞二年建言治平之世不宜數赦不急之役宜且停罷咸爲成宗所嘉納授河北

河南肅政廉訪使大德元年河决蒲口臺檄令文按視防河之策文建言長河萬里西來其勢湍猛至盟津而下地平土疏移徙不常失禹故道爲中國患不知幾千百年矣自古治河處得其當則用力少而患遲事失其宜則用力多而患速此不易之定論也今陳留抵睢東西百有餘里南岸舊河口十一已塞者二自涸者六通川者三岸高於水計六七尺或四五尺北岸故堤其水比田高三四尺或高下等大概南高於北約八九尺堤安得不壞水安得不北也蒲口今决千有餘步迅疾東行得河舊瀆行二百里至歸

德橫堤之下復合正流或強湮遏上决下潰功不可成揆今之計河西郡縣順水之性遠築長垣以禦泛溢歸德徐邳民避衝潰聽從安便被患之家宜於河南退灘地內給付頃畝以爲永業異時河决他所者亦如之信能行此亦一時救荒之良策也蒲口不塞便朝廷從之會河朔郡縣山東憲部爭言不塞則河北桑田盡爲魚鱉之區塞之便帝復從之明年蒲口復决塞河之役無歲無之是後水北入復河故道竟如文言三年調山東憲使歷行省參知政事行御史臺中丞七年召拜資善大夫中書左丞浙西饑發廩

不足募民入粟補官以賑之山東歲凶盜賊竊發出鈔八百五十餘萬貫以弭之選十道使者奏請廵行天下問民疾苦又奏斥罷南方白雲宗與民均事賦役西域賈人有奉珍寶進售者其價六十萬錠省臣平章顧謂文曰此所謂押忽大珠也六十萬酬之不爲過矣一坐傳玩文問何所用之平章曰含之可不渴熨面可使目有光文曰一人含之千萬人不渴則誠寶也若一寶止濟一人則用已微矣吾之所謂寶者米粟是也一日不食則飢三日則疾七日則死有則百姓安無則天下亂以功用較之豈不愈於彼乎

平章固請觀之文竟不爲動年六十九因疾告老而歸十年拜昭文館大學士中書右丞商議中書省事召不起武宗仁宗之世屢延致訪以國事賜燕及金帛有加進階自光禄大夫轉銀青榮禄大夫仍中書左丞丐還田里延祐六年拜太子詹事使三往乃起仁宗命盡言以教太子待以殊禮泰定三年以中書平章政事致仕明年卒于家年九十二

申屠致遠

申屠致遠字大用其先汴人金末從其父義徙居東平之壽張致遠肄業府學與李謙孟祺等齊名世祖南征駐兵小濮荆湖經畧使乞寔力台薦爲經畧司知事軍中機務多所謨畫師還至隨州所俘男女致遠悉縱遣之至元七年崔斌守東平聘爲學官十年御史臺辟爲掾不就授太常太祝兼奉禮郎帝遣太常卿孛羅問毛血之薦致遠對曰毛以告純血以告新禮也宋平焦友直楊居寛宣慰兩浙舉爲都事首言宋圖籍宜上之朝江南學田當仍以贍學行省從之轉臨安府安撫司經歴臨安改爲杭州還總管府推官宋駙馬揚鎮從子玠節家富於貲守藏吏姚溶竊其銀懼事覺誣玠節陰與宋廣益二王通有司榜

笞誣服獄具致遠讞之得其情溶服辜玠節以賄爲謝致遠怒絶之杭人金淵者欲冒籍爲儒儒學教授彭宏不從淵誣宏作詩有異志揭書于市還者以上致遠察其情鞫淵窮詰罪之屬縣械反者十七人訊之蓋因冦作以兵自衛實非反者皆得釋西僧楊璉真加作浮圖于宋故宫欲取高宗所書九經石刻以築基致遠力拒之乃止改壽昌府判官時冦盜竊發加之造征日本戰船遠近騷然致遠設施有方衆賴以安二十年拜江南行臺監察御史江淮行省宣使都顯李兼愬平章忙兀台不法有詔勿問仍以顯等付

忙兀台鞫之繫于獄必抵以死致遠慮囚浙西知其寃狀將縱之忙兀台脅之以勢致遠不爲動親脫顯等械使從軍自贖桑哥當國治書侍御史陳天祥使至湖廣劾平章要束木桑哥摘其疏中語誣以不道奏遣使往訊之天祥就逮時行臺遣御史按部湖廣咸憚之莫敢往致遠慨然請行比至累章極論之桑哥方促定天祥罪會致遠章上桑哥氣沮江西行省平章馬合謀於商稅外横加徵取忽辛籍鄉民爲匠户轉運使盧世榮榷茶牟利致遠并劾之又言占城日本不可涉海遠征徒費中國銓選限以南北優苦

不均宜考其殿最量地遠近定爲立制則銓衡平而吏弊革他如罷香莎米弛竹課禁設司獄官醫學職員皆致遠發之二十八年丁父憂起復江南行臺都事以終制辭二十九年僉江東建康道肅政廉訪司事未至移疾還元貞元年纂收世祖實録召爲翰林待制不赴大德二年僉淮西江北道肅政廉訪司事行部至和州得疾卒致遠清修苦節耻事權貴聚書萬卷名曰墨莊家無餘產教諸子如師友所著恐齋行藁四十卷釋奠通禮三卷杜詩纂例十卷集驗方十二卷集古印章三卷子七人伯騏徵事郎嶺北湖南道肅政廉訪司知事驥驪俱爲學官駉奉政大夫兵部員外郎

雷膺

雷膺字彦正渾源人父淵金監察御史膺生七歲而孤金末母侯氏挈膺北歸渾源艱險備嘗織絍以爲業課膺讀書膺篤志於學事母以孝聞太宗時詔郡國設科選試凡占儒籍者復其家膺年甫弱冠得與其選愈自砥礪遂以文學稱丞相史天澤鎮真定辟爲萬户府掌書記世祖即位初置十路宣撫司詔選耆舊使副子弟爲僚屬授膺大名路宣撫司員外郎

中統二年翰林承旨王鶚王磐薦膺爲翰林脩撰同知制誥兼國史院編脩官五年調陝西西蜀四川按察司參議至元二年改陝西五路轉運司諮議四年用兵于蜀佩金符參議左壁總帥府事師還陞承務郎同知恩州事憲府表薦其能遂入拜監察御史首以正君心正朝廷百官爲言又斥聚斂之臣不宜作相十一年加奉議大夫僉河東山西道提刑按察司事以稱職聞十四年進朝列大夫山南湖北道提刑按察副使是時江南新附諸將市功且利俘獲往往濫及無辜或强籍新民以爲奴隸膺出令得還爲民

者以數千計十八年轉淮西江北道提刑按察副使以母老辭二十年遷行臺侍御史奏毋之官分司湖廣江西奏劾按察使二人及行省官吏之不法者二十二年丁母憂去官明年起復授中議大夫江南浙西道提刑按察使時蘇湖多雨傷稼百姓艱食膺請于朝發廩米二十萬石賑之江淮行省以發米太多議存三之一膺曰布宣皇澤惠養困窮行省臣職耳豈可效有司出納之吝耶行省不能奪悉給之時年六十二即致仕歸老于山陽二十九年徵拜集賢學士成宗即位朝會上都召諸故老諮詢國政膺為稱

首多所建白一日延見便殿奏對稱旨賜白玉帶環一明年賜鈔五千貫進秩二品大德元年夏六月以疾卒于京師年七十三贈通奉大夫河南江北等處行中書省參知政事護軍追封馮翊郡公謚文穆子肇順德路總管府判官孫豫南陽府穰縣尹

胡祗遹

胡祗遹字紹開磁州武安人少孤既長讀書見知於名流中統初張文謙宣撫大名辟員外郎明年入為中書詳定官至元元年授應奉翰林文字尋兼太常博士調户部員外郎轉右司員外郎尋兼左司時阿合馬當國進用群下官冗事煩祗遹建言省官莫如省吏省吏莫如省事以是忤權奸出為太原路治中兼提舉本路鐵冶將以歲賦不辦責之及其涖職乃以最聞改河東山西道提刑按察副使宋平為荊湖北道宣慰副使有佃民訴其田主謀為不軌者祗遹察其冤坐告者十九年為濟寧路總管上八事於樞府言軍政曰役重曰逃户曰貧難曰正身入役曰偏署文牒曰官吏保結曰有名無實曰合併偏頗樞府是之以其言著為定法濟寧務治鉅野縣自國初經兵戈其廢已久民居未集風俗朴野祗遹選郡子弟

擇師教之親為講論期變其俗久之治効以最稱升山東東西道提刑按察使所至抑豪右扶寡弱以敦教化以厲士風民有父子兄弟相訟者必懇切諭以天倫之重不獲已則繩以法召拜翰林學士不赴改江南浙西道提刑按察使未幾以疾歸二十九年朝廷徵耆德者十人祗遹為之首以疾辭三十年卒年六十七延祐五年贈禮部尚書謚文靖子持太常博士

王利用

王利用字國賓通州潞縣人遼贈中書令太原郡公

籍之七世孫高祖以下皆仕金利用幼穎悟弱冠與魏初同學遂薦名諸名公交口稱譽之初事世祖於潛邸中書辟為掾辭不就中統初命監鑄百司印章歷太府内藏官出為山東經略司詳議官遷北京奧魯同知歷安肅汝蠡趙四州知州入拜監察御史薊州有禁地民不得射獵其中邏者誣州民冒禁籍其家利用糾之邏者訴于上利用辨愈力得以所沒入悉歸之民擢翰林待制兼興文署奉旨程試上都隆興等路儒士陞直學士與耶律鑄同修實錄出為河東陝西燕南三道提刑按察副使四川提刑按察使

四川土豪有持官府長短者問得其實而當以罪民賴以安都元帥塔海抑巫山縣民數百口為奴民屢訴不決利用承檄覈問盡出為民大德二年改安西興元兩路總管其在興元減職田租額站户之役於他郡者悉除之民甚便焉有婦毒殺其夫問藥所從來吏教婦指為富商所貨獄上利用曰家富而貨毒藥豈人情哉訊之果冤也未幾致仕居漢中成宗朝起為太子賓客首以切於時政者疏上十七事曰謹畏天戒取法祖宗孝事母后敬奉至尊撫愛百姓敦本抑末清心聽政寡欲養身酒宜節飲財宜節用有功必賞有罪必罰杜絶讒言求納直諫官職量材而授工役相時而動俾近侍時赴經筵講讀經史帝及太子嘉納之皇后聞之命録別本以進利用以老病不能朝帝遣醫診視之利用謂弟利貞利亨曰吾受國厚恩愧不能報死生有命藥不能為也遂卒年七十七利用每自言平生讀書於恕字有得焉廉希憲當時名相簡重慎許可嘗語人曰方今文章政事兼備者王國賓其人也武宗即位以官僚舊臣制贈榮禄大夫柱國中書平章政事封潞國公謚文貞

暢師文

暢師文字純甫南陽人祖淵贈中順大夫上騎都尉魏郡伯父訥有詩名注地理指掌圖仕為汴幕官贈太中大夫上輕車都尉魏郡侯師文幼警悟家貧無書手録口誦過目輒不忘弱冠謁許衡與衡門人姚燧高凝皆相友善至元五年陳時政十六策丞相安童奇其才辟為右三部令史十二年丞相伯顔攻宋選為掾屬從定江南及歸舟中惟載書籍而已十三年編平宋事蹟上之十四年除東川行樞密院都事盡心贊畫多所裨益十六年安西王承制改四川北道宣慰司經歷尋除承直郎潼川路治中修府舍發

地得銀五十錠同僚分師文十錠不受用以修廟學及傳舍餘作酒器給公用十九年承制改同知保寧路事治尚平簡反側以安二十二年僉西蜀四川道提刑按察司事二十三年拜監察御史糾劾不避權貴上所纂農桑輯要書二十四年遷陝西漢中道巡行勸農副使置義倉教民種藝法二十八年改僉陝西漢中道提刑按察司事時更提刑按察司爲肅政廉訪司就僉本道肅政廉訪司事黜姦舉才咸服其公三十一年徙山南道松滋枝江有水患歲發民防水往返數百里苦於供給師文以江水安流悉罷其

役駙馬亦都護家人怙勢不法師文治其甚惡者流之大德二年改山東道入爲國子司業七年出爲陝西行中書省理問官決滯獄不少阿徇頃之以疾家居九年擢陝西漢中道肅政廉訪副使又以疾不赴十年改太常少卿轉翰林侍讀學士朝請大夫知制誥同修國史至大元年修成宗實錄賜鈔壹百定不受時制作多出其手二年加少中大夫三年請補外任除太平路總管時大旱師文捐俸致禱不數日澍雨大降遂爲豐年當塗人坐殺牛祈雨囚繫者六十餘人師文憫而出之公田米積之盈屋曰我家幾人能盡食此乎呼貧士及細民恣其取去廉訪分司官前後至者必先謁師文稱爲先生師文在任未久境內晏然皇慶二年復召爲翰林侍讀學士中奉大夫知制誥同修國史奉旨撰王勃成道記序等文賜銀貳鋌不受除燕南河北道肅政廉訪使以病去官延祐元年徵拜翰林學士資德大夫行至河南復以病歸襄陽四年秋八月考河南鄉試歸次襄縣卒于傳舍年七十一葬襄陽峴山泰定二年贈資政大夫河南江北等處行中書省左丞上護軍追封魏郡公謚文肅後至元八年加贈推忠守正亮節功臣三子長

曰篤仕至太中大夫江東道肅政廉訪副使

張炤

張炤字彥明濟南人父信以商賈起家貲雄於鄉壬辰歲饑出粟賑貸鄉人賴以全活炤幼穎悟力學始補吏濟南上計壽陽行省有積年勾考未輸銀一十萬五千兩炤條陳利害切至遂獲免徵民得無擾中統元年辟爲中書省掾俄遷右司提控案牘四年出爲山東東路大都督府員外郎至元四年轉陝西五路西蜀四川行中書省左右司員外郎八年進階奉訓大夫知兗州事時州境亢旱吏民懇禱不雨炤始至

甘雨霑足聞屬邑有桀黠吏挾官府肆爲暴横炤繩之以法杖出境外民害遂息十一年改授淮西等路行中書省左右司郎中丞相阿塔海領軍進攻瓜洲鎮江炤運粮儲給戰具凡二年贊畫之力居多十三年揚州未下丞相阿术提兵攻之五月宋將李庭芝棄城遁泰州炤領兵迫揚州城下躬往招諭制置朱煥以城降庭芝亦就擒炤傳檄未下州郡皆望風款附從阿术入覲世祖賜錦衣鞍勒十三年陞太中大夫揚州路總管府達魯花赤商議行中書省事佩金虎符時行省在楊州據南北要津炤撫綏勞來上下

安之十六年改鎮江路總管府達魯花赤謝病歸購書八萬卷以萬卷送濟南府學資教育二十一年起爲東昌路總管蒞政二年吏民畏服以治最稱二十五年卒年六十四延祐五年贈太中大夫東昌路總管追封清河郡侯謚敬惠子用中沂州山場同提舉

袁裕

袁裕字仲寛洛陽人幼孤從兄避難聊城因家焉稍長嗜學中統初由聊城縣丞辟中書右司掾始建言給重囚衣粮醫藥免籍其孥産止令出焚瘞錢後著爲令順天路民王住兒因鬬誤殺人其母年七十言於朝曰妾寡且老恃此兒以爲生兒死則妾亦死矣裕言於執政曰囚誤殺人情非故犯當矜其母乞宥之執政以聞帝從之囚得免死南京總管劉克興掠良民爲奴隸後以矯制獲罪當籍孥産之半裕言于中書止籍其家奴隸得復爲民者數百至元六年遷開封府判官洧川縣達魯花赤貪暴盛夏役民捕蝗禁不得飲水民不勝忿擊之而斃有司當以大逆寘極刑者七人連坐者五十餘人裕曰達魯花赤自犯衆怒而死安可悉歸罪於民議誅首惡者一人餘各杖之有差部使者録囚至縣疑其太寛裕辨之益力遂

陳其事狀于中書刑曹竟從裕議八年拜監察御史俄有旨授西夏中興等路新民安撫副使兼本道巡行勸農副使奉直大夫佩金符時徙鄂民萬餘于西夏有司雖與廩食而流離顛沛猶多裕與安撫使獨吉請于朝計丁給地立三屯使耕以自養官民便之又言西夏羌渾雜居驅良莫辨宜驗已有從良書者則爲良民從之得八千餘人官給牛具使力田爲農十三年進甘州等路宣撫副使兼西夏中興等路新民安撫副使明年移鎮甘州十八年調南陽知府明年召拜刑部侍郎出爲順德路總管郡有鐵冶提舉

張鑑無子買妾其妻妒而殺之裕捕其妻訊之服辜裕用法平允而疾惡不少貸如此二十一年卒于官年五十九裕以其兄有鞠育之恩令其子師愈推蔭兄子仁師愈後仕至侍御史

張昉

張昉字顯卿東平汶上人父汝明金大安元年經義進士官至治書侍御史昉性縝密遇事敢言確然有守以任子試補吏部令史金亡還鄉里嚴實行臺東平辟爲掾鄉人有執左道惑衆謀不軌者事覺逮捕詿誤甚衆諸僚佐莫敢言昉獨别白出數百人實才

之進幕職時兵後吏曹雜進不習文法東平轄郡邑五十四民衆事繁簿書填委漫無統紀昉坐曹躬閱案牘左酬右答咸得其當事無留滯初有將校死事以弟襲其職者至是革去昉辨明復之持金夜饋昉昉却之慙謝而去同里張氏以絲五萬兩寄昉家而他適俄而昉家被火家人惶駭走避貲用悉焚惟力完所寄絲付張氏乙卯權知東平府事以疾辭家居養母中統四年參知中書省事商挺鎮巴蜀表爲四川等處行樞密院參議至元元年入爲中書省左右司郎中甄别能否公其黜陟人無怨言三年遷制國

用使司郎中制司專職財賦時宰領之倚任集事尤號煩重昉竭誠贊畫出納惟謹賦不加斂而國用以饒四年丁内憂哀毀踰制尋詔起復録囚東平多所平反七年轉尚書省左右司郎中九年改中書省左司郎中昉有識慮損益古今裁定典憲時皆宜之名爲稱職十一年拜兵刑部尚書上疏乞骸骨致其事卒贈中奉大夫參知政事追封東平郡公謚莊憲子克遹平陰縣尹孫振秘書著作郎授中書省左司都事拱常德路蒙古學教授

郝彬

郝彬字景文霸州信安人也世祖初年十六充太子宿衛擢揚州路治中宋末鄞縣賊顧閏聚衆海島時出攻剽宋羈縻以官内附後益横侵揚州境彬討禽之泰興人有被殺二年而捕賊不獲者吏誣平人獄已具彬疑其誣讞之果得真賊御史薦彬同知淮西道宣慰司事覈户版理屯田諸廢修舉江淮財賦總管府掌東宫田賦其官屬皆從詹事院奏授不隸中書往往爲姦利誅求無厭彬爲總管入見請受憲司糾察以革私弊罷所隸六提舉司以蘇民瘼從之遂罷其四國家經費鹽利居十之八而兩淮鹽獨當天

下之半法日以壞以彬行戶部尚書經理之彬請度
舟楫所通道里所均建六倉煑鹽于場運積之倉歲首
聽群商於轉運司探倉籌定其所乃買券又定河商
江商市易之不知法者著爲法入爲工部尚書改戶
部尚書拜中書參知政事俄免歸尚書省立拜參知
政事辭不獲命同列務生事要功殺無罪之人彬積
誠意開引或從或違橫不可制命兼大司徒不拜仁
宗在東宮彬懇辭至力因稱疾篤時相强起之至奏
重賜以餌之彬不爲動議罪之罪無從得彬堅卧一
榻至數月尚書省臣皆得罪彬不與焉家居七年足

跡未嘗一出門外仁宗思之以爲大司農卿未幾謝
病延祐七年三月卒

高源

高源字仲淵晉州人高祖揖爲州法吏用法公平父
汝霖爲真定廉訪司照磨使東平道高唐遇盜死源
幼力學事母孝補縣吏中統初權衛輝路知事累陞
齊河縣尹有遺愛去官十年民猶立碑頌之遷行臺
都事僉江南浙西道提刑按察司事劾常州路達魯
花赤馬恕奪民田及他不法事恕懼走路權臣阿合
馬以他事誣源既繫獄一日忽釋之莫知所由先時
源所居隣里多阿合馬姻戚素知源事母至孝至是
聞源坐非辜悉詣阿合馬曰源孝子也非但我知之
天必知之况媒孽之罪非實若妄殺源悖天不祥阿
合馬感悟得不死尋除河間等路都轉運副使撫治
有條竄戶逃者皆復業常賦外羨餘錢十萬緡至元
二十四年爲江東道勸農營田使二十八年遷都水
監開通惠河由文明門東七十里與會通河接置閘七
橋十二人蒙其利授同知湖南道宣慰司事卒年七
十七子夢弼良弼公弼

楊湜

楊湜字彥清真定藁城人習章程學工書筭始以府
吏遷檢法中統元年辟爲中書掾與中山楊珍無極
楊卞齊名時人以三楊目之中書省初立國用不足
湜論鈔法宜以權貨制國用朝廷從之因俾掌其條制
四年授益都路宣慰司諮議遷左司提控掾請嚴贓
吏法至元二年除河南大名諸處行中書省都事三
年立制國用司總天下錢穀以湜爲員外郎佩金符
改宣徽院參議湜計帑立籍具其出入之筭每月終
上之遂定爲令加諸路交鈔都提舉上鈔法便宜事
謂平準行用庫白金出入有偷濫之弊請以五十兩

鑄爲錠文以元寶用之便七年改制國用司爲尚書省拜户部侍郎仍兼交鈔提舉時用壬子舊籍定民賦役之高下湜言貧富不常歲久變易其可以昔時之籍而定今之賦役哉廷議善之因俾第其輕重人以爲平湜心計精析時論經費者咸推其能焉子克忠安豐路總管孫貞

吳鼎

吳鼎字鼎臣燕人至元十七年見裕宗於東宮命入宿衛二十五年授織染雜造局總管府副總管後積官至禮部尚書宣徽副使大德十一年山東諸郡饑詔

鼎往賑之朝廷議發米四萬石鈔折米一萬石鼎謂同使者曰民得鈔將何從易米同使者曰朝議已定恐不可復得鼎曰人命豈不重於米耶言于朝卒從所請至大元年改正奉大夫保定路總管時皇太后欲幸五臺言者請開保定西五迴嶺以取捷徑遣使即鼎使視地形計工費鼎言荒山斗入人迹久絶非乘輿所宜往還報太后喜爲寢其役三年召授資善大夫同知中政院事兩浙財賦隸中政者鉅萬計前往者率多取其羸鼎治之一無私焉浙有兩富豪曰朱張家多貸與民錢其後兩家誅没而券之已償者亦入于官官唯驗券徵理民不能堪鼎力爲辨白始獲免四年改京畿漕運使皇慶二年特旨復僉宣徽院事四月進資政大夫崇祥院使延祐三年卒年五十有三贈榮禄大夫平章政事柱國追封薊國公謚孝敏

梁德珪

梁德珪字伯温大興良鄉人初給事昭睿順聖皇后宫令習國語通奏對年十一見世祖至元十六年爲中書左司員外郎俄陞郎中六遷至參議尚書省事至元三十一年執政入奏事帝詢其曲折不能對德

珪從旁辯析明白通暢帝大悦拜參知政事在省日久凡錢穀出納之制銓選進退之宜諸藩賜予之節命有驟至不暇閲簡牘同列莫知措辭德珪數語即定間遇疑事則曰某事當如某律某年嘗有此旨驗之皆然北京地震帝閔州郡報囚之數怪其過多德珪方在右司詔問焉對曰當國者急於徵索蔓延收繫以致此爾帝感悟爲大赦中外逋負民賴以蘇大德間成宗即位一遵祖武廟堂以安静爲治求進者不得逞其志朋聚興怨擿事中傷德珪會帝有疾言者盛氣致詰德珪以位居執政不受凌轢慷慨引咎

遂安置湖廣帝疾愈問知之召使復位旣至帝問御
安在德珪涕泣不能語賜酒饌使往拜其母因以氣
疾乞骸骨歸大德八年九月卒於家年四十有六

列傳卷第五十七

翰林學士亞中大夫知制誥兼修國史臣宋濂　翰林待制承直郎同知制誥兼國史院編修官臣王禕等奉
勅修

劉因

劉因字夢吉保定容城人世爲儒家五世祖琮生敎武校尉臨洮府録事判官昉昉生奉議大夫中山府録事倶倶生秉善金貞祐中南徙其第國寶登興定進士第終奉直大夫樞密院經歷秉善生述述因之父也歲壬辰述始北歸刻意問學邃性理之說好長嘯中統初左三部尚書劉肅宣撫真定辟武邑令以

疾辭歸年四十未有子嘆曰天果使我無子則已有子必令讀書因生之夕述夢神人馬載一兒至其家曰善養之旣覺而生乃名曰駰字夢驥後改今名及字因天資絶人三歲識書日記千百言過目即成誦六歲能詩七歲能屬文落筆驚人甫弱冠才器超邁日閲方册思得如古人者友之作希聖解國子司業硯彌堅敎授真定因從之游同舍生皆莫能及初爲經學究訓詁疏釋之說輒嘆曰聖人精義殆不止此及得周程張邵朱吕之書一見能發其微曰我固謂當有是也及評其學之所長而曰邵至大也周至精

也程至正也朱子極其大盡其精而貫之以正也其高見遠識率類此因蚤喪父事繼母孝有父祖喪未葬投書先友翰林待制楊恕憐而助之始克襄事因性不苟合不妄交接家雖甚貧非其義一介不取家居教授師道尊嚴弟子造其門者隨材器教之皆有成就公卿過保定者衆聞因名往往來謁因多遜避不與相見不知者或以爲傲弗恤也嘗愛諸葛孔明靜以脩身之語表所居曰靜脩不忽木以因學行薦于朝至元十九年有詔徵因擢承德郎右贊善大夫初裕皇建學宮中命贊善王恂教近侍子弟恂卒廼

命因繼之未幾以母疾辭歸明年丁内艱二十八年詔復遣使者以集賢學士嘉議大夫徵因以疾固辭且上書宰相曰因自幼讀書接聞大人君子之餘論雖他無所得至如君臣之義自謂見之甚明如以日用近事言之凡吾人之所以得安居而暇食以遂其生聚之樂者是誰之力與皆君上之賜也是以凡我有生之民或給力役或出知能亦必各有以自效焉此理勢之必然亘萬古而不可易而莊周氏所謂無所逃於天地之間者也因生四十三年未嘗效尺寸之力以報國家養育生成之德而恩命連至因尚敢

偃蹇不出貪高尚之名以自媚以負我國家知遇之恩而得罪於聖門中庸之教也哉且因之立心自幼及長未嘗一日敢爲崖岸卓絶甚高難繼之行平昔交友苟有一日之雅者皆知因之此心也但或者得之傳聞不求其實止於蹤跡之近似者觀之是以有高人隱士之目惟閤下亦知因之未嘗以此自居也向者先儲皇以贊善之命來召即與使者俱行再奉旨令教學亦即時應命後以老母中風請還家省視不幸彌留竟遭憂制遂不復出初豈有意於不仕邪今聖天子選用賢良一新時政雖前日隱晦之人亦

將出而仕矣況因平昔非隱晦者邪況加以不次之寵處之以優崇之地邪是以形留意往命與心違病卧空齋惶恐待罪因素有羸疾自去年喪子憂患之餘繼以痁瘧歷夏及秋後雖平復然精神氣血已非舊矣不意今歲五月二十八日瘧疾復作至七月初二日蒸發舊積腹痛如刺下血不已至八月初偶起一念自歎旁無期功之親家無紀綱之僕恐一旦身先朝露必至累人遂遣人於容城先人墓側修營一舍儻病勢不退當居處其中以待盡遣人之際未免感傷由是病勢益增飲食極減至二十一日使者持

恩命至因初聞之惶怖無地不知所措徐而思之竊謂供職雖未能扶病而行而恩命則不敢不扶病而拜因又慮若稍涉遲疑則不惟臣子之心有所不安而蹤跡高峻已不近於人情矣是以即日拜受留使者候病勢稍退與之俱行遷延至今服藥百至略無一效乃請使者先行仍令學生李道恒納上鋪馬聖旨待病退自備氣力以行望閤下俯加矜憫曲爲保全因實跡遠微賤之臣與帷幄諸公不同其進與退若非難處之事惟閤下始終成就之書上朝廷不強致帝聞之亦曰古有所謂不召之臣其斯人之徒歟

三十年夏四月十有六日卒年四十五無子聞者嗟悼延祐中贈翰林學士資善大夫護軍追封容城郡公謚文靖歐陽玄嘗贊因畫像曰微點之狂而有沂上風雩之樂資由之勇而無北鄙鼓瑟之聲於裕皇之仁而見不可留之四皓以世祖之略而遇不能致之兩生烏乎麒麟鳳凰固宇內之不常有也然而一鳴而六典作一出而春秋成則其志不欲遺世而獨往也明矣亦將從周公孔子之後爲往聖繼絕學爲來世開太平者邪論者以爲知言因所著有四書精要三十卷詩五卷號丁亥集因所自選又有文集十餘卷及小學四書語錄皆門生故友所錄惟易繫辭說乃因病中親筆云

吳澄

吳澄字幼清撫州崇仁人高祖曄初居咸口里當華蓋臨川二山間望氣者徐覺言其地當出異人澄生前一夕鄉父老見異氣降其家鄰媼復夢有物蜿蜒降其舍旁池中旦以告于人而澄生三歲穎悟日發教之古詩隨口成誦五歲日受千餘言夜讀書至旦母憂其過勤節膏火不多與澄候母寢燃火復誦習九歲從群子弟試鄉校每中前列既長於經傳皆習

通之知用力聖賢之學嘗舉進士不中至元十三年民初附盜賊所在蜂起樂安鄭松招澄居布水谷乃著孝經章句校定易書詩春秋儀禮及大小戴記侍御史程鉅夫奉詔求賢江南起澄至京師未幾以母老辭歸鉅夫請置澄所著書於國子監以資學者朝廷命有司即其家錄上元貞初游龍興按察司經歷郝文迎至郡學日聽講論錄其問荅凡數千言行省掾元明善以文學自負嘗問澄易詩書春秋奥義歎曰與吳先生言如探淵海遂執子弟禮終其身左丞董士選延之於家親執饋食曰吳先生天下士也既

入朝薦澄有道擢應奉翰林文字有司敦勸久之乃
至而代者已到官澄即日南歸未幾除江西儒學副
提舉居三月以疾去官至大元年召爲國子監丞先
是許文正公衡爲祭酒始以朱子小學等書授弟子
久之漸失其舊澄至旦燃燭堂上諸生以次受業日
昃退燕居之室執經問難者接踵而至澄各因其材
質反覆訓誘之每至夜分雖寒暑不易也皇慶元年
陞司業用程純公學校奏疏胡文定公六學教法朱
文公學校貢舉私議約之爲教法四條一曰經學二
曰行實三曰文藝四曰治事未及行又嘗爲學者言

朱子於道問學之功居多而陸子靜以尊德性爲主
問學不本於德性則其敝必偏於言語訓釋之末故
學必以德性爲本庶幾得之議者遂以澄爲陸氏之
學非許氏尊信朱子本意然亦莫知朱陸之爲何如
也澄一夕謝去諸生有不謁告而從之南者俄拜集
賢直學士特授奉議大夫俾乘驛至京師次眞州疾
作不果行英宗即位超遷翰林學士進階太中大夫
先是有旨集善書者粉黄金爲泥寫浮屠藏經帝在
上都使左丞速速詔澄爲序澄曰主上寫經爲民祈
福甚盛舉也若用以追薦臣所未知蓋福田利益雖

人所樂聞而輪回之事彼習其學者猶或不言不過
謂爲善之人死則上通高明其極品則與日月齊光
爲惡之人死則下淪汙穢其極下則與沙蟲同類其
徒遂爲薦拔之說以惑世人今列聖之神上同日月
何庸薦拔且國初以來凡寫經追薦不知幾舉若未
効是無佛法矣若已効是誣其祖矣撰爲文辭不可
以示後世請俟駕還奏之會帝崩而止泰定元年初
開經筵首命澄與平章政事張珪國子祭酒鄧文原
爲講官在至治末詔作太廟議者習見同堂異室之
制乃作十三室未及遷奉而國有大故有司疑於昭

穆之次命集議之澄議曰世祖混一天下悉攷古制
而行之古者天子七廟廟各爲宮太祖居中左三廟
爲昭右三廟爲穆昭穆神主各以次遞遷其廟之宮
頗如今之中書六部夫省部之設亦倣金宋豈以宗
廟叙次而不攷古乎有司急於行事竟如舊次云時
澄已有去志會修英宗實録命總其事居數月實録
成未上即移疾不出中書左丞許師敬奉旨賜宴國
史院仍致朝廷勉留之意宴罷即出城登舟去中書
聞之遣官驛追不及而還言於帝曰吳澄國之名儒
朝之舊德今請老而歸不忍重勞之宜有所褒異詔

加資善大夫仍以金織文綺二及鈔五千貫賜之澄身若不勝衣正坐拱手氣融神邁荅問亹亹使人渙若氷釋弱冠時嘗著說曰道之大原出於天神聖繼之堯舜而上道之元也堯舜而下其亨也洙泗鄒魯其利也濂洛關閩其貞也分而言之上古則羲黃其元堯舜其亨禹湯其利文武周公其貞乎中古之統仲尼其元顏曾其亨乎子思其利孟子其貞乎近古之統周子其元程張其亨也朱子其利也孰爲今日之貞乎未之有也然則可以終無所歸哉其早以斯文自任如此故出登朝署退歸于家與郡邑之所經

由士大夫皆迎請執業而四方之士不憚數千里躡屩負笈來學山中者常不下千數百人少暇即著書至將終猶不置也於易春秋禮記各有纂言盡破傳註穿鑿以發其蘊條歸紀叙精明簡潔卓然成一家言作學基學統二篇使人知學之本與爲學之序尤有得於邵子之學校定皇極經世書又校正老子莊子太玄經樂律及八陣圖郭璞葬書初澄所居草屋數間程鉅夫題曰草廬故學者稱之爲草廬先生天曆三年朝廷以澄耆老特命次子京爲撫州教授以便奉養明年六月得疾有大星墜其舍東北澄卒年八十五贈江西行省左丞上護軍追封臨川郡公謚文正長子文終同知柳州路總管府事京終翰林國史院典籍官孫當自有傳

列傳卷第五十八

翰林學士亞中大夫知制誥同修國史臣宋濂　翰林待制承直郎同知制誥兼國史院編修官臣王禕等奉

勑修

程鉅夫

程鉅夫名文海避武宗廟諱以字行其先自徽州徙
郢州京山後家建昌叔父飛卿仕宋通判建昌世祖
時以城降鉅夫入爲質子授宣武將軍管軍千户他
日召見問賈似道何如人鉅夫條對甚悉帝說給筆
札書之乃書二十餘幅以進帝大奇之因問今居何
官以千户對帝謂近臣曰朕觀此人相貌已應貴顯

聽其言論識聰明有識者也可置之翰林丞相火禮
霍孫傳旨至翰林以其年少奏爲應奉翰林文字帝
曰自今國家政事得失及朝臣邪正宜皆爲朕言之
鉅夫頓首謝曰臣本疏遠之臣蒙陛下知遇敢不竭
力以報陛下尋進翰林修撰屢遷集賢直學士兼秘
書少監至元十九年奏陳五事一曰取會江南仕籍
二曰通南北之選三曰立考功曆四曰置貪贓籍五
曰給江南官吏俸朝廷多采行之賜地京師安貞門
以築居室二十年加翰林集賢學士同領會同館事
二十三年見帝首陳興建國學乞遣使江南搜訪遺

逸御史臺按察司並宜參用南北之人帝嘉納之二
十四年立尚書省詔以爲參知政事鉅夫固辭又命
爲御史中丞臺臣言鉅夫南人且年少帝大怒曰汝
未用南人何以知南人不可用自今省部臺院必參
用南人遂以鉅夫仍爲集賢直學士拜侍御史行御
史臺事奉詔求賢於江南初書詔令皆用蒙古字及
是帝特命以漢字書之帝素聞趙孟藡葉李名鉅夫
臨當行帝密諭必致此二人鉅夫又薦趙孟頫余恁
萬一鶚張伯淳胡夢魁曾晞顏孔洙曾沖子凌時中
包鑄等二十餘人帝皆擢置臺憲及文學之職還朝

陳民間利病五事拜集賢學士仍還行臺二十六年
時相桑哥專政法令苛急四方騷動鉅夫入朝上疏
曰臣聞天子之職莫大於擇相宰相之職莫大於進
賢苟不以進賢爲急而惟以殖貨爲心非爲上爲德
爲下爲民之意也昔文帝以決獄及錢穀問丞相周
勃勃不能對陳平進曰陛下問決獄責廷尉問錢穀
責治粟内史宰相上理陰陽下遂萬物之宜外填撫
四夷内親附百姓觀其所言可以知宰相之職矣今
權姦用事立尚書鈎考錢穀以剥割生民爲務所委
任者率皆貪饕邀利之人江南盜賊竊發良以此也

臣竊以爲宜清尚書之政擯行省之權罷言利之官行恤民之事於國爲便桑哥大怒羈留京師不遣奏請殺之凡六奏帝皆不許鉅夫既還行臺二十九年又召鉅夫與胡祗遹姚燧王惲雷膺陳天祥楊恭懿高凝陳儼趙居信等十人赴闕賜對三十年出爲閩海道肅政廉訪使興學明教吏民畏愛之大德四年遷江南湖北道肅政廉訪使至官首治行省平章家奴之爲民害者上下肅然八年召拜翰林學士商議中書省事十年以亢旱暴風星變鉅夫應詔陳弭災之策其目有五曰敬天曰尊祖曰清心曰持體曰更

化帝皆然之雲南省臣言世祖親平雲南民願刻石點蒼山以紀功德詔鉅夫撰其文十一年拜山南江北道肅政廉訪使復留爲翰林學士至大元年脩成宗實錄二年召至上都三年復拜山南江北道肅政廉訪使四年與李謙尚文等十六人同赴闕賜對便殿拜浙東海右道肅政廉訪使留爲翰林學士承旨皇慶元年脩武宗實錄二年旱鉅夫應詔陳桑林六事忤時宰意明日帝遣近侍賜上尊勞之曰中書集議惟卿所言甚當後臨事其極言之於是詔鉅夫偕平章政事李孟參知政事許師敬議行貢舉法鉅夫

建言經學當主程頤朱熹傳註文章宜革唐宋宿弊命鉅夫草詔行之三月以病乞骸骨歸田里不允命尚醫給藥物官其子大本郊祀署令以便侍養時令近臣撫視且勞之曰卿世祖舊臣惟忠惟貞其勉加餐粥少留京師以副朕心鉅夫請益堅特授光祿大夫賜上尊命廷臣以下飲餞于齊化門外給驛南還勑行省及有司常加存問居五年而卒年七十泰定二年贈大司徒柱國追封楚國公謚文憲

趙孟頫

趙孟頫字子昂宋太祖子秦王德芳之後也五世祖

秀安僖王子偁四世祖崇憲靖王伯圭高宗無子立子偁之子是爲孝宗伯圭其兄也賜第于湖州故孟頫爲湖州人曾祖師垂祖希永父與訔仕宋皆至大官入國朝以孟頫貴累贈師垂集賢侍讀學士希永太常禮儀院使並封吳興郡公與訔集賢大學士封魏國公孟頫幼聰敏讀書過目輒成誦爲文操筆立就年十四用父蔭補官試中吏部銓法調真州司戶參軍宋亡家居益自力於學至元二十三年行臺侍御史程鉅夫奉詔搜訪遺逸于江南得孟頫以之入見孟頫才氣英邁神采煥發如神仙中人世祖顧之

喜使坐右丞葉李上或言孟頫宋宗室子不宜使近左右帝不聽時方立尚書省命孟頫草詔頒天下帝覽之喜曰得朕心之所欲言者矣詔集百官於刑部議法衆欲計至元鈔二百貫贓滿者死孟頫曰始造鈔時以銀爲本虛實相權今二十餘年間輕重相去至數十倍故改中統爲至元又二十年後至元必復如中統使民計鈔抵法疑於太重古者以米絹民生所須謂之二實銀錢與二物相權謂之二虛四者爲直雖升降有時終不大相遠也以絹計贓最爲適中況鈔乃宋時所創施於邊郡金人襲而用之皆出於

不得已迺欲以此斷人死命似不足深取也或以孟頫年少初自南方來譏國法不便意頗不平責孟頫曰今朝廷行至元鈔故犯法者以是計贓論罪汝以爲非豈欲沮格至元鈔耶孟頫曰法者人命所係議有重輕則人不得其死矣孟頫奉詔與議不敢不言今中統鈔虛故改至元鈔謂至元鈔終無虛時豈有是理公不揆於理欲以勢相陵可乎其人有愧色帝初欲大用孟頫議者難之二十四年六月授兵部郎中兵部總天下諸驛時使客飲食之費幾十倍於前吏無以供給強取於民不勝其擾遂請於中書增鈔

給之至元鈔法滯澁不能行詔遣尚書劉宣與孟頫馳驛至江南問行省丞相慢令之罪凡左右司官及諸路官則徑笞之孟頫受命而行比還不笞一人丞相桑哥大以爲譴時有王虎臣者言平江路總管趙全不法即命虎臣往按之葉李執奏不宜遣虎臣帝不聽孟頫進曰趙全固當問然虎臣前守此郡多強買人田縱賓客爲姦利全數與爭虎臣怨之虎臣往必將陷全事縱得實人亦不能無疑帝悟乃遣他使桑哥鍾初鳴時即坐省中六曹官後至者則笞之孟頫偶後至斷事官遽引孟頫受笞孟頫入訴於都堂右

丞葉李曰古者刑不上大夫所以養其廉恥教之節義且辱士大夫是辱朝廷也桑哥亟慰孟頫使出自是所笞唯曹史以下他日行東御墻外道險孟頫馬跌墮于河桑哥聞之言於帝移築御墻稍西二丈許帝聞孟頫素貧賜鈔五十錠二十七年遷集賢直學士是歲地震北京尤甚地陷黑沙水涌出人死傷數十萬帝深憂之時駐蹕龍虎臺遣阿剌渾撒里馳還召集賢翰林兩院官詢致災之由議者畏忌桑哥但泛引經傳及五行災異之言以修人事應天變爲對莫敢語及時政先是桑哥遣忻都及王濟等理算天

下錢粮已徵入數百萬未徵者尚數千萬害民特甚民不聊生自殺者相屬逃山林者則發兵捕之皆莫敢沮其事孟頫與阿剌渾撒里甚善勸令奏帝赦天下盡與蠲除庶幾天變可弭阿剌渾撒里入奏如孟頫所言帝從之詔草已具桑哥怒謂必非帝意孟頫曰凡錢粮未徵者其人死亡已盡何所從取非及是時除免之他日言事者倘以失陷錢粮數千萬歸咎尚書省豈不爲丞相深累耶桑哥悟民始獲蘇帝嘗問葉李留夢炎優劣孟頫對曰夢炎臣之父執其人重厚篤於自信好謀而能斷有大臣器葉李所讀之

書臣皆讀之其所知所能臣皆知之能之帝曰汝以夢炎賢於李耶夢炎在宋爲狀元位至丞相當賈似道誤國罔上夢炎依阿取容李布衣乃伏闕上書是賢於夢炎也汝以夢炎父友不敢斥言其非可賦詩譏之孟頫所賦詩有往事已非那可說且將忠直報皇元之語帝歎賞焉孟頫退謂奉御徹里曰帝論賈似道誤國責留夢炎不言桑哥罪甚於似道而我等不言他日何以辭其責然我疏遠之臣言必不聽侍臣中讀書知義理慷慨有大節又爲上所親信無踰公者夫捐一旦之命爲萬姓除殘賊仁者之事也公

必勉之既而徹里至帝前數桑哥罪惡帝怒命衛士批其頰血涌口鼻委頓地上少間復呼而問之對如初時大臣亦有繼言者帝遂按誅桑哥罷尚書省大臣多以罪去帝欲使孟頫與聞中書政事孟頫固辭有旨令出入宮門無禁每見必從容語及治道多所裨益帝問汝趙太祖孫耶太宗孫耶對曰臣太祖十一世孫帝曰太祖行事汝知之乎孟頫謝不知帝曰太祖行事多可取者朕皆知之孟頫自念久在上側必爲人所忌力請補外二十九年出同知濟南路總管府事時總管闕孟頫獨署府事官事清簡有元掀

兒者役於鹽塲不勝艱苦因逃去其父求得他人屍遂誣告同役者殺掀兒既誣服孟頫疑其寃留弗決踰月掀兒自歸郡中稱爲神明僉廉訪司事韋哈剌哈孫素苛虐以孟頫不能承順其意以事中之會修世祖實錄名孟頫還京師乃解久之遷知汾州未上有旨書金字藏經既成除集賢直學士江浙等處儒學提舉遷泰州尹未上至大三年召至京師以翰林侍讀學士與他學士撰定祀南郊祝文及擬進殿名議不合謁告去仁宗在東宮素知其名及即位召除集賢侍講學士中奉大夫延祐元年改翰林侍講學

士遷集賢侍講學士資德大夫三年拜翰林學士承旨榮祿大夫帝眷之甚厚以字呼之而不名帝嘗與侍臣論文學之士以孟頫比唐李白宋蘇子瞻又嘗稱孟頫操履純正博學多聞書畫絕倫旁通佛老之旨皆人所不及有不悅者間之帝初若不聞者又有上書言國史所載不宜使孟頫與聞者帝乃曰趙子昂世祖皇帝所簡拔朕特優以禮貌置於館閣典司述作傳之後世此屬呶呶何也俄賜鈔五百錠謂侍臣曰中書每稱國用不足必持而不與其以普慶寺別貯鈔給之孟頫嘗累月不至官中帝以問左右皆

謂其年老畏寒勅御府賜貂鼠裘初孟頫以程鉅夫薦起家爲郎及鉅夫爲翰林學士承旨求致仕去孟頫代之先往拜其門而後入院時人以爲衣冠盛事六年得請南歸帝遣使賜衣幣趣之還朝以疾不果行至治元年英宗遣使即其家俾書孝經二年賜上尊及衣二襲是歲六月卒年六十九追封魏國公謚文敏孟頫所著有尚書註有琴原樂原得律呂不傳之妙詩文清邃奇逸讀之使人有飄飄出塵之想篆籀分隸真行草書無不冠絕古今遂以書名天下天竺有僧數萬里來求其書歸國中寶之其畫山水木石花竹人馬尤精緻前史官楊載稱孟頫之才頗爲書畫所掩知其書畫者不知其文章知其文章者不知其經濟之學人以爲知言云子雍奕並以書畫知名

鄧文原

鄧文原字善之一字匪石綿州人父漳徙錢塘文原年十五通春秋在宋時以流寓試浙西轉運司魁四川士至元二十七年行中書省辟爲杭州路儒學正大德二年調崇德州教授五年擢應奉翰林文字九年陞脩撰謁告還江南至大元年復爲脩撰預脩成

宗實錄三年授江浙儒學提舉皇慶元年召爲國子司業至官首建白更學校之政當路因循重於改作論不合移病去科舉制行文原校文江浙屬士守舊習大書朱熹貢舉私議揭于門延祐四年陞翰林待制五年出僉江南浙西道肅政廉訪司事平江僧有憾其府判官理熙者賄其徒告熙贓熙誣服文原行部按問得實杖僧而釋熙吳興民夜歸巡邏者執之繫亭下其人遁去有追及之者刺其脅仆地明旦家人得之以歸比死其兄問殺汝者何如人曰白帽青衣長身者也其兄愬於官有司問直初更者曰張福

兒執之使服焉械繫三年文原録之曰福兒身不滿六尺未見其長也刃傷右脅而福兒素用左手傷宜在左何右傷也鞫之果得真殺人者而釋福兒桐廬人戴汝惟家被盜有司得盜獄成送郡夜有焚戴氏廬者而不知汝惟所之文原曰此必有故也乃得其妻葉氏與其弟謀殺汝惟狀而於水涯樹下得屍與漬血斧俱在焉人以爲神六年移江東道徽寧國廣德三郡歲入茶課鈔三千錠後增至十八萬錠竭山谷所產不能充其半餘皆鑿空取之民間歲以爲常時轉運司官聽用鄉里譁狡動以犯法誣民而轉運

司得專制有司凡五品官以下皆杖決州縣莫敢如何文原請罷其專司俾郡縣領之不報徽民謝蘭家僮汪姓者死蘭姪回賂汪族人誣蘭殺之蘭誣服文原録之得其情釋蘭而坐回時久旱不雨決獄乃雨至治二年召爲集賢直學士地震詔議弭災之道文原請決滯囚置倉廩河北儲羨粟以賑飢復申前議請罷榷茶轉運司又不報明年兼國子祭酒江浙省臣趙簡請開經筵泰定元年文原兼經筵官以疾乞致仕歸二年召拜翰林侍講學士以疾辭四年拜嶺北湖南道肅政廉訪使以疾不赴天曆元年卒年七十一文原内嚴而外恕家貧而行廉初客京師有一書生病篤取囊中金囑文原以歸其親既死而同舍生竊金去文原買金償死者家終身不以語人有文集若干卷内制集若干卷藏于家子衍蔭授江浙等處儒學副提舉未任卒至順五年制贈文原江浙行省參知政事謚文肅

袁桷

袁桷字伯長慶元人宋同知樞密院事韶之曾孫爲童子時已著聲部使者舉茂才異等起爲麗澤書院山長大德初閻復程文海王構薦爲翰林國史院檢

閱官時初建南郊桷進十議曰天無二日天既不得有二五帝不得謂之天作昊天五帝議祭天歲或爲九或爲二作祭天名數議圜丘不見於五經郊不見於周官作圜丘非郊議后土社也作后土即社議三歲一郊非古也作祭天無間歲議燔柴見于古經周官以禋祀爲天其義各有旨作燔柴泰壇議祭天之牛角繭栗用牲于郊牛二合配而言之增群祀而合祠非周公之制矣作郊不當立從祀議郊質而尊之義也明堂文而親之義也作郊明堂禮儀異制議郊用辛魯禮也卜不得常爲辛作郊非辛日議北郊不

見於三禮尊地而遵北郊鄭玄之說也作北郊議禮官推其博多采用之陞應奉翰林文字同知制誥兼國史院編脩官請購求遼金宋三史遺書歷兩考遷待制又再任拜集賢直學士久之移疾去官復仍以直學士召入集賢未幾改翰林直學士知制誥同脩國史至治元年遷侍講學士泰定初辭歸稱在詞林朝廷制冊勲臣碑銘多出其手所著有易說春秋說清容居士集泰定四年卒年六十一贈中奉大夫江浙等處行中書省叅知政事護軍追封陳留郡公謚文清

曹元用

曹元用字子貞世居阿城後徙汶上祖義不仕父宗輔德清縣主簿元用資禀俊爽幼嗜書一經目輙成誦每夜讀書常達曙不寐父憂其致疾止之輙以衣蔽窻默觀之始以鎮江路儒學正考滿游京師翰林承旨閻復於四方士少所許可及見元用出所爲文示之元用輙指其疵復大奇之因薦爲翰林國史院編脩官即論史院僚屬非材請較試取其優者用之御史臺辟爲掾史元用初不習吏事而見事明決吏反師之轉中書省右司掾與清河元明善濟南張養浩同時號爲三俊除應奉翰林文字遷禮部主事時累朝皇后既崩者猶以名稱而未有謚號元用言后爲天下母豈可直稱其名宜加徽號以彰懿德改尚書省右司都事轉員外郎及尚書省罷退居任城久之齊魯間從學者甚衆延祐六年授太常禮儀院經歷屬英宗躬脩祀事鋭意禮樂其親祀儀注鹵簿輿服之制率所裁定初太廟九室合饗于一殿仁宗崩無室可祔乃于武宗室前結綵爲次英宗在上京召禮官集議元用言古者宗廟有寢有室宜以今室爲寢當更營大殿于前爲十五室帝嘉其議授翰林待

制陞直學士至治三年八月鐵失之變賊黨赤斤鐵木兒遷至京師收百司印趣召兩院學士北上元用獨不行曰此非常之變吾寧死不可曲從也未幾賊果敗人皆稱其有先見之明泰定二年授太子贊善轉禮部尚書兼經筵官及大朝會爲糾儀官申卷班之令俾以序退無爭門而出之擾又謂太醫儀鳳教坊等官不當序正班當自爲一列後皆行之時宰執有欲罷科舉法者元用以爲國家文治正在於此胡可罷也又有欲損太廟四時之享止存冬祭者元用謂禴祠嘗烝四時之享不可闕一乃經禮之大者其

可惜費而廢禮乎三年夏帝以日食地震星變詔議所以弭災者元用謂應天以實不以文脩德明政應天之實也宜撙浮費節財用選守令䘏貧民嚴禋祀汰佛事止造作以紓民力慎賞罰以示勸懲皆切中時弊又論科舉取士之法當革冒濫嚴考覈俾得真才之用議上朝廷咸是之拜中奉大夫翰林侍講學士兼經筵官預脩仁宗英宗兩朝實錄又奉旨纂集甲令爲通制譯唐貞觀政要爲國語書成皆行於時凡大制誥率元用所草文宗時草寬䘏之詔帝覽而善之賜金織文錦天曆二年代祀曲阜孔子廟還以

司寇像及代祀記獻帝甚喜值太禧宗禋院副使缺中書奏以元用爲之帝不允曰此人翰林中所不可無者將大用之矣會卒帝嗟悼久之謂侍臣曰曹子貞盡忠宣力今亡矣可賜賻鈔五千緡贈正奉大夫江浙等處行中書省參知政事護軍追封東平郡公謚文獻詩文四十卷號超然集二子偉儀

齊履謙

齊履謙字伯恒父義善筭術履謙生六歲從父至京師七歲讀書一過即能記憶年十一教以推步星曆盡曉其法十三從師聞聖賢之學自是以窮理爲務非洙泗伊洛之書不讀至元十六年初立太史局改治新曆履謙補星曆生同輩皆司天臺官子太史王恂問以筭數莫能對履謙獨隨問隨荅恂大奇之新曆既成復預修曆經曆議二十九年授星曆教授都城刻漏舊以木爲之其形如碑故名碑漏内設曲筒鑄銅爲丸自碑首轉行而下鳴鐃以爲節其漏經久廢壞晨昏失度大德元年中書俾履謙視之因見刻漏旁有宋舊銅壺四於是按圖考定蓮花寶山等漏制命工改作又請重建鼓樓增置更鼓并守漏卒當時遵用之二年遷保章正始專曆官之政三年八月

朔時加巳依曆日蝕二分有奇至其時不蝕衆皆懼履謙曰當蝕不蝕在古有之矧時近午陽盛陰微宜當蝕不蝕遂考唐開元以來當蝕不蝕者凡十事以聞六年六月朔時加戌依曆日蝕五十七秒衆以涉交既淺且復近濁欲匿不報履謙曰吾所掌者常數也其食與否則係於天獨以狀聞及其時果食衆嘗爭沒日不能決履謙曰氣本十五日而間有十六日者餘分之積也故曆法以所積之日命爲沒日不出本氣者爲是衆服其議七年八月戊申夜地大震詔問致災之由及弭災之道履謙按春秋言地爲陰而主

靜妻道臣道子道也三者失其道則地爲之弗寧弭
之之道大臣當反躬責己去專制之威以荅天變不
可徙爲禳禱也時成宗寢疾宰臣有專威福者故履
謙言及之九年冬始立南郊祀昊天上帝履謙攝司
天臺官舊制享祀司天雖掌時刻無鍾鼓更漏往往
至旦始行事履謙白宰執請用鍾鼓更漏俾早晏有
節從之至大二年太常請修社稷壇及浚太廟庭中
井或以歲君所直欲止其役履謙曰國家以四海爲
家歲君豈專在是三年升授時郎秋官正兼領冬官
正事四年仁宗即位嘉尚儒術臺臣言履謙有學行

可教國學子弟擢國子監丞改授奉直大夫國子司
業與吳澄並命時號得人每五鼓入學風雨寒暑未
嘗少怠其教養有法諸生皆畏服未幾復以履謙簽
太史院事皇慶二年春彗星出東井履謙奏宜增修
善政以荅天意因陳時務八事仁宗爲之動容顧宰
臣命速行之自履謙去國學吳澄亦移病歸學制稍
爲之廢延祐元年詔擇善教者於是復以履謙爲國
子司業履謙律己益嚴教道益張每齋置伴讀一人
爲長雖助教闕員而諸生講授不絕時初命國子生
歲貢六人以入學先後爲次第履謙曰不攷其業何

以與善而得人乃酌舊制立陞齋積分等法每季攷
其學行以次遞升既升上齋又必踰再歲始與私試
孟月仲月試經疑經義季月試古賦詔誥章表策蒙
古色目試明經策問辭理俱優者一分辭平理優者
爲半分歲終積至八分者充高等以四十人爲額然
後集賢禮部定其藝業及格者六人以充歲貢三年
不通一經及在學不滿一歲者並黜之帝從其議自
是人人勵志多文學之士五年出爲濱州知州丁母
憂不果行至治元年拜太史院使泰定二年九月以
本官奉使宣撫江西福建黜罷官吏之貪汙者四百

餘人獨免括地虛加糧數萬石州縣有以先賢子孫
充考夫諸役者悉罷遣之福建憲司職田每畝歲輸
米三石民不勝苦履謙命准令輸之由是召怨及還
京憲司果誣以他事未幾誣履謙者皆坐事免履謙
始得直復爲太史院使天曆二年九月卒履謙篤學
勤苦家貧無書及爲星曆生在太史局會秘書監輦
亡宋故書留置本院因晝夜諷誦深究自得故其學
博洽精通自六經諸史天文地理禮樂律曆下至陰
陽五行醫藥卜筮無不淹貫尤精經籍著大學四傳
小註一卷中庸章句續解一卷論語言仁通旨二卷

書傳詳說一卷易繫辭旨略二卷易本說四卷春秋諸國統紀六卷以皇極之名見於洪範皇極之數始於邵氏經世書數非極也特寓其數於極耳著經世書入式一卷經世書有內外篇內篇則因極而明數外篇則由數而會極著外篇微旨一卷授時曆行五十年未嘗推考履謙日測晷景并晨昏五星宿度自至治三年冬至至泰定二年夏至天道加時真數各減見行曆書二刻著二至晷景考二卷授時曆雖有經串而經以著定法串以紀成數然求其法之所以然數之所從出則略而不載作經串演撰八法一卷元立

國百有餘年而郊廟之樂沿襲宋金未有能正之者履謙謂樂本於律律本於氣而氣候之法具載前史可擇僻地為密室取金門之竹及河內葭莩候之上可以正雅樂薦郊廟和神人下可以同度量平物貨厚風俗列其事上之又得黑石古律管一長尺有八寸外方內為圓空中有隔隔中有小竅蓋以通隔上九寸其空均直約徑三分以應黃鍾之數隔下九寸其空自小竅迤邐殺至管底約徑二寸餘蓋以聚其氣而上之其製與律家所說不同蓋古所謂玉律者是也適遷他官事遂寢有志者深惜之至順三年五月贈翰林學士資善大夫上護軍追封汝南郡公謚文懿

列傳卷第五十九

翰林學士亞中大夫知制誥兼修國史臣宋濂翰林待制承直郎同知制誥兼國史院編修官臣王褘等奉　勅修

崔斌

崔斌字仲文馬邑人性警敏多智慮魁岸雄偉善騎射尤攻文學而達政術世祖在潛邸召見應對稱旨命佐卜憐吉帶將遊騎戍淮南斌負才略卜憐吉帶甚敬禮之兵駐楊州西城俾斌領騎兵覘敵形勢斌視敵兵亂潛出襲之多所殺獲俄丁父憂襲授金符爲總管中統元年改西京參議宣慰司事世祖嘗命

安童舉漢人識治體者一人安童舉斌入見數陳時政得失曲中宸慮時世祖銳意圖治斌危言讜論直指面斥是非立判無有所諱帝幸上都嘗召斌斌下馬步從帝命之騎因問爲治大體今當何先斌以任相對帝曰汝其爲我舉可爲相者斌以安童史天澤對帝默然良久斌曰陛下豈以臣猥鄙所舉未允公議有所惑歟今近臣咸在乞采輿言陛下裁之帝俞其請斌立馬颺言曰有旨問安童爲相可否衆驩然呼萬歲帝悅遂以二人並爲相除斌左右司郎中每論事帝前群言終日不決者斌以數言決之進見必與近臣偕其所獻替雖密近之臣有不得與聞者以此人多忌之會阿合馬立制國用使司專總財賦一以掊克爲事斌曰與其有聚斂之臣寧有盜臣於帝前屢斥其姦惡至元四年出守東平五年大兵南征道壽張卒有撤民席投其赤子於地以死訴於斌斌馳謁主將曰未至敵境而先殺吾民國有常刑汝亦當坐於是下其卒于獄自是莫敢犯歲大侵徵賦如常年斌馳奏以免復請于朝得楮幣十萬緡以振民饑六年除同僉樞密院事襄樊之役命斌僉河南行省事方議攻鹿門山斌曰自峴山西抵萬山北抵漢

江築城浚壍以絕餉援則襄陽可坐制矣時調曹濮民丁屯田南陽斌議罷曹濮屯民以近地兵多者補之民以爲便又議戶部給濱棣青滄鹽券付行省募民以米貿之仍增價和糴遠近輸販者輻輳餽餉不勞而集有旨河南四路籍兵二萬以益襄樊斌即馳奏曰河南戶少而調度繁多實不堪命減其半爲宜從之襄陽既下轉嘉議大夫仍僉行中書省十年詔丞相伯顏總兵南征改行省爲河南宣慰司加中奉大夫賜金虎符充宣慰使是時襄陽正陽諸軍悉道河南供億雖繁而事無缺失伯顏既渡江分阿里海

牙定湖南詔斌貳之拜行中書省叅知政事十月圍潭州斌攻西北鐵壩阿里海牙中流矢不能軍斌以軍夜集柵下黎明畢登不利斌曰彼軍小捷而驕弛吾今焚其角樓斷其援道塹城爲三周如此則城可得諸將然之迺誓師銜枚潛登鐵壩人賫芻稽梯其樓火之且竪木柵城上詰旦布雲梯鼓譟而上斌挾盾先登阿里海牙持酒勞曰取此城公之力也斌自語阿里海牙曰潭人膽破矣若歛兵不進許其來降則土地人民皆我有自重湖以南連城數十可傳檄而定若縱兵急攻彼無噍類得一空城何益從之明

日即遣開示禍福城中爭出降諸將怒其抗敵持久咸欲屠之斌諭以興師本意諸將曰編民當如公說敵兵必誅之斌曰彼各爲其主耳宜旌之以勸未附者且殺降不祥諸將迺止捷聞帝嘉之進資善大夫行中書省左丞潭人德之爲立生祠十一年奉旨撫諭廣西尋命還治湖南潭屬邑安化湘鄉衡山以南賊周龍張唐張虎等所在蜂起斌駐兵南嶽凡來降者同僚議欲盡戮以懲反側斌但按誅其首惡脅從者盡釋之十五年被召入覲時阿合馬擅權日甚廷臣莫敢誰何斌從帝至察罕腦兒帝問江南各省撫

治如何斌對以治安之道在得人今所用多非其人因極言阿合馬姦蠹帝乃令御史大夫相威樞密副使孛羅按問之汰其冗員黜其親黨檢覈其不法罷天下轉運司海內無不稱快適尚書留夢炎謝元昌言江淮行省事至重而省臣無一人通文墨者乃命斌遷江淮行省左丞既至凡前日蠹國漁民不法之政悉釐正之仍條具以聞阿合馬慮其害己摭其細事遣留使不獲上見因誣搆以罪竟爲所害裕宗在東宮聞之方食投箸惻然遣使止之已不及矣天下冤之年五十六至大初贈推忠保節功臣太傅開府

儀同三司追封鄭國公謚忠毅子三人良知威恩孫一人敬皆爲大官

崔彧

崔彧字文卿小字拜帖木兒弘州人負才氣剛直敢言世祖甚器重之至元十六年奉詔偕牙納木至江南訪求藝術之人明年自江南回首言忽都帶兒根索亡宋財貨煩擾百姓身爲使臣乃挈妻子以往所在取索鞍馬芻粟世祖雖聽其言然虛實竟不辨決也十九年除集賢侍讀學士彧言于世祖謂阿合馬當國時同列皆知其惡無一人孰何之者及既誅乃

各自以爲絜誠欺罔之大者先有旨凡阿合馬所用
之人皆革去臣以爲守門卒隸亦不可留如叅知政
事阿里請以阿散襲父職倘使得請其害又有不可
勝言者賴陛下神聖灼知其奸拒而不可臣已疏其
奸惡十餘事乞召阿里廷辯帝曰已勅中書凡阿合
馬所用皆罷之窮治黨與纖悉無遺事竟之時朕與
汝別有言也又請以郝禎剖棺戮屍從之尋奉旨鉤
考樞密文牘遂由刑部尚書拜御史中丞或言臺臣
於國家政事得失生民休戚百官邪正雖王公將相
亦宜糾察近唯御史得有所言臣以爲臺官皆當建

言庶於國家有補選用臺察官若由中書必有偏徇
之弊御史宜從本臺選擇初用漢人十六員今用蒙
古十六員相參巡歷爲宜皆從其言二十年復以刑
部尚書上疏言時政十八事一曰開廣言路多選正
人番直上前以司喉舌庶免黨附壅塞之患二曰當
阿合馬擅權臺臣莫敢糾其非迨其事敗然後接踵
隨聲徒取譏笑宜別加選用其舊人除蒙古人取聖斷
外餘皆當問罪三曰樞密院定奪軍官賞罰不當多
聽阿合馬風旨宜擇有聲望者爲長貳庶幾號令明
而賞罰當四曰翰苑亦頌阿合馬功德宜博訪南北

耆儒碩望以重此選五曰郝禎耿仁等雖在典刑若
是者尚多罪同罰異公論未伸合次第屏除六曰貴
游子弟用即顯官幼不講學何以從政得如左丞許
衡教國子學則人才輩出矣七曰今起居注所書不
過奏事檢目而已宜擇蒙古人之有聲望漢人之重
厚者居其任分番上直帝主言動必書以垂法於無
窮八曰憲曹無法可守是以奸人無所顧忌宜定律
令以爲一代之法九曰官冗若徒省一官員併一衙
門亦非經久之策宜叅衆議而立定成規十曰官僚
無以養廉責其貪則苛乞將諸路大小官有俸者量

增無俸者特給然不取之於官惟賦之於民蓋官吏
既有所養不致病民少增歲賦亦將樂從十一曰內
地百姓流移江南避賦役者已十五萬戶去家就旅
豈人之情賦重政繁驅之致此乞特降詔旨招集復
業免其後來五年科役其餘積欠並蠲事產即日給
還民官滿替以戶口增耗爲黜陟其徙江南不歸者
與土著一例當役十二曰凡丞相安童遷轉良臣悉
爲阿合馬所擯黜或居散地或在遠方並令拔擢十
三曰簿錄姦黨財物本國家之物不可視爲橫得遂
致濫用宜以之實帑藏供歲計十四曰大都非如上

都止備巡幸不應立留守司此皆阿合馬以此位置私黨今宜易置總管府十五曰中書省右丞二而左丞缺宜改所增右丞置諸左十六曰在外行省不必置丞相平章止設左右丞以下庶幾内重不致勢均彼謂非隆其名不足鎮壓者姦臣欺罔之論也十七曰阿剌海牙掌兵民之權子姪姻黨分列權要官吏出其門者十之七八其威權不在阿合馬下宜罷職理筭其黨雖無汚染者亦當遷轉他所勿使久據湖廣十八曰銓選類奏賢否莫知自今三品已上必引見而後授官疏奏即日命中書行其數事餘命與御

史大夫玉昔帖木兒議行之又言江南盜賊相挻而起凡二百餘所皆由拘刷水手與造海船民不聊生激而成變日本之役宜姑止之又江西四省軍需宜量民力勿強以土產所無凡給物價與民者必以實召募水手當從其所欲伺民氣稍蘇我力粗備三二年後東征未晚也世祖以爲不切曰爾之所言如射然挽弓雖可觀發矢則非是矣或又言昨中書奉旨差官度量大都州縣地畝本以革權勢兼并之弊欲其明白不得不於軍民諸色人户通行覈實又因取勘畜牧數目初意本非擾民而近者浮言胥動恐失

農時乞降旨省諭詔中書即行之又言建言者多孰是孰否中書宜集議可行者行之不可則明諭言者爲便又言各路每歲選取室女宜罷又言宗文思院小口斛出入官糧無所容隱所宜頒行皆從之二十一年或劾奏盧世榮不可居相職忤旨罷二十三年加集賢大學士中奉大夫同僉樞密院事尋出爲甘肅行省右丞召拜中書右丞與中書平章政事麥术丁奏曰近者桑哥當國四年中外諸官鮮有不以賄而得者其昆弟故舊妻族皆授要官美地唯以欺蔽九重朘削百姓爲事宜令兩省嚴加考覈凡入其黨者

皆汰逐之其出使之臣及按察司官受賕者論如律仍追宣勑除名爲民又奏桑哥所設衙門其闒冗不急之官徒費祿食宜令百司集議汰罷及自今調官宜如舊制避其籍貫庶不害公又大都高貲户多爲桑哥等所容庇凡百徭役止令貧民當之今後徭役不以何人宜皆均輸有敢如前以賄求人容庇者罪之又軍站諸户每歲官吏非名取索賦稅倍蓰民多流移請自今非奉旨及省部文字敢私斂民及役軍匠者論如法又忽都忽那顏籍户之後各投下毋擅招集太宗既行之江南民爲籍已定乞依太宗所行

爲是皆從之二十八年由中書右丞遷御史中丞或奏太醫院使劉岳臣嘗仕宋練達政事比者命其參議機務衆皆稱善乞以爲翰林學士俾議朝政又言行御史臺言建寧路總管馬謀因捕盜延及平民榜掠至死者多又俘掠人財迫通處女受民財積百五十錠獄未具會赦如臣等議馬謀以非罪殺人不在原例宜令行臺詰問明白定罪又言昔行御史臺監察御史周祚劾尚書省官忙兀帶教化的納速剌丁滅里姦贓納速剌丁滅里反誣祚以罪遣人詣尚書省告桑哥桑哥曖昧以聞流祚于憨荅孫妻子家財

並沒入官祚至和林遇亂走還京師桑哥又遣詣雲南理筭錢穀以贖其罪今自雲南回臣與省臣閱其伏詞爲罪甚微宜復其妻子皆從之二十九年或偕御史大夫玉昔帖木兒等奏四方之人來聚闕下率言事以干進國家名器資品高下具有定格臣等以爲中書樞密宜早爲銓定應格者與之不當與者明語其故使去又言事有是非當否宜早與詳審言之當者即議施行或所陳有須詰難條具者即令其人講究否則罷遣帝嘉納之又奏納速剌丁滅里忻都王巨濟黨比桑哥恣爲不法楮幣銓選鹽課酒稅無

不更張變亂之銜命江南理筭積久逋賦期限嚴急胥卒追逮半於道路民至嫁妻賣女殃及親隣維揚錢唐受害最慘無故而殞其生五百餘人近者闍里按問悉皆首實請死士民乃知聖天子仁愛元元而使之至此極者實桑哥及其兇黨之爲也莫不願食其肉臣等共議此三人者既已伏辜宜令中書省御史臺從公論罪以謝天下從之又言河西人薛闍干領兵爲宣慰其吏詣廉訪司告其三十六事檄僉事簿問而薛闍干率軍人禽問者辱之且奪告者以去臣議從行臺選御史往按問薛闍干仍先奪其職又

言行臺官言去歲桑哥既敗使臣至自上所者或不持璽書口傳聖旨縱釋有罪擅籍人家真僞莫辨臣等請自今凡使臣必降璽書省臺院諸司必給印信文書以杜姦欺帝曰何人乃敢爾耶對曰咬剌也奴伯顏察兒比嘗傳旨縱罪人帝悉可其奏又奏松州達魯花赤長孫自言不願爲錢穀官願備員廉訪司令木八剌沙上聞傳旨至臺特令委用臺臣所宜奉行但徑自陳獻又且嘗有罪理應區別帝曰此自卿事宜審行之又奏江南李淦言葉李過愆被旨赴京以辯今葉李物故事有不待辯者李淦本儒人請授

以教官旌其直言又奏鄂州一道舊有按察司要束木惡其害己令桑哥奏罷之臣觀鄂州等九郡境土亦廣宜復置廉訪司行御史臺舊治揚州今揚州隸南京而行臺移治建康其淮東廉訪司舊治淮安今宜移治揚州又奏諸官吏受賕在朝則詣御史臺首告在外則詣按察司首告已有成憲自桑哥持國受賕者不赴憲臺憲司而詣諸司首故爾反覆牽延事久不竟臣謂宜如前旨惟於本臺行臺及諸道廉訪司首告諸司無得輒受又監察御史塔的失言女直人教化的去歲東征妄言以米千石餉闍里鐵木兒

軍萬人奏支鈔四百錠宜令本處廉訪司究問與本處行省追償議罪皆從之三月中書省臣奏請以彧爲右丞世祖曰崔彧不愛於言惟可使任言責閏六月又同御史大夫玉昔帖木兒奏近耿熙告河間鹽運司官吏盜官庫錢省臺遣人同告者雜問凡負二萬二千餘錠已徵八千九百餘錠猶欠一萬三千一百餘錠運使張庸嘗獻其妹於阿合馬有寵阿合馬既沒以官婢事桑哥復有寵故庸黨緣戚屬得久居漕司獨盜三千一百錠臣等議宜命臺省遣官同廉訪司倍徵之又言月林伯察江西廉訪司官朮兒赤

帶河東廉訪司官忽兒赤擅縱盜賊抑奪民田貪污不法今月林伯以事至京宜就令詰問又言揚州鹽運司受財多付商賈鹽計直該鈔二萬二千八百錠臣等以謂追徵足日課以歸省贓以歸臺斟酌定罪以清蠹源並從之又奏江西詹玉始以妖術致位集賢當桑哥持國遣其括核江西學粮貪酷暴横學校大廢近與臣言撒里蠻荅失蠻傳旨以江南有謀叛者俾乘傳往鞫明日訪知爲禿速忽香山欺罔奏遣玉在京師猶敢誑誕如此宜亟追還訊問帝曰此惡人也遣之往者朕未嘗知之其亟會以來三十年彧

言大都民食唯仰客糴頃緣官括商船載遞諸物致販鬻者少米價翔踴臣等議勿令有司括船爲便從之寶泉提舉張簡及子乃蠻帶告彧嘗受鄒道源許宗師銀萬五千兩又其子知微訟彧不法十餘事有旨就辯中書彧已書簡等所告與已宜對者爲牘袖之視而後對簡父子所告皆無驗並繫獄簡瘐死仍籍其家一女入官乃蠻帶知微皆坐杖罷除名三十一年成宗即位先是彧得玉璽于故臣扎剌氏之家其文曰受命于天既壽永昌即以上之徽仁裕聖皇后至是皇后手以授于成宗彧以久任憲臺乞還他

職不許成宗諭之曰卿若辭避其誰抗言或彧言肅政廉訪司案牘而令總管府檢劾非宜成宗曰朕知難行當時事由小人擅奏耳其改之大德元年彧又條陳臺憲諸事皆見於施行於是彧居御史臺久又守正不阿以故人疾之監察御史斡羅失剌劾奏中丞崔彧兄在先朝嘗有罪還其所籍家產非宜等事成宗怒其妄言笞而遣之十一月御史臺奏大都路總管沙的盜支官錢及受贓計五千三百緡准律當杖百七不叙以故臣子從輕論而成宗欲止權停其職彧與御史大夫只而合郎執不可已而御史又奏

彧任中丞且十年非所宜彧遂以病辭成宗諭之曰卿之辭退誠是已然勉爲朕少留之閏十二月兼領侍儀司事與太常卿劉無隱奏新正朝賀歲常習儀大萬安寺成宗曰去歲兀都帶以雪故來後今而復然諸不至及失儀者殿中司監察御史同糾之二年加榮祿大夫平章政事尋與御史大夫禿赤奏世祖聖訓凡在籍儒人皆復其家今歲月滋久老者已矣少者不學宜遵先制俾廉訪司常加勉勵成宗深然之命彧與不忽木阿里渾撒里同翰林集賢議特降詔條使作成人材以備選舉彧以是歲九月卒至大元年七月贈推誠履正功臣太傅開府儀同三司追封鄭國公謚忠肅

葉李

葉李字太白一字舜玉杭州人少有奇質從學於太學博士義烏施南學補京學生宋景定五年彗出于柳理宗下詔罪己求直言是時世祖南伐駐師江上宋命賈似道領兵禦之會憲宗崩世祖班師鄂州圍解似道自詭以爲己功因復入相益驕肆自顓剏置公田關子其法病民甚中外毋敢指議李乃與同舍生康棣而下八十三人伏闕上書攻似道其畧曰三

光舛錯宰執之愆似道繆司台鼎變亂紀綱毒害生靈神人共怒以干天譴似道大怒知書稾出於李嗾其黨臨安尹劉良貴誣李僭用金飾齋扁鍛鍊成獄竄漳州似道既敗乃得自便會宋亡歸隱富春山江淮行省及宣慰兩司爭辟之署蘇杭常等郡教授俱不應至元十四年世祖命御史大夫相威行臺江南且求遺逸以李姓名上初李攻似道書其末有前年之師適有天幸克成厥勳之語世祖習聞之每拊掌稱歎及是其姓名聞世祖大悅即授奉訓大夫浙西道儒學提舉李聞命欲遁去而使者致丞相安童書

有云先生在宋以忠言讜論著稱簡在帝心今授以五品秩士君子當隱見隨時其尚悉心以報殊遇李乃幡然北向再拜曰仕而得行其言此臣夙心也敢不奉詔二十三年侍御史程文海奉命捜賢江南世祖諭之曰此行必致葉李來李既至京師勑集賢大學士阿魯渾撒里館于院中它日召見披香殿勞問卿遠來良苦且曰卿嚮時訟似道書朕甞識之更詢以治道安出李歷陳古帝王得失成敗之由世祖首肯賜坐錫宴更命五日一入議事時各道儒司悉以曠官罷李因奏曰臣欽覩先帝詔書當創業時軍務

繁夥尚招致士類今陛下混一區宇偃武脩文可不作養人才以弘治道各道儒學提舉及郡教授實風化所係不宜罷請復立提舉司專提調學官課諸生講明治道而上其成才者於太學以備録用凡儒户徭役乞一切蠲免可其奏是時乃顏叛北邊詔李庭出師討之而將校多用國人或其親暱立馬相鄉語輒釋仗不戰逡巡退卻帝患之李密啓曰兵貴奇不貴衆臨敵當以計取彼既親暱誰肯盡力徒費陛下糧餉四方轉輸甚勞臣請用漢軍列前步戰而聯大車斷其後以示死鬭彼甞玩我必不設備我以大衆

蹈之無不勝矣帝以其謀諭將帥師果奏捷自是帝益奇李每罷朝必召見論事二十四年特拜御史中丞兼商議中書省事李固辭曰臣本羈旅荷蒙眷知使備顧問固當竭盡愚衷御史臺揔察中外機務臣愚不足當此任且臣昔竄瘴鄉素染足疾比歲尤劇帝笑曰卿足艱於行心豈不可行耶李固辭得許因扣首謝曰臣今雖不居是職然御史臺天子耳目常行事務可以呈省至若監察御史奏疏西南兩臺咨禀事關軍國利及生民宜令便宜聞奏以廣視聽不應一一拘律遂成文具臣請詔臺臣言事各許實封

幸甚又曰憲臣以繩愆糾繆爲職苟不自檢於擊搏何有其有貪惏敗度之人宜付法司增條科罪以懲欺罔制曰可由是臺憲得實封言事會尚書省立授李資善大夫尚書左丞李復固辭以謂論臣資格未宜遽至此帝曰商起伊尹周舉太公豈循格耶尚書係天下輕重朕以煩卿卿其勿辭賜大小車各一許乘小車入禁中仍給扶升殿始定至元鈔法又請立太學一日從至柳林奏曰善政不可以徒行人才不可以驟進必訓以德義摩以詩書使知古聖賢行事方畧然後賢良輩出菁澤下流唐虞三代咸有胄學漢

唐明主數幸辟雍匯爲觀美也乃薦周砥等十人爲祭酒等官凡廟學規制條具以聞帝皆從之時帝欲徙江南宋宗室及大姓於北方李乘間言宋已歸命其民安於田里今無故聞徙必將疑懼萬一有奸人乘釁而起非國之利也帝大悟事遂寢陞尚書右丞轉資德大夫時淮浙饑饉穀價騰踴李奏免江淮租稅之半運湖廣江西粮十七萬石至鎮江以賑饑民帝欲伐交趾召李入議李曰遐方遠夷得之無益軍旅一興費縻鉅萬今山路險巇深入敵境萬一蹉跌非所以威示遠人也乃止二十五年陞平章政事李固辭許之賜以玉帶視秩一品及平江田四千畝於是桑哥爲尚書丞相顓擅國政急於財利毒及生民事具桑哥傳李雖與之同事然莫能有所匡正會桑哥敗事頗連及同列久之李獨以疾得請南還揚州儒學正李淦上書言葉李本一縣徒受皇帝簡知可爲千載一遇而繞近天光即以舉桑哥爲第一事禁近侍言事以非罪殺參政郭佑楊居寬迫御史中丞劉宣自裁錮治書侍御史陳天祥罷御史大夫門荅占侍御史程文海杖監察御史變鈔法拘學粮徵軍官俸減兵士粮立行司農司木綿提舉司增鹽酒醋稅課官民皆受其禍尤可痛者要束木禍湖廣沙不丁禍江淮滅貴里禍福建又大鈎考錢粮民怨而盜發天怒而地震水災洊至尚賴皇帝聖明更張政化人皆知桑哥用群小之罪而不知葉李舉桑哥之罪葉李雖罷相權刑戮未加天下往往竊議宜斬葉李以謝天下書聞帝矍然曰葉李廉介剛直朕所素知者寧有是耶有旨驛召淦詣京師二十九年二月李南還至臨清帝遣使召之俾爲平章政事佐丞相完澤治省事李上表力辭未幾卒年五十一李既卒而淦至詔以淦爲江陰路教授以旌直言帝嘗問兵部郎中趙孟頫李與留夢炎孰優孟頫對夢炎優帝笑曰不然夢炎以倫魁位宰相而附賈似道病民誤國伴食中書無所可否李舊由諸生力詆似道其過夢炎甚遠然其性剛直人不能容而朕獨愛之也李前後被賜之物甚多而自奉甚儉嘗戒其子曰吾世業儒甘貧約唯以忠義結主知汝曹其清慎自持勿增吾過指所賜物曰此終當還官也比卒悉表送官一毫不以自私至正八年贈資德大夫江浙等處行中書省右丞上護軍追封南陽郡公謚文簡

燕公楠

燕公楠字國材南康之建昌人宋禮部侍郎肅之七世孫母雷氏夢五色巨翼入幃遂生公楠十歲能屬文居父喪廬墓三年再貢于鄉不第後以連帥辟五邊至通判贛州事至元十三年世祖既平江南帥臣板授同知贛州事十四年以平廣南功遷同知吉州路總管府事二十二年夏召至上都奏對稱旨世祖賜名賽因囊加帶命參大政辭乞補外除僉江浙行中書省事俄移江淮尚書省立就僉江淮行尚書省事江淮在宋爲邊陲故多閑田公楠請置兩淮屯田勸導有方田日以墾二十五年除大司農領八道勸農營田司事按行郡縣興利擧弊績用大著劾江西營田使沙不丁貪横罷之二十七年拜江淮行中書省參知政事桑哥既敗而蠹政未盡去民不堪命公楠赴闕極陳其故請更張以固國本世祖悅會欲易政府大臣以問公楠公楠薦伯顔不灰闍里闊里吉思史弼徐琰趙琪陳天祥等十人又問孰可以爲首相對曰天下人望所屬莫若安童問其次曰完澤可明日拜完澤爲丞相以公楠及不灰爲平章政事固辭改江浙行中書省參知政事賜弓矢及衛士十人以行三十年復爲大司農得藏匿公私田六萬九千

八百六十二頃歲出粟十五萬一千一百斛鈔二千六百貫帛千五百疋麻絲二千七百斤元貞元年進河南行省右丞釐正鹽法民便之召入覲成宗以公楠先帝舊臣慰勞良至既拜江浙行省右丞明年遷湖廣行省右丞轉運司判官唐申家沅州豪横奪民田武昌縣尹劉權殺主簿誣繫其妻子悉正其罪五年召還朝以卒帝聞甚傷悼之賻贈有加特命朝臣護喪南歸

馬紹

馬紹字子卿濟州金鄉人從上黨張播學丞相安童入侍世祖奏言宜得儒士講論經史以資見聞平章政事張啓元以紹應詔授左右司都事出知單州民刻石頌德至元十年僉山東東西道提刑按察司事益都寧海饑紹發粟賑之十三年移僉河北河南道提刑按察司事未行屬江淮甫定選官撫治遷同知和州路總管府事民賴以安十九年詔割隆興爲東宮分地皇太子選署總管召至京師爲刑部尚書萬億庫吏盜絨四兩時相欲置之重典紹言物情俱輕宜從貸減乃决杖釋之河間李移住妄言惑衆謀爲不軌紹被檄按問所全活幾百人二十年衆議中書

省事二十二年改兵部尚書踰年復爲刑部尚書二十四年分立尚書省擢拜參知政事賜中統鈔五千緡時更印至元鈔前信州三務提舉杜瑎言至元鈔公私非便平章政事桑哥怒曰杜瑎何人敢沮吾鈔法耶欲當以重罪紹從容言曰國家導人使言言可采用之不可采亦不之罪今重罪之豈不與詔書違戾乎瑎得免拜尚書左丞親王戍邊其士卒有過支廩米者有司以聞帝欲究問加罪紹言方邊庭用兵罪之懼失將士心所支踰數者當嗣年之數可也制可宗親海都作亂其民來歸者七十餘萬散居雲朔

間桑哥議徙之内地就食紹持不可桑哥怒曰馬左丞愛惜漢人欲令餓死此輩耶紹徐曰南土地燠北人居之慮生疾疫若恐餒死曷若計口給羊馬之資俾還本土則未歸者孰不欣慕言有異同丞相何以怒爲宜取聖裁乃如紹言以聞帝曰馬秀才所言是也桑哥集諸路總管三十人導之入見欲以趣辦財賦之多寡爲殿最帝曰財賦辦集非民力困竭必不能然朕之府庫豈少此哉紹退至省追錄聖訓付太史書之議增鹽課紹獨力爭山東課不可增議增賦紹曰苟不節浮費雖重斂數倍亦不足也事遂寢都城種苜蓿地分給居民權勢因取爲己有以一區授紹紹獨不取桑哥欲奏請賜紹紹辭曰紹以非才居政府恒憂不能塞責詎敢徼非分之福以速罪戾桑哥敗跡其所嘗行賂者索其籍閱之獨無紹名桑哥既敗乃曰使吾早信馬左丞之言必不至今日之禍帝曰馬左丞忠潔可尚其復舊職尚書省罷改中書左丞居再歲移疾還家元貞元年遷中書右丞行江浙省事大德三年移河南省明年卒有詩文數百篇

傳卷第六十

傳卷第六十一　元史一百七十四

翰林學士亞中大夫知制誥兼修國史臣宋濂翰林待制承直郎同知制誥兼國史院編修官臣王禕等奉

敕修

姚燧

姚燧字端甫世系見燧伯父樞傳父格燧生三歲而孤育於伯父樞樞隱居蘇門謂燧蒙暗教督之甚急燧不能堪楊奐馳書止之曰燧令器也長自有成尒何以急爲且許醮以女年十三見許衡於蘇門十八始受學於長安時未嘗爲文視流輩所作惟見其不如古人則心弗是也二十四始讀韓退之文試習爲

之人謂有作者風稍就正於衡衡亦賞其辭且戒之曰弓矢爲物以待盜也使盜得之亦將待之文章固發聞士子之利器然先有能一世之名將何以應人之見役者哉非其人而與之與非其人而拒之鈞罪也非周身斯世之道也至元七年衡以國子祭酒教貴冑奏召舊弟子十二人燧自太原驛致館下燧年三十八始爲秦王府文學未幾授奉議大夫兼提舉陝西四川中興等路學校十二年以秦王命安輯庸蜀明年漢嘉新附入諭其民又奉命招王立於合州又明年撫循夔府凡三使蜀皆稱職十七年除陝西漢中道提刑按察司副使録囚延安逮繫詿誤皆縱釋之人服其明決調山南湖北道按部澧州興學賑民孜孜如弗及二十三年自湖北奉旨趨朝明年爲翰林直學士二十七年授大司農丞元貞元年以翰林學士召修世祖實録初置檢閲官究覈故事燧與侍讀高道凝總裁之書成大德五年授中憲大夫江東廉訪使移病太平九年拜中奉大夫江西行省參知政事至大元年仁宗居藩邸開宮師府燧年已七十遣正字吕洙如漢徵四皓故事起燧爲太子賓客未幾除承旨學士尋拜太子少傅武宗面諭燧燧拜

辭謝曰昔臣先伯父樞嘗除是官尚不敢拜臣何敢受明年授榮祿大夫翰林學士承旨知制誥兼修國史四年得告南歸中書以承旨召明年復召燧以病俱不赴卒于家年七十六謚曰文燧先在蘇門山時讀通鑑綱目嘗病國統散於逐年不能一覽而得其離合之槩至告病江東著國統離合表若干卷年經而國緯之如史記諸表將附朱熹凡例之後復取徽建二本校讎得三誤焉序於表首畧曰其一建安二十五年徽本作延康元年凡例中歲改元在興廢存亡之際以前爲正當從建本於建安二十五年下注

改元延康其二章武三年徽本大書三年後主禪建興元年建本無三年則昭烈爲無終徽建皆曰後主於君臣父子之教所害甚大是起十四卷盡十六卷九曰後主者皆失於刊正也當於三年下注帝禪建興元年明年大書帝禪建興二年庶前後無齟齬也其三天寶十五載注肅宗皇帝至德元載明年惟曰二載爲無始當大書二載上加肅宗皇帝至德使上同於開元三者鈞失而建安之取至德之去統固在也若章武之距建興纔三年耳邈有帝父主子之異豈不於統大有關乎詳見序篇燧之學有得於許衡

由窮理致知反躬實踐爲世名儒爲文閎肆該洽豪而不宕剛而不厲春容盛大有西漢風宋末弊習爲之一變蓋自延祐以前文章大匠莫能先之或謂世無知燧者曰豈惟知之讀而能句句而得其意者猶寡燧曰世固有厭空桑而思聞鼓缶者乎然文章以道輕重道以文章輕重彼俟有班孟堅者出表古今人物九品中必以一等置歐陽子則爲去聖賢也有級而不遠其文雖無謝尹之知不害於行後豈有一言幾乎古而不聞之將來乎當時孝子順孫欲發揮其先德必得燧文始可傳信其不得者每爲愧恥故三十年間國朝名臣世勳顯行盛德皆燧所書每來謁文必其行業可嘉然後許可辭無溢美又稍廣置燕樂燧則爲之喜而援筆大書否則弗易得也時高麗瀋陽王父子連姻帝室傾貲結朝臣一日欲求燧詩文燧靳不與至奉旨乃與之王贈謝幣帛金玉名畫五十篚盛陳致燧燧即時分散諸屬官及史胥侍從止留金銀付翰林院爲公用器皿燧一無所取人問之燧曰彼藩邦小國唯以貨利爲重吾能輕之使知大朝不以是爲意其器識豪邁過人類如此然頗恃才輕視趙孟頫元明善輩故君子以是少之平生所著有牧庵文集五十卷行于世子三壎圻城

郭貫

郭貫字安道保定人以才行見推擇爲樞密中書掾調南康路經歷擢廣西道提刑按察司判官會例格授濟南路經歷至元二十七年拜監察御史承詔分江北沿淮草地劾淮西宣慰使昂吉兒父子專權久不遷調蠹政害民三十年僉湖南肅政廉訪司事大德初遷湖北道言令四省軍馬以數萬計征八百媳婦國深入炎瘴萬里不毛之地無益於國五年遷江西道賑恤飢民有惠政入爲御史臺都事八年遷集

賢侍制進翰林直學士奉詔與遼陽行省平章政事別速合徹里帖木兒往鎮高麗十一年召爲河東廉訪副使至大二年仁宗至五臺山貫進見仁宗因問廉訪使滅里吉歹何以有善政左右對曰皆副使郭貫之教也因賜貫瑪瑙數珠金織文幣入爲吏部考功郎遂拜治書侍御史四年除禮部尚書帝親書其官階曰嘉議大夫以授有司皇慶元年擢淮西廉訪使尋留不遣改侍御史俄遷翰林侍講學士明年出爲淮西廉訪使建言宜置常平倉考校各路農事延祐二年召拜中書參知政事明年陞左丞加集賢大

學士五年除太子詹事貫言皇太子受金寶已三年宜行冊禮又輔導之官早宜選置從之六年加太子賓客謁告還家至治元年復起爲集賢大學士尋致仕泰定元年遷翰林學士承旨不起至順二年以疾卒年八十有二贈光祿大夫河南行省平章政事柱國追封蔡國公謚文憲貫博學精於篆籀當世冊寶碑額多出其手云

夾谷之奇

夾谷之奇字士常其先出女真加古部後訛爲夾谷由馬紀領撒曷水徙家於滕州之奇少孤舅杜氏携之至東平因受業於康曄授濟寧教授辟中書省掾大兵南伐宋授行省左右司都事時行省官與中書權臣有隙特遣使覈其財用而之奇職文書亦被按問張弘範率其屬詣使者言夾谷都事素公清若少有侵漁弘範當與連坐會御史臺立　之奇僉江南浙西道提刑按察司事既而移僉江北淮東至元十九年召爲吏部郎中立陟降澄汰之法著爲令式歲大旱有司議平穀價以遏騰涌之患之奇言莫若省經費輟土木之役庶足召和氣弭災變而有豐稔之期二十一年遷左贊善大夫時裕宗爲皇太子每進

見必賜坐顧遇甚優權臣有欲以均輸法益國賦者慮提刑按察司撓其事請令與轉運司併爲一職詔集群臣議之之奇言按察司者控制諸路發擿姦伏責任匪輕若使理財則心勞事冗將彌縫自救之不暇又安能繩糾他人哉併之弗便事遂寢又與諭德李謙條具時政十事上之皇太子一曰正心二曰睦親三曰崇儉四曰幾諫五曰戢兵六曰親賢八曰尚友九曰定律十曰正名會皇太子薨除翰林直學士改吏部侍郎遂拜侍御史二十五年丁母憂以吏部尚書起復屢請終制不許明年卒之奇慮識精審明

於大體而不忽細微爲政卓卓可稱雖老於吏學者自以爲不及爲文章尤簡嚴有法多傳於世云

劉賡

劉賡字熙載洺水人五世祖逸以郡吏治獄有陰德祖肅爲右三部尚書賡幼有文名師事翰林學士王磐至元十三年用薦者授國史院編脩官十六年遷應奉翰林文字辟爲司徒府長史仍兼應奉補外同知德州事考滿擢太廟署丞太常博士拜監察御史是時御史中丞崔彧好盛氣待人他御史拜謁或平受之獨見賡則待以上客大德二年陞翰林直學士

六年奉使宣撫陝西由侍講學士陞學士至大二年遷禮部尚書仍兼翰林學士尋拜侍御史頃之還翰林爲學士承旨兼國子祭酒國學故事伴讀生以次出補吏莫不爭先出時有一生親老且貧同舍生有名在前者因博士以告曰我齒頗少請讓之先賡曰讓德之恭也從其讓別爲書薦其人朝廷反先用之自是六館之士皆知讓之爲美德也皇慶元年遷集賢大學士仍兼國子祭酒延祐元年復爲承旨六年拜太子賓客七年復入集賢爲大學士尋又入翰林爲承旨泰定元年加光祿大夫會集議上尊號賡獨抗言其不可事遂已天曆元年卒年八十一賡父典文翰當時大製作多出其手以耆年宿德爲朝廷所推重云

耶律有尚

耶律有尚字伯強遼金册王十世孫祖父在金世掌官于東平因家焉有尚資識絕人篤志于學受業許衡之門號稱高第弟子其學邃於性理而尤以誠爲本儀容辭令動中規矩識與不識莫不服其爲有道之君子至元八年衡罷中書左丞除集賢大學士兼國子祭酒以教國人之子弟乃奏以門人十二人爲

齋長以伴讀有尚其一也十年衡告免還鄉里朝廷乃以有尚等爲助教嗣領其學事居久之拜監察御史不赴除祕書監丞出知薊州爲政以寬簡得民情裕宗在東宮召爲詹事院長史自有尚既去而國學事頗廢廷議以謂非有尚無足以繼衡者除國子司業時學館未建師弟子皆寓居民屋有尚屢以爲言二十四年朝廷乃大起學舍始立國子監立監官而增廣弟子員於是有尚陞國子祭酒儒風爲之丕振二十七年以親老辭職歸大德改元復召爲國子祭酒尋除集賢學士兼其職頃之遷太常卿又遷集賢

學士八年類父還鄉里已而朝廷思用老儒以安車召之于家累辭不允復起為昭文館大學士兼國子祭酒階中奉大夫有尚前後五居國學其立教以義理為本而省察必真切以恭敬為先而踐履必端愨凡文詞之小技綴緝雕刻足以破裂聖人之大道者皆屏黜之是以諸生知趨正學崇正道以經術為尊以躬行為務悉為成德達材之士大氐其教法壹遵衡之舊而勤謹有加焉身為學者師表者數十年海內宗之猶如昔之宗衡也有尚既以年老力請還家朝廷復頒楮幣七千緡即其家賜之卒年八十六賜

謚文正

郝天挺 子佑附

郝天挺字繼先出於朶魯別族自曾祖而上居安肅州父和上拔都魯太宗憲宗之世多著武功為河東行省五路軍民萬戶天挺英爽剛直有志畧受業於遺山元好問以勳臣子世祖召見嘉其容止有旨宜任以政俾執文字備宿衛春宮裕宗遇之甚厚建省雲南選官屬遂除叅議雲南行尚書省事尋陞叅知政事又擢陝西漢中道廉訪使未幾入為吏部尚書尋除陝西行御史臺中丞又遷四川行省叅政及江浙行省左丞俱不赴拜中書右丞與宰相論事有不合輒面斥之一日以奏事敷陳明允特賜黃金百兩不受帝曰非利汝也第旌汝肯言耳成宗崩仁宗以太后命首定大難及武宗還自朔方遂入正大統定策之際天挺與有力焉仁宗臨御收召故老天挺與少保張閭等十人共議大政革尚書省之弊遂成皇慶之治又出為江西河南二省右丞召拜御史中丞入見首陳紀綱之要以獵為喻曰御史職在擊奸猶鷹揚焉禽之弱者易獲也其力大者必借人力不然不惟失其前禽仍或有傷鷹之患矣帝嘉其言既出

臺臣皆以為賀風紀大振又上疏陳七事曰惜名爵抑浮費止括田久任使論好事獎農務本勵學養士詔中書省舉行之尋俾均逸于外拜河南行省平章政事時河南王卜憐吉歹為丞相待以師禮由是政化大行皇慶二年卒年六十七贈光祿大夫中書平章政事柱國追封冀國公謚文定天挺嘗修雲南實錄五卷又註唐人鼓吹集一十卷行于世子佑字君輔小字朶魯別台由宿衛補官仁宗時拜殿中侍御史以廉直著名大受知遇遷陝西行省叅知政事拜陝西行御史臺侍御史

張孔孫

張孔孫字夢符其先出遼之烏若部爲金人所幷遂遷隆安父之純爲東平萬户府參議夜夢謁孔子廟得賜嘉果已而孔孫生因丐名於衍聖公遂名今名既長以文學名辟萬户府議事官萬户嚴忠範之兄爲陝西行省平章政事聘孔孫以母老不應時汴梁既下太常樂師流寓東平舊章缺落止存登歌一章而已世祖居潛邸嘗召樂師至日月山觀之至是徐世隆奏帝宜增設宮縣及文武二舞以備大典因詔徐世隆爲太常卿而孔孫以奉禮郎爲之副以董樂

師肄成獻之京師廉希憲居政府辟爲掾及安童爲相尤禮重之授户部員外郎出爲南京總管府判官時方議下襄樊朝廷急用兵孔孫謂今以越境私販坐罪者動以千數宜開自新之條俾得効戰贖死朝論采之僉四川道提刑按察司事尋陞湖北道提刑按察副使行部巴陵有囚三百人因怨襲乙建言興銀利發其墳墓而燒其家燒死者三人有司以真圖財殺人坐之孔孫原其情減罪遷浙西提刑按察副使改同知保定路總管府事俄拜侍御史行御史臺事至元二十二年安童復入相言于帝曰阿合馬顓政十年親故迎合者往往驟進擢顯位獨劉宣張孔孫二人恬守故常終始如一乃除宣吏部尚書孔孫禮部侍郎尋陞孔孫禮部尚書擢燕南提刑按察使二十八年提刑按察司改肅政廉訪司仍爲使莅治于大名一以所沒贓糴粟五千斛賑饑民拜僉河南江北行中書省事亡何除大名路總管兼府尹大興學校有獻故河隄三百餘里于太后者即上章謂宜悉還細民從之擢淮東道肅政廉訪司使因讞獄鹽場民尹執中兄弟誣伏爲强盜平反之召還拜集賢大學士中奉大夫商議中書省事丞相完澤卒孔孫

與陳天祥上封事薦和禮霍孫可爲相會地震詔問弭灾之道孔孫條對八事其略曰蠻夷諸國不可窮兵遠討濫官放謫不可復加任用賞善罰惡不可數赦宥獻鬻寶貨不可不爲禁絶供佛無益不可虛費財用上下豪侈不可不從儉約官冗吏繁不可不爲裁減太廟神主不可不備祭享帝悉嘉納之賜鈔五千貫又累疏言凡七十致仕者宜加一官丁憂服闋者宜待起復宿衛之冒濫者必當革州郡之職必當遴選久任達魯花赤宜量加遷轉又宜增給官吏俸禄脩建京師廟學設國子生徒給賜曲阜孔廟洒

掃户相位宜參用儒臣不可專任文吏故相安童伯顏和禮霍孫與廉希憲等各宜贈謚久之請老還家拜翰林學士承旨資善大夫致仕集賢大學士如故大德十一年卒年七十有五孔孫素以文學名且善琴工畫山水竹石而騎射尤精及其立朝讜言嘉論有可觀者士論服之

傳卷第六十一

列傳卷第六十二　　元史一百七十五

翰林學士亞中大夫知制誥兼修國史臣宋濂翰林待制承直郎同知制誥兼國史院編修官臣王禕等奉

勅修

張珪

張珪字公端弘範之子也少能挽強命中嘗從其父出林中有虎珪抽矢直前虎人立洞其喉一軍盡讙至元十六年弘範平廣海宋禮部侍郎鄧光薦將赴水死弘範救而禮之命珪受學光薦嘗遺一編書目曰相業語珪曰熟讀此後必賴其用師還道出江淮珪年十六攝管軍萬戶十七年真拜昭勇大將軍管軍萬戶佩其父虎符治所統軍鎮建康未幾弘範卒喪畢世祖召見親撫之奏曰臣年幼軍事重聶禎者從臣父祖久歷行陣宜以副臣帝嘆曰求老成自副常兒不知出此厚賜而遣之徧及其從者十九年太平宣徽群盜起行省檄珪討之士卒數爲賊所敗卒有殺民家豕而并傷其主者珪曰此軍之所以敗也斬其卒悉平諸盜二十九年入朝時朝廷言者謂天下事定行樞密院可罷江浙行省參知政事張瑄領海道亦以爲言樞密副使暗伯問於珪珪曰見上當自言之召對珪曰縱使行院可罷亦非瑄所宜言遂

得不罷命爲樞密副使太傅月兒魯那演言珪尚少姑試以僉書果可大用請俟他日帝曰不然是家爲國滅金滅宋盡死力者三世矣而可吝此耶拜鎮國上將軍江淮行樞密副使成宗即位行院罷大德三年遣使巡行天下珪使川陝問民疾苦振卹孤貧罷冗官黜貪吏還擢江南行御史臺侍御史换文階中奉大夫遷浙西肅政廉訪使劾罷郡長吏以下三十餘人府史胥徒數百徵賍巨萬計珪得監司奸利事將發之事干行省有内不自安者欲以危法中珪賂遣近臣妄言珪有厭勝事且沮鹽法帝遣官雜治之

得行省大小吏及鹽官欺罔狀皆伏罪召珪拜僉樞密院事入見賜只孫冠服侍宴又命買宅以賜辭不受拜江南行臺御史中丞因上疏極言天人之際災異之故其目有修德行廣言路進君子退小人信賞必罰減冗官節浮費以法祖宗成憲累數百言劾大官之不法者不報併及近侍之熒惑者又不報遂謝病歸久之拜陝西行臺中丞不赴武宗即位召拜太子諭德未數日拜賓客復拜詹事辭不就尚書省立中外洶洶中丞久闕方議擇人仁宗時在東宮曰必欲得真中丞惟張珪可即日召拜中丞至大四年帝崩仁宗將即位廷臣用太皇后旨行大禮於隆福宮法駕已陳矣珪言當御大明殿御史大夫止之曰議已定雖百奏無益珪曰未始一奏詎知無益入奏帝悟移仗大明既即位賜只孫衣二十襲金帶一帝嘗親解衣賜珪明日復召謂之曰朕欲賜卿寶玉非卿所欲以帨拭面頰納諸珪懷曰朕澤之所存朕心之所存也皇慶元年拜榮禄大夫樞密副使徽政院使失列門請以洪城軍隷興聖宮而已領之以上旨移文樞密院衆恐懼承命珪固不署事遂不行延祐二年拜中書平章政事請減煩冗還有司以清政務得

專修宰相之職帝從之著爲令教坊使曹咬住拜禮部尚書珪曰伶人爲宗伯何以示後世力諫正之皇太后以中書右丞相鐵木迭兒爲太師萬户别薛參知行省政事珪曰太師論道經邦鐵木迭兒非其人别薛無功不得爲外執政車駕度居庸失列門傳皇太后旨召珪切責杖之珪創甚輿歸京師明日遂出國門珪子景元掌符璽不得一日去宿衛至是以父病篤告還歸帝驚曰卿别時卿父無病景元頓首涕泣不敢言帝不懌遣參議中書省事換住往賜之酒遂拜大司徒謝病家居繼丁母憂廬墓寢苫啜粥者

三年六年七月帝憶珪生日賜上尊御衣至治二年英宗召見於易水之上曰四世舊臣朕將畀卿以政珪辭歸遣近臣設醴丞相拜住問珪曰宰相之體何先珪曰莫先於格君心莫急於廣言路是年冬起珪爲集賢大學士先是鐵木迭兒既復爲丞相以私怨殺平章蕭拜住御史中丞楊朶兒只上都留守賀伯顏大小之臣不能自保會地震風烈勑廷臣集議弭災之道珪抗言於坐曰弭災當究其所以致災者漢殺孝婦三年不雨蕭楊賀冤死非致沴之端乎死者固不可復生而情義猶可昭白毋使朝廷終失之也又拜中書平章政事侍宴萬壽山賜以玉帶三年秋八月御史大夫鐵失既行弑逆夜入都門坐中書堂矯制奪執符印珪密疏言賊黨罪不可逭既皆伏誅鐵木迭兒之子治書侍御史鎖南獨議遠流珪曰於法强盜不分首從發冢傷尸者亦死鎖南從弑逆親斫丞相拜住臂乃欲活之耶遂伏誅盜竊仁廟神主時叅知政事馬剌兼領太常禮儀使當遷左丞珪曰以叅政遷左丞姑曰叙進而太常奉宗祏不謹當待罪而反遷官何以謝在天之靈命遂不下泰定元年六月車駕在上都先是帝以災異詔百官集議珪乃

與樞密院御史臺翰林集賢兩院官極論當世得失與左右司員外郎宋文瓚詣上都奏之其議曰國之安危在乎論相昔唐玄宗前用姚崇宋璟則治後用李林甫楊國忠天下騷動幾致亡國雖賴郭子儀諸將效忠竭力克復舊物然自是藩鎮縱横紀綱亦不復振矣良由李林甫妬害忠良布置邪黨奸惑蒙蔽保禄養禍所致死有餘辜如前宰相鐵木迭兒奸狡險深陰謀叢出專政十年凡宗戚忤已者巧飾危間陰中以法忠直被誅竄者甚衆始以贓敗諂附權姦失列門及嬖幸也里失班之徒苟全其生尋任太子太師未幾仁宗賓天乘時幸變再入中書當英廟之初與失列門等恩義相許表裏爲姦誣殺蕭楊等以快私怨天討元凶失列門之黨既誅坐要上功遂獲信任諸子内布宿衛外據顯要蔽上抑下杜絶言路賣官鬻獄威福已出一令發口上下股栗稍不附已其禍立至權勢日熾中外寒心由是群邪並進如逆賊鐵失之徒名爲義子實其腹心忠良屏迹坐待收繫先帝悟其姦惡仆碑奪爵籍没其家終以遺患構成弑逆其子鎖南親與逆謀所由來者漸矣雖剖棺戮尸夷滅其家猶不足以塞責今復回給所籍家産

諸子尚在京師會緣再入宿衛世祖時阿合馬貪殘敗事雖死猶正其罪況如鐵木迭兒之姦惡者哉臣等議宜遵成憲仍籍鐵木迭兒家産遠竄其子孫外郡以懲大姦君父之讎不共戴天所以明綱常别上下也鐵失之黨結謀弑逆君相遇害天下之人痛心疾首所不忍聞比奉旨以鐵失之徒既伏其辜諸王按梯不花孛羅月魯鐵木兒曲吕不花兀魯思不花亦已流竄逆黨脅從者衆何可盡誅後之言事者其勿復舉臣等議古法弑逆凡在官者殺無赦聖朝立法強盜刼殺庶民其同情者猶且首從俱罪況弑逆

之黨天地不容宜誅按梯不花之徒以謝天下書曰惟辟作福惟辟作威臣無有作福作威臣而有作福作威害于而家凶于而國蓋生殺與奪天子之權非臣下所得盜用也遼王脱脱位冠宗室居鎮遼東屬任非輕國家不幸有非常之變不能討賊而乃覬幸赦恩報復讎忿殺親王妃主百餘人分其羊馬畜産殘忍骨肉盜竊主權聞者切齒今不之罪乃復厚賜放還仍守爵土臣恐國之紀綱由此不振設或效尤何法以治且遼東地廣素號重鎮若使脱脱久居彼既縱肆將無忌憚況今死者含冤感傷和氣臣等議

累朝與憲聞赦殺人罪在不原宜奪削其爵土置之他所以彰天威刑以懲惡國有常憲武備卿即烈前太尉不花以累朝待遇之隆俱致高列不思補報專務姦欺詐稱奉旨令鷹師強收鄭國寶妻古哈貪其家人畜産自恃權貴莫敢如何事聞之官刑曹逮鞫服實竟原其罪輦轂之下肆行無忌遠在外郡何事不爲夫京師天下之本縱惡如此何以爲政古人有言一婦銜冤三年不雨以此論之即非細務臣等議宜以即烈不花付刑曹鞫之中賣寶物世祖時不聞其事自成宗以來始有此弊分珠寸石售直數萬當

時民懷憤怨臺察交言且所酬之鈔率皆天下生民膏血錙銖取之從以捶撻何其用之不吝夫以經國有用之寶而易此不濟饑寒之物又非有司聘要和買大抵皆時貴與斡脱中寶之人妄稱呈獻冒給回賜高其直且十倍蠶蠹國財暗行分用如沙不丁之徒頃以增價中寶事敗具存吏牘陛下即位之初首知其弊下令禁止天下欣幸臣等比聞中書乃復奏給累朝未酬寶價四十餘萬錠較其元直利已數倍有事經年遠者三十餘萬錠復令給以市舶番貨計今天下所徵包銀差發歲入止十一萬錠已是四年

徵入之數比以經費弗足急於科徵臣等議沓舶之
貨宜以資國用紓民力寶價請俟國用饒給之日議
之太廟神主祖宗之所妥靈國家孝治天下四時大
祀誠爲重典比者仁宗皇帝皇后神主盗利其金而
竊之至今未獲斯乃非常之事而捕盗官兵不聞杖
責臣等議庶民失盗應捕官兵尚有三限之法監臨
主守倘失官物亦有不行知覺之罪今失神主宜罪
太常請揀其官屬免之國家經賦皆出於民量入爲
出有司之事比者建西山寺損軍害民費以億萬計
刺繡經幡馳驛江浙逼迫郡縣雜役男女動經年歲

窮奢致怨近詔雖已罷之又聞姦人乘間奏請復欲
興修流言喧播群情驚駭臣等議宜守前詔示民有
信其刱造刺繡事非歲用之常者悉罷之人有冤抑
必當昭雪事有枉直尤宜明辯平章政事蕭拜住中
丞楊朶兒只等枉遭鐵木迭兒誣陷籍其家以分賜
人聞者嗟悼比奉明詔還給元業子孫奉祀家廟修
葺苟完未及寧處復以其家財仍賜舊人止酬以直
即與再罹斷没無異臣等議宜如前詔以元業還之
量其直以酬後所賜者則人無冤憤矣德以出治刑
以防姦若刑罰不立奸宄滋長雖有智者不能禁止

比者也先鐵木兒之徒遇朱太醫妻女故省門外强
拽以入姦宿館所事聞有司以扈從上都爲解竟弗
就鞫輦轂之下肆惡無忌京民憤駭何以取則四方
臣等議宜遵世祖成憲以姦人命有司鞫之臣等又
議天下囚繫冤滯不無方今盛夏宜命省臺選官審
録結正重刑疏決輕繫疑者申聞詳讞邊鎮利病宜
命行省行臺體究興除廣海鎮戍卒更病者給粥食
藥力死者人給鈔二十五貫責所司及同鄉者歸骨
於其家歲貢方物有常制廣州東莞縣大步海及惠
州珠池始自大德元年姦民劉進程連言利分蜑戶

七百餘家官給之糧三年一採僅獲小珠五兩六兩
入水爲蟲魚傷死者衆遂罷珠戶爲民其後同知廣
州路事塔塔兒等又獻利於失列門刱設提舉司監
採廉訪司言其擾民復罷歸有司既而内正少卿魏
暗都剌冒啓中旨馳驛督採耗廩食疲民驛非舊制
請悉罷遣歸民善良死於非命國法當爲昭雪鐵失
弒逆之變學士不花指揮不顔忽里院使禿古思皆
以無罪死未褒贈鐵木迭兒專權之際御史徐元素
以言事鎖項死東平及賈禿堅不花之屬皆未申理
臣等議宜追贈死者優叙其子孫且命刑部及監察

御史體勘其餘有冤抑者具實以聞政出多門古人所戒今内外增置官署員冗俸濫白丁驟陞出身入流壅塞日甚軍民俱蒙其害夫爲治之要莫先於安民安民之道莫急於除濫費汰冗員世祖設官分職俱有定制至元三十年已後改陞紛設日積月增雖嘗奉旨取勘減降近侍各私其署夤緣保祿姑息中止至英宗時始鋭然減罷崇祥壽福院之屬十有三署徽政院斷事官江淮財賦之屬六十餘署不幸遭罹大故未竟其餘比奉詔凡事悉遵世祖成憲若復循常取勘虛文延歲月必無實效即與詔旨異矣臣等議宜敕中外軍民署置官吏有非世祖之制及至元三十年已後改陞紛設員冗者詔格至日悉減併除罷之近侍不得巧詞復奏不該常調之人亦不得濫入常選累朝斡耳朶所立長秋承徽長寧寺及邊鎮屯戍别議處之自古聖君惟誠於治政可以動天地感鬼神初未嘗徼福於僧道以厲民病國也且以至元三十年言之醮祠佛事之目止百有二大德七年再立功德使司積五百有餘今年一增其目明年即指爲例已倍四之上矣僧徒又復營幹近侍買作佛事指以筭卦欺昧奏請增修布施莽齋自稱特

奉傳奉所司不敢較問供給恐後况佛以清淨爲本不奔不欲而僧徒貪慕貨利自違其教一事所需金銀鈔幣不可數計歲用鈔數千萬錠數倍於至元間矣凡所供物悉爲已有布施等鈔復出其外生民脂膏縱其所欲取以自利畜養妻子彼既行不修潔適足褻慢天神何以要福比年佛事愈繁累朝享國不永致災愈速事無應驗斷可知矣臣等議宜罷功德使司其在至元三十年以前及累朝忌日醮祠佛事名目止令宣政院主領修舉餘悉減罷近侍之屬並不得巧計擅奏妄增名目若有特奉傳奉從中書復奏乃行古今帝王治國理財之要莫先於節用蓋侈用則傷財傷財必至於害民國用匱而重斂生如鹽課增價之類皆足以厲民矣比年游惰之徒妄投宿衛部屬及宦者女紅太醫陰陽之屬不可勝數一人收籍一門蠲復一歲所請衣馬芻糧數十戶所徵入不足以給之耗國損民爲甚臣等議諸宿衛宦女之屬宜如世祖時支請之數給之餘悉簡汰闌端赤牧養馬駝歲有常法分布郡縣各有常數而宿衛近侍委之僕御役民放牧始至即奪其居俾飲食之殘傷桑果百害蠭起其僕御四出無所拘鈐私鬻芻豆瘠

損馬駝大德中始責州縣正官監視蓋暖棚團槽櫪以牧之至治初復散之民間其害如故監察御史及河間路守臣屢言之臣等議宜如大德團槽之制正官監臨閱視肥瘠拘鈐宿衛僕御著爲令兵戎之興號爲凶器擅開邊釁非國之福蠻夷無知少梗王化得之無益失之無損至治三年參卜郎盜始者劫殺使臣利其財物而已至用大師期年不戢傷我士卒費國資糧臣等議好生惡死人之恒性宜令宣政院督守將嚴邊防遣良使抵巢招諭簡罷冗兵明敕邊吏謹守禦勿生事則遠人格矣天下官田歲入所以贍衛士給戍卒自至元三十一年以後累朝以是田分賜諸王公主駙馬及百官宦者寺觀之屬遂令中書酬直海漕虛耗國儲其受田之家各任土著姦吏爲莊官催甲斗級巧名多取又且驅迫郵傳徵求餼廩折辱州縣閉償逋負至倉之日變鬻以歸官司交忿農民窘窳臣等議惟諸王公主駙馬寺觀如所與公主桑哥剌吉及普安三寺之制輸之公廩計月直折支以鈔令有司兼令輸之省部給之大都其所賜百官及宦者之田悉拘還官著爲令國家經費皆取於民世祖時淮北內地惟輸丁稅鐵木迭兒爲相專

務聚斂遣使括勘兩淮河南田土重併科糧又以兩淮荊襄沙磧作熟收徵徵名與利農民流徙臣等議宜如舊制止徵丁稅其括勘重併之糧及沙磧不可田畝之稅悉除之世祖之制凡有田者悉役之民典賣田隨收入戶鐵木迭兒爲相納江南諸寺賄賂奏令僧人買民田者毋役之以里正主首之屬逮今流毒細民臣等議惟累朝所賜僧寺田及亡宋舊業如舊制勿徵其僧道典買民田及民間所施產業宜悉役之著爲令僧道出家屏絕妻孥蓋欲超出世表是以國家優視無所徭役且處之宮寺宜清淨絕俗爲心誦經祝壽比年僧道往往畜妻子無異常人如蔡道泰班講主之徒傷人逞欲壞教干刑者何可勝數俾奉祠典豈不褻天瀆神臣等議僧道之畜妻子者宜罪以舊制罷遣爲民賞功勸善人主大柄豈宜輕以與人世祖臨御三十五年左右之臣雖甚愛幸未聞無功而給一賞者比年賞賜泛濫蓋因近侍之人窺伺天顏喜悅之際或稱乏財無居或稱嫁女取婦或以技物呈獻殊無寸功小善遞互奏請要求賞賜回奉奄有國家金銀珠玉及斷沒人畜產業似此無功受賞何以激勸既傷財用復啓倖門臣等議非有

功勳勞效著明實蹟不宜加以賞賜乞著爲令臣等所言𢧐逆未討姦惡未除忠憤未雪寃枉未理政令不信賞罰不公賦役不均財用不節民怨神怒皆足以感傷和氣惟陛下裁擇以荅天意消弭災變帝不從珪復進曰臣聞日食修德月食修刑應天以實不以文動民以行不以言刑政失平故天象應之惟陛下矜察允臣等議乞悉行之帝終不能從未幾珪病增劇非扶掖不能行有詔常見免拜跪賜小車得乘至殿門下帝始開經筵令左丞相與珪領之珪進翰林學士吳澄等以備顧問自是辭位甚力猶封蔡國公知經筵事別刻蔡國公印以賜泰定二年夏得旨暫歸三年春上遣使召珪期於必見珪至帝曰卿來時民間如何對曰臣老少賓客不能遠知真定保定河間臣鄉里也民饑甚朝廷雖振以金帛惠未及者十五六惟陛下念之帝惻然勑有司畢振之拜翰林學士承旨知制誥兼脩國史國公經筵如故帝察其誠病命養疾西山繼得旨還家未幾起珪商議中書省事以疾不起四年十二月薨遺命上蔡國公印珪嘗自號曰澹菴子六人

李孟

李孟字道復潞州上黨人曾祖執金末舉進士祖昌祚歸朝授金符潞州宣撫使父唐歷仕秦蜀因徙居漢中孟生而敏悟七歲能文倜儻有大志博學強記通貫經史善論古今治亂開門授徒遠近爭從之一時名人商挺王博文皆折行輩與交鄆彥通名能知人嘗語唐曰此兒骨相異常宰輔之器也至元十四年隨父入蜀行省辟爲掾不赴調晉原縣主簿又辭行御史臺交薦之亦不就後以事至京師中書右丞楊吉丁一見奇之薦于裕宗得召見東宮未幾裕宗薨不及擢用成宗立首命採訪先朝聖政以備史官之紀述陝西省使孟討論編次乘驛以進時武宗仁宗皆未出閣徽仁裕聖皇后求名儒輔導有薦者曰布衣李孟有宰相才宜令爲太子師傅大德元年武宗撫軍北方仁宗留宮中孟日陳善言正道多所進益成宗聞而嘉之詔授太常少卿執政以孟未嘗一造其門沮之不行改禮部侍郎命亦中止仁宗侍昭獻元聖皇后降居懷州又如官山孟常單騎以從在懷州四年誠節如一左右化之皆有儒雅風由是上下益親每進言曰堯舜之道孝悌而已矣今大兄在朔方大

母有居外之憂殿下當迎奉意旨以娛樂之則孝悌之道皆得矣仁宗深納其言日問安視膳婉容愉色天下稱孝焉有暇則就孟講論古先帝王得失成敗及君君臣臣父父子子之義孟特善論事忠愛懇惻言之不厭而治天下之大經大法深切明白厥後仁宗入清內難敬事武皇篤孝母后端拱以成太平之功文物典章號爲極盛嘗與群臣語握拳示之曰所重乎儒者爲其握持綱常如此其固也其講學之功如此者實孟啓之也成宗崩安西王阿難荅謀繼大統成后爲之主丞相樞密同聲附和中書左丞相哈剌哈孫荅剌罕密使來告仁宗疑而未行孟曰支子不嗣世祖之典訓也今宮車晏駕大太子遠在萬里宗廟社稷危疑之秋殿下當奉大母急還宮庭以折奸謀固人心不然國家安危未可保也仁宗猶豫未決孟復進曰邪謀得成以一紙書召還則殿下母子且不自保豈暇論宗族乎仁宗悅曰先生之言宗廟社稷之福乃奉太后還都時哈剌哈孫稱病堅卧仁宗遣孟往問之適成后使人問疾絡繹不絕孟入長揖而坐已而前引其手胗其脈衆以爲醫乃不疑之既得知安西王即位有日還告曰事急矣先發者制

人後發者制於人不可不早圖之左右之人皆不能決惟曲出伯鐵木兒勸其行或曰皇后深居九重八璽在手四衛之士一呼而應者累萬安西王府中從者如林殿下侍衛寡弱不過數十人兵仗不備奮赤手而往事未必濟不如靜守以俟阿合之至然後圖之未晚也阿合中國稱兄謂武宗也孟曰群邪違棄祖訓黨附中宮欲立庶子天命人心必皆弗與殿下入造內庭以大義責之則凡知君臣之義者無不捨彼爲殿下用何求而弗獲克清宮禁以迎大兄之至不亦可乎且安西既正位號縱大太子至彼安肯兩手進璽退就藩國必將鬭于國中生民塗炭宗社危矣且危身以及其親非孝也遺禍難於大兄非悌也得時弗爲非智也臨機不斷無勇也仗義而動事必萬全仁宗曰當以卜決之命召卜人有儒服持囊遊于市者召之至孟出迎語之曰大事待汝而決但言其吉乃入筮遇乾三五皆九立而獻卦曰是謂乾之睽乾剛也睽外也以剛處外乃定內也君子乾乾行事也飛龍在天上治也與曳牛掣其人天且劓內兌廢也厥宗噬膚往必濟也大君外至明相麗也乾而不乾事乃睽也剛運善斷無惑疑也孟曰筮不違人

是謂大同時不可以失仁宗喜振袖而起乃共扶上馬孟及諸臣皆步從入自延春門哈剌哈孫自東掖來就之至殿廊收首謀及同惡者悉送都獄奉御璽北迎武宗中外翕然隨以定仁宗監國使孟參知政事孟乆在民間備知閭閻幽隱損益庶務悉中利病遠近無不悅服然特抑絶僥倖群小多不樂孟不爲變事定乃言于仁宗曰執政大臣當自天子親用今鑾輿在道孟未見顏色誠不敢冒當重任固辭弗許遂逃去不知所之夏五月武宗即位有言于帝曰內難之初定也李孟嘗勸皇弟以自取如彼言豈有今

日武宗察其誣弗聽仁宗亦不敢復言孟至大二年仁宗爲皇太子嘗侍帝同太后內宴飲半仁宗深思戚然改容帝顧語曰吾弟今日不樂何所思耶仁宗從容起謝曰賴天地祖宗神靈神器有歸然成今日母子兄弟之懽者李道復之功爲多適有所思不自知其變於色也帝甚友愛感其言即命搜訪之得之許昌陘山遣使召之三年春正月入見武宗于玉德殿帝指孟謂宰執大臣曰此皇祖妣命爲朕賓師者宜速任之三月特授榮禄大夫中書平章政事集賢大學士同知樞密院事仁宗嗣立真拜中書平章政

事進階光禄大夫推恩其三世且諭之曰卿朕之舊學其盡心以輔朕之不及孟感知遇力以國事爲已任節賜與重名爵覈太官之濫費汰宿衛之冗貴戚近臣惡其不便於己而心服其公無間言焉司空司徒太尉古之三公自大德以來封拜繁多釋老二教設官統治權抗有司撓亂政事僧道尤苦其擾孟言人君之柄在賞與刑賞一善而天下勸罰一惡而天下懲柄乃不失所施失當不足勸懲何以爲治僧道士既爲出世法何用官府繩治乃奏雪寃死者復其官蔭濫冒名爵者悉奪之罷僧道官天下稱快仁

宗初出居懷孟見吏弊欲痛剗除之孟進言曰吏亦有賢者在乎變化激厲之而已帝曰卿儒者宜與此曹氣類不合而曲相護祐如此真長者之言卿在朕前惟舉人所長而不斥其短尤朕所深嘉也時承平日乆風俗奢靡車服僭擬上下無章近臣恃恩求請無厭時宰不爲裁制乃更相汲引望幸恩賜耗竭公儲以爲私惠孟言貴賤有章所以定民志賜與有節所以勸臣下請各爲之限制帝皆從之孟在政府雖多所補益而自視常若不及嘗因間請曰臣學聖人道遭遇陛下陛下堯舜之主也臣不能使天下爲堯

舜之民上負陛下下負所學乞解罷政權避賢路帝曰朕在位必卿在中書朕與卿相與終始自今其勿復言繼賜爵秦國公帝親授以印章命學士院降制又圖其像敕詞臣爲之贊及御書秋谷二字識以寶而賜之入見必賜坐語移時稱其字而不名其見尊禮如此帝嘗語近臣曰道復以道德相朕致天下蒙澤賜之鈔十萬貫令將作爲治第孟辭曰臣布衣際遇所望於陛下者非富貴之謂也悉辭不受皇慶元年正月授翰林學士承旨知制誥兼脩國史仍平章政事未幾請告歸塟其父母帝勞餞之曰事訖宜速

還毋久留孤朕所望十二月入朝帝大悅慰勞甚至因請謝事優詔不允請益堅乃命以平章政事議中書省事承旨翰林二年夏乞還國公印奏三上始如所請帝每與孟論用人之方孟曰人材所出固非一途然漢唐宋金科舉得人爲盛今欲興天下之賢能如以科舉取之猶勝於多門而進然必先德行經術而後文辭乃可得真材也帝深然其言決意行之延祐元年十二月復拜平章政事二年春命知貢舉及廷策進士爲監試官七月進金紫光祿大夫上柱國改封韓國公職任如故已而以衰病不任事乞解政

權歸田里帝不得已從所請復爲翰林學士承旨入侍宴閒禮遇尤厚延祐七年仁宗崩英宗初立太師鐵木迭兒復相以孟前共政時不附已譖搆誣謗盡收前後封拜制命降授集賢侍講學士嘉議大夫度其必辭因中害之孟拜命欣然適翰林學士劉賡來慰問即與同入院宣徽使以聞曰李孟今日供職舊例當賜酒帝憮然曰李道復乃肯俯就集賢耶時鐵木迭兒子八爾吉思侍帝側帝顧謂曰爾嘗謂彼不肯爲是官今定何如由是譖不得行嘗語人曰老臣待罪中書無補于國聖恩寬宥不奪其禄今老矣其

何以報稱帝聞而善之恩意稍加至治九年卒御史累章辨其誣詔復元官至治中贈舊學同德翊戴輔治功臣太保儀同三司上柱國進封魏國公謚文忠孟宇量閎廓材畧過人三入中書民間利害知無不言引古證今務歸至當士無貴賤苟賢矣不進拔不已遊其門者後皆知名退居一室蕭然如布衣爲文有奇氣其論必主於理其獻納謀議常自毀其稾家無幾存皇慶延祐之世每一政之繆人必以爲鐵木迭兒所爲一令之善必歸之於孟焉子獻御史中丞同知經筵事

張養浩

張養浩字希孟濟南人幼有行義嘗出遇人有遺楮幣于途者其人已去追而還之年方十歲讀書不輟父母憂其過勤而止之養浩晝則默誦夜則閉戶張燈竊讀山東按察使焦遂聞之薦爲東平學正游京師獻書于平章不忽木大奇之辟爲禮部令史仍薦入御史臺一日病不忽木親至其家問疾四顧壁立歎曰此真臺掾也及爲丞相掾選授堂邑縣尹人言官舍不利居無免者竟居之首毀淫祠三十餘所罷舊盜之朔望參者曰彼皆良民饑寒所迫不得已而

二百九十 五十 元史列傳卷六十二 十二 章彥德

爲盜耳既加之以刑猶以盜目之是絶其自新之路也衆盜感泣互相戒曰毋負張公有李虎者嘗殺人其黨暴戾爲害民不堪命舊尹莫敢詰問養浩至盡寘諸法民甚快之去官十年猶爲立碑頌德仁宗在東宮召爲司經未至改文學拜監察御史初議立尚書省養浩言其不便既立又言變法亂政將禍天下臺臣抑而不聞乃揚言曰昔桑哥用事臺臣不言後幾不免今御史既言又不以聞臺將安用時武宗將親祀南郊不豫遣大臣代祀風忽大起人多凍死養浩于祀所揚言曰代祀非人故天示之變大違時相

意時省臣奏用臺臣養浩歎曰尉專捕盜縱不稱職使盜自選可乎遂疏時政萬餘言一曰賞賜太侈二曰刑禁太疏三曰名爵太輕四曰臺綱太弱五曰土木太盛六曰號令太浮七曰倖門太多八曰風俗太靡九曰異端太橫十曰取相之術太寬言皆切直當國者不能容遂除翰林待制復構以罪罷之戒省臺勿復用養浩恐及禍乃變姓名遁去尚書省罷始召爲右司都事在堂邑時其縣達魯花赤嘗與之有隙時方求選養浩爲白宰相授以美職遷翰林直學士改秘書少監延祐初設進士科遂以禮部侍郎知貢

四七 五十 元史列傳卷六十二 十三 陈昱

舉進士詣謁皆不納但使人戒之曰諸君子但思報効奚勞謝爲擢陝西行臺治書侍御史改右司郎中拜禮部尚書英宗即位命參議中書省事會元夕帝欲於內庭張燈爲鰲山即上疏于左丞相拜住拜住袖其疏入諫其畧曰世祖臨御三十餘年每值元夕閭閻之間燈火亦禁況闕庭之嚴宮掖之邃尤當戒愼今燈山之構臣以爲所翫者小所繫者大所樂者淺所患者深伏願以崇儉慮遠爲法以喜奢樂近爲戒帝大怒既覽而喜曰非張希孟不敢言即罷之仍賜尚服金織幣一帛一以旌其直後以父老棄官歸

養召爲吏部尚書不拜丁父憂未終喪復以吏部尚書召力辭不起泰定元年以太子詹事丞兼經筵說書召又辭改淮東廉訪使進翰林學士皆不赴天曆二年關中大旱饑民相食特拜陝西行臺中丞既聞命即散其家之所有與鄉里貧乏者登車就道遇餓者則振之死者則瘞之道經華山禱雨于嶽祠泣拜不能起天忽陰翳一雨二日及到官復禱于社壇大雨如注水三尺乃止禾黍自生秦人大喜時斗米直十三緡民持鈔出糴稍昏即不用詣庫換易則豪猾黨蔽易十與五累日不可得民大困乃撿庫中未毀

昏鈔文可驗者得一千八十五萬五千餘緡悉以印記其背又刻十貫伍貫爲券給散貧乏命米商視印記出糶詣庫驗數以易之於是吏弊不敢行又率富民出粟因上章請行納粟補官之令聞民間有殺子以奉母者爲之大慟出私錢以濟之到官四月未嘗家居止宿公署夜則禱于天晝則出賑饑民終日無少怠每一念至即撫膺痛哭遂得疾不起卒年六十關中之人哀之如失父母至順二年贈攄誠宣惠功臣榮祿大夫陝西等處行中書省平章政事柱國追封濱國公謚文忠二子彊引彊先卒

敬儼

敬儼字威卿其先河東人後徙易水五世祖嗣徽仕金官至參知政事曾祖子淵樂陵令祖鑑同知嵩州事皆以進士起家父元長有學行官至太常博士儼其仲子也幼不爲嬉戲事長嗜學善屬文御史中丞郭良弼薦爲殿中知班著憲章若干卷受知於廣平王月呂祿那演連辟太傅太師兩府掾調高郵縣尹未赴選充中書省掾朱清張瑄爲海運萬戶豪縱不法適儼典其文牘嘗致厚賂儼怒拒之二人以罪伏誅權貴多以賄敗連坐獨儼不與大德二年授吏部

主事改集賢司直會湖湘有警丞相哈剌哈孫荅剌罕奏儼奉詔恤民且覘釁甚稱旨意六年擢禮部員外郎有故郡守子當以蔭補官繼母訐其非嫡者儼察其誣按之果如所言七年拜監察御史時省臣有旣黜而復收用者參預官巧佞與相比周以黷貨撓法即日劾去之江浙行省與浙西憲司交章相攻擊事聞命省臺遣官往治之儼與阿思蘭海牙偕行議多不合兩上之朝廷卒是儼議七月還中書左司都事扈從上京西京賈人有以運糧供餉北邊而得官者盜用至數十萬石以利啗主者匿不發儼按徵之

以輸邊九年授吏部郎中以父病辭已而父卒旣終喪復入御史臺爲都事中丞何某與執政有隙省議欲覈臺選之當否徽曰適者省除吏千餘人臺亦當分別之邪語聞議遂寢江南行御史臺與江浙省爭政事聞徽曰省臺政事風化本原各宜盡職顧乃以小故忿爭而瀆上聽乎建康路總管佚珪貪縱事敗徽亟遣官決其事及其實緣近倖奏請原之命下已無及矣武宗撫軍北邊成宗昇遐宰臣有異謀者事定命徽預鞫問之悉得其情除山北廉訪副使入爲右司郎中武宗臨御湖廣省臣有僞爲警報馳驛入奏以圖柄用者徽面詰之曰汝守方面旣有警豈得離職是必虛誕耳其人竟以狀露被斥旱蝗爲災民多因饑爲盜有司捕治論以真犯獄旣上朝議互有從違徽曰民饑而盜迫於不得已非故爲也且死者不可復生宜在所矜貸用是得減死者甚衆至大元年授左司郎中擢江南諸道行御史臺治書侍御史先是徽以議立尚書省忤宰臣意適兩淮鹽法久滯乃左遷徽爲轉運使欲以陷之比至首劾場官之貪汚者法旣大行課復增羨至二十五萬引河南行省叅政來會鹽筴將以羨數爲歲入常額徽以亭戶凋

弊已甚以羨爲額民力將殫病人以爲己非宰臣事事遂止仁宗踐阼召爲戶部尚書廷議欲革尚書省弊政徽言遽罷錢不用恐細民失利不從以疾辭皇慶元年除浙東道廉訪使有錢塘退卒詐服僧衣稱太后旨建婺州雙谿石橋因大興工役以病民徽命有司發其奸贓杖遣之仍請奏罷其役郡大火焚數千家徽令發廩以賑貧餒取憲司廢堂材木及諸路學廩之羨者建孔子廟二年拜江西等處行中書省叅知政事舊俗民有爭往往越訴于省吏得並緣爲奸利訟以故繁徽令下省府非有司不得侵民訟事逮簡詔設科舉徽薦臨川吳澂金陵楊剛中爲考試官得人爲多其年冬移疾退居真州除江南諸道行御史臺侍御史不赴四年春詔促就前職以疾辭七月召爲侍御史十月遷太子副詹事御史大夫脫歡荅剌罕奏留之制曰可湖廣省臣以贓敗徽一日五奏卒正其罪臺臣有劾去而復職者御史復劾之章再上有旨命丞相樞密共決之徽曰如是則臺事去矣遂即帝前奏黜之因伏殿上叩頭請代帝諭之曰事非由汝汝其復位五年夏五月拜中書叅知政事臺臣復奏留之徽亦陛辭不允賜大學衍義及所服

犀帶每入見帝以字呼之曰威卿而不名其見禮遇如此舊制諸院及寺監得奏除其僚屬者歲久多冒濫富民或以賂進有至大官者儼以名爵當慎惜會臺臣亦以爲言乃奏請悉追奪之遂著爲令六年告病賜衣一襲遣醫視療儼以其鄉在近圻恐復徵用乃徙居淮南雖親故皆不接見至治元年除陝西諸道行御史臺中丞泰定元年改江南諸道行御史臺中丞皆不赴年六十五即告老朝廷雖命其子自強爲安慶總管府判官而未從其請四年春遣使賜酒徵爲集賢大學士榮祿大夫商議中書省事儼令使

者先返而挈家歸易水九月帝特署爲中政院使復賜酒召之乃與疾入見賜食慰勞親爲差吉日使視事命朝會日無下拜是月拜中書平章政事復以老病辭不從天曆改元朝議欲盡戮朝臣之在上京者儼抗論謂是皆循常歲例從行殺之非罪衆賴之獲免居月餘傷足告歸家居十餘年痺不能行猶勉書不廢臨終戒子弟曰國恩未報而至不祿柰何汝曹當清白守恒業無急仕進正冠幘端坐而逝贈翰林學士承旨光祿大夫柱國封魯國公謚文忠自強朝散大夫禮部員外郎儼有詩文若干卷藏於家叔祖

鉉與太原元好問同登金進士第國初爲中都提學著春秋備忘四十卷仁宗朝命刻其書今行于世

列傳卷六十二

翰林學士亞中大夫知制誥兼修國史宋濂　翰林待制承直郎同知制誥兼國史院編修官王禕等奉勑修

曹伯啓

曹伯啓字士開濟寧碭山人弱冠從東平李謙游篤
於問學至元中歷仕爲蘭溪主簿尉獲盜三十械徇
諸市伯啓以無左驗未之信俄得真盜尉以是黜累
遷常州路推官豪民黃甲恃財殺人賂佃客誣伏伯
啓讞得其情遂坐甲殺人罪遷河南省都事台州路
治中御史滿昂霄廉訪使王俣交薦擢拜西臺御史

改都事關陝自許衡倡道學教多士伯啓請建祠立
學以表其績朝議是之涇陽民誣其尹不法伯啓覈
實抵民罪四川廉訪僉事闒闒木以苛刻聞伯啓糾
黜之延祐元年陞內臺都事遷刑部侍郎丞相鐵木
迭兒專政一日召刑曹官屬問曰西僧訟其之罪何
爲久弗治衆莫敢對伯啓從容言曰犯在赦前丞相
雖甚怒莫之奪也寃平尹盜官錢鐵木迭兒欲併誅
守者伯啓執不可杖遣之八番帥擅殺起邊釁朝廷
已用帥代之矣命伯啓往詰其事次沅州道梗伯啓
恐兵往則彼驚將致亂乃遣令史楊鵬單騎往喻新

帥備得其情止奏坐前帥擅興罪邊民以安大同宣
慰使法忽魯丁撲運嶺北糧歲數萬石肆爲欺罔累
贓鉅萬朝廷遣使督徵前後受賂皆反爲之游言最
後伯啓往其人已死喻其子弟曰負官錢雖死必徵
與其納賂於人曷若償之於官第條汝父所賂之數
官爲徵之諸受賂者皆懼而潛歸賂於其子爲鈔五
百餘萬緡民之逋負而無可理者即列上與免之出
爲真定路總管治尚寬簡民甚安之延祐五年遷司
農丞奉旨至江浙議鹽法罷檢校官置六倉於浙東
西設運鹽官輸運有期出納有次船户倉吏盜賣漏

失者有罰歸報著爲令尋拜南臺治書侍御史因言
揚清激濁屬在臺憲諸被枉赴愬者實則直之妄則
加論可也今訟冤一切不問豈風紀定制乎俄去位
英宗立召拜山北廉訪使時勑建西山佛宇甚亟御
史觀音奴等以歲飢請緩之近臣激怒上聽遂誅言
者伯啓曰主上聰明睿斷是不可以不諍乃劾臺臣
緘默使昭代有殺諫臣之名帝爲之悚聽俄拜集賢
學士御史臺侍御史有詔同刊定大元通制伯啓言
五刑者刑異五等今黥杖徒役於千里之外百無一
生還者是一人身備五刑非五刑各底於人也法當

改易丞相是之會伯啓除浙西廉訪使不果行泰定初引年北歸優游鄉社碭人賢之表所居爲曹公里伯啓性莊肅奉身清約在中臺所奬借名士尤多爲侍讀學士考試國子首取呂思誠姚紱雲南僉事范震言宰臣欺上罔下不報范飮恨死伯啓具其事書于太史真州知州呂世英以剛直獲罪伯啓白其枉進擢風憲其好彰善率類此天曆中起伯啓爲淮東廉訪使陝西諸道行御史臺中丞使驛敦遣伯啓喟然曰吾年且八十尚忘知止之戒乎終不起一時被命者因相繼去位天下之士高之至順三年長子震亨卒于毗陵伯啓往拊之明年二月卒于毗陵年七十九有詩文十卷號漢泉漫藁續集三卷行世子六人孫十人皆顯仕

李元禮

李元禮字庭訓真定人資性莊重燕居不妄言笑歷易州大都路儒學教授遷太常太祝陞博士定撰世祖聖德神功文武皇帝昭睿順聖皇后裕宗文惠明孝皇帝尊謚議稱頌功德體製温雅請謚圜丘升祔太室禮文多其所詳定元貞元年擢拜監察御史彈劾無所回撓二年有旨建五臺山佛寺皇太后將臨

幸元禮上疏曰古人有言曰生民之利害社稷之大計惟所見聞而不係職司者獨宰相得行之諫官得言之今朝廷不設諫官御史職當言路即諫官也烏可坐視得失而無一言以裨益聖治萬分之一哉伏見五臺創建寺宇土木既興工匠夫役不下數萬附近數路州縣供億煩重男女廢耕織百物踊貴民有不聊生者矣伏聞太后親臨五臺布施金幣廣資福利其不可行者有五時當盛夏禾稼方茂百姓歲計全仰秋成扈從經過千乘萬騎不無蹂躪一也太后春秋已高親勞聖體往復暑途數千里山川險惡不避風日輕冒霧露萬一調養失宜悔將何及二也今上登寶位以來遵守祖宗成法正當兢業持盈之日上位舉動必書簡冊以貽萬世之則書而不法將焉用之三也夫財不天降皆出於民今日支持調度方之曩時百倍而又勞民傷財以奉土木四也佛本西方聖人以慈悲方便爲教不與物競雖窮天下珍玩奇寶供養不爲喜雖無一物爲獻而一心致敬亦不爲怒今太后爲國家爲蒼生崇奉祈福福未獲昭受而先勞聖體聖天子曠定省之禮軫思親之懷五也伏願中路回轅端居深宮儉以養德靜以頤神上以

循先皇后之懿範次以盡聖天子之孝心下以慰元元之望如此則不祈福而福至矣臺臣不敢以聞大德元年侍御史萬僧與御史中丞崔彧不合詣架閣庫取前章封之入奏曰崔中丞私黨漢人李御史爲大言謗佛不宜建寺帝大怒遣近臣賫其章勑右丞相完澤平章政事不忽木等鞫問不忽木以國語譯而讀之完澤曰其意正與吾同往吾嘗以此諫太后曰我非喜建此寺蓋以先皇帝在時嘗許爲之非汝所知也或與萬僧面質於完澤不忽木抗言曰他御史懼不肯言惟一御史敢言誠可賞也完澤等以章上聞帝沉思良久曰御史之言是也乃罷萬僧復元禮職未幾改國子司業以疾卒贈亞中大夫翰林直學士輕車都尉追封隴西郡侯子端仕至禮部尚書

王壽

王壽字仁卿涿郡新城人幼穎敏嗜學長以通國字爲中書掾既而用朝臣薦入侍裕宗春遇特異至元十九年授兵部員外郎二十二年陞吏部郎中二十四年分置尚書省遂革二十八年罷尚書省歸中書復任吏部郎中以壻康里不忽木柄用當道即自免去明年授大司農丞不赴元貞二年出爲燕南河北

道廉訪副使大德二年不忽木爲中執法復棄官歸三年授集賢直學士秩滿就陞侍讀學士俄擢御史臺侍御史論事剴切六年二月召壽奉香江南徧祠嶽鎮海瀆密旨去歲風水爲災百姓艱食凡所經過採聽入對使還具奏民之利病繫於官吏善惡在今宜選公廉材幹存心愛物者專撫字剛方正大深識治體者居風憲天災代有賑濟以時無勞聖慮惟是豪右之家仍據權要當罷其職處之京師以保全之此長久之道也初壽與臺臣奏宰相內統百官外均四海位尊任重不可輕假非人三代以降國之興衰民之休戚未有不由相臣之賢否也世祖初置中書省以忽魯不花塔察兒線真安童伯顏等爲丞相史天澤劉秉忠廉希憲許衡姚樞等實左右之當時稱治比唐貞觀之盛迨至阿合馬郝禎耿仁盧世榮桑哥忻都等壞法黷貨流毒億兆近者阿忽台伯顏八都馬辛阿里等專政煽惑中禁幾搖神器君子小人已試之驗較然如此臣願推愛君思治之心邪正互陳成敗對舉庶幾上悟天衷懲其既往知所進退天下之事可從而理也九年參議中書省事十年改吏部尚書十一年武宗即位首拜御史中丞未幾更拜

左丞俄復拜御史中丞至大二年三月卧疾求代三年夏遷太子賓客集賢大學士秋九月卒年六十明年贈銀青榮祿大夫平章政事上柱國薊國公謚文正

王倚

王倚字輔臣其先東萊人也父永福金末避地徙燕爲宛平著姓冨雄閭里倚爲人孝友樂易重然諾與人交不苟合讀書務躬行不專事章句世祖選良家子入侍東宮時倚年弱冠在衆中儀觀獨偉太保劉秉忠深器重之即以充選倚服勤守恪遂見信任有

詔皇太子裁决天下事凡時政所急民瘼所係倚知無不言是時官職未備而湯沐分邑地廣事繁當有統屬乃拜倚工部尚書行本位下隨路民匠都總管至元二十一年詔立東宮官屬以倚爲家丞又置儲用司掌貨幣出納令倚兼之後以疾辭職仍給太子家丞祿以優養之倚上言不事事而苟竊祿食臣心誠所未安不許力辭再四方許之二十六年皇孫出鎮懷孟帝爲選老成練達舊臣護之乃以屬倚陛辭帝目之良久謂侍臣曰倚修絜人也左右皇孫得人矣及行營幕所在軍政肅然未幾召還二十八年授禮部尚書以疾辭明年卒年五十三贈正議大夫禮部尚書追封太原郡侯謚忠肅子二人鵬異様總管府總管

劉正

劉正字清卿清州人也年十五知讀書習吏事初辟制國用使司令史遷尚書戶部令史至元八年罷諸路轉運司立局考核逋欠正掌其事大都運司負課銀伍百四十七錠逮繫倪運使等四人徵之視本路歲入簿籍實無所負辞久不决正察其寃遍閱吏牘得至元五年李介甫關領課銀文契七紙適合其數

驗其字畫皆司庫辛德柔所書也辛貧窶時已冨實交結權貴莫敢誰何正廉得其實始白尚書捕鞫之悉得課銀辛既伏辜而四人得釋正由是知名轉樞密院令史辟掾中書十四年分省上都會諸王昔里吉叛至居庸關守者告前有警急使姑退正曰職當進而弗往後至者益怯矣馳出關至上都邊將請黃白金符充戰賞主者告乏中書檄工部造給之後帝以爲欺罔欲詰治正曰軍賞貴速先造符印而後稟命豈不可乎帝釋之十五年擢左司都事時阿合馬當國與江淮行省阿里伯崔斌有隙誣以盜官糧四

十萬命刑部尚書李子忠與正馳驛往按其事獄弗具阿合馬復遣北京行省參知政事張澍等四人雜治之竟寘二人于死正乃移疾還家十八年徵爲左司員外郎十九年春阿合馬併中書左右司爲一遂爲左右司員外郎三月阿合馬敗火魯霍孫爲右丞相復爲左司員外郎謁告歸九月中書傳旨捕正與參政咱喜魯丁等偕至帝前問曰汝等皆黨於阿合馬能無罪乎正曰臣未嘗阿附惟法是從耳會日暮車駕還內俱械繫于關東隙地踰數日姦黨多伏誅復械繫正于拱衛司火魯霍孫曰上嘗謂劉正衣白

衣行歲六十年可謂廉潔者乃免歸二十年春樞密院奏爲經歷陞參議樞密院事二十五年桑哥既立尚書省擢爲戶部侍郎陞戶部尚書嘗舉覈河間鹽運官虧課事幾陷于罪乃移疾歸二十八年桑哥敗完澤爲丞相復擢爲戶部尚書陞參議尚書省罷仍參議中書省事湖南馬宣慰庶子因爭廕不得誣告其兄匿亡宋官金正知其誣罪之乃官其兄濟南張同知子求爲兩淮運使正知其不稱弗與張遂作飛語搆其事帝召正詰之曰匿金事在右司爭廕事在左司參議乃幕長寢右而舉左寧無私乎正辨折明

事遂釋三十年御史臺奏爲侍御史中書省奏爲吏部尚書已而復留爲侍御史遷江南行御史臺中丞大德元年改同僉樞密院事尋出爲雲南行中書省左丞右丞忙兀突魯迷失請征緬正以爲不可伐俱被徵又極言其不可不從師果無功雲南民歲輸金銀近中慶城邑戶口則詭稱逃亡甸寨遠者季秋則遣官領兵往徵人馬芻糧往返之費歲以萬計所差官必重賂省臣乃得遣徵收金銀之數必十加二而折閱之數又如之其送迎饋贐亦如納官之數所遣者又以銅雜銀中納官正首疏其弊給官秤俾土官

身詣官輸納其弊始革始至官儲貝二百七十萬索白銀百錠比四年得貝一千七十萬索金百錠銀三千錠七年秋還清州八年六月以左丞行省江西冬十月改江浙武宗即位召爲中書左丞陞右丞二年立尚書省懇辭還家仁宗即位召諸老臣入議國事正詣闕言八事一曰守成憲二曰重省臺三曰辨邪正四曰貴名爵五曰正官符六曰開言路七曰愼賞罰八曰節財用會行赦改元集議行之仁宗初政風動天下正與諸老臣陳贊之力居多累乞致仕不許拜榮祿大夫平章政事議中書省事時議經理河南

淮浙江西民田增茶鹽課額正極言不可弗從歲大旱野無麥穀種不入土臺臣言爕理非其人姦邪蒙蔽民多冤滯感傷和氣所致有旨會議平章李孟曰爕理之責儒臣獨孟一人請避賢路平章忽都不丁曰臺臣不能明察奸邪感否時政可還詰之正言臺省一家當同心獻替擇善而行豈容分異耶孟摇首竟如忽都不丁言右丞相帖木迭兒傳旨廉訪司權太重故按事失實自今不許專決六品以下官平章忽都不丁李孟將議行之正言但當擇人法不可易也事遂寢延祐六年卒後贈宣力贊治功臣光禄大夫司徒柱國趙國公謚忠宣子秉德官秘書監丞歷兵工二部侍郎出爲安慶路總管秉仁以廕爲中書架閣管勾累官工部尚書致仕

謝讓

謝讓字仲和潁昌人祖義有材勇金貞祐間爲義軍千戶讓幼穎悟好學及壯推擇爲吏補宣慰司令史國兵取宋立行中書省於江西讓以選爲令史調河間等路都轉運鹽司經歷先是竈戶在軍籍者悉除其名以丁多寡爲額輸鹽其後多顧舊戶代爲煑鹽而顧錢甚薄讓言軍戶既落籍爲民當與舊竈戶均

役既令代役豈宜復薄其傭使重困乎自今顧人必厚與直乃聽先是逃亡戶率令見戶包納其鹽由是豪强者以計免而貧弱愈困讓令驗物力多寡比次甲乙以均之擢南臺御史舉湖廣行省平章政事哈剌哈孫荅剌罕可爲御史大夫山東廉訪使陳天祥可爲御史中丞右司員外郎高昉可任風憲効江浙省臣聽詔不恭及不法事帝遣使雜問既款服詔令讓與俱來人皆危之讓恬然若無事者臺綱以之益振大德間詔立陝西行御史臺以讓爲都事凡御史封章及文移其可否一決于讓入爲中書省右司都事遷戶部員外郎時東勝雲豐等州民飢乞糴鄰郡憲司懼其販鬻爲利閉其糴事聞于朝讓設法立禁閉糴者有罪三州之民賴以全活者甚衆四年授宗正府郎中擢監察御史遷中書省右司員外郎出爲湖廣行省左右司郎中時廣西兩江岑雄黄聖許等屢相讎殺爲邊患讓謂此曹第可懷柔不宜力競寬其法以羈縻之使不至跳梁可也若乃舍中國有用之民爭炎荒不毛之地非長策也因書榜招諭以携其黨湖廣宣慰使張國紀建言科江南夏税讓極言其非便遷河南行省左右司郎中是時江淮屯戍軍

二十餘萬親王分鎮揚州皆以兩淮民稅給之不足則漕於湖廣江西是歲會計兩淮僅少三十萬石讓請以淮鹽三十萬引鬻之取其價鈔以給軍食不勞遠運公私便之至大元年轉戶部侍郎時京倉主計吏以倉廩多罅漏惟久雨米壞請覆糠粃其上因揉諸米中以給內外工人及宿衛者讓察其奸以藁秸易之奸弊悉除二年拜西臺治書侍御史三年拜治書侍御史未上改同僉樞密院事尋拜戶部尚書仁宗在東宮以讓先朝舊人召見賜酒以示眷注四年改刑部尚書仁宗即位加讓正議大夫入謝賜以卮

酒讓痛飲之帝曰人言老尚書不飲何飲耶讓曰君賜不敢違也少頃醉不能立命扶出之翼日讓謝帝曰老尚書誠不飲也初尚書省柄臣搆殺留守鄭阿爾思蘭籍其家中外寃之尚書省罷未有直其寃者讓明其事以所籍貲產給還之有旨六部事疑不決者須讓共議而後上聞於是戶部更定鈔法禮部議正禮文讓皆與焉刑部有按讓未署字而誤用印吏懼遂私效讓署事覺度無損於事且憐吏以罪廢遂視之曰吾署也其寬厚多類此讓上言古今有天下者皆有律以輔治堂堂聖朝詎可無法以準之使吏任其情民罹其毒乎帝嘉納之乃命中書省纂集典章以讓精律學使爲校正官賜青鼠裘一襲侍宴服六襲二年朝廷以吏多滯事責曹掾不如程者令下讓曰刑獄非錢穀銓選之比寬以歲月尚慮失實豈可律以常法乎乃入白于宰相曰尚書言是也由是刑曹獨得不責稽遠拜陝西行省參知政事未幾拜西臺侍御史命甫下詔罷西臺復立就拜侍御史四年十月卒于官年六十有六贈正奉大夫河南行省參知政事追封陳留郡公謚憲穆子好古奉政大夫覆實司提舉

韓若愚

韓若愚字希賢保定滿城人由武衛府史授通惠河道所都事開河有功詔賜錦衣一襲還留守司都事尋陞經歷出知薊州改中書左司都事時監燒昏鈔者欲取能名縣以所燒鈔爲僞鈔使管庫者誣服獄既具若愚知其寃覆之得免死者十餘人遷刑部郎中提舉諸路寶鈔庫擢吏部郎中仁宗即位故事凡潛邸官吏不次遷轉若愚以歲月定其資品遂著爲令皇慶元年遷內臺都事改刑部侍郎尋擢中書左司郎中時議禁民田獵犯者抵死若愚曰昔齊宣王

之囿方四十里殺其麋鹿者如殺人之罪孟子非之衆以爲然遂輕其刑時參政曹鼎新辭職帝曰若效韓若愚廉勤足矣何用辭爲繼命若愚參議中書省事鐵木迭兒爲右丞相以憎愛進退百官恨若愚不附己羅織以事帝知其枉不聽拜戶部尚書延祐六年命理河間等路囚輕重各得其情復拜參議中書省事丞相鐵木迭兒復入相以舊憾誣若愚罪欲殺之帝不從復奏奪其官除名歸鄉里至治三年詔雪其寃泰定元年命復其官尋拜刑部尚書遷湖廣省參知政事未行改詹事丞八月命宣撫江浙復留爲侍御史時左丞相倒剌沙擅威福以事誣侍御史亦憐珍等下樞密獄無敢言其寃若愚以計奏左丞相倒剌沙爲右大夫其事遂解三年擢浙西廉使未行拜河南省左丞會文宗平内難若愚畫策中機帝嘉之進資政大夫天曆三年遷淮西江北道廉訪使九月以疾卒年六十八贈資德大夫江浙等處行中書省左丞上護軍追封南陽郡公謚貞肅

趙師魯

趙師魯字希顔霸州文安縣人父趾秘書少監贈禮部尚書師魯爲人風采端莊在太學力學如寒士延

祐初爲興文署丞五年遷將作院照磨七年辟爲御史臺掾後補中書省掾於朝廷典章故實律令文法無不練習臨事明敏果斷執政奇之及典銓選平允無私人無不服擢工部主事遷中書省檢校官咸著能名泰定中拜監察御史時大禮未舉師魯言天子親祠郊廟所以通精誠逆福釐生烝民阜萬物百王不易之禮也宜鑒成憲講求故事對越以格純嘏帝嘉納焉元夕令出禁中命有司張燈山爲樂師魯上言燕安怠惰肇荒淫之基奇巧珍玩發奢侈之端觀燈事雖微而縱耳目之欲則上累日月之明疏聞遽命罷之賜師魯酒一上尊且命御史大夫傳旨以嘉忠直是時宰相倒剌沙密專命令不使中外預知師魯又上言古之人君將有言也必先慮之於心咨之於衆決之於故老大臣然後斷然行之渙若汗不可反未有獨出柄臣之意不咨衆謀者也不報倒剌沙雖剛狠亦服其敢言有朝士年未及致仕其子請預蔭其官而執政者爲之地師魯駁其非事遂止遷樞密院都事改本院經歷致和初陞奉政大夫參議樞密院事天曆中遷樞密院判官改兵部侍郎丁父憂特旨起爲同僉樞密院事師魯固辭不就服除復爲

樞密判官持節治四川軍馬諭上威德大閱于郊寬簡有法士卒懷其恩信未幾遷中順大夫刑部侍郎樞密院復奏爲其院判官久之出爲河間路轉運鹽使除害興利法度修飭絶巡察之奸省州縣廚傳贈遺之費竈戶商人無不便之歲課遂大增暇日又創己俸率僚吏新孔子廟命吏往江右製雅樂聘工師春秋釋奠士論稱之師魯由從官久典金穀每欝欝不樂疾篤棄官歸京師至元三年九月卒年五十有三贈嘉議大夫禮部尚書天水郡侯謚文清

劉德温

劉德温字純甫大興人起家中書省宣使大德十一年以年勞授從仕郎内宰司照磨監建興聖宮又調承務郎掌儀署令未幾陞奉訓大夫内宰司丞奉中旨徵河南民逋糧德温輙平其價令出鈔以償民甚便之復陞朝列大夫延福司丞奉旨代祠嶽瀆比還遷中憲大夫同知大都路都總管府事輦轂之下供億浩繁德温措置有法民用不擾遷甄用少監陞亞中大夫禮部侍郎復陞嘉議大夫同知上都留守司事省檄和糴糧民以價不時得逦相觀望德温下令曰糧入價出吏有敢爲弊者罪之於是糧不踰期而

集轉大司農丞耕籍之儀取具一時德温欲考訂典禮集爲成書未畢俄授通議大夫永平路總管永平當天曆兵革之餘野無居民德温爲政 年而戶口增倉廩實遂興學校以育人材庶事畢舉歲大旱禱而雨歲以不歉灤漆二水爲害有司歲發民築堤德温曰流亡始集而又役之是重困民也遂罷其役而水亦不復至有豪民武斷于鄉里前吏莫敢治德温按得其罪論如法杖之書其過于門後竟以不道伏誅永平古孤竹國也國初郡守楊阿台請于朝謚伯夷曰清惠叔齊曰仁惠爲廟以祠之而祠禮猶未具

也德温請命有司春秋具牢禮致祭從之著爲式賜廟額曰聖清士論韙之至順四年卒年六十九贈正議大夫禮部尚書上輕車都尉彭城郡侯謚清惠

尉遲德誠

尉遲德誠字信甫絳州人祖天澤仕金爲庫官郡王帶孫按絳州天澤在俘中道見兵死者輙涕泣收瘞之帶孫令佩金符授雲州御衣局人匠總管父鼐仕至潞州知州德誠歷官太子率更丞至大元年改詹事院都事二年還家令司丞仁宗以爲謹恪嘗賜酒帛得侍左右數薦士出則未嘗語人聽事前有粟苗

不種而萌偶出一莖雙穗衆以爲嘉禾陞家令四年選爲河東山西道宣慰司同知擊姦吏寬税斂上計京師入見帝方食賜以餕餘擢工部尚書未拜改陝西行臺治書侍御史延祐元年遷京畿都漕運使二年拜遼東道肅政廉訪使上疏言事其略曰勞諸王以懷其心防出入以嚴官禁立諫官以遠讒佞崇科舉以求人材立常平以備荒年汰僧道以寛民力舉賢良以勵忠孝抑奢侈以厚風俗及拯鈔法裁冗官等事未報而卒年五十三

秦起宗

秦起宗字元卿其先上黨人後徙廣平洺水縣曾大父當金季兵起鑿山麓爲洞奉其親以居傍鑿大洞匿其里中百人閉之具牛酒出待兵兵入索惟見其親屬曰孝士也釋之去里人曰秦父生我起宗生長兵間學書無從得帋父順削柳爲簡寫以授之成誦削去更書年十七會立蒙古學學輒成辟武衛譯史御史中丞塔察兒愛其才遷中臺史是時尚書省專制更張起宗持文嚴密無所泄仁宗即位罷尚書省轉中書史累遷太子家令司典簿官上言東宮官屬輔導德義財賦非所治也朝廷是之遷南臺御史建康多水或實灾而有司抑之或無灾而許灾起宗微行得實人以爲神明文宗初立命威順王征八番是時蜀省囊加台拒命未平起宗極言武昌重鎮當備上流之師親王不可遠去力止之及王入見帝謂曰八番之行非秦元卿幾爲失計其後八番師還無敢擾於道路者朝議以起宗治蜀幕府忘其名曰秦元卿帝引筆改曰起宗其眷注如此拜中臺御史劾中丞和尚受人婦人賤買縣官屋不報起宗從臺官入見踞辨久之勑令起起宗不起會日暮出明日立太子有赦起宗又奏不罪和尚無以正國法和尚服辜

帝曰爲御史當如是矣元會賜只孫服令得與大宴又劾閭憲卜咱耳竊父妾以逃其父憤死瀆亂天常流之嶺南自是盡言無諱皆見聽用有御史奏議一卷遷都漕運使帝召諭之曰漕輸事多廢闕賴御史治之爾出爲撫州路總管至官有司供張甚盛問其費所從出小吏不敢隱曰借辦於民遂亟使歸之凡席僅給而已自是官府僚佐有宴集成禮即止因諭衆曰我素農家安儉約務安靜庶使吾民化之居一歲以老去官明年以兵部尚書致仕居一歲卒謚昭肅子四人鈞銓鐸鏞鈞西臺御史鏞延徽寺經歷銓

都省掾譯畬卒

列傳卷第六十三

列傳卷第六十四　元史一百七十七

翰林學士亞中大夫知制誥兼修國史臣宋濂翰林待制承直郎同知制誥兼國史院編修官臣王禕等奉勑修

張思明

張思明字士瞻其先獲嘉人後徙居輝州思明穎悟過人讀書日記千言至元十九年由侍儀司舍人辟御史臺掾又辟尚書省掾左丞相阿合馬既死世祖追敘其奸欺命尚書簿問遺藁一日召右丞何榮祖左丞馬紹盡輸其贓以入思明抱牘從日已昏命讀之自昏達曙帝聽忘疲曰讀人吐音大似侍儀舍人右丞對曰正由舍人選爲掾帝奇之曰斯人可用明日擢爲大都路治中思明以超遷踰等固辭乃改湖廣行省都事元貞元年召爲中書省檢校六曹無滯案遷户部主事大德初擢左司都事有獻西域秤法思明以惑衆不用初立海道運糧萬户府于江浙受除者憚涉險不行思明請升等以優之因著爲令五年轉吏部郎中九年改集賢司直十年除江浙行中書省左右司郎中十一年春兩浙大饑首贊發廩賑之至大三年遷兩浙鹽運使未上入參議樞密院事改中書省左司郎中皇慶元年再授兩浙鹽運使歲課羨

羸僚屬請上增數思明曰羸縮不常萬一以增爲額
是我希一己之榮遺百世之害二年召爲戶部尚書
延祐元年進參議中書省事三年拜中書參知政事
仁宗即位浮屠妙總統有寵敕中書官其第五品思
明執不可帝大怒召見切責之對曰選法天下公器
徑路一開來者雜遝故寧違旨獲戾不忍隳祖宗成
憲使四方得窺陛下淺深也帝心然其言而業已許
之曰卿可姑與之後勿爲例乃爲萬億庫提舉不與
散官久之近臣疾其持法峭直日構讒間出爲工部
尚書帝問左右曰張士瞻居工部得無怏怏乎對曰

勤政如初帝嘉嘆之命授宣政院副使五年除西京
宣慰使嶺北戍士多貧者歲凶相挻爲變思明威惠
並行邊境乃安因疏和林運粮不便事十一條帝勞
以端硯上尊會左丞相哈散辭職帝不允其請益堅
帝詰之曰朕任卿未專邪曰非曰近臣有撓政者邪
曰無有也然則何爲而辭對曰臣自揆才薄恐悞陛下
國事若必欲任臣願薦一人爲助帝問爲誰朕能從
汝哈散再拜謝曰臣願得張思明即日拜思明中書參
知政事比召至車駕幸上都見於道慰勉之曰卿向
不負朕注委故朕用哈散言復起汝未幾升左丞帝

崩英宗宅憂右丞相帖木迭兒用事日誅大臣不附
己者中外洶洶思明諫曰山陵甫畢新君未立丞相恣
行殺戮國人皆謂陰有不臣之心萬一諸王駙馬疑
而不至將柰之何不可不熟慮也衆皆危之帖木迭
兒大悟曰非左丞言幾誤吾事帝造壽安山寺監察
御史觀音保瑣咬兒哈的迷失成珪李謙亨強諫帝
震怒殺觀音保瑣咬兒哈的迷失以成珪李謙亨屬
吏思明白丞相曰言事御史職也祖宗已來未嘗殺
諫臣成李既屬吏當論法丞相乃力言之二人得從
輕典及拜住爲左丞相與帖木迭兒各樹朋黨賊害

忠良思明懼禍及累表辭不獲後竟誣以不支蒙古子
女口粮餓死四百人遂廢于家杜門六年文宗天曆
元年起爲江浙行中書省左丞會陝西大饑中書擬
江浙鹽運司歲課十萬定振之吏白周歲所入已輸
京師當回洛中書思明曰陝西飢民猶鮒在涸轍往
復踰月是索之枯魚之肆也其以下年未輸者如數
與之有罪吾當坐朝廷韙之二年復以中書左丞召入
覲慈仁殿敷陳累朝任賢使能治民足國之道因以
衰老辭帝未允明日即移告去重紀至元三年卒年
七十八思明平生不治產不畜財收書三萬七千餘

卷尤明於律與謝仲和曹鼎新同称三絶贈推忠翊
治守義功臣依前中書左丞上護軍清河郡公謚貞敏

吳元珪

吳元珪字君璋廣平人父鼎燕南提刑按察副使元
珪簡重好深沉之思凡征謀治法律令章程皆得於
家庭之所授受至元十四年世祖召見命侍左右授
後衛經歷佩金符十七年從幸上都受命取御藥於
大都萬歲山元珪乗傳未盡一晝夜而至帝奇其速
擢樞密都事陞經歷嘗從同知樞密院事俺伯進西
蕃鎧甲帝問其制度元珪應對詳明帝益奇之初江

南既定樞密奏裁定官屬京師五衛行省萬戶府設
官有差均俸禄給醫藥設學校置屯田多元珪所論
建二十六年叅議樞密院事時繕修宮城尚書省奏
役軍士萬人留守司主之元珪亟陳其不便乃立武
衛繕理宮城以留守段天祐兼都指揮使凡有興作
必以聞於樞府尋陞樞密院判官奏定萬戶用軍士
八人千戶四人百戶二人多役者有罰二十八年除
禮部侍郎遷左司郎中三十一年叅議中書省事大
德元年除吏部尚書選曹銓注多有私其鄉里者元
珪曰此風不可長川黨朔黨之興宋之所由衰也請

謁悉皆謝絶三年宣撫燕南劾貪吏若干人遷工部
尚書河朔連年水旱五穀不登元珪言春秋之義以
養民爲本凡用民力者必書蓋民力息則生養遂生
養遂則教化行而風俗美宰相嘉其言土木之工稍爲
之息六年僉河南行中書省事将行拜江浙行省叅
知政事初朱清張瑄以財雄江南徧以金幣連結當
路及伏誅録其家具籍所交諸公貴人而江浙省臣
爲尤甚惟元珪一無所污武宗即位由僉樞密院事
拜樞密副使詔元珪二十餘人議政中書若惜人力
嚴選舉節財用定律令謹賞罰建科舉課農桑汰冗

貟易封贈皆切於世務者初詔發軍萬人屯田稱海
以實邊海都之亂被俘者衆至是頗有來歸者飢寒
不能存至鬻子以活元珪具其事以聞詔賜錢贖之
帝在軍中即聞元珪名至是特加平章政事賜白金
二百五十兩只孫衣四襲仁宗即位詔元珪與十六
人議時政皇慶元年出拜江浙行省左丞江淮漕臣
言江南殷富蓋由多匿腴田若再行檢覆之法當益
田畒累萬計元珪曰江南之平幾四十年户有定籍
田有定畒一有動揺其害不細執其論固争月餘不
能止稍疾去　延祐元年拜甘肅行省左丞歲餘召還

俾宣撫遼陽諸郡復爲樞密副使召見嘉禧殿帝曰卿先朝舊臣宜在舊服特加榮祿大夫賜鈔五千緡貂裘二襲元珪奏曰昔世祖限田四百畝以給軍需餘田悉貢賦稅今經理江淮田土第以增多爲能加以有司頭會箕斂俾元元之民困苦日甚臣恐變生不測非國之福惟陛下少加意焉帝曰允尔軍士之田並遵舊制至治元年英宗即位元珪與知樞密院事帖木兒不花上軍民之政十餘事大抵言諸王近侍不可干軍政管軍官吏不可漁取軍戶軍官之材者當遷其職有司賦役當務均一而軍民不可有所偏

軍官襲職惟傳適嗣而支庶不可有所亂帝並嘉納即降旨施行之元珪以年老致仕至治二年起商議中書省事三年卒泰定元年贈光祿大夫河南等處行省平章政事柱國追封趙國公謚忠簡三年復加推誠佐理功臣光祿大夫司徒

張昇

張昇字伯高其先定州人後徙平州昇幼警敏過人學語時輒能辨字音應對異於常兒既長力學工文辭至元二十九年用薦者授將仕郎翰林國史院編修官預修世祖實錄陞應奉翰林文字尋陞修撰歷興文署令遷太常博士成宗崩大臣承中旨議奉徽號饗宗廟昇曰在故典允有事于宗廟必書嗣皇帝名今将何書議遂寢武宗即位議躬祀禮昇據經引古參酌時宜以對帝嘉納之至大初改太常寺爲太常禮儀院即除昇爲判官久之外補知汝寧府民有告寄東書於其家者踰三年取閱有禁書一編且記里中大家姓名于上昇亟呼吏焚其書曰妄言誣民且再更赦矣勿論同列懼皆引起既而事聞廷議謂昇脫姦軌遣使窮問卒無跡可指乃詰以擅焚書狀昇對曰事固類姦軌然昇備位郡守爲民父母今斥誣訐

免究濫雖重得罪不避乃坐奪俸二月旁郡移文報吳人侯君遠者言歲直壬子六月朔日蝕其占爲兵寇歲癸丑其應在吳分野同列欲召屬縣爲備禦計昇曰此訛言久當自息毋用惑民聽斥其無稽衆論韙之部使者舉治行爲諸郡冣歷江西行省左右司郎中除紹興路總管初大德至大間越大饑且疫癘民死者殆半賦稅鹽課責里　代納吏並緣爲姦害冨家昇爲証于簿籍白行省蠲之前守有爲江浙行省叅知政事者爭代者祿米有隙欲内之罪挍平江歲輸海運粮布囊三萬俾紹興製如數民患苦之不能

堪更數守謂歲例如此置弗問昇言麻非越土所生
海漕實吳郡事於越無與章上卒罷之昇既謫於繩
吏又果於去民瘼故人心悅服歷湖北道廉訪使江
南行臺治書侍御史召爲參議中書省事改樞密院
判官尋復中書參議至治二年又出爲河東道廉訪
使未行拜治書侍御史明年出爲淮西道廉訪使泰
定二年拜陝西行省參知政事加中奉大夫尋遷遼
東道廉訪使屬東平大水民多捐瘠昇請發海道粮
十八萬石鈔五萬緡以賑飢民且蠲其歲賦朝廷從
之民得全活者衆明年召拜侍御史天曆初出爲山

東道廉訪使時方有警有司請完城以爲備昇曰民
恃吾以生完城是棄民也由是民皆安之文宗賜尚
醞文幣以賞其功踰年召爲太禧院副使兼奉贊神
御殿事除河南省左丞復遷淮西道廉訪使昇時年六
十有九上書乞致仕至順二年復起爲集賢侍講學
士文宗眷待之意甚隆元統元年順帝即位首詔在
廷耆艾訪問治道昇條上時所宜先者十事尋兼經
筵官廷試進士特命昇讀卷事已告省先墓帝賜金
織文袍以寵其歸明年以奎章閣大學士資善大夫
知經筵事召賜上尊趣就職昇以疾辭帝察其不可强

許之尋命本郡月給祿半以終其身至正元年卒年
八十一贈資德大夫河南等處行中書省左丞謚文憲

臧夢解 陸垕

臧夢解慶元人宋末中進士第未官而國亡至元十三年
從其鄉郡守將內附授奉訓大夫婺州路軍民人匠
提舉未幾例革其所司而浙東宣慰司舉夢解才兼儒
吏可試州郡朝廷是之授息州知州未行改知海寧
州時淮東按察副使王慶之按行至其州見夢解剛
直廉慎而學有淵與自任職以來門無私謁官署蕭
然凡有差役皆當其貧富而吏無所預於是民以戶

計者新增七百六十有四田以頃計者新闢四百四
十有三桑柘榆柳交蔭境內而政平訟簡爲諸州縣
最乃舉夢解才德兼備宜擢清要以展所蘊而御史
臺亦以其廉能抗章薦之二十七年夢解滿去者至
是已五年矣屬江陰饑江浙行省委夢解賑之夢解
不爲文具皆躬至其地而人給以米所活四萬五千餘
人江南行臺治書侍御史荀宗道聞而韙之舉其名
上聞除同知桂陽路總管府事三十年擢奉議大夫
廣西肅政廉訪副使故事烟瘴之地行部者多不躬
至而夢解咸遍歷焉遂按問賓州藤州兩路達魯花

赤與九貪官姦吏置于法者無慮八十餘人又平反邕州黃震被誣贓罪及滕州唐氏婦被誣殺夫罪凡兩冤獄大德元年遷江西肅政廉訪副使有臨江路總管李倜素狡獪而又附大臣勢以控持省憲夢解按其贓罪而一道澄清六年遷浙東肅政廉訪副使九年除廣東肅政廉訪使夢解至是既老且病乃納祿退居杭州以亞中大夫湖南宣慰副使致仕後至元元年卒夢解惇學洽聞爲時名儒然不少迂腐而敏於政事其操守尤爲介特所著書有周官考三卷春秋微一卷夢解嘗自號魯山大夫士之稱之者不以官

皆曰魯山先生云同時有陸垕者與夢解齊名監察御史鄭鵬南嘗以二人並薦于朝垕字仁重江陰人也自幼以孝友聞至元閒丞相伯顏以師南下垕是時年未冠而志强氣銳率其鄉人見之論議有合兵遂不涉其境鄉人義之伯顏奏授爲同知徽州路總管府事以廉能擢置臺憲累遷至湖南肅政廉訪副使陞浙西廉訪使所至以黜贓吏洗冤獄爲己任且嘗上章奏免儒役及舉行浙西助役法年五十卒賜謚莊簡

陳顥

陳顥字仲明其先居盧龍有名山者仕金爲謀克監軍太祖得之以爲平陽等路軍民都元帥子孫徙清州遂爲清州人顥幼穎悟日記誦千百言稍長游京師登翰林承旨王磐安藏之門磐熟金典章安藏通諸國語顥兼習之安藏乃薦顥入宿衛尋爲仁宗潛邸說書於是仁宗奉母后出居懷慶顥從行日聞陳以古聖賢居艱貞之道會成宗崩仁宗入定內難以迎武宗顥皆預謀及仁宗即位以推戴舊勳特拜集賢大學士榮祿大夫仍宿衛禁中政事無不與聞科舉之行顥贊助之力尤多顥時伺帝燕閒輒取聖經所載

大經大法有切治體者陳之每見嘉納帝嘗坐便殿群臣入奏事望見顥喜曰陳仲明在列所奏必善事矣顥以父年老力請歸養清州帝特命顥長子孝伯爲知州以就養顥固辭乃以孝伯爲州判官帝欲用顥爲中書平章政事顥扣首謝曰臣無汗馬之功又乏經濟之畧一旦寘之政塗徒速臣敗臣願得朝夕左右獻替可否庶少裨萬一亦以全臣愚忠帝乃允仁宗崩辭祿家居者十年文宗即位復起爲集賢大學士上疏勸帝大興文治增國子學弟子員蠲儒之徭役文宗皆嘉納焉顥先後居集賢署薦士牘累數百

有許之者顥曰吾寧以謬舉受罰蔽賢誠所不忍順帝元統初顥扈蹕行幸上都至龍虎臺帝命造膝前而握其手曰卿累朝老臣更事多矣凡議政事宜極言無隱顥頓首謝不敏顥每集議其言無不剴切後至元四年致政命食全俸于家明年卒年七十六至正十四年贈攄誠秉義佐理功臣光祿大夫河南江北等處行中書省平章政事柱國追封薊國公謚文忠顥出入禁闥數十年樂談人善而惡聞人過大夫士因其薦拔以至顯列有終身莫知所自者是以結知人主上下無有怨尤歐陽玄爲國子祭酒與顥同考

試國子伴讀每出一卷顥必拾而觀之苟得其片言善即以寘選列爲之色喜玄歎曰陳公之心蓋篤於仁而踰於厚者真可使鄙夫寬薄夫敦矣次子敬伯至正中仕爲中書參知政事歷左丞右丞二十七年拜中書平章政事

傳卷第六十四

傳卷第六十五　元史一百七十八

翰林學士亞中大夫知制誥兼修國史臣宋濂翰林待制承直郎同知制誥兼國史院編修官臣王褘等奉勑修

梁曾

梁曾字貢父燕人祖守正父德皆以曾貴贈安定郡公曾少好學日記書數千言中統四年以翰林學士承旨王鶚薦辟中書左三部令史三轉爲中書省掾至元十年用累考及格授雲南諸路行省都事佩銀符久之陞員外郎十五年轉同知廣南西道左右兩江宣撫司事明年除知南陽府唐鄧二屬州爲襄陽

府所奪曾按圖經稽國制以聞事得復舊南陽在宋末爲邊鄙桑柘未成而歲賦絲民甚苦之曾請折輸布民便之十七年朝廷以安南世子陳日烜不就徵選曾使其國召見賜三珠金虎符貂裘一襲進兵部尚書與禮部尚書柴椿偕行至安南語秘不傳明年日烜遣其叔遺愛奉表從曾入獻方物帝封遺愛爲安南國王賜幣帛遣歸二十一年除曾湖南宣慰司副使居三年以疾去二十九年改淮西宣慰司副使復以親老辭召至京師入見内殿有旨令曾再使安南授吏部尚書賜三珠金虎符襲衣乘馬弓矢器幣

以禮部郎中陳孚爲副十二月改授淮安路總管而行三十年正月至安南其國有三門中曰陽明左曰日新右曰雲會陪臣郊迎將由日新門入曾大怒曰奉詔不由中門是我辱君命也即回館既而請開雲會門入曾復執不可始自陽明門迎詔入又責日燇親出迎詔　講新朝尚右之禮以書往復者三次具宣布天子威德而風其君入朝世子陳日燇大感服三月令其國相陶子奇等從曾詣闕請罪并上萬壽頌金冊表章方物而以黃金器幣奇物遺曾爲贐曾不受以還諸陶子奇八月還京師入見進所與陳日

燇往復議事書帝大悅解衣賜之且令坐地上右阿里意不然帝怒曰梁曾兩使外國以口舌息兵戈尒何敢尒是日有親王至自和林帝命酌酒先賜曾謂親王曰汝所辦者汝事梁曾所辦吾與汝之事汝勿以爲後也復於便殿賜酒饌留宿禁中語安南事至二鼓方出明日陶子奇等見詔陳其方物象鸚鵡于庭而命曾引所獻象曾以袖引之象隨曾轉如素馴者復命引他象亦然帝以曾爲福人且問曰汝亦懼否對曰雖懼君命不敢違帝稱善或譏曾受安南賂者帝以問曾曾對曰安南以黃金器幣奇物遺臣

臣不受以屬陶子奇矣帝曰苟受之何不可也尋賜白金一錠金幣二敕中書以使安南三珠金虎符與之仍秉傳之任淮安到官興學校厲風俗河南行省事有疑者皆委曾議之大德元年除杭州路總管户口復者五萬二千四百户請禁莫夜鞠囚游街酷刑朝廷是之著爲令四年丁内艱先是丁憂之制未行曾上言請如禮七年除潭州路總管以未終制不起明年遷兩浙都轉運鹽使又明年拜雲南行省參知政事賜三珠金虎符尋召還京辭以母喪未葬扶柩北歸至長蘆有旨賜鈔一百錠使營葬十年召爲中

書參議嘗預燕賜只孫一襲十一年轉正奉大夫出爲河南行省參知政事尋遷湖廣行省參知政事四年以疾辭歸敕賜藥物存問備至皇慶元年仁宗以曾前朝舊臣特授昭文館大學士資德大夫累章乞致仕不允復起爲集賢侍講學士國有大政必命曾與諸老議之延祐元年奉詔代祀中岳等神還至汴梁以病不復職寓居淮南杜門不通賓客惟日以書史自娱至治二年卒年八十一卒之前十日有大星隕于所居流光燭地人皆異之

劉敏中

劉敏中字端甫濟南章丘人幼卓異不凡年十三語其父景石曰昔賢足於學而不求知豐於功而不自衒此後人所弗逮也父奇之鄉先生杜仁傑愛其文亟稱之敏中嘗與同儕各言其志曰自幼至老稍見而無愧色乃吾志也至元十一年由中書掾擢兵部主事拜監察御史權臣桑哥秉政敏中劾其奸邪不報遂辭職歸其鄉既而起爲御史臺都事時同官王約以言去敏中杜門稱疾臺臣請視事敏中曰使約無罪而被劾吾固不當出誠有罪耶則我既爲同僚又爲交交不能諫止亦不無過也出爲燕南肅政廉

訪副使入爲國子司業遷翰林直學士兼國子祭酒大德七年詔遣宣撫使巡行諸道敏中出使遼東山北諸郡守令恃貴倖暴横者一繩以法錦州兩水爲灾輒發廩振之除東平路總管擢陝西行臺治書侍御史九年召爲集賢學士商議中書省事上疏陳十事曰整朝綱省庶政進善良剔姦蠹顯公道杜私門廣恩澤實鈔法嚴武備舉封贈成宗崩姦臣希中旨贊其邪謀敏中援禮力爭之武宗即位召敏中至上京庶政多所更定授集賢學士皇太子贊善仍商議中書省事賜金幣有加頃之拜河南行省參知政事

俄改治書侍御史出爲淮西肅政廉訪使轉山東宣慰使遂召爲翰林學士承旨詔公卿集議弭災之道敏中疏列七事帝嘉納焉以疾還鄉里敏中平生身不懷幣口不論錢義不苟進進必有所匡救擴今古雍容不迫每以時事爲憂或鬱而弗伸則戚形于色中夜歎息至淚濕枕席爲文辭理備辭明有中菴集二十五卷延祐五年卒年七十六贈光祿大夫柱國追封齊國公謚文簡

王約

王約字彦博其先汴人祖通北徙真定約性穎悟風

格不凡從中丞魏初游博覽經史工文辭務達國體時好不以動其心至元十三年翰林學士王磐薦爲從事丞旨火魯火孫以司徒開府奏授從仕郎翰林國史院編脩官兼司徒府掾既而辟掾中書除禮部主事二十四年拜監察御史授承務郎首請建儲及修史事時丞相桑哥銜參政郭佑爲中丞時奏誅右丞盧世榮等故誣以他罪約上章直佑寃按治成都鹽運使王鼎不法罷官除名轉御史臺都事南臺侍御史程文海入言事多斥桑哥罪桑哥怒又以約與之表裏六奏殺之上不從約以隴西地遠請立行臺

陝西詔從之出賑河間飢民均數有方全活甚衆三
十一年遷中書右司員外郎四月成宗即位言二十
二事曰實京師放差稅開獵禁蠲逋負賑窮獨停冗
役禁鷹房振風憲除宿蠹慰遠方卻貢獻詢利病利
農民勵學校立義倉覈稅户重名爵明賞罰擇守令
汰官屬定律令革兩司又請中書去繁文一取信於
行省一責成於六部調兵部郎中改禮部郎中請行
贈謚之典以旌忠勳付時政記於史館以備纂録立
供需府以專供億皆從而行之拜翰林直學士知制
誥同修國史奉詔賑京畿東道飢民發米五十萬石

所活五十餘萬人因條疏京東利病十事請發米續
賑之中書用其言民獲以甦高麗王昛年老傳國子
謜有不安其政者飛譏離間及謜朝京師潛使人賂
用事者留謜不遣昛復位乃委用小人厚斂淫刑國
人群愬于朝中書令執其首惡繫刑部其黨復不悛
奏屬約驗問約至宣布明詔而諭之曰天地間至親
者父子至重者君臣彼小人知自利寧肯為汝家國
地耶昛感泣謝曰臣年耄聽信憸邪是以致此今聞
命矣願奉表自雪且請予謜還國其小人黨與悉聽
使者治翼日約逮捕覆按其罪流二十二人杖三人

黜有官者二人命故臣洪子藩為相俾更弊政罷非
道水驛十三免耽羅貢非土產物東民大喜還報稱
旨除太常少卿尋詔約同宗正御史讞獄京師約辭
職在清廟帝不允乃閱諸獄決二百六十六人當死
者七十二人釋無罪者八十六人平反吳得誠寃嫁
良家入倡女十人杖流元旦帶刀闌入殿庭者八十
人因議鬪毆殺人者宜減死一等著為令又以浙民
於行省南臺互訟不決命約訊之約至杭二十日而
理省臺無異辭特拜刑部尚書以録前功大德十一
年仁宗至自懷州肅清宫禁以平章賽典赤安西王

阿難荅與左丞相阿忽台潛謀為變命刑曹按責其
狀約曰在法謀逆不必拷掠竟當伏誅由是結知仁
宗富寧庫失金約疑番直宿衛者盜之未幾果得實
庫官吏獲免監察御史言通州倉米三萬石因雨而
濕約謂必積氣所蒸驗且堪用釋守者罪宗王兄弟
二人守邊兄陰有異志弟諫不聽即上馬馳去兄遣
奴挾弓矢追之弟發矢斃其奴兄訴因其弟獄當死
約慮囚曰兄之奴即弟之奴況殺之有故立釋之遷
禮部尚書請定丁憂之制申旌表之恩免都城煤炭
之徵皆從之京民王氏仕江南而歿有遺腹子其女

育之年十六乃訴其姊匿貲若干有司責之急約視
其牘曰無父之子育之成人且不絕王氏祀姊之恩
居多誠利其貲寧育之至今日耶改前議而斥之柴
氏初無子命張氏子後既得己子張出為僧柴之子
又歿僧乃訟家產詔約詰之約問曰汝出家既分承
汝師衣鉢又何為得柴氏業乎僧不能荅遂歸柴氏
應後者至大二年正月上武宗尊號及冊皇后凡典
禮儀注約悉總之如制仁宗在東宮雅知約名思用
以自輔擢太子詹事丞從幸五臺山約諫不可久留
即日還上京初安西王封於秦既以謀逆誅國除版

賦入詹事院至是大臣奏請封其子復國仁宗以問
約曰安西以何罪誅今復之何以懲將來議遂寢明
年進太子副詹事約抗章諫節飲辭意懇切仁宗嘉
納焉承制立左衛率府統侍衛軍萬人同列欲署軍
官約持不可衆難之曰東宮非樞密使耶約曰詹事
東宮官也預樞密事可乎仁宗復名問約對曰皇太
子事不敢不為天子事不敢為仁宗悟竟罷議同列
復傳命增立右衛率府取河南蒙古軍萬人統之約
屏人語曰左衛率府舊制有之今置右府何為諸公
宜深思之不可累儲宮也又命取安西兵器給宿衛

士約謂詹事完澤曰詹事移文數千里取兵器人必
驚疑主上聞之柰何完澤色慙曰實慮不及此又命
福建取繡工童男女六人約言曰福建去京師六七
千里使人父子兄弟相離有司承風動擾豈美事耶
仁宗止之稱善再三家令薛居敬上言陝西分地五
事因被命往理之約不為署行語之曰太子潛龍也
當勿用之時為飛龍之事可乎遂止薦翰林學士李
謙為太子少傅請立故丞相淮安忠武王伯顏祠于
杭皆從之仁宗以詹事院諸事循軌大喜面賜犀帶
力辭又賜江南所取書籍亦辭仁宗常字而不名諭

羣臣曰事未經王彥博議者勿啓又謂中丞朶觧曰
在詹事而不求賜予者惟彥博與汝二人耳一日仁
宗西園觀角觝戲有旨取繒帛賜之約入還見問曰
汝何為來仁宗遽止之又欲觀俳戲事已集而約至
即命罷去其見敬禮如此四年三月仁宗正位宸極
欲用陰陽家言即位光天殿即東宮也約言於太保
曲樞曰正名定分當御大內太保入奏遂即位於大
明殿中書奏約陝西行省參知政事帝大怒特拜河
南行省右丞約陛辭帝賜巵酒及弓矢先是至大間
尚書省用建言者冒獻河汴官民地為無主奏立田

糧府歲輸數萬石是歲詔罷之寬建言人於海外命河南行省復其舊業行省方並緣爲奸田猶未給約至立期檄郡縣釐正如詔會詔更銅錢銀鈔法且令天下稅盡收至大鈔約度河南歲用鈔七萬錠必致上供不給乃下諸州凡至大至元鈔相半衆以方詔命爲言約曰吾豈不知第歲終諸事不集責亦匪輕丞相卜憐吉台贊之曰善遣使白中書省臣大悅遂徧行天下南陽孛术魯翀以書謁約大奇之卽署爲郡學正既又薦之中書擢翰林國史院編修官皇慶改元元日詔中書省曰汴省王右丞可卽召之約以

三月一日至召見慰勞特拜集賢大學士推恩三世贈謚樹碑約首奏河南行省丞相卜憐吉台勳閥舊臣不宜久外召至封河南王約又建議行封贈禁服色與科舉皆著爲令甲上疏薦國子博士姚登孫應奉翰林文字揭傒斯成都儒士楊靜請起復中山知府致仕輔惟良前尚書參議李源左司員外郎曹元用皆除擢有差辯奏故左丞竇履有遺腹子棄外宜收養歸宗爲竇氏後延祐二年丞相帖木迭兒專政奏遣大臣分道奉使宣撫命約巡行燕南山東道約至衛輝有毆母寘獄者其母泣訴言老妾惟此一息死

則一門絶矣約原其情杖一百而遣之冠州民有兄訐其弟厭詛者讞之則曰我求嗣也索授時曆驗其日良信乃立縱之使還拜樞密副使視事明日召見賜酒帝謂左右曰人言彥博老病朕今見之精力尚強可堪大任也是夕知院馹馬塔失帖木兒宿衛帝戒之曰彥博非汝友宜師事之至治元年英宗卽位帖木迭兒復相約辭職不出二年以年七十致仕三年丞相拜住一新政務尊禮老臣傳詔起約復拜集賢大學士商議中書省事以其祿居家每日一至中書省議事至治之政多所參酌又嘗奉詔與中書省

官及他舊臣條定國初以來律令名曰大元通制頒行天下朝廷議罷征東省立三韓省制式如他省詔下中書雜議約對曰高麗去京師四千里地瘠民貧夷俗雜尚非中原比萬一梗化疲力治之非幸事也不如守祖宗舊制丞相稱善奏罷議不行高麗人聞之圖公像歸祠而事之曰不絶國祀者王公也泰定元年奉詔廷策天下士第八剌張益等八十五人始增乙科員額至一十五人天曆元年文宗踐祚約入賀賜宴大明殿帝勞問甚歡時年七十有七平居襟度和粹謙抑自持後進謁見必加禮貌俸祿所入布

散姻族外及貧士從父居貧月奉錢米餽肴饍事之如父歲時朔望携子姓至先塋展拜懷戀謹時祭及五祀動稽古禮邦人以爲矜式至順四年二月己酉卒年八十二皇太后聞之嗟悼以尚醞二尊遣徽政院臣臨弔致奠勑中書省以下賻贈有差是月庚申葬城西岡子原約平生著作有史論三十卷高麗志四卷潛丘藁三十卷行於世子思誠奉議大夫祕書監著作郎

王結

王結字儀伯易州定興人祖逖勤以質子軍從太祖

西征娶阿魯渾氏自西域徙戍秦隴又徙中山家焉結生而聰穎讀書數行俱下終身不忘嘗從太史董朴受經深於性命道德之蘊故其措之事業見之文章皆悉有所本屬使王仁見之曰公輔器也年二十餘游京師上執政書陳時政八事曰立經筵以養君德行仁政以結民心育英材以備貢舉擇守令以正銓衡敬賢士以厲名節革冗官以正職制辨章程以定民志務農桑以厚民生其言剴切純正皆治國之大經大法宰相不能盡用之時仁宗在潛邸或薦結充宿衛乃集歷代君臣行事善惡可爲鑒戒者曰陳于前仁宗嘉納焉武宗即位以仁宗爲皇太子大德十一年命置東宮官屬以結爲典牧太監階太中大夫近侍以俳優進結言昔唐莊宗好此卒致禍敗殿下方育德春宮視聽宜謹仁宗優納之仁宗即位遷集賢直學士出爲順德路總管教民務農興學孝親弟長戢奸禁暴悉登于書俾朝夕閲習之屬邑巨鹿沙河有唐魏徵宋璟墓乃祠二公于學表其言論風旨以厲多士遷揚州又遷寧國以從弟紳僉江東廉訪司事辭不赴改東昌路境有黄河故道而會通堤遏其下流夏月潦水壞民麥禾結疏爲斗門以泄之

民獲耕治之利至治二年參議中書省事時拜住爲丞相結言爲相之道當正已以正君正君以正天下除惡不可猶豫猶豫恐生它變服用不可奢僭奢僭則害及于身丞相是其言未幾除吏部尚書薦名士宋本韓鏞等十餘人泰定元年春廷試進士以結充讀卷官遷集賢侍讀學士中奉大夫會有月食地震烈風之異結昌言于朝曰今朝廷君子小人混淆刑政不明官賞太濫故陰陽錯謬咎徵荐臻宜修政事以弭天變是歲詔結知經筵扈從上都結援引古訓證時政之失與帝有所感悟中宫聞之亦召結等進

講結以故事辭明年除浙西廉訪使中途以疾還歲餘拜遼陽行省參知政事遼東大水穀價翔湧結請于朝發粟數萬石以賑饑民召拜刑部尚書天曆元年文宗即位拜陝西行省參知政事改同知儲慶司事二年拜中書參知政事入謝光天殿以親老辭帝曰忠孝能兩全乎是時迎立明宗于朔方明宗命文宗居皇太子位於是遣大臣奉寶北迓近侍有求除拜賞賚者結曰俟天子至議之初上都之變失皇太子寶更鑄新寶近侍請視舊製宜加大結曰此寶當傳儲嗣不敢踰舊制也或致人于死而籍其妻孥貲產者結復論之近侍益怒譖詆日甚遂罷政又命為集賢侍讀學士丁內艱不起元統元年復除浙西廉訪使未行召拜翰林學士資善大夫知制誥同修國史與張起巖歐陽玄修泰定天曆兩朝實錄拜中書左丞中宮命僧尼於慈福殿作佛事已而殿災結言僧尼褻瀆當坐罪左丞相疾革家人請釋重囚禳之結極陳其不可先時有罪者北人則徙廣海南人則徙遼東去家萬里往往道死結請更其法移鄉者止千里外改過聽還其鄉因著為令職官坐罪者多從重科結曰古者刑不上大夫今貪墨雖多然士之廉

耻不可以不養也聞者謂其得體至元元年詔復入翰林養疾不能應詔二年正月二十八日卒年六十有二結立言制行皆法古人故相張珪曰王結非聖賢之書不讀非仁義之言不談識者以為名言晚邃於易著易說一卷臨川吳澄讀而善之及卒公卿唁于朝士大夫弔于家曰正人亡矣四年五月詔贈資政大夫河南江北等處行中書省右丞護軍追封太原郡公謚文忠有詩文十五卷行于世

宋衜

宋衜字弘道潞州長子人金兵部員外郎元吉之孫衜善記誦年十七避地襄陽已而北歸屏居河內者十有五年趙璧經略河南聞其名禮聘之中統三年擢翰林修撰李璮畔璧行中書省事於濟南至元五年大兵守襄陽璧行元帥府事衜皆從焉軍事多所咨訪六年高麗權臣林衍廢其國王而立其弟溫詔遣國王頭輦哥暨璧將兵討之以衜為行省員外郎持詔徙江華島居民於平壤復命慰勞良厚仍賜衣段授河南路總管府判官不赴十三年入為太常少卿屬省官制行兼領籍田署事十六年太子以耆德召見應對詳雅大愜睿旨自是數蒙召問侍講經幄

開諭爲多十八年除秘書監十九年江西分地當署郡邑守令皆命銜銓舉二十年初立詹事院首命銜爲太子賓客每燕見優賜容接多所錫賚二十三年卒有稙山集十卷行于世

張伯淳

張伯淳字師道杭州崇德人少舉童子科以父任銓受迪功郎淮陰尉改揚州司户參軍尋舉進士監臨安府都稅院陞觀察推官除太學録入本朝至元二十三年授杭州路儒學教授遷浙東道按察司知事二十八年擢爲福建廉訪司知事歲餘有薦伯淳於

帝前者遣使名問明年入見帝問冗官風憲鹽筴楮幣皆當時大議所對悉稱旨命至政事堂將重用之固辭遂授翰林直學士進階奉訓大夫謁告以歸授慶元路總管府治中行省檄按疑獄衢秀皆得其情大德四年即家拜翰林侍講學士明年造朝扈從上都又明年卒有文集若干卷藏于家

傳卷第六十五

列傳卷第六十六　元史一百七十九

翰林學士亞中大夫知制誥兼修國史臣宋濂　翰林待制承直郎同知制誥兼國史院編修官臣王禕等奉

勅修

賀勝

賀勝仁傑子也字貞卿一字舉安小字伯顏以小字行嘗從許衡學通經傳大義年十六入宿衛凝重寡言世祖甚器重之大臣有密奏輒屏左右獨留勝許聽之出則參乘輿入則侍帷幄非休沐不得至家至元二十四年乃顏叛帝親征勝直武帳中雖親王不得輒至勝傳旨飭諸將詰旦合戰還侍帝側矢交帳

前勝立侍不動乃顏既敗帝還都乘輿夜行足苦寒勝解衣以身温之帝一日獵還勝參乘伶人蒙采毳作獅子舞以迎駕輿象驚奔逸不可制勝投身當象前後至者斷靷縱象乘輿乃安勝退創甚帝親撫之遣尚醫尚食視護拜集賢學士領太史院事詔賜一品服盧世榮桑哥秉政勢焰熏灼勝父仁傑留守上都不肯爲之下桑哥欲陰中之累數十奏帝皆不聽至元二十八年桑哥敗罷尚書省政歸中書帝問誰可相者勝對曰天下公論皆屬完澤遂相完澤而以勝參知政事三十年僉樞密院事遷大都護大德九

年勝父仁傑請老以勝代爲上都留守兼本路都總管開平府尹虎賁親軍都指揮使既至通商賈抑豪欒出納有法裁量有度供億不匱民賴以安諸權貴子弟奴隷有暴横驕縱者悉繩以法至大三年進光禄大夫左丞相行上都留守兼本路總管府達魯花赤尋又加開府儀同三司上柱國奉聖州民高氏籍虎賁以貲雄鄉里身死子幼有達官利其財使其部曲強娶高氏婦勝白帝斥之高氏以全歲大饑輒發倉廩賑民乃自劾待罪帝報曰祖宗以上都之民付卿父子欲安之也卿能如此朕復何憂卿其視事民

德之爲立祠上都西門外帝聞之復命工寫其像以賜俾傳示子孫未幾以足疾請老不許曰卿卧護足矣賜小車出入禁闥初開平人張弼家富弼死其奴索錢民家弗得毆負錢者至死有治其獄者教奴引弼子并下之獄丞相鐵木迭兒受其賂六萬緡終不爲直勝素惡鐵木迭兒貪暴居同巷不與往來聞弼事以語御史中丞楊朶兒只楊朶兒只以語監察御史玉龍帖木兒徐元素遂劾奏丞相逮治其左右得所賂事實以聞帝亦素惡鐵木迭兒欲誅之鐵木迭兒走匿太后宫中太后爲言僅奪其印綬而罷之及

英宗即位在諒闇中鐵木迭兒遂復出據相位乃執楊朶兒只及中書平章政事蕭拜住同日戮于市且復誣勝乘賜車迎詔不敬并殺之勝死之日百姓爭持紙錢哭于屍傍甚哀泰定初詔雪其冤贈推忠宣力保德功臣太傅開府儀同三司上柱國追封秦國公謚惠愍至正三年加贈推忠亮節同德翊戴功臣太師開府儀同三司上柱國追封涇陽王改謚忠宣子二人惟一開府儀同三司中書左丞相監脩國史惟賢太中大夫同知上都留守司事孫均太子詹事

楊朶兒只

楊朶兒只河西寧夏人少孤與其兄皆幼即知自立語言儀度如成人事仁宗于藩邸甚見倚重大德丁未從遷懷孟仁宗聞朝廷有變將北還命朶兒只與李孟先之京師與右丞相哈剌哈孫定議迎武宗于北藩仁宗還京師朶兒只譏察禁衛密致警備仁宗嘉賴焉親解所服帶以賜既佐定内難仁宗居東宮論功以爲太中大夫家令丞日夕侍側雖休沐不至家衆敬憚之會兄卒涕泣不勝哀仁宗憐之存問優厚事寡嫂有禮待兄子不異已子家人化之進正奉大夫延慶使武宗聞其賢召見之仁宗曰此人誠可任

大事然剛直寡合武宗顧視之曰然仁宗始總大政執誤國者將盡按誅之朵兒只曰爲政而尚殺非帝王治也帝感其言特誅其尤者民大悅服帝他日與中書平章李孟論元從人材孟以朵兒只爲第一帝然之拜禮部尚書初尚書省改作至大銀鈔視中統一當其二十五又鑄銅爲至大錢至是議罷之朵兒只曰法有便否不當視立法之人爲廢置銀鈔固當廢銅錢與楮幣相權而用之昔之道也國無棄寶民無失利錢未可遽廢也言雖不盡用時論是之遷宣徽副使御史請遷爲臺官帝以宣徽膳用素不會計

特以委之未之許也有言近臣受賄者帝怒其非所當言將誅之時張珪爲御史中丞叩頭諫不聽朵兒只言于帝曰誅告者失刑違諫者失誼世無諍臣久矣張珪眞中丞也帝喜竟用珪言拜朵兒只爲侍御史帝宴閒時群臣侍坐者或言笑踰度帝見其正色爲之改容有犯法者雖貴幸無所容貸怨者因共譖之帝知之深譖不得行拜資德大夫御史中丞中書平章政事張閭以妻病謁告歸江南奪民河渡地朵兒只以失大體劾罷之江東西奉使斡來不稱職權臣匿其奸冀不問朵兒只劾而杖之斡來媿死御史

納璘言事忤旨帝怒叵測朵兒只救之一日至八九奏曰臣非愛納璘誠不願陛下有殺御史之名帝曰爲卿宥之可左遷爲昌平令昌平畿內劇縣欲以是困納璘朵兒只又言曰以御史宰京邑無不可者但以言事而得左遷恐後之來者用是爲戒不肯復言矣帝不允後數日帝讀貞觀政要朵兒只侍側帝顧謂曰魏徵古之遺直也朕安得用之對曰直由太宗太宗不聽徵雖直將焉用之帝笑曰卿意在納璘耶當赦之以成爾直名也有上書論朝政闕失而觸宰相宰相怒將取旨殺之朵兒只曰詔書云言雖不當

無罪今若此何以示信天下果誅之臣亦負其職矣帝悟釋之於是特加昭文館大學士榮祿大夫以獎其直言時位一品者多乘閒邀王爵贈先世或謂朵兒只眷倚方重苟言之當可得也朵兒只曰家世寒微幸際遇至此已懼弗稱尚敢求多乎且我爲之何以風厲徼倖者遷中政院使未幾復爲中丞遷集賢大學士爲權臣鐵木迭兒所害而死年四十二初武宗崩皇太后在興聖宮鐵木迭兒爲丞相踰月仁宗即位因遂相之居兩歲得罪斥罷更自結徽政近臣復再入相恃勢貪虐兇穢愈甚中外切齒群臣不知

所爲御史中丞蕭拜住拜中書右丞又拜平章政事稍牽制之朶兒只自侍御史拜御史中丞慨然以糾正其罪爲己任上都富民張弼殺人繫獄鐵木迭兒使大奴脅留守賀伯顔出之及強以他奸利事不能得一日坐都堂盛怒以官事召留守將罪之留守昌言大奴所干非法不敢從他實無罪鐵木迭兒語詘得解去朶兒只廉得其所受弼賍鉅萬萬大奴猶數千使御史徐元素按得實入奏而御史亦輦真又發其私罪二十餘事帝震怒有詔逮問鐵木迭兒逃匿帝爲不御酒數日以待決獄盡誅其大奴同惡數人鐵

木迭兒終不能得朶兒只持之急徽政近臣以太后旨召朶兒只至宮門責以違旨意者對曰待罪御史奉行祖宗法必得罪人非敢違太后旨也帝仁孝恐誠出太后意不忍重傷咈之但罷其相位而遷朶兒只爲集賢學士帝猶數以臺事問之對曰非臣職事臣不敢與聞所念者鐵木迭兒雖去君側反得爲東宮師傅在太子左右恐售其奸則禍有不可勝言者仁宗崩英宗猶在東宮鐵木迭兒復相乃宣太后旨召蕭拜住朶兒只至徽政院與徽政使失里門御史大夫禿忒哈雜問之責以前違太后旨之罪朶兒只曰中丞之職恨不即斬汝以謝天下果違太后旨汝豈有今日耶鐵木迭兒又引同時爲御史者二人證成其獄朶兒只顧二人唾之曰汝等嘗得備風憲乃爲是犬彘事耶坐者皆慚俯首即起入奏未幾稱旨執朶兒只載諸國門之外與蕭拜住俱見殺是日風沙晦冥都人恟懼道路相視以目英宗即位詔書遂加以誣罔大臣之罪鐵木迭兒權勢既成毫髮之怨無不報者太后驚悔而帝亦覺其所譖毀者皆先帝舊臣未及論治而鐵木迭兒以病死會有天灾求直言會議廷中集賢大學士張珪中書參議回回皆稱

蕭楊等死甚冤是致不雨聞者失色言終不得達及珪拜平章即告丞相拜住曰賞罰不當枉抑不伸不可以爲治若蕭楊等冤何可不亟昭雪也丞相善之遂請於帝詔昭雪其冤特贈思順佐理功臣金紫光祿大夫司徒上柱國夏國公謚襄愍朶兒只死時權臣欲奪其妻劉氏與人劉氏剪髮毀容以自誓乃免子不花

不花幼有才氣能以禮自持好讀書善書初仁宗聞而召之應對稱旨欲以爲翰林直學士力辭後遣家難益自勵節爲學以蔭補武備司提點轉僉河東廉

訪司事嘗出按部民有殺子以誣怨者獄成不花讞之曰以十歲兒受十一創且彼以斧殺怨必盡其力何創痕之淺反不入膚耶遂得其情平反出之河東民饑先捐已貲以賑請未得命即發公廩繼之民遂賴不死天曆初文宗入繼大統除通政院判將行值陝西諸軍拒詔郡邑守吏率民逃之不花獨率衆出禦呼西人諭之曰民者祖宗艱難所致國家大事何與於民汝等既昧逆順又欲殘此無辜吾有爲民死爾不汝從也陣潰遂見殺二僕亦見執曰吾主既爲國死吾縱爲人奴今苟得生他日何以見吾主於地下

不若死從吾主欲起殺讐讐要斬之至順二年贈嘉議大夫禮部尚書以褒其忠

蕭拜住

蕭拜住契丹石抹氏也曾祖醜奴有膂力善騎射識見明敏仕金爲古北口屯戍千户歲庚午國兵南下金將招熸必舍遣醜奴於暮夜潛領兵三千人力戰不克矢中其胸遂開關遣使納降太祖命醜奴襲招熸必舍追及平灤降之因攻取平灤檀順深冀等州及昌平紅螺平頂諸砦又兩敗金兵於邦君甸授檀州軍民元帥太祖方西征醜奴驛送竹箭弓弩弦各

一萬擢檀順昌平萬户仍管打捕鷹房人匠卒于官後追封順國公謚忠毅弟老瓦始以揚城漁寨來降爲醜奴弟充質子多立戰功襲檀州節度使言安以水柵未下陰誘湯河川人叛去老瓦追之不克死焉醜奴子青山中統元年襲萬户至元十一年從丞相伯顔平宋還授湖北提刑按察使追封順國公謚武定青山子哈剌帖木兒少事裕宗於東宮典宿衛仕爲檀州知州追封順國公謚康惠拜住乃哈剌帖木兒之子也嘗從成宗北征特授檀州知州入爲禮部郎中擢同知大都路總管府事出知中山府以憂去官

屬仁宗過中山有同官者譖於近侍曰知州去官實憚迎候煩勞耳帝頷之適行田野間見老嫗問之曰府中官孰賢嫗對曰有蕭知府餘不知也復過神祠有數老人焚香羅拜遣問之曰汝輩何所禱合辭對曰蕭知府奔喪還欲速其來是以禱也帝意遂釋武宗即位起復爲中書左司郎中出爲河間路總管召爲右衛率使遷户部尚書遂拜御史中丞皇慶元年遷陝西行中書省右丞延祐三年進中書平章政事除典瑞院使超授銀青榮禄大夫崇祥院使英宗即位之十有九日右丞相鐵木迭兒怨拜住在省中牽

制其所爲又發其姦贓專制等事遂請依皇太后旨并前御史中丞楊朶兒只皆殺之帝曰人命至重刑殺非輕不宜倉卒二人罪狀未明當白太后使詳讞之若果無寃誅之未晚竟殺之並籍其家語見楊朶兒只及鐵木迭兒傳泰定間贈守正佐治功臣太保儀同三司柱國追封薊國公謚忠愍拜住之死有吳仲者潛守其尸三日不去竟收葬之

列傳卷第六十六

元史一百八十

傳卷第六十七

翰林學士亞中大夫知制誥兼修國史臣宋濂翰林待制承直郎同知制誥兼國史院編修官臣王褘等奉

勑修

耶律希亮

耶律希亮字明甫楚材之孫鑄之子也初六皇后命以赤帖吉氏歸鑄生希亮於和林南之涼樓曰禿忽思六皇后遂以其地名之憲宗嘗遣鑄斂錢粮于燕鑄曰臣先世皆讀儒書儒生俱在中土願携諸子至燕受業憲宗從之乃命希亮師事北平趙衍時方九歲未浹旬已能賦詩歲丙辰憲宗召鑄還和林希亮獨留燕歲戊午憲宗在六盤山希亮詣行在所已而鑄扈從南伐希亮亦在行明年憲宗崩于蜀希亮將輜重北歸陝右又明年爲中統元年世祖即位阿里不哥反遣使召主將渾都海鑄説渾都海等入朝皆不從則棄其妻子挺身來歸既而渾都海知鑄去怒遣百騎追之不及乃使百人監視希亮母子迫脅使從行自靈武過應吉里城至西涼甘州阿里不哥遣大將阿藍荅兒自和林帥師至焉支山希亮見之阿藍荅兒問而父安在希亮曰不知與吾父同任事者宜知之渾都海怒詬曰我焉得知之其父今亡命東

見皇帝矣希亮曰若然則何謂不知阿藍荅兒熟視渾都海曰此言深有意焉詰希亮甚急希亮曰使吾知之亦從而去安得獨留阿藍荅兒以爲實免其監泣既而阿藍荅兒渾都海爲大兵所殺其殘卒北走衆推哈剌不花爲帥希亮潛匿甘州北黑水東沙陀中殿兵已過十餘里有尋馬者適至老婢漏言衆奄至驅至肅州哈剌不花與鑄有婚姻之好又哈剌不花在蜀時嘗疾病鑄召醫視之遺以酒食因釋希亮縛謂曰我受恩於汝父此圖報之秋也及抵沙州北川希亮與兄弟徒步負任不火食者數日是冬涉雪

踰天山至北庭都護府二年至昌八里城夏踰馬納思河抵葉密里城乃定宗潛邸湯沐之邑也時六皇后之妹主后位與宗王火忽皆欲東覲希亮母密知其事携希亮入見已而事不果冬至于火孛之地三年定宗幼子大名王閔其不能歸遣以幣帛鞍馬乃從大名王至忽只兒之地會宗王阿魯忽至誅阿里不哥所用鎮守之人唆羅海欲附世祖復從大名王及阿魯忽二王還至葉密里城王遺以耳環其二珠大如榛實價直千金欲穿其耳使帶之希亮辭曰不敢因是以傷父母之遺體也且無功受賞於禮尤不

可王又解金束帶遺之且曰繫此於遺體宜無傷五月又爲阿里不哥兵所驅西行千五百里至孛劣撒里之地六月又西至換扎孫之地又從至不剌城又西行六百里至徹徹里澤剌之山后妃輜重皆留于此希亮母及兄弟亦在焉希亮單騎從行二百餘里至出布兒城又百里至也里虔城而哈剌不花之兵奄至希亮又從二王興師還至不剌城與哈剌不花戰敗之盡殲其衆二王乃函其頭遣使報捷十月至于亦思寬之地四年至可失哈里城四月阿里不哥兵復至希亮又從征至渾八升城時希亮母從后避

暑於阿體八升山先是鑄嘗言于世祖臣之妻子皆在北邊至是世祖遣不華出至二王所因以璽書召希亮馳驛赴闕六月由苦先城至哈剌火州出伊州涉大漠以還八月入覲世祖于上都之大安閣備陳邊事及覊旅困苦之狀世祖憐之賜鈔千錠金帶一幣帛三十命爲速古兒必闍赤至元八年授奉訓大夫符寶郎十二年既平宋世祖命希亮問諸降將曰本可伐否夏貴呂文煥范文虎陳奕等皆云可伐希亮奏曰宋與遼金攻戰且三百年干戈甫定人得息肩俟數年興師未晚世祖然之十三年太府監令史

盧贄言於監官各路所貢布長三丈唯平陽加一丈諸怯薛歹以故爭取平陽布苟截其長者與他郡等則無所爭而以其所截者爲髹漆宮殿器皿之用甚便監官從之適左右以其事聞帝以詰監官監官倉皇莫知所以對歸罪於贄帝命斬之希亮遇諸塗贄以寃告希亮命少緩具以實入奏有旨令董文用讞之竟釋贄而召御史大夫塔察兒等讓之曰此事言官當言而不言向微禿忽思不惧誅此人耶十四年轉嘉議大夫禮部尚書尋遷吏部尚書帝駐蹕察納兒台之地希亮至奏對畢董文用問大都近事希亮曰囝圄多囚耳世祖方欹枕而卧忽竊問其故希亮奏曰近奉旨漢人盜鈔六文者殺以是囚多帝驚問孰傳此語省臣曰此旨實脫兒察所傳脫兒察曰陛下在南坡以語蒙古兒童帝曰前言戲耳曷嘗着爲令式乃罪脫兒察希亮因奏曰令既出矣必明其錯誤以安民心帝善其言卽命希亮至大都諭旨中書十七年希亮以跋涉西土足病痿攣謝事而去退居濮陽者二十餘年至大二年武宗訪求先朝舊臣特除翰林學士承旨資善大夫尋改授翰林學士承旨知制誥兼脩國史希亮以職在史官乃類次世祖嘉

言善行以進英宗取其書置禁中久之閑居京師四方之士多從之游泰定四年卒年八十一希亮性至孝困厄遐方家貲散亡已盡僅藏祖考畫像四時就穹廬陳列致奠盡誠盡敬朔漠之人咸相聚來觀歎曰此中土之禮也雖疾病不廢書史或中夜起坐取燭以書所著詩文及從軍紀行錄三十卷目之曰懐軒集贈推忠輔義守正功臣資善大夫集賢學士上護軍追封漆水郡公謚忠嘉

趙世延

趙世延字子敬其先雍古族人居雲中北邊曾祖黠公爲金群牧使太祖得其所牧馬黠公死之祖按竺邇幼孤鞠於外大父术要甲訛爲趙家因氏爲趙驍勇善騎射從太祖征伐有功爲蒙古漢軍征行大元帥鎮蜀因家成都父黒梓以門功襲父元帥職兼文州吐蕃萬户達魯花赤世延天資秀發喜讀書究心儒者體用之學弱冠世祖召見俾入樞密院御史臺肄習官政至元二十一年授承事郎雲南諸路提刑按察司判官時年二十有四烏蒙蠻酋叛世延會省臣以軍討之蠻兵大潰卽請降二十六年擢監察御史與同列五人劾丞相桑哥不法中丞趙國輔桑哥

黨也抑不以聞更以告桑哥於是五人者悉爲其所擠而世延獨幸免奉旨按平陽郡監也先忽都臟鉅萬鞫左司郎中董仲威殺人獄皆明允二十九年轉奉議大夫出僉江南湖北道肅政廉訪司事敦儒學立義倉撤淫祠脩澧陽縣壞隄嚴常澧掠賣良民之禁部内晏然元貞元年除江南行御史臺都事丁内艱不赴大德元年復除前官三年移中臺都事俄改中書左司都事臺臣奏仍爲都事中臺六年由山東肅政廉訪副使改江南行臺治書侍御史十年除安西路總管安西故京兆省臺所治號稱會府前政壅

滯者三千牘世延既至不三月剖決殆盡陝民饑省臺議請于朝賑之世延曰捄荒如捄火願先發廩以賑朝廷設不允世延當傾家財若身以償省臺從之所活者衆至大元年除紹興路總管改四川肅政廉訪使蒙古軍士科差繁重而軍士就戍往來者多害人且軍官或抑良爲奴世延皆除其弊而正其罪又脩都江堰民尤便之四年陞中奉大夫陝西行臺侍御史先是八百媳婦爲邊患右丞劉深往討之兵敗而還坐罪棄市及是右丞阿忽台當繼行世延言蠻夷事在羈縻而重煩天討致軍旅亡失誅戮省臣藉

使盡得其地何補於國今窮兵黷武實傷聖治朝廷第當選重臣知治體者付以邊寄兵宜止勿用事聞樞密院臣以爲用兵國家大事不宜以一人之言爲興輟世延聞之章再上事卒罷皇慶二年拜江浙行省參知政事尋召還拜侍御史延祐元年省臣奏比奉詔漢人參政用儒者趙世延其人也帝曰世延誠可用然雍古氏非漢人其署宜居右遂拜中書參知政事居中書二十月遷御史中丞有旨省臣自平章以下率送之官其禮前所無有由是爲權臣所忌乃用皇太后旨出世延爲雲南行省右丞陛辭帝特命

仍還御史臺爲中丞三年世延劾奏權臣太師右丞相帖木迭兒罪惡十有三詔奪其官職尋陞翰林學士承旨兼御史中丞世延固辭乃解中丞五年進光祿大夫昭文館學士守大都留守乞補外拜四川行省平章政事世延議即重慶路立屯田物色江津巴縣閑田七百八十三頃摘軍千二百人墾之歲得粟萬一千七百石明年仁宗崩帖木迭兒復居相位銳意報復屬其黨何志道誘世延從弟胥益兒哈呼誣告世延罪逮世延置對至夔路遇赦世延以疾抵荆門留就醫帖木迭兒遣使督追至京師俾其黨煅煉

使成獄會有旨事經赦原勿復問帖木迭兒更以它事白帝繫之刑曹逼令自裁世延不爲動居四再歲胥益兒哈呼自以所訴涉誣欺亡去中書左丞相拜住屢言世延亡辜得旨出獄就舍以養疾先是帝獵北凉亭顧謂侍臣曰趙世延先帝所尊禮而帖木迭兒妄入其罪數請誅之此殆報私怨耳朕豈能從之侍臣皆扣頭稱萬歲帖木迭兒在上京聞世延出獄索省牘視之怒曰此左丞相罔上所爲也事聞帝語之曰此朕意耳未幾帖木迭兒死事乃釋世延出居於金陵泰定元年召還朝除集賢大學士明年出爲

江南行臺御史中丞四年入朝復爲御史中丞又遷中書右丞明年有旨趙世延頃爲權姦所誣中書宜徧移天下昭雪其非辜仍加翰林學士承旨光祿大夫經筵開兼知經筵事選揀勸講者皆一時名流又加同知樞密院事泰定帝崩燕鐵木兒與宗王大臣議武宗二子周王懷王於法當立周王遠在朔漠而懷王久居民間備嘗艱險民心歸之天位不可久虛不如先迎懷王以從民望八月即定策迎之于江陵懷王即位是爲文宗當是時世延贊畫之功爲多文宗即位世延仍以御史中丞兼翰林學士承旨以疾

乞歸田里詔不允天曆二年正月復除江南行臺御史中丞行次濟州三月改集賢大學士六月又加奎章閣大學士八月拜中書平章政事冬世延至京固辭不允詔以世延年高多疾許乘小車入內至順元年詔世延與虞集等纂脩皇朝經世大典世延屢奏臣衰老乞解中書政務專意纂脩帝曰老臣如卿者無幾求退之言後勿復陳四月仍加翰林學士承旨封魯國公秋以疾移文中書致其事明日即行養疾於金陵之茅山詔徵還朝不能行二年改封凉國公元統二年詔賜世延鈔凡四萬緡至元改元仍除奎

章閣大學士翰林學士承旨中書平章政事魯國公明年五月至成都十一月卒享年七十有七至正二年贈世忠執法佐運翊亮功臣太保金紫光祿大夫上柱國追封魯國公謚文忠世延歷事凡九朝敭歷省臺五十餘年負經濟之資而將之以忠義守之以清介飾之以文學凡軍國利病生民休戚知無不言而於儒者名教尤拳拳焉爲文章波瀾浩瀚一根於理嘗較定律令彙次風憲宏綱行于世五子達者三人野峻台黃州路總管次月魯江浙行省理問官伯忽夔州路總管天曆初囊加台據蜀叛死于難特贈

推忠秉義効節功臣資善大夫中書右丞上護軍追
封蜀郡公謚忠愍

孔思晦

孔思晦字明道孔子五十四世孫也資質端重而性簡默童丱時讀書已識大義及長授業於導江張須講求義理於詞章之習薄而弗爲家貧躬耕以爲養雖劇寒暑而爲學未嘗懈遠近爭聘爲子弟師大德中游京師祭酒耶律有尚欲薦之以母老辭而歸母卧疾躬進藥餌衣不解帶居喪勺水不入口者五日至大中舉茂才爲范陽儒學教諭延祐初調寧陽學

先是兩縣校官率以廩薄不能守職而思晦以儉約自將教養有法比代去學者皆不忍舍之於是孔氏族人相與議思晦適長且賢宜襲封爵奉祠事狀上政府事未決仁宗在位雅崇尚儒道一日問孔子之裔今幾世襲爵爲誰廷臣具對曰未定帝親取孔氏譜牒按之曰以嫡應襲封者思晦也復奚疑特授中議大夫襲封衍聖公月俸百緡加至五百緡賜四品印泰定三年山東廉訪副使王鵬南言襲爵上公而階止四品於格弗稱且失尊崇意明年升嘉議大夫至順二年改賜三品印思晦以宗祀責重恒懼弗勝每遇祭祀必敬必慎初廟燬于兵後雖苟完而角樓園墻未備思晦竭力營度以復其舊金絲堂壞又一新之祭器禮服悉加整飭又以尼山乃毓聖之地故有廟已毀民冒耕祭田且百年思晦復其田且請置尼山書院以列于學官朝廷從之三氏學舊有田三千畝占于豪民子思書院舊有營運錢萬緡貸於民取子錢以供祭祀久之民不輸子錢并負其本思晦皆理而復之聖父舊封齊國公思晦言于朝曰宣聖封王而父爵猶公願加褒崇乃詔加封聖父啓聖王聖母王夫人五季時孔末之後方盛欲以僞滅真害

宣聖子孫幾盡至是其裔復欲冒稱宣聖後思晦以爲不早辨則真僞久益不可明彼與我不共戴天乃列于族與共拜殿庭可乎遂會族人稽典故斥之既又重刻宗譜于石而孔氏族裔益明矣元統元年卒年六十七卒之日有鶴百餘翔其屋上又見神光自東南落其舍北至正中朝廷加贈其官而賜謚曰文肅子曰克堅襲封衍聖公階嘉議大夫既而進通奉大夫至正十五年召爲同知太常禮儀院事拜陝西行臺侍御史遷國子祭酒擢山東肅政廉訪使不赴孫希學襲封衍聖公

傳卷第六十七

翰林學士亞中大夫知制誥兼修國史臣宋濂　翰林待制承直郎同知制誥兼國史院編修官臣王褘等奉

敕修

元明善

元明善字復初大名清河人其先蓋拓跋魏之裔居清河者至明善四世矣明善資穎悟絕出讀書過目輒記諸經皆有師法而尤深於春秋弱冠游吳中已名能文章浙東使者薦爲安豐建康兩學正辟掾行樞密院時董士選僉院事待之若賓友不敢以曹屬御之及士選陞江西左丞又辟爲省掾會贛州賊劉

貴反明善從士選將兵討之擒賊三百人明善議緩誅誤得全活者百三十人一日將佐白宜多殺俘獲及尸一切死者以張軍聲明善固爭以爲王者之師恭行天罰小醜陸梁戮其渠魁可爾民何辜焉既又得賊所書贛吉民丁十萬于籍者有司喜欲滋蔓爲利明善請火其籍以滅跡二郡遂安陞掾南行臺未幾授樞密院照磨轉中書左曹掾掾曹無留事始明善在江西時朱瑄爲其省參政明善有馬駿而瘠瑄假爲從騎久益壯瑄愛之致米三十斛酬其直後瑄敗江浙行省籍其家得金穀之簿書米三十斛送元

復初不言以酬馬直明善坐免久之有爲辨白其事者乃復掾省曹仁宗居東宮首擢爲太子文學及即位改翰林待制與脩成宗順宗實録陞翰林直學士詔節尚書經文譯其關政要者以進明善舉宋忠臣子集賢直學士文陞同譯潤許之書成每奏一篇帝必稱善曰二帝三王之道非卿莫聞也興聖太后既受尊號廷臣請因肆赦明善曰數赦非善人之福宥過可也奉旨出賑山東河南饑時彭城下邳諸州連數十驛民餓馬斃而官無文書賑貸明善以鈔萬二千錠分給之曰擅命獲罪所不辭也還脩武宗實録

又陞翰林侍講學士預議科舉服色等事延祐二年始會試天下進士明善首充考試官及廷試又爲讀卷官所取士後多爲名臣改禮部尚書正孔氏宗法以宣聖五十五世孫思晦襲封衍聖公事上制可之擢參議中書省事旋復入翰林爲侍讀歲中拜湖廣行省參知政事又召入集賢爲侍讀議廣廟制陞翰林學士脩仁宗實録英宗親祼大室禮官進祝冊請署御名命明善代署者三眷遇之隆當時莫並焉至治二年卒于位泰定間贈資善大夫河南行省左丞追封清河郡公謚曰文敏明善早以文章自豪出入

秦漢間晚益精詣有文集行世初在江西金陵每與虞集劇論以相切劘明善言集治諸經惟朱子所定者耳自漢以來先儒所嘗盡心者考之殊未傳集亦言凡爲文辭得所欲言而止必如明善云若雷霆之震驚鬼神之靈變然後可非性情之正也二人初相得甚驩至京師乃復不能相下董士選之自中臺行省江浙也二人者俱送出都門外士選曰伯生以教導爲職當早還復初宜更送我集還明善送至二十里外士選下馬入邸舍中爲席出橐中肴酌酒同飲乃舉酒屬明善曰士選以功臣子出入臺省無補國家惟求得佳士數人爲朝廷用之如復初與伯生他日必皆光顯然恐不免爲人構間復初中原人也仕必當道伯生南人將爲復初摧折今爲我飲此酒慎勿如是明善受卮酒跪而釂之起立言曰誠如公言無論他日今隙已開矣請公再賜一卮明善終身不敢忘公言乃再飲而別眞人吳全節與明善交尤密嘗求明善作文既成明善謂全節曰伯生見吾文必有譏彈吾所欲知成季爲我治具招伯生來觀之若已入石則無及矣明日集至明善出其文問何如集曰公能從集言去百有餘字則可傳矣明善即泚筆屬集凡刪百二十字而文益精當明善大喜乃驩好如初集每見明經之士亦以明善之言告之明善一子晦蔭受峽州路同知早卒

虞集 弟槃 范梈

虞集字伯生宋丞相允文五世孫也曾祖剛簡爲利州路提刑有治績嘗與臨邛魏了翁成都范仲黼李心傳輩講學蜀東門外得程朱氏微旨著易詩書論語說以發明其義蜀人師尊之祖珏知連州亦以文學知名父汲黄岡尉宋亡僑居臨川崇仁與吳澄爲友澄稱其文清而醇嘗再至京師贖族人被俘者十餘口以歸由是家益貧晚稍起家教授於諸生中得孛朮魯翀歐陽玄而稱許之以翰林院編脩官致仕娶楊氏國子祭酒文仲女咸淳間文仲守衢以汲從未有子爲禱於南岳集之將生文仲晨起衣冠坐而假寐夢一道士至前牙兵啓曰南嶽眞人來見既覺聞甥館得男心頗異之集三歲即知讀書歲乙亥汲挈家趨嶺外干戈中無書冊可攜楊氏口授論語孟子左氏傳歐蘇文聞輒成誦比還長沙就外傳始得刻本則已盡讀諸經通其大義矣文仲世以春秋名家而族弟參知政事棟明於性理之學楊氏在室即

盡通其說故集與弟槃皆受業家庭出則以契家子
從吳澄遊授受具有源委左丞董士選自江西除南
行臺中丞延集家塾大德初始至京師以大臣薦授
大都路儒學教授雖以訓迪爲職而益自充廣不少
暇佚除國子助教即以師道自任諸生時其退每挾
策趍門下卒業他館生多相率詣集請益丁內艱服
除再爲助教除博士監祭殿上有劉生者被酒失禮
俎豆間集言諸監請削其籍大臣有爲劉生謝者集
持不可曰國學禮義之所出也此而不治何以爲教
仁宗在東宮傳旨諭集勿竟其事集以劉生失禮狀

上之移詹事院竟黜劉生仁宗更以集爲賢大成殿
新賜登歌樂其師世居江南樂生皆河北田里之人
情性不相能集親教之然後成曲復請設司樂一人
掌之以侯考正仁宗即位責成監學拜臺臣爲祭酒
除吳澄司業皆欲有所更張以副帝意集力贊其說
有爲異論以沮之者澄投檄去集亦以病免未幾除
太常博士丞相拜住方爲其院使間從集問禮器祭
義甚悉集爲言先王制作以及古今因革治亂之由
拜住歎息益信儒者有用朝廷方以科舉取士說者
謂治平可力致集獨以謂當治其源遷集賢脩撰因

會議學校乃上議曰師道立則善人多學校者士之
所受教以至於成德達材者也今天下學官猥以資
格授彊加之諸生之上而名之曰師爾有司弗信之
生徒弗信之於學校無益也如此而望師道之立可
乎下州小邑之士無所見聞父兄所以導其子弟初
無必爲學問之實意師友之游從亦莫辨其邪正然
則所謂賢材者非自天降地出安有可望之理哉爲
今之計莫若使守令求經明行脩成德者身師尊之
至誠懇惻以求之其德化之及庶乎有所觀感也其
次則求夫操履近正而不爲詭異駭俗者確守先儒

經義師說而不敢妄爲奇論者衆所敬服而非鄉愿
之徒者延致之日諷誦其書使學者習之入耳著心
以正其本則他日亦當有所發也其次則取鄉貢至
京師罷歸者其議論文藝猶足以聳動其人非若泛
泛莫知根柢者矣六年除翰林待制兼國史院編脩
官仁宗嘗對左右歎曰儒者皆用矣惟虞伯生未顯
擢爾會晏駕不及用英宗即位拜住爲相頗超用賢
俊時集以憂還江南拜住不知也乃言於上遣使求
之於蜀不見求之江西又不見集方省墓吳中使至
受命趍朝則拜住不及見矣泰定初考試禮部言於

同列曰國家科目之法諸經傳注各有所主者將以一道德同風俗非欲使學者專門擅業如近代五經學究之固陋也聖經深遠非一人之見可盡試藝之文推其高者取之不必先有主意若先定主意則求賢之心狹而差自此始矣後再爲考官率持是說故所取每稱得人泰定初除國子司業遷秘書少監天子幸上都以講臣多高年命集與集賢侍讀學士王結執經以從自是歲嘗在行經筵之制取經史中切於心德治道者用國語漢文兩進讀潤譯之際患夫陳聖學者未易於盡其要指時務者尤難於極其情

每選一時精於其學者爲之猶數日乃成一篇集爲反覆古今名物之辨以通之然後得以無忤其辭之所達萬不及一則未嘗不退而竊歎焉拜翰林直學士俄兼國子祭酒嘗因講罷論京師恃東南運粮爲實竭民力以航不測非所以寛遠人而因地利也與同列進曰京師之東瀕海數千里北極遼海南濱青齊萑葦之塲也海潮日至淤爲沃壤用浙人之法築堤捍水爲田聽富民欲得官者合其衆分授以地官定其畔以爲限能以萬夫耕者授以萬夫之田爲萬夫之長千夫百夫亦如之察其惰者而易之一年勿

征也二年勿征也三年視其成以地之高下定額於朝廷以次漸征之五年有積蓄命以官就所儲給以禄十年佩之符印得以傳子孫如軍官之法則東面民兵數萬可以近衛京師外禦島夷遠寛東南海運以紓疲民遂富民得官之志而獲其用江海游食盜賊之類皆有所歸議定于中說者以爲一有此制則執事者必以賄成而不可爲矣事遂寢其後海口萬戶之設大畧宗之文宗在潛邸已知集名既即位命集仍兼經筵嘗以先世墳墓在吳越者歲久湮沒乞一郡自便帝曰爾材何不堪顧今未可去爾除奎章

閣侍書學士時關中大饑民枕籍而死有方數百里無孑遺者帝問集何以救關中對曰承平日久人情宴安有志之士急於近效則怨讟興焉不幸大菑之餘正君子爲治作新之機也若遣一二有仁術知民事者稍寛其禁令使得有所爲隨郡縣擇可用之人因舊民所在定城郭脩閭里治溝洫限畎畝薄征歛招其傷殘老弱漸以其力治之則遠去而來歸者漸至春耕秋歛皆有所助一二歲間勿征勿徭封域既正友望相濟四面而至者均齊方一截然有法則三代之民將見出於空虛之野矣帝稱善因進曰幸假

臣一郡試以此法行之三五年間必有以報朝廷者左右有曰虞伯生欲以此去爾遂罷其議有敕諸燕職不過三免國子祭酒時宗藩睽隔功臣汰侈政教未立帝將策士於廷集被命爲讀卷官乃擬制策以進首以勸親親體群臣同一風俗恊和萬邦爲問帝不用集以入侍燕閒無益時政且娟嫉者多乃與大學士忽都魯都兒迷失等進曰陛下出獨見建奎章閣覽書籍置學士員以備顧問臣等備員殊無補報竊恐有累聖德乞容臣等辭職帝曰昔我祖宗睿智聰明其於致理之道生而知之朕早歲跋涉難阻

視我祖宗既乏生知之明於國家治體豈能周知故立奎章閣置學士員以祖宗明訓古昔治亂得失日陳於前卿等其悉所學以輔朕志若軍國機務自有省院臺任之非卿等責也其勿復辭有旨采輯本朝典故倣唐宋會要脩經世大典命集與中書平章政事趙世延同任總裁集言禮部尚書馬祖常多聞舊章國子司業楊宗瑞素有曆象地理記問度數之學可共領典翰林脩撰謝端應奉蘇天爵太常李好文國子助教陳旅前詹事院照磨宋褧通事舍人王士點俱有見聞可助撰録庶幾是書早成帝以嘗命脩

遼金宋三史未見成績大典令閣學士專率其屬爲之既而以累朝故事有未備者請以翰林國史院脩祖宗實録時百司所具事蹟參訂翰林院臣言於帝曰實録法不得傳於外則事蹟亦不當示人又請以國書脫卜赤顏增脩太祖以來事蹟承旨塔失海牙曰脫卜赤顏非可令外人傳者遂皆已俄世延歸集專領其事再閱歲書乃成凡八百帙既上進以目疾丐解職不允乃舉治書侍御史馬祖常自代不報御史中丞趙世安乘間爲集請曰虞伯生久居京師甚貧又病目幸假一外任便醫帝怒曰一虞伯生汝輩

不容耶帝方嚮用文學以集弘才博識無施不宜一時大典册咸出其手故重聽其去集每承詔有所述作必以帝王之道治忽之故從容諷切冀有感悟承顧問及古今政治得失尤委曲盡言或隨事規諫出不語人諫或不入歸家悒悒不樂家人見其然不敢問其故也時世家子孫以才名進用者衆患其知遇日隆每思有以間之既不效則相與摘集文辭指爲譏訕賴天子察知有自故不能中傷然集遇其人未嘗少變一日命集草制封乳母夫爲營都王使貴近阿營巙巙傳旨二人者素忌集繆言制封營國公集

具藁俄丞相自榻前來索制詞甚急集以藁進丞相愕然問故集知爲所給即請易藁以進終不自言二人者愧之其雅量類如此論薦人材必先器識心所未善不爲牢籠以沽譽評議文章不折之於至當不止其詭於經者文雖善不與也雖以此二者忤物速謗終不爲動先人襲伯璲以才俊爲馬祖常所喜祖常爲御史中丞伯璲遊其門祖常亟稱之欲集爲薦引集不可曰是子雖小有才然非遠器亦恐不得令終祖常猶未以爲然一日邀集過其家設宴酒半出薦牘求集署集固拒之祖常不樂而罷文宗崩集在

告欲謀南還弗果幼君崩大臣將立妥懽帖穆爾太子用至大故事召諸老臣赴上都議政集在召列祖常使人告之曰御史有言乃謝病歸臨川初文宗在上都將立其子阿剌忒納荅剌爲皇太子乃以妥懽帖穆爾太子乳母夫言明宗在日素謂太子非其子黜之江南驛召翰林學士承旨阿鄰帖木兒奎章閣大學士忽都魯篤彌實書其事于脫卜赤顏又召集使書詔播告中外時省臺諸臣皆文宗素所信用同功一體之人御史亦不敢斥言其事意在諷集速去而已伯璲後以用事敗殺其身世乃服集知人元統二年

遣使賜上尊酒金織文錦二召還禁林疾作不能行屢有勑即家撰文褒錫勳舊侍臣有以舊詔爲言者帝不懌曰此我家事豈由彼書生耶至正八年五月己未以病卒年七十有七官自將仕郎十二轉爲通奉大夫贈江西行中書省參知政事護軍封仁壽郡公集孝友方二親以故家令德中遭亂亡僑寓下邑左右承順無違弟槃早卒教育其孤無異己子兄采以党庫輸賦京師虧數千緡盡力營貸代償之無難色撫庶弟嫁孤妹具有恩意山林之士知古學者必折節下之接後進雖少且賤如敵己當權門赫奕未

嘗有所附麗集議中書正言讜論多見容受屢以片言解疑誤出人於瀕死亦不以爲德張珪趙世延尤敬禮之有所疑必咨焉家素貧歸老後食指益衆登門之士相望於道好事爭起邸舍以待之然碑板之文未嘗苟作南昌富民有伍真父者貲產甲一方娶諸王女爲妻充本位下郡總管既卒其子屬豐城士甘愨求集文銘父墓奉中統鈔五百錠準禮物集不許愨愧歎而去其東脩羔鴈之入還以爲賓客費雖空乏弗恤也集學雖博洽而究極本原研精探微心解神契其經緯彌綸之妙一寓諸文藹然慶曆乾淳

風烈嘗以江左先賢甚衆其人皆未易知其學皆未
易言後生晚進知者鮮矣欲取太原元好問中州集
遺意別爲南州集以表章之以病目而止平生爲文萬
篇藁存者十二三早歲與弟槃同闢書舍爲二室左室書
陶淵明詩於壁題曰陶菴右室書邵堯夫詩題曰邵
菴故世稱邵菴先生子四人安民以廕歷官知吉州
路安福州游其門見稱許者莆田陳旅旅亦有文行
世國學諸生若蘇天爵王守誠輩終身不名他師皆
當世稱名卿者其交游尤厚者曰范梈槃字仲常延
祐五年第進士授吉安永豐丞丁父憂除湘鄉州判

官頗稱獮古有富民殺人使隸已者坐之上下皆阿
從槃獨不署殺人者卒不免死而坐者得以不寃有
巫至其州稱神降告其人曰某方火即火又曰明日
某方火民以火告者槃皆赴救至達晝夜告者數十
寢食盡廢縣長吏以下皆迎巫至家厚禮之又曰將
有大水且兵至州大家皆盡室逃槃得刼火卒一人
訊之盡得巫黨所爲坐捕盜司召巫至鞫之無敢施
鞭箠者槃謂卒曰此將爲大亂安有神乎急治之盡
得黨與數十人羅絡內外果將爲變者同僚皆不敢
出視曰君自爲之槃乃斷巫并其黨如法一時吏民

始服儒者爲政若此秩滿除嘉魚縣尹槃已卒槃幼
時嘗讀柳子厚非國語以爲國語誠可非而柳子之
說亦非也著非非國語時人已歎其有識詩書春秋
皆有論著而春秋乃其家學故尤善讀吳澄所解諸
經義輒得其旨趣所在澄亟稱之兄集接方外士必
扣擊其說嘗以爲聖人之教不明爲學者無所底止
苟於吾道異端疑似之間不能深知而欲竊究夫性
命之原死生之故其不折而歸之者寡矣槃不然聞諸
僧在坐輒不入竟去其爲人方正有如此雖集亦嚴
憚之然不幸年不及艾而卒范梈字亨父一字德機

清江人家貧早孤母熊氏守志不他適長而教之梈
天資穎異所誦讀輒記憶雖癯然清寒若不勝衣於
流俗中克自樹立無苟賤意居則固窮守節竭力以
養親出則假陰陽之技以給旅食躭詩工文用力精
深人罕知者年三十六始客京師即有聲諸公間中
丞董士選延之家塾以朝臣薦爲翰林院編脩官秩
滿御史臺擢海南海北道廉訪司照磨巡歷遐僻不
憚風波瘴癘所至興學教民雪理寃滯甚衆還江西
湖東長吏素稱嚴明於僚屬中獨敬異之選充翰林
供奉御史臺又改擢福建閩海道知事閩俗素汙文

繡局取良家子爲繡工無別尤甚搏作歌詩一篇述其弊廉訪使取以上聞皆罷遣之其弊遂革未幾移疾歸故里天曆二年授湖南嶺北道廉訪司經歷以養親辭是歲母喪明年十月亦以疾卒年五十九所著詩文多傳於世搏持身廉正居官不可干以私蹠食飲水泊如也吳澄以道學自任少許可嘗曰若亨父可謂特立獨行之士矣爲文志其墓以東漢諸君子擬之

揭傒斯

揭傒斯字曼碩龍興富州人父來成宋鄉貢進士傒

斯幼貧讀書尤刻苦晝夜不少懈父子自爲師友由是貫通百氏早有文名大德間稍出游湘漢湖南帥趙淇雅號知人見之驚曰他日翰苑名流也程鉅夫盧摯先後爲湖南憲長咸器重之鉅夫因妻以從妹延祐初鉅夫摯列薦于朝特授翰林國史院編脩官時平章李孟監脩國史讀其所撰功臣列傳嘆曰是方可名史筆若他人直謄吏牘爾升應奉翰林文字仍兼編脩遷國子助教復留爲應奉南歸省母旋復召還傒斯凡三入翰林朝廷之事臺閣之儀靡不閑習集賢學士王約謂與傒斯談治道大起人意授之

以政當無施不可天曆初開奎章閣首擢爲授經郎以教勳戚大臣子孫文宗時幸閣中有所咨訪奏對稱旨恒以字呼之而不名每中書奏用儒臣必問曰其材何如揭曼碩間出所上太平政要策以示臺臣曰此朕授經郎揭曼碩所進也其見親重如此富州地不產金官府惑於姦民之言爲募淘金戶三百而以其人總之散往他郡釆金以獻歲課自四兩累增至四十九兩其人既死而三百戶所存無什一又貧不聊生有司遂責民之受役於官者代輸民多以是破産中書因傒斯言遂蠲其征民賴以甦富州人至今德之與脩經世大典文宗取

其所撰憲典讀之顧謂近臣曰此豈非唐律乎特授藝文監丞參檢校書籍事且屢稱其純實欲進用之會文宗崩而止元統初詔對便殿慰諭良久命賜以諸王所服表裏各一躬自辯識以授之遷翰林待制陞集賢學士階中順大夫先是儒學官赴吏部銓者必移集賢考較其所業集賢下國子監監下博士吏文淹稽動踰累月傒斯請更其法以事付本院屬官人甚便之奉旨祠北嶽濟瀆南鎮便道西還時秦王伯顏當國屢促其還傒斯引疾固辭既而天子親擢爲奎章閣供奉學士乃即日就道未至改翰林直學士及開經筵再陞侍講學士

同知經筵事以對品進階中奉大夫時新格超陞不越二等獨傒斯進四等轉九階盖異數也經筵無專官曰領曰知多宰執大臣故微辭奥義必屬傒斯討定而後進其言往往寓獻替之誠務以裨益治道天子嘉其忠懇數出金織文段以賜至正三年年七十致其事而去詔遣使追及于漷南尋復奉上尊諭旨還撰明宗神御殿碑文成賜楮幣萬緡白金五十兩中宮賜白金亦如之求去不許命丞相脫脫及執政大臣面諭毋行傒斯曰使揭傒斯有一得之獻諸公用其言而天下蒙其利雖死于此何恨不然何益之

有丞相因問方今政治何先傒斯曰儲材爲先養之於位望未隆之時而用之於周密庶務之後則無失材廢事之患矣一日集議朝堂傒斯抗言當兼行新舊銅錢以救鈔法之弊執政言不可傒斯持之益力丞相雖稱其不阿而竟莫行其言也詔脩遼金宋三史傒斯與爲揔裁官丞相問脩史以何爲本曰用人爲本有學問文章而不知史事者不可與有學問文章知史事而心術不正者不可與用人之道又當以心術爲本也且與僚屬言欲求作史之法須求作史之意古人作史雖小善必録小惡必記不然何以示

懲勸由是毅然以筆削自任凡政事得失人材賢否一律以是非之公至於物論之不齊必反覆辯論以求歸於至當而後止四年遼史成有旨獎諭仍督早成金宋二史傒斯留宿史館朝夕不敢休因得寒疾七日卒時方有使者至自上京錫宴史局以傒斯故改宴日使者以聞帝爲嗟悼賜楮幣萬緡仍給驛舟護送其喪歸江南六年制贈護軍追封豫章郡公謚曰文安有勲爵而無官階者有司失之也傒斯少處窮約事親菽水粗具而必得其歡心暨有禄入衣食稍踰於前輒愀然曰吾親未嘗享是也故平生清儉

至老不渝友于兄弟終始無間言立朝雖居散地而急於薦士揚人之善惟恐不及而聞吏之貪墨病民者則尢不曲爲之揜覆也爲文章叙事嚴整語簡而當詩尤清婉麗密善楷書行草朝廷大典册及元勲茂德當得銘辭者必以命焉殊方絶域咸慕其名得其文者莫不以爲榮云

黄溍

黄溍字晋卿婺州義烏人母童氏夢大星墜于懷乃有娠歴二十四月始生溍溍生而俊異比成童授以書詩不一月成誦迨長以文名於四方中延祐二年

進士第授台州寧海丞縣地瀕鹽場亭戶恃其不統於有司肆毒害民編戶隸漕司及財賦府者亦謂名有所憑橫暴尤甚溍皆痛繩以法吏以利害白弗顧也民有後母與僧通而酖殺其父者反誣民所爲獄將成溍變衣冠陰察之具知其姦僞卒直其冤惡少年名在盜籍者而謀爲刼奪未行邑大姓執之圖中賞格初無獲財左驗事久不決溍爲之疏剔以其獄上論之如本條免死者十餘人遷兩浙都轉運鹽使司石堰西場監運改諸暨州判官巡海官舸例以三載一新費出于官而責足于民有餘則揔其事者私

焉溍撙節浮蠹以餘錢還民驩呼而去奸民以僞鈔鉤結黨與脅攘人財官若吏聽其謀挾往新昌天台寧海東陽諸縣株連所及數百家民受禍至慘郡府下溍鞫治溍一問皆引伏官吏除名同謀者各杖遣之有盜繫於錢唐縣獄游民賂獄吏私縱之假署文牒發其來爲向導逮捕二十餘家溍訪得其情以正盜宜傳重議持僞文書來者又非州民俱械還錢唐誣者自明入爲應奉翰林文字同知制誥兼國史院編脩官轉國子博士視弟子如朋交未始以師道自尊輕納人拜而來學者滋益恭業成而仕皆有聞于

世時欲增設禮殿配位四配位合東坐而西向學官或議分置於左右同列不敢爭溍獨面折之事乃止出爲江浙等處儒學提舉溍年始六十七不俟引年亟上納祿侍親之請絶江徑歸俄以秘書少監致仕未幾落致仕除翰林直學士知制誥同脩國史尋兼經筵官執經進講者三十有二帝嘉其忠數出金織紋段賜之陞侍講學士知制誥同脩國史同知經筵事階自將仕郎七轉至中奉大夫溍上章求歸不俟報而行帝聞之遣使者追還京師復爲前官久之始得謝南還優游田里間凡七年卒於繡湖之私第年

八十一贈中奉大夫江西等處行中書省叅知政事護軍追封江夏郡公謚曰文獻溍天資介特在州縣唯以清白爲治月俸弗給每鬻產以佐其費及升朝行挺立無所附足不登鉅公勢人之門君子稱其清風高節如氷壺玉尺纖塵弗汙然剛中少容觸物或弦急霆震若未易涯涘一旋踵間煦如陽春溍之學博極天下之書而約之於至精剖析經史疑難及古今因革制度名物之屬旁引曲證多先儒所未發文辭布置謹嚴援據精切俯仰雍容不大聲色譬之澄湖不波一碧萬頃魚鼈蛟龍潛伏不動而淵然之光

自不可犯所著書有日損齋藁三十三卷義烏志七卷筆記一卷同郡柳貫吳萊皆浦陽人貫字道傳器局凝定端嚴若神嘗受性理之學於蘭溪金履祥必見諸躬行自幼至老好學不倦凡六經百氏兵刑律曆數術方技異教外書靡所不通作文沉鬱舂容涵肆演迤人多傳誦之始用察舉爲江山縣儒學教諭仕至翰林待制與溍及臨川虞集豫章揭傒斯齊名人號爲儒林四傑所著書有文集四十卷字系二卷近思録廣輯三卷金石竹帛遺文十卷年七十三卒萊字立夫集賢大學士直方之子也華行稍後於貫溍天

資絶人七歲能屬文凡書一經目輒成誦嘗往族父家日易漢書一帙以去族父迫扣之萊琅然而誦不遺一字三易他編皆如之衆驚以爲神延祐七年以春秋舉上禮部不利退居深裊山中益窮諸書奥旨著尚書標説六卷春秋世變圖二卷春秋傳授譜一卷古職方録八卷孟子弟子列傳二卷楚漢正聲二卷樂府類編一百卷唐律删要三十卷文集六十卷他如詩傳科條春秋經説胡氏傳證誤皆未脫稾萊尤喜論文嘗云作文如用兵兵法有正有奇正是法度要部伍分明奇是不爲法度所縛舉眼之頃千變

萬化坐作進退擊刺一時俱起及其欲止什伍各還其隊元不曾亂聞者服之貫平生極慎許與每稱萊爲絶世之才溍晚年謂人曰萊之文嶄絶雄深類秦漢間人所作實非今世之士也吾縱操觚一世又安敢及之哉其爲前輩所推許如此萊以御史薦調長薌書院山長未上卒年僅四十有四君子惜之私謚曰淵潁先生

傳卷第六十八

翰林學士亞中大夫知制誥兼修國史臣宋濂　翰林待制承直郎同知制誥兼國史院編修官臣王禕等奉

敕修

張起巖

張起巖字夢臣其先章丘人五季避地禹城高祖迪以元帥右監軍權濟南府事徙家濟南當金之季張榮據有章丘鄒平濟陽長山辛市蒲臺新城淄州之地歲丙戌歸於太祖始終能效忠節迪與其子福實先後羽翼之福仕爲濟南路軍民鎮撫兵鈐轄權府事生東昌録事判官鐸鐸生四川行省儒學副提舉

範範生起巖初其母丘氏有娠見長蛇數丈入榻下已忽不見乃驚而誕起巖幼從其父學年弱冠以察舉爲福山縣學教諭值縣官捕蝗移攝縣事久之聽斷明允其民相率曰若得張教諭爲真縣尹吾屬何患焉政成遷安丘中延祐乙卯進士首選除同知登州事特旨改集賢脩撰轉國子博士升國子監丞進翰林待制兼國史院編脩官丁内艱服除選爲監察御史中書參政楊廷玉以墨敗臺臣奉旨鞫廟堂遠之下吏丞相倒剌沙疾其權奪同列悉誣臺臣罔上欲寘之重辟起巖以新除留臺抗章論曰臺臣按劾百官

論列朝政職使然也今以奉職獲戾風紀解體正直結舌忠良寒心殊非盛世事且世皇建臺閣廣言路維持治體陛下即位詔旨動法祖宗今臺臣坐譴公論杜塞何謂法祖宗耶章三上不報起巖廷爭愈急帝感悟事乃得釋猶皆坐罷免還鄉里遷中書右司員外郎進左司郎中兼經筵官拜太子右贊善丁外艱服除改燕王府司馬拜禮部尚書文宗親郊起巖充大禮使導帝陟降步武有節衣前後襜如陪位百官望之如古圖畫中所覩帝甚嘉之賜賚優渥轉參議中書省事寧宗崩燕南俄起大獄有妄男子上變

言部使者謀不軌按問皆虚法司謂唐律告叛者不反坐起巖奮謂同列曰方今嗣君未立人情危疑不亟誅此人以杜奸謀慮妨大計趣有司具獄都人肅然大事尋定中書方列坐銓選起巖薦一士可用丞相不悦起巖即攝衣而起丞相以爲忤己還翰林侍講學士知制誥兼脩國史脩三朝實録加同知經筵事御史臺奏除浙西廉訪使不允已而擢陝西行臺侍御史將行復留爲侍講學士拜江南行臺侍御史召入中臺爲侍御史轉燕南廉訪使搏擊豪强不少容貸貧民賴以吐氣滹沱河水爲真定害起巖論封

河神爲侯爵而移文責之後脩其隄防瀹其湮鬱水患遂息陞江南行臺御史中丞拜翰林學士承旨知制誥兼脩國史知經筵事右丞相别怯里不花爲臺臣所糾去位未幾再入相諷詞臣言臺章之非起巖執不可聞者壯之俄拜御史中丞論亨剴直無所顧忌與上官多不合詔脩遼金宋三史復命入翰林爲承旨充總裁官積階至榮禄大夫起巖熟於金源典故宋儒道學源委尤多究心史官有露才自是者每立言未當起巖據理竄定深厚醇雅理致自足史成年始六十有五遂上疏乞骸骨以歸後四年卒謚曰

文穆起巖面如紫瓊美髯方頤而眉目清揚可觀望而知爲雅量君子及其臨政決議意所背鄉屹若泰山不可回奪或時面折人面頸發赤不少恕廟堂憚之識者謂其外和中剛不受人籠絡如歐陽脩名聞四裔安南脩貢其陪臣致其世子之辭必候起巖起居性孝友少處窮約下帷教授躬致米百里外以養父母撫弟如石教之宦學無不備至舉親族弗克葬者二十餘喪且買田以給其祭凡獲俸賜必與故人賓客共之卒之日廩無餘粟家無餘財先是至元乙酉三月乙亥太史奏文昌星明文運將興時世祖行幸上京明日丙子皇孫降生於儒州是夜起巖亦生其後皇孫踐祚是爲仁宗始詔設科取士及廷試起巖遂爲第一人論者以爲非偶然也起巖博學有文善篆隸有華峯漫藁華峯類藁金陵集各若干卷藏于家子二人琳琛

歐陽玄

歐陽玄字原功其先家廬陵與文忠公脩同所自出至曾大父新始遷居瀏陽故玄爲瀏陽人幼岐嶷母李氏親授孝經論語小學諸書八歲能成誦始從鄉先生張貫之學日記數千言即知屬文十歲有黄冠

師注目視玄謂貫之曰是兒神氣凝遠目光射人異日當以文章冠世廊廟之器也言訖而去亟追與語已失所之部使者行縣玄以諸生見命賦梅花詩立成十首晚歸增至百首見者駭異之年十四益從宋故老習爲詞章下筆輒成章每試庠序輒占高等弱冠下帷數年人莫見其面經史百家靡不研究伊洛諸儒源委尤爲淹貫延祐元年詔設科取士玄以尚書與貢明年賜進士出身授岳州路平江州同知調太平路蕪湖縣尹縣多疑獄久不決玄察其情皆爲平翻豪右不法虐其驅奴玄斷之從良貢賦徵發及

時民樂趨事教化大行飛蝗獨不入境改武岡縣尹縣控制溪洞蠻獠雜居撫字稍乖輒弄兵犯順玄至踰月赤水太清兩洞聚衆相攻殺官曹相顧失色計無從出玄即日單騎從二人徑抵其地諭之至則死傷滿道戰鬭未已獠人熟玄名弃兵伏羅拜馬首曰我曹非不畏法緣訴某事於縣縣官不爲直反以繇役橫斂掊克之情有弗堪乃發憤就死耳不意煩我清廉官自來玄喻以禍福歸爲理其訟獠人遂安召爲國子博士陞國子監丞致和元年遷翰林待制兼國史院編脩官時當兵興玄領印攝院事日直內廷叅决機務凡遠近調發制詔書檄既而改元天曆郊廟建后立儲肆赦之文皆經撰述復條時政數十事實封以聞多推行之明年初置奎章閣學士院又置藝文監隸焉皆選清望官居之文宗親署玄爲藝文少監奉詔纂修經世大典陞太監檢校書籍事元統元年改僉太常禮儀院事拜翰林直學士編脩四朝實録俄兼國子祭酒召赴中都議事陞侍講學士復兼國子祭酒重紀至元五年足患風痺乞南歸以便醫藥帝不允拜翰林學士未幾懇辭去位帝復不允免其行朝賀禮至正改元更張朝政事有不便者集

議廷中玄極言無隱科目之復沮者尤衆玄尤力爭之未幾南歸復起爲翰林學士以疾未行詔脩遼金宋三史召爲總裁官發凡舉例俾論撰者有所據依史官中有悻悻露才論議不公者玄不以口舌爭俟其呈稾援筆竄定之統系自正至於論贊表奏皆玄屬筆五年帝以玄歷仕累朝且有脩三史功諭旨丞相超授爵秩遂擬拜翰林學士承旨及入奏上稱快者再三已而乞致仕帝復不允御史臺奏除福建廉訪使行次淛西疾復作乃上休致之請作南山隱居優游山水之間有終焉之志復拜翰林學士承旨玄屢力辭不獲命奉勑定國律尋乞致仕陳情懇切乃特授湖廣行中書省右丞致仕賜白玉束帶給俸賜以終其身將行帝復降旨不允仍前翰林學士承旨進階光禄大夫十四年汝潁盜起蔓延南北州縣幾無完城玄獻招捕之策千餘言鑿鑿可行當時不能用十七年春乞致仕以中原道梗欲由蜀還鄉帝復不允時將大赦天下宣赴內府玄乆病不能步履丞相傳旨肩輿至延春閣下實異數也是歲十二月戊戌卒於崇教里之寓舍年八十五中書以聞帝賜賻甚厚贈崇仁昭德推忠守正功臣大司徒柱國追封

楚國公諡曰文玄性度雍容含弘縝密處己儉約爲政廉平歷官四十餘年在朝之日殆四之三三任成均而兩爲祭酒六入翰林而三拜承旨修實錄大典三史皆大製作屢主文衡兩知貢舉及讀卷官凡宗廟朝廷雄文大册播告萬方制誥多出玄手金繒上尊之賜幾無虛歲海内名山大川釋老之宮王公貴人墓隧之碑得玄文辭以爲榮片言隻字流傳人間咸知寶重文章道德卓然名世羽儀斯文贊衛治具與有功焉玄無子以從子達老後復先玄卒有圭齋文集若干卷傳于世

許有壬

許有壬字可用其先世居潁後徙湯陰有壬幼穎悟讀書一目五行嘗閲衛州淨居院碑文近千言一覽輒背誦無遺年二十暢師文薦入翰林不報授開寧路學正陞教授未上辟山北廉訪司書吏擢延祐二年進士第授同知遼州事會關中有警鄰州聽民出避棄孩嬰滿道上有壬獨率弓箭手閉城門以守卒獲無虞州有追逮不許胥隸足跡至村疃唯給信牌令執里役者呼之民安而事集右族貪虐者懲之寬獄雖有成案皆平翻而釋其罪州遂大治六年已未除山北廉訪司經歷至治元年遷吏部主事二年轉江南行臺監察御史行部廣東以貪墨劾罷廉訪副使哈只蔡衍至江西會廉訪使苗好謙監焚昏鈔檢視鈔者日至百餘人好謙恐其有弊痛鞭之人畏罪率剔真爲僞以迎其意莞庫吏而下榜掠無全膚迄莫能償有壬覆視之率真物也遂釋之凡勢官豪民人畏之如虎狼者有壬悉擒治以法部内肅然召拜監察御史八月英宗暴崩於南坡賊臣鐵失遣使者自上京至封府庫收百官印有壬知事急即往告御史中丞董守庸守庸謂宮禁事非子所當問有壬即

疏守庸及經歷朶尔只班監察御史郭也先忽都阿附鐵失之罪以俟十月鐵失伏誅泰定帝發上都御史大夫紐澤先還京師有壬即袖疏上之及帝至復上章言帖木迭兒之子瑣南與聞大逆乞賜典刑其兄弟勿令出入宫禁中書平章政事王毅右丞高昉横罹奪爵而四川行省平章政事趙世延受禍尤慘皆請雪冤復職繼上正始十事一曰輔翼太子宜先訓導二曰遴選長官宜先培養三曰通籍宫禁宜別貴賤四曰欲謹兵權宜削兼領五曰武備廢弛宜加脩飭六曰賊臣妻妾宜禁勢官徼索七曰前赦權以

止變宜再詔以正名八曰怗木迭兒諸子宜籍沒以懲惡九曰考驗經費以減民賦十曰撙節浮蠹以紓國用帝多從之泰定元年初立詹事院選爲中議改中書左司員外郎京畿饑有壬請振之同列讓曰子言固善其如虧國何有壬曰不然民本也不虧民顧豈虧國邪卒白於丞相發糧四十萬斛濟之民賴以活者甚衆國學舊法每以積分次第貢以出官執政用監丞張起巖議欲廢之而以推擇德行爲務有壬折之曰積分雖未盡善然可得博學能文之士若曰惟德行之擇其名固佳恐皆厚貌深情專意外飾或

懵不能識丁矣議久不決三年六月陞右司郎中其事遂行已而復寢獲盜例有賞論者多疑其僞有淹四十餘年者羣訴於馬首有壬曰盜賊方熾求疵太甚緩急何以使人但經部使者覆覈者皆予官俄移左司郎中每遇公議有壬屢爭事得失汛掃積滯幾無留牘都事宋本退語人曰此貞觀開元間議事也明年丁父憂天曆三年擢兩淮都轉運鹽司使先是鹽法壞廷議非有壬不能集事故有是命有壬詢究弊端立法而通融之國課遂登至順二年二月召參議中書省事未幾以丁母憂去元統元年復以參議召明年甲戌拜治書侍御史轉奎章閣學士院侍書學士仍治臺事會福達魯花赤完卜藉丞相勢宿衛東宮其行頗淫穢御史劾之完卜藏御史大夫家有壬捕而遣之九月拜中書參知政事知經筵事帝詔羣臣議上皇太后尊號爲太皇太后有壬曰皇上於皇太后母子也若加太皇太后則爲孫矣非禮也衆弗之從有壬曰今制封贈祖父母降於父母一等蓋推恩之法近重而遠輕今尊皇太后爲太皇太后是推而遠之乃反輕矣豈所謂尊之者邪弗之聽中書平章政事徹理帖木兒挾私憾奏罷進士科有壬廷

爭甚苦不能奪遂稱疾在告帝强起之拜侍御史會汝寧棒胡反大臣有忌漢官者取賊所造旗幟及僞宣敕班地上問曰此欲何爲耶意漢官諱言反將以罪中之有壬曰此曹建年號稱李老君太子部署士卒以敵官軍其反狀甚明尚何言其語遂塞廷議欲行古劓法立行樞密院禁漢人南人勿學蒙古畏吾兒字書有壬皆爭止之重紀至元初長蘆韓公溥因家藏兵器遂起大獄株連臺省多以贓敗獨無有壬名由是忌者益甚有壬度不可留遂歸彰德已而南遊湘漢間至元六年召入中書仍爲參知政事明

年改元至正有壬極論帝當親祠太廟毋后虛位徽政院當罷改元命相當合爲一詔冗職當沙汰錢糧當裁節如此之類不一而足人皆難之轉中書左丞二年囊加慶善八及孛羅帖木兒獻議開西山金口導渾河踰京城達通州以通漕運丞相脫脫主之甚力有壬曰渾河之水湍悍易決而足以爲害淤淺易塞而不可行舟況地勢高下甚有不同徒勞民費財耳不聽後卒如有壬言先是有壬之父熙載仕長沙日設義學訓諸生既歿而諸生思之爲立東岡書院朝廷賜額設官以爲育才之地南臺監察御史木八剌沙緣睚眦怨言書院不當立并構浮辭誣衊有壬并其二弟有儀有孚有壬遂稱病歸四年改江浙行省左丞辭六年召爲翰林學士既上又辭監察御史累章辨其誣俄拜浙西廉訪使未上復以翰林學士承旨召仍知經筵事明年夏授御史中丞賜白玉束帶及御衣一襲未幾復以病歸監察御史沓蘭不花銜有壬時短長之奏劾甚力事尋白十二年盜起河南聲撼河朔間有壬畫備禦之策十五條以授郡將民藉以安十三年起拜河南行省左丞朝廷遣將出征環河南境連營以百數一切芻餉皆仰給之有壬

從容集事若平時然十五年遷集賢大學士尋改樞密副使復拜中書左丞時以言爲諱有壬力言朝廷務行姑息之政賞重罰輕故將士貪掠子女玉帛而無鬭志遂倡招降之策言多不載有僧名開自高郵來言張士誠乞降衆韙事且成皆大喜有壬獨疑其妄毋僧詰之果語塞不能對轉集賢大學士兼太子左諭德階至光祿大夫有壬前朝舊德太子頗敬禮之一日入見方臂鷙禽以爲樂遽呼左右屏去十七年以老病力乞致其事久之始得請給俸賜以終其身二十四年九月二十一日卒年七十八有壬歷事七朝垂五十年遇國家大事無不盡言皆一根至理而曲盡人情當權臣恣睢之時稍忤意輒誅竄隨之有壬絕不爲巧避計事有不便明辨力諍不知有死生利害君子多之有壬善筆札工辭章歐陽玄序其文謂其雄渾閎雋涌如層瀾迫而求之則淵靚深實蓋深許之也所著有至正集若干卷謚曰文忠子一人曰楨

宋本

宋本字誠夫大都人自幼穎拔異羣兒既成童聚經史窮日夜讀之句探字索必通貫乃已嘗從父禎官

江陵江陵王奎文明性命義理之學本徃質所得造
詣日深善爲古文辭必已出峻潔刻厲多微辭年四
十始還燕至治元年策天下士于廷本爲第一人賜
進士及第授翰林脩撰泰定元年春除監察御史首
言逆賊鐵失等雖伏誅其黨樞密副使阿散身親弒
逆以告變得不死竄嶺南乞早正天討國制範黃金
爲太廟神主仁宗室盜竟竊去本言在法民間失盜
捕之違期不獲猶治罪太常失典守及在京應捕官
皆當罷去又言中書宰執日趨禁中固寵苟安兼旬
不至中堂壅滯機務乞戒飭臣僚自非入宿衛日必

詣所署治事皆不報踰月調國子監丞夏風烈地震
有旨集百官雜議弭災之道時宿衛士自北方來者
復遣歸乃百十爲群剽刼殺人桓州道中既逮捕旭
滅傑奏釋之蒙古千户使京師宿邸中適民間朱甲
妻女車過邸門千户悦之并從者奪以入朱泣訴於
中書旭滅傑庇不問本適與議本復抗言鐵失餘黨
未誅仁廟神主盜未得桓州盜未治朱甲寃未伸刑
政失度民憤天怨災異之見職此之由辭氣激奮衆
皆聳聽冬移兵部員外郎二年轉中書左司都事會
議招撫溪洞民故將李牢山之子嘗假兵部尚書從

諸王帥兵征欝林州徭民李在道納妾留不進兵敗
歸樞密副使王卜鄰吉台言李平徭有功當遷官本
言李棄軍娶妾逗撓軍期宜亟寘諸法况可官邪王
色沮乃不敢言旭滅傑死左丞相倒刺沙當國得君
與平章政事烏伯都剌皆西域人西域富賈以其國
異石名曰瓓者來獻其估鉅萬或未酬其直諸嘗有
過爲司憲褫官或有出其門下者三年冬烏伯都剌
自禁中出至政事堂集宰執僚佐命左司員外郎胡
彝以詔藁示本乃以星孛地震赦天下仍命中書酬
累朝所獻諸物之直擢用自英廟至今爲憲臺奪官

者本讀竟白曰今警災異而畏獻物未酬直者憤怨
此有司細故形諸王言必貽笑天下司憲褫有罪若
官世祖成憲也今上即位累詔法世祖今擢用之是
廢成憲而反汗前詔也後復有邪佞贓穢者將治之
邪置不問邪宰執聞本言相視嘆息罷去明日宣詔
竟本遂稱疾不出四年春遷禮部郎中天曆元年冬
陞吏部侍郎二年改禮部侍郎是年文宗開奎章閣
置藝文監檢校書籍超大監至順元年進奎章閣學
士院供奉學士二年冬出爲河東廉訪副使將行擢
禮部尚書三年冬寧宗崩順帝未至皇太后在興聖

宮正旦議循故事行朝賀禮本言宜上表興聖宮廢
大明殿朝賀衆是而從之元統元年兼經筵官冬拜
陝西行臺治書侍御史不拜復留爲奎章閣學士院
承制學士仍兼經筵官二年夏轉集賢直學士兼國
子祭酒兼經筵如故是年冬十一月二十五日卒年
五十四階官自承務郎十轉至太中大夫本性高抗
不屈持論堅正制行純白不可干以私而篤朋友之
義堅若金鐵人有片善稱道不少置尤以植立斯文
自任知貢舉取進士蒲百人額爲讀卷官增第一甲
爲三人父官南中貧賣宅以去居官凊慎自持饘粥

至不給本未弱冠聚徒以養親殆二十年歷仕通顯
猶僦屋以居及卒非賻贈幾不能給棺斂執紼者近
二千人皆縉紳大夫門生故吏及國子諸生未嘗有
一雜賓時人榮之本所著有至治集四十卷行于世
謚正獻弟槩字顯夫登泰定元年進士第授校書郎
累官至翰林直學士謚文清槩嘗爲監察御史於朝
廷政事多所建明其文學與本齊名人稱之曰二宋
云

謝端

謝端字敬德蜀之遂寧人宋末蜀士多避兵江陵因
家焉端幼穎異五六歲能吟詩十歲能作賦弱冠與
尚書宋本同師明性理爲古文又同教授江陵城中
以文學齊名時號謝宋史杠宣慰荆南數加延禮薦
之姚樞樞方以文章大名自負少所許可以所爲文
眎端端一讀即能指擿其用意所在樞歎獎不已語
人後二十年若謝端者豈易得哉用薦者署校官不
報科舉法行就試河南行省中其舉以内艱不會試
延祐五年乃擢進士乙科授承事郎潭州路同知湘
陰州事歲滿入爲國子博士遷太常博士盜入太廟
失第八室黄金主坐罷去端禮官非典守不當坐亦

不辨尋除翰林脩撰陞待制以選爲國子司業遂爲
翰林直學士階太中大夫端善爲政筮仕湘陰猾吏
束手不敢舞文法豪民無賴者遠避去部使者行部
旁郡滯訟皆諉端讞端剖決如流績譽藉然其文章
嚴謹有法寧約近瘠無奢滋駁居翰林久至順元統
以來國家崇號慈極升祔先朝加封宣聖考妣制册
多出其手預脩文宗明宗寧宗三朝實録及累朝功
臣列傳時稱其有史才初文宗建奎章閣蒐羅中外
才俊置其中嘗語阿榮曰當今文學之士朕惟未識
謝端亡何文宗崩竟不及用端端又與趙郡蘇天爵

同著正統論辨金宋正統甚悉世多傳之至元六年卒年六十二元世蜀士以文名者曰虞集而謝端其次云

傳卷第六十九

傳卷第七十　　元史一百八十三

翰林學士亞中大夫知制誥兼修國史臣宋濂翰林待制承直郎同知制誥兼國史院編修官臣王禕等奉

勅修

王守誠

王守誠字君實太原陽曲人氣宇和粹性好學從鄧文原虞集游文辭日進泰定元年試禮部第一廷對賜同進士出身授秘書郎遷太常博士續編太常集禮若干卷以進轉藝林庫使與著經世大典拜陝西行臺監察御史除奎章閣鑒書博士拜監察御史僉山東廉訪司事改戶部員外郎中書右司郎中拜禮部尚書與修遼金宋三史書成擢參議中書省事調燕南廉訪使至正五年帝遣使宣撫四方除守誠河南行省參知政事與大都留守荅尔麻失里使四川首薦雲南都元帥述律鐸爾直有文武材初四川廉訪使某與行省平章某不相能誣宣使蘇伯延行賄於平章某瘐死獄中至是伯延親屬有愬會茶鹽轉運司官亦訟廉訪使累受金廉訪使倉皇去官至楊州死副使而下皆以事罷憲史四人奏差一人籍其家而竄之餘皆斥去重慶銅梁縣尹張文德出遇少年執兵刄疑為盜擒執之果拒敵文德斬其首得懷

中帛旗書曰南朝趙王賊黨聞之遂焚刼雙山文德捕殺百餘人重慶府官以私怨使縣吏誣之乃議文德罪比不即捕强盜例加四等遇赦免猶擬杖一百守誠至爲直其事他如以賊罪誣人動至數千緡與夫小民田婚之訟殆百十計守誠皆辨析詳讞绛窮吐實爲之平反州縣官多取職田者累十有四人悉釐正之因疏言仕於蜀者地僻路遥俸給之薄何以自養請以户絶及屯田之荒者召人耕種收其入以增禄秩冝賓縣尹楊濟亨欲於蟠龍山建𡨋宗神御殿儒學提舉謝晉賢請復文翁石室爲書院皆采以上聞成之風采聳動天下論

功居諸道最進資政大夫河南行省左丞未上毋劉氏歿于京師聞喪亟歸遂遘疾以至正九年正月卒年五十有四帝賜鈔萬緡謚文昭有文集若干卷

王思誠

王思誠字致道兖州嵫陽人天資過人七歲從師授孝經論語即能成誦家本業農其祖佑詔家人曰兒大不敎力田反敎爲迂儒邪思誠愈自力弗懈後從汶陽曹元用游學大進中至治元年進士第授管州判官召爲國子助教改翰林國史院編修官尋陞應奉翰林文字再轉爲待制至正元年遷奉議大夫國子司業二年拜監察御史上疏言京畿去年秋不雨冬無雪方春首月蝗生黄河水溢蓋不雨者陽之亢水涌者陰之盛也甞聞一婦銜冤三年大旱往歲伯顔專擅威福僇殺不辜郯王之獄燕鐵木兒宗黨死者不可勝數非直一婦之冤而已豈不感傷和氣邪冝雪其罪勑有司行禱百神陳牲幣祭河伯發卒塞其缺被災之家死者給瘞具庶幾可以召陰陽之和消水旱之變此應天以實不以文也行部至檀州首言采金鐵冶提舉司設司獄掌囚之應徒配者鈦趾以春金鑛舊甞給衣與食天曆以來水壞金冶因罷

其給醬草飲水死者三十餘人瀕死者又數人夫罪不至死乃拘囚至於饑死不若加杖而使速死之愈也况州縣俱無囚粮輕重囚不決者多死獄中獄吏妄報其病月日用藥次第請定瘐死多寡罪著爲令又言至元十六年開壩河設壩夫户八千三百七十有七車户五千七十出車三百九十兩船户九百五十出船一百九十艘壩夫累歲逃亡十損四五而運粮之數十增八九船止六十八艘户止七百六十有一車之存者二百六十七兩户之存者二千七百五十有五晝夜奔馳猶不能給壩夫户之存者一千八

百三十有二一夫日運四百餘石肩背成瘡顛顇如
鬼甚可哀也河南湖廣等處打捕鷹房府打捕戶尚
玉等一萬三千二百二十五戶阿難荅百姓劉德元
等二千三百戶可以簽補使勞佚相資又言燕南山
東密邇京師比歲饑饉郡盜縱橫廵尉弓兵與提調
捕盜官會鄰境以討之賊南則會于北賊西則會于
東及與賊會望風先遁請立法嚴禁之又言初開海
道置海仙鶴哨船四十餘艘往來警邏今弊船十數
止於劉家港口以捕盜爲名實不出海以致寇賊猖
獗宜即萊州洋等處分兵守之不令泊船島嶼禁鎮

民與梢水爲婚有能捕賊者以船畀之獲賊首者賞
以官仍移江浙河南行省列戍江海諸口以詰海商
還者審非寇賊始令泊船下年粮船開洋之前遣將
士乘海仙鶴於二月終旬入海廣幾海道寧息朝廷
多是其議松州官吏誣構良民以取賂愬于臺者四
十人選思誠鞫問思誠密以他事入松州境執監州
以下二十三人皆罪之還至三河縣一囚愬不已俾
其黨異處使之言囚曰賊向盜某芝麻某追及刺之
幾死賊以是圖復讎今弓手欲捕獲功之數適中賊
計其贓實某妻裙也以裙示失主主曰非吾物其黨

詞屈遂釋之豐潤縣一囚年最少械繫瀕死疑而問
之曰昏暮三人投宿將詣集場約同行未夜半趣行
至一冢間見數人如有宿約者疑之衆以爲盜告不
從脅以白刃驅之前至一民家衆皆入獨留戶外遂
潛奔赴縣未及報而被收思誠遂正有司罪少年獲
免出僉河南山西道肅政廉訪司事行部武鄉縣監
縣來迓思誠私語吏屬曰此必贓吏未幾果有愬于
道側者問曰得無訴監縣徵汝馬乎其人曰然監縣
抵罪吏屬問思誠先知之故曰衣弊衣乘駿馬非詐
而何陝西行臺言欲疏鑿黃河三門立水陸站以達

於關陝移牘思誠會陝西河南省憲臣及郡縣長吏
視之皆畏險阻欲以虛辭復命思誠怒曰吾屬自欺
何以責人何以待朝廷諸君少留吾當躬詣其地衆
惶恐從之河中灘磧百有餘里巉石錯出路窮舍騎
徒行攀藤葛以進衆憊喘汗弗敢言凡三十里度其
不可乃作詩歷叙其險執政采之遂寢其議召修遼
金宋三史調秘書監丞會國子監諸生相率爲鬨復
命爲司業思誠召諸生立堂下黜其首爲鬨者五人
罰而降齋者七十人勤者升惰者黜於是更相勉勵
超陞兵部侍郎監燒燕南昏鈔忽心悸弗寧已而毋

病事畢馳還京師侍疾及丁内憂扶櫬南歸甫禫朝廷行内外通調法選郡縣守令起思誠太中大夫河間路總管磁河水頻溢决鉄燈干鉄燈干真定境也乃其邑吏責而懲之遂集民丁作堤晝夜督工期月而塞復築夾堤于外亘十餘里命瀕河民及弓手列置草舍於上擊木以防盜决是年民獲耕藝歲用大稔乃募民運碎甓治郭外行道高五尺廣倍之往來者無泥塗之病南皮民父祖嘗瀕御河種柳輸課於官名曰柳課後河决柳俱没官猶徵之九十餘年其子孫益貧不能償思誠連請于朝除之郡庭生嘉禾

三本一本九莖一本十六莖一本十三莖莖五六穗僚屬欲上進思誠曰吾嘗惡人行異政沽美名乃止所轄景州廣川鎮漢董仲舒之里也河間尊福鄉博士毛萇舊居也皆請建書院設山長員召拜禮部尚書十二年帝以四方民頗失業命名臣巡行勸課思誠至河間及山東諸路召集父老宣帝德意莫不感泣緘進二麥豌豆帝嘉之賜上尊二召還遷國子祭酒俄復爲禮部尚書知貢舉升集賢侍講學士兼國子祭酒應詔言事一曰置行省丞相以專方面二曰寬内郡徵輸以固根本三曰汰冗兵以省糧運四曰

改祿秩以養官廉五曰罷行兵馬司以便詰捕六曰復倚郭縣以正紀綱七曰設常選以起淹滯尋出爲陝西行臺治書侍御史辭以老病不允力疾戒行十七年春紅巾陷商州奪七盤進據藍田縣距奉元一舍思誠會豫王阿剌忒納失里及省院官於安西王月魯帖木兒邸衆洶懼無言思誠曰陝西重地天下之重輕繫焉察罕帖木兒河南名將賊素畏之宜遣使求援此上策也戍將嫉客兵軋己論久不决思誠曰吾兵弱旦夕失守欲將安歸乃移書察罕帖木兒曰河南爲京師之庭戶陝西實内郡之藩籬兩省相

望互爲唇齒陝西危則河南豈能獨安乎察罕帖木兒新復陝州得書大喜曰先生真有爲國爲民之心吾寧負越境擅發之罪遂提輕兵五千倍道來援思誠犒軍于鳳凰山還定守禦九事夜宿臺中未嘗解衣同官潛送妻子過渭北思誠止之分守北門其屬聞事急欲圖苟免思誠從容諭之曰吾受國重寄安定一方期戮力報効死之可也自古皆有死在遲與速耳衆乃安既而援兵破賊河南總兵官果以察罕帖木兒擅調遣人問之思誠亟請於朝宜命察罕帖木兒專守關陝仍令便宜行事詔從之行樞密院掾

史田甲受賂事覺匿豫邸監察御史捕之急并繫其母思誠過市中見之曰嘻古者罪人不孥况其母乎吾不忍以子而繫其母令釋之不從思誠因自劾不出諸御史謁而謝之初監察御史有封事自中丞以下惟署紙尾莫敢問其由事行始知之思誠曰若是則上下之分安在凡上章必拆視不可行者以臺印封置架閣庫俄起五省餘丁軍思誠争曰關中方用兵困於供給民多愁怨復有是役萬一爲變所繫豈輕耶事遂寢十七年召拜通議大夫國子祭酒時卧疾聞命即起至朝邑疾復作十月卒于旅舍年六十

有七謚獻肅

李好文

李好文字惟中大名之東明人登至治元年進士第授大名路濬州判官入爲翰林國史院編修官國子助教泰定四年除太常博士會盜竊太廟神主好文言在禮神主當以木爲之金玉祭器宜貯之别室又言祖宗建國以來七八十年每遇大禮皆臨時取具博士不過循故事應荅而已往年有詔爲集禮而乃令各省及各郡縣置局纂修宜其久不成也禮樂自朝廷出郡縣何有哉白長院者選僚屬數人仍請出架閣文牘以資採録三年書成凡五十卷名曰太常集禮遷國子博士丁内憂服闋起爲國子監丞拜監察御史時復以至元紀元好文言年號襲舊於古未聞襲其名而不蹈其實未見其益因言時弊不如至元者十餘事録囚河東有李拜拜者殺人而行兇之仗不明凡十四年不决好文曰豈有不决之獄如是其久乎立出之王傅撒都剌以足蹋人而死衆皆曰殺人非刃當杖之好文曰怙勢殺人甚於用刃况因有所求而殺之其情爲尤重乃置之死河東爲之震肅出僉河南浙東两道廉訪司事六年帝親享太室

召僉太常禮儀院事至正元年除國子祭酒改陝西行臺治書侍御史遷河東道廉訪使三年郊祀召爲同知太常禮儀院事帝之親祀也至寧宗室遣阿魯問曰兄拜弟可乎好文與博士劉聞對曰爲人後者爲之子也帝遂拜由是每親祀必命好文攝禮儀使四年除江南行臺治書侍御史未行改禮部尚書與修遼金宋史除治書侍御史仍與史事俄除參議中書省事視事十日以史故仍爲治書已而復除陝西行臺治書侍御史時臺臣皆缺好文獨署臺事西蜀奉使以私憾摭拾廉訪使曾文博僉事兀馬兒王武事文博死兀

馬兒誣服武不屈以輕侮抵罪好文曰奉使代天子行事當問民疾苦黜陟邪正今行省以下至於郡縣未聞舉劾一人獨風憲之司無一免者此豈正大之體乎率御史力辨武等之枉并言奉使不法者十餘事六年除翰林侍講學士兼國子祭酒又遷改集賢侍講學士仍兼祭酒九年出參湖廣行省政事改湖北道廉訪使尋召爲太常禮儀院使於是帝以皇太子年漸長開端本堂命皇太子入學以右丞相脫脫大司徒雅不花知端本堂事而命好文以翰林學士兼諭德好文力辭上書宰相曰三代聖王莫不以教

世子爲先務蓋帝王之治本於道聖賢之道存於經而傳經期於明道出治在於爲學關係至重要在得人自非德堪範模則不足以輔成德性自非學臻閫奧則不足以啓迪聰明宜求道德之鴻儒仰成國家之盛事而好文天資本下人望素輕草野之習而久與性成章句之學而寖以事廢驟膺重託負荷誠難必別加選掄庶幾國家有得人之助而好文免妨賢之譏丞相以其書聞帝嘉歎之而不允其辭好文言欲求二帝三王之道必由於孔氏其書則孝經大學論語孟子中庸乃摘其要畧釋以經義又取史傳及先儒論說有關治體而協經旨者加以所見倣真德秀大學衍義之例爲書十一卷名曰端本堂經訓要義奉表以進詔付端本堂令太子習焉好文又集歷代帝王故事總百有六篇一曰聖慧如漢孝昭後漢明帝幼敏之類二曰孝友如舜文王及唐玄宗友愛之類三曰恭儉如漢文帝却千里馬罷露臺之類四曰聖學如殷宗緝學及陳隋諸君不善學之類以爲太子問安餘暇之助又取古史自三皇迄金宋歷代授受國祚久遠治亂興廢爲書曰大寶録又取前代帝王是非善惡之所當法當戒者爲書名曰大寶龜

鑑皆録以進焉久之陞翰林學士承旨階榮禄大夫十六年復上書皇太子其言曰臣之所言即前日所進經典之大意也殿下宜以所進諸書參以貞觀政要大學衍義等篇果能一一推而行之則萬幾之政太平之治不難致矣皇太子深敬禮而嘉納之後屢引年乞致仕辭至再三遂拜光禄大夫河南行省平章政事仍以翰林學士承旨一品禄終其身

孛术魯翀 子遠附

孛术魯翀字子翬其先隆安人金泰和間定女直姓氏屬望廣平祖德從憲宗南征因家鄧之順陽以功

封南陽郡侯父居謙用翀貴封南陽郡公初居謙辟掾江西以家自隨生翀贛江舟中鶖鳴者三人以爲異翀稍長即勤學父歿家事漸落翀不恤而爲學益力乃自順陽復往江西從新喻蕭克翁學克翁宋參政燧之四世孫也隱居不仕學行爲州里所敬嘗夜夢大鳥止其所居翼覆軒外舉家驚異出視之冲天而去明日翀至翀始名思温字伯和克翁爲易今名字以夢故後復從京兆蕭𣂏游其學益宏以肆翰林學士承旨姚燧以書抵𣂏曰燧見人多矣學問文章無足與子輩比倫者於是𣂏以女妻之大德十一年

用薦者授襄陽縣儒學教諭陞汴梁路儒學正會修世皇實錄燧首以翀薦至大四年授翰林國史院編修官延祐二年擢河東道廉訪司經歷遷陝西行臺監察御史賑濟吐蕃多所建白五年拜監察御史時英皇未出閤翀言宜擇正人以輔導帝嘉納之尋劾奏中書參議元明善帝初怒不納明日乃命改明善他官而傳旨慰諭翀巡按遼陽有旨給以弓矢環刀後因爲定制還往淮東覈憲司官聲跡淮東憲臣惟尚刑多置獄具翀曰國家所以立風紀蓋將肅清天下初不尚刑也取其獄具焚之時有旨凡以吏進者

例降二等從七品以上不得用翀言科舉未立人才多以吏進若一槩屈抑恐未足盡天下持平之議請吏進者宜止於五品許之因著爲令除右司都事時相鐵木迭兒專事刑戮以復私憾翀因避去頃之擢翰林修撰又改左司都事於是拜住爲左相使人勞翀曰今規模已定不同往日宜早至也翀強爲起會國子監隸中書俾翀兼領之先是陝西有變府縣之官多罣罥者翀白丞相曰此輩皆脅從非同情者乃悉加銓敘帝方獵柳林駐故東平王安童碑所因獻駐蹕頌皆稱旨命坐賜飲尚尊從輦上京次龍虎臺

拜住命翀傳旨中書翀領之行數步還曰命翀傳否拜住歎曰真謹飭人也間謂翀曰爾可作宰相否翀對曰宰相固不敢當然所學宰相事也夫爲宰相者必福德才量四者皆備乃足當耳拜住大悅以酒觴翀曰非公不聞此言迎駕至行在所翀入見帝賜之坐陞右司員外郎奉旨預修大元通制書成翀爲之序泰定元年遷國子司業明年出爲河南行省左右司郎中丞相曰吾得賢佐矣翀曰世祖立國成憲具在愼守足矣譬若乘舟非一人之力所能運也翀乃開壅除弊省務爲之一新三年擢燕南河北道廉訪

使晉州達魯花赤有罪就逮而奉使宣撫以印帖徵之欲緩其事翀發其姦奉使因遁去入僉太常禮儀院事盜竊太廟神主翀言各室宜增設都監員內外嚴置扃鐍晝巡夜警永爲定制從之又纂修太常集禮書成而未上有旨命翀兼經筵官文宗之入也大臣問以典故翀所建白近漢文故事衆皆是之文宗嘗字呼子翬而不名命翀與平章政事溫迪罕等十人商論大事日夕備顧問宿直東廡下文宗虛大位以俟明宗翀極言大兄遠在朔漠北兵有阻神器不可久虛宜攝位以俟其至文宗納其言及文宗親祀天地社稷宗廟翀爲禮儀使詳記行禮節文於笏遇至尊不敢直書必識以兩圈帝偶取笏視曰此爲皇帝字乎因大笑以笏還翀竣事上天曆大慶詩三章帝命藏之奎章閣擢陝西漢中道廉訪使會立太禧院除僉太禧宗禋院兼祗承神御殿事詔遣使趣之還迎駕至龍虎臺帝問子翬來何緩太禧院使阿榮對曰翀體豐肥不任乘馬從水道來是以緩耳太禧臣日聚禁中以便顧問帝嘗問阿榮曰魯子翬飲食何如對曰與衆人同又問談論如何曰翀所談義理之言也從幸上都嘗奉勑撰碑文稱旨帝曰候朕還

大都當還汝潤筆貲也還集賢直學士兼國子祭酒諸生素已望翀至是私相歡賀翀以古者教育有業退必有居舊制弟子員初入學以羊贄所貳之品與羊等翀曰與其餍口腹孰若爲吾黨燥濕寒暑之虞乎命撙集之得錢二萬緡有奇作屋四區以居學者諸生積分有六年未及釋褐者翀至皆使就試而官之帝師至京師有旨朝臣一品以下皆乘白馬郊迎大臣俯伏進觴帝師不爲動惟翀舉觴立進曰帝師釋迦之徒天下僧人師也余孔子之徒天下儒人師也請各不爲禮帝師笑而起舉觴卒飲衆爲之慄然文宗崩皇太后聽政命別不花塔失海牙阿兒思蘭馬祖常史顯夫及翀六人商論國政翀以大位不可久虛請嗣君即位早正宸極以幸天下帝既即位大臣以爲赦不可頻行翀曰今上以聖子神孫入繼大統當新天下耳目今不赦豈可收怨於新造之君乎皇太后以爲宜從翀言議乃定遷禮部尚書階中憲大夫有大官妻無子而妾有子者其妻以田盡入于僧寺其子訟之翀召其妻詰之曰汝爲人妻不以貲產遺其子他日何面目見汝夫於地下卒反其田元統二年除江浙行省參知政事逾年以遷塋故歸鄉

里明年召為翰林侍講學士以疾辭不上至元四年卒年六十贈通奉大夫陝西行省參知政事護軍追封南陽郡公謚文靖翀狀貌魁梧不妄言笑其為學一本於性命道德而記問宏博異言僻語無不淹貫文章簡奥典雅深合古法用是天下學者仰為表儀其居國學者久論者謂自許衡之後能以師道自任者惟耶律有尚及翀而已有文集六十卷子遠字朋道以翀廕調秘書郎轉襄陽縣尹須次居南陽賊起遠以忠義自奮傾財募丁壯得千餘人與賊拒戰俄而賊大至遠被害死遠妻雷為賊所執賊欲妻之乃詆賊曰

我魯參政冢婦縣令嫡妻夫死不貳肯從汝狗彘以生乎賊醜其言將辱之雷號哭大罵不從乃見殺舉家皆被害

李泂

李泂字溉之滕州人生有異質始從學即穎悟彊記作為文辭如宿習者姚燧以文章負大名一見其文深歎異之力薦于朝授翰林國史院編修官未幾以親老就養江南久之辟中書掾非其志也及考除集賢院都事轉太常博士拜住為丞相聞泂名擢監修國史長史歷秘書監著作郎太常禮儀院經歷泰定初除翰林待制以親喪未克葬辭而歸天曆初復以待制召於是文宗方開奎章閣延天下知名士充學士員泂數進見奏對稱旨超遷翰林直學士俄特授奎章閣承制學士泂既為帝所知遇乃著書曰輔治篇以進文宗嘉納之朝廷有大議必使與焉會詔修經世大典泂方卧疾即強起曰此大制作也吾其可以不預力疾同修書成既進奏旋謁告以歸復除翰林直學士遣使召之竟以疾不能起泂骨骼清峻神情開朗秀眉疎髯目瑩如電顏面如冰玉而唇如渥丹然峩冠褒衣望之者疑為神仙中人也其為文章

奮筆揮灑迅飛疾動汩汩滔滔思態疊出縱橫奇變若紛錯而有條理意之所至臻極神妙泂每以李太白自擬當世亦以是許之嘗游匡廬王屋少室諸山留連久乃去人莫測其意也僑居濟南有湖山花竹之勝作亭曰天心水面文宗嘗勑虞集製文以記之泂尤善書自篆隸草真皆精詣為世所珍愛卒年五十九有文集四十卷

蘇天爵

蘇天爵字伯脩真定人也父志道歷官嶺北行中書省左右司郎中和林大饑救荒有惠政時稱能吏天

爵由國子學生公試名在第一釋褐授從仕郎大都路薊州判官丁內外艱服除調功德使司照磨泰定元年改翰林國史院典籍官陞應奉翰林文字至順元年預修武宗實録二年陞修撰擢江南行臺監察御史明年慮囚于湖北湖北地僻遠民獠所雜居天爵冒瘴毒徧歷其地囚有言寃狀者天爵曰憲司歲兩至不言何也皆曰前此慮囚者應故事耳今聞御史至當受刑故不得不言天爵爲之太息每事必究心雖盛暑猶夜篝燈治文書無倦江陵民文甲無子育其甥雷乙後乃生兩子而出乙乙俟兩子行賣茶

即舟中取斧並斲殺之沈斧水中而血漬其衣跡故在事覺乙具服部使者乃以三年之疑獄釋之天爵曰此事二年半耳且不殺人何以衣汚血又何以知斧在水中又其居去殺人處甚近何謂疑獄遂復寘于理常德民盧甲莫乙汪丙同出傭而甲誤墮水死甲弟之爲僧者欲私甲妻不得訴甲妻與乙通而殺其夫乙不能明誣服擊之死斷其首棄草間屍與仗棄譚氏家溝中吏往索果得髑髏然屍與仗皆無有而譚誣證曾見一屍水漂去天爵曰屍與仗縱存今已八年未有不腐者召譚詰之則甲未死時目已瞽

其言曾見一屍水漂去妄也天爵語吏曰此乃疑獄況不止三年俱釋之其明於詳讞大抵此類入爲監察御史道改奎章閣授經郎元統元年復拜監察御史在官四閱月章疏凡四十五上自人君至于朝廷政令稽古禮文閭閻幽隱其關乎大體繫乎得失者知無不言所劾者五人所薦舉者百有九人明年預修文宗實録遷翰林待制尋除中書右司都事兼經筵參贊官後至元二年由刑部郎中改御史臺都事三年遷禮部侍郎五年出爲淮東道肅政廉訪使憲綱大振一道肅然入爲樞密院判官明年改吏部尚

書拜陝西行臺治書侍御史復爲吏部尚書陞參議中書省事是時朝廷更立宰相庶務多所弛張而天子圖治之意甚切天爵知無不言言無顧忌夙夜謀畫須髮盡白至正二年拜湖廣行省參知政事遷陝西行臺侍御史四年召爲集賢侍講學士兼國子祭酒天爵自以起自諸生進爲師長端己悉心以範學者明年出爲山東道肅政廉訪使尋召還集賢充京畿奉使宣撫究民所疾苦察吏之姦貪其興除者七百八十有三事其糾劾者九百四十有九人都人有包韓之譽然以忤時相意竟坐不稱職罷歸七年天

子察其誣乃復起爲湖北道宣慰使浙東道廉訪使俱未行拜江浙行省叅知政事江浙財賦居天下十七事務最煩劇天爵條分目別細鉅不遺九年召爲大都路都總管以疾歸俄復起爲兩浙都轉運使時鹽法弊甚天爵拯治有方所辦課爲鈔八十萬定及期而足十二年妖寇自淮右蔓延及江東詔仍江浙行省叅知政事總兵于饒信所克復者一路六縣其方略之密節制之嚴雖老帥宿將不能過之然以憂深病積遂卒于軍中年五十九天爵爲學博而知要長於紀載嘗著國朝名臣事略十五卷文類七十卷其

爲文長於序事平易溫厚成一家言而詩尤得古法有詩稾七卷文稾三十卷於是中原前輩凋謝殆盡天爵獨身任一代文獻之寄討論講辯雖老不倦晚歲復以釋經爲已任學者因其所居稱之爲滋溪先生其他所著文有松廳章疏五卷春風亭筆記二卷遼金紀年黃河原委未及脫稾云

傳卷第七十

傳卷第七十一　元史一百八十四

翰林學士亞中大夫知制誥兼修國史臣宋濂翰林待制承直郎同知制誥兼國史院編修官臣王禕等奉

勅修

王都中

王都中字元俞福之福寧州人父積翁仕宋爲寶章閣學士福建制置使至元十三年宋主納土乃以全閩八郡圖籍來入覲世祖於上京降金虎符授中奉大夫刑部尚書福建道宣慰使兼提刑按察使尋除參知政事行省江西俄以爲國信使宣諭日本至其境遇害于海上都中生三歲即以恩授從仕郎南劍

路順昌縣尹七歲從其母葉詣闕下世祖閔焉給驛券俾南還賜平江田八千畝宅一區已而世祖追念其父功不置特授都中少中大夫平江路總管府治中時年甫十七僚吏見其年少頗易視之都中遇事剖析動中肯綮皆瞠眙不敢欺崑山有詭易官田者事覺而八年不決都中爲披故牘洞見底裏其人乃伏辜吳江有違拒有司築堤護田之令而歸過於衆人者都中詢知其故皆置不問其人乃無所逃罪學舍久壞不治而郡守鈌都中曰聖人之道人所共由何獨守得爲乎乃首募大家合錢新其禮殿秩祡除

浙東道宣慰副使金華有毆殺人者吏受賕以爲病死都中摘屬吏覆按得其情獄具縣長吏而下皆以贓敗餘姚有豪民張甲居海濱爲不法擅制一方吏無敢涉其境都中捕繫之痛繩以法遷荆湖北道宣慰副使適歲侵都中躬履山谷以拯其飢民賴以全活者數十萬武宗詔更鈔法行銅錢以都中爲通才除江淮泉貨監凡天下爲監者六惟江淮所鑄錢號最精改郴州路總管郴居楚上流谿洞傜獠往來民間憚其强猾莫敢與相貿易都中煦之以恩懾之以威乃皆悅服郴民染於蠻俗喜鬭爭都中乃大治學

舍作籩豆簠簋笙磬琴瑟之屬使其民識先王禮樂之器延宿儒教學其中以義理開曉之俗爲之變隣州茶陵富民譚乙死無子惟一小妻及其贅壻妻誣其壻拜屍成婚藏隱玉枕夜明珠株連八百餘人奉使宣撫移其獄誘之都中窮治悉得其情而正其罪州長吏而下計其贓至十一萬五千餘緡人以爲神明遷饒州路總管年饑米價翔踊都中以官倉之米定其價爲三等言於行省以爲須糶以下等價民乃可得食未報又於下等價減十之二使民就糴時宰怒其專擅都中曰饒去杭幾二千里比議定往還非

半月不可人七日不食則死安能忍死以待乎其民亦相與言曰公爲我輩減米價公果得罪我輩當鬻妻子以代公償時宰聞之乃罷郡歲貢金而金戶貧富不常都中考得其實乃更定之包銀之法戶不過二兩而州縣徵之加十倍都中責之一以詔書從事父老或以兩岐之麥六穗之禾爲獻都中曰此聖主之嘉瑞非臣下所敢當遂以聞于朝以內憂去郡民生爲立祠服闋除兩浙都轉運鹽使未上擢海北海南道肅政廉訪使中書省臣奏國計莫重於鹽筴乃如前除鹽亭竈戶三年一比附推排世祖舊制也任

事者恐斂怨久不舉行都中曰爲臣子者使皆避謫何以集事乃請于行省徧歷三十四場驗其物力高下以損益之役既平而課亦足公私便之擢福建閩海道肅政廉訪使俄遷福建道宣慰使都元帥又改浙東道宣慰使都元帥天曆初被省檄整點七路軍馬境內晏然從廣東道宣慰使都元帥三易鎭皆佩元降金虎符元統初朝廷以兩淮鹽法久壞詔命都中以正奉大夫行戶部尚書兩淮都轉運鹽使仍贈襲衣法酒都中旣至參酌前所行於兩浙者次第施行之鹽法遂修尋拜河南行省參知政事中道以疾

作南歸於是天子閔其老詔即其家拜江浙行省參
知政事至正元年卒贈昭文館大學士謚清獻都中
歷仕四十餘年所至政譽輒暴著而治郡之績雖古
循吏無以尚之當世南人以政事之名聞天下而位
登省憲者惟都中而已又其清白之操得於家傳所
賜田宅之外不增一疃不易一椽廩祿悉以給族姻
之貧者人尤以是多之幼留京師及拜許衡即知所
趨嚮中年尤致力於根本之學自號曰本齋有詩集
三卷

王克敬

王克敬字叔能大寧人幼奇穎嘗戲道旁丞相完澤
見之謂左右曰是兒資貌秀偉異日必令器也大寧
朔土習尚少文而克敬獨孜孜爲儒者事既仕累遷
江浙行省照磨尋陞檢校徽州民汪俊上變誣富人
反省臣遣克敬往驗之克敬察其言不實中道數爲
開陳禍福俊悔將對簿竟仰藥以死調奉議大夫知
順州以内外艱不上除江浙行省左右司都事延祐
四年往四明監倭人互市先是往監者懼外夷情叵
測必嚴兵自衛如待大敵克敬至悉去之撫以恩意
皆帖然無敢譁有吳人從軍征日本陷於倭者至是

從至中國訴於克敬願還本鄉或恐爲禍階克敬曰
豈有軍士懷恩德來歸而不之納邪脫有釁吾當坐
事聞朝廷嘉之番陽大饑總管王都中出廩粟賑之
行省欲罪其擅發克敬曰番陽距此千里比待命民
且死彼爲仁而吾屬顧爲不仁乎都中因得免拜監
察御史用故事監吏部選有履歷當陞者吏故抑之
問故吏曰有過克敬曰法笞四十七以上不陞今不
至是吏曰責輕罪重曰失出在刑部銓曹安知其罪
重卒陞之治書侍御史張伯高曰往者監選以減駁
爲能今王御史乃論增品級可爲世道賀矣尋遷左

司都事時英宗屬精圖治丞相拜住請更前政不便
者會議中書堂克敬首言江南包銀民貧有不能輸
者有司以責之役户甚無謂也當罷之兩浙煎鹽户
牢盆之役其重者尤害民當免其它役議定以聞悉
從之泰定初出爲紹興路總管郡中計口受鹽民困
於誅求乃上言乞減鹽五千引運司弗從因歎曰使
我爲運使當令越民少蘇矣行省檄克敬抽分舶貨
拘蕃者例籍其貨商人以風水爲解有司不聽克敬
曰其貨出其國地有遠近貨有輕重冒重險出萬死
舍近而趍遠棄重而取輕豈人情邪具以上聞衆不

能奪商人德之擢江西道廉訪司副使轉兩浙鹽運司使首減紹興民食鹽五千引溫州逮犯私鹽者以一婦人至怒曰豈有逮婦人千百里外與吏卒雜處者汙教甚矣自今毋得逮婦人建議著爲令明年擢湖南道廉訪使調海道都漕運萬户是歲當天曆之變海漕舟有後至直沽者不果輸復漕而南還行省欲坐罪督運者勸其還趨直沽克敬以謂脫其常年而往返若是信可罪今蹈萬死完所漕而還豈得已哉乃請令其計石數附次年所漕舟達京師省臣從之召爲參議中書省事有以飛語中大臣者下其事

克敬持古八議之法謂勳貴可以不議且罪狀不明而輕罪大臣何以白天下宰相傳旨大長公主爲皇外姑賜錢若干平雲南軍還賜錢若干英后入覲賜錢若干克敬乞覆奏宰相怒曰衆議乃敢格詔命邪克敬曰用財宜有道大長公主供饋素優今賜錢出無名不當也自諸軍征討以來賞格未下平雲南省獨先受賞是不均也英后遠還徒御衆多非大錫賚恩意不能洽今賜物鮮少是不周也宰相以聞帝可其議拜中奉大夫參知政事行省遼陽俄除江南行臺治書侍御史又遷淮東廉訪使以正綱紀爲己任

不縱貪墨不阿宗戚聲譽益著入爲吏部尚書乘傳至淮安墜馬居吳中養疾元統初起爲江浙行省參知政事請罷富民承佃江淮田從之松江大姓有歲漕米萬石獻京師者其人既死子孫貧且行乞有司仍歲徵弗足則雜置松江田賦中令民包納克敬曰匹夫妄獻米徼名爵以榮一身今身死家破又已奪其爵不可使一郡之人均受其害國用寧乏此耶具論免之江浙大旱諸民田減租唯長寧寺田不減遂移牘中書以謂不可忽天變而毒疲民瀕海猺賊竊發朝廷調戍兵之在行省者往討之會提調軍馬官

缺故事漢人不得與軍政衆莫知所爲克敬抗言行省任方面之寄假令萬一有重於此者亦將拘法坐視邪乃調兵往捕之軍行給粮有差事聞于朝即令江西湖廣二省給粮亦如之視事五月請老年甫五十九謂人曰穴趾而峻墉必危再實之木必傷其根無功德而忝富貴何以異此故常懷止足之分也又曰世俗喜言勿認真此非名言臨事不認真豈盡忠之道乎故其歷官所至俱有政績可紀時稱名卿克敬喜讀書其有所得者輒抄爲書又有所著詩文奏議傳于世元統三年卒年六十一贈中奉大夫陝西

等處行省參知政事追封梁郡公謚文肅子時以文學顯歷仕中書參知政事至左丞以翰林學士承旨致仕

任速哥

任速哥渤海人自幼事父母以孝稱性倜儻尤峭直踈財而尚氣不尚勢利義之所在必亟爲之有古俠士風而家居恂恂儒者不能過初襲父官爲右衛千户公卿以其賢薦于朝英宗召見與語奇之由是出入禁闥待以心腹將擢重職處之未幾鐵失與倒剌沙搆謀英宗遇弒遂引去自是不復出仕居常扼腕

戟醉歸慟哭過市時人目以爲狂莫知其意也泰定中倒剌沙用事天變數見速哥乃密與平章政事速速謀曰先帝之讎孤臣朝夕痛心而不能報者以未有善策也今吾思之武宗有子二人長子周王正統所屬然遠居朔方難以遽意次子懷王人望所歸而近在金陵易於傳命若能同心推戴以圖大計則先帝之讎可雪也速速深然之時燕帖木兒方僉樞密院事實握兵柄二人深結納之乃告以所謀燕帖木兒初聞之矍然因徐說之曰天下之事惟順逆兩塗以順討逆何患不克況公國家世臣與國同休戚

今國難不恤他日有先我而謀者禍必及矣於是燕帖木兒許之致和元年懷王自金陵遷江陵俄而泰定帝崩倒剌沙踰月不立君物情洶洶速哥乃與速速從燕帖木兒奉豫王令率諸豪傑乘時奮義以八月四日執居守省臣發兵塞居庸諸關召文武百寮集闕下諭以翊戴大義遣使迎懷王於江陵懷王至京師羣臣請正大統遂即皇帝位是爲文宗論功行賞擢速哥爲禮部尚書速哥辭曰臣曩備宿衛南坡之變不能勇效一死以報國士之知今日之舉皆諸將相之力在臣未足贖罪又曷敢言功乎文宗慰勉

之乃拜命而其他賞賚一無所受尋遷長寧寺卿繼出爲安豐路總管又入爲壽福府總管又爲都水使者居官恂恂無幾微自伐之意人或詢以翊戴之事往往遜謝終無所言君子尤以是多之

陳思謙

陳思謙字景讓其家世見祖祐傳中思謙少孤警敏好學凡名物度數綱紀本末考訂詳究尤深於邵子皇極經世書文宗天曆初政收攬賢能丞相高昌王亦都護舉思謙時年四十矣召見興聖宮明年二月授典寶監經歷十一月改禮部主事首言教坊儀鳳

二司請併入宣徽以清禮部之選其官屬不當與文武臣並列朝會宜置百官之後大樂之前詔從之而二司隸禮部如故至順元年拜西行臺監察御史建明八事一曰正君道二曰結人心三曰崇禮讓四曰正綱紀五曰審銓衡六曰勵孝行七曰紓民力八曰脩軍政先是關陝大饑民多鬻產流徙及來歸皆無地可耕思謙言聽民倍直贖之使富者收兼入之利貧者獲已棄之業從之監察御史李擴行部甘肅金州民劉海延都其兄元元自稱流民王延祿非海延都之子告海延都掠其財擴聽之以酷法抑其父思

謙劾擴逆父子之天壞朝廷之法遂抵擴罪明年二月遷太禧宗禋院都事九月拜監察御史首陳四事言上有宗廟社稷之重下有四海烝民之生前有祖宗垂創之艱後有子孫長久之計中論秦漢以來上下三千餘年天下一統者六百餘年而已我朝開國百有餘年混一六十餘年土宇人民三代漢唐所未有也民有千金之產猶謹守之以爲先人所營況君臨天下承祖宗艱難之業而傳祚萬世者乎臣思以興亡懇懇言者誠以皇上有元之聖主今日乃皇上盛時圖治之機茲不可失也又言戶部賜田諸怯薛

支請海青獅豹肉食及局院工糧好事布施一切泛支以至元三十年以前較之動增數十倍至順經費缺二百三十九萬餘定宜節無益不急之費以備軍國之用苟能三分損一以惠民夫豈小哉又言軍站消乏僉補則無殷實之戶接濟則無羨餘之財倘有征行必括民間之馬苟能脩馬政亦其一助也方今西越流沙北際沙漠東及遼海地氣高寒水甘草美無非牧養之地宜設置群牧使司統領十監專治馬政并畜牛羊數年之後馬實蕃盛或給軍以收兵威或給站以優民力牛羊之富又足以給國用非小補

也又言銓衡之弊入仕之門太多黜陟之法太簡州郡之任太淹朝省之除太速欲設三策以救四弊一曰至元三十年以後增設衙門冗濫不急者從實減并其外有選法者并入中書二曰宜參酌古制設辟舉之科令三品以下各舉所知得才則受賞失實則受罰三曰古者刺史入爲三公郎官出宰百里蓋使外職識朝廷治體內官知民間利病今後縣尹有能聲善政者受郎官御史歷郡守有奇才異績者任憲使尚書其餘各驗資品通遷在內者不得三考連任京官在外者須歷兩任乃遷內職績非出類守不

敗官者則循以年勞處以常調凡朝缺官員須二十月之上方許遷除帝可其奏命中書議行之時有官居喪者往往奪情起復思謙言三年之喪謂之達禮自非金革不可從權遂著於令有詔起報嚴寺思謙曰兵荒之餘當罷土木以紓民力帝嘉之曰此正得祖宗立臺憲之意繼此事有當言者無隱賜縑綺旌之未幾遷右司都事元統二年五月轉兵部郎中十一月改御史臺都事重紀至元元年五月出為淮西道廉訪副使至淮未朞月引疾歸六月召為中書省員外郎上言強盜但傷事主者皆得死罪而故殺從

而加之人與鬬而殺人者例杖一百七下得不死與私宰牛馬之罪無異是視人與牛馬等也法應加重因奸殺夫所奸妻妾同罪律有明文今止坐所犯似失推明遂令法曹議著為定制至正元年轉兵部侍郎俄丁內艱服除召為右司郎中歲凶盜賊蠭起剽掠州邑思謙力言于執政當竭府庫以賑貧民分兵鎮撫中夏以防後患五年參議中書省事轉刑部尚書改湖南廉訪使八年遷淮東宣慰司都元帥九年遷浙西廉訪使湖廣行中書省參知政事辭十一年改淮西廉訪使廬州盜起思謙亟命廬州路總管杭州不花領弓兵捕之而賊已不可撲滅矣言于宣讓王帖木兒不花曰承平日久民不知兵王以帝室之冑鎮撫淮甸豈得坐視思謙願與王戮力殄滅且王府屬怯薛人等數亦不少必有能摧鋒陷陣者惟王圖之王曰此吾責也但鞍馬器械未備何能禦敵思謙括官民馬置兵甲不日而集分道並進遂禽渠賊廬州平既而潁寇將渡淮又言于王曰潁寇東侵亟調芍陂屯卒用之王曰非奉詔不敢調思謙言非常之變理宜從權擅發之罪思謙坐之王感其言從之其姪立本為屯田萬户召語曰吾祖宗以忠義傳家

汝之職乃我先人力戰所致今國家有難汝當身先士卒以圖報效庶無負朝廷也尋召入為集賢侍講學士脩定國律十二年拜治書侍御史明年陞中丞年近七十上章乞老不允特旨進一品授榮祿大夫仍御史中丞入謝感疾及命下強拜受命明日卒贈宣猷秉憲佐治功臣翰林學士承旨榮祿大夫柱國追封魯國公謚通敏

韓元善

韓元善字大雅汴梁之太康人唐檢校司空贈司徒充以宣武軍節度使兼統義成軍留鎮汴子孫遂為

太康韓氏父克昌至大間仕爲監察御史以論事有
名聲元善由國子監生積分中程釋褐除新州判官
累擢江南行臺監察御史歷中書左司郎中吏部侍
郎吏部尚書僉樞密院事至正三年拜中書參知政
事五年遷大司農卿尋出爲江南行御史臺中丞燕
南肅政廉訪使九年召拜中書左丞同知經筵事十
一年丞相脫脫奏事内廷以事關兵機而元善及參
知政事韓鏞皆漢人使退避勿與俱由是遂與右丞
王樞虎兒吐華同分省彰德以給餽餉十二年御史
大夫也先帖木兒總兵討汝寧元善至衛輝以病卒

元善性純正明達政體歷臺閣三十餘年遂躋丞
轄以文學治才羽翼廟謨論議之際秉義陳法不偭
鄉上官國是所在倚之以爲重嘗以謁告侍親居家
效范文正公遺規置田百畝爲義莊以周貧族至正
交鈔初行賜近臣各三百錠元善復以買田六百畝
爲義塾延名士以教族人子弟云

崔敬

崔敬字伯恭大寧之惠州人通刑名法律之學淮東
山南廉訪司皆辟書吏天曆初辟御史臺察院書吏
歷刑部令史徽政院掾史遂陞中書掾至元五年用
累考及格授刑部主事六年遷樞密院都事拜監察
御史時旣毀文宗廟主削文宗后皇太后之號徙東
安州而皇弟燕帖古思文宗子也又放之高麗敬上
疏略曰文皇獲不軌之愆已徹廟祀叔母有階禍之
罪亦削洪名盡孝正名斯亦足矣惟念皇弟燕帖古
思太子年方在幼罹此播遷天理人情有所不忍明
皇當上賓之日太子在襁褓之間尚未有知義當矜
憫蓋武宗視明文二帝皆親子也陛下與太子皆嫡
孫也以武皇之心爲心則皆子孫固無親疎以陛下
之心爲心未免有彼此之論臣請以世俗喻之常人

有百金之産尚置義田宗族困阨者爲之教養不使
失所況皇上貴爲天子富有四海子育黎元當使一
夫一婦無不得其所今乃以同氣之人置之度外適
足貽笑邊邦取辱外國況蠻夷之心不可測度倘生
他變關係非輕輿言至此良爲寒心臣願殺身以贖
太子之罪望陛下遣近臣迎歸太后太子以全母子
之情盡骨肉之義天意回人心悅則宗社幸甚不報
又上疏諫天子巡幸上都宜御内殿其略曰世祖以
上都爲清暑之地車駕行幸歲以爲常閣有大安殿
有鴻禧睿思所以保養聖躬適起居之宜存畏敬之

心也今失刺幹耳朵思乃先皇所以備宴游非常時臨御之所今陛下方以孝治天下屢降德音祗行宗廟親祀之禮雖動植無知罔不歡悅而國家多故天道變更臣備員風紀以言爲職願大駕還大內居深宮嚴宿衛與宰臣謀治道萬機之暇則命經筵進講究古今盛衰之由緝熙聖學乃宗社之福也時帝數以歷代珎寶分賜近侍敬又上疏曰臣聞世皇時大臣有功所賜不過槃革重惜天物爲後世慮至遠也今山東大饑燕南亢旱海潮爲災天文示儆地道失寧京畿南北蝗飛蔽天正當聖主恤民之日近侍之

臣不知慮此奏稟承請殆無虛日甚至以府庫百年所積之寶物遍賜僕御閹寺之流乳稚童孩之子帑藏或空萬一國有大事人有大功又將何以爲賜乎乞追回所賜以示恩不可濫庶允公論是年出僉山北廉訪司事按部全寧獄有李秀以坐造僞鈔連數十人而皆與秀不相識敬疑而讞之秀曰吾以訓童子爲業居村落間有司至秀舍謂秀爲僞造鈔者捶楚之下不敢不誣服耳敬詢知始謀者乃大同王濁十餘年事不泄而有司誤以李秀爲王濁也移文至大同果得王濁爲真造僞鈔者至正初遷河南又遷

江東所至抑豪強惠下窮洗冤滯興學勸農百廢具舉除江西行省左右司郎中入爲諸路寶鈔提舉改工部侍郎十一年遷同知大都路總管府事直沽河淤數年中書省委敬浚治之給鈔數萬定募工萬人不三月告成咸服其能除刑部侍郎遷中書左司郎中十二年歷兵部尚書爲樞密院判官十四年遷刑部尚書廣東府憲僉殺以沙加班處大逆敬詳憲府以私相害致有是變殺人者自有典章得坐一人大逆非謀反則不科得坐一家敬立論全重而就輕朝廷咸以爲然十五年復爲樞密院判官尋拜參知政

事行省河南復爲兵部尚書兼濟寧軍民屯田使朝廷給以鈔十萬錠散於有司招致居民軍士立營屯種歲收得百萬斛以給邊防居歲餘其法井井十有七年召爲大司農少卿遂拜中書參知政事盜據齊魯敬與平章政事沓蘭參知政事俺普分省陵州陵州乃南北要衝無城郭而居民散處敬兼領兵刑户工四部事供給諸軍事無不集丞相以其能上聞賜之上尊仍命其便宜行事敬與俺普密議曰我軍強且勝彼將敗而降如得仗義之士直抵其巢穴而招安之亦方面之幸也有國子生王恪等願請往敬以

便宜授以官俾之行至鄆城見李秉彝田豐等諭以逆順禍福之理豐與秉彝皆悔過自新山東郡邑之復敬之策居多敬以軍馬供給浩繁而民力日疲乃請行納粟補官之令中書以其言聞詔從之河北燕南士民踵躡而至積粟百萬石綺段萬疋用以給軍費民獲少蘇十八年除山東行樞密院副使俄遷江浙行省左丞卒年六十七贈資善大夫江浙行省左丞如故諡曰忠敏

傳卷第七十二　元史一百八十五

翰林學士亞中大夫知制誥兼修國史臣宋濂翰林待制承直郎同知制誥兼國史院編修官臣王褘等奉
勑修

呂思誠

呂思誠字仲實平定州人六世祖宗禮金進士遼州司戶宗禮生仲堪亦舉進士仲堪生時敏時敏生釗爲千夫長死國事釗生德成德成生允卒平定知州致仕思誠父也母馮氏夢一丈夫烏巾白襴衫紅鞓束帶趨而揖曰我文昌星也及寤思誠生目有神光見者異之及長從蕭𣂏學治經已而入國子學爲陪堂生試國子伴讀中其選擢泰定元年進士第授同知遼州事未赴丁內艱改景州蓚縣尹差民戶爲三等均其徭役刻孔子象令社學祀事每歲春行田樹畜勤敏者賞以農器人爭趨事地無遺力民石安兒等流離積年至是聞風復業印識文簿畀社長藏之季月報縣不孝弟不事生業者悉書之罰其輸作胥吏至社者何人用飲食若干多者責償其直豪猾者寘名職田戶思誠盡祛其敝天曆兵興豫貸鈔於富民令下造軍器事皆先集民用不擾于後得官價亟以還民瞿彝自其大父因河南亂被掠爲人奴歲納丁粟以免作思誠知彝力學召其主與

之約終彛身栗三十石仍代之輸彛得爲良民他日
買羊劉智社民李持酒來見愬其弟匿羊思誠叱之
退王青兄弟四人友愛彌篤思誠至其家取酒勸酬
懽同骨肉李之兄弟相謂曰我等終不敢見尹矣各
具酒食相切責悔前過析居三十年復還同爨鎭民
張復叔毋孀居且瞽丐食以活恐思誠聞之卽日迎
養思誠怜其貧令爲媒互人以養之天旱道士持青
蛇曰盧師谷小青謂龍也禱之卽雨思誠以其惑人
殺蛇逐道士雨亦隨至遂有年縣多淫祠動以百餘
計刑牲以祭者無虛日思誠悉命毁之唯存江都相

董仲舒祠擢翰林國史院檢閱官俄陞編脩文宗在
奎章閣有旨取國史閱之左右舁匱以往院長貳無
敢言思誠在末僚獨跪閣下爭曰國史紀當代人君
善惡自古天子無觀閱之者事遂寢尋擢國子監丞
陞司業拜監察御史與斡玉倫徒等劾中書平章政
事徹里帖木兒變亂朝政章上留中不下思誠納印綬
殿前遂出僉廣西廉訪司事巡行郡縣土官有子元
帥者恃勢魚肉人恐事覺陰遣其子迓思誠於道思
誠縛之悉發其陰私痛懲其罪一道震肅移浙西逹
識帖睦邇時爲南臺御史大夫與江浙省臣有隙嗾

思誠劾之思誠曰吾爲天子耳目不爲臺臣鷹犬也
不聽已而聞行省平章左吉貪墨浙民多怨之思誠
奏疏其罪流之海南復召爲國子司業遷中書左司
員外郎盜殺河南省臣以僞檄呼廉訪使段輔入行
省事及事敗詿誤者三十餘人將寘於法思誠言於
朝皆釋之陞左司郎中思誠素剛直人多嫉之遂以
言罷起爲右司郎中拜刑部尚書科舉復行與簽書
樞密院事韓鏞爲御試讀卷官改禮部尚書御史臺
奏爲治書侍御史總裁遼金宋三史升侍御史樞密
院奏爲副使御史臺留爲侍御史會平章政事鞏卜

班不法監察御史劾之御史大夫也先帖木兒曰姑
徐之思誠趣入奏鞏卜班罷大夫銜思誠將謀擠之
思誠卽謁告朝廷知思誠無他遷河東廉訪使未幾
召爲集賢侍講學士兼國子祭酒出爲湖廣行省叅
知政事諸生抗疏留之不可道中授湖北廉訪使入
拜中書參知政事陞左丞轉御史中丞劾奏淸道官
不盡職罷之再任左丞知經筵事提調國子監兼翰
林學士承旨知制誥兼修國史加榮祿大夫總裁后
妃功臣傳會稡六條政類帝賜玉帶眷顧彌篤又爲
樞密副使仍知經筵事復爲中書左丞御史大夫納

麟誣叅政孔思立受賕事或欲連中思誠納麟曰呂左丞素有廉聲難以及之遂止拜集賢學士仍兼國子祭酒吏部尚書偰哲篤左司都事武祺等建言更鈔法以楮幣一貫文省權銅錢一千文爲母銅錢爲子命廷臣集議思誠曰中統至元自有母子上料爲母下料爲子譬之蒙古人以漢人子爲後皆人類也尚終爲漢人之子豈有故紙爲父而立銅爲子者乎一座咸笑思誠又曰錢鈔用法見爲一致以虛換實也今歷代錢至正錢中統鈔至元鈔交鈔分爲五項慮下民知之藏其實而棄其虛恐不利於國家也偰哲篤曰至元鈔多僞故更之爾思誠曰至元鈔非僞人爲僞爾交鈔若出亦爲僞者矣且至元鈔猶故戚也家之童奴且識之交鈔猶新戚也雖不敢不親人未識也其僞反滋多爾况祖宗之成憲其可輕改哉偰哲篤曰祖宗法弊亦可改矣思誠曰汝輩更法又欲上誣世皇是汝與世皇爭高下也且自世皇以來諸帝皆謚曰孝改其成憲可謂孝乎偰哲篤曰錢鈔兼行何如思誠曰錢鈔兼行輕重不倫何者爲母何者爲子汝不通古今道聽而塗說何足行哉偰哲篤忿曰我等策既不可行公有何策思誠曰我有三字

策曰行不得行不得丞相脫脫見思誠言直頗狐疑未決御史大夫也先帖木兒獨曰呂祭酒之言亦有是者但不當在廟堂上大聲厲色爾已而監察御史承望風旨劾思誠狂妄奪其誥命幷所賜玉帶復左遷湖廣行省左丞遣太醫院宣使秦初即其家迫遣之初窘辱之不遺餘力思誠不爲動貽書叅議龔伯遂曰去年許可用爲河南左丞今年呂思誠爲湖廣左丞世事至此足下得無動心乎抵武昌城下語諸將曰賊據城與諸君相持經久必不知吾爲此來出其不意可以入城遂行諸將不獲已隨其後竟不煩轉鬭而入詢其故賊倉卒無備盡驚走思誠乃大會軍民官吏告之曰賊去示吾弱也規將復來於是申號令戒職事脩器械葺城郭明部伍先謀自守徐議出征苗軍暴橫侵辱省憲思誠正色叱之曰若等能殺呂左丞乎自是無敢復至曾未數日召還復爲中書左丞思誠去二日城復陷移光祿大夫大司農俄得疾以至正十七年三月十七日卒年六十有五思誠氣宇凝定素以勁捩聞不爲勢利所屈三爲祭酒一法許衡之舊諸生從化後多爲名士嘗病古註疏太繁魏了翁刪之太簡將約其中以成書不果有文

集若干卷兩漢通紀若干卷謚忠肅

汪澤民

汪澤民字叔志徽之婺源州人宋端明殿學士藻之七世孫也少警悟家貧力學既長遂通諸經延祐初以春秋中鄉貢上禮部下第授寧國路儒學正五年遂登進士第授承事郎同知岳州路平江州事以母年八十上書願奪所授官一等或二等得近地以便養不允南歸奉母之官州民李氏以貲雄其弟死妻誓不他適兄利其財嗾族人誣婦以奸事獄成而澤民至察知其枉爲直之會朝廷徵江南包銀府檄澤

民分辦民不擾而事集尋遷南安路總管府推官鎮守萬戶朶兒赤持官府短長郡吏王甲毆傷屬縣長官訴郡同僚畏朶兒赤托故不視事澤民獨捕甲繫之獄朶兒赤賂巡按御史受甲家人訴欲出之澤民正色與辨御史沮怍夜竟去乃卒罪王甲潮州府判官錢珎以奸淫事殺推官梁楫事連廣東廉訪副使劉珎坐繫者二百餘人省府官凡六委官鞠問皆顧忌淹延弗能白復檄澤民讞之獄立具人服其明還信州路總管府推官丁毋憂服除授平江路總管府推官有僧淨廣與他僧有憾久絶往來一日邀廣飲廣弟子急欲得師財且苦其箠楚潛往它僧所殺之明日訴官它僧不勝考掠乃誣服三經審録詞無異結案待報澤民取行兇刀視之刀上有鐵工姓名召工問之乃其弟子刀也一訊吐實即械之而出他僧人驚以爲神調濟寧路兗州知州孔子後衍聖公襲封職三品澤民建議以謂宜陞其品秩以示褒崇宣聖之意廷議從之至正三年朝廷修遼金宋史召澤民赴闕除國子司業與修史書成遷集賢直學士階大中大夫未兩月即移書告老大學士和尚曰集賢翰林實養老尊賢之地先生何爲遽去願少留以副

上意澤民曰以布衣叨榮三品志願足矣遂以嘉議大夫禮部尚書致仕既歸田里與門生故人相往返嬉遊超然若忘世者十五年蘄黃賊陷徽州時澤民居宣州已而賊來犯宣州江東廉訪使道童雅重澤民日就之詢守禦計城得無虞明年長槍軍瑣南班等叛來寇城或勸澤民去澤民曰我雖無官守故受國厚恩臨危愛死非臣子節留不去凡戰鬬籌畫多澤民參決之累敗賊兵既而寇益衆城陷澤民爲所執使之降大罵不屈遂遇害年七十事聞贈資善大夫江浙行中書省左丞追封譙國郡公謚文節

干文傳

干文傳字壽道平江人祖宗顯宋承信郎父雷龍鄉貢進士宗顯之先世以武弁入官而力教其子以文易武故雷龍兩舉進士宋亡不及仕及生文傳乃名令名以期之文傳少嗜學十歲能屬文未冠已有聲譽用舉者爲吳及金壇兩縣學教諭饒州慈湖書院山長仁宗詔舉進士文傳首登延祐二年乙科授同知昌國州事累遷長洲烏程兩縣尹陞婺源知州又知吳江州文傳長於治劇所至俱有善政自其始至昌國即能柔之以恩信於是海島之民雖頑獷不易

治至有剽掠海中若化外然者亦爲之變俗初長官強愎自恣文傳推誠以待之久乃自屈服鹽場官方倚轉運司勢虐使州民家業破蕩文傳語同列曰吾屬受天子命以牧此民可坐視而弗之救乎乃亟爲陳理上官莫能奪民賴以免長洲爲文傳鄉邑文傳徙榻公署無事未嘗輒出而親舊莫敢通私謁會創行助役法凡民田百畝令以三畝入官爲受役者之助文傳既專任其縣事而行省又以無錫州及華亭上海兩縣之事諉焉文傳諭豪家大姓以腴田來歸而中人之家自是不病於役其在烏程有富民張甲

之妻王無子張納一妾於外生子未晬王誘妾以兒來尋逐妾殺兒焚之文傳聞而發其事得死兒餘骨王厚賄妾之父母買鄰家兒爲妾所生兒初不死文傳令妾抱兒乳之兒啼不就乳妾之父母吐實乃呼鄰婦至兒見之躍入其懷乳之即飲王遂伏辜冊徙縣民有二弟共殺其姊者獄久不決浙西廉訪司俾文傳鞫之既得其情其母乞貸二子命爲終養計文傳謂二人所承有輕重以首從論則爲首者當死司官從之婺源之俗男女婚聘後富則渝其約有育其女至老死不嫁者親喪貧則不舉有停其柩累數世

不葬者文傳下車即召其耆老使以禮訓告之閱三月而婚喪俱畢宋大儒朱熹上世居婺源故業爲豪民所占子孫訴于有司莫能直文傳諭其民以理不煩窮治而悉歸之復募好義者即其故宅基建祠俾朱氏世守焉有富民江丙出游京師娶娼女張爲婦江既客死張走數千里返其柩以葬前妻之子困苦之既而殺之瘞其屍山谷間官司知之利其賄不問文傳乃發其事而論如法文傳泣官其所設施多此類故其治行往往爲諸州縣最韓鏞時僉浙西廉訪司事作烏程謠以紀其績論者謂其有古循吏之風

至正三年召赴闕承詔預修宋史書成賞賚優渥仍有旨四品以下各進一官擢文傳集賢待制亡何以嘉議大夫禮部尚書致仕卒年七十八文傳氣貌充偉識度凝遠喜接引後進考試江浙江西鄉闈所取士後多知名爲文務雅正不事浮藻其於政事爲尤長云

韓鏞

韓鏞字伯高濟南人延祐五年中進士第授將仕郎翰林國史院編修官尋遷集賢都事泰定四年轉國子博士俄拜監察御史當時由進士入官者僅百之

一由吏致位顯要者常十之九帝乃欲以中書參議傅巖起爲吏部尚書鏞上言吏部掌天下銓衡巖起從吏入官烏足盡知天下賢才況尚書秩三品巖起累官四品耳於法亦不得陞制可其奏天曆元年除僉浙西廉訪司事擊姦暴黜貪墨而特舉烏程縣尹干文傳治行爲諸縣最所至郡縣爲之肅然二年轉江浙財賦副總管至順元年除國子司業尋遷南行臺治書侍御史順帝初歷僉宣徽及樞密院事至正二年除翰林侍講學士既而拜侍御史以剛介爲時所忌言事者誣劾其贓私乃罷去五年臺臣辨其誣

遂復起參議中書省事七年朝廷慎選守令參知政事魏中立言于帝當今必欲得賢守令無加鏞者帝乃特署鏞姓名授饒州路總管饒之爲俗尚鬼有覺山廟者自昔爲妖以禍福人爲盜賊者事之尤至將爲盜必卜之鏞至即撤其祠宇沉土偶人于江凡境內淫祠有不合祀典者皆毀之人初大駭已而皆嘆服鏞知民可教俾俊秀入學宮求宿儒學行俱尊者列爲五經師旦望必幅巾深衣以謁先聖月必考訂課試以示勸勵每治政之暇必延見其師生與之講討經義由是人人自力於學而饒之以科第進者視

他郡爲多鏞居官廨自奉澹泊僚屬亦皆化之先是朝使至外郡者官府奉之甚侈一不厭其所欲即銜之往往騰謗于朝其出使于饒者鏞延見郡舍中供以糲飯退皆無有後言其後有旨以織幣脆薄遣使笞行省臣及諸郡長吏獨鏞無預鏞治政雖細事其詳密多類此十年拜中書參知政事十一年丞相脫脫在位而龔伯遂輩方用事朝廷悉議更張鏞有言不見聽人或以鏞優於治郡而執政非其所長遂出爲甘肅行省參知政事及脫脫罷用事者悉誅而鏞又獨免禍乃遷西行臺中丞歿于官

李稷

李稷字孟豳滕州人稷幼穎敏八歲能記誦經史從其父官袁州師夏鎮又從官鉛山師方回孫鎮回孫皆名進士長於春秋稷無得其傳泰定四年中進士第授淇州判官淇當要衝稷至能理其劇歲大饑告于朝堂以賑之民獲以蘇游民尚安兒飲博亡賴稷疑其為非督弓兵擒之果盜隣村王甲家財與其黨五人俱伏辜調海陵縣丞亦有能聲入為翰林國史院編修官擢御史臺照磨至正初出為江南行臺監察御史遷都事又入為監察御史劾奏閹官高龍卜

恃賴恩私侵撓朝政擅作威福交通時相請謁公行為國基禍乞加竄逐以正邦刑章上流高龍卜于征東又言御史封事須至御前開拆以防壅蔽之患言事官須優加擢用以開諫諍之路殿中侍御史給事中起居注須任端人直士書百司奏請及帝所可否月達省臺付史館以備纂修之實承天護聖寺火有旨更作乃上言水旱相仍公私俱乏不宜妄興大役議遂寢會朝廷方注意守令因言下縣尹多從吏部銓注或非其才宜併歸省選茶鹽鐵課責備長吏勳受刑譴何以臨民宜分委佐貳授下達魯花赤蠹政

害民宜為佐貳帝悉可其奏遷中書左司都事又四遷為戶部尚書十一年廷議以中原租稅不實將履畝起稅稷詣都堂言曰方今袄寇竊發民庶流亡此政一行是驅民為盜也相臣是之尋參議中書省事俄遷治書侍御史十二年從丞相脫脫出師征徐州徐既平詔告歸滕州遷曾祖父以下十七喪序昭穆以塟勑賜碑樹焉既而召為詹事丞除侍御史俄遷中書參知政事皇太子受冊攝大禮使遂除樞密副使帝躬祀郊廟攝太常少卿尋復為侍御史又為中書參知政事俄陞資善大夫御史中丞尋特加榮祿

大夫至正十九年丁母憂兩起復為陝西行省左丞樞密副使乞終制不起服闋命為大都路總管兼大興府尹除副詹事二十四年出為陝西行臺中丞未行改山東廉訪使得疾上章致仕還京師卒年六十一贈推忠贊理正憲功臣集賢大學士榮祿大夫柱國追封齊國公謚文穆稷為人孝友恭儉廉慎忠勤處家嚴而有則與人交一以誠恪尤篤於鄉郡朋友之誼中丞任擇善陳思謙既沒皆撫其遺孤人以是多之出入臺省者二十年始卒無疵為時名卿云

蓋苗

蓋苗字耘夫大名元城人幼聰敏好學善記誦及弱冠游學四方藝業大進延祐五年登進士第授濟寧路單州判官州多繫囚苗請疏決之知州以為囚數已上部使者未報不可決苗曰設使者有問請身任其責知州乃勉從之使者果閲牘而去歲饑白郡府未有以應會他邑亦以告郡府遣苗至戶部以請戶部難之苗伏中書堂下出糠餅以示曰濟寧民率食此況不得此食者尤多豈可坐視不救乎因泣下時宰大悟凡被災者咸獲賑焉有官粟五百石陳腐以借諸民期秋熟還官及秋郡責償甚急部使者將責

知州苗曰官粟實苗所貸今民飢不能償苗請代還使者乃已其責單州秕粮歲輸館陶倉距單五百餘里載馱擔負民甚苦之春猶未足是秋館陶大熟苗先期令民糴粟倉下十月初倉券已至省民力什之五辟御史臺掾除山東廉訪司經歷禮部主事擢江南行臺監察御史建言嚴武備以備不虞簡兵卒以壯國勢全功臣以隆大體惜官爵以清銓選考實行以抑奔競明賞罰以杜姦欺計利害以孚民情去民賊以崇禮節皆切於時務公論韙之天曆初文宗詔以建康潛邸為佛寺務窮壯麗毀民居七十餘家

仍以御史大夫督其役苗上封事曰臣聞使民以時使臣以禮自古未有不由斯道而致隆平者陛下龍潛建業之時居民困於供給幸而獲覩今日之運百姓跂足舉首以望非常之恩今奪農時以剏佛寺又廢民居使之家破產蕩豈聖人御天下之道乎昔漢高帝興於豐沛為復兩縣光武中興南陽免稅三年既不務此而隆重佛氏何以滿斯民之望哉且佛以慈悲為心方便為教今尊佛氏而害生民無乃違其方便之教乎臺臣職專糾察表正百司今乃委以修繕之役豈其禮哉書奏御史大夫果免督役入為監

察御史文宗幸護國仁王寺泛舟玉泉苗進曰今頻年不登邊隅不靖政當恐懼修省何暇逸游以臨不測之淵乎帝嘉納之賜以對衣上尊即日還宮臺臣擬苗僉淮東廉訪司事以聞帝曰仍留蓋御史朕欲聞其讜言也以丁外艱去免喪除太禧宗禋院都事中書檄苗行視河道還言河口淤塞今苟不治後日必為中原大患都水難之事遂寢至正初用薦者知亳州修學宮兗州廨有豪強占民田為己業民五十餘人訴於苗苗訊治之豪民咸自引服苗曰爾等罪甚重然吾觀皆有改過意遂從輕議至元四年起為

左司都事在左司僅十八日凡決數百事丁內憂宰相惜其去重聘之至正二年起爲戶部郎中俄擢御史臺都事御史大夫欲以故人居言路苗曰非其才也大夫不悅而起其晚邀至私第以謝人兩賢之出爲山東廉訪副使益都淄萊地舊稱產金朝廷建一府六所綜其事民歲買金以輸官至是六十年矣民有忤其官長意輒謂所居地有金礦掘地及泉而後止猾吏爲奸利莫敢誰何苗建言罷之三年入爲戶部侍郎四年由都水監遷刑部尚書初盜殺河南省憲官延坐五百餘家已有詔除首罪外餘從原宥至

是宰臣追復欲盡誅戮苗堅持不可御史趣具獄苗曰肆赦復殺在法所無御史獨宜劾苗其敢累朝廷之寬仁乎卒用苗議罷之出爲山東廉訪使民飢爲盜所在羣聚乃上救荒弭盜十二事劾宣慰使骫骳不法者有司援例欲徵苗所得職田苗曰年荒民困吾無以救尚忍征斂以肥己耶輒命已之同僚皆無敢取召參議中書省事五年出爲陝西行臺侍御史遷陝西行省參知政事六年復入爲治書侍御史陞侍御史尋拜中書參知政事同知經筵事大臣以兩京馳道狹隘奏毀民田廬廣之已遣使督有司治之

矣苗執曰馳道創自至元初何今日獨爲隘乎力辯乃罷又欲宿衛士悉出爲郡長官俾以養貧苗議曰郡長所以牧民豈養貧之地哉果有不能自存賜之錢可也若任郡寄必擇賢才而後可議遂寢又欲以鈔萬貫與角觝者苗曰諸處告飢不嘗賑恤力戲何功獲此重賞乎又僉四川廉訪司事家人違例收職田奉使宣撫直坐其主宰臣命奉使即行遣苗請付法司詳議勿使憲司以爲口實於是時相頗謂僚佐曰所以引盖君至樞機者欲其相助也迺每事相抗何耶今後有公務毋白參政苗歎曰偎以非才待罪

執政中書之事皆當與聞今宰相言若此不退何俟將引去而適有旨拜江南行臺御史中丞然宰臣怒苗終不解比至即除甘肅行省左丞時苗已致仕歸田里矣時宰復奏旨趣赴任苗舁疾就道至鎮即上言西土諸王爲國藩屏賜賚雖有常制而有司牽於文法遂使恩澤不以時及有匱乏之憂大非隆親厚本之意又言甘肅每歲中粮姦弊百端請以粮鈔兼給則軍民咸利矣朝廷從之還陝西行御史臺中丞到官數日即上疏乞骸骨還鄉里明年卒年五十八贈攄誠贊治功臣中書左丞上護軍追封魏國公謚

文獻苗學術淳正性孝友喜施與買義田以贍宗族平居恂恂謙謹及至遇事張目敢言雖經剖折無少回撓有古遺直之風焉

傳卷第七十二

傳卷第七十三　　元史一百八十六

翰林學士亞中大夫知制誥兼修國史臣宋濂翰林待制承直郎同知制誥兼國史院編修官臣王禕等奉
勅修

張楨

張楨字約中汴人幼刻苦讀書登元統元年進士第授彰德路録事辟河南行省掾楨初娶祁氏祁生貴富家頗驕縱見楨貧不爲禮合巹踰月即出之祁之兄訟于官且汙楨以黷昧事左右司官聽之楨因移疾不出滯按俱積平章政事月魯帖木兒怒曰張楨剛介士也豈汝曹所當議耶郎中虎者秃謂而謝之

乃起范孟爲亂矯殺月魯帖木兒等城中大擾楨暮夜縋城出得免踰年除高郵縣尹門無私謁縣民張提領尚任俠武斷鄉曲一日至縣有所囑楨執之盡得其罪狀里中受其抑者咸來訴焉乃杖而徙之人以爲快守城千户狗兒妻崔氏爲其小婦所譖雲死其鬼憑七歲女詣縣訴楨備言死狀尸見瘞舍後楨率吏卒即其所發土得尸拘狗兒及小婦鞫之皆伏辜人以爲神明焉累除中政院判官至正八年拜監察御史劾太尉阿乞剌欺罔之罪并言明里董阿也里牙月魯不花皆陛下不共戴天之讎伯顏賊殺宗

室嘉王郯王一十二口稽之古法當伏門誅而其妻子兄弟尚仕于朝宜急誅竄別兒怯不花阿附權姦亦宜遠貶今災異迭見盜賊蜂起海寇敢於要君閫帥敢於玩寇若不振舉恐有唐末藩鎮跋扈之禍不聽及毛貴陷山東上疏陳十禍根本之禍有六征討之禍有四歷數其弊一曰輕大臣二曰解權綱三曰事安逸四曰杜言路五曰離人心六曰濫刑獄所謂根本之禍六也其言事安逸之禍略曰臣伏見陛下以盛年入纂大統履艱難而登大寶因循治安不預防慮寬仁恭儉漸不如初今天下可謂多事矣海內

可謂不寧矣天道可謂變常矣民情可謂難保矣是陛下警省之時戰兢惕厲之日也陛下宜卧薪嘗膽奮發悔過思祖宗創業之難而今日墜亡之易於是而脩實德則可以荅天意推至誠則可以回人心凡土木之勞聲色之好燕安鴆毒之戒皆宜痛撤勇改有不盡者亦宜防微杜漸而禁於未然黜宮女節浮費畏天恤人而陛下乃安焉處之如天下太平無事時此所謂根本之禍也至若不慎調度不資羣策不明賞罰不擇將帥所謂征討之禍四也其言不明賞罰之禍略曰臣伏見調兵六年初無紀律之法又無

激勸之宜將帥因敗爲功指虛爲實大小相謾上下相依其性情不一而邀功求賞則同是以有覆軍之將殘民之將怯懦之將貪婪之將曾無懲戒所經之處鷄犬一空貨財俱盡及其面諛游說反以克復受賞今克復之地悉爲荒墟河南提封三千餘里郡縣星羅棊布歲輸錢穀數百萬計而今所存者封丘延津登封偃師三四縣而已兩淮之北大河之南所在蕭條夫有土有人有財然後可望軍旅不乏餽餉不竭今寇敵已至之境固不忍言未至之處尤可寒心如此而望軍旅不乏餽餉不竭使天雨粟地湧金朝夕

存亡且不能保況以地力有限之費而供將帥無窮之欲哉其爲自啓亂階亦已危矣陛下事佛求福飯僧消禍以天壽節而禁屠宰皆虛名也今天下殺人矣陛下泰然不理而曰吾將以是求福福何自而至哉頴上之寇始結白蓮以佛法誘衆終飾威權以兵抗拒視其所向駸駸可畏其勢不至於亡吾社稷燼吾國家不已也堂堂天朝不思靖亂而反爲階亂其禍至慘其毒至深其關繫至大有識者爲之扼腕有志者爲之痛心此征討之禍也疏奏不省權臣惡其訐直二十一年除僉山南道肅政廉訪司事至則劾

中書叅知政事也先不花樞密院副使脫脫木兒治書侍御史奴奴弄權誤國之罪又不報方是時孛羅帖木兒駐兵大同察罕帖木兒駐兵洛陽而毛貴據山東勢逼京畿二將玩冦不進方以爭晉冀爲事搆兵相攻互有勝負朝廷乃遣也先不花脫脫木兒奴奴往解之既受命不前進楨又言其貪懦庸鄙苟懷自安之計無憂國致身之忠朝廷將使二家釋憾協心討賊此國之大事謂宜風馳電走而乃迂回退縮枉道延安以西繞曲數千里遲遲而行使兩軍日夜仇殺黎庶肝腦塗地實此三人之所致也宜急殛之

以救時危亦不報楨乃慨然嘆曰天下事不可爲矣即辭去居河中安邑山谷間結茅僅容膝有訪之者不復言時事但對之流涕而已二十四年孛羅帖木兒犯闕皇太子出居冀寧奏除贊善又除翰林學士皆不起擴廓帖木兒將輔皇太子入討孛羅帖木兒遣使傳皇太子旨賜以上尊且訪時事楨復書曰今燕趙齊魯之境大河內外長淮南北悉爲丘墟關陝之區所存無幾江左日思荐食上國湘漢荆楚川蜀淫名僭號幸我有變利我多虞閤下國之右族三世二王得不思廉藺之於趙冦賈之於漢乎京師一殘假有不逞之徒崛起草澤借名義尊君父倡其說於天下閤下將何以處之乎守京師者能聚不能散禦外侮者能進不能退紛紛藉藉神分志奪國家之事能不爲閤下憂乎志曰不僭不虞不可以爲師僕之惓惓爲言者獻忠之道也然爲言大要有三保君父一也扶社稷二也衛生靈三也請以近似者陳其一二衛出公據國至於不父其父趙有沙丘之變其臣成兊平之不可謂無功而後至於不君其君唐肅宗流播之中怵於邪謀遂成靈武之篡千載之下雖有智辯百出不能爲雪嗚呼是豈可以不鑒之乎然吾

聞之天之所廢不驟也驟其得志肆其寵樂使忘其覺悟之心非安之也厚其毒而降之罰也天遂其欲民厭其汰而鬼神弗福也其能久乎閤下覽觀焉謀出於萬全則善矣詢之輿議急則其變不測徐則其釁必起通其往來之使達其上下之情得其情則得其策矣孔子曰君君臣臣父父子子今九重在上者如寄青宮在下者如寄生民之憂國家之憂也可不深思而熟計之哉擴廓帖木兒深納其說是用事克有成後三年卒

歸暘

歸暘字彥溫汴梁人將生其母楊氏夢朝日出東山上有輕雲來掩之故名暘學無師傳而精敏過人登至順元年進士第授同知潁州事鉏奸擊强人不敢以年少易之山東鹽司遣奏差至潁恃勢爲不法暘執以下獄時州縣奉鹽司甚謹頤指氣使輒奔走之暘獨不爲屈轉大都路儒學提舉未上至元五年十一月杞縣人范孟謀不軌詐爲詔使至河南省中殺平章月魯帖木兒左丞刼烈廉訪使完者不花總管撒里麻召官屬及去位者署而用之以段輔爲左丞使暘北守黃河口暘力拒不從賊怒縶於獄衆叵測

所爲暘無懼色已而賊敗汴賊者皆獲罪暘獨免同里有吳炳者嘗以翰林待制徵不起賊呼炳司卯酉曆炳不敢辭時人爲之語曰歸暘出角吳炳無光暘自此名譽赫然明年轉國子博士拜監察御史及入謝臺臣奏曰此即河南抗賊者也帝曰好事御宜數爲之暘以上尊己而辭官歸養親汴上親既歿家食久之至正五年除僉河南廉訪司事行部西京以法繩趙王府官屬之貪暴者王三遣使請不爲動宜寧縣有殺人者蔓引數十人一讞得其情盡釋之沁州民郭仲玉爲人所殺有司以蒲察山兒當之暘察其誣

蹤跡得其殺人者山兒遂不死六年轉僉淮東廉訪司事改宣文閣監書博士兼經筵譯文官七年遷右司都事順江酋長樂孫求內附請立宣撫司及置郡縣一十三處暘曰古人有言鞭雖長不及馬腹使郡縣果設有事不救則孤來附之意救之則罷中國而事外夷所謂獲虛名而受實禍也與左丞呂思誠抗辨甚力丞相太平笑曰歸都事善戇如此何相抗乃爾邪然其策果將爲出暘曰其酋長可授宣撫勿責其貢賦使者賜以金帛遣歸足矣卒從暘言京師苦寒有丐訴丞相馬前丞相索皮服予之仍敕在官所藏皮服之數悉

給貧民暘曰宰相當以廣濟天下爲心皮服能幾何而欲給之邪莫若錄寒飢者稍賑之耳丞相悟而止雲南死可伐叛詔以元帥述律遵道往諭之未幾命平章政事亦都渾將兵討之事久無功二人上疏紛紜中書欲罪述律暘曰彼事未白而專罪一人豈法意乎況一諭之而一討之彼將何所適從然亦非使者之罪也湖廣行省左丞沙班卒其子沙的方爲中書掾請奔喪丞相以沙的有兄弟不許暘曰孝者人子之同情以其有兄弟而沮其請非所以孝治天下也遂從之廣海猺賊入寇詔朵兒只丹將思播楊元帥軍以

討之賜曰易軍而將不諳教令恐不能決勝若命楊就統其衆彼悅於恩命必能自効所謂以夷狄攻夷狄中國之利也帝不從後竟無功八年陞左司員外郎中書用賜言摘河間餘鹽五萬引以裕民楮幣壅不行廷議出楮幣五百萬錠易銀實內藏賜復持不可曰富商大賈盡易其鈔於私家小民何利哉六月遷叅議樞密院事時方國珍未附詔江浙行省叅知政事朶兒只丹討之一軍皆沒而朶兒只丹被執將罪之賜曰將之失利其罪固當然所部皆北方步騎不習水戰是驅之死地耳宜募海濱之民習水利者

擒之既而國珍遣人從朶兒只丹走京師請降賜曰國珍已敗我王師又拘我王臣力屈而來非真降也必討之以令四方時朝廷方事姑息卒從其請後果屢叛如賜言還御史臺都事俄復叅議樞密院事十二月陞樞密院判官九年正月轉河西廉訪使未上改禮部尚書會開端本堂皇太子就學召賜爲贊善未幾遷翰林直學士同脩國史仍兼前職賜言師傅當與皇太子東西相向授書其屬亦以次列坐虛其中座以待至尊臨幸不然則師道不立矣時衆言人人殊卒從賜議俄以疾辭帝遣左司郎中趙璉賜白金文綺不受初賜在上都時脫脫自甘州還且入相中書叅議趙期頤員外郎李稷謁賜私第致脫脫之命屬草詔賜辭曰丞相將爲伊周事業入相之詔當命詞臣視草今屬筆於賜恐累丞相之賢也期頤曰若帝命爲之柰何賜曰事理非順亦當固辭期頤知不可屈乃已十年正月遷四川行省叅知政事十二年除刑部尚書十五年再除刑部尚書凡三遷皆以疾辭十七年授集賢學士兼國子祭酒使者迫之賜輿疾至京師卧于南城不起時海內多故賜上三策一曰振紀綱二曰選將材三曰審形勢亹亹數千言時以爲老生

常談不能用十一月以集賢學士資德大夫致仕給半俸終身辭不受明年乞骸骨僑居弘州徙蔚州又徙宣德皆間關避兵尋抵大同及關陝小寧來居解之夏縣皇太子出冀寧強起之居數月復還夏縣二十七年卒年六十三

陳祖仁

陳祖仁字子山汴人也其父安國仕爲常州晉陵尹祖仁性嗜學早從師南方有文名至正元年科舉復行祖仁以春秋中河南鄉貢明年會試在前列及對策大廷遂魁多士賜進士及第授翰林脩撰同知制

誥兼國史院編脩官歷太廟署令太常博士遷翰林待制出僉山東肅政廉訪司事擢監察御史復出爲山北肅政廉訪司副使召拜翰林直學士陞侍講學士除參議中書省事二十年五月帝欲脩上都宮闕工役大興祖仁上疏其略曰自古人君不幸遇艱虞多難之時孰不欲奮發有爲成不世之功以光復祖宗之業苟或上不奉於天道下不順於民心緩急失宜舉措未當雖以此道持盈守成猶或致亂而況欲撥亂世反之正乎夫上都宮闕創自先帝脩於累朝自經兵火焚燬殆盡所不忍言此陛下所爲日夜痛

心所宜亟圖興復者也然今四海未靖瘡痍未瘳倉庫告虛財用將竭乃欲驅疲民以供大役廢其耕耨而荒其田畝何異扼其吭而奪之食以速其斃乎陛下追惟祖宗宮闕念兹在兹然不思今日所當興復乃有大於此者假令上都宮闕未復固無妨於陛下之寢處使因是而違天道失人心或致大業之隳廢則夫天下者亦祖宗之天下生民者亦祖宗之生民陛下亦安忍而輕重之乎願陛下以生養民力爲本以恢復天下爲務信賞必罰以驅策英雄親正人遠邪佞以圖謀治道夫如是則承平之觀不日咸復詎

止上都宮闕而已乎疏奏帝嘉納之二十三年十二月拜治書侍御史時宦者資正使朴不花與宣政使橐驩內恃皇太子外結丞相搠思監驕恣不法監察御史傅公讓上章暴其過忤皇太子意左遷吐蕃宣慰司經歷它御史連章論諫皆外除祖仁上疏皇太子言御史糾劾橐驩不花姦邪等事此非御史之私言乃天下之公論臺臣審問尤悉故以上啓今殿下未賜詳察輒加沮抑擯斥御史詰責臺臣使姦臣蠹政之情不得達於君父則亦過矣夫天下者祖宗之天下臺諫者祖宗之所建立以二豎之微而於天下

之重臺諫之言一切不䘏獨不念祖宗乎且殿下職分止於監國撫軍問安視膳而已此外予奪賞罰之權自在君父今方毓德春宮而使諫臣結舌凶人肆志豈惟君父徒擁虛器而天下蒼生亦將奚望疏上皇太子怒令御史大夫老的沙諭祖仁以謂臺臣所言雖是但橐驩等俱無是事御史糾言不實已與美除昔裕宗爲皇太子兼中書令樞密使凡軍國重事合奏聞者乃許上聞非獨我今日如是也祖仁乃復上疏言御史所劾得於田野之間殿下所詢不出宮墻之外所以全此二人者止緣不見其姦昔唐德宗

云人言盧杞姦邪朕殊不覺使德宗早覺杞安得相是杞之姦邪當時知之獨德宗不知爾今此二人亦皆姦邪舉朝知之在野知之天下知之獨殿下未知耳且裕宗既領軍國重事理宜先閲其綱若至臺諫封章自是御前開拆假使必皆經由東宫君父或有差失諫臣有言太子將使之聞奏乎不使之聞奏乎使之聞奏則傷其父心不使聞奏則陷父於惡殿下將安所處如知此説則今日糾劾之章不宜阻矣御史不宜斥矣斥其人而美其除不知御史所言爲天下國家乎爲一身官爵乎斥者去來者言言者無

窮而美除有限殿下又安所處祖仁疏既再上即辭職而御史下至吏卒皆辭闕於是皇太子以其事聞朴不花㚏驢乃皆辭退而天子令老的沙諭旨祖仁等祖仁復上書天子曰祖宗以天下傳之陛下今乃壞亂不可救藥雖曰天運使然亦陛下刑賞不明之所致也且區區二豎猶不能除況於大者願陛下俯從臺諫之言擯斥此二人不令其以辭退爲名成其姦計使海内皆知陛下信賞必罰自二人始則將士孰不效力天下可全而有以還祖宗若猶優柔不斷則臣寧有餓死于家誓不與之同朝牽聯及禍以待

後世正人同罪書奏天子大怒而是時侍御史李國鳳亦上疏言此二人必當斥於是臺臣自老的沙以下皆左遷而祖仁出爲甘肅行省叅知政事時天極寒衣單甚以弱女託於其友朱毅即日就道明年七月孛羅帖木兒入中書爲丞相除祖仁山北道肅政廉訪使召拜國子祭酒遷樞密副使累上疏言軍政利害不報辭職除翰林學士遂拜中書叅知政事是時天下亂已甚而祖仁性剛直遇事與時宰論議數不合乃超授其階榮禄大夫而仍還翰林爲學士尋遷太常禮儀院使二十七年

大明兵已取山東而朝廷方疑擴廓帖木兒有不臣之心專立撫軍院總兵馬以備之祖仁乃與翰林學士承旨王時待制黄哻編脩黄肅伏闕上書言近者南軍侵陷全齊不踰月而逼畿甸朝廷雖命丞相也速出師軍馬數少勢力孤危而中原諸軍左牽右掣調度失宜京城四面茫無屏蔽宗社安危正在今日臣愚等以爲馭天下之勢當論其輕重強弱遠近先後不宜膠於一偏狃於故轍前日南軍僻在一方而擴廓帖木兒近在肘腋勢將竊持國柄故宜先於致討則南軍遠而輕而擴廓帖木兒近而重也今擴廓帖木兒勢已窮蹙而

南軍突至勢將不利於宗社故宜先於救難則擴廓帖木兒弱而輕南軍近而重也陛下寬仁涵育皇太子賢明英斷當此之時宜審其輕重强弱改弦更張而撫軍諸官亦宜以公天下爲心審時制宜令擴廓帖木兒黨與離散豈能復振若止分撥一軍逼襄必就擒獲其餘彼中見調一應軍馬令其倍道東行勤王赴難與也速等聲勢相援仍遣重臣分道宣諭催督庶幾得宜如復膠於前說動以言者爲擴廓帖木兒游說而鉗天下之口不幸猝有意外之變朝廷亦不得聞而天下之事去矣書上不報十二月祖仁又

上書皇太子言近日降詔削河南軍馬之權雖所當然然此項軍馬終爲南軍之所忌設使其有悖逆之心朝廷以忠臣待之其心媿沮將何所施今未有所見遽以此名加之彼若甘心以就此名其害有不可言者朝廷苟善用之豈無所助然人皆知之而不敢言者誠恐誣以受財游說罪名無所昭雪也況聞擴廓帖木兒屢上書疏明其心曲是其心未絶於朝廷以待朝廷之開悟當今爲朝廷計者不過戰守遷三事以言乎戰則資其犄角之勢以言乎守則望其勤王之師以言乎遷則假其藩衛之力極力勉厲使行

猶恐遲晚豈可使數萬之師棄置於一方當此危急之秋宗社存亡僅在旦夕不幸一日有唐玄宗倉卒之出則是以祖宗百年之宗社朝廷委而棄之此時雖欲碎首殺身何濟於事故今不復避忌惟以宗社存亡爲重奉疏以聞疏上亦不報二十八年秋

大明兵進壓近郊有旨命祖仁及同僉太常禮儀院事王遜志等載太廟神主從皇太子北行祖仁等乃奏曰天子有大事出則載主以行從皇太子非禮也帝然之還守太廟以俟命俄而天子北奔祖仁守神主不果從八月二日京城破將出健德門爲亂軍所

害時年五十五祖仁一日眇貌寢身短瘠而語音清亮議論偉然負氣剛正似不可犯者其學博而精自天文地里律曆兵乘術數百家之說皆通其要爲文簡質而詩靖麗世多稱傳之王遜志字文敏惲之曾孫也以廕授侍儀司通事舍人歷隰州判官大寧縣尹擢陝西行臺監察御史累遷僉漢中河西山北三道肅政廉訪司事入爲工部員外郎還禮部郎中拜監察御史劾詹事不蘭奚平章宜童皆逆臣子孫當屛諸遐裔除太府少監出爲江西廉訪副使召僉太常禮儀院事京城不守公卿爭出降遜志獨家居衣

冠而坐其支中政院判官王翼來告曰新朝寬大不惟不死且仍與官盡出誥官自言狀遜志艴然斥之曰君既自不忠又誘人爲不義耶因戒其子曰汝謹繼吾宗即自投井中死

成遵

成遵字誼叔南陽穰縣人也幼敏悟讀書日記數千百言年十五喪父家貧勤苦不廢學問二十能文章時郡中先輩無治進士業者遵欲爲以不合程式爲患一日憤然曰四書五經吾師也文無逾於史漢韓柳區區科舉之作何難哉會楊惠初登第來尹穰遵

乃書所作數十篇見之惠撫卷大喜語之曰以此取科第如拾芥耳至順辛未至京師受春秋業於夏鎮遂入成均爲國子生時陳旅爲助教喜其文數以語于奎章閣侍書學士虞集集亟欲見之旅令以已馬俾遵馳詣集集方有目疾見遵來迫而視之曰適觀生文今見生貌公輔器也吾老矣恐不及見生當自愛重也元統改元中進士第授將仕郎翰林國史院編脩官明年預脩泰定明宗文宗三朝實錄後至元四年升應奉翰林文字五年辟御史臺掾至正改元擢太常博士明年轉中書檢校尋拜監察御史扈從

至上京上封事言天子宜慎起居節嗜慾以保養聖躬聖躬安則宗社安矣言甚迫切帝改容稱善又言臺察四事一曰差遣臺臣越職問事二曰左遷御史杜塞言路三曰御史不思盡言循敘求進四曰體覆廉訪聲蹟不實賢否混淆帝皆嘉納之諭臺臣曰遵所言甚善皆世祖風紀舊規也特賜上尊旌其忠遵又言江浙火災當賑䘏及劾火曾忽赤不法十事皆從之復上封事言時務四事一曰法祖宗二曰節財用三曰抑奔競四曰明激勸奏入帝稱善久之命中書速議以行是歲言事并舉劾凡七十餘事皆指訐

時弊執政者惡之三年自刑部員外郎出爲陝西行省員外郎以母病辭歸五年丁毋憂八年擢僉淮東肅政廉訪司事改禮部郎中奉使山東淮北察守令賢否得循良者九人貪懦者二十一人奏之九人者賜上尊幣帛仍加顯擢其二十一人悉黜之九年改刑部郎中尋遷御史臺都事時臺臣有嫉贓吏多以父母之憂免者建論今後官吏凡被案劾贓私雖父毋死不許歸葬須竟其獄庶惡人不獲幸免遵曰惡人固可怒然與人倫孰重且國家以孝治天下寧失罪人千百不可使天下有無親之吏御史大夫是其

言陞戶部侍郎十年遷中書右司郎中時刑部獄按久而不決者積數百遵與其僚分閱之共議其輕重各當其罪未幾無遺事時有令輸粟補官有匿其姦罪而入粟得七品雜流者爲怨家所告有司議輸粟例無有過不與之文遵曰賣官鬻爵已非盛典況又賣官與姦淫之人其將何以爲治必奪其勑還其粟著爲令乃可省臣從之除工部尚書先是河決白茅鄆城濟寧皆爲巨浸或言當築堤以遏水勢或言必疏南河故道以殺水勢而漕運使賈魯言必疏南河塞北河使復故道役不大興害不能已廷議莫能決

乃命遵偕大司農禿魯行視河議其疏塞之方以聞十一年春自濟寧曹濮汴梁大名行數千里掘井以量地形之高下測岸以究水勢之淺深遍閱史籍博采輿論以謂河之故道不可得復其議有八而丞相脫脫已先入賈魯之言及遵與禿魯至力陳不可且曰濟寧曹鄆連歲饑饉民不聊生若聚二十萬人於此地恐後日之憂又有重於河患者脫脫怒曰汝謂民將反耶自辰至酉辯論終不能入明日執政者謂遵曰脩河之役丞相意已定且有人任其責矣公其毋多言幸爲兩可之議遵曰腕可斷議不可易也由

是遂出爲大都河間等處都轉運鹽使初汝汴二郡多富商運司賴之是時汝寧盜起侵汴境朝廷調兵往討括舡運粮以故舟楫不通商販遂絕遵隨事處宜國課皆集十四年調武昌路總管武昌自十二年爲沔寇所殘燬民死於兵疫者十六七而大江上下皆劇盜阻絕米直翔湧民心遑遑遵言於省臣假軍儲鈔萬錠募勇敢之士具戈舡截兵境且戰且行糴粟於太平中興民賴以全活者衆會省臣出師遵攝省事於是省中府中惟遵一人乃遠斥候塞城門籍民爲兵得五千餘人設萬夫長四配守四門所以爲

防禦之備甚至號令嚴肅賞罰明當賊舡往來江中終不敢近岸城賴以安十五年擢江南行臺治書侍御史召拜參議中書省事時河南之賊數渡河而北焚掠郡縣上下視若常事遵率左右司僚佐持其牘詣丞相言曰今天下州縣喪亂過半河北之民稍安者以天塹黃河爲之障賊兵雖至不能飛渡所以剝膚椎髓以供軍儲而無深怨者視河南之民猶得保其室家故也今賊北渡河而官軍不禦是大河之險已不能守河北之民復何所恃乎河北民心一搖國勢將如之何語未畢哽咽不能言宰相已下皆爲之

揮涕乃以入奏帝詔即遣使罷守河將帥而守禦自是亦頗嚴先是湖廣倪賊質威順王之子而遣人請降求為湖廣行省平章朝臣欲許者半遵曰平章之職亞宰相也承平之時雖德望漢人抑而不與今叛逆之賊挾勢要求輕以與之如綱紀何或曰王子世皇嫡孫也不許是棄之與賊非親親之道也遵曰項羽執太公欲烹之以挾高祖高祖乃以分羹荅之柰何今以王子之故廢天下大計乎衆皆韙其論除治書侍御史俄復入中書為叅知政事雖省僅六日丞相每決大議則曰姑少緩之衆莫曉其意及遵拜執

政喜曰大政事今可決矣十七年升中書左丞階資善大夫分省彰德是時太平在相位以事忤皇太子皇太子深銜之欲去之而未有以發以為遵及叅知政事趙中皆太平黨也遵中兩人去則太平之黨孤十九年用事者承望風旨嗾寶坻縣尹鄧守禮弟鄧子初等誣遵與叅政趙中叅議蕭庸等六人皆受贓皇太子命御史臺大宗正府等官雜問之鍛鍊使成獄遵等竟皆杖死中外冤之二十四年御史臺臣辯明遵等皆誣枉詔復給還其所授宣勅

曹鑑

曹鑑字克明宛平人穎悟過人舉止異常兒既冠南遊吳通五經大義大德五年用翰林侍講學士郝彬薦為鎮江淮海書院山長十一年南行臺中丞廉恒辟為掾史丁內艱復起補掾史除興文署命伴送安南使者沿途問難倡和應荅如響使者歎服以為中國有人至治二年授江浙行省左右司員外郎明年奉旨括釋氏白雲宗田稽檢有方不數月而事集纖豪無擾泰定七年遷湖廣行省左右司員外郎時丞相忽剌歹怙勢恣縱妄為威福僚屬多畏避鑑遇事徇理輙行獨不為回撓湖北廉訪司舉鑑宜居風紀不報

天曆元年調江浙財賦府副總管屬淮浙大水民以菑告鑑損其賦什六七勢家因而詭免者鑑覈實諭令首輸元統二年陞同僉太常禮儀院鑑習典故達今古凡禮樂度數名物罔不周知因集議明宗皇后祔廟事援禮據經辯析詳明君子多之至元元年以中大夫陞禮部尚書俄感疾而卒年六十五追封譙郡侯謚文穆鑑天性純孝親族貧乏者周卹恐後歷官三十餘年僦屋以居歿之日家無餘貲唯蓄書數千卷皆鑑手較定鑑為詩賦尚騷雅作文法西漢每篇成學者爭相傳誦有文集若干卷藏于家鑑任湖

廣貞外時有故掾顧淵伯以辰砂一包餽鑑鑑漫爾置篋笥中半載後因欲合藥劑命取視之乃有黃金叁兩雜其中鑑驚歎曰淵伯以我爲何如人也淵伯已歿鑑呼其子歸之其廉慎不欺如此

張翥

張翥字仲舉晉寧人其父爲吏從征江南調饒州安仁縣典史又爲杭州鈔庫副使翥少時負其才儁豪放不羈好蹴踘喜音樂不以家業屑其意其父以爲憂翥一旦翻然改曰大人勿憂今請易業矣乃謝客閉門讀書晝夜不暫輟因受業於李存先生存家安

仁江東大儒也其學傳於陸九淵氏翥從之游道德性命之說多所研究未幾留杭又從仇遠先生學遠於詩最高翥學之盡得其音律之奧於是翥遂以詩文知名一時已而薄游維揚居久之學者及門甚衆至元末同郡傅巖起居中書薦翥隱逸至正初召爲國子助教分教上都生尋退居淮東會朝廷脩遼金宋三史起爲翰林國史院編脩官史成歷應奉脩撰遷太常博士陞禮儀院判官又遷翰林歷直學士侍講學士乃以侍讀兼祭酒翥勤於誘掖後進絕去崖岸不徒以師道自尊用是學者樂親炙之有以經義請問者

必歷舉衆說爲之折衷論辯之際雜以談笑無不厭其所得而後已嘗奉旨詣中書集議時政衆論鋒起翥獨黙然丞相搠思監曰張先生平日好論事今一語不出何耶翥對曰諸人之議皆是也但事勢有緩急施行有先後在丞相所决耳搠思監善之明日除集賢學士俄以翰林學士承旨致仕階榮祿大夫孛羅帖木兒之入京師也命翥草詔削奪擴廓帖木兒官爵且發兵討之翥毅然不從左右或勸之翥曰吾臂可斷筆不能操也天子知其意不可奪乃命他學士爲之孛羅帖木兒雖知之亦不以爲怨也及孛羅

帖木兒既誅詔乃以翥爲河南行省平章政事仍翰林學士承旨致仕給全俸終其身二十八年三月卒年八十二翥長於詩其近體長短句尤工文不如詩而每以文自負常語人曰吾於文已化矣蓋吾未嘗搆思特任意屬筆而已它日翰林學士沙剌班示以所爲文請易置數字苦思者移時終不就沙剌班曰先生於文豈猶未化耶何思之苦也翥因相視大笑蓋翥平日善諧謔出談吐語輒令人失笑一座盡傾入其室藹然春風中也所爲詩文甚多無丈夫子及死國遂亡以故其遺藁不傳其傳者有律詩樂府僅

三卷蒿甞集兵興以來死節死事之人爲書曰忠義錄識者韙之

傳卷第七十三

傳卷第七十四　元史一百八十七

翰林學士亞中大夫知制誥兼修國史臣宋濂　翰林待制承直郎同知制誥兼國史院編修官臣王禕等奉

敕修

烏古孫良楨

烏古孫良楨字幹卿世次見父澤傳資器絕人好讀書至治二年蔭補江陰州判官尋丁內艱服除調婺州武義縣尹有惠政改漳州路推官獄有疑者悉平反之上言律徒者不杖今杖而又徒非恤刑意宜加徒減杖遂定爲令移泉州益以能稱轉延平判官拜陝西行臺監察御史劾遼陽行省左丞相達識帖睦邇賣國不忠援漢高帝斬丁公故事以明人臣大義并劾御史中丞胡居祐奸邪皆罷之中外震慴陞都事猶以言不盡行辭去復起爲監察御史良楨以帝方覽萬幾不可不求賢自輔於是連䟽天曆數年間紀綱大壞元氣傷夷天祐聖明入膺大統而西宮東政奸臣弄權畜憾十有餘年天威一怒陰晦開明以正大名以章大孝此誠兢兢業業祈天永命之秋其術在乎敬身修德而已今經筵多頃以職事臣數日一進講不踰數刻已罷而暬御小臣恒侍左右何益於盛德哉臣願招延儒臣若許衡者數人寘於禁密

常以唐虞三代之道啓沃宸衷日新其德實萬世無
疆之福也又以國俗父死則妻其從母兄弟死則收
其妻父母死無憂制遂言綱常皆出於天而不可變
議法之吏乃言國人不拘此例諸國人各從本俗是
漢南人當守綱常國人諸國人不必守綱常也名曰
優之實則陷之外若尊之内實侮之推其本心所以
待國人者不若漢南人之厚也請下禮官有司及右
科進士在朝者會議自天子至於庶人皆從禮制以
成列聖未遑之典明萬世不易之道又言隱士劉因
道學經術可比許文正公衡從祀孔子廟廷皆不報

御史臺作新風憲復疏其所當行者以舉賢才爲綱
而以厚風俗均賦役重審理汰冗官選守令出奉使
均公田爲目指擿剴切雖觸忌諱亦不顧也宦者罕
失變妾殺其妻臠其肉飼犬上疏乞正重刑并論宦
寺結廷臣撓政爲害可汰黜之憸佞側目至正四年
召爲刑部員外郎轉御史臺都事五年改中書左司
都事出爲江東道肅政廉訪司副使上官一日辭歸
六年授平江路總管不拜八年復召爲右司員外郎
九年陞郎中尋遷廣東道肅政廉訪使未行還爲郎
中遷福建道肅政廉訪使中道召還參議中書省事

兼經筵官十一年拜治書侍御史陞中書參知政事
同知經筵事十三年陞左丞兼大司農卿仍同知經
筵事時中書參用非人事多異同不得一一如志會
軍餉不給請與右丞悟良哈台主屯田歲入二十萬
石東宮久未建懇懇爲言車駕幸上都始册皇太子
立詹事院驛召爲副詹事每直端本堂則進正心誠
意之說親君子遠小人之道皇太子嘉納焉當時盜
賊蠭起帝聞惡之下詔分討必盡誅而後已良楨言
平賊在收人心以回天意多殺非道也乃赦以安之
十四年還淮南行省左丞初泰州賊張士誠既降復

叛殺淮南行省參知政事趙璉進據高郵六合太師
脫脫奉詔總諸王軍南征而良楨洎參議龔伯璲刑
部主事盧山等從之既平六合垂克高郵會詔罷脫
脫兵柄遂有上變告伯璲等勸脫脫勒兵北向者下
其事逮問詞連良楨簿對無所驗即日還中書左丞
命分省彰德主調軍食居半歲還中書十六年進階
榮禄大夫賜玉帶一十七年除大司農明年陞右丞
兼大司農辭不允論罷陷賊延坐之令有惡少年誣
知宜興州張復通賊之罪中書將籍其孥吏抱桉請
署良楨曰手可斷桉不可署同列變色卒不署良楨

自左曹登政府多所建白罷福建山東食鹽浙東西長生牛租瀕海被災圍田秋民皆德之嘗論至正格輕重不倫吏得並緣爲奸舉明律者數人叅酌古今重定律書書成而罷家居輒訓諸子曰吾無過人者惟待人以誠人亦以誠遇我汝宜志之晚歳病痱數謁告病益侵遂卒自號約齋有詩文奏議凡若干卷藏于家

賈魯

賈魯字友恒河東高平人幼負志節既長謀畧過人延祐至治間兩以明經領鄉貢泰定初恩授東平路

元史傳卷七十四　四

儒學教授辟憲史歴行省掾除潞城縣尹選丞相東曹掾擢戶部主事未上一日覺心悸尋得父書筆勢顫縮即辭歸比至家父已有風疾未幾卒魯居喪服闋起爲太醫院都事會詔修遼金宋三史召魯爲宋史局官書成選魯燕南山東道奉使宣撫幕官考績居最遷中書省檢校官上言十八河倉近歳淪沒官糧百三十萬斛其弊由富民兼幷貧民流亡宜合先正經界然事體重大非處置盡善不可輕發書累數萬言切中其弊俄拜監察御史首言御史有封事宜專達聖聰不宜臺臣先有所可否陞臺都事遷山北

廉訪副使復召爲工部郎中言考工一十九事至正四年河決白茅堤又決金堤並河郡邑民居昏墊壯者流離帝甚患之遣使體驗仍督大臣訪求治河方畧特命魯行都水監魯循行河道考察地形往復數千里備得要害爲圖上進二策其一議脩築北堤以制橫潰則用工省其一議疏塞並舉挽河東行使復故道其功數倍會遷右司郎中議未及竟其在右司言時政二十一事皆見舉行調都漕運使復以漕事二十事言之朝廷取其八事一曰京畿和糴二曰優恤漕司舊領漕戶三曰接連委官四曰通州總治豫

元史傳卷七十四　五

定委官五曰船戶困於壩夫海運壞於壩戶六曰疏濬運河七曰臨清運糧萬戶府當隸漕司八曰宣忠船戶付本司節制事未盡行既而河水北侵安山淪入運河延袤濟南河間將隳兩漕司鹽場實妨國計九年太傅右丞相脫脫復相論及河決思拯民艱以塞詔旨乃集廷臣群議言人人殊魯昌言河必當治復以前二策進丞相取其後策與魯定議且以其事屬魯魯固辭丞相曰此事非子不可乃入奏大稱帝旨十一年四月命魯以工部尚書總治河防使進秩二品授以銀章領河南北諸路軍民發汴梁大名十

徐孟寶

有三路民一十五萬廬州等戍十有八翼軍二萬供役一切從事大小軍民官咸禀節度便宜興繕是月鳩工七月鑿河成八月決水故河九月舟楫通十一月諸埽諸堤成水土工畢河復故道事見河渠志帝遣使報祭河伯召魯還京師魯以河平圖獻帝適覽臺臣奏疏請褒脫脫治河之績次論魯功超拜榮禄大夫集賢大學士賞賚金帛勑翰林丞旨歐陽玄製河平碑以旌脫脫勞績具載魯功且宣付史館并贈魯先臣三世尋拜中書左丞從脫脫平徐州脫脫既旋師命魯追餘黨分攻濠州同總兵官平章月可察

兒督戰魯誓師曰吾奉旨統八衛漢軍頓兵于濠七日矣爾諸將同心協力必以今日巳午時取城池然後食魯上馬麾進抵城下忽頭眩下馬且戒兵馬弗散病愈亟却藥不肯汗竟卒于軍中年五十七十三年五月壬午也月可察兒躬爲治喪選士護柩還高平有旨賜交鈔五百錠以給葬事子積

逯魯曾

逯魯曾字善止脩武人性剛介通經術中天曆二年進士第授翰林國史院編修官辟御史臺掾掌機密監察御史劾中丞史顯夫簡傲魯曾閙實封於大夫

前曰中丞素持重不能與人周旋御史以人情劾之非公論由是皆知其直除太常博士武宗一廟未立后主配享集羣臣廷議之魯曾抗言先朝以武宗皇后真哥無子不立其主時伯顏爲右丞相以爲明宗之母亦乞列氏可以配享徽政院傳太后旨以文宗之母唐兀氏可以配享伯顏問魯曾曰先朝既以真哥皇后無子不爲立主今所立者明宗母乎文宗母乎對曰真哥皇后在武宗朝已膺玉冊則爲武宗皇后明宗文宗二母后固爲妾也今以無子之故不爲立主以妾后爲正宮是爲臣而廢先君之后爲子而

追封先父之妾於禮不可且燕王垂即位追廢其母后而立其生母爲后以配享先王爲萬世笑豈可復蹈其失乎集賢大學士陳顥素嫉魯曾出曰唐太宗册曹王明之母爲后是亦二后也豈不可乎魯曾曰堯之母爲帝嚳庶妃堯立爲帝未聞册以爲后而配嚳皇上爲大元天子不法堯舜而法唐太宗邪衆服其議而伯顏韙之遂以真哥皇后配焉復拜監察御史劾荅失海牙阿吉剌太尉輩卜班右丞兀突蠻刑部尚書吉當普監察御史哈剌完者月魯不花院使呂思誠郎中皆黜之八人之中惟思誠少過亦變祖

宗選法餘皆伯顏之黨朝廷肅然除樞密院都事上言前伯顏專殺大臣其黨利其妻女巧誣以罪今大小官及諸人有罪止坐其身不得籍其妻女郯王爲伯顏搆陷妻女流離當雪其無辜給復子孫從之除刑部員外郎悉辨正橫罹伯顏所誣者遷宗正府郎中出爲遼陽行省左右司郎中除僉山北道肅政廉訪司事入爲禮部郎中至正十二年丞相脫脫討徐州賊以官軍不習水土募瀕海鹽丁爲軍乃超遷魯曾資善大夫淮南宣慰使領征討事遣其募鹽丁五千人從征徐州平繼使領所部軍討淮東卒於軍

貢師泰

貢師泰字泰甫寧國之宣城人父奎以文學名家延祐至治間官京師爲集賢直學士卒謚文靖師泰早肄業國子學爲諸生泰定四年釋褐出身授從仕郎太和州判官丁外艱改徽州路歙縣丞江浙行省辟爲掾彔以土著自劾去大臣有以其名聞者擢應奉翰林文字丁內艱服闋除紹興路總管府推官郡有疑獄悉爲詳讞而剖决之山陰白洋港有大船飄近岸史甲二十人適取鹵海濱見其無主因取其篙櫓而船中有二死人有徐乙者怪其無物而有死人稱爲史等所劫史傭作富民高丙家事遂連高史既誣服高亦就逮師泰密詢之則里中沈丁載物抵杭而回漁者張綱海中因盜網中魚爲漁者所殺史實未嘗殺人奪物高亦弗知情其冤皆白游徼徐裕以巡鹽爲名肆暴村落間一日遇諸暨商奪其所賫錢撲殺之投尸於水走告縣曰我獲私鹽犯人畏罪赴水死矣官驗視以有傷疑之遂以疑獄釋師泰追詢覆案之具得裕所以殺人狀俾待報餘姚孫國賓以求盜獲姚甲造僞鈔受賕而釋之執高乙曾丙赴有司誣以同造僞高甞爲姚行用實非自造孫既舍姚

因加罪於高而曾與孫有隙故并連之曾與高未嘗相識也師泰疑高等覆造不合以孫詰之辭屈而情見即釋曾而加高以本罪姚遂處死孫亦就法其於寃獄詳讞之明多類此以故郡民自以不寃治行爲諸郡第一考滿復入翰林爲應奉預修后妃功臣列傳事畢遷宣文閣授經郎歷翰林待制國子司業擢禮部郎中再遷吏部拜監察御史自世祖以後省臺之職南人斥不用及是始復舊制於是南士復得居省臺自師泰始時論以爲得人至正十四年除吏部侍郎時江淮兵起京師食不足師泰奉命和糴于浙

右得粮百萬石以給京師遷兵部侍郎朝廷以京師至上都驛户凋弊命師泰廵視整飭之至則歷究其病原驗其富貧而均其徭役數十郡之民賴以稍蘇豪貴以其不利於己深嫉之然莫能有所中傷也會朝廷欲仍和糴浙西因除師泰都水庸田使十五年庸田司罷擢江西廉訪副使未行遷福建廉訪使居亡何除禮部尚書時平江缺守廷議難其人師泰又以選爲平江路總管其年冬甫視事張士誠自高郵率衆渡江直抵城下攻圍甚急明年春守將弗能支斬關遁去師泰領義兵出戰力不敵亦懷印綬棄城

三〇九二
元史傳卷七十四
十
周中

遁匿海濱者久之士誠既納降江浙行省丞相達識帖睦邇以便宜授師泰兩浙都轉運鹽使至則剔其積蠹通其利源大課以集國用資之丞相復承制除師泰江浙行省參知政事二十年朝廷除户部尚書俾分部閩中以閩鹽易粮由海道轉運給京師凡爲粮數十萬石朝廷賴焉二十二年召爲祕書卿行至杭之海寧得疾而卒師泰性倜儻狀貌偉然既以文字知名而於政事尤長所至績效輒暴著尤喜接引後進士之賢不問識不識即加推轂以故士譽翕然咸歸之有詩文若千卷行于世

周伯琦

周伯琦字伯温饒州人父應極至大間仁宗爲皇太子召見獻皇元頌爲言于武宗以爲翰林待制後爲皇太子說書日侍英邸仁宗即位遷集賢待制終池州路同知總管府事伯琦自幼從宦游京師入國學爲上舍生積分及高等去以蔭授將仕郎南海縣主簿三轉爲翰林修撰至正元年改奎章閣爲宣文閣藝文監爲崇文監伯琦爲宣文閣授經郎教戚里大臣子弟每進講輒稱旨且日被顧問帝以伯琦工書法命篆宣文閣寳仍題扁宣文閣及摹王羲之所書

三〇九十三
元史傳卷七十四
十一
徐中

蘭亭序智永所書千文刻石閣中自是累轉官皆宣文崇文之間而眷遇益隆矣帝嘗呼其字伯温而不名會御史奏風憲宜用近臣特命僉廣東廉訪司事八年召入爲翰林待制預修后妃功臣列傳累陞直學士十二年有旨令南士皆得居省臺除伯琦兵部侍郎遂與貢師泰同擢監察御史兩人皆南士之望一時榮之時御史大夫也先帖木兒以大軍南討而失律褒師陝西行臺監察御史劉希曾等十人共劾奏之伯琦乃劾希曾等越分干譽希曾等皆坐左遷補郡判官由是不爲公論所與十三年遷崇文太監

兼經筵官代祀天妃丁内艱十四年起復爲江東肅政廉訪使長槍鎖南班陷寧國伯琦與僚佐倉皇出見之尋遁走至杭州除兵部尚書未行改浙西肅政廉訪使江南行臺監察御史余觀糾言伯琦失陷寧國宜正其罪十七年江浙行省丞相達識帖睦爾承制假伯琦叅知政事招諭平江張士誠士誠既降江南行臺監察御史亦辯釋伯琦罪除同知太常禮儀院事士誠留之未行拜資政大夫江浙行省左丞於是留平江者十餘年士誠既滅伯琦乃得歸鄱陽尋卒伯琦儀觀温雅粹然如玉雖遭時多艱而善於自

三〇七九 元史傳卷七十四 十二 徐中

保博學工文章而尤以篆隸真草擅名當時嘗著六書正譌説文字原二書又有詩文藁若干卷

吴當

吴當字伯尚澄之孫也當幼承祖訓以穎悟篤實稱長精通經史百家言侍其祖至京補國子生久之澄既捐館四方學子從澄遊者悉就當卒業焉至正五年以父文蔭授萬億四庫照磨未上用薦者改國子助教勤講解嚴肄習諸生皆樂從之會詔修遼金宋三史當預編纂書成除翰林修撰七年遷國子博士明年陞監丞十年陞司業明年遷翰林待制又明年

改禮部員外郎十三年擢監察御史尋復爲國子司業明年遷禮部郎中又明年除翰林直學士時江南兵起且五年大臣有薦當世居江西習知江西民俗且其才可任政事者詔特授江西肅政廉訪使偕江西行省叅政火你赤兵部尚書黄昭招捕江西諸郡便宜行事當以朝廷兵力不給既受命至江南即召募民兵由淛入閩至江西境建昌界招安新城孫塔擒殄李三道路既通乃進攻南豐渠党鄭天瑞遁鄭原自刎死十六年調檢校章迪率本部兵與黄昭夾攻撫州勦殺首冦胡志學進兵復崇仁宜黄於是建

一百 元史傳卷七十四 十三 徐中

撫兩郡悉定是時叅知政事朶歹總兵撫建積年無功因忌當屢捷功在己上又以爲南人不宜總兵則搆爲飛語謂當與黄昭皆與冦通有旨觧二人兵柄除當撫州路總管昭臨江路總管並供億平章火你赤軍火你赤移當從事官范淳及章迪將士皆憤怒不平當論之曰上命不可違也而火你赤又上章言二人者難任牧民尋有旨當與昭皆罷總管除名十八年火你赤自瑞州還龍興當昭皆隨軍不敢去先是當與昭平賊功狀自廣東由海道未達京師而朶歹火你赤等公牘乃先至故朝廷責當昭皆左遷及

得當昭功狀乃始知其誣詔拜當中奉大夫江西行省參知政事昭湖廣行省參知政事命未下而陳友諒已陷江西諸郡火你赤棄城遁當乃戴黄冠著道士服杜門不出日以著書爲事友諒遣人辟之當卧床不食以死自誓乃舁床載之舟送江州拘留一年終不爲屈遂隱居廬陵吉水之谷坪逾年以疾卒年六十五所著書有周禮纂言及學言稾

傳卷第七十四

徐僖

一〇四十八

傳卷第七十五　元史一百八十八

翰林學士亞中大夫知制誥兼修國史臣宋濂翰林待制承直郎同知制誥兼國史院編修官臣王禕等奉

勅修

董摶霄　弟昂霄

董摶霄字孟起磁州人由國子生辟陝西行臺掾時天大旱從侍御史郭貞讞獄華陰縣有李謀兒累殺商賈于道爲賊十五年至百餘事事覺獄已具賄賂有司謂徒黨未盡獲五年不決人皆以爲憤摶霄知之以言于貞即以尸諸市中天乃大雨授四川肅政廉訪司知事除涇陽縣尹入爲户部主事陞員外郎拜監察御史又出僉遼東肅政廉訪司事歷江西行省左右司郎中遷浙東宣慰副使其歷官所至往往理冤獄革弊政才譽益著稱于時至正十一年除濟寧路總管奉旨從江浙平章教化征進安豐兵至合肥定林站遇賊大破之時朱皐固始賊復倡獗軍少不足以分討有大山民砦及芍陂屯田軍摶霄皆奬勞而約束之遂得障蔽朱皐我軍屯朱家寺賊至追殺之乃遣進士程明仲往諭賊中招徠者千二百家因悉知其虚實夜縛浮橋於淝水既渡賊始覺賊衆數萬據淝南我軍渡者輒爲其所敗摶霄乃麾騎士

別渡淺灘襲賊後賊回東南向與騎士迎敵搏霄忽躍馬渡礀揚言於衆曰賊已敗諸軍皆渡一鼓而擊之賊大敗亟追殺之相藉以死者二十五里遂復安豐十二年有旨命搏霄攻濠州又命移軍援江南遂渡江至湖州德清縣而徽饒賊已陷杭州教化問搏霄計搏霄曰賊皆野人見杭城子女玉帛非平日所有必縱慾不暇爲備宜急攻之今欲退保湖州設使賊乘銳直趨京口則江南不可爲矣教化猶豫未決而諸將亦難其行搏霄正色曰江浙相君方面既陷於賊今可取而不取誰任其咎復按劍顧諸將曰諸

君荷國厚恩而臨難苟免今相君在是敢有慢令者斬計乃決遂進兵杭城賊迎敵至鹽橋搏霄麾壯士突前斬殺數級而諸軍相繼夾擊之凡七戰追殺至清河坊賊奔接待寺塞其門而焚之賊皆死遂復杭州已而餘杭武康德清次第以平搏霄亦受代去徽饒賊復自昱嶺關寇於潜行省乃假搏霄爲參知政事俾復提兵討之搏霄曰必欲除殘去暴所不敢辭若假以重爵則不敢受即日引兵至臨安新溪是爲入杭要路既分兵守之而始進兵至叫口及虎檻遇賊皆大破之追殺至於潜遂復其縣治既又克復昌

化縣及昱嶺關降賊將潘大斧二千人賊又有犯千秋關者搏霄還軍守於潜而賊兵大至焚倚郭廬舍搏霄按軍不動左右請出兵搏霄曰未也遣人執白旗登山望賊約曰賊以我爲怯必少懈伺其有間則麾所執旗又伏兵城外皆授以火礮復約曰見旗動礮即發已而旗動礮發兵乃盡出斬首數千級遂復千秋關未幾賊復攻獨松百丈幽嶺三關搏霄乃先以兵守多溪多溪三關要路也既又分爲三軍一出獨松一出百丈一出幽嶺然後會兵擣賊巢遂乘勝復安吉七戰而克之賊將以其徒來降者數百人既

數日賊復來窺獨松搏霄即以兵守苦嶺及黃沙嶺賊帥梅元來降且言復有帥十一人欲降者即遣偏將余思忠至賊砦諭之賊皆入暗室潜議思忠持火投入室内按劍語衆曰元帥命我來活汝汝復何議已而火起焚其砦叱賊黨散去而引賊帥來降明日進兵廣德克之有蘄賊與饒池諸賊復犯徽州賊中有道士能作十二里霧搏霄以兵擊之已而妖霧開豁諸伏兵皆起虜賊兵後賊大潰亂斬首數萬級擒千餘人獲道士焚其妖書而斬之遂平徽州十四年除水軍都萬户俄陞樞密院判官從丞相脱脱征高

郵分戍鹽城興化賊巢在大縱德勝兩湖間凡十有二悉勦平之即其地築芙蓉砦賊入輒迷故道盡殺之自是不復敢犯賊恃習水渡淮北擾安東州搏霄招善水戰者五百人與賊戰安東之大湖大敗之遂復安東十六年勦平北沙廟灣沙浦等砦尋進兵泗州不利賊乘勝東下斷我軍糧道乃回軍屯沚沙糧且絶與賊死戰凡七晝夜賊敗走奪賊舡七十餘乃得渡淮保泗州時方暑雨湖水溢諸營皆避去而搏霄獨守孤城賊環繞數十里攻之搏霄坐城上遣偏將以騎士由四門突出賊後約曰旗一麾即還既而

旗動騎士還步卒自城中出夾擊之賊大敗然賊砦猶阻西行之路乃結陣而往翊以奇兵轉戰數十合軍始得至海寧朝廷嘉其功陞同僉淮南行樞密院事搏霄建議于朝曰淮安爲南北襟喉江淮要衝之地其地一失兩淮皆未易復也則救援淮安誠爲急務爲今日計莫若於黄河上下并瀕淮海之地及南自沭陽北抵沂莒贛榆諸州縣布連珠營每三十里設一總砦就三十里中又設一小砦使斥堠烽燧相望而巡邏往來遇賊則并力野戰無事則屯種而食然後進有援退有守此善戰者所以常爲不可勝以

待敵之可勝也又海寧一境不通舟楫軍糧惟可陸運而凡瀕淮海之地人民屢經盜賊宜加存撫權令軍人搬運其陸運之方每人行十步三十六人可行一里三百六十人可行一十里三千六百人可行一百里每人負米四斗以夾布囊盛之用印封識人不息肩米不著地排列成行日行五百回計路二十八里輕行一十四里重行一十四里日可運米二百石每運給米一升可供二萬人此百里一日運糧之術也又江淮流移之民并安東海寧沭陽贛榆等州縣俱廢其民壯者既爲軍老弱無所依歸者宜設置軍

民防禦司擇軍官材堪牧守者使居其職而籍其民以屯故地於是練兵積穀且耕且戰內全山東完固之邦外禦淮海出沒之寇而後恢復可圖也十七年毛貴陷益都般陽等路有旨命搏霄從知樞密院事卜蘭奚討之而濟南又告急搏霄乃提兵援濟南賊衆自南山來攻濟南望之兩山皆赤搏霄按兵城中先以數十騎挑之賊衆悉來鬬騎兵少卻至磵上伏兵起遂合戰城中兵又大出大破之而般陽賊復約泰安之黨踰南山來襲濟南搏霄列兵城上弗爲動賊夜攻南門獨以矢石禦之黎明乃黙開東門放兵

出賊後既旦城上兵皆下大開南門合擊之賊敗走復追殺之賊衆悉無遺者於是濟南始寧詔就陞淮南行樞密院副使兼山東宣慰使都元帥仍賜上尊金帶楮幣名馬以勞之有疾其功者譖於總兵太尉紐的該令搏霄依前詔從卜蘭奚同征益都搏霄即出濟南城屬老且病請以其弟昂霄代領其衆朝廷從之授昂霄淮南行樞密院判官未幾有旨命搏霄守河間之長蘆十八年搏霄以兵北行且曰我去濟南必不可保既而濟南果陷搏霄方駐兵南皮縣之魏家莊適有使者奉詔拜搏霄河南行省右丞甫拜

命毛貴兵已至而營壘猶未完諸將謂搏霄曰賊至當如何搏霄曰我受命至此當以死報國耳因按劍督兵以戰而賊衆突至搏霄前捽而問曰汝爲誰搏霄曰我董老爺也衆刺殺之無血惟見其有白氣衝天是日昂霄亦死之事聞贈宣忠守正保節功臣榮祿大夫河南行省平章政事柱國追封魏國公謚忠定昂霄贈推誠孝節功臣嘉議大夫禮部尚書上輕車都尉追封隴西郡侯謚忠毅搏霄早以儒生起家輙爲能吏會天下大亂乃復以武功自奮其才略有大過人者而當時用之不能盡其才君子惜之

劉哈剌不花

劉哈剌不花其先江西人倜儻好義不事家產有古俠士風居燕趙有年遂爲探馬赤軍戶至正十二年潁亳盜起朝廷以太不花爲河南行省平章政事總兵討之哈剌不花上書陳十事其七言兵機及攻守方略太不花大喜即辟爲掾史未幾奏除左右司都事太不花以哈剌不花嘗爲探馬赤有膂力善騎射俾統前八翼軍爲先鋒將明號令信賞罰士皆樂爲之用而料敵成敗所向無失是時荅失八都魯軍潰于長葛收集散卒復屯中牟哈剌不花軍於汴梁南

彭子岡有自長葛來者言總兵官已爲賊所敗次中牟哈剌不花曰賊既捷兵必再至我不可不往援遂整兵而前既而有使馳報夜四鼓賊從洧川渡河未知其所向哈剌不花曰是必襲荅失八都魯營耳我行已緩不及事不若以精銳斷賊歸路覆之必矣於是領軍徐行天未明伏軍其歸路賊果襲荅失八都魯營大掠輜重而回哈剌不花伏軍四起賊大敗盡俘獲之當是時荅失八都魯以平章政事總大兵而哈剌不花功名與之相埒十七年山東毛貴率其賊衆由河間趨直沽遂犯漷州至棗林已而略柳林

逼畿甸樞密副使達國珎戰死京師人心大駭在廷之臣或勸乘輿北巡以避之或勸遷都關陝衆議紛然獨左丞相太平執不可哈剌不花時爲同知樞密院事奉詔以兵拒之與之戰于柳林大捷貴衆悉潰退走據濟南京師遂安哈剌不花之功居多哈剌不花後遷河南行省平章政事以卒初哈剌不花與信州人倪晦字孟晰同事泰不花爲掾史晦涉書史精文墨樸識謦欬泰不花深委任之言無不從而哈剌不花或有所論白多沮不行由是心銜泰不花及泰不花事敗走詣哈剌不花求援而哈剌不花不能曲

爲保全乃縛泰不花送京師致之死地君子以是少之

王英

王英字邦傑益都人性剛果有大節膂力絶人善騎射襲父職爲莒州翼千户父子皆善用雙刀人號之曰刀王至元二十九年江西行樞密院命帥師南雄討賊丘太老賊六百餘人突至英與戰殺其渠帥劉把東獲九十餘人元貞元年從左丞董士選討太山賊劉貴擒之二年討永新安福二州賊餘黨皆息延祐二年寧都賊起行省命英率各萬户軍討之賊勢甚張英屢戰皆勝斬獲不可勝數積屍盈野水爲不流行省平章李世安遣英送江浙平章張閭所領軍於閩境至木麻坑擒賊蔡五九又追賊至上虎嶂遇賊三千餘人盡殲之至治元年以大臣薦授忠武校尉益都淄萊萬户府副千户天曆元年授宣武將軍至順二年行省命英招捕桂陽州賊張思進等二千人英至布以威信皆相率請降元統元年授懷遠大將軍同知海北海南道宣慰使司事至元三年萬安軍賊吴汝期等作亂聚衆三千人英至賊皆就擒未幾李志甫起漳州劉虎仔起潮州詔命江西行省右

丞燕帖木兒討之方、賊起時英已致仕平章政事伯撒里謂僚佐曰是雖鼠竊狗偷非刀王行不可其人雖技老必可以義激乃使迎致之英曰國家有事吾雖老其可坐視乎據鞍横槊精神飛動馳赴馬及賊平英功居多至正中毛貴陷益都英時年九十有六乃謂其子弘曰我世受國恩叨官厚禄備嘗享之今老矣縱不能事戎馬以報天子尚忍食異姓之粟以求生乎水漿不入口者數日遂卒毛貴聞之使具棺衾以葬將斂舉其尸不動焚香祝曰公子弘請公歸葬先塋祝畢尸遂起觀者莫不驚異山東宣慰使普

顔不花及憲司請䘏典于朝有曰不食冦粟餓死芹泉有夷齊之風爲臣之清者也芹泉谷名英所居也

石抹宜孫　邁里古思

石抹宜孫字申之其先遼之迪烈糺人五世祖曰也先事太祖爲御史大夫自有傳也先之曾孫曰繼祖守伯善襲父職爲沿海上副萬户初以沿海軍分鎮台州皇慶元年又移鎮婺處兩州馭軍嚴肅平寧都冦有戰功且明達政事講究鹽筴多合時宜爲學本於經術而無通名法縱横天文地理術數方技釋老之説見稱薦紳間宜孫其子也宜孫性警敏嗜學問

於書務博覽而長於詩歌嘗借嫡弟厚孫廕襲父職爲沿海上副萬户守處州及弟長即讓其職還之退居台州至正十一年方國珎起海上江浙行省檄宜孫守温州宜孫即起任其事其年閩冦犯處州復檄宜孫以兵平之以功陞浙東宣慰副使分府于台州頃之處之屬縣山冦並起宜孫復奉省檄往討之至則築處州城爲禦敵計十七年江浙行省左丞相達識帖睦邇承制陞宜孫行樞密院判官總制處州分院治于處又以江浙儒學副提舉劉基爲其院經歷蕭山縣尹蘇友龍爲照磨而宜孫又辟郡人胡深葉琛章溢參謀其軍事處爲郡山谷聯絡盜賊憑據險阻輒竊發不易平治宜孫用基等謀或擣以兵或誘以計未幾皆殲殄無遺類尋陞同僉行樞密院事當是之時天下已多故所在守將各自爲計相保守於是浙東則宜孫在處州邁里古思在紹興爲稱首十八年十二月

大明兵取蘭溪且逼婺而宜孫母實在婺城宜孫泣曰義莫重於君親食禄而不事其事是無君也母在難而不赴是無親也無君無親尚可立天地間哉即遣胡深等將民兵數萬往赴援而親率精鋭爲之殿

兵至婺與

大明兵甫接即敗績而還時經略使李國鳳至浙東承制拜宜孫江浙行省參知政事階中奉大夫明年

大明兵入處州宜孫將數十騎走福建境上欲圖報復而所至人心已散事不可復爲嘆曰處州吾所守者也今吾勢已窮無所於往不如還處州境死亦爲處州鬼耳既還至處之慶元縣爲亂兵所害事聞朝廷贈推誠宣力効節功臣集賢大學士榮禄大夫上柱國追封越國公謚忠愍邁里古思者寧夏人也字善卿至正十四年進士授紹興路録事司達魯花赤

㟲軍主將楊完者在杭縱其軍鈔掠莫敢誰何民甚苦之俄有至紹興城中强奪人馬者邁里古思擒斬數人㟲軍乃懼不敢復至其境邁里古思名聲遂大振會江南行臺移治紹興檄邁里古思爲行臺鎭撫乃大募民兵爲守禦計處州山賊焚掠婺之永康東陽邁里古思提兵往擊之與石抹宜孫約期夾攻其巢穴山賊以平擢江東廉訪司經歷仍留紹興以兵衛臺治時浙東西郡縣多殘破獨邁里古思保障紹興境內晏然民愛之如父母江浙省臣乃承制授行樞密院判官分院治紹興會方國珎遣兵侵擾紹興

屬縣邁里古思曰國珎本海賊今既降爲大官而復來害吾民可乎欲率兵往問罪先遣部將黃中取上虞中還請益兵是時朝廷方倚重國珎資其舟以運粮而御史大夫拜住哥與國珎素通賄賂情好甚厚憤邁里古思擅舉兵恐且生事卽使人召邁里古思至其私第與計事至則命左右以鐵鎚撾死之斷其頭擲厠溷中城中民聞之不問男女老幼無不慟哭者黃中乃率其衆復讎盡殺拜住哥家人及臺府官員掾史獨留拜住哥不殺以告于張士誠士誠乃遣其將以兵守紹興拜住哥尋遷行宣政院使監察御史真童糾言拜住哥陰害帥臣幾致激變不法不忠莫斯爲甚宜稽諸彝典寘于嚴刑於是詔削拜住哥官職安置潮州而邁里古思之冤始白

傳卷第七十五

翰林學士亞中大夫知制誥兼修國史臣宋濂翰林待制承直郎同知制誥兼國史院編修官臣王褘等奉
勑修

儒學一

前代史傳皆以儒學之士分而爲二以經藝顓門者爲儒林以文章名家者爲文苑然儒之爲學一也六經者斯道之所在而文則所以載夫道者也故經非文則無以發明其旨趣而文不本於六藝又烏足謂之文哉由是而言經藝文章不可分而爲二也明矣元興百年上自朝廷内外名宦之臣下及山林布衣

之士以通經能文顯著當世者彬彬焉衆矣今皆不復爲之分別而采取其尤卓然成名可以輔教傳後者合而録之爲儒學傳

趙復字仁甫德安人也太宗乙未歲命太子闊出帥師伐宋德安以嘗逆戰其民數十萬皆俘戮無遺時楊惟中行中書省軍前姚樞奉詔即軍中求儒道釋醫卜士凡儒生掛俘籍者輒脫之以歸復在其中樞與之言信奇士以九族俱殘不欲北因與樞訣樞恐其自裁留帳中共宿既覺月色皓然惟寢衣在遽馳馬周號積屍間無有也行及水際則見復已被髮徒跣仰天而號欲投水而未入樞曉以徒死無益汝存則子孫或可以傳緒百世隨吾而北必可無他復强從之先是南北道絶載籍不相通至是復以所記程朱所著諸經傳註盡録以付樞自復至燕學子從者百餘人世祖在潛邸嘗召見問曰我欲取宋卿可導之乎對曰宋吾父母國也未有引他人以伐吾父母者世祖悅因不强之仕惟中聞復論議始嗜其學乃與樞謀建太極書院立周子祠以二程張楊游朱六君子配食選取遺書八千餘卷請復講授其中復以周程而後其書廣博學者未能貫通乃原羲農堯舜

所以繼天立極孔子顔孟所以垂世立教周程張朱氏所以發明紹續者作傳道圖而以書目條列于后別著伊洛發揮以標其宗旨朱子門人散在四方則以見諸登載與得諸傳聞者共五十有三人作師友圖以寓私淑之志又取伊尹顔淵言行作希賢録使學者知所嚮慕然後求端用力之方備矣樞既退隱蘇門乃即復傳其學由是許衡郝經劉因皆得其書而尊信之北方知有程朱之學自復始復爲人樂易而耿介雖居燕不忘故土與人交尤篤分誼元好問文名擅一時其南歸也復贈之言以博溺心末喪本爲戒

以自脩讀易求文王孔子之用心爲勉其愛人以德類若此復家江漢之上以江漢自號學者稱之曰江漢先生

張𤚥字達善其先蜀之導江人蜀亡僑寓江左金華王栢得朱熹三傳之學嘗講道於台之上蔡書院𤚥從而受業焉自六經語孟傳註以及周程張氏之微言朱子所嘗論定者靡不潛心玩索究極根柢用功既專久而不懈所學益弘深微密南北之士鮮能及之至元中行臺中丞吳曼慶聞其名延致江寧學官俾子弟受業中州士大夫欲淑子弟以朱子四書者皆遣從𤚥游或闢私塾迎之其在維揚來學者尤衆遠近翕然尊爲碩師不敢字呼而稱曰導江先生大臣薦諸朝特命爲孔顏孟三氏教授鄒魯之人服誦遺訓久而不忘𤚥氣宇端重音吐洪亮講說特精詳子弟從之者詵詵如也其高第弟子知名者甚多夾谷之奇楊剛中尤顯𤚥無子有經說及文集行世吳澄序其書以爲議論正援据博貫穿縱橫儼然新安朱氏之尸祝也至正中真州守臣以𤚥及郝經吳澄皆嘗留儀真作祠宇祀之曰三賢祠

金履祥字吉父婺之蘭溪人其先本劉氏後避吳越

錢武肅王嫌名更爲金氏履祥從曾祖景文當宋建炎紹興間以孝行著稱其父母疾齋禱于天而靈應隨至事聞于朝爲改所居鄉曰純孝履祥幼而敏睿父兄稍授之書即能記誦比長益自策勵凡天文地形禮樂田乘兵謀陰陽律曆之書靡不畢究及壯知向濂洛之學事同郡王栢從登何基之門基則學于黃榦而榦親承朱熹之傳者也自是講貫益密造詣益邃時宋之國事已不可爲履祥遂絶意進取然負其經濟之畧亦未忍遽忘斯世也會襄樊之師日急宋人坐視而不敢救履祥因進牽制擣虛之策請以重兵由海道直趨燕薊則襄樊之師將不攻而自解且備叙海舶所經凡州郡縣邑下至巨洋別塢難易遠近歷歷可據以行宋終莫能用及後朱瑄張清獻海運之利而所由海道視履祥先所上書咫尺無異者然後人服其精確德祐初以迪功郎史館編校起之辭弗就宋將改物所在盜起履祥屏居金華山中兵燹稍息則上下巖谷追逐雲月寄情嘯咏視世故泊如也平居獨處終日儼然至與物接則盎然和懌訓迪後學諄切無倦而尤篤於分義有故人子坐事母子分配爲隸不相知者十年履祥傾貲營贖卒贖

以完其子後貴履祥終不自言相見勞問辛苦而已何基王柏之喪履祥率其同門之士以義制服觀者始知師弟子之繫於常倫也履祥嘗謂司馬文正公光作資治通鑑祕書丞劉恕爲外紀以記前事不本於經而信百家之說是非謬於聖人不足以傳信自帝堯以前不經夫子所定固野而難質夫子因魯史以作春秋王朝列國之事非有玉帛之使則魯史不得而書非聖人筆削之所加也況左氏所記或闕或誣凡此類皆不得以辟經爲辭乃用邵氏皇極經世曆胡氏皇王大紀之例損益折衷一以尚書爲主下

及詩禮春秋旁採舊史諸子表年繫事斷自唐堯以下接于通鑑之前勒爲一書二十卷名曰通鑑前編凡所引書輒加訓釋以裁正其義多儒先所未發既成以授門人許謙曰二帝三王之盛其微言懿行宜後王所當法戰國申商之術其苛法亂政亦後王所當戒則是編不可以不著也他所著書曰大學章句疏義二卷論語孟子集註考證十七卷書表注四卷謙爲益加校定皆傳于學者天曆初廉訪使鄭允中表上其書于朝初履祥既見王柏首問爲學之方柏告以必先立志且舉先儒之言居敬以持其志立志以定其本志立乎事物之表敬行乎事物之內此爲學之大方也及見何基基謂之曰會之屢言賢者之賢理欲之分便當自今始會之蓋柏字也當時議者以爲基之清介純實似尹和靜柏之高明剛正似謝上蔡履祥則親得之二氏而並充於已者也履祥居仁山之下學者因稱爲仁山先生大德中卒元統初里人吳師道爲國子博士移書學官祠履祥于鄉學至正中賜謚文安

許謙字益之其先京兆人九世祖延壽宋刑部尚書八世祖仲容太子洗馬仲容之子曰洗曰洞洞由進

士起家以文章政事知名于時洗之子寔事海陵胡瑗能以師法終始者也由平江徙婺之金華至謙五世爲金華人父觥登淳祐七年進士第仕未顯以歿謙生數歲而孤甫能言世母陶氏口授孝經論語入耳輒不忘稍長肆力於學立程以自課取四部書分晝夜讀之雖疾恙不廢既乃受業金履祥之門履祥語之曰士之爲學若五味之在和醯醬既加則酸鹹頓異子來見我已三日而猶夫人也豈吾之學無以感發子耶謙聞之惕然居數年盡得其所傳之奧於書無不讀窮探聖微雖殘文羨語皆不敢忽有不可

通則不敢強於先儒之說有所未安亦不苟同也讀
四書章句集註有叢說二十卷謂學者曰學以聖人
爲準的然必得聖人之心而後可學聖人之事聖賢
之心具在四書而四書之義備於朱子顧其辭約意
廣讀者安可以易心求之乎讀詩集傳有名物鈔八
卷正其音釋攷其名物度數以補先儒之未備仍存
其逸義旁采遠援而以己意終之讀書集傳有叢說
六卷其觀史有治忽幾微倣史家年經國緯之法起
太皞氏迄宋元祐元年秋九月尚書左僕射司馬光
卒備其世數總其年歲原其興亡著其善惡蓋以爲
光卒則中國之治不可復興誠理亂之幾也故附於
續經而書孔子卒之義以致其意焉又有自省編晝
之所爲夜必書之其不可書者則不爲也其他若天
文地理典章制度食貨刑法字學音韻醫經術數之
說亦靡不該貫旁而釋老之言亦洞究其蘊嘗謂學
者孰不曰闢異端苟不深探其隱而識其所以然能
辨其同異別其是非也幾希又嘗句讀九經儀禮及
春秋三傳於其宏綱要領錯簡衍文悉別以鉛黄朱
墨意有所明則表而見之其後吳師道購得呂祖謙
點校儀禮視謙所定不同者十有三條而已謙不喜

矜露所爲詩文非扶翼經義張維世教則未嘗輕筆
之書也延祐初謙居東陽八華山學者翕然從之尋
開門講學遠而幽冀齊魯近而荆揚吳越皆不憚百
舍來受業焉其教人也至誠諄悉內外殫盡嘗曰己
有知使人亦知之豈不快哉或有所問難而詞不能
自達則爲之言其所欲言而解其所惑討論講貫終
日不倦攝其粗疎入於密微聞者方傾耳聽受而其
出愈真切惰者作之銳者抑之拘者開之放者約之
及門之士著録者千餘人隨其材分咸有所得然獨
不以科舉之文授人曰此義利之所由分也謙篤於
孝友有絶人之行其處世不膠於古不流於俗不出
里閭者四十年四方之士以不及門爲恥縉紳先生
之過其鄉邦者必即其家存問焉或訪以典禮政事
謙觀其會通而爲之折衷聞者無不厭服大德中熒
惑入南斗句已而行謙以爲災在吳楚竊深憂之是
歲大侵謙貌加瘠或問曰豈食不足邪謙曰今公私
匱竭道殣相望吾能獨飽邪其處心蓋如此廉訪使
劉庭直副使趙宏偉皆中州雅望於謙深加推服論
薦于朝中外名臣列其行義者前後章數十上而郡
復以遺逸應詔鄉閭大比請司其文衡皆莫能致至

其晚節獨以身任正學之重遠近學者以其身之安否爲斯道之隆替焉至元三年卒年六十八嘗以白雲山人自號世稱爲白雲先生朝廷賜謚文懿先是何基王栢及金履祥歿其學猶未大顯至謙而其道益著故學者推原統緒以爲朱熹之世適江浙行中書省爲請于朝建四賢書院以奉祠事而列于學官同郡朱震亨字彥脩謙之高第弟子也其清脩苦節絶類古篤行之士所至人多化之

陳櫟字壽翁徽之休寧人櫟生三歲祖母吳氏口授孝經論語輒成誦五歲入小學即涉獵經史七歲通

進士業十五鄉人皆師之宋亡科舉廢櫟慨然發憤致力於聖人之學涵濡玩索貫穿古今嘗以謂有功於聖門者莫若朱熹氏熹沒未久而諸家之說往往亂其本真乃著四書發明書傳纂䟽禮記集義等書亡慮數十萬言凡諸儒之說有畔於朱氏者刊而去之其微辭隱義則引而伸之而其所未備者復爲說以補其闕於是朱熹之說大明於世延祐初詔以科舉取士櫟不欲就試有司强之試鄉闈中選遂不復赴禮部教授於家不出門戶者數十年性孝友尤剛正日用之間動中禮法與人交不以勢合不以利遷

善誘學者諄諄不倦臨川吳澄嘗稱櫟有功於朱氏爲多九江東人來受業於澄者盡遣而歸櫟櫟所居堂曰定宇學者因以定宇先生稱之元統二年卒年八十三揭傒斯誌其墓乃與吳澄並稱曰澄居通都大邑又數登用于朝天下學者四面而歸之故其道遠而章尊而明櫟居萬山間與木石俱而足跡未嘗出鄉里故其學必待其書之行天下乃能知之及其行也亦莫之禦是可謂豪傑之士矣世以爲知言

胡一桂字庭芳徽州婺源人父方平一桂生而穎悟好讀書尤精於易初饒州德興沈貴寶受易於董夢

程夢程受朱熹之易於黃榦而一桂之父方平及從貴寶夢程學嘗著易學啓蒙通釋一桂之學出於方平得朱熹氏源委之正宋景定甲子一桂年十八遂領鄉薦試禮部不第退而講學遠近師之號雙湖先生所著書有周易本義附錄纂䟽本義啓蒙翼傳朱子詩傳附錄纂䟽十七史纂並行于世其同郡胡炳文字仲虎亦以易名家作易本義通釋而於朱熹所著四書用力尤深餘干饒魯之學本出於朱熹而其爲說多與熹牴牾炳文深正其非作四書通凡辭異而理同者合而一之辭同而指異者析而辨之往往

發其未盡之藴東南學者因其所自號稱雲峰先生炳文嘗用薦者署明經書院山長再調蘭溪州學正

黄澤字楚望其先長安人唐末舒藝知資州内江縣卒葬焉子孫遂爲資州人宋初延節爲大理評事無監察御史累贈金紫光禄大夫澤十一世祖也五世祖拂與二兄播㩦同年登進士第蜀人榮之父儀可累舉不第隨兄驥子官九江蜀亂不能歸因家焉澤生有異質慨然以明經學道爲志好爲苦思屢以成疾疾止復思久之如有所見作顔淵仰高鑽堅論蜀人治經必先古注疏澤於名物度數考覈精審而義

理一宗程朱作易春秋二經解二禮祭祀述畧大德中江西行省相臣聞其名授江州景星書院山長使食其禄以施教又爲山長於洪之東湖書院受學者益衆始澤嘗夢見夫子以爲適然既而屢夢見之最後乃夢夫子手授所較六經字畫如新由是深有感發始悟所解經多徇舊説爲非是乃作思古吟十章極言聖人德容之盛上達於文王周公秩蒲即歸閉門授徒以養親不復言仕嘗以爲去聖久遠經籍殘闕傳注家率多傅會近世儒者又各以才識求之故議論雖多而經旨愈晦必積誠研精有所悟入然後

可以窺見聖人之本真乃揭六經中疑義千有餘條以示學者既乃盡悟失傳之旨自言每於幽閒寂寞顛沛流離疾病無聊之際得之及其久也則豁然無不貫通自天地定位人物未生已前沿而下之凡邃古之初萬化之原載籍所不能具者皆昭若發蒙如示諸掌然後由伏羲神農五帝三王以及春秋之末皆若身在其間而目擊其事者於是易春秋傳注之失詩書未決之疑周禮非聖人書之謗凡數十年苦思而未通者皆渙然冰釋各就條理故於易以明象爲先以因孔子之言上求文王周公之意爲主而其

機括則盡在十翼作十翼舉要忘象辯象畧辯同論於春秋以明書法爲主其大要則在考覈三傳以求向上之功而脉絡盡在左傳作三傳義例考筆削本旨又作元年春王正月辯諸侯娶女立子通考魯隱公不書即位義殷周諸侯禘祫考周廟太廟單祭合食説作丘甲辯凡如是者十餘通以明古今禮俗不同見虚辭説經之無益嘗言學者必悟經旨廢失之由然後聖人本意可見若易象與春秋書法廢失大畧相似苟通其一則可觸機而悟矣又懼學者得於創聞不復致思故所著多引而不發乃作易學濫觴

春秋指要示人以求端用力之方其於禮學則謂鄭氏深而未完王肅明而實淺作禮經復古正言如王肅混郊丘廢五天帝併崑崙神州爲一趙伯循言王者禘其始祖之所自出以始祖配之而不及群廟之主胡宏家學不信周禮以社爲祭地之類皆引經以證其非其辯釋諸經要旨則有六經補注詆排百家異義則取杜牧不當言而言之義作翼經罪言近代覃思之學推澤爲第一吳澄嘗觀其書以爲平生所見明經士未有能及之者謂人曰能言距楊墨者聖人之徒也楚望真其人乎然澤雅自慎重未嘗輕與

人言李泂使過九江請北面稱弟子受一經且將經紀其家澤謝曰以君之才何經不可明然亦不過筆授其義而已若余則於艱苦之餘乃能有見吾非邵子不敢以二十年林下期君也泂歎息而去或問澤自閟如此寧無不傳之懼澤曰聖經興廢上關天運子以爲區區人力所致耶澤家甚窶貧且年老不復能教授經歲大侵家人采木實草根以療飢晏然曾不動其意惟以聖人之心不明而經學失傳若己有罪爲大戚至正六年卒年八十七其書存于世者十二三門人惟新安趙汸爲高弟得其春秋之學爲多

蕭𣂏字惟斗其先北海人父仕秦中遂爲奉元人𣂏性至孝自爲兒時翹楚不凡稍出爲府史上官語不合即引退讀書南山者三十年製一葦衣由身半以下及卧輒倚其榻玩誦不少置於是博極羣書天文地理律暦筭數靡不研究侯均謂元有天下百年惟蕭惟斗爲識字人學者及其門受業者甚衆嘗出遇一婦人失金釵道旁疑𣂏拾之謂曰殊無他人獨翁居後耳𣂏令随至門取家釵以償其婦後得所遺釵愧謝還之鄉人有自城中暮歸者遇寇欲加害詭言我蕭先生也寇驚愕釋去世祖分藩在秦辟𣂏與楊

恭懿韓擇侍秦邸𣂏以疾辭授陝西儒學提舉不赴省憲大臣即其家具宴爲賀使一從史先詣𣂏舍𣂏方汲水灌園從史至不知其爲𣂏也使飲其馬即應之不拒及冠帶迎賓從史見𣂏有懼色𣂏殊不爲意後累授集賢直學士國子司業改集賢侍讀學士皆不赴大德十一年拜太子右諭德扶病至京師入覲東宮書酒誥爲獻以朝廷時尚酒故也尋以病力請去職人問其故則曰在禮東宮東面師傅西面此禮今可行乎俄除集賢學士國子祭酒依前右諭德疾作固辭而歸卒年七十八賜謚貞敏𣂏制行甚高真

履實踐其教人必自小學始爲文辭立意精深言近而指遠一以洙泗爲本濂洛考亭爲據關輔之士翕然宗之稱爲一代醇儒所著有三禮說小學標題駁論九州志及勤齋文集行于世韓擇者字從善亦奉元人天資超異信道不惑其教學者雖中歲以後亦必使自小學等書始或疑爲陵節勤苦則曰人不知學白首童心且童蒙所當知而皓首不知可乎擇尤邃禮學有質問者口講指畫無倦容士大夫游宦過秦中必往見擇莫不虛往而實歸焉世祖嘗召之赴京疾不果行其卒也門人爲服緦麻者百餘人侯均

者字伯仁亦奉元人父母蚤亡獨與繼母居賣薪以給奉養積學四十年羣經百氏無不淹貫旁通釋老外典每讀書必熟誦乃已嘗言人讀書不至千徧終於己無益故其荅諸生所問窮索極探如取諸篋笥名振關中學者宗之用薦者起爲太常博士後以上疏忤時相意不待報可即歸休田里均貌魁梧而氣剛正人多嚴憚之及其應接之際則和易款洽雖方言古語世所未曉者莫不隨問而荅世咸服其博聞同恕字寬甫其先太原人五世祖遷秦中遂爲奉元人祖昇父繼先博學能文廉希憲宣撫陝右辟掌庫

鑰家世業儒同居二百口無間言恕安靜端凝羈丱如成人從鄉先生學日記數千言年十三以書經魁鄉校至元間朝廷始分六部選名士爲吏屬關陝以恕貢禮曹辭不行仁宗踐阼即其家拜國子司業階儒林郎使三召不起陝西行臺侍御史趙世延請即奉元置魯齋書院中書奏恕領教事制可之先後來學者殆千數延祐設科再主鄉試人服其公六年以奉議大夫太子左贊善召入見東宮賜酒慰問繼而獻書歷陳古誼盡開悟涵養之道明年春英宗繼統以疾歸致和元年拜集賢侍讀學士以老疾辭恕之

學由程朱上遡孔孟務貫浹事理以利於行教人曲爲開導使得趣向之正性整潔平居雖大暑不去冠帶母張夫人卒事異母如事所生父喪哀毀致目疾時祀齋肅詳至嘗曰養生有不備事猶可復追遠有不誠是誣神也可逭罪乎與人交雖外無適莫而中有繩尺里人借騾而死償其直不受曰物之數也何以償爲家無儋石之儲而聚書數萬卷扁所居曰榘菴時蕭𣂏居南山下亦以道高當世入城府必主恕家士論稱之曰蕭同恕自京還家居十三年縉紳望之若景星麟鳳鄉里稱爲先生而不姓至順二年卒

年七十八制贈翰林直學士封京兆郡侯謚文貞其所著曰渠菴集二十卷恕弟子第五居仁字士安幼師蕭𣂏弱冠從恕受學博通經史躬率子弟致力農畝而學徒滿門其宏度雅量能容人所不能容嘗行田間遇有竊其桑者居仁輒避之鄉里高其行義率多化服作字必楷整遊其門者不惟學明而行加脩焉卒之日門人相與議易名之禮私謚之曰靜安先生

安熙字敬仲真定藁城人祖滔父松皆以學行淑其鄉人熙既承其家學及聞保定劉因之學心向慕焉

熙家與因所居相去數百里因亦聞熙力於爲己之學深許與之熙方將造其門而因已歿乃從因門人烏叔備問其緒說蓋自因得宋儒朱熹之書即尊信力行之故其教人必尊朱氏然因之爲人高明堅勇其進莫遏熙則簡覯和易務爲下學之功其告先聖文有曰追憶舊聞卒究前業洒掃應對謹行信言餘力學文窮理盡性循循有序發軔聖途以存諸心以行諸己以及於物以化於鄉其用功平實切密可謂善學朱氏者熙遭時承平不屑仕進家居教授垂數十年四方之來學者多所成就既歿鄉人爲立祠於藁城之西筦鎮其門人蘇天爵爲輯其遺文而虞集序之曰使熙得見劉氏廓之以高明厲之以奮發則劉氏之學當益昌大於時矣

傳卷第七十七　　元史一百九十

翰林學士亞中大夫知制誥兼修國史臣宋濂翰林待制承直郎同知制誥兼國史院編修官臣王禕等奉

勅修

儒學二

胡長孺字汲仲婺州永康人當唐之季其先自天台來徙宋南渡後以進士科發身者十人持節分符先後相望曾祖㮚欽州司法參軍脫畧豪雋輕貲急施人以鄭莊稱之祖巖起嘉定甲戌進士知福州閩縣事卓行危論奇文瑰句端平嘉定間士大夫皆自以爲不可及其在江西幕府平贛州之難於指顧之頃全活數十萬人父居仁淳祐丁未進士知台州軍州事文辭政事亦絕出於四方至長孺其學益大振九經諸史下逮百氏名墨縱橫旁行敷落律令章程無不包羅而檃序之咸淳中外舅徐道隆爲荆湖四川宣撫參議官長孺從之入蜀銓試第一名授迪功郎監重慶府酒務儀用制置使朱禩孫之辟兼總領湖廣軍馬錢糧所僉廳與高彭李湜梅應春等號南中八士已而復拜福寧州倅之命會宋亡退棲永康山中至元二十五年詔下求賢有司強起之至京師待詔集賢院既而召見內殿拜集賢脩撰與宰相議不

合攺教授揚州元貞元年移建昌適錄事闕官檄長孺攝之程文海方貴顯其家氣燄薰灼卽違法人不敢何問其樹外門侵官道長孺亟命撤之至大元年轉台州路寧海縣主簿階將仕佐郎大德丁未浙東大侵戊申復無麥民相枕死宣慰同知脫歡察議行振荒之令斂富人錢一百五十萬給之至縣以餘錢二十五萬屬長孺藏去乃行旁州長孺察其有乾沒意悉散於民閱月再至索其錢長孺抱成案進曰錢在是矣脫歡察怒曰汝膽如山耶何所受命而敢無忌若此長孺曰民一日不食當有死者誠不及以聞然官書具在可徵也脫歡察雖怒不敢問縣有銅巖惡少年狙伺其間恒出鈔道爲過客患官不能禁長孺僞衣商人服令蒼頭負貨以從陰戒騶卒十人躡其後長孺至巖中人突出要之長孺方遜辭以謝騶卒俄集皆成擒俾盡通其黨寘於法夜行無虞民荷溺器糞田偶觸軍卒衣卒扶傷民且碎器而去竟不知主名民來訴長孺陽怒其誣械于市俾左右潛偵之向挾者過焉戟手稱快執詣所隸杖而償其器羣嫗聚浮屠庵誦佛書爲禳祈一嫗失其衣適長孺出鄉嫗訟之長孺以牟麥寘羣嫗合掌中命繞佛誦書

如初長孺閉目叩齒作集神狀且曰吾使神監之矣盜衣者行數周麥當芽一嫗屢開掌視長孺指縛之還所竊衣長孺白事帥府歸吏言有姦事屢問弗伏者長孺曰此易易爾夜伏吏案下黎明出姦者訊之辭愈堅長孺詳謂令長曰頗聞國家有詔盡迹之叱隸卒縛姦者東西楹空縣而出庭無一人姦者相謂曰事至此死亦無承行將自解矣語畢案下吏嚾而出姦者驚咸叩頭服罪永嘉民有弟質珠步摇於兄者贖焉兄妻愛之紿以亡於盜屢訟不獲直往告長孺長孺曰爾非吾民也叱之去未幾治盜長孺喉盜誣兄受步摇爲贓逮兄赴官力辨數弗置長孺曰爾家信有是何謂誣耶兄倉皇曰有固有之乃弟所質者趣持至驗之呼其弟示曰得非爾家物乎弟曰然遂歸焉其行事多類此不能盡載延祐元年轉兩浙都轉運鹽使司長山場鹽司丞階將仕郎未上以病辭不復仕隱杭之虎林山以終長孺初師青田余學古學古師王夢松夢松亦青田人傳龍泉葉味道之學味道則朱熹弟子也淵源既正長孺益行四方訪求其旨趣始信涵養用敬爲最切默存靜觀超然自得故其爲人光明宏偉專務明本心之學慨然以孟

子自許唯恐斯道之失其傳誘引不倦一時學者慕之有如飢渴之於食飲方嶽大臣與郡二千石聘致庠序敷繹經義環聽者數百人長孺爲言人雖最靈與物同産初無二本皆躍躍然興起至有太息者爲辭章有精魄金舂玉撞壹發其和平之音海内來求者如購拱璧碑版焜煌照耀四裔苟非其人雖一金易一字毅然不與鄉闈取士屢司文衡貴實賤華文風爲之一變晚寓武林病喘上氣者頗久一旦具酒食與比鄰別云將返故鄉門人有識其微意者問曰先生精神不衰何爲遽欲觀化乎長孺曰精神與死生初無相涉也就寢至夜半喘忽止其子駒排戶視之則正衣冠坐逝矣年七十五所著書有尾缶編南昌集寧海漫抄頗樂齋藁行于世其從兄之綱之純皆以經術文學名之綱字仍仲嘗被薦書其於聲音字畫之說自言獨造其妙惜其書不傳之純字穉仲咸淳甲戌進士踐履如古獨行者文尤明潔可誦人稱之爲三胡云

熊朋來字與可豫章人宋咸淳甲戌登進士第第四人授從仕郎寶慶府簽書判官廳公事未上而宋亡世祖初得江南盡求宋之遺士而用之尤重進士以

故相留夢炎爲尚書召甲戌狀元王龍澤爲江南行臺監察御史朋來龍澤榜下進士而聲名不在龍澤下然不肯表襮苟進隱處州里間生徒受學者常百數十人取朱子小學書提其要領以示之學者家傳其書幾遍天下豫章爲江西會府行中書省提刑按察司皆在焉凡居是官者多朝廷名公卿皆以賓禮延見廉希憲之子惇爲參知政事以師禮事朋來終身稱門人劉宣爲提刑按察使尤加禮敬朋來和而不肆分而不猶與羣賢講論經義無虛日儒者咸倚以爲重焉會朝廷遣治書侍御史王構銓外選于江

西於是參政徐琰李世安列薦朋來爲閩海提舉儒學官使者報聞而朝廷以東南儒學之士唯福建廬陵最盛特起朋來連爲兩郡教授所至考古篆籀文字調律呂協歌詩以興雅樂制器定辭必則古式學者化焉既滿考以常格調建安縣主簿不赴晚以福清州判官致仕朋來視之漠如也四方學者因其所自號稱爲天慵先生每燕居鼓瑟而歌以自樂嘗著瑟賦二篇學者爭傳誦之門人歸之者日盛旁近舍皆滿至不能容朋來懇懇爲說經旨文義老益不倦得其所指授者多爲聞人延祐初詔以進士科取士

時科舉廢已久有司咸不知其典故以不稱明詔爲懼行省官主其事者諮問於朋來動中軌度因以中請四方得遵用之及請爲考試官則曰應試者十九及吾門不可其後江浙湖廣皆卑詞致禮請爲主文朋來屢往應之及對大廷其所選士居天下三之一爲初朋來以周禮首薦鄉郡而元制周官不與設科治戴記者又鮮朋來屢以爲言蓋朋來之學諸經中三禮尤深是以當世言禮學者咸推宗之至治中英宗始采用古禮親御衮冕祠太廟鋭意於制禮作樂之事翰林學士元明善颺言于朝以朋來爲薦未及

召而卒年七十八朋來動止有常喜怒不形於色接賓客人人各自以得其意有家集三十卷其大者明乎禮樂之事關於世教其餘若天文地理方技名物度數靡不精究子太古鄉貢進士

戴表元字帥初一字曾伯慶元奉化州人七歲學古詩文多奇語稍長從里師習詞賦輒棄不肯爲咸淳中入太學以三舍法陞內舍生既而試禮部第十人登進士乙科教授建寧府後遷臨安教授行户部掌故皆不就大德八年表元年已六十餘執政者薦于朝起家拜信州教授再調教授婺州以疾辭初表元

閔宋季文章氣萎薾而辭骫骳骳弊已甚慨然以振起斯文爲己任時四明王應麟天台舒岳祥並以文學師表一代表元皆從而受業焉故其學博而肆其文清深雅潔化陳腐爲神奇蓄而始發間事摹畫而隅角不露施於人者多尤自祕重不妄許與至元大德間東南以文章大家名重一時者唯表元而已其門人最知名者曰袁桷桷之文其體裁議論一取法於表元者也表元晚年翰林集賢以脩撰博士二職論薦而老疾不可起年六十七卒有剡源集行于世當表元時有四明任士林者亦以文章知名云

牟應龍字伯成其先蜀人後徙居吳興祖子才仕宋贈光禄大夫謚清忠父巘爲大理少卿應龍幼警敏過人日記數千言文章有渾厚之氣應龍當以世賞補京官盡讓諸從弟而擢咸淳進士第時賈似道當國自儗伊周謂馬廷鸞曰君故與清忠游其孫辛見之當處以高第應龍拒之不見及對策具言上下內外之情不通國勢危急之狀考官不敢寘上第調光州定城尉應龍曰昔吾祖對策以直言忤史彌遠得洪雅尉今固當爾無媿也沿海制置司辟爲屬以疾辭不仕而宋亡矣故相留夢炎事世祖爲吏部尚書以書招之曰苟至翰林可得也應龍不荅已而起家教授溧陽州晚以上元縣主簿致仕初宋亡時大理卿已退不任事一門父子自爲師友討論經學以義理相切磨於諸經皆有成說惟五經音攷盛行於世應龍爲文長於叙事時人求其文者車轍交於門以文章大家稱於東南人儗之爲眉山蘇氏父子而學者因應龍所自號稱之曰隆山先生泰定元年卒年七十八

鄭滁孫字景歐處州人宋景定間登進士第知溫州樂清縣累歷宗正丞禮部郎官至元三十年有以滁

孫名薦者世祖召見授集賢直學士尋陞侍講學士又陞學士乞致仕歸田里弟陶孫字景潛亦登進士第監西嶽祠先陶孫徵至闕奏對稱旨授翰林國史院編脩官會纂脩國史至宋德祐末年事陶孫曰臣嘗仕宋宋是年亡義不忍書書之非義矣終不書世祖嘉之陞應奉翰林文字後出爲江西儒學提舉滁孫兄弟在當時最號博洽儒學之士翕然推之陞福宮以其兄弟前朝士乃製衣親賜人以爲異遇焉滁孫所著有大易法象通賛周易記玩等書陶孫有文集若干卷

陳孚字剛中台州臨海人幼清峻穎悟讀書過目輒
成誦終身不忘至元中孚以布衣上大一統賦江浙
行省爲轉聞于朝署上蔡書院山長考滿謁選京師
二十九年世祖命梁曾以吏部尚書再使安南選南
士爲介朝臣薦孚博學有氣節調翰林國史院編修
官攝禮部郎中爲曾副陛辭賜五品服佩金符以行
三十年正月至安南世子陳日燇以憂制不出郊遣
陪臣來迎又不由陽明中門入曾與孚回館致書詰
日燇以不庭之罪且責日燇當出郊迎詔及講新朝
尚右之禮往復三書宣布天子威德辭直氣壯皆孚

筆也其所贈孚悉卻之詳見梁曾傳中使還除翰林
待制兼國史院編修官帝方欲寘之要地而廷臣以
孚南人且尚氣頗嫉忌之遂除建德路總管府治中
再遷治中衢州所至多著善政秩滿復請爲鄉郡特
授奉直大夫台州路總管府治中大德七年詔遣奉
使宣撫循行諸道時台州旱民饑道殣相望江浙行
省檄浙東元帥脫歡察兒發粟賑濟而脫歡察兒怙
勢立威不卹民隱驅脅有司動寘重刑孚曰使吾民
日至莩死不救者脫歡察兒也遂詣宣撫使愬其不
法蠹民事一十九條宣撫使按實坐其罪命有司亟

發倉賑饑民賴以全活者衆而孚亦以此致疾卒于
家年六十四孚天材過人性任俠不羈其爲詩文大
抵任意卽成不事雕斲有文集行于世子遘江浙行
省左右司員外郎致仕女長嫣適葉城董士楷太常
禮儀院太祝守緝之母也末嫣適同里韓戒之行樞
密院經歷諫之母也俱有貞節朝廷旌表其門閭攸
州馮子振其豪俊與孚略同孚極敬畏之自以爲不
可及子振於天下之書無所不記當其爲文也酒酣
耳熱命侍史二三人潤筆以俟子振據案疾書隨紙
數多寡頃刻輒盡雖事料醲郁美如簇錦律之法度

未免乖剌人亦以此少之

董朴字太初順德人自幼強記比冠師事樂舜咨劉
道濟幡然有求道之志至元十六年用提刑按察使
薦起家爲陝西知法官未幾以親老歸養尋召爲太
史院主事復辭不赴皇慶初朴年已踰八十詔以翰
林修撰致仕延祐三年無疾而終年八十有五朴所
爲學自六經及孔孟微言與凡先儒所以開端闡幽
者莫不研極其旨而會通之故其心所自得往往有
融貫之妙其事親孝與人交智愚貴賤一待以誠或
有犯之者莞然不與之校中山王結曰朴之學造詣

既深充養交至其爲人清而通和而介君子人也朴家近龍岡學者因稱之曰龍岡先生云

楊載字仲弘其先居建之浦城後徙杭因爲杭人少孤博涉羣書爲文有跌宕氣年四十不仕戶部賈國英數薦于朝以布衣召爲翰林國史院編脩官與脩武宗實錄調管領係官海船萬戶府照磨兼提控案牘延祐初仁宗以科目取士載首應詔遂登進士第授承務郎饒州路同知浮梁州事遷儒林郎寧國路總管府推官以卒初吳興趙孟頫在翰林得載所爲文極推重之由是載之文名隱然動京師凡所撰述

人多傳誦之其文章一以氣爲主博而敏直而不肆自成一家言而於詩文尤有法嘗語學者曰詩當取材於漢魏而音節則以唐爲宗自其詩出一洗宋季之陋建康之上元有楊剛中字志行自幼厲志操及爲江東憲府照磨風采凜凜有足稱者其爲文奇奥簡澁動法古人而不屑爲世俗平凡語元明善極嘆異之仕至翰林待制而卒有霜月集行于世其甥李桓字晉仲同郡人由鄉貢進士累遷江浙儒學副提舉亦以文鳴江東紓餘豐潤學者多傳之載與剛中同輩行而桓則稍後云

劉詵字桂翁吉安之廬陵人性穎悟幼失父知自樹立年十二作爲科塲律賦論策之文蔚然有老成氣象宋之遺老鉅公一見即以斯文之任期之既冠重厚醇雅素以師道自居教學者有法聲譽日隆江南行御史臺屢以教官舘職遺逸薦皆不報詵爲文根柢六經躪躒諸子百家融液今古而不露其踔厲風發之狀四方求文者日至于門其所爲詩文曰桂隱集桂隱詵所號也至正十年卒年八十三同郡龍仁夫字觀復劉岳申字高仲其文學皆與詵齊名有集行世而仁夫之文尤奇逸流麗所著周易多發前儒之

之所未發岳申用薦者爲遼陽儒學副提舉仁夫江浙儒學副提舉皆不就

韓性字明善紹興人其先家安陽宋司徒兼侍中魏忠獻王琦其八世祖也高祖左司郎中膺胄扈從南渡家于越性天資警敏七歲讀書數行俱下日記萬言九歲通小戴禮作大義操筆立就文意蒼古老生宿學皆稱異焉及長博綜羣籍自經史至諸子百氏靡不極其津涯究其根柢而於儒先性理之說尤深造其閫域其爲文辭博達儁偉變化不測自成一家言四方學者受業其門戶外之屨至無所容延祐初

詔以科舉取士學者多以文法為請性語之曰今之
貢舉悉本朱熹私議為貢舉之文不知朱氏之學可
乎四書六經千載不傳之學自程氏至朱氏發明無
餘蘊矣顧行何如耳有德者必有言施之場屋直其
末事豈有他法哉凡經其口授指畫不為甚高論而
義理自勝不期文之工而不能不工以應有司之求
亦未始不合其繩尺也士有一善必為之延譽不已
及辨析是非則毅然有不可犯之色性出無輿馬僕
御所過負者息肩行者避道巷夫街叟至於童穉厮
役咸稱之曰韓先生韓先生云憲府嘗舉為教官謝

曰幸有先人之弊廬可庇風雨薄田可具饘粥讀書
砥行無愧古人足矣祿仕非所願也受而不赴暮年
愈自韜晦然未嘗忘情於斯世郡之良二千石政事
有所未達輒往咨訪性從容開導洞中肯綮裨益者
多天曆中趙世延以性名上聞後十年門人李齊為
南臺監察御史力舉其行義而性已卒矣年七十有
六卒後南臺御史中丞月魯不花嘗學於性言性法
當得謚朝廷賜謚莊節先生其所著有禮記說四卷
詩音釋一卷書辨疑一卷郡志八卷文集十二卷當
性時慶元有程端禮端學兄弟者端禮字敬叔幼穎

悟純篤十五歲能記誦六經曉析大義慶元自宋季
皆尊尚陸九淵氏之學而朱熹氏學不行於慶元端
禮獨從史蒙卿游以傳朱氏明體適用之指學者及
門甚衆所著有讀書工程國子監以頒示郡邑校官
為學者式仕為衢州路儒學教授卒年七十五端學
字時叔通春秋登至治辛酉進士第授僊居縣丞尋
改國子助教動有師法學者以其剛嚴方正咸嚴憚
之遷太常博士命未下而卒後以子徐貴贈禮部尚
書所著有春秋本義三十卷三傳辨疑二十卷春秋
或問十卷

吳師道字正傳婺州蘭溪人自羈丱知學即善記覽
工詞章才思涌溢發為歌詩清麗俊逸弱冠因讀宋
儒真德秀遺書乃幡然有志於為己之學刮摩淬礪
日長月益嘗以持敬致和之說質于同郡許謙謙復
之以理一分殊之旨由是心志益廣造履益深大抵
務在發揮義理而以闢異端為先務登至治元年進
士第授高郵縣丞明達文法吏不敢欺再調寧國路
錄事會歲大旱飢民仰食于官者三十三萬口師道
勸大家得粟三萬七千六百石以賑飢民又言于部
使者轉聞於朝得粟四萬石鈔三萬八千四百錠賑

之三十餘萬人賴以存活遷池州建德縣尹郡學有田七百畝爲豪民所占郡下其事建德俾師道究治之即爲按其圖籍悉以歸於學建德素少茶而榷稅尤重民以爲病即爲極言于所司榷稅爲減中書左丞呂思誠侍御史孔思立列薦之召爲國子助教尋陞博士其爲教一本朱熹之旨而遵許衡之成法六館諸生人人自以爲得師丁內憂而歸以奉議大夫禮部郎中致仕終于家所著有易詩書雜說春秋胡傳附辨戰國策校註敬鄉錄及文集二十卷師道同郡又有王餘慶字叔善仕爲江南行臺監察御史亦

以儒學名重當世云

陸文圭字子方江陰人幼而穎悟讀書過目成誦終身不忘博通經史百家及天文地理律曆醫藥筭數之學宋咸淳初文圭年十八以春秋中鄉選宋亡隱居城東學者稱之曰墻東先生延祐設科有司強之就試凡一再中鄉舉文圭爲文融會經傳縱橫變化莫測其涯際東南學者皆宗師之朝廷數遣使駝幣聘之以老疾不果行卒年八十五文圭爲人剛明超邁以奇氣自負於地理考覈甚詳凡天下郡縣沿革人物土產悉能默記如指諸掌先屬纊一日語門人曰以數考之吾州二十年後必有兵變慘於五代建炎吾死當葬不食之地勿封勿樹使人不知吾墓庶無暴骨之患其後江陰之亂冢墓盡發人乃服其先知有墻東類藁二十卷文圭同里有梁益者字友直其先福州人博洽經史而工於文辭其教人以變化氣質爲先務學徒不遠千里從之自文圭既卒浙以西稱學術醇正爲世師表者惟益而已益所著書有三山藁詩緒餘史傳姓氏纂又有詩傳旁通發揮朱熹氏之學爲精年五十六卒

周仁榮字本心台州臨海人父敬孫宋太學生初金華王柏以朱熹之學主台之上蔡書院敬孫與同郡楊珏陳天瑞車若水黃超然朱致中薛松年師事之受性理之旨敬孫嘗著易象占尚書補遺春秋類例仁榮承其家學又師珏天瑞治易禮春秋而工爲文章用薦者署美化書院山長美化在處州萬山中人鮮知學仁榮舉行鄉飲酒禮士俗爲變後辟江浙行省掾史省臣皆呼先生不以吏遇之泰定初召拜國子博士遷翰林修撰陞集賢待制奉旨代祀嶽瀆至會稽以疾作不復還朝卒年六十有一其所教弟子多爲名人而泰不華實爲進士第一其弟仔肩字本

道以春秋登延祐五年進士第終奉議大夫惠州路總管府判官與其兄俱以文學名仁榮同郡有孟夢恂者字長文黃巖人與仁榮同師事楊珏陳天瑞夢恂講解經旨體認精切務見行事四方游從者皆服焉部使者薦其行義署本郡學録至正十三年以設策禦寇捄鄉郡有功授登仕郎常州路宜興州判官未受命而卒年七十四朝廷賜謚號曰康靖先生所著有性理本旨四書辨疑漢唐會要七政疑辭及筆海雜録五十卷

陳旅字衆仲興化莆田人先世素以儒學稱旅幼孤

資禀穎異其外大父趙氏學有源委撫而教之旅得所依不以生業爲務惟篤志於學於書無所不讀稍長負笈至溫陵從鄉先生傅古直游聲名日著用薦者爲閩海儒學官適御史中丞馬雍古祖常使泉南一見奇之謂旅曰子館閣器也胡爲留滯于此因相勉遊京師既至翰林侍講學士虞集見其所爲文慨然歎曰此所謂我老將休付子斯文者矣即延至館中朝夕以道義學問相講習自謂得旅之助爲多與祖常交口游譽於諸公間咸以爲旅博學多聞宜居師範之選中書平章政事趙世延又力薦之除國子助教居三年考滿諸生不忍其去請于朝再任焉元統二年出爲江浙儒學副提舉至元四年入爲應奉翰林文字至正元年遷國子監丞階文林郎又二年卒年五十有六旅於文自先秦以來至唐宋諸大家無所不究故其文典雅峻潔必求合於古作者不徒以徇世好而已有文集十四卷旅平生於師友之義尤篤每感虞集爲知己其在浙江時集歸田已數載歲且大比請于行省參知政事孛朮魯翀親奉書幣請集主文鄉闈欲爲問候計乃衝冒炎暑千里訪集于臨川集感其來留旬日而別惓惓以斯文相勉悕

然若將永訣焉集每與學者語必以旅爲平生益友也一日夢旅舉杯相向曰旅甚思公亦知公之不忘旅也但不得見爾既而聞旅卒集深悼之同時有程文陳繹曾者皆名士文字以文徽州人仕至禮部員外郎作文明潔而精深集亦多稱之繹曾字伯敷處州人爲人雖口吃而精敏異常諸經註疏多能成誦文辭汪洋浩博其氣燁如也官至國子助教論者謂二人皆與旅相伯仲云

李孝光字季和溫州樂清人少博學篤志復古隱居鴈蕩山五峯下四方之士遠來受學名譽日聞泰不

華以師事之南行臺監察御史闔辭屢薦居館閣至正七年詔徵隱士以秘書監著作郎召與完者圖執禮哈琅董立同應詔赴京師見帝于宣文閣進孝經圖說帝大悅賜上尊明年陞文林郎秘書監丞卒于官年五十三孝光以文章負名當世其文一取法古人而不趨世尚非先秦兩漢語弗以措辭有文集二十卷

宇文公諒字子貞其先成都人父挺祖徙吳興今爲吳興人公諒通經史百氏言弱冠有操行嘉興富民延爲子弟師夜將半聞有叩門者問之乃一婦人公

諒厲聲叱去之翌日即以他事辭歸終不告以其故至順四年登進士第授徽州路同知婺源州事丁內艱改同知餘姚州事夏不雨公諒出禱輒應歲以有年民頌之以爲別駕雨攝會稽縣申明冤滯所活者衆省檄察實松江海塗田公諒以朝汐不常後必貽患請一槩免科省臣從之遷高郵府推官未幾除國子助教日與諸生辯析諸經六館之士資其陶甄者往往出爲名臣調應奉翰林文字同知制誥兼國史院編脩官以病得告後召爲國子監丞除江浙儒學提舉改僉嶺南廉訪司事以疾請老公諒平居雖暗

室必正衣冠端坐嘗揬手記一冊識其編首曰晝有所爲莫則書之其不可書即不敢爲天地鬼神實聞斯言其檢飭之嚴如此所著述有折桂集觀光集辟水集以齋詩藁玉堂漫藁越中行藁凡若干卷門人私謚曰純節先生

伯顏一名師聖字宗道哈剌魯氏隸軍籍蒙古萬户府世居開州濮陽縣伯顏生三歲常以指畫地或三或六若爲卦者六歲從里儒授孝經論語即成誦蚤喪父其兄曲出買經傳等書以資之日夜誦不輟稍長受業宋進士建安黃坦坦曰此子穎悟過人非諸

生可比因命以顏爲氏且名而字之焉久之坦辭曰余不能爲爾師羣經有朱子說具在歸而求之可也伯顏自弱冠即以斯文爲已任其於大經大法粲然有覩而心所自得每出於言意之表鄉之學者來相質難隨問隨辨咸解其惑於是中原之士聞而從游者日益衆至正四年以隱士徵至京師授翰林待制預脩金史既畢辭歸已而復起爲江西廉訪僉事數月以病免及還四方之來學者至千餘人蓋其爲學專事講解而務眞知力踐不屑事舉子詞章而必期措諸實用士出其門不問知其爲伯顏氏學者至於

異端之徒亦往往棄其學而學焉十八年河南賊蔓延河北伯顔言於省臣將結其鄉民爲什伍以自保而賊兵大至伯顔乃渡漳北行邦人從之者數十萬家至磁與賊遇賊知伯顔名士生刼之以見賊將誘以富貴伯顔罵不屈引頸受刃與妻子俱死之年六十有四旣死人或剖其腹見其心數孔曰古稱聖人心有七竅此非賢士乎乃納心其腹中覆墻而揜之有司上其事贈奉議大夫僉太常禮儀院事謚文節太常謚議曰以城守論之伯顔無城守之責而死可與江州守李黼一律以風紀論之伯顔無在官之責

而死可與西臺御史張桓並駕以平生有用之學成臨義不奪之節乃古之所謂君子人者時以爲確論伯顔平生修輯六經多所著述皆燬于兵

贍思字得之其先大食國人國旣内附大父魯坤乃東遷豐州太宗時以材授真定濟南等路監榷課稅使因家真定父斡直始從儒先生問學輕財重義不干仕進贍思生九歲日記古經傳至千言比弱冠以所業就正于翰林學士承旨王思廉之門由是博極羣籍汪洋茂衍見諸踐履皆篤實之學故其年雖少已爲鄉邦所推重延祐初詔以科第取士有勸其就試者贍思笑而不應旣而侍御史郭思貞翰林學士承旨劉賡參知政事王士熙交章論薦之泰定三年詔以遺逸徵至上都見帝于龍虎臺眷遇優渥時倒剌沙柄國西域人多附焉贍思獨不往見倒剌沙屢使人招致之即以養親辭歸天曆三年召入爲應奉翰林文字賜對奎章閣文宗問曰卿有所著述否明日進所著帝王心法文宗稱善詔預脩經世大典以論議不合求去命奎章閣侍書學士虞集諭留之贍思堅以母老辭遂賜幣遣之復命集傳旨曰卿且歸還行召卿矣至順四年除國子博士丁内艱不赴後

至元二年拜陝西行臺監察御史即上封事十條曰法祖宗攬權綱敦宗室禮勳舊惜名器開言路復科舉罷數軍一刑章寬禁網時姦臣變亂成憲帝方廉己以聽贍思所言皆一時羣臣所不敢言者侍御史趙承慶見之嘆曰御史言及此天下福也戚里有執政陝西行省者恣爲非道贍思發其罪而按之輒棄職夜遁會有詔勿逮問然猶杖其私人及分巡雲南按省臣之不法者其人即解印以去遠藩爲之震悚襄漢流民聚居宋之紹熙府故地至數千户私開鹽井自相部署往往刼囚徒殺巡卒贍思乃擒其魁而

釋其黨復上言紹熙土饒利厚流户日增若以其人散還本籍恐為邊患宜設官府以撫定之詔即其地置紹熙宣撫司三年除僉淛西肅政廉訪司事即按問都轉運鹽使海道都萬户行宣政院等官贓罪淛右郡縣無敢為貪墨者復以淛右諸僧寺私蔽猾民有所謂道人道民行童者類皆瀆常倫隱徭役使民力日耗契勘嘉興一路為數已二千七百乃建議請勒歸本族俾供王賦庶以少寬民力朝廷是之即著以為令四年改僉淛東肅政廉訪司事以病免歸贍思歷官臺憲所至以理冤澤物為已任平反大辟之

獄先後甚衆然未嘗故出人罪以市私恩嘗與五府官決獄咸寧有婦宋娥者與隣人通隣人謂娥曰我將殺而夫娥曰張子文行且殺之明日夫果死跡盜數日娥始以張子文告其姑五府官以為非共殺且既經赦宥宜釋之贍思曰張子文以為娥固許之矣且娥夫死及旬乃始言之是娥與張同謀度不能終隱故發之也豈赦可釋哉樞密判官曰平反活人陰德也御史勿執常法贍思曰是謂故出人罪非平反也且公欲種陰德於生者柰死者何乃獨上議刑部卒正娥罪其審刑當罪多類此至正四年除江東肅政廉訪副使十年召為祕書少監議治河事皆辭疾不赴十一年卒于家年七十有四二十五年皇太子撫軍冀寧承制封拜贈嘉議大夫禮部尚書上輕車都尉追封恒山郡侯謚曰文孝贍思邃於經而易學尤深至於天文地理鍾律筭數水利旁及外國之書皆究極之家貧饘粥或不繼其考訂經傳常自樂也所著述有四書闕疑五經思問奇偶陰陽消息圖老莊精詣鎭陽風土記續東陽志重訂河防通議西國圖經西域異人傳金哀宗記正大諸臣列傳審聽要訣及文集三十卷藏于家

傳卷七十七

傳卷第七十八　元史一百九十一

翰林學士亞中大夫知制誥兼修國史臣宋濂　翰林待制承直郎同知制誥兼國史院編修官臣王禕等奉

敕修

良吏

自古國家上有寬厚之君然後爲政者得以盡其愛民之術而良吏與焉班固有曰漢興與民休息凡事簡易禁罔疏闊以寬厚清靜爲天下先故文景以後循吏輩出其言盖識當時之治體矣元初風氣質實與漢初相似世祖始立各道勸農使又用五事課守

令以勸農繫其銜故當是時良吏班班可見亦寬厚之効也然自中世以後循良之政史氏缺於紀載今摭其事蹟之可取者作良吏傳

譚澄字彥清德興懷來人父資榮金末爲交城令國兵下河朔乃以縣來附賜金符爲元帥左都監仍兼交城令未幾賜虎符行元帥府事從攻汴有功年四十移病舉弟資用自代資用卒澄襲職澄幼穎敏爲交城令時年十九有文谷水分溉交城田文陽郭帥專其利而堰之訟者累歲莫能直澄折以理令決水均其利於民豪民有持吏短長爲奸者察得其主名皆以法治之歲乙未籍民户有司多以浮客占籍及征賦逃竄殆盡官爲稱貸積息數倍民無以償澄入覲因中書耶律楚材面陳其害太宗惻然爲免其逋其私負者年雖多息取倍而止亡民能歸者復三年詔下公私便之壬子復大籍其民澄盡削交城之不土著者賦以時集甲寅世祖還自大理澄進見留藩府凡遣使必以澄偕而以其弟山代爲交城令時世祖以皇弟開藩京兆總天下兵歲丁巳有間之者憲宗疑之遂解兵柄遣阿藍答兒往京兆大集官吏置計局百四十二條以考覈之罪者甚衆世祖每遣左丞

闊闊與澄周旋其間以彌縫其缺及親入朝事乃釋中統元年世祖即位擢懷孟路總管俄賜金符換金虎符歲旱令民鑿唐温渠引沁水以溉田民用不饑教之種植地無遺利至元二年遷河南路總管改平灤路總管七年入爲司農少卿俄出爲京兆總管居一年改陝西四川道提刑按察使建言不孝有三無後爲大宜令民年四十無子聽取妾以爲宗祀計朝廷從之遂著爲令四川僉省嚴忠範守成都爲宋將昝萬壽所敗退保子城世祖命澄代之至則葬暴骸修焚室賑饑貧集逋亡民心稍安會西南夷羅羅斯

内附帝以撫新國宜擇文武全才遂以澄爲副都元帥同知宣慰使司事比至以疾卒年五十八世祖嘗與太保劉秉忠論一時牧守秉忠曰若邢之張耕懷之譚澄何憂不治哉蔣顯宣撫大名嘗爲諸路總管求虎符宣麻澄至中書辭曰皇上不識譚澄耶乃爲顯所舉中書特爲去之其介如此子克脩歷湖北河南陝西三道提刑按察使

許維楨字周卿遂州人至元十五年爲淮安總管府判官屬縣鹽城及丁溪場有二虎爲害維楨默禱于神祠一虎去一虎死祠前境内旱蝗維楨禱而雨蝗亦息是年冬無雪父老言于維楨曰冬無雪民多疾奈何維楨曰吾當爲爾禱已而雪深三尺朝廷聞其事方欲用之而卒年四十四子殷

許楫字公度太原忻州人幼從元裕學年十五以儒生中詞賦選河東宣撫司又舉楫賢良方正孝廉楫至京師平章王文統命爲中書省掾以不任簿書辭改知印丞相安童左丞許衡深器重之一日從省臣立殿下世祖見其美鬚髯偉問曰汝秀才耶楫頓首曰臣學秀才耳未敢自謂秀才也帝善其對授中書省架閣庫管勾兼承發司事未幾立大司農司以楫

爲勸農副使時商挺爲安西王相遇於途楫因言京兆之西荒野數千頃宋金皆嘗置屯如募民立屯田歲可得穀給王府之需挺以其言入奏從之三年屯成果獲其利尋佩金符爲陝西道勸農使至元十三年宋平帝命平章廉希憲行中書於荆南府以楫爲左右司員外郎荆南父老與金帛求見楫曰汝等已爲大元民矣今置吏以撫字汝輩奚用金帛以求見明年擢嶺北湖南提刑按察副使武岡富民有毆死出征軍人者陰以家財之半誘其佃者代己款伏楫審得其情釋佃者繫富民人服其明改江西道提刑按察副使行省命招討郭昂討叛賊董旗兵士俘掠甚衆楫詢究得良民六百口遣還鄉里二十三年授中議大夫徽州總管桑哥立尚書會計天下錢糧參知政事忻都戶部尚書王巨濟倚勢刻剝遣吏徵徽州民鈔多輸二千定巨濟怒其少欲更益千定楫詣巨濟曰公欲百姓死耶生耶如欲其死雖萬定可徵也巨濟怒解徽州賴以免楫考滿去徽之績溪歙縣民柯三八汪千十等因歲饑阻險爲寇行省右丞教化以兵捕之相拒七月乃使人諭之三八等曰但得許總管來我等皆降矣行省爲驛召楫至命往招之

揖單騎趨賊壘衆見揖來皆拜曰我公既來請署牓以付我揖白敎化請退軍一舍聽其來降不聽會以叅政高興代敎化揖復以前言告之興從其計賊果降二十四年授太中大夫東平總管謝事二年卒壽七十十一子餘慶重慶崇慶餘失其名

田滋字榮甫開封人至元二年由汴梁路總管府知事入爲御史臺掾十二年拜監察御史十三年宋平滋建言江南新附民情未安加以官吏侵漁宜立行御史臺以鎭之詔從其言遂超拜行御史臺侍御史歷兩淮鹽運使河南路總管大德二年遷浙西廉訪

使有縣尹張或者被誣以贜獄成滋審之但俛首泣而不語滋以爲疑明日齋沐詣城隍祠禱曰張或坐事有寃狀顯神相滋明其誣守廟道士進曰曩有王成等五人同持誓狀到祠焚禱火未盡而去之燼中得其遺藁今藏於壁間豈其人耶視之果然明日詣憲司詰成等不服因出所得火中誓狀示之皆驚愕伏辜張或得釋十年改濟南路總管尋拜陝西行省叅知政事時陝西不雨三年道過西嶽因禱曰滋奉命來叅省事而安西不雨者三年民饑而死滋將何歸願神降甘澤以福黎庶到官果大雨滋即開倉以麥五千餘石給小民之無種者俾來歲收成以償官民大悅未幾以疾卒于位贈通奉大夫河南行省叅知政事追封開封郡公謚莊肅

卜天璋字君璋洛陽人父世昌仕金爲河南孔目官憲宗南征率衆欵附授鎭撫統民兵二千户陞真定路管民萬户憲宗六年籍河北民徙河南者三千餘人俾專領之遂家汴天璋幼穎悟長負直氣讀書史識成敗大體至元中爲南京府史時河北饑民數萬人集河上欲南徙有詔令民復業勿渡衆洶洶不肯還天璋慮其生變勸總管張國寶聽其渡國寶從之

遂以無事河南按察副使程思廉察其賢辟爲憲史聲聞益著後爲中臺掾有侍御史倚勢貪財御史欬其贜天璋主文牘未及奏顧爲所譖俱拘内廷御史對食悲哽天璋問故御史曰吾老唯一女心憐之聞吾繫不食數日矣是以悲耳天璋曰死職義也奈何爲兒女子泣耶御史慙謝俄見原免丞相順德王當國擢掾中書爲提控事有可否必力辯他相怒天璋言不置王竟從其議且曰掾能如是吾復何憂大德四年爲工部主事蔚州有劉帥者豪奪民產吏不敢決省檄天璋往訊之帥服田竟歸民大德五年以樞

密大臣闊伯薦授都事賚其府引見賜錦衣鞍轡弓刀後以扈從勞加奉訓大夫賜侍燕服二襲秩滿當代樞密臣奏留之特以其代爲增員武宗時遷宗正府郎中尚書省立遷刑部郎中適盜賊充斥時議犯者幷家屬咸服青衣巾以別民伍天璋曰赭衣塞路秦弊也尚足法耶相悟而止有告諸侯王謀不軌者勑天璋訊正之賞賚優渥尚書省臣得罪仁宗召天璋入見時興聖太后在座帝指曰此不貪賄卜天璋也因問今何官天璋對曰臣待罪刑部郎中復問誰所薦者對曰臣不才誤蒙擢用帝曰先朝以謝仲和

爲尚書卿爲郎中皆朕親薦也汝宜奉職勿怠即以中書刑部印章付之既視事入覲賜酒隆福宮及錦衣三襲後被命治反獄帝顧左右曰君璋廉慎人也必得其情天璋承命獄賴不冤皇慶初天璋爲歸德知府郡農興學復河渠河患遂弭時羣盜據要津商旅不通天璋擒百數人悉磔以徇盜爲止息陞浙西道廉訪副使到任閱月以更田制改授饒州路總管天璋既至聽民自實事無苛擾民大悅版籍爲清時省臣董田事妄作威福郡縣爭賂之覬免譴饒獨無有省臣銜之將中以危法求其罪無所得縣以饑告天璋即發廩賑之僚佐持不可天璋曰民饑如是必俟得請而後賑民且死矣失申之責吾獨任之不以累諸君也竟發藏以賑之民賴全活其臨事無所顧慮若此火延饒之東門天璋具衣冠向火拜勢遂熄鳴山有虎爲暴天璋移文山神立捕獲之以治行第一聞陞廣東廉訪使先是豪民瀕海堰專商舶以射利累政以賂置不問天璋至毀堰決去之嶺南地素無氷天璋至始有氷人謂天璋政化所致云尋乞致事天曆二年蜀兵起荊楚大震復拜山南廉訪使人謂公老必不行矣天璋曰國步方艱吾年八十恒懼弗

獲死所耳敢避難乎遂行至則厲風紀清吏治州郡肅然是時穀價翔湧乃下令勿損穀價聽民自便於是舟車爭集米價頓減復止憲司贓罰庫緡錢不輸于臺留用賑饑御史至民遮道稱頌會詔三品官言時政得失因列上二十事凡萬餘言目之曰中興濟治策皆中時病因自引去既歸汴以餘祿施其族黨家無儋儲天璋處之晏如也至順二年卒贈通議大夫禮部尚書上輕車都尉河南郡侯謚正獻

傳卷七十八

傳卷第七十九　元史一百九十二

翰林學士亞中大夫知制誥兼修國史臣宋濂　翰林待制承直郎同知制誥兼國史院編修官臣王禕等奉

勑修

良吏二

耶律伯堅字壽之桓州人氣豪俠喜與名士游用薦舉入官爲工部主事至元九年轉保定路清苑縣尹初安肅州苦徐水之害訴於大司農司大司農司欲奪水故道導水使東東則清苑境也地勢不利果導之則清苑被其害而水亦必反故道爲災伯堅陳其形勢圖其利害要大司農司官及郡守行視可否事

遂得已縣西有塘水溉民田甚廣勢家據以爲碓民以失利來訴伯堅命毀碓決其水而注之田許以溉田之餘月乃得堰水置碓仍以其事聞于省部著爲定制縣居南北之衝歲爲親王大官治供帳於縣西限以十月成至明年復撤而新之吏得並緣侵漁其費不貲伯堅命築公館以代供帳其弊遂絕凡郡府賦役於縣有重於他縣者輒曰寧得罪於上不可得罪於下必詣府力爭之在清苑四年民親戴之如父母比去而猶思之立石頌其德焉擢爲恩州同知

段直字正卿澤州晉城人至元十一年河北河東山東盜賊充斥直聚其鄉黨族屬結壘自保世祖命大將略地晉城直以其衆歸之幕府承制署直潞州元帥府右監軍其後論功行賞分土世守命直佩金符爲澤州長官澤民多避兵未還者直命籍其田廬於親戚鄰人之戶且約曰俟業主至當析而歸之逃民聞之多來還者命歸其田廬如約民得安業素無產者則出粟賑之爲他郡所俘掠者出財贖之以兵死而暴露者收而瘞之未幾澤爲樂土大修孔子廟割田千畝置書萬卷迎儒士李俊民爲師以招延四方來學者不五六年學之士子以通經被選者百二十

有二人在官二十年多有惠政朝廷特命提舉本州學校事未拜而卒

諳都剌字瑞芝凱烈氏祖阿思蘭嘗從大將阿术伐宋仕至興寧路達魯花赤子孫因其名蘭遂以蘭爲氏諳都剌通經史兼習諸國語成宗時爲翰林院札爾里赤職書制誥會有旨命書藩王添力聖旨諳都剌曰此旨非惟有虧國體行且爲民殃矣帝聞之謂近臣曰小吏如此真難得也事乃止尋授應奉翰林文字凡蒙古傳記多所校正陞待制時方選守令除遼州達魯花赤以最聞賜上尊名幣除集賢直學士

至順元年遷襄陽路達魯花赤山西大饑河南行省恐流民入境爲變檄守武關諳都剌驗其良民輒聽其度關吏曰得無違上命乎諳都剌曰吾防姦耳非仇良民也可不開其生路耶旣又煑粥以食之所活數萬人又城臨漢水歲有水患爲築堤城外遂以無虞元統二年除益都路總管俗頗悍黠而諳都剌務興學校以平易治之有上馬賊白晝刦人久不能捕諳都剌生擒之其黨路宣慰使羅鍋誣以枉勘縱其賊已而賊刦河間復被獲乃盡輸其情而諳都剌之誣始白俾再任一考親王買奴鎮益都其府屬病民

諳都剌裁抑之民以無擾至正六年卒年七十子燮徹堅同知新喻州事以孝稱

楊景行字賢可吉安太和州人登延祐二年進士第授贛州路會昌州判官會昌民素不知井飲汲于河流故多疾癘不知陶瓦以茅覆屋故多火災景行教民穿井以飲陶瓦以代茅茨民始免於疾癘火災豪民十人號十虎干政害民悉捕寘之法乃創學舍禮師儒勸民斥腴田以贍士弦誦之聲遂盛調永新州判官奉郡府命覈民田租除刬宿弊奸欺不容細民賴焉改江西行省照磨轉撫州路宜黃縣尹理白冤獄之不决者數十事陞撫州路總管府推官發擿奸伏郡無寃獄金溪縣民陶甲厚積而兇險嘗屢誣陷其縣長吏罷去之由是官吏畏其人不敢詰治陶遂暴橫於一郡景行至以法痛繩之徙五百里外金溪豪僧雲住發人冢墓取財物事覺官吏受賄緩其獄景行急按之僧以賄動之不聽乃賂當道者以危語撼之一不顧卒治之如法由是豪猾屏迹良民獲安轉湖州路歸安縣尹奉行省命理荒田租民無欺弊景行所歷州縣皆有惠政所去民皆立石頌之以翰林待制朝列大夫致仕年七十四卒

林興祖字宗起福州羅源人至治二年登進士第授承事郎同知黃巖州事三遷而知鉛山州鉛山素多造僞鈔者豪民吳友文爲之魁遠至江淮燕薊莫不行使友文奸黠悍鷙因僞造致富乃分遣惡少四五十人爲吏於有司伺有欲告之者輒先事戕之前後殺人甚衆奪人妻女十一人爲妾民罹其害銜寃不敢訴者十餘年興祖至官曰此害不除何以牧民卽張牓禁僞造者且立賞募民首告俄有告者至佯以不實斥去又有告獲僞造二人并贓者乃鞫之欵成友文自至官爲之營救興祖命併執之須臾來訴友

文者百餘人擇其重罪一二事鞫之獄立具逮捕其黨二百餘人悉寘之法民害既去政聲籍甚江淛行省丞相別兒怯不花薦諸朝陞南陽知府改建德路同知俱未任至正八年特旨遷爲道州路總管行至城外權賊已迫其後相去僅二十里時湖南副使哈剌帖木兒屯兵城外聞賊至以乏軍需欲退兵興祖聞即夜詣說留之哈剌帖木兒曰明日得鈔五千錠桐盾五百乃可破賊興祖許之明日甫入城視事即以恩信勸諭鹽商貸鈔五千錠且取郡樓舊桐板爲盾日中皆備哈剌帖木兒得鈔盾大喜遂留爲禦賊

計賊聞新總管至一日具五百盾以爲大軍且至中夕遁去永明縣洞猺屢竊發爲民害興祖以手牓諭之皆曰林總管廉而愛民不可犯也三年不入境春旱蟲食麥苗興祖爲文禱之大雨三日蟲死而麥稔已而罷興作賑貧乏輕徭薄斂郡中大治憲司考課以道州爲最以年老致仕終于家

觀音奴字志能唐兀人氏居新州登泰定四年進士第由戶部主事再轉而知歸德府廉明剛斷發擿如神民有銜冤不直者雖數十年前事皆千里奔走來訴觀音奴立爲剖決旬日悉清彰德富商任甲抵睢陽驢斃令郄乙剖之任以怒毆郄經宿而死郄有妻王氏妾孫氏孫訴于官官吏納任賄謂郄非傷死反抵孫罪置之獄王來訴冤觀音奴立破械出孫于獄呼府胥語之曰吾爲文具香幣若爲吾以郄事禱諸城隍神令神顯於吾有睢陽小吏亦預郄事畏觀音奴嚴明且懼神顯其事乃以任所賂鈔陳首曰郄實傷死任賂上下匿其實吾亦得賂敢以首於是罪任商而釋孫妾寧陵豪民楊甲夙嗜王乙田三頃不能得值王以飢携其妻就食淮南而王得疾死其妻還則田爲楊據矣王妻訴之官楊行賄僞作文憑曰王

在時已售我觀音奴令王妻挽楊同就崔府君神祠質之楊懼神之靈先期以羊酒浼巫囑神勿泄其事及王與楊詣祠質之果無所顯明觀音奴疑之召巫詰問巫吐其實曰楊以羊酒浼我囑神曰我實據王田幸神勿泄也觀音奴因訊得其實坐楊罪歸其田王氏責神而撤其祠亳州有蝗食民禾觀音奴以事至亳民以蝗訴立取蝗向天祝之以水研碎而飲是歲蝗不爲災後陞爲都水監官

周自強字剛善臨江路新喻州人好學能文練於吏事以文法推擇爲吏泰定間廣西洞猺反自強往見

傜酋説以禍福中其要害傜酋立爲罷兵貢方物納欵請命事聞于朝特旨超授廣西兩江道宣慰司都事轉饒州路經歷遷婺州路義烏縣尹周知民情而性度寬厚不爲刻深民有以爭訟訴于庭者一見即能知其曲直然未遽加以刑責必取經典中語反覆開譬之令其誦讀講解若能悔悟首實則原其罪若迷謬怙惡不悛然後繩之以法不少貸民畏且愛獄訟頓息民間田稅之籍多失實以故差徭不平自強出令履畝覈之民不能欺文簿井井可攷於是賦役平均貧富樂業其聽訟決獄物無遁情黠吏欲以片

言欺惑之不可得由是政治大行聲譽籍甚部使者數以廉能舉于朝選授撫州路金溪縣尹階奉議大夫政績愈著以亞中大夫江州路總管致仕

白景亮字明甫南陽人明法律善書筭由征東行省譯史有勞超遷南恩知州陞沔陽府尹奏最于朝特授衢州路總管先是爲郡者於民間傜役不盡校田畝以爲則吏得並緣高下其手富民或優有餘力而貧弱不能勝者多至破產失業景亮深知其弊乃始覈驗田畝以均之役之輕重一視田之多寡大小家各使得宜咸便安之由是民不勞而事易集他郡邑

皆取以爲法郡學之政久弛從祀諸賢無塑像諸生無廩餼祭服樂器有缺景亮皆爲備之儒風大振搢紳稱頌焉景亮性廉介勤苦自奉甚薄妻尤儉約惟以脫粟對飯而已部使者嘗上其事特詔褒美賜以宮錦改授台州路總管卒于官

王艮字止善紹興諸暨人尚氣節讀書務明理以致用不苟事言説淮東廉訪司辟爲書吏遷淮西會例革南士就爲吏於兩淮都轉運鹽使司以歲月及格授廬州録事判官淮東宣慰司辟爲令史以廉能稱再調峽州總管府知事又辟江浙行省掾史會朝廷

復立諸市舶司艮從省官至泉州建言若買舊有之船以付舶商則費省而工易集且可絶官吏侵欺掊克之弊中書省報如艮言凡爲船六艘省官錢五十餘萬緡歷建德縣尹除兩浙都轉運鹽使司經歷紹興路總管王克敬以計口食鹽不便嘗言於行省未報而克敬爲轉運使集議欲稍損其額以紓民力沮之者以爲有成籍不可改艮毅然曰民實寡而強賦多民之錢今死徙已衆矣顧重改民籍而輕棄民命乎且浙右之郡商賈輻輳未嘗以口計也移其所賦散於商旅之所聚實爲良法於是議歲減紹興食鹽

五千六伯引尋有復排前議者艮欲辭職去丞相聞之亟遣留艮而議遂定還海道漕運都萬户府經歴紹興之官糧入海運者十萬石城距海十八里歲令有司拘民船以備短送吏胥得並緣以虐民及至海次主運者又不即受有折缺之患艮執言曰運户既有官賦之直何復爲是紛紛也乃責運户自載糧入運船運船爲風所敗者當覈實除其數移文往返連數歲不絶艮取吏牘披閱即除其糧五萬二千八伯石鈔二百五十萬緡運户乃免於破家遷江浙行省檢校官有詔中書訴松江富民包隱田土爲糧一百

七十餘萬石沙蕩爲鈔五百餘萬緡宜立官府糾察收追之中書移行省議遣官驗視而松江獨當十九艮至松江條陳曲折以破其誣妄言其不過欲竦朝廷之聽而報宿怨且冀剏立衙門爲徼名爵計耳萬一民心動揺患生不測豈國家培養根本之策哉艮言上事遂寢除江西行省左右司員外郎吉之安福有小吏誣民欺隱詭寄田租九千餘石初止八家前後數十年株連至千家行省數遣官按問吏已伏其盧誑而有司喜功生事者復勸其民報合徵糧六伯餘石憲司援詔條革去終莫能止艮到官首言是州之糧比元經理已增一千一百餘石豈復有欺隱詭寄者乎准憲司所擬可也行省用艮言悉蠲之艮在任歲餘以中憲大夫淮東道宣慰副使致仕卒年七十一

盧琦字希韓惠安人登至正二年進士第十二年稍遷至永春縣尹始至賑饑饉止横歛均賦役減口鹽一百餘引蠲包銀榷鐵之無徵者已而訟息民安乃新學宫延師儒課子弟月書季攷文風翕然鄰邑仙遊盜發琦適在邑境盜遥見之迎拜曰此永春大夫也爲大夫百姓者何幸之大乎吾邑長乃以暴毒驅

我故至此耳琦因立馬喻以禍福衆皆投刃槊請縛其酋以自新琦許之酋至琦械送帥府自是威惠行於境外十三年泉郡大饑死者相枕藉其能行者皆老幼扶攜就食永春琦命分諸浮屠及大家使食之所存活不可勝計十四年安溪寇數萬人來襲永春琦聞召邑民喻之曰汝等能戰則與之戰不能則我當獨死之爾衆皆感憤曰使君何言也使君父母我民赤子其忍以父母畀賊邪且彼寇方將虜掠我妻子焚毀我室廬乃一邑深仇也今日之事有進無退使君其勿以爲憂因踴躍爭奮琦率以攻賊大破之

明日賊復傾巢而至又破之大小三十餘戰斬獲一千二百餘人而邑民無死傷者賊大衂遂遁去時兵革四起列郡皆洶洶不寧獨永春晏然無異承平時十六年改調寧德縣尹而去

鄒伯顏字從吉高唐人爲建寧崇安縣尹崇安之爲邑區別其土田名之曰都者五十五都之田上送官者爲糧六千石其大家以五十餘家而兼五千石細民以四百餘家而合一千石大家之田連跨數都而細民之糧或僅升合有司常以四百之細民配五十大家之役故貧者受役甸日而家已破伯顏曰貧

弱之受困一至此乎乃取其糧藉而分計從有糧一石者受一石之役有糧升斗者受升斗之役田多者受數都之役而不可辭田少者稱其所出而無倖免貧困無告之民始得以休息崇安賦役之均遂爲四方最邑有宋趙抃所鑿溝溉民田數千畝歲久溝湮而田廢伯顏脩長溝十里繞楓樹陂累石以爲固溝悉復抃遺跡而田爲常稔民賴其利安慶路嘗得造僞鈔者遣卒械其囚至崇安求其黨而執之囚與卒結謀望風入良民家肆虐伯顏捕訊得其狀即執而歸諸安慶自是僞造之連逮無濫及崇安者於是行省帥府御史憲府咸舉其能選調漳州路判官

劉秉直字清臣大都武清人至正八年來爲衛輝路總管平徭役興教化敦四民之業崇五土之利養鰥寡恤孤獨賊刼汲縣民張聚鈔一千二百錠而殺之賊不獲秉直具詞致禱城隍祠而使人伺于死所忽有村民阿蓮者戰怖仆地具言賊之姓名及所在乃命尉襲之果得賊于汴遂正其罪秋七月虫螟生民患之秉直禱于八蜡祠虫皆自死歲大饑人相食死者過半秉直出俸米倡富民分粟餓者食之病者與藥死者與棺以葬天不雨禾且槁秉直詣城北太行

之蒼峪神祠具詞祈祝有青蛇蜿蜒而出觀者異之辭神而還行及數里雷雨大至秩滿以親老去官侍養

許義夫碭山人爲夏邑縣尹每親詣鄉社教民稼穡見民勤謹者出己俸賞之怠惰者罰之三年之間境內豐足後爲封丘縣尹值至正四年大饑盜賊羣起抄掠州縣義夫聞賊至近境乃單馬出郊十里外迎之見賊數百人義夫力言封丘縣小民貧皆已驚惶逃竄幸無入吾境也言辭愿欵賊遂他往封丘之民得免於難

傳卷第七十九

列傳卷第八十　　元史一百九十三

翰林學士亞中大夫知制誥兼修國史臣宋濂　翰林待制承直郎同知制誥兼國史院編修官臣王禕等奉

勑修

忠義

李伯溫守賢之孫瑴之子也長兄惟則懷遠大將軍平陽征行萬戶次伯通歲甲戌錦州張致叛國王木華黎命擊之大戰城北伯通死焉伯溫行平陽元帥府事鎮青龍堡專任東征知平陽已陷弟守忠被執選驍勇拒守久之金人盡銳來攻守卒夜多遁去李成開水門導敵入伯溫登堞樓謂左右曰吾兄弟伏

節擁麾受方面之寄今不幸失利當以死報國吾弟已被執我不可再辱汝等宜自逃生士卒皆猶豫不忍去伯溫即拔劍殺家屬投井中以刃植柱剌心而死金人登樓見伯溫抱柱如生無不嗟歎子守正自幼時嘗質於木華黎後爲平陽守活俘虜甚衆以功授銀青榮祿大夫河東南路兵馬都元帥歲庚寅上黨晉陽合兵攻汾州將陷守正以義赴援衆寡不敵別遣老弱百人曳薪揚塵多張旗幟敵懼遂解去汾人持牛酒迎犒者道不絕且泣謝曰幸公完是州德甚大頓奉是州以從關中兵屯吉州酋領楊鐵槍以數千人叛守正出兵擒之軒成據隰州守正往擊之中矢傷足及歸瘡甚會金人完顏合達攻平陽守正裹瘡戰歿大帥以其兄守忠代之守忠官至銀青榮祿大夫河東南路兵馬都元帥兼知平陽府事壬午冬平陽公胡景山以青龍堡降嘗從攻益都北還軍將彭智孫乘間據義州叛守忠聞之長驅抵城下力戰復之丁亥夏四月金紇石烈真襲擊平陽行營招討使權國王按察兒於洪洞守忠出援之會於高梁師潰入城平陽副帥夾谷常德潛獻東門以納金兵城遂陷金人執守忠至汴誘以高爵使降守忠罵之語惡

金人怒置守忠鐵籠中火炙死

石珪泰安新泰人宋祖徠先生守道之裔孫也世以讀書力田爲業體貌魁偉膂力過人倜儻不羈金貞祐南渡兵戈四起珪率少壯負險自保與滕陽陳敬宗聚兵山東破張都統李霸王兵於龜蒙山宋將鄭元龍以兵迎敵珪敗之於亳陽遂乘勝引兵入盱眙會宋賈涉誘殺漣水忠義軍統轄季先人情不安衆迎珪爲帥呼爲太尉歲戊寅太祖使葛葛不罕與宋議和己卯珪令麾下劉順直抵尋斯干城入覲太祖慰勞順且敕珪曰如宋和議不成吾與爾求結一家

吾必榮汝順還告珪珪心感服日夜思降庚辰宋果渝盟珪棄其妻孔氏子金山杖劒渡淮宋將追之曰太尉廻完汝妻子珪不顧宋將沉珪妻子於淮遂率順及李溫因李里海歸木華黎木華黎悅之謂曰若得東平南京授汝判之辛巳木華黎承制授珪光祿大夫濟兗單三州兵馬都總管山東路行元帥佩金虎符便宜從事後金棄東平珪與嚴實分據汶輯濟兗沂滕單諸州癸未太祖詔曰石珪棄妻子提兵歸順戰勝攻取加授金紫光祿大夫東平兵馬都總管山東諸路都元帥餘如故秋七月珪領兵破曹州與

金將鄭從宜連戰數晝夜糧絕援兵不至軍無叛意珪臨陣馬仆被擒囚至汴金主壯其爲人誘以名爵欲使揖珪憤然曰吾身事大朝官至光祿復能受封他國耶假我一朝當縛爾以獻金主大怒烝殺于市珪怡然就死色不變其麾下立社兗州祀焉

攸哈剌拔都渤海人初名興哥世農家善射以武斷鄉井金末避地大寧國兵至出保高州富庶寨射獵以食屢奪大營孳畜又射死其追者國王木華黎率兵攻寨寨破奔高州國兵圍城下令曰能斬攸興哥首以降則城中居民皆獲生守者召謂曰汝奇男子吾寧忍斷汝首以獻汝其往降乎不然吾一城生靈無噍類矣興哥乃折矢出降諸將怒欲殺之木華黎曰壯士也留之爲吾用俾隸麾下從木華黎攻通州獻計一夕造砲三十雲梯數十附城州將懼出實貨以降木華黎命興哥恣取之興哥獨取良馬三以賞兵士木華黎以其功聞太祖賜名哈剌拔都從木華黎略地燕南爲先鋒至大名金將徒單登城督戰哈剌拔都射之中左目其部將開門南奔追殺將盡論功賜金符充隨營監察戊寅授金虎符龍虎衛上將軍河東北路兵馬都元帥鎮太原時太原新破哈剌

剌拔都修城池繕兵甲招降屬邑市肆不改遠近聞之皆相率來歸嘗微服夜出聞民間語曰吾屬父母子女相失矣死者不可復生生者無以爲贖柰何明日下令軍中凡俘獲有親者聽贖無貲者官爲贖之民得完聚者衆庚辰二月金梁知府立西風寨奪居民耕牛民群訴之哈剌拔都領數騎追殺梁知府梟首西門驅耕牛還木華黎由葭州渡河西行哈剌拔都迎之道破隰州及懸窯地洞諸寨辛巳三月金兵攻壽陽縣王胡莊壘破時左右裨將各分兵守險城中見卒不滿百哈剌拔都夜半引甲騎十餘人救之

道三交見金兵舉烽東西兩山哈剌拔都趨之大戰天將明金兵遁去擣太原之虛由西門俘獲哈剌拔都家屬哈剌拔都聞之徑趨西山復奪以還五月金趙權府率兵三萬圍太原哈剌拔都將騎三十出西門令騎曳柴揚塵聲言曰國兵三萬至矣金兵懼潰去癸未金馬武京來攻太谷縣桑梓寨哈剌拔都設伏于險將輕騎衝其陣伏發大敗之時太原諸邑皆平唯石家昻及孟州陵井寨忻州清泉寨爲脣齒皆未下甲申十月將兵至陵井遣卒叩寨門詐曰納糧芻守者弗悟門啓徑入蹂躪之衆潰其酋長走石家

昻遂平陵井寨乙酉二月清泉寨酋長王穀降石家昻亦降丁亥五月姦人夜獻太原東門于武仙仙引兵入哈剌拔都鏖戰仙兵大至諸將自城外呼曰攸哈剌拔都汝當出哈剌拔都曰眞定史天倪平陽李守忠隰州田雄皆失守矣我又棄太原將何面目見主上及國王乎家屬任公等所俘哈剌拔都誓與城同存亡遂歿于陣太祖以其子幼命其表弟王七十復立太原己丑攻鳳翔府中砲死哈剌拔都長子忙兀台嗣鎮太原

任志潞州人歲戊寅太師國王木華黎略地至潞州志首迎降國王授以虎符俾充元帥权轄山寨數與金兵戰比有功金嘗擒其長子如山以招之曰降則爾子得生不降則死志曰我爲大朝之帥豈愛一子親射其子殪之木華黎嘗召諸將議事志亦預徵道經武安其縣已反爲金志死之國王閔之令其子存襲庚寅歲金將武仙攻潞州存戰死辛卯正月有旨潞州元帥任存妻挐家屬令有司廩給仍賜第以居之十一月以存父子死事子立尚幼先官其姪成爲潞州長官待立長而還授之成卒授立潞州長官佩金符後歷澤州尹遷陳州卒

耶律忒末契丹人父丑哥仕遼爲都統遼亡不屈節夫婦俱死焉金主憫其忠義授忒末都統歲甲戌國兵至金徙于汴忒末及子天祐率衆三萬內附授帥府監軍天祐招討使從元帥史天倪略趙州平棘欒城元氏栢鄉贊皇臨城等縣籍其民五千餘置吏安輯焉歲辛巳太師木華黎統領諸道兵馬承制加忒末洺州等路征行元帥與天祐略邢洺磁相懷孟招花馬劉元帥有功木華黎又承制授忒末眞定路安撫使洺州元帥進兵臨澤潞降其民六千餘戶以功遷河北西路安撫使兼澤潞元帥府事壬午致仕退

居真定天祐襲職從天倪攻取益都諸城略滄棣得戶七千兼滄棣州達魯花赤佩金符時金鹽山衛鎮鹽場未下天祐以計克之歲運鹽四千席以佐軍儲甲申攻大名拔之乙酉金降將武仙據真定以叛殺守將史天倪忒末父子夜踰城而出將以聞會天倪弟天澤還自北京遇諸蒲城合蒙古諸軍南與賊戰走武仙復真定朝廷以天澤襲兄爵而以天祐鎮趙州明年仙復犯真定天澤潛師出藁城忒末與其妻石抹氏及家孥在真定者皆陷焉仙遣其僕劉攬兒持書誘天祐曰汝能誅趙州官吏以降當活汝父母

仍授汝元帥不爾盡烹之忒末密令攬兒語天祐曰仙賊狡猾汝所知也毋以我故墮其機穽以虧忠節且忠孝難兩全汝能固守不失國家大計我視刀鋸甘如蜜矣天祐慟哭承命馳至藁城以賊書示天澤天澤曰王陵之事照耀史冊汝能遵父命忠誠許國功不在王陵下天祐乃趨還趙壁率衆殊死戰仙怒盡殺忒末家一十八人戰于欒城元氏高邑栢鄉仙兵屢挫監軍張林密搆仙黨啓關納賊天祐倉皇巷戰手殺數十人身被十餘瘡斬關出復收散卒圍城丁亥賊棄城走追至藁城會天澤兵夾擊殺林加奉

國上將軍洺州征行元帥兼趙州安撫使以傷憊致仕居趙卒孫世柑朝列大夫江西榷茶都轉運使

伯八兒合丹氏祖明里也赤哥嘗隸太祖帳下初怯列王可罕與太祖爲鄰國誓相親好既而敗盟與其子先髠潛謀欲襲太祖因遣使通問許以女妻太祖弟合撒兒至期太祖欲往明里也赤哥疑其詐諫止之王可罕知謀泄遂謀入寇後爲太祖所滅父脫倫闍里必邑從太祖征西域累立奇功世祖即位以伯八舊臣子孫擢爲萬戶命領諸部軍馬屯守欠欠州至元十二年親王昔列吉脫鐵木兒叛奔海都伯八

以聞且顛提兵往討之未得命爲彼所襲死馬脫鐵木兒虜其二子八剌不蘭奚分置左右居歲餘待之頗厚八剌陰結脫鐵木兒近侍也里伯禿謀報父仇後爲也伯里禿家人泄其謀八剌知事不成將家族南奔脫鐵木兒遣騎追之至一河八剌馬驚不能渡回拒之射中數人力窮兄弟就擒脫鐵木兒責之曰我待汝厚甚而汝反爲此耶八剌曰汝背叛君上害我父掠我親屬我誓欲殺汝以報君父之讎今力窮被執從汝所爲逼令跪不屈以鐵撾碎其膝終不跪與弟不蘭奚同被害幼子何都兀赤官至河北河南

道肅政廉訪使
合剌普華岳璘帖木爾子也幼侍母輿敦氏居益都
嘗歎曰幼而不學有不墮吾宗者乎父時以斷事官
建牙保定合剌普華往白其志父奇之俾習畏兀書
及經史記誦精敏出於天性李璮畔其母攜季子脫
烈普華避地登萊間音問闌絕號泣徹晝夜繼從從
叔父撒吉思平賊山東卒奉其母以歸撒吉思深加
器重自謂其才不及言於世祖召給宿衛嘗以事至
益都於四腳山下置廣興商山二冶以勞授金符爲
商山鐵冶都提舉未及代以職讓其弟時兵南伐餽

運繁興被選爲行都漕運使帥諸翼兵萬五千人從
事飛輓江南平上疏言親肺腑禮大臣以存國家之
體興學校奬名節以勵天下之士正名分嚴考課以
定百官之法通泉幣卻貢獻以厚生民之本又言江
南新附宜招舊族力穡通商弛征薄入以撫馴其民
不然恐尚煩宵旰之慮帝多采用其言屬漕米二十
萬斛邗溝達于河舟覆損十之一而又每斛視都斛
虧三升時阿合馬專政責償舟人合剌普華伏闕抗
言量之踦贏出於元降而水道之虞非人力所及且
彼雖罄其家不足以償苟朝廷必不任虧損臣獨當

其辜詔勿治阿合馬憒之乃出合剌普華爲寧海路達
魯花赤後遷江南宣慰使未至官改廣東都轉運鹽
使兼領諸番市舶時盜梗鹽法陳良臣扇東莞香山
惠州負販之徒萬人爲亂江西行省命與招討使答
失蠻討捕之先驅斬渠魁以訊馘告躬抵賊巢招誘
餘黨復業仍條言鹽法之不便者悉除其害按察使
脫歡大爲姦利遂奏罷之群盜歐南喜僭王號僞署
丞相招討衆號十萬因圖上其山川形勢及攻取之
策三十餘條遂與都元帥課兒伯海牙宣慰都元帥
白佐萬戶王守信等分兵搗之未幾右丞唆都督兵

征占城交阯屬護餉道北至東莞博羅二界中遇劉
賊歐鍾等橫絕石灣其鋒銳甚合剌普華身先士卒
且戰且行矢竭馬創徒步格鬭殺數十人勇氣益厲
以衆寡不敵爲所執賊欲奉之爲主不屈遂遇害子
中心罔是夕其妻希乃特勤氏夢其來告曰吾死矣
知事張德劉閏亦夢之二人相繼死而軍中往往見
其乘騅督戰云後贈戶部尚書守忠全節功臣謚忠
愍子二人偰文質越倫質偰文質官至吉安路達魯
花赤贈宣惠安遠功臣禮部尚書追封雲中郡侯謚忠襄子
六人偰玉立偰直堅偰哲篤偰朝吾偰列篪皆第進士偰哲

篤官至江西行省右丞以文學政事稱于時越倫質子善著傑拾篤子傑百僚遜善著子正宗阿兒思蘭皆相繼登第一門世科之盛當時所希有君子蓋以爲其忠義之報云

劉天孚字裕民大名人由中書譯史爲東平總管府判官改都漕運司判官知冠州再知許州所至有治績時檢核屯田臨潁鄧艾口民稻田三百頃有欲害之者指爲古屯陳于中書請復籍之中書下天孚按實天孚爲辨其非章數上乃止襄城與葉縣接壤其南爲湛河襄城民食滄鹽葉縣民食解鹽刻石河南岸以爲界葉縣令有貪汚者妄徙石於北二里誣其

民食私鹽繫治百餘家兩縣鬬辨葉縣倚陝漕勢以凌襄城中書遣官察其實天孚爲考其元界移石故處而葉縣令被罪去歲大旱天孚禱即雨野有蝗天孚令民出捕俄群烏來啄蝗爲盡明年麥熟時有青蟲如蠶食麥人無可奈何忽生大華蟲盡嚙之許人立碑頌焉轉萬億寶源庫同提舉遷江西行省左右司郎中以母老不赴俄丁母憂服除起知河中府視事始兩月陜西行省丞相阿思罕爲亂舉兵至河中時事起不虞達魯花赤朶兒只趨晉寧告亂天孚日夜治戰守具選丁壯分守要害令河東縣達魯花赤

脫因都守大慶關津口盡收船舫東岸令判官孫伯帖木兒守汾陰推官程謙守禹門河東縣尹王文義守風陵等渡阿思罕軍列栅河西岸使來索舟天孚度不能拒凡八遣人至晉寧乞援兵不報居七日阿思罕縛栰河上欲縱火屠城同知府事鐵哥與河東廉訪副使明安答見事急且患城中人偪乃詣阿思罕軍阿思罕因之而斂船濟兵兵既入城阿思罕以扼河渡鎖舟楫爲天孚罪欲脅使附己方坐府治號令諸軍天孚佩刀直前衆遏之不得進退謂幕僚王從善等曰吾家本微賤荷朝命至此今不幸遭大變

吾何忍從之而負上恩哉且與其辱於阿思罕之手吾寧蹈河以死遂拂衣出時天寒河冰方堅天孚拔所佩刀斫冰開北望爲國語若祝謝者再拜已脫衣帽岸滸乃投水中阿思罕大怒籍其家郡人咸哀痛之事平詔其弟天惠給驛以歸其柩葬于大名贈推誠秉節功臣中奉大夫河東山西道宣慰使護軍彭城郡侯謚忠毅

蕭景茂漳州龍溪人也性剛直孝友家貧力農重改至元四年南勝縣民李智甫作亂掠龍溪景茂與兄佑集鄉丁拒之據觀音山橋險與賊戰衆敗景茂被

執賊脅使從已景茂罵曰狗盜我生爲大元民死作陽洲鬼豈從汝爲逆耶陽洲其所居里也賊怒縛景茂於樹臠其肉使自啖景茂益憤罵賊遂以刀決其口至耳傍景茂罵不絶聲而死有司上其事朝廷命褒表之仍給錢以葬

列傳卷第八十

傳卷第八十一　　元史一百九十四

翰林學士亞中大夫知制誥兼修國史臣宋濂翰林待制承直郎同知制誥兼國史院編修官臣王禕等奉
勅修

忠義二

張桓字彥威真定藁城人父木知汝寧府因家焉桓以國子生釋褐授滑之白馬丞入補中書掾擢國子典簿拜陜西行臺監察御史以言事不合去未幾汝寧盜起桓避之確山賊久知桓名襲獲之羅拜請爲帥弗聽囚六日擁至渠魁前桓直趨據榻坐與之抗論逆順其徒捽桓起跪桓仰天大呼詈叱彌厲且屢唾賊面賊猶不忍殺謂桓曰汝但一揖亦恕汝死桓瞋目曰吾恨不能手斬逆首肯聽汝誘脅而折腰哉賊知終不可屈遂刺之年四十八賊後語人曰張御史真鐵漢害之可惜事聞贈禮部尚書謚忠潔

李黼字子威潁人也工部尚書守中之子守中性卞急遇諸子極嚴每一飲酒輒半月醉不觧黼百計承順求寧親心終不可得跪而自訟往往達旦無幾微厭怠之意初補國學生泰定四年遂以明經魁多士授翰林修撰明年代祠西嶽省臣謂黼曰敕使每後我今可易邪黼曰王人雖微春秋序於諸侯之上尊

君也奈何後乎省臣不敢對改河南行省檢校官遷禮部主事拜監察御史首言禴祠烝嘗古今大祭今太廟唯二祭而日享佛祠神御非禮也宜據經行之成均教化之基不當隸集賢宜屬省臣兼領諸侯王歲賜有定額分封易代之際陳請恩例世系戚疏無成書可攷宜倣先代脩正玉牒皆不報轉江西行省郎中入爲國子監丞遷宣文閣監書博士兼經筵官數與勸講每以聖賢心法爲帝言之俄中書命黼巡視河渠黼上言曰蔡河源出京西宋以轉輸之故平地作堤今河底漸淤高出地面秋霖一至横潰爲災

宜按故迹修浚他日東河或有不測之阻江淮運物當由此分道達京萬世之利也亦不報升祕書太監拜禮部侍郎奉旨詳定中外所上封事已而廷議內外官通調授黼江州路總管至正十一年夏五月盜起河南北攘徐蔡南陷蘄黄焚掠數千里造舡北岸銳意南攻九江居下流實江東西襟喉之地黼治城壕修器械募丁壯分守要害且上攻守之策於江西行省請兵屯江北以扼賊衝庶幾大江之險賊不得共之不報黼嘆曰吾不知死所矣乃獨椎牛饗士激忠義以作士氣數日之間紀綱粗立十二年正月己

未賊渡江陷武昌威順王及省臣相繼遁舳艫蔽江而下江西大震賊乘勝破瑞昌右丞孛羅帖木兒方軍于江聞之遁黼雖孤立辭氣愈奮厲時黄梅縣主簿也孫帖木兒願出擊賊黼大喜向天瀝酒與之誓言始脫口賊游兵已至境急檄諸鄉落聚木石於險塞處遏賊歸路倉卒無號乃墨士卒面統之出戰黼身先士卒大呼陷陣也孫帖木兒繼進賊大敗逐北六十里鄉丁依險阻乘高下木石横屍蔽路殺獲二萬餘黼還謂左右曰賊不利於陸必由水道以舟薄我苟失備禦吾屬無噍類矣乃以長木數千冒鐵椎

於杪暗植沿岸水中逆刺賊舟謂之七星樁會西南風急賊舟數千果揚帆順流鼓譟而至舟遇樁不得動進退無措黼帥將士奮擊發火翎箭射之焚溺死者無算餘舟散走行省上黼功請拜江西行省參政行江州南康等路軍民都總管便宜行事已而賊勢更熾西自荊湖東際淮甸守臣往往棄城遁黼守孤城提孱旅斬馘扶傷無日不戰中外援絕二月甲申賊將薄城分省平章政事禿堅不花自北門遁黼引兵登陴布戰具賊已至甘棠湖焚西門乃張弩箭射之賊趑趄未敢進轉攻東門黼救東門賊已入與之

巷戰知力不敵揮劍叱賊曰殺我毋殺百姓賊自巷背來刺黼墮馬黼與從子秉昭俱罵賊而死郡民聞黼死哭聲震天相率具棺葬于東門外黼死踰月參政之命始下年五十五黼兄冕居潁亦死于賊秉昭冕季子也事聞贈黼攄忠秉義效節功臣資德大夫淮南江北等處行中書省左丞上護軍追封隴西郡公謚忠文詔立廟江州賜額曰崇烈官其子秉方集賢待制

李齊字公平廣平人家甚貧客授江南工辭章元統元年進士第一歷僉河南淮西廉訪司事移知高郵府有政聲至正十年盜突入府驛取十二馬去齊躬追謝長寧殺之十一年州人秦觀保造兵仗將圖劫掠復獲而行誅十三年泰州白駒場亭民張士誠爲亂破泰州河南行省遣齊往招降被拘久之賊酋自相殺始縱齊來歸泰州平賊徒尚壘聚士誠復皷變殺參知政事趙璉掠官庫民財走入得勝湖俄陷興化縣行省以左丞偰哲篤偕宗王鎮高郵使齊出守甓社湖夏五月乙未數賊入城一譟呼而省憲官皆遁齊急還救城賊已閉門拒我遂連興化接得勝湖舟艦四塞募延入寶應縣已而有詔凡叛逆者赦之詔至高郵不得入賊紿曰請李知府來乃受命行省強齊往至則下齊獄中齊益辯說士誠本無降意特遷延爲繕飭計耳官軍諜知之乃進攻城士誠呼齊使跪齊叱曰吾膝如鐵豈肯爲賊屈士誠怒扼之跪齊立而詬之乃曳倒搥碎其膝而咼之論者謂大科三魁若泰不華沒海上李黼隕九江洎齊之死皆不負所學云

褚不華字君實隰州石樓人沉默有器局泰定初補中瑞司譯史授海道副千戶轉嘉興路治中連拜南臺西臺監察御史遷河西道廉訪僉事移淮東未幾陞副使汝潁盜發勢張甚不華行郡至淮安極力爲守禦計賊至多所斬獲且請知樞密院老章判官劉甲守韓信城相犄角爲聲援復上章劾總兵及諸將逗撓之罪朝廷錄其功陞廉訪使階中奉大夫甲有智勇與賊戰輒勝賊憚之號曰劉鐵頭不華頗賴之總兵者聞不華劾已益恚嫉乃檄甲別將兵擊賊冀以困不華甲去韓信城陷賊乃掘塹相銜撻水寨以圍我既而天長青軍叛普顏帖木爾所統黃軍復叛賊皆挾之來攻不華知事危退入哈剌章營賊稍引去乃出抵楊村橋賊奄至殺廉訪副使不達失里吹

其屍不華以餘兵入淮安時城之東西南三面皆賊惟北門通沭陽阻赤鯉湖指揮使魏岳楊暹駐兵沭陽淮安倚其芻餉而赤鯉湖爲賊據沭陽之路又絶賊計孤城可取進柵南瑣橋不華與元帥張存義出大西門會僉事忽都不花兵突賊柵殊死戰賊敗走追北二十餘里城中食且絶元帥吴德琇運糧萬斛入河竟爲賊所掠德琇僅以身免賊與青軍攻圍日益急總兵者屯下邳相去五百里按兵不出凡遣使十九輩告急皆不聽城中錢者作道上即取啖之一切草木螺蛤魚蛙燕鳥及韈皮鞍韂革箱敗弓之筋

皆盡而後父子夫婦老稚更相食撤屋爲薪人多餓踣坊陌生荆棘力既盡城陷不華猶據西門力鬬中傷見執爲賊所臠次子伴哥冒刃護之亦見殺時至正十六年十月乙丑也不華守淮安五年殆數十百戰精忠大節人比之張巡云朝廷聞之贈翰林學士承旨榮禄大夫柱國追封衛國公謚曰忠肅賻鈔二百錠以邮其家

郭嘉字元禮濮陽人祖昂父惠俱以戰功顯嘉慷慨有大志始由國子生登泰定三年進士第授彰德路林州判官累遷翰林國史院編修官除廣東道宣慰使司都元帥府經歷未幾入爲京畿漕運使司副使尋拜監察御史會朝廷以海寇起欲於浙東温台慶元等路立水軍萬户鎮之衆論紛紜莫定擢嘉禮部員外郎乘驛至慶元與江浙行省會議可否嘉至首詢父老知其弗便請罷之會方擇守令綏靖遼東乃授嘉廣寧路總管兼諸奥魯勸農防禦屬盜起軍旅數興供餉無虚日民苦和糴轉輸而吏胥得因時爲奸嘉設法計其户口第其甲乙民甚便之有詔團結義兵嘉招集民數千教以坐作進退萬千百夫各統以長號令齊一賞罰明信故東方諸郡錢粮之富甲

兵之精稱嘉爲最十八年冠陷上京嘉聞之躬率義兵出禦既而遼陽陷嘉將衆巡邏去城十五里遇青號隊伍百餘人紿言官軍嘉疑其詐俄果脱青衣變紅嘉出馬射賊分兵兩隊而夾攻之生擒賊數百死者無筭嘉見賊勢日熾孤城無援乃集同官議攻守之計衆皆失措嘉曰吾計決矣因竭家所有衣服財物犒義士以勵其勇敢且曰自我祖宗有勳王室今之盡忠吾分内事也况身守此土當生死以之餘不足恤矣頃之賊至圍城亘數十里有大呼者曰遼陽我得矣何不出降嘉挽弓射呼者中其左頰墮馬死

賊稍引退嘉遂開西門逐之賊大至力戰以死事聞贈崇化宣力效忠功臣資善大夫河南江北等處行省左丞上護軍封太原郡公謚忠烈

喜同周姓河西人初爲後宮衛士衆稱其才選充承徽寺經歷再調南陽縣達魯花赤居二歲妖賊起陷鄧州人情洶洶俄而賊鋒抵南陽南陽無城無兵賊入之若虛邑喜同以計獲數賊詰之云賊將大至悉斬之以安衆心晝夜督丁壯巡邏守備時大司農錢木尔以兵駐于諸葛菴爲賊所襲死之賊遂乘銳取南陽喜同守西門望見賊勢盛即以死自許與家人

訣曰吾與汝等不能相顧矣但各逃生吾分死此以報國也已而城中皆哭喜同策厲義兵奮力與賊搏賊退去明日復至與戰甚力殺賊凡數百賊知無後援戰愈急南陽遂陷喜同突圍將自拔賊橫刺其馬馬蹶喜同鞭馬躍而起手斬刺馬者俄而爲他賊所追身被數創不能鬬遂見執爲所殺妻邢氏聞喜同力戰死師家僮數人出走遇賊奪賊刀斫之且罵且前亦見殺一家死者二十餘人贈南陽路判官時襄陽録事司達魯花赤塔不台字彥暉者元統元年進士魏王軍汝亳塔不台來供餉王嗜酒輕戰備一夕賊

刼王王則未能起爲所執塔不台馳騎奪王亦爲賊所得比明見賊酋王拜乞活塔不台以足蹴王曰猶欲生乎賊復屈其拜塔不台拒而詬之且與縛者角遂支解

韓因字可宗汴梁人少習舉子業負氣不群盜據汝寧官軍討之久不下會朝廷詔赦叛逆募可持詔入賊者即借以官因應命乃借因以唐州判官使馬賊渠恐其黨心揺導因止于外納詔不讀詰問再三因荅以恩宥寬大禍福所係甚切不聽乃縱因歸報因出乘馬周賊屯大言曰汝輩好百姓何不出降歸田

里而甘從逆賊驅使耶衆愕眙相顧或以告賊渠渠追因責其所言因極口肆詈賊怒寸割因

卞琛大名人世爲農夫早游學京師得補國子生既而丁母憂治農于家至正十二年鄰郡盗起未幾來剽掠琛與從子小十府史李仲亨等協謀統丁壯數百人擊賊丁壯皆民兵無弓矢之備直以鉤鉏白鋌當賊賊矢雨集琛衆潰散被擒仲亨小十皆死賊素知琛諭之曰汝從我解汝縛不從殺汝琛唾罵曰我國子生也視汝逆賊真狗彘也吾寧義死不從賊生罵不止賊屢脅不聽殺之

喬彝字仲常晉寧人性高介有守一時名稱籍甚至正十八年賊由絳州垣曲縣襲晉寧城陷城中死者十二三彝整冠衣聚妻子家有大井彝坐井上令妻子婢輩循次投井中而已隨赴之彝既死賊首王士誠使人即彝家邀致之至則彝已死矣賊平朝廷贈彝臨汾縣尹賜謚純潔有張嵓起王佐者皆士人也並以不屈賊而死嵓起字傳霖汾州人累舉不中嘗用薦者徵爲國子助教居一歲免歸盗既去晉寧復陷汾州嵓起與妻赴井死王佐字元輔晉寧人從父居上都教授里巷不與時俯仰會賊至倉卒不能避

爲所獲欲降之佐傲岸自如詬賊不輟因見害又有吳德新者字止善建昌人工醫留京師久之嘗往寧夏會盗至德新見執脅使降德新厲聲曰我生爲皇元人死作皇元鬼誓不從尒賊賊乃縛其兩手加白刃頸上迫其畏屈德新罵不已乃曳之井上陽欲擠之德新偶得寬即自投井中仰罵賊賊下射矢貫其頂罵益力賊怒以長槍刺之然亦壯其志憐其死曰此眞丈夫也以土埋井而去

顏瑜字德潤兖州曲阜人兖國復聖公五十七代孫也以行誼用舉者爲鄒及陽曲兩縣教諭至正十八年田豐起山東瑜挈家走鄆城道遇賊以刃來脅瑜曰尒何人瑜曰我東魯書生也賊執瑜曰尒書生吾不尒殺可從我見主帥瑜罵曰尒賊何主帥邪賊怒欲殺瑜瑜無懼色復使之寫旗瑜大詬曰尒大元百姓天下亂募尒爲兵而反爲叛逆我腕可斷豈能爲尒寫旗從逆乎賊以槍刺瑜至死罵不絶口其妻子皆爲所害又有曹彦可者亳州人會妖寇起里中多田野無賴子目不知書者既破亳揭帛于竿皆羣趨彦可家刼之使寫旗彦可力辭乃迫以刃斧彦可唾之曰我儒者知有君父寧死耳豈爲汝寫旗者耶賊

怒遂見害年七十矣其家素貧又死於亂藁殯其尸賊既定有司具以事聞中書爲給貲以葬賜謚節愍

王士元字堯佐恩州人泰定四年進士由棣州判官累遷知磁州值軍興餽餉需索日繁民不堪命士元心念其民力爲區畫至爲將士陵辱訶責弗避也改知濬州州濱黄河嘗經盗賊城堞不完市井空荒士元邑邑不得志而臨事未嘗易其素至正十七年賊復迫濬州州兵悉潰散士元坐堂上顧其子致微使避賊曰吾守臣居此職也若可逃生子侍立不忍去賊前問曰尒爲誰士元叱曰我王知州也強賊識我

否賊欲縛士元士元奮拳毆賊賊怒并其子殺之
楊樸字文素河南人早以文學得推擇爲吏任至滁州全椒縣尹滁界廬江廬江陷於寇滁人震動行省叅政也先緫兵于滁不理軍事唯縱飲至暮城門不鑰寇入縱火猶張燭揮杴急踰城出走樸度必死乃盡殺其妻女朝服坐堂上盜欲降之樸指妻女示曰我已戕我屬政欲死官守耳尚何云云乃連唾之賊縶樸倒懸樹上而割其肉至盡猶大罵弗絶

趙璉字伯器宏偉之孫也至治元年登進士第授嵩州判官再調汴梁路祥符縣尹入爲國子助教累遷湖廣行省左右司郎中除杭州路緫管杭於東南爲劇郡地大民夥長吏多不稱其職璉爲人强毅開敏精力絶人吏莫不服其明决而不敢欺浙右病於徭役民充坊里正者皆破其家朝廷令行省召八郡守集議便民之法璉獻議以屬縣坊正爲雇役里正用田賦以均之民咸以爲便有盜誘其同惡持刃出市斫人以索金市民乃户斂以予之人無敢言者璉曰此不可長也遣卒掩捕之盡戮諸市踰年召拜吏部侍郎杭人思之刻其政績于碑歷中書左司郎中除禮部尚書尋遷户部拜參議中書省事出爲山北遼東道廉訪使是時河南兵起湖廣荆襄皆陷而兩淮亦騷動朝廷乃析河南地立淮南江北行省于揚州以璉叅知政事璉方病水腫即輿疾而行既至分省鎭淮安又移鎭真州會張士誠爲亂突起海濵陷泰州興化行省遣兵討之不克乃命高郵知府李齊往招諭之士誠因請降行省授以民職且乞從征討以自効遂移璉鎭泰州璉乃趣士誠治戈船趨濠泗士誠疑懼不肯發又覘知璉無備遂復反夜四鼓縱火登城璉力疾扞佩刀上馬與賊鬭市衢賊圍璉邀至其舡璉詰之曰汝輩罪在不赦今既宥尓誅戮又錫

以名爵朝廷何負於汝乃既降復反邪汝棄信逆天滅不旋踵我執政大臣豈爲汝賊輩屈乎即馳騎奮擊賊賊以槊撞璉墜地欲舁登其舟璉瞋目大罵遂死之其僕楊兒以身蔽璉亦俱死及亂定州民收其屍歸殯于真州事聞賻鈔三百錠仍官其子錡弟琬字中德仕至台州路緫管至正二十七年方國珙以舟挾琬至黄巖琬潛登白龍奥舍於民家絶粒不食人勸之食輒瞋目郤之七日而死
孫撝字自謙曹州人至正二年進士授濟寧路録事張士誠據高郵叛或謂其有降意朝廷擇烏馬兒爲

使招諭士誠而用撝爲輔行撝家居不知也中書借撝集賢待制給驛就其家起之撝強行抵高郵士誠不迓詔使撝等既入城反覆開諭士誠等皆竦然以聽已而拘之他室或日一饋食或間日一饋食欲以降撝撝唯詬斥而已乃令其黨捶撝肆其陵辱撝不卹也及士誠徙平江撝與士誠部將張茂先謀將撝所授站馬劄子遣壯士浦四許誠赴鎮南王府約日進兵復高郵謀泄執撝訊問撝罵聲不絶竟爲所害後賊中見失節者輙自相嗤曰此豈孫待制耶事聞贈翰林侍讀學士中奉大夫護軍追封曹南郡公謚忠烈賜田三頃恤其家

石普字元周徐州人至正五年進士授國史院編修官改經正監經歷淮東西盜起朝廷方用兵普以將略稱同僉樞密院事董鑰嘗薦其材會丞相脫脫討徐州以普從行徐平録功遷兵部主事尋陞樞密院都事從樞密院官守淮安時張士誠據高郵普詣丞相面陳破賊之策且曰高郵負重湖之險地皆沮洳騎兵卒莫能前與普步兵三萬保取之高郵既平則濠泗易破普請先驅爲天下忠義倡丞相壯之命權山東義兵萬户府事招民義萬人以行而汝中柏者方用事陰沮之減其軍半初令普便宜行事及行又使聽淮南行省節制普行次范水砦日未夕普令軍中具食夜漏三刻下令銜枚趨寶應其營中更鼓如平時抵縣即登城樹幟城上賊大驚潰因撫安其民由是諸將疾普功水陸進兵乘勝拔十餘砦斬賊數百將抵高郵城分兵三隊一趨城東備水戰一爲奇兵虞後一普自將攻北門遇賊與戰賊不能支遁入城普先士卒躡之縱火燒關門賊恖謀棄城走而援軍望之按不進且忌普成功總兵者遣蒙古軍千騎突出普軍前欲收先入之功而賊以死扞蒙古軍恇怯即馳回普止之不可遂爲賊所蹂踐率墜水中普軍亂賊乘之普勒餘兵血戰良久仗劍大呼曰大丈夫當爲國死有不進前者斬奮擊直入賊陣中從者僅三十人至日西援絶被創墮馬復步戰數合賊益至賊指曰此必頭目不可使逸須生致之普叱曰死賊奴我即石都事何云頭目左脅爲賊鎗所中猶手握其鎗斫賊死賊衆攢鎗以刺普普與從者皆力戰俱死之

盛昭字克明歸德人由儒學官累遷淮南行省照磨會詔使往高郵不得達而還謬稱賊已迎拜但乞名

爵耳行省不虞其欺乃遣昭入高郵授所與士誠官士誠拒不聽拘諸舟中昭語所從吏曰吾之止此有死而已既而官軍逼高郵士誠授昭以兵使出拒官軍昭叱曰吾奉命招諭汝汝拘留詔使罪不容斬又欲吾從汝爲賊耶大罵不絕口賊怒先剜其髀肉而後磔之

楊乘字文載濱州渤海人至正初爲介休縣尹民饑散爲盜乘立法招之使自新皆棄兵頓首願爲良民其後累官江浙行省左右司員外郎坐海寇掠漕粮舟免官寓居松江張士誠入平江其徒郭良弼董綬

言乘于士誠士誠遣張經招乘乘曰良弼綬皆名臣今已失節顧欲引我以濟其惡邪且讓經平日讀書云何經俛首不能對乘日與客痛飲竟日不言客問盍行乎乘曰乘以一小吏致身顯官有死而已尚何行之有經促其行愈急乘乃整衣冠自經死年六十四

納速剌丁字士瞻其父馬合木從征襄陽以勞擢濬州達魯花赤因家大名納速剌丁起身鄉貢進士補淮東廉訪司書吏丁母憂服闋補兩浙鹽運司掾復辟掾淮東宣慰司至正十年賊發真州納速剌丁以民兵往襲之獲賊四十二人已而泰州賊大起鎮南王府宣慰司請參議軍事納速剌丁建議築四城立外寨提堤穿河募兵與賊抗行省檄其提戰艦六十海舟十四上下巡捕以固江面且護蒙古軍五百往江寧道遇賊斬擊二百餘級生獲十八人遂抵龍潭而還未幾出邏江上賊突至馳船来鬭納速剌丁手射死三十賊奪其放火小船二百賊因遁走俄復據龍潭口又擊走之追斬三百餘級其子寶童擒首賊陳亞虎等及其纛旗捷聞賞賚良渥且召納速剌丁還真州而賊犯蕪湖南行臺檄使來援乃以兵赴及至賊船已薄岸遂三分戰艦縱擊之賊奔潰俘斬甚衆

賊不得渡江者多納速剌丁之功也因留守蕪湖江口泰州李二起行省移之捍高郵得勝湖賊船七十餘柁乘風而來即前擊之焚其二十餘船賊潰去李二失援遂降其黨張士誠殺李二復爲亂戕參政趙璉入據興化而水陸襲高郵屯兵東門納速剌丁以舟師會諸軍討之距三垛鎮賊衆猝至納速剌丁麾兵挫其鋒後賊鼓譟而前乃發火箭火鏃射之死者蔽流而下賊續船拚背盡力來攻而阿速衛軍及真滁萬户府等官見賊勢熾皆遁走納速剌丁顧必死謂其三子寶童海壽丁西山驢曰汝輩可脫走寶童等不

肯去遂皆死之省憲爲賻其家事聞贈納速剌丁淮
西元帥府經歷

翰林學士亞中大夫知制誥兼修國史臣宋濂翰林待制承直郎同知制誥兼國史院編修官臣王禕等奉
勅修

忠義三

伯顏不花的斤字蒼崖畏吾兒氏駙馬都尉中書丞相封高昌王雪雪的斤之孫駙馬都尉江浙行省丞相封荊南王朶尔的斤之子也倜儻好學曉音律初用父廕同知信州路事又移建德路會徽寇犯遂安伯顏不花的斤將義兵平之又擒淳安叛賊方清之以功陞本路總管至正十六年授衢州路達魯花赤

明年行樞密院判官阿魯灰引兵經衢州軍無紀律所過輒大剽掠伯顏不花的斤曰阿魯灰以官軍而爲民患此國賊也可縱之乎乃帥兵逐之出境郡賴以寧陞浙東都元帥守禦衢州頃之擢江東道廉訪副使階中大夫十八年二月江西陳友諒遣賊黨王奉國等號二十萬寇信州明年正月伯顏不花的斤自衢引兵援焉及至遇奉國城東力戰破走之時鎮南王子大聖奴樞密院判官席閏等屯兵城中聞伯顏不花的斤至爭開門出迎羅拜馬前伯顏不花的斤登城四顧誓以破賊自許後數日賊復來攻城伯

顏不花的斤大饗士卒約曰今日破賊不用命者斬乃命大都間將阿速諸軍及民義為左翼出南門高義范則忠將信陽一軍為右翼出北門自與忽都不花將沿海諸軍為中軍出西門部伍既整因奮擊入賊營斬首數千級賊亂幾擒奉國適賊將突至我軍入其營者咸没其勢將殆忽都不花復勒兵力戰大破之二月友諒弟友德營于城東繞城植木柵攻我益急又遣偽萬戶周伯嘉來説降高義潛與之通紿忽都不花等謂與奉國相見則兵釁可解忽都不花信之率則忠等十人往見奉國因之不遣明日奉國

令高義以計來誘伯顏不花的斤時伯顏不花的斤坐城上見高義單騎來伯顏不花的斤謂曰汝誘十帥無一人還今復來誘我耶我頭可斷足不可移乃數其罪斬之由是日夜與賊鏖戰糧竭矢盡而氣不少衰夏四月有大呼於城下者曰有詔參謀海魯丁臨城問之曰何來曰江西來海魯丁曰如此乃賊耳吾元朝臣子可受尒偽詔乎呼者曰我主聞信州久不下知尒忠義故來詔尒徒守空城欲何為耶海魯丁曰汝聞張睢陽事乎偽使者不荅而去伯顏不花的斤笑曰賊欲我降爾城存與存城亡與亡吾計之熟矣

時軍民唯食草苗茶紙既盡括靴底煑食之又盡掘鼠羅雀及殺老弱以食五月大破賊兵六月奉國親來攻城晝夜不息者踰旬賊皆穴地百餘所或魚貫梯城而上伯顏不花的斤登城麾兵拒之已而士卒力疲不能戰萬戶顧馬兒以城叛城遂陷席閏出降大聖奴海魯丁皆死之伯顏不花的斤力戰不勝遂自刎其部將蔡誠盡殺妻子及蔣廣奮力巷戰誠遇害死廣為奉國所執愛廣勇敢使之降廣曰我寧為忠死不為降生汝等草中一盜爾吾豈屈汝乎賊怒礫廣于竿廣大罵而絶有陳受者信小民也伯顏不花的斤知

受有膂力募為義兵尋戰敗為賊擒痛罵不屈賊焚殺之先是伯顏不花的斤之援信州也嘗南望泣下曰我為天子司憲視彼城之危急忍坐視乎吾知上報天子下拯生民餘皆無可恤所念者太夫人耳即日入拜其母鮮于氏曰兒今不得事母矣母曰爾為忠臣吾即死復何憾鮮于氏太常典簿樞之女也伯顏不花的斤因命子也先不花奉其母間道入福建以江東廉訪司印送行御史臺遂力守孤城而死朝廷賜謚曰桓敏

樊執敬字時中濟寧鄆城人性警敏好學由國子生

擢授經郎嘗見帝師不拜或誚之曰帝師天子素崇重王公大臣見必俯伏作禮公獨不拜何也執敬曰吾孔氏之徒知尊孔氏而已何拜異教爲歷官至侍御史至正七年擢山南道廉訪使俄移湖北道十年授江浙行省參知政事十二年二月督海運于平江卜日將發官大宴犒于海口俄有客船自外至驗其券信令入而不虞其爲海寇也既入港即縱火鼓譟時變起倉猝軍民擾亂賊竟焚舟刼粮以去執敬既走入崑山自咎於失防心鬱鬱不解及還省而昱嶺關有警平章政事月魯帖木兒引軍拒之賊不得進

月魯帖木兒俄以疾卒賊遂犯餘杭執敬時已被命討賊海上至是事急不得舍去與平章政事定定治事省中調兵出戰皆不利掾史蘇友龍素抗直有爲進言於執敬曰賊且至城內空虛無備柰何執敬曰吾淬礪戈矛當殲賊以報國儻或不克有死而已何畏哉俄報賊已至執敬遽上馬帥衆而出中途與賊遇乃射死賊四人賊又逐之射死三人已而賊來方盛填咽街巷且縱火衆皆潰去賊知其無援呼執敬降執敬怒叱之曰逆賊守關吏不謹汝得至此恨不碎汝萬段何謂降耶乃奮刀斫賊因中槍而墮從僕田也先馳救之亦中槍死事聞贈翰林學士承旨榮祿大夫柱國追封魯國公謚

全普庵撒里字子仁高昌人初爲中書省檢校時太師汪家奴擅權用事臺諫無敢言者普庵撒里獨於衆中歷數其過諤諤無懼色拜監察御史即首劾汪家奴十罪乃見黜然而氣節益自振不以摧衂遂阻歷詆權貴朝臣莫不畏憚出爲廣東廉訪使尋除兵部尚書未幾授贛州路達魯花赤至郡發摘奸惡一郡肅然至正十一年潁州盜起即脩築城壘旬月之間守禦之具畢備於是發公帑募勇士得兵三千人

日練習之皆可用屬邑有爲賊所陷者往往遣兵復之境內悉安十六年以功拜江西行省參政分省於贛十八年江西下流諸郡皆爲陳友諒所據乃與總管哈海赤戮力同守友諒遣其將幸文才率兵圍贛使人脅之降普庵撒里斬其使日擐甲登城拒之力戰凡四月兵少食盡義兵萬戶馬合某沙欲舉城降賊普庵撒里不從遂自刎事聞朝廷贈謚曰猷哀哈海赤守贛尤有功城陷之日賊將脅之使降哈海赤謂之曰與汝戰者我也爾賊毋殺贛民當速殺我耳遂見殺

周鏜字以聲瀏陽州人篤學通春秋登泰定四年進士第授衡陽縣丞再調大冶縣尹縣有豪民持官府短長號爲難治鏜狀若㞃懦而毅然有威不可犯抑豪強惠窮民治行遂爲諸縣最累遷國子助教會脩功臣列傳擢翰林國史編脩官乃出爲四川行省儒學提舉便道還家無何盜起湖南北郡縣皆陷瀏陽無城守盜至民皆驚竄鏜告其兄弟使遠引自謂我受國恩脫不幸必死毋爲相累也賊至得鏜欲推以爲主鏜唯瞠目厲聲大罵賊知其不可屈乃殺之鏜同時有謝一魯字至道者亦瀏陽人至元乙亥鄉貢

進士嘗爲石林書院山長賊陷潭州一魯奉親匿岩谷中官兵復郡邑亡者稍歸乃還理故業俄而賊復至生縛一魯一魯罵賊甚厲舉家咸遇害

聶炳字韞夫江夏人元統元年進士授承事郎同知平昌州事炳蚤孤其母改適自平昌還始知之即迎其母以歸久之轉寶慶路推官會峒猺寇邊湖廣行省右丞禿赤統兵討之屯于武岡以炳攝分省理問官悍卒所至掠民爲俘炳言于禿赤釋其無驗者數千人至正十二年遷知荆門州纔半歲淮漢賊起荆門不守炳出募土兵得衆七萬復荆門又與四川行省平章政事咬住復江陵其功居多既而蘄黃安陸之賊其勢復振賊將俞君正合兵來攻荆門炳率孤軍晝夜血戰援絶城陷爲賊所執極口罵不絶賊以刀抉其齒盡乃斷左臂而支解之未幾賊陷潛江縣達魯花赤明安達尔率勇敢出擊擒其僞將劉萬戶進營蘆洑賊衆奄至出鬭死其家殲焉一子桂山海牙懷印綬去得免明安達尔唐兀氏字士元炳同年進士由宿州判官再轉爲潛江云

劉畊孫字存吾茶陵州人至順元年進士授承事郎桂陽路臨武縣尹臨武近蠻獠畊孫至召父老告之

曰吾儒士也今爲汝邑尹尔父老當體吾教訓其子弟孝弟力田暇則事詩書毋自棄以干吾政乃爲建學校求民間俊秀教之設俎豆習禮讓三年文化大興邑有茶課歲不過五錠後增至五十錠畊孫言于朝除其額歷建德徽州瑞州三路推官所至詳讞疑獄其政績卓然者甚衆至正十二年春蘄黃賊攻破湖南畊孫傾家貲募義丁以援茶陵賊至輒却故茶陵久不失守十五年轉儒林郎寧國路推官歲饑勸富民發粟賑之活者萬計會長鎗瑣南班程述謝璽等攻寧國畊孫分守城西南日署府事夜率兵乘城

固守江浙行省遣參知政事吉尼哥兒來援至則兵
已疲矣城恃有援不爲備瑣南班知之夜四鼓引衆
緣堞而上城遂陷畊孫力戰遇害弟燾孫以國學生
下第授常寧州儒學正湖南陷常寧長吏棄城走民
奉印請燾孫爲城守城賴以完者一年外援俱絶死
之長子碩爲武昌江夏縣魯湖大使起義兵援茶陵
亦死之

俞述祖字紹芳慶元象山人由翰林書寫考滿調廣
東元帥府都事入爲國史院編脩官已而出爲沔陽
府推官至正十二年蘄黄賊迫州境述祖領民兵守

緑水洪并力捍禦之兵力不支沔陽城陷民兵悉潰
述祖爲賊所執械至其僞主徐壽輝所誘之使降述
祖罵不輟壽輝怒支解之有子方五歲亦死事聞贈
奉訓大夫禮部郎中象山縣男

桂完澤者永嘉人嘗從江西左丞李朶兒留京師得
爲平江路管軍鎮撫爲仇家所訴免官會賊攻昱嶺
關行省遂假前官令從征完澤勇于討賊凡再戰關
下皆勝尋又與賊鬬爲所執其妻弟金德亦被擒皆
反縛于樹臨以白刃脅之降金德意未决完澤呼曰
金舅男子漢即死不可聽賊德曰此言最是因大罵
賊怒剖二人之腹而死

丑閭字時中蒙古氏登元統元年進士第累官京畿
漕運副使出知安陸府至正十二年蘄賊曾法興犯
安陸時丑閭募兵得數百人帥以拒賊敗賊前隊乘
勝追之而賊自他門入亟還兵則城中火起軍民潰
亂計不可遏乃歸服朝服出坐公堂賊脅以白刃丑
閭猶諭以逆順一賊排丑閭下使拜不屈且怒罵賊
酋不忍害拘之明日又逼其從亂丑閭疾叱曰吾守
土臣寧從汝賊乎賊怒以刀斫丑閭左脇斷而死賊
憤其不降復以布囊囊其屍舁置其家丑閭妻侯氏

出大哭且列酒肉薦前渴者令飲酒飢者令食肉以
紿賊之不防已至夜自經死事聞贈丑閭河南行省
參知政事贈侯氏寧夏郡夫人立表其門曰雙節有

馮三者湖廣省一公使也素不知書湖廣爲寇陷阜
隸輩悉起剽殺爲盗亦拉三以從三辭曰賊名惡我
等豈可爲衆劫强之終弗從怒將殺之三遂唾罵賊
乃縛諸十字木舁之以行而刲其肉三益罵不止抵
江上斷其喉委去其妻隨三號泣俯拾刲肉納布裙
中伺賊遠收三血骸脫衣裹之大泣投江而死

孛羅帖木兒字國賓高昌人由宿衛補官十三轉而

為江東廉訪副使以選為襄陽路達魯花赤至正十
一年盜起汝潁均州鄖縣人田端子等亦聚衆殺官
吏孛羅帖木兒將民兵捕斬之未幾行省廉訪司同
檄孛羅帖木兒以其所領兵會諸軍於均房同討賊
賊始退而穀城光化以急告即帥兵趍穀城而分遣
樊城主簿脫因等趍光化且遣使求粮於襄陽不應
遣同知也先不花促之又不應軍乏食不能行乃駐
于柴店復遣從子馬哈失力往告詞甚苦切廉訪分
司王僉事本路總管柴順禮怒其責望械之適紐貴
來獻光化所獲首級且言孛羅帖木兒在穀城與賊

相持未知存殁宜急濟其糧少緩恐弗及矣於是脫
二人械遣還而命也先不花與萬戶也先帖木耳率
數千人會孛羅帖木兒以討賊明年正月襄陽失守
也先不花等聞之驚潰孛羅帖木兒領義兵二百人
且戰且引至監利縣遇沔陽府達魯花赤咬住同知
三山安陸府同知燕只不花荊襄提舉相哥失力之
師時濱江有船千餘乃糾合諸義兵丁壯水工五千
餘人畀以軍號給以刀稍具哨馬五十水陸繼進比
至石首縣聞中興路亦陷乃議趍岳州就元帥帖桀
而道阻不得前仍趍襄陽賊方駐楊湖港乘其不虞

擊之獲其船二十七艘生擒賊黨劉咬兒訊得其情
進次潛江縣又斬賊數百級獲三十餘船梟賊將劉
萬戶許堂主等是日甫止兵未食而賊大至與戰抵
暮咬住等軍各當一面不能救孛羅帖木兒被重創
麾馬哈失力使去曰吾以死報國汝無留此馬哈失
力泣曰死生從叔父既而孛羅帖木兒被執賊請同
為逆孛羅帖木兒怒罵之遂遇害馬哈失力帥家奴
求其尸復與賊戰俱沒于陣舉家死者凡二十六人
彭庭堅字允誠溫州瑞安人擢至正四年進士第授
承事郎同知沂州爭毀牛皇王神祠驅鄰郡上馬賊免

民橫急徵斂民甚便之俄以平反獄囚忤上官意遂
棄去十年詔選守令以建寧路崇安縣尹起庭堅于
家屬鉛山寇周良竊發犯閩關庭堅禦之有法寇不
入境十一年陞同知建寧路總管府事江西寇熾庭
堅率民兵克復建陽又進兵平浦城十二年攝僉都
元帥府事與邵武路總管吳按攤不花夾攻邵武庭
堅設雲梯火礮晝夜攻擊寇遁追斬渠魁董元帥鐵
和尚童昌邵武悉平總兵官江浙參政章嘉上功于
朝陞同知福建道宣慰使司副都元帥鎮邵武冬寇
陷建寧縣十三年庭堅統建陽崇安浦城三縣民兵次

泰寧寇懼請降復建寧縣還師邵武江浙行省檄庭堅節制建寧邵武二郡諸軍十四年盜侵政和松溪江南行臺中丞吳鐸督軍建寧檄庭堅至時鎮撫萬戶岳煥隸麾下煥素悍縱卒爲暴庭堅欲繩以法煥懼使部卒乘其不備詐爲賊兵突入交鋒衆皆潰庭堅獨留不去遂遇害死年四十三故吏張椿儒士夏志行江晃奉柩還崇安民哀泣如喪父母立祠像歲時祭禱數降靈響旁邑立祠亦如之南行臺監察御史余觀行部巡察獲其賊斬之爲上其事贈中奉大夫福建道宣慰使都元帥封忠愍侯

王伯顏字伯敬濱州霑化人由湖廣省宣使歷永州祁陽湖州烏程縣尹信州推官至正九年遷知福寧州居三歲陞福建鹽運副使將行憲府以時方俶擾留伯顏仍領州事未幾賊自邵武間道偪福寧乃與監州阿撒都剌募壯兵五萬分扼險阻賊至楊梅嶺立柵伯顏與子相馳破之賊帥王善俄擁衆直壓州西門胥隸皆解散伯顏麾下唯白梃市兒數百人爾伯顏射賊不復反顧賊以長鎗舂馬馬仆遂見執善說伯顏曰聞公有惠政此州那可無尹公爲我尹可乎伯顏訶善曰我天子命官不幸失守義當死肯從汝反乎善怒叱左右捽以跪弗屈遂毆之伯顏嚼舌出血噀善面罵曰反賊殺即殺何以毆爲吾民天民也汝不可害大丞相親討叛逆百萬之師雷擊電掃汝輩小醜將無遺種顧敢尒邪賊亦執阿撒都剌至善厲聲責其拒鬭喋不能對伯顏復唾善曰我殺賊何言拒邪我死當爲神以殺汝言訖挺頸受刃頸斷涌白液如乳暴屍數日色不變州人哭聲連巷賊既殺阿撒都剌欲釋相官之相詈曰吾與汝不共戴天恨不寸斬汝我受汝官邪賊殺之相妻潘氏挈二女爲賊所獲亦罵賊母子同死伯顏既死賊時覩其引

兵出入明年州有僧林德誠者起兵討賊乃望空嘑曰王州尹王州尹宜率陰兵助我斬賊時賊正祠神覩紅衣軍來以爲僞帥康將軍亟往迎之無有也四面皆青衣官軍賊大敗斬其酋江二蠻福寧遂平事聞贈嘉議大夫濟南路總管上輕車都尉追封太原郡侯

劉濬字濟川其先輿州人曾祖海金進士第一人仕至河南府尹死于國難子孫遂家河南濬由廉訪司書吏調連江縣寧善鄉巡檢至正十三年江西賊帥王善寇閩官軍守羅源縣拒之羅源與連江接壤勢

將追濬妻真定史氏故相家女也有才識謂濬曰事急矣可聚兵以捍一方於是盡出奩中物募壯士百餘命仲子健將之浹旬間衆至數萬賊尋破羅源分兩道攻福州濬拒之辰山三戰三捷俄聞福州陷衆多潰去濬獨帥健兵進遇賊于中麻突其陣斬前鋒五人賊兵大至鏖戰三時頃濬中箭墮馬健下馬挾之俱被獲濬忿戟手大罵賊縛濬階下先斫手一指罵弥厲再斫一指亦如之指且盡斫兩腕次及兩足濬色不少變罵聲猶不絕遂割其喉舌而死健亦以死拒賊善義之舍健使歛濬屍瘞之健歸請兵於帥

府以復父讎弗聽健盡散家貲結死士百人詐爲工商流丐入賊中夜半發火大譟賊驚擾自相屠戮健手斬殺其父者張破四井擒善及寇首陳伯祥來獻磔之事聞贈濬福建行省檢校官授健古田縣尹官爲濬立祠福州北門外有司歲時致祭云

朶里不花字端甫蒙古人始爲宿衛官累歷顯要擢遼陽行省右丞陞平章政事陳友諒陷江西詔拜江西行省平章政事與平章政事阿兒渾沙等分道進討遂泛海南下趍廣東駐師揭陽降土寇金元祐招復循梅惠三州之寇承制官其酋長俾治賊以給兵食又別規粟四千石輸送京師自是英肇欽連諸郡皆附且治兵由梅嶺以圖江西而元祐有異志託以鎮服其土遮道固留先是制書命劉巨海僉廣東元帥府事未發元祐竊取易其名私畀徭賊劉文遠誘與偕亂事覺文遠伏誅而元祐及其弟元泰子榮竄匿不獲俄榮率外賊突入奪符信殺官吏變起倉卒衆莫能支朶里不花與叅政楊泰元等勒兵拒戰而賊來益衆朶里不花爲鎗所中創甚其子達蘭不花率麾下力與抗死之朶里不花遂被執擁至太平橋罵不絕口遂爲賊殺其妻卜顏氏妾高麗氏在側不去

皆大罵曰我平章遇爾父子厚矣爾父子何暴逆至此亦皆遇害其部將哈乞吳普顏阿剌不花歹不花等俱戰死

野峻台其父世延自有傳由四川行省左右司郎中西行臺監察御史河西廉訪使轉黃州路總管湖廣旣陷朝廷察其材升四川行省叅政命與平章咬住討賊咬住軍五千及分銳卒八百使野峻台爲前驅賊方據巴東縣攻拔之是時歸峽等州皆爲賊所守野峻台破賊江上斬溺無筭已而歸峽平又進拔枝江松滋兩縣乘勝趍江陵賊出陣清水門鏖戰至夕

賊退入城乃據其門唉咬住軍至黎明賊出戰三時頃咬住軍止百步外不救賊飛槍刺之遂死事聞贈榮祿大夫陝西行省平章政事柱國追封涼國公謚忠壯

陳君用字子材延平人少負氣勇猛過人紅巾起江淮由撫盱入閩閩閫授君用南平縣尹給錢伍萬緡俾募千兵君用散家財繼之導官軍復建陽浦城等縣以功授同知建寧路事亡何賊圍福州君用率兵往援大敗賊衆廉訪僉事郭興祖佩君用明珠虎符使權同知副都元帥遂引兵踰北嶺至連江阻水而陣

君用曰今日不盡殺賊吾不復生還矣乃率壯士六十人徒涉斬殺賊稍潰既而復合君用大呼轉戰中槍而死事聞贈懷遠大將軍浙東道宣慰司同知副元帥輕車都尉潁川郡侯謚忠毅

卜理牙敦北庭人累官至山南廉訪使治中興中興爲江漢藩屏卜理牙敦每按臨所部威惠翕然至正十二年寇犯中興卜理牙敦以兵與抗射賊多死賊稍退明日復擁衆來襲東門卜理牙敦力與之戰被執不屈而死又明日賊復來攻前中興判官上都統兵出擊之既而東門失守上都倉黃反鬪力屈賊執之使降上都大罵賊怒刳其腹剉其肉而死

潮海扎剌台氏由國子生入官爲靖安縣達魯花赤至正十二年蘄黃賊起潮海與縣尹黃紹同集義兵爲禦賊計未幾賊兵數萬由武寧來寇紹赴行省求援潮海獨率衆與戰于象湖大破之乃起進士胡斗元塗淵舒慶遠甘棠等謀畫而以勇士黃雲爲前鋒自二月至于八月戰屢捷擒賊將洪元帥而賊黨益盛黃雲戰死我軍挫衄潮海遂被圍尋爲賊所執殺于富州子民安圖襲父職爲本縣達魯花赤十三年帥衆敗走賊將復縣治十四年賊兵復至民安圖迎

嘉靖十年補刊

戰力竭賊執而■之紹字仲先臨川人登至正八年進士第以求援出靖安而道阻絕遇官軍護紹得入龍興而龍興亦被圍其後圍解紹乃與民安圖招諭叛境過建昌之高坪遇賊紹與戰不勝正衣冠怒罵爲賊所害斗元字元浩靖安人至正十年領江西鄉薦第一下第署鰲溪書院山長賊至靖安掠斗元鄉里斗元以鄉兵擊敗之入縣治與潮海共圖戰守及潮海被執賊脅之使降斗元罵不屈乃以土埋其腰不死又縛置暗室斗元仆墻以出逃入深山狂罵而死■雲撫州人寓靖安素以勇捷稱每接戰獨以身當

敵嘗爲數十人所圍即奮身躍出至是身中數十鎗
噴血罵賊而死

魏中立字伯時濟南人由國子伴讀歷官至陝西行
臺御史中丞遷守饒州賊旣陷湖廣分攻州郡官軍
多疲懦不能拒所在無賴子多乘間竊發不旬日衆
輒數萬皆短衣草屨齒木爲杷削竹爲槍截緋帛爲
巾襦弥野皆赤中立聞警即率丁壯分塞險要戒守
備俄而賊至達魯花赤馬來出戰不能發一矢賊愈
偪中立以義兵擊卻之已而賊復合遂爲所執以紅衣
被其身中立叱之須髯盡張賊執歸蘄水欲屈其從

已中立大罵不已遂被害未幾賊又犯信州信州總
管于大本以土兵備禦賊首項甲破東門而入執大
本至蘄水爲俘獻僞主釋其縛畀僞印一紐且命以官
大本投印于地而指僞主痛詈之遂亦遇害大本字
德中寧州人始由儒學教諭入官云

傳卷第八十二

傳卷第八十三　元史一百九十六

翰林學士亞中大夫知制誥兼修國史臣宋濂翰林待制承直郎同知制誥兼國史院編修官臣王禕等奉
敕修

忠義四

普顏不花字希古蒙古氏倜儻有大志至正五年由
國子生登右牓進士第一人授翰林脩撰調河南行
省員外郎十一年遷江西行省左右司郎中蘄黃徐
壽輝來冦普顏不花戰守之功爲多語在道童傳十
六年除江西廉訪副使頃之召還授益都路達魯花
赤遷山東廉訪使再轉爲中書參知政事十八年詔

與治書侍御史李國鳳同經略江南至建寧江西陳
友諒遣鄧克明來冦而平章政事阿魯溫沙等皆夜
遁國鳳時分鎮延平城陷遁去普顏不花曰我承制
來此去將何之普與此城同存亡耳命築各門甕城
前後拒戰六十四日旣而大敗賊衆明年召還授山
東宣慰使再轉知樞密院事平章山東行省守禦益
都
大明兵壓境普顏不花捍城力戰城陷而平章政事
保保出降普顏不花還告其母曰兒忠孝不能兩全
有二弟當爲終養拜母趨官舍坐堂上主將素聞其

賢召之再三不往既而面縛之普顏不花曰我元朝進士官至極品臣各爲其主不屈死之先是其妻阿魯真歷呼家人告之曰我夫受國恩我亦封齊國夫人今事至此唯有死耳家人莫不歎息泣下已而普顏不花二弟之妻各抱幼子及婢妾溺舍南井死比阿魯真欲下而井塡咽不可容遂抱子投舍北井其女及妾女孫女皆隨溺焉是時有申榮者平章山東行省守東昌榮見列郡皆降告其父曰人生世間不能全忠孝者兒也父曰何爲榮曰城中兵少不敵戰則萬人之命由兒而廢但有一死報國耳遂自經

閔本字宗先河内人性剛正敏給而刻志於學早歲得推擇爲禮部令史御史大夫不花奇本之才辟以爲掾平反寃獄甚有聲擢御史臺照磨頃之遷樞密院都事拜監察御史遷中書左司都事五轉爲吏部尚書移刑户二部皆以能見稱本素貧且有目疾嘗上章乞謝事不允詔授集賢侍講學士

大明兵薄京師本謂其妻程氏曰國事至此吾知之久矣愧不能立功補報敢愛六尺軀苟活哉程氏曰君能死忠我尚有愛於君乎本乃朝服與程氏北向再拜大書于屋壁曰元中奉大夫集賢侍講學士閔本死遂各縊焉二女長真真次女女見本死呼天號泣亦自縊於其傍有拜住者康里人也字聞善以材累官至翰林國史院都事爲太子司經兵至拜住謂家人曰吾始祖海藍伯封河東公者與太祖同事王可汗太祖取王可汗收諸部落吾祖引數十騎馳西北方太祖使人追問之曰昔者與皇帝同事王可汗王可汗今已滅欲爲之報仇則帝乃天命欲改事帝則吾心有所不忍故避之於遠地以没吾生耳此吾祖之言也且吾祖生朔漠其言尚如此今吾生長中原讀書國學而可不知大義乎況吾上世受國厚恩

至吾又食祿今其國破尚忍見之與其苟生不如死遂赴井死其家人瘗之舍東悉以其書籍焚之爲殉云

趙弘毅字仁卿真定晉州人少好學家貧無書傭於巨室晝則爲役夜則借書讀之或閔其志但使總其事而不役焉嘗受經於臨川吳澄始辟翰林書寫再轉爲國史院編脩官調大樂署令

大明兵入京城弘毅嘆息曰忠臣不二君烈女不二夫此古語也我今力不能救社稷但有一死報國耳乃與妻解氏皆自縊其子恭中書管勾與妻子訣曰

今乘輿北奔我父子食祿不能効尺寸力吾父母已死尚何敢愛死乎或止之曰我曹官卑何自苦如此恭叱曰爾非我徒也古者忠義人各盡自心豈問職之崇卑乎遂公服北向再拜亦縊死恭女官奴年十七見恭死方大泣適隣嫗數輩來相率出避曰我未適人避將何之不聽嫗欲力挽之女曰人生在世便百歲亦須一死乃潛入中堂解衣帶自經

鄭玉字子美徽州歙縣人幼敏悟嗜學既長覃思六經尤邃於春秋絶意仕進而勤於敎學者門人受業者衆所居至不能容學者相與即其地搆師山書院

以處焉玉爲文章不事雕刻鍛煉流傳京師揭傒斯歐陽玄咸加稱賞至正十四年朝廷除玉翰林待制奉議大夫遣使者賜以御酒名幣浮海徵之玉辭疾不起而爲表以進曰名爵者祖宗之所以遺陛下使與天下賢者共之者陛下不得私予人待制之職臣非其才不敢受酒與幣天下所以奉陛下陛下得以私與人酒與幣臣不敢辭也玉既不仕則家居日以著書爲事所著有周易纂註十七年

大明兵入徽州守將將要致之玉曰吾豈事二姓者耶因被拘囚久之親戚朋友携具餉之則從容爲之盡歡且告以必死狀其妻聞之使語之曰君苟死吾其相從地下矣玉使謂之曰若果從吾死吾其無憾矣明日具衣冠北向再拜自縊而死

黃㬅字殷士撫州金谿人博學明經善屬文尤長於詩至正十七年用左丞相太平奏授淮南行省照磨未行除國子助教遷太常博士轉國子博士陞監丞擢翰林待制兼國史院編脩官二十八年京城既破㬅歎曰我以儒致身累蒙國恩爲冑子師代言禁林今縱無我戮何面目見天下士乎遂赴井而死年六十一有詩文傳于世

柏帖穆爾字君壽蒙古人家世歷履無所考居官所至以廉能著聲至正中累遷爲福建行省左右司郎中行省治福州二十七年

大明以騎兵出杉關取邵武以舟師由海道趣閩奄至城下柏帖穆爾知城不可守引妻妾坐樓上慷慨謂曰丈夫死國婦人死夫義也今城且陷吾必死於是若等能吾從乎皆泣曰有死而已無他志也縊而死者六人有十歲女度其不能自死則紿之曰汝稽顙拜佛庶保我無恙也甫拜即挈米囊壓之死乳媼抱其幼子旁立以泣柏帖穆爾熟視之歎曰父死國

母死夫妾與女從父者也皆當死汝三歲兒於義何所從乎爲宗祀計可也乃命媼抱匿旁近民舍而歛金珠畀之曰即有緩急可以此贖兒命有頃兵入城即舉燈自燃四圍窻火大發遂自焚死

迭里彌實字子初回回人性剛介事母至孝年四十猶不仕或問之曰吾不忍舍吾母以去也以宿衛年勞授行宣政院崇教三遷爲漳州路達魯花赤居三年民甚安之時陳有定據全閩八郡之政皆用其私人以總制之朝廷命官不得有所與

大明兵既取福州興化泉州皆納欵或以告迭里彌

實仰天歎曰吾不材位三品國恩厚矣其何以報乎報國恩者有死而已亡何吏走白招諭使者至請出城迓之迭里彌實從容語之曰爾第往吾行出矣乃詣廳事具公服北面再拜畢引斧斫其印文又大書手版曰大元臣子即入位端坐拔所佩刀剚喉中以死既死猶手執刀按膝坐儼然如生時郡民相聚哭庭中歛其屍葬東門外時又有獲獨步丁者回回人舊進士累官僉廣東廉訪司事有吕復者爲江西行省左右司都事皆閑居寓福州而復以行省命攝長樂縣尹福州既下獲獨步丁曰吾兄弟三人皆忝進

士受國恩四十年今雖無官守然大節所在其可屑乎以石自繫其腰投井死復亦曰吾世食君禄今雖攝官若不以死報國則無以見先人于地下引繩自經死獲獨步丁兄曰穆魯丁者官建康曰海魯丁者官信州先是亦皆死國難云

朴賽因不花字德中肅良合台人有膂力善騎射由速古兒赤授利器庫提點再轉爲資正院判官累遷同知樞密院事遷翰林學士尋陞承旨賜虎符兼廵軍合浦全羅等處軍民萬户都元帥除大司農出爲嶺北行省右丞陞平章政事至正二十四年甘肅行省以孛羅帖木兒矯弑皇后皇孫遣人白事平章政事也速荅兒即欲署諭衆榜朴賽因不花持不可曰此大事何得輕信况非符驗公文卒不署牓既而果妄傳會皇太子撫軍冀寧承制拜朴賽因不花翰林學士承旨還集賢大學士又爲宣政院使遂拜中書平章政事

大明兵逼京師詔朴賽因不花以兵守順承門其所領兵僅數百羸卒而已乃嘆息謂左右曰國事至此吾但知與此門同存亡也城陷被執以見主將唯請速死不少屈主將命留營中終不屈殺之是時有張

庸者字存中溫州人性豪爽精太乙數會世亂以策干經略使李國鳳承制授庸福建行省員外郎治兵杉關頃之計事赴京師因進太乙數圖順帝喜之擢祕書少監皇太子立大撫軍院命庸團結房山還同僉將作院事又除刑部尚書仍領團結會諸寨既降庸守駱駝谷遣從事段禎請援於擴廓帖木兒不報庸獨堅守拒戰衆將潰庸無去志已而寨民李世傑執庸出降以見主將庸不屈與禎同被殺

丁好禮字敬可真定蠡州人精律算初試吏於户部辟中書掾授户部主事擢江南行臺監察御史復入

户部爲員外郎拜監察御史又入户部爲郎中陞侍郎除京畿漕運使建議置司於通州重講究漕運利病著爲成法人皆便之除户部尚書時國家多故財用空乏好禮能撙節浮費國家用度賴之以給拜參議中書省事遷治書侍御史出爲遼陽行省左丞未行留爲樞密副使至正二十年遂拜中書參知政事時京師大饑天壽節廟堂欲用故事大讌會好禮言今民父子有相食者君臣當修省以弭大患讌會宜减常度不聽乞謝事乃以集賢大學士致仕給全俸家居擴廓帖木兒扈從皇太子還京輸山東粟以遺朝貴饋好禮麥百石好禮不受二十七年復起爲中書平章政事尋以論議不合謝政去特封趙國公大明兵入京城或勉其謁大將好禮叱之曰我以小吏致位極品爵上公今老矣恨無以報國所欠惟一死耳後數日大將召好禮不肯行舁至齊化門抗辭不屈而死年七十五是日中書參知政事郭庸亦舁至齊化門衆叱之拜庸曰臣各爲其主死自吾分何拜之有語不少屈而死庸字允中蒙古氏由國學生釋褐出身累遷爲陝西行臺監察御史與同列劾知樞密院事也先帖木兒喪師左遷中興總管府判官

其後也先帖木兒以罪黜召拜監察御史累轉參政中書其節義與好禮並云

傳卷第八十三

列傳卷第八十四　元史一百九十七

翰林學士亞中大夫知制誥兼修國史臣宋濂　翰林待制承直郎同知制誥兼國史院編修官臣王禕等奉

勑修

孝友

世言先王没民無善俗元有天下其教化未必古若也而民以孝義聞者盖不乏焉豈非天理民彛之存於人心者終不可泯歟上之人苟能因其所不泯者復加勸奬而興起之則三代之治亦可以漸復矣今觀史氏之所載其事親篤孝者則有臨江劉良臣汴梁陳善同官強安瀋州高守質安豐高澤鞏昌王欽

脩武貟思忠榆縣王士寧河南朱友諒泉州葉森寧陵呂德汲縣劉淇建昌鄭佛生堂邑張復亨保定邢政寧夏趙那海臨潼任居敬隴西周慶徐德興汝寧李從善華州要敬色目氏沙的其居喪廬墓者則有太原王構萊州任梓平灤王振北京張洪範登封王佐下蔡許從政張鐩冨平王賈僧鄭州段好仁趙辥辥明善張齊汴梁韓榮劉斌張裕何泰史恪高成鄧孝祖李文淵杜天麟張顯祖涇陽張國祥延安王旻東昌張翬永平梁訥高唐鄭榮劉居敬同州趙良南陽周郁陳介劉權大同高著江郁毛翔歸德葛祥張德成張遜王珪劉弼汲縣徐昌祖真定宋貞王世賢晉寧史貴保定耿德溫張行一賈秉實張昺河南王宗道孫喬夾谷天祐趙州趙德隆安豐王德新石思讓冀寧何溥大都王麟李簡華陰李寧屈秀懷慶侯榮丁用郭天一耀州王思中牟閻讓曹州鄧淵呂政徐州胡居仁張允中衛輝王慶福建朱虞龍隨州高可壽濟寧魏鐸武康王子中淮安翟提汶上趙恒須城許時中衡山歐陽誠復江陵穆堅薊州王欽定陶元顯祖絳州姚好智宿州孫克忠集慶傅霖濟南宋懷忠牟克孝汝寧張郁泉州黃道賢谷城王福鮮州

靖與曾鮫陽戴貞兗州王治沔陽徐勝祖興中石抹昌齡峽州秦桂華蒙古色目氏納魯丁赤思馬改住阿合馬拜住木八剌王龍帖木兒鎖住唐兀歹晏只哥李朶羅歹塔塔思歹共累世同居者則有休寧朱震雷池州方時發河南李福真定杜良華州王顯政建寧王貴甫句容王榮周成鄢陵夏全保定成珪開平溫義大同王瑞之平江湯文英鄜州貟從政江州范士奇涇州李子才宿州王琺其散財周急者則有河南高顏和台州程逵大灃州湯居恭李孔英建康湯大有吉州劉如翁嚴用父高唐孟恭松江管仲德章夢賢夏椿

江陵陳一寧、中興傳文鼎、永州唐必榮、濟南李恭寧夏何惠月，天子皆嘗表其門閭，或復其家。故援唐史之例，具列姓名於篇端，擇其事蹟尤彰著者，復別爲之傳云。

王閏，東平須城人。父素多資，既老盡廢之，不甘淡薄，每食必需魚肉，閏朝夕勤苦，入市營奉無闕。父性復乖戾，閏左右承順，甚得其歡心，鄉里稱焉。父嘗卧疾，夜燃長明燈室中，火延籬壁閒，閏聞火聲，驚起馳救，火已熾，煙燄蔽寢戶，閏突入火中，解衣蒙父，抱而出，飢體灼爛，而父無少傷。一女不能救，遂焚死。中統二

年，復其役。

郭道卿，興化莆田人。四世祖義重至孝，宋紹興閒有詔旌之，鄉里爲立孝子祠。至元初内附，閩盜起，居人竄匿，道卿與弟佐卿獨守孝子祠不忍去，遂俱被執。盜將殺佐卿，道卿泣告曰：「吾有兒已長，弟弱子幼，請代弟死。」佐卿亦泣告曰：「吾家事賴兄以理，請殺我。」道卿固引頸請刃，盜相顧曰：「汝孝門兄弟若此，吾何忍害。」兩釋之。道卿年八十，子廷煒爲建寧路平準行用庫使，辭歸侍養。道卿嘗病疝危甚，廷煒憂瘁扶護，一夕髮盡白。有司言狀，旌之。

蕭道壽，京兆興平人。家貧，鬻蔬以自給。母年八十餘，道壽事養盡禮，每旦候母起，夫婦親侍盥櫛，日三飯必侍母食，然後退就食，至夕必侍母寢，然後退就寢。出外必以告，母許乃敢出。母或怒欲罰之，道壽自進杖伏地以受，杖足，母命起乃起，起復再拜謝違教，拱立左右，俟色喜乃退。母嘗有疾，醫累歲不能療，道壽刲股肉啖之而愈。至元八年，賜羊酒，表其門。

郭狗狗，平陽翼城人。父寧爲欽察先鋒使首領官，戍大良平。宋將史太尉來攻，夜陷大良平，寧全家被俘。史將殺寧，狗狗年五歲，告史曰：「勿殺我父，當殺我。」史

驚問寧曰：「是兒幾歲耶？」寧曰：「五歲。」史曰：「五歲兒能爲是言，吾當全汝家。」即以騎送寧等往合州，道遇國兵，騎驚散，寧家俱得還。御史以事聞，命旌之。

張閏，延安延長縣人。隷軍籍，八世不異爨，家人百餘口，無閒言。日使諸女諸婦各聚一室爲女功，工畢，斂貯一庫，室無私藏。幼稚啼泣，諸母見者即抱哺；一婦歸寧，留其子，衆婦共乳，不問孰爲己兒，兒亦不知孰爲己母也。閏兄顯卒，即以家事付姪聚，聚辭曰：「叔父行也，叔宜主之。」閏曰：「姪宗子也，姪宜主之。」相讓既久，卒以付聚。縉紳之家自謂不如。至元二十八年，旌表

其門又有蕪湖芮世通十世同居峽州向存義汴梁丁煦八世同居州縣請於朝並加旌美

田改住汶上人父病不能愈禱于天去衣臥冰上一月同縣王住兒母病臥冰上半月

寗猪狗山冊州人母年七十餘患風疾藥餌不効猪狗割股肉進啖遂愈歲餘復作不能行猪狗手滌溷穢護視甚周造板輿載母夫婦共舁行園田以娛之後卒居喪有禮鄉閭稱焉潭州萬戸移剌瓊子李家奴九歲母病醫言不可治李家奴刲股肉煮糜以進病乃痊撫州路總管管如林潭州民朱天祥並以母疾刲股旌其家

畢也速荅立迷裏氏家秦州父喪廬墓次晝夜悲號有飛烏翔集墳土踴起又有尹夢龍中興人母喪負土爲墳結廬居其側手書孝經千餘卷散鄉人讀之有群烏集其冢樹

樊淵建康句容人幼失父事母篤孝至元十二年奉母避兵茅山兵至欲殺其母淵抱母號哭以身代死兵兩釋之三十年江東廉訪使者辟爲吏母亡奔喪哀慼行路服闋奉神主事之起居飲食十年如平生臺憲交薦淵不忍去墳墓終不起延祐間汀州寧化人賴禄孫母病値蔡五九作亂負母從邑人避南山盜至衆散走禄孫守母不去盜將刃其母禄孫以身翼蔽曰勿傷吾母寧殺我母渴不得水禄孫含唾煦之盜相顧駭歎不忍害反取水與之有掠其妻去者衆責之曰奈何辱孝子婦使歸之事聞並賜褒表

劉德泉汴梁杞縣人早喪母父榮再娶王氏生二子居敬居元俱幼德泉甚撫之及王氏病卒乃益相友愛至元末歲飢父欲使析居德泉泣止不能得乃各受其業以去久之父卒兄弟相約同爨和好如初至治三年真定朱顯自至元間其祖父已分財至顯念

姪彥昉等年幼無恃謂弟耀曰父子兄弟本同一氣可異處乎乃會拜祖墓下取分券焚之復與同居延祐間蔚州吳思達兄弟六人嘗以父命析居思達爲開平縣主簿父卒還家治葬畢會宗族泣告其母曰吾兄弟別處十餘年矣今多破產以一母所生忍使兄弟苦樂不均耶即以家財代償其逋更復共居母卒哀毀甚宅後柳連理人以爲友義所感又有朱汝諧濮州人父子明嘗命與兄汝弼別產子明卒汝弼家盡廢汝諧泣請共居仲父子昭子玉貧病汝諧迎至家奉湯藥甘旨甚謹後卒喪葬盡禮鄉人賢之州

縣各以名聞表其閭
郭回邵武人素貧年六十無妻奉母寄宿神祠中營
養甚艱母年九十八卒回傭身得錢葬之每旦詣墳
哭祭十四年不輟州上狀命給衣糧贍濟仍表異之
孔全亳州鹿邑人父成病刲股肉啖之愈後卒居喪
盡哀廬墓左負土爲墳日六十肩風雨有虧俟霽則
補之三年起墳廣一畝高三丈餘張子夔安西人父
喪每夜半以背負土肘膝行地匍匐至葬所篩細土
爲墳陳乞兒歸德夏邑人年九歲母喪哀毀親負土
爲墳高一丈廣十六步人憫其幼欲助之則泣拜而

辭又有娥眉趙國安解州張琛南陽李庭瑞息州移
剌伯顏南陽怯烈歹皆居喪有至行廬墓次負土爲
墳並以有司所請表異之
楊一懷孟人至元間怜其叔清家貧客以分契詣神
祠焚之與清同居者三十年無間言張本東昌茌平
人篤孝事伯父叔父皆甚謹伯父嘗病本晝夜不去
側復載以巾車步挽詣岱嶽禱之張慶真定人善事
繼母伯父泰興居河南慶聞其貧迎歸養之供饍豐
備過於所生元善大名人父有昆弟五人因貧流散
江淮父之遂客死至大四年善往尋其骸骨并迎弟

姪等一十五喪而歸改葬祖父母以諸喪序列祔於
塋次州縣以聞並旌其家
趙毓唐州人父福遷鄭之管城其先三世同爨毓官
福州司獄滿歸以母老不復仕一日會諸弟泣申遺
訓願世世無異爨且祝天歃血以盟自是大小百口
略無間言同力合作家道以殷毓長兄瑞早世嫂劉
氏守志毓率家人事之甚恭次兄選繼歿嫂王氏毓
母以其少許歸改嫁王氏曰婦無再嫁之義願終事
姑毓妹贅王佑佑亡妹念佑母無子乞歸朱氏養之
人謂孝友節義萃毓一家元貞初旌之

胡光遠太平人母喪廬墓一夕夢母欲食魚晨起號
天將求魚以祭見生魚五尾列墓前俱有齧痕鄰里
驚異方共聚觀有獺出草中浮水去衆知是獺所獻
以狀聞于官表其閭至順間永平麗遷母病膧三年
不能起忽思食魚遷求于市不得歸途歎恨忽有鯉
躍入其舟作羹以獻母悅病瘥
陳韶孫廣州番禺人父瀏以罪流肇州韶孫年十歲
不忍父遠謫朝夕號泣願從父不能奪遂與俱往跋
涉萬里不憚勞苦道過遼陽平章塔出見而憫焉語
之曰天子寬仁罰不及嗣邊地苦寒非汝所堪吾返

汝故鄉汝願之乎韶孫曰既不能以身代父當死生以之歸非所願也塔出驚異以錢賞之大德六年劉死韶孫哀慟見者皆爲之泣下肇州萬戶府以聞命遣還鄉里仍旌異之

李忠晉寧人幼孤事母至孝大德七年地大震郇保山移所過居民廬舍皆摧壓傾圮將近忠家分爲二行五十餘步復合忠家獨完吳國寶雷州人性孝友父喪廬墓大德八年境內蝗害稼惟國寶田無損人皆以爲孝感所致云

李茂大名人徙家揚州父興壽臨卒語茂曰吾病且

死爾善事母茂泣受命奉母孟氏益謹母嘗病目失明茂禱于泰安山三年復明又願母壽每夕祝天乞損己年益母孟氏竟年八十四而歿居喪哀慟聞者傷之大德九年揚州再火延燒千餘家火及茂廬皆風返而滅事聞旌之

羊仁廬州廬江人至元初阿朮兵南下仁家爲所掠父被殺母及兄弟皆散去仁年七歲賣爲汴人李子安家奴力作二十餘年子安憐之縱爲良仁踪蹟得母於潁州蒙古軍塔海家兄於睢州蒙古軍岳納家弟於邯鄲連大家皆爲役尚無恙乃徧懇親故貸得鈔百錠歷詣諸家求贖之經營百計更六年乃得遂大小二十餘口復聚居爲良孝友甚篤鄉里美之大德十二年旌其家又有黃覺經建昌人五歲因亂失母稍長誓天誦佛書願求母所在乃渡江涉淮行乞而往衝冒風雨備歷艱苦至汝州梁縣春店得其母以歸章卿孫蜀人本劉氏幼爲章提刑養子與母富氏相失三十八年遍訪於江西諸郡迎歸養之俞全杭州人幼被掠賣爲劉餅家奴後獲爲良自汴步歸杭尋其母及姊得之事母以孝聞李鵬飛池州人生母姚氏爲嫡母不容改嫁爲朱氏妻鵬飛幼不知也

年十九思慕哀痛誓學醫以濟人願早見母行求三歲至蘄州羅田縣得焉時朱氏家方疫鵬飛起之遂迎還奉養久之復歸朱氏時渡江省覲既卒歲時携子孫往祭墓終其身並以有司所請旌其門

趙一德龍興新建人至元十二年國兵南伐被俘至燕爲鄭留守家奴歷事三世號忠幹至大元年一日拜請於其主鄭阿思蘭及其母澤國太夫人曰一德自去父母得全生依門下者三十餘年矣故鄉萬里未獲歸省雖思慕刻骨未嘗敢言今父母已老脫有不幸則永爲天地間罪人矣因伏地涕泣不能起阿

思蘭母子皆感動許之歸期一歲而返一德至家父兄已没惟母在年八十餘一德卜地葬二柩畢欲少留事母懼得罪如期還燕阿思蘭母子嘆曰彼賤隷乃能是吾可不成其孝乎即裂券縱爲良一德將辭歸會阿思蘭以冤被誅詔簿録其家群奴各亡去一德獨奮曰主家有禍吾忍同路人耶即留不去與張錦童詣中書訴枉狀得昭雪還其所籍太夫人勞一德曰當吏籍吾家時親戚不相顧汝獨冒險以白吾枉疾風勁草於汝見之令吾家業既喪而復存者皆汝力也吾何以報汝因分美田廬遺之一德謝曰一

德雖鄙人非有利於是也重哀吾主無罪而受戮故留以報主令老母八十餘得歸侍養主之賜已厚矣何以田廬爲遂不受而去皇慶元年旌其門

王思聰延安安塞人素力田農隙則教諸生得束脩以養親母喪盡哀父繼娶楊氏事之如所生以家多幼稚侵父食别築室曰養老堂奉之朝夕定省愈久不怠父嘗病劇思聰憂甚拜祈于天額膝皆成瘡得神泉飲之愈後復失明思聰舐之即能視縣上狀命表異之

徹徹担古思氏幼喪父事母篤孝稍壯母殁慟哭頓絕水漿不入口者三日既葬居喪有禮每節序祭祀哭泣常如袒括時年四十餘思慕猶如孩童每見人父母則嗚咽流涕人問其故曰人皆有父母我獨無是以泣耳至大三年褒異

王初應漳州長泰人至大四年二月從父義士樵劉嶺山有虎出蓁棘中搏義士傷右肩初應赴救抽鎌刀刺虎鼻殺之義士得生泰定二年同縣施合德父真祐嘗出耘爲虎扼于田合德與從弟發仔持斧前殺虎父得生並旌其門

鄭文嗣婺州浦江人其家十世同居凡二百四十餘

年一錢尺帛無敢私至大間表其門文嗣殁從弟大和繼主家事益嚴而有恩家庭中凜如公府子弟稍有過頒白者猶鞭之每遇歲時大和坐堂上群從子皆盛衣冠鴈行立左序下以次進拜跪奉觴上壽畢皆肅容拱手自右趨出足武相銜無敢參差者見者嗟慕謂有三代遺風狀聞復其家部使者余闕爲書東浙第一家以褒之大和方正不奉浮屠老子教冠昏喪葬必稽朱熹家禮而行執親喪哀甚三年不御酒肉子孫從化皆孝謹雖嘗仕宦不敢一毫有違家法諸婦唯事女工不使預家政宗族里閭皆懷之以

思家畜兩馬一出則一爲之不食人以爲孝義所感有家範三卷傳于世

王薦福寧人性孝而好義父嘗疾甚薦夜禱於天願減己年益父壽父絶而復甦告其友曰適有神人黃衣紅帕首恍惚語我曰汝子孝上帝命錫汝十二齡疾遂愈後果十二年而卒母沈氏病渴語薦曰得瓜以啖我渴可止時冬月求於鄉不得行至深奧嶺值大雪薦避雪樹下思母病仰天而哭忽見巖石間青蔓離披有二瓜焉因摘歸奉母母食之渴頓止兄孟齡早世嫂林氏更適劉仲山仲山嘗以田鬻於薦及

死不能葬且無子族以其貧莫肯爲之後薦即以田還之使置後且治葬焉州禁民死不葬者時民貧未葬者衆畏令悉焚柩弃骨野中薦哀之以地爲義阡收瘞之有死不能斂者復買棺以贈人皆感焉至大四年其鄉旱民艱糴薦盡出儲粟賑之有施福等十一家飢欲死薦聞惻然欲濟之家粟已竭即以己田易穀百石分給之福等德其活己每月朔會佛祠爲祈福福建宣慰司上狀旌之

郭全遼陽人幼喪母哀戚如成人及壯父庭玉又卒居廬三載啜粥面墨事繼母唐古氏甚孝唐古氏生四子皆幼全躬耕以養既長娶婦各求分財異居全不能止凡田廬器物悉自取朽弊者奉唐古氏以居甘旨無乏唐古氏卒全年六十餘哀痛毀瘠廬其墓終喪又有劉德奉元人父殁後妻何氏德事之如所生家貧傭工取直寸錢尺帛皆上之四弟並何出德撫愛尤篤年五十未娶稱貸得錢先爲弟求婦諸弟亦化其德一門藹然鄉里稱爲劉佛子馬押忽也里可温氏素貧事繼母張氏庶母呂氏克盡子職劉居敬大都人年十歲繼母郝氏病居敬憂之懇天以求代狀聞並褒表之

楊皡扶風人父清母牛氏牛氏嘗病劇皡叩天求代遂痊如是者再後牛氏失明皡登太白山取神泉洗之復如故牛氏殁哀毀特甚葬之日大雨獨皡墓前後數里密雲蔽之雨不沾土送者大悅葬畢令妻衛氏家居養清皡獨廬墓上負土爲墳蔬食水飲終其喪清卒亦如之

丁文忠許州偃城人業鼓冶母和氏疾與弟文孝竭力調侍母卒文忠廬墓側不與妻面者三年父貴又疾篤不能療文忠造車一輛兄弟共御之載父禱于嵩山五臺泰安河瀆諸祠途遇異僧遺藥而愈延祐

七年旌之

邵敬祖宛丘人父喪廬墓母繼歿河決不克葬殯于城西敬祖露宿依其側風雨不去友人哀之爲縛草舍庇之前後居廬六年兩髀俱成濕疾至治三年旌其家其後又有永平李彥忠父喪廬墓八年不至家茶陵譚景星幼失父追念之廬其墓十年亳州郭成年七十一母喪食粥廬墓一年朝夕哭臨人哀其老而能孝

扈鐸汴梁蘭陽人蚤孤育於伯父及壯事伯父如所生伯父老無子鐸爲買妾歲餘產一女其妾性頗不

慧熟寐壓女死久之伯父卒鐸喪之甚哀遺腹生一男鐸懲前失告其母及妻妹護視之已復廬戶外中夜審察不敢安寢弟能食常自抱哺與同臥起十年不少怠弟有疾鐸夜稽顙星斗哀禱曰天不伐余家鐸父子間可去一人勿喪吾弟使伯父無後也明旦弟愈母卒哀毀踰禮廬于墓側不理家事宗族勸之歸鐸曰今歲凶多盜吾家雖貧安知墓中無可欲乎倘驚吾親之靈雖生何爲卒守廬不去

孫秀實大寧人性剛毅喜周人急里人王仲和嘗托秀實貸富人鈔二千錠貧不能償弃其親逃去數年其親思之疾秀實日饋薪米存問終不樂秀實哀之悉爲代償取券還其親復命奴控馬賚金訪仲和使歸父子歡聚聞者莫不嗟羨又李懷玉等貸秀實鈔一千五百錠度以無償盡還其券不徵復有賈進大同人大德九年地震民居多傷且乏食進給酒藥炭米濟之每歲冬製木綿裘數百襲衣寒者買地爲義阡使無墓者葬之李子敬陝西三原人嫁不能嫁者五十餘人葬不能葬者五十餘喪焚逋券四萬餘貫有司以名聞並旌之

宗祀大都人年十九父內宰卒擗踴號泣絶而復甦

水漿不入口者三日哀氣傷心遂成疾伏臥床榻猶哭不止淚盡繼之以血旣葬疾轉甚杞有繼母無他兄弟度不能自起作遺書囑其妻楊氏曰汝善守志以事吾母遂卒楊氏遺腹生一男人以爲孝感天不絶其嗣云泰定三年旌其門

趙榮扶風人母強氏有疾榮割股肉啖之者三復負母登太白山禱于神得聖水飲之乃痊後年七十五卒榮號痛不食三日方飲水七日乃食粥葬之日白雲庇其墓前後十五里葬畢而散榮負土成墳廬其側終喪

吳好直華州蒲城人父歿事繼母孝兄弟嘗求分財好直勸諭不能止即以己所當得悉推與之出從師學澹泊三十年無少悔又有甄城柴郁陳舜咨皆能孝友以己産分讓兄弟縣令言狀並表美之

余丙建德遂安人幼喪母泣血成疾父亡不忍葬結廬古山下殯其中日閉戶守視有牧童遺火延殯廬丙與子悉亟撲不止欲投身火中與柩俱焚俄暴雨火滅

徐鈺鎮江人始冠侍父鎮將之婺源過丹陽小谿鎮乘橋失足墮水中同行者立岸上不能救鈺投谿擁

鎮出鎮得挽行舟以升鈺力憊且水勢湍急遂溺死屍流四十五里得于難江浙行省言狀表異之

尹莘汴梁洧川人至治初遊學於京師忽夢母疾心怪之馳歸母已亡居廬蔬食哀毀骨立每鷄鳴而起手治祭饌詣墓所哭奠之風雪不廢父輔臣嘗病疫莘侍奉湯藥衣不解帶嘗其糞以驗差劇夜則禱於天曰莘毋亡不能見父病不能治爲人子若此何以自立於世願死以代父命數日愈鄉里嗟異之又有高唐孫希賢母病痢希賢閱方書有曰血溫身熱者死血冷身涼者生希賢嘗之其血溫乃號泣祈天求身代之母遂愈高郵卜勝榮母痢不能藥日嘗痢以求愈兄疾禮北辰乞減己年延之並痊

劉廷讓大寧武平人至順初北方兵起民被殺掠廷讓挈家避山中有幼弟方乳母王氏置于懷兵急廷讓乃棄己子一手抱幼弟一手扶母疾驅得免事聞旌之

劉通亳州譙縣人家貧業農母卜氏好聲樂每眩技者以簫鼓至門必令娛侍或自歌舞以悅母心卜氏目失明通誓斷酒肉禱之三十年不懈卜氏年八十五忽復明至大間鄱陽黃鎰皇慶間諸暨丁祥一皆

以親喪明以舌舐之復能視並命褒表

張旺舅安豐霍丘人幼失父母陳氏居貧守志旺舅九歲賣餳以養及長母病伏枕數月旺舅無貲命毉惟日夜痛哭禮天求代未幾遂愈又自以生業微不能多給竟不娶以終母年縣令言于朝旌之

張思孝華州人母喪以孝聞父疾調護甚至不愈以父溺溲半器垂泣盡飲之復潔齋致禱乞以身代未幾遂痊至順三年表其門

杜佑邳州人河南行省署爲三叉水馬站提領父成病于家佑忽心驚舉體沾汗即棄職歸父病始三日

遂禱神求代且嘗糞以驗疾父卒廬墓盡哀有馴兎之瑞

長壽父帖住官平章政事生五子長山壽早世次即長壽次永壽福壽忙古海牙元統間帖住歿長壽哀毁盡禮服闋當蔭叙與弟羅拜母前曰吾父廉貧諸弟未有所立願以職讓永壽永壽讓福壽福壽曰二兄能讓福壽獨不能耶以讓忙古海牙母從之忙古海牙遂告蔭爲太禧宗禋院神御殿侍禮佐郎階奉議大夫兄弟奉母尤篤邦閭美之至大間河中梁外僧親喪廬墓兄那海爲典膳官自以嘗遠仕不得養

其親即棄職舉外僧代之人稱外僧能孝那海能義又有畏吾氏秋秋及濠州高中嘉定武進皆以侍親不願仕以祖父蔭讓叔父昆弟云

孫瑾鎮江丹徒人父喪哀毁嚴冬跣足而步停柩四載衣不解帶常食粥誦佛書及葬載柩渡江潮波方湧俄順風翼帆如履平地事繼母唐氏尤孝嘗患癰瑾親吮之又喪目瑾舐之復明唐氏卒卜日將葬時春苦雨瑾夜號天乞霽至旦雲日開朗甫掩壙陰氣復合雨注數日不止又有吳希曾睢寧人父卒葬之日大雨希曾跪柩前炷艾燃腕火熾雨止既葬廬於墓左縣上狀並旌之

張恭河南偃師人以兵部符署鷹房府案牘親老辭歸侍養壟理先墓身負水灌松栢父喪過哀侍母馮氏尤謹歲凶恭夫婦采野菜爲食而營奉甘旨無乏母有疾恭手除溷穢喂哺飲食且嘗糞以驗疾勢天曆初西兵至河南居民悉竄恭守視母病項中一劔不去母驚悸而歿恭居喪盡禮人稱孝焉有詔旌其門

訾汝道德州齊河人父興卒居喪以孝聞母高氏治家嚴汝道承順甚恭母嘗寢疾晝夜不去側一日母

屏人授以金珠若干曰汝素孝室無私蓄我一旦不諱此物非汝有矣可善藏之毋令他兄弟知也汝道泣拜曰吾父母起艱難成家業今田宅牛羊已多汝道恨無以報大恩尚敢受此以重不孝之罪乎竟辭之母卒哀毁終喪不御酒肉性尤友愛二弟將析居汝道悉以美田廬讓之二弟早世撫諸孤如己子鄉人劉顯等貧無以爲生汝道割己田各畀之使食其租終身里中嘗大疫有食瓜得汗而愈者汝道即多市瓜及攜米歷戶饋之或曰癘氣能染人毋入也不聽益周行問所苦然卒無恙有死者復贈以棺櫝人

戚戚之嘗出麥粟貸人至秋蝗食稼人無以償汝道
聚其券焚之縣令李讓爲請旌其家

列傳卷第八十四

傳卷第八十五　元史一百九十八

翰林學士亞中大夫知制誥兼修國史臣宋濂翰林待制承直郎同知制誥兼國史院編修官臣王禕等奉
勑修

孝友二

王庸字伯常雄州歸信人事母李氏以孝聞母有疾庸夜禱北辰至叩頭出血母疾遂愈及母卒哀毀幾絶露處墓前旦夕悲號一夕雷雨暴至鄰人持寢席往欲蔽之見庸所坐卧之地獨不霑濕咸嘆異而去復有蜜蜂數十房來止其家歲得蜜蠟以供祭祀

黃贇字止敬臨江人父君道延祐間求官京師留贇江南時贇年㓜及旣長聞其父娶後妻居永平乃往省之則父殁已三年矣庶母聞贇來盡挾其貲去更嫁拒不見贇贇號哭語人曰吾之來爲省吾父也今不幸吾父已殁思奉其柩歸而葬之莫知其墓苟得見庶母示以葬所死不恨矣尚忍利遺財邪乆之聞庶母居海濱亟裹糧往庶母復拒之三日不納庶母之弟憐之與偕至永平屬縣樂亭求父墓又弗得贇哭禱于神一夕夢老父以杖指葬處曰見片磚即可得明日就其地求之庶母之弟曰真是已歛時有某物可驗啓朽棺得父骨以歸

石明三者與母居餘姚山中一日明三自外歸覓母不見見壁穿而卧内有三虎子知母爲虎所害乃盡殺虎子礪巨斧立壁側伺母虎至斫其腦裂而死復往倚巖石傍執斧伺候斫殺牡虎明三亦立死不仆張目如生所執斧牢不可拔

劉琦岳州臨湘人生二歲而母劉氏遭亂陷于兵琦獨事其父稍長思其母不置常歎曰人皆有母而我獨無輒歔欷泣下及冠請於父往求其母徧歷河之南北淮之東西數歲不得後求得於池州之貴池迎以歸養其後十五年而父歿又三年而母歿終喪猶

蔬食有司上其事旌表其門曰孝義

劉源歸德中牟人母吳氏年七十餘病甚不能行適兵火起且延至其家隣里俱逃源力不能救乃呼天號泣趨入抱母爲火所焚而死

祝公榮字大昌處州麗水人隱居養親事母甚孝母歿居喪盡禮竈突失火公榮力不能救乃伏棺悲哭其火自滅鄉里異之塑二親像於堂朝夕事之如事生焉

陸思孝紹興山陰樵者性至孝母老病痢思孝醫禱久之不効思孝方欲刲股肉爲糜以進忽夢寐間恍若有神人者授以藥劑思孝得而異之即以奉母其疾遂愈

姜兼嚴州淳安人七歲而孤與二兄養母至孝母死兼哀慕幾絶既葬獨居墓下朝夕哭奠寢焉荒山中躬自樵爨蔬食飲水一衰麻寒暑不易同里陳氏戴氏子不能事其父母聞兼之行慙感而悔皆迎養焉

胡伴侶鈞州密縣人其父實甞患心疾數月幾死更數醫俱莫能療伴侶乃齋沐焚香泣告于天以所佩小刀於右脇傍刲其皮膚割脂一片煎藥以進父疾遂瘳其傷亦旋愈朝廷旌表其門

王士弘延安中部人父搏有疾士弘傾家貲求醫見醫即拜徧禱諸神扣額成瘡父歿哀毁盡禮廬墓三年足未嘗至家墓廬上有奇鵲來巢飛鳥翔集與士弘親近若相狎然衆咸異之終喪復建祠於塋前朔望必往奠祭雖風雨不廢也有司上其事于朝旌表之

何從義延安洛川人祖良祖母李氏偕亡從義廬於墓側旦夕哀慕不脱經帶不食菜果惟啖蔬食而已事父世榮母王氏孝養尤至伯祖温伯祖母郝氏叔祖恭叔祖母賀氏叔祖讓叔祖母姜氏叔父珎叔母

光氏皆無子比其亡也從義咸爲治葬築高墳祭奠以禮時人義之

哈都赤大都固安州人天性篤孝幼孤養母母嘗有疾醫治不痊哈都赤礪其所佩小刀拜天泣曰慈母生我劬勞今當捐身報之乃割開左脇取肉一片作羹進母母曰此何肉也其甘如是數日而病愈

高必達建昌人五歲時父明大忽棄家遠遊莫知所適必達既長晝夜哀慕乃娶妻以養母而歷往四方求其父十餘年不得見心愈悲忽相傳黄州全真道院中有虛明子者學道三十年矣本姓高氏建昌人

也匿姓名爲道人云必達詣問知爲父即往拜之具言家世及已之所生歲月大父母之喪葬始末因哀號叩頭不已虛明猶瞑坐不顧久之斥曰我非汝父不去何爲必達留侍左右不少懈辭氣哀惻可矜其徒謂虛明曰師有子如此忍弗歸乎虛明不得已乃還家必達孝養篤至鄉里稱之

魯德漁陽人宗聖公五十七代孫母早亡父仲祥再娶左氏仲祥遊襄陽樂其土俗因携左氏家焉亂兵隔襄陽遂失左氏德遍往南土求之五年乃得于廣海間奉迎以歸孝養甚至有司以聞詔旌復其家

靳昺字克昌絳州曲沃人兄榮爲奎章閣承制學士奉母王氏官于朝母殁昺與兄榮護喪還家至平定大雷雨流水驟至昺伏柩上榮呼之避水昺不忍舍去遂爲水所漂没後得王氏柩於三里外得昺屍於五里外詔賜孝子靳昺碑

黄道賢泉州人適母唐無子道賢在襁褓而生母蘇以疾去既長思念生母屢請於父得召之歸道賢竭力養二母得其歡心父病篤道賢晝夜奉湯藥不離膝下遍求良醫莫効乃夜禱于天願減己一紀之筭以益父壽其父遂愈至元統二年乃殁果符一紀之

數道賢居喪盡禮負土築墳廬于墓側疏食終制至元二年有司上其事旌其門曰孝子黄氏之門

史彦斌邳州人嗜學有孝行至正十四年河溢金鄉魚臺墳墓多壞彦斌母卒慮有後患乃爲厚棺刻銘曰邳州沙河店史彦斌母柩仍以四鐵環釘其上然後葬明年墓果爲水所漂彦斌縛草爲人置水中仰天呼曰母棺被水不知其處願天矜憐哀子之心假此芻靈指示母棺言訖涕泣横流乃乘舟隨草人所之經十餘日行三百餘里草人止桑林中視之母柩在焉載歸復葬之

張紹祖字子讓潁州人讀書力學以孝行聞于朝特授河南路儒學教授至正十五年奉父避兵山間賊至執其父將殺之紹祖泣曰吾父耆德善人不當害請殺我以代父死且若等非父母所生乎何忍害人父也賊怒以戈擊之戈應手挫鈍因感而相謂曰此真孝子不可害乃釋之

李明德瑞州路上高縣人讀書有志操孝行篤至至正十四年亂兵陷袁州因抄掠上高兵執其父欲殺之明德泣告曰子豈不能代父乎願勿害吾父也兵遂殺明德而免其父後以高壽終

張緝字士明益都膠州人性孝友能詩文至正七年與兄紳弟經同領鄉薦由澤州儒學正轉泰州幕職棄之養親居揚州十五年揚州亂緝母姬氏方卧病賊突入卧內舉槍欲刺姬緝以身蔽姬槍中緝脇三日而死

魏敬益字士友雄州容城人性至孝居母喪哀毀骨立素好施與有男女失時者出貲財爲之嫁娶歲凶老弱之饑者爲糜以食之敬益有田僅十六頃一日語其子曰自吾買四莊村之田十頃環其村之民皆不能自給吾深憫焉今將以田歸其人汝謹守餘田可無餒也乃呼四莊村民諭之曰吾買若等業使若等貧不聊生有親無以養吾之不仁甚矣請以田歸若等衆聞皆愕眙不敢受強與之乃受而言諸有司有司以聞于中書請加旌表丞相賀太平歎曰世乃有斯人哉

湯霖字伯雨龍興新建人早喪父事母至孝母嘗病熱更數醫弗能効母不肯飲藥曰惟得冰我疾乃可愈爾時天氣甚燠霖求冰不得累日號哭於池上忽聞池中戛戛有聲拭淚視之乃冰澌也亟取以奉母其疾果愈

孫抑字希武世居晉寧洪洞縣抑登進士第歷仕至刑部郎中關保之變挈父母妻子避兵平陽之柏村有亂兵至村剽掠拔白刃嚇抑母求財不得舉刃欲斫之抑亟以身蔽母請代受斫母乃得釋而抑父被虜去不知所之或語之曰汝父被驅而東矣然東軍得所掠民皆殺之汝慎無往就死也抑曰吾可畏死而棄其父乎遂往出入死地屢瀕危殆卒得父以歸

石永紹興新昌人性淳厚事親至孝值亂兵掠鄉里求父謙孫年八十老不能行永負父匿山谷中亂兵執其父欲殺之永亟前抱父請以身代兵遂殺永而

釋其父

王克己延安中部人父伯通歿克己負土築墳廬於墓側顡高縱兵暴掠縣民皆逃竄克己獨守墓不去家人呼之避兵克己曰吾誓守墓三年以報吾親雖死不可棄也遂不去俄而兵至見其身衣衰絰形容憔悴曰此孝子也遂不忍害竟終喪而歸

劉思敬延安宜君人事其繼母沙氏杜氏孝養之至無異親母父年八十兩目俱喪明會亂兵剽掠其鄉思敬負父避于巖穴中有兵至欲殺思敬思敬泣言曰我父老矣又無目我死不足惜使我父何依乎兵

憐其孝不忍殺父子皆免於難

呂祐字伯通晉安人至正二十六年郡城破有卒入其室挾白刃脅其母林氏索財寶不得揮刃欲斫母祐急以身蔽母而奪其刃手指盡裂被傷仆地良久而甦開目視母曰母幸無恙我死無憾矣遂瞑目死

周樂温州瑞安人宋狀元坦之後父日成通經能文海賊竊據温州拘日成置海舟上樂隨往事其父甚謹一日賊酋遣人沉日成于水樂泣請曰我有祖母幸留父侍養請以己代父死不聽樂抱父不忍捨遂同死焉

傳卷第八十五

列傳卷第八十六　　元史一百九十九

翰林學士亞中大夫知制誥兼修國史臣宋濂翰林待制承直郎同知制誥兼國史院編修官臣王禕等奉

勅修

隱逸

古之君子負經世之術度時不可為故高蹈以全其志使得其時未嘗不欲仕仕而行所學及物之功豈少哉後世之士其所蘊蓄或未至而好以跡為高當邦有道之時且遁世離羣謂之隱士世主亦苟取其名而強起之及考其實不如所聞則曰是欺世釣譽者也上下豈不兩失也哉元之隱士亦多矣如杜瑛遣

執政書暨張特立居官之政則非徒隱者也蓋其得時則行可隱而隱頗有古君子之風而世主亦不強之使起可謂兩得也已自是以隱逸稱者蓋往往而有今摭其可傳者作隱逸傳

杜瑛字文玉其先霸州信安人父時昇金史有傳瑛長七尺美鬚髯氣貌魁偉金將亡士猶以文辭規進取瑛獨避地河南緱氏山中時兵後文物凋喪瑛搜訪諸書盡讀之讀輒不忘而究其指趣古今得失如指諸掌間關轉徙教授汾晉間中書粘合珪開府為相瑛赴其聘遂家焉與良田千畝辭不受術者言其

所居下有藏金家人欲發視輒止之後來居者果得黃金百斤其不苟取如此歲己未世祖南伐至相召見問計瑛從容對曰漢唐以還人君所恃以爲國者法與兵食三事而已國無法不立人無食不生亂無兵不守今宋皆蔑之殆將亡矣興之在聖主若控襄樊之師委戈下流以擣其背大業可定矣帝悅曰儒者中乃有此人乎瑛復勸帝數事以謂事不如此後當如彼帝納之心腎瑛謂可大用命從行以疾弗果中統初詔徵瑛時王文統方用事辭不就左丞張文謙宣撫河北奏爲懷孟彰德大名等路提舉學校官

又辭遺執政書其略曰先王之道不明異端邪說害之也橫流奔放天理不絕如線今天子神聖俊乂輻湊言納計用先王之禮樂教化興明脩復維其時矣若夫簿書期會文法末節漢唐猶不屑也執事者因陋就簡此焉是務良可惜哉夫善始者未必善終今不能遡流求源明法正俗育材興化以拯數百千年之禍僕恐後日之弊將有不可勝言者矣人或勉之仕則曰後世去古雖遠而先王之所設施本末先後猶可考見故爲政者莫先於復古苟因習舊弊以求合乎先王之意不亦難乎吾又不能隨時俛仰以赴機會將焉用仕於是杜門著書一不以窮通得喪動其志優游道藝以終其身年七十遺命其子處立處原曰吾即死當表吾墓曰緱山杜處士天曆中贈資德大夫翰林學士上護軍追封魏郡公謚文獻所著書曰春秋地理原委十卷語孟旁通八卷皇極引用八卷皇極疑事四卷極學十卷律呂律曆禮樂雜志三十卷文集十卷其於律則究其始研其義長短清濁周徑積實各以類分取經史之說以實之而折衷其是非其於歷則謂造歷者皆從十一月甲子朔夜半冬至爲歷元獨邵子以爲天開於子取日甲月子

星甲辰子爲元會運世之數無朔虛無閏餘率以三百六十爲歲而天地之盈虛百物之消長不能出乎其中矣論閉物開物則曰開於巳閉於戊五天之中也六地之中也戊巳月之中星也又分卦配之紀年金之大定庚寅交小過之初六國朝之甲寅三月二十有三日寅時交小過之九四多先儒所未發掇其要着于篇云

張特立字文舉東明人初名永避金衛紹王諱易今名中泰和進士爲偃師主簿改宣德州司候州多金國戚號難治特立至官俱往謁之有五將軍率家奴

刼民群羊特立命大索閭里遂過將軍家温言誘之曰將軍宅寧有盜羊者耶聊視之以杜衆口潛使人索其後庭得羊數十遂縛其奴繫獄其子匿他舍捕得之以近族得減死論豪貴由是遵法民賴以全正大初遷洛陽令時軍旅數起郡縣窘迫東帥紇石烈牙兀觧又侮慢儒士會移鎮陝右道經洛陽見特立淳古不禮之遽責令治粮具期三日足後期如軍法縣民素賢特立爭輸於庭帥大奇之既而拜監察御史首言世宗諸孫不宜幽囚尚書右丞顏盞石魯與細民爭田參知政事徒單兀典諂事近習皆當罷黜

執政者忌之會平章政事白撒犒軍陝西特立又劾其掾不法白撒訴于世宗言特立所言事失實世宗宥之遂歸田里特立通程氏易晚教授諸生東平嚴實每加禮焉歲丙午世祖在潛邸受王印首傳旨諭特立曰前監察御史張特立養素丘園易代如一今年幾七十研究聖經宜錫嘉名以光潛德可特賜號曰中庸先生又諭曰先生年老目病不能就道故令趙寶臣諭意且名其讀書之堂曰麗澤壬子歲復降璽書諭特立曰白首窮經誨人不倦無過不及學者宗之昔已賜嘉名今復諭意癸丑特立卒年七十五

中統二年詔曰中庸先生學有淵源行無瑕玷雖經喪亂不改故常未遂丘園之賁俄興窀穸之悲可復賜前號以彰寵數特立所著書有易集說曆年係事記

杜本

杜本字伯原其先居京兆後徙天台又徙臨江之清江今爲清江人本博學善屬文江浙行省丞相忽剌木得其所上救荒策大奇之及入爲御史大夫力薦于武宗嘗被召至京師未幾歸隱武夷山中文宗在江南時聞其名及即位以幣徵之不起至正三年右

丞相脫脫以隱士薦詔遣使賜以金織文幣上尊酒召爲翰林待制奉議大夫兼國史院編脩官使者致君相意趣之行至杭州稱疾固辭而致書於丞相曰以萬事合爲一理以萬民合爲一心以千載合爲一日以四海合爲一家則可言制禮作樂而躋五帝三王之盛矣遂不行本湛靜寡欲無疾言遽色與人交尤篤於義有貧無以養親無貲以爲學者皆濟之平居書册未嘗釋手天文地理律曆度數靡不通究尤工於篆隷所著有四經表義六書通編十原等書學者稱爲清碧先生至正十年卒年七十有五時有張

樞子長者婺之金華人亦屢徵不起樞幼聰慧外家潘氏蓄書數萬卷樞盡取而讀之過目輒不忘既長肆筆成章頃刻數千言有問以古今沿革政治得失宇宙之分合禮樂之廢興以至帝號官名歲月先後歷歷如指諸掌其爲文務推明經史以扶翼教道尤長於敘事嘗取三國時事撰漢本紀列傳附以魏吳載記爲續後漢書七十三卷臨川危素稱其立義精密可備勸講朝廷取其書寘宣文閣浙東部使者交薦之前後章凡九上至正三年命儒臣纂脩遼金宋三史右丞相脫脫以監脩國史領都總裁辟樞本府

長史力辭不拜七年申命史臣纂脩本朝后妃功臣傳復以翰林脩撰儒林郎同知制誥兼國史院編脩官召樞俾與討論復避不就使者強之行至杭州固辭而歸嘗著春秋三傳歸一義三十卷刊定三國志六十五卷林下竊議曲江張公年譜各一卷弊帚編若干卷至正八年卒年五十有七

孫轍字履常其先自金陵徙家臨川轍幼孤母蔡氏教之知警策自樹立比長學行純篤事母甚孝家居教授門庭蕭然而考德問業者日盛郡中俊彥有聲者皆出其門轍與人言一以孝弟忠信爲本辭溫氣和聞者莫不油然感悟待親戚鄉里禮意周洽言論間未嘗幾微及人過失長短士子至郡者必來見部使者長吏以下仁且賢者必造焉轍樂易莊敬接之以禮言不及官府憲司屢辟皆不就江西行省特以遺逸舉轍一人轍善爲文章吳澄嘗敘其集曰所謂仁義之人其言藹如也其見稱許如此元統二年年七十有三卒于家同郡吳定翁字仲谷其先當宋初自金陵來徙定翁幼歲儼如成人寒暑衣冠不少懈清脩文雅與孫轍齊名而最善爲詩揭傒斯稱其幽茂疎澹可比盧摯御史及江西之方伯牧守部使者

辟薦相望終身不爲動程鉅夫嘗貽書曰臨川士友及門者踵相接也何相望足下耿耿如玉人而不可得見乎定翁嘗曰士無求用於世惟求無媿於世人以爲名言

何中

何中字太虛撫之樂安人少頴拔以古學自任家有藏書萬卷手自校讎其學弘深該博廣平程鉅夫清河元明善柳城姚燧東平王構同郡吳澂揭傒斯皆推服之至順二年江西行省平章全岳柱聘爲龍興郡學師明年六月以疾卒所著有易類象二卷書傳

補遺十卷通鑑綱目測海三卷知非堂藁十七卷同郡危復之字見心宋末爲太學生師事湯漢博覽群書好讀易尤工於詩至元初元帥郭昂屢薦爲儒學官不就至元中朝廷累遣奉御察罕及翰林應奉詹玉以幣徵之皆弗起隱於紫霞山中士友私謚曰貞白先生

武恪

武恪字伯威宣德府人初以神童遊學江南吳澄爲江西儒學副提舉薦入國學肄業明宗在潛邸選恪爲說書秀才及出鎮雲南恪在行明宗欲起兵陝西

恪諫曰太子北行於國有君命於家有叔父之命今君向京師發一箭史官必書太子反左右惡恪言乃曰武秀才有母在京合遣其回恪遂還京師居陋巷教訓子弟文宗知其名除祕書監典簿秩滿丁內艱再除中瑞司典簿改汾西縣尹皆不起人或勸之仕恪曰向爲親屈今親已死不復仕矣居數歲會朝廷選守令泰不華舉恪爲平陽沁水縣尹亦不赴近臣又薦爲授經郎恪遂陽爲瘖瘂不就恪好讀周易每日堅坐或問之曰先生之學以何爲本恪曰以敬爲本所著有水雲集若干卷其從之學者多有所成佛

家奴爲太尉完者不花僉樞密院事皆有賢名

傳卷第八十六

翰林學士亞中大夫知制誥兼修國史臣宋濂翰林待制承直郎同知制誥兼國史院編修官臣王褘等奉
勑修

列女

古者女子之居室也必有傅姆師保為陳詩書圖史以訓之凡左右佩服之儀內外授受之別與所以事父母舅姑之道蓋無所不備也而又有天子之后妃諸侯之夫人躬行於上以率化之則其居安而有淑順之稱臨變而有貞特之操者夫豈偶然哉後世此道既廢女生而處閨闥之中溺情愛之私耳不聆箴史之言目不覩防範之具由是動踰禮則而往往自放於邪僻矣苟於是時而有能以懿節自著者焉非其生質之美則亦豈易致哉史氏之書所以必錄而弗敢略也元受命百餘年女婦之能以行聞於朝者多矣不能盡書采其尤卓異者具載于篇其間有不忍夫死感慨自殺以從之者雖或失於過中然較於苟生受辱與更適而不知愧者有間矣故特著之以示勸厲之義云

崔氏周朮忽妻也丁亥歲從朮忽官平陽金將来攻城克之下令官屬妻子敢匿者死時朮忽以使事在上黨崔氏急即抱幼子禎以詭計自言於將將信之使軍吏書其臂出之崔氏曰婦人臂使人執而書非禮也以金賂吏使書之紙吏曰吾知汝誠賢婦然令不敢違命崔自揎袖吏懸筆而書焉既出有言其詐者將怒命追之崔與禎伏土窖三日得免既與朮忽會未幾朮忽以病亡崔年二十九即大慟柩前誓不更嫁斥去麗飾服皂布弊衣放散婢僕躬自紡績悉以資產遺親舊有權貴使人諷求娶輒自爬毀其面不欲生四十年未嘗妄言笑預吉會治家教子有法人比古烈婦云

周氏灤平石城人年十六適李伯通生一子名易金末伯通監豐潤縣國兵攻之城破不知所終周氏與易被虜謂偕行者曰人苟愛其生萬一受辱不如死也即自投于塹主者怒拔佩刀三刄其體而去得不死遂携易而逃間關至汴績紝以自給教易讀書有成

楊氏東平須城人夫郭三從軍襄陽楊氏留事舅姑以孝聞至元六年夫死戍所母欲奪嫁之楊氏號痛自誓乃已久之夫骨還舅曰新婦年少終必他適可令吾子鰥處地下耶將求里人亡女骨合瘞之楊氏

聞益悲不食五日自經死遂與夫共葬焉

胡烈婦渤海劉平妻也至元七年平當戍棗陽車載其家以行夜宿沙河傍有虎至銜平去胡覺起追及之持虎足顧呼車中兒取刀殺虎虎死扶平還至季陽城求醫以傷卒縣官言狀命恤其母子仍旌異之

至大間建德王氏女父出耘舍傍遇豹爲所噬曳之升山父大呼女識父聲驚趍救以父所棄鋤擊豹腦殺之父乃得生

闞文興妻王氏名醜醜建康人也文興從軍漳州爲其萬户府知事王氏與俱行至元十七年陳吊眼作亂攻漳州文興率兵與戰死之王氏被掠義不受辱乃紿賊曰俟吾葬夫即汝從也賊許之遂脫得負屍還積薪焚之火既熾即自投火中死至順三年事聞贈文興侯爵謚曰英烈王氏曰貞烈夫人有司爲立廟祀之號雙節云

郎氏湖州安吉人宋進士朱甲妻也朱嘗仕浙東以郎氏從至元間朱歿郎氏護喪還至玉山里留居避盜勢家柳氏欲強聘之郎誓不從夜弃裝奉柩適柳邀之中道復死拒得免家居養姑甚謹姑嘗病即禱天刲股肉進啖而愈後姑喪以哀聞大德十一年旌

美之又有東平鄭氏大寧杜氏安西楊氏並少寡守志割體肉療姑病

秦氏二女河南宜陽人逸其名父嘗有危疾醫云不可攻姊閉户默禱鑿已腦和藥進飲遂愈父後復病欲絶妹刲股肉置粥中父小愈即甦孫氏女河間人父病癩十年女禱于天求以身代且吮其膿血旬月而愈許氏女安豐人父疾割股啖之乃痊張氏女廬州人嫁爲高垕妻母病目喪明張氏歸省抱母泣以舌舐之目忽能視州縣各以狀聞褒表之

焦氏涇陽袁天祐妻也天祐祖父始皆從軍役祖母

楊氏母焦氏並家居守志至元二十三年天祐復從征死甘州妻焦氏年少宗族欲改嫁之焦氏哭且言曰袁氏不幸三世早寡自祖姑以來皆守節義豈可至吾而遂廢乎吾生爲袁氏婦死則葬袁氏土爾終不能改容事他人也衆不敢復言周氏澤州人嫁爲安西張興祖妻年二十四興祖歿舅姑欲使再適周氏弗從曰妾家祖父皆早世妾祖母妾母並以貞操聞妾或中道易節是忘故夫而辱先人也夫忘故夫不義辱先人不孝不孝不義妾不爲也遂居嫠三十年奉舅姑生事死葬無違禮其父與外祖皆無後葬祭之禮亦周氏主之有司以聞並賜旌異

趙孝婦德安應城人早寡事姑孝家貧傭織於人得美食必持歸奉姑自啖蔬糲不厭嘗念姑老一旦有不諱無由得棺乃以次子鬻富家得錢百緡買杉木治之棺成置于家南鄰失火時南風烈甚火勢及孝婦家孝婦亟扶姑出避而棺重不可移乃撫膺大哭曰吾爲姑賣兒得棺無能爲我救之者若莫大焉言畢風轉而北孝婦家得不焚人以爲孝感所致

霍氏二婦尹氏楊氏夫家鄭州人至元間尹氏夫耀卿歿姑命其更嫁尹氏曰婦之行一節而已再嫁而失節妾不忍爲也姑曰世之婦皆然人未嘗以爲非汝獨何恥之有尹氏曰人之志不同妾知守妾志爾姑不能強楊氏夫顯卿繼歿慮姑欲其嫁即先白姑曰妾聞娣姒猶兄弟也宜相好焉今姒既留妾可獨去乎願與共修婦道以終事吾姑姑曰汝果能若是吾何言哉於是同處二十餘年以節孝聞又有邠州任氏乾州田氏皆一家二婦俱少寡誓不他適戮力蠶桑以養舅姑事聞並命褒表

王德政妻郭氏大名人少孤事母張氏孝謹以女儀聞於鄉及笄富貴家爭求聘張氏不許時德政

教授里中年四十餘貌甚古陋張氏以貧不能教二子欲納德政爲婿使教之宗族皆不然郭氏慨然願順母志既婚與德政相敬如賓囑教二弟有成未幾德政卒郭氏年方二十餘勵節自守甚有貞名大德間表其家

只魯花真蒙古氏年二十六夫忽都病卒誓不再醮孝養舅姑逾二十五年舅姑歿塵衣垢面廬于墓終身至元間旌之其後又有冀城宋仲榮妻梁氏舅歿負土爲墳懷孟何氏大名趙氏並以夫歿守志養舅姑以壽終親負土築其墳高三丈餘

段氏隆興霍榮妻也榮無子嘗乞人爲養子榮卒段氏年二十六養舅姑以孝稱舅姑歿榮諸父仲汶貪其産謂段曰汝子假子也可令歸宗汝無子宜改適霍氏業汝無預焉段曰家資不可計但再醮非義尚容妻思之即退入寢室引針刺面墨漬之誓死不貳大德二年府上狀中書給羊酒幣帛仍命旌門復役如制又有興和吳氏自刺其面成紀謝思明妻趙氏自髠其髮興寧田濟川妻武氏濼水曹子英妻尤氏齧指滴血並誓不更嫁各以有司爲請旌之

朱虎妻茅氏崇明人大德間虎官都水監坐罪籍其

家吏録送茅氏及二子赴京師太醫提點師甲乞歸家欲妻之茅氏誓死不從母子三人以裾相結連晝夜倚抱號哭形貌銷毀師知不可奪釋之茅氏託居永明尼寺憂憤不食卒

聞氏紹興俞新之妻也大德四年新之歿聞氏年尚少父母慮其不能守欲更嫁之聞氏哭曰一身二夫烈婦所恥妾可無生可無恥乎且姑老子幼妾去當令誰視也即斷髮自誓父知其志篤乃不忍強姑久病風且失明聞氏手滌溷穢不怠時漱口上堂舐其目目爲復明及姑卒家貧無資傭工與子親負土葬

之朝夕悲號聞者惨惻鄉里嘉其孝爲之語曰欲學孝婦當問俞母又有劉氏渤海李伍妻也少寡父母使再醮不從舅患疽劉禱于天數日潰吮其血乃愈既而親挽小車載舅詣岳祠以荅神貺

馬英河内人性孝友父喪哀毀二兄繼歿英獨事母甚謹又奉二寡嫂與居使得保全嫠節又喪母卜地葬諸喪親負土爲四墳手植松栢廬墓側終身趙氏女名玉兒冠州人嘗許爲李氏婦未婚夫死遂誓不嫁以養父母父母歿負土爲墳鄉里稱孝焉

馮氏名淑安字静君大名宦家女山陰縣尹山東李

如忠繼室也如忠初娶蒙古氏生子任數歲而卒大德五年如忠病篤謂馮曰吾已矣其柰汝何馮氏引刀斷髮自誓不他適如忠歿兩月遺腹生一子名伏李氏及蒙古氏之族在北聞如忠歿於官家多遺財相率来山陰馮氏方病乗間盡取其貲及子任以去馮不與較一室蕭然唯餘如忠及蒙古氏之柩而已朝夕哭泣隣里不忍聞乆之鬻衣權厝二柩戢山下携其子廬墓側時年始二十二羸形苦節爲女師以自給父母来視之憐其孤苦欲使更事人馮爪面流血不肯從居二十年始護喪歸葬汶上齊魯之人聞

之莫不嘆息
李君進妻王氏遼陽人大德八年君進病卒卜葬將
發引親戚隣里咸會王氏謂衆曰夫婦死同穴義也
吾得從良人逝不亦可乎因撫棺大慟嘔血升許即
仆于地死衆爲歛之與夫連柩出葬送者數百人莫
不洒泣移剌氏同知湖州路事耶律忽都不花妻也
夫歿割耳自誓既葬廬墓側悲號不食死趙氏名哇
兒大寧人年二十夫蕭氏病劇謂哇兒曰我死汝年
少若之何哇兒曰君幸自寬脱有不可諱妾不獨生
必從君地下遂命匠制巨棺夫歿即自經死家人同

棺歛葬焉又有雷州朱克彬妻周氏大都費巖妻王
氏買哥妻耶律氏曹州鄭臘兒妻康氏陜州陳某妻
別娥娥大同宋堅童妻班氏李安童妻胡氏晉州劉
恕妻趙氏冀寧王思忠妻張氏饒州劉楫妻趙氏東
平徐順妻彭氏大寧趙臛兒妻安氏陳恭妻張氏武
壽妻劉氏宋敬先妻謝氏撒里妻蕭氏古城魏貴妻
凋氏任城郭灰兒妻趙氏棗陽朱某妻丁氏葉縣王
保子妻趙氏興州某氏妻魏氏灤州裴某妻董貴哥
成都張保童妻郝氏利州高塔必也妻白氏河南楊
某妻盧氏蒙古氏太朮妻阿不察相兀孫妻脱脱真

並以早寡不忍獨生以死從夫者事聞悉命褒表或
賜錢贈謚云
朱淑信山陰人少寡誓不再嫁一女妙淨幼哭父雙
目並失明及長擇偶者不至家貧歲凶母子相依以
苦節自厲士人王士貴重其孝乃求娶焉
葛妙真宣城民家女九歲聞日者言母年五十當死
妙真即悲憂祝天誓不嫁終身齋素以延母年母後
年八十一卒畏吾氏三女家錢塘諸兄遠仕不歸母
思之疾三女欲慰母意乃共斷髮誓天終身不嫁以
養母同力侍護四十餘年母竟以壽終事上並賜旌

異
王氏燕人張買奴妻也年十六買奴官錢塘病歿葬
城西十里外王氏每旦被髮步往奠之伏墓大慟欲
絶久而致疾舅姑力止其行乃已服闋舅姑謂之曰
吾子已歿新婦年尚少宜自圖終身計毋徒淹吾家
也王氏泣曰父母命妾奉箕帚於張氏今夫不幸早
逝天也此足豈可復履他人門乎固不從煢居三十
年貞白無少玷又有馮翊王義妻盧氏雎陽劉澤妻
解氏東平楊三妻張氏並守志有節命旌其門
張義婦濟南鄒平人年十八歸里人李伍伍與從子

零戍福寧未幾死戍所張獨家居養舅姑甚至父母舅姑病九四刲股肉救不懈及死喪葬無遺禮既而歎曰妾夫死數千里外妾不能歸骨以葬者以舅姑父母在無所仰故也今不幸父母舅姑以死而夫骨終暴弃遠土使無妾即已妾在敢愛死乎乃卧積氷上誓曰天若許妾取夫骨雖寒甚當得不死踰月竟不死鄉人異之乃相率贈以錢大書其事于衣以行行四十日至福寧見零問夫葬地則榛莽四塞不可識張哀慟欲絶夫忽降于童言動無異其生時告張死時事甚悉且指示骨所在處張如其言發得之持

骨祝曰爾信妾夫耶入口當如氷雪黏如膠已而果然官義之上于大府使零護喪還給錢使葬仍旌門復其役

丁氏新建鄭伯文妻也大德間伯文病將歿丁氏與訣曰妾自得侍巾櫛誓與偕老君今不幸疾若是脫有不諱妾當從但君父母已老無他子婦侍養妾苟復自亡使君父母食不甘味則君亦不瞑目矣妾且忍死以奉其餘年必不改事他人以負君於冥冥也伯文卒丁氏年二十七居喪哀毀服既除父母屢議奪嫁之丁氏每聞必慟哭曰妾所以不死者非爲生有他志也與良人約將以事舅姑耳今舅姑在堂固無恙妾可棄去而不信於良人乎父遂止舅姑嘗病丁氏夙夜護視衣不解帶及死喪葬盡禮事上表其門白氏太原人夫慕釋氏道棄家爲僧白氏年二十留養姑不去服勤績紝以供租賦夫一日還迫使他適白斷髮誓不從夫不能奪乃去姑年九十卒竭力營葬畫姑像祀之終身

趙美妻王氏内黄人至治元年美溺水死王氏誓守志舅姑念其年少無子欲使更適人王氏曰婦義無再醮且舅姑在妾可棄而去耶舅姑乃欲以族姪與

繼婚王氏拒不從舅姑迫之力王氏知不免即引繩自經死李冬兒甄城人丁從信妻也年二十三從信歿服闋父母呼歸問之曰汝年少居孀又無子何以自立吾爲汝再擇婿何如冬兒不從詣從信冢哭欲縊墓樹上家人防之不果日暮還從信家夜二鼓入室更新衣自經死李氏濱州惠高兒妻也年二十六高兒歿父欲奪歸嫁之李氏不從自縊而死

脫脫尼雍吉剌氏有色善女工年二十六夫哈剌不花卒前妻有二子皆壯無婦欲以本俗制收繼之脫脫尼以死自誓二子復百計求遂脫脫尼恚且駡曰

汝禽獸行欲妻母耶若死何面目見汝父地下二子慙懼謝罪乃析業而居三十年以貞操聞王氏成都李世安妻也年十九世安卒夫弟世顯欲收繼之王氏不從引刃斷髮復自劓其耳創甚親戚驚嘆爲醫療百日乃愈狀上詔旌之

趙彬妻朱氏名錦哥洛陽人也天曆初西兵掠河南朱氏遇兵五人被執逼與亂朱氏拒曰我良家婦豈從汝賊耶兵怒捉曳箠楚之朱氏度不能脫即紿謂之曰汝幸釋我舍後井傍有瘞金當發以遺汝兵信之乃隨其行朱氏得近井即抱三歲女躍身赴井中

死是歲又有偃師王氏女名安哥從父避兵印山丁家洞兵入搜得之見安哥色美驅使出欲污之安哥不從投澗死有司言狀並表其廬

貴哥蒙古氏同知宣政院事羅五十三妻也天曆初五十三得罪貶海南籍其家詔以貴哥賜近侍卯罕卯罕親率車騎至其家迎之貴哥度不能免令婢僕以飲食延卯罕於廳事如廁自經死

臺叔齡妻劉氏順寧人也粗知書克修婦道一日地震屋壞壓叔齡不能起家復失火叔齡母前救不得欲就焚叔齡望見呼曰吾已不可得出當亟救吾母劉謂夫妹曰汝救汝母汝兄必死吾不用復生矣即自投火中死火滅家人得二屍燼中猶手相握不開官嘉其烈上于朝命録付史臣

李智貞建寧浦城人父子明無子智貞七歲能讀書九歲母病調護甚謹及卒哀慟欲絶不茹葷三年治女工供祭祀及奉父甘旨不乏鄉里稱爲孝女父嘗許爲鄭全妻未嫁從父客邵武邵武豪陳良悅其慧強納采求聘智貞斷髮拒之且數自求死良不能奪卒歸全事舅姑父母皆有道泰定間全病歿智貞悲泣不食數日而死

蔡三玉龍溪陳端才妻也盜起漳州掠龍溪父廣瑞與端才各竄去三玉獨偕夫妹出避隣祠中盜入斫夫妹見三玉美不忍傷與里婦歐氏同驅納舟中行至柳營江迫妻之三玉佯許諾因起更衣自投江水而死越二日屍流至廣瑞舟側廣瑞識爲女收斂之歐氏脫歸言狀有司高其操爲請表之乃命旌門復役仍給錢以葬

列傳卷第八十七

傳卷第八十八　　元史二百一

翰林學士亞中大夫知制誥兼修國史臣宋濂　翰林待制承直郎兼國史院編修官臣王褘等奉

勑修

列女

武用妻蘇氏真定人徙家京師用疾蘇氏刲股爲粥以進疾即愈生子德政四歲而寡夫之兄利其資欲逼而嫁之不聽未幾夫兄舉家死惟餘三弱孫蘇氏取而育之德政長事蘇氏至孝蘇氏死時天大旱德政方掘地求水以供葬事忽二蛇躍出德政因默禱焉二蛇一東一北隨其地掘之果得泉有司上其事

旌復其家

任仲文妻林氏寧海人家甚貧年二十八而寡姑患風疾不良於行林氏旦暮扶侍惟謹撫育三子皆有成年一百三歲而卒

江文鑄妻范氏名妙元奉化人年二十一歸于江及門未合巹夫忽以痼疾卒范曰我既入江氏之門即江氏婦也豈以夫亡有異志哉遂居江氏之家撫諸姪江森江道如己子卒年九十五有柳氏者薊郡人爲戶部主事趙野妻未成婚而野卒柳哭之盡哀誓不再嫁其兄將奪其志柳曰業已歸趙氏雖未成婚而夫婦之禮已定矣雖凍餓死豈有他志哉後寢疾不肯服藥曰我年二十六而寡今已逾半百得死此疾幸矣遂卒

姚氏餘杭人居山谷間夫出刈麥姚居家執爨母何氏往汲澗水久而不至俄聞覆水聲亟出視則虎銜其母以走姚倉卒往逐之即以手毆其脇鄰人競執器械以從虎乃置之而去姚負母以歸求藥療之奉養二十餘年而卒又方寧妻官勝娘者建寧人寧耨田勝娘饁之見一虎方攫其夫勝娘即棄饁奮梃連擊之虎舍去勝娘負夫至中途而死有司以聞爲旌

復其家

衣氏汴梁儒士孟志剛妻志剛卒貧而無子有司給以棺木衣氏紿匠者曰可寬大其棺吾夫有遺衣服欲盡置其中匠者然之是夕衣氏具鷄黍祭其夫家之所有悉散之隣里及同居王媪曰吾聞一馬不被兩鞍吾夫既死與之同棺共穴可也遂自剄死有侯氏者鈞州曹德妻德病死侯氏語人曰年少夫亡婦人之不幸也欲守吾志而亂離如此其能免乎遂縊死於墓又周經妻吳氏郭惟辛妻郝氏陳輝妻白氏張頎住妻杜氏程二妻成氏李貞妻武氏暗都剌妻

張氏並　忍獨生自縊而死事聞咸旌異之
湯煇妻張氏處州龍泉人會兵亂其家財先巳移入
山砦夫與姑共守之舅以疾未行張歸任藥膳且以
輿自隨既而賊至即命以輿載其舅而已遇賊賊以
刃脅之曰從我則生否則死張捽髮整衣請受刃賊
未忍殺張懼汚即奪其刃自剸死年二十七又湯婍
者亦龍泉人有姿容賊殺其父母以刃脅之婍不勝
悲咽乞早死因以頭觸刃賊怒斫殺之其妹亦不受
辱而死
俞士淵妻童氏嚴州人姑性嚴待之寡恩童氏柔順

以事之無少拂其意者至正十三年賊陷威平官軍
復之已乃縱兵剽掠至士淵家童氏以身蔽姑衆欲
汚之童氏大罵不屈一卒以刀擊其左臂愈不屈又
一卒斷其右臂罵猶不絶衆乃皮其面而去明日乃
死
張氏女高郵人城亂賊知張女有姿艷叩其家索之
女方匿複宇間賊將害其父母女不得已乃出拜賊
賊即伏地呼其父母爲夫人媪而以女行女欣欣然
從之過橋投水死有高氏婦者同郡人也携其女從
夫出避亂見道旁空舍入其中脫金纒臂與女且語

夫令疾行夫挈女稍遠乃解足紗自經賊至焚其舍
夫抵儀真夜夢婦來告曰我巳縊死彼舍矣其精爽
如此
惠士玄妻王氏大都人至正十四年士玄病革王氏
曰吾聞病者糞苦則愈乃嘗其糞頗甘王氏色愈憂
士玄囑王氏曰我病必不起前妾所生子汝善保護
之待此子稍長即從汝自嫁矣王氏泣曰君何爲出
此言耶設有不諱妾義當死尚復有他說乎君幸有
兄嫂此兒必不失所居數日士玄卒比葬王氏遂居
墓側蓬首垢面哀毁逾禮常以妾子置左右飲食寒

暖惟恐不至歲餘妾子亦死乃哭曰無復望矣屢引
刀自殺家人驚救得免至終喪親舊皆携酒禮祭士
玄于墓祭畢衆欲行酒王氏已經死於樹矣又有王
氏者良鄉費隱妻也隱有疾王氏數嘗其糞及疾篤
囑王氏曰我一子一女雖妾所生無異汝所出也我
死汝其善撫育之遂沒王氏居喪撫其子女既而子
又死服除謂其親屬曰妾聞夫乃婦之天今夫已死
妾生何爲乃執女手語之曰汝今已長稍知人事管
鑰在此汝自司之遂相抱慟哭是夜縊死於園中
李景文妻徐氏名彩鸞字淑和浦城徐嗣源之女畧

通經史每誦文天祥六歌必爲之感泣至正十五年青田賊冠浦城徐氏從嗣源逃旁近山谷賊持刀欲害嗣源徐氏前曰此吾父也寧殺我賊舍父而止徐氏徐氏語父曰兒義不受辱今必死父可速去賊拘徐氏至桂林橋拾炭題詩壁間有惟有桂林橋下水千年照見妾心清之句乃厲聲罵賊投于水賊競出之旣而乘間復投水死

周婦毛氏松陽人美姿色至正十五年隨其夫避亂麻鷺山中爲賊所得脅之曰從我多與若金否則殺汝毛氏曰寧剖我心不願汝金賊以刀磨其身毛氏

因大詈曰碎尙賊汝碎則臭我碎則香賊怒剔其膓而去年二十九

丁尙賢妻李氏汴梁人年二十餘有姿容至正十五年賊至欲虜之李氏怒曰吾家六世義門豈能從賊以辱身乎於是闔門三百餘口俱被害

李順兒者許州儒士李讓之女也性聰慧頗涉經傳年十八未嫁至正十五年賊陷鈞州密邇許昌父謂其母曰吾家以詩禮相傳此女必累我女聞之泣曰父母可自逃難勿以我爲憂須臾於後園内自經而死

吳守正妻禹氏名淑靖字素清紹興人至正十六年從家崇德之石門淑靖嘗從容謂守正曰方今群盜蜂起萬一不測妾惟有死而已不使人汚此身也是年夏盜陷崇德淑靖倉皇携八歲女登舟以避有盜數輩奔入其舟將犯淑靖淑靖乃抱幼女投河死

黄仲起妻朱氏杭州人至正十六年張士誠冠杭州其女臨安奴倉皇言曰賊至矣我別母求一死也俄而賊驅諸婦至其家且指朱氏母子曰爲我看守日暮我當至也朱氏聞之懼受辱遂與女俱縊死妾馮氏見其母子已死嘆曰我生何爲徒受辱耳亦自縊

死繼而仲起弟妻蔡氏抱幼子玄童與乳母湯氏皆自縊及暮賊至見諸屍滿室執仲起將殺之哀求得脫賊遂盡掠其家財而去

焦士廉妻王氏博興人養姑至孝至正十七年毛貴作亂官軍競出虜掠王氏被執紿曰我家墓田有藏金可共取也信之隨王氏至墓所王氏哭曰我已得死所矣實無藏金汝可於此殺我乃與妾杜氏皆遇害又有趙氏者平陽人年二十未嫁冠亂趙被驅迫以行度不能免紿賊曰吾取所藏金以遺汝賊信之遂還投于厠而死

陳淑真富州陳璧之女璧故儒者避亂移家龍興淑真七歲能誦詩皷琴至正十八年陳友諒冦龍興淑真見隣嫗倉皇來告乃取琴坐牖下彈之曲終泫然流涕曰吾絶絃於斯乎父母怪問之淑真曰城陷必遭辱不如早死明日賊至其居臨東湖遂溺焉水淺不死賊抽矢脅之上岸淑真不從賊射殺之時同郡李宗頤妻夏氏名婉常亦儒家女與女匿居後圃中賊至挾其女共投井死

秦閏夫妻柴氏晉寧人閏夫前妻遺一子尚幼柴氏鞠如己出未幾柴氏有子閏夫病且死囑柴氏曰我

病不復起家貧惟二幼子汝能撫其成立我死亦無憾矣閏夫死家事日微柴氏辛勤紡績遣二子就學至正十八年賊犯晉寧其長子為賊驅迫在圍中既而得脫初在賊時有惡少與張福爲仇往滅其家及官軍至福訴其事事連柴氏長子法當誅柴氏引次子詣官泣訴曰往從惡者吾次子非吾長子也次子曰我之罪可加於兄乎鞫之至死不易其言官反疑次子非柴氏所出訊之他囚始得其情官義柴氏之行爲之言曰婦執義不忘其夫之命子趨死而能成母之志此天理人情之至也遂釋免其長子而次子亦得不死時人皆以爲難二十四年有司上其事旌其門而復其家

也先忽都蒙古欽察氏大寧路達魯花赤鐵木兒不花之妻以夫恩封雲中郡君夫坐事免官居大寧至正十八年紅巾賊至也先忽都與妾王蓮走尼寺中爲賊所得令與衆婦縫衣拒不肯爲賊嚇以刃也先忽都罵曰我達魯花赤妻也汝曹賊也我不能爲針工以從賊賊怒殺之王蓮因自縊者九三賊併殺之先是其子完者帖木兒年十四與父出城見執于賊完者拜哭請以身代父死賊愛完者姿秀遂挈以從

久之乃獲脫歸訪母屍并王蓮葬焉

呂彦能者陵州人至正十八年賊犯陵州彦能與家人謀所往其姊久嫠居寓彦能家先曰我喪夫二十年又無後不死何爲苟辱身則辱吾弟矣赴井死其妻劉氏語彦能曰妾爲君家婦二十八年玆不幸逢亂離必不負君君可自往妾入井矣彦能二女及子婦王氏二孫女皆隨劉氏溺井一門死者七人

劉公翼妻蕭氏濟南人有姿色頗通書史至正十八年聞毛貴兵將壓境豫與夫謀曰妾詩書家女誓以氷雪自將儻城陷被執悔將何追妾以二子一女累

君去作清白鬼於泉下耳夫曰事未至何急於此居亡何城陷蕭解絛自縊死

袁氏孤女建康路溧水州人年十五其母嚴氏孀居極貧病癱瘓卧于床者數年女事母至孝至正十二年兵火延其里隣婦強携女出避火女泣曰我何忍舍母去乎同死而已遂入室抱母共焚而死

徐允讓妻潘氏名妙圓山陰人至正十九年與其夫從舅避兵山谷間舅被執夫泣以救舅脫夫被兵所殺欲強辱潘氏潘氏因紿之曰我夫既死我從汝必矣若能焚吾夫可無憾也兵信之聚薪以焚其夫火

既熾潘氏且泣且語遂投火以死又諸暨蔡氏者王琪妻也至正二十二年張士誠陷諸暨蔡氏避之長寧鄉山中兵猝至有造紙鑊方沸遂投其中而死

趙洙妻許氏集賢大學士有壬之姪女也至正十九年紅巾賊陷遼陽洙時爲儒學提舉夫婦避亂匿資善寺洙以叱賊見害許氏不知也賊甘言誘許氏令指示金銀之處許氏大言曰吾詩書宦冕故家不幸遇難但知守節而死他皆不知也賊以刃脅之許氏色不變已而知其夫死因慟哭仆地罵聲不絕口且曰吾母居武昌死于賊吾女兄弟亦死賊今吾夫又死焉使我得報汝當臨汝矣遂遇害寺僧見許氏死狀哀其貞烈賊退與洙合葬之

張正蒙妻韓氏紹興人正蒙嘗爲湖州德清稅務提領至正十九年紹興兵變正蒙謂韓氏曰吾爲元朝臣子於義當死韓氏曰爾果能死於忠吾必能死於節遂俱縊死其女池奴年十七泣曰父母既死吾何以獨生亦投崖而死又何氏者處之龍泉縣季銳妻也因避兵于邑之繩門巖賊至何氏被執欲汚之乃與子榮兒女回娘投崖而死

劉氏二女長曰貞年十九次曰孫年十七龍興人皆

未許嫁陳友諒寇龍興其母泣謂二女曰城或破置汝何所二女曰寧死不辱父母也城陷二女登樓相繼自縊婢鄭奴亦自縊

于同祖妻曹氏茶陵人父德夫教授湖湘間同祖在諸生中因以女妻焉至正二十年茶陵陷曹氏聞婦女多被驅逐謂其夫及子曰是尚可全生乎我義不辱身以累汝也顧舅年老汝等善事之遂自剄死妾李氏驚抱持之不得亦引刀自剄絕而復蘇曰得從小君地下足矣是夕死

李仲義妻劉氏名翠哥房山人至正二十年縣大饑

平章劉哈剌不花兵乏食執仲義欲烹之仲義弟馬兒走報劉氏劉氏遽往救之涕泣伏地告於兵曰所執者是吾夫也乞矜憐之貸其生吾家有醬一甕米一斗五升窖于地中可掘取之以代吾夫兵不從劉氏曰吾夫瘦小不可食吾聞婦人肥黑者味美吾肥且黑願就烹以代夫死兵遂釋其夫而烹劉氏聞者莫不哀之

李弘益妻申氏冀寧人至正二十年賊陷冀寧申語弘益曰君當速去勿以我婦人相累若賊入吾室必以妾故害及君矣言訖投井死弘益既免於難再娶

安氏居二歲而弘益以疾卒安氏時年三十泣謂諸親曰女子一適人終身不改不幸夫死雖生亦何益哉乃竊入寢室膏沐薰裳自縊于柩側

鄭琪妻羅氏名妙安信州弋陽人幼聰慧能暗誦列女傳年二十歸琪琪家世官族同居百餘口羅氏執婦道無間言琪以軍功擢鉛山州判官羅氏封宜人至正二十年信州陷羅氏度弋陽去州不遠必不免於難輒取所佩刀淬礪今銛甚琪問何爲對曰時事如此萬一遇難爲自全計耳已而兵至羅氏自刎死時年二十九

周如砥女年十九未適人至正二十年鄉民作亂如砥與女避于邑西之客僧嶺女爲賊所執賊曰吾未娶當以汝爲妻女曰我周典史女也死即死豈能從汝耶賊遂殺之如砥時爲紹興新昌典史

狄恒妻徐氏天台人恒早沒徐氏守節不再醮至正二十年鄉民爲亂避難于牛囤山爲賊所執驅迫以前徐紿之曰吾渴甚欲求水一杯賊令自汲即投井而死時年十八

柯節婦陳氏者長樂石梁人至正二十一年海賊刼石梁其夫適在縣郭陳氏出避賊道與賊遇被執以

行陳氏且行且罵賊亂捶之挾以登舟罵不已忽振厲自投江中其父方卧病見其女至呼之不應驚曰吾豈夢耶既而有自賊中歸者言陳氏死狀乃知其鬼也明日屍逆流而上止石梁岸傍時盛暑屍已變其夫驗其背有黑子乃慟哭曰是吾妻也舁歸斂之

李馬兒妻袁氏瑞州人至正二十二年李病沒袁氏年十九誓不再嫁以養舅姑有王成者聞袁氏有姿色挾勢欲娶之袁氏曰吾聞烈女不更二夫寧死不失身也遂往夫墓痛哭縊死樹下

王士明妻李氏名賽兒房山人至正二十五年竹貞

軍至縣李氏及其女李家奴皆被執士明隨至軍軍怒遂之李氏謂其女曰汝父既爲軍所逐吾與汝必不得脫與其受辱不若死女曰毋先殺我李氏即以軍所遺鏺刀殺其女遂自殺竹貞聞之爲之葬祭仍書其門曰王士明妻李氏貞節之門有司上其事爲樹碑焉

陶宗媛台州人儒士杜思絅妻也歸杜四載而夫亡矢志守節台州被兵宗媛方居姑喪忍死護柩爲游軍所執迫脅之媛曰我若畏死豈留此耶任汝殺我以從姑于地下爾遂遇害其妹宗婉弟妻王淑亦皆

赴水死

高麗氏宣慰副使孛羅帖木兒妻也至正二十七年十二月其夫死於兵謂人曰夫既死矣吾安能復事人乎乃積薪塞户以火自焚而死

張訥妻劉氏藍田人訥爲監察御史早卒劉守志不二河東受兵劉氏二子衡衍俱以事出外度不能自脫遂與二婦孫氏姚氏决死盡發貲橐分給家人婦姑同縊焉有華氏者大同張思孝妻爲貊高兵所執以不受辱見殺其婦劉氏僵壓姑屍大罵不已兵併殺之後家人殮其屍婦姑之手猶相持不捨

觀音奴妻卜顏的斤蒙古氏宗王黒閭之女大都被兵卜顏的斤謂其夫曰我乃國族且年少必不容於人豈惜一死以辱家國乎遂自縊而死時張棟妻王氏語家人曰吾爲狀元妻義不可辱赴井死其姑哭之慟亦赴井死

安志道妻劉氏順州人志道及劉氏之弟明理並登進士第劉氏避兵匿岩穴中軍至欲汚之劉氏曰我弟與夫皆進士也我豈受汝辱乎軍士以兵磨其體劉大罵不輟聲軍怒乃鉤斷其舌含糊而死

宋謙妻趙氏大都人兵破大都趙氏子婦温氏高氏

孫婦高氏徐氏皆有姿色合謀曰兵且至矣我等豈可辱身以苟全哉趙即自經死諸婦四人諸孫男女六人衆妾三人皆赴井而死

齊闋妻劉氏河南人闋應募爲千夫長戰死澤潞間劉氏貧無所依守志不奪有來強議婚者劉氏紿曰吾三月三日有心願償畢當從汝所言是日徑往彰德天寧寺登浮圖絶頂祝天曰妾本河南名家劉氏女遭世亂適湖南齊闋爲妻今夫已死不敢失節也遂投地而死

王宗仁妻宋氏進士宋褧之女也宗仁家永平永平

受兵宋氏從夫避于鏵子山夫婦爲軍所虜行至玉田縣有窺宋氏色美欲害宗仁者宋氏顧謂夫曰我不幸至此必不以身累君言訖遂携一女投井死時年二十九

王履謙妻齊氏太原人治家嚴肅克守婦道至正十八年賊陷太原齊氏與二婦蕭氏呂氏及二女避難於趙莊石巖賊且至度不能免顧謂二女曰汝家五世同居號爲清白豈可虧節辱身以苟生哉長女曰吾夫已死今爲未亡人得死爲幸呂氏曰吾爲中書左丞之孫義不受辱齊氏大哭乃與二婦二女及二

孫女俱投岩下以死

王時妻安氏名正同磁州人平章政事祐孫女也至正十九年時以參知政事分省太原安氏從之二十年賊兵寇太原城陷衆皆逃安氏與其妻李氏同赴井死事聞贈梁國夫人謚莊潔

徐猱頭妻岳氏大都人兵入都城岳氏告其夫曰我等恐被驅逐將奈何其夫曰事急惟有死耳何避也遂火其所居夫婦赴火以死其母王氏二女一子皆抱持赴火死

金氏詳定使四明程徐妻也京城既破謂其女曰汝父出捍城我三品命婦汝儒家女又進士妻不可受辱抱二歲子及女赴井死

汪琰妻潘氏徽州婺源人年二十八而琰卒潘氏誓不他適以其夫從兄之子元圭爲後元圭時始三歲鞠之不啻已出潘氏卒年六十二元圭之子良垕有子燕山燕山卒時妻李氏年二十四無子乃守志自誓父母欲奪而嫁之不聽燕山兄子惟德娶俞氏惟德早死二子甚幼俞氏守節辛勤不墜家業故人賢汪氏之門而稱曰三節同郡歙縣吳子恭之妻蔣氏年二十八而夫亡孀居五十年年七十八卒至正十

四年旌表門閭

傳卷第八十八

翰林學士亞中大夫知制誥兼修國史臣宋濂 翰林待制承直郎同知制誥兼國史院編修官臣王禕等奉

勑修

釋老

釋老之教行乎中國也千數百年而其盛衰每繫乎時君之好惡是故佛於晉宋梁陳黃老于漢魏唐宋而其效可覩矣元興崇尚釋氏而帝師之盛尤不可與古昔同語維道家方士之流假禱祠之說乘時以起曾不及其什一爲宋舊史嘗志老釋厥有旨哉乃本其意作釋老傳

帝師八思巴者土番薩斯迦人族款氏也相傳自其祖朶栗赤以其法佐國主霸西海者十餘世八思巴生七歲誦經數十萬言能約通其大義國人號之聖童故名曰八思巴少長學富五明故又稱曰班彌怛歲癸丑年十有五謁世祖于潛邸與語大悅日見親禮中統元年世祖即位尊爲國師授以玉印命製蒙古新字字成上之其字僅千餘其母凡四十有一其相關紐而成字者則有韻關之法其以二合三合四合而成字者則有語韻之法而大要則以諧聲爲宗也至元六年詔頒行於天下詔曰朕惟字以書言言以紀事此古今之通制我國家肇基朔方俗尚簡古未遑制作凡施用文字因用漢楷及畏吾字以達本朝之言考諸遼金以及遐方諸國例各有字今文治寖興而字書有闕於一代制度實爲未備故特命國師八思巴創爲蒙古新字譯寫一切文字期於順言達事而已自今以往凡有璽書頒降者並用蒙古新字仍各以其國字副之遂升號八思巴曰大寶法王更賜玉印十一年請告西還留之不可乃以其弟亦憐真嗣焉十六年八思巴卒訃聞賻贈有加賜號皇天之下一人之上宣文輔治大聖至德普覺真智佑

國如意大寶法王西天佛子大元帝師至治間特詔郡縣建廟通祀泰定元年又以繪像十一頒各行省爲之塑像云亦憐真嗣爲帝師凡六歲至元十九年卒答兒麻八剌乞列嗣二十三年卒亦攝思連真嗣三十一年卒乞剌斯八斡節兒嗣成宗特造寶玉五方佛冠賜之元貞元年又更賜雙龍盤紐白玉印文曰大元帝師統領諸國僧尼中興釋教之印大德七年卒明年以輦真監藏嗣又明年卒都家班嗣皇慶二年卒相兒加思嗣延祐元年卒二年以公哥羅古羅思監藏班藏卜嗣至治三年卒旺出兒監藏嗣泰

定二年卒公哥列思八冲納思監藏班藏卜嗣賜玉印降璽書諭天下其年卒天曆二年以輦真吃剌失思嗣八思巴時又有國師膽巴者一名功嘉葛剌思西番突甘斯旦麻人幼從西天竺古達麻失利傳習梵秘得其法要中統間帝師八思巴薦之時懷孟大旱世祖命禱之立雨又嘗呪食投龍湫頃之奇花異果上尊湧出波面取以上進世祖大悅至元末以不容於時相桑哥力請西歸既復召還謫之潮州時樞密副使月的迷失鎮潮而妻得奇疾膽巴以所持數珠加其身即愈又嘗爲月的迷失言異夢及已還朝期後皆驗元貞間海都犯西番界成宗命禱于摩訶葛剌神已而捷書果至又爲成宗禱疾遄愈賜與甚厚且詔分御前校尉十人爲之導從成宗北巡命膽巴以象輿前導過雲州語諸弟子曰此地有靈怪恐驚乘輿當密持神呪以厭之未幾風雨大至衆咸震懼惟幄殿無虞復賜碧鈿盃一大德七年夏卒皇慶間追號大覺普惠廣照無上膽巴帝師其後又有必蘭納識里者初名只剌瓦彌的理北庭感木魯國人幼熟畏兀兒及西天書長能貫通三藏暨諸國語大德六年奉旨從帝師授戒於廣寒殿代帝出家更賜

令名皇慶中命繙譯諸梵經典延祐間特賜銀印授光祿大夫是時諸番朝貢表牋文字無能識者皆令必蘭納識理譯進嘗有以金刻字爲表進者帝遣視之廷中愕眙觀所以對必蘭納識理隨取案上墨汁塗金葉審其字命左右執筆口授表中語及使人名氏與貢物之數書而上之明日有司閱其物色與所賁重譯之書無少差者衆無不服其博識而竟莫測其何所從授或者以爲神悟云授開府儀同三司仍賜三臺銀印兼領功德使司事厚其廩餼俾得以養母焉至治三年改賜金印特授沙律愛護持且命爲諸國引進使至順二年又賜玉印加號普覺圓明廣照弘辯三藏國師三年與安西王子月魯帖木兒等謀爲不軌坐誅其所譯經漢字則有楞嚴經西天字則有大乘莊嚴寶度經乾陀般若經大涅槃經稱讚大乘功德經西番字則有不思議禪觀經通若干卷元起朔方固已崇尚釋教及得西域世祖以其地廣而險遠民獷而好鬭思有以因其俗而柔其人乃郡縣土番之地設官分職而領之於帝師乃立宣政院其爲使位居第二者必以僧爲之出帝師所辟舉而總其政於内外者帥臣以下亦必僧俗並用而軍民

過攝於是帝師之命與詔勑並行於西土百年之間朝廷所以敬禮而尊信之者無所不用其至雖帝后妃主皆因受戒而爲之膜拜正衙朝會百官班列而帝師亦或專席於坐隅且每帝即位之始降詔褒護必勑章佩監絡珠爲字以賜蓋其重之如此其未至而迎之則中書大臣馳驛累百騎以往所過供億送迎比至京師則敕大府假法駕半仗以爲前導詔省臺院官以及百司庶府並服銀鼠質孫用每歲二月八日迎佛威儀往迓且命禮部尚書郎中專督迎接及其卒而歸葬舍利又命百官出郭祭餞大德九年

專遣平章政事鐵木兒乘傳護送賻金五百兩銀千兩幣帛萬匹鈔三千定皇慶二年加至賻金五千兩銀一萬五千兩錦綺雜綵共一萬七千匹雖其昆弟子姓之往來有司亦供億無乏泰定間以帝師弟公哥亦思監將至詔中書持羊酒郊勞而其兄瑣南藏卜遂尚公主封白蘭王賜金印給圓符其弟子之號司空司徒國公佩金玉印章者前後相望爲其徒者怙勢恣睢日新月盛氣燄熏灼延于四方爲害不可勝言有楊璉真加者世祖用爲江南釋教揔統發掘故宋趙氏諸陵之在錢唐紹興者及其大臣塚墓凡

一百一所戕殺平民四人受人獻美女寶物無筭且攘奪盜取財物計金一千七百兩銀六千八百兩玉帶九玉器大小百一十有一雜寶貝百五十有二大珠五十兩鈔一十一萬六千二百定田二萬三千畝私庇平民不輸公賦者二萬三千戶他所藏匿未露者不論也又至大元年上都開元寺西僧強市民薪民訴諸留守李壁壁方詢問其由僧已率其黨持白梃突入公府隔案引壁髮捽諸地捶朴交下拽之以歸閉諸空室久乃得脫奔訴于朝遇赦以免二年復有僧龔柯等十八人與諸王合兒八剌妃忽禿赤的斤

爭道拉妃墮車毆之且有犯上等語事聞詔釋不問而宣政院臣方奏取旨凡民毆西僧者截其手詈之者斷其舌時仁宗居東宮聞之亟奏寢其令泰定二年西臺御史李昌言嘗經平涼府靜會定西等州見西番僧佩金字圓符絡繹道途馳騎累百傳舍至不能容則假館民舍因迫逐男子奸汙女婦奉元一路自正月至七月往返者百八十五次用馬至八百四十餘匹較之諸王行省之使十多六七驛戶無所控訴臺察莫得誰何且國家之製圓符本爲邊防警報之虞僧人何事而輒佩之乞更正僧人給驛法且令

臺憲得以糾察不報必蘭納識里之誅也有司籍之得其人畜土田金銀貨貝錢幣邸舍書畫器玩以及婦人七寶裝具價直鉅萬萬云若歲時祝釐禱祠之常號稱好事者其目尤不一有曰鎮雷阿藍納四華言慶讚也有曰亦思滿藍華言藥師壇也有曰搠思串卜華言護城也有曰朶兒禪華言大施食也有曰朶兒只列朶四華言美妙金剛迴遮施食也有曰察兒哥朶四華言迴遮也有曰籠哥兒華言風輪也有曰喒朶四華言作施食也有曰出朶兒華言出水濟六道也有曰党剌朶四華言迴遮施食也有曰典朶

兒華言常川施食也有曰坐靜有曰魯朝華言獅子吼道場也有曰黑牙蠻荅哥華言黑獄帝主也有曰搠思江朶兒麻華言護江神施食也有曰赤思古林搠華言自受主戒也有曰鎮雷坐靜有曰吃剌察坐靜華言祕密坐靜也有曰斟惹華言文殊菩薩也有曰古林朶四華言至尊大黑神迴遮施食也有曰歇白咱剌華言大喜樂也有曰必思禪華言無量壽也有曰覩思哥兒華言白傘蓋呪也有曰杈札沙剌華言五護陀羅尼經也有曰阿昔荅撒荅昔里華言八十頌般若經也有曰撒思納屯華言大理天神呪也

有曰闊兒魯弗卜屯華言大輪金剛呪也有曰且八迷屯華言無量壽經也有曰亦思羅八華言最勝王經也有曰撒思納屯華言護神呪也有曰南占屯華言懷相金剛也有曰卜魯八華言呪法也又有作擦擦者以泥作小浮屠也又有作荅兒剛者其作荅兒剛者或一所二所以至七所作擦擦者或十萬二十萬以至三十萬又嘗造浮屠二百一十有六實以七寶珠玉半置海畔半置水中以鎮海災延祐四年宣徽使會每歲內廷佛事所供其費以斤數者用麪四十三萬九千五百油七萬九千酥二萬一千八百七

十蜜二萬七千三百自至元三十年間醮祠佛事之目僅百有二大德七年再立功德司遂增至五百有餘僧徒貪利無已營結近侍欺昧奏請布施莽齋所需非一歲費千萬較之大德不知幾倍又每歲必因好事奏釋輕重囚徒以爲福利雖大臣如阿里闍帥如別沙兒等莫不假是以逭其誅宣政院參議李良弼受賕鬻官直以帝師之言縱之其餘殺人之盜作奸之徒寅緣幸免者多至或取空名宣勅以爲布施而任其人可謂濫矣凡此皆有關乎一代之治體者故今備著焉若夫天下寺院之領於內外宣政院曰

禪曰教曰律則固各守其業惟所謂白雲宗白蓮宗者亦或頗通奸利云

丘處機登州棲霞人自號長春子兒時有相者謂其異日當爲神仙宗伯年十九爲全眞學于寧海之崑崙山與馬鈺譚處端劉處玄王處一郝大通孫不二同師重陽王眞人重陽一見處機大器之金宋之季俱遣使來召不赴歲己卯太祖自乃蠻命近臣札八兒劉仲祿持詔求之處機一日忽語其徒使促裝曰天使來召我我當往翌日二人者至處機乃與弟子十有八人同往見焉明年宿留山北先馳表謝拳拳

以止殺爲勸又明年趣使再至乃發撫州經數十國爲地萬有餘里蓋蹀血戰場避寇叛域絶糧沙漠自崑崙歷四載而始達雪山常馬行深雪中馬上舉策試之未及積雪之半既見太祖大悅賜食設廬帳甚飭太祖時方西征日事攻戰處機每言欲一天下者必在乎不嗜殺人及問爲治之方則對以敬天愛民爲本問長生久視之道則告以淸心寡欲爲要太祖深契其言曰天錫仙翁以寤朕志命左右書之且以訓諸子焉於是錫之虎符副以璽書不斥其名惟曰神仙一日雷震太祖以問處機對曰雷天威也人罪莫大於不孝不孝則不順乎天故天威震動以警之似聞境内不孝者多陛下宜明天威以導有衆太祖從之歲癸未太祖大獵于東山馬踣處機請曰天道好生陛下春秋高數畋獵非宜太祖爲罷獵者久之時國兵踐蹂中原河南北尤甚民罹俘戮無所逃命處機還燕使其徒持牒招求於戰伐之餘由是爲人奴者得復爲良與瀕死而得更生者毋慮二三萬人中州人至今稱道之歲乙酉熒惑犯尾其占在燕處機禱之果退舍丁亥又爲旱禱期以三日雨當名瑞應已而亦驗有旨改賜宮名曰長春且遣使勞問制

若曰朕常念神仙神仙毋忘朕也六月浴于東溪越二日天大雷雨太液池岸北水入東湖聲聞數里魚鼈盡去池遂涸而北口高岸亦崩處機嘆曰山其摧乎池其涸乎吾將與之俱乎遂卒年八十其徒尹志平等世奉璽書襲掌其教至大間加賜金印處機之四傳有曰祁志誠者居雲州金閣山道譽甚著丞相安童嘗過而問之志誠告以脩身治世之要安童感其言故其相世祖也以淸靜忠厚爲主及罷還第退然若無與於世者人以爲有得於志誠之言其後安童復被召入相辭不可遂往决於志誠志誠曰昔與

子同列者何人今同列者何人安童悟入見世祖辭曰臣昔爲宰相年尚少幸不失陛下事者丞佐皆臣所師友今事臣者皆進與臣俱則臣之爲政能有加於前乎世祖曰誰爲卿言是對曰祈真人世祖嘆異者久之

正一天師者始自漢張道陵其後四代曰盛來居信之龍虎山相傳至三十六代宗演當至元十三年世祖已平江南遣使召之至則命廷臣郊勞待以客禮及見語之曰昔歲已未朕次鄂渚嘗令王一清往訪卿父卿父使報朕曰後二十年天下當混一神仙之

言驗於今矣因命坐錫宴特賜玉芙蓉冠組金無縫服命主領江南道教仍賜銀印十八年二十五年再入覲世祖嘗命取其祖天師所傳玉印寶劒觀之語侍臣曰朝代更易已不知其幾而天師劒印傳子若孫尚至今日其果有神明之相矣乎嗟嘆久之二十九年卒子與棣嗣爲三十七代襲掌江南道教三十一年入覲卒于京師元貞元年弟與材嗣爲三十八代襲掌道教時潮囓塩官海塩兩州爲患特甚與材以術治之一夕大雷電以震明日見有物魚首龜形者磔于水裔潮患遂息大德五年召見于上都幄殿

八年授正一教主主領三山符録武宗即位來覲特授金紫光祿大夫封留國公錫金印仁宗即位特賜寶冠組織文金之服延祐三年卒四年子嗣成嗣爲三十九代襲領江南道教主領三山符録如故其徒

張留孫者字師漢信州貴溪人少時入龍虎山爲道士有道人相之曰神仙宰相也至元十三年從天師張宗演入朝世祖與語稱旨遂留侍闕下世祖嘗親祠幄殿皇太子侍忽風雨暴至衆駭懼留孫禱之立止又嘗次日月山昭睿順聖皇后得疾危甚亟召留孫請禱既而后夢有朱衣長髯從甲士導朱輦白獸

行草間者覺而異之以問留孫對曰甲士導輦獸者臣所佩法籙中將吏也朱衣長髯者漢祖天師也行草間者春時也殿下之疾其及春而瘳乎后命取所事畫像以進視之果夢中所見者帝后大悅即命留孫爲天師留孫固辭不敢當乃號之上卿命尚方鑄寶劒以賜建崇真宮于兩京俾留孫居之專掌祠事十五年授玄教宗師錫銀印又特任其父信州路治中尋復陞江東道同知宣慰司事是時天下大定世祖思與民休息留孫待詔尚方因論黃老治道貴清淨聖人在宥天下之旨深契主衷及將以完澤爲相

命留孫筮之得同人之豫留孫進曰同人柔得位而進乎乾君臣之合也豫利侯命相之事也何吉如之願陛下勿疑及拜完澤天下果以爲得賢相大德中加號玄教大宗師同知集賢院道教事且追封其三代皆魏國公官階品俱第一武宗立召見賜坐陞大眞人知集賢院位大學士上尋又加特進進講老子推明謙讓之道及仁宗即位猶恒誦其言且諭近臣曰累朝舊德僅餘張上卿爾進開府儀同三司加號輔成贊化保運玄教大宗師刻玉爲玄教大宗師印以賜至治元年十二月卒年七十四天曆元年追贈

道祖神應眞君其徒吳全節嗣全節字成季饒州安仁人年十三學道于龍虎山至元二十四年至京師從留孫見世祖三十一年成宗至自朔方召見賜古琱玉蟠螭環一敕每歲侍從行幸所司給廬帳車馬衣服廩餼著爲令大德十一年授玄教嗣師錫銀印視二品至大元年賜七寶金冠織金文之服三年贈其祖昭文館大學士封其父司徒饒國公母饒國太夫人名其所居之鄉曰榮祿里曰具慶至治元年留孫卒二年制授特進上卿玄教大宗師崇文弘道玄德眞人揔攝江淮荆襄等處道教知集賢院道教事玉印一銀印二并授之全節嘗代祀嶽瀆還成宗問曰卿所過郡縣有善治民者乎對曰臣過洛陽太守盧摯平易無爲而民以安靖成宗曰吾憶其人即日召拜集賢學士成宗崩仁宗至自懷孟有狂士以危言訐翰林學士閻復者事叵測全節力爲言于李孟孟以聞仁宗意解復告老而去當時以爲朝廷得敬大臣體而不以口語傷賢者全節蓋有力焉全節雅好結士大夫無所不傾其交長者尤見親而敬推轂善類唯恐不盡其力至於振窮周急又未嘗以恩怨異其心當時以爲頗有俠氣云全節卒年八十有二

其徒夏文泳嗣

眞大道教者始自金季道士劉德仁之所立也其教以苦節危行爲要而不妄取於人不苟侈於己者也五傳而至酈希誠居燕城天寶宮見知憲宗始名其教曰眞大道授希誠太玄眞人領教事內出冠服以賜仍給紫衣三十襲賜其從者至元五年世祖命其徒孫德福統轄諸路眞大道錫銅章二十年改賜銀印二又三傳而至張志清其教益盛授演教大宗師凝神冲妙玄應眞人志清事親孝尤耐辛苦制行賢峻東海珠牢山舊多虎志清往結茅居之虎皆避徙然

頗爲人害志清曰是吾奪其所也遂去之後居臨汾地大震城郭邑屋摧壓死者不可勝計獨志清所居裂爲二無少損焉乃徧巡木石間聽呻吟聲救活者甚衆朝廷重其名給驛致之掌教事志清舍傳徒步至京師深居簡出人或不識其面貴人達官來見率告病伏卧內不起至於道德縉紳先生則納屣杖履求見不以爲難時人高其風至畫爲圖以相傳焉

太一教者始金天眷中道士蕭抱珍傳太一三元法籙之術因名其教曰太一四傳而至蕭輔道世祖在潛邸聞其名命史天澤召至和林賜對稱旨留居宮

邸以老請授弟子李居壽掌其教事至元十一年建太一宮于兩京命居壽居之領祠事且禋祀六丁以繼太保劉秉忠之術十三年賜太一掌教宗師印十六年十月辛丑月直元辰勅居壽祠醮奏赤章于天凡五晝夜事畢居壽請間曰皇太子春秋鼎盛宜參預國政且又因典瑞董文忠以爲言世祖喜曰行將及之其後詔太子參决朝政庶事皆先啓後聞者蓋居壽爲之先也

傳卷第八十九

列傳卷第九十　元史二百三

翰林學士亞中大夫知制誥兼修國史臣宋濂翰林待制承直郎同知制誥兼國史院編修官臣王禕等奉勑修

方技 工藝附

自昔帝王勃興雖星曆醫卜方術異能之士莫不過絕於人類非後來所及蓋天運也元有中土鉅公異人身兼數器者皆應期而出相與立法創制開物成務以輔成大業亦云盛哉若道流釋子所挾多方事適逢時既皆別爲之傳其他以術數言事輒驗及以醫著效被光寵者甚衆舊史多闕弗録今取其事蹟

可見者爲方技篇而以工藝貴顯亦附見焉

田忠良字正卿其先平陽趙城人金亡徙中山忠良好學通儒家雜家言嘗識太保劉秉忠於微時秉忠薦于世祖遣使召至帝視其狀貌步趨顧謂侍臣曰是雖以陰陽家進必將爲國用俄指西序第二人謂忠良曰彼手中握何物忠良對曰雞卵也果然帝喜又曰朕有事縈心汝試占之對曰以臣術推之當是一名僧病耳帝曰然國師也遂遣左侍儀奉御也先乃送忠良司天臺給筆札令秉忠試星曆遁甲諸書秉忠奏曰所試皆通司天諸生鮮有及者詔官之司

天帝曰朕用兵江南困于襄樊累年不决奈何忠良對曰在酉年矣至元十一年阿里海牙奏請率十萬衆渡江朝議難之帝冢問曰汝試筮之濟否忠良對曰濟帝獵于柳林御幄殿侍臣甚衆顧忠良曰今拜一大將取江南朕心已定果何人耶忠良環視左右目一人對曰是偉丈夫可屬大事帝笑曰此伯顏也爲西王旭烈兀使朕以其才留用之汝識朕心賜鈔五百貫衣一襲七月十五日夜白氣貫三台帝問何祥忠良對曰三公其死乎未幾太保劉秉忠卒八月帝出獵駐輦召忠良曰朕有所遣汝知何物還可復

得否對曰其數珠乎明日二十里外人當有得而來獻者已而果然帝喜賜以貂裘十月有旨問忠良南征將士能渡江否勞師費財朕甚憂之忠良奏曰明年正月當奏捷矣十二年正月師取鄂州丞相伯顏遣使來獻宋寶有玉香爐轂以賜忠良及金織文十疋二月帝不豫召忠良謂曰或言朕今歲不嘉汝術云何忠良對曰聖體行自安矣三月帝疾愈賜銀五百兩衣材三十疋五月車駕清暑上都遣使來召曰叛者浸入山陵久而不去汝與和禮霍孫率衆往視之既至山陵如故俄而叛兵大至圍之三匝三日不

解忠良引衆夜歸敵殊不覺和禮霍孫以爲神白其事于帝賜黄金十兩八月以海都爲邊患遣皇子北平王那木罕丞相安童征之忠良奏曰不吉將有叛者帝不悅十二月諸王昔里吉劫皇子丞相以入海都帝召忠良曰朕幾信讒言罪汝今如汝言汝祀神致禱雖黄金朕所不吝忠良對曰無事於神皇子未年當還後果然十四年八月車駕駐隆興北忠良奏曰昔里吉之叛以安童之食不彼及也今宿衛之士日食一瓜豈能充飢竊有怨言矣帝怒笞主膳二人俾均其食十五年三月汴梁河清三百里帝曰憲宗

生河清朕生河又清今河又清何耶忠良對曰應在皇太子宫矣帝語符寶郎董文忠曰是不妄言殆有徵也十八年特命爲太常丞少府爲諸王昌童建宅於太廟南忠良往仆其柱少府奏之帝問忠良對曰太廟前豈諸王建宅所耶帝曰卿言是也又奏曰太廟前無馳道非禮也即勑中書闢道國制十月上吉有事于太廟或請牲不用牛忠良奏曰梁武帝用麵爲犧牲後如何耶從之遷太常少卿二十年將征日本國召忠良擇日出師忠良奏曰僻陋海隅何足勞天戈不聽二十四年請建大社於朝右建郊壇於國

南㦲兼引進使二十九年遷太常卿大德元年遷昭文館大學士中奉大夫兼太常太卿十一年成宗崩阿忽台等持異謀將以皇后教祔成宗於廟忠良爭曰嗣皇帝祔先帝於廟禮也皇后教非制也阿忽台等怒曰制自天降耶汝不畏死敢沮大事忠良竟不從既而仁宗以太弟奉皇太后至自懷州潛與密謀誅阿忽台等武宗即位進榮祿大夫大司徒賜銀印仁宗即位又進光祿大夫領太常禮儀院事延祐四年正月卒年七十五贈推忠守正佐運功臣太師開府儀同三司上柱國追封趙國公謚忠獻子天澤翰

林侍講學士嘉議大夫知制誥兼脩國史

靳德進其先潞州人後徙大名祖璇業儒父祥師事陵川郝温兼善星曆金末兵亂與母相失母悲泣而盲祥訪得之舐其目百日復明人稱其孝國初王出于劉敏行省于燕辟祥賓幕下佩以金符時藩帥得擅生殺無辜者多賴祥以免贈集賢大學士謚安靖德進爲人材辨幼讀書能通大義父歿益自刻勵尤精於星曆之學世祖命太保秉忠選太史官屬德進以選受天文星曆卜筮三科管勾凡交蝕躔次六氣侵沴所言休咎輒應時因天象以進規諫多所裨益累遷秘書監掌司天事從征叛王乃顏撥度日時率中機會諸將欲勦絶其黨德進獨陳天道好生請緩師以待其降俄奏言叛始由惑於妖言遂謀不軌宜括天下術士設陰陽教官使訓學者仍歲貢有成者一人帝從之遂著爲令成宗以皇孫撫軍北邊帝遣使授皇太子寶德進預在行凡攻戰取勝皆豫尅期日無不驗者亦間言事得失多所裨益成宗即位歷陳世祖進賢納諫咨詢治亂之原帝嘉納之授昭文館大學士知太史院領司天臺事賜金帶宴服都城以菸苫廪或請以瓦易之帝以問德進對曰若是役

騷與物必踴貴民力重困臣愚未見其可議遂寢勅中書自今凡集議政事必使德進預焉所建明多見於施行尋以病丐閑仁宗時在東宮特令中書加官以留之會車駕自上京還召見白海行宫授資德大夫中書右丞議通政院事仁宗即位命領太史院事力辭不允以疾卒于位贈推誠賛治功臣榮祿大夫大司徒柱國魏國公謚文穆子泰工部侍郎

張康字汝安號明遠潭州湘潭人祖安厚父世英康早孤力學旁通術數宋呂文德江萬里留夢炎皆推重之辟置幕下宋亡隱衡山至元十四年世祖遣中

丞崔彧祀南嶽就訪隱逸彧兄湖南行省參政崔斌言康隱衡山學通天文地理彧還具以聞遣使召康與斌偕至京師十五年夏四月至上都見帝親試所學大驗授著作佐郎仍以内嬪松夫人妻之凡召對禮遇殊厚呼以明遠而不名嘗面諭凡有所問使極言之十八年康上奏歲壬午太一理艮宫主大將客參將囚直符治事正屬燕分明年春京城當有盜兵事干將相十九年三月盜果起京師殺阿合馬等帝欲征日本命康以太一推之康奏曰南國甫定民力未蘇且今年太一無筭舉兵不利從之嘗賜太史院

嘉靖十年補刊

錢分千貫以與康不受衆服其廉久之乞歸田里優詔不許遷奉直大夫秘書監丞年六十五卒子天祐

李杲字明之鎮人也世以貲雄鄉里杲幼歲好醫藥時易人張元素以醫名燕趙間杲捐千金從之學不數年盡傳其業家既富厚無事於技操有餘以自重人不敢以醫名之大夫士或病其資性高謇少所降屈非危急之疾不敢謁也其學於傷寒癰疽眼目病爲尤長北京人王善甫爲京兆酒官病小便不利目睛凸出腹脹如鼓膝以上堅硬欲裂飲食且不下甘淡滲泄之藥皆不效杲謂衆醫曰疾深矣内經有之膀胱者津液之府必氣化乃出焉今用滲泄之劑而病益甚者是氣不化也啓玄子云無陽者陰無以生無陰者陽無以化甘淡滲泄皆陽藥獨陽無陰其欲化得乎明日以羣陰之劑投不再服而愈西臺掾蕭君瑞二月中病傷寒發熱醫以白虎湯投之病者面黑如墨本證不復見脉沉細小便不禁杲初不知用何藥及診之曰此立夏前誤用白虎湯之過白虎湯大寒非行經之藥止能寒腑藏不善用之則傷寒本病隱曲於經絡之間或更以大熱之藥救之以苦陰邪則他證必起非所以救白虎也有溫藥之升陽行經者吾用之有難者曰白虎大寒非大熱何以救君之治奈何杲曰病隱於經絡間陽不升則經不行經行而本證見矣本證又何難焉果如其言而愈魏邦彥之妻目翳暴生從下而上其色綠腫痛不可忍杲云翳從下而上病從陽明來也綠非五色之正殆肺與腎合而爲病邪乃瀉肺腎之邪而以入陽明之藥爲之使既効矣而他日病復作者三其所從來之經與翳色各異乃曰諸脉皆屬於目脉病則目從之此必經絡不調經不調則目病未已也問之果然因如所論而治之疾遂不作馮叔獻之姪櫟年十五六病

傷寒目赤而頓渴脈七八至醫欲以承氣湯下之已煑藥而杲適從外來馮告之故杲切脈大駭曰幾殺此兒內經有言在脈諸數爲熱諸遲爲寒今脈八九至是熱極也而會要大論云病有脈從而病反者何也脈之而從按之不鼓諸陽皆然此傳而爲陰證矣令持薑附來吾當以熱因寒用法處之藥未就而病者爪甲變頃服者八兩汗尋出而愈陝帥郭巨濟病偏枯二指著足底不能伸杲以長鍼刺骩中深至骨而不知痛出血一二升其色如墨又且謬刺之如此者六七服藥三月病良已裴擇之妻病寒熱月事不

至者數年已喘嗽矣醫者率以蛤蚧桂附之藥投之杲曰不然夫病陰爲陽所搏溫劑太過故無益而反害投以寒血之藥則經行矣已而果然杲之設施多類此當時之人皆以神醫目之所著書今多傳於世云

工藝

孫威渾源人幼沈鷙有巧思金貞祐間應募爲兵以驍勇稱及雲中來附守帥表授義軍千戶從軍攻潞州破鳳翔皆有功善爲甲嘗以意製蹄筋翎根鎧以獻太祖親射之不能徹大悅賜名也可兀蘭佩以金符授順天安平懷州河南平陽諸路工匠都總管從攻邠乾突戰不避矢石帝勞之曰汝縱不自愛獨不爲吾甲冑計乎因命諸將衣其甲者問曰汝等知所愛重否諸將對皆失旨意太祖曰能捍蔽爾輩以與我國家立功者非威之甲耶而爾輩言不及此何也復以錦衣賜威每從戰伐恐民有橫被屠戮者輒以蒐簡工匠爲言而全活之歲庚子卒年五十八至大二年贈中奉大夫武備院使神川郡公謚忠惠子拱爲監察御史後襲順天安平懷州河南等路甲匠都總管巧思如其父嘗製甲二百八十襲以獻至元十

一年別製疊盾其製張則爲盾斂則合而易持世祖以爲古所未有賜以幣帛丞相伯顏南征以甲冑不足詔諸路集匠民分製拱董順天河間甲匠先期畢工且象虎豹異獸之形各殊其制皆稱旨十五年授保定路治中適歲饑議開倉賑民或曰宜請于朝拱曰救荒事不可緩也若得請而後發粟以賑之則民餒死矣苟見罪吾自任之遂發粟四千五百石以賑饑民高陽土豪據沙河橋取行者錢人以爲病拱執而罪之二十二年除武備少卿遷大都路軍器人匠總管陞工部侍郎成宗即位典朝會供給賜銀

百兩織紋段五十匹帛二十五匹鈔萬貫元貞二年授大同路總管兼府尹大德五年遷兩浙都轉運使鹽課舊二十五萬引歲不能足拱至增五萬引遂爲定額九年改益都路總管兼府尹仍出內府弓矢寶刀賜之卒於官贈大司農神川郡公謚文莊

阿老瓦丁

阿老瓦丁回回氏西域木發里人也至元八年世祖遣使徵砲匠于宗王阿不哥王以阿老瓦丁亦思馬因應詔二人舉家馳驛至京師給以官舍首造大砲竪于五門前帝命試之各賜衣段十一年國兵渡江

平章阿里海牙遣使求砲手匠命阿老瓦丁往破潭州静江等郡悉賴其力十五年授宣武將軍管軍總管十七年陛見賜鈔五千貫十八年命屯田於南京二十二年樞密院奉旨改元帥府爲回回砲手軍匠上萬户府以阿老瓦丁爲副萬户大德四年告老子富謀只襲副萬户皇慶元年卒子馬哈馬沙襲

亦思馬因回回氏西域旭烈人也善造砲至元八年與阿老瓦丁至京師十年從國兵攻襄陽未下亦思馬因相地勢置砲于城東南隅重一百五十斤機發聲震天地所擊無不摧陷入地七尺宋安撫呂文煥懼以城降既而以功賜銀二百五十兩命爲回回砲手總管佩虎符十一年以疾卒子布伯襲職時國兵渡江宋兵陳于南岸擁舟師迎戰布伯於北岸竪砲以擊之舟悉沉没後每戰用之皆有功十八年佩三珠虎符加鎮國上將軍回回砲手都元帥明年改軍匠萬户府萬户遷刑部尚書以弟亦不剌金爲萬户佩元降虎符官廣威將軍布伯俄進通奉大夫浙東道宣慰使賜鈔二萬五千貫俾養老馬子哈散廕授昭信校尉高郵府同知致和元年八月樞密院檄亦不剌金所部軍匠至京師賜鈔二千五百貫金綺四端與馬哈馬沙造砲天曆二年以疾卒子亞古襲

阿尼哥尼波羅國人也其國人稱之曰八魯布幼敏悟異凡兒稍長誦習佛書朞年能曉其義同學有爲繪畫粧塑業者讀尺寸經阿尼哥一聞即能記長善畫塑及鑄金爲像中統元年命帝師八合斯巴建黄金塔于吐蕃尼波羅國選匠百人往成之得八十人求部送之人未得阿尼哥年十七請行衆以其幼難之對曰年幼心不幼也乃遣之帝師一見奇之命監其役明年塔成請歸帝師勉以入朝乃祝髮受具爲弟子從帝師入見帝視之久問曰汝來大國得無懼

乎對曰聖人子育萬方子至父前何懼之有又問汝來何爲對曰臣家西域奉命造塔吐蕃二載而成見彼土兵難民不堪命願陛下安輯之不遠萬里爲生靈而來耳又問汝何所能對曰臣以心爲師頗知畫塑鑄金之藝帝命取明堂鍼灸銅像示之曰此安撫王檝使宋時所進歲久闕壞無能修完之者汝能新之乎對曰臣雖未嘗爲此請試之至元二年新像成關鬲脈絡皆備金工歎其天巧莫不愧服凡兩京寺觀之像多出其手爲七寶鑌鐵法輪車駕行幸用以前導原廟列聖御容織錦爲之圖畫弗及也至元十

年始授人匠總管銀章虎符十五年有詔返初服授光祿大夫大司徒領將作院事寵遇賞賜無與爲比卒贈太師開府儀同三司涼國公上柱國謚敏慧子六人曰阿僧哥大司徒阿述臈諸色人匠總管府達魯花赤有劉元者嘗從阿尼哥學西天梵相亦稱絶藝元字秉元薊之寶坻人始爲黄冠師事青州把道録傳其藝非一至元中凡兩都名刹塑土範金摶換爲佛像出元手者神思妙合天下稱之其上都三皇尤古粹識者以爲造意得三聖人之微者由是兩賜宮女爲妻命以官長其屬行幸必從仁宗嘗勅元非有旨不許爲人造他神像後大都南城作東嶽廟元爲造仁聖帝像巍巍然有帝王之度其侍臣像乃若憂深思遠者始元欲作侍臣像久之未措手適閲秘書圖畫見唐魏徵像矍然曰得之矣非若此莫稱爲相臣者遽走廟中爲之即日成士大夫觀者咸歎異焉其所爲西番佛像多秘人罕得見者元官爲昭文館大學士正奉大夫秘書卿以壽終摶換者漫帛土偶上而髹之已而去其土髤帛儼然成像云

元史列傳卷第九十

翰林學士亞中大夫知制誥兼修國史臣宋濂翰林待制承直郎同知制誥兼國史院編修官臣王禕等奉

勅修

宦者

前世宦者之禍嘗烈矣元之初興非能有鑒乎古者然歷十有餘世考其亂亡之所由而初不自奄人出何哉蓋自太祖選貴臣子弟給事內廷凡飲食冠服書記上所常御者各以其職典之而命四大功臣世爲之長號四怯薛故天子前後左右皆世家大臣及

其子孫之生而貴者而宦官之擅權竊政者不得有爲於其間雖或有之然不旋踵而遂敗此其詒謀可謂度越前代者矣如李邦寧者以亡國奄豎遭遇世祖進齒薦紳遂躋極品然其言亦有可稱者焉至於朴不花乃東夷之人始以西宮同里因緣柄用遂與權奸同惡相濟訖底于誅戮則固有以致之也用特著之于篇

李邦寧字叔固錢唐人初名保寧宋故小黃門也宋亡從瀛國公入見世祖命給事內庭警敏稱上意令學國書及諸蕃語即通解遂見親任授御帶庫提點陞章佩少監遷禮部尚書提點太醫院使成宗即位進昭文館大學士太醫院使帝嘗寢疾邦寧不離左右者十餘月武宗立命爲江浙行省平章政事邦寧辭曰臣以奄腐餘命無望更生先朝幸赦而用之使得承乏中涓高爵厚祿榮寵過甚陛下復欲置臣宰輔臣何敢當宰輔者佐天子共治天下者也奈何辱以寺人陛下縱不臣惜如天下後世何誠不敢奉詔帝大悅使大臣白其言于太后及皇太子以彰其善帝嘗奉皇太后燕大安閣閣中有故篋問邦寧曰此

何篋也對曰此世祖貯裘帶者臣聞有聖訓曰藏此以遺子孫使見吾朴儉可爲華侈之戒帝命發篋視之歎曰非卿言朕安知之時有宗王在側遽曰世祖雖神聖然嗇於財邦寧曰不然世祖一言無不爲後世法一予奪無不當功罪且天下所入雖富苟用不節必致匱乏自先朝以來歲賦已不足用又數會宗藩資費無筭旦暮不給必將橫斂掊怨豈美事耶太后及帝深然其言俄加大司徒尚服院使遙授丞相行大司農領太醫院事階金紫光祿大夫太廟舊嘗遣官行事至是復欲如之邦寧諫曰先朝非不欲親

致饗祀誠以疾廢禮耳今陛下繼成之初正宜開彰孝道以率先天下躬祀太室以成一代之典循習故弊非臣所知也帝稱善即日備法駕宿齋宮且命邦寧爲大禮使禮成加恩三代曾祖顒贈銀青光祿大夫司徒謚敬懿祖德懋贈儀同三司大司徒謚忠獻父攜贈太保開府儀同三司謚文穆仁宗即位以邦寧舊臣賜鈔千錠辭弗受國學將釋奠敕遣邦寧致祭于文宣王點視畢至位立殿戸方闔忽大風起殿上及兩廡燭盡滅燭臺底鐵鐏入地尺無不拔者邦寧悚息伏地諸執事者皆伏良久風定乃成禮邦寧

因慚悔累日初仁宗爲皇太子丞相三寶奴等用事畏仁宗英明邦寧揣知其意言於武宗曰陛下富於春秋皇子漸長父作子述古之道也未聞有子而立弟者武宗不悅曰朕志已定汝自往東宮言之邦寧慚懼而退仁宗即位左右咸請誅之仁宗曰帝王曆數自有天命其言何足介懷加邦寧開府儀同三司爲集賢院大學士以疾卒

朴不花

朴不花高麗人亦曰王不花皇后奇氏微時與不花同鄉里相爲依倚及選爲宮人有寵遂爲第二皇后居興聖宮生皇太子愛猷識理達臘於是不花以閹人入事皇后者有年皇后愛幸之情意甚膠固累遷官至榮祿大夫資正院使資正院者皇后之財賦悉隸焉至正十八年京師大饑疫時河南北山東郡縣皆被兵民之老幼男女避居聚京師以故死者相枕藉不花欲要譽一時請于帝市地收瘞之帝賜鈔七千定中宮及興聖隆福兩宮皇太子皇太子妃賜金銀及他物有差省院施者無筭不花出玉帶一金帶一銀二錠米三十四斛麥六斛青貂銀鼠裘各一襲以爲費擇地自南北兩城抵盧溝橋掘深及泉男女

異壙人以一屍至者隨給以鈔舁負相踵既覆土就萬安壽慶寺建無遮大會至二十年四月前後瘞者二十萬用鈔二萬七千九十餘定米五百六十餘石又於大悲寺修水陸大會三晝夜凡居民病者予之藥不能喪者給之棺翰林學士承旨張翥爲文頌其事曰善惠之碑於是帝在位久而皇太子春秋日盛軍國之事皆其所臨決皇后乃謀內禪皇太子而使不花諭意於丞相太平太平不答二十年太平乃罷去而獨搠思監爲丞相時帝益厭政不花乘間用事與搠思監相爲表裏四方警報將臣功狀皆抑而不

開內外觧體然根株盤固氣焰薰灼內外百官趨附之者十九又宣政院使脫歡與之同惡相濟爲國大蠹二十三年監察御史也先帖木兒孟也先不花傅公讓等乃劾奏朴不花脫歡奸邪當屏黜御史大夫老的沙以其事聞皇太子執不下而皇后庇之尤固御史乃皆坐左遷治書侍御史陳祖仁連上皇太子書切諫之而臺臣大小皆辭職皇太子乃爲言於帝令二人皆辭退而祖仁言猶不已又上皇帝書言二人亂階禍本今不芟除後必不利漢唐季世其禍皆起此輩而權臣藩鎮乘之故千尋之木呑舟之魚其

腐敗必由於內陛下誠思之可爲寒心臣願俯從臺諫之言將二人特加擯斥不令以辭退爲名成其姦計海內皆知陛下信賞必罰自此二人始將士孰不効力寇賊亦皆喪膽天下可全而有以還祖宗之舊若優柔不斷彼惡日盈將不可制臣寧餓死于家誓不與同朝牽聯及禍語具陳祖仁傳會侍御史李國鳳亦上書皇太子言不花驕恣無上招權納賂奔競之徒皆出其門駸駸有趙高張讓田令孜之風漸不可長衆人所共知之獨主上與殿下未之知耳自古宦者近君親上使少得志未有不爲國家禍者望殿下思履霜堅冰之戒早賜奏聞投之西夷以快衆心則紀綱可振紀綱振則天下之公論爲可畏法度爲不可犯政治脩而百廢舉矣由是帝大怒國鳳祖仁等亦皆左遷時老的沙執其事頗力皇太子因惡之而皇后又譖之於內帝以老的沙母舅故封爲雍王遣歸國已而復以不花爲集賢大學士崇正院使皇后之力也老的沙至大同遂留孛羅帖木兒軍中是時搠思監朴不花方倚擴廓帖木兒爲外援怨孛羅帖木兒匿老的沙不遣遂誣孛羅帖木兒與老的沙謀不軌二十四年詔削其官使觧兵柄歸四川孛羅

帖木兒知不出帝意皆搠思監朴不花所爲怒不奉詔宗王不顏帖木兒等爲表言其誣枉而朝廷亦畏其強不可制復下詔數搠思監朴不花互相壅蔽簧惑主聽之罪屏搠思監于嶺北竄朴不花于甘肅以快衆憤而復孛羅帖木兒官爵然搠思監朴不花皆留京城實未嘗行未幾孛羅帖木兒遣禿堅帖木兒以兵向闕聲言清君側之惡是月十二日駐于清河帝遣達達國師問故往復者數四言必得搠思監朴不花乃退兵帝度其勢不可解不得已執兩人畀之其兵乃退朴不花遂爲孛羅帖木兒所殺事具搠思

監字羅帖木兒傳

列傳卷第九十一

列傳卷第九十二　　元史二百五

翰林學士亞中大夫知制誥兼修國史臣宋濂　翰林待制承直郎兼國史院編修官臣王禕等奉

勅修

姦臣

古之爲史者善惡備書所以示勸懲也故孔子脩春秋於亂臣賊子之事無不具載而楚之史名檮杌皆以戒夫爲惡者使知所懼而不敢肆焉後世作史者有酷吏佞幸姦臣叛逆之傳良有以也元之舊史往往詳於記善畧於懲惡是蓋當時史臣有所忌諱而不敢直書之爾然姦巧之徒挾其才術以取富貴竊威福始則毒民誤國而終至於殞身亡家者其行事之槩亦或散見於實錄編年之中猶有春秋之意存焉謹撮其尤彰著者彙次而書之作姦臣傳以爲世鑒而叛逆之臣亦各以類附見云

阿合馬回紇人也不知其所由進世祖中統三年始命領中書左右部兼諸路都轉運使專以財賦之任委之阿合馬奏降條畫宣諭各路運司明年以河南鈞徐等州俱有鐵冶請給授宣牌以興鼓鑄之利世祖陞開平府爲上都又以阿合馬同知開平府事領左右部如故阿合馬奏以禮部尚書馬月合乃兼領

已括户三千興煽鐵冶歲輸鐵一百三萬七千斤就鑄農器二十萬事易粟輸官者凢四萬石至元元年正月阿合馬言太原民煑小鹽越境販賣民貪其價廉競買食之解鹽以故不售歲入課銀止七千五百兩請自今歲增五千兩無間僧道軍匠等户鈞出其賦其民間通用小鹽從便是年秋八月罷領中書左右部併入中書超拜阿合馬爲中書平章政事進階榮禄大夫三年正月立制國用使司阿合馬又以平章政事兼領使職久之制國用使司奏以東京歲課布疎惡不堪用者就以市羊於彼真定順天金銀不

中程者宜改鑄別怯赤山出石絨織爲布火不能然請遣官採取又言國家費用浩繁今歲自車駕至都已支鈔四千錠恐來歲度支不足宜量節經用十一月制國用使司奏桓州峪所採銀鑛已十六萬斤百斤可得銀三兩錫二十五斤採鑛所需鬻錫以給之悉從其請七年正月立尚書省罷制國用使司又以阿合馬平章尚書省事阿合馬爲人多智巧言以功利成效自負衆咸稱其能世祖急於富國試以行事頗有成績又見其與丞相線真史天澤等爭辨屢有以詘之由是奇其才授以政柄言無不從而不知其

專愎益甚矣丞相安童含容久之言於世祖曰臣近言尚書省樞密院御史臺宜各循常制奏事其大者從臣等議定奏聞已有旨俞允今尚書省一切以聞似違前奏世祖曰汝所言是豈阿合馬以朕頗信用敢如是耶其不與卿議非是宜如卿所言又言阿合馬所用部官左丞許衡以爲多非其人然已得旨咨請宣付如不與恐異日有辭宜試其能否久當自見世祖然之五月尚書省奏括天下户口既而御史臺言所在捕蝗百姓勞擾括户事宜少緩遂止初立尚書省時有旨凢銓選各官吏部擬定資品呈尚書省

由尚書咨中書聞奏至是阿合馬擢用私人不由部擬不咨中書丞相安童以爲言世祖令問阿合馬阿合馬言事無大小皆委之臣所用之人臣宜自擇安童因請自今唯重刑及遷上路總管始屬之臣餘事並付阿合馬庶事體明白世祖俱從之八年三月尚書省再以閱實户口事奏修畫詔諭天下是歲奏增太原鹽課以千錠爲常額仍令本路兼領九年併尚書省入中書省又以阿合馬爲中書平章政事明年又以其子忽辛爲大都路總管兼大興府尹右丞相安童見阿合馬擅權日甚欲救其弊乃奏大都路總

管以次多不稱職乞選人代之尋又奏阿合馬張惠挾宰相權爲商賈以網羅天下大利厚毒黎民困無所訴阿合馬曰誰爲此言臣等當與廷辯安童進曰省左司都事周祥中木取利罪狀明白世祖曰若此者徵畢當顯黜之既而樞密院奏以忽辛同僉樞密院事世祖不允曰彼賈胡事猶不知況可責以機務耶十二年伯顏帥師伐宋既渡江捷報日至世祖命阿合馬與姚樞徒單公履張文謙陳漢歸楊誠等議行鹽鈔法于江南及貿易藥材事阿合馬奏樞云江南交會不行必致小民失所公履云伯顏已嘗榜諭交會不換今亟行之失信於民文謙謂可行與否當詢伯顏漢歸及誠皆言以中統鈔易其交會何難之有世祖曰樞與公履不識事機朕嘗以此問陳巖巖亦以宋交會速宜更換今議已定當依汝言行之又奏比鹽藥材樞與公履皆言可使百姓從便販鬻臣等以爲此事若小民爲之恐紊亂不一擬於南京衛輝等路籍括藥材蔡州發鹽十二萬斤禁諸人私相貿易世祖曰善其行之十二年阿合馬又言比因軍興之後減免編民征稅又罷轉運司官令各路總管府兼領課程以致國用不足臣以爲莫若驗戶數多

寡遠近立都轉運司量增舊額選廉幹官分理其事應公私鐵鼓鑄官爲局賣仍禁諸人毋私造銅器如此則民力不屈而國用充矣乃奏立諸路轉運司以亦必烈金札馬剌丁張暠富珪蔡德潤紇石烈亨阿里和者完顏迪姜毅阿老瓦丁倒剌沙等爲使有亦馬都丁者以負官銀得罪而罷既死而所負尚多中書省奏議裁處世祖曰此財穀事其與阿合馬議之十五年正月世祖以西京饑發粟萬石賑之又諭阿合馬宜廣貯積以備闕乏阿合馬奏自今御史臺非白省毋擅召倉庫吏亦毋究索錢穀數及集議中書不至者罪之其沮抑臺察如此四月中書左丞崔斌奏曰先以江南官冗委任非人遂命阿里等澄汰之今已顯有徵驗蔽不以聞是爲罔上杭州地大委寄非輕阿合馬溺於私愛乃以不肖子抹速忽充達魯花赤佩虎符此豈量才授任之道又言阿合馬先自陳乞免其子弟之任乃今身爲平章而子若姪或爲行省參政或爲禮部尚書將作院達魯花赤領會同館一門悉處要津自背前言有虧公道有旨並罷黜之然終不以是爲阿合馬罪世祖嘗謂淮西宣慰使昂吉兒曰夫宰相者明天道察地理盡人事兼

此三者乃爲稱職阿里海牙麥朮丁等亦未可爲相回回人中阿合馬才任宰相其爲上所稱道如此十六年四月中書奏立江西榷茶運司及諸路轉運鹽使司宣課提舉司未幾以忽辛爲中書右丞明年中書省奏阿塔海阿里言今立宣課提舉司官吏至五百餘員左丞陳巖范文虎等言其擾民且侵盜官錢乞罷之阿合馬奏昨有旨籍江南粮數屢移文取索不以實上遂與樞密院御史臺及廷臣諸老集議謂設立運司官多俸重宜諸路立提舉司都省行省各委一人任其事今行省未嘗委人即請罷之乃歸咎臣等然臣所委人有至者僅兩月計其侵用凡千一百錠以彼所管四年較之又當幾何今立提舉司未及三月而罷豈非恐彼姦弊呈露故先自言以絶迹耶宜令御史臺遣能臣同往凡有非法具以實聞世祖曰阿合馬所言是其令臺中選人以往若已能自白方可責人阿合馬嘗奏宜立大宗正府世祖曰此事豈卿輩所宜言乃朕事也然宗正之名朕未之知汝言良是其思之阿合馬欲理筭江淮行省平章阿里伯右丞燕帖木兒立行省以來一切錢穀奏遣不魯合荅兒劉思愈等往檢覈之得其擅易命官八百員

自分左右司官及鑄造銅印等事以聞世祖曰阿里伯等何以爲辭阿合馬曰彼謂行省昔嘗鑄印矣臣謂昔以江南未定故便宜行之今與昔時事異又擅支粮四十七萬石奏罷宣課提舉司及中書遣官理筭徵鈔萬二千錠有奇二人竟以是就戮時阿合馬在位日久益肆貪横援引姦黨郝禎耿仁驟升同列陰謀交通專事蒙蔽逋賦不蠲衆庶流移京兆等路歲辦課至五萬四千錠猶以爲未實民有附郭美田輒取爲己有内通貨賄外示威刑廷中相視無敢論列有宿衛士秦長卿者慨然上書發其姦竟爲阿合馬所害斃于獄事見長卿傳十九年三月世祖在上都皇太子從有益都千户王著者素志疾惡因人心憤怨密鑄大銅鎚自誓願擊阿合馬首會妖僧高和尚以秘術行軍中無驗而歸詐稱死殺其徒以尸欺衆逃去人亦莫知著乃與合謀以戊寅日詐稱皇太子還都作佛事結八十餘人夜入京城旦遣二僧詣中書省令市齋物省中疑而訊之不伏及午著又遣崔總管矯傳令旨俾樞密副使張易發兵若干以是夜會東宮前易莫察其僞即令指揮使顔義領兵俱往著自馳見阿合馬詭言太子將至令省官悉候于

官前阿合馬遣右司郎中脫歡察兒等數騎出關北行十餘里遇其衆僞太子者責以無禮盡殺之奪其馬南入健德門夜二鼓莫敢何問至東宮前其徒皆下馬獨僞太子者立馬指揮呼省官至前責阿合馬數語著即牽去以所袖銅鎚碎其腦立斃繼呼左丞郝禎至殺之囚右丞張惠樞密院御史臺留守司官皆遥望莫測其故尚書張九思自宮中大呼以爲詐留守司達魯花赤博敦遂持梃前擊立馬者墜地弓矢亂發衆奔潰多就禽高和尚等逃去著挺身請囚中丞也先帖木兒馳奏世祖時方駐蹕察罕腦兒聞

之震怒即日至上都命樞密副使孛羅司徒和禮霍孫參政阿里等馳驛至大都討爲亂者庚辰獲高和尚于高梁河辛巳孛羅等至都壬午誅王著高和尚于市皆醢之并殺張易著臨刑大呼曰王著爲天下除害今死矣異日必有爲我書其事者阿合馬死世祖猶不深知其姦令中書毋問其妻子及詢孛羅乃盡得其罪惡始大怒曰王著殺之誠是也乃命發墓剖棺戮尸于通玄門外縱犬啗其肉百官士庶聚觀稱快子姪皆伏誅沒入其家屬財產其妾有名引住者籍其藏得二熟人皮於櫃中兩耳具存一閹豎專掌其扃鑰訊問莫知爲何人但云詛呪時置神座其上應驗甚速又以絹二幅畫甲騎數重圍守一幄殿兵皆張弦挺刃內向如擊刺之爲者畫者陳其姓又有曹震圭者嘗推筭阿合馬所生年月王臺判者妄引圖讖皆言涉不軌事聞勅剝四人者皮以徇

盧世榮大名人也阿合馬專政世榮以賄進爲江西榷茶運使後以罪廢阿合馬死朝廷之臣諱言財利事皆無以副世祖裕國足民之意有桑哥者薦世榮有才術謂能救鈔法增課額上可裕國下不損民世祖召見奏對稱旨至元二十一年十一月辛丑召中

書省官與世榮廷辨論所當爲之事右丞相和禮霍孫等守正不撓爲強詞所勝與右丞麥朮丁參政張雄飛溫迪罕皆罷復起安童爲右丞相以世榮爲右丞而左丞史樞參政不魯迷失海牙撒的迷失參議中書省事拜降皆世榮所薦也世榮既驟被顯用即日奉旨中書整治鈔法遍行中外官吏奉法不虔者加以罪翌日同右丞相安童奏竊見老幼疾病之民衣食不給行乞於市非盛世所宜見宜官給衣糧委各路正官提舉其事又奏懷孟竹園江湖魚課及襄淮屯田事越三日安童奏世榮所陳數事乞詔示天

下世祖曰除給丐者衣食外並依所陳乃下詔云金銀係民間通行之物自立平準庫禁百姓私相買賣今後聽民間從便交易懷孟諸路竹貨係百姓栽植有司拘禁發賣使民重困又致南北竹貨不通今罷各處竹監從民貨賣收稅江湖魚課已有定例長流採捕貧民恃以爲生所在拘禁今後聽民採用軍國事務往來全資站驛馬價近增又令各戶供使臣飲食以致疲弊今後除驛馬外其餘官爲支給既而中書省又奏鹽每引十五兩國家未嘗多取欲便民食今官豪詭名罔利停貨待價至一引賣八十貫京師

亦百二十貫貧者多不得食議以二百萬引給商一百萬引散諸路立常平鹽局或販者增價官平其直以售庶民用給而國計亦得世祖從之世榮居中書未十日御史中丞崔彧言其不可爲相大忤旨下彧吏按問罷職世榮言京師富豪戶釀酒酤賣價高味薄且課不時輸宜一切禁罷官自酤賣明年正月壬午世祖御香殿世榮奏臣言天下歲課鈔九十三萬二千六百定之外臣更經畫不取於民裁抑權勢所侵可增三百萬定初未行下而中外已非議臣請與臺院面議上前行之世祖曰不必如此卿但言之世

榮奏古有榷酤之法今宜立四品提舉司以領天下之課歲可得鈔千四百四十定自王文統誅後鈔法虛弊爲今之計莫若依漢唐故事括銅鑄至元錢及製綾券與鈔參行因以所織綾券上之世祖曰便益之事當速行之又奏於泉杭二州立市舶都轉運司造船給本令人商販官有其利七商有其三禁私泛海者拘其先所蓄寶貨官買之匿者許告沒其財半給告者今國家雖有常平倉實無所蓄臣將不費一錢但盡禁權勢所擅產鐵之所官立鑪鼓鑄爲器鬻之以所得利合常平鹽課糴粟積於倉待貴時糶之

必能使物價恒賤而獲厚利國家雖立平準然無曉規運者以致鈔法虛弊諸物踊貴宜令各路立平準周急庫輕其月息以貸貧民如此則貸者衆而本且不失又隨朝官吏增俸州郡未及可於各都立市易司領諸牙儈人計商人物貨四十分取一以十爲率四給牙儈六爲官吏俸國家以兵得天下不藉糧餽惟資羊馬宜於上都隆興等路以官錢買幣帛易羊馬於北方選蒙古人牧之收其皮毛筋角酥酪等物十分爲率官取其八二與牧者馬以備軍興羊以充賜予帝曰汝先言數事皆善固當速行此事亦善祖

宗時亦欲行之而不果朕當思之世榮因奏曰臣之行事多爲人所怨後必有譖臣者臣寔懼焉請先言之世祖曰汝言皆是惟欲人無言者安有是理汝無防朕飲食起居間可自爲防疾足之犬狐不愛焉主人豈不愛之汝之所行朕自愛也彼姦僞者則不愛耳汝之職分既定其無以一二人從行亦當謹衛門戶遂諭丞相安童增其從人其爲帝所倚眷如此又十有餘日中書省請罷行御史臺其所隸按察司隸內臺又請隨行省所在立行樞密院世祖曰行院之事前日已議由阿合馬任智自私欲其子忽辛行省

兼兵柄而止汝今行之於事爲宜明日奏陞六部爲二品又奏令按察司總各路錢穀擇幹濟者用之其刑名事上御史臺錢穀由部申省世祖曰汝與老臣共議然後行之可也二月辛酉御史臺奏中書省請罷行臺改按察爲提刑轉運司俾兼錢穀臣等竊惟初置行臺時朝廷老臣集議以爲有益今無所損不可輒罷且按察司兼轉運則糾彈之職廢請右丞相復與朝廷老臣集議得旨如所請壬戌御史臺奏前奉旨令臣等議罷行臺及兼轉運事世榮言按察司所任皆長才舉職之人可兼錢穀而廷臣皆以爲不

可彼所取人臣不敢止惟言行臺不可罷者衆議皆然世祖曰世榮以爲何如奏曰欲罷之耳世祖曰其依世榮言中書省奏立規措所秩五品所司官吏以善賈者爲之世祖曰此何職世榮對曰規畫錢穀者遂從之又奏天下能規運錢穀者向日皆在阿合馬之門今籍錄以爲汙濫此豈可盡廢臣欲擇其通才可用者然懼有言臣用罪人世祖曰何必言此可用者用之遂以前河間轉運使張弘綱撒都丁不魯合散孫桓竝爲河間山東等路都轉運鹽使其他擢用者甚衆世榮既以利自任懼怨之者衆乃以九事說

世祖詔天下其一免民間包銀三年其二官吏俸免民間帶納其三免大都地稅其四江淮民失業貧困鬻妻子以自給者所在官爲收贖使爲良民其五逃移復業者免其差稅其六鄉民造醋者免收課其七江南田主收佃客租課減免一分其八添支內外官吏俸五分其九定百官考課升擢之法大抵欲以釋怨要譽而已世祖悉從之既而又奏立真定濟南江淮等處宣慰司兼都轉運使以治課程仍立條例禁諸司不得追攝管課官吏及遣人輒至辦課處沮擾按察司不得檢察文卷又奏大都酒課日用米千石

以天下之衆比京師當居三分之二酒課亦當日用米二千石今各路但總計日用米三百六十石而已其奸欺盜隱如此安可不禁臣等已責各官增舊課二十倍後有不如數者重其罪皆從之三月庚子世榮奏以宣德王好禮並爲浙西道宣慰使世祖曰宣德人多言其惡世榮奏彼入狀中書能歲辦鈔七十五萬定是以令往從之四月世榮奏曰臣伏蒙聖眷事皆委臣臣愚以爲今日之事如數萬頃田昔無田之者草生其間臣今創田之已耕者有馬未耕者有馬或纔播種或既生苗然不令人守之爲物蹂踐則

可惜也方今丞相安童督臣所行是守田者也然不假之以力則田者亦徒勞耳守田者假之力矣而天不雨則亦終無成所謂天雨者陛下與臣添力是也惟陛下憐臣世祖曰朕知之矣令奏行事之目皆從之世榮居中書纔數月恃委任之專肆無忌憚視丞相猶虛位也左司郎中周戭與世榮稍不合坐以廢格詔旨奏而殺之朝中凜凜監察御史陳天祥上章劾之大槩言其苛刻誅求爲國歛怨將見民間凋耗天下空虛考其所行與所言者已不相副始言能令鈔法如舊弊今愈甚始言能令百物自賤今百物愈貴

始言課程增至三百萬定不取於民今迫脅諸路勒令如數虛認而已始言令民快樂今所爲無非擾民之事若不早爲更張待其自敗正猶蠹雖除而木已病矣世祖時在上都御史大夫玉速帖木兒以其狀聞世祖始大悟即日遣唆都八都兒禿剌帖木兒等還大都命安童集諸司官吏老臣儒士及知民間事者同世榮聽天祥彈文仍令世榮天祥同赴上都壬戌御史中丞阿剌帖木兒郭佑侍御史白禿剌帖木兒參政撒的迷失等以世榮所伏罪狀奏曰不白丞相安童支鈔二十萬定擅升六部爲二品效李璮令

急遞鋪用紅青白三色囊轉行文字不與樞密院議調三行省萬二千人置濟州委漕運使陳柔爲萬戶管領以沙全代萬戶寧玉戍浙西吳江用阿合馬黨人潘傑馮珪爲杭鄂二行省參政宣德爲杭州宣慰餘分布中外者衆以鈔虛閉回易庫民間昏鈔不可行罷白酵課立野麵木植磁器桑棗煤炭匹段青果油坊諸牙行調出縣官鈔八十六萬餘定丞相安童言世榮昔奏能不取於民歲辦鈔三百萬定令鈔復實諸物悉賤民得休息數月即有成効今已四閱月所行不符所言錢穀出者多於所入引用儉人紊亂

選法翰林學士趙孟傳等亦以爲世榮初以財賦自任當時人情不敢預料將謂別有方術可以增益國用及今觀之不過如御史所言更張之機正在今日若復恣其所行爲害非細阿剌帖木兒同天祥等與世榮對於世祖前一一欵伏遣忽都帶兒傳旨中書省命丞相安童與諸老臣議世榮所行當罷者罷之更者更之所用人實無罪者朕自裁處遂下世榮于獄十一月乙未世祖問忽剌出曰汝於盧世榮有何言對曰近漢人新居中書者言世榮欵伏罪無遺者獄已竟矣猶日養之徒費廩食有旨誅世榮刲其肉

以食禽獺

桑哥膽巴國師之弟子也能通諸國言語故嘗爲西蕃譯史爲人狡黠豪横好言財利事世祖喜之及後貴幸乃諱言師事膽巴而背之至元中擢爲總制院使總制院者掌浮圖氏之教兼治吐蕃之事御史臺嘗欲以章閭爲按察使世祖曰此人桑哥嘗言之及盧世榮見用亦由桑哥之薦中書省嘗令李留判者市油桑哥自請得其錢市之司徒和禮霍孫謂非汝所宜爲桑哥不服至與相毆且謂之曰與其使漢人侵盜曷若與僧寺及官府營利息乎乃以油萬斤與之桑哥後以所營息錢進和禮霍孫曰我初不悟此也一日桑哥在世祖前論和雇和買事因語及此世祖益喜始有大任之意嘗有旨令桑哥具省臣姓名以進廷中有所建置人才進退桑哥咸與聞焉二十四年二月復置尚書省遂以桑哥與鐵木兒爲平章政事詔告天下改行中書省爲行尚書省六部爲尚書六部三月更定鈔法頒行至元寶鈔於天下中統鈔通行如故桑哥嘗奉旨檢覈中書省事凡校出虧欠鈔四千七百七十錠昏鈔一千三百四十五錠平章麥术丁即自伏參政楊居寬微自辯以爲實掌銓

選錢穀非所專桑哥令左右拳其面因問曰既典選事果無黜陟失當者乎尋亦引服參議伯降以下凡鈎考遺惰耗失等事及參議王巨濟嘗言新鈔不便忤旨各欵伏遣參政忻都奏聞世祖令丞相安童與桑哥共議且諭毋令麥术丁等他日得以脅問誣伏爲辭此輩固狡獪人也數日桑哥又奏鞫中書參政郭佑多所逋負尸位不言以疾爲託臣謂中書之務隳惰如此汝力不能及何不告之蒙古大臣故毆辱之令已欵服世祖命窮詰之佑與居寬後皆棄市人咸寃焉臺吏王良弼嘗與人議尚書省政事又言尚

書鈎校中書不遺餘力他日我曹得敎尚書奸利其誅籍無難桑哥聞之捕良弼至與中書臺院札魯忽赤鞫問欵服謂此曹誹謗不誅無以懲後遂誅良弼籍其家有吳德者嘗爲江寧縣達魯花赤求仕不遂私與人非議時政又言尚書今日覈正中書之弊他日復爲中書所覈汝獨不死也耶或以告桑哥亟捕德按問殺之沒其妻子入官桑哥嘗奏以沙不丁遷授江淮行省左丞烏馬兒爲參政依前領泉府市舶兩司拜降福建行省平章旣得旨乃言於世祖曰臣前言凡任省臣與行省官並與丞相安童共議今奏用

沙不丁烏馬兒等適丞相還大都不及通議臣恐有以前奏爲言者世祖曰安童不在朕若主也朕已允行有言者其令朕前言之時江南行臺與行省並無文移事無巨細必咨内臺呈省聞奏桑哥以其往復稽留誤事宜如内臺例分呈各省又言按察司文案宜從各路民官檢覈遞相糾舉且自太祖時有旨凡臨官事者互相覺察此故事也從之十月乙酉世祖遣諭旨翰林諸臣以丞相領尚書省漢唐有此制否咸對曰有之翌日左丞葉李以翰林集賢諸臣所對奏之且言前省官不能行者平章桑哥能之宜爲右

丞相制曰可遂以桑哥爲尚書右丞相兼統制院使領功德使司事進階金紫光祿大夫於是桑哥奏以平章鐵木兒代其位右丞阿剌渾撒里陞平章政事葉李遷右丞參政馬紹陞左丞十一月桑哥言臣前以諸道宣慰司及路府州縣官吏稽緩誤事奉旨遣人遍笞責之今真定宣慰使速哥南京宣慰使荅失蠻皆勳賢舊臣之子宜取聖裁敕罷其任明年正月以甘肅行尚書省參政鐵木哥無心任事又不與協力奏乞牙帶代之未幾又以江西行尚書省平章政事忽都鐵木兒不職奏而罷之兵部尚書忽都荅兒

不勤其職桑哥毆罷之而後奏世祖曰若此等不罷汝事何由得行也萬億庫有舊牌條七千餘條桑哥言歲久則腐宜析而他用賜諸王出伯銀二萬五千兩幣帛萬匹載以官驢至則併以爲賜桑哥言不若以驢載五而囬世祖甚然之其欲以小利結知如此漕運司達魯花赤怯來未嘗巡察沿河諸倉致盜詐腐敗者多桑哥議以兵部侍郎塔察兒代之自立尚書省凡倉庫諸司無不鈎考先摘委六部官復以爲不專乃置徵理司以治財穀之當追者時桑哥以理筭爲事毫分縷析入倉庫者無不破産及當更代人

皆棄家而避之十月桑哥奏湖廣行省錢穀已責平章要束木自首償矣外省欺盜必多乞以參政忻都户部尚書王巨濟參議尚書省事阿散山東西道提刑按察使何榮祖札魯忽赤秃忽魯泉府司卿李佑奉御吉丁監察御史戎益僉樞密院事崔彧尚書省斷事官燕真刑部尚書安祐監察御史伯顔等十二人理筭江淮江西福建四川甘肅安西六省每省各二人特給印章與之省部官既去事不可廢擬選人爲代聽食元俸理筭之間宜給兵以備使令且以爲衛世祖皆從之當是時天下騷然江淮尤甚而諛佞之

徒方且諷都民史吉等爲桑哥立石頌德世祖聞之曰民欲立則立之仍以告桑哥使其喜也於是翰林製文題曰王公輔政之碑桑哥又以總制院所統西蕃諸宣慰司軍民財穀事體甚重宜有以崇異之奏改爲宣政院秩從一品用三臺銀印世祖問所用何人對曰臣與脫因於是命桑哥以開府儀同三司尚書右丞相兼宣政使領功德使司事脫因同爲使世祖嘗召桑哥謂曰朕以葉李言更至元鈔所用者法所貴者信汝無以楮視之其本不可失汝宜識之二十六年桑哥請鉤考甘肅行尚書省及益都淄萊淘金總管府僉省趙仁榮總管明里等皆以罪罷世祖幸上都桑哥言去歲陛下幸上都臣日視内帑諸庫今歲欲乘小輿以行人必竊議世祖曰聽人議之汝乘之可也桑哥又奏近委省臣檢責左右司文簿凡經監察御史稽照者遺逃尚多自今當令監察御史即省部稽照書姓名於卷末苟有遺逃易於歸罪仍命侍御史堅童視之失則連坐世祖從之乃笞監察御史四人是後監察御史赴省部者掾令史與之抗禮但遣小吏持文簿置案而去監察御史遍閱之而臺綱廢矣參政忻都既去尋召赴闕以户部尚書王巨濟專任理筭江淮省左丞

相忙兀帶總之閏十月桑哥輔政碑成樹于省前樓覆其上而丹雘之桑哥言國家經費既廣歲入恒不償所出以往歲計之不足者餘百萬錠自尚書省鈎考天下財穀賴陛下福以所徵補之未嘗斂及百姓臣恐自今難用此法矣何則倉庫可徵者少而盜者亦鮮矣臣憂之臣愚以爲鹽課每引今直中統鈔三十貫宜增爲一定茶每引今直五貫宜增爲十貫酒醋税課江南宜增額十萬錠内地五萬錠協濟户十八萬自入籍至今十三年止輸半賦聞其力已完宜增爲全賦如此則國用庶可支臣等免於罪矣世祖曰

如所議行之桑哥既專政凡銓調內外官皆由於已而其宣勑尚由中書桑哥以爲言世祖乃命自今宣勑並付尚書省由是以刑爵爲貨而販之咸走其門入貴價以買所欲貴價入則當刑者脫求爵者得綱紀大壞人心駭愕二十八年春世祖畋於漷北也里審班及也先帖木兒徹里等劾奏桑哥專權黷貨時不忽木出使三遣人趣召之至覲於行殿世祖以問不忽木對曰桑哥壅蔽聰明紊亂政事有言者即誣以他罪而殺之今百姓失業盜賊蠭起召亂在旦夕非亟誅之恐爲陛下憂留守賀伯顏亦嘗爲世祖陳

其奸欺久而言者益衆世祖始決意誅之二月世祖諭大夫月兒魯曰屢聞桑哥沮抑臺綱杜言者之口又嘗捶撻御史其所罪者何事當與辨之桑哥等持御史李渠等已刷文卷至令侍御史杜思敬等勘驗辨論往復數四桑哥等辭屈明日帝駐蹕土口復召御史臺暨中書尚書兩省官辨論尚書省執卷奏曰前浙西按察使只必因監燒鈔受贓至千錠嘗徵臺徵之二年不報思敬曰文之次第盡在卷中今尚書省折卷持對其弊可見速古兒赤闍里抱卷至前奏曰用朱印以封紙縫者防欺弊也若輩爲宰相乃拆卷破印與人辨是教吏爲奸當治其罪世祖是之責御史臺曰桑哥爲惡始終四年其奸贓暴著非一汝臺臣難云不知中丞趙國輔對曰知之世祖曰知而不劾自當何罪思敬等對曰奪官追俸惟上所裁數日不决大夫月兒魯奏臺臣久任者當斥罷新者存之乃仆桑哥輔政碑下獄究問至七月乃伏誅

平章要束木者桑哥之妻黨在湖廣時正月朔日百官會行省朝服以俟要束木召至其家受賀畢方詣省望闕賀如常儀又陰召卜者有不軌言至是中書列其罪以聞世祖命械致湖廣即其

省戮之

鐵木迭兒者木兒火赤之子也嘗逮事世祖成宗大德間同知宣徽院事兼通政院使武宗即位爲宣徽使至大元年由江西行省平章政事拜雲南行省左丞相居二載擅離職赴闕尚書省奏奉旨詰問尋以皇太后旨得貸罪還職明年正月武宗崩仁宗在東宮以丞相三寶奴等變亂舊章誅之用完澤及李孟爲中書平章政事銳欲更張庶務而皇太后在興聖宮已有旨召鐵木迭兒爲中書右丞相踰月仁宗即位因遂相之及幸上都命鐵木迭兒留守大都平章

完澤等奏故事丞相留治京師者出入得張蓋今右丞相鐵木迭兒大都居守時方盛暑請得張蓋如故事許之是年冬制贈鐵木迭兒曾祖唆海翊運宣力保大功臣太尉謚武烈祖不憐吉帶推誠保德定遠功臣太尉謚忠武父木兒火赤推忠佐理同德功臣太師謚忠貞並開府儀同三司上柱國追封歸德王皇慶元年三月鐵木迭兒奏臣謬蒙聖恩擢任中書年衰且病雖未能深達政體思竭忠力以圖報効事有創行敢不自勉前省弊政方與更新欽惟列聖相承混一區宇日有萬幾若非整飭恐致解弛繼今朝

夕視事左右司六部官有不盡心者當論決再不悛者黜勿叙其有託故僥倖他職者亦不叙仁宗是其言既而以病去職延祐改元丞相哈散奏臣非世勳族姓幸逢陛下爲宰相如丞相鐵木迭兒練達政體且嘗監修國史乞授其印俾領翰林國史院軍國重務悉令議之仁宗曰然卿其啓諸皇太后與之印大事必使預聞遂拜開府儀同三司監修國史録軍國重事居數月復拜中書右丞相合散爲左丞相鐵木迭兒奏蒙陛下憐臣復擢爲首相依阿不言誠負聖眷比聞内侍隔越奏旨者衆倘非禁止致治實難請

敕諸司自今中書政務毋輒干預又往時富民往諸蕃商販率獲厚利商者益衆中國物輕蕃貨反重今請以江浙右丞曹立領其事發舟十綱給牒以往歸則征税如制私往者没其貨又經用不給苟不預爲規畫必至愆誤臣等集諸老議皆謂動鈔本則鈔法愈虚加賦税則毒流黎庶增課額則比國初已倍五十矣惟預買山東河間運使來歲鹽引及各冶鐵貨庶可以足今歲之用又江南田糧往歲雖嘗經理多未覈實可始自江浙以及江東西宜先事嚴限格信罪賞令田主手實頃畝狀入官諸王駙馬學校寺觀

亦令如之仍禁私匿民田貴戚勢家毋得沮撓請敕臺臣協力以成則國用足矣仁宗皆從之尋遣使者分行各省括田增税苛急煩擾江右爲甚致贛民蔡五九作亂寧都南方騷動遠近驚懼乃罷其事明年鐵木迭兒奏天下庶務雖統於中書而舊制省臣亦分領之請以錢帛鈔法刑名委平章李孟左丞阿卜海牙參政趙世延等領之其糧儲選法造作驛傳委平章張驢右丞蕭拜住參政曹從革等領之得旨如所請七月詔諭中外命右丞相鐵木迭兒總宣政院事十月進位太師十一月大宗正府奏累朝舊制九

議重刑必決於蒙古大臣今宜聽於太師右丞相從之鐵木迭兒既再入中書居首相怙勢貪虐兇穢滋甚於是蕭拜住自御史中丞爲中書右丞尋拜平章政事稍牽制之而楊朶兒只自侍御史拜中丞慨然以糾正其罪爲已任上都富人張弼殺人繫獄鐵木迭兒使家奴脅留守賀伯顏使出之伯顏持正不可撓而朶兒只已廉得丞相所受張弼賂有顯徵乃與拜住及伯顏奏之內外監察御史凡四十餘人共劾鐵木迭兒桀黠姦貪陰賊險很蒙上罔下蠹政害民布置爪牙威讋朝野凡可以誣陷善人要功利已者

靡所不至取晉王田千餘畝興教寺後壖園地三十畝衛兵牧地二十餘畝竊食郊廟供祀馬受諸王合兒班答使人鈔十四萬貫寶珠玉帶氍毹幣帛又計鈔十餘萬貫受杭州永興寺僧章自福賂金一百五十兩取殺人囚張弼鈔五萬貫且既已位極人臣又領宣政院事以其子八里吉思爲之使諸子無功於國盡居貴顯縱家奴陵虐官府爲害百端以致陰陽不和山移地震災異數見百姓流亡已乃恬然略無省悔私家之富又在阿合馬桑哥之上四海疾怨已久咸願車裂斬首以快其心如蒙早加顯戮以示天

下庶使後之爲臣者知所警戒奏既上仁宗震怒有詔逮問鐵木迭兒匿興聖近侍家有司不得捕仁宗不樂者數日又恐誠出皇太后意不忍重傷咈之乃僅罷其相位而已鐵木迭兒家居未逾年又起爲太子太師中外聞之莫不驚駭參政趙世延爲御史中丞率諸御史論其不法數十事而內外御史論其不可輔導東宮者又四十餘人然以皇太后故終不能明正其罪明年正月辛丑仁宗崩越四日鐵木迭兒以皇太后旨復入中書爲右丞相又逾月英宗猶在東宮鐵木迭兒宣太后旨召蕭拜住與朶兒只至徽

政院與徽政院使失里門御史大夫秃忒哈雜問之責以前違太后旨令伏罪即起入奏遽稱旨執二人棄市是日白晝晦冥都人恟懼英宗將行即位禮鐵木迭兒恒病足中書省啓祖宗以來皇帝登極中書率百官稱賀班首惟上所命英宗曰其以鐵木迭兒爲之既即位鐵木迭兒即奏委平章王毅右丞高昉等徵理在京倉庫所貯糧虧七十八萬石責償於倉官及監臨出內者所貢幣帛紕繆者責償於本處官吏之董其事者仍立程嚴督違者杖之五月英宗在上都鐵木迭兒嫉留守賀伯顏素不附已乃奏其以

便服迎詔爲不敬下五府雜治竟殺之都民爲之流
涕趙世延時爲四川行省平章政事鐵木迭兒怨其
昔嘗論己方入相時即從東宮啓英宗遣人逮捕之
世延未至鐵木迭兒使諷世延啗以美官令告引同
時異己者世延不肯從至是坐以違詔不敬令法司
窮治請寘極刑英宗曰彼罪在赦前所宜釋免鐵木
迭兒對曰昔世延與省臺諸人謀害老臣請究其姓
名英宗曰事皆在赦前矣又焉用問後數日又奏世
延當處死罪又不允有司承望風旨鍛鍊欲使自裁
世延終無所屈賴英宗素聞其忠良得免於死鐵木

迭兒恃其權寵乘間肆毒睚眦之私無有不報英宗
覺其所譖毀者皆先帝舊人滋不悅其所爲乃任拜
住爲左丞相委以心腹鐵木迭兒漸見踈外以疾死
于家御史蓋繼元宋翼言其上負國恩下失民望生
逃顯戮死有餘辜乃命毀所立碑追奪其官爵及封
贈制書籍沒其家子班丹知樞密院事尋以贓敗不
敘鎖南嘗爲治書侍御史其後鐵失弑英宗鎖南以
逆黨伏誅

哈麻

哈麻字士廉康里人父禿魯母爲寧宗乳母禿魯以

故封冀國公加太尉階金紫光祿大夫哈麻與其弟
雪雪早備宿衛順帝深眷寵之而哈麻有口才尤爲
帝所褻幸累遷官爲殿中侍御史雪雪累官集賢學
士帝每即內殿與哈麻以雙陸爲戲一日哈麻服新
衣侍側帝方啜茶即噀茶於其衣哈麻視帝曰天子
固當如是耶帝一笑而已其被愛幸無與爲比由是
哈麻聲勢日盛自藩王戚里皆遺賂之尋以謀害脫
脫出貶南安召入爲禮部尚書俄遷同知樞密院事
至正初脫脫爲丞相其弟也先帖木兒爲御史大夫
哈麻日趨附其兄弟之門會脫脫去相位而別兒怯

不花爲丞相與脫脫有舊怨頗欲中傷之哈麻每於
帝前力營護之以故得免初別兒怯不花與太平韓
嘉納禿滿迭兒等十人結爲兄弟情好甚密及別兒怯
不花既罷九年太平爲左丞相韓嘉納爲御史大夫
乃謀黜哈麻諷監察御史斡勒海壽列其罪惡劾奏
之其小罪則受宣讓王等駝馬諸物其大者則設帳
房於御幄之後無君臣之分又恃以提調寧徽寺爲
名出入脫忽思皇后宮闈無間犯分之罪尤大寧徽
寺者掌脫忽思皇后錢糧而脫忽思皇后帝庶母也
哈麻知御史有所言先已於帝前析其非罪事皆太

平章嘉納所摭拾及韓嘉納以御史所言奏帝大怒斥弗納明日章再上帝不得已僅奪哈麻雪雪官職居之草地而斡勒海壽爲陝西廉訪副使於是太平罷爲翰林學士承旨韓嘉納罷爲宣政使尋出爲江浙行省平章政事有頃脫忽思皇后泣訴帝謂御史所劾哈麻事爲侵巳帝益怒乃詔奪海壽官屏歸田里禁錮之巳而脫脫復爲丞相也先帖木兒復爲納史大夫而謫太平居陝西而加韓嘉納以贓罪杖流奴兒干以死別兒怯不花既罷猶出居般陽而禿滿迭兒自中書右丞出爲四川右丞亦誣以罪追至中道

殺之巳而哈麻復見召用而脫脫兄弟尤德之十二年八月哈麻拜中書添設右丞明年正月正除右丞時脫脫方信任汝中柏由郎中爲參議中書自平章政事以下見其議事皆唯唯而已獨哈麻性剛決與之論數不合汝中柏因譖哈麻於脫脫八月出哈麻爲宣政院使又位居第三哈麻由是深銜脫脫初哈麻嘗陰進西天僧以運氣術媚帝帝習爲之號演揲兒法演揲兒華言大喜樂也哈麻之妹婿集賢學士禿魯帖木兒故有寵於帝與老的沙八郎答剌馬吉的波迪哇兒禡等十人俱號倚納禿魯帖木兒性姦狡帝愛之言聽計從亦薦西蕃僧伽璘真於帝其僧善秘密法謂帝曰陛下雖尊居萬乘富有四海不過保有見世而巳人生能幾何當受此秘密大喜樂禪定帝又習之其法亦名雙修法曰演揲兒曰秘密皆房中術也帝乃詔以西天僧爲司徒西蕃僧爲大元國師其徒皆取良家女或四人或三人奉之謂之供養於是帝日從事於其法廣取女婦惟淫戲是樂又選采女爲十六天魔舞八郎者帝諸弟與其所謂倚納者皆在帝前相與褻狎甚至男女裸處號所處室曰皆即兀該華言事事無礙也君臣宣淫而羣僧出

入禁中無所禁止醜聲穢行著聞于外雖市井之人亦惡聞之皇太子年日以長尤深疾禿魯帖木兒等所爲欲去之未能也十四年秋脫脫領大軍討高郵哈麻乘間遂復入中書爲平章政事脫脫之出師也以汝中柏爲治書侍御史俾輔也先帖木兒汝中柏累言哈麻必當屏斥不然必爲後患而也先帖木兒不從哈麻知之恐終不自保因訴於皇后奇氏曰皇太子既立而冊寶及郊廟之禮不行者脫脫兄弟之意也皇后既頗信之哈麻復與汪家奴之子桑哥實里也先帖木兒之客明理明古譖諸皇太子會也先

帖木兒移疾家居於是監察御史袁賽因不花等即承望哈麻風指奏劾也先帖木兒罪惡章凡三上而帝始允詔收御史臺印令也先帖木兒出都門聽旨而遂以知樞密院事汪家奴爲御史大夫尋降詔數脫脫老師費財之罪即軍中奪其兵柄安置淮安既而脫脫也先帖木兒皆就貶遂以死並籍其家貲人口而以所籍也先帖木兒者賜哈麻十五年四月雪雪由知樞密院事拜御史大夫五月哈麻遂拜中書左丞相國家大柄盡歸其兄弟二人矣明年二月哈麻既爲相自以前所進蕃僧爲耻告其父禿魯曰我

兄弟位居宰輔宜導人主以正今禿魯帖木兒專媚上以淫褻天下士大夫必譏笑我將何面目見人我將除之且上日趨於昏暗何以治天下今皇太子年長聰明過人不若立以爲帝而奉上爲太上皇其妹聞之歸告其夫禿魯帖木兒恐皇太子爲帝則已必先見誅即以聞于帝然不敢斥言淫褻事第曰哈麻謂陛下年老故耳帝大驚曰朕頭未白齒未落遽謂我爲老耶帝即與禿魯帖木兒謀去哈麻雪雪計已定禿魯帖木兒走匿尼寺中明日帝遣使傳旨哈麻與雪雪毋早入朝其家居聽旨御史大夫搠思監因

劾奏哈麻與雪雪罪惡帝曰哈麻雪雪兄弟二人雖有罪然侍朕日久且與朕弟懿璘質班皇帝實同乳可姑緩其罰令其出征已而中書右丞相定住平章政事桑哥失里復糾劾哈麻雪雪之罪不已乃命其兄弟出城受詔遂詔哈麻於惠州安置雪雪於肇州安置比行俱杖死哈麻既死仍籍其家財也先帖木兒所封之庫藏其封識固未嘗啓也哈麻兄弟寵幸方固而一旦遽見廢外人皆謂帝怒其譖害脫脫兄弟之故而不知其罪蓋由於不軌其兄弟之死人無恤之者

搠思監

搠思監怯烈氏野先不花之孫亦憐真之子也早歲性寬厚簡言語皆以遠大之器期之泰定初襲長宿衛爲必闍赤怯薛官至順二年除內八府宰相元統初出爲福建宣慰使都元帥居三年通達政治威惠甚著後至元三年拜江浙行中書省參知政事國用所倚海運爲重是歲搠思監被命督其役措置有方所漕米三百餘萬石悉達京師無耗折者六年擢湖北道肅政廉訪使未行改江浙行省右丞福建鹽法久壞詔搠思監往究其私鬻盜鬻及出納之弊至則悉廉得其利病爲罷行之至正元年改山東肅政廉

訪使尋召拜中政使明年正月除陜西行臺御史中丞三月復爲中政使八月調太府卿四年拜中書參知政事尋陞右丞六年遷御史中丞遂除翰林學士承旨俄復爲中丞又由資政使遷宣徽使九年除大宗正府也可扎魯火赤宗王國人咸稱其明果尋復入中書爲右丞十年正月陞平章政事階光祿大夫十一年十一月拜御史大夫進銀青榮祿大夫十二年四月復爲中書平章從丞相脫脫平徐州有功十三年復拜御史大夫尋又爲中書平章十四年九月奉命率師討賊淮南身先士卒面中流矢不爲動十

五年遷陜西行省平章復召還拜知樞密院事俄復拜中書平章兼大司農分司提調大都留守司及屯田事一日入侍帝見其面有箭瘢深歎閔焉進爲首平章十六年復遷御史大夫四月遂拜中書左丞相明年三月進右丞相十八年加太保詔封其曾祖孛魯海爲雲王祖也先不花爲瀛王父亦憐眞爲冀王是時天下多故日已甚外則軍旅煩興疆宇日蹙内則帑藏空虛用度不給而帝方溺於娛樂不恤政務於是搠思監居相位久無所匡救而又公受賄賂貪聲著聞物議喧然是年冬監察御史燕赤不花劾奏

搠思監任用私人朶列及妾弟崔完者帖木兒印造僞鈔事將敗令朶列自殺以滅口搠思監乃請謝事解機務詔止收其印綬而御史答里麻失里王彝言不已帝終不聽也會遼陽賊勢張甚明年遂起爲遼陽行省左丞相未行二十年三月復拜中書右丞相仍降詔諭天下時帝益厭政而宦者資正院使朴不花乘間用事爲姦利搠思監因與結搆相表裏四方警報及將臣功狀皆壅不上聞孛羅帖木兒廓擴帖木兒各擁强兵于外以權勢相軋釁隙遂成搠思監與朴不花黨於廓擴帖木兒而誣孛羅帖木兒以非

罪二十四年三月帝因下詔削奪其官爵且命廓擴帖木兒以兵討之而宗王不顏帖木兒禿堅帖木兒等皆稱兵與孛羅帖木兒合表言其無罪於是帝爲降詔曰自至正十一年妖賊竊發屢嘗選命將相分任乃職視同心膂凡厥庶政悉以委之豈期搠思監朴不花夤緣爲姦互相壅蔽以致在外宣力之臣因而解體在内忠良之士悉陷非辜又復奮其私讎誣搆孛羅帖木兒老的沙等同謀不軌朕以信任之專失於究察遂調兵往討孛羅帖木兒已嘗陳詞而乃寢匿不行今宗王不顏帖木兒等仰畏明威遠來控

訴以表其情朕爲惻然與念而搠思監朴不花猶飾虛詞譽惑朕聽其以搠思監屏諸嶺北朴不花竄之甘肅以快衆憤孛羅帖木兒等悉與改正復其官職然詔書雖下而搠思監朴不花仍留京師四月孛羅帖木兒乃遣禿堅鐵木兒稱兵犯闕必得搠思監朴不花乃已帝不得已縛二人畀之遂皆爲孛羅鐵木兒所殺已而監察御史復奏言搠思監矯殺丞相太平盜用鈔板私家草詔任情放選鬻獄賣官費耗庫藏居廟堂前後十數年使天下八省之地悉致淪陷乃誤國之姦臣究其罪惡大赦難原曩者姦臣阿合

馬之死剖棺戮尸搠思監之罪視阿合馬爲有過今其雖死必剖棺戮尸爲宜有旨從之而臺臣言猶不已遂復沒其家產而竄其子宣徽使觀音奴於遠方怯烈氏四世爲丞相者八人世臣之家鮮與比盛而搠思監早有才望及居相位人皆仰其有爲遭時多事顧乃守之以懦濟之以貪遂使天下至於亂亡而不可爲論者謂元之亡搠思監之罪居多云

元史傳卷九十二

傳卷第九十三

叛臣

李璮小字松壽濰州人李全子也或曰璮本衢州徐氏子父嘗爲揚州司理參軍全蓋養之爲子云太祖十六年全叛宋舉山東州郡歸附太師國王孛魯承制拜全山東淮南楚州行省而以其兄福爲副元帥太宗三年全攻宋揚州敗死璮遂襲爲益都行省仍得專制其地朝廷數徵兵輒詭辭不至憲宗七年又調其兵赴行在璮親詣帝言曰益都乃宋航海要津分軍非便帝然之命璮歸取漣海數州璮遂發兵攻拔漣水相連四城大張

尅捷之功中統元年世祖即位加璮江淮大都督璮言近獲生口知宋調兵將攻漣水且謀見許浦射陽湖舟艦相望勢欲出膠西向益都請繕城塹以備詔出金符十銀符五授璮以賞將士有功者且賜銀三百錠降詔獎諭蒙古漢軍之在邊者咸聽節制璮復揚言宋呂文德合淮南兵七萬五千來攻漣水且規築堡以臨我及得賈似道呂文德書辭甚悖傲知朝廷近有內顧之憂必將肆志於我乞選將益兵臣當帥先渡淮以雪慢書之辱執政得奏諭以朝廷方通和議邊將惟當固封圉且南人用間其詐非一彼既不至毋或妄動璮乃上言

臣所領益都土曠人稀自立海州今八載將士未嘗釋甲轉輓未嘗息肩民力凋耗莫甚斯時以一路之兵抗一敵國衆寡不侔人所共患賴陛下神武既克漣海二州復破夏貴孫虎臣十餘萬之師然臣豈敢恃此必敵人之不再至哉且宋人今日西無掣肘宜得并力而東若以水陸綴漣而遣舟師遵海以北擣膠萊之虛然後帥步騎直指沂莒滕嶧則山東非我有矣豈可易視而不爲備哉臣昨追敵至淮安非不能乘勝取揚楚徒以執政止臣故臣不敢深入苦以東陽唐鄧陳蔡諸軍攻荆山取壽泗以亳宿徐邳諸軍合臣所統兵攻揚楚則

兩淮可定兩淮既定則選兵以取江南自守以寛民力將無施不可此上策也因上將校馮泰等功第狀詔以益都官銀分賞之二年正月璮言于行中書省以宋人聚兵糧數十萬列艦萬三千艘于許浦以侵内郡而宣撫司轉輸不繼恐一旦水陸道絶緩急莫報請選精騎倍道來援表裏協攻乘機深入江淮可圖也既而來獻漣水捷詔復奬諭仍給金符十七銀符二十九增賜將士庚寅璮輒發兵修益都城塹且報宋人來攻漣水詔遣阿术哈剌拔都愛仙不花等悉兵赴之仍諭度宜益兵赴調璮遂請節制諸道所集兵馬且請給兵器

中書議與矢三萬詔給矢十萬三年四月又以宋賈似道誘總管張元張進等書來上蓋璮專制山東者三十餘年其前後所奏凡數十事皆恫疑虛喝挾敵國以要朝廷而自爲完繕益兵計其謀亦深矣初以其子彦簡質于朝而潛爲私驛自益都至京師質子營至是彦簡遂用私驛逃歸璮遂反以漣海三城獻于宋殲蒙古戍兵引麾下具舟艦還攻益都甲午入之發府庫以犒其黨遂寇蒲臺民聞璮反皆入保城郭或奔竄山谷由是自益都至臨淄數百里寂無人聲癸卯帝聞璮反遂下詔暴其罪甲辰命諸軍討璮

己酉以璮故殺中書平章王文統壬子璮盜據濟南癸酉命史樞阿术帥師赴濟南璮帥衆出掠輜重將及城官軍邀擊大敗之斬首四千級璮退保濟南五月庚申築環城圍之甲戌圍合璮自是不得復出猶日夜拒守取城中子女賞將士以悦其心且分軍就食民家發其蓋藏以繼不足則家賦之鹽令以人爲食至是人情潰散璮不能制各什伯相結縋城以出璮知城且破乃手刃愛妾乘舟入大明湖自投水中水淺不得死爲官軍所獲縛至諸王合必赤帳前丞相史天澤言宜即誅之以安人心遂與蒙古軍官囊

家并誅焉

王文統字以道益都人也少時讀權謀書好以言撼人遍干諸侯無所遇乃往見李璮璮與語大喜即留置幕府命其子彦簡師事之文統亦以女妻璮由是軍旅之事咸與諮決歲上邊功虛張敵勢以固其位用官物樹私恩取宋漣海二郡皆文統謀也世祖在潛藩訪問才智之士素聞其名及即位厲精求治有以文統爲薦者亟召用之乃立中書省以總内外百司之政首擢文統爲平章政事委以更張庶務建元爲中統詔諭天下立十路宣撫司示以條格欲差發辦而民不擾鹽課不失常額交鈔無致阻滯尋詔行中書省造中統元寶交鈔立互市于潁州漣水光化軍是年冬初行中統交鈔自十文至二貫文凡十等不限年月諸路通行稅賦並聽收受明年二月世祖在開平召行中書省事禡禡與文統親率各路宣撫使俱赴闕世祖自去秋親征叛王阿里不哥于北方凡民間差發宣課鹽鐵等事一委文統等裁處及振旅還宮未知其可否何若且以往者急於用兵事多不暇講究所當振其紀綱者宜在今日故召文統等至責以成効用游顯鄭鼎趙良弼董文炳等爲各路

宣撫司復以所議條格詔諭各路俾遵行之未幾又詔諭宣撫司并達魯花赤管民官課稅所官申嚴私鹽酒醋麴貨等禁文統爲人忌刻初立中書時張文謙爲左丞文謙素以安國利民自負故凡講論建明輒相可否文統積不能平思有以陷之文謙竟以本職行大名等路宣撫司事而去時姚樞竇默許衡皆世祖所敬信者文統諷世祖授樞爲太子太師默爲太子太傅衡爲太子太保外佯尊之實不欲使朝夕備顧問於左右也默嘗與王鶚及樞衡俱侍世祖面詆文統曰此人學術不正必禍天下不可處以相位世祖曰若是則誰可爲者默以許衡對世祖不懌而罷鶚嘗請以右丞相史天澤監脩國史左丞相耶律鑄監脩遼史文統監脩金史世祖曰監脩階銜俟脩史時定之又明年二月李璮反以漣海三城獻于宋先是其子彦簡由京師逃歸璮遣人白之中書及反書聞人多言文統嘗遣子蕘與璮通音耗世祖召文統問之曰汝教璮爲逆積有歲年舉世皆知之朕今問汝所策云何其悉以對文統對曰臣亦忘之容臣悉書以上書畢世祖命讀之其間有曰螻蟻之命苟能存全保爲陛下取江南世祖曰汝今日猶欲緩頰

於朕耶會璮遣人持文統三書自洛水至以書示之文統始錯愕駭汗書中有期甲子語世祖曰甲子之期云何文統對曰李璮久蓄反心以臣居中不敢即發臣欲告陛下縛璮久矣第緣陛下加兵北方猶未靖也比至甲子猶可數年臣爲是言姑遲其反期耳世祖曰無多言朕拔汝布衣授之政柄遇汝不薄何負而爲此文統猶枝辭傍說終不自言臣罪當死乃命左右斥去始出就縛猶召竇默姚樞王鶚僧子聰及張柔等至示以前書曰汝等謂文統當得何罪文臣皆言人臣無將將而必誅柔獨疾聲大言曰宜剮

世祖又曰汝同辭言之諸臣皆曰當死世祖曰渠亦自服朕前矣文統乃伏誅子蕘并就戮詔諭天下曰人臣無將垂千古之彝訓國制有定懷二心者必誅何期輔弼之僚迺蓄姦邪之志平章政事王文統起由下列擢寘台司倚付不爲不深待遇不爲不厚庶收成効以底丕平焉知李璮之同謀潛使子蕘之通耗邇者獲親書之數幅審其有反狀者累年宜加肆市之誅以著滔天之惡已於今月二十三日將反臣王文統并其子蕘正典刑訖於戲負國恩而謀大逆死有餘辜處相位而被極刑時或未喻咨爾有衆體予至懷然文統雖以反誅而元之立國其規模法度世謂出於文統之功爲多云

阿魯輝帖木兒滅里大王之裔也初太宗生七子而滅里位第七世祖既定天下乃大封宗親爲王滅里其一也滅里生脫忽脫忽生俺都剌俺都剌生禿滿至大元年始封陽翟王賜金印螭紐俾鎮北藩禿滿傳曲春曲春傳太平太平傳帖木兒赤而阿魯輝帖木兒襲其封會兵起汝潁天下皆震動帝屢詔宗王以北方兵南討阿魯輝帖木兒知國事已不可爲乃乘間擁衆數萬屯于木兒古兀徹之地而脅宗王以

叛且遣使來言於帝曰祖宗以天下付汝汝何故失其太半盍以國璽授我我當自爲之帝聞神色自若徐曰天命有在汝欲爲則爲之於是降詔開諭俾其悔罪阿魯輝帖木兒不聽乃命知樞密院事禿堅帖木兒等擊之行至稱海起哈剌赤萬人爲軍其人素不習爲兵而一旦驅之使戰既陣兵猶未接皆脫其號衣奔阿魯輝帖木兒軍中禿堅帖木兒軍遂敗績單騎還上都二十一年更命少保知樞密院事老章以兵十萬擊之且俾阿魯輝帖木兒之弟忽都帖木兒從征軍中遂大敗其衆阿魯輝帖木兒遂謀東遁

其部將脫驩知其勢窮乃與宗王囊加玉樞虎兒吐華擒阿魯輝帖木兒送闕下帝命誅之於是加老章太傅脫驩知遼陽行樞密院事仍以忽都帖木兒襲封陽翟王而宗王囊加等悉議加封尋又詔加封老章和寧王以嶺北行省丞相知行樞密院事俾鎮北藩云

傳卷第九十三

逆臣

鐵失

鐵失者當英宗即位之初以翰林學士承旨宣徽院使為太醫院使未逾月特命領中都威衛指揮使明年改元至治有珍珠燕服之賜三月特授光祿大夫御史大夫仍金虎符忠翊侍衛親軍都指揮使依前太醫院使英宗嘗御鹿頂殿謂鐵失曰徽政雖隸太皇太后朕視之與諸司同凢簿書宜悉令御史檢覈既而又命領左右阿速衛冬十月英宗親祀太廟以

中書左丞相拜住為亞獻官鐵失為終獻官明年冬十月江南行臺御史大夫脫脫以疾請于朝未得旨輒去職鐵失奏罷之杖六十七謫居雲南治書侍御史鎖南鐵木迭兒之子也罷為翰林侍講學士鐵失奏復其職英宗不允十二月鐵失以御史大夫忠翊親軍都指揮使左右衛阿速親軍都指揮使太醫院使兼領廣惠司事英宗嘗謂臺臣曰朕深居九重臣下奸貪民生疾苦豈能周知故用卿等為耳目曩者鐵失迭兒貪蠹無厭汝等拱默不言其人雖死宜籍其家以懲後也又明年三月申命大夫鐵失振舉臺

綱詔諭中外既而御史臺請降旨開言路英宗曰言路何嘗不開但卿等選人未當爾朕知卿所劾者率因宿怨羅織成獄加之以罪遂玷其人終身不得伸監察御史嘗舉八思吉思可任大事未幾以貪墨伏誅若此者言路選人當乎否乎時鐵木迭兒既死罪惡日彰英宗委任拜住爲右丞相振立紀綱脩舉廢墜以進賢退不肖爲急務鐵失以姦黨不自安潛蓄異圖秋八月癸亥英宗自上都南還駐蹕南坡是夕鐵失與知樞密院事也先鐵木兒大司農失禿兒前中書平章政事赤斤鐵木兒前雲南行省平章政事完

者前治書侍御史鎖南鐵失之弟宣徽使鎖南典瑞院使脫火赤樞密副使阿散僉書樞密院事章台衛士禿滿及諸王按梯不花孛羅月魯鐵木兒曲律不花兀魯思不花等以鐵失所領阿速衛兵爲外應殺右丞相拜住而鐵失直犯禁幄手弑英宗于卧所九月四日晉王即位鐵失及其黨皆伏誅

孛羅帖木兒答失八都魯之子也從父討賊屢立戰功其語見父傳父既歿孛羅帖木兒引兵退駐井陘口十八年正月命孛羅帖木兒爲河南行省平章政事仍總領其父元管諸軍三月擊劉福通於衛輝走之進克濮州四月屯兵真定六月自武安由彭城邀截沙劉等敗之九月命統領諸軍夾攻曹州十月遣叅政臣福統苗軍自西門入孛羅帖木兒自北門入四門並進克復曹州擒殺僞官武寧相仇知院獲僞印信金牌等物十九年二月過代州收山東潰將孟本周諸軍三月詔孛羅帖木兒移兵至大同置大都督兵農司專督屯種以孛羅帖木兒領之當月領兵豐州雲内與關先生戰關軍奔潰時有楊誠者據蔚州六月詔遣平章月魯不花樞密同知八剌火者督兵捕之七月圍其城俄有旨命回兵十一月再命勦

捕二十年正月孛羅帖木兒追誠至飛狐縣東關誠棄軍遁降其潰卒回駐大同二月除中書平章政事三月命討上都程思忠兵次興和思忠奔潰七月擊敗田豐僞將王士誠於臺州詔總領一應達達漢人諸軍便宜行事八月命守石嶺關以北察罕帖木兒守石嶺關以南九月孛羅帖木兒欲得冀寧遣兵自石嶺關直趨圍其城三日復退屯交城十月詔孛羅帖木兒守冀寧遣保保殷興祖高脫因倍道趨之守者不納察罕帖木兒遣鎖住陳秉直以兵來爭孛羅帖木兒部將脫列伯戰敗之二十一年正月命平章

荅失帖木兒叅政七十往諭解之孛羅帖木兒罷兵還鎮九月命孛羅帖木兒於保定以東河間以南屯田二十二年二月僞平章左李遣楊榮祖至大同降三月孛羅帖木兒遣裨將也速不花等招兵五萬成大同陞孛羅帖木兒太尉中書平章位居第一張良弼來受節制李思齊遣兵攻良弼于武功良弼伏兵大破之二十三年十月孛羅帖木兒復南侵擴廓帖木兒所守地遂據真定初朝廷既黜御史大夫老的沙安置東勝州帝别遣官密諭孛羅帖木兒令留軍中而皇太子累遣官索之孛羅帖木兒匿不發二

十四年正月孛羅帖木兒陰使人殺其叔父左丞亦只兒不花佯爲不知徃弔不哭朝廷知其跋扈又以匿老的沙事三月辛卯詔罷孛羅帖木兒兵權四川安置孛羅帖木兒殺使者拒命遣部將會禿堅帖木兒提兵犯闕揚言索右丞相搠思監資正院使朴不花二人先是朝廷立衛屯田嘗命中書右丞也先不花提督與禿堅帖木兒分院之地相近因擾及其親里搆成嫌隙也先不花乃譖禿堅帖木兒詆毀朝政孛羅帖木兒與禿堅帖木兒相友善且知其誣遣人白其非罪皇太子以孛羅帖木兒握兵跋扈今乃與禿堅帖木兒交通又匿不執之臣遂與丞相搠思監議請詔削其官分其兵授四川省丞相察罕不花領之孛羅帖木兒謂非帝意故不聽命舉兵助禿堅帖木兒四月壬寅入居庸乙巳至清河列營將犯闕帝遣達達國師蠻子院使徃問故乃命屏搠思監于嶺北竄朴不花于甘肅實執送與之庚戌禿堅帖木兒自健德門入見帝延春閣慟哭請罪帝賜宴慰勉詔赦其罪仍以孛羅帖木兒爲太保中書平章兼知樞密院事守禦大同以禿堅帖木兒爲中書平章政事辛亥孛羅帖木兒還大同皇太子恚怒不已再徵擴

廓帖木兒兵保障京師五月詔擴廓帖木兒總兵調諸道軍分討大同擴廓帖木兒自其父察罕帖木兒在時與孛羅帖木兒連年相讐殺朝廷累命官講和二軍已還兵各守其地至是擴廓帖木兒乃大發兵諸道夾攻大同調麾下鎖住守護京師兵不滿萬以其部下青軍楊同僉守居庸擴廓帖木兒自將至太原調督諸軍七月孛羅帖木兒率兵與禿堅帖木兒老的沙等復犯闕京師震駭丙戌皇太子親統兵迎於清河丞相也速詹事不蘭奚軍於昌平也速軍士無闘志青軍楊同僉被殺於居庸不蘭奚戰敗走皇

太子亦馳入城丁亥夜鎖住脅東宮官僚從太子出奔太原戊子孛羅帖木兒兵至駐健德門外欲追襲皇太子老的沙力止之三人入見帝宣文閣泣拜訴冤帝亦爲之泣乃賜宴庚寅就命孛羅帖木兒太保中書左丞相老的沙中書平章政事禿堅帖木兒御史大夫部屬將士布列臺省總攬國柄八月壬寅詔加孛羅帖木兒開府儀同三司上柱國録軍國重事太保中書右丞相節制天下數月間誅狎臣禿魯帖木兒波迪哇兒禡等罷三宮不急造作沙汰宦官減省錢粮禁西番僧人佛事數遣使請皇太子還朝使

至太原拘留不報二十五年皇太子在外日夜謀除内難承制調遣嶺北甘肅遼陽陝西及擴廓帖木兒等軍進討孛羅帖木兒孛羅帖木兒怒出皇后于外幽置百日遣禿堅帖木兒率軍討上都附皇太子者調也速南禦擴廓帖木兒軍也速次良鄉不進而歸永平遣人西連太原東連遼陽軍聲大振孛羅帖木兒患之遣驍將姚伯顔不花統兵出禦至通州河溢營虹橋以待也速出其不意襲而破之擒姚伯顔殺之孛羅帖木兒大恐自將出通州三日大雨而還孛羅帖木兒先嘗以自疑殺其將保安既又失姚伯顔鬱鬱不樂乃日與老的沙飲宴荒淫無度酗酒殺人喜怒不測人皆畏忌威順王子和尚受帝密旨與徐士本謀結勇士上都馬金那海伯達兒帖古思不花火兒忽達洪寶寶等陰圖刺之七月乙酉值禿堅帖木兒遣人來告上都之捷孛羅帖木兒起入奏行至延春閣李樹下伯達兒自衆中奮出斫孛羅帖木兒中其腦上都馬及金那海等競前斫死老的沙傷額趨出得馬走其家擁孛羅帖木兒母妻及其子天寶奴北遁有旨令民間盡殺其部黨明日遣使函孛羅帖木兒首級往太原詔皇太子還朝諸道兵聞詔罷

歸九月皇太子朝京師十二月獲禿堅帖木兒老的沙皆伏誅

傳卷第九十四

翰林學士亞中大夫知制誥兼修國史臣宋濂翰林待制承直郎同知制誥兼國史院編修官臣王禕等奉敕修

外夷一

高麗

高麗本箕子所封之地，又扶餘別種嘗居之其地東至新羅南至百濟皆跨大海西北度遼水接營州而靺鞨在其北其國都曰平壤城即漢樂浪郡水有出靺鞨之白山者號鴨淥江而平壤在其東南因恃以爲險後闢地益廣并古新羅百濟高句麗三國而爲一其主姓高氏自初立國至唐乾封初而國亡垂拱

以來子孫復封其地後稍能自立至五代時代主其國遷都松岳者姓王氏名建自建至燾凡二十七王歷四百餘年未始易姓入元太祖十一年契丹人金山元帥六哥等領衆九萬餘竄入其國十二年九月攻拔江東城據之十三年帝遣哈只吉劄剌等領兵征之國人洪大宣詣軍中降與哈只吉等同攻圍之高麗王（名缺）奉牛酒出迎王師且遣其樞密院使吏部尚書上將軍翰林學士承旨趙冲共討滅六哥劄剌與冲約爲兄弟冲請歲輸貢賦劄剌曰爾國道遠難於往來每歲可遣使十人入貢十二月劄剌移文取兵糧送米一千斛十四年正月遣其權知閤門祗候尹公就中書注書崔逸以結和牒文送劄剌行營劄剌遣使報之高麗王以其侍御史朴時允爲接伴使迎之帝又遣蒲里岱也持詔往諭之高麗王迎拜設宴九月皇太弟國王及元帥合臣副元帥劄剌等各以書遣宣差大使慶都忽思等十人趣其入貢尋以方物進十五年九月大頭領官堪古苦着古歟等復以皇太弟國王書趣之仍進方物十六年七月有旨諭以伐女直事始奉表陳賀八月着古歟使其國十月喜速不瓜等繼使焉十七年十月詔遣着古

歟等十二人至其國察其納款之實十八年八月宣差山朮解等十二人復以皇太弟國王書趣其貢獻十九年二月着古歟等復使其國十二月又使焉盜殺之于途自是連七歲絕信使矣太宗三年八月命撒禮塔征其國國人洪福源迎降于軍得福源所率編民千五百戶旁近州郡亦有來歸者撒禮塔即與福源攻未附州郡又使阿兒禿與福源抵王京招其主王瞰瞰遣其弟懷安公王侹請和許之置京府縣達魯花赤七十二人監之遂班師十一月元帥蒲桃迪巨唐古等領兵至其王京瞰遣使奉牛酒迎之十

二月一日復遣使勞元帥于行營明日其使人與元帥所遣人四十餘輩入王城付文牒又明日瞰遣王侹等詣撒禮塔屯所犒師四年正月帝遣使以璽書諭瞰三月瞰遣中郎將池義源錄事洪巨源金謙等賫國贐牒文送撒禮塔屯所四月瞰遣其將軍趙叔章御史薛慎等奉表入朝五月復下詔諭之六月瞰盡殺朝廷所置達魯花赤七十二人以叛遂率王京及諸州縣民竄海島洪福源集餘民保聚以俟大兵八月復遣撒禮塔領兵討之至王京南攻其處仁城中流矢卒别將鐵哥以軍還其已降之人令福源領

之十月瞰遣其將軍金寶鼎郎中趙瑞章上表陳情五年四月詔諭瞰悔過來朝且數其五罪自平契丹賊殺劄刺之後未嘗遣一介赴闕罪一也命使賫訓言省諭輒敢射回罪二也爾等謀害着古歟乃稱萬奴民户殺之罪三也命汝進軍仍令汝弼入朝爾敢抗拒竄諸海島罪四也汝等民户不拘集見數輒敢妄奏罪五也十月瞰復遣兵攻陷已附西京等處降民劫洪福源家六年福源得請領其降民還居東京賜佩金符七年命唐古與洪福源領兵征之九年拔其龍岡咸從等十餘城十年五月其國人趙玄習李元祐等率二千人迎降命居東京受洪福源節制且賜御前銀符使玄習等佩之以招未降民户又李君式等十二人來降待之如玄習焉十二月瞰遣其將軍金寶鼎御史宋彥琦等奉表入朝十一年五月詔徵瞰入朝瞰以母喪辭六月乃遣其禮賓卿盧演禮賓少卿金謙充進奉使副奉表入朝十月有旨諭瞰徵其親朝於明年十二月瞰遣其新安公王佺與寶鼎彥琦等百四十八人奉表入貢十二年三月又遣其右諫議大夫趙脩閤門祗候金成寶等奉表入貢五月復下詔諭之十二月瞰遣其禮賓少卿宋彥琦侍御

史權韙充行李使入貢是歲攻拔昌朔等州十三年秋瞰以族子縛爲己子入質當定宗憲宗之世歲貢不入故自定宗二年至憲宗八年凡四命將征之凡拔其城十有四憲宗末瞰遣其世子倎入朝世祖中統元年三月瞰卒命倎歸國爲高麗國王以兵衛送之仍赦其境內制曰我太祖皇帝肇開大業聖聖相承代有鴻勳芟夷群雄奄有四海未嘗專嗜殺也凡屬國列侯分茅錫土傳祚子孫者不啻萬里孰非向之勍敵哉觀乎此則祖宗之法不待言而章章矣今也普天之下未臣服者惟爾國與宋耳宋所恃者長江

而長江失險所藉者川廣而川廣不支邊戍自徹其藩籬大軍已駐乎心腹鼎魚幕燕亡在旦夕爾初世子奉幣納款束身歸朝含哀請命良可矜憫故遣歸國完復舊疆安爾田疇保爾室家弘好生之大德捐宿構之細故也用是已嘗戒敕邊將斂兵待命東方既定則將廻戈於錢塘迨餘半載乃知爾國内亂渝盟邊將復請戒嚴此何故也以謂果内亂耶權臣何不自立而立世孫以謂傳聞之誤耶世子何不之國而盤桓於境上也豈以世子之歸愆期而左右自相猜疑私憂過計而然耶重念島嶼殘民久罹塗炭窮兵極討殆非本心且御失其道則天下狙詐咸作敵推赤心置人腹中則反側之輩自安矣悠悠之言又何足校申命邊閫斷自予衷無以逋逃間執政無以飛語亂定盟惟事推誠一切勿問宜施曠蕩之恩一新遐邇之化自尚書金仁儁以次中外枝黨官吏軍民聖旨到日已前或有首謀内亂旅拒王師已降附而還叛因仇讎而擅殺無所歸而背主亡命不得已而隨衆脅從應據國人但曾犯法罪無輕重咸赦除之世子其趣裝命駕歸國知政解仇釋憾布德施恩緬惟瘡痍之民正在撫綏之日出彼滄濵宅於平壤

賣刀劍而買牛犢捨干戈而操耒耜凡可援濟毋憚勤勞苟富庶之有徵冀禮義之可復亟正疆界以定民心我師不復踰限矣大號一出朕不食言復有敢踵亂犯上者非干爾主乃亂我典刑國有常憲人得誅之於戲世子其王矣往欽哉恭承丕訓永爲東藩以揚我休命四月復降旨諭倎曰朕祇若天命獲承祖宗休烈仰惟覆燾一視同仁無遐邇小大之間也以爾歸款既冊爲王還國今得爾與邊將之書因知其上下之情朕甚憫焉倎求出水就陸免軍馬侵擾還被虜及逃民皆從之詔班師乃赦其境内六月倎遣其子永安公僖判司宰事韓即入賀即位以國王封冊王印及虎符賜之是月又下詔撫諭之二年三月遣使入貢四月倎入朝六月倎更名禃遣其世子愖奉表以聞八月賜禃玉帶一遣侍衛將軍孛里察禮部郎中高逸民護愖還國九月禃遣其侍御史張鎰奉表入謝十月帝遣阿的迷失焦天翼持詔諭以開榷場事三年正月罷互市諸王塔察兒請置鐵冶從之請立互市不從賜禃曆後歲以爲常禃遣使入謝優詔答之四月禃遣其左諫議大夫朴倫郎將辛洪成等奉表入朝六月遣使入貢八月朴倫等還賜西錦三段間金熟綾六段十月詔諭禃籍

編民出師旅輸糧餉助軍儲是月禃遣使入貢四年二月以禃不答詔書詰其使者禃表乞俟民生稍集然後惟命帝以其辭意懇實允之朝貢物數亦命稱其力焉自三月至于六月禃凡三遣使入貢賜禃羊五百十一月禃以免置驛籍民等事遣其翰林學士韓就奉表入謝五年正月丁丑朔禃遣使奉表入賀諭還使令禃親朝京師四月以西北諸王率衆欵附擬令歲朝王公群牧于上都又遣必闍赤古乙獨徵禃入朝脩世見之禮五月禃遣其借國子祭酒張鎰從古乙獨入見六月乃親朝九月帝以改中統五年

爲至元元年遣郎中路得成持赦令與禃郎將康允珝頒其國十月禃入朝十二月遣禃還國是年春禃遣使入貢自是終世祖三十一年其國入貢者凡三十有六至元三年二月立瀋州以處高麗降民帝欲通好日本以高麗與日本鄰國可爲鄉導八月遣國信使兵部侍郎黑的禮部侍郎殷弘計議官伯德孝先等使日本先至高麗諭旨十二月禃遣其樞密院副使宋君斐借禮部侍郎金賛等導詔使黑的殷弘等往日本不至而還四年正月禃遣君斐等奉表從黑的等入朝六月帝以禃飾辭令去使從還復遣黑的與君斐等以詔諭禃委以

日本事以必得其要領爲期九月禃遣其起居舍人潘阜書狀官李挺充國信使持書詣日本五年正月禃遣其弟淐入朝帝以禃見欺於淐面數其事切責之特遣北京總管燕大興府尹于也孫脫禮部郎中孟甲持詔諭禃其略曰向請撤兵則已撤之矣三年當去水就陸而前言無徵也又太祖法制凡內屬之國納質助軍輸糧設驛編户籍置長官已嘗明諭之而稽延至今終無成言在太祖時王皞等已入質驛傳亦粗立餘率未奉行今將問罪於宋其所助士卒舟艦幾何輸粮則就爲儲積至若設官及户版事其

意謂何故以問之三月于也孫脫等至其國四月禃遣其門下侍郎李藏用奉表與也孫脫等入朝五月帝敕藏用曰往諭爾主速以軍數實奏將遣人督之今出軍爾等必疑將出何地或欲南宋或欲日本爾主當造舟一千艘能涉大海可載四千石者藏用曰舟艦之事即當應命但人民殘少恐不及期往者臣國有軍四萬三十餘年間死於兵疫今止有牌子頭五十户百户千户之類虛名而無軍卒帝曰死者有之生者亦有之藏用曰賴聖德自撤兵以來有生長者僅十歲耳帝又曰自爾來者言海中之事於宋得

便風可三日而至日本則朝發而夕至舟中載米海
中捕魚而食之則豈不可行乎又勑蔵用曰歸可以此
言諭爾主七月詔都統領脫朶兒武德將軍統領王
國昌武略將軍副統領劉傑等使其國與其來朝者
大將軍崔東秀偕行八月至其國禃出昇天府迎之
蓋諭以閱軍造船也九月以禃表奏潘阜等奉使無
功而還復遣黑的等使日本詔禃遣重臣導送十二
月禃遣其知門下省事申思全禮部侍郎陳井起居
舍人潘阜等從國信使黑的等赴日本借禮部侍郎
張鎰奉表從脫朶兒入朝六年正月禃遣其大將軍

康允紹奉表奏誅權臣金俊等三月禃復遣申思全
奉表從黑的入朝六月禃遣其世子愖入朝賜禃玉
帶一愖金五十兩從官銀幣有差七月帝遣明威將
軍都統領脫朶兒武德將軍統領王國昌武畧將軍
副統領劉傑相視耽羅等處道路詔禃選官引達以
人言耽羅海道往南宋日本甚易故也八月世子愖
至朝奏本國臣下擅廢禃立其弟安慶公淐事詔遣
使臣斡朶思不花李諤等至其國詳問之九月其樞
密院副使金方慶奉表從斡朶思不花等入朝樞密
院御史臺奏世子愖言朝廷若出征能辦軍三千備

糧五月如官軍入境臣宜同往庶不驚擾帝然之詔
授世子愖特進上柱國敕愖率兵三千赴其國難命
抄不花往征其國以病不果行詔遣蒙哥都代之十月
帝以禃淐廢置乃林衍所爲遣中憲大夫兵部侍郎
黑的淄萊路總管府判官徐世雄詔禃淐衍等以十
二月同詣闕下面陳情實聽其是非又遣國王頭輦
哥等率兵壓境如踰期不至即當窮治首惡進兵勦
戮命趙璧行中書省于東京仍詔諭高麗國軍民十
一月高麗都統領崔坦等以林衍作亂挈西京五十
餘城入附遣斷事官別同瓦馳驛於王綧洪茶丘所

管實科差戶內僉軍至東京付樞密院得三千三百
人高麗西京都統李延齡乞益兵遣忙哥都率兵二
千赴之樞密院臣議征高麗事初馬亨以爲高麗者
本箕子所封之地漢晉皆爲郡縣今雖來朝其心難
測莫若嚴兵假道以取日本爲名乘勢可襲其國定
爲郡縣亨又言今既有釁端不宜遣兵伐之萬一不
勝上損國威下損士卒彼或上表言情宜赦其罪庚
減其貢獻以安撫其民庶幾感慕聖化俟南宋已平
彼有他志回兵誅之亦未晚也前樞密院經歷馬希
驥亦言今之高麗乃古新羅百濟高句麗三國併而

為一大抵藩鎮權分則易制諸侯強盛則難臣驗彼州城軍民多寡離而為二分治其國使權侔勢等自相維制則徐議良圖亦易為區處耳黑的等至其國植受詔復位遣借禮部侍郎朴烋從黑的等奉表入朝十二月乃親朝京師七年正月遣使言比奉詔臣已復位令從七百人入覲詔令從四百人來餘留之西京詔西京内屬改東寧府畫慈悲嶺為界以忙哥都為安撫使佩虎符率兵戍其西境詔諭其國僚屬軍民以討林衍之故其畧曰朕即位以來閔爾國久罹兵亂册定爾主撤還兵戍十年之間其所以撫護

安全者靡所不至不圖逆臣林衍自作弗靖擅廢易國王植脅立安慶公淐詔令赴闕復稽延不出豈可釋而不誅已遣行省率兵東下惟林衍一身是討其安慶公淐本非得已在所寛宥自餘脅從詿誤一無所問二月遣軍送植就國詔諭高麗國官吏軍民曰朕惟臣之事君有死無二不意爾國權臣輙敢擅廢國主彼既驅率兵衆將致爾衆危擾不安以汝黎庶之故特遣兵護送國王植還國奠居舊京命達魯花赤同往鎮撫以靖爾邦惟爾東土之人不知為汝之故必生疑懼爾衆咸當無畏按堵如故已別敕將帥

嚴戒兵士勿令侵犯汝或妄動汝妻子及汝身當致俘略宜審思之初有旨令頭輦哥行省駐西京而以忙哥都趙良弼充安撫使與植俱入其京既而復令行省入其王京而以脫脫朶兒充其國達魯花赤罷安撫司四月東京行尚書省軍近西京遣徹徹都等同植之臣鄭子璵等持省劄召高麗國令公林衍使還言衍已死子惟茂襲令公位其國侍郎洪文係尚書宋宗禮殺惟茂及衍婿崔宗琊惟茂弟惟裀自到衍黨裴仲孫等復集餘衆立植庶族承化侯為王竄入珍島大軍次王京西闌城遣人收繫林衍妻子行省與

植議遷江華島居民於王京仍宣詔撫綏之植弗從至入居其舊京始從行省之議六月植遣人報有朝廷逃軍與承化侯者以三別抄軍叛世子愖復言叛兵據江華島宜率軍水陸進擊之植復報叛兵悉遁去世子愖言叛兵刼府庫燒圖籍逃入海中行省使人覘江華島中百姓皆空島之東南相距約四十里叛兵乘船候風勢欲遁於是即命乃顏率衆追擊之七月丞相安童等言頭輦哥等遣大托忙古解來言令阿海領軍一千五百屯王京伺察其國中遂以阿海為安撫使十一月中書省臣言於高麗設置屯田

經畧司以忻都史樞爲鳳州等處經畧使佩虎符領軍五千屯田於金州又令洪茶丘以舊領民二千屯田阿剌帖木兒爲副經畧司總轄之而罷阿海軍閫十一月世子愖還有詔諭禃以其陪臣元傅等妄奏頭輦哥國王爲頭行省官員數事及其國私與南宋日本交通又往年所言括兵造船至今未有成效且謂自此以往或先有事南宋或先有事日本兵馬船艦資糧早宜措置是月又詔禃曰嚮嘗遣信使通問日本不謂執迷固難以善言開諭此卿所知將經畧於彼敕有司發卒屯田爲進取之計庶免爾國他日

轉輸之勞仍遣使持書先示招懷卿其悉心盡慮俾贊方略期於有成以稱朕意初林衍之變百姓驚擾至是下詔撫慰之十二月詔諭禃送使通好日本曰朕惟日本自昔通好中國實相密邇故嘗詔卿導達去使講信脩睦爲其疆吏所梗竟不獲明諭朕心後以林衍之亂故不暇及今既輯寧爾家遣少中大夫秘書監趙良弼充國信使期於必達仍以忽林赤王國昌洪茶丘將兵送抵海上比國信使還姑令金州等處屯駐所需粮餉卿專委官赴彼逐近供給并鳩集金州旁左船艦於金州需待無致稽緩匱乏八年

正月禃遣其樞密使金鍊奉表入見請結婚安撫使阿海畧地珍島與逆黨遇多所亡失中書省臣言諜知珍島餘粮將竭宜乘弱攻之詔不許二月命忽都答兒持詔諭裴仲孫三月仲孫乞諸軍退屯然後內附忻都未從其請有詔諭之四月忻都言仲孫稽留詔使負固不服乞與虎林赤王國昌分道進討從之以討珍島諭禃五月忻都與史樞洪茶丘大敗珍島賊獲承化侯斬之其黨金通精走耽羅七月禃遣其上將軍鄭子璵奉表謝平珍島世子愖率其尚書右丞宋玢軍器監薛公儉等衣冠胄子二十八人入侍

八月忽林赤赴鎮邊合浦縣屯所九月禃遣其通事別將徐稱導送宣撫趙良弼使日本帝遣愖還國十一月禃遣其同知樞密院事李昌慶奉表謝許婚事九年正月禃遣其別將白琚偕張鐸等十二人奉表入見世子愖以其國尚書右丞宋玢玢父上將軍宗禮討林惟茂狀言其功于中書省遣郎中不花馬璘使高麗諭以供戰船輸軍糧事二月禃致書日本使通好于朝六月遣西京屬城諸達魯花赤及質子金鎰等歸國十年正月禃遣其世子愖入朝四月經畧使忻都同洪茶丘領兵入海攻拔耽羅城禽金通精

等奉詔誅之六月禃遣其大將軍金忻表奏攻破濟州九月禃屢言小國地狹比歲荒歉其生券軍乞駐東京詔令營北京界仍敕東京路運米二萬石賑之達魯花赤焦天翼還朝十一年正月己卯朔宮闕告成帝始御正殿受皇太子諸王百官朝賀禃遣其少卿李義孫等入賀三月遣木速塔八撒木合持詔使高麗僉軍五千六百人助征日本五月皇女忽都魯揭里迷失下嫁于世子愖七月其樞密院副使奇蘊奉表告王禃薨命世子愖襲爵詔諭高麗國王宗族及大小官員百姓人等其畧曰國王王禃存日屢言

世子愖可爲繼嗣今令愖襲爵爲王凡在所屬並聽節制八月世子愖還至其國襲位九月遣其齊安侯王淑上表謝恩十一月皇女入京城愖復遣其判閤門事李信孫等奉表入謝十二月以黑的爲高麗達魯花赤李益受代還十二年七月黑的還朝十一月遣使諭愖改官職名號愖遣其帶方侯王澂率衣冠子弟二十人入侍以石抹天衢充副達魯花赤十三年七月愖遣其僉議中贊金方慶奉表賀平宋十一月愖遣其判秘書寺事朱悅奉表奏改名賰十四年正月金方慶等爲亂命愖治之仍命忻都洪茶丘飭

兵禦備十五年一月賰以達魯花赤石抹天衢秩滿未代請復留三年從之東征元帥府上言以高麗侍中金方慶與其子忻愃恂壻趙卞等陰養死士四百人匿鎧仗器械造戰艦積糧餉欲謀作亂捕方慶等按驗得實已流諸海島然高麗初附民心未安可發征日本還卒二千七百人置長吏屯忠清全羅諸處鎮撫外夷以安其民復令士卒備牛畜耒耜爲來歲屯田之計七月改鑄駙馬高麗王印賜賰十六年正月敕其國置大灰艾州東京柳石孛落四驛十七年五月賰以民饑乞貸糧萬石從之七月以其國初置

驛站民乏食命給糧一歲仍禁使臣往來勿求索飲食十月加賰開府儀同三司中書左丞相行中書省事十八年二月賰言本國必闍赤不諳行移文字請除郎中員外各一員以爲參佐賰又請易宣命職銜增駙馬字從之六月賰言本國置驛四十民畜凋弊勅併爲二十站仍給馬價八百錠八月陞其僉議府爲從三品十一月金州等處置鎮邊萬戶府以控制日本十九年正月賰以日本寇其邊海郡邑焚居室掠子女而去請發闍里帖木兒麾下蒙古軍五百人戍金州又從之二十年五月立征東行中書省以高

麗國王典阿塔海共事二十八年五月以睶子謜爲世子授特進上柱國賜銀印十月以其國饑給以米二十萬斛三十年二月睶遣使入奏復更名昛及乞功臣號制曰特進上柱國開府儀同三司征東行中書省左丞相駙馬高麗王昛世守王爵選尚我家載旌藩屏之功宜示褒嘉之寵可賜號推忠宣力定遠功臣餘如故益懋厥勳對揚休命十一月昛入朝成宗元貞二年七月陞其僉議司爲二品大德元年十一月封昛爲逸壽王以世子謜爲高麗王從所請也二年七月中書省臣奏謜有罪當廢復以其父昛爲

王三年正月昛遣使入貢丞相完澤等言世祖時或言高麗僭設省院臺有旨罷之其國遂改立僉議府密直司監察司今謜加其臣趙仁規司徒司空侍中之職又昛給仁規赦九死奬諭文書又擅寫皇朝帝系及自造曆加其女爲令妃又立資政院以崔冲紹爲典祿大夫又嘗奉太后旨公主與謜兩位下怯薛解合併爲一謜不奉旨謜又擅殺千戶金呂而以其金符給官者朮合兒又仁規進女侍謜有巫蠱事今乞將仁規冲紹發付京兆鞏昌兩路安置不得他適昛行事不法謜年少妄殺無辜乞降詔戒飭帝命杖

仁規冲紹而遣之二月詔諭昛并闔境臣民自今以始勉遵守國之規益謹畏天之戒凡在官者各勤乃事協力匡贊毋蹈前非自干刑憲緇黃士庶各安其業五月哈散使高麗還言昛不能服其衆朝廷宜遣官共理之遂復立征東行省命闊里吉思爲高麗行省平章政事九月昛遣使入貢以朝廷增置行省上表陳情其畧言累世有勤王之功凡八十餘年歲修職貢嘗以世子入侍得聯婚帝室遂爲甥舅實感至恩使小國不替祖風永脩侯職是所望也四年二月征東行省平章闊里吉思言高麗國王自署官府三百

五十八所官四千五十五員衣食皆取之民復苛征之又其大會王曲盖龍扆警蹕諸臣舞蹈山呼一如朝儀僭擬過甚遣山東宣慰使塔察兒刑部尚書王泰亨賫詔諭之使釐正以聞三月闊里吉思復上言僉議司官不肯供報民户版籍州縣疆界本國橫科暴歛民少官多刑罰不一若止依本俗行事實難撫治五年二月爲昛罷行省官有詔諭昛秋七月昛上表言昔居海島時嘗用山呼後改呼千秋今既奉明詔一切皆罷又革官府九十餘所汰官吏二百七十餘員他如雜徭病民馹騎煩擾驛傳者亦皆省之詔

曰卿其諭朕意所言當始終行之或有不然寧不羞懼眶自大德二年復位八年而薨子諒復襲王位成宗初年尚寶塔實憐公主十一年進爵瀋陽王繼襲位高麗國王生子燾燾受遜位以仁宗皇慶二年四月封高麗國王是年其弟暠立爲世子以其父瀋陽王請於朝故也自暾傳其子禃禃傳其子眶眶傳其子諒諒傳其子燾燾傳其弟暠禃初名倎眶初名愖又名賰後乃名眶諒則更名章云

耽羅

耽羅高麗與國也世祖既臣服高麗以耽羅爲南宋

日本衝要亦注意焉至元六年七月遣明威將軍都統領脫脫兒武德將軍統領王國昌武畧將軍副統領劉傑往視耽羅等處道路詔高麗國王王禃選官導送時高麗叛賊林衍者有餘黨金通精遁入耽羅九年中書省臣及樞密院臣議曰若先有事日本未見其逆順之情恐有後辭可先平耽羅然後觀日本從否徐議其事且耽羅國王嘗来朝覲今叛賊逐其主據其城以亂舉兵討之義所先也十年正月命經畧使忻都史樞及洪茶丘等率兵船大小百有八艘討耽羅賊黨六月平之於其地立耽羅國招討司屯

鎮邊軍千七百人其貢賦歲進毛施布百匹招討司後改爲軍民都達魯花赤總管府又改爲軍民安撫司三十一年高麗王上言耽羅之地自祖宗以来臣屬其國林衍逆黨既平之後尹邦寶充招討副使以計求徑隸朝廷乞仍舊帝曰此小事可使還屬高麗自是遂復隸高麗

日本

日本國在東海之東古稱倭奴國或云惡其舊名故改名日本以其國近日所出也其土疆所至與國王世系及物產風俗見宋史本傳日本爲國去中土殊

遠又隔大海自後漢歷魏晋宋隋皆来貢唐永徽顯慶長安開元天寶上元貞元元和開成中並遣使入朝宋雍熙元年日本僧奝然與其徒五六人浮海而至奉職貢并獻銅器十餘事奝然善隸書不通華言問其風土但書以對云其國中有五經書及佛經白居易集七十卷奝然還後以國人来者曰滕木吉以僧来者曰寂照寂照識文字繕寫甚妙至熙寧以後連貢方物其来者皆僧也元世祖之至元二年以高麗人趙彝等言日本國可通擇可奉使者三年八月命兵部侍郎黑的給虎符充國信使禮部侍郎殷弘

給金符充國信副使持國書使日本書曰大蒙古國
皇帝奉書日本國王朕惟自古小國之君境土相接尚務講信修睦况我祖宗受天明命奄有區夏遐方異域畏威懷德者不可悉數朕即位之初以高麗無辜之民久瘁鋒鏑即令罷兵還其疆域反其旄倪高麗君臣感戴來朝義雖君臣歡若父子計王之君臣亦已知之高麗朕之東藩也日本密邇高麗開國以來亦時通中國至於朕躬而無一乘之使以通和好尚恐王國知之未審故特遣使持書布告朕志冀自今以往通問結好以相親睦且聖人以四海為家不相通好豈一家之理哉以至用兵夫孰所好王其圖之黑的等道由高麗高麗國王王植以帝命遣其樞密院副使宋君斐借禮部侍郎金贊等導詔使黑的等往日本不至而還四年六月帝謂王植以辭為解令去使徒還復遣黑的等至高麗諭植委以日本事以必得其要領為期植以為海道險阻不可辱天使九月遣其起居舍人潘阜等持書往日本留六月亦不得其要領而歸五年九月命黑的弘復持書往至對馬島日本人拒而不納執其塔二郎彌二郎二人而還六年六月命高麗金有成送還執者俾中書省牒其國亦不報有成留其太宰府守護所者久之十二月又命秘書監趙良弼往使書曰蓋聞王者無外高麗與朕既為一家王國實為鄰境故嘗馳信使修好為疆埸之吏抑而弗通所獲二人敕有司慰撫俾賚牒以還遂復寂無所聞繼欲通問屬高麗權臣林衍構亂坐是弗果豈王亦因此輟不遣使或已遣而中路梗塞皆不可知不然日本素號知禮之國王之君臣寧肯漫為弗思之事乎近已滅林衍復舊王位安集其民特命少中大夫秘書監趙良弼充國信使持書以往如即發使與之偕來親仁善鄰國之美事其或猶豫以至用兵夫誰所樂為也王其審圖之良弼將往乞定與其王相見之儀廷議與其國上下之分未定無禮數可言帝從之七年十二月詔諭高麗王植送國信使趙良弼通好日本期於必達仍以忽林失王國昌洪茶丘將兵送抵海上比國信使還姑令金州等處屯駐八年六月日本通事曹介升等上言高麗迂路導引國使外有捷徑倘得便風半日可到若使臣去則不敢同往若大軍進征則願為鄉導帝曰如此則當思之九月高麗王植遣其通事別將徐稱導送良弼使日本日本始遣彌四郎者入朝帝

宴勞遣之九年二月樞密院臣言奉使日本趙良弼遣書狀官張鐸來言去歲九月與日本國人彌四郎等至太宰府西守護所守者云曩為高麗所紿屢言上國來伐豈期皇帝好生惡殺先遣行人下示璽書然王京去此尚遠願先遣人從奉使回報良弼乃遣鐸同其使二十六人至京師求見帝疑其國主使之來云守護所者詐也詔翰林承旨和禮霍孫以問姚樞許衡等皆對曰誠如聖算彼懼我加兵故發此輩伺吾強弱耳宜示之寬仁且不宜聽其入見從之是月高麗王椊致書日本五月又以書往令必通好大

朝皆不報十年六月趙良弼復使日本至太宰府而還十一年三月命鳳州經畧使忻都高麗軍民總管洪茶丘以千料舟拔都魯輕疾舟汲水小舟各三百共九百艘載士卒一萬五千期以七月征日本冬十月入其國敗之而官軍不整又矢盡惟虜掠四境而歸十二年二月遣禮部侍郎杜世忠兵部侍郎何文著計議官撒都魯丁往使復致書亦不報十四年日本遣商人持金來易銅錢許之十七年二月日本殺國使杜世忠等征東元帥忻都洪茶丘請自率兵往討廷議姑少緩之五月召范文虎議征日本八月詔

募征日本士卒十八年正月命日本行省右丞相阿剌罕右丞范文虎及忻都洪茶丘等率十萬人征日本二月諸將陛辭帝敕曰始因彼國使來故朝廷亦遣使往彼遂留我使不還故使卿輩為此行朕聞漢人言取人家國欲得百姓土地若盡殺百姓徒得地何用又有一事朕實憂之恐卿輩不和耳假若彼國人至與卿輩有所議當同心協謀如出一口答之五月日本行省參議裴國佐等言本省右丞相阿剌罕范右丞李左丞先與忻都茶丘入朝時同院官議定領舟師至高麗金州與忻都茶丘軍會然後入征日

本又為風水不便再議定會於一岐島今年三月有日本船為風水漂至者令其水工畫地圖因見近太宰府西有平户島者周圍皆水可屯軍船此島非其所防若徑往據此島使人乘船往一岐呼忻都茶丘來會進討為利帝曰此間不悉彼中事宜阿剌罕輩必知令其自處之六月阿剌罕以病不能行命阿塔海代總軍事八月諸將未見敵喪全師以還乃言至日本欲攻太宰府暴風破舟猶欲議戰萬户厲德彪招討王國佐水手總管陸文政等不聽節制輒逃去本省載餘軍至合浦散遣還鄉里未幾敗卒于閶脫

歸言官軍六月入海七月至平壺島移五龍山八月一日風破舟五日文虎等諸將各自擇堅好船乘之棄士卒十餘萬于山下衆議推張百户者爲主帥號之曰張總管聽其約束方伐木作舟欲還七日日本人來戰盡死餘二三萬爲其虜去九日至八角島盡殺蒙古高麗漢人謂新附軍爲唐人不殺而奴之閶輩是也蓋行省官議事不相下故皆棄軍歸久之莫青與吳萬五者亦逃還十萬之衆得還者三人耳二十年命阿塔海爲日本省丞相與徹里帖木兒右丞劉二拔都兒左丞募兵造舟欲復征日本淮西宣慰

使昂吉兒上言民勞乞寢兵二十一年又以其俗尚佛遣王積翁與補陀僧如智往使舟中有不願行者共謀殺積翁不果至二十三年帝曰日本未嘗相侵今交趾犯邊宜置日本專事交趾成宗大德二年江浙省平章政事也速荅兒乞用兵日本帝曰今非其時朕徐思之三年遣僧寧一山者加妙慈弘濟大師附商舶往使日本而日本人竟不至

傳卷第九十五

列傳卷第九十六　元史二百九

翰林學士亞中大夫知制誥兼修國史臣宋濂　翰林待制承直郎同知制誥兼國史院編修官臣王禕等奉

勅修

安南

安南國古交趾也秦并天下置桂林南海象郡秦亡南海尉趙佗擊并之漢置九郡交趾居其一後女子徵側叛遣馬援平之立銅柱爲漢界唐始分嶺南爲東西二道置節度立五筦安南隸焉宋封丁部領爲交趾郡王其子璉亦爲王傳三世爲李公蘊所奪即封公蘊爲王李氏傳八世至昊旵陳日煚爲昊旵壻

遂有其國元憲宗三年癸丑兀良合台從世祖平大理世祖還留兀良合台攻諸夷之未附者七年丁巳十一月兀良合台兵次交趾北先遣使二人往諭之不返乃遣徹徹都等各將千人分道進兵抵安南京北洮江上復遣其子阿术往爲之援并覘其虛實交人亦盛陳兵衛阿术遣軍還報兀良合台倍道兼進令徹徹都爲先鋒阿术居後爲殿十二月兩軍合交人震駭阿术乘之敗交人水軍虜戰艦以還兀良合台亦破其陸路兵又與阿术合擊大敗之遂入其國日煚竄海島得前所遣使於獄中以破竹束體入膚

比釋縛一使死因屠其城國兵留九日以氣候欝熱乃班師復遣二使招日烜來歸日烜還見國都皆已殘毀大發憤縛二使遣還八年戊午二月日烜傳國于長子光昺改元紹隆夏光昺遣其壻與其國人以方物來見兀良合台送詣行在所別遣訥剌丁往諭之曰昔吾遣使通好爾等執而不返我是以有去年之師以爾國主播在草野復令二使招安還國爾又縛還吾使今特遣使開諭如爾等矢心內附則國主親來若猶不悛明以報我光昺曰小國誠心事上則大國何以待之訥剌丁還報時諸王不花鎮雲南兀

良合台言于王復遣訥剌丁往諭使遣使偕來光昺遂納款且曰俟降德音即遣子弟爲質王命訥剌丁乘傳入奏世祖中統元年十二月以孟甲爲禮部郎中充南諭使李文俊爲禮部員外郎充副使持詔往諭之其略曰祖宗以武功創業文化未脩朕纘承丕緒鼎新革故務一萬方適大理國守臣安撫聶只陌丁馳驛表聞爾邦有嚮風慕義之誠念卿昔在先朝已嘗臣服遠貢方物故頒詔旨諭爾國官僚士庶凡衣冠典禮風俗一依本國舊制已戒邊將不得擅興兵甲侵爾疆埸亂爾人民卿國官僚士庶各宜安治

一如故復諭甲等如交趾遣子弟入覲當善視之毋致寒暑失節重勞苦之也二年孟甲等還光昺遣其族人通侍大夫陳奉公員外郎諸衛寄班阮琛員外郎阮演詣闕獻書乞三年一貢帝從其請遂封光昺爲安南國王三年九月以西錦三金熟錦六賜之復降詔曰卿既委質爲臣其自中統四年爲始每三年一貢可選儒士醫人及通陰陽卜筮諸色人匠各三人及蘇合油光香金銀朱砂沉香檀香犀角玳瑁珍珠象牙綿白磁盞等物同至仍以訥剌丁充達魯花赤佩虎符往來安南國中四年十一月訥剌丁還光昺

遣楊安養充員外郎及內令武復桓書舍阮求中翼郎范舉等奉表入謝帝賜來使玉帶繒帛藥餌鞍轡有差至元二年七月使還復優詔荅之仍賜曆及頒改元詔書三年十二月光昺遣楊安養上表三通其一進獻方物其二免所索秀才工匠人其三願請訥剌丁長爲本國達魯花赤四年九月使還荅詔許之仍賜光昺玉帶金繒藥餌鞍轡等物未幾復下詔諭以六事一君長親朝二子弟入質三編民數四出軍役五輸納稅賦六仍置達魯花赤統治之十一月又詔諭光昺以其國有回鶻商賈欲訪以西域事令發

遣以來是月詔封皇子爲雲南王往鎮大理鄯闡交趾諸國五年九月以忽籠海牙代訥剌丁爲達魯花赤張庭珍副之復下詔徵商賈回鶻人六年十一月光昺上書陳情言商旅回鶻一名伊溫死已日久一名婆婆尋亦病死又據忽籠海牙謂陛下須索巨象數頭此獸軀體甚大步行甚遲不如上國之馬伏候勅旨於後貢之年當進獻也又具表納貢別奉表謝賜西錦幣帛藥物七年十一月中書省移牒光昺言其受詔不拜待使介不以王人之禮遂引春秋之義以責之且令以所索之象與歲貢偕來又前所貢藥

物品味未佳所徵回鶻輩託辭欺誑自今已往其審察之八年十二月光昺復書言本國欽奉天朝已封王爵豈非王人乎天朝奉使復稱王人與之均禮恐辱朝廷況本國前奉詔旨令依舊俗凡受詔令奉安于正殿而退避別室此本國舊典禮也來諭索象前恐忤旨故依違未敢直對實緣象奴不忍去家難於差發又諭索儒醫工匠而陪臣黎仲佗等陛見之日咫尺威光不聞詔諭況中統四年已蒙原宥今復諭及豈勝驚愕惟閤下其念之九年以葉式捏爲安南達魯花赤李元副之十年正月葉式捏卒命李元代

式捏以合撒兒海牙副之中書省復牒光昺言比歲奉使還者言王每受天子詔令但拱立不拜與使者相見或燕席位加於使者之上今覽來書自謂既受王爵豈非王人乎考之春秋敘王人於諸侯之上釋例云王人蓋下士也夫五等邦君外臣之貴者也下士內臣之微者也以微者而加貴者之上蓋以王命爲重也後世列王爲爵諸侯之尤貴者顧豈有以王爵爲人者乎王寧不知而爲是言耶抑辭令之臣誤爲此言耶至於天子之詔人臣當拜受此古今之通義不容有異者也乃云前奉詔旨並依舊俗本國遵

奉而行凡受詔令奉安於正殿而退避別室此舊典禮也讀之至此實頓驚訝王之爲此言其能自安於心乎前詔旨所言蓋謂天壤之間不啻萬國國各有俗驟使變華有所不便故聽用本俗豈以不拜天子之詔而爲禮俗也哉且王之教令行於國中臣子有受而不拜者則王以爲何如君子貴於改過緬想高明其亮察之十一年光昺遣童子冶黎文隱來貢十二年正月光昺上表請罷本國達魯花赤其文曰微臣僻在海隅得霑聖化與函生驩抃鼓舞乞念臣自降附上國十有餘年雖奉三年一貢然迭遣使臣疲

於往來未嘗一日休息至天朝所遣達魯花赤辱臨臣境安能空回況其行人動有所恃凌轢小國雖天子與日月並明安能照及覆盆且達魯花赤可施於邊蠻小醜豈有臣既席王封爲一方藩屏而反立達魯花赤以監臨之寧不見笑於諸侯之國乎與其畏監臨而修貢孰若中心悦服而修貢哉臣恭遇天朝建儲冊后大恩霶霈施及四海輒敢哀鳴伏望聖慈特賜矜恤今後二次發遣綱貢一詣鄯闡奉納一詣中原拜獻凡天朝所遣官乞易爲引進使庶免達魯花赤之弊不但微臣之幸實一國蒼生之幸也二月復降詔以所貢之物無補於用諭以六事且遣合撒兒海牙充達魯花赤仍令子弟入侍十三年二月光昺遣黎克復文粹入貢以所奏就鄯闡輸納貢物事屬不敬上表謝罪并乞免六事十四年光昺卒國人立其世子日烜遣中侍大夫周仲彦中亮大夫吳德邵來朝十五年八月遣禮部尚書柴椿會同館使哈剌脱因工部郎中李克忠工部員外郎董端同黎克復等持詔往諭日烜入朝受命初使傳之通也止由鄯闡黎化往來帝命柴椿自江陵直抵邕州以達交趾閏十一月柴椿等至邕州永平寨日烜遣人進書

謂今聞國公辱臨弊境邊民無不駭愕不知何國人使而至於斯乞回軍舊路以進椿回牒云禮部尚書等官奉上命與本國黎克復等由江陵抵邕州入安南所有導護軍兵合乘驛馬宜來界首遠迓日烜差御史中贊兼知審刑院事杜國計先至其太尉率百官自富梁江岸奉迎入館十二月二日日烜就館見使者四日日烜拜讀詔書椿等傳旨曰汝國内附二十餘年向者六事猶未見從汝若弗朝則修爾城整爾軍以待我師又云汝父受命爲王汝不請命而自立今復不朝異日朝廷加罪將何以逃其責請熟慮之日烜仍舊例設宴于廊下椿等弗就宴既歸館日烜遣范明字致書謝罪改宴于集賢殿日烜言先君棄世予初嗣位天使之來開諭詔書使予喜懼交戰于胷中竊聞宋主幼小天子憐之尚封公爵於小國亦必加憐昔諭六事已蒙赦免若親朝之禮予生長深宮不習乘騎不諳風土恐死於道路子弟太尉以下亦皆然天使回謹上表達誠兼獻異物椿曰宋主年未十歲亦生長深宮如何亦至京師但詔旨之外不敢聞命且我四人實來召汝非取物也椿等還日烜遣范明字鄭國瓚中贊杜國計奉表陳情言孤臣

稟氣軟弱恐道路艱難徙暴白骨致陛下哀傷而無益天朝之萬一伏望陛下憐小國之遼遠令臣得與鰥寡孤獨保其性命以終事陛下此孤臣之至幸小國生靈之大福也兼貢方物及二馴象十六年三月椿等先達京師留鄭國瓚待於邕州樞密院奏以日烜不朝但遣使臣報命飾辭托故延引歲時巧佞雖多終違詔旨可進兵境上遣官問罪帝不從命來使入覲十一月留其使鄭國瓚于會同館復遣柴椿等四人與杜國計持詔再諭日烜來朝若果不能自覲則積金以代其身兩珠以代其目副以賢士方技子

女工匠各二以代其土民不然修爾城池以待其審處焉十八年十月立安南宣慰司以卜顏鐵木兒爲叅知政事行宣慰使都元帥別設僚佐有差是月詔以光昺旣没其子日烜不請命而自立遣使往召又以疾爲辭止令其叔遺愛入覲故立遺愛代爲安南國王二十年七月日烜致書于平章阿里海牙請還所留來使帝即遣還國是時阿里海牙爲荊湖占城行省平章政事帝欲交趾助兵糧以討占城令以己意諭之行省遣鄂州達魯花赤趙翥以書諭日烜十月朝廷復遣陶秉直持璽書往諭之十一月趙翥抵

安南日烜尋遣中亮大夫丁克紹中大夫阮道學等持方物從翥入覲又遣中奉大夫范至清朝請郎杜抱直等赴省計事且致書于平章言添軍一件占城服事小國日久老父惟務以德懷之迨于孤子之身亦繼承父志自老父歸順天朝三十年于玆干戈示不復用軍卒毀爲民丁一資天朝貢獻一示心無二圖幸閤下矜察助糧一件小國地勢瀕海五穀所產不多一自大軍去後百姓流亡加以水旱朝飽暮飢食不暇給然閤下之命所不敢違擬於欽州界上永安州地所俟候輸納續諭孤子親身赴闕面奉聖訓

老父在時天朝矜憫置之度外今老父亡沒孤子居憂感病至今尚未復常況孤子生長遐陬不耐寒暑不習水土艱難道途徙暴白骨以小國陪臣往來尚爲沴氣所侵或十之五六或死者過半閤下亦已素知惟望曲爲愛護敷奏天朝庶知孤子宗族官吏一一畏死貪生之意豈但孤子受賜抑一國生靈賴以安全共祝閤下享此長久自天之大福也二十一年三月陶秉直使還日烜復上表陳情又致書于荊湖占城行省大意與前書略同又以瓊州安撫使陳仲達聽鄭天祐言交趾通謀占城遣兵二萬及船五百

以爲應援又致書行省其略曰占城乃小國內屬大
軍致討所當哀籲然未嘗敢出一言蓋天時人事小
國亦知之矣今占城遂爲叛逆執迷不復是所謂不
能知天知人者也知天知人而反與不能知天知人
者同謀雖三尺兒童亦知其弗與況小國乎幸貴省
裁之八月日烜弟昭德王陳璨致書於荊湖占城行
省自願納款歸降十一月行省右丞唆都言交趾與
占臘占城雲南暹緬諸國接壤可即其地立省及於
越里潮州毗蘭三道屯軍鎮戍因其糧餉以給士卒
庶免海道轉輸之勞二十二年三月荊湖占城行省

言鎮南王昨奉旨統軍征占城遣左丞唐兀䚟馳驛
赴占城約右丞唆都將兵會合又遣理問官曲烈宣
使塔海撒里同安南國使阮道學等持行省公文責
日烜運糧送至占城助軍鎮南王路經近境令其就
見比官軍至衡山縣聞日烜從兄興道王陳峻提兵
界上既而曲烈及塔海撒里引安南中亮大夫陳德
鈞朝散郎陳嗣宗以日烜書至言其國至占城水陸
非便願隨力奉獻軍糧及官軍至永州日烜移牒邕
州言貢期擬取十月請前塗預備丁力若鎮南王下
車之日希文番報行省命萬户趙脩已以己意復書

復移公文令開路備糧親迎鎮南王及官軍至邕州
安南殿前范海崖領兵屯可蘭韋大助等處至思明
州鎮南王復令移文與之至祿州復聞日烜調兵拒
守丘溫丘急嶺隘路行省遂分軍兩道以進日烜復
遣其善忠大夫阮德輿朝請郎阮文翰奉書與鎮南
王言不能親見末光然中心欣幸以往者欽蒙聖詔
云別勑我軍不入爾境今見邕州營站橋梁往往相
接實深驚懼幸昭仍忠誠少加矜恤又以書抵平章
政事乞保護本國生靈庶免逃竄之患鎮南王命行
省遣總把阿里持書與德輿同往諭日烜以興兵之

故實爲占城非爲安南也至急保縣地安南管軍官
阮盈屯兵七源州又村李縣短萬劫等處俱有興道
王兵阿里不能進行省再命倪閏往覘虛實斟酌調
軍然不得殺掠其民未幾撒答兒解李邦憲孫祐等
言至可離隘遇交兵拒敵祐與之戰擒其管軍奉御
杜尾杜祐始知興道王果領兵迎敵官軍過可離隘
至洞板隘又遇其兵與戰敗之其首將秦岑中傷死
聞興道王在內傍隘又進兵至變住村諭其收兵開
路迎拜鎮南王不從至內傍隘奉令旨令人招之又
不從官軍遂分六道進攻執其將大僚班段台興道

王逃去追至萬刼攻諸隘皆破之興道王尚有兵船千餘艘距萬刼十里遂遣兵士於沿江求船及聚板木釘灰置場刱造選各翼水軍令烏馬兒拔都部領數與戰皆敗之得其江岸遺棄文字二紙乃日烜與鎮南王及行省平章書復稱前詔別勅我軍不入爾境今以占城既臣復叛之故因發大軍經由本國殘害百姓是太子所行違悮非本國違悮也伏望勿外前詔勒回大軍本國當具貢物馳獻復有異於前者行省復以書柢之以爲朝廷調兵討占城屢移文與世子俾開路備糧不意故違朝命俾興道王輩提兵

迎敵射傷我軍與安南生靈爲禍者爾國所行也今大軍經爾國討占城乃上命世子可詳思爾國歸附已乆宜體皇帝涵洪慈憫之德即令退兵開道安諭百姓各務生理我軍所過秋毫無擾世子宜出迎鎮南王共議軍事不然大軍止於安南開府因令其使阮文翰達之及官軍獲生口乃稱日烜調其聖翊等軍船千餘艘助興道王拒戰鎮南王遂與行省官親臨東岸遣兵攻之殺傷甚衆奪船二十餘艘興道王敗走官軍縛栰爲橋渡富良江北岸日烜沿江布兵船立木柵見官軍至岸即發砲大呼求戰至晚又遣

其阮奉御奉鎮南王及行省官書請小却大軍行省復移文責之遂復進兵日烜乃棄城遁去仍令阮效鋭奉書謝罪并獻方物且請班師行省復移文招諭遂調兵渡江壁於安南城下明日鎮南王入其國宮室盡空惟留屢降詔勅及中書牒文盡行毁抹外有文字皆其南北邊將報官軍消息及拒敵事情日烜僭稱大越國主憲天體道大明光孝皇帝陳威晃禪位于皇太子立太子妃爲皇后上顯慈順天皇太后表章於上行使昊天成命之寶日烜即居太上皇之位見立安南國王係日烜之子行紹寶年號所居宮

室五門額書大興之門左右掖門正殿九間書天安御殿正南門書朝天閣又諸處張榜云凡國內郡縣假有外寇至當死戰或力不敵許於山澤逃竄不得迎降其險隘拒守處俱有庫屋以貯兵甲其棄船登岸之軍猶衆日烜引宗族官吏於天長長安屯聚興道王范殿前領兵船復聚萬刼江口阮盝駐西路永平行省整軍以備追襲而唐兀䚟與唆都等兵至自占城與大軍會合自入其境大小七戰取地二千餘里王宮四所初敗其昭明王兵擊其昭孝王大僚護皆死昭明王遠遁不敢復出又於安演州清化長安

獲亡宋陳尚書壻交趾梁奉御及趙孟信葉郎將等四百餘人萬户李邦憲劉世英領軍開道自永平入安南每三十里立一寨六十里置一驛每一寨一驛屯軍三百鎮守廵邏復令世英立堡專提督寨驛公事右丞寬徹引萬户忙古䚟孛羅哈荅兒由陸路李左丞引烏馬兒拔都由水路敗日烜兵船禽其建德侯陳仲日烜迯去追至膠海口不知所往其宗族文義侯父武道侯及子明智侯壻張懷侯并張憲侯亡宋官曾叅政蘇少保子蘇寶章陳尚書子陳丁孫相繼率衆來降唐兀䚟劉珪皆言占城無糧軍難久駐

鎮南王令唆都引元軍於長安等處就糧日烜至安邦海口棄其舟楫甲仗走匿山林官軍獲船一萬艘擇善者乘之餘皆焚棄復於陸路追三晝夜獲生口稱上皇世子止有船四艘興道王及其子三艘太師八十艘走清化府唆都亦報日烜太師走清化烏馬兒拔都以軍一千三百人戰船六十艘助唆都襲擊其太師等兵復令唐兀䚟沿海追日烜亦不知所往日烜弟昭國王陳益稷率其本宗與其妻子官吏來降乃遣明里昔班等送彰憲侯文義侯及其弟明誠侯昭國王子義國侯入朝文義侯得北上彰憲侯義國侯皆爲興道王所殺彰憲侯死義國侯脱身還軍中官軍聚諸將議交人拒敵官軍雖數敗散然增兵轉多官軍困乏死傷亦衆蒙古軍馬亦不能施其技遂棄其京城渡江北岸决議退兵屯思明州鎮南王然之乃領軍還是日劉世英與興道王興寧王兵二萬餘人力戰又官軍至如月江日烜遣懷文侯來戰行至册江繫浮橋渡江左丞唐兀䚟等軍未及度而林内伏發官軍多溺死力戰始得出境唐兀䚟等馳驛上奏七月樞密院請調兵以今年十月會潭州聽鎮南王及阿里海牙擇帥總之二十三年正月詔省

臣共議遂大舉南伐二月詔諭安南官吏百姓數日烜罪惡言其戕害叔父陳遺愛及弗納達魯花赤不顔鐵木兒等事以陳益稷等自拔來歸封益稷爲安南國王賜符印秀嵈爲輔義公以奉陳祀申命鎮南王脱懽左丞相阿里海牙平定其國以兵納益稷五月發忙古䚟麾下士卒合鄂州行省軍同征之官兵入其境日烜復棄城遁六月湖南宣慰司上言連歲征日本及用兵占城百姓罷於轉輸賦役煩重士卒觸瘴癘多死傷者群生愁嘆四民廢業貧者棄子以偷生富者鬻産而應役倒懸之苦日甚一日今復有

事交趾動百萬之衆虛千金之費非所以恤士民也且舉動之間利害非一又兼交趾已嘗遣使納表稱藩若從其請以甦民力計之上也無已則宜寬百姓之賦積糧餉繕甲兵俟來歲天時稍利然後大舉亦未爲晚湖廣行省臣線哥是其議遣使入奏且言本省鎮戍凡七十餘所連歲征戰士卒精鋭者罷於外所存者皆老弱每一城邑多不過二百人竊恐姦人得以窺伺虛實往年平章阿里海牙出征輸糧三萬石民且告病今復倍其數官無儲畜和糴於民間百姓將不勝其困宜如宣慰司所言乞緩師南伐樞密

院以聞帝即日下詔止軍縱士卒還各營益稷從師還鄂二十四年正月發新附軍千人從阿八赤討安南又詔發江淮江西湖廣三省蒙古漢券軍七萬人船五百艘雲南兵六千人海外四州黎兵萬五千海道運糧萬户張文虎費拱辰陶大明運糧十七萬石分道以進置征交趾行尚書省奥魯赤平章政事烏馬兒樊楫叅知政事總之並受鎮南王節制五月命右丞程鵬飛還荆湖行省治兵六月樞密院復奏令烏馬兒與樊叅政率軍士水陸並進九月以瓊州路安撫使陳仲達南寧軍民總管謝有奎延欄軍民總管符庇成出兵船助征交趾並令從征日烜遣其中大夫阮文通等入貢十一月鎮南王次思明留兵二千五百人命萬户賀祉統之以守輜重程鵬飛孛羅合荅兒以漢券兵萬人由西道永平奥魯赤以萬人從鎮南王由東道女兒關以進阿八赤以萬人爲前鋒烏馬兒樊楫以兵由海道經玉山雙門安邦口遇交趾船四百餘艘擊之斬首四千餘級生擒百餘人奪其舟百艘遂趨交趾程鵬飛孛羅合荅兒經老鼠陷沙茨竹三關凡十七戰皆捷十二月鎮南王次茅羅港交趾興道王遁因攻浮山寨破之又命程鵬飛

阿里以兵二萬人守萬刼且脩普賴山及至靈山木柵命烏馬兒將水兵阿八赤將陸兵徑趨交趾城鎮南王以諸軍度富良江次城下敗其守兵日烜與其子棄城走敢喃堡諸軍攻下之二十五年正月日烜及其子復走入海鎮南王以諸軍追之次天長海口不知其所之引兵還交趾城命烏馬兒將水兵由大滂口迓張文虎等糧船奥魯赤阿八赤等分道入山求糧聞交趾集兵箇沉箇黎磨山魏寨發兵皆破之斬萬餘級二月鎮南王引兵還萬刼阿八赤將前鋒奪關繫橋破三江口攻下堡三十二斬數萬餘級得

船二百艘米十一萬三千餘石烏馬兒由大滂口趨塔山遇賊船千餘擊破之至安邦口不見張文虎船復還萬刼得米四萬餘石普賴至靈山木栅成命諸軍居之諸將因言交趾無城池可守倉庾可食張文虎等糧船不至且天時已熱恐糧盡師老無以支久爲朝廷羞宜全師而還鎮南王從之命烏馬兒樊楫將水兵先還程鵬飛塔出將兵護送之三月鎮南王以諸軍還張文虎糧船以去年十二月次屯山遇交趾船三十艘文虎擊之所殺畧相當至綠水洋賊船益多度不能敵又船重不可行乃沉米於海趨瓊州

費拱辰糧船以十一月次惠州風不得進漂至瓊州與張文虎合徐慶糧船漂至占城亦至瓊州凡亡士卒二百二十人船十一艘糧萬四千三百石有奇鎮南王次内傍關賊兵大集王擊破之命萬户張均以精銳三千人殿力戰出關諜知日烜及世子興道王等分兵三十餘萬守女兒關及丘急嶺連亘百餘里以遏歸師鎮南王遂由單己縣趨盝州間道以出次思明州命愛魯引兵還雲南奥魯赤以諸軍北還日烜尋遣使來謝進金人代己罪十一月以劉庭直李思衍萬奴等使安南持詔諭日烜來朝二十六年二

月中書省臣奏旣罷征交趾宜拘收行省符印四月日烜遣其中大夫陳克用等來貢方物二十七年日烜卒子日燇遣使來貢二十八年十一月鎮守来州兩淮萬户府上千户蔡榮上書言軍事大要以朝廷賞罰不明士不用命將帥不和坐失事機其弊有不可勝言者書上不報二十九年九月遣吏部尚書梁曾禮部郎中陳孚持詔再諭日燇來朝詔曰省表具悉去歲禮部尚書張立道言曾到安南識彼事體請往開諭使之來朝因遣立道往彼今汝國罪愆旣已自陳朕復何言若曰孤在制及畏死道路不敢來朝

且有生之類寧有長久安全者乎天下亦復有不死之地乎朕所未諭汝當具聞徒以虛文歲幣巧飾見欺於義安在三十年梁曾等使還日燇遣陪臣陶子奇等來貢廷臣以日燇終不入朝又議征之遂拘留子奇於江陵命劉國傑與諸侯王亦里吉解等同征安南勑至鄂州與陳益稷議八月平章不忽木等奏立湖廣安南行省給二印市蠻船百斛者千艘用軍五萬六千五百七十人糧三十五萬石馬料二萬石鹽二十一萬斤預給軍官俸津遣軍人水手人鈔二錠器仗凡七十餘萬事國傑設幕官十一人水陸分

遣並進又以江西行樞密院副使徹里蠻爲右丞從征安南陳巖趙修己雲從龍張文虎岑雄等亦令共事益稷隨軍至長沙會寢兵而止三十一年五月成宗即位命罷征遣陶子奇歸國日燇遣使上表慰國哀并獻方物六月遣禮部侍郎李衎兵部郎中蕭泰登持詔往撫綏之其畧曰先皇帝新棄天下朕嗣守大統踐祚之始大肆赦宥無間遠近惟爾安南亦從寬宥已勅有司罷兵遣陪臣陶子奇歸國自今以往所以畏天事大者其審思之大德五年二月太傅完澤等奏安南來使鄧汝霖竊畫宮苑圖本私買輿地

圖及禁書等物又抄寫陳言征收交趾文書及私記北邊軍情及山陵等事宜遣使持詔責以大義三月遣禮部尚書馬合馬禮部侍郎喬宗亮持詔諭日燇大意以汝霖等所爲不法所宜窮治朕以天下爲度勅有司放還自今使价必須選擇有所陳請必盡情悃向以虛文見紿曾何益於事哉勿憚改圖以貽後悔中書省復移牒取萬户張榮實等二人與去使偕還武宗即位下詔諭之屢遣使來貢至大四年八月世子陳日㸊遣使奉表來朝仁宗皇慶二年正月交趾軍約三萬餘衆馬軍二千餘騎犯鎮安州雲洞殺

掠居民焚燒倉廩廬舍又陷祿洞知洞等處虜生口孳畜及居民貲産而還復分兵三道犯歸順州屯兵未退廷議俾湖廣行省發兵討之四月復得報交趾世子親領兵焚養利州官舍民居殺掠二千餘人且聲言昔右江歸順州五次劫我大源路掠我生口五千餘人知養利州事趙珏禽我思浪州商人取金一碾侵田一千餘頃故來讎殺六月中書省俾兵部員外郎阿里溫沙樞密院俾千户劉元亨同赴湖廣行省詢察之元亨等親詣上中下由村相視地所詢之居民農五又遣下思明知州黃嵩壽往詰之謂是阮

盍世子太史之奴然亦未知是否於是牒諭安南國其畧曰昔漢置九郡唐立五管安南實聲教所及之地况獻圖奉貢上下之分素明厚往薄來懷撫之惠亦至聖朝果何負於貴國今胡自作不靖禍焉斯啓雖由村之地所係至微而國家輿圖所關甚大兼之所殺所虜皆朝廷係籍編户省院未敢奏聞然未審不軌之謀誰實主之安南回牒云邊鄙鼠竊狗偷輩自作不靖本國安得而知且以貨賂借至元亨復牒責安南飾辭不實却其貨賂且曰南金象齒貴國以爲寶而使者以不貪爲寶來物就付回使請審察事

情明以告我而道里遼遠情辭虛誕終莫得其要領元亨等推原其由因交人向嘗侵永平邊境今復倣効成風兼聞阮盃世子乃交趾跋扈之人爲今之計莫若遣使諭安南歸我土田返我人民仍令當國之人正其疆界究其主謀開釁之人戮於境上申飭邊吏毋令侵越却於永平置寨募兵設官統領給田土牛具令自耕食編立部伍明立賞罰令其緩急首尾相應如此則邊境安靜永保無虞事聞有旨俟安南使至即以諭之自延祐初元以及至治之末疆埸寧謐貢獻不絕泰定元年世子陳日爌遣陪臣莫節夫

等來貢益稷久居於鄂遥授湖廣行省平章政事當成宗朝賜田二百頃武宗朝進銀青榮祿大夫加金紫光祿大夫復加儀同三司文宗天曆二年夏益稷卒壽七十有六詔賜錢五千緡至順元年謚忠懿王三年夏四月世子陳日熀遣其臣鄧世延等二十四人來貢方物

列傳卷九十六

列傳卷第九十七　　元史二百一十

翰林學士亞中大夫知制誥兼修國史臣宋濂　翰林待制承直郎同知制誥兼國史院編修官臣王褘等奉

敕修

緬

緬國爲西南夷不知何種其地有接大理及去成都不遠者又不知其方幾里也其人有城郭屋廬以居有象馬以乘舟筏以濟其文字進上者用金葉寫之次用紙又次用檳榔葉蓋騰譯而後通也世祖至元八年大理鄯闡等路宣慰司都元帥府遣乞解脫因等使緬國招諭其主内附四月乞解脫因等導其使

价傳來以聞十年二月遣勘馬剌失里乞解脫因等使其國持詔諭之曰間者大理鄯闡等路宣慰司都元帥府差乞解脫因導王國使价傳詣京師且言嚮至王國但見其臣下未嘗見王又欲觀吾大國舍利朕矜憫遠來即使來使覲見又令縱觀舍利益詢其所來乃知王有內附意國雖云遠一視同仁今再遣勘馬剌失里及禮部郎中國信使乞解脫因工部郎中國信副使卜云失往諭王國誠能謹事大之禮遣其子弟若貴近臣僚一來以彰我國家無外之義用敦永好時乃之休至若用兵夫誰所好王其思之十

二年四月建寧路安撫使賀天爵言得金齒頭目阿
郭之言曰乞解脫因之使緬乃故父阿必所指也至
元九年三月緬王恨父阿必故領兵數萬來侵執父
阿必而去不得已厚獻其國乃得釋之因知緬中部
落之人猶羣狗耳比者緬遣阿的八等九人至乃候
視國家動靜也令白衣頭目是阿郭親戚與緬爲鄰
嘗謂入緬有三道一由天部馬一由驃甸一由阿郭
地界俱會緬之江頭城又阿郭親戚阿提犯在緬掌
五甸戶各萬餘欲內附阿郭願先招阿提犯及金齒
之未降者以爲引道雲南省因言緬王無降心去使

不返必須征討六月樞密院以聞帝曰姑緩之十一
月雲南省始報差人探伺國使消息而蒲賊阻道令
蒲人多降道已通遣金齒千額總管阿禾探得國使
達緬俱安十四年三月緬人以阿禾內附怨之攻其
地欲立砦騰越永昌之間時大理路蒙古千戶忽都
大理路總管信苴日總把千戶脫羅脫孩奉命伐永
昌之西騰越蒲驃阿昌金齒未降部族駐劄南甸阿
禾告急忽都等晝夜行與緬軍遇一河邊其衆約四
五萬象八百馬萬匹忽都等軍僅七百人緬人前乘
馬次象次步卒象被甲背負戰樓兩旁挾大竹筩置

短槍數十於其中乘象者取以擊刺忽都下令賊衆
我寡當先衝河北軍親率二百八十一騎爲一隊信
苴日以二百三十三騎傍河爲一隊脫羅脫孩以一
百八十七人依山爲一隊交戰良久賊敗走信苴日
追之三里抵寨門旋濘而退忽南面賊兵萬餘繞出
官軍後信苴日馳報忽都復列爲三陣進至河岸擊
之又敗走追破其十七砦逐北至窄山口轉戰三十
餘里賊及象馬自相蹂死者盈三巨溝日暮忽都中
傷遂收兵明日追之至千額不及而還捕虜甚衆軍
中以一帽或一兩靴一氊衣易一生口其脫者又爲

阿禾阿昌邀殺歸者無幾官軍負傷者雖多惟蒙古
軍獲一象不得其性被擊而斃餘無死者十月雲南
省遣雲南諸路宣慰使都元帥納速剌丁率蒙古爨
僰摩些軍三千八百四十餘人征緬至江頭深蹂酋
首細安立砦之所招降其磨欲等三百餘砦土官曲
蠟蒲折戶四千孟磨愛吕戶一千磨柰蒙匡里答八
剌戶二萬蒙忙甸土官甫祿堡戶一萬木都彈禿戶
二百九三萬五千二百戶以天熱還師十七年二月
納速剌丁等上言緬國輿地形勢皆在臣目中矣先
奉旨若重慶諸郡平然後有事緬國今四川巳底寧

請益兵征之帝以問丞相脫里奪海脫里奪海曰陛下初命發合剌章及四川與阿里海牙麾下士卒六萬人征緬令納速剌丁止欲得萬人帝曰是矣即命樞密繕甲兵修武備議選將出師五月詔雲南行省發四川軍萬人命藥剌海領之與前所遣將同征緬十九年二月詔思播敘諸郡及亦奚不薛諸蠻夷等處發士卒征緬二十年十一月官軍伐緬克之先是詔宗王相吾荅兒右丞太卜參知政事也罕的斤將兵征緬是年九月大軍發中慶十月至南甸太卜由羅必甸進軍十一月相吾荅兒命也罕的斤取道於

阿昔江達鎮西阿禾江造舟二百下流至江頭城斷緬人水路自將一軍從驃甸徑抵其國與太卜軍會令諸將分地攻取破其江頭城擊殺萬餘人別令都元帥袁世安以兵守其地積糧餉以給軍士遣使持輿地圖奏上二十二年十一月緬王遣其鹽井大官阿必立相至太公城欲來納款爲孟乃甸白衣頭目解塞阻道不得行遣謄馬宅者持信搭一片來告驃甸土官匿俗乞報上司免軍馬入境匿俗給榜遣謄馬宅回江頭城招阿必立相赴省且報鎮西平緬麗川等路宣慰司宣撫司差三摻持榜至江頭城付阿

必立相忙直卜算二人期以兩月領軍來江頭城宣撫司率蒙古軍至驃甸相見議事阿必立相乞言於朝廷降旨許其悔過然後差大官赴闕朝廷尋遣鎮西平緬宣撫司達魯花赤兼招討使怯烈使其國二十三年十月以招討使張萬爲征緬副都元帥也先鐵木兒征緬招討司達魯花赤千戶張成征緬招討使並虎符敕造戰舡將兵六千人征緬俾禿滿帶爲都元帥總之雲南王以行省右丞愛魯奉旨征収金齒察罕迭吉連地撥軍一千人是月發中慶府繼至永昌府與征緬省官會經阿昔甸差軍五百人護送

招緬使怯烈至太公城二十四年正月至忙乃甸緬王爲其庶子不速速古里所執囚於昔里怯荅剌之地又害其嫡子三人與大官木浪周等四人爲逆雲南王所命官阿難荅等亦受害二月怯烈自忙乃甸登舟留元送軍五百人于彼雲南省請今秋進討不聽既而雲南王與諸王進征至蒲甘喪師七千餘緬始平乃定歲貢方物大德元年二月以緬王的立普哇拿阿迪提牙嘗遣其子信合八的奉表入朝請歲輸銀二千五百兩帛千疋馴象二十糧萬石詔封的立普哇拿阿迪提牙爲緬王賜銀印子信合八的爲

緬國世子賜以虎符三年三月緬復遣其世子奉表入謝自陳部民爲金齒殺掠率皆貧乏以致上供金幣不能如期輸納帝憫之止命間歲貢象仍賜衣遣還四年四月遣使進白象五月的立普哇拿阿迪提牙爲其弟阿散哥也等所廢其子窟麻剌哥撒八逃詣京師令忙完禿魯迷失率師往問其罪蠻賊與八百媳婦國通其勢張甚忙完禿魯迷失請益兵又命薛超兀而等將兵萬二千人征之仍令諸王闊闊節制其軍六月詔立窟麻剌哥撒八爲王賜以銀印秋七月緬賊阿散哥也弟者蘇等九十一人各奉方物

入朝命餘人置中慶遣者蘇等來上都八月緬國阿散吉牙等昆弟赴闕自言殺主之罪罷征緬兵五年九月雲南參知政事高慶宣撫使察罕不花伏誅初慶等從薛超兀而圍緬兩月城中薪食俱盡勢將出降慶等受其重賂以炎暑瘴疫爲辭輒引兵還故誅之十月緬遣使入貢

占城

占城近瓊州順風舟行一日可抵其國世祖至元間廣南西道宣慰使馬成旺嘗請兵三千人馬三百匹征之十五年右丞唆都以宋平遣人至占城還言其王失里咱牙信合八剌哈迭瓦有內附意詔降虎符授榮祿大夫封占城郡王十六年十二月遣兵部侍郎教化的總管孟慶元萬戶孫勝夫與唆都等使占城諭其王入朝十七年二月占城國王保寶旦拏囉耶邛南該占把地囉耶遣使貢方物奉表降十九年十月朝廷以占城國主孛由補剌者吾曩歲遣使來朝稱臣內屬遂命左丞唆都等即其地立省以撫安之既而其子補的專國負固弗服萬戶何子志千戶皇甫傑使暹國宣慰使尤永賢亞闌等使馬八兒國舟經占城皆被執故遣兵征之帝曰老王無罪逆命

者乃其子與一蠻人耳苟獲此兩人當依曹彬故事百姓不戮一人十一月占城行省官率兵自廣州航海至占城港港口北連海海旁有小港五通其國大州東南止山西旁木城官軍依海岸屯駐占城兵治木城四面約二十餘里起樓棚立回回三梢砲百餘座又木城西十里建行宮孛由補剌者吾親率重兵屯守應援行省遣都鎮撫李天祐總把賈甫招之七往終不服十二月招真臘國使速魯蠻請往招諭復與天祐甫偕行得其回書云已修木城備甲兵刻期請戰二十年正月行省傳令軍中以十五日夜半發

船攻城至期分遣瓊州安撫使陳仲達總管劉金總把栗全以兵千六百人由水路攻木城北面總把張斌百户趙達以三百人攻東面沙觜省官三千人分三道攻南面舟行至天明泊岸爲風濤所碎者十七八賊開木城南門建旗鼓出萬餘人乘象者數十亦分三隊迎敵矢石交下自卯至午賊敗北官軍入木城復與東北二軍合擊之殺溺死者數千人守城供餉餽者數萬人悉潰散國主棄行宫燒倉廪殺永賢亞闌等與其臣逃入山十七日整兵攻大州十九日國主使報答者來求降二十日兵至大州東南遣報

六十三　元史列傳卷九十七　八　[illegible]星原

答者回許其降免罪二十一日入大州又遣博思兀魯班者來言奉王命國主太子後當自來行省傳檄召之官軍復駐城外二十三日遣其舅寶脱秃花等三十餘人奉國王信物雜布二百疋大銀三錠小銀五十七錠碎銀一甕爲質來歸款又獻金葉九節標搶曰國主欲來病未能進先使持其搶來以見誠意長子補的期三日請見省官郤其物寶脱秃花曰不受是薄之也行省度不可郤姑令收置乃以上聞寶脱秃花復令其主第四子利世麻八都八德剌第五子世利印德剌來見且言先有兵十萬故求戰今皆

敗散聞敗兵言補的被傷已死國主頰中箭今小愈愧懼未能見也故先遣二子來議赴闕進見事省官疑其非真子聽其還諭國主早降且以問疾爲辭遣千户林子全總把栗全李德堅偕往覘之二子在途先歸子全等入山兩程國主遣人來拒不果見寶脱秃花謂子全曰國主遷延不肯出降今反揚言欲殺我可歸告省官來則來不來我當執以往子全等回營是日又殺何子志皇甫傑等百餘人二月八日寶脱秃花又至自言吾祖父伯叔前皆爲國主至吾兄今孛由補剌者吾殺而奪其位斬我左右二大指我

四百六　六十三　元史列傳卷九十七　九　蔣仲明

實怨之願禽孛由補剌者吾補的父子及大拔撒機兒以獻請給大元服色行省賜衣冠撫諭以行十三日居占城唐人曾延等來言國主逃於大州西北鴉候山聚兵三千餘并招集他郡兵未至不日將與官軍交戰懼唐人泄其事將盡殺之延等覺而逃來十五日寶脱秃花偕宰相報孫達兒及撮及大師等五人來降行省官引曾延等見寶脱秃花詰之曰延等姦細人也請繫縲之國主軍皆潰散安敢復戰又言今未附州郡九十二處每州遣一人招之舊州水路乞行省與陳安撫及寶脱秃花各遣一人乘舟招諭

攻取陸路則乞行省官陳安撫與己往禽國主補的及攻其城行省猶信其言調兵一千屯半山塔遣子全德堅等領軍百人與寶脫禿花同赴大州進討約有急則報半山軍子全等比至城西寶脫禿花背約間行自北門乘象遁入山官軍獲諜者曰國主實在鵶候山立砦聚兵約二萬餘遣使交趾真臘闍婆等國借兵及徵賓多龍舊州等軍未至十六日遣萬戶張顒等領兵赴國主所棲之境十九日顒兵近木城二十里賊浚濠塹拒以大木官軍斬刈超距奮擊破其二千餘衆轉戰至木城下山林阻隘不能進賊旁

出截歸路軍皆殊死戰遂得解還營行省遂整軍聚糧刱木城遣總管劉金千戶劉涓岳榮守禦二十一年三月六日唆都領軍回十五日江淮省所遣助唆都軍萬戶忽都虎等至占城唆都舊制行省舒眉蓮港見營舍燒盡始知官軍已回二十日忽都虎令百戶陳奎招其國主來降二十七日占城主遣王通事者來稱納降忽都虎等諭令其父子奉表進獻國主遣文勞卬大巴南等來稱唆都除蕩其國貧無以獻來年當備禮物令嫡子入朝四月十二日國主令其孫濟目理勒蟄文勞卬大巴南等奉表歸款是年命平章政事阿里海牙奉鎮南王脫歡發兵假道交趾伐占城不果行

暹

暹國當成宗元貞元年進金字表欲朝廷遣使至其國比其表至已先遣使蓋彼未之知也賜來使素金符佩之使急追詔使同往以暹人與麻里予兒舊相讎殺至是皆歸順有旨諭暹人勿傷麻里予兒以踐爾言大德三年暹國主上言其父在位時朝廷嘗賜鞍轡白馬及金縷衣乞循舊例以賜帝以丞相完澤荅剌罕言彼小國而賜以馬恐其鄰忻都輩譏議朝

廷仍賜金縷衣不賜以馬

爪哇

爪哇在海外視占城益遠自泉南登舟海行者先至占城而後至其國其風俗土產不可考大率海外諸蕃國多出奇寶取貴於中國而其人則醜怪情性語言與中國不能相通世祖撫有四夷其出師海外諸蕃者惟爪哇之役爲大至元二十九年二月詔福建行省除史弼亦黑迷失高興平章政事征爪哇會福建江西湖廣三行省兵凡二萬設左右軍都元帥府二征行上萬戶四發舟千艘給糧一年鈔四萬錠降

虎符十金符四十銀符百金衣段百端用備功賞亦黑迷失等陛辭帝曰卿等至爪哇明告其國軍民朝廷初與爪哇通使往来交好後刺詔使孟右丞之面以此進討九月軍會慶元弼亦黑迷失領省事赴泉州興率輜重自慶元登舟涉海十一月福建江西湖廣三省軍會泉州十二月自後渚啓行三十年正月至构欄山議方略二月亦黑迷失孫參政先領本省幕官并招諭爪哇等處宣慰司官曲出海牙楊梓全忠祖萬戶張塔剌赤等五百餘人船十艘先往招諭之大軍繼進於吉利門弼與進至爪哇之杜並足與

亦黑迷失等議分軍下岸水陸並進弼與孫參政帥都元帥那海萬戶寗居仁等水軍自杜並足由戎牙路港口至八節澗興與亦黑迷失帥都元帥鄭鎮國萬戶脫歡等馬步軍自杜並足陸行以萬戶申元爲前鋒遣副元帥土虎登哥萬戶褚懷遠李忠等乘鑽鋒船由戎牙路於麻喏巴歇浮梁前進赴八節澗期會招諭爪哇宣撫司官言爪哇主壻土罕必闍耶舉國納降土罕必闍耶不能離軍先令楊梓甘州不花全忠祖引其宰相昔剌難荅吒耶等五十餘人來迎三月一日會軍八節澗澗上接杜馬班王府下通莆

奔大海乃爪哇咽喉必爭之地又其謀臣希寗官沿河泊舟觀望成敗再三招諭不降行省於澗邊設偃月營留萬戶王天祥守河津土虎登哥李忠等領水軍鄭鎮國省都鎮撫倫信等領馬步軍水陸並進希寗官懼棄船宵遁獲鬼頭大船百餘艘令都元帥那海萬戶寗居仁鄭珪高德誠張受等鎮八節澗海口大軍方進土罕必闍耶遣使来告葛郎王追殺至麻喏巴歇請官軍救之亦黑迷失張參政先往安慰土罕必闍耶鄭鎮國引軍赴章孤接援興進至麻喏巴歇却稱葛郎兵未知遠近興回八節澗亦黑迷失尋

報賊兵今夜當至召興赴麻喏巴歇七日葛郎兵三路攻土罕必闍耶八日黎明亦黑迷失孫參政率萬戶李明迎賊於西南不遇興與脫歡由東南路與賊戰殺數百人餘奔潰山谷日中西南路賊又至興再戰至晡又敗之十五日分軍爲三道伐葛郎期十九日會荅哈聽砲聲接戰土虎登哥等水軍泝流而上亦黑迷失等由西道興等由東道進土罕必闍耶軍繼其後十九日至荅哈葛郎國主以兵十餘萬交戰自卯至未連三戰賊敗奔潰擁入河死者數萬人殺五千餘人國主入內城拒守官軍圍之且招其降是

夕國主哈只葛當出降撫諭令還四月二日遣土罕必闍耶還其地具入貢禮以萬戸捏只不丁甘州不花率兵二百護送十九日土罕必闍耶背叛逃去留軍拒戰捏只不丁甘州不花省掾馮祥皆遇害二十四日軍還得哈只葛當妻子官屬百餘人及地圖戸籍所上金字表以還事見史弼高興傳

瑠求

瑠求在南海之東漳泉興福四州界内彭湖諸島與瑠求相對亦素不通天氣清明時望之隱約若煙若霧其遠不知幾千里也西南北岸皆水至彭湖漸低

近瑠求則謂之落漈漈者水趨下而不回也凡西岸漁舟到彭湖已下遇颶風發作漂流落漈回者百一瑠求在外夷最小而險者也漢唐以來史所不載近代諸蕃市舶不聞至其國世祖至元二十八年九月海舡副萬戸楊祥請以六千軍往降之不聽命則遂伐之朝廷從其請繼有書生吳志斗者上言生長福建熟知海道利病以爲若欲收附且就彭湖發船往諭相水勢地利然後興兵未晩也冬十月乃命楊祥充宣撫使給金符吳志斗禮部員外郎阮鑒兵部員外郎並給銀符往使瑠求詔曰收撫江南已十七年

海外諸蕃罔不臣屬惟瑠求邇閩境未曾歸附議者請即加兵朕惟祖宗立法凡不庭之國先遣使招諭來則按堵如故否則必致征討今止其兵命楊祥阮鑒往諭汝國果能慕義來朝存爾國祀保爾黎庶若不効順自恃險阻舟師奄及恐貽後悔爾其愼擇之二十九年三月二十九日自汀路尾澳舟行至是日巳時海洋中正東望見有山長而低者約去五十里祥稱是瑠求國鑒稱不知的否祥乘小舟至低山下以其人衆不親上令軍官劉閏等二百餘人以小舟十一艘載軍器領三嶼人陳煇者登岸岸上人衆不

曉三嶼人語爲其殺死者三人遂還四月二日至彭湖祥責鑒志斗已到瑠求文字二人不從明日不見志斗蹤跡覓之無有也先志斗嘗斥言祥生事要功欲取富貴其言誕妄難信至是疑祥害之祥顧稱志斗初言瑠求不可往令祥已至瑠求而還志斗懼罪逃去志斗妻子訴于官有旨發祥鑒還福建置對後遇赦不竟其事成宗元貞三年福建省平章政事高興言今立省泉州距瑠求爲近可伺其消息或宜招宜伐不必它調兵力興請就近試之九月高興遣省都鎭撫張浩福州新軍萬戸張進赴瑠求國禽生口

一百三十餘人

三嶼

三嶼國近瑠求世祖至元三十年命選人招誘之平章政事伯顔等言臣等與識者議此國之民不及二百戶時有至泉州爲商賈者去年入瑠求軍船過其國國人餉以糧食館我將校無它志也乞不遣使帝從之

馬八兒等國

海外諸蕃國惟馬八兒與俱藍足以綱領諸國而俱藍又爲馬八兒後障自泉州至其國約十萬里其國

至阿不合大王城水路得便風約十五日可到比餘國最大世祖至元間行中書省左丞唆都等奉璽書十通招諭諸蕃未幾占城馬八兒國俱奉表稱藩餘俱藍諸國未下行省議遣使十五人往諭之帝曰非唆都等所可專也若無朕命不得擅遣使十六年十二月遣廣東招討司達魯花赤楊庭璧招俱藍十七年三月至其國國主必納的令其弟肯那却不剌木省書回回字降表附庭璧以進言來歲遣使入貢十月授哈撒兒海牙俱藍國宣慰使偕庭璧再往招諭十八年正月自泉州入海行三月抵僧伽耶山舟人鄭震等以阻風乏糧勸往馬八兒國或可假陸路以達俱藍國從之四月至馬八兒國新村馬頭登岸其國宰相馬因的謂官人此來甚善本國船到泉州時官司亦嘗慰勞無以爲報今以何事至此庭璧等告其故因及假道之事馬因的乃託以不通爲辭與其宰相不阿里相見又言假道不阿里亦以它事辭五月二人蚤至館屏人令其官者爲通情實乞爲達朝廷我一心願爲皇帝奴我使札馬里丁入朝我大必闍赤赴筭弾華言國主也告變筭弾籍我金銀田產妻孥又欲殺我我詭辭得免今筭弾兄弟五人皆聚加一

之地議與俱藍交兵及聞天使來對衆稱本國貧陋此是妄言凡回回國金珠寶貝盡出本國其餘回回盡來商賈此間諸國皆有降心若馬八兒既下我使人持書招之可使盡降時哈撒兒海牙與庭璧以阻風不至俱藍遂還哈撒兒海牙入朝計事期以十一月俟北風再舉至期朝廷遣使令庭璧獨往十九年二月抵俱藍國國主及其相馬合麻等迎拜璽書三月遣其臣祝阿里沙忙里八的入貢時也里可溫兀咱兒撒里馬及木速蠻主馬合麻等亦在其國聞詔使至皆相率來告願納歲幣遣使入覲會蘇木達國

亦遣人因俱藍主乞降庭壁皆從其請四月還至那旺國庭壁復說下其主忙昂比至蘇木都剌國國主土漢八的迎使者庭壁因喻以大意土漢八的即日納款稱藩遣其臣哈散速里蠻二人入朝二十年馬八兒國遣僧撮及班入朝五月將至上京帝即遣使迓諸途二十三年海外諸蕃國以楊庭壁奉詔招諭至是皆來降諸國凡十曰馬八兒曰須門那曰僧急里曰南無力曰馬蘭丹曰那旺曰丁呵兒曰來來曰急蘭亦解曰蘇木都剌皆遣使貢方物

列傳卷九十七

跋

宋濂後記洪武元年十二月詔脩元史明年春二月丙寅開局至秋八月癸酉成紀三十有七卷志五十有三卷表六卷傳六十有三卷順帝無實錄遣使行天下涉於史事者令郡縣上之又明年春二月乙丑開局至秋七月丁亥又成紀十志五表二傳三十有六錢大昕謂綜前後廑三百三十一日古今史成之速未有如元史者而文之陋劣亦無有如元史者非虛言也其重複脫漏譌舛不可勝計錢氏而外顧亭林朱竹垞趙甌北汪龍莊魏默深諸人均各有所指摘然使舊本尚存讀者可以就其疵纇所在加以探索猶不至迷於所嚮不謂覆刻通行之本

愈趨愈下今武英殿本文宗紀上謚祔廟後詔除其廟主放燕句下複出順帝紀後至元六月放逐燕帖古思詔書中語遐之後祖母太皇太后至挼之大義削去凡四百字又曆志錯簡三葉紀三國以來日食其文未畢忽雜入前代月食之文南朝劉宋元嘉十一年後繼以趙宋嘉泰二年元至元十四年後繼以梁中大通元年慶元元年下疊見授時曆一行劉宋元嘉十三年十二月己巳望食一更三唱食既下因有所闕於是加授時曆三字以彌之而下行又接大明曆虧初午初二刻云云併日月食爲一事如此乖謬何以絕未發覺又祭祀志攝祀儀四曰迎香獻官司徒大禮使助奠官句下脫從於輿

後至廟入自南門至神門外百官儀衛皆止太常卿博士御史導輿三獻司徒大禮使助奠爵官四十字又兵志鎮戍類泰定四年十二月河南行省議設萬戶府摘軍五千名句下脫設萬戶府隨省鎮遏樞密院議自至元十九年十八字又達識帖睦邇傳張士信逼取江浙行省左丞相符印徙達識帖睦邇句下脫居嘉興事聞朝廷卽就以士信爲江浙行省左丞相達識帖睦邇二十五字其他一二字之訛奪尤難悉舉豈非於原有重複脫漏譌舛之外更重其弊而使讀者愈益眩瞀乎不寧惟是乾隆四年武英殿版既已刊行至四十六年高宗以原書譯名舛誤復命館臣詳加釐定取原用之人名地名官名物名一一改正此於書後附一對表自可了然乃不此之務而就原書剜刻有時所改之名不能適如原用字數於是取上下文而損益之滅裂支離全失本相余嘗得一部坊肆以原改兩本配合者新舊雜糅幾於不可卒讀乾隆之世號稱太平物力豐盛何以不重刊新版而爲此苟且塞責之爲甚矣其不可解也元史列傳複出爲前人所糾者凡十有八篇或爲本人或爲其附見之父若祖子若孫乾隆剜改之版去其一而留其一者凡五去雪不台（見列傳卷第九）留速不台（見列傳卷第八）改曰蘇布特去忽剌出（見列傳第二十）留直脫兒（見列傳第十）改曰齊都爾去重喜（見

列傳第二十）留塔不已兒（見列傳第十）改曰塔本哲爾去完者拔都（見列傳第二十）留完者都（見列傳第十八）改曰諤勒哲圖去阿答赤（見列傳第二十二）留杭忽思（見列傳第十九）改曰哈噶斯而任其重出者凡八曰阿朮魯（見列傳第十）改曰額斯倫又其子曰懷都（見列傳第十八）改曰輝圖曰也蒲甘卜（見列傳第十）改曰額卜甘布又其子曰昂吉兒（見列傳第十九）改曰昂吉爾曰石抹也先（見列傳第三十七）改曰舒穆嚕額森又同爲一人曰石抹阿辛（見列傳第三十九）改曰舒穆嚕愛新曰譚資榮（見列傳第五十四）又其子曰譚澄（見列傳第七十八）昔人著書後人取而刪訂之原無不可乃同一重見之文而或棄或取漫無意識秉筆者其將何以自解乎然此猶可諉曰偶疏覺察洪武書成明明分爲兩期乃刪去宋濂後記而又臆改李善長進書表取紀志表傳前後所成卷數併而爲一一若同時修成也者又泰定帝卽位詔書原爲譯文口語而修正之本盡易爲文言是誠不得不謂爲好自用自專矣吾敢爲讀者告曰此洪武本復出而乾隆修正之本可廢卽武英殿初刊之本亦可廢海鹽張元濟